Vocabulaire juridique

Édition 2022 mise à jour par :

Marie Cornu, Directrice de recherches CNRS, Institut des sciences sociales du politique
(ENS Paris-Saclay, Université Paris Nanterre, CNRS)
Alain Ghozi, professeur émérite de l'Université Panthéon-Assas
Marie Goré, professeur à l'Université Panthéon-Assas
Laurent Leveneur, professeur à l'Université Panthéon-Assas

Éditions 2011, 2014, 2016, 2018, 2020 mises à jour par :

Marie Cornu, Directrice de recherches CNRS, Institut des sciences sociales du politique
(ENS Paris-Saclay, Université Paris Nanterre, CNRS)
Alain Ghozi, professeur émérite de l'Université Panthéon-Assas
Marie Goré, professeur à l'Université Panthéon-Assas
Yves Lequette, professeur à l'Université Panthéon-Assas
Anne-Marie Leroyer, professeur à l'Université Panthéon-Sorbonne
Jean-Louis Sourioux, professeur à l'Université de Paris II,
doyen honoraire de la Faculté de droit d'Orléans

Sous la direction de

Gérard Cornu

Vocabulaire juridique

Association Henri Capitant

QUADRIGE

PUF

1. La plupart des étymologies de la 1re édition ont été revues ou établies par Pierre Timbal.
2. Le Comité a bénéficié, à l'occasion, des conseils précieux de Pierre Lerat, professeur de linguistique à l'Université de Paris-Nord.

* De la 1re édition.

ISBN 978-2-13-083256-0
ISSN 1762-7370

Dépôt légal — 1re édition : 1987
14e édition mise à jour « Quadrige » : 2022, janvier

AVANT-PROPOS

«De même qu'il faut d'abord apprendre sa langue pour connaître un peuple étranger, pour comprendre ses mœurs et pénétrer son génie, de même la langue juridique est la première enveloppe du droit, qu'il faut nécessairement traverser pour aborder l'étude de son contenu.» Ainsi s'exprimait Henri Capitant dans la préface au Vocabulaire juridique *de 1936, soulignant ainsi que l'ouvrage s'adressait non seulement aux juristes français et étrangers, mais aussi – et en premier lieu – au public composé de non-juristes et aux étudiants. D'évidence, la barrière de la langue est en effet l'obstacle majeur auquel se heurtent ceux qui abordent le droit, ou un droit autre que le leur.*

Ce serait une grave erreur de voir là un jargon dans lequel se complairaient les juristes par une sorte de pédanterie ou pour écarter des affaires les non-initiés. On ne peut parler de droit que dans la langue du droit, pour cette raison très simple que la plupart des institutions et des concepts juridiques n'ont pas de dénomination dans le langage courant.

C'est à cette langue qu'Henri Capitant a voulu donner accès en publiant en 1936 le Vocabulaire juridique. *Titre trop modeste pour ce qui était déjà un véritable dictionnaire. Depuis lors, cinquante années ont passé et, de même que le fleuve érode les berges ou y dépose des alluvions, le temps a fait son œuvre pour une part destructive, pour une autre constructive, sur le langage juridique.*

Une refonte du Vocabulaire *s'avérait nécessaire. Commencée en 1972 sous l'égide d'un comité de direction, cette nouvelle édition a été très vite placée sous la direction du doyen Gérard Cornu.*

La tâche à accomplir était, à l'image de l'œuvre, monumentale. Il fallait tout à la fois conserver et retrancher, respecter et renouveler, en bref assurer la continuité et le changement. On ne s'étonnera donc pas du délai qui a été nécessaire pour mener le travail à son terme : treize années de labeur, au fil desquelles ont alterné l'enthousiasme d'entreprendre, la tristesse de perdre Suzanne Dalligny qui avait assisté Henri Capitant dans l'élaboration de la première édition, le découragement parfois, et puis, à nouveau, l'enthousiasme en touchant au but.

Ouvrier de la première heure, Gérard Cornu a été pendant treize ans le maître d'œuvre de cette cathédrale, consacrant à cette tâche une somme incomparable de science, de patience et de dévouement. Certes, il n'a pas œuvré seul, ainsi qu'en témoignent les remerciements justifiés qu'il adresse dans sa préface à tous ceux qui l'ont assisté au cours de ces longues années. Mais, si nombreux et fidèles qu'aient pu être les collaborateurs du Vocabulaire, *le maître d'œuvre est toujours seul, seul devant ses responsabilités : lui seul éprouve l'angoisse devant une œuvre qu'il craint de voir inachevée, lui seul assume la charge des omissions et des défaillances. Maître d'œuvre, il a été aussi l'artisan sans lequel ce dictionnaire n'aurait jamais été mené à son terme ; n'a-t-il pas ciselé de sa plume plusieurs milliers de mots de droit civil, de procédure civile et de bien d'autres disciplines !*

En témoignage de sa reconnaissance, l'Association Henri Capitant lui a décerné la médaille d'argent de l'Association et la lui a remise lors des Journées françaises de 1985. Qu'il soit permis à son président de lui redire, une fois encore, à lui-même et à son équipe, toute sa gratitude.

Mais gageons que, pour Gérard Cornu, le plus bel hommage sera l'accueil fait à ce Vocabulaire, *auquel son nom sera désormais attaché, au côté de celui d'Henri Capitant.*

Philippe MALINVAUD
Président de l'Association Henri Capitant,
professeur à l'Université de Droit, d'Économie
et de Sciences sociales de Paris II.

PRÉFACE

C'est à Henri Capitant, sous la direction duquel fut publié le *Vocabulaire* de 1936, que d'abord remonte notre pensée. À lui revient, en mérite impartageable, l'idée d'un *Vocabulaire juridique* qui, cinquante ans plus tard, vaut à un autre *Vocabulaire* d'exister. Bien qu'il se soit au départ appuyé sur la nomenclature de son devancier et sur celles de ses définitions qui demeurent, le *Vocabulaire* d'aujourd'hui est une œuvre nouvelle par ses entrées[1], sa méthode, ses auteurs. S'il est autre, c'est dans la contemplation de l'œuvre dont il voudrait fêter le cinquantenaire. Quand on aura dit ce qu'il s'agissait de faire et ce qui a été fait, le mot de grâce à l'intention de ceux qui y ont collaboré sera celui de la fin.

Si l'étude du langage du Droit est une partie de la linguistique juridique, et la sémantique une approche parmi d'autres dans cette étude, le *Vocabulaire juridique* apparaît dans la sémantique comme un fruit de cette science appliquée au langage du Droit. C'est en effet le sens, au regard du Droit, des termes liés à un système juridique qu'il a pour objet de recueillir en forme de définition dans la langue de ce Droit. L'objet de l'entreprise n'apparaît cependant sous toutes ses facettes qu'en détaillant ce qui est défini et ce qu'est définir.

Que définir ?

La délimitation de ce domaine découle du genre littéraire auquel l'ouvrage a demandé son titre. Le champ ouvert à la définition résulte de trois critères dont l'association commande le choix des entrées : le *Vocabulaire* regroupe les termes juridiques de la langue française.

— Des termes

La définition porte sur des mots. La référence à cette unité linguistique élémentaire qui n'est ni la plus petite ni la plus grande exclut, d'une part, les unités significatives

1. Dans sa 1re édition, en 1987, ce vocabulaire comprenait la définition de 9 078 mots dont 4 076 constituent des entrées principales (au lieu de 2 825 dans l'ouvrage de 1936) et 5 002 des entrées secondaires (dites sous-mots). Enrichi et mis à jour à l'occasion d'éditions successives, ce vocabulaire, dans cette nouvelle édition revue et augmentée, comporte plus de 10 000 mots définis (cette 8e édition en « Quadrige » formera la base de la 9e édition du grand format). Les définitions du *Vocabulaire* sont illustrées, en annexe, d'une liste de Maximes et Adages de droit français.

repérables moyennant la décomposition du mot (préfixe, suffixe, racine, etc.), d'autre part, les énoncés qui résultent de la composition de plusieurs mots en une phrase. Les adages ne font pas exception à cette règle : s'ils émaillent les définitions, ils ne constituent pas en eux-mêmes des entrées et s'ils sont regroupés à la fin de l'ouvrage c'est seulement, quand ils sont en latin, avec leur traduction. Évidente quand il s'agit de mots simples, une telle référence demande seulement à être étendue (ou entendue largement) car l'étude englobe toutes les combinaisons de termes qui, se situant au même niveau que le mot comme élément linguistique indivisible, ont la même fonction d'unité significative élémentaire : mots composés *(location-attribution)*, locutions consacrées *(sous bénéfice d'inventaire, bon pour)*, ensembles soudés *(dénonciation de nouvel œuvre)*. Pour de tels termes, la question s'est seulement posée de savoir s'ils avaient une individualité linguistique suffisante relativement à leurs composantes pour constituer une entrée principale ou s'il y avait avantage à les présenter comme un sous-mot de l'une ou l'autre de celles-ci, d'où, en ce cas, l'opportunité de faire prévaloir, dans le choix d'un rattachement, celle dont se dégage la plus forte attraction sémantique (les erreurs d'appréciation étant atténuées par un renvoi placé sous l'autre composante).

L'innovation essentielle de ce nouvel ouvrage est d'y avoir introduit des verbes et des adjectifs. Non pas tous. Mais au moins les verbes forts qui énoncent les actions primordiales des principaux protagonistes du Droit (législateur, juge, contractants) et les adjectifs spécifiques les plus courants. Les verbes n'ont souvent pas le même éventail polysémique que les substantifs, d'où le relief des discordances (constituer, constitution, posséder, possession). Quant aux adjectifs, ils méritent d'être lavés de l'injuste soupçon d'être, pour un style, signe de pauvreté. L'éminence de leur fonction, dans le vocabulaire juridique, vient sans doute en compensation du nombre limité des termes de celui-ci. Devant ce défi, ils sont riches et puissants : riches de plusieurs sens en bien des cas et puissants par la spécificité corsée de leur sens au regard du Droit et souvent au secours de substantifs plus neutres (V. naturel, matériel, personnel, libre, etc.).

— *Des termes de la langue française*

Cette évidence ne vaudrait nulle peine d'être relevée s'il n'y avait à prendre idée des implications du principe, de la fragilité de ses applications et des exceptions qu'il appelle, Si l'on entre dans l'hypothèse que le langage du droit présente des marques linguistiques suffisantes pour constituer un langage spécialisé, le postulat est que tout langage de cet ordre se développe nécessairement au sein d'une langue et donc le vocabulaire juridique français au sein de la langue française : raccordement nourricier qui n'invite pas seulement à la comparaison de ce langage spécialisé avec le langage courant ou avec d'autres langages techniques mais qui commande de respecter le génie de la langue à laquelle il appartient dans ses normes et son évolution.

Le concept même de mot français est, il est vrai, contestable, dans l'absolu, les échanges linguistiques tendant au moins à le relativiser sous couvert des importations de mots étrangers. Quand l'emprunt devient-il français ? Loyalement, il fallait répondre qu'il a vocation à le devenir par la francisation, lorsque la langue française a sécrété en défense ce moyen de naturalisation (ainsi sont définis les néologismes de cette origine). Mais sans être assuré que l'usage les consacrera. D'où, sans encouragement ni abusive concession, la présentation en parallèle du terme anglais (avec renvoi). Sauf exception, les termes anglais retenus ne l'ont été que parce qu'ils servent à désigner un élément du système juridique français ou de l'ordre international. La même raison explique la présence de très nombreux termes latins et non pas seulement de ceux qui sont devenus français (quitus, quorum, récépissé, exequatur, ratio, etc.), mais de ceux qui, sans être incorporés à la langue, rehaussent en latin le discours juridique. Ils figurent ici à la seule condition d'être, dans l'usage actuel, des éléments descriptifs ou explicatifs du système juridique français (*ultra petita, intra vires,* etc.).

— *Des termes juridiques*

Là est évidemment le critère spécifique qui permet d'isoler le vocabulaire juridique dans l'ensemble du vocabulaire de la langue française. Il a présidé à l'établissement originaire de la liste des mots à définir.

En son principe, cette vocation générale (tous les termes juridiques) mais exclusive (seulement ceux-ci) suffisait à dresser le plan de masse. Elle a conduit à couvrir le Droit français contemporain dans l'ensemble de ses branches de Droit public (constitutionnel, administratif, financier, international public), de Droit privé (civil, commercial, pénal, procédural), ou de Droit social (Droit du travail, Sécurité sociale).

Dans ce rassemblement, la part de certaines disciplines – procédure civile (qui approche le millier de définitions), le droit civil (qui le dépasse) – et celle des termes neutres communs à toutes les disciplines (c'est une avancée marquante de la présente édition) sont sans commune mesure avec la contribution plus limitée d'autres matières (droit maritime, propriétés intellectuelles). Sans exclusive, le vocabulaire est commun à toutes les disciplines juridiques.

Une telle ouverture rendait raisonnable d'écarter les définitions de droit canonique et de droit musulman que le volume de 1936 avait annexées par fragments. Le même critère a conduit à exclure, d'un *Vocabulaire juridique,* les termes économiques et sociologiques, au moins pour le sens principal que leur donnent les sciences qui les concernent, ce qui n'empêchait pas que l'on retînt le sens juridique que ces termes peuvent revêtir (ex. économies, économique) ou les données d'ordre économique ou sociologique qui entrent dans la définition des termes juridiques (ex. dépenses, administration, patrimoine, bonnes mœurs, faute).

Pour le choix ponctuel des mots, il apparut cependant que, si la mise en œuvre du critère était simple dans la grande majorité des cas, c'était plutôt par l'effet de l'évidence et de l'intuition, mais qu'il était nécessaire, dans de plus rares cas, de filtrer les données rationnelles de ces choix naturels pour les appliquer à des mots dont il n'allait pas de soi qu'ils fussent juridiques, c'est-à-dire à préciser à quels traits on reconnaît d'un mot qu'il est juridique. De toute évidence, la présence formelle d'un mot dans un texte de Droit (loi, jugement, etc.) n'était ni nécessaire ni suffisante pour l'accréditer comme terme juridique. La référence fondamentale à ce qu'il désigne était seule décisive. Elle permit de reconnaître une juridicité native à tout ce qui doit son existence au Droit, c'est-à-dire, d'une part, à tout ce que le Droit établit (les institutions juridiques), d'autre, part à tout ce qui ne peut se constituer que conformément au Droit (d'où l'entrée sans problème de tous les actes juridiques qui demandent au Droit la définition de leurs éléments constitutifs). Restait l'immense réserve des faits juridiques, faits naturels, sociaux, économiques, politiques, etc., auxquels le Droit attache des effets. Fallait-il définir naissance, âge, temps, cyclone, folie, tout le chaos des faits dotés d'effets de droit ? Le critère des conséquences juridiques n'a pas paru suffisant. Même pour les faits juridiques, la référence à un élément sémantique donc rationnel est nécessaire (on retint force majeure, non ouragan) parce que la juridicité ne leur vient que si les traits de leur nature auxquels le Droit attache des effets répondent à des conditions que pose le Droit et donc à une notion juridique qui leur confère un sens au regard du Droit : par où la violence ou l'erreur, vices du consentement, ont droit de cité dans le *Vocabulaire juridique* et par où se fraye la définition de la définition.

Qu'est-ce que définir ?

La réponse à cette question n'a cessé de se développer et c'est en peinant comme lexicographe que l'on est devenu un peu lexicologue.

Dès le départ, les objectifs classiques de la définition canalisaient l'entreprise dans ses fins principales et ses choix complémentaires.

Pour l'essentiel, il s'agissait d'extraire le sens qu'attache le Droit à un terme et de l'énoncer en forme de définition, double fonction de la définition lexicale. Et l'on ne dira jamais assez, dans cet ensemble, la force créatrice de la contrainte formelle dont la rigoureuse exigence est de dépouiller le discours définitoire pour un maximum de substance sous un minimum de volume *(multa paucis)*. Cependant, la substance à recueillir, le suc sous l'écorce, le grain sous la paille, c'est bien le signifié sous le signifiant : non pas sans doute tout ce que nous proposons d'appeler la charge intellectuelle du mot (laquelle contient, outre le sens, l'éventail des effets de valeur, dont la valeur stylistique que le mot peut recevoir en contexte) mais le contenu sémantique du mot dans l'empyrée du lexique juridique.

La recherche du sens suffisait à dicter les directives principales du travail :

1 / Se soumettre à l'usage, c'est-à-dire à l'écoute de ce qui se dit dans le monde du Droit (loi, jurisprudence, doctrine, pratique administrative ou notariale, style du Palais) : démarche sociolinguistique destinée à accueillir la définition légale – quand elle existe – comme un usage parmi d'autres et attestant que la définition lexicale ne se donne pas comme l'énoncé d'une règle de droit mais comme le recensement d'un fait linguistique (sans renoncer toutefois, mais à titre occasionnel, à prendre un tour normatif pour aventurer un conseil de bon usage).

2 / Extraire de l'usage, par un travail d'analyse et d'ordre, les traits distinctifs qui font que ce qui est dit est une notion : démarche scientifique qui tend à libérer, dans le fait linguistique, la rationalité plus ou moins cachée qu'il renferme et demande principalement à la conception aristotélicienne, les moyens de le faire (par rattachement au genre prochain et mise en valeur de la différence spécifique).

Quant aux options secondes, il y avait d'abord à situer la recherche dans le temps. Raisonnablement elle se borne à saisir l'emploi actuel des termes. Dans ce vocabulaire synchronique, on ne trouvera pas, sous chaque mot, l'historique des sens qu'il a pu revêtir. Lorsqu'un mot possède aujourd'hui plusieurs sens, il arrivera seulement que ceux-ci soient classés dans l'ordre chronologique, mais à la condition que tous coexistent encore. La seule part faite à la diachronie est le recours à l'étymologie en son objet élémentaire, c'est-à-dire par simple référence à l'étymon (raccordement originaire d'ordre morphologique qui peut enjamber bien des variations sémantiques).

Dans une autre dimension, il ne semblait pas déraisonnable, au contraire, de chercher à mettre en évidence certains des liens qui unissent les mots : non pas les rapports occasionnels de contexte, mais les relations ordinaires qui existent, dans le lexique, entre tel et tel mot. Ainsi fut pris le parti de préciser synonymes et antonymes, plus généralement de replacer un mot dans sa famille sémantique ou (et) morphologique : perspectives dont l'approfondissement contribua à fixer les orientations du travail.

C'est lors de la constitution alphabétique du *Vocabulaire* que les objectifs de celui-ci se précisèrent tout à fait. Souvent opérée à partir de fragments épars, la composition de chaque entrée exigeait au minimum une mise au point, parfois une révision allant jusqu'à la refonte.

La première révélation de ce moment de synthèse fut de désigner la polysémie des termes juridiques comme l'une des marques linguistiques essentielles du vocabulaire du Droit. On le savait du langage courant mais l'on disait un peu vite qu'un langage technique forge des termes à sens unique. De cette croyance, on pouvait faire un combat, mais contre les seuls faux sens. Pour les autres, le phénomène irréductible de la polysémie s'imposait comme une évidence et une richesse scientifique à exploiter. L'esprit était lancé, dans cette carrière, à discerner et à classer selon les meilleurs critères. D'où cette autre découverte (capitale pour la présentation des sens) que, très souvent, la distinction des concepts ne coïncide pas avec la classification des disciplines, laquelle fait seulement miroiter, en bien des cas, les facettes d'un même sens. A l'intérieur des mots, il en est résulté, sauf exception, l'abandon du classement par matière. L'ouvrage devenait un *Vocabulaire* polysémique rationnellement ordonné.

Il apparut d'autre part que la matière juridique, substance des définitions, avait une action en retour à exercer sur la méthode même de la définition lexicale. Pour l'essentiel, elle vint confirmer celle-ci dans sa rationalité. À l'affût de la nature des choses, la définition réelle trouve dans les notions juridiques un aliment d'excellence. L'éminente vocation du *Vocabulaire juridique* est de saisir, dans les définitions, les catégories du Droit. C'est là cependant que la méthode était invitée à s'infléchir.

N'étant ni un répertoire ni une encyclopédie, un *Vocabulaire* n'a sans doute pas à exposer de régime juridique, car le régime n'entre pas dans la définition de la notion. A cette directive de base, il fallut pourtant apporter deux tempéraments. Dans diverses disciplines [1], certaines opérations ne se singularisent de la référence ordinaire que par le régime exorbitant auquel la loi les soumet (contrat administratif, travaux publics). D'où la nécessité de marquer par là leur spécificité (et parfois le maintien du classement par matière). Plus généralement, il s'est avéré impossible d'évacuer la considération des effets de droit que produisent des éléments de l'ordre juridique. Le principe de leurs conséquences entre dans leur définition. Comment définir la violence sans préciser qu'elle constitue un vice du consentement, cause de nullité relative du contrat dont elle affecte la formation ? D'abord vouée à énoncer les éléments constitutifs de la chose à définir, la définition juridique intègre la considération des fonctions juridiques de celle-ci. Structurale et finaliste, une définition réelle est appelée à saisir la nature des éléments de l'ordre juridique dans l'association de leurs conditions et de leurs effets.

Identifiée comme élément de base de la définition lexicale juridique, la catégorie juridique était enfin capable d'indiquer la voie dans laquelle l'étude des rapports entre les mots devait recevoir l'impulsion décisive qu'elle méritait. Elle fit d'abord comprendre que le repérage ponctuel – et souvent contestable – des synonymes et des antonymes méritait d'être englobé dans la masse des comparaisons, dans l'ensemble rayonnant des affinités et des oppositions qui concourent à situer un élément dans l'ordre juridique comme voisin (ex. contrats analogues) ou comme opposant de classification (ex. loi, jurisprudence, doctrine), relation dont ne rendent nullement compte la synonymie et l'antonymie (d'où, en pratique, l'importance donnée au texte, dans les renvois, à l'indication générique « comparez », comp.).

L'accent placé sur la catégorie juridique invitait d'autre part à concevoir le réseau des mots comme un réseau de concepts. Dans le champ des relations, les liens sémantiques devaient en recevoir un privilège par rapport aux familles morphologiques. La coïncidence partielle qui existe entre les deux regroupements a cependant conduit à ne pas les différencier dans les renvois, plus précisément à mêler dans les champs de référence à base conceptuelle des éléments de toute racine (par ex. à ranger aux côtés de légal, législatif et légitime, régulier, licite, valable et juridique).

1. Notamment le Droit administratif. Jean Boulouis qui a tout fait en cette matière a montré la force de cette idée

Ainsi se dégageait la figure du *Vocabulaire.* Son ordre principal en fait, par commodité, une chaîne alphabétique et donc artificielle de termes. Mais il est, en sous-ordre, thématique. Il constitue pour l'essentiel un réseau de références[1] qui permet, sautant de mot à mot, de reconstituer des filières significatives. Ainsi apparaissent aussi les limites de l'entreprise. Unilingue et monolithique, ce travail ne puise qu'à la langue française et n'exprime que le système juridique français. De ces limites se nourrissait l'espoir de compenser en profondeur la perte en étendue. On peut aventurer l'idée que le *Vocabulaire juridique* n'est pas une terminologie mais un lexique, système de liaisons et de combinaisons au sein duquel le sens coule d'un élément à l'autre. Ainsi percevrait-on que le langage du droit ne prend pas seulement corps lorsqu'il s'organise en discours, mais que, dès avant le discours, il est, déjà, potentiellement animé : et qu'il s'ouvre à la connaissance par des milliers d'entrées.

Le moment vient de remercier tous ceux qui ont collaboré au *Vocabulaire juridique.* La disparition de Suzanne Dalligny et les vicissitudes de nos archives ne m'assurent pas que chacun recevra ce qui lui est dû.

Au nom de tous ceux qui l'ont approchée, un premier salut va précisément d'abord à la mémoire de celle qui, secrétaire du Comité de direction de 1972 à 1980, comme elle l'avait été en 1936, a déployé les mêmes inlassables qualités de précision, d'exactitude, de dévouement et de courtoise fermeté.

Un bref aperçu du développement de l'œuvre fait reconnaître la place où chacun intervient. Dans la première phase de son élaboration (1972 à 1976), le *Vocabulaire* a des assises collectives. Il est lancé sous l'impulsion d'un Comité de direction qui choisit, par matière, un « chef de file ». Dans sa discipline, chaque responsable reçoit mission (en s'aidant au besoin des collaborateurs de son choix) : d'établir la liste des mots à définir ; de définir ou de faire définir des mots retenus ; en ce dernier cas, d'harmoniser les définitions reçues. Les mots du *Vocabulaire* sont ainsi dépecés par matière (cruelle nécessité qui fera payer son tribut lors de la reconstitution des entrées), sous réserve des mots communs à toutes les disciplines.

Après divers remaniements, ce travail produisit un premier lot de 3 657 mots selon la répartition et sous les responsabilités suivantes : Droits intellectuels, 46 mots (H. Desbois) ; Droit rural, 71 mots (E.-N. Martine) ; Droit européen, 100 mots (B. Goldman) ; Droit des assurances, 107 mots (A. Besson) ; Droit international privé, 147 mots (P. Francescakis) ; Droit des transports, 211 mots (R. Rodière) ; Droit pénal et Justice militaire, 214 mots (G. Levasseur et R. Paucot) ; mots communs à toutes les disciplines, 233 mots (G. Cornu) ; Droit international public, 306 mots (G. Feuer) ; Droit commercial, 339 mots (M. Cabrillac) ; Droit social et Droit du travail, 360 mots (G. Lyon-Caen) ; Droit constitutionnel, 393 mots (R. Charlier) ; Procédure civile, 533 mots (G. Cornu) ; Droit administratif, Droit fiscal et financier, 880 mots (respectivement J. Boulouis et F. Deruel) ; Droit civil, 885 mots (A. Weill et, à compter de 1973, G. Cornu).

La période qui suivit fut marquée, avec bonheur, par une première harmonisation entre Droit civil et Droit constitutionnel réalisée en accord avec R. Charlier, par des harmonisations internes (au Droit civil, à la Procédure civile et au Droit pénal) grâce à la collaboration de collègues de l'Université de Poitiers (P. Couvrat, J. Pradel, Ph. Rémy, H.-J. Lucas, J. David, J.-P. Moreau) et jusqu'au bout par l'accroissement

1. Le signe primordial de renvoi est un astérisque en tête du mot *. Il est utilisé chaque fois qu'un tel mot figure dans le corps de la définition du mot d'envoi. Commandés par les abréviations V. et Comp., les autres renvois sont regroupés à la fin de la définition.

sensible des définitions de Droit administratif (J. Boulouis), de Droit civil et de mots communs à toutes les disciplines.

L'épreuve décisive de la constitution du *Vocabulaire* par la recomposition des entrées a duré de 1980 à 1985. Elle seule a permis de combler les lacunes, d'harmoniser ou de recomposer les définitions. Elle n'aurait pu être accomplie sans l'assistance hors série de deux collaborateurs à l'intelligence et à la science desquels je rends un hommage de vérité pour ne rien dire du dévouement qui fut la moindre de leurs qualités : Marie-Chantal Boutard-Labarde, professeur à l'Université d'Orléans, Serge Balian, avocat à la cour de Paris. La totalité des entrées fut, mot à mot, revue avec l'un ou avec l'autre. Qu'ils reçoivent ici le témoignage de mon immense gratitude.

Gérard CORNU
Professeur émérite de l'Université de Droit, d'Économie et de Sciences sociales de Paris.

AVERTISSEMENT

Cette nouvelle édition du Vocabulaire juridique *vient quatre ans après la disparition de Gérard Cornu. Réalisée, en collégialité, par un comité rédactionnel désigné par les ayants droit en concertation étroite avec l'Association Henri Capitant des amis de la culture juridique française et les Éditions* PUF, *elle en assure la continuité, en fidélité à l'esprit de l'œuvre. Le projet est d'ambition modeste. La tâche du comité rédactionnel consiste simplement à procéder à des ajouts et modifications* a minima *dictés par l'actualité législative ou jurisprudentielle, travail de mise à jour d'un outil attaché à couvrir le Droit français contemporain dans l'ensemble de ses branches. D'où la nécessité sinon d'amender, du moins de faire évoluer certaines des définitions. La codification a notamment entraîné des changements de numérotation d'articles, de source, ou encore de fond. Ils ont été intégrés grâce à l'aide précieuse de trois doctorants, qui ont minutieusement vérifié l'ensemble des textes cités dans le* Vocabulaire. *Les définitions remaniées concernent par exemple le champ du droit de la famille, de la prescription ou encore du droit pénal. Elles restent peu nombreuses.*

Ce vocabulaire synchronique s'emploie à saisir le sens actuel de chaque terme, si bien qu'on ne retrouve pas, «sous chaque mot, l'historique du sens qu'il a pu revêtir» (v. Préface). Par exception la mémoire des règles ou des dénominations anciennes a été conservée soit lorsqu'elles sont encore de droit positif, soit parce qu'il semblait important d'en garder la trace (ex. la distinction enfant légitime, enfant naturel).

Il convenait aussi d'inclure de nouvelles notions, de nouvelles catégories du droit dans les champs ouverts à la définition (par exemple la question prioritaire de constitutionnalité, l'entreprise individuelle à responsabilité limitée, la rétention de sûreté). Certains des mots définis ont au demeurant été puisés dans le dossier laissé par Gérard Cornu (dommage écologique ou class action*). Ont également été signalés les simples changements de dénomination.*

Sur les mots d'origine étrangère, s'inspirant à nouveau des directives laissées dans la Préface, nous avons pris le parti d'inclure ceux d'entre eux qui servent à désigner des éléments du système juridique français ou de l'ordre international sans toujours avoir été francisés ou encore en raison de l'importance qu'ils ont pris notamment devant le juge français (par ex. kafala).

Quant à la méthode, les consignes précieuses laissées dans la Préface du Vocabulaire *ont guidé le travail du comité: «dépouiller le discours définitoire pour un maximum de substance sous un minimum de volume».*

PLAN DE L'OUVRAGE

ÉDITION ORIGINELLE

Liste des collaborateurs

L'ensemble de la révision de cet ouvrage a été assuré par Gérard CORNU, avec la collaboration de Marie-Chantal BOUTARD-LABARDE, professeur à l'Université de Paris X, et de Serge BALIAN, avocat à la cour de Paris.

ALFANDARI Élie	Professeur à l'Université Panthéon-Sorbonne (Paris I)
ALTER Michel	Professeur à l'Université de Grenoble
AUBERT Jean-Luc	Professeur à l'Université de Paris I
AUSSEL Jean-Marie	Professeur à l'Université de Montpellier
AZOULAI Marc	Professeur à l'Université de Paris I
BARRÈRE Jean	Professeur à l'Université de Toulouse I
BATIFFOL Henri	Professeur honoraire à l'Université de Paris II
BÉGUIN Jacques	Professeur à l'Université de Rennes
BELLET Pierre	Premier président honoraire de la Cour de cassation
BERTRAND Edmond	Professeur à l'Université d'Aix-Marseille
BESSON André	Professeur honoraire à l'Université de Paris II
BISCHOFF Jean-Marc	Professeur à l'Université de Strasbourg III
BOUBLI Bernard	Magistrat, conseiller référendaire à la Cour de cassation
BOULOUIS Jean	Président honoraire, professeur émérite à l'Université de Paris II
BOUREL Pierre	Professeur à l'Université de Paris II
BOUZAT Pierre	Doyen honoraire, professeur à l'Université de Rennes
CABRILLAC Michel	Professeur à l'Université de Montpellier I
CALAIS-AULOY Jean	Professeur à l'Université de Montpellier I
CARBONNIER Jean	Doyen honoraire, professeur honoraire à l'Université de Paris II
CASTAN Hervé	Professeur à l'Université de Paris V
CHAMPENOIS Gérard	Professeur à l'Université de Paris II
CHARLIER Robert	Professeur honoraire à l'Université de Paris II

COLOMBET Claude	Professeur à l'Université de Paris I
COLOMER André	Professeur à l'Université de Montpellier I
COUCHEZ Gérard	Professeur à l'Université de Paris X - Nanterre
COUVRAT Pierre	Doyen honoraire, professeur à l'Université de Poitiers
COZIAN Maurice	Professeur à l'Université de Dijon
DERRUPPÉ Jean	Professeur à l'Université de Bordeaux I
DERUEL François	Professeur à l'Université de Paris V
DESBOIS Henri	Professeur honoraire à l'Université de Paris II
DRAI Pierre	Premier président de la Cour de cassation
DUPICHOT Jacques	Professeur à l'Université de Paris XII
DU PONTAVICE Emmanuel	Professeur à l'Université de Paris II
DURRY Georges	Professeur à l'Université de Paris II, président de l'Université
FEUER Guy	Professeur à l'Université de Paris V - René-Descartes
FOSSEREAU Joëlle	Magistrat, conseiller référendaire à la Cour de cassation
FRANCESCAKIS Phocion	Directeur de recherche honoraire au CNRS
FRANÇON André	Professeur à l'Université de Paris II
FUSIL André,	Conseiller à la Cour de cassation
GAUDEMET-TALLON Hélène	Professeur à l'Université de Paris II
GAUTIER Pierre-Yves	Professeur à l'Université de Paris II
GEBLER Marie-Josèphe	Professeur à l'Université de Nancy
GICQUEL Jean	Professeur à l'Université de Paris I
GOLDMAN Berthold	Président honoraire, professeur honoraire à l'Université de Paris II
GOUBEAUX Gilles	Professeur à l'Université de Nancy
GROSS Bernard	Doyen honoraire, professeur à l'Université de Nancy
GUYENOT Jean	Maître de conférences à l'Université de Paris II
HEBRAUD Pierre	Professeur honoraire à l'Université de Toulouse
HONORAT Adrienne	Professeur à la Faculté de droit et des sciences économiques de l'Université de Nice
JARROSSON Charles	Professeur à l'Université de Strasbourg
JESTAZ Philippe	Professeur à l'Université de Paris XII
JOUBREL Fernand	Président de la première Chambre civile à la Cour de cassation
JULIEN Pierre	Doyen honoraire, professeur à l'Université de Nice
KAYSER Pierre	Professeur honoraire à l'Université d'Aix-Marseille
LAGARDE Paul	Professeur à l'Université de Paris I
LARGUIER Jean	Professeur à l'Université de Grenoble II

LA ROCHE DE ROUSSANE Paul	Président de Chambre à la cour de Paris
LAUTOUR Jacques	Juriste d'entreprise
LECLERCQ Claude	Professeur à l'Université de Paris XII
LEGEAIS Raymond	Président honoraire, professeur à l'Université de Poitiers
LEQUETTE Yves	Professeur à l'Université de Paris II
LERAT Pierre	Maître-assistant à l'Université de Paris XIII
LE TOURNEAU Philippe	Professeur à l'Université de Paris XII
LEVASSEUR Georges	Professeur honoraire à l'Université de Paris II
LEVEL Patrice	Juriste d'entreprise, professeur associé à l'Université de Paris X
LÉVY Denis	Professeur à l'Université de Paris II
LEVY Jean-Philippe	Professeur émérite à l'Université de Paris II
LOBIN Yvette	Professeur à l'Université d'Aix-Marseille III
LUCAS Henri-Jacques	Professeur à l'Université de Poitiers
LYON-CAEN Gérard	Professeur à l'Université de Paris I
MALINVAUD Philippe	Professeur à l'Université de Paris II, président de l'Association H. Capitant
MARTINE Edmond-Noël	Professeur à l'Université de Rennes
MASSIP Jacques	Conseiller à la Cour de cassation
MAURY Jacques	Doyen honoraire, professeur à l'Université de Toulouse
MAZEAUD Henri	Membre de l'Institut, professeur honoraire à l'Université de Paris II
MICHELET Élisabeth	Maître de conférences à l'Université de Dakar
MOREAU Jean-Pierre	Professeur à l'Université de Poitiers
MOURALIS Jean-Louis	Professeur à l'Université d'Aix-Marseille
NORMAND Jacques	Professeur à l'Université de Reims
OPPETIT Bruno	Professeur à l'Université de Paris II
PAUCOT René	Avocat général honoraire à la Cour de cassation, ancien trésorier de l'Association H. Capitant
PEYREFFITE Léopold	Professeur à l'Université de Toulouse
PONSARD André	Conseiller à la Cour de cassation
PRADEL Jean	Professeur à l'Université de Poitiers
PUECH Marc	Professeur à l'Université de Strasbourg III
RAYNAUD Pierre	Membre de l'Institut, professeur honoraire à l'Université de Paris II
RÉMY Philippe	Professeur à l'Université de Poitiers
REULOS Michel	Conseiller honoraire à la cour d'appel de Paris
RIEG Alfred	Professeur à l'Université de Strasbourg III

ROBERT André	Professeur à l'Université de Lyon III
RODIÈRE René	Professeur honoraire à l'Université de Paris II
ROUHETTE Georges	Professeur à l'Université de Clermont I
RUZIÉ David	Professeur à l'Université de Paris V
SAINT-ESTEBEN Robert	Avocat à la cour de Paris
SAUJOT Colette	Maître de conférences à l'Université de Paris II
SAYAG Alain	Professeur à l'Université de Paris V
SERRA Yves	Professeur à l'Université de Perpignan
SIMON-DEPITRE Marthe	Doyen honoraire, professeur à la Faculté de Droit de Rouen
SOTO (DE) Jean	Professeur à l'Université de Paris II
SOURIOUX Jean-Louis	Doyen honoraire, professeur à l'Université de Paris II
TALLON Denis	Doyen honoraire, professeur à l'Université de Paris II
TERRÉ François	Professeur à l'Université de Paris II
TIMBAL Pierre	Professeur émérite à l'Université de Paris II
TOMASIN Daniel	Professeur à l'Université de Toulouse I
TROPER Michel	Professeur à l'Université de Paris I
TUNC André	Professeur émérite à l'Université de Paris I
VEIL Simone	Ancien ministre, magistrat
VERDOT René	Professeur à l'Université d'Aix-Marseille
VIDAL José	Professeur à l'Université de Toulouse I
WEILL Alex	Doyen honoraire, professeur honoraire de l'Université de Strasbourg III

ÉDITIONS 2011, 2014, 2016, 2018, 2020 et 2022

Liste des personnes consultées

BACACHE-GIBEILI Mireille	Professeur, Université Panthéon-Sorbonne (Paris I)
BENABOU Valérie-Laure	Professeur, Université de Versailles - Saint-Quentin-en-Yvelines
BERGÉ Jean-Sylvestre	Professeur, Université de Lyon 3
BRUNET Pierre	Professeur, Université Paris Ouest Nanterre-La Défense (Paris X)
COLLART-DUTILLEUL François	Professeur, Université de Nantes
DELEBECQUE Philippe	Professeur, Université Panthéon-Sorbonne (Paris I)
FORTIS Élisabeth	Professeur, Université Paris Ouest Nanterre-La Défense (Paris X)
FOULQUIER Norbert	Professeur, Université Paris I
GANNAGÉ Léna	Professeur, Université Panthéon-Assas (Paris II)
GAUDRAT Philippe	Professeur, Université de Poitiers
LACOUR Stéphanie	Directrice de recherches CNRS (ISP, ENS Paris Saclay, Université Paris Nanterre, CNRS)
MALLET-POUJOL Nathalie	Directrice de recherches CNRS, Université de Montpellier
MARCHADIER Fabien	Professeur, Université de Poitiers
MORAND-DEVILLER Jacqueline	Professeur, Université Panthéon-Sorbonne (Paris I)
NÉGRI Vincent	Chercheur (ISP, ENS Paris Saclay, Université Paris Ouest Nanterre-La Défense, CNRS)
NOUGARET Christine	Professeur, École nationale des chartes
ROLIN Frédéric	Professeur de droit public, Université Paris Saclay
SIRINELLI Pierre	Professeur, Université Panthéon-Sorbonne (Paris I)
WAGENER Noé	Professeur de droit public, Université Paris-Est Créteil (UPEC)

Mise à jour des références textuelles

FERRIÉ Scarlett-May	Doctorante, Université Panthéon-Sorbonne (Paris I)
MORON-PUECH Benjamin	Maître de conférences, Université Panthéon-Assas (Paris II)
SABILLELAH Lynda	Doctorante, Université Panthéon-Sorbonne (Paris I)

Conseil d'administration de l'Association Henri-Capitant des amis de la culture juridique française

AUBERT Jean-Luc	Conseiller à la Cour de cassation, agrégé des facultés de droit
BLANC-JOUVAN Xavier	Professeur à l'Université Panthéon-Sorbonne (Paris I)
CANIVET Guy	Premier président de la Cour de cassation
CARTIER Marie-Élisabeth	Professeur à l'Université Panthéon-Assas (Paris II)
CHAHID-NOURAÏ Noël	Conseiller d'État en disponibilité, avocat à la Cour
CORNU Gérard	Professeur émérite de l'Université Panthéon-Assas (Paris II), vice-président de l'Association Henri-Capitant
DECORPS Jean-Paul	Notaire, président du Conseil supérieur du notariat
DELPEUCH Jean-Pierre	Directeur des affaires juridiques au Conseil supérieur du notariat
DUBARRY Jean-Claude	Avocat à la Cour, professeur à l'Institut de droit des affaires de l'Université Panthéon-Assas (Paris II), trésorier de l'Association Henri-Capitant
GAUDEMET Yves	Professeur à l'Université Panthéon-Assas (Paris II)
GRIMALDI Michel	Professeur à l'Université Panthéon-Assas (Paris II), président de l'Association Henri-Capitant
JAUFFRET-SPINOSI Camille	Professeur à l'Université Panthéon-Assas (Paris II)
JESTAZ Philippe	Professeur à l'Université de Paris Val-de-Marne (Paris XII)
LEQUETTE Yves	Professeur à l'Université Panthéon-Assas (Paris II)
LYON-CAEN Arnaud	Avocat au Conseil d'État et à la Cour de cassation, vice-président de l'Association Henri-Capitant
MALINVAUD Philippe	Professeur émérite de l'Université Panthéon-Assas (Paris II), président d'honneur de l'Association Henri-Capitant
MATTEOLI François-Xavier	Bâtonnier de l'Ordre du Barreau des Hauts-de-Seine, Bureau Francis Lefebvre
MAZEAUD Denis	Professeur à l'Université Panthéon-Assas (Paris II), secrétaire général de l'Association Henri-Capitant
MESTRE Jacques	Professeur à l'Université d'Aix-Marseille III, doyen de la Faculté de droit d'Aix-Marseille III

MICHAUD Jean	Conseiller à la Cour de cassation
TERRÉ François	Membre de l'Institut, professeur émérite de l'Université Panthéon-Assas (Paris II)
VINEY Geneviève	Professeur à l'Université Panthéon-Sorbonne (Paris I)

Principales abréviations

a.	article
abrév.	abréviation
absolt.	absolument (sans complément)
adde	ajoutez
adj.	adjectif
adm.	administratif
adv.	adverbe
aér.	aérien (Droit aérien)
aff.	affaires (Droit des affaires)
al.	alinéa
all.	allemand
AMF	Autorité des marchés financiers
AN	Assemblée nationale
an.	analogie
anc.	ancien
angl.	anglais
ant.	antonyme
arch.	archaïque
arr.	arrêté
ass.	assurance (Droit des assurances)
c.	code, cour, conseil
C. act. soc. et fam.	Code de l'action sociale et de la famille
C. adm.	Code administratif
C. art.	Code de l'artisanat
CASF	Code de l'action sociale des familles
C. av. civ.	Code de l'aviation civile
C. ass.	Code des assurances
C. cass.	Cour de cassation
C. cin.	Code du cinéma et de l'image animée
C. civ.	Code civil
C. com.	Code de commerce
C. comm.	Code des communes
C. comm. N.-Cal.	Code des communes de la Nouvelle-Calédonie
C. cons.	Code de la consommation
C. const.	Conseil constitutionnel
C. constr. ou CCH	Code de la construction et de l'habitation

CE	Conseil d'État
CE	Communauté européenne
C. élec.	Code électoral
C. env.	Code de l'environnement
C. étr.	Code de l'entrée et du séjour des étrangers et du droit d'asile
C. eur.	Communautés européennes
C. expr.	Code de l'expropriation
cf.	*confer* (rapprochez)
c. for.	Code forestier
CGCT	Code général des collectivités territoriales
CGI	Code général des impôts
CGPPP	Code général de la propriété des personnes publiques
ch.	chambre
chap.	chapitre
CIJ	Cour internationale de justice
circ.	circulaire
civ.	civil (Droit civil)
CJA	Code de justice administrative
C. jur. fin.	Code des juridictions financières
C. just. mil.	Code de justice militaire
class.	classique
C. mon et fin.	Code monétaire et financier
C. nat.	Code de la nationalité
COJ	Code de l'organisation judiciaire
com.	commercial (Droit commercial)
comm.	communautaire (Droit communautaire)
comp.	comparez, composé
compt.	comptabilité
conc.	concurrence (Droit de la concurrence)
cons.	consommation (Droit de la consommation)
const.	constitutionnel (Droit constitutionnel), constitution
conv.	convention
C. patr.	Code du patrimoine
C. pén.	Code pénal
CPC	Code de procédure civile
CPP	Code de procédure pénale
C. pr. civ.	Code de procédure civile, V. CPC
C. pr. civ. ex.	Code des procédures civiles d'exécution
CPI	Code de la propriété intellectuelle
C. postes. et com. électr.	Code des postes et des communications électroniques
C. route	Code de la route
C. rur.	Code rural de la pêche maritime
C. sant. publ.	Code de la santé publique, de la famille et de l'aide sociale
C. séc. soc.	Code de la sécurité sociale et de la mutualité
C. serv. nat.	Code du service national
C. soc.	Code des sociétés
C. transp.	Code des transports
C. trav.	Code du travail

C. urb.	Code de l'urbanisme
d.	décret
dér.	dérivé
dir.	directive
div.	divers (matières diverses)
doct.	doctrine
Dr.	Droit (objectif)
dr.	droit (subjectif)
dr. int. pr.	droit international privé
€	euro
ecclés.	ecclésiastique
écon.	économique (Droit économique)
éd.	édition
empr.	emprunté
env.	Droit de l'environnement
eod. v^o	*eodem verbo* (même mot)
eisd. v^is	*eisdem verbis* (mêmes mots)
esp.	espagnol
étym.	étymologie
eur.	européen (Droit européen)
ex.	exemple
ext.	extension
F	franc
fém. ou f.	féminin
fig.	figuré
fin.	financier (Droit financier)
fisc.	fiscal (Droit fiscal)
fluv.	fluvial (Droit fluvial)
for.	forestier (Droit forestier)
franç.	français
fréq.	fréquemment
gaul.	gaulois
gén.	général, généralement
germ.	germanique
gr.	grec
ibid.	*ibidem*, au même endroit
i.e.	*id est* (c'est-à-dire)
int.	international
intel.	intellectuel (Droits intellectuels)
intr.	intransitif
ital.	italien
JO	*Journal officiel*
jur.	jurisprudence, juridique
L.	Loi (partie législative d'un code)
l.	loi
LPF	Livre des procédures fiscales
lat.	latin
litt.	littéralement
liv.	livre

loc.	locution
loc. cit.	*loco citato* (à l'endroit précité)
mar.	maritime (Droit maritime)
MA	Moyen Âge
masc. ou m.	masculin
médiév.	médiéval
mod.	modifié par, moderne
mon.	monétaire (Droit monétaire)
n.	nom
n°	numéro
néol.	néologisme
not.	notamment
notar.	notarial (Droit notarial)
o.	ordonnance
obs.	obsolète
op. cit.	*opere citato* (dans l'ouvrage précité)
opp.	opposition, opposé
p.	page
pal.	palais de justice (langue du palais)
par.	paragraphe
part. pass.	participe passé
part. prés.	participe présent
pass.	passive (forme du verbe)
PEDC	Principes européens des contrats
péj.	péjoratif
pén.	pénal (Droit pénal)
pénit.	pénitentiaire (Droit pénitentiaire)
pl.	pluriel
pop.	populaire
pr.	procédure
pr. civ.	procédure civile
pr. pén.	procédure pénale
Pr. Unidroit	Principes Unidroit
préc.	précité, précédent
préf.	préfixe
priv.	privé (Droit privé)
prof.	professionnel (Droit professionnel)
propr.	proprement
propr. ind.	Droit de la propriété industrielle
propr. litt.	Droit de la propriété littéraire et artistique
publ.	public (Droit public)
qqch.	quelque chose
qqn	quelqu'un
R.	Règlement (partie réglementaire d'un code)
r.	règlement
rac.	racine
rec.	recueil
rect.	rectificatif
rép.	répertoire

rev.	revue
rom.	romain (Droit romain)
rur.	rural (Droit rural)
s.	siècle, et suivants
SACD	Société des auteurs et compositeurs dramatiques
SACEM	Société des auteurs, compositeurs et éditeurs de musique
sav.	savant
sc.	scientifique
scolast.	scolastique
sect.	section
Sén.	Sénat
sing.	singulier
soc.	social (Droit social)
somm.	sommaire
spéc.	spécialement
subst.	substantif ou substantivé
succ.	succession (droit successoral)
suff.	suffixe
sup.	supin
suppl.	supplément
syn.	synonyme
t.	tome
TFUE	Traité sur le fonctionnement de l'Union européenne
tit.	titre
tr.	traité
trans.	transitif
transp.	transport (Droit des transports)
trav.	travail (Droit du travail)
trib.	tribunal
V.	voir
v.	verbe
v°, *vis*	*verbo*, *verbis* (au mot, aux mots)
vx	vieux, vieilli
*	voir ce mot

Présentation du mot

Chaque mot défini comprend (ou peut comprendre) :

1. L'entrée.

2. L'étymologie et parfois l'indication de marques grammaticales (subst. ou adj., fém. ou masc., plur.).

3. Les regroupements de sens par matière. Ex. : I (civ.), II (adm.).

4. Le ou les sens fondamentaux (lesquels sont alors indiqués par les chiffres **1, 2, 3,** etc.). La définition de chaque sens est précédée d'un rond noir : •.

5. Les sous-mots. Ex., au mot ABUS, — d'autorité (*i.e.* abus d'autorité), ou au mot REPRÉSENTATION, — **(droit de)** (*i.e.* droit de représentation).
   Ces sous-mots peuvent être :
   — communs à tous les sens fondamentaux ;
   — propres à chaque sens fondamental.

6. Les sens secondaires correspondant aux subdivisions des sens fondamentaux (ils sont alors indiqués par les signes : ***a /, b /*** (en caractères gras) ou à celles des sous-mots (ils sont en ce cas indiqués par les signes : *a /, b /*).

7. Dans le corps des définitions, des exemples et les références principales à la loi, au règlement (plus rarement à la doctrine ou à la jurisprudence).

8. Des renvois aux mots qui constituent le champ notionnel du défini, lorsqu'ils sont eux-mêmes définis sous une autre entrée. Ces renvois peuvent emprunter les formes suivantes :
   - L'astérisque * en tête du mot auquel il est renvoyé lorsque celui-ci figure dans le corps de la définition.
   - Dans le cas contraire, l'indication finale des mots auxquels il est renvoyé par les abréviations : V. comp., syn., ant.
   - Parfois, un sous-mot de renvoi. Ex., au mot ABUS, — **de blanc-seing,** renvoie à blanc-seing *(abus de)*.

9. Des adages, composés en *italiques* et en général placés en fin de mot. Ils sont regroupés par ordre alphabétique à la fin de l'ouvrage avec, lorsqu'ils sont en latin, la traduction française.

A

ABANDON

Très anc. comp. ; issu de la locution *a bandon,* dans laisser, mettre a bandon : à la discrétion, à la merci. *Bandon :* anc. terme jurid. signifiant pouvoir, dér. du germ. *banda* : étendard, d'où signe d'autorité auquel se rattache aussi bande : troupe.

• **1** Fait de délaisser une personne, un bien ou une activité, au mépris d'un devoir.

— **de famille** (sens strict). Fait pour toute personne de demeurer deux mois sans s'acquitter intégralement de sa dette, au mépris de la décision de justice ou de la convention judiciairement homologuée qui lui impose soit de contribuer aux charges du mariage, soit de payer une pension alimentaire à son conjoint, à ses ascendants, ou à ses descendants, soit de verser des subsides à un enfant ou des prestations dues en vertu d'un devoir de famille (C. pén., a. 227-3).

— **de foyer.** Abandon de la résidence familiale par le père ou la mère, incriminé, aux conditions de cette infraction, comme *abandon moral ou matériel d'enfant (v. ci-dessous).

— **d'enfant.** Nom traditionnel couramment donné au délit ou au crime que la loi dénomme *délaissement (de mineur, C. pén., a. 227-1, ou d'une personne hors d'état de se protéger, a. 223-3). V. **exposition d'enfant.*

— **de poste.**

a / (publ.). Situation irrégulière d'absence pour les fonctionnaires (bien que l'abandon de poste puisse être collectif ou individuel, l'expression est généralement réservée à cette seconde hypothèse, englobant en particulier le cas du fonctionnaire qui, sans justification, ne rejoint pas le poste à lui assigné ou ne reprend pas son service à l'issue d'un congé).

b / (just. mil.). Infraction consistant, pour un militaire, à ne pas rejoindre ou à quitter l'endroit où il doit se trouver à un moment donné pour l'accomplissement de la mission reçue de ses chefs, lorsqu'il se trouve en faction, en vedette, de veille ou de quart ; punie plus sévèrement lorsqu'elle a lieu en présence de l'ennemi ou d'une bande armée ; désigne aussi l'abandon, sans ordre et en violation des consignes reçues, d'un bâtiment de la marine ou d'un aéronef militaire, et le manquement à l'obligation du commandant, ou du pilote, de quitter son bord le dernier.

c / (mar.). Infraction qui consiste, pour un officier, maître ou homme d'équipage, à être absent du bord lorsqu'il est affecté à un poste de garde ou de sécurité ou après la reprise du service par quarts en vue de l'appareillage ; infraction qui consiste, pour un capitaine, à rompre son engagement et à abandonner son navire avant d'être remplacé ou à ne pas se tenir en personne dans son navire à l'entrée et à la sortie des ports, havres ou rivières.

— **moral ou matériel d'enfant.** Sorte d'abandon de famille (au sens large) consistant pour un père ou une mère à mettre en péril son enfant mineur par un manquement à ses devoirs parentaux (manque de direction, défaut de soins, abandon de foyer, exemple pernicieux d'ivrognerie ou d'inconduite, mauvais traitements, etc.) dans le cas où cette démission parentale compromet gravement la santé, la sécurité, la *moralité ou l'éducation de l'enfant. C. pén., a. 227-1 (se distingue de l'abandon de famille au sens strict qui a un caractère pécuniaire et de l'abandon brut de l'enfant constitutif de *délaissement, v. ci-dessus). V. *privation d'*aliments ou de soins.*

• **2** *Renonciation à un droit. Comp. *délaissement, déguerpissement, abandon-*

nement, obligation « in rem », répudiation, abdication.

— **aux créanciers (à leur disposition).** Acte juridique par lequel le débiteur (ou l'héritier *bénéficiaire) laisse aux créanciers la charge de vendre ses biens (ou ceux de la succession) afin que ceux-ci se paient sur le prix de vente, mais sans renoncer à sa propriété (ayant vocation à recouvrer ce qui reste après désintéressement des créanciers) (C. civ., a. 802 anc., 1265 anc.).

— **de propriété (ou de copropriété).** Acte juridique par lequel le propriétaire (ou le copropriétaire) d'un bien renonce sur ce bien à son droit de propriété ou de copropriété au profit d'une personne déterminée (en général son voisin), afin de s'affranchir d'une charge. Ex. abandon d'un fonds grevé d'une *servitude (C. civ., a. 699), abandon de mitoyenneté (C. civ., a. 656, 667), abandon de terres à une association foncière pastorale.

— **du navire et du fret.** Institution en vertu de laquelle le propriétaire d'un navire pouvait s'affranchir des obligations nées du fait du capitaine ou des engagements contractés par ce dernier, en limitant les droits des créanciers à se payer sur le navire et sur le fret qui constituaient la « *fortune de mer » (C. com. anc., a. 216).

- **3** Renonciation à une prétention juridique. Ex. abandon de conclusions. Comp. *transaction, désistement.*
- **4** Fait (emportant abandon de propriété) de rejeter un objet (not. de le jeter à la rue). V. **res nullius,* *res derelictae, déchet.*
- **5** État d'une chose délaissée, dont on se désintéresse. Ex. colis non réclamé, terre laissée à l'abandon (situation exposant le preneur à la résiliation du bail).
- **6** Désignation d'un arbre en vue de son exploitation, par opp. à *réserve (sens 9). Ex. arbre abandonné, arbre marqué pour être abattu. Comp. *balivage.*

ABANDONNATAIRE

Subst. – De *abandon ; dér., fait au XIXe siècle, d'après donataire.

- Celui au profit duquel est fait l'*abandonnement ou l'*abandon du navire. V. *bénéficiaire, cessionnaire, acquéreur, attributaire.*

ABANDONNEMENT

Dér. d'abandonner. V. *abandon.*

- **1** Opération par laquelle des biens sont attribués à titre de partage à un indivisaire pour le remplir de ses droits. Syn. **attribution.* Ex. abandonnement d'immeuble fait à un conjoint au cours du mariage. Comp. **assignation de parts, allotissement,* *partage d'ascendant.*
- **2** Dans certaines expressions, *abandon de possession. Ex. contrat d'abandonnement. V. *déguerpissement, délaissement.*

ABATTAGE

Dér. de abattre, formé du préf. a et du v. battre, bas lat. *batere.*

- Action de tuer ou de faire tomber, appliquée à des animaux (mise à mort) ou à des végétaux (coupe).

— **d'animaux.** Mise à mort d'animaux pratiquée à des fins d'alimentation, pour l'obtention de peaux, de fourrures ou d'autres produits, ou par mesure sanitaire afin d'enrayer les maladies réputées contagieuses, toujours soumise, pour les lieux et modalités d'exécution, à des règles de *police administrative ; plus spéc. mise à mort par saignée (d. 1er oct. 1997).

— **d'arbres.** Coupe des arbres sur pied étroitement réglementée afin de protéger les espaces boisés et les espaces verts urbains, se distinguant de l'arrachement, de la mutilation et surtout du *défrichement ou *déboisement (lequel a pour effet de détruire l'état boisé d'un terrain). V. *déficit de *réserve, délit d'outre-passe.*

— **d'urgence.** Mise à mort d'un animal rendue nécessaire par ses blessures, sa maladie ou son agressivité, effectuée sous le contrôle d'un vétérinaire selon des modalités imposées par les circonstances et dérogeant aux règles habituelles.

— **rituel.** Mise à mort d'animaux conforme à des usages religieux et faisant l'objet d'une réglementation particulière.

ABATTEMENT

Dér. du v. abattre. V. *abattage.*

- **1** *Réduction effectuée sur la matière imposable avant application de l'impôt.

Ex. abattement à la base, abattement pour charges de famille, abattement sur la part des héritiers. Comp. *exonération, dégrèvement, déduction, décharge.*

- **2** Diminution du salaire légal ou d'une prestation sociale, fondée sur les différences du coût de la vie (abattement de zone) ou des différences d'aptitude supposée (abattement d'âge). V. *discrimination.*

ABATTOIR

Subst. masc. – Dér. du v. abattre. V. *abattage.*

- Établissement affecté à l'abattage (ou à la mise à mort sans saignée) des animaux des espèces bovine, ovine, caprine, porcine, des équidés, des volailles, des lapins domestiques et du gibier d'élevage. V. *équarrissage.*

ABDICATIF, IVE

Adj. – Dér. de *abdication.

- Qui emporte *abdication (sens 1 ou 2). Ex. acte abdicatif, *renonciation abdicative.

ABDICATION

Lat. *abdicatio,* dér. de *abdicare* : refuser, repousser.

- **1** Acte par lequel une personne déclare renoncer à sa fonction publique ; ne s'emploie habituellement que pour la *renonciation à la royauté, l'empire ou la dictature, le mot *démission étant employé pour les autres fonctions (dans les Républiques modernes, le mot démission est seul usité pour la renonciation à la présidence de la République). V. *destitution.*
- **2** Plus gén. *renonciation pure et simple à un droit. V. *renonciation abdicative, abandon, répudiation.*

AB INTESTAT

Formule dérivée du latin *ab intestato,* qualifiant soit la *succession légale qui s'ouvre à défaut de *testament, soit l'*héritier d'un *intestat appelé par la loi. Ant. *testamentaire.*

AB IRATO

Lat. *ira-ae,* la colère. *Ab irato :* inspiré par la colère. *Ab irato agere :* agir sous l'influence de la colère.

- Expression latine encore employée dans la pratique pour désigner des actes accomplis sous l'empire de la colère, lesquels ne sont pas nuls ou illicites du seul fait de l'irritation qui les inspire, mais peuvent le devenir dans certaines circonstances. Ex. le testament *ab irato* (comportant une exhérédation) peut être annulé pour insanité d'esprit, si la colère a provoqué un trouble mental grave (C. civ., a. 901). V. *sentiment.*

ABOLITIF, IVE

Adj. – Dér. de *abolition.

- Qui emporte *abolition. Ex. loi abolitive. V. *abrogatif, interprétatif, modificatif.* Comp. *élisif.*

ABOLITION

Lat. *abolitio* : suppression, abolition.

- Suppression, par une loi nouvelle, d'un état de Droit antérieur (d'un système, d'un régime, d'une institution). Ex. abolition de la peine de mort ; si, formellement, l'abolition s'opère par *abrogation de la loi qui portait l'état de Droit supprimé, elle entend signifier – plus solennellement et plus substantiellement – que la suppression atteint en lui-même un état de Droit révolu (que le progrès du Droit fait repousser). Ex. abolition de l'esclavage, de la mort civile, de la contrainte par corps. Ant. *consécration, institution, établissement, rétablissement.* Comp. *retrait, annulation, rapport* (sens 3).

ABONNEMENT

Dér. du v. abonner, soumettre à une redevance limitée, d'où s'abonner, prendre un abonnement, dans le franç. jur. médiéval ; comp. de *bonne,* autre forme de *borne.* V. *bornage.*

- **1** Modalité simplificatrice et régulatrice de certains contrats (transport, vente, fournitures diverses, etc.) qui, moyennant un engagement de longue durée (le contrat d'abonnement), permet à celui qui verse en une ou plusieurs fois un prix forfaitaire globalement étudié pour cette durée, d'obtenir de son contractant le service périodique de certaines *prestations dont la fourniture répétée exigerait à chaque reprise, sans l'abonnement, une convention distincte (Ex. abonnement de chemin de fer, de théâtre, abonnement à des revues ou journaux) ou même le service permanent de certaines fournitures (eau, gaz, électricité, téléphone) pour lesquelles l'abonnement, plus qu'une commodité, est une nécessité. V. *renouvellement*. Comp. *maintenance*.

- **2** En matière fiscale.

a / Mode de recouvrement appliqué à certains impôts indirects en vertu d'une convention entre l'administration fiscale et le redevable qui consiste à substituer un paiement global à l'application successive de l'impôt à toutes les opérations taxables.

b / Détermination forfaitaire et annuelle de l'impôt appliquée à certains contribuables selon des modalités spéciales (forains).

ABORDAGE

Dér. du v. aborder, comp. de bord, mot d'origine germanique francique : *bord*.

▸ **I** (int. publ.)

- **1** Assaut délictueux donné en haute mer ou dans les eaux territoriales par un *navire à un autre (en s'amarrant à lui bord à bord).
- **2** Par ext., collision accidentelle de deux navires.

▸ **II** (transp.)

- **1** (mar.). Collision de deux ou plusieurs engins flottants, dont l'un au moins est un *navire. Ex. choc de coque à coque, en mouvement ou au mouillage, choc entre mâtures de deux navires mouillés côte à côte, etc. V. *avarie*.
- **2** (fluv.). Collision de deux ou plusieurs *bâtiments de rivières.
- **3** (aér.). Collision de deux ou plusieurs *aéronefs en évolution (C. av. civ., a. L. 141-1).

ABORNEMENT

Dér. du v. borner. V. *bornage*.

- Opération matérielle effectuée après l'opération juridique de délimitation d'une frontière et consistant à marquer sur le terrain grâce à des *bornes ou autres repères, le tracé exact de celle-ci. Comp. *bornage*.

ABOUTISSANTS

Subst. masc. plur. – Dér. du v. aboutir, comp. de bout, subst. verbal de bouter, anciennement mettre, d'origine germanique francique *bôtan*.

- Pour une propriété, les *fonds qui sont adjacents à ses petits côtés, par opp. aux *tenants.

ABROGATIF, IVE (OU ABROGATOIRE)

Adj. – Du v. abroger.

- Qui emporte *abrogation. Ex. loi abrogative. V. *abolitif, modificatif, interprétatif*. Comp. *élisif*.

ABROGATION

Lat. *abrogatio*, dér. de *abrogare* : abroger, annuler.

- Suppression, par une nouvelle disposition, d'une règle (loi, convention internationale) qui cesse ainsi d'être applicable pour l'avenir (la Convention de Vienne sur le Droit des traités emploie de préférence le terme plus général d'extinction). Comp. *retrait, annulation, abolition, désuétude, rapport* (sens 3). V. *caduc* (sens 2).

— ***expresse.** Celle qui est énoncée par le texte nouveau.

— **tacite (ou implicite).** Celle qui résulte seulement de l'introduction dans un texte nouveau d'une disposition incompatible avec la disposition antérieure.

ABSENCE

Lat. *absentia*, dér. de *absens* : absent.

- **1** Au sens courant, fait de ne pas être présent dans un lieu déterminé. Ex. C. civ., a. 1347. Ant. *présence*.

— **(autorisation d').** Permission donnée à un salarié pour un motif divers (stage de formation professionnelle, syndicale, etc.) de ne pas se trouver au lieu du travail au moment prévu pour l'exécution de celui-ci.

- **2** Au sens strict, état d'une personne dont l'absence a été déclarée, correspondant aujourd'hui à une présomption de décès. Comp. *disparition*. V. *vie*.

— **(déclaration d').** Constatation de l'absence, par jugement du tribunal de grande instance, qui peut intervenir soit lorsqu'il s'est écoulé dix ans depuis la constatation de la présomption d'absence, soit, à défaut d'une telle constatation, lorsque la personne a cessé de paraître au lieu de son domicile ou de sa résidence sans que l'on en ait eu de nouvelles depuis plus de vingt ans (C. civ., a. 122) et qui emporte des effets comparables à ceux du décès (ouverture de la succession, dissolution du mariage et du régime matrimonial) sous réserve des règles relatives au retour de l'absent (C. civ., a. 128 s.).

— **(présomption d').** Situation que le juge des tutelles peut être appelé à constater, lorsqu'une personne a cessé de paraître au lieu de son domicile ou de sa résidence sans que l'on en ait eu de nouvelles (C. civ., a. 112), cette constatation permettant de pourvoir aux intérêts du *présumé absent par des mesures appropriées.

- **3** (sens courant). Défaut, manque, non-existence.

— **de *consentement** (dans la formation d'un contrat). Défaut de consentement tenant soit, dans l'esprit de l'une au moins des parties, à l'existence, au moment de l'acte, d'un *trouble mental exclusif d'une volonté éclairée, soit, entre les parties, lors de l'échange des consentements, au défaut d'entente sur les éléments *essentiels du contrat, exclusif d'un accord, faits justifiant dans l'un et l'autre cas, l'annulation de l'acte (concept transposable en tant que de raison à l'auteur ou aux auteurs de tout acte juridique). Comp., **vice du consentement, mariage simulé.* V. *blanc, absence de *cause.*

ABSENT, ENTE

Adj. ou subst. – Lat. *absens,* part. prés. de *absum.*

- **1** (adj.).

  a / Qui n'est pas là où il devrait être. V. *défaillant, comparant.*

  b / Se dit aussi d'une personne qui, par suite d'*éloignement, se trouve malgré elle hors d'état de manifester sa volonté (C. civ., a. 120). Comp. *disparu, non présent.*

- **2** (subst. ou adj.). Personne en état d'*absence (sens 2) (déclarée absente et donc présumée morte). V. *vivant, défunt, déclaration d'absence.*

— **(présumé).** Personne qui, par constatation judiciaire, est sous le coup d'une *présomption d'absence.

ABSENTÉISME

Empr. à l'anglais *absenteeism,* dér. de *absentee,* absent.

- **1** Rapport, pour une même période de travail, de l'importance globale des absences à la durée théorique du travail.
- **2** Dans le langage courant, tendance à ne pas exercer une fonction ou un emploi par utilisation abusive de *dispense légale.

ABSOLU, UE

Adj. – Lat. *absolutus,* part. pass. de *absolvere* : parfait, achevé.

- **1** Sans restriction aucune ; sans limites ; en ce sens la propriété n'est pas, en dépit de l'a. 544 du C. civ., un droit absolu. V. *inéligibilité absolue, incapacité absolue.*
- **2** *Opposable à tous ; doté d'une force obligatoire **erga omnes* par opp. à *relatif ; en ce sens, tout droit *réel a un caractère absolu. V. *opposabilité.*
- **3** Parfois syn. de *discrétionnaire (dont l'exercice n'est pas susceptible d'*abus). V. *potestatif.*
- **4** Sans exception ni dérogation. Ex. interdiction absolue. V. **inceste absolu.* Comp. *irréfragable.*
- **5** Revêt, en certaines expressions, divers sens techniques de précision. V. *nullité absolue, majorité absolue, franchise absolue.*

ABSOLUTION

Lat. *absolutio,* dér. de *absolvere* : absoudre.

- Décision d'une juridiction répressive de jugement, aujourd'hui nommée *exemption de peine, qui a pour effet d'exempter l'auteur d'une infraction des peines principales normalement prévues par la loi et qui est prise soit au résultat d'une *excuse *absolutoire (cause légale), soit (depuis 1975) si la réinsertion sociale du prévenu est acquise, la victime indemnisée et le trouble social apaisé ; reconnu coupable, à la différence de l'acquitté ou relaxé, l'absous est impuni pour des raisons de politique criminelle, mais reste passible de *mesures de sûreté et peut être condamné à des réparations civiles, et aux dépens. Comp. *acquittement, relaxe, non-lieu, classement sans suite*. V. *condamnation*.

ABSOLUTISME

Dér. récent d'*absolu.

- Système politique dans lequel un même individu (*monarque, *dictateur) ou un seul corps exerce tous les pouvoirs dans aucune limitation.

ABSOLUTOIRE

Adj. – Lat. jur. *absolutorius* : qui délie, acquitte, de *absolvere* : absoudre, dégager.

- Qui absout (jugement absolutoire) ; qui est propre à absoudre (*excuse absolutoire) ; qui a pour effet de faire échapper un fait en soi illicite à la condamnation, en éliminant un élément de l'incrimination, ou de soustraire une faute à l'application de la peine. V. *absolution, acquittement, relaxe, pardon*. Comp. *justificatif, exonératoire, libératoire*.

ABSORPTION

Lat. *absorptio*.

- Espèce de *fusion.

ABSOUS, OUTE

Subst. ou adj. – Du v. absoudre, lat. *absolvere*.

- (Celui ou celle) qui bénéficie d'une *absolution.

ABSTENTION

Lat. *abstentio*, de *abstinere* : s'abstenir.

- **1** (sens gén.). Non-exercice d'un droit ou d'une fonction ; non-exécution d'un devoir ; parfois licite (ex. abstention électorale, fait de ne pas voter au sein d'une assemblée délibérative : AN, r., a. 66), l'abstention peut constituer une faute civile (ex. ne pas donner l'alerte si l'on constate un commencement d'incendie dans un local inhabité), ou pénale (ex. abstention délictueuse). V. *omission, refus, non-dénonciation, déni de justice, non-représentation d'enfant*.

— **de juge.** Fait pour un juge de ne pas prendre part à une instance ou à un délibéré. Ex. CPC, a. 339 : le juge qui suppose en sa personne une cause de récusation ou estime en conscience devoir s'abstenir se fait remplacer par un autre juge.

— **de porter *secours.** Abstention délictueuse également nommée *non-assistance à personne en danger ou *omission de porter secours (v. ce dernier mot).

- **2** Dans une organisation internationale, fait de participer à un *vote sans exprimer de *suffrage (vote *blanc) ; attitude qui se distingue de la non-participation au vote.

— **constructive.** Expression euphémique désignant une abstention amputée, pour son auteur, de son droit de *veto dans un vote en principe soumis à la règle d'unanimité ; type d'abstention sans veto destiné à établir une unanimité fictive malgré l'absence d'unanimité réelle ; plus précisément (eur.), abstention d'un État membre de l'Union européenne, lors d'un vote du Conseil de l'Union européenne dans le cadre de la *PESC, qui ne ferait obstacle ni à l'unanimité ni à la mise en œuvre, sous l'égide de l'Union, d'une action commune, dispensant seulement son auteur d'y participer, sous l'obligation de n'y pas nuire et à charge, le cas échéant, d'en supporter les suites financières et les retombées politiques.

ABSTENTIONNISME

Dér. de *abstention.

- **1** Syn. de *abstention.
- **2** Doctrine qui préconise cette abstention.
- **3** Pratique générale ou répétée de cette abstention, spécialement lorsqu'elle est le fait d'un groupe (ex. l'abstentionnisme des jeunes).

ABSTRAIT, E

Adj. – Du lat. *abstractus*, part. de *abstrahere* (préf. *ab* et *trahere*) : tirer loin de, séparer de.

- **1** Général, objectif, inhérent à un type de concept ou de relation, par opp. à concret ;

se dit, quand il s'agit d'en apprécier l'existence, de la *cause d'une *obligation, toujours semblable à elle-même dans un type d'opération, par opp. au mobile déterminant (concret, personnel et variable d'un individu à l'autre dans le même type d'opération). Ex. dans la vente, la cause abstraite de l'obligation du vendeur est toujours la considération du prix, celle de l'acheteur la considération de la chose vendue ; plus généralement la cause abstraite de l'obligation d'une partie dans un contrat *synallagmatique est la considération de la contrepartie qui lui est due.

• **2** Qui a une valeur en soi, abstraction faite de sa *cause et de ses *mobiles (c'est-à-dire nonobstant l'inexistence ou l'illicéité de sa cause) ; se dit des *promesses qui se font par la seule souscription d'un acte muet sur sa cause et qui obligent leur auteur envers le créancier ou des tiers cessionnaires sans qu'il y ait à se préoccuper de leur cause (et quand même serait-il prouvé que l'engagement du souscripteur est sans cause ou procède d'une cause illicite). Ex. les effets de commerce (lettre de change, chèque, billet à ordre) sont des actes abstraits. Comp. *billet non causé*.

ABUS

Lat. *abusus,* du v. *abuti* : faire mauvais usage.

• **1** Usage *excessif d'une prérogative juridique ; action consistant pour le titulaire d'un droit, d'un pouvoir, d'une fonction, à sortir, dans l'exercice qu'il en fait, des normes qui en gouvernent l'usage licite. Comp. *excès*.

— **d'autorité.** Qualification générale sous laquelle le Code pénal (a. 432-1 s.) range divers délits commis par un fonctionnaire dans l'exercice de ses fonctions, soit contre un particulier (ex. violation de domicile, discrimination, atteinte à la liberté individuelle), soit contre la chose publique (ex. ordre d'employer la force publique contre l'exécution d'une loi). Comp. ci-dessous sens 2.

— **de blanc-seing.** V. *blanc-seing (abus de).*

— **de *confiance.** Délit consistant pour un mandataire, un dépositaire, un emprunteur, un locataire, plus généralement tout *détenteur *précaire, à détourner ou dissiper les objets, les fonds ou les valeurs qui lui avaient été confiés (C. pén., a. 314-1). V. *détournement.*

— **de droit** (ou abus d'un droit ou abus du droit).

a / (civ.). Faute qui consiste à exercer son droit sans intérêt pour soi-même et dans le seul dessein de nuire à autrui, ou, suivant un autre critère, à l'exercer en méconnaissance de ses devoirs sociaux (théorie consacrée par les tribunaux, distincte de celle des troubles anormaux de *voisinage). Comp. *l'abus *notoire en droit d'auteur et l'abus de saisie.* V. *détournement de pouvoir.*

b / (fisc.). Fait d'éluder l'impôt ou d'en atténuer la charge fiscale, y compris par application littérale des textes en méconnaissance de l'objectif poursuivi par leurs auteurs (L. proc. fisc., a. 64, et a. 1653 CGI). Acte inopposable à l'administration fiscale.

c / (int. publ.). 1 / Exercice régulier d'une compétence étatique en vue d'atteindre un but illicite, qu'il s'agisse d'un but autre que celui que le Droit international assigne à la compétence en question, ou d'un moyen d'éluder une obligation internationale ou d'obtenir un avantage indu (théorie non unanimement admise par la doctrine) ; 2 / Au sein des organisations internationales, notion utilisée concurremment avec celle de *détournement de pouvoir pour désigner le fait d'user de ses pouvoirs en vue d'un but autre que celui qui leur a été assigné par l'acte constitutif de l'organisation.

d / (trav.). Notion utilisée not. pour définir les conditions et limites de l'exercice du droit de *licenciement (licenciement abusif) ou du droit de *grève (grève abusive).

— **de jouissance.** Fait par une personne (tel l'usufruitier) qui a sur une chose un droit de jouissance limité d'accomplir des actes qui dépassent son droit. Ex. le fait de commettre des dégradations sur le fonds, ou de le laisser dépérir faute d'entretien (C. civ., a. 618).

— **de *majorité.** Exercice de leur droit de vote par des associés majoritaires à une assemblée générale ou par des administrateurs à un conseil d'administration, conduisant à une décision contraire à l'intérêt de la société mais destinée à favoriser, au détriment des autres associés, l'intérêt personnel (direct ou indirect, matériel ou moral) d'un ou plusieurs membres de cette majorité. Ex. prise en charge par une société mère des dettes de sa filiale dans le seul but de couvrir la gestion de l'un de ses actionnaires majoritaires gérant de la filiale ; octroi de rémunérations exagérées aux dirigeants de la société.

— **des biens ou du crédit de la société, abus des pouvoirs ou des voix possédés.** Infraction qui consiste, pour le président, les administrateurs ou les directeurs généraux d'une société anonyme, à faire, de mauvaise foi, des biens ou des crédits de la société, ou encore des pouvoirs qu'ils possédaient, ou des voix dont ils disposaient en cette qualité, un usage qu'ils savaient contraire à l'intérêt de la société, à des fins personnelles ou pour favoriser une autre société ou entreprise dans laquelle ils étaient intéressés directement ou indirectement ; délit plus connu sous le nom d'abus de biens sociaux.

● **2** Exploitation outrancière d'une situation de fait ; mise à profit d'une position de force souvent au détriment d'intérêts plus vulnérables.

— **dans la fixation du prix.** Dans certains contrats (contrat-cadre, contrat de prestation de services), lorsque le prix est fixé unilatéralement par l'une des parties, le juge peut, en cas d'abus dans la fixation du prix ce qui suppose plus qu'un simple défaut d'*équivalence des prestations, accorder des *dommages et intérêts et le cas échéant la *résolution du contrat (C. civ., a. 1164 et s.).

— **d'autorité.** Contrainte morale exercée par une personne sur une autre à raison de son âge, de sa situation sociale ou de toute autre cause, en vue de la décider à accomplir un acte (le patron qui use de son ascendant pour séduire une employée de sa maison) spécialement à commettre une infraction (*complicité par *instigation). V. *harcèlement sexuel, provocation.* Comp. ci-dessus sens 1.

— **de dépendance économique.** V. *dépendance économique (abus de).*

— **de position dominante.** V. *position dominante (abus de).*

— **de puissance économique.** V. *clause *abusive.*

— **de saisie.** Espèce d'*abus du droit (du droit de saisir) consistant, de la part du créancier, à prendre, pour l'exécution ou la conservation de son gage, une mesure qui excède manifestement ce qui est nécessaire pour la satisfaction de ses intérêts, en créant une contrainte hors de proportion avec les exigences de sa sécurité, démesure qui l'expose à une mainlevée de la mesure et à des dommages-intérêts (a. 22, l. 9 juill. 1991).

— **des besoins, des passions, des faiblesses d'un mineur.** Délit qui consistait à profiter de l'inexpérience ou de la suggestibilité d'un mineur, pour lui faire souscrire, à son préjudice, des obligations (C. pén. anc., a. 406), aujourd'hui incriminé comme abus frauduleux de l'état d'ignorance ou de la situation de faiblesse d'un mineur (C. pén., a. 313-4). Comp. *abusus.*

ABUSIF

Adj. – Lat. *abusivus.*

● Entaché d'*abus.

● **1** Se dit de l'exercice d'un droit (V. **abus de droit*), spéc. d'un licenciement sans cause réelle ou sérieuse (rupture abusive) ou d'une voie de droit (demande en justice ou défense) lorsque celui qui l'exerce la sait manifestement mal fondée (appel ou pourvoi abusif, *résistance abusive). Comp. *dilatoire, frustratoire, téméraire, excessif, anormal.* V. *trouble de voisinage, *mauvaise foi.*

● **2** — *(clause).* Dans un contrat, stipulation imposée à un non-professionnel ou consommateur par un *abus de la puissance économique de l'autre partie et conférant à celle-ci un avantage excessif. Ex. fixation à sa guise de la date de livraison ou des caractéristiques du produit. *Adde* (au sens très voisin de la directive 93/13 CEE du CCE, 5 avril 1993) : clause créant au détriment du *consommateur, malgré l'exigence de bonne foi, un *déséquilibre significatif entre les droits et obligations des parties contractantes, sans avoir fait l'objet, au préalable, d'une négociation individuelle qui aurait permis au consommateur d'exercer une influence sur son contenu (notamment dans un contrat d'*adhésion). Comp. *léonin, position dominante (abus de), dépendance économique (abus de).*

ABUSUS

Mot latin signifiant littéralement « utilisation jusqu'à épuisement », « consommation complète » encore utilisé pour désigner, non l'*abus par le propriétaire de son droit, mais l'un des attributs normaux du droit de propriété sur une chose : le droit pour le propriétaire d'en disposer par tous actes matériels ou juridiques de transformation, de consommation, de destruction, d'aliénation ou d'abandon. Ex. vente d'un immeuble ; mise au pilon d'un livre ; démolition d'un bâtiment ; exécution de *fouilles ; remodelage du terrain. V. *fructus, usus, acte de *disposition.* Comp. *usufruit.*

ACADÉMIE

Du nom du jardin, proche d'Athènes (gymnase d'*Academus*), où enseignait Platon.

- **1** Compagnie de gens de lettres, de savants ou d'artistes (les cinq académies : Académie française, des Inscriptions et Belles-Lettres, des Sciences, des Beaux-Arts, des Sciences morales et politiques constituent l'*Institut de France).
- **2** Circonscription régionale de l'administration scolaire et universitaire (dont la création remonte à l'Empire) ayant à sa tête un *recteur assisté d'un *conseil académique et, par département, d'un *inspecteur d'académie (il existe actuellement 26 académies).

ACCAPAREMENT

Dér. du v. *accaparer,* propr. retenir une marchandise en donnant des arrhes, empr., au XVIIe s., de l'ital. *accaparare,* comp. de *cappara* : arrhes.

- Accumulation, entre les mains d'une ou plusieurs personnes, agissant de concert, de marchandises ou effets, en vue de les céder à un prix qui ne soit pas le résultat du jeu naturel de l'offre et de la demande : l'un des moyens d'exécution du délit d'altération des prix normaux, et l'une des pratiques restrictives de la libre concurrence.

ACCÉDANT, ANTE

Subst. – Du v. accéder, lat. *accedere.*

- Celui ou celle qui accède à… ; qui est en train d'acquérir un droit. Ex. accédant à la propriété. V. *accession, locataire-attributaire, épargnant.* Comp. *acquéreur.*

ACCEPTATION

Lat. *acceptatio,* dér. de *acceptare* : recevoir.

▸ **I** (civ. et div.)

- **1** *Consentement d'une personne à une *offre (de contrat) qui lui a été faite. (C. civ., a. 1118). V. *adhésion, agrément, accord, réception.* Ant. *refus.*
- **2** *Manifestation de *volonté, *expresse ou *tacite, par laquelle une personne consolide un droit que la loi ou la volonté de l'homme lui accorde sous une faculté d'*option. Ex. acceptation d'une succession, d'un legs, d'une stipulation pour autrui. V. *levée, silence, renonciation, répudiation.*

— **à concurrence de l'actif net** (naguère nommée acceptation sous bénéfice d'inventaire). Dans l'*option successorale, parti intermédiaire (ouvert à l'héritier qui a une vocation universelle ou à titre universel) entre la *renonciation et l'acceptation pure et simple de la succession (C. civ., a. 768), qui, moyennant l'inventaire de celle-ci, lui procure l'avantage d'éviter la confusion de ses biens personnels avec ceux de la succession, de conserver contre celle-ci tous les droits qu'il avait antérieurement sur les biens du défunt et de n'être tenu au paiement des dettes de la succession que jusqu'à concurrence de la valeur des biens qu'il a recueillis (C. civ., a. 791) étant ainsi tenu non pas **ultra vires* mais **intra vires* (et plus précisément *pro viribus*). Comp. *cum viribus.*

— ***bénéficiaire.** Acceptation sous *bénéfice d'inventaire (v. ci-dessous).

— **de communauté.** Manifestation *expresse ou *tacite de volonté par laquelle une femme ou ses héritiers acceptent la communauté de biens ayant existé entre elle et son mari (C. civ., a. 1454 et 1455 anciens).

— **de donation.** Consentement donné par le bénéficiaire d'une donation à la libéralité qui lui est offerte dans l'acte de donation (C. civ., a. 932).

— **de lettre de change.** Engagement écrit que prend la personne sur laquelle est tirée une lettre de change de la payer à l'échéance fixée et qui, en général, résulte de l'apposition de la signature sur la lettre.

— **de succession (ou de legs).** V. *acceptation *pure et simple, *forcée, sous *bénéfice d'inventaire, *addition d'hérédité.*

— **forcée.** V. *forcée (acceptation).*

— **par intervention.** Engagement que prend une personne de payer une lettre de change au moment où un acte de protêt est dressé contre celui sur lequel elle est tirée ; ainsi nommée parce que celui qui prend l'engagement de payer intervient pour le compte du tireur ou de l'un des endosseurs en vue de leur éviter, s'il est possible, d'être poursuivi par le porteur.

— ***provisoire.** Acceptation par les administrations publiques gratifiées de dons et legs, effectuée à titre conservatoire, avant toute autorisation gouvernementale, en vue de lier le donateur ou les héritiers du testateur et de se conférer une sorte de saisine (C. civ., a. 937 ; l. 4 févr. 1901, a. 8).

— **pure et simple.** V. **pure et simple (acceptation).*

— **sous bénéfice d'inventaire.** L'une des trois branches de l'option héréditaire aujourd'hui nommée acceptation à concurrence de l'actif net (v. ci-dessus).

► **II** (int. publ.)

• **1** Acte par lequel un État reconnaît l'existence et l'opposabilité d'une prétention, d'un droit ou d'une obligation (notamment employé lorsqu'un État s'engage à exécuter la recommandation d'une organisation internationale, bien que cette recommandation soit dépourvue de force obligatoire). V. *acquiescement.*

• **2** Dans le droit des traités, manière par laquelle un État exprime son consentement à être lié par un traité, sans signature préalable de l'accord (lorsqu'un État signe sous réserve d'acceptation, il se réserve la possibilité de soumettre l'accord à un nouvel examen avant de donner son consentement définitif, sans pour autant recourir à la procédure de ratification. Cf. Convention de Vienne sur le Droit des traités, a. 14). V. *approbation.*

ACCÈS

Subst. masc. – Lat. *accessus.*

• **1** Voie qui permet d'entrer dans un lieu ; par ext. possibilité d'entrer dans ce lieu (ex. accès aux autoroutes).

• **2** *Admission dans un corps ou à l'exercice d'une profession en général subordonnée à des conditions réglementées. Ex. accès à la fonction publique, accès à la profession d'avocat.

• **3** Droit pour un particulier d'opérer une démarche auprès d'un service public pour la défense de ses intérêts.

— **au dossier.** Droit pour l'intéressé, ou parfois seulement son conseil, d'avoir connaissance des pièces de la procédure qui le concerne (suivant des modalités variables : *consultation, *copie, etc.). Comp. *communication.*

— **au droit.** V. *aide à l'accès au droit.*

— **aux documents administratifs.** Droit d'avoir communication de documents administratifs non nominatifs, reconnu à toute personne, à titre de liberté publique, comme moyen de garantir son droit à l'information.

— **aux tribunaux (ou à la justice).** Droit pour tout citoyen de s'adresser librement à la justice pour la défense de ses intérêts, même si sa demande doit être déclarée *irrégulière, *irrecevable ou *mal fondée. V. *justiciable, action, agir en justice.* Comp. *voie, recours.*

ACCESSION

Lat. *accessio,* de *accedere* : s'ajouter.

• **1** *Mode légal d'acquérir la *propriété par extension du droit du propriétaire d'une chose aux *produits de cette chose, à tout ce qui s'y unit ou s'y incorpore (C. civ., a. 546 et 712). V. *acquisition.* Comp. *occupation, prescription, trésor, usucapion.*

ADAGES : *Accessorium sequitur principale.*
Major pars trahit ad se minorem.
Fructus augent hereditatem.

— **artificielle** (ou industrielle). Accession procédant de l'industrie de l'homme appliquée à la chose. Ex. constructions et plantations (C. civ., a. 554 et 555). V. *fouille, fruits.*

— **immobilière.** Accession par union ou *incorporation à une chose immobilière (C. civ., a. 552 s.). Ex. construction, *alluvions de rivière (C. civ., a. 552 s.). V. *accroissement, atterrissement.*

ADAGES : *Cujus est solum ejus est usque ad caelum usque ad inferos.*
Superficies solo cedit.

— **mobilière.** Accession résultant de *mélange ou d'*adjonction d'un meuble corporel à un autre ou de transformation d'une matière par l'industrie d'un tiers (*spécification) (C. civ., a. 565 s.).

— ***naturelle.** Accession due au seul fait de la nature. Ex. *alluvions et relais. V. *atterrissement, avulsion.*

• **2** Plus vaguement (et plus généralement), fait d'être régulièrement investi d'un droit ou d'une fonction ; se dit non seulement du résultat (l'acquisition, l'investiture), mais de la période ou du mécanisme qui y mène. Ex. la *location-attribution est un mode d'accession à la propriété. V. *accédant.* Comp. *avancement.*

- **3** (int. publ.). Syn. d'*adhésion (not. dans l'expression « accession à un traité »).
- **4 — au trône.** *Avènement au trône ; fait d'acquérir la qualité de souverain (mais non nécessairement l'exercice du pouvoir not. si le roi est mineur). V. *régence.*

ACCESSOIRE

Adj. et subst. – Lat. médiév. *accessorius,* de *accedere.* V. *accession.*

- **1** (adj.).

a / Qui est lié à un *élément *principal, mais distinct et placé sous la dépendance de celui-ci, soit qu'il le complète, soit qu'il n'existe que par lui. Comp. *annexe, complémentaire, subsidiaire.* Ant. *autonome, éléments constitutifs.*

— **(*chose).** Celle qui est affectée au service d'une autre chose (ex. immeubles par *destination, dépendances) ou qui est produite par d'autres choses (ex. *fruits non détachés d'une chose *frugifère).

— **(clause).** Celle qui complète les *clauses *principales dans un acte complexe.

— **(demande).** Celle qui s'ajoute à la demande principale et la complète (ex. *intérêts, *fruits, *dépens).

— **(frais).** Ceux qui sont dus à raison de l'opération principale, sans être nécessaires à la réalisation de cette opération (ex. les *frais accessoires à la *vente, C. civ., a. 1593).

— **(peine).** V. *peine accessoire.*

b / Par extension et perte de sens, se dit aussi de ce qui est secondaire et négligeable.

- **2** (subst.).
- Élément accessoire (au sens 1) qui suit le sort du *principal (ex. l'objet légué ou vendu doit être livré avec ses accessoires nécessaires ; C. civ., a. 1018 et 1615) en lui empruntant parfois sa nature juridique (ex. l'immobilisation par destination permet de comprendre dans l'hypothèque ou la *saisie immobilière les accessoires de l'immeuble ; C. civ., a. 2397, 2193). V. *dépendances, *charges locatives.*

— **du salaire.** Sommes diverses (primes, *avantages en nature…) dues par l'employeur au travailleur en contrepartie ou à l'occasion du travail, en plus du *salaire *stricto sensu* auquel elles empruntent son régime juridique.

— **(règle de l').** Principe selon lequel l'accessoire suit le sort du principal.

ADAGES : *Accessorium sequitur principale.*
Major pars trahit ad se minorem.

— **(théorie de l').**

a / Au sens large, règle de l'accessoire.

b / Plus spécialement, théorie selon laquelle des actes qui seraient civils par nature deviennent des actes de commerce parce qu'ils constituent des accessoires d'un acte principal de nature commerciale. Ex. emprunt fait par un commerçant pour les besoins de son commerce, fait de concurrence déloyale commis par un commerçant.

ACCIDENT

Subst. masc. – Lat. *accidens* : qui arrive fortuitement, part. prés. v. *accidere.*

- Événement ou *fait involontaire dommageable imprévu. Ex. collision de véhicules, chute, ouragan. Ex. C. civ., a. 592. V. *cas fortuit, force majeure, négligence, imprudence, faute, intention, sécurité civile.*

— **de droit commun.** Accident qui, ne survenant ni par le fait ni à l'occasion du travail, soumet son auteur et sa victime au droit commun de la responsabilité.

— **de trajet.** Accident (assimilé à un accident du travail) survenu à un travailleur pendant le trajet d'aller et retour entre le lieu de sa *résidence et le lieu de travail (ou celui où il prend habituellement ses repas : restaurant, cantine).

— **du travail.** Accident qui, survenu par le fait ou à l'occasion du travail, à toute personne travaillant pour un ou plusieurs employeurs (comme salarié ou à titre quelconque), est soumis, quels qu'en soient la cause et le lieu, à un régime spécial (C. séc. soc., a. L. 411-1).

ACCIDENTEL, ELLE

Adj. – Dér. de accident.

- **1** Causé par accident ; qui résulte d'un événement imprévu, d'une circonstance occasionnelle. Ex. : dommage accidentel, mort accidentelle (par opp. à mort *naturelle ; mais en un autre sens, la mort naturelle, opposée à la mort civile, englobe même la mort accidentelle. V. C. civ., a. 718 anc.). Comp. *aléatoire.*

• **2** Se dit parfois encore des éléments d'un contrat *(accidentalia negotii)* qui, n'étant ni de l'*essence ni de la *nature de celui-ci, mais correspondant à des combinaisons particulières, à des modalités, ne s'appliquent aux contractants à la différence des éléments *naturels que si ceux-ci les ont spécialement prévus. Ex. terme, condition. V. *clause, dérogation, indivisibilité.* Comp. *spécial, accessoire, particulier, éléments constitutifs.*

ACCIPIENS

Part. prés. de *accipere* : recevoir.

• Mot latin signifiant « recevant » utilisé comme substantif pour désigner la personne qui reçoit l'exécution de l'*obligation (spécialement celui qui reçoit une somme d'argent), par opp. au *« solvens ».* V. *créancier, débiteur, paiement, indu, répétition.*

ACCISE

Subst. fém. – Mot employé en Belgique (*excise* en Angleterre) et venu du lat. médiév. *accisis* (prélèvement), souvent rapproché, sinon confondu, du lat. *assisis* : assiette.

• Impôt sur la dépense qui frappe séparément la consommation de certains produits (ex. alcool) ; s'emploie surtout au pluriel.

ACCOMMODEMENT

Dér. du v. lat. *accomodare* : adapter, ajuster.

• **1** Syn. de *conciliation.

• **2** Syn. d'*arrangement.

ACCOMPAGNEMENT

N. m.

• Mesure d'origine conventionnelle ou judiciaire destinée à prévenir l'exclusion ou à permettre la resocialisation des exclus.

— **judiciaire.** Mesure par laquelle le juge des tutelles désigne un protecteur, l'accompagnateur, pour une personne majeure, exclue ou en voie d'exclusion, afin de percevoir et de gérer ses prestations sociales, ainsi que d'exercer une action éducative lui permettant de rétablir son autonomie dans la gestion de ses ressources (C. civ., a. 495).

— **social personnalisé.** Contrat conclu entre une personne majeure, qui perçoit des prestations sociales et éprouve des difficultés à les gérer, et le département représenté par le Président du conseil général, afin de favoriser son insertion sociale et de rétablir les conditions d'une gestion autonome des prestations sociales (C. act. soc. et fam., a. L. 271-1 à 8).

ACCOMPLI, IE

Adj. – Part. pass. du v. *accomplir.

• **1** Rempli ; pleinement et régulièrement exécuté. Ex. mission accomplie.

• **2** Survenu ; réalisé ; se dit par opp. à *défailli et à *pendant, de la *condition qui s'est effectivement réalisée. V. *actuel.*

ACCOMPLIR

Comp. du préf. *a* et de l'anc. franç. *complir,* lat. *complere* : remplir.

• Remplir, effectuer, exécuter ; action de porter à son achèvement une opération en se conformant aux exigences que celle-ci comporte. Ex. accomplir une mission, une formalité, un acte (suppose tout à la fois agir, achever et observer). Comp. *conclure.*

ACCOMPLISSEMENT

Du v. *accomplir.

• **1** Action d'accomplir et résultat de cette action ; *exécution complète et satisfaisante ; *réalisation. Comp. *observation, satisfaction* (sens 2), *application, exercice, désintéressement.* V. *formalité.*

• **2** Plus spéc. (en parlant d'une *condition), survenance, *avènement, par opp. à *défaillance ou à incertitude.

ACCONAGE

Subst. masc. – Dér. de *accon,* sorte de bateau plat, probablement dér. du dialectal *aque,* empr. du hollandais *aak.*

• Ensemble des opérations matérielles et juridiques, préalable ou suite du transport maritime, qui consiste, de la part d'un entrepreneur appelé acconier, à procéder au chargement, au déchargement, à la manipulation à terre des marchandises ainsi qu'à la réception, à la reconnaissance, à la garde à terre et à la délivrance de ces marchandises ; se pratique dans les ports méditerranéens (la mission de **stevedore* est plus limitée).

ACCONIER

Subst. – Dér. de *accon.* V. *acconage.*

- Entrepreneur dont l'activité consiste à pratiquer l'*acconage.

ACCORD

Bas lat. *accordere,* formé de *ad,* vers, et de *cor, cordis* : cœur.

- **1** Rencontre de deux volontés ; terme générique syn. de *convention. Comp. *consentement.* V. *contrat, pacte, concordat, protocole, unanime, gracieux.*
- **2** Plus spéc., assentiment donné à une proposition ; *acceptation d'une *offre ; adhésion. V. *agrément.* Ant. *refus.*
- **3** Plus vaguement, *entente. Ant. *litige, contestation.* Comp. *transaction.* V. *pourparler, négociation, amiable, arrangement, conférence.*
- **4** Syn. de *traité ou de *convention internationale.
- S'emploie aussi dans les expressions suivantes :

► **I** (théorie générale)
— **de principe.** Entente initiale engageant ses *partenaires à concourir de bonne foi à l'élaboration d'un contrat dont les conditions sont à déterminer mais dont la conclusion future est arrêtée dès l'origine, de telle sorte qu'ils ne peuvent librement s'en déprendre. Ex. accord de principe sur la conclusion d'un bail. Les termes accord de principe sont également parfois employés pour désigner la *punctation, accord partiel relativement plus élaboré qui intervient, au cours de *pourparlers, sur des points déterminés. V. *négociation.*

► **II** (int. publ.)
— **en forme simplifiée.** Type d'accord où le consentement des parties s'exprime par la signature, la ratification n'étant pas nécessaire (cf. Convention de Vienne sur le Droit des traités, a. 12).
— **partiel.** Dans certaines organisations internationales (ex. Conseil de l'Europe, OCDE, Comecon), décision inapplicable aux membres qui se sont abstenus lors de son adoption. V. *abstention.*

► **III** (int. pr.)
— **procédural.** Accord par lequel les parties à un litige conviennent d'appliquer une loi autre que celle désignée par la *règle de conflit.

► **IV** (rur.)
— **interprofessionnel.** Contrat de caractère collectif ayant pour objet de réglementer la commercialisation d'un ou plusieurs produits agricoles, conclu à l'échelon national ou régional entre les organisations professionnelles les plus représentatives des producteurs agricoles et les acheteurs ou leurs groupements, susceptible d'être étendu et imposé à tous les professionnels du secteur concerné par arrêté interministériel.

► **V** (soc.)
— **d'*établissement ou d'*entreprise.** *Convention collective de travail qui, conclue dans le cadre d'une entreprise ou d'un établissement entre un employeur et une ou plusieurs organisations syndicales (représentatives) de travailleurs, a pour objet soit (en l'absence de convention collective nationale, régionale ou locale) de déterminer les conditions de travail et les garanties sociales dans l'établissement ou l'entreprise, soit (au cas contraire) d'en adapter les dispositions et de prévoir des clauses plus favorables.
— **synallagmatique de droit commun.** *Convention collective qui, échappant aux règles particulières à ce type de convention, est soumise aux seuls principes généraux des contrats.

► **VI** (com., fin.)
— **à taux différé.** Contrat dans lequel les partenaires d'une opération financière ou bancaire conviennent que cette opération sera réalisée sur la base du taux de marché constaté au moment du dénouement de celle-ci, à la date fixée dans le contrat.
— **commercial.** Convention entre la *Communauté européenne aujourd'hui l'Union européenne et un ou plusieurs États tiers réglant les échanges commerciaux entre les parties contractantes (TCE, 133 anc., TFUE, a. 207).
— **de coopération.** Convention par laquelle

des *entreprises décident de collaborer en vue d'améliorer les résultats de leur activité, notamment par l'utilisation en commun de moyens d'organisation, de recherche, de production, de promotion et de vente, ou par la constitution d'associations temporaires d'exécution de commandes. Comp. *accord de spécialisation.*

— **de spécialisation.** *Entente entre *entreprises par laquelle chacune des parties contractantes décide d'abandonner à l'autre une partie de son activité antérieure de telle sorte que chacune renforce sa position sur l'activité qu'elle conserve. Ex. Accord « Jaz Peter » : Jaz s'est spécialisée dans la production de réveils électriques et Peter dans la production de réveils mécaniques.

— **d'importance mineure.** *Entente entre entreprises qui, en raison du peu d'importance de celles-ci et de la faible part du marché concerné, est appelée à produire des effets anticoncurrentiels trop peu sensibles pour que leur soient applicables les règles de la concurrence.

— **horizontal.** *Entente conclue entre *entreprises situées à un même stade du processus de production ou de distribution. Ex. accord de spécialisation entre producteurs de produits finis ; accord de répartition entre grossistes… V. *accord vertical.*

— **vertical.** *Ententes conclues entre entreprises situées à des stades différents du processus de production ou de distribution. Ex. accord d'approvisionnement entre producteur de produits finis et producteur de matière première. V. **concession exclusive.* Comp. *accord horizontal.*

ACCORD DE CRÉNEAUX

- *Transp. maritime.* Accord passé entre armements pour vendre ou échanger des créneaux, qui favorise le développement et la gestion de lignes maritimes régulières de porte-conteneurs. V. *créneau.* Équivalent étranger : *slot agreement.* JORF 21.12.2013 p. 20879.

ACCORD PARAPLUIE

(inf., pén.)

- Accord international de coopération pénale ayant pour objet de protéger les *données à caractère personnel en encadrant leur exportation et leur exploitation (France Terme, *JO* 31.08.2019).

ACCORD PRÉNUPTIAL

- *Droit angl.* Convention passée entre les futurs époux et destinée à fixer les droits de chacun d'eux en cas de dissolution du mariage. JORF 5.12.2013 p. 19811.

ACCORDAILLES

Subst. fém. plur. – Dér. d'*accorder,* au sens de fiancer, lat. **accordare,* au lieu du class. *concordare* : être d'accord.

- Cérémonie de la lecture ou de la signature d'un *contrat de mariage en présence des futurs conjoints, de leurs parents et amis.

ACCORDER

Lat. *accordare.* V. *accordailles.*

- **1** *Octroyer ; admettre au bénéfice de… sinon par faveur au moins par bienveillance. Ex. accorder le bénéfice des circonstances atténuantes, accorder l'asile ou un délai de grâce.
- **2** Attribuer comme un droit ; *allouer. Ex. accorder des dommages-intérêts (le passage est ouvert du sens 1 au sens 2 ; ex. accorder l'aide judiciaire). Ant. *refuser, rejeter, retirer.*

ACCRÉDITATION

N. f. – Dér. du v. *accréditer.

- Procédure par laquelle un État (accréditant) désigne une personne pour le représenter auprès d'un autre État (accréditaire) ou d'une organisation internationale (les *« lettres de créance » attestent l'accréditation). Comp. **pleins pouvoirs.*

ACCRÉDITER

V. Comp. de à et *crédit.

- **1** Pour un État, conférer officiellement à l'un de ses agents qualité à l'effet de le représenter auprès d'un autre État ou d'une organisation internationale. V. *ambassadeur, diplomate, accréditation.*
- **2** De la part d'un commerçant ou banquier, inviter un correspondant à consentir

un *crédit ou une remise de fonds au bénéficiaire désigné (en utilisant en général, s'il s'agit d'un banquier, une *lettre de crédit).

ACCRÉDITIF

Subst. – Du v. *accréditer.

- Espèce de *lettre de crédit directement remise par le banquier au bénéficiaire. V. *accréditer.*

ACCROISSEMENT

Dér. du v. accroître, lat. *accrescere, de crescere* : croître.

- **1** Forme d'*accession naturelle, encore appelée *atterrissement ou *alluvion, résultant d'un apport des terres d'une rivière ou d'un fleuve à un *fonds riverain (C. civ., a. 556). V. **lais et relais, avulsion.*
- **2** Droit en vertu duquel les *cohéritiers ou *colégataires conjoints bénéficient de la part d'un ou de plusieurs de leurs cohéritiers ou colégataires renonçants (C. civ., a. 805 et 1044). V. *renonciation, *assignation de parts.*

— **(clause d').** *Clause par laquelle les *acquéreurs *en commun d'un même bien conviennent que l'acquisition sera réputée faite pour le compte du seul survivant d'entre eux, dès le jour de l'acquisition, à l'exclusion des *prémourants, qui sont *rétroactivement *censés n'avoir jamais été propriétaires. Syn. *clause *tontinière.*

ACCUEILLIR

Du lat. vulg. *accolligere,* de *colligere* : cueillir.

- Fait pour la juridiction saisie de donner une solution favorable aux *prétentions de l'une des parties (accueillir une demande au fond, une exception, une fin de non-recevoir). Comp. **faire droit,* donner **gain de cause, *adjuger, recevoir.* Ant. *rejeter, écarter, débouter.*

ACCUSATION

Lat. *accusatio,* du v. *accusare* : accuser.

- **1** (sens gén.). Reproche fait à une personne d'avoir commis une faute. Comp. *imputation, dénonciation.*
- **2** (sens techniques).

a / Dans l'expression « état d'… », situation de la personne renvoyée devant la cour d'assises.

b / Par extension, ensemble des arguments et moyens de preuves employés par le ministère public pour demander la condamnation d'une personne qui a commis un crime. V. *charges* ; s'emploie abusivement pour désigner la partie poursuivante dans un procès pénal. V. *ministère public.*

— **(chambre d').** Formation de la cour d'appel, autrefois dite « chambre des mises en accusation » et aujourd'hui rebaptisée qui, sous le nom de « chambre de l'instruction » que lui donne désormais la loi (15 juin 2000, a. 83), est juridiction d'appel des *ordonnances du juge d'instruction (spécialement chargée d'apprécier s'il existe des charges suffisantes pour renvoyer un inculpé devant la cour d'assises) et qui est également dotée d'attributions en matière d'*extradition (l. 10 mars 1927), de *réhabilitation judiciaire (C. pr. pén., a. 783), d'interprétation de certaines lois d'*amnistie, de *casier judiciaire (a. 778, al. 2), et de discipline des officiers de *police judiciaire (a. 16 et 224 et s.). Comp. *chambre de contrôle de l'instruction.*

— **(*mise en).** Décision de la chambre de l'instruction renvoyant un inculpé devant la cour d'assises (C. pr. pén., a. 214). V. *prise de *corps.*

ACCUSATOIRE

Adj. – Lat. *accusatorius.*

- **1** Caractère d'une procédure dans laquelle les parties ont, à titre exclusif ou au moins principal, l'initiative de l'instance, de son déroulement et de son instruction ; se dit aussi du *principe* qui, dans un type de procédure, confère aux parties un tel rôle.
- **2** Se dit encore, dans un sens plus vague et par référence aux origines, d'une procédure orale, publique et contradictoire. Ex. le Code de procédure pénale a conféré un caractère accusatoire à la procédure suivie devant la chambre d'accusation en introduisant dans une certaine mesure l'oralité et la contradiction des débats.
- Ant. *inquisitoire, inquisitorial.* Comp. *dispositif (principe), neutralité du juge.* V. *office du juge.*

ADAGES : *Ne procedat judex ex officio.*
Nemo judex sine actu.

ACCUSÉ, ÉE

N. et *adj.* – Du part. pass. de accuser, V. *accusation.*

- Personne mise en *accusation devant une cour d'assises ; qualification qui s'applique à un individu mis en examen à partir de l'arrêt de la chambre de l'instruction qui prononce sa mise en accusation devant la cour d'assises (C. pr. pén., a. 214). Comp. *prévenu.* V. *inculpé, mise en examen.*

ACHALANDAGE

Dér. du v. achalander, comp. de chaland, d'abord chalant, au Moyen Age : ami, connaissance, part. prés. de chaloir : intéresser, impers. lat. *calere* : proprement être chaud, d'où, en lat. pop., *importer.*

- **1** Élément du *fonds de commerce représentatif des relations d'affaires qui existent et seront susceptibles d'exister entre le public et le fonds ; généralement syn. de *clientèle.
- **2** Virtualité de relations d'affaires, par opp. à la clientèle déjà existante.
- **3** Relations d'affaires passagères, par opp. à des relations d'affaires suivies et renouvelées.

ACHALANDÉ, ÉE

Adj. – Part, pass. du v. achalander. V. *achalandage.*

- Se dit d'un magasin avenant, capable d'attirer la clientèle (de lui plaire) et, par déviation, d'un magasin bien fourni de marchandises.

ACHALANDER (S')

V. *achalandage.*

- Dans la pratique, pour un détaillant, s'approvisionner, plus spécialement à titre de dépannage, en allant lui-même chercher les marchandises au *chaland.

ACHAT

Subst. verbal d'acheter, forme première d'acheter, lat. *accaptare,* comp. de *captare* : prendre d'abord, essayer de prendre, d'où acheter.

- **1** Nom que prend le contrat de *vente considéré du côté de celui qui acquiert la chose et paye le prix (l'acheteur) ; espèce d'*acquisition. V. *rachat.*

— **à *crédit.** Achat dans lequel l'acquéreur est dispensé en tout ou en partie (après versement d'*acompte) de payer immédiatement le prix, bien que le contrat soit conclu et la chose livrée. V. **offre préalable, vente à *crédit.*

— **au *comptant.** Achat dans lequel l'acquéreur verse la totalité du prix au moment où il prend possession de la chose ou même avant livraison lors de la conclusion du contrat.

— **en *viager.** Achat à charge de *rente viagère dans lequel l'acquéreur verse au vendeur non seulement des *arrérages périodiques mais en général, au comptant, pour partie du prix, un *bouquet.

- **2** Par ext., l'objet acheté. Comp. *dépôt.* — **(télé-).** V. *télé-achat (vente de).*

ACHAT À EFFET DE LEVIER

Achat d'une entreprise avec un faible apport de capitaux propres et un recours important à l'emprunt. JORF 23.1.2013 p. 4423 (LBO).

ACHETEUR

Subst. – Dér. du v. acheter.

- **1** Dans le contrat de *vente, celui qui achète ; *acquéreur à titre onéreux. Comp. *cessionnaire, adjudicataire, enchérisseur, gratifié, légataire, donataire, aliénataire, opérateur.* V. *vendeur, achat.*
- **2** Dans une entreprise, celui qui est chargé des achats.

ACOMPTE

Spécialisation de l'expression : *à *compte.*

- **1** (sens gén.). *Paiement partiel imputé sur le montant de la dette. Ex. premier acompte à la livraison, deuxième à trois mois, etc. V. *arrhes, avoir, compte.*
- **2** Plus spécialement :

a / (adm. fin.). Paiement partiel en contrepartie d'une tranche de services déjà exécutée. Comp. *arrhes, avance, provision.* V. *dédit, crédit.*

b / (trav.). Fraction de salaire versée par anticipation ; à distinguer des *avances, prêts consentis par l'entreprise.

A CONTRARIO

Formule latine consacrée signifiant « par déduction du contraire ». V. *argument a contrario.* Comp. *a pari, a fortiori.*

ACQUÉREUR

Subst. – Dér. du v. acquérir, lat. *acquirere* : ajouter à, acquérir en plus.

• Bénéficiaire de l'*acquisition (ex. *acheteur, *donataire, *légataire, etc.) ; celui qui acquiert de *bonne ou de mauvaise foi, à titre onéreux ou à titre gratuit. V. *ayant cause, adjudicataire, cessionnaire.* Comp. *accédant, aliénateur, vendeur, attributaire, abandonnataire.*

— **(sous-).** Acquéreur auquel un acquéreur antérieur (dit premier acquéreur ou acquéreur originaire) a transmis ses droits (par ex. en vertu d'une revente ou d'une rétrocession gratuite) et qui est ainsi nommé relativement à celui dont l'acquéreur originaire tient lui-même ses droits (*auteur initial). Comp. *tiers acquéreur.*

— **(tiers).** Acquéreur qui, après avoir traité avec une personne (ayant ou non des droits sur une chose), est ainsi nommé dans les conflits qui l'opposent aux titulaires de droits antérieurs sur cette chose (créanciers hypothécaires inscrits exerçant un droit de suite, véritable propriétaire revendiquant). V. *verus dominus, *a non domino, tiers détenteur.*

ADAGE : *Nemo plus juris ad alium transferre potest quam ipse habet.*

ACQUÊT

Subst. masc. – Lat. *acquaesitum,* neutre pris subst. du part. passé du v. *acquaerere,* réfection du class. *acquirere* sur le simple *quaerere.*

• **1** (sous les régimes communautaires où la communauté est *réelle). Biens qui font partie (en nature) de la *communauté, pour avoir été acquis pendant le mariage par les époux (ensemble ou séparément) grâce à leur travail ou à leur épargne (ex. œuvre créée par un époux, bien acquis à titre onéreux grâce aux économies réalisées sur les revenus professionnels des époux ou sur les revenus de leurs biens propres) ; s'opposent aux *propres ou biens propres. V. *biens réservés, masse commune, actif.* Comp. *conquêt.*

a / Sous l'actuel régime légal de la *communauté réduite aux acquêts (C. civ., a. 1401) ou en cas de *société d'acquêts adjointe au régime de séparation de biens, les acquêts désignent aussi bien les meubles que les immeubles acquis comme il est dit ci- dessus, dès lors que sont propres les autres biens (meubles ou immeubles) possédés par les époux au jour de la célébration du mariage ou acquis depuis par eux à titre gratuit. V. *communauté légale, industrie, apports.*

b / Sous le régime conventionnel de *communauté de meubles et acquêts (et sous l'ancien régime de communauté légale) le mot « acquêts » (syn. *conquêts) est réservé aux immeubles acquis comme il est dit plus haut, tous les meubles étant communs en tant que tels (quelles que soient leur origine et la date de leur acquisition). V. *communauté conventionnelle.*

• **2** (sous le régime de la *participation aux acquêts). Valeur de l'accroissement patrimonial réalisé par chaque époux, pendant le mariage (et résultant de la différence entre son *patrimoine *originaire et son patrimoine *final) auquel l'autre époux a le droit de participer en valeur (C. civ., a. 1569, 1575) ; on qualifie plus précisément cet accroissement (ces gains en valeur) d'acquêts *nets pour marquer que le patrimoine originaire et le patrimoine final sont évalués sous déduction des dettes qui grèvent l'actif.

ACQUIESCEMENT

N. m. – Dér. du v. acquiescer.

• **1** Action d'*acquiescer (sens gén.). Comp. *consentement, acceptation, approbation, adhésion, agrément, assentiment.*

• **2** Acte juridique unilatéral, exprès ou tacite, par lequel une partie au procès met fin à l'instance en se soumettant à la demande de son adversaire ou au jugement du tribunal (CPC, a. 384).

— **à la demande.** Celui qui, portant sur ce que réclame l'adversaire, emporte* reconnaissance du bien-fondé des prétentions de celui-ci et renonciation à l'action (CPC, a. 408).

— **au jugement.** Celui qui, portant sur ce que le juge a décidé, emporte soumission aux chefs du jugement et renonciation aux voies de recours, sauf si postérieurement une autre partie forme régulièrement un recours (CPC, a. 409).

- **3** Acte juridique résultant de tout comportement, actif ou passif, qui atteste l'*acceptation par un État de la prétention juridique d'un autre État, et la lui rend opposable pour l'avenir. Comp. *estoppel, reconnaissance, renonciation.*

ACQUIESCER

V. – Du lat. *acquiescere* : être au repos, d'où se reposer sur…, consentir.

- (sens gén.). Se rallier à l'opinion d'autrui, accéder à une demande, accepter une décision, adhérer à une proposition, déférer à une sollicitation. V. plus spécifiquement, pour le sens procédural de précision, **acquiescement à la demande, *acquiescement au jugement.* Ant. *s'opposer à, contester.*

ACQUIS COMMUNAUTAIRE

N. m.

- Socle commun de droits et d'obligations que les pays candidats s'engagent à respecter et à transposer dans leurs législations internes pour pouvoir adhérer à l'Union européenne. Comprend notamment la teneur, les principes et les objectifs politiques des traités ; la législation adoptée en application des traités et la jurisprudence de la Cour de justice ; les déclarations et les résolutions adoptées dans le cadre de l'Union ; les accords internationaux conclus par la Communauté et ceux conclus par les États membres entre eux dans le domaine des activités de l'Union… Lie l'ensemble des États membres au titre de l'Union européenne, sous réserve de certaines exceptions de portée limitée (ex. dispositions transitoires ou mesures de coopérations renforcées, V. *glossaire européen*). Par extension, peut désigner l'ensemble du droit positif de l'Union européenne.

ACQUISITIF, IVE

Adj. – Lat. *acquisitivus* : qui procure.

- Qui fait acquérir la propriété ; se dit surtout de la *prescription prise comme mode d'*acquisition (*usucapion), par opp. à la prescription *extinctive.

ACQUISITION

Lat. jurid. *acquisitio,* dér. d'*acquirere* : acquérir.

- **1** Fait (générique) de devenir propriétaire (d'une manière ou d'une autre) ; plus spécifiquement, opération par laquelle on le devient (achat, legs). V. *titre, aliénation, cession, perte.*

— ***a non domino.** Opération dans laquelle celui qui est en position d'acquéreur ne devient pas propriétaire parce que celui dont il tient ses droits (son *auteur) n'est pas le véritable propriétaire. V. **verus dominus, possession, revendication, bonne foi.*

— **(mode d').** Manière dont on acquiert la propriété, soit en vertu de la loi (ex. succession *ab intestat,* *prescription, *accession), soit par l'effet de la volonté (testament, donation, vente) ; à titre *gratuit ou *onéreux ; entre *vifs ou à cause de *mort ; à titre *universel ou *particulier ; par voie de *transmission ou à titre *originaire (C. civ., a. 711, 712). V. *usucapion, confiscation, expropriation.*

- **2** Parfois, l'objet acquis.
- **3** Par ext., fait de devenir titulaire d'un droit autre que la propriété (usage, usufruit, créance) ou bénéficiaire d'un nouvel état (acquisition de la nationalité). Comp. *obtention, octroi, attribution.*

ACQUIT

Subst. masc. – Dér. de acquitter, au sens de rendre quitte d'une obligation.

- *Reconnaissance écrite, par l'*accipiens, du paiement qu'il a reçu. Comp. *quittance, décharge.* V. *reçu.*

— **(pour).** Loc. adv. Mention portée sur un titre de créance pour constater le paiement de la *dette et la *libération du débiteur. V. *quitte.*

ACQUIT-À-CAUTION

Subst. masc. – V. *acquit, caution.*

- *Titre de mouvement délivré par l'administration pour permettre le transport régulier de marchandises soumises à des droits de circulation (si ces droits ne sont pas payés au départ), ou d'objets non soumis à des droits de circulation mais dont la circulation est surveillée par l'administration (alambics) ; ainsi nommé parce que l'expéditeur s'engage, avec une caution, soit à présenter un certificat de décharge ou d'arrivée de la marchandise, soit à payer ces droits (s'il en est dû). V. *congé, laissez-passer.*

ACQUITTEMENT

Dér. du verbe acquitter, au sens de déclarer non coupable. Comp. de *à* et de *quitte*. V. *quittance, quitus.*

- **1** Décision de la cour d'assises qui met hors de cause un accusé après l'avoir déclaré non coupable ou avoir constaté que le fait retenu contre lui ne tombe pas ou ne tombe plus sous le coup de la loi pénale (décision non susceptible d'une voie de recours préjudiciable à la personne acquittée) ; ne confondre ni avec **relaxe* (autre espèce de mise hors de cause) ni avec **exemption de peine*. Comp. **classement sans suite, non-lieu*. Ant. *condamnation.*
- **2** Opération consistant à se libérer d'une obligation ; plus spécialement *paiement d'une somme d'argent en *exécution d'une dette. V. *libération, affranchissement, satisfactions, désintéressement.*

ACQUITTER

V. – V. *acquittement.*

- **1** *(un accusé)*. V. *acquittement.*
- **2** *(une dette)*. La payer. Ex. acquitter des droits de timbre. V. *paiement libératoire.*
- **3** *(un document)* (ex. une facture). Le revêtir de la mention pour *acquit.
- **4** (s') *(d'une obligation)*. La remplir, l'exécuter, honorer un engagement. V. *libération, quitte.*

ACTE

N. m. – Lat. *actus,* au sens d'action ; lat. *jurid. actum,* au sens d'acte instrumentaire.

► **I** (sens généraux)

- **1** En un sens courant, tout fait de l'homme. Ex. acte puni par la loi ; acte dommageable ; acte d'hostilité ; acte de propriétaire, de possesseur, d'héritier ; englobe en ce sens même des faits d'*abstention (ex. acte de commission par *omission) ; s'oppose à événement.
- **2** (souvent nommé acte juridique). Opération juridique *(negotium)* consistant en une manifestation de la *volonté (publique ou privée, unilatérale, plurilatérale ou collective) ayant pour objet et pour effet de produire une conséquence juridique (établissement d'une règle, modification d'une situation juridique, création d'un droit, etc.). Ex. arrêté municipal édictant une réglementation de police ; décision nommant un fonctionnaire ; contrat translatif de propriété ou générateur d'obligation ; s'oppose à *fait juridique, acte *matériel et acte instrumentaire (v. ci-dessous).
- **3** (plus précisément appelé en ce sens acte instrumentaire). *Écrit (souvent nommé **instrumentum*) rédigé en vue de constater un *acte juridique (acte authentique ou sous seing privé constatant une vente, procès-verbal de conciliation, acte de l'état civil), ou un *fait juridique (ex. constat d'accident, inventaire) et dont l'établissement peut être exigé soit à peine de nullité (**ad solemnitatem* ; acte dit formaliste ou solennel) soit à fin de *preuve (*ad probationem* ; écrit probatoire). V. *protocole, titre, original, duplicata, copie, minute, forme, instruments juridiques.* Comp. *déclaration orale, verbale.*

► **II** (simples renvois)

abstrait. V. *abstrait.*
— **à titre gratuit.** V. *gratuit (acte à titre).*
— **à titre onéreux.** V. *onéreux (acte à titre).*
— **à titre particulier.** V. *particulier* (sens 5).
— **à titre universel.** V. *universel.*
— **attributif.** V. *attributif.*
authentique. V. *authentique.*
— **collectif.** V. *collectif (acte).*
— **confirmatif.** V. *confirmatif (acte) ; confirmation.*
— **consensuel.** V. *consensuel.*
— **conservatoire.** V. *conservatoire (acte).*
— **constitutif.** V. *constitutif* (sens 2).
— **courant.** V. *courant.*
— **d'administration.** V. *administration (acte d').*
— **d'appel.** V. *appel (acte d').*
— **d'avocat à avocat.** V. *acte du palais.*
— **déclaratif.** V. *déclaratif.*

— **de disposition.** V. *disposition (acte de).*
— **de l'état civil.** V. **état civil (acte de l').*
— **de notoriété.** V. *notoriété (acte de).*
— **de pure faculté.** V. *faculté.*
— **de suscription.** V. *suscription (acte de).*
— **de tolérance.** V. *tolérance (acte de).*
— **discrétionnaire.** V. *discrétionnaire.*
— **en brevet.** V. *brevet (acte en).*
— **en minute.** V. *minute.*
— **exécutoire.** V. *exécutoire (acte).*
— **illicite.** V. *illicite.*
— **innommé.** V. *innommé.*
— **interprétatif.** V. *interprétatif.*
— **interruptif.** V. *interruptif.*
— **juridictionnel.** V. *juridictionnel (acte).*
— **public.** V. *public (acte).*
— **solennel.** V. *solennel.*
— **suspensif.** V. *suspensif.*
— **translatif.** V. *translatif.*
— **unilatéral.** V. *unilatéral.*

▸ **III** (sous-mots)

— ***administratif.** Au sens générique, acte juridique fait dans le cadre et pour l'exécution d'une opération administrative ; en général, on réserve cependant l'expression pour désigner ceux de ces actes qui ont un caractère unilatéral, par opposition aux *contrats administratifs.

a / D'un point de vue organique, acte qui émane d'une autorité administrative, par opposition aux actes émanant d'une autorité législative, d'une autorité juridictionnelle ou d'un organisme privé.

b / D'un point de vue fonctionnel, la notion exclut les actes des autorités administratives agissant à un autre titre (par ex., actes du maire en qualité d'officier de police judiciaire), mais englobe au contraire les actes de personnes ou d'organismes privés chargés d'une mission de service public, dès lors que ces actes intéressent l'organisation du service ou son exécution à l'aide de *prérogatives de puissance publique.

c / D'un point de vue matériel, acte unilatéral à caractère individuel, par opposition aux actes de portée générale qui seraient qualifiés *législatifs. Ex. *ordonnance, *décision individuelle, *décret, *arrêté, *directive, *mesures dites d' « ordre intérieur », notamment les *circulaires et *instructions de service auxquelles il faut ajouter les *avis et les *vœux. V. *analyse.*

— **clair.**

a / (adm.). Théorie suivant laquelle une juridiction, normalement incompétente pour interpréter un acte, ne serait cependant pas tenue de voir dans cette interprétation une *question préjudicielle à renvoyer à l'autorité compétente pour interpréter, mais pourrait directement appliquer cet acte dans la mesure où il est clair (théorie appliquée dans les rapports entre juridictions administratives et judiciaires, s'agissant des actes individuels et, plus généralement, aux *traités internationaux).

b / plus spéc. (eur.). Texte dont le sens est si évident qu'il ne saurait soulever de doute ni de question d'interprétation et ne pourrait, par voie de conséquence, donner lieu à renvoi pour *interprétation préjudicielle devant la Cour de justice des Communautés européennes.

— ***collectif.** Qualification donnée à une catégorie d'actes *administratifs qui se distinguent d'une part, des *actes réglementaires en ce qu'ils ne portent pas de normes générales et impersonnelles, d'autre part, des *actes *individuels en ce qu'ils concernent non pas une seule mais simultanément plusieurs personnes nommément désignées. Ex. arrêtés de promotion des fonctionnaires.

— **constitutionnel.** Nom parfois donné à la loi établissant ou complétant une Constitution. Ex. Acte additionnel aux Constitutions de l'Empire, du 22 avril 1815 ; Actes constitutionnels pris par Philippe Pétain, à dater du 11 juillet 1940.

— **contraire.** Nom donné par référence au principe du *parallélisme des formes à un acte administratif dont l'objet est de supprimer un acte administratif antérieur et qui doit être pris par la même autorité et dans les mêmes formes que celui-ci.

— **d'administration judiciaire.**

a / Acte du juge, de caractère non *juridictionnel (CPC, a. 499) et qui n'est sujet à aucun recours (CPC, a. 537), tendant soit à organiser le service de la juridiction (désignation du magistrat de la mise en état : COJ,art. R. 312-6, répartition des magistrats dans les diverses chambres, fixation des jours et heures des audiences, désignation des huissiers audienciers, ou des experts agréés), soit même à régler diverses questions relatives à l'instance (ex. jonction et disjonction d'instances : CPC, a. 368 ; radiation d'une affaire : a. 382). Syn.

mesure d'administration judiciaire. V. *fonction *juridictionnelle.*

b / Dans un sens très étroit, acte d'administration intérieure de la juridiction relevant de la gestion administrative (personnel, budget, bâtiments, etc.).

— **d'autorité.** Selon la doctrine dominante du XIXe siècle, espèce d'actes administratifs – dits aussi de puissance publique – qui seraient caractérisés par la mise en œuvre de celle-ci et n'auraient donc pas eu d'homologues en Droit privé, par opposition aux *actes de gestion (cette opposition n'est plus reçue aujourd'hui ; on en retrouve néanmoins le reflet, sinon en matière de responsabilité, du moins dans les règles du partage des compétences et dans le droit de la fonction publique, notamment à travers la réglementation du droit de grève).

— **d'avocat.** Acte sous signature privée (*sous seing privé), contresigné par les avocats de chacune des parties ou par l'avocat de toutes les parties. Il fait foi de l'écriture et de la signature des parties, tant à leur égard qu'à celui de leurs héritiers ou ayant cause. La procédure du faux lui est applicable. Cet acte est dispensé de toute mention manuscrite exigée par la loi (a. 1374).

—**s de barbarie.** Actes de cruauté, érigés en crime, comme les *tortures, consistant à infliger intentionnellement à autrui des souffrances, physiques et/ou mentales, inhumaines et odieuses (C. pén., a. 222-1), agissements aggravant également de nombreuses autres infractions (ex. vol, a. 311-1°). Comp. *crime contre l'*humanité.*

— **de commerce.**

a / (par nature). Acte juridique qui entre dans l'énumération des a. L. 110-1 et 110-2 C. com. tels que la jurisprudence les interprète (V. *commerce*).

b / (par référence à son auteur) : Acte (intentionnel ou non) accompli par un commerçant dans l'exercice de sa profession ou par une société commerciale, en traitant soit avec un autre commerçant (actes entièrement commerciaux), soit avec un non-commerçant (actes mixtes).

— **de Dieu.** Intervention du hasard, comme la foudre (Conv. Bruxelles 1924, a. 4, § 2, litt. *d*). V. **cas fortuit*, **cause étrangère*, **force majeure.*

— **de francisation.** Copie du registre des soumissions de *francisation qui établit la nationalité française du navire et le droit de propriété sur celui-ci.

— **de gestion.** Ceux que l'administration accomplit pour la gestion de son domaine privé ou pour les besoins des services publics, mais dans des conditions et par des procédés semblables à ceux auxquels recourent les particuliers pour la gestion de leurs propres affaires, par opposition aux *actes d'autorité.

— **de gouvernement.** Dénomination appliquée à un certain nombre d'actes émanant des autorités exécutives et dont la caractéristique commune est de bénéficier d'une immunité juridictionnelle absolue (de tels actes ne sont pas susceptibles d'être déférés au Conseil d'État par la voie contentieuse). (D'abord justifiée par la théorie dite du mobile politique, la catégorie des actes de gouvernement a été ultérieurement réduite, faute d'un critère spécifique, à une simple énumération dont le contenu n'a cessé de se restreindre ; cette restriction a permis de reconnaître dans les actes de gouvernement, sinon l'expression d'une *fonction gouvernementale distincte de la *fonction administrative, du moins des actes qui, d'une part, se rattachent aux rapports entre les pouvoirs exécutifs et législatifs, d'autre part, intéressant les relations extérieures, mettent en cause, dans le cadre du Droit international, les rapports du pouvoir exécutif avec les puissances étrangères ou les organisations internationales.)

— **de greffe.** Acte reçu par le *greffier agissant en vertu de ses propres attributions et dressé selon les cas en *minute (renonciation à succession) ou en *brevet (certificat de non-appel).

— **(demander).** Demander la constatation par écrit d'un fait, afin de pouvoir ultérieurement l'invoquer ; spéc. demander à un tribunal de constater dans son jugement un fait ou une déclaration émanant de son adversaire.

— **d'enfant sans *vie.** Acte que dresse l'officier de l'état civil : *1 /* lorsqu'un enfant est né *vivant mais non *viable ; *2 /* lorsqu'un enfant est *mort-né (d. 20 août 2008), acte qui n'étant ni acte de naissance ni acte de décès, constate au moins l'existence de l'enfant et sur lequel peut être inscrit le prénom donné à l'enfant.

— **de procédure.**

a / Au sens large, acte de volonté *(negotium)* ou écrit le constatant *(instrumentum),* se rattachant à une instance judiciaire et pouvant être l'œuvre des parties et de leurs mandataires ou des juges et de leurs auxiliaires.

b / Au sens strict, acte des parties à une instance où des auxiliaires de la justice qui ont pouvoir de les représenter (huissier de justice, avocats, avoués) ayant pour objet l'introduction, la liaison ou l'extinction d'une instance, le déroulement de la procédure ou l'exécution d'un jugement. Ex. assignation, signification des conclusions, désistement d'instance, *exploit de saisie-arrêt (v. CPC, a. 2, 411).

— **détachable.** Se dit d'un acte administratif faisant partie d'une opération juridique complexe et dont la jurisprudence admet qu'il puisse en être disjoint, soit pour rentrer dans la compétence administrative dont cette opération était en tant que telle exclue, soit pour faire l'objet d'un *recours pour excès de pouvoir malgré l'existence d'un *recours parallèle.

— **(donner).** De la part du juge, accorder la constatation demandée. V. *jugement de donner *acte.* Pour une partie, reconnaître formellement le fait ou la déclaration de l'autre.

— **(dresser).** Établir, *rédiger un acte, le mettre en forme (« en bonne et due » forme). V. *dressé.*

— **(dont).** Locution parfois encore employée par les officiers publics ou ministériels à la fin des actes qu'ils rédigent pour indiquer que ceux-ci sont terminés.

— **du palais.** Nom encore donné dans la pratique aux actes de procédure que les avocats ou les avoués constitués dans une même cause se notifient entre eux (acte d'avocat à avocat, ou d'avoué à avoué) suivant des formes simplifiées (v. CPC, a. 671 s.). Ex. constitution d'avocat, reprise d'instance, notification des conclusions, communication des pièces. V. *huissier audiencier.*

— ***extrajudiciaire.** Par opp. à acte *judiciaire, acte d'un auxiliaire de justice notifié en dehors de toute instance judiciaire par acte d'huissier de justice, tendant à l'exercice ou à la conservation d'un droit. Ex. congé, demande en renouvellement d'un bail, refus de renouvellement, *commandement, *sommation.

— **faisant *grief.** Acte administratif unilatéral portant atteinte à la situation d'un administré en modifiant l'*ordonnancement juridique et comme tel susceptible d'un *recours pour excès de pouvoir, qu'il s'agisse d'un acte réglementaire ou d'une décision individuelle.

— **final.** Instrument rédigé à l'issue d'une conférence internationale qui contient généralement l'énumération des parties représentées à la conférence, les accords rédigés au sein de celle-ci et les résolutions qu'elle a pu adopter (l'authentification du texte des accords négociés dans le cadre de la conférence résulte habituellement de la signature ou du paraphe de l'acte final. V. Conf. de Vienne sur le Droit des traités, a. 10).

— **individuel.** Se dit d'un acte administratif unilatéral concernant une personne nommément désignée ; s'oppose ainsi à l'acte *collectif et à l'acte *réglementaire.

— ***introductif d'instance.** Acte de procédure par lequel une personne prend l'*initiative d'un procès (demande *initiale) ou d'un recours (acte d'appel) et dont la forme varie suivant la nature de la juridiction, la nature de l'affaire, etc. Ex. la demande initiale (CPC, a. 53) est formée suivant les cas par assignation, par requête d'une partie ou par requête conjointe (CPC, a. 54) ; se distingue en général de la *saisine de la juridiction (v. CPC, a. 750 et 757 ; comp., par exception, CPC, a. 791).

— **judiciaire.**

a / Syn. d'acte de procédure.

b / Par restriction et par opp. à *acte extrajudiciaire, signification par exploit d'huissier au cours d'une instance judiciaire.

c / Désigne parfois tous les actes du juge autres qu'un jugement ordinaire : décisions fixant les heures d'audience, désignant des huissiers audienciers (*acte d'administration judiciaire), *jugement de donner acte. Comp. *acte juridictionnel.*

d / Parfois aussi acte du juge autre qu'un jugement ordinaire mais se rattachant à la fonction juridictionnelle, par opp. à un acte de simple administration intérieure.

— **(jugement de donner).** Jugement qui constate un fait ou un acte des parties (constitution d'avocat, aveu, serment, offre, et surtout accord conclu devant le juge) dont il constitue une preuve authentique. Comp. *dispositif.*

— ***juridique.** Acte de volonté destiné (dans la pensée de son ou de ses auteurs) à produire un effet de droit (C. civ., a. 1100-1).

— **juridique *collectif.** Décision prise collégialement par les membres d'une collectivité.

— **juridique *conventionnel.** Accord conclu entre deux ou plusieurs personnes en vue de produite des effets de droit. Syn. **convention.*

— **unilatéral.** Acte accompli par une seule personne ou par plusieurs personnes dans la considération d'un même intérêt, en vue de produire un effet de droit.

— **législatif.**

a / Au sens formel, tout acte, quel que soit le caractère individuel ou général de son contenu, adopté par le Parlement selon la procédure législative et promulgué par le président de la République ; en ce sens, synonyme de *loi. (Depuis 1958, il ne peut porter que sur les objets limitativement énumérés par l'article 34 de la Constitution.)

b / Au sens matériel, acte d'une autorité publique, quelle qu'en soit la qualité législative ou exécutive, qui porte des normes de caractère général et impersonnel (dans cette acception doctrinale, l'expression n'est plus guère usitée ; lorsqu'un acte général et impersonnel émane d'une autorité exécutive, il est qualifié *réglementaire, les deux notions se rejoignant du point de vue matériel).

— **notarié.** Acte rédigé ou dressé sur support électronique par un *notaire (C. civ., a. 1317). V. *acte *authentique, acte *public, écrit.*

— **(prendre).** Constater ou faire légalement *consigner un fait (agissement, défaillance, refus) ou une déclaration (offre, acquiescement, reconnaissance), en particulier, en matière d'opération sur obligation, reconnaître pour certain et non équivoque (C. civ., a. 1216, al. 2 ; 1324 ; 1327-1).

— **recognitif.** Du lat. *recognitus,* part. pass. du v. *recognoscere,* reconnaître. Acte écrit, appelé aussi *titre nouvel, par lequel une personne reconnaît l'existence de droits déjà constatés par un titre antérieur, nommé acte primordial, soit afin d'interrompre une prescription, soit afin d'assurer la preuve de ces droits lorsque le titre primordial est perdu ou menacé de perte. C. civ., a. 1380. Comp. *confirmatif, ratification.* V. *reconnaissance.*

— **refait.** Acte instrumentaire qui a pour objet de remplacer un acte antérieur (le plus souvent nul pour vice de forme) sans en modifier la teneur. V. *réfection.*

— **réglementaire.**

a / Au sens organique, actes des autorités exécutives dans l'exercice de leurs attributions normatives ; actes du *pouvoir réglementaire (ordonnances, décrets, arrêtés).

b / Au sens matériel, ceux des actes du pouvoir réglementaire qui contiennent des règles générales et/ou impersonnelles ; en ce sens, l'acte réglementaire se distingue des actes *individuels ou *collectifs et s'identifie à l'acte *législatif au sens matériel.

c / Appliqué aux *circulaires, le terme implique que celles-ci contiennent des dispositions juridiques nouvelles.

d / Appliqué autrefois aux *délibérations des conseils municipaux et généraux exécutoires de plein droit.

— **sous signature (seing) privé(e).** Acte *écrit établi (sur papier ou support électronique) par les parties elles-mêmes sous leur seule *signature (seing privé) sans l'intervention d'un officier public (C. civ., a. 1372), qui en tant que *preuve littérale *préconstituée, est doté d'une *force *probante (a. 1372) inférieure à celle de l'acte *authentique (v. cep. C. civ., a. 1359) et qui n'acquiert qu'à certaines conditions (not. l'enregistrement, C. civ., a. 1377) date certaine à l'égard des tiers, mais qui, laissé en principe à la libre rédaction des intéressés, n'est assujetti qu'à un minimum de formalités, à peine de nullité de l'*instrumentum* : formalité du *double pour les actes contenant des conventions synallagmatiques (C. civ., a. 1375), mentions manuscrites ou assimilées pour les engagements unilatéraux (a. 1376). V. *vérification d'écriture.*

— **type** (adm.). Catégorie d'actes de nature et de dénomination diverses (règlements, statuts, cahier des charges, contrats…) élaborés à titre de modèle soit facultatif, soit obligatoire, par l'autorité administrative supérieure à l'usage des administrations subordonnées à son contrôle, voire des particuliers et rattachés à la catégorie dont ils possèdent les caractères. Ex. on assimile un règlement intérieur type à un acte *réglementaire. Comp. *contrat type.*

ACTER

V. – De *acte (du bas. lat. *actare,* dater ?).

- **1** *Prendre ou *donner *acte.
- **2** (vx). Conduire une opération juridique ou une action diplomatique à son accomplissement ; y mettre un terme en la forme. Comp. *conclure, dresser acte.*

ACTIF, IVE

Adj. – Lat. *activus,* dér. de *actus,* de *agere* : agir.

- **1** Qualité de celui qui travaille, par opp.

au *chômeur (inactif) ou à celui qui a suspendu son travail.

• **2** Se dit du membre d'une association qui, ayant versé sa cotisation, peut participer aux activités de l'association.

• **3** Se dit de celui à qui l'on doit, le créancier (sujet actif de l'obligation), du fait qu'il est en droit d'agir en paiement contre le débiteur (sujet passif) ; par ext., ce qui concerne la créance. Ex. transmissibilité active, solidarité active. Ant. *passif.*

ACTIF

Subst. masc.

V. le précédent, adj. substantivé.

• **1** (sens gén.). Ensemble des *biens et droits évaluables en argent qui constituent les éléments positifs du *patrimoine d'une personne (physique ou morale) et forment le *gage de ses créanciers, par opp. au *passif. V. *solvabilité, saisie, crédit, avoir, forces.*

— **incorporel** (*Fin.*). Actif sans support matériel tel qu'un *fonds de commerce, un brevet, des droits d'auteur, une marque. JORF 19.11.2008, dans *Commission générale de terminologie et de néologie.*

— **net.** Dans une masse à partager, solde positif qui ressort après paiement des dettes qui grevaient la masse. Ex. actif net successoral.

— **numérique** (*Fin.*). Toute valeur dématérialisée, comprenant les jetons, la monnaie électronique et toute autre valeur non constitutive d'une monnaie ayant cours légal et forcé.

ADAGE : *Bona non sunt nisi deducto aere alieno.*

• **2** En comptabilité, ensemble des soldes des comptes de situation figurant au *bilan.

ACTIF SOUS-JACENT

• *Fin.* Instrument financier, tel qu'une devise, une action, un taux d'intérêt ou un indice boursier, qui sert de support à un contrat à terme ou à un contrat d'option. JORF 19.11.2008, dans *Commission générale de terminologie et de néologie.*

ACTION

N. f. – Lat. jurid. *actio* ; au sens empr. du hollandais *actie* au début du XVIIIe siècle.

▸ **I Action en justice** (toutes matières)

a / (sens courant). Sanction d'un *droit subjectif ; voie de droit ouverte pour la protection judiciaire d'un droit ou d'un intérêt légitime (en ce sens, tout droit est muni d'action), garantie potentielle comprise dans le patrimoine d'un individu (on parle de ses droits et actions, a. 1166).

b / (sens précis). Droit d'agir en justice ; droit (ouvert à certaines conditions : *intérêt, *qualité, etc.), pour l'auteur d'une *prétention (principale, incidente, appel, pourvoi en cassation, etc.) d'être entendu et jugé sur le fond de celle-ci, sans que cette prétention puisse être écartée comme *irrecevable, le juge étant tenu de la déclarer bien ou mal fondée (CPC, a. 30, al. 1) ; désigne aussi, en ce sens, le droit pour l'adversaire de la prétention d'en discuter le *bien-fondé (a. 30, al. 2) ; en ce sens, l'action ne se confond ni avec le droit *substantiel déduit en justice (par ex. le droit de propriété), ni avec la demande en justice (l'assignation). V. *recevabilité, fin de non-recevoir.*

— **du ministère public.** Dans un sens très proche, pouvoir, pour le ministère public, d'agir d'office en matière civile comme *partie principale (CPC, a. 422 et 423). V. *action d'office.* Comp. *action publique* (ci-dessous).

c / (par déviation). La *demande en justice, plus précisément, la demande *principale (par ex. dans l'expression : le juge de l'action est le juge de l'exception), c'est-à-dire l'acte de procédure qui contient la prétention.

— **ad exhibendum** (loc. du lat. jurid. signifiant : pour représenter). Nom traditionnel parfois encore donné à l'action par laquelle on obtient la représentation de choses ou de documents sur lesquels on prétend avoir un droit ou dont la production est nécessaire en vue de l'exercice d'un droit. Ex. demande d'une partie au procès en vue de l'obtention de pièces détenues par un tiers (CPC, a. 138).

— **à fins de subsides.** V. *action à fins de *subsides.*

— **à futur.** V. *in futurum* (ci-dessous).

— **attitrée.** V. *attitrée (action).*

— **banale.** V. *attitrée (action).*

— ***civile.** Action ouverte à la victime d'une infraction pénale, en réparation du dommage que celle-ci lui a causé (frais exposés dans le procès pénal, restitutions, dommages-intérêts), qui peut être exercée en même temps et devant les mêmes juges que l'action publique, ou séparément devant la juridiction civile.

— ***collective.**

a / Action qu'un groupement doté de la personnalité juridique (société, association, syndicat) intente en son nom, ès qualités, pour faire valoir des droits qui lui appartiennent en propre ou pour défendre les intérêts de la collectivité. Ex. action des syndicats en matière de contrat collectif de la profession ; s'oppose à l'action individuelle qui peut appartenir à chacun des membres du groupement pour la défense des droits et intérêts individuels.

b / Expression parfois proposée pour désigner l'action qui pourrait être ouverte à l'un quelconque des coïntéressés (ex. un consommateur) pour faire juger, même à l'égard des autres (par exception à la relativité de la chose jugée) un type de litige caractérisé par la similitude de ses multiples applications potentielles. Ex. la nocivité d'un produit de consommation (parfois nommée action de groupe ou de classe, action populaire). V. *class action, action de groupe.*

— **confessoire** (lat. jurid. *actio confessoria,* dér. de *confiteri* : reconnaître, avouer). Action *réelle tendant à la reconnaissance ou à l'exercice d'un droit de servitude, d'usufruit ou d'usage ; s'oppose à l'action *négatoire (v. ci-dessous).

— **criminelle.** Syn. action *publique (v. ci-dessous).

— **de groupe.** Action en justice ouverte à une entité habilitée à agir pour le compte de plusieurs personnes, sans en avoir nécessairement reçu le mandat au préalable, qui subissent un dommage causé par une même personne, ayant pour cause commune un manquement de même nature à ses obligations légales ou contractuelles, pour obtenir cessation du comportement, ou engagement de la responsabilité de la personne ayant causé le dommage (art. 62 loi n° 2016-1547 du 18 novembre 2016 de modernisation de la justice du XXIe siècle), plus spécialement : C. cons., a. 623-1 ; loi n° 2008-496 du 27 mai 2008 portant diverses dispositions d'adaptation au droit communautaire dans le domaine de la lutte contre les discriminations ; C. trav., a. L. 1134-6 et s. ; C. env., a. L. 143-2-1 ; C. sant. publ., chapitre III du titre IV du livre Ier de la première partie ; article 43 ter de la loi n° 78-17 du 6 janvier 1978 relative à l'informatique, aux fichiers et aux libertés. Comp. *class action, action collective.*

— **de in rem verso.** Nom traditionnel encore donné à l'action prétorienne ouverte à l'appauvri contre l'enrichi pour cause d'*enrichissement sans *cause. V. *subsidiaire.*

— **d'état.** Action tendant à établir ou à modifier l'*état d'une personne. Ex. action en réclamation d'état, en contestation d'état, en recherche de paternité ou de maternité naturelle, en nullité de mariage, en révocation d'adoption.

— **directe.** V. *directe (action).*

— **d'office.** Action intentée au nom de la société par le ministère public, en vertu du seul devoir de sa charge, et sans en être requis par une personne intéressée, soit en matière pénale (l'action d'office est de règle), soit en matière civile, dans les cas où le ministère public peut agir comme *partie *principale (CPC, a. 422 et 423). V. *action publique.*

— ***domaniale.** Action exercée par l'administration devant les tribunaux judiciaires ou administratifs, pour obtenir des restitutions, réparations ou enlèvements contre les auteurs de faits matériels (empiétements, dégradations, constructions) portant atteinte à l'intégrité du domaine public.

— **en garantie.** V. *garantie.*

— **en perpétuel silence.** V. **action provocatoire* (ci-dessous).

— ***estimatoire** (lat. jurid. *actio aestimatoria,* de *aestimare,* estimer). Action par laquelle l'acheteur, qui découvre les vices cachés de la chose, demande, non point la *résolution de la vente (action *rédhibitoire), mais une diminution du prix (C. civ., a. 1644) ; encore appelée action *quantis minoris.*

c / (par déviation)

— **déclaratoire**. Action ayant pour objet de faire déclarer judiciairement, en dehors de tout *litige, l'existence ou l'inexistence d'une situation juridique ou d'un droit. Ex. action en déclaration de la loi applicable au régime matrimonial.

— **fondamentale.** V. *rapport fondamental.*

— **hypothécaire.** Action *réelle, sanction du droit d'hypothèque, formée par le créancier hypothécaire contre le tiers détenteur, la caution réelle ou même contre le débiteur, qui est distincte de l'action personnelle sanctionnant l'obligation contractée par le débiteur à l'égard du créancier et garantie par l'hypothèque.

— **immobilière.** Action – *personnelle ou *réelle – par laquelle s'exerce un droit portant sur un immeuble (C. civ., a. 526). Ex. action en revendication d'un immeuble. V. *action mobilière.*

— **indirecte.** V. *action oblique* (ci-dessous).

— **in futurum** (ou *à futur*) (loc. lat. signifiant : pour l'avenir). Nom traditionnel encore donné à une catégorie d'actions qui permet à tout intéressé de faire administrer une *preuve en justice avant tout procès, soit pour faire ordonner une *mesure d'instruction (enquête, expertise, etc.) s'il existe un motif légitime (entendre un témoin moribond) de conserver ou d'établir la preuve de faits dont pourrait dépendre la solution d'un litige (CPC, a. 145), soit pour faire trancher à titre principal une contestation relative à une preuve littérale (vérification d'écriture : a. 288, faux : a. 300, inscription de faux : a. 314) et qui pourrait englober l'action qui tendrait à la reconnaissance d'un droit non encore contesté. V. *action préventive.* Comp. *action provocatoire ; action *possessoire.*

— **interrogatoire** (lat. jurid. *actio interrogatoria,* dér. du v. *interrogare* : interroger). Nom doctrinal parfois donné à une catégorie d'actions qui aurait pour objet de mettre une personne en demeure soit de déclarer si elle entend ou non user d'un droit ou exercer une action en justice, soit d'opter entre plusieurs partis qui s'offrent à elle, action dont l'existence, contestée, est à tout le moins exclue lorsque la personne interrogée jouit, en vertu de la loi, d'un délai de réflexion (*option) ou justifie d'un intérêt légitime à ne pas choisir. Comp. **action provocatoire, action préventive.* V. **exception *dilatoire.*

— ***mixte.** Action par laquelle le demandeur agit tout à la fois en reconnaissance d'un droit réel et en exécution d'une obligation (CPC, a. 46). Ex. l'action en résolution de la vente exercée contre l'acheteur pour défaut de paiement du prix ; l'action par laquelle l'acquéreur ou le donataire demande à être mis en possession de l'immeuble dont il est devenu propriétaire par la vente ou la donation.

— ***mobilière.** Action par laquelle s'exerce un droit mobilier, qui est *personnelle ou *réelle, selon que ce droit est personnel (action en paiement d'une somme d'argent) ou réel (action en revendication d'un meuble volé). V. *action immobilière.*

— **négatoire** (lat. jurid. *actio negatoria,* dér. de *negare* : nier). Action *réelle tendant à faire reconnaître qu'un fonds n'est pas grevé d'une servitude, d'un usufruit ou d'un droit d'usage ; s'oppose à l'action *confessoire (v. ci-dessus).

— **negotiorum gestorum** (loc. du lat. jurid. signifiant action « des affaires gérées »). Nom parfois encore donné à l'action par laquelle le gérant d'affaires poursuit contre le maître de l'affaire le remboursement des dépenses utiles ou nécessaires qu'il a faites (C. civ., a. 1375). V. *gestion d'affaires.*

— **oblique.** Action, dite encore indirecte ou subrogatoire, par laquelle le créancier exerce les droits et actions de son débiteur négligent, à l'exclusion de ceux qui sont exclusivement attachés à sa personne (C. civ., a. 1341-1). Ex. le créancier interrompt une prescription qui s'accomplit au détriment de son débiteur ; il accepte une succession que celui-ci est appelé à recueillir et sur laquelle il néglige de prendre parti. V. *personnel* (sens 4).

— ***paulienne.** Lat. jurid. *actio pauliana* créée au VIe ou VIIe s. apr. J.-C. du nom du jurisconsulte *Paulus,* par abus). Action, dite encore *révocatoire, par laquelle le créancier fait révoquer les actes de son débiteur qui lui portent préjudice et qui ont été accomplis en fraude de ses droits (C. civ., a. 1341-2). Ex. le créancier fait annuler la vente d'un immeuble que le débiteur a consentie à *vil prix ; se distingue de l'action en nullité d'une aliénation pour cause de simulation, laquelle tend à faire juger que le bien n'est pas sorti du patrimoine du débiteur.

— ***personnelle.** Action par laquelle on demande la reconnaissance ou la protection d'un droit personnel (d'une créance) quelle qu'en soit la source (contrat, quasi-contrat, délit, quasi-délit) et qui est, en général, mobilière, comme la créance dont l'exécution est réclamée (ex. action en recouvrement d'un prêt d'argent) mais qui peut être immobilière, si cette créance l'est aussi. Ex. l'action en délivrance de tant d'hectares de terre dans un terrain de lotissement. V. *personnel.*

— ***prétorienne.** Action créée par la jurisprudence. Ex. *action *de in rem verso.*

— ***préventive.** Nom doctrinal parfois donné à une catégorie d'actions dont il existe quelques applications spécifiques (la *réintégrande, les *actions à futur. Comp. les *actions provocatoires et interrogatoires) en dehors desquelles l'existence d'un droit d'agir dépend, cas par cas, du point de savoir si l'auteur de la prétention justifie d'un *intérêt *né et *actuel (ex. pour déclarer recevable la demande tendant à prévenir un dommage *éventuel, il faut, mais il suffit de constater que la menace imminente de ce dommage fait naître un intérêt à agir).

— **principale.** V. **demande *principale.*

— **provocatoire.** Nom doctrinal parfois donné à une catégorie d'actions qui permettrait à une personne, troublée par les prétentions publiques d'une autre, de mettre celle-ci en demeure de justifier ses affirmations (*provocatio ad agendum,* comparable aux anciennes actions de *jactance), ou de faire juger qu'il lui sera à jamais interdit de les faire valoir (comparable aux actions « en perpétuel silence »), action dont l'existence est contestée (même si la menace proférée fait naître un *intérêt actuel à agir) dans la mesure où elle tend à un renversement de la charge de la preuve *(actori incumbit probatio).* Comp. **action préventive, *action interrogatoire* (ci-dessus).

— ***publique.** Action exercée au nom de la société, en principe par les soins d'un corps spécial de magistrats (le *ministère public) qui a pour objet l'application de la loi pénale à l'auteur du fait réputé délictueux, et la réparation du dommage causé à la société. V. *action d'office, action du ministère public* (ci-dessus), *vindicte publique.*

— **récursoire** (dér. récent du lat. *recursus* : *recours). *Recours en justice de la personne, qui a dû exécuter une obligation dont une autre était tenue (indemniser la victime d'un dommage, par ex.), contre le véritable débiteur de l'obligation (l'auteur responsable du dommage dans l'exemple ci-dessus) pour obtenir sa condamnation (ex. action récursoire de l'État contre l'instituteur en cas de dommage causé à un élève : l. 5 avr. 1937, a. 2) ; action exercée par le codébiteur qui a payé le tout contre ses coobligés (C. civ., a. 1214). V. *contributif.*

— **rédhibitoire.** V. *rédhibitoire* (sens 2).

— ***réelle.** Action par laquelle on demande la reconnaissance ou la protection d'un droit réel (droit de propriété, servitude, usufruit, hypothèque) et qui est mobilière si le droit réel exercé porte sur un meuble. Ex. action en revendication d'un meuble perdu ou volé ; immobilière si le droit porte sur un immeuble. Ex. action en revendication d'un immeuble, V. *réel.*

— **résolutoire** (lat. jurid. *resolutorius,* dér. de *resolvere* : délier). V. *résolution, résolutoire.*

— ***révocatoire** (lat. jurid. *actio revocatoria,* dér. de *revocare* : rappeler). Syn. *action *paulienne (v. ci-dessus).

— ***sociale.** Action intentée par une société ou même, en certains cas, par les actionnaires agissant individuellement, pour demander la réparation d'un préjudice ayant atteint le patrimoine de la société. Ex. l'action intentée contre les administrateurs, pour fautes commises dans leur gestion, ou contre les fondateurs, pour fautes commises lors de la constitution de la société ; s'oppose en ce sens à l'action *individuelle. Comp. *action collective.*

— **subrogatoire.** Dér. récent de *subrogare* : subroger. Syn. **action oblique* (v. ci-dessus).

— **syndicale.** V. *syndicale (action).*

— **vindicative.** V. *vindicative (action).*

► **II Action de société** (com.)

a / Part d'associé dans les *sociétés dites de capitaux, *sociétés anonymes ou en commandite par actions qui est caractérisée par sa libre cessibilité de principe et se présente comme une fraction du capital social servant d'unité aux droits et obligations des associés.

b / Dénomination abusivement donnée par la loi à des titres ne répondant pas à ces caractéristiques (« actions de travail » dans la société anonyme à participation ouvrière).

c / *Titre délivré à l'actionnaire pour constater ses droits et qui peut être au *porteur, *nominatif ou à personne dénommée (auquel cas il se transmet en observant les formalités de l'a. 1690 C. civ.). V. *valeur mobilière, obligation.*

— **à vote plural.** Espèce d'*action de priorité, en principe interdite, exception faite du droit de vote double, accordée par les statuts comme prime de fidélité ou encore du droit de vote plural existant dans les sociétés concessionnaires hors la France métropolitaine, les sociétés d'économie mixte et les sociétés financières pour le développement économique des pays d'outre-mer.

— **de capital.** Action qui correspond à un apport en capital, par opposition à celle qui

correspond à l'apport d'une activité personnelle. Ex. actions de travail dans les sociétés anonymes à participation ouvrière régies par la loi du 26 avril 1917 (et mérite seule la dénomination d'*action de société).
— **de *jouissance.** Action intégralement amortie ; action dont la valeur nominale effectivement libérée a été remboursée par la société aux actionnaires et qui donne droit aux mêmes prérogatives que l'*action de capital, sous déduction du droit au premier dividende.
— **(s) de garantie.** Actions de société anonyme obligatoirement détenues pendant la durée de leurs fonctions par les administrateurs ou les membres du conseil de surveillance et qui sont destinées à garantir la responsabilité éventuelle de leurs titulaires (souvent déposées en banque, à cette fin, dans un compte bloqué).

▸ **III** Désigne en certaines matières ou dans certaines expressions, une initiative, une intervention ou une activité.

a / (int. publ.). Fait, pour une organisation internationale, de mettre à exécution une mesure concrète, matérielle ; on parle d'*action collective,* lorsque des États agissent eux-mêmes dans le cadre d'une opération d'ensemble décidée et coordonnée par l'organisation internationale, d'une *action institutionnelle,* lorsque l'organisation agit librement à l'aide de moyens mis à sa disposition par les États membres, l'*action* étant dite *coercitive* (dans l'un ou l'autre cas) lorsqu'elle implique l'usage de la contrainte (il existe une controverse sur le sens à donner au mot action dans l'article 11, § 2, de la Charte des Nations Unies : pour certains États, le Conseil de Sécurité serait seul compétent pour entreprendre une action concrète, matérielle ; selon un avis de la CIJ (1962), l'action réservée par cet article audit Conseil n'est que l'action coercitive ; pour la Cour, les attributions de l'assemblée générale ne sont pas seulement de caractère exhortatif ou limitées à la discussion, à l'examen, à l'étude et à la recommandation ; elle peut recommander des mesures, c'est-à-dire toutes formes quelconques d'action).
— ***diplomatique.** Démarches officielles entreprises par un gouvernement auprès d'un gouvernement étranger, par l'entremise d'un de ses représentants (diplomate ou ministre) en vue de lui exposer un point de vue, de lui présenter une réclamation ou obtenir une décision.

b / (soc.)
— **sanitaire et sociale.** Activité des caisses de sécurité sociale, destinée à améliorer la situation des assurés sociaux indépendamment du versement des prestations légales (aide au logement, protection de l'enfance, etc.).

c / (prof.).
— ***disciplinaire.** Action (indépendante de l'action pénale) par laquelle une autorité investie du *pouvoir disciplinaire demande à l'instance compétente de déclarer une personne coupable d'une faute professionnelle et, suivant que cette instance a ou non un caractère juridictionnel, de prononcer la sanction de cette faute ou d'émettre un avis sur cette sanction.

d / (com.)
— **de *concert.** Politique que conviennent de mettre en œuvre à l'égard d'une société cotée en bourse, certains actionnaires de celle-ci ; désigne, à la fois, dans le droit des marchés de capitaux, l'accord conclu à cette fin entre associés, les moyens de sa mise en œuvre (acquisition, cession, exercice des droits de vote) et la finalité de l'opération (conduite d'une politique durable commune ou orientée par un « chef d'orchestre ») (C. com., a. L. 233-10 (I). V. *concert (agir de)*. Comp. *contrôle des sociétés*.

ACTIONNAIRE

Subst. – Dér. d'*action au sens commercial.

- Nom donné, dans une *société par actions, à l'*associé propriétaire d'une ou plusieurs *actions, dont la responsabilité est limitée au montant de son apport. Ex. dans une *société en commandite par actions, le *commanditaire est un actionnaire. Comp. *obligataire, porteur.*

ACTIONNARIAT OUVRIER

Dér. d'*action. V. *ouvrier.*

- Situation dans laquelle les salariés d'une société détiennent une fraction de son capital social par remise gratuite des souscriptions d'actions. V. *participation.*

ACTIONNER

V. trans. dér. de *action.

- Intenter contre qqn une *action en justice. Ex. actionner le débiteur en paiement ; être actionné en responsabilité. Comp. *agir* (en justice), *assigner, attraire.*

ACTIVITÉ

N. f. – Lat. *activitas.*

- **1** Travail ; occupation laborieuse. Comp. *industrie.* V. *pluriactivité, profession.*

— **professionnelle.** Travail, dépendant ou indépendant, qui se caractérise par l'accomplissement régulier de certains actes, par opp. à travail occasionnel, et par la poursuite d'un but *lucratif. V. *activité *agricole.*

— **salariée.** Travail dépendant, effectué pour autrui, moyennant rémunération, en vertu d'un *contrat de travail.

- **2** (au plur.). Ensemble des tâches, loisirs ou autres occupations d'une personne.

ACTUALISATION

(Néol.) Du v. actualiser, dér. de *actuel.

- *Revalorisation d'une dette après un changement dans les circonstances économiques (dévaluation monétaire) ou dans la situation des intéressés (aggravation du dommage). V. *indexation, variation, hardship, rebus sic stantibus, révision.*

ACTUEL, ELLE

Adj. – Lat. *actualis* : actif, pratique, agissant.

- **1** *Accompli, réalisé, consommé. Ex. dommage actuel par opp. à *futur et *éventuel. V. *certain.*
- **2** *Né, ouvert. Ex. après décès, l'héritier a un droit de succession actuel par opp. au droit *éventuel du *successible. V. *intérêt.*
- **3** En vigueur, en cours d'application. Ex. loi actuelle, jurisprudence actuelle, Comp. *ancien.*
- **4** Présent, en exercice, en fonction. Ex. locataire actuel, gérant actuel. V. *ancien.*

ADAGE

Subst. masc. – Lat. *adagio* : sentence morale, proverbe.

- Expression lapidaire issue de la *tradition juridique, énonçant, sous une forme concise et frappante, une règle de droit, une *sentence morale ou un fait d'expérience (v. liste à la fin de l'ouvrage). Syn. *brocard.* Comp. *maxime, axiome, dicton, principe.*

ADAPTATION

Lat. *adaptatio*, dér. de *adaptare* : adapter.

- **1** Terme doctrinal servant à désigner les moyens qui tendent à assouplir le mécanisme des *règles de conflit de lois :

***a* /** Correction des résultats des règles de conflit en vue d'éviter d'aboutir à une solution qui paraît injuste. Ex. empêcher qu'une veuve soit privée de tout droit au décès de son mari parce que des lois de conceptions différentes s'appliquent respectivement au régime matrimonial et à la succession.

***b* /** Modification des concepts internes liés à leur application en Droit international. Ex. l'aliénation mentale sera considérée comme une incapacité naturelle régie par la loi personnelle et non, comme en Droit interne, un défaut de consentement soumis à la loi du contrat.

- **2** Opération *modificative consistant pour des contractants (en vertu d'un nouvel accord ou d'un engagement antérieur) ou pour le juge à réaménager les conditions de l'accord originaire ou de la *situation établie, en fonction de *changements intervenus depuis lors ; *révision. V. *modification, imprévision, rebus sic stantibus, clause de *hardship, renégociation, clause-*recettes, indexation, mutabilité, avenant, protocole additionnel, contrat-cadre, *mesure de crise, provisoire, *fait nouveau.*
- **3** Utilisation d'une *œuvre originaire afin d'en créer une nouvelle, d'un autre genre. Ex. adaptation d'un roman au cinéma (a. L. 112-3 s., C. p. i.).

— **(contrat d') audiovisuelle.** Convention (également nommée, dans la pratique, contrat de cession des droits d'adaptation) en vertu de laquelle un auteur autorise une personne (éditeur, producteur) à exploiter sous une forme audiovisuelle conformément aux usages de la profession, l'adaptation d'une œuvre préexistante ; désigne aussi le contrat par lequel une personne s'engage à réaliser l'adaptation audiovisuelle. V. *contrat de *commande.*

ADAPTER

Lat. *adaptare.*

- Mettre quelqu'un en état de remplir un emploi, l'y rendre *apte. V. *réadapter.*

ADDITIF

N. m.. – Lat. *additivus,* de *additio.*

- Acte *additionnel (sens 2). V. *avenant, codicille, protocole, modification, annexe, intercalaire.*

ADDITION

N. f. – Lat. *additio.*

- **1** Mention modificative, complémentaire ou explicative ajoutée en marge ou au bas d'un *acte qui, paraphée par les signataires de l'acte, fait corps avec celui-ci. Comp. *apostille, renvoi d'acte.* V. *surcharge, paraphe, signature.*
- **2** (ou addition de construction). Par opp. à construction nouvelle ou reconstruction, construction ajoutée (par agrandissement ou surélévation, etc.) à une construction existante.

ADDITIONNEL, ELLE

Adj. – Dér. de *addition.

- **1** Qui s'ajoute à… (quantitativement). Ex. taxe additionnelle, contribution additionnelle, construction additionnelle. V. *addition.*
- **2** Se dit aussi d'un acte complémentaire qui peut être seulement destiné à modifier un acte antérieur ou à le corriger. Ex. acte additionnel, *demande additionnelle, *réquisitoire additionnel. Comp. *additif, modificatif, complétif, supplétif, avenant.*

ADHÉSION

Lat. *adhesio,* de *adhaerere* : s'attacher à.

▸ **I** (sens gén.)

- **1** Acte unilatéral par lequel une personne se rallie à une situation juridique déjà établie (statut, pacte, concordat, convention) en devenant, le plus souvent, membre d'un groupement préexistant (association, société, syndicat, etc.), ou partie à un accord dont elle n'était pas, à l'origine, signataire.
- **2** Assentiment personnel donné à un projet d'acte ou d'opération préparé par d'autres. Comp. *agrément, accord, autorisation, adoption* (sens 2), *approbation, acquiescement.*

— **(contrat d').** Contrat dont les *conditions générales, soustraites à la *négociation, sont déterminées à l'avance par une des parties (C. civ., a. 1110). Ant. *contrat de gré à gré.* À l'origine, dénomination doctrinale générique englobant tous les contrats dans la formation desquels le *consentement de l'une des parties (client, *consommateur, voyageur) consiste à accepter une proposition qui est à prendre ou à laisser sans discussion, adhérant ainsi aux conditions (délais, tarif, etc.) établies unilatéralement à l'avance par l'autre partie (compagnie d'assurance, entreprise de transport) ; se dit aussi de contrats comportant, en dehors des conditions soustraites à la discussion, des conditions particulières sujettes à négociation. V. *contrat type, clause *abusive, contrat-cadre.*

▸ **II** (int. publ.)

- Acte par lequel un État devient partie à un accord dont il n'était pas signataire. Ex. un traité peut être ouvert à l'adhésion de tous les États ou seulement de certains d'entre eux ; on parle alors de convention ouverte ou fermée (bien qu'il s'agisse d'une anomalie, l'adhésion peut intervenir sous réserve de ratification). Comp. *admission.*

▸ **III** (eur.)

- Fait, pour un État tiers, de devenir membre d'une des *Communautés européennes, aujourd'hui de l'Union européenne. Ex. adhésion à la CEE du Royaume- Uni, du Danemark et de l'Irlande par le traité de Bruxelles du 22 janvier 1972.

— **(traité d').** Convention entre les *États membres d'une *Communauté européenne, aujourd'hui de l'Union européenne et un État tiers par laquelle celui-ci devient membre de ladite communauté.

▸ **IV** (trav.)

- Acte unilatéral manifestant, de la part d'un syndicat ou d'une personne qui ne l'a pas signée, la volonté d'assumer les obligations et de recueillir les droits résultant d'une convention collective.

AD HOC

- Locution adjective ou adverbiale perpétuant l'expression latine *ad hoc* signifiant « pour cela », « à cet effet », encore utilisée par la loi pour qualifier l'*administrateur spécialement chargé de représenter le mineur lorsque les intérêts de celui-ci sont en opposition avec ceux de l'administrateur légal (C. civ., a. 389-3, al. 2 ; comp. subrogé tuteur, C. civ., a. 455), plus généralement pour caractériser une mission limitée dans son objet et liée à des circonstances particulières, Ex. administrateur *ad hoc* nommé, après la cession de l'entreprise, en cas de non-paiement du prix, a. 90, l. 25 janvier 1985 relative au redressement et à la liquidation judiciaire des entreprises. V. *spécial, occasionnel, tuteur.*

ADIRÉ, ÉE

Adj. – Part. pass. de adirer. V. *adirement.*

- (vx). Perdu, détruit en tout ou en partie, mutilé ; se dit encore parfois d'une pièce ou d'un document. Ex. titre adiré.

ADIREMENT

N. m. – Dér. de l'anc. v. adirer, autrefois égarer, comp. de dire, d'après la locution être à dire : manquer, propr. être à déclarer.

- (vx)… *Perte, destruction, mutilation d'un écrit. Comp. *cancellation.*

ADITION D'HÉRÉDITÉ

Calqué du lat. jurid. *aditio hereditatis* : action de se porter comme héritier ; *aditio,* dér. de *adire* : aller vers *(ad eo).* V. *hérédité.*

- Désigne parfois la manifestation de volonté par laquelle le *successible accepte la *succession. V. *acceptation.*

ADJECTUS SOLUTIONIS GRATIA

- Expression lat. signifiant « ajouté pour recevoir paiement », parfois encore employée pour désigner la personne adjointe au créancier par une clause du contrat, avec pouvoir, non de poursuivre le débiteur ou de remettre sa dette mais, au choix de celui-ci, de recevoir, au lieu du créancier, paiement libératoire.

ADJOINT

Subst. et adj. – Dér. du v. adjoindre, lat. *adjungere* : joindre à…

- **1** Pris substantivement, agent placé auprès du titulaire d'une fonction pour l'aider et éventuellement le suppléer. Ex. *adjoint au maire. Comp. *assesseur, suppléant, auxiliaire, intérimaire.*
- **2** (adj.). Qualifie un agent investi d'attributions propres pour marquer le caractère inférieur de la position qu'il occupe dans la hiérarchie du service.

— **au maire.** Agent élu par le *conseil municipal parmi ses membres en même temps que le *maire et pour la même durée qui a pour attributions : *1* / de suppléer le maire absent ou empêché ; *2* / d'exercer celles de ses fonctions que le maire lui a déléguées (le nombre des adjoints, fixé par la loi, peut être augmenté par le conseil municipal décidant la création d'adjoints supplémentaires).

— ***spécial.** Adjoint au maire qui peut être institué par délibération motivée du conseil municipal pour la fraction isolée d'une commune (élu par le conseil municipal parmi ses membres ou, à défaut d'un conseiller municipal résidant dans la fraction intéressée, parmi les habitants de celle-ci, il y remplit les fonctions d'officier d'état civil et peut être chargé de l'exécution des lois et règlements de police).

ADJONCTION

Lat. jurid. *adjunctio,* dér. de *adjungere.* V. *adjoint.*

- **1** (sens courant). Augmentation, accroissement.

— **de territoire.** V. *territoire (adjonction de).*

- **2** (sens technique). *Union matérielle, *mélange de deux choses mobilières appartenant à deux *maîtres différents donnant lieu au droit d'*accession (C. civ., a. 566). Comp. *spécification, incorporation.*

ADJUDICATION

Lat. jurid. *adjudicatio,* de *adjudicare* : adjuger.

▸ **I** (adm.)

- Procédure de passation des *marchés publics, précédée obligatoirement d'une publicité et d'une mise en concurrence, aboutissant à la désignation automatique du cocontractant de l'administration en faveur de celui des candidats ou *soumissionnaire qui propose d'exécuter ce marché au plus bas prix.

— **ouverte.** Adjudication dans laquelle tout candidat peut déposer une *soumission sous réserve de la faculté pour le *bureau d'adjudication d'éliminer avant d'avoir pris connaissance de leurs soumissions les candidats dont les capacités seraient jugées insuffisantes ou ceux qui n'auraient pas qualité pour soumissionner.

— **restreinte.** Adjudication dans laquelle sont seuls admis à remettre des soumissions les candidats agréés avant la séance d'adjudication au vu de références particulières.

▸ **II** (proc. civ.)

• **1** Déclaration par laquelle le juge ou un officier public, qui procède à la mise aux *enchères d'un bien meuble ou immeuble, attribue ce bien à celui qui porte l'enchère la plus élevée ; par ext. (dans la pratique), ensemble des formalités d'une vente aux enchères et cette vente même. V. *vente (publique, aux enchères, forcée, sur saisie), enchère, licitation.*

— **à la barre.** Adjudication prononcée à l'audience d'un tribunal (par opp. à celle que prononce un officier public (notaire, commissaire-priseur, etc.)). V. **audience des *criées.*

— **au revidage** (ou *à la révision*). Opération illicite consistant à remettre un bien aux enchères entre personnes qui se sont concertées d'avance pour ne pas se concurrencer lors de la vente de ce bien par adjudication publique et qui se partagent la différence entre le prix de la première adjudication et celui de la revente.

— ***judiciaire.** Adjudication à la barre ou par un officier public faite en vertu d'un ordre de justice ou d'une disposition de la loi, après accomplissement des formalités légales.

— **sur baisse de mise à prix.** Adjudication qui a lieu lorsque, dans une vente judiciaire d'immeuble, la mise à prix primitive n'a pas été couverte par une enchère.

— **sur *conversion de saisie.** Adjudication, selon les formes de la vente des biens de mineurs, d'un immeuble saisi, lorsque les parties sont d'accord pour substituer ces formes à celles de la vente sur saisie immobilière. Syn. *vente sur conversion de saisie immobilière.

— **sur folle enchère.** V. *réadjudication (à la folle enchère).*

— **sur *licitation.** Adjudication faite par un officier public ou devant le tribunal d'immeubles *indivis entre cohéritiers ou copropriétaires.

— **sur saisie immobilière.** Adjudication à la barre d'un immeuble saisi, après accomplissement des formalités légales de publicité.

— **sur *surenchère.** Adjudication qui a lieu après une première adjudication, ou après une vente à l'amiable (qui n'a pas produit un prix suffisant pour désintéresser tous les créanciers), lorsqu'une personne (amateur ou créancier intéressé) offre une *surenchère suffisante (s'engage à payer un prix supérieur, d'une quotité fixée par la loi, au prix d'adjudication ou au prix de vente).

• **2** Désigne en pratique dans l'expression « adjudication de la demande » la décision de justice qui accorde au demandeur tout ce qu'il réclame. V. *satisfaction, *plein de la demande, gain de cause.*

ADJUGÉ, ÉE

Adj. – Part. pass. du v. adjuger, lat. *adjudicare.*

• **1** (d'un bien). Attribué par *adjudication. Comp. *licité.*

• **2** (d'une prétention). Accordée par le juge. Ant. *débouté.* Comp. *bien-fondé.* V. *jugé.*

ADMINICULE

Subst. masc. – Lat. *adminiculum* : appui.

• Élément (on dit aussi *commencement) de *preuve qui, rendant vraisemblable le fait à prouver sans en constituer une preuve parfaite, est parfois exigé par la loi, à titre préalable, pour rendre *admissibles d'autres modes de preuves imparfaits. Ex. la preuve par témoins n'est parfois reçue que s'il existe un *commencement de preuve par écrit (C. civ., a. 1362).

ADMINISTRATEUR

Lat. *administrator.* V. *administration.*

▸ **I** (adm.)

• **1** Au sens générique, personne appartenant à l'administration exerçant une fonction administrative, par opposition à celles investies des fonctions de législateur ou de juge.

• **2** Titre donné à certains fonctionnaires

soit du fait de leur appartenance à un corps (*administrateurs civils), soit lorsqu'ils sont chargés de l'administration d'un établissement (administrateur des hôpitaux) ou d'un service (administrateur de l'inscription maritime).

• **3** En comptabilité publique, synonyme d'*ordonnateur pour l'application du principe de séparation des ordonnateurs et des comptables.

— ***civil.** Fonctionnaire principalement recruté parmi les anciens élèves de l'école nationale d'administration et constituant un *corps unique à vocation interministérielle relevant du premier ministre (les administrateurs civils sont chargés, sous l'autorité des directeurs généraux et directeurs d'*administration centrale, des tâches administratives supérieures).

► **II** (civ., com., pr. civ.)

• **1** Celui qui est chargé de l'*administration d'un bien ou d'un ensemble de biens appartenant à autrui ou indivis entre l'administrateur et des tiers.

• **2** Celui qui a reçu, en titre, de la loi, d'un jugement ou de la convention mission (pouvoir et devoir) de gérer de tels biens. Ex. le tuteur administrateur du patrimoine du pupille, la femme ou le mari administrateur des biens communs, le gérant de société administrateur des biens sociaux. Comp. *gérant, représentant, mandataire, dépositaire, séquestre.*

— ***ad hoc.** Celui qui est désigné, par décision de justice, pour représenter une personne dont le patrimoine est soumis à l'administration légale ou judiciaire d'un tiers, dans un acte juridique emportant généralement opposition d'intérêts entre cette personne et l'administrateur de ses biens. Ex. C. civ., a. 389-3.

— **de société.** *Mandataire, nommé par l'assemblée générale ordinaire d'une société anonyme ou autre, révocable *ad nutum,* membre du conseil d'administration, qui est légalement investi des pouvoirs les plus étendus pour gérer la société et agir au nom de celle-ci, sous réserve de ceux attribués aux autres organes par la loi ou les statuts. V. **directeur général, gérant, membre du *directoire.*

— ***judiciaire.**

a / (sens gén.). *Mandataire de justice chargé, pour un temps, de l'administration d'un bien, d'une masse de biens ou d'un patrimoine. Ex. administrateur chargé d'administrer les propres d'un époux hors d'état de manifester sa volonté (C. civ., a. 1429). V. *administrateur provisoire, administrateur séquestré, représentant judiciaire.*

b / (sens également général mais en fait conçu dans la perspective du *redressement judiciaire, l. nº 85-99 du 25 janvier 1985, C. com., a. L. 811-1). Mandataire chargé par décision de justice d'administrer les biens d'autrui (gestion directe) ou d'exercer des fonctions d'*assistance (sens II, 2) ou de surveillance dans la gestion de ces biens ; spécialement, dans le *redressement judiciaire, organe auxiliaire clé de la gestion de l'entreprise dont les attributions essentielles sont de dresser dans un rapport le bilan économique et social de l'entreprise et de proposer soit un *plan de redressement soit la *liquidation judiciaire. V. *juge commissaire, représentant des créanciers, mandataire-liquidateur, expert en diagnostic d'entreprise.* Comp. *syndic.*

— **légal.**

a / Toute personne désignée par la loi pour administrer les biens d'autrui. V. *absent, majeur protégé.*

b / Plus spécialement le parent (père ou mère) chargé de l'*administration légale (pure et simple ou sous contrôle judiciaire) des biens de son enfant mineur (C. civ., a. 389 s.).

— **provisoire.** Celui qui, en cas d'urgence et à titre *provisoire, est chargé par la loi ou plus souvent par justice de l'administration d'un bien, d'une masse de biens ou d'un patrimoine. Ex. *mandataire nommé par le juge au cas où les organes d'une société ne fonctionnent plus normalement avec les pouvoirs nécessaires pour remédier à cette carence. V. *syndic.* Comp. *curateur.*

— ***séquestre.**

a / Administrateur judiciaire de biens mis sous séquestre.

b / Dépositaire d'une somme dont la *consignation a été ordonnée par justice ; tiers détenteur.

ADMINISTRATIF, IVE

Adj. – Dér. d'*administration.

• **1** Qualité de ce qui relève de l'*administration au sens de la fonction ou des

organes ; s'oppose en ce sens à *législatif ou *judiciaire.
— **(acte).** V. *acte administratif.*
— **(document).** V. *document administratif.*

- **2** Qualifie, au sein de l'administration, les institutions ou les services soumis à un régime de Droit public par opp. à ceux qui relèvent principalement du Droit privé, tels les établissements ou services dits *industriels et commerciaux.

ADMINISTRATION

N. f. – Lat. *administratio,* dér. de *administrare* : préf. *ad* et *ministrare,* de *minister* : ministre.

- Désigne un type de fonction ou d'activité ; par ext., soit l'organe qui l'exerce, soit le régime qui la gouverne.

▸ **I** (adm. const.)

- **1** Fonction de l'État qui consiste, sous l'autorité du gouvernement, à assurer l'exécution des lois et le fonctionnement continu des services publics.
- **2** Ensemble des services et des agents groupés sous l'autorité des ministres (on parle en ce sens de l'administration d'un pays) ou, plus spécifiquement, placés sous une même direction pour l'exécution d'une tâche administrative déterminée (ainsi, parle-t-on de l'administration de l'éducation ou de l'administration de l'équipement).

— **centrale.** Ensemble des services de l'État constituant l'organisation des ministères et dont la compétence s'étend à la totalité du territoire où elle se prolonge par les *services extérieurs ; (au plur. et plus préc.) administrations civiles de l'État auxquelles sont confiées les seules missions qui présentent un caractère national ou dont l'exécution, en vertu de la loi, ne peut être déléguée à un échelon territorial (d. 9 mai 1997). V. **services à compétence nationale.*
— **centralisée.** Administration organisée sur le modèle structurel résultant de la *centralisation.
— **civiles de l'État.** Ensemble des services placés sous l'autorité du Premier ministre et de chacun des ministres comprenant, d'une part les administrations centrales et les *services à compétence nationale, d'autre part les *services déconcentrés.
— **consultative.** Qualifie à la fois la partie de la fonction administrative qui s'exprime par des *avis ou des *vœux et les organes (conseils, comités, commissions) qui en sont chargés.
— **décentralisée.** Administration dont les organes sont placés sous un régime de *décentralisation.
— **déconcentrée.** Administration dont les organes sont placés sous un régime de *déconcentration. V. *services déconcentrés.*
— **délibérante.** Qualification de la fonction administrative lorsqu'elle est exercée par des organes collégiaux et dont les décisions portent la dénomination spécifique de *délibération.
— **exécutive.** Qualification de l'administration qui, conjuguée à la précédente, assure l'exécution de ses délibérations.
— **(libre).** Liberté garantie par la *Constitution, en vertu de laquelle les collectivités disposent d'une autonomie institutionnelle et fonctionnelle (ex. liberté de gestion, liberté contractuelle, autonomie financière), dans le cadre imparti par le législateur et sous réserve du contrôle administratif de légalité exercé par le préfet et du contrôle budgétaire des *chambres régionales des comptes.
— **locale.** Ensemble des *collectivités administratives territoriales issues de la décentralisation.
— ***territoriale.** Au sens général, l'administration disposée sur le territoire, par opposition à l'administration centrale. L'expression peut être réservée à l'administration de l'État sur le territoire constitué par les services extérieurs et résultant de la déconcentration, par opposition à l'administration locale résultant de la décentralisation.

▸ **II** (civ. et com.)

- **1** (sens générique). *Gestion d'un patrimoine ; action de gérer un bien, une masse de biens, sans exclure l'accomplissement d'*actes de *disposition, V. *gérance, cogestion.*
- **2** (sens spécifique). Accomplissement, relativement à un bien ou à une masse de biens, des seuls actes d'administration.

— **(acte d').** Opération de gestion normale, acte ordinaire d'exploitation d'un bien ou d'une masse de biens englobant l'expédition des affaires courantes et la mise en valeur naturelle d'un patrimoine (entretien, assurance, dépôt, prêt, location sauf exception, etc.) qui peut varier selon la nature du bien administré (entreprise commerciale, exploitation agricole, immeuble de rapport) et comprend des actes d'*aliénation (vente de marchandises ou de récolte), ou d'acquisition (achat de semences, d'engrais ou de petit outillage), opération qui occupe le deuxième degré dans l'échelle de gravité des actes juridiques (après les *actes de *disposition et avant les actes *conservatoires) et dont l'ensemble détermine, en canon législatif, la limite des pouvoirs de l'administrateur du patrimoine d'autrui, Ex. C. civ., a. 504. V. *tuteur.*

— ***conjointe.** Syn. **main commune.* V. *cogestion* (sens 2 *b*).

— **du patrimoine des *majeurs.** Administration légale, toujours placée sous contrôle judiciaire, attribuée, par décision du *juge des tutelles : s'il s'agissait d'un incapable majeur, à un proche parent (conjoint, ascendant, descendant, frère ou sœur), apte à gérer les biens en qualité d'administrateur légal (C. civ., a. 497 anc.) ; s'il s'agit d'une personne présumée absente, à un ou plusieurs parents ou alliés ou à toute autre personne (C. civ., a. 113).

— **du patrimoine des mineurs.** Administration légale (pure et simple ou sous contrôle judiciaire selon les cas), qui constitue une prérogative de l'*autorité parentale et qui comporte le droit de *jouissance légale (C. civ., a. 382 s.).

— **légale.** Régime de protection du patrimoine d'une personne *incapable (mineure ou majeure) ou présumée *absente, défini par l'ensemble des règles relatives à la représentation et à la gestion des biens de cette personne, par l'*administrateur légal.

— **pure et simple.** Régime de l'administration légale applicable aux enfants légitimes ou adoptifs dont les père et mère sont vivants et ne sont pas privés de l'autorité parentale ou empêchés de l'exercer (C. civ., a. 389-1) ainsi qu'aux enfants naturels ou aux enfants dont les père et mère sont divorcés ou séparés de corps, lorsque leurs parents exercent en commun l'autorité parentale (C. civ., a. 389-2), qui se caractérise par la collaboration des père et mère, administrateurs légaux (en gestion concurrentielle ou conjointe), et un contrôle judiciaire des actes les plus graves (C. civ., a. 389-5). V. **exercice en commun de l'autorité parentale.*

— **sous contrôle judiciaire.** Régime de l'administration légale, caractérisé par l'intervention nécessaire du juge des tutelles, pour autoriser l'administrateur légal à accomplir les actes qu'un tuteur ne peut accomplir sans autorisation (C. civ., a. 389-6) qui est applicable de plein droit aux enfants mineurs légitimes ou adoptifs dont l'un des parents est décédé ou privé de l'autorité parentale, ainsi qu'aux enfants dont les père et mère sont divorcés ou séparés de corps, et aux enfants mineurs naturels (lorsque les parents n'exercent pas en commun l'autorité parentale), et qui peut être appliqué, par décision du juge des tutelles, à la représentation et la gestion des biens d'un incapable majeur (alternative à la *tutelle) ou d'une personne présumée absente. V. *absence, majeur protégé, *exercice unilatéral de l'autorité parentale.*

▸ **III** (int. publ.)

— **internationale.** Régime fondé sur l'idée d'intérêt commun ou de garantie, et reposant généralement sur un traité qui confie l'exercice des compétences étatiques sur un territoire à un ou plusieurs États, avec ou sans contrôle d'une organisation internationale (une organisation internationale exerçant parfois elle-même ces compétences sur la base d'un accord international, ex. : autorité exécutive temporaire des Nations Unies en Iran occidental en 1962-1963) ou d'une résolution de l'organisation, ex. Namibie, ex-Sud-Ouest africain, administrée théoriquement par l'ONU depuis 1967. Syn. *internationalisation.*

▸ **IV** (pr. civ.)

— **judiciaire.** V. **acte d'administration judiciaire.*

▸ **Hors série** (autre sens)

- Action de faire absorber une substance à autrui, incriminée lorsqu'il s'agit de substances nuisibles qui ont porté atteinte à l'intégrité physique ou psychique de la victime. C. pén., a. 222-15. Comp. *empoisonnement.*

ADMINISTRER

V. – Lat. *administrare* : prêter son ministère.

- **1** Gérer ; avoir en charge la *gestion d'une commune, d'une société, d'un patrimoine.

- **2** (s'agissant d'une preuve), la rapporter ; *établir le fait à prouver.
- **3** (s'agissant d'une substance), la faire prendre à autrui, ouvertement (avec ou sans violence) ou subrepticement.

ADMISSIBILITÉ

N. f. – De *admissible.

- **1** (pour un mode de *preuve). Vocation à être pris en considération comme élément de preuve. Ex. admissibilité de tous les modes de preuve, encore nommée *liberté de la preuve. V. *admissible* (sens 1). Comp. *admission, recevabilité.*
- **2** (pour un candidat). Vocation, après un succès nécessaire mais non suffisant à certaines épreuves d'un concours ou d'un examen, à subir les épreuves d'*admission.

ADMISSIBLE

Adj. – Lat. médiév. *admissibilis.*

- **1** (s'agissant d'un *mode de *preuve, par ex. la preuve testimoniale). Qui, en vertu de la loi, peut être proposé en preuve par un plaideur au soutien de ce qu'il allègue (on dit alors que la preuve est légalement admissible), de telle sorte que le juge est tenu de prendre en considération, sans pouvoir l'écarter *a priori*, la preuve offerte, mais sans qu'il soit certain que celle-ci soit reconnue apte, après examen, à justifier l'allégation, résultat qui dépend de la *pertinence et de la *force probante de la preuve. Ex. tous les moyens de preuve sont, en général, légalement admissibles pour la preuve des faits juridiques. Comp. *recevable.* V. *adminicule, justification.*
- **2** (pour un citoyen, s'agissant de l'*accès aux emplois). Qui peut prétendre à tout emploi, sous l'obligation de satisfaire aux conditions exigées de tous ceux qui s'y destinent.
- **3** (pour un candidat). Qui est jugé digne, après de premières épreuves, d'affronter les épreuves ultérieures du concours ou de l'examen. V. *admis, admission.*

ADMISSION

N. f. – Lat. *admissio,* du v. *admittere* : admettre.

▸ **I** (sens gén.)

- **1** Pour une personne ou une chose (sens juridique mais concret), décision individuelle ou mesure générale qui procure à qui ou à ce qui en bénéficie l'avantage d'être agréé, accepté, introduit, etc., à la jouissance de tel ou tel droit, mais parfois par euphémisme (admission à la retraite). V. *accès, reconnaissance.*

— **à la cote.** Introduction de titres sur le marché officiel des valeurs négociables en bourse, la *cote des agents de change de Paris ou d'une bourse de province, réalisée par la commission des opérations de bourse, sur avis ou à l'initiative de la chambre syndicale. V. *cotation.*

— **à la retraite.** V. *âge d'admission.*

— **aux épreuves d'un concours ou d'un examen.** Décision par laquelle le jury, déclarant un candidat définitivement *admis, consacre son succès à ce concours ou à cet examen. Comp. *admissibilité.*

— **temporaire.** Faculté d'introduire dans un pays des produits étrangers sans payer de droits de douane, en raison de leur réexpédition prochaine à l'étranger (leur séjour temporaire en franchise permettant soit de leur faire subir une transformation industrielle, soit de les regrouper pour faciliter leur revente).

- **2** En un sens plus abstrait, *reconnaissance d'un état de droit, ou constatation d'un état de fait ; plus spéc., pour un argument, une prétention, une demande, reconnaissance de son *bien-fondé, action de l'accueillir au *fond. Ex. admission du pourvoi. Comp. ci-dessous sens 4. Ant. *rejet.* V. *justification, aveu.*

— **des créances.** V. *déclaration, vérification, production.*

— **en surséance.** Constatation du caractère irrecouvrable d'une créance et transfert de la perte correspondante en augmentation du découvert du Trésor au compte général de l'administration des finances (l'admission en surséance laisse toutefois subsister la créance).

- **3** Pour un *mode de preuve, parfois syn. d'*admissibilité.
- **4** Pour une voie de recours, syn. d'*ouverture. Ex. le pourvoi est admis

dans les cas spécifiés par la loi. Comp. *non-admission*.

▸ **II** (int. publ.)

● Procédé par lequel un État entre dans une organisation internationale par l'effet d'une décision de cette organisation ; se distingue de l'**adhésion* qui résulte d'une simple déclaration de volonté de la part de l'État.

ADMONESTATION

Du v. admonester, lat. pop. *admonestare,* comp. de *monere* : avertir.

● **1** *Réprimande accompagnée de conseils, constituant une sanction de caractère purement moral que le juge des enfants peut prononcer en remplacement d'une peine, à l'égard des justiciables mineurs (ou le juge de police pour des contraventions sans gravité). Comp. *condamnation*.

● **2** Exhortation parfois dite « paternelle » constituant dans l'échelle des sanctions *disciplinaires, une mesure intermédiaire entre l'*avertissement et le *blâme.

AD NUTUM

● Expression latine signifiant litt. « sur un signe de tête », encore employée, jointe aux mots *révocable, *révocabilité, pour caractériser la situation d'une personne (par ex. mandataire) qui peut être librement révoquée par la seule volonté de celle dont elle tient sa mission (à sa guise, à son gré), de telle sorte que cette *révocation volontaire unilatérale n'engage pas la responsabilité de son auteur envers celui qu'elle frappe (sauf, parfois, *abus prouvé du droit de révocation). Comp. *précaire*.

ADOPTANT, ANTE

Subst. – Part. prés. du v. adopter. V. *adoption*.

● Celui (ou celle) qui adopte un enfant. V. *adoptif, adopté*.

ADOPTÉ, ÉE

Subst. ou adj. – Part. pass. du v. adopter. V. *adoption*.

● Celui (ou celle) qui est adopté(e). V. *adoptif, adoptant, accès aux *origines personnelles*.

ADOPTIF, IVE

Adj. – Lat. *adoptivus*.

● Qui se rapporte à l'*adoption ; se dit de l'enfant adopté (fils adoptif, fille adoptive), de l'*adoptant (père adoptif, mère adoptive), du lien de filiation ou de parenté (*filiation, *parenté adoptive).

ADOPTION

N. f. – Lat. jurid. *adoptio,* de *adoptare* : adopter.

● **1** Action d'adopter une personne.

***a* /** Création, par jugement, d'un lien de *filiation d'*origine exclusivement volontaire, entre deux personnes qui, normalement, sont physiologiquement étrangères ; C. civ., a. 343 s. V. *adoption *plénière, adoption *simple, filiation *légitime, famille naturelle, placement, abandon, famille nourricière*.

***b* /** Plus vaguement, l'établissement entre *adoptant et *adopté d'une parenté *adoptive.

***c* /** L'institution permettant d'atteindre ce but.

● **2** Action d'approuver, de faire sien. Ex. adoption d'une thèse, d'une solution par un juge. Comp. *approbation, adhésion, consécration, censure*.

— **de *motifs.** Espèce de *motivation consistant pour le juge, dans une décision *confirmative, à s'approprier les *motifs de la décision confirmée en s'y référant sans les reproduire. Comp. *substitution de motifs*.

— **d'un texte.** Approbation par une assemblée ou un collège d'un texte qui lui est soumis pour décision. Ex. « tout projet ou proposition de loi est examiné successivement dans les deux assemblées du Parlement en vue de l'adoption d'un texte identique » (Const. 1958, a. 45). Comp. *édiction, promulgation*. V. *examen, discussion, vote, amendement, rejet, ajournement*.

ADOSSER (MENT)

● *Fig. Fin.* Appuyer un titre contre un autre pour accroître les chances de recouvrer les sommes ou bénéficier des avantages auxquels il donne droit. Ex., les valeurs mobilières émises par un fonds commun de titrisation (anciennement fonds commun de créances) sont adossées sur les créances civiles et commerciales acquises par le fonds ; le recouvrement de ces créances renforce l'attrait de ces valeurs mobilières.

AD PERSONAM

Expression latine signifiant « à l'égard d'une personne », utilisée pour caractériser :

- **1** Le droit subjectif qui appartient à une personne envers une autre, spécifiquement le droit (*personnel) qui appartient au *créancier à l'encontre du *débiteur, en vertu de l'*obligation qui les lie (*créance, **jus ad personam*). Comp. *in re, erga omnes, inter partes.*
- **2** (en un sens péjoratif). Un argument (souvent spécieux), une attaque personnelle dirigée, à mots couverts, contre une personne déterminée et dénuée de valeur générale.

AD PROBATIONEM

- Expression lat. signifiant « en vue d'une preuve » (à fin de preuve), employée pour caractériser une exigence de forme dans les cas où la loi requiert celle-ci pour la *preuve d'un acte, sans que l'inobservation de cette forme entraîne la nullité de l'acte. Ant. **ad solemnitatem, ad validitatem.* Ex. l'exigence d'un écrit pour la preuve d'un prêt de plus de 750 € (5 000 F, C. civ., a. anc. 1341).

ADRESSE

N. f. – Dér. du v. adresser, comp. de a et dresser, lat. de *directiare,* de *directus* : droit.

- Adresse postale ; indication du nom d'une personne et du lieu où elle demeure (domicile ou résidence).

— **(clause d')** (mar.). Clause d'une charte partie ou d'un connaissement stipulant que le capitaine doit, à l'arrivée dans un port, s'adresser à tel courtier maritime ou à tel consignataire de navire nommément désigné.

AD SOLEMNITATEM

- Expression lat. signifiant « à titre de solennité », employée pour caractériser une exigence rigoureuse de forme (on parle de *formalisme *substantiel), dans les cas où la loi requiert celle-ci à peine de *nullité absolue, c'est-à-dire pour la *validité de l'acte (lequel est dit *solennel). Ex. la rédaction par acte devant notaire des conventions matrimoniales est exigée *ad solemnitatem* (C. civ., a. 1394). Syn. *ad validitatem.* Ant. *ad probationem.* Comp. *solo consensu, re.*

ADULTÈRE

Subst. masc. – Lat. *adulterium.*

- Fait pour un époux d'avoir des relations sexuelles avec une personne autre que son conjoint qui, en tant que violation du devoir de *fidélité, constitue, aux conditions de l'a. 242 du C. civ., une faute cause de divorce ou de séparation de corps et peut engager la responsabilité civile (mais non plus pénale) de son auteur. V. *facultatif, péremptoire, constat, adultérin, filiation, enfant.* Comp. *inceste.*

ADULTÉRIN, INE

Adj. – Lat. *adulterinus.*

- **1** Entaché d'adultère. Ex. relations adultérines.
- **2** Né d'un adultère ; qualificatif ignoré de la loi, particulier à l'enfant *naturel dont l'un au moins de ses parents (par opp. à l'enfant naturel *simple) était marié au temps de sa conception avec une personne autre que son autre parent, circonstance juridiquement indifférente, un tel enfant étant dans les mêmes droits et les mêmes devoirs que tout autre enfant relativement à celui ou à ceux de ses parents à l'égard duquel ou desquels sa filiation est légalement établie (C. civ., a. 310). V. **égalité des enfants, *divisibilité de la filiation *naturelle.* Comp. *incestueux.*

— **a matre (enfant).** Celui dont la mère était engagée dans les liens du mariage au temps de sa conception, avec un autre que son père.

— **a patre (enfant).** Celui dont le père était engagé dans les liens du mariage au temps de sa conception, avec une autre que sa mère.

AD VALIDITATEM

- Expression latine signifiant « pour la *validité » (d'un acte) encore employée en doctrine comme syn. de **ad solemnitatem.*

AD VALOREM

• Termes latins signifiant « à proportion de la *valeur » utilisés pour caractériser, dans son mode de calcul, un *droit (fiscal).

ADVERSAIRE

N. – Lat. *adversarius* (de *adversus*, contre, vis-à-vis) qui se tient en face, contre, opposé, contraire.

• **1** (proc.). Celui *contre lequel on plaide, également nommé *partie *adverse ; relativement à l'auteur d'une prétention, celui qui s'y oppose, la conteste. V. *contentieux, contradicteur, litigant, demandeur, défendeur, altera pars, *partie intervenante.*

• **2** Dans une compétition (débat, élection, jeu, combat, *duel) protagoniste du camp ou du parti opposé. Ant. *partenaire.*

ADVERSE

Adj. – Lat. *adversus* (de *advertere*, tourner vers), qui est en face, à l'opposite, devant, contre.

• Qui s'oppose à, est du côté opposé, en sens contraire (*partie adverse) ; qui émane ou procède d'un *adversaire (conclusions adverses, thèse, argumentation) ; contraire. V. *contra.*

ADVERSUS

Adv. lat.

• *Contre ; sert parfois à désigner les adversaires au procès (Sté X… *adv.* Vve Moinet). V. *partie adverse.*

AÉRODROME

Subst. masc. – Formé de aéro, tiré du grec : ἀήρ : air et de drome, du grec δρόπος : course.

• Tout terrain, ou plan d'eau, spécialement aménagé pour l'atterrissage, le décollage et les manœuvres d'aéronefs, y compris les installations annexes qu'il peut comporter pour les besoins du trafic et le service des aéronefs (C. av. civ., D. 131-1 s.).

AÉRONEF

N. m. – Fait sur modèle aérostat (aéro, grec ἀήρ : air) et de l'anc. franç. nef, lat. *navis* : navire.

• Appareil capable de s'élever ou de circuler dans les airs (dans l'espace atmosphérique, à la différence d'un engin spatial qui peut aussi évoluer dans l'espace extra-atmosphérique) (C. av. civ., D. 131-1 s.). V. *sécurité aérienne, sûreté aérienne.*

AÉROPORT

N. m. – Formé sur le modèle d'aérostat, aéro tiré du grec ἀήρ : air, air avec le subst. port.

• **1** Ensemble des emplacements et bâtiments adaptés à l'atterrissage, au garage, à la réparation et à l'envol des aéronefs.

• **2** Personne morale chargée de gérer (en *régie, en *concession ou comme établissement public) des installations aéroportuaires. Ex. l'aéroport de Paris.

— **international.** Ensemble d'installations (aérodrome, aérogare, ateliers, police sanitaire, douanes) nécessaires au trafic aérien sur lesquelles deux ou plusieurs États ont installé, d'un commun accord, leurs services douaniers et de police.

AFFACTURAGE

N. m. – Néol., francisation de **factoring.*

• Procédé de gestion commerciale et de mobilisation à fin de recouvrement des créances commerciales à court terme, donnant lieu à la conclusion d'un contrat (dit d'affacturage) en vertu duquel le *« facteur » s'engage à régler à 100 % à une date convenue (à l'échéance, ou peu après…) les créances commerciales à court terme (180 jours maximum) dont dispose un fournisseur nommé adhérent (sauf le pouvoir de sélection du facteur sur l'ensemble des créances que doit lui présenter l'adhérent), se charge de l'encaissement des créances (qui lui sont normalement transférées par subrogation) et garantit sans recours la bonne fin du recouvrement, en assumant divers services non financiers (tenue de comptes clients de l'adhérent, études de marchés, renseignements, contentieux…) ; opération de crédit comparable à l'*escompte, mais supérieur en garantie pour le client en ce que le facteur assume le risque final de l'encaissement.

AFFACTUREUR

Subst. masc. – Néol. de *affacturage.

• Nom parfois donné au *facteur, également nommé, lorsqu'il s'agit d'un organisme financier, société d'affacturage.

AFFAIRE

N. f. – Comp. très anc. de faire.

- **1** *Cause soumise au juge ; *espèce dont il est saisi, en *matière contentieuse (syn. *litige) ou gracieuse (CPC, a. 25 s.). Comp. *cas, différend, contestation, circonstances, procès.*

— **en *état.** Formule abrégée signifiant affaire en état d'être jugée sur le fond (compte tenu des éléments de preuve réunis et des pièces communiquées) ce qui, devant le tribunal de grande instance, s'entend soit des affaires que le président, lors de la conférence, estime prêtes à être jugées (elles sont renvoyées à l'audience), soit de celles qui sont reconnues telles (et renvoyées à l'audience) après un délai accordé pour un ultime échange de conclusions et une ultime communication de pièces, soit enfin, de celles qui sont mises en état d'être jugées après une *instruction devant le *juge de la mise en état (CPC, a. 760 à 762).

- **2** Syn. d'*entreprise. Ex. une affaire en difficulté.
- **3** Opération avantageuse.

AFFAIRES

Subst. fém. plur. – Comp. très ancien de faire.

- **1** Opérations, tractations, négociations, marché.

a / (sens gén.). Opérations de toute nature constitutives de la *gestion d'un patrimoine ou de la réalisation d'une convention. Ex. *agent d'affaires.

b / (com.). Opérations de toute nature liées à l'exercice d'une activité industrielle, commerciale ou financière. Ex. Droit des affaires.

c / (fisc.). Opérations de toute nature relevant de l'exercice d'une activité industrielle, commerciale ou agricole ou d'opérations assimilées, constituant, sauf exonération, le fait générateur des contributions indirectes, dites taxes sur le chiffre d'affaires.

— **(Droit des).** Termes souvent employés comme syn. moderne de Droit commercial mais dont l'acception est plus large ; branche du Droit englobant, au-delà de la distinction du Droit public et du Droit privé, la réglementation des différentes composantes de la vie économique : ses cadres juridiques (ex. réglementation du crédit, de la concurrence, etc.), ses agents, les biens et services qui en sont l'objet, les activités économiques (production, distribution, consommation). Comp. *Droit économique.*

- **2** *Intérêts ; ensemble des intérêts d'une personne. Ex. immixtion dans les affaires d'autrui. V. **gestion d'affaires.*
- **3** *Questions litigieuses d'un certain type et relevant de la compétence d'une juridiction déterminée. Ex. affaires commerciales. V. **juge aux affaires matrimoniales, conflit, contentieux, cause, litige, matière.*

► **I** (adm.)

— **courantes.** Expression désignant les questions dont peut traiter, dans l'intérêt de la continuité nécessaire des services publics, un gouvernement démissionnaire demeurant au pouvoir jusqu'à la constitution de son successeur. Les « affaires courantes » que le gouvernement « expédie » comportent : *1* / la masse des décisions quotidiennes préparées par les bureaux et prises par les ministres après un contrôle sommaire ; *2* / les affaires de plus grande importance à condition qu'il y ait urgence contrôlée par le juge administratif et à l'exception des dispositions réglementaires modifiant des dispositions légales ou portant réglementation statutaire.

— **étrangères (ministère des).** Département ministériel constitué par les services ayant pour attribution d'assurer les relations de l'État avec les États étrangers et les organisations internationales, de protéger au-dehors les intérêts politiques, économiques, commerciaux et culturels du pays et d'assurer la protection des nationaux à l'étranger. Syn. **relations extérieures.*

► **II** (transp.)

— **maritimes.** *Administration composée d'administrateurs, d'officiers d'administration, de syndics des gens de mer et de gardes maritimes, qui est chargée de l'immatriculation des navires, du contrôle des engagements maritimes, de la surveillance de la navigation et des pêches (anciennement, inscription maritime).

AFFECTATION

N. f. – Lat. *affectare,* dans son sens médiéval.

1. Sens général

a / Détermination d'une finalité particulière en vue de laquelle un bien sera utilisé. V. *dotation.*

b / Par ext., s'emploie en parlant des personnes : affectation d'un fonctionnaire à un emploi.

▸ **I** (adm.)

• **1** Critère permettant de définir le domaine public par rapport au domaine privé : la domanialité publique résulte de l'affectation d'un bien, soit à l'usage du public (rivages de la mer, voies publiques, édifices du culte, documents d'archives…), soit à un service public (bases navales et aériennes, voies ferrées…).

• **2** Fait matériel ou acte juridique donnant à un bien incorporé au *domaine sa destination particulière : pour le domaine naturel (maritime et aérien), l'affectation résulte des faits, pour le domaine artificiel, l'affectation résulte d'un acte administratif formel destinant le bien à l'usage du public ou à un service public ou d'un fait impliquant le même résultat, tel un *aménagement spécial. V. *mutation*.

— **des agents publics.** Détermination de l'emploi assigné à un fonctionnaire ; réalisée par voie de nomination, se distingue de la *promotion conformément à la distinction de l'*emploi et du *grade.

▸ **II** (fin.)

• Liaison établie à titre exceptionnel, en matière budgétaire, entre une recette et une dépense, le financement de la dépense étant alors assuré en tout ou en partie par la perception de la recette correspondante. Ex. comptes d'affectation spéciale.

▸ **III** (civ.)

• **1** Dans une libéralité, obligation faite au gratifié d'employer le bien donné ou légué en respectant une utilisation déterminée. Ex. legs à une Université comportant affectation à la création d'un prix. V. *charge, condition*.

• **2** S'agissant de sûretés : situation d'un immeuble constituant la garantie d'une créance *(affectation hypothécaire)*. Comp. **délégation de recettes*.

— **(patrimoine d').** Ensemble de biens répondant à la même finalité, notamment biens réunis pour servir à une activité déterminée. V. *fondation, entreprise *unipersonnelle, entrepreneur individuel à responsabilité limitée (EIRL)*.

▸ **IV** (pr. civ.)

— **spéciale** (dans le cas de saisie-arrêt). Affectation d'une somme au profit exclusif du saisissant, cette somme étant fixée par le juge et consignée par le débiteur en vue de libérer les biens saisis-arrêtés. Syn. *destination* (mais ce terme paraît avoir un sens plus objectif) ; *classement* (dans le sens de décision administrative d'affectation d'un bien) ; *cantonnement* (en matière de saisie-arrêt).

2. Sens particuliers

a */ du commerce entre États membres.* Critère d'applicabilité du droit européen de la concurrence qui consiste dans le fait pour un accord, une pratique concertée, une décision d'association d'entreprises, un abus de position dominante ou une aide, de mettre en cause de manière directe ou indirecte, actuellement ou potentiellement, la liberté du commerce entre États membres dans un sens qui pourrait nuire à la réalisation des objectifs d'un marché unique ou à la structure de la concurrence dans le Marché commun.

b / Règle relative aux déductions en matière de TVA et d'après laquelle seules peuvent être déduites de la taxe due au Trésor les taxes ayant grevé l'achat ou la réalisation de biens (autres que les immobilisations) et de services servant à la production de biens ou à la réalisation de services eux-mêmes taxés.

AFFECTIO SOCIETATIS

• Expression latine évoquant un lien psychologique entre associés qui désigne un élément constitutif de la *société dont les composants sont l'absence de subordination entre associés, la volonté de collaborer à la conduite des affaires sociales (en y participant activement ou en contrôlant la gestion) et l'acceptation d'aléas communs, mais dont l'intensité varie suivant les formes de sociétés et les catégories d'associés. Ex. dans les sociétés cotées en bourse, il se réduit parfois à la simple conscience d'une union d'intérêts. V. *collaboration, jus fraternitatis*.

AFFERMAGE

N. m. – Dér. de affermer, comp. de *fermage.

• **1** Location d'un *fonds rural moyennant une redevance appelée *fermage, fixée d'après le cours des denrées et à verser soit en espèces, soit en nature, suivant les clauses du *bail (terme ancien ne figurant pas dans la législation dite « statut du fermage »). Syn. *bail à ferme.*

• **2** Acte par lequel on concède à une personne, moyennant une *redevance, l'usage d'une chose en vue d'opérations de publicité, ex. affermage de murs, de pages de journal.

• **3** Nom donné à une catégorie de contrats administratifs par lesquels l'administration concède à un particulier : *1 /* le droit de percevoir des taxes à charge de lui verser une somme forfaitaire (affermage des droits dans les halles et marchés) ; *2 /* la gestion d'un service public industriel et commercial, l'affermage se distinguant de la *concession en ce que le fermier est rémunéré sur une base forfaitaire, et n'a pas à fournir les installations ou les ouvrages nécessaires.

AFFICHE

Dér. du v. afficher, comp. de ficher, lat. *figicare,* au lieu du class. *figere* : fixer.

• Feuille imprimée, appliquée sur un mur ou sur une surface portante quelconque et destinée à porter – son contenu à la connaissance des tiers. Ex. les affiches privées ou publicitaires (dont l'apposition est réglementée pour la sauvegarde de l'esthétique), les affiches administratives (auxquelles est réservée la couleur blanche), les affiches électorales (qui ne peuvent comporter la combinaison des trois couleurs bleu, blanc et rouge). V. *placard.*

AFFIDAVIT

Subst. masc.

• Terme latin (troisième personne du singulier du passé du v. *affido,* lat. médiév., faire foi, attester, affirmer) signifiant litt. « Il a affirmé », parfois employé pour désigner une déclaration faite sur la foi du serment.

AFFILIATION

Lat. jurid. médiév. *affiliatio* ; adoption, dér. *affiliare* : adopter, comp. lat. *filius* : fils.

• **1** Établissement d'un lien avec un groupement ou organisme, parfois avec une *filiale. Ex. *adhésion à une association. Comp. *agrément.* V. *filiale.* Ant. *radiation, exclusion, démission.*

— **(commission-).** Contrat ainsi nommé par la pratique, par lequel un *commettant (fournisseur, producteur ou exportateur) concède à un distributeur dénommé *commissionnaire agissant sous son propre nom (marque ou enseigne) mais pour le compte du commettant, le droit de commercialiser sur un territoire défini les produits objets de l'accord, le cas échéant en utilisant le *savoir-faire qui lui a été communiqué. V. *dépôt vente, franchise.*

— **(contrat d').** Nom donné dans la pratique à un contrat de grande *distribution à profil variable en vertu duquel de grands distributeurs (supermarchés not.) s'engagent envers une *centrale d'achat ou de *référencement (dont ils sont souvent des filiales) à acheter exclusivement les produits qu'elle référence (sauf libre *approvisionnement des produits régionaux) soit directement aux producteurs référencés (moyennant les montages juridiques nécessaires), soit à la centrale qui en a fait l'acquisition, et vendent les produits sous une enseigne et des marques communes, tout en bénéficiant d'une assistance à la revente. V. *contrat de référencement, contrat d'approvisionnement exclusif, contrat d'agréation.*

• **2** Plus spéc. :

a / Rattachement d'un assuré social à une caisse de Sécurité sociale déterminée.

b / Fait d'entrer sciemment dans une *association de malfaiteurs (C. pén., a. 450-1).

AFFINITÉ

Lat. *affinitas.*

• Syn. d'*alliance.

AFFIRMATIF, IVE

Adj. – De *affirmation.

• Qui contient une *affirmation.

—**ve (*déclaration).** Acte par lequel le tiers entre les mains duquel a été pratiquée une saisie-arrêt affirme (au greffe de la juridiction) être débiteur du débiteur saisi et déclare le montant et la cause des sommes qu'il lui doit. V. *affirmation.*

— **(*serment).** Serment judiciaire dans lequel, à la différence du serment *promissoire, la déclaration de l'homme porte sur le

passé et contient une affirmation tendant à prouver l'existence ou l'inexistence d'un fait (ex. *serment décisoire ou supplétoire).
—**ve (servitude).** V. *servitude affirmative.*

AFFIRMATION

Lat. *affirmatio,* de *affirmare* : affirmer.

- *Déclaration par laquelle on assure la *vérité d'un fait ou d'un acte, assertion. V. *affirmatif, confirmation.* Comp. *allégation.* Ant. *dénégation.*

— **de *compte.** Déclaration par laquelle celui qui est condamné à rendre un *compte, ou son mandataire, assure, devant le juge commis à cet effet, l'exactitude et la sincérité du compte, le demandeur en reddition de compte (dénommé oyant) étant présent ou appelé.
— **de créance.**
a / Déclaration par laquelle un créancier certifie, dans certaines hypothèses, la réalité de sa créance. Ex. au cours de la procédure de distribution par contribution, affirmation par chaque créancier colloqué faite devant le greffier afin d'obtenir la délivrance des mandatements ou bordereaux de collocation.
b / Déclaration sollicitée du tiers saisi, au cours de la procédure de saisie-arrêt, afin de savoir s'il est débiteur du saisi et dans quelle mesure. V. *déclaration *affirmative.*
— **de procès-verbal.** Confirmation par serment prêté dans un délai déterminé par certains agents verbalisateurs devant une autorité supérieure de la véracité des énonciations du procès-verbal, prescrite dans certains cas limitativement énumérés, à peine de nullité du procès-verbal. Ex. pour les gardes champêtres en matière de chasse et de pêche.

AFFLICTIF, IVE

Adj. – Dér. du lat. *afflictum,* sup. de *affligere* : frapper.

V. **peine afflictive.*

AFFOUAGE

N. m. – Dér. de l'anc. franç. *affouer* : faire du feu, lat. *adfocare,* comp. du lat. *focus* : foyer, d'où feu.

- **1** Droit de prendre du bois dans une forêt *soumise.

— **communal.** Droit personnel, lié à la qualité d'habitant d'une commune, de participer, en vue du chauffage ou de la construction, aux produits en bois des forêts existant sur le territoire communal.
— ***réel.** Droit *réel, en vertu duquel les habitants d'une commune rurale ou d'une section de commune, pris en masse, ou certains propriétaires, à titre individuel, peuvent, à raison de leur domicile ou du siège de leurs fonds, prélever les bois d'œuvre ou de chauffage, qui leur sont nécessaires, dans une forêt *soumise ou privée.

- **2** Objet du droit d'affouage : par dérivation, le mot affouage est souvent pris comme synonyme de bois de chauffage et, par extension, du mot taillis, par opposition à futaie. Ex. coupe d'affouage.
- **3** Le partage du bois : action de lotir les bénéficiaires du droit ou affouagistes qui reçoivent chacun, en nature, une part de bois appelée part affouagère.

AFFRANCHISSEMENT

Dér. du v. affranchir, de *franc.

- **1** Action libératrice consistant à soustraire un individu à l'esclavage (dans les législations archaïques où celui-ci n'est pas encore aboli), en lui reconnaissant ou en lui conférant la qualité d'homme *libre. V. *abolition, libération.*
- **2** *Acquittement préalable (par apposition d'un timbre) des frais de port. Ex. affranchissement d'une lettre missive.
- **3** Parfois syn. d'*exonération. Ant. *assujettissement.* Comp. *dispense, dégrèvement, franchise, décharge, exemption.*

AFFRÈTEMENT

Dér. du v. affréter. V. *fret.*

- Contrat par lequel un *fréteur s'engage, moyennant rémunération, à mettre un engin de transport à la disposition d'un *affréteur ; d'abord employé en Droit maritime, le mot s'applique aujourd'hui non seulement aux navires de mer, mais aux bateaux de navigation intérieure, camions, autobus, aéronefs. Syn. *nolissement* (vieux). V. *charte-partie, sous-affrètement.*

— **à temps.** Contrat par lequel un armateur remet pour un certain temps, contre paiement d'un *fret fixé par unité de temps, son navire à un affréteur qui l'exploite lui-même comme le ferait un armateur. V. *time charter.*

AFFRÉTEUR

Subst. – Dér. du v. affréter. V. *fret.*

- **1** (sens gén.). Celui qui a la disposition d'un engin de transport, en vertu d'un contrat d'*affrètement.
- **2** (sens partic.). Commissionnaire de transport qui, sans groupage préalable, fait transporter des marchandises par route en affrétant des camions.

A FORTIORI

- Formule latine consacrée mise pour *a fortiori causa* (ou *ratione*) signifiant « par une raison plus forte », « à plus forte raison ». V. *argument a fortiori.* Comp. *a pari, a contrario.*

ÂGE

N. m. – Lat. class. *aetas.*

- **1** Pour une personne physique, nombre d'années d'existence (réel ou par référence à la loi, minimum ou maximum) auquel sont attachées certaines conséquences juridiques. Comp. *ancienneté, vie.*
- **2** Période de la vie humaine ; division approximative de la course de l'existence (tranche d'âge). Ex. bas âge, jeune âge, âge de la maturité, troisième âge, etc. V. *génération.*

— **(bénéfice de l').** Méthode de choix entre deux personnes titulaires de la même vocation à occuper un seul emploi et consistant dans la désignation de la plus âgée.

— **d'*admission.** Âge jusqu'auquel l'adolescent, tenu à l'obligation scolaire, ne peut s'adonner à une *activité professionnelle (not. conclure un contrat de travail, même avec autorisation parentale).

— **de la retraite.**

a / (publ.). Syn. de limite d'âge (v. ci-dessous).

b / (soc.). Âge d'ouverture du droit à une pension de retraite en sécurité sociale.

— **de raison.** V. *raison (âge de).*

— **(dispense d').** Décision par laquelle celui qui ne remplit pas la condition d'âge minimum requise pour bénéficier de certains droits est cependant admis à ce bénéfice.

— **légal.** Âge déterminé par la loi à l'accomplissement duquel est subordonnée l'acquisition ou la perte d'un droit ou d'un état. Ex. âge de la majorité, âge de la retraite.

— **limite** (trav.). Âge (variable suivant le règlement intérieur ou la convention collective applicable) au-delà duquel le salarié doit cesser de travailler.

— **(limite d').** Nombre d'années d'âge variant suivant les emplois au-delà duquel un fonctionnaire ne peut être maintenu en fonction.

AGENCE

Emprunt. de l'ital. *agenzia.*

- **1** Organisme (autonome ou dépendant d'un autre) destiné à servir d'intermédiaire, d'auxiliaire ou d'antenne, dans un secteur spécialisé de services, de recherche ou d'études, dont la forme juridique est très variable. Comp. *établissement, bureau, étude, office, entreprise, cabinet.*

► **I** (adm.)

- Dénomination valorisante souvent attribuée aujourd'hui surtout à des établissements publics nationaux de caractère administratif, plus rarement à des associations ou à des groupements d'intérêt public, qui, sans correspondre à une catégorie juridique dotée d'un statut spécifique, traduit la montée de la déconcentration fonctionnelle et de l'autonomie des établissements publics dans le secteur national qui leur est assigné (ex. Agence du médicament, Agence française du sang, Agence nationale de recherche sur le sida, etc.).

— **d'urbanisme.** Organisme d'études et de planification en matière d'urbanisme.

— **financière de *bassin.** Établissement public administratif chargé de l'exécution d'études, de recherches et d'ouvrages d'intérêt commun, concernant un bassin ou un groupe de bassins, c'est-à-dire les circonscriptions hydrographiques entre lesquelles est divisé le territoire métropolitain (ex. Artois, Picardie, etc.).

— **France-Presse.** Organisme autonome, doté de la personnalité civile, chargé de la collecte et de la fourniture d'informations.

► **II** (com.)

a / Terme générique désignant une *entreprise indépendante agissant le plus souvent en qualité de prestataire de services pour autrui (ainsi l'*agent commercial dont le contrat est dit, en pratique, contrat d'agence, ou l'agent de publicité).

b / Désigne parfois un établissement secondaire d'une entreprise commerciale ou libérale. V. *succursale.*

— **artistique.** Entreprise commerciale (sous licence) qui reçoit d'artistes du spectacle le mandat de leur procurer des engagements ; activité de l'agent artistique ou *impresario.

— **d'affaires.** Entreprise commerciale dont l'activité habituelle et rémunérée est de gérer les affaires d'autrui et de s'entremettre dans les transactions commerciales ou foncières. V. *agent immobilier.*

— **de voyages.** Entreprise commerciale (sous licence) qui organise des voyages pour autrui et effectue, à la demande, des locations auprès d'entreprises de transport ou d'hôtellerie, prestataires de services. Syn. *voyagiste.* V. *tourisme.*

► **III** (trav.)

- Bureau chargé de représenter un service et d'entrer en relations avec les particuliers. Ex. Agence nationale de l'Emploi.
- **2** Le local d'un tel organisme.

AGENT

Subst. – Lat. *agens,* part. prés. d'*agere* : agir.

► **I** (adm.)

a / En général, toute personne au service d'une administration publique ; en ce sens, les agents s'opposent aux *gouvernants, qui ont seuls la qualité de *représentant ; le mot peut être utilisé accompagné de l'indication soit du type de fonction exercée (ex. agent d'autorité participant à l'exercice de la puissance publique et émettant des *actes d'autorité, agents de gestion) soit du type d'organisation administrative dont relève l'agent (ex. agent décentralisé par référence à la *décentralisation ; agent déconcentré par référence à la *déconcentration).

b / Plus spécifiquement, ceux des membres du personnel des administrations qui n'ont pas la qualité de *fonctionnaires. Ex. agents *contractuels, *auxiliaires, *temporaires ; en ce sens, le mot tend à s'effacer au profit de son qualificatif pris substantivement. Ex. auxiliaires pour agents auxiliaires.

— **de l'*autorité publique.** Qualité exclusivement reconnue à celui qui accomplit une mission d'intérêt général en exerçant des prérogatives de *puissance publique (par ex. en vertu d'une *délégation de compétence ou de signature), l. 29 juill. 1881, a. 31. V. *dépositaire, citoyen.*

— **de la force publique.** Agent de l'autorité publique ayant pour mission de contraindre par la force à l'observation des lois et règlements et au respect de l'ordre, et d'exécuter les ordres des autorités administratives et judiciaires. (1 / Les agents civils, ou agents de la *force publique proprement dite qui sont à la disposition des autorités civiles compétentes. 2 / La *force armée soumise à la réquisition de ces mêmes autorités.)

— **de police.** Variété d'agents de la police encore appelés sergents de ville ou gardiens de la paix et qui, agents de police judiciaire, sont organisés dans les villes à police d'État en corps urbains de gardiens de la paix.

► **II** (ass.)

— **général.** Mandataire (personne physique) d'une société d'assurance qui, dans une circonscription déterminée, la représente pour la conclusion et éventuellement pour la gestion des contrats (il est rémunéré au moyen de *commissions).

► **III** (com.)

— **artistique.** Syn. *impresario.* V. *agence artistique.*

— **commercial.** Professionnel de la *distribution, qui, en qualité de mandataire et de chef d'entreprise indépendant, négocie et éventuellement conclut achats, ventes, locations ou prestations de services au nom et pour le compte de producteurs industriels ou commerçants ou d'autres agents commerciaux (C. com., a. L. 134-1).

— **des sûretés.** *Personne physique ou morale, désignée dans l'acte constatant une obligation, ayant pour mission la constitution, la gestion et la réalisation de *sûretés réelles pour le compte d'un ou plusieurs créanciers (C. civ., a. 2328-1).

— **immobilier.** Agent d'affaires qui intervient habituellement comme intermédiaire (le plus souvent, en qualité de *courtier) dans les opérations juridiques portant sur les biens immobiliers, les fonds de commerce et les parts de sociétés immobilières.

► **IV** (const.)

- Terme doctrinal souvent employé pour distinguer des *gouvernants, tous ceux qui ne font qu'exécuter leurs ordres.

► **V** (fisc.)
— **huissier du Trésor.** Fonctionnaire chargé de l'exécution des poursuites en vue du recouvrement forcé de l'impôt.

► **VI** (fin.)
— **du pool bancaire.** Établissement de crédit qui se charge, sur ordre d'un emprunteur, de réunir un ensemble de prêteurs pour lui prêter une somme importante.
— **judiciaire du Trésor.** Haut fonctionnaire du ministère des Finances, habilité, en vertu d'un mandat légal, à représenter l'État dans toute action portée devant les tribunaux judiciaires et tendant à faire déclarer l'État créancier ou débiteur pour des causes étrangères à l'impôt et aux domaines ; il est seul chargé des poursuites en vue du recouvrement des créances étrangères à l'impôt et aux domaines.

► **VII** (int. publ.)
a / Terme parfois utilisé dans les documents diplomatiques pour désigner une personne chargée d'une mission par un gouvernement, par exemple d'établir des relations officielles avec un autre gouvernement.
b / Terme désignant également, dans les procédures de règlement d'un différend international, la personne chargée de soutenir les intérêts de l'un des gouvernements ou de l'une des organisations internationales litigants, qu'il représente (l'agent se distingue du conseil, de l'avocat et de l'expert, qui peut également intervenir dans la procédure, car, seul, il engage son mandant).
— **consulaire.**
1 / Terme générique désignant les personnes chargées d'entretenir des relations consulaires par opposition aux agents diplomatiques, chargés des relations diplomatiques (la Convention de Vienne sur les relations consulaires (1963) utilise toutefois l'expression de *fonctionnaire consulaire* pour désigner une personne chargée de l'exercice de fonctions consulaires).
2 / Dans un sens plus restrictif, désigne des personnes qui, sans être nécessairement des fonctionnaires de l'État, ni même parfois des nationaux de cet État, sont chargées d'exercer, pour le compte d'un État, sous l'autorité d'un consul, des attributions consulaires ; les agents consulaires étaient également appelés alors consuls honoraires ou consuls marchands (du fait qu'il s'agissait souvent de commerçants choisis pour faciliter le développement des échanges commerciaux) ; la Convention de Vienne désigne ces personnes sous le nom de *fonctionnaires consulaires honoraires* par opposition aux *fonctionnaires consulaires de carrière.*
— ***diplomatique.** Aux termes de la Convention sur les relations diplomatiques, signée à Vienne le 18 avril 1961, expression qui désigne le chef d'une mission diplomatique ou un membre du personnel de cette mission. V. *préséance, rang, protocole, immunité.*
— **international.** Terme générique qui désigne toute personne chargée d'aider un organe d'une organisation internationale à exercer ses fonctions de façon occasionnelle (ex. expert) ou continue (ex. *fonctionnaire international).

► **VIII** (pén.)
— **de la force publique.** V. ci-dessus.
— **de la police judiciaire.** Membre du personnel de police ayant pour mission de seconder les officiers de police judiciaire dans l'exercice de leurs fonctions (on en distingue deux catégories, C. pr. pén., a. 20 et 21 ; seuls ceux de la classe supérieure sont habilités à dresser procès-verbal).
— **d'une puissance étrangère.** Personne agissant pour le compte d'un État étranger, même non ennemi (les intelligences avec un agent d'une puissance étrangère peuvent constituer un crime, C. pén., a. 411-4 s.).

► **IX** (for.)
- Personne appartenant au corps des *ingénieurs du génie rural, des eaux et des forêts ou relevant de l'*Office national des Forêts, ayant le pouvoir de constater les infractions aux dispositions législatives ou réglementaires en matière forestière, de chasse, de pêche fluviale et de conservation des espaces boisés suburbains.

► **X** (trav.)
— **de l'État.** Salarié, généralement non fonctionnaire, de l'État.
— **de maîtrise.** Employé chargé de diriger et contrôler le travail d'un certain nombre d'ouvriers ou d'employés.

AGGLOMÉRATION

N. f. – Du v. lat. *agglomerare* ; de *glomus, glomeris* : pelote.

- **1** Espace sur lequel sont concentrés des

immeubles bâtis ; en ce sens syn. de village ou de ville.

• **2** Entité constituée par plusieurs *communes voisines associées en une communauté administrée par un *établissement public de coopération *intercommunale, dans le but de réaliser ensemble un projet commun de développement urbain et d'aménagement de leur territoire (v. ci-dessous).

— **(communauté d').** Établissement public de coopération *intercommunale regroupant plusieurs communes formant un ensemble de plus de 50 000 habitants (d'un seul tenant et sans enclave) qui exerce de plein droit, aux lieu et place des communes membres, les compétences que détermine la loi en matière de développement économique, d'aménagement de l'espace communautaire, de politique du logement, d'équipements culturels et sportifs, d'eau, d'environnement, etc. (l. 12 juill. 1999). V. *communauté *urbaine, pays*.

AGGRAVATION DE PEINE

Lat. *aggravatio,* dér. du v. *aggravare* : propr. rendre lourd *(gravis)*.

• **1** Augmentation de la peine infligée à un individu, relativement au maximum prévu par le texte réprimant l'infraction, décidée par le juge pour une cause spécifiée par la loi (existence d'une *circonstance aggravante, état de *récidive). Ant. **atténuation de peine*. V. *grave*.

• **2** Application, sur recours, d'une peine plus sévère que celle qui avait été prononcée en première instance. V. *reformatio in pejus, appel a minima*.

AGGRAVATION DE RISQUE

V. le précédent et risque.

• Modification qui, survenant en cours de contrat d'*assurance, augmente la probabilité ou l'intensité du *risque primitivement couvert.

AGIO

Subst. masc. – Emprunté, au début du XVIIIe siècle, par la Hollande, de l'ital. *aggio,* d'origine incertaine.

• **1** Primitivement, écart entre la valeur nominale et la valeur métallique d'un instrument monétaire et, par ext., rémunération perçue par un banquier qui procure des moyens de paiement en monnaie étrangère.

• **2** Aujourd'hui, intérêt prélevé par l'*escompteur d'un effet de commerce. V. *décompte*.

• **3** Parfois, toute rémunération grevant un crédit bancaire.

AGIOTAGE

N. m. – Dér. de **agio*.

• Manœuvre de bourse réprimée par la loi qui consiste à agir, par des opérations réelles ou fictives, sur le *cours des valeurs ou marchandises de manière à en tirer un profit. Comp. *spéculation*.

AGIR (EN JUSTICE)

V. – Lat. *agere* : mettre en mouvement, intenter une action.

• **1** Prendre l'*initiative de former une demande en justice, plus spéc. la demande *initiale, comme demandeur principal. V. *intenter, introduire, impugner*.

ADAGE : *Actor sequitur forum rei.*

• **2** Se manifester en justice pour faire valoir une prétention (principale ou incidente), soit comme demandeur, soit comme défendeur, aussi bien en première instance que pour exercer un recours (interjeter appel, etc.). Syn., en ce sens, d'*ester en justice.

• **3**

— **(droit d').** Au sens vague, syn. d'*accès aux tribunaux ; au sens précis, syn. d'*action (1 *b*).

AGISSEMENTS

Subst. masc. pl. – Dér. de *agir.

• Façons d'agir, comportement, *manœuvres en général *frauduleuses, machinations.

— **parasitaires.** Utilisation illégitime d'une valeur économique créée par autrui que le droit des propriétés intellectuelles sanctionne sur le fondement de la responsabilité civile, que la valeur exploitée soit ou non protégée par un droit exclusif.

AGRÉAGE

Subst. masc. – Du v. agréer. V. *agrément.*

- Syn. d'*agrément, utilisé dans les ventes à livrer (avec clause d'agréage ou dans les ventes de choses qu'il est d'usage de goûter avant d'en faire l'achat, ex. vin, huile, C. civ., a. 1587) ; s'entend de la faculté d'agréer (ou de refuser) et de l'acte d'agréer (levée de l'option en faveur de l'achat). Comp. *agréation.*

AGRÉATION

N. f. – Dér. du v. agréer. V. *agrément.*

- **1** Fait pour l'acheteur de ne pas protester, lors de l'exécution de l'obligation de *délivrance, malgré une non-conformité apparente de la marchandise (valant renonciation à toute réclamation ultérieure de ce chef) ; ne pas confondre avec *agrément, *agréage.
- **2** Parfois cependant syn. d'agrément dans certaines expressions de la pratique.

— **(contrat d').** Espèce de contrat de *distribution sélective dans lequel le commerçant agréé à raison de ses qualités professionnelles a vocation – mais sans en avoir l'exclusivité – à distribuer les produits du fournisseur qui le choisit ou à rendre les services attendus de lui, sans être tenu, de son côté, d'une exclusivité d'approvisionnement et en l'absence de toute exclusivité territoriale. Ex. : contrat d'agréation d'un garagiste par le fabricant d'une marque de voiture pour la réparation des voitures de cette marque. Comp. *contrat d'approvisionnement exclusif, contrat d'affiliation, contrat de concession exclusive.*

- **3** Procédure confidentielle par laquelle est demandé l'assentiment de l'État *accréditaire à la désignation d'un chef de mission diplomatique (généralement non employée pour la désignation des autres membres de la mission). Comp. *agrément.*

AGRÉÉ

Adj. et subst. – Part. pass. du v. agréer. V. *agrément.*

- **1** (subst.). Jusqu'en 1972, *mandataire habituellement admis par le tribunal de commerce à représenter les parties devant cette juridiction, et dont la profession a été fondue dans la nouvelle profession d'*avocat (les agréés en exercice devenant de plein droit avocats).
- **2** (adj.). Qui bénéficie d'un *agrément ou d'une *agréation (ex. distributeur agréé). Syn. *choisi, sélectionné.* Comp. *mandaté.* V. *distribution sélective.*

AGRÉGATION

Lat. *aggregatio,* dér. de *aggregare* : réunir (*grex, gregis* : troupe, groupe).

- Concours destiné à assurer le recrutement d'une partie du personnel enseignant de l'enseignement secondaire ou supérieur.

AGRÉMENT

Dér. du v. agréer, comp. de *gré.

- En général, *approbation ou *autorisation à laquelle est soumis un projet (de contrat, de nomination, etc.) et qui suppose, de la part de celui à qui on doit la demander, un pouvoir d'appréciation en général discrétionnaire (un pouvoir de la refuser à son gré). Ex. vente à l'agrément. Comp. *essai.*

▸ **I** (émanant des pouvoirs publics)

- **1** Acte unilatéral ou conventionnel (lettre d'agrément) par lequel l'administration, dans l'exercice de sa compétence discrétionnaire, autorise la constitution d'un organisme ou, plus fréquemment, confère à des organismes déjà existants le bénéfice de certains avantages, facultés ou prérogatives.
- **2** Acte par lequel un gouvernement donne son assentiment à la nomination d'un chef de mission diplomatique, qui sera ainsi considéré comme *persona grata.* Comp. *agréation.*
- **3** Approbation des autorités de tutelle administrative à laquelle la loi subordonne l'accomplissement ou le plein effet d'actes ou d'initiatives (agrément d'une convention collective, d'un stage de formation professionnelle).

— **fiscal.** Procédé de type conventionnel par lequel l'administration fait bénéficier une entreprise d'*avantages fiscaux, à charge, pour cette entreprise, de respecter les engagements qu'elle prend de favoriser par sa politique et ses investissements la poursuite des objectifs du *Plan, de l'*aménagement du territoire et du développement régional.

— **technique.** Autorisation spéciale que tout assureur doit préalablement obtenir de l'État pour pratiquer un type déterminé d'assurance.

▸ **II** (dans les relations privées)

• **1** *Adhésion donnée par un tiers à un acte juridique dont la validité ou l'opposabilité est subordonnée à cette formalité. Ex. agrément, par le propriétaire, d'un sous-locataire, dans le cas où le bail interdit au preneur de sous-louer sans cette autorisation (*adde* C. civ., a. 1868, al. 3, dans la société en nom collectif).

• **2** Dans certaines ventes (vente au goûter, C. civ., a. 1587, vente avec clause « gré dessus »), accord qu'il appartient à l'acquéreur de donner ou de refuser après avoir examiné et éprouvé la marchandise. Syn. **agréage,* ne pas confondre avec **agréation.*

• **3** Dans la *distribution sélective, acte par lequel le fabricant confie la *commercialisation de ses produits à un *distributeur de son choix.

— **(clause d').** Clause insérée dans les statuts d'une *société qui subordonne la *cession des *parts ou *actions à l'assentiment d'un organe social. Comp. *préemption.*

AGRÈS

N. m. pl. – Anc. franç. *agrei,* armure, équipage en général, dit spéc. ensuite des navires, de l'anc. franç. *agreier,* auj. plutôt gréer, formé sur l'anc. scandin. *greidi* : outils de toute sorte.

• *Accessoires de navire nécessaires à la navigation et considérés comme faisant partie du navire au cas de vente, hypothèque, saisie, assurance. Syn. *apparaux.*

AGRESSION

Lat. *aggressio,* dér. de *aggredi* : attaquer.

• **1** (sens gén.). Attaque brutale, soudaine et non provoquée. V. **légitime *défense, représailles, provocation, violence, attentat.*

— **sexuelle.** V. *sexuelle (agression).*

• **2** (int. publ.). Emploi de la force armée par un État contre la souveraineté, l'intégrité territoriale ou l'indépendance politique d'un autre État, ou de toute autre manière incompatible avec la Charte des Nations Unies (résolution 3314, XXIX, 14 déc. 1974, assemblée générale des Nations Unies) ; la question de savoir si l'agression se définit aussi par l'antériorité de l'attaque est résolue de manière ambiguë (d'après le texte, l'antériorité « constitue la preuve suffisante à première vue d'un acte d'agression », mais le Conseil de Sécurité peut tenir compte « des autres circonstances pertinentes ») ; la définition ne prend pas en considération les propositions émises en doctrine ou par certains gouvernements et tendant à inclure dans le concept d'agression des comportements hostiles n'impliquant pas l'usage de la force armée (la notion d'« agression économique » est dépourvue de pertinence juridique). V. *guerre, conflit, rupture de la paix.*

AGRICOLE

Adj. – Lat. *agricole,* de *ager, agri* : champ, et *colere* : cultiver.

• Qui se rapporte à l'agriculture. Comp. *rural, cultural, foncier.* V. **droit agricole.*

— **(*activité).** Action ayant pour objet la mise en valeur du sol en vue de la réalisation d'une production végétale ou animale et justifiant l'application des lois relatives à l'*agriculture.

— **(bâtiments).** Constructions immobilières affectées au stockage des produits végétaux ou à l'hébergement des animaux, susceptibles de donner droit pour leur élévation ou leur entretien à des aides de l'État.

— **(*bénéfices).** Revenus procurés aux propriétaires exploitants, aux fermiers et métayers par leur *activité agricole et soumis à un régime spécifique d'imposition.

— **(développement).** Actions collectives ayant pour objet d'accroître les connaissances des exploitants agricoles, d'améliorer les techniques de production ainsi que les conditions de vie des *agriculteurs.

— **(Droit).** Ensemble des dispositions spécifiques à la profession d'agriculteur comprenant not. les règles qui régissent l'exercice de l'*activité agricole et organisent les structures agricoles de production et de marché (plus restreint que *Droit *rural).

— **(prix).** Ensemble des dispositions communautaires et nationales ayant pour objet le blocage, la taxation et le contrôle des prix des *produits agricoles.

— **(produits).** Denrées animales et végétales dont la production et la commercialisation font l'objet d'une réglementation édictée à la fois par les autorités françaises et les institutions de la Communauté économique européenne.

AGRICULTEUR, TRICE

Subst. – Lat. *agricultor.*

- Personne travaillant sur un *fonds rural et se livrant à une activité professionnelle de culture ou d'élevage. Comp. **exploitant agricole, paysan.* V. *fermier, métayer.*

AGRICULTURE

Lat. *agri cultura.*

- Ensemble des opérations de culture et de mise en valeur du sol ayant pour but d'obtenir les productions végétales ou animales utilisées par l'homme.

— ***biologique.** Celle qui n'utilise pas de produits chimiques de synthèse (C. cons., a. L. 432-5 s. et C. rur., a. L. 641-13).

AIDE

Subst. fém. – Du v. aider, lat. *adjutare.*

► **I** (sens. gén.)

- Synonyme d'*assistance ; le mot « aide » tend à remplacer le mot « assistance » lorsque celle-ci est fournie par une collectivité. Comp. *secours, prime, subside, dotation, entraide, assistance éducative, mécénat.*

— **accordée par un État membre.** Mesure prise par un État ou avec des ressources d'État sous quelque forme que ce soit, qui a pour objet ou effet de fausser la *concurrence dans le *Marché commun en favorisant certaines *entreprises ou certaines productions. Ex. subventions, exonérations d'impôts et de taxes, exonérations de taxes parafiscales, bonifications d'intérêt, garanties de prêt à des conditions particulièrement favorables, fournitures de biens à des conditions préférentielles, couverture des pertes d'exploitation… Comp. **charges spéciales.*

— **à l'accès au droit.** Partie de l'*aide juridique qui comprend l'information des personnes sur leurs droits et obligations (et leur orientation vers les organismes idoines), l'aide à la réalisation des droits (démarches en vue de l'exercice d'un droit ou l'exécution d'une obligation), la consultation en matière juridique, l'assistance à la rédaction et à la conclusion des actes juridiques, l'assistance au cours des procédures non juridictionnelles, volet extrajuridictionnel de cette aide par opp. à *aide juridictionnelle (a. 53, l. 10 juill. 1991, l. 18 déc. 1998). V. *maison de justice et du droit.*

— **judiciaire.** Nom naguère substitué à celui d'*assistance judiciaire (jugé misérabiliste) et aujourd'hui remplacé par celui d'*aide juridictionnelle, afin de marquer l'opposition de celle-ci avec l'autre versant – « a- » ou « parajuridictionnel » ou même administratif – de l'*aide juridique (aide à l'accès au droit).

— **juridictionnelle.** Partie principale de l'*aide juridique qui, dans le prolongement de l'*aide judiciaire (qu'elle remplace sous ce nom nouveau), a pour fin de permettre à une personne dépourvue de ressources suffisantes d'exercer ses droits en justice (en matière gracieuse ou contentieuse, comme demandeur ou défendeur) en la faisant bénéficier d'une remise des frais dus au Trésor, d'une dispense de certains frais et d'une prise en charge, totale ou partielle, par l'État, des honoraires des auxiliaires de justice (est accordée par un « bureau d'aide juridictionnelle ») a. 2 s., l. 10 juill. 1991 ; a. 1 s.d. 19 déc. 1991). Comp. **aide à l'accès au droit.*

— **juridique.** Forme particulière d'aide sociale, aujourd'hui diversifiée, qui comprend, sous un nom de regroupement, l'*aide juridictionnelle (héritière de l'aide judiciaire) et l'*aide à l'accès au droit, moyens complémentaires ou alternatifs offerts aux citoyens dont la situation justifie cette protection de connaître et faire valoir leurs droits devant les tribunaux ou les administrations (extension corrélative à la fusion des professions d'avocat et de conseil juridique).

— **sociale.**

1 / Système de protection sociale à base de solidarité qui tend principalement, par l'octroi de *prestations diverses, à permettre aux personnes démunies de ressources suffisantes de subsister, mais peut également viser à la réadaptation ou au reclassement de ses bénéficiaires et présente, en tant que secours de la collectivité publique, un caractère subsidiaire par rapport à toute autre forme de protection individuelle ou sociale.

2 / Forme particulière de protection adaptée au besoin spécifique qu'elle est destinée à satisfaire (not. par la nature des *prestations accordées) et spécialement organisée par le Code de la famille et de l'aide sociale. Ex. aide médicale, aide aux infirmes et grands infirmes, aide aux personnes âgées, aide à l'enfance, aide aux familles, aide au logement et à l'hébergement.

3 / Organisation relative à ces formes d'aide. Ex. le service d'aide sociale ; les commissions d'aide sociale.

— **technique.** V. *service national.*

▸ **II** (int. publ.)

- **1** Au sens large, avantages ou facilités offerts aux pays en voie de développement par les pays développés et les organisations internationales dans les différents domaines où les premiers demandent des concours extérieurs (techniques, financiers ou commerciaux) pour leur développement.
- **2** Au sens étroit (dans la pratique de certaines organisations internationales, not. l'OCDE) transfert net de ressources effectué par les pays développés aux pays en voie de développement à des conditions favorables, comportant un « élément don » plus ou moins étendu. Ex. aide publique en matière technique et financière ; assistance apportée par les organisations privées à caractère non lucratif ; l'opposition entre l'aide au sens étroit et le commerce apparaît dans le slogan *« trade, not aid »* avancé au GATT et à la CNUCED par certains pays.

AIDE FAMILIAL (RURAL)

V. *aide, familial, rural.*

- *Agriculteur non salarié, âgé de 16 ans révolus, qui, ascendant, descendant, frère, sœur ou allié au même degré du chef d'*exploitation ou de son conjoint, vit et travaille sur l'*exploitation et, sans être doté d'un véritable statut, bénéficie d'avantages de nature sociale, successorale et professionnelle. V. **associé d'exploitation.*

AIDE-MÉMOIRE

N. – Lat. *avulus,* diminutif affectueux de *avus* et *avia.*

- Document rédigé par une mission diplomatique et remis, pour mémoire d'une communication verbale, au ministère des Affaires étrangères de l'État accréditaire qui (sans signature ni formule de courtoisie) résume les aspects d'une affaire en cours, expose ses aspects juridiques et le point de vue de l'État dont il émane. V. *memorandum.*

AÏEUL, E

N. – Lat. *avulus,* diminutif affectueux de *avus* et *avia.*

- **1** (sens strict) grand-père (paternel ou maternel), grand-mère (paternelle ou maternelle), par opp. à bisaïeul, e (ascendant au deuxième degré) et trisaïeul, e (ascendant au troisième degré) ; le père du trisaïeul (lat. *atavum*) n'est pas nommé en français, mais le terme a donné atavisme.
- **2** (sens gén.). Tout *ascendant en ligne directe, paternelle ou maternelle, aux deuxième, troisième, quatrième… degrés de parenté légitime ou naturelle : grand-père (-mère), arrière-grand-père (-mère), etc. V. *père, mère, petit-fils (-fille), arrière-petit-fils (-fille),* etc., *descendant.* Au pluriel, les aïeux désignent globalement les ancêtres.

AÎNÉ, ÉE

Subst. ou adj. – V. aînesse.

- **1** (subst.).

  a / Le premier-né des frères et sœurs (*puînés). V. *aînesse, primogéniture, fratrie.*

  b / Le plus âgé d'un groupe. Comp. *doyen, ancienneté.* V. *âge, comourants.*
- **2** (adj.). Plus âgé qu'un autre. Ant. *cadet* (s'il s'agit de frères et sœurs).

AÎNESSE

Formé au XIIIe siècle de *ainz* (avant), *ante* et *né.

- Qualité de l'*aîné à laquelle la loi n'attache plus d'effet (droit d'aînesse). V. *primogéniture, âge, égalité, puîné.*

AIRE

N. f. – Lat. *aera.*

• En matière d'aménagement du territoire et d'urbanisme, *zone caractérisée par certaines activités ou phénomènes ; l'expression aire métropolitaine désigne la zone des métropoles d'équilibre. Ex. OREAM : Organismes d'études d'aménagement d'aires métropolitaines.

AISANCES ET DÉPENDANCES

N. f. pl. – Lat. *adjacentia,* de *adjacere* : être situé auprès, d'où dépendances, d'où commodité. V. *dépendances.*

• Locution du *style notarial désignant, par redondance, les *dépendances. Comp. **circonstances et dépendances, appartenances, accessoire, annexe, désignation, servitudes.*

AISANCES DE VOIRIE

Lat. *adjacencia* : adjacent, d'où *adjacere* : être situé auprès, d'où facilité résultant de la proximité. V. *voirie.*

• Droits particuliers de nature administrative reconnus aux riverains des voies publiques et constitués par les droits d'accès, de vue et d'égout ou d'écoulement des eaux. V. *servitudes, domanialité.*

AJOURNEMENT

Du v. ajourner, comp. de jour, sous la forme ancienne *journ,* lat. *diurnus,* adj. signifiant du jour et qui a remplacé le class. *dies.*

• **1** *Renvoi à une date ultérieure. V. *atermoiement, report.* Ex. décision par laquelle la juridiction saisie d'un litige décide d'en renvoyer l'instruction ou la solution à une date ultérieure ou pour une durée déterminée. Ex. ajournement à deux ou trois mois. V. **sursis, *suspension d'*instance.*

— **des chambres.** Suspension de leur session par le pouvoir exécutif pour un temps déterminé (ex. l. const. 16 juill. 1875, a. 2). N'est pas prévu par le Droit constitutionnel des IVe et Ve Républiques. Comp. *prorogation.*

— **de séance.** Renvoi de la séance ou de sa continuation à une date ultérieure.

— **d'incorporation.** Décision par laquelle la commission locale d'aptitude au *service national renvoie à un examen physique ultérieur les jeunes gens portés sur le tableau de recensement et qui suppose la constatation d'une faiblesse de constitution ne permettant en l'état de prononcer à titre définitif, ni l'inaptitude au service, ni l'*exemption (C. serv. nat., a. L. 25 s.). Comp. *sursis d'incorporation.*

— **d'un projet de loi.** Acte par lequel l'une des chambres, saisie d'un projet de loi autorisant la ratification ou l'approbation d'un accord international, plutôt que d'adopter ou de rejeter en bloc le texte qu'il lui est interdit d'amender, sursoit à sa décision de manière à attirer l'attention du gouvernement sur telle clause (r. AN, a. 128, al. 2). V. *adoption, rejet, amendement.*

— **du prononcé de la *peine.** Mode de *personnalisation de la peine consistant, pour la juridiction répressive qui déclare le prévenu coupable, à remettre à une date ultérieure le prononcé de la peine et, à cette date, soit à prononcer la peine, soit à différer encore le prononcé, soit même à dispenser le coupable de la peine, compte tenu de sa conduite, *faveur qui peut être accordée en matière délictuelle et, sauf exception, en matière contraventionnelle, lorsque le reclassement du coupable, la réparation du dommage et la cessation du trouble de l'infraction sans être encore acquis sont en voie de l'être (C. pén., a. 132-60 s.). V. *dispense.* Comp. *sursis, fractionnement de la *peine.*

• **2** *Acte d'huissier de justice par lequel le *demandeur fait inviter son adversaire, le *défendeur, à se présenter devant une juridiction, soit à une date fixe, soit dans un délai déterminé, afin que soit tranché le litige qui les oppose. V. *assignation, exploit, citation.*

ALCOOLISME

Dér. de alcool, de l'arabe *al-Kohl* (antimoine pulvérisé) avec modification de sens dans le lat. pharmaceutique.

• **1** (sens large). État d'une personne qui se trouve sous l'influence de l'alcool, constituant le délit d'ivresse et réprimé en cas de conduite d'un véhicule automobile (C. route, a. L. 234-1).

• **2** (sens strict). État de la personne chez qui la consommation de l'alcool a provoqué des lésions organiques et un affaiblissement des facultés intellectuelles, constituant une cause d'atténuation de la responsabilité et justifiant, de la part du juge, la prescription d'une cure de désintoxication et l'interdiction de certains emplois ou l'application, par l'administration pénitentiaire, d'un traitement approprié.

ALCOOTEST

Subst. masc. – Néol. comp. de *alcool et test ; anglais *test* : épreuve, de l'anc. franç. *test,* lat. *testum* : pot de terre.

- Procédé de dépistage de l'imprégnation alcoolique par l'air expiré, applicable aux conducteurs de véhicules impliqués dans les accidents de la circulation.

ALÉA

Subst. masc. – Lat. *alea,* dé, jeu de dés, jeu de hasard, hasard, chance, risque.

- **1** Élément de hasard, d'incertitude qui introduit, dans l'économie d'une opération, une chance de gain ou de perte pour les intéressés et qui est de l'essence de certains contrats. V. *aléatoire, fortune, jeu, pari, assurance, commutatif (contrat), cession de droit litigieux.*
- **2** Plus précisément, événement de réalisation ou de date *incertaine dont les parties à une convention acceptent de faire dépendre le montant de tout ou partie de leurs prestations réciproques de telle sorte qu'il soit impossible de savoir, avant complète exécution, s'il y aura un bénéficiaire ou qui ce sera. V. *condition casuelle.*

ADAGE : *L'aléa chasse la lésion.*

ALÉATOIRE

Adj. – Lat. *aleatorius* : qui concerne le jeu.

- Qui dépend du hasard ; qui dépend d'un événement dont la survenance ou les résultats sont *incertains ; par voie de conséquence qui comporte un risque de *perte ou une chance de *gain. Comp. *casuelle (condition), éventuel, fortuit, futur.* V. *viager.*

— **(contrat).** Contrat dont l'objet est de faire dépendre les prestations des parties d'un événement incertain dont la survenance ou les résultats feront que l'un réalisera un gain, l'autre subira une perte, que la convention ait pour fin première la poursuite d'une chance de gain (*jeu, *pari, *loterie) ou la recherche d'une garantie contre un risque de perte (*assurance), (chaque partie acceptant pour elle une chance de gain ou de perte d'après un événement incertain) (C. civ., a. 1108). V. *rente viagère, tontine, votum mortis.* Ant. *commutatif (contrat).*

ALERTE PROFESSIONNELLE

- Révélation par toute personne ayant des relations avec une entreprise de faits susceptibles de porter atteinte aux intérêts de l'entreprise, aux siens propres ou à ceux des tiers (v. JO 7 septembre 2007, avis et communication, ex. C. trav., a. L. 4133-1, D. 4133). Syn. *alerte éthique*. V. *lanceur d'alerte.*

ALIBI

Subst. masc. – Lat. *alibi,* adv. ailleurs.

- Fait, invoqué pour sa défense par un individu prévenu d'une infraction, de s'être trouvé au moment de la réalisation de celle-ci en un lieu autre que celui où elle a été commise.

ALIÉNABILITÉ

Dér. de *aliénable.

- Qualité (juridique) du bien (ou du droit) qui peut valablement être l'objet d'une *aliénation ; espèce de *transmissibilité (volontaire). Syn. *cessibilité.* Ant. *inaliénabilité.* Comp. *disponibilité, négociabilité.* V. *dans le *commerce.*

ALIÉNABLE

Adj. – Dér. du v. aliéner. V. *aliénation.*

- (s'agissant d'un bien). Qui peut être l'objet d'une *aliénation. Syn. *cessible.* Comp. *transmissible, disponible, réversible, négociable.* Ant. *inaliénable.*

ALIÉNATAIRE

Subst. – Dér. de *aliénation.

- Le *bénéficiaire d'une *aliénation (*cessionnaire, *donataire, *acquéreur). V. *aliénateur.* Comp. **attributaire, adjudicataire, légataire.*

ALIÉNATEUR, TRICE

Subst. – Lat. jurid. *alienator.*

- Celui qui aliène (*vendeur, *cédant, *donateur, *testateur). Comp. *disposant, auteur.* V. *aliénataire.*

ALIÉNATION

Lat. jurid. *alienatio,* dér. du v. *alienare* : transmettre à un autre *(alienus).*

- **1** (pour un bien). Opération (*translative) par laquelle celui qui aliène transmet volontairement à autrui (V. *acquéreur, acquisition*) la propriété d'une chose (ou un autre droit) soit à *titre *onéreux (la vente est une aliénation) soit à titre *gratuit (ex. donation), soit entre *vifs (don manuel), soit à cause de *mort (legs), soit à titre particulier (transfert de titres nominatifs), soit à titre universel (legs universel). Syn. *transfert, transmission.* Comp. *cession, démembrement* ; le terme *disposition est plus général ; cependant certaines aliénations ne sont pas des *actes de disposition mais d'*administration (vente de fruits). V. *conservation.*

— **à fonds perdu.** Aliénation dans laquelle le prix consiste, non dans le versement d'un capital, mais dans des prestations périodiques temporaires le plus souvent viagères ; dite « à fonds perdu », parce que, lors du décès de l'aliénateur, ses héritiers ne trouvent aucun capital à la place du bien aliéné et n'ont plus droit à la rente. Ex. bail à nourriture ; vente moyennant une rente viagère.

- **2** (pour une personne).

— **mentale.** Espèce de *trouble mental (désignant en général un état, non un trouble passager) ; englobée aujourd'hui sous le terme *altération des *facultés personnelles. Comp. *démence, folie.*

ALIÉNÉ, ÉE

Adj. – Lat. *alienatus.*

- **1** (d'un bien). Transmis, transféré (vendu, donné, légué, cédé).
- **2** (d'une personne).

— **mental.** Personne dont les facultés mentales sont altérées, dément.

ALIÉNER

V. *aliénation.*

- Transmettre la propriété d'un bien (ou transmettre un droit), le *vendre, le donner, le léguer, le céder. Comp. *disposer.*

ALIGNEMENT

Dér. du v. aligner, comp. de ligne, lat. *linea.*

- **1** Fixation unilatérale par l'autorité administrative des limites des voies publiques existantes ou projetées dans l'intérêt du service de la voirie.

— **(arrêté d').** Acte administratif individuel par lequel l'autorité administrative indique à un propriétaire riverain la ligne, telle qu'elle est fixée par le plan d'alignement, qui sépare la voie publique de sa propriété.

— **(plan d').** Acte administratif de portée générale déterminant les limites de la voie publique au regard de toutes les propriétés riveraines.

- **2** Dans un sens dérivé, ligne qui marque la limite de la voie publique ; on dit ainsi maison à l'alignement.
- **3** Dans un sens figuré, action de s'aligner sur autrui ; adoption d'un comportement identique.

— **des prix.** Fait, pour une entreprise, d'offrir ou de vendre ses produits au *prix effectivement pratiqué par un concurrent établi soit dans le *Marché commun, soit dans un pays tiers (anc. tr. CECA, a. 60, § 2 *b*).

ALIMENTAIRE

Adj. – Lat. *alimentarius.*

- Qui a rapport aux *aliments. Comp. *indemnitaire, compensatoire.*

— **(obligation)** (créance, dette). Devoir de verser des aliments résultant soit de la loi (entre parents et alliés, C. civ., a. 203 s.) soit de la volonté individuelle (convention, legs). Comp. **devoir de secours, *obligation d'entretien, solidarité.*

— **(*pension).** Somme d'argent périodiquement due en exécution d'une obligation alimentaire. V. *aliments, rentes, arrérages, bail à nourriture, viager, *paiement direct, *recouvrement public.*

— **(*provision).** Pension accordée à l'un des conjoints pour la durée de l'instance en divorce ou en séparation de corps, en exécution du *devoir de secours entre époux (C. civ., a. 255 § 6). Comp. **provision ad litem.*

ALIMENTS

Subst. masc. plur. – Lat. *alimentum,* du v. *alere* : nourrir.

- **1** (sens gén.). Choses nécessaires à la vie, qu'en vertu d'un devoir de solidarité familiale, celui qui le peut doit fournir à son parent (ou allié) dans le besoin, en gén. sous forme de *pension, compte tenu des besoins et des ressources du créancier et du débiteur (C. civ., a. 208) ; ne pas confondre avec la nourriture (outre laquelle les aliments comprennent logement, habillement, frais médicaux, etc.) ni avec les *gains de survie dont bénéficie le conjoint survivant, même s'il n'est pas dans le *besoin (C. civ., a. 1481 anc., 763). V. *alimentaire (obligation, pension, provision).* Comp. *subsides, charges du mariage, bail à nourriture, salaire, secours, devoir d'*entretien, dettes de ménage, famille nourricière.*
- **2** (sens commun). Nourriture.

— ou de soins (privation d'). Fait de ne pas fournir à une personne que l'on a sous sa dépendance de droit ou de fait la nourriture nécessaire à sa subsistance ou les moyens nécessaires à son maintien en état de santé, *abstention érigée en délit lorsque, ayant pour auteur celui qui exerce l'autorité parentale sur un mineur de 15 ans, elle compromet la santé de celui-ci (C. pén., a. 227-15) ou en circonstance aggravante, lorsque émanant de l'auteur d'une séquestration elle entraîne l'infirmité de la personne séquestrée (a. 224-2). Comp. *abandon de famille, abandon d'enfant, abandon moral ou matériel d'enfant.*

- **3** (ass.). Ensemble des choses soumises au risque assuré, qui doivent être, suivant les variations, déclarées à l'assureur par l'assuré couvert par une *police flottante.

ALLÉGATION

N. f. – Lat. jurid. *allegatio* du v. *allegare.* V. le suivant.

- **1** Action d'alléguer, d'affirmer un fait, spéc. en justice. V. *charge.* Comp. *preuve, imputation, affirmation, articulation, réclamation.*
- **2** Par ext., l'énoncé de l'assertion ; la formulation du *moyen de fait. Comp. *prétention.*
- **3** Par ext. encore, le fait allégué ; plus spéc. les éléments de fait introduits dans le débat par une partie à l'appui de ses prétentions, les faits sur lesquels elle se fonde (CPC, a. 6). V. *dispositif.*

ADAGE : *Secundum allegata et probata judex judicare debet.*

ALLÉGUER

V. – Lat. *allegare (adlegare),* déléguer, envoyer en mission, par ext. invoquer en justice une excuse, produire une preuve.

- **1** (sens restreint, aujourd'hui rare). *Invoquer pour sa défense, devant un juge, un élément de *justification, notamment, une *excuse.
- **2** (plus généralement, mais plus spécifiquement). Faire valoir en justice un fait, invoquer un *moyen de fait au soutien d'une *prétention, que celle-ci émane du défendeur ou du demandeur, CPC, a. 6 (ne s'emploie pas pour un texte, un argument ou un moyen de droit). Comp. *invoquer, soulever, opposer, produire, contester, incidenter, prouver.*

ALLÉGEANCE

N. f. – Empr., fin XVIIe s., de l'angl. *allegiance,* empr. de l'anc. franç. *ligeance, lieg,* dér. de *lige, liege,* d'orig. germ., mais insuffisamment éclaircie ; le mot angl. paraît en outre avoir été partiellement confondu avec *allégeance* : soulagement, dér. d'alléger.

- Situation de *dépendance d'une personne envers le souverain dont elle est le sujet ou, plus généralement, envers l'État dont elle a la *nationalité. V. *ressortissant.*

ALLIANCE

N. f. – Dér. du v. allier ; lat. *alligare* : lier, obliger.

- **1** Lien juridique qui, établi par l'effet du mariage, entre chaque époux et les parents de l'autre, crée entre alliés les plus proches des droits, obligations, charges et interdictions comparables à ceux qui résultent de la *parenté (ex. gendre et belle-mère se doivent des aliments ; C. civ., a. 206, 207. V. a. 162 s.). Syn. *affinité.* V. *empêchement (à mariage), obligation *alimentaire, conseil de famille, appartenance, solidarité.*

- **2** Situation juridique résultant d'un traité qui crée entre les États parties des obligations, généralement mutuelles, de soutien dans les domaines militaire et politique, en particulier une obligation d'*assistance de l'ensemble des parties à celle qui serait victime à l'avenir d'une attaque armée ; la formule « traité d'amitié et d'assistance mutuelle » est actuellement de plus en plus préférée à celle de « traité d'alliance ».
- **3** Entente électorale (V. *apparentement*) ou politique (V. *soutien, participation, cohabitation*).
- **4** Accord entre compagnies aériennes ou entre compagnies maritimes en vue d'exploiter en commun les mêmes lignes.

ALLIÉ, ÉE

Adj. et subst. – Part. pass. du v. allier. V. *alliance.*

- **1** (adj.). Uni par *alliance.
- **2** (subst.). Relativement à un époux, chacun des parents de son conjoint (y compris les enfants que celui-ci aurait eus d'un précédent mariage) et réciproquement, pour chaque parent d'un conjoint, l'époux de celui-ci (à l'exclusion des parents et alliés de ce dernier). Ex. pour un *gendre ou une *bru, *beau-père, *belle-mère, *beau-frère, *belle-sœur et réciproquement ; pour un conjoint en secondes noces (parâtre, marâtre), les enfants du premier lit de son conjoint. V. *beaux-parents.*

ALLOCATAIRE

Subst. – Dér. de *allocation.

▸ **I** (sens gén.)

- *Bénéficiaire d'une *allocation. Comp. *attributaire, loti, ayant droit, assignataire, réservataire.*

▸ **II** (soc. trav.)

- Personne du *chef de laquelle s'ouvre le droit aux prestations de sécurité sociale. Comp. *pensionné, prestataire, *ouvrant droit.*

ALLOCATION

N. f. – Dér. du v. allouer, lat. *allocare,* de *ad locare,* litt. placer auprès, mettre en son lieu.

- **1** L'action *d'allouer ; *attribution, octroi.
- **2** L'*avantage accordé ; *prestation. V. *bénéfice, secours, assistance.*

— **de chômage.** Prestation attribuée au travailleur salarié, âgé de moins de 65 ans, qui, involontairement privé d'emploi, est inscrit comme demandeur d'emploi auprès des services compétents.

— **de la mère au foyer.** Prestation familiale attribuée aux chefs de famille non salariés, enfant à charge (à partir du deuxième) en vue de permettre à la mère de se consacrer à l'éducation de ses enfants.

— **de logement.** Prestation familiale spécialisée, destinée à couvrir une partie des dépenses auxquelles les familles doivent faire face pour se loger dans des conditions convenables.

— **de maternité.** Prestation familiale attribuée à toute femme accouchant en France, d'un enfant français, ou ayant acquis la nationalité française dans les trois mois ayant suivi sa naissance, légitime ou reconnu par la mère, à la condition pour la première naissance, qu'elle survienne dans les deux années du mariage ou avant que la mère ait 25 ans, et, pour une naissance ultérieure, qu'elle survienne dans les trois années suivant la précédente.

— **de salaire unique.** Prestation familiale allouée aux ménages ou personnes qui, assurant la charge effective et permanente d'enfants (à partir du premier), bénéficient d'un seul revenu professionnel provenant d'une activité salariée.

—**s familiales.** Prestations périodiques allouées aux chefs de famille exerçant en France une activité professionnelle (ou dans l'impossibilité présumée ou prouvée d'en exercer une) pour l'entretien de chaque enfant à charge (à partir du deuxième).

— **journalières.** Prestations qui, allouées aux assurés sociaux en cas d'interruption de travail due à la maladie, la maternité, l'invalidité ou un accident du travail, s'élèvent par jour à la moitié du gain quotidien.

— **prénatales.** Prestation familiale attribuée à toute femme en état de grossesse, résidant en France.

ALLONGE

N. f. – Dér. du v. allonger, comp. de long.

- Feuille de papier attachée à un *effet de commerce pour recevoir les *endossements qui ne peuvent plus, à raison de leur nombre, être portés sur l'effet lui-même.

ALLOTI, IE

Adj. – Part. pass. du v. *allotir.

- *Attributaire d'un *lot, dans un *partage. Syn. *loti* (sens 1). Comp. *coloti.* V. *copartageant, copropriétaire.*

— **(sous-).** Qualificatif appliqué à l'héritier qui dans une *libéralité-partage (*donation-partage ou *testament-partage) reçoit un lot inférieur à sa part de réserve, ce qui, en règle, le fonde à exercer l'action en réduction (C. civ., a. 1077-1 et 1080).

ALLOTIR

V. *allotissement.*

- Former les *lots en vue d'un *partage; constituer les divers lots à répartir entre les copartageants avant leur attribution par le partage *stricto sensu*. V. *copartageant, assigner.*

ALLOTISSEMENT

Dér. de allotir, comp. de *lot.

- Opération du *partage consistant à *allotir (opération préliminaire); se dit parfois de leur attribution (consommation matérielle et juridique du partage). Comp. *lotissement.* V. **assignation de parts, fournissement, abandonnement, attribution.*

ALLOUABLE

Adj. – Dér. de *allouer.

- Qui peut être alloué.

ALLOUER

V. – Lat. *allocare.* V. *allocation.*

- **1** *Accorder une somme d'argent (indemnité, subsides, traitement); se dit surtout d'une décision de justice. Ex. somme alouée à la victime d'un accident à titre de dommages-intérêts; voisin d'attribuer (qui s'emploie plutôt pour un bien en nature ou un lot). Comp. *allotir.* V. *allocation, allocataire.*
- **2** Plus gén. accorder un avantage; se dit du législateur qui attribue une pension (ex. aide allouée aux vieux travailleurs) ou du juge qui donne gain de cause (il alloue au demandeur le bénéfice de ses conclusions). Comp. *octroyer.*

ALLUVION

N. f. – Lat. *alluvio,* de *alluere* : arroser.

- *Accroissement de la rive d'un cours d'eau qui, se formant successivement et imperceptiblement par apport de dépôts terreux sans qu'il y ait détachement d'une portion reconnaissable, d'une rive supérieure, profite, par *accession naturelle, au propriétaire riverain (C. civ., a. 556). Syn. *atterrissement.* Comp. *avulsion, lais et relais.*

ALOI

Subst. masc. – Subst. verbal de l'anc. v. aloyer, syn. d'allier (procéder à un alliage, combiner des métaux, puis mettre à l'aloi, au titre légal).

- Ancien terme signifiant alliage, par ext. titre légal et au fig. *valeur (plus ou moins grande) d'une chose, seulement employé aujourd'hui en ce dernier sens dans les expressions « de bon aloi », « de mauvais aloi », pour marquer, selon le cas, la bonne ou la mauvaise qualité d'une marchandise, d'un argument, d'un procédé, etc. (bon aloi connotant *loyal par consonance et renvoyant à *légal).

ALONGSIDE

Terme anglais signifiant litt. « le long de » d'où « accosté ». V. *palan (clause de sous.).*

ALTERA PARS

Mots lat. signifiant « autre partie », désignant, dans un procès, la *partie *adverse, l'*adversaire, la partie contraire (v. CPC, a. 14). V. *contradiction, litigant, adversus.*

ADAGE : *Audiatur et altera pars.*

ALTÉRATION

N. f. – Lat. médiév. *alteratio,* dér. de *alterare* : changer, propr. rendre autre *(alter).*

- **1** (pour une personne).

— **des *facultés personnelles.** Terme générique englobant les atteintes graves et durables qui affectent l'état psychique d'une personne du fait d'une maladie, d'une infirmité ou d'un affaiblissement dû à l'âge ou les atteintes corporelles et qui, médicalement constatées, de nature à empêcher l'expression de la volonté, justifient l'application d'un *régime de protection (C. civ., a. 425) ; V. Comp. **facultés corporelles, insanité d'esprit, conscience, connaissance.* **trouble mental.* **trouble psychique.* Anciennement *démence.*

- **2** (pour une chose). Modification apportée à la substance d'une chose, qui a pour objet de fausser la nature, la destination ou la valeur de cette chose et d'où peut résulter un préjudice. Ex. altération de monnaies, d'actes, d'écritures ou signatures, de clefs, de signes servant à identifier les marchandises. V. *falsification.* Comp. *tromperie* (sur la qualité de la marchandise).

- **3** Action de fausser un mécanisme.

— **de concurrence.** Atteinte au jeu normal ou à la structure de la *concurrence sur un marché. Comp. *suppression de la concurrence.*

— **de prix.** Atteinte au jeu normal de l'offre et de la demande par *coalition ou *accaparement. Comp. *spéculation illicite.*

ALTER EGO

Subst. masc. – Lat. *alter* (autre) *ego* (moi).

- Expression latine signifiant « autre soi-même » (mon — : un autre moi-même ; son — : un autre lui-même) parfois utilisée dans les arcanes du pouvoir, pour désigner une personnalité de l'entourage proche du titulaire d'une fonction à laquelle ce dernier délègue, en droit ou en fait, l'essentiel de ses pouvoirs (pour une mission diplomatique ou la direction d'une entreprise), en sorte que les tiers soient fondés ou enclins à négocier avec la personne de confiance comme avec le titulaire même. V. *délégation, représentation, plénipotentiaire.*

ALTERNAT

Subst. masc. – Du lat. *alternatum.* V. le suivant.

- (anc.). Pour des cités rivales, privilège de devenir, à tour de rôle, siège du gouvernement en certains États ; par ext. système d'alternance dans la localisation d'une autorité.

ALTERNATIF, IVE

Adj. – Du lat. *alternatum,* sup. de *alternare* : faire tantôt une chose, tantôt une autre.

- Qui comporte une alternative ; qui laisse un choix entre deux ou plusieurs solutions ; qui ouvre une *option entre deux ou plusieurs partis. V. *demande.*

— **(obligation).** Obligation qui, portant sur deux ou plusieurs prestations dont chacune est libératoire, permet au débiteur de se libérer par la fourniture de l'une quelconque de ces prestations, à son choix. Comp. *obligation *facultative.*

—**ive (peine).** V. *peine alternative.*

— **(*règle de conflit).** Celle qui, comportant plusieurs critères de *rattachement mutuellement exclusifs, offre une option de législation. Ex. C. civ., a. 311-17, validité de la reconnaissance de paternité ou de maternité conforme soit à la loi de son auteur, soit à celle de l'enfant. Comp. *optio juris.*

AMBASSADE

Emprunté, début du XVe s., de l'ital. *ambasciata,* empr. de l'anc. prov. *ambaisada,* dér. de *ambaisa,* d'origine germ., cf. le gothique *andbahti* : service et l'all. de même orig. *amt* : fonction, qui viennent eux-mêmes du gaul. *ambactus* : vassal, serviteur (dans Ennius et César).

- **1** Fonction ou mission de l'*agent diplomatique envoyé, avec le titre d'*ambassadeur, pour représenter un État auprès d'un autre État ; terme souvent pris dans le sens large de droit de *légation. V. *diplomate, accréditation, *pleins pouvoirs.*

- **2** En Droit diplomatique classique, députation extraordinaire envoyée à un chef d'État ou à un gouvernement étranger.

- **3** Au sens collectif, l'ambassadeur et sa suite, soit officielle (personnel diplomatique, administratif et technique), soit non officielle (famille, secrétariat, personnel domestique), Ex. M. X… est attaché à l'ambassade de France à Washington.

- **4** Hôtel affecté au siège principal de l'ambassade (chancellerie, bureaux) ainsi qu'au logement de l'ambassadeur, de sa famille et de sa suite et bénéficiant d'un ensemble d'*immunités.

AMBASSADEUR

Empr. de l'ital. *ambasciatore*. V. *ambassade*.

- **1** Dans le Droit diplomatique classique résultant du règlement du Congrès de Vienne du 19 mars 1815 et du protocole complémentaire d'Aix-la-Chapelle du 21 novembre 1818, représentant le plus élevé, dans la hiérarchie, d'un État souverain auprès d'un autre État (agent de la première classe, les trois autres classes étant respectivement les ministres plénipotentiaires ou envoyés extraordinaires, les ministres résidents et les chargés d'affaires). Le Droit classique distingue les ambassadeurs ordinaires, chargés d'une mission permanente, et les ambassadeurs extraordinaires, chargés d'une mission occasionnelle et temporaire. Le terme ne figure pas dans la convention sur les relations diplomatiques (Vienne, 18 avr. 1961) où lui est préférée l'expression « chef de mission ». La convention sur les *missions spéciales, du 8 décembre 1969, emploie l'expression « chef de la mission spéciale », non celle d' « ambassadeur extraordinaire » (une mission spéciale peut ne pas coïncider avec une ambassade extraordinaire).
- **2** Dans le langage courant, chef de mission, quelle que soit la classe à laquelle il appartient.

AMBULANT, ANTE

Adj. – Lat. *ambulans*, de *ambulare* : se promener.

V. *marchand ambulant*.

ÂME

N. f. – Lat. *anima*.

- **1** *Conscience ; *intime conviction. Ex. juger en son âme et conscience. V. *for*.
- **2** Syn., dans certaines expressions, d'*intention, de résolution, d'esprit. Ex. âme de maître *(*animus domini)*.
- **3** Syn. d'habitant (ex. population de vingt mille âmes).

AMÉLIORATION

Dér. du v. améliorer, fait sur le latin *melior* : meilleur.

- Travaux ou dépenses effectués sur une chose et qui, sans être *nécessaires à sa conservation, lui sont *utiles et lui procurent une plus-value (C. civ., a. 861, 1437, 1634). V. *impenses*. Ex. la surélévation d'une maison, l'installation d'un ascenseur ou d'un climatiseur, etc. ; l'amélioration s'oppose à l'*entretien et cette distinction recoupe celle des actes d'*administration et de *disposition. V. *récompenses*.

AMÉNAGEMENT

Dér. du v. aménager, comp. de a et *ménage.

- **1** Disposition méthodique en vue d'un usage déterminé.

— **du *territoire.** Politique visant à une meilleure répartition des hommes en fonction des ressources naturelles et des activités économiques (et confiée, sous l'autorité directe ou déléguée du Premier ministre, à une délégation générale à l'aménagement du territoire et à l'action régionale (DATAR)) qui se traduit par un ensemble de mesures très diverses : urbanisme, planification économique, orientation agricole, décentralisation industrielle, expansion régionale.

— **spécial.** Disposition apportée à une dépendance du *« domaine » en vue de l'adapter à la mission du service public qui l'utilise en la soumettant, en conséquence, au régime de la *domanialité publique.

— **urbain.** Opérations de nature et d'importance très différentes s'inscrivant dans le cadre de la politique générale d'*urbanisme ; aménagement d'agglomérations nouvelles, de zones d'habitation ou industrielles, remembrement et rénovations urbaines.

- **2** Mise en œuvre des modalités d'exécution d'un droit ou d'une obligation. Ex. aménagement d'une servitude de passage ; aménagement des échéances d'une dette.
- **3** Modification apportée à une disposition générale afin de l'adapter à des circonstances particulières. Comp. *amendement*.

AMENDE

Dér. du v. amender, lat. vulgaire *amendare*, lat. class. *emendare* : corriger, comp. de *menda* : faute.

- **1** (sens gén.). *Pénalité pécuniaire consistant dans l'obligation de verser au Trésor public (non à la victime, comp. *dommages-intérêts, indemnité, astreinte*) une somme d'argent déterminée par la loi (le plus souvent fixée par le juge entre un maximum et un minimum légal). V. *pénalité civile.*

— **civile.** Amende édictée par une loi civile (ou assimilable, ex. loi d'enregistrement) et prononcée par une juridiction civile (sans aucun des effets attachés par le Droit pénal aux peines pécuniaires) qui sanctionne en général, soit le fait de se soustraire à une charge publique ou civique (charge de la tutelle, C. civ., a. 388-3, 417, devoir de concours au service de la justice, C. civ., a. 10, CPC, a. 207 contre un témoin défaillant), soit l'usage contestable d'une voie de droit (exercice abusif ou dilatoire d'une voie de recours, CPC, a. 581 ; fait de succomber dans une demande en faux, en vérification d'écriture, en récusation, etc., CPC, a. 295, 305, 353) ; ces dernières sont parfois nommées amende de procédure. Comp. *dommages-intérêts* **punitifs* (dont le montant va à la victime, non au Trésor).

— **de composition.** V. *composition (amende de).*

— **fiscale.**

a / Amende encourue à raison de certaines infractions à une loi fiscale à laquelle la jurisprudence reconnaît un caractère mixte de peine et de réparation civile.

b / Amende sanctionnant, dans des cas spéciaux, des infractions à caractère financier. Ex. vente d'actions entre personnes morales en dehors du ministère d'un agent de change, amende infligée aux comptables publics par la Cour des comptes.

— ***forfaitaire.** Amende pénale de police dont le montant est fixé à l'avance selon la nature de l'infraction et qui est payée entre les mains de l'agent verbalisateur ou au moyen d'un timbre-amende (le paiement éteignant l'action publique). V. *composition.*

— **pénale.** Peine pécuniaire prononcée par les juridictions répressives qui est encourue, à titre principal, en matière contraventionnelle et qui peut l'être, en matière criminelle, à titre complémentaire (a. 131-2) et, en matière correctionnelle, comme peine principale, soit seule soit avec l'emprisonnement (C. pén., a. 131-3). Comp. *jour-amende.*

— **proportionnelle.** Amende pénale dont le maximum et parfois le minimum sont proportionnés au dommage causé par l'infraction ou au profit tiré de celle-ci.

- **2** Sanction pécuniaire de caractère administratif infligée par la *Commission des Communautés européennes, aujourd'hui de l'Union européenne, à une *entreprise en raison d'un manquement à une disposition du traité (ex. interdiction des *ententes ou de l'*exploitation abusive d'une position dominante ; TCE, a. 82 anc., TFUE, a 102), ou du Droit communautaire dérivé (ex. obligations en matière de *renseignements). V. *concurrence, astreinte.*
- **3** Retenue sur le salaire, strictement réglementée par la loi, infligée à un salarié pour sanctionner les manquements à la discipline, l'hygiène ou la sécurité, à l'exclusion des malfaçons dans le travail. Comp. *avertissement, blâme, admonestation, réprimande.*

AMENDEMENT

N. m. – Dér. du lat. *emendare* : amender.

- **1** Proposition présentée au cours de la *discussion en vue de modifier la teneur initiale d'un texte soumis à une assemblée délibérante. Ex. « les membres du parlement et le gouvernement ont le droit d'amendement » (Const. 1958, a. 44). V. *adoption, rejet, voie, ajournement.* Comp. *initiative, projet, proposition.*
- **2** Par ext., la modification apportée.
- **3** Aux États-Unis, modification apportée par la suite à la Constitution de 1787.
- **4** Dans la Charte de l'ONU modification apportée par la suite à la Charte (a. 108) ; plus généralement modification apportée à un traité international ou à un acte unilatéral d'une organisation internationale. (La Convention de Vienne distingue, en ce qui concerne les traités, les amendements (qui ont vocation à modifier certaines clauses d'un traité dans les rapports entre toutes les parties) des modifications (elles n'interviennent que dans les rapports entre certaines parties et n'ont pas pour fin de modifier les traités mais simplement les conditions de son application entre certaines parties).)
- **5** Amélioration escomptée en la personne du condamné qui endure sa *peine, du fait de celle-ci, objectif de *politique criminelle, fondé sur la vertu corrective

prêtée au châtiment. V. *punition, répression*. Comp. *prévention, mesure de sûreté*.

AMEUBLISSEMENT

N. m. – Dér. du v. ameublir, comp. de meuble, lat. *mobilis* (adj.) : qui peut se mouvoir.

- Convention matrimoniale ayant pour but d'élargir l'actif commun de futurs époux adoptant un régime de communauté, en faisant entrer dans ladite communauté tout ou partie des immeubles qui, d'après la loi, devaient leur rester propres et conduisant ainsi à traiter ces immeubles à certains égards comme meubles. Comp. *immobilisation, mobilisation* ; ce terme, définissant une convention par rapport à l'ancienne communauté légale de meubles et acquêts, est appelé à disparaître quand cessera l'application des textes antérieurs à la loi du 13 juillet 1965.

AMF

Initiales de autorité des marchés financiers.

- *Autorité publique indépendante érigée, pour un renforcement de la sécurité financière (l. 1er août 2003), en instance unique de *régulation des *marchés financiers (principalement par fusion de la *COB et du Conseil des marchés financiers) et dotée, dans sa mission primordiale de protection de l'épargne, de pouvoirs de contrôle élargis (sur la profession comptable et diverses activités, *démarchage financier, *gestion pour le compte de tiers, services financiers, etc.), collège dont les membres, agents publics et privés en majorité praticiens de la sphère financière, sont investis d'un mandat temporaire et qui est épaulé par une commission des sanctions.

AMIABLE

Adj. – Lat. *amicabilis* : aimable (sens conservé jusqu'au XVIIe s.).

- **1** Issu d'un commun accord ; se dit de tout acte (convention, constat) que les intéressés établissent eux-mêmes, sans recours à un juge (justice étatique ou arbitre) ou à un auxiliaire de justice ; s'opp. en ce sens à *officiel, *judiciaire, *juridictionnel et donc non seulement à *contentieux mais à *gracieux. Ex. arrangement amiable, *constat amiable, *partage amiable. V. *transaction, règlement amiable*. Comp. *sous seing privé, officieux, privé*.
- **2** Par ext. se dit de certains modes de solution des litiges, soit parce que le recours à un tel mode est choisi par les parties en litige (l'arbitrage est en ce sens un mode amiable en tant qu'il suppose un *compromis ou une clause *compromissoire), soit parce que la solution du litige procède, même devant le juge, d'un accord entre parties (ex. transaction *in judicio,* conciliation). V. *médiation, composition, ordre amiable*.
- **3** Caractérise dans les expressions « amiable compositeur », « amiable composition », un pouvoir particulier conféré à l'arbitre ou au juge, à l'idée que les parties au litige sont d'accord pour conférer un tel pouvoir et que celui-ci consiste à dégager une solution comparable à celle sur laquelle les parties pourraient raisonnablement s'accorder.

— **compositeur** (lat. jurid. *compositor,* dér. du v. *componere* : mettre en ordre, placer ensemble). *Arbitre auquel la convention d'*arbitrage donne *mission de trancher le litige en *équité, **ex aequo et bono,* sans être tenu de suivre, sauf si elles sont d'ordre public, les règles du droit (de fond ou de procédure), l'arbitre ayant, dans cette mesure, le pouvoir d'écarter la règle de droit normalement applicable, sans être privé du pouvoir de statuer en droit : mission comparable à un pouvoir *modérateur, mais d'origine conventionnelle. Comp. *médiateur, conciliateur*. V. *compromis,* **clause* **compromissoire*.

— **composition.**

a / (proc. civ.).

1 / Mission de l'arbitre amiable compositeur.

2 / Mission (pouvoir et devoir) de statuer comme amiable compositeur (au sens ci-dessus) que les parties à un procès peuvent, devant les juridictions étatiques, conférer au juge saisi par convention expresse dans les matières dont elles ont la libre disposition (CPC, a. 12). Comp. *transaction, conciliation, médiation*. V. *composition*.

b / (int. publ.). Pouvoir donné à un arbitre de fonder non seulement sa sentence sur le Droit existant, mais de dégager une solution de transaction qui puisse être acceptée par les deux parties en présence.

AMICUS CURIAE

- Expression latine signifiant littéralement « ami de la Cour » empruntée au droit anglais pour désigner la qualité de consultant extraordinaire et d'informateur bénévole en laquelle la juridiction saisie invite une personnalité à venir à l'audience afin de fournir, en présence de tous les intéressés, « toutes les observations propres à éclairer » le juge (Paris, 6 juillet 1988 ; comp. CPC, a. 232), l'opinion de l'*amicus* convié ne liant pas le juge, à l'instar de l'avis de l'*expert ou du *consultant (CPC, a. 246), mais pouvant, à la différence de cet avis (a. 238), porter sur des questions de droit (extension prétorienne de la *consultation ordinaire, laquelle peut porter sur toute question technique, a. 256, cette mission hors série peut s'appliquer à des pratiques et interprétations professionnelles, à des règles déontologiques, etc.) ; parfois nommé au Canada « intervenant bénévole » ou « désintéressé », ou encore « allié du tribunal ».

ADAGE : *Jura novit curia.*

AMNISTIE

N. f. – Empr. du grec ἀμνηστία : oubli, pardon, d'où déjà en grec amnistie, propr. le fait de ne pas se souvenir, μνασθαι.

- Mesure qui ôte rétroactivement à certains faits commis à une période déterminée leur caractère délictueux (ces faits étant réputés avoir été licites, mais non pas ne pas avoir eu lieu) ; obligatoirement décidée par le législateur (Const. 1958, a. 34, al. 5), se différencie de la *grâce, mais peut prendre la forme d'une *grâce amnistiante. Comp. *dispense, réhabilitation.*

AMODIATION

Subst. fém. – Dér. d'amodier, lat. médiév. *ad modiare,* comp. de *modius* : boisseau.

► **I** (adm.)

- Location des biens directement placés sous la main du service des *domaines (C. dom., a. R. 63) ; plus spécialement en matière de *mines, convention par laquelle le concessionnaire en remet l'exploitation à un tiers moyennant une redevance périodique (C. min., a. 68-4, 109).

► **II** (civ.)

- Vieille expression, parfois encore employée pour désigner la *location d'une terre moyennant une prestation périodique en nature ou en argent. Comp. *affermage, louage, bail.*

AMORTISSABLE

Adj. – Dér. du v. amortir. V. *amortissement.*

- **1** Se dit d'un bien – sujet à dépréciation et reconnu comme tel par la loi fiscale – dont la dépréciation supposée peut être, pour cette raison, comptabilisée.
- **2** Se dit d'un *emprunt (ou d'une *rente) dont le capital est remboursable par fraction.

AMORTISSEMENT

N. m. – Dér. du v. amortir, comp. de mort, lat. *mortuus.*

- (sens gén.). Réduction de la valeur comptabilisée d'un élément ou d'un ensemble d'éléments d'actif ou de passif.

► **I** (en matière comptable)

— **économique.** Dépréciation subie au cours d'une année par le capital fixe.

— **financier.** Répartition des paiements tendant à l'extinction d'une dette au cours de plusieurs années. Ex. amortissement d'un emprunt selon un tableau d'amortissement prévoyant l'affectation annuelle d'une somme fixe au paiement des intérêts et d'une fraction du capital emprunté.

— **industriel.** Constatation comptable de la dépréciation de la valeur d'actif des immobilisations d'une entreprise, par suite du temps, de l'usure, de l'obsolescence ou pour d'autres motifs (procédé permettant à l'entreprise de retrouver, à l'expiration de la durée d'amortissement, une valeur financière égale à la valeur nominale du bien en assurant le renouvellement des immobilisations). V. *vétusté.*

► **II** (en matière commerciale)

— **des *obligations.** Opérations consistant en un tirage au sort annuel d'un nombre prédéterminé de titres obligataires, lesquels sont

remboursés afin de réaliser l'extinction progressive de l'emprunt obligataire.
— **du capital.** Opération consistant en un remboursement aux associés de tout ou partie de leur apport au capital social, sans réduction corrélative du montant nominal de ce capital, par anticipation sur la part de l'associé dans la liquidation future de la société (amortissement non opposable aux tiers et opéré par prélèvement sur les bénéfices, le capital amorti étant, dans les sociétés par actions, représenté par les *« actions de jouissance »).

▸ **III** (en matière fiscale)

• (sens gén.). Charge d'exploitation résultant de la dépréciation subie par de nombreux éléments corporels et parfois incorporels de l'actif de l'entreprise, admise en déduction pour la détermination du résultat d'exploitation.

— **accéléré et exceptionnel.** Méthode qui consiste à réduire la période d'amortissement ou à accroître le montant initial de l'amortissement en appliquant un taux d'amortissement plus élevé.
— **dégressif.** Modalité de calcul par application d'un taux constant, déterminé en multipliant le taux de l'amortissement linéaire applicable au bien considéré par un coefficient variable selon la durée normale d'utilisation de cet élément, à une assiette variable constituée d'abord par la valeur initiale du bien puis par sa valeur résiduelle comptable.
— **différé.** Amortissement non constaté sur le plan comptable et qui n'est admis comme tel que si la somme des amortissements effectivement pratiqués depuis l'acquisition ou la création du bien est égale à la clôture de chaque exercice, au montant cumulé des amortissements calculés suivant le mode linéaire et selon la durée normale d'utilisation du bien.
— **des frais d'établissement.** Mesure de faveur fiscale permettant aux entreprises, non de constater une dépréciation, mais d'étaler sur plusieurs exercices les frais d'établissement.
— **linéaire.** Modalité de calcul par application d'un taux constant, déterminé selon la durée fiscale d'utilisation du bien amortissable, à une assiette constante qui est la valeur initiale du bien.
— **réputé différé.** Amortissement constaté en période déficitaire, porté à une rubrique spéciale du tableau des amortissements annexé au bilan, constituant une fraction du déficit d'exploitation mais échappant à la règle de la limitation quinquennale du report des déficits.

▸ **IV** (fin.)

• Extinction de la dette en capital résultant des emprunts publics ; le plus souvent, remboursement du capital emprunté. V. **rente sur l'État.*

AMOVIBILITÉ

Dér. de amovible, lat. médiév. *amovibilis,* de *amovere* : éloigner, écarter.

• Situation des *fonctionnaires *amovibles ; terme rarement employé, à la différence de son contraire **inamovibilité.*

AMOVIBLE

Adj. – Lat. médiév. *amovibilis,* du v. lat. *amovere* : éloigner, écarter.

• (s'agissant de certains fonctionnaires). Qui peut être déplacé, changé d'emploi, dans l'intérêt du service et en dehors de toute sanction disciplinaire, par décision *discrétionnaire d'un supérieur hiérarchique ; pour certains d'entre eux (emplois supérieurs dits à la décision du gouvernement) qui peuvent être ainsi révoqués. (Terme moins usité que son contraire.) Ant. *inamovible.*

AMPLIATIF, IVE

Adj. – Créé d'après le lat. *ampliare* : agrandir (rac. *amplus,* ample).

• **1** Qui réalise l'*ampliation ou qui en résulte (acte ampliatif).

• **2** Qui développe un acte précédent. V. **mémoire ampliatif.* Comp. *additionnel, complétif, avenant.*

AMPLIATION

N. f. – Du lat. *ampliatio* : accroissement, dér. de *ampliare* : rendre ample, augmenter.

• **1** Action consistant à revêtir un acte (une copie) des formalités qui établissent l'authenticité de ses énonciations.

— **(pour).** Formule indiquant sur l'acte *ampliatif, l'accomplissement de la formalité.

• **2** Par ext., l'acte ainsi authentifié. Ex.

seconde *grosse d'un acte notarié délivrée par un notaire, d'après une grosse *originale qui lui a été remise. Comp. l'expression pour *copie conforme (p. c. c.). V. *minute, expédition.*

ANALOGIE

Subst. fém. – Lat. *analogia,* grec ἀναλογία, ressemblance de plusieurs choses entre elles.

• Ressemblance ou conformité de plusieurs choses entre elles ; par ext., raisonnement par analogie.
— (***raisonnement par).** Procédé classique d'*interprétation rationnelle, relevant de la méthode *exégétique qui consiste à étendre la solution édictée par un texte pour un cas à un cas semblable non prévu par le texte, en montrant que la raison d'appliquer la règle a la même force dans les deux cas, ce qui est démontré lorsque, dans la *ratio legis,* ce en quoi les cas sont semblables est déterminant pour l'application de la règle ; par dérivation, extension analogique comparable appliquée à toute règle. V. *argument a pari, exégèse, exemplarité, application de la loi en tant que de raison.*

ADAGE : *Ubi eadem est legis ratio, ibi eadem legis dispositio.*

ANALOGIQUE

Adj. – Lat. *analogicus.*

• Qui procède par *analogie. Ex. raisonnement analogique : extension analogique. V. *démonstratif, indicatif, exemple.*

ANALYSE

N. f. – Du grec ἀναλυσις, de ἀναλυειν : résoudre.

• (sens gén.). Procédé de *qualification et de *classification des *actes juridiques à partir de leurs caractéristiques spécifiques.
— **fonctionnelle.** Celle qui qualifie les actes à partir de la fonction dont ils sont l'expression. V. *acte administratif.*
— ***formelle.** Celle qui se fonde sur les caractères de forme, notamment la procédure suivie pour l'élaboration de l'acte et la qualité de son auteur (analyse organique).
— ***matérielle.** Celle qui s'attache à la nature juridique du contenu des actes et aboutit à ranger ceux-ci en trois catégories : les actes règles, les actes conditions et les actes subjectifs.

ANARCHIE

N. f. – Du grec ἀναρχία : proprement absence de gouvernement (ἀρχή).

• État de fait d'une population dans laquelle aucune autorité ne s'exerce.

ANARCHISME

Dér. de *anarchie.

• Doctrine et mouvement préconisant un système politico-social dans lequel il n'y a aucune autorité (le but de propagande ou d'action anarchiste constituant le mobile nécessaire à l'existence de certaines infractions, l. 28 juill. 1894).

ANATOCISME

Subst. masc. – Empr. du lat. *anatocismus,* grec ανατοκισμπός ; comp. de ἀνά, une seconde fois, en arrière et τόκος : impôt.

• *Capitalisation des *intérêts échus d'une dette de somme d'argent, de manière que les intérêts capitalisés produisent à leur tour, des intérêts (C. civ., a. 1343-2).

ANCIEN, IENNE

Adj. – Bas lat. *ancianus,* dér. du lat. *ante* : avant.

• **1** *Antérieur à une réforme, par opp. à *nouveau. Ex. loi ancienne, par opp. à la loi nouvelle issue d'une réforme. V. *survie de la loi ancienne.*
— **Droit.** Droit français antérieur au Droit révolutionnaire par opp. à ce dernier, au Droit issu des codifications napoléoniennes mais aussi au Droit romain. V. *(Droit) intermédiaire.*

• **2** Qui a dans le passé une origine lointaine (par opp. à récent) mais qui n'est pas nécessairement dépassé. Ex. établie depuis longtemps, une jurisprudence ancienne peut être encore *actuelle ou vieillie. Comp. *traditionnel.* V. *coutume, usage.*

• **3** Précédent, se dit du *titulaire *antérieur au titulaire *actuel d'un droit (ancien propriétaire, ancien locataire).

ANCIENNETÉ

Dér. de *ancien.

• Nombre d'années passées dans l'exercice d'une fonction ou dans l'une des subdivi-

sions de la hiérarchie des carrières administratives. Ex. ancienneté générale des services, ancienneté de grade, ancienneté d'échelon. V. *avancement, âge.*
— **(bonification d').** Élément de calcul de l'ancienneté qui consiste à ajouter au nombre d'années constitutives de l'ancienneté effective, un nombre d'années fictives déterminé par le régime applicable et qui a pour résultat de réduire la durée d'exercice à laquelle est subordonnée la jouissance de droits.

ANGARIE

Subst. fém. – Empr. du lat. jurid. *angaria,* propr. corvée, obligation de fournir des moyens de transport, not. des navires pour les services publics. Grec ἀγγαρεία : service de courrier.

• *Réquisition de navires étrangers, par un État, dans un port ou dans des eaux relevant de son autorité.

ANIMAL

Être vivant, doué de sensibilité, soumis au régime des biens (C. civ., a. 515-14).

ANIMUS

Terme latin signifiant « âme », « esprit », encore utilisé pour désigner un élément *intentionnel permettant de qualifier exactement certaines situations juridiques ; la nature de l'intention est désignée par un second mot au génitif, comme dans les expressions suivantes :
— **domini.** Intention de se comporter en propriétaire (V. *âme*).
— **donandi.** Intention de se dépouiller à titre gratuit au profit d'un gratifié (V. *donation*).
— **novandi.** Intention de nover, c'est-à-dire de remplacer tout ou partie d'une obligation ancienne par un élément nouveau : les parties, l'objet ou la cause (C. civ., a. 1330) (V. *novation*).
— **possidendi.** Intention d'un possesseur d'agir pour son propre compte. Ex. intention, chez celui qui accomplit sur une chose des actes matériels *(*corpus)* correspondant à l'exercice de la propriété, d'un usufruit ou d'une servitude, de se comporter, à tort ou à raison, de bonne ou de mauvaise foi, comme le véritable titulaire du droit (V. *possession*).
— **testandi.** Intention de faire un testament.

ANNÉE JUDICIAIRE

Dér. du lat. *annus* : an. V. *judiciaire.*

• Période allant du 1er janvier au 31 décembre (et donc coïncidant avec l'année civile) pendant laquelle la permanence et la continuité des services de la justice demeurent toujours assurées (COJ, a. R. 111-1). V. **vacances judiciaires, mercuriale.*

ANNEXE

Adj. ou subst. fém. – Lat. *annexus,* part. pass. de *annectere* : joindre.

▸ **I** (sens gén.)

• **1** (chose annexe).
a / Dans un sens vague, parfois syn. de *dépendances, *accessoires. V. *appartenances.*
b / Prend un sens plus précis dans certaines expressions :
— **de propre.** Immeuble – contigu ou non – d'un immeuble *propre au développement duquel il peut contribuer, mais dont il n'est pas un simple *accessoire, qui ne devient pas propre du seul fait qu'il est acquis pendant le mariage (comp. C. civ., a. 1406) mais peut le devenir par voie d'*attribution préférentielle moyennant indemnité, si le conjoint propriétaire use de cette faculté (C. civ., a. 1475).

• **2** (disposition annexe). Disposition jointe à un acte (loi, traité, décret, etc.) pour en compléter les énonciations ; ex. annexe du Nouveau Code de procédure civile, relative à son application dans les départements du Bas-Rhin, du Haut-Rhin et de la Moselle.

• **3** (document annexe). Pièce jointe à un acte instrumentaire dont elle est l'accessoire, parfois à peine d'irrecevabilité de l'acte principal (ex. la requête en divorce, sur demande conjointe doit comprendre en annexe un projet de convention définitive portant règlement des effets du divorce) mais qui, n'ayant pas d'existence indépendante, n'a pas – quant à sa réception par un officier public – à faire l'objet d'un dépôt ; ex. l'annexe du bilan et du compte de résultat dans la comptabilité des commerçants. Comp. *avenant.*

▸ **II** (int. publ.)

• **1** Dispositions jointes à un traité et destinées à régler des détails techniques ou à préciser le sens de certaines dispositions (la valeur juridique des annexes étant précisée par l'accord même).

● **2** Actes adoptés par l'Organisation de l'aviation civile internationale et relatifs à la sécurité et à la régularité de la navigation aérienne internationale, désignés par simple commodité sous le nom d'annexes, constituent en fait des « normes et pratiques recommandées » adoptées par le Conseil de l'OACI.

▸ **III** (trav.)

● Texte joint à une *convention collective et concernant en particulier un sujet ou une catégorie de salariés.

▸ **IV** (pén.)

— **psychiatrique.** Service créé dans certaines maisons d'arrêt en vue d'assurer le dépistage et le traitement des troubles mentaux pouvant affecter les détenus ; appelée aujourd'hui centre inédico-psychologique. Comp. *asile.*

ANNEXION

Lat. *annexio* : jonction.

● Tout acte, constaté ou non dans un *traité, en vertu duquel la totalité ou une partie du territoire d'un État passe, avec sa population et les biens qui s'y trouvent, sous la souveraineté d'un autre État. Comp. *conquête, debellatio, subjugation.*

ANNONCE

Subst. fém. – Dér. du v. annoncer, lat. *annuntiare.*

● **1** *Publication d'une nouvelle ; action de communiquer au public, à titre d'*avertissement, d'*avis, etc., une chose qui vient de se produire ou qui va se produire ; par ext., le message publié. Comp. *communication, notification, dénonciation, appel, communiqué, message.*

● **2** Plus spéc., mode de *publicité consistant, pour les personnes (officiers publics, particuliers) auxquelles cette formalité incombe en vertu de la loi ou d'une décision du juge, à faire insérer dans un journal répondant aux conditions légales (l. 4 janv. 1955, a. 2) certaines informations : extrait d'une décision judiciaire (divorce ou changement de régime matrimonial, etc.), indication en matière d'expropriation pour cause d'utilité publique, de faillite, de vente aux enchères. Syn. *insertion.* Comp. **avis de dettes, ban.*

— **commerciales** *(Bulletin officiel des).* Publication officielle destinée à remplacer, depuis 1957, le *Bulletin officiel du Registre du Commerce et des Métiers.*

— **légales et obligatoires** *(Bulletin des).* Publication officielle destinée à recevoir certaines insertions se rapportant à la constitution et à la vie des sociétés.

ANNOTATEUR

Subst. – Lat. *annotator.*

● Auteur d'une *note consacrée au *commentaire d'une décision de justice. V. *arrêtiste, commentateur.* Comp. *exégète.*

ANNUALITÉ (DU BUDGET)

Dér. de annuel, lat. *annualis.* V. *budget.*

● Règle en vertu de laquelle les budgets des organismes publics sont votés pour une période d'une année qui, en France, coïncide avec l'année civile.

ANNULABILITÉ

De *annulable.

● Caractère de ce qui est *annulable. Comp. *nullité, inexistence.*

ANNULABLE

Adj. – Du v. annuler, lat. ecclés. *annullare,* de *nullus* : nul.

● **1** Qui peut être annulé ; qui est susceptible d'*annulation aux conditions de la loi. Comp. *rescindable, attaquable, résoluble, inexistant, indissoluble.* V. *dirimant.*

● **2** Qui encourt annulation en raison du *vice qui l'entache. V. *nul.* Comp. *non avenu, non écrit (réputé), inexistant.*

ANNULATION

Lat. *annulatio,* dérivé de *annulare* : rendre nul.

▸ **I** (adm.)

● Anéantissement d'un acte prononcé soit par une autorité juridictionnelle pour illégalité, soit par une autorité administrative agissant au titre du pouvoir de *tutelle ou du pouvoir *hiérarchique pour illégalité ou pour inopportunité ; se distingue du *retrait et de l'*abrogation.

— **erga omnes.** Annulation prononcée à la suite d'un *recours pour excès de pouvoir et dont l'effet s'applique à l'égard, non seulement du requérant, mais de tous. V. *contentieux.*

▸ **II** (civ. et proc. civ.)

- **1** Opération juridique par laquelle les parties à un acte juridique (ou à un procès) décident de tenir pour *non avenu cet acte (ou un acte de procédure) et s'engagent à ne se prévaloir, dans l'avenir, d'aucun de ses effets normaux. Comp. *confirmation, couvert.*
- **2** Déclaration judiciaire de la *nullité ; acte juridictionnel par lequel un tribunal constate l'existence d'une cause de nullité et décide en conséquence que l'acte vicié sera rétroactivement tenu pour non avenu, les choses étant alors remises « dans le même et semblable état » où elles se trouvaient avant l'acte incriminé. Comp. *inexistence, nullité, résiliation, résolution, réduction, restitutio in integrum, validation, dirimer.*
- **3** Espèce d'*infirmation consistant, pour le juge d'*appel, à déclarer nulle la décision du juge, à charge de statuer à nouveau sur l'entier litige. Comp. *réformation.*
- **4** Syn. de *cassation.

ANNULÉ

Adj. – Part. pass. du v. annuler, lat. ecclés. *annullare.*

- Déclaré *nul et donc rétroactivement anéanti ; qui a fait l'objet d'une *annulation. Comp. *annulable, inexistant, non avenu, non écrit (réputé), inopposable, caduc, périmé.*

ANOMAL, ALE, AUX

Adj. – Bas lat. *anomalus,* du grec ὁμαλος (pareil) et de α (privatif).

- Atypique ; caractérise, par opp. à la succession ordinaire, une espèce particulière de succession (*succession anomale) ou la vocation à une telle succession (vocation anomale).

A NON DOMINO

- Expression lat. signifiant « par qui n'est pas propriétaire », encore employée pour qualifier une opération accomplie sur une chose par un autre que le propriétaire de celle-ci, plus spécifiquement, une *acquisition dont le bénéficiaire tient ses droits d'une personne qui n'est pas le véritable propriétaire. V. *verus dominus.*

ANONYME

Adj. – Lat. anonymus, du grec ἀνώνυμος.

- **1** Qui n'a pas de nom patronymique, ex. enfant anonyme (né de père et mère inconnus).
- **2** Qui ne porte pas de nom de personne.

— **(œuvre).** *Œuvre publiée sans mention du *patronyme ou du *pseudonyme de l'*auteur.
— **(société).** V. *société anonyme.*

ANORMAL, ALE, AUX

Adj. – Lat. scolast. *anormalus* (de *anomalus* et *normalis*). V. *normal.*

- Qui outrepasse la *norme ; qui excède la mesure ; *excessif, outrancier. Ex. *trouble anormal de voisinage : trouble qui excède la mesure des inconvénients qu'il est naturel de supporter entre voisins. Comp. *abusif.* V. *exceptionnel, exorbitant, dérogatoire, anomal, extraordinaire, normal.*

ANTÉRIEUR, EURE

Adj. – Lat. *anterior* (de *ante,* avant), qui est devant.

- **1** Qui intervient avant…, qui précède dans le temps tel fait ou événement (antérieur en date); *antériorité chronologique qui est souvent source de droit. Ant. *postérieur.* V. *successif, opposable, anticipé.*

  ADAGE : *Prior tempore, potior jure.*
- **2** *Ancien (sens 1) ; révolu ; qui existait dans le passé (par ex. avant une réforme) par opp, à *nouveau. Ex. loi antérieure.

ANTÉRIORITÉ

Dér. de *antérieur.

- Caractère de ce qui est *antérieur (antériorité chronologique) d'où obligation d'intervenir avant telle date ou tel événement, ou droit (*priorité, *privilège, etc.) résultant du fait de l'antériorité. V. *opposabilité.*

— **de la marque ou du brevet.** Existence d'un *brevet ou d'une *marque, qui met obstacle à la jouissance d'un brevet ou d'une marque postérieure, dont l'objet est identique ou similaire.

— **du budget.** Règle en vertu de laquelle les budgets des organismes publics doivent être votés avant le début de la période pour laquelle ils sont établis (c'est-à-dire pour la France, avant le 1er janvier).

ANTICHRÈSE

Subst. fém. – Lat. jurid. *antichresis,* grec ἀντίχρησις de ἀντί, contre, et χρησις, usage : action de se servir d'une chose en échange d'une autre.

- *Sûreté immobilière conventionnelle avec dépossession (dont le pendant, sur les meubles corporels, est le *gage avec dépossession) ; plus précis. convention d'*affectation d'un immeuble à la garantie d'une obligation (C. civ., a. 2387, c'est une *sûreté *réelle) en vertu de laquelle le créancier, investi de la possession et de la *jouissance de l'immeuble et tenu de pourvoir à la conservation et à l'entretien de celui-ci, en perçoit les fruits à charge de les imputer sur les intérêts (et subsidiairement) le capital de la dette, et peut, sans en perdre la possession le donner à bail à un tiers ou au débiteur lui-même, lequel, en aucun cas, ne peut réclamer la restitution de l'immeuble avant l'entier acquittement de la dette. V. *droit de rétention, nantissement* (C. civ., a. 2387 à 2392).

ANTICIPÉ, ÉE

Adj. – Part. pass. du v. anticiper, lat. *anticipare.*

- Opéré avant *terme ; accompli par avance, sans attendre la date ou l'événement prévus pour l'opération, avant le moment normal. Ex. paiement anticipé (avant terme, C. civ., a. 1186) ; dissolution anticipée de la société décidée par les associés ou prononcée par le tribunal (C. civ., a. 1844-7) sans attendre l'expiration du temps pour lequel la société avait été constituée ou la réalisation de son objet ; sous le régime de la participation aux acquêts, liquidation anticipée de sa créance de participation demandée par un époux (avant la survenance d'une cause normale de dissolution : décès, divorce), lorsque ses intérêts risquent d'être compromis par le comportement de son conjoint (inconduite, mauvaise gestion) (v. C. civ., a. 1580)… Comp. *séparation judiciaire de biens* (ne pas confondre cet effet d'anticipation avec le *report des effets de la dissolution dans une dissolution intervenue à sa date normale). Comp. *tardif, utile, antérieur.*

ANTIDATE

N. f. – Dér. du v. antidater, où *anti* correspond au lat. *ante* : avant, d'après d'autres mots analogues, *anticipare,* etc.

- Date antérieure à la véritable *date d'un acte, qui, faussement portée sur celui-ci, peut constituer une infraction (ex. un *faux), ou faire encourir une amende (C. mon. et fin. a. L. 131-69). V. *postdate, fraude, date certaine, falsification.*

ANTIDATER

V. – V. antidate.

- Mettre à un acte une date antérieure à sa *passation et donc falsifiée.

A PARI

Formule latine consacrée mise pour *a pari causa* (ou *ratione*) signifiant « pour une raison semblable », « par identité de motif ». V. *argument a pari, analogie.* Comp. *a fortiori, a contrario.*

APARTHEID

Subst. masc. – Terme emprunté au néerlandais (d'Afrique du Sud) signifiant litt. séparation.

- *Discrimination fondée sur une ségrégation raciale que condamne le Droit international soit comme système politique soit dans ses manifestations diverses (ex. pratique discriminatoire dans l'emploi).

APATRIDE

Subst. – Comp. tiré du grec πατρίς, -ιδος : patrie, avec la particule négative (α).

- Individu sans *nationalité, parfois dénommé *heimatlos.* Comp. *national, résident, ressor-*

tissant, citoyen, sujet, réfugié politique, étranger.

APATRIDIE

Subst. – De *apatride.

- État de l'apatride.

APÉRITEUR, TRICE

Adj. ou subst. – Dér. récent du lat. *aperire* : ouvrir ; bas lat. *aperitor.*

- **1** Assureur qui, en cas de *coassurance, ouvre la police en signant le premier et en s'engageant pour une quotité déterminée ; l'apériteur (ou société apéritrice) discute les conditions de l'assurance avec l'assuré et représente souvent (à l'égard de ce dernier) les autres *coassureurs qui, signant après lui, adhèrent purement et simplement au contrat chacun pour une part et sans solidarité entre eux. Comp. *arrangeur.*
- **2** (sens dérivé plus gén.). Premier d'une série ; inaugural ; se dit ainsi de l'arrêt qui ouvre une *jurisprudence. V. *prétorien.*

APOLOGIE DE CRIME

N. f. – Emprunté du lat. *apologia,* grec ἀπολογία : défense. V. *crime.*

- Éloge fait en public ou par la voie de la presse de certains agissements légalement qualifiés de « crimes », déjà accomplis ou susceptibles de l'être.

APORIE

N. f. – Grec *ἀπορïα*, α (privatif) et *πορος,* passage, chemin sans issue.

- Question embarrassante, impasse (dans le raisonnement) ; difficulté paraissant insoluble.

APOSTILLE

Subst. fém. – Dér. du v. apostiller, comp. de l'anc. franç. *postille* : glose, note ; comp. du lat. médiév. *postilla,* id., d'origine incertaine.

- **1** (sens gén.). Toute modification, *addition, annotation faite en marge d'un acte et faisant corps avec lui. V. *paraphe.*
- **2** Se dit également du signe (en général une croix) qui, tracé dans le corps de l'acte et reproduit en marge, est suivi de la modification apportée à l'acte. Syn. *renvoi.* Comp. *surcharge.*
- **3** Formule prévue par la Conv. de La Haye du 5 octobre 1961, pour tenir lieu de *légalisation d'un acte public.

APPARAUX

Subst. masc. plur. – Ancien plur. de appareil, lat. vulg. *appariculum,* dér. du lat. *apparere* : apparaître.

- Syn. de *agrès.

APPARENCE

Lat. *apparentia,* apparition, apparence.

- **1** Ce qui paraît aux yeux ; l'aspect d'une personne ou d'une chose ; sa forme visible. V. *image.*
- **2** Ce qui, dans une situation juridique, peut être connu, sans recherches approfondies (et qui ne correspond pas nécessairement à la réalité). Comp. *évidence.*
- **3** Aspect extérieur mensonger (*simulé, *fictif) d'une situation juridique. Comp. *fiction.* V. *simulation, déguisement, vérité.*
- **4** Aspect résultant – intentionnellement ou non – de la réunion de signes extérieurs (comportement, costume, installation, papier à en-tête, etc.) par lesquels se manifestent ordinairement un état, une fonction (qualité de mandataire, d'héritier, de propriétaire…) et qui font croire aux tiers (*erreur) et les fondent à croire (*erreur légitime) que la personne parée de ces signes a réellement cet état ou cette fonction. V. *confiance.*

— **(théorie de l').** Théorie prétorienne en vertu de laquelle la seule apparence suffit à produire des effets à l'égard des tiers qui, par suite d'une erreur *légitime, ont ignoré la réalité (ex. les contrats conclus par un mandataire apparent obligent la personne que celui-ci paraissait représenter). V. *apparent, croyance.*

APPARENT, ENTE

Adj. – Part. prés. du v. anc. *apparoir,* lat. *apparere.*

- **1** Syn., en un sens vague, de visible, *manifeste, *notoire (ressources apparentes, train de vie, etc.). Comp. **vice caché.* V. *évident.*

• **2** En un sens plus complet, visible parce que matérialisé. Ex. *servitude apparente : servitude qui s'annonce par un ouvrage extérieur : porte, fenêtre (C. civ., a. 689).

• **3** *Ostensible ; intentionnellement offert à la connaissance des tiers (par opp. à occulte, clandestin, secret, caché), le plus souvent pour les tromper ou cacher une réalité. Syn. **fictif*.

— **(acte).** Acte ostensible et mensonger, dit encore acte *simulé, que ses auteurs font seul apparaître (ex. vente fictive) pour cacher l'acte véritable qu'ils ont conclu (donation) nommé acte secret, dissimulé, occulte. V. *contre-lettre, simulation, déguisement.*

• **4** Doté de signes extérieurs propres à faire croire à la réalité d'une situation juridique (et à justifier les tiers dans leur *erreur). V. *apparence* (1 et 3). Ex. mandat apparent, propriété apparente.

— **(héritier).** Celui qui passait aux yeux de tous pour l'héritier des biens qu'il possédait et dont les actes accomplis avant son éviction par le véritable héritier peuvent être maintenus, pour la sécurité des tiers de bonne foi.

APPARENTEMENT

Dér. du v. apparenter, comp. de parent, lat. *parens.*

• **1** *Alliance entre listes de candidats permettant à celles-ci, dans certains systèmes de *représentation proportionnelle mitigée (ex. l. 9 mai 1951), de se faire attribuer en commun la totalité des sièges de la circonscription quand elles y obtiennent ensemble la majorité des voix, et de se les répartir ensuite à proportion de leurs nombres de voix respectifs. V. *appartenance.*

• **2** Rattachement souple d'un parlementaire à un *groupe politique dont il ne fait pas partie (r. AN, a. 19).

APPARIEMENT DES ORDRES

Fin. Rapprochement, par un établissement habilité, des ordres d'achat et de vente d'un même titre reçus de ses clients, en vue de leur exécution au sein même de cet établissement. JORF 5.6.2014 p. 9477.

APPARTENANCE

Subst. fém. – Dér. du v. appartenir ; lat. de basse époque *appertinere* : appartenir à, comp. du class. *pertinere* : intéresser, concerner.

• **1** Fait d'appartenir à un groupe, d'en être membre. Ex. appartenance à un parti politique, à un syndicat, appartenance familiale. Comp. *parenté, apparentement, alliance.*

• **2** (plur.). Terme en voie de désuétude englobant l'ensemble des *accessoires d'un immeuble (*dépendances, *immeubles par destination, etc.). Comp. *annexe, *circonstances et dépendances, servitudes.*

APPAUVRISSEMENT

Dér. du v. appauvrir, formé sur pauvre avec le préf. *ad.* V. *acte.*

• *Acte par lequel le débiteur entame sans contrepartie son patrimoine et qui, s'il en résulte un état d'*insolvabilité, peut à certaines conditions être attaqué par le créancier au moyen de l'*action paulienne. Ex. une donation, une vente à vil prix, un engagement nouveau. V. *fraude, consilium fraudis, conscius fraudis.* Comp. *enrichissement.*

APPEL

N. m. – Dér. du v. appeler, lat. *appellare.*

• **1** (voie de recours). *Recours *ordinaire contre les jugements des juridictions du premier degré tendant à les faire réformer ou annuler par le juge d'appel (CPC, a. 542). V. *infirmation, réformation, annulation, confirmation, cour.* Comp. *opposition, cassation, pourvoi, action.*

— **(acte d').** *Acte de procédure (acte d'huissier ou déclaration au greffe selon les cas) par lequel un plaideur attaque devant la juridiction d'appel la décision de première instance qui lui fait grief.

— **a maxima.** En matière pénale, appel par lequel le ministère public demande la diminution de la peine.

— **a minima.** En matière pénale, appel par lequel le ministère public demande l'augmentation de la peine. V. *reformatio in pejus, aggravation de peine.*

— **caduc.** V. *caducité.*

— **dilatoire ou abusif.** V. *dilatoire (appel), abusif.*

— **(fol).** V. *fol appel.*

— **incident.** V. *incident (appel).*

— **partiel.** Appel limité à certains *chefs de la décision critiquée.
— **principal.** V. *principal* (sens 5).
— **provoqué.** Espèce d'appel *incident qui émane, après un appel principal ou incident, d'un plaideur partie à la première instance mais contre lequel n'était dirigé ni l'appel principal, ni l'appel incident (CPC, a. 549).
— **tardif.** V. *tardif.*

- **2** *Convocation ; invitation ; fait d'inviter une personne déterminée ou tout intéressé à répondre à une obligation ou à prendre une initiative.

— **avancé.** Faculté ouverte aux jeunes gens de demander à effectuer le *service national avant l'âge auquel ils devraient normalement y être appelés. Comp. **devancement d'appel.*
— **de fonds.** Invitation faite au membre d'une collectivité d'acquitter le montant de la quote-part qui lui incombe. Ex. appel de cotisation. V. *rappel.*
— **d'offres.**

a / (adm.). Procédure de passation des *marchés publics comportant, de la part de l'administration, un appel à ses éventuels cocontractants pour que ceux-ci lui fassent des offres entre lesquelles elle choisit librement celle qui lui paraît la plus intéressante, en tenant compte non seulement du prix, mais aussi d'autres considérations telles que la valeur technique, les garanties professionnelles et financières des candidats ou le délai d'exécution. Comp. *gré à gré (de), marchés négociés.*
— *d'offres ouvert.* Celui qui comporte un appel public à la concurrence.
— *d'offres restreint.* Celui qui s'adresse aux seuls candidats que l'administration décide de consulter (C. march. publ., a. 33 s.).

b / (civ.). Procédé de mise en concurrence des entrepreneurs, encore appelé *soumission, consistant pour le maître de l'ouvrage à inviter les entrepreneurs à proposer un prix, en s'engageant, en principe, à traiter avec celui qui offrira le plus bas (si, par ailleurs, il présente les garanties exigées par le *cahier des charges). Ex. marché sur appel d'offres. V. *entreprise, pourparlers, offre.*
— **de préparation à la *défense.** Appel adressé à tout Français entre la date de son *recensement et sa dix-huitième année, de participer à une journée d'information et d'enseignement (not. sur les objectifs, les moyens et l'organisation de la *défense nationale) qui constitue, pour chaque appelé, l'une des obligations du *service national universel et a pour finalité officielle de « conforter l'esprit de défense et de concourir à l'affirmation du sentiment d'appartenance à la communauté nationale ainsi qu'au maintien du lien entre l'armée et la jeunesse » (l. 28 oct. 1997).
— **du contingent.** Naguère, ensemble des opérations de convocation des jeunes gens qui seront appelés au *service national au cours d'une même année civile (ces opérations comprennent le recensement, la sélection et l'affectation).
— **en *cause.** *Assignation dirigée par un plaideur contre un tiers jusqu'alors étranger à l'instance, pour qu'il soit dans le procès (dans la cause) soit aux fins de condamnation, soit afin de lui rendre opposable le jugement, soit afin qu'il prête son concours à la défense des intérêts de celui qui l'assigne. V. **intervention forcée, *mise en cause.*
— **en garantie.** Appel en cause par le défendeur en vue d'obtenir *garantie.
— ***nominal.** Invitation faite au membre d'une assemblée parlementaire d'exprimer son vote à la tribune à l'appel de son nom.
— **public à l'épargne.** V. *offre au public de titres financiers.*
— **sous les drapeaux.** Appel à la *défense de la Nation qui, lancé à des citoyens autres que les militaires professionnels, les volontaires et les réservistes, permet d'atteindre, avec ceux-ci, les effectifs déterminés par le législateur pour assurer une telle défense, et constitue, pour chaque appelé, l'une des obligations du *service national universel (l. 28 oct. 1997). V. *volontariat, appel à la préparation à la défense.* V. *libération, *rappel sous les drapeaux.*

- **3** *Annonce, *interpellation. Comp. *avertissement, avis.*

— **des causes.** Fait de recenser à l'audience les affaires fixées pour être plaidées à ce jour (et inscrites sur le feuilleton) afin de retenir celles qui peuvent effectivement l'être.

- **4** Dans certaines expressions, la juridiction ou l'instance d'appel. Ex. en appel.

APPELANT, ANTE

Susbt. ou adj. – Part. prés. de appeler, lat. *appellare.*

- Celui des plaideurs en première instance qui prend l'initiative de l'*appel ; l'auteur de l'appel *principal ; le *demandeur à l'appel. V. *intimé.*

APPELÉ, ÉE

Subst. ou adj. – Part. pass. de appeler, lat. *appellare.*

- **1** Dans une libéralité assortie d'une *substitution permise (C. civ., a. 1048 s.), celui au profit duquel est établie la charge de restitution imposée au *grevé de substitution et qui, au décès de celui-ci, est appelé à recueillir, à son tour, les biens donnés ou légués.
- **2**

— **(à une succession).** Investi, par la loi ou par testament, du droit de *venir à une succession (ex. C. civ., a. 745) ; se dit dès l'ouverture de celle-ci de l'*héritier, même non encore acceptant et sous réserve de sa *renonciation, dont le droit successoral est né et la *vocation actualisée du fait du décès. Comp. *successible.* V. *successeur, *option successorale.*

- **3** Convoqué en justice ; se dit de toute personne régulièrement invitée à se présenter devant une juridiction soit comme partie pour faire valoir sa défense, soit comme témoin pour être entendu, soit comme tiers mis en cause. V. *appel.*
- **4** Convoqué pour l'accomplissement du service national. Comp. *engagé.* V. **objecteur de conscience, volontaire.*

APPELER

V. – Lat. *appellare.*

- **1** (une personne, partie, témoin). La convoquer en justice. V. *appelé.*
- **2** (d'une décision). La frapper d'*appel.

APPELLATION

Lat. *appellatio* : action d'adresser la parole, appel.

- *Dénomination ; action de donner un nom à une chose ou à un acte… et nom ainsi donné. Comp. *qualification, désignation, nomination, certification, label.*

— **d'origine.** *Indication du lieu d'*origine d'un produit (fromage, noix, *vin…) dont la qualité et les caractères sont dus au milieu géographique dans lequel il a été récolté ou fabriqué, se distingue de l'indication de *provenance qui a seulement pour objet de désigner le lieu de préparation ou de fabrication du produit. Comp. *indication d'*origine.*

— **d'origine contrôlée ou appellation contrôlée.** Dénomination d'une région ou d'une localité servant à désigner un vin, dont l'origine géographique, le cépage, les facteurs de production et la qualité sont garantis, Comp. *authenticité.*

APPLICABILITÉ

Dér. de applicable, du v. appliquer, lat. *applicare.*

- Caractère de ce qui est applicable ; vocation, pour un système juridique ou une norme, à régir une situation ; aptitude à gouverner celle-ci qu'il est primordial d'établir, en cas de pluralité de rattachements possibles, afin de déterminer à quel système ou à quelle norme la solution doit être demandée. Ex. applicabilité du Droit européen, applicabilité d'une loi étrangère. Comp. *compétence législative.*

APPLICATION

Lat. *applicatio,* dér. de *applicare* : réunir, adapter, etc.

- **1** Reconnaissance de l'*applicabilité d'une règle à une matière déterminée ; affirmation de sa vocation à s'appliquer en ce domaine, à le régir. Ex. champ d'application.

— **directe.** V. *directe (application).*

— **(*champ d').** Syn. de domaine d'application d'une règle (loi ou système juridique) ; se dit non seulement des limites territoriales à l'intérieur desquelles la règle est applicable (un État, une circonscription, un *ressort) mais aussi, au regard du droit *substantiel, de l'ensemble des matières ou des personnes auxquelles s'applique la règle et, au regard du droit *transitoire, du domaine d'application de la règle dans le temps. V. *terrain, portée, survie de la loi ancienne.*

- **2** Mise en œuvre ; mise en *pratique. Ex. application de la règle de droit aux faits de l'espèce, d'un principe à un cas particulier. V. *juridiction, qualification.* Comp. *exécution, réalisation, effectivité.*
- **3** Développement des conséquences logiques d'un acte (loi, décision, convention…). Comp. *interprétation, dénaturation.*
- **4** Plus vaguement, observation, *respect. Ex. application de la loi. Ant. **violation.*
- **5** (en un sens très spécial). Opération consistant en un achat et une vente en

bourse, exécutés simultanément sur une même valeur pour une même quantité de titres à une même date et à un même cours, pour le compte de deux ou de plusieurs donneurs d'ordres qui ont conjointement demandé à un ou plusieurs agents de change d'enregistrer sur le répertoire officiel la négociation à conclure entre eux.

— **(contrat d').** V. *contrat-cadre.*

APPLICATION DE LA LOI

V. *application, loi.*

- Action d'appliquer (ou parfois résultat de cette action) considérée relativement au Droit, à une règle de droit, à la loi, mais qui recouvre, sous l'expression « application de la loi », diverses opérations. V. *entrée en *vigueur.*
- **1** (pour un juge). Action d'appliquer au cas (particulier) dont il est saisi, la règle de droit (générale) qui a vocation à régir celui-ci, c'est-à-dire de trancher le litige qui lui est soumis en vertu de cette règle ; opération qui suppose, pour être exacte (juste application de la loi), que le cas d'espèce entre dans le *domaine de la règle (application directe ou au moins que celle-ci puisse lui être étendue par *analogie (application extensive) et, pour ne pas verser dans une fausse *interprétation, que sa solution juridique se déduise comme une conséquence de l'énoncé de la règle. Action de tirer de la loi, ce qui est dans la loi, en passant du général au particulier (application de loi signifie, en ce sens, application de la règle de droit). Comp. *juridiction, interprétation, qualification, appréciation, raisonnement, limites, pratique, conforme.*

— **de la loi (faire).** Élément essentiel de l'*office du juge ; moyen auquel il doit en principe recourir pour apaiser le conflit, étant tenu de trancher le litige conformément aux lois qui lui sont applicables (CPC, a. 12), quand même l'application de ces lois ne serait pas expressément requise par les parties. V. *principes (directeurs du procès), office du juge, relever.*

ADAGE : *Da mihi factum, tibi dabo jus. Jura novit curia.*

— **de la loi (fausse).** Espèce de *violation de la loi (ou plus généralement de la règle de droit) donnant ouverture à *cassation qui consiste, pour le juge, à appliquer la loi en dehors de son domaine (au-delà ou en deçà des prévisions de la loi) ; se distingue de la non-application et de la fausse *interprétation de la loi.

— **en tant que de *raison.** *Transposition rationnelle et raisonnable d'une règle énoncée pour un objet à un objet semblable (expression consacrée qui fonde l'*extension *analogique d'une règle par identité de raison) ; application raisonnée qui ouvre à une norme un développement pertinent et cohérent en harmonie avec sa finalité, mais qui exclut de l'étendre sans raison. Syn. application intelligente. V. *analogie, raisonnement juridique.*

— **exégétique.** Application conforme à l'esprit de la loi, à l'intention du législateur. V. *exégèse, analogie.*

— ***littérale.** Application textuelle, à la lettre, de la loi.

- **2** (pour un décret). Action d'apporter à une loi (au sens organique et formel) les précisions qui permettent sa mise en pratique, c'est-à-dire son application par le juge (sens 1) ou même par l'ensemble des personnes concernées (sens 3) : opération dont la *légalité suppose qu'elle se borne à donner à la loi, dans les limites de celle-ci, les moyens de sa mise en œuvre (on parle en ce sens de décret d'application).
- **3** Pour l'ensemble des agents d'exécution ou même des sujets de droit, action de se conformer à une règle de droit en en tirant les conséquences évidentes (application pure et simple), de s'y soumettre. Syn. *exécution, observation.* Ant. *violation, infraction.*
- **4** Désigne parfois l'application d'un ensemble de règles (ex. application de la loi française ou de telle loi étrangère), la référence globale à un système juridique considéré comme ayant vocation à régir une situation, à fournir une solution. V. *source, conflit de lois, renvoi.*

— **cumulative des lois.** Application de plusieurs lois à *un même rapport juridique. Ex. application cumulative à l'hypothèque légale d'un époux, de sa loi personnelle et de la loi de la situation des biens.

— **distributive des lois.** Application à chacun de sa loi personnelle pour régir un lien de droit intéressant plusieurs personnes. Ex. en matière de conditions de fond du mariage, application à chacun des futurs époux de sa loi personnelle.

APPLICATION DE LA PEINE

V. le précédent et peine.

• **1** Application de la *peine prévue par la loi ; nom donné à l'*application de la loi pénale *(Nulla poena sine lege)* ; action de soumettre une infraction à la sanction prévue par la loi qui définit ce genre d'infraction. Ex. l'action publique poursuit l'application de la peine.

• **2** Application de la *peine prononcée par le juge ; exécution de cette condamnation, considérée dans l'ensemble de ses modalités (en milieu carcéral ou en milieu ouvert). V. **juge de l'application des peines, sursis, mise à l'épreuve, détention, régime pénitentiaire.*

— **(commission de l').** Commission (créée en 1972 dans chaque établissement pénitentiaire) que le juge de l'application des peines doit consulter avant de prendre ses décisions et dont les membres appartiennent à la direction de l'établissement et au personnel médico-social et éducatif exerçant dans celui-ci.

— **(*juge de l').** Magistrat chargé de déterminer le traitement pénitentiaire auquel sera soumis le condamné et investi de pouvoirs importants concernant l'exécution de la décision judiciaire.

APPLIQUER OU EXPLIQUER

Angl. comply or explain.

• Droit des sociétés, gouvernement d'entreprise ; *gouvernance. Obligation pour une société cotée d'indiquer dans son rapport annuel qu'elle se conforme aux règles de gouvernance d'entreprise, ou, si elle y déroge, d'expliquer pour quels motifs. JORF 5.12.2013 p. 19811.

APPOINTEMENTS

Subst. masc. plur. – Lat. *appunctamentum,* dér. d'*appungere* : faire le point.

• *Rémunération régulière attachée à un emploi (se dit surtout pour un salarié). V. *salaire, traitement, émoluments, vacation, honoraires, indemnités, gains, revenus.*

APPORT

Dér. du v. apporter, lat. *apportare.*

• **1** (apport en mariage). Biens que chaque époux possède au moment du mariage ou qu'il acquiert pendant le mariage à titre de donation ou de succession ; dans cette acception, les apports s'opposent aux *acquêts (et constituent des *propres sous un régime de communauté réduite aux acquêts).

— **en communauté.** Biens tombés dans la communauté du chef de chacun des époux (C. civ., a. 1525).

— **en dot.** Syn. de *dot.

— **franc et quitte.**

a / (clause de déclaration d'). Clause par laquelle un futur époux déclarait dans le contrat de mariage que son apport n'était grevé d'aucune dette ou d'aucune autre dette que celles indiquées au contrat (C. civ., a. 1513 ancien).

b / (clause de reprise d'). Clause par laquelle la future épouse stipulait dans le contrat de mariage qu'au cas de renonciation à la communauté elle reprendrait tout ou partie de ce qu'elle y aurait apporté soit lors du mariage, soit depuis (C. civ., a. 1514 ancien).

• **2** (apport en *société).

a / Biens ou valeurs que chaque *associé met en société et en contrepartie desquels des parts sociales ou des actions lui sont remises ou attribuées.

b / Dans certaines expressions, désigne plus spécialement l'apport en nature. Ex. action d'apport, vérification des apports. V. *apporteur.*

— **en *crédit.** Apport réalisé par l'associé d'une société de personnes qui consent uniquement à faire figurer son nom dans la raison sociale, ce qui implique qu'il accepte d'être solidairement tenu du passif social.

— **en *industrie.** Apport par l'associé à la société de son activité et de ses capacités techniques (connaissances, travail, services) dans le domaine spécifié, qui rend l'apporteur comptable envers la société de tous les gains qu'il réalise par son activité (C. civ., a. 1843-3).

— **en *jouissance.** Apport en nature qui ne transfère à la société que le droit de jouir et d'user de la chose apportée et soumet l'apporteur envers elle à la garantie que le bailleur doit au preneur, sauf si l'apport a pour objet une chose de genre qui devient la propriété de

la société, ce qui place les parties dans la situation d'un apport en propriété.
— **en nature.** Apport à une société, soit en propriété soit en jouissance, de biens mobiliers ou immobiliers, corporels ou incorporels.
— **en *numéraire.** Apport d'une somme d'argent.
— **en propriété.** Apport en nature qui rend la société propriétaire du bien apporté et l'apporteur garant envers elle comme un vendeur envers l'acquéreur (C. civ., a. 1843-3).
— **partiel d'actif.** Opération par laquelle une société fait apport à une autre, déjà existante ou nouvellement constituée, d'une partie de ses éléments d'actif et reçoit, en contrepartie, des titres émis par la société bénéficiaire de ces apports.
— **-scission.** Apport réalisé à l'occasion d'une *scission de société. V. *fusion, scission.*

APPORTEUR

Subst. – Dér. du v. apporter. V. *apport.*

- Celui qui, en tant qu'*associé, fait à la *société l'*apport qu'il a promis en *industrie, en numéraire, ou en nature (soit en propriété, soit en jouissance) (C. civ., a. 1843-3). V. **apport en société.*

APPOSITION DES SCELLÉS

Lat. *appositio.* V. *scellés.*

V. *scellés (mise sous).*

APPRÉCIATION

N. f. – Lat. *appretiatio,* du v. *appretiare* : évaluer, de *ad* et *pretium* : prix.

- **1** Au sens strict, *évaluation consistant à estimer un bien à sa juste *valeur pour en fixer le *prix ; souvent employé, plus généralement, comme syn. d'*estimation ou même d'*évaluation. V. *tarification, taxation, prisée.*
- **2** Mode de décision fondé sur la prise en considération de critères *objectifs mais souples (*opportunité, intérêts, etc.) dont la pesée laisse nécessairement à celui qui apprécie une certaine latitude (aggravée par sa subjectivité) d'où les expressions : pouvoir, liberté, marge d'appréciation. Comp. *arbitraire, discernement.*
- **3** Plus techniquement, ensemble des opérations intellectuelles consistant pour les juges du *fond à appréhender les *faits litigieux afin d'en constater l'existence et en peser la portée, la gravité, la valeur, les caractères ; en ce sens les appréciations englobent les *constatations qui en sont parfois distinguées. Ex. les faits de l'espèce sont abandonnés à l'appréciation *souveraine des juges du fond. Comp. *qualificalion, *liberté d'appréciation.* V. *arbitraire, subjectif, dénaturation.*
- **4** Résultat du jugement de valeur porté. Ex. appréciation élogieuse d'un fonctionnaire par son supérieur hiérarchique.
- **5** Augmentation de *valeur, et not., pour une monnaie, accroissement de sa valeur par rapport à une autre. Ant. *dépréciation.* V. *valorisation, revalorisation.*

APPRENTI, IE

Subst. – Anc. *apprentis, -isse,* lat. *apprenditisius,* dér. *apprenditus,* au lieu du class. *appre(h)ensus,* de *appre (h)endere* : saisir, comprendre, d'où apprendre.

- Jeune *travailleur dans les liens d'un *contrat *d'apprentissage.

APPRENTISSAGE

N. m. – Dér. de *apprenti.

- *Formation (pratique et théorique) donnée dans l'entreprise (et des centres appropriés) à de jeunes travailleurs dégagés de l'obligation scolaire, en vue de l'acquisition d'une qualification professionnelle.

— **(contrat d').** Variété de contrat de travail conclu entre un employeur et un *apprenti.

APPROBATION

N. f. – Lat. *approbatio,* dér. de *approbare* : approuver.

► **I** (sens gén.)

- **1** *Consentement donné par une autorité supérieure conférant plein effet à l'acte émané d'une autorité soumise à son contrôle. Ex. approbation par le préfet d'une délibération du conseil général. Comp. *homologation, entérinement.*
- **2** *Reconnaissance formelle de l'exactitude du contenu d'un écrit, en général par le moyen d'une *signature (ex. C. civ., a. 1326). Comp. *autorisation,*

confirmation, ratification, aveu, consentement, accord, acquiescement, promesse, preuve, formalisme, effets de commerce.

► **II** (int. publ.)

- **1** Consentement d'un État ou d'une organisation internationale à être lié par un traité.
- **2** Dans certaines constitutions (ex. Constitution française), la phase finale (caractérisée par une procédure simplifiée) de la conclusion de certains accords internationaux.
- **3** Dans le régime de tutelle organisé par la charte des Nations Unies, assentiment donné, suivant le cas, par l'Assemblée générale ou le Conseil de sécurité à l'accord de tutelle, intervenu entre les États intéressés et à la levée du régime qu'il prévoit.
- **4** Dans la pratique des Nations Unies, assentiment de l'Assemblée générale à des projets de conventions internationales élaborées hors de son cadre et qu'elle propose à l'acceptation des États, par voie de signature ou d'adhésion. Ex. projets élaborés par la conférence du Comité du Désarmement à Genève.

APPROVISIONNEMENT

Subst. masc. – Du v. approvisionner, de provision, lat. *provisio* : prévision, précaution, approvisionnement, de *providere* : voir en avant, prévoir, pourvoir à.

- Action d'approvisionner ou de s'approvisionner et résultat de cette action (approvisionnement de blé pour une cité, approvisionnement en stock ou en magasin pour un commerçant) ; action de pourvoir à l'achat d'un bien, parfois auprès d'un fournisseur attitré (de se fournir chez lui).

— ***exclusif (contrat d').** Contrat de *distribution en vertu duquel un revendeur s'engage envers un fournisseur à n'acheter qu'à lui certains produits, et parfois pour une quantité déterminée, moyennant en contrepartie certains avantages tarifaires (réduction de prix, facilité de paiement, etc.) et souvent une assistance à la revente sous diverses formes (prêt d'argent, de matériel, aide à la gestion des stocks, mise à la disposition de signes distinctifs), contrat à variantes diverses (approvisionnement chez plusieurs fournisseurs spécifiés, approvisionnement complémentaire chez un concurrent). Syn. *contrat d'achat exclusif.* V. *contrat de fourniture exclusive.* Comp. *contrat de *distribution sélective, contrat d'*agréation, contrat de *distribution exclusive, contrat d'*affiliation, clause d'offre *concurrente, clause de non-concurrence.*

APRÈS-CONTRAT

Expression doctrinale qui désigne la période qui suit l'extinction du contrat et qui vise plus particulièrement les obligations qui survivent au contrat. Ex. obligation de non-concurrence stipulée dans un contrat de travail.

APTE

Adj. – Lat. *aptus,* propre, approprié.

- **1** Qui, en droit, a vocation à…
- **2** Qui, en fait, est propre à…
- Ant. *inapte.* Comp. *capable, habile.*

APTITUDE

N. f. – Lat. *aptitudo,* de *aptus.* V. *apte.*

- **1** (de droit). *Vocation juridique ; qualité correspondant, chez la personne à laquelle elle est reconnue, à une potentialité de droit ; parfois synonyme de capacité juridique, l'aptitude est une notion plus générale (la capacité de *jouissance et la capacité d'exercice sont des espèces d'aptitude) qui sert aussi à définir la *personnalité juridique ; elle correspond parfois – mais pas nécessairement – à une capacité de fait réelle ou supposée. V. *sujet.*
- **2** (de fait).

***a* /** (sens gén.). *Capacité de fait ; disposition naturelle ou acquise qui, supposée jusqu'à preuve du contraire chez un majeur quand il s'agit de l'aptitude générale à exercer ses droits (*capacité d'exercice), peut être subordonnée à une épreuve de vérification, not. comme condition de désignation ou de recrutement, quand il s'agit d'une aptitude spéciale (à la gestion, à un emploi). Comp. *compétence, qualification, faculté, connaissance, conscience.* Ant. *inaptitude.*

***b* /** (trav.). Qualification correspondant, pour le salarié, à l'emploi qu'il exerce (et en général vérifiée lors de l'embauchage). V. *réadaptation.*

APUREMENT

N. m. – Du v. apurer (comp. de a et pur).

- **1** Opération consistant à vérifier un *compte après récapitulation de tous les articles se rapportant à une période donnée et à reconnaître le comptable quitte. V. *quitus.* Comp. *règlement, liquidation.*
- **2** Acquittement d'une dette, d'un ensemble de dettes (apurement du passif) ou du solde débiteur d'un *compte qui consiste en opérations de compte (liquidation) et de règlement (versement des sommes dues). Ex. apurement du passif du débiteur en état de *liquidation judiciaire comportant vérification des créances et classement des créanciers, arrêt des poursuites individuelles et répartition du produit de la liquidation, etc. Comp. *réalisation de l'actif.* V. *collective de règlement du passif (procédure).*

AQUILIEN, IENNE

Adj. – Lat. *aquilianus,* d'*Aquilius,* nom de famille ; *lex aquilia.*

- Terme savant encore employé comme syn. de *délictuel, en matière de responsabilité civile, au souvenir de la loi *Aquilia.* Ex. faute aquilienne, en matière aquilienne.

ADAGE : *In lege aquilia, et culpa levissima venit.*

ARBITRABILITÉ

N. f. – Néol. formé à partir de *arbitral.

- Qualité de ce qui est *arbitrable.

ARBITRABLE

Adj. – Néol. construit sur *arbitre.

- Qui peut être soumis à l'*arbitrage ; se dit de tout litige que les intéressés ont la faculté de soumettre à la justice arbitrale, par une convention d'arbitrage.

ARBITRAGE

N. m. – Dér. du v. arbitrer, lat. *arbitrari.*

- **1** Mode dit parfois *amiable ou pacifique mais toujours *juridictionnel de règlement d'un litige par une autorité (le ou les *arbitres) qui tient son pouvoir de juger, non d'une délégation permanente de l'État ou d'une institution internationale, mais de la convention des parties (lesquelles peuvent être de simples particuliers ou des États). V. *compromis, clause compromissoire, *amiable composition, jurisdictio, imperium.* Comp. *transaction, médiation, conciliation, accommodement.*

— **ad hoc.** Arbitrage qui se déroule en dehors de toute organisation permanente d'arbitrage et relève de la seule initiative des parties et de leurs arbitres.

— **(convention d').** Terme générique englobant le *compromis et la *clause compromissoire qu'il est utile d'employer pour mettre en relief le caractère conventionnel que possède à l'origine tout arbitrage, sauf exception (V. *arbitrage forcé,* sens 1), et que justifie positivement l'existence de règles communes au compromis et à la clause compromissoire (ex. CPC, a. 1442 s., 1451 s.).

— **étranger.** Arbitrage, originairement rattaché à un seul pays, à propos duquel surgit la question de ses effets dans un autre pays (pratiquement lorsque la reconnaissance ou l'exécution de la sentence y sont demandées). Comp. *arbitrage international.*

— **forcé ou obligatoire.**

a / Arbitrage auquel la loi, par exception, impose de recourir pour la solution d'un litige (ex. contestations sur le montant de l'indemnité spéciale de congédiement des journalistes professionnels).

b / Expression parfois employée dans la pratique lorsque survient un litige entre des personnes tenues, sauf commune renonciation, de le soumettre à l'arbitrage en exécution d'une *clause compromissoire. V. *convention d'arbitrage.*

— **institutionnel.** Arbitrage supposant le concours d'un organisme permanent d'arbitrage (bourse de commerce, Chambre de commerce internationale, Cour permanente de La Haye pour les différends entre États), qui met à la disposition des litigants une liste d'arbitres, un règlement d'arbitrage, une organisation matérielle (secrétariat, locaux, etc.) et des services (notification des mémoires, par ex.).

— **international.** Arbitrage ainsi nommé en raison du caractère *international de l'objet du litige (en ce qu'il met en cause les intérêts du commerce international, CPC, a. 1492) ou de la procédure suivie (application du règlement d'un organisme international d'arbitrage, application d'une convention internationale). Comp. *arbitrage étranger.*

- **2** Mission confiée à un tiers par des parties contractantes afin de déterminer un élément nécessaire à la formation du contrat : prix de vente (C. civ., a. 1592), montant du loyer… Comp. *appréciation, évaluation.*
- **3** *Fin.* Choix, après comparaison (des prix, des contraintes, des profits, etc.), de celle des possibilités ouvertes perçue comme la plus avantageuse.

ARBITRAIRE

Adj. ou subst. – Lat. *arbitrarius* : arbitral, volontaire, arbitraire.

- **1** (adj.).

***a* /** Caractère d'une décision (not. d'une mesure individuelle et spéciale) qui n'est pas le résultat de l'application d'une règle existante mais le produit d'une volonté libre. Comp. *subjectif, souverain, discrétionnaire.* V. *principe de la légalité.*

***b* /** Péjorativement, caractère injuste d'une décision (ou du pouvoir de la prendre) ou d'une *distinction qui n'est pas conforme aux exigences de la raison ou d'une morale et souvent dénuée de pertinence ; parfois syn. de *illégal (v. Const. 1958, a. 66). V. *arrestation arbitraire, discrimination.*

- **2** (subst.).

***a* /** Pouvoir absolu dont les décisions ne sont soumises qu'aux caprices de ses détenteurs. Syn. **despotisme.*

***b* /** Parfois syn. d'*appréciation souveraine (ex. « laissé à l'arbitraire du juge »).

ARBITRAL, ALE

Adj. – Lat. *arbitralis.*

- Qui se rapporte à un *arbitre ou à l'*arbitrage ; qui en émane. Ex. tribunal arbitral, procédure arbitrale, sentence arbitrale. Comp. *expertal.*

ARBITRE

Subst. – Lat. *arbiter.*

- **1** Personne investie par une convention d'*arbitrage (*compromis ou *clause compromissoire) de la *mission de trancher un *litige déterminé et qui exerce ainsi, en vertu d'une investiture conventionnelle, un *pouvoir *juridictionnel. V. **amiable compositeur, juge, juridiction *contentieuse, jurisdictio, imperium, principe de *compétence-compétence.*

— **rapporteur.** V. *arbitre rapporteur.*

— **(tiers).** V. *tiers arbitre.*

— **(troisième).** Nom naguère donné à l'arbitre appelé à compléter un collège arbitral pour prévenir ou résoudre un partage des premiers arbitres (en délibérant avec ceux-ci, sans être tenu de se ranger à l'avis de l'un d'eux à la différence du *tiers arbitre et avec pouvoir d'imposer une solution nouvelle en cas de voix prépondérante) : fonction que rend inutile le principe d'imparité de la composition du tribunal arbitral (CPC, a. 1453). Comp. *surarbitre.*

- **2** Nom parfois donné au tiers investi d'une mission d'*évaluation (V. *arbitrage,* sens 2).

ARBITRE RAPPORTEUR

V. *arbitre* et *rapporteur.*

- Auxiliaire que le tribunal de commerce pouvait naguère nommer pour examiner les documents produits, entendre les plaideurs, tenter de les concilier et, à défaut, donner son avis sur le litige ; se distingue de l'*arbitre en ce qu'il n'a pas le pouvoir de juger et de l'*expert par la mission de conciliation et par la faculté de donner, non pas seulement un avis sur une question technique, mais une opinion sur la solution du litige (en fait et même en droit, ex. appréciation des responsabilités).

ARCHIVES

Subst. fém. plur. – Du grec ἀρχεῖον, lat. *archium* ou *archivum* : demeure des magistrats supérieurs, puis dépôt des pièces officielles.

- **1** (sens générique) Ensemble des *documents y compris les données quels que soient leur date, leur lieu de conservation, leur forme et leur support, produits ou reçus par toute personne physique ou morale et par tout service ou organisme public ou privé dans l'exercice de leur activité. V. *instrumentum, pièces.*

— **privées.** Celles qui, correspondant à la définition générique, n'entrent pas dans la définition des archives publiques.
— **publiques.** Documents produits ou reçus par toute personne publique (État, collectivités territoriales, établissements publics not.) ainsi que par toute personne privée assurant la gestion d'un service public ou investie d'une mission de service public. Constituent également de tels documents les minutes et répertoires des officiers publics ou ministériels et les registres de conventions notariées de pacte civil de solidarité (C. patr., a. L. 211-4). V. *document administratif.*

• **2** Services chargés de la conservation des archives.

ARGUMENT

N. m. – Lat. *argumentum,* dér. du v. *arguere* : convaincre, montrer, chercher à prouver ; les locutions suivantes sont d'origine médiévale.

• **1** Argument de droit ; *raisonnement à l'appui d'un *moyen de droit ou d'un *motif de droit ; élément de *conviction tiré de considérations diverses (argument de texte, argument d'équité, argument d'opportunité, etc.) apporté au soutien d'une proposition juridique de base (le moyen, le motif) et lui-même appelé à être développé. V. *argumentation, raison, question, point, corroborer, démonstratif.*
— ***a contrario.** *Raisonnement consistant à admettre qu'un cas contraire (opposé) à celui que prévoit un texte est exclu par ce texte et soumis à une règle contraire. *Qui dicit de uno, de altero negat.*
— ***a fortiori.** Raisonnement consistant à appliquer la règle édictée par un texte à un cas non prévu par celui-ci, parce qu'en se référant à la raison d'être de la règle *(ratio legis),* il devient évident que celle-ci a de plus fortes raisons de s'appliquer au cas non prévu qu'à celui que prévoit le texte. Ex. Qui peut le plus peut le moins.
— ***a pari.** Raisonnement consistant à appliquer la règle édictée par un texte à un cas non prévu par celui-ci, parce qu'en se référant à la raison d'être de la règle *(ratio legis),* il devient évident que celle-ci a autant de raisons de s'appliquer au cas non prévu qu'à celui que prévoit le texte ; extension analogique d'une règle. V. *analogie.*

• **2** Par ext., argument de fait ; élément de preuve ; facteur de conviction tiré de données de fait, de circonstances…

ARGUMENTAIRE

Subst. masc. – Néol. adj. substantivé dér. de *argument.

• Liste des *arguments à l'appui d'une thèse ; grille d'*argumentation ; inventaire des points de *démonstration ; par ext. stratégie argumentative, plan démonstratif.

ARGUMENTATION

N. f. – Lat. *argumentatio.*

• Ensemble des *arguments de droit ou de fait agencés et développés au soutien d'une *thèse (not. dans une plaidoirie). V. *raisonnement, motivation, discussion, articulation, justification, controverse.*

ARISTOCRATIE

Empr. du grec ἀριστοκρατία : gouvernement des meilleurs.

• **1** Régime politique dans lequel le pouvoir est exercé de manière exclusive par une catégorie restreinte de personnes considérées comme formant une élite, en raison, soit de la naissance, soit de l'instruction, soit des qualités, soit de la fortune. Comp. *démocratie.*

• **2** Groupe des personnes considérées comme formant cette élite. Ex. l'aristocratie de la fortune, de la naissance ; le mot aristocratie tout court s'emploie plus particulièrement pour désigner l'ensemble des gens de noblesse. Comp. *oligarchie, caste.*

ARMATEUR

Subst. – Lat. *armator,* de *armare* : équiper (un vaisseau).

• Celui qui exploite le navire en son nom.

ARME

Lat. *arma.*

• **1** Engin ou objet destiné à l'attaque ou à la défense, soit par nature (ex. poignard, revolver) soit par l'usage qui en est fait (ex.

couteau, canne, ciseaux) ; plus précisément (C. pén., a. 132-75) tout objet conçu pour tuer ou blesser (arme par nature), les autres objets présentant un danger étant assimilés à une arme à certaines conditions (not. à raison de l'usage qui en est fait, *ibid.* ; on parle d'arme par destination), d'autres objets pouvant être pris pour une arme étant également assimilés à une arme, lorsqu'ils sont un moyen de menaces (*ibid.*, on parle d'arme simulée).

• **2** Chacune des spécialités de l'armée (train, génie, infanterie, etc.).

— **de guerre.** Armes de tout genre (classique, nucléaire, bactériologique, chimique), servant à équiper des troupes françaises ou étrangères. V. *armée.*

ARMÉE

Dér. du v. armer, lat. *armare* : armer.

• **1** Service public ayant pour fonction d'assurer, au besoin par la force, à l'extérieur la sécurité et l'intégrité de l'État, à l'intérieur en cas de nécessité le respect de la loi et l'ordre public. Comp. *police administrative, gendarmerie.*

• **2** Ensemble des *agents encadrés, disciplinés et armés assumant cette fonction et constituant la force militaire à la disposition du gouvernement. Comp. **force publique,* **force armée, manu militari.*

• **3** Plus spécialement, grande unité militaire formée de plusieurs corps d'armée dont chacun réunit plusieurs divisions.

ARMEMENT

Lat. *armamentum,* dér. de *armare.* V. *armée.*

• **1** Collectivité des armateurs. Ex. « l'armement français est défavorisé dans la compétition internationale ».

• **2** Opération qui consiste à équiper un navire. Ant. *désarmement.*

• **3** Conclusion des contrats d'engagement permettant de munir un navire de son équipage. Ex. « la revue d'armement » permet à l'administration des affaires maritimes de contrôler la régularité des contrats d'engagement.

• **4** Ensemble des opérations qui constituent l'exploitation d'un navire. Ex. loi du 3 janvier 1969 « relative à l'armement ».

• **5** Opération consistant à approvisionner un aéronef pour la restauration et les besoins du service en vol. Syn. *ravitaillement.* Comp. *avitaillement.*

ARMEMENTS

Subst. masc. plur. V. le précédent.

• Tous moyens techniques (terrestres, maritimes, aériens) mis par un État à la disposition de son armée ; dans un sens large, comprend même les effectifs de celle-ci. Ex. réduction des armements.

ARMISTICE

N. m. – Empr. du lat. du XVIIe s. *armistitium,* créé pour signifier cessation des hostilités, repos des armes, avec le lat. *arma* : arme, d'après les mots lat. *interstitium* : intervalle de temps et *justitium* : vacances des tribunaux.

• Accord conclu par les autorités militaires d'États belligérants, après autorisation des autorités politiques et ayant pour objet d'arrêter les hostilités pendant une durée définie ou non, en vue de préparer la *paix (la convention d'armistice ayant cependant vocation, à défaut de traité de paix et si elle n'est pas dénoncée, à régler les relations des États sans limitation de durée) ; se distingue, par son caractère politique et militaire de la *suspension d'armes, convention essentiellement militaire et aussi de la *trêve, considérée comme ayant un caractère plus large et plus durable (mais la pratique a tendance à employer indistinctement les termes d'armistice, de trêve et de *cessez-le-feu).

— **général.** Celui qui suspend partout les opérations de guerre.

— **local.** Celui qui les interrompt entre certaines fractions des armées belligérantes et dans un rayon déterminé.

ARPENTAGE

N. m. – Du v. arpenter, dér. de arpent, lat. pop. *arependis.*

• Opération consistant à évaluer la superficie d'une terre. Comp. *bornage.*

— **(Document d').** Procès-verbal de délimitation ou esquisse, qui doit, à l'occasion du changement des limites d'une propriété, être établi par les parties en vue d'être soumis au service du *cadastre avant la rédaction de l'acte de division, de *lotissement ou de partage.

ARRAISONNEMENT

Dér. de l'anc. franç. arraisonner, comp. de raison : adresser la parole à qqn pour lui demander des raisons.

- **1** Au sens strict, opération par laquelle un navire de guerre s'approche d'un navire – le plus souvent un navire de commerce – pour obtenir de lui les renseignements qu'il estime nécessaires, not. quant à son identité, sa nationalité, l'état sanitaire des personnes se trouvant à bord, etc.
- **2** Souvent utilisé, à tort, pour désigner des opérations de perquisition ou d'arrestation à bord d'un navire, ou même le déroutement ou la saisie de celui-ci.

ARRANGEMENT

Dér. du v. arranger, comp. de rang, d'origine germ. francique **ring*, proprement cercle, réunion (de justice, etc.) (comp. l'all. *ring* : anneau).

- **1** Mode *amiable de solution d'un différend (privé, international, etc.) ; par ext. solution négociée donnée à celui-ci. Comp. *accommodement, transaction, compromis, conciliation, médiation, arbitrage, pacte, accord, pourparlers, négociation, consensuel.*
- **2** Plus spécialement (et en un sens plus étroit), accord international qui peut avoir été conclu selon des procédures plus souples que celles prévues pour un traité en forme solennelle ou un accord en forme simplifiée (v. a. XXXVIII, § 2 *a* du GATT, qui prévoit la conclusion d'« arrangements internationaux » en matière de produits de base).
- **3** Accord international venant à titre complémentaire d'un traité et en fixant les mesures d'application.
- **4** Parfois syn. de *pacte, *accord, *convention.

— **de famille.** Expression usuelle désignant les conventions intervenues entre parents en vue de régler leurs intérêts matrimoniaux ou successoraux. Ex. abandon ou cession d'un bien par un père à un enfant marié en vue de le *remplir de ce qu'il lui doit (C. civ., a. 1405, al. 3). V. *accord.*

ARRANGEUR

Subst. masc. – Du v. f. *arranger*, pour correspondre à l'angl. *arranger.*

- Terme donné dans la pratique financière et bancaire au chef de file d'un *échange *financier (ou d'une facilité d'émission garantie) qui met en jeu un syndicat de banques ou d'organismes financiers. Comp. *apériteur.*

— **de *pool.** Établissement de crédit chargé par un emprunteur de trouver et regrouper des prêteurs pour le financement d'une opération importante. Distinct du *chef de file et de l'agent des sûretés.

ARRÉRAGER (S')

Dér. de *arrérages.

- Se dit des termes d'une pension ou d'une rente qui restent dus après l'échéance.

ADAGE : *Aliments ne s'arréragent pas.*

ARRÉRAGES

Subst. masc. plur. – Dér. de l'adv. arrière, lat. pop. *ad retro.*

- Termes échus d'une *rente ; d'une *pension ou d'une redevance quelconque. Ex. arrérages d'une rente viagère ; ne pas confondre avec *arriéré.

ARRESTATION

Lat. médiév. *arrestatio,* fait d'après le vx franç. arrêter. V. *arrêt.*

- **1** Action d'appréhender au corps un coupable ou un suspect, au nom de la loi ou d'une autorité. Comp. *interpellation.*
- **2** État d'une personne appréhendée au corps.

— **administrative.** Arrestation ordonnée par une autorité administrative, sans l'autorisation du pouvoir judiciaire. Ex. expulsion d'un étranger, prononcée par arrêté du ministre de l'Intérieur.

— ***arbitraire.** *Abus d'autorité portant atteinte à la liberté des particuliers ; plus précisément, fait pour un dépositaire de l'autorité publique d'ordonner ou d'accomplir (dans l'exercice ou à l'occasion de ses fonctions) un acte attentatoire à la liberté individuelle (C. pén., a. 432-4).

— **illégale.** Arrestation opérée par un simple particulier, sans ordre des autorités constituées et hors les cas où la loi ordonne de saisir les prévenus (ex. infraction flagrante) (C. pén., a. 224-1). V. *enlèvement, séquestration, détention, prise d'otage.*

— ***provisoire.**

a / (pén.). Arrestation opérée afin de conduire un individu devant le magistrat compétent ; n'a pas pour effet de placer l'intéressé en état de *détention provisoire. Ex. arrestation opérée en vertu d'un *mandat d'amener ou lors d'un flagrant délit.

b / (pén. intern.). Arrestation d'un étranger, opérée en cas d'urgence sur l'ordre du procureur de la République, à la demande des autorités judiciaires du pays requérant en vue d'une extradition ultérieure.

ARRÊT

N. m. – Der. d'arrêter, lat. pop. *arrestare* : faire rester, comp. de *restare* : rester.

▸ **I** (sens gén.)

- Nom donné aux *décisions juridictionnelles du Conseil d'État et à celles de toute juridiction portant le nom de *cour (Cour de cassation, Cour des comptes, cour d'appel, cour d'assises, etc.) qui sont cependant des *jugements (au sens générique). V. *sentence, verdict.*

— ***confirmatif.** Arrêt par lequel la cour d'appel maintient la solution des premiers *juges, pour des motifs en tout ou en partie différents ou l'adopte pour les mêmes *motifs (on parle en ce dernier cas d'un arrêt confirmatif par adoption de motifs). Ant. *infirmatif.*

— **contradictoire.** V. **jugement contradictoire.*

— **d'admission.** Arrêt non motivé par lequel, autrefois, la chambre des requêtes de la Cour de cassation jugeant assez graves les moyens invoqués à l'appui d'un pourvoi, permettait à l'auteur de celui-ci d'assigner devant la chambre civile (appelée à admettre ou à rejeter définitivement le pourvoi).

— **d'annulation** (ou, plus rarement, d'*annulement*).

a / (pr. adm.). Arrêt par lequel le Conseil d'État met à néant un acte administratif. V. **recours pour *excès de pouvoir.*

b / (pr. civ.) : *1* / (sens générique). Tout arrêt par lequel la Cour de cassation – avec ou sans renvoi et pour quelque cause que ce soit – met à néant la décision attaquée (comprend en ce sens tous les arrêts de cassation) ; *2* / Parfois plus spéc. l'arrêt par lequel la Cour de cassation met à néant la décision attaquée : soit dans l'*intérêt de la loi (sans incidence sur les parties ; V. **pourvoi dans l'intérêt de la loi*), soit pour *perte de fondement juridique (s'agissant d'une décision qui, bien fondée au moment où elle a été rendue, a ensuite perdu son fondement par l'effet de l'annulation de l'acte administratif ou de la décision qui lui servait de base, ou même par l'effet d'une loi nouvelle déclarée applicable aux instances devant la Cour de cassation), soit sans renvoyer l'affaire à un autre juge pour un nouvel examen (dans ce dernier cas, on parle plutôt de cassation sans renvoi).

— **d'avance.** Décision juridictionnelle rendue par la *Cour des comptes lors du jugement du compte d'un comptable, lorsque ce compte est irrégulier par excès, c'est-à-dire par surcroît de recettes sur les dépenses examinées et admises par la cour.

— **de cassation.**

a / (pr. civ.) : *1* / (sens général). Tout arrêt qui met à néant la décision attaquée, pour quelque cause que ce soit, avec ou sans *renvoi devant un autre juge pour un nouvel examen (d'où la formule : « casse et annule… »). V. *censure, pourvoi, *cas d'ouverture.* Comp. *appel, *arrêt de rejet* ; *2* / Plus spécifiquement, toutes les décisions ci-dessus, à l'exclusion des *arrêts d'annulation dans l'intérêt de la loi ou pour perte de fondement juridique.

b / (pr. adm.). Arrêt par lequel le Conseil d'État met à néant la décision en dernier ressort d'une juridiction administrative et renvoie devant les mêmes juges qui statuent à nouveau sur la même affaire conformément à l'arrêt de cassation.

— **de débet.** Décision juridictionnelle rendue par la *Cour des comptes lors du jugement du compte d'un comptable, lorsque ce compte est irrégulier par défaut, c'est-à-dire par insuffisance des recettes sur les dépenses examinées et admises par la Cour ; l'arrêt de débet constitue le comptable débiteur des sommes correspondant à ce déficit.

— **de décharge.** Décision juridictionnelle

rendue par la Cour des comptes lors du jugement annuel du compte d'un comptable, lorsque ce compte est régulier.

— **de principe.** V. *décision de *principe.*

— **de quitus.** Décision juridictionnelle rendue par la *Cour des comptes lorsqu'un comptable quitte sa charge, si le compte est régulier.

— **de règlement.** Décision par laquelle un juge, excédant son pouvoir, s'arrogerait de prononcer par voie de disposition générale et réglementaire sur les causes qui lui sont soumises (C. civ., a. 5) ; décision qui s'attribuerait autorité, en dehors du litige dont était saisi le juge, dans les litiges futurs de même nature. Comp. *saisine pour *avis de la Cour de cassation.*

— **de rejet.** Arrêt par lequel la Cour de cassation repousse, comme mal fondé, un pourvoi formé contre une décision juridiciaire et peut, si elle juge celui-ci *abusif, condamner son auteur à une *amende civile (d'un maximum de 3 000 euros) et, dans la même limite, au paiement d'une indemnité envers le défendeur en cassation (CPC, a. 628). V. **arrêt de cassation.* Comp. *débouté.*

— **d'espèce.** V. *espèce (décision d').*

— **infirmatif.**

a / Arrêt par lequel une cour d'appel *réforme, en tout ou en partie, la décision d'un premier juge (statuant elle-même à nouveau sur l'affaire en fait et en droit ; CPC, a. 561). V. *réformation, émender.* Ant. **arrêt confirmatif.*

b / Arrêt par lequel une cour d'appel annule la décision d'un premier juge (sur un appel, voie de nullité ; CPC, a. 542) et statue elle-même en fait et en droit sur l'affaire, en vertu de l'effet dévolutif (CPC, a. 562, al. 2) sans avoir à évoquer (V. *évocation*) et sans pouvoir renvoyer l'affaire.

▸ **II** (int. publ.)

— **de prince.** Mesure de police, prise par le gouvernement d'un État, en cas de troubles ou de guerre, et consistant à interdire momentanément, sans distinction de pavillon, le départ de tous les navires étrangers se trouvant dans ses ports ou dans ses eaux. Syn. *embargo.*

— **de puissance.** Acte par lequel un État interdit à un navire, qui n'est cependant pas l'objet d'une saisie, de sortir des eaux où il est mouillé.

▸ **III** (pén.)

• Désigne, dans certaines expressions, l'action d'arrêter une personne, son *arrestation (V. *mandat d'arrêt*) ou le résultat de cette action, la détention qui s'ensuit (V. *maison d'arrêt*) ; on parle aussi en ce sens, dans la discipline militaire, d'*arrêts de rigueur.

▸ **IV** (com.)

— **des *poursuites individuelles.** Effet négatif attaché par la loi au jugement d'ouverture d'une procédure de *redressement judiciaire en corrélation avec la représentation des créanciers (dont l'effet positif est de conférer au représentant de ceux-ci qualité exclusive pour agir en leur nom et dans leur intérêt) qui englobe, sous ce terme générique, suspension ou interdiction de toute action en justice de la part des créanciers antérieurs et arrêt ou interdiction de toute voie d'exécution de leur part, marquant ainsi le passage, sur ces points, des initiatives individuelles à la procédure collective. Comp. *suspension des poursuites individuelles.*

ARRÊTÉ

Subst. masc. – Dér. du lat. *stare* ou *sistere* au sens de faire rester.

▸ **I** (sens gén.)

• Dénomination générique des actes généraux, collectifs ou individuels, pris par les ministres (arrêté ministériel ou interministériel), les préfets (arrêté préfectoral), les maires (arrêté municipal) et différentes autorités administratives (ex. les *recteurs : arrêté rectoral) ; décision d'une autorité exécutive non suprême, comportant en la forme des visas, quelquefois des considérants et un dispositif rédigé en articles. Comp. *décret, circulaire.* V. *loi.*

— **de cessibilité.** Acte de la procédure d'*expropriation par lequel le préfet, à l'issue d'une *enquête parcellaire, détermine la liste des parcelles ou des droits réels immobiliers à exproprier si cette liste ne résulte pas de la *déclaration d'utilité publique.

— **de conflit.** Acte de la procédure du *conflit positif d'attribution, par lequel le préfet, en présence du rejet du *déclinatoire par lequel il avait invité une juridiction judiciaire à se dessaisir d'un litige réputé être de la compétence administrative, oblige cette juridiction à surseoir à statuer jusqu'au règlement de cette question des compétences par le *tribunal des conflits.

— **de débet.** Ordre de recette exécutoire par provision et susceptible de recours devant les tribunaux judiciaires qui ne peut être rendu exécutoire qu'en vertu d'une *contrainte délivrée par le ministre des Finances à l'encontre des personnes désignées par la loi.

— **de péril.** Acte du maire, exceptionnellement du préfet, mettant en demeure le propriétaire d'un immeuble menaçant ruine de procéder dans un délai déterminé aux travaux de réparation ou de démolition de cet immeuble.

— **du compte.** V. *compte.*

▸ **II** (com.)

• Syn. **bordereau d'agent de change.*

▸ **III** (adm.)

• Anciennement, jugements rendus par certaines juridictions administratives, en particulier les *conseils de préfecture.

ARRÊTISTE

Subst. – Dér. de *arrêt.

• *Annotateur s'adonnant au *commentaire des *arrêts, juriste commentateur d'arrêt. Ex. Labbé fut un grand arrêtiste de la fin du XIXe s. (syn. vx *arrestographe*).

ARRÊTS

Subst. masc. plur. V. *arrêt.*

• Sanction disciplinaire, restrictive de liberté, frappant les personnels militaires et infligée par les échelons du commandement investis du droit de punir.

— **de rigueur.** Arrêts applicables à tous les personnels emportant détention dans une enceinte militaire.

— **simples.** Arrêts applicables aux hommes du rang et sous-officiers comportant uniquement l'interdiction de quitter l'unité.

ARRHES

Subst. fém. plur. – Anc. *arres,* lat. *arra* ou *arrha,* abrév. *arrabo,* gr. d'origine sémitique, probablement phénicienne.

• Somme d'argent (ou autre chose mobilière) qui, remise par une partie contractante à l'autre en garantie de l'exécution d'un marché conclu (secondairement pour preuve de l'accord) est destinée soit à s'imputer sur le prix, comme *acompte, en cas d'exécution, soit (dans les cas où le versement d'arrhes vaut moyen de *dédit) à être perdue par celui qui l'a versée, s'il se *départit de l'opération ou à lui être restituée au double par l'autre, si le dédit vient de son fait (C. civ., a. 1590). Comp. *avance, provision, avoir.*

ARRIÉRÉ

Subst. masc. – Du part. pass. de *arriérer.

• Ce qui reste dû en raison d'un retard, soit après un paiement partiel, soit en cas de non-paiement à l'*échéance, et doit donner lieu à un paiement différé. Ex. arriéré de salaire, de loyer ; ne pas confondre avec *arrérages. Ant. **avance.*

ARRIÉRER

V. – De arrière, du lat. médiév. *adretro* (*ad* et *retro,* en arrière).

• Renvoyer à plus tard, différer. Ex. arriérer un paiement.

ARRIMAGE

N. m. – Dér. *arrimer,* du moyen angl. *rime(n), ibid.*

• Disposition des marchandises à bord d'un navire, de manière à assurer au mieux la stabilité du navire et la protection du chargement contre les effets du roulis et du tangage.

ARRONDI

Subst. masc. – Du part. pass. d'*arrondir.

• **1** L'action d'*arrondir. Ex. l'arrondi de la somme obtenue après application du taux de conversion lié à l'introduction de l'*euro se fera au cent supérieur ou inférieur le plus proche (règl. CE n° 1103/97 du 17 juin 1997).

• **2** Le résultat de cette action : le montant final (arrondi) supérieur ou inférieur au montant initial (à arrondir).

ARRONDIR

V. – De a (*ad*, lat. indiquant la direction) et rond (lat. *rotundus*, qui a la forme d'une roue, *rota*).

- Ramener une somme à un nombre entier d'unités monétaires (par adjonction ou suppression de décimales), ou à un montant assorti d'un nombre déterminé de décimales (après la virgule). Ex. les sommes converties en franc français seront ramenées au centime le plus proche (en vertu des règles gouvernant l'introduction de l'*euro, règl. préc.). V. *conversion.*

ARRONDISSEMENT

N. m. – D'arrondir, dér. de rond, du lat. *rotundum* : en forme de roue.

- Circonscription d'administration générale de l'État, créée comme subdivision du *département par la Constitution du 22 frimaire An VIII et à la tête de laquelle est placé un *sous-préfet ; l'arrondissement était doté d'un conseil qui, suspendu en 1940, n'a pas, depuis, été rétabli. V. *canton, commune, collectivité locale.*

ART (HOMME DE L')

Lat. *ars, artis.*

V. *expert, consultant, technicien, professionnel.*

ARTICLE

N. m. – Lat. jur. *articulus* : chapitre du code, propr. articulation.

- **1** Division élémentaire et fondamentale des textes législatifs et réglementaires français, comprenant une disposition légale condensée en une ou plusieurs phrases, parfois réparties en plusieurs *alinéas, et dont la série reçoit, pour faciliter la citation des textes, un numérotage unique, qui se suit sans interruption à travers d'autres divisions plus générales (livre, titre, chapitre, section, paragraphe), formant le corps entier d'une loi ou d'un *code ; division semblable dans les décisions des juridictions administratives. Comp. *articulat.* V. *canon.*

—s organiques. Dispositions prises par le Premier Consul, à la suite du Concordat du 15 juillet 1801 (l. du 18 avr. 1802, « relative à l'organisation des cultes »), abrogées par la loi du 9 décembre 1905 « concernant la séparation des Églises et de l'État », mais encore en application dans les trois départements recouvrés (Haut-Rhin, Bas-Rhin, Moselle).

- **2** Élément d'un ensemble formellement distingué des autres. Comp. *poste, ligne.*

— de *compte. *Écriture comptable distincte, destinée à constater une opération juridique spécifique (remise d'effets, versement de sommes, etc.) portée au débit ou au crédit d'un *compte et dont l'ensemble forme, après *balance, le *solde dudit compte. Ex. articles d'un *compte courant. V. *numérotation.*

- **3** Espèce de *marchandise destinée à la vente (article de vente).

ARTICULAT

Subst. masc. – Dér. du v. articuler, lat. *articulare.*

- Chacun des éléments de l'*articulation ; chacun des énoncés de la série. Comp. *chef, moyen, point, question.*

ARTICULATION

N. f. – Lat. *articulatio.*

- *Énonciation écrite, en forme d'énumération (de série), de faits dont la preuve est à rapporter (*griefs allégués comme cause de divorce) ou de *moyens invoqués à l'appui d'une prétention. Comp. *chef.* V. *articulat, argumentation.*

ARTICULER

V. – Lat. *articulare,* séparer, distinguer, de *articulus,* membre de phrase, division, point.

- Énoncer *point par point, dans un *écrit (*conclusions, réquisitoire, acte de procédure), des propositions distinctes (*griefs, *chefs d'accusation, plus gén. *moyens, constatations). Comp. *alléguer, invoquer.* V. *énoncé, exposé, énumérer.*

ARTISAN

Subst. – Emprunté au XVIe siècle à l'ital. *artigiano,* dér. de *arte* : art.

- *Travailleur indépendant qui exerce un métier manuel, seul ou assisté de sa famille et d'un nombre limité d'*ouvriers

ou d'apprentis. Ex. plombier, électricien, dépanneur (C. civ., a. 570, 1384). Comp. *commerçant, tâcheron.* V. *entrepreneur.*
— **en son *métier, maître artisan en son métier.** Titres que peuvent obtenir, sur justification de qualités professionnelles, les chefs et gérants statutaires d'entreprises immatriculées au *Répertoire des métiers.

ARTISTIQUE (ŒUVRE)

Dér. de artiste, lat. *artista,* de *ars.* V. *œuvre.*

V. *œuvre artistique.*

ASCENDANCE

N. f. – De *ascendant.

- Ensemble des *ascendants d'une personne, dans la *branche paternelle ou maternelle, des personnes dont elle est issue, en remontant sa généalogie de *génération en génération. V. *ligne.* Ant. *descendance.*

ASCENDANT, ANTE

Subst. ou adj. – Lat. jur. *ascendentes,* plur. du part. prés. de *ascendere* : monter.

- **1** (subst.). *Auteur direct d'une personne (appelée *descendant), soit au premier degré (*père, *mère), soit à un degré plus éloigné dans la *ligne paternelle (grands-parents paternels, etc.), ou maternelle (grands-parents maternels). V. *parent, aïeul, collatéral, fente, branche.*

— ***ordinaires.** Nom donné, dans la succession *ab intestat,* aux ascendants du défunt autres que ses père et mère (grands-parents, arrière-grands-parents) qui ne sont appelés à sa succession qu'à défaut de descendant, de *conjoint successible, d'ascendant privilégié et de *collatéral privilégié (C. civ., a. 739) mais par préférence aux *collatéraux ordinaires (a. 740), formant ainsi le troisième *ordre d'héritiers (a. 734.) Comp. *ascendants privilégiés.*
— ***privilégiés.** Nom donné, dans la succession *ab intestat,* aux père et mère du défunt qui, toujours exclus par les descendants de celui-ci, viennent, à leur défaut, en concours avec le *conjoint successible, et, à défaut des uns et des autres, en concours avec les *collatéraux privilégiés (C. civ., a. 738), formant ainsi avec eux le deuxième *ordre d'héritiers (a. 734) et excluant par leur seule présence les ordres suivants (*ascendants ordinaires et *collatéraux ordinaires).

- **2** (adj.). Se dit de la *ligne directe que constituent les *ascendants en remontant à partir du père (ligne ascendante paternelle) ou de la mère (ligne ascendante maternelle). V. *descendant* (adj.).

ASILE

N. m. – Lat. *asylum* : refuge, grec ἄσυλον : endroit inviolable.

▸ **I** (rel. int.)

- **1**
- *Accès, *accordé à une personne poursuivie ou menacée, d'un lieu ou d'un territoire où elle ne peut plus l'être (protection généralement limitée aux poursuites dirigées contre les infractions politiques : *asile politique*). Syn. *droit d'asile.*

— **diplomatique.** Protection recherchée dans les locaux d'une ambassade étrangère, au nom de l'inviolabilité dont ceux-ci jouissent ; institution aujourd'hui contestée, sauf lorsqu'elle est consacrée par une convention internationale qui permet de refuser de remettre une personne recherchée aux autorités locales ou d'autoriser celles-ci à venir l'arrêter.
— **territorial.** Accès à leur territoire offert par certains États, qui ouvrent leurs frontières aux prévenus ou condamnés des pays étrangers et refusent leur *extradition. Plus spéc. (Droit franç.), droit de séjourner sur le territoire français qui peut être accordé par décision ministérielle, dans les conditions compatibles avec les intérêts du pays, à un étranger demandeur d'asile, s'il prouve que sa vie ou sa liberté est menacée dans son pays ou qu'il y est exposé à des traitements contraires à la Convention européenne de sauvegarde des droits de l'homme et des libertés fondamentales (a. 13, l. 25 juill. 1952, aj. par l. 11 mai 1998). Comp. *réfugié.*

- **2** Havre, refuge, abri.

— **maritime.** Tolérance accordée à un navire belligérant pour séjourner dans un port neutre au-delà du délai de vingt-quatre heures admis par la Convention de La Haye du 18 octobre 1907.

▸ **II** (adm.)

- Nom naguère donné à des bâtiments publics ou privés destinés à accueillir des personnes malades ou âgées, ou pendant la nuit, des indigents. Comp. *hospice, hôpital.*

ASILÉ, ÉE

Adj. – Dér. de *asile (néol.).

- Se dit, dans la pratique administrative, de personnes qui n'entrent dans aucune des catégories de *réfugiés mais peuvent néanmoins bénéficier, à ce titre, de certaines facilités administratives. V. *expatrié, émigrant, émigré.*

ASSASSINAT

Dér. du v. assassiner, dér. d'assassin, empr. au XVIe s. de l'ital. *assasino,* empr. de l'arabe *hachâchin* (plur.), propr. buveur de hachich, sectateur du Vieux de la Montagne (XIe s.).

- *Meurtre aggravé, commis avec *préméditation, passible de peines plus lourdes que le meurtre ordinaire (C. pén., 221-3). V. *homicide, parricide, infanticide.*

ASSEC (DROIT D')

N. m. - De à et sec.

- Droit de mettre en culture pour une année un étang asséché après deux ans d'*évolage, encore en usage dans la Bresse. V. *propriété (démembrement de la).* Comp. *bandite.*

ASSEMBLÉE

Subst. fém. – Dér. du v. assembler, lat. pop. *assimulare* : mettre ensemble *(simul.).*

Sens général

- Réunion de personnes que groupe une communauté de fonctions ou d'intérêts, régulièrement convoquée et délibérant d'après des règles établies en vue de prendre certaines décisions ou d'accomplir une mission déterminée. Ex. Assemblée nationale, assemblée d'actionnaires, assemblée de créanciers ; désigne principalement l'*organe délibérant, le *corps constitué pour délibérer, parfois, par extension, la réunion, la séance. V. **organe exécutif, *agent.* Comp. *collège, comité, commission, conseil.*

▸ **I** (adm.)

- Au *Conseil d'État, nom des *formations les plus importantes, d'une part pour les attributions administratives et consultatives (assemblée générale), d'autre part pour les attributions juridictionnelles (assemblée *plénière du contentieux. Ex. arrêt d'assemblée).

— **du contentieux.** Formation la plus solennelle du Conseil d'État statuant comme organe juridictionnel (elle est juge de renvoi pour les affaires les plus importantes, afin d'assurer l'unité de la jurisprudence administrative).

— **générale *ordinaire.** Organe de travail habituel par lequel le Conseil d'État exerce sa fonction consultative. Ex. examen des projets de lois ou d'ordonnances, des projets de décrets pris en vertu de l'a. 37 de la Constitution.

— **générale *plénière.** Formation qui se prononce sur les affaires d'une importance exceptionnelle (affaires renvoyées par le vice-président ou l'assemblée générale ordinaire), sur le rapport annuel, et sur l'élection d'un membre du Conseil d'État.

▸ **II** (com.)

- S'emploie dans les expressions suivantes :

— **constitutive.** Assemblée qui a pour mission principale, dans les *sociétés par actions faisant appel public à l'épargne, de constater que le capital a été entièrement souscrit, de se prononcer sur l'adoption des statuts, de nommer les premiers administrateurs ou les membres du conseil de surveillance et de désigner les commissaires aux comptes.

— **d'associés.** Assemblée générale de tous les associés dont la loi sur les sociétés commerciales impose la réunion au moins une fois par an pour l'approbation des comptes annuels, mais qui peut parfois être remplacée par une consultation écrite des associés.

— **générale des porteurs de parts.** Réunion des titulaires de *parts de fondateur appelée à statuer sur toutes les questions qui lui sont soumises, y compris les modifications concernant le régime des parts ou leur conversion.

— **générale *extraordinaire d'actionnaires.** Assemblée seule habilitée à modifier les statuts, à la condition de délibérer moyennant un quorum renforcé et de statuer à la

majorité des deux tiers des voix dont disposent les actionnaires présents ou représentés.
— **générale extraordinaire d'obligataires.** Assemblée seule compétente pour délibérer sur toute proposition tendant à la modification du contrat d'emprunt obligataire, aux conditions de quorum et de majorité requis dans les assemblées générales extraordinaires d'actionnaires.
— **générale ordinaire d'actionnaires.** Assemblée ayant pouvoir de prendre toutes décisions intéressant la société, à l'exception des modifications statutaires, à la condition de délibérer moyennant un certain quorum et de statuer à la majorité des voix dont disposent les actionnaires présents ou représentés.
— **générale ordinaire d'obligataires.** Assemblée qui a compétence pour statuer sur toutes mesures ayant pour objet d'assurer la défense des obligataires et l'exécution du contrat d'emprunt, sur les dépenses de gestion que ces mesures peuvent entraîner et, de façon plus générale, sur toutes mesures ayant un caractère conservatoire ou d'administration.
— **spéciale d'actionnaires.** Assemblée qui réunit les titulaires d'actions d'une catégorie déterminée (par ex. d'actions ordinaires ou, à l'inverse, d'actions privilégiées).

▸ **III** (const.).

- **1** Généralement, assemblées délibérantes : collèges d'élus du peuple, le représentant, pour délibérer sur les affaires de l'État, notamment sur les lois (chambres du Parlement, assemblées parlementaires) ou sur les affaires d'une collectivité locale (conseil général ou municipal).
- **2** Plus particulièrement, Assemblée nationale (dans la Ve République, celle des deux *chambres du Parlement qui est formée des députés élus au suffrage universel direct).

— **(gouvernement d', ou régime d').** Système politique dans lequel l'assemblée législative exerce elle-même le pouvoir exécutif ou nomme, dirige et révoque le gouvernement exerçant le pouvoir, qui est ainsi son simple commis. Comp. **régime parlementaire, présidentiel.*

▸ **IV** (int. publ.)

- Organe délibérant d'une organisation internationale, qui réunit les représentants de tous les États membres (organe plénier) ; parfois accompagné d'un qualificatif (ex. assemblée générale à l'ONU) ou d'une préposition et d'un substantif (ex. assemblée de la santé à l'Organisation mondiale de la Santé), ce terme est, dans certains cas, remplacé par celui de *conférence (ex. Conférence générale à l'Unesco et à l'Organisation internationale du travail).

▸ **V** (pr. civ.)

— **des cours et tribunaux.** Assemblée, non publique, de tous les magistrats composant une cour ou un tribunal dont les attributions sont surtout administratives et disciplinaires.
— ***plénière.** *Formation de la *Cour de cassation comprenant, sous la présidence du premier président, les représentants des six *chambres ; qui statue sur les pourvois formés après une première *cassation, lorsque la juridiction de *renvoi ne s'est pas inclinée et qu'un second pourvoi a été fondé sur les mêmes moyens que le premier. V. **chambres réunies, *chambre mixte.*

ASSERMENTÉ, ÉE

Adj. – Part. pass. du v. assermenter, de a et serment.

- **1** Qui a prêté *serment ; par ext. qualifié (du fait de la prestation de serment) à l'effet de dresser des *procès-verbaux, dans l'exercice de sa mission (police, garde-chasse).
- **2** Se dit parfois de l'affirmation accompagnée d'un serment.

ASSERTOIRE

Adj. – De assertion, lat. *assertio* : revendication, affirmation.

- (vx). Se dit d'une espèce de *serment. Syn. *affirmatif, attestatoire.*

ASSESSEUR

Subst. – Lat. *assessor,* de *adsidere* : être assis à côté de.

- **1** *Juge (professionnel ou non) siégeant à côté du *président d'une juridiction *collégial (*échevinale ou non), avec faculté, pendant l'audience, d'inviter les parties à fournir les éclaircissements nécessaires (CPC, a. 442) et mission de délibérer, à voix égale, avec les autres membres de la *formation de jugement.

Ex. *magistrats professionnels assesseurs du président du tribunal correctionnel ; juges non professionnels (représentants des bailleurs et des preneurs), assesseurs du président du tribunal paritaire de baux ruraux.

● **2** Nom parfois donné aux *jurés.

● **3** Professeur chargé d'assister ou de suppléer le doyen d'une faculté dans l'exercice de ses fonctions décanales. Comp. *adjoint, assistant, suppléant, suffragant.*

ASSIETTE

Lat. pop. *asseditus,* fém. pris subst. du part. de *assedere,* réfect. du class. *assidere,* d'après le simple *sedere* : être assis.

▸ **I** (sens gén.)

● **1** Base matérielle sur laquelle porte un droit et qui concourt à délimiter concrètement celui-ci. V. *objet.*

— **de coupe de bois.** Désignation de la partie d'un bois sur laquelle doit porter une coupe.

— **d'une *rente.** Bien meuble ou immeuble, en contrepartie duquel est constituée la rente.

— **d'une servitude.** Partie du fonds servant sur laquelle s'exerce ce droit réel.

— **d'une sûreté.** Biens sur lesquels porte cette sûreté.

● **2** Base économique, valeur de référence qui sert au calcul d'un droit ou d'une obligation (dette, cotisation). Ex. (séc. soc.) assiette des cotisations, ensemble des gains et rémunérations perçus par l'assuré.

▸ **II** (fisc.)

● **1** Nature et définition de la matière imposable.

● **2** Détermination et évaluation de la matière imposable. Comp. *liquidation, recouvrement.*

— **(services d').** Administrations chargées de déterminer l'assiette et d'opérer la liquidation des impôts ; s'occupent aussi du recouvrement de certains impôts (ex. taxes sur le chiffre d'affaires ; enregistrement).

ASSIGNATAIRE

Adj. – Du v. assigner. V. *assignation.*

● **1** *Bénéficiaire d'une *assignation de parts. V. *attributaire, allocataire, *ayant droit, prestataire.*

● **2** Attributaire d'une fonction particulière.

— **(comptable).** V. *comptable assignataire.*

ASSIGNATION

N. f. – Lat. *assignatio,* qui a d'autres emplois, pour servir de nom à assigner, lat. *assignare* : attribuer, fixer, qui a reçu le sens de citer à comparaître récemment dans le franç. jur.

● **1** *Acte d'huissier de justice par lequel le *demandeur fait inviter son adversaire, le *défendeur, à comparaître devant la juridiction appelée à trancher le litige qui les oppose (CPC, a. 55), soit dans un délai déterminé (assignation ordinaire à quinzaine : a. 755), soit (en vertu d'une autorisation spéciale du président de la juridiction) à jour et heure fixes (a. 788) ou même, en cas d'extrême urgence, d'heure à heure (a. 485) ; désigne aussi le fait d'assigner. V. *ajournement, citation, *acte *introductif d'instance, exploit, convocation, constitution.* Comp. *requête.*

● **2** Dans certaines expressions, syn. d'injonction. Ex. assignation à résidence.

ASSIGNATION DE PARTS

V. **assignation* et **part.*

● **1** Détermination, par le donateur ou le testateur, des *parts devant revenir dans les biens donnés ou légués à chacun des bénéficiaires de la libéralité (codonataires, *colégataires), *attribution qui peut, pour un legs, soit seulement porter sur l'exécution de celui-ci, soit restreindre la *vocation de chacun à une *portion déterminée de l'objet légué, auquel cas elle fait obstacle à l'*accroissement. V. C. civ., a. 1044. Comp. **attribution.* V. *quote-part.*

● **2** Se dit aussi, en matière de *partage, des *attributions qui sont faites sans *tirage au sort. V. *allotissement, abandonnement.*

ASSIGNER

V. trans. V. *assignation.*

● **1** Pour un justiciable, inviter son adversaire, par acte d'huissier de justice, à comparaître devant une juridiction. Comp. *attraire, actionner, agir (en justice).*

• **2** Dans un partage, attribuer à chacun la part déterminée qui lui revient. Comp. *allotir.*

• **3** Affecter un bien à la garantie d'une dette ou à la constitution d'une rente (on parle en ce dernier cas de rente assignée sur tel bien).

ASSIMILATION

Lat. *assimilatio.*

• Procédé technique consistant, pour le législateur, une convention ou un interprète, à rattacher une situation, un cas ou une notion juridique à une *catégorie voisine, en faisant (plus ou moins artificiellement) abstraction de leurs différences, afin de soumettre, en tout ou partie, l'élément assimilé au même régime juridique que la catégorie de rattachement. Ex. immeuble assimilé à un meuble par une clause d'*ameublissement, ou meuble assimilé à un immeuble par une clause d'*immobilisation ; assimilation à l'*effraction de l'usage de *fausses clefs (C. pén., a. 132-73), assimilation à une *arme d'un objet dangereux mais non conçu pour tuer ou blesser (C. pén., a. 132-75). V. également C. civ., a. 153. Comp. *analogie, fiction, qualification, dénaturation, raisonnement, définition, énumération, classification.* V. *réputé, censé.*

— **au salariat.** Technique législative permettant de faire bénéficier certaines catégories de travailleurs indépendants (travailleurs à domicile, représentants de commerce) de la protection accordée aux salariés.

— **aux nationaux.** Octroi aux étrangers, en une matière déterminée, du traitement dont bénéficient les nationaux.

ASSISES

N. f. pl. – Part. pass. fém. pris substantivement du verbe asseoir, lat. pop. *assedere.* V. *assiette.*

• **1** La *cour d'assises elle-même (ex. C. pr. pén., a. 232 et 234).

• **2** Par ext. la période pendant laquelle siège cette juridiction (par ex. C. pr. pén., a. 236, 266) ; les *sessions.

— **(cour d').** V. *cour d'assises.*

ASSISTANCE

Dér. de assister, lat. *adsistere* : se placer auprès.

Sens général

• **1** *Aide d'ordre matériel, moral ou physique (soutien, appui, soins) apportée à une personne en difficulté ; parfois *secours à une personne en danger. V. *entrave.* Comp. *protection, alliance, entraide, sauvetage.*

• **2** Mission de conseil et de contrôle auprès d'une personne qui n'a pas le pouvoir d'agir seule, en vue de son *habilitation. Comp. *autorisation, contrôle, consentement, concours.*

• **3** Par ext., ensemble des personnes qui sont présentes (en général comme *auditeurs) à une réunion. V. *public* (subst.), *auditoire.*

▸ **I** (civ.)

• **1** Entre époux, devoir de s'entraider dans toutes les circonstances de la vie ; aide mutuelle qui, comportant pour l'essentiel une obligation de soins en cas de maladie, un devoir de soutien moral et de participation aux activités du ménage, se distingue, par son caractère extrapatrimonial, des obligations d'ordre pécuniaire (devoir de *secours, de *contribution aux charges du mariage) ou même de la *collaboration propre aux époux mariés sous un régime communautaire (C. civ., a. 212 et 242). Comp. *entretien.*

• **2** Présence, auprès d'un incapable, d'une personne chargée par la loi de le conseiller, de le contrôler, ou de l'habiliter pour les actes de la vie civile. Ex. le majeur en *curatelle ne peut recevoir de capitaux sans l'assistance de son curateur (C. civ., a. 467) ; par ext. la mission même de conseil et de contrôle. V. **capacité d'exercice.*

▸ **II** (com.)

• **1** (avant la réforme de 1985). Situation d'un débiteur soumis à une procédure de *règlement judiciaire et caractérisée par une *indisponibilité de ses biens qui rend inopposables à la *masse des créanciers les actes d'administration ou de disposition, accomplis par le débiteur seul sur son patrimoine (ces actes demeurant inattaquables par lui-même ou celui avec lequel il a traité).

• **2** (réforme de 1985). Mission intermédiaire entre la surveillance et la gestion directe dont peut être investi l'administrateur nommé par le jugement qui ouvre la procédure de *redressement judiciaire à l'effet de seconder le débiteur dans l'accomplissement de tout ou partie des actes de gestion de l'entreprise (les actes de gestion courante accomplis par le débiteur seul étant cependant réputés valables à l'égard des tiers, de bonne foi). V. *administrateur judiciaire.* Comp. *tutorat d'entreprise.*

▸ **III** (pr.)

— **en justice.** *Mission en général confiée par le plaideur lui-même à un *avocat (ou devant certaines juridictions, à d'autres personnes habilitées par la loi) qui emporte pour celui qui en est chargé pouvoir et devoir de conseiller la partie (d'où le nom *conseil des parties) et de présenter sa *défense sans l'obliger (d'où le nom de *défenseur), l'assistance n'emportant pas, par elle-même, mandat de *représentation (CPC, a. 412) alors que celle-ci emporte, sauf exception, mission d'assistance (CPC, a. 413) d'où, même devant les juridictions où la représentation est obligatoire, l'éventualité d'une assistance confiée à un autre que le représentant, et devant les autres juridictions, celle d'une assistance existant seule, sans représentant.

— **judiciaire.** V. *aide judiciaire.*

▸ **IV** (int. publ.)

● *Aide et soutien fournis par un sujet du Droit international à un autre (par un État ou une organisation internationale à un État, à un individu, à un navire) dans des domaines variés. Ex. assistance militaire, technique, financière, judiciaire, etc.

— **mutuelle.** Mécanisme reposant sur la réciprocité d'engagements de soutien et de concours, contractés soit pour le cas d'agression, soit en cas de difficultés économiques (ex. assistance monétaire dans le cadre du FMI, concours mutuel dans la CEE).

▸ **V** (soc.)

● *Aide qu'une personne, ou une collectivité, apporte spontanément ou en vertu d'une obligation juridique à une autre personne qui a besoin de cette aide, laquelle est mesurée à ce besoin.

▸ **VI** (div.)

— **au cours de procédures non juridictionnelles.** Partie de l'*aide à l'accès au droit qui permet à son bénéficiaire d'être assisté devant les commissions à caractère non juridictionnel ou les administrations (l. 10 juill. 1991, a. 63 s.). V. *aide juridictionnelle, aide juridique.*

— **maritime.** *Secours porté par un navire à un navire en danger ; se distingue du *sauvetage, qui concerne les épaves. Comp. *remorquage.*

— **post-pénale.** Aide matérielle et morale apportée aux condamnés récemment libérés, par les comités de probation et d'assistance, présidés par le *juge de l'application des peines (coordonnant l'activité des œuvres privées). V. *réinsertion sociale, visiteur de prison, libération conditionnelle.*

— **publique.**

a / Ancienne qualification de l'*aide sociale.

b / Établissement public gérant les hôpitaux de certaines grandes villes (Paris, Lyon, Marseille).

ASSISTANCE ÉDUCATIVE

● *Aide spécifique à l'*autorité parentale ; *protection renforcée que la loi fonde le juge à établir en faveur de l'enfant mineur non émancipé dont la santé, la sécurité ou la moralité sont en danger ou dont les conditions d'éducation sont compromises (C. civ., a. 375 s.). Désigne à la fois les mesures de protection que le juge des enfants peut prendre en de telles circonstances (confier l'enfant à un autre parent, à un tiers, à un établissement habilité, etc.) et l'ensemble des règles (de compétence, de procédure et de régime) qui font de l'assistance éducative, comme remède approprié à une situation de crise, une institution auxiliaire originale de l'autorité parentale. Comp. *déchéance, retrait partiel, délégation, renonciation.* V. *éducation surveillée.*

ASSISTANT (ANTE) SOCIAL (ALE)

V. *assistance, social.*

● **1** Dans une entreprise, personne responsable du service social, chargée de l'amélioration des rapports entre les salariés (et leurs familles) et les milieux professionnels ou administratifs.

- **2** Dans d'autres établissements (ou même en milieu ouvert) personne qualifiée chargée d'une mission de caractère social (aide, assistance, conseil, information, enquête sociale).

ASSISTANT SPÉCIALISÉ

- *Auxiliaire attitré et assermenté du juge en matière économique et financière ; personne possédant une formation et une expérience professionnelle confirmées en ces matières (fonctionnaires de catégorie A ou B, de l'inspection des impôts, de la comptabilité publique, des douanes, ou experts-comptables, etc.), appelée à aider le juge dans la mise en état des affaires de cet ordre, en l'éclairant dans l'étude de ces dossiers techniques complexes, avec accès au dossier de la procédure, sous le sceau du secret professionnel, mais sans pouvoir procéder elle-même à aucun acte ; fonction d'un type nouveau (l. 2 juill. 1998) que l'assistant spécialisé exerce sous la direction des magistrats de la juridiction auprès de laquelle il est nommé pour une durée déterminée, en général avec d'autres représentants de disciplines complémentaires, de manière à former, autour du juge, une équipe pluridisciplinaire de collaborateurs permanents ou au moins réguliers, véritable « pôle financier », apte à relever le défi de la complexification des « affaires ».

ASSOCIATIF, IVE

Adj. – Dér. de *association.

- Qui se rapporte à l'*association, not. à la formation et à la vie de ce groupement. Ex. mouvement associatif, activités associatives. Comp. *syndical, communautaire, social.*

ASSOCIATION

N. f. – Dér. du v. associer, lat. *associare* : réunir, comp. de *socius* : compagnon.

▸ **I** (adm. civ. et rur.)

- **1** *Groupement – plus ou moins organisé – de personnes nommées sociétaires (et non *associés) qui s'unissent en vue d'un but déterminé, en vertu et dans les limites du droit d'association, liberté publique (l. 10 janv. 1936). V. *culturelle, foncière, religieuse, syndicale.* Comp. *club.*
- **2** Plus spécifiquement, groupement de Droit privé, régi par la loi du 1er juillet 1901 (et couramment appelé association de la loi de 1901), constitué entre des personnes qui décident de mettre en commun de façon permanente leurs connaissances ou leurs activités dans un but autre que de partager des bénéfices (pêche, chasse. sport, culture, lutte anti-alcoolique, etc.), V. *association déclarée, reconnue d'utilité publique.*
- **3** Convention désignant le contrat d'association par lequel deux ou plusieurs personnes décident de fonder une association de la loi de 1901 (V. sens 2) et qui, régie par les principes généraux du Droit des contrats, se distingue de la *société par l'absence de but lucratif (l. 10 juill. 1901, a. 1).

— **communale (ou intercommunale) de chasse agréée.** Association constituée conformément à la loi du 1er juillet 1901 et moyennant agrément donné par le préfet, qui a pour objet de favoriser sur son territoire le développement du *gibier et la destruction des animaux nuisibles, la répression du *braconnage, l'éducation cynégétique de ses membres dans le respect des propriétés et des récoltes et, en général, d'assurer une meilleure organisation technique de la *chasse pour permettre aux chasseurs un meilleur exercice de ce sport.

— **cultuelle.** *Association de la loi de 1901 à capacité spéciale destinée, à la suite de la séparation des Églises et de l'État, à subvenir aux frais, à l'entretien et à l'exercice public d'un culte grâce aux cotisations des fidèles et aux anciennes ressources des établissements du culte (ex. associations constituées par les cultes protestant et israélite). V. **association diocésaine.*

— **déclarée.** Association (de la loi de 1901) dont l'existence a fait l'objet, de la part de ses fondateurs, d'une déclaration à l'autorité publique (par ex. à la préfecture du département où l'association aura son siège), contenant diverses indications (objet, nom des personnes chargées de son administration, etc.) et conférant à l'association (par rapport à l'association pure et simple) la *personnalité morale et une certaine capacité parfois dite « petite personnalité ».

— **diocésaine.** Variété d'association cultuelle constituée depuis 1924 dans le culte catholique et qui jouit de la capacité des associations déclarées.
— **en participation.** Syn. **société en *participation*.
— **foncière de remembrement.** *Association syndicale forcée, soumise à un régime particulier, qui regroupe obligatoirement tous les propriétaires des *parcelles comprises dans des opérations de *remembrement en vue de l'exécution et de l'entretien de tous les travaux impliqués par le remembrement : chemins, fossés, etc.
— **foncière forestière.** Forme particulière d'*association syndicale, autorisée ou forcée, constituée dans les périmètres d'actions forestières et dans les zones dégradées, en vue de réaliser, gérer et entretenir tous les ouvrages d'intérêt collectif nécessaires pour l'exploitation rationnelle du territoire forestier ou la protection des sols et des cultures.
— **foncière pastorale.** *Association syndicale (libre, autorisée ou forcée), qui est soumise à un statut particulier et constituée entre des propriétaires de terres pastorales situées en zone d'*économie montagnarde, en vue de favoriser le regroupement, l'aménagement, l'entretien de ces terres et de contribuer au maintien et au développement de la vie rurale.
— **reconnue d'utilité publique.** Association (de la loi de 1901) tenant du décret en Conseil d'État dont elle fait l'objet une capacité plus étendue que celle de l'association déclarée et soumise, en contrepartie, à un contrôle de l'État.
— **religieuse.**

a / Dans un sens très général, groupement à but religieux.

b / Plus spécialement, association qui, sans présenter les caractères d'une *congrégation ou d'une *association cultuelle ou diocésaine, est à titre principal ou prédominant constituée en vue d'un but religieux.
— **syndicale.** Groupement de propriétaires fonciers s'unissant soit de leur seule initiative (association libre), soit en vertu d'un arrêté préfectoral (association autorisée), soit sur l'injonction de l'administration (association forcée), en vue d'effectuer certains travaux d'amélioration ou d'entretien (d'utilité générale) intéressant l'ensemble de leurs propriétés (défense contre la mer ou les cours d'eau, contre la pollution des eaux, dessèchement des marais, etc.). Comp. **conseil syndical*.

▸ **II** (eur.)
— **d'entreprise.**

1 / (CECA) : groupement d'*entreprises (au sens de l'a. 80 anc.), ayant qualité pour intenter un *recours en annulation, en vertu de l'a. 33 du traité CECA anc.

2 / (anc. CEE et CECA, UE) : groupement d'entreprises dont les décisions constituent, avec les *accords et *pratiques concertées, l'une des formes d'*entente interdite (anc. TCE, a. 81, anc. § 1 anc., tr. CECA, a. 65, § 1, TFUE, a. 101).
— **(traité d').** Convention entre la *CEE, aujourd'hui l'Union, et un État tiers par laquelle ce dernier, sans devenir membre de la Communauté, établit avec celle-ci des rapports privilégiés préludant quelquefois à une *adhésion ultérieure (ex. association de la Grèce à la CEE).

▸ **III** (pén.)
— **de malfaiteurs.** Tout groupement formé ou toute entente établie en vue de la préparation (caractérisée par un ou plusieurs faits matériels) d'un ou plusieurs crimes ou délits graves, la participation à une telle association constituant une infraction à la paix publique (C. pén., a. 450-1). V. *bande organisée, complot, groupe de combat, mouvement insurrectionnel, préméditation.*

▸ **IV** (soc. trav.)
— **capital-travail.** Conception idéologique qui se propose de supprimer les antagonismes de classes par une intégration du travailleur à l'entreprise résultant de sa participation aux bénéfices et au capital.

ASSOCIATIONNEL, ELLE

Adj. – Dér. de *association (néol.).

- Qui tend à associer : qui est destiné à faire participer plusieurs personnes à une activité commune et à la prospérité qui en résulte. Ex. le régime de communauté a un caractère associationnel. Comp. *communautaire, participatif.*

ASSOCIÉ

Adj. ou subst. – Part. pass. du v. associer, lat. *associare* : joindre, associer ; de *socius* : compagnon.

- Membre d'un groupement constitué sous forme de *société dont les droits essentiels consistent à participer aux bénéfices, à concourir au fonctionnement de la société, à être informé de la marche de celle-ci et dont les obligations principales sont la libération de ses apports et la contribution aux pertes (cette dernière obligation étant plus ou moins étendue suivant le type de société). Comp. *sociétaire, fondateur, actionnaire.*

— **d'exploitation (rur.).** Catégorie spécifique d'*aide familiale, comprenant des personnes non salariées et non installées, âgées de 18 ans révolus et de moins de 35 ans qui, descendants, frères, sœurs ou alliés au même degré du *chef d'exploitation ou de son conjoint, participent, à titre d'activité principale, à la mise en valeur de l'*exploitation et bénéficient d'un statut juridique prévoyant une formation professionnelle et un intéressement aux résultats de l'exploitation.

— **(État).** Sous la IVe République, situation de certaines parties de l'ancien Empire colonial français, ayant eu ou non la qualité d'États, dotées d'une certaine indépendance mais demeurant liées à la République française au sein de l'Union française (V. Const. 27 oct. 1946, a. 60 et 61).

— **(*territoire).** Sous la IVe République, situation de certaines dépendances confiées par l'ONU, au titre de la tutelle, à l'administration et à la protection de la République française et liées à celle-ci au sein de l'Union française (V. Const. 27 oct. 1946, a. 60).

ASSUJETTI, IE

Adj. ou subst. – Du v. assujettir, comp. de a, lat. *ad,* et de *sujet.

- Soumis à une obligation, spéc. à celle de payer un impôt. V. *débiteur, obligé, engagé, imposable, redevable, contribuable, passible, sujet.* Ant. *affranchi, libéré, exempté, exonéré, dispensé, *franc.*

ASSUJETTISSEMENT

N. m. – Dér. de *assujetti.

- Action de *soumettre une personne à une obligation, plus spéc. à une charge, à un impôt ; résultat de cette action (*contrainte qui en résulte). V. *sujetion, soumission.* Comp. *imposition.* Ant. *affranchissement* (sens 3), *exonération, dispense, décharge.*

ASSURANCE

N. f. – Lat. *assecuratio,* comp. de *securus* : sûr.

- Opération par laquelle une partie, l'*assuré, se fait promettre, moyennant une rémunération, la *prime (ou *cotisation), pour lui ou pour un tiers, en cas de réalisation d'un *risque, une prestation (pécuniaire) par une autre partie, l'assureur (*société d'assurance), qui, prenant en charge un ensemble de risques, les compense conformément aux lois de la statistique. V. *bénéficiaire, police, protection, garantie.* Comp. *certification.*

— **aérienne.** Assurance couvrant les risques auxquels l'aéronef et les marchandises transportées sont exposés durant le transport aérien.

— **au premier risque** (dite, pour l'incendie, *au premier feu*). Assurance où le capital est toujours nettement inférieur à la valeur totale des biens soumis au risque et où l'assureur renonce à appliquer la *règle proportionnelle à raison de cette infériorité, mais où cependant l'assuré doit, au titre de la *déclaration du risque, lui déclarer la totalité des *existences réelles, sur lesquelles la prime est fixée, pour avoir une garantie totale.

— **automobile** (plus exactement assurance des véhicules terrestres à moteur). Assurance couvrant les risques relatifs à de tels véhicules ; comprend l'assurance (obligatoire) de responsabilité civile pour les dommages corporels et matériels causés à autrui par des véhicules au cours ou à l'occasion de la circulation et la couverture de tout ou partie des dommages subis par le véhicule (incendie, vol, collision, bris des glaces). V. **assurance tous risques.*

— **caution.** Assurance qui garantit le non-paiement à l'échéance d'une dette (cf. *assurance crédit*).

— **complémentaire vie.** Assurance accessoire d'une assurance sur la vie par laquelle l'assureur, pendant l'invalidité (par maladie ou accident) de l'assuré, prend à sa charge le service des primes de l'assurance vie.

— **contre la grêle.** Assurance qui garantit l'assuré contre les dommages matériels (perte de quantité) causés à ses récoltes par l'action mécanique de la chute des grêlons et peut

aussi couvrir les dommages causés par les grêlons à des objets mobiliers ou immobiliers (châssis, toitures).
— **contre la maladie.** Assurance qui, sous forme individuelle ou collective, garantit en cas de maladie de l'assuré le remboursement total ou partiel des frais médicaux et pharmaceutiques et le paiement de sommes journalières durant son incapacité de travail.
— **contre la mortalité du bétail.** Assurance qui garantit le dommage matériel subi par le propriétaire des animaux assurés et morts par suite de maladie, accident ou abattage imposé.
— **contre la pluie.** Principalement, assurance qui garantit l'assuré contre les dommages (frais généraux ou insuffisance de recettes) résultant de ce que la pluie a provoqué l'annulation ou a compromis une manifestation (spectacle, fête, etc.) organisée.
— **contre le dégât des eaux.** Assurance qui couvre, soit les dommages matériels directs, soit ceux causés à des tiers (assurance de responsabilité), provoqués par la rupture ou l'obstruction de conduites d'eau.
— **contre les accidents corporels.** Assurance qui, sous forme individuelle ou collective, garantit l'assuré frappé d'une atteinte corporelle soudaine, d'une part par le remboursement total ou partiel des frais médicaux et pharmaceutiques, d'autre part par le versement à lui ou, en cas de mort, au bénéficiaire désigné, de prestations forfaitaires.
— **contre les accidents du travail.** Assurance couvrant la responsabilité d'un employeur à raison d'accidents dont ses ouvriers ou employés sont victimes à l'occasion du travail ; au regard des assurances privées, ne concerne plus, depuis 1947, que les accidents du travail agricole et forestier (les autres ont été intégrés dans la sécurité sociale).
— **contre le vol.** Assurance qui garantit l'assuré contre les dommages matériels subis par lui à la suite de *vol, par des tiers, des objets assurés.
— **contre les détournements.** Celle qui garantit l'assuré contre les vols, abus de confiance et malversations commis par ses préposés.
— **contre l'incendie.** Assurance qui garantit l'assuré, soit contre les dommages matériels directs, soit contre ceux causés à des tiers (assurance de responsabilité du propriétaire ou du locataire. V. *assurance du recours des voisins et assurance du risque locatif*), en cas d'incendie, c'est-à-dire par le feu résultant de conflagration, embrasement ou combustion.
— **crédit.** Assurance garantissant un créancier contre la perte nette définitive résultant de l'insolvabilité du débiteur (V. *assurance caution*).
—**s cumulatives.** V. *cumulatif (assurances).*
— **de choses.** Assurance qui garantit l'assuré contre les pertes directes qu'il subit au regard des choses ou biens lui appartenant.
—**s de dommages** (appelées aussi assurances d'intérêts ou assurances indemnités). Celles qui garantissent l'assuré contre les diverses conséquences d'un événement pouvant causer un dommage à son patrimoine (soumises au principe *indemnitaire, elles comprennent les *assurances de choses et les *assurances de responsabilité).
— **de groupe** (ou assurance groupe). Assurance collective qui couvre les divers membres d'un groupement contre certains risques, principalement contre le risque de mort (assurance vie), contre le risque d'accident et contre le risque de maladie.
—**s de personnes.** Assurances qui, ayant pour objet la personne de l'assuré, comportent des prestations indépendantes du dommage pouvant résulter de la réalisation du risque couvert ; comprennent les *assurances sur la vie en cas de décès ou de vie, les *assurances contre les accidents corporels et contre la maladie.
—**s de responsabilité.** Assurances ayant pour objet de garantir l'assuré contre les recours exercés contre lui par des tiers à raison du préjudice qu'il a pu leur causer et qui engage sa responsabilité : assurance de responsabilité automobile (obligatoire), assurance de responsabilité incendie (V. *assurance incendie, assurance du recours des voisins, assurances du risque locatif*), diverses assurances de responsabilité professionnelle.
— ***dotale.** Assurance vie (servant le plus souvent à doter un enfant) par laquelle l'assureur, en échange d'une prime cessant d'être due à la mort de l'assuré, promet une certaine somme à une certaine date si, à ce moment, le bénéficiaire désigné est vivant.
— **du profit espéré.** V. *intérêt* (sens 5).
— **du *recours des voisins.** Assurance de la responsabilité de tout occupant (propriétaire ou locataire) d'un immeuble, au cas où

l'incendie de cet immeuble est communiqué au voisinage (C. civ., a. 1384, § 2).
— **du risque locatif.** V. *risque *locatif.*
— **flottante.** V. *police flottante.*
— **fluviale.** Assurance garantissant le bateau et les marchandises transportées contre les risques résultant de la navigation sur les fleuves, rivières, canaux et lacs navigables.
— **générale des salaires** (AGS). Assurance que tout employeur doit souscrire contre le risque de non-paiement, en cas de procédure de *redressement judiciaire, de sommes dues aux salariés en exécution du contrat de travail (salaire, indemnité de licenciement) en vertu de laquelle les institutions chargées de la gérer sont tenues en cas de réalisation du risque de verser à bref délai les sommes garanties au représentant des créanciers, lequel doit les reverser aux salariés créanciers.
— **illimitée.** Assurance qui, spécialement au regard des responsabilités délictuelles, ne comporte aucune limite de somme, de sorte que l'assureur couvre la responsabilité entière de l'assuré.
— **in quo vis.** V. *in quo vis.*
— **maritime.** Assurance couvrant contre les risques de transport par mer, les navires (corps) et les marchandises (*facultés).
—**s multiples.** V. *assurances *cumulatives.*
—**s mutuelles.** V. *mutualité, *sociétés d'assurances mutuelles.*
— **natalité.** Assurance par laquelle l'assureur promet un capital déterminé à l'assuré lors de la naissance de chacun de ses enfants.
— **nuptialité.** Assurance qui garantit un certain capital à l'assuré s'il se marie avant un certain âge.
— **par abonnement.** V. *police flottante.*
— ***populaire (vie).** Forme particulière d'assurance sur la vie, destinée aux personnes dont les faibles ressources proviennent de leur travail. Assurances, à régime simplifié (notamment quant au paiement des primes), se caractérisant spécialement par le fractionnement des primes (payables pratiquement par mois) et la limitation des capitaux assurés par un même assureur sur une même tête.
— **pour compte** (abréviation de « pour le compte de qui il appartiendra »). Assurance souscrite par une personne en son nom propre, mais pour le compte de tiers généralement indéterminés, mais déterminables en cas de sinistre par leur *intérêt à l'opération (le tiers devient alors l'*assuré).
— **sur facultés.** V. *facultés.*
— **sur la vie.** Assurance (de personne) par laquelle, en échange de prime (unique, périodique ou viagère), l'assureur s'engage à verser au souscripteur ou au tiers par lui désigné une somme déterminée (capital ou rente) en cas de mort de la personne assurée ou de sa survie à une date déterminée ; dite *en cas de décès* lorsque le seul risque couvert est la mort de l'assuré (souscripteur ou tiers) ; dite *en cas de vie,* lorsque le seul risque couvert est la survie ; assurance *mixte* lorsque les deux risques sont couverts alternativement, l'assureur s'engageant à payer la somme prévue, soit à l'assuré lui-même s'il est vivant au terme fixé, soit, s'il meurt avant ce terme, au bénéficiaire désigné. V. *votum mortis.*
—**s terrestres.** Toutes assurances autres que celles relatives aux risques de la navigation fluviale et maritime.
— **tous risques.** *Assurance automobile couvrant tous les risques (responsabilité civile, dommages subis par les véhicules).
— **transports.** Assurance couvrant les risques auxquels sont exposées les marchandises durant leur transport (terrestre, fluvial, maritime ou aérien).

ASSURANCES SOCIALES

N. f. pl. – V. *assurance.*

- Système d'assurance (obligatoire) des salariés, partiellement à charge des entreprises, destiné à garantir les travailleurs et leurs familles contre les principaux risques, naturels ou accidentels (maladie, maternité, invalidité, vieillesse, accident). V. *protection.*

— **volontaires.** Régime offert à l'ex-salarié qui veut continuer, moyennant cotisation, à bénéficier des assurances sociales.

ASSURÉ, ÉE

Subst. ou adj. – Part. pass. du v. assurer, lat. vulg. *adsecurare,* de *securus* : sûr, tranquille.

- Celui dont la personne ou les biens sont exposés au *risque couvert par l'*assurance, mais qui n'est pas nécessairement le *souscripteur de celle-ci (not. dans l'assurance pour compte). V. *assureur, bénéficiaire.*

ASSUREUR

Subst. masc. – Dér. du v. assurer. V. *assuré.*

- Dans le contrat d'*assurance, celui qui garantit le risque. V. *société, compagnie, agent d'assurances.* Comp. *assuré, souscripteur, bénéficiaire.*

ASTREINDRE

V. – Du lat. *astringere,* attacher, lier.

- **1** Assujettir qqn à une règle, à une discipline, à un service, l'y *soumettre strictement. Comp. *contraindre, imposer, exiger, obliger.* Ant. dispenser, exempter, libérer. V. *dispense, exemption.*
- **2** — (s') (pron.) se soumettre soi-même à une obligation, s'y plier volontairement.

ASTREINTE

N. f. – Part. pass. pris subst. de astreindre. Lat. *adstringere.*

► **I**

- Condamnation pécuniaire *accessoire et *éventuelle, généralement fixée à tant par jour de retard, qui s'ajoute à la *condamnation *principale pour le cas où celle-ci ne serait pas exécutée dans le délai prescrit par le juge et tend à obtenir du *débiteur, par la menace d'une augmentation progressive de sa dette d'argent, l'exécution en nature d'une obligation supposant son fait personnel (peut être *provisoire ou *définitive) (C. pr. civ. ex., a. L. 131-1). Comp. *dommages-intérêts.* V. *comminatoire, liquidation.*

— **(liquidation de l').** Opération (condamnation) finale par laquelle le juge chiffre le montant définitif de la somme d'argent que le débiteur devra payer au créancier, à titre d'astreinte (soit dans le cas où l'obligation a été exécutée avec retard, soit dans le cas où elle est demeurée, en tout ou en partie, inexécutée), mais sans avoir, en principe, à l'égaler au préjudice effectivement subi par le créancier (l'astreinte étant liquidée en fonction de la gravité de la faute du débiteur récalcitrant et de ses facultés, sauf dans les cas où une disposition spéciale de la loi interdit qu'elle soit supérieure au préjudice causé ; ex. l. 21 juill. 1949, a. 2, en matière d'expulsion) et avec le pouvoir de modifier, lors de la liquidation, le montant primitif de l'astreinte (sauf exception : ex. le taux d'une astreinte dès l'origine *définitive ne peut être révisé ; l. 5 juill. 1972, a. 6 s.). V. *provisoire.*

► **II** (eur.)

- Condamnation pécuniaire, accessoire et éventuelle, fixée par la *Commission des C. eur. à tant par jour de retard, qui tend à obtenir d'une *entreprise qu'elle mette fin à certaines infractions ou qu'elle fournisse les *renseignements demandés par la Commission pour l'application des mêmes dispositions, ou encore qu'elle se soumette à une *vérification. Comp. *amende.*

ATERMOIEMENT

Subst. masc. – Dér. du v. atermoyer, comp. de a et de l'anc. franç. *termoyer,* dér. de *terme.

- *Délai accordé à un débiteur par ses créanciers en cas d'impossibilité de payer à l'échéance. Ex. atermoiements échelonnés résultant d'un *concordat amiable (pacte d'atermoiement) ou naguère obtenu à l'occasion d'une procédure de *règlement judiciaire. Comp. *délai de grâce, ajournement, dilatoire, règlement amiable.*

ATTACHÉ, ÉE

Subst. – Formé sur l'anc. franç. *estachier.*

- Titre donné à une catégorie d'*agents diplomatiques (attachés d'ambassade), plus généralement à des corps de fonctionnaires : attachés d'administration centrale, attachés d'administration universitaire…

— **d'administration centrale.** Corps interministériel de fonctionnaires de *catégorie A, recruté par concours ou parmi les admissibles au concours d'entrée à l'École nationale d'administration et qui a remplacé le corps des secrétaires d'administration.

— **d'ambassade.** Membre d'une mission diplomatique ne faisant généralement pas partie du cadre des fonctionnaires du ministère des Affaires étrangères (relations extérieures), mais détaché d'un autre département ministériel en vue de remplir des fonctions de caractère technique (ex. attaché militaire, commercial, culturel) ; terme parfois remplacé par celui de conseiller (ex. conseiller financier, culturel).

ATTACHEMENTS

Subst. masc. plur. – Dér. du v. attacher. V. *attaché.*

- **1** Modalité de constatation de l'exécution des travaux publics consistant dans l'inscription de ces travaux, au fur et à mesure de leur réalisation, sur des « carnets d'attachements » tenus par l'administration et soumis à l'acceptation de l'entrepreneur.
- **2** Le titre ainsi établi qui, doté de force probante, sert de base au paiement d'acomptes sur le prix du marché. Comp. *mémoire, procès-verbal.*

ATTAQUABLE

Adj. – Dér. du v. *attaquer.

- *Susceptible de *recours ; se dit de tout acte juridique contre lequel un recours est ouvert devant une instance juridictionnelle ou administrative, la vulnérabilité de l'acte étant affirmée afin de marquer soit que tel type de recours (recours pour excès de pouvoir, appel, pourvoi en cassation) est ouvert contre tel type de décision (décision administrative, jugement, arrêt) soit que les conditions de recevabilité du recours sont réunies (délai non expiré) soit, plus radicalement, que, par sa nature, l'acte est exposé à un recours, ce qui postule que ce type d'acte ne soit pas soustrait à tout recours par une disposition particulière (ex. les *actes d'administration judiciaire, CPC, a. 537) et, rationnellement, que l'acte produise des effets de droit (soit au sens précis un acte juridique), ce qui est évident pour une décision de justice ou un acte administratif, mais ce qui peut être le cas pour d'autres actes (ex. lettre de la Commission aux États membres, CJCE, aff. C. 32-591, arrêt du 16 juin 1993). Ant. *insusceptible de recours, inattaquable.*

ATTAQUÉ, ÉE

Adj. – Part. pass. du v. *attaquer.

- Se dit d'une décision de justice qui a été *frappée d'un *pourvoi en cassation ou d'une tierce opposition ; par extension de tout acte contre lequel un *recours a été exercé. V. *entrepris, choqué, confirmatif, infirmatif.*

ATTAQUER

V. – Ital. *attacare* : attacher, commencer.

- **1** *(une personne).* Agir en justice *contre cette personne. Comp. *adversaire, combattre, demandeur.*
- **2** *(un acte).* En demander au juge la nullité (ex. C. civ., a. 180) ou, s'il s'agit d'un jugement, la *cassation (par *pourvoi), la rétractation ou la réformation (par voie de tierce opposition, CPC, a. 582). V. *critiquer, frapper, inattaquable.*

ATTEINTE

N. f. – Part. pass. pris subst. du verbe atteindre, lat. pop. *attangere,* classique *attingere.*

- **1** Action dirigée contre quelque chose ou quelqu'un par des moyens divers : dégradations (atteinte matérielle), injure (atteinte morale), blessure (atteinte corporelle), spoliation (atteinte juridique), etc., plus précisément (pén.) terme générique permettant, dans la classification légale des infractions, de regrouper les crimes et délits par catégorie, en spécifiant, pour chacune, ce à quoi portent préjudice les infractions qui y appartiennent : atteintes à la personne humaine, aux biens, aux intérêts fondamentaux de la nation, à l'autorité de l'État, etc. V. *attentat.*
- **2** Résultat préjudiciable de cette action. V. *dommage, préjudice, violation, grief, lésion, emprise, trouble.*

— à la liberté du travail. V. **entrave à la liberté du travail.*

—s à la sûreté de l'État. Nom évocateur et commode donné naguère à diverses infractions aujourd'hui englobées dans les *atteintes aux intérêts fondamentaux de la nation. V. *attentat.*

—s aux intérêts fondamentaux de la nation. Catégorie d'infractions regroupant not. les ci-devant atteintes à la sûreté de l'État : *trahison, *espionnage, *attentat, *complot, *mouvement insurrectionnel, atteinte à la défense nationale.

— au crédit de l'État ou de la Nation. *a /* Fait de répandre sciemment dans le public de faux faits ou des allégations mensongères de nature à ébranler directement ou indirectement sa confiance dans la solidité de la monnaie ou la valeur des fonds publics.

b / Fait d'inciter le public à des retraits de fonds de caisses publiques ou à la vente, le non-achat ou la non-souscription de titres de rentes ou autres effets publics.

ATTENDU

Subst. masc. – Part. pass. du v. attendre, de *attendere* : tendre vers, être attentif, remarquer.

- *Motif (répétitif) d'une demande en justice (requête, assignation, etc.) ou d'une décision de justice (tirant son nom de la formule par laquelle il commence : « attendu que ») qui, dans le style monophrasique traditionnel (aujourd'hui en concurrence – ou en combinaison – avec le style direct), est l'*élément d'une série destinée à développer l'exposé de l'affaire et terminée, avant l'énoncé du *dispositif, par la formule « par ces motifs », chaque attendu énonçant un point de fait ou de droit, ainsi que, parfois, les phases de la procédure. Comp. *considérant.* V. *moyen.*

ATTENTAT

N. m. – Lat. médiév. *attentatum* ou *attentatus,* dér. du v. *attentare* : attenter à.

- **1** Génériquement, *agression contre des droits ou des intérêts primordiaux, terme aujourd'hui supplanté par celui d'*atteinte.
- **2** Spécifiquement, fait de commettre un ou plusieurs actes de *violence de nature à mettre en péril les institutions de la République ou à porter atteinte à l'intégrité du territoire national, passage à l'action violente (comp. complot) qui constitue, comme atteinte aux *intérêts fondamentaux de la nation, un crime contre la nation et l'État (C. pén., a. 412-1) ; forme violente du *coup d'État. Comp. *mouvement insurrectionnel, groupe de combat, bande organisée.*
- **3**

— **à la pudeur.** Acte physique, contraire aux bonnes mœurs, exercé volontairement sur le corps d'une personne déterminée de l'un ou l'autre sexe, avec violence, aujourd'hui nommé *agression *sexuelle (C. pén., a. 222-27 s.) ou même parfois sans violence (si la victime est un mineur de 15 ans, v. *atteinte *sexuelle*) ; à ne pas confondre avec l'**outrage public à la pudeur* aujourd'hui nommé *exhibition *sexuelle (lequel n'implique pas de contact entre l'auteur et la victime).

— **aux mœurs.** Acte d'immoralité ayant pour but soit la propre satisfaction de celui qui agit (ex. viol, agression sexuelle, exhibition sexuelle, harcèlement sexuel), soit la stimulation des passions d'autrui (ex. *excitation de mineur à la débauche, *proxénétisme).

ATTENTATOIRE

Adj. – Dér. de *attentat.

- Qui attente, qui porte *atteinte à (attentatoire à la liberté) ; *préjudiciable, *dommageable. Comp. *vexatoire, discriminatoire, diffamatoire.*

ATTENTES LÉGITIMES

Concept d'origine étrangère (*reliance*) et véhiculé par le droit européen qui déplace l'analyse de l'engagement de la personne du débiteur vers celle du créancier, afin de cerner ce que celle-ci pouvait raisonnablement attendre.

— **des parties.** L'expression appelle à considérer non seulement ce que le créancier peut espérer recevoir mais également ce que le débiteur peut penser devoir (C. civ., a. 1166).

ATTÉNUATION DES PEINES

Lat. *attenuatio,* dér. du v. *attenuare* : affaiblir, rendre mince *(tenuis).* V. *peine.*

- *Réduction de la peine infligée à un individu, par rapport à celle qui était normalement encourue du fait de l'infraction commise, qui résulte de la loi (causes légales d'atténuation), de la décision de condamnation (ex. *dispense de peine) ou des autorités chargées de leur exécution, et qui porte sur le quantum de la peine (réduction de la durée de l'emprisonnement ou le montant de l'amende) ou sur sa nature (substitution de l'emprisonnement à la réclusion). V. **aggravation de peine.* Comp. *mitigation des peines, modération, peine alternative, in mitius, *personnalisation de la peine, avis de *clémence, exonération.*

ATTERRISSEMENTS

Subst. masc. plur. – Du v. atterrir (remplir de terre), comp. de terre, lat. *terra*.

- **1** Syn. **alluvion*.
- **2** Dans un sens plus large, amas de terre, de sable ou de limon, formé par les cours d'eau ou par la mer (*lais et *relais), constituant avec les *alluvions et le *droit d'endigage les créments futurs susceptibles, par l'État, d'une concession particulière (l. 16 sept. 1807). Comp. *avulsion*. V. *accession, accroissement*.

ATTESTATION

N. f. – Lat. *attestatio*, dér. de *attestare*, comp. de *testis* : *témoin.

- *Affirmation, par un tiers, de l'existence d'un fait ou d'une obligation, ex. attestation d'un créancier en vue de la déduction du passif dans une déclaration de succession ; par extension l'écrit contenant cette attestation, ex. attestation d'assurance. Syn. *certificat*. V. *déclaration, *certificat d'héritier, visa, certification, vidimus*. Comp. *dénégation*.

— **en justice.** Forme écrite que revêt en vue de sa production en justice la déclaration d'un *témoin (CPC, a. 199). Comp. *enquête, preuve testimoniale*. V. *faux témoignage*.

— **négative** (eur.). *Décision de la *Commission qui constate qu'il n'y a pas lieu pour elle, en fonction des éléments dont elle a connaissance, d'intervenir à l'égard d'un *accord, d'une *décision d'association d'entreprises, d'une *pratique concertée ou du comportement d'une *entreprise en position dominante. Comp. **déclaration d'inapplicabilité, plainte*.

ATTESTATOIRE

Adj. – De *attestation.

- Se dit d'une espèce de *serment. Syn. *affirmatif, assertoire* (vx).

ATTITRÉ, E

Adj. – Part. pass. du v. tr. attitrer (de a, lat. *ad*, et *titre), charger en titre d'une fonction (vx).

- **1** (d'une personne). Investi en titre d'une mission. Ex. mandataire attitré.
- **2** (d'un droit ou d'un pouvoir). Attaché à un titre, attribué en raison d'une qualité. V. *subjectif, personnel*.

— **(*action).** Nom doctrinal donné à l'action en justice dans laquelle le droit d'agir (de discuter au fond de la prétention soumise au juge) n'est pas ouvert à tout intéressé (action dite banale) mais réservé aux personnes que la loi qualifie à cet effet, de telle sorte qu'en ces cas la demande n'est recevable que si elle émane d'une personne qui justifie de la qualité à laquelle est attaché le droit d'agir, également nommée sujet attitré ou titulaire de l'action. V. **qualité pour agir*.

ATTRAIRE

Du v. lat. *attrahere* : attirer.

- **1** Pour le demandeur, assigner le défendeur devant une juridiction autre que celle qui correspondrait aux critères ordinaires de la compétence territoriale et qu'il saisit en raison de sa situation géographique avantageuse. Ex. le créancier d'aliments peut attraire le défendeur devant la juridiction du lieu où lui-même demeure (CPC, a. 46).
- **2** Plus généralement, syn. d'*assigner en justice, de mettre en cause ; en ce sens, une personne est attraite en justice par un autre justiciable alors qu'elle est *traduite en justice par le ministère public. Comp. *agir (en justice), actionner*.

ATTRIBUTAIRE

Subst. – Dér. de *attribution.

▸ **I** (sens gén.)

- Le *bénéficiaire d'une *attribution ; celui auquel est conférée une mission (attributaire de la garde) ou attribué un bien dans un partage (attributaire d'un lot, d'une part). V. *alloti, loti, copartageant, assignataire, abandonnataire, réservataire, brevetaire, titulaire, dévolutaire*.

▸ **II** (soc. trav.)

- Personne à laquelle les prestations familiales doivent être versées. V. *ayant droit, prestataire, allocataire*.

ATTRIBUTIF, IVE

Adj. – De *attribution.

• **1** Qui emporte *attribution d'un droit, d'un pouvoir, d'une compétence (par transfert ou même par création). Comp. *constitutif, déclaratif, prorogatif, modificatif.* Ex. clause attributive de compétence.

• **2** Qui emporte attribution d'un bien ou d'un lot, spécialement dans un partage.

ATTRIBUTION

Lat. *attributio,* dér. de *attribuere.*

• **1** (sens gén.). Action d'attribuer et résultat de cette action ; action de conférer à une personne déterminée un droit, un pouvoir, une fonction, etc. ; collation d'une prérogative. V. *investiture, allocation, octroi, location, attribution (contrat de).* Ant. *contribution* (laquelle exige au lieu de donner).

• **2** (plus spéc.). Acte (souvent juridictionnel) par lequel une *mission est confiée à quelqu'un (ex. attribution après divorce de la garde d'un enfant mineur).

• **3** (en parlant d'une autorité ou d'un organe). Contenu d'une fonction conférée par la loi ; plus précisément : catégorie d'actes ou de matières qui entre dans les pouvoirs ou la *compétence de cette autorité ou de cet organe. Ex. la police municipale est une attribution du maire ; l'administration des biens du mineur, une attribution du tuteur. V. *attributs, compétence d'attribution, conflit d'attribution.*

• **4** Action d'assigner concrètement à quelqu'un le bien ou la portion de biens qui lui revient, not. de composer le lot qui correspond à sa part dans la masse à partager (attribution en *partage) ; par déviation, le bien, le *lot attribué. V. *allotissement, fournissement.*

— **(droit d').** V. *droit d'attribution.*

— **préférentielle.** Avantage exceptionnel consistant pour un copartageant (dans les cas et conditions fixées par la loi et par dérogation à la règle du partage en nature) à se faire attribuer, dans le partage, la propriété exclusive d'un bien indivis, à charge d'indemniser en argent les autres copartageants. Ex. attribution préférentielle d'une exploitation agricole. V. *soulte.*

• **5** Parfois syn. d'*imputation. Ex. attribution des torts dans le divorce pour faute.

ATTROUPEMENT

N. m. – Dér. de troupe, probablement d'origine germ.

• Tout *rassemblement, prémédité ou occasionnel, sur la voie publique ou dans un lieu public et de nature à troubler l'ordre public, spécialement la *tranquillité publique (n'est délictueux que si, sur les sommations faites par l'autorité compétente, les participants refusent de se disperser) (C. pén., a. 431-3) ; se distingue de la *réunion (parce qu'il a lieu sur la voie publique), de la *manifestation (rassemblement sur la voie publique, mais qui ne menace pas immédiatement la tranquillité générale), de l'*association de malfaiteurs (par son caractère non structuré et par son but, qui n'est pas principalement de commettre des infractions contre les personnes ou les biens) et de la *rébellion (laquelle suppose la résistance violente aux agents de l'autorité, mais qui peut être le fait d'une seule personne comme de plusieurs et peut se produire ailleurs que sur la voie publique).

AUCTOR REGIT ACTUM

• Expression doctrinale (Niboyet) (élaborée par analogie avec **locus regit actum* et signifiant littéralement « l'autorité régit l'acte ») selon laquelle une autorité publique n'agit que selon sa propre loi.

AUDIENCE

N. f. – Lat. jurid. *audientia,* dér. de *audire* : entendre, écouter.

• Séance (publique ou non) d'une juridiction, en général consacrée aux *débats et aux *plaidoiries (audience de plaidoirie) ainsi qu'au prononcé des décisions. V. *auditoire, chambre du conseil, diriger, discussion, police.* Comp. *conciliation, audition.*

— **de procédure.** Nom donné, dans la pratique, à la *conférence du président et aux audiences du juge (ou du conseiller) de la mise en état. V. *fixation.*

— **de rentrée.** Audience solennelle, tenue au début de chaque année civile dans chaque

juridiction, au cours de laquelle est fait un exposé de l'activité de la juridiction pendant l'année (lequel peut être précédé, dans les cours d'appel, d'un discours sur un sujet d'actualité ou d'intérêt judiciaire). V. *mercuriale.*
— **de vacation.** Nom donné, à l'époque où il existait des vacances judiciaires, aux audiences tenues pendant cette période, pour juger les affaires urgentes.
— **des *criées.** Audience spéciale, où, sous la présidence d'un juge, il est procédé aux ventes judiciaires d'immeuble (sur licitation ou après saisie). V. *adjudication.*
— **(*registre d').** Registre tenu par le secrétaire d'une formation de jugement où sont portés, pour chaque audience (entre autres indications), le nom des juges et du secrétaire, le nom des parties, la nature des affaires, les jugements prononcés, etc. (V. CPC, a. 728).
— **(réquisition d').** V. *placet.*
— **solennelle.** Dans les juridictions supérieures (Cour de cassation, cours d'appel), audience d'apparat (en robe rouge) normalement présidée par le premier président, avec un nombre de magistrats plus grand que dans les audiences ordinaires, tenue dans des circonstances exceptionnelles déterminées par la loi (*renvoi après cassation, *audience de rentrée, etc.).

AUDIENCER

V. trans., dér. de *audience.

- (pal.). Renvoyer à une audience, en fixant les jour et heure de celle-ci, une affaire prête à être jugée sur fond ; plus précisément, pour le président d'une formation de jugement, fixer la date de l'audience à laquelle une affaire sera appelée pour être plaidée (CPC, a. 760) ; on dit alors que l'affaire est audiencée (le substantif audiencement est plus rare). V. *renvoi.*

AUDIENCIER

Adj. – Dér. de *audience.

V. *huissier audiencier.*

AUDIT

Subst. masc. – Néol. empr. de l'angl. *audit,* dér. du v. lat. *audire (auditum)* : entendre, écouter.

- Mission d'investigation confiée à un professionnel indépendant (parfois nommé *auditeur) par une personne en quête d'information sur l'intérêt d'une opération ou la situation d'une entreprise (nommée *prescripteur) qui consiste selon ce que prévoit la convention (contrat d'audit) soit seulement à vérifier la conformité de l'opération ou de la situation étudiée aux règles du Droit en général ou dans un secteur déterminé (Droit fiscal, Droit des sociétés, etc.), soit également à évaluer les risques de l'initiative ou de l'activité considérée ou même son degré d'efficacité et à en faire rapport au prescripteur ; nommée « audit juridique » en général ou, plus spécifiquement selon les cas, « audit fiscal », « social », « comptable », etc., se distingue, en ce dernier cas, en tant que mission conventionnelle de la mission légale du *commissaire au compte. V. *conseil juridique.*

AUDITEUR, TRICE

Subst. – Lat. *auditor,* de *audire* : entendre.

- **1** Celui qui, au sein d'un *public ou dans l'ensemble des destinataires d'un message, écoute (l'orateur). V. *auditoire.*
- **2** Celui qui, dans une assemblée délibérative où il est nouvellement admis sans en être encore membre à part entière, écoute pour s'instruire avant de parler (quand il a voix au chapitre) : sens dont il reste des traces dans divers titres.

— **au Conseil d'État et à la Cour des comptes.** Personne qui, recrutée à l'issue de ses études à l'École nationale d'Administration, occupe le degré inférieur de la hiérarchie du personnel au Conseil d'État et à la Cour des comptes.
— **de justice.** Élève de l'École nationale de la Magistrature chargé (sous la responsabilité des magistrats auprès desquels il est affecté) de participer aux activités juridictionnelles du tribunal (assister le juge d'instruction ou le ministère public, siéger en surnombre et participer avec voix consultative aux délibérés, etc.) et appelé, à l'issue de sa scolarité (études et stages dans les juridictions) à subir un examen de classement en vue d'être nommé magistrat (du second grade).

- **3** (néol.). Dans la pratique, professionnel chargé de l'*audit par le contrat du même nom. V. *prescripteur.*

AUDITION

N. f. – Lat. *auditio.*

- Action, pour un juge, d'*entendre un plaideur, un témoin ou un *technicien ; action pour ce juge (qu'il soit ou non juge de la cause) de recueillir lui-même directement les *déclarations, observations et explications que lui donnent en personne ceux qu'il entend ; échange qui peut être :

a / Une phase d'une *mesure d'instruction (ex. audition des témoins dans l'*enquête, CPC, a. 207 ; audition des parties dans la *comparution personnelle, CPC, a. 189 s. ; audition de l'expert dans l'expertise, CPC, a. 283). V. *déposition, témoignage, commis, commission rogatoire, entendu.*

b / (S'il s'agit des parties) l'objet principal d'une rencontre moins formelle (mais soumise au principe de contradiction) qui permet toujours à un plaideur de se faire entendre lui-même de son juge et au juge d'entendre le plaideur, quelles que soient les règles de la représentation et de l'assistance (CPC, a. 20) (audition simple ou audition proprement dite).

— **libre (pr. pén.).** Action d'entendre, pour les nécessités d'une enquête policière, des personnes à l'encontre desquelles n'existe aucune raison plausible de soupçonner qu'elles ont commis ou tenté de commettre une infraction et dont la durée ne peut excéder quatre heures. Peut constituer une mesure préalable à la *garde à vue (CPP, a. 78).

AUDITOIRE

Subst. masc. – Lat. *auditorium.*

- **1** Local des cours et tribunaux où se tiennent les *audiences. V. *chambre du conseil.* Comp. *prétoire, barre.*
- **2** Ensemble des personnes présentes à l'*audience (ex. en cas de manifestation de l'auditoire, le président veut faire évacuer la salle). V. *public, assistance.*

AU MARC LE FRANC

V. *franc.*

AUTEUR

Subst. masc. – Lat. *auctor.*

- **1** Celui dont on tient un droit, spécialement dans une *acquisition. Ex. le vendeur pour l'acheteur, le testateur pour le légataire, etc. V. *ayant cause, chef, tête.*
- **2** Créateur d'une œuvre littéraire, artistique, musicale.

— **(contrat dit : à compte d').** Espèce de louage d'ouvrage en vertu duquel l'auteur d'une œuvre de l'esprit (ou son ayant droit) confie à l'éditeur, moyennant une rémunération convenue, la charge de fabriquer en nombre, dans la forme et suivant les modes d'expression déterminées au contrat, des exemplaires de l'œuvre et d'en assurer la *publication et la diffusion, l'opération se faisant aux frais, risques et bénéfices de l'auteur.

— **(droits d').**

a / Droits de caractère patrimonial (droits de *représentation, de *reproduction et leurs corollaires, droit de *suite) ou moral (droits de *divulgation, de *repentir, droit au *respect de la paternité et de l'intégrité de l'œuvre) auxquels donnent prise les œuvres littéraires et artistiques.

b / Dans le langage courant, expression employée (souvent et à tort) pour désigner les redevances d'auteur, stipulées lors de la conclusion des contrats d'exploitation des œuvres de l'esprit (en France, l. 11 mars 1957 ; dans les relations internationales, Conventions de Berne, 1886, et Convention universelle de Genève, 1952). V. *édition, représentation.*

- **3** Celui qui accomplit un acte, prend un engagement (ex. auteur d'une *reconnaissance, d'une dette).
- **4** Père ou mère (C. civ., a. 348-1) – ou même autre ascendant – d'une personne.
- **5** (pén.). Celui qui commet ou tente de commettre l'infraction (C. pén., a. 121-4) sous la double précision : *1 /* que celui qui tente de commettre un crime en est toujours considéré comme l'*auteur, et celui qui tente de commettre un délit seulement dans les cas prévus par la loi ; *2 /* que la commission ou la tentative s'entend, en principe, d'un fait personnel (est auteur qui accomplit lui-même les faits incriminés), par exception de l'ordre d'accomplir l'infraction ; nommé auteur *principal par opp. au

*complice. V. *coauteur, agent matériel* (sens 8). Comp. *instigateur, provocateur, civilement responsable.*

AUTHENTICITÉ

N. f. – Dér. de *authentique.

• **1** Qualité de l'objet ou du document (œuvre, écrit, etc.) dont l'auteur ou l'origine sont attestés, notamment sur la foi d'un *certificat. V. *expertise, *appellation contrôlée, copie.*

• **2** Qualité (spécialement *force probante) dont est revêtu un *acte du fait qu'il est *reçu ou, au moins, *dressé par un officier public compétent, suivant les solennités requises. V. *preuve, *inscription de *faux, falsification, foi.*

AUTHENTIFICATION

N. f. – Dér. du v. *authentifier.

• **1** Opération (contemporaine de la rédaction d'un acte) consistant à conférer l'*authenticité (sens 2) à cet acte (spécialement à observer les formes dont dépend celle-ci) (action constitutive). V. *paraphe.*

• **2** Opération consistant (après coup) à vérifier l'*authenticité (sens 1) d'un objet ou d'un document (action déclarative). V. **vérification d'écriture, faux.*

AUTHENTIFIER

V. – De *authentiquer,* construit d'après *certifier.

• **1** Rendre un acte *authentique, lui conférer l'authenticité. Syn. *authentiquer* (vx). V. *original.*

• **2** Vérifier et attester l'authenticité d'un document ou d'un écrit. Comp. *certifier, légaliser.* V. *sceau.*

AUTHENTIQUE

Adj. – Lat. jur. *authenticus,* du grec αυθεντικος.

• **1** Qui a véritablement l'auteur ou l'origine qu'on lui attribue.

• **2** Se dit plus techniquement, par opposition à l'*acte sous seing privé, de l'acte qui, étant *reçu ou *dressé par un officier public compétent, selon les formalités requises (sur papier ou support électronique), fait *foi par lui-même jusqu'à *inscription de *faux (C. civ., a. 1369, 1371 ; CPC, a. 303 s.). Ex. les *actes notariés, les actes de l'état civil sont des actes authentiques. V. *écrit.*

AUTOCONTRÔLE

V. les suivants et contrôle.

• Syn. **participations réciproques.*

AUTOCRATIE

N. f. – Dér. d'autocrate, emprunté du grec αὐτοκρατής : maître absolu.

• Régime politique dans lequel un homme exerce lui-même et sans partage une autorité illimitée. Ex. l'autocratie des tsars russes au XIXᵉ siècle. Ant. : *démocratie, oligarchie, monarchie limitée.* V. *monarchie, monocratie, despotisme.*

AUTODÉTERMINATION

N. f. – *Mot d'origine composite formé du grec* αὐτός : soi-même, et d'un dér. du v. lat. *determinare.*

• Détermination du statut politique d'un territoire par la population de celui-ci, fondée sur le droit des peuples à disposer d'eux-mêmes. (V. not. Résolution nº 1514 (XV) de l'Assemblée générale des Nations Unies.

AUTOENTREPRENEUR

V. *entrepreneur (micro-).*

AUTOFINANCEMENT

N. m. – Gr. αὐτός ; v. financement.

• Espèce de *financement par affectation de *ressources propres, sans recours à l'emprunt.

— **(capacité d').** Résultat dégagé par une entreprise au cours d'une période de référence une fois les produits encaissés, et les charges décaissées. JORF 13.3.2013 p. 4423. Comp. *flux de trésorerie.*

AUTOGESTION

N. f. – Du grec αὐτός : soi-même, lui-même et du lat. *gestio,* de *gerere* : gérer.

- **1** Conception visant à confier à l'ensemble des travailleurs la gestion des entreprises.
- **2** Mode de gestion : gestion de l'entreprise par les travailleurs mêmes de celle-ci. Comp. *cogestion*.

AUTOMATION

N. f. – Anglicisme pour automatisation.

- Fonctionnement automatique d'un ensemble productif fondé sur la substitution d'un travail intellectuel, technique ou de surveillance à un travail manuel parcellaire.

AUTONOME

Adj. – Du grec αὐτονομὁς.

- **1** Qui jouit de l'*autonomie (en chacun des sens de ce mot). Ex. pouvoir autonome de la volonté, territoire autonome, *port, etc.
- **2** Par opp. à *accessoire et *subsidiaire, indépendant de tout autre rapport de droit. V. **garantie autonome, documentaire (garantie), constitut.*
- **3** Distinct, suffisant ; se dit not. d'une cause, d'une condition, d'une preuve, pour exprimer qu'elle est suffisante par elle-même et à elle seule pour produire un plein effet de droit. Ex. la possession d'état mode autonome d'établissement de la filiation.
- **4** Se dit d'un droit propre, qui appartient à une personne de son chef, par opp. à médiat ou dérivé. Ex. le pouvoir domestique est, pour chaque époux, un pouvoir autonome.

AUTONOMIE

N. f. – Empr. au grec αὐτονομία : droit de se régir par ses propres lois.

- (Sens gén.). Pouvoir de se déterminer soi-même ; faculté de se donner sa propre loi. V. *conscience, liberté, indépendance.*

▸ **I** (civ.)

— **de la volonté.** Théorie fondamentale selon laquelle la volonté de l'homme (face à celle du législateur) est apte à se donner sa propre loi, d'où positivement pour l'individu la liberté de contracter ou de ne pas contracter (*liberté contractuelle), celle de déterminer par accord le contenu du contrat dans les limites laissées à la *liberté des conventions par l'ordre public et les bonnes mœurs, celle, en principe, d'exprimer sa volonté sous une forme quelconque (V. *consensualisme*), d'où, plus gén., l'affirmation que la volonté des parties est la *source de l'obligation contractée (C. civ., a. 1134, al. 1) et celle de l'interprétation du contrat (a. 1156).

▸ **II** (publ.)

- Situation de collectivités ou d'établissements n'ayant pas acquis une pleine *indépendance vis-à-vis de l'État dont ils font partie ou auquel ils sont rattachés, mais dotés d'une certaine liberté interne de se gouverner ou de s'administrer eux-mêmes.

▸ **III** (int. publ.)

- **1** Au sens le plus étendu, capacité que possède tout sujet du Droit international à l'effet de librement exercer la plénitude de ses propres compétences (on parle en ce sens d'autonomie des compétences).
- **2** Dans un sens plus restreint, capacité que possède une collectivité non souveraine au regard du Droit international à l'effet de librement déterminer les règles juridiques auxquelles elle entend se soumettre dans la limite des compétences qu'elle exerce en propre.
- **3**

— **interne.** Statut juridique de certaines collectivités non souveraines, au regard du Droit international, et dont les relations internationales sont assumées par un État souverain, mais qui n'en retiennent pas moins compétence à l'effet de librement déterminer les règles régissant l'organisation et le fonctionnement de leurs pouvoirs publics ainsi que les modalités de leur action sur le plan interne.

▸ **IV** (trav.)

— **des partenaires sociaux.** Concept fondamental, en matière de négociation collective, selon lequel l'État reconnaît, en fait ou en droit, la possibilité pour les entreprises et les syndicats d'organiser librement leurs rapports.

▸ **V** (int. priv.)

— **(loi d').** Loi compétente pour régir l'acte juridique (plus spécialement le contrat), ainsi nommée par référence au rôle de la volonté (c'est la loi que les parties ont choisie ou, à défaut de volonté exprimée, celle du pays où elles ont entendu localiser l'opération).

AUTOPROTECTION

N. f. – Mot d'origine composite, formé du grec αὐτός : soi-même, et du lat. *protectio*.

- Expression par laquelle un État peut chercher à justifier exceptionnellement un acte en lui-même contraire au Droit international, au motif que, dans les circonstances de l'acte, cet État n'avait pas d'autre moyen de défendre son existence ou ses intérêts, l'autoprotection correspond à la notion anglaise de *self-help,* mais se distingue de la *légitime défense *(self-defence).*

AUTORISATION

N. f. – Dér. du v. autoriser, lat. médiév. *auctorizare,* dér. de *auctor* : auteur.

- **1** (sens gén.). Permission accordée par une *autorité qualifiée (juge, parents, administration) à une personne d'accomplir un acte juridique que celle-ci ne pourrait normalement faire seule, soit en raison d'une *incapacité d'exercice, soit en raison des limites de ses *pouvoirs ordinaires ou de sa compétence. Ex. autorisation parentale requise pour le mariage d'une fille mineure (C. civ., a. 148) ; autorisation judiciaire, pour un époux, d'accomplir seul un acte pour lequel il aurait besoin du consentement de son conjoint absent (C. civ., a. 217) ; autorisation gouvernementale donnée à une association de recevoir un legs (C. civ., a. 910). Comp. *habilitation, consentement, concours, assistance, homologation.*
- **2** Acte par lequel une autorité administrative permet à un bénéficiaire d'exercer une activité ou de jouir de droits dont l'exercice ou la jouissance sont subordonnés à son obtention. Ex. autorisation d'occupation du domaine public. V. *concession, permis, permission, licence.* Comp. *sauf-conduit, laissez-passer.*

— **d'absence** (trav.). V. *absence.*

— **de juge.** Nom donné dans la pratique à la permission d'agir d'une manière déterminée qu'il appartient au juge d'accorder dans les cas spécifiés par la loi. Ex. autorisation par le président du tribunal d'assigner à jour fixe en cas d'urgence (CPC, a. 788).

— **de programme.** *Crédit budgétaire permettant d'engager globalement une dépense d'équipement et qui doit être complété par des crédits de paiement répartis sur le nombre d'années nécessaires à la réalisation complète de la dépense (cf. loi organique relative aux lois de finances a. 12).

— **de sortie sous escorte.** Autorisation de sortir (accompagné) de l'établissement dans lequel il est détenu qui peut être accordée, à titre exceptionnel, sous les conditions de la loi, à tout inculpé, prévenu, accusé ou condamné (C. pr. pén., a. 148-5, 723-6, l. 22 nov. 1978). Comp. **permission de sortir, semi-liberté,* **extraction de détenus.*

- **3** (pén.).

— **de la loi.** Expression générique englobant plusieurs causes voisines d'*irresponsabilité en vertu desquelles celui qui accomplit un acte, prescrit ou autorisé par la loi ou le règlement (ordre ou permission de la loi) ou commandé par l'autorité légitime est exonéré de toute responsabilité pénale sauf, dans le cas du commandement, si l'acte est manifestement illégal (C. pén., a. 122-4) ou s'il s'agit de crimes particulièrement graves (C. pén., a. 213-4, crimes contre l'humanité).

AUTORISÉ, ÉE

Adj. – Part. pass. du v. autoriser. V. *autorisation.*

- **1** Qui a reçu *autorisation. Comp. *habilité, qualifié.*
- **2** Permis, V. *licite.*
- **3** Qui émane d'une personne qui fait *autorité. Ex. commentaire d'une réforme par un jurisconsulte qui a participé à l'élaboration de celle-ci. V. *doctrine, jurisprudence, coutume.*

AUTORITÉ

N. f. – Lat. *auctoritas* : pouvoir donné pour l'exercice d'une fonction.

- **1** *Pouvoir de *commander appartenant aux *gouvernants et à certains agents publics.

— **légitime (commandement de l').** V. *autorisation de la loi.*

— **(régime d').** Régime dans lequel les dirigeants de l'exécutif exercent un pouvoir fort non limité par des institutions démocratiques ou parlementaires ni par des droits reconnus aux particuliers.

• **2** Organe investi de ce pouvoir.

a / Ensemble des organes investis d'un pouvoir d'une certaine sorte. Ex. l'autorité législative, l'autorité administrative, l'autorité judiciaire, l'autorité militaire, l'autorité municipale.

— **administrative indépendante.** Organisme administratif, parfois doté de la personnalité juridique, qui est pourvu de pouvoirs réglementaires et juridictionnels. Ex. *CNIL, *COB, *CSA. Comp. *autorité publique indépendante.*

— **de contrôle prudentiel et de résolution.** *Autorité administrative indépendante, dépourvue de la personnalité morale, ayant pour mission de préserver le système financier, et de protéger les clients, les assurés, les adhérents et bénéficiaires des personnes soumises à son contrôle et qui dispose d'un pouvoir de recommandation et de sanction (C. mon. et fin., a. L. 612-1 à L. 612-50).

— **de la concurrence.** *Autorité administrative indépendante qui veille au libre jeu de la concurrence, qui dispose d'un pouvoir de recommandation et de sanction (not. répression des pratiques anticoncurrentielles, contrôle des concentrations, injonctions, sanctions financières) et dont les décisions sont susceptibles de recours devant la Cour d'appel de Paris (C. com., a. L. 461-1).

— **des marchés financiers.** *Autorité publique indépendante chargée des missions déterminées par l'art. L. 621-1 du Code monétaire et financier.

— **des normes comptables.** Autorité administrative indépendante qui établit, par la voie de règlements qu'elle est habilitée à édicter, des prescriptions en matière comptable (C. com., a. L. 123-15, L. 123-16, L. 123-27, L. 233-20 ; C. mon. et fin., a. L. 214-190-2).

— **publique indépendante.** *Autorité administrative indépendante dotée de la personnalité morale (lois organiques n° 2010-837 et 2017-54).

— **de régulation.** V. *régulation*.

b / Ensemble des organes investis du pouvoir. Ex. « les représentants de l'autorité ».

— **des *États membres** (eur.). Organismes juridictionnels ou administratifs des États membres spécialement chargés dans ces États d'appliquer la législation nationale sur la *concurrence, ou de contrôler la légalité de cette application.

• **3** Valeur attachée à certains actes.

— **de chose décidée.** Expression doctrinale désignant les effets attachés à la décision exécutoire administrative, tel le *privilège du préalable.

— **de *chose jugée.** Ensemble des effets attachés à la décision juridictionnelle, telle la *force de vérité légale (ne pas confondre avec la *force de chose jugée). V. **fin de non-recevoir.*

• **4** Pouvoir exercé par des personnes sur autrui.

— **parentale.** Ensemble des droits et des devoirs qui appartiennent aux père et mère en vertu de la loi (C. civ., a. 371-1) et que ceux-ci exercent en commun pendant le mariage (C. civ., a. 372), d'une part relativement à la personne de leurs enfants mineurs non émancipés, en vue de les protéger (*garde, *surveillance, *éducation), d'autre part relativement aux biens de ceux-ci (*administration et *jouissance légale). Comp. pour les parents naturels, C. civ., a. 372, al. 1, 2 et 3, et en cas de séparation des parents mariés ou non, C. civ., a. 373-2 s. V. *délégation et déchéance de l'autorité parentale, assistance éducative, hébergement, droit de *visite, retrait, égalité parentale, *exercice conjoint, exercice unilatéral, responsabilité parentale*.

— **parentale (atteinte à l'exercice de l').** Qualification générique sous laquelle sont regroupées la *non-représentation d'enfant (C. pén., a. 227-5), la *soustraction d'enfant (a. 227-7 et 8) et la non-notification, aux autres intéressés, de son changement de domicile, par la personne chez laquelle l'enfant réside habituellement (a. 227-6).

• **5** Nom parfois donné à la jurisprudence et à la doctrine par opposition aux véritables *sources de Droit (loi et coutume).

• **6** (par ext.) Valeur de précédent, valeur d'argument reconnue à un arrêt ou à une opinion d'auteur ; *référence exemplaire.

AUTOROUTE

Subst. fém. – Mot d'origine composite, formédu grec αὐτός : soi-même, et du français *route.

• Voie routière à destination spéciale, sans croisements, accessible seulement en des points aménagés à cet effet et essentiellement réservée aux véhicules à propulsion mécanique. Ex. autoroutes de liaison (relient les villes et les régions) ; autoroutes de dégagement (situées à la sortie ou à la périphérie des grandes agglomérations).

AUXILIAIRE

Subst. ou adj. – Lat. *auxiliaris,* dér. d'*auxilium* : secours.

- Catégorie particulière d'*agents publics, recrutés à l'origine en vue de fonctions *temporaires et aujourd'hui dotés d'un statut qui les place dans la même situation statutaire et réglementaire que les *fonctionnaires, sans toutefois leur assurer la même protection. V. *titulaire.* Comp. *intérimaire, suppléant, adjoint.*

AUXILIAIRE DE JUSTICE

Lat. *auxiliaris,* de *auxilium* : secours, aide, assistance. V. *justice.*

- Qualification générique appliquée aux membres des professions diverses qui concourent à l'administration de la justice, soit principalement en assistant le juge dans l'exercice de ses fonctions (secrétaire, greffier, *expert, *consultant, *constatant, *huissier audiencier, notaire, administrateur judiciaire, courtier, séquestre, commissaire-priseur, liquidateur, etc.), soit principalement par le soutien qu'ils apportent aux parties (qui en principe les choisissent) en les représentant, assistant ou secondant de diverses manières (avocat, avoué à la cour d'appel, avocat aux conseils, huissier) et qui sont soumis à des statuts variés, certains étant *officiers publics et ministériels (avocat au Conseil d'État et à la Cour de cassation, avoués près les cours d'appel, notaire, etc.), d'autres appartenant à des professions judiciaires réglementées (avocat), d'autres enfin à des professions non judiciaires mais souvent inscrits sur des listes par l'autorité judiciaire qui les choisit en raison de leur qualification (expert, administrateur judiciaire). V. *professions *judiciaires, gens de justice, assistant spécialisé.*

AVAL, ALS

Subst. masc. – Étym. douteuse ; on a dit d'abord au XVIIe s. « pour aval » ; on a voulu y voir une abréviation écrite de « à valoir ».

- Cautionnement *cambiaire d'une dette cambiaire en vertu duquel le *donneur d'aval *(avaliseur* ou *avaliste)* s'engage à payer le montant de l'effet de commerce en cas de défaillance de tel signataire déterminé (nommé *avalisé*).

AVALISÉ, ÉE

Adj. ou subst. – Part. pass. du v. avaliser, dér. de *aval.

- **1** Celui dont l'engagement cambiaire est cautionné. V. *avaliseur, avaliste.*
- **2** Se dit par ext. de la signature du précédent.

AVALISEUR

Subst. masc. – Dér. de *aval.

- Celui qui donne son *aval. Syn. *avaliste.* V. *avalisé.* Comp. *caution.*

AVALISTE

Subst. masc. – Dér. de *aval.

- Syn. **avaliseur.* V. *avalisé.*

AVANCE

Subst. fém. – Dér. du v. avancer. V. *avancement.*

- **1** Paiement anticipé (avant terme ou même avant exécution) de partie d'une dette (à titre de garantie, de preuve, de faveur, etc.) ; par ext., sommes versées par anticipation. Ex. avance de loyer (versement avant entrée en jouissance ou avant terme d'une fraction de loyer), avance de salaire (avant service fait). Ant. **arriéré.* V. *provision.* Comp. *acompte, consignation, arrhes.*
- **2** Sommes remboursables déboursées dans l'exécution d'une mission ou dans l'intérêt d'autrui. Ex. avances faites par le mandataire (C. civ., a. 2001) ou par l'expert (CPC, a. 280). Comp. *impenses, dépenses.*
- **3** Nom courant parfois donné au prêt d'argent (avance de fonds) ou aux sommes prêtées.
- **4** (fin.). Crédit à court terme accordé par l'État en principe sur crédits budgétaires.

— **bancaire.** Opération de prêt, généralement à court terme, réalisée par les organismes de crédit.

— **sur *marchandises.** Opération de prêt sur

gage portant sur des marchandises déposées dans un magasin général ou qui sont en cours de transport.
— **sur marché.** Opération de prêt garanti par le *nantissement d'un marché privé ou public. V. *délégation de marché.*
— **sur police d'assurance.** Opération par laquelle, en assurance vie, l'assureur accepte de faire à l'assuré une avance d'argent imputable sur la réserve (provision) mathématique.
— **sur titres.** Opération de prêt sur gage portant sur des titres de bourse.

AVANCEMENT

N. m. – Dér. du v. avancer, lat. pop. *abantiare,* der. du lat. de basse époque *abante* : devant.

- **1** Accession d'un fonctionnaire à une situation supérieure dans l'administration à laquelle il appartient par sa nomination à un degré plus élevé de la hiérarchie administrative ou à un échelon supérieur dans l'échelle des traitements.

— **au choix.** V. *choix (avancement au).*

- **2** Prend dans certaines expressions le sens d'*avance ou d'anticipation. Ex. avancement d'*hoirie (*i.e.* de part successorale). V. *donation.*

AVANTAGE

Subst. masc. – Dér. de l'adv. avant, du lat. *ab* et *ante.*

- **1** Dans un sens général et courant, *profit, gain, utilité. Ex. avantage résultant d'un contrat de bienfaisance (C. civ., a. 1105), d'un contrat aléatoire (a. 1964) ou d'un arrangement. V. *intérêt, bénéfice.*
- **2** *Faveur, situation préférentielle, *privilège.
- **3** Succès acquis sur un adversaire. Ex. avantage tiré d'une preuve (C. civ., a. 1330).

— **acquis** (trav.). Droits découlant d'une convention collective et conservés en cas de modification de celle-ci lorsqu'une clause (généralement de style) l'a prévu. Plus généralement, ensemble de droits qui – une fois appliqués – ne peuvent être remis en cause.
— **contributif.** V. *contributif.*
— **en nature** (trav.). *Prestations complémentaires (nourriture, logement, chauffage, habillement, etc.) qui, fournies par l'employeur au salarié en tant qu'*accessoire, font partie de son *salaire.
— **indirect.** V. *indirect.*
— **matrimonial.** V. *matrimonial (avantage).*
—**s non contributifs** (trav.). Prestation dont l'octroi est indépendant de toute contribution financière antérieure de leur part.
— ***particulier** (com.).

a / Situation privilégiée faite dans les statuts d'une société par actions soit à une personne non associée sans contrepartie, soit à l'un des actionnaires afin de lui conférer des droits plus étendus qu'aux autres (vocation à une fraction supplémentaire des bénéfices ; *actions à vote plural). V. *action de priorité.*

b / Situation privilégiée, illicite, faite à certains créanciers dans une procédure *collective de règlement du passif tendant (par le moyen d'accords, not. avec le débiteur) à les avantager au préjudice des autres ou à obtenir un vote favorable dans les assemblées de créanciers (convention, frappée de nullité, qui expose les créanciers bénéficiaires aux sanctions de l'abus de confiance).

— ***tarifaire.** Condition favorable de vente (*réduction de prix, *ristourne, etc.) accordée par un fournisseur à un distributeur ainsi bénéficiaire d'une situation préférentielle qui peut revêtir, à l'égard des autres, un caractère discriminatoire. Comp. *couponnage.*
—**s (prendre ses)** (lang. jud.). De la part d'un plaideur diligent, demander à la juridiction de tirer (au profit du requérant) toutes les conséquences de la carence de son adversaire. Ex. pour le plaideur qui comparaît, requérir à son profit – mais sous les charges qui lui incombent – un jugement sur le fond contre l'adversaire qui fait défaut.

AVANT-CONTRAT

N. m. – Avant, dér. du lat. *ab* et *ante* (avant). V. *contrat.*

- Expression doctrinale désignant soit de véritables contrats (de base) – promesse pure et simple de contrat (ex. promesse de vente, de bail), contrat préliminaire à la vente d'immeuble à construire (l. 3 janv. 1967) –, soit plus généralement et plus vaguement toute espèce d'accord *préliminaire passé lors de *pourparlers, de façon souvent informelle (ainsi par téléphone) en vue de la conclusion ultérieure d'une convention en général plus formaliste, mais faisant déjà naître, au moins à titre provisoire, un engagement (accord de principe, note de couverture en matière d'assurance). V. *compromis*.

AVANT DIRE DROIT (AVANT FAIRE DROIT)

Avant, V. le précédent ; dire, lat. *dicere* ; faire, lat. *facere*. V. *droit*.

- Expression consacrée et abrégée (pour « avant de dire le droit », « avant de faire – le cas échéant – droit à la demande » ; comp. *faire droit*), qui, dans une décision, annonce que celle-ci ne tranche pas la contestation principale, mais qu'elle prend, avant la solution de cette contestation, une mesure destinée à la préparer ou à l'attendre pendant l'instance (en quoi, elle a cependant un caractère *juridictionnel). V. **jugement avant dire droit, interlocutoire*. Ant. *sur le *fond*.

AVANT-MÉTRÉ

Subst. masc. – Avant, du lat. *ab* et *ante* (avant) ; métré, part. pass. du v. métrer (mesurer au mètre), de mètre, lat. *metrum*, grec μέτρον : mesure.

- En matière de *travaux publics, pièce du *marché qui contient une évaluation de chaque nature d'ouvrage à exécuter.

AVANT-PROJET

Avant, V. le précédent. V. *projet*.

- Rédaction préparatoire d'un texte servant de base à une première discussion en vue de l'élaboration d'un *projet (de loi, de règlement, de convention, etc.).

AVARIE

Subst. fém. – (Mar.). Empr. fin XVIe siècle de l'ital. *avaria*, terme de marine d'étym. douteuse, probablement empr. de l'arabe *awâr* : marchandise endommagée.

► *Dommage matériel portant sur un bien déterminé ; par ext. dépense faite pour éviter un dommage ou en limiter les effets.

—s communes. Sacrifices faits et dépenses extraordinaires exposées pour le salut commun et pressant des intérêts engagés dans une expédition maritime, et décidés par le capitaine V. *dispache*.

—s particulières. Toutes avaries qui ne sont pas classées en avaries communes. V. **franc d'avaries particulières (clause de)*.

AVENANT

Subst. masc. – Part. prés. pris subst. de l'anc. franç. avenir : arriver, lat. *advenire*.

- Expression dérivée de la formule autrefois usitée au début du contrat : « advenant tel jour, les parties conviennent ».
- **1** *Accord modifiant une convention, en l'adaptant ou en la complétant par de nouvelles clauses. Ex. avenant à une police d'assurance, à un contrat administratif ou à une convention collective. Comp. *annexe, protocole, additif, codicille*.
- **2** Plus précisément, acte écrit *additionnel contenant la *modification. V. *intercalaire, dérogation*.

AVÈNEMENT

N. m. – Dér. de avenir. V. *avenant*.

- **1** Action d'arriver. Spéc. pour une *condition, syn. d'*accomplissement.
- **2** Action d'accéder aux plus hautes dignités. Ex. *accession au trône, à l'empire, au pontificat.

AVENIR

Subst. masc. – Comp. de à et venir.

- Nom naguère donné, dans la pratique, à l'acte de procédure délivré par l'avocat (ou l'avoué) d'un plaideur à l'avocat (ou l'avoué) de l'autre partie, pour l'inviter à se présenter à une audience déterminée de la juridiction afin d'y accomplir une formalité ou une diligence précise (par ex. signifier des conclusions ou plaider) ; ce terme n'est plus utilisé dans le nouveau Code de procédure civile.

AVENTURE

Subst. fém. – Lat. pop. *adventura*, nom fém. dérivé du plur. neutre du part. fut., proprement ce qui arrivera, du v. *advenire*.

— (prêt à la grosse). V. *prêt à la grosse aventure*.

AVERTISSEMENT

N. m. – Dér. du v. avertir, lat. *advertere* : tourner vers, sévir, punir.

● **1** Action d'avertir une personne, de la prévenir au sujet d'une chose qui la concerne ; par ext. le document qui lui est adressé et le contenu de celui-ci ; plus spéc. *avis préalable destiné à permettre à une personne intéressée : *1 /* de se présenter en justice (syn. en ce sens de convocation) ; *2 /* de faire valoir ses droits ou ses intérêts (ex. C. civ., a. 1768) ; *3 /* de prendre ses dispositions avant l'exécution d'une mesure annoncée (ex. C. civ., a. 1748) ; *4 /* d'adopter le parti de son choix (faire ou ne pas faire de déclaration) ; *5 /* de remplir ses obligations (ex. avertissement fiscal faisant connaître à un contribuable le montant de l'impôt dont il est redevable), etc. V. *information, renseignement, préavis, annonce, communiqué.*

● **2** Menace de sanction ; par ext. début de sanction et même premier degré de la sanction. Ex. avertissement en matière disciplinaire. Comp. *blâme, admonestation, observation, semonce, rappel à l'ordre.*

AVEU

N. m. – Dér. du v. avouer, d'abord probablement : lat. *advocare* : appeler, invoquer, implorer, d'où, en français : reconnaître quelqu'un comme son seigneur, une action comme valable, etc. ; le sens d'avouer une faute est récent.

● **1** (sens gén.). *Reconnaissance par un plaideur de l'exactitude d'un fait allégué contre lui, qui constitue un mode de *preuve du fait avoué. V. *serment, témoignage, foi, *comparution personnelle, liberté.*

● **2** (pén.). *Reconnaissance, devant la police ou l'autorité judiciaire, par une personne soupçonnée ou poursuivie, de l'exactitude de tout ou partie des faits qui lui sont reprochés (élément de preuve laissé à l'appréciation du juge, sans lier celui-ci, C. pr. pén., a. 428). Comp. *comparution sur reconnaissance préalable de culpabilité.*

— **complexe** (lat. *complexus,* part. pass. du v. *complecti* : comprendre, embrasser). Aveu d'un fait, mais avec allégation d'un autre fait distinct du premier, de nature à modifier les conséquences de l'aveu. Ex. j'avoue que je devais, j'ajoute que j'ai payé.

— ***conditionnel.** Aveu sous condition, interprété par le tribunal comme étant non une promesse sous condition, mais un aveu. Ex. je reconnaîtrai ma dette si vous renoncez à prendre hypothèque judiciaire. Comp. *acquiescement.*

— ***extrajudiciaire.** Aveu fait hors de la présence du juge ou fait en justice mais dans une autre instance (C. civ., a. 1383-1).

— ***judiciaire.** Aveu fait au cours de l'instance par une partie ou son fondé de pouvoirs, devant les juges ou arbitres, ou devant l'un d'eux (C. civ., a. 1383-2) (l'aveu prouvé par procès-verbal de conciliation est volontiers considéré comme équivalant à un aveu judiciaire). V. *acte.*

— **qualifié.** Aveu qui ne fait pas preuve contre l'auteur de l'aveu, parce qu'il qualifie la situation contrairement à la prétention de l'autre partie. Ex. j'avoue avoir reçu des valeurs ; j'ajoute que je les ai reçues, non en dépôt, mais en don manuel.

— ***simple.** Aveu conforme à la prétention de l'adversaire ; sans réserve.

— ***tacite.**

a / Aveu résultant de ce qu'une partie ne s'explique pas malgré une interpellation régulière (C. pr. civ., a. 198).

b / Aveu résultant d'une déclaration ou d'un agissement ou attitude impliquant la véracité du fait allégué. Ex. je me prétends libéré par la prescription.

ADAGES : *Probatio probatissima.*
Intelligitur confiteri crimen qui pasciscitur.

AVIS

Subst. masc. – Formé du préf. *a* et du lat. *visum,* issu de locut. telles que *mihi visum est* : il me semble.

● **1** (sens gén.)

a / *Opinion donnée à titre *consultatif en réponse à une *question. Comp. *conseil, décision, vœu, délibération, recommandation, rescrit, sentiment.*

b / *Annonce, *avertissement, *déclaration. Comp. *communication, préavis, information.*

— **de clémence.** V. *clémence (avis de).*

● **2** (adm.). Dénomination générique donnée aux actes des organes administratifs dans l'exercice de la *fonction consultative ; à la différence des *vœux émis de façon spontanée, les avis supposent une demande préalable de l'autorité investie du pouvoir de décision ; si celle-ci peut être contrainte de les solliciter (consultation obligatoire) elle n'est pas, en général, tenue de s'y conformer à moins qu'un texte ne le prescrive expressément (on reconnaît cette dernière exigence à l'emploi de la formule « sur avis conforme »).

● **3** (pr. civ.)

a / Réponse personnelle que le *technicien, commis par le juge, doit donner à celui-ci – sans le lier – sur les questions qu'il était chargé d'examiner ; ensemble de ses *constatations et *conclusions. V. *rapport, *intime conviction.*

b / **— (saisine pour) de la Cour de cassation.** Procédure de *consultation préalable aux fins d'*interprétation permettant à toute juridiction dé l'ordre judiciaire saisie d'une question de droit nouvelle, délicate et fréquente (matière pénale exceptée), de surseoir à statuer et de solliciter, de la Cour de cassation, un avis qui, purement *consultatif, ne lie pas en droit la juridiction qui l'a sollicité (encore moins les autres juridictions dans les litiges futurs) et que cette juridiction n'a pas à attendre au-delà du délai légal de réponse, limite extrême du sursis à statuer (COJ, a. L. 441-1). Comp. *arrêt de règlement, rescrit.*

● **4** (int. publ.)

— *consultatif. Opinion émise sur une question de droit par un tribunal, à l'issue d'une procédure judiciaire, et n'ayant pas l'*autorité de chose jugée.

● **5** (transp.)

— d'arrivée. Avis par lettre ou par insertion dans un journal local informant les porteurs de connaissements du moment où la marchandise sera mise à leur disposition.

● **6** (fisc.)

— à tiers détenteur. Voie d'exécution du droit fiscal particulière au recouvrement des créances garanties par le privilège du Trésor (impôts, pénalités, accessoires) qui, portant sur les fonds qu'un tiers détient pour le contribuable ou lui doit, emporte, dès la notification d'un avis à ce tiers par le Trésor (d'où le nom donné par la pratique à cette mesure d'exécution forcée dès son origine, 1808) attribution immédiate au Trésor de la créance du contribuable contre le tiers jusqu'à concurrence des impositions que doit le contribuable, modèle de la *saisie-attribution de droit commun (LPF, a. L. 262 et 263 ; l. 9 juill. 1991, a. 86).

— de mise en recouvrement. Document contenant l'acte par lequel l'administration authentifie une créance fiscale non acquittée dans les délais légaux, pour les impôts non perçus par voie de rôle nominatif et recouvrés par les comptables de la Direction générale des Impôts.

● **7** (intel.)

— *documentaire. Relevé des antériorités établi par l'administration et publié en même temps que le brevet d'invention.

● **8** (civ.)

— de parents. Syn. de délibération du *conseil de famille.

— officieux. Simple avertissement donné à l'officier d'état civil qu'il existe un *empêchement à mariage (utilisé de préférence à l'*opposition, du fait qu'il peut émaner de toute personne, sous une forme quelconque, et n'oblige pas l'officier d'état civil à surseoir à la célébration du mariage).

AVITAILLEMENT

Subst. masc. – Dér. de l'anc. v. avitailler, comp. de l'anc. nom vitaille, lat. *victualia* : vivres.

● **1** Vivres embarqués pour la nourriture de l'équipage et des passagers d'un navire ou d'un aéronef. On parle plus volontiers aujourd'hui de ravitaillement (v. ci-dessous). V. *armement.*

● **2** Opération consistant à faire le plein de carburant ou un complément de plein d'un aéronef.

AVOCAT

Lat. *advocatus,* dér. du v. *advocare* : appeler auprès de.

● **1** (devant les tribunaux et cours d'appel). *Auxiliaire de justice, qui fait profession de donner des *consultations, rédiger des actes et *défendre, devant les juridictions, les intérêts de ceux qui lui confient leur cause, et dont la mission comprend l'assistance (conseil, actes, plaidoiries) et/ou la représentation (postulation devant les juridictions où son intermédiaire est obligatoire). V. l. n° 90-1259, 31 déc. 1990 (mod. l 31 déc. 1971) portant fusion des anciennes professions d'avocat et de conseil juridique, et d. 27 nov. 1991. V. *assistance, représentation, consultation, défenseur ; *profession*

d'avocat. Comp. *avoué, conseil juridique, notaire, huissier, plaidant, postulant.*
— **(acte d').** V. *acte d'avocat.*
— **avoué.** Antérieurement à 1972, officier judiciaire cumulant les offices d'avoué et d'avocat dans les départements du Haut-Rhin, du Bas-Rhin et de la Moselle (cumul généralisé sous l'appellation globale d'avocat).
— **commis.** V. *avocat d'office.*
— **désigné.** V. *avocat d'office.*
— **d'office.** Avocat désigné par le bâtonnier, en matière criminelle ou correctionnelle sur la simple demande de l'inculpé (C. pr. pén., 114, al. 3), en matière civile ou commerciale sur le vu de la décision du bureau d'aide judiciaire ; dans ce dernier cas, on dit plus exactement avocat commis ou désigné (l. 3 janv. 1972, a. 23).
— **honoraire.** Titre honorifique qui peut être conféré par le Conseil de l'Ordre aux avocats qui ont exercé la profession pendant vingt ans au moins et qui ont donné leur démission.
— **inscrit.** Avocat dont le nom figure au tableau d'un barreau (avocat stagiaire, possédant le certificat de fin de stage, personnes bénéficiant de dispenses du certificat d'aptitude et du stage, sociétés civiles professionnelles d'avocat).
— **(profession d').** Profession judiciaire libérale et indépendante mais réglementée (accès, stage, organisation en *barreau, discipline, responsabilité) qui (depuis la fusion réalisée par la loi du 31 décembre 1971) cumule les fonctions antérieurement dévolues aux *avocats près les cours et tribunaux, aux avoués près les tribunaux de grande instance, et aux agréés près les tribunaux de commerce et qui, depuis sa fusion avec la profession de conseil juridique, constitue, sous son nom, une corporation unique (l. 31 déc. 1990). V. **conseil juridique, *avoués près la cour d'appel.*
— **stagiaire.** Avocat inscrit, après son admission par le Conseil de l'Ordre, sur la liste du stage, et assujetti à diverses obligations (participation aux travaux organisés par le centre de formation professionnelle auquel il est rattaché, fréquentation des audiences, collaboration avec un avocat au travail équivalent), mais autorisé, s'il remplit ces obligations, à accomplir, à titre personnel, tous les actes de la profession (d. 27 nov. 1991, a. 72 s.).

• **2** *Avocat au Conseil d'État et à la Cour de cassation* (parfois encore nommé avocat aux Conseils) : *auxiliaire de justice ayant la qualité d'officier ministériel qui jouit du monopole de représenter les parties et de plaider devant la Cour de cassation, le Conseil d'État et le Tribunal des conflits (et a le droit de plaider devant les juridictions de droit commun) ; en nombre limité, les avocats aux Conseils sont constitués en *compagnie (*ordre).

• **3** *Avocat général :* magistrat du Parquet général près la Cour de cassation, la Cour des comptes, la Cour de sûreté de l'État ou les cours d'appel qui participe à l'exercice des fonctions du *ministère public sous la direction du *procureur général et porte la parole, au nom de celui-ci, devant la Chambre à laquelle il est affecté ou aux audiences de la cour d'appel.

AVOIR

Subst. masc. – Lat. *habere* : avoir.

• **1** (sens courant). L'ensemble des *biens d'une personne ; l'*actif de son *patrimoine. V. *universalité, portefeuille.*

• **2** Plus spécifiquement, élément d'actif correspondant, pour une personne, à une somme d'argent que lui doit une autre personne avec laquelle elle est en compte à l'issue d'une ou plusieurs opérations, et que celle-ci conserve entre ses mains comme somme à valoir dans le règlement d'une opération ultérieure. Ex. avoir correspondant au prix d'un objet restitué au commerçant par un client à valoir sur celui d'un autre achat. Comp. *acompte, arrhes.* V. *créance.*

• **3** L'intitulé de la colonne d'un compte où une personne inscrit les sommes qui lui sont dues (par opp. au doit). V. *crédit, débit.*
— **fiscal.** Ristourne d'impôt sur les sociétés, accordée par l'État à l'actionnaire, sous forme d'une réduction de l'impôt dû par celui-ci à raison de ses bénéfices ou revenus, en vue d'augmenter son dividende. V. *précompte.*

AVORTEMENT

N. m. – Dér. du v. avorter, lat. *abortare.*

• Expulsion prématurée, artificiellement provoquée, du produit de la conception (indépendamment de toute circonstance d'âge, de viabilité et de formation régulière du fœtus). V. **interruption volontaire de la *grossesse.*

— **criminel.** Délit consistant, par un moyen quelconque, à obtenir ou à tenter d'obtenir sciemment l'interruption d'une grossesse réelle ou supposée, en dehors des cas et de la procédure de l'*interruption volontaire de la grossesse (C. pén., a. 223-10, C. sant. publ., a. L. 2222-4, L. 5435-1).

— **légal.** Acte thérapeutique, autorisé lorsque la sauvegarde de la vie de la mère rend nécessaire l'interruption de la grossesse.

— **(provocation à).** Fait d'inciter autrui à commettre un avortement criminel, délit distinct puni même si la *provocation – par un des procédés prévus par la loi – n'a pas été suivie d'effet (C. sant. publ., a. L. 647 anc.).

AVOUÉ

Subst. – Lat. *advocatus.* V. *avocat.*

- **1** Avant 1971, *officier ministériel ayant le monopole de la *représentation des parties devant le tribunal de grande instance et la cour d'appel. V. *postulation.*
- **2** Ne désigne plus, depuis lors et jusqu'en 2011, que les avoués près la cour d'appel (lesquels demeurent constitués en *compagnie judiciaire).

— **près la cour d'appel.** Officier ministériel représentant les parties devant la cour d'appel (supprimé par la l. 25 janvier 2011). V. *postulant.*

AVULSION

N. f. – Lat. *avulsio,* dér. de *avellere* : arracher.

- Détachement, par la force subite d'un cours d'eau, d'une partie importante et reconnaissable d'un fonds, laquelle se trouve réunie, soit par adjonction, soit par superposition, à un champ inférieur ou situé sur la rive opposée et sur laquelle le propriétaire du fonds entamé peut, dans les délais et conditions de la loi, faire valoir ses droits (C. civ., a. 559). Comp. *alluvion, accession, accroissement, lais et relais, atterrissement.*

AXIOME

Subst. masc. – Lat. et grec *axioma* : proposition évidente, principe qui n'a pas besoin d'être démontré.

- **1** Principe indéniable ou tenu pour tel (le tout est plus grand que la partie), par ext. *précepte général en forme de *maxime qui tire sa valeur de sa propre *évidence. Ex. *honeste vivere* (vivre honnêtement), *alterum non loedere* (ne pas léser autrui), *suum cuique tribuere* (rendre à chacun le sien). V. *adage, brocard, dicton, règle.*
- **2** Proposition indiscutée considérée comme universelle.

AYANT CAUSE

Subst. – Comp. du part. prés. du v. avoir et de *cause.

- Personne qui a acquis un droit ou une obligation d'une autre personne appelée son *auteur (C. civ., a. 941, 1122 anc.). V. *successeur, tiers, chef.* Comp. *victime.*

— **à titre *particulier.** Celui qui a acquis de son auteur un ou plusieurs droits déterminés (ex. l'acheteur, le donataire, le coéchangiste, le légataire particulier d'une chose ou d'une somme d'argent) auquel sont transmises les créances relatives au bien acquis (C. civ., a. 1122 anc.) mais non les obligations (sauf exceptions légales).

— **à titre *universel.** Celui qui a acquis l'universalité des biens de son auteur ou une quote-part de cette universalité. Ex. l'héritier légitime, le légataire universel ou à titre universel recueille en principe tous les droits et obligations de l'auteur. V. *legs.*

AYANT DROIT

Subst. – Comp. du part. prés. du v. avoir et de droit.

▸ **I** (sens gén.)

- **1** *Titulaire d'un droit ; personne ayant par elle-même ou par son *auteur vocation à exercer un droit (ayant droit à réparation ou à restitution). V. *victime, bénéficiaire, allocataire, attributaire, assignataire, *prétendant droit.*
- **2** Synonyme, usité dans la pratique, d'*ayant cause.

▸ **II** (soc.)

- Qui a droit à une *prestation sociale (ex. à une allocation logement), en raison de son appartenance à la catégorie qui y donne vocation. V. *prestataire, pensionné, *ouvrant droit.*

B

BACCALAURÉAT

Du lat. médiév. *baccalaureatum,* de *baccalaureum* : bachelier, lui-même composé de *bacra* et *laurea* : baie de laurier.

• Le premier des *grades universitaires, conféré à la suite d'examens qui terminent les études secondaires et dont la possession est généralement exigée pour l'inscription dans l'enseignement supérieur.

BAGAGES

Subst. masc. plur. – Dér. de l'anc. franç. *bague* ; de l'angl. *bag* : paquet.

• *Effets, objets qu'emporte un voyageur et qu'il conserve près de lui ou confie au transporteur.

— **(bulletin de).** V. *bulletin de bagages.*

— **(enregistrement des).** V. *enregistrement des bagages.*

BAGNE

N. m. – De l'ital. *bagno* : bain.

V. *pénitencier.*

BAIE

N. f. – Bas lat. *baia.*

• Échancrure bien marquée dont la pénétration dans les terres par rapport à sa largeur à l'ouverture est telle qu'elle contient des eaux cernées par la côte et constitue plus qu'une simple inflexion de celle-ci (Conv. 29 avr. 1958 sur la mer territoriale et la zone contiguë, a. 7, § 2). »

— **historique.** Baie considérée comme nationale par suite d'un usage continu et incontesté, plus que séculaire, sur laquelle l'État côtier exerce, d'une manière claire et effective, des droits souverains avec l'assentiment de la communauté internationale. Ex. baie de Cancale ou de Granville en France, baie d'Hudson au Canada.

BAIL

N. m. – Subst. verb. du v. *bailler,* très usuel au Moyen Âge et jusqu'au XVIIe siècle au sens de donner, lat. *bajulare* : porter (d'où apporter, donner).

• **1** Contrat de *louage par lequel l'une des parties appelée *bailleur s'engage, moyennant un prix (V. *loyer*) que l'autre partie appelée *preneur s'oblige à payer, à procurer à celle-ci, pendant un certain temps, la *jouissance d'une chose mobilière ou immobilière (C. civ., a. 1709). V. *location, usage.*

• **2** Par dérivation, dans le langage de la pratique, *acte instrumentaire constatant ce contrat.

— **à cheptel.** V. *cheptel (bail à).*

— **à colonat partiaire.** Syn. de *bail à métayage* (V. ci-dessous).

— **à *complant.** Bail en vertu duquel un propriétaire de champs plantés (en vignes le plus généralement) ou de champs en friche les remet à une autre personne qui s'oblige à les complanter, c'est-à-dire à les planter s'ils ne le sont déjà, ou à les cultiver dans le cas contraire, à charge de remettre au propriétaire une certaine quantité de fruits déterminée conformément aux *usages locaux.

— **à construction.** Bail de longue durée (18 à 99 ans) qui, conférant au preneur un droit réel immobilier (avec faculté de céder, hypothéquer ou apporter ce droit en société), l'oblige à édifier sur le terrain loué des constructions, moyennant, en tout ou partie, la remise au bailleur des édifices et, s'il est stipulé, un loyer révisable. Comp. *bail emphytéotique, concession immobilière*.

— **à convenant ou domaine congéable.** Bail par lequel le propriétaire d'un *fonds rural en concède la jouissance pour une durée déterminée, moyennant une redevance annuelle, à une autre personne au profit de laquelle sont aliénés tous les édifices et superficies existants ou à établir sur ce fonds, avec réserve pour ledit propriétaire de congédier le preneur à charge d'indemniser celui-ci de la valeur de ces édifices et superficies. V. *rente convenancière*.

— **administratif.** Bail des biens de l'État, des départements, des communes, des établissements publics (C. civ., a. 1712).

— **à domaine congéable.** Espèce particulière de location (naguère traditionnelle en Bretagne) dans laquelle le bailleur, nommé *foncier ou tréfoncier, retient la propriété du fonds et du tréfonds (sol et sous-sol), mais laisse au locataire, appelé *colon ou *domanier, outre la jouissance du fonds, la propriété des *édifices et *superfices, c'est-à-dire le droit de *superficie. V. *superficiaire*.

— **à ferme.** Bail d'un *fonds rural moyennant une redevance appelée fermage, fixée d'après le cours des denrées et à verser soit en espèces, soit en nature, suivant la convention des parties. Syn. *affermage*.

— **à loyer.** Bail d'un immeuble bâti ou de meubles moyennant une redevance quelconque, le plus souvent fixée en argent (C. civ., a. 1709 s.). V. *loyer*.

— **à métayage.** Bail d'un *fonds rural où le bailleur et le *preneur, appelé métayer ou colon partiaire, conviennent que les produits du fonds loué seront partagés entre eux et où la part du bailleur ne peut être supérieure au tiers de l'ensemble des produits, sauf décision contraire du *tribunal paritaire ; les termes « à métayage » ont supplanté ceux de bail à colonat paritaire.

— **à nourriture.** Bail par lequel une personne prend l'engagement envers une autre personne de la nourrir et entretenir de tous soins, moyennant une redevance annuelle ou toute autre prestation : paiement d'un capital, abandon de meubles, etc. ; désigne plus rarement le même contrat pour la nourriture d'animaux.

— **à périodes.** Bail commercial de longue durée établi non seulement pour une première période de neuf années, mais, à l'expiration de celle-ci, pour une succession de périodes triennales en nombre défini dès la conclusion du bail (d. 30 sept. 1953, a. 5, al. 4).

— **à réhabilitation.** Contrat par lequel le preneur qui est un organisme d'habitations à loyer modéré, une société d'économie mixte dont l'objet est de construire ou de donner à bail des logements, une collectivité territoriale ou un organisme bénéficiant de l'agrément relatif à la maîtrise d'ouvrage, s'engage à réaliser dans un délai déterminé des travaux d'amélioration sur l'immeuble du bailleur et à le conserver en bon état d'entretien et de réparations de toute nature en vue de louer cet immeuble à usage d'habitation pendant la durée du bail (CCH, a. L. 252-1).

— **à rente.** Bail en vertu duquel le propriétaire d'un immeuble l'aliène moyennant une *rente annuelle essentiellement rachetable mais qui peut être stipulée remboursable après un certain terme de 30 ans au maximum (C. civ., a. 529 et 530).

— **commercial.** Bail à loyer de locaux auxquels les parties donnent une destination commerciale, industrielle ou artisanale et qui est soumis à un statut dérogatoire au droit commun droit de la *propriété commerciale (d. 30 sept. 1953).

— **d'exploitation** (transport, finances). Bail à durée déterminée qui permet au preneur d'utiliser la chose louée, pour son exploitation, moyennant un loyer qui ne couvre pas entièrement l'amortissement et les intérêts financiers et sans faculté de rachat à l'expiration du bail. Comp. *bail *financier*. Angl. *operating lease*.

— **d'un logement meublé.** Bail d'un logement décent équipé d'un mobilier en nombre et en qualité suffisants pour permettre au locataire d'y dormir, manger et vivre convenablement au regard des exigences de la vie courante (l. n° 89-462 du 6 juillet 1989, a. 25-4).

— **emphytéotique.** Bail par lequel un propriétaire concède un immeuble pour une durée de 18 à 99 ans, moyennant une redevance annuelle modique appelée *canon emphytéotique et sous l'obligation de planter ou d'améliorer l'immeuble loué (l. 25 juin 1902), à un preneur nommé emphytéote qui acquiert le droit réel d'*emphytéose.

— **emphytéotique administratif** (publ.). Bail emphytéotique conclu sur un immeuble du *domaine public ou du *domaine privé, en vue d'une mission de service public ou d'une opération d'intérêt général (pour les biens de l'État, restauration, réparation, mise en valeur, CGPPP, a. L. 2341-1 ; pour les biens des collectivités territoriales, mission de service public, affectation à une association cultuelle d'un édifice du culte ouvert au public…, CGCT, a. L. 1311-2).

— **financier.** V. *financier (bail).*

— **mixte.** Bail d'un local destiné à la fois à l'habitation et à l'exercice d'une activité professionnelle.

— **mobilité.** Contrat de location de courte durée, entre un mois et dix mois, non renouvelable et non reconductible, d'un logement meublé à un locataire justifiant, à la date de la prise d'effet du bail, être en formation professionnelle, en études supérieures, en contrat d'apprentissage, en stage, en engagement volontaire dans le cadre d'un service civique, en mutation professionnelle ou en mission temporaire dans le cadre de son activité professionnelle (l. n° 89-462 du 6 juillet 1989, a. 25-12). V. *bail (d'un logement meublé).*

— **professionnel.** Bail d'un local affecté à un usage exclusivement professionnel.

— **réel immobilier.** Bail de longue durée (18 à 99 ans) conclu entre une personne publique ou privée et un promoteur afin de construire un bâtiment ou de le réhabiliter, le promoteur bénéficiant d'un droit de propriété temporaire sur le bâtiment pour la durée du bail (CCH, a. L. 254-1).

— **réel solidaire.** Bail par lequel un *organisme de foncier solidaire consent à un preneur, pour une durée comprise entre dix-huit et quatre-vingt-dix-neuf ans, des droits réels en vue de la location ou de l'accession à la propriété de logements, avec s'il y a lieu obligation pour ce dernier de construire ou réhabiliter des constructions existantes. Ces logements sont destinés, pendant toute la durée du contrat, à être occupés à titre de résidence principale (CCH, a. 255-1).

— **rural à long terme.** Location d'un fonds rural garantissant au preneur, sans possibilité de reprise en cours de bail, une durée d'exploitation de 18 ou 25 ans, et comportant, en contrepartie, certains avantages pour le bailleur.

BAIL IN

Angl. V. **renflouement interne.*

BAIL OUT

Angl. V. **renflouement externe.*

BAILLEUR, BAILLERESSE

Subst. – Dér. de *bailler.* V. *Bail.*

- Personne qui donne à *bail le bien immeuble ou meuble dont elle est propriétaire. V. *loueur, logeur, locateur, cobailleur, crédit-bailleur.* Ant. *locataire, preneur.*

— **de fonds.** Personne qui consent un prêt dont le montant a une destination déterminée. Ex. prêt d'argent fait à un acquéreur pour payer son prix d'achat, au titulaire d'un emploi pour payer son cautionnement, à un industriel ou à un commerçant pour exploiter son établissement ; dans le Code de commerce, l'expression est employée parfois pour désigner le *commanditaire.

BALANCE

N. f. – Lat. pop. *bilancia,* issu du lat. de basse époque *bilanx* : balance à deux plateaux. Comp. de *bis* : deux fois et *lanx* : plateau.

► **I** (civ.)

- Opération comptable consistant à mettre en comparaison en vue d'opérer entre elles une *compensation, les sommes que se doivent respectivement deux personnes en *compte, afin de faire apparaître un *solde seul soumis au règlement. Ex. dans le compte des *récompenses, balance entre les récompenses dues par la communauté à un époux et les récompenses dues par cet époux à la communauté (C. civ., a. 1470). V. *créditeur, débiteur.*

► **II** (com.)

- **1** Balance des comptes. Syn. **bilan.*
- **2** Rétablissement de l'équilibre entre l'actif et le passif ; équivalence des postes actifs et passifs obtenue en ajoutant, selon les cas, soit au passif le bénéfice réalisé (excédent des postes actifs sur les postes passifs), soit à l'actif la perte subie (excédent des postes passifs sur les postes actifs).

— **d'un compte.** Différence entre le crédit et le débit d'un compte, ou *solde de ce compte.

BALISAGE

N. m. – Dér. du v. baliser, de balise, d'origine inconnue.

- **1** Ensemble de signaux fixes ou flottants, appelés balises, indiquant des obstacles à la navigation et traçant la route à suivre.
- **2** Opération consistant à placer des balises.

BALIVAGE

N. m. – Dér. de *baliveau,* dér., par corruption, de l'anc. adj. *baïf*: ébahi ; dit par plaisanterie du baliveau, réservé pour une coupe suivante : comme s'il attendait, à la manière d'une personne qui demeure bouche bée.

- Opération visant à sélectionner en les martelant les arbres appelés baliveaux ou lais qui sont destinés à être épargnés dans une coupe de bois. V. *réserve* (sens 9). Comp. *abandon* (sens 6).

BALLOTTAGE

N. m. – À d'abord signifié vote ; dér. de ballotter, au sens de voter avec des ballottes : petites balles. Le sens moderne est dû à l'influence du sens général de ballotter.

- Résultat négatif du premier *tour d'une élection au *scrutin majoritaire à deux tours, les candidats n'ayant pas réuni le nombre de voix légalement nécessaire pour être élus dès le premier tour (par ex. la majorité absolue).

— **(scrutin de).** Nouveau tour de scrutin auquel le ballottage oblige de procéder.

BAN

Subst. masc. – D'abord terme de féodalité proclamation du suzerain dans sa juridiction empr. du francique *ban,* cf. ancien haut allemand *ban* : ordre sous menace.

- **1** À l'origine, en un sens général, *proclamation officielle publique d'une décision, parfois d'un projet. Ex. ban de mariage (Dr. can.), annonce solennelle d'un projet de mariage faite devant la communauté paroissiale. L'équivalent actuel est *publication. Comp. *déclaration, promulgation*. V. *publicité, empêchement, annonces*.
- **2** Par ext. a longtemps désigné (not. dans les communes rurales) certaines décisions municipales fixant les dates de certaines opérations. Ex. ban de moisson, de fauchaison, de vendanges, de ramée. V. *règlement, arrêté*.
- **3** Par ext. le signal sonore précédant parfois la proclamation (roulement de tambour).
- **4** Naguère, plus spécialement, employé comme syn. de *bannissement. V. *exil, proscription, interdiction de séjour*.

— **(rupture de).** Crime, aujourd'hui supprimé, qui consistait, pour le condamné à la peine du *bannissement, à rentrer en territoire français avant l'expiration de sa peine (C. pén. anc., a. 32 et 33).

BANALISATION

Du préc. pris au sens commun ordinaire : rendre commun.

- **1** Opération consistant à replacer sous l'empire du droit commun une activité bénéficiant d'un régime spécial. Ex. la banalisation des campus universitaires restituant le pouvoir de police aux autorités de droit commun.
- **2** Opération consistant à supprimer les signes extérieurs d'une chose dotée d'une affectation spécifique en vue de lui donner une apparence ordinaire. Ex. banalisation d'une voiture de police.

BANCABLE

Adj. – Dér. de *banque.

- Admis à l'*escompte de la Banque de France. Ex. *effet de commerce bancable.

BANCAIRE

Adj. – Dér. de *banque.

- Qui se rapporte aux *banques et à leurs activités. Ex. établissement. bancaire, opérations bancaires, compte bancaire. Comp. *financier, boursier*.

BANDE

Empr. à l'ital. ou au provençal *bandà*, d'origine germ.

- Rassemblement en général organisé et mobile d'individus animés des mêmes intentions. Comp. **attroupement, groupe*.

— **organisée.** Tout groupement formé ou toute entente établie en vue de la préparation d'une ou plusieurs infractions (C. pén., a. 132-71), préparation impliquant *préméditation mais devant être caractérisée par un ou plusieurs faits matériels. L'action en bande organisée est une circonstance qui aggrave la peine de nombreuses infractions (trafic de stupéfiants, proxénétisme, enlèvement, séquestration, vol., etc. V. not. a. 222-35, 225-8), mais la bande organisée s'identifie en elle-même à une *association de malfaiteurs lorsqu'elle tend à la préparation d'un crime ou d'un délit grave (a. 450-1). Comp. *groupe de combat, mouvement insurrectionnel, complot, force ouverte.*

BANDITE

N. f. – De l'ital. *bandita* (prov. *bandida*), réserve, du lat. *bannum,* ban.

- Nom donné dans l'ancien comté de Nice à des terrains soumis, pour le pâturage, à une réglementation particulière, par ext., au droit portant sur ces terrains (droit de bandite).

— **(droit de).** Droit de pâturage hivernal conférant à son titulaire, le bandiote, sur des terrains communaux et privés déterminés, le droit exclusif de faire pâturer pendant cette période de l'année, jouissance périodique attestant une décomposition originale de la propriété, liée à un usage encore vivace localement, malgré l'abolition des droits de bandite, par la loi du 8 juillet 1963. V. *propriété (démembrement de la).* Comp. *assec, évolage.*

BANNI, IE

Adj. – Part. passé du v. bannir.

- Qui est frappé de *bannissement, *exilé (parfois employé substantivement). Comp. *expatrié, proscrit, réfugié, asilé, émigré, émigrant.*

BANNIR

V. – D'origine germanique. V. *ban.*

- Condamner au *bannissement, exiler, *proscrire (sens 2).
- Par ext. (et s'agissant de toute chose) écarter, repousser, refouler, supprimer, *proscrire (sens 1). Ex. bannir toute formalité, toute incertitude, toute injustice.

BANNISSEMENT

N. m. – Dér. du v. *bannir.

- Peine criminelle infamante, politique et temporaire, aujourd'hui supprimée (1994) qui consistait dans la simple *expulsion du condamné du territoire de la République (C. pén. anc., a. 8, 32 et 33), et dont la violation constituait le crime de *rupture de ban (C. pén. anc., a. 33). V. *ban (rupture de).* V. *proscription, exil, expatriation, déportation.* Comp. *relégation.*

BANQUE

N. f. – Empr. à l'ital. *banco* : proprement banc, d'où table de changeur, d'où banque.

- **1** Entreprise ou établissement qui fait profession habituelle de recevoir du public, sous forme de dépôts ou autrement, des fonds qu'il emploie pour son propre compte, en opérations d'escompte, de crédit ou en opérations financières ; ne pas confondre avec les *établissements financiers.
- **2** Ensemble des opérations auxquelles peut donner lieu le commerce de l'argent et à des titres possédant une fonction monétaire. Ex. opération de banque, commerce de banque.

— **à domicile** (néol.). Ensemble des services bancaires immédiatement accessibles de chez soi (pour des particuliers, en France, par l'intermédiaire du Minitel), sans qu'il soit nécessaire de se rendre dans une agence bancaire (angl. *home banking*).

— **d'affaires.** Banque dont l'activité principale est, outre l'octroi de crédits, la prise et la gestion de participations dans des affaires existantes ou en formation, sans pouvoir investir dans celles-ci des fonds reçus à vue ou à terme inférieur à deux ans.

— **centrale européenne.** V. BCE.

— **de crédit à long et moyen terme.** Banque dont l'activité principale consiste à ouvrir des crédits dont le terme est au moins égal à deux années et qui, sauf autorisation, ne peut recevoir de dépôts pour un terme inférieur à cette durée.

— **de dépôt.** Banque dont l'activité principale consiste à effectuer des opérations de crédit et à recevoir du public des dépôts de fonds à vue ou à terme et dont le droit de prendre des participations dans les affaires existantes ou en formation est limité.

— **de France.**

1 / (Jusqu'au 31 déc. 1993.) Banque d'émission qui, dans le cadre de la politique économique et financière de la nation, reçoit de l'État (auquel appartient le capital de la Banque) la mission générale de veiller sur la monnaie et le crédit (notamment au bon fonctionnement du système bancaire) et dont l'activité consiste : comme banque des banques, à assurer la mobilisation des crédits par le réescompte et les règlements entre banques ; comme banque de l'État, à lui consentir des prêts et à tenir le compte du Trésor.

2 / (Depuis le 1er janv. 1994 ; l. 4 août et 31 déc. 1993.) Banque d'émission, dont la mission a été élargie (elle définit et met en œuvre la politique monétaire dans le but d'assurer la stabilité des prix, mais toujours dans le cadre de la politique économique générale du gouvernement) et l'autonomie accrue (il lui est notamment interdit de solliciter ou d'accepter des instructions du gouvernement).

3 / (Lors de l'introduction de l'*euro.) Banque centrale agrégée au système européen de banques centrales (*SEBC) sous la direction des organes de décision de la banque centrale européenne (*BCE).

— **d'émission.** Banque investie du privilège d'émettre des *billets de banque. Ex., en France, la Banque de France.

— **d'entreprise.** Ensemble des services rendus spécifiquement par une banque aux entreprises de sa clientèle. Comp. *banque *universelle.*

— **d'*escompte.** Banque ayant principalement pour objet l'escompte des effets de commerce.

— **étrangère.** Banque qui est, directement ou indirectement, sous le contrôle de personnes physiques ou morales de nationalité étrangère.

— **nationalisée.**

1 / Banque constituée sous forme de société anonyme dont le capital a été transféré à l'État par la loi du 2 décembre 1945 (il s'agit de la Société générale, le Crédit lyonnais, la Banque nationale de Paris). On parle aussi de banque nationale.

2 / Banques inscrites sur la liste du Conseil national du Crédit dont le siège social est situé en France, dès lors qu'elles détenaient, à la date du 2 janvier 1981, un milliard de francs ou plus sous forme de dépôt à vue ou de placements liquides ou à court terme en francs et en devises au nom de résidents (à l'exception de certaines banques énumérées par la loi, not. de celles dont la majorité du capital social appartient à des personnes morales n'ayant pas leur siège social en France ; l. 11 févr. 1982).

— **universelle.** V. *universelle (banque).*

BANQUEROUTE

N. f. – Empr. à l'ital. *banca rotta* : proprement banc rompu, parce qu'on rompait le comptoir des banqueroutiers.

- Infraction pénale commise par un commerçant personne physique en état de *cessation des paiements.

a / (Avant la réforme de 1985.)

— **frauduleuse.** Infraction tenant à des actes graves impliquant une certaine malhonnêteté (ex. soustraction de comptabilité, faux bilan) ; ne pas confondre avec les « délits assimilés aux banqueroutes », qui peuvent être commis par certains dirigeants de personnes morales. V. *faillite personnelle, recel.*

— **simple.** Banqueroute tantôt obligatoire (par ex. en cas d'absence de comptabilité conforme aux usages de la profession), tantôt facultative (par ex. en cas de comptabilité incomplète ou irrégulièrement tenue).

b / (Réforme de 1985.) Infraction pénale aujourd'hui unifiée, qui peut frapper dans les cas spécifiés par la loi (détournement ou dissimulation d'actif, augmentation frauduleuse du passif, comptabilité fictive, etc.) non seulement toutes les personnes contre lesquelles la *faillite personnelle peut être prononcée, mais aussi toute personne qui a directement ou indirectement, en droit ou en fait, liquidé une personne morale de droit privé ayant une activité économique.

BANQUIER

Subst. – Dér. de *banque.

- Personne qui exerce l'activité bancaire.

BARAQUAGE

Subst. masc. – Du v. baraquer qui désigne, chez les chameaux et dromadaires, l'action de s'accroupir.

- Action exercée sur l'assiette d'un véhicule, conçu pour de telles modifications, afin d'en faciliter l'accès. Syn. *agenouillement.*

BARBARIE (ACTES DE)

Lat. *barbaria*, mœurs incultes, sauvages, barbares.

V. **actes de barbarie*.

BARRE

Subst. fém. – Origine obscure.

- Lieu de la salle d'*audience (ainsi nommé au souvenir de la barrière qui séparait autrefois les juges du public et souvent matérialisé par un appui) où plaident les avocats et comparaissent les témoins. V. *débat*. Comp. *parquet, siège*.

— **du tribunal (à la).** Expression courante signifiant qu'une opération (par ex. des enchères pour la vente d'un immeuble saisi) se déroule à l'audience, devant le tribunal (et non, par ex., devant notaire).

BARREAU

N. m. – Dér. de **barre*, cf. pour le développement du sens parquet.

- **1** Ensemble des *avocats établis auprès d'un même tribunal de grande instance qui constitue l'*ordre des avocats de ce tribunal ; bien que l'appartenance à un barreau entraîne l'appartenance à l'ordre qu'il constitue, la première évoque plutôt l'activité professionnelle-même de l'avocat, la seconde sa participation à la vie collective de la profession (discipline, administration, formation). V. *tableau, conseil national des barreaux*.
- **2** La *profession d'avocat (considérée comme vocation, carrière). Ex. se destiner au barreau. Comp. *magistrature, notariat*.

BARREMENT

Dér. du v. barrer, de **barre*.

- Action de barrer un *chèque.

BARRIÈRE

Dér. de **barre*.

- Terme concret utilisé métaphoriquement pour désigner une condition obstacle, une exigence ou une limite édictée par le Droit ou les mœurs.

— **à l'entrée** (conc.). Obstacle empêchant une entreprise d'accéder à un marché.

— **(double).** Nom donné à la théorie selon laquelle une *entente (et, plus généralement, une activité relevant du Droit de la concurrence) n'est licite que si sa licéité est admise, cumulativement par le Droit communautaire et par le ou les Droits nationaux applicables. Ex. une entente bénéficiant d'une *déclaration d'inapplicabilité sur le plan communautaire peut être interdite au plan national, sur la base du Droit interne.

— **(simple).** Thèse contraire selon laquelle une telle activité tombant dans le champ d'application du Droit communautaire ne peut être examinée au regard du Droit national.

BASE

Lat. *basis*.

- Zone délimitée, spécialement affectée aux besoins de forces armées terrestres, navales, aériennes, et utilisée not. en vue du stationnement des troupes, de la concentration des moyens, ou du lancement d'opérations stratégiques, ex. bases créées par un État, pour les besoins de sa propre défense, en territoire étranger (par accord entre volontés souveraines) ; bases créées par une organisation internationale, pour les besoins de la défense collective, soit sur le territoire des États membres, dans les conditions arrêtées avec ceux-ci, soit sur le territoire d'États tiers, de l'agrément exprès de ceux-ci.

BASE DE DONNÉES

N. f.

- Ensemble organisé et structuré d'informations accessibles par des moyens électroniques, susceptible d'être protégé par le droit des bases de données (CPI, a. L. 341-1) et par le droit d'auteur distinctement de son contenu, lorsque la sélection et l'agencement des données qu'il contient constituent une expression originale. V. *donnée publique, donnée sensible, producteur de base de données, droit voisin*.

— **producteur de.** Personne qui prend l'initiative et le risque des investissements nécessaires à la création d'une base de données, et comme telle investie d'un droit exclusif d'exploitation sur le contenu de la base lorsque la constitution, la vérification ou la présentation de celui-ci atteste un investissement financier, matériel ou humain substantiel (CPI, a. L. 341-1). V. *donnée sensible, donnée à caractère personnel, information publique*.

BASE LÉGALE (MANQUE DE)

Lat. *basis* et *legalis,* de *lex* : loi.

- *Motivation insuffisante d'un jugement qui ne permet pas à la *Cour de *cassation de contrôler si, dans l'espèce, les éléments nécessaires à l'application de la loi sont réunis (ex. arrêt qui condamne l'appelant pour appel téméraire sans préciser en quoi consiste sa témérité) et donne *ouverture à cassation en tant qu'elle empêche le *contrôle, par la Cour de cassation, du *bien-fondé de la décision (on dit aussi défaut de base légale). Comp. *insuffisance de motifs.* V. *justification, fondement, caractérisation.*

BASSIN

V. **agence financière de bassin, *houillère de bassin.*

BATEAU

Dér. anglo-saxon *bât,* d'où angl. *boat.*

- *Bâtiment naviguant sur les fleuves et canaux (terme employé couramment dans la pratique, mais à tort, pour désigner tout bâtiment affecté à la navigation quelle qu'elle soit). Comp. *navire*.

— **-citerne.** Bâtiment construit pour le transport des liquides. Comp. *tanker*.

— **de pêche.** Bâtiment de mer spécialement employé à la pêche maritime et qui a, malgré son nom, la qualité juridique de navire.

— **-feu.** Bâtiment flottant signalant un obstacle à la navigation.

— **-mouche.** Bâtiment transportant des voyageurs, à titre de plaisance (sur la Seine à l'origine, par extension sur tous fleuves, rivières ou lacs). V. *coche de plaisance*.

— **-*pilote.** Embarcation employée par les pilotes pour accoster ou pour quitter le navire à piloter ou piloté.

BÂTI, IE

Adj. – Part. pass. du v. bâtir. V. *bâtiment.*

- Se dit, par opp. à *nu, du terrain sur lequel s'élève un *bâtiment. Syn. *construit.* V. *immeuble.*

BÂTIMENT

Dér. de *bâtir,* d'origine germ.

- **1** *Édifice construit sur un terrain (C. civ., a. 518, 555, 1019, 1244, 1605 ; C. pén., a. 461-12, 461-13, 461-24). V. *immeuble, superficie, sol, tènement, installation.*
- **2** Engin de navigation. Ex. bâtiment de mer (V. *navire*), bâtiment de rivière (V. *bateau*), bâtiment de guerre (V. *paquebot*).

BÂTONNIER

N. m. – Dér. de bâton, au sens de hampe, propr. porte-bannière d'une confrérie, le bâtonnier des avocats portant le bâton ou bannière de saint Nicolas, au Moyen Âge patron de la confrérie des avocats.

- *Avocat élu à la tête de chaque *barreau, pour deux années au scrutin secret, par l'assemblée générale de l'*ordre, avec mission de présider le *Conseil de l'ordre, de représenter l'ordre et d'exercer au sein du barreau une magistrature morale, consistant à prévenir ou à concilier les différends d'ordre professionnel entre les membres du barreau et à instruire toute réclamation formée par les tiers. V. *dauphin*.

BCE

- (eur.) Sigle aux initiales de la banque centrale européenne, institution de l'Union européenne dont la création est liée à l'introduction de l'*euro (troisième phase de l'*UEO) en remplacement de l'institut monétaire européen (IME), dont la fonction est de mettre en œuvre la politique monétaire européenne, ses organes de décision (conseil des gouverneurs et directoire) assumant celle de diriger un système européen de banques centrales, *SEBC.

BEAU-FILS

Subst. – Lat. *bellus.* V. *fils.*

- **1** Peu usité dans le sens de *gendre. V. *alliance, allié*.
- **2** Pour un époux, fils que son conjoint a eu d'un mariage précédent.

BEAU-FRÈRE (BELLE-SŒUR)

Subst. – Lat. *bellus.* V. *frère, sœur.*

- *Frère (ou sœur) d'un conjoint ou conjoint d'un frère (ou sœur), appartenant à la catégorie des *alliés entre lesquels l'*affinité ne crée ni obligation alimentaire, ni empêchement à mariage (lorsque le mariage qui produisait l'*alliance a été dissous par décès ou par divorce. Comp. C. civ., a. 162 anc.).

BEAU-PÈRE

Subst. – Lat. *bellus.* V. *père.*

- **1** Pour un époux, le père de son conjoint.
- **2** Pour l'enfant d'un précédent lit, l'homme avec lequel sa mère s'est remariée. V. *parâtre, *famille recomposée.*

BELLE-FILLE

Subst. – Lat. *bellus.* V. *fille.*

- **1** Épouse d'un fils ; bru.
- **2** Pour un époux, fille que son conjoint a eue d'un précédent lit.

BELLE-MÈRE

Subst. – Lat. *bellus.* V. *mère.*

- **1** Pour un époux, la mère de son conjoint.
- **2** Pour l'enfant d'un précédent lit, la femme avec laquelle son père s'est remarié. V. *marâtre, famille recomposée.*

BELLE-SŒUR

V. *beau-frère.*

BELLIGÉRANCE

N. f. – De *belligérant.

- Situation d'un État (ou d'une collectivité insurgée) qui participe à une *guerre. V. *neutralité.* Comp. *conflit, agression, rupture de la paix, menace.*

— **(reconnaissance de).** Reconnaissance effectuée en cas de *guerre civile par le gouvernement légitime ou par un État tiers, en vue d'appliquer au conflit certaines règles du Droit de la guerre : neutralité, extension de la guerre en haute mer…

BELLIGÉRANT

Adj. et n. – Lat. *belligerans*, part. prés. de *belligerare (bellum, gerere)* faire la guerre.

- **1** (adj.). Se dit d'un État, d'une nation en état de guerre, et au plur., plus spéc. des États en guerre l'un contre l'autre : puissances belligérantes. Ant. *neutre.*
- **2** (n.). Individu qui prend part, dans l'armée régulière, aux opérations militaires.

BÉNÉFICE

N. m. – Empr. au lat. jur. *beneficium,* indiquant certains avantages ; le sens de gain est récent.

▸ **I** (civ. et pr. civ.)

- **1** *Faveur, *privilège ; *bienfait particulier accordé par la loi, en général subordonné à une décision de justice. Ex. bénéfice d'un délai de grâce pour le débiteur ; bénéfice de la *légitimation pour l'enfant naturel ; bénéfice de la *putativité du mariage. Comp. *avantage.*

— **de *cession de biens.** Faveur que la loi accorde au débiteur malheureux et de bonne foi auquel il est permis, pour échapper à la contrainte par corps, dans les cas où elle est maintenue, de faire en justice l'abandon de tous ses biens à ses créanciers (C. civ., a. 1268 anc.) (institution tombée en désuétude depuis l'abolition de la contrainte par corps en matière civile et commerciale). V. *abandon aux créanciers.*

— **de juridiction.** V. *privilège de *juridiction.*

— **de l'*âge.** Préférence accordée, au cas d'égalité de voix dans une élection, au candidat le plus âgé.

- **2** Par ext. situation avantageuse ; protection spéciale accordée par la loi.

— **de cession d'actions.** Expression empruntée au Droit romain et désignant le bénéfice de la subrogation légale dans les droits du créancier (hypothèque, nantissement, etc.), accordé à la caution qui a payé la dette (C. civ., a. 2306).

— **de *discussion.**

a / Droit pour la caution d'exiger que le créancier poursuive d'abord la vente des biens du débiteur principal, à charge par elle d'avancer les frais de la poursuite et d'indiquer les biens à saisir (C. civ., a. 2465, 2466).

b / Droit analogue accordé dans certains cas au tiers détenteur d'un immeuble hypothéqué ou aux associés dans certains types de société.

c / Par extension, droit du cédant d'une créance, qui a garanti la solvabilité du débiteur, de n'être poursuivi par le cessionnaire qu'au cas d'insuffisance démontrée des biens du débiteur.

— **de division.** Droit accordé à chacune des personnes qui se sont portées caution d'une même dette d'exiger que le créancier réduise sa poursuite contre elle à la mesure de sa part dans la dette (C. civ., a. 2303).

— **d'émolument.** Droit pour un époux commun en biens qui a fait dresser inventaire de n'être tenu des dettes de la communauté à l'égard de son conjoint et des créanciers que dans la mesure de la part qui lui est attribuée dans le partage de la communauté (C. civ., a. 1483). V. *pro viribus*.

— **d'inventaire.** V. **acceptation à concurrence de l'actif net.*

▸ **II** (com.) (souvent au plur.)

• *Gain pécuniaire ou matériel réalisé dans « une opération ou dans une entreprise et qui accroît l'actif du patrimoine de celui qui l'a obtenu ; se distingue des *économies qui n'accroissent pas la fortune, mais l'empêchent de diminuer (C. civ., a. 1832). V. *société, groupement d'intérêt économique, bilan*.

—**s distribuables.** Dans une *société, bénéfice net de l'exercice (diminué des pertes antérieures et du prélèvement affecté à la constitution de la réserve légale et augmenté des reports bénéficiaires des exercices antérieurs.

—**s distribués.** Bénéfices distribuables que, après approbation des comptes, l'assemblée générale décide d'attribuer aux associés sous forme de *dividende.

—**s nets.** Produits d'un exercice comptable déduction faite des frais généraux et autres charges de l'entreprise, y compris amortissements et provisions.

BÉNÉFICIAIRE

Subst. et *adj.* – Lat. *beneficiarius* (de *beneficium*) : qui provient d'un bienfait, bénéficiaire.

▸ **I** (toutes matières)

• **1** Celui qui profite d'un *bienfait de la loi, de certains avantages légaux (bénéficiaire de l'attribution préférentielle, du maintien dans les lieux) ou d'une mesure de faveur (délai de grâce, dispense, excuse, décharge). Comp. *attributaire, allocataire, titulaire, nanti, muni, prestataire, réservataire*.

• **2** Celui qui tire avantage d'une opération. Ex. bénéficiaire d'une libéralité (donataire, légataire), tiers bénéficiaire d'une *stipulation pour autrui. V. *promettant, stipulant, renonciataire*.

• **3** Par ext. et avec atténuation de sens, syn. de *titulaire. Ex. bénéficiaire d'un droit (créance, option, avantage matrimonial). V. **ayant droit, brevetaire*.

• **4** Plus spécialement, le *porteur ou l'*endossataire d'un *effet de commerce. V. **lettre de change, endossement*.

• **5** Qui a rapporté ou fait ressortir un *bénéfice (gestion, exercice).

• **6** Se dit plus spécialement soit de l'*acceptation sous *bénéfice d'inventaire, soit de la succession acceptée de cette manière, soit de l'héritier qui a ainsi accepté (acceptation, succession, héritier bénéficiaire).

▸ **II** (ass.)

• Personne qui, sans avoir été partie contractante, est appelée à recevoir le profit de l'assurance. Ex. celui pour le compte duquel l'assurance a été faite par autrui ; spécialement en assurance vie (not. en cas de décès), personne désignée par l'assuré qui, lors du décès de ce dernier, doit recevoir le capital assuré.

BÉNÉVOLAT

Subst. masc. – De *bénévole.

• Activité gratuite et désintéressée ; statut du travailleur *bénévole ; proche de *volontariat.

BÉNÉVOLE

Adj. – Lat. *benevolus* (bienveillant, dévoué), comp. de *bene*, bien, et *velle*, vouloir.

• Désintéressé ; fait dans l'intention de rendre service. Ex. transport bénévole (l'acte bénévole est toujours *gratuit, sans contrepartie, mais la réciproque n'est pas toujours vraie). V. *contrat de *bienfaisance, contrat désintéressé, *assistance (contrat d')*.

BESOIN

Bas lat. *bisonium,* préf. *bi* et *sonium* : soin, souci (d'origine germ.).

- **1** État de celui qui ne peut, par ses seuls moyens, assurer sa propre subsistance. Ex. C. civ., a. 205. V. *aliments*. Comp. *nécessité.*
- **2** (au pluriel). Ensemble des *exigences élémentaires (nourriture, logement, vêtements, soins, etc.) à la satisfaction desquelles une personne peut normalement prétendre, compte tenu de son âge, de son état de santé, de sa qualification professionnelle, etc., qui est notamment pris en considération, chez les créanciers et débiteurs d'*aliments, ou entre époux divorcés, comparé aux *ressources de chacun, pour déterminer le montant d'une pension *alimentaire (C. civ., a. 208) ou de la prestation *compensatoire (C. civ., a. 272) et qui a plus généralement vocation à être la justification et la mesure d'un droit (ex. C. civ., a. 630, 642). V. *usage, *servitude de passage, dépenses de ménage, abus du droit, fortune, train de *vie.*

BIBLIOTHÈQUE

N. f. – Du gr. *biblion* : livre, et *thêkê* : dépôt.

- Local administratif où sont principalement déposés des livres en vue de leur classement, de leur conservation et de leur consultation et qui, bien que distinct des *archives, renferme souvent des manuscrits et papiers publics.

— **publique.** Celle qui appartient à l'État, aux départements, aux communes, à certaines institutions ou est érigée en établissement public. Ex. Bibliothèque nationale de Paris, bibliothèque universitaire, bibliothèque municipale.

BICAMÉRALISME

N. m. – Lat. *bis* : deux fois, et *camera* : chambre.

- Doctrine préconisant le *bicamérisme.

BICAMÉRISME

Même origine que *bicaméralisme.

- Système constitutionnel dans lequel le *Parlement est composé de deux *Chambres.

BIDONVILLE

Subst. masc. – Comp. de *bidon,* dér. de *bedon* (?) et de ville, dont l'usage, venu d'Afrique du Nord, remonte à 1950.

- Terrain sur lequel sont utilisés aux fins d'habitation des locaux ou des installations insalubres impropres à toute occupation dans des conditions régulières d'hygiène, de sécurité et de salubrité (de tels terrains peuvent faire l'objet d'une procédure spéciale d'*expropriation).

BIEF

Subst. masc. – Bas lat. *bedum* : fossé.

- Canal de dérivation d'une rivière qui amène l'eau à un ouvrage hydraulique (canal d'amenée) ou qui l'en emmène (canal de fuite).

BIEN

Subst. masc. – Adv. bien, lat. *bene,* pris substantivement.

- **1** Toute *chose matérielle susceptible d'appropriation. Syn. bien *corporel, par opp. à *droit.
- **2** (plur.). Relativement à une personne, tous les éléments *mobiliers ou *immobiliers qui composent son *patrimoine, à savoir les choses matérielles (biens *corporels) qui lui appartiennent et les droits (autres que la propriété) dont elle est titulaire (biens *incorporels). V. *meuble, immeuble, avoir, actif.*

—s (droit au respect des). Eur. Protection due à toute personne physique ou morale contre la privation de propriété d'un bien ou la réglementation de son usage qui ne seraient pas dictées par une cause d'utilité publique et excéderaient les charges que doivent supporter les propriétaires en considération des exigences de l'intérêt général (Premier protocole CEDH, a. 1).

—s à venir. Par opp. aux *biens présents, biens qu'une personne ne possède pas au moment où elle fait un acte juridique, mais qui, au fur et à mesure de leur acquisition, entrent dans le *gage des créanciers (C. civ., a. 2284) et peuvent même, par exemple, être par avance donnés ou affectés à la sûreté d'une créance hypothécaire (C. civ., a. 2420).

V. **chose future, donation de biens à venir, *pacte sur succession future, universel, patrimoine*.

—s communaux. Biens compris dans le domaine privé communal, mais sur lesquels les habitants ont, individuellement, un droit de jouissance (bois et terres incultes, propres seulement au pâturage).

—s communs. Biens composant l'actif de la *communauté entre époux. V. *biens réservés, ordinaires*. Opp. *biens propres*.

— consomptible. V. *chose consomptible*.

— culturel. Bien corporel meuble ou immeuble qui, revêtu d'un intérêt culturel (historique, artistique, archéologique, esthétique, scientifique ou technique), est protégé en tant que composante du *patrimoine culturel. Désigne dans un certain nombre de textes plus spécialement les biens culturels mobiliers (contrôle à l'exportation et à l'importation, droit de préemption, restitution, spéc. C. patr., livre 1).

— de famille. Bien que la loi déclare insaisissable en vue d'assurer sa conservation dans la famille et spécialement de garantir à celle-ci un *foyer et qui peut comprendre soit une maison ou portion divise de maison, soit à la fois une maison et des terres attenantes ou voisines occupées et exploitées par la famille, soit une maison avec boutique ou atelier et son matériel et son outillage occupés et exploités par une famille d'artisans. V. *homestead*.

—s de *main morte. Biens appartenant à des personnes morales, ainsi dénommés parce qu'ils ne font l'objet d'aucune transmission par décès par suite de la perpétuité de leur propriétaire.

—s de reprise. Biens acquis par le concessionnaire dans le cadre d'un contrat de délégation de service public ou de concession de travaux conclu avec une collectivité publique, utiles mais non indispensables au fonctionnement du service public. Contrairement aux *biens de retour, restent la propriété du concessionnaire sauf clause contraire du contrat.

—s de retour. Biens qui dans le cadre d'une délégation de service public ou d'une concession de travaux conclues avec une collectivité publique lui reviennent en fin de contrat, en ce qu'ils sont indispensables au fonctionnement du service public. Sont considérés comme appartenant *ab initio* à la personne publique concédante, y compris lorsque ces biens ont été acquis par le concessionnaire durant le contrat.

—s domaniaux. V. *domanial*.

—s dotaux. Biens que la femme mariée sous le *régime *dotal se constituait expressément en *dot ou qui lui étaient donnés par contrat de mariage, et qui devenaient, en principe, inaliénables, imprescriptibles et insaisissables. Opp. *biens *paraphernaux*.

—s du domaine privé. V. *domaine privé*.

—s du domaine public. V. *domaine public*.

—s fongibles. V. *choses fongibles*.

—s immeubles. V. *immeuble*.

—s indivis. Biens faisant l'objet d'une *indivision.

—s paraphernaux. V. *paraphernal*.

—s *présents. Biens qui appartiennent à une personne au moment où elle contracte (ex. un emprunt), qui servent de gage général aux créanciers (C. civ., a. 2284), et qui peuvent être l'objet d'un acte juridique. V. **donation de biens présents, biens à venir*.

—s propres. Biens constituant le patrimoine personnel du mari ou celui de la femme, par opp. aux *biens communs et sur lesquels chaque époux propriétaire a tout pouvoir d'administration et de disposition ; encore nommés propres ou biens personnels.

—s *réservés. Naguère, biens acquis par la femme mariée au moyen de ses gains et salaires dans l'exercice d'une profession distincte de celle de son mari et qui, sous les régimes communautaires, étaient des *biens communs réservés à l'administration, la jouissance et la libre disposition de la femme dans les mêmes conditions que les autres biens communs pour le mari (de tels biens sont aujourd'hui confondus dans la masse unique des biens communs sur lesquels mari et femme ont les mêmes pouvoirs, C. civ., a. 1401).

—s sociaux. Biens composant l'actif d'une société. V. *abus de biens sociaux*.

—s *vacants ou sans maître.

a / Biens qui, par leur nature, sont susceptibles de propriété privée, mais qui, du fait des circonstances, n'ont pas encore été appropriés (gibier, produits de la mer) ou ont cessé de l'être (choses abandonnées). V. *res nullius, res derelictae*.

b / Par ext. choses perdues ; meubles dont le propriétaire n'est plus en *possession. V. *épave*.

BIENFAISANCE

N. f. – De bienfaisant, dont l'usage remonte au XVIIIe siècle.

- Action publique ou privée d'aider autrui, de rendre service et résultat de cette action. V. *aide, assistance, secours, bénévole, bienfait*.

— **(bureau de).** Ancienne dénomination des établissements publics communaux chargésde distribuer des secours aux indigents (fondus en 1953 avec les bureaux d'assistance pour constituer les *bureaux d'*aide sociale).

— **(contrat de).**

1 / Parfois syn. de contrat à titre *gratuit (C. civ., a. 1105 anc.).

2 / Plus spécifiquement, sorte de contrat à titre gratuit dans lequel l'une des parties, sans transférer à l'autre un élément de son patrimoine, lui rend cependant un *service (dans une intention *bénévole et sans contrepartie). Ex. le prêt d'argent sans intérêt, le prêt à usage, le dépôt gratuit, etc. Comp. *donation*.

BIENFAIT

N. m. – Part. pass. substantivé de l'anc. v. *bienfaire,* déjà en lat. *benefactum*.

- **1** *Faveur dispensée par la loi ; traitement avantageux. Ex. les fictions sont des bienfaits de la loi. Comp. *bénéfice, privilège, avantage*.
- **2** Pour celui qui le fait, acte désintéressé (service *bénévole ou gratification), notion plus large que *libéralité ; pour celui qui le reçoit, *avantage *gratuit, profit particulier. V. *contrat de *bienfaisance, don, contrat désintéressé*.

BIEN-FONDÉ

N. m. – Part. pass. du verbe *fundare* : fonder. V. *fond, fondation*.

- **1** (sens gén.). Syn. *légitime,* justifié, établi sur de justes bases. V. *prospérer*.
- **2** (pr.).

a / (adj.). Se dit d'une *prétention en justice lorsque les faits nécessaires à son succès sont vérifiés (ex. marchandise perdue), et qu'elle repose sur des moyens de droit propres à la justifier (ex. transporteur tenu d'une obligation de résultat). Comp. *recevable, régulier*.

b / (subst.). Ce qui fait qu'une prétention (ou qu'une décision) est justifiée en fait et en droit et que le juge doit y faire droit au *fond (ou que la décision doit échapper à la censure, sur recours) ; d'un mot la *justification (au regard du Droit) de la demande ou du jugement. Ant. *mal fondé*. Comp. *recevabilité, régularité*. V. *motivation*.

BIGAME

Adj. et subst. m. et f. – Lat. *bigamus,* de *bis* deux fois et du grec γαμος, mariage.

- Celui ou celle qui, avant la dissolution de son mariage avec une personne, en épouse une autre. V. *polygame,trigame*.

BIGAMIE

N. f. – Dér. de *bigame,* empr. du lat. ecclés. *bigamus,* comp. du préf. *bis* : deux fois, et du gr. γαμειν : se marier.

- **1** Fait, pour une personne engagée dans les liens d'un mariage, d'en contracter un autre avant la dissolution du premier, qui constitue un délit pénal (C. pén., a. 433-20) pour l'époux déjà marié s'il savait que son premier mariage n'était pas dissous, et une cause de nullité de mariage qu'il ait été de bonne ou mauvaise foi lors de la célébration de la seconde union (C. civ., a. 147, 184). V. *putatif, trigamie*.
- **2** État (durable), qui résulte de ce fait (et qui devrait en faire un délit continu).

BIJOU

Empr. au breton *bizou* : anneau, de *biz* : doigt.

- *Meuble précieux que sa valeur intrinsèque et/ou son origine familiale soumettent à certaines règles particulières. V. *fiançailles, cadeau, présents d'usage, souvenir de famille*.

BILAN

Subst. masc. – Empr. de l'ital. *bilancio,* subst. verbal de *bilanciare,* balancer, peser. Comp. *balance*.

- *Compte représentatif, à une date déterminée, de la structure du *patrimoine d'une entreprise, document annuel de synthèse en forme d'état chiffré qui se présente traditionnellement sous la forme d'un tableau dont la colonne de gauche, l'*actif, récapitule les biens de l'entreprise (propriétés et créances, correspondant à ses moyens de production) et la colonne de droite, le *passif, récapitule des éléments de son endettement (passif externe, passif interne, correspondant not. à ses moyens de financement), la différence entre l'actif et le passif, à une date donnée, permettant de dégager le résultat de la période, la *balance des comptes actifs et passifs à la fin de l'exercice permettant de faire apparaître soit le *bénéfice (excédent d'actif ajouté au passif), soit la perte (excédent de passif ajouté à l'actif). V. *passif, capital, capitaux propres*.

— **(dépôt de).** Expression consacrée désignant, en pratique, l'initiative par laquelle l'entreprise en cessation de paiement saisit elle-même le tribunal de commerce, et qui constitue l'un des modes d'ouverture de la *procédure collective aboutissant à un *redressement judiciaire ou à une *liquidation de biens.

BILATÉRAL, ALE, AUX

Adj. – Préf. *bis*, deux fois, et lat. *latus, lateris* : côté.

• **1** Qui émane de deux personnes, par opp. à *unilatéral ; en ce sens, tout contrat, tout acte *conventionnel est nécessairement un acte bilatéral. V. *plurilatéral, multilatéral, traité*.

• **2** Qui oblige réciproquement deux ou plusieurs personnes les unes envers les autres. Ex. la vente. Syn. **synallagmatique*. Ant. *unilatéral*.

—**e (règle de conflit).** Par opp. à *unilatérale, *règle de conflit de lois qui dispose de l'application de la loi du pays où elle est en vigueur aussi bien que de la loi étrangère (ex. C. civ., a. 311-14).

BILLET

N. m. – Dér. de bulle, propr. boule de plomb que l'on attachait au bas des actes, puis l'acte lui-même, avec une modification de la forme mal expliquée.

• **1** *Écrit portant engagement unilatéral de payer une certaine somme. Comp. *bon*. V. *instrumentum, acte, promesse*.

— **à ordre.** Écrit par lequel une personne (souscripteur) s'oblige à payer à court terme ou à vue une somme déterminée au bénéficiaire désigné ou à son ordre. V. *effet de commerce*.

— **au porteur.** Billet par lequel le souscripteur promet de payer à une date précise une certaine somme à toute personne qui sera alors porteur du billet. V. *effet de commerce*.

— **à vue (ou à volonté).** Billet par lequel le souscripteur promet de payer à une personne dénommée, ou à son ordre, une certaine somme, sur la simple présentation de ce billet.

— **de banque.** Papier-monnaie émis par la *Banque de France sous forme de titre au porteur fongible et imprescriptible qui, ayant *cours légal et forcé, permet à tout débiteur de se libérer de sa dette sans que son créancier puisse refuser de le recevoir en paiement.

— **de complaisance.** V. *effet de complaisance*.

— **de fonds.** Billet au porteur souscrit par l'acquéreur d'un fonds de commerce en vue d'assurer le paiement différé du prix de vente de ce fonds.

— **de grosse.** Billet constatant la promesse de payer la somme prêtée à la grosse qui peut être établi à personne dénommée, à ordre ou au porteur. V. *prêt à la grosse aventure*.

— **de *prime.** Billet à ordre par lequel l'assuré s'engage envers un assureur à lui payer la prime d'assurance au jour convenu.

— **de trésorerie adossé à des créances titrisées (BTACT).** Titre de créance à court terme émis par une structure de *titrisation pour financer les actifs qui lui sont cédés. Les créances peuvent être des créances commerciales ou bancaires. Équivalent étranger : *asset-backed commercial paper* (ABCP). JORF 19.1.2010.

— **non causé.** Celui qui n'énonce pas sa *cause ; se dit de la reconnaissance de dette qui n'indique pas l'origine de la dette, ou de la promesse de payer qui ne précise pas pourquoi la promesse est faite, actes sans cause exprimée néanmoins valables (C. civ. a. 1132) mais seulement jusqu'à preuve de l'absence de cause (sauf dans les cas spécifiés où il s'agit d'un *acte *abstrait, valable nonobstant toute preuve contraire).

• **2** Imprimé ou *écrit destiné à prouver le contrat intervenu entre une personne et un entrepreneur (de transports, de spectacles, d'expositions, etc.) et valant quittance du prix qui y est porté. V. *titre, ticket*.

— **d'avertissement.** V. *avertissement*.

— **de bord (ou d'embarquement).** *Reçu provisoire des marchandises remises à l'armateur pour être embarquées, établi avant la délivrance du *connaissement.

— **de logement.** Billet délivré par l'autorité municipale à un militaire pour que celui-ci soit logé chez des particuliers.
— **ouvert.** Billet permettant au voyageur de fixer librement la date de son voyage.

BIOÉTHIQUE

N. f.

- Ensemble des règles éthiques qui ont vocation à encadrer toute réflexion sur les sciences du vivant. V. *éthique*.

— **(lois de).** Lois encadrant notamment les recherches sur le corps humain, l'utilisation des produits du corps humain, la procréation médicalement assistée, l'étude des caractéristiques génétiques des personnes, les recherches sur l'embryon… (ex. « lois relatives à la bioéthique », l. n° 2011-814 du 7 juillet 2011 et l. n° 2004-800 du 6 août 2004).

BIOLOGIQUE

Adj. dér. de biologie, comp. du grec *bios,* la vie et son développement, et *logos,* science.

- Terme employé dans les expressions *agriculture biologique, *vérité biologique, par référence commune à un processus naturel, mais qui s'éclaire par des oppositions différentes (de biologique à chimique et synthétique; de biologique à affectif et sociologique).

—**(matière)** (est regardée comme telle, l. 8 déc. 2004 *in*CPI a. L. 611-10, 4) « la matière qui contient des informations génétiques et peut se reproduire ou être reproduite dans un système biologique ». V. *procédé microbiologique*.

BIOMÉTRIE

N. f.

- Système de mesure qui permet d'identifier ou d'authentifier un individu en se fondant sur les caractéristiques physiologiques ou comportementales qui lui sont propres (empreintes digitales ou génétiques, démarche, signature vocale ou manuscrite, etc.).

BIPARENTAL, ALE, AUX

Adj. – Néol. formé sur *parental, préf. bi (lat. *bis,* deux).

- Qui procède également des deux parents ; qui vient des apports respectifs des père et mère. Comp. *coparental.*

— **(nom).** Nom double résultant, pour l'enfant, de l'adjonction du nom de l'un de ses parents au nom de l'autre.

BISAÏEUL, E

N. – V. *aïeul, e.*

BIZUTAGE

N. m. – De *bizut,* dér. du vx franç., *bisogne,* jeune recrue d'origine espagnole.

- Brimade potache du folklore estudiantin, pratiquée comme un rite initiatique, érigée par une loi du 17 juin 1998 en délit puni de six mois d'emprisonnement et de 7 500 euros d'amende (C. pén., a. 225-16-1, hors les cas de violences, de menaces ou d'atteintes sexuelles) lorsqu'elle consiste, de la part d'un individu (en général d'une promotion plus ancienne) à en amener un autre (nouveau, bizut), que celui-ci y soit contraint ou qu'il y consente, « à subir ou à commettre des actes humiliants ou dégradants lors de manifestations ou de réunions liées aux milieux scolaire et socio-éducatif », tradition jugée attentatoire à la *dignité de la personne *humaine, qui aurait sans doute continué à être tolérée si elle avait su s'en tenir, sans excès, à des jeux inoffensifs bon enfant limités à une très brève période.

BLÂME

Subst. masc. – Dér. du v. *blâmer,* lat. ecclés. *blasphemare,* d'origine gr. : outrager, affaibli au sens de faire des reproches.

- *Sanction *disciplinaire consistant dans la réprobation officielle de l'attitude ou des agissements d'une personne soumise à un statut disciplinaire, venant en général dans l'ordre de gravité en seconde ligne après l'*avertissement. Ex. o. 4 févr. 1959, a. 30. V. *admonestation*. Comp. *réprimande, amende*.

BLANC, BLANCHE

Adj. – De l'all. *blank.*

- **1** Se dit d'une opération qui ne se solde ni par un bénéfice, ni par une perte et que son résultat neutre fait considérer comme inutile.
- **2** Se dit d'un mariage célébré selon les formalités légales mais entre personnes qui n'ont, ni l'une ni l'autre, l'*intention de se prendre réellement pour époux et dont le comportement ultérieur (absence de consommation charnelle et de communauté de vie) concourt à attester que, détournant l'institution de son but, ils en attendaient exclusivement un avantage secondaire. Ex. mariage blanc avec un ressortissant étranger pour lui faciliter l'accès ou l'établissement dans un pays ou l'acquisition d'une autre nationalité. V. **fraude à la loi, *absence de *consentement, *volonté *interne, réelle, sérieuse, simulation, mariage simulé*. Comp. **jocandi causa*.

— **(bulletin).** *Bulletin de *vote qui, ne comportant aucune indication, est exclu du décompte des *suffrages exprimés. Comp. *bulletin *nul*.

—**che (carte).** Dans les expressions « laisser carte blanche », « avoir carte blanche », désigne la liberté complète d'initiative et de négociation conférée au mandataire dans l'exécution du mandat. Comp. **mandat impératif*. V. *pouvoir*.

— **(en).** Se dit de certains titres ou actes (procuration en blanc, chèque en blanc) qui, au moment où ils sont remis à leur destinataire (mandataire, porteur) par leur signataire, ne comportent pas certaines des mentions qu'il appartient normalement à ce dernier d'inscrire (ex. la limite des pouvoirs, le nom du mandataire, le montant ou le bénéficiaire d'un chèque). V. *crédit en blanc, blanc-seing*.

— **(*vote).** Celui qui résulte d'un bulletin blanc.

BLANCHIMENT

Subst.masc. – Dér. du v. blanchir, de *blanc.

- Action d'introduire des *capitaux d'origine illicite dans les circuits financiers et bancaires réguliers ; plus spécifiquement, *placement des capitaux provenant du trafic de stupéfiants, érigé en infraction nommée délit de blanchiment par la loi française (C. pén. 324-1, 228-32) en parallèle avec le *transfert international de fonds provenant d'un tel trafic (C. des douanes, a. 415). V. l. 12 juill. 1990 et circulaire criminelle du 28 sept. 1990) ; ainsi nommé à l'idée que le recyclage de ces sommes dans les circuits financiers ordinaires risque d'effacer l'illicéité qui entache leur origine. V. *expatrier*.

ADAGE : *Non olet.*

BLANC-SEING

N. m. – Comp. de blanc, germ. *blank* pour désigner un papier sur lequel aucune écriture n'est portée, et seing, lat. *signum* : signe, d'où signe tenant lieu de signature, puis signature.

- **1** *Titre signé en *blanc ; document à compléter que le signataire confie à une personne (cocontractant, tiers) afin que celle-ci remplisse elle-même les blancs en déterminant les éléments qui manquent. Ex. procuration en blanc. Syn. (vx) *blanc signé*. V. *décharge, pouvoir, pleins pouvoirs*.
- **2** Désigne parfois la signature apposée sur un tel document.

— **(*abus de).** Délit qui consiste, de la part d'une personne à qui un papier portant une signature en blanc a été confié, à inscrire frauduleusement, au-dessus de cette signature, une obligation ou une quittance (C. pén., a. 407 anc.).

BLOCKCHAIN

Technique destinée à assurer la sécurité des transactions électroniques au moyen d'enregistrement numérique de données produites en continu, sous forme de blocs liés les uns aux autres, chacun des blocs et leur séquence étant protégés contre toute modification. Peut remplir plusieurs fonctions : registre public de transactions, stockage et transmission de données (arrêté, JO 23 mai 2017).

BLOCS DE COMPÉTENCE

Du haut all. *bloc* : tronc abattu. V. *compétence*.

- Système de répartition des compétences entre la juridiction administrative et la juridiction judiciaire tendant à éviter, par l'unification systématique de la compétence au profit d'une seule de ces juridictions, qu'une même matière ne se trouve exagérément fragmentée entre les deux *ordres.

BLOCUS

N. m. – Empr. du moyen néerl. *blockuus*, étymologiquement maison faite de madriers ; blocus signifiait d'abord un fortin destiné à couper les communications d'une place assiégée.

- **1** Opération par laquelle les forces maritimes d'un État belligérant investissent un port ou une portion de territoire de l'État ennemi afin d'isoler cet État et de l'empêcher d'avoir des relations avec l'extérieur.
- **2** Par extension, procédé destiné à faire pression sur un État en rompant les relations économiques avec lui et en lui interdisant toute communication avec l'extérieur. V. *boycott*.

BLOQUÉ, ÉE

Adj. – Du haut all. *bloc*.

- Considéré comme un tout ; indissociable, global. Comp. *indivisible*.

—e (liste). Expression couramment utilisée pour désigner la modalité du *scrutin de liste dans laquelle les listes de candidats doivent comporter autant de noms qu'il y a de sièges à pourvoir et l'électeur ne peut que se prononcer pour l'une de ces listes sans adjonction ni suppression de noms ni modification de l'ordre de présentation. Ant. *panachage, *vote préférentiel*.

— (vote). Procédure particulière d'adoption d'un texte législatif établie par l'a. 44 de la Constitution de 1958 et dans laquelle, si le gouvernement le demande, l'assemblée saisie doit se prononcer par un seul vote sur tout ou partie du texte en discussion en ne retenant que les amendements proposés ou acceptés par le gouvernement. Ant. *séparé*.

BOISEMENT

Comp. de bois, bas lat. *boscus*.

- Semis et plantations d'essences forestières, interdits, réglementés ou obligatoires, selon le classement de la zone considérée.

BON

Subst. masc. – Adj. pris subst., lat. *bonus*.

- *Écrit constatant le droit d'une personne de se faire payer une certaine somme d'argent ou d'exiger une prestation déterminée. Ex. bons du Trésor, bons décennaux, bons de pain, bons de livraison, bons de commission, bons de réduction, etc. V. *billet, promesse, effet de commerce, commande, titre, couponnage*.

— à lot. Syn. **obligation à lot*.

— à moyen terme négociable. *Titre de créance négociable, d'une durée supérieure à un an, émis par les établissements de crédit, les entreprises, les institutions de la CE et les organisations internationales (abrév. : BMTN).

— à vue. Bon payable à présentation, sans avis préalable.

— de caisse. Bon à ordre ou au porteur (exceptionnellement nominatif), à échéance fixe, productif d'intérêts, émis généralement par les banques contre un dépôt d'argent à court ou moyen terme (dépôt qui est en réalité un véritable prêt).

— de délégation. Moyen de preuve grâce auquel les représentants du personnel, justifiant que leur absence pendant les heures de travail a bien été utilisée dans l'exercice de leurs fonctions, peuvent obtenir le paiement des heures d'absence autorisées.

— du Trésor. Titre d'emprunt à court ou moyen terme, émis par l'État (Trésor public) et placé auprès du public (bon sur formules) ou des organismes financiers (bons en compte courant).

BON DE VISITE

V. *Visite (bon de)*.

BONI DE LIQUIDATION

Lat. *boni*, gén. de *bonus* : bon. V. *liquidation*.

- Somme d'argent distribuée aux associés, à l'issue des opérations de liquidation (après paiement des créanciers et reprise des apports) et constituée par les *bénéfices mis en *réserve au cours de la vie sociale.

BONNE ADMINISTRATION DE LA JUSTICE

V. *bonne justice*.

BONNE FOI

V. *bon* et *foi*.

- (Sens gén.). Attitude traduisant la conviction ou la volonté de se conformer au Droit qui permet à l'intéressé d'échapper aux rigueurs de la loi. Ant. **mauvaise foi*. V. *parole, sincérité, loyauté, véridique, présomption, faveur, innocence.*

- **1** *Croyance erronée en l'existence d'une situation juridique régulière.

a / Croyance reposant sur la seule ignorance. Ex. *mariage putatif, chèque sans provision…

b / Croyance reposant sur une *apparence trompeuse : signes extérieurs de pouvoir (*mandat apparent), possession (*héritier apparent) ; la bonne foi suppose l'erreur, mais celle-ci correspond à une notion moins stricte que dans le *vice du consentement et moins objective que l'erreur commune ou invincible (laquelle relève de la psychologie sociale et non individuelle).

ADAGE : *Error falsae causae usucapionem non parit.*

- **2** Comportement *loyal que requiert not. l'exécution d'une obligation ; attitude d'intégrité et d'honnêteté ; esprit de droiture qui vaut un bienfait à celui qu'il anime (bénéfice de la bonne foi).

a / Souci de coopération (en ce sens, l'a. 1104 C. civ. dispose que les contrats doivent être négociés, formés et exécutés de bonne foi).

b / Absence de mauvaise volonté, ayant un intérêt dans l'exécution d'une obligation (C. civ., a. 1240), l'acquisition d'un droit (C. civ., a. 1141) ou pour l'occupant de bonne foi en matière de baux.

c / Absence d'intention malveillante (ou inconscience du préjudice causé) : bonne foi étendue, surtout invoquée à propos de l'exécution des obligations contractuelles (où elle est souvent opposée au dol) (C. civ., a. 1147, 1153), mais qui joue également pour l'acquisition d'un droit (C. com., a. L. 511-12), ou l'exercice d'un pouvoir (en matière pénale, l. 24 juill. 1966, a. 425 et 437) ; remplissant parfois le même rôle (pour la formation du contrat), le bon *dol, *bonus dolus*, demeure d'une autre nature.

d / Âme des affaires, par opp. à malice.

e / (L. 29 juill. 1881, *diffamation) *Prudence dans l'expression de la pensée qui, associée à l'intention de poursuivre un but légitime et au respect du devoir d'enquête préalable, justifie l'auteur de propos *diffamatoires en l'absence d'animosité personnelle envers le diffamé (fait justificatif prétorien). V. *exceptio veritatis.*

f / Principe fondamental du Droit des gens qui impose aux États et à leurs agents l'obligation d'agir avec esprit de loyauté dans le respect du Droit et de la fidélité aux engagements (une telle obligation de comportement implique *a contrario*, pour les États et leurs agents, l'absence de dissimulation et de dol dans les relations internationales, charte des Nations Unies, a. 2, § 2). V. *estoppel.*

ADAGES : *Bonae fidei non congruit de apicibus juris disputare. In judiciis bonae fidei exceptio doli mali inest.*
Bonne foi va tout droit.

BONNE JUSTICE

Bienfait attendu du service de la justice, dette de l'État, devise du juge.

- **1** Celle qui est dans le jugement, lorsque la solution qu'il donne au litige est fondée en vérité, droit et équité.
- **2** Celle qui doit guider le juge (critère directif de bon sens) dans la recherche des meilleures solutions à donner à des problèmes de procédure et de compétence, afin que soient jugées dans le temps raisonnable qui convient les affaires ou les questions qui vont ensemble (ainsi en matière de connexité, CPC, a. 101, d'évocation, a. 568, de jonction ou disjonction d'instance, a. 367). On parle aussi de bonne administration de la justice (celle qui doit présider à tous les actes d'administration judiciaire *stricto sensu* et au « bon déroulement de l'instance », a. 3).

BONNES MŒURS

N. f. pl. – V. bon et mœurs.

- **1** (mode de vie). Bonne vie et mœurs ; comportement habituel conforme à la morale commune ; *moralité.
- **2** (règle de conduite). Ensemble de règles imposées par une certaine morale sociale, reçue en un temps et en un lieu donnés, qui, en parallèle avec l'*ordre public (au sein duquel les bonnes mœurs sont parfois englobées), constitue une *norme par référence à laquelle les comportements sont appréciés (ex. les conventions contraires

aux bonnes mœurs sont dites *immorales et nulles de *nullité absolue : C. civ., a. 6 ; expression non reprise par l'a. 1102, ord. 10 février 2016), et dont le contenu coutumier et évolutif, surtout relatif à la morale sexuelle, au respect de la personne humaine et aux gains immoraux, est principalement déterminé par le juge, oracle des mœurs. V. *jeu, courtage matrimonial, cause, objet, illicite, attentat aux mœurs,notion-cadre, standard, directif.*

ADAGES : *Nemo auditur propriam turpitudinem allegans ;*
In pari causa turpitudinis cessat repetitio.
Quae fuerant vitia, mores sunt.

BON PÈRE DE FAMILLE

Lat. *bonus pater familias.*

- Type de l'homme normalement prudent, soigneux et diligent, auquel se référait le Code civil pour déterminer not. les obligations qui pèsent sur celui qui a la conservation (C. civ., a. 1137 anc., 1880 anc., 1962 anc.), l'administration (C. civ., a. 450 anc., 1374 anc.) ou la jouissance (C. civ., a. 601 anc., 1728 anc., 1806 anc.) du bien d'autrui, en supposant chez le père de famille, érigé en modèle, la vertu moyenne d'une gestion patrimoniale avisée ; référence *directive traditionnelle comparable à celle de personne *raisonnable. V. *prévoyance, prudence, diligence, modération,notion-cadre.*

BON POUR

N. m. – V. *bon.*

- Mention manuscrite précédant l'indication d'une somme d'argent (bon pour dix mille francs) ou d'une opération (bon pour autorisation, bon pour pouvoir) qui continue parfois en pratique à être apposée par le signataire d'un acte (d'un billet) au-dessus de sa signature, bien que la loi ne l'exige plus (même dans les actes unilatéraux, C. civ., a. 1376), comme une précaution destinée à attirer l'attention du signataire sur le montant ou la portée de son engagement et à attester qu'il a voulu lui donner cette valeur. V. *bon de *visite.*

BONS OFFICES

N. m. pl. – Lat. *bonus.* V. *office.*

- Tentative effectuée par une tierce puissance ou une personnalité officielle pour amener, spontanément ou sur demande, deux États en litige à entamer ou à reprendre des pourparlers en vue de régler pacifiquement leur différend ; se distinguent de la *médiation en ce qu'ils ne comportent pas, comme celle-ci, de participation aux négociations ni de présentation d'un plan pour la solution du conflit. Comp. *arbitrage.*

BONUS

Subst. masc. – Terme devenu franç. par empr. au lat. (adj.) *bonus* : bon.

- **1** En matière d'assurance automobile, diminution du montant de la *prime au profit des bons conducteurs (la diminution augmentant en fonction du nombre d'années sans accident). Ant. *malus.*
- **2** En matière d'assurance vie, augmentation de la somme assurée en raison de la participation de l'assuré aux *bénéfices de la société d'assurances.

BORDEREAU

Dér. de *bord,* probablement au sens de ce qui est inscrit sur le bord, mot d'origine germ.

- *État récapitulatif ou analytique de pièces, actes ou comptes. Ex. le bordereau des *pièces communiquées au cours d'une procédure, établi et signé par l'avocat ou l'avoué qui procède à la communication (CPC, a. 815, 961). V. *récépissé.* Comp. *bulletin, relevé, liste, inventaire.*

— **d'agent de change.** Désignait autrefois le bordereau, appelé aussi *arrêté, signé par les agents de change parfois en outre par les parties, destiné à constater les achats et les ventes (C. com., a. 109 anc.).

— **de cession de créance professionnelle.** Titre propre à la mobilisation des créances professionnelles par cession ou nantissement selon les conditions particulières prévues par la loi. Connu sous le nom de bordereau Dailly (C. mon. et fin., a. L. 313-23 s.).

— **de collocation.** Extrait du règlement définitif d'un *ordre (amiable ou judiciaire) ou d'une distribution par contribution, délivré par le greffe à chaque créancier colloqué en

ce qui concerne sa *collocation et exécutoire contre l'adjudicataire ou contre la Caisse des dépôts et consignations dans le cas où la somme à distribuer a été consignée. Syn. *mandement de collocation.*
— **de factures protestables.** État obéissant à des formes précises groupant plusieurs factures destinées à un même débiteur et comportant un terme de règlement identique ou fractionnant une facture comportant plusieurs termes de règlement.
— **d'envoi.** Document accompagnant une transmission de pièces dont il indique la nomenclature et qui, signé et retourné par le destinataire à l'envoyeur, constitue un accusé de réception.
— **des prix.** Pièce des marchés de travaux publics contenant l'indication des prix applicables à l'entreprise et différente suivant que le marché a été conclu à forfait, sur série de prix ou à l'unité de mesures.
— **des salaires** (ou du taux normal et courant des salaires). Pièce figurant obligatoirement dans les marchés publics et contenant l'indication des salaires couramment appliqués dans la ville ou la région où sont exécutés les travaux tels qu'ils sont arrêtés par le préfet.
— **d'inscription hypothécaire.** Pièce, contenant les mentions exigées par la loi, que le créancier doit remettre en double exemplaire au conservateur des hypothèques pour que soit opérée l'*inscription d'un privilège ou d'une hypothèque (C. civ., a. 2428 ; l'un des exemplaires servant à composer le registre des inscriptions).

BORNAGE

N. m. – Dér. de borner, dérivé de borne, d'origine incertaine, peut-être celtique.

- **1** Opération qui consiste à fixer la ligne séparative de deux terrains non bâtis et à la marquer par des signes matériels appelés bornes. Comp. *clôture, arpentage, abornement*. V. *mitoyenneté, témoins, limite*.
- **2** Désignait autrefois la *navigation côtière pratiquée par des petits bâtiments ne s'éloignant pas de certaines limites fixées par la loi. Comp. *cabotage, long cours*.

— **(patron au).** Marin titulaire d'un diplôme lui conférant le droit de commander un *borneur.

BORNEUR

Subst. masc. – Dér. de borner. V. *bornage.*

- Navire pratiquant le *bornage.

BOUILLEUR DE CRU

Du v. *bouillir,* lat. *bullire* : former des bulles. Cru, part. pass. de croître, lat. *crescere.*

- Propriétaire distillant sa propre récolte pour la fabrication de l'alcool, qui bénéficiait d'un privilège fiscal, aujourd'hui supprimé, sous réserve du droit subsistant en faveur de certaines personnes déterminées.

BOULANGER

Subst. masc. – Lat. méd. *bolengarius,* anc. picart *boulenc,* rac. germ. *bolla* (pain rond), app. au lat. *pollen* (fleur de farine).

- Appellation réservée au professionnel qui assure lui-même, à partir des matières premières qu'il choisit, le pétrissage, la fermentation et la mise en forme de la pâte, ainsi que la cuisson du pain, sur le lieu même de la vente au consommateur final, sans qu'à aucun moment de la production ou de la vente les produits ne soient surgelés ou congelés, C. cons., a. L. 122-17 (référence à la fabrication artisanale et traditionnelle, et à l'étymologie) ; réserve faite de la vente *itinérante.

BOULANGERIE

Subst. fém. – Dér. de *boulanger.

- Enseigne commerciale réservée aux professionnels qui ont droit à l'appellation de boulanger (sens technique qui, pour protéger l'exercice artisanal du métier, rejoint la définition courante : action de fabriquer et de vendre du pain, et lieu de cette action).

BOUQUET

N. m. – Var. de bosquet, petit bois, du bas lat. *boscum,* bois.

- **1** Partie du *prix payée comptant dans l'*achat d'un bien en *viager, nom métaphorique donné dans la pratique par évocation du caractère gratifiant et en un sens insolite du versement immédiat d'une somme en capital dans une vente à charge de *rente viagère. Comp. *arrérages*.

- *Dicton :* Cette maison a le bouquet sur l'oreille (elle est à vendre).
- **2** Plus rarement, avantage gracieux, gratification prodiguée en plus du prix dans une opération. Comp. *pourboire, épingles, denier à Dieu*. Ne pas confondre avec *dessous-de-table*.

BOURSE

N. f. – Lat. *bursa,* du grec βύρσα : sac de cuir ou nom de l'hôtel de la famille Van der Bearses à Bruges, donné à la bourse de cette ville.

- **1** Réunion de commerçants tenue avec l'autorisation du gouvernement en vue d'y traiter, à intervalles périodiques, les opérations concernant leur commerce ; se distingue des *foires et *marchés par sa fréquence plus grande et par le fait que les opérations qui s'y traitent s'effectuent sur types ou échantillons, sans la présence des marchandises sur lesquelles elles portent.
- **2** L'activité boursière.
- **3** Par ext., lieu où se traitent les opérations ; place où un cours est constaté (Bourse de Paris, de Londres).

— **d'affrètement.** Lieu où sont échangées les offres et les demandes de fret ; les séances d'application des demandes de fret aux offres de bateaux sont dites bourses de fret (opérations assurées par les bureaux d'affrètement).
— **de commerce.** Bourse formée par la réunion des commerçants (agents de change, courtiers, capitaines de navire), qui a pour objet les négociations sur marchandises, opérations dont résulte la détermination du cours du change.
— **de valeurs.** Bourse formée par la réunion des agents de change qui a pour objet la négociation et la constatation du cours des valeurs mobilières.
— **du travail.** Organisme originairement destiné à faciliter le placement des travailleurs ; ne désigne plus actuellement qu'un local mis à la disposition des syndicats de salariés par les municipalités.
— **(sociétés de).** Sociétés commerciales issues de l'ancienne profession des agents de change chargées de la négociation des valeurs mobilières sur le marché boursier (a. 1 s., l. 22 janv. 1988).

BOURSE COMMUNE

V. *bourse, commun*.

- Masse dans laquelle les membres de certaines *compagnies (ex. les commissaires-priseurs) sont tenus de mettre en commun une portion de leurs émoluments, en vue d'atténuer l'inégalité dans le produit des charges, de couvrir les dépenses de la compagnie (par ex. œuvres sociales) et de garantir la responsabilité professionnelle de ses membres.

BOURSIER, IÈRE

Adj. – Dér. de *bourse.

- Relatif à la *bourse et aux opérations de bourse. Ex. marché boursier, transactions boursières. Comp. *financier, bancaire*.

BOYCOTT

Subst. masc. – Formé sur *Boycott,* nom du premier propriétaire irlandais mis à l'index.

► **I** (int. publ.)

- Procédé par lequel un État, afin de protester contre les actes d'un autre État et de faire pression sur lui, interrompt, de façon partielle ou totale, pour une durée variable, les relations politiques, économiques ou commerciales qu'il entretenait avec cet État ou les ressortissants de celui-ci. Syn. *boycottage. V. blocus*.

► **II** (soc. trav.)

- Mesure d'intimidation consistant pour un groupe, dans un conflit du travail, à obtenir de tiers qu'ils refusent ou rompent les rapports d'ordre professionnel avec les personnes visées.

► **III** (com.)

- Fait, pour une entreprise en *position dominante ou, pour plusieurs entreprises collectivement, de refuser systématiquement de traiter avec une entreprise (en général concurrente) dans le but de l'éliminer du marché ; pratique proche de la mise à l'*index. V. **refus de vente*.

BRACONNAGE

N. m. – Dér. du v. *braconner,* au Moyen Âge « chasser avec un braque », dér. de *bracon,* id., empr. du germ. *brakko,* id.

- **1** (sens général). Acte de chasse ou de pêche, interdit par les lois et règlements.
- **2** (sens technique). Tout acte de recherche et de poursuite du gibier ou du poisson, en vue de le capturer et de le tuer, lorsque ces actes sont effectués au moyen de procédés ou d'engins prohibés, ou encore en des temps ou lieux interdits. Ex. chasse la nuit ou par temps de neige ou dans une réserve.

BRADERIE

Subst. fém. – Du v. brader : du néerl. *braden,* all. *bratem* : rôtir.

- Manifestation commerciale exceptionnelle d'assez brève durée (un ou plusieurs jours) à l'occasion de laquelle les commerçants d'une ville ou d'un quartier cherchent à provoquer un afflux d'achats par des moyens divers : baisse des prix, *vente au déballage sur le trottoir, effort de publicité, sonorisation et décoration des rues, etc. V. *vente en solde, liquidation*.

BRANCHE

N. f. – Lat. *branca* : patte.

- **1** (Dans les structures de la parenté, sous l'angle successoral). Division de la *parenté en fonction de la personne du chef de laquelle celle-ci procède, la branche étant dite maternelle ou paternelle selon qu'elle procède de la mère ou du père (C. civ., a. 746) ; division qui commande celle de la succession (*fente) lorsque celle-ci est dévolue à des ascendants ou à des collatéraux ordinaires (a. 747, 749) ; on parle indifféremment de branche ou de *ligne (paternelle ou maternelle) pour désigner la subdivision de la ligne directe ascendante. Comp. C. civ., a. 743 anc. où la branche désignait aussi une subdivision de la *souche. V. aujourd'hui a. 753.
- **2** (Plus généralement). Élément d'un ensemble ramifié.

— **d'industrie et d'activité.** Ensemble des entreprises concourant à une production de biens ou de services (ex. chimie, banque) ; notion économique not. utilisée pour la détermination du champ d'application professionnel de la convention collective de travail.

— **du droit.** Division ou subdivision du *Droit objectif ; discipline juridique. Ex. le Droit civil et le Droit commercial sont les branches principales du Droit privé. V. *matière, classification*.

— **du *moyen.** Dans un *pourvoi en cassation, subdivision d'un moyen, correspondant à chacun des griefs (ex. motif dubitatif, contradiction de motifs) par lesquels le moyen critique une même proposition dans le jugement attaqué.

BREF

N. m. – V. le suivant.

- (Vx). Syn. de **dictum*.

BREVET

Dér. de *bref,* au sens de courte lettre officielle, adj. pris substantivement, lat. *brevis* : court.

- Terme qui, dans les expressions où il est encore employé, désigne un *acte ou un *titre simplifié délivré par une autorité à un intéressé pour la constatation d'un droit ou d'une qualification ; ex. brevet de capacité, de pilotage. Comp. *diplôme, certificat*.

— **(acte en).** *Acte notarié dont l'*original, dépourvu de la formule exécutoire, est remis aux parties (et non conservé par le notaire, à la différence d'un acte en *minute). Comp. *grosse, expédition, copie*.

— **de perfectionnement.** Brevet qui a pour objet un *perfectionnement apporté à une invention précédemment brevetée mais est délivré à une personne autre que le titulaire du brevet préexistant.

— **d'invention.** Titre de propriété industrielle qui est délivré au déposant d'une invention, qui fait l'objet d'une publication administrative et confère à son titulaire une exclusivité temporaire d'exploitation. V. *Conseil en brevet d'invention*.

BREVETABLE

Adj. – Du v. breveter, de *brevet.

- Qui peut être l'objet d'un *brevet. Ex. invention brevetable. Comp. *protégeable*.

BREVETAIRE

Subst. – Dér. de *brevet.

- Terme ancien qui mériterait d'être repris pour désigner le *titulaire d'un *brevet d'invention, de préférence à breveté (part. pass. du v. breveter) applicable à l'objet du brevet (l'invention). V. *bénéficiaire, attributaire.*

BRIGANDAGE

Dér. de *brigand,* empr. de l'ital. *brigante,* proprement : qui va en troupe, dér. du verbe *brigare,* proprement combattre en troupe, dér. de *briga* : lutte, d'origine incertaine.

- Vol, pillage, commis avec violence, à main armée et ordinairement en bande, ensemble de faits non incriminé en soi, mais tombant sous le coup de dispositions diverses : *attentats contre la sûreté intérieure de l'État, organisation de *bandes armées concertée, *association de malfaiteurs, action concertée à force ouverte avec violences par groupe, vol en réunion et en armes, bandes de pillards.

BROCARD

Subst. masc. – Empr. au lat. médiév. *Brocardus,* nom propre : Burckart, évêque de Worms au XIe siècle, qui fit une compilation canonique souvent appelée *brocardica* ou *brocardicorum opus.*

- **1** *Adage vulgarisé sous une forme populaire. Ex. *Est bien père qui me nourrit.* Comp. *maxime, dicton.*
- **2** Raillerie en forme de trait.

BROUILLARD

Subst. masc. – Du v. brouiller, dér. probable de *brou* : bouillon.

- Sorte de *livre de commerce facultatif. Syn. **main courante.*

BRU

Subst. fém. – Bas lat. *brutes,* du gotique *bruths* (cf. all. *braut* : fiancée).

- *Belle-fille. Comp. *gendre.*

BUDGET

N. m. – Empr. à l'angl. *budget,* empr. au franç. archaïque *bougette* : petit sac, qui a pris en angl. le sens de sac du roi, trésor royal (dim. du franç. archaïque *bouge* : valise, lat. *bulga* : petit sac de cuir, d'origine gaul.).

- **1** Formellement : acte par lequel sont prévues et autorisées les recettes et les dépenses des organismes publics.
- **2** Matériellement : ensemble des recettes et dépenses d'un organisme public, autorisées et effectuées au titre d'une année.

— **annexe.** Dans les lois de finances, budget isolé du budget général pour faire apparaître spécifiquement les dépenses et les recettes d'un service déterminé (peuvent être, en principe, dotés de budgets annexes les services de l'État non pourvus de la personnalité morale, qui produisent des biens ou rendent des services donnant lieu au paiement d'un prix ; sont en fait dotés d'un budget annexe les services désignés dans la loi organique relative aux lois de fin., a. 20).

— **autonome.** Budget ou état de prévision distinct de la loi de finances, qui englobe les dépenses et les recettes des services dotés de la personnalité morale et donc, juridiquement, distincts de l'État (les établissements publics sont dotés de budgets autonomes).

— **économique.** Prévision portant sur l'ensemble de l'activité économique de la nation tout entière (administrations, entreprises, ménages), qui est liée à la comptabilité nationale (non au budget de l'État).

— **fonctionnel.** Instrument d'information regroupant les dépenses pour lesquelles des crédits sont inscrits au budget ; méthode de classement qui, regroupant les dépenses publiques d'après les missions représentatives des domaines dans lesquels l'État exerce ses actions (à raison de leur finalité), comprend l'ensemble des dépenses prévues et autorisées par la loi de finances de l'année, c'est-à-dire après élimination des doubles emplois, les crédits du budget général, des budgets annexes et des comptes spéciaux du Trésor.

— **général.** Partie du budget de l'État où sont inscrites toutes les dépenses et toutes les recettes qui ne font pas l'objet d'une présentation spécifique au titre des budgets annexes ou des comptes spéciaux du Trésor.

— **social de la nation.** Regroupement et individualisation des dépenses de nature sociale de la collectivité, permettant, à l'aide de tableaux, d'établir des comparaisons de postes et d'en suivre l'évolution par année.

— **type.** Ensemble des dépenses nécessaires

à la vie d'un travailleur, regroupées par la commission supérieure des conventions collectives dans la procédure d'établissement du salaire minimum.

BUDGÉTAIRE

Adj. – Dér. de *budget.

- Qui relève du *budget ou le concerne. Ex. ressources budgétaires, déficit budgétaire. V. *collectif budgétaire, finances publiques*. Comp. *fiscal, financier*.

BUDGÉTISATION

Dér. de *budget.

- Financement de certaines dépenses au moyen de crédits budgétaires ; inscription au budget. Ant. *débudgétisation*.

BULLETIN

Dér. de l'anc. franç. *bullette*, id., d'abord petite boule, diminutif de bulle. V. *billet*.

- **1** Petit *billet, *écrit sur feuille volante, contenant des mentions simplifiées (en gén. selon un modèle), servant à constater certains faits (remise d'argent ou d'objet, etc., ex. bulletin de dépôt, d'appel), à manifester une volonté (bulletin de vote, de *souscription), à reproduire par *extraits certains actes ou registres (bulletin d'état civil, de casier judiciaire), à faire une *notification (ex. bulletin utilisé par le greffe d'une juridiction pour les notifications faites aux avocats, et déposé dans leur case). Comp. *quittance, reconnaissance de dette, reçu, bordereau, bon, instrumentum, relevé, état, billet*.

— **blanc.** V. *blanc (bulletin)*.
— **de bagages.** Document délivré par le transporteur et remis au voyageur attestant la nature et la quantité des *bagages pris en charge par lui.
— **de paye.** Décompte détaillé des divers éléments de la *rémunération du travailleur, obligatoirement délivré par l'*employeur lors de la paye.
— **de souscription.** Document destiné à constater la *souscription des actions de numéraire des sociétés anonymes.
— **de *vote.** Morceau de papier portant, manuscrit ou imprimé, un nom ou des noms de candidats à une élection, et par le dépôt duquel dans l'*urne l'électeur exprime son vote. V. *blanc (bulletin)*.
— **nul.** V. *nul (bulletin)*.

- **2** Espèce de publication périodique (ex. Bulletin mensuel des arrêts de la Cour de cassation). V. *journal*.

— ***des annonces légales obligatoires*** *(BALO)*. Bulletin annexe au *Journal officiel* dans lequel doivent être faites certaines publications commerciales (not. en matière de sociétés et de procédures collectives de liquidation).
— ***officiel des annonces commerciales*** *(BODAC)*. Bulletin annexe au *Journal officiel,* qui a remplacé l'ancien *Bulletin officiel du registre du commerce et des métiers,* où sont insérés, par extraits, les immatriculations et radiations au registre du commerce ainsi que divers autres renseignements.
— ***officiel des oppositions.*** Bulletin publié par la Chambre syndicale des agents de change, dans lequel sont insérées les *oppositions formées entre les mains du syndic des agents de change et de l'établissement émetteur par les propriétaires de titres au porteur perdus ou volés.

BUREAU

Dér. de *bure,* bas lat. *burellum,* lat. pop. *bura.*

- Désignait d'abord une sorte de grosse étoffe de laine brune, puis un tapis de table fait de cette étoffe, puis la table, not. d'un tribunal, puis un meuble à tiroir du même usage, puis la pièce où se trouvait ce meuble et ainsi de suite.

- **1** Organisme administratif spécialisé.

— **d'adjudication.** Organisme chargé dans la procédure d'*adjudication d'établir la liste des candidats dont les *soumissions sont retenues et de procéder publiquement à leur mise en concours.
— **d'aide sociale.** Établissement public communal ou intercommunal, résultant de la fusion en 1953 des anciens bureaux d'assistance et de bienfaisance dont il a hérité ; les attributions en matière d'assistance obligatoire et facultative auxquelles ont été ajoutées des actions de prévoyance, d'entraide et d'hygiène.
— **d'assistance.** V. **bureau d'aide sociale*.
— **de *bienfaisance.** V. **bureau d'aide sociale*.

— **de *placement.** Services régionaux et départementaux de la main-d'œuvre seuls habilités à effectuer le placement des travailleurs (servent de correspondants à l'agence nationale de l'emploi).

• **2** Organe directeur de certains groupements ou organismes publics ou privés (association, *conseil, assemblée).

— **d'âge.** Bureau éphémère comprenant le doyen d'âge et les six plus jeunes membres de l'assemblée après son renouvellement, jusqu'à l'élection du président (r. de l'AN et du Sénat, a. 1).

— **(dépôt d'un texte sur le).** Acte consistant à saisir une assemblée parlementaire d'un projet ou d'une proposition en l'adressant à son président (ex. Const. 1958, a. 39).

— **d'une assemblée.** Organe d'une assemblée parlementaire chargé de diriger ses travaux et ses services (ex. r. de l'AN, a. 8).

• **3** Nom donné aux *formations de certaines juridictions.

— **de conciliation.** Formation du *conseil des prud'hommes, composée d'un membre patron et d'un membre ouvrier ou employé, qui a pour fonction principale de tenter de concilier les parties dans les différends individuels relatifs au contrat du travail entre patrons et salariés.

— **de *jugement.** Formation du *conseil des prud'hommes, composée en nombre égal de patrons et d'ouvriers ou d'employés, chargé de juger les différends individuels relatifs au contrat de travail entre patrons et salariés, au cas d'échec de la conciliation.

• **4** *Cabinet de l'*avocat.

— ***secondaire.** Démembrement du domicile professionnel qui permet aux membres de la nouvelle profession d'avocat d'étendre géographiquement leurs activités, à l'exception de la *postulation (d. 27 nov. 1991, a. 166 s.). Comp. **établissement *secondaire, succursale, agence, filiale*.

BUREAU DE VOTE

V. *bureau, vote*.

• **1** Division du corps électoral communal lorsque celui-ci a été partagé en plusieurs lieux de *vote pour la commodité matérielle du scrutin ou de son dépouillement ; syn. *section de vote* (à ne pas confondre avec la section électorale de commune, ni avec la section de commune).

• **2** Souvent syn. de lieu où l'on vote ; siège du bureau de vote ; section de vote.

• **3** Organe chargé de veiller au bon déroulement des opérations de vote.

BUSINESS PLAN

V. *plan de développement*.

BUT

N. m. – Du francique *but* : souche.

• *Objectif ; *fin poursuivie. Ex. but d'une loi, d'un acte juridique, d'un contrat (C. civ., a. 1162), d'un groupement. Comp. **cause (finale), cause* illicite, motif, mobile, raison, *intention, *politique législative, objet. association, société*.

— **lucratif.** V. *lucratif (but)*.

BUTINAGE

N. m. – Néol. formé sur butin (du rad. germ. *but,* all. mod. *beute,* proie) capture.

• Nom donné à la pratique consistant, pour un internaute, à voyager sur le réseau, de site en site, en visualisant sur son écran les œuvres rencontrées, moyennant leur fixation temporaire sur son ordinateur, sorte de visite encore nommée « survol » et en anglais *browsing* (du v. *to browse,* feuilleter) qui implique, à la base, que les œuvres soient mises à la disposition des internautes, acte d'exploitation.

BUY OR SELL

V. *clause de roulette russe*.

C

CABANAGE

N. m. – Or. obscure.

• Syn. de chavirage, courant dans le vocabulaire maritime.

CABINET

N. m. – Probablement empr. au XVIe siècle de l'ital. *gabinetto* au sens de « meuble », a pris ensuite le sens de pièce réservée à l'intimité, etc., puis son acception politique au XVIIe siècle.

• **1** Dans le *régime parlementaire : ensemble des ministres et secrétaires d'État unis par la solidarité et soumis à la responsabilité politique collective (sous la Ve République on parle plutôt en ce sens de gouvernement).

— **(conseil de).** Réunion de l'ensemble des ministres et secrétaires d'État sous la présidence de leur chef (président du Conseil ou Premier ministre) ; ne pas confondre avec *Conseil des ministres.

— **(gouvernement de).** Expression désignant celle des variétés du régime parlementaire où le cabinet dispose d'une autorité propre, pratiquement suprême.

• **2** Équipe de collaborateurs immédiats du chef de l'État, d'un membre du gouvernement ; du président d'une assemblée ou d'un préfet, en général librement choisis par lui pour l'assister dans ses fonctions, en marge des structures administratives, et liés à sa carrière personnelle.

• **3** (cabinet libéral). Local dans lequel s'exerce une *profession *libérale, pris comme centre d'une activité indépendante, et, par ext., cette activité même, considérée comme entreprise dont l'importance dépend pour l'essentiel de la personnalité de ceux qui l'animent, mais qui, comme source de revenus et compte tenu de la *clientèle qui lui est attachée, représente, dans le patrimoine des titulaires du cabinet, une valeur appréciable en argent (mise en évidence en cas de *cession). Ex. cabinet médical, cabinet d'avocat, d'architecte, d'expert comptable. Comp. *fonds libéral*. V. *agence, bureau, office, étude, patrimonialisation*.

• **4** — *du juge*. *Bureau particulier dans lequel le juge *entend les parties, les avocats, etc. Ex. cabinet du juge d'instruction, du juge aux affaires familiales. Parfois, l'ensemble des dossiers à régler.

CABOTAGE

N. m. – Dér. *caboter,* d'origine obscure.

• *Navigation maritime pratiquée en deçà des limites du *long cours et au-delà des limites de la *navigation côtière.

— ***international.** Celui qui a lieu entre ports français et étrangers.

— **(petit).** Cabotage national à l'intérieur d'une même mer. Ant. *grand cabotage*. Comp. *bornage*.

CADASTRE

Subst. masc. – Empr., par la voie du provençal, à l'ital. *catastro,* qui vient lui-même du bas gr. χατàστιχον, comp. de στìχος : ligne.

• **1** Ensemble de documents de nature purement administrative (plan cadastral, états de section, matrices cadastrales) établis par la commune qui donnent un état représentatif et évaluatif de la propriété bâtie et non bâtie de la France et ne constituent pas des titres de propriété (mais seulement des présomptions ou indices). V. *fichier immobilier, *conservation des hypothèques, parcelle, remembrement.*

- **2** Service de la Direction générale des Impôts chargé d'élaborer et de tenir à jour les documents cadastraux.

CADEAU

Prov. *capdel,* de *caput* : tête, lettre capitale ornée, d'où passe-temps, divertissement, présent de fête.

- Objet offert en présent, *don ; terme employé dans certaines expressions (cadeaux de noces, cadeaux d'usage). V. *présents d'usage, prime, *échantillon gratuit, bijoux.*

— **publicitaire.** Objet de faible valeur offert au public (acquéreurs, clients potentiels) afin de promouvoir la vente d'un produit ou la renommée d'une entreprise. V. **promotion des ventes.*

— **(chèque-).** V. *chèque-cadeau.*

CADRE

Subst. masc. – Lat. *quadrus* : carré.

- **1** (sens fig.). Désignait jusqu'en 1959 les différentes catégories de fonctionnaires ; terme abandonné au profit de *corps.
- **2** Dans une entreprise, salarié occupant un poste de responsabilité et chargé de mettre en œuvre, dans son service, la politique générale arrêtée par la *direction. On distingue les cadres subalternes et les cadres supérieurs, y compris les cadres de direction. V. *personnel, employé.*
- **3** Syn. **conteneur.*
- **4** Domaine ouvert à des interventions ultérieures (d'application et d'aménagement) appelées à se développer au sein des limites tracées, dans la direction indiquée, démarche englobante et *directive. V. *programme, directive.*

— **(contrat).** V. *contrat-cadre.*
— **(loi).** V. *loi-cadre.*
— **(notion).** V. *notion-cadre.*

CADUC, UQUE

Adj. – Lat. *caducus,* du v. *cadere* : tomber.

- **1** (sens précis). Frappé de *caducité, anéanti ; se dit d'un contrat valablement formé dont l'un des éléments essentiels disparaît (C. civ., a. 1186) ainsi que d'un acte juridique valablement formé mais attendant encore de l'avenir, pour sa pleine efficacité, un élément de perfection (accomplissement d'une condition, diligence, confirmation, etc.), qui tombe sans valeur sous le coup d'un événement ultérieur du fait que celui-ci, au contraire de lui apporter l'élément attendu, en marque la défaillance, que cet événement soit extérieur à l'auteur de l'acte (ex. legs caduc du fait que son bénéficiaire décède avant le testateur, C. civ., a. 1039), propre à celui-ci et indépendant de sa volonté (ex. offre caduque du fait que son auteur est décédé ou frappé d'*incapacité avant son *acceptation, C. civ., a. 1117), sous la dépendance éventuelle même partielle de sa volonté (ex. donation en faveur du mariage caduc si le mariage ne s'ensuit pas, C. civ., a. 1088) ou tienne à sa négligence (assignation caduque faute de saisine de la juridiction, dans les quatre mois, CPC, a. 757). Comp. *nul, annulé, inexistant, périmé, inefficace, inopposable.*
- **2** Se dit parfois de lois qui, étant liées à un certain état de fait ou de droit (circonstances exceptionnelles, régime transitoire), sont considérées comme implicitement mais nécessairement abrogées du fait de la disparition de cet état. V. *abrogation.*
- **3** Parfois même utilisé en un sens métaphorique pour désigner une institution moribonde, proche de sa ruine.

CADUCITÉ

N. f. – Dér. de *caduc.

- Sort qui frappe l'acte *caduc (sens 1) ; état de non-valeur auquel se trouve réduit un acte initialement valable du fait que l'un de ses éléments essentiels disparaît ou que la condition à laquelle était suspendue sa pleine efficacité vient à manquer par l'effet d'un événement postérieur, que cet anéantissement s'opère de plein droit du seul fait de la défaillance de la condition (ex. caducité du legs en cas de perte totale de la chose léguée du vivant du testateur, C. civ., a. 1042, *adde* a. 1039, 1040), même si cette défaillance est volontaire, not. de la part d'un tiers (ex. caducité d'un legs par répudiation du légataire, C. civ., a. 1043), ou à titre de sanction d'une négligence, lorsqu'il incombait à l'intéressé de réaliser cette condition (caducité de l'assignation ou de la citation, CPC, a. 405, 757, 314, 469, 791 ; caducité de la déclaration d'appel, CPC, a. 1101), mais parfois, en ce dernier cas, moyennant une décision du juge (constatation, appréciation, relevé de caducité. V. CPC, a. 757, a. 407) ; que l'acte tombe seul s'il n'avait commencé à porter ses effets (caducité du legs, caducité de la donation en faveur du mariage), ou rétroactivement avec les effets qu'il avait commencé à produire et avec les actes qui l'avaient suivi (situation fréquente dans les applications procédurales. V. CPC, a. 385, la caducité emporte extinction de l'instance) ; se distingue de l'*annulation en ce qu'elle ne sanctionne pas un vice entachant à l'origine la validité de l'acte mais enregistre ou sanctionne une carence ultérieure entamant l'acte dans sa perfection ou l'empêchant en tout cas d'être efficace, se distingue de la *déchéance ou de la *forclusion en ce qu'elle n'emporte pas extinction d'un droit mais seulement inefficacité d'un acte. V. *nullité, inopposabilité, rétroactivité, prescription, extinction, abrogation, contrats interdépendants.* Comp. *péremption.*

CAF

Expression française formée des initiales des mots : coût, assurance, fret (comp. **CIF*) désignant une *vente de marchandises destinées à être transportées par mer, qui est faite moyennant un prix global comprenant le coût de la marchandise, le fret et l'assurance et comporte une livraison des marchandises à l'embarquement.

CAGNOTTE

Subst. fém. – Origine possible. *cagnoto,* de *cana* (prov.), pot : terme de jeu.

- (Com.) Nom donné, dans la pratique, à un système d'achats convenu entre un revendeur (en général de grande distribution) et un fournisseur habituel qui, pour de multiples opérations successives d'achat, fait bénéficier l'acquéreur de *remises cumulatives, par le biais d'un surpaiement à chaque livraison et de la récupération du trop-perçu accumulé sous forme d'avoir (la cagnotte) dans la facturation à bas prix d'une livraison présentée comme unique, technique qui permet à l'acquéreur de pratiquer des prix promotionnels très faibles en tournant, à l'occasion, la réglementation de la vente à perte et peut constituer une *discrimination à l'achat par fourniture d'un avantage *concurrentiel déloyal.

CAHIER DES CHARGES

V. *charges (cahier des).*

CAISSE

N. f. – Empr. au provençal *caissa*, lat. pop. *capsea,* lat. class. *capsa* : coffre, cassette.

- **1** *Organisme doué d'une certaine autonomie financière avec affectation de ressources propres et chargé de gérer celles-ci, sous un contrôle plus ou moins étendu des pouvoirs publics, en vue de faire face au paiement de prestations financières déterminées. Ex. caisse de sécurité sociale, d'allocations familiales, d'épargne.

— **de liquidation.** Société privée établie auprès de la bourse de commerce pour servir d'intermédiaire à diverses opérations. V. *filière.*

- **2** Compte destiné à enregistrer, dans les rapports du titulaire et de la clientèle, les mouvements de valeurs liquides (entrées et sorties).

— **(bon de).** V. *bon de caisse.*
— **(livre de).** V. *livres facultatifs.*
— **(service de).** Ensemble des opérations d'*encaissement comprenant pour un banquier l'encaissement des effets de commerce et des chèques, mais non celui des créances *nues ni des factures protestables.

CALAMITÉS PUBLIQUES

N. f. pl. – Lat. *calamitas* : fléau s'abattant sur les céréales. V. *public.*

- Expression générique désignant un ensemble de fléaux ou de sinistres : incendies, inondations, ruptures de digues, éboulements de terre ou de rochers, « marée noire » ou autres accidents naturels, épidémies, épizooties (la prévention contre ces calamités et les *secours qu'appellent leurs conséquences relèvent de la *police administrative et constituent l'essentiel de la *protection civile).

— **agricoles.** Désastres d'origine naturelle (sécheresse, grêle, inondation, épizootie, etc.) affectant les produits de la récolte ou de l'élevage et causant aux exploitants agricoles des dommages non assurables d'importance exceptionnelle, partiellement pris en charge par le Fonds national de Garantie et permettant l'octroi de prêts spéciaux du Crédit agricole. V. *force majeure, cause étrangère*.

CAMBIAIRE

Adj. – Lat. *cambiare* : échanger, troquer.

- Qui est relatif à la lettre de change, par extension, aux autres effets de commerce. Ex. droit cambiaire, recours cambiaire, créance cambiaire. Comp. *bancaire, financier*. V. *fondamental (rapport)*.

CAMBIAL, ALE, AUX

Adj. – De l'ital. *cambio,* change.

- (Vx). Qui se rapporte au *change. Ex. droit cambial. Voisin : *cambiste. Comp. *cambiaire*.

CAMBISTE

N. et *adj.* – De l'ital. *cambista,* changeur.

- **1** (n. ou adj.). Celui qui s'adonne aux opérations de *change (agent de change, banquier cambiste).
- **2** (adj.). Qui se rapporte au change. Ex. marché cambiste ; proche de *cambial. comp. *cambiaire*.

CAMBRIOLAGE

N. m. – De *cambrioler, cambrioleur,* dér. de l'arg. *cambriole* : chambre, prov. *cambro*.

- Dans le langage commun, *vol avec effraction (extérieure ou intérieure) dans une maison habitée (expression dépourvue de caractère légal).

CAMPAGNE ÉLECTORALE

Lat. *campania,* dér. de *campus* : champ. V. *électoral*.

- **1** Ensemble des activités de propagande par lesquelles les candidats, les partis, etc., invitent les électeurs convoqués pour un scrutin déterminé à s'y prononcer dans tel ou tel sens.
- **2** Souvent pris comme syn. de **période électorale*.

CAMPING

Subst. masc. – Empr. à l'angl., de *to camp* : camper.

- Activité touristique consistant à vivre en plein air sous la tente, activité d'intérêt général librement pratiquée dans le cadre d'une réglementation particulière avec l'accord de celui qui a la jouissance du soi et sous réserve le cas échéant de l'opposition du propriétaire.

— **à la *ferme.** Camping payant établi sur une exploitation rurale à proximité des bâtiments de la ferme et géré par un agriculteur, dont l'ouverture est soumise à une déclaration en mairie, formule de *tourisme *rural. Comp. **ferme auberge, gîte rural, *chambre d'hôte*.

CANCELLATION

N. f. – Dér. lat. *cancellum* : barre.

- **1** Terme ancien mais encore employé pour désigner le fait de raturer ou de biffer un écrit (surtout un testament) en procédant à un bâtonnement général, dans l'intention de l'annuler. Comp. **adirement, *rature, révocation*.
- **2** Sens très ancien. Atteinte portée à un écrit en y donnant un coup de canif ; on parle plutôt de **lacération* (déchirure matérielle), autre forme principale de destruction du testament.

CANDIDAT, ATE

Subst. – Lat. *candidatus,* de *candidus* : blanc.

- Personne demandant à être nommée ou élue à un grade ou à un emploi ou à être reçue à un examen ou à un concours. V. *candidature, présentation, campagne, impétrant, postulant*.

CANDIDATURE

Dér. de **candidat*.

- Action de se porter *candidat.

— **(déclaration de).** Manifestation officielle

de volonté auprès d'un organe public, exigée des personnes se portant candidates à certaines élections et destinée à vérifier si elles remplissent les conditions requises. Ex. pour la députation, C. élec., a. L. 154.

CANON

N. m. – Subst. – Du gr. κανών : règle.

- **1** (ou canon *emphytéotique). Nom donné à la *redevance due par le preneur dans le *bail emphytéotique. Comp. *loyer*.
- **2** (ou canon *législatif). Terme de *technique législative désignant non une *règle mais un type de règle érigé en *modèle dont le législateur, par harmonisation (not. lors d'une *codification), établit des applications cohérentes en diverses matières. Ex. les présomptions légales de pouvoir correspondent à un canon législatif dans l'ordre matrimonial ou parental, dans le droit de l'indivision, etc. Comp. *norme*.
- **3** Règle de Droit *canonique ; nom donné à chacune des dispositions énoncées en forme d'*article qui composent le Code de Droit canonique. Ex. canon 331 sur le Pontife romain, canons 294 s. relatifs aux prélatures personnelles.

CANONIQUE

Canonique dér. de *canon. V. *droit*.

- Syn. *Droit canon*. Droit ecclésiastique fondé sur les *canons de l'Église romaine. Ensemble des normes qui, dans l'Église catholique, règlent la constitution, l'organisation, les fonctions de l'Église, le statut de ses membres et de ses biens temporels, etc., et qui, pour l'Église latine, sont contenues dans le Code de Droit canonique issu de la révision du *corpus juris canonici* de 1917 et promulgué le 15 janvier 1983.

CANTON

N. m. – D'abord « coin de pays » d'où son acception administrative en 1789, empr. de l'ancien provençal *cointou* : coin.

- **1** *Circonscription de l'administration générale de l'État intermédiaire entre l'*arrondissement et la *commune.
- **2** Circonscription électorale pour les élections au *conseil général d'où le nom de cantonales donné à ces élections.

CANTONAL, ALE, AUX

Adj. – Dér. de *canton.

- Qui appartient à un *canton ; qui s'y rapporte. Comp. *communal, départemental, régional, national*.

CANTONNEMENT

Dér. du v. cantonner, dér. lui-même de *canton.

- **1** *Réduction (en général judiciairement autorisée) de l'immobilisation résultant d'une mesure conservatoire ou d'une sûreté à une fraction du bien immobilisé propre à procurer une garantie suffisante et à libérer le surplus. Ex. cantonnement des effets d'une saisie-arrêt à une partie de la somme saisie-arrêtée ; cantonnement à une somme déterminée des effets de l'opposition au paiement du prix de vente d'un fonds de commerce ; cantonnement de l'hypothèque à une partie de l'immeuble hypothéqué de manière à dégrever le reste. Comp. *mainlevée, radiation*.
- **2** Opération, amiable ou judiciaire, par laquelle le propriétaire d'une forêt affectée d'un droit d'*usage en bois ou le propriétaire d'un fonds soumis à la *vaine pâture en abandonne une partie en pleine propriété aux usagers, pour affranchir le surplus de ces droits d'usage.
- **3** Opération par laquelle un légataire limite son *émolument à une partie des biens légués (C. civ., a. 1002-1).
- **4** Circonscription forestière de l'officier de l'administration de l'Office national des Forêts (lequel est qualifié chef de cantonnement).
- **5** Fixation par l'administration des limites dans lesquelles les riverains de cours d'eau non navigables ni flottables dépendant du domaine public peuvent user du droit de *pêche dans ces cours d'eau.
- **6** Installation chez l'habitant d'un effectif d'hommes de troupe, d'animaux et de matériel militaire ; par ext. le lieu de cette installation.

CAPABLE

Adj. – Lat. *capabilis* : saisissable, capable de.

- Doté de la *capacité (surtout d'exercice), soit en plénitude (individu majeur et *maître de ses droits pleinement capable, capable de tous les actes de la vie civile ; C. civ., a. 414), soit relativement à un genre d'engagement (individu capable de contracter, de s'obliger par ses délits, etc.). Ant. *incapable*. V. *majeur*. Comp. *habile, habilité, apte, compétent*.

CAPACITÉ

N. f. – Lat. jur. *capacitas,* dér. de *capax* : habile, capable, proprement qui peut contenir, de *capere* : prendre, contenir.

▸ **I** (civ.)

- *Aptitude à acquérir un droit et à l'exercer reconnue en principe à tout individu (C. civ., a. 1123) et, en fonction de leur nature, de leur objet et de leur forme, aux personnes morales. V. *association, société, spécialité (principe de)*. Ant. *incapacité*. V. *pouvoir, majorité, émancipation*.

— **de *jouissance.** Aptitude à devenir titulaire d'un droit ou d'une obligation (propriétaire, créancier, débiteur, etc.) qui, pour une personne physique, ne peut être entamée, dans les cas exceptionnels limitativement prévus par la loi, que pour la jouissance d'un droit déterminé (V. *incapacité de jouissance*), une exclusion générale équivalant à la perte de la *personnalité juridique et à la *mort civile, aujourd'hui abolie.

— **d'*ester en justice.** Aptitude à plaider en justice, à être partie (en nom) devant les tribunaux (capacité de jouissance) soit comme demandeur (capacité active), soit comme défendeur (capacité passive) ; aptitude à faire valoir soi-même ses droits en justice, à y être partie agissante comme demandeur ou défendeur sans être représenté par un tiers, par ex. un tuteur (capacité d'exercice), la question toute différente de la représentation par un auxiliaire de justice étant réservée. Comp. *qualité, pouvoir, exception de procédure, nullité, régularité, demande en justice, recevabilité*.

— **d'*exercice.** Aptitude à faire valoir par soi-même et seul un droit dont on est titulaire sans avoir besoin d'être représenté ni assisté à cet effet par un tiers (aptitude qui, étant de principe, pour une personne physique à dix-huit ans accomplis, C. civ., a. 414, peut être entamée ou exclue dans les cas spécifiés par la loi). V. *incapacité d'exercice, autorisation, assistance*.

— **partielle.** Aptitude à accomplir valablement, en agissant seul, certains actes déterminés. Ex. capacité du mineur de reconnaître un enfant naturel.

▸ **II** (const.)

- Dans un système de *suffrage restreint, aptitude intellectuelle attestée par exemple par la profession ou les diplômes dont on fait une condition d'octroi du droit de vote.

CAPACITÉ EN DROIT

V. le précédent et *Droit*.

- *Diplôme conféré après deux années d'études de Droit à des étudiants de qui le *baccalauréat de l'enseignement secondaire n'est pas exigé. V. *licence, maîtrise, doctorat*.

CAPITAINE

Lat. basse époque *capitanus,* dér. de *caput* : tête.

— **d'armement.** Préposé terrestre de l'armateur chargé de pourvoir aux besoins des capitaines en fait d'équipage.

— **de navire.** Préposé de l'armateur chargé de la conduite et du commandement d'un navire de commerce.

CAPITAL, ALE

Adj. – Lat. *capitalis* qui concerne la tête ; de *caput* : tête.

- **1** Qui fait question de vie ou de mort.

—**e (peine).** V. *peine capitale*.

- **2** Essentiel, très important, primordial.

CAPITAL, AUX

Subst. – Issu vers le XVIIIe siècle de l'adj. *capital.

▸ **I** (civ.)

- **1** *Principal d'une dette d'argent par opp. aux *intérêts que peut produire la dette. V. *capitalisation*.
- **2** Ensemble des *biens *frugifères d'une personne, des biens productifs qui lui rap-

portent des *fruits ou lui fournissent des *produits. Ant. *revenus, travail*. V. *patrimoine, ressources., intérêts, fortune, choses, pécule*.

- **3** Englobe parfois tous les biens d'une personne autres que ses *revenus, y compris ses capitaux improductifs, biens stériles ou inexploités (bijoux, créances non productives d'intérêts, terres incultes).

- **4** *Fonds, sommes d'argent destinés aux *placements et *investissements. Ex. mouvements de capitaux, *transferts de capitaux. V. *deniers*.

▸ **II** (com.). Désigne le capital social.

- **1** Dans les statuts de la société :

a / Montant de la somme des apports à effectuer par les associés ou les actionnaires à la société pour le tout ou une part essentielle au jour de sa constitution.

b / Montant total de la valeur nominale des parts sociales ou des actions émises par la société et réparties entre les associés ou les actionnaires en contrepartie de leurs apports.

- **2** Dans le *bilan de la société : Valeur, inscrite au *passif, exprimant la dette de la société envers ses associés ou ses actionnaires et égale à la somme de la valeur nominale des parts sociales ou actions émises par la société.

— **propres.** Ensemble des *fonds (capital proprement dit (sens 2), *réserves, *report à nouveau) mis à la disposition de la société par les associés et correspondant au *passif interne. Syn. *situation nette* (ne pas confondre avec *ressources propres).

▸ **III** (fisc.)

— **(impôt en).** Impôt assis sur le capital à un taux tel que le paiement de cet impôt suppose l'amputation du capital.

— **(impôt sur le).** Impôt assis sur le capital qui peut être payé sans amputer celui-ci.

▸ **IV** (ass.)

— **assuré.** Montant en somme de la garantie (dans les assurances sur la vie, peut-être augmenté par une participation aux bénéfices financiers et de mortalité, V. *bonus* ; si l'assurance est à capital variable, il est exprimé, non en francs, mais par une valeur de référence, actions de SICAV).

▸ **V** (fin.)

— **-investissement.** Investissement dans des entreprises.

CAPITALISATION

Dér. du v. *capitaliser,* dér. lui-même de *capital.

▸ **I** (civ.)

- **1** *Estimation de la valeur d'une rente ou d'un droit productif de revenu d'après les arrérages payés.
- **2** Fait de transformer des *intérêts en capital lui-même productif d'intérêts. V. *anatocisme*.
- **3** Accumulation d'intérêts ou de bénéfices de manière à former ou à grossir un capital. Ex. *société de capitalisation, caisse de capitalisation.

▸ **II** (ass.)

- Opération par laquelle une entreprise, en contrepartie de versements uniques ou périodiques, garantit un certain capital à une date fixe ou éventuellement par anticipation à la suite d'un tirage au sort.

▸ **III** (soc.)

- Technique pouvant être utilisée en matière de sécurité sociale (notamment pour l'organisation financière des régimes de retraite) et consistant à déposer les cotisations versées par chaque assuré (ou par son employeur) à un compte ouvert à son nom afin de constituer, avec ces sommes et les intérêts produits, un capital qui sera le moment venu transformé en pension. S'opp. à la *répartition.

CAPITAL RISQUE

V. *capital, risque.*

- Nom donné à un système de financement par apport de capitaux propres à de petites ou moyennes entreprises en voie de création ou récemment créés qui exploitent des procédés originaux ou proposent de nouveaux produits ou services ; type d'investissement à risques assortis de gains potentiels élevés. V. *venture-capital*.

— **(société de).** Société pratiquant ce type de financement ; spéc. (l. 11 juill. 1985), société par actions ayant pour objet principal de prendre des participations dans des sociétés non cotées et d'apporter des fonds propres à des sociétés créées en vue de lancer de nouveaux produits ou d'expérimenter des techniques originales.

CAPITULATION

Dér. de capituler, lat. médiév. *capitulare* : faire une convention, de *capitulum* : proprement chapitre, d'où clause.

- **1** *Reddition non conforme à l'*honneur et au devoir ; fait pour un chef militaire de se rendre à l'ennemi avec la troupe qu'il commande, sans avoir épuisé tous ses moyens de défense.
- **2** Plus vaguement, acte par lequel une force armée se rend à l'ennemi, avec ou sans conditions.

CAPITULATIONS

Subst. fém.plur.

V. *capitulation*.

- Ensemble des règles conventionnelles ou coutumières ayant pour objet de soustraire à la compétence territoriale d'un État donné et d'assujettir à la compétence personnelle d'un autre État le statut juridique des individus nationaux du second État et domiciliés ou résidant dans le premier. (A l'origine, conventions internationales conclues aux mêmes fins entre le sultan de l'Empire ottoman, d'une part, et le souverain d'une nation chrétienne, d'autre part, par la suite, entre l'État turc et un État européen ; les Capitulations ont progressivement disparu lorsque le principe de l'égalité souveraine s'est affirmé comme fondement des relations internationales.)

CAPTATION

Lat. jur. *captatio,* dér. de *captare* : essayer de prendre.

- Fait de s'attirer les bonnes grâces d'une personne en vue d'en obtenir une libéralité qui peut entraîner la nullité de celle-ci, mais seulement lorsque – accompagné de manœuvres frauduleuses et d'insinuations mensongères ayant déterminé la libéralité – ce comportement constitue un *dol. Comp. *suggestion, extorsion*.

CAPTATOIRE

Adj. – Dér. de *captation.

- Qui tend à capter la confiance (manœuvres captatoires) ; entaché de *captation (disposition captatoire : faite pour en attirer une autre). V. *capté*.

CAPTÉ, ÉE

Adj. – Part. pass. du v. capter. V. *captation*.

- Obtenu par *captation (succession captée ; disposition captée : faite sous l'empire d'une captation). V. *captatoire*.

CAPTURE

Lat. *captura,* dér. du v. *capere* : prendre.

- **1** (pén.). Fait de s'emparer de la personne d'un individu recherché, appréhension qui, n'impliquant pas forcément l'*arrestation régulière de celui-ci, tomberait sous le coup de la loi si elle se prolongeait. Comp. *garde à vue, détention*.
- **2** (int. publ.). Saisie d'un navire ennemi (en général un navire de commerce) ou d'un navire neutre qui prête assistance à l'ennemi (contrebande de guerre, violation de blocus).

CARACTÉRISATION

Néol., du verbe caractériser. V. *caractérisé*.

- Action de caractériser le fait ou l'acte à qualifier et à établir, en spécifiant et en constatant avec précision les *éléments de fait et de droit qui concourent à sa *définition ; réalisation pleinement suffisante de la *qualification. V. *motivation, base légale, circonstancié*.

CARACTÉRISÉ, ÉE

Adj. – Part. pass. du v. caractériser, de caractère, du grec χαρακτήρ : marque, signe gravé, impression.

- **1** (dans l'ordre de la *motivation). Rempli des *éléments de fait et de droit correspondant à sa *définition ; spécifié dans ses éléments constitutifs. Ex. fraude caractérisée.
- **2** (par ext. dans l'ordre de la *preuve). Établi, patent, *flagrant. Ex. violation caractérisée.

CARCÉRAL, ALE, AUX

Adj. – Construit sur le lat. *carcer* : prison, cachot.

• Qui a trait à la *prison, à l'enfermement *pénitentiaire. Ex. vie carcérale, régime carcéral. V. *incarcération, cellulaire, isolement*.

CARENCE

N. f. – Lat. médiév. *carentia*, dér. de *carere* : manquer.

• **1** Pour un débiteur (ou sa succession) manque de ressources, impécuniosité, état d'insolvabilité.
— **(*certificat de).** Déclaration par laquelle une autorité (par ex. le maire) atteste qu'une personne n'a pas les moyens de payer ce qu'elle doit.
— **(*procès-verbal de).** Procès-verbal par lequel un huissier constate l'impossibilité de poursuivre la *saisie dont il est chargé en exécution d'un jugement (ou d'un autre titre exécutoire), du fait que le débiteur saisi ne possède aucun bien saisissable. V. **saisie-exécution*.

• **2** De la part d'un plaideur, manquement consistant à ne pas offrir de prouver le fait dont la preuve lui incombe (CPC, a. 146, al. 2). Ex. s'abstenir de produire une pièce ou d'en réclamer la production. V. *charge*. Comp. *négligence, défaillance*.

SENTENCE : Nul ne peut ériger sa propre carence en grief.

• **3** De la part du législateur (du gouvernement ou des autorités communautaires), inaction ou abstention consistant à ne pas prendre une disposition dont le besoin se fait sentir. Comp. *silence, lacune, recours en carence, manquement*. Ant. *prévision*.

• **4** Plus généralement pour le titulaire d'une charge, manquement (par négligence, insuffisance ou inaptitude) aux devoirs de cette charge. Ex. carence du tuteur, carence des parents dans l'exercice de l'autorité parentale.
— **(délai de).** Période légale pendant laquelle un assuré social ne reçoit pas de prestations.

CARNET

Lat. *quaternerum*, dim. de *quaternum* : cahier (autrefois *caern*).

— **de chèques.** Carnet contenant un certain nombre de formules de *chèques attachées à une *souche. V. *talon, compte, volant*.
— **de croisière.** Ensemble des coupons correspondant pour chaque escale aux services à fournir à terre.

CARRIÈRE (I)

N. f. – Du lat. *quadrion* : carré.

• Gîte de substances minérales ou fossiles renfermées dans le sein de la terre ou existant à la surface et que la loi ne qualifie pas *mines. V. *fortage, produit, fruit*.

CARRIÈRE (II)

N. f. – Du lat. *carrum* : char, ici d'origine ital. au sens d'espace à parcourir.

• Ensemble des *fonctions ou des *emplois remplis par une personne pendant sa vie professionnelle ; s'agissant plus spécialement des fonctionnaires, le terme désigne, dans l'expression système de la carrière, une conception de la fonction publique organisée de telle sorte qu'elle procure aux personnes qui ont choisi de consacrer leur vie active au service public une existence professionnelle complète se développant compte tenu de leur qualification et de leur comportement sans lien obligatoire avec les *postes de travail ; se retrouve en ce sens dans les expressions telles que « déroulement de la carrière », « préjudice de carrière » ou « reconstitution de carrière ».

CARTE

N. f. – Lat. *charta*.

• **1** Carte géographique.
— **sanitaire.** Document ayant pour objet de fixer les limites de régions et secteurs sanitaires et de déterminer tant à l'échelon national qu'aux échelons territoriaux les installations nécessaires à la satisfaction des besoins de la population dans le domaine sanitaire.
— **scolaire.** Document destiné à déterminer l'implantation des établissements scolaires en fonction des aires géographiques de recrutement des élèves.

• **2** *Document portatif individuel, délivré par une autorité ou un organisme privé, attestant l'identité, les droits ou les qualités d'une personne ou encore son appartenance à un groupement. Ex. carte nationale d'identité, carte de séjour des étrangers. V. *papier, pièce, titre*.

— **de chèque.** Document destiné à être présenté à un fournisseur lors de la remise d'un chèque et délivré par une banque ou un réseau de banques qui s'engagent à honorer, jusqu'à concurrence d'un montant déterminé, tout chèque émis par la personne que désigne le document.

— **de commerçant étranger.** Carte d'identité spéciale délivrée discrétionnairement par l'administration préfectorale que doit nécessairement posséder, sous réserve de certaines dérogations, un ressortissant étranger qui exerce en France une activité commerciale, industrielle ou artisanale.

— **de crédit.**

a / Terme générique courant englobant toute carte de paiement ou de crédit proprement dite.

b / Au sens strict. Carte ouvrant à son titulaire le bénéfice d'un crédit pour un montant déterminé par l'émetteur.

— **de paiement (ou carte accréditive).** Document délivré par un établissement dit émetteur, généralement une banque, à son client appelé adhérent, et permettant à ce dernier de faire payer ses dépenses par débit de son compte bancaire en fin de mois (l'établissement émetteur garantissant le paiement des factures établies avec utilisation de la carte, jusqu'à concurrence d'un montant déterminé).

— **de résident.** V. *résident*.

— **de séjour temporaire.** Carte dont doivent être titulaires les étrangers venus en France comme visiteurs, étudiants ou pour y exercer, à titre temporaire, une activité professionnelle, plus généralement, tous les étrangers qui ne remplissent pas les conditions pour obtenir une carte de résident (o. 2 nov. 1945, mod. l. 17 juill. 1984).

— **de travail.** Document qui doit être délivré au travailleur étranger par la Direction départementale de l'Emploi, afin de lui permettre d'exercer une activité professionnelle salariée en France (carte temporaire, carte ordinaire à validité limitée, carte ordinaire à validité permanente, carte permanente).

— **grise.** Dénomination communément donnée en raison de sa couleur au *certificat d'immatriculation des véhicules automobiles.

CARTEL

Subst. masc. – Dér. de *carte*, empr. à l'all. *Kartell*.

- **1** Nom parfois donné à une *coalition politique (ex. Cartel des gauches en 1924).
- **2** Nom parfois donné à une *entente horizontale ou à un *groupe d'entreprises. V. *concentration, trust*.

CAS

N. m.. – Lat. *casus*.

- **1** Événement. Ex. cas de *force majeure. V. *casus belli*.

— ***fortuit.** Événement répondant à la même définition que la *force majeure (imprévisible, irrésistible, extérieur) constitutif d'une *cause étrangère exonératoire de responsabilité, ainsi nommé en raison de l'accent mis sur l'imprévisibilité de son origine (tremblement de terre, accident, etc.).

- **2** Hypothèse, situation prévue, envisagée (surtout par la loi), cause déterminée ; ex. les cas d'*ouverture du pourvoi en cassation, les cas de recherche de paternité naturelle sont les hypothèses* (les cas spécifiés par la loi) dans lesquelles le pourvoi est recevable (ex. violation de la loi, manque de base légale), la recherche judiciaire admise (aveu non équivoque, viol, etc.).
- **3** *Affaire soumise au juge. Syn. *espèce, cause, procès*. V. *in casu*.
- **4** Situation particulière dans laquelle se trouve un individu (cas personnel, singulier).

CASH FLOW

Angl. *Flux de trésorerie.

CASIER

Subst. masc. – Dér. de case (lat. *casa*, maison), petit meuble divisé en compartiments.

- Terme d'évocation utilisé, dans certaines expressions, pour désigner la mise à part et en archive d'informations personnalisées afin d'en conserver la mémoire et d'en assurer, en tout ou en partie, la *publicité. Comp. *registre, répertoire, fichier*.

— **civils.** Document de base que certains proposent d'établir dans la perspective d'une refonte globale de la publicité de l'état et de la capacité des personnes, sur lequel seraient centralisés tous les actes relatifs à ces matières soit par tête (casier individuel), soit par famille (casier familial). V. *livret de famille, répertoire civil*.

— **judiciaire.**

a / (Casier national.) Service national informatisé où sont regroupés en un point unique du territoire (Nantes), en vue de leur conservation, de leur mise à jour et de leur communication, les casiers individuels de toutes les personnes nées en France ou à l'étranger.

b / (Cahier individuel.) Compartiment du casier national où sont centralisés, notamment en vue de la preuve de la *récidive, les antécédents judiciaires d'un individu ; plus précisément, le fichier personnalisé où sont rassemblées, en autant de fiches (sur support magnétique) que de décisions, les condamnations et autres mesures dont la loi prévoit la mention, le relevé de tout ou partie de ces fiches pouvant être communiqué aux personnes que la loi détermine, sous la forme de divers *bulletins.

CASSATION

N. f. – Dér. casser, lat. *quassare* : secouer violemment, briser.

- Mise à néant par la *Cour de cassation, sur *pourvoi, de tout ou partie d'un jugement en dernier *ressort entaché d'un vice donnant *ouverture à cassation (*violation de la loi, *incompétence, *manque de base légale, etc.) ; se distingue de l'infirmation en appel, en ce que la Cour suprême, juge du droit et non du fait, connaît des jugements et non de l'affaire et renvoie en principe celle-ci, après cassation, à une autre juridiction chargée de la rejuger, sans pouvoir le faire elle-même. Ant. *rejet*. V. *renvoi, retranchement, contrôle, qualification*.

— **partielle.** Celle qui, dans la décision attaquée, n'atteint que certains chefs dissociables des autres (CPC, a. 623).

CASTRATION

Subst. fém. – Lat. *castratio*.

- Atteinte à l'intégrité d'une personne de l'un ou l'autre sexe consistant à la priver de la faculté de se reproduire, qui, n'étant plus érigée en infraction autonome, peut être poursuivie comme acte de violence (ayant entraîné *mutilation ou infirmité), ou *acte de barbarie.

CASUEL, ELLE

Adj. – Lat. *casualis*, de *casus* : accident.

V. *condition casuelle, occasionnel*.

CASUS BELLI

Subst. masc.inv. – Loc. moderne forgée à partir de termes latins signifiant « cas de guerre ».

- Survenance d'événements portant une atteinte grave aux intérêts légitimes d'un État et justifiant en l'absence d'une réparation appropriée le recours à la force par ledit État. V. *cas*.

CASUS FOEDERIS

Subst. masc. inv. – Loc. moderne forgée sur le modèle de la précédente avec des termes latins signifiant « cas envisagé par un traité ».

- **1** Littéralement, *cas d'application d'une convention internationale ; dans la pratique, vise la survenance d'événements prévus par une convention internationale, qui s'analyse comme la réalisation d'une condition suspensive entraînant la mise en œuvre des mécanismes juridiques prévus par cette convention.
- **2** Plus particulièrement, dans les traités d'assistance mutuelle, s'entend de la survenance des événements qui y sont prévus, envisagée comme la réalisation de la condition suspensive entraînant la mise en œuvre des moyens de légitime défense collective prévus par lesdits traités.

CATÉGORIE

N. f. – Lat. *categoria*.

- **1** Dans un ensemble (une *classification), *groupe distinctif d'éléments présentant des caractère semblables ; *classe, division. Ex. dans l'ensemble des biens, la catégorie des meubles et celle des immeubles ; dans la classification des contrats, la catégorie des contrats synallagmatiques et celle des contrats unilatéraux ;

dans l'ensemble des professions, la catégorie des artisans et celle des commerçants. Syn. *espèce, sorte.* V. *condition.*

— **(syndicat de).** Syndicat qui défend les intérêts propres à une catégorie particulière de professionnels (ouvriers, employés, cadres).

● **2** Désigne aussi les notions *fondamentales qui, apparaissant dans l'ordre *juridique ou la pensée juridique comme une ordonnance rationnelle et systématique, se définissent relativement les unes aux autres, par une série de caractères génériques et spécifiques. Ex. le droit objectif et l'ensemble de ses subdivisions ; le droit subjectif et l'ensemble de ses espèces ; les actes juridiques et les faits juridiques, dans leur classification respective. V. *définition, nature, éléments constitutifs, qualification, classement, technique *juridique.*

● **3** Plus vaguement, tout concept, toute notion juridique.

CATÉGORIEL, IELLE

Adj. – Dér. de *catégorie.

● **1** Propre à une *catégorie professionnelle. Ex. mesures catégorielles (mesures qui intéressent une ou plusieurs catégories spécifiques de salariés). Comp. *sectoriel.*

● **2** Plus généralement, inhérent à une *catégorie.

CAUSE

N. f. – Lat. *causa* : raison, cause, procès.

► **I** (civ.)

● **1** En un sens matériel ou physique, élément générateur, *source, facteur, *origine ; se dit, relativement à un fait – pris comme conséquence ou effet –, du fait antérieur qui peut être retenu comme ayant produit ce résultat. Ex. la faute cause d'un dommage (C. civ., a. 1382).

— **étrangère.** V. *étrangère (cause).*

● **2** Par ext. *fondement, *motif, *raison ; se dit, relativement à un effet de droit, du fait auquel la loi attache la vertu de produire cet effet et qui justifie l'application d'une règle (cause juridique). Ex. cause de nullité d'un acte, cause d'interruption de la prescription, cause d'irresponsabilité, cause de divorce. V. *cas.*

● **3** *Intérêt de l'acte juridique pour son auteur (cause *finale), qui correspond :

a / S'il s'agit d'en apprécier la *licéité ou la moralité, au *mobile individuel, concret et variable dans le même type d'acte d'une personne à l'autre (l'un achète une maison pour l'habiter, l'autre pour la louer, un autre pour la revendre) ; on parle alors de cause impulsive et déterminante, ou cause concrète, purement subjective (C. civ., a. 1131 anc., 1133 anc.). V. *but, illicite (cause).*

b / S'il s'agit de vérifier l'existence de la cause, à l'effet de droit inhérent à l'acte, considération abstraite plus objective et invariable dans un même type d'acte (ex. pour l'acquéreur, l'acquisition de la propriété ; pour le vendeur, la réception du prix) ; on parle de cause *abstraite, *objective (mais c'est toujours une cause finale) (C. civ., a. 1131 anc.). V. *contrepartie, motif, raison, fin.*

— **(*absence de).** Imperfection entraînant la nullité absolue de l'acte juridique qui tient : dans les contrats *synallagmatiques (pour l'obligation de chaque contractant) au défaut de contrepartie (ex. dans le contrat de travail l'absence de salaire prive de cause l'obligation de travailler et *vice versa*) ; dans les actes à titre gratuit, à l'inexistence de l'intention libérale ; dans les contrats unilatéraux, à l'inexistence de la prestation originaire (ex. le non-versement des deniers prêtés rend sans cause l'obligation de remboursement). Comp. *billet non causé.*

— **(enrichissement sans).**

a / Enrichissement dépourvu de tout fondement juridique, le défaut de cause tenant non seulement à l'absence de cause au sens ci-dessus (absence de contre-prestation, d'intention libérale) mais plus généralement à l'inexistence de tout titre d'enrichissement (dans la loi, le contrat ou une autre source). Syn. *enrichissement injustifié* (C. civ., a. 1303 et s.) ; *enrichissement injuste*, mais cette dernière formule, moins technique, a un accent moral qui la rend moins restrictive.

b / Nom donné à la théorie prétorienne en vertu de laquelle celui qui s'enrichit injustement aux dépens d'autrui (sens *a*) est tenu envers celui-ci (titulaire de l'*action *de in rem verso*) d'une indemnité égale à la moindre des deux sommes que représentent l'enrichissement et l'appauvrissement. V. *paiement de l'indu, quasi-contrat.*

► **II** (pr.)

• **1** Syn. de procès, d'affaire, dans de nombreuses expressions : appel des causes, *mise en cause ou hors cause, mise en état des causes. Comp. *espèce, cas, instance.* V. **gain de cause.*

— **(en pleine *connaissance de).**

a / Au vu de tous les éléments de fait et de droit d'une affaire (se dit d'une décision de justice prise en fonction de ces données).

b / Formule caractérisant plus spécialement, en matière gracieuse, le pouvoir pour le juge de statuer en opportunité et de procéder, même d'office, à toutes les investigations utiles (CPC, a. 27, al. 1).

— **(en tout *état de).**

a / A tout moment de l'instance (par opp. à « au seuil de l'instance » – *in limine litis*). Ex. les défenses au fond peuvent être proposées en tout état de cause (CPC, a. 72).

b / Parfois employé pour « à toute hauteur de la procédure » (en première instance ou en appel).

• **2** *Fondement de la demande en justice ; base de la prétention qui concourt, avec l'*objet, à déterminer la matière du litige (elle correspond alors aux faits que les parties invoquent au soutien de leurs prétentions, CPC, a. 6 et 7) et l'étendue de la chose jugée à laquelle la loi attache autorité (C. civ., a. 1355).

CAUTÈLE

Subst. fém. – Lat. *cautela* : défiance, prudence, circonspection.

• (VX). *Précaution rédactionnelle perpétuant dans les actes de la pratique (actes d'huissier, not.) des formules souvent archaïques de *redondance (pour tout dommage et préjudice) ou de répétition (pour frais, débours et dépens) ou de garantie où se mêlent la prudence (sous toute réserve) et une habileté parfois tortueuse (d'où l'expression « style cauteleux »). Comp. **clause de style.* V. *subabondant.*

ADAGE : *Quod abundat non vitiat.*

CAUTIO JUDICATUM SOLVI

Termes latins signifiant littéralement « caution de condamnation à payer » employés dans l'expression *caution *judicatum solvi.*

CAUTION

N. f. – Lat. *cautio,* proprement « précaution », dér. de *cavere* : « prendre garde ».

• **1** Personne qui s'engage envers le créancier, à titre de *garantie, à remplir l'obligation du *débiteur principal, pour le cas où celui-ci n'y aurait pas lui-même satisfait (C. civ., a. 2288) et qui, n'étant en principe tenue qu'à titre subsidiaire, peut exiger que le débiteur principal soit d'abord discuté dans ses biens (C. civ., a. 2298). V. *bénéfice de discussion.* Comp. *codébiteur solidaire.* La caution est dite *légale* ou *judiciaire,* lorsqu'elle est fournie en exécution d'une exigence de la loi (ex. C. civ., a. 601) ou d'une décision de justice (CPC, a. 517 s.) ; ne pas confondre avec *cautionnement (2). V. **réception de caution,* **certificateur de caution, avaliseur, cofidéjusseur.*

• **2** Dans certaines expressions, engagement pris à titre de garantie. Ex. caution juratoire, engagement sous serment exigé de l'usufruitier qui ne peut fournir de caution véritable, s'il veut que certains meubles nécessaires à son usage lui soient laissés (C. civ., a. 603).

— **conjointe.** Caution qui, n'étant pas *solidaire, jouit du bénéfice de discussion et de division (chacune des cautions conjointes n'étant tenue que pour une part de la dette).

— **judicatum solvi.** Nom naguère donné à la caution que devait fournir, sauf exception, tout étranger demandeur devant une juridiction française, pour garantir le paiement des frais et dommages-intérêts auxquels il pourrait être condamné.

— ***réelle.** Caution qui s'engage en constituant, sur un de ses biens, une *sûreté réelle : gage ou hypothèque (on parle en ce dernier cas de caution *hypothécaire).

— **solidaire.** Caution qui, renonçant au *bénéfice de discussion (et de division s'il y a plusieurs cautions), devient envers le créancier *codébiteur solidaire, le caractère subsidiaire de l'engagement de caution ne subsistant que dans les rapports de la caution et du débiteur principal, et ouvrant à celle-là, lorsqu'elle a payé, un recours contre celui-ci. Comp. *garantie à première demande*.

CAUTIONNEMENT

Dér. du v. *cautionner*. V. *caution*.

- **1** Contrat en vertu duquel une personne, se portant *caution de l'obligation d'autrui, s'engage envers le créancier à payer la dette du débiteur, pour le cas où celui-ci n'y satisferait pas lui-même (C. civ., a. 2288), obligation *subsidiaire relativement à celle du *débiteur principal qui caractérise le cautionnement pur et simple (modalités : v. caution solidaire, réelle, conjointe). V. *sûreté personnelle*. Comp. *solidarité, porte-fort, sûreté réelle pourautrui*. Adage : « Qui cautionne autrui s'en trouve mal. »
- **2** Dépôt, à titre de nantissement, d'argent ou de valeurs, destiné à servir de garantie pour des créances éventuelles. Ex. cautionnement prévu contractuellement (loyer d'avance remis au bailleur pour garantir les sommes qui seraient dues en fin de bail) ou par des règlements (cautionnement de certains fonctionnaires). V. *sûreté réelle*.

— **réel.** Sûreté réelle consentie pour garantir la dette d'autrui. V. *sûreté réelle pour autrui*.

CAVALERIE

V. *effet de cavalerie*.

CAVALIER LÉGISLATIF

- Nom donné dans la pratique parlementaire à un expédient législatif consistant à insérer dans une loi, par facilité ou tactique de mauvais aloi, une disposition sans rapport avec l'objet de cette loi (ex. disposition relative à la clause d'échelle mobile dans une loi de finances).

CÉDANT, ANTE

Subst. – Part. prés. pris substantivement du verbe céder, lat. *cedere*.

- **1** (sens gén.). Dans une *cession, celui qui cède, celui qui transmet son droit au *cessionnaire (vendeur, donateur). V. *auteur, cédé*.
- **2** Désigne plus spécialement, dans le Droit des assurances, la compagnie qui se décharge sur un réassureur de tout ou partie des risques par elle assumés ou qui transfère à une autre tout ou partie de ce contrat V. **transfert de portefeuille*.

CÉDÉ, ÉE

Adj. – Part. pass. du v. céder, lat. *cedere*.

- **1** Se dit de l'objet de la *cession (droit, bien). Ex. fonds, bail cédé.
- **2** Se dit aussi dans la *cession de créance du débiteur de l'obligation (débiteur cédé).

CÉDULE

N. f. – Lat. de basse époque *schedula* : feuillet, dér. de *schada* : bande de papyrus.

► **I** (civ.)

- Ancien terme de pratique, très rarement employé, désignant un titre reconnaissant une promesse, un engagement (C. civ., a. 2274 anc.). V. *reconnaissance de dette*.

— **hypothécaire.** Titre constatant l'inscription sur un livre foncier d'une dette sur un immeuble, qui, remis au propriétaire de cet immeuble, est négociable. V. *hypothèque*.

► **II** (fisc.)

- Terme désignant chaque catégorie d'impôts sur les revenus (dits cédulaires). Ex. cédule des bénéfices industriels et commerciaux.

CÉLÉRITÉ

Lat. *celeritas*.

- *Urgence renforcée justifiant une promptitude particulière d'intervention, par ex. un *référé d'heure à heure (CPC, a. 485, al. 2).

CÉLIBATAIRE

Subst. ouadj. – Lat. *caelibatus,* de *caelebs -ibis* : célibataire.

- Adulte non marié (homme ou femme). V. **parent isolé, veuf, divorcé*.

CELLULAIRE

Adj. – Dér. de cellule.

- Qui s'exécute dans une *cellule (emprisonnement cellulaire) ; par ext., qui est conçu et organisé pour un tel type d'incarcération (établissement cellulaire ; régime cellulaire) ou pour un système équivalent d'isolement individuel (voiture cellulaire). V. *mise au *secret, mise à l'*isolement, carcéral.*

CELLULE

Lat. *cellula,* de *cella* : chambre.

- Local exigu d'un établissement pénitentiaire où est enfermé isolément un détenu (lorsqu'il est soumis au *régime *cellulaire). V. *isolement.*

CELLULE SOUCHE

- Cellule porteuse de l'ensemble des caractères génétiques à partir desquels sont créés ou modifiés des tissus ou autres organes, objet de recherche scientifique encadré par la loi (C. sant. publ., a. L. 2151-5 s.). V. **embryon chimérique.*

CENS

Lat. *census.*

- Minimum d'impôt direct payé, pris comme condition du droit de vote quand existe le suffrage *censitaire.

CENSÉ, ÉE

Adj. – Part. pass. du v. censer, lat. *censere* : estimer, juger.

- **1** « Considéré comme » en vertu d'une *fiction de la loi. Ex. C. civ., a. 883. Comp. *réputé, assimilation.*
- **2** Parfois syn. de « présumé par loi ». Ex. C. civ., a. 1432.

CENSEUR

Subst. – Lat. *censor,* haut magistrat romain ; signifie aussi celui qui blâme, d'où le sens adm. moderne.

- **1** Personne chargée par l'État de surveiller les opérations d'une banque concessionnaire d'un privilège d'État. V. *régent.*
- **2** Par ext., parfois employé comme syn. de *commissaire aux comptes ou *commissaire de surveillance.

CENSITAIRE

Adj. – Dér. du lat. *census* : cens.

- Caractère d'un *suffrage ou d'un *régime dans lequel le droit de vote ou l'éligibilité sont réservés à ceux qui paient un certain impôt. V. *cens.*

CENSORIAL, ALE, AUX

Adj. – Dér. de *censeur ou construit sur le lat. *censor.*

- Qui a trait à la *censure, qui l'exerce. Se dit de la mission du *commissaire aux comptes, plus rarement de la fonction de la Cour de cassation.

CENSURE

N. f. – Lat. *censura* : censure, dignité de censeur.

- **1** Opération ou procédure de contrôle qui peut avoir un caractère préventif (ex. contrôle de police administrative auquel peuvent être soumis la presse ou le cinéma sous forme d'*autorisation préalable à la publication), s'exercer *a posteriori* (ex. contrôle juridictionnel exercé par la Cour de cassation), ou intervenir dans l'une ou l'autre perspective (ex. contrôle parlementaire du gouvernement par la motion de censure. V. ci-dessous).
- **2** Par ext., désigne parfois l'autorité qui exerce le contrôle.
- **3** Le résultat négatif du contrôle (refus d'autorisation, suppression d'un passage, occultation, *cassation). V. *interdiction.*
- **4** Plus spécialement, sanction disciplinaire qui peut être encourue par un membre d'une assemblée parlementaire (ex. censure simple ou avec exclusion temporaire, r. de l'AN, a. 72 à 77) ou par un officier ministériel.

— **(*motion de).** Acte par lequel l'Assemblée nationale exprime sa défiance au gouvernement et le contraint à se retirer (Const. de 1958, a. 49). Comp. *interpellation, question, *régime parlementaire.*

CENTIME

Subst. masc. – Dér. de cent, lat. *centum*.

- Naguère, centième partie du *franc, aujourd'hui de l'euro (a. L. 111-1, C. mon. et fin.).

—s additionnels. Centièmes des impôts directs d'État, perçus, en plus de ceux-ci, au profit des départements et des communes, dans l'ancien système français de fiscalité locale.

— **le franc.** Coefficient applicable aux bases d'imposition pour le calcul des impôts, dans l'ancien système français de fiscalité locale.

CENTRALE

Subst. fém. – De l'adj. central, lat. *centralis,* placé au centre.

- Organisme, en général doté de la personnalité morale, qui intervient dans la grande *distribution ou la publicité comme intermédiaire entre les fournisseurs ou supports de communication et une pluralité de revendeurs de marchandises ou d'annonceurs.

— **d'achat.** Commissionnaire qui regroupe les commandes de ses adhérents, en négociant les conditions de vente de biens ou d'« espace publicitaire » en grande quantité et qui s'engage personnellement auprès du fournisseur ou support de communication. V. *contrat d'*affiliation, contrat d'*approvisionnement exclusif.*

— **de *référencement.** Courtier qui se charge de mettre en contact avec ses adhérents le fournisseur « référencé » par lui comme le plus avantageux, sans garantie de sa part à l'égard de celui-ci sur la solvabilité de ceux-là. V. *commission, commissionnaire, courtage, courtier, commande, référencement (contrat de), contrat d'*approvisionnement exclusif.*

CENTRALISATION

Dér. du v. centraliser, de central, lat. *centralis,* de *centrum* : centre.

- Système d'administration s'opposant à la *décentralisation et dans lequel le pouvoir de décision est concentré entre les mains d'autorités généralement ministérielles compétentes pour l'ensemble du territoire de l'État, avec répartition sur ce territoire de services liés à ces autorités par une subordination hiérarchique. Comp. *déconcentration.*

CENTRE

N. m. – Lat. *centrum.*

- **1** Lieu.

— **de décision** (int. priv.). Lieu où, s'agissant d'un groupe de sociétés présentant un caractère *multinational, seraient prises les décisions concernant le groupe dans son ensemble et qui, à ce titre, pourrait servir de critère de *rattachement pour la recherche de la loi applicable à ce groupe comme à la détermination de sa *nationalité.

- **2** Espèce d'établissement.

— **de *détention.** Catégorie d'*établissement pour peines caractérisé par un régime d'emprisonnement *principalement* orienté vers la réinsertion sociale et, le cas échéant, la préparation à la sortie des condamnés (C. pr. pén. a. D. 72). Comp. *centre de semi-liberté.*

— **de *semi-liberté.** Catégorie d'*établissement pour peines caractérisé par un régime *essentiellement* orienté vers la réinsertion sociale et la préparation à la sortie des condamnés (C. pr. pén. a. D. 72-1). Comp. *centre de détention*.

— de triage. Établissement destiné à l'observation et au classement de certains condamnés.

— **d'observation.** Établissement ou service chargé d'étudier la personnalité d'un délinquant ou d'apprécier la nature et l'étendue de ses troubles éventuels en vue de déterminer le traitement ou l'affectation pénitentiaire les plus adéquats.

— **éducatifs fermés.** *Établissements dans lesquels sont placés les mineurs en application d'un *contrôle judiciaire ou d'un *sursis avec mise à l'épreuve afin d'y suivre, sous une surveillance appropriée, un régime éducatif renforcé (la violation des obligations qui leur incombent leur faisant encourir le placement en détention provisoire ou l'emprisonnement (a. 33, O. 2 févr. 1945 ; l. 9 sept. 2002). V. *suivi socio-judiciaire.*

— **médico-psychologique.** Nouvelle dénomination des annexes psychiatriques.

—(s) pénitentiaires. Établissements polyvalents qui regroupent des *quartiers distincts pouvant appartenir aux différentes catégories d'*établissements pénitentiaires, dénommés en leur sein « quartier *maison centrale »,

« quartier *centre de détention », « quartier de semi-liberté », « quartier pour peines aménagées », « quartier *maison d'arrêt » (C. pr. pén. a. D. 70).

— **pour peines aménagées.** Catégorie d'*établissement pour peines caractérisé par le même régime que les *centres de semi-liberté (C. pr. pén. a. D. 72-1).

CERCLE DE FAMILLE

Lat. *circulus*, de *circus* : cercle. V. *famille*.

• Réunion qui, en raison de son caractère familial, ne donne pas prise à l'exercice du droit de représentation des auteurs.

CERTAIN, AINE

Adj. – Lat. pop. *certanus*, de *certus* : assuré.

• **1** Indubitable parce que certifié, vérifié et partant opposable aux tiers. Comp. *exigible, liquide*.

—**(e) (date).** Date dont un acte fait *foi à l'égard des tiers, soit parce qu'elle a été vérifiée par un officier public (acte authentique), soit (pour un acte sous seing privé) parce qu'une formalité (enregistrement) ou un événement (décès d'un contractant p. ex.) l'a mise hors de doute (C. civ., a. 1328).

—**(e) (dette).** Dette dont l'existence est incontestable et qui permet à son titulaire de pratiquer une *saisie-exécution (on le dit aussi de la *créance).

• **2** Non douteux parce que déjà existant (accompli) ou inéluctable ; se dit d'un dommage déjà *né (actuel) ou futur mais inévitable (ant. *éventuel) ; en ce sens le *terme est toujours futur et certain.

• **3** Dont la date future est déterminée ; en ce sens le *terme peut être *incertain ou certain.

— **(terme).** *Terme fixé par référence à une date (ex. paiement au premier jour du trimestre).

• **4** Déterminé, spécifié, individualisé.

— **(*corps).** Chose corporelle déterminée dans sa matérialité, spécifiée dans son individualité : un bijou de famille, tel sac de blé différencié par une marque, etc., tel tonneau de vin étiqueté ; s'oppose à *chose de genre, *chose fongible. V. *perte*.

• **5** En un sens voisin, peut vouloir dire

– d'un point de fait ou même de droit nettement *établi (frontière certaine ; règle certaine). Comp. *évident, manifeste, incontestable*.

• **6** Plus subjectivement (en matière de preuve, notamment de témoignage), peut être l'expression d'une simple conviction, d'une certitude personnelle (être certain de...).

CERTIFICAT

N. m. – Lat. médiév. *certificatum*, dér. de *certificare* : assurer, rendre certain, de *certus*, certain, et *facere*, faire.

• *Acte écrit par lequel une personne, soit agent public agissant en sa qualité, soit simple particulier, atteste un fait dont il a connaissance (pour valoir ce que de droit). Comp. *attestation, déclaration, parère*.

— **d'addition.** Titre de propriété industrielle qui est délivré par l'administration au titulaire d'un brevet préexistant et a pour objet un perfectionnement de l'invention couverte par celui-ci.

— **d'authenticité.** V. *authenticité*.

— **de complaisance.** V. *complaisance*.

— **de *coutume.** Attestation écrite, émanant soit d'une autorité étrangère, soit d'un particulier, sur la teneur d'un droit étranger, produite en vue d'un litige déterminé.

— **de nationalité.** Document délivré à un individu par une autorité officielle de l'État dont il a la nationalité et attestant qu'il possède cette nationalité (C. civ., a. 31).

— **de santé.** Certificat délivré dans le cadre de la surveillance sanitaire préventive à laquelle sont assujettis les enfants jusqu'au début de l'obligation scolaire.

— **de travail.** Certificat que l'employeur est tenu de délivrer au salarié à l'expiration du contrat de travail et qui contient exclusivement la date de son entrée et celle de sa sortie et la nature de l'emploi ou, le cas échéant, des emplois successivement occupés ainsi que les périodes pendant lesquelles ces emplois ont été tenus.

— **d'hérédité ou d'héritier.**

a / Attestation non motivée délivrée en Alsace-Lorraine par le juge cantonal du lieu d'ouverture de la succession, en vue d'établir la qualité d'*héritier et la quotité des droits du *successible (ce certificat fait naître une présomption simple d'exactitude des énonciations qui y figurent obligatoirement et à certaines conditions il constitue de bonne foi les tiers qui traitent avec l'héritier ainsi désigné).

b / Désigne aussi, dans le reste du territoire, des attestations délivrées par le tribunal d'instance ou le maire, dont l'établissement est entouré de faibles garanties et qui présentent un intérêt beaucoup plus limité. V. *acte de notoriété, intitulé d'inventaire, certificat de propriété*.

— **d'origine.** V. *origine (certificat d')*.

— **d'urbanisme.** Certificat délivré par le chef du service départemental de la construction et indiquant à l'occasion et en vue d'une mutation immobilière les projets d'urbanisme susceptibles d'intéresser l'immeuble.

— **d'utilité.** Titre de propriété industrielle qui a pour objet une invention brevetable, mais est délivré sans *avis documentaire et pour une durée inférieure à celle d'un brevet.

— **nominatif.** Document tiré d'un *registre à souches habituellement remis par la société émettrice au titulaire de titres nominatifs (action ou obligation) afin de lui permettre de justifier de sa qualité d'actionnaire ou d'obligataire, mais ne valant pas en lui-même titre de propriété. V. *talon, dématérialisation*.

— **pétrolier.** Titre représentatif des droits pécuniaires attachés aux actions des sociétés de recherches, d'exploitation et de transformation d'hydrocarbures et constituant une valeur mobilière négociable.

CERTIFICATEUR

Adj.ousubst. – Dér. de *certifier.

• **1** Qui atteste un fait après l'avoir vérifié et délivre un *certificat. Ex. notaire certificateur : naguère, celui qui délivrait aux rentiers de l'État un certificat de vie.

• **2** Qui garantit ; répondant. Comp. *garant*.

— **de caution.** Personne qui intervient pour garantir l'engagement pris par la *caution elle-même (C. civ., a. 2291). V. **réception de caution*. Comp. *cofidéjusseur*.

CERTIFICATION

Subst. fém. – Du lat. médiév. *certificatio,* assurance, vérification, du v. lat. *certificare*. V. *certifier*.

• Action de *certifier et résultat de cette action ; *assurance donnée par écrit. V. *vérification, contrôle, authentification, vidimus*. Comp. *garantie*.

— **de produit et de service.** Reconnaissance et contrôle de *conformité réalisés dans le cadre et par application de la *normalisation technique ; plus précisément, *attestation, après vérification, de la conformité d'un produit ou d'un service à certaines caractéristiques qui sont définies, ainsi que les modalités du contrôle de conformité, par un document technique, nommé *référentiel, service assuré, à la demande des intéressés (fabricant, prestataire de service, etc.) par des organismes certificateurs indépendants de ces derniers qui sont habilités, sous le contrôle de l'État, par des instances d'accréditation (C. cons., a. L. 433-3). Ex., en matière rurale, certification de conformité attestant qu'une denrée alimentaire ou qu'un produit agricole non alimentaire non transformé est conforme à des caractéristiques ou à des règles (de production, de conditionnement, etc.), préalablement fixées dans un cahier des charges, C. rur., R. 641-58 s. Comp. *appellation contrôlée, label*.

— **de signature.** Espèce de *légalisation. Comp. *vérification d'écriture*.

CERTIFIER

V. – Lat. *certificare,* de *certus* : certain, et *facere,* rendre certain, assurer.

• **1** (sens fort). Pour une autorité, rendre *certain un acte ou un fait en affirmant, après vérification, sa véracité, son authenticité, son origine, sa *conformité, etc. Comp. *authentifier, légaliser, vidimer*.

• **2** (sens atténué). Pour une personne quelconque, *attester, affirmer avec assurance l'existence d'un fait. Comp. *témoigner, déposer*.

• **3** (sens spéc.). Plus rarement, répondre, garantir. Ex. certifier une caution. V. *certificateur*.

CESSATION DES HOSTILITÉS

Du v. cesser, lat. *cessare,* fréq. de *cedere* ; bas lat. *hostilitas*.

• *Cessez-le-feu ; état qui en résulte.

CESSATION DES PAIEMENTS

V. le précédent et *paiement*.

- Impossibilité, pour un commerçant, un artisan ou une personne morale de Droit privé, de faire face au passif *exigible avec son actif *disponible, cause d'ouverture de la procédure de *redressement judiciaire ; ne se confond pas avec l'*insolvabilité : un débiteur qui cesse ses paiements peut avoir un actif supérieur à son passif. V. *banqueroute, bilan (dépôt de), report, faillite. Comp. déconfiture, surendettement.*

CESSEZ-LE-FEU

Impératif du v. cesser, lat. *cessare*. V. *feu*.

- Arrêt convenu ou imposé des hostilités, préludant soit à une *trêve, soit à un *armistice, soit à un mode quelconque. d'interruption d'un conflit armé. V. *cessation des hostilités*.

CESSIBILITÉ

N. f. – Dér. de *cessible.

- Syn. d'*aliénabilité ; surtout employé lorsqu'il s'agit d'un bien incorporel. Ex. cessibilité d'un bail, d'un fonds de commerce. Ant. **incessibilité*. V. *transmissibilité, négociabilité, disponibilité, patrimonialité, vénalité*.

— **(arrêté de).** V. *arrêté de cessibilité*.

CESSIBLE

Adj. – Lat. *cessibilis,* du v. *cedere*. V. *cession*.

- (S'agissant d'un droit, spéc. d'un bien incorporel.) Qui peut être l'objet d'une *cession (à titre onéreux ou gratuit). Syn. *aliénable*. Ant. *incessible*. Comp. *transmissible, disponible, négociable, vénal*. V. *saisissable, patrimonial, pécuniaire*.

CESSION

N. f. – Lat. jur. *cessio,* dér. du v. *cedere* : aller, se retirer, faire abandon de.

- *Transmission entre vifs, du *cédant au *cessionnaire, d'un droit réel ou personnel, à titre onéreux ou gratuit. Ex. cession de fonds de commerce, de bail, de créance. Comp. *transfert, extinction, rétrocession, aliénation, concession, vente*.

Spécialement en matière d'assurance, opération par laquelle un assureur se fait réassurer, ou transfère ses contrats à un autre assureur. V. *cédant, réassurance, transfert de portefeuille*.

— **à bail.** Accord aux termes duquel un État, qui est et demeure titulaire de la souveraineté sur un territoire donné, transfère pour une durée déterminée à un autre État, à la requête de ce dernier, soit pour des motifs politiques et stratégiques, soit pour des motifs d'ordre économique et commercial, la plénitude des compétences sur ledit territoire, moyennant le cas échéant certains avantages – not. le paiement d'une redevance annuelle – sous réserve qu'à l'arrivée du terme fixé, l'État cédant recouvrera sans qualification ni restriction ses compétences sur l'ensemble du territoire cédé à bail.

— **d'antériorité (ou de priorité).** Acte par lequel le créancier muni de sûreté, titulaire d'un *rang d'inscription (ex. créancier hypothécaire) transmet celui-ci (et les avantages y attachés) à un créancier postérieur dont il prend la place. Syn. *cession de rang*.

— **de biens.** V. **abandon aux créanciers, bénéfice*.

— **d'actions (bénéfice de).** V. *bénéfice de cession d'actions*.

— **de contrat.** Contrat par lequel un contractant, cédant, transmet sa qualité de partie à un contrat, sa dette et sa créance, à un tiers cessionnaire (C. civ., a. 1216).

— **de créance.** Convention (vente, donation, dation en paiement ou autre titre particulier) en vertu de laquelle le créancier *cédant transmet à un tiers, cessionnaire, sa créance contre le débiteur (*cédé) et dont l'opposabilité aux tiers s'opère à la date de la signature de l'acte translatif (a. 1323, al. 2). Ex. signification de la cession ; C. civ., a. 1690. Syn. *transport de la créance*. Comp. **délégation de recettes*.

— **de dette.** Convention (vente, donation, dation en paiement ou autre titre particulier) en vertu de laquelle le débiteur cédant transmet sa dette à un cessionnaire dit débiteur substitué (C. civ., a. 1328).

— **de droit *litigieux.** Variété de cession de créance affectée d'un *aléa en ce que le cédé attrait en justice conteste sa dette envers le cédant, ce qui lui ouvre la *faculté d'exercer le *retrait litigieux (aux conditions des a. 1699 s. C. civ.).

— **de *droit *successif.** Convention en vertu de laquelle un héritier appelé cède à titre

gratuit ou onéreux (vente d'hérédité) ses droits successifs, soit à un cohéritier, soit à un étranger à la succession. V. **retrait successoral*. Comp. **pacte sur succession future*.
— **de l'entreprise.** Cession à titre onéreux, totale ou partielle, à un nouvel entrepreneur d'une entreprise soumise à la procédure du *redressement judiciaire qui, arrêtée par le tribunal à l'issue de la période d'observation, dans un *plan de redressement, comme l'une des modalités de survie de l'entreprise (seule ou accompagnant la *continuation de celle-ci) a pour fin : *1* / d'assurer le maintien d'activités susceptibles d'exploitation autonome et de tout ou partie des emplois qui y sont attachés (d'où, si elle est partielle, la nécessité de la faire porter sur un ensemble d'éléments d'exploitation qui forment une ou plusieurs branches complètes et autonomes d'activités et, en tous les cas, la cession des contrats nécessaires au maintien de l'activité) ; *2* / d'apurer le passif (d'où le règlement des créanciers par répartition du prix de la cession).
— **de territoire.** Opération par laquelle un État renonce à sa souveraineté sur un territoire au profit d'un autre État qui y établit la sienne.

CESSION-BAIL

Francisation de **lease back*.

- Technique de crédit dans laquelle l'emprunteur, par une vente dont le prix représente le montant du prêt, transfère dès l'origine au prêteur la propriété d'un bien offert en garantie et conserve ce bien à titre de locataire, tout en le rachetant progressivement, en vertu d'une *promesse unilatérale de vente jointe au bail qui accompagne la vente initiale. Autre présentation : contrat (de *crédit-bail) en vertu duquel un établissement de crédit spécialisé met à la disposition d'un preneur un bien qu'il lui a acheté à cet effet et ouvre à l'utilisateur locataire la faculté de redevenir propriétaire du bien en levant l'option à l'expiration du contrat. Comp. *fiducie, *vente à réméré, location-vente, crédit-bail, location avec option d'achat, pacte commissoire*. V. *prêt, sûreté, rétrocession*.

CESSIONNAIRE

Subst. – Dér. de *cession.

- Dans une *cession, celui qui acquiert du *cédant le droit *cédé (*acquéreur, *acheteur, *donataire, adjudicataire, *successeur, *préempteur). V. *ayant droit, bénéficiaire, débiteur, *cédé, reporteur*.

CHABLIS

Subst. ou *adj.* – Dér. de l'anc. v. *chabler* : abattre, dér. lui-même de l'anc. mot *chaable* machine de guerre servant à jeter des pierres, lat. pop. *catabola,* du gr. καταϐολη : action de jeter.

- Arbres brisés ou arrachés par le vent dans une forêt.

CHALAND, ANDE

Subst.

V. *achalandage*.

- **1** *Client potentiel ou acheteur occasionnel. V. *achalandage*.
- **2** Chez un grossiste, lieu de dépannage où les détaillants peuvent venir s'approvisionner. V. *achalander (s')*.

CHAMBRE

N. f. – Lat. *camera,* prop. « plafond voûté », du gr. καμῆρα.

- **1** *Salle de réunion de certains corps professionnels ou d'assemblées délibérantes (not. parlementaires ou juridictionnelles). V. *bureau, cabinet*. Comp. *parquet*.

— **du conseil.** Local attenant à la salle d'audience dans lequel les magistrats délibèrent. V. *dépendances* (V. aussi ci-dessous).

- **2** Par ext., le corps ou l'*assemblée même. V. *conseil*.

— **basse.** Expression désignant l'assemblée parlementaire élue au suffrage populaire le plus direct, actuellement en France, l'*Assemblée nationale (autrefois, la chambre des députés). Comp. *chambre haute*.
— **d'agriculture.** Établissement public de nature à la fois administrative et professionnelle constitué par des personnes appartenant au monde agricole et doté d'un statut particulier afin d'accomplir auprès des pouvoirs publics à l'échelon départemental, régional

ou national, différentes fonctions d'ordre consultatif, économique, technique et social en matière d'agriculture.
— **de commerce et d'industrie.** Établissement public administratif à caractère corporatif dit encore « chambre consulaire », institué à raison d'un par région et d'au moins un par département et chargé, d'une part, de la représentation auprès des pouvoirs publics des intérêts du commerce et de l'industrie, d'autre part, de l'exécution de certaines missions administratives d'intérêt collectif ou général.
— **des métiers et de l'artisanat.** Établissement public administratif à caractère corporatif, institué sur le modèle des *chambres de commerce pour représenter auprès des pouvoirs publics les intérêts de l'artisanat (C. art., a. 5-1). V. **assemblée permanente*.
— **des métiers et de l'artisanat de région.** Établissement public régional regroupant des chambres de niveau départemental, placé sous la tutelle de l'État et administré par des dirigeants et collaborateurs d'entreprise élus (C. art., a. 5-1).
— **haute (ou seconde chambre).** Expression désignant, dans les régimes bicaméraux, l'assemblée parlementaire composée de membres nommés, ou de droit, ou élus au suffrage le moins direct; actuellement, en France, le Sénat, ou dans les États fédéraux, de représentants des États membres. Comp. *chambre basse*.
— **régionale (de commerce et d'industrie).** Union de chambres de commerce et d'industrie, destinée à donner à l'action de celles.ci une dimension régionale (nommée jusqu'en 1964 région économique). V. *assemblée permanente*.
— **régionale des comptes.** Institution créée par la loi du 2 mars 1982, relative aux droits et libertés des communes, des départements et des régions et chargée de juger l'ensemble des comptes des comptables publics des collectivités territoriales et de leurs établissements publics, des établissements publics régionaux ainsi que les comptes des personnes qu'elles ont déclarées comptables de fait (les chambres régionales des comptes relèvent de la *Cour des comptes par la voie de l'appel).
— ***syndicale.** Chambre composée des membres d'une même profession élus par leurs pairs qui a pour mission de. représenter celle-ci auprès des pouvoirs publics et en justice et de veiller au respect des règles de la profession. V. *ordre*.

• **3** Nom donné à la section d'un tribunal ou d'une cour.

— **civile.**

a / Nom générique donné à chacune des cinq chambres (première, deuxième, troisième chambre civile *stricto sensu*, chambre *commerciale et financière, chambre *sociale) qui, avec la chambre *criminelle, constituent la *Cour de cassation, chacune constituant une formation de jugement, comprenant un président de chambre, des conseillers, des conseillers référendaires, un ou plusieurs avocats généraux, un greffier de chambre, avec pour attributions particulières la connaissance des pourvois dans des matières déterminées (et l'obligation pour rendre ses arrêts de siéger à sept membres au moins ayant voix délibérative). V. *chambre mixte, assemblée plénière*.

b / Dans le langage du palais, section d'un tribunal ou d'une cour chargée de statuer sur les affaires civiles qui est désignée soit par un numéro (première, deuxième chambre, etc.), soit par la *nature des affaires qu'elle connaît (chambre des copropriétaires, des criées, de la famille).

— **commerciale.**

a / Celle des cinq chambres *civiles de la *Cour de cassation qui a pour attributions la connaissance des pourvois en matière commerciale. Comp. *social, criminel*.

b / Dans le langage du palais, section de la cour d'appel chargée de statuer sur les affaires commerciales.

c / Section du tribunal civil de première instance de caractère *échevinal (composée d'un magistrat de carrière président et de deux assesseurs commerçants) qui, dans les départements du Bas-Rhin, du Haut-Rhin et de la Moselle, a compétence, au lieu et place des tribunaux de commerce, de juger les affaires commerciales.

— **correctionnelle.** Dans le langage du palais, section du tribunal de grande instance, chargée de statuer en matière correctionnelle. V. *chambre des appels correctionnels*.
— **criminelle.** Formation de la Cour de cassation qui statue sur tous les pourvois en cassation formés en matière pénale, ainsi que sur les pourvois en révision formés en matière criminelle ou correctionnelle.
— **d'accusation.** V. *accusation (chambre d')*.

— **de contrôle de l'instruction.** Chambre qui remplissait naguère le rôle de *chambre d'accusation dans les affaires de la compétence des *tribunaux permanents des forces armées (C. just. mil., a. 50, 110 et s. anc.) et de la *Cour de sûreté de l'État (l. 15 janv. 1963, a. 1, al. 5 et 6, 29 et s.).
— **de discipline.** Corps composé de membres d'une compagnie d'officiers ministériels désignés par leurs pairs, principalement chargé de la discipline intérieure de la compagnie. V. **conseil de *discipline.*
— **de l'instruction.** Appellation légale désormais donnée à la chambre d'*accusation qui remplace cette dernière appellation dans tous les textes de loi (l. 15 juin 2000, a. 83).
— **des mises en accusation.** Autre nom de la chambre d'accusation, devenue chambre de l'instruction.
— **des requêtes.** Formation de la Cour de cassation qui, avant son abolition en 1947, était chargée d'examiner les pourvois en matière civile, soit pour les rejeter (par arrêt motivé), soit pour les admettre à l'examen de la chambre civile (par arrêt motivé : arrêt d'admission).
— **mixte.** Formation de jugement de la *Cour de cassation composée de magistrats appartenant à trois *chambres au moins de celle-ci, qui, sur renvoi du premier président, du procureur général ou d'une chambre saisie, a pour mission de statuer sur un pourvoi lorsque la chambre qui en était saisie n'a pu le faire en raison d'un partage égal des voix (renvoi de droit) et de faire régner au sein des diverses chambres l'unité de la jurisprudence (le renvoi est possible lorsque l'affaire pose une question relevant des attributions de plusieurs chambres ou si la question a reçu ou est susceptible de recevoir devant les chambres des solutions différentes), la chambre mixte étant alors constituée sous la présidence du premier président et comprenant les présidents et doyens des chambres qui la composent ainsi que deux conseillers de chacune de celles-ci. Comp. **assemblée plénière.*
—**s réunies.** Ancienne *formation de la *Cour de cassation à laquelle a succédé l'*assemblée plénière (l. 3 juill. 1967).
— **sociale.**

a / Formation de la Cour de cassation qui statue sur les pourvois formés en matière de Droit social et de Droit du travail. V. *civil.* Comp. *commercial.*

b / Dans le langage du palais, section de la cour d'appel qui connaît les affaires sociales.

• **4** Par autre extension, désigne aussi un type d'audience.
— **du conseil.** Modalité exceptionnelle du déroulement de l'audience, selon laquelle les débats et, en matière gracieuse, le prononcé même de la décision ont lieu hors la présence du public. Syn. **huis clos.* Ant. *audience publique.*

• **5**
— **de compensation**

a / Réunion de banquiers permettant le règlement par *compensation de créances et de dettes existant entre eux du fait de leurs opérations bancaires (en droit anglais : de *clearing house*).

b / (*Fin.*) *Personne morale qui, par son interposition entre les *contreparties à des contrats négociés sur un ou plusieurs marchés financiers, devient l'acheteur vis-à-vis de tout vendeur et le vendeur vis-à-vis de tout acheteur, en vue d'établir des positions nettes (C. mon. et fin., a. L. 440-1).
— **de sûreté.** Local qui, dans les casernes de gendarmeries des localités où il n'y a pas de maison d'arrêt, est destiné à recevoir, provisoirement, les délinquants pris en flagrant délit.

CHAMBRE RÉGIONALE DES COMPTES

• Juridiction financière instituée dans chaque région par la loi du 2 mars 1982 relative aux droits et libertés des communes, des départements et des régions et chargée, sous réserve d'appel à la *Cour des comptes, du contrôle de la gestion des *finances locales.

CHAMBRES D'HÔTES

V. *chambre* ; hôte, du lat. *hospes*.

• Chambres aménagées et équipées chez des particuliers, surtout en zone *rurale, en vue d'accueillir pour une nuitée (coucher et petit déjeuner), à un prix modique, randonneurs itinérants ou autres touristes de passage ; formule touristique en espace rural. Comp. **gîte rural, *camping à la ferme, *ferme auberge, tourisme.*

CHAMP D'APPLICATION

V. *application.*

CHANCELIER, IÈRE

Subst. – Lat. de basse époque *cancellarius,* « huissier qui se tenait près des grilles *(cancelli)* qui séparaient le public de la partie de la salle où siégeaient l'Empereur et les juges » puis « greffier ». Au Moyen Âge sens nouveaux.

- **1** Celui qui est préposé à la garde des sceaux, plus généralement des actes et archives (par ex. dans une mission diplomatique) ou même à recevoir les actes.
- **2** Dans certains systèmes de gouvernement, titre donné au Premier ministre (Allemagne) ou à certains ministres (ex., en Angleterre, le chancelier de l'Échiquier, ministre des Finances).

— **des *universités.** Titre attribué aux *recteurs d'académie par la loi du 12 novembre 1968 et qui correspond aux fonctions de représentation et de contrôle qu'ils exercent au nom du ministre auprès des universités situées dans le ressort de l'académie.

CHANCELLERIE

Dér. de *chancelier.

- **1** Bureau d'une mission diplomatique ou consulaire où sont reçus et préparés les actes relevant de la compétence du chef de mission, not. dans le domaine de son activité administrative. (Placé sous l'autorité du *chancelier, ce service assure le dépôt et la garde de tous les actes passés dans la mission et reçus par elle, de la caisse, des différents registres et des archives ; constitue à ce titre à la fois un secrétariat, un greffe, une étude de notaire et une caisse.)
- **2** Terme encore employé pour désigner les services du ministère de la Justice, au souvenir du chancelier qui, dans la monarchie française, avait la garde du sceau de France, la surintendance de la magistrature et était l'inspirateur de la législation royale.

— **des universités.** Établissement public à caractère administratif chargé dans chaque *académie d'assurer pour le compte des *établissements publics à caractère scientifique et culturel – essentiellement les universités – l'administration des biens et charges qui sont indivis entre plusieurs d'entre eux et le cas échéant de certains ensembles immobiliers mis à leur disposition par l'État.

CHANGE

Subst. masc. – Dér. de changer, lat. de basse époque, *cambiare* : échanger, troquer, le sens financier vient probablement du mot ital. correspondant *cambio.*

- **1** Échange d'une monnaie contre une monnaie étrangère.
- **2** Par ext., valeur de l'indice monétaire étranger en monnaie nationale sur une place déterminée. Ex. change de Londres à Paris.
- **3** Dans la pratique, l'ensemble de ce qui est relatif aux lettres de change et au droit *cambiaire. Ex. Droit du change. V. *cambiste.*

CHANGEMENT DE RÉGIME MATRIMONIAL

Dér. du v. changer. V. le précédent, *régime* et *matrimonial.*

- Opération par laquelle les époux conviennent, par acte notarié, de modifier leur régime matrimonial par des clauses particulières (ex. passage de la communauté légale à la communauté universelle), ou d'y substituer un régime entièrement nouveau (ex. adoption par des époux communs en biens de la séparation de biens), l'acte notarié étant soumis à *homologation judiciaire soit en présence d'enfants mineurs, soit en cas d'opposition des enfants majeurs ou des créanciers préalablement informés du changement projeté (C. civ., a. 1397 l. 23 juin 2006). Syn. **modification du régime matrimonial.* V. *mutabilité, immutabilité, *juridiction gracieuse.*

CHANTAGE

N. m. – Dér. du v. chanter, lat. *cantare,* d'après la loc. faire chanter (qqn).

- Forme d'*extorsion qui consiste à obtenir une signature, un engagement, une renonciation, la révélation d'un secret ou la remise de fonds, de valeurs ou d'un bien quelconque sous la menace de révélations ou d'*imputations de nature à porter atteinte à l'*honneur ou à la *considération (C. pén. a. 312-10). Comp. *intimidation.*

CHANTIER

Lat. *canterius* : mauvais cheval, sorte d'appui.

- Lieu où plusieurs salariés accomplissent ensemble leurs prestations de travail pour le compte de l'employeur, sans que soient réunies les conditions d'autonomie et de permanence normalement requises pour qu'on se trouve en présence d'un véritable *établissement.

CHAPEAU DU CAPITAINE

Loc. plaisante. V. *capitaine*.

- Supplément de *fret (aujourd'hui disparu) naguère destiné théoriquement au capitaine.

CHAPITRE

N. m. – Lat. ecclés. *capitulum* : assemblée de religieux par ext. du sens chapitre d'un ouvrage, due au fait que, dans ces assemblées, on faisait une lecture, not. un chapitre de la Règle.

- **1** Subdivision du budget groupant les dépenses selon leur nature ou leur destination ; le chapitre en constitue l'unité structurelle pour l'attribution des crédits (si, depuis 1956, ceux-ci ne sont plus votés par chapitre, cette subdivision n'en a pas moins conservé toute sa valeur juridique pour l'application de la règle de la spécialité des crédits et aucun virement d'un chapitre à un autre n'est autorisé, en dehors de la réglementation spéciale prévue dans la loi organique relative aux lois de finances).
- **2** L'une des divisions de la loi. V. *livre, titre, section*.

CHARGE

N. f. – Lat. pop. *carricare,* dér. de *carrus* : char.

- (Sens gén.) Ce qui pèse (par l'effort, la dépense, les soins exigés) et, en général, ce qui incombe par *devoir à une personne. V. *décharge, incombance*.
- **1** *Fonction.

a / Au sens large, fonction publique ; plus spécialement, fonction des officiers ministériels (charge de notaire, d'agent de change). V. *office, étude, magistrature, judicature*.

b / *Mission officielle comportant pouvoir et devoir d'agir. Ex. la tutelle est une charge publique (C. civ., a 394). V. *service, tâche, administrateur, honneur*.

- **2** Dépenses incombant à une collectivité ou à une personne ; poids financier souvent inhérent à une situation (charges de famille, charges de copropriété), parfois en contrepartie d'un avantage (ex. charges de la succession, C. civ., a. 785, 806, charges de la jouissance légale, a. 385). V. *passif.* Comp. *aliments, subside*.

— **d'habitation.** Ensemble des dépenses de fonctionnement d'un immeuble (coût global du logement) avant ventilation entre propriétaire et locataire (pour lequel il s'agit de charges *locatives). Ex. dépenses de chauffage, coût de l'assurance, etc.

— **du mariage.** Ensemble des dépenses découlant de la vie en mariage (*dépenses de *ménage, *entretien des enfants) auxquelles les époux sont tenus de contribuer à proportion de leurs facultés respectives ou, sous réserve du devoir de secours, dans la proportion fixée par leurs conventions matrimoniales (C. civ., a. 214). V. *dettes de ménage*.

— **d'une personne.** Dépenses nécessaires à la subsistance d'une personne, charge qui engendre des droits pour celui qui l'assume effectivement (prestations familiales, dégrèvements fiscaux) et au profit de la personne à charge (ex. bénéfice du maintien dans les lieux).

—**s (égalité devant les).** Principe général du Droit consacré par la jurisprudence, imposant à l'administration de respecter l'égalité des sacrifices, entre les contribuables, entre les prestataires de réquisitions, etc., souvent considéré comme le fondement d'une responsabilité de l'administration pour dommages causés sans faute par l'autorité publique.

—**s familiales.** Dépenses incombant à une personne du fait de ses obligations familiales : frais de maternité, frais d'entretien et d'éducation des enfants, frais de logement, frais occasionnés par la présence de la mère au foyer, etc.

—**s indues.** Dépenses que les pouvoirs publics font effectivement supporter par un régime de sécurité sociale alors que, d'après leur nature, elles devraient être supportées, soit par un autre régime, soit par la nation.

—**s locatives.** V. *locatives (charges)*.

—**s publiques.**

a / Dépenses et recettes de l'État ou des autres collectivités publiques (inscrites ou non dans la loi budgétaire). Ex. Const. 1958, a. 40. Comp. *ressources publiques*.

b / (sens plus étroit). Dépenses des services non financés par leurs recettes propres et

pour lesquelles les collectivités publiques doivent recourir à l'impôt et à l'emprunt.
—s sociales. Dépenses incombant à un employeur du fait des cotisations qu'il est tenu de payer à la Sécurité sociale pour le compte de son personnel et dont le montant est proportionnel à celui des salaires.

- **3** *Preuve ou *indice (déclarations de témoins, pièces, procès-verbaux, etc.) qui sert à établir que l'auteur soupçonné a réellement commis le fait qui lui est imputé et qui peut aussi influer sur l'appréciation de ce fait et sa qualification. V. *prévention, inculpation, accusation, information, instruction, juge d'instruction.*

—s nouvelles. Charges qui, n'ayant pas été soumises à l'examen de la cour d'appel, sont cependant de nature soit à fortifier les preuves qu'elle aurait trouvées trop faibles, soit à donner aux faits de nouveaux développements. V. *réouverture de l'information.*
— (témoin à). V. *témoin à charge.*

- **4** Nécessité imposée par la loi au plaideur dans la mise en œuvre de ses prétentions sous peine de voir écarter celles-ci (comme mal fondées) ; la charge se distingue de l'*obligation en ce que son non-accomplissement constitue non un fait illicite, mais un fait dommageable que sa propre *carence inflige, comme une sorte d'autosanction, à celui qui ne l'assume pas.

— de l'*allégation. Nécessité, pour l'auteur d'une prétention, d'invoquer les éléments de fait propres à la fonder (CPC, a. 6).
— de la *preuve. Nécessité pour le plaideur d'établir, s'ils sont contestés, les faits dont dépend le succès de sa prétention (C. civ., a. 1353). Syn. *fardeau de la preuve.* Ant. **dispense de preuve.* V. *présomption, innocence, incombance.*

ADAGES : *Actori incumbit probatio.*
Ei incumbit probatio qui dicit, non qui negat.

- **5** *Contraintes annexes qui, ne découlant pas naturellement d'un acte juridique à la différence des obligations *principales ou des obligations *accessoires *implicites, sont imposées par l'une des parties à l'autre sous forme de dispositions ou stipulations spéciales et constituent des *conditions particulières (souvent essentielles) au respect desquelles est subordonné l'acte principal.

—s (*cahier des).
a / Acte destiné à faire connaître aux intéressés les conditions d'une vente par *adjudication publique (ex. vente sur saisie immobilière).
b / Expression générique désignant des documents par lesquels l'administration détermine unilatéralement les conditions ou certaines des conditions auxquelles sont subordonnées soit la jouissance d'une autorisation ou d'une permission (ex. cahier des charges d'une *concession de mine), soit l'exécution d'un contrat (ex. cahier des charges d'une *concession de service public ou d'un *marché public).
c / Cahier annexé à un contrat ayant pour objet le transfert ou la détention d'un immeuble et contenant les conditions particulières imposées à l'une des parties.
— (libéralité avec). Libéralité dont le bénéfice est subordonné comme une *condition, par le disposant, à l'exécution par le gratifié d'une certaine prestation (créer une œuvre, nourrir une personne, entretenir un bien) (C. civ., a. 900, 954). Comp. *libéralité graduelle,substitution, legs précatif.*

- **6** Devoir d'assumer, en définitive, une dette (sur le plan de la *contribution). V. *obligation.*
- **7** Certains droits réels grevant un immeuble (servitude, hypothèque). V. *purge. libération.*
- **8** (eur.).

— spéciale. Mesure étatique qui, ne frappant que certaines entreprises, entraîne pour celles-ci un désavantage dans la *concurrence (anc. tr. CECA, a. 4). Comp. *aide.* V. **effet équivalent.*

CHARGÉ D'AFFAIRES

Part. pass. du v. charger. V. *charge et affaires.*

- **1** Titre donné aux chefs de mission diplomatique de troisième classe accrédités à titre permanent auprès des ministères des Affaires étrangères (sauf en ce qui concerne la préséance et l'étiquette, il n'existe pas de différence entre le chargé d'affaires et les deux autres catégories de chefs de mission, ambassadeurs et envoyés ou ministres accrédités auprès des chefs d'État, Conv. int. Vienne, 18 avr. 1961).

• **2** Membre d'une mission diplomatique assurant l'intérim en l'absence du chef de mission ou en cas de rappel de celui-ci.

CHARGÉ DE MISSION

V. le précédent et *mission*.

• Catégorie de membres des cabinets ministériels et par extension personne placée auprès d'une autorité pour y remplir une fonction déterminée.

CHARGEMENT

Dér. du v. charger. V. *charge*.

• **1** Opération d'embarquement des marchandises sur le navire.

• **2** Ensemble des objets embarqués sur un navire (marchandises, objets d'armement, vivres).

— **à cueillette.** V. *affrètement à cueillette*.

— **en pontée.** Arrimage des marchandises sur le pont d'un navire.

• **3** Dans le Droit des assurances, partie de la prime correspondant aux frais généraux de l'entreprise d'assurance et qui, ajoutée à la prime pure ou théorique telle qu'elle résulte des statistiques, forme la prime chargée, brute ou commerciale. V. *prime*.

• **4** Remise à l'administration des postes d'une lettre ou d'un paquet cacheté avec déclaration de la valeur de ce qui y est contenu. V. *lettre recommandée*.

CHARIA (SHARIA)

Terme propre à l'Islam. Loi au sens de l'ensemble des normes régissant tous les aspects de la vie religieuse, morale, sociale et juridique de la communauté des croyants et prenant sa source dans le Coran et la Sunna.

CHARTE

N. f. – Lat. *charta* : papier écrit, du gr. χαρτης, feuille de papyrus ou de papier.

► **I** (sens gén.)

• **1** Document définissant solennellement des droits et devoirs. Ex. Charte des droits *fondamentaux de l'Union européenne (Nice, déc. 2000). V. *pacte, protocole, statuts*.

• **2** Par ext., dans un langage imagé : document *fondamental ; acte inaugural formant la base (en principe) immuable de rapports juridiques durables. Ex. le contrat de mariage est la charte du ménage : le cahier des charges est la charte contractuelle du lotissement.

• **3** Par euphémisme, nom de prestige donné à certains documents de référence. Ex. : charte des droits et obligations du contribuable vérifié (loi 8 juill. 1987, a. 8) : document dans lequel l'administration des impôts résume les principales dispositions qu'elle applique dans ses contrôles fiscaux et qu'elle doit remettre au contribuable soumis à certaines vérifications avant l'engagement de celles-ci (vérification de comptabilité, examen contradictoire de situation fiscale personnelle).

► **II** (const.)

• **1** Parfois syn. de *Constitution.

• **2** Désigne parfois spécialement une Constitution discutée et convenue entre le monarque et une représentation de ses sujets. Ex. Grande Charte de 1215 en Angleterre ; charte du 14 août 1830.

CHARTE-PARTIE

N. f. – V. *charte*. *Partie :* partagée, part. pass. fém. de *partir*, au sens primitif de *partager*, lat. *partiri*. L'expression vient de ce que les deux expéditions de l'acte étaient faites sur une seule feuille, qui était ensuite séparée en deux.

• Acte écrit établissant les conditions d'un contrat d'*affrètement maritime et constatant les engagements des parties. Comp. *connaissement*.

CHARTER

Terme anglais (de *to charter* : affréter) utilisé dans la pratique pour désigner un avion affrété.

CHASSE

Dér. du verbe chasser, lat. pop. *captiare,* lat. class. *captare*. V. *captation*.

• Recherche, poursuite et capture des animaux sauvages permettant au chasseur de devenir, par *occupation, propriétaire du *gibier. V. *res nullius*.

— **(droit de).**

a / Droit de se livrer à la recherche, à la poursuite et à la capture des animaux sauvages ou vivant à l'état de liberté naturelle, à charge de se conformer aux lois et règlements, notamment d'obtenir un *permis de chasser délivré par l'État et les départements et de ne pas exercer ce droit contre le gré des propriétaires du sol.

b / Attribut du droit de propriété conférant au propriétaire d'un domaine ainsi qu'aux personnes autorisées par lui le droit de rechercher, poursuivre et capturer le gibier se trouvant sur son fonds, conformément à la réglementation en vigueur.

— **(permis de).** V. *permis de chasse*.

CHASSER (DROIT DE)

V. le précédent.

- Attribut, du bail rural donnant à titre personnel au preneur qui peut seul y renoncer le droit de rechercher, poursuivre et capturer le *gibier se trouvant sur le fonds loué en se conformant à la réglementation de la *chasse.

CHÂTEAU

Subst. masc. – Du lat. *castellum,* de *castrum,* camp.

- **1** Bâtiment de prestige, parfois classé *monument historique.
- **2** Marque commerciale d'une exploitation viticole, appellation subordonnée à certaines conditions de vinification, mais non nécessairement à la présence, sur le domaine, d'un « château-bâtisse ».

CHECK-OFF

Expression anglaise signifiant « vérifier », « pointer », parfois utilisée pour désigner le système dans lequel la cotisation syndicale due par le salarié est automatiquement retenue sur sa rémunération et versée directement par l'employeur au syndicat. V. *retenue, prélèvement*.

CHEF

N. m. – Lat. *caput* : tête.

- **1** Celui qui exerce l'autorité sur un groupe, une collectivité, une organisation, un établissement ; celui qui en assure la *direction. Ex. chef de service, chef de corps. V. *président, directeur, maître, diriger*.

— **de famille.** Qualité assortie de diverses prérogatives naguère reconnue au mari (sauf exception), aujourd'hui remplacée par la vocation conférée par la loi aux époux d'assurer ensemble la direction morale et matérielle de la famille (C. civ., a. 215) et d'exercer en commun l'autorité parentale (C. civ., a. 372).

— **de juridiction.** Magistrat du siège, chargé – seul ou avec un magistrat du parquet – de la direction de la juridiction. Ex. premier président et procureur général près la cour d'appel, chefs de cour.

— **d'entreprise.** Personne ou groupe de personnes qui se trouve à la tête de l'entreprise et qui en assume à la fois la direction et la responsabilité, aussi bien dans le domaine économique que social (dispose de certains pouvoirs – d'ordre réglementaire ou disciplinaire inhérents à sa qualité). V. *directeur, manager, tutorat d'entreprise*.

— **d'État (ou de l'État).** Terme d'origine doctrinale, parfois repris dans le droit positif (ex. acte constitutionnel du 11 juill. 1940), désignant une autorité, individu ou (plus rarement) collège dont l'intervention dans la procédure d'élaboration des actes juridiques les plus importants relevant surtout du pouvoir exécutif (par ex. la promulgation des lois, la ratification des traités) ou la présence à certaines cérémonies marquent de manière symbolique que c'est à l'État qu'il convient d'imputer ces conduites ; cette autorité est alors dite « personnifier » ou « représenter » l'État ; elle peut, selon les régimes, disposer de pouvoirs politiques réels et importants (ex. le président des États-Unis ; en France, le Président de la République sous la Ve République) ou réduits (ex. la reine d'Angleterre). Comp. *chef du gouvernement*.

— **d'exploitation.** Expression utilisée pour désigner la personne qui fait valoir un domaine agricole et assure la responsabilité de l'exploitation en qualité de propriétaire, de fermier ou de métayer.

— **du gouvernement.** Personnage (par ex. président du Conseil ou Premier ministre), ou plus rarement collège, qui dirige l'ensemble des ministres (dénomination surtout employée quand il n'est pas en même temps *chef de l'État).

— **du pouvoir exécutif.** Personnage, ou plus rarement collège, qui dirige le gouvernement, et qui, selon les régimes, est, soit le chef de l'État, soit un chef du gouvernement distinct de celui-ci et portant le titre de Premier ministre, président du Conseil des ministres, etc.

- **2** La personne elle-même, prise comme *sujet de droit, comme individu concerné en titre (en son propre nom) ou, au moins, dont l'activité est en cause. Comp. *tête.* V. *souche, auteur.*

— **d'un époux (dette entrée en communauté du).** Dette qui oblige la communauté comme étant née en la personne d'un époux, en raison d'un délit, d'un contrat ou d'une autre source, qui oblige celui-ci personnellement (et que la loi retient comme entrant dans le passif commun).

— **à une succession (être *appelé de son) (*venir de son).** Y être appelé (y venir) à titre personnel, en vertu d'une *vocation propre, et non par *représentation. V. *partage par *tête.*

- **3** Élément distinct d'une demande en justice groupant plusieurs *prétentions (ex. le juge est tenu de statuer sur chacun des chefs de demande, CPC, a. 5) ; disposition distincte d'un jugement répondant à une partie déterminée de la demande (ex. se pourvoir en cassation contre un ou plusieurs chefs d'un arrêt, CPC, a. 562) ; élément distinct de l'acte d'*accusation. V. *articulat, moyen, articulation, point, question, critique.*

— **de *préjudice.** Partie spécifique du dommage subi érigée en *poste distinct d'indemnisation, notamment dans la *nomenclature des préjudices *corporels. Ex. souffrances endurées, préjudice esthétique, déficit fonctionnel.

- **4**

— **-lieu.** Localité où sont établis les chefs et les services centraux de l'administration d'une circonscription ou d'une collectivité territoriales. Ex. chefs-lieux du département, de l'arrondissement, du canton et de la commune lorsque celle-ci comporte plusieurs agglomérations.

CHEF DE FILE

V. *collectivité.*

— **du *pool ou du syndicat de crédit.** Établissement de crédit chargé d'assurer la circulation des flux financiers entre l'emprunteur et chacun des prêteurs du pool bancaire ou du *syndicat de crédit (collecte et versement des fonds à l'emprunteur, perception des intérêts et *amortissement du prêt, etc.).

CHEMIN

Lat. pop. *cammnus,* d'origine celtique.

- *Voie de communication terrestre affectée à la circulation.

—**s *départementaux.** Ensemble des *routes départementales, chemins de grande communication et chemins d'intérêt commun qui forment, par leur réunion, la *voirie départementale.

—**s et sentiers d'exploitation.** Ceux qui servent à la communication entre divers héritages ou à leur exploitation et dont l'usage peut être interdit au public.

— ***public.** D'après la jurisprudence, voie de communication destinée à un usage public, à l'exclusion des rues, places ou promenades publiques intérieures d'une ville (le vol commis sur un chemin public est un crime).

—**s *ruraux.** Chemins appartenant aux communes et qui, affectés à l'usage du public, n'ont pas été classés comme *voirie communale.

CHEPTEL (BAIL À)

Réfection étym. de l'anc. franç. *cheptel,* lat. jur. *capitale* : « ce qui constitue le principal d'un bien ». V. *capital, bail.*

- Contrat par lequel l'une des parties remet à l'autre un fonds de bétail, c'est-à-dire un ensemble d'animaux susceptible de croît ou de profit pour l'agriculteur, en lui faisant obligation de le garder, nourrir et soigner sous certaines conditions convenues entre elles. Dit par ellipse cheptel dans les expressions qui suivent. V. *cheptelier.*

— **à moitié.** Contrat de cheptel par lequel les contractants fournissent chacun la moitié du troupeau et partagent également le profit et le croît des animaux ainsi que les risques même en cas de perte totale du troupeau.

— **de fer (donné au fermier).** Location d'un fonds de bétail consentie accessoirement à un *bail à ferme par le bailleur à son fermier, lequel en conserve tous les profits, sauf

convention contraire, à charge de restituer en nature à la fin du *bail un fonds de bétail identique à celui qu'il a reçu.
— **simple (ou de droit commun).** Contrat de cheptel dans lequel le preneur profite de la moitié du croît et de la laine du troupeau qui lui a été remis par le bailleur et supporte, en contrepartie, la moitié de la perte.

CHEPTELIER, IÈRE

Subst. – Dér. de *cheptel.

- (vx). Nom donné au *preneur dans le bail à *cheptel.

CHÈQUE

N. m. – Probablement issu du V. angl. *to check*: contrôler.

- *Écrit par lequel le *tireur donne au *tiré (lequel doit être une banque ou l'un des établissements de crédit que détermine la loi) l'ordre de payer une somme déterminée soit à lui-même (chèque de retrait), soit au bénéficiaire désigné ou à son *ordre (chèque de paiement). V. *effet de commerce, date*.
- **2** *Feuille préimprimée, attachée à la *souche d'un *carnet remis par le tiré au tireur.

— **au porteur.** Chèque qui, revêtu de la mention « au *porteur », est payable à celui qui détient le titre et se transmet par tradition.
— **barré.** Chèque sur lequel ont été apposées deux barres parallèles et qui ne peut être payé qu'à la personne mentionnée entre les deux barres (barrement spécial) ou encore, en l'absence de mention, à un banquier, un établissement assimilé ou un client du tiré.
— **circulaire.** Chèque payable dans toutes les agences du tiré ou des établissements qui lui servent de correspondant.
— **de casino.** Chèque établi sur une formule délivrée par un établissement de jeu pour permettre à un joueur démuni de son carnet de se procurer des fonds.
— **de voyage.** Écrit, également connu sous l'appellation anglaise *traveller's chèque*, rédigé sous une forme variable qui donne au bénéficiaire le droit d'obtenir le paiement de la somme indiquée de l'une quelconque des agences de l'établissement émetteur ou de ses correspondants.
— **emploi-service.** Nouvel instrument de règlement du salaire des employés de maison et des cotisations sociales y afférentes, consistant en un titre (à détacher d'un chéquier émis par les organismes agréés par l'État, dont le centre de chèques postaux), lequel est constitué d'un chèque remis en paiement au salarié et d'un volet social adressé à l'organisme public (URSSAF) chargé du prélèvement des cotisations sociales sur le compte de l'employeur, combinaison destinée à favoriser l'emploi régulier (et non au noir) des personnes à domicile, en simplifiant leur engagement et le règlement des charges (le salarié recevant de l'organisme public une attestation d'*emploi valant bulletin de salaire).
— **en transit.** Chèque tiré et payable sur une place étrangère qui est l'objet d'un endos ou d'un aval en France.
— **postal.** Écrit doté d'un statut particulier, obligatoirement rédigé sur une formule délivrée par l'administration, par lequel le titulaire d'un compte courant postal donne l'ordre soit de lui remettre une somme déterminée (chèque de retrait), soit de la remettre à un bénéficiaire (chèque de paiement), soit de l'inscrire au compte courant postal d'un tiers (chèque de *virement).
— **-restaurant.** V. *titre-restaurant*.
— **sans provision (émission de).** Infraction consistant à émettre un chèque sans *provision préalable disponible.
— **vacances.** Appellation donnée depuis 1982 à des titres nominatifs qui peuvent être remis aux collectivités publiques et aux prestataires de service (agréés par les intéressés), en paiement de dépenses effectuées en France pour leurs activités de loisirs (transport, hébergement, repas), par les salariés qui les ont acquis aux conditions de la loi (revenus limités, versement d'une quote-part, contribution patronale), formule concrétisant, pour les travailleurs les plus défavorisés, une aide de leur employeur au financement de leurs *vacances.

CHÈQUE-CADEAU

N. m. – V. *chèque, cadeau*.

- Nom attractif de fantaisie donné, dans les pratiques de promotion commerciale, à un écrit émis par une société de distribution pour un montant nominal déterminé

(100 €, 200 €, etc.) dont le porteur peut acheter certains produits chez certains fournisseurs, en appliquant sa valeur à tout ou partie du prix du produit choisi, bénéficiant ainsi (c'est le cadeau intéressé) d'un bon d'achat ou de réduction, document privé purement contractuel dont le mode d'emploi, sous ses modalités diverses, est toujours cantonné *ratione rei* et *personae* ainsi que par sa cause (fidélité de la clientèle), et qui n'entre en aucune façon dans le circuit des instruments de transferts de fonds (espèces, chèque, lettre de change, billet à ordre) n'étant ni un chèque ni un moyen légal de paiement.

CHÉQUIER

Subst. masc. – Dér. de *chèque.

V. *carnet de chèques*.

CHEVALIER

Subst. masc. – Lat. *caballarius* : écuyer, d'après *caballus* : cheval.

- **1** Titre de noblesse.
- **2** Le premier des grades des distinctions honorifiques organisées en ordre. Ex. chevalier de la Légion d'honneur.

CHIFFRE D'AFFAIRES

Chiffre. Lat. médiév. *cifra* : zéro, de l'arabe *sifz* : vide. V. *affaires*.

- Ensemble des *recettes réalisées par une entreprise dans l'exercice de son commerce ou de son industrie ; sert de *matière imposable à certains impôts (taxe sur la valeur ajoutée). V. *clause-*recettes*.

CHIFFRE GRIS

V. le précédent. Gris, origine germ.

- Nom donné à la différence entre la criminalité dite apparente saisie par les statistiques de police et la criminalité dite légale correspondant, dans les statistiques judiciaires, aux seules condamnations (à l'exclusion des classements sans suite, non-lieux et relaxes).

CHIFFRE NOIR

V. le précédent. Noir, lat. *niger.*

- Nom donné à la différence entre la criminalité réelle totalisant les infractions commises en un temps et un lieu donnés (selon diverses estimations) et la criminalité dite apparente enregistrée par les statistiques de police (laissant dans l'ombre toutes les infractions pour lesquelles le processus de la répression ne s'amorce pas).

CHIROGRAPHAIRE

Adj. – Lat. jur. *chirographaririis,* dér. de *chirographum,* empr. du gr. χειρογραφον : écrit de sa propre main.

- Démuni de toute *sûreté particulière (privilège, hypothèque, gage, etc.) ; se dit surtout du *créancier qui, n'étant *muni d'aucune sûreté, n'a que les prérogatives attachées à tout droit de créance (V. *droit de *gage général, action oblique, action paulienne*) et subit, dans la distribution (au marc le *franc) du prix des biens du débiteur, la loi du concours égal entre les créanciers ordinaires ; se dit plus rarement de la créance non garantie par une sûreté. Ant. *privilégié, hypothécaire, nanti* (sens 1), *gagiste*. V. *nu, ordinaire*.

CHOIX

Dér. du v. choisir, du goth. *kausjan* : éprouver, goûter.

- *Faculté de choisir (de retenir un parti par préférence aux autres en excluant ceux-ci) ou exercice de cette faculté (action de choisir) ; se dit aussi soit des divers partis offerts au choix (avoir un large choix) soit du résultat du choix (parti choisi). V. *option, élection, exclusion, faculté d'élire*.

— **(avancement au).** Procédé d'*avancement de grade des fonctionnaires qui s'effectue par voie d'inscription à un tableau dit tableau d'avancement (soit directement à partir de l'appréciation de la valeur professionnelle des intéressés, soit par sélection opérée sur épreuves d'examen ou de concours).

CHÔMAGE

Dér. de chômer, lat. *caumare,* de *cauma,* d'origine grecque : forte chaleur.

- Arrêt involontaire et prolongé du travail, dû à l'impossibilité de trouver un emploi.

— **cyclique.** Celui qui résulte des grandes crises économiques.
— **fonctionnel.** Celui qui résulte d'une insuffisante mobilité de la main-d'œuvre (il consiste en une période d'inactivité entre la fin d'un contrat de travail et la découverte d'un nouvel emploi).
— **partiel.** Celui qui résulte simplement d'une réduction du temps de travail consécutive à un ralentissement de l'activité de l'entreprise.
— **saisonnier.** Celui qui touche périodiquement certaines branches d'activité, telles que le bâtiment, l'hôtellerie ou l'agriculture, en raison des conditions atmosphériques ou de certaines conditions techniques inhérentes à l'activité économique en cause.
— **structurel.** Celui qui est lié à la structure même de l'économie, soit dans l'ensemble d'un pays (chômage des pays sous-développés), soit dans un secteur particulier (chômage dans une branche d'activité en déclin).
— **technique.** Mise à pied des travailleurs pour manque d'ouvrage.

CHÔMÉ, ÉE

Adj. – Part. pass. du v. chômer. V. *chômage*.

V. **jours chômés*.

CHÔMEUR, EUSE

Subst. – Dér. du v. chômer. V. *chômage*.

- Personne sans emploi qui est fondée à percevoir des indemnités journalières lorsqu'elle accomplit des actes positifs de recherche d'emploi (on la nomme alors demandeur d'emploi).

CHOQUÉ (D'APPEL)

Adj. – Néerl. *shokken* ou angl. *chock* : heurter, et aussi agir contre. V. *appel*.

- (vx). Se dit parfois du jugement contre lequel un *appel a été formé. V. *entrepris, frappé, attaqué*.

CHOSE

N. f. – Lat. *causa*. V. *cause*, qui a pris à notre époque le sens de « chose » ; a remplacé le lat. class. *res*.

- **1** Objet matériel considéré sous le rapport du Droit ou comme objet de droits ; espèce de *bien parfois nommé plus spécialement chose *corporelle (*mobilière ou *immobilière).

— **accessoire.** V. *accessoire (chose)*.
— **commune.** Chose qui n'appartient à personne et dont l'usage est commun à tous. Ex. air, mer.
— ***consomptible.** Chose dont on ne peut faire usage sans la détruire (boissons, denrées) ou l'aliéner (monnaie) ; les autres choses sont dites non consomptibles. V. *consommation*.
—**s de genre.** Expression employée pour désigner les choses *fongibles, par opposition aux corps *certains.
—**s fongibles.** Choses qui, n'étant déterminées que par leur nombre, leur poids ou leur mesure, peuvent être employées indifféremment l'une pour l'autre dans un paiement ; les autres choses sont dites non fongibles.
— **gagée (ou engagée).** Syn. *gage* (sens 2).
—**s hors du commerce.** Choses qui ne peuvent pas faire l'objet d'un contrat entre particuliers. Ex. sépultures ; biens du domaine public (C. civ., a. 1128 anc.).
—**s sans maître.** Choses qui, par leur nature, sont susceptibles de propriété privée, mais qui n'appartiennent à personne. Ex. animaux sauvages, objets mobiliers abandonnés. V. *abandon*.

- **2** Prend, dans diverses expressions, le sens de *question, *point, problème, affaire.

— **jugée.** Ce qui a été tranché par le juge pour mettre fin à une *contestation. V. *dictum*.
— **jugée (autorité de la).** Qualité attribuée par la loi (C. civ., a. 1350 anc., 1355) à tout jugement *définitif, c'est-à-dire plus précisément à toute *décision juridictionnelle (jugement, sentence arbitrale), relativement à la *contestation que celle-ci tranche et qui empêche, sous réserve des voies de recours, que la même chose soit rejugée entre les mêmes parties dans un autre procès (autorité dite relative). V. *dispositif*.
— **jugée (*exception de).** Nom abusivement donné à la *fin de non-recevoir par laquelle un plaideur fait valoir comme *moyen de défense l'autorité de la chose jugée dans un autre procès et qui, si elle est vérifiée, oblige le

juge à déclarer l'adversaire irrecevable en sa demande (CPC, a. 122).
— **jugée (*force de).** État d'un jugement qui n'est susceptible d'aucun recours suspensif d'exécution ou qui n'est plus susceptible d'un tel recours (ceux-ci ayant été exercés ou les délais de recours étant expirés) (CPC, a. 500).
— **publique.** Ensemble des questions se rattachant à la gestion et à la satisfaction des intérêts généraux du pays ou d'une collectivité locale ou régionale.

CIF

- Expression anglaise correspondant à l'expression française « *CAF », formée des initiales des trois mots : *cost, insurance, freight*. V. *vente*.

CIMETIÈRE

N. m. – Lat. *cœmeterium*, κοιμητήριον.

- Terrain spécialement consacré à l'inhumation des morts et qui, appartenant au *domaine public communal, peut faire l'objet de *concessions.

CINÉMATOGRAPHIQUE (ŒUVRE)

De cinématophage, composé du gr. χινημα, mouvement, et du v. γραφειν ; écrire. V. *œuvre*.

V. **œuvre cinématographique*.

CIRCONSCRIPTION

N. f. – Lat. *circum* et *scribere* : écrire autour, limiter de tous les côtés.

- Partie de *territoire, plus spécialement du territoire de l'État, servant de cadre à l'exercice des compétences des autorités administratives *déconcentrées ou judiciaires ainsi qu'à l'exécution d'opérations électorales. V. *collectivité, ressort*.

— **d'action régionale.** Groupement de départements dans lequel s'exerce l'autorité d'un même préfet de région en vue du développement économique et de l'aménagement du territoire ; devenue la *région dans la loi du 5 juillet 1972.
— **électorale.** Division géographique dans laquelle sont élus un ou plusieurs membres d'une assemblée. Ex. les circonscriptions pour l'élection des députés (C. élec., a. L. 124 et L. 125 et tableau annexé).

CIRCONSTANCES

Subst. fém.plur. – Lat. *circumstantia*, de *circum* et *stare* : se tenir autour.

- **1** (sens gén.). Éléments de *fait qui caractérisent un cas particulier, une *cause (circonstances de l'espèce), une relation entre contractants (circonstances particulières, C. civ., a. 1120) ou une *situation plus générale (circonstances *économiques). V. *appréciation, opportunité, imprévision, *rebus sic stantibus, variation*.

— ***exceptionnelles.** Situation de fait (guerre, troubles politiques ou sociaux graves) qui place l'administration dans la nécessité d'agir sans lui permettre de respecter les règles régissant normalement son action (dans de telles circonstances dont il se réserve l'appréciation, le juge administratif ne délie pas l'administration de toute obligation mais la soumet à un ensemble de règles qu'il détermine et qui constituent une sorte de légalité de crise : construction jurisprudentielle du Conseil d'État). V. *standard*.
— **imprévisibles (changement de).** Modification des données factuelles, économiques, monétaires, politiques, techniques… qui ne pouvait être prévue par une personne normalement diligente au moment de la conclusion du contrat et qui, lorsqu'elle en rend l'exécution excessivement *onéreuse, peut permettre sa *renégociation et, en cas d'échec, sa *révision ou sa *résolution (C. civ., a. 1195).
— **(loi de).** Mesure exceptionnelle (rationnement, moratoire, blocage des prix, etc.) édictée en raison d'une situation particulière (état de guerre, crise économique) en principe destinée à prendre fin à l'expiration d'un délai déterminé (V. *temporaire*) ou à l'issue de la période considérée (V. *provisoire*), mais qui peut parfois se perpétuer.

- **2** (pén.). Conditions particulières tenant à la qualité de l'auteur ou de la victime d'une infraction ou au mode de réalisation de celle-ci et ne constituant pas un élément nécessaire à son existence. Ant. **éléments *constitutifs*.

— **aggravantes.** Faits visés par la loi obligeant le juge à prononcer une peine plus forte que la sanction normalement encourue. Ex.

port d'une arme dans le vol (C. pén., a. 311-9). V. *condition*.

— **atténuantes.** Faits laissés à l'appréciation du juge qui lui permettaient, dans des conditions et limites fixées par la loi (C. pén. anc., a. 463), de prononcer une peine moins forte que celle légalement attachée aux faits dont l'individu était reconnu coupable ; mécanisme supprimé (1994) dont la fonction (ouverture à la clémence) est assumée par la liberté conférée au juge dans le choix de la peine (C. pén., a. 132-17 s.) jointe à la suppression de lamention du minimum des peines dans les textes d'incrimination et l'essor des modes de *personnalisation de la peine. V. *mitigation*.

CIRCONSTANCES ET DÉPENDANCES

Subst. fém.plur. V. le précédent et *dépendance*.

• Expression de la pratique parfois encore employée dans les actes notariés pour désigner globalement les utilités d'un immeuble dont elles sont l'*accessoire (cours, terrasses, dégagements, jardins attenants, *dépendances) et se dispenser de les indiquer dans le détail. Ex. maison vendue avec toutes ses circonstances et dépendances. *Comp.annexe, appartenances, *immeuble par destination, servitudes*.

CIRCONSTANCIÉ

Adj. – De *circonstance.

• Qui détaille toutes les *circonstances d'un fait ; qui expose avec précision les données d'une situation, les éléments d'un litige, ses points de fait. Ex. avis médical circonstancié (C. civ., a. 375-9), rapport circonstancié, *motivation circonstanciée. V. **base légale (manque de), caractérisation*.

CIRCULAIRE

Subst. fém. – Du lat. de basse époque, *circularis,* dér. de *circulus* : cercle.

• *Instruction adressée par un supérieur hiérarchique au personnel placé sous son autorité et qui, destinée à guider l'action des fonctionnaires et agents dans l'application des lois et règlements, ne contient en principe aucune décision à l'égard des administrés ; *mesure d'ordre intérieur, non susceptible de critique contentieuse devant les tribunaux que, par ailleurs, elle ne lie pas.

— **réglementaire.** Circulaires qui, contrairement au sens ci-dessus, comportent des dispositions juridiques propres concernant les droits des administrés et qui comme telles tombent sous le contrôle du juge.

CIRCULATION

Subst. fém. – Lat. *circulatio,* orbite, circuit, de *circulare,* former un cercle, arrondir (*circum,* autour).

• **1** (pour les personnes). Action d'aller et venir ; faculté de se déplacer, plus ou moins librement, d'un lieu, d'un pays à un autre, parfois dans un espace déterminé. Ex. libre circulation des personnes au sein de l'Union européenne ; libre circulation des représentants des travailleurs dans l'entreprise. V. *liberté, marché commun*. Comp. *établissement*.

• **2** (pour les biens en général). Déplacement des richesses ; mouvements, flux, échange, transport de produits, de fonds, etc., d'un point à un autre et souvent au-dessus des frontières, soit au titre du commerce (circulation des marchandises, des capitaux, des services), soit pour convenance (déménagements, nouvel établissement).

— **(mise en) d'un *produit.** Pour le *producteur, fait de s'en dessaisir volontairement (C. civ., a. 1245-4).

• **3** (pour les engins de locomotion et leurs conducteurs). Action de se déplacer sur les voies de communication (circulation routière, circulation des trains, etc.). V. *navigation*.

• **4** (pour un système juridique). Son influence, son rayonnement, sa réception par emprunts et sa présence dans d'autres législations. Ex. la circulation du modèle juridique helvétique.

CITATION

N. f. – Lat. jur. *citatio,* dér. de *citare* : mettre en mouvement, d'où, dans la langue juridique, citer en justice.

• **1** *Acte de procédure, normalement établi par un huissier de justice, parfois par le secrétaire-greffier, destiné à inviter soit une partie à un litige à se présenter devant une juridiction pour faire valoir ses moyens (ou, dans certains cas, aux fins de conciliation), soit un témoin à y déposer sur les faits à sa connaissance ; désigne aussi le fait de citer ; terme moins utilisé par le nouveau Code de procédure civile qui lui préfère celui d'*assignation, lorsqu'il s'agit d'une partie à un procès, ou de *convocation lorsqu'il s'agit d'un témoin. V. *ajournement, comparution, signification*.

— **directe.** Mode de saisine du *tribunal de police ou du *tribunal correctionnel, ouvert au *ministère public ou à la *partie civile, qui a pour effet de mettre l'action publique en mouvement et de saisir directement (sans instruction préalable) la juridiction de jugement (la personne poursuivie étant avisée par voie de signification par les huissiers audienciers auprès de la juridiction compétente).

- **2** Nomination honorifique. Ex. citation à l'ordre de l'armée.
- **3** Simple *référence bibliographique. Ex. citation d'un ouvrage par le nom de son auteur.
- **4** Reproduction d'un passage extrait de l'œuvre d'un auteur (avec indication de la source). V. *compilateur*.

CITATION (DROIT DE)

- Court emprunt d'une œuvre divulguée que l'auteur ne peut interdire lorsqu'il est utilisé à des fins critique, polémique, pédagogique, scientifique ou d'information dans l'œuvre à laquelle il est incorporé et à condition d'en mentionner la source et d'en respecter l'intégrité. (CPI art. L. 122-5).

CITOYEN, ENNE

Subst. – Dér. de cité, lat. *civitas*.

- **1** (sens gén.). Membre d'une cité ou d'un groupement politique.
- **2** Parfois syn. de *national ou *ressortissant d'un État. V. *sujet*.
- **3** Personne qui, dans un État démocratique, participe à l'exercice de la souveraineté, soit dans la démocratie indirecte par l'élection de représentants, soit dans la démocratie directe par l'assistance à l'assemblée du peuple. Ex. *Landsgemeine* dans certains cantons suisses, soit dans la démocratie semi-directe par le jeu du référendum ou de l'initiative populaire.

— **(droits du).** Par opposition aux *droits de l'homme : droits de participer au gouvernement de la cité, ex. électorat, éligibilité. V. *civique*.

- **4** À l'époque coloniale (et antérieurement à la Constitution de 1946), terme qui se référait spécialement à la jouissance des droits politiques.

— **chargé d'un service ou d'un mandat public.** Qualité exclusivement reconnue à celui qui accomplit une mission d'intérêt général en exerçant des *prérogatives de *puissance publique (moyennant par ex. *délégation de compétence ou de signature). L. 29 juill. 1881, a. 31 ; qualité déniée aux administrateurs et mandataires judiciaires (Cass. ch. mixte, 4 nov. 2002). V. *agent, dépositaire*.

CITOYEN SAUVETEUR

- Toute personne qui porte assistance de manière bénévole à une personne en situation apparente de péril grave et imminent ; bénéficie de la qualité de collaborateur occasionnel du service public (Code de la sécurité intérieure, a. L. 721-1).

CITOYENNETÉ

Dér. de *citoyen.

- Qualité de *citoyen. Comp. *nationalité*.

CIVIL, ILE

Adj. – Lat. *civilis*, de *civis* : citoyen.

- **1** Qui relève du Droit civil *stricto sensu*, par opp. à toutes les branches du *Droit privé (droit commercial, droit social, etc.). Ex. une dette civile par opp. à un engagement commercial ; société civile par opp. à société commerciale.

— **(Droit).** Partie fondamentale du droit *privé comprenant les règles relatives aux personnes (personnalité, état, capacité, etc.), aux biens (patrimoine en général, propriété et autres droits réels, transmission des biens), à la famille (filiation, mariage, etc., droit patrimonial de la famille y compris régimes

matrimoniaux et successions), aux obligations (sources diverses, transmission, extinction, etc.), plus spécialement aux divers contrats et aux sûretés (théorie générale du crédit, hypothèque, etc.).
— **(état).** V. *état civil.*

- **2** Plus largement, parfois syn. de *privé, par opp. à pénal ou à public. Ex. les juridictions civiles englobent les juridictions commerciales et prud'homales, par opp. aux juridictions répressives et administratives. V. **chambre civile, *procédure civile, action civile.*

— **(partie).** V. *partie civile.*

- **3** Qui appartient à tout *citoyen pour ce qui concerne sa vie personnelle (privée ou professionnelle). Ex. *liberté civile, *égalité civile. V. *démocratique, civique.*
- **4** Englobe parfois tout ce qui ne relève pas du pouvoir ou du Droit militaire. Ex. parmi les autorités publiques, les autorités civiles, par opp. aux autorités militaires. V. *sécurité civile.* Comp. *administrateur civil.*
- **5** Plus généralement encore, parfois syn. de *positif, fondé en *Droit positif, par opp. à *naturel, *moral.

— **(obligation).** Obligation dont l'exécution forcée peut être exigée en justice (à la différence de l'obligation *naturelle).

- **6** Résultant d'un acte juridique dont l'efficacité est admise abstraction faite de toute exécution effective, de toute réalisation matérielle.

— **de la *prescription (*interruption).** Espèce d'interruption qui résulte, indépendamment de toute perte de la possession, soit de la demande en revendication formée par le véritable propriétaire, soit de la reconnaissance du droit de celui-ci par le possesseur (C. civ., a. 2241, 2240) par opp. à *interruption *naturelle.

- **7** Parfois syn. de *juridique, par opp. à *naturel (en un autre sens), physique. Ex. la *mort civile par opp. à la mort naturelle, la *personnalité civile. V. *moral.*
- **8** Se disait naguère d'une voie de recours extraordinaire, la *requête civile (aujourd'hui *recours en révision) en raison de son caractère (prétendument) courtois, poli.
- **9** Parfois pris comme antonyme de religieux. Ex. mariage civil, par rapport à un mariage religieux.

— **(droits).** V. *droits civils.*
— **(*fruits).** Revenus que le Droit civil qualifie techniquement de fruits : loyers des maisons et des terres, intérêts de sommes exigibles, arrérage de rentes (C. civ., a. 584). V. *naturel, industriel.*

- **10** Civil law. Syn. de droit écrit par opp. aux droits de **common law.*

CIVILEMENT

Adv. – De *civil.

- **1** Au regard du Droit civil. Ex. être civilement *responsable, par opp. à *pénalement.
- **2** Devant une juridiction civile. Ex. être jugé civilement.
- **3** Par une autorité civile. Ex. se marier civilement (à la mairie), par opp. à religieusement.

CIVILISTE

Subst. – Dér. de *civil au sens jur., lat. *civilis,* de *civis* : citoyen.

- Juriste (*privatiste) qui s'adonne à l'étude du *Droit civil. Comp. *commercialiste, pénaliste, processualiste, jurisconsulte.*

CIVIQUE

Adj. – Lat. *civicus,* dér. de *civis* : citoyen.

- Qui concerne la participation active des citoyens au gouvernement de la cité.

— **(dégradation).** V. *dégradation civique.*
—**s (droits).** Droits que la loi confère aux *citoyens, ex. électorat, éligibilité, aptitude à être nommé à une fonction publique, droit de témoigner en justice, droit d'être tuteur ou curateur (C. pén., a. 131-26).

CLANDESTIN, INE

Adj. – Lat. *clandestinus.*

- **1** *Occulte, non *déclaré parce qu'illicite. V. *fraude, dissimulation, espionnage.* Comp. *simulation.* Ant. *apparent, manifeste, officiel.*

— **(travailleur).** Étranger non titulaire d'une autorisation de travail et qui n'est généralement pas déclaré par son employeur. V. *régularisation, passager clandestin*.

- **2** Se dit, en un sens très voisin, de la *possession, lorsque les faits de possession sont intentionnellement dissimulés, accomplis en cachette. V. *vicieux, violent, discontinue, équivoque*. Ant. *public*.

CLANDESTINITÉ

Dér. de *clandestin.

- **1** *Vice qui affecte la possession (et fait obstacle à la *prescription acquisitive) lorsque les actes de possession sont dissimulés à ceux qui auraient intérêt à empêcher l'usucapion (C. civ., a. 2261). Ant. *publicité*.
- **2** Défaut de publicité affectant la célébration même du mariage qui est sanctionné par la nullité absolue de celui-ci, au moins en cas de fraude (C. civ., a. 191).
- **3** Plus généralement, caractère de ce qui est *clandestin.

CLASS ACTION

- En droit américain, désigne une action en justice exercée par le requérant, pour le compte d'une catégorie de personnes invoquant un même intérêt, sans qu'il en ait nécessairement reçu le mandat. Traduit par action de groupe (*JO* 13/05/2006, avis et recommandations). V. *action collective, action de groupe*.

CLASSE

N. f. – Du lat. *classis* : « classe de citoyens », d'où le sens du français.

- **1** Dans une acception générale, degrés de répartition entre lesquels sont distribués, suivant leurs caractères et les règles différentes auxquelles ils sont soumis, des objets, des personnes ou des organismes de même condition ou de même nature. Ex. installations classées pour la protection de l'environnement.
- **2** Plus généralement encore, élément de classification. Syn. **catégorie* (sens 1).
- **3** Dans le Droit de la fonction publique, titre s'acquérant dans les mêmes conditions que le grade mais sans qu'il y ait lieu à changement de fonctions.
- **4** En matière de recrutement, ensemble des jeunes gens appartenant au *contingent d'une même année.

CLASSEMENT

Dér. du v. classer, de *classe.

- **1** Action de classer ; mise en *ordre alphabétique, chronologique, logique (ou selon divers autres critères) des éléments d'un ensemble, soit pour la seule commodité de leur consultation ou de leur utilisation, soit afin d'introduire entre eux un ordre de mérite, de valeur, de *priorité qui confère plus d'avantage à l'élément qui précède qu'à celui qui le suit. Ex. classement des minutes d'un notaire, classement des archives ; classement des affaires du rôle ; classement des *privilèges, classement des candidats admis à un concours. Comp. *classification, énumération*. V. *collocation, ordre*.

  ADAGE : *Prior tempore potior jure*.
- **2** Résultat de cette action ; la liste établie ; la série ordonnée.
- **3** Par ext., mise en réserve, en attente (en sommeil) et souvent *sine die* d'une affaire qui ne mérite pas ou plus d'être au rang des affaires en cours, en instance. Ex. lettre de classement par laquelle la commission des CE constate qu'il n'y a pas lieu pour elle d'intervenir dans une affaire déterminée. Comp. *rejet*.

— **sans suite.** Décision du ministère public, saisi d'une plainte, de ne pas poursuivre. Comp. *information, renvoi, relaxe*.

CLASSIFICATION

Dér. du v. classifier comp. à partir du lat. *classis* : classe, et *ficare* : faire.

- **1** Action de classifier ; action de regrouper systématiquement les éléments homogènes ou hétérogènes d'un ensemble en un tableau rationnel comportant une *division majeure fondée sur un critère dominant et des sous-distinctions fondées sur divers critères combinés (not. par genre et espèce), afin de proposer à l'*analyse, dans l'abstrait, une référence élaborée. Ex. classification légale des biens en meubles et immeubles ; classification des actions (réelles, personnelles) ; classification des contrats (synallagmatiques, unilatéraux), classification doctrinale. Comp. *classement, définition, catégorie juridique, éléments constitutifs, énumération.*

• **2** Le résultat de cette action ; l'ordre ainsi préétabli ; le tableau obtenu. V. *nomenclature.*

• **3** L'action de situer un élément concret dans le tableau de référence. Comp. *qualification* ; spéc. attribution à un navire ou un aéronef d'une cote représentative de ses qualités.

— **(société de).** Société qui attribue la cote, appose les marques de franc-bord et établit les certificats correspondants.

• **4** En matière de secret défense, procédé de marquage de certains documents intéressant la défense nationale par lequel l'autorité administrative (ministères de la Défense, des Affaires étrangères) les soumet à des restrictions de diffusion et d'accès en fonction du niveau de confidentialité (très secret défense, secret défense), et dont la divulgation non autorisée est passible du délit de compromission (C. pén., a. 413-9). V. *secret de la défense nationale.*

CLAUSE

N. f. – Lat. médiév. *clausa,* tiré de *clausus,* part. pass. de *claudere* : clore, au lieu du lat. jur. *clausula,* de même sens, proprement fin (d'une lettre, d'un document).

• (sens gén.). *Disposition particulière d'un *acte juridique (convention, traité, testament ou même loi) ayant pour objet soit d'en préciser les éléments ou les modalités (prix, date et lieu d'exécution, etc.), soit de l'assujettir à un régime spécial, parfois même dérogatoire au droit commun (on parle alors de clauses spéciales). Comp. *stipulation.* V. *cahier des charges.*

— **abusive.** V. *abusive (clause).*

— **anglaise.** V. *concurrente (clause d'offre).*

— **à ordre.** V. *ordre (clause à)* ; *titre à ordre.*

— **attributive de juridiction.** Clause d'un contrat par laquelle les parties conviennent de soumettre, à une juridiction qu'elles désignent, la connaissance des litiges qui pourraient survenir à l'occasion de ce contrat, dérogeant ainsi soit aux règles de la *compétence d'attribution (ce qui est licite si elles ne sont pas d'ordre public), soit aux règles de la compétence territoriale (stipulation valable si elle est convenue entre commerçants et spécifiée de façon apparente (CPC, a. 48). Comp. *élection de *domicile, prorogation de juridiction, clause d'élection de for.*

— **coloniale.** Stipulation d'une convention internationale par laquelle l'un des États contractants se ménage la faculté, par un acte de sa volonté souveraine et sous la seule réserve d'en aviser l'autre partie ou les autres parties, d'étendre la portée territoriale de ladite convention, sans en modifier le contenu matériel, à ceux de ses territoires coloniaux auxquels cette convention ne serait pas de plein droit applicable.

— **comminatoire.** V. *comminatoire.*

— **compromissoire.** Stipulation par laquelle les parties à un contrat s'engagent à soumettre à l'*arbitrage les contestations qui pourraient s'élever entre elles (relativement à ce contrat CPC, a. 1442) ; différente du *compromis en ce qu'elle se réfère à un *litige éventuel (non encore *né), la clause compromissoire s'en rapproche dans la mesure où elle rend incompétentes les juridictions étatiques ; clause toujours valable en matière internationale et en principe valable en matière interne dans les contrats conclus à raison d'une activité professionnelle (commerciale ou civile), réserve faite des dispositions législatives particulières (C. civ. a. 2061, l. 15 mai 2001). Syn. *clause d'arbitrage, clause arbitrale.*

— **d'accession.** Disposition insérée dans un accord international et autorisant des États autres que les signataires originaires à adhérer à ladite convention dans les conditions prévues par celle-ci. V. *adhésion.*

— **d'accroissement.** V. *accroissement.*

— **d'adresse.** V. *adresse (clause d').*

— **d'agrément.** V. *agrément (clause d').*

— **d'ameublissement.** V. *ameublissement.*

— **d'apport.** V. *apport.*

— **d'attribution de communauté au survivant.** Clause par laquelle les époux stipulent, dans le contrat de mariage ou une convention modificative (V. *changement de régime matrimonial*), que la totalité de la communauté (clause d'attribution intégrale) sera attribuée au survivant d'eux ou à l'un d'eux, s'il survit, sous l'obligation d'acquitter toutes les dettes (C. civ., a. 1524 ; clause fréquemment combinée à la *communauté universelle). Comp.

stipulation de parts inégales. V. *avantage matrimonial, attribution*.
— **de célibat.** Clause du contrat de travail qui impose au salarié (not. pour les emplois féminins, ex. hôtesse de l'air), comme condition de la conservation de son emploi, l'obligation de ne pas se marier et dont la validité est contestée.
— **d'échelle mobile.** V. *échelle mobile*.
— **de confidentialité.** Clause qui oblige ceux qui l'ont souscrite à ne pas communiquer à des tiers les informations recueillies au cours de la négociation ou de l'exécution d'un contrat.
— **de *conscience.** Clause sous-entendue dans le contrat de travail du journaliste, en vertu de laquelle celui-ci peut présenter sa démission à son employeur, sans perdre le droit à l'indemnité de licenciement, lorsqu'il est intervenu « un changement notable dans le caractère ou l'orientation du journal ou périodique », si ce changement crée pour la personne employée une situation de nature à porter atteinte à son honneur, à sa réputation ou, d'une manière générale, à ses intérêts moraux.
— **de défaut croisé.** Clause permettant à un établissement prêteur d'invoquer comme cause de défaillance un *défaut survenu dans un autre financement.
— **de *dureté.** V. *sauvegarde (clause de)*.
— **d'electio juris** (dr. int. pr.). Stipulation désignant la loi applicable. Syn. *clause de choix de loi*.
— **d'élection de for** (dr. int. pr.). Stipulation désignant parmi les juridictions potentiellement compétentes celle devant laquelle le litige devra être porté. Comp. *clause attributive de juridiction*.
— **d'*équité.** V. *sauvegarde (clause de)*.
— **de franc et quitte.** V. *apport franc et quitte*.
— **de hardship.** V. *hardship (clause de)*.
— **de la nation la plus favorisée.** V. *nation la plus favorisée (clause de la)*.
— **d'élection de domicile.** V. **domicile (élection de)*.
— **de non-concurrence.** V. *non-concurrence (clause de)*.
— **de non-responsabilité.** Clause dite aussi *exclusive de responsabilité ou d'irresponsabilité, qui a pour objet d'exonérer à l'avance une personne de toute responsabilité pour tel ou tel dommage possible (vol, perte, accident, etc.) et qui, nulle en matière délictuelle, n'a, en matière contractuelle, de vertu exonératoire que pour les fautes *légères (son effet se bornant à rejeter sur le cocontractant la preuve d'une faute *dolosive ou *lourde) ; nom abusivement étendu aux avis émanant d'une seule partie (ex. aux affiches apposées par un professionnel dans son établissement à l'intention de ses clients), auquel l'acceptation tacite (supposée) de l'autre peut parfois conférer un caractère conventionnel. Comp. **clause limitative de responsabilité*.
— **de non-rétablissement.** V. *non-rétablissement (clause de)*.
— **de paix sociale.** Clause insérée dans un contrat collectif imposant aux parties l'obligation de ne recourir ni à la grève ni au lockout, soit de manière absolue, soit tout au moins avant d'avoir observé un certain délai d'attente ou respecté une certaine procédure (préavis, tentative de conciliation, etc.).
— **de parachute doré.** Indemnité de départ convenue entre la société et son dirigeant, soumise au régime des *conventions réglementées.
— **de préciput.** Celle qui, dans un contrat de mariage ou une convention modificative, établit un *préciput en faveur d'un époux (C. civ., a. 1515 s.).
— **de préemption.** V. *préemption (clause de)*.
— **de recommandation.** Clause en matière de protection sociale permettant à des partenaires sociaux d'une branche professionnelle de recommander aux entreprises de la branche leur affiliation à certaines complémentaires de santé dans le cadre d'une mutualisation des risques prévue par un accord collectif.
— **de rendement.** Stipulation qui, dans un contrat, fait dépendre la fixation de tout ou partie du *prix de la rentabilité du bien, objet du contrat.
— **de rendez-vous.** Nom donné, dans la pratique, à la disposition spéciale qui, dans certaines lois ou directives communautaires, prévoit qu'une question sera l'objet d'un nouvel examen à une échéance déterminée ; engagement à terme de *réexamen en vue d'une éventuelle modification. V. *révision, évaluation*.
— **de renégociation.** V. *renégociation (clause de)*.
— **de réserve de propriété.** V. *réserve de propriété (clause de)*.

— **de retour à meilleure fortune.** V. *retour à meilleure fortune (clause de).*
— **de retrait.** V. *retrait.*
— **de *réversibilité.** Stipulation contractuelle ou disposition testamentaire en vertu de laquelle un droit (usufruit, bénéfice d'une assurance-vie, etc.) a vocation, après la mort de son titulaire, à se reporter et à se fixer sur la tête d'un autre bénéficiaire déterminé. Ex. clause de réversibilité de l'usufruit insérée dans un acte de donation-partage.
— **de roulette russe.** Clause dite aussi de *buy or sell* qui permet à un associé de vendre aux conditions qu'il fixe sa participation à un autre associé, lequel, s'il refuse de l'acheter, sera tenu de lui vendre sa propre participation aux mêmes conditions.
— **de *sauvegarde.** Disposition incluse dans certaines conventions internationales et permettant à l'un des cocontractants qui l'invoque – dans les circonstances particulières prévues par la convention et conformément à une procédure spécifique fixée par la convention de – déroger temporairement aux autres dispositions que contient ladite convention et de se soustraire en tout ou en partie aux obligations découlant de celle-ci. V. *hardship (clause de), renégociation (clause de).*
— **de séparation de biens.** V. *séparation de biens.*
— **de séparation de dettes.** Clause par laquelle les futurs époux stipulent dans le contrat de mariage qu'ils conserveront la charge personnelle des dettes présentes ou à venir propres à chacun d'eux et que, lors de la dissolution de la communauté, ils se tiendront respectivement compte des dettes qui auront été payées pour eux sur l'actif de communauté (C. civ., anc., a. 1510 à 1513).
— **de sortie forcée.** Clause dite aussi de *drag-along* qui permet aux associés souhaitant vendre leurs actions de contraindre les autres associés à vendre les leurs en même temps et aux mêmes conditions, notamment de prix.
— **de sous-palan.** V. *palan (clause de sous-).*
— **de style.** Clause habituelle que l'on retrouve dans tous les contrats d'un même type (ex. certaines clauses de non-garantie dans la vente immobilière) ainsi nommée parce qu'elle est insérée sans débat dans l'acte lors de la rédaction de celui-ci, et souvent, par avance, dans les formulaires du contrat (not. dans les conditions générales du *contrat d'adhésion) ou dans les éléments du *contrat type. V. *clause d'*usage.* Comp. *essentiel, naturel, accidentel.*
— **de suspension.** V. *suspension.*
— **de valeur agréée.** V. *valeur agréée (clause de).*
— **de variation.** V. *variation (clause de).*
— **de voie parée.** V. **voie parée (clause de).*
— **d'exception.** V. *exception (clause d').*
— **d'exceptionnelle dureté.** V. *dureté (exceptionnelle).*
— **d'exclusion de communauté.** Clause par laquelle les époux stipulaient dans le contrat de mariage que leur mobilier présent ou futur leur resterait propre en entier (ou au-delà d'une certaine somme), aujourd'hui passée sous silence par le Code et sans intérêt (depuis que le régime légal est la *communauté réduite aux acquêts).
— **d'exclusivité.** V. *exclusivité (clause d').*
— **d'exemption.** V. *exemption.*
— **d'inaliénabilité.** V. *inaliénabilité (clause d').*
— **d'incontestabilité.** V. *incontestabilité.*
— **d'indexation.** V. *indexation.*
— **d'intégralité** (dite encore des quatre coins). Clause incluse dans les contrats d'affaires qui précise que l'accord signé par les parties renferme l'intégralité de leurs obligations, en sorte qu'il ne peut être ajouté au contrat en prenant en compte les documents échangés durant la période de négociation. Parfois dénommée *Merger clause* (Pr. Unidroit, a. 2-17 ; PEDC, a. 2-105).
— **d'intéressement.** V. *intéressement.*
— **d'intérêt fixe.** V. *intérêt fixe (clause d').*
— **d'objectif.** V. *objectif.*
— **d'offre alternative.** Stipulation prévoyant que chaque associé pourra faire à l'autre une *offre d'achat de ses titres à un *prix fixé discrétionnairement, le destinataire de l'offre étant, au cas où il la refuserait, obligé de racheter les titres de l'*offrant au prix que celui-ci a proposé. Aussi dénommée de manière plus suggestive clause de *buy or sell* ou de roulette russe.
— **d'offre concurrente.** V. *concurrente (clause d'offre).*
— ***exorbitante de droit commun.**
a / (adm.). Clause insérée dans un contrat conclu par une personne publique et susceptible d'entraîner la soustraction de ce contrat à l'empire du Droit privé (constituant ainsi l'un des critères des *contrats administratifs).

b / Plus généralement, clause dérogeant au *droit commun. Comp. *dérogatoire, exceptionnel, spécial*.

— **fédérale.** Clause insérée dans une convention internationale destinée à permettre à un État fédéral de limiter son engagement en tenant compte de la compétence législative des États membres dans le domaine de la convention.

— **franc d'avaries particulières.** V. **franc d'avaries particulières*.

— **générale de compétence.** Attribution au seul bénéfice des communes d'une large compétence dans toutes les affaires qui ont trait à la collectivité, ou à l'intérêt public local en application du principe de libre administration, sans que ces compétences aient été spécifiées dans un texte (principe de spécialité applicable au contraire aux régions et départements).

— **léonine.** V. *léonin*.

—**s liées.** Syn. *contrats *couplés*.

— **limitative de responsabilité.** Clause qui a pour objet de limiter par avance à une somme ou à un taux déterminé le montant des dommages-intérêts et qui est soumise au même régime que les *clauses de non-responsabilité. V. *forfait*. Comp. *clause pénale*.

— **or (ou *valeur-or).** Clause insérée dans un contrat par laquelle le débiteur s'oblige soit à payer le créancier en monnaie métallique or, soit à lui tenir compte de la dépréciation de la monnaie de paiement par rapport à l'or (clause considérée comme illicite en période de *cours forcé, même lorsqu'elle a été stipulée avant l'établissement de ce cours). V. *variation, indexation, revalorisation, valorisme monétaire, nominalisme, échelle mobile*.

— **paramount.** V. *Paramount (clause)*.

— **pénale.** V. *pénale (clause)*.

— ***rebus sic stantibus.** Clause (sous-entendue), correspondant à une condition généralement *implicite sur laquelle se fonderait toute convention internationale conclue entre deux ou plusieurs États (soit à terme certain, soit pour une durée illimitée) en vertu de laquelle le consentement des parties à être liées par la convention internationale ne subsisterait pendant la durée d'exécution que si n'intervenait aucun changement fondamental dans les circonstances existant au temps de la conclusion de cette convention.

— ***recettes.** Modalité de fixation du prix d'un bail commercial, en vertu de laquelle le bailleur reçoit, en plus d'une somme déterminée, un pourcentage sur le *chiffre d'affaires ou les bénéfices du locataire. V. *déterminable*. Comp. *indéterminable*.

— **réputée non écrite.** Procédé qui permet de maintenir un acte, tout en le purgeant de plein droit de ses clauses irrégulières (C. civ., a. 1170, 1343-5, 1245-14).

— **résolutoire.** V. *résolutoire (clause)*.

— **sans frais.** V. **retour sans frais (clause de)*.

— **sauf encaissement.** Clause par laquelle une personne – généralement un banquier – ne prend des effets de commerce à l'escompte que sous la condition d'encaissement, le contrat d'escompte devant être résolu en cas de non-paiement de l'effet à l'échéance (cette clause, d'après les usages du commerce, est sous-entendue en cas de remise d'effets de commerce à l'escompte, quand il existe une convention de compte courant entre le banquier et son client).

— **si omnes.** Expression latine signifiant « si tous… » utilisée pour caractériser une clause d'un accord prévoyant que ce dernier ne sera applicable dans des circonstances données que si tous les États concernés par ces circonstances sont parties à l'accord qui contient la clause. Ex. les Conventions de La Haye sur la guerre n'étaient applicables à un conflit que si tous les belligérants étaient parties à ces conventions. Syn. *clause de participation générale*.

— **tontinière.** V. *tontinier*.

— **tous États.** Clause finale insérée dans une convention, en vertu de laquelle les parties cocontractantes acceptent d'ouvrir cette convention à la signature de tous les autres États sans distinction. Ex. traité de Moscou du 25 juillet 1963, interdisant des essais nucléaires dans l'atmosphère, dans l'espace extra-atmosphérique et sous l'eau élaboré par trois États (États-Unis, URSS, Royaume-Uni) qualifiés de « parties originales » et ouverts à « tous » États ; *adde*, a. 81, Convention de Vienne sur le droit des traités de 1969.

— **type.** En droit des assurances, clause dont le ministre des Finances peut imposer l'usage dans telle ou telle catégorie de contrat. Ex. mention, en caractères très visibles, de la durée du contrat juste au-dessus de la signature de l'assuré.

— **valeur-or.** V. ci-dessus *clause-or*.

— **valeur-devises.** V. *variation (clause de), indexation*.

CLÉMENCE

N. f. – Lat. *clementia,* clémence, bonté, douceur, de *clemens* (dér. de *clinare,* incliner) propice, indulgent.

• Inclination au pardon des fautes et à l'adoucissement des peines ; esprit de mansuétude qui incite le juge à infliger une peine inférieure à celle qu'encourt le coupable ou même à l'exonérer de toute sanction (indulgence parfois négociée : v. *avis de clémence*). Ant. rigueur. V. *modération, dispense, *mitigation des peines, atténuation des peines, in mitius, plaider coupable.*

— **(avis de).** Proposition d'*exonération faite par l'Autorité de la concurrence à la demande de son rapporteur général en faveur de l'auteur d'une pratique prohibée, sous la condition qu'il contribue à l'établissement de l'infraction en apportant des éléments d'information sur la réalité de la pratique et l'identité de ses auteurs (C. com., a. L. 464-2, IV). Comp. *dénonciation, récompense, prime, comparution sur déclaration de culpabilité*.

— **(décision de).** *Décision par laquelle l'*Autorité de la concurrence accorde une exonération de sanctions pécuniaires proportionnée à la contribution apportée à l'établissement de l'infraction (C. com., a. L. 464-2, IV).

SENTENCE : Clémence grandit Justice.

CLERC

Subst. masc. – Ext. du sens propre : « membre du clergé », puis « lettré » opp. au laïc ; lat. ecclés.

• Employé des études d'officiers publics et ministériels : clerc de notaire, clerc d'avoué, clerc assermenté d'huissier. V. *principal, collaborateur.*

CLIENT, ENTE

Lat. *cliens* : client, protégé d'un patron du v. *clueo* : avoir la réputation de…

• Celui qui, faisant confiance à un professionnel, recourt régulièrement à ses services (ex. client qui se fournit habituellement chez un commerçant) ou – même la première fois – lui confie ses intérêts (client d'un avocat). Comp. *chaland, usager*. V. *consommateur, acquéreur, cocontractant, partie*.

CLIENTÈLE

N. f. – Lat. *clientela,* dér. de *cliens* : *client ; en lat. termes de langue politique, d'où les sens du français.

• Ensemble des relations d'affaires habituelles ou occasionnelles qui existent et seront susceptibles d'exister entre le public et un poste professionnel (*fonds de commerce, *cabinet civil) dont ils constituent l'élément essentiel et qui généralement trouvent leurs sources dans des facteurs personnels et matériels conjugués. V. *achalandage, *non-concurrence, *non-rétablissement, droit *incorporel, cession, fonds libéral*.

CLOSED SHOP

• Expression de langue anglaise signifiant littéralement « boutique fermée » désignant le système normalement établi par voie conventionnelle, dans lequel l'employeur s'engage à l'égard du syndicat à embaucher ou à ne conserver à son service que du personnel syndiqué. Syn. *union shop*.

CLÔTURE

Subst. fém. – Lat. pop. *claus(i)tura,* lat. class. *clausura,* de *claudere* : clore.

• **1** (sens concret). Action de clore et résultat de cette action (l'obstacle matériel interdisant l'accès de ce qui est clos) ; plus précisément, séparation entre deux terrains, établie conformément à la loi (C. civ., a. 647 ; C. rur., a. L. 651-4). Comp. *bornage*. V. *vaine pâture*.

— **(bris de).** Délit intentionnel consistant dans la destruction totale ou partielle, et par quelque moyen que ce soit, des ouvrages et des obstacles de toute nature qui défendent ou délimitent les propriétés immobilières rurales ou urbaines.

• **2** (sens figuré). Action de mettre un terme, dans l'exercice d'une fonction, à une période ou à une phase d'activité et résultat de cette action (obstacle juridique interdisant de poursuivre ou de reconsidérer cette activité). Ex. clôture de l'instruction.

— **de la session.** Fin de la session d'une assemblée parlementaire, constatée ou décidée par ses organes dirigeants ou par décret (V. Const. 1958, a. 28, 29, 30 ; r. AN, a. 60).
— **des débats.** Fin de la phase contradictoire du procès, excluant la présentation de toute argumentation nouvelle (à la cour d'assises, ce moment est fixé par une déclaration expresse du président ; devant les autres juridictions, il correspond à la lecture publique de la décision).
— **du débat.** Décision par laquelle une assemblée délibérante ou son président met fin à la discussion qu'elle poursuivait sur un texte ou une partie de texte (ex. r. AN, a. 57).
— **(ordonnance de).** Ordonnance non motivée et insusceptible de recours par laquelle le juge (président ou magistrat de la mise en état selon les cas) prononce la clôture de l'instruction des affaires devant le tribunal de grande instance et la cour d'appel, lorsque l'affaire est en état d'être jugée (CPC, a. 760, 761, 779), la clôture rendant irrecevable, sauf pour les demandes exceptées par la loi, le dépôt de conclusions ou la production de pièces sous réserve d'une *révocation de l'ordonnance, dans les cas spécifiés par la loi (CPC, a. 782 s.).

- **3** Plus généralement, acte mettant fin à une relation d'affaires ou marquant la fin d'une opération (not. d'un règlement ou d'une liquidation).

— **de compte courant.** Cessation d'une convention de *compte courant emportant arrêt des opérations, règlement des comptes, exigibilité du solde et paiement de ce solde ; ne pas confondre avec les *balances de compte.
— **de l'union** (avant la réforme de 1985). Dissolution de l'état d'*union qui, constatée par le juge-commissaire, met fin au dessaisissement du débiteur (pour les biens qu'il pourra acquérir), fait disparaître la masse et ses organes, permet à tout créancier, dont la créance a été vérifiée et admise, d'obtenir sur requête du président du tribunal qui a prononcé la liquidation des biens une ordonnance revêtue de la formule exécutoire contenant injonction de payer.
— **du règlement judiciaire** (avant la réforme de 1985). Terminaison des opérations du règlement judiciaire résultant de l'homologation du concordat qui rétablit le débiteur à la tête de ses affaires, dissout la masse des créanciers et met fin aux fonctions du syndic.
— **pour extinction du passif.** Terminaison des opérations de la liquidation judiciaire qui est prononcée, une fois l'état des créances arrêté, lorsqu'il est constaté qu'il n'existe plus de passif exigible ou que le liquidateur dispose de sommes suffisantes pour régler tous les créanciers.
— **pour insuffisance d'actif.** Suspension des opérations de la liquidation judiciaire qui, prononcée lorsque le cours des opérations est arrêté par le manque de fonds pour faire face aux frais qu'elles entraînent, ne rend aux créanciers leur droit de poursuite individuel que dans les cas spécifiés par la loi.

CLUB

Subst. masc. – De l'angl. *club* : réunion.

- **1** (sens gén.). Dans la langue courante *association dont l'objet peut être très divers (ex. club sportif).
- **2** Plus spécialement, association ayant pour objet de débattre de problèmes politiques ou de provoquer ou faciliter certains comportements de leurs adhérents, des pouvoirs publics, des partis ou de l'opinion publique.

CLUBISTE

Subst. – Dér. de *club.

- Membre d'un *club.

CNIL

Initiales de Commission nationale de l'informatique et des libertés.

- *Autorité administrative indépendante chargée de veiller au respect des droits et libertés des citoyens dans la constitution et la consultation des fichiers, spécialement informatiques (l. 6 janv. 1978).

COALITION

N. f. – Empr. de l'angl. *coalition,* fait sur le lat. *coalescere* : s'unir.

- **1** Groupement temporaire de plusieurs personnes en vue de préparer une action commune. Comp. *concertation, entente,* **pratique concertée,* **concert frauduleux, cartel*. V. *réunion armée*.
- **2** Plus spéc. ensemble de partis ou

d'hommes se groupant ou se concertant pour obtenir un certain résultat, par ex. dans une élection ou dans l'activité parlementaire.
— **de fonctionnaires.** Concert de mesures contraires aux lois, pratiqué soit par la réunion des individus ou de corps dépositaires de quelque fraction de l'autorité publique, soit par députation ou correspondance entre eux, aujourd'hui puni comme délit au rang des abus d'autorité dirigés contre l'administration (C. pén., a. 432-1 s.).
— **ouvrière.** Groupement de salariés cherchant à faire pression sur les employeurs, not. par le moyen d'une *grève.
— **patronale.** Groupement d'employeurs en vue d'une action collective contre les salariés (ex. *lock-out concerté).

- **3** Délit qui consiste à opérer ou tenter d'opérer la hausse ou la baisse artificielle du prix des denrées ou marchandises ou des effets publics ou privés en exerçant, par voie de groupement, une action sur le marché dans le but de se procurer un gain qui ne serait pas le résultat du jeu naturel de l'offre et de la demande (aujourd'hui, inclus dans les actions concertées ayant pour but de faire échec au maintien de la libre concurrence).

V. *entente, spéculation illicite*.

COASSURANCE

Comp. du préf. co, lat. *cum* (avec) et de *assurance.

- Assurance d'un même *risque par plusieurs assureurs qui, sans solidarité, prennent en charge une quote-part déterminée de celui-ci (se concrétise par une police unique). V. *police collective, coassureur, apériteur*.

COASSUREUR

Subst. V. *coassurance et assureur*.

- *Assureurs pratiquant la *coassurance dont le premier, nommé *apériteur, représente en général les autres à l'égard de l'assuré.

COAUTEUR

Subst. – Comp. de co, lat. *co,* var. de *cum* (avec), et *auteur.

- (Sens gén.) L'un de ceux qui accomplissent ensemble un acte dont chacun est considéré comme l'*auteur principal. Ex. coauteurs d'un délit civil ou pénal. Plus spécialement :
- **1** Personne qui, participant directement à la commission d'une infraction aux côtés d'une ou plusieurs autres personnes, en est considérée comme l'un des *auteurs principaux, par opp. au *complice. Comp. *instigateur, provocateur*.
- **2** Autorité ou organisme qui, à raison de son rôle dans le processus de décision, peut être considéré comme l'un des auteurs d'un *acte administratif.
- **3** En matière de propriété intellectuelle, *créateur d'une œuvre réalisée en *collaboration.
- **4** Celui qui, en même temps que d'autres, contracte un engagement (considéré comme né du *chef de chacun), par opp. à celui qui se borne à donner une autorisation à un acte pour la validité de celui-ci sans s'obliger personnellement. Comp. *coobligé, cocontractant*.

COB

Initiales de Commission des opérations de Bourse.

- *Autorité administrative indépendante naguère chargée de veiller à la protection de l'épargne, au bon fonctionnement des marchés de valeurs mobilières et à la transparence de toutes les opérations sur les titres des sociétés cotées (o. 28 sept. 1967) remplacée depuis le 24 novembre 2003 par une instance nouvelle aux pouvoirs élargis, l'autorité des marchés financiers (*AMF).

COBAILLEUR

Subst. – Comp. de *co,* var. de *cum* (avec), et *bailleur.

- Personne qui, conjointement avec une ou plusieurs autres, donne un bien à *bail. V. *bailleur, loueur*. Comp. *copreneur, colocataire*.

COCHE DE PLAISANCE

Néol. formé sur le modèle de coche d'eau.

- Petit *bateau habitable de tourisme fluvial. Angl. *houseboat*.

COCAUTION

N. f. – Comp. de co (lat. *cum*) avec et *caution.

- Celui qui est *caution avec un autre, *coobligé au même titre. Comp. *codébiteur.*

COCONTRACTANT, ANTE

Subst. – Comp. de *co,* var. de *cum* (avec), et *contractant.

- L'autre *partie (ou l'une des autres parties) à l'engagement, partie adverse dans le *contrat. Ex. l'acheteur pour le vendeur et réciproquement ; à ne pas confondre, pour un *contractant, avec le coïntéressé qui a la même position que lui, relativement à l'engagement (ex. le *comandant, le *copreneur, le *covendeur, etc.), sauf dans les contrats exclusivement conclus en vue d'un intérêt commun (associés ou coassociés). V. *codébiteur, coobligé, cotitulaire, sous-contrat*. Comp. *coauteur.*

CODE

N. m. – Lat. *codex,* tablette à écrire, registre, de *codex* ou *caudex,* assemblage de planchettes à écrire.

- **1** (formellement). Recueil de lois (employé seul – naguère – avec une majuscule : le Code civil) ; plus préc. recueil officiel des dispositions législatives et réglementaires qui régissent une matière (ex. Code pénal, Code de la propriété intellectuelle) souvent avec indication d'origine (ex. Code civil italien, Code suisse des obligations) ; désigne l'ensemble des textes réunis, à la source, dans l'édition originale et seule officielle, ensuite, dans les éditions privées (conformes à celle-ci mais augmentées des lois postérieures y incorporées) ; par ext. le support de la publication, le volume.
- **2** (intellectuellement). Ensemble cohérent des règles qui gouvernent une matière ; corps de droit résultant, en une matière, du regroupement et de l'ordonnance des règles qui s'y rapportent (en général selon un plan systématique), mais qui peut être le fruit soit d'une véritable *codification (à droit nouveau) soit d'une *codification administrative purement formelle (à droit *constant).

— **civil.** Code ayant vocation à régir soit l'ensemble des matières du Droit civil, y compris la *famille et les obligations (conception française), soit l'ensemble de ces matières, à l'exclusion du Droit des obligations, compris dans un Code des obligations (conception suisse), soit cet ensemble à l'exclusion du Droit *familial, contenu dans un Code de la famille (législations socialistes), cette vocation originaire n'empêchant pas, dans chaque système, que certaines lois postérieures au Code lui demeurent extérieures. Ex. en France, de nombreuses lois relatives à d'importantes matières (contrat d'assurance, copropriété immobilière) n'ont pas été incorporées au Code civil.

- **3** Ensemble (supposé) de règles coutumières non écrites considérées, en une matière, comme essentielles. Ex. code de l'*honneur.
- **4** Nom donné à des compilations de textes publiés par un éditeur.
- **5** Anciens recueils ou *compilations de textes divers : constitutions impériales (Code théodosien, 438 ; Code de Justinien, VIe s.) ; ordonnances royales (Code Michau, ord. de Louis XIII, 1629 ; Code Louis, ord. sur la procédure civile, 1667).

CODÉBITEUR, TRICE

Subst. – Comp. de *co* (avec) et *débiteur.

- Personne qui est tenue, avec d'autres, de la même *obligation, que celle-ci soit assortie de *solidarité passive (les codébiteurs sont dits *solidaires) ou ne le soit pas (codébiteurs *conjoints). Syn. *coobligé.* V. *débiteur, cofidéjusseurs, cocaution, coauteur.*

CODÉCÉDÉS

N. m. pl. – Co du lat. *cum,* avec ; décédé, part. pass. subst. de décéder, lat. *decedere,* s'en aller.

- Nom donné aux *comourants par la loi (C. civ. 725-1), qui, dans le cas où l'ordre des décès (dont la preuve demeure libre) ne peut en fait être établi, supprime les présomptions subsidiaires de *survie, la succession de chacun des codécédés étant dévolue, dans le doute, sans que l'autre y soit appelé.

CODÉFENDEUR, DERESSE

Subst. – De *co,* lat., var. de *cum* (avec), et *défendeur.

- Personne citée devant une juridiction aux côtés d'une ou plusieurs autres personnes. V. *défendeur, colitigeant, consorts, litisconsorts, codemandeur.*

CODEMANDEUR, DERESSE

Subst. – De *co,* lat., var. de *cum* (avec), et *demandeur.

- Personne qui a formé une *demande en justice aux côtés d'une ou plusieurs autres personnes. V. *colitigant, consorts, litisconsorts, codéfendeur.*

CODEX

Subst. masc. – Lat. *codex* : tablette à écrire, livre, code.

- Nom encore donné par la pratique au recueil aujourd'hui appelé *pharmacopée.

CODICILLAIRE

Adj. – Dér. de *codicille.

- Qui résulte d'un *codicille (disposition, legs), ou en forme de codicille (clause).

CODICILLE

N. m. – Lat. jur. *codicillus,* proprement tablette. V. *code.*

- Nom encore donné dans la pratique (comp. C. civ., a. 1035) au *testament postérieur qui complète, modifie ou même révoque un testament antérieur mais ne désignant plus, comme en Droit romain, la clause additionnelle par laquelle le testateur prévoyait, pour le cas où son testament serait annulé comme tel, que celui-ci devrait au moins valoir comme codicille. V. *révocation*. Comp. *avenant, modificatif, additionnel*.

CODIFICATEUR, TRICE

Adj. et n. – De *codifier.

- Qui codifie (adj.) ; l'auteur d'une *codification. Comp. *législateur, constituant, législatif.*

CODIFICATION

N. f. – Dér. de *codifier.

► I (sens gén.)

- Action de faire un *code et résultat de cette action ; terme renvoyant à deux opérations différentes.

a / Élaboration d'un code issu d'un mouvement de *réforme ; codification dite réelle donnant naissance à une œuvre nouvelle, destinée à rassembler, fixer, clarifier, rénover, systématiser, unifier les règles relatives à une matière en les ordonnant en un nouveau corps de droit ayant valeur de loi ; instauration globale, distincte de la *législation, dont il existe plusieurs figures : codification à partir de sources préexistantes (ex. le Code civil de 1804, œuvre de synthèse à partir de l'Ancien droit, du droit intermédiaire, des ordonnances royales, etc.) ; *refonte dans le Code de certaines de ses parties entières (ex. le mouvement de réformation de 1964 à 1975) ; codification dans une matière réglementaire (ex. élaboration du Nouveau Code de procédure civile, 1975) ; on pourrait parler de codification à droit nouveau.

b / Codification purement formelle dite à droit *constant ; codification administrative (par décret) de textes préexistants reclassés selon leur nature (partie législative, partie réglementaire) non modifiés en substance ; réunion en un code, moyennant les modifications de forme nécessaires, mais à l'exclusion de toute modification de fond, de toutes les dispositions existantes en la matière. Ex. codification d'où sont issus le Code de l'organisation judiciaire, le Code de la construction et de l'habitation, le Code de l'administration communale, etc.

► II (int. publ. et eur.)

- Entreprise concertée de rédaction d'une règle jusqu'alors coutumière. Ex. l'a. 13, § 1, de la charte de l'ONU donne à l'assemblée générale mission d'« encourager le développement progressif du Droit international et sa codification » (plusieurs conventions de codification ont ainsi été adoptées : Droit de la mer 1958, relations diplomatiques 1961, relations consulaires 1963, Droit des traités 1968-1969, les missions spéciales 1969, etc.).

— **des textes législatifs (eur.).** Espèce de codification purement formelle consistant à réunir en un seul acte, sans en changer la substance, un acte de base et les actes modificateurs qui l'affectent, moyennant la publication du nouvel acte et l'abrogation de tous les autres ; opération exclusive de toute modification de fond par opp. à une *refonte, mais constitutive et officielle par opp. à une simple *consolidation.

CODIFIER

V. – De *code, suff. fier du lat. *ficare* pour *facere*, faire.

- Rassembler en un corps de droit (de lois ou/et de décrets) les règles qui gouvernent une matière, les réunir en un *code. Comp. *légiférer, compiler.*

COÉCHANGISTE

Subst. – Comp. du préf. co, lat. *cum,* et de *échangiste.

- Syn. de *copermutant ; *échangiste.

COEFFICIENT HIÉRARCHIQUE

Comp. du préf. co, lat. *cum,* et efficient, lat. *efficiens,* de *efficere* : réaliser. V. *hiérarchique*.

- Valeur relative affectée à chaque *catégorie d'emploi et permettant de déterminer, à partir d'un salaire minimum de base, le salaire minimum correspondant aux diverses *qualifications professionnelles.

COEMPLOI

Co, étym. du latin « *cum* », qui réunit, exprime l'association et la simultanéité.

- **1** Condition de pluriactivité du salarié relevant, pour un même emploi, de deux employeurs. Syn. *coemployeurs, employeurs conjoints*.
- **2** Condition d'une personne reliée à deux ou plusieurs employeurs différents par autant de liens de subordination. Ex. le gardien d'un immeuble exerçant à temps partiel peut être aussi salarié d'un autre employeur.
- **3** Spécifiquement, à l'intérieur d'un groupe de sociétés, condition d'une personne lorsque, hors l'état de subordination, il existe au sein du groupe une triple confusion d'intérêts, d'activités et de direction, se manifestant par une immixtion dans la gestion économique et sociale de l'une d'entre elles sur la gestion de l'entreprise employeur. Comp. *cotravail*.

COENTREPRISE

Subst. fém. – Néol. comp. du préf. co, lat. *cum,* avec, et de *entreprise.

- Projet économique élaboré par une association d'entreprises constituée selon des modalités diverses, qui permet de bénéficier des synergies des entreprises associées. Angl. *joint venture.*

COERCITION

N. f. – Lat. *coercitio.*

- **1** *Contrainte, d'origine étatique, exercée sur les biens d'un individu (*saisie) ou sa personne (emprisonnement) comportant l'emploi de la *force au service du Droit (pour l'exécution d'une obligation) par des moyens conformes à la loi (par les voies de droit) à l'exclusion des *voies de fait. Comp. *violence, répression*. V. *forcé, voies d'exécution*.
- **2** En un sens large, englobe les moyens de pression destinés à obtenir par intimidation l'exécution d'une obligation. Ex. les astreintes. V. *comminatoire, crainte*.
- **3** Plus vaguement, toute action de contrainte, légitime ou non.
- **4** Entre États, toute mesure d'intervention ou de pression (not. d'ordre économique) destinées à infléchir la volonté des gouvernants de l'autre. V. *embargo, blocus*.

— **sur les personnes** (int. priv.). Effet recherché en France sur le fondement d'un jugement étranger consistant en l'accomplissement d'un acte et exigeant pour cette raison que ce jugement soit préalablement revêtu de l'**exequatur.*

COFIDÉJUSSEURS

Subst. masc.plur. – Lat. *cum* et *fidejussor.*

- Nom donné aux multiples personnes qui, solidairement ou non, se portent *caution d'un même débiteur pour une même dette (C. civ., a. 2302 s., 2310). V. *fidéjusseur, *bénéfice de *division, coobligé, codébiteur, solidaire*.

COGESTION

Préf. co, de *cum* (avec), et lat. *gestio*.

• **1** (Pour une entreprise.)

***a* /** Système dans lequel la gestion (sociale ou économique) de l'entreprise est assurée conjointement par l'employeur et par des représentants du personnel.

***b* /** Terme souvent employé pour désigner ce qui est simplement une procédure de codécision pour certaines affaires importantes ou une participation du personnel à la gestion (ex. participation de représentants des salariés dans les organes d'administration ou de direction des sociétés), à la limite (et improprement) un simple contrôle de la gestion.

• **2** (Pour une masse de biens : communauté, indivision, biens personnels des enfants.)

***a* /** Mode de *gestion dans lequel aucun des cotitulaires de la gestion (époux communs, coïndivisaires, parents administrateurs légaux) ne peut, à peine de nullité, accomplir sans le consentement de l'autre (ou des autres) les actes les plus graves de gestion (les actes de disposition ou les plus importants d'entre eux), système combiné, pour les autres actes, avec la gestion concurrentielle. Comp. *concours*.

***b* /** Mode renforcé de gestion *conjointe dans lequel aucun des cogérants ne peut, à peine de nullité, accomplir sans le consentement de l'autre non seulement les actes de disposition mais aussi les actes d'administration, modalité notamment offerte comme type de communauté conventionnelle, sous le nom de main commune ou d'administration *conjointe (C. civ., a. 1503).

COHABITATION

Lat. *cohabitatio*.

• **1** Fait pour deux ou plusieurs personnes d'habiter ensemble auquel la loi attache divers effets de droit. V. *vie commune, équivoque, maintien dans les lieux, domicile, concubinage*.

— **(devoir de).** Devoir de mariage – aujourd'hui englobé dans le devoir de *communauté de vie (C. civ., a. 215) – qui emporte spécifiquement pour les époux l'obligation réciproque d'habiter dans la même demeure. V. *séparation de corps, séparation de fait, divorce*.

• **2** Situation politique accidentelle marquée par le partage de l'exécutif entre une majorité descendante et une opposition montante qui peut résulter, avant l'expiration du mandat d'un Président de la République issu d'une tendance, d'un renversement de la majorité parlementaire aux élections législatives. Comp. *dyarchie*.

COHÉRENCE

V. *principe de cohérence*.

COHÉRIE

Subst. fém. – Comp. du préf. co, lat. *cum*, avec, et de hérie, dér. du lat. *herem* (forme pop. de l'accusatif de *heres*, héritier) ; peut aussi dériver du lat. *cohereditas*, partage d'héritage.

• Ensemble des *héritiers appelés au partage d'un même* héritage ; groupe des *cohéritiers appelés à une même *succession. Comp. *hoirie*. V. *hérédité*.

COHÉRITIER, IÈRE

Subst. – Comp. du préf. co, lat. *cum*, et de *héritier.

• *Héritier appelé à une succession en concours avec un ou plusieurs autres héritiers et qui, étant avec ceux-ci dans l'*indivision (V. *coïndivisaire*) jusqu'au partage, puis *copartageant, est tenu de diverses obligations (dettes et charges de la succession, etc. ; C. civ., a. 870 s.). Ant. *étranger* (à la succession).

COÏNDIVISAIRE

Subst. – Comp. du préf. co, lat. *cum*, et de *indivisaire.

• Celui qui est dans l'*indivision avec un ou plusieurs autres, soit quant à un bien en particulier (ex. les époux séparés de biens coacquéreurs d'un immeuble), soit quant à une masse de biens (ex. les *cohéritiers jusqu'au *partage de la succession ; les époux *communs divorcés jusqu'au partage de la communauté). V. *copropriétaire, copartageant, communiste, colicitant*. Syn. *indivisaire* (C. civ., a. 815 s.). Ant. *étranger*.

COLÉGATAIRE

Subst. – Préf. co, lat. *cum,* et *légataire.

- *Légataire appelé, avec un ou plusieurs autres, à recevoir le même bien ou la même universalité, soit par institution *conjointe sans assignation de parts (plusieurs légataires universels), soit avec *assignation de parts. Comp. *cohéritier, copartageant.*

COLICITANT, ANTE

Subst. – Comp. de co, lat. *cum,* et de *ficitans,* part. prés. de *licitari* : enchérir.

- Nom que prennent les *coïndivisaires entre lesquels est partagé le prix du bien licité, lorsque l'indivision cesse par voie de *licitation (C. civ., a. 1686). V. *copartageant.*

COLIS

De l'ital. *colli* : charges, plur. de *collo* : charge sur le cou, par figure de style hardie.

- Élément individualisé d'une cargaison pris en charge comme tel par le transporteur.

— **postal.** Objet remis à l'administration des Postes et confié par elle à un transporteur chargé de l'acheminer à destination.

COLITIGANT, ANTE

Subst. – De *co,* lat., var. de *cum* (avec), et litigant, de *litigium* : *litige, *procès.

- Plaideur qui, dans un procès, se trouve du même côté de la barre qu'un ou plusieurs autres plaideurs. V. *codéfendeur, codemandeur, consorts, litigant, litisconsorts, justiciable.*

COLLABORATEUR, TRICE

Subst. ouadj. – Dér. du v. collaborer, lat. *collaborare.*

- **1** (sens gén.). Celui qui, participant de façon habituelle ou occasionnelle à l'activité d'un professionnel, assiste celui-ci, en général à un niveau élevé, sans être cependant son associé.

— **(conjoint).** Époux qui, participant à l'exploitation d'une entreprise commerciale, artisanale ou agricole, dont son conjoint est le chef, bénéficie à ce titre (sous diverses conditions) de certains droits (ex. présomption de mandat d'administration) même s'il n'est ni salarié ni associé.

— **salarié.** Travailleur exerçant des fonctions qui l'appellent à seconder dans son travail le chef d'entreprise (étym. le terme devrait s'appliquer aux employés supérieurs).

- **2** (plus spéc.). Personne qui, n'appartenant pas à l'administration, n'en a pas moins participé à l'exécution d'un service public.

— **bénévole.** Celui qui a agi spontanément.

— **occasionnel.** Celui qui a agi à la demande ou sur réquisition des autorités administratives.

- **3** *Avocat apportant son concours à un confrère en vertu d'un contrat (à mi-temps ou à plein temps, et dont les différends sont soumis à l'arbitrage du bâtonnier) en dehors de tout lien de subordination et moyennant une équitable rémunération consistant en rétrocessions d'honoraires. V. *stagiaire, vacataire, associé, clerc, principal.*

COLLABORATION

Dér. de *collaborare* : travailler ensemble.

- **1** (sens gén.). *Coopération ; travail en commun. Comp. *aide, assistance.*
- **2** Plus spécialement, participation habituelle ou occasionnelle à l'activité professionnelle d'une autre personne. Ex. participation d'un époux à l'exploitation d'une entreprise commerciale dont son conjoint est le chef. V. **profession séparée.*
- **3** Parfois, le contrat de collaboration. V. *collaborateur.*

— **(devoir de).** Devoir de coopération inhérent à tout régime matrimonial communautaire, en vertu duquel les époux doivent, comme de véritables *associés, agir dans l'intérêt commun et œuvrer (ensemble ou séparément) à la prospérité de la *communauté sous diverses sanctions (*report de la date des effets de la dissolution, C. civ., a. 1442, *séparation judiciaire de biens, mesures restrictives de pouvoir, transfert judiciaire de pouvoir, not. en cas de dissipation des revenus des propres, C. civ., a. 1429).

Adde C. civ., a. 1403, al. 2, 1426. Comp. **devoirs de mariage, cohabitation*.

— **(*œuvre de).** Œuvre de l'esprit réalisée par deux ou plusieurs *coauteurs.

a / Dans un sens large (Droit français), celle à la création de laquelle il suffit que chacun des coauteurs ait œuvré dans la sphère de sa compétence selon un programme établi en commun et réalisé sous un mutuel contrôle (tel est le cas des opéras et des opéras-comiques ainsi que des œuvres *cinématographiques).

b / Dans une conception plus restrictive (qui prévaut en certains pays), celle dont la création résulte d'un travail en commun impliquant que les apports de chacun ne puissent être discernés, et par conséquent exploités en commun (*Journal* des Goncourt, romans de Jean et Jérôme Tharaud). Comp. *œuvre *collective*.

COLLATÉRAL, ALE, AUX

Adj. – Lat. médiév. *collateralis,* de *latus, lateris* : côté.

- Qualifie, dans les structures de la parenté et spécialement dans l'ordre des successions, tout ce qui se rapporte à ceux des membres de la famille qui, sans descendre les uns des autres (en ligne *directe V. *ascendant, descendant*), descendent d'un auteur commun. Ex. frères, sœurs, oncles, tantes, neveux, nièces sont des parents collatéraux.

—**e (*ligne).** Ensemble des parents collatéraux.

—**e (succession).** Succession dévolue à des *collatéraux.

COLLATÉRAUX

Subst. plur. et *adj*. V. *collatéral*.

- Parents *collatéraux auxquels la loi confère certains droits successoraux (C. civ., a. 734 s.). V. *ordre d'héritiers, degré*.

— ***ordinaires.** Ensemble des collatéraux autres que les *collatéraux *privilégiés (oncles, tantes, cousins, etc.) qui, dans la succession *ab intestat,* sont toujours exclus par le *conjoint successible, et qui, en l'absence de celui-ci, n'y sont appelés qu'à défaut de descendants, d'*ascendants (privilégiés ou ordinaires) et de *collatéraux privilégiés, formant ainsi, dans le classement de la loi (C. civ., a. 734) le dernier des *ordres d'héritiers (a. 740).

— ***privilégiés.** Ensemble des *frères et *sœurs du défunt (et descendants d'eux) qui, dans la succession *ab intestat* de celui-ci, sont exclus par ses descendants ainsi que, désormais, par le *conjoint successible (C. civ., a. 757-2, sous réserve du droit de *retour, en leur faveur, sur certains biens, a. 757-3) et y viennent, à leur défaut, en concours avec les *ascendants privilégiés (père et/ou mère) avec lesquels ils forment le deuxième *ordre d'héritiers (C. civ., a. 734), excluant les *ascendants ordinaires et les *collatéraux ordinaires.

COLLATION

N. f. – Lat. médiév. *collatio,* de *collatus,* part. pass. de *conferre* : porter ensemble.

- **1** *(d'un titre, d'un pouvoir)*.

a / Droit de conférer un titre, un pouvoir. Ex. avoir la collation des grades ; droit de *nomination.

b / Action de conférer à quelqu'un un titre, de l'investir d'un *pouvoir ; acte d'*investiture. V. *mandat, procuration, titularisation*. Comp. *dévolution, installation*. Ant. *révocation, dégradation*.

- **2** (de pièces, d'actes, de documents). Action de comparer dans leur teneur deux documents, spécialement une *copie avec l'original afin d'en vérifier la *conformité. Syn. *collationnement.* V. *vidimus, vidimer.*

COLLATIONNEMENT

Dér. de *collation.

- Syn. **collation* (sens 2).

COLLECTE

Subst. fém. – Lat. *collecta* : écot, réunion, de *colligere* : recueillir, rassembler.

- Appel à la générosité publique s'adressant à des personnes isolées, soit sur la voie publique, soit à domicile. V. **quête, souscription*.

COLLECTEUR

Subst. masc. – Lat. *collector* : celui qui amasse.

- Celui qui recueille et réunit, avant de les

transmettre (ou de les redistribuer), des fonds versés, à un titre et avec une affectation déterminés, par plusieurs personnes. Ex. organisme collecteur de cotisations, ou de fractions de salaires en vue de la construction de logements sociaux.

COLLECTIF, IVE

Adj. – Lat. *collectivus*, de *colligere* : réunir.

- **1** Qui concerne un ensemble de personnes par opp. à ce qui concerne soit un ou plusieurs individus en particulier (V. *individuel*), soit un ensemble impersonnel. V. *général, commun*. Comp. *public, personnel*.
- **2** Qui concerne un ensemble de personnes unies par une communauté d'intérêts ou impliquées dans une action commune. V. **acte juridique collectif*. Comp. *conjoint*.
- **3** Qui procède de la concertation de plusieurs groupes distincts en vue de la conciliation de leurs intérêts respectifs. Ex. : accord collectif entre locataires et propriétaires. V. **convention collective, négociation, acte*.

1 / Ensemble de décisions individuelles présentant entre elles un lien de connexité et réunies dans un même document. Ex. *tableau d'avancement.

2 / Parfois employé pour désigner un type d'actes émanant de plusieurs participants dont les volontés concourent à l'adoption d'une décision. Comp. *unilatéral, bilatéral*.

—ive (action). V. *action collective*.

—s de la profession (intérêts). Ensemble des intérêts communs aux membres d'une même profession, intérêts généraux de celle-ci.

—ive de règlement du passif (*procédure). Terme générique désignant toute procédure dans laquelle le règlement des dettes et la liquidation éventuelle des biens du débiteur ne sont pas abandonnés à l'initiative individuelle de chaque créancier, mais organisés de manière à ce que tous les créanciers puissent faire valoir leurs droits : *redressement ou *liquidation judiciaires (naguère *règlement judiciaire et *liquidation des biens), *redressement judiciaire civil. V. *représentant des créanciers, concordat, arrêt et suspension des poursuites individuelles, déclaration des créances, production, vérification, masse, apurement du passif*.

—ive (*marque). *Signe distinctif qui appartient à des personnes morales (syndicats, groupements de producteurs ou de commerçants, État, départements, communes…) et dont l'usage est soumis au respect d'un cahier des charges contenant les obligations les plus variées. V. *marque, label*.

—ive (œuvre). Œuvre créée à l'initiative d'une personne physique ou morale qui résulte de la juxtaposition de contributions empreintes d'originalité, dont les apporteurs n'ont pas participé à l'aménagement de l'ensemble (dictionnaires, encyclopédies, publications de presse) ; diffère d'une œuvre de *collaboration du fait que les apporteurs des contributions distinctes se sont cantonnés dans leurs sphères respectives, sans procéder ensemble à un mutuel échange de vues, la coordination étant le propre de la personne qui a pris l'initiative et assume la responsabilité de la publication. V. *collaboration (œuvre de)*.

— (préjudice). Celui qui porte atteinte aux intérêts inhérents au but que poursuit une association et dont celle-ci a qualité pour demander à ce titre réparation (préjudice distinct de celui que subit en particulier tel ou tel de ses membres).

—ive (*responsabilité). Responsabilité – exclue par les systèmes juridiques fondés sur la responsabilité individuelle – qui pèserait sur les membres d'un groupe, du seul fait de leur appartenance à celui-ci, abstraction faite de leur participation personnelle à l'acte dommageable. V. *coauteur, complice*.

COLLECTIF BUDGÉTAIRE

V. le précédent et *budgétaire*.

- Loi de finances rectificative votée en cours d'année pour compléter et corriger les autorisations *budgétaires contenues dans la loi de finances initiale.

COLLECTIVITÉ

Dér. de *collectif.

- **1** *Institution administrative à base territoriale qui, par opp. aux simples *circonscriptions, est dotée de la personnalité juridique et qui, par opp. aux *établissements publics territoriaux, jouit d'une compétence générale de gestion ; terme couramment employé dans les expressions « collectivités territoriales » ou « collectivités locales » pour désigner *communes, *départements… (Const. 1958, a. 72, al. 1). V. *décentralisation*. Comp. **administration centrale, *services à compétence nationale, services déconcentrés*.

— **chef de file.** Collectivité territoriale chargée d'organiser les modalités de l'action commune dans des domaines de compétence partagée entre plusieurs collectivités territoriales (ex. environnement, éducation, aménagement du territoire), mission de coordination qu'elle exerce dans le respect de la règle d'interdiction de *tutelle d'une collectivité sur une autre (Const. 1958, a. 72 ; CGCT, a. L. 1111-9).

— ***territoriale (ou *locale).** Ensemble d'habitants d'une même partie du territoire ayant des intérêts communs gérés par des organes administratifs qui lui sont propres ; créé comme tel par la Constitution ou par la loi (Const. 1958, a. 72, al. 1) : « Les collectivités territoriales de la République sont les communes, les départements, les territoires d'outre-mer. Toute autre collectivité territoriale est créée par la loi. » Comp. *circonscription*.

- **2** Plus vaguement *groupe de personnes (organisé ou non) ayant des intérêts communs. Ex. collectivité des copropriétaires, collectivité de voisinage. Comp. *communauté*.

COLLÈGE

N. m. – Lat. *collegium* : groupe de personnes ayant des fonctions communes ; le sens d'établissement scolaire date du Moyen Âge.

- **1** Organe formé de plusieurs personnes exerçant ensemble certaines fonctions par délibération ou décision prises en commun. Comp. *assemblée, commission, conseil, cogestion*.

— **de magistrats.** Réunion de magistrats en vue du jugement des affaires (juridiction *collégiale) ou de l'administration de la juridiction (assemblée générale du tribunal ou de la cour). V. *collégialité, délibération*.

— **électoral.**

a / Ensemble des électeurs pouvant participer en commun à la désignation d'un ou plusieurs élus ou à l'adoption par vote d'une décision. Ex. pour l'élection des sénateurs, C. élect., a. L. 280. Comp. *circonscription*. V. *électorat*.

b / Ensemble des électeurs d'une certaine catégorie (ouvriers, employés, cadres), appelés à participer à une élection déterminée (élection des représentants du personnel ou des conseillers prud'hommes).

- **2** Espèce d'*établissement.

— **d'enseignement.** Établissement scolaire de l'enseignement du second degré. Comp. *lycée*.

— **d'enseignement général (CEG).** Anciens « cours complémentaires » dispensant un enseignement moderne de premier cycle du secondaire.

— **d'enseignement secondaire (CES).** Collèges qui dispensent un enseignement de premier cycle du secondaire en assurant l'unité.

— **d'enseignement technique (CET).** Établissement de second cycle de l'enseignement secondaire technique.

COLLÉGIAL, IALE, IAUX

Adj. – Dér. de *collège.

- Organisé en *collège ; qui émane d'un collège ; se dit not. d'une juridiction (ou d'une formation) qui statue à plusieurs juges (en nombre pair ou impair), par opp. à *juge *unique.

COLLÉGIALITÉ

N. f. – Dér. de *collégial.

- **1** Caractère de ce qui est organisé en collège.
- **2** Se dit parfois du groupe des personnes qui forment le collège.
- **3** Plus spécialement, système d'organisation judiciaire selon lequel les décisions de justice sont en principe prises après *délibération en commun par plusieurs magistrats, par opp. au système du juge *unique.

COLLOCATION

N. f. – Lat. *collocatio*.

- *Classement des créanciers dans l'ordre où ils doivent être payés ; opération judiciaire consistant à déterminer leur rang. V. *ordre, distribution, contribution, rang*.

— **(bordereau de).** V. **bordereau de collocation*.

COLLOQUÉ, ÉE

Adj. – Part. pass. du v. colloquer, lat. *colloco(cum loco)* : donner sa place à quelqu'un.

- Se dit du créancier dont le rang a été déterminé par le juge. V. *collocation*.

COLLUSION

N. f. – Lat. jur. *collusio,* dér. de *colludere* : s'entendre avec un autre au préjudice d'un tiers.

- *Entente secrète entre deux ou plusieurs personnes en vue d'en tromper une ou plusieurs autres. Comp. *concert frauduleux, fraude, connivence, tromperie, dol*.

COLLUSOIRE

Adj. – Dér. de *collusion.

- (vx). Qui résulte d'une *collusion. Ex. transaction collusoire. V. *frauduleux*.

COLOCATAIRE

Subst. – Comp. du préf. co, lat. *cum,* et de *locataire.

- **1** Syn. de **copreneur,* **cotitulaire du bail*. Comp. *cobailleur*.
- **2** Se dit aussi, en pratique, dans un immeuble ou un ensemble divisé en plusieurs appartements, de chacun des *locataires d'un local distinct.

COLOCATION

- Bail d'un même logement par plusieurs locataires, constituant leur résidence principale, et formalisé par la conclusion d'un contrat unique ou de plusieurs contrats entre les locataires et le bailleur, à l'exception de la location consentie exclusivement à des époux ou à des partenaires liés par un pacte civil de solidarité au moment de la conclusion initiale du contrat (l. nº 89-462 du 6 juillet 1989, a. 8-1).

COLON

Subst. – Du lat. *colonus,* du v. *colere,* cultiver.

- Nom traditionnel donné au locataire dans le *bail à domaine congéable. Syn. *domanier*.

COLONAGE

N. m. – Dér. de *colon.

- En pratique, syn. de colonat, dans l'expression *bail à colonat partiaire. V. **métayage*.

COLONAT

Subst. masc. – Dér. de *colon.

V. *colonage, bail*.

COLONIE

Lat. *colonia*. V. *colon*.

- **1** Territoire d'outre-mer placé sous la souveraineté d'un État et relevant de sa législation interne ; se distingue du *protectorat, du *mandat ou de la *tutelle, dont le régime relève du Droit international. Comp. **département d'outre-mer, territoire d'outre-mer, associé (État ou territoire)*. V. *autonomie, indépendance*.
- **2** Ensemble des personnes d'une même nationalité habitant un pays étranger (ou une ville étrangère). V. *communauté*.

COLONNE

Lat. *columna*.

- Subdivision de l'assemblée générale de certains *barreaux ; sections de vote entre lesquelles sont répartis (au moins par 25) les avocats d'un barreau qui en compte plus de cinquante (disposant du droit de vote), afin que les délibérations de l'assemblée générale aient lieu par colonnes (par réunion de colonne) moyennant une totalisation ultérieure des votes.

COLON PARTIAIRE

Subst. – V. *colon* ; partiaire, lat. *partiarius,* de *pars* : part.

- Nom donné au *preneur dans le *bail à colonat partiaire. Syn. (aujourd'hui plus courant) *métayer.* Comp. *locataire, fermier, tenancier, cheptelier.*

COLOTI

Subst. – Comp. de co (lat. *cum*) et *loti.

• Dans un même *lotissement, chacun des propriétaires d'un *lot. Ex. chacun des colotis peut exiger des autres le respect des clauses du cahier des charges. Comp. *loti, alloti, copropriétaire, copartageant, attributaire.*

COLPORTAGE

N. m. – Dér. du v. colporter, altération d'après col « cou », de comporter « porter », lat. *comportare.*

• Activité (prohibée pour certains biens) consistant à transporter de place en place des objets pour les vendre. Ex. le colportage de certaines espèces animales et végétales est interdit (V. C. env. L. 411-1). Comp. *démarchage, vente de porte à porte* ou *à domicile, placier.*

COMANDANT, ANTE

Subst. – Comp. du préf. co, lat. *cum,* et de *mandant.

• Nom donné à chacun des multiples *mandants qui désignent un même *mandataire pour une affaire commune (C. civ., a. 2002). Comp. *copreneur, codébiteur, cocontractant.*

COMBLEMENT

Dér. de *combler,* formé sur *cumulus* : comble.

• **1** Fait de combler une *lacune du Droit, de remplir un *vide législatif. (Ex., pour le juge, de résoudre le litige – même dans le *silence de la loi (C. civ., a. 4) – en complétant celle-ci.) Syn. (rare) *recomblement, complètement.*

• **2** Opération consistant à compléter ce qui est lacunaire ou insuffisant.

— **de l'insuffisance d'actif (action en).** Action ouverte contre les dirigeants d'une personne morale soumise au *redressement judiciaire, lorsque celui-ci fait apparaître une insuffisance d'actif à laquelle a contribué une faute de gestion de leur part, dont l'objet est de faire supporter les dettes de la personne morale (en tout ou en partie, avec ou sans solidarité), par tous les dirigeants de droit ou de fait, apparents ou occultes, rémunérés ou non ou par certains d'entre eux.

COMITAS GENTIUM

• Expression latine signifiant « bienveillance des nations » utilisée pour désigner les usages de pure convenance que les États observent dans leurs relations mais qui ne sont pas juridiquement obligatoires. Ex. le salut en mer (certains de ces usages peuvent toutefois se transformer en règles juridiques et *vice versa*). Syn. *courtoisie internationale.*

COMITÉ

N. m. – Empr. de l'angl. *committee,* de *to commit* : confier ; lat. *committere.*

• Organe *collégial exerçant des attributions administratives de décision (ex. comité technique départemental des transports) ou de consultation (ex. comités techniques paritaires sur le statut des fonctionnaires) ou parfois des attributions juridictionnelles (ex. comité départemental de l'enseignement technique). Comp. *assemblée, collège, commission, conseil.*

— **central d'entreprise.** Émanation, dans les entreprises à établissements multiples, des *comités d'établissement, siégeant sous la présidence du chef d'entreprise et exerçant celles des attributions dévolues par la loi au *comité d'entreprise qui intéressent l'entreprise dans son ensemble.

— **central de rénovation rurale.** Organisme administratif, créé auprès du Premier ministre, ayant pour mission de proposer les mesures d'action prioritaires dans les *zones de rénovation rurale et d'en suivre l'exécution.

— **consultatif national d'éthique pour les sciences de la vie et de la santé.** Autorité indépendante appelée à émettre des avis et des recommandations sur les problèmes éthiques et les questions de société soulevés par les progrès de la connaissance dans les domaines de la biologie, de la médecine et de la santé (C. sant. publ., a. L. 1412-1). V. *éthique, bioéthique.*

— **d'agrément des *groupements agricoles d'exploitation en commun (GAEC).**

a / — *départemental.* Organe constituant, dans chaque département, une sous-commission de la *commission départementale des structures agricoles, présidé par le préfet ou son représentant et chargé d'instruire les demandes de reconnaissance formulées par les *groupements agricoles d'exploitation en commun.

b / — national. Organe d'appel constitué sous la présidence du ministre de l'Agriculture ayant pour mission de statuer sur les recours exercés contre les décisions des comités départementaux d'agrément.

— **d'*échanges *amiables.** Organe communal ou intercommunal, institué par arrêté préfectoral, composé d'élus locaux et de représentants de propriétaires fonciers des communes concernées, chargé de proposer aux agriculteurs intéressés et de leur faciliter par renseignements et conseils les *échanges en propriété ou en jouissance d'immeubles ruraux en vue d'améliorer l'aménagement *foncier rural.

— **de grève.** « Instance informelle » composée de représentants des grévistes, ou même des syndicats, qui prend en main l'organisation de la grève et tend à se transformer en instance de négociation.

— **d'*entreprise.** Institution représentative du personnel (créée en 1945), ayant mission de gérer les œuvres sociales, pouvoirs consultatifs dans les domaines technique, économique et financier et diverses attributions (information, procédure d'*alerte, etc.) qui, dans les entreprises de plus de 50 salariés ne comportant qu'un seul établissement, réunit sous la présidence du chef d'entreprise des représentants élus du personnel et un représentant de chaque organisation syndicale représentative dans l'entreprise.

— **de rénovation rurale.** Organisme consultatif créé à l'échelon des *zones de rénovation rurale, chargé d'assister le commissaire de la zone, composé pour moitié de fonctionnaires ou de personnes désignées par le Premier ministre et de représentants des organisations professionnelles à vocation agricole.

— **d'*établissement.** Institution qui se substitue, dans les entreprises à établissements multiples, au *comité d'entreprise, pour en exercer les attributions, à l'exception de celles dévolues au *comité central d'entreprise.

— **d'études.** Comité créé à la discrétion du conseil d'administration de la société anonyme (qui en fixe la composition et les attributions) et chargé, sous la responsabilité du conseil, d'étudier pour avis les questions qui lui sont soumises par le conseil ou son président.

— **d'hygiène et sécurité.** Organisme groupant, autour du représentant du chef d'entreprise, des représentants du personnel et destiné à associer le personnel à l'amélioration de l'hygiène et de la sécurité.

— **économique agricole.** Organisme à caractère économique et professionnel constitué librement par les producteurs agricoles ou les organismes les représentant, sous la forme soit de *syndicats, soit d'*association, dont la fonction principale est d'harmoniser les règles instituées par les *groupements de producteurs et d'édicter, dans le domaine de la mise en marché des produits agricoles, des mesures de discipline professionnelle susceptibles de faire l'objet d'une procédure d'extension par arrêté ministériel.

— **interentreprises.** Organisme créé par les *comités d'entreprise pour la gestion d'œuvres sociales communes à plusieurs entreprises et investi dans la mesure nécessaire à cette fin des mêmes attributions que les comités d'entreprise.

— **permanent des structures agricoles.** Organisme créé auprès de la Commission de la Communauté économique européenne chargé de gérer la section d'orientation du *Fonds européen d'orientation et de garantie (FEOGA) et d'étudier, promouvoir et coordonner les politiques des structures des États de la Communauté.

— **secret.** Formation dans laquelle, exceptionnellement, une assemblée délibérante évite la publicité de ses débats (v. r. AN, a. 51 et 142 ; C. comm., a. L. 121-15 anc., C. comm. N. Cal., a. L. 163-9).

— **spécial de l'agriculture.** Organisme communautaire agissant par délégation du Conseil des ministres des États membres de la *Communauté économique européenne et chargé de l'examen des propositions de la Commission de la Communauté en matière agricole.

— **technique des sociétés d'aménagement foncier et d'établissement rural (SAFER).** Organe créé par les *sociétés d'aménagement foncier et d'établissement rural, à l'échelon départemental ou communal, composé de représentants des principales organisations agricoles et des administrations intéressées, chargé d'informer le conseil d'administration

de ces sociétés, d'orienter et d'adapter les modalités de leur intervention.
— **technique paritaire.** Organismes consultatifs, composés en nombre égal de représentants de l'administration et de représentants du personnel librement désignés par les organisations syndicales de fonctionnaires, qui, dans chaque administration, service ou établissement, connaissent des questions de statut, d'organisation et de fonctionnement du service.

COMMAND

Subst. masc.

V. **déclaration de command*.

COMMANDE

Subst. fém. – Dér. de commander. V. *commandement*.

- Manifestation de volonté par laquelle, dans certains contrats (louage d'ouvrage, vente…), l'une des parties (maître de l'ouvrage, acquéreur, client…) demande à l'autre (entrepreneur, fournisseur…) de réaliser un ouvrage, ou de livrer une marchandise en général dans un délai et à des conditions déterminés. V. *ordre, offre, pollicitation*.

— **(*bon de).** *Écrit simplifié portant (et valant) commande. V. *bulletin*.
— **(contrat de).** Nom spécialement donné, en matière de propriété intellectuelle, à la convention en vertu de laquelle une personne s'engage envers une autre, moyennant contrepartie, à créer une œuvre artistique et littéraire et, selon la nature de l'œuvre (et les termes de la convention), à lui transférer la propriété de l'œuvre et/ou à lui céder les droits d'exploitation de celle-ci. Ex. commande d'une œuvre picturale ou musicale. V. *obligation défaire*.

COMMANDEMENT

Dér. de commander, lat. pop. *commandere,* lat. class. *commendere*.

- **1** L'acte de commander.

a / (sens gén.). *Ordre, *injonction, parfois *prescription. Ex. le commandement de l'autorité légitime ; le commandement de la loi.

b / Plus spécifiquement, en procédure, acte d'huissier de justice précédant une *saisie de caractère exécutoire qui met le débiteur en demeure d'exécuter les obligations résultant du titre en vertu duquel l'acte est signifié. V. *saisie-vente, saisie immobilière, saisie-brandon, saisie-gagerie, sommation, mise en demeure, voie d'exécution, comminatoire*.

c / Acte par lequel l'administration somme le contribuable de payer et lui déclare qu'à défaut, par lui, de se libérer de sa dette, il y sera contraint par la *saisie et la vente forcée de ses biens.

— **de l'autorité légitime.** Cause d'*irresponsabilité pénale englobée dans l'*autorisation de la loi (C. pén., 122-4).

- **2** Le droit de commander ; en ce sens désigne spécialement le droit de disposition de la force armée, la prérogative consistant à mettre les troupes en mouvement et à diriger les opérations militaires.
- **3** Par ext., l'autorité investie de ce droit ; s'emploie spécifiquement pour l'autorité militaire, par opp. au pouvoir civil.

COMMANDER

V. – Lat. pop. *commandare,* de *commendare* : confier, recommander.

- **1** Exercer un commandement ; *diriger. Comp. *gouverner, administrer, gérer.*
- **2** Donner un ordre, *prescrire, enjoindre.
- **3** Passer *commande d'un ouvrage ou d'une chose.
- **4** Parfois syn., pour une loi (une règle de droit), de *gouverner ou de *régir. Ex. loi qui commande le régime de la responsabilité contractuelle. Comp. *réglementer.*

COMMANDITAIRE

Subst. – Dér. de *commandite.

- Membre d'une *société en commandite (simple ou par actions) qui, apporteur de capitaux (bailleur de fonds), seul ou avec d'autres commanditaires et exclu de la gestion, n'a pas la qualité de commerçant et n'est tenu des dettes sociales que dans la limite de son apport (sauf si son nom figure dans la *raison sociale). V. *commandité, actionnaire, sponsor.*

COMMANDITE

Subst. fém. – Probablement empr. de l'ital. *accomandita* : dépôt, garde (qui dérive lui-même du contrat de command du Moyen Âge français).

- **1** Syn. de **société en commandite*.
- **2** Fraction du capital d'une société en commandite qui a été apportée par les associés *commanditaires.

COMMANDITÉ, ÉE

Adj. – Part. pass. du v. commanditer, de *commandite.

- Membre d'une *société en commandite (simple ou par actions) qui gérant la société avec la qualité de commerçant (seul ou avec d'autres *associés de la même catégorie) répond des dettes sociales indéfiniment (et solidairement avec les autres commandités). V. *commanditaire*.

COMMENCEMENT DE PREUVE PAR ÉCRIT

Du lat. *cum* et *initiare* : initier. V. *preuve* et *écrit*.

- **1** *Écrit n'apportant pas de preuve complète, n'étant pas un *acte instrumentaire (ayant valeur de preuve littérale préconstituée) mais simple lettre missive ou autre *document comparable (note, inventaire, *papier domestique, *registre…) qui a cependant pour vertu spécifique, comme *adminicule préalable, de rendre admissible la preuve testimoniale et indiciaire pour la preuve des actes juridiques et des faits soumis à des restrictions probatoires, valeur apéritrice attachée au fait que l'écrit doit en principe émaner de la personne à laquelle on l'oppose et rendre vraisemblable le fait allégué (en quoi il y a bien commencement de preuve, C. civ., a. 1362). V. *corroborer*.
- **2** Qualificatif (ou au moins valeur équivalente) appliqué à d'autres indices qu'un écrit (déclarations faites par une partie lors de sa *comparution personnelle, refus de répondre ou absence à la comparution ; CPC, a. 198).

COMMENCEMENT D'EXÉCUTION

Du lat. *cum* et *initiare* : initier. V. *exécution*.

- Réalisation partielle d'une infraction constituée par des actes tendant directement à la consommation de celle-ci et accomplis avec cette intention ; constitue un élément nécessaire de la *tentative punissable (C. pén., a. 121-5).

COMMENTAIRE

Subst. masc. – De commenter, lat. *commentari* : réfléchir, étudier (*cum* : avec, *mens, mentis* : esprit).

- Étude explicative, interprétative et parfois critique d'une loi (commentaire législatif) ou d'une décision de justice (commentaire de jurisprudence) conduite à partir du *texte même de la loi ou de la décision. V. *note, exégèse, exégétique, interprétation, lettre, littéral*.

COMMENTATEUR

Subst. – Dér. de commenter. V. *commentaire*.

- **1** *Auteur d'une étude (*commentaire législatif) ou même d'un ouvrage consacré à une loi, en général nouvelle. Ex. on se réfère encore aux premiers commentateurs du Code Napoléon.
- **2** *Annotateur de jurisprudence.

COMMERÇANT, ANTE

Subst. – Dér. de *commerce.

- **1** En Droit.

a / Personne physique qui, en vue d'un profit, exerce à titre professionnel l'une des activités énumérées par les articles L. 110-1 et L. 110-2 du Code de commerce, tels que la jurisprudence les interprète (V. *commerce*). Ex. épicier, libraire, marchand de biens, courtier, commissionnaire, transporteur. Comp. *artisan*.

b / Terme parfois étendu aux personnes morales et englobant alors les *sociétés commerciales par leur forme ou leur objet.

c / Désigne souvent la qualité de ces personnes en rapport avec les conditions d'accès à la profession (immatriculation au registre du commerce) et la soumission à un statut particulier (règles et usages du commerce, procédure *collective d'apurement du passif, etc.).

- **2** D'un point de vue économique, personne dont l'activité consiste à vendre, en vue d'un profit, des produits achetés, sans leur faire subir de transformation importante (C. trav., a. 29 K, al. 1er). Comp. *industriel, négociant, marchand, distributeur, revendeur, placier.*

COMMERCE

Lat. *commercium,* de *merx, mercis* : marchandise.

- **1** (en Droit). Ensemble des activités énumérées par les articles L. 110-1 et L. 110-2 du Code de commerce qui permettent aux richesses de passer des producteurs aux consommateurs. V. C. civ., a. 1107, *négoce.*
- **2** (d'un point de vue économique). Ensemble des activités qui consistent à vendre des produits achetés sans leur faire subir de transformation importante ; en ce sens se distingue de l'*industrie. V. aussi *acte de —, chambre de —, choses hors du —, fonds de —, livre de —, registre du —, tribunal de — ; distribution.*

— **électronique.** Activité économique par laquelle une personne propose ou assure la fourniture de biens ou de services par voie électronique (l. 21 juin 2004, a. 14).

— **équitable.** Échanges de biens et de services entre des pays développés et des producteurs désavantagés implantés dans des pays en développement afin d'établir des relations durables propres à assurer leur progrès économique et social (a. 60-I, 60-11 de la loi française du 2 août 2005).

— **international.**

a / Au sens propre, opérations d'importation, d'exportation ou d'échange entre les États ou entre leurs ressortissants (c'est dans cette acception étroite que le terme est entendu par le GATT, V. l'accord général sur les tarifs douaniers et le commerce et par la CNUCED, V. les actes de la CNUCED, 1, Conférence de Genève de 1964).

b / Dans une acception extensive, ensemble des rapports économiques, politiques et intellectuels entre les États ou entre leurs ressortissants ; prise dans cette acception large, l'expression « commerce international » s'oppose à la notion d'autarcie étatique.

- **3** Relations sexuelles (on spécifie souvent commerce charnel) ; surtout employé pour des relations hors mariage. Ex. commerce adultérin, incestueux.

COMMERCER

V. – Dér. de *commerce.

- **1** Pour un pays, une région, une ville, entretenir, avec une autre place, des relations *commerciales.
- **2** Plus généralement, faire du commerce.

COMMERCIAL, ALE, AUX

Adj. – De *commerce.

- Qui se rapporte au *commerce, au sens juridique ou économique. V. *civil, privé, commun*. Comp. *industriel, artisanal.*

— **(Droit).** Ensemble des règles particulières applicables aux commerçants, aux sociétés commerciales et aux actes de commerce. V. *affaires,gage commercial.*

— **(service public industriel et).** V. **service public*, etc.

COMMERCIALISATION

Dér. de *commercial.

- **1** Mise en vente d'un produit ou d'une marchandise, phase ultime de sa *distribution sur le marché. V. *franchisage.*
- **2** Dans un sens voisin, adaptation à une fabrication artisanale d'une diffusion commerciale qui la rentabilise.
- **3** Admission à la vente d'un bien jusqu'alors *hors commerce. V. *patrimonialisation.*
- **4** Évolution tendant à soumettre au droit commercial des matières relevant d'autres branches du droit ou à diffuser dans certains secteurs des procédés et des méthodes d'intervention de droit commercial. Comp. *privatisation, nationalisation.*
- **5** Plus spécialement, opération pratiquée en matière d'obligations financières internationales qui permet à un État créancier, s'il y est autorisé, de transformer sa créance envers un État en titres négociables souscrits dans le public.

COMMERCIALISTE

Subst. – Dér. de *commercial.

- Juriste *privatiste spécialement versé dans l'étude du *Droit commercial. V. *civiliste, pénaliste, processualiste, jurisconsulte.*

COMMERCIALITÉ

Dér. de *commercial.

- **1** Qualité de ce qui est *commercial, de ce qui réunit les critères de soumission au droit *commercial.
- **2** Le propre des activités commerciales. V. *paracommercialité*.

COMMETTANT

Subst. – Part. prés. pris subst. de *commettre* au sens ancien de « confier », lat. *committere*.

- **1** Celui qui charge une personne (nommée *préposé) d'une mission dans l'exécution de laquelle cette dernière lui est subordonnée (soit en vertu d'un contrat, soit du fait des circonstances) et qui répond des dommages causés aux tiers par ce préposé dans l'exercice de ses fonctions (C. civ., a. 1242). Ex. dans le contrat de travail, l'employeur est le commettant de ses employés. V. *maître, présomption de responsabilité*.
- **2** Dans le *contrat de commission, celui pour le compte duquel agit le *commissionnaire.

COMMETTRE

V. trans. du lat. *committere* : mettre ensemble, mettre à exécution.

- **1** Charger quelqu'un d'une mission ; le préposer à quelque chose. Ex. le juge commet un expert, le mandant un représentant ; en un sens voisin, peut aussi mais plus rarement se dire d'une chose. Ex. commettre quelque chose à la garde de quelqu'un signifie la lui confier en dépôt.
- **2** Accomplir un acte délictueux.
- **3**

— **(se).** V. pron. parfois syn. de se compromettre.

NB. — Le sens étymologique « assembler plusieurs personnes » semble s'être perdu, mais on le retrouve, par combinaison avec le sens 1 ci-dessus, dans l'un des sens de *commission (réunion de plusieurs personnes chargées d'une même mission).

COMMINATOIRE

Adj. – Lat. médiév. *comminatorius,* dér. de *comminari* : menacer.

- Qui énonce une *menace ; se dit d'un acte juridique (contrat, clause, stipulation) ou d'une décision de justice qui, indépendamment de l'effet immédiat qu'il produit, contient la menace d'une sanction civile, pénale ou disciplinaire en cas d'inexécution d'une obligation, ou en cas de contravention à la loi ou à un ordre donné par le juge. Ex. dans un procès civil, les *injonctions faites par le juge à une partie ou à un auxiliaire de justice énoncent la menace d'une sanction, si l'ordre du juge n'est pas respecté, ou celle de déduire dans la décision de justice les conséquences de la carence poursuivie, malgré l'injonction ; en matière de *voies d'exécution, les *commandements aux fins de saisie menacent de saisie le débiteur qui ne paie pas la dette, à laquelle il est tenu en vertu d'un titre exécutoire ; la *mise en demeure contient la menace d'une action en justice et de la mise en œuvre des voies de droit ; la *clause *pénale (C. civ., a. 1152) contient la menace d'aggraver l'obligation du débiteur, au-delà de la compensation du préjudice, s'il n'exécute pas l'obligation principale. V. *astreinte, mesure, sommation*. Comp. *contrainte*.

COMMIS

Subst. – Part. pass., pris substantivement, de commettre. V. *commettant*.

- **1** (sens gén.). Subordonné. V. *employé*.
- **2** Toute personne qui a reçu les pouvoirs ou les ordres d'un *commettant. V. *préposé*. Comp. *mandataire, représentant, commissionnaire, apprenti*.
- **3** Plus spécialement, employé d'un commerçant (C. com., a. 634 anc., C. trav., a. L. 1226-24).
- **4** (const.). Souvent employé pour désigner, par opp. aux *représentants qui expriment la volonté politique suprême, les agents qui ne font qu'en exécuter les ordres. Comp. *agent*.

— **de l'État (grand).** Expression employée pour désigner certains hauts fonctionnaires se signalant par un sens exceptionnel de l'intérêt public.

— **-greffier.** Employé assermenté, recruté et rémunéré par le *greffier titulaire de charge pour le suppléer, sous sa responsabilité, dans les actes de sa fonction.

— **succursaliste.** Préposé terrestre d'une compagnie de navigation pour toutes les fonctions de l'armement : équipement du navire, recrutement de l'équipage, conclusion des différents contrats d'assurance et de transports ; dit aussi « agent maritime ».

COMMIS, ISE

Adj. – V. le précédent.

- **1** (d'une personne). *Désigné, *nommé, investi d'une mission indépendante par une autorité. Ex. avocat commis d'*office, expert commis. Comp. *délégué, préposé*. V. *juge commis*.
- **2** (d'un acte, plus spéc. d'un délit). Accompli, consommé, exécuté, perpétré. Ex. le crime commis, par opp. à projeté, préparé. V. **né et *actuel, éventuel, futur*.

COMMISSAIRE

N. – Lat. médiév. *commissarius,* dér. de *committere,* d'après le part. pass. *commissus*. V. *commis*.

- **1** Personne chargée d'une fonction publique ou privée. Ex. commissaire-priseur, commissaire aux comptes, commissaire du gouvernement devenu *rapporteur public.
- **2** Se dit parfois plus particulièrement d'une personne investie d'une fonction spéciale et temporaire.
- **3** Membre d'une *commission.
- **4** Expert, en général fonctionnaire, désigné par décret pour assister un ministre dans une discussion au Parlement (V. par ex. Const. 1958, a. 31, et r. AN, a. 56).
- **5** Magistrat représentant le ministère public auprès des juridictions militaires et chargé au surplus d'attributions particulières. V. **ministère public, *tribunaux permanents des forces armées, *parquet*.

— **à l'exécution du plan.** Personne chargée par le tribunal, dans la procédure de *redressement judiciaire, de veiller à l'exécution du *plan de redressement, fonction qui, pouvant être confiée à *l'administrateur ou au *représentant des créanciers, comprend, pour l'essentiel, l'élaboration du rapport à soumettre au tribunal avant toute modification substantielle des objectifs et des moyens du plan et emporte qualité pour demander au tribunal la résolution du plan en cas d'inexécution par le débiteur de ses engagements financiers.

— **au concordat.** Naguère, mandataire de justice éventuellement chargé de s'assurer que le concordat s'exécute de manière régulière et, dans le cas contraire, de saisir le tribunal d'une action en résolution de celui-ci. Si les commissaires sont chargés du paiement des dividendes, ils doivent déposer à un compte spécial les fonds que le débiteur leur remet.

— **aux apports.** Personne désignée par décision de justice ou par les associés en vue d'apprécier, sous sa responsabilité, l'évaluation d'un apport en nature ou d'un avantage particulier, telle qu'elle figure dans le projet de statuts d'une société par actions ou d'une société à responsabilité limitée ou dans le projet d'une augmentation de capital.

— **aux comptes.** Personne physique ou morale inscrite sur une liste professionnelle, chargée par les associés de contrôler d'une manière permanente les comptes dressés par les dirigeants, d'en certifier la régularité ainsi que la sincérité, de vérifier les informations financières données aux associés, de s'assurer que le principe d'égalité entre les actionnaires est respecté et de présenter des rapports sur les principaux événements intéressant la vie sociale, fonction traditionnelle, à laquelle s'ajoute aujourd'hui not. la mission de vérifier que les documents sociaux donnent une image fidèle du résultat des opérations de l'exercice écoulé ainsi que de la situation financière et du patrimoine de la société à la fin de cet exercice et celle de déclencher une procédure d'alerte lorsqu'il a connaissance d'un fait de nature à compromettre la continuité de l'exploitation (la désignation d'un ou plusieurs commissaires aux comptes est obligatoire dans les groupements d'une certaine importance ; société anonyme, SARL dont le capital excède un certain montant, groupement d'intérêt économique, société civile faisant publiquement appel à l'épargne, etc.). En dehors de sa mission légale, il peut fournir des services et attestations (C. com., a. 820-1-1). Comp. *expert-*comptable*.

— **de la République.** Titre donné :

a / En 1848 à des agents substitués aux *préfets ; puis, de 1944 à 1946, à des fonctionnaires régionaux dotés, en raison des circonstances, de pouvoirs exceptionnels.

b / Depuis 1982, au représentant de l'État dans le département et dans la région et qui exerce les compétences précédemment dévolues au *préfet dont il conserve la qualité en tant que membre du corps préfectoral.

— **de police.** Fonctionnaire de la police nationale, placé sous l'autorité hiérarchique du ministre de l'Intérieur ; chef de service de police par excellence, il exerce ses fonctions dans les différents secteurs de la *police nationale. Magistrat de l'ordre administratif (V. **police administrative*) et de l'ordre judiciaire, il est : *1* / l'officier de *police judiciaire auxiliaire du procureur de la République (C. pr. pén., a. 12 et 41) à condition d'être affecté à un emploi comportant cet exercice et en vertu d'une habilitation personnelle par le procureur général près la cour d'appel (C. pr. pén., a. 16) ; *2* / officier du ministère public devant le tribunal de police (sauf pour le jugement des contraventions de la cinquième classe (C. pr. pén., a. 45 à 48).

— **du gouvernement.**

a / Fonctionnaires placés auprès d'organismes ou d'entreprises privés semi-publics ou publics et exerçant sur leurs activités un contrôle qui s'exprime en général par le pouvoir d'opposer un veto aux délibérations des organes de gestion de ces entreprises ou organismes.

b / Fonctionnaires chargés de défendre devant les formations administratives du *Conseil d'État le point de vue de leur administration.

c / Membres des juridictions administratives qui ont pour mission « d'exposer les questions que présente à juger chaque recours contentieux et de faire connaître, en formulant en toute indépendance leurs conclusions, leur appréciation, qui doit être impartiale ainsi que leur opinion sur les solutions qu'appelle, suivant leur conscience, le litige soumis à la juridiction » (cette définition, CE, 10 juill. 1957, Gervaise, permet de mesurer l'équivoque de l'expression appliquée à une institution qui n'est nullement homologue d'un *ministère public).

— **(haut-).**

a / Représentant du gouvernement placé à la tête de certains territoires d'outre-mer.

b / Personnalité placée à la tête d'un grand service de l'administration sans faire partie du gouvernement.

— ***priseur.** Officier ministériel chargé de procéder à l'estimation et à la vente aux enchères publiques, amiable ou forcée, des meubles corporels (les commissaires-priseurs peuvent exercer leur ministère au sein de sociétés civiles professionnelles ; à Paris, ils jouissaient d'un monopole pour les ventes publiques de meubles corporels).

— **priseur de *ventes volontaires.** Titre que prend l'*opérateur qui organise et réalise des ventes volontaires de meubles aux enchères lorsqu'il est français, ressortissant d'un État membre ou assimilé et qu'il a la qualification ou le diplôme requis pour diriger la vente (C. com., a. L. 321-4).

COMMISSARIAT

Dér. de commissaire.

- **1** Fonction de *commissaire.
- **2** Grand service public doté d'une certaine indépendance (avec ou sans personnalité juridique distincte). Ex. Commissariat à l'Énergie atomique, Commissariat au Tourisme.
- **3** Bureau d'un commissaire de police.

COMMISSION

N. f. – Dér. du lat. *commissum,* part. pass. de *committere.* V. *commettre.*

- **1** Action de *commettre qqn, de lui confier une mission. Ex. commission d'un notaire par le juge. Comp. *nomination, désignation, délégation.*

— **consulaire.** Document, encore appelé lettre de provision, qui authentifie la mission d'un consul ; correspond aux lettres de créance d'un chef de mission diplomatique.

— **rogatoire.** Délégation qu'une autorité, chargée d'instruire un litige civil ou un procès pénal, donne à une autre autorité judiciaire ou à un officier de police judiciaire à l'effet d'exécuter en son nom certains actes de recherche des preuves qu'elle ne peut ou ne veut pas accomplir elle-même (C. pr. pén., a. 151 s. ; CPC, a. 730 s.) (les commissions rogatoires les plus fréquentes en matière pénale sont celles données par le juge d'instruction ; sur le plan international, les commissions rogatoires sont un mode d'entraide judiciaire). V. *juge commissaire (a)*.

• **2** Plus spécialement, le contrat (également nommé **contrat de commission**) en vertu duquel un intermédiaire, nommé *commissionnaire, est chargé d'accomplir en son nom, mais pour le compte du *commettant, une ou plusieurs opérations ; par ext., forme commerciale du mandat. V. *vente à la commission, mandat*. Comp. *courtage*.

— **-affiliation.** V. *affiliation*.

• **3** La *rémunération du commissionnaire pour l'exécution du *contrat de commission ; par ext., toute rémunération versée à un mandataire ou à un intermédiaire du commerce pour l'accomplissement de sa mission (courtier, agent commercial). Comp. *salaire, traitement, courtage*.

• **4** Par ext., la profession de commissionnaire. Ex. faire la commission. V. *bon de *visite*.

• **5** Désigne aussi le pouvoir conféré, la *charge confiée. Ex. avoir reçu commission. V. *office, mission*.

• **6** Parfois, l'objet de l'opération (ainsi pour désigner les courses et achats domestiques).

• **7** Groupe de plusieurs personnes chargées (en général par une autorité) d'une même mission (combinaison de deux des sens originaires de *committere* : réunir plusieurs personnes, confier une mission). Souvent temporaire, la mission est parfois permanente, très souvent consultative, elle peut aussi consister à prendre une décision ou à la préparer par des moyens divers (information, étude, élaboration d'un avant-projet) ; le plus souvent administrative, elle est exceptionnellement juridictionnelle. Comp. *conseil, comité, assemblée, chambre, formation, office*. V. *sous-commission*.

• D'emploi très divers, surtout en ce dernier sens, dans les matières suivantes :

► **I** (const.)

• Organe auxiliaire d'une assemblée composé d'un certain nombre de ses membres chargés de préparer ses travaux. Ex. commission parlementaire (Const. 1958, a. 43).

► **II** (adm.)

— **administrative paritaire.** Organismes consultatifs, composés en nombre égal de représentants de l'administration et de représentants élus par le personnel qui, dans chaque administration ou service, connaissent des questions individuelles concernant ce personnel : recrutement, affectation, notation, avancement, discipline.

— **centrale.** Celle qui, placée auprès du ministre de l'Économie et des Finances, est chargée d'examiner l'ensemble des questions relatives à la politique des marchés.

— **de contrôle des opérations immobilières.** Organismes consultatifs institués sur le plan départemental, régional et national chargés d'émettre des avis sur les opérations immobilières des personnes publiques, de leurs concessionnaires et des institutions placées sous le contrôle de l'administration.

— **départementale.** Organe délibérant composé de conseillers généraux élus en son sein par le *conseil général et chargé, dans l'intervalle des sessions de ce conseil, de contrôler l'action du préfet, de suivre l'exécution des délibérations du conseil général et de prendre, dans des conditions déterminées par la loi, certaines délibérations exécutoires.

— **départementale d'urbanisme.** Organismes consultatifs comprenant des élus locaux, des représentants de l'administration et des personnalités qualifiées chargés de donner aux préfets des avis en matière d'urbanisme.

— **des marchés.** Organismes consultatifs du Droit des *marchés publics.

—**s spécialisées.** Organismes interministériels appelés à donner un avis sur les projets de marchés atteignant un certain montant.

— **syndicale.** Organismes du Droit communal constitués soit pour administrer les biens et droits indivis entre plusieurs communes, soit pour l'exécution de certaines opérations administratives intéressant une *section de commune.

► **III** (rur.)

— **consultative des baux ruraux.** Organe administratif institué dans chaque département comprenant, sous la présidence d'un magistrat, des représentants des bailleurs et des preneurs élus, en principe, par les assesseurs des *tribunaux paritaires de baux ruraux, ayant pour mission d'assister le préfet dans l'application des règles du statut du fermage.

— **d'agrément des sociétés d'aménagement foncier et d'établissement rural.** Organe consultatif constitué, sous la présidence du ministre de l'Agriculture, par le Conseil supérieur de l'Aménagement rural et appelé à donner son avis dans la procédure d'agrément des *sociétés d'aménagement foncier et d'établissement rural.

— **de réorganisation foncière et de remembrement.**

a / — communale. Autorité administrative présidée par le juge d'instance, créée à l'échelon communal ou intercommunal, à l'initiative soit des propriétaires, soit des exploitants, soit de l'administration, ayant pour mission de déterminer les mesures susceptibles d'être mises en œuvre en vue d'améliorer les exploitations agricoles du territoire communal, de participer à l'élaboration du plan de *remembrement et d'en assurer l'exécution.

b / — départementale. Autorité administrative créée à l'échelon départemental, présidée par un magistrat de l'ordre judiciaire, ayant pour mission de statuer sur les réclamations formées contre les décisions des commissions communales et d'assister le préfet dans l'élaboration de certaines décisions concernant les opérations d'aménagement.

— **des structures agricoles.**

a / — départementale. Organisme administratif chargé, sous la présidence du préfet, d'une part, de participer à l'élaboration de la réglementation des *cumuls en soumettant à l'administration des propositions pour la fixation, dans le département, des superficies maximum et minimum, d'autre part, d'intervenir à l'application de cette réglementation en formulant des avis sur les demandes d'autorisation de cumuls formulées par les exploitants.

b /— régionale. Organe, créé au niveau de chaque circonscription d'action régionale, chargé, sous la présidence du préfet de région, de coordonner et d'harmoniser les travaux des commissions départementales.

— **nationale des calamités agricoles.** Organisme créé auprès du Fonds national de Garantie des Calamités agricoles ayant pour mission, d'une part, d'informer celui-ci en ce qui concerne la prévention des risques et la détermination des conditions de prise en charge des calamités et, d'autre part, de présenter des propositions aux ministres compétents quant aux taux de la contribution additionnelle et aux conditions d'indemnisation.

— **nationale des cumuls.** Organisme administratif institué auprès du ministre de l'Agriculture, appelé à donner son avis sur les problèmes posés par les *cumuls d'exploitation agricoles et susceptible de formuler des propositions de réglementation en cas de carence d'une commission départementale.

► **IV** (pr. et séc. soc.)

— **d'avancement.** Organisme statutaire de la magistrature composé de magistrats et ayant pour mission de dresser les tableaux d'avancement et les listes d'aptitude, ainsi que d'émettre des avis dans les cas déterminés par la loi (recrutement sur titres, etc.).

— **de discipline.** Organisme prenant part à une procédure *disciplinaire qui, composé de professionnels, donne son avis à l'autorité dotée du pouvoir de sanction.

— **de réparation des détentions.** Commission nationale instituée auprès de la cour de cassation pour statuer souverainement, sous la présidence du premier président de la Cour de cassation, sur l'indemnité qui peut être accordée à une personne en raison du préjudice que lui a causé la détention provisoire dont elle a été l'objet au cours d'une procédure qui s'est terminée par une décision définitive de non-lieu, de relaxe ou d'acquittement (C. pr. pén., a. 149 s.).

— **du contentieux de la sécurité sociale.**

a / — du contentieux général. Celles qui jugent en première instance, sous la présidence d'un magistrat de l'ordre judiciaire assisté d'assesseurs représentant les catégories intéressées, l'ensemble des litiges dont la solution relève de l'application du droit social et dont les décisions sont portées en appel devant la cour d'appel. V. *échevinage.*

b / — du contentieux technique. Celles qui statuent sur l'état ou le degré d'invalidité ou d'incapacité de travail, en première instance à l'échelon régional et en appel à l'échelon national.

► **V** (int. publ.)

● **1** Organe subsidiaire d'une organisation internationale, chargé de préparer les travaux d'un organe principal siégeant en séance plénière ; exceptionnellement, l'organe exécutif de l'organisation (ex. commission exécutive de l'Union postale universelle).

- **2** Organe créé par deux ou plusieurs États en vue d'assurer la mise en œuvre et le contrôle de l'application d'une convention internationale.
- **3** (parfois accompagné d'une préposition et d'un substantif). Organe chargé de participer à une procédure de règlement pacifique d'un différend international (ex. commission d'enquête, de conciliation).

▸ **VI** (eur.)
— **européenne.** Organe exécutif de l'*Union européenne qui, érigé en un collège de commissaires nommés par les États membres (vingt sept pour l'heure) et soumis à un vote d'investiture du *Parlement européen devant lequel il est responsable, assume, dans l'intérêt communautaire et de façon indépendante, des fonctions d'*initiative (propositions au *Conseil de l'Union européenne) d'exécution, de gestion et de contrôle (notamment celui du respect des traités et de l'application du droit communautaire).

COMMISSION

Du lat. class., repris par le lat. ecclés. *commissio* : « action de commettre une faute ».

- **1** Action de *commettre un *délit (civil ou pénal) ; action de le consommer, fût-ce par *omission (acte de négligence, non-assistance à personne en danger) ; on parle ainsi de délit de commission par omission ; supposant l'acte accompli, exécuté, le terme s'oppose, en ce sens *générique (principal) à *tentative. V. *consommation, instigation*.
- **2** Au sens strict (plus rare) et par opp. à *abstention, accomplissement d'un fait délictueux *positif (coups et blessures, excès de vitesse).

COMMISSIONNAIRE

Subst. – Dér. de *commission.

- **1** *Intermédiaire dont la profession est de faire des opérations de commission et qui, agissant en son propre nom, se distingue du *mandataire ; se distingue aussi du *courtier. Ex. commissionnaire de transport, de vente. Comp. *dépositaire, consignataire, transitaire, agent d'affaires*.

— **de transport.** V. *commissionnaire de transport*.
— **du croire.** V. **du croire*.

- **2** Auxiliaire chargé d'opérations matérielles diverses (transport de meubles, etc.). Ex. commissionnaire de l'hôtel des ventes.

COMMISSIONNER

V. trans. Dér. de *commission.

- **1** Syn. de **commettre* (sens 1).
- **2** Plus spécialement, donner commission à qqn (par contrat de *commission, sens 2).
- Avoir été commissionné peut signifier, dans les deux cas, avoir reçu pouvoir, et, dans le second, avoir perçu une commission.

COMMISSOIRE

Adj. – Lat. *commissorius,* de *commissum,* supin de *committere,* commettre.

- Terme employé, en matière de sûreté, pour caractériser un pacte de rigueur, le *pacte commissoire, ou, en matière contractuelle (au moins pour la vente) comme synonyme de clause *résolutoire.

COMMITTITUR

- Verbe lat. signifiant « il est confié » parfois encore (mais très rarement) utilisé au palais pour désigner, par une formule, la commission d'un magistrat comme juge rapporteur (ou pour une autre mission particulière) par une juridiction ou son président. Comp. *exequatur, pareatis*.

COMMODANT

Subst. – Du lat. *commodans,* part. prés. du v. *commodare* : disposer convenablement.

- Celui qui prête un objet à usage, dans le *commodat. V. *prêteur, commodataire*.

COMMODAT

Lat. *commodatum,* prêt à usage (de *commodum* : avantage, utilité).

- Ancienne dénomination aujourd'hui peu usitée du *prêt à usage. V. *emprunt*.

COMMODATAIRE

Subst. – De *commodat.

- Celui qui emprunte un objet à usage dans le *commodat. V. *emprunteur, preneur, commodant*.

COMMON LAW

Dér. de *Commune ley*.

- **1** Famille de droits dont le berceau est le droit anglais. Opp. **civil law*.
- **2** Système juridique fondé sur une règle de droit d'origine jurisprudentielle.
- **3** Corps de règles élaboré par les cours royales par opposition aux règles d'**equity* dégagées par la juridiction du Chancelier et à la législation (*statute law*).

COMMONWEALTH

Mot anglais.

- **1** Dans son sens archaïque et littéral, le bien public ; dans son sens moderne et dérivé, toute communauté d'individus s'érigeant en corps politique en vue de protéger le bien public, c'est-à-dire les droits de ceux qui la composent ; par extension, toute forme d'organisation étatique instituée du consentement des individus placés sous sa juridiction, en vue de protéger les idéaux ou les intérêts qu'ils partagent (dans cette dernière acception, le « terme » s'applique essentiellement aux gouvernements représentatifs : ex. Commonwealth du Kentucky, du Massachusetts, de Pennsylvanie, de Virginie).
- **2** Plus spécialement, le *« Commonwealth of British Nations »* (Communauté des Nations britanniques) rassemblé, au début du XXe siècle, autour du royaume de Grande-Bretagne, et devenu par la suite *« Commonwealth of nations »* (Communauté des nations) : association volontaire désormais fondée sur le principe de l'égalité souveraine entre États extrêmement divers qui tous, à un moment donné, se sont trouvés sous domination britannique (celle-ci revêtant des formes différentes selon l'époque et le lieu) qui ne saurait être regardée comme un sujet du Droit international et repose moins de nos jours sur l'existence d'organes et de procédures institués que sur le sentiment d'une appartenance commune, né des survivances historiques, des affinités linguistiques et culturelles, des solidarités économiques et commerciales.

COMMORIENTES

Part. prés. plur. du v. lat. *commarior* : mourir avec.

- Nom latin encore donné aux *comourants.

COMMUN, UNE

Adj. – Lat. *communis*.

- **1** Qui concerne tous les membres d'un groupe, par opp. à *individuel, *collectif (sens 1), *unilatéral. Ex. intérêt commun, gage commun, avaries communes, *exercice en commun de l'autorité parentale. Comp. *communal, conjoint*.

—e (maison). V. *maison commune*.

- **2** Qui est la propriété de plusieurs, par opp. à *privatif ; qui est en copropriété. Ex. dans la copropriété des immeubles bâtis, les parties communes affectées à l'usage de tous les copropriétaires ou de plusieurs d'entre eux sont l'objet d'une propriété indivise entre l'ensemble des copropriétaires ou certains d'entre eux. Comp. *indivis*.
- **3** Qui est en communauté, par opp. à *propre sous un régime (matrimonial) de communauté ; les biens communs s'opposent en ce sens aux biens propres. Comp. *communautaire*. V. *réservés (biens)*.
- **4** Qui est largement répandu dans le public, par opp. à *personnel. Ex. erreur commune, *commune renommée. Comp. *notoire*.
- **5** Qui s'applique à toutes les espèces d'un genre, par opp. à *spécial ou à *particulier. Ex. dispositions communes à toutes juridictions dans le CPC. Comp. *général*.
- **6** Qui s'applique en *principe (sauf exception) à toutes les personnes et à toutes les affaires, par opp. à *exception-

nel ; résiduellement applicable à tous les cas non exceptés. Ex. droit commun. V. *règle, principe, supplétif, subsidiaire.*
— **(juridiction de droit).** Juridiction qui a vocation à connaître de toutes les affaires à l'exception de celles qu'une disposition expresse soumet à la compétence d'une autre juridiction. Ex. en matière civile, le tribunal de grande instance est juridiction de droit commun.

COMMUNAL, ALE, AUX

Adj. – Lat. *communalis.*

- Qui appartient ou qui se rapporte à la *commune. Ex. bâtiment communal, administration communale. Comp. *municipal, vicinal, départemental, régional, national.*

— **(affouage).** V. *affouage communal.*
—**e (voie).** V. *voie communale.*

COMMUNAUTAIRE

Adj. – Dér. de *communauté.

- **1** Qui se rapporte à une *communauté. Comp. *collectif, associatif, associationnel, public, commun, participatif.* V. *personnel, individuel.*
- **2** Plus spécialement, qui caractérise le régime de la *communauté conjugale par opp. à *séparatiste et *mixte. V. *propre, postcommunautaire.*

— **(Droit).** Droit de l'*Union européenne ; ensemble des règles matérielles uniformes applicables dans les États membres de l'Union dont la source primaire est constituée par les traités d'institution et la partie dérivée par les règles établies par les institutions communautaires en application des traités. V. *interétatique, international, supranational, national, souveraineté.*

COMMUNAUTARISATION

Subst. fém. – Néol. de *communautaire.

- Renforcement communautaire ; processus de transformation de l'*Union européenne par un passage de la coopération à une intégration accrue, consistant à transférer un domaine relevant de la méthode intergouvernementale régie par le principe d'unanimité au *Conseil et l'*initiative partagée entre la *Commission et les États membres, à la méthode communautaire fondée sur le recours général à la majorité qualifiée au sein du Conseil et le monopole d'initiative de la Commission.

COMMUNAUTÉ

N. f. – Dér. de l'adj. *commun.

- **1** Ensemble de personnes ou d'États ayant des intérêts communs. V. *collectivité, société, association, personne morale, groupe, groupement, colonie, congrégation, ordre, corps, église, union.*
- **2** Plus spécialement la communauté entre époux, dite aussi communauté conjugale.
- **3** Union entre la France et un certain nombre de pays d'outre-mer, autrefois colonies puis devenues États, prévue par la Constitution de 1958 (Préambule et a. 1 et titre XII) (communauté institutionnelle) ; puis, à partir de 1960, modifiée par l'accession des divers États la composant à la pleine *indépendance et ne résultant plus que des accords passés entre eux et la France (a. 85 et 86 tels que modifiés, 1. Const. 4 juin 1960 abrogés par I. Const. 4 août 1995) (communauté conventionnelle). Comp. **union française.*
- **4** Parfois syn. de *congrégation religieuse. V. *association, établissement.*

— **conjugale.** Régime matrimonial de la *communauté entre époux (v. ci-dessous).
— **d'agglomération.** V. *agglomération.*
— **de communes** (publ.). Établissement public de coopération intercommunale regroupant plusieurs communes d'un seul tenant et sans enclave, qui a pour objet d'associer des communes en vue de l'élaboration d'un projet commun de développement et d'aménagement de l'espace (CGCT, a. L. 5214-1).
— **de vie.** V. *vie (communauté de).*
— **d'habitants.** Groupe d'habitants d'une commune possédant, à l'exclusion de leurs autres concitoyens, certains droits dont ils jouissent *ut universi* (surtout en raison des immeubles qu'ils possèdent dans la commune) et qui consistent principalement en des droits d'usage, en général forestiers, à exercer collectivement.
— **économique européenne (CEE).** Noyau

principal de l'Europe en formation remodelé dans le cadre de l'*Union européenne (1992). À l'origine, groupement d'États européens, doté de la personnalité morale et constituant un ordre juridique propre (auquel les États membres ont fait des transferts limités de souveraineté) qui a eu pour mission, par l'établissement d'un *Marché commun et par le rapprochement progressif des politiques économiques des États membres, de promouvoir un développement harmonieux des activités économiques, une expansion continue et équilibrée, une stabilité accrue, un relèvement accéléré du niveau de vie et des relations plus étroites entre ses membres (tr. CEE, a. 2). V. *adhésion, commission*.

—s européennes. Naguère composantes de l'*Union européenne : CECA, CEEA et CE, cette dernière, à la différence des deux premières, dites sectorielles, n'était plus qualifiée d'économique, sans pour autant perdre cette spécialité qui s'étendait même à l'Union économique et monétaire, aujourd'hui remplacée par l'Union européenne.

— entre époux.

a / Régime matrimonial, dit aussi communauté conjugale, dans lequel tout ou partie des biens des époux forme une *masse commune destinée à être partagée entre les époux ou leurs héritiers lors de la dissolution de la communauté.

— *conventionnelle* (par opposition à communauté légale). Régime matrimonial dans lequel les règles légales du régime de communauté sont modifiées par le contrat de mariage des parties, soit quant à la gestion (clause de main commune, d'administration conjointe), soit quant à la composition (communauté universelle), etc.

— *d'acquêts.* Régime de communauté (aujourd'hui régime légal) dont l'actif se compose seulement des *acquêts (sens 1, *a*) et le passif, des dettes communes correspondantes (C. civ., a. 1409 s.) ; encore nommée communauté réduite aux acquêts.

— **universelle.* Régime conventionnel de communauté dans lequel tous les biens, tant meubles qu'immeubles, présents et à venir des époux font partie de la masse commune et où toutes les dettes sont communes (C. civ., a. 1526).

b / Biens comprenant la *masse commune sous les régimes de communauté (*réelle). Syn. *actif commun*.

c / Dans un langage personnificateur, désigne l'entité que forme l'ensemble de l'actif et du passif communs, c'est-à-dire le patrimoine commun relativement aux tiers ou au patrimoine respectif des époux ; on parle en ce sens des dettes de la communauté, de *récompenses dues par la communauté ou à la communauté.

— *de meubles et acquêts.* Régime de communauté dont l'actif comprend, outre les acquêts, tous les meubles qui appartenaient aux époux lors du mariage ou qui leur sont échus depuis à titre gratuit, et dont le passif comprend, outre les dettes qui en feraient partie sous la communauté d'acquêts, une fraction de celles dont les époux étaient tenus lorsqu'ils se sont mariés ou dont sont grevées les successions et libéralités qui leur échoient pendant le mariage (C. civ., a. 1498) (autrefois régime légal, encore applicable à ce titre aux époux mariés avant le 1er février 1966, elle n'est plus aujourd'hui qu'un régime conventionnel).

— *légale* (par opposition à communauté conventionnelle). Régime de communauté établi par la loi (depuis la loi du 13 juill. 1965, c'est la communauté réduite aux acquêts) qui s'applique de plein droit à tous les époux qui n'ont pas fait de contrat de mariage avant de se marier (C. civ., a. 1400), encore nommée régime de droit commun (C. civ., a. 1393). V. *supplétif*.

— européenne de l'énergie atomique (CEEA). Groupement d'États européens doté de la personnalité morale, ayant pour but de contribuer, par l'établissement des conditions nécessaires à la formation et à la croissance des industries nucléaires, à l'élévation du niveau de vie dans les *États membres et au développement des échanges avec les autres pays (tr. CEEA, a. 1).

— européenne du charbon et de l'acier (CECA). Groupement d'États européens doté de la personnalité morale ayant pour objet, grâce à l'établissement d'un *Marché commun du charbon et de l'acier, de contribuer à l'expansion économique, au développement de l'emploi et au relèvement du niveau de vie dans les *États membres (anc. tr. CECA, a. 2).

— internationale. Syn. *société *internationale.*

— urbaine. V. *urbaine (communauté).*

COMMUNAUX

Subst. masc.plur.

V. *biens communaux*.

COMMUNE

Lat. pop. *communia,* plur. neutre de *communis*. V. *communauté*, pris comme nom féminin au sens de « groupe de gens ayant une vie commune ».

- Dernière subdivision administrative du territoire ayant le double caractère de *circonscription de l'administration d'État et de *collectivité locale. V. *communauté de communes, conseil municipal, maire*. Comp. *département, district, arrondissement, région*.

— **associée.** Désigne une commune incluse dans une *fusion et à laquelle sont conservés son territoire et son nom.

COMMUNE RENOMMÉE

Lat. *communis* ; dér. de renommer, lat. *nominare* : nommer.

- **1** Écho de rumeur publique ; « on-dit » présenté comme le reflet d'une opinion générale ou répandue dans un milieu donné, non de celle d'une personne déterminée.
- **2** Nom traditionnel donné au mode de preuve – exceptionnellement *admissible – qui consiste not. pour le juge à recueillir les déclarations de personnes qui (par une différence avec le *témoignage) n'ont pas une connaissance personnelle du fait à établir, mais qui en parlent par « ouï-dire », d'après les « on-dit » (sens 1) ; se distingue aussi du témoignage *indirect au sens strict du terme. Comp. *notoriété, *acte de notoriété*.

COMMUNICABLE

Adj. – Dér. du v. *communiquer.

- Se dit d'une affaire civile dont le ministère public doit, en vertu de la loi, avoir *communication (CPC, a. 425). V. **partie jointe, avis*.

COMMUNICATION

Lat. *communicatio,* dér. de *communicare* : mettre en commun, de *communis*.

- **1** Fait de porter un événement ou un élément d'information à la connaissance d'une personne déterminée (adversaire, organe de contrôle) d'un groupe d'intéressés ou du public ; désigne, par extension, l'obligation d'informer le destinataire de la communication ou le droit pour celui-ci de prendre lui-même connaissance d'éléments mis à sa disposition. V. *consultation, message, proclamation, annonce, avis, avertissement, notification, communiqué, courrier*.

— **audiovisuelle.** Principalement communication au public de services de radio et de télévision y compris lorsqu'ils sont diffusés sur Internet (L. 30 sept. 1986, a. 2)

— **au ministère public.** Connaissance donnée au ministère public – soit à son initiative, soit en vertu de la loi, soit sur décision d'office du juge – d'une affaire civile, afin qu'il puisse faire connaître son avis (comme *partie jointe) à la juridiction soit par conclusions écrites, soit oralement à l'audience (CPC, a. 424 s.). V. *ordonnance de communication* (ci-dessous).

— **au public en ligne.** Transmission par voie électronique, sur demande individuelle, de données numériques n'ayant pas un caractère de correspondance privée par un procédé interactif de communication (L. 21 juin 2004, a. 1).

— **au public par voie électronique.** Mise à disposition du public par un procédé de communication électronique de signes, signaux, écrits, images, sons, ou de messages de toute nature n'ayant pas le caractère d'une correspondance privée (L. 30 sept. 1986, a. 2). Désigne ensemble la communication audiovisuelle et la communication au public en ligne.

— **de la procédure au parquet (ordonnance de).** Décision du juge d'instruction ayant pour objet la transmission des pièces constitutives du dossier pénal au ministère public, qui précède le renvoi de l'affaire à l'audience.

— **des documents comptables.** Obligation de communiquer les livres de comptabilité et documents comptables aux *commissaires aux comptes des sociétés.

— **des documents sociaux.** Droit accordé par la loi aux associés non gérants dans les sociétés en nom collectif, en commandite ou à responsabilité limitée et aux actionnaires des sociétés anonymes de prendre connaissance (et copie) de documents sociaux.

— **des *pièces.** Fait – et obligation – pour une partie à l'instance de porter spontanément et en temps utile à la connaissance de toute autre partie à l'instance les pièces dont il fait état au soutien de ses prétentions (CPC, a. 132 s.). V. *contradiction, contradictoire, astreinte*. Comp. *production, sommation*. V. *verser aux débats*.

— **(droit de).** Droit conféré à certains agents de diverses administrations (administration fiscale, douanes) de prendre connaissance de documents concernant les contribuables auprès des intéressés eux-mêmes ou auprès de tiers (organismes publics, banques, entreprises industrielles et commerciales).

— **électronique.** Émissions, transmissions ou réceptions de signes, signaux, écrits, images ou sons par voie électromagnétique (L. 30 sept. 1986, a. 2).

• **2** Entrée en relation d'un avocat (désigné ou commis d'office) avec un détenu dont il assure la défense, qui constitue un droit dont l'exercice, à l'initiative du détenu ou de son avocat, peut revêtir les formes que justifie l'organisation de la défense: *accès au dossier, *correspondance protégée, *visite libre. V. **permis de communiquer, parloir, secret, consultation*.

COMMUNIQUÉ

Subst. masc. – Part. pass. de *communiquer.

• **1** *Déclaration d'*information destinée à être publiée par la voie de la presse, par exemple à titre de *rectification. V. **insertion, réponse (droit de)*. Comp. *avis, avertissement*.

• **2** Plus spéc. *annonce *officielle d'une mesure (not. à l'issue d'un Conseil des ministres) qui, n'étant pas en général exécutoire par elle-même, ne peut être attaquée par la voie du recours pour excès de pouvoir, en tant qu'elle constitue non une décision, mais une simple déclaration d'intention. Comp. *communication, message, proclamation, publication, résolution*.

COMMUNIQUER

V. – Lat. *communicare* : mettre ou avoir en commun.

• **1** Action de porter quelque chose (document, pièce, affaire, etc.) à la connaissance de quelqu'un. Comp. *produire, verser aux débats, publier*.

• **2** Action d'entrer en relation avec quelqu'un (not. avec un détenu). V. *communication*.

— **(interdiction de).** V. *mise au *secret*.

— **(*permis de).**

a / Autorisation donnée (par le juge d'instruction ou le parquet) à un avocat (commis ou désigné) de s'entretenir librement avec son client détenu. V. *communication*.

b / Le titre portant cette autorisation.

COMMUNISTE

Subst. – Dér. de commun.

• Personne qui est dans l'indivision; mot qui, ayant fait fortune dans le vocabulaire politique, a presque disparu (par contrecoup ?) de la langue juridique; on parle plutôt d'*indivisaire ou de *coïndivisaire.

COMMUTATIF, IVE

Adj. – Du v. lat. *commutare,* échanger. V. *contrat commutatif*.

COMMUTATION DE PEINE

Lat. *commutatio,* dér. de *commutare* : commuer. V. *peine*.

• Modalité de *grâce consistant à substituer en faveur du condamné une peine à une autre. Ex. commutation de la réclusion criminelle à perpétuité en réclusion à temps; à distinguer de la dispense totale d'exécution de peine (grâce intégrale) et de la *réduction de peine. Comp. **remise de peine*.

COMOURANTS

Subst. plur. – Lat. **commorientes*.

• Personnes ayant une vocation héréditaire réciproque (deux époux, deux frères) qui décèdent dans un même événement (catastrophe aérienne, incendie), aujourd'hui nommées *codécédés. Syn. **commorientes*.

— **(théorie des).** Nom donné aux présomptions légales subsidiaires de *survie (C. civ., a. 720 s. anc.) fondées sur l'âge et le sexe des comourants en vertu desquelles, lorsqu'on ne pouvait en fait établir lequel des comourants était décédé le premier, le plus résistant était censé avoir survécu au plus faible (selon les critères de la loi) et avoir recueilli avant de mourir la succession de celui-ci ; présomptions aujourd'hui abolies (C. civ., a. 725-1). V. *survivant*.

COMPAGNE

Subst. fém. – Dér. de compain. V. *compagnie*.

- Syn. de *concubine. V. **union libre*. Comp. *époux, conjoint*.

COMPAGNIE

Dér. de l'anc. franç. *compagne* : compagnie, lat. pop. *compania*, fait d'après *companis* : « compagnon », proprement « qui mange son pain avec », fait sur un modèle germanique, apporté par les légionnaires du Bas-Empire.

- **1** Syn. de *société, se disait, sous l'Ancien Régime, des sociétés commerciales à forme anonyme constituées par privilège royal. Ex. Compagnie des Indes ; s'emploie aujourd'hui de préférence pour les sociétés qui assurent un service public (ex. compagnie des Eaux) ou certaines sociétés spécialisées (compagnies de navigation, d'assurance, etc.). V. *firme, établissement*.

— **(et) ou et Cie.** Désignation que des commerçants ajoutent à leur nom dans les sociétés en nom collectif et en commandite, pour indiquer qu'ils sont associés avec une ou plusieurs personnes dont le nom ne figure pas dans la raison sociale de la société constituée.

- **2** Groupement professionnel, corporatif.

— **d'officiers ministériels, de commissaires aux comptes, etc.**

a / Désigne encore, dans l'usage, tout groupement constitué d'officiers ministériels (avoués, notaires, etc.) exerçant leur profession dans un ressort déterminé et soumis à l'action disciplinaire des membres de leur *chambre professionnelle. V. *corporation*.

b / Strictement, ne s'applique plus qu'à certains officiers ministériels (agents de change, commissaires-priseurs, courtiers-conducteurs de navires) et aux membres de certaines professions libérales soumis à une organisation et des contrôles inspirés du statut des officiers ministériels (*courtiers en marchandises assermentés ou *commissaires aux comptes). Comp. *ordre, barreau*.

- **3** Dans certaines expressions, groupement d'hommes organisé en force d'intervention.

— **républicaine de sécurité.** Forces de police (communément désignées sous le sigle CRS) qui, organisées sur le mode militaire mais de statut civil, dépendent du ministère de l'Intérieur et constituent des réserves générales de la police de la sécurité publique.

- **4**

— **(animal de).** Tout animal destiné à être détenu par l'homme pour son agrément (C. rur., a. 214-6).

COMPAGNON

Subst. masc. – Lat. pop. *companio*, formé sur lat. *cum* (avec) et *panis* (pain).

- **1** Qualificatif qui tend à remplacer celui, plus péjoratif, de *concubin. V. *marital, union libre*. Comp. *conjoint, époux*.
- **2** *Salarié d'un artisan. Comp. *apprenti, tâcheron*.

COMPARANT, ANTE

Subst. – Part. prés., pris substantivement de l'anc. v. *comparoir*, lat. *comparere* : apparaître, qui a pris un sens jur. dans le lat. médiév.

- **1** Celui qui se présente en personne devant un officier public (ex. C. civ., a. 35) ou devant un juge. Comp. *déclarant*.
- **2** Par ext. et plus généralement, celui qui, sous une forme prévue par la loi (par ex. la *représentation devant certaines juridictions), se manifeste en temps utile pour défendre ses intérêts en justice. Comp. *défaillant, taisant*. V. *comparution, défaut, *jugement par défaut*.

COMPARUTION

N. f. – Dér. de *comparare* : comparaître, d'après le part. pass. comparu. V. *comparant*.

- **1** Au sens propre, fait de se présenter en

personne devant une autorité pour accomplir un acte dont la loi ordonne ou autorise qu'il soit fait par l'intéressé lui-même. Ex. faire une *déclaration, fournir un *témoignage (V. *déposition*) ou même plaider devant une juridiction dans les cas où la loi exige (sauf empêchement légitime) ou permet qu'un plaideur se présente lui-même devant le juge (comparaisse en personne), sauf à se faire *assister s'il le désire (V. CPC, a. 883, C. trav., a. L. 1453-1 s. ; CPC, a. 827, 853, 931). Ant. (en ce sens) *représentation*.

- **2** En un sens particulier (propre aux juridictions devant lesquelles le ministère d'avocat ou d'avoué est obligatoire), fait de constituer avocat (devant le tribunal de grande instance, CPC, a. 751) ou avoué (dans la procédure avec *représentation obligatoire devant la cour d'appel, CPC, a. 899) ; fait de se faire *représenter en justice par de tels auxiliaires. V. *constitution*.

- **3** En un sens générique, fait d'organiser sa défense en justice en se conformant aux modalités propres à la juridiction devant laquelle on plaide, c'est-à-dire, soit en comparaissant en personne (sens 1) lorsque la loi le prescrit ou le permet, soit, sous les mêmes conditions, en constituant avocat ou avoué (sens 2) ou même, si la loi l'autorise, en se faisant représenter par une autre personne, ce qui, en principe, suffit à rendre le *jugement *contradictoire (CPC, a. 467). V. **jugement réputé contradictoire, *jugement par défaut, contumace*.

— **(défaut de).** V. *défaut de comparution*.
— **immédiate.** Procédure pénale applicable à des infractions, flagrantes ou non, punies d'une peine supérieure à un certain seuil, par laquelle le procureur de la République, lorsqu'il lui apparaît que les charges réunies sont suffisantes et que l'affaire est en état d'être jugée, traduit un prévenu devant le tribunal correctionnel (ex. en cas de vol, violences volontaires, dégradations, trafics de stupéfiants, CPP, a. 395).
— **personnelle.** *Mesure d'instruction destinée à interroger les parties ou l'une d'elles sur les faits dont dépend la solution du litige, afin que le juge (la formation de jugement ou l'un de ses membres) recueille les réponses faites en personne par la partie interrogée et, à l'occasion, reçoive d'elle un *aveu ou, le cas échéant, tire un indice (équivalent à un *commencement de preuve par écrit) soit de ses *déclarations, soit de son absence ou de son refus de répondre (CPC, a. 184) ; à ne pas confondre avec la simple *audition. Comp. *témoignage, enquête, déposition*.
— **sur reconnaissance préalable de culpabilité.** V. *culpabilité*.

COMPENDIUM

N. m. – Lat. *compendium,* gain provenant de l'épargne ou d'une économie de temps ; économie.

- Résumé d'ensemble d'une doctrine, d'une science ; abrégé d'un ouvrage, d'une matière ; épitomé.

COMPENSABLE

Adj. – Dér. du v. *compenser.

- Qui donne lieu à *compensation et peut s'éteindre par compensation ; qui réunit les caractères permettant à la compensation de s'opérer. Ex. dettes compensables (C. civ., a. 1297) dans les termes des a. 1289 s. (réciproques, *fongibles, exigibles, liquides, etc.). V. *payable*.

COMPENSATION

N. f. – Lat. *compensatio,* dér. de *compensare* : proprement peser pour comparer (de *pensare* : peser).

- **1** *Extinction simultanée totale ou partielle de deux obligations réciproques entre les mêmes personnes (C. civ., a. 1347) ayant pour objet une somme d'argent ou une certaine quantité de choses *fongibles de même espèce (C. civ., a. 1347-1).

— **conventionnelle.** Celle qui est opérée par la volonté des parties dans les cas où les conditions de la compensation légale font défaut (C. civ., a. 1348-2).
— **judiciaire.** Compensation opérée par le juge qui, saisi de deux demandes fondées sur des créances réciproques dont l'une au moins n'est pas liquide, procède à la liquidation et prononce leur extinction totale ou partielle (C. civ., a. 1348-2). Comp. *paiement, sûreté, rétention, compte, compte courant, confusion*.
— **légale.** Celle qui s'opère de plein droit

entre deux obligations réciproques liquides et exigibles (C. civ., a. 1347).

- **2** Terme usuel désignant toute espèce de dédommagement, not. la réparation du préjudice résultant de l'inexécution d'une obligation (C. civ., a. 1229, 1769) ; en ce sens, on parle de dommages-intérêts *compensatoires. V. *indemnisation, compensatoire*.
- **3** (sens particulier au Droit du trav. mais voisin du sens 1). Mode de paiement du salaire qui éteint la dette de l'employeur en même temps que les créances exigibles qu'il peut avoir sur le salarié ; est soumise, pour la protection du salarié, à des restrictions.
- **4** Dans certaines expressions, syn. de répartition des charges.

— **des dépens.** Répartition des dépens entre les plaideurs, qui, par exception, peut être prononcée entre conjoints, ascendants, frères et sœurs ou alliés au même degré, ou quand les parties succombent respectivement sur quelques chefs (CPC, a. 696). V. *balance*.

— **(chambre de).** V. *chambre de compensation*.

COMPENSATOIRE

Adj. – Dér. de *compenser.

- Destiné à *compenser, à rétablir un équilibre, une situation entière. V. *indemnitaire, moratoire*. Comp. *alimentaire, adéquat*.

—**s (dommages-intérêts).** Somme d'argent destinée, en matière de responsabilité délictuelle ou contractuelle, à réparer exactement le préjudice (not. celui qui résulte de l'inexécution de l'obligation), de telle sorte que la victime n'en retire ni profit, ni perte ; se distinguent des dommages-intérêts *moratoires. V. *indemnisé*.

— **(prestation).** *Prestation forfaitaire (en principe non révisable) que l'un des époux peut être tenu de verser à l'autre après divorce afin de compenser la disparité que la rupture du mariage crée dans les conditions de vie respective (compte tenu not. de l'âge et de l'état de santé des époux, de leur qualification professionnelle, de leur patrimoine, etc.) et qui prend la forme soit d'un capital (versement d'une somme d'argent, attribution en usufruit de biens en nature), soit d'une rente indexée (ne pas confondre avec une *pension *alimentaire). V. *maintenance*.

COMPENSER

V. *compensation*.

- Rétablir un équilibre légitime entre deux patrimoines ; réparer, par un mouvement de valeur équivalent, le déséquilibre patrimonial créé au détriment d'une personne du fait de l'inexécution par une autre de ses obligations envers la première. Comp. *récompenses, compensation, indemnité, *enrichissement sans cause*.

— **(se).** Se dit de deux prestations respectivement dues, lorsque chacune est admise comme équivalent de l'exécution de l'*autre et, par extension, de deux dettes réciproques qui s'éteignent par *compensation (ex. C. civ., a. 1291).

COMPÉRAGE

N. m. – De *compère,* lat. ecclés. *compater*. « père avec ».

- Entente contraire à la déontologie entre membres de certaines professions libérales. Ex. tout compérage est interdit aux vétérinaires (d. 19 févr. 1992, a. 20). Comp. *dichotomie*.

COMPÉTENCE

N. f. – Lat. *competentia,* dér. de *comperere*.

► **I** (sens gén.)

- **1** (Pour une autorité en général.)

a / Ensemble des pouvoirs et devoirs attribués et imposés à un agent pour lui permettre de remplir sa fonction. Comp. *droit*.

b / Aptitude à agir dans un certain domaine. Ex. *compétence*ratione loci,*ratione materiae*. Ant. *incompétence*.

— ***liée.** Se dit du pouvoir qu'exerce une autorité quand elle n'a pas le choix entre plusieurs solutions. Par opp. pouvoir *discrétionnaire.

- **2** (Pour une juridiction.)

a / Ensemble des affaires dont cette juridiction a vocation à connaître.

— **administrative.** Compétence des juridictions de l'ordre administratif par opp. à celles de l'ordre judiciaire.

— **judiciaire.** Compétence des juridictions de l'ordre judiciaire, par opp. à celles de l'ordre administratif.

b / Aptitude à instruire et juger une affaire, à en connaître ; se distingue du *pouvoir juridictionnel en ce sens que, dans les limites de la même compétence, un juge peut avoir le pouvoir de trancher le litige au fond, un autre le seul pouvoir de lui donner une solution provisoire. V. *juridiction, connaissance.*

— **d'attribution.**

a / (priv.). Aptitude (à connaître d'une affaire) déterminée par l'ordre auquel appartient la juridiction (tribunal civil ou juridiction répressive), par le degré de la juridiction (juge d'appel ou de première instance), par la nature de la juridiction (commerciale, prud'homale) et celle des affaires (divorce, filiation, etc.). Syn. *compétence matérielle.*

b / (publ.). Expression employée pour désigner la compétence de tout juge administratif autre que le juge administratif de *droit commun. Syn. *compétence d'exception.*

— ***territoriale.** Aptitude (à connaître d'une affaire) déterminée par des critères géographiques : domicile ou résidence d'une partie, situation de l'immeuble litigieux, lieu du délit, etc. V. *ressort, circonscription.*

— **compétence (principe de).** Formule en faveur dans l'*arbitrage international pour exprimer qu'en règle l'*arbitre est, par priorité, juge de sa propre *compétence, le droit interne posant en principe semblable (mais en faisant plus exactement référence au *pouvoir *juridictionnel et à l'investiture conventionnelle de l'*arbitre) qu'il lui appartient, à l'exclusion de la juridiction étatique, de statuer sur la validité ou les limites de son investiture quand le principe ou l'étendue de son pouvoir juridictionnel sont contestés devant lui (CPC a. 1466, 1458).

— **universelle.** V. *universelle (compétence).*

● **3** (Pour un professionnel, un *technicien.) Qualification ; connaissance des règles de l'art, etc.

▸ **II** (int. priv.)

S'emploie dans les expressions suivantes avec un sens qui renvoie à l'idée de *souveraineté.

— **directe.** Vocation des tribunaux d'un État à être saisis d'un litige présentant un caractère international. Opp. *compétence *indirecte.*

— **exclusive.** Se dit de la compétence *internationale d'un État lorsqu'elle est considérée comme mettant obstacle à la reconnaissance de tout jugement qui serait rendu dans un autre État sur le même litige.

— **générale** (doct. : Bartin). Syn. *compétence internationale.*

— **indirecte.** Compétence *directe d'un État envisagée hors de cet État en tant que condition de l'efficacité internationale du jugement rendu par ses tribunaux.

— **internationale.** Vocation des tribunaux d'un État pris dans leur ensemble pour connaître un litige présentant des liens avec plusieurs États. Opp. *compétence interne, spéciale.* Syn. *générale.*

— **interne.** Compétence d'un des tribunaux existant dans un État pour connaître, de préférence aux autres tribunaux du même État, d'un litige à caractère international. Syn. *compétence spéciale.* Opp. *compétence internationale, compétence générale.*

— **judiciaire (ou juridictionnelle).** Vocation des tribunaux d'un État à être saisis d'un litige, par opp. à la vocation de la loi d'un État à s'appliquer à un litige. V. *compétence législative.*

— **législative.** Vocation de la loi d'un État à s'appliquer à un litige, par opp. à la vocation des tribunaux d'un État à être saisis d'un litige. V. *compétence judiciaire.*

— **spéciale** (doct. : Bartin). Syn. *compétence interne.*

▸ **III** (int. publ.)

S'emploie dans les expressions suivantes avec la même connotation.

— **nationale.** Expression employée dans la Charte des Nations Unies et désignant les affaires dans lesquelles, aux termes de l'a. 2, § 7, l'ONU n'est pas fondée à intervenir (la charte ne définit pas l'expression ; elle laisse à la pratique le soin de préciser la notion de compétence nationale ; mais cette pratique est contradictoire et controversée).

— **personnelle.** Pouvoir juridique résultant du lien qui unit l'État à ses nationaux et le rendant apte à régir leur statut, où qu'ils soient situés, dans la limite de la compétence territoriale des autres États.

— **territoriale.** Pouvoir juridique résultant du lien qui unit l'État à son territoire et le rendant apte à régir le statut du territoire lui-même et des êtres qui y sont situés.

COMPÉTER

V. – Lat. jur. *competere,* en lat. class. : aboutir au même point, être propre à… (de *petere* : se diriger vers).

- (vx). Être de la compétence de…, relever de cette compétence. Ex. telle affaire compète à un tribunal de commerce.

COMPILATEUR

Lat. *compilator*.

- **1** (péj.). *Auteur dénué d'originalité qui se borne à rassembler les solutions légales ou jurisprudentielles sans en dégager les principes et à reprendre les opinions d'autrui. V. *citation*.
- **2** (hist.). Celui qui réunit en un seul corps, sur une matière, des documents et textes empruntés à diverses sources. Ex. compilateur des lois romaines.

COMPILATION

Subst. fém. – Du lat. *compilatio* (pillage, dépouillement), du v. *compilare.*

- **1** Recueil de fragments de provenance diverse sur un même sujet. Comp. *codification*.
- **2** Ouvrage fait d'emprunts sans originalité.

COMPILER

Lat. *compilare,* piller, dépouiller.

- **1** Réunir en un même recueil des textes épars sur un sujet commun. Comp. *codifier*.
- **2** Débiter ce que d'autres ont pensé.

COMPLAISANCE

Subst. fém. – Dér. de complaire, du lat. *complacere* (plaire en même temps) qui a donné *complacentia* (chose qui plaît).

- **1** Désir de plaire à qqn en s'accommodant à ses *desiderata,* amabilité qui peut inspirer des actes contraires au droit en ce qu'ils falsifient la vérité (certificat de complaisance, témoignage de complaisance, reconnaissance de complaisance), souvent au travers d'un concert frauduleux (*factures de complaisance, *effet de complaisance *stricto sensu*), l'acte de complaisance consistant plus rarement à rendre à autrui un service licite (*effet de cautionnement) par pure obligeance.
- **2** Disposition à fermer les yeux, souvent par faiblesse, sur les écarts de conduite d'une personne et à n'y pas réagir quand on aurait raison et devoir de le faire, laisser-faire outrepassant l'indulgence et confinant à la démission et à l'encouragement. Ex. complaisance des parents envers les incartades de leur enfant.

COMPLAINTE

N. f. – Dér. de l'anc. v. se complaindre, lat. pop. *complangere,* de *plangere* : plaindre.

- Nom traditionnel, donné par la coutume et la pratique à la demande en justice (rangée au nombre des anciennes *actions dites *possessoires) tendant à faire cesser un trouble actuel apporté à la possession. V. C. civ., a. 2278 s. ; CPC, a. 1264 ancien s. Comp. *réintégrande, dénonciation de nouvel œuvre, protection *possessoire.*

COMPLANT

Subst. masc. – Du v. complanter, lat. *complantare* : planter ensemble.

- Nom parfois donné à la *redevance due par le preneur dans le *bail à complant. V. *loyer, fermage, canon*.

— **(bail à).** V. *bail à complant*.

COMPLANTEUR

Subst. – Du v. complanter. V. *complant*.

- Cultivateur tenant en vertu d'un *bail à complant. V. *preneur, fermier, métayer, emphytéote*.

COMPLÉTIF, IVE

Adj. – Lat. *completivus*.

- Syn., dans certaines expressions, d'**additionnel, *complémentaire*. V. **réquisitoire complétif*.

COMPLEXE

Adj. – Lat. *complexus,* de *complecti* : contenir.

- Se dit d'une opération composée de plusieurs actes élémentaires qui concourent à produire le résultat final. Ex. *crédit-bail, examen ou concours, adjudication, délibération soumise à une approbation d'une autorité de tutelle. V. *mixte, « sui generis », nommé.*

COMPLIANCE

Mot emprunté à l'anglais.

- Se dit de la conformité aux objectifs d'une réglementation *prudentielle : préservation du système bancaire ou de *gouvernance de la société.

COMPLICE

Subst. ouadj. – Lat. de basse époque *complex, complicis* : allié uni étroitement à, d'où complice (de *complecti* : entourer, contenir).

- Tout individu qui, sans réunir en sa personne les éléments constitutifs de l'infraction, a, par un comportement positif et volontaire, aidé ou facilité sa réalisation. Plus précisément, celui qui, sciemment, par aide ou assistance, a facilité la préparation ou la consommation d'un crime ou d'un délit, ou celui qui, par don, promesse, menace, ordre, *abus d'autorité ou de pouvoir, aura provoqué une infraction (y compris une contravention) ou donné des instructions pour la commettre (C. pén., a. 121-7) ; se distingue de l'*auteur principal ou du *coauteur qui réalise en sa personne les éléments de l'infraction, mais est puni comme lui (C. pén., a. 121-6). Comp. *instigateur.*

COMPLICITÉ

N. f. – Dér. de *complice.

- Contribution à la réalisation d'une infraction soit par aide et assistance à l'*auteur de celle-ci (a. 121-7, al. 1) soit par *instigation (a. 121-7, al. 2) qui expose le complice à être puni comme l'auteur principal (a. 121-6). V. *complice, provocation.* Comp. *connivence.*

COMPLOT

N. m.. – Étym. inconnue.

- Résolution arrêtée entre plusieurs personnes de commettre un *attentat, incriminée avant toute tentative, mais à la condition qu'elle soit concrétisée par des actes préparatoires (un ou plusieurs actes matériels), agissement constituant comme atteinte aux *intérêts fondamentaux de la nation, un crime contre la Nation et l'État (C. pén., a. 412-2). Comp. *mouvement insurrectionnel, groupe de combat, bande organisée, coup d'État.*

COMPOSITE

Adj. – Lat. *compositus,* part. de *comporere* : placer ensemble.

V. **œuvre composite.*

COMPOSITEUR

Subst. masc.

- *Auteur d'une *œuvre musicale. V. *interprète, composition.*

— **(amiable).** V. **amiable compositeur.*

COMPOSITION

Lat. *compositio.*

- **1** En un sens courant.

a / Les membres d'un corps ou d'une assemblée, les personnes qui en font constitutivement partie. Ex. la composition de la Cour de cassation.

b / Les personnes qui ont effectivement siégé à une assemblée, les membres présents. Ex. la composition du tribunal à l'audience.

c / Ce que comprend un patrimoine, une masse de biens, etc., sa consistance. Ex. composition de la communauté légale. V. *actif, passif.*

- **2** Syn., dans un sens vague, d'arrangement, d'*accommodement ; essai de *conciliation entre des droits ou des intérêts contraires. Comp. **amiable composition.*

- **3** Plus spéc., accord ; *compromis (sens 3) entre deux ou plusieurs personnes qui acceptent de transiger sur leurs prétentions respectives. V. *transaction.*

— **(amende de).** Expression naguère appliquée à une espèce de *transaction ; amende dont le paiement par le contrevenant mettait fin aux poursuites. V. *ordonnance pénale, *amende forfaitaire.*

• **4** Parfois syn. de création de l'esprit. Ex. *œuvre de composition, composition musicale.

COMPOSITION PÉNALE

• Mesure engagée avant l'ouverture d'une instruction ou la convocation devant le tribunal par laquelle le procureur propose une sanction adaptée à une personne physique ou morale auteur d'une infraction de faible gravité (CPP, a. 41-2).

COMPROMETTRE

V. – Lat. *compromittere.*

• **1** (sens technique de précision). Conclure un *compromis d'arbitrage. Comp. *transiger.*

• **2** Attenter à l'intégrité morale d'une personne, la mêler à une situation qui risque de l'exposer à des poursuites ou d'entacher sa réputation.

• **3** Affecter gravement (une entreprise, une exploitation) dans ses chances de succès ; la vouer à l'échec.

COMPROMIS

Subst. masc. – Lat. jur. *compromissium,* dér. de *compromittere* : faire un compromis.

• **1** Convention par laquelle deux ou plusieurs personnes (en litige sur des droits dont elles peuvent disposer) décident d'en confier la solution non à la justice étatique mais à un ou plusieurs *arbitres de leur choix. Comp. *clause compromissoire,* **amiable compositeur, transaction, arrangement.*

• **2** Terme employé improprement par la pratique pour désigner l'acte sous seings privés qui constate une vente d'immeuble avant que celle-ci ne fasse l'objet d'un acte authentique notarié.

• **3** Parfois syn. de *transaction. V. *composition.*

• **4** (int. publ.). Accord international ayant pour objet la soumission à un organe juridictionnel d'un différend né et actuel et précisant habituellement les prétentions des parties, l'identité, les pouvoirs et la procédure de l'organe compétent pour trancher entre elles.

COMPTABILITÉ

N. f. – Dér. de *comptable.

• **1** Technique de tenue des *comptes consistant essentiellement à enregistrer au jour le jour les recettes et les dépenses et, en fin d'exercice, à établir l'*inventaire, le *bilan et le compte de résultat.

• **2** Ensemble des livres et documents comptables d'une entreprise, permettant d'apprécier sa situation financière. V. *commissaire aux comptes.*

— **analytique.** Branche particulière de la comptabilité ayant pour objet de calculer les prix de revient, de mesurer la rentabilité de l'entreprise et de permettre l'évaluation de certains éléments d'actif.

— **en partie double.** Technique comptable consistant, par opp. à la comptabilité en partie simple, à enregistrer chaque opération dans deux comptes, dont l'un est débité, l'autre crédité, cette interdépendance permettant le contrôle interne des opérations.

— **matières.** Ensemble des moyens et méthodes destinés à enregistrer, quantitativement, au sein d'une entreprise, le flux des matières premières, substances, denrées, marchandises, produits qu'elle reçoit et qu'elle revend après les avoir, le cas échéant, transformés en les saisissant à chaque stade (entrée, traitement, déchets, rebuts, sorties, stocks).

COMPTABILITÉ PUBLIQUE

V. le précédent et *public.*

• **1** Ensemble des règles relatives à la tenue des comptes des organismes publics.

• **2** Ensemble des règles qui déterminent comment s'effectuent les opérations financières et comment sont tenus les comptes des organismes publics ; règlement général sur la comptabilité publique.

• **3** Ensemble des documents qui retracent ces opérations.

• **4** Ensemble des comptes de l'État. V. *budget.*

— **analytique.** Regroupement des écritures comptables effectué en vue de faire apparaître le coût des services rendus ou le prix de revient des produits fabriqués, et de permettre le contrôle du rendement des services publics (la comptabilité analytique se fonde sur les données de la *comptabilité générale).

— **matières.** Comptabilité ayant pour objet la description des existants et des mouvements de matériels dans le cadre des comptabilités spéciales des matières, valeurs et titres.
— **nationale.** V. **comptes de la Nation*.

COMPTABLE

Adj. et *subst.* – Dér. du v. compter. V. *compte*.

- **1** (adj.). Qui doit tenir et rendre compte des sommes qu'il brasse (revenus perçus, sommes dépensées) dans la gestion à lui confiée. Comp. *jouissance*.
- **2** (subst.). Salarié d'une entreprise chargé de tenir la *comptabilité.

— **agréé.** Technicien de la comptabilité faisant profession de tenir, surveiller, redresser et certifier la comptabilité d'entreprises auxquelles il n'est pas lié par un contrat de travail (et dont la profession constitue un cadre d'extinction depuis que la loi du 31 octobre 1968 a arrêté le recrutement et facilité l'accès des comptables agréés à la profession d'expert-comptable).
— **(expert-).** Technicien de la comptabilité de haut niveau, relevant d'un ordre professionnel et ayant pour fonction de réviser, apprécier et certifier les comptabilités des entreprises auxquelles il n'est pas lié par un contrat de travail (pouvant aussi organiser les comptabilités et analyser la situation et le fonctionnement des entreprises sous leurs aspects économique, juridique et financier). Comp. *commissaire aux comptes*.

COMPTABLE PUBLIC

V. le précédent et *public*.

- Agent nommé par le ministre des Finances et placé sous son autorité dont la mission est d'assurer le maniement (perception, versement) des fonds des organismes publics, de tenir la comptabilité des opérations qu'ils effectuent et de conserver les pièces justificatives de ces opérations (il est soumis à un statut spécial au sein de la fonction publique, et not. à un régime particulier de responsabilité). V. *ordonnateur, payeur, trésorier, receveur*.

— ***assignataire.** Comptable auprès duquel un ordonnateur est accrédité et qui de ce fait peut seul effectuer les versements ordonnés par lui.
— **de fait.** Qualification, assortie du régime de responsabilité des comptables publics, appliquée à toute personne qui, sans avoir la qualité de comptable public et sans agir sous le contrôle et pour le compte d'un comptable public, s'ingère accidentellement ou frauduleusement dans la perception des recettes, le paiement des dépenses, le maniement des fonds ou des titres d'un organisme public.
—**s des impôts.** Comptables publics rattachés à la direction générale des impôts et qui sont chargés de percevoir, au sein même des services d'assiette, les impôts et autres recettes auxquels ne s'applique pas la séparation des ordonnateurs et des comptables (not. les taxes sur le chiffre d'affaires et les droits d'enregistrement). Comp. **comptable du Trésor*.
—**s directs du Trésor.** Comptables du Trésor ayant compétence générale pour effectuer toutes les opérations financières relevant de leur compétence, à l'exception de celles qui ont été expressément confiées à d'autres comptables.
—**s du Trésor.** Comptables publics hiérarchiquement rattachés à la direction de la comptabilité publique et qui remplissent leurs fonctions dans le cadre de la séparation des ordonnateurs et des comptables (trésorier-payeur général, receveur…). Comp. **comptable des impôts*.
—**s principaux.** Comptables rendant directement leurs comptes au juge des comptes. Comp. **comptables secondaires*.
—**s secondaires.** Comptables qui ne rendent pas leurs comptes directement au juge des comptes (*Cour des comptes), mais dont les opérations sont centralisées par un *comptable principal.
—**s spéciaux du Trésor.** Comptables du Trésor chargés d'effectuer des catégories particulières d'opérations de recettes et de dépenses.

COMPTANT

Adj. ou *adv.* – Dér. du v. compter. V. *compte*.

- **1** Que l'on compte et que l'on verse sur-le-champ (en espèces ou par chèque) ; caractérise le mode de paiement du prix d'un bien ou d'un service. V. *bouquet*.
- **2** Par extension, qualifie le marché (vente ou contrat de travail not.), caractérisé par le versement du prix ou du salaire dès la livraison de la chose ou l'achève-

ment du travail. Ant. *à terme,différé*. V. *achat au comptant*.
— **(au).** Loc. adv. signifiant moyennant paiement immédiat. Ex. vendre au comptant (on dit aussi comptant). Syn. à **deniers découverts*.
— **(droit au).** V. *droit au comptant*.
— **(opérations au).** Dans les marchés passés aux bourses de valeur, ou de marchandises, opérations dans lesquelles la remise des valeurs ou marchandises et le paiement du prix doivent être effectués dans un délai très court après la conclusion du marché, par opp. aux opérations à *terme ou à *crédit.

COMPTE

N. m. – Tiré du v. compter, lat. *computare*.

- **1** Exposé, en chiffres, d'une situation, d'une opération ou d'une série d'opérations. Ex., pour un particulier, état de ses recettes et de ses dépenses.
- **2** Plus spécialement, en matière commerciale et financière, état d'opérations effectuées entre deux personnes, comportant l'inscription de chaque opération, sous forme d'un article, au poste de l'une des deux colonnes de compte dites de *débit ou de *crédit et se liquidant par une *balance finale des deux colonnes qui fait apparaître un *solde. V. *bilan*.
- **3** Par extension, le document sur lequel sont inscrites les opérations ou plus généralement le support matériel servant à leur enregistrement.
- **4** Parfois le compte en fonctionnement, c'est-à-dire le mécanisme en vertu duquel les opérations concernant les personnes en relation sont enregistrées.
- **5** Désigne aussi la *reddition de compte, c'est-à-dire l'opération finale par laquelle celui qui a tenu le compte (sens 1) le soumet à qui doit le vérifier. V. *oyant compte, reliquataire*.

— **administratif.** Compte d'exécution du budget d'une collectivité locale établi par l'ordonnateur et présenté par lui pour contrôle à l'assemblée délibérante de cette collectivité.
— **(apurement de).** V. *apurement*.
— **arrêté (exception de).** Moyen de défense tiré de l'arrêté du compte entre les parties (CPC, a. 1269).
— **(arrêté du).** Acte par lequel les parties s'accordent, après en avoir discuté, sur leurs situations respectives.
— **courant.** Compte usité dans les relations commerciales et financières représentant les rapports existant entre deux personnes qui, effectuant l'une avec l'autre des opérations réciproques, conviennent de fusionner les créances et les dettes résultant de ces opérations en un solde au régime unitaire.
— **courant de titres.** Espèce de compte de titres dans lequel les titres déposés sont versés dans une caisse centrale, la SICOVAM (Société interprofessionnelle pour la compensation des valeurs mobilières) qui a pour but de les regrouper, de les conserver sans se soucier de leur identification (les titres devenant fongibles, et le dépositaire étant seulement tenu de restituer des titres de même nature).
— **d'administration.** Compte qu'il incombe à tout administrateur des biens d'autrui de tenir et de rendre sur l'ensemble des activités de sa charge. Syn. *compte de gestion*. V. *compte de tutelle*.
— **(débats de).** Expression peu usitée en pratique désignant les contestations faites par un plaideur à propos d'un compte rendu en justice. V. *soutènement de compte* (ci- dessous).
— **de dépôts et compte-chèques.** Compte ouvert par un banquier à un client et principalement alimenté par des dépôts de fonds dont les retraits s'opèrent normalement par des tirages de chèques.
— **de gestion.** Comptes établis par les *comptables publics à la fin de chaque année et qui retracent les opérations effectuées par eux ; désigne aussi tout compte d'administration.
— **de la Nation.** Inventaire annuel des opérations qui caractérisent l'activité économique et financière de l'ensemble de la Nation.
— **de pertes et profits.** Compte, aujourd'hui remplacé par le compte de résultat ainsi que le compte d'exploitation générale qui, naguère, complétait ce dernier en enregistrant les pertes et profits remontant à des exercices antérieurs ou provenant d'événements exceptionnels et dont le solde servait à balancer les deux colonnes du *bilan.
— **de résultat.** Compte qui récapitule les produits et les charges de l'exercice et fait apparaître par différence, après déduction des amortissements et des provisions, le bénéfice ou la perte de celui-ci.

— **de sortie de ferme.** Liquidation des rapports juridiques créés par le *bail à ferme et comprenant, en faveur du fermier, les améliorations apportées par lui au domaine et, à sa charge, les *fermages arriérés ainsi que les indemnités ou restitutions dues au bailleur.
— **de tutelle.** Compte de gestion que le tuteur d'un mineur ou d'un majeur en tutelle doit rendre chaque année et à la fin de la tutelle (compte définitif) (C. civ., a. 413-5, 510 s.).
— **d'exploitation générale.** Compte, aujourd'hui remplacé par le compte de résultat ainsi que le compte de pertes et profits qui était naguère destiné à faire apparaître le résultat de l'exploitation de l'activité commerciale d'une entreprise pour l'exercice écoulé (en regroupant et confrontant les comptes de charges et de produits).
— **financier.** Compte d'exécution du budget d'un établissement public, établi par le comptable de cet établissement et transmis aux instances compétentes pour l'approuver.
— **général de l'administration des Finances.** Document établi chaque année par le ministère des Finances qui contient la balance générale des comptes de l'État (telle qu'elle résulte des comptes des comptables) et le développement des opérations.
— **joint.** Compte ouvert par un organisme financier à plusieurs titulaires avec une stipulation de solidarité qui permet à chacun des cotitulaires d'utiliser le compte pour le tout sous sa seule signature.
— **(monnaie de).** V. *monnaie*.
— **(soutènement de).** Moyens invoqués et justifications offertes pour établir la sincérité d'un compte présenté en justice. V. *débats de compte* (ci-dessus).
—**s spéciaux du Trésor.** Rubrique de la loi de finances et de la comptabilité publique isolée du *budget général en raison du caractère temporaire des opérations qu'elle retrace ou des conditions particulières de leur financement (affectation).
— **titres.** Compte constatant le dépôt en banque, chez un agent de change ou dans un établissement financier de valeurs mobilières sur lesquelles le dépositaire exerce sa surveillance (encaissant les coupons et vérifiant les opérations importantes), à charge de restituer les valeurs mêmes qui ont été déposées.

- **6** Parfois synonyme de *computation.

COMPTE RENDU

N. m. – V. *compte* ; rendu, part. pass. de rendre, lat. *reddere*.

- **1** Écrit enregistrant officiellement et permettant de publier les débats des assemblées parlementaires. Ex. : r. AN, a. 59 : « Il est établi, pour chaque séance publique, un compte rendu intégral, publié au *Journal officiel* » et qui « est le *procès-verbal de la séance ».
- **2** Relation de débats parlementaires ou judiciaires par un organe de presse.
- **3** Plus généralement, relation d'un événement ou rapport de mission émanant de celui qui en était chargé. Comp. **reddition de compte*.

COMPUTATION DES DÉLAIS

Lat. *computatio,* calcul, compte, supputation. V. *délai*.

- **1** Mode de calcul des *délais ; règles à suivre dans le compte des délais exprimés en jours, en mois ou en années (CPC, a. 640). V. *dies a quo, dies ad quiem, franc*.
- **2** Action de calculer un délai sur le calendrier ; *compte chronologique d'un délai.

CONCÉDANT, ANTE

Adj.ousubst. – Part. prés. de *concedere*. V. *concession*.

- **1** Celui qui accorde une *concession, not. l'autorité administrative. V. *concessionnaire*.
- **2** Nom donné au *fournisseur dans la *concession commerciale, au titulaire du brevet dans la concession de licence de brevet… Comp. *franchiseur, bailleur*.

CONCENTRATION

N. f. – Dér. du v. concentrer ; lat. *centrum* : centre, *cum* : avec.

- **1** Ensemble d'opérations ayant pour objet l'accroissement de la dimension des entreprises et de leur puissance économique par la diminution de leur nombre. Ex. *fusion de sociétés. V. régl. 21 déc. 1989 du Conseil des CE, a. 3.
- **2** Nom également donné à l'intégration

de plusieurs entreprises à des unités plus vastes soumises à une même direction économique ou même à la création d'une entreprise commune constituant une entité économique autonome ; plus spécifiquement, toute opération emportant transfert (en propriété ou en jouissance) des éléments du patrimoine d'une entreprise en faveur d'une ou plusieurs autres ou conférant à celles-ci le pouvoir d'influer sur la marche des affaires des entreprises soumises à l'opération (direction, gestion, fonctionnement). Comp. **contrôle patrimonial*, **contrôle des sociétés, trust*, **groupe de société*, **entente*, **entreprise commune, regroupement*.

CONCEPTION

N. f. – Du v. concevoir, lat. *concipere (cum, capio)* recevoir en soi (un germe, une idée).

- Procréation d'un enfant résultant de la fécondation de l'ovule dans l'utérus maternel (normalement causée par le rapport sexuel d'un homme et d'une femme, mais pouvant être provoquée par insémination artificielle) ou même d'une fécondation *in vitro* suivie d'implantation. Syn. *fécondation, procréation*. V. *grossesse, naissance, filiation, contraception*. Ant. *moyens anticonceptionnels* : moyens propres à prévenir la conception ; *contraceptifs*.

— **(moment de la).** Moment marquant le commencement de la *personnalité juridique que la loi permet, sauf preuve contraire, de situer selon l'intérêt de l'enfant, à un moment quelconque de la période légale de la conception (présomption *omni meliore momento*) (C. civ., a. 311, al. 2).

ADAGE : *Infans conceptus pro nato habetur quoties de commodis ejus agitur.*

— **(période légale de la).** Période déterminée par la loi, pendant laquelle celle-ci présume, sauf preuve contraire, que la conception d'un enfant a lieu (période qui s'étend entre le 300e et le 180e jour précédant la naissance, C. civ., a. 311, al. 1).

CONCERT

N. m. – De l'ital. *concerto* : accord, du v. lat. *concertare,* combattre, rivaliser, d'où se répondre.

- Terme utilisé dans certaines expressions avec le sens d'entente, d'accord, d'orchestration.

— **frauduleux.** *Entente, *collusion ou action concertée entre deux ou plusieurs personnes en vue de réaliser une *fraude. Ex. concert frauduleux entre le vendeur d'un immeuble et un second acquéreur en vue de dépouiller de son droit un premier acquéreur par une revente précipitée publiée la première, afin de la rendre opposable au premier acquéreur. Comp. *coalition, cartel, concertation*.

— **(agir de).** Pour deux ou plusieurs personnes, réaliser une opération d'un commun accord, en vertu d'une entente et souvent d'un plan. Ex. acquérir de concert des actions de société, pour prendre le contrôle de la société (C. com., a. L. 233-10 (I)). V. *action de concert*.

CONCERTATION

N. f. – Lat. *concertatio* : bataille, lutte, combat, querelle.

- Recherche en commun, par les personnes dont les intérêts sont convergents, complémentaires ou même opposés, d'un *accord tendant à l'harmonisation de leurs conduites respectives. Ex. concertation légale (et naturelle) entre ceux qui doivent vivre ou agir ensemble (époux, associés…) ; concertation occasionnelle et purement volontaire entre ceux que la conjonction de leurs intérêts a seule déterminés à se rencontrer (partenaires sociaux, États…).
- De la concertation, le Droit ne saisit que les formes (depuis le simple dialogue jusqu'à la *négociation la plus complète) (ex. C. trav., L. 1 s.) ou le résultat, *consensus, concert des participants (lequel diffère de la *collusion toujours frauduleuse, en ce qu'il est également susceptible de manifestations positives fort diverses : concours, coopération, collaboration et autres avatars de la participation). V. **pratique concertée, consensuel*. Comp. *coalition, contractualisation*.
- Le droit social y insiste pour désigner un nouveau style de relations professionnelles caractérisé par des rencontres « au sommet », au cours desquelles représentants de l'État, du patronat et des syndicats

définissent les grandes orientations de la politique sociale et les *objectifs de la négociation professionnelle.

CONCESSION

N. f. – Lat. *concessio,* dér. de *concedere* : concéder.

- **1** Acte juridique bilatéral ou unilatéral en vertu duquel une personne, le *concédant, accorde à une autre, le *concessionnaire, la jouissance d'un droit ou d'un avantage particulier. Comp. *cession, location, licence*.
- **2** Par ext. et plus spécialement, le type d'activité ou le mode d'exploitation ouvert au bénéficiaire de la concession.
- **3** Plus particulièrement encore (lorsque la concession porte sur un espace déterminé), le terrain ou le territoire concédé.

▸ **I** (adm.)

- Terme générique désignant des actes très divers, unilatéraux ou conventionnels, par lesquels l'administration (*concédant) soit confère à un particulier (*concessionnaire) des droits et avantages spéciaux sur le domaine, soit confie à une tierce personne l'exécution d'une opération administrative. V. *permis, licence*. Comp. *affermage*.

— **(contrat de).** Contrat administratif conclu par écrit, par lequel l'autorité publique concédante confie l'exécution de travaux ou la gestion d'un service à un ou plusieurs opérateurs économiques, à qui est transféré un risque lié à l'exploitation de l'ouvrage ou du service, en contrepartie soit du droit d'exploiter l'ouvrage ou le service qui fait l'objet du contrat, soit de ce droit assorti d'un prix (ord. n° 2016-65 du 29 janvier 2016 relative aux contrats de concession).

— **de distribution d'énergie électrique.** Acte conventionnel par lequel une personne administrative accorde le droit d'établir et d'exploiter une distribution d'énergie électrique empruntant les voies publiques sur tout ou partie de son parcours (concession simple ou déclarée d'utilité publique).

— **de mine.** Décret en Conseil d'État permettant l'exploitation d'une *mine dans les conditions fixées par un *cahier des charges et nécessaire même pour le propriétaire de la surface.

— **d'emplacement dans les halles et marchés.** Acte administratif conférant, moyennant redevance, le droit d'utiliser de manière privative les emplacements aménagés dans les halles ou marchés ou les portions de la voirie momentanément affectées à l'usage de marché ou de foire.

— **d'endigage.** Contrat administratif par lequel l'État autorise une tierce personne à effectuer sur le rivage de la mer, sur le sol de la mer territoriale ou sur les rives d'un fleuve des travaux destinés à soustraire les terrains à l'action des flots.

— **d'énergie hydraulique.** Autorisation donnée en Conseil d'État à une personne d'exploiter l'énergie des marées, des lacs ou des cours d'eau.

— **de plage.** Contrat administratif permettant à une personne d'exploiter une *plage (naturelle ou artificielle).

— **de service public.** Acte partiellement conventionnel par lequel l'administration confie à une personne choisie à raison de ses qualités la gestion à ses risques et périls d'un *service public, moyennant une rémunération perçue sur les usagers de ce service.

— **de travaux publics.** Convention par laquelle l'administration charge une personne d'édifier un *ouvrage public, de l'entretenir et de l'exploiter moyennant une rémunération constituée par des redevances perçues à l'occasion de cette exploitation.

— **funéraire.** Attribution à un particulier d'un emplacement dans un *cimetière avec affectation spéciale aux sépultures moyennant le paiement d'un prix à la commune et pour une durée variable (temporaire, quinze ans, trentenaire, cinquantenaire ou perpétuelle).

▸ **II** (civ.)

— **immobilière.** Contrat de longue durée (au moins vingt ans) destiné à l'établissement d'entreprises, par lequel le propriétaire d'un immeuble (bâti ou non) en confère, à titre de droit réel, la jouissance, moyennant paiement d'une *redevance annuelle, à une personne dénommée *concessionnaire qui peut changer la destination du bien, l'aménager, ou le modifier pour les besoins de son activité et même, sous certaines conditions, entreprendre des constructions nouvelles, à charge, pour le propriétaire, d'en rembourser le coût, dans la limite de la plus-value en fin de concession. Comp. *emphytéose, bail à construction*.

► **III** (com.)

• Contrat de *fourniture (généralement accompagné d'un contrat de licence de marque ou d'enseigne) qui réserve au concessionnaire l'exclusivité de la distribution d'un produit sur un territoire déterminé et emporte en général, de la part de ce dernier, engagement de s'approvisionner exclusivement auprès du concédant en produit contractuel ; également nommé *contrat de *distribution exclusive*. V. **accord vertical, importation *parallèle, *protection territoriale absolue*.

► **IV** (int. publ.)

• **1** Mode d'exploitation par un sujet national ou étranger, des ressources naturelles d'un État, en vertu d'un accord mutuel.

• **2** Anciennement, zone où, en vertu d'une dérogation à la compétence territoriale de l'État qui l'accordait, les ressortissants d'un autre État bénéficiaient en tant que collectivité organisée d'un statut privilégié.

CONCESSIONNAIRE

Subst. – Dér. de *concession.

• Le titulaire d'une *concession ; son *bénéficiaire ; désigne ainsi le *preneur dans la concession immobilière et le bénéficiaire de la concession commerciale (encore appelé *fourni). V. *concédant*. Comp. *licencié, cessionnaire, locataire, franchisé*.

CONCILIATEUR, TRICE

Subst. – Lat. *conciliator.*

• Celui qui est investi d'une mission de *conciliation soit s'il est juge, au seuil ou au cours de l'instance, soit en dehors de toute instance, s'il s'agit de personnes recrutées spécialement pour cette seule mission. Comp. *arbitre, médiateur, amiable compositeur.*

CONCILIATION

N. f. – Lat. *conciliatio,* dér. de *conciliare* : proprement assembler, d'où concilier.

► **I** (pr.)

• **1** Accord par lequel deux personnes en litige mettent fin à celui-ci (soit par *transaction, soit par abandon unilatéral ou réciproque de toute prétention), la solution du différend résultant non d'une décision de justice (ni même de celle d'un *arbitre) mais de l'accord des parties elles-mêmes. V. *acquiescement, *désistement d'action amiable*. Comp. *réconciliation, médiation*.

• **2** Phase de la procédure tendant à aboutir à cet accord.

— **(préliminaire de).** Nom donné à la *tentative de conciliation, lorsqu'elle précède l'instance de jugement, surtout dans les cas où la loi subordonne le jugement d'une affaire à une tentative préalable de conciliation (et à la constatation de l'échec de celle-ci). Ex. en matière prud'homale, préliminaire obligatoire de conciliation devant le bureau de conciliation.

— **(tentative de).** Essai destiné à provoquer une conciliation qui a lieu soit avant l'instance, soit à tout moment de la procédure, à l'initiative du juge (CPC, a. 127).

• **3** Désigne parfois globalement la conciliation comme mode de solution du litige. Par opp. à la **médiation* ou à l'**arbitrage* et aux modes contentieux.

► **II** (trav.)

• Règlement amiable d'un conflit collectif du travail recherché au cours d'une procédure qui aboutit, en cas d'échec, à la *médiation ou à l'*arbitrage (C. trav., a. R. 2522-1 s.).

— **(commissions de).** Commissions nationales ou régionales, composées de représentants des organismes les plus représentatifs des employeurs et des salariés et de représentants des pouvoirs publics, ayant pour mission de dénouer amiablement un conflit collectif du travail (C. trav., a. R. 2522-3, R. 2522-5).

► **III** (int. publ.)

• Intervention, dans le règlement d'un différend international, d'un organe sans autorité politique propre, jouissant de la confiance des parties en litige, chargé d'examiner tous les aspects du litige et de proposer une solution qui n'est pas obligatoire pour les parties. Ex. en 1957, la

France et le Maroc ont décidé de porter devant une commission internationale d'enquête et de conciliation (présidée par le Pr de Visscher) le différend né de la capture d'un avion transportant à son bord les principaux dirigeants de la rébellion algérienne. Proche de l'*arbitrage par son organisation et sa procédure, la conciliation s'en distingue par le fait que celui-ci est rendu sur la base du Droit et que la sentence a un caractère obligatoire. V. aussi *amiable composition, conférence.*

CONCILIATOIRE

Adj. – Dér. du v. concilier. V. *conciliation*.

- (vx). Qui tend à concilier des adversaires (afin de n'avoir pas à juger leur différend) ; se dit d'une audience, d'une tentative, d'une attribution du juge en vue de la conciliation. Comp. *judicatoire*.

CONCLU, UE

Adj. – Part. pass. de conclure, lat. *concludere,* de *cum* (avec) et *claudere* (clore), enfermer avec, dér. de *clavis,* clef.

- Définitivement formé par échange des consentements (se dit d'un acte, d'un contrat, d'un accord, d'une convention). Comp. *convenu, contracté, conventionnel.* V. *conclusion, dissolution, définitif.*

CONCLUANT, ANTE

Adj. – P. prés. de conclure. V. *conclu*.

- **1** Qui, au terme d'une *démonstration convaincante, clôt la discussion (et l'enferme dans une fin harmonieuse. Rhét.). Très voisins : *décisif, probant*. V. *démonstratif*.

CONCLURE

V. – V. *conclu*.

- **1** Formuler à l'intention du juge les *prétentions d'un plaideur (ce qu'il demande et ce pour quoi il le demande). V. *conclusions, moyens, réponse*. Comp. *postuler, plaider*.
- **2** Contracter, convenir ; s'engager par contrat ou convention ; passer accord ferme. V. *conclusion*. Comp. *acter, rédiger.*

CONCLUSION

N. f. – Lat. *conclusio,* du v. *concludere* : conclure.

- Opération par laquelle les parties contractantes s'engagent et qui donne naissance à leur accord (qu'il s'agisse de personnes privées ou de sujets de Droit international), phase correspondant à la *formation d'un acte juridique. Ex. conclusion d'un traité, d'un bail. Syn. *passation*. V. *signature, échange des consentements, célébration, conclure*. Comp. *pourparlers, négociation*.

CONCLUSIONS

N. f. pl. – V. le précédent.

- **1** Énoncé des prétentions respectives des parties à un procès, présenté soit oralement (conclusions à la barre) soit, le plus souvent (et quelquefois obligatoirement), par écrit (rédigé en ce dernier cas par avocat ou avoué). V. *plaidoirie*.
- **2** Par ext., les écritures matérialisant ces demandes, un tel écrit contenant en outre l'exposé du fait et du droit. V. *articulat, attendu, considérant, contradictoire, signification, communication des pièces, ordonnance de clôture*. Comp. *mémoire, assignation, dire*.

— du ministère public.

a / (civ.). *Avis donné oralement ou par écrit par le ministère public *partie jointe, sur l'application de la loi dans une affaire civile dont il a ou prend *communication (V. CPC, a. 424 s., 431).

b / (pén.). Nom donné aux *réquisitions adressées par le ministère public à une juridiction pénale.

— en réplique. V. *réplique, duplique*.

— en *réponse, dites encore *responsives*. Celles par lesquelles le défendeur s'oppose en fait ou (et) en droit aux prétentions du demandeur, sans former une *demande *reconventionnelle.

- **3** Opinion personnelle, partie finale de l'*avis que l'*expert ou le *consultant doit donner au juge, après ses constatations ou d'après ses connaissances, mais qui ne lie pas le juge (CPC, a. 246).

CONCORDAT

N. m. – Lat. médiév. *concordatum,* dér. du v. *concordare* : s'accorder.

▸ **I** (dr. com.)

• Avant la réforme de 1985 (qui ignore l'institution), convention de caractère collectif (et soumise à homologation du tribunal) par laquelle l'assemblée des créanciers chirographaires d'un débiteur en règlement judiciaire lui accorde (par un vote à une double majorité) soit les délais de paiement (concordat d'atermoiement), soit des remises d'une fraction uniforme de chacune de ses dettes chirographaires (concordat de remise), soit simultanément des délais et des remises ; constitue avec l'*union l'une des solutions normales du *règlement judiciaire. Comp. *moratoire, règlement amiable*.

— **amiable.** Expression de la pratique qui désigne le contrat par lequel un débiteur obtient des délais de paiement ou des remises partielles de dettes, consentis par l'unanimité des créanciers, de façon à éviter un jugement déclaratif de liquidation des biens ou règlement judiciaire. Comp. *concordat préventif.*

— **par abandon d'actif.** Modalité de concordat qui consiste pour le débiteur à abandonner à la masse des créanciers tout ou partie de son actif moyennant remise de ses dettes.

— **préventif.** Dans certaines législations étrangères, espèce de concordat amiable qui, voté par la majorité des créanciers, s'impose à la minorité. Comp. *règlement amiable*.

▸ **II** (int. publ.)

• *Accord international assimilable à un *traité et passé entre le Saint-Siège et un État en vue de régler la condition de l'Église catholique dans cet État.

CONCOURS

N. m. – Lat. *concursus* : réunion, d'où le sens du français, dér. du v. *concurrere* : accourir.

• **1** *Participation à un acte juridique de toutes les personnes dont le *consentement est requis. Ex. concours des copropriétaires à la vente d'un bien indivis. Comp. *cogestion*. V. *conjoint*.

• **2** Participation d'une personne à un acte juridique passé par un autre en vue de l'autoriser. V. *autorisation, assistance*. Comp. *habilitation, ministère*.

• **3** Situation de *concurrence existant entre des personnes investies, sans ordre de *préférence, de droits de même nature sur une même masse de biens. Ex. concours des héritiers appelés dans une même succession ; concours des créanciers chirographaires dans une procédure collective d'apurement de passif d'un débiteur insolvable.

• **4** Procédé de recrutement de la fonction publique tendant à la désignation, par un jury, à la suite d'épreuves appropriées, du ou des candidats aptes à être nommés par l'autorité compétente.

• **5** Aide, assistance, participation, contribution.

— **(obligation de).** Devoir pour tout citoyen qui en est légalement requis d'apporter sa collaboration à la justice en vue de la manifestation de la vérité (C. civ., a. 10). Ex. obligation pour les parties de concourir aux mesures d'instruction ou de produire un élément de preuve ; pour les tiers, de témoigner ou de produire un document nécessaire à la solution du litige. Comp. *action ad exhibendum, loyauté, sincérité*.

ADAGE : *Nemo contra se edere tenetur.*

— **(offre de).** V. *offre de concours*.

• **6** Dans certaines expressions, coexistence, coïncidence, *concurrence appelée à se résoudre, selon les cas, en *cumul ou *non-cumul. Ex. : le concours de conventions collectives (l'une nationale, l'autre régionale not.), coexistence de deux sources applicables à une même situation juridique, ne confère pas en principe au salarié le droit de cumuler les avantages qu'elles prévoient pour le même objet et la même cause, mais le bénéfice de la disposition la plus favorable.

— **de *qualifications.** Pluralité de textes d'incrimination semblant applicables à un fait unique. Ex. escroquerie réalisée par une émission de chèques sans provision (on retient seulement la qualification la plus spécifique ou la plus haute) ; notion parfois assimilée en doctrine au concours idéal. Syn. **cumul de qualifications*.

— **d'infractions (ou *cumul).** Pluralité d'infractions commises par un même individu

et non séparées par une condamnation définitive (C. pén., a. 132-2).
— **idéal.** Pluralité d'infractions réalisées simultanément par un seul fait. Ex. jet de grenade dans un café entraînant à la fois des dommages corporels et matériels.
— ***réel.** Pluralité d'infractions commises successivement. Ex. plusieurs vols commis séparément (on applique le système du non-cumul des peines) ; à distinguer de la *récidive et de la *réitération. V. *confusion de peines*.

CONCUBIN, INE

Subst. – Lat. *concubina* : qui couche avec.

• *Partenaire dans la relation de fait que constitue le *concubinage ; celui qui vit en *union libre. Syn. **compagnon, compagne* (de fait).

CONCUBINAGE

N. m. – Dér. de *concubine.

• Union de fait tenant à l'existence d'une *vie commune stable et continue entre deux personnes de sexe différent ou de même sexe formant un *couple et un *ménage (C. civ., a. 515-8, l. 15 nov. 1999), *union libre à laquelle le Droit attache diverses conséquences (droit à réparation en cas de décès du concubin, perte du droit à pension alimentaire, etc.), compte tenu de l'apparence (concubinage notoire), de la stabilité, de la durée des relations. Comp. *pacs*.

CONCURRENCE

N. f. – Dér. du lat. *concurrere* : courir avec vers un même point.

• **1** Compétition économique ; *offre, par plusieurs entreprises distinctes et rivales, de produits ou de services qui tendent à satisfaire des besoins équivalents avec, pour les entreprises, une chance réciproque de gagner ou de perdre les faveurs de la clientèle. V. *marché *pertinent, clause d'offre *concurrente, régulation*.
— **(clause de non-).** V. *clause de *non-concurrence ; clause de *non-rétablissement*.
— ***déloyale.** Fait constitutif d'une faute (au sens de l'a. 1382 C. civ., fondement des condamnations) qui résulte d'un usage excessif, par un concurrent, de la liberté de la concurrence, par emploi de tout procédé malhonnête dans la recherche de la clientèle, dans la compétition économique. Ex. confusion volontairement créée entre deux marques, notamment au moyen de la publicité, imitation des produits d'un concurrent, désorganisation de l'entreprise rivale, parasitisme, dumping, *dénigrement. V. *cagnotte*.
— **effective ou efficace.** Concurrence existant sur un marché qui reste ouvert, où les modifications de l'offre et de la demande se traduisent dans les prix, où la production et les échanges ne sont pas limités artificiellement et où les offrants et les demandeurs de produits et de services jouissent d'une liberté suffisante d'action et de choix ; spécialement, dans la CEE, niveau de concurrence nécessaire pour que soient respectées les exigences fondamentales et atteints les objectifs du *traité et, en particulier, la formation d'un marché unique sur lequel l'activité économique s'exercerait dans des conditions analogues à celles d'un marché intérieur. Syn. *concurrence praticable*. V. *dumping*.
— **faussée.** Celle qui existe entre des entreprises artificiellement placées dans des conditions inégales, en raison d'une *entente, du comportement d'entreprises en *position dominante ou d'*aides étatiques. V. *distorsion*. Comp. *suppression de concurrence*.
— **(libre).** Compétition, sur un marché dont la structure et le fonctionnement répondent aux conditions du jeu de la loi de l'offre et de la demande, d'une part entre offrants, d'autre part entre utilisateurs ou consommateurs de produits ou de services qui y ont libre accès et dont les décisions ne sont pas déterminées par des contraintes ou des avantages juridiques particuliers. V. **Marché commun*.
— **parasitaire.** Toute pratique concurrentielle déloyale consistant à profiter de la réputation d'un tiers soit en créant un lien entre son offre et celle du concurrent renommé (ex. en présentant ses produits comme des produits de remplacement), soit en cherchant à provoquer une confusion entre ses offres et celles d'autrui.
— **restreinte.** Celle qui existe entre des entreprises dont la liberté de décision économique est limitée par une *entente ou par la structure du marché. V. *restriction*. Comp. *suppression de la concurrence*.

— **(suppression de la).** V. **suppression de concurrence*.

- **2** Situation juridique caractérisée par le concours sur une même chose de plusieurs droits de même nature appartenant à des personnes différentes. V. *concurrent*.
- **3** *Conflit entre deux droits, ou deux règles de droit contraires et incompatibles, qui se résout normalement en faveur de l'un par exclusion de l'autre. Ex. conflit, pour la propriété d'une chose, entre deux titres concurrents.

CONCURRENT, ENTE

Adj.ou subst. – Lat. *concurrens,* part. prés. de *concurrere* : courir de manière à se rassembler sur un point.

- **1** Rival dans la compétition économique. V. *concurrence* (sens 1).

—**e (clause d'*offre).** Dans un contrat d'*approvisionnement exclusif, clause parfois nommée clause anglaise, en vertu de laquelle le fournisseur s'engage envers le fourni à lui accorder des conditions de vente aussi favorables (pour le prix not.) que celles que viendrait à lui offrir un concurrent, l'inobservation de cette promesse d'alignement sur la concurrence rendant au fourni sa liberté d'approvisionnement.

- **2** Se dit de droits de même nature (mais non nécessairement de même quotité) qui appartiennent sur une même chose (bien ou masse de biens) à plusieurs personnes de telle sorte que, le droit arrêtant le droit sous l'exigence du respect mutuel de leur égale vocation, le sort de cette chose dépend en principe du consentement de tous. Ex. les copropriétaires sur les parties communes, les coïndivisaires sur la masse indivise ont des droits concurrents ; s'oppose à *exclusif (V. *privatif*) et à complémentaire (V. *usufruit, nue-propriété*). V. *concurrence* (sens 2), *concours* (sens 3). Comp. *concurrentiel*.

—**e (gestion).** Syn. *gestion *concurrentielle*. Comp. *conjoint, exclusif*.

CONCURRENTIEL, IELLE

Adj. – Dér. de *concurrence.

- **1** Soumis à la *concurrence (sens 1).
- **2** Ouvert à la libre *concurrence (sens 1).
- **3** Qui résulte du jeu de la concurrence, d'où compétitif. Ex. offre concurrentielle, prix concurrentiel.
- **4** Soumis à l'initiative *concurrente ; ouvert à l'action du plus *diligent. Comp. *conjoint, exclusif*.

—**le (*gestion).** Mode de gestion dans lequel chacun des cotitulaires de celle-ci a également le pouvoir, relativement à la même masse de biens, d'accomplir seul, sans le consentement de l'autre, les actes de gestion courante (actes d'administration, actes conservatoires) à l'exclusion des actes de disposition soumis à la *gestion *conjointe (V. *cogestion*, sens 2, *b*), de telle sorte que les premiers sont offerts, en toute réciprocité, à l'initiative individuelle concurrente de chacun ; s'oppose à la fois à la *gestion conjointe et à la gestion individuelle *exclusive. Comp. *main commune, administration conjointe*.

CONCUSSION

N. f. – Lat. *concussio* : extorsion.

- Fait pour un fonctionnaire ou agent public d'exiger, de recevoir ou ordonner de percevoir à titre de droits, taxes, contributions ou impôts, des sommes qu'il sait n'être pas dues (C. pén., a. 432-10). Comp. *corruption, péculat, extorsion*. V. *vénalité*.

CONDAMNATION

N. f. – Lat. *condamnatio,* dér. de *condemnare* : condamner, refait sur *damner*.

- **1** Décision prononcée par une autorité ayant pouvoir de juridiction et imposant à un individu une sanction à raison des agissements qui lui sont imputés. Ex. condamnation pénale (peine privative de liberté, peine pécuniaire, peine privative de droits, mesures de sûreté, etc.) ; condamnation disciplinaire. Ant. *relaxe, acquittement*. V. *punition, répression*.
- **2** Plus généralement toute décision de justice faisant obligation à un plaideur de verser une somme d'argent (ex. condamnation à des dommages-intérêts), d'accomplir un acte ou de respecter un droit selon ce qui est jugé. V. *succombance, dépens*. Ant.

débouté. Comp. *injonction, interdiction, coercition*.
— **in solidum.** V. *in solidum*.

CONDAMNATOIRE

Adj. – Dér. du v. condamner. V. *condamnation*.

- (vx). Qui porte *condamnation ; se dit d'un jugement qui condamne un inculpé. V. *relaxe, absolutoire*.

CONDITION

N. f. – Lat. *condicio* écrit *conditio* à basse époque.

- **1** Situation d'une personne, parfois, d'une chose.

— **des étrangers** (doct.). Ensemble des règles relatives à la situation faite dans un État aux étrangers, tant en ce qui concerne le régime administratif auquel ils sont soumis que les droits publics, professionnels ou privés qui leur sont reconnus, Comp. **jouissance des droits*.
— **juridique.** Ensemble des règles relatives à une certaine sorte de personnes ou de choses. Ex. condition des gens mariés, des biens domaniaux. Comp. *état, statut, qualité*.
— **sociale.** Situation d'une personne en tant qu'elle appartient à un certain groupe socio-professionnel. V. *classe, catégorie*.

- **2** Élément d'un acte juridique.

a / Élément auquel est subordonnée la validité ou l'efficacité d'un acte. Ex. la capacité est une condition de validité du contrat ; l'intérêt est une condition de recevabilité d'une demande en justice, d'un recours pour excès de pouvoir. V. *effet*.

b / Modalité de l'obligation subordonnant la formation ou la résolution de celle-ci à la survenance d'un événement futur et incertain (v. C. civ., a. 1304). Comp. *terme*. Ex. vente subordonnée à la nomination du vendeur dans une autre région. V. *suspensif, résolutoire, potestatif,accomplissement, défaillance*.
— **accomplie.** Celle qui s'est réalisée ; se dit pour caractériser l'*avènement de la condition lorsque l'événement incertain est arrivé (v. C. civ., a. 1304-3). Ant. *défaillie*.
— **casuelle.** Celle qui dépend du hasard et qui n'est nullement au pouvoir du créancier ou du débiteur (C. civ., a. 1169 anc.). Comp. *potestatif, mixte, aléatoire*.
— ***défaillie.** Celle qui ne s'est pas réalisée (soit que l'événement attendu ne se soit pas produit dans le temps prévu, soit qu'il soit certain qu'il ne se produira pas, C. civ., a. 1304-3). Ant. *accompli*.
— **mixte.** V. **mixte (condition)*.
— **potestative.** V. *potestatif*.
— **suspensive.** V. *suspensive (condition)*.

c / Englobe parfois les conditions au sens ***b***, et les charges affectant une libéralité (not. au sens de l'a. 900 C. civ.).

d / Parfois synonyme de clause ou de stipulation. Ex. conditions générales de vente, conditions du bail.
— **internationale de vente.** Définition terminologique des expressions utilisées dans le commerce international, érigée en règle internationale d'interprétation des sigles qui résument ces expressions (anglais : *incoterm, international commercial term*).

- **3** Prend dans certaines expressions le sens courant de circonstances déterminantes et nécessaires.

— **préalable** (pén.). Situation juridique ou matérielle préalable à l'infraction et qui rend délictueux le comportement de l'auteur. Ex. l'existence du contrat *fiduciaire dans l'*abus de confiance, le jugement civil dans l'*abandon de famille ou la *non-représentation d'enfants ; ne pas confondre avec les *éléments constitutifs ou les *circonstances aggravantes de l'infraction.

CONDITIONNEL, ELLE

Adj. – Lat. *condicionalis*.

- Subordonné à une *condition *suspensive ou *résolutoire ; se dit not. d'un droit suspendu à une condition ou *résoluble. Ant. *certain, ferme, pur et simple*. Comp. *à *terme, éventuel*.

— **le (*libération).** Mesure de libération anticipée accordée soit par le *juge de l'application des peines, soit par le ministre de la Justice, qui s'applique aux peines privatives de liberté quelles que soient leur nature et leur durée à la condition que l'intéressé présente des gages sérieux de réadaptation sociale. Comp. **sursis avec mise à l'épreuve*.

CONDITIONS GÉNÉRALES

Ensemble des clauses qu'un professionnel, appelé à conclure de multiples contrats comparables, prérédige puis utilise de façon répétitive et invariable dans ses rapports avec ses partenaires ou ses clients (C. civ., a. 1119 ; C. com., a. L. 441-1).

CONDITIONS PARTICULIÈRES

• Clauses qui sont spécialement élaborées en fonction du cocontractant pour définir les éléments de l'accord qui n'ont pas été fixés dans les *conditions générales (C. civ., a. 1119).

CONDOMINIUM

Subst. masc. – Empr. de l'angl. *condomonium,* mot du lat. des diplomates, fait avec le préfixe *con, cum* : avec, et le substantif *dominium* : domination.

• Autorité politique exercée en commun par deux États sur un même territoire. Ex. condominium de la France et de l'Angleterre sur les Nouvelles-Hébrides. V. *souveraineté*. Comp. *dominion*.

CONDUIRE

V. – Lat. *conducere,* conduire ensemble, rassembler.

• **1** (sens courant, s'agissant d'un véhicule). Être aux commandes (au volant) de ce véhicule.

• **2** (proc.) Se dit de l'*instance dans le sens : avoir et prendre l'*initiative d'accomplir les actes de la procédure, prérogative des parties sous les *charges qui leur incombent. « Les parties conduisent l'instance, etc. » (CPC, a. 2). V. *diligences*. Comp. *introduire, produire, traduire*.

CONDUITE DE NAVIRE

Dér. du v. conduire, lat. *conducere*. V. *navire*.

• Ensemble des opérations que doit effectuer le capitaine d'un navire dans un port, au départ et à l'arrivée, auprès des autorités publiques du port.

CONDUITE DE RETOUR

V. le précédent et *retour*.

• Opération consistant à ramener le marin rapatrié depuis son point d'arrivée en France jusqu'au port français d'embarquement (C. trav. mar., a. 90). V. *rapatriement, retour*.

CONFÉDÉRATION

N. f. – Lat. de la basse époque *confoederatio,* dér. du v. *confoederare,* de *foedus, foederis* : traité.

• Toute forme d'association volontaire entre sujets du droit conclue, soit pour un temps limité, soit pour une durée indéterminée, en vue d'assurer une meilleure protection de certains intérêts légitimes et communs à l'ensemble de ses membres. Ex. les confédérations internationales de syndicats.

— de syndicats.

a / Union interprofessionnelle de syndicats qui regroupe, en respectant leur autonomie, l'ensemble des syndicats primaires, unions territoriales et fédérations professionnelles appartenant dans un pays à la même tendance, du mouvement syndical.

b / Regroupement de syndicats sur le plan international.

— d'États. Association volontaire entre États, généralement contigus, qui sont et demeurent souverains au regard du Droit international, mais qui délèguent aux organes par eux institués, soit pour un temps limité, soit pour une durée indéterminée, des compétences d'attribution et des pouvoirs juridiques à l'effet d'assurer une meilleure protection de certains intérêts communs à l'ensemble de ses membres, notamment en matière de diplomatie et de défense ; se distingue de l'État fédéral d'une part, en ce que, entité non souveraine au regard du Droit international, elle ne dispose que d'une capacité limitée à l'effet de nouer et de conduire des relations internationales, d'autre part en ce que les actes qu'elle édicte ne sont pas directement applicables aux individus dans chacun des États qui la composent. Ex. la Confédération des États-Unis (1781-1789), helvétique (1815-1848), de l'Allemagne du Nord (1867-1871). V. *union*. Comp. *communauté, alliance, Commonwealth*.

CONFÉRENCE

N. f. – Lat. médiév. *conferentia,* dér. du v. *conferre,* au sens de discuter.

• **1** Réunion (constituée ou non dans le cadre d'une organisation permanente) soit de fonctionnaires appartenant à des services différents en vue de régler des questions les intéressant simultanément, soit des représentants de différents États ou organisations internationales en vue de résoudre des problèmes d'intérêt commun par voie de *négociation (conduisant souvent à la conclusion d'un accord) ; se distingue de la réunion d'ex- perts et de la diplomatie itinérante, lesquelles se manifestent par des visites de chefs d'État ou de gouvernement ou de ministres. V. *délibération, conseil, conciliation, consultation*.

— **au sommet.** Réunion des chefs d'État et (ou) de gouvernement, suivant le rôle politique assigné au chef d'État par le système constitutionnel propre à chaque pays représenté.

— **diplomatique.** Réunion de *plénipotentiaires, c'est-à-dire de personnes ayant reçu pouvoir de représenter leur État.

- **2** Parfois l'organe (permanent ou du moins institutionnalisé) au sein duquel ont lieu les échanges de vues. Ex. l'organe plénier d'une organisation internationale (ex. OIT, Unesco) ou un organe subsidiaire (ex. Conférence des Nations Unies pour le commerce et le développement).

— **administrative régionale.** Organisme régional qui réunit, sous la présidence du préfet de la région, les préfets des départements constituant celle-ci, le secrétaire général du chef-lieu de la région, le trésorier-payeur général de la région, l'inspecteur général ou l'inspecteur de l'économie nationale en fonction dans la circonscription et, pour les affaires de leur compétence, des représentants régionaux des ministres intéressés.

— **des présidents.** Organe directeur d'une assemblée parlementaire, rassemblant le président et les vice-présidents de celle-ci, les présidents des commissions et ceux des groupes politiques, en présence d'un membre du gouvernement, se réunissant périodiquement, en vue d'examiner l'ordre des travaux de l'assemblée.

- **3** Par ext., le résultat de la conférence ; l'*accord conclu.

— **de fret (ou d'armateurs).** *Accord conclu entre armateurs pour lutter contre la concurrence et uniformiser les taux de fret (chaque conférence intéresse une zone déterminée de navigation, ex. : Atlantique-Nord). Comp. *traité*.

- **4** Désigne parfois un exposé, une communication (en général publique).

— **de presse.** Réunion où un homme public expose ses vues ou donne des informations aux journalistes conviés à cet effet.

— **du stage.** Exercice d'art oratoire et d'éloquence (souvent en forme de plaidoirie) auquel sont soumis les avocats stagiaires au barreau de Paris à l'issue duquel sont choisis les secrétaires de la conférence.

- **5** Plus spéc. espèce d'*audience ; audience de caractère non juridictionnel au cours de laquelle le président ou le magistrat de la mise en état s'entretient sur l'état de l'affaire avec les représentants des parties en vue du renvoi de l'affaire à l'audience ou de sa mise en état (ex. CPC, a. 759). Comp. *audience de *fixation*.

- **6** Procédé de la méthode *exégétique qui consiste à rapprocher les textes ou à les interpréter l'un par l'autre. Repère : le signe cf. Comp. *référence*.

CONFÉRER

V. – V. le précédent.

- **1** Attribuer à quelqu'un, en vertu d'un pouvoir ou d'une autorité et par acte d'investiture, une fonction ou un droit (pouvoir de *mandataire, titre, grade, mission). V. *collation*. Comp. *déférer, transférer*.
- **2** S'entretenir d'une affaire avec... Ex. le juge de la mise en état confère avec les avocats sur l'état d'une affaire.

CONFESSIONNEL, ELLE

Adj. – Dér. du lat. *confessio* : aveu, croyance religieuse.

- Qui se rapporte à une *religion (à une confession de foi).

— **(droit).** Droit de source religieuse en vigueur dans certains États. V. *interconfessionnel (*conflit)*.

—**le (liberté).** Droit fondamental d'embrasser et d'exercer la religion de son choix. V. *liberté de *conscience, *liberté religieuse, laïcité*.

—**le (*neutralité).**

- **1** (de l'État). Non-engagement religieux de l'État ; *impartialité à l'égard de l'ensemble des *opinions et croyances qui implique que l'État : 1 / Séparé des Églises ne constitue pas, en soi, une entité religieuse et ne reconnaît aucun culte comme sien (pas de religion d'État) ; 2 / Tenu de respecter les *libertés religieuses, ne fasse obstacle ni au libre exercice des *cultes (sous réserve des atteintes à l'ordre public) ni à la liberté de *conscience ; 3 / Indépendant des autorités religieuses, rejette toute ingérence de leur part dans les affaires de l'État, et se garde de toute obédience religieuse (exigences en large coïncidence avec la *laïcité de l'État).

- **2** (du droit et du système juridique). Caractère non religieux du droit et des institutions étatiques, d'où il résulte que ceux.ci sont *communs à tous les citoyens quelle que soit leur appartenance religieuse (et non l'apanage de tel ou tel groupe religieux, par opp. à communautarisme) ; vocation citoyenne des institutions juridiques d'où il résulte not. que les services publics sont ouverts à tous et que le mariage civil est l'unique union matrimoniale reconnue par la loi pour tous les citoyens (libre à ceux-ci de contracter un mariage religieux propre à leur confession, après la célébration de l'union civile).

CONFIANCE

N. f. – Lat. *confidentia.*

- **1** *Croyance en la *bonne foi, loyauté, sincérité et fidélité d'autrui (tiers, cocontractant) ou en ses capacités, compétence et qualification professionnelles (ex. confiance envers un médecin). V. *apparence ; intuitu personae.*
- **2** Action de se fier à autrui, ou plus précisément de lui confier une mission. V. *mandat, dépôt.*

— **(abus de).** V. **abus de confiance.*

- **3** Manifestation de cette confiance ; déclaration d'approbation. V. *recommandation.*

— **(question de).** Nom couramment donné à la procédure dans laquelle le gouvernement prend l'initiative d'engager sa responsabilité devant l'Assemblée nationale, par l'indication qu'il démissionnera s'il n'obtient pas de cette Assemblée qu'elle lui fasse confiance en votant l'approbation de son programme ou de sa déclaration de politique générale ou en votant un texte qu'il estime nécessaire (V. Const. 1958, a. 49). Comp. *régime parlementaire.*

CONFIDENTIALITÉ

Subst. fém. – Néol. de *confidentiel.

- Caractère de ce qui est confidentiel. Ex. confidentialité de la correspondance entre avocats, obligation de confidentialité. V. *secret, clause de confidentialité.*

CONFIDENTIEL, ELLE

Adj. – De confidence. lat. *confidentia.* du v. *confidere.* V. *confier.*

- **1** Qui est communiqué à quelqu'un sous l'interdiction, pour celui-ci, de le révéler à quiconque ; qui est livré par écrit ou oralement sous le sceau du *secret (en confiance et confidence). Ex. lettre confidentielle, dossier confidentiel, aveu confidentiel, information confidentielle (C. civ., a. 1112-2).
- **2** Qui doit être accompli en secret, Ex. mission confidentielle. Comp. *occulte, mystique, clandestin.*

CONFIÉ (CONTRAT DE)

Adj. subst. – Du part. pass. de *confier.

- Nom de prestige donné dans la joaillerie à une espèce de dépôt (accent mis sur la mission de confiance) ; convention par laquelle le propriétaire de bijoux remet ceux-ci à un professionnel qui demeure soumis à toutes les obligations du dépositaire.

CONFIER

V. – Du v. lat. *confidere,* de *cum,* avec, et *fides,* confiance, se fier à, mettre sa confiance dans.

- Conférer à quelqu'un – qui l'accepte – la mission de prendre soin d'une personne ou d'une chose. Ex. confier un enfant à la garde d'un parent ou d'un tiers (ex. C. civ., a. 287-1 anc., 375-3), confier un objet en dépôt (C. civ., a. 1937). Se dit aussi de la mission conférée (pouvoir et devoir). Ex. confier à l'un des parents l'exercice de l'autorité parentale (C. civ., a. 373-2-1), confier à quelqu'un la gestion d'un bien.

CONFIRMATIF, IVE

Adj. – Lat. *confirmativus* : affirmatif.

- **1** Qualification donnée à une décision

administrative qui ne fait que reprendre totalement ou partiellement une décision antérieure (ce caractère atténue la rigueur du principe de *non-rétroactivité des actes administratifs, mais s'oppose à ce que, par le biais d'un recours *administratif postérieur à l'expiration des délais du recours contentieux, ceux-ci se trouvent rouverts quand bien même l'acte confirmatif aurait été pris sur instruction nouvelle). Comp. *interprétatif*.

- **2** Se dit de la décision de justice qui, sur *appel, approuve et maintient le jugement *attaqué (arrêt confirmatif). Ant. *infirmatif*. Comp. *rejet*.
- **3** Qui emporte *confirmation (sens 1).

— **(acte).** V. *confirmation*.

CONFIRMATION

N. f. – Lat. *confirmatio,* dér. de *confirmare* : confirmer.

- **1** *Acte par lequel une personne renonce unilatéralement à se prévaloir de la *nullité relative d'un acte juridique et qui, exprès ou tacite, peut résulter d'une exécution spontanée (C. civ., a. 1182). V. *ratification, renonciation, couvert*. Comp. *approbation, affirmation, recognitif, reconnaissance, réfection*.
- **2** *Approbation (et maintien) du jugement frappé d'appel ou d'opposition par la juridiction saisie du recours ; s'opp. à l'*infirmation. V. *adoption de motifs, entériner*.
- **3** Dans le *crédit confirmé, engagement supplémentaire d'un second banquier envers le vendeur.
- **4** Renforcement d'une *affirmation, d'une hypothèse ou d'un *indice par une indication concordante. V. *corroboration, présomption*. Comp. *réitération*.

CONFISCATION

N. f. – Lat. *confiscatio,* dér. de *confiscare* : confisquer, de *fiscus* : fisc.

- *Acquisition par l'État, aux fins d'aliénation à son profit, de tout ou partie du patrimoine d'une personne condamnée ; *expropriation intervenant le plus souvent à titre de peine complémentaire dans les cas spécifiés par la loi. Comp. *nationalisation*. V. *spoliation*.

— ***générale.** Celle qui porte sur l'ensemble des biens présents, sans atteinte à la part éventuelle de communauté pouvant revenir au conjoint ou à la part de réserve revenant aux héritiers (peine encourue en cas de crime contre l'humanité, C. pén., a. 213-1, 4° ; 213-3, 2°.

— ***spéciale.** Celle qui porte sur un ou plusieurs biens déterminés soit à titre de peine, soit à titre de *mesure de sûreté (C. pén., a. 131-21) (fréquente en matière fiscale, économique et douanière).

CONFLIT

N. m. – Lat. de basse époque *conflictus,* dér. de *confligere* : heurter, frapper ensemble.

- **1** Opposition de vues ou d'intérêts ; mésentente, situation critique de désaccord pouvant dégénérer en *litige ou en *procès ou en affrontement de fait (violence, voie de fait, etc.). Ex. conflit conjugal, conflit social. Comp. *contestation, différend*. Ant. *accord, entente*.

— ***collectif.** Différend qui, ayant pour objet un intérêt commun à l'ensemble des travailleurs, entre parties dont l'une au moins est une collectivité de travailleurs peut, à défaut de règlement pacifique, donner lieu à la *grève. V. *médiation, accord*.

— **économique.** Conflit collectif qui, né d'une aspiration à modifier le Droit existant, ne peut être résolu qu'en équité ou en opportunité et dont la solution ouvre la voie à une règle nouvelle.

— **juridique.** Conflit collectif qui, portant sur une question de droit, peut être résolu par application du droit. Syn. *conflit juridiquement relevant*.

- **2** Parfois syn. de *litige (*né, même s'il n'est pas encore porté devant un juge).

— ***individuel.** Litige entre un salarié et son employeur sur la validité ou l'exécution du contrat de travail, qui est de la compétence du *Conseil des prud'hommes. V. *rupture*.

- **3** (dans les relations internationales). Toute opposition de vues entre des États d'une ampleur telle que la recherche de sa solution puisse déboucher sur l'emploi de la force.

— **armé.** En dehors de toute qualification juridique plus précise, telle que celle de *guerre, situation dans laquelle des États emploient la force pour la solution d'un litige les opposant. V. **rupture de la paix, des relations diplomatiques*.

• **4** Incompatibilité entre deux actes ou situations juridiques *concurrents et contraires (exclusifs l'un de l'autre). Ex. conflit de titres en matière de propriété (*concurrence de deux titres de propriété sur le même bien).

— **de décisions.** Situation dont la loi du 20 avril 1932 a attribué le règlement au *tribunal des conflits et qui se caractérise par la contrariété conduisant à un *déni de justice de deux décisions, devenues définitives, respectivement rendues au fond sur le même objet par une juridiction administrative et une juridiction judiciaire.

— **de filiation.** Conflit de *paternité ou de *maternité ; litige né de la pluralité des possibilités de rattachement paternel ou maternel que la loi résoud *a priori* en faveur de la filiation légalement établie en premier sous réserve d'une contestation ultérieure. C. civ., a. 320. V. *action d'état, réclamation d'état, contestation de *paternité, confusion de paternité*.

— **de nationalités.** Situation dans laquelle plusieurs nationalités sont attribuées à un même individu et où il est nécessaire de n'en retenir qu'une ; ainsi lorsque la nationalité est retenue comme circonstance de *rattachement par une *règle de conflit. V. **double national*.

• **5** *Concurrence, virtuelle ou déclarée, de plusieurs règles ou ordres juridiques, ou de plusieurs autorités (administratives ou juridictionnelles) dans la solution d'une question de droit. Ex. *conflit de lois, *conflit d'attribution, *conflit de juridiction, *conflits de systèmes.

— **d'autorité.** Par analogie avec *conflit de lois, situation internationale qui, indépendamment du problème de la détermination de la loi applicable, pose celui de la détermination de l'autorité publique appelée à agir.

— **de lois dans le temps** (encore nommé conflit de droit *transitoire). Conflit dans un même pays (en droit interne) de deux lois successives relatives à la même matière dont la solution consiste à déterminer le domaine respectif d'application de la loi nouvelle et de la règle ancienne. V. **application *immédiate, *non-*rétroactivité, respect des *droits acquis, survie de la loi ancienne*.

CONFLIT D'ATTRIBUTIONS

V. le précédent et *attribution*.

• Difficulté affectant le règlement des litiges du fait du partage de compétence qui résulte du principe de *séparation des autorités administrative et judiciaire dont la solution incombe au *tribunal des conflits.

— **négatif.** Situation dans laquelle les juridictions de l'ordre administratif et les juridictions de l'ordre judiciaire se sont successivement déclarées incompétentes sur un même litige en estimant respectivement que la connaissance de ce litige appartenait aux juridictions de l'autre ordre (l'existence d'un tel conflit suppose que l'une des deux déclarations d'incompétence soit erronée et que, lorsque statue la juridiction de l'ordre saisi en second lieu, la décision d'incompétence des juridictions de l'autre ordre soit encore susceptible de recours ; si cette décision d'incompétence est au contraire devenue définitive, il ne peut y avoir conflit négatif, la juridiction du second ordre ne pouvant plus se déclarer incompétente mais devant saisir le tribunal des conflits).

— **positif.** Situation dans laquelle une juridiction de l'ordre judiciaire prétend continuer à statuer sur un litige dont elle est saisie alors que l'autorité administrative a revendiqué la connaissance de ce litige pour la juridiction administrative. V. *arrêté de conflit, déclinatoire de compétence*.

CONFLIT DE JURIDICTIONS

V. *conflit* et *juridiction*.

• **1** Situation dans laquelle un litige, en raison des liens qu'il présente avec plusieurs États, pose la question, soit de la compétence des tribunaux d'un de ces États pour en connaître, soit des effets à reconnaître à une décision rendue par un tribunal étranger.

• **2** Plus généralement, contestation relative à la compétence d'une juridiction ou à l'efficacité d'une décision mettant en cause des *ordres juridiques ayant leurs propres tribunaux. Ex. conflit entre juridictions ecclésiastiques ; entre juridictions étatique et ecclésiastique.

• **3** (doct.). Branche du Droit international privé dont ces questions relèvent. Syn.

Droit judiciaire privé international ; Droit processuel international.

- **4** Syn., en droit interne, de *conflit de compétence.

CONFLIT DE LOIS

(dit encore conflit de lois dans l'espace)

V. *conflit* et *loi*.

- **1** Problème naissant du fait qu'une question de Droit présente des liens avec plusieurs États (plus généralement plusieurs *systèmes ou *ordres juridiques) à résoudre par le choix de la loi qui lui est applicable. Ex. mariage entre un Français et une Italienne, entre deux Libanais de confession différente ; désigne en ce sens générique toute situation affectée par la diversité des Droits internes (privé ou public).
- **2** Méthode de solution de ce problème (appliquée surtout aux matières de Droit privé) consistant à soumettre le règlement de la question de Droit en cause à la loi d'un des États (plus généralement d'un des *systèmes ou *ordres juridiques) avec lesquels elle présente des liens. Ex. mariage entre un Français et une Italienne. Comp. *règle de conflit de lois, règle matérielle, lois de police, rattachement*.
- **3** Branche du Droit international privé traitant des matières qui peuvent être réglées par recours à cette méthode. Opp. *nationalité, condition des étrangers, *conflits de juridictions*.

— **colonial.** *Conflit de lois mettant en cause l'application du Droit d'une colonie où coexistent un Droit aborigène, le plus souvent coutumier, et un Droit d'inspiration métropolitaine.

— **dans le temps.** De manière générique, conflit de lois dont les données initiales de fait ou de droit se sont modifiées. V. *conflit mobile, conflit transitoire, droits acquis, rétroactivité, non-rétroactivité, rétrospectivité*.

— **de qualifications.** Dans les conflits de lois, situation créée par la différence, d'un *ordre juridique à l'autre, du sens attribué au concept retenu par une *règle de conflit et conduisant à ce que deux ordres juridiques dont les règles de conflit sont formulées en termes identiques ne désignent pas comme applicable la même loi. Ex. identité entre la France et la Grèce des règles de conflit concernant les conditions de fond, comme de forme, du mariage ; mais la célébration religieuse du mariage est, pour la Grèce, une question de condition de fond, pour la France, de condition de forme. V. **conflit de systèmes, qualification (conflit de)*.

— **interconfessionnel.** Conflit de lois à l'intérieur d'un État (ex. Liban) où sont en vigueur plusieurs *systèmes juridiques de source religieuse. V. **confessionnel (droit)*.

— **interfédéral.** Conflit de lois à l'intérieur d'un État à structure fédérale entre les *systèmes juridiques des entités composant cet État et aussi, le cas échéant, entre ces systèmes et le Droit de source fédérale.

— **interlocal.** Syn. de **conflit interterritorial, *conflit interprovincial, *conflit interrégional.*

— **international.** Conflit de lois entre *systèmes juridiques relevant d'États différents.

— **interne.** Conflit de lois entre *systèmes juridiques en vigueur à l'intérieur d'un seul État. V. *conflit interterritorial, conflit interfédéral, conflit interpersonnel*.

— **interpersonnel.** Conflit de lois à l'intérieur d'un État où sont en vigueur plusieurs *systèmes juridiques s'appliquant eu égard à l'origine ethnique, la religion ou la race des individus.

— **interprovincial.** Syn. de **conflit interlocal* et **conflit interterritorial.*

— **interracial.** V. *conflit interpersonnel*.

— **interrégional.** Syn. de **conflit interlocal, *conflit interprovincial, *conflit interterritorial.*

— **interterritorial.** Conflit de lois à l'intérieur d'un État où sont en vigueur plusieurs *systèmes juridiques d'application territoriale.

— ***mobile.** Nom donné à l'espèce particulière de *conflit de lois qui surgit lorsque, par suite d'une modification du facteur de *rattachement, une même situation juridique peut être successivement soumise à deux lois différentes entre lesquelles il faut choisir.

— **négatif.** V. *conflit de systèmes*.

— **positif.** V. *conflit de systèmes*.

— ***transitoire.** Conflit de lois affecté par le changement de la *règle de conflit et appelant dès lors à choisir entre les règles de conflit ancienne ou nouvelle.

CONFLIT DE SYSTÈMES

V. *conflit* et *système*.

- *Conflit de lois apparaissant au niveau des *règles de Droit international privé tenant à la diversité des *systèmes de Droit international privé en vigueur dans les différents États. Ex. *renvoi.

— **négatif.** Par opp. à **conflit positif*.

1 / Se dit d'une situation qui n'est censée entrer dans les prévisions, ni de la *règle de Droit international privé du for saisi, ni de celle des pays avec lesquels elle présente des *rattachements.

2 / Spécialement dans le raisonnement propre au *renvoi, se dit d'une situation qui n'entre à première vue dans les prévisions ni de la *règle de conflit du for saisi, ni de celle du pays auquel conduit la règle de conflit du for. Ex. s'il s'agit de l'état d'un Danois domicilié en France : pour la France, la loi applicable est la loi interne danoise en tant que loi nationale, pour le Danemark la loi interne française en tant que loi du domicile.

— **positif.** Par opp. à **conflit négatif* : situation dans laquelle toutes ou partie des *règles de conflit des *systèmes avec lesquels elle présente des rattachements rendent applicable leur propre droit interne. Ex. s'agissant de l'état d'un Français domicilié au Danemark ; la règle de conflit française prescrit l'application de la loi interne française en tant que loi nationale, la règle de conflit danoise l'application de la loi danoise en tant que loi du domicile.

CONFLIT D'INTÉRÊT

N. m.

- Situation dans laquelle la mission professionnelle ou institutionnelle confiée à une personne entre en conflit avec son intérêt propre, de sorte que l'indépendance, l'impartialité et l'objectivité de son jugement en sont altérées. Peut être qualifié de conflit objectif (relations familiales, économiques) ou de conflit subjectif (liens d'amitié, mésentente).

CONFORME

Adj. – Lat. *conformis* (de *cum,* avec, et *forma,* forme) : exactement semblable.

- **1** Qui est, dans sa teneur et sa présentation, la *reproduction exacte d'un acte de référence. Ex. *copie conforme à l'original.
- **2** Qui est, juridiquement, l'exacte *application d'une norme de référence. Ex. conforme aux usages, conforme à la loi. Comp. *juste, régulier, légal, licite, légitime, normal*. Ant. *contraire*.
- **3** Qui répond ou correspond exactement à ce qui était promis ou envisagé. Ex. livraison conforme à la commande ; augmentation conforme aux prévisions. Ant. *non conforme*.
- **4** *Fidèle. Ex. interprétation conforme à l'esprit de la loi.
- **5** Concordant, de même sens. Ex. preuve conforme à une autre (possession d'état conforme au titre, C. civ., a. 333). V. *corroborer*.

CONFORMITÉ

N. f. – Lat. *conformitas*.

- **1** Qualité de ce qui est *conforme. V. *contrôle, certification, observation, délivrance, fidélité, corroboration, constitutionnalité, conventionnalité*. Ant. *non-conformité, inobservation, violation, contravention*.
- **2** Angl. *compliance*. Prévention par la personne morale de tout risque de sanction d'ordre juridique ou de perte financière ou d'atteinte à la réputation, par un ensemble de procédures de nature à assurer le respect de règles qu'elle se fixe ou qui lui sont imposées (déontologie, règles de conduite, réglementation en vigueur).

CONFRONTATION

N. f. – Lat. jur. du Moyen Âge *confrontatio,* dér. du v. *confrontare* : confronter, de *frons, frontis* : front.

- Mesure d'enquête ou d'*instruction qui consiste à mettre la personne soupçonnée ou poursuivie en présence d'un témoin, du plaignant, de la partie civile ou d'un autre prévenu, afin de parvenir à la manifestation de la vérité (il peut y avoir également confrontation des témoins entre eux ou avec la victime du délit). Comp. *interrogatoire, audition*.

CONFUSION

N. f. – Lat. *confusio,* dér. de *confundere* : confondre.

- **1** Réunion, en la même personne, des qualités de créancier et de débiteur qui entraîne l'*extinction de l'obligation (et résulte du fait que le créancier hérite du débiteur ou inversement) (C. civ., a. 1349). Comp. *cumul*.

- **2** Parfois syn. de **consolidation*.
- **3** Mélange de biens d'origine différente dans une masse unique au sein de laquelle il devient plus difficile de les identifier. Ex. C. civ., a. 1411, al. 2.

— **de paternité (ou de *parts).** Incertitude qui plane sur la paternité lorsqu'un enfant peut être légalement rattaché à plusieurs pères. Ex. confusion résultant du remariage de la femme aussitôt après la dissolution du mariage. Comp. *conflit*.

- **4** S'emploie aussi dans les expressions suivantes :

— **de peines.** Fait de réunir plusieurs peines prononcées distinctement en une seule et de n'exécuter que la plus forte (application du principe dit du *non-cumul des peines, la confusion ne peut avoir lieu qu'en cas de *concours réel et ne joue pas pour les contraventions). V. **cumul des peines*.

— **des pouvoirs.**

a / Système politique dans lequel toutes les fonctions de l'État, ou seulement deux d'entre elles, sont exercées par un même individu ou collège. Ant. **séparation des pouvoirs*.

b / Par ext., situation politique dans laquelle les fonctions sont réparties entre deux ou plusieurs organes mais où l'un de ceux-ci dépend de l'autre, à moins encore qu'ils ne dépendent tous d'un même parti, maître en fait de toutes les fonctions.

— **des voix.** V. *voix (confusion des)*.

CONGÉ

N. m. – Lat. *commealus*, proprement : action d'aller çà et là *(commeare)*, qui a pris spécialement dans le langage militaire le sens d'« autorisation de quitter son poste ».

- **1** Action de laisser aller ; désigne en diverses matières, soit l'acte conférant la liberté de s'absenter ou de circuler, soit le titre constatant ce droit, soit l'avantage accordé.

a / Autorisation donnée à un fonctionnaire ou à l'employé d'une administration de quitter momentanément, et quelquefois définitivement, son service ; se dit aussi, par ext., de la position d'absence régulière du fonctionnaire. Ex. être en congé, un congé d'un mois.

b / Titre de mouvement délivré par l'administration fiscale pour le transport d'une marchandise soumise à des droits de circulation, lorsque ces droits ont été payés au départ.

c / Dispense de travail pour un temps de *repos ou une autre convenance. Comp. *vacances, pause*.

— **de formation.** Congé ouvert aux salariés qui remplissent les conditions énoncées par la loi en vue de participer à un stage organisé pour la formation professionnelle continue et agréé par l'État dont la durée maximale est fixée par la loi soit en mois (congé continu), soit en heures (congé discontinu).

— **de maternité.** *Repos entourant l'accouchement auquel la femme est tenue pour un nombre minimum de semaines fixé par la loi (huit aujourd'hui), et auquel elle a droit pour un maximum fixé par la loi ou les conventions collectives et pendant lequel l'assurée sociale perçoit une indemnité journalière. V. *gravidité*.

— **éducation.** Congé de courte durée (dont le maximum est déterminé par la loi) ouvert aux travailleurs inscrits à un stage d'éducation ouvrière ou de formation syndicale, et non rémunéré par l'employeur.

— **payé.** Période de repos pendant laquelle le salarié est dispensé par la loi d'exécuter sa prestation de travail et pour laquelle il reçoit de son employeur une *indemnité, substitut du salaire.

- **2** Action de congédier ; acte unilatéral par lequel une partie à un contrat de louage (contrat de travail, bail) fait connaître à l'autre son intention de ne pas continuer le contrat, si celui-ci est à durée indéterminée, ou de ne pas le renouveler, s'il est à durée déterminée. V. *congédiement, licenciement, rupture*.
- **3** Prend un sens voisin mais spécifique (renvoi de l'instance) dans l'expression **défaut congé*.

CONGÉDIEMENT

Dér. du v. congédier, empr. de l'ital. *congedare*, de *congedo*, qui vient lui-même du franç.

- **1** Notification du *congé dans les rapports individuels de travail qui, objet d'une réglementation protectrice, prend la forme d'une lettre recommandée quand il émane de l'employeur.

• **2** Parfois syn. de *congé. Comp. *licenciement, renvoi, révocation*. Ant. *démission*. V. *rupture*.

— ***abusif (indemnité de).** V. **indemnité de congédiement abusif*.

CONGLOMÉRAT

Lat. *conglomerare*.

• Groupe réunissant des sociétés aux objets très différents (alimentation, textile, fonderie électronique) en vue de diviser les risques par une diversification des activités des sociétés groupées. V. *groupe de sociétés, entente, concentration, trust, cartel*.

CONGRÉGATION

N. f. – Lat. ecclés. *congregatio* (de *grex, gregis* : troupeau), en lat. class. toute espèce de réunion.

• *Association qui peut se former librement et dont les membres (religieux ou laïcs), liés par les mêmes vœux, vivent en communauté sous l'autorité d'une règle approuvée par l'Église catholique mais qui n'a la personnalité juridique que si elle est reconnue par le gouvernement.

CONGRÈS

N. m. – Lat. *congressus,* dér. de *congredi* : aller trouver, se rencontrer avec.

• **1** Réunion des membres des deux chambres du Parlement en une seule assemblée sur décision du Président de la République, et après délibérations séparées des chambres, en vue de statuer sur une révision dé la Constitution (Const. 1958, a. 89). Aux États-Unis, l'ensemble des deux Chambres : Chambre des représentants et Sénat.

• **2** Très souvent employé pour désigner la réunion par un parti ou un groupement de tous ses membres ou de représentants de toutes ses sections.

• **3** Nom traditionnel donné (not. au XIXe siècle) à une réunion diplomatique solennelle de plénipotentiaires destinée à régler des relations internationales, spéc. à conclure des traités. Ex. Congrès de Vienne (1815).

CONJOINT, OINTE

Adj. – Dér. de conjoindre, lat. *conjungere* : lier ensemble, venir.

• **1** Se dit de l'obligation plurale dans laquelle chacun des multiples débiteurs ne peut être poursuivi que pour sa part. Ant. *obligation *solidaire* ou **in solidum*. Comp. **obligation indivisible* ; se dit aussi de l'obligation à créanciers multiples dans laquelle chacun d'eux ne peut exiger que sa part ; par ext., se dit en ces cas des débiteurs ou des créanciers.

• **2** Se dit de certains actes émanant de plusieurs personnes, en vue d'un objet unique ; ex. *requête conjointe en vue d'un changement de régime matrimonial présentée par les deux époux. Ant. *unilatéral*.

• **3** (sens voisin). Qui exige le consentement de plusieurs personnes ; qui appartient en titre à plusieurs (par ex. à deux époux, à l'ensemble des indivisaires). Ex. gestion conjointe, *l'exercice conjoint de l'autorité parentale. Comp. *cogestion, concurrentiel, concurrent*. Ant. *exclusif, individuel*. V. *indépendant*.

• **4** Plus spéc., syn. de **conjonctif* (sens 1).

• **5** Se dit de certains actes dont le bénéfice est attribué dans son ensemble à plusieurs personnes, sans distinction de parts. Ex. institution conjointe d'héritier sans assignation de parts. V. *colégataire*.

CONJOINT, OINTE

Subst. – Part. de l'anc. v. conjoindre, lat. *conjungere*.

• Personne (homme ou femme) unie à une autre par le mariage (le lien *conjugal) ; on dit parfois conjoint par mariage. Syn. **époux, épouse*. V. *mari, femme, célibataire*.

— **prédécédé.** Celui qui meurt le premier, laissant son époux veuf ou veuve ; le prémourant.

— ***successible.** Conjoint survivant non divorcé (C. civ., a. 732) qui est appelé, comme *héritier, à la succession, soit en concours avec les plus proches parents du défunt, ses descendants ou ses *ascendants privilégiés (a. 756, 757, 757-1), soit seul, en l'absence, de ceux-ci (a. 756, 757-2), sous réserve du droit de *retour légal des *collatéraux privilégiés (757-3). V. *droit au *logement temporaire, droit viager au *logement.*

— **survivant.** Époux qui survit à son conjoint prédécédé et auquel la loi accorde divers droits (droits successoraux, s'il est successible, etc.). Syn. **veuf, veuve.* V. *gains de survie, usufruit.*

CONJONCTIF, IVE

Adj. – Lat. *conjunctivus,* de *conjungere* : joindre.

- **1** Se dit d'un acte donnant lieu à la rédaction d'un écrit unique dans lequel deux personnes réunissent des opérations similaires concernant leur patrimoine respectif. Ex. *donation-partage faite dans le même acte par deux époux à leurs descendants (C. civ., a. 1076-1). Syn. *conjoint* (sens 3). Comp. *cumulatif.*

— **(testament).** *Testament (aujourd'hui prohibé, C. civ., a. 968) fait dans un seul et même acte par deux ou plusieurs personnes, soit au profit d'un tiers, soit à titre de disposition réciproque et mutuelle (on parle alors de testament mutuel).

- **2** Se dit de l'*obligation en vertu de laquelle le débiteur est cumulativement tenu de plusieurs obligations. Comp. *alternatif, facultatif* (sens 3), *conjoint* (sens 1). (C. civ., a. 1306)

CONJUGAL, ALE, AUX

Adj. – Lat. *conjugalis.*

- **1** Qui a trait au mariage, au *couple légitime. Ex. le lien conjugal est le lien du mariage. Comp. *matrimonial, nuptial, familial, parental.* V. *égalité conjugale, statut conjugal.*
- **2** Plus spécialement, qui se rapporte à la personne des *époux, à la vie des *conjoints. Ex. résidence conjugale, devoir conjugal, relations conjugales (par opp. à extraconjugales).

CONNAISSANCE

Du v. connaître, lat. *cognoscere.*

- **1** (Pour toute personne).

a / Fait d'être ou de se mettre personnellement au courant (CPC, a. 179, 199). V. *constatation, vérification, déclaration, témoignage.*

b / Savoir, science. V. *porter à connaissance.*

c / *Capacité de *discernement, aptitude à comprendre, *conscience. V. *esprit, raison.*

- **2** (Pour un juge).

a / Syn. de **compétence.*

b / Syn. de **pouvoir juridictionnel.* Ex. connaissance du fait et du Droit par les juges du fond ; connaissance du Droit par la Cour suprême. V. *pleine connaissance de *cause.*

c / Action d'instruire une affaire en vue de juger. V. *instruction.*

CONNAISSEMENT

Dér. de *connaître.

- Acte écrit faisant preuve de la *réception, par le capitaine à bord de son navire, des marchandises désignées et décrites dans l'acte. C'est plus précisément le connaissement « embarqué ». Comp. *charte-partie.*

— **net.** Connaissement sur lequel ne figure aucune indication sur l'état de la marchandise, alors même que ces marchandises auraient été embarquées en mauvais état.

— **reçu pour embarquement.** Acte écrit faisant preuve de la réception de marchandises définies en vue de leur embarquement ultérieur.

CONNAÎTRE

V. – V. *connaissance.*

- **1** Pour une juridiction, syn. de **juger.* V. *pleine connaissance de *cause.*
- **2** Plus précisément, être *compétent pour juger une affaire. Ex. le juge du principal connaît, en principe, de tous les moyens de défense.

CONNEXE

Adj. – V. *connexité.*

- **1** Se dit des *demandes en justice (des affaires ou des prétentions) qui ont entre elles un lien de *connexité.
- **2** Parfois syn. d'interdépendant ; *réci-

proque. Ex. sont dites connexes les obligations découlant d'un contrat *synallagmatique. V. *interdépendance*.

- **3** Syn. de voisin dans l'expression droits connexes. V. *droits *voisins*.

CONNEXITÉ

Dér. de connexe, lat. *connexus,* de *connectere* : lier ensemble.

- **1** Lien étroit entre deux demandes non identiques mais telles qu'il est de bonne justice de les instruire et juger en même temps afin d'éviter des solutions qui pourraient être inconciliables. Ex. il y a connexité entre la demande tendant à l'exécution d'un contrat et la demande en résiliation de ce contrat.

— **(*exception de).** *Moyen de défense par lequel une partie demande à l'une des deux juridictions saisies de deux affaires connexes de se dessaisir et de renvoyer la connaissance de l'affaire à l'autre (CPC, a. 101). V. *litispendance*.

- **2** Lien tiré soit de l'unité de temps et de lieu, soit de l'unité de dessein, soit de la relation de cause à effet, qui rattache plusieurs délits l'un à l'autre et par lequel se justifient une jonction de procédure et parfois une prorogation de compétence.
- **3** Lien unissant deux créances nées d'un même rapport de droit qui les rend compensables malgré l'ouverture d'une procédure collective de règlement du passif. Ex. connexité entre la dette de reliquat du prix et la créance d'indemnité de retard.

CONNIVENCE

Lat. *conniventia*.

- Accord exprès ou tacite entre l'auteur d'une infraction et celui qui avait mission d'empêcher celle-ci. Ex. en cas d'*évasion (C. pén., a. 434-33 s.) la connivence entraîne contre le surveillant pénitentiaire une peine plus forte que sa simple négligence ; à ne pas confondre avec la *complicité, qui exige un acte matériel positif d'assistance. V. *instigation*.

CONQUÊTS

Subst. masc.plur.

V. *acquêts* (sens 1, *b*).

CONSACRÉ, ÉE

Adj. – Part. pass. du v. consacrer, lat. *consecrare(cum* et *sacrare).*

- **1** Solennellement reconnu ; se dit not. d'une règle affirmée par un arrêt de principe ou d'une jurisprudence reprise par la loi (par opp. à *bris de jurisprudence).
- **2** Bien établi ; se dit d'une interprétation constante, d'une opinion régnante.

CONSANGUIN, INE

Adj. – Lat. *consanguineus,* de *sanguis, sanguinis* : sang.

- Parent du côté du père mais non du côté de la mère ; se dit surtout des *frères et sœurs qui ont le même père, mais non la même mère, par opp. aux frères et sœurs *germains et *utérins (C. civ., a. 752 anc.).

CONSCIENCE

Lat. *conscientia,* de *cum,* avec, et *scientia,* connaissance.

- **1** *Aptitude à comprendre ce que l'on fait, à être présent, en *esprit, à un acte, intelligence élémentaire qui entre dans la définition du *consentement et à défaut de laquelle est annulable, pour absence de consentement, l'acte accompli par celui qui en était, à ce moment, privé (sous l'empire d'un *trouble mental, de l'ivresse, etc.). Syn. *connaissance* (1, *c*). V.*volonté*. Comp. *discernement*.
- **2** (conscience individuelle). En toute personne, *for interne, lieu intime de l'examen individuel (débats, cas de conscience) ; d'où aptitude à se connaître, à se juger et à se déterminer soi-même, soit par adhésion aux *devoirs d'une morale, d'une religion, etc., soit sous l'inspiration des devoirs que chacun se fait (*impératif de conscience, éthique personnelle) ; sens ou sentiment moral. V. *objecteur de conscience, repentir, honneur, âme, vœu, dictamen, sentiment, forum*.

— **(*liberté de).** Autonomie morale ; droit fondamental de se déterminer dans ses convictions philosophiques, religieuses, idéologiques, politiques, etc. V. *liberté religieuse, clause de conscience, liberté *confessionnelle, neutralité *confessionnelle, laïcité*.

— **(*objection de).** Collision de deux ordres juridiques dans la conscience individuelle (Carbonnier) ; sentiment intime d'un conflit de devoirs ; débat cornélien.

• **3** (conscience professionnelle). *Connaissance et pratique du *devoir d'état ; pour celui qui exerce une profession, claire perception des devoirs qui y sont attachés et résolution de s'y conformer, ce qui, d'une *déontologie à l'autre, commence toujours par le devoir d'être consciencieux, d'agir avec soin, *diligence, *sérieux, probité. Ex. CPC, a. 237. V. *honneur*.

• **4** Hors série, pour quiconque juge autrui (magistrat, juré, arbitre) exigence exemplaire de réflexion, *sagesse, sérénité, *impartialité, *objectivité, vertus associées dont on escompte la lumière, en celui qui juge, sur ce qui est vrai, juste et bon. Ex. les jurés répondent en leur âme et conscience. Plus banalement, clairvoyance, claire vision d'une situation et de la solution souhaitable (V. CPC, a. 339). V. *intime conviction*.

CONSCIUS FRAUDIS

Expression latine signifiant « conscient de la *fraude » qui sert à qualifier le tiers acquéreur d'un bien que le débiteur cherche à soustraire à ses créanciers, dans les cas où ce tiers a été conscient du dommage ainsi causé aux créanciers ; complicité prouvée qui seule permet à l'*action révocatoire d'atteindre le tiers, si du moins il s'agit d'une acquisition à titre onéreux. V. *action paulienne, consilium, fraudis, appauvrissement*.

CONSEIL

N. m. – Lat. *consilium* : délibération, assemblée délibérante, etc.

• **1** *Avis sur ce qu'il convient de faire. Comp. *consultation, proposition, recommandation, instruction, consultatif*. V. *opinion, voix, vote*.

— **(devoir de).**

a / Devoir d'assister une personne dans la conduite de ses affaires ou dans la défense de ses intérêts incombant à une autre personne, soit par application d'un régime de protection (devoir de conseil du *curateur, naguère nommé conseil judiciaire), soit en exécution d'une convention de consultation d'*assistance ou de *représentation (conseil attendu d'un avocat, d'un consultant, etc.).

b / Nom parfois donné à l'obligation accessoire implicite que certains contrats font naître à la charge de l'un des contractants, en raison de sa qualification professionnelle, d'aider l'autre soit dans ses choix, lors de la phase précontractuelle, soit même dans l'exécution du contrat. Comp. *obligation de *renseignement, information*.

• **2** Personne qui donne à une autre des avis, des renseignements, des consultations, ou qui l'assiste, soit dans la défense en justice de ses intérêts, soit dans la gestion de ses affaires. Ex. un avocat, un avoué à la cour est le conseil de son client. Comp. *conseiller*.

— **en brevet d'invention.** Personne physique ou morale inscrite sur une liste nationale dressée sous l'égide de l'Institut national de la Propriété industrielle qui offre à titre habituel ses services au public pour conseiller, assister ou représenter les tiers en vue de l'obtention, du maintien ou de la défense de droits en matière de brevets d'invention en France ou à l'étranger (d. 18 févr. 1986, mod. d. 13 juill. 1976 abrogé) remplacé par le titre de conseil en propriété industrielle (CPI, a. L. 422-1, L. 422-2).

— **en vote** (*Fin.*). Service rendu par une personne morale qui analyse ou formule des recommandations, sur une base professionnelle et commerciale, toute information concernant des sociétés dont les actions sont admises aux négociations sur un marché réglementé, dans le but d'éclairer le vote des actionnaires (C. mon. et fin., a. 544-3 et s.).

— **judiciaire.** Nom autrefois donné à la personne chargée par la justice d'assister, pour certains actes, le majeur prodigue ou faible d'esprit. V. aujourd'hui *curateur*.

— **juridique.** Avant 1992, praticien qui faisait profession, principalement, de donner des *consultations et de rédiger des actes et qui, devenu d'office membre de la nouvelle profession substituée par la loi du 31 décembre 1990 aux professions d'avocat et de conseil juridique, exerce les fonctions antérieurement dévolues à ces deux professions et porte le titre d'avocat.

• **3** Assemblée de personnes chargées de donner certains avis, de faire certaines propositions ou de trancher certains litiges. Nom souvent donné à des organes collégiaux exerçant des attributions administratives de décision (ex. conseils des Universités) ou de consultation (ex. conseil général des mines) ou des attributions juridictionnelles. Comp. *assemblée, collège, comité, commission*.

• **4** Plus spécialement : l'organe exécutif d'une organisation internationale, composé d'un nombre restreint de représentants d'États membres. Parfois accompagné d'un qualificatif (ex. conseil exécutif de l'Unesco) ou d'une préposition et d'un substantif (ex. Conseil d'administration de l'OIT, conseil des gouverneurs de l'Agence internationale pour l'Énergie atomique), ce terme est dans certains cas remplacé par celui de comité exécutif (ex. Organisation météorologique mondiale) ou de commission exécutive (ex. Union postale universelle) ; exceptionnellement, le conseil constitue l'organe plénier de l'organisation (ex. Conseil des gouverneurs de la banque internationale pour la reconstruction et le développement, du Fonds monétaire international).

— **constitutionnel.** Organe de contrôle et de consultation créé par la Constitution du 4 octobre 1958. Composé de 9 membres nommés pour neuf ans et non renouvelables (3 par le Président de la République, 3 par le président de l'Assemblée nationale, 3 par le président du Sénat) dont un président à voix prépondérante nommé par le Président de la République et de membres de droit (les anciens présidents de la République), le Conseil constitutionnel a pour attributions d'ordre consultatif d'être obligatoirement consulté sur certaines questions spécifiées (l'application de l'a. 16, l'organisation d'un référendum) et pour attributions d'ordre supérieur de contrôler : 1 / l'exercice des pouvoirs de suffrage (opérations de référendum, élections présidentielles, élections législatives) ; 2 / l'exercice des mandats (mandat présidentiel, incompatibilités parlementaires) ; 3 / la constitutionnalité de l'élaboration législative (ex. répartition des compétences entre la loi et le règlement) et, dans leur subordination à la Constitution, de divers éléments de l'ordonnancement juridique : *a)* les normes constitutionnelles secondaires (lois organiques, règlement des assemblées) ; *b)* certains engagements internationaux ; *c)* les lois ordinaires (ce dernier contrôle, facultatif, étant déclenché à l'initiative exclusive d'un nombre restreint d'autorités, notamment à la demande de 60 parlementaires) ; la question demeure ouverte du caractère juridictionnel du Conseil.

— **d'administration.** Organe collégial de la société anonyme, composé d'administrateurs (trois au moins, douze au plus), désignés par les statuts ou par l'assemblée générale parmi les actionnaires, et théoriquement investi de tous les pouvoirs pour agir en toute circonstance au nom de la société dans la limite de l'objet social et des compétences attribuées à l'assemblée générale. Ex. le conseil d'administration décide la politique générale de la société, prend les décisions les plus importantes, contrôle leur exécution par le *président-directeur général.

— **de discipline.** Organe chargé, soit d'infliger une sanction aux membres d'un corps (barreau, magistrature armée, etc.) qui ont manqué à leurs obligations (devoirs professionnels, règles de conduite), soit de donner son avis à l'autorité hiérarchique ayant pouvoir d'infliger cette sanction. Ex. la discipline d'un barreau est assurée par le *Conseil de l'ordre statuant en matière disciplinaire.

— **de famille.** Organe de la *tutelle des mineurs (C. civ., a. 398 s.) ou des majeurs incapables (C. civ., a. 500 s.) qui, présidé par le juge des tutelles et composé d'au moins quatre personnes désignées par ce juge parmi celles qui s'intéressent à l'incapable (parents, alliés, amis ou voisins), règle les conditions générales de vie de l'incapable et contrôle la gestion du tuteur, pour les actes les plus graves. Ex. le tuteur ne peut, sans y être autorisé par le conseil de famille, accomplir un acte de disposition au nom de l'incapable (vendre un immeuble ou un fonds de commerce, etc.).

— **de la République.** Nom donné sous la IVe République à la seconde Chambre.

— **de l'*ordre.** Organe composé de membres élus par l'assemblée générale d'un *ordre et doté de fonctions administratives et disciplinaires. Ex. le Conseil de l'ordre des avocats, présidé par un bâtonnier élu pour deux ans, au scrutin secret, par tous les avocats inscrits au tableau, et composé de membres élus pour trois ans dans les mêmes conditions.

— **de l'organisation judiciaire.** Conseil institué en 1958 et composé, sous la présidence du Garde des sceaux, de personnalités diverses, qui peut être consulté sur toutes les questions concernant l'*organisation judiciaire, et doit l'être dans certains cas spécifiés.

— **de l'*Union européenne.** Organe principal de décision de l'Union européenne, nommé Conseil des ministres (ou Conseil) qui réunit les ministres des États membres ayant en charge la matière inscrite à l'ordre du jour, et exerce en général son pouvoir réglementaire sur proposition de la *Commission européenne. Comp. *Conseil européen*.

— **de Paris.** Assemblée de 163 membres élus au suffrage universel et qui joue simultanément le rôle de *conseil municipal pour la commune de Paris et de conseil général pour le département de Paris.

— **de préfecture.** Organisme créé par la loi du 28 pluviôse an VIII dans chaque département et doté d'attributions d'ordre administratif et juridictionnel (les conseils de préfecture, devenus interdépartementaux en 1926, ont été remplacés au 1er janvier 1954 par les *tribunaux administratifs).

— **de prud'hommes.** Juridiction *paritaire d'exception de l'ordre judiciaire, créée par décret, composée de 3 représentants élus des employeurs et de 3 des salariés par section, constituée d'un *bureau de conciliation et d'un *bureau de jugement et compétente pour connaître (d'abord pour les résoudre par voie de conciliation, le cas échéant pour les trancher) de toutes les contestations soulevées par une partie à un contrat de travail. V. **conflit individuel, prud'hommes, prud'homal, prud'homie*.

— **de révision.** Organisme juridictionnel chargé à l'origine de statuer sur le recrutement des *conscrits et aujourd'hui remplacé par une commission locale d'aptitudes de caractère administratif.

— **de sécurité.** Aux Nations Unies, organe composé de 15 membres, dont 5 (Chine, États-Unis, France, Royaume-Uni et Union soviétique) disposent d'un siège permanent et du droit de *veto pour les questions importantes et qui assume la responsabilité principale, mais non exclusive, du maintien de la paix et de la sécurité internationales.

— **de *sécurité intérieure** (d. 15 mai 2002). Naguère organisme interministériel composé, sous la présidence du Président de la République, de ministres dont les départements ont trait à la sécurité intérieure (sécurité intérieure, justice, défense, etc.) qui a pour mission de définir les orientations et les priorités de la politique en la matière et d'assurer la cohérence des actions menées par les différents ministères.

— **des bourses de valeurs (CBV).** Anciennement organisme professionnel doté de la personnalité juridique dont la mission de service public consiste à établir le règlement général qui définit le marché boursier et à prendre des décisions, administratives de caractère individuel (not. l'agrément des *sociétés de bourse et l'admission des valeurs mobilières aux négociations) (a. 5 s., l. 22 janv. 1988). Aujourd'hui remplacé par l'Autorité des marchés financiers.

— **des prises.** Juridiction administrative spéciale (composée d'un conseiller d'État, président, de six membres et d'un rapporteur public) qui est compétente en temps de guerre (et sous réserve d'appel du chef de l'État statuant en Conseil d'État) pour apprécier la validité des *prises maritimes opérées par les autorités françaises et connaître les demandes d'indemnité tendant à la réparation des dommages causés par un exercice irrégulier du droit de prise.

— **de surveillance.**

a / Dans la société anonyme, organe collégial composé de trois membres au moins et de douze au plus, désignés par les statuts ou par l'assemblée générale parmi les actionnaires, ayant pour fonctions le contrôle permanent de la gestion de la société par le directoire et l'approbation préalable de certaines opérations énumérées par les statuts ou par la loi sans immixtion dans la gestion.

b / Dans la société en commandite par actions, organe collégial composé de trois actionnaires au moins (désignés parmi les commanditaires par l'assemblée générale) et chargé du contrôle permanent de la société avec les mêmes pouvoirs que les commissaires aux comptes sans immixtion dans la gestion.

— **d'État.** Institution reprise de l'Ancien Régime par la Constitution du 22 frimaire an VIII et qui assume aujourd'hui la double fonction de conseiller du gouvernement et de juridiction supérieure de l'ordre administratif : la première de ces fonctions qui consiste à émettre des avis sur les projets de loi, d'ordonnance ou de décret, incombe aux quatre *sections administratives, à la *commission permanente et à l'*assemblée générale ; la seconde, qui, suivant le cas, fait de la Haute

Assemblée un juge de premier et dernier ressort, le juge d'appel ou le juge de cassation des juridictions administratives, incombe à l'*assemblée du contentieux, à la *section du contentieux ou aux sous-sections de celle-ci.

— **de tutelle.**

a / (int. publ.). Organe dont la composition varie suivant le nombre de territoires encore sous tutelle et qui, placé sous l'autorité de l'assemblée générale, contrôle les puissances administrantes.

b / (civ.). Personne que le père pouvait désigner afin d'assister la mère survivante dans ses fonctions de tutrice de son enfant mineur (faculté supprimée par la l. du 14 déc. 1964).

— **du contentieux administratif.** Juridiction administrative de premier ressort existant dans les territoires d'outre-mer au sens des a. 74 s. de la Constitution de 1958.

— **économique et social.**

a / (int. publ.). Organe dont le nombre des membres a été porté à 54, assurant, sous l'autorité de l'Assemblée générale, l'accomplissement des tâches d'ordre économique et social qui incombent à l'ONU (not. la coordination des rapports entre celle-ci et les *institutions spécialisées).

b / (publ.). Assemblée consultative de représentation auprès des pouvoirs publics des principales activités économiques et sociales qui a aujourd'hui un caractère constitutionnel (créée par d. 16 janv. 1925, constitutionnalisée sous la IVe République, conservée par la Constitution de 1958, réformée par la loi organique du 27 juin 1984). Composé de 230 membres représentant les principales activités économiques et sociales de la nation (salariés, entreprises privées ou publiques agricoles ou non, professions libérales, mutualité et coopération agricoles ou non, associations familiales, etc., le Conseil économique et social a pour attributions exclusivement consultatives de donner au gouvernement, à la demande de celui-ci ou de sa propre initiative, des avis qui peuvent être assortis de réserves et de propositions et accompagnés d'éléments d'information (rapport, documentation) sur les questions relevant de sa compétence, la consultation gouvernementale étant obligatoire sur certaines questions (ex. le Plan), facultative sur tout autre point de caractère économique ou social.

— **européen.** Nom donné (depuis décembre 1974) à la réunion périodique « au sommet » des chefs d'État ou de gouvernement des États membres de l'Union européenne dont le rôle est de donner les impulsions nécessaires au développement de l'Union et de définir les orientations politiques générales. Comp. *Conseil de l'Union européenne.*

— **général.** Assemblée élue au suffrage universel direct par les électeurs du *département à raison d'un membre par *canton et chargée de régler par ses *délibérations les affaires départementales (ainsi dénommée par la loi du 28 pluviôse An VIII pour être distinguée du *conseil de préfecture).

— **municipal.** Assemblée composée de 9 à 37 membres élus au suffrage universel direct par les électeurs de la *commune et chargée de régler par ses *délibérations les affaires de celle-ci.

— **national des *barreaux.** Organisme collégial (établissement d'utilité publique doté de la personnalité morale) chargé de représenter auprès des pouvoirs publics la nouvelle profession d'*avocat et de veiller à l'harmonisation des règles et usages de celle-ci et de la formation professionnelle (v. l. 31 déc. 1971, a. 21-1 mod. par l. 31 déc. 1990, d. 27 nov. 1991).

— **régional.** Organe délibérant de la *région, composé des députés et sénateurs élus dans celle-ci et de représentants des collectivités locales et agglomérations, qui est investi d'un pouvoir de décision dans les attributions de la région, et d'un rôle consultatif dans certains aspects de l'administration de l'État.

— **restreint.** Réunion de certains ministres seulement sous la présidence du chef de l'État ou du gouvernement pour l'examen d'une question spéciale.

— **supérieur.** Dénomination générique appliquée aux organismes consultatifs placés dans la plupart des administrations au niveau ministériel.

— **supérieur de la fonction publique.** Organisme consultatif placé en formation plénière sous la présidence du Premier ministre et chargé de délibérer sur toute question de caractère général intéressant les fonctionnaires ou la fonction publique.

— **supérieur de la magistrature.** Organe constitutionnel présidé par le Président de la République qui comprend, outre le ministre de la Justice, vice-président, 9 membres désignés pour quatre ans par le Président de la

République (6 magistrats, 1 conseiller d'État, 2 personnalités choisies à raison de leur compétence), et qui : *1 /* assiste le Président de la République, garant de l'indépendance de l'autorité judiciaire ; fait des propositions au Président de la République pour les nominations des *magistrats du siège à la Cour de cassation et pour celles des premiers présidents de cour d'appel ; donne son avis sur les propositions du ministre de la Justice relatives aux nominations des autres magistrats du siège ainsi que sur l'attribution des distinctions honorifiques à tous les magistrats du siège ; *2 /* naguère Consulté sur les recours concernant l'exécution de la peine capitale, peut appeler l'attention du Président de la République sur tout autre recours en grâce ; *3 /* statue, sous la présidence du premier président de la Cour de cassation et hors la présence du Président de la République et du ministre de la Justice, comme conseil de discipline des magistrats du siège.

— **syndical.** Organe facultatif du syndicat des copropriétaires prévu par le statut de la copropriété des immeubles bâtis qui a not. pour mission de donner son avis au syndic ou à l'assemblée générale des copropriétaires sur diverses questions et de contrôler la gestion du syndic, spécialement pour la comptabilité, la répartition des dépenses. Comp. **association syndicale*.

CSA

Initiales de Conseil supérieur de l'audiovisuel.

- *Autorité administrative indépendante chargée de la réglementation et de la surveillance de la *radiodiffusion.

CONSEILLER

Subst. – Dér. de *conseil.

- **1** Titre donné aux membres de certains conseils administratifs (ex. conseiller général, conseiller municipal, conseiller d'État) ou aux correspondants de certains services de l'administration (ex. conseiller du commerce extérieur).
- **2** Magistrat siégeant à la Cour de cassation, à la cour d'appel et dans certaines juridictions administratives (Conseil d'État, Cour des comptes, tribunaux administratifs).

— **à la Cour de cassation.** Magistrat du siège affecté à l'une des chambres de la Cour de cassation. Comp. *conseiller référendaire*.

— **à la Cour des comptes.** Membre de la Cour comprenant dans l'ordre les conseillers maîtres, les conseillers référendaires et les auditeurs.

— **d'État.** Celui qui occupe le grade le plus élevé dans la hiérarchie des *membres du Conseil d'État avant les *auditeurs et les *maîtres des requêtes.

— **d'État en service extraordinaire.** Celui qui est recruté au *tour extérieur et dont l'appartenance à la Haute Assemblée est temporaire.

— **d'État en service ordinaire.** Celui dont toute la carrière s'est déroulée au Conseil d'État.

— **du travail.** Assistant social spécialisé dépendant du comité d'entreprise.

— **prud'homme.** Membre du conseil de prud'hommes ; juge prud'homal.

— ***référendaire.**

a / Magistrat de l'ordre judiciaire chargé de fonctions temporaires auprès de la Cour de cassation, ayant mission de rapporter les affaires qui lui sont confiées, de siéger avec voix consultative et de participer au fonctionnement du service de documentation et d'études de la Cour de cassation.

b / Magistrat de la Cour des comptes d'un rang inférieur à celui de conseiller maître, mais supérieur à celui d'auditeur.

CONSENSUALISME

Comp. du lat. *consensus* : accord. V. *consentement*.

- Principe (lui-même découlant de l'autonomie de la *volonté) en vertu duquel, sauf exception, tous les *actes juridiques sont *consensuels (C. civ., a. 1102). V. *formalisme, solennel, parole*.

CONSENSUEL, ELLE

Adj. – Dér. du lat. *consensus*.

- **1** En parlant d'un *acte juridique, d'un *contrat ou d'une *convention : qui peut être conclu, au gré des intéressés, sous une *forme quelconque (par opp. à **solennel*) et dont on dit qu'il résulte du seul échange des *consentements *(solo consensu),* dès lors que les volontés se sont accordées d'une manière ou d'une autre, soit par écrit (acte sous seing privé, acte authentique), soit oralement, soit même tacitement ; ne pas confondre avec *conventionnel ou *contractuel. En ce sens, consensuel s'oppose aussi à réel. V. *consensualisme*. Comp. *informel, ad probationem, équipollent*.

- **2** En un sens moins technique (psychosociologique), se dit d'*arrangements qui procèdent, entre représentants d'intérêts divers (voire opposés), de la volonté commune de trouver un terrain d'*entente, ou d'actions conduites dans un climat de *concertation et un esprit de coopération (ex. exercice consensuel de l'autorité parentale, C. civ. a. 373-2-10) ; proche d'*amiable, de *gracieux. V. *médiation, conciliation, transaction, accord, contractualisation*.

CONSENSUS

N. m. – Du lat. *consensus*, accord.

- **1** Terme euphémique (et diplomatique) consacré dans l'usage des organisations internationales (de l'ONU en particulier) pour désigner le substitut informel d'un vote comme mode d'adoption d'une délibération à laquelle certains participants ne veulent, formellement, ni s'associer ni faire obstacle, acceptant qu'elle soit adoptée sans vote ; la formule « adopté par consensus » ou « adopté sans avoir été mise aux voix » traduisant sinon un accord tacite, au moins un compromis de non-obstruction dans la conclusion d'une délibération. Comp. *consentement, unanimité, mutuus consensus*.
- **2** (plus gén.). *Accord *informel proche de l'unanimité ; convergence générale des *opinions (au sein d'un groupe ou dans l'opinion publique), par ex. en faveur d'une politique, d'une candidature, d'une réforme ; assentiment tacite quasi général. Comp. *controverse*. V. *consensuel*.

CONSENTEMENT

N. m. – Dér. de consentir, lat. *consentire* : être d'accord, d'où consentir à…

- **1** *Accord de deux ou plusieurs *volontés en vue de créer des effets de droit ; rencontre de ces volontés qui est la condition de la formation du *contrat (ex. consentement des parties au contrat, des époux au mariage). V. *expression, manifestation, exprès, tacite, consensus*.
- **2** Dans l'accord, la *volonté de chacune des parties contractantes (on parle de l'échange des consentements). V. *vice, conscience*. Comp. *sentiment*.
- **3** Parfois plus spécialement l'*acceptation (donnée à une *offre ou à une demande). V. *adhésion*.
- **4** Par ext., la volonté de l'auteur d'un acte unilatéral (consentement de la partie qui s'oblige).
- **5** Adhésion d'une personne à un acte conclu par d'autres (consentement des parents au mariage d'un enfant mineur). Comp. *autorisation, concours, approbation, agrément, acquiescement*.

ADAGE : *Solus consensus obligat*
Qui auctor est, se non obligat.

— **de la victime.** Adhésion donnée d'avance par une personne à une infraction portant atteinte à ses droits ; ne supprime pas légalement l'infraction sauf si celle-ci exige pour sa constitution une fraude ou une violence. Ex. vol, viol, enlèvement.

— **(absence de).** V. **absence de consentement*.

— **(vice du).** V. **vice du consentement*.

CONSERVATEUR DES HYPOTHÈQUES

Lat. *conservator,* dér. de *conservare* : conserver. V. *hypothèque*.

- Fonctionnaire public chargé du service de la *publicité foncière.

CONSERVATION

N. f. – Lat. *conservatio*.

- **1** Opération(s) juridique(s) ou (et) matérielle(s) destinée(s) à assurer la *sauvegarde d'un droit, d'une chose, d'un patrimoine, etc. Ex. pour la conservation de ses droits, un créancier peut faire opposition à un partage, tierce opposition à un jugement, demander des mesures *conservatoires. V. *entretien, garde, réparation, gestion, administration, impenses, ruine, perte*. Comp. *investissement, amélioration, usufruit, substance, produit*.

• **2** Parfois plus spécialement syn. d'archivage, de mise en dépôt ; par ext., l'organe qui en assume la charge. V. *minute, destruction, pièces*.

• **3** Politique de gestion ou de dévolution tendant à maintenir tel ou tel bien dans un patrimoine ou sous une *affectation en évitant son aliénation ou en canalisant sa transmission. Ex. la conservation des biens dans la famille tendant à assurer la dévolution d'un bien aux héritiers du sang.

— **des hypothèques.** Service administratif assurant la *publicité foncière et la perception de certains droits fiscaux. V. *enregistrement*.

— **des ressources biologiques de la mer.** Ensemble des mesures rendant possible le rendement optimum constant de ces ressources de façon à porter au maximum les disponibilités en produits marins, alimentaires et autres (Convention Genève, 1958).

CONSERVATOIRE

Adj. – Dér. du v. conserver, lat. *conservare*.

• **1** Destiné à éviter (dans l'intérêt du propriétaire) la perte d'un bien (extinction d'un droit, dégradation d'un bâtiment).

— **(acte).** *Acte juridique qui, par opp. à l'acte de *disposition ou à l'acte d'*administration, tend seulement à éviter une telle perte et qui, nécessaire et urgent, requiert un minimum de pouvoir (not. dans la gestion du patrimoine d'autrui). Ex. inscription d'hypothèque, interruption de la prescription, réparation urgente. V. *exploitation, entretien*.

• **2** Destiné à prévenir le détournement, la dissimulation, la dissipation ou l'aliénation d'un bien.

— **(mesure).** Toute *mesure urgente (judiciaire) qui tend à sauvegarder un bien ou un ensemble de biens soit dans l'intérêt du propriétaire (ex. nomination d'un administrateur aux biens d'un absent), soit dans l'intérêt des créanciers (ex. saisie conservatoire, inscription de nantissement sur fonds de commerce, inscription provisoire d'hypothèque judiciaire), soit à des fins diverses (inventaire, mise sous séquestre d'un bien, apposition de scellés). Comp. *provisoire*.

— **(saisie).** Espèce de « mesure conservatoire qui, par opp. aux saisies de caractère *exécutoire (*saisie-exécution), tend seulement à sauvegarder le *gage du créancier (non à le réaliser), en interdisant au débiteur (ou au tiers détenteur) de disposer du bien saisi. V. *indisponibilité*. Comp. *saisie-arrêt*.

CONSERVATOIRE

Subst. masc. – De l'ital. *conservatorio*, du lat. *conservare* : conserver.

• Organisme (établissement public en gén.) ayant pour mission de perpétuer la pratique d'un art (conservatoire de musique), de conserver des collections (conservatoire des arts et métiers) ou de sauvegarder certaines valeurs (ex. conservatoire de l'espace littoral et des rivages lacustres).

CONSIDÉRANT

N. m. – Part. prés. pris substant. Lat. *considerare* : examiner attentivement.

• *Motif qui a la même fonction que l'*attendu, en concurrence avec lui surtout dans les décisions administratives, parfois dans les décisions juridictionnelles (not. pour le Conseil d'État et les cours d'appel). V. *dispositif, moyen*.

CONSIDÉRATION

N. f. – Lat. *consideratio* : action de considérer, de porter attention à…

• **1** Donnée à examiner (ex. intérêts en cause) ; examen de ces données (prise en compte de ces intérêts) et résultat de cet examen (réflexions et observations).

• **2** Estime que l'on porte à autrui (comp. *respect*) ou dont on jouit (V. *honneur, réputation, dignité, distinction, diffamation*).

— **(prise en).***a* / Procédure par laquelle une assemblée parlementaire ou un organe de celle-ci accepte de passer à l'examen d'une question ou d'une opposition (r. AN, a. 25, 59 et 100). Comp. *renvoi* (const.).

— *b* / Démarche intellectuelle consistant en droit international privé et en droit pénal international à se référer à une loi étrangère ou à un jugement étranger, non pour application ou reconnaissance, mais pour tenir compte de leur existence et de leur teneur dans la mise en œuvre de la règle substantielle applicable au fond du litige dont ils sont les *présupposés. Ex. topiques (C. pén., a. 113-6, al. 2 ; C. civ., a. 19-1, 2°).

CONSIDÉRER

V. – V. *considérant.*

- **1** Examiner avec attention ; peser ; prendre en compte ; porter sa réflexion sur.
- **2** Tenir en estime.

CONSIGNATAIRE

Subst. – Dér. du v. consigner. V. *consignation.*

- **1** *Dépositaire d'une somme d'argent consignée.
- **2** Dépositaire d'une marchandise, chargé de vendre celle-ci ; espèce de *commissionnaire. V. *courtier.*
- **3** Par ext. mais plus spécialement en matière de transport, espèce d'intermédiaire. V. *agent, représentant, transitaire, mandataire.*

— **de la cargaison.** Représentant des (ou du) destinataires d'une cargaison maritime chargé d'en prendre livraison pour leur (ou pour son) compte.

— **du navire ou de la coque.** Représentant de l'armateur, chargé de conserver et de livrer la cargaison débarquée par le capitaine d'un navire et au besoin d'effectuer pour le compte du navire à l'escale les opérations que le capitaine n'accomplit pas lui-même.

CONSIGNATION

N. f. – Dér. du v. consigner, *consignare,* proprement mettre un sceau *(signum)* d'où signer, consigner par écrit et déposer une somme d'argent.

- **1** Dépôt dans une caisse publique de sommes ou de valeurs en garantie d'un engagement ou à titre conservatoire. Ex. dépôt par un débiteur de sommes que le créancier ne peut ou ne veut recevoir (C. civ., a. 1257) ; dépôt au secrétariat d'une juridiction d'une *provision à valoir sur la rémunération de l'expert (CPC, a. 269 s.), dépôt de garantie permettant d'obtenir la mainlevée d'une mesure de saisie, etc. Comp. *cautionnement, caution, avance, arrhes*. V. **offres réelles,* **caisse des dépôts et consignations,* **administrateur* **séquestre*.
- **2** Remise d'une marchandise aux mains d'un commissionnaire chargé de la vendre.

CONSIGNE (VIOLATION DE)

Dér. du lat. *consignare.*

- Manquement grave à une règle de discipline ou à un ordre reçu (C. just. mil., a. L. 324-1). Ex. abandon de poste.

CONSIGNER

V. – V. *consignation.*

- **1** Mentionner ou rapporter par écrit un fait ou une déclaration dans un document officiel. V. *procès-verbal, registre.*
- **2** Opérer une *consignation ; remettre, déposer une somme ou une marchandise (entre les mains d'un consignataire).

CONSILIUM FRAUDIS

Terme latin signifiant « délibération ou résolution de fraude » employé pour désigner :

- **1** En un sens gén. l'intention frauduleuse, la volonté délibérée de commettre une *fraude ou de s'y associer – *Fraus significat eventum et consilium* (Cujas). V. *fraude, concert frauduleux.*
- **2** Plus particulièrement, en matière de *fraude paulienne, non seulement la volonté délibérée du débiteur de se soustraire à ses obligations envers ses créanciers en se rendant insolvable ou en augmentant son insolvabilité, ou l'intention de leur nuire, mais aussi la simple connaissance du préjudice qu'un acte ayant ce résultat va leur causer ; se dit également de l'intention de celui qui contracte avec le débiteur de participer à la fraude (complicité de *fraude, *concert frauduleux) et de la connaissance qu'il a eue des conséquences préjudiciables de l'acte pour les créanciers *(conscius fraudis)*. V. **action paulienne*.

CONSOLIDATION

N. f. – Lat. jur. *consolidatio,* dér. de *consolidare* rendre solide.

- **1** Réunion, sur la même tête, de la qualité de propriétaire et de celle de titulaire d'un droit réel accessoire qui, opérant la reconstitution de la pleine propriété, entraîne l'*extinction du droit réel *démembré (et résulte le plus souvent du fait que le titulaire d'un des deux droits succède à l'autre). Ex. la consolidation (parfois nommée *confusion), mode d'extinction de l'*usufruit (C. civ., a. 617) ou des servitudes (C. civ., a. 705).

- **2** (fin.). Opération ayant pour objet de retarder le remboursement d'un titre, not. utilisée pour remplacer une dette à court terme par une dette à moyen ou long terme. V. *conversion*.

- **3** Prend dans certaines expressions le sens concret de stabilisation.

— **d'une blessure.** Stabilisation d'une blessure et par ext. état qui ressort, après l'arrêt des soins, de la blessure stabilisée et qui permet de déterminer l'étendue de l'incapacité définitive résultant de cette blessure. Ex. consolidation de la blessure due à un accident du travail dont la survenance permet de substituer à une incapacité temporaire une incapacité permanente et dont la date marque le point de départ du versement de la rente.

- **4** *Cantonnement de l'amputation de la valeur d'un titre à une fraction du montant nominal de ce titre (par ex. au tiers *consolidé). Comp. *dévaluation, dépréciation*.

- **5** Opération comptable que la loi exige au sein d'un *groupe de sociétés afin que soit donnée l'image globale de leur activité et de l'entité économique et patrimoniale qu'elles forment qui consiste à regrouper la présentation de leurs comptes, après les avoir rendu comparables, soit par intégration globale pour les sociétés placées sous le contrôle exclusif de la société consolidante, soit par intégration proportionnelle pour les sociétés contrôlées conjointement par plusieurs sociétés, soit par la mise en équivalence pour les sociétés seulement soumises à une influence notable de la société consolidante.

- **6** Nom donné dans certains pays et instances internationales à un travail superficiel de mise à jour et de mise au clair des textes, *révision purement administrative et formelle exclusive non seulement de toute modification de fond mais d'une *codification même formelle. Comp. *refonte*.

— **des codes, lois, décrets**. Opération consistant à mettre à jour un texte normatif des modifications dont il a été l'objet.

— **des textes législatifs** (eur.). Opération administrative de simplification législative, consistant à incorporer certaines modifications à un acte juridique de base, sans procéder à l'adoption d'un acte nouveau, *révision purement déclaratoire et officieuse de clarification opérée par la Commission, qui se distingue de la *codification dite constitutive et officielle.

CONSOLIDÉ, ÉE

Adj. – Part. pass. du v. consolider. V. le précédent.

- Qui a été l'objet d'une *consolidation (sens 2, 3, 4 ou 5) ; se dit d'un emprunt (plus généralement d'une dette) ou d'une blessure ou de comptes sociaux. Ex. tiers consolidé, V. *permanent*.

CONSOMMATEUR, TRICE

Subst. – Lat. ecclés. *consummator.*

- Celui que protège le droit de la *consommation (parce qu'il est profane) ; celui que défendent les *associations de consommateurs (parce qu'il est isolé) : protection ou défense dont peuvent bénéficier, selon les cas, trois catégories de personnes. V. **protection du consommateur, professionnel, producteur, fournisseur*.

- **1** Tout acquéreur non professionnel de biens de consommation destinés à son usage personnel.

- **2** Tout bénéficiaire non professionnel de services fournis par des professionnels (assurance, publicité, voyage, conseil).

- **3** Englobe, dans un sens extensif, les *épargnants et *accédants à la propriété (à l'occasion d'opérations immobilières). *Adde* : toute personne physique qui agit à des fins qui n'entrent pas dans le cadre de son *activité commerciale, industrielle, artisanale ou libérale (l. 2014-344 du 17 mars 2014, a. 3 ; C. cons., a. liminaire). V. *acquéreur*, *client*, *usager*.

CONSOMMATION

N. f. – Lat. ecclés. *consummatio.*

- **1** Réalisation, accomplissement ; se dit parfois d'une infraction ou d'une perte. Comp. *commission, constitution.*
- **2** Utilisation des richesses, par opp. à leur production ; ensemble des opérations économiques et juridiques tendant à l'utilisation des biens de consommation. V. *usage, jouissance, usufruit.* Comp. *consomptible.*

— **(dépenses de).** Pour une famille, un ménage, un groupe, ensemble des frais correspondant, pour le groupe considéré, à la satisfaction des besoins de la vie courante. V. *revenus, entretien.* Comp. **dépenses de ménage, épargne, investissement.*

— **(Droit de la).** Nom donné à l'ensemble des lois spéciales destinées à assurer la protection du *consommateur soit avant qu'il ne s'engage (lutte contre les ventes abusives, le démarchage, institution d'un délai de réflexion ou de repentir), soit dans les conditions de son engagement (ex. prohibitions des clauses *abusives), soit dans l'exécution du contrat (répression des fraudes, responsabilité pour vice de fabrication) et plus généralement à l'ensemble des mesures et institutions destinées à sauvegarder sa santé, sa sécurité et ses intérêts économiques. V. **protection du consommateur.*

- **3** Dans l'expression consommation du mariage, désigne l'union charnelle des époux.

CONSOMPTIBLE

Adj. – Lat. *consumptibilis* : périssable.

V. **chose consomptible.*

CONSORTIUM

N. m.

- Contrat conclu entre des entreprises pour l'élaboration et la remise en commun d'une *offre et, le cas échéant, pour l'exécution du *marché qui pourrait résulter de son *acceptation.

CONSORTS

Subst. masc.plur. – Lat. *consors* : qui partage le sort.

- *Plaideurs qui se trouvent du même côté de la barre ; le plus souvent, suivi du nom de l'une des parties afin de permettre, dans la pratique judiciaire, la désignation abrégée d'un groupe de plaideurs ayant des intérêts communs. Comp. *x et autres.* V. *litisconsort, litisconsortium, colitigants, codemandeur, codéfendeur, partie adverse.*

CONSTANT, ANTE

Adj. – Lat. *constans,* de *constare* : s'arrêter.

- Prouvé de façon *certaine, bien *établi, avéré ; se dit d'un fait à prouver ; se dit aussi d'une jurisprudence fermement établie, fixée (il est de jurisprudence constante) mais en y introduisant souvent l'idée que celle-ci se perpétue dans le même sens par de nouveaux arrêts. V. *incontestable.* Ant. *douteux, hypothétique, incertain.*

— **(à droit).** Sans changement au fond ; se dit surtout d'une *codification formelle, plus généralement d'une loi nouvelle de remise en ordre qui reprend en substance une disposition en vigueur sans toucher au fond du droit existant, les seules modifications apportées en faveur de la cohérence et de la clarté du texte, étant de pure forme (technique législative qui exige la plus grande probité).

CONSTAT

Subst. masc. – Dér. du v. constater, fait lui-même sur le lat. *constat* : il est certain (du v. *constare*).

- **1** En un sens générique, soit l'opération consistant à *constater un fait, soit le résultat de cette opération, soit le document écrit consignant ce résultat ; on parle de constat *amiable lorsque l'opération est accomplie par les intéressés eux-mêmes, sans le secours d'un tiers. V. *preuve, transaction, constatation.*
- **2** Le plus souvent, le constat d'*huissier : description écrite par un huissier de justice ou une autorité de police judiciaire d'une situation de fait dont il a pris personnellement connaissance et relevé l'existence et les circonstances (ex. constat d'accident de la circulation, d'adultère). Comp. *procès-verbal, *état des lieux, *vérification personnelle, témoignage,*

déposition, attestation, enquête, expertise, rapport. V. *contradiction*.

— **d'audience.** Nom donné dans la pratique à la mesure d'instruction confiée par une juridiction à un huissier de justice ou à toute personne en vue d'effectuer des *constatations.

- **3** (just. adm.) (application particulière du sens gén. 1). V. *référé constat*.
- **4** Acte instrumentaire où sont consignés certains faits ou observations ; utilisé not. à la fin d'un conflit collectif du travail.

CONSTATANT

Subst. – Part. prés. substant. du v. constater. V. *constat*.

- Nom donné au *technicien commis par le juge (le plus souvent un *huissier de justice) afin de procéder à des *constatations. Comp. *expert, consultant, sapiteur*.

CONSTATATION

N. f. – Dér. du v. constater. V. *constat*.

- **1** Opération intellectuelle consistant, pour une personne, à relever elle-même l'existence d'un *fait ou à caractériser en personne aussi objectivement que possible une situation de fait ; bien que comportant une marge irréductible d'appréciation individuelle s'opp. à *appréciation morale et à appréciation des intérêts. V. *juge du fait, souverain*. Comp. *évaluation, qualification, présomption, connaissance*.
- **2** (au pluriel). *Mesure d'instruction consistant, pour la personne commise par le juge, le *constatant, à relater un fait ou à décrire un état de fait, dont il a pris une connaissance personnelle et, pour finir, à dresser un *constat à partir de ses *observations, sans porter aucun avis sur les conséquences de fait ou de droit qui peuvent en résulter (ex. mesure d'un terrain, état d'une construction) (CPC, a. 249). Comp. *consultation, expertise, vérification*.
- **3** Nom donné au résultat du travail du *constatant.
- **4** (au pluriel). Les faits constatés ; les données relevées et relatées.

CONSTATER

V. *constat*.

- **1** Faire une *constatation ; tenir pour *établi (*constant) ; admettre un fait comme certain pour l'avoir soi-même observé ; relever un fait le plus souvent en vue de sa *preuve. Comp. *apprécier, évaluer, dire, juger, établir, prouver, connaître*.
- **2** Consigner ce que l'on a observé, plus spécialement, dresser un *constat.

CONSTITUANT, ANTE

Adj.ou subst. – Part. prés. du v. constituer. V. *constitution*.

- **1** Celui qui établit un droit ; se dit surtout de celui qui constitue une *sûreté, une rente ou une dot. V. *constitution, trust, gage, hypothèque*. Comp. *disposant, auteur, fondateur, déclarant*.
- **2** L'auteur d'une *constitution. Comp. *législateur, codificateur*.

—**e (assemblée).** V. ci-dessous *(b)*.

— **dérivé.** Celui qui est établi par une Constitution déjà existante, à l'effet de la réviser.

— **originaire.** Celui pour l'édiction d'une Constitution (entièrement nouvelle, ne s'appuyant sur aucune investiture donnée par une Constitution antérieure).

— **(pouvoir).**

a / Compétence à l'effet d'édicter des règles constitutionnelles.

b / Organe exerçant cette compétence. Ex. une assemblée constituante (parfois appelée simplement la Constituante) appelée à élaborer une Constitution, soit qu'elle ait à l'adopter elle-même (ex. Ass. const. de 1789-1791, de 1848), soit qu'elle ait à la préparer en vue de la soumettre au référendum (ex. Ass. const. de 1945-1946).

CONSTITUÉ, ÉE

Adj. – Part. pass. du v. constituer. V. *constitution*.

- **1** Formé, créé, réalisé (par la réunion de ses éléments *constitutifs). Ex. société constituée, délit constitué.
- **2** Désigné (en vue d'une mission), investi ; se dit du mandataire dès le moment où, avec son acceptation, il reçoit

pouvoir d'agir (C. civ., a. 2002 ; CPC, a. 756).

- **3** Établi avec une affectation spéciale. Ex. bien constitué en dot. V. **constitution de dot*; rente constituée au profit d'une personne (créé sur sa tête).
- **4** Officiellement établi.

—s (*corps). Nom donné dans la pratique et protocolairement (V. aussi l. 29 juill. 1881 sur la presse, al. 30, et la jurisprudence qui en détermine le champ d'application) aux plus importants organes officiels. Ex. Parlement, gouvernement, Conseil d'État, Cour de cassation.

CONSTITUT

Subst. masc. – Du lat. *constitutum* (du v. *constituere*, établir, instituer), convention, chose convenue, plus spéc. promesse de payer sans stipulation (Paul, Dig., 15, 5, 21 ; Ulp. Dig., 13, 5, 1).

- **1** Promesse unilatérale de payer une somme d'argent ; plus préc. espèce de sûreté personnelle consistant, pour une personne, à se constituer débiteur de la dette d'autrui, en assumant une obligation personnelle qui, bien qu'empruntant son objet à cette dette, en est entièrement indépendante n'étant, relativement à celle-ci, ni accessoire, ni subsidiaire (à la différence du *cautionnement). Comp. **garantie *autonome*.
- **2** Dans certaines expressions, action de se constituer débiteur d'une obligation de restitution (détenteur précaire).

— **possessoire.** Modification de titre résultant d'un transfert de propriété non accompagné d'une remise matérielle de la chose à l'acquéreur, en vertu de laquelle l'ancien propriétaire devient *détenteur précaire (et non possesseur) de la chose qu'il conserve pour autrui (ex. vendeur qui garde pour son client la chose vendue, mais non encore livrée). Comp. **interversion de *titre*.

CONSTITUTIF, IVE

Adj. – Lat. *constitutivus*.

- **1** Qui crée un nouvel état de droit ; qui établit une situation juridique nouvelle ; se dit de certains *actes juridiques ou de certains jugements. Ex. l'adoption, le mandat, un jugement de divorce sont des actes constitutifs. S'opp. à déclaratif. Comp. *translatif*.
- **2** Se dit particulièrement de l'*acte qui fait naître un droit réel (accessoire ou démembré). Ex. acte constitutif d'hypothèque, d'usufruit, de gage. V. *constitution d'hypothèque*.
- **3** Plus spécialement, qui se rapporte à la constitution d'une personne morale. Ex. *assemblée constitutive d'une société, *période constitutive. Comp. *constituant*.
- **4** Qui concourt, comme condition d'existence, à la formation d'un acte juridique ou à la réalisation d'un fait juridique ; qui entre, comme élément *essentiel, dans la définition d'une notion juridique. Ex. le consentement, *élément constitutif du contrat, la volonté, élément constitutif de l'*infraction, l'erreur légitime, élément constitutif de l'apparence. Comp. *contingent, secondaire*.

CONSTITUTION

N. f. – Lat. *constitutio* : institution, dér. de *constituere* : établir ; d'où le sens français.

- Désigne principalement soit un corps de règles (la Constitution d'un État), soit le texte qui les consacre, soit une opération ou un acte juridique établissant une situation, soit le document écrit qui constate cet acte. Comp. *institution, fondation*.

▸ **I** (publ.)

- **1** Ensemble des règles suprêmes fondant l'autorité étatique, organisant ses institutions, lui donnant ses *pouvoirs, et souvent aussi lui imposant des limitations, en particulier en garantissant des libertés aux sujets ou citoyens. V. *charte, déclaration, pacte, source, loi, règlement, norme, fondamental*.

— ***formelle.** Règles revêtant une forme spéciale, consistant en un document écrit, solennellement adopté, d'une autorité, généralement supérieure à celle des lois ordinaires.

— ***matérielle.** Règles ayant ainsi un objet constitutionnel, quelles que soient les formes qu'elles revêtent.

— **rigide.** Constitution ne pouvant pas être modifiée, ou ne pouvant l'être que selon la procédure spéciale qu'elle édicte pour sa révision, différente de celle de la loi ordinaire.

— **souple.** Constitution pouvant facilement être modifiée par exemple par la loi ordinaire.

- **2** Terme utilisé parfois formellement pour désigner la convention de base, c'est-à-dire l'acte constitutif d'une organisation internationale (ex. Constitution de l'OIT).

▸ **II** (priv.)

- **1** Action d'*établir conformément à la loi ; se dit surtout soit de l'établissement d'une personne morale, ou plus généralement de la création d'un groupement, soit de la collation d'une sûreté. Ex. constitution d'une société, constitution d'une hypothèque, d'un gage ou même d'un *gardien après saisie.

— **de dot.** Donation en vue du mariage faite à l'un des époux, en général par ses père et mère, le plus souvent dans le contrat de mariage (C. civ., a. 1438 à 1440) ; ainsi nommée parce que le bien donné est *constitué en dot (marqué par son affectation au mariage).

— **de rente (ou de pension).** Acte par lequel le propriétaire d'un bien productif (immeuble, capital, etc.) affecte celui-ci au service d'une *rente ou d'une pension et qui peut se réaliser soit directement par legs ou donation en faveur du tiers gratifié (C. civ., a. 1969), soit par une convention à titre onéreux en vertu de laquelle le constituant stipule d'une personne (débirentier) le versement à son profit ou au profit d'un tiers (crédirentier) des sommes convenues, moyennant la remise au débirentier du bien *constitué (C. civ., a. 1968).

— **de société.**

a / Ensemble des opérations correspondant à la *période constitutive (au sens strict).

b / Ensemble des actes et formalités nécessaires à la *formation du contrat de société.

- **2** Désignation comme mandataire. Ex. constitution d'avocat ; par ext., nom donné dans la pratique à l'acte par lequel l'avocat du défendeur informe celui du demandeur de sa constitution (CPC, a. 756).

- **3** Action de prendre une qualité (officiellement), de se constituer… ; nom parfois donné à la déclaration par laquelle le représentant d'une partie porte son nom et sa qualité à la connaissance du juge (CPC, a. 415).

— **d'*hypothèque.** Acte *constitutif d'une *hypothèque ; désigne surtout, dans l'hypothèque conventionnelle, l'acte notarié par lequel le *constituant affecte l'immeuble qui lui appartient à la garantie d'une créance. Comp. *convention de rechargement.*

▸ **III** (pén.)

- S'emploie dans les expressions suivantes :

— **de *partie civile.** Acte par lequel un individu qui se prétend *victime d'une infraction se présente comme demandeur en réparation devant la juridiction répressive, en réclamant une indemnité pour le préjudice personnel et direct que lui cause cette infraction. Comp. *action *vindicative.*

— **par voie d'action.** Celle qui se réalise sous forme de *plainte (acte de procédure) avant toute poursuite du ministère public et entraîne automatiquement la mise en mouvement de l'action publique (C. pr. pén., a. 1).

— **par voie d'intervention.** Celle qui a lieu par voie de *conclusions, en cours de procédure, devant un juge déjà saisi (C. pr. pén., a. 87). Comp. **action civile.*

CONSTITUTIONNALISATION

Du v. constitutionnaliser, dér. de *constitution.

- Action consistant à donner à une règle la nature constitutionnelle (ant. *déconstitutionnalisation*), ou à consacrer une institution par la règle constitutionnelle.Comp. *légalisation, juridictionnalisation.*

CONSTITUTIONNALITÉ

Dér. de *constitutionnel.

- **1** Caractère de ce qui a la nature d'une disposition constitutionnelle. Ex. question de la constitutionnalité de la déclaration des droits de l'homme.

- **2** Caractère de ce qui est conforme à la *Constitution ; en ce sens, ant. *inconstitutionnalité.* Comp. *légalité, légitimité, licéité, régularité.*

CONSTITUTIONNEL, ELLE

Adj. – Dér. de *constitution.

- **1** Caractère de ce qui forme la Constitution ou en fait partie. Comp. *public, administratif.* V. *privé, civil, pénal, commercial.*

- **2** Caractère de ce qui a la force propre

des dispositions de la Constitution. Comp. *légal, réglementaire.*

—le (loi). Syn. *Constitution.*

● **3** Caractère de ce qui est conforme à la Constitution. Ant. *inconstitutionnel.*

— (gouvernement). Gouvernement dont le pouvoir, au lieu d'être absolu, est limité par des règles. V. **État de droit, monarchie.*

CONSTRUCTEUR, TRICE

Subst. – Lat. *constructor.*

● Celui qui construit.

— d'un ouvrage.

a / Celui qui construit un *ouvrage en vertu d'un contrat de *louage d'ouvrage (ex. architecte, *entrepreneur ou autre technicien de la construction) et qui, en tant que tel, est présumé responsable envers le *maître ou l'acquéreur de l'ouvrage, des dommages qui compromettent la solidité de celui-ci ou le rendent impropre à sa destination ; *locateur d'ouvrage (C. civ., a. 1792-1). Comp. **maître d'œuvre, *promoteur immobilier, *contrôleur technique, lotisseur.*

b / Qualité appliquée par la loi (avec la responsabilité qui en découle) à celui qui vend après achèvement l'ouvrage qu'il a construit ou fait construire et à toute personne qui, agissant en qualité de mandataire du propriétaire de l'ouvrage, accomplit une mission assimilable à celle d'un locateur d'ouvrage (C. civ., a. 1792-1).

CONSTRUCTIBLE

Adj. – Néol. tiré du v. construire. V. *construction.*

● Se dit d'un terrain réunissant les conditions de surface, de situation, etc., qui le rendent apte à supporter une construction conformément à la réglementation en vigueur. V. *nu, *permis de construire, urbanisme, servitude, viabilité.*

CONSTRUCTION

N. f. – Lat. *constructio,* dér. de *construere* : construire.

● **1** Action de construire, édification. Ex. *bail à construction.

● **2** *Ouvrage construit (ex. construction existante), par opp. au *sol, aux matériaux (éléments de la construction) et aux *plantations (mais compris avec ces dernières dans les *édifices et *superfices). V. *droit de *superficie, accession, bâtiment, améliorations, contrat de construction de *maison individuelle.*

● **3** Se dit aussi, comme élaboration intellectuelle, d'une création *prétorienne ou d'un *système explicatif. Ex. construction jurisprudentielle sur l'a. 1384, al. 1, C. civ., construction doctrinale de la théorie du droit transitoire, ou de la personnalité morale. V. *théorie juridique, opinion, autorité, jurisprudence, interprétation, doctrine, science, thèse, raisonnement juridique, technique juridique.*

CONSUL

Subst. – Lat. *consul* : haut magistrat de la République, d'où le sens français.

● **1** Nom donné, par imitation d'une institution romaine dans certains régimes des Temps modernes, à un chef d'État désigné par le peuple et exerçant tout le pouvoir réel, de façon autoritaire, pour une période longue (ex. dix ans dans la Const. an VIII) ou à vie (sénatus-consulte an X).

● **2** Agent officiel chargé par un gouvernement d'exercer, dans une circonscription déterminée de l'État de résidence, un certain nombre de fonctions d'ordre administratif ou économique appelées « fonctions consulaires » : protection des intérêts de l'État d'envoi et de ses ressortissants, accomplissement d'actes tels que ceux qui concernent l'état civil, la délivrance de passeports ; transmission d'actes judiciaires ou extrajudiciaires, police de la marine marchande, fourniture de renseignements sur la vie commerciale, économique, culturelle et scientifique de l'État de résidence, etc. ; la convention sur les relations consulaires signée à Vienne le 24 avril 1963 n'emploie pas le terme ; elle vise les « fonctionnaires *consulaires » en leur appliquant la distinction suivante :

—s de carrière. Membres d'un corps qui, dans certains pays en particulier en France, est rattaché au ministère des Affaires extérieures.

—s honoraires. Ceux qui sont généralement choisis parmi les nationaux de l'État de résidence et dont l'institution est facultative. V. *diplomate, consulat.*

CONSULAIRE

Adj. – Dér. de *consul.

• **1** Qualificatif traditionnel encore donné aux juges des *tribunaux de commerce (*magistrats consulaires) et à ces tribunaux mêmes (juridictions consulaires), au souvenir des juges-consuls des Républiques marchandes italiennes dont dérivent les juridictions commerciales. Comp. *prud'homal, échevinal.* V. *tribunal consulaire, juge consulaire.*

• **2** Qui se rapporte au *consul (les attributions consulaires).

—s (fonctionnaires). Expression s'entendant soit du chef de poste, soit de toute autre personne chargée d'exercer les fonctions que la loi définit avec précision. V. *consul* (sens 2).

CONSULAT

Subst. masc. – Lat. *consulatus.*

• **1** Nom. du régime créé par la Constitution de l'an VIII dans lequel Bonaparte fut, de l'an VIII à l'an XII, Premier Consul, exerçant tout le pouvoir réel de façon autoritaire. V. *Empire.*

• **2** La fonction de *consul (mission des fonctionnaires *consulaires), par ext. l'ensemble des services consulaires sur une place donnée (ex. consulat de France à Beyrouth) et les bâtiments qui abritent ces services. V. *ambassade.*

CONSULTANT, ANTE

Subst. – Part. prés. substant. du v. consulter. V. *consultation.*

• Nom donné au *technicien commis par le juge pour lui fournir une *consultation. Comp. *expert, constatant, jurisconsulte, spécialiste, sapiteur, amicus curiae.*

CONSULTATIF, IVE

Adj. – Dér. du v. consulter. V. *consultation.*

• Donné à titre d'*avis (de *conseil) en *réponse à celui qui sollicite cet avis. Ex. attributions consultatives du Conseil d'État ; voix consultative qu'ont dans certains conseils des personnes pouvant participer à la discussion mais non prendre part au vote (ex. r. d'adm. publ. 30 juill. 1963 sur le Conseil d'État, a. 15, al. 2 et al. dernier). Ant. **voix *délibérative.* V. *consultation, avis consultatif.*

CONSULTATION

N. f. – Lat. *consultatio,* dér. de *consultare* : délibérer.

• **1** Fait de *consulter, de solliciter d'un organisme ou d'une personne, Sur une question de sa compétence ou de sa qualification, un *avis que l'on n'est jamais tenu de suivre, même dans les cas où l'on est obligé de provoquer cet avis (la consultation est alors dite obligatoire). V. *saisine pour *avis de la Cour de cassation, rescrit.*

• **2** Opération consistant, pour celui qui est consulté (avocat, professeur, etc.), à fournir, sur la question soumise à son examen, un *avis personnel, parfois un *conseil, qui apporte à celui qui le consulte des éléments de décision, le cas échéant, des éléments en faveur de sa cause. Comp. *plaidoirie, postulation, assistance, représentation, opinion.*

• **3** Par extension, l'étude fournie par celui qui a été consulté ; le document. Comp. *rapport, rescrit.*

• **4** Souvent employé en pratique pour désigner un *vote auquel est appelé un corps électoral, et qui peut, au lieu de ne consister qu'en un avis, être la prise de décision pour élire ou pour adopter un texte. Ex. consultation électorale. V. *référendum, plébiscite.*

• **5** *Mesure d'instruction consistant, pour le *technicien commis par le juge, le *consultant, à examiner une question de fait qui requiert ses lumières sans exiger, à la différence de l'*expertise, d'investigations complexes, et à donner oralement ou par écrit un *avis purement technique sans porter d'appréciation d'ordre juridique (CPC, a. 256). Comp. *constatation.*

• **6** Nom donné aux résultats mêmes de l'examen du *consultant.

• **7** Action de prendre connaissance d'un document et par ext. droit de le faire,

Ex. consultation de son dossier par un magistrat sous le coup d'une poursuite disciplinaire. V. *accès au dossier, copie, communication*.

CONSULTER

V. *consultation*.

- **1** Demander une *consultation. Ex. consulter un *jurisconsulte, une assemblée.
- **2** (dans le langage du palais). Donner une consultation juridique ; plus généralement, faire de la consultation une activité habituelle, ou au moins courante. Comp. *plaider*.
- **3** Examiner le document offert à la consultation.

CONTENEUR

Subst. masc. – (Néol.). Terme francisé de l'angl. *container* : récipient.

- Caisse dans laquelle l'expéditeur, le commissionnaire ou le transitaire place des marchandises diverses, individualisées ou en vrac, et qu'il remet préalablement fermée au transporteur qui la prend en charge. Syn. *cadre*.

CONTENTIEUX

Subst. masc. – Lat. jur. *contentiosus* : litigieux, dér. de *contentio* : lutte.

- **1** Ensemble des litiges susceptibles d'être soumis aux tribunaux, soit globalement, soit dans un secteur déterminé. Ex. contentieux administratif, contentieux commercial, contentieux de la sécurité sociale, contentieux des accidents de la circulation, etc.
- **2** Service d'une entreprise ou d'une administration chargé des affaires litigieuses ; agence d'affaires spécialisée dans la conduite de telles affaires.
- **3** Parfois syn. de *conflit. Ex. le contentieux est élevé lorsque les plaideurs s'affrontent devant le juge saisi ; il est virtuel ou latent lorsque avant tout procès une situation juridique recèle une menace de conflit. V. *litige, contestation, procès, instance*.

— **de l'*annulation.** Branche du *contentieux (administratif) dans laquelle le juge (administratif) ne possède qu'un pouvoir d'annulation des actes administratifs *illégaux et dont l'instrument spécifique est le *recours pour excès de pouvoir. V. *légalité*. Comp. *pleine juridiction*.

— **de la sécurité sociale.** Ensemble des litiges auxquels donne lieu l'application du Droit de la sécurité sociale ; par dérivation juridictions compétentes pour trancher ces litiges.

— **technique.** Partie du contentieux de la sécurité sociale qui concerne l'état des malades ou des blessés.

CONTENTIEUX, EUSE

Adj. – V. *contentieux* (subst.).

- **1** Se dit des questions qui sont ou qui peuvent être l'objet d'une discussion devant les tribunaux. Syn. *litigieux*. V. *juridictionnel, judiciaire, amiable*.
- **2** Par opp. à *gracieux, qui se rapporte à une contestation entre deux plaideurs ou entre deux *adversaires en litige.
- **3** Se dit d'un *jugement qui tranche une contestation (principale ou incidente par opp. à *gracieux.

—**se (*juridiction).** Partie de la fonction de juger consistant à trancher une contestation par application du Droit (en disant le Droit), soit au *fond (par décision ayant autorité de chose jugée), soit à titre provisoire (ex. le juge des référés). Comp. *juridiction *gracieuse*. V. *pouvoir, application, interprétation*.

CONTENU

N. m.

- En matière contractuelle, désigne la substance du contrat (C. civ., a. 1128). Englobe notamment ce qui relevait traditionnellement de l'*objet et de la *cause du contrat, c'est-à-dire l'ensemble des droits et obligations que le contrat fait naître ainsi que l'intérêt du contrat pour les contractants.

CONTESTABLE

Adj. – Dér. de *contester.

- **1** Qui peut, juridiquement, être *contesté, discuté en justice, se dit d'un acte, d'un titre, d'une situation juridique dont la *contestation est recevable (fût-elle, après examen, déclarée mal fondée). Ant. *incontestable* (sens 1).

- **2** Qui est, en fait, discutable et sujet à controverse, soit dans l'ordre de la preuve (parce que douteux, *incertain, mal *établi) soit dans tel ou tel ordre de valeur (dans son fondement juridique, moralement, en équité, en opportunité, etc.). Ant. *incontestable* (sens 2).

CONTESTATION

N. f. – Lat. *contestatio,* dér. du v. lat. *contestari* : prendre à témoin dans un procès, s'affronter en justice en invoquant des témoignages.

- Le *litige ; le *différend ; ce sur quoi les intéressés sont en désaccord (V. CPC, a. 57), réalité qui, une fois portée devant un juge, devient l'objet du *procès, la matière de la *juridiction *contentieuse, mais qui, existant dès que le désaccord éclate (litige *né), peut faire l'objet même avant recours à justice, soit d'un mode amiable purement volontaire de solution (*transaction, *renonciation), soit d'un mode mi-juridictionnel, mi-conventionnel (recours à l'*arbitrage par compromis), cette dernière issue étant de plus ouverte en certaines matières dès avant la naissance d'une contestation éventuelle (clause *compromissoire) ; désigne aussi bien la contestation *principale (ce que le défendeur conteste dans la demande *initiale) que les contestations *incidentes (sur la régularité de la procédure, la compétence de la juridiction, l'admissibilité d'un mode de preuve, etc.), toute décision ayant l'*autorité de la *chose jugée relativement à la contestation qu'elle tranche (CPC, a. 480). V. *prétention, requête conjointe, point, dessaisissement, cas, espèce*. Comp. **matière, *juridiction *gracieuse, débat, conflit, querelle*.

— **de maternité ou de paternité (action en).** Action tendant à contester en justice la maternité ou la paternité d'une personne (mariée ou non) à charge de prouver (par tous moyens) s'il s'agit de la mère, qu'elle n'a pas accouché de l'enfant, s'il s'agit du mari ou de l'auteur de la *reconnaissance qu'il n'est pas le père (C. civ., a. 332), actions toujours ouvertes aux premiers intéressés (a. 333, al. 1) parfois à tout intéressé (a. 334) selon les distinctions de la loi, l'action exercée par le mari remplaçant l'ancien *désaveu de paternité (o. 4 juill. 2005).

CONTESTER

V. – Lat. *contestari,* V. le précédent.

- **1** Dénier, nier, discuter, refuser de reconnaître soit un fait (contester l'existence d'un dommage ou le montant du préjudice), soit un droit (contester la propriété d'autrui ou la validité d'une convention), c'est-à-dire aussi l'affirmation par autrui d'un fait ou d'un droit (contester la véracité d'un témoignage ou le bien-fondé d'une déclaration) ; est le fait, dans un procès (contentieux), de celui qui forme la demande principale et de celui qui s'y oppose, semblablement de quiconque émet une prétention incidente et de celui qui s'y oppose ; peut être, avant tout procès, le fait de celui qui marque son désaccord à l'initiative d'autrui. V. *contestation, litige, différend, prétention, allégation*. Comp. *opposer, invoquer, soulever, incidenter*.
- **2** Par ext., et de la part de quiconque (même autre qu'un plaideur), affirmer son désaccord sur un point quelconque de discussion, la valeur d'un argument, la portée d'un raisonnement, le bien-fondé d'une jurisprudence, l'opportunité d'une règle, etc.

CONTINGENT

Subst. masc. – Lat. *contingens,* part. prés. de *contingere* : échoir, arriver par hasard.

- **1** *Contribution financière imposée aux collectivités secondaires à titre de participation aux charges d'édification d'un ouvrage ou de fonctionnement d'un service intéressant à la fois ces collectivités et l'État. Ex. contingent des communes aux dépenses de la police étatisée (CGCT, a. L. 3212-2).
- **2** Ensemble des jeunes gens qui, au cours d'une même année civile, sont appelés au *service national actif (le contingent est désigné par le millésime de l'année civile à laquelle il correspond, C. serv. nat., a. R. 13). V. *classe*.

• **3** Produit total d'un impôt de répartition à recouvrer dans une circonscription.

— **tarifaire.** Réduction provisoire d'un droit de douane.

CONTINGENT, ENTE

Adj. – V. le précédent.

• Qui n'est ni de l'*essence ni de la *nature d'une notion juridique (droit, institution, contrat, etc.) ; se dit par opp. aux éléments *constitutifs de cette notion de données *secondaires, variables, *accidentelles, *occasionnelles, liées aux *circonstances. Ex. dans l'évaluation du dommage, l'âge, le sexe et la profession de la victime. Ant. *essentiel, naturel, nécessaire*.

CONTINGENTEMENT

N. m. – Dér. du v. contingenter, de *contingent.

• **1** Quantité (ou valeur) maximale de marchandises pouvant être exportée ou importée. V. *limitation, restriction*.

• **2** *Fixation d'un *contingent.

CONTINU, UE

Adj. – Lat. *continuus,* de *continere,* tenir avec.

V. *infraction (continue), possession (continue), servitude (continue)*.

CONTINUATION

N. f. – Lat. *continuatio* : continuation, succession ininterrompue.

• **1** Action de prendre la suite d'une personne ; *succession ainsi assurée.

— **de la personne du défunt par ses héritiers.** Théorie doctrinale explicative en vertu de laquelle les héritiers et légataires ayant une vocation universelle sont censés pérenniser en eux la personne du défunt, afin d'expliquer que le patrimoine de celui-ci leur est *ipso jure* transmis au moment du décès et qu'ils sont obligés *ultra vires* aux dettes de la succession, sous réserve de leur renonciation ou de leur acceptation sous bénéfice d'inventaire. V. *fiction*.

• **2** Action de poursuivre une activité ; continuité ainsi assurée.

— **de l'entreprise.** Première des modalités de survie d'une entreprise soumise à la procédure de *redressement judiciaire qui, décidée par le tribunal à l'issue de la période d'observation, lorsqu'il existe des possibilités sérieuses de redressement et de règlement du passif, est organisée dans un plan qui prévoit les modalités d'*apurement du passif et peut assortir la continuation de diverses mesures (arrêt, adjonction ou *cession de certaines branches d'activité…). Comp. *liquidation judiciaire, plan de redressement*.

CONTRA

Adv.

• Terme latin signifiant « en sens contraire », utilisé comme mode de citation par référence à une doctrine ou à une jurisprudence contraire à l'opinion exposée. V. *argumentation, discussion, critique, objection*.

— **legem.** Se dit d'une *coutume, d'un *usage, d'une pratique qui s'établit contrairement à la loi écrite. V. *secundum, praeter legem, contre*.

CONTRACTANT, ANTE

Subst. – Part. prés. substant. du v. contracter. V. *contrat*.

• Personne qui se lie par *contrat ; *partie au contrat ; syn. *partie contractante*, parfois même *partie*. Ant. *tiers*. V. *cocontractant, signataire*.

CONTRACTÉ, ÉE

Adj. – Part. pass. du v. contracter. V. *contrat*.

• Qui a été établi par *contrat (ex. engagement, obligation). Comp. *convenu, conclu, contractuel, conventionnel*.

CONTRACTUALISATION

N. f. – Néol. de *contractuel.

• Choix de politique juridique en faveur d'un traitement *contractuel des questions ; entrée dans le champ contractuel de données juridiques indisponibles (ex. la contractualisation du droit des sûretés réelles traditionnellement tenu pour impératif) ; plus préc. substitution d'un mode *conventionnel de règlement fondé sur la *concertation et la *négociation à un mode unilatéral de décision procédant d'une autorité (administration, juge), la recherche *consensuelle d'un *accord entre les intéressés n'excluant pas, pour sa perfection, une phase finale de vérification (not. un contrôle de *juridiction *gracieuse). Ex. la contractualisation introduite dans le droit de la famille par l'admission du divorce par consentement mutuel et la prise en considération des *pactes parentaux dans la dévolution du nom de famille ou l'exercice de l'autorité parentale. V. *liberté, libéralisation*. Comp. *patrimonialisation, comparution sur reconnaissance préalable de *culpabilité*.

CONTRACTUEL, ELLE

Adj. – Dér. du lat. *contractus* : contrat, pacte.

- **1** Qui résulte d'un *contrat (ex. engagement contractuel) par opp. à *délictuel, *quasi contractuel, *extracontractuel.
- **2** Plus généralement qui se rattache aux contrats (ex. matière contractuelle) ; ne pas confondre avec *consensuel. V. *conventionnel, contracté, convenu*.

CONTRACTUEL, ELLE

Subst. – V. le précédent.

- Nom donné par abréviation à un agent lié à l'administration par un contrat individuel et qui, suivant que ce contrat est de Droit administratif ou de Droit privé, est dans une situation de Droit public et a la qualité d'agent public ou au contraire est assimilé aux salariés du secteur privé.

CONTRADICTEUR

Subst. – Lat. *contradictor.*

- **1** Celui qui porte la *contradiction au premier orateur (dans une assemblée, un conseil, une réunion publique).
- **2** Dans un procès (dans les *débats à l'audience), l'avocat de chaque partie à l'égard de celui de la partie *adverse. V. *confrère, adversaire, contradiction*.

— ***légitime.** Qualificatif autrefois appliqué, dans les procès relatifs à la filiation (contestation, réclamation d'état), à une partie considérée, en raison de son intérêt primordial en la cause, comme le représentant de tous autres *adversaires (actuels ou éventuels), afin d'étendre à tous l'autorité relative de la chose jugée avec lui seul, artifice (abandonné par la loi antérieure) que rend aujourd'hui inutile le principe d'opposabilité du jugement en matière de filiation, sous réserve de tierce opposition (C. civ., a. 324, 100). V. *légitime, contradiction*.

CONTRADICTION

N. f. – Lat. *contradictio,* dér. du v. *contradicere* : contredire.

- **1** Dans un procès (*contentieux).

a / Situation juridique qui naît lorsque les parties *adverses (demandeur et défendeur) sont à même de faire valoir leurs moyens de défense et leurs prétentions respectives dans l'instance qui les oppose.

b / Ensemble des règles tendant à garantir la libre discussion dans le procès. Ex. la communication des pièces, l'échange des plaidoiries sont des moyens de contradiction.

c / Le fait pour une partie de s'opposer aux prétentions de l'autre. V. *contestation, litige*. Comp. *juridiction*.

— **(principe de la).** Principe *directeur du procès (qui est l'essence même du procès contentieux et la base des droits de la *défense) en vertu duquel nulle partie ne peut être jugée sans avoir été entendue ou appelée (CPC, a. 14). Syn. *principe du *contradictoire*.

ADAGE : *Audiatur et altera pars*.

- **2** Incohérence qui résulte de l'énoncé dans un même acte de deux propositions incompatibles. Ex. la contradiction de *motifs qui entache le raisonnement du juge (la *motivation d'une décision de justice) et constitue un cas d'ouverture du *pourvoi en cassation. Comp. **contrariété de décisions*.

CONTRADICTOIRE

Adj. – Lat. *contradictorius.*

- **1** Se dit d'une opération (judiciaire ou extrajudiciaire) à laquelle tous les intéressés ont été mis à même de participer, même si certains n'y ont pas été effectivement présents ou représentés, mais à la condition que tous y aient été régulièrement convoqués de telle sorte que le résultat de cette opération leur est, à tous, *opposable ; en ce sens, une opération contradictoire peut être *amiable ou *contentieuse. Ex. constat contradictoire, expertise contradictoire. Ant. *unilatéral*. Comp. *conjoint, gracieux*.

• **2** Dans un sens plus restreint, s'opp. parfois à « par défaut » et à « réputé contradictoire ». V. **jugement contradictoire, réputé contradictoire*.

CONTRADICTOIRE (PRINCIPE DU)

V. le précédent et *principe*.

• Syn. *principe de la *contradiction*.

CONTRAIGNABLE

Adj. ou subst. – Dér. du v. contraindre.

• **1** En un sens spécifique, qui encourt la *contrainte par corps ; se dit du *débiteur *insolvable exposé à ce mode de contrainte. V. *contraint*.

• **2** En un sens générique plus rare, qui peut être contraint à exécuter ses obligations par tout moyen de droit, not. sur son patrimoine, par toute *voie d'exécution *forcée. Comp. *saisissable, saisi, redevable, grevé, obligé, engagé*.

CONTRAIGNANT, ANTE

Adj. – Dér. du v. contraindre.

• **1** Qui exerce une *contrainte effective (soit de pur fait, soit de fait et de droit) ; qui s'impose par la *force (légitime ou non). Ex. action contraignante, circonstances contraignantes. V. *force publique, force majeure, nécessité, violence*.

• **2** En un sens abstrait, juridiquement *obligatoire ; doté de force obligatoire. Ex. accord contraignant, usage contraignant, règle de valeur contraignante. Comp. *impératif, juridique, civil*. V. *facultatif, moral, naturel*.

CONTRAINDRE

V. – Du lat. *constringere*.

• **1** Forcer, *obliger qqn à faire qqch, le réduire à agir contre son gré, soit par les voies légales, soit par *violence. Comp. *imposer, exiger, astreindre, soumettre*.

• **2** Mettre qqn dans le cas de se résoudre à des abandons, à des sacrifices (se dit not. d'un contretemps).

CONTRAINT, AINTE

Adj. – Part. pass. du v. contraindre. V. *contrainte*.

• **1** Tenu (en vertu du Droit), légalement obligé ; employé en ce sens avant même la mise en œuvre matérielle de la *contrainte. Comp. *requis*.

• **2** Sous le coup d'une mesure de contrainte. V. *contraignable*.

• **3** Victime d'un acte de *force ou de *violence. Ex. contraint et forcé.

CONTRAINTE

N. f. – Dér. du v. contraindre, lat. *constringere* : serrer, d'où « contraindre ».

• **1** (sens gén.). Contrainte étatique ; peut en ce sens désigner :

a / Le pouvoir de contraindre appartenant aux autorités de l'État (qui entre not. dans la définition de la *règle de Droit) et par ext. celui qui est reconnu au titulaire d'un droit afin de faire respecter celui-ci. V. *coercition, force, *liberté individuelle, *état de droit, sujétion, *titre exécutoire, créancier, droit de *gage, droit de *poursuite*.

b / L'acte par lequel s'exerce ce pouvoir ; le fait de la contrainte.

c / L'ensemble des *voies et moyens de droit offerts et garantis par l'État en vue de l'*exécution (au besoin *forcée) des obligations et du respect des droits. Ex. emprisonnement, expulsion, saisies, contrainte par corps. V. *astreinte, comminatoire, manu militari*. Comp. **voie de fait*.

— **par *corps.** Mesure privative de liberté exécutée en maison d'arrêt et prononcée par un tribunal répressif (et non plus par les juridictions civiles ou commerciales) contre les condamnés de droit commun, qui n'acquittent pas le montant des amendes infligées ou les frais de leur procès, sans cependant les libérer de leur dette envers l'État (depuis 1958, la contrainte par corps ne s'applique plus au recouvrement des dommages-intérêts, même alloués par une juridiction répressive) (C. pr.

pén., a. 749 à 762). Aujourd'hui nommée contrainte judiciaire. V. *contraignable, dettier.*
— **pénale.** Peine alternative à l'emprisonnement qui emporte pour le condamné l'obligation de se soumettre à des mesures de contrôle et d'assistance ainsi qu'à des obligations et interdictions particulières sous le contrôle du juge (ex. réparation de dommages causés par l'infraction, obligation de suivre un enseignement, une formation professionnelle, un traitement médical, un stage de citoyenneté...). Mesure adoptée au titre de la prévention de la récidive et de la réinsertion (C. pén., a. 131-4-1). V. *peine alternative.*

- **2** (adm. et fin.). Décision administrative, préalable aux poursuites pour le recouvrement des impôts directs, décision par laquelle le comptable du Trésor qui en est chargé exprime son intention de procéder à la saisie, si le contribuable ne se libère pas de sa dette dans le délai de trois jours à compter de la notification du commandement.

— **extérieure.** Délégation adressée par un comptable public à un autre comptable public, en vue de procéder aux poursuites pour le recouvrement de l'impôt lorsque le contribuable poursuivi ne réside pas dans sa circonscription.

- **3** Parfois syn. de *violence ; acte de *force (illicite). V. *extorsion*. Comp. *chantage.*
- **4** (pén.) sens voisin. Pression extérieure qui justifie celui qui agit sous l'empire d'une telle force (violence humaine, *force majeure) sans pouvoir y résister, et constitue ainsi, pour celui qui la subit, une cause d'irresponsabilité pénale (C. pén., a. 122-2) et civile.

CONTRAT

N. m. – Lat. *contractus,* dér. de *contrahere* : rassembler, réunir, conclure.

- **1** (sens précis). Espèce de *convention ayant pour objet de créer une *obligation ou de transférer la propriété (ex. bail, vente) (C. civ., a. 1101 anc.). Accord de volontés entre deux ou plusieurs personnes destiné à créer, modifier, transmettre ou éteindre des obligations (C. civ., a. 1101). En ce sens s'oppose aux autres *sources d'obligation, délit, quasi-contrat. V. **acte *juridique, contractant, partie, contractuel, contracté, mutuus consensus*. Ant. *distrat, mutuus dissensus.*
- **2** Parfois syn. de *convention ; en ce sens et en tant que manifestation d'*autonomie de la volonté individuelle s'opp. traditionnellement à *loi et *jugement. Comp. *clause, stipulation, pacte, accord.*
- **3** Dans la pratique, *écrit destiné à constater l'accord des *parties contractantes. V. **acte instrumentaire.*

— **[dit] à compte d'auteur.** V. *auteur (contrat dit à compte d').*
— **à distance.** Contrat conclu entre des personnes séparées par une certaine distance au moyen d'un mode de transmission de la volonté (lettre, télégramme, télex, télécopie, courriel, internet, téléphone, pigeon voyageur...). En droit de la consommation, contrat conclu entre un professionnel et un consommateur sans leur présence physique simultanée, dans le cadre d'un système organisé de vente ou de prestation de service à distance, par le recours exclusif à une ou plusieurs techniques de communication à distance (C. cons., a. L. 121-16).
— **administratif.** Qualification des contrats dont, en principe, l'une des parties est une personne publique et dont la connaissance appartient à la juridiction administrative soit en vertu d'une attribution légale de compétence, soit parce qu'ils portent sur l'exécution même d'un *service public ou comportent une *clause exorbitante du droit commun.
— **à durée déterminée.** Contrat qui est affecté d'un *terme extinctif (C. civ., a. 1212).
— **à durée indéterminée.** Contrat dont la durée n'est pas précisée et auquel chaque partie peut mettre fin unilatéralement à tout moment, sous réserve du respect d'un délai de *préavis (C. civ., a. 1211).
— **à exécution instantanée.** Contrat dont les obligations peuvent s'exécuter en une prestation unique (C. civ., a. 1111-1).
— **à exécution successive.** Nom donné aux contrats dans lesquels l'une des parties au moins exécute ses obligations à des termes régulièrement échelonnés (ex. versements périodiques des loyers par le locataire, des salaires par l'employeur ou des arrérages de la vente viagère par l'acheteur débirentier), l'autre partie ayant déjà fourni sa prestation une fois pour toutes (ex. le vendeur crédiren-

tier dans la vente à charge de rente viagère) ou fournissant sa prestation soit de façon permanente (jouissance du logement pour le bailleur), soit à un rythme différent (prestation de travail pour l'employé) (C. civ., a. 1111-1). Comp. *contrat-cadre*.

— **aléatoire.** V. *aléatoire (contrat)*.

— **à terme de fret maritime.** Contrat par lequel une partie s'engage fermement, moyennant un dépôt de garantie, à acheter ou à vendre une certaine capacité de fret maritime, à une date fixée et à un prix convenu. JORF 21.12.2013 p. 20879.

— **à titre gratuit.** V. *gratuit*. Comp. *bénévole, bienfaisance*.

— **à titre onéreux.** V. *onéreux*.

— **bilatéral.** V. *bilatéral* (sens 2), **synallagmatique*.

— **cadre.** Accord initial, également dénommé convention-cadre ou accord-cadre, par lequel les parties conviennent des caractéristiques générales de leurs relations contractuelles futures et prévoient la conclusion ultérieure de contrats d'application qui en précisent les modalités d'exécution (C. civ., a. 1111). Figure juridique malléable, destinée dans le monde des affaires (banque, *distribution, entretien de matériel) à jeter les bases d'une coopération durable entre acteurs économiques ou au moins à les favoriser ; accord de base qui encadre les conventions à intervenir de liens juridiques plus ou moins lâches selon qu'il comporte ou non d'obligation de contracter et de clause d'exclusivité, et surtout selon qu'il détermine les conditions essentielles des contrats ultérieurs (dits en ce cas contrats d'application) ou qu'il en fixe seulement certaines modalités, laissant ouverte notamment la détermination du prix. V. *adaptation, contrat à exécution successive, contrat de *distribution*.

— **collectif.** V. *collectif*.

— **commutatif.** Espèce de contrat à titre *onéreux dans lequel, par opp. au contrat *aléatoire, les parties connaissent dès le moment où elles contractent l'étendue des prestations respectives qu'elles doivent fournir (comp. C. civ., a. 1108).

— **conclu par voie électronique.** V. *voie électronique*.

— **consensuel.** Contrat qui se forme (valablement) par la seule manifestation des consentements *(*solo consensu)* quel qu'en soit le mode d'expression (C. civ., a. 1109). V. *consensuel*. Ant. *solennel*.

—**s couplés.** V. *couplés (contrats)*.

— **d'adaptation audiovisuelle.** V. *adaptation*.

— **d'adhésion.** V. *adhésion (contrat d')*.

— **d'application.** V. *contrat-cadre*.

— **d'apprentissage.** V. *apprentissage (contrat d')*.

— **d'audit.** V. *audit*.

— **de bienfaisance.** V. *bienfaisance (contrat de)*.

— **de chantier ou d'opération.** Contrat à durée indéterminée conclu, en application d'une convention ou d'un accord collectif ou dans les secteurs où son usage est habituel et conforme à l'exercice régulier de la profession qui y recourt, pour la durée d'un chantier ou de tout autre ouvrage limité dans le temps (C. trav., a. 1223-8).

— **de cohabitation intergénérationnelle solidaire.** Contrat par lequel une personne de soixante ans et plus, propriétaire ou locataire, s'engage à louer ou sous-louer une partie de son logement à une personne de moins de trente ans moyennant une contrepartie financière modeste (C. act. soc. et fam., a. 118-1 ; CCH, a. L. 631-17).

— **de commande.** V. *commande*.

— **de commission.** V. *commission (contrat de)*.

— **de concession.** V. *concession*.

— **de confié.** V. *confié (contrat de)*.

— **de construction de maison individuelle.** V. *maison individuelle (contrat de construction de)*.

— **d'édition.** V. *édition (contrat d')*.

— **de fortage.** V. *fortage*.

— **de gré à gré.** Contrat dont les stipulations sont librement négociées entre les parties (C. civ., a. 1110).

— **de maintenance.** V. *maintenance (contrat de)*.

— **de mariage.** Contrat passé devant notaire avant le *mariage par lequel les futurs époux, fixent le régime de leurs biens pendant le mariage, soit par référence au régime de droit commun de la *communauté légale (pour l'adopter ou, le plus souvent, le modifier), soit en adoptant un autre *régime matrimonial (ex. la séparation de biens), et qui peut contenir diverses autres dispositions (libéralités adressées aux époux ou entre époux) (C. civ., a. 1393 s.). V. **libéralité des conventions matrimoniales, communauté conventionnelle,* *dot, contre-lettre, mutabilité, *changement de *régime matrimonial.*

— **d'endossement.** Contrat par lequel une personnalité médiatique, notamment un artiste ou un sportif, s'engage à assurer la promotion d'une marque à titre exclusif.

— **de partage de plus-value.** Contrat conclu entre une société ayant établi un *plan d'épargne d'entreprise et un détenteur des titres de cette société par lequel celui-ci s'engage à partager avec l'ensemble de ses salariés une partie de la plus-value de cession ou de rachat de ses titres au jour où il en cédera ou rachètera tout ou partie (C. com., a. L. 23-1-11 et s.).

— **de partenariat.** V. *partenariat (marché de).*

— **de prestation de services.** V. *prestation de services.*

— **de progrès.** Qualification parfois donnée à certaines conventions collectives relatives aux salaires dans le secteur public.

— **de projet.** V. *contrat de chantier ou d'opération.*

— **de représentation.** V. *représentation (contrat de).*

— **de responsabilité parentale.** V. *responsabilité parentale.*

— **désintéressé.** Syn. de *contrat de *bienfaisance.* V. *bénévole.* Comp. *gratuit.*

— **de solidarité.** V. *solidarité (contrat de).*

— **de sous-traitance.** V. *sous-traitance.*

— **d'État.** Contrat conclu entre un État souverain et une personne privée. V. *internationalisation* (sens 3).

— **de transfert de processus technologique.** V. **transfert de processus technologique (contrat de), know-how.*

— **de transport.** V. *transport (contrat de).*

— **de travail** (anciennement *louage de services). Contrat par lequel une personne, nommée *travailleur ou *salarié, place sa force de travail sous l'autorité d'une autre, nommée *employeur ou *patron, moyennant le versement d'un *salaire ; plus préc. contrat synallagmatique à titre onéreux caractérisé par la fourniture d'un travail en contrepartie du paiement d'une rémunération et (critère essentiel) par l'existence, dans l'exécution du travail, d'un lien de *subordination juridique du travailleur à l'employeur ; peut être conclu pour une durée déterminée (ex. un an) ou indéterminée, auquel cas il peut y être mis fin *ad nutum,* à chaque instant, en donnant préavis. V. *congédiement, indemnité de préavis, indemnité de congédiement abusif.*

— **de ville.** Contrat conclu à l'échelle intercommunale entre, d'une part, l'État et ses établissements publics, d'autre part les communes et établissements publics de coopération intercommunale, par lequel les parties s'engagent, sur la base d'un projet de territoire, à réduire les écarts de développement entre les quartiers et leurs unités urbaines et à améliorer les conditions de vie de leurs habitants (l. n° 2014-173 du 21 février 2014, a. 6).

— **d'intérêt commun.** Contrat par lequel les parties poursuivent un projet commun dans leur intérêt partagé, en sorte que chaque prestation est un moyen qui sert aussi bien l'intérêt économique de celui qui est tenu de l'exécuter que de celui qui est en droit de l'exiger. V. *mandat d'intérêt commun.*

— **d'usage.** V. *contrat de chantier ou d'opération.*

— **échange.** Contrat ayant pour objet de réaliser une permutation de biens ou de services, qui repose sur un jeu à somme nulle où l'un gagne ce que l'autre perd. Ant. *contrat-organisation.*

— **en *main.** Nom donné au contrat dans lequel une stipulation dérogatoire (C. civ., a. 1503) décharge l'acquéreur des frais du contrat (enregistrement, transport), lesquels sont imputables sur le prix de vente.

— **financier.** V. *instrument financier, à terme* (CMF, a. L. 211-1, III).

— ***innommé.** Expression employée pour désigner, par opp. aux contrats spéciaux nommés (bail, vente, etc.), tous ceux qui, fruits de l'imagination de la pratique, sont soumis, à défaut de *dénomination propre et de réglementation particulière dans la loi, au droit commun des contrats (C. civ., a. 1107).

—**s interdépendants.** Expression désignant des contrats (concomitants ou successifs) dont l'exécution est nécessaire à la réalisation d'une opération d'ensemble à laquelle ils se rattachent, certaines clauses figurant dans l'un étendant, à diverses conditions, leur effet aux autres, et la nullité de l'un pouvant entraîner la *caducité des autres (C. civ., a. 1186).

— **international.** V. *international.*

— ***judiciaire.**

a / Contrat conclu par les parties devant le juge pendant le procès sur une question litigieuse (et s'analysant en général en une *transaction ou une renonciation unilatérale).

Comp. *donner acte, juridiction gracieuse.* V. *extrajudiciaire.*

b / Expression doctrinale désignant l'*instance (lien noué par les parties devant le juge).

— **nommé.** V. *nommé.* Ant. *contrat innommé.*

— **organisation.** Contrat ayant pour objet de réaliser une agrégation de biens et de services en vue d'atteindre un but commun, qui repose sur un jeu de coopération où les parties gagnent ou perdent ensemble. Parfois nommé aussi contrat-partage ou contrat-alliance. Ant. *contrat-échange.*

— **preuve (sur la).** V. *preuve.*

— **réel.** V. *réel (contrat).*

— **relationnel.** En doctrine, désigne un contrat à la texture ouverte qui s'inscrit dans la durée et qui revêt entre les parties une dimension qualitative et relationnelle marquée, en sorte que les habitudes qu'elles développent au cours de leur fréquentation contribuent à en définir le contenu tout autant que les stipulations initiales. S'oppose au contrat discret qui se contente de réaliser un échange ponctuel et isolé.

— **sans loi** (int. priv.). Contrat dont le règlement relèverait de la seule volonté des parties et qui, dès lors, échapperait aux *règles de conflit et ne serait soumis à aucune loi étatique.

— **solennel.** Contrat dont la formation est subordonnée, à peine de nullité, à des *formalités déterminées par la loi (C. civ., a. 1109). V. *solennel, formalisme, ad solemnitatem, ad validitatem.* Ant. *consensuel.*

— **successif.** Parfois syn. de contrat à exécution successive. V. ci-dessus.

— **synallagmatique.** V. *synallagmatique.*

— **type.**

a / Espèce de contrat d'*adhésion préparé à l'avance par de grandes entreprises (banques, assurances, etc., au niveau des organisations professionnelles) sous forme de modèle contenant les conditions générales d'un contrat qui, au moins théoriquement, ne tire sa force obligatoire que de sa reprise dans des contrats individuels.

b / Plus spécifiquement, modèle de contrat de caractère réglementaire, s'imposant à tous ceux qui concluent un contrat de ce genre (on parle alors en certains cas de contrats types administratifs). Ex. les contrats types de fermage et de métayage établis dans chaque département par la commission consultative des baux ruraux.

— **unilatéral.** V. *unilatéral.*

CONTRAVENTION

N. f. – Dér. du lat. de bonne époque *contravenire* : s'opposer à.

• **1** Terme générique neutre désignant l'action de contrevenir à la loi ou à toute autre norme, et donc toute *violation d'une règle de droit, toute *inobservation des prescriptions d'une décision administrative ou judiciaire ou encore d'une obligation contractuelle. Comp. *inexécution, faute, fait *illicite, infraction, cahier des charges, transgression, manquement, infraction.*

• **2** (pén.) Espèce d'*infraction appartenant à une catégorie située au bas de l'échelle de gravité (C. pén., a. 111-1) et subdivisée en plusieurs classes, dont la détermination, la définition et le classement relèvent non de la loi mais du règlement (a. 111-2, 111-3) ainsi que, dans certaines limites, la fixation de la peine encourue par les contrevenants (a. 111-2). *Infraction matérielle réprimée par des *peines contraventionnelles parfois encore dites de *simple *police (d'où le nom familier de contravention de simple police) dont la connaissance appartient aux tribunaux d'instance statuant en matière pénale. Ex. fait de ne pas déférer à l'injonction du juge des tutelles (C. civ., a. 395, CPC, a. 1230). Comp. *délit, crime.* V. **commissaire de police, procès-verbal.*

• **3** Plus spécialement nom courant donné dans la pratique aux infractions de la circulation routière, en particulier celles relatives au stationnement irrégulier.

• **4** Par ext., l'écrit, remis au *contrevenant, qui constate l'infraction.

— **de grande voirie.** Atteinte à l'assiette du domaine maritime et fluvial et à certaines dépendances du domaine terrestre (chemins de fer, télécommunications…) à l'exclusion des voies publiques, qui relèvent des tribunaux administratifs.

— **de petite voirie.** Atteintes aux voies publiques qui relèvent des tribunaux judiciaires.

— **de voirie.** Atteintes portées au *domaine public.

CONTRAVENTIONNEL, ELLE

Adj. – Dér. de *contravention.

- Qui se rapporte à une *contravention, par opp. à correctionnel, criminel. Ex. *peine contraventionnelle. Syn. de **simple police*. V. *délictueux, délictuel*.

CONTRE

Lat. *contra* ; en face de.

- **1** Adverbe utilisé dans la pratique pour présenter en tête des décisions de justice, lettres ou dossiers les *adversaires au procès. Ex. affaire *x* contre *y*. V. *adversus, attaquer, partie, adverse*. Comp. *contra*.
- **2** Dans diverses expressions, le terme sert à caractériser soit un acte qui double et renforce un autre acte (contre-appel) ou qui le modifie (contre-lettre), soit ce que l'on attend du cocontractant dans un contrat synallagmatique (contrepartie, contre-prestation), soit, dans un litige, un acte d'opposition (contre-enquête) ou une initiative contraire (contre-expertise) de la partie adverse.

CONTRE-ASSURANCE

N. f. – V. *contre* et *assurance*.

- *Assurance en cas de décès destinée à garantir la perte résultant du paiement des primes d'une assurance vie à échéance fixe, pour le cas où l'assuré viendrait à mourir avant l'arrivée du terme (elle oblige l'assureur à rembourser les primes payées, de sorte que les ayants droit de l'assuré retrouvent en capital ce que l'assuré a déboursé).

CONTREBANDE

N. f. – Empr. de l'ital. *contrabbando,* proprement locution adverbiale signifiant contre le *ban.

- **1** Exportation d'une marchandise française en dehors des bureaux de douane ou importation d'une marchandise étrangère en dehors de ces bureaux. V. *passage*.
- **2** De façon plus générale, toute violation des dispositions légales ou réglementaires relatives à la détention et au transport des marchandises à l'intérieur du territoire douanier.
- **3** (int. publ.). Opération effectuée en *contravention, soit des lois d'un État concernant le commerce extérieur, not. des lois fiscales ou douanières, soit de dispositions convenues dans une convention internationale et interdisant certaines catégories d'opérations commerciales.

— **de guerre.** Marchandises ou objets destinés à l'ennemi en cas de guerre et pouvant donner lieu à saisie ou à confiscation de la part d'un belligérant sur un navire ennemi ou neutre ; se dit quelquefois du matériel de guerre transitant par un État neutre ou fourni par un tel État à un État ennemi.

CONTRE-DÉNONCIATION

N. f. – V. *contre* et *dénonciation*.

- Nom donné dans la pratique (pour la distinguer de la *dénonciation au débiteur saisi qui la précède) à la dénonciation par le créancier saisissant au tiers saisi de l'assignation du débiteur en validité de la saisie-arrêt.

CONTREDIT

Subst. masc. – Du v. contredire, lat. *contradicere*.

- *Réclamation élevée contre une décision judiciaire par une personne à qui elle nuit ; terme réservé aux cas particuliers dans lesquels il est employé par la loi et correspondant à une voie spécifique qui tend moins à remettre en discussion une question litigieuse qu'à s'opposer à une décision et qui est soumise à une procédure plus simple que la procédure ordinaire des voies de recours, Ex. contestation soulevée contre l'existence ou contre le rang d'une créance dans le règlement provisoire d'un ordre judiciaire ou d'une distribution par contribution ; contestation élevée par le débiteur contre l'ordonnance d'injonction de payer accordée au créancier, sur sa demande, par le juge. Comp. *opposition*.

— **de *compétence.** Contredit par lequel une partie défère à la cour d'appel la décision rendue par la juridiction du premier degré sur sa propre compétence. Comp. *appel*.

CONTRE-ENQUÊTE

N. f. – V. *contre* et *enquête*.

- **1** Phase de l'*enquête consistant en l'audition des témoins provoquée par l'une des parties en vue d'établir la preuve contraire des faits dont l'autre partie a été autorisée à faire la preuve directe par témoins.
- **2** En un sens plus étroit : audition de témoins provoquée par le défendeur pour établir la preuve contraire des faits articulés par le demandeur, et objet de l'enquête.

— **respective.** Contre-enquête provoquée par le demandeur, tendant à établir la preuve contraire des faits articulés par le défendeur et objet de l'*enquête respective.

CONTREFAÇON

N. f. – Dér. d'après façon du v. *contrefaire,* lat. de basse époque *contrefacere* : reproduire par imitation.

- **1** (sens gén.). Imitation frauduleuse ou fabrication d'une chose au préjudice de celui qui avait seul le droit de la fabriquer ou de la reproduire. Ex. contrefaçon de monnaies (C. pén., a. 442-1 s.), des sceaux de l'État, de billets de banque.
- **2** Plus particulièrement, en matière de propriété intellectuelle :

a / Atteinte portée à un droit de propriété littéraire, artistique, industrielle (reproduction, imitation, vente, mise en vente).

b / En un sens plus étroit, *reproduction à l'identique de l'objet protégé. V. *saisie-contrefaçon*.

CONTREFAISANT, ANTE

Adj. – Néol. dér. de contrefaire, anciennement contrefait.

- **1** Se dit d'une imitation frauduleuse ou de la fabrication d'une chose réalisée au préjudice de celui qui avait seul le droit de la fabriquer ou la reproduire. Ex. pièces et billets de banque (a. L. 162-1 du C. mon. et fin., a. L. 442-13 du Code pénal), poinçons, timbres et sceaux (a. L. 444-1 du Code pénal).
- **2** Plus particulièrement en matière de propriété intellectuelle.

a / Caractérise toute utilisation, exploitation, reproduction illicites d'une création protégée par un droit de propriété littéraire etc artistique ou industrielle. Ex. : œuvre, marque, brevet, bases de données, logiciels contrefaisants.

b / Se dit aussi du support ou de l'exemplaire matériel illicitement mis en circulation. Ex. : marchandises, ouvrages, objets, produits contrefaisants.

CONTREFAIT, AITE

V. *contrefaisant*.

CONTRE-LETTRE

N. f. – Formé de *contre et *lettre.

- **1** Dans la *simulation, acte *secret porteur de la volonté réelle des parties qui prévaut, entre parties, sur l'acte *ostensible différent qu'elles font apparaître (sauf dans les cas où la contre-lettre est nulle) mais qui, en raison de son caractère *occulte, n'a point d'effet contre les tiers (C. civ., a. 1201). Ex. contre-lettre majorant le prix de vente déclaré (V. **dissimulation*), ou rétablissant la véritable nature de l'opération (V. *déguisement*), ou désignant son véritable destinataire. V. **interposition de personne, déguisé, simulé,* **homme de paille*.
- **2** En matière de contrat de mariage, acte modifiant les conventions matrimoniales avant la célébration du mariage et soumis pour sa validité et son opposabilité à de strictes conditions (not. être passé dans les mêmes formes que le contrat de mariage : C. civ., a. 1396).

CONTRE-MESURE

N. f. – V. *contre* et *mesure*.

- Nom générique donné, dans les relations internationales (politiques, économiques), à diverses initiatives prises unilatéralement par un État pour faire respecter ses droits, en réponse aux agissements licites ou illicites d'un autre État qui lèsent ses intérêts, mesures dont la vocation légitime, comme moyens temporaires de pression, est de déboucher sur les procédures de règlement pacifique des différends, sans les supplanter. Ex. mesures de *rétorsion, *représailles, etc.

CONTREPARTIE

N. f. – Comp. de *contre et *partie.

- **1** Dans un contrat *synallagmatique, syn. de *contre-prestation. V. *cause*.
- **2** Dans un contrat à titre onéreux, l'avantage reçu de l'autre. Son caractère *illusoire ou *dérisoire entraîne la nullité du contrat (C. civ., a. 1169). V. *cause*.
- **3** Plus spécialement, opération consistant, pour les intermédiaires habilités (not. les agents de change), à acheter ou vendre des titres à leur clientèle, en dehors des heures de bourse et pour leur propre compte, à un prix égal au dernier cours coté en bourse.

CONTREPARTISTE

Subst. – Dér. de *contrepartie.

- Celui qui fait la *contrepartie.

CONTRE-PASSATION

N. f. – Comp. de *contre et *passation.

- Procédé comptable qui permet d'annuler une *écriture d'un *compte par une écriture de même montant passée dans la colonne opposée. Ex. par une écriture au débit du compte courant de son client, le banquier escompteur exprime sa créance née du non-paiement de l'effet de commerce dont le montant avait été porté lors de sa remise à l'escompte, au crédit du compte. V. *passation*.

CONTRE-PRESTATION

V. *contre et prestation*.

- *Contrepartie fournie par celui qui reçoit une *prestation dans le contrat *synallagmatique ; prestation réciproque (et regardée comme équivalente) mise à la charge d'un contractant. Ex. le salaire relativement au travail, le prix relativement à la chose vendue.

CONTRESEING

N. m. – Formé de *contre et seing : lat. *signum*.

- *Signature apposée par une autorité sur un acte déjà signé par une autre autorité, auteur de l'acte, afin d'authentifier cette signature et marquer la collaboration des autorités *signataires. Ex. signature apposée par un ministre sur un document au-dessous de celle du chef de l'exécutif, afin d'attester authentiquement la prise d'une décision par celui-ci, en partager la responsabilité et assurer celle de son exécution (V. Const. 1958, a. 19 et 22).

CONTRESTARIE

Subst. fém. – Fait sur surestarie.

- **1** Délai complémentaire à celui des *surestaries, fixé par le contrat d'affrètement ou les usages, qui permet à l'affréteur au voyage de terminer ses opérations de chargement ou de déchargement.
- **2** Somme due par l'affréteur lorsqu'il utilise ce délai. Syn. *sursurestaries, contre-surestaries*. Dr. anglo-amér. : *détention*.

CONTRESURESTARIE

Subst. fém. – Comp. de *contre et surestarie.

- Syn. de **contrestarie*.

CONTREVENANT, ANTE

Subst. – Part. prés. substant. de contrevenir. V. *contravention*.

- Celui qui commet une *contravention ; l'*auteur de celle-ci. Comp. *délinquant, criminel*.

CONTREVENIR

V. – Lat. *contravenire,* s'opposer à, prendre position contre.

- (sens neutre générique). Aller à l'encontre d'une prescription, d'un ordre, d'un engagement ; agir contrairement à la loi, à un usage, à la parole donnée, au règlement. V. *contravention*. Comp. *enfreindre, violer, transgresser.*

CONTRIBUABLE

Subst. – Dér. du v. lat. *contribuere*. V. *contribution*.

- En matière fiscale, chacun de ceux qui supportent une *contribution. Comp. *imposable, redevable, assujetti, grevé*. V. *justiciable, contraignable*.

CONTRIBUER

V. – V. *contribution*.

- Assumer personnellement une part (souvent proportionnelle à ses ressources), dans la charge définitive d'une dette. V. *contribution*. Ex. les époux contribuent aux charges du mariage à proportion de leurs facultés respectives (C. civ., a. 214).

CONTRIBUTIF, IVE

Adj. – Dér. de *contribatio*. V. *contribution*.

- Se dit d'un *avantage au financement duquel le bénéficiaire a par avance participé, *prestation dont l'octroi aux assurés sociaux est subordonné, de leur part, au paiement antérieur de cotisations. Ant. *non contributif*.

—ve (*part). *Portion incombant à chaque débiteur dans la charge définitive de la dette. V. *contribuer, contribution*.

CONTRIBUTION

N. f. – Lat. jur. *contributio,* dér. du v. *contribuere* : fournir sa part.

- En toutes matières, part que doit supporter chacun dans une *charge incombant à plusieurs. Comp. *cotisation, contingent*.

▸ **I** (civ.)

- **1** Répartition entre les *coobligés de la charge définitive d'une dette commune (ou faite dans un intérêt commun) qui, régissant les rapports des codébiteurs entre eux, se distingue de l'*obligation (laquelle, concernant les rapports des débiteurs et du créancier, se rapporte au droit de poursuite de celui-ci). Ex. contribution des *codébiteurs solidaires au paiement de la dette, contribution des époux aux charges du mariage.

— (recours en). Action récursoire par laquelle celui des codébiteurs qui a payé la totalité de la dette réclame aux autres leur part.

- **2** Désigne aussi la *part que chaque coobligé doit assumer personnellement dans la charge définitive de la dette. V. *contributif*.
- **3** Répartition entre les créanciers, proportionnellement au montant de leur créance, des sommes provenant d'une saisie. Ex. la procédure de distribution par contribution permet de répartir entre les créanciers chirographaires, au marc le *franc, les sommes provenant d'une saisie, en l'absence ou après désintéressement des créanciers privilégiés ou hypothécaires. Comp. *ordre*. V. *sous-contribution*.

▸ **II** (soc. trav.)

— de l'employeur (aux charges sociales). Pourcentage des salaires obligatoirement versé par l'employeur au comité d'entreprise afin d'assurer le fonctionnement des œuvres sociales.

▸ **III** (fisc., fin.)

- Terme générique désignant, dans la pratique sinon toujours dans la loi, la part incombant à chaque contribuable dans la répartition de la charge des dépenses publiques. Syn. *impôt, imposition*. V. *taxe*.

— foncière. Anciens impôts directs locaux abandonnés en 1973 qui étaient assis sur la valeur locative des propriétés immobilières bâties ou non bâties et payés par le propriétaire (les contributions foncières des propriétés bâties et non bâties étaient également des impôts d'État jusqu'en 1917).

— mobilière. Ancien impôt direct local, abandonné en 1973, qui était assis sur la valeur locative des locaux d'habitation et payé par l'occupant (la contribution mobilière était également un impôt d'État jusqu'en 1917).

CONTRÔLE

Dér. de contre-rôle, comp. de * contre et de *rôle, lat. *rotulus*.

- **1** *Vérification de la *conformité à une norme d'une décision, d'une situation, d'un comportement, etc. ; opération consistant à vérifier si un organe public, un particulier ou un acte respectent ou ont respecté les exigences de leur fonction ou des règles qui s'imposent à eux. Ex.

contrôle fiscal, contrôle de la régularité d'un compte. Comp. *inspection, redressement, rectification, certification*.

— **(commission de).** Commission qu'une assemblée parlementaire élit en son sein pour examiner la gestion de certains services publics ou entreprises nationales en vue d'informer l'assemblée (o. 17 nov. 1958, a. 6). Comp. *enquête (commission d')*.

— **(corps de).** Corps de fonctionnaires chargés d'une mission d'inspection et de contrôle.

— **de la Cour de cassation.** Vérification par la *Cour de *cassation de la conformité aux règles de droit d'une décision judiciaire en dernier *ressort qui lui est soumise par voie de *pourvoi (CPC, a. 604) ; se distingue du pouvoir de *révision exercé par une cour d'appel en ce qu'il exclut le pouvoir de rejuger l'affaire en fait, consistant seulement pour la Cour suprême, juge du droit, à casser les jugements qui violent une règle de fond ou de forme, manquent de *base légale ou sont entachés d'*excès de pouvoir ou d'*incompétence. Comp. *pleine juridiction*. V. *ouverture, renvoi, violation de la loi, censure, souveraineté, appréciation, qualification*.

— **de l'administration.** Opération de vérification de la correction des actes de l'administration par rapport aux règles de forme et de fond auxquelles ces actes sont assujettis ; fonction qui correspond à cette opération. V. *tutelle administrative*.

— **de légalité.** Celui qui est exercé sur le respect par l'administration du principe de *légalité et de ses composantes.

— **des motifs.** Celui exercé par le juge administratif sur les motifs des actes administratifs à l'occasion du *recours pour excès de pouvoir. Ce contrôle comporte des degrés que traduisent les expressions suivantes : contrôle *minimum*, celui qui se limite à l'existence matérielle des faits et à l'*erreur manifeste d'appréciation ; contrôle moyen, celui qui vérifie en outre si les faits entrent dans le champ d'application de la loi ; contrôle normal, celui qui porte également sur la qualification juridique des faits ; contrôle maximum, celui qui porte sur l'appréciation subjective des faits et des moyens mis en œuvre par l'administration.

— **du jugement étranger.** Vérification, par le juge français, de la conformité d'un tel jugement à un certain nombre de conditions de régularité internationale, à l'exclusion de sa *révision au fond. V. *Exequatur*.

— **hiérarchique.** Celui qui est exercé par le supérieur hiérarchique sur les actes de ses subordonnés.

— **juridictionnel.** Celui qui est exercé par le juge administratif sur les actes de l'administration à l'occasion des recours dont il est saisi.

• **2** *Vérification d'un fait ; opération consistant à s'assurer de l'exactitude d'un fait ou d'une déclaration. Ex. contrôle d'identité.

• **3** Maîtrise exercée sur la gestion d'une entreprise ou d'un organisme ; pouvoir assurant à son détenteur une influence dominante dans la direction ou l'orientation des destinées d'un groupe, d'une société, etc. Comp. *trust,* pour une masse de biens.

— **des sociétés.**

a / (int. priv.). Critère parfois utilisé par le législateur et la jurisprudence pour déterminer la *nationalité des sociétés ou au moins la jouissance des droits réservés aux nationaux ; il repose sur l'idée de *direction (le mot contrôle étant pris dans le sens de maîtrise ; cf. l'anglais *control*) et conduit à considérer distinctement et parfois cumulativement la nationalité des dirigeants sociaux et l'origine des capitaux. Cf. *siège social.

b / Possibilité pour une société de déterminer directement ou indirectement, en raison de droits ou de contrats, la politique générale d'une autre société, pouvoir dont l'acquisition constitue une opération de concentration. V. *groupe de *sociétés, *entreprise commune*. Comp. *concentration*.

— **ouvrier.** Revendication tendant à permettre aux salariés d'une entreprise d'influer sur sa gestion économique.

— **patrimonial.** Possibilité pour une personne ou un groupe de personnes de disposer des biens d'un patrimoine qui n'est pas le leur comme s'ils en étaient les propriétaires et de lier le véritable titulaire de ce patrimoine par des engagements. Ex. : contrôle patrimonial exercé sur une société par la prise des décisions concernant la vie de l'entreprise sociale grâce à divers mécanismes juridiques (détention de la majorité dans les assemblées générales et les différents organes de gestion de la société anonyme). Comp. *concentration*.

• **4** Surveillance ; droit de regard. Ex. : contrôle de la correspondance d'un détenu. V. *contrôlé*.

— **d'assurance.** Surveillance exercée par l'État sur les sociétés d'assurance dans l'intérêt des assurés et bénéficiaires de contrats qui se traduit principalement par l'*agrément, l'exigence de *provisions techniques et de *placements et s'exerce sur les contrats, les *tarifs et la comptabilité des sociétés. V. *transfert de portefeuille.*

— **de gestion.** Appréhension des informations relatives au *management d'une entreprise en vue de l'appréciation de la régularité et de l'opportunité des opérations de gestion et de direction. Ex. : dans les sociétés, le contrôle de gestion est pour les associés et les actionnaires un droit dont l'exercice est quelquefois confié en partie à un organe spécialement institué à cet effet (conseil de surveillance).

— **de l'emploi.** V. *emploi (contrôle de l').*

— **judiciaire.** Institution introduite par la loi du 17 juillet 1970, consistant en diverses mesures, obligations ou interdictions, restreignant la liberté d'un individu inculpé, mais évitant son incarcération. Comp. *détention provisoire*. V. *centre éducatif fermé.*

— **médical.** Vérification exercée sur les prescriptions des médecins par la Caisse nationale maladie qui permet de déceler les fraudes ou abus donnant lieu à des poursuites disciplinaires.

• **5** Par ext., nom donné dans la pratique à l'état nominatif de personnes appartenant à un même corps (V. étym.).

CONTRÔLÉ, ÉE

Adj. – Part. pass. du v. contrôler.

• **1** Qui est soumis au *contrôle préalable d'une autorité administrative ou juridictionnelle. Ex. déclaration fiscale contrôlée, changement de régime matrimonial judiciairement contrôlé, correspondance contrôlée. Ant. *libre.*

• **2** Qui a effectivement subi un tel contrôle ; vérifié.

CONTRÔLEUR, EUSE

Subst. – Dér. de *contrôle.

• **1** Agent chargé d'une fonction de contrôle sur des organes publics (ex. contrôleur financier, contrôleur général de l'Armée) ou sur des particuliers (ex. contrôleur des lois sociales en agriculture, contrôleur du travail). Comp. *inspecteur.*

— **des dépenses engagées.** V. *contrôleur financier.*

— **financier.** Haut fonctionnaire représentant le ministre des Finances auprès d'un autre ministre, chargé de remplir auprès de celui-ci une fonction de conseiller financier, de contrôler *a priori* la régularité budgétaire des opérations qu'il effectue et de tenir une comptabilité de ses engagements de dépenses.

• **2** Personne choisie parmi les créanciers que le *juge-commissaire peut désigner dans la procédure de *redressement judiciaire et dont les fonctions (gratuites et personnelles) consistent à assister, dans leurs missions respectives, le *juge-commissaire et le *représentant des créanciers.

CONTROVERSE

Subst. fém. – Du lat. *controversia,* mouvement opposé, discussion, débat.

• *Discussion sur un désaccord (exprime à la fois l'action des antagonistes et le partage des avis) ; discordance des *opinions sur une *question de droit (parfois de fait) ; débat d'idées contradictoires ; dissentiment des juristes, le plus souvent des auteurs (controverse doctrinale) sur un point d'interprétation (sens d'un texte) ou de législation (opportunité et orientation d'une réforme). Ex. controverse sur le sort de l'embryon humain, sur la nature juridique du crédit-bail. V. *argumentation, raisonnement juridique, objection, démonstration, contestation, litige*. Ant. *unanimité, consensus.*

CONTUMACE

N. f. – Lat. jur. *contumacia,* proprement « obstination orgueilleuse », de *tumere* : se gonfler.

• État de l'accusé renvoyé en cour d'assises qui ne se présente pas à l'audience ou qui s'est évadé avant le verdict ; se dit aussi de la procédure suivie contre le *contumax.

— **(purge de la).** Anéantissement automatique de l'arrêt de condamnation résultant de la représentation volontaire ou de l'arrestation du contumax.

CONTUMAX

Subst. masc. – Lat. *contumax*. V. *contumace*.

- Individu qui, après arrêt de mise en accusation, n'a pu être saisi ou ne se représente pas dans les dix jours de la signification faite à son domicile ou s'est évadé avant le verdict (déclaré *rebelle à la loi, il est suspendu de l'exercice de ses droits de citoyen). V. *contumace*. Comp. *défaillant*.

CONVENTION

N. f. – Lat. *conventio,* dér. de *convenire*: venir ensemble, d'où être d'accord.

▸ **I** (sens gén., toutes disciplines)

- **1** Nom générique donné – au sein des *actes juridiques – à tout *accord de volonté entre deux ou plusieurs personnes destiné à produire un effet de droit quelconque : créer une obligation, transférer la propriété (V. *contrat*), transmettre ou éteindre une obligation (ex. cession de créance, subrogation conventionnelle, résiliation conventionnelle, remise de dette) ; désigne en général l'acte juridique dans son ensemble par opp. aux *clauses et *stipulations qui le composent, lesquelles sont cependant, en un sens, des conventions. V. **acte juridique conventionnel,pacte, conventionnel, convenu, loi, partie, protocole*.
- **2** Parfois, dans la pratique, l'écrit dressé pour constater l'accord. V. *acte instrumentaire*.

— **de fortage.** V. *fortage*.
— **de portage.** V. *portage (convention de)*.
— **de rechargement.** Nom donné à la convention dont l'objet est de mettre en œuvre l'*hypothèque rechargeable – de la recharger – en l'affectant, dans la limite de la somme fixée par l'acte constitutif originaire, à des créances autres que celles qui y sont mentionnées, convention passée en la forme notariée par le *constituant, soit avec le créancier originaire soit avec un nouveau créancier, qui, en tant qu'affectation hypothécaire conventionnelle semblable à une *constitution d'hypothèque, doit être publiée à peine d'inopposabilité aux tiers (C. civ., a. 2422).
— **du croire.** V. **du croire*.
—**s *matrimoniales.**

a / Ensemble des clauses du *contrat de mariage par lesquelles les futurs époux adoptent un type de régime matrimonial conventionnel (séparation de biens, participation aux acquêts) ou même le régime légal, ou enfin modifient le régime qu'ils adoptent.

b / Ensemble des clauses du contrat de mariage quel que soit leur objet : conventions matrimoniales au sens strict (ci-dessus), donations entre époux ou aux époux, clauses constatant leurs apports, etc.

c / Parfois plus spécialement celles d'où résulte un *avantage matrimonial. V. *liberté, immutabilité, mutabilité, *changement de régime matrimonial, préciput, *clause commerciale, communauté universelle, clause de main commune*.

— **réglementée.** Convention entre une société et l'un de ses membres qui obéit à une réglementation fixée par la loi.

▸ **II** (int. publ.)

- *Accord entre sujets de Droit international (terme parfois préféré, sans conséquences juridiques, à celui de *traité pour désigner des accords multilatéraux ou des accords conclus sous les auspices ou dans le cadre d'organisations internationales, ainsi que des accords à caractère technique).

▸ **III** (proc. pén.)

— **judiciaire d'intérêt public.** Convention que peut proposer le procureur, tant que l'action publique n'a pas été mise en mouvement, à une personne morale mise en cause pour un ou plusieurs délits de corruption ou de trafic d'influence, ou de fraude à l'impôt et leur blanchiment, imposant différents types d'obligations (versement d'une amende d'intérêt public au Trésor public, soumission, sous le contrôle de l'Agence française anticorruption, à un programme de mise en conformité). Soumise à validation du président du TGI, l'ordonnance n'emporte pas déclaration de culpabilité et n'a ni la nature ni les effets d'un jugement de condamnation (C. pén., a. 131-39-2 ; CPP, a. 41-1-2). V. *transaction pénale*.

CONVENTION COLLECTIVE

V. *convention* et *collectif*.

- Convention conclue entre groupements ou organisations afin de définir le comportement respectif de leurs adhérents. Ex.

convention entre organismes de sécurité sociale et les syndicats de médecins, définissant le montant des honoraires versés aux médecins par les malades et remboursés à ceux-ci par les caisses. V. *accord d'établissement ou d'entreprise ; accord synallagmatique de droit commun.*

— **de prévoyance.** Convention dérivée de la convention collective de travail, mais portant seulement sur les garanties sociales complémentaires auxquelles auront droit les salariés.

— **du travail.** Convention conclue entre un employeur ou un groupement d'employeurs et un ou plusieurs syndicats représentatifs de salariés en vue de déterminer les conditions de travail et de rémunération qui s'imposeront aux employeurs adhérant au groupement, envers leur personnel.

CONVENTION DE PROCÉDURE PARTICIPATIVE

N. f.

- Convention par laquelle les parties à un différend qui n'a pas encore donné lieu à la saisine d'un juge ou d'un arbitre s'engagent à œuvrer conjointement et de bonne foi à la résolution amiable de leur différend (C. civ., a. 2062).

CONVENTIONNALITÉ

N. f. – Néol. construit sur *convention (par imitation de constitutionnalité sur constitution).

- *Conformité d'une loi nationale à une convention internationale, supposée obligatoire (spéc. conformité à la Convention européenne de sauvegarde des droits de l'homme et des libertés fondamentales des lois des pays signataires).

— **(contrôle de).** *Contrôle de la conformité d'une loi nationale à la Convention citée ci-dessus, qui est exercée d'une part, à certaines conditions (not. après épuisement des voies de droit interne) par la Cour européenne des droits de l'homme (laquelle ne peut, pour une violation, que condamner les États), d'autre part, en chaque État, par les juridictions de celui-ci (lesquelles, en cas de violation de la Convention, tranchent le litige par application de celle-ci).

CONVENTIONNÉ, ÉE

Adj. – (Néol.). Dér. de *convention.

- Qualificatif appliqué à des établissements ou aux membres de certaines professions lorsqu'ils se soumettent, par accord avec les organismes de remboursement (sécurité sociale), à un régime de tarification de la rémunération qu'ils peuvent demander à leurs usagers ou clients. Ex. clinique conventionnée, médecin conventionné. Comp. *agréé, public, privé.* V. *libéral.*

CONVENTIONNEL, ELLE

Adj. – Dér. de *convention.

- Qui résulte d'une *convention, par opp. à *légal (ex. obligation conventionnelle, *subrogation conventionnelle), à *judiciaire (ex. représentation conventionnelle), à *unilatéral (ex. résiliation conventionnelle) ; ne pas confondre avec *consensuel. Comp. *contractuel.* V. *convenu, volontaire.*

CONVENU, UE

Adj. – Part. pass. du v. convenir. V. *convention.*

- Qui a été adopté, décidé, entendu par *convention. Ex. prix convenu. Comp. *conventionnel, conclu, contracté.*

— **(tiers).** V. *tiers convenu.*

CONVERSION

N. f. – Lat. *conversio,* de *convertere* : tourner.

- **1** Opération monétaire qui, réalisant pour une valeur équivalente un changement d'unité de compte ou d'instrument de paiement, peut avoir plus spécialement pour objet soit de substituer un instrument monétaire à un autre dans la même monnaie (conversion de francs billets en francs pièces) ou une unité monétaire à une autre (conversion de francs en dollars, ou. au sein de l'Union monétaire européenne, conversion d'une unité monétaire nationale en *euro ou inversement), soit de changer une monnaie contre de l'or (conversion en or).
- **2** Changement opéré dans la continuité ou le prolongement d'une situation originaire ; passage d'un état de droit à un

autre ; mutation qui, moyennant le maintien d'une certaine équivalence, permet de substituer une modalité à une autre dans l'exécution des droits et des obligations ou, plus radicalement, de passer d'une institution à une autre. Comp. *novation, interversion de titre*.

— **de dettes en actifs.** Nom parfois donné à l'opération financière appelée de préférence « *échange de créances contre actifs ».

— **de saisie immobilière en vente volontaire.** Incident de la procédure de saisie immobilière ayant pour objet de transformer la procédure de vente sur saisie immobilière en vente par adjudication volontaire devant le tribunal ou devant notaire, à la suite d'un accord entre les parties intéressées, les effets de la saisie étant maintenus. V. *adjudication ou vente sur conversion de saisie immobilière*.

— **de séparation de corps en divorce.** Substitution du divorce à la séparation de corps que le juge doit prononcer pour la cause même de la séparation et sans modifier l'attribution des torts, si un seul des époux le demande, après trois années de séparation ou, même avant l'expiration de ce délai, à la demande conjointe des époux (cette dernière demande étant seule opérante lorsque la séparation de corps avait été prononcée sur demande conjointe) (C. civ., a. 306 s.).

— **de titre.** Opération par laquelle le titulaire d'une valeur immobilière change la forme de cette valeur en passant de la forme nominative à la forme au porteur ou inversement ; s'applique aussi à la transformation d'une *obligation (sens 3) en action et au remplacement d'un titre portant un intérêt déterminé par un autre titre portant un intérêt moindre. Comp. **échange de titres*.

— **d'exploitation.** Opération d'amélioration technique ouvrant droit au bénéfice d'aides financières et consistant à transformer, sans aucun déplacement ni agrandissement territorial, une *exploitation agricole non viable en une exploitation rentable par des aménagements immobiliers et mobiliers de nature à permettre un nouvel équilibre des productions en fonction de l'orientation générale du marché.

— **du *règlement amiable en *redressement judiciaire.** Nom donné à l'ouverture d'un *redressement judiciaire corrélatif à la résolution de l'accord de *règlement amiable que le tribunal peut décider en cas d'inexécution des engagements financiers pris lors de ce règlement.

— **en rente viagère de l'usufruit du conjoint survivant.** Substitution d'une rente viagère équivalente à l'usufruit légal de l'époux survivant que les héritiers, s'ils sont d'accord, peuvent imposer à ce dernier, moyennant sûreté suffisante et garantie du maintien de l'équivalence initiale (C. civ., a. 759).

— **par *réduction d'un acte nul.** Nom donné à un procédé intellectuel de revalorisation des actes nuls, qui consiste à faire sortir d'un acte juridique nul un autre acte juridique valable auquel le premier peut être ramené (réduit), c'est-à-dire à sauver l'acte inclus de la nullité en lui donnant effet, si ses effets correspondent bien à l'intention des parties et si ses conditions de validité se trouvent réunies ; expédient ainsi nommé du fait que la conversion se fait ici par le passage d'un acte porteur (nul) au diminutif équivalent valable qu'il recèle. Comp. *régularisation*. Ital. *conversione dell'atto invalido*.

MAXIME : *Potius ut valeat quam ut pereat*.

CONVERTIBILITÉ

N. f. – Dér. de *convertible.

- Qualité de ce qui est *convertible ; se dit surtout de l'aptitude d'un billet de banque à être converti en or. V. *conversion* (sens 1). Ant. *inconvertibilité*.

CONVERTIBLE

Adj. – Lat. *convertibilis* : susceptible de changement.

- **1** Qui peut être l'objet d'une *conversion (sens 2). Ex. titre, rente, obligation convertible ; séparation de corps convertible en divorce.
- **2** Plus spécialement (d'un billet de banque), qui doit être remboursé en pièces d'or par l'émetteur du billet, à la demande du porteur de celui-ci. Ant. *inconvertible*.

CONVICTION

Lat. *convictio* : démonstration convaincante.

- Le fait d'être convaincu, de soi-même ou par autrui (la conviction de l'avocat peut emporter celle du juge ou du juré) ; certitude intellectuelle ; persuasion intérieure qui tient dans l'esprit de celui qui l'éprouve au sentiment sincère de reconnaître la réalité d'un fait (innocence, culpabilité), la véracité d'une allégation ou d'un témoignage, la justice d'une cause. V. *sincérité, foi, for, évidence, croyance, bonne foi, apparence, arbitraire, corroborer, démonstration, démonstratif.*

— **(*intime).** Opinion profonde que le juge se forge en son *âme et *conscience et qui constitue, dans un système de *preuves judiciaires, le critère et le fondement du pouvoir d'appréciation *souveraine reconnu au juge du fait ; jugement personnel que la loi prescrit au juge pénal et aux jurés (C. pr. pén., a. 353, 427, 304) et au juge civil (ex. a. 246 anc.) d'établir par eux-mêmes et en *raison, dans la sincérité de leur conscience, à partir des preuves qui leur sont proposées (en s'interrogeant eux-mêmes dans le silence et le recueillement, précise même l'a. 353). V. *sagesse, dictamen, sentiment, objectivité.*

— **(pièces à).** V. **pièces à conviction*.

CONVOCATION

Lat. *convocatio* : appel.

- **1** En un sens générique, toute invitation adressée par une personne à une autre de se présenter à une date déterminée en un lieu donné ; englobe en ce sens *citation, *assignation. V. *inviter.*
- **2** Plus spécialement, acte par lequel une autorité convie un intéressé aux lieu, jour et heure qu'elle détermine. Ex. convocation du défendeur par le greffier en vue d'une tentative de conciliation (CPC, a. 832). V. *contradiction.*
- **3** Décision appelant un organe collégial, assemblée ou autre, à se réunir (ex. Const. 1958, a. 29).

COOBLIGÉ, ÉE

Adj.ou subst. – De co (lat. *cum*) avec et *obligé.

- Débiteur, qui, par l'effet d'un contrat ou de la loi, est tenu *conjointement ou *solidairement avec d'autres au paiement d'une *dette. Syn. *codébiteur.* Ex. C. civ., a. 1216. V. *obligé, cocaution.*

COOPÉRATION

N. f. – Dér. du lat. *cooperare* : *cum* (avec) et *opera* (œuvres).

- Syn. de **collaboration*. V. **affectio societatis, société*. Comp. *assistance, secours, aide, contribution, participation.*

— **internationale.** Action conjointe et coordonnée de deux ou plusieurs États ou d'États et de personnes privées dans un domaine déterminé (militaire, scientifique, technique, culturel, national ou financier, fiscal, monétaire, commercial, maritime, international, spatial), en vue de parvenir à des résultats communs dans un ou plusieurs domaines de la vie internationale ; cette coopération peut se réaliser soit dans le cadre de l'exécution d'un traité ou d'une organisation internationale, soit en dehors de tout cadre contractuel ou institutionnel.

COOPÉRATIVE

Subst. fém. – Dér. de coopératif, de *coopération.

- *Société civile ou commerciale visant à l'élimination du profit capitaliste par la prise en charge au bénéfice de ses membres des fonctions de production ou d'intermédiaire (on parle de coopérative ou de société coopérative). Comp. *économat.* V. *paracommercialité.*

— **de détaillants.** Société coopérative constituée conformément à la loi du 11 juillet 1972, sous la forme de société anonyme à capital variable, associant des commerçants détaillants et effectuant à leur profit exclusif des opérations d'approvisionnement sous la forme d'achat-vente, représentation et référencement, ainsi que différentes prestations de service.

COOPTATION

N. f. – Lat. *cooptatio* : de *cum* (avec) et *optare* (examiner avec soin, choisir).

- Procédé de *recrutement consistant, de la part des membres d'un organe ou d'un corps constitué, à désigner eux-mêmes de nouveaux membres afin de combler les vacances. Ex. pour certains membres du tribunal des conflits, 24 mai 1972, a. 25, al. 1, 4° ; dans les sociétés anonymes, cooptations, facultatives ou obligatoires selon les cas, destinées à combler certaines vacances au sein du conseil d'administration ou du conseil de surveillance. V. *élection*.

COORDINATION

N. f. – Lat. *coordinatio* : arrangement.

- Action de coordonner ou résultat de cette action ; désigne soit un ordonnancement (préalable) destiné à mettre en liaison et en ordre des éléments complémentaires, soit un essai ou un effort d'harmonisation entre des éléments disparates. Comp. *unification*.
- **1** (adm.). Fonction consistant à assurer la cohérence, par rapport à des objectifs communs, des actions décidées par des instances administratives différentes dans l'exercice de leurs attributions, contrepartie nécessaire de la spécialisation administrative.
- **2** (int. priv.). Ensemble de démarches, qui, tenant compte de la diversité des *systèmes juridiques sur le plan interne comme international et des difficultés qui en résultent dans les relations privées, tendent à en atténuer les effets, pareille atténuation apparaissant comme la fin première du Droit international privé. Ex. *renvoi, *adaptation.
- **3** (eur.).

— **des législations nationales.** Suppression des divergences et disparités entre les législations des États membres qui ne conduit pas pour autant à une *unification législative. Syn. **rapprochement des législations, *harmonisation*. V. *distorsion, *politique commune, interprétation*.

- **4** (transp.).

— **des transports.** Réglementation qui tend à distribuer le trafic entre la route et le rail, le rail et la voie d'eau.

- **5** (soc.). Établissement de rapports de continuité entre divers régimes de sécurité sociale.

COPARENTAL, ALE, AUX

Adj. – Néol. formé sur *parental, préf. co (lat. *cum*, avec).

- Qui résulte de l'action commune des père et mère, au moins de leur participation respective à l'exercice de l'*autorité parentale, sous des formes diverses (exercice conjoint, concertation, consultation, communication) ; qui se fonde sur l'égale vocation des père et mère à assumer leur rôle parental. Comp. *biparental*.

COPARENTALITÉ

N. f. – Néol. formé sur *coparental.

- Nom d'évocation donné à l'organisation idéale de l'autorité parentale fondée sur le respect, en chacun des parents, de sa vocation parentale et la faveur de leur collaboration, qui se réalise plus ou moins parfaitement selon les cas, par l'*exercice conjoint de l'autorité parentale chaque fois que possible (en mariage ou hors mariage et même, si possible, en l'absence de vie commune) ou même dans l'*exercice unilatéral (par visite, hébergement, information, consultation, concertation).

COPARTAGEANT, ANTE

Subst. – Préf. co, lat. *cum* (avec) et part. prés. de partager.

- Celui qui prend part à un *partage (de succession, de communauté, etc.) et, en principe, participe aux opérations de celui-ci, avec des droits et des obligations (*privilège du copartageant, garantie des lots, etc.), qualificatif appliqué à chaque *souche dans le *partage par souche (V. C. civ., a. 826, 827). V. *lésion, cohéritier, coïndivisaire, copropriétaire, colicitant, aportionnement, alloti, fournissement*.

COPERMUTANT, ANTE

Subst. – Comp. avec le préf. co et permutant, part. prés. formé sur *mutare* : changer.

- Celui qui participe à un *échange ; coéchangiste. Syn. *échangiste*.

COPIE

N. f. – Lat. *copia* : « abondance » ; le français *copie* doit son sens nouveau probablement à des expressions juridiques telles que *copiam describendi facere* : « donner la faculté de transcrire », d'où sera sorti le sens de « reproduction ».

- **1** *Reproduction littérale d'un *original, sur support papier ou électronique, sous la double condition de sa fiabilité et de son intégrité dans le temps (a. 1379). Auparavant reproduction littérale d'un original qui, n'étant pas revêtue des signatures qui en feraient un *second original (V. *duplicata*), ne fait foi que lorsque l'original ne subsiste plus et sous les distinctions établies par l'anc. a. 1335 du Code civil, mais dont la valeur est reconnue à des fins spécifiées (not. pour les notifications), sous les conditions de la loi (copies établies par des officiers publics compétents, copies certifiées *conformes, etc.). Ex. copie d'une assignation, d'une requête, des conclusions, d'une pièce, d'une ordonnance, d'un acte de constitution (CPC, a. 788, 816, 824, etc.). Comp. *expédition, grosse, minute, extrait, acte instrumentaire, écrit*.

- **2** *Reproduction d'une copie ayant valeur d'indice.

COPIE DE SAUVEGARDE

Reproduction d'un support informatique destinée à préserver les données et applications qui s'y trouvent contenues.

COPIE PRIVÉE

Reproduction de tout ou partie d'une œuvre de l'esprit divulguée, que l'auteur ne peut interdire lorsqu'elle est réalisée à l'usage personnel ou familial du copiste, sauf à ce qu'elle porte atteinte aux intérêts pécuniaires de l'auteur ou de ses ayants droit.

COPRENEUR, NEUSE

Subst. – Préf. co, lat. *cum*, et *preneur.

- *Cotitulaire du bail. Ex. les époux sont de droit cotitulaires du bail du local servant au logement de la famille (C. civ., a. 1751). Comp. *colocataire, cocontractant, comandant, codébiteur*. V. *preneur*.

COPROPRIÉTAIRE

Subst. ou adj. – Préf. co, lat. *cum* (avec), et *propriétaire.

- **1** Chacun des *propriétaires d'un bien *indivis. Ex. les époux séparés de biens qui achètent ensemble un immeuble en deviennent copropriétaires ; terme moins large que *coïndivisaire (les copropriétaires sont des *indivisaires mais le terme de copropriétaire n'est pas employé pour ceux qui sont dans l'indivision relativement à une masse de biens ; ex. les *cohéritiers). V. *communiste, quirataire*.
- **2** Chacun des propriétaires d'un lot dans la *copropriété des immeubles bâtis (l. 10 juill. 1965).

COPROPRIÉTÉ

Comp. du préf. co (avec) et de *propriété.

- Modalité de la *propriété dans laquelle le droit de propriété sur une même chose ou un ensemble de choses appartient à plusieurs personnes dont chacune est investie privativement d'une *quote-part (égale ou inégale) accompagnée, sur le tout, en concurrence avec les autres copropriétaires, de certains droits (droit d'usage, pouvoir de gestion au moins à titre conservatoire). Syn. **indivision* (quant à la propriété). Comp. *communauté*.

— **des immeubles bâtis.** Mode d'appropriation des immeubles divisés par étages ou par appartements, dans lequel chaque copropriétaire est titulaire d'un *lot (cessible) comprenant la propriété exclusive d'une partie privative (par ex. l'appartement) et d'une *quote-part dans la copropriété des parties communes (l. 10 juill. 1965, a. 1), l'ensemble étant doté d'une organisation poussée (règlement de copropriété, syndicat regroupant tous les copropriétaires). V. **personne morale, tantième*.

— **des navires.** Groupement des copropriétaires – ou *quirataires – d'un seul navire en vue de son exploitation. V. *quirat*.

— ***forcée ou perpétuelle.** *Indivision forcée. V. *mitoyenneté*.

— **ordinaire.** Copropriété qui en principe ne peut être maintenue que par la volonté concordante de tous les *copropriétaires et à laquelle un seul d'entre eux peut mettre fin en réclamant le *partage, sauf décision de *sursis ou d'*attribution de parts (C. civ., a. 815).

COPYRIGHT

N. m. – Terme angl. signifiant : « droit de reproduction » utilisé pour désigner :

- **1** La formalité de dépôt et d'enregistrement à laquelle certaines législations

(États-Unis) subordonnent la jouissance des droits d'auteur.

- **2** Par extension (et improprement) les droits d'auteur, indépendamment de toute formalité exigée pour en jouir – ce qui est le cas en France. V. **dépôt légal*.
- **3** Le sigle © qui doit être apposé en vertu de la convention universelle (V. *droits d'*auteur*) sur les exemplaires d'œuvres étrangères pour assurer la protection de celles-ci aux États-Unis. V. *réservé*.

CORBEILLE

Lat. *corbicula,* dér. de *corbis* : panier.

- Lieu de la *bourse où se réunissent les agents de change qui tiennent leur séance aux jours et heures d'ouverture de celle-ci. V. *parquet, coulisse*.

CORPORATIF, IVE

Adj. – Dér. du v. *corporari*. V. *corporation*.

- Qui se rapporte à une *corporation ; qui en est issu.

— **(État).** Système politique où les corporations jouent un rôle officiel dans la composition ou la désignation des organes de l'autorité publique. Ex. rôle de la Chambre des faisceaux et des corporations de l'Italie mussolinienne et de la Chambre corporative du Portugal salazarien. V. *corporatisme*.

CORPORATION

Empr. de l'angl. corporation, dér. du lat. médiév. *corporari* : se former en corps.

- **1** Sous l'Ancien Régime, *groupement rassemblant ceux qui exerçaient un même *métier juré.
- **2** Dans certains régimes, groupement économique fortement hiérarchisé, aux frontières du Droit public et du Droit privé, réunissant et représentant les personnes d'une même profession et les soumettant à une discipline et à des devoirs réciproques.
- **3** Selon la doctrine du *corporatisme ou du néo-corporatisme, organisation réunissant les employeurs et les salariés d'une profession autour d'une communauté d'intérêts supposée.
- **4** Parfois syn. de *métier ou de *profession organisée ; s'emploie not. pour désigner les *compagnies d'officiers ministériels. Comp. *ordre, barreau, syndicat*.

CORPORATISME

Dér. de *corporation.

- **1** Doctrine préconisant l'organisation systématique des différentes professions en *corporations ou le système de l'État *corporatif.
- **2** Régime social dans lequel les organisations professionnelles sont obligatoires, composées de représentants des employeurs et des travailleurs, contrôlées par les pouvoirs publics et investies d'une autorité par délégation de l'État (terme formé par analogie avec les anciennes corporations).

CORPOREL, ELLE

Adj. – Lat. *corporalis,* dér. de *corpus* : corps.

- **1** (pour une personne). Physique ; qui touche au corps humain, par opp. à *moral et à *matériel. Ex. dommage corporel (fracture d'une jambe) ; s'opp. aussi à *mental. Ex. altération des facultés mentales ou corporelles propre à justifier un régime de protection (C. civ., a. 17-3, 425).

—**s (préjudices).** Ensemble des *postes de préjudices patrimoniaux ou extrapatrimoniaux, temporaires ou permanents qui résultent d'un *dommage corporel pour la personne qui en est la victime *directe ou *indirecte. Ex. 1. pour la victime directe : Dépenses de santé actuelles ou futures, perte de gains professionnels actuels ou futurs (préjudices patrimoniaux) ; déficit fonctionnel temporaire ou permanent, préjudice esthétique temporaire ou permanent, *préjudice d'agrément (préjudices extrapatrimoniaux) ; Ex. 2. pour la victime indirecte : Frais d'obsèques en cas de décès ; préjudice d'affection, pertes de revenus, en cas de décès ou de survie.

- **2** (pour un *bien). Tangible, palpable ; qui a une existence concrète ; qui donne prise à la possession (*corpus) par opp. à *incorporel, immatériel. Ex. *bien corporel (maison), *meuble corporel (véhicule, titre au porteur) par opp. à créance et propriétés incorporelles. Comp. *matériel*. V. *intellectuel*.

CORPS

N. m. – Lat. *corpus*.

- **1** (sens originel). Le corps *humain, celui de la *personne physique ; par ext., dans certaines expressions, la personne même. Ex. *séparation de corps, *contrainte par corps ; parfois enfin la dépouille mortelle, le cadavre d'une personne. V. *corporel, esprit*.

— **(prise de).** Mise en *détention, spéc. celle qui est ordonnée contre l'accusé par la *chambre de l'instruction, l'ordonnance de prise de corps, variété de *mandat, étant contenue dans l'arrêt de mise en *accusation (C. pr. pén., a. 215, al. 2).

- **2** Appliqué à plusieurs personnes et en un sens intellectuel :

a / Ensemble de personnes formant une *catégorie ; *collège. Ex. le corps électoral, ensemble des électeurs ; un corps de *métier. Comp. *classe, corporation*.

b / Ensemble d'agents ayant des règles communes de recrutement et de carrière et une commune vocation à une certaine sorte d'emplois. Ex. le corps des ingénieurs des Mines, celui des administrateurs civils, le corps diplomatique (les plus importants sont appelés : grands corps de l'État). V. *constitués (corps)*.

— **des fonctionnaires.** Ensemble des fonctionnaires soumis au même statut particulier et ayant vocation aux mêmes grades. Ex. corps des *administrateurs civils des administrations centrales ; le terme a remplacé celui de *cadres (les corps sont répartis en *catégories et structurés en *grades).

— ***judiciaire.** Ensemble des *magistrats de l'ordre judiciaire. V. *magistrature, hiérarchie*.

- **3** En un sens logique, désigne, dans certaines expressions, un tout cohérent ou la partie principale de ce tout.

— **de *règles.** Série de dispositions formant un ensemble cohérent (ex. *régimes matrimoniaux). V. *code, codification, système, *ordonnancement juridique, ordre, législation, régime*.

— **du *texte.** Développement principal du texte par opp. à ce qui le précède ou le suit (ex. corps du testament). V. *codicille*.

- **4** En un sens matériel, désigne parfois une chose, un bien *corporel, meuble ou immeuble.

— **certain.** V. *certain (corps)*.

— **de bâtiment.** Bâtiment *principal par opp. aux dépendances.

— **de ferme.** Expression désignant, dans le statut du *fermage et suivant les critères utilisés généralement par la jurisprudence, une exploitation agricole bénéficiant d'une autonomie culturale certaine et paraissant capable de faire vivre une famille d'*agriculteurs.

— **du délit.** Chose qui porte en elle-même la trace de l'infraction dont elle a été l'objet et qui peut être saisie comme *pièce à *conviction. Ex. document falsifié, fausse monnaie, objet contrefait, marchandise introduite en contrebande ; à ne pas confondre avec les moyens ayant servi à commettre l'infraction (par exemple l'arme du crime). V. **preuve, *saisie*.

- **5** Plus spécialement, dans certaines expressions, le navire par opp. aux marchandises. Ex. assurance sur corps, navire perdu corps et biens.

CORPUS

Subst. masc. – Lat. *corpus* : corps.

- **1** Terme latin désignant l'élément matériel qui, associé à l'**animus domini*, constitue la *possession et qui consiste dans l'accomplissement, sur la chose possédée, d'actes matériels comparables à ceux d'un propriétaire : actes d'usage, d'exploitation, de jouissance. Ex. occuper une maison, cultiver un champ, élever une clôture, percevoir un loyer. V. *détention, corporel, tradition*.

- **2** Désigne parfois un ensemble cohérent de règles ou un recueil privé de textes de loi, au souvenir des grandes compilations justiniennes (ex. *corpus juris civilis*). V. **corps de règles*.

CORRECTIONNALISATION

Dér. du v. correctionnaliser, de *correctionnel.

- Fait de réduire un crime en un *délit correctionnel (dans certains pays, « décriminalisation »). Comp. *criminalisation* (sens 2).

— **judiciaire.** Technique procédurale par laquelle le ministère public et le juge de jugement négligent volontairement un élément constitutif ou une circonstance aggravante d'un crime. Ex. vol en réunion et avec effraction poursuivi comme vol simple. Comp. *disqualification*.

— **légale.** Substitution par le législateur d'une peine correctionnelle à une peine criminelle. Ex. bigamie, devenue délit depuis la loi du 17 février 1933 (C. pén., a. 433-20).

CORRECTIONNEL, ELLE

Adj. – Dér. de correction, lat. *correctio.*

- **1** Par opp. à *contraventionnel et à *criminel, caractérise dans l'échelle des infractions celles du deuxième degré (délits *stricto sensu*, parfois nommés délits correctionnels) ; par ext. ce qui se rapporte à leur sanction. Ex. poursuites correctionnelles, *peine correctionnelle, etc.
- **2** Parfois syn. de *pénal, par opp. à *civil. Ex. audience, chambre correctionnelle (par opp. à audience, chambre civile).

— **le** (subst.). Dans le langage du Palais, la justice, la juridiction correctionnelle. Ex. passer en correctionnelle.

— **(*tribunal).** Formation pénale du tribunal de grande instance statuant en principe collégialement et relevant en appel de la chambre des appels correctionnels de la cour d'appel qui, appartenant aux juridictions de jugement de droit commun, a en règle compétence pour juger les délits correctionnels. V. *juridiction correctionnelle*. Comp. *cour d'assises, tribunal de police*.

CORRESPONDANCE

Dér. du lat. *correspondere,* de *respondere* : répondre.

- Échange de *lettres ou d'autres messages assimilés (telex, télégramme, télécopie, *mèl), par ext. les *documents reçus ou expédiés, le tout couvert par le *secret de la correspondance. V. *dossier, pièces, cote, violation, preuve, *papiers domestiques, écrit, courriel*.

— **(droit de).**

a / Droit reconnu (par la loi) aux grands-parents (ou exceptionnellement accordé par justice à d'autres personnes, parents ou non (C. civ., a. 371-4)) d'entretenir des relations épistolaires avec un mineur, sans que les père et mère puissent – sauf motifs graves – y faire obstacle. Comp. *visite (droit de)*. V. *garde*.

b / Élément du droit de libre *communication entre l'avocat et son client.

CORRESPONDANT, ANTE

Adj.ou subst. – Part. prés. de correspondre. V. *correspondance.*

- **1** Dans la pratique judiciaire, membre d'une profession auquel le représentant de la même profession ou d'une autre demande d'intervenir dans la même affaire soit parce que son ministère est obligatoire (ex. avoué correspondant à la cour), soit parce qu'il exerce dans un autre ressort (ex. avocat correspondant en province), soit pour ces deux raisons à la fois. Comp. *confrère, collaborateur*. V. **avocat aux conseils*.
- **2** S'emploie aussi dans l'expression suivante :

—s du Trésor. Organismes et particuliers qui, à titre obligatoire ou facultatif, déposent des fonds au Trésor ou sont autorisés à procéder à des opérations de recettes ou de dépenses par l'intermédiaire des *comptables du Trésor.

CORROBORATION

Lat. *corroboratio.*

- Action de *corroborer et résultat de cette action, se dit surtout d'un renfort probatoire, parfois d'un appui logique. V. *force probante, confirmation*.

CORROBORER

V. – Lat. *corroborare,* fortifier (de *cum,* avec, et *robur,* force).

- **1** Pour un moyen de *preuve, action d'en renforcer un autre auquel il est *conforme, d'en augmenter par concordance la *force probante, parfois au point de lui conférer une *valeur particulière ou de rendre *incontestable ce qui résulte de la concordance des preuves. Ex. : naguère, l'acte de naissance qui portait l'indication du nom de la mère valait reconnaissance s'il était corroboré par la possession d'état, C. civ., anc. a. 337 ; était incontestable l'état qui résultait d'un titre corroboré par la possession d'état, C. civ., anc. a. 322.

Aujourd'hui remplacé par l'expression « conforme à ».

V. Commencement de preuve par écrit.

• **2** Pour un *argument, action d'étayer un *raisonnement ou une thèse, d'en accroître la force logique, d'exalter la *conviction qui en émane.

CORRUPTION

Lat. *corruptio,* dér. de *corrumpere* : corrompre.

• **1** *Détournement ou trafic de fonction ; dite passive lorsqu'un individu se laisse acheter au moyen d'offres, promesses, dons, présents ou un avantage quelconque en vue d'accomplir un acte de sa fonction ou de s'en abstenir ; active lorsqu'un individu rémunère par les mêmes moyens la complaisance d'un professionnel. V. *vénalité, trafic d'influence, intimidation*.

— **d'arbitre ou d'expert.** Délit commis par un arbitre ou par un expert (ou à l'égard de l'un ou de l'autre) à l'occasion de la décision qu'il rend ou de l'opinion qu'il émet.

— **de fonctionnaire.** Corruption passive ou active commise par une personne ou à l'égard d'une personne investie d'une parcelle de l'autorité publique (par ex. élu, fonctionnaire) agissant à l'occasion de ses fonctions (C. pén., a. 433-1, 432-11). Comp. *concussion, péculat, prise illégale d'*intérêts*.

— **de médecin.** Délit commis par un membre d'une profession médicale (ou à son égard) et consistant à donner des indications mensongères sur une maladie, une infirmité, une grossesse ou un décès.

— **de salarié.** Délit consistant pour un salarié à solliciter ou à recevoir des dons à l'insu de son employeur, pour faire ou s'abstenir de faire un acte déterminé dans l'exercice de ses fonctions.

• **2** Action tendant à la dégradation morale d'autrui, à son avilissement ; incitation à la dépravation de ses mœurs.

— **de mineur.** Fait d'inciter le mineur à la débauche, notamment en organisant des séances – auxquelles il est mêlé – d'exhibitions ou de relations *sexuelles, naguère nommé *excitation à la débauche, et incriminé comme mise en péril du mineur. C. pén., a. 227-22.

COTATION

Dér. du v. coter, de *cote.

• Détermination de la *cote.

— **en bourse.** Dans les bourses de valeurs, détermination de la cote d'une valeur, résultant en principe de la confrontation des *ordres d'achat et des ordres de vente. V. *cours, donneur d'ordre, admission à la cote*.

COTE

N. f. – Lat. médiév. *quota* (sous-entendu *pars*) : part qui revient à chacun, d'où le sens 1.

• **1** Constatation officielle des *cours d'une *valeur, d'une monnaie ou d'une marchandise se négociant par l'intermédiaire d'agents qualifiés. V. *estimation, évaluation.*

— **du navire.** Expression de la valeur des navires. V. *classification (société de)*.

• **2** Dans les bourses de valeurs, constatation du *cours d'un titre après négociation de cette valeur par les agents de change.

— **(bulletin de la).** Document publié par la Chambre syndicale indiquant le premier et le dernier cours ainsi que, le cas échéant, le plus haut et le plus bas des cours cotés sur chaque valeur.

— **(hors).** Expression appliquée au marché des valeurs mobilières négociables non inscrites à la cote officielle (qui est placé sous le contrôle des agents de change). V. *parquet, coulisse, corbeille*.

• **3** Par ext. l'écrit qui reproduit les cours.

• **4** Marque numérotée et (ou) alphabétique servant au classement des *pièces d'un *dossier, d'un inventaire, etc., par ext. le support réunissant diverses pièces.

COTISATION

Dér. du v. cotiser, de *cote.

• **1** Contribution par quote-part à des dépenses ou charges communes. Ex. cotisation des membres d'une association, des adhérents d'un syndicat.

• **2** Nom donné à la prime d'assurance dans les sociétés d'assurances mutuelles ou à forme mutuelle.

— **de sécurité sociale.** Sommes destinées au financement de la sécurité sociale à verser, à titre de contribution (V. *contributif*) pour chaque assuré, partie par lui-même (ou par *retenue), partie par l'employeur (cotisation patronale) au moins dans le régime général.

COTITULAIRE

Subst. ou adj. – Comp. de co, du lat. *co*, variation de *cum* (avec) et de *titulaire.

- Qui est, au même *titre qu'un ou plusieurs autres, investi du même droit. Ex. les époux sont de droit cotitulaires du bail du local servant au logement de la famille (C. civ., a. 1751). V. *titulaire, copreneur.* Comp. *colocataire.*

COTITULARITÉ

Dér. de *cotitulaire (néol.).

- Situation juridique dans laquelle se trouvent des *cotitulaires ; *titularité en commun.

COTRAITANCE

N. f.

- Contrat dans lequel plusieurs entrepreneurs, au lieu d'agir en ordre dispersé, s'assemblent pour exécuter un ouvrage.

COTRANSPORTAGE DE COLIS

Utilisation en commun d'un véhicule terrestre à moteur, à titre privé et non onéreux, excepté le partage des frais, pour transporter des colis dans le cadre d'un déplacement qu'un conducteur effectue pour son propre compte (C. transp., a. L. 3232-1).

COTRAVAIL

N. m.

- Mode de travail consistant, pour des professionnels indépendants, à partager espace, poste de travail, expérience ou compétences. JORF 5.8.2016 p. 0181. Comp. *coemploi.*

COTUTELLE

Comp. de *tutelle.

- Fonction de tuteur, légalement attribuée autrefois au mari de la femme tutrice (vestige de l'ancienne incapacité de la femme mariée, supprimée par la loi du 14 déc. 1964) ; ne pas confondre avec la pluralité de *tuteurs désignés par le conseil de famille d'un incapable, les tuteurs étant, sauf décision contraire, indépendants les uns des autres. V. *tutelle.*

COULISSE

Ext. de *coulisse,* terme de théâtre, fém. de l'adj. *coulis,* dér. du v. couler, lat. *colare* : filtrer.

- **1** Nom donné dans la pratique au marché libre qui se tient à Paris sous le péristyle de la bourse des valeurs pour la négociation de certaines valeurs mobilières non admises à la *cote officielle du *Parquet. V. *corbeille.*
- **2** Par ext., n'importe quel marché libre où s'effectuent des négociations sur valeurs mobilières par opp. au marché officiel.

COULISSIER

Subst. – Dér. de *coulisse.

- Nom traditionnel donné au *courtier dans le marché dit de *coulisse.

COUPABLE

Subst. ou adj. – Lat. *culpabilis.*

- Celui qui est en *faute au regard de la loi pénale ; celui qui a commis une infraction (dont il devra répondre. V. *responsable*) ; se dit en principe de celui qui est judiciairement déclaré tel, parfois de celui qui, dès avant, se reconnaît tel. V. *aveu* (ne s'emploie pas en matière civile, même lorsque la responsabilité est fondée sur une faute). Comp. *prévenu, accusé.* Ant. *innocent.* V. *culpabilité, plaider coupable.*

COUP D'ÉTAT

Lat. pop. *colpus,* lat. class. *colaphus* : soufflet, coup de poing ; État.

- Prise du pouvoir par des moyens illégaux (en général par recours à la *force armée), ou tentative en ce sens, agissement incriminé par la loi pénale, quand il se traduit par des actes de *violence, sous le nom d'*attentat. Comp. *mouvement insurrectionnel, complot.*

COUPE

Tiré du v. couper, qui dérive lui-même de *coup.

- Action de couper et par ext. ensemble des bois destinés à être abattus dans une *forêt. V. *abattage.*

— **extraordinaire.** Coupe non prévue à l'aménagement, effectuée par anticipation ou portant sur des réserves, qui doit, dans les forêts soumises au régime forestier, être autorisée par le ministre de l'Agriculture.
— **ordinaire.** Coupe effectuée régulièrement à des dates fixes et dont la nature, l'emplacement et la quantité sont déterminés à l'avance suivant l'aménagement de la forêt. V. *réglé.*

COUPLE

Subst. masc. – Dér. du lat. *copula* : lien.

- Union que forment deux personnes de sexe différent ou de même sexe entre lesquelles existent des relations charnelles *(copula carnalis)* et en général une *communauté de vie, soit en mariage (couple *légitime, union *conjugale), soit hors mariage, en *concubinage ou dans les liens d'un *pacs. V. *ménage, vie commune.*

COUPLÉS (CONTRATS)

Part. pass. du v. coupler, lat. *copulare* : réunir. V. *contrat.*

- Contrats dont l'une des parties impose à l'autre qu'ils soient conclus indivisiblement. Syn. *clauses liées*. Comp. *lot.*

COUPON

Dér. du v. couper, de *coup.

- Partie détachable d'un titre au porteur ou mixte (individualisée par un numéro), qui représente à la date de son détachement (fixée par l'établissement émetteur) soit le montant du *dividende ou des intérêts, soit un droit d'attribution ou un droit préférentiel de souscription. V. *script.*

— **prime.** Espèce de titre distribué à l'occasion d'une vente ou d'une prestation de services auquel est attaché le bénéfice d'une *prime.

COUPONNAGE

Subst. masc. – Néol. construit sur *coupon ; angl. *couponing.*

- Méthode de *promotion des ventes consistant à distribuer des *coupons (sous forme de *bon) qui permettent d'obtenir un *avantage sur l'achat d'un produit (not. une réduction).

— **croisé** *(cross couponing).* Modalité de couponnage consistant à distribuer au client, lors de l'achat d'un produit, un coupon qui lui permet d'obtenir un avantage sur l'achat d'un produit d'un autre fournisseur.

COUPS ET BLESSURES

V. *coup* ; *blessure* est dérivé de *blesser*, empr. du francique **bletjan* : meurtrir.

- Atteinte portée à l'intégrité physique d'autrui : les blessures impliquant une lésion interne ou externe du corps de la victime (ex. plaie, fracture), les coups portés directement par une personne ou à l'aide d'un instrument quelconque consistant en un choc infligé (ex. coup de poing, coup de bâton). V. *contravention, délit, incapacité.*

— **involontaires.** Ceux qui sont la conséquence d'une maladresse, imprudence, inattention, négligence ou inobservation des règlements (la répression variant en fonction du dommage causé).
— **volontaires.** Ceux qui sont réalisés intentionnellement (la répression variant en fonction du dommage subi ou de la qualité de la victime) ; à distinguer des *violences et *voies de fait.

COUR

N. f. – Anciennement *court* ; l'orthographe *cour* est probablement due au lat. médiév. *curia*. Lat. pop. *curtis*, lat. class. *cohors*, proprement cour de ferme ; a pris au Moyen Âge le sens de domaine royal, puis d'entourage royal, d'assemblée se tenant près du roi, d'où les acceptions juridiques.

- Nom donné à certaines *juridictions en raison du degré élevé qu'elles occupent dans la hiérarchie judiciaire (Cour de cassation, cour d'appel) ou en considération de leur organisation et de leur compétence particulières (Cour des comptes, cour d'assises) ; désigne, selon les cas, soit l'institution même, soit, à l'audience, la *formation des magistrats qui siègent, soit les locaux où la juridiction est installée. V. *chambre, section, collégialité, degré, ressort*. Comp. *tribunal, conseil, commission, hiérarchie, ordre*.

— **commune de justice et d'arbitrage (CCJA).** Institution créée par le traité de Port-Louis du 17 octobre 1993, révisé le 17 octobre 2008 à Québec, portant Organisation pour l'harmonisation en Afrique du droit des affaires (OHADA) et dotée d'une triple mission juridictionnelle, consultative et arbitrale (traité OHADA, a. 14, 21).

— **d'*appel.** Juridiction de l'ordre judiciaire, composée d'un premier président, de présidents de chambres et de conseillers, qui est chargée de statuer sur les *appels formés contre les décisions rendues en premier ressort. V. *révision, pleine juridiction, confirmation, infirmation*.

— **d'assises.** Juridiction départementale constituant une émanation de la cour d'appel et qui tient ses *assises successivement dans chacun des départements du ressort de cette cour et qui, composée chaque trimestre pour juger les crimes de droit commun et les délits correctionnels connexes, est formée de la cour (au sens étroit) comportant trois magistrats (un président et deux assesseurs), et de neuf jurés, citoyens tirés au sort, au début de chaque affaire, sur la liste départementale annuelle du *jury. Comp. *tribunal *correctionnel, tribunal de police*.

— **de cassation.** Cour *suprême ; juridiction la plus élevée de l'ordre judiciaire comprenant six chambres (5 chambres civiles et une chambre criminelle) dont la mission est de veiller au respect de la loi en cassant les décisions en dernier ressort qui la violent et de faire régner l'unité d'interprétation du Droit. V. *contrôle, cassation, juge du fond, pourvoi*.

— **de discipline budgétaire.** Juridiction administrative chargée de juger les ordonnateurs de dépenses publiques pour les irrégularités budgétaires commises par eux.

— **de justice (*Haute).** Terme générique désignant une juridiction répressive d'exception à composition politique ayant compétence pour juger certains faits ou personnages d'importance politique (v. actuellement Const. 1958, a. 67 s.).

— **de justice de la République.** Juridiction chargée de juger les crimes et délits commis par les membres du gouvernement dans l'exercice de leurs fonctions (a. 68-1 Const., l. org. 23 nov. 1993). Comp. **Haute Cour de justice*.

— **de justice de l'Union européenne (CJUE, anciennement CJCE).** Organe juridictionnel de l'Union européenne institué pour assurer le respect du Droit dans l'interprétation et l'application des traités et composé de juges nommés pour six ans par les gouvernements des États (en pratique un par État) qui a pour l'essentiel compétence pour constater les manquements des États à leurs obligations, interpréter les traités sur renvoi préjudiciel, annuler sur recours les actes des institutions, statuer sur la responsabilité contractuelle ou extracontractuelle de l'Union et peut être saisi, selon les cas, par les États membres, leurs ressortissants (personnes physiques ou morales), les institutions communautaires ou les juridictions nationales.

— **de renvoi.** Cour d'appel désignée par la Cour suprême pour connaître à nouveau d'une affaire à la suite d'une décision de cassation. V. *renvoi*.

— **des comptes.** Juridiction administrative chargée de juger les comptes des comptables publics, sous réserve de la compétence en premier ressort des *chambres régionales et territoriales des comptes, qui remplit également d'importantes fonctions administratives (contrôle des ordonnateurs, contrôle de la sécurité sociale, examen du projet de loi de règlement du budget…). Statue sur les appels formés contre les décisions rendues par les chambres régionales et territoriales des comptes (C. jur. fin., art. L. 111-1).

— **de *sûreté de l'État.** Juridiction répressive spécialisée aujourd'hui abolie, naguère compétente pour juger en temps de paix les infractions contre la sûreté de l'État et certaines infractions de droit commun commises à des fins de subversion de l'autorité de l'État (en temps de guerre, la compétence pour juger ces infractions était attribuée aux juridictions militaires).

— **internationale de justice (CIJ).** Organe juridictionnel de la Communauté internationale dépendant de l'organisation des Nations Unies (les membres de celle-ci étant de droit parties à

son statut sans que soit exclue l'admission d'États non membres) qui est composé de quinze juges élus pour neuf ans par l'assemblée générale et le Conseil de sécurité de l'ONU et qui est, pour l'essentiel, doté d'un pouvoir de juridiction (celui de régler conformément au Droit international les différends entre États qui lui sont soumis), sans cependant (sauf exception) que sa juridiction soit obligatoire (de telle sorte que la Cour ne peut statuer que si les parties acceptent, même tacitement, sa juridiction), ainsi que du pouvoir de donner un avis consultatif aux organisations internationales et de celui de statuer *ex aequo et bono* sur les litiges qui lui sont soumis.
— **permanente de justice internationale.** Organe juridictionnel comparable qui dépendait de la société des nations aujourd'hui remplacé par la Cour internationale de justice (v. ci-dessus).
— **suprême.** V. *suprême*.

COURANT, ANTE

Adj. – Part. prés. de courir, lat. *currere*.

- **1** *Ordinaire, sous le rapport de la fréquence (régulière) et de l'importance (moyenne) ; *usuel, *habituel. Ex. actes courants (C. civ., a. 1149), affaires courantes, dépenses courantes. V. *normal, administration, gestion, dépenses de ménage*. Ant. *exceptionnel, extraordinaire, anormal, somptuaire, exorbitant*.
- **2** En cours ; qui court. Ex. intérêts courants.

— **(compte).** V. **compte courant*.
- **3** Qui a *cours. Ex. monnaie courante.
- **4** Au jour le jour, au fur et à mesure, en suivant. V. *main courante*.

COURRIEL

N. m. – Néol., contraction de courrier électronique.

- Employé en ce sens. Syn. *mèl.

— **(abus de).** Syn. abus de *mèl.

COURRIER

N. m. – De l'ital. *corriere* du v. *correre* (lat. *currere*) courir.

- **1** Message (par *lettres, télécopie, *mèl).
- **2** *Correspondance, ensemble des lettres, *journaux et autres envois postaux reçus ou expédiés par qqn.

— **électronique.** *courriel, *mèl.

COURS

N. m. – Lat. *cursus*, dér. de *currere* : courir.

- **1** Prix auquel se vendent ou s'achètent les marchandises donnant lieu à des transactions suivies. V. *cotation, cote, bourse*.

— **moyen.** Celui qui est également distant du plus haut et du plus bas de la bourse.
- **2** Par ext., circulation régulière d'une *monnaie pour une valeur déterminée.

— ***forcé.** Régime de circulation du billet de banque dans lequel la banque d'émission (Banque de France) est dispensée de l'obligation de rembourser billets en or.
— ***légal.** Pouvoir *libératoire de la monnaie consistant en ce que les monnaies métalliques frappées et émises conformément aux dispositions de la loi et les billets des banques d'émission doivent être acceptés en paiement par les créanciers pour leur valeur nominale. (Depuis le 1er janvier 2002, les billets et pièces libellés en *euros ont seuls cours légal en France). V. *instruments monétaires, franc*.

COURS D'EAU

V. *cours, eau*.

— **flottable seulement à bûches perdues.** Celui qui est flottable par des pièces de bois isolées abandonnées au courant.
— **navigable et flottable.** Celui qui peut servir à une *navigation continue et porter des trains de bois (fait partie du domaine public). V. *navigabilité*.
— **non navigable ni flottable.** Celui qui ne peut servir ni à la navigation ni au flottage.

COURS (EN)

V. *cours*.

- **1** En vigueur, en application. Ex. législation en cours, bail en cours.
- **2** En préparation, en instance, en voie d'accomplissement. Ex. immatriculation au registre de commerce en cours, notification en cours.
- **3** Pendant la durée de, avant l'expiration

de. Ex. *délai en cours. V. *pendant, litispendance*.

— **de *validité.** Se dit d'un acte ou d'un titre (billet, passeport…) doté d'un effet temporaire ou soumis à un contrôle périodique avant l'expiration de la période pour laquelle son efficacité a été prévue. V. *péremption*.

COURTAGE

N. m. – Dér. de *courtier.

• **1** Opération par laquelle un intermédiaire met en relations deux personnes en vue de la conclusion d'un contrat.

• **2** *Commission destinée à rémunérer le *courtier pour cette opération.

• **3** La pratique professionnelle de cette opération ; l'activité du courtier. Comp. *représentation, commission, mandat*.

— ***matrimonial.** Opération consistant, pour un intermédiaire (agence matrimoniale), à mettre en rapport deux personnes en vue d'un mariage (moyennant une rémunération, réductible quand elle est excessive) qui est aujourd'hui considérée comme licite si elle a seulement pour objet la présentation de deux candidats libres au mariage. V. *bonnes mœurs, *promesse de mariage*.

COURTIER

D'abord *coletier, coretier,* semble être emprunté au lat. *collectarius* : changeur, receveur du fisc ; *coretier* serait refait sur courir.

• *Intermédiaire qui effectue le *courtage ; se distingue du *commissionnaire qui traite en son propre nom les opérations. V. *mandataire, représentant*. Comp. *transitaire, consignataire, agent d'affaires*.

— **d'assurances.**

a / Personne physique ou morale commerçante qui, en matière d'assurance, s'entremet entre les assurés et les assureurs pour la conclusion de contrats d'assurance (en principe mandataire de l'assuré, parfois celui de l'assureur lorsque ainsi celui-ci lui confie les quittances de prime à encaisser).

b / Personne physique ou morale commerçante qui en matière de réassurance place des affaires auprès des réassureurs, généralement en vertu d'un mandat de l'assureur. V. *cédant*.

COURTOISIE INTERNATIONALE

Expression formée sur courtois, dér. de *cour. V. *international*.

• Manière d'agir dans les relations internationales déterminée non par une obligation juridique, mais par des considérations de convenance et d'égards mutuels conformes aux exigences d'une bienséance réciproquement pratiquée. Comp. **comitas gentium*.

COUSIN, SINE

Subst. – Lat. *consobrinus,* bas lat. *cossofrenus*.

• Nom courant donné, dans leurs rapports mutuels, aux *enfants et *descendants de *frères et *sœurs, *parents classés parmi les *collatéraux ordinaires dans la succession *ab intestat* de l'un d'eux (où ils sont appelés jusqu'au 6ᵉ *degré C. civ., a. 743, 745), mais considérés par le fisc comme des tiers, dans les libéralités testamentaires. V. *oncle, tante, neveu*.

—**s *germains.** Nom donné aux *enfants des frères et sœurs, dans leurs rapports mutuels (Ex. C. civ., a. 174, 370).

COUTUME

N. f. – Lat. *consuetudo,* dér. de *cum suescere* : faire sien (doublet de costume).

• **1** *Norme de Droit objectif fondée sur une tradition populaire *(consensus utentium)* qui prête à une pratique constante, un caractère juridiquement contraignant ; véritable *règle de droit (comme la *loi) mais d'origine non étatique (et en général non *écrite) que la collectivité a fait sienne par habitude *(diuturnus usus)* dans la conviction de son caractère obligatoire *(opinio necessitatis)*. Ex. la femme prend en se mariant l'usage du nom du mari (phénomène sociologique comme l'*usage, la coutume est par sa force et son domaine d'application une *source de Droit de rang théoriquement supérieur aux *usages dont la portée est souvent limitée et la force variable). V. **contra legem, *praeter legem, *secundum legem, désuétude, vaine pâture*.

ADAGE : *Pro jure et lege tenetur ; legis vim habet.*

• **2** Règle traditionnelle, de caractère savant ou plus technique, reçue par la jurisprudence ou issue d'une pratique professionnelle, parfois tirée d'un fonds d'anciennes *maximes et souvent conservée sous forme d'*adage: Nul ne doit s'enrichir injustement au détriment d'autrui; *Nemo plus juris ad alium transfere potest quam ipse habet; formule du serment judiciaire.*

— **commerciale internationale.** V. **lex mercatoria*.

— ***constitutionnelle.** Règle non écrite concernant la constitution ou le fonctionnement des organes supérieurs de l'État. Ex. la *Constitution du Royaume-Uni est très largement coutumière.

— **internationale.** Manière d'agir, qui, par son caractère constant et uniforme, engendre chez les sujets du Droit international qui s'y plient le sentiment collectif de l'obéissance à une règle juridique et constitue une source du Droit international dont l'aire géographique est variable (coutume générale, régionale, locale). V. a. 38-1-b, statut de la Cour internationale de justice.

COUTUMIER, IÈRE

Adj. – Dér. de *coutume.

- **1** Issu de la *coutume, conforme à la coutume (sens 1); par opp. à *légal. Ex. droit coutumier, règle coutumière. V. *jurisprudentiel, doctrinal, législatif, écrit*.
- **2** Syn. de *traditionnel; s'applique en ce sens, non seulement à des règles, à des maximes mais aussi à des notions juridiques, à des concepts (intérêt, action, droit, fruits, etc.).
- **3** Parfois pris pour habituel, *usuel, conforme à des habitudes régnantes (mais variables), aux mœurs, Comp. *bonnes mœurs*.

COUTUMIER

Subst. – Dér. de *coutume.

- Dans l'Ancien Droit, recueil de coutumes (coutumier général); plus spéc. celui des coutumes d'une région (ex. le coutumier du Poitou). Comp. *corpus, code*.

COUVERT, TE

Adj. – Lat. *cooperire,* comp. de *cum* (avec) et *operire* : recouvrir.

- **1** Se dit de la *nullité qui entache un *acte juridique ou un *acte de procédure, lorsqu'elle ne peut plus être invoquée (le droit d'agir en nullité ou de soulever l'*exception n'est plus ouvert), soit en vertu d'une *régularisation formelle de l'acte par l'accomplissement des formalités exigées par la loi (CPC, a. 115), soit du fait que celui qui pouvait s'en plaindre ne l'a pas fait en temps *utile. Comp. *confirmation, relevé de forclusion*. V. *couvrir, réparable*.
- **2** Se dit du risque *garanti. V. *couverture*.
- **3** Se dit de la personne à laquelle ses frais ont été réglés (personne couverte de ses frais).

COUVERTURE

Lat. de basse époque *coopertura*, dér. du v. *cooperire* : couvrir.

- **1** Espèce de *garantie; valeur en titres, effets, monnaie ou marchandise, destinée à garantir une opération financière ou commerciale, compte tenu des risques engendrés par celle-ci. Ex. remise de fonds ou de titres exigée, par l'agent de change, du donneur d'ordres, avant une négociation au comptant.
- **2** Versement anticipé d'une somme d'argent à valoir sur une note de frais ou d'*honoraires. Comp. *provision*. V. *couvrir*.
- **3** En matière d'assurance ou de sécurité sociale, l'action de garantir un risque ou les limites de cette garantie. V. *couvrir, protection*.

COUVRIR

V. – Lat. *cooperire*.

- **1** (une nullité). Régulariser un acte entaché d'une nullité. V. *couvert*.
- **2** (un risque). Pour l'assureur, le garantir.
- **3** (une personne de ses frais). Régler par avance tout ou partie de ceux-ci.

COVOITURAGE

N. m. – Comp. de co (lat. *cum*), avec, et de voiturage, dér. de *voiture.

• Utilisation d'une voiture particulière par plusieurs personnes effectuant le même trajet, afin de partager les frais de transport et d'alléger le trafic routier, pour réduire les émissions de gaz à effet de serre, les pollutions et les nuisances (l. n° 2009-967 du 3 août 2009, art. 13).

CRAINTE RÉVÉRENCIELLE

Tiré du v. craindre d'abord *criembre,* lat. *tremere,* altéré en *cremere,* par croisement semble-t-il avec un mot gaulois – *révérenciel* – dér. du lat. *reverencia* : craindre respectueusement.

• Crainte qu'inspire une personne en raison de l'autorité qui lui appartient et du *respect qui lui est dû ; s'emploie spéc. à l'égard des parents ou ascendants usant de leur autorité pour déterminer l'enfant à faire un acte, cas dans lequel elle ne suffit pas pour constituer la *violence morale entraînant la nullité d'un contrat (C. civ., a. 180 ; a. 1114 anc.).

CRÉANCE

Dér. du v. croire, lat. *credere.*

• **1** L'*obligation (le rapport d'obligation) considérée du côté actif, par opp. à *dette : *droit *personnel, en vertu duquel une personne nommée *créancier peut exiger d'une autre nommée *débiteur l'accomplissement d'une *prestation (donner, faire ou ne pas faire quelque chose). Comp. *droit *réel*. V. *paiement*.

• **2** Parfois, dans la pratique, la *valeur que représente ce droit ou le *titre qui le constate.

— **certaine.** V. *certain*.

— **de participation.** Sous le régime de *participation aux *acquêts, créance qui naît, lors de la liquidation, après compensation des acquêts réalisés par chaque époux, au profit de celui dont le gain a été moindre et à la charge de l'autre, pour la moitié de l'excédent (C. civ., a. 1575). V. *originaire, final*.

— **exigible.** V. *exigible*.

— **fondamentale.** V. *rapport *fondamental*.

— **hypothécaire titrisée (CHT).** Titre émis par une structure de *titrisation, *adossé à une ou plusieurs créances hypothécaires, négociable sur les marchés financiers (angl. *mortgage-backed security*, MBS). JORF 28.12.2006 p. 1978.

— **incontestée.** Caractère d'une créance ayant fait l'objet d'une reconnaissance implicite ou explicite par le débiteur conformément à l'article 3 du Règlement (CE) n° 805/2004, et condition de sa certification en tant que *titre exécutoire européen. V. *titre exécutoire européen*.

— ***liquide.** Celle qui porte sur une somme d'argent dont le montant est déjà chiffré.

— **titrisée.** V. *titrisé*.

• **3** Parfois, *crédit, *foi, confiance (accordé ou à accorder à…). Ex. créance accordée aux déclarations d'un témoin.

— **(lettres de).** V. **lettres de créance*.

CRÉANCIER, IÈRE

Subst. – Dér. de * créance.

• Personne à qui le *débiteur doit quelque chose (en nature ou en argent), sujet *actif de l'*obligation ; titulaire d'une *créance. V. *crédit, crédirentier, prêteur, solidarité*.

— **chirographaire.** V. *chirographaire*.

— **gagiste.** V. *gagiste, nanti, antichrésiste*.

— **hypothécaire.** V. *hypothécaire*.

— **poursuivant.**

a / Créancier qui poursuit la vente en justice d'un bien, créancier saisissant. V. *saisi, tiers saisi, adjudicataire*.

b / Créancier qui provoque la distribution entre les créanciers du prix d'un bien saisi ou d'une somme saisie.

— **primitif.** Dans la *subrogation personnelle, celui auquel est substitué le créancier *subrogé.

— **privilégié.** V. *privilégié*.

CRÉDIRENTIER, IÈRE

Subst. – De *crédit et rentier, de *rente.

• Personne qui est *créancière du service d'une *rente. V. *débirentier*.

CRÉDIT

N. m. – Empr. à l'ital. *credito,* du lat. *creditum,* du v. *credere*. V. *créance*.

► **I** (priv.)

• **1** *Confiance qu'une personne inspire sur sa solvabilité (avoir du crédit) ; confiance en la solvabilité du débiteur (faire crédit).

— **(moyens de).** *Sûretés offertes par le débiteur afin d'obtenir du crédit (caution, nantissement, hypothèque, etc.). V. *garantie*.

— **(vente à).** Vente dans laquelle le vendeur n'exige pas le paiement immédiat du prix. Ant. **vente au comptant*. Comp. **vente à tempérament*. V. *achat à crédit*.

• **2** Soutien financier ; *opération par laquelle une personne (généralement un banquier) met ou fait mettre une somme d'argent à la disposition d'une autre personne en raison de la confiance qu'elle lui fait. Ex. *ouverture de crédit, *lettre de crédit, crédit *confirmé, *escompte, promesse de prêt personnel (ou crédit en blanc). V. *affacturage, financement* et ci-dessous.

— **amortissable.** V. *prêt amortissable*.

— **confirmé.** Modalité d'une opération de crédit *documentaire, qui consiste à doubler l'engagement pris à l'égard du vendeur par le banquier émetteur pour le paiement du prix, par l'engagement ferme et direct d'un second banquier au profit du vendeur.

— **documentaire.** V. *documentaire (crédit)*.

— **en *blanc.** Crédit consenti en considération de la personnalité du client financé.

— **« *in fine* ».** V. *prêt « in fine »*.

— ***réel.** Crédit qui trouve son support dans des biens meubles ou immeubles spécialement affectés par priorité à la garantie du banquier.

— **(risque de).** Tout risque de défaut de paiement à l'échéance pour quelque cause que ce soit (insolvabilité, nullité, etc.).

• **3** Par ext. syn. de *prêt consenti par un organisme financier (crédit à long *terme, à moyen *terme) ; expression générique désignant les diverses formes d'avances et de prêts des banques.

• **4** Ensemble des institutions et organismes de crédit.

— **agricole.** Organisation constituée par des sociétés civiles à caractère coopératif et mutualiste dont l'action est coordonnée par un établissement public, la Caisse nationale de Crédit agricole, et qui a pour objet de permettre aux *agriculteurs de réaliser diverses opérations financières et de crédit nécessaires au développement des exploitations ainsi qu'à l'équipement des campagnes.

• **5** Ensemble des règles qui gouvernent les opérations de crédit et les instruments du crédit (privilèges, hypothèques, sûretés personnelles, etc.).

• **6** Partie d'un compte (en général portée sur le côté droit de celui-ci) où figurent les *remises faites à celui qui tient le compte par l'autre partie. V. *débit*, **I**, 2.

• **7** Solde créditeur (équivalent comptable du signe algébrique +) ; sommes disponibles pour le client dans le compte qu'il a chez un banquier. V. *débit*, I, 1, *découvert*.

► **II** (publ.)

• **1** Sommes allouées pour un usage déterminé soit par voie budgétaire, soit par des lois spéciales (lois d'ouverture de crédit, crédits supplémentaires). V. *subvention *finances publiques*.

• **2** Revêt, dans diverses expressions, un sens proche de *dépense.

— **d'autorisation.** Autorisation de dépense donnée par l'organe habilité à voter le budget d'un organisme public à l'autorité habilitée à exécuter ce budget (crédit généralement attribué à une catégorie déterminée de dépenses en vertu du principe de la spécialité des crédits).

— **d'engagement.** Autorisation d'« engager » une dépense (mais non de l'« ordonnancer » ou de la « mandater »).

— **de paiement.** Autorisation d'*ordonnancer ou de *mandater une dépense préalablement engagée en vertu d'une autorisation de programme ou d'un *crédit d'engagement.

• **3** Facilités de paiement accordées au contribuable.

— **de droits.** Sursis de paiement pratiqué en matière de contributions indirectes, soit par l'octroi d'une suspension de l'exigibilité du droit, soit par l'octroi d'une suspension momentanée du paiement du droit, soit par l'acceptation du paiement du droit, soit par l'acceptation du paiement des droits exigibles en effets de crédit (obligations cautionnées).

— **d'impôt.** Droit à une réduction sur un impôt déterminé correspondant à la part de cet impôt antérieurement versée par un tiers au Trésor.

— **d'impôt recherche.** Droit pour les entreprises industrielles, commerciales, artisanales ou agricoles de déduire de l'impôt une part des dépenses qu'elles engagent en faveur de la recherche fondamentale ou appliquée (CGI, a. 244 quater B).

CRÉDIT-BAIL

V. *crédit, bail.*

- **1** (Crédit-bail mobilier.) Convention financière *complexe à moyen terme en vertu de laquelle le bailleur ou crédit-bailleur (une société spécialisée qui doit être une banque ou un établissement financier) met à la disposition d'une entreprise utilisatrice (preneur ou crédit-preneur), moyennant le versement d'un loyer, des biens d'équipement ou du matériel d'outillage dont elle reste propriétaire et que le preneur, en fin de bail, peut soit restituer, soit racheter pour une valeur résiduelle fixée à l'origine, tenant compte des loyers versés, sous réserve d'un renouvellement du contrat. Parfois nommé *leasing, selon un usage contestable. V. *bail *financier*. Comp. *cession-bail, location avec option d'achat.*
- **2** (Crédit-bail immobilier.) Convention financière de longue durée, en vertu de laquelle une société spécialisée (bailleur ou crédit-bailleur) met à la disposition d'un utilisateur (preneur ou crédit-preneur), moyennant un loyer (souvent indexé), un immeuble à usage professionnel, avec promesse unilatérale de vente à l'expiration du bail et suivant des modalités diverses : société civile créée entre l'entreprise de crédit-bail et l'utilisateur, avec, pour ce dernier, faculté de rachat des parts de l'entreprise en fin de contrat ; plus rarement, *bail emphytéotique consenti par le futur utilisateur – déjà propriétaire du terrain – à la société de leasing et conférant à celle-ci un droit réel sur le terrain et les constructions édifiées, suivi d'une remise de l'ensemble immobilier à la disposition du client par une location simple, et de l'acquisition automatique de la propriété en fin de contrat. Comp. *location financière*.

CRÉDIT-BAILLEUR

Subst. masc. – Néol. v. *crédit et bailleur.*

- Nom que la pratique donne au *bailleur dans le *crédit-bail mobilier ou immobilier.

CRÉDITEMENT

Subst. masc. – Néol. de *créditer.

- Dans un règlement, *virement effectif du montant d'une somme d'argent, à l'actif d'un compte ; inscription d'une valeur au *crédit d'un compte en exécution d'un versement ou d'un transfert de fonds.

CRÉDITER

V. tr. de *crédit.

- **1** (un compte). Inscrire au *crédit d'un *compte (dans la colonne de l'avoir) une somme d'argent provenant d'un *virement ou d'un règlement. Ant. *débiter*.
- **2** (une personne). Vx. Ouvrir à vue personne, dans une banque ou chez un commerçant, un crédit (en général limité à vue somme déterminée). Dans un sens figuré (proche du sens étym.) accorder confiance à qqn sous un rapport déterminé. Ex. créditer une personne d'une intention loyale, du bénéfice d'un geste.

CRÉDITEUR, TRICE

Adj. – De *créditer.

- Se dit du *compte dans lequel le *crédit est supérieur au *débit ; se dit aussi, dans le même cas, du solde de ce compte, après balance des deux colonnes de celui-ci. Ant. *débiteur*. Ne s'emploie plus que rarement pour désigner substant. le créancier ou le titulaire d'un compte créditeur. V. *positif*.

CRÉDIT-PRENEUR

Subst. masc. – Néol. V. *crédit* et *preneur*.

- Nom que la pratique donne au *preneur dans le *crédit-bail mobilier ou immobilier.

CRIÉE

Subst. fém. – Tiré du v. crier, lat. pop. *criare,* qui semble être un mot onomatopéique, bien qu'il rappelle le lat. class. *quiritare* : appeler à l'aide des concitoyens : *quiristes*.

- Terme encore employé dans certaines expressions, au souvenir de l'annonce publique à haute *voix, autrefois faite par huissier ou sergent, des ventes par autorité de justice. V. *placard*.

—s (audience des). Audience du tribunal où ont lieu les ventes judiciaires d'immeubles. V. *adjudication à la barre*.

— (vente à la). Vente publique aux enchères d'immeubles ou d'objets mobiliers.

CRIME

N. m. – Lat. *crimen* : « accusation » et « crime ».

• **1** (sens gén.). Transgression particulièrement grave, attentatoire à l'ordre et à la sécurité, contraire aux valeurs sociales admises, réprouvé par la conscience et puni par les lois. V. *forfait*.

• **2** (au sens technique). Espèce d'*infraction pénale, appartenant à la catégorie des plus graves d'entre elles (C. pén., a. 111-1) que la loi détermine comme telle (a. 111-2), dont elle définit les éléments (a. 111-3) et fixe la sanction, en précisant la *peine criminelle qu'encourent ses auteurs (a. 111-2), devant la cour d'assises. Comp. *délit, contravention*. V. *assassinat, viol, meurtre*.

— ***international.**

a / En Droit international général, violation du Droit des gens d'une particulière gravité qui, de ce fait, est susceptible de donner lieu à une répression collective et même universelle. Ex. piraterie, actes contraires aux lois et coutumes de la guerre (crimes de guerre).

b / Depuis le jugement du tribunal international de Nuremberg, englobe aussi – en principe – le déclenchement d'une guerre (crime contre la paix) et les violations des droits essentiels de la personne humaine (crime contre l'*humanité) ; dans cette acception le crime international ne se distingue pas toujours clairement du *délit international. V. *génocide, déportation*.

c / En Droit pénal international, acte qualifié de crime par la loi pénale des États considérés, mais qualifié d'international en raison de la dispersion géographique, sur le territoire de plusieurs États, de ses éléments constitutifs.

— contre la paix. V. ci-dessus.

— contre l'humanité. V. *humanité (crime contre l')*.

CRIMINALISATION

(Néol.) Construit sur le v. criminaliser, du lat. *criminalis* : criminel.

• **1** Action d'ériger en infraction à la loi pénale (au droit criminel) un fait qui jusqu'alors y échappait. Ant. *dépénalisation* ; ne pas confondre avec *pénalisation. V. *incrimination*.

• **2** Action d'ériger en *crime ou de qualifier crime un fait constituant un délit *stricto sensu* ou pour lequel une telle qualification pourrait être envisagée. Ant. *correctionnalisation*. V. *décriminalisation*.

CRIMINALISTE

N. – Dér. de *criminel.

• Syn. **pénaliste*. Comp. *criminologue*.

CRIMINALITÉ

Dér. de *criminel.

• **1** Au sens large : ensemble des agissements antisociaux tombant sous le coup de la loi pénale dans une aire géographique déterminée. Comp. *délinquance*. V. *cybercriminalité, politique criminelle*.

• **2** Au sens étroit :

***a* /** Ensemble des agissements antisociaux punis de *peines criminelles (à l'exclusion des peines correctionnelles et de police).

***b* /** Ensemble des agissements antisociaux dans un secteur déterminé du Droit pénal (criminalité de sang, criminalité d'affaires, etc.).

• **3** Se dit parfois, pour un acte, de son degré de gravité, plus spécifiquement du degré d'atteinte à une valeur sociale, mesuré d'après la peine que la loi inflige à l'acte.

— ***apparente.** Celle qui ressort des plaintes, dénonciations et constatations de la police non suivies de condamnation (et correspond aux infractions décelées mais non sanctionnées).

— (index de). Détermination du niveau de la criminalité d'un pays à un moment donné, effectué selon des méthodes scientifiques variables.

— ***légale.** Celle qui ressort de l'ensemble des condamnations prononcées (c'est-à-dire des infractions décelées et sanctionnées).

— ***réelle.** Celle qui correspond à l'ensemble

des infractions effectivement commises (que celles-ci soient ou non décelées), la différence avec la somme des précédentes (criminalité légale et apparente) constituant le *chiffre noir ; parfois qualifiée d'inconnue puisque, par hypothèse, ce total ne peut être calculé.

CRIMINEL, ELLE

Adj. – Lat. *criminalis*.

- **1** En un sens strict et par opp. à *correctionnel et *contraventionnel, qui constitue un *crime (acte criminel) ; par ext. qui se rapporte à un crime. Ex. *peine criminelle, enquête criminelle.
- **2** En un sens large et par opp. à *civil, parfois syn. de *pénal ou *répressif ; englobe en ce sens tout ce qui se rapporte aux infractions et à leurs sanctions, au Droit pénal. Ex. Droit criminel, chambre criminelle, *sciences criminelles, politique criminelle.
- **3** Dans un sens également très large, parfois syn. de *délictueux. Ex. l'étude du phénomène criminel englobe celle de toutes les infractions ; l'intention criminelle est l'intention délictueuse.
- **4** Caractérise parfois par opp. à *politique les infractions de droit commun.

CRIMINEL

Subst. – V. précédent.

- **1** L'auteur d'un *crime. V. *délinquant, contrevenant*.
- **2** Dans certaines expressions, désigne par abréviation et par opp. à *civil ce qui est d'ordre pénal, plus spécialement la procédure ou la décision pénale. Ex. le criminel tient le civil en état ; le criminel emporte le civil. V. **sursis à statuer*, **autorité de chose jugée*.

CRIMINOLOGIE

Dér. du lat. *crimen* : crime et du gr. *logos* : raison, discours.

- Étude scientifique du phénomène criminel. V. *criminalité*.

— **clinique.** Étude médicale, psychologique et sociale du délinquant dont l'objet est de découvrir les causes de l'acte criminel et de mesurer l'état dangereux de son auteur, afin de permettre de choisir le traitement le mieux adapté pour prévenir les possibilités de rechute.

— **générale.** Synthèse des diverses disciplines qui s'efforcent d'établir les causes de la délinquance, d'en présenter les manifestations et de prévoir les comportements criminels ultérieurs afin d'organiser, de façon générale, la lutte contre la délinquance.

— **sociologique.** Étude de la réaction sociale au phénomène criminel.

CRIMINOLOGUE

Subst. – Dér. de *criminologie.

- Spécialiste versé dans l'étude du phénomène criminel, dans l'une au moins des disciplines (médecine, psychologie, sociologie, etc.) correspondant aux branches de la *criminologie. Comp. *criminaliste, expert*.

CRISE

Du gr. κριοις.

- **1** Situation troublée (souvent *conflictuelle) qui, en raison de sa gravité, justifie des mesures d'exception. Comp. *état d'*urgence, guerre, conflit, état de *nécessité, état de *siège*.

— **(mesure de).** V. **mesure de crise*.

— **ministérielle.** Nom donné en pratique à la situation plus ou moins prolongée qui affecte le pouvoir exécutif lorsque le gouvernement en place a démissionné et qu'un nouveau gouvernement n'a pu encore être formé.

- **2** Parfois syn. de pénurie. Ex. crise du logement.

CRITIQUE

Subst. fém. – Lat. *criticus* (jugement sur les ouvrages de l'esprit), du grec *kritikê*, même sens, de *krinein*, juger, décider, porter un jugement décisif.

- **1** *Examen d'une chose en vue d'en apprécier la valeur ; recherche et mise à l'épreuve des mérites de ce qui est à considérer (règle, opinion, décision, œuvre, constatation) qui, procédant de la révocation en doute et de la remise en question de l'impression qui en émane, tend à forger à son sujet un jugement de valeur (la valeur de la critique étant, elle-même, fonction de son acuité, sa probité, son objectivité, son impartialité et de son caractère plus ou moins approfondi et scientifique). V. *critique *législative, analyse, discussion, controverse, évaluation*.

• **2** Jugement de valeur négatif ; appréciation défavorable ; prise de position contre qqn ou qqch. ; plus précisément, dans les controverses doctrinales, et les débats judiciaires ou législatifs, *contestation en droit ou/et en fait, au fond ou en la forme, en légalité ou en opportunité des mérites d'une prétention, d'un moyen, d'un argument, d'une opinion, etc., qui peut porter en particulier sur un *point de *discussion ou un *chef de jugement (CPC a. 562, 582). Ex. critique du bien-fondé d'une décision, de l'authenticité d'une preuve.

CROÎT

Subst. masc. – Tiré du v. croître, lat. *crescere*.

• Augmentation d'un troupeau par la naissance de petits. Ex. dans le bail à cheptel le croit appartient au preneur et au bailleur, chacun pour moitié (C. civ., a. 1811). V. *revenus, universalité*.

CROUPIER

Subst. masc. – Dér. de croupe, probablement par comparaison de celui qui est en croupe derrière un autre cavalier et de celui qui assiste un banquier dans un jeu de cartes.

• Celui qui, dans une société de personnes, participe en tout ou partie aux pertes et aux gains d'une part d'intérêts, en se dissimulant derrière une autre personne qui est, au regard des tiers et des autres associés, le seul titulaire de ladite part. Comp. *simulation, *homme de paille*.

CROWDFUNDING

V. *financement participatif*.

CROYANCE

N. f. – Dér. du lat. *credere,* croire, avoir confiance, se fier.

• **1** Le fait de croire. V. *foi, bonnefoi*.

• **2** Le fait de faire *confiance. V. *crédit, apparence*.

• **3** Ce que l'on croit. Comp. *opinion, avis, sentiment*.

• **4** Ce que l'on croit savoir. V. *sincérité, témoignage, véracité, légitime*.

• **5** Ce à quoi l'on croit. V. *religion*.

CRUE

N. f. – Part. pass. fém. pris substantivement du v. croître. V. *croît*.

• Supplément de *prix qui, dans certains cas, était dû en plus du montant de la prisée de meubles (institution abolie par l'anc. a. 825 C. civ.). V. *juste prix*.

CULPABILITÉ

Dér. du lat. *culpabilis* : coupable.

• Le fait d'être *coupable (qui suppose l'*imputabilité et entraîne la *responsabilité pénale) ; l'état de l'individu *convaincu d'avoir commis une infraction (la preuve de la culpabilité de la personne poursuivie incombant normalement à la partie poursuivante en vertu de la présomption d'*innocence).

— **(présomption de).** Dérogation exorbitante à la présomption d'*innocence qui oblige en certains cas la personne poursuivie à démontrer qu'elle n'est pas coupable. Ex. en Droit pénal douanier.

— **(question de).** Première question posée à la cour d'assises : « X est-il coupable d'avoir… » (la réponse. négative emportant l'*acquittement).

— **(comparution sur reconnaissance préalable de).** Procédure accélérée offerte en option par la loi pour les délits ne dépassant pas une certaine gravité, dans laquelle le prévenu accepte, sur proposition du procureur de la République, ou à sa demande, de reconnaître sa culpabilité avant de comparaître devant la juridiction de jugement moyennant l'assurance que celle-ci ne lui infligera qu'une peine allégée (plafonnée à un an d'emprisonnement et inférieure, au moins de moitié, à celle qu'il encourt), arrangement attractif inspiré du *pleabargaining* américain, dont le législateur escompte un désengorgement des juridictions répressives, le rôle du juge se bornant, dans une instance amputée du débat sur la culpabilité, à distribuer (par homologation de la proposition acceptée) une peine plafonnée par la loi sur la base d'un *aveu négocié supposé donné librement en connaissance de cause : expédient pragmatique greffé, sous la pression d'un contentieux de masse, sur un système pénal jusqu'alors toujours centré sur le débat contradictoire. V. C. pr. pén. a. 495-7 (l. 9 mars 2004). Comp. *mitigation des peines, plaider coupable, contractualisation.*

CULPA IN CONTRAHENDO

Expression latine signifiant « faute dans le contrat à conclure », forgée pour désigner la faute que commet, dans la phase *précontractuelle, l'une des parties en *pourparlers par ses manœuvres déloyales, not. en ne révélant pas à l'autre les éléments que la *sincérité contractuelle et la bonne foi exigeraient de dévoiler. V. *dol, obligation de *renseignement, devoir de *conseil, information.*

CULPA LATA

Expression latine, signifiant (litt.) « faute large », encore utilisée pour désigner en matière contractuelle une *faute *lourde qui, bien que ne procédant d'aucune *intention malhonnête, est assimilable au *dol parce qu'elle traduit, chez son auteur, une défaillance d'une extrême gravité. V. **mauvaise foi.*

ADAGE : *Culpa lata dolo aequiparatur.*

CULPA LEVIS

Termes latins signifiant « *faute légère » encore utilisés pour désigner, en matière contractuelle, soit la faute que ne commettrait pas un *bon père de famille (*culpa levis in abstracto*, critère moyen tiré d'un modèle abstrait), soit la faute consistant pour un débiteur à n'avoir pas apporté à l'affaire d'autrui la diligence qu'il apporte aux siennes propres (*culpa levis in concreto*, référence faite au comportement personnel du débiteur).

CULPA LEVISSIMA

Termes latins signifiant « faute la plus légère » (superlatif) encore utilisés pour désigner la faute très légère qui, au moins en matière contractuelle, peut être tolérée (sans entraîner de responsabilité).

ADAGE : *In lege aquilia et culpa levissima venit.*

CULTE

N. m. – Lat. *cultus,* part. passé de *colere,* cultiver, soigner, entretenir, pratiquer, honorer.

- **1** Souvent syn. de *religion, confession. Ex. culte protestant, israélite, etc.
- **2** Pratique religieuse, pratique du culte.
- **3** Office religieux, célébration du culte.
- **4** Dans une religion, organisation générale de l'exercice de celle-ci.

—s (liberté des). V. *laïcité, liberté religieuse.*

—(ministre du). Dignitaire qui, dans une religion, a la charge du culte (not. en présidant les offices, dirigeant les prières) sous le nom, avec les fonctions et dans le statut que chacune lui attribue, pasteur, prêtre, aumonier, rabbin, imam.

CULTUELLE (ASSOCIATION)

Dér. de *culte. V. *association.*

V. *association cultuelle.*

CULTURAL, ALE

Adj. – Dér. de culture, lat. *cultura,* de *colore* : cultiver.

- Qui est relatif à la mise en valeur des terres à des fins *agricoles, plus particulièrement en vue d'obtenir des productions végétales. V. *rural, foncier.*

—es (*améliorations). Travaux et *investissements ayant pour objet de moderniser et d'accroître la rentabilité d'une exploitation agricole qui permettent au preneur, lorsque celui-ci les a réalisés sur le fonds loué, de demander une indemnité à sa sortie de ferme.

—e (année). Période de douze mois permettant le déroulement d'un cycle de production végétale, depuis l'ensemencement jusqu'aux récoltes, et avant le terme de laquelle la résiliation d'un *bail rural ne peut produire effet.

—e (*propriété).

a / Droit non reconnu par le législateur français qui consisterait à permettre au preneur de céder son *bail avec son fonds de culture et consacrerait l'existence d'un patrimoine d'*exploitation distinct du capital *foncier.

b / Expression abusivement employée pour désigner le droit que la loi donne aux fermiers et aux métayers de réclamer une indemnité à leur bailleur lorsque celui-ci refuse de renouveler le bail expiré.

CUMUL

Tiré de cumuler, lat. *cumulare* : entasser.

- **1** (pour un individu). Action de cumuler ; fait de réunir en sa personne plusieurs activités ou plusieurs avantages. Comp. *confusion*.

a / (adm.).

— **de fonctions, de rémunérations, de retraites.** Réunion en une même personne de plusieurs fonctions publiques électives (cumul de mandats) ou non de plusieurs émoluments ou pensions attachés à ces fonctions, et soumise, selon les cas, à des réglementations particulières. V. *incompatibilité*.

b / (soc., trav.).

— **de rémunérations.** Avantage consistant à percevoir plusieurs traitements ou salaires ou une pension en plus de traitements ou salaires.

— **des activités.** Exercice simultané de plusieurs activités professionnelles, à titre dépendant ou indépendant, dont l'une est souvent clandestine. V. *« travail noir »*.

c / (rur.).

— **de professions.** Création ou extension d'une exploitation agricole, soumise à autorisation préfectorale lorsqu'elle est le fait d'un industriel qui la réalise, en vue d'utiliser les produits de son industrie ou d'un commerçant qui rattache cette exploitation à sa principale activité.

— **d'exploitations.** Modification par un agriculteur des structures d'une ou de plusieurs *exploitations agricoles, soumise à autorisation préfectorale lorsqu'elle entraîne soit l'extension de la superficie d'une exploitation au-delà des limites légales par l'acquisition ou la location de nouvelles terres, soit le démembrement d'une exploitation viable dans des conditions contraires aux lois et règlements.

—**s (réglementation des).** Ensemble des dispositions ayant pour objet, d'une part, d'interdire aux *agriculteurs d'étendre indéfiniment la superficie de leurs *exploitations ou de démembrer des exploitations viables et, d'autre part, de réglementer l'utilisation par les industriels et les commerçants des terres à destination agricole.

• **2** Prend dans diverses expressions le sens voisin d'addition, d'adjonction (application cumulative, traitement cumulatif).

— **des peines.** Fait, pour une personne qui a été reconnue coupable de plusieurs infractions, d'avoir à subir successivement les diverses peines prononcées pour chaque infraction (ce cumul n'a lieu que pour les contraventions). V. *non-cumul, *confusion de peines*.

— **du possessoire et du pétitoire.** V. *non-cumul*.

• **3** Pluralité, coexistence effective de plusieurs éléments.

— **réel.** Pluralité, de la part d'un même auteur, d'actes matériels successifs, chacun constitutif d'une infraction, qui donne lieu au prononcé d'une peine unique lorsque les agissements auront été englobés dans une poursuite unique ou à l'exécution d'une seule peine (la plus forte) lorsque les actes délictueux auront été poursuivis séparément dans des procédures successives distinctes. Syn. **concours réel d'infractions*. V. *confusion*. Comp. *récidive*.

• **4** Relativement à un même fait, coexistence (intellectuelle) de plusieurs façons de le prendre en considération dont l'une en général devra prévaloir (not. par l'effet d'une *option). Ex. cumul de *qualifications. Comp. **double imposition*.

— **d'actions.** Pluralité d'actions en justice d'objets différents nées d'une même situation juridique entre lesquelles leur titulaire peut (sauf exception) opter. Ex. : cumul (option) pour le vendeur d'une chose non payée entre une demande en condamnation de l'acheteur au paiement et une demande en résolution de la vente avec dommages-intérêts.

— **idéal***(d'infractions)*. Syn. de **concours idéal d'infractions*.

CUMULATIF, IVE

Adj. – Dér. du v. cumuler, lat. *cumulare* : entasser, accumuler.

• **1** Qui porte sur plusieurs objets ; se dit not. d'une *donation-partage incluant les biens présents de l'ascendant donateur et les biens dépendant de la succession de son conjoint prédécédé. Comp. *conjonctif*.

• **2** Qui s'additionnent ou (et) se combinent.

— **ves (assurances).** Assurances multiples qui, souscrites auprès de divers assureurs, garantissent simultanément et de façon identique le même objet contre un même risque et pour un même intérêt, et dont le total des garanties (sommes assurées) excède la valeur assurable ou la valeur de la chose (d'où, par application du principe *indemnitaire, la nullité de telles assurances en cas de fraude ou, dans le cas contraire, leur réduction proportionnelle).

CUMULER

Lat. *cumulare*.

V. *cumul* (1).

CUM VIRIBUS

Expression latine signifiant « avec les *forces » (de la succession), encore employée pour préciser que l'obligation aux dettes **intra vires* ne peut être exécutée que sur les biens mêmes de l'hérédité et que l'héritier ou le légataire ne peut être poursuivi sur ses biens personnels pour le paiement du passif successoral. Comp. *pro viribus*.

CURATÉLAIRE

Subst. – Néol. construit sur *curatelle.

- (doct.). Personne en *curatelle (C. civ., a. 510, al. 2) ; plus spéc. majeur placé sous le régime de la curatelle (C. civ., a. 440 s.). V. *majeur protégé, curateur*.

CURATELLE

Lat. jur. du Moyen Âge *curatela*, fait sur le modèle de *tutela*.

- *Régime (intermédiaire) de protection (réduit à l'*assistance d'un *curateur) sous lequel peut être placé un majeur lorsque, sans être hors d'état d'agir lui-même, il a besoin d'être conseillé et contrôlé dans les actes les plus graves de la vie civile, soit en raison d'une altération de ses facultés personnelles (C. civ., a. 452, 440). Comp. *tutelle des majeurs, sauvegarde de justice*. V. **majeur protégé. Intempérance, prodigalité, oisiveté*.

— **(à succession vacante).** Désigne le régime d'administration et de liquidation d'une telle succession (C. civ., a. 809-1 s.).

CURATEUR, TRICE

N. – Lat. jur. *curator*, dér. de *curare* : soigner.

- **1** Personne chargée d'une *curatelle (curatelle d'un majeur protégé), Comp. *tuteur*.
- **2** Plus généralement (et dans diverses expressions), personne chargée de veiller aux intérêts d'une ou plusieurs autres personnes. Comp. *séquestre, *administrateur provisoire*.

— ***ad hoc*.** Personne chargée d'assister dans une opération juridique spéciale l'incapable dont les intérêts se trouvent en conflit avec ceux du curateur (C. civ., a. 455).

— **à une succession vacante.** Personne nommée par le tribunal de grande instance dans l'arrondissement duquel s'est ouverte une succession depuis lors déclarée vacante *(stricto sensu)* avec mission d'administrer et de liquider celle-ci. V. **succession vacante*.

- **3** (com.). Dans un sens analogue, *mandataire de justice désigné par le tribunal qui prononce la *suspension provisoire des poursuites avec mission de surveiller les opérations financières et commerciales, ou d'assister le débiteur, ou d'assurer provisoirement l'administration de ses biens et à charge d'en rendre compte après l'admission du plan d'apurement collectif du passif. V. *administrateur, judiciaire*. Comp. *syndic*.

CYBERCRIMINALITÉ

- Procédé informatique frauduleux qui vise à obtenir des données personnelles (ex. bancaires), soit pour les utiliser à des fins illégales (hameçonnage), soit pour prendre le contrôle d'un système d'information en vue d'obtenir une rançon (rançongiciel). V. *criminalité*.

D

DAM

Subst. masc. – Du lat. *damnum.*

- (Vx). *Dommage, perte, dans de rares expressions (à grand dam).

DAMNUM EMERGENS

Expression latine signifiant « dommage ressortant de » aujourd'hui encore utilisée pour désigner la *perte subie par le créancier du fait de l'inexécution du contrat, *préjudice auquel s'ajoute le gain manqué *(*lucrum cessans)* dans le calcul des *dommages-intérêts (C. civ., a. 1149). V. *responsabilité, dommage, indemnité, réparation, rachat.*

DAN

Subst. masc. – Empr. au japonais.

- Dans les arts martiaux, titre délivré par les fédérations sportives agréées, qui sanctionne la valeur des pratiquants en les classant à un certain grade (premier dan, deuxième dan, etc.) au regard de l'éthique et de la technique de ces disciplines sportives (d. 2 août 1993).

DANGEREUX, EUSE

Adj. – De danger, bas lat. *dominiarium* : domination.

- Qui est source de *risque ; potentiellement dommageable (produit dangereux) ; dont on peut redouter une action nuisible ou maléfique (comportement dangereux). V. *péril.*

—ses (activités et choses). Qualification appliquée dans le régime de la responsabilité administrative sans faute à des activités telles que l'éducation surveillée, les vaccinations obligatoires et la thérapeutique des malades mentaux en sortie d'essai et à des choses dont la concentration (munitions), l'existence (ouvrages publics, not. de distribution électrique) ou l'usage (armes à feu) créent des risques particuliers.

—, incommodes et insalubres (établissements). Établissements soumis à une surveillance de l'autorité administrative à raison des dangers ou inconvénients que présentent leurs activités pour la sécurité, la salubrité ou la commodité du voisinage, pour la santé publique ou l'agriculture ; communément appelés « *établissements classés », ils sont désormais qualifiés par une loi du 19 juillet 1976 « *installations classées pour la protection de l'environnement », qui étend la notion de danger et d'inconvénient à la protection de la nature et de l'environnement et à la conservation des sites et monuments. V. *enquête.*

DATE

N. f. – Lat. médiév. *data* (s. ent. *littera*), « lettre donnée », premier mot d'une formule qui indiquait la date à laquelle un acte avait été rédigé. On écrivait aussi *datum* (donné, part. pass. du v. *dare*) avant d'énoncer le jour où l'acte était dressé, parfois aussi *datum* et *actum* (fait et passé).

- **1** *Jour auquel s'accomplit un acte ou se produit un fait.
- **2** Millésime de l'année et quantième du mois (1er sept. 1985). Dans un acte, indication du jour, du mois et de l'année où il est passé. Ex. la date d'un chèque s'entend de l'indication non seulement de l'année, mais encore du mois et du jour où il est créé.
- **3** Même indication avec précision de l'heure (acte de naissance, C. civ., a. 57). V. *antidaté.*

— **certaine.** V. *certain.*

— **de valeur.** Jour de mise en compte ; jour comptant pour le calcul des intérêts auquel est enregistré au crédit ou au débit d'un compte en banque le montant d'un instrument de paiement (chèque, lettre de change, etc.), l'usage bancaire étant de décaler dans le temps (avant ou après) ce jour de prise en compte relativement à celui auquel les opérations (émission du chèque, remise de l'effet à l'encaissement) ont été effectuées, d'où une anticipation du débit ou un retard de crédit en défaveur du titulaire du compte.

DATIF, IVE

Adj. – Lat. *dativus,* de *dare* : donner.

- Se dit du *tuteur nommé par le conseil de famille ou de la tutelle ainsi déférée. Comp. *élu.*

DATION

Lat. *datio,* dér. de *dare* : donner.

- **1** Par ellipse, *dation en paiement, spéc. pour désigner celle qui a lieu en paiement des droits de succession. V. *donner* (sens 2).
- **2** Par ext. les objets donnés en paiement. Ex. la dation Picasso.

DATION EN PAIEMENT

Lat. *datio,* dér. de *dare* : donner. V. *paiement.*

- Modalité exceptionnelle du *paiement (C. civ., a. 1342-4) consistant à changer l'objet même du paiement, en employant pour satisfaire le créancier (pour exécuter l'obligation) une chose autre que celle qui faisait l'objet de l'obligation. Ex. payer en nature (par le transfert de la propriété d'un bien) ce qui était dû en argent. Comp. *prélèvement, règlement en nature, échange.* V. *récompense, inopposabilité, mutation.*

DAUPHIN

Subst. masc. – Lat. *delphinus.* Titre féodal des seigneurs du Dauphiné, passé à la Couronne de France, pour désigner le fils aîné du roi, lors de la cession du Dauphiné à la Maison de France en 1349.

- *Titre de prestige en faveur chez les *avocats pour nommer le nouveau *bâtonnier, désigné à l'occasion d'une *élection préalable et destiné à remplacer l'année suivante son confrère en cours de mandat (d. 27 nov. 1991, a. 6).

DÉBARQUEMENT

Dér. du v. débarquer, dér. lui-même de barque, lat. pop. **barica* (dér. de *baris,* mot d'origine grecque).

- Mise à terre des marchandises chargées sur le navire ou acte de la personne (passager, matelot) qui quitte le navire.

— **administratif.** Radiation du nom du marin sur le rôle d'équipage lorsqu'il a quitté le navire (C. trav. mar., a. 51 anc., a. 54).

DÉBAT

Subst. masc. – Tiré de débattre, au sens de contester, discuter, comp. de battre, lat. *battuere* : battre, écraser.

► **I** (const.)

- Discussion dans une assemblée délibérante ou parlementaire, pouvant ou non être suivie d'un *vote (Const. 1958, a. 33).

— **(inscription sans)** (sous-entendu à l'ordre du jour). Procédure par laquelle une assemblée peut être appelée à voter un texte qui a été examiné en commission sans discussion préalable en séance plénière.

— **(question orale avec).** *Question *orale posée par un parlementaire à un ministre dont la réponse est suivie d'une discussion, mais sans vote.

— **(question orale sans).** *Question *orale posée par un parlementaire à un ministre et ne donnant lieu qu'à un échange entre eux sans, autre débat et sans vote. V. *délibération, travaux parlementaires, objection.*

► **II** (proc.)

- **1** La discussion *orale à l'audience ; syn. de *débats. Ex. en matière gracieuse le juge peut se prononcer sans débat (CPC, a. 28). V. *barre.*
- **2** En un sens matériel, dans le procès contentieux, le donné de *fait sur lequel la discussion judiciaire peut porter et qui résulte précisément, en vertu du *principe *dispositif, de l'apport des parties tel que celui-ci ressort, non seulement de leurs *allégations (ensemble des faits allégués) mais de toutes les pièces et éléments de

preuve qu'elles produisent (not. dans leur *dossier) (CPC, a. 7). Comp. *contestation.*

DÉBATS

(Plur. du précédent.)

- Phase terminale et décisive du procès contentieux (civil, pénal ou administratif) qui, suivant l'*instruction et précédant le *délibéré, a lieu à l'*audience (publiquement ou à huis clos) et qui, essentiellement consacrée à la *discussion orale entre adversaires (par ex. entre deux justiciables, ou entre le ministère public et l'accusé, ou même, en matière civile, entre le ministère public partie principale et l'autre partie) peut également comprendre, outre les *plaidoiries du demandeur et du défendeur, les questions du juge et les réponses à ses demandes d'éclaircissement, en matière civile, un *rapport du juge (au début de l'audience) et des observations du ministère public partie jointe (à la fin), en matière administrative, les conclusions du *rapporteur public (après les plaidoiries), dans tous les cas, une explication de l'expert ou du consultant, une confrontation de témoins, etc. V. *diriger, police.*

— **(*clôture des).**

a / Fin qui résulte, pour les débats, de la décision que prend le juge (le président) lorsque s'estimant suffisamment éclairé il met l'affaire en délibéré, et qui marque non seulement le terme de la discussion orale et des explications, mais le moment à partir duquel, sauf exception, les parties ne peuvent déposer aucune *note à l'appui de leurs observations (CPC, a. 445).

b / Par ext. la déclaration par laquelle le juge clôt les débats (prononce la clôture). Ant. *réouverture.*

— **de compte.** V. *compte (débats de).*

— **(publicité des).** Principe selon lequel les débats sont publics (avec admission du public dans la salle d'audience) hors les cas où la loi exige ou permet qu'ils aient lieu en *chambre du conseil, à huis clos (sans public). Ex. le juge peut décider que les débats auront lieu ou se poursuivront en chambre du conseil s'il doit résulter de leur publicité une atteinte à la vie privée (CPC, a. 22, 433, 435). Comp. *prononcé.*

— **(réouverture des).** Relance d'une discussion complémentaire à l'audience (sans reprise intégrale des débats) que le juge peut ordonner lorsque l'utilité de nouveaux éclaircissements apparaît lors du *délibéré et qu'il doit ordonner dans certains cas spécifiés par la loi (par ex. lorsque les parties n'ont pu s'expliquer contradictoirement sur de précédents éclaircissements demandés par le juge) (CPC, a. 444).

DÉBAUCHAGE

N. m. – Dér. de débaucher, d'origine incertaine.

- Agissement par lequel un tiers au contrat de travail invite le salarié à démissionner de son emploi pour lui en offrir un autre. Comp. *embauchage.*

DÉBAUCHE

N. f. – Du v. débaucher. V. le précédent.

- **1** Dépravation ; dissolution des mœurs tenant aux excès et débordements immoraux de la vie sexuelle.
- **2** Plus spécialement, fait de se livrer aux passions sexuelles d'autrui (qui devient *prostitution, en cas de rémunération) ou d'y être livré par un tiers (constitutif de *proxénétisme pour celui-ci, en cas de prostitution, C. pén., a. 225-5) ; l'incitation de personnes jeunes à une telle inconduite constituant par ailleurs une mise en péril de ces personnes (aux conditions des a. 227-22 et 227-22-1). V. *instigateur.*
- **3** Plus spécialement encore, pour une femme (dont l'enfant perd, du fait, tout droit à *subsides, C. civ., a. 342-4), comportement immoral proche de l'*inconduite notoire, mais plus grave qui suppose une pluralité d'amants (sans cependant que cette circonstance suffise à le caractériser) et qui, plus large que la prostitution, se distingue de celle-ci en ce qu'elle n'est pas nécessairement pour celle qui s'y adonne un métier rémunéré.

— **(embauchage en vue de la)** (appellation vieillie). Fait d'embaucher, entraîner ou entretenir une personne même majeure et consentante en vue de la prostitution ou de la débauche (C. pén., 225-5), V. **traite des êtres humains.*

— **(excitation à la).** V *excitation à la débauche.*
— **(femme de)** (appellation vieillie). Femme qui se livre habituellement à la prostitution et procède, y compris par une attitude passive, au racolage d'autrui moyennant rémunération (C. pén., 225-10-1).
— **(maisons de).** Établissements où se pratique la prostitution (interdits en France depuis la l. du 13 avr. 1946 ; C. pén., a. 335-1° anc., a. 225-10).

DEBELLATIO

Dér. du lat. *de bellare* : terminer une guerre en vainqueur.

- Terme latin signifiant « victoire » utilisé pour désigner la fin de la *guerre, en l'absence de tout accord, formel ou tacite, par l'anéantissement de l'État vaincu qui disparaît en tant qu'État et se voit substituer une ou plusieurs autorités souveraines ; parfois distinguée de la subjugation (qui comporte également l'incorporation du territoire de l'adversaire par l'État vainqueur) en ce qu'elle laisse subsister la possibilité que, sur le territoire occupé et vidé de sa souveraineté, se fonde un, voire plusieurs États nouveaux. V. *conquête, annexion.*

DÉBET

Subst. masc. – Lat. *debet* : il doit ; usité dans des formules juridiques et sur des registres commerciaux.

▸ **I** (fin.)

- **1** Situation d'une caisse publique dont la comptabilité révèle une insuffisance de fonds, par suite d'un *déficit ou de toute autre cause (erreur de calcul, dépense irrégulière, force majeure…) ; le débet est not. constaté par la Cour des comptes (arrêt de débet).
- **2** Situation d'une personne qui détient à tort des deniers publics ; la restitution de ces deniers est poursuivie par arrêté de débet.
- **3** Par ext. toute somme due. V. *reliquat.*

▸ **II** (fisc.)

— **(enregistrement en).** En matière de droits d'enregistrement, exception à la règle du versement immédiat de l'impôt.

DÉBIRENTIER, IÈRE

Subst.

- *Débiteur d'une *rente. V. *crédirentier, arrérages.*

DÉBIT (I)

Lat. *debitum* : dette, de *debere* : devoir, ensemble de dettes.

- **1** Compte des sommes dues par une personne à une autre (équivalent comptable du signe algébrique –). Syn. **doit* (ce dernier terme est préféré en matière de compte courant). V. *solde.*
- **2** Partie d'un compte (en général tenu sur le côté gauche de celui-ci) où figurent les *remises faites par celui qui tient le compte à l'autre partie. Ant. *crédit.*

DÉBIT (II)

Du v. *débiter,* découper du bois, dér. de *bitte,* terme de marine, sorte de billot sur lequel on enroule les câbles, emprunté de l'anc. scandinave *biti,* sorte de poutre de navire.

- *Vente au détail et, par ext., lieu où se pratique cette vente.

— **de boissons.** Établissements où s'effectue la vente au détail de boissons à consommer sur place et soumis à un régime spécial quant à leurs conditions d'ouverture, aux catégories de boissons qu'ils sont, par *licence, autorisés à délivrer et aux dispositions de police qui leur sont applicables.
— **de tabac.** Établissement où s'effectue la vente au détail du tabac manufacturé, géré par des préposés de l'administration des impôts.

DÉBITANT, ANTE

Adj. ou n. – Dér. de débit (II).

- Détaillant ; celui qui vend au détail certaines marchandises ; *tenancier d'un débit de boissons, de tabac.

DÉBITER

V. tr. de **débit.* (I)

- Inscrire une somme d'argent au *débit d'un *compte (dans la colonne « doit »). Ant. *créditer.*

DÉBITEUR, TRICE

Subst. – Lat. *débitor,* de *debere* : devoir.

▶ I (toutes matières)

● 1 (subst.) Celui qui doit quelque chose à quelqu'un ; sujet *passif de l'*obligation ; celui qui est tenu d'une *dette, *obligé, *engagé – qu'il s'agisse d'une obligation en nature ou d'une obligation de somme d'argent (ex. l'emprunteur) ; désigne normalement le débiteur *principal (par opp. au débiteur qui est tenu à titre *subsidiaire ; V. *caution*). Ant. *créancier.* V. *codébiteur, débirentier, saisi, grevé, redevable, passible, contraignable, contribuable, assujetti, imposable, insolvabilité, déconfiture, contrainte.*

● 2 (adj.). Se dit du *compte dans lequel le *débit est supérieur au *crédit ou, dans le même cas, du solde de ce compte, après balance des deux colonnes de celui-ci. Ant. *créditeur, detteur.*

▶ II (com.)

● Toute personne physique commerçante ou toute personne de Droit privé, même non commerçante, contre laquelle est ouverte une procédure *collective de règlement du passif. V. *masse, redressement judiciaire.*

DÉBOISEMENT

Du v. déboiser, de de et boiser, dér. de bois, empr. du germ. *bosh* (comp. angl. *bush* : buisson).

● *Défrichement. Comp. *abattage.*

DÉBOURS

Subst. masc. – *Subst.* verbal de débourser. V. *déboursés* (s'emploie surtout au plur.).

● Sommes dépensées pour le compte d'autrui ; spéc. *frais exposés à titre d'*avance par un auxiliaire de justice dans l'intérêt d'un justiciable (frais de copie, de publicité, de déplacement, etc.) qui sont compris dans les *dépens s'ils sont tarifés (CPC, a. 695). Syn. *déboursés.* V. *avance, taxe, tarif.* Comp. *émolument, honoraires.*

DÉBOURSÉS

Subst. masc. plur. – Part. pass. du v. débourser, comp. de dé, préf. privatif, et de *bourse.

● Sommes d'argent dépensées à titre d'avance. Syn. *débours.*

DÉBOUTÉ (JUGEMENT DE)

Dér. de débouter, comp. de l'anc. v. *bouter* : pousser, mettre, d'origine germ. V. *jugement.*

● 1 *Décision judiciaire qui rejette, comme *irrecevable ou *mal fondée (débouté au fond) la prétention d'un demandeur principal ou reconventionnel, soit devant le premier juge, soit sur recours (débouté d'appel ou d'opposition). Comp. **décision de rejet.* Ant. *condamnation.*

● 2 Se dit parfois plus généralement de toute décision de justice qui rejette une demande, même comme *irrégulière (pour vice de forme ou incompétence, etc.).

DÉBOUTER

V. *débouté (jugement de).*

● Pour la juridiction, rejeter la prétention d'un plaideur. Ex. le débouter de sa demande principale, de son opposition, de son appel (ou en son appel). Comp. *succomber.* Ant. donner *gain de cause.

DÉBRAYAGE

N. m. – Du v. débrayer (pour désembrayer, comp. de de et embrayer, serrer la braie, pièce d'un moulin à vent).

● *Grève de brève durée.

DÉBUDGÉTISATION

N. f. – Néol. construit avec le préf. négatif de à partir de *budget.

● Fait de cesser de financer certaines dépenses au moyen de crédits budgétaires. Ex. débudgétisation des investissements. Ant. *budgétisation.*

DÉCENTRALISATION

N. f. – Dér. de décentraliser, comp. de centraliser, lui-même dér. du lat. *centralis* (mot d'origine grecque).

● Mode d'aménagement des structures de l'administration dans lequel, la personnalité juridique ayant été reconnue à des communautés d'intérêts ou à des activités de service public, le pouvoir de décision est exercé par des organes propres à ces personnes agissant librement sous un contrôle de simple légalité.

— **technique ou par service.** Celle qui

consiste, dans le cadre d'une collectivité publique territoriale (État, région, département, commune), à conférer une certaine autonomie à tel ou tel service public en en confiant la gestion à une personne administrative spécialisée *l'établissement public. Ant. *centralisation.* Comp. *déconcentration.*

— **territoriale.** Celle qui, fondée sur la notion d'intérêt local, donne naissance à des *collectivités publiques distinctes de l'État (*région, *département, *commune) dont l'existence et la libre administration par des conseils élus prévues par la Constitution, sont garanties par la loi ; dotées de la personnalité juridique, de l'autonomie financière et d'organes délibérant et exécutif propres, ces collectivités ont en charge, sous le contrôle des *tribunaux administratifs et de *chambres régionales des comptes, la gestion de biens et de services distincts de ceux de l'État.

DÉCEPTIF, IVE

Adj. – Der. de déception, lat. *deceptio,* de *decipere* : surprendre, abuser.

- Trompeur, propre à créer une déception ; se dit d'une *marque comportant des indications de nature à induire le public en erreur (et à le décevoir) sur l'origine ou les qualités du produit. Ex. la marque Ritzlingen qui risque d'être confondue avec le terme Riesling. Comp. *dolosif, frauduleux.*

DÉCERNER

V. – Lat. *decernere* : décréter, décider.

- **1** Attribuer, accorder. Ex. décerner un prix, une récompense.
- **2** A conservé, dans certaines expressions, le vieux sens de décider, ordonner, prendre une mesure. Ex. décerner un *mandat d'amener, d'arrêt, de recherche, de comparution, de dépôt (C. pr. pén., a. 122), décerner prise de *corps (C. pr. pén., a. 215).

DÉCÈS

N. m. – Lat. *decedere* : s'en aller.

- *Mort naturelle, terme de la vie qui marque la fin de la *personnalité, fait doté d'effets juridiques essentiels, soit extinctifs (dissolution du mariage, C. civ., a. 227 et du régime matrimonial, a. 1441), soit dévolutifs (ouverture de la *succession et transmission du patrimoine du *défunt, a. 720, maintien de certaines relations juridiques, ex. les baux, a. 1742, comp. pour le mandat et la société les a. 2003, 2008 s., 1870), qui laisse subsister la protection posthume du défunt (respect des dernières volontés, de sa mémoire, de son image, de son cadavre), mais dont la constatation et la date précise, selon les critères de la médecine, en l'absence de définition juridique, posent aujourd'hui de délicats problèmes, en raison des techniques de réanimation et de survie prolongée. V. *naissance, de cujus, divorce.* Comp. *absence, disparition.*

— **(acte de).** Acte de l'état civil relatant la mort, dressé dans les vingt-quatre heures du décès, sur constatation de l'événement par un médecin.

— **(certificat de).** V. *permis d'inhumer.*

— **(jugement déclaratif de).** Jugement tenant lieu d'acte de décès, soit lorsque le cadavre ne peut être représenté, mais que la mort est certaine, soit lorsque la personne a disparu dans des circonstances de nature à mettre sa vie en danger.

DÉCHARGE

N. f. – Comp. du préf. de et de *charge.

► **I** (civ.)

- **1** Libération légale ou conventionnelle d'une obligation ou d'une *charge. Ex. décharge d'une obligation alimentaire (C. civ., a. 209), d'une tutelle, d'un mandat. Comp. *dispense, excuse.*
- **2** Souvent employé, plus spécialement, comme syn. de *remise de dette ou de solidarité (C. civ., a. 1285 anc., 2314). V. *quittance.*
- **3** En pratique, l'acte constatant la libération. Ex. établir une décharge sous forme de blanc-seing.

► **II** (fin., fisc.)

- **1** Libération de toute responsabilité pour sa gestion passée à l'égard d'un comptable dont le compte a été reconnu régulier (arrêt de décharge de la Cour des comptes) ou d'un comptable débiteur envers le Trésor (décharge de responsabilité).

• **2** Syn. *dégrèvement. Comp. *exonération, dispense, franchise, affranchissement, déduction, abattement, réduction, décote.*

DÉCHARGEMENT

N. m. – Dér. de décharger. V. *décharge.*

• Action de décharger un bâtiment de la marchandise qu'il transporte et résultat de cette action.

— **d'office (clause de).** Clause de connaissement aux termes de laquelle le chargeur autorisait le capitaine à choisir pour son compte au port de destination l'entrepreneur de manutention qui procéderait au déchargement de la marchandise.

— **sous palan (clause de).** V. *palan.*

DÉCHÉANCE

N. f. – Dér. de déchoir, lat. pop. *decadere,* de *cadere* : tomber.

• **1** *Perte d'un droit, d'une fonction, d'une qualité ou d'un bénéfice, encourue à titre de sanction, pour cause d'*indignité, d'incapacité, de fraude, d'incurie, etc. V. *incombance.*

— **de l'*autorité parentale** (aujourd'hui nommée « retrait total »). Perte totale des attributs de l'autorité parentale infligée par le juge dans les cas et conditions spécifiées par la loi (C. civ., a. 378 s.), aux père et mère ou autres ascendants reconnus indignes de leur fonction (en raison, par ex, de leur inconduite ou de mauvais traitements mettant en danger la moralité ou la santé de leur enfant). Comp. *retrait partiel.* V. *délégation, renonciation, assistance éducative.*

— **de nationalité.** Sanction consistant à priver un individu de sa nationalité, en raison de son comportement indigne ou préjudiciable aux intérêts de l'État (C. civ., a. 25).

— **du terme.** Perte, par le bénéficiaire d'un *terme suspensif, du bienfait de la prorogation du délai d'exécution attaché à ce terme, pour des causes qui privent le débiteur de tout crédit et rendent opportune une égalité de tous les créanciers (ex. déconfiture, diminution volontaire des sûretés ; C. civ., a. 1188).

• **2** Plus spécialement, perte du droit d'agir (ou du bénéfice d'un acte) qui frappe celui qui ne fait pas les diligences nécessaires dans le délai requis (on parle aussi de *forclusion), n'observe pas les formes exigées, ou celui auquel est imputable une négligence caractérisée. Ex. est déchu du droit de former une nouvelle opposition celui qui se laisse juger une seconde fois par défaut (CPC, a. 578). Comp. *caducité, nullité, radiation, annulation, dégénérescence.*

• **3** Nom parfois donné en dehors de toute sanction, à l'extinction d'un droit à l'expiration d'un certain délai.

— **quadriennale.** Prescription spéciale des créances de l'État, des collectivités locales et des établissements publics administratifs.

• **4** Par ext., l'acte qui prononce la déchéance.

DÉCHET

N. m. – Tiré de déchoir. V. *déchéance.*

• **1** (mar.). Diminution de quantité, de poids ou de qualité, subie par une marchandise à la suite d'avarie, d'évaporation, de fuite, de coulage ou de perte à la manipulation ; on appelait aussi déchet autrefois la déviation imprimée à un navire par le vent ou les courants.

— **de route.** Perte normale de poids ou de volume résultant pour une marchandise de la longueur du voyage maritime. Syn. *freinte de route.*

• **2** (env.). Tout résidu d'un processus de production, de transformation ou d'utilisation, toute substance, matériau ou produit, plus généralement tout bien meuble abandonné ou que son détenteur destine à l'*abandon (l. 15 juill. 1975).

—**s à traiter.** Déchets recyclables, plus précis, tous déchets industriels ou ménagers susceptibles d'un traitement (à un coût abordable) destiné à en récupérer la part valorisable, à en réduire la nocivité ou à les éliminer par incinération, destinations qui, à terme, exclura leur mise en décharge ou en stockage.

—**s ultimes.** Résiduellement, ceux qui, n'étant pas ou plus susceptibles d'être traités de la manière ci-dessus indiquée (résidus de l'incinération et toute fraction non récupérable) seront à terme seuls admis dans des installations appropriées de stockage (l. 13 juill. 1992).

DÉCIDER

V. – Lat. *decidere*, préf. *de* exprimant la séparation et *caedere* couper, proprement : détacher en coupant, trancher, décider.

• **1** Pour une autorité (juge, administration) ou pour un particulier, prendre une *décision, un parti (syn.) pour le juge, au contentieux, de trancher). V. *décerner, délibérer, dire.*

• **2** Se dit aussi de la loi, dans le sens de *disposer (ex. « selon ce que la loi décide… »).

DÉCISIF, IVE

Adj. – Lat. médiév. *decisivus*, du v. *decidere*, v. le précédent.

• Qui emporte la *conviction et, partant, la *décision. Ex. *argument décisif, *motif décisif. Très voisins : **démonstratif, probant*. Comp. *décisoire, concluant.*

DÉCISION

N. f. – Lat. *decisio*, de *decidere*. V. *les précédents.*

► **I** (toutes matières)

• **1** Action de *décider (pour une autorité ou un particulier), de prendre un parti (en général après une *délibération) ; par ext., soit le parti adopté, la décision prise (par ex. acceptation ou refus, admission ou rejet), soit l'acte *(instrumentum)* qui la contient. V. *option.* Comp. *disposition, stipulation, convention, ordre, injonction.*

• **2** Plus spécialement, décision de justice ; terme générique englobant tout *jugement, quel que soit son auteur (arbitre, tribunal de première instance, cour d'appel, Cour de cassation), son objet (décision *contentieuse ou *gracieuse), etc. V. *arrêt, sentence, débouté.*

• **3** Plus spécialement encore, dans la décision de justice, ce que contient le *dispositif (par opp. aux *motifs et à **obiter dictum*) (CPC, a. 455). V. *chose jugée, dictum.*

• **4** En un sens plus large, englobe même les décisions d'ordre administratif (et non juridictionnel) émanant d'un juge : *mesure d'administration judiciaire.

— **définitive.** V. *définitive (décision).*

— **de principe.** V. *principe.*

— **de rejet.**

a / *Arrêt de rejet.

b / Décision par laquelle l'autorité administrative compétente n'accueille pas une demande dont elle est saisie ; cette décision est dite implicite lorsqu'elle résulte du silence de l'administration pendant quatre mois à compter du dépôt de la demande.

— **d'espèce.** V. *espèce.*

— **exécutoire.** V. *exécutoire.*

— ***provisoire.** V. *provisoire (décision).*

— ***rectificative :** Décision qui répare les erreurs ou omissions matérielles affectant un jugement et qui, mentionnée sur la minute et les expéditions de celui-ci doit être, comme lui, notifié (CPC, a. 462).

— **rectifiée.** Celle qui a fait l'objet de la *rectification.

► **II** (eur.)

— **d'*association d'entreprises.** Acte de volonté collective d'entreprises liées au sein d'une structure commune, dotée ou non de la personnalité morale. V. *entente.*

— **d'un organe des *communautés (CECA, CEE).** Acte normatif pris par un organe des communautés européennes (*commission ou *conseil) et obligatoire en tous ses éléments. Comp. *directive, recommandation, règlement, résolution.* V. **déclaration d'inapplicabilité, avis, communication, instruments juridiques communautaires.*

— **générale (CECA).** Celle qui a vocation à s'appliquer à un nombre indéterminé de personnes répondant à ses prescriptions et se trouvant dans la situation envisagée.

— **individuelle (CECA, CEE).** Celle qui s'adresse à un ou plusieurs destinataires déterminés (particuliers ou *État membres).

► **III** (int. publ.)

• **1** Sens large : prise de position arrêtée, sous forme de *résolution, n'ayant pas nécessairement un effet obligatoire, par un organe d'une organisation internationale ou au cours d'une conférence internationale.

• **2** Sens étroit : résolution ayant force obligatoire soit à l'égard de l'organisation internationale dont elle émane (ex. décision d'admission d'un nouveau membre), soit à l'égard des États membres (ex. décision du Conseil de sécurité prise au titre du chapitre VII de la Charte des Nations Unies) ; la décision se distingue alors de la simple *recommandation.

- **3** Dans le cadre d'une procédure de règlement arbitral ou judiciaire, solution arrêtée par l'organe de règlement et qui s'impose aux parties. Syn. *Sentence.*

DÉCISOIRE

Adj. – Du lat. méd. *decisorius.*

- **1** Qui entraîne la *décision d'un litige ; syn. en ce sens de *décisif.

— **(serment).** *Serment qui a la propriété d'emporter la décision du juge, en ce sens que le fait sur lequel il a été déféré (et prêté) et dont dépend la solution du litige (ex. le débiteur jure qu'il a payé) est légalement considéré comme établi et ne peut plus être contesté (C. civ., a. 1363), le serment déféré conformément à la loi bénéficiant d'une présomption *irréfragable de *véracité. V. *foi, force probante, incontestable.*

- **2** Qui décide ; qui contient une décision (au fond).

— **(motif).** Nom encore donné en doctrine et en jurisprudence (comp. le silence du CPC, a. 455, 480, 482) au *motif qui tranche une question de fond, une partie du principal, dans la controverse de savoir : 1. Si la décision incluse dans les motifs d'un jugement avant dire droit rend ce jugement mixte (réponse en général négative). 2. Si la décision formellement extérieure au *dispositif n'en est pas moins dotée de l'*autorité de la *chose jugée (affirmative parfois admise, au moins quand le dispositif se réfère expressément aux motifs ou, même à défaut d'une telle référence, lorsque le motif décisoire est, logiquement, le soutien nécessaire du dispositif). V. *motif décisif.*

DECISORIA LITIS

Termes latins signifiant « mesures destinées à trancher le litige », « décision du litige », utilisés en matière de conflits de lois, pour désigner les éléments de *fond du litige par opp. aux règles de procédure. V. **ordinatoria litis.*

DÉCLARANT, ANTE

Subst. – Part. prés. substantivé du v. déclarer, emprunté au lat. *declarare.*

- **1** Auteur d'une *déclaration. Comp. *témoin, taisant.*
- **2** Plus spécialement, personne qui comparaît devant l'officier de l'état civil (d'où aussi le nom de *comparant), pour révéler un fait qui doit être officiellement constaté et dont il a personnellement connaissance concernant une autre personne, hors d'état de faire elle-même la déclaration. Ex. le père qui déclare la naissance d'un enfant, un parent le décès du défunt (C. civ., a. 56, 78). Comp. *déposant.*

DÉCLARATIF, IVE

Adj. – Lat. de *declarativus* : qui fait voir clairement.

- Qui constate un fait préexistant (lien de filiation, état de cessation des paiements) ou reconnaît un droit préexistant (mais contesté) ; se dit de certains *actes juridiques ou de certains jugements. Ex. la reconnaissance volontaire d'un enfant naturel a un caractère déclaratif, de même la *déclaration judiciaire de paternité naturelle ; s'opp. à *constitutif* et à *translatif.* Comp. *déclaratoire.* V. *rétroactif.*

— **du partage (effet).** *Effet attaché au partage (par une fiction de la loi) en vertu duquel chaque cohéritier est censé avoir succédé seul et immédiatement à tous les biens compris dans sa part ou à lui échus sur licitation et n'avoir jamais eu la propriété des autres biens de la succession (C. civ., a. 883).

DÉCLARATION

N. f. – Dér. du v. déclarer, lat. *declarare.*

- **1** *Révélation ou *affirmation d'un fait.

► A (De la part d'un particulier.)

a / Formalité, souvent enfermée dans un délai, consistant pour celui qui l'accomplit à révéler à une autorité un fait dont il a personnellement connaissance (ex. déclaration de naissance ou de décès à l'officier de l'état civil, déclaration de perte, de changement de domicile ; C. civ., a. 104) généralement imposée en vue d'assujettir le déclarant à certaines obligations ou au contrôle de l'autorité ; parfois, par ext., le document contenant une telle déclaration.

— **affirmative.** V. *affirmative (déclaration).*
— **de command.** Acte par lequel l'acquéreur en titre (*adjudicataire ou acheteur dans une vente amiable si celle-ci le prévoit) révèle, dans les formes et délais requis (en général au secrétariat-greffe ou devant notaire) l'identité du véritable acquéreur. V. *mandataire, prête-nom, interposition de personne, simulation.*
— **de conformité.** Document déposé au greffe par les fondateurs et les premiers dirigeants d'une société commerciale, dans lequel ils relatent toutes les opérations effectuées en vue de constituer régulièrement la société et affirment que cette constitution a été réalisée conformément aux lois et règlements ; désigne aussi la déclaration semblable imposée au cas de modification des statuts.
— **des créances.** Affirmation de leur créance avec indication du montant de celle-ci entre autres précisions (date d'échéance, sûreté…) que tous les créanciers dont la créance est antérieure au jugement d'ouverture d'une procédure de *redressement judiciaire doivent, à peine de forclusion, adresser au représentant des créanciers même se elle n'est pas établie par un titre, mais sous l'obligation de faire viser sa déclaration par le commissaire aux comptes après l'avoir certifiée sincère, si elle ne résulte pas d'un titre exécutoire ; a remplacé la *production des créances.
— **de *souscription et de versement.** Naguère, déclaration faite devant notaire (avec justifications) par les fondateurs d'une société par actions que le capital a été entièrement souscrit et que le versement exigé par la loi a été effectué.
— **de valeur.** Clause, insérée dans le document de transport, par laquelle le chargeur déclare la valeur de la marchandise.
— **fiscale.** Acte par lequel le contribuable, ou parfois un tiers, fait connaître à l'administration fiscale les éléments nécessaires au calcul de l'impôt. Ex. déclaration de revenus, déclaration de succession.

b / Élément de preuve fournie soit par un *témoin, dans une attestation ou au cours d'une enquête (CPC, a. 199), soit par une partie au cours d'une comparution personnelle (CPC, a. 194) ou d'une audition. V. *témoignage, déposition.*

▸ B (De la part d'une autorité judiciaire ou administrative.)

● *Reconnaissance officielle d'un état de fait, avantage attendu d'une certaine catégorie de décision (ex. jugement *déclaratif) dont l'objet est de constater un fait préexistant, de manifester la situation véritable.
— **de conformité.** Document dans lequel la Cour des comptes proclame solennellement la concordance des comptes des comptables publics avec les comptes généraux publiés par l'administration des finances ou avec les comptes des ordonnateurs.
— **de simulation (action en).** Action en justice exercée par un tiers qui veut se prévaloir d'une « contre-lettre » (acte occulte porteur de la volonté réelle) afin de faire reconnaître par le juge que l'acte apparent (ostensible) est purement simulé.
— **d'inapplicabilité.** *Décision par laquelle la Commission des CE, tout en constatant qu'un *accord, une *décision d'association d'entreprises, ou une *pratique concertée, remplit les conditions d'application de l'a. 85, § 1, du traité CEE, l'exempte de l'interdiction énoncée par cette disposition, en application de l'a. 85, § 3, du même traité (tr. CEE, a. 85, § 1 et 3 ; régl. n° 17 du 6 févr. 1962, a. 6). Comp. **attestation négative.* V. *exemption, notification, plainte, profit d'une entente, dérogation.*
— **du jury ou de la cour d'assises.** Réponse écrite aux questions posées par le président de la cour d'assises, autrefois aux seuls jurés et, depuis 1941, à la cour tout entière, sur les faits retenus à l'encontre de l'accusé par l'arrêt de mise en accusation. Syn. **verdict.*
— **d'*utilité publique.** Dans la procédure d'*expropriation, acte administratif (décret en Conseil d'État, arrêté ministériel ou préfectoral selon le cas) qui autorise dans l'intérêt général, le transfert forcé de la propriété d'un bien immobilier privé à une personne publique.
— **judiciaire de maternité.** Reconnaissance par le juge de la qualité de mère à une femme actionnée en *recherche de maternité ; mode contentieux d'établissement de la maternité fondée sur la preuve en justice, par tout moyen, à la charge de l'enfant, qu'il est celui dont la mère prétendue a accouché (C. civ., a. 325), action réservée à l'enfant mais exclue lorsque la mère, lors de l'accouchement, a demandé que soit préservé le secret de son admission et de son identité (C. civ., a. 326).
— **judiciaire de paternité hors mariage.** Décision par laquelle le juge, saisi par l'enfant (qui en a le monopole) d'une action en

*recherche de paternité hors mariage déclare le père prétendu père légal de l'enfant (C. civ., a. 327), mode contentieux d'établissement de la paternité hors mariage, moyennant la preuve, à la charge du demandeur, par tous les moyens, de la paternité du défendeur. Comp. *possession d'état, reconnaissance volontaire.*

• **2** Manifestation d'intention (valant souvent engagement de la part de son auteur).

▸ A (De la part d'un particulier.)

a / Parfois, *manifestation quelconque de volonté.

— **de volonté.** Acte par lequel, dans la formation de l'acte juridique, le *consentement s'est extériorisé, exprimé sous une forme quelconque (oralement, par écrit, par geste, etc.). V. *émission, réception, silence, acceptation, implicite, explicite.*

b / Le plus souvent, *expression assez solennelle de volonté que la loi soumet à un certain formalisme pour en assurer la publicité et en souligner la gravité et dont l'objet est not. de :

— Faire connaître le parti choisi par le bénéficiaire d'une option. Ex. déclaration d'acceptation d'une succession sous bénéfice d'inventaire, ou déclaration de renonciation (C. civ., a. 793).

— Rendre un acte valable (ex. publication d'un journal, l. 29 juill. 1881, a. 5 et 7) ou lui faire produire des effets plus importants (ex. associations déclarées, l. 1er juill. 1901, a. 5).

— Marquer l'affectation donnée à une opération. Ex. la double déclaration de l'origine et de la destination des deniers (déclaration d'*emploi ou de *remploi) faite par un époux acquéreur dans l'acte même d'acquisition, permet de considérer que l'opération est réalisée à titre d'emploi ou de remploi d'un *propre (C. civ., a. 1434).

— Prendre une décision grave (ex, déclaration d'*inscription de faux).

— **de candidature.** V. *candidature (déclaration de).*

— **de nationalité.** Acte solennel par lequel un individu exerce une *option de nationalité ou renonce (par avance) à l'exercer.

▸ B (De la part d'une autorité.)

a / *Proclamation solennelle d'un état de droit ou d'un programme d'action. V. *message, communiqué, annonce, avertissement.*

— **de politique générale.** Acte par lequel le chef du gouvernement énonce des vues et des projets dont il demande l'approbation à une assemblée parlementaire (Const. 1958, a. 49, al. 1 et 4, et a. 50).

— **des droits.** Acte solennel par lequel une autorité élevée, généralement une assemblée constituante, énonce quelques grands principes politiques et sociaux, et qui est considéré, tantôt comme ayant force juridique de règle constitutionnelle écrite, tantôt comme simple proclamation de caractère moral (déclaration des droits de 1789 et *préambules des Constitutions de 1946 et 1958). Comp. *garantie des droits.*

b / Acte par lequel un ou plusieurs sujets du Droit international, soit constatent l'existence d'un état de fait ou de droit reconnu et accepté par la communauté internationale, ou qu'ils entendent faire reconnaître et accepter par celle-ci, soit proclament la nécessité d'un nouvel état de fait ou de droit qu'ils entendent lui faire reconnaître et accepter.

c / Actes unilatéraux ou multilatéraux contenant une déclaration ainsi définie qui, sans posséder la force obligatoire attachée à une norme juridique proprement dite, n'en matérialisent pas moins un engagement de volonté de la part de celui ou de ceux qui les émettent.

DÉCLARATOIRE

Adj. – Dér. de déclarer. V. *déclaration.*

• Qui contient une *déclaration de droit, une *reconnaissance officielle (proclamation d'un droit, reconnaissance d'un fait). Se dit d'un acte législatif, d'une sentence juridictionnelle empreints d'une certaine solennité. Comp. *déclaratif, probatoire.*

DÉCLARÉ, ÉE

Adj. – Part. pass. du v. déclarer. V. *déclaration.*

• Exprimé, révélé, formulé, énoncé, manifesté.

—**e (volonté).** Volonté exprimée (par l'*auteur d'un acte juridique) qui peut ne pas concorder avec sa volonté *interne (réelle). V. *dol, erreur, violence, simulation, déclaration, expression, exprès, explicite, formalisme, apparence.*

DÉCLASSEMENT

Dér. de déclasser. V. *classe.*

- **1** Opération par laquelle un bien, après avoir fait l'objet d'une *désaffectation, est retiré du *domaine public pour être incorporé au domaine privé de la personne publique propriétaire. V. *reclassement.*
- **2** L'acte qui en est le résultat. Ant. *classement.*

DÉCLINATOIRE (DIT AUSSI DÉCLINATOIRE DE COMPÉTENCE)

Subst. masc. – Dér. du v. *décliner.

- **1** *Exception d'*incompétence, moyen par lequel le défendeur prétend que la juridiction devant laquelle il a été assigné est incompétente et lui demande de se dessaisir.
- **2** (Dans la procédure du *conflit positif d'attributions.) Acte en forme de mémoire par lequel le préfet, en affirmant la compétence administrative, dénie au tribunal judiciaire la connaissance du litige à lui soumis et lui demande de *décliner sa compétence ou au moins de statuer par jugement séparé sur celle-ci, de manière à créer, le cas échéant, le conflit.

DÉCLINER

V. – Lat. *declinare.*

- **1** Refuser, rejeter, écarter.

a / En matière de compétence : pour la juridiction saisie, se déclarer incompétente ; par ext. contester la compétence de celle-ci.

b / En matière de responsabilité : dégager, par avance ou après coup, sa responsabilité ; se prétendre non responsable. V. *clause d'*exonération*.

- **2** Indiquer, énoncer. Ex. décliner son identité.

DE COMMODO ET INCOMMODO

V. *enquête.*

DÉCOMPTE

Dér. du v. décompter, lui-même dér. de compter. V. *compte.*

- **1** Opération (soumise à la procédure d'établissement d'un *compte) qui a pour objet de déterminer le solde net restant à payer en effectuant sur la dette brute certaines *déductions telles que commissions, retenues, avances consenties par le débiteur au créancier.
- **2** Plus généralement, opération ayant pour objet de fixer, en fonction d'éléments déterminés de calcul, le montant d'une dette, Ex. opération par laquelle les officiers ministériels calculent les droits et honoraires qui leur sont dus, ainsi que les débours qu'ils supportent, et qui fonde le contrôle de leurs déclarations de bénéfices non commerciaux ; ensemble des opérations permettant la liquidation de l'impôt.
- **3** Par ext. le document contenant ce calcul. Ex. document établi pour le calcul du montant du loyer selon la méthode dite de la « surface corrigée » ; pièce annexe mentionnant les heures de travail faites par un salarié avec les taux de salaire appliqués, remise par l'employeur à l'appui du *bulletin de paye.

DÉCONCENTRATION

Comp. de de et *concentration.

- **1** Mode d'aménagement des structures de l'administration caractérisé, au sein d'une même personne publique, par la remise du pouvoir de décision ou par la délégation de celui-ci à des organes appartenant à la hiérarchie administrative et qui lui demeurent assujettis ; appliquée à l'administration d'État sur le territoire, la déconcentration se traduit par une distinction entre *services centraux et *services extérieurs. Ex. *le préfet, commissaire de la République, est dans le cadre du département ou de la région une autorité déconcentrée. Comp. **décentralisation.* V. *agence.*
- **2** Opération consistant à soustraire au contrôle d'une société ou d'un groupe de sociétés, en vue de réduire sa puissance économique, une ou plusieurs unités d'exploitation (entreprise, société, fonds de commerce, actifs d'exploitation…) en leur conférant une indépendance juridique et économique.

DÉCONFITURE

Subst. fém. – Dér. de *deconfire* : défaire, détruire, comp. de *confire* au sens de préparer, lat. *conficere* : achever.

- Pour un débiteur, état apparent et notoire d'*insolvabilité (ex. il est déjà sous la saisie de l'un de ses créanciers), qui produit certains effets déterminés : *déchéance du bénéfice du *terme (C. civ., a. 1613, 1913 ; C. pr. civ., a. 124 anc.), remise en question de certains rapports d'obligation formés *intuitu personae* (C. civ., a. 1276, 2003, 2032), plus exceptionnellement, interdiction de contracter (ex. de se porter enchérisseur C. civ., a. 2205) et qui, lorsqu'on peut y reconnaître une situation de *surendettement au sens de la loi du 31 décembre 1989, peut être à l'origine d'un règlement amiable ou d'un redressement judiciaire civil. Comp. *liquidation judiciaire, redressement judiciaire, faillite, cessation des paiements.*

ADAGE : *Tarde venientibus ossa.*

DÉCONSTITUTIONNALISATION

Néol. comp. du préf. négatif de et de constitutionnalisation, dér. de *constitution.

- Action de retirer à une disposition la nature de règle de loi constitutionnelle en la ramenant au rang inférieur de loi ordinaire. Ex. loi constitutionnelle du 14 août 1884, a. 3 (la déconstitutionnalisation s'opère par l'effet des révolutions lorsque les dispositions non proprement constitutionnelles, par leur objet matériel, d'une constitution qui cesse d'être en vigueur lui survivent comme lois ordinaires). Ant. *constitutionnalisation.*

DÉCOTE

Subst. fém. – Préf. de et lat. *quotare*. V. *cote.*

- *Réduction appliquée soit sur un élément de la matière imposable, soit sur l'impôt lui-même. Comp. *abattement, dégrèvement, exonération, décharge.*

DÉCOUVERT

Subst. masc. – Tiré de découvrir, lat. *discooperire,* de *cooperire* : couvrir.

- **1** Résultat d'une opération par laquelle un commerçant consent à un client une avance en argent ou en marchandises, le plus souvent sans exiger de garanties immédiates.
- **2** (En matière bancaire.) Forme de *crédit consistant en une autorisation de rendre un compte débiteur, le plus souvent un compte courant.
- **3** (Dans les opérations de bourse.) Situation d'un opérateur qui vend des marchandises ou des titres dont il n'est pas propriétaire ou qui achète des marchandises ou des titres sans en fournir immédiatement le prix. V. **vente à découvert.*

— **du budget.** Solde des opérations prévues par une loi de finances ou exécutées au titre d'une loi de finances, lorsque ce solde comporte un excédent des dépenses sur les recettes. Le terme de « découvert » tend à s'appliquer aux opérations temporaires et au solde général tandis que le terme *déficit s'appliquerait plutôt aux opérations définitives.

— **obligatoire** (en assurance dommages). Part du dommage, exprimée en somme ou en pourcentage, que l'assuré doit conserver à sa charge en tout état de cause, souvent dénommé *franchise mais à tort, car la franchise est rachetable, non le découvert obligatoire.

DÉCRET

N. m. – Lat. *decretum,* de *decernere* : *décider.

- Terme générique désignant une catégorie d'*actes administratifs unilatéraux pris par les deux plus hautes autorités exécutives de l'État : le Président de la République et le Premier ministre. Quant à leur contenu, les décrets se répartissent en réglementaires lorsque leurs dispositions sont générales et impersonnelles, et non réglementaires lorsqu'ils. concernent une ou plusieurs situations juridiques individuelles. Quant à leur procédure d'édiction, on distingue les décrets en Conseil des ministres, les décrets en Conseil d'État et les décrets simples. V. *loi, légalité, règlement.*

— **d'avance.** Décret dont l'objet est l'ouverture de crédits non prévus dans la loi de finances (doit être ratifié par le Parlement dans une loi de finances rectificative ou dans la loi de règlement, loi organique relative aux lois de finances, a. 10 et 11).

— **de répartition.** Acte par lequel l'exécutif répartit par chapitres les crédits votés par le Parlement dans la loi de finances.

— **-loi.** Locution usitée sous la IIIe et la IVe République pour désigner un décret qui, en vertu d'une *habilitation législative, pouvait modifier ou abroger des lois (catégorie qui entre aujourd'hui dans la dénomination d'*ordonnance) ; on parle plus spécialement de décrets de nécessité ou historiques pour désigner les décrets auxquels est attribuée la nature même d'une loi, en l'absence de tout autre législateur (ex. d.-l. 19 sept. 1870).

DÉCRIMINALISATION

N. f. – Néol. comp. du préf. négatif de et de *criminalisation.

- Syn. en certains pays de *correctionnalisation. Comp. *criminalisation* ; ne pas confondre avec *dépénalisation*.

DE CUJUS

Abréviation usuelle d'une expression latine, *is de cujus successione agitur* (celui de la succession duquel il s'agit), qui sert à désigner la personne décédée dont la succession est ouverte. Syn. **défunt*. V. *disparu, absent, comourants, codécédés.*

DÉDIT

Subst. masc. – Tiré du v. dédire (comp. de dire, lat. *dicere*).

- **1** *Faculté accordée à un contractant de ne pas exécuter son obligation, de s'en délier sous les conditions légalement ou conventionnellement prévues (délai d'option, abandon ou versement d'une somme). Ex. clause de dédit. Comp. *rétractation, réméré, repentir (délai de), réflexion (délai de).*
- **2** L'action de se dédire ; l'exercice de cette faculté.
- **3** Ce qui est dû par celui qui use d'une faculté de dédit (souvent des *arrhes).

DÉDOMMAGEMENT

N. m. – Dér. du v. dédommager, comp. du préf. dé et de *dommage.

- *Indemnisation de la victime par attribution, soit en nature, soit en argent, d'une valeur équivalente au *dommage qu'elle a subi. V. *indemnité, indemnitaire, préjudice, réparation, responsabilité, assurance, compensation, compensatoire, désintéressement, satisfaction.*

DÉDOMMAGER

V. le précédent.

- *Indemniser.

DÉDOUANER

V. – Comp. du préf. dé et de *douane.

- Effectuer l'ensemble des opérations imposées à l'entrée ou à la sortie du territoire pour la perception des droits de douane, ce qui comprend la présentation des marchandises dans les conditions prévues par la loi, la *déclaration en douane, la vérification et la liquidation des droits par les agents et le paiement des droits.

DÉDUCTION

N. f. – Lat. *deductio,* de *deducere* : déduire.

- **1** (sens gén.). Opération consistant à soustraire une somme (par ex. l'*acompte) d'une autre (prix de vente). Comp. *décompte, compensation.*
- **2** (plur.). (Dans le calcul des impôts assis sur une évaluation de la matière imposable, impôts sur les revenus, droits de succession, etc.) Ensemble des sommes qui doivent être déduites de la valeur brute pour obtenir la valeur nette imposable. Comp. *abattement, réduction, dégrèvement, décharge.*

DE FACTO

Expression latine signifiant « en *fait » (et non en droit), « de fait », « de pur fait » ; se dit d'une situation ou d'une autorité réellement établie, mais sans base légale ni fondement juridique : Ant. **de jure*. V. *reconnaissance « de facto »*. Comp. *de droit, de plano.*

DÉFAILLANCE

N. f. – Du v. défaillir. V. *défaillant.*

- **1** Le fait de faire défaut. Ex., dans une succession, défaillance de la *ligne paternelle ou maternelle.
- **2** Pour une *condition, le fait de ne pas

s'être accomplie ; non *avènement. Ant. *accomplissement.*

- **3** Pour un plaideur, syn. en pratique de *défaut.
- **4** Fait, pour un contractant, de manquer, même momentanément, à ses engagements, ou semblablement, pour un service, de ne pas donner entière satisfaction (dysfonctionnement d'un service public).
- **5** Faiblesse ou défaut de fonctionnement d'un engin.

DÉFAILLANT, ANTE

Adj. – Tiré de défaillir, comp. de faillir, lat. *fallere,* au sens de faire défaut, manquer.

- **1** (S'agissant d'un *témoin). Qui ne comparait pas en personne pour témoigner, s'exposant ainsi à être cité à ses frais et condamné à une amende (CPC, a. 207). V. *comparution.*
- **2** (S'agissant d'un plaideur, demandeur ou défendeur). Qui ne comparaît pas devant le juge, c'est-à-dire qui ne se conforme pas au mode de *comparution que la loi exige ou permet devant la juridiction dont s'agit (ce qui ne suffit cependant pas pour qu'il soit jugé par *défaut et puisse former *opposition. Ex. si, après avoir été assigné, le demandeur ne comparaît pas, le défendeur peut requérir un jugement sur le fond qui sera *contradictoire, CPC, a. 468). Ant. *comparant.* V. *déclarant, taisant.*

DÉFAILLI, IE

Adj. – Part. pass. du v. défaillir ; préf. dé et faillir, lat. pop. *faillire,* de *fallere* : tromper, manquer.

- Se dit de la *condition dont il est certain qu'elle ne s'accomplira pas. Ex. C. civ., a. 1304-3. Ant. *pendant, accompli.*

DÉFAISANCE

Subst. fém. – Néol. de l'angl. *defeasance,* issu du v. franç. défaire (se).

- Espèce de *fiducie à fins de gestion par laquelle une société faisant publiquement appel à l'épargne extrait de son bilan la dette de remboursement d'un emprunt, pour en confier la gestion à un établissement financier.

— **(réalisation de).** Mission conférée, sous ce nom, à un établissement public administratif national, qui consiste à gérer le soutien financier apporté par l'État dans le cadre de plans de redressement d'entreprises d'importance nationale (l. 28 nov. 1995, a. 7 s.).

DÉFALQUER

V. – Du lat. médiév. *defalcare,* litt. couper avec la faux.

- Dans un compte ou une évaluation, déduire une somme (par ex. au titre de frais ou de recette).

DÉFAUT

N. m. – Subst. verbal de défaillir. V. *défaillant.*

- Situation d'un plaideur *défaillant (demandeur ou défendeur), qui ne suffit pas à justifier que celui-ci soit jugé par défaut. V. **jugement par défaut, défaillance.*

— ***congé.** Nom naguère donné, dans la pratique, au défaut du demandeur qui, après avoir formé une demande, ne comparaissait pas, s'exposant à ce que le tribunal prononce son congé (son renvoi de l'instance, mise à néant) : situation qui débouche aujourd'hui sur plusieurs issues, le juge pouvant même d'office déclarer la citation caduque (équivalent du congé), mais pouvant aussi à la demande du défendeur rendre sur le fond un *jugement contradictoire (non par défaut) (CPC, a. 468).

— **de *comparution (ou faute de comparaître).** Situation du plaideur qui ne comparaît pas (V. *comparution*), ce qui ne l'empêche pas d'être jugé par *jugement contradictoire (s'il s'agit du demandeur, dans le cas de l'a. 468. V. *défaut* congé*), ou par *jugement réputé contradictoire (s'il s'agit du défendeur, lorsqu'une nouvelle citation a été délivrée à sa personne ou lorsque, sur nouvelle citation même non délivrée à sa personne, la décision à intervenir est susceptible d'appel ; CPC, a. 473, al. 2).

— **(faire)**

- 1° état de manque (l'argent ou la main d'œuvre fait défaut).
- 2° ne pas exécuter un engagement.

— **faute de conclure.** Nom jadis donné au défaut de l'avoué du défendeur (comparant) qui ne déposait pas de conclusions en temps utile : situation qui, aujourd'hui – que l'abstention vienne du demandeur ou du défendeur – aboutit à un jugement contradictoire, sauf si – s'agissant de la négligence du demandeur – le défendeur demande au juge de déclarer la citation caduque (CPC, a. 469).

— **profit joint.** Bienfait de la loi en vertu duquel le demandeur, face à une pluralité de défendeurs cités pour le même objet, peut obtenir contre tous un *jugement réputé contradictoire, même si certains n'ont pas comparu, à la condition que la décision soit susceptible d'appel, ou que les défaillants aient été cités à personne, ou même (si aucune de ces conditions n'est réalisée) que, sur nouvelle citation, un seul des défendeurs comparaisse ou ait été cité à personne (CPC, a. 474).

DÉFECTUEUX, EUSE

Adj. – Lat. méd. *defectuosus,* du v. *deficere,* manquer, faire faute, être défaillant.

- **1** Pour un *produit : qui n'offre pas la sécurité à laquelle on peut légitimement s'attendre en fonction de sa présentation, de l'usage sur lequel on peut raisonnablement compter, du moment de sa *mise en circulation et de toute autre circonstance (C. civ., a. 1245-3).
- **2** Pour une *gestion ou le fonctionnement d'un *service : qui est entaché de négligence, d'inaptitude ou d'autres carences, faiblesses ou insuffisances relativement aux normes d'usage.
- **3** Pour un acte juridique : qui est affecté, dans sa formation, d'un vice de forme ou de fond. Syn. *vicié.* Ant. *valable, valide.* V. *annulable, responsabilité du fait des produits.*

DÉFENDEUR, DERESSE

Subst. – Dér. du lat. *defendere* : défendre.

- Celui contre lequel une demande en justice est formée ; en appel, nommé *intimé. V. *demandeur, partie, appelant.* Comp. *défenseur.*

DÉFENDRE

V. – Lat. *defendere,* écarter, repousser, protéger.

- **1** Syn. d'*interdire, prohiber. V. *proscrire.* Ant. *permettre, autoriser, ordonner, prescrire.*
- **2** Assurer la *défense d'un plaideur. V. *avocat.*
- **3** (dans un débat), soutenir une thèse, une opinion, une position.
- **4** (corporellement, matériellement, économiquement) sauvegarder, protéger (une personne, un bien, des intérêts).

— **(se).**
a / Assumer en justice sa propre *défense.
b / Nier, contester. Ex. se défendre d'avoir causé un dommage.
c / Résister à une *agression. V. **légitime défense.*

DÉFENDS (OU DÉFENS)

Subst. masc. – Lat. *defensus,* part. pass. de *defendere* : protéger, défendre.

- Nom donné à un terrain, plus particulièrement à un bois, où il est interdit de faire paître des bestiaux. V. *défensabilité.*

— **(mise en).** Mesure interdisant le pacage des animaux dans les terrains et pâturages de montagne, décidée par le préfet en vue d'assurer la conservation des sols.

DÉFENSABILITÉ

Dér. de *défends.

- État d'un bois ou d'une parcelle boisée permettant d'introduire et de faire paître des animaux. V. *défends.*

DÉFENSE

N. f. – Lat. *defensa,* du v. *defendere* : défendre.

- **1** *Interdiction. *prohibition ; l'action de défendre et la défense établie. Comp. *ordre, injonction, prescription.* Ant. *permission, autorisation.*
- **2** Par ext., *protection (celle not. qui résulte de l'interdiction) ; *sauvegarde. Ex. défense de la propriété.
- **3** Défense en justice.

a / Action de défendre autrui devant le juge, comme représentant ou assistant d'une partie, de faire valoir ses intérêts. Ex. l'avocat assure la défense de son client. V. *défenseur, plaidoirie, représentation, assistance, postulation.*

b / Action de se défendre en justice, de faire valoir devant le juge ses droits ou ses intérêts (comme demandeur ou défendeur) soit par soi-même (seul ou avec *assistance), soit par *représentation selon ce que la loi permet ou ordonne (V. CPC, a. 18 s.). Ex. *liberté de la défense. V. *avocat, conseil, comparution, défaut.*

c / Désigne parfois un *moyen de défense. Comp. *demande.*

— **(droits de la).**

a / En matière pénale : ensemble des prérogatives qui garantissent à la personne suspecte ou poursuivie la possibilité d'assurer effectivement sa défense dans la procédure pénale et dont la violation constitue, à certaines conditions, une cause de nullité de la procédure (C. pén., a. 172) même si cette sanction n'est pas expressément attachée à la violation d'une règle légale. Ex. le droit à l'assistance d'un avocat, la possibilité pour celui-ci d'être tenu au courant du déroulement de la procédure et d'être présent lors des interrogatoires, le caractère contradictoire des débats à l'audience, le droit de poser des questions aux témoins, le droit à la liberté de parole et celui d'avoir la parole en dernier, le droit à un procès loyalement conduit, etc. (Conv. eur. des Dr. de l'Homme, a. 5 et 6). Comp. *immunités.*

b / En matière civile : ensemble des garanties fondamentales dont jouissent des plaideurs dans un procès civil pour faire valoir leurs intérêts, au rang desquelles figurent, pour l'essentiel, le principe de la *contradiction et la liberté de la défense ; en usage dans la doctrine et la pratique, l'expression a été abandonnée en raison de sa connotation pénale (défense-accusation) par le CPC qui en a consacré la substance dans les principes *directeurs du procès.

- **4** Action de répondre à une *agression ou d'organiser matériellement le moyen d'y parer.

— **(*légitime).** État de celui qui, pour protéger sa personne, celle d'autrui ou même ses biens contre la menace d'un péril imminent qui résulte d'une *agression injuste, est dans la nécessité d'accomplir lui-même un acte interdit par la loi pénale (homicide, coup, blessure), situation qui vaut fait *justificatif – qui légitime la défense – si la réponse à l'agression est tout à la fois nécessaire et proportionnée à celle-ci.

— **(*liberté de la).** Droit pour tout justiciable de choisir à son gré, son (ou ses) *défenseur(s) et, pour celui-ci, d'organiser à sa guise la défense de son client (CPC, a. 19).

— **(moyens de).** V. **moyen de défense.*

— **nationale.**

a / Protection du pays, de sa population, de l'intégrité de son territoire, principalement mais non exclusivement par des moyens militaires. V. *appel de préparation à la défense, appel sous les drapeaux.*

b / Ensemble des services chargés de cette protection, principalement des forces militaires (Const. 1958, a. 15 et 34 ; o. 7 janv. 1959).

— **sociale.** V. *mesure de sûreté.*

DÉFENSEUR

Subst. – Lat. *defensor.*

- Celui qui – librement choisi ou désigné d'office – est chargé de faire valoir en justice les intérêts d'un plaideur (*demandeur ou *défendeur), d'assurer sa *défense, terme générique qui peut englober la *représentation ou (et) l'*assistance (CPC, a. 19). V. *avocat, avoué, plaidant, consultant, conseil, *auxiliaire de justice, *mandataire de justice.*

DÉFÉRÉ, ÉE

Adj. – Part. pass. du v. *déférer.

- **1** (d'un bien ou d'une fonction). Dévolu ; transmis suivant un certain ordre (ordre successif, de préférence) ; attribué à quelqu'un en fonction de son rang, de sa *vocation. Ex. succession déférée à un descendant (C. civ., a. 745 anc.), aujourd'hui remplacé par le terme dévolu ; tutelle déférée à un ascendant (C. civ., a. 402 anc.). Comp. *échu, conféré, datif.*
- **2** (d'un prévenu). Traduit par décision devant une autorité judiciaire à fins de poursuite (déféré au parquet) ou de jugement (déféré au tribunal).

DÉFÉRER

V. – Lat. *deferre.*

- **1** (une fonction). L'attribuer, la transmettre, la *conférer. Ex. le juge défère la tutelle à la collectivité publique, lorsque celle-ci est vacante (C. civ., a. 411). V. *dévolution.* Comp. *transférer.*

- **2** (une personne). La soumettre à l'autorité compétente, not. la traduire en insfice. Ex. la renvoyer devant le tribunal pour être jugée ou devant le ministère public pour être poursuivie (déférer au parquet).
- **3** (le serment). Sommer un plaideur de jurer que sa prétention est fondée (soit de la part de l'autre plaideur. V. *décisoire, soit d'office par le juge.* V. *délation, supplétoire, supplétif*). Comp. *référer.*
- **4**

— **à.** Obéir à, se soumettre, obtempérer. Ex. déférer à une injonction (C. civ., a. 388-3). Comp. *acquiescer.*

DÉFICIT

Subst. masc. – Lat. *deficit* : il manque, qui se plaçait autrefois dans des inventaires pour souligner que quelque pièce ou article manquait.

- **1** Excédent des dépenses sur les recettes. V. *débet.*

— **budgétaire.** Dans le budget de l'État, excédent des dépenses définitives sur l'ensemble des recettes budgétaires.

— **comptable ou d'exercice.** Situation d'appauvrissement de l'entreprise qui résulte de ce que les valeurs de passif excèdent les valeurs d'actif et dont le montant apparaît en compte à l'actif afin d'équilibrer le *bilan.

— **fiscal.**

a / Pour l'impôt sur le revenu des personnes physiques : perte effective subie pour une année par un contribuable dans une catégorie de revenus, dont le montant peut être imputé sur le montant des autres catégories de revenus de la même année et, si ce revenu global net n'est pas suffisant, sur le revenu global net des années suivantes dans la mesure du solde du déficit, jusqu'à la cinquième année inclusivement.

b / Pour l'impôt sur les sociétés : perte constatée au cours d'un exercice, considérée pour l'assiette de l'impôt, comme une charge de l'exercice suivant, déductible du bénéfice réalisé pendant ledit exercice et, en cas d'excédent de déficit, reportable successivement sur les exercices suivants jusqu'au cinquième inclusivement.

—**s (report à nouveau des).** Opération pour laquelle le déficit d'un exercice est inscrit au bilan d'ouverture de l'exercice suivant, constituant une charge des exercices extérieurs sans limitation de durée.

- **2** Prend un sens particulier dans l'expression déficit de *réserve.
- **3 — fonctionnel** (*temporaire ou *permanent). Diminution (temporaire ou permanente) de la capacité de travail consécutive à un *dommage *corporel, érigée en *chef de préjudice indemnisable distinct de la *perte de gains professionnels actuels ou futurs, l'*incapacité temporaire ou permanente de travail étant appelée à faire place à la distinction de ces deux *postes qu'elle recouvre actuellement. V. *nomenclature.*

DÉFINITIF, IVE

Adj. – Dér. du v. définir, lat. *definire* : délimiter, fixer, arrêter.

- **1** Par opp. à *préparatoire, *conclu, décidé, arrêté. Ex. accord définitif. V. *préliminaire.*
- **2** Par opp. à *provisionnel et *partiel, global et final. Ex. *partage définitif.
- **3** Par opp. à *provisoire (sens 1), qui ne peut être judiciairement révisé même en cas de survenance d'un fait nouveau.
- **4** Par opp. à *provisoire (sens 2), qui est jugé au fond ; s'opp. ainsi à avant dire droit ou à décidé en référé ou sur requête, en ce sens un jugement au fond est définitif et a l'*autorité de la *chose jugée relativement à la contestation qu'il tranche, sauf dans les matières provisoires par nature (ex. en matière alimentaire) (CPC, a. 480). *NB.* Définitif ne signifie pas *irrévocable, ni *insusceptible de recours. Ex. un jugement définitif rendu en premier ressort seulement est susceptible d'appel. Rendu en premier et dernier ressort, il est susceptible de *pourvoi en cassation.

DÉFINITION

N. f. – Lat. *definitio* : action de fixer les limites, délimitation.

- **1** Opération (et énoncé qui en résulte) par laquelle la loi principalement, la jurisprudence (dans le cas de définitions prétoriennes consacrées) et la doctrine caractérisent une notion, une *catégorie juridique par des critères associés (définition dite réelle par opposition à la définition terminologique qui privilégie un sens déterminé ou conventionnel d'un terme dans la loi. V. *fiction*). Comp. *énumération, assimilation, classification, exemple.* V. *qualification, interprétation, caractérisation.*

- **2** Quintessence du *régime juridique d'une institution ou d'une catégorie. V. *principe* (sens 6).
- **3** Détermination des frontières, fixation de l'extension d'un terme ou d'une catégorie, le plus souvent au moyen d'un ou plusieurs critères chiffrés, opération relevant de la *réglementation. Ex. définition légale de l'émergence (d'un bruit excessif ; d. 5 mai 1988, a. 3). V. *limitation.*
- **4** Plus vaguement, mention d'un cadre général. Ex. définition d'une politique, d'un objectif, de priorités… V. *intention du législateur, exposé des motifs, interprétation.*

DÉFRICHEMENT

Dér. de défricher, dér. lui-même de friche, d'origine incertaine.

- *Déboisement ; opération, en principe soumise à autorisation et donnant lieu au recouvrement d'une taxe, qui a pour résultat de détruire, même temporairement, l'état boisé d'un terrain et de mettre fin à sa destination forestière. Comp. *abattage.*

— **direct.** Coupe des arbres avec arrachage des souches et destruction des jeunes pousses.

— **indirect.** Destruction de l'état boisé d'un terrain résultant soit des coupes à blanc *étoc ou d'exploitation abusives suivies de *pacages, soit de dégâts causés par des lapins dont le propriétaire a favorisé le pullulement.

DÉFUNT, UNTE

Subst.

- Personne décédée ; **de cujus* (ex. C. civ., a. 720, 724 s.). V. *disparu, absent.*

DÉGAGEMENT (DES CADRES)

Dér. du v. dégager, comp. du préf. dé et de *gage. V. *cadre.*

- Mesure législative spéciale de *licenciement de fonctionnaires à la suite de suppression d'emplois.

DÉGÉNÉRESCENCE

Subst. fém., du v. dégénérer, lat. *degenerare,* de *genus, eris,* altération d'une qualité naturelle de l'espèce.

- Nom donné en doctrine à la transmutation qui affecte une *marque de fabrique, de commerce ou de service, lorsque celle-ci est devenue, dans l'esprit du public, par l'effet de sa notoriété, la désignation usuelle de l'objet (produit, service) auquel elle s'applique (ex. frigidaire, pédalo), et, par voie de conséquence, à la *perte, pour le propriétaire de la marque, des droits qui lui sont attachés (v. l. 4 janv. 1991, a. 28, qualifiant de *déchéance la dégénérescence résultant du fait du propriétaire).

DÉGRADATION

N. f. – Lat. *degradatio,* du v. *degradare* : priver de son rang.

- **1** Espèce de dommage ; détérioration. Comp. *déprédation, sabotage.*

— **de monument.** Délit correctionnel consistant à intentionnellement détruire, abattre, mutiler ou détériorer des monuments, statues ou autres objets destinés à l'utilité ou à la décoration publique et élevés par l'autorité publique ou avec son autorisation (C. pén., a. 322-2, 322-3-1).

- **2** Espèce de peine. Comp. *destitution, déchéance.*

— **civique.** Peine criminelle *infamante, aujourd'hui supprimée (1994), qui était prononcée à titre principal pour certaines *infractions politiques, ou à titre complémentaire pour certains crimes (not. à la suite de l'octroi des *circonstances atténuantes (C. pén. anc., a. 463)) et qui consistait dans la privation globale de certains droits (C. pén. anc., a. 28, 34 et 35).

— **militaire.** Naguère, peine accessoire aux peines criminelles, prononcée contre un militaire et dont le cérémonial d'exécution avait lieu devant les troupes en armes, aujourd'hui remplacée par la *perte du grade ou la *déchéance du rang.

— **nationale.** Peine criminelle, apparentée à la *dégradation civique – mais moins étendue – prévue par l'o. 26 décembre 1944, a. 23, contre les nationaux coupables d'indignité nationale.

DEGRÉ

N. m. – Comp. très ancien de *gré,* lat. *gradus* : marche, degré.

- **1** Élément de base d'un ensemble hiérarchisé ; chacun des niveaux de la *hiérarchie.

— **de *juridiction.**

a / Dans la succession des phases d'un procès (en première *instance ou sur recours), toute phase au cours de laquelle le juge est appelé à connaître le litige dans ses éléments de fait et de droit et à statuer en fait et en droit, à l'exclusion de celle qui est exclusivement consacrée à l'examen du droit ; en ce sens, l'instance de cassation, dans l'ordre judiciaire, n'est pas un degré de juridiction. V. *connaissance, pouvoir, juridiction.*

b / Par ext., dans la hiérarchie des juridictions de l'ordre judiciaire, qualification donnée aux juridictions de première instance (juridictions du premier degré) et aux juridictions d'appel (juridictions du second degré) à l'exclusion de la Cour de cassation. V. *ressort, *double degré de juridiction (principe du), *état de la *cause.*

- **2** Unité de relation entre les éléments d'un ensemble.

— **(*computation des).** Calcul consistant en *ligne directe (C. civ., a. 737), à compter autant de degré qu'il y a de *générations entre les personnes (ex. le fils est à l'égard du père au premier degré, le petit-fils au second) ; en ligne collatérale (C. civ., a. 738), à compter les degrés par générations depuis l'un des parents jusque et non compris l'auteur commun, et, depuis celui-ci, jusqu'à l'autre parent (ex. deux frères sont au deuxième degré, l'oncle et le neveu au troisième degré, les cousins germains au quatrième ; ainsi de suite).

— **de parenté.** Intervalle séparant deux *générations et servant à calculer la proximité de la parenté, chaque génération comptant pour un degré (C. civ., a. 741 s.). Ex. fils et fille sont, à l'égard de leurs père et mère, au premier degré. V. *ligne, ordre.*

DÉGRÈVEMENT

N. m. – Dér. de dégrever, comp. de grever, lat. *gravare* : charger.

- *Remise totale ou partielle d'une *imposition. Syn. *décharge. Comp. *exonération, dispense, franchise, affranchissement, réduction, décote, abattement, déduction.*

DÉGUERPISSEMENT

N. m. – Dér. de déguerpir, comp. d'un ancien v. *guerpir* : abandonner, empr. du francique *Werpan* et allemand *werfen* : jeter.

- *Abandon de la propriété ou de la possession d'un immeuble pour se soustraire aux charges foncières ou obligations *réelles qui le grèvent. V. *délaissement, renonciation, abandonnement, exponse.*

DÉGUISÉ, ÉE

Adj. – Part. pass. du v. déguiser, comp. de de et guise, manière d'être.

- Se dit de l'acte *occulte tenu *secret qui, correspondant à la volonté réelle des parties, est caché par elles sous l'*apparence d'un acte d'une autre nature (acte *simulé) dont il emprunte la forme. Ex. donation déguisée sous la forme d'une vente. V. *apparent, fictif, déguisement, simulation, contre-lettre.* Comp. *indirect.*

DÉGUISEMENT

N. m. – Dér. de déguiser. V. *déguisé.*

- Espèce de *simulation consistant, pour ceux qui entendent réaliser une certaine opération, à lui donner en la forme par acte *ostensible l'*apparence d'un acte d'une autre nature. Ex. dissimuler une donation sous l'apparence d'une vente. Comp. **interposition de personne.* V. *contre-lettre, simulé, occulte, fictif, fraude.*

DE JURE

Expression latine signifiant « *de droit ». V. *ipso jure, de plein droit.* Comp. *de plano, de lege, de facto.* V. *présomption, jus, jure.*

DÉLAI

Tiré de l'anc. franç. délaier, du lat. *dilatare* : retarder.

- **1** Espace de temps à l'écoulement

duquel s'attache un effet de droit. Ex. délai de *prescription (acquisitive).

• **2** Plus spécialement, laps de temps fixé par la loi, le juge ou la convention soit pour interdire, soit pour imposer d'agir avant l'expiration de ce temps. V. *exception, dilatoire.*

— ***congé.** Syn. délai de *préavis (V. ci-dessous).

— **d'action (ou de diligence).** Délai avant l'expiration duquel un acte ou une formalité doit être accompli, à peine d'irrecevabilité ou de forclusion. Ex. délai d'appel et, plus généralement, délai de recours.

— **d'attente.** Délai avant l'expiration duquel un acte ne peut, sous diverses sanctions (empêchement, nullité, *exception *dilatoire, V. CPC, a. 108) être valablement ou utilement accompli. Ex. délai de réflexion, délai de comparution, délai de viduité. V. *délibérer, *bénéfice de discussion ou de division.*

— **de carence.** V. *carence (délai de).*

— **de *congé.** Délai d'usage à observer entre la dénonciation d'une location verbale et sa cessation effective (C. civ., a. 1736).

— **de grâce.** Délai supplémentaire raisonnable que le juge peut, par un adoucissement de la rigueur du *terme, accorder au débiteur pour s'exécuter, compte tenu de la situation économique et de la position personnelle du débiteur (C. civ., a. 1244-1 ; CPC, a. 510).

— **de préavis.** V. *préavis (délai de).*

— **de procédure.** Délai d'attente ou d'action pour les actes de procédure (CPC, a. 640). V. *computation des délais.*

— **de réflexion.** Délai en général bref, imposé par la loi, avant l'expiration duquel le destinataire de l'offre ne peut manifester son acceptation (C. civ., a. 1122).

— **de *repentir.** Délai pendant lequel le propriétaire qui a refusé le *renouvellement du bail commercial peut se déclarer prêt à le consentir pour s'affranchir de l'indemnité à laquelle il a été condamné envers le locataire (par décision définitive).

— **de rétractation.** V. *rétractation.*

— **de viduité.** Délai d'attente (de 300 jours, sauf abrègement judiciaire) destiné à éviter une *confusion de paternité (ou de *part) que la *veuve, et par extension la femme divorcée, doit laisser s'écouler avant de contracter un nouveau mariage, sauf exception (accouchement après décès, certificat de non-grossesse) (C. civ., a. 228 anc.).

— ***franc.** Qualificatif naguère donné au délai de procédure dans le calcul duquel n'étaient compris ni le jour de l'acte, de l'événement, de la décision ou de la notification qui les faisaient courir ni – contrairement à la règle actuelle – le jour de l'échéance (le délai étant allongé d'un jour).

— **non franc (ou ordinaire).** Délai qui expire le dernier jour à vingt-quatre heures (sans allongement) (CPC, a. 642).

— **pour délibérer.** V. *délibérer (délai pour).*

— **préfix.** Délai d'action déterminé par la loi dont le cours, à la différence du délai de *prescription, n'est susceptible ni de suspension, ni d'interruption.

DÉLAISSEMENT

N. m. – Dér. de délaisser, comp. de laisser, lat. *laxare* : détendre, d'où laisser-aller.

• **1** Sens général : syn. *abandon.

• **2** Plus spécialement, fait, pour le *tiers détenteur d'un immeuble hypothéqué poursuivi par le créancier hypothécaire qui exerce le droit de suite, d'abandonner la possession de cet immeuble afin de n'être pas défendeur à la procédure de saisie (laquelle est alors poursuivie contre un curateur à l'immeuble délaissé, nommé à cet effet). Comp. *purge, dessaisissement, déguerpissement, abandonnement.*

• **3** Opération par laquelle, en cas de sinistre majeur, l'assuré abandonne le navire (ou la marchandise) ou ce qu'il en reste à l'assureur qui règle l'indemnité comme au cas de perte totale.

— **(droit de).** Nom donné au droit, pour le propriétaire d'un terrain (bâti ou non) réservé par le plan d'occupation des sols pour la réalisation d'un projet d'intérêt général (ouvrage public, voie publique, installation d'intérêt général, espace vert) d'exiger de la personne publique (collectivité publique, service public) au bénéfice de laquelle le terrain est réservé d'acquérir celui-ci, mise en demeure qui ouvre en réalité une période de négociation à issues multiples (transfert de propriété après accord amiable ou saisine du juge de l'expropriation, levée de la réserve). C. urb., a. L. 230-1 ; nom donné à la garantie équivalente offerte dans des situations voisines (ex, au propriétaire de terrains compris dans une *zone d'aménagement concertée).

- **4** Action d'abandonner quelqu'un, de le laisser en un lieu où il est livré à lui-même (not. afin de se soustraire à l'obligation de le garder), déréliction (dont l'*exposition d'enfant est un exemple antique) aujourd'hui incriminée, en quelque lieu qu'elle se produise, quand la personne délaissée est hors d'état de se protéger en raison de son âge ou de son état physique ou psychique (C. pén., a. 223-3 s.) ou un mineur de quinze ans, sauf, en ce cas, si les circonstances du délaissement ont permis d'assurer la santé et la sécurité de celui-ci (a. 227-1 s.). Syn. *abandon.* V. *mise en danger.*

DÉLATION

N. f. – Lat. *delatio* (du v. *deferre.* V. *déférer*).

- **1** *Dénonciation qui n'est pas à l'honneur de celui qui la fait.
- **2** Action de *déférer (ex. le *serment). V. *prestation, déposition.* Comp. *relation.*

DÉLÉGANT, ANTE

Adj. ou subst. – Part. prés. de déléguer.

V. *délégation.*

- Celui qui délègue. V. *délégataire, délégué.*

DÉLÉGATAIRE

Subst. ou adj. – Dér. de déléguer. V. *délégation.*

- **1** Dans la délégation de fonction, celui qui en est investi par délégation.
- **2** Dans le paiement par délégation, le créancier du *délégant qui accepte l'engagement du *délégué.

DÉLÉGATION

N. f. – Lat. *delegatio,* de *delegare* : déléguer, confier, s'en remettre à qqn.

► **I** (pour l'exercice d'une fonction)

- **1** Opération parfois permise par le Droit par laquelle le titulaire d'une fonction (ou, plus rarement, l'autorité qui le contrôle) en transfère l'exercice à une autre personne. Comp. *habilitation.* V. *alter ego.*

— **de l'*autorité parentale.** Acte par lequel un tribunal de grande instance transfère, totalement ou partiellement, à un particulier digne de confiance, à un établissement agréé à cette fin, ou au service départemental de l'aide sociale à l'enfance, l'exercice de L'*autorité parentale relativement à un enfant qui avait été remis à un tiers par ses père et mère ou recueilli sans intervention des père et mère (C. civ., a. 377 s.). Ex. délégation décidée à la demande des délégants (père et mère renonçant à l'exercice de leur autorité) et du délégataire (tiers investi).

— **de pouvoirs.**

a / (adm.). Transfert à une autorité délégataire désignée par sa fonction d'une compétence que le délégant ne pourra plus exercer tant que la délégation n'aura pas été rapportée.

b / (proc.). Acte par lequel un magistrat confie à un tiers certaines de ses attributions (n'est autorisée que si elle est partielle et prévue par la loi ou l'usage). Ex. délégation, par le président du tribunal de grande instance, à un magistrat de la même juridiction, de ses pouvoirs en matière de référé, ou par le juge d'instance à son secrétaire-greffier pour des opérations de scellés ; renvoi d'une affaire par le tribunal de commerce devant des arbitres-rapporteurs.

— **de signature.** Celle qui, investissant personnellement un délégataire, n'entraîne pas dessaisissement du délégant (ce dernier pouvant continuer à prendre lui-même les décisions dans les matières, objet de la délégation).

- **2** Par ext. nom souvent donné, quoique de façon parfois impropre à une *habilitation. Ex. Const. 1958, a. 38.
- **3** Groupe de personnes chargées ensemble de représenter un corps, une assemblée, un groupement.
- **4** Nom parfois donné à un service chargé d'une mission spéciale (ex. délégation générale à la recherche scientifique ou technique) ou à la représentation de l'État ou du gouvernement auprès d'une collectivité relevant de lui mais ayant une certaine vocation à l'autonomie ou à l'indépendance. Ex. délégation générale en Algérie en 1960.

— **de magistrat.** Acte par lequel le premier

président commet, en raison des besoins du service, un juge d'un tribunal de grande instance pour exercer des fonctions judiciaires dans un autre tribunal de grande instance du ressort de la cour d'appel.

— **spéciale.** Commission administrative temporaire composée de membres nommés par arrêté préfectoral qui, dans une commune, est chargée des actes de pure administration conservatoire et urgente lorsque le *conseil municipal soit ne peut être constitué, soit a été dissous, soit ne peut être réuni du fait de la démission de tous ses membres ou de l'annulation devenue définitive de l'élection de ceux-ci.

— **de service public.** Contrat par lequel une personne morale de droit public confie la gestion d'un *service public dont elle a la responsabilité à une personne publique ou privée, nommée délégataire, sur laquelle pèse au moins en partie le risque de son exploitation, dès lors que sa rémunération est fonction des résultats de celle-ci (Code gén. des collectivités territoriales, a. L. 1411-1). Comp. *partenariat (marché de).*

▸ **II** (pour l'exécution d'une obligation)

• Opération triangulaire dans laquelle, sur ordre d'une personne, nommée délégant, une autre personne, nommée délégué, s'engage envers une troisième personne, le délégataire, qui l'accepte comme débiteur (C. civ., a. 1336). V. *novation, stipulation pour autrui.*

— **imparfaite.** Délégation dans laquelle le délégataire reçoit l'engagement du délégué sans libérer le délégant, de telle sorte que la délégation lui donne un second débiteur (C. civ., a. 1338).

— **parfaite.** Nom donné à la délégation dans laquelle le délégataire, étant créancier du délégant et devenant créancier du délégué, décharge expressement le premier, de telle sorte que la délégation opère une *novation par changement de débiteur (C. civ., a. 1337).

▸ **III** (sens particulier)

— **de *recettes.** Opération, souvent analysée en une *cession de créance future, par laquelle le producteur d'un film investit son créancier du droit de percevoir auprès des exploitants, en remboursement de la dette, les recettes tirées de la diffusion de l'œuvre, action directe qui est attachée de droit, sauf convention contraire, au *nantissement cinématographique (C. cin., L. 123-1). Comp. *affectation.*

DE LEGE

Locution latine signifiant « en vertu de la loi » encore employée en ce sens. Comp. *de jure, ipso jure, de plano, de droit, de plein droit, de facto.*

DE LEGE FERENDA

Expression latine signifiant « quant à la loi à adopter », encore employée pour caractériser un raisonnement développé d'un point de vue législatif, dans la perspective d'une réforme, d'une amélioration au Droit existant. Syn. *en *législation.* Comp. *de lege lata.* V. **Droit idéal, *politique *législative, technique *législative, science *législative.*

DE LEGE LATA

Expression latine signifiant « relativement à la loi en vigueur », encore utilisée pour caractériser une analyse qui se réfère au *Droit *positif. Syn. *en Droit positif.* V. *critique législative.* Comp. *de lege ferenda, politique législative.*

DÉLÉGUÉ, ÉE

Subst. – Part. pass. substantivé du v. déléguer. V. *délégation.*

• **1** Syn. de *représentant. V. *mandataire, mandaté.*

— **consulaire.** Personne élue par des catégories professionnelles déterminées par la loi pour participer à l'élection des membres du tribunal de commerce et aux activités de la chambre de commerce et d'industrie.

—**s du personnel.** Représentants élus dans tout établissement de plus de dix salariés, en vue de servir d'intermédiaires entre les salariés et la direction, not. dans la présentation des réclamations.

—**s mineurs.** Délégués élus chargés de veiller à la sécurité dans les mines de charbon.

—**s syndicaux.** Représentants désignés dans toute entreprise ou tout établissement de plus de 50 salariés, par la section *syndicale de l'entreprise auprès de la direction.

• **2** Agent chargé d'une mission particulière. Ex. délégué à la liberté surveillée.

— **(magistrat).** Magistrat auquel a été confiée une *délégation. Ex. magistrat délégué à la protection de l'enfance désigné, au sein de chaque cour d'appel, pour présider la chambre spéciale de cette cour qui connaît en appel des décisions du *tribunal pour enfants. V. *spécial*.

- **3** Dans le paiement par délégation, celui que le *délégant charge de payer le *délégataire.

DÉLIBATION

N. f. – Lat. jur. *delibatio*, de *delibare* : goûter, prélever.

- (vx). Ancien terme employé pour désigner le *prélèvement d'une valeur sur une masse. Ex. le *préciput se prend par délibation sur la masse des biens communs.

DÉLIBÉRANTE (ASSEMBLÉE)

Part. prés. du v. *délibérer. V. *assemblée*.

- Celle qui a mission de *délibérer (sens 1) ; assemblée adoptant, par discussion et vote de ses membres, des lois ou des décisions pour la conduite politique et l'administration d'une collectivité. Ex. assemblées parlementaires, conseil général pour le règlement des affaires du département, conseil municipal pour celui des affaires de la commune. V. *délibératif*. Comp. *consultatif*.

DÉLIBÉRATION

Lat. *deliberatio*.

- **1** Sens principaux :
a / Réflexion ; opération par laquelle on réfléchit (seul ou avec d'autres) avant de prendre parti. Comp. *délibéré*.
b / Plus spécialement, examen d'un texte par une assemblée en vue de son adoption par *vote après discussion. V. *voix*.

- **2** Par ext.
a / Séance au cours de laquelle une assemblée délibère.
b / Adoption de la décision par l'assemblée au terme de l'examen.
c / Décisions ou avis issus de la séance au cours de laquelle une assemblée a délibéré. Ex. délibération du conseil municipal ou du conseil d'administration d'un établissement public. V. *résolutions, motion, loi, débat, discussion*.

— **réglementaire.** V. *réglementaire (délibération)*.

DÉLIBÉRATIVE (AVOIR VOIX)

Délibératif, du lat. *deliberativus* (réth.). V. *voix*.

- Se dit des personnes qui, dans un organe collégial, peuvent non seulement participer à la discussion, mais aussi prendre part au *vote. Ant. **voix *consultative*.

DÉLIBÉRÉ

Part. pass. substantivé du v. *délibérer.

- **1** *N. m.* – Nom spécialement donné aux *délibérations des juges (ou du juge), c'est-à-dire à la phase (secrète) du *jugement qui s'intercale entre les *débats et le *prononcé et qui peut avoir lieu soit séance tenante (délibéré sur le siège), soit après renvoi du jugement à une date ultérieure (délibéré en la *chambre du conseil). V. *voix, intime conviction, conseil*.

- **2** *Adj.* – Qui procède d'une résolution intime mûrement réfléchie ; se dit d'une action consciente et décidée, d'un fait que son auteur accomplit résolument après l'avoir examiné en lui et pesé : sens courant qui ne correspond pas nécessairement au sens que le droit pénal donne à *volontaire, *intentionnel ; une *faute délibérée peut être un *délit non intentionnel. V. *préméditation*.

— **(mise en).** V. **mise en délibéré*.
— **(note en).** V. **note en délibéré*.

DÉLIBÉRER

Lat. *deliberare* : faire une pesée dans sa pensée, réfléchir mûrement.

- **1** Au sein d'une *assemblée ou d'un *collège, examiner ensemble une question, procéder à un échange d'idées et d'opinions, avant de prendre une décision. Ex. une commission délibère, le jury délibère, les juges délibèrent ; se dit, à la limite, du juge unique qui examine seul une affaire ; par ext. prendre la décision. V. *voter, décider*.

- **2** Pour un particulier, réfléchir avant de prendre une décision ou un engagement. Ex. pour un héritier, réfléchir sur le point de savoir s'il renoncera à la succession ou s'il l'acceptera (purement et simplement ou sous bénéfice d'inventaire). V. *option*.

— **(*délai pour).** *Délai de réflexion dont

jouit l'héritier avant de prendre parti sur la succession, pendant lequel il ne peut être ni condamné, ni contraint d'opter (C. civ., a. 771), mais après l'expiration duquel il peut encore répudier la succession ou l'accepter à concurrence de l'actif net s'il n'a fait acte d'héritier.

DÉLICTUEL, UELLE

Adj. – Dér. de *délit.

- **1** Qui a sa *source dans un *délit (sens gén.) ou plus vaguement qui se rapporte à un tel délit, par opp. à *contractuel et *quasi contractuel. Ex. la *responsabilité délictuelle est celle qui résulte d'un délit (C. civ., a. 1382 s.). Comp. *délictueux, correctionnel, criminel, contraventionnel.*
- **2** Qui a sa source dans un *délit (sens spécifique) ou qui se rapporte à un tel délit, par opp. à *quasi délictuel ; en ce sens la faute délictuelle (intentionnelle) se distingue de l'imprudence, de la négligence et même* de la *faute *lourde non intentionnelle. V. *dolosif, inexcusable.*

— **(quasi).** V. *quasi délictuel.*

DÉLICTUEUX, UEUSE

Adj. – Dér. de *délit.

- Qui a le caractère d'un *délit (civil ou pénal) ; se dit du fait *illicite (de l'activité, du comportement, etc.) qui constitue le délit ou qui y tend (intention délictueuse). Comp. *illégal, frauduleux, dolosif, abusif.* V. *délictuel.*

DÉLINQUANCE

Dér. de *délinquant.

- **1** Ensemble des agissements délictueux dans un pays ou un groupe donné. Ex. délinquance juvénile. Syn. en ce sens de *criminalité (sens 1).
- **2** Parfois, la *violation de la loi pénale. Ex. acte de délinquance.

DÉLINQUANT, ANTE

Subst. – Dér. d'un ancien v. délinquer : commettre un délit, empr. du lat. *delinquere* faire défaut, faillir, être en faute.

- **1** (sens large). Celui qui commet une *infraction.
- **2** (sens restreint). Celui qui commet un *délit *stricto sensu*. Comp. *contrevenant, criminel.*
- **3** Celui qui a déjà été condamné (en général pour plus d'un fait) et dont on a sujet de craindre qu'il ne recommence. V. *délinquance.*

— **d'habitude.** Celui qui, en dépit de condamnations, retombe dans la délinquance, qu'il s'agisse des mêmes infractions ou d'infractions différentes. Comp. *récidiviste.* V. *délinquant primaire, repris de justice.*

— **primaire.** V. *primaire (délinquant).*

DÉLIT

N. m. – Lat. *delictum*, de *delinquere.* V. *délinquant.*

- Employé seul, peut désigner aussi bien le délit civil que le délit pénal.

▸ **I** (civ.) (on précise parfois « délit civil »)

- **1** (sens générique). Fait dommageable illicite, intentionnel ou non, qui engage la *responsabilité (*délictuelle) de son auteur (qui oblige celui-ci à réparer le dommage en indemnisant la victime) ; en ce sens, englobe aussi bien le *quasi-délit que le délit, au sens spécifique, et couvre à la fois le fait personnel (C. civ., a. 1382 anc., devenu 1240, et 1383 anc., devenu 1241), le fait d'autrui ou le fait des choses dont on doit répondre (a. 1384 anc., 1385 anc., 1386 anc., devenus a. 1242, 1243, 1244). Comp. *contrat, quasi-contrat, source, obligation.*
- **2** (sens spécifique). Fait dommageable intentionnel (accompli avec intention de causer le dommage), par opp. à *quasi-délit ; désigne parfois plus spécialement, dans cet ensemble, la faute intentionnelle. V. *dol.*

— **civil.**
a / Syn. *délit.*
b / Fait sanctionné par une *peine civile.
Ex. *recel ou *divertissement d'un bien faisant partie d'une succession ou d'une communauté.

— **(quasi).** V. **quasi-délit.*

▸ **II** (pén.)

- **1** (sens générique). Comportement

antisocial tombant sous le coup de la loi pénale ; *infraction. V. *incrimination, forfait, violation.*

- **2** (sens spécifique). Espèce d'infraction moins grave que le *crime et plus grave que la *contravention (C. pén., a. 111-1), que la loi détermine comme telle (a. 111-2), dont elle définit les éléments (a. 111-3) et fixe la sanction en précisant la peine correctionnelle qu'encourent ses auteurs (a. 111-2) devant le *tribunal *correctionnel (C. pr. pén., a. 381). V. *criminalisation, décriminalisation, correctionnalisation, délit non intentionnel, faute.*

— ***collectif** (au sens restreint). Infraction commise au sein d'un groupe qui est imputable à tous les membres de celui-ci dès lors qu'après sa commission ils se sont maintenus dans le rassemblement, même si elle ne peut être personnellement reprochée à chacun (ex. loi dite anti-casseurs du 8 juin 1970, ab.; C. pén., a. 105 anc., 314 anc. ; comp. a. 101, 213).

— **complexe.** Infraction qui suppose la commission de plusieurs actes matériels de nature différente que peuvent séparer des intervalles de temps et de lieu. Ex. l'*escroquerie, qui comporte, d'une part, des manœuvres frauduleuses, d'autre part, la remise de fonds ou valeurs. V. *délit simple.*

— **connexe.** Infraction qui, par un lien matériel ou moral, se rattache à une autre infraction par laquelle souvent elle s'éclaire et dont il importe de la rapprocher pour les besoins de l'instruction et du jugement. V. *connexité.*

— **continu.** Par opp. à *délit instantané, infraction dont l'exécution se poursuit pendant un temps plus ou moins long qui correspond à une persistance de la volonté coupable (ex. port illégal de décoration, séquestration arbitraire, non représentation d'enfant, recel…

- Syn. **délit successif.* Comp. *délit permanent.*

— **continué.** Infraction formée d'une série de faits similaires dont chacun, pris isolément, tombe sous le coup de la loi pénale, mais qui n'en constituent pas moins une infraction unique à raison de l'unité de résolution et de l'identité de droit violé. Ex. vol d'un tas de bois ou du contenu d'une barrique, par voie de soustractions répétées. Syn. délit collectif par unité de but. Comp. *délit d'habitude.*

— ***contraventionnel.** Infraction passible de peines correctionnelles, mais prévue par une loi spéciale, qui, à la différence des délits correctionnels prévus par le Code pénal et à la ressemblance de la plupart des contraventions, ne suppose ni intention délictueuse ni imprudence caractérisée, la bonne foi même établie de l'auteur de l'acte incriminé ne le faisant pas échapper à la répression (ex. délit de chasse, infraction douanière, infraction à la police des chemins de fer…).

— **d'audience.** Infraction commise à l'audience d'une juridiction de jugement et soumise à des règles de poursuite dérogatoires au droit commun (C. pr. pén., a. 675 à 678).

— **de blanchiment.** V. *blanchiment.*

— **de chasse.** Infraction à la police de la chasse. V. **délit contraventionnel.*

— **de *commission par omission.** Nom donné à une infraction [prétendue] qui consisterait à obtenir, par inaction volontaire, un résultat auquel, sous menace de peine, la loi interdit d'atteindre par un acte positif. Ex. le [prétendu] meurtre que commettrait celui qui, pouvant sauver une personne en danger de mort, la laisserait volontairement mourir faute de secours.

— **de droit commun.** Infraction qui n'est pas l'expression d'une criminalité spéciale, telle que la criminalité politique ou la criminalité militaire (C. pr. pén., a. 145-1 et 465).

— **de fuite.** V. *fuite.*

— **de pêche.** Infraction à la police de la pêche.

— **de presse.** Infraction dont la commission nécessite un élément de publicité qui peut se réaliser non seulement par la voie de la presse ou du livre, seul mode de publication envisagé par les rédacteurs de la loi du 29 juillet 1881, mais par tout autre mode de diffusion (radio, télévision, disque, film…).

— **d'habitude.** Infraction formée d'une série de faits similaires dont chacun pris en soi ne tombe pas sous le coup de la loi pénale, mais dont la répétition seule, à raison de l'habitude qu'elle implique, est érigée en infraction (le deuxième acte suffisant à constituer l'habitude). Ex. délit d'exercice illégal de la médecine, d'excitation *habituelle de mineurs à la débauche. Comp. *délit continué, réitération.*

— **d'*imprudence.** Infraction qui, à la différence du *délit intentionnel, n'implique pas l'*intention délictueuse, mais seulement une faute prouvée d'*imprudence ou de *négligence. Ex. homicide par imprudence. V. *délit non intentionnel*

— **d'initié.** Nom d'évocation donné à l'infraction boursière consistant dans l'utilisation illicite d'une *information *privilégiée sur le marché des valeurs mobilières, délit réprimé par de nombreuses législations (États-Unis, France, C. mon. et fin., L. 465-1) afin d'assurer, par la moralisation des pratiques boursières, le bon fonctionnement du marché et la protection de l'épargne. Ainsi nommé parce qu'il incrimine les personnes qui, rompant l'égalité des chances, exploitent par anticipation en connaissance de cause (par des *opérations qu'elles réalisent pour leur compte ou celui d'autrui, ou qu'elles permettent à des tiers mis au courant de réaliser) une information non connue du public qui influerait sur le cours des valeurs mobilières concernées, et dont elles ont connaissance du fait de leur situation (au sein de l'établissement émetteur comme organe de direction, ou d'administration, ou en raison de leur participation au capital, ou, en dehors de celui-ci, dans l'exercice de leurs fonctions ou de leur profession).

— **électoral.** Infraction ayant pour objet de fausser le résultat d'une élection, spécialement d'une élection de caractère politique.

— **(*flagrant)** (lat. *flagrans* : brûlant). Infraction qui se commet actuellement ou qui vient de se commettre ; il y a aussi crime ou délit flagrant lorsque, dans un temps très voisin de l'action, la personne soupçonnée est poursuivie par la clameur publique ou est trouvée en possession d'objets ou présente des traces ou indices laissant penser qu'elle a participé à l'infraction (C. pr. pén., a. 53).

— **forestier.** Infraction à la police des forêts.

— ***formel.** Infraction consommée par la seule mise en œuvre d'un moyen déterminé par la loi, abstraction faite du résultat. Ex. l'*empoisonnement (C. pén., a. 221-5). Ant. **délit matériel.*

— ***impossible.** Infraction qui, ne pouvant faute d'objet ou de moyens, être consommée, ne serait pas punissable, selon une doctrine aujourd'hui condamnée par la jurisprudence (celle-ci assimilant le délit impossible à une *tentative punissable).

— **instantané.** Par opp. à *délit continu, infraction appelée à se commettre en un instant. Ex. coups et blessures. Comp. *délit permanent.*

— ***intentionnel.** Infraction qui suppose une *intention délictueuse. Comp. *délit non intentionnel, *délit contraventionnel.* V. *faute, dol.*

— **manqué.** Infraction dont tous les actes matériels ont été accomplis mais qui n'est pas consommée par suite d'une cause indépendante de la volonté de son auteur ; se distingue mal de la *tentative punissable à laquelle il est assimilé par l'a. 2 du Code pénal.

— **maritime.** Infraction à la police du navire ou de la navigation maritime.

— ***matériel.** Par opp. à *délit formel, infraction qui n'est réputée consommée que lorsqu'a été atteint le résultat dommageable en considération duquel la loi la réprime. Ex. le *meurtre.

— **militaire.**

a / Au sens large, toute infraction qui relève de la justice militaire.

b / Au sens étroit et technique, infraction au devoir et à la discipline militaires.

— **non intentionnel.** Infraction perpétrée sans *intention de la commettre qui constitue un délit lorsque la loi le prévoit (C. pén. a. 121-3) :

1 / En cas d'*imprudence, de *négligence ou de *mise en danger délibérée de la personne d'autrui (al. 2).

2 / En cas de *faute d'imprudence, de négligence ou de manquement à une obligation de prudence ou de sécurité prévue par la loi, s'il est établi que, compte tenu de ses fonctions, l'auteur des faits n'a pas accompli les diligences normales (al. 3).

3 / S'il s'agit d'une personne physique qui n'a pas causé directement le dommage mais seulement contribué à sa réalisation (au sens de l'al. 4) à la condition que soit établie à sa charge une *faute *délibérée ou une *faute caractérisée, amorce de dépénalisation en faveur des élus locaux et des chefs d'entreprise.

— **permanent.** Délit consommé en un trait de temps, comme le *délit instantané au régime duquel il est soumis, mais dont les effets se prolongent pendant une certaine période par la force même des choses et sous la réitération de la volonté coupable de son auteur. Ex. *bigamie, infraction à la législation sur le permis de construire. Comp. *délit continu.*

— **politique.**

a / Au sens large, toute infraction liée à une pensée ou à une entreprise politique. Ex.

assassinat d'un chef d'État en vue d'un but politique.

b / Au sens étroit (parfois appelé délit politique pur), infraction portant atteinte exclusivement à l'ordre politique international ou interne. Ex. atteinte à la sûreté de l'État (C. pén., a. 410-1 s.).

— **praeterintentionnel** (comp. *de praeter*: au-delà de, et d'intentionnel). Infraction dans laquelle le résultat dépasse l'intention de l'agent. Ex. coups et blessures ayant entraîné la mort sans intention de la donner.

— **rural.** Infraction à la police rurale.

— **simple.** Par opp. à *délit d'habitude, ou encore à *délit complexe, infraction constituée par un fait matériel unique. Ex. le *vol.

— **successif.** Syn. **délit continu*.

▸ **III** (int. publ.)

• **1** Dans son acception la plus générale, acte illicite au regard du Droit international, not. violation par un sujet de droit d'une de ses obligations internationales.

• **2** Parfois, manquement à des règles d'une particulière importance, en raison not. des exigences de l'humanité. Dans cette acception, ne se distingue pas toujours clairement du *crime international.

• **3** En Droit pénal international, toute infraction dont les éléments constitutifs sont localisés sur le territoire de plusieurs États.

DELIVERY ORDER

Expression anglo-saxonne signifiant « ordre de livraison », utilisée pour désigner un titre à ordre représentant une fraction du connaissement qui donne à son bénéficiaire le droit d'obtenir la livraison d'une partie de la marchandise.

DÉLIVRANCE

N. f. – Dér. de délivrer, lat. *deliberare* : mettre en liberté, de *liberare,* id.

• **1** (sens courant). Action de remettre à une personne une chose ou un acte (ex. délivrance de la copie exécutoire d'un jugement) ; *remise effective d'un objet ou d'un document ; en ce sens la délivrance s'opère, en matière mobilière, par *tradition, ou correspond à la *livraison d'une marchandise. Comp. *retirement.*

— **de marchandises.** Opération matérielle qui consiste, pour le transporteur, à remettre la marchandise qu'il livre ou qu'il a livrée. V. *livraison.*

• **2** (en matière de vente).

a / Action consistant, de la part du vendeur, à mettre la chose vendue à la disposition de l'acquéreur au moment et au lieu convenus ; action qui, si la chose est *portable, se ramène à la précédente (remise effective) mais qui suppose seulement pour se réaliser, dans les autres cas, que la chose soit tenue à la disposition de l'acquéreur au lieu et au temps où il est en droit de se la faire remettre. Comp. C. civ., a. 1604. V. *agréation, retirement.*

b / Remise par le vendeur à l'acquéreur d'une chose conforme au contrat (la délivrance englobe en ce sens la mise à la disposition ci-dessus définie et la *conformité).

• **3** (en matière de legs). Action, pour les héritiers de mettre l'objet légué à la disposition du légataire (C. civ., a. 1004).

DÉLOYAL, ALE, AUX

Adj. – Dér. de *loyal, préf. de (lat. *dis*) exprimant la privation.

• Contraire à la *loyauté ; qui manque de loyauté ; se dit d'une personne (adversaire, rival, concurrent, partenaire, plaideur déloyal) et d'un acte ou d'une attitude (procédé, manœuvre, comportement déloyal). Ant. *loyal.* Comp. *dolosif, frauduleux, infidèle.* V. *concurrence déloyale.*

DÉLOYAUTÉ

Subst. fém. – Dér. de *loyauté, préf. de (privatif).

• Manquement à la *loyauté ; manque de franchise, de droiture ; dans un jeu, un débat, un combat, manquement aux règles qui le gouvernent, afin de l'emporter subrepticement par ce moyen ; tricherie ; parfois très voisin d'*infidélité. Ant. *loyauté.* Comp. *dol, fraude, dissimulation, mauvaise foi.*

DEMANDE

N. f. – Tiré du verbe demander, lat. demandare ; confier, qui a pris le sens de « demander ».

• **1** (proc.) Acte juridique par lequel une personne formule une *prétention qu'elle soumet au juge. Comp. *action, requête, assi-*

gnation, réclamation, réquisition. Terme improprement employé par la pratique pour désigner l'objet même de la demande, c'est-à-dire la *prétention soumise au juge. Ex. interdiction de former en cause d'appel des « demandes nouvelles », c'est.à.dire plus exactement de « nouvelles prétentions ».

— ***accessoire.** Demande formulant une prétention secondaire qui découle de la réclamation *principale. Ex. demande en paiement des intérêts d'un capital dont on se prétend créancier.

— ***additionnelle.** Variété de demande *incidente par laquelle un plaideur propose d'élargir ou de modifier la portée de sa demande *principale ou *reconventionnelle.

— ***alternative.** Demande tendant à deux fins dont l'une, si elle est admise par le juge, exclura l'autre. Ex. demande en livraison de la marchandise payée ou en restitution du prix ; se distingue de la demande *subsidiaire en ce que cette dernière est formulée seulement pour le cas où la demande *principale ne serait pas accueillie.

— ***connexe.** Demande présentant avec une autre, soumise au même tribunal ou à un tribunal différent, un lien tel qu'il est indispensable d'instruire et de juger ensemble les deux affaires afin d'éviter une contrariété de décisions. V. *connexité.*

— **en distraction.** V. *distraction (demande en).*

— **en garantie.** V. *garantie.*

— ***incidente.** Demande qui, formée au cours d'un procès déjà né, soit par le demandeur (demande *additionnelle), soit par le défendeur (demande *reconventionnelle), soit par un tiers (demande en *intervention) tend à modifier les données de l'acte introductif d'instance, et est recevable dès lors « qu'elle se rattache aux prétentions originaires par un lien suffisant » (CPC, a. 70, 325).

— **indéterminée.** V. *indéterminé.*

— ***introductive d'instance.** Acte par lequel une personne lance un procès. V. *acte introductif d'instance, demande principale, assignation, ajournement, citation, requête.*

— ***nouvelle.** Demande par laquelle une partie soumet au juge une prétention qui modifie sa réclamation initiale et par là l'objet du litige (recevables au premier degré dès l'instant qu'elles présentent avec la prétention originaire un lien suffisant, les demandes nouvelles ne peuvent qu'exceptionnellement être soumises au juge d'appel ; CPC, al. 564).

— ***principale.**

a / Demande *initiale ou originaire (demande *introductive d'instance), par opp. à demande *incidente.

b / Demande qui porte sur l'objet essentiel d'un litige par opp. à demande *accessoire ou *subsidiaire.

— ***reconventionnelle.** Celle par laquelle le défendeur originaire prétend obtenir un avantage autre que le simple rejet de la prétention de son adversaire (CPC, a. 64) ; par ex. le divorce à son profit ; cependant la demande reconventionnelle peut être *subsidiaire relativement à la *défense au fond. Ex. le défendeur à une demande en divorce pour rupture de la vie commune peut, s'il le précise, ne demander reconventionnellement le divorce pour faute que pour le cas où la défense qu'il oppose, principalement, au divorce pour rupture de la vie commune serait rejetée. Comp. *conclusion en réponse.*

— ***subsidiaire.** Demande formée à titre éventuel, pour le cas où la demande *principale (*b*) ne serait pas accueillie par le juge (ex. demande principale en résiliation d'un bail pour cause d'inexécution de ses obligations par le preneur et demande subsidiaire en dommages-intérêts pour le cas où la résiliation ne serait pas prononcée). V. *demande reconventionnelle.*

- **2** Plus généralement et plus vaguement (sens courant), action de solliciter quelque chose de quelqu'un, toute *réclamation ; désigne l'action de s'adresser à quelqu'un pour en obtenir quelque chose, par ext. la chose demandée, parfois l'acte dans lequel le désir est formulé. Ex. demande d'emploi, de renseignements, d'explications, d'aide ; demande en mariage… V. *doléance, revendication, pétition.*

DEMANDEUR, DERESSE

Subst. – Dér. du v. demander.

- **1** (proc., sens ordinaire). Celui qui a pris l'initiative d'un procès (demandeur principal, initial). V. *appelant, requérant, défendeur, réclamant.*
- **2** (proc., dans une acception plus technique). Celui qui formule en justice une prétention soit au début (demandeur

principal), soit au cours du procès (demandeur reconventionnel) ; en ce sens, le *défendeur est demandeur à la prétention qu'il émet.

ADAGE : *Reus in excipiendo fit actor.*

- **3** Plus généralement (sens courant), l'auteur d'une *demande (sens 2), celui qui sollicite, pour lui ou d'autres, un avantage (aide, autorisation, subvention, etc.). Ex. demandeur d'*asile.

DÉMARCHAGE

N. m. – Comp. de démarche, tiré du v. démarcher, comp. de marcher : proprement et anciennement fouler aux pieds ; lat. pop. *marcare* : marteler, broyer, de *marcus* : marteau.

- Activité (vue avec méfiance par la loi) consistant à se rendre à domicile (ou même sur un lieu de travail) pour solliciter la conclusion d'un contrat. Ex. démarchage de prêts d'argent. Comp. *colportage, vente de porte à porte ou à domicile, vente sur échantillon, placier, VRP, consommateur.*

— **financier.** Action de solliciter à domicile (ou, sauf exception, dans un lieu public) l'achat ou la souscription de valeurs mobilières. V. AMF.

DÉMARCHE

N. f. – V. le précédent.

- Forme de *négociation diplomatique qui se caractérise par le déplacement, auprès d'une autorité étrangère ou d'un organisme international, d'un ou plusieurs agents qualifiés.

DÉMARCHEUR, EUSE

Subst. – Dér. de *démarche.

- Celui ou celle qui se livre professionnellement au *démarchage pour le compte d'autrui. V. *intermédiaire.*

DÉMARIAGE

N. m. – Préf. dé, priv., et *mariage.

- Terme ancien, de nouveau employé en doctrine, pour désigner les diverses formes de séparation juridique des époux (*divorce, *séparation de corps, *annulation du mariage, séparation de fait judiciairement autorisée ou constatée), ou même la séparation de fait. V. *dissolution.*

DÉMATÉRIALISATION

N. f. – Du v. dématérialiser, de dé et *matériel.

- **1** Opération liée à de nouvelles technologies consistant à remplacer un support matériel tangible (monnaie fiduciaire, titre au porteur) qui circule entre les mains des intéressés comme instrument de paiement ou de commerce, par un support comptable centralisé, sous des modalités diverses (ex. procédé électronique), système qui suppose cependant que soient replacés entre les mains des intéressés d'autres éléments matériels de preuve ou de fonctionnement (certificat, carte de paiement), en quoi la dématérialisation est moins matérielle que juridique.
- **2** Plus spécialement, assujettissement des valeurs mobilières à une inscription en compte chez la société émettrice ou un intermédiaire habilité (1981) d'où il résulte que les titres inscrits ne peuvent se transmettre que par virement de compte à compte, mode de transmission qui abolit, pour les *titres au porteur, le système antérieur de l'*incorporation du droit dans le titre. V. *meuble *corporel, réalité, détention.*
- **3** (autre application). Système juridique consistant à dissocier un droit de l'élément matériel qui en assurait la mise en œuvre en substituant à ce dernier un autre procédé (scriptural, intellectuel, etc.), une autre formalité. Ex. dématérialisation par accomplissement d'une formalité de publicité du droit de rétention.

DÉMEMBREMENT

N. m. – Dér. du v. démembrer, comp. de membre, lat. *membrum.*

► **I** (civ.)

- **1** Action de détacher certains droits de la propriété pour les transférer à d'autres qu'au propriétaire ; dissociation de la *pleine propriété. Ex. constitution d'un *usufruit. V. **nue propriété.*
- **2** Par ext. droit réel ainsi détaché (parfois nommé droit démembré), comportant

au profit d'un autre que le propriétaire, certains des attributs du droit de propriété. Ex. emphytéose, usufruit, servitude. Comp. *assec, évolage, bandite.* V. *propriété (demembrement de la).*

▸ **II** (publ.)

— **de l'administration.** Expression employée pour la première fois par la Cour des comptes dans son rapport de 1960-1961, pour désigner des organismes intermédiaires de statuts divers (*établissements publics, *sociétés d'économie mixte ou privées, *associations de la loi de 1901), créés par l'administration en marge de ses structures propres en vue de remplir certaines missions incombant normalement à un ministère ou à un autre établissement public, sans être soumis aux règles budgétaires et comptables applicables aux opérations portant sur des deniers publics.

— **de territoire.** Division d'un territoire entre plusieurs collectivités préexistantes ou nouvelles qui produit de nombreux effets, not. en ce qui concerne la *nationalité, les dettes publiques, les jugements et les traités. Comp. *sécession.* V. *autonomie, indépendance.*

DÉMENCE

N. f. – Du lat. *demens* : privé d'esprit.

- Expression anciennement utilisée pour désigner une espèce de *trouble mental (psychique ou neuropsychique), grave *altération des facultés mentales qui, médicalement établie, autorise un traitement portant atteinte à la liberté de l'individu, justifie un régime de *protection de ses intérêts civils (C. civ., a. 425) et constitue une cause de *nullité des actes juridiques (C. civ., a. 414-1, 901) et d'*irresponsabilité pénale (C. pén., a. 122-1), tout en laissant subsister l'obligation de réparer le dommage causé à autrui (C. civ., a. 414-3). Aujourd'hui remplacée dans le Code civil par la notion d'altération des facultés personnelles. Syn. *insanité d'esprit, *aliénation mentale, *folie. V. *placement dans un établissement de soins, tutelle, curatelle, sauvegarde de justice.*

DEMEURE

N. f. – Tiré de demeurer, lat. *demorari* : tarder, rester.

- **1** Terme générique englobant le *domicile, et la *résidence, utilisé pour énoncer les effets qui en découlent indifféremment, not. comme critère déterminateur de la compétence juridictionnelle territoriale (CPC, a. 42 et 43).
- **2** Prend en certaines expressions le sens de retard.

— **(être mis ou constitué en).**

a / Être – au regard du Droit – en retard pour exécuter une obligation, situation juridique dans laquelle se trouve le débiteur soit à partir du moment où il reçoit du créancier sommation de s'exécuter, soit de plein droit en certains cas (conventions des parties, obligation délictuelle, violation d'une obligation de ne pas faire) et qui a pour caractéristique de mettre à sa charge des *dommages-intérêts (*moratoires) et les *risques (C. civ., a. 1231, 1344-2, 1351).

b / Expression parfois employée pour désigner la situation du créancier qui refuse de recevoir paiement de sa créance à partir du moment où le débiteur lui a fait des offres suivies de consignation, lesquelles libèrent le débiteur et mettent les risques à la charge du créancier (C. civ., a. 1345).

— **(*mise en).** *Interpellation en forme de *sommation, *lettre missive ou tout acte équivalent, aux termes de laquelle un créancier notifie à son débiteur sa volonté de recouvrer sa créance (C. civ., a. 1344).

DEMI-FRÈRE

Adv. demi, lat. *dimidius* : à moitié. V. *frère.*

- *Frère de père seulement (*consanguin) ou de mère seulement (*utérin). Comp. *germain.*

DÉMILITARISATION

N. f. – Dér. du v. démilitariser, comp. de militariser, dér. de militaire, lat. *militaris,* de *miles(militis)* : soldat.

- Mesure de sûreté internationale qui – en tout ou en partie – interdit la présence de forces ou d'installations militaires sur un territoire déterminé (dit zone démilitarisée), ou ordonne la destruction des ouvrages existants.

DEMI-SŒUR

Demi, lat. *dimidius* : à moitié. V. *sœur.*

- Sœur de père seulement (*consanguine)

ou de mère seulement (*utérine). Comp. *germain.*

DÉMISSION

N. f. – Lat. *demissio,* de *demittere* : faire descendre, abaisser.

- Acte par lequel une personne (agent public, dirigeant de société, préposé) renonce – spontanément ou sous l'effet d'une contrainte légale – à l'exercice de ses fonctions et dont l'effet est parfois subordonné (ainsi pour le fonctionnaire) à son acceptation par l'autorité de nomination, Comp. *abstention, récusation.*

— **d'office.** Procédure de désinvestiture forcée, équivalant à une révocation et prévue pour divers agents (ex. les titulaires d'une fonction publique élective) dans le cas de certains manquements.

— **en *blanc.** Opération recouvrant soit une *renonciation à terme non précisée, soit une *révocation déguisée.

DÉMOCRATIE

N. f. – Du gr. δημοκρατία, de δημος peuple et κρατειν : commander.

- Régime politique dans lequel le pouvoir suprême est attribué au *peuple qui l'exerce lui-même, ou par l'intermédiaire des représentants qu'il élit. Ant. *aristocratie, oligarchie, autocratie, monarchie.*

— ***directe.** Régime dans lequel le peuple adopte lui-même les lois et décisions importantes et choisit lui-même les agents d'exécution. V. *suffrage.*

— **indirecte.** Régime dans lequel le rôle du peuple se borne à élire des représentants.

— **semi-directe.** Variété de la démocratie indirecte dans laquelle le peuple est cependant appelé à statuer lui-même sur certaines lois. Comp. *référendum, veto populaire, initiative populaire.*

DÉMOCRATIQUE

Adj. – Du gr. δημοκρατικος.

- **1** Qui se rapporte à la *démocratie ; qui est fondé sur la démocratie ou conforme à ses exigences. Ex. Constitution démocratique, consultation démocratique. Comp. *populaire.* V. *universel (suffrage), national, représentatif, parlementaire, républicain.*
- **2** Dans les démocraties libérales, favorable au peuple, par ext. *libéral, tolérant. Comp. *permissif.*

DÉMONÉTISATION

Dér. du v. démonétiser, du lat. *moneta* : *monnaie.

- Fait d'ôter sa valeur légale à une monnaie.

DÉMONSTRATIF, VE

Adj. – Lat. *demonstrativus* : qui sert à montrer, à indiquer.

- **1** Qui démontre ; se dit soit d'un élément de *preuve (indice, fait matériel, témoignage), propre à établir la réalité d'un fait, soit d'un *argument qui emporte la *conviction. Syn. *probant, décisif.* Comp. *pertinent, concluant.* V. *raisonnement juridique.*
- **2** Qui illustre à titre d'*exemple ; qui éclaire la règle et incite à en développer l'application. Ex. énumération démonstrative. Syn. *indicatif.* V. *exemplarité, analogique.*

DÉMONSTRATION

N. f. – Lat. *demonstratio,* du v. *demonstrare* : montrer, faire voir.

- **1** (sens courant). Action de démontrer et résultat de cette action ; plus précisément : ***a /*** (s'agissant d'une proposition de droit). Action d'en établir le *bien-fondé ; *argumentation ; *raisonnement. V. *concluant.*

b / (s'agissant d'un point de fait). Action d'en établir l'existence ou l'exactitude ; syn. manifestation, établissement. Ex. démonstration de la *vérité. V. *preuve, constatation, justification, évidence, conviction.*

- **2** Réunion de forces militaires, en général navales ou aériennes, par mesure de police internationale ou d'intimidation, qui ne constitue pas en elle-même un acte d'agression.

DÉNATIONALISATION

N. f. – Dér. du v. dénationaliser, comp. de nationaliser, lui-même dér. de *national.

- Opération inverse de la *nationalisation qui s'analyse en un transfert de la propriété d'entreprises du secteur public au secteur privé (Const. 1958, a. 34) ; privatisation.

DÉNATURATION

N. f. – Dér. du v. dénaturer, comp. du préf. dé et de *nature, lat. *natura.*

- **1** Altération par le juge du fond du sens clair et précis d'un écrit (contrat, testament, rapport d'expertise, loi étrangère) qui, excédant le *pouvoir souverain d'*interprétation du juge du fait, donne *ouverture à cassation (C. civ., a. 1192).
- **2** (spéc.). Méconnaissance des éléments *essentiels du contrat, erreur de droit qui, excédant l'*appréciation souveraine des juges du fond, encourt la censure de la cour de cassation. V. *qualification, interprétation.*

DÉNÉGATION

N. f. – Lat. *denegatio,* dér. de *negare* : nier.

- **1** *Refus, de la part d'une partie, de reconnaître un fait que son adversaire lui impute ou, plus généralement allègue contre lui ; démenti. V. *contestation, prétention, affirmation.*
- **2** Par ext., refus d'accorder un droit ou, pour une partie, de reconnaître celui de son adversaire.
- **3**
  — **d'*action.** Non-reconnaissance à un plaideur du droit d'agir en justice, dans les cas où sa demande se heurte à une *fin de non-recevoir (ex. chose déjà jugée). Comp. *déni.*
- **4**
  — **d*écriture.** Déclaration par laquelle celui auquel on oppose un *acte sous seing privé refuse de reconnaître comme sienne l'écriture (ou la signature) que lui attribue son adversaire, à charge pour ce dernier de provoquer une *vérification d'écriture. Comp. de la part des héritiers, la reconnaissance ou la méconnaissance de l'écriture de leur auteur. Comp. *sincérité, faux, aveu.*

DÉNI DE JUSTICE

N. m. – Tiré de dénier, lat. *denegare.* V. *justice.*

- (Sens gén.). Manquement au devoir de justice ; par ext. impossibilité, pour qui le demande, d'obtenir justice.

▸ **I** (adm.)

- Expression utilisée pour désigner la situation résultant de la contrariété de décisions définitives rendues au fond dans les litiges portant sur le même objet par des juridictions administrative et judiciaire, respectivement saisies. V. *conflit de décisions.*

▸ **II** (civ. et pén.)

- **1** Pénalement, abstention incriminée comme *entrave à l'exercice de la justice, qui consiste pour tout juge ou détenteur de la force publique (administrateur, autorité administrative), lorsqu'il en est requis conformément à l'a. 434-7-1 du C. pén., à refuser, sous quelque prétexte que ce soit, de rendre la justice qu'il doit aux parties, c'est-à-dire, si c'est un juge, à trancher un litige ou à répondre force publique, à assurer l'exécution d'une décision de justice (C. civ., a. 4).
- **2** *Refus de juger sous prétexte du *silence, de l'obscurité ou de l'insuffisance de la loi, civilement considéré comme une abstention illicite, cause de réformation ou de cassation de la décision, même lorsque toutes les conditions requises pour qu'il y ait infraction à la loi pénale ne sont pas réunies (C. civ., a. 4). V. *Vide juridique.*

▸ **III** (int. priv.)

- Situation dans laquelle, les tribunaux français étant incompétents pour connaître d'un litige, il apparaît néanmoins que celui-ci ne trouverait pas de juge hors de France, la compétence internationale française pouvant alors s'affirmer de ce seul chef, à titre subsidiaire.

▸ **IV** (int. publ.)

- **1** Dans son sens le plus large, tout manquement ou toute défaillance de l'État dans le devoir qu'il a d'organiser ou d'exercer la fonction juridictionnelle de façon à assurer une protection judiciaire minimale des étrangers.
- **2** Dans son sens le plus communément répandu, toute mauvaise administration de la justice au sujet de litiges concernant des ressortissants étrangers (fait apprécié en fonction de standards internationaux relatifs aux appareils judiciaires et dégageant un comportement moyen et normal de ceux-ci).

• **3** Dans un sens très étroit, refus opposé aux ressortissants étrangers d'accéder aux instances juridictionnelles.

DENIERS

Subst. masc. plur. – Lat. *denarius,* qui a désigné diverses sortes de monnaies.

• L'argent en général ; par opp. aux biens en *nature désigne, dans un patrimoine ou une masse de biens, les *fonds et *disponibilités financières (argent *liquide ou sommes inscrites au crédit des comptes bancaires, etc.). Ex. les deniers de la communauté. Désigne tout spécialement les sommes – à distribuer aux créanciers – qui proviennent d'une procédure d'exécution (vente sur saisie), l. 9 juill. 1991, a. 38. V. *numéraire, trésorerie, espèces, liquidités, distribution, capitaux.*

— **à Dieu.**

a / Nom parfois encore donné aux *arrhes dans les locations verbales de maison, l'engagement du personnel domestique, etc.

b / Gratification donnée au concierge par le locataire lors de l'entrée en jouissance. Comp. *pourboire, épingles, bouquet.*

— **découverts (à).** Expression équivalente à argent *comptant.

— ***publics.** Deniers de l'État, des collectivités publiques et des établissements publics soumis aux règles de la comptabilité publique. V. *Trésor, finances.*

DÉNIGREMENT

Subst. masc. – Du v. *dénigrer

• Action de décrier ouvertement un concurrent (identifié ou identifiable), ou un produit rival, de rabaisser sa renommée dans l'esprit de la clientèle, de le discréditer, médisance publique (souvent publicitaire) qui, sauf la tolérance d'une critique modérée, constitue un acte de *concurrence déloyale. Comp. *publicité comparative, dépréciation.*

DÉNIGRER

V. – Lat. *denigrare* : peindre en noir.

• Noircir la réputation d'un concurrent, discréditer un produit, décrier. Comp. *déprécier, dépriser.*

DÉNOMBREMENT

Dér. du v. dénombrer, lat. *denumerare.*

• Opération consistant à déterminer le nombre des individus ou des objets de même catégorie se trouvant en un lieu déterminé. Ex. le *recensement de la population. Comp. *recolement, classement, inventaire, description, désignation.*

DÉNOMINATION

N. f. – Lat. *denominatio,* comp. de *nomen* : *nom.

• **1** *Appellation ; nom donné à un fait ou à un acte par la loi ou les intéressés (CPC, a. 12). Comp. *qualification.*

• **2** Nom désignant une société, soit par indication de son objet, soit par une appellation de fantaisie, soit par un nom de personne ; se distingue de la *raison sociale et du *nom commercial. V. *enseigne.*

DÉNONCIATION

N. f. – Lat. *denunciatio* : annonce, notification, déclaration.

► **I** (pén.)

• **1** (sens gén.). Déclaration écrite ou orale par laquelle une personne informe les autorités judiciaires de la commission d'un acte délictueux.

• **2** (sens étroit). Une telle déclaration, lorsqu'elle émane d'un tiers qui n'a pas été victime de l'infraction, contrairement à la *plainte.

— **calomnieuse.** Déclaration *mensongère par laquelle un individu (le dénonciateur), imputant à un autre (la personne dénoncée) un fait qui expose ce dernier à des sanctions (judiciaires, administratives, disciplinaires) et qu'il sait inexact, porte ce fait à la connaissance de personnes investies du pouvoir d'infliger ou de provoquer ces sanctions (autorités de police, supérieur hiérarchique, employeur), *imputation incriminée en raison de la malveillance de son auteur, de la fausseté du fait dénoncé et de la gravité de ses conséquences pour la personne calomniée (C. pén., a. 226-10). Comp. *accusation.* V. *faux.*

— **par l'autorité étrangère.** Acte officiel par lequel l'autorité d'un pays étranger dans lequel un Français a commis un délit contre

un particulier avertit le ministère public français aux fins éventuelles de poursuites.
— **obligatoire.** Déclaration imposée par la loi pénale aux personnes ayant connaissance de certains faits délictueux. Ex. C. pén., a. 434-1, 434-3. V. *non-dénonciation.*

▸ **II** (pr. civ.)

- *Notification d'un acte de procédure à une personne qui a intérêt à le connaître, bien qu'elle n'y ait pas été partie. Ex. dénonciation au tiers saisi, par le créancier saisissant, de la saisie-arrêt opérée entre les mains du tiers saisi et au tiers saisi de l'assignation du débiteur en validité de la saisie-arrêt, cette dernière étant appelée, dans la pratique, *contre-dénonciation.

— **de la *constitution.** Nom donné dans la pratique à l'acte par lequel l'avocat du défendeur informe celui du demandeur qu'il est constitué (CPC, a. 756).

▸ **III** (int. publ.)

- Expression unilatérale, par une partie à un accord, de sa volonté de ne plus être liée par cet accord ; terme réservé aux hypothèses où le retrait unilatéral est prévu soit par une clause de l'accord en question, soit par une règle de droit international (changement de circonstances, violation de l'accord par une autre partie…) ; au cas contraire, on parle de *répudiation.

▸ **IV** (Civ.)

— **de nouvel œuvre.** Nom traditionnel donné à l'ancienne *action *possessoire, de type préventif, tendant à obtenir du juge l'ordre de suspendre les travaux entrepris sur un fonds voisin, afin d'éviter le *trouble possessoire qui aurait risqué d'en résulter pour le fonds menacé que l'on possède ou détient. V. *complainte, réintégrande, protection possessoire.*

DÉONTOLOGIE

N. f. – Du gr. *deon, deontos* : devoir et *logos.*

- Ensemble des *devoirs inhérents à l'exercice d'une activité professionnelle libérale et le plus souvent définis par un *ordre professionnel. V. *disciplinaire, conscience, honneur.*

DÉONTOLOGUE

N. f. ou m.

- Personne chargée, au sein d'une entreprise, de contrôler la *conformité des actes et des procédures aux lois et aux règles de bonne conduite, et de sensibiliser le personnel à celles-ci. Équivalent étranger : *compliance officer.* JORF 28.12.2006 p. 19781.

DÉPARTEMENT

N. m. – Dér. du v. départir : partager, comp. de partir au sens ancien de partager.

- **1** Structure de l'administration territoriale, ayant la double qualité de *collectivité locale et de *circonscription de l'administration d'État. Le département est divisé en *arrondissements, *cantons et *communes.

— **d'outre-mer.** Nom donné à certaines anciennes colonies, désormais assimilées en principe à des départements de la métropole mais présentant encore certaines particularités pour l'adaptation du régime juridique national à leurs situations propres (V. a. 73, Const. 1958).

- **2** Division de l'administration centrale.

— **ministériel.** Ensemble des services administratifs placés sous l'autorité d'un ministre ; écrit sans qualificatif et avec une majuscule le mot Département désigne dans le langage administratif le ministère des Relations extérieures.

DÉPARTEMENTAL, ALE, AUX

Adj. – Dér. de *département.

- Qui appartient ou qui se rapporte au *département. Ex. *chemin départemental, affaires départementales. Comp. *communal, municipal, régional, national.*

DÉPARTIR

De partir : partager, et aussi se séparer, abandonner.

- **1** *Attribuer en partage ; assigner comme part. V. *allotir.*
- **2**

— **(se).** Pour l'auteur d'une promesse, reprendre unilatéralement sa parole ; se dédire (C. civ., a. 1590). V. *dédit, arrhes.*

DÉPARTITEUR

Adj. – Comp. de partir : partager.

V. **juge départiteur.*

DÉPASSEMENT (DROIT À)

Dér. du v. dépasser, comp. de dé, et passer, lat. vulg. *passare.* V. *droit.*

- Possibilité laissée à certains médecins de réclamer des honoraires supérieurs à ceux prévus par les conventions conclues avec la Sécurité sociale.

DÉPEÇAGE

Préf. dé et dér. de *pièce.

- Terme métaphorique employé en doctrine pour désigner la tendance à soumettre à des lois diverses les éléments d'une situation ou d'une institution dont l'unité appellerait l'application d'une seule loi. Ex. dans le domaine des contrats, méthode aboutissant à soumettre à des lois distinctes chacun des actes qui manifestent l'accord des parties et réalisent l'exécution de leurs obligations.

DÉPÉNALISATION

N. f. – Néol. comp. du préf. négatif dé et de *pénalisation.

- Opération consistant à soustraire un agissement à la sanction du droit pénal (Ant. *incrimination*) ; d'où tendance en ce sens de la politique criminelle, dans certaines matières. Ex. dépénalisation (relative) de Droit commercial ; ne pas confondre avec **décriminalisation* ; n'est pas le contraire de **pénalisation.*

DÉPENDANCE

Subst. fém. – V. le suivant.

- **1** *Subordination dans le *travail qui caractérise la situation juridique du *salarié et le « contrat de travail » ; s'oppose à l'indépendance dans l'exercice d'une profession. V. *préposition (lien de).*
- **2** Absence d'*autonomie du comportement d'une personne par rapport à une autre, résultant de *sujétions financières ou autres (psychologique, sentimentale…) ; plus spécifiquement, entre partenaires économiques, état de subordination de celui (distributeur, sous-traitant, producteur) qui ne dispose d'aucune solution équivalente dans ses approvisionnements ou ses débouchés ; o. 1er déc. 1986, a. 8 (2).

— **(abus de l'état de).** Exploitation par une partie de la situation de sujétion dans laquelle se trouve son cocontractant afin d'obtenir de lui un engagement qu'il n'aurait pas souscrit en l'absence d'une telle contrainte et d'en tirer un avantage manifestement excessif (C. civ., a. 1143). V. *violence.*

— **économique (abus de).** Exploitation *abusive de cet état ; pratique anticoncurrentielle consistant, pour une entreprise, à soumettre son partenaire obligé à des conditions commerciales injustifiées ou à rompre les relations commerciales, délit considéré comme caractérisé lorsque cette exploitation trouble le jeu de la *concurrence sur le *marché *(ibid.).* Comp. *position dominante (abus de) ; clause *abusive (abus de puissance économique).*

- **3** Par opp. à *indépendance (sens 1, b) *subordination d'un État à un autre ; assujettissement. Comp. *allégeance.*
- **4** Syn. d'*interdépendance (sens 2).

DÉPENDANCES

Subst. fém. plur. – Dér. de dépendre, lat. *dependere* : prendre de, d'où se rattacher à.

▸ **I** (civ.)

- **1** Constructions et installations utilitaires (garage, grange, étable, écurie, remise, four, lavoir) qui font partie des *accessoires d'un immeuble et sont en général comprises dans les opérations relatives au corps principal dont elles dépendent.
- **2** Dans la pratique notariale, s'entend plus largement encore de tous les accessoires d'un immeuble pour compléter, à toutes fins utiles, la *désignation des immeubles ; tend à supplanter des locutions désuètes *(*circonstances et dépendances, *aisances et dépendances, *appartenances)* en empruntant leur sens. Comp. *annexe, *immeuble par destination, servitudes.*

► **II** (adm.)

- Biens faisant partie du *domaine public des personnes administratives.

DÉPENS

Subst. masc. plur. – Lat. *dispensum* de *dispendere,* dépenser.

- Partie des *frais engendrés par le procès (droit de timbre et d'enregistrement, droits de plaidoirie, frais dus aux officiers ministériels, taxe des témoins, frais et *vacations des experts) que le gagnant peut se faire payer par le perdant à moins que le tribunal n'en décide autrement (CPC, a. 696), V. *compensation des dépens, irrépétible. succombance, débours, firustratoire.*

DÉPENSE

Subst. fém. – Lat. *dispensa.* V. le précédent.

- **1** Action de débourser ; terme générique désignant toute sortie d'argent affectée à la réalisation d'une opération quelconque (ex. dépenses d'investissement ou de *consommation). V. *impenses,utile, nécessaire.*
- **2** Par ext. la somme dépensée.
- **3** L'opération réalisée. Ex. les achats de vêtements sont des dépenses de *ménage. V. *débours, frais, charge, impenses, paiement, décaissement, dettes de ménage.* Ant. *recette.*
- **4** S'emploie dans les sens 1 et 2 pour désigner les dépenses de l'État et des autres collectivités publiques.

— **facultative.** Dépense publique dont l'inscription au budget d'une autorité administrative décentralisée (département, commune, etc.) est laissée, quant à son opportunité et à son montant, à l'appréciation de cette autorité. S'opp. à dépense obligatoire.

— **obligatoire.** Dépense publique à laquelle les autorités administratives décentralisées ne peuvent se soustraire, caractère obligatoire sanctionné par l'exercice du pouvoir de tutelle administrative, qui permet l'inscription d'office de ces dépenses aux budgets locaux. S'opp. à dépense facultative.

— ***publique.** Dépense de deniers publics pour le compte d'un patrimoine administratif dans un but d'utilité publique.

DÉPLACEMENT

N. m. – Du v. déplacer, comp. du préf. dé et de *place.

- **1** Trajet parcouru pour les besoins de l'entreprise.

— **(grand).** Celui qui empêche le salarié de rentrer à son domicile entre deux journées de travail (dans les travaux publics).

- **2** Changement d'affectation d'un fonctionnaire à titre de sanction *disciplinaire (on précise en général « déplacement d'office »). Comp. *mutation, détachement, expatriation.*
- **3** Dans certaines expressions, syn. de *dépossession. Ex. sûreté sans déplacement.

DE PLANO

Lat. *planus* : plan, plat.

- Expression latine signifiant, par abréviation, de plain-pied, aisément, sans difficultés.
- **1** D'emblée (accent mis sur la rapidité et parfois l'accélération d'une procédure, l'absence de délai ou d'attente, ou même un raccourci) ; plus précisément :

a / Immédiatement, sur-le-champ, sans attendre un événement ultérieur (ex. décision avant dire droit frappée d'appel sans attendre le jugement sur le fond) ou sans repousser à une date ultérieure, séance tenante (ex. juge statuant *de plano,* dès après avoir délibéré).

b / Directement, en sautant une étape possible ou nécessaire, not. en abrégeant le cours d'une procédure, par ex. en franchissant un degré de juridiction (prétention portée *de plano* devant la cour d'appel) ou en se dispensant d'une phase de procédure. Ex. débouter *de plano* : sans autre examen au fond ; statuer *de plano* : sans recourir à une mesure d'instruction ; obtenir un *de plano* (dans la pratique) : obtenir un jugement (spécialement de divorce ou de séparation de corps) sans qu'une enquête ait été ordonnée. V. **per saltum, dilatoire.*

- **2** Sans formalités (accent mis sur la simplicité d'un effet de droit : l'expression concurrence « de plein droit ») ; plus précisément : sans qu'il soit besoin soit d'un acte de volonté (ex. la transmission successorale s'opère *de plano* lors du décès), soit d'une formalité extrajudiciaire (ex. un bail qui cesse de plano à l'expiration du terme, sans qu'il soit nécessaire de donner congé), soit d'une intervention de justice (ex. décision rendue dans un État contractant reconnue *de plano* dans un autre État contractant ; Règlement [UE] 1215/2012, Refonte [Bruxelles I Bis], a. 36), soit d'une intervention législative (ex. règlement communautaire applicable de plano dans tout État de la CEE ; syn. **effet direct*). Comp. *de lege.*

- **3** Automatiquement (accent mis sur la causalité) ; plus précisément :

a / Sans autre condition et sans qu'on puisse l'éviter, s'agissant d'un effet de droit nécessaire. Ex. la constitution d'avocat emporte *de plano* élection de domicile ; syn. *de droit, de plein droit. V. *de jure, ipso jure, de lege.*

b / Sans autre justification. Comp. **de facto.*

DE PLEIN DROIT

V. *plein et droit.*

- En vertu de la loi (au sens large) ; par le seul effet de la loi, ce qui signifie :
- **1** (toujours) sans qu'il soit nécessaire de le prévoir expressément ; sans formalité ;
- **2** (parfois) sans qu'il soit possible d'en décider autrement ; nonobstant toute convention contraire. Syn. *de plano* (sens 3 *a*). Se dit des effets qui résultent du seul accomplissement d'un acte parce que la loi les attache elle-même à cet acte. Ex. par le seul effet du mariage les époux sont de plein droit soumis aux règles du régime primaire impératif (C. civ., a. 226). Syn. *de droit.* V. *de jure, ipso jure, de lege.*

DÉPORT (I)

Subst. masc. – Lat. *deportare* : emporter. Comp. le suivant.

- **1** Fait pour un juge – avant même d'être récusé, mais avec l'autorisation du tribunal – de s'abstenir dans une affaire (de se déporter) pour motif de conscience ou parce qu'il suppose en sa personne une cause de *récusation. V. *abstention.*
- **2** Acte par lequel un arbitre décline, pour des raisons légitimes, la mission qui lui avait été confiée par la convention d'arbitrage et qu'il avait acceptée. V. CPC, a. 1463.

DÉPORT (II)

N. m. – Fait d'après report, avec le préf. dé, de débourser, etc.

- **1** Somme versée, dans certaines opérations de bourse, par l'auteur d'un *report. Ex. somme à la charge du spéculateur à la baisse qui achète au comptant et revend à terme, correspondant à la différence entre le cours du comptant et celui du terme.

— **(taux de).** Prix payé par le vendeur qui recherche des titres, aux particuliers qui acceptent de mettre pour un mois des titres à la disposition du marché.

- **2** Dans une opération de change, somme à déduire, au profit de l'acheteur, du prix de devises achetées à terme, lorsque le cours du terme est inférieur au cours du comptant.

DÉPORTATION

N. f. – Lat. *deportatio.*

- **1** Peine politique afflictive et infamante, supprimée depuis une ordonnance du 4 juin 1960, qui consistait à être transporté et à demeurer à perpétuité dans un lieu déterminé par la loi, hors du territoire continental de France (C. pén. anc., a. 17) ; ne pas confondre avec la *transportation. Comp. *bannissement, exil, proscription, expatriation, expulsion.*

— **dans une enceinte fortifiée.** Variété de déportation particulièrement rigoureuse qui, depuis 1850, figurait à la place de la peine de mort et constituait l'échelon le plus élevé dans l'échelle des peines politiques.

— **simple.** Déportation ne comportant pas les rigueurs spéciales de la précédente. V. *détention criminelle.*

- **2** Transfert forcé d'un groupe national ethnique, racial ou religieux pouvant constituer un *génocide ou un autre crime contre l'*humanité. V. **crime international.*

DÉPOSANT, ANTE

Subst. – Part. prés. substantivé de *déposer.

- **1** Celui qui confie une chose à une personne (*dépositaire) en vertu du contrat de *dépôt.
- **2** Celui qui fait une *déposition. V. *témoin.* Comp. *déclarant.*

DÉPOSER

V. – Lat. *deponere.*

- **1** (s'agissant d'une chose). La confier en dépôt ; remettre au dépositaire l'objet du dépôt. V. *consigner.*
- **2** (pour un témoin). Faire une *déposition (sens 1) ; témoigner.
- **3** (s'agissant d'un acte de procédure). Le remettre au secrétariat de la juridiction. Ex. déposer des conclusions.

— **une plainte.** Pour le plaignant, saisir la justice de sa *plainte en se constituant partie civile.

DÉPOSITAIRE

Subst. ou adj. – Lat. *depositaritis.*

- **1** Celui qui, acceptant cette charge, reçoit la chose que lui confie le *déposant, à titre de *dépôt. Comp. *séquestre, tiers convenu.* V. *gardien, détenteur précaire.*
- **2** Par ext. personne à qui est confiée une chose précieuse ou intime. Ex. dépositaire d'un secret.
- **3** Nom donné, dans la pratique, au commerçant chargé de distribuer les marchandises d'une certaine origine entreposées chez lui ou les produits d'une certaine marque. V. *concessionnaire, commissionnaire, consignataire, transitaire, intermédiaire.*
- **4** (adj.). Plus vaguement, syn. investi, titulaire, Ex. dépositaire de la puissance publique.

— **de l'autorité publique.** Qualité exclusivement reconnue à celui qui accomplit une mission d'interêt général en exerçant des *prérogatives de *puissance publique (par ex. en vertu d'une *délégation de compétence ou de signature). L. 29 juillet 1881, a. 31 V. *agent, citoyen.*

— **public**.

a / Tout fonctionnaire ou officier ministériel chargé de la garde ou de la conservation d'un dépôt public. Ex. archiviste, secrétaire-greffier, notaire.

b / Tout fonctionnaire ou officier ministériel qui, en dehors de la gestion d'un dépôt public, a en vertu de ses fonctions, le maniement de documents (pièces, actes) ou de valeurs (fonds, titres), avec obligation d'en rendre compte.

DÉPOSITION

N. f. – Lat. jur. *depositio.*

► **I** (toutes matières)

- **1** Action de déposer en justice ; acte par lequel le *témoin fournit à la justice son *témoignage (après avoir prêté *serment). Comp. prestation ; par dérivation, l'acte par lequel un tiers, entendu sans prestation de serment, à titre de *renseignements, livre ceux qu'il possède à la justice. V. *enquête, attestation, entendu, audition.*
- **2** Par ext. l'acte écrit dans lequel est consignée la *déclaration du tiers (celui-ci signe sa déposition). Comp. *attestation.*
- **3** Par ext. encore, ce que le tiers a déposé (le contenu de son *témoignage ou des renseignements). Ex. une déposition favorable ou défavorable.

► **II** (const.)

— **d'un chef d'État.** Expression parfois employée pour désigner l'acte par lequel on retire à un chef d'État sa fonction. Comp. *désinvestiture, destitution, dégradation.*

DÉPOSSÉDER

V. – Comp. du préf. dé et du v. *posséder.

- **1** Dépouiller quelqu'un de sa *possession. V. *petitoire, possessoire, réintégrande.*
- **2** Le priver, légalement ou non, de sa propriété. V. *expropriation, vol, revendication.*
- **3** Le dessaisir de ses biens. V. *dessaisissement,* **transfert de pouvoir, saisie.*

DÉPOSSESSION

N. f. – Préf. dé et lat. *possessio.* V. *possession.*

- Perte de la *possession, soit par violence ou *voie de fait, soit à un titre juridique (gage, antichrèse, séquestre) ; privation effective de la *détention matérielle d'une chose. Comp. *dessaisissement, déposséder, spoliation.* V. **prise de possession,* **mise en possession,* **envoi en possession, entiercement, saisine, vol,* **trouble* **possessoire, action* **possessoire, réintégrande, pétitoire, rétention (droit de).*

— **(sûreté sans).** Nom donné aux sûretés constituées sans que le débiteur soit privé de la *détention matérielle et de l'usage du bien qui en est l'objet. Ex. *nantissement de l'outillage industriel ; parfois nommée sûreté sans *déplacement.

DÉPÔT

N. m. – Lat. jur. depositum.

- **1** Espèce de contrat ; employé seul, le terme désigne le dépôt ordinaire (dit *régulier et *volontaire), contrat **intuitu personae*, gratuit ou salarié, par lequel une personne, le dépositaire, reçoit (c'est un contrat réel) la chose mobilière ou immobilière que lui confie le déposant, en acceptant la charge de la garder et de la restituer en nature (C. civ., a. 1915). V. *séquestre, entiercement, contrat de confié.* Comp. *prêt à usage.*
- **2** L'acte matériel d'exécution du contrat ; la remise effective de la chose déposée. V. *tradition.*
- **3** Par ext., l'objet même du dépôt, la chose confiée en dépôt.
- **4** Par ext. encore, le lieu du dépôt. Ex. nom encore donné par la pratique à la prison destinée à accueillir des prisonniers de passage.
- **5** Nom abusivement donné à des opérations diverses, not. à la remise par un intéressé ou un intermédiaire, à son destinataire, d'un document, d'une lettre, etc.
- **6** (int. publ.). Remise des instruments, notifications ou communications concernant un accord à un ou plusieurs États ou à une organisation internationale désignés à cet effet.

— **(compte de).** Compte de libre retrait ouvert dans un établissement bancaire ou financier au seul effet de recevoir les fonds ou les titres déposés sans rémunération. Comp. *compte d'épargne, compte bloqué, compte de crédit.*
— **d'hôtellerie.** V. *hôtellerie (dépôt d').*
— **irrégulier.** V. *irrégulier.*
— **judiciaire.** Syn. **séquestre judiciaire.*
— **légal.** Formalité à l'accomplissement de laquelle est attachée la protection de certains droits intellectuels et consistant en une inscription sur un registre (ex. pour les marques) en la remise de documents relatifs à l'objet à protéger (ex. pour les brevets) ou d'un exemplaire de l'objet même à protéger (ex. pour le droit d'auteur).
— **(mandat de).** V. *mandat de dépôt.*
— ***nécessaire.** Espèce de dépôt que le déposant a été contraint de faire sous l'empire d'un événement imprévu (accident, incendie) et qui, en raison du caractère forcé du contrat, peut être librement prouvé (C. civ., a. 1949, 1950). V. *dépôt d'hôtellerie.* Ant. *dépôt volontaire.*
— ***public.** Tout local placé sous contrôle de l'autorité publique destiné à recevoir et à conserver pièces, actes, registres, documents, objets concernant l'État ou les particuliers. Ex. caisses d'épargne, bibliothèques publiques, archives, etc.
— **volontaire.** Dépôt ordinaire.

DÉPOUILLEMENT (DU SCRUTIN)

Dér. du v. dépouiller, lat. *despoliare.* V. *scrutin.*

- Opération consistant à dénombrer les voix (obtenues par les candidats à une élection, ou recueillies par un texte soumis au vote) au moyen de scrutateurs comptant les bulletins déposés dans l'urne ou de machines à voter.

DÉPRÉCIATION

Subst. fém. – Dér. de *déprécier.

- **1** Perte de *valeur ; diminution de la valeur d'échange d'une chose par suite de sa dégradation intrinsèque (usure, défaut d'entretien) ou sous l'effet de causes économiques (surproduction, concurrence, effondrement des cours, etc.). V. *dévalorisation.*

— **monétaire.**
a / Toute déperdition de valeur que subit une monaie soit, brusquement, en droit, par l'effet d'une *dévaluation, soit progressivement, en fait, par érosion de son pouvoir d'achat (v. ci-dessous).
b / Par opp. à *dévaluation, l'altération qui résulte pour une monnaie des phénomènes économiques qui l'affaiblissent (récession économique, crise financière, inflation) relativement à des monnaies plus fortes. Ant. *appréciation.*

- **2** Action de *déprécier une chose, de la sous-estimer, d'en ravaler les mérites.

DÉPRÉCIER

V. – Lat. *depretiare,de,* exprimant la diminution, *pretium,* valeur, prix, déprécier.

• Estimer une chose au-dessous de sa valeur ; la sous-évaluer, par ext. en rabaisser les mérites ; par opp. à vanter, *dénigrer.

DÉPRISER

V. particule de (lat. *dis,* v. mot suivant) et *priser.

• (vx). *Déprécier. Ant. *priser.*

DÉPUTATION

N. f. – Dér. de *député.

• **1** Fonction de *député.
• **2** Ensemble des députés d'une partie du pays. Ex. la députation des Bouches-du-Rhône.

DÉPUTÉ

Subst. masc. – Lat. *deputatus,* de *deputare,* au sens d'assigner.

• Personne *élue membre de l'Assemblée nationale. Comp. *sénateur.*

DÉRÉGLEMENTATION

Subst. fém. – Néol. comp. préf. de du lat. *dis* (exprimant la séparation) et *réglementation.

• Action de soustraire une matière à l'empire de l'*ordre public en la rendant à la liberté des conventions et à la loi du *marché ; allégement du réseau des règles contraignantes qui enserrent une activité ; désigne aussi la politique qui, inspirant cette tendance, traduit un retour relatif au *libéralisme économique et un recul corrélatif de l'*interventionnisme étatique (spéc. du *dirigisme).

DÉRISOIRE

Adj. – Dér. du lat. *derisio* : moquerie.

• Trop faible ; trop minime pour être sérieux ; insignifiant et juridiquement insuffisant. Ex. un prix dérisoire est si bas, relativement à la valeur de la chose, qu'il est assimilé à un défaut de prix, cause de nullité de la vente ; dans une clause pénale, la peine stipulée peut être augmentée par le juge si elle est manifestement dérisoire (C. civ., a. 1169). Ant. *excessif.* Comp. *illusoire,satisfactoire, symbolique, vil.*

DÉRIVÉ, ÉE

Adj. – De dériver, lat. *derivare, de* et *rivus* (ruisseau), détourner un ruisseau.

— **(*œuvre).** Variété d'*œuvre *composite consistant à tirer une création nouvelle d'une œuvre préexistante. Ex. Opéra issu d'une pièce de théâtre. V. *adaptation.*
— **(produit).** Nom donné dans la pratique aux objets divers commercialisés après qu'a été popularisé une vedette, une œuvre, un personnage de fiction. Ex. jeux, vêtements, emballages à l'effigie du héros.

• *Fin.* Instrument financier qui détermine des flux monétaires futurs entre des parties selon les fluctuations d'un indice, réel ou artificiel, ou la valeur de biens, dénommés *sous-jacents, qui n'ont pas vocation à être livrés (comp. *vente à terme*). La valeur de l'instrument dérive du support. Le produit dérivé peut être utilisé pour se protéger des fluctuations des valeurs du sous-jacent (opération de *couverture) ou pour anticiper favorablement la valeur du sous-jacent (*spéculation) voire pour corriger l'écart perçu entre la valeur du sous-jacent et celle que les opérateurs lui attribuent (opération d'*arbitrage).
— **de crédit.** Instrument financier permettant (en principe contre versement d'une prime) de transférer d'une partie à une autre un risque de *crédit ou tout autre événement, déterminé par la convention des parties, de nature à augmenter la probabilité d'un tel risque comme, par exemple, la baisse de la notation financière de l'emprunteur.

DÉROGATION

N. f. – Lat. *deraogatio* du v. *derogare.* V. *déroger.*

• **1** (sens strict). Action d'écarter l'application d'une règle dans un cas particulier ; exclusion particulière de la loi par décision ou convention, en ce sens, la dérogation (dite parfois individuelle) s'oppose à l'exception (sens 1 *b*) en ce qu'elle n'arrache à la règle qu'un seul cas concrètement déterminé.

Comp. *prorogation, subrogation, dispense, excuse, décharge, exemption, modération, restriction.*

— **administrative.** Dérogation accordée, dans un cas particulier, par une décision unilatérale de l'administration qui, en considération d'une situation concrète, fait bénéficier un intéressé d'un régime plus favorable que le régime ordinaire. Ex. dérogation aux règles d'urbanisme contenues dans un schéma directeur d'aménagement.

— **conventionnelle.**

a / Stipulation par laquelle les parties à un contrat écartent, en ce qui les concerne, l'application d'une loi et qui est licite s'il ne s'agit pas d'une loi impérative ou d'ordre public (C. civ., a. 6).

b / Convention par laquelle les parties modifient un acte juridique antérieur.

— **judiciaire.** Décision par laquelle, dans l'espèce qui lui est soumise, le juge écarte pour des raisons d'équité, d'humanité ou d'opportunité l'application normale de la loi (mais seulement dans les hypothèses et aux conditions prévues par celle-ci). V. *pouvoir *modérateur.*

• **2** Parfois syn. d'*exception (sens 1 *b*).

— **législative.** Dérogation apportée par une loi (dite *dérogatoire) qui, sans abroger le droit antérieur, l'écarte de façon permanente ou temporaire, dans un domaine déterminé. Ex. la loi relative aux assurances terrestres déroge au droit commun des contrats.

DÉROGATOIRE

Adj. – Lat. *derogatorius,* du v. *derogare.* V. *déroger.*

• Qui écarte, dans des limites déterminées, la règle normalement applicable ; se dit principalement d'une convention particulière (ou d'une clause) par laquelle les parties se soustraient à l'application d'une disposition légale (C. civ., a. 6) ou d'une loi d'*exception qui se singularise du droit *commun (C. civ., a. 215, al. 3 est une exception à l'a. 544 C. civ.). Comp. *exorbitant, exceptionnel.* V. *dispense, pouvoir *modérateur, ordinaire, normal, spécial.*

DÉROGER

V. – Lat. *derogare* (dér. et comp. de *rogare* : demander, consulter, proposer), abroger une ou plusieurs dispositions d'une loi, ôter, retrancher, déroger à une loi.

• **1** Déroger à (renvoie à *dérogation).

a / Faire *exception au principe, à la règle (au moins à une règle plus générale) en soustrayant à son application un domaine particulier. En ce sens, une loi spéciale (qui est pourtant elle-même une règle, mais moins générale) déroge au droit commun.

b / (sens étroit). Écarter l'application d'une règle dans un cas particulier (singulièrement, pour ce seul cas concrètement déterminé, situation individuelle).

• **2** Déroger (absolt. ; renvoie à dérogeance). Manquer aux devoirs de son état en s'abaissant à des actes incompatibles, *honoris causa,* avec la dignité de celui-ci. Se dit encore, dans la déontologie de certaines professions, au souvenir de la dérogeance féodale (qui consistait, pour un gentilhomme, à perdre son rang en exerçant certains métiers jugés indignes de la noblesse).

DÉROUTEMENT

Du v. dérouter, dér. de route, lat. *(via) rupta* : (voie) rompue, frayée.

▸ **I** (transp.)

• **1** En matière d'affrètement ou de transport maritime, fait, pour le navire, de s'écarter de la route qu'il devait normalement suivre d'après les clauses du contrat ou les règles habituelles de la navigation pour le voyage entrepris. V. *détournement.*

• **2** En matière d'assurance maritime, fait, pour le navire, de s'écarter du voyage assuré. V. *déviation.*

▸ **II** (int. publ.)

• Dans la pratique de la guerre maritime, ordre donné par un bâtiment de guerre belligérant à un navire de commerce de se rendre à un point déterminé ou de suivre un itinéraire déterminé.

DÉSAFFECTATION

N. f. – Du v. désaffecter, comp. du préf. des (lat. *dis,* élément négatif de privation), et de affecter, du lat. médiév. *affectatus.*

• Situation d'un bien du *domaine public artificiel qui cesse d'être utilisé par le public ou par un service public ; la désaffectation doit être distinguée du *déclassement, acte juridique formel entraînant la sortie d'un bien du domaine public. V. *affectation.*

DÉSARMEMENT

Du v. désarmer, comp. du préf. dé et de armer, lat. *armare.*

▸ **I** (transp.)

- **1** Ant. **armement.*
- **2** Dans un sens plus restreint, cessation, à la fin du voyage, des contrats d'engagement des marins lorsque ceux-ci sont conclus pour la durée du voyage. Ex. revue de désarmement.

▸ **II** (int. publ.)

- **1** Suppression des moyens permettant de mener des opérations militaires contre les États étrangers, à l'exclusion des forces de police.
- **2** Par ext., réduction des armements et mesures permettant de limiter le risque d'y recourir (en ce sens, on préfère aujourd'hui la formule « contrôle des armements », traduction incorrecte de l'expression anglaise *arms control,* qu'il vaut mieux rendre en français par « maîtrise des armements »).

DÉSAVEU

Dér. de désavouer, comp. du préf. dé et de avouer. V. *aveu.*

- **1** Nom parfois donné à la *rétractation (ou *révocation) d'un *aveu.
- **2** Négation, par une personne, d'un fait qui lui est attribué (not. par la loi) ; dénégation.

— **(action en).** *Action naguère ouverte au mari père présumé pour désavouer l'enfant en justice (C. civ., a. 316 anc.) ; action aujourd'hui fondue et refondue dans l'action en *contestation de paternité largement ouverte au père et à d'autres (mère, enfant, père prétendu, etc.) aux conditions des articles 332 s. (o. 4 juill. 2005).

— **de paternité.** Acte par lequel le mari niait être le père de l'enfant légitime né de son épouse et tendait à faire écarter la présomption légale de paternité, soit en justifiant de tous faits propres à démontrer qu'il ne pouvait être le père (absence, examen comparatif des groupes sanguins, C. civ., a. 312 anc.), soit, dans certains cas, par des moyens simplifiés (désaveu par simple dénégation, C. civ., a. 314 anc.).

- **3** Acte par lequel une personne conteste avoir donné mandat à une autre, ou soutient que son mandataire a excédé les pouvoirs qu'il lui avait conférés.

— **(procédure de).** Procédure spéciale à laquelle un plaideur devait naguère recourir (C. pr. civ., a. *352, non repris par le CPC), s'il voulait méconnaître certains actes accomplis en son nom par un officier ministériel (avoué), lequel était présumé (sauf preuve contraire, à la charge du demandeur au désaveu) avoir reçu pouvoir d'accomplir ces actes, dès lors qu'il se présentait comme mandataire *ad litem* d'un plaideur.

DESCENDANCE

N. f. – Du v. descendre. V. le suivant.

- Pour une personne, ensemble de ses enfants et descendants d'eux. V. *postérité, ligne*. Ant. *ascendance.*

DESCENDANT, ANTE

Subst. et adj. – Part. prés. de descendre, lat. *descendere.*

- **1** (subst.). Personne issue directement d'une autre (appelée *ascendant) soit au premier *degré (*enfant), soit à un degré plus éloigné (*petits-enfants, arrière-petits-enfants), ainsi nommée surtout en matière successorale, la loi faisant des descendants un *ordre d'*héritier (C. civ., a. 734). V. *enfant, collatéral, postérité.*
- **2** (adj.). Se dit de la *ligne directe que constituent les *descendants (fils, petit-fils, arrière-petit-fils).

DESCENTE SUR LES LIEUX

Tiré de descendre. V. *descendant, lieu.*

- *Mesure d'instruction, comptant au nombre des *vérifications personnelles du juge, qui consiste, pour celui-ci, à se transporter lui-même sur les lieux (d'un accident, d'un chantier, etc.) afin de procéder aux constatations, évaluations, appréciations ou *reconstitutions qu'il estime nécessaires à la manifestation de la vérité (CPC, a. 179). Syn. visite des lieux, vue des lieux, transport sur les lieux. V. *transport de justice.*

DESCRIPTION

Lat. *descriptio,* de *describere* : décrire.

- Analyse objective (configuration, matière, style, nombre, etc.) sommaire ou détaillée de meubles et effets placés sous scellés ou inventoriés (ex. une bibliothèque Empire, 3 portes et 4 colonnes, acajou). Comp. **désignation.* V. *inventaire, dénombrement.*

DÉSECTORISATION

Dér. de *sectorisation.

- Ant. *sectorisation.*

DÉSENDETTEMENT DE FAIT

Subst. masc. – Néol. formé du préfixe négatif dé et de *endettement.

- Technique comptable consistant à faire disparaître du bilan du débiteur des dettes qui subsistent en droit, mais dont le service est confié à un organisme tiers auquel sont irrévocablement transférés des titres ou valeurs à cet effet. Angl. *in substance defeasance.*

DÉSÉQUILIBRE SIGNIFICATIF

- Notion cadre qui permet, dans les contrats d'*adhésion (C. civ., a. 1171) et les contrats de consommation (C. cons., a. L. 212-1), d'éradiquer une clause porteuse d'injustice manifeste, l'appréciation de ce déséquilibre ne portant ni sur l'objet principal du contrat ni sur l'adéquation du prix à la prestation. Ex. clause attribuant un droit ou un pouvoir à un seul contractant. Rappr. C. com., a. 442-6-I. 2.

DÉSERTION

Lat. *desertio,* du v. *deserere* : abandonner.

- *Abandon volontaire, par un militaire, du corps auquel il a été incorporé, constituant un délit militaire passible de peines différentes selon qu'il a lieu en temps de guerre ou en temps de paix. V. *transfuge.*

DÉSHÉRENCE

Dér. de *hoir* : héritier, lat. pop. *herem,* lat. class. *heredem.*

- État d'une succession qui, à défaut de tout héritier acceptant (appelé par la loi ou par testament), est dévolue à l'État (C. civ., a. 811 s.). Se distingue de la succession vacante qui n'est réclamée par personne, même pas par l'État (C. civ., a. 809 s.). V. *vacance.* Comp. *exhérédation.*

DÉSIGNATION

Lat. *designatio,* de *designare* : désigner, nommer.

- **1** Indication d'une personne déterminée pour occuper un poste ou remplir une mission. Ex. désignation d'un expert. Syn. *nomination.* Comp. *commission, élection.*
- **2** Détermination de l'identité de l'aspect et des caractères principaux d'un objet ou d'un sujet pour le distinguer des autres. Ex. l'exploit introductif d'instance doit, le cas échéant, contenir les mentions relatives à la désignation des immeubles exigées pour la publication au fichier immobilier (CPC, a. 56) ; tout acte d'huissier doit désigner le requérant par son état civil et son domicile ou, s'il s'agit d'une personne morale, par sa dénomination et son siège social (CPC, a. 648). Comp. *individualisation.* V. *dépendances, *circonstances et dépendances.*

DÉSIGNÉ, ÉE

Adj. – Part. pass. du v. désigner, lat. *designare.*

- **1** *Nommé, *commis.
- **2** Pour un avocat, choisi par son client. par opp. à *commis d'office.

DÉSINTÉRESSEMENT

Dér. du v. désintéresser, préf. nég. dés, et intéresser, de *intérêt.

- **1** Action de donner *satisfaction à un *prétendant droit (ce qui éteint son *intérêt à agir ou à réclamer). Ex. : le désintéressement des créanciers par le *paiement de ce qui leur est dû ; le désintéressement de la victime par la réparation du préjudice qu'elle a subi. V. *exécution, acquittement,* *accomplissement, indemnisation, dédommagement.*

- 2 Qualité (vertu) consistant à ne pas s'attacher à son *intérêt personnel ; plus spécialement, devoir, pour un agent public, de ne pas se laisser détourner, par son intérêt personnel, de la poursuite de l'intérêt public qu'implique sa fonction (considération qui entre not. dans l'appréciation du *détournement de pouvoir et de la faute personnelle).

DÉSINTOXICATION

Préf. dé et intoxication, lat. médiév. *intoxicatio.*

- *Mesure de sûreté prononcée par l'autorité judiciaire à l'égard de certains alcooliques et des toxicomanes qui, présentant un caractère thérapeutique (cure de désintoxication dans un établissement spécialisé), est judiciairement révisable.

— **postdélictuelle.** Celle qui s'applique aux individus coupables de délit d'usage de stupéfiants.

— **prédélictuelle.** Celle qui s'applique aux alcooliques dangereux pour autrui.

DÉSINVESTITURE

Préf. dé et *investiture.

- Nom parfois donné, dans la théorie du Droit public, à l'acte par lequel on retire à un agent public son poste ou son titre. Ant. *investiture.* V. *destitution, déposition, licenciement, dégradation.*

DÉSISTEMENT

Dér. du v. désister, lat. *desistere.*

- *Abandon volontaire d'un droit, d'un avantage ou d'une prétention. Ex. désistement d'un droit d'option, d'une réclamation, d'une demande en justice. Comp. *renonciation, retrait.*

— **d'action.** Acte par lequel le demandeur principal ou le défendeur qui a formé une demande reconventionnelle déclare abandonner ses prétentions à l'encontre de son adversaire ; se distingue du *désistement d'instance en ce qu'il emporte renonciation à l'*action et qu'une nouvelle demande est désormais irrecevable (CPC, a. 384).

— **de candidature.** Retrait de candidature à une élection déterminée.

— **de partie civile.** Acte par lequel la partie civile renonce à l'utilisation de la voie pénale pour la satisfaction de ses droits (mais non à ceux-ci).

— **de plainte.** Acte par lequel le plaignant retire la plainte qu'il avait déposée (sans pour autant, sauf exception, arrêter l'action publique).

— **d'*instance.** Acte par lequel le demandeur abandonne sa demande principale ou incidente (demande d'enquête) ou même un recours (désistement de l'appel ou de l'opposition) et qui éteint l'instance considérée mais non, en général, l'*action (le désistement d'appel emportant cependant acquiescement au jugement) (CPC, a. 394 s.).

DÉSORDRE

N. m. – Comp. du préf. des, lat. *dis* (marquant une négation), et de *ordre.

- **1** *Trouble ; atteinte à la tranquillité ou à la paix publique, à l'ordre public, à la sérénité d'une audience (CPC, a. 439, al. 1).
- **2** Terme générique englobant toute imperfection affectant une construction (C. civ., a. 1792-6). V. *malfaçon, vice de construction.*
- **3** Incohérence source d'insécurité ; spécialement défaut d'harmonie législative (on parle en ce sens du désordre des lois). Ant. *ordre.*

  ADAGE : *Plurimae leges, pessima respublica.*

DÉSPÉCIALISATION

N. f. – Préf. dé et dér. du lat. *specialis.*

- Modification, par le preneur, de la destination des locaux sur lesquels porte le bail commercial.

— **partielle.** Adjonction d'activités connexes ou complémentaires de celles prévues dans le bail.

— **plénière.** Transformation totale des activités exercées dans les lieux loués.

DESPOTISME

Du gr. δεσπότης : maître absolu.

- Pouvoir politique *arbitraire, autoritaire et

absolu, le plus souvent d'un seul homme. Comp. *tyrannie, dictateur, totalitarisme, autocratie, monarchie.*

DESSAISI, IE

Adj. – Part. pass. du v. dessaisir. V. *dessaisissement.*

- **1** (pour une personne). Frappé de *dessaisissement. Comp. *saisi.*
- **2** (pour une juridiction). Qui a épuisé en jugeant son pouvoir de juger. V. *rectification, interprétation, saisine.* Ant. *saisi.*

ADAGE : *Lata sententia, judex desinit esse judex.*

DESSAISISSEMENT

Dér. de dessaisir, comp. de saisir, mot d'origine germ.

- **1** (pour une personne).

a / Perte – au moins pour un temps – de tout ou partie de ses pouvoirs de gestion sur ses biens personnels (administration, jouissance, libre disposition) qui résulte, le plus souvent, d'une décision de justice, à titre de sanction ou par *mesure de protection. Ex. sous le régime de la communauté, dessaisissement judiciaire – sur ses propres – de l'époux qui est de façon durable hors d'état de manifester sa volonté ou qui met en péril les intérêts de la famille en dissipant les revenus de ses propres (C. civ., a. 1429) ; dessaisissement du débiteur par l'effet du jugement qui prononce la *liquidation judiciaire. V. **transfert de pouvoir, habilitation, autorisation, dissipation, détournement, inaptitude.* Comp. *dépossession, destitution, déchéance, envoi en possession, saisine.* Ant. *investiture.*

b / Fait de se dessaisir ; d'abandonner soi-même la *détention matérielle d'une chose, en en faisant volontairement la remise effective entre les mains d'un tiers. Ex. dessaisissement du débiteur en matière d'offres réelles et de consignation (C. civ., a. 1259 anc.) ; dessaisissement volontaire du créancier gagiste (C. civ., a. 2286). V. *tradition, abandon, abandonnement, délaissement, retenir.* Ant. *rétention.*

- **2** (pour une juridiction). Perte du pouvoir de juger une affaire dont elle était saisie, soit avant de lajuger (dessaisissement résultant d'une loi, d'une ordonnance de dessaisissement, d'une décision d'incompétence, d'un renvoi pour cause de sûreté, etc.), soit du fait de l'avoir jugée (dessaisissement résultant du jugement). V. *saisine.*

DESSIN

Tiré du v. dessiner, empr. de l'ital. *designare.*

- Création à deux dimensions destinée à l'ornementation d'objets d'utilité et qui, à condition de n'être pas brevetable, donne prise au droit d'auteur (l. 11 mars 1957) ou à un régime spécial (l. 14 juill. 1909) ; parfois nommé dessin de fabrique. V. *modèle, *propriété industrielle.*

DESSOUS-DE-TABLE

N. m.

- Nom métaphorique donné en pratique à la somme versée par l'acquéreur au vendeur en plus du prix officiel, par *dissimulation d'une partie du prix réel (on dit aussi de la *main à la main, de façon *occulte). V. *fraude.*

DESTINATAIRE

Subst. – Dér. du v. destiner, lat. *destinare.*

- **1** Personne à laquelle est adressé l'objet remis au transporteur et entre les mains de laquelle devra être effectuée la *livraison. V. *ayant droit, réceptionnaire, expéditeur, transport.*
- **2** Personne à laquelle un acte doit être notifié (CPC, a. 648). V. *réceptrice.*

DESTINATION

Lat. *destinatio.* V. *destinataire.*

- **1** Lieu où le transporteur doit faire parvenir la chose expédiée ; adresse.
- **2** Par ext., but poursuivi, finalité imprimée à un accord ; V. *acte juridique, intention.*
- **3** Plus concrètement, usage auquel une chose est affectée ; ex. destination commerciale ou bourgeoise d'un local loué, destination d'un immeuble. V. *affectation.*
- **4** Plus spécialement, rapport établi par une personne entre deux choses dont elle est propriétaire et qui consiste en une disposition ou une affectation spéciale de

l'une vis-à-vis de l'autre. V. *immeuble par destination.*

— **du père de famille.** Mode d'établissement d'une servitude résultant du maintien, entre les parties divisées d'un fonds, du rapport d'utilisation (vue, aqueduc, etc.) que le propriétaire unique avait établi pour l'usage de son fonds (C. civ., a. 692 à 694).

DESTITUTION

Lat. *destitutio,* de *destituere* : priver.

- **1** Fait d'être déchu, par mesure disciplinaire ou à titre de peine, du droit d'exercer une fonction, un emploi ou un office public ; conséquence de la *dégradation civique (C. pén., a. 131-26) (terme not. employé pour désigner la révocation de certains agents publics, les officiers ministériels). Comp. *désinvestiture, déposition.*
- **2** Plus spécialement, sanction civile consistant pour un *tuteur, un *subrogé tuteur ou un membre du *conseil de famille à perdre sa *charge (il est aussitôt remplacé), pour divers motifs (inconduite notoire, improbité, négligence habituelle, etc.) (C. civ., a. 396). Syn. exclusion, V. *décès, excuse, récusation.*
- **3** Peine spéciale au Droit pénal militaire, entraînant la perte du grade et du droit d'en porter les insignes et l'uniforme, ainsi que des droits à une pension (C. just. mil., a. 386). Comp. *perte du grade.*

DESTRUCTION DE PIÈCES

Lat. *destructio.* V. *pièce.*

- Infraction consistant à anéantir (sans droit) une *pièce de procédure ou un document d'archives, qui est punie comme la *soustraction ou le *détournement de pièces. V. *enlèvement.*

DÉSUÉTUDE

N. f. – Lat. *desuetudo.*

- **1** Phénomène (analogue à la *coutume mais inverse) qui travaille à l'extinction d'une coutume par inapplication prolongée de celle-ci. Comp. *non-usage.*
- **2** Même phénomène mais appliqué à la loi (texte désuet, formellement en vigueur mais devenant politiquement inapplicable). V. *contra legem.* Comp. *abrogation.*
- **3** Par ext., se dit de l'abandon déjà ancien d'une *jurisprudence.
- **4** Le résultat de l'évolution ; l'état de non-application d'une règle. Comp. *ineffectivité.*

DÉTACHEMENT

N. m. – Dér. du v. détacher, construit sur attacher par changement de préfixe ; de tache, agrafe.

- **1** *Position du fonctionnaire placé hors de son *corps d'origine, mais continuant à bénéficier dans ce corps de ses droits à l'*avancement et à la *retraite. Comp. *déplacement.*
- **2** Envoi d'un salarié auprès d'une succursale ou d'une filiale, souvent à l'étranger, pour une durée limitée. V. *Expatriation.*

DÉTAIL ESTIMATIF

Du v. détailler, comp. de tailler, couper en morceaux. V. *estimatif.*

- En matière de marchés de travaux publics, document contenant l'évaluation de la dépense totale du travail par application des prix inscrits au *bordereau aux quantités prévues par le marché. V. *devis.*

DÉTENTEUR, TRICE

Subst. ou adj. – Lat. jur. *detentor,* de *detinere* : détenir.

- **1** Détenteur *précaire (C. civ., a. 2279) ; celui qui détient la chose d'autrui à titre précaire, soit en vertu de la loi (usufruitier par vocation *ab intestat*), soit en vertu d'une décision de justice (mandataire judiciaire, séquestre), soit en vertu d'un contrat (*locataire, *fermier, *dépositaire, *transporteur, *commodataire, etc.) ou même en vertu d'un testament (*exécuteur testamentaire) ; parfois présenté de façon équivoque comme celui qui *possède pour autrui (C. civ., a. 2266). V. **détention précaire, possesseur, propriétaire.*
- **2** Celui qui a effectivement une chose entre les mains (qu'il en soit *propriétaire, *possesseur ou détenteur précaire) ; celui qui a le **corpus,* la *détention matérielle.

— **(tiers).** Nom donné à l'*acquéreur d'un immeuble grevé d'une hypothèque ou d'un privilège qui, n'étant pas personnellement tenu à la dette, peut *délaisser l'immeuble (C. civ., a. 2461). V. *purge, délaissement*. Comp. **tiers *saisi, tiers acquéreur, tiers détenteur (avis à)*.

DÉTENTION

N. f. – Lat. jur. *detentio*. V. *détenteur*.

▸ **I** (civ.)

• **1** Désigne le plus souvent, par opp. à la *possession, la détention *précaire, pouvoir de fait exercé sur la chose d'autrui en vertu d'un *titre juridique (bail, dépôt, usufruit légal, nomination judiciaire) qui rend la détention précaire en ce qu'il oblige toujours le *détenteur à restituer la chose à son propriétaire et l'empêche de l'acquérir par la *prescription (sauf *interversion de titre), mais non de jouir de la *protection *possessoire, au moins à l'égard des tiers (C. civ., a. 2266, 2278).

• **2** Désigne parfois, à l'état brut, le pouvoir de fait sur une chose, le fait d'en avoir la maîtrise effective, le **corpus* (on parle volontiers de détention matérielle), que ce pouvoir soit exercé par le propriétaire de la chose, un *possesseur ou un *détenteur. V. **possession* (sens 2), *prise en possession, *prise de possession, dépossession.

▸ **II** (pén.)

• **1** Pour une autorité ou un particulier, action de retenir une personne contre son gré ; atteinte à sa liberté d'aller et venir incriminée comme abus d'*autorité (détention arbitraire, C. pén., a. 432-4) ou comme détention illégale ainsi que l'*enlèvement et la *séquestration (C. pén., a. 224-1). V. *arrestation, prise d'otage*.

• **2** État de l'individu retenu à quelque titre que ce soit dans un établissement pénitentiaire. Comp. *emprisonnement, incarcération, écrou, prise de *corps*.

• **3** (Avant 1960), peine criminelle politique temporaire (devenue détention criminelle). Comp. *réclusion*.

— **criminelle.** *Peine criminelle politique, perpétuelle ou à temps (30 ans au plus, 10 ans au moins) consistant dans l'internement perpétuel ou temporaire d'un condamné dans un quartier spécial d'une maison centrale ; remplace la *déportation et la détention. C. pén., a. 131-1. Comp. *réclusion criminelle*.

— **préventive.** V. *détention provisoire*.

— ***provisoire.** Incarcération dans une *maison d'arrêt d'un individu inculpé de crime ou délit, avant le prononcé du jugement ; est réalisée en vertu d'un mandat de dépôt ou d'arrêt, ou d'une ordonnance émanant d'une autorité judiciaire ; a remplacé la détention préventive. Comp. *arrestation provisoire*. V. *référé-liberté, juge des libertés et de la détention, *commission de réparation des détentions*.

▸ **III** (int. publ.)

• Main mise sur un navire amené ou retenu dans un port belligérant aux fins de visite en vue de l'exercice éventuel du droit de prise, par capture ou saisie.

DÉTENTIONNAIRE

Subst. – Dér. de *détention.

• Individu condamné à la détention criminelle.

DÉTENU, UE

Subst. ou adj. – Part. pass. du v. détenir.

• **1** (sens gén.). Tout individu privé de liberté et incarcéré dans un établissement pénitentiaire.

• **2** (sens technique). Tout individu détenu en raison d'une mesure judiciaire de prévention (détention provisoire), ou d'une mesure de répression (condamnation) ; ne doit pas être confondu avec l'individu placé en *garde à vue ou sous *contrôle judiciaire.

• **3** Tout individu placé sous écrou, quel que soit le régime pénitentiaire appliqué (cellulaire, communautaire, *milieu ouvert, *semi-liberté).

DÉTERMINABLE

Adj. – Du v. déterminer, lat. *determinare* : marquer des limites.

• Qui est *indéterminé à un moment donné, mais qui peut ultérieurement être fixé par application de facteurs arrêtés dès ce moment-là. Ex. le prix de vente est déterminable si, n'étant pas fixé dans son montant lors de la conclusion de celle-ci, cette fixation peut ensuite résulter de critères que les parties avaient prévus en contractant sans qu'il soit nécessaire qu'elles aient à se mettre d'accord là-dessus (comp. C. civ., a. 1163). Ant. *indéterminable.*

DÉTOURNEMENT

N. m. – Comp. de tourner. lat. *tornare* : façonner au tour.

- **1** Fait, pour un *détenteur précaire, de ne pas restituer le bien qui lui avait été confié (en vertu d'un contrat de détention : dépôt, prêt, mandat, etc.), élément de l'*abus de confiance (C. pén., a. 314-1). Comp. *vol.*
- **2** Par ext., fait de soustraire une personne ou une chose au contrôle légitime d'un tiers. V. *divertissement.*

— **d'actif.** Fait de soustraire tout ou partie de ses biens aux poursuites de ses créanciers. V. *organisation frauduleuse de l'*insolvabilité.*

— **d'aéronef.** V. *détournement de moyen de transport.*

— **de fonds ou d'objets.** Fait qui tombe sous le coup de plusieurs incriminations, de faire obstacle, en abusant de la confiance dont on a bénéficié, aux droits d'autrui sur une chose ou sur des fonds ou même de s'approprier ceux-ci. Ex. détournement d'objets saisis ou donnés en gage (C. pén., a. 314-5, 314-6), de biens placés sous scellés (434-22), de biens contenus dans un dépôt public (a. 433-4), d'informations nominatives (a. 226-17), de fonds, de titres, de pièces ou d'effets par un dépositaire public (a. 432-15). Comp. **abus de confiance, enlèvement.*

— **de moyen de transport.** Acte de piraterie consistant à s'emparer ou à prendre le contrôle, par violence ou menace, de tout moyen de transport à bord duquel se trouvent des passagers (ou toute autre personne), Ex. détournement d'aéronef, de navire, etc., par ext. d'une plate-forme marine (C. pén., a. 224-6). V. *Terrorisme.*

— **de personnes.** Action consistant à détourner une personne de ses devoirs ou à la soustraire à l'autorité dont elle relève. Ex. détournement de mineurs exécuté par violence ou par fraude, généralement qualifié *enlèvement (a. 224-1 s.) ou exécuté sans fraude ni violence, naguère appelé « détournement de mineurs » ou « rapt de séduction » et, aujourd'hui, *soustraction d'enfant mineur. Comp. **non-représentation d'enfant.*

- **3** Utilisation, hors de sa destination, d'un bien, d'une voie de droit ou d'un pouvoir. Ex. détournement par un époux commun des revenus de ses propres (C. civ., a. 1429). Comp. **abus du droit.*

— **de *pouvoir.** Illégalité consistant, pour une autorité administrative, à utiliser ses pouvoirs dans un but autre que celui que lui permet de poursuivre la compétence qu'elle exerce. V. *excès de pouvoir.*

— **de procédure.** Irrégularité consistant à substituer à une procédure régulière une autre plus expédiente mais inapplicable. Ex. recours à l'expropriation au lieu de la réquisition dans un cas où la première est seule applicable. V. *fraude.*

DÉTROIT

N. m. – Bas lat. *districtus.*

- Passage maritime resserré entre deux terres rapprochées et faisant communiquer deux mers. La Cour internationale de justice (9 avr. 1949, affaire du détroit de Corfou) considère comme relevant du Droit international les détroits mettant en communication deux parties de la haute mer, mais non ceux qui conduisent à des mers intérieures fermées.

DETTE

N. f. – Lat. *debita,* pluriel neutre pris comme féminin singulier, de *debitum* : dette.

- **1** Le rapport d'*obligation considéré du côté *passif ; l'obligation en vertu de laquelle une personne nommée *débiteur est tenue envers une autre, nommée *créancier, d'accomplir une *prestation (donner, faire ou ne pas faire qqch.). Syn. obligation. V. *créance, engagement, dû, indu, contractuel, délictuel, paiement, promesse, solidarité, répétition.*
- **2** Plus spéc., dans la pratique, dette de somme d'argent. V. *prêt, emprunt, capital, intérêts.*

— **certaine.** V. *certaine (dette).*

— **consolidée.** V. *consolidé.*
—**s de ménage.** Dettes contractées par l'un ou l'autre époux pour l'*entretien du *ménage ou l'*éducation des enfants (nourriture, vêtements, logement, santé, etc.) qui obligent solidairement l'autre, sauf si la *dépense est manifestement excessive eu égard au train de vie du ménage, la même *solidarité jouant pour les emprunts ménagers unilatéraux de sommes modiques mais non pour les dettes nées d'achats à tempérament, à moins que ceux-ci n'aient été contractés du consentement des deux époux (C. civ., a. 220). V. *pouvoir *domestique, charges du mariage, devoir d'*entretien.* Comp. *aliments.*
— **exigible.** V. *exigible.*
— **flottante.** Dette composée des emprunts à court terme émis pour les besoins de la trésorerie, ainsi qualifiée parce que son montant varie constamment en fonction des besoins du Trésor.
— **inscrite.** Dette qui fait l'objet d'*inscriptions sur le grand livre de la dette publique (elle comprend la dette perpétuelle, la dette à long terme, la dette à moyen terme et la dette viagère).
— **liquide.** V. *liquide.*
— ***publique.** Ensemble des dettes de l'État.

DETTEUR

Subst. masc. – Du lat. *debitorem,* débiteur.

- (obs.) *Débiteur.

DETTIER

Subst masc. – Dér. de *dette.

- Se disait de l'individu soumis à la *contrainte par corps.

DÉVALUATION

Subst. fém. – Du v. *dévaluer.

- Action de *dévaluer (décision) et résultat de cette action (*dépréciation) ; abaissement légal de la valeur d'une monnaie ; plus préc. espèce de *dépréciation monétaire qui, procédant d'une décision de l'autorité monétaire, consiste à modifier souverainement la définition en cours de l'unité monétaire en lui ôtant une partie de sa valeur (parfois relativement aux valeurs de référence qui lui servent d'étalon, or, argent), changement d'où résulte, relativement aux autres monnaies, une modification des taux de *conversion.

DÉVALUER

V. – préf. de (lat. *dis,* exprimant l'éloignement) et *value* (V. *évaluation*).

- Pour un État, procéder à la *dévaluation de sa monnaie ; substituer à la définition légale de son unité monétaire une définition nouvelle qui l'ampute d'un pourcentage de sa valeur (10 %, 20 %, etc.), pour tenir compte de sa dépréciation de fait.

DEVANCEMENT (D'APPEL)

V. **appel avancé.*

DÉVELOPPEMENT DURABLE (PRINCIPE DU)

- Règle de *modération de portée internationale qui impose aux États et aux acteurs économiques, dans la poursuite de la satisfaction des besoins du présent, de ne pas compromettre, pour les générations futures, la possibilité de satisfaire les leurs, pacte sur l'avenir d'où découlent, entre autres devoirs, l'obligation de respecter l'environnement, de sauvegarder l'équilibre biologique, de veiller au renouvellement des ressources énergétiques, plus généralement de ménager à long terme le sort des populations (Conférences de Mexico 1974, Stockholm 1987, Rio 1992 ; cf. en France l. sur les nouvelles régulations économiques, 15 mai 2001, C. com. a. L. 225-102-1).

DÉVIANCE

Subst. fém. – Dér. du lat. *deviare* : dévier.

- Comportement qui s'écarte des us et coutumes de la société et qui est jugé de façon péjorative par l'opinion publique, sans cependant, à la différence de la *délinquance, causer un trouble social justifiant son *incrimination. Ex. *homosexualité, prostitution, vie errante.* V. *décriminalisation.*

DÉVIATION

Lat. *deviatio.*

- En matière d'assurance maritime sur corps, *déroutement fautif.

DEVIS

N. m. – Tiré du v. deviser, partager, exposer, du lat. pop. *devisare,* fréquentatif *dividere* : diviser.

• **1** État, généralement détaillé, d'ouvrages ou de travaux à exécuter, avec indication des prix, soit par nature de travail ou corps d'état… soit à *forfait.

— **descriptif.** Celui qui contient énumération et spécification des travaux à effectuer et précise les modalités de leur exécution, s'oppose au *mémoire, document établi après exécution des travaux, en fonction du devis initial, et mentionnant, s'il y a lieu, les travaux non exécutés et ceux faits en supplément.

— ***estimatif.** Celui qui comporte indication des prix par nature de travail, avec référence à la série de prix ou en régie, avec évaluation de temps et prix des matériaux. V. **détail estimatif.*

• **2** S'emploie aussi pour désigner les *marchés sur devis.

DEVISE

Subst. fém. – Du v. deviser. V. le précédent.

• Formule ramassée affirmant le but ou le sens assigné à l'action d'un individu, d'un groupe, d'un gouvernement, d'un État. Ex. la devise de la République française est : « Liberté, Égalité, Fraternité » (Const. 1958, a. 2). Comp. *emblème, drapeau, honneur.*

DE VISU

Loc. adv. – Lat. *de* prép. d'après ; *visu* part. pass. de *video,* voir ; cf. *visum,* chose vue ; *visus,* action de voir.

• D'après ce que l'on a vu ou que l'on voit (sens concret) ; loc. caractérisant la *connaissance personnelle d'un fait ou d'un lieu qu'une personne a eue ou prend de ses propres yeux *(*ex propriis sensibus),* celle que le *témoin oculaire déclare avoir d'un fait litigieux (CPC, a. 199, 202), celle que le juge cherche à prendre lors d'une *vérification personnelle (CPC, a. 179. V. **vue de lieux*), celle du *technicien qui apporte ses lumières au juge par ses *constatations (CPC, a. 232), celle de l'huissier de justice dans son *constat, chacun s'éclairant *de visu*. V. *évidence*.

DEVOIR

Subst. masc. – Du v. devoir, lat. *debere.*

• **1** Souvent syn. d'*obligation, soit dans un sens vague (pour désigner tout ce qu'une personne doit ou ne doit pas faire), soit dans un sens technique précis (rapport de droit : ex. devoir de réparation à la charge du responsable). V. *charge.*

• **2** Désigne plus exactement certaines *règles de conduite d'origine légale et de caractère permanent (qui se trouvent avoir aussi une coloration morale) : devoirs du mariage, devoirs de famille.

• **3** Dans un sens voisin, désigne des obligations préétablies que la loi impose, non envers une personne déterminée, mais d'une manière générale, soit à une personne en raison de ses fonctions ou de sa profession (devoirs d'état), soit à tout homme envers ses semblables : devoir de ne pas s'enrichir injustement au détriment d'autrui, de respecter la propriété, etc. V. *pouvoir, faculté, obligation naturelle, conscience, déontologie.*

— **de collaboration.** V. *collaboration (devoir de).*

— **de conscience.** V. *conscience.*

— **de conseil.** V. *conseil (devoir de).*

— **de renseignement.** V. *renseignement (obligation de).*

— **de sincérité.** V. *sincérité (devoir de).*

— **d'information.** V. *information (obligation d').*

— **du mariage.** V. *mariage (devoirs et droits du).*

DÉVOLUTAIRE

Subst. ou adj. – Dér. de *dévolution.

• Bénéficiaire d'une dévolution. Ex. l'héritier dévolutaire est celui auquel la succession a été transmise. Comp. *attributaire.* V. *successible, présomptif.*

DÉVOLUTIF, IVE

Adj. – Lat. *devolutus,* du v. *devolvere* : faire rouler de haut en bas, dérouler, faire passer.

• Qui préside à la dévolution d'un bien, d'une mission, etc.

— **(effet).** *Effet produit par certaines voies de recours (appel, opposition) qui, remettant en question une chose jugée, en déférent la connaissance à la juridiction de recours avec pouvoir et obligation pour elle de statuer à nouveau en fait et en droit sur tous les points qu'elles critiquent dans la décision attaquée (et sur ces points seulement). V. *pleine juridiction, connaissance de cause, évocation.*

DÉVOLUTION

N. f. – Lat. médiév. *devolutio*, de *devolvere*. V. *dévolutif.*

- **1** Syn. en un sens vague de *transmission entre vifs ou à cause de mort (succession). Ex. la dévolution successorale (légale ou volontaire) désigne la *succession (*ab intestat* ou testamentaire). Comp. *transfert, mutation.*
- **2** Plus précisément, attribution d'une charge (tutelle) ou d'un droit (droit successoral) à une personne qui est *appelée à exercer cette fonction ou à recueillir cette succession, à son rang, en vertu d'un ordre préétabli, et donc souvent à défaut d'un appelé (parent ou héritier) préférable (on parle alors de dévolution au degré *subséquent). Ex. les règles de la dévolution héréditaire sont celles qui établissent les divers ordres de succession et déterminent l'ordre dans lequel les successions sont *déférées aux descendants, ascendants, etc. (C. civ., a. 731). Comp. *vocation, collation.*

DIAMANT

Subst. masc. – Corruption du lat. *adamantem*, du gr. ἀδαμας, indomptable.

- Nom donné dans la pratique au présent par lequel le testateur exprime sa reconnaissance à l'exécuteur de ses dernières volontés (*exécuteur testamentaire), au souvenir de l'usage ancien selon lequel ce cadeau était souvent une pierre précieuse.

DICHOTOMIE

Subst. fém. – Gr. διχοτομια : diviser en deux parties.

- Connivence prohibée entre deux membres d'une profession libérale. Comp. *rétrocession d'honoraires.*

DICTAMEN

Subst. masc. – Lat. scolast. *dictamen*, du v. lat. *dictare*, dire en répétant, dicter.

- *Impératif de *conscience ; ce qui est dicté par la raison ; l'inspiration qui souffle un choix (jugement, opinion). V. *intime conviction, sagesse, équité, sentiment.*

DICTATEUR, TRICE

Subst. – Lat. *dictator.*

- Nom souvent donné dans le monde contemporain, par référence à une institution romaine, à une personne exerçant dans l'État, sous formes variées, un pouvoir complet et en réalité illimité. Comp. *despotisme, tyrannie, autocratie, totalitarisme, monocratie.*

DICTATORIAL, ALE, AUX

Adj. – Dér. de *dictateur.

- **1** Qui a trait au dictateur ou à la dictature. Ex. régime dictatorial.
- **2** Par ext., qui a les allures de la dictature ; tyrannique, despotique. V. *autoritaire.*

DICTON

Subst. masc. – Du lat. *dictum*, part. de *dicere*, dire.

- *Sentence familière ; *sagesse en forme de proverbe ; bref enseignement de bon sens ; bon mot. Ex. « Qui peut le plus peut le moins » ; « Qui ne dit mot consent » ; « Qui a compagnon a maître » ; « Qui écoute s'instruit ». V. **adage, brocard, maxime.*

DICTUM

Subst. masc. – Du lat. *dictum* (chose dite) du v. *dicere*, dire.

- (rare). Ce qui est dit, prononcé, décidé, jugé ; désigne encore parfois la partie du jugement où le juge parle, prononce, celle qui énonce la *décision, le *dispositif (par opp. aux *motifs et à un **obiter dictum*) ; la *chose jugée. Syn. (jadis) *le bref.*

DIES

Mot latin (signifiant *jour) employé en pratique dans diverses expressions abrégées (*dies a quo*... : jour à partir duquel) (*dies ad quem*... : jour jusqu'auquel...) utilisées pour la *computation des délais. Comp. *per diem*.

— **ad quem.** Dernier jour du délai, d'après le compte strict des jours ou du quantième (CPC, a. 641), jour à la fin duquel le *délai expire (CPC, a. 642 : il s'agit d'un délai *franc).

— **a quo.** Jour de l'acte, événement, décision, notification qui fait courir le délai et qui ne compte pas dans ce délai si celui-ci est exprimé en jours, le premier jour du délai étant celui qui commence à l'expiration du *dies a quo* (CPC, a. 641, al. 1).

DIFFAMATEUR, TRICE

N. et *adj.* – De *diffamer.

- Auteur d'une *diffamation.

DIFFAMATION

Lat. *diffamatio,* de *diffamare* : diffamer.

- *Allégation ou *imputation d'un fait portant atteinte à l'*honneur ou à la *considération de la personne ou au corps auquel le fait est imputé (l. 29 juill. 1881, a. 29, al. 1) qui constitue, comme l'*injure, un délit de presse si elle est publique, sinon une contravention de la 1re classe (C. pén., a. R. 621-1), la *vérité du fait diffamatoire qui peut être prouvée par tous les moyens ayant valeur de fait justificatif *(exceptio veritatis)* ; à distinguer de l'*injure qui ne renferme l'imputation d'aucun fait précis, de l'*offense et de l'*outrage qui impliquent une qualité particulière de la victime. V. *bonne foi.*

DIFFAMATOIRE

Adj. – De *diffamatio*. V. *diffamation*.

- Qui tend à *diffamer ; plus préc. *attentatoire à l'*honneur et à la *considération d'une personne, caractère qui implique à la fois l'intention de porter une telle atteinte et la matérialité de celle-ci. Syn. (atténué) diffamant. Comp. *injurieux*.

DIFFAMÉ, ÉE

Subst. et *adj.* – Du part. pass. de *diffamer.

- Victime de la *diffamation.

DIFFAMER

Du v. lat. *diffamare* (*dis* exprimant la diffusion et la division ; *fama,* bruit colporté, opinion publique, renommée, réputation) divulguer, décrier, discréditer.

- Porter atteinte à l'*honneur et à la *considération d'autrui par l'*allégation ou l'*imputation (intentionnelle) d'un fait précis.

DIFFÉREND

Subst. masc. – Variante orthographique de différent, lat. *differens* : de *differre* : différer.

- **1** (sens gén.). *Contestation entre deux ou plusieurs personnes provenant d'une divergence d'avis ou d'intérêt. V. *litige.* Comp. *procès, querelle.*
- **2** (plus spécialement en Droit int. publ.). Opposition entre deux personnes de Droit international sur un point de droit ou de fait pouvant faire naître entre elles un *conflit.

— **juridique.** Celui qui porte sur l'application ou l'interprétation du Droit existant et qui est susceptible d'un règlement sur cette base. V. *conflit.*

— **politique.** Celui qui, du fait de l'objet sur lequel il porte, est insusceptible d'un règlement prenant pour base le Droit existant et ne peut être résolu que par l'abandon de la prétention de l'une des parties ou par une modification du droit positif. V. *conflit collectif.*

DIGNE

Adj. – Lat. *dignus* (rattaché au v. *decet,* qui convient à) qui mérite.

- **1** Qui mérite (surtout employé en bonne part : l'éloge, la confiance). Ex. document, témoignage digne de *foi.
- **2** Conforme à un devoir d'état (se dit d'une conduite, d'un comportement, par ex. pour un époux, un parent, un enfant). V. *fidèle, respect*. Ant. *indigne*.

DIGNITÉ

N. f. – Lat. *dignitas,* fait d'être digne, mérite, estime, honorabilité.

- **1** Fonction ou *titre hautement honorifique. Ex. maréchal de France, grand-croix de la Légion d'honneur. V. *honneurs.*

- **2** L'*honneur d'une personne. V. *respect, injure, offense, considération, indignité.*
- **3** Plus généralement, la valeur éminente qui s'attache à une institution (dignité de la justice).

— **de la personne humaine.** Principe à valeur constitutionnelle de sauvegarde de la personne contre toute forme d'asservissement et de dégradation (C. civ., a. 16 s. ; C. pén., a. 225-1 à 225-26 ; Const. 1946, préambule ; Charte des droits fondamentaux de l'UE, a. 1).

DILATOIRE

Adj. – Lat. *dilatorius,* de *dilatio* : délai, remise, ajournement, du v. *differe.*

- **1** (sens technique non péjoratif). Qui tend à différer une réponse (en pratique à suspendre une procédure) jusqu'à l'expiration d'un délai déterminé ; se dit surtout de l'*exception de procédure par laquelle le bénéficiaire d'un *délai d'attente (délai de réflexion, délai d'option) demande au juge de suspendre la procédure entamée contre lui jusqu'à l'expiration du délai dont il jouit pour prendre parti (CPC, a. 108).
- **2** (par ext., dans un sens péjoratif). Se dit de tout comportement habile mais non toujours *illicite en soi qui tend à retarder le cours de la justice ou l'aboutissement d'une opération en soulevant des incidents en général mal fondés et en exploitant tous les moyens de gagner du temps. Ex. manœuvres, procédés dilatoires. Comp. *frustratoire, abusif, frauduleux, superfétatoire, téméraire.* V. *prétexte.*

— **(*appel).** Appel manifestement mal fondé qui tend seulement à éviter l'exécution d'une sentence et qui, comme l'appel *abusif, expose son auteur à une amende civile et à des dommages et intérêts (CPC, a. 559).

DILIGENCE

Subst. fém. – Lat. *diligentia,* de *diligens,* de *deligere* : apprécier, aimer.

- Soin apporté, avec célérité et efficacité, à l'accomplissement d'une tâche ; qualité d'attention et d'application caractérisant une personne ou attendue d'elle (diligence du *bon père de famille, diligence du mandataire). Comp. *prudence, conscience.*

— **de (à la).** À l'initiative de, aux bons soins de ; se dit d'un acte qu'il incombe à une personne déterminée – *partie ou avocat, etc. – d'accomplir.

— **due.** Obligation pour l'État, ses organes ou ses agents, d'éviter toute négligence, erreur, omission ou retard dans l'accomplissement des divers devoirs prescrits par le Droit international à l'égard des étrangers ; devoir de protection, devoir de permettre l'accès aux tribunaux nationaux et de rendre une bonne justice, etc. (le manquement à la diligence due est de nature à engager la responsabilité internationale de l'État).

DILIGENCES

Subst. fém. plur. – V. le précédent.

- Action de remplir les *formalités nécessaires à l'accomplissement d'une opération juridique ; plus spéc., en procédure, actes accomplis dans les formes et délais requis par les parties ou leurs auxiliaires (CPC, a. 2) ; initiatives conformes au bon déroulement de l'instance* (CPC, a. 3). Ex. diligences pour obtenir une décision de justice, diligences de l'huissier. V. *conduire.*

DILIGENT, ENTE

Adj. – De *diligens,* part. prés. du v. *deligere.* V. *diligence.*

- Attentif et ponctuel dans l'accomplissement de ses devoirs professionnels ou dans la gestion de ses biens personnels. V. *délai, utile, bon père de famille, négligence.*

—**e (partie).** Celle qui fait les *diligences.

—**e (partie la plus).** Se dit, s'agissant d'actes qui peuvent être accomplis à l'initiative de plusieurs personnes, de celle qui prend les devants. V. *concurrentiel, concurrent.*

— **(porteur).** V. *porteur diligent.*

DIMINUTION

Subst. fém. – Lat. *deminutio* de *deminuere,* retrancher, amoindrir, dér. de *minuere,* réduire. rendre plus petit *(minus).*

- Action de diminuer (de rendre ou de devenir plus petit) et résultat de cette action, abaissement, amoindrissement. Ex. diminution des ressources. Comp, *réduction.* Ant. *augmentation.*

— **de peine.** Décision d'un juge pénal qui consiste à condamner l'accusé déclaré coupable à une peine inférieure à la peine normalement encourue parce que son comportement (ex. son *repentir actif), sa *minorité ou le fait d'un tiers (*provocation) lui méritent un abaissement de la peine, les cas où il peut en bénéficier, aujourd'hui nommés causes légales de diminution de peine (naguère *excuses atténuantes), étant déterminés par la loi. Comp. *exemption de peine, réduction de peine.*

DIOCÉSAIN, AINE

Adj. – Dér. de diocèse ; lat. *dioecesis,* du gr. διοίκησις : administration.

V. *association diocésaine.*

DIPLOMATIE

N. f. – De *diplomatique.

- **1** L'ensemble des activités et *relations diplomatiques.
- **2** L'ensemble des personnes chargées d'entretenir ces relations. V. **agent diplomatique.*

DIPLOMATIQUE

N. f., 1708. Lat. mod. *diplomaticus*, dérivé du latin *diploma* : « pièce officielle », du grec *diploma* « objet double », d'où « tablette ou papier plié en deux », qui a donné le mot diplôme.

- Science attachée à l'étude critique de sources écrites (à l'origine diplômes des souverains du haut Moyen Âge, puis chartes, registres et plus largement tout autre écrit utile à la preuve d'un droit) pour en comprendre la genèse, la signification, en éprouver l'authenticité, la validité et la véracité au travers de leurs caractéristiques matérielles, de la chaîne des états du document à partir de la version initiale (original, copie, traduction…) et de l'ensemble des éléments de contenu (signature, auteur, date, mentions manuscrites, formules particulières et autres marques ou signes linguistiques ou graphiques, etc.). À l'origine concentrée sur l'écrit juridique, s'étend aujourd'hui à tout document (juridique ou non, sur support papier ou non, d'où la diplomatique du document numérique).

DIPLOMATIQUE

Adj. – Lat. sc. *diplomaticus,* de *diploma.* V. *diplôme.*

- Qui a trait à la *diplomatie.

— **(action).** V. *action diplomatique.*

— **(agent).** V. *agent diplomatique.*

—**s (relations).** V. *relations diplomatiques.*

DIPLÔME

Subst. masc. – Lat. *diploma,* du gr. δίπλωμα : pièce officielle.

- **1** *Titre délivré par les autorités universitaires attestant que son titulaire a satisfait aux exigences sanctionnant un cycle d'études ou de formation. Ex. diplôme d'études universitaires générales (DEUG), diplôme d'études approfondies (DEA). V. **usurpation de titres.*
- **2** Plus généralement, document matériel attestant la possession d'un *grade universitaire ou d'un titre au sens précédent. Ex. diplôme de baccalauréat ou diplôme de licence, etc. Comp. *acte.*

DIRE

Verbe. – Lat. *dicere.*

- **1** Dire le Droit. Ex. dans la formule consacrée des *conclusions, « dire et juger ». V. *juridiction, prononcé, déclarer, connaître.*
- **2** Par ext., juger, *décider.

DIRE

Subst. masc. – V. le précédent.

- **1** *Observations consignées par les parties sur le cahier des charges d'une vente aux enchères, sur un procès-verbal de règlement d'ordre ou d'enquête.
- **2** Mémoire remis par une partie à un expert pour préciser ses *prétentions.
- **3** Dans certaines expressions, *avis, *opinion, plus spécialement *évaluation.

— **d'expert (à).** Selon l'*estimation d'un expert.

DIRECT, ECTE

Adj. – Lat. *directus,* de *dirigere* : mettre en ligne droite, diriger. Droit, sans détour, sans intermédiaire, au premier chef, immédiat, *omisso medio.*

—e (action). Action en justice que, dans certains cas spécifiés (surtout lorsqu'une opération donne lieu à des sous-contrats ou des groupes de contrats), la loi ou la jurisprudence ouvre à une personne contre le débiteur de son débiteur, non point au lieu et place de ce dernier (par voie *oblique), mais en son nom personnel, d'où certains avantages variables (inopposabilité des exceptions, droit de préférence relativement aux autres créanciers du débiteur intermédiaire) (C. civ., a. 1341-3). Ex. action directe contre le maître de l'ouvrage, des employés de l'entrepreneur pour le paiement de leur salaire (C. civ., a. 1798), ou du sous-traitant, pour celui des travaux exécutés ; action directe du mandant contre le mandataire substitué (C. civ., a. 1994). Comp. *droit *direct.*

—e (d'*application). Se dit des lois dont l'entrée en application n'est pas subordonnée à la publication d'un décret.

—e (démocratie). V. *démocratie directe.*

— (*dommage).

a / Celui qui résulte du fait initial (nommé fait dommageable) qui en est la conséquence ; en ce sens, l'exigence d'un tel caractère comme condition de la réparation se confond avec celle d'un lien de *causalité entre fait initial et dommage.

b / Plus précisément, se dit par opp. aux dommages par *ricochet, de celui que subit la personne qui en est la victime immédiate, laquelle étant frappée au premier chef est le premier intéressé (mais non pas nécessairement le seul) qui ait droit à réparation.

— (droit). Se dit d'un droit de *créance qui naît sur la tête d'une personne à l'encontre d'une autre (bien qu'il n'y ait entre elles ni contrat, ni délit, ni quasi-contrat) par le seul effet d'un engagement que cette autre personne prend envers une troisième (ou parfois en vertu de la loi), pour marquer (dans le premier cas) que celui qui bénéficie d'un engagement auquel il est étranger en reçoit directement l'avantage de celui qui prend l'engagement et non de celui qui le fait prendre. Ex. le tiers bénéficiaire d'une *stipulation pour autrui (d'une assurance contractée à son profit en cas de décès de l'assuré) jouit d'un droit direct contre le *promettant (l'assureur) et ne reçoit pas l'avantage promis (le capital) du patrimoine du *stipulant (c'est-à-dire de la succession de l'assuré ; ce n'est pas une libéralité sujette à rapport ou à réduction). Comp. *action *directe.*

— (effet). V. *effet direct et de piano* (sens 2).

— (impôt). V. *impôt direct.*

—e (ligne). V. *ligne directe.*

— (paiement). V. *paiement direct.*

— (*suffrage). Celui dans lequel les électeurs de la base désignent eux-mêmes le titulaire du poste à pourvoir. Ant. *indirect.*

— (victime). Victime au premier degré d'un dommage ; personne qui subit de plein fouet et de son propre chef (ex. dans son propre corps) le préjudice qui résulte du dommage (ex. un blessé de la route) par opp. à victime *indirecte.

DIRECTEUR, TRICE

Subst. – Lat. *director* : guide, de *dirigere.* V. *direct.*

▸ **I** (adm.)

- Qualification générique désignant les personnes investies d'une fonction de *direction d'établissement ou de service ; le mot est généralement affecté de qualificatifs destinés à indiquer la nature de l'emploi : ainsi des emplois de direction des administrations centrales de l'État tels que directeur général, directeur, directeur adjoint, ou sous-directeur ou des emplois de direction des *services extérieurs, tels que directeur départemental ou directeur régional.

▸ **II** (com.)

- Personne qui dirige pour le compte d'autrui une entreprise commerciale (ou un secteur d'une entreprise commerciale) et qui est en principe un employé supérieur de l'entreprise lié à l'entrepreneur par un contrat de travail. V. **chef d'entreprise, manager.* Comp. *dirigeant.*

— général. Mandataire personne physique, actionnaire ou non, membre du conseil d'administration ou non, révocable ad nutum sur proposition du président, nommé par le conseil d'administration d'une société anonyme, sur proposition du président, pour assister celui-ci avec des pouvoirs qui peuvent être limités mais sans que cette limitation soit opposable aux tiers. V. *administrateur de société.*

— **unique.** Titre pris par le directeur d'une société à directoire, lorsque celui-ci ne comprend qu'une personne (société dont le capital est inférieur à un certain montant déterminé par la loi).

▸ **III** (proc. civ.)

— **(juge).** Chef de juridiction d'un tribunal d'instance comprenant plus de deux juges qui est investi de fonctions administratives et juridictionnelles.

DIRECTEUR, TRICE

Adj. – V. le précédent.

• Qui est apte à diriger ; propre à orienter.

—**s du procès (*principes).** Ensemble des règles placées en tête du CPC qui ont pour objet essentiel de déterminer le rôle respectif des parties et du juge dans le procès civil (impulsion des parties, a. 1 et 2, rôle actif du juge, a. 3, principe dispositif en sa double branche, a. 5 et 7) et d'établir certaines garanties fondamentales de bonne justice (principe du *contradictoire, a. 14 s., liberté de la *défense, a. 18 et 19), ainsi nommées, bien qu'ayant la même valeur positive que les autres règles (toute cette valeur, seule cette valeur), en raison du rayonnement que leur donnent d'une part leur généralité d'application (devant toutes les juridictions, en toute matière), d'autre part la légitimité intrinsèque que leur infuse l'esprit de justice et d'équité qui les anime et donc leur aptitude, en tant que maximes résumant la conception française du procès civil et porteurs de l'esprit de la loi, à guider l'interprète dans l'application du code. V. *directive, office, droits de la *défense.*

DIRECTIF, IVE

Adj. – Dér. de *direct.

• Se dit d'une *règle souple destinée à orienter les sujets de droit ou à guider l'interprète dans la poursuite d'une certaine fin, sans enfermer sa mise en œuvre dans des prescriptions de détail. Comp. *standard, notion-cadre.* V. *norme, normatif, régulateur.* Ex. le devoir de bonne foi dans les contrats, l'obligation de se conduire en *bon père de famille.

DIRECTION

N. f. – Lat. *directio* : alignement, ligne droite.

• **1** Fonction consistant à conduire une affaire ou les affaires d'un groupe (société, établissement, etc.), en assumant, au plus haut niveau, les responsabilités de cette *charge. Ex. les époux assurent ensemble la direction morale et matérielle de la famille (C. civ., a. 2386). V. *autorité, gérance, diriger.*

• **2** Par ext., l'organe qui remplit cette fonction, Ex. direction du personnel. V. *personnel, chef.* Comp. *dirigeant.*

— **du procès (clause de).** Stipulation insérée dans une police d'assurance de responsabilité en vertu de laquelle l'assureur reçoit pouvoir de l'assuré afin de défendre celui-ci sous son nom dans le procès en responsabilité intenté par la victime.

DIRECTIVE

Subst. fém. – Dér. de *directif.

▸ **I** (adm.)

• Norme par laquelle une autorité disposant d'un pouvoir d'appréciation se fixe à elle-même, ou prescrit à une autre autorité une ligne de conduite dans l'exercice de ce pouvoir. V. *instruction, cadre, programme.*

— **d'aménagement national.** Acte arrêté par le gouvernement dans le cadre de la politique d'*aménagement du territoire et susceptible, dès lors qu'il a valeur normative et a été publié, de conditionner l'octroi du *permis de construire (C. urb., a. R. 111-15).

▸ **II** (eur.)

• Acte normatif du *conseil ou de la *commission des communautés européennes qui lie tout *État membre destinataire quant au résultat à atteindre, tout en laissant aux instances nationales la compétence quant à la forme et aux moyens (tr. FUE, a. 288). Comp. *décision, proposition, recommandation, règlement, résolution, instruments juridiques communautaires.*

DIRECTOIRE

Subst. masc. – Lat. *directorium* : itinéraire tracé.

• Organe exécutif de certaines sociétés anonymes, en général collégial (deux à cinq membres, sauf dans le cas du *directeur général), nommé par le conseil de surveillance et révocable pour juste motif par l'assemblée générale ordinaire, qui a seul qualité pour gérer la société et est investi par la loi des pouvoirs les plus étendus pour agir au nom de celle-ci. Comp. *administrateur.* V. *directeur.*

DIRIGEANT, ANTE

Adj/ ou subst. du part. prés. de *diriger (souvent au plur.).

- Qui *dirige (adj. ex. clauses dirigeantes) ; personne qui assure effectivement la *direction d'un pays (dirigeants de l'État), d'une entreprise (dirigeant de société) en droit et parfois seulement en fait (dirigeant de fait) ; terme générique d'évocation qui renvoie, en droit, à une fonction de haute responsabilité, en fait (sociologiquement) à une position dominante dans la société. Comp. *directeur, chef.* V. *directoire.*

DIRIGER

V. du lat. *dirigere,* mettre en ligne droite, donner une direction déterminée, diriger, ordonner.

- **1** (une institution, une entreprise). Être à sa tête ; en être le *chef ; exercer sur elle (ses orientations, son fonctionnement) un pouvoir de *commandement, en droit et/ou en fait. V. *gouverner, commander.*
- **2** (des *débats). Présider à leur déroulement, en réglant l'ordre des interventions (donnant et retirant la parole), mission ordonnée (not. pour un juge, président de l'*audience) au devoir de respecter et de faire respecter la *contradiction et à la charge d'assurer la sérénité, l'ordre, la loyauté et la pertinence de la *discussion, la *police de l'audience (CPC, a. 438, 440).

DIRIGISME

Subst. masc. – Néol. du v. *diriger.

- Politique d'autorité (et système économique qui en découle) tendant à soumettre l'économie à un *ordre public de contrôle et de direction, en restreignant la liberté des conventions, not. celle des prix, espèce d'interventionisme étatique (on précise parfois, par opp. au libéralisme économique, dirigisme économique). V. *déréglementation.*

DIRIMANT, ANTE

Adj. – Lat. *dirimans,* part. prés. du v. *dirimere.* V. *dirimer.*

- Se dit d'une exigence (prescription, interdiction) dont la violation justifie la nullité de l'acte qui l'enfreint. Ex. un *empêchement dirimant de mariage ne met pas seulement obstacle au mariage, mais, s'il est passé outre, entraîne l'annulation de celui-ci. Comp. *prohibitif.* V. *annulable.*

DIRIMER

Lat. *dirimere* : séparer, rompre, annuler.

- (vx). Annuler, casser.

DISCERNEMENT

N. m. – Du v. discerner, lat. *discernere.*

- **1** *Aptitude à distinguer le bien du mal qui, apparaissant chez le *mineur, à l'âge de *raison (question de fait), le rend capable de s'obliger délictuellement. V. *enfant, volonté, responsabilité, imputabilité, connaissance, conscience, raison, esprit.*
- **2** Faculté semblable naguère considérée, même chez l'adulte, comme une condition de la responsabilité civile. V. *trouble mental.*

DISCIPLINAIRE

Adj. – De *discipline.

- Qui se rapporte à la *discipline d'un corps, d'une profession ou d'une entreprise.

— **(action).** V. *action disciplinaire.*
— **(faute).** Violation par un agent public ou un travailleur des obligations professionnelles résultant de la discipline qui le régit.
— **(juridiction).** Juridiction investie du pouvoir d'infliger les sanctions disciplinaires.
— **(peine).** V. **peine disciplinaire.*
— **(*pouvoir).** *1* / Pouvoir d'établir les règles de la discipline. *2* / Pouvoir d'en sanctionner l'inobservation.
— **(*sanction).** Mesures déterminées par la loi qui sont destinées à réprimer les fautes disciplinaires (par ex. dans le droit de la fonction

publique ou des ordres professionnels). V. *avertissement, admonestation, blâme, radiation, omission, suspension, déplacement d'office.*

DISCIPLINE

N. f. – Lat. *disciplina,* action d'apprendre, de *discipulus* : disciple.

▸ **I** (adm.)

• Ensemble des règles et devoirs imposés aux membres d'un corps ou d'une profession, ou attachés à l'exercice d'une fonction et dont le régime de sanction est autonome tant en ce qui concerne les instances compétentes et la procédure que la définition des infractions et la nature des peines.

▸ **II** (trav.)

• Ensemble des prescriptions générales (règles, consignes) ou particulières (ordres, commandements) établies en vue du fonctionnement d'une entreprise par le règlement intérieur ou par un supérieur. Comp. *direction.*

DISCOMPTE

Subst. masc. – Néol., anglais : *discount.*

• Offre de produits à prix réduit ; technique de commercialisation fondée sur une telle *réduction. Comp. *rabais, remise, ristourne.*

DISCONTINU, UE

Adj. – Part. pass. du v. discontinuer, lat. médiév. *discontinuare.*

• **1** Irrégulier relativement à un usage normal ; se dit de la *possession non lorsqu'elle n'est point continuelle et sans interruption (V. *continue*), mais lorsqu'elle est faite d'actes trop intermittents pour fonder une *prescription acquisitive. V. *vicieux, utile, équivoque, violente, clandestinité, vice.*

• **2** Épisodique, en tant que lié à des agissements humains nécessairement isolés et ponctuels, exclusifs d'un exercice continu ; se dit d'une *servitude du seul fait qu'elle a besoin d'un fait de l'homme, même régulier, pour être exercée (ex. passage, puisage ; C. civ., a. 688) d'où l'impossibilité d'acquérir une telle servitude par l'usage (C. civ., a. 691).

DISCONTINUATION DES POURSUITES

V. *poursuites (discontinuation des).*

DISCRÉTION

N. f. – Lat. *discretio* : séparation, discernement, distinction, différence.

• **1** Fait de taire ou qualité de celui qui tait des informations confidentielles, réserve qui fait parfois l'objet d'une obligation professionnelle. Ex. l'obligation qui pèse sur les fonctionnaires pour tout ce qui concerne les faits et informations dont ils ont connaissance dans l'exercice de leurs fonctions ou sur les membres du comité d'entreprise dans le domaine de l'information économique. Comp. *secret.*

• **2** A conservé, dans certaines expressions, son sens étymologique (faculté de distinguer).

— **de (à la) :** au gré de…, au bon vouloir de, à la libre décision de. Ex. « à la discrétion du gouvernement » : expression encore utilisée pour désigner les emplois supérieurs de chaque administration dans lesquels la nomination est laissée à la décision du gouvernement.

DISCRÉTIONNAIRE

Adj. – Dér. de *discrétion.

▸ **I** (adm.)

• **1** Se disait autrefois (avant 1902) de certains actes que la jurisprudence déclarait n'être pas de nature à faire l'objet d'un contrôle juridictionnel en les qualifiant de « haute », de « pure » ou de « simple administration ». V. *amovible.*

• **2** Se dit, par opposition à *compétence liée, d'un pouvoir ou, plus exactement, d'une compétence dont l'exercice n'est pas déterminé dans tous ses éléments (de manière à laisser à son titulaire un certain pouvoir d'appréciation), mais qui demeure soumis au contrôle du juge administratif.

▸ **II** (pr.)

• Se dit du pouvoir d'appréciation du juge dans les cas exceptionnels où celui-ci jouit de la faculté de prendre, en fonction des circonstances (qu'il apprécie librement), une décision qui non seulement échappe au contrôle de la Cour de cassation, comme toute appréciation *souveraine de fait, mais, plus spécifiquement, peut se référer, pour motif suffisant, au sentiment d'opportunité du juge (sous réserve, en appel, d'une appréciation différente de l'opportunité). Ex. l'octroi d'un délai de grâce au débiteur (C. civ., a. 1343-5). Comp. *arbitraire.*

▸ **III** (civ.)

• Se dit du droit d'une personne dans les cas spécifiés où ce droit peut être exercé par son titulaire, en toute liberté, comme bon lui semble, sans que cet exercice soit susceptible d'*abus (et donc générateur de responsabilité). Ant. *droit judiciairement *contrôlé.* Ex. le refus de consentir au mariage d'un enfant mineur ; la révocabilité du mandataire ordinaire est, pour le mandant, un droit discrétionnaire (C. civ., a. 2004). Syn. *absolu.*

DISCRIMINATION

N. f. – Lat. *discriminatio,* séparation, de *discrimen,* ligne de démarcation, dér. de *discriminare,* mettre à part, diviser, séparer, distinguer.

▸ **I** (sens gén.)

• **1** Différenciation contraire au principe de l'*égalité civile consistant à rompre celle-ci au détriment de certaines personnes physiques en raison de leur appartenance raciale ou confessionnelle, plus généralement par application de critères sur lesquels la loi interdit de fonder des *distinctions juridiques *arbitraires (*sexe, opinions politiques, situation de famille, état de santé, handicap, origine, appartenance ou non-appartenance (vraie ou supposée) à une nation, une ethnie ou une race, activité syndicale) ou au détriment de certaines personnes morales en raison des mêmes critères appréciées sur la tête de leurs membres, agissement érigé en délit (C. pén., a. 225-1). Comp. *inégalité, individualisation.* V. *uniforme, non-discrimination, pares magis quam similes.*

• **2** Plus rarement, dans un sens neutre, syn. de *distinction (non nécessairement odieuse). Le sens péjoratif principal a marginalisé, quand il s'agit de la jouissance des droits, le sens étymologique. Mais ce dernier, qui est intellectuel (*discrimen* dérive du supin *discretum* de *discernere*) conserve sa vocation légitime à caractériser, dans l'analyse juridique, l'action de distinguer avec justesse et acuité, ce qui ne renvoie ni à l'arbitraire ni même à la seule subtilité juridique mais à la capacité d'établir des distinctions exactes (que Cicéron rapprochait de la sagacité et de la raison : *Non est consilium in vulgo, non ratio, non discrimen*).

— ***positive.** *Traitement *préférentiel réservé à des catégories de citoyens défavorisées, par mesure de compensation, politique ordonnée, moyennant la rupture de l'égalité juridique, à la poursuite d'une égalité concrète, dont l'*affirmative action* expérimentée aux États-Unis est un exemple.

▸ **II** (int. pub].)

• Traitement différentiel consistant à refuser à des individus, à des groupes ou à des États, des droits ou des avantages qui sont reconnus par ailleurs à d'autres ; s'oppose à l'égalité de traitement (souvent désignée par le terme de non-discrimination). Comp. *pénalisation.*

▸ **III** (fisc.)

• **1** (sens strict). Imposition différente de la matière imposable, en fonction de son origine.

• **2** (sens large). Imposition différente de la matière imposable selon un critère quelconque.

▸ **IV** (concur.)

• Traitement différencié et objectivement injustifié de situations ou prestations identiques ou équivalentes. Syn. *pratique discriminatoire. V. *distorsion (de concurrence), avantage tarifaire.*

— **à rebours.** Effet paradoxal (pervers ?) consistant en ce que le traitement réservé aux ressortissants d'un État membre de l'Union européenne est moins favorable que celui dont bénéficient ceux des autres États, en application des règles communautaires.

DISCRIMINATOIRE

Adj. – Dér. de *discrimination.

• Qui tend à marquer une *discrimination,

qualificatif nécessairement péjoratif (qui a déteint sur le substantif). Ex. mesure, pratique, traitement discriminatoire. V. *inégalitaire, sexiste.* Comp. *attentatoire.*

DISCUSSION

N. f. – Lat. *discussio,* de *discutere,* préf. *dis* exprimant la séparation et *quatere(quassum),* secouer, propr. séparer en secouant.

- **1** *Débat *contradictoire :

a / Au sein d'une assemblée, d'un conseil ou d'une réunion, pour examiner la valeur d'un texte avant le passage au vote ; se décompose souvent en discussion générale (de l'esprit d'ensemble) et discussion par articles (des différentes parties du texte). Comp. *amendement.*

b / Devant une juridiction, sur les éléments de fait et de droit en *litige. V. **principe du *contradictoire, *droit de la défense, contestation, argumentation, motivation, audience, police.*

- **2** (en doctrine). *Exposé d'une *controverse ; développement d'une *argumentation sur un *point débattu ou une *question problématique, dans une *étude doctrinale (raisons, objections, réfutations, etc.). V. *raisonnement juridique, examen, critique, objection.*
- **3** Saisie et vente forcée de certains biens, par priorité à d'autres. V. **bénéfice de discussion.*

DISJONCTION

N. f. – Lat. *disjunctio,* de *disjungere* : disjoindre.

- Action de disjoindre et résultat de cette action.

▸ **I** (publ.)

- Action, pour une assemblée délibérante saisie d'un texte, d'en séparer un article ou un amendement, par retrait de la discussion ou du vote, sauf à soumettre ultérieurement l'élément disjoint à un examen particulier. Comp. *réserves.*

▸ **II** (Pr.)

- Mesure d'administration judiciaire (*incident d'instance) consistant à dissocier l'examen de deux questions afin de les faire juger à part, soit par la même juridiction, soit par des juridictions différentes (CPC, a. 367, 368). Ant. **jonction d'instances.*

DISPACHE

Subst. fém. – Empr. de l'angl. *dispatch* (V. *dispatch money*) ou de l'ital. *dispaccio.*

- Dépêche.
- **1** Écrit qui établit le règlement par l'assureur à l'assuré de la contribution due par le premier en exécution de la police.
- **2** Plus spécialement, dans la pratique, l'établissement du règlement d'avarie commune.

DISPACHEUR

Subst. masc. – Dér. de *dispache.

- Spécialiste chargé des *règlements d'avarie commune. Syn. *expert répartiteur.*

DISPARITION

N. f. – Formé du préf. dis et d'un mot dér. du lat. *parescere.*

- **1** (au sens large). Fait, pour une personne, d'avoir cessé de paraître au lieu de son domicile ou de sa résidence, sans que l'on en ait eu de nouvelles (C. civ., a. 112 et 124). V. *absence.*
- **2** (au sens strict). Fait, pour une personne dont le corps n'a pu être retrouvé, d'avoir *disparu dans des circonstances de nature à mettre sa *vie en danger, qui justifie une déclaration judiciaire de *décès (C. civ., a. 88).

DISPARU, UE

Adj. et subst. – Part. pass. du v. disparaître.

- Au sens strict, personne dont le décès peut être judiciairement déclaré – bien que son corps n'ait pu être retrouvé – du fait qu'elle a cessé de paraître dans des circonstances de nature à mettre sa vie en danger (catastrophe aérienne, naufrage). V. *disparition* (sens 2). Comp. *absent, non présent.* V. *défunt, de cujus, vivant.*

DISPATCH MONEY

Expression angl. signifiant « argent versé pour faire diligence », utilisée pour désigner la prime de célérité accordée à l'affréteur à raison du temps gagné sur le délai de staries mis gratuitement à sa disposition ; on dit aussi, mais plus rarement, *despatch money.*

DISPENSE

N. f. – Tiré du v. dispenser, lat. *dispensare* : distribuer, qui a pris le sens d'« accorder une dispense » au Moyen Âge.

• **1** (sens gén.). Relâchement de la *rigueur du Droit accordé par *faveur à un individu déterminé, pour des motifs particuliers, soit par une autorité publique, soit par une personne privée. Comp. *exonération.*

a / (avec effet positif). Autorisation de faire, exceptionnellement, ce qui est normalement prohibé. Ex. dispense accordée par le chef de l'État, afin de lever, pour des causes graves, certains empêchements au mariage pour parenté ou alliance (a. 164) ; dispense d'âge pour le mariage (a. 145) ou l'adoption (a. 344, al. 2).

b / (avec effet négatif). Autorisation de ne pas faire ce qui est prescrit. Ex. exemption d'une charge (dispense de scolarité ou d'examen), d'un impôt, d'une obligation : dispense de publication ou de délai de publication, de remise du certificat médical (a. 169), causes de dispense de la tutelle (l'âge, la maladie, l'éloignement, a. 428 anc.) ; dispense de fournir caution (a. 601), de faire inventaire (a. 948 ; comp. a. 1402, al. 2) ; dispense de rendre compte (par ex., accordée à l'exécuteur testamentaire ; comp. a. 1431) ; dispense de rapport successoral (a. 843 s.) ; dispense de peine (C. pr. pén., a. 469-1). Comp. *autorisation, permission, immunité, franchise, exemption, décharge, excuse, exonération, affranchissement, dérogation (dérogatoire), refus, rejet, exorbitant, privilège.*

— **de *peine.** Mode de *personnalisation de la peine consistant pour le juge pénal à affranchir le prévenu qu'il déclare coupable de l'obligation de subir sa peine, *faveur qu'il peut accorder en matière délictuelle et sauf exception en matière contraventionnelle lorsque le reclassement du coupable est acquis, le dommage réparé et le trouble dissipé (C. pén., a. 132-59). Comp. *sursis, ajournement, fractionnement de la *peine, avis de *clémence.*

• **2** Se dit aussi de certains bienfaits accordés par la loi à tous ceux qui se trouvent dans la situation qu'elle détermine. Ex. la dispense de preuve résultant d'une *présomption légale (C. civ., a. 1354). V. *notoire.*

DISPONIBILITÉ

N. f. – Dér. de *disponible.

• **1** Pour un bien :

a / Qualité juridique du bien (ou du droit) dont on peut librement *disposer. Ant. *indisponibilité.* V. *commerce, cessibilité, aliénabilité.* Comp. *patrimonialité, vénalité, transmissibilité.*

b / État matériel de la marchandise qui peut être aussitôt commercialisée (du fait qu'elle est en stock ou à l'usine), par opp. à celle qui doit être produite ou fabriquée. Comp. *chose *future.* V. *refus de vente.*

• **2** Pour une personne

a / (dans la fonction publique). Position du fonctionnaire qui, placé hors de son administration ou service d'origine, cesse dans cette position de bénéficier de ses droits à l'*avancement et à la *retraite.

b / (dans la fonction militaire). Position des officiers de carrière qui ont été admis à cesser temporairement de servir dans les armées.

• **3** (plur.). Liquidités, *fonds immédiatement utilisables. V. *numéraire.*

DISPONIBLE

Adj. – Lat. médiév. *disponibilis,* de *disponere.*

• **1** Dont on peut librement *disposer. V. *transmissible, négociable, cessible, aliénable, saisissable, prescriptible, vénal.* Ant. *indisponible.*

— **(quotité).** Fraction de la succession dont le défunt était en droit de disposer à titre gratuit (par donation ou testament), malgré la présence d'héritiers *réservataires. Ex. s'il laisse deux enfants, le *de cujus* ne peut disposer par libéralité en faveur de tiers que du tiers de ses biens (mais il peut, avec cette quotité, avantager l'un des réservataires. V. C. civ., a. 913 s. Syn. *portion disponible (C. civ., a. 845).

V. *réserve héréditaire, réduction, rapport, réservé.*

— **(pécule).** V. *pécule disponible.*

• **2** Immédiatement utilisable ou livrable. Ex. fonds disponibles, marchandises disponibles, actif disponible. V. *cessation des paiements.*

— **(vente au) ou (en).** Celle dans laquelle le vendeur offre une marchandise qu'il met aussitôt à la disposition de l'acquéreur (du fait qu'elle se trouve dans ses magasins ou ceux d'un tiers). Comp. *vente à livrer.*

DISPOSANT, ANTE

Subst. – Part. prés. substant. du v. disposer, lat. *disponere* : distribuer, établir, francisé d'après poser.

• Celui qui dispose de tout ou partie de ses biens soit à titre gratuit (*donateur, *testateur), soit à titre onéreux (vendeur, cédant). Comp. **auteur, aliénateur, fondateur.* V. *disposition.*

DISPOSER

V. – V. *disposant.*

• **1** *Édicter, *ériger en règle, *établir, régler ; en ce sens la loi dispose (ne pas confondre avec *stipuler) ; on dit aussi l'article… du Code dispose… V. *légiférer, prescrire, interdire.*

• **2** *Décider ; en ce sens le juge dispose (dans le *dispositif de sa décision).

• **3** Accomplir un acte de *disposition (est plus large qu'*aliéner) ; en ce sens le propriétaire dispose de son immeuble lorsqu'il l'aliène (le vend, le donne, le lègue), lorsqu'il l'hypothèque ou le détruit. V. *aliénation, indisponibilité.*

DISPOSITIF

Subst. masc. ou adj. – Dér. du lat. *dispositus,* de *disponere.* V. *disposant.*

• **1** (subst.).

a / Partie finale d'un *jugement qui, faisant suite aux *motifs énoncés afin de la justifier, contient la *décision du juge (CPC, a. 455) et qui, constituant la *chose jugée, est seule dotée, à l'exclusion des motifs, de l'*autorité que la loi attache à celle-ci (comp. cep. motif *décisoire). V. *dictum, obiter dictum.*

b / Par ext., corps d'une *disposition, par opp. à ce qui la précède (exposés, motifs, préambule) ou à ce qui la suit (annexe, protocole). Ex. dispositif d'une loi.

c / Dans la langue du palais, projet de jugement soumis au juge par les avocats des parties (not. en cas de jugement d'accord).

• **2** (adj.). Qui règle, décide ou qui est relatif à ce qui est réglé, décidé.

—ve (loi). Se dit parfois d'une loi de caractère *indicatif et non impératif.

— **(principe).**

a / Principe *directeur du procès civil en vertu duquel le juge doit se prononcer sur tout ce qui est demandé et seulement sur ce qui est demandé (CPC, a. 5).

b / Désigne parfois l'autre principe directeur qui interdit au juge de fonder sa décision sur des faits qui ne sont pas dans le débat (CPC, a. 7).

DISPOSITION

N. f. – Lat. *dispositio.* V. *dispositif.*

• **1** *Prescription énoncée dans un texte ; *règle résultant expressément soit de la loi (disposition légale), soit d'un règlement (disposition réglementaire), clause d'un contrat. Ex. C. civ., a. 1104, al. 2. V. *préliminaire.*

• **2** Action de disposer d'un bien ; *acte de disposition ; on parle ainsi de disposition à titre onéreux (vente immobilière) ou à titre gratuit, soit entre vifs (donation) soit à cause de mort (legs). Comp. *aliénation.* V. *gestion, administration, cogestion.*

— **(acte de).** Par opp. à acte d'*administration et à acte *conservatoire, opération grave qui entame ou engage un patrimoine, pour le présent ou l'avenir, dans ses capitaux ou sa substance, et dont la vente d'immeuble constitue l'archétype mais qui correspond à d'autres actes que les aliénations (ex. constitution d'une hypothèque sur un immeuble) ou même à des actes matériels (V. *abusus*) et n'englobe pas toutes les aliénations (V. *acte d'*administration*), certaines opérations relatives aux baux ou au moins aux plus graves de ceux-ci (baux commerciaux, baux ruraux, baux immobiliers de plus de neuf ans pour leur conclusion et leur renouvellement) étant

assimilées aux actes de disposition (V. C. civ. a. 1424, 595, 815-3. Comp. a. 504).
— **précative.** V. *précatif.*

- **3** *Clause d'un acte. Ex. les dispositions d'un testament. Comp. *stipulation.*
- **4** Chef de décision dans le *dispositif d'un jugement. Ex. juge qui, dans le dispositif du jugement, statue sur la compétence et sur le fond par deux dispositions distinctes (CPC, a. 76 et 77).

— **(mise à).** V. **mise à disposition.*

DISPOSITIONS

Subst. fém. plur. – V. le précédent.

- (fisc.). S'emploie, avec le sens de clause ou opération, dans les expressions suivantes :

— **dépendantes.** En matière d'enregistrement, dispositions d'un même acte juridique liées entre elles dans l'intention des parties, qui concourent à la formation d'un contrat principal dont elles constituent les éléments corrélatifs et nécessaires (les dispositions dépendantes donnent lieu à paiement d'un seul droit).
— **indépendantes.** Dispositions d'un acte qui constituent des opérations juridiques distinctes (ces dispositions sont taxées séparément, sauf si elles donnent ouverture à des droits fixes).

DISQUALIFICATION

N. f. – Dér. du v. disqualifier, empr. à l'angl. *disqualify,* du franç. qualifier.

- **1** Espèce de *requalification consistant, pour le juge pénal, à écarter le rattachement d'un fait délictueux à une catégorie d'infraction pour opérer son rattachement à une catégorie moins grave. Ex. disqualification en délit d'un fait poursuivi comme crime. V. *correctionnalisation.*
- **2** Perte de qualification, par exclusion ou rétrogradation, à titre de sanction d'une irrégularité. Ex. disqualification d'un concurrent.

DISSIDENT, ENTE

Adj. – Lat. *dissidens,* part. prés. de *dissidere,* rac. *sedere* : s'asseoir.

- **1** Qualifie, dans la délibération d'un *collège de juges ou d'arbitres, l'avis qui se sépare de la position adoptée par la *majorité. V. *opinion, *secret du *délibéré, division, minorité, unanimité.*
- **2** Se dit en pratique de la décision juridictionnelle ou de l'opinion doctrinale qui ne se conforme pas à une interprétation dominante. V. *jurisprudence, particulier.* Comp. *résistance, rébellion* (sens 2).
- **3** Dans les systèmes totalitaires, tout opposant au régime. V. *délit d'*opinion, rébellion* (sens 1), opposition.

DISSIMULATION

N. f. – Lat. *dissimulatio,* du v. *dissimulare.*

- **1** (sens gén.). Fait de cacher ce que l'on doit révéler, comportement qui peut être constitutif de *dol (V. *silence, réticence*), de *fraude, de *recel, de **complicité*, etc. Ex. dissimulation de revenus, de documents, de faits propres à éclairer la justice. V. *témoignage.* Comp. *détournement, clandestinité, dilapidation, simulation, organisation frauduleuse de l'insolvabilité, déloyauté.*
- **2** (fisc.). Fait par le contribuable de ne pas mentionner volontairement, dans une déclaration fiscale, une partie ou la totalité des bases d'imposition qui donne lieu contre lui à des sanctions fiscales ou pénales ; plus spécialement en matière d'enregistrement, déclaration volontairement inexacte soit sur la nature de l'acte, soit sur le prix (au cas d'acte à titre onéreux ayant pour objet des immeubles, des offices, des fonds de commerce ou de clientèle et des navires), à distinguer de l'insuffisance et de l'omission. V. *sincérité, dessous-de-table.*

— **de maternité.** Fait, pour une femme qui est accouchée d'un enfant, de cacher sa maternité, agissement incriminé lorsqu'il en résulte une atteinte à l'état civil d'un enfant, qu'il soit ou non associé à une *supposition d'enfant (*simulation de maternité), C. pén., a. 227-13. V. *atteinte à la *filiation.*

DISSOLUTION

N. f. – Lat. *dissolutio,* de *dissolvere* : dissoudre.

► **I** (priv.)

- Rupture d'un *lien ; dissociation d'un

groupe qui met fin légalement à une communauté d'intérêts et à l'existence juridique de ce groupe, dans des cas spécifiés (causes de dissolution) et avec des conséquences déterminées (comptes, *liquidations, partage, etc.). Ex. dissolution du mariage par le *décès d'un époux ou le *divorce (C. civ., a. 227) ; dissolution de la communauté par les mêmes causes, par la séparation de corps ou de biens, etc. (C. civ., a. 1441) ; dissolution de la société pour les causes prévues par l'a. 1844-7 C. civ. ; désigne plutôt, par rapport à d'autres types d'*extinction, la fin pour une cause accidentelle, d'un état de droit qui a valablement existé (à la différence de l'*annulation). Comp. *résolution, résiliation, relâchement, démariage.* Ant. *constitution, création, formation.*

▸ **II** (publ.)

• Décision par laquelle le pouvoir exécutif met fin avant le terme normal aux pouvoirs d'une assemblée délibérante élue : politique (assemblée parlementaire ; Const. 1958, a. 12), administrative ou locale dans une collectivité décentralisée (ex. CGCT, a. L. 01112-6, a. L. 5211-26), aux fins de nouvelles élections.

— **automatique.** Formule proposée par certains auteurs ou hommes politiques dans laquelle l'assemblée parlementaire qui renverserait un gouvernement serait par là même dissoute.

DISTANCE

Lat. *distantia.*

▸ ***servitude de.** Obligation pour le propriétaire d'un fonds de placer ses arbres, arbrisseaux et arbustes de façon à laisser entre ses plantations et la limite de son fonds une distance déterminée par les règlements et *usages et, lorsqu'il n'en existe pas, par la loi. V. *contrat à distance.*

DISTINCTION

Subst. fém. – Lat. *distinctio,* du v. *distinguere,* séparer, diviser, démêler, faire la différence.

• **1** Action d'analyser et de spécifier, de différencier, séparer, lever une équivoque ou dissiper une confusion (différenciation, *discrimination) et résultat de cette action (division, ordre, classification, plan, énumération). Comp. *séparation.*

• **2** Marque honorifique. V. *honneur, considération.*

DISTORSION DE CONCURRENCE

Lat. *distorsio.* V. *concurrence.*

• Perturbation due à une disparité législative, réglementaire ou administrative entre *États membres, conduisant à des conditions de *concurrence faussées entre leurs économies ou entre certaines de leurs branches ou secteurs d'activité déterminés (tr. CEE, a. 101). V. *coordination, harmonisation, rapprochement des législations nationales, politique commune, discrimination.*

DISTRACTION

N. f. – Lat. *distractio,* de *distrahere* : distraire.

• Fait de retirer, de soustraire un bien d'un ensemble déterminé. V. *soustraction.*

— **(demande en).** Revendication par laquelle un tiers réclame au tribunal de soustraire à une saisie un bien dont il se prétend propriétaire.

— **des *dépens.** Nom naguère donné au droit pour l'avocat ou l'avoué de la partie gagnante de recouvrer directement contre la partie condamnée ceux des dépens dont il a fait l'avance sans en avoir reçu provision, lorsqu'à sa demande la condamnation aux dépens a été assortie de ce bénéfice (CPC, a. 699). V. *recouvrement.*

DISTRAT

Subst. masc. – Lat. jur. *distractus* : résiliation du contrat, francisé d'après contrat.

• (très rare). Terme savant construit pour désigner l'accord de volontés tendant à dissoudre un *contrat. V. *résiliation, mutuus dissensus.*

DISTRIBUTEUR, TRICE

Subst. – Bas lat. *distributor* : dispensateur.

• *Revendeur faisant profession de commercialiser les produits d'un ou plusieurs fabricants ou autres fournisseurs. V. *distribution,* *commercialisation, revente, commerçant, marchand, détaillant, grossiste.*

DISTRIBUTION

N. f. – Lat. *distributio* : division, distribution.

- **1** Opération consistant à attribuer à chacun ce qui lui revient en vertu d'une répartition. Ex. distribution des *bénéfices, distribution des *deniers. V. *partage.*

— **des affaires.** Opération par laquelle le président d'une juridiction comportant plusieurs chambres attribue à l'une d'elles la connaissance d'une affaire, par une décision de pure *administration judiciaire ; *répartition des causes entre les diverses chambres d'une même juridiction ; ne pas confondre avec l'*attribution d'une affaire à une juridiction ou une *formation compétente, qui résulte des règles de la *compétence d'attribution.

— **des pouvoirs.** Syn. **séparation des pouvoirs.*

— **par contribution.** Répartition judiciaire entre les créanciers d'un même débiteur du produit de la vente sur saisie de ses biens (*deniers) ainsi nommée parce que, après *collocation des créanciers privilégiés, le reliquat des fonds est réparti entre les créanciers chirographaires, par *contribution au marc le *franc ; se distingue de la distribution par voie d'*ordre.

- **2** Fonction économique consistant à assurer l'écoulement des produits du stade de la production à celui de la consommation. V. *commercialisation, revente.*

— **(contrat de).** Nom générique commun aux divers contrats qui, sous couvert du droit de la distribution et de la concurrence, président à l'organisation, en réseau le plus souvent, de la filière des achats et reventes des produits de l'industrie et du commerce, moyennant, en général, l'articulation, pour chaque type de contrat, d'un *contrat-cadre et de contrats d'application. Ex. *contrat de concession ou de distribution exclusive, contrat de distribution sélective, contrat d'*approvisionnement exclusif, contrat d'*affiliation, contrat d'agréation.*

— ***exclusive.** Système de distribution consistant, de la part du producteur, à ne confier la distribution de ses produits dans un secteur géographique déterminé, qu'à un seul distributeur. V. *exclusivité, monopole* et ci-dessous plus précisément le contrat lié au système.

— ***exclusive (contrat de).** Contrat de *distribution en vertu duquel un industriel ou un commerçant (fabricant, grossiste, *centrale d'achat, etc.) nommé, concédant, confère à un commerçant indépendant nommé concessionnaire, sur un territoire défini et pour une période déterminée, l'*exclusivité de la revente des produits qu'il fabrique ou qu'il importe, à charge pour le concessionnaire exclusif d'assurer sur le territoire qui lui est réservé la distribution des produits dont le monopole de revente lui est confié (parfois à l'exclusion d'autres produits) et sauf la faculté de nommer sur ce territoire et sous sa surveillance des sous-concessionnaires. Syn. contrat de concession exclusive. Comp. *contrat de distribution sélective, contrat d'approvisionnement exclusif, contrat d'affiliation, contrat d'agréation, protection territoriale absolue, clause de quota.*

— **sélective.** Système de distribution consistant, de la part du producteur, à n'agréer que des *distributeurs répondant à certaines conditions, souvent de compétence professionnelle (sélection qualitative), et, le cas échéant (point contesté), à limiter le nombre des distributeurs (sélection quantitative). V. *agrément* et, ci-dessous, le contrat lié au système.

— **sélective (contrat de).** Contrat en vertu duquel les distributeurs sélectionnés jouissent relativement aux autres, de l'exclusivité de la vente des produits du fournisseur qui les a choisis (en fonction de critères qualitatifs par lui définis) sans que la convention n'établisse d'exclusivité territoriale (différence avec le contrat de *distribution exclusive) ni d'exclusivité d'achat (différence avec le contrat d'*approvisionnement exclusif). Comp. *contrat d'*affiliation, contrat d'*agréation.*

DISTRICT

Subst. masc. – Du bas lat. *districtus* : territoire, de *distingere.*

- Dénomination donnée à une catégorie d'*établissement public groupant plusieurs communes et exerçant de plein droit un certain nombre d'attributions en leur lieu et place ; affecté à l'origine du qualificatif *« urbain », le terme est désormais utilisé seul.

DIVAGATION D'ANIMAUX

Du lat. *divagari* ; préf. *di* et *vagari* : errer. V. *animal.*

- Nom donné à plusieurs infractions punies de peines de police, consistant soit à laisser en liberté des animaux malfaisants ou féroces, ou des chiens lorsqu'ils attaquent et poursuivent les passants, même s'il n'en résulte aucun dommage, soit à permettre à des animaux quelconques d'errer sur les routes ou à des troupeaux de stationner sur la chaussée.

DIVERTISSEMENT

N. m. – Dér. de divertir, lat. *divertere* : détourner.

- Fait par un copartageant (époux, cohéritiers, etc.) de s'emparer de certains objets de la succession ou de la communauté dans l'intention de se les approprier et de frustrer ainsi les autres copartageants de tout ou partie de leurs droits dans les biens à partager, qui expose son auteur, à titre de *sanction, à de véritables peines civiles (perte de tous droits sur les biens divertis, acceptation forcée de la succession, C. civ., a. 778, 1477). V. *recel, détournement, dissipation.*

DIVIDENDE

Subst. masc. – Empr. au lat. *dividendus* : qui doit être divisé, de *dividere* : diviser.

- **1** (en droit des sociétés). Part de bénéfices ; quote-part attribuée à chaque associé, pendant la durée de la société, au prorata de ses droits dans les bénéfices et normalement prélevée sur ceux de l'exercice (ou sur les réserves disponibles, not. sur le *report à nouveau) ; terme plus particulièrement usité dans les sociétés par actions ; désigne également la quote-part distribuée aux porteurs de parts de fondateurs.

— **cumulatif (premier).** Premier dividende préciputaire dont le non-perçu (si les bénéfices d'un exercice sont insuffisants pour le servir complètement) doit être reporté sur les exercices suivants jusqu'à complet paiement.

— ***fictif.** Dividende ne correspondant pas à des bénéfices effectivement réalisés (ou prélevé sur des réserves non disponibles, ou mis en distribution sans approbation des comptes ou par un organe autre que l'assemblée générale) dont la distribution interdite par la loi peut donner lieu, dans certaines sociétés, à des peines correctionnelles et parfois à répétition.

— **(premier).** Portion du dividende attribuée en premier aux associés ou à certains d'entre eux (quand les statuts prévoient plusieurs attributions à leur profit pour le partage des bénéfices) et qui consiste en un prélèvement prioritaire représentant l'intérêt à n % du montant libéré et non remboursé sur le nominal des actions ou parts sociales.

— **(super).** Portion du dividende provenant d'une deuxième attribution de bénéfices faites aux associés, quand les statuts le prévoient.

- **2** Dans l'*apurement du passif consécutif à une procédure de *redressement judiciaire (not. en cas de liquidation judiciaire), quote-part des sommes provenant de la *réalisation des biens du débiteur, attribuée à chaque créancier proportionnellement à sa créance, à la condition qu'il ait régulièrement déclaré celle-ci. V. *déclaration des créances, plan de redressement.*

- **3** Naguère (en matière de règlement judiciaire) fraction de ses dettes que le débiteur en règlement judiciaire a promis de payer en une ou plusieurs fois à la masse de ses créanciers comme condition du concordat qui lui est accordé (souvent appelé dividende concordataire).

DIVISIBILITÉ

N. f. – Dér. de *divisible. Lat. *divisibilis,* de *dividere* : diviser.

- État de ce qui est *divisible. Ant. *indivisibilité.* Comp. *solidarité.*

— **(de la filiation hors mariage).** Indépendance du lien maternel et du lien paternel de la filiation hors mariage, tenant au fait que l'établissement légal de l'un des liens n'a d'effet qui à l'égard du parent concerné, l'établissement distinct de l'autre lien, autonome, se faisant à part, de telle sorte que, selon les circonstances, la filiation peut être légalement établie à l'égard des père et mère ou d'un seul d'entre eux, marque spécifique de la filiation hors mariage (v. C. civ., a. 316, pour la reconnaissance). V. **naturelle (filiation)*. Comp. *légitime (filiation)*.

DIVISIBLE

Adj. – Lat. *divisibilis*, de *dividere* : diviser.

- **1** (en parlant d'une créance ou d'une dette). Qui est destinée à être divisée soit entre les multiples créanciers, ou les multiples débiteurs (par opp. à obligation *solidaire), soit entre les héritiers du créancier ou ceux du débiteur (par opp. à obligation *indivisible ; C. civ., a. 1320), de telle sorte que chacun ne puisse poursuivre le paiement ou être tenu au paiement que pour sa part, non pour le tout.
- **2** Se dit parfois d'un bien commodément *partageable en nature.

DIVISION

N. f. – Lat. *divisio*. V. *divisible*.

- **1** (d'une obligation).

***a* /** Fractionnement d'une obligation entre plusieurs créanciers ou entre plusieurs débiteurs par l'effet duquel chacun ne peut exiger paiement ou n'être tenu au paiement que pour sa part. V. **bénéfice de division*.

***b* /** Plus spécialement, mécanisme successoral en vertu duquel, au décès d'une personne, ses créances et ses dettes (à moins qu'elles ne soient *indivisibles) se divisent de plein droit entre ses héritiers de telle sorte que chacun ne peut exiger paiement ou être tenu au paiement que pour la part qu'il prend dans la succession (C. civ., a. 870, 1220 anc.).

- **2** Opération matérielle consistant à partager un bien en nature. Ex. division d'un immeuble par appartements. V. *partage, attribution*.

— **(vote par).**

a / Vote séparé sur les différentes parties d'un article complexe (r. AN, a. 63, al. 3 et 4).

b / — (des votants). Mode de votation d'une assemblée dans lequel les membres votant « pour » sortent par une porte, ceux votant « contre » par une autre (r. Sénat, a. 55).

- **3** État d'une jurisprudence en proie aux divergences (v. dissident) ; partage des opinions au sein de la doctrine ; controverse. V. *uniforme*.
- **4** Opération analytique consistant à établir une distinction entre deux ou plusieurs éléments, surtout en vue de leur *classification et résultat de cette action. V. *summa divisio*.

DIVISOIRE

Adj. – Du v. lat. *dividere* (sup. *divisum*) diviser, partager.

- Qui divise, sépare, délimite ou tend à le faire.

— **(action).** Nom que donne l'enseignement du droit romain à diverses actions de ce droit : actions en *partage d'une succession *(familiae erciscundae)*, ou d'un autre bien indivis *(communi dividundo)*, action en bornage *(finium regundorum)*.

— **(ligne).** Tracé destiné à marquer les limites de deux fonds contigus appartenant à des propriétaires différents ; ligne séparative des fonds. V. *bornage*.

DIVORÇANTS

Subst. plur. – Néol. part. prés. substantivé de divorcer.

- Ceux qui divorcent, qui sont en train de divorcer, en instance de divorce. V. *divorcés*.

DIVORCE

N. m. – Lat. *divortium*.

- *Dissolution du mariage prononcée, à la demande des époux ou de l'un d'eux, par le tribunal de grande instance, ou constatée par un accord des époux assistés chacun par leur avocat et déposé au rang des minutes d'un notaire, dans les cas et selon les formes déterminés par la loi (C. civ., a. 229 s.). Comp. **nullité de mariage*, **séparation de corps*. V. *décès*, **séparation de fait*, *démariage*.

— **accepté.** Divorce prononcé par le juge qui statue sur ses conséquences lorsqu'il constate l'accord par lequel les époux s'entendent sur le principe de la rupture du mariage (C. civ., a. 233). Comp. *divorce *par consentement mutuel*.

— **d'accord.** Nom donné en pratique, sous l'empire de la loi qui n'admettait pas le divorce par consentement mutuel, au divorce obtenu par deux époux désireux de se séparer en simulant des fautes propres à justifier le prononcé du divorce…

— **demandé par un époux et accepté par l'autre.** Divorce naguère prononcé sur l'aveu, par les époux, de faits procédant de l'un et l'autre et rendant intolérable le maintien de la vie commune, qui produisait les effets d'un divorce aux torts partagés (C. civ., a. 233 anc.) ; cas remplacé en 2005 par le divorce accepté.
— **par consentement mutuel.** Divorce décidé par les époux, qui, assistés chacun par un avocat, s'accordent sur la rupture du mariage et ses effets, qu'ils constatent par un acte sous seing privé contresigné par les avocats et déposé au rang des minutes d'un notaire (C. civ., a. 229-1). Divorce anciennement prononcé par le juge approuvant la convention des époux. Comp. *divorce *accepté.*
— **pour faute.** Divorce prononcé à la demande (principale ou reconventionnelle) d'un époux, soit aux torts exclusifs de l'un, soit aux torts partagés, pour violation grave ou renouvelée des devoirs du mariage, lorsqu'une telle faute rend intolérable le maintien de la vie commune (C. civ., a. 242).
— **pour altération définitive du lien conjugal.** Divorce prononcé à la demande de l'un des époux lorsque ceux-ci vivent séparés depuis deux ans, une telle cessation de la communauté de vie étant considérée par la loi comme une altération définitive du lien conjugal (C. civ., a. 237 s.), cas substitué en 2005 au divorce *pour rupture de la vie commune.
— **pour rupture de la *vie commune.** Divorce naguère prononcé à la demande d'un des époux en raison soit de la séparation de fait existant entre eux depuis six ans (a. 237 anc.), soit de l'altération prolongée (six ans) et irrémédiable des facultés mentales du défendeur (a. 238 anc.), qui laissait subsister unilatéralement certains devoirs du mariage (devoir de secours) et était réputé prononcé contre celui qui avait pris l'initiative du divorce (divorce à charge) ; cas remplacé en 2005 par le divorce dit pour altération définitive du lien conjugal.
— **sur aveu *indivisible.** Nom naguère donné au divorce demandé par un époux et accepté par l'autre.

DIVORCÉS

Subst. plur. – Part. pass. substantivé de divorcer.

- Ceux qui ont divorcé ; ex. époux. Comp. *divorçants.* V. *veuf, parent isolé.*

DIVORCIALITÉ

Subst. fém. – Néol. construit sur *divorce.

- Phénomène du divorce considéré comme fait démographique, dans sa fréquence, ses tendances, ses causes, etc. Comp. *nuptialité.*

DIVULGATION

N. f. – Lat. *divulgatio,* du v. *divulgare,* de *valgus* : foule, multitude, public.

- Fait de donner de la publicité à une donnée d'*information ou de recherche non encore connue (ex. document, découverte, etc.) qui prend un caractère délictueux lorsque la *révélation s'opère en violation d'un *secret. Ex. divulgation d'un secret de la défense nationale, divulgation d'un secret de fabrication. V. *espionnage, concurrence déloyale, communication, renseignement.* Comp. *promulgation.*

— **(droit de).** Attribut du droit moral attaché à la propriété littéraire et artistique en vertu duquel seul l'auteur d'une œuvre peut, de son vivant, décider si elle sera livrée au public, et sous quelle forme, le même droit passant après sa mort, aux personnes désignées par la loi.

DOCTEUR

Subst. – Du lat. *doctor* : celui qui enseigne, docteur, maître.

- **1** Titulaire d'un diplôme de *doctorat. Comp. *maître, licencié* (*f.* docteure).
- **2** Dans le langage courant et par contraction, docteur en médecine (*f.* doctoresse).

DOCTORAL, ALE

Adj. – Dér. du lat. *doctor* : docteur.

- Qui se rapporte au *doctorat ; qui y conduit. Ex. formation doctorale, études doctorales. Comp. *magistral, professoral.*

DOCTORAT

N. m. – Du lat. du Moyen Âge *doctoratus.*

- Grade, puis *diplôme universitaire qui sanctionne des études supérieures de troisième cycle et dont l'obtention implique en général l'élaboration et la soutenance d'une thèse. V. *docteur, licence, maîtrise, mastaire.*

DOCTRINAL, ALE, AUX

Adj. – Lat. *doctrinalis.*

- **1** Qui se rapporte à la *doctrine ou qui en émane, par opp. à *jurisprudentiel, *légal (ou *législatif), *coutumier. Ex. étude doctrinale, analyse doctrinale, classification doctrinale.
- **2** Théorique (de tendance), par opp. à pratique ; spéculatif, scientifique, explicatif, parfois *dogmatique ; ne pas confondre avec doctrinaire (péjoratif). V. *théorie juridique, science, système, savant.* Comp. *magistral, doctoral.*
- **3** Qui exprime et traduit une *opinion (personnelle ou même originale) parfois par opp. à *positif. V. *avis, thèse.*
- **4** Qui constitue une doctrine ; qui apporte une pierre à la pensée juridique ; fondateur.

DOCTRINE

N. f. – Lat. *doctrina,* de *docere* : enseigner.

- **1** *Opinion communément professée par ceux qui enseignent le Droit (communis opinio doctorum), ou même ceux qui, sans enseigner, écrivent sur le Droit. En ce sens, doctrine s'oppose à *jurisprudence. V. *doctrinal, autorité, source.*
- **2** Ensemble des ouvrages juridiques. Syn. littérature (mais c'est un germanisme du XXe s.).
- **3** Ensemble des auteurs d'ouvrages juridiques. Syn. les *auteurs,* les *interprètes* (mais les tribunaux peuvent être compris dans les interprètes).
- **4** En des sens restreints : opinion exprimée sur une question de Droit particulière. En ce sens, peut désigner les *motifs de droit sur lesquels repose une décision de justice (ex. la doctrine d'un arrêt) ; conception développée au sujet d'une institution ou d'un problème juridique. En ce sens, peut désigner une affirmation de principe émanant de gouvernants ; ex. la doctrine de Monroë en Droit international public. NB : il semble que les trois termes – *thèse, *théorie, doctrine – puissent se classer selon la généralité croissante de l'objet (une doctrine touche davantage aux principes, à la philosophie ; ex. les doctrines du Droit naturel). V. *raisonnement juridique, science, interprétation, technique *juridique, obiter dictum, sentence.*

DOCUMENT

N. m. – Lat. *documentum,* de *docere* : instruire, enseigner.

- **1** *Écrit contenant un élément de preuve ou d'information. Comp. *pièces, archives, instrumentum, écritures.* V. *dossier, papier, registre, journal, commencement de preuve par écrit, note.*
- **2** Terme étendu à d'autres supports d'information. Ex. enregistrement, films, objets saisis. V. **pièces à conviction.*
- **3** Plus spéc. (com.), *titre relatif à des marchandises en cours de transport (surtout maritime) : connaissement, facture, police ou certificat d'assurance… V. *documentaire.*

— **administratif.** Document d'*archives publiques produit ou reçu par l'État, les collectivités territoriales et toute autre personne de droit public dans le cadre de leur mission de service public, ou par les personnes de droit privé chargées d'une telle mission. Constituent de tels documents notamment les dossiers, rapports, études, comptes rendus, procès-verbaux, statistiques, instructions, circulaires, notes et réponses ministérielles, correspondances, avis, prévisions, codes sources et décisions. À l'état de document achevé, donne prise à un droit d'accès, de communication et de réutilisation sous réserve de ne pas porter atteinte à des secrets protégés (CRPA, a. L. 300-2). V. *accès aux documents administratifs, information publique.*

— **d'urbanisme.** Acte juridique tel que le schéma de cohérence territoriale, le plan local d'urbanisme ou la carte communale élaboré par les autorités habilitées, le plus souvent locales, établissant des règles et *servitudes d'urbanisme opposables aux demandes d'autorisations de construire ou d'aménager (C. urb. a. L. 121-1).

DOCUMENTAIRE

Adj. – Dér. de *document.

- **1** Qualifie les opérations ou les instruments de *crédit dont la réalisation ou la

circulation sont liées à des *documents représentatifs d'une marchandise.
— **(accréditif).** *Lettre de crédit constatant le crédit documentaire.
— **(crédit).** Forme de crédit (utilisée surtout dans le commerce international) dans laquelle un banquier s'engage à la demande d'un client à verser à un tiers bénéficiaire une somme d'argent, à accepter ou à négocier une lettre de change contre remise de différents *documents (de transport, d'assurance, facture…) en représentation du prix d'une prestation commerciale.
— **(*garantie).** Espèce de *garantie *autonome dans laquelle la demande de paiement doit s'accompagner de la remise des documents déterminés au contrat. V. *crédit documentaire.*
— **(traite ou effet).** Effet de commerce circulant accompagné de *documents assurant au porteur un droit de gage ou de propriété sur les marchandises.

- **2** Plus généralement, qui se rapporte à un *document juridique. Ex. *faux documentaire. Comp. *instrumentaire.* V. *source.*

DOIT

Du v. devoir.

V. **débit* (1).

DOL

N. m. – Lat. *dolus.*

- Comportement malhonnête, le plus souvent d'un contractant envers l'autre, sous forme de *manœuvres, mensonges, feintes, *collusion, etc., destinés à surprendre le consentement de l'autre partie *(omnis calliditas, fallacia, machinatio ad decipiendum, fallendum, circumveniendum alterum adhibita).* Comp. *captation, fraude, extorsion, suggestion, déloyauté, dissimulation.*

▸ **I** (civ.)

- **1** Dans la formation du contrat (vice du consentement, C. civ., a. 1137 et s.)) : toute tromperie par laquelle l'un des contractants provoque chez l'autre une erreur, en l'absence de laquelle le contrat n'aurait pas été conclu. Pour cette raison, nommé dol déterminant ou dol principal (p. opp. au dol incident, v. ci-dessous) et correspondant au véritable dol encore appelé *dolus malus.* S'oppose au *dolus bonus* qui est le fait de vanter de manière exagérée ses produits, lequel est toléré par les usages.

— **incident.** Tromperie en l'absence de laquelle le contrat aurait quand même été conclu mais à des conditions différentes. Ant. *dol principal.*
— **principal.** V. ci-dessus.

- **2** Dans l'exécution du contrat (facteur d'aggravation de la responsabilité contractuelle ; C. civ., a. 1231-3) : *faute du débiteur qui se soustrait sciemment à ses obligations ; on parle plus volontiers de la faute dolosive ; s'oppose à la bonne foi et à la faute non intentionnelle ; on la rapproche de la *faute lourde *(culpa lata dolo aequiparatur).*

- **3** En matière délictuelle : faute consistant à infliger intentionnellement un dommage à autrui. Comp. *abus du droit.* Comp. *tromperie (terme moins technique) ou *réticence (silence gardé intentionnellement pour tromper l'autre partie) ; *manœuvres (elles supposent plus qu'un mensonge, une mise en scène) ; *fraude (terme plus général).

▸ **II** (pén.)

- **1** Élément psychologique (moral) des infractions intentionnelles, par rapport à la « *faute » constituant l'élément psychologique des infractions non intentionnelles. V. *délit intentionnel*

- **2** Nom parfois donné à l'*escroquerie.

— **éventuel.** Intention de réaliser une infraction moindre que celle constituée par le résultat effectivement obtenu (ex. coups ayant entraîné la mort sans intention de la donner).
— **général.** D'après une définition doctrinale classique, fait d'accomplir les agissements matériels incriminés par la loi, en connaissance de cette incrimination. V. *escroquerie.*
— **indéterminé.** Intention criminelle de commettre une certaine infraction quelle que doive en être la victime.
— **spécial.** Intention particulière dans laquelle les agissements ont été commis et qui s'ajoute au dol général. Ex. atteinte au secret de la défense nationale en vue de favoriser une puissance étrangère ; enlèvement de personnes en vue d'obtenir une rançon.

► **III** (proc.)

• **1** (d'un plaideur ; parfois nommé dol personnel de la partie). Ancienne cause d'ouverture de la requête civile englobant toute fraude (mensonge, subornation de témoins, collusion avec l'avocat de l'adversaire, etc.) destinée à tromper le juge pour obtenir de lui une décision à son profit, aujourd'hui remplacée par la *fraude, cas d'ouverture du *recours en révision (CPC, a. 595, 1°).

• **2** (du juge). Naguère, cas de *prise à partie (C. pr. civ. anc., a. 505 aujourd'hui abrogé) correspondant, bien qu'énoncé distinctement, à la fraude commise par le juge au détriment d'une partie pendant l'instruction lors du jugement ou après celui-ci (affirmation mensongère, suppression d'une pièce décisive, altération d'une pièce ou du jugement, etc.).

DOLÉANCE

Subst. fém. – Dér. du v. lat. *dolere,* souffrir, avoir mal, d'où se plaindre.

• Expression d'une insatisfaction, *plainte (au sens vague), *allégation d'un *grief.

• **1** *Réclamation par laquelle la victime prétendue d'un dommage se plaint non seulement de l'avoir subi, mais en général de n'en avoir pas obtenu réparation par les voies judiciaires ou administratives ordinaires, ce qui explique que le terme soit employé pour désigner des démarches ou des *recours soit auprès d'autorités hors série et haut placées (*médiateur, *Parlement européen) soit auprès d'instances non officielles (associations, syndicats, presse). Comp. *demande, requête, pétition.*

• **2** (au plur.). *Revendications ou *récriminations adressées directement à celui dont on se plaint, de créancier à débiteur, de locataire à bailleur, de copropriétaire à syndic, de salariés à employeur, de voisin à voisin. Comp. *prétention, contestation.*

DOLOSIF, IVE

Adj. – Lat. *dolosus,* de *dolus* : dol.

• **1** Entaché de *dol *(stricto sensu)* ; destiné à tromper un cocontractant éventuel (pour l'amener à contracter). Comp. *déceptif, mensonger.*

• **2** Malhonnête ; entaché de mauvaise foi ; se dit en matière contractuelle d'une faute intentionnelle (marquée par la résolution de violer ses engagements, plus que par l'intention de nuire, comp. *faute *délictuelle,* sens 2) qui, distincte de la faute *lourde et de la faute *légère, expose son auteur à une responsabilité contractuelle aggravée (C. civ., a. 1150).

• **3** Plus vaguement, syn. de *frauduleux. Comp. *délictueux, illicite, frustratoire, abusif.* V. *séduction, sincérité, loyauté.*

DOLUS BONUS

Termes latins signifiant « bon dol », encore employés pour désigner la petite tromperie – tolérée par l'usage et insuffisante à entraîner la nullité du contrat – qui consiste, pour les commerçants, à vanter exagérément leurs marchandises. Ant. *dolus malus.*

DOLUS MALUS

Termes latins signifiant « mauvais dol », encore employés pour désigner le *dol (caractérisé) qui seul entraîne la nullité du contrat. Ant. *dolus bonus.*

DOMAINE

N. m. – Lat. *dominium,* de *dominus* : maître.

► **I** (sens gén.)

• **1** (sens concret). *Territoire ou ensemble de parcelles de *terrain. V. *sol, immeuble, fonds de terre, propriété, tènement.*

• **2** Par ext., le droit de pleine *propriété sur ce lieu. V. *domanier, maître.* Comp. *dominion.*

• **3** Plus largement, ensemble de droits et de biens. Comp. *patrimoine.* V. *domaine public.*

• **4** Parfois syn. de compétence, d'attributions. V. *domaine d'*application, champ, matière.*

► **II** (adm.)

• Ensemble des biens et droits, immobiliers ou mobiliers, appartenant aux personnes publiques.

— **privé.** Domaine constitué en principe de tous les autres biens et dont le régime est celui du droit commun, sauf exceptions légales (ex.

aliénation des immeubles de l'État) ou jurisprudentielles (ex. dommages causés par un service public administratif fonctionnant sur le domaine privé).

— **public.** Domaine constitué par les biens qui sont affectés soit à l'usage du public soit à un service public et soumis en tant que tels à un régime juridique particulier. V. *domanialité*. Le domaine public se subdivise en : domaine naturel, composé des biens dont la soumission à la domanialité publique résulte d'un fait entraînant à la fois acquisition et incorporation et dont la contenance est déterminée par simple *délimitation opérée par l'autorité administrative (ex. rivages de la mer), et domaine artificiel composé de biens dont l'acquisition est accompagnée d'un acte exprès d'affectation par l'autorité administrative dénommé *classement.

— **public global.** Biens publics incorporés au domaine public alors même qu'ils ne satisfont pas, considérés isolément, aux critères d'affectation à l'usage du public ou à un service public (complété par un aménagement indispensable), lorsque, inclus dans une emprise foncière relevant de ce domaine, ils constituent des « éléments d'une organisation d'ensemble contribuant à l'utilité générale de l'équipement » (CE 19 novembre 2014 Régie municipale « Espaces Cauterets », req. n° 366276 ; également à propos des dépendances du château de Chambord, considéré comme un ensemble immobilier d'un seul tenant, CE Ass. avis 19 juillet 2012 Domaine national de Chambord, n° 386715).

— **public mobilier.** Domaine constitué par une catégorie particulière de biens publics mobiliers en ce qu'ils présentent un intérêt public du point de vue de l'histoire, de l'art, de l'archéologie, de la science ou de la technique (not. collections publiques, archives publiques ou historiques, découvertes archéologiques, objets mobiliers classés au titre des monuments historiques ; CGPPP a. L. 2112-1).

— **public par accessoire.** Biens appartenant à des personnes publiques qui font partie du domaine public alors même qu'ils ne satisfont pas isolément aux critères du domaine public (affectation à un service public ou à l'usage du public), dès lors qu'ils concourent à l'utilisation d'un bien appartenant au domaine public et en constituent un accessoire indissociable (CGPPP, a. L. 2111-2).

— **public virtuel.** Avant l'entrée en vigueur du Code général de la propriété des personnes publiques, biens publics du domaine privé soumis aux principes de la *domanialité publique, en raison de leur affectation, par une collectivité publique, à l'usage du public ou à un service public tant que leur aménagement qui entraînera leur incorporation dans le domaine public n'a pas été réalisé.

— **réservé.** Expression, non consacrée officiellement, désignant le domaine des « affaires qui relèvent essentiellement de la compétence nationale des États » (charte ONU, a. 2, § 7). V. *compétence nationale*.

—**s (service des).** Service du ministère des Finances chargé de l'administration du domaine de l'État et, plus généralement, d'une fonction de coordination et de contrôle en matière d'opérations immobilières des personnes publiques. V. *commissions de contrôle des opérations immobilières*.

▸ **III** (propr. intel.)

— **payant.** Régime particulier (parfois applicable en matière internationale) dans lequel des œuvres de l'esprit, qui appartiennent au domaine public, ne peuvent être exploitées qu'à la condition de verser une redevance à des organismes désignés par les pouvoirs publics.

— **public.** Régime de libre et gratuite exploitation qui devient applicable aux œuvres littéraires et artistiques, inventions brevetées, dessins et modèles, et marques, à l'expiration du délai pendant lequel leur auteur jouissait du droit exclusif de les exploiter ; se dit aussi de l'ensemble des œuvres et créations de l'esprit, dont l'exploitation patrimoniale, échappant ainsi au monopole de leur auteur, s'ouvre à tous (d'où le nom de domaine public). On dit volontiers que l'œuvre tombe dans le domaine public.

DOMAINES NATIONAUX

N. m.

- Ensembles immobiliers appartenant pour partie à l'État, qui, en raison du lien exceptionnel avec l'histoire de la Nation, sont conservés et restaurés par l'État dans le respect de leur caractère historique, artistique, paysager et écologique, et qui sont soumis à un régime propre d'inaliénabilité et d'inconstructibilité (ex. château de Chambord, domaine du Louvre et des

Tuileries, palais de l'Élysée ; v. liste, C. patr., a. R. 621-98).

DOMANIAL, ALE, AUX

Adj. – Lat. médiév. *domanialis.* V. *domaine.*

- Qui appartient au *domaine ; soumis à la *domanialité. Ex. bien domanial, forêt domaniale.

—e (action). V. *action domaniale.*

DOMANIALITÉ

N. f. – Dér. de *domanial.

- Régime juridique applicable aux biens composant le *domaine ; terme surtout employé dans l'expression « domanialité publique » pour qualifier l'ensemble des règles spéciales auxquelles sont soumis les biens composant le domaine public : affectation, inaliénabilité, insaisissabilité, imprescriptibilité, modes d'utilisations.

DOMANIER

Subst. – Dér. de *domaine.

- Nom donné au locataire dans le *bail à domaine congéable. Syn. *colon.*

DOMESTIQUE

Subst. – Lat. *domesticus,* de *domus* : maison.

- *Travailleur salarié employé au service d'une maison ou d'une exploitation ; *employé de maison (sociologiquement plus qu'étymologiquement péjoratif, le terme tend à disparaître dans la loi ; V. C. civ., a. 1384). V. *maître, préposé, serviteur, gens de maison, commettant, domicile.* Comp. *patron.*

DOMESTIQUE

Adj. – V. le précédent.

- Qui a trait aux affaires du *ménage. Syn. ménager. V. *registre, papier.*

— (pouvoir). Pouvoir aujourd'hui conféré par la loi à chacun des époux sous tous les régimes matrimoniaux, à l'effet de passer (agissant seul) des contrats ayant pour objet l'entretien du ménage et l'éducation des enfants et d'obliger solidairement l'autre par les dettes ainsi contractées (C. civ., a. 220). V. *dettes de ménage, régime primaire.*

DOMICILE

N. m. – Lat. *domicilium,* de *domus* : maison.

- Lieu où la personne a son *principal établissement (C. civ., a. 102), souvent nommé domicile volontaire (parce que choisi, par opp. au domicile légal), qui sert soit à rattacher une opération à la compétence territoriale d'une autorité (le domicile est alors le point d'un ressort géographique, ex. le demandeur saisissant le tribunal dans le ressort duquel le défendeur a son domicile), soit à permettre de toucher une personne là où elle est supposée se trouver (le domicile est alors un local déterminé ; ex. les significations d'actes de procédure au domicile d'un plaideur) ; ne se confond pas avec la *résidence avec laquelle il coïncide souvent. V. *logement, habitation, siège social, demeure, inviolabilité, violation.*

— commun. Formule désignant en droit international privé, la situation dans laquelle se trouvent deux époux de nationalité différente lorsqu'ils ont chacun dans le même pays (même s'ils vivent séparés) un établissement effectif faisant apparaître leur intégration au milieu social local, conjonction justifiant l'application de la loi de ce pays à leur divorce ou aux effets de leur mariage. V. C. civ., a. 309.

— conjugal. Naguère, le lieu où se trouvait le principal établissement du mari et de la femme ; on nomme aujourd'hui *résidence de la famille le lieu où s'exerce la *communauté de vie (C. civ., a. 215).

— d'attache. Domicile obligatoirement choisi par certains nomades (forains, bateliers).

— d'origine. Domicile légal d'un individu au moment de sa naissance, par opp. au domicile de choix qu'il peut acquérir postérieurement.

— (*élection de). Choix d'un lieu où une des parties sera réputée domiciliée pour l'exécution d'un contrat. Ex. élection de domicile dans une ville pour déterminer la compétence du tribunal ou chez un officier ministériel auprès duquel devront être faites les significa-

tions (C. civ., a. 111). Comp. **clause attributive de juridiction, domiciliation*.
— **légal.** Domicile assigné par la loi. Ex. le mineur est domicilié chez ses père et mère, ou lorsque ceux-ci ont des domiciles distincts, chez celui avec lequel il réside (a. 108-2), le majeur en tutelle chez son tuteur (a. 108-3) ; les fonctionnaires nommés à vie, dans le lieu où ils exercent leurs fonctions (a. 107).
— **(banque à).** V. *banque à domicile*.

DOMICILIAIRE

Adj. – Dér. de *domicile.

- Qui concerne le domicile (et par ext. la résidence) de qqn ; plus spécialement qui s'exerce en ce lieu. Ex. *perquisition domiciliaire, *visite domiciliaire.

DOMICILIATAIRE

Subst. – Dér. de *domiciliation.

- Tiers désigné par la *domiciliation.

DOMICILIATION

N. f. – Dér. de *domicile.

- **1** Choix, par une personne, du lieu où sera établi le siège de son commerce ; d'où indication, par la personne qui demande son immatriculation au registre de commerce, du lieu ainsi choisi, sur la justification qu'elle jouit, seule ou avec d'autres, des locaux où elle installe le siège de l'entreprise.
- **2** Convention qui fixe au domicile d'un tiers le lieu où devra être effectuée une opération, le plus souvent un paiement. Comp. *élection de *domicile*.

— **des effets de commerce.** Clause portée sur un effet de commerce qui le rend payable chez un tiers (le plus souvent un banquier), lequel dispose des pouvoirs nécessaires pour effectuer le paiement.
— **des valeurs mobilières.** Convention par laquelle un établissement émetteur de valeurs mobilières désigne un banquier ou un établissement financier qui sera chargé, soit, s'il s'agit de titres nominatifs, de recevoir les demandes de transferts ou de conversions et de verser aux titulaires les diverses sommes auxquelles ils peuvent prétendre, soit, s'il s'agit de titres aux porteurs, de payer les coupons.

DOMINANT, ANTE

Adj. – Part. prés. de dominer, lat. *dominari*, de *dominus* : maître.

- **1** Qui exerce une influence prépondérante, parfois abusive, soit dans le contrôle d'une société, soit sur le marché. Ex. société dominante dans un *groupe d'entreprises ; abus de *position dominante.
- **2** Se dit du *fonds au profit duquel existe une servitude (C. civ., a. 637). Ant. *servant*.

DOMINION

Subst. masc. – Mot angl. du lat. *dominium* : maîtrise.

- **1** À l'origine, la *propriété ; par ext., la *souveraineté ; par ellipse, tout territoire dépendant placé sous la domination d'un État souverain qui assume not. la conduite de ses relations internationales. Comp. *domaine*.
- **2** Plus spéc., terme désignant certains territoires dépendants placés sous la domination du Royaume-Uni de Grande- Bretagne et d'Irlande du Nord, et qui ont évolué vers l'*autonomie interne, puis la pleine *souveraineté, la rémanence de l'ancien statut de dépendance se traduisant par l'appartenance au *Commonwealth et en certains cas par une *allégeance théorique à la personne du monarque britannique, chef nominal du Dominion.

DOMMAGE

N. m. – Dér. de l'anc. franç. dam, lat. *damnum* dommage.

► **I** (civ.)

- **1** Syn. (dans l'usage régnant) de *préjudice. *Atteinte subie par une personne dans son corps (dommage corporel), dans son patrimoine (dommage *matériel ou économique) ou dans ses droits extrapatrimoniaux (perte d'un être cher, atteinte à l'honneur), qui ouvre à la victime un droit à réparation (on parle alors de dommage *réparable) lorsqu'il résulte soit de l'inexécution d'un contrat, soit d'un délit ou quasi-délit, soit d'un fait dont la loi ou les tribunaux imposent à une personne la charge (dommage excédant les inconvénients ordinaires du voisinage). Ex. la responsabilité civile est l'obligation de réparer le dommage causé à autrui (C. civ., a. 1382 anc., 1383 anc., devenus a. 1240, 1241). Comp. *grief, perte, trouble.*

- **2** Dans certaines analyses doctrinales, le fait brut originaire de la *lésion affectant la personne par opp. à la conséquence de cette lésion qui correspondrait au *préjudice.

▸ **II** (adm.)

- Par opp. à *emprise, dommage causé par l'administration à une propriété privée immobilière, sans empiétement ou mainmise sur la propriété, et donnant lieu pour cette raison à la compétence des tribunaux administratifs. Ex. dommage causé par des fumées.

— ***corporel.** Dommage portant atteinte à l'intégrité physique d'une personne (C. pr. pén., a. 3).

— **de guerre.**

a / (adm.). Dommage causé aux biens par les faits de guerre et engendrant dans certains cas, sur le fondement de l'égalité et de la solidarité des nationaux, obligation juridique de réparation à la charge de l'État.

b / (int.). Toutes les pertes et tous les dommages causés à des gouvernements et à leurs nationaux, tant dans leurs personnes que dans leurs biens, en conséquence d'une guerre.

— **écologique.** Dommage résultant des atteintes portées à l'environnement ainsi que des conséquences subies par les personnes du fait de ces atteintes (C. env. art. L. 160-1).

— ***direct.** Dommage que le juge doit prendre en considération pour le calcul de la réparation, à raison du lien de causalité suffisamment étroit qui l'unit au fait dommageable (C. civ., a. 1151). Ant. *indirect.*

— ***imprévisible.** Dommage que les parties n'ont pu envisager normalement en contractant (C. civ., a. 1150). Ex. si la valise d'un voyageur est égarée, la perte des pierres précieuses qu'elle pouvait contenir constitue un dommage imprévisible. Ant. *prévisible.*

— **indirect.** Conséquence dommageable d'un fait, trop lointaine pour que le juge doive la prendre en considération dans le calcul de la réparation. Ant. *direct.*

— ***matériel.** Dommage portant atteinte au patrimoine d'une personne. Ex. avaries, concurrence (C. pr. pén., a. 3).

— ***moral.** Dommage portant atteinte à la considération, à l'honneur, à l'affection ou à un élément de la joie de vivre d'une personne (C. Pr. pén., a. 3). Ex. diffamation, rupture injustifiée d'une promesse de mariage, mort d'un époux ou d'un proche parent, atteinte à la beauté.

— **par ricochet.** V. *préjudice par ricochet.*

— ***prévisible.** Dommage dont l'éventualité n'a pu être ignorée par le débiteur, en raison des clauses, des conditions et de l'objet du contrat. Ex. si la valise d'un voyageur est égarée, la perte des vêtements et objets de toilette constitue un dommage prévu. Ant. *imprévisible.*

—**s et intérêts compensatoires.** Dommages-intérêts destinés à réparer tout dommage autre que celui qui résulte d'un retard dans l'exécution d'une obligation.

—**s et intérêts moratoires.** V. *moratoire, pretium doloris, dédommagement, indemnisation.*

—**s-intérêts (ou dommages et intérêts).**

a / Somme d'argent due à un créancier par le débiteur pour la réparation du dommage causé par l'inexécution, la mauvaise exécution ou l'exécution tardive de son obligation (C. civ., a. 1231 et s.), et qui est en principe calculée de manière à compenser la perte subie par le créancier *(*damnum emergens),* et le gain dont il a été privé *(*lucrum cessans)* ; suivant la tradition, c'est à ces deux éléments du dommage que se rapporteraient respectivement les deux termes de l'expression composée : *dommages et intérêts.*

b / Par ext., somme d'argent qui est due pour la réparation du dommage causé par un délit ou un quasi-délit, bien que cette somme d'argent soit qualifiée plus exactement d'indemnité.

—**s et intérêts punitifs**. Somme d'argent qui excède manifestement l'indemnisation d'un dommage et destinée à sanctionner le comportement de l'auteur du dommage dans un but d'exemplarité.

DOMMAGEABLE

Adj. – Dér. de *dommage.

- *Préjudiciable ; qui cause un *dommage ; se dit de l'activité qui est à l'origine du *préjudice, du fait générateur du dommage. Ant. *avantageux, utile, profitable.*

DON

N. m. – Lat. *donum* : don.

- **1** Syn. de *donation. V. *legs, libéralité, gratuit.*
- **2** Objet d'une donation. V. *présents d'usage, cadeau.*

— ***manuel.** Donation faite de la main à la main, par simple *tradition d'une chose mobilière.

DONATAIRE

Subst. – Lat. *donatarius,* de *donare* : donner.

- *Bénéficiaire de la *donation ; celui qui l'accepte. V. *donateur, légataire, gratifié, bénéficiaire, cessionnaire, acquéreur.*

DONATEUR, TRICE

Subst. – Lat. *donator.*

- Celui ou celle qui donne ; auteur de la *donation. V. *disposant, testateur, fondateur, cédant, donataire.* Comp. *donneur.*

DONATION

N. f. – Lat. *donatio.*

- Désigne normalement (par opp. aux modalités qui suivent) la donation entre *vifs : contrat par lequel une personne – le *donateur – se dépouille actuellement et irrévocablement sans contrepartie et dans une intention *libérale d'un bien présent lui appartenant en faveur d'une autre personne – le *donataire – qui l'accepte (C. civ., a. 894). V. *disposition entre vifs, acte à titre gratuit, libéralité, don, présent, cadeau, animus donandi.* Comp. **testament.*

— **à cause de mort (mortis causa).** Donation révocable appelée à prendre effet à la mort du donateur et sous la condition que le donataire lui survive ; s'opp. à donation entre vifs.

— **avec charge (sub modo).** Donation affectée d'une obligation à la *charge du donataire (*grevé) au profit du donateur ou d'un tiers (*bénéficiaire de la charge). Ex. donation à charge de rente viagère.

— **de biens à venir.**

a / Donation de biens sur lesquels le donateur n'a, au moment où il dispose, aucun droit (C. civ., a. 943) ; s'opp. à donation de biens présents.

b / Donation de tout ou partie des biens que le donateur laissera à son décès (en principe, prohibée) ; s'opp. à donation entre vifs et à titre particulier. V. **institution contractuelle, universel.*

— **de biens présents.** Donation de biens qui sont dans le patrimoine du donateur au moment. où il dispose, par opp. à donation de biens à venir.

— **déguisée.** V. *déguisé.*

— **entre époux.** Donation consentie par un époux à l'autre soit par contrat de mariage, soit pendant le mariage. V. **institution contractuelle.*

— **entre *vifs.** Nom donné par la loi à la donation (v. ci-dessus), pour marquer avec insistance (C. civ., a. 893, 894, 931 et les titres) son opposition avec le *testament, tout particulièrement le caractère conventionnel et *irrévocable de la donation, par opposition au testament, acte unilatéral et librement révocable (a. 895).

— **faite en avancement de part successorale.** Donation en avance de succession, dite *rapportable ; donation naguère nommée en *avancement d'*hoirie, qui procure normalement à son bénéficiaire la propriété et la jouissance immédiate du bien donné, mais sans que celui-ci, dans une perspective successorale, soit destiné à lui être attribué en dehors de la part qui lui revient dans la succession du donateur (par opp. à donation hors part), de telle sorte que le donataire devra *rapporter à cette succession (en nature ou en valeur) ce qui n'était, pour lui, qu'une avance sur sa part (C. civ. a. 843) ; donation qui, faite à un héritier réservataire acceptant, s'impute sur sa part de réserve, subsidiairement sur la quotité disponible, l'excédent sujet à réduction (C. civ., a. 919-1). Ant. **libéralité faite hors part successorale.*

— ***indirecte.** *Avantage résultant, sans *déguisement, d'un acte autre qu'une donation (renonciation, *stipulation pour autrui, remise de dette).

— **par contrat de mariage.** Donation faite en faveur du mariage et dans le contrat de mariage, soit au profit des époux ou de l'un d'eux (et parfois de l'un à l'autre), soit au

profit des enfants à naître. V. **institution contractuelle*.
— **par personne interposée.** Donation ostensiblement faite à un donataire apparent chargé (par *contre-lettre) de restitution au profit du véritable donataire. V. *simulation*. Comp. *déguisement, prête-nom*.
— **propter nuptias.** Donation en faveur du mariage. V. *donation par contrat de mariage*.
— **rémunératoire.** Donation faite en reconnaissance d'un service rendu par le donataire.
— ***universelle.** V. *universelle (donation), *institution contractuelle, *donation de biens à venir.*

DONATION-PARTAGE

N. f. – V. *donation, partage*.

- L'une des deux formes de *libéralité-partage (v. *testament-partage*) se présentant elle-même sous deux modalités.

— **aux héritiers présomptifs.** Figure première et ordinaire de donation-partage dans laquelle un ascendant fait, par un même acte ou deux actes séparés, la donation et le partage anticipé de ses biens présents entre ses héritiers présomptifs (C. civ., a. 1076 s.).
— **à des descendants de degrés différents.** Modalité particulière nouvelle (2007) de donation-partage (parfois nommée donation-partage transgénérationnelle) dans laquelle l'ascendant, avec l'accord de ses enfants, procède au partage anticipé de ses biens présents, soit entre ceux-ci et leurs propres descendants, soit entre ces descendants seulement (selon ce à quoi consentent les enfants), moyennant le consentement des descendants allotis, en tout ou partie, au lieu et place des enfants et, corrélativement, la renonciation de ceux-ci à tout ou partie de leurs droits (C. civ., a. 1078-4 s.).

DONNÉ ACTE

N. m. – V. *donner, acte*.

- Nom donné, dans la pratique, à un *jugement (dit de donné acte ou de donner acte) qui, à l'occasion d'un procès, se borne à constater un accord entre les parties, l'engagement de l'une d'elles ou tout autre fait ou déclaration, sans que cet enregistrement purement probatoire d'un élément présenté comme venant des intéressés relève de la juridiction contentieuse (le juge ne tranche aucune partie du litige) non plus que de la juridiction gracieuse (s'agissant de faire occasionnellement état d'un fait à la demande purement volontaire des intéressés et non d'une demande dont la loi exige qu'elle soit soumise au contrôle du juge (C. pr. civ. a. 25). Comp. *Jugement d'expédient*.

DONNÉE

N. f.

- Toute information quel qu'en soit le support.

— **à caractère personnel.** Toute information relative à une personne physique permettant son identification, directement (mention des nom et prénom, images) ou indirectement (référence à des numéros d'identification : RNIP, INSEE, Sécurité sociale, données statistiques, empreintes digitales, données biométriques), et dont l'utilisation doit se faire dans le respect des principes de la loi Informatique et Libertés (notamment les principes de finalité et de proportionnalité, l. 6 janvier 1978, a. 2).
— **de référence.** Donnée publique qui constitue une référence commune pour nommer ou identifier des produits, des services, des territoires ou des personnes (ex. base Sirene des entreprises et établissements, plan cadastral informatisé, répertoire national des associations, répertoire opérationnel des métiers et des emplois), et dont la réutilisation nécessite qu'elle soit mise à disposition avec un niveau élevé de qualité (CRPA, a. 321-4).
— **ouverte.** Angl. *open data*. Donnée qu'un organisme met à la disposition de tous sous forme de fichier numérique afin de permettre sa réutilisation, parfois sous condition (JORF 3.5.2014, dans *Commission générale de terminologie et de néologie* ; Code des relations entre le public et l'administration, a. L. 300-2 s. et L. 321-1 s. ; C. env., a. L. 541-10 II 8 ; code de la recherche, a. L. 533-4-1 ; Directive [UE] 2019/1024).
— **sensible.** Donnée à caractère personnel qui, directement ou indirectement, fait apparaître les origines raciales ou ethniques, les opinions politiques, philosophiques ou religieuses, les appartenances syndicales ou qui est relative à la santé ou à la vie sexuelle des

personnes, et dont la collecte, le traitement et la conservation sont interdits, sauf exceptions (ex. intérêt public de conservation, C. patr., a. L. 212-3, accord exprès des intéressés, l. 6 janvier 1978, a. 8).

—s (traitement de). Toute opération portant sur des données à caractère personnel, quel que soit le procédé utilisé. Désigne les actes tels que la collecte, l'enregistrement, l'organisation, la conservation, l'adaptation ou la modification, l'extraction, la consultation, l'utilisation, la communication par transmission, diffusion ou toute autre forme de mise à disposition, le rapprochement ou l'interconnexion, ainsi que le verrouillage, l'effacement ou la destruction (l. 6 janvier 1978, a. 2).

DONNER

V. – Lat. *donare* ou *dare.*

- **1** *(donare).* Faire une *donation, un *don. Comp. *léguer, tester.*
- **2** *(dare).* Plus techniquement, dans certaines expressions consacrées (*obligation de donner, C. civ., a. 1136 anc.), transférer la propriété (ou constituer un autre droit réel). V. *dation.*

DONNEUR, EUSE

Subst. – Dér. du v. donner, lat. *donare.*

- **1** (associé à divers compléments). Tantôt celui qui prend l'initiative d'une opération, tantôt celui qui accepte de fournir sa garantie ; ne pas confondre avec *donateur., Comp. *ordonnateur, opérateur.*

— d'*aval. Celui qui se porte caution cambiaire. V. *aval.* Syn. *avaliseur.*

— de caution. Celui qui se porte *caution. V. *garant.*

— d'ordre. Dans la convention de tirage pour compte, la personne qui donne l'ordre de tirer une lettre de change, à une autre, laquelle, apparaissant comme seul *tireur, agit sans représentation pour le compte de la première.

— d'*ouvrage. *Employeur qui confie une tâche à un travailleur à domicile ou à un artisan indépendant dans le cadre d'un *louage d'ouvrage. V. *travail à domicile.*

- **2** Celui qui, bénévolement, offre une parcelle ou un produit de son propre corps (donneur de sang, donneur de sperme) ; ainsi nommé – et non donateur – malgré l'absence de rémunération et l'intention de bienfaisance, du fait que ce qu'il donne n'est pas une chose (de son patrimoine) mais un élément (de sa personne).

DOPAGE

Subst. masc. – De l'angl. *to dope* : administrer un stupéfiant.

- Délit consistant en l'utilisation de certaines substances énumérées par décret, dans le dessein d'améliorer une performance sportive au cours d'une compétition.

DOSSIER

N. m. – Dér. de dos, lat. pop. *dossum,* lat. class. *dorsum* ; ainsi nommé parce que la liasse qui contient les pièces porte une étiquette sur le dos.

- Réunion, sous une *cote, de *pièces relatives à une même affaire. Ex. dossier de plaidoirie, dossier du tribunal. Comp. *document, archives.* V. **communication du dossier, plumitif.*

— de personnalité. V. *personnalité (dossier de).*

DOT

N. f. – Lat. *dos, dotis.*

- **1** (sens large). Biens donnés à l'un ou à l'autre des époux par contrat de mariage. Ex. dot constituée à un enfant par ses parents, en biens de communauté (C. civ., a. 1438), établissement par mariage (C. civ., a. 204).
- **2** Désignait naguère, sous le *régime dotal, les biens apportés par la femme en se mariant et dont le mari avait l'administration et la jouissance en vue de subvenir aux charges du mariage (C. civ., a. 1540 ancien). Syn. *biens *dotaux.* V. *dotalité.*

— maritale. En droit musulman, somme d'argent due par le mari à son épouse à l'occasion du mariage, qui en constitue, selon certain rite, une condition de validité.

DOTAL, ALE, AUX

Adj. – Lat. *dotalis.* V. *dot.*

- **1** Qui concerne la *dot. Ex. régime dotal. V. *assurance dotale.*

• **2** Qui est soumis, sous le *régime dotal, à la *dotalité. Ex. bien dotal, deniers dotaux (C. civ., a. 1054 anc.). V. *dot*, **biens dotaux*. Ant. *paraphernal*.

DOTALITÉ

N. f. – Dér. de *dotal.

• Ensemble des règles de protection (inaliénabilité, insaisissabilité, imprescriptibilité de principe) qui frappent les biens *dotaux entre les mains du mari qui les administre. V. *dot*. Ant. *paraphernalité*.

— **incluse.** État d'un bien *paraphernal qui, représentant ou contenant une valeur *dotale (pour avoir été acquis avec des deniers dotaux ou reçu à la place d'un bien dotal), est soumis à la *paraphernalité, alors que la valeur dotale incluse l'est à la dotalité.

DOTATION

N. f. – Lat. *dotatio*.

• **1** *Affectation donnée à une somme d'argent déterminée. Ex. la dotation initiale d'une *fondation.

• **2** Les fonds ainsi attribués. Ex. revenus attribués au chef de l'État, ensemble des crédits assignés à un service public, dotation d'équipement des communes.

— **à un compte.** Inscription d'une somme à un compte de provision ou d'amortissement.

— **d'*installation.** *Aide accordée par l'État à un jeune agriculteur possédant une capacité professionnelle suffisante pour devenir *chef d'exploitation et acceptant de s'installer dans une région menacée d'*abandon.

DOUANE

N. f. – Empr. à l'arabe *diouân* : bureau de douane, par l'intermédiaire de l'anc. ital. *doana*.

• Désigne à la fois l'institution d'un impôt frappant les marchandises importées ou exportées, les services qui l'ont en charge, les bâtiments qui les abritent et les lieux où ceux-ci sont établis.

— **(droits de).** *Impôts particuliers sur la dépense, perçus à l'occasion de l'importation ou de l'exportation des marchandises. V. *garde (droit de)*.

—**s (administration des).** Ensemble des services chargés de l'assiette, de la liquidation et de la perception des droits de douane ainsi que du contrôle des marchandises lors du franchissement d'une frontière. V. **rayon des douanes, rebat*.

DOUBLE

Adj. ou subst. – Lat. *duplus*.

• **1** (adj.). Égal à deux ou accompli deux fois. V. *réitéré*.

• **2** (subst.). Syn. **duplicata*. V. *original*.

DOUTE

N. m. – Subst. verb. de *douter ; lat. *dubium*.

• **1** État d'esprit d'une personne qui hésite entre affirmation et négation, entre plusieurs opinions (doute spéculatif) ou qui balance entre plusieurs partis à prendre (indécision, irrésolution) ; incertitude qui peut porter sur l'existence d'un fait, la valeur d'une preuve, le sens d'un mot ou d'un texte, la justesse d'un raisonnement, la justice d'une solution, la portée d'une règle, etc. : le traitement juridique du doute pouvant résulter d'une *présomption légale (présomption de vie ou de mort : v. *absence*), d'une présomption de l'homme (v. *indice*), d'un parti de la loi en faveur de celui qui bénéficie d'un doute (C. civ., a. 1190) ou en défaveur de celui qui ne parvient pas à le dissiper, ou encore conduire à une transaction, à un jugement d'équité ou à l'abstention. V. *supplétoire*.

• **2** Par opp. à *croyance, crédulité, *confiance, attitude mentale de celui qui remet en question une opinion.

ADAGES : *In dubio pro reo,* Dans le doute, abstiens-toi, Dans le doute, l'équité l'emporte.

DOUTER

V. – Du lat. *dubitare* (racine *du,* comme *duo*) hésiter entre deux avis.

• **1** (dans l'embarras). Balancer entre diverses interprétations ; ne pas réussir à discerner ce qui est vrai et ce qui est faux ; hésiter sur le parti à prendre.

• **2** (dans la recherche). Refuser de croire sans preuve, remettre en question (révoquer en doute : doute méthodique, scientifique).

DOUTEUX, EUSE

Adj. – Dér. de *douter.

- Qui inspire le *doute, et par là, réticence, réserve, méfiance, soupçon, suspicion, prudence ; s'agissant d'un doute, pour une personne, sur sa probité ou sa compétence, etc., pour un fait, sur sa réalité, pour un acte, sur sa validité ou son opportunité, pour un texte, sur sa signification, etc. : qualification employée dans l'appréciation des faits, des preuves, des comportements, et dans l'interprétation des règles et des actes. Comp. *vraisemblable, probable, possible, véritable.*

DOUZIÈME PROVISOIRE

Subst. masc. – Dér. de douze, lat. *duodecim.* V. *provisoire.*

- (fin.). Dotation mensuelle, égale au douzième de la dotation de l'année précédente, donnée à une collectivité publique pour assurer son fonctionnement lorsque le budget de cette collectivité n'a pas été voté avant l'ouverture de l'exercice.

DOYEN

Subst. ou adj. – Lat. ecclés. *decanus,* dizenier : chef de dix hommes.

- **1** Titre désignant le membre le plus ancien et par ext. le plus âgé (doyen d'âge) d'une assemblée ou d'un conseil, appelé à présider sa séance inaugurale jusqu'à l'élection de son président définitif. Ex. conseiller doyen des Chambres de la Cour de cassation, doyen des juges d'instruction. Comp. *bureau d'âge.*
- **2** Titre désignant habituellement les directeurs d'unités d'enseignement et de recherche (facultés) composant une université. V. *assesseur.*

DRACONIEN, IENNE

Adj. – De Dracon, législateur athénien illustre pour la sévérité de ses lois (v. 621 av. J.-C.).

- D'une extrême *rigueur ; se dit surtout de lois pénales édictant de lourdes peines ou de dispositions fiscales et économiques rigoureuses. Comp. *drastique.*

DRAG-ALONG

V. *clause de sortie forcée.*

DRAPEAU

Dér. de drap, lat. de basse époque *drappus,* d'origine incertaine.

- **1** Pièce d'étoffe, de couleurs et dispositions choisies, fixée à une hampe en vue de distinguer une institution, un parti, etc., ou de donner un signal (drapeau rouge, drapeau blanc, drapeau de la Croix-Rouge, etc.).
- **2** Symbole visuel adopté comme signe d'une souveraineté (ex. drapeau des États-Unis), ou parfois d'une simple personnalité ou compétence internationale (ex. drapeau de la commission du Danube, de l'ONU). V. *emblème, pavillon, devise.*

DRASTIQUE

Adj. – Du gr. *δραστιχός,* qui opère.

- Qui opère à la manière d'une purge ; se dit d'une mesure énergique dont on escompte un remède radical. Comp. *draconien.*

DRAWBACK

Subst. masc. – Mot angl. signifiant déduction. De *to draw* : tirer et *back* : en arrière.

- Mécanisme douanier qui permet le remboursement des droits ayant frappé une marchandise lors de son importation lorsque le produit fabriqué au moyen de cette marchandise est à son tour exporté.

DRESSÉ, ÉE

Adj. – Part. pass. du v. dresser, lat. *directiare,* de *directus* : droit.

- *Établi, rédigé ; se dit surtout d'un *acte (contrat, constat, procès-verbal) établi par un officier public soit sur ses propres constatations, soit sur les déclarations ou volontés d'un tiers. Comp. *reçu.* V. *verbaliser, monumenter, libellé, rédiger.*

DROGMAN

Subst. masc. – Empr. de l'ital. *drogonianno* (d'origine sémitique).

- Ancien nom des *interprètes attachés aux consulats de France dans les pays d'Orient.

DROIT

N. m. – Lat. *directum,* neutre pris substantivement de l'adj. *directus* : ce qui est en ligne droite, direct, sans détour, droit.

- **1** Droit *objectif (on écrit Droit – avec une majuscule – par opp. au droit subjectif).

a / Ensemble de *règles de conduite socialement édictées et sanctionnées, qui s'imposent aux membres de la société. V. *positif (droit), loi, législation, code, équité, ordonnancement juridique, corps de règles, système, norme, ordre juridique, corpus* ; en ce sens, on distingue les Droits des différents États : Droit français, italien, etc., les Droits applicables aux différentes matières : Droit *civil, *commercial, *pénal, *administratif, etc.

— **agricole.** V. *agricole (Droit).*
— **civil.** V. *civil (Droit).*
— **commercial.** V. *commercial (Droit).*
— **commun.** V. *commun.*
— **communautaire.** V. *communautaire (Droit).*
— **continental.** Droit de tradition civiliste, d'inspiration romano-germanique. Opp. *common law.*
— **coutumier.** Ensemble des règles établies par la *coutume. V. *coutumier.* Comp. **droit écrit.*
— **de la consommation.** V. *consommation (Droit de la).*
— **des affaires.** V. *affaires (Droit des).*
— **des *gens** *(jus gentium).*

a / Expression souvent employée comme syn. de Droit *international public.

b / Pour certains auteurs, règles applicables à tous les hommes et tirant leur valeur obligatoire des nécessités de la vie internationale.

c / Terme utilisé parfois en période de guerre pour désigner les règles supérieures qui s'imposent aux belligérants et qui ont pour objet la protection des personnes humaines, des biens culturels, des villes ouvertes, etc. Comp. *jus belli, droit subjectif.*

— **du commerce international.** Branche d'apparition récente traitant des opérations de commerce qui, en raison de leur *rattachement à plusieurs États ou de leur rôle dans les relations économiques internationales, sont considérées comme présentant un caractère *international.
— **du travail.** Branche du Droit *social constituée par l'ensemble des règles applicables aux relations du *travail *subordonné.
— **économique.** V. *économique (Droit).*
— **écrit.** Ensemble des règles de Droit explicitement édictées par des autorités qualifiées à cet effet. Ex. loi et règlements, par opp. par ex. à *coutume.
— **fiscal.** V. *fiscal (Droit).*
— **forestier.** Ensemble des dispositions comprenant les règles relatives à l'exploitation et à la protection des *forêts ainsi que celles réglementant les pouvoirs de l'administration dans les forêts soumises au régime forestier.
— **intermédiaire.** Celui qui a été publié entre l'Ancien Droit et le Droit nouveau issu des codifications napoléoniennes, pendant la période révolutionnaire.
— **international.** V. *international (Droit).*
— **moderne.** V. *moderne (Droit).*
— **pénal.** V. *pénal (Droit).*
— **positif.** V. *positif (droit).*
— **privé.** V. *privé (Droit).*
— **processuel.** V. *processuel.*
— **public.** V. *public (Droit).*
— **rural.** V. *rural (Droit).*
— **social.** V. *social (Droit).*
— **transitoire.** V. *transitoire.*

b / Nom donné par certains auteurs à des règles non obligatoires positivement qui tirent leur valeur d'une source autre que l'autorité étatique.

— **idéal.** Règles que certains penseurs souhaitent ou proposent comme devant devenir règles de droit *(*de lege ferenda).*
— **naturel.** V. *naturel (Droit).*

- **2** *Science ou étude du Droit pris dans son ensemble ou dans telle de ses branches (auxquelles correspondent autant de disciplines juridiques). V. *législation, pratique judiciaire, système juridique.*

— **comparé.**

a / Étude comparative de deux ou plusieurs Droits émanant de souverainetés différentes (ex. étude du Droit français et du Droit allemand de la filiation) ; on parle aussi de *législation comparée.

b / Par ext., étude comparative de deux ou plusieurs branches du même Droit interne (ex. du Droit administratif, et du Droit civil français).

• **3** Employé absolument peut être syn. de Droit idéal ou de Droit naturel ou encore de justice. Ex. combattre pour le Droit. L'expression « à bon droit » se rencontre parfois en ce sens. Comp. *en Droit *strict.*

— **strict (en).** V. *strict (droit).*

• **4** Dans un sens technique de précision, le droit subjectif (on écrit droit – avec une minuscule – par opp. à Droit *objectif) : *prérogative individuelle reconnue et sanctionnée par le Droit objectif qui permet à son titulaire de faire, d'exiger ou d'interdire quelque chose dans son propre intérêt ou, parfois, dans l'intérêt d'autrui. Ex. droit de propriété, droit de créance. Comp. *intérêt, pouvoir, faculté, vocation, compétence, action.* V. *droit réel, personnel, patrimonial, extrapatrimonial, moral.*

— **à.** Pouvoir d'exiger un *bienfait dont ne sont précisés ni le contenu, ni le débiteur, ni le mode de réalisation. Ex. droit à la ville.

— ***absolu.**

a / Droit opposable à tous. V. **erga omnes.*

b / Droit *discrétionnaire dont l'exercice n'est pas susceptible d'*abus.

— **acquis.**

a / (droit *transitoire interne). Au regard du système traditionnel de solution des conflits de lois dans le temps, droit qui, étant valablement entré dans le patrimoine d'un individu sous l'empire d'une loi ancienne, ne peut plus être remis en cause par application d'une loi nouvelle. V. *non-rétroactivité, application immédiate.* Comp. *droit *éventuel.*

b / (int. priv.). Droits attribués sous l'empire d'une loi étrangère et que le juge saisi doit en principe respecter (expression utilisée, soit par référence au Droit transitoire interne pour assurer en matière de *conflits mobiles le maintien de la compétence de la loi ancienne, soit pour expliquer l'autorité qui s'attache à un législateur étranger, soit enfin pour déterminer, au regard de l'*ordre public, les effets dans un pays d'une situation régulièrement créée à l'étranger). V. *atténué.*

c / (int. publ.). Situation juridique créée au profit d'une personne physique ou morale sous l'empire d'une législation dans un État donné, et dont cette personne invoque le respect en cas de changement de législation, soit au sein du même État, soit en cas de succession d'États.

— **au logement opposable (DALO).** Droit qui ouvre aux personnes dépourvues de logement ou mal logées un recours contre la collectivité afin qu'elle leur facilite l'accès à un logement.

— **d'asile.** V. *asile.*

— **d'*attribution.** Droit, pour l'actionnaire, d'obtenir une fraction d'action nouvelle (V. *rompus*) ou un certain nombre d'actions nouvelles émises à la suite d'une incorporation de réserves au capital social.

— **d'auteur.** V. *auteur (droits d').*

— **de correction.** Prérogative autrefois attachée à la puissance paternelle, en vertu de laquelle le titulaire de celle-ci était en droit de faire détenir, moyennant une autorisation judiciaire, un enfant mineur difficile dans un établissement spécialisé dont il ne reste plus, dans l'*autorité parentale, à défaut de précision dans la loi (comp. garde, entretien, éducation), qu'une faculté coutumière atténuée de réprimande manuelle.

— **de créance.** V. *créance.*

— **de divulgation.** V. *divulgation (droit de).*

— **de famille.** Par opp. aux droits du patrimoine, ensemble des droits ayant pour objet les rapports de famille (ex. autorité parentale).

— **fonction.** Expression doctrinale désignant, pour la personne qui en est titulaire, le *pouvoir et le devoir de faire, d'exiger qqch. dans l'intérêt d'une autre personne (ex. *autorité parentale) ou dans un intérêt commun (administration de la *communauté).

— **de garde.** V. *garde (droit de).*

— **de jouissance légale.** V. *jouissance.*

— **de préemption.** V. *préemption.*

— **de préférence.** V. *préférence (droit de).*

— **de présentation.** V. *présentation (droit de).*

— **de propriété.** V. *propriété.*

— **de repentir.** V. *repentir.*

— **de réponse.** V. *réponse (droit de).*

— **de reproduction.** V. *reproduction (droit de).*

— **de rétention.** V. *rétention (droit de).*

— **de retour.** V. *retour (droit de).*

— **de suite.** V. *suite (droit de).*

— **de superficie.** V. *superficie (droit de).*

— **d'évocation.** V. *évocation.*

—**s (du mariage).** V. *mariage (droits).*

— **éventuel.** V. *éventuel (droit).*
— **immobilier.** V. *immobilier.*
— **incorporel.** V. *incorporel.*
— **intellectuel.** V. *intellectuel (droit).*
— **mobilier.** V. *mobilier.*
— **moral.** V. *moral.*
— **personnel.** V. *personnel.*
— **préférentiel de souscription.** V. *souscription (droit de).*
— **réel.** V. *réel (droit).*
—**s fondamentaux.** V. *fondamentaux (droits).*
— **subjectif administratif.** Prérogative reconnue aux administrés et sanctionnée par le Droit administratif, qui permet à son titulaire, dans son propre intérêt, d'exiger des personnes publiques une action ou une abstention.
— **successif.** Droit d'un héritier dans une succession ouverte. Ant. *droit *éventuel du *successible (héritier présomptif).* V. *vocation.* Comp. *héréditaire, successoral.* V. *cession de droit successif.*
—**s voisins.** V. *voisins (droits).*

• **5** Plus largement, et dans un sens moins technique, toute prérogative reconnue par la loi aux hommes individuellement ou parfois collectivement (faculté, liberté, protection, etc.).

—**s civils** (doct. Aubry et Rau). Droits qui, du fait qu'ils sont l'œuvre particulière du législateur national, doivent ou peuvent, à défaut de traité diplomatique, être refusés aux étrangers. Cf. C. civ., a. 11. Opp. *des gens.* Comp. *droits.*
—**s *collectifs.** *Droits sociaux, qui s'exercent dans un rapport collectif ou dont les travailleurs sont dotés pour la défense collective de leurs intérêts professionnels.
—**s de la défense.** V. *défense (droits de la).*
—**s de l'homme.** Droits de l'homme en tant que tel, inhérent à l'être humain (homme ou femme) ; ensemble de facultés et prérogatives considérées comme appartenant naturellement à tout être humain dont le Droit public, not. constitutionnel, s'attache à imposer à l'État le respect et la protection en conformité avec certains textes de portée universelle (V. Décl. des Droits de 1789, a. 2, Décl. universelle des Droits de l'homme adoptée par l'Assemblée générale de l'ONU le 10 déc. 1948, et, dans son ordre, Conv. européenne des Droits de l'homme de 1950). Comp. *citoyen, droits *fondamentaux.* V. *personne, personnalité (droits de la).*
— **de pétition.** V. *pétition (droit de).*
—**s des gens** (doct. Aubry et Rau). Reprenant une distinction de l'ancien Droit, droits qui, soit parce qu'ils relèvent du Droit *naturel, soit parce qu'ils sont généralement consacrés par les législations des États « policés », ne devraient pas être refusés aux étrangers. Opp. *civils.* Comp. *Droit des gens, Droit objectif* (ci-dessus).
— **des peuples à disposer d'eux-mêmes.**
a / Formule qui tend actuellement à être érigée en principe du Droit international et selon laquelle une collectivité humaine, placée d'une manière ou d'une autre dans une situation de dépendance, a le droit de se constituer en État indépendant ou de se rattacher à un autre État.
b / Souvent employée comme syn. d'*autodétermination.
—**s *politiques.** Droits dont l'exercice implique une participation au fonctionnement des pouvoirs publics et qui, à ce titre, ne sont pas accordés aux étrangers. Comp. **droits civils.* V. *citoyen.*
—**s *sociaux.** Droits conférés par la Constitution aux travailleurs pour la défense de leurs intérêts professionnels, leur protection devant leurs employeurs, la compensation des risques sociaux et l'établissement d'une égalité sociale (certaines appartiennent à toute personne même non *active).

• **6** Par ext., désigne parfois en Droit public une faculté juridique qui est en réalité une compétence conférée pour l'exercice d'une fonction, ou une prérogative de l'autorité publique. Ex. droit de dissolution de l'Assemblée nationale par le Président de la République ; droit d'action du ministère public.

— **de communication.** V. *communication (droit de).*
— **de répétition.** Droit, pour l'administration, fiscale, de réparer les inexactitudes et omissions commises lors de la détermination de l'assiette ou de la liquidation de l'impôt. Syn. droit de reprise.
— **de vérification.** Procédure spéciale de contrôle des comptabilités par les agents de l'administration fiscale.

• **7** Syn. d'« impôt » ; s'emploie plus spécialement en matière de douane, d'enregistrement et de contributions indirectes. Ex. droits de circulation.

— ***ad valorem.** Impôt établi sur une marchandise proportionnellement à sa *valeur.
— **au *comptant.** Droit payable lors de la déclaration faite par le redevable.
— **constaté.** Droit recouvré postérieurement à la détermination de l'assiette.
— **d'acte.** Droit d'enregistrement dû à raison de la rédaction d'un acte juridique.
— **de circulation.** Impôt indirect perçu à l'occasion du transport d'une marchandise.
— **de *consommation.** Impôt indirect perçu à l'occasion de la livraison d'une marchandise au consommateur.
—**s de douane.** V. *douane (droits de).*
— **de fabrication.** Impôt indirect perçu à l'occasion de la fabrication d'une marchandise.
— **de greffe.** Émolument perçu par le greffier pour l'accomplissement des actes de son ministère.
— **de mutation.** Droit d'enregistrement dû à l'occasion d'une mutation non constatée par la rédaction d'un acte juridique. Ex. mutation verbale.
— **de publication posthume.** Voir publication posthume (droit de).
— **spécifique.** Droit établi sur une marchandise d'après son poids.

DROIT CANON

V. *Droit, canon.*

• Syn. *Droit *canonique.*

DUBITATIF, IVE

Adj. – Du lat. *dubitativus,* qui exprime le doute.

• Qui émet ou renferme un *doute.
— **(*motif).** Motif insuffisamment affirmatif sur un élément décisif du litige qui affecte la base du jugement et l'expose à la censure de la cour de cassation en ce qu'il laisse planer une incertitude sur la pensée du juge relativement au point à trancher (ex. hypothèses, conjectures, emploi de la conjonction « si »). Un motif n'est pas dubitatif pour cela seul qu'il se réfère à une chose douteuse, s'il tire la conséquence légale pertinente de ce doute.

DUCROIRE

Subst. masc. – Comp. de du et de croire, lat. credere.

• Espèce d'engagement de *garantie ; plus préc. nom donné à la stipulation annexe aux contrats de distribution par laquelle un mandataire ou un *commissionnaire (dit également « ducroire ») garantit le paiement par les clients, moyennant une augmentation de sa rémunération (dite prime du croire) et, lorsqu'il a payé, subrogation dans les droits du vendeur à l'égard du client défaillant.

DUEL

N. m. – Du lat. *duellum* (forme arch. de *bellum*), guerre, combat. Parfois rattaché à *duo,* deux.

• Combat singulier pour l'*honneur, en réparation d'une *offense, qui a lieu devant des témoins choisis par chaque *adversaire et selon des rites (dans le choix des armes, du lieu et le cérémonial), affrontement sanglant aujourd'hui passé de mœurs et ignoré par la loi, mais contraire au droit en tant qu'acte téméraire de *justice privée, d'ailleurs animé par l'intention préméditée de blesser ou même de tuer, et donc théoriquement passible des peines de l'assassinat ou des coups et blessures volontaires, mais en fait assuré par l'auréole de son côté romantique, et dans sa rareté, de la *clémence des juges ou même de l'impunité. Comp. *réparation d'honneur.*

DUMPING

Subst. masc. – Terme empr. à l'angl. (de *to dump* : entasser).

• Pratique commerciale agressive consistant à vendre à l'exportation à un prix anormalement bas par rapport aux prix pratiqués pour le même produit sur le marché intérieur, ou sur un marché où existe une *concurrence effective. V. *concurrence déloyale, entente.*

DUPLICATA

Subst. masc. – Lat. médiév. *duplicata (littera)* : écrit doublé (terme latin francisé).

• **1** *Double ou second exemplaire d'un *original (pièce, acte) établi en double exemplaire, plus spécifiquement nommé double original, qui, à la différence de la *copie, a valeur d'original, comme le premier original. V. *écrit, acte, titre, grosse.*

● **2** Désigne aussi, dans la pratique administrative, la pièce remise en remplacement d'une précédente perdue ou volée. Ex. duplicata d'un permis de conduire égaré.

DUPLIQUE

Subst. fém. – Lat. *duplicatio* : nouvelle objection, réplique.

● Réponse à une *réplique (émane du défendeur ou de son avocat dans l'échange des conclusions ou des moyens, ou dans la suite des plaidoiries). Ex. *mémoire en duplique.

DURETÉ (EXCEPTIONNELLE)

Dér. de dur, lat. *durus,* dur, cruel, sévère.

● *Rigueur *excessive, cruauté moralement ou matériellement insupportable qui résulterait de l'application *stricte du droit, perspective de fait qui permet au juge au moins dans les cas spécifiés par la loi de déroger à la loi et d'en écarter l'application dans l'espèce considérée, pour raison d'humanité. Ex. non-prononcé du divorce, prolongation du délai d'expulsion pour excessive dureté (C. civ., a. 24, l. 9 juill. 1991, a. 62). V. *pouvoir *modérateur, sauvegarde, équité.*

— **(clause de).** V. **clause de *sauvegarde.*

ADAGE : *Summum jus, summa injuria.*

DYARCHIE

Subst. fém. – Du gr. δύο : deux et ἀρχή, gouvernement.

● Nom par lequel les auteurs désignent un régime dans lequel le pouvoir est confié conjointement à deux titulaires (ex. la coprésidence De Gaulle-Giraud du Comité français de la libération nationale d'Alger en 1943) ou un régime dans lequel le chef de l'État et le chef du gouvernement auraient tous deux un réel pouvoir de direction de l'exécutif. Comp. *cogestion, cotitularité, cohabitation.*

E

EAUX

Subst. fém. plur. – Lat. *aqua.*

• S'emploie dans les expressions suivantes :
— **archipélagiques.** Zone marine polygonale soumise à un régime comparable à celui des eaux intérieures dans laquelle peuvent s'enfermer certains États composés de plusieurs îles (État-archipel), mais qui est traversée de couloirs de navigation soumis à un régime analogue au transit sans entrave. V. *droit de *passage en transit sans entrave.*
— **courantes.** Eaux des fleuves et rivières (surtout des rivières non navigables ou flottables à bûches perdues). V. **cours d'eau, eaux stagnantes.*
— **de source (ou eaux vives).** Eaux jaillissant du sol qui appartiennent au propriétaire de celui-ci, à moins que, dès leur sortie du fonds d'où elles surgissent, elles ne prennent par leur abondance le caractère d'eaux publiques et courantes, c'est-à-dire d'un cours d'eau (C. civ., a. 643).
— **intérieures.** Eaux comprises dans le territoire terrestre (eaux des lacs et *fleuves) et eaux maritimes situées entre le littoral et la ligne de base de la *mer territoriale (à ce titre, les ports, les rades, l'embouchure des fleuves font partie des eaux intérieures).
— **pluviales.** Eaux de pluie qui deviennent la propriété de celui sur le fonds duquel elles tombent (C. civ., a. 641).
— **privées.** Eaux susceptibles d'appropriation privée.
— **publiques.** Eaux ayant un caractère de domanialité publique ou susceptibles d'utilisation par la collectivité.
— **stagnantes.** Eaux des étangs, lacs ou marais, même ayant un déversoir (par opp. aux eaux courantes).
— **territoriales.** V. **mer territoriale.*

ÉCHANGE

N. m. – Tiré de échanger, lat. pop. *excambiare.* V. *change.*

• **1** Contrat (*translatif de propriété) par lequel les parties (copermutants) se donnent respectivement une chose pour une autre (C. civ., a. 1702). Ex. échange d'une parcelle de terrain contre une autre ; se distingue de la *vente dans laquelle la chose est cédée contre un prix en argent. Syn. fam. **troc.* V. *mutation.* Comp. *contrat-échange,dation en paiement.*
— **amiable d'immeubles ruraux.** Procédure spécifique ayant pour objet d'apporter une amélioration des structures agricoles ou de préparer des structures de *remembrement, exclusive de toute exécution obligatoire, s'analysant en un acte bilatéral ou multilatéral d'échange en propriété d'immeubles ruraux situés dans des circonscriptions territoriales voisines et bénéficiant d'un régime fiscal privilégié ainsi que, sous certaines conditions, d'une participation financière de l'État.
— **avec soulte.** V. *soulte.*
— **cambiste.** Échange, entre banques ou organismes financiers, de créances à court terme libellées en monnaies différentes. Angl. *treasury swap.*
— **dans le cadre de la réorganisation foncière.** Procédure spécifique visant diverses catégories de mesures de réorganisation foncière prises dans le cadre d'un *remembrement à l'initiative de la commission communale de réorganisation foncière et comportant

des opérations d'échanges qui peuvent être soit provoquées, soit imposées par le préfet.

— **de créances.** Échange, entre banques ou organismes financiers, de créances privées ou publiques, essentiellement sur des pays différents afin de rééquilibrer géographiquement leurs portefeuilles de créances. Angl. *debt swap.* V. *échange financier.*

— **de créances contre actifs.** Cession de créances bancaires détenues sur des agents d'un pays contre de la monnaie nationale du pays débiteur, laquelle est obligatoirement affectée à l'achat d'actifs dans ce même pays ; parfois nommée « conversion de dettes en actifs ». Angl. *debt equity swap.*

— **de devises dues.** Échange, entre deux acteurs financiers, du service de dette en monnaies différentes selon un cours de change initialement défini (opération qui implique l'échange du taux d'intérêt spécifique à chacune des monnaies, mais pas nécessairement l'échange du principal). Angl. *currency swap.*

— **de taux d'intérêts.** Opération par laquelle deux acteurs financiers, ayant contracté des emprunts selon des modalités différentes de taux d'intérêt (taux fixe, taux variable par exemple) échangent les services de leur dette en compensant périodiquement le montant des intérêts dont elles deviennent ainsi mutuellement redevables. Angl. *interest swap, interest rate swap.*

— **de *territoires.** Opération par laquelle le territoire d'un État copermutant est diminué d'une portion cédée à un autre État, en contrepartie d'une portion de territoire que ce dernier cède au premier.

— **de titres.**

a / (sens large). Tout contrat d'échange portant sur des titres émis par des collectivités ou des sociétés différentes. Comp. **offre publique d'échange.*

b / (sens technique). Opération par laquelle, dans des circonstances très diverses, le propriétaire de titres en obtient, de la collectivité ou de la société émettrice, le remplacement par d'autres titres émis par la même collectivité ou la même société. Ex. échange d'un titre détérioré contre un titre neuf ; échange, de caractère collectif, imposé ou proposé à tous les propriétaires de titres d'une même émission (not. par *regroupement d'actions ou *conversion d'obligations en actions).

— **financier.** Opération par laquelle deux ou plusieurs acteurs financiers échangent des éléments de leurs créances ou de leurs dettes (que celles-ci soient libellées dans la même monnaie ou dans des monnaies différentes), parfois encore nommé « crédit croisé ». Angl. *swap.*

— **(option d').** V. *option d'échange.*

- **2** Par ext., certaines opérations spéciales ne comportant pas de transfert de propriété, mais divers arrangements et substitutions.

— **de logement.** Opération par laquelle des locataires ou des occupants bénéficiaires du maintien dans les lieux se cèdent mutuellement les locaux qu'ils occupent (les droits qu'ils avaient sur leur logement respectif), en vue de leur meilleure utilisation familiale (l. 1er sept. 1948, mod. o. 27 déc. 1958).

— **en jouissance d'immeubles ruraux.** Opération s'analysant en un transfert des droits d'*usage et d'exploitation d'un immeuble rural susceptible d'être réalisée soit entre propriétaires, soit entre preneurs de baux *ruraux, mais soumis dans ce dernier cas à une réglementation particulière.

- **3** (écon., douanes). *Pl.* Mouvements des marchandises qui circulent d'un État à un autre, ensemble des *importations et des *exportations entre deux États. Ex. échanges intercommunautaires des produits entre deux États membres ; peut désigner des échanges multilatéraux.

- **4** Dans un sens dérivé, action pour deux ou plusieurs personnes de s'exprimer tour à tour ; fait de correspondre. Ex. échange de consentement, de lettres, etc. Comp. *communication.*

ÉCHANGISTE

Subst. masc. ou fém. – Dér. de *échange.

- Celui qui est partie à un contrat d'échange. Syn. *copermutant, coéchangiste.*

ÉCHANTILLON

Subst. masc. – Lat. pop. *scandaculum,* de *scandere* : monter (comp. *scala* : échelle).

- **1** Petite quantité d'une marchandise remise ou présentée à un acheteur potentiel pour servir de référence à la détermination de la chose vendue. V. **vente sur échantillon, cadeau, prime.*

• **2** Plus spécialement, nom donné au morceau de la *taille conservé par le marchand.

ÉCHÉANCE

N. f. – Dér. du v. échoir, lat. pop. *excadere,* qui s'est substitué au lat. class. *excidere.*

• **1** Arrivée du *terme prévu pour l'exécution d'une obligation, date à laquelle celle-ci devient *exigible. V. *déchéance, forclusion, demeure, moratoire, délai de grâce, retour à meilleure fortune (clause de), arriéré.*

• **2** Par ext., cette date même.

ÉCHELAGE (OU ÉCHELLAGE, OU TOUR D'ÉCHELLE)

N. m. – Dér. d'échelle, lat. *scala.*

• **1** Droit ou *servitude de tour d'échelle : droit de poser, à titre de servitude réelle (conventionnelle), une échelle sur la propriété d'autrui pour construire ou réparer un mur non mitoyen contigu au fonds servant ; se dit aussi par ext. de l'autorisation judiciaire (ponctuelle, provisoire et non à titre de servitude) de réaliser de tels travaux.

• **2** Bande de terrain, parfois nommée « ceinture » ou « invêtison » que le propriétaire était tenu, dans certaines provinces, de laisser entre la ligne séparative et les constructions qu'il érigeait, de manière à pouvoir poser ses échelles sans passer sur le fonds d'autrui, et qui, constituant sa propriété privative, entrait, pour l'ouverture des *vues, dans le calcul des distances de recul (le terme échelage est souvent renfermé dans le sens 2 et les termes tour d'échelle dans le sens 1).

ÉCHELETTES (MÉTHODE DES)

Dér. de échelle. V. *échelage.*

• Méthode de comptabilité, dite hambourgeoise, dans laquelle les intérêts d'un compte sont calculés en établissant un solde provisoire du compte au moment de chaque écriture en déterminant les intérêts de ce solde jusqu'à l'écriture suivante et en totalisant, lors de la clôture du compte, les intérêts des soldes provisoires successifs.

ÉCHELLE MOBILE

V. *échelage* et *mobile.*

• Méthode d'actualisation de la *valeur nominale du salaire ou d'autres prestations en fonction des variations de certaines valeurs économiques, appelées indices de référence, Ex. *l'indice du coût de la vie, V. *indexation, variation, revalorisation, valorisme monétaire, clause-or.* Comp. *révision, imprévision, clause de hardship.*

ÉCHELLE (TOUR D')

V. *échelage.*

ÉCHEVINAGE

Subst. masc. – Dér. de échevin, du bas lat. *scabinos.*

• Système consistant à composer une juridiction (de jugement) de magistrats de carrière et de magistrats non professionnels choisis, selon les cas, comme citoyens (*jurés) ou en raison de leur appartenance à une catégorie socioprofessionnelle (bailleurs ruraux, fermiers). Ex. échevinage de la cour d'assises composée de magistrats professionnels et du *jury de jugement. V. *échevinal, départiteur, paritaire.*

ÉCHEVINAL, ALE, AUX

Adj. – Dér. de échevin. V. *échevinage.*

• Se dit d'une juridiction composée selon le principe de l'*échevinage. Ex. le tribunal paritaire de baux ruraux est une juridiction échevinale. Comp. *consulaire, étatique, prud'homal.*

ÉCHOUAGE

N. m. – Dér. de échouer, d'origine incertaine.

• **1** Situation du navire qui, par l'effet d'une initiative volontaire, repose temporairement et sans heurt sur le fond de la mer ou d'un bassin.

• **2** Par ext., l'endroit où une embarcation peut s'échouer sans danger. Comp. *échouement.*

ÉCHOUEMENT

V. *échouage.*

- Arrêt accidentel du navire par le heurt du fond de la mer. Comp. *échouage.*

ÉCOCIDE

N. m.

- Acte intentionnel de pollution de l'air ou des eaux ou d'abandon de déchets lorsqu'ils entraînent des atteintes graves et durables à la santé, à la flore, à la faune ou à la qualité de l'air, du sol ou de l'eau (C. env., a. L. 231-3, v. aussi plus spécialement, C. trans., a. L. 1252-5).

ÉCOLE

Subst. fém. – Lat. *schola,* du gr. σχολή.

- **1** De manière générique, établissement d'*enseignement. Plus spécialement usité pour les établissements d'enseignement primaire ou du premier degré (ex. l'école communale), le mot se retrouve également dans la dénomination d'établissements d'enseignement supérieur (ex. école polytechnique) ou de formation (ex. ENA).

— **normale.** Établissement de formation du personnel enseignant. Ex. école normale d'instituteurs (aujourd'hui incorporée aux instituts universitaires de formation des maîtres).
— **privée.** Établissement créé par des personnes ou collectivités privées dans le cadre et selon les conditions d'exercice de la liberté de l'enseignement.
— **publique.** Établissement d'enseignement appartenant à l'administration de l'Éducation nationale.

- **2** Ensemble des auteurs contribuant ou ayant contribué à l'élaboration d'une même doctrine juridique. Ex. l'École de Bordeaux.

ÉCONOMAT

N. m. – Dér. d'économe, lat. *œconomus,* empr. du gr. οἰκονόμος : qui administre sa maison (οἰκος).

- Magasin vendant certains produits aux salariés d'une entreprise à laquelle il est lié, suivant un mode de paiement aboutissant au versement du salaire en nature. Comp. *coopérative.* V. *paracommercialité.*

ÉCONOMIE

Subst. fém. – V. le précédent.

- **1** (sens gén.). Ensemble des phénomènes, faits et activités relatifs à la production, à la circulation et à la consommation des richesses dans un ensemble donné (région, État, groupe d'États, etc.) ; par ext., la science qui s'applique à cet ensemble.
- **2** *Gain, assimilé à un *bénéfice, résultant d'une moindre *dépense, d'une gestion plus rigoureuse (C. civ., a. 1832, al. 1). V. *société.* Comp. *profit.*
- **3** (au plur.). *Revenus non dépensés, sommes épargnées (en général progressivement amassées) provenant de la capitalisation de l'excédent des ressources sur les *dépenses et constituant des *acquêts sous le régime de la communauté (C. civ., a. 1401). V. *épargne, fruit, intérêt, réserve, capital, emploi, placement.*
- **4** Gestion budgétaire ; organisation financière d'une entité ; ensemble de ses dépenses ordinaires de subsistance et de fonctionnement. Ex. économie domestique, ensemble des affaires ménagères, des questions relatives au budget d'un ménage (*dépenses de ménage, *charges du mariage, etc.).
- **5** Ordre interne, structure, organisation d'ensemble, Ex. économie d'une réforme, d'une loi. Comp. *régime, système.*

ÉCONOMIE CIRCULAIRE

- (env.) Collecte des emballages, déchets, surplus, notamment, en vue de leur transformation en un produit utilisable (loi n° 2020-105 du 10 février 2020 relative à la lutte contre le gaspillage et à l'économie circulaire).

ÉCONOMIE MIXTE

Lat. *œconomia,* du gr. οικονομια : disposition, arrangement. V. *mixte.*

- Littéralement, association de capitaux publics et de capitaux privés.

— **(*société d').** Entreprise du secteur public industriel et commercial constituée en forme de société anonyme et associant, dans des proportions diverses, des capitaux publics et des capitaux privés ; s'emploie aussi pour désigner des sociétés éventuellement chargées de *services publics administratifs et constituées entre *personnes publiques différentes. Comp. *entreprise publique.*

ÉCONOMIQUE

Adj. – Lat. *œconomicus,* du gr. οικονομικος : bien ordonné, méthodique.

- **1** Qui a trait à l'*économie (aux faits et activités économiques en général). Ex. *circonstances économiques, situations économiques ; s'opp. en ce sens (par son caractère factuel) à *juridique (il existe cependant un Droit économique) et dans l'ordre des faits à *social et à *politique.
— **(Droit).** Expression doctrinale désignant l'ensemble des règles de Droit gouvernant l'organisation et le développement de l'économie industrielle relevant de l'État, de l'initiative privée ou du concours de l'un et de l'autre. Comp. *Droit des *affaires.*
- **2** Plus spéc. qui a trait à l'ensemble des activités *commerciales et *industrielles, à l'exclusion des activités *financières et des phénomènes monétaires ; s'opp. en ce sens à *monétaire, financier.*
- **3** Plus vaguement syn. de *patrimonial, *pécuniaire, *financier, pour caractériser, dans le Droit des biens ce qui a une valeur appréciable en argent. Ex. intérêt économique, préjudice économique. Comp. *marchand, matériel.*

ÉCONOMIQUEMENT FAIBLE

Adv. dér. de *économique ; lat. *flebilis* : pitoyable, de *flere* : pleurer.

- Catégorie administrative, aujourd'hui supprimée, de personnes âgées qui, en raison d'une insuffisance de ressources, recevaient un titre (carte d'économiquement faible), lequel leur ouvrait droit à divers avantages dans le cadre de l'aide sociale (ces personnes bénéficiant encore, à un autre titre, de certains de ces avantages).

ÉCORCEMENT (OU ÉCORCÉAGE)

Dér. d'écorce, probablement lat. pop. *excortes, -icis.*

- Enlèvement total ou partiel de l'écorce d'un arbre, constitutif d'un délit pénal lorsqu'il est effectué sans droit.

ÉCRIT

N. m. – Lat. *scriptum,* du v. *scribere,* tracer des caractères, écrire, gr. *χραφειν*.

- **1** (sens littéraire) (auquel se réfère not. le droit d'auteur). *Œuvre littéraire, accent mis sur la création intellectuelle de l'auteur plus que sur le support physique (*livre, volume, ouvrage). Les écrits que laisse un écrivain désignent son œuvre (célébrée comme œuvre de l'esprit), parfois aussi, tangiblement, les éditions que le lecteur a dans sa main (sens ancien : *in libro scribere calamo litteras*).
- **2** (linguistique) (sur laquelle s'appuie en partie la définition de l'a. 1365 C. civ.). Message doté de sens (donnée intellectuelle de la communication) composé de signes lisibles variables (phonétiques, idéographiques, pictographiques, etc.) représentatifs de la parole et de la pensée (mais parfois difficiles à déchiffrer) qu'un émetteur (non nécessairement auteur intellectuel du message) encode dans une langue naturelle et imprime par un moyen quelconque (à la main ou à la machine) sur un support variable relativement durable (tablette, papyrus, pierre, métal, papier, etc.).
- **3** (1er sens juridique). Pour *preuve *littérale des *actes juridiques conventionnels ou unilatéraux (C. civ., a. 1376), suite de signes dotés d'une signification intelligible et fixés sur un support, définition légale générique (a. 1365) qui : *1* / distingue, dans l'écrit, trois éléments constitutifs de base (un message intellectuel, une représentation graphique visible, leur fixation sur un support) ; *2* / réserve les formes variables des signes (lettres, caractères, chiffres ou autres symboles), de leur support (support papier, support électronique) et de leurs modes de transmission (expédition d'un acte en original ou copie, transmission électronique) ; *3* / pose l'intelligibilité comme exigence spécifique du commerce juridique ; *4* / fait l'impasse sur la langue naturelle et n'explicite pas les modes de création des signes (lesquels sont impliqués par la nature du support) ; *5* / doit être complétée par l'exigence, en tout écrit, d'une *signature qui le rapporte à son auteur (autre exigence pertinente du commerce juridique, s'agissant de prouver un acte

juridique dont les effets, par définition, sont intentionnellement recherchés par son auteur), a. 316-4 C. civ.

- **4** (2e sens juridique). *Documents divers retenus comme *indices dans la preuve des obligations et du paiement, ensemble foisonnant d'éléments de preuve matérialisés (dans la pratique traditionnelle) par un support papier, que le document émane de la personne qui s'en prévaut ou d'un tiers : factures, bon de commande, documents de banque, *titres de famille, *registres et *papiers domestiques, *lettres missives, attestation, livre de compte, *notes, etc. (v. C. civ., a. 1402). V. *pièces, état, bulletin, procès-verbal, rapport, constat, inventaire, commencement de preuve par écrit*. Comp. *oral, verbal*.

— **sur support électronique** (ou écrit électronique). Donnée électronique porteuse d'un texte doté de sens (dans les termes de l'a. 1365) que la loi admet en preuve des actes juridiques au même titre et avec la même force probante (a. 1366) que l'écrit papier, à condition que puisse être identifiée la personne dont émane cette donnée et que celle-ci soit établie et conservée selon des procédés qui en garantissent l'intégrité (C. civ., a. 1366). V. *signature électronique*.

— **sur support papier** (ou écrit papier). Écrit traditionnel rédigé à la main ou à la machine sur une feuille de papier, en un ou plusieurs exemplaires, qui constitue une preuve littérale s'il répond à la définition de l'a. 1365 C. civ., et s'il est revêtu de la *signature manuscrite de son ou ses auteurs. V. *papier, instrumentum, *acte instrumentaire, titre, ad probationam, ad solemnitatem, original, copie, expédition, reçu, quittance, billet, bon, police* (II), *littéral*. Comp. *réponse ministérielle, question écrite*.

ÉCRIT, ITE

Adj. – V. le précédent.

- **1** Rédigé par écrit ; exprimé par des signes d'écriture (*manuscrits ou non), par opp. à *oral, *verbal. Ex. conclusions écrites, rapport écrit. V. *olographe, exprès, instrumentum, document, tacite, nuncupatif, non écrit*.
- **2** Contenu dans un texte (officiel publié, promulgué) ; se dit de la loi (écrite), du Droit (écrit) par opp. à la coutume (même rédigée). V. *publication, promulgation, non écrit*.
- **3** Couvert d'une écriture par opp. à *blanc. V. *libellé*. Ex. document écrit *recto verso*.

ÉCRITURE

N. f. – Lat. *scriptura*. V. *écrit*.

(Souvent au plur.)

- **1** *Acte ou *document constituant un moyen de preuve.

— **(dénégation d').** V. *dénégation d'écriture*.

—**s privées.** Actes ou pièces dont les auteurs sont des particuliers : actes, billets, promesses, reconnaissances sous seing privé, livres de commerce, *registres et *papiers domestiques.

—**s publiques.** Actes établis par des officiers publics qui leur confèrent l'authenticité.

— **(vérification d').** V. *vérification d'écriture*.

- **2** Actes de procédure et plus spécialement ceux qui contiennent les moyens des parties (les conclusions lorsqu'elles sont écrites).
- **3** Inscription à un compte. V. *article de compte, numérotation, enregistrement*.
- **4** (sens courants). Action d'écrire et résultat de cette action, au sens matériel (représentation graphique d'un énoncé, signes lisibles) ou intellectuel (manière de s'exprimer, style).

ÉCROU

N. m. – A signifié d'abord « morceau d'étoffe, de cuir, etc. », puis « morceau de parchemin » d'où le sens moderne ; mot probablement d'origine germ. Cf. le moyen néerl. *schroose* : « morceau coupé ».

- Acte constatant la date d'entrée dans un établissement pénitentiaire et la cause de la misé en détention. V. *emprisonnement*.

— **(*levée d').** Acte constatant la remise en liberté d'un individu détenu. Comp. *incarcération*. V. *élargissement, libération*.

— **(registre d').** Ensemble des actes d'écrou tenus au greffe de l'établissement pénitentiaire.

ÉCROUER

V. – Dér. de *écrou.

- **1** Inscrire sur le registre d'écrou l'identité de l'individu mis en prison et la cause de sa détention.
- **2** Par ext., incarcérer.

ÉCU

N. m.

- Nom donné, en 1979, à l'unité monétaire de la Communauté européenne qui correspond à l'ordre, en anglais, des initiales UCE *(european, currency, unit)* intentionnellement réunies en un mot pour évoquer l'ancienne monnaie créée par Louis IX ; remplacé par l'*euro à compter de l'introduction de celui-ci comme monnaie unique. V. *unité monétaire européenne.*

ÉDICTER

V. – Lat. *edicere,* proclamer, prononcer, ordonner.

- (S'agissant et ne pouvant s'agir que d'une règle) l'*ériger et la proclamer ; terme générique qui renvoie à l'idée d'une action normative (mais moins spécifique que *légiférer), à la publicité qui lui est donnée (mais de façon moins technique que *promulguer et *publier) et évoque un changement (mais moins directement que réformer, innover). Terme choisi qui sonne mieux que ses équivalents plus neutres « *établir », « *disposer » pour des règles de quelque considération. Ex. édicter une peine ou une mesure de clémence.

ÉDICTION

N. f. – Dér. du v. *édicter.

- Acte d'une autorité formulant et mettant en vigueur une règle. Comp. *promulgation, publication, *entrée en vigueur, prononcé.*

ÉDIFICE

Subst. masc. – Lat. *aedificium.*

- Tout *ouvrage (*bâtiment, travail d'art) construit par assemblage de matériaux incorporés au *sol. V. *construction* ; rapproché dans certaines expressions des *superfices (dont il fait partie) : édifices et superfices. V. *droit de *superficie.* Comp. *plantations.*

— **du culte.** Bâtiment affecté à l'exercice d'une religion. V. *église, mosquée, synagogue, temple.*

— **menaçant ruine.** Murs, bâtiments ou édifices quelconques lorsqu'ils menacent ruine et pourraient par leur effondrement compromettre la sécurité ou lorsque, de manière générale, ils n'offrent pas les garanties de solidité nécessaires à la sécurité publique (les édifices menaçant ruine font l'objet d'une *police administrative spéciale). V. **arrêté de péril.*

ÉDIT

N. m. – Lat. *edictus,* de *edicere.* V. *édicter.*

- Sous l'Ancien Régime, acte juridique à caractère général, statuant sur une matière déterminée et émanant du roi. Ex. édit de Moulins de 1566 proclamant l'inaliénabilité du domaine royal.

ÉDITEUR

Subst. masc. – Lat. *editor* : celui qui produit.

- Celui qui dans le contrat d'*édition ou d'autres contrats (contrat dit à compte d'*auteur) est chargé de la *publication et de la diffusion des exemplaires d'une *œuvre de l'esprit qu'il avait mission de fabriquer ou de faire fabriquer en un nombre déterminé. V. *auteur.*

ÉDITION

N. f. – Lat. *editio,* du v. *edere* : publier.

- Action d'éditer et résultat de cette action ; *reproduction et diffusion dans le public d'une *œuvre intellectuelle, littéraire ou artistique. Comp. *publication, représentation.*

— **(contrat d').** Contrat en vertu duquel l'auteur d*une œuvre de l'esprit (ou son ayant droit) cède à des conditions déterminées à une personne nommée éditeur le droit de fabriquer en nombre des exemplaires de l'œuvre, à charge pour elle d'en assurer la *publication et la diffusion ; espèce de contrat d'exploitation des œuvres de l'esprit (V. *contrat de *représentation*) ; ne pas confondre avec le *contrat dit « à compte d'auteur ».*

ÉDUCATEUR, TRICE

Subst.

V. *éducation surveillée.*

ÉDUCATION

N. f. – Lat. *educatio,* de *educare* : élever, nourrir.

- **1** Mise en œuvre des moyens propres à assurer l'instruction, la formation et le développement de l'enfant qui, en tant qu'attribut de l'*autorité parentale (comp. **garde, *surveillance*), constitue pour les père et mère dans l'intérêt de leur enfant mineur (C. civ., a. 371-2) tout à la fois un droit (choix de l'instruction, orientation religieuse, et professionnelle) et un devoir (obligation scolaire), assortis de certaines prérogatives (réprimandes, contrôle des fréquentations et de la correspondance), d'un certain contrôle étatique (ex. mesures d'*assistance éducative, lorsque les conditions de l'éducation sont gravement compromises) (C. civ., a. 375) et de certaines responsabilités (obligation de réparer le dommage causé aux tiers par l'enfant mineur : C. civ., a. 1384).
- **2** Plus généralement (s'agissant d'enfants ou d'adultes), action de former intellectuellement et moralement une personne ; action destinée à compléter ou à accroître des connaissances. V. *enseignement.*

— **nationale.** Administration de l'État ayant en charge les établissements et les services des différents ordres d'*enseignement ; s'est substitué dans ce sens à la dénomination « instruction publique ».

— **permanente.** Ensemble des actions de formation destinées à permettre à leurs bénéficiaires de renouveler, d'actualiser, de compléter ou d'étendre leurs connaissances théoriques ou pratiques. Syn. *formation permanente.*

— **surveillée.** Service public rattaché au ministère de la Justice, chargé d'assurer, avec le concours d'un personnel qualifié (éducateurs et enquêteurs not.), la prévention et le traitement (institutionnel, para-institutionnel, ou en milieu libre) de la délinquance juvénile, ou de l'inadaptation sociale des mineurs ayant fait l'objet de mesures judiciaires (*assistance éducative). V. **liberté surveillée, *juge des enfants, *tribunal pour enfants.*

EFFECTIF, IVE

Adj. – Lat. *effectus* : effet.

- **1** Qui produit l'effet recherché. V. *effectivité* (sens 1).
- **2** Qui a été réalisé, *accompli, fait. Ex. remise effective d'une chose, accomplissement effectif du service.
- **3** Qui correspond à la réalité, *réel. Ex. prix d'achat effectif, *tradition effective. Ant. *feint, *fictif.*

EFFECTIVITÉ

N. f. – Mot formé au XXe s. à partir de l'épithète **effectif.*

- **1** Caractère d'une règle de droit qui produit l'effet voulu, qui est appliquée réellement. Syn. **application* (mais le terme a un sens plus étroit. Ex. une loi pénale, punissant un fait, même si elle n'est jamais appliquée parce que personne ne commet l'infraction, n'en est pas moins effective, si sa menace a un effet de dissuasion). Comp. *portée.*
- **2** Caractère d'une situation qui existe en fait, réellement (ex. occupation effective d'un local) ; spécialement en Droit international public, caractère de certaines situations ou de titres qui doivent être réalisés en fait pour être valables ou opposables aux tiers. Ex. effectivité d'un blocus, d'une *nationalité, effectivité d'une occupation de territoire sans maître.

EFFET (I)

N. m. – Lat. *effectum.*

- Conséquence juridique résultant d'un acte juridique (effet obligatoire du contrat), d'un délit (responsabilité), d'une loi, d'une décision juridictionnelle ou administrative (on dit aussi : effet de droit). Ex. le divorce a pour effet de dissoudre le lien conjugal. Comp. *cause, condition.*

— **atténué.** Expression doctrinale visant à rendre compte du principe jurisprudentiel d'après lequel l'*ordre public a un contenu plus extensif s'il s'agit de l'acquisition d'un droit en France que s'il s'agit des effets en France d'un droit régulièrement acquis à l'étranger.

— **automatique des conventions collectives.** Nom donné à la substitution *de plein droit, aux clauses du contrat individuel de travail, des clauses plus favorables que contient au profit du travailleur la convention collective applicable. V. *bénéfice, faveur.*

— **déclaratif du partage.** V. *déclaratif (effet).*
— **dévolutif.** V. *dévolutif (effet).*
— **direct.** Celui qui s'opère de lui-même, sans condition préalable. Syn. **de plano* (sens 2). Ex. effet direct reconnu à celles des normes communautaires qui créent des droits dans le chef des particuliers et s'imposent à leurs juridictions.
— **équivalent à une *restriction quantitative (mesure d').** Toute réglementation, visant spécifiquement les produits importés ou exportés ou applicable indistinctement aux deux, susceptible d'entraver directement ou indirectement, actuellement ou potentiellement la *libre circulation des marchandises à l'intérieur du marché commun. Ex. taxe d'effet équivalent à un droit de douane.
— **(prise d').** V. **prise d'effet.*
— **réflexe de l'ordre public** (doct. Pillet). Reconnaissance, en France, d'un droit acquis à l'étranger contrairement à la loi normalement applicable, mais en vertu de l'ordre public étranger qui se trouve conforme à l'ordre public français.
— **rétroactif.** V. *rétroactivité, rétroactif.*
— **suspensif.** V. *suspensif* (sens 1).
— **translatif.** V. *translatif.*

EFFET (II)

V. le précédent.

- **1** Terme syn. de *bien ; peu usité mais encore employé (au plur.) pour désigner les biens compris dans une succession (C. civ., a. 883) ou l'ensemble des bagages, vêtements et autres *objets apportés par le voyageur (a. 1952) ou plus spécialement des *meubles (dans l'expression effets mobiliers).
- **2** Espèce de *titre ; désigne par abréviation un effet de commerce (V. ci-dessous).

— ***bancable.** Effet de commerce qui remplit les conditions nécessaires pour être pris à l'escompte de la Banque de France (avoir été émis à la suite d'une opération commerciale réelle, porter trois signatures et être à une échéance inférieure à 90 jours). Ant. *effet déplacé.*
— **de cautionnement.** V. *effet de complaisance.*
— **de cavalerie** (ou traite de cavalerie). Appellation de la pratique pour désigner un effet de complaisance créé par des parties tirant réciproquement les unes sur les autres pour se procurer frauduleusement du crédit au moyen de l'escompte de ces effets.
— **de commerce.** Nom générique appliqué à tout titre négociable qui donne droit au paiement d'une somme d'argent à vue ou à une échéance assez proche. Ex. *lettre de change, *billet à ordre, chèque, warrant, traite, billet au porteur. V. *allonge, abstrait.*
— **de complaisance.**

a / (sens large). Effet de commerce dont la création ne correspond pas à une opération commerciale réelle entre les parties mais qui est valable si le signataire qui ne doit rien a entendu ouvrir un crédit à un autre signataire ou garantir son engagement (effet dit de cautionnement).

b / (sens restreint). Effet de commerce nul parce que créé collusoirement, c'est-à-dire en l'absence de toute valeur ou cause réelle et par des parties qui n'ont pas la volonté de s'obliger, mais qui cherchent uniquement à se procurer frauduleusement du crédit au moyen de l'escompte de l'effet créé par elles (effet de pure complaisance).

— **déplacé.** Effet de commerce qui ne remplit pas les conditions nécessaires pour être pris à l'escompte de la Banque dd France. Ant. *effet bancable.*
— **de renouvellement.** Effet de commerce émis en renouvellement d'un effet venu à échéance (soit en vertu d'une convention conclue lors de l'émission de l'effet initial et destiné à assurer la mobilisation d'une créance à échéance plus lointaine que celle de cet effet, soit en vertu d'une convention conclue à l'échéance et destinée à accorder un nouveau terme au débiteur qui ne peut pas payer).
— **négociable.** Syn. **effet de commerce.*

EFFRACTION

N. f. – Du v. lat. *effringere (effractum)* : enlever en brisant.

- Fait de forcer, briser, dégrader ou détruire tout dispositif de fermeture ou toute espèce de clôture (C. pén., a. 132-73), circonstance aggravante de certaines infractions, not. du vol (C. pén., a. 311.4, 322-3) et, parfois, présomption de légitime défense (a. 122-6). Comp. *bris de clôture, cambriolage, violation de domicile, escalade.*

ÉGAL, ALE, AUX

Adj. – Lat. *aequalis.*

- **1** (en fait). Conforme à l'égalité (mesurable, réelle) ; se dit de biens (prestations, lots, etc.) de même nature et mesure, ou au moins de même valeur. V. *juste, équitable, égalitaire.*
- **2** (en droit). Juridiquement équivalent, doté des mêmes droits, conforme à l'égalité juridique.

ÉGALITAIRE

Adj. – Dér. de *égalité.

- **1** Qui tend à l'égalité*, qui a pour but de l'établir, de la parfaire ; se dit surtout d'une règle, d'une doctrine, d'une politique. Comp. *fraternitaire, équitable.* Ant. *inégalitaire.*
- **2** Qui est conforme à l'égalité ; qui la respecte et la met en œuvre. Ex. partage égalitaire. V. *égal, paritaire, juste.* Ant. *préférentiel.*

ÉGALITÉ

N. f. – Lat. *aequalitas,* de *aequalis* : égal.

- **1** *Principe (fixé dès 1789, V. Décl. des droits, a. 2) d'après lequel tous les individus ont, sans distinction de personne, de race ou de naissance, de religion, de classe ou de fortune, ni, aujourd'hui, de *sexe, la même vocation juridique au régime, charges et droits que la loi établit. Ex. égalité devant la loi civile, pénale, administrative comportant notamment l'égalité devant les *charges publiques (impôt, service national…), l'égalité des justiciables et des usagers devant la justice et les autres services publics, l'égale admissibilité aux fonctions publiques, l'égalité dans le suffrage (suffrage universel) (on parle d'égalité juridique, abstraite). Ant. *inégalité, *discrimination.*
- **2** Idéal d'égalité effective (par exemple économique, d'instruction, etc.) que les règles et institutions tendraient progressivement à réaliser, en atténuant les inégalités de fait ; ex. l'individualisation de la peine correspond à une égalité plus effective dans la répression ; la progressivité de l'impôt réalise une meilleure justice fiscale ; on parle parfois d'égalité concrète ou sociale. V. *fraternité, équité, en *nature.* Comp. *parité, discrimination positive.*

— *civile.

a / (sens large). Égalité des citoyens devant la loi ; principe selon lequel tous les citoyens, sans *distinction, sont égaux en droit, c'est-à-dire ont les mêmes droits et les mêmes devoirs. V. *état, condition, pares magis quam similes, non-discrimination.*

b / (plus spécif.). Admission de tous les citoyens à la *jouissance des droits civils (C. civ., a. 8) ; vocation semblable de tous les citoyens, à l'application du droit des personnes et de la personnalité, des biens et du patrimoine, de la filiation, du mariage et de la famille, des obligations et des successions, plus gén. au bénéfice de l'ensemble des droits patrimoniaux et extrapatrimoniaux du droit commun.

— *conjugale. Égalité des *époux devant les *droits et *devoirs du mariage (C. civ., a. 212 s., 220), dans la gestion indépendante de leurs biens personnels sous tous les régimes matrimoniaux (a. 225) et dans l'ensemble des droits et obligations résultant du régime primaire impératif (a. 212 s.), égalité de droit et d'ordre public (a. 1388) sous réserve des conventions matrimoniales et décisions judiciaires spécifiées par la loi (a. 214, 216, 226). V. *égalité parentale.*

— des enfants (et des filiations).

a / (égalité dans les conséquences de la filiation). Principe fondamental en vertu duquel tous les enfants ont les mêmes droits et les mêmes devoirs envers leurs père et mère et entrent dans la famille de chacun, à la condition que leur filiation soit légalement établie à l'égard de l'un et de l'autre (C. civ., a. 310), égalité de traitement qui peut être rompue dans la filiation hors mariage (qui est *divisible) lorsque l'enfant, se trouvant légalement rattaché à un seul de ses parents, n'a de droits et de devoirs qu'envers lui.

b / (égalité dans l'établissement de la filiation). Égale soumission de la filiation en mariage et de la filiation hors mariage aux mêmes modes d'établissement qui gouverne la *maternité, la possession d'état et la contestation de paternité ou de maternité, mais qui, tenue en échec par une différence spécifique, est écartée pour l'établissement non contentieux de la paternité, la paternité en mariage étant seule présumée par la loi (C. civ., a. 312),

quand la paternité hors mariage suppose, pour être établie, une *reconnaissance volontaire, la *possession d'état ou une déclaration judiciaire (C. civ., a. 327, al. 1).
— **des filiations** (en mariage et hors mariage). V. *égalité des enfants.*
— **de traitement.** Principe selon lequel un travailleur étranger ou de sexe féminin doit bénéficier des mêmes droits et avantages qu'un travailleur national ou de sexe masculin ; égalité des salaires féminins et masculins.
— ***parentale.** Égalité des père et mère, dans l'attribution et l'exercice de l'*autorité parentale (C. civ., a. 371-2, 372) et l'ensemble des droits et devoirs inhérents à la qualité de parent (devoir d'entretien, a. 203 ; direction de la famille, a. 213 ; administration légale et tutelle ; respect filial, a. 371), égalité de droit et d'ordre public sous réserve des aménagements spécifiés par la loi, a. 1388). V. *nom de famille, égalité conjugale.*
— ***souveraine.** Expression (contenue dans la charte des Nations Unies et de nombreux textes postérieurs) signifiant que tous les États membres de l'organisation ont la même capacité d'exercer des droits et d'assumer des obligations dans l'ordre international, nonobstant toutes différences de puissance, de richesse, de développement, etc.

ÉGLISE

N. f. – Lat. ecclés. *e(c)clesia* (empr. du gr. ἐκκλησία : assemblée).

- **1** Groupement constitué par les fidèles d'une même croyance, observateurs d'un même rite et généralement gouverné, au moins spirituellement, par un corps de prêtres, pasteurs, ministres… ; en ce sens dans séparation des Églises et de l'État.
- **2** Édifice consacré à la célébration du culte catholique. Comp. *mosquée, synagogue, temple.*

ÉGOUT

N. m. – Tiré d'égoutter, comp. de goutter, lat. *guttare.*

- **1** Écoulement des eaux par la pente du sol ou d'un édifice.
- **2** Conduit, ordinairement souterrain, servant à l'écoulement des eaux usées dont la réglementation entre dans les attributions de la commune.

— **des toits.** Écoulement des eaux pluviales tombées sur les toits qui en l'absence de toute *servitude doit avoir lieu sur le terrain du propriétaire de l'édifice ou sur la voie publique (C. civ., a. 681).
— **(servitude d').** V. *servitude d'égout des toits.*

ÉLAGAGE

N. m. – Dér. d'élaguer, d'étymologie incertaine.

- Coupe de branches superflues ou trop développées d'un arbre, susceptible d'être imposée à un propriétaire par le voisin de sa propriété lorsque les branches s'étendent sur le terrain de celui-ci, mais ne pouvant être effectuée par ce voisin sans son autorisation. V. *servitude d'élagage.*

ÉLARGISSEMENT

N. m. – Dér. d'élargir, dér. de large, forme primitivement féminine, lat. *largus.*

- Mise en liberté d'un individu détenu dans un établissement pénitentiaire ; ne pas confondre, avec le *transfert, la *permission de sortie, la *semi-liberté, le *travail à l'extérieur. V. **écrou (levée d'), libération conditionnelle, emprisonnement, incarcération.*

ÉLECTEUR, TRICE

Subst. – Lat. *elector* : qui choisit : du v. *eligere* : choisir, élire.

- Individu ou groupe doté de l'aptitude juridique à émettre un vote dans une élection ou un référendum. V. *votant, voix, électorat.* Comp. *éligible, électif.*

ÉLECTIF, IVE

Adj. – Bas lat. *electivus.*

- Qui doit être pourvu par *élection. Ex. fonction élective. Comp. *élu, éligible, électeur.*

ELECTIO JURIS

V. *clause.*

ÉLECTION

N. f. – Lat. *electio* : choix. V. *électeur.*

- **1** Par opp. à *nomination, opération par laquelle plusieurs individus ou groupes, formant un *collège électoral, investissent une personne d'un mandat ou d'une fonction par un *vote. V. *scrutin, bâtonnier, dauphin.*

—s administratives. Celles des conseillers généraux (dites cantonales), municipaux, de leurs présidents et maires, ou des membres et présidents des conseils de certains établissements (ex. universités).

— partielle. Élection destinée à remplacer dans une assemblée un élu dont le siège est devenu vacant par décès, démission, etc. Comp. *renouvellement partiel.*

—s politiques. Celles des députés (dites *législatives), des sénateurs et du Président de la République.

—s sociales. Opérations de vote par lesquelles les travailleurs salariés et parfois leurs employeurs désignent leurs représentants dans les institutions chargées de leurs intérêts sociaux et professionnels.

- **2** Parfois syn. de *choix, *désignation (fût-ce par une seule personne). Ex. élection d'un tuteur par testament du survivant des père et mère (C. civ., a. 401 anc.) ; élection de *domicile.

ÉLECTION DE FOR

V. *clause.*

ÉLECTORAL, ALE, AUX

Adj. – De *électeur.

- Qui a trait aux *élections. Ex. loi électorale, Code électoral (recueil des textes régissant les élections politiques et administratives). V. *campagne, période, circonscription, collège, liste, réunion.*

ÉLECTORAT

N. m. – De *électeur.

- **1** Aptitude juridique à prendre part à l'*élection en tant que membre d'un *collège électoral. Comp. *éligibilité.* V. *droit *politique.*
- **2** En pratique, ensemble de tous les *électeurs, ou des électeurs d'une certaine sorte. Ex. électorat communiste, électorat féminin.

ÉLÉMENTS CONSTITUTIFS

Lat. *elementum.* V. *constitutif.*

- (relativement à une *catégorie juridique). Données de base dont la réunion permet seule d'en reconnaître l'existence ; composantes *essentielles de sa *définition ; *conditions nécessaires et suffisantes de son existence ; traits distinctifs, critères spécifiques de constitution. Ex. éléments constitutifs d'un contrat, d'un délit, de la possession d'État, de la détention précaire, etc. V. *constitutif, essence, nature, classification, qualification, caractérisation.* Ant. *accessoire.* V. *accidentel, circonstances.*

— de l'infraction. Données matérielles ou psychologiques, prévues par un texte d'*incrimination, dont la réunion constitue l'infraction et qui correspondent à trois éléments généraux (*légal, *matériel, psychologique ou *moral) auxquels le texte d'incrimination peut ajouter des éléments constitutifs spéciaux ; ne confondre ni avec les *conditions préalables de l'infraction ni avec les *circonstances aggravantes. V. *fait justificatif.*

ÉLEVAGE (CONTRAT D')

Préf. *ex* et lat. *levare* : lever. V. *contrat.*

- Contrat par lequel un éleveur s'engage, moyennant un certain prix, à mener des animaux d'un type défini à un stade déterminé de croissance. V. *intégration (contrat d').*

ÉLIGIBLE

Adj. – Du bas lat. *eligibilis,* du v. *eligere* : choisir.

- Qui est apte à être *élu. Ant. *inéligible.* V. *rééligible, candidat.* Comp. *électeur, électif, électoral.*

ÉLIGIBILITÉ

N. f. – Dér. de *éligible.

- Aptitude juridique à être *élu. Ant. *inéligibilité.* V. *rééligibilité, droit *politique.* Comp. *électorat.*

ÉLISIF, IVE

Adj. – Du lat. *elido* : expulser.

- Qui tend à exclure, à supprimer. Ex. clause élisive de responsabilité. Syn. *exclusif.* V. *exonératoire.* Comp. *abolitif, abrogatif.*

ÉLOIGNEMENT

Du v. éloigner, de e et loin, lat. *longe.*

V. **expulsion des étrangers.*

ÉLU, UE

Adj. ou subst. – Du v. élire. V. *électeur.*

- **1** (subst.). Celui qui a été désigné par *élection à la suite d'un *vote.
- **2** (adj.).

***a* /** Soumis à *élection. Ex. assemblée élue. Comp. *électif.*

***b* /** Plus rarement syn. de choisi (fût-ce par une seule personne). Ex. le tuteur testamentaire – choisi par le survivant des père et mère – était un tuteur élu (C. civ., a. 401 anc.) aujourd'hui remplacé par le terme désigné (a. 403) ; *domicile élu. Comp. *datif.*

ÉMANCIPATION

N. f. – Lat. *emancipatio,* de *emancipare* : émanciper.

- Acte par lequel le *mineur est affranchi de l'*autorité parentale (C. civ., a. 413-7) et devient capable, comme un *majeur, des actes de la vie civile, mais continue par exception à avoir besoin des autorisations nécessaires au mineur non émancipé pour se marier ou se donner en adoption et ne peut être commerçant (C. civ., a. 413-6, 487). V. *majorité, capacité.*

— **légale.** Celle qui résulte de plein droit du mariage (C. civ., a. 413-1).

— **volontaire.** Celle qui peut être prononcée, s'il y a de justes motifs, par le juge des tutelles, à la demande des père et mère ou de l'un d'eux (ou à celle du conseil de famille pour l'orphelin : C. civ., a. 413-3) lorsque le mineur a au moins 16 ans (C. civ., a. 413-2).

ÉMANCIPÉ, ÉE

Adj. ou subst. – Part. pass. du v. émanciper. V. *émancipation.*

- Celui qui a bénéficié d'une *émancipation (mineur émancipé). V. *majeur.*

ÉMARGEMENT

N. m. – Dér. du v. émarger, dér. de marge, lat. *margo, marginis.*

- **1** (sens gén.). Apposition d'une mention en marge d'un acte, d'un compte ou d'un état.
- **2** Plus spécialement :

***a* /** Fait pour une personne d'apposer sa *signature en marge d'un état de répartition pour constater la réception d'une somme due à chacun des signataires (ex. émargement d'appointements, de dividendes dans une procédure de règlement judiciaire), ou en marge d'une *feuille de présence pour justifier sa participation à une assemblée.

***b* /** *Signature ou *paraphe apposé par le destinataire d'un *acte de procédure, soit sur l'original de cet acte, soit sur un document quelconque (dossier du secrétariat-greffe) afin de certifier l'accomplissement d'une formalité ou d'une prestation quelconque. Ex. remettre un dossier à un avocat contre émargement.

EMBARCATION

Empr. de l'esp. *embarcación.*

- Petit *bâtiment, avec ou sans pont, à rames, à voiles, à vapeur ou à moteur. V. *navire, bateau.*

EMBARGO

N. m. – Empr. de l'esp. *embargo,* tiré de *embargar* : mettre l'embargo, proprement « empêcher », de la famille du franç. barre.

- **1** Acte d'autorité par lequel un État met sous séquestre les navires d'un autre État mouillés dans ses ports, afin de faire pression sur cet État. Syn. *arrêt de prince.*
- **2** Par ext., acte d'autorité d'un État pouvant s'appliquer, à tout moyen de transport ou à toute catégorie de marchandises ou de produits, not. les armes ou les produits stratégiques ou pétroliers, et consistant soit à bloquer les moyens de transport sur le territoire de l'État qui décide l'embargo, soit à interdire l'exportation des marchandises vers l'État sur lequel on entend faire pression. Comp. *saisie.*

EMBARQUEMENT

N. m. – Dér. d'embarquer, dér. de barque (empr. d'une langue méridionale).

- **1** Opération matérielle d'embarquement.
a / (pour les personnes). Action de monter dans un bateau ou une *embarcation.
b / (pour les marchandises). Opération par laquelle elles sont chargées sur le navire en vue de leur transport.
- **2** *Incorporation du marin dans l'équipage d'un navire.

— **clandestin.** Délit consistant à monter frauduleusement à bord d'un navire de commerce pour faire un voyage en mer sans conclure un contrat de passage et en payer le prix.
— **(vente de marchandises sur).** V. *vente à l'embarquement.*

EMBAUCHAGE

N. m. – Dér. d'embaucher, d'origine incertaine.

- *Engagement d'un salarié par un employeur, normalement par la conclusion d'un contrat de travail. V. *emploi, recrutement.* Comp. *débauchage.*

EMBLÈME

Subst. masc. – Du gr. εμβλημα : ornement.

- Figure symbolique destinée à représenter visuellement un État, une collectivité, un groupe d'hommes, un parti, une doctrine, etc. Ex. « l'emblème national est le *drapeau tricolore » (Const. 1958, a. 2). Comp. *devise.*

EMBRANCHEMENT PARTICULIER

Voie de raccordement au réseau de chemins de fer fermée à la circulation générale et destinée à l'utilisation d'un usager ou de plusieurs usagers qui ont été parties au traité d'embranchement.

EMBRYON

Du grec *embruon*, de *en* (dans) et *bruein* (croître), qui croît à l'intérieur, qui se développe au-dedans.

— **chimérique.** Embryon constitué de *cellules souches provenant d'espèces différentes (ex. embryon humain dans lequel sont insérées des cellules souches animales ou, à l'inverse, embryon animal dans lequel sont insérées des cellules souches humaines) ; C. sant. publ., a. L. 2151-2.
— **humain.** V. *humain (embryon).*

ÉMENDER

V. – Lat. *emendare* : corriger une faute, lat. *menda.* V. *amende.*

- **1** Corriger, *réformer ; pour le juge d'appel, *infirmer le jugement attaqué (lang. jur.). Comp. *casser, censurer.*
- **2** Plus précisément, infirmer partiellement ; fait pour un arrêt *confirmatif de réformer en partie, de modifier sur tel ou tel point la décision frappée d'appel.

ÉMÉRITAT

N. m. – Dér. de *émérite.

- État et prérogatives du professeur *émérite. Comp. *honorariat.*

ÉMÉRITE

Adj. – Lat. *emeritus,* soldat qui a fait son temps, libéré, vétéran, part. pass. du v. *emereor,* achever le service militaire puis, plus généralement, le temps de service.

- *Titre que les professeurs admis à la *retraite peuvent recevoir pour une durée déterminée, de leur université, et qui leur permet de prendre encore part à certaines activités de l'enseignement et de la recherche universitaires (en France, direction de séminaires, de thèses, participation à des jurys de thèse ou d'habilitation, d. 6 juin 1984, a. 58), distinction connue dans de nombreux pays, parfois sous sa forme latine : *emeritus.* Comp. *honoraire.*

ÉMIGRANT, ANTE

Subst. – Du v. *émigrer.

- Celui qui s'expatrie pour s'établir dans un autre pays de façon définitive ou parfois temporaire. V. *immigrant, émigration, expatrié.* Comp. *migrant, immigré, émigré.*

ÉMIGRATION

N. f. – Lat. *emigratio.* V. *migration.*

- Fait pour le ressortissant d'un État de quitter son pays pour un autre en vue le plus souvent d'y trouver un emploi. V. *migration, immigration, expatriation, émigrant.*

ÉMIGRÉ, ÉE

Subst. du part. passé du v. *émigrer.

- Celui qui s'est *expatrié pour des raisons politiques (on précise parfois émigré politique). Comp. *émigrant, banni, proscrit, expatrié.*

ÉMIGRER

V. – Lat. *emigrare.*

- S'*expatrier (surtout pour des motifs d'ordre politique, au souvenir de ceux qui avaient fui la Révolution française).

ÉMISSION

N. f. – Lat. *emissio* : action de lancer, d'envoyer.

- **1** *Expression d'une volonté ou d'une opinion. Ex. émission d'un vote, d'un consentement, d'un avis. V. *manifestation, déclaration.*
- **2** Envoi, remise ou mise en circulation d'un document (lettre, titre, etc.).

— **de chèque sans *provision.** Délit qui consiste à signer et remettre volontairement à un tiers un chèque bancaire ou postal que le remettant a préalablement tiré sur un compte insuffisamment approvisionné.

— **d'effets de commerce.** Action de remettre un effet de commerce au bénéficiaire après l'avoir revêtu des mentions nécessaires à sa validité.

— **de l'acceptation.** Envoi – par le destinataire d'une offre de contracter – de son acceptation, émission dont le moment et le lieu (attestés not. par le cachet de la poste) concourent avec ceux de la *réception de ce document, à déterminer le moment et le lieu de formation du contrat.

— **de titres.** Action de mettre en circulation dans le public des titres, actions ou obligations, des monnaies ou des billets (V. *banque d'émission*).

ÉMOLUMENT

N. m. – Lat. *emolumentum,* propr. « somme payée au meunier pour moudre le grain », d'où gain.

- **1** Actif ou part d'actif que recueille un héritier, un légataire universel ou à titre universel (dans une succession, à charge de supporter une part proportionnelle de passif) ou un époux commun en biens (dans la communauté) ; s'oppose à *charges et à dettes.

ADAGE : *Ubi emolumentum, ibi onus.*

- **2** Rétribution allouée par le tarif à un officier ministériel ou à un avocat pour son travail de postulation et d'établissement d'actes de procédure ; s'oppose aux *débours ou *avances faisant l'objet d'un remboursement et se distingue des *honoraires. V. *vacations, débours.*
- **3** (au plur.). *Rémunération de certains employés. Comp. *salaire, traitement, honoraires, gage, appointements.*

— **(bénéfice d').** Avantage qui consiste pour un époux, après dissolution de la communauté et sous certaines conditions, à n'être tenu que jusqu'à concurrence de la part d'actif qu'il recueille dans la communauté, pour la fraction des dettes nées du chef de son conjoint pour laquelle il peut être poursuivi (la moitié : C. civ., a. 1483, 1486).

EMPÊCHEMENT

Dér. du v. empêcher, lat. de basse époque *impedicare* : prendre au piège *(pedica).*

- **1** Obstacle de fait ou de droit à l'accomplissement d'une mission. Comp. **force majeure, cas fortuit, excuse, motif.*

— ***légitime.** Fait qui justifie l'inexécution d'une obligation incombant à un auxiliaire de justice ou à un tiers (ex. obstacle, indépendant de la volonté d'un expert, de nature à retarder l'accomplissement de sa mission ; impossibilité de déplacement pour un témoin ; secret professionnel s'opposant à la communication d'une pièce par un tiers).

- **2** (publ.). Plus spécialement, obstacle momentané ou définitif à l'exercice normal par son titulaire d'une fonction publique.

— **(à mariage).**

a / Au sens large (appellation héritée de la tradition canonique et ignorée du Code civil), tout obstacle à la célébration du mariage provenant de l'absence d'une condition exigée par la loi.

b / Plus spécifiquement, obstacle affectant les personnes interdisant le mariage soit avec toute autre personne (existence d'un mariage

non encore dissous), soit entre certaines personnes (parenté ou alliance au degré prohibé), mais qui, dans certains cas, peut être levé par dispense (impuberté, C. civ., a. 145 ; alliance, C. civ., a. 164).
— ***dirimant.** Celui dont le non-respect est sanctionné par la *nullité (*absolue ou *relative) du mariage.
— **d'un magistrat.** Raison quelconque mettant un magistrat dans l'impossibilité, soit d'exercer temporairement ses fonctions (il est alors suppléé dans les conditions déterminées par la loi), soit d'accomplir un acte particulier (il peut alors commettre un autre magistrat, si la loi l'y autorise).
— ***prohibitif** (ou simplement prohibitif). Celui dont l'existence doit empêcher le mariage, mais ne peut que l'empêcher, sa violation n'étant pas considérée comme assez grave pour entraîner la nullité du mariage célébré (intentionnellement ou par erreur) malgré cet empêchement (ex. inobservation du délai de viduité), sauf l'amende éventuellement encourue par l'officier de l'état civil. V. *opposition, avis officieux.*

EMPEREUR (IMPÉRATRICE)

Lat. *imperator.*

- Titre parfois pris par un *monarque gouvernant un pays très important ou un ensemble de pays (*empire). Comp. *roi, prince.* V. *Président de la République.*

EMPHYTÉOSE

Subst. fém. – Lat. *emphyteusis,* transcrit du gr. ἐμφύτευσις, du v. εμφυτεύειν : planter.

- Droit réel sur un immeuble corporel (ordinairement, mais non nécessairement rural) né d'un *bail emphytéotique et caractérisé par sa longue durée (18 à 99 ans), la modicité de la *redevance (appelée *canon emphytéotique), le droit de céder et d'hypothéquer (C. rur., a. L. 451-1 s.). Comp. *bail à construction, concession immobilière.*

EMPHYTÉOTE

Subst. masc. – Dér. du lat. *emphyteuta.* V. *emphytéose.*

- *Preneur à *bail emphytéotique ; titulaire d'un droit d'*emphytéose. Comp. *locataire, fermier, métayer, colon.*

EMPHYTÉOTIQUE

Adj. – Dér. de *emphytéote.

- Qui a trait à l'*emphytéose. Ex. *bail emphytéotique, canon emphytéotique.

EMPIÉTEMENT

N. m. – Dér. du v. empiéter, comp. de en et pied.

- **1** Fait d'occuper, sans droit, une partie d'un immeuble contigu. Ex. construction réalisée sur un fonds en mordant sur la ligne divisoire le séparant du fonds du voisin. Comp. *emprise.*
- **2** Par ext., partie de l'immeuble occupée.
- **3** Dans l'expression « empiétement de fonctions » désigne la catégorie la plus ordinaire d'*incompétence consistant en une *ingérence d'une autorité administrative dans les attributions d'une autre autorité administrative. V. **usurpation de fonction, immixtion.*

EMPIRE

N. m. – Lat. *imperium.*

- **1** *État gouverné par un *empereur. Comp. *royaume, principauté.* V. *République.*
- **2** Expression jadis employée pour désigner l'ensemble des possessions sur lesquelles s'étendait l'autorité coloniale d'une métropole telle que la France, la Grande-Bretagne, etc.
- **3** Dans un sens dérivé, parfois métaphorique, syn. de *règne (sens 2), *souveraineté, domination (ex. l'empire de la loi, du Droit) ou d'*application (ex. sous l'empire de la législation antérieure). V. *vigueur.*

EMPLOI

N. m. – Tiré d'employer, lat. *implicare* : mettre l'un dans l'autre, d'où engager, puis « employer ».

▸ **I** (trav.)
- **1** *Poste de travail occupé par un salarié. V. *fictif, fictivité, sinécure.*
- **2** Collectivement, l'occupation globale de la main-d'œuvre salariée.

— **(contrôle de l').** Ensemble des mesures

permettant à l'administration d'observer et de suivre le mouvement des offres et des demandes d'emploi, des embauchages et des licenciements.
— **d'avenir.** Contrat d'aide à l'insertion professionnelle destiné à faciliter l'accès à l'emploi de jeunes, en raison de leur défaut de formation ou de qualification, ou de leur origine géographique (C. trav., a. L. 5134-110), par leur recrutement dans des activités présentant un caractère d'utilité sociale ou environnementale ou ayant un fort potentiel de création d'emplois (C. trav., a. L. 5134-110).
— **(demande d').** Fait pour un travailleur d'offrir ses services à un éventuel employeur.
— **(Fonds national de l').** Ensemble de crédits budgétaires destinés à favoriser la continuité de l'emploi des salariés, moyennant leur éventuelle reconversion, en dépit des mutations économiques ou techniques.
— **-formation (contrat).** Nom donné, dans la série des mesures destinées à développer l'*embauche des jeunes, à une espèce de contrat de travail conclu pour une durée déterminée en vertu duquel l'employeur s'engage à faire effectuer à de jeunes demandeurs d'emploi des stages de *formation organisés dans l'entreprise ou en dehors de celle-ci.
— **(offre d').** Fait pour un employeur de rechercher un salarié pour pourvoir un emploi.
— **(plein).** Dans le langage-courant, absence (relative) de chômage.
— **(politique de l').** Dispositions prises par l'État en vue d'atteindre ou de maintenir un équilibre satisfaisant de l'emploi, en facilitant le placement des travailleurs et en favorisant la formation ou la reconversion de ceux qui ne trouvent pas d'emploi.
— **(priorité d').** Droit prioritaire à l'embauchage, conféré par la loi à certaines personnes (invalides, veuves ou orphelins de guerre, travailleurs handicapés, jeunes gens après accomplissement du service national, etc.).
—**s (réservés).** Emplois publics ou semi-publics attribués en exclusivité ou par préférence à des citoyens jugés particulièrement dignes d'intérêt (victimes de guerre, anciens militaires).
— **(sécurité (ou stabilité) de l').** Assurance de conserver son poste, préoccupation constante des salariés et de leurs organisations syndicales (ne repose guère aujourd'hui que sur l'octroi de certaines indemnités de rupture) ; la sécurité de l'emploi se distingue de la continuité dans l'emploi, qui tend au reclassement du travailleur licencié, sans interruption durable d'activité.

▸ **II** (adm.)

- Dans le droit de la *fonction publique, poste correspondant à chacun des *grades de la hiérarchie administrative.

—**s supérieurs.** Catégorie d'emplois pour lesquels les nominations sont à la décision du gouvernement et essentiellement révocables. Syn. *emplois à la discrétion du gouvernement.*

▸ **III** (civ.).

V. *remploi.*

EMPLOYÉ, ÉE

Adj. ou subst. – Part. pass. de employer. V. *emploi.*

- *Salarié qui, à l'inverse de l'*ouvrier, ne prend pas part à l'exécution matérielle des travaux industriels, mais concourt à l'administration de l'entreprise et aux relations entre celle-ci et ses fournisseurs ou sa clientèle (différents statuts et rémunération de l'employé et de l'ouvrier tendent à se rapprocher). V. *travailleur, préposé, employeur, contrat de travail, subordination juridique.*

— **de *maison.** *Salarié occupé par un particulier à des travaux domestiques. V. **domestique.*

EMPLOYEUR

Subst. – Dér. du v. employer. V. *emploi.*

- Personne physique ou morale qui, ayant engagé un *salarié, assume envers lui et à l'égard des administrations fiscale et sociale les obligations liées au *contrat de travail. Comp. *chef d'entreprise, commettant, patron.* V. *employé.*

EMPOISONNEMENT

Dér. d'empoisonner, dér. de poison, lat. *potio,* propr. « breuvage », d'où « breuvage magique » et de là « breuvage empoisonné ».

- *Attentat à la vie d'une personne par l'emploi ou l'administration de substances propres à entraîner sa mort, quelles qu'en aient été les suites (C. pén., a. 221-5); à rapprocher de l'infraction d'*administration de substances nuisibles à la santé (C. pén., a. 222-15).

EMPORT

N. m. – Dér. du v. *emporter,* de *en* et porter, lat. *portare.*

- (Vx) Influence prépondérante ; force de nature à l'emporter sur une autre donnée, not., dans le raisonnement, à emporter la conviction. Ex. d'un argument non concluant, on le dira sans emport (v. *D.,* 2001. IR. 263), de même d'une preuve non pertinente.

EMPRISE

Subst. fém. – Part. pass. substantivé de l'anc. v. *emprendre,* rac. prendre.

- **1** *Atteinte portée par l'administration à la propriété privée immobilière s'analysant en une prise de possession temporaire ou définitive, régulière ou irrégulière. Comp. *empiétement.*

— **(théorie de l').** Construction jurisprudentielle attribuant à la juridiction judiciaire compétence pour réparer le dommage causé par une dépossession constitutive d'une emprise irrégulière. V. *expropriation, voie de fait, réquisition.*

- **2** Dans les occupations privatives du *domaine public, fait de modifier les dépendances de celui-ci ; on distingue ainsi les occupations sans emprise (ex. terrasses de café) et les occupations avec emprise (ex. canalisation en sous-sol d'une voie publique), V. **permis de stationnement, *permission de voirie.*
- **3** (pén.)

a / Ascendant physique ou psychique d'une personne sur une autre en vue d'obtenir un avantage (une faveur) qu'elle n'est pas en état de refuser. Comp. civ. *captation, violence par abus de faiblesse* (C. pén., a. L. 235-1).

b / Altération temporaire, partielle ou totale, des facultés de jugement (à propos des stupéfiants et de l'alcool, C. pén., a. L. 222-12, 14).

EMPRISONNEMENT

Dér. d'emprisonner, dér. de prison, lat. *pren(n)sio,* avec initiale refaite d'après pris.

- **1** Dans un sens général, *détention d'un individu à l'intérieur d'un établissement pénitentiaire. Comp. *incarcération, écrou, rétention.* V. *élargissement, libération.*
- **2** (sens de précision). Peine correctionnelle privative de liberté de deux mois à dix ans au plus (C. pén., a. 131-4) qui s'exécute dans une *maison d'arrêt, exceptionnellement dans une *maison centrale ou dans un *centre pénitentiaire ; peine principale propre aux délits, qui peut être remplacée par des jours-amende, un travail d'intérêt général ou certaines peines privatives ou restrictives de droits (C. pén., a. 131-5 s.) ou se cumuler avec l'*amende ou les *jours-amende (l'emprisonnement contraventionnel a été supprimé, 1994). Comp. *réclusion.*

EMPRUNT

Tiré du v. emprunter, lat. pop. *impromutare,* comp. du lat. jur. *promutuari* : emprunter, de *mutuum.*

- Opération consistant à recevoir, à titre de *prêt, une chose ou une somme d'argent ; prêt considéré du côté de l'*emprunteur. V. *remboursement, financement.*

— **amortissable.** Contrat de prêt dans lequel l'emprunteur promet au prêteur de lui rembourser le capital prêté. Ant. **emprunt perpétuel.*

— **forcé.** Emprunt auquel l'État contraint les particuliers à souscrire.

— **perpétuel.** Contrat de prêt dans lequel l'emprunteur promet de verser au prêteur un revenu, mais ne lui promet pas de lui rembourser son capital. Ant. **emprunt amortissable.*

— ***public.** Emprunt émis par une collectivité publique.

EMPRUNTEUR

Subst. – Du v. emprunter. V. *emprunt.*

- Celui auquel est consenti un *prêt de consommation ou un *prêt à usage (encore nommé *commodataire ou *preneur en ce dernier cas) ; celui qui contracte un *emprunt. V. *prêteur, détenteur.* Comp. *dépositaire, locataire.*

ENCAISSEMENT

Dér. du v. encaisser, dér. de *caisse.

- Fait de recevoir une somme d'argent dans une caisse ou d'en porter le montant dans

un compte de caisse. V. *recouvrement, caisse (service de), réception.*
— **(remise à l').** *Remise d'un *effet de commerce à un banquier ou à toute autre personne avec mission d'en encaisser le montant pour le compte du *remettant ; s'opp. à remise à l'*escompte.

ENCAN (VENTE À L')

Dér. du lat. *in quantum* : pour combien. V. *vente.*

V. *vente à l'encan.*

ENCHÈRE

Subst. fém. – Tiré du v. *enchérir.

- Dans une *adjudication, *offre d'une somme supérieure à la mise à prix ou à la précédente enchère qui permet à celui qui l'a faite (V. *enchérisseur*) d'être déclaré *adjudicataire, si cette offre n'est pas couverte par une enchère postérieure.
— **(folle).** V. **folle enchère.*
— **inversée.** Concours entre plusieurs vendeurs pour proposer le prix le plus bas convenant à un ou plusieurs acheteurs (C. com., a. L. 442-8-I).
—**s (*vente aux).** Vente publique d'un bien (meuble ou immeuble), lequel sera adjugé à l'*enchérisseur qui aura porté l'enchère la plus élevée. Ex. vente mobilière à la criée par un commissaire-priseur ; vente à la barre du tribunal d'un immeuble saisi par extinction de trois feux (bougies). V. *surenchère, adjudication, vente à l'encan.*

ENCHÉRIR

V. intr. dér. de cher, lat. *carus.*

- Porter une *enchère.

ENCHÉRISSEUR

Dér. du v. *enchérir.

- Celui qui enchérit, qui porte une *enchère.
— **(dernier).** Celui qui, ayant porté la plus haute enchère (étant le plus *offrant), est déclaré *adjudicataire. V. *surenchérisseur.*
— **(fol).** V. **fol enchérisseur.*

ENCLAVE

Tiré d'enclaver, lat. pop. *inclavare,* propr. fermer avec une clef, *clavis.*

► **I** (civ.)
- **1** Situation d'un fonds qui, entouré par des fonds appartenant à d'autres propriétaires, n'a sur la voie publique aucune issue ou qu'une issue insuffisante pour son exploitation (C. civ., a. 682). V. **servitude de *passage.*
- **2** Par ext., le terrain enclavé lui-même.

► **II** (int. publ.)
- **1** Territoire ou portion de territoire d'un État complètement encerclé par le territoire d'un autre État.
- **2** Situation d'un État dépourvu de tout accès à la mer.

ENCOMBREMENT (DÉCLARATION D')

Dér. du bas lat. *incombrum.* V. *déclaration.*

- Acte unilatéral d'une entreprise ferroviaire ou d'une autorité portuaire (maritime ou fluviale) déclarant telle gare ou tel port encombré.

ENCOURIR

V. – Lat. *incurrere,* de *in* et *currere* courir sur, tomber dans.

- **1** S'exposer à ; tomber sous le coup de ; ex. encourir une peine d'emprisonnement ou d'amende ; pour un contrat illicite, encourir la nullité. Syn. être *passible de.
- **2** Être exposé à ; ex. risque encouru en matière d'assurance.

ENDETTEMENT

Du v. endetter, comp. du préf. en et de *dette.

- L'action de s'endetter et le résultat de cette action ; situation du débiteur de somme d'argent ; plus précisément le *passif correspondant au montant d'ensemble des *prêts obtenus pour financer une opération ou une activité (prêt à la construction ou pour la création d'une entreprise) ; par ext., la politique de gestion consistant à se rendre débiteur par l'octroi de crédits, compte tenu de la *charge (raisonnable ou excessive) qui en résulte pour la trésorerie débitrice. V. *emprunt.* Comp. *surendettement, insolvabilité, déconfiture, cessation des paiements.*

ENDIGAGE (OU ENDIGUEMENT)

Dér. d'endiguer, dér. de digue, empr. du moyen néerl. *dijc.*

- Opération par laquelle on élève des digues pour contenir les eaux courantes.

— **(droit d').** Droit par lequel une personne devient propriétaire du terrain que ses digues lui font gagner sur des eaux. V. *concession.*

ENDOMMAGÉ, ÉE

Adj. – Part. pass. du v. endommager.

- Qui a subi un *dommage (se dit exclusivement d'une chose matérielle). Comp. *lésé.*

ENDOMMAGER

V. – De *en,* et *dommage.

- Causer un *dommage à une chose, que l'endommagement arrive par le fait de l'homme ou d'un cataclysme. Comp. *préjudicier, léser, nuire.*

ENDOSSATAIRE

Subst. – Dér. de *endosser.

V. *endossement, endosseur.*

ENDOSSEMENT (OU ENDOS)

N. m. – Dir. du v. *endosser.

▸ **I** (com.)

- **1** Mention portée au dos d'un titre de créance établi sous la forme à *ordre (spécialement d'un effet de commerce) par laquelle le *porteur actuel d'un titre ou d'un effet, appelé *endosseur, enjoint à celui qui doit payer le titre ou l'effet (tiré ou *souscripteur) d'effectuer ce paiement à une tierce personne, appelée *endossataire (ou à son ordre). V. *allonge.*
- **2** Mode de transmission des titres à ordre. V. *filière.*

— **de procuration.** Endossement qui donne seulement à l'endossataire les pouvoirs d'un mandataire chargé de toucher le montant du titre ou de l'effet pour le compte de l'endosseur.

— **de propriété ou translatif.** Endossement qui transfère à l'endossataire la propriété du titre à ordre.

— **en *blanc.** Endossement consistant dans la seule signature de l'endosseur au dos du titre ou de l'effet, et translatif de propriété.

— ***pignoratif.** Endossement qui a pour effet de donner à l'endossataire les droits d'un créancier gagiste sur le titre endossé (et qui doit indiquer que le titre est remis en garantie ; C. com., a. L. 521-1).

▸ **II** (int. publ.)

— **diplomatique.** Syn. *protection diplomatique.*

ENDOSSER

V. – Dér. du lat. pop. *dossum,* lat. class. *dorsum* : dos.

- **1** Prendre à son compte, assumer, revendiquer. V. *protection diplomatique.* Comp. *désaveu, dénégation, tête.*
- **2** Apposer sa *signature au dos d'un acte. V. *endossement, signataire, endosseur, endossataire.*

ENDOSSEUR

Subst. – Dér. du v. *endosser.

V. *endossement, endossataire.*

ENFANT

Lat. *infans* : propr. enfant en bas âge.

- **1** *Descendant au premier degré, *fils ou *fille, sans considération d'âge (C. civ., a. 371, 734 et 743).
- **2** *Mineur (ex. juge des enfants, intérêt de l'enfant).

— **abandonné.**

a / Enfant dont les parents se sont désintéressés et qui a fait l'objet d'une déclaration d'abandon par le tribunal de grande instance (C. civ., a. 350).

b / Enfant recueilli par le service de l'Aide sociale à l'enfance et qui, sous certaines conditions, peut être immatriculé comme pupille de l'État (CASF, a. L. 224-4).

— **à charge.** Enfant dont l'entretien est

assuré par une personne à laquelle il n'est pas nécessairement rattaché par un lien de filiation.
— **adopté (ou *adoptif).** Enfant par l'effet d'une *adoption.
— **adultérin.** V. *adultérin.*
— **à naître.** Enfant futur qui, encore qu'il ne soit ni né ni conçu, peut bénéficier de certains actes (C. civ., a. 1082).
— **conçu.** Enfant engendré mais non encore né, à qui est reconnue la *personnalité juridique, dans la mesure de son intérêt.

MAXIME : *Infans conceptus pro nato habetur quoties de commodis ejus agitur.*

— **d'un premier lit.** Enfant né d'un premier mariage de son père ou de sa mère.
— **en danger.** Mineur dont la santé, la sécurité ou la moralité sont en danger, ou dont les conditions d'éducation sont fortement compromises et qui peut faire l'objet d'une mesure d'*assistance éducative (C. civ., a. 375).
— **en garde.** Mineur confié à la garde d'un tiers, plus spécialement au service de l'Aide sociale à l'enfance par une décision judiciaire, sans dévolution intégrale de l'autorité parentale. Comp. *enfant recueilli.*
— ***incestueux.** Enfant né hors mariage entre les père et mère duquel le mariage est prohibé par un *empêchement de parenté ou d'alliance.
— ***légitime.** Enfant conçu ou né pendant le mariage de ses parents (C. civ., a. 312).
— **légitimé.** Naguère enfant naturel ayant acquis par *légitimation la qualité d'enfant légitime (C. civ., a. 329 anc.).
— **mort-né.** Enfant né mort, décédé *in utero,* qui est enregistré à l'état civil comme enfant sans *vie quand il a atteint le terme de vingt-deux semaines d'aménorrhée ou le poids de 500 g (circ. 30 nov. 2001). V. *viable, non viable, *acte d'enfant sans *vie.*
— **naturel.** Enfant né hors mariage.
— **pupille de l'État.** Mineur placé sous la tutelle du service de l'Aide sociale à l'enfance (CASF, a. L. 224-4.).
— **recueilli.** Enfant confié temporairement au service de l'Aide sociale. Comp. *enfant en garde.*
— **sans vie.** V. *vie (enfant sans).*
— **surveillé.** Enfant placé sous la surveillance de l'Aide sociale.

ENFREINDRE

V. – Du lat. *infringere* : briser.

- Se mettre en état d'*infraction ; plus généralement violer une règle (la loi, une interdiction), un engagement ou un commandement. Syn. *transgresser, contrevenir à.* Ant. *respecter, observer.*

ENGAGÉ, ÉE

Adj. – Part. pass. du v. engager, comp. du préf. en (lat. *in*) et de *gage.

- **1** (d'un *débiteur). *Lié par engagement contractuel ou extracontractuel ; *obligé, tenu. V. *contraignable, grevé.* Ant. *libéré, affranchi, dispensé.*
- **2** (d'un bien). Donné en *gage, plus gén. donné en garantie à titre de sûreté. V. *warranté.* Comp. *hypothèque, grevé.*
- **3** (d'une procédure). Introduite (par assignation ou autre acte).
- **4** (d'une recrue). Qui a contracté un *engagement (sens 7) ; volontaire. Ant. *appelé.*

ENGAGEMENT

N. m. – Dér. de engager. V. *engagé.*

- **1** *Promesse ; plus généralement, *manifestation de volonté (offre ou acceptation) par laquelle une personne s'oblige. V. *unilatéral* (ci-dessous), *consentement.*
- **2** L'*obligation qui résulte de cet engagement volontaire.
- **3** Plus généralement, l'obligation résultant d'une source quelconque (contractuelle ou extracontractuelle). V. *dette, lien.*

— **unilatéral de volonté.** Nom parfois donné soit à l'acte juridique *unilatéral par lequel une personne manifeste la volonté de s'obliger envers une autre, soit à l'obligation qui en résulte pour son auteur, au moins dans le système juridique qui admet qu'un individu puisse, par une manifestation de sa seule volonté, se rendre débiteur d'une personne (de la part de laquelle on ne constate ni ne suppose aucune *acceptation expresse ou tacite). V. **promesse de récompense, *offre de contracter.*

- **4** (com.)

— **collectif de conservation.** Acte juridique en vertu duquel deux ou plusieurs associés s'engagent à ne pas céder leurs titres pendant une durée déterminée afin de bénéficier d'une exemption fiscale (l. n° 2003-721 du 1er août 2003 pour l'initiative économique, a. 43 et 47).

— **comportemental.** Celui pris par une entreprise, accepté par l'*Autorité de la concurrence, d'agir en conformité avec le droit de la concurrence (C. com., a. 464-2), par ex. : en modifiant certaines clauses contractuelles.

• **5** Nom encore donné au contrat par lequel certaines personnes louent leurs services ; engagement des marins, des artistes ou même plus généralement d'un salarié. V. **contrat de travail, embauchage, recrutement.*

• **6** Désigne parfois la situation du patrimoine du débiteur (exposé aux *poursuites des créanciers de celui-ci, soit en vertu du droit de *gage général, soit par l'effet des sûretés réelles qui le grèvent, *gage, hypothèque). V. *saisissabilité.*

• **7** Constitution du *gage ; action de mettre une chose en gage, ou, plus généralement, de la grever d'une sûreté.

• **8** L'initiative d'une *dépense ; la décision de l'exposer. V. *chef.*

— **de dépenses publiques.** Acte qui, dans la procédure d'exécution des dépenses publiques, rend débitrices les personnes publiques ; acte par lequel un organisme public crée ou constate à son encontre une obligation de laquelle résulte une charge. V. *liquidation, ordonnancement, paiement.*

• **9** Plus vaguement, toute initiative, not. celle d'introduire une instance. Ex. engagement d'une procédure. V. *saisine, assignation, requête.*

— **de la procédure** (eur.). Acte d'autorité de la Commission des Communautés européennes manifestant sa volonté de prononcer une *décision d'application des a. 85 ou 86 du traité CEE.

• **10** Procédé de recrutement par accord de volontés entre l'administration militaire et un individu qui n'est pas légalement soumis à l'obligation du service actif. V. *engagé.*

— **(de devancement d'*appel).** Variété d'engagement dans lequel l'engagé n'est pas encore, au jour de l'engagement, soumis à l'obligation légale du service actif.

ENGINEERING

V. *ingénierie.*

ENGIN PROHIBÉ

Emploi figuré de l'anc. franç. engin : habileté, ruse, d'où machine, lat. *ingenium.* V. *prohibé.*

• Objet ou instrument de nature à permettre la réalisation de certaines infractions, not. en matière de *pêche et de *chasse, dont l'utilisation entraîne diverses sanctions pénales et en particulier la confiscation de l'engin *prohibé.

ENJEU

N. m. – Comp. de jeu, lat. *jocus.*

• Somme d'argent ou prestation promise dans le contrat de *jeu (ou de *pari) par chacune des parties à celle qui gagnera. V. *gain, aléa.*

ENLÈVEMENT

N. m. – Dér. d'enlever, comp. de lever, lat. *levare.*

• Déplacement d'une personne ou d'une chose, retrait, *soustraction.

— **de marchandises.** Opération matérielle par laquelle le destinataire retire les marchandises transportées et dont la *livraison a été acceptée ; correspond à la *réception.

— **de personnes.** Fait de déplacer, soit par fraude ou violence (C. pén., a. 224-1 s.), soit sans ces circonstances (a. 227-7 s.), des personnes (not. des mineurs) de l'endroit où elles se trouvaient ou dans lequel elles avaient été régulièrement placées, qui constitue, dans ce dernier cas, une *soustraction d'enfant et donne lieu, dans les autres, à une *arrestation illégale ou à une prise d'*otage (C. pén., a. 224-4) parfois suivie de *séquestration ou de *détention illégale (a. 224-1 s.). Comp. *non-représentation d'enfant, rapt de séduction, détournement de mineur.*

— **de *pièces.** Fait de soustraire des pièces, dossiers ou documents contenus dans les archives, greffes ou dépôts publics ou remis à un dépositaire public (greffier, notaire, archiviste, etc.) en cette qualité, qui expose son auteur et même le dépositaire négligent à des sanctions pénales (C. pén., a. 432-15 et 16). Comp. *détournement, destruction, soustraction.*

EN MOINS PRENANT

V. *rapport en *moins prenant.*

ÉNONCÉ

Subst. masc. – Du lat. *enuntiatus,* part. pass. de *enuntiare* : énoncer, exposer.

- **1** Ce qui est exposé dans un acte ou l'une de ses parties ; ce qui y est formellement exprimé ; l'ensemble de ses *énonciations ; la chaîne des mots composant une phrase dotée de sens ; formulation. Ex. l'énoncé du dispositif d'une décision de justice, l'énoncé d'une *proposition doctrinale. Comp. *teneur.* V. *disposition, expression, libellé, texte, exposé, articuler, point.*
- **2** Par ext., la présentation synthétique de l'essentiel d'une étude, d'une recherche, etc. Ex. l'énoncé d'une théorie, d'une doctrine.

ÉNONCIATIF, IVE

Adj. – Lat. *enunciativus.*

- *Indicatif, par opp. à *limitatif, exhaustif ; se dit not. d'une *énumération ou d'*exemples que la loi donne sans exclure d'autres applications, de façon plus ou moins explicite (notamment, ainsi). Ex. C. civ., a. 220-1, 524. V. *démonstratif, restrictif.*

ÉNONCIATION

N. f. – Lat. *enuntiatio.*

- **1** Action d'énoncer, d'exposer, d'exprimer par des mots (par écrit ou oralement). V. *expression, déclaration, exposé, prononcé, notification, révélation.*
- **2** Résultat de cette action ; ce qui est énoncé dans un acte ou ce qui doit l'être. Ex. énonciation d'un acte de l'état civil (C. civ., a. 34), d'un jugement (CPC, a. 455). Syn. en ce sens d'*énoncé. Comp. *indication, mention.* V. *teneur, libellé, texte, rédaction, instrumentum, disposition, proposition, extrait.*

ENQUÊTE

N. f. – Tiré d'un participe disparu avant les premiers textes du v. enquérir, d'abord *enquerre,* lat. *inquaerere,* réfection du lat. class. *inquirere.*

► **I** (proc. civ.)

- **1** (sens gén.). Procédure selon laquelle est administrée la *preuve testimoniale. V. *témoignage* et *témoin, *mesure d'instruction, examen.*
- **2** (sens plus étroit). Procédure permettant à une partie de rapporter, par l'audition de témoins, la preuve directe des faits qu'elle allègue (par opp. à *contre-enquête).
- **3** (sens encore plus étroit). Procédure tendant, de la part du demandeur, à recueillir les témoignages relatifs aux faits qu'il allègue (par opp. à enquête respective).

— **à futur (ou in futurum).** Enquête sollicitée d'un tribunal en prévision d'une contestation simplement éventuelle, pour prévenir le dépérissement de la preuve. V. **action in futurum.*

— ***respective.** Par opp. à enquête (sens 3), procédure tendant, de la part du défendeur, à l'établir directement par le témoignage, la preuve des faits qu'il allègue.

- **4** Mesure d'*information consistant à recueillir des renseignements.

— **sociale.** Mission que le juge peut confier à une personne qualifiée, avant de statuer sur la garde des enfants en vue de recueillir des renseignements sur la situation matérielle et morale de la famille, les conditions dans lesquelles vivent les enfants et les mesures à prendre dans leur intérêt (C. civ., a. 287-1 anc., a.373-2).

► **II** (pén.)

- Mesure d'instruction consistant à recueillir des témoignages ou autres éléments permettant de parvenir à la manifestation de la vérité.

— **de *personnalité.** Recherches sur la situation matérielle, familiale ou sociale des inculpés, destinées à éclairer la personnalité de ceux-ci (adultes ou mineurs délinquants). Syn. **examen de *personnalité.* V. **individualisation de la peine, *dossier de personnalité.*

— **préliminaire.** Procédure effectuée par la police ou la gendarmerie, sur ordre du parquet ou d'office, tendant à rassembler les preuves d'une infraction (C. pr. pén., a. 75) dénommée « enquête *officieuse » jusqu'en 1959 (procédure non applicable aux infractions *flagrantes).

▸ **III** (adm.)

• Procédure préalable à certaines opérations administratives et destinée à recueillir les prises de position des intéressés et les informations nécessaires à l'exécution de ces opérations (anciennement nommée enquête *de commodo et incommodo*).

— **parcellaire.** Dans l'*expropriation, opération qui précède l'*arrêté de cessibilité et dont l'objet est de procéder contradictoirement à la détermination des parcelles à exproprier et à la recherche des propriétaires et titulaires de droits réels.

— **publique préalable.** Opération constituant la première phase d'une procédure d'*expropriation et destinée à recueillir l'avis des particuliers et des collectivités ou organismes intéressés sur l'utilité du projet en réunissant le plus d'informations susceptibles de déterminer si l'expropriation envisagée est réellement justifiée. (Une opération identique précède l'autorisation des *installations classées.)

▸ **IV** (int. publ.)

• **1** Procédé qui consiste, lors de la naissance d'un différend international, à le soumettre à une commission internationale dont l'unique mission sera d'établir la matérialité des faits, sans se prononcer d'aucune façon sur le fond de l'affaire.

• **2** Procédure que peut utiliser une instance juridictionnelle, agissant directement ou par des personnes désignées par elle, en vue d'établir et d'éclairer le plus complètement possible les circonstances de fait d'un litige.

• **3** Procédé d'action accordé au conseil de sécurité par la charte des Nations Unies (a. 34) et permettant à cet organe de déterminer les éventuels prolongements à une situation ou à un différend susceptible de menacer la paix et la sécurité internationales.

▸ **V** (parl.)

— **(commission d').** Commission qu'une assemblée parlementaire élit en son sein pour recueillir des éléments d'information sur des faits déterminés et soumettre ses conclusions à l'assemblée. Comp. *contrôle (commission de).*

ENREGISTREMENT

N. m. – Dér. d'enregistrer, dér. de registre, lat. de basse époque *regesta* : registre, catalogue, plur. neutre pris substantivement de *regestus,* part. pass. de *regerere* : rapporter, inscrire.

• **1** Au sens premier, *inscription sur un *registre d'un acte ou d'un fait ; par extension, toute, formalité de *réception destinée à constater sur un support quelconque la remise d'une chose, une déclaration de volonté, l'existence d'un droit, etc. Ex. : en matière intellectuelle, l'enregistrement qui constate l'attribution du droit à la marque, au brevet, au dessin, au modèle, par l'administration. V. *matricule, enrôlement.*

— **de candidature.** Réception officielle d'une déclaration obligatoire de candidature.

— **des bagages.** Opération par laquelle le transporteur prend en charge les *bagages dont le voyageur se dessaisit pour les confier à sa garde pendant le transport.

• **2** Plus spécifiquement, formalité fiscale consistant à analyser sur un registre public l'acte présenté au bureau de l'enregistrement et donnant lieu au paiement d'un impôt ; traditionnellement présentée comme destinée à assurer l'existence et à certifier la date des actes qui y sont assujettis (toutes mutations, obligations, etc.), elle a aujourd'hui pour effet de donner date *certaine aux actes *sous seing privé (C. civ., a. 1377) ; nom donné aux formalités assimilables (mention d'une déclaration verbale, dépôt du double ou d'un extrait d'un acte, etc.).

— **(administration de).** Administration publique chargée du service de l'enregistrement.

— **(droit d').** L'impôt payé à l'occasion de cette formalité.

• **3** (int. publ.).

— **des traités.** Opération prévue par l'a. 18 du pacte de la SDN et l'a. 102 de la charte des Nations Unies, consistant en la remise d'une copie du traité au secrétariat général et l'inscription de ce traité sur les registres tenus à cet effet.

ENRICHISSEMENT

N. m. – Dér. d'enrichir, dér. de riche, mot d'origine germ., all. *reich.*

- *Profit appréciable en argent dont bénéficie une personne, soit du fait de l'entrée dans son patrimoine d'un bien nouveau (somme d'argent, construction, installations), soit par suite de l'*avantage sans contrepartie dont elle a profité (service rendu, travail fourni, assistance, collaboration, nourriture, logement, etc.), soit même par l'effet d'une réévaluation des éléments actifs de son patrimoine consécutive à des phénomènes économiques et monétaires. Comp. *bénéfice, gain.*

— ***injuste.*** Nom donné à une théorie voisine de la théorie de l'enrichissement sans cause qui, symboliquement, traduit mieux le fondement de l'obligation en équité, mais qui, positivement, a été supplantée par cette variante dont le critère plus technique (absence de *cause) n'a pas une virtualité d'application aussi étendue que le critère moral de l'injustice.

— **injustifié.** Source extracontractuelle d'obligation (C. civ., a. 1303). Syn. *enrichissement sans *cause.*

— **sans *cause.** Devient *enrichissement injustifié* (C. civ., a. 1303).

— **(théorie de l').**

a / Théorie prétorienne autonome en vertu de laquelle celui qui s'est enrichi sans *cause au détriment d'autrui est tenu envers l'appauvri (lequel est muni à cet effet de l'*action *de in rem verso*) d'une indemnité égale à la moindre des deux sommes que représentent l'enrichissement et l'appauvrissement. V. *absence de *cause, subsidiaire.*

b / Plus vaguement, explication doctrinale destinée à rendre compte en les fondant en équité de diverses institutions positives : *gestion d'affaires, *paiement et *répétition de l'*indu, système des *récompenses, règles relatives aux plantations et construction sur le terrain d'autrui, etc.

ENRÔLEMENT

N. m.

- **1** Syn. de mise au *rôle (sens 1). V. *inscription.*
- **2** *Inscription d'un marin au rôle d'équipage. V. *matricule, enregistrement.*

ENSEIGNE

Subst. fém. – Lat. *insignia,* pl. neutre pris subst. de *insigne* : insigne.

- Dénomination de fantaisie (protégée contre les usurpations et cédée avec le fonds de commerce dont elle constitue un élément) qui sert à individualiser un établissement commercial et permet à la clientèle de le retrouver ou de s'y adresser plus facilement. Ex. au Louvre, au Bon Marché, les Presses Universitaires de France. V. *nom commercial, dénomination sociale, raison sociale.*

ENSEIGNEMENT

N. m. – Dér. du v. enseigner, lat. vulg. *insignare,* comp. de *signare* : indiquer.

- **1** Action de diffuser et de transmettre des connaissances. V. *instruction* (sens 3), *formation*.
- **2** Ensemble des organismes et institutions chargés de cette action. V. *éducation.*

— **(ordres d').** Catégories entre lesquelles se répartissent les établissements d'enseignement en fonction de la nature et du niveau des connaissances qu'ils ont mission de faire connaître ; on distingue l'enseignement primaire, ou du premier degré, secondaire, supérieur, technique (chacune de ces catégories pouvant à son tour être subdivisée en degrés).

ENTENDRE

V. – Lat. *intendere,* tendre vers, se tourner vers, porter attention à.

- **1** Avoir l'*intention de, exprimer la résolution de, prendre parti (Ex. C. civ. a. 787).
- **2** Pour un tribunal à l'*audience (ou un juge en son *cabinet) donner *audition à qqn, recueillir sa parole. Ex. entendre un plaideur dans ses explications, un témoin dans ses déclarations, un avocat en sa plaidoirie, le ministère public en ses observations.
- **3** Comprendre.

ENTENDU, UE

Adj. – Part. pass. de entendre. V. *entente.*

Entendu en justice par le juge ; se dit :

- **1** D'une partie au procès, lorsqu'elle

*comparaît conformément à la loi, ce qui ne suppose pas nécessairement qu'elle soit en personne entendue par le juge mais, dans les cas où la représentation est obligatoire ou facultative, qu'elle est régulièrement représentée (on précise qu'elle est personnellement entendue lorsqu'elle l'est elle-même, simple *audition toujours possible : CPC, a. 20, 441). Comp. **comparution personnelle*. V. *contradictoire*.

MAXIME : *Audiatur et altera pars*.

- Nulle partie ne peut être jugée sans avoir été entendue ou *appelée (CPC, a. 14). V. **ministère public*.
- **2** D'un tiers qui fournit à la justice son *témoignage ou des *renseignements (il est entendu comme témoin ou à titre de renseignement ; CPC, a. 205, 208, 211). V. *déposition, enquête*.

ENTENTE

Fém. d'un part. pass. disparu avant les premiers textes d'entendre, lat. *intendere* : tendre, s'appliquer à comprendre.

- **1** Situation de bonne intelligence, concorde, union. Ex. entente des associés, des frères et sœurs, des parents. Ant. *différend, litige, désaccord*. V. *consensuel*.
- **2** *Arrangement. Ex. : trouver dans une *transaction un terrain d'entente.
- **3** *Accord (plus élaboré), pacte, convention. V. *équipe (contrat d')*.

— ***directe.**

a / (adm.). Catégorie de marchés publics désormais dénommés marchés négociés.

b / (trav. méd.). Principe fondamental de la médecine libérale impliquant la fixation par le médecin du montant des honoraires dus pour l'acte médical et le règlement direct de ces honoraires par le malade.

- **4** Concertation organisée entre deux ou plusieurs partenaires.

► A / En matière commerciale.

a / Tout accord de volontés (explicite ou tacite), toute pratique entre entreprises en vue d'exercer une action commune sur le marché (fixer des prix, répartir des marchés, contrôler la production, les débouchés ou les investissements). V. *concentration*. Comp. *groupe de sociétés, trust*.

b / Plus spécialement, en Droit européen, *accord, décision d'*association d'entreprises ou *pratique concertée ayant pour objet ou pour effet d'empêcher, restreindre ou fausser le jeu de la *concurrence (anc. tr. CEE, a. 85 ; CECA, a. 65 anc. tr., TFUE, a. 101 s). V. *notification, barrière, *validité provisoire, dumping*.

— **illicite.** Entente prohibée par certains traités (CECA, a. 65 ; C. com., a. L. 420-1, TFUE, a. 101, 102) quand elle a pour objet ou pour effet de limiter la concurrence. V. *notification*.

► B / En matière administrative.

— **interdépartementale.** *Entité pouvant être constituée entre deux ou plusieurs *conseils généraux par l'entremise de leurs présidents en vue de délibérer sur des objets d'utilité départementale intéressant à la fois leurs départements respectifs.

► C / Dans les relations internationales.

- Accord déjà intervenu ou à intervenir entre deux ou plusieurs États et qui ne revêt pas nécessairement la forme d'un traité international.

— **régionale.** Accord conclu entre deux ou plusieurs États sur un plan régional en vue d'harmoniser, de coordonner ou d'unifier leurs politiques sur des points déterminés ; communauté de vues entre plusieurs États sur un plan régional. Ex. historique : la petite entente, l'entente balkanique, l'a. 21 du pacte SDN ; actuellement l'expression peut désigner certains groupements d'États à vocation politique, militaire ou économique. Ex. la Ligue arabe.

ENTÉRINEMENT

N. m. – Du v. entériner, dér. de l'anc. adj. *enterin* : entier, parfait, dér. lui-même d'entier, lat. *integer*.

- *Approbation ; plus spécialement, décision ayant pour objet d'*entériner un avis, une opinion, etc.

ENTÉRINER

V. – V. *entérinement*.

- **1** De la part d'un juge, faire sienne la décision d'un autre juge (comp. *confirmation*), les conclusions d'un expert ou la teneur d'un acte. V. *homologation*.
- **2** Plus gén., de la part d'une autorité, action d'officialiser une proposition en l'adoptant.

ENTIERCEMENT

Subst. masc. – Dér. du v. *entiercer.

- **1** Dans le *gage avec *dépossession, dépossession par mise en possession d'un *tiers convenu ; modalité consistant à remettre l'objet du gage, non entre les mains du créancier gagiste, mais entre celles d'une tierce personne, choisie par les parties, qui accepte de la conserver pour leur compte, variante admise par la loi (C. civ., a. 2337, C. com., a. L. 521-2 anc.) comme équivalent au transfert de la possession au créancier, soit à elle seule, soit associée aux procédés juridiques, qui permettent de réaliser, de façon effective et apparente, une dépossession sans déplacement matériel.
- **2** Plus généralement (et plus anciennement) mise en tierces *mains d'une chose mobilière, qui, en diverses occasions (constitution d'un *gardien après saisie, mise sous *séquestre, etc.), a toujours pour fin de la soustraire, pour un temps, au pouvoir direct des premiers intéressés, en la confiant, à titre conservatoire, à des mains neutres.

ENTIERCER

V. – V. comp. du préf. en, lat. *in,* dans et du radical *tiers.

- Mettre en *mains tierces (et donc neutres), à titre conservatoire, une chose mobilière saisie, litigieuse ou mise en gage.

ENTITÉ

- Tout *organisme, pourvu ou non de la *personnalité morale, doté d'un pouvoir de *décision (C. com., a. L. 123-16-2, L. 430-1, L. 820-1, L. 812-5, R. 626-55).

— **d'intérêt public.** Catégorie générique désignant les établissements (ex. établissements de crédit, entreprises d'assurance) soumis à des exigences spécifiques en matière de contrôle légal des comptes (C. com., a. L. 820-1-III, Règlement [UE] nº 537/2014).

ENTRAIDE

N. f. – Formé de entre et aide, bas lat. *adjuta.*

- **1** *Aide réciproque ; *assistance mutuelle. Ex. entraide conjugale élément du devoir d'assistance. Comp. *collaboration, coopération, secours.*
- **2** Spécialement, formule contractuelle d'exploitation collective fondée sur la réciprocité et la gratuité des services entre agriculteurs (échanges de services en travail et en moyens d'exploitation).

— **judiciaire.** *Coopération plus ou moins étendue (en matière not. de transmission des actes, d'obtention de preuves, d'extradition, d'effets des jugements), entre autorités judiciaires de différents pays, résultant généralement de conventions internationales qui utilisent aussi d'autres appellations : aide, aide mutuelle, coopération… judiciaire.

ENTRAVE

N. f. – Tiré de entraver, dér. de l'anc. franç. *tref*: poutre, solive, lat. *trabs, trabis.*

- **1** Fait, constitutif d'une infraction, d'empêcher l'exercice d'une activité autorisée ou imposée par la loi. Ex. entraves à l'exercice des libertés d'expression, d'association, de réunion, de manifestation (C. pén., a. 431-1).

— **à la désignation d'un représentant du personnel** (délégué du personnel ou membre du comité d'entreprise). Agissements, positifs ou négatifs, intentionnels ayant pour résultat d'empêcher ou de fausser les élections permettant de désigner les représentants du personnel.

— **à la liberté des enchères.** Trouble apporté par divers procédés (menaces, violences, moyens frauduleux) aux opérations d'adjudication par voie d'enchères (C. pén., a. 313-6).

— **à la liberté du travail.** Toute action tendant à faire obstacle, de manière concertée, au libre exercice du travail, passible de peines aggravées lorsqu'elle s'accompagne de coups, violences, voies de fait, destructions, dégradations. C. pén., a. 431-1 (a remplacé en 1864 le délit de *coalition). V. *grève (droit de).*

— **à l'exercice de la justice.** Qualification générique sous laquelle sont regroupés divers délits qui troublent le fonctionnement de la justice et compromettent les chances d'une bonne justice : *déni de justice, acte d'*intimidation, *corruption, délit de *fuite, *subornation de témoin, d'interprète ou d'expert, bris de *scellés, faux témoignage, faux serment, etc.

— **à l'exercice des fonctions d'agents du contrôle.** Fait de faire obstacle, même sans violence, à l'exercice normal des fonctions du personnel de contrôle de certaines administrations (inspection du travail, services du contrôle économique, etc.) en ne déférant pas à leurs réquisitions, demandes verbales ou exigences de présentation de documents. V. *rébellion.*
— **à l'exercice des fonctions de délégué du personnel.** Fait de mettre obstacle, d'une façon quelconque (fût-ce en congédiant l'intéressé), à l'exercice normal et légal des fonctions d'un tel délégué.
— **au fonctionnement régulier d'un comité d'entreprise.** Inobservation intentionnelle des prescriptions légales ou réglementaires relatives au comité d'entreprise dirigée soit contre le comité lui-même, soit contre un ou plusieurs de ses membres.
— **aux mesures d'*assistance.** Fait de créer volontairement des obstacles à l'arrivée de *secours destinés à sauver des personnes en péril ou à combattre un sinistre grave (C. pén., a. 223-5).

- **2** Moyen de contrainte gênant la marche (plus rigoureux que les *menottes) dont l'emploi exceptionnel et réglementé ne peut jamais avoir lieu à titre de punition.

ENTRÉE EN POSSESSION

Syn. **prise de *possession.*

ENTRÉE EN VIGUEUR

Du lat. *vigor* : force pour agir.

- Point de départ de l'*application d'un texte (loi, règlement), correspondant au moment à partir duquel il doit être observé par les justiciables et appliqué par les tribunaux. V. *promulgation, publication, édiction, force, effectivité.* Comp. *abrogation, prorogation, désuétude.*

ENTREPÔT

N. m. – Tiré d'entreposer, comp. de poser, lat. pop. *pausare* : cesser, se reposer, qui a pris par confusion le sens de placer, de *ponere.*

- Régime douanier de stockage de marchandises en suspension de droits et taxes.

— **d'exportation.** Régime permettant aux entreprises exportatrices de stocker les produits nationaux destinés à l'exportation en bénéficiant des avantages fiscaux et financiers attachés à l'exportation.
— **industriel.** Régime permettant aux entreprises qui travaillent à la fois pour le marché intérieur et pour l'exportation de procéder à leurs fabrications en suspension de droits et taxes.

ENTREPRENEUR

Subst. – Dér. d'entreprendre, comp. de prendre, lat. *prendere, prehendere.*

- **1** Dans le contrat d'*entreprise, celui qui s'engage à faire un ouvrage ; en ce sens générique, l'architecte, le transporteur, le réparateur, l'entrepreneur de construction sont des entrepreneurs, de même que toute personne qui s'engage à fournir un ouvrage par contrat de louage d'ouvrage (C. civ., a. 1792-1). Syn. *locateur d'ouvrage.* V. *maître de l'ouvrage, tâcheron, prestataire.*

— **(micro-).** Personne physique exerçant son activité professionnelle sous la forme d'une entreprise individuelle (EI), d'une *entreprise individuelle à responsabilité limitée (EIRL) ou d'une *entreprise unipersonnelle à responsabilité limitée (EURL) qu'il dirige et dont il est l'associé unique. Remplace le statut d'auto-entrepreneur.
— **(sous-).** Celui que l'entrepreneur (alors nommé entrepreneur *principal) se substitue pour l'exécution de tout ou partie d'un marché conclu avec un tiers. V. *sous-traitance, sous-mandataire.*

- **2** Dans le contrat d'entreprise de construction et dans le marché de travaux publics, désigne plus spécialement, parmi les *constructeurs (et par opp. à l'architecte, au technicien, etc.), celui qui est chargé de l'exécution des travaux (titulaire d'un lot) (ex. entrepreneur de maçonnerie). V. *ouvrier.*
- **3** Dans l'*entreprise, toute personne qui exerce une activité (industrielle, commerciale, artisanale) avec le concours d'une main-d'œuvre salariée. Syn. *chef d'*entreprise.* Comp. *patron.*

ENTREPRENEUR INDIVIDUEL À RESPONSABILITÉ LIMITÉE (EIRL)

- Statut permettant à une personne physique d'affecter à une activité commerciale, artisanale, libérale ou agricole un *patrimoine distinct de son patrimoine personnel sur lequel il est tenu des dettes professionnelles à concurrence de son apport, sans créer de personne morale (C. com., a. 526-6). Comp. *unipersonnelle (entreprise, EURL).*

ENTREPRIS, ISE

Adj. – De entre et pris, part. pass. de prendre.

- *Attaqué ; se dit du jugement contre lequel une voie de recours a été exercée ; plus spécialement du jugement *frappé d'appel (ou *choqué). V. *confirmé.*

ENTREPRISE

Subst. fém. – Du v. entreprendre. V. *entrepreneur.*

▸ **I** (civ.)

- Nom générique aujourd'hui donné au contrat (encore dit *louage d'ouvrage ou d'industrie) par lequel une personne (*entrepreneur ou *locateur d'ouvrage) s'engage envers une autre (client parfois nommé *maître de l'ouvrage) à faire un ouvrage (construction, réparation, transport, etc.) en fournissant son travail ou son *industrie ou également la matière et qui diffère du *contrat de travail (ou *louage de services) en ce qu'il ne subordonne pas l'entrepreneur à celui qui commande l'ouvrage dans l'exécution de la tâche convenue (C. civ., a. 1779 s.). Ex. le contrat de transport, le contrat de construction d'un bâtiment. V. *marché, sous-entreprise.*

▸ **II** (trav.)

- Réunion, sous l'autorité de l'employeur ou de ses préposés, de travailleurs salariés poursuivant sous une forme juridique variable une activité commune, cadre dans lequel le droit du travail contemporain a organisé la collectivité du personnel et aménagé ses rapports avec le chef d'entreprise. Ex. comités d'entreprise, délégués du personnel, délégués syndicaux, intéressement des salariés. Comp. *établissement.* V. *exploitation.*

▸ **III** (com.)

- **1** *Établissement industriel ou commercial. Ex. entreprise de manufactures, de transports, de spectacles publics. Comp. *firme, compagnie.*
- **2** Par ext., l'activité même de l'entrepreneur.
- **3** Organisme se proposant essentiellement de produire pour les marchés certains biens ou services, financièrement indépendant de tout autre organisme ; peut comporter un ou plusieurs établissements.

— **de marché.** Société commerciale ayant pour objet la gestion d'un marché réglementé (C. mon. et fin., a. L. 421-2).
— **individuelle.** Forme juridique qui concerne les personnes physiques exerçant une activité commerciale, sous leur propre nom et pour leur compte, sans créer de société.
— **multinationale.** V. *trust, groupe d'entreprises.*
—**s de l'économie sociale et solidaire.** Personnes morales de droit privé constituées sous des formes variables (coopératives, mutuelles, fondations, associations ainsi que sociétés commerciales) exerçant des activités de production, de transformation, de distribution, d'échange et de consommation de biens ou de services, qui satisfont à un certain nombre d'obligations, en particulier la poursuite d'un but d'utilité sociale, autre que le seul partage des bénéfices (une gestion démocratique, des bénéfices majoritairement consacrés à l'objectif de maintien ou de développement de l'activité de l'entreprise, la constitution d'une réserve non partageable).
— **unipersonnelle.** V. *unipersonnelle (entreprise).*

▸ **IV** (adm.)

- Personne morale constituée sous forme de société ou d'établissement public pour la gestion d'une activité administrative à caractère économique.

— **nationale.** Entreprise du secteur public issue d'une opération de nationalisation (par contraction de nationalisée) et plus généralement agissant dans le cadre de l'État.
— **publique.** Entreprise appartenant au secteur économique public national ou local. V. **sociétés nationales, *économie mixte.*

▸ **V** (eur.)

- Ensemble de moyens humains et matériels concourant, sous une direction économique, à la réalisation d'un objectif économique (anc. tr. CECA, a. 65, 66 ; anc. tr. CEE, a. 85, 86, 90 ; TFUE, a. 101 s.). V. *établissement, siège.*

ENTREPRISE COMMUNE

V. *entreprise, commun.* Francisation des termes anglo-saxons *joint venture* qui signifient « aventure commune ».

- **1** (sens gén.). Mode économique de *collaboration – ou de groupement – entre des entreprises indépendantes (à vocation parallèle), soit pour une opération définie (construction d'une usine), soit pour une coopération plus durable (recherche pétrolière), qui peut se traduire par la création d'une *filiale commune en forme sociétaire (société en nom collectif ou à responsabilité limitée, *groupement d'intérêt économique) ou, plus rarement, associative, ou demeurer purement contractuelle (sans création d'une entité juridique nouvelle, mais dans un cadre juridique qui la distingue de la société de fait).
- **2** (CEEA). Personne morale constituée par décision du *conseil en raison de son importance primordiale pour le développement de l'industrie nucléaire (anc. tr. CEEA, a. 45).
- **3** Entreprise soumise à un *contrôle exercé en commun par plusieurs entreprises économiquement indépendantes les unes des autres. Syn. *filiale commune.* V. *groupe de *sociétés, concentration.*

ENTRETIEN

N. m. – Dér. du v. entretenir, comp. de entre et tenir, du lat. *tenere.*

- **1** Fait de subvenir aux *besoins d'une personne, d'assurer sa subsistance (vêtements, logement, y compris la nourriture parfois isolée de l'entretien) sans la référence au strict nécessaire qu'impliquent les *aliments. V. *charge, dépenses de ménage, *charges du mariage.* Comp. *assistance.*

— **(devoir d').** Devoir légal pour tout parent (légitime ou naturel) de subvenir à tous les besoins de son enfant, en assumant toutes les *dépenses de nourriture, de vêtements, de logement, d'éducation, etc. (C. civ., a. 203, 385). Comp. *éducation, secours, *jouissance légale, établissement.*

— **du *ménage.** Dépenses *nécessaires à la vie quotidienne qui, en principe, engagent les époux solidairement (C. civ., a. 220). V. *dettes de ménage.*

- **2** Fait de maintenir une chose en bon état. Ex. *réparations de menu entretien (C. civ., a. 1754). Comp. *conservation, exploitation, investissement, diligence, bon père de famille, revenus.*

— **(dépenses d').** *Dépenses courantes, par opp. à celles que nécessitent les grosses réparations ou l'amélioration. V. *impenses.*

- **3** Conversation, échange de vues. Ex. entretien du juge aux affaires familiales avec chacun des époux en instance de divorce lors de la tentative de conciliation. C. civ., a. 252. V. *informel.*

ÉNUMÉRATION

N. f. – Lat. *enumeratio* (du v. *enumerare*), dénombrement, récapitulation.

- Action d'énumérer (et résultat de cette action), qui se rencontre fréquemment dans la loi (énumération légale) ou dans un acte de la pratique (*inventaire, *classement). Comp. *définition, classification, assimilation, dénombrement.*

ÉNUMÉRER

V. – Lat. *enumerare,* compter en entier, passer en revue, exposer en détail.

- Énoncer à la suite les éléments d'un ensemble, soit en totalité (énumération *limitative), soit en partie (énumération *indicative) ; exposer en série les espèces d'un genre, les parties d'un tout, en donnant ou non un numéro (1°, 2°, etc.) à chacun des éléments de l'énumération. Ex. énumérer les causes de dissolution du mariage (C. civ., a. 227), les *cas de divorce (a. 229), les considérations à prendre en compte (a. 373-2-11), les causes d'extinction des obligations (a. 1234), les cas d'ouverture du recours en révision (CPC, a. 595), les indications et pièces à fournir (a. 1090), etc. V. *restrictif, énonciatif, exemple.* Comp. *articuler.*

ENVIRONNEMENT

N. m. – Dér. du v. environner, de environ, anc. franç. *viron* (dér. de virer) : ronde.

- Ensemble des composantes d'un milieu déterminé que la législation de protection désigne *a contrario* par référence à la commodité du voisinage, à la santé, la sécurité et la salubrité publiques, à l'agriculture et à la nature, enfin à la conservation des sites et monuments. V. **installations classées.*

ENVOI EN POSSESSION

Tiré d'envoyer, lat. de basse époque *inviare* : faire route, *via,* d'où envoyer. V. *possession.*

- Décision judiciaire autorisant une personne à se mettre en *possession de certains biens ou d'une universalité. V. *saisine, successeur irrégulier, expropriation.*

— **de l'État.** Décision autorisant l'État à appréhender les biens d'une personne décédée sans héritier légal ou testamentaire (C. civ., a. 811).

— **d'un legs universel.** Décision permettant à un légataire universel, institué par testament olographe ou mystique, d'appréhender la succession du testateur lorsqu'il n'existe pas d'héritier réservataire (C. civ., a. 1008).

ÉPARGNE

N. f. – Tiré d'épargner, d'origine germ. Comp. all. *spazen* : épargner, mais de forme mal appliquée.

- Part du *revenu qui n'est pas immédiatement dépensée pour la *consommation courante. V. *économie, placement, emploi, capital, régulation,* AMF.

— **à moyen ou long terme (plan ou engagement).** Formule de placement dans laquelle un épargnant s'engage par contrat envers un établissement autorisé (banque, établissement financier) à effectuer à échéances déterminées des versements qui doivent être affectés à la constitution d'un portefeuille de valeurs mobilières géré par le dépositaire, dont le souscripteur ne peut disposer avant le terme prévu. V. *gestion de portefeuille.*

— **(caisse d').** V. *caisse* (sens 1).

— **-logement.** Formule de crédit différé destinée à favoriser l'accession à la propriété du logement (ou son amélioration) dans laquelle l'épargnant qui effectue un dépôt dans un compte d'épargne-logement bénéficie au bout d'un certain temps d'un prêt correspondant au montant de son dépôt et de divers avantages (exonération fiscale, primes, prêts complémentaires).

— **(société faisant publiquement appel à l').** Société qui, ayant recours pour la constitution de son capital, à l'épargne publique par des moyens divers (titres inscrits à la cote officielle des valeurs mobilières, placement de ses titres par l'intermédiaire de banques, d'établissements financiers ou grâce à des procédés de publicité), est assujettie à des règles particulières de constitution et de fonctionnement destinées à protéger les épargnants. Spécifiquement, depuis le 23.10.2019 *offre au public de titres financiers.

— **collective (système d').** Plans d'épargne d'entreprise permettant aux salariés de constituer, avec l'aide de l'entreprise, un portefeuille de valeurs mobilières dont les titres peuvent leur être remis au bout d'un certain délai.

ÉPAVE

N. f. – Dér. de l'anc. adj. *espave* : égaré, lat. *expavidus* : épouvanté, qui a dû se dire d'abord dans « bête épave », etc.

- **1** Objet perdu ; tout objet mobilier égaré par son propriétaire. V. *perte, abandon, vol.* Comp. *res derelictae,res nullius.*

— **maritime.** Tout objet de propriété égaré par son propriétaire, flottant, échoué ou tiré de la mer. Ex. débris de navire ou de cargaison. V. *échouement.*

- **2** Objet hors d'usage par suite de dégradation ou de ruine. Ex. véhicule gravement *endommagé.

ÉPINGLES

Subst. fém. plur. – Lat. *spinula* : petite épine.

- Terme populaire désignant les menues sommes qu'il est d'usage que l'acquéreur de certains biens verse, en plus du prix, not. aux préposés du vendeur ; parfois confondu avec *arrhes. Comp. *pourboire, denier à Dieu, bouquet.*

ÉPOUX, ÉPOUSE

Lat. *spo(n)sus,* propr. : fiancé.

- Homme marié, femme mariée ; *conjoint ; l'époux peut désigner soit le *mari (par opp. à la *femme mariée, son épouse), soit chacun des conjoints (ex. C. civ., a. 188). V. *célibataire, veuf, fiancé, égalité conjugale.*

ÉPUISEMENT

Subst. masc. – Dér. de épuiser, anc. fr. *espuiser,* e privatif et puits (lat. *puteus*), mettre à sec.

▸ **I** (pr. int.)

• Terme utilisé en droit européen, dans l'expression « épuisement d'un droit » : concept selon lequel un droit de *propriété intellectuelle ne peut être utilisé qu'une fois, dans l'État membre où le bien incorporel est mis au contact du public, sans que son titulaire puisse à nouveau le faire valoir auprès des tiers, lors du passage des frontières. Concerne notamment le droit des marques (CPI, a. L. 713-4), la première mise sur le marché d'exemplaires de logiciels (CPI, a. L.122-6) ou de copies de bases de données (art. L.342-4 du CPI). Théorie utilisée pour éviter le cloisonnement des marchés.

▸ **II** (int. publ.)

— **des voies de recours internes.**

a / Dans la procédure contentieuse internationale, principe selon lequel le ressortissant d'un État victime d'un dommage imputable à un autre État ne peut solliciter la protection diplomatique de son gouvernement, s'il n'a préalablement mis en œuvre, de bonne foi et sans succès, tous les moyens de redressement offerts par la législation de l'État contre lequel la réclamation internationale est susceptible d'être présentée. V. *protection diplomatique.*

b / Règle qui impose à celui qui saisit une juridiction internationale d'avoir au préalable exercé toutes les voies de recours accessibles dans l'ordre interne (ex. Protocole n° 11, art. 35-1 CEDH).

ÉPURATION

N. f.

• Opération soumise à une procédure particulière et qui a consisté à certaines époques à exclure de la fonction publique ceux de ses membres dont le comportement civique tombait sous le coup de la loi. V. **indignité nationale.* Comp. *purge.*

ÉQUARRISSAGE

Subst. masc. – Du v. équarrir, couper en quartiers, du v. lat. *quadrare,* de *quatrum* (carré), dér. de *quattuor* (quatre).

• Collecte et élimination des cadavres d'animaux et des déchets d'*abattoir, constituant une mission de service public de la compétence de l'État (incluant collecte et élimination, après saisie à l'abattoir, des viandes et abats impropres à la consommation humaine et animale). C. rur., a. L. 226-1 (l. 26 déc. 1996).

ÉQUIPAGE

N. m. – Dér. d'équiper, d'origine germ. mais mal éclaircie.

• Ensemble des marins embarqués sur un navire et inscrits au rôle d'équipage ; plus brièvement, personnel d'un navire.

— **de la flotte.** Ensemble des marins affectés à l'armement des bâtiments de l'État sous le commandement des officiers de marine et recrutés au moyen de l'inscription maritime, des engagements volontaires et du recrutement de l'armée.

— **(principaux de l').** Expression vieillie qui désignait autrefois les marins occupant les postes les plus importants à bord du navire.

ÉQUIPE

N. f. – Du v. équiper. V. *équipage.*

• Groupe de salariés effectuant le même travail.

—**s chevauchantes.** Poste d'ouvriers appelés à se relayer alternativement au cours d'une même journée de travail (encore nommées équipes volantes ou relais).

— **(contrat d').** Entente entre un certain nombre de salariés pour l'exécution en commun de travaux donnant lieu à une rémunération globale à répartir entre eux, ne constituant pas un *marchandage. Comp. *sous-traitance.*

ÉQUIPEMENT

N. m. – Dér. du v. équiper. V. *équipage.*

▸ **I** (adm.)

• Ensemble des services administratifs chargés du contrôle ou de la réalisation des opérations d'urbanisme, de construction et de voirie.

► **II** (mar.)

• **1** Action de munir un navire de tous les éléments nécessaires à sa mise en état de navigation : mise en état de la coque, de la machine, des agrés et apparaux, constitution et mise en place de l'équipage. Syn. *armement.*

• **2** L'ensemble de ces éléments eux-mêmes.

ÉQUIPOLLENT, ENTE

Adj. – Lat. *aequipollens* : équivalent.

• **1** Qui a la même *gravité et se trouve soumis au même régime juridique que… Ex. la faute lourde équipollente au dol lui est assimilée.

ADAGE : *Culpa lata dolo aequiparatur.*

• **2** Qui a le même sens, la même portée ; se dit not. par opp. au système formaliste qui exige l'emploi de termes *sacramentels, des termes suffisamment clairs qui peuvent être employés à la place de certains autres dans la rédaction des actes de procédure, sans entraîner la nullité de ceux-ci. Ex. demeure au lieu de domicile. Comp. *consensuel.* V. *équivalence, assimilation, parallélisme, effet.* Syn. *équivalent.*

ÉQUITABLE

Adj. – Dér. de *équité.

• Conforme à l'*équité. V. *juste, raisonnable, égalitaire, modérateur (pouvoir).* Ant. *inéquitable.*

ÉQUITÉ

N. f. – Lat. *aequitas,* de *aequus* : égal, équitable.

• **1** Justice fondée sur l'*égalité ; devoir de rendre à chacun le sien ; principe qui commande de traiter également des choses égales. Ex. le règlement des parts (dans une société) ne peut être attaqué s'il n'est évidemment contraire à l'équité (C. civ., a. 1854).

• **2** Par glissement du sens 1, justice du cas particulier ; effort pour rétablir l'égalité en traitant inégalement des choses inégales.

• **3** Atténuation, modification apportées au Droit, à la loi, en considération de circonstances particulières ; *modération *raisonnable dans l'application du Droit. Ex. les conventions obligent à toutes les suites que l'équité, l'usage ou la loi donnent à l'obligation d'après sa nature (C. civ., a. 1194) ; en ce sens, équité s'opp. à Droit strict, ou à *rigueur du droit, rigueur des *principes. V. *pouvoir *modérateur, sauvegarde (clause de).*

• **4** Manière de résoudre les litiges en dehors des règles du droit, selon des critères tels que la *raison, l'utilité, l'amour de la paix, la morale. Ex. les arbitres, les juges peuvent statuer en équité lorsque les parties leur ont conféré des pouvoirs d'*amiables *compositeurs ; équité s'opp. ici à Droit (plus exactement à obligation de statuer en droit, la faculté de le faire demeurant ouverte).

• **5** Justice supérieure au Droit positif, justice idéale, Droit naturel. V. *ex aequo et bono.*

• **6** *Sentiment de justice (référence toujours suspecte d'*arbitraire en raison de son caractère subjectif et pourtant irréductible). Comp. *conscience, intime *conviction, dictamen.*

EQUITY

• **1** Mot anglais. Principes et règles dégagés par la juridiction du Chancelier (ex. en matière de droit des trusts, d'allégement des pénalités et des intérêts, de subrogation). Comp. *common law.*

• **2** (fin.) Mot anglais. *Capitaux propres en valeur nette.

► **private —**. V. *capital-investissement.*

ÉQUIVALENCE

N. f. – Bas lat. *aequivalentia,* du v. *aequivalere* : égaler, valoir autant.

► **I** (toutes disc.)

a / Identité de *valeur et partant d'*effet (de droit) ou de régime (juridique) entre divers actes, formes, procédures, modes de preuve, etc. Ex. l'équivalence à une reconnaissance d'enfant naturel, de l'acte de naissance portant l'indication du nom de la mère, s'il était corroboré par la possession d'état (C. civ., a. 337 anc.) ; équivalence, pour la conclusion d'un contrat consensuel, de tous les modes d'expression de la volonté (écrit, parole, geste) ; équivalence en matière de conversion d'usufruit en rente viagère (C. Civ. a. 760). V. *équipollent.* Comp. *assimilation, équilibre.*

— **des conditions.** Conception de la *causalité selon laquelle chacun des antécédents d'un dommage peut être indifféremment retenu comme *cause de celui-ci, par opp. à la théorie de la causalité *adéquate.

— **juridique des résultats (théorie de).** Explication doctrinale consistant à reconnaître la même *valeur aux effets obtenus en suivant une voie autre que la voie ordinaire, en raison de ce que ces moyens *parallèles compte tenu des circonstances aboutissent à des résultats au moins aussi satisfaisants que les procédés réguliers pour le respect des objectifs de la loi ou celui des volontés individuelles.

***b* /** *Égalité de *valeur (objective ou subjective) entre des biens ou des services. Ex. équivalence des prestations. V. *cause, contre-prestation, lésion, discrimination.*

▸ **II** (int. priv.)

***a* /** Procédé d'*adaptation par lequel on constate qu'une institution étrangère présente une analogie suffisante avec une institution constitutive du *présupposé d'une règle du for en sorte qu'une articulation est possible entre les deux. Ex. articulation du mariage polygamique et de la loi successorale française définissant les droits successoraux du conjoint survivant.

***b* /** Constatation qu'une situation de fait aurait les mêmes conséquences juridiques en vertu de la loi étrangère invoquée par l'une des parties et de la loi française, en sorte que le juge peut s'abstenir de choisir entre elles.

***c* /** Constatation que les faits relevés par un juge étranger à l'appui de sa décision se seraient vu attribuer les mêmes conséquences juridiques par la loi désignée par la *règle de conflit française, en sorte que sa décision satisfait à la condition de contrôle de la loi appliquée dont a longtemps dépendu l'octroi de l'*exequatur.

▸ **III** (rur.)

- Principe d'ordre public s'imposant aux autorités chargées du *remembrement au terme duquel chaque propriétaire, après la mise en œuvre des opérations, doit se voir attribuer, dans chaque catégorie de terrains déterminée d'après la production naturelle des sols et les cultures pratiquées, des lots présentant une valeur de productivité réelle égale à celle que représentaient ses différents apports, déduction faite de la surface nécessaire aux ouvrages collectifs et compte tenu des servitudes maintenues ou créées.

ÉQUIVOQUE

Adj. – Lat. *aequivocus* : à double sens.

- **1** À double sens dans un même texte (d'où la nécessité d'interpréter celui-ci) ; ambigu, amphibologique. V. *interprétation, dénaturation.* Ant. *clair, univoque* (ne pas confondre avec polysémique, à savoir doté de plusieurs sens potentiels dont chacun en contexte peut ne pas être équivoque).
- **2** Se dit de la *possession (en cela considérée comme *vicieuse) dont il ne ressort pas clairement qu'elle soit le fait d'un seul ou de plusieurs ou plus généralement à quel titre sont accomplis les faits de possession (ex. à titre de propriétaire ou en qualité d'héritier). Comp. *violent, clandestin, discontinu.* V. *mauvaise foi.*

ÉQUIVOQUE

Subst. fém. – V. le précédent.

- Caractère (défaut) de ce qui est *équivoque au sens 1 (ambiguïté) ou au sens 2 (*vice de la possession). V. *obscurité.*

ERGA OMNES

Expression latine signifiant « à l'égard de tous » utilisée en ce sens pour marquer l'*opposabilité absolue (même à l'égard des *tiers) de certains droits ou de certains actes (ex. les jugements rendus en matière de filiation ; C. civ., a. 324). V. *partie.* Ant. *inter partes.*

ÉRIGER

V. – Lat. *erigere* : dresser, mettre droit.

- **1** Construire, élever, édifier, dresser (un monument, un édifice).
- **2** *Établir, *instituer, fonder, *disposer, terme impliquant une consécration conférée à une donnée initiale. Ex. ériger une

pratique en règle, une opinion en principe, en système, etc. V. *édicter, légiférer.*

ERRATUM

Subst. masc. sing. – Du lat. *erratum* (plur. *errata*) : faute, du v. *errare* : errer, faire fausse route.

- Texte inséré dans un périodique officiel et apportant à un autre antérieurement publié dans le même périodique une *rectification qui n'est que la correction d'une *erreur de transcription. Comp. *publication, rectificatif.*

ERREMENTS (DE LA PROCÉDURE)

Subst. masc. plur. – Anc. franç. *errer,* voyager et aussi agir, se comporter de telle façon. V. *procédure.*

- Se dit encore de l'état d'avancement des procédures, du point de leur développement ou du cours qu'a suivi un procès (incidents, recours, etc.). Comp. *déroulement de l'instance.*

ERREUR

N. f. – Lat. *error.*

▸ **I** (sens gén.)

- Fait de se tromper qui, le plus souvent, entache d'un vice de formation l'acte (contrat, décision, etc.) accompli sous l'empire de cette fausse représentation. Ex. de la part d'un contractant, l'erreur constitue un *vice du consentement, cause de nullité (on parle d'erreur spontanée par opp. au *dol, erreur provoquée) ; erreur de calcul dans l'établissement d'un compte. V. *violence.*

— **de droit.** Erreur sur l'existence, le sens ou la portée d'un droit ou d'une règle de droit (parfois nommée erreur sur le droit) qui, de la part d'un profane (de *bonne foi), peut être une excuse ou une cause d'*irresponsabilité pénale (C. pén., a. 122-3) et qui, émanant d'une autorité ou d'un professionnel, peut être cause de recours (ex. la non-application, la fausse application ou la fausse interprétation d'une règle de droit est, dans un jugement, une erreur de droit donnant ouverture à cassation) ou source de responsabilité (ex. erreur d'un notaire). V. **violation de la loi.*

ADAGE : *Nul n'est censé ignorer la loi.*

— **de fait.** Erreur sur l'existence d'un fait ou dans l'appréciation d'une situation qui, dans un jugement ou un acte, constitue un vice, cause de recours ou de responsabilité (pour le rédacteur professionnel) et qui dans certaines circonstances peut avoir pour le particulier (de bonne foi) qui l'a commise des effets positifs (ex. erreur légitime du tiers qui a pu croire à l'existence des pouvoirs du *mandataire *apparent).

— **inexcusable.** V. *inexcusable (erreur).*

— **matérielle.** V. *matérielle (erreur).* Comp. *erratum.*

— **sur (ou dans) la personne.** Erreur sur l'identité du cocontractant, ou sur une qualité *essentielle de celui-ci admise comme cause de nullité dans les contrats conclus **intuitu personae* (C. civ., a. 1134) et, plus restrictivement, dans le mariage (a. 180).

— **sur la substance.** Au sens de l'anc. a. 1110, erreur sur une qualité *substantielle (ou *essentielle) de la chose en considération de laquelle les deux parties ont contracté, ou semblablement l'une d'elles à la connaissance de l'autre.

— **sur la valeur.** Erreur par laquelle un contractant fait une appréciation économique inexacte de la prestation, sans se tromper sur les qualités essentielles de celle-ci (C. civ., a. 1136).

— **sur le motif.** Erreur qui porte sur un élément de décision étranger à la prestation elle-même (C. civ., a. 1135).

— **sur les qualités *essentielles** (C. civ., a. 1132 et 1133). V. *erreur sur la substance.*

▸ **II** (pén.)

- Croyance non conforme à la réalité chez l'auteur d'une infraction au moment où il agit, qui peut parfois influer sur la répression.

— **de droit.** Erreur sur l'existence ou le sens de dispositions légales ou réglementaires, en principe sans influence sur la réalisation de l'infraction.

— **de fait.** Erreur sur un élément de la situation dans laquelle l'auteur s'est trouvé, qui peut être, en soi, destructrice d'une intention criminelle (non d'une faute d'imprudence) et influer sur la qualification, mais demeure parfois sans influence. Ex. erreur sur l'identité de la victime *(aberratio ictus).*

— **judiciaire.** Erreur de fait qui, commise par une juridiction de jugement dans son appréciation de la culpabilité d'une personne poursuivie peut, si elle a entraîné une condamnation définitive, être réparée, sous certaines conditions, au moyen d'un pourvoi en révision (C. pr. pén., a. 622 s.).

▸ **III** (adm.).

- Dans l'expression « erreur manifeste d'appréciation » désigne un comportement de l'administration sanctionné par la juridiction administrative au titre du contrôle des motifs, dans le cadre de son contrôle minimum de ceux-ci.

ESCALADE

Empr. de l'ital. *scalata* (du v. *scalare* : monter avec une échelle *(scala)*). V. *échelle.*

- Fait de s'introduire dans un lieu quelconque, soit par-dessus la clôture, soit par toute ouverture non destinée à servir d'entrée (C. pén., a. 132-74), circonstance aggravante de certaines infractions (a. 311-4, vol). Comp. *effraction.*

ESCALE

Empr. de l'ital. *scala,* dans *far scala* : faire escale. V. *échelle.*

- Arrêt du navire dans un port en cours de voyage. Est dite commerciale si elle est motivée par l'embarquement ou le débarquement de passagers ou de marchandises, technique si elle est nécessitée par le ravitaillement ou la réparation du navire. S'emploie aussi dans la navigation aérienne.

— **(faculté d').** Droit accordé au navire par la charte-partie ou le connaissement de faire escale en cours de route.

ESCOMPTE

N. m. – Empr. à l'ital. *sconto,* de *scontare* : décompter. V. *compte.*

- **1** Avantage dont bénéficie le débiteur d'une dette à terme lorsqu'il paie sa dette avant l'échéance (généralement calculé d'après l'intérêt à courir jusqu'à l'échéance).
- **2** Opération de *crédit par laquelle un banquier ou toute autre personne (nommé escompteur) avance au porteur d'un effet de commerce non échu le montant de cet effet contre le transfert, à son profit, de la propriété de l'effet et en général sous déduction d'une somme appelée *agio d'escompte (qui correspond aux intérêts de la somme avancée jusqu'à l'échéance de l'effet). Comp. *affacturage.*

— **(taux d').** V. *taux d'escompte.*

ESCOMPTEUR

Subst. – Dér. du v. escompter, empr. à l'ital. *scontare.*

V. *escompte.*

ESCROQUERIE

N. f. – Dér. de escroquer, empr. à l'ital. *scroccare,* littéralement décrocher, de *crocco* : croc.

- Délit consistant à porter préjudice à autrui en obtenant d'une personne physique ou morale la remise volontaire d'un bien (chose, argent, documents de valeur vénale ou juridique), un engagement, une décharge ou la fourniture d'un service par une tromperie caractérisée (résultant de la prise d'un *faux nom ou d'une fausse qualité, de l'abus d'une qualité vraie ou de l'emploi de *manœuvres frauduleuses (C. pén., a. 313-1). Comp. *vol, *abus de confiance, filouterie, abus de biens sociaux.*

ESPACE

N. m. – Lat. *spatium.*

- **1** Espace aérien surplombant les territoires étatiques et leurs dépendances ainsi que la haute mer.
- **2** Espace extra-atmosphérique (tr. NU, 19 déc. 1966).
- **3** Par image, aire géographique interétatique au sein de laquelle se développe sous certains rapports une collaboration des autorités inspirée par une politique commune. Ex. espace judiciaire européen.

ESPÈCE

Subst. fém. – Lat. *species* : apparence, etc., le sens financier existe déjà à basse époque.

- *Cas soumis au juge (en l'espèce, dans la présente espèce) considéré dans l'ensemble de ses *éléments de fait et de droit, et en insistant volontiers sur sa singularité (particularités de l'espèce). Syn. *cause, affaire.* V. *litige, instance, circonstances, concertation, élément.*

— **(décision d').** *Décision de justice qui, quelle que soit la motivation juridique qui la fonde (ou la recouvre), a en réalité été rendue en considération des *circonstances particulières de l'affaire qu'elle tranche et dont, de ce fait, l'*autorité dans la *jurisprudence (en dehors de l'espèce) sera faible. Ant. **décision de *principe.*

ESPÈCES

Subst. fém. plur. – V. le précédent.

- *Monnaie métallique ; par extension, toute monnaie ayant cours légal (not. les billets). Comp. *liquidités, disponibilités, numéraire.* V. *trésorerie, fonds, deniers.*

— **sonnantes et trébuchantes** (anc.). Monnaie d'or ou d'argent ayant le poids légal. Comp. *papier-monnaie.*

ESPION

Subst. – Empr. de l'ital. *spione,* mot d'origine germ. (de la famille du franç. épier).

- Individu qui pratique l'*espionnage.

ESPIONNAGE

N. m. – Dér. du v. espionner, de *espion.

- Qualification générique donnée, lorsqu'elles sont commises par un étranger (sauf s'il est militaire au service de la France, C. pén., a. 411-1), à diverses atteintes à la sûreté de l'État, érigées en crime contre la nation et l'État par des dispositions spéciales, quand elles sont de nature à porter atteinte aux *intérêts primordiaux de la nation (ex. *sabotage, livraison d'information à une puissance étrangère, fourniture de fausses informations) ou en tant qu'elles impliquent nécessairement une telle atteinte (ex. livraison à une puissance étrangère de tout ou partie du territoire national, de forces armées ou de matériel, C. pén., a. 411-2 et 411-3). V. *trahison, intelligences avec une puissance étrangère.*

— **économique.** Recherche clandestine de renseignements industriels, commerciaux ou technologiques, effectuée pour le compte d'un État (atteinte à la défense nationale ; C. pén., a. 80-3° anc., l. 26 juill. 1968) ou d'une entreprise.

ESPRIT

N. m. – Lat. *spiritus,* souffle, inspiration.

- **1** (par rapport à *corps). Composante psychique de la *personne *physique ; en tout être humain, ensemble de ses *facultés mentales (dont l'altération – *faiblesse, *insanité d'esprit – peut être une cause de nullité des actes juridiques et/ou d'établissement d'un régime de protection). « Pour faire un acte valable, il faut être sain d'esprit », C. civ., a. 414-1, 901, V. *conscience, âme, raison, discernement, connaissance, volonté, personne *humaine.*
- **2** (par rapport à *lettre). Idée qui anime une règle et qui a vocation à guider son *interprétation ; inspiration *fondamentale voisine de l'*intention du législateur, mais plus objective et non nécessairement figée (l'esprit d'une institution peut évoluer), et très proche de la **ratio legis* (mais suivant une approche moins technique). Ex. esprit de la loi, esprit des lois. V. *exégèse, spirituel, fondement.*
- **3** Plus vaguement, syn. de tendance (dans la doctrine ou en jurisprudence).
- **4** (pour un groupe). Mentalité.

ESSAI

N. m. – Tiré du v. essayer, lat. pop. *exagiare* : peser, de *exagium* : peser, essai.

- Mise à l'épreuve préalable à la conclusion d'un contrat ; spécialement épreuve qui précède souvent la conclusion définitive du contrat de travail, afin de permettre à l'employeur de juger les aptitudes du salarié et à celui-ci de connaître les conditions du travail. On distingue l'épreuve d'essai – accomplissement d'une tâche technique de courte durée – et la période d'essai, période de plus ou moins longue durée pendant laquelle le salarié est mis à l'épreuve au poste même qu'il occupera. Comp. *avant-contrat.* V. *préliminaire.*

— **(vente à l').** Vente dont la conclusion définitive est subordonnée à la condition qu'après usage par l'acquéreur éventuel la chose vendue sera reconnue apte au service auquel elle est destinée. Comp. **vente à la dégustation, vente à l'*agrément*.

ESSENCE

N. f. – Lat. *essentia.*

- Ce qui est inhérent à un acte et dont dépend nécessairement soit son existence (sa formation, sa validité), soit son caractère spécifique, ex. la gratuité est de l'essence du prêt à usage (C. civ., a. 1876). Comp. *nature, substance.* V. *essentiel, qualification, disqualification.*

ESSENTIEL, ELLE

Adj. – Lat. *essentialis.*

- **1** Primordial, d'importance capitale, par opp. à accessoire, secondaire. V. *fondamental.*

—**le (*qualité).** Qualité de la personne qui, dans la pensée de son cocontractant et par référence à la nature du contrat, revêt une importance déterminante, de sorte qu'une *erreur sur une telle qualité constitue une cause de nullité (*vice du consentement) dans les contrats conclus **intuitu personae* et dans le mariage (C. civ., a. 180) ; s'agissant d'une chose, on parle indifféremment de qualité *substantielle ou essentielle.

- **2** Qui est de l'*essence de ; se dit par opp. à *naturel et à *accidentel (ou *contingent) des éléments du contrat sans lesquels celui-ci ne peut valablement exister, *éléments *constitutifs nécessaires à sa formation (consentement, capacité, etc. ; C. civ., a. 1108) ainsi que de ceux, spécifiques, qui déterminent le type d'un contrat et sans lesquels l'accord ne peut avoir le caractère qu'on veut lui attribuer. Ex. le loyer dans le bail *(essentialia negotii).* V. *dénaturation, *absence de consentement.*

—**le (obligation).** Obligation en l'absence de laquelle le contrat ne peut déployer son utilité fondamentale (C. civ., a. 1170). Ex. transfert de propriété dans la vente.

ESTAMPILLE

Subst. fém. – Empr. de l'esp. *estampilla* (dér. de *estampa,* de la famille d'estamper, mot d'origine germ.).

- *Marque distinctive apposée sur un objet soit pour le différencier d'objets similaires et en indiquer la provenance, soit pour établir que les droits qui le concernent ont été acquittés (droits de douane, de transit) et qu'il peut circuler librement. Comp. *sceau, scellés, label.*

ESTER

V. – Du lat. *stare* : se tenir debout.

- Se présenter en justice, *plaider, soit comme demandeur, soit comme défendeur ; s'emploie surtout pour affirmer la capacité d'*ester en justice. Comp. *agir en justice, introduire, intenter.*

ESTIMATIF, IVE

Adj. – Dér. du v. estimer. V. *estimation.*

- Qui contient une *estimation (devis estimatif) ou qui résulte d'une estimation (valeur estimative). Comp. *évaluatif.*

— **(détail).** V. *détail estimatif.*
— **(état).** V. *état estimatif.*

ESTIMATION

N. f. – Lat. *aestimatio,* de *aestimare* : estimer.

- **1** Espèce d'*évaluation consistant à exprimer en argent la *valeur d'un bien d'après diverses données (état du bien à une date déterminée, date à laquelle il faut se placer pour calculer la valeur) et en fonction de certains critères (valeur de remplacement, valeur marchande, etc.). Ex. estimation d'un bien pour en déterminer le *prix de vente (C. civ., a. 1592), estimation d'un bien en vue d'un partage pour la formation des lots et le calcul des soultes, estimation d'un bien détruit pour la fixation de l'indemnité. V. *appréciation, arbitrage, expertise, plus-value, prisée.*
- **2** Plus vaguement, toute *évaluation. V. *tarification, capitalisation.*

ESTIMATOIRE

Adj. – Lat. *aestimatorius* : qui concerne l'évaluation.

- Qui tend à l'estimation d'un bien ; se dit

encore en matière de vente, de l'action en diminution du prix (moyennant une évaluation), exercée par l'acquéreur d'une chose affectée d'un vice *rédhibitoire (C. civ., a. 1644).

ESTOPPEL

Terme angl. signifiant « fin de non-recevoir ».

- Notion empruntée au droit anglo-américain, souvent analysée comme une exception procédurale, destinée à sanctionner, au nom de la *bonne foi, les contradictions dans les comportements d'un État (ou d'une personne), celui-ci étant considéré comme lié par son comportement antérieur et, dès lors, *estopped* à faire valoir une prétention nouvelle. Ex. un État qui a expressément reconnu une ligne frontière est déchu de son droit de contester cette ligne auprès d'un autre État. V. *acquiescement, reconnaissance, irrecevabilité, fin de non-recevoir.*

ÉTABLI, IE

Adj. – Part. pass. de *établir.

- **1** Institué par la loi. Ex. la tutelle est un régime de protection établi par la loi ; parfois syn. d'édicté.
- **2** Plus généralement, fondé en droit.
- **3** Ferme, stable, fixé, *constant. Ex. jurisprudence bien établie.
- **4** Démontré, prouvé, avéré (établi en fait) et (sous-entendu) conformément à la loi. Ex. lien de filiation légalement établi. Comp. *manifeste, incontestable, certain, évident.*
- **5** Installé, en place. Ex. commerçant établi.
- **6** Organisé, en exercice. Ex. représentation établie.

ÉTABLIR

V. – Du v. lat. *stabilire* : maintenir, affermir.

- **1** *Instituer, constituer. V. *établissement.* Comp. *édicter, ériger.*
- *Prouver, démontrer, justifier. Ex. établir un lien de filiation. V. *constater.*
- **3** Installer (une personne, un équipement, etc.).
- **4** Rédiger, composer, dresser (un acte). V. *constat.*

ÉTABLISSEMENT

N. m. – Dér. du v. *établir.

- **1** Action consistant à instituer une réalité nouvelle (ordre social, ordre juridique, système, régime, méthode, activité, etc.) en lui donnant à la base, par une impulsion originaire, son existence et les moyens de sa réalisation. Comp. *institution, création, constitution, fondation, organisation, entreprise, exploitation.* Ant. *suppression.* V. *rétablissement.*
- **2** Plus spécialement, action consistant à embrasser une profession ou un nouvel état, à se fixer en un lieu ou, au sens de l'a. 203 du C. civ., à établir un enfant (« par mariage ou autrement ») en faisant à cette occasion des frais extraordinaires d'installation et d'acquisition (achat d'un fonds de commerce, prise de parts dans une société, aménagement d'un appartement) qui s'opp. aux frais d'*entretien. V. *domicile, investissement, dot.*

  ADAGE : *Ne dote qui ne veut.*
- **3** (sens voisins).

  a / (int. priv.). Faculté pour un étranger de venir se fixer dans un État et d'y exercer une activité professionnelle. V. *expatriation.*

  b / (eur.). Fait, pour le ressortissant d'un État membre, d'entreprendre sur le territoire d'un autre État membre une activité non salariée matérialisée par une installation et destinée dans l'esprit de son initiateur à prendre un caractère durable (ex. : création ou acquisition d'une entreprise), par opp. à *prestation de service ; désigne aussi l'exercice même de cette activité. Comp. *circulation.* V. *liberté.*
- **4** Opération consistant à dresser un acte (titre, pièce, document, procès-verbal), à lui donner corps, en la forme, par la rédaction (régulière) d'un *écrit *(*instrumentum).*
- **5** Démarche tendant à fonder, à justifier, à démontrer. Ex. établissement d'un droit, d'un système de défense. V. *démonstration.*

  — **de propriété.** Énonciation analytique, dans un acte (vente, constitution de droits réels, etc.) portant sur un immeuble, des titres justifiant le droit de propriété du vendeur, du constituant ou de leurs auteurs sur cet immeuble.

• **6** Ensemble des installations, de l'équipement et de l'outillage d'une activité, d'une industrie, d'un commerce, d'un service public, etc., et, par extension, cette activité même, cette industrie considérée comme entité. Comp. *entreprise, exploitation, organisme, centre, chambre, collège.*

— **distinct.** Unité technique de production, localisée et réunissant de façon durable des moyens matériels et un personnel dirigé par un chef d'établissement auquel le chef d'entreprise délègue des pouvoirs limités ; sur le plan juridique et financier, l'établissement n'a pas d'indépendance par rapport à l'entreprise dont il est un simple élément, mais lorsqu'il a une autonomie organique suffisante, il sert de cadre à certaines institutions du droit du travail, not. aux organes représentatifs du personnel.

— **d'utilité publique.** Personne morale de droit privé qui, tout en bénéficiant de privilèges attachés à la *reconnaissance d'utilité publique, se distingue de l'établissement public, outre ses origines et la nature de ses activités par le fait qu'elle ne peut pas mettre en œuvre des prérogatives de puissance publique.

— **financier.** Établissement qui, accomplissant les mêmes opérations qu'une *banque, ne peut, à la différence de cette dernière, utiliser que ses capitaux propres et non les fonds reçus du public.

— ***principal.** Élément de l'entreprise où sont prises les décisions essentielles relatives à l'ensemble des autres entreprises de l'intéressé. V. *secondaire.*

— **public.**

a / Au sens ancien qui se retrouve dans le C. civ. et le C. pr. civ., désignait aussi bien toute personne de droit public, même territoriale, que des personnes de droit privé bénéficiant d'une certaine protection de l'administration. V. **établissement d'utilité publique, organisme, office.*

b / Toute personne publique autre que les *collectivités territoriales qui, rattachée à une ou plusieurs de celles-ci (établissements publics nationaux ou locaux) et soumise au principe de spécialité, assure la gestion d'un service public ou d'une activité incombant à l'administration suivant des règles variables en fonction de la nature de cette activité mais comportant un minimum de sujétions et de prérogatives de droit public. V. **décentralisation par services.*

— **public administratif.** Catégorie classique d'établissement public gérant un service ou une activité de caractère administratif et soumis à un régime de droit public.

— **public de coopération culturelle** (EPCC). Établissement public à caractère administratif, industriel ou commercial que les collectivités territoriales et leurs groupements peuvent constituer avec l'État et les établissements publics nationaux, dans le but de créer et gérer un service public culturel contribuant à la réalisation des objectifs nationaux dans le domaine de la culture (ex. gestion d'un musée, d'un théâtre, d'une école d'art, CGCT, a. 1431-1).

— **public de coopération *intercommunale** (EPCI). Établissement public à fiscalité propre correspondant à une communauté *intercommunale (communauté d'*agglomération, communauté *urbaine) qui est administré par le conseil de la communauté et un président, et qui, dans l'espace de solidarité, exerce de plein droit, au lieu et place des communes membres, les compétences que détermine la loi en matière de développement, d'aménagement, de logement, de services collectifs, etc. V. *intercommunalité, pays.*

— **public industriel et commercial.** Catégorie d'établissement public qui, gérant un service ou une activité à caractère économique, est principalement soumis à un régime de droit privé. V. **entreprise publique.*

— **public local de coopération éducative.** Établissement public à caractère administratif que les communes ou groupements de communes peuvent constituer avec l'État en vue de développer des actions éducatives (CGCT, a. 1441-1).

— **public scientifique et culturel.** Catégorie d'établissement public créé par la loi d'orientation de l'enseignement supérieur et soumis au double principe d'autonomie et de participation. V. **université.*

— **public territorial.** Catégorie d'établissement public fédérant des collectivités territoriales dont il exerce une ou plusieurs des compétences. V. **syndicat de communes, *districts, *communauté urbaine, *région.*

— **secondaire.** V. *secondaire, bureau secondaire.*

• **7** Par ext., le local dans lequel s'exerce l'activité.

—s dangereux, incommodes et insalubres. Ancienne dénomination remplacée par **installations classées*.

— **de soins.** Établissement dans lequel sont dispensés les soins nécessaires aux malades et éventuellement aux personnes âgées.

—s *pénitentiaires. Locaux (dépendant de l'administration pénitentiaire) destinés, pour certains (*établissements pour peines) à recevoir exclusivement les délinquants condamnés à une peine privative de liberté (pour procéder à l'exécution de cette peine et parfois appliquer un traitement en vue de la réinsertion sociale), pour d'autres à accueillir principalement des inculpés placés en détention provisoire (*maisons d'arrêt). V. *centre pénitentiaire, maison centrale, prison-école, prison, pénitencier, bagne.*

—s pour *peines. Par opp. à *maison d'arrêt, établissements pénitentiaires exclusivement destinés à recevoir les condamnés définitifs (*maisons centrales, *centres de détention, *centres de semi-liberté, *centres pour peines aménagées, établissements pénitentiaires spécialisés pour mineurs). C. pr. pén. a. D. 70.

ÉTAT (I)

Subst. masc. – Lat. *status.*

Situation de fait ou de droit. Comp. *statut, condition.*

▸ **I** *Pour une *personne.*

• **1** *Situation de fait dans laquelle elle se trouve ; sa situation économique ou financière, sa condition sociale. Ex. état de cessation des paiements.

— **dangereux.** Situation faisant craindre qu'une personne commette une infraction avec une probabilité telle qu'elle peut justifier, *ante delictum,* une *mesure de sûreté.

— **de dépendance.** V. *dépendance.*

• **2** Situation juridique ; son *statut, sa *condition juridique ; peut englober l'ensemble des éléments auxquels la loi attache des effets de droit (situation de famille mais aussi profession, nationalité, état de santé, etc.) ou s'appliquer à l'un de ces éléments (ex. état d'époux. V. *statut conjugal*) ; *brevitatis causa,* désigne parfois plus spécialement l'état civil. V. *état civil.*

— **des personnes.**

a / Ensemble des éléments qui concourent à identifier et à individualiser chaque personne dans la société (date et lieu de naissance, filiation, nom, domicile, situation matrimoniale, etc.).

b / Ensemble des conséquences juridiques qui découlent de ces éléments et dont la somme caractérise la condition civile d'une personne. V. *égalité civile, pares magis quam similes.*

— **(possession d').** V. **possession d'état.*

▸ **II** *Pour une chose.*

• Sa situation matérielle réelle, sous le rapport de sa conservation, de son ancienneté. Ex. état de bon entretien, de vétusté, de ruine (C. civ., a. 860-922, 1571). Comp. *valeur, consistance.*

▸ **III** *Pour une cause* (un procès).

a / Hauteur de la procédure ; degré d'avancement de l'instance. Ex. « en tout état de cause » signifie : aussi bien en appel qu'en première instance.

b / Degré d'achèvement de l'instruction d'une affaire. Ex. affaire en état d'être plaidée. V. **mise en état.*

▸ **IV** *Dans diverses expressions,* situation caractérisée ; *circonstances particulières.

— **de Droit** (de l'all. *Rechtsstaat,* comp. l'angl. *rule of law,* règne du droit).

a / Situation résultant, pour une société, de sa soumission à un *ordre juridique excluant l'anarchie et la justice privée. V. **système juridique, législation, *règne de la loi.*

b / En un sens plus restreint, nom que mérite seul un ordre juridique dans lequel le respect du Droit est réellement garanti aux sujets de droit, not. contre l'arbitraire (concept en faveur dans le discours philosophique et politique renvoyant à l'affirmation idéale de la subordination de l'État au Droit). V. **libertés publiques, égalité, légalité, loi.* Ant. *état de police.*

— **de guerre.** V. *guerre (état de).*

— **de *nécessité.**

a / (civ. pén.). Circonstances invoquées par l'auteur d'un dommage comme fait justificatif consistant à avoir intentionnellement causé un dommage à autrui pour en éviter un autre plus considérable à une autre personne, à lui-même ou à un bien ; plus précisément (en matière pénale) situation dans laquelle une personne, face à un danger actuel ou imminent pour elle-même, autrui ou un bien, accomplit un acte nécessaire à la sauvegarde de la personne ou du bien menacé, et qui constitue une cause d'irresponsabilité pénale, sauf s'il y a disproportion entre les moyens de sauvegarde et la gravité de la menace (C. pén., a. 122-7). V. *force majeure*.

b / (int. publ.). Prétention parfois émise par certains États selon laquelle un ensemble de circonstances menaçant leur existence ou leurs intérêts vitaux les autoriserait à transgresser le Droit international sans engager leur responsabilité.

— **de siège.** Régime de temps de crise résultant d'une déclaration officielle qui se caractérise par la mise en application d'une législation exceptionnelle de prévoyance soumettant les libertés individuelles à diverses restrictions et à une emprise renforcée de l'autorité publique.

— **d'urgence.** V. *urgence (état d')*.

▸ **V** Par extension, la constatation d'une situation et, plus précisément, l'*écrit dans lequel est consignée cette constatation. Comp. *nomenclature, titre, relevé, bordereau, liste, bulletin*.

— **de frais.** Relevé de sommes dues à une personne, au titre de dépenses, indemnités ou rémunérations afférentes à l'exercice de ses fonctions. Ex. relevé des débours et émoluments dus à un officier ministériel à l'occasion d'acte de son ministère. V. *débours, taxe, tarif.*

— **des immeubles.** Description des immeubles soumis à un droit (not. un usufruit), avec indication de leur état matériel avant l'entrée en jouissance (C. civ., a. 600). Comp. *inventaire* et ci-dessous.

— **de situation.** Exposé sommaire de la consistance actuelle du patrimoine d'une personne avec indication des principaux éléments d'actif et de passif.

— **des lieux.** Description d'un local indiquant l'état de conservation ou de dégradation de chacune de ses parties. Ex. état des lieux loués dressé contradictoirement entre bailleur et locataire avant l'entrée en jouissance, soit à l'amiable, soit par acte d'huissier.

— ***estimatif.** Désignation et estimation, article par article, des meubles faisant l'objet d'un acte juridique. Ex. C. civ., a. 948 (donation).

— ***exécutoire** (fin.). Ordre de recette rendu exécutoire par un ordonnateur principal ou par un préfet. Comp. **arrêté de débet*.

— **hypothécaire.** État des *inscriptions hypothécaires (C. civ., a. 2449).

— **liquidatif.** Acte destiné à établir le partage d'une communauté ou d'une succession entre les ayants droit, en déterminant les éléments de l'actif à partager (compte tenu des rapports, reprises et récompenses, après déduction du passif) et attribuant à chacun des copartageants une fraction distincte de l'actif résiduel pour le remplir de ses droits.

ÉTAT (II)

V. le précédent.

▸ **I**

— **fédéral.** V. *fédéralisme*.

- Groupement créé entre des unités politiques par une Constitution commune, dans lequel elles gardent certaines compétences de gouvernement, législation et juridiction permettant de les considérer comme États membres, mais perdent leur *souveraineté au profit du groupement, lequel a les compétences les plus importantes, le plus souvent, seul, la personnalité internationale, et est le véritable État. Ex. Suisse, États-Unis d'Amérique, République fédérale d'Allemagne. Comp. *confédération d'États*.

▸ **II** (int. publ.)

- Entité juridique formée de la réunion de trois éléments constitutifs (population, territoire, autorité politique) et à laquelle est reconnue la qualité de sujet du Droit international. Groupement d'individus fixé sur un territoire déterminé et soumis à l'autorité d'un même gouvernement qui exerce ses compétences en toute indépendance en étant soumis directement au Droit international.

— **composé.** Terme de doctrine équivoque qui recouvre aussi bien des groupements d'États, telles les *unions d'États ou les *confédérations, que des États proprement dits, dont la structure n'est pas unitaire, tels les *États fédéraux.

—**s (confédération d').** V. *confédération d'États*.

— **fédéral.** État succédant souvent à une confédération d'États et qui constitue une

entité internationale distincte se superposant aux États particuliers entre lesquels il sert de lien. Construction qui repose sur la mise en œuvre des deux principes d'autonomie des collectivités composantes et de participation de celles-ci à l'élaboration de la volonté commune de la fédération. Un partage des compétences étatiques se réalise entre deux séries d'organes superposés (les uns au niveau des États membres et les autres au niveau de la fédération). Les organes fédéraux exercent seuls les compétences internationales (droit de légation, droit de conclure des traités, mise en jeu de la responsabilité internationale) car l'État fédéral dispose exclusivement de la personnalité juridique internationale. Tandis que la confédération d'États n'est plus qu'une forme historique, la forme fédérale est largement pratiquée.
— **neutre.** V. *neutralité.*
— **protégé.** V. *protectorat.*
— **souverain.** État pleinement indépendant et jouissant de tous les droits tant du point de vue interne (législation, administration, justice) qu'au point de vue externe (droit de légation actif et passif, droit de conclure des traités, droit de recourir à la force dans les limites encore admises par le droit international).
—**s (union d').** Terme utilisé pour qualifier autrefois une association groupant deux collectivités étatiques placées sous l'autorité d'un même souverain. Les unions étaient dites personnelles ou réelles. L'union était dite personnelle lorsqu'elle laissait à chaque État son autonomie complète. D'origine accidentelle lorsqu'elle résultait d'une coïncidence fortuite des lois successorales amenant une même personne sur deux trônes différents (ex. Union de l'Angleterre et du Hanovre de 1714 à 1837 ; Union des Pays-Bas et du Luxembourg de 1815 à 1890), ce type d'union était précaire car elle disparaissait nécessairement lorsqu'un des deux États associés écartait les femmes de la succession au trône. L'union était dite réelle lorsque, toujours de nature volontaire, elle créait un lien plus étroit et plus durable par la mise en place d'organes communs permettant notamment d'assurer une politique étrangère unique. Une certaine contiguïté territoriale assurait une relative stabilité à ce type d'union (ex. Union suédo-norvégienne de 1815 à 1905 ; Union austro-hongroise de 1867 à 1918 ; Union dano-islandaise de 1918 à 1944). Union personnelle et union réelle ont aujourd'hui disparu, et apparaissent comme des institutions périmées du fait qu'elles impliquaient l'existence d'États monarchiques permettant une communauté de souverains.
— **unitaire.** Se distingue de l'État composé du fait qu'il ne possède qu'un seul centre d'impulsion politique. Même lorsqu'une large décentralisation du pouvoir y est pratiquée, les provinces, régions ou autres circonscriptions administratives ne dépassent pas un certain seuil d'autonomie politique. Un État unitaire ne possède qu'un seul parlement, un seul gouvernement.

▸ **III** (eur.)
— **associé.** V. *association.*
— **membre.** État partie au *traité constitutif de l'une des Communautés européennes ou à un traité d'*adhésion. V. **Marché commun.*

ÉTAT CIVIL

V. le précédent et *civil.*

• **1** Situation de la personne dans la famille et dans la société. Plus précisément :

a / Ensemble des qualités inhérentes à la personne que la loi civile prend en considération pour y attacher des effets (qualité d'époux, d'enfant adoptif, de veuf...). Les principaux éléments retenus qui différencient chaque personne des autres au plan de la jouissance et de l'exercice des droits civils sont : la nationalité, le mariage, la filiation, la parenté, l'alliance, le nom, le domicile, la capacité et même le *sexe (de façon très limitée aujourd'hui), *adde* l'état d'*absence. V. **identité civile.*

b / S'opp., en un sens plus étroit, à la *capacité, se composant alors de l'ensemble des qualités ci-dessus énoncées, à l'exclusion de celles qui habilitent ou non la personne à exercer elle-même ses droits. V. **action,* **contestation,* **réclamation,* **possession d'état.*

• **2** Organisation créée en vue de constater officiellement les qualités ci-dessus indiquées. Plus précisément :

a / Mode de constatation ou d'enregistrement, par la tenue de registres publics, des principaux faits ou actes intéressant l'état d'une personne (naissance, mariage, divorce, décès, désaveu, reconnaissance d'enfant naturel, légitimation, adoption, mise sous tutelle, etc.).

b */* Service public judiciaire dont la charge incombe à un fonctionnaire dit officier de l'état civil (en principe le maire dans chaque commune) et dont l'objet est de dresser sur des registres publics les actes instrumentaires constatant les faits et actes ci-dessus indiqués et d'en délivrer des copies ou extraits aux intéressés autorisés par la loi à en former la demande.

c */* (sens familier). Locaux abritant ce service. V. *registres de l'état civil, répertoire civil, casier civil, livret de famille.*

• **3**
— **(acte de l').** Actes écrits destinés à constater les événements les plus marquants de la vie des personnes physiques (naissance, mariage, décès, etc.) qui sont dressés sur des *registres à partir des *déclarations faites par les *comparants par l'autorité publique (dans chaque commune l'officier de l'état civil chargé de les recevoir, de les rédiger, de les signer et de les conserver), soit comme actes originaires principaux (acte de naissance, de mariage, de décès), soit sous forme de mention en marge des précédents (reconnaissance d'un enfant naturel, jugement de divorce) dont les mentions légalement déterminées varient d'un acte à l'autre et qui sont dotés d'une force probante variable (authenticité des énonciations vérifiées par l'officier de l'état civil; preuve contraire libre pour les autres) et d'une certaine publicité (par délivrance de copie ou d'extrait aux intéressés sur leur demande par les dépositaires des registres).

ETC.

Abréviation de *et caetera,* loc. lat. signifiant « et les autres choses », « le reste ».

• Choses que l'on se dispense par abréviation de citer (dans un acte sous seing privé) à la fin d'une énumération parce qu'elles en sont la suite naturelle facile à suppléer, soit comme éléments d'une série consacrée (ex. tous actes de disposition, d'administration, etc.), soit comme exemples analogues d'un même genre (meubles meublants, vaisselle, argenterie, etc.).

ÉTHIQUE

N.f.

• Ensemble de principes et valeurs guidant des comportements sociaux et professionnels, et inspirant des règles déontologiques (codes de bonne conduite, de déontologie ou de bonnes pratiques) ou juridiques (lois dites bioéthiques). V. *bioéthique, Comité consultatif national d'éthique pour les sciences de la vie et de la santé.*

— **(alerte).** V. *alerte professionnelle.*

ÉTOC

Subst. masc. – Tiré de *estoc* : bâton, pieu, d'origine germ. Cf. all. *Stock* : bâton.

• **1** Coupe rase d'un peuplement forestier ne laissant subsister aucune réserve et ne faisant plus apparaître sur le sol que la section blanche des souches.

• **2** (coupe à blanc). *Défrichement indirect par une coupe rase d'un peuplement forestier réalisée de façon à détruire les rejets de souche et à empêcher la reconstitution des essences de l'exploitation.

ÉTRANGER, ÈRE

Adj. – Dér. d'étrange, lat. *extraneus.*

• **1** Toute personne (ou entité) qui, au regard d'un État, n'a pas la *nationalité de cet État, qu'elle possède ou non une nationalité étrangère.

• 2 D'origine extérieure.

—**ère (cause).** Terme générique (dont le *cas fortuit et la *force majeure sont des espèces) désignant tout fait ou tout événement (guerre, blocus, cataclysme ou même fait d'un tiers) qui, intervenant dans la réalisation d'un dommage avec le triple caractère d'imprévisibilité, d'irrésistibilité et d'extériorité (accent mis sur ce dernier), constitue une cause d'exonération de la responsabité délictuelle ou contractuelle. Ant. *interne.*

ÉTRANGER

Subst. – V. le précédent.

• **1** Relativement à un pays, toute personne qui n'a pas la nationalité de ce pays. Ant. *national.*

• **2** Toute personne autre que celles qui sont appelées à une succession (C. civ., a. 839 anc., 1687) ; s'oppose à *héritier, *cohéritier, légataire, coïndivisaire, *copartageant. Comp. *tiers, partie.*

ÊTRE

Subst. masc. – Du v. être, lat. *esse.*

— **humain.** V. *humain, *personne physique.*
— **moral.** Syn. de *personne morale.

ÉTROIT, OITE

Adj. – Lat. *strictus.*

• Resserré. Syn. **strict* (sens 5). Ant. *large, libéral.* Comp. *restrictif.*
— **(de droit).** Qui n'est pas susceptible d'extension ; se dit not. d'une disposition qui doit être renfermée dans ses limites. Syn. de *droit *strict.* V. *dérogatoire, exorbitant, exceptionnel, *stricto sensu.*

ÉTUDE

N. f. – Lat. *studium.*

• **1** *Examen approfondi d'une affaire, d'un dossier qui est souvent, pendant un temps de recherche et de réflexion, le préalable d'une décision ou d'une initiative (avant la *délibération ou l'exercice d'un recours). V. *consultation, conseil, rapport.*
— **d'impact.** Document joint aux projets de loi, en complément de l'exposé des motifs, qui définit les objectifs poursuivis par le texte, recense les options alternatives, dresse un état du droit, évalue les conséquences juridiques, économiques, sociales et environnementales ainsi que les coûts et bénéfices financiers attendus (l. org. nº 2009-403 du 15 avril 2009 relative à l'application des articles 34-1, 39 et 44 de la Constitution, a. 8).

• **2** Locaux occupés par l'*office ministériel et, par ext., l'office même. Ex. l'étude d'un notaire. Comp. *cabinet, agence, fonds libéral.*

EURO

Subst. masc. – Néol. par abréviation de Europe.

• Nom donné à la monnaie de l'*Union européenne, unité monétaire européenne divisée en cent cents (ou *centimes) qui s'est substituée à l'*écu (toute référence à l'écu étant remplacée par une référence à l'euro au taux de un euro pour un écu) ; plus précisément, unité monétaire qui, à compter du 1er janvier 1999, est devenue la monnaie unique des États participants à l'*Union économique et monétaire, et a remplacé la monnaie de chaque État membre participant selon le *taux de conversion, les monnaies nationales des États participants (*franc français, mark, franc belge, etc.) étant devenues, pour une période transitoire, comme unités nationales monétaires, des subdivisions de l'euro dont la valeur (en contre-valeur de l'euro) a été déterminée de manière irrévocable par les taux de *conversion (v. a. L. 111-1 C. mon. et fin. : « La monnaie de la France est l'euro. ») V. *UEM, BCE, SEBC, franc, zone euro, instruments monétaires, cours légal.*

EUROJUST

• Organe de l'Union européenne doté de la personnalité juridique, chargé de renforcer la coordination et la coopération entre les autorités compétentes des États membres de l'Union européenne dans toutes les enquêtes et poursuites relevant de sa compétence (C. pr. pén., a. 695-4). Ex. traite des êtres humains, trafic d'armes à feu.

ÉVACUATION

N. f. – Lat. *evacuatio,* du v. *evacuare,* vider.

• **1** Pour l'ensemble des occupants d'un lieu, action matérielle de le quitter, *motu proprio* ou sur l'ordre des pouvoirs publics.

• **2** L'ordre de quitter ce lieu, *mesure collective d'expulsion qui, comme l'*expulsion individuelle, est subordonnée à de strictes conditions lorsqu'elle porte sur des lieux habités (l. 9 juill. 1991, a. 61 s.).

ÉVALUATIF, IVE

Adj. – Dér. du v. évaluer. V. *évaluation.*

• Qui contient une *évaluation. Ex. état évaluatif. Comp. *estimatif.*

ÉVALUATION

N. f. – Dér. d'évaluer, dér. de value, fém. du part. pass. pris substantivement de valoir, lat. *valere* : être bien portant.

• **1** Opération consistant à calculer et à énoncer une *valeur d'après des données et des critères déterminés (not. la date d'évaluation), c'est-à-dire à chercher et à chiffrer ce que vaut en argent un bien ou un avantage (évaluation d'un patrimoine, évaluation d'un *profit) ou la somme d'argent que représente une perte (évaluation d'un dommage) ; le terme est plus général qu'*estimation, *a fortiori* qu'*appréciation. V. *plus-value, taxation, expertise, tarification prisée.*

— **administrative.** Détermination forfaitaire du revenu dans les bénéfices non commerciaux (revenus des professions libérales et revenus assimilés).

— **(date d').** Date à laquelle il faut se placer pour calculer la valeur. Ex. évaluation d'un immeuble donné au jour de la donation, au jour du décès du donateur ou au jour du partage.

• **2** Appréciation (qualitative) de l'application d'une loi ; spéc. appréciation *a posteriori* des choix et des résultats d'une loi dans la perspective d'un nouvel examen de celle-ci. Ex. l. nº 94-654, 29 juill. 1994, a. 21. V. *critique *législative, clause de *réexamen.*

ÉVASION

N. f. – Lat. de basse époque *evasio,* de *evadere* : s'évader.

• **1** Fait pour une personne de s'échapper de l'endroit où elle était placée en *détention comme condamnée, prévenue ou en garde à vue, qui est punissable si le détenu se soustrait à la garde à laquelle il est soumis par violence, effraction ou corruption, avec ou sans la *connivence d'un tiers (C. pén., a. 434-27).

• **2** Par ext., le fait pour un condamné d'abuser de la confiance dont il a fait l'objet et qui a permis sa sortie de l'établissement (travail à l'extérieur, semi-liberté, permission de sortir, etc.) (a. 434.29).

ÉVASION FISCALE

Lat. de basse époque : *evasio,* de *evadere* : s'évader. V. *fiscal.*

• Fait d'échapper à l'impôt par des procédés ou des manipulations non réprimés par la loi. Comp. *fraude fiscale.*

ÉVENTUEL, UELLE

Lat. *eventualis,* dér. de *eventus* : événement.

• **1** Par opp. à existant, à *né et *actuel, non encore né (mais possible). Comp. *aléatoire, fortuit.*

— **(intérêt).** *Intérêt non encore né, assimilé à un intérêt inexistant, impuissant à conférer un *droit d'agir en justice. V. **action.*

— **(litige).** *Litige non encore né (qui n'a pas éclaté) sur lequel on ne peut ni *compromettre, ni transiger, ni convenir de conférer au juge un pouvoir d'amiable compositeur (CPC, a. 12), mais en prévision duquel la loi permet, sous des conditions restrictives, de conclure une promesse de compromis (C. civ., a. 2061). V. *clause compromissoire, arbitrage.*

• **2** Encore incertain (par opp. à *futur), mais probable ; déjà en germe ou en espérance ; à l'état de *vocation ou de menace.

— **(droit).** Droit, non encore venu, qui existe à l'état de simple expectative et qui, incertain en son principe comme un droit conditionnel, diffère de ce dernier en ce qu'il ne rétroagit pas lorsque l'événement dont il dépend l'actualise. Ex. *vocation d'un successible à une succession non encore ouverte. V. *pacte sur succession future.*

— **(préjudice).** Dommage dont la survenance incertaine dépend d'événements futurs mais dont la menace, si elle est assez nette, fait naître un *intérêt *actuel pour *agir préventivement en justice. V. *action préventive.*

ÉVICTION

N. f. Lat. jur. *evictio,* de *evincere* : évincer, propr. vaincre.

• **1** Fait pour le possesseur d'une chose vendue d'en être dépouillé pour une cause juridique antérieure à la vente (et le plus souvent par décision de justice), soit en tout (éviction totale), soit en partie (éviction partielle : révélation d'une servitude grevant le bien acquis), sauf son recours contre le vendeur dont il croyait avoir acquis la chose et qui doit le garantir de cette privation. Ex. l'acquéreur **a non domino,* *évincé par la revendication du **verus dominus,* agit en *garantie d'éviction contre son vendeur (C. civ., a. 1626). V. *trouble.* Comp. *dépossession.*

- **2** Non-*renouvellement d'un *bail commercial résultant du refus opposé par le bailleur et entraînant pour celui-ci l'obligation de verser au preneur évincé une *indemnité d'éviction. V. *repentir, propriété commerciale.* Ne pas confondre avec *expulsion.

ÉVIDENCE

Subst. fém. – Lat. *evidentia* (gr. ἐναργεια) : visibilité, clarté, transparence, de *videre* : voir.

- Ce qui ressort comme manifestement vrai ; ce qui se fait reconnaître comme tel par tout esprit raisonnable ; *vérité indice d'elle-même *(veritas index sui)* ; vertu persuasive autonome de cette vérité ; qualité dont est paré le *fait ou le *raisonnement qui, portant en lui révélation de son existence ou de son bien-fondé, vaut preuve de lui-même et dispense d'autre preuve ou d'autre démonstration. Comp. *apparence.* V. *vérification, axiome, constatation, manifestation, révélation, non équivoque, notoire, de visu, ex propriis sensibus.*

ADAGE : *Res ipsa loquitur.*

ÉVIDENT, ENTE

Adj. – Lat. *evidens,* du v. *videre* : voir.

- Qui a la force de l'*évidence. Comp. *manifeste, apparent, notoire, certain, incontestable, non équivoque.*

ÉVINCÉ, ÉE

Adj. ou subst. – Part. pass. du v. évincer. V. *éviction.*

- Celui qui subit l'*éviction. V. *exproprié, retrayé.*

ÉVOCATION

N. f. – Lat. *evocatio* : appel.

▸ **I** (pr. civ.)

- Faculté appartenant à la juridiction du second degré, saisie d'un *appel contre un jugement ayant ordonné une mesure d'instruction ou qui statuant sur une exception de procédure a mis fin à l'instance, de s'emparer de l'ensemble de l'affaire et de statuer sur l'appel et sur le fond du procès par une seule et même décision, si elle estime de bonne justice de donner à l'affaire une solution définitive (CPC, a. 568). V. *effet dévolutif.*

▸ **II** (pr. pén.)

- **1** Obligation imposée à la cour d'appel, lorsqu'elle annule la décision qui lui a été déférée à la suite d'irrégularité de la procédure suivie en première instance, de statuer sur le fond de l'affaire (C. pr. pén., a. 520).
- **2** Faculté accordée dans certains cas à la *Chambre d'accusation d'étendre l'information à des faits ou à des personnes qui n'étaient pas englobés dans les poursuites (C. pr. pén., a. 206 s.).

ÉVOLAGE

N. m. – Origine obscure.

- Temps pendant lequel un étang est tenu en eau ; par ext. droit d'évolage, droit, pour son titulaire, l'évolagiste, de recueillir pendant ce temps (deux ans après une année d'*assec) les produits de la pêche de l'étang, tradition encore vivace dans certaines régions (Bresse), par l'effet de laquelle la jouissance d'un même bien se partage périodiquement entre la pêche et la culture au profit de titulaires différents, décomposition originale d'un attribut de la propriété. V. *propriété (démembrement de la).* Comp. *bandiste.*

EXACTION

N. f. – Lat. *exactio* du v. *exigere* (v. exiger) expulsion, bannissement, action de faire rentrer (impôt, argent), d'exiger l'accomplissement d'une tâche.

- Pour un fonctionnaire, action d'*exiger ce qui n'est pas dû ou plus qu'il n'est dû, spéc., pour le collecteur de deniers publics, de pressurer le contribuable ; terme générique correspondant à un agissement non spécialement incriminé par la loi pénale mais englobant de multiples *malversations érigées en infraction, **extorsion,* **corruption,*

**concussion *trafic d'influence, prise illégale d'*intérêts. V. rançon. V. Excès, abus.*

EX AEQUO ET BONO

Formule latine signifiant « selon ce qui est équitable et bon » employée dans les expressions « statuer, décider, juger *ex aequo et bono* » pour désigner l'opération consistant pour un juge ou un arbitre (national ou international) – lorsque cette *mission lui a été conférée – à trancher le litige en *équité, soit en l'absence de règle de droit applicable à l'espèce, soit en écartant la règle de droit normalement applicable parce que les conséquences de son application à l'espèce seraient trop iniques, soit en atténuant, pour le même motif, la rigueur de la règle appliquée (au lieu de statuer en droit* strict). V. **pouvoir modérateur, amiable compositeur, dérogation, modération.*

EXAMEN

N. m. – Lat. *examen* : aiguille de balance, action de peser.

- **1** Action d'examiner, de considérer et d'étudier une *question de droit ou de fait. V. *appréciation, contrôle, connaissance, analyse, critique, lecture, étude, discussion, argumentation, raisonnement juridique, évaluation, réexamen.*
- **2** Plus spécialement, en matière de preuve ou de *vérification, opération tendant à constater un fait directement, *de visu,* à en prendre une connaissance personnelle ; investigation. Ex. examen des lieux, d'une pièce à conviction. V. *enquête, *descente sur les lieux, *vue de lieux, *mesure d'instruction.*

— **de personnalité.** Syn. **enquête de *personnalité.*

— **préalable.** Examen auquel l'administration procède avant l'enregistrement d'une marque ou la délivrance d'un brevet d'invention.

— **(mise en).** V. *mise en examen.*

EXCÉDENT

Subst. masc. – Du lat. *excedens,* part. prés. de *excedere* : sortir de.

- Terme employé en matière de *réassurance pour désigner ce qui, dépassant la conservation de l'assureur, est cédé au réassureur ; il y a ainsi la réassurance en excédent de risque et la réassurance en excédent de sinistre *(*excess loss).* Comp. *excès*.

EXCEPTION

N. f. – Lat. *exceptio* : limitation, restriction, réserve, du v. *excipere* au sens d'excepter, exciper.

- **1** Action d'excepter et résultat de cette action.

a / Parfois syn. de *dérogation (sens 1). Cas soustrait à l'application normale de la règle par l'effet d'une mesure individuelle (exorbitante) de dérogation (par ex, en vertu du pouvoir *modérateur) : en ce sens l'exception s'oppose à la *règle (et lui fait échec).

b / Plus souvent (et plus proprement) cas soumis à un régime particulier par l'effet d'une disposition spéciale dérogeant à la règle générale ; en ce sens l'exception est une règle (ayant vocation à régir tous les cas compris en son domaine). Ex. l'époux propriétaire d'un local affecté au logement de la famille ne peut en disposer sans le consentement de son conjoint par exception au principe de libre disposition d'un bien par son propriétaire (l'a. 215, al. 3 est une exception à l'a. 544 du C. civ. ; la capacité est la règle, l'incapacité l'exception). La portée de l'exception dépend d'une part de son domaine (nombre et ouverture des cas exceptés), d'autre part de sa conséquence (caractère plus ou moins restrictif du régime qui en découle). Comp. *exclusion, limitation, restriction.*

— **(clause d').** Procédé qui habilite le juge à appliquer une loi autre que celle désignée par la *règle de conflit de lois au motif que le rapport de droit considéré entretient avec cette loi des liens manifestement plus étroits (L. DIP suisse, a. 15 ; règl. Rome I, a. 4.3 ; règl. Rome II, a. 4.3).

— **(juridiction d').** Juridiction spécialement établie pour certaines catégories de justiciables et d'affaires et constituant une dérogation à la juridiction de droit commun.

— **(médicament d').** Médicament à prescription restreinte, dont la prescription est soumise à des restrictions particulières (ex. monopole hospitalier de la prescription initiale).

- **2** Action d'*exciper ; *moyen de défense.

a / Au sens strict (on précise souvent exception de *procédure), tout moyen de défense qui tend, avant tout examen au fond ou contestation du droit d'action, soit à faire déclarer la procédure irrégulière ou éteinte (exception d'*incompétence, exception de *nullité), soit à en suspendre le cours (exception *dilatoire), toutes les exceptions devant, à

peine d'irrecevabilité, être soulevées simultanément et avant toute *défense au fond ou *fin de non-recevoir (CPC, a. 73 et 74). V. *déclinatoire.*
— **de connexité.** V. *connexité (exception de).*
— **de litispendance.** V. *litispendance (exception de).*
— **dilatoire.** V. *dilatoire.*

b / Dans certaines expressions, désigne encore en un sens générique tout *moyen de défense (exception de procédure, fin de non-recevoir ou défense au fond). Ex. le juge de l'action est le juge de l'exception. *(Reus in excipiendo fit actor.)*
— **de chose jugée.** V. **chose jugée (exception de).*
— **de compte arrêté.** V. *compte.*
— **de nullité.** Moyen de défense par lequel une partie fait valoir la nullité de l'acte qu'on lui oppose. Lorsqu'un contrat n'a pas été exécuté et qu'une des parties en exige l'exécution ou demande réparation pour sa non-exécution, après l'expiration de l'action en nullité, l'autre partie peut invoquer cette nullité. L'exception de nullité est *perpétuelle (C. civ., a. 1185).
— **de *recours parallèle.** Cause d'irrecevabilité du *recours pour excès de pouvoir tenant à l'existence d'un autre recours juridictionnel (le recours « parallèle ») permettant d'obtenir un résultat aussi satisfaisant et aussi efficace que le recours pour excès de pouvoir ; est plus exactement désignée par l'expression « fin de non-recevoir tirée de l'existence d'un recours parallèle ».
— **de vérité.** V. *exceptio veritatis.*
— **d'illégalité.** Voie de droit consistant, à l'occasion d'un procès intéressant l'application d'un acte administratif, à en invoquer l'illégalité, partant à conclure à son inapplicabilité par le juge et dont le régime est différent suivant que ce juge appartient à l'ordre administratif ou à l'ordre judiciaire.
— **d'inexécution (ou « exceptio non adimpleti contractus »).**

a / Moyen de défense qui permet à un débiteur d'être provisoirement dispensé d'exécuter son obligation envers son créancier tant que celui-ci, débiteur envers lui d'une obligation *réciproque ou connexe, n'a pas rempli son propre engagement (C. civ., a. 1219, 1612, 1651, 1653). V. *suspension de l'obligation.*

b / Nom parfois donné à la règle sur laquelle est fondé ce refus, encore nommée règle « donnant donnant » ou règle de l'exécution trait pour trait.

- **3** Désigne parfois, en fait, un cas hors série, une situation atypique, rare, extraordinaire. Ex. situation d'exception. V. *état, circonstances, exceptionnel.*

— **interne** (dite *in house,* angl.). Dispense de publicité et de mise en concurrence dans la passation de marchés publics qui pourrait prospérer (sous l'influence de l'Union européenne) dans les circonstances où l'autorité qui passe commande exerce sur son cocontractant un contrôle analogue au contrôle interne *(in house)* qu'elle a sur ses propres services.

EXCEPTIONNEL, ELLE

Adj. – Dér. de *exception.

- **1** Non conforme à la *norme, au *principe ; *dérogatoire au droit commun ; *spécial.

—**le (disposition).** Loi qui s'écarte en certains cas (cas exceptés) de la disposition de principe. V. *exception, normal, ordinaire.*

- **2** Qui échappe à la règle ou qui l'écarte.

—**le (autorisation).** Permission spéciale ; dispense individuelle accordée sur demande, dans un cas particulier, par les pouvoirs publics, en *dérogation à la règle. V. *commun.*

- **3** Démesuré, *extraordinaire, atypique, hors série. Ex. exceptionnelle *dureté (C. civ., a. 240 anc.).

—**le (situation).** *Circonstances toutes *particulières, *état de fait singulier qui justifie l'octroi d'une mesure exceptionnelle (ex. C. civ., a. 21-19). Comp. *exorbitant, anormal.*

EXCEPTIO NON ADIMPLETI CONTRACTUS

Expression latine signifiant mot à mot « exception de contrat (d'engagement) non rempli » encore usitée pour désigner l'*exception d'inexécution.

EXCEPTIO VERITATIS

Termes latins, signifiant « exception de vérité » surtout employés, en matière de *diffamation pour désigner le fait justificatif qui consiste, pour l'auteur de l'allégation ou de l'imputation litigieuse, à rapporter la preuve de la *vérité du fait diffamatoire. Comp. *bonne foi.*

EXCÈS

N. m. – Lat. *excessus* de *excessum* supin de *excedere,* sortir de (préf. *ex* hors de et *cedere,* aller, s'en aller, abandonner, céder).

- **1** Outrance, démesure ; ce qui est trop ; ce qui, en tout, dépasse les bornes (le plus souvent en ce qui est maléfique, excès de *violence, de brutalité, de cruauté, de faiblesse ; parfois en ce qui est ordinairement bénéfique, excès de zèle, de protection, de précaution, d'indulgence, de travail, de droit), s'agissant d'agissements et de désordres personnels (excès de consommation, de dépenses, de précipitation, de langage), de situations objectives (excès de production ou de restrictions, de richesse ou de dénuement) ou de l'ordre juridique (excès de réglementation, de formalités, de pression fiscale, de rigueur, de laxisme) ; notion générique assise, par opp. à *modération, *mesure, tempérance, sur l'idée de dépassement, de *transgression, relativement à une limite chiffrée (excès de vitesse, d'alcool dans le sang) ou à des bornes morales et à des *normes sociales de *tolérance (dans les relations conjugales, les rapports contractuels, le voisinage, les comportements sociaux, etc.) parfois relayée en droit par des notions plus spécifiques, insulte, outrage, offense, injure, *troubles anormaux, sévices, agression, etc. V. *excessif.*
- **2** Dans un sens quantitatif (économique, financier, comptable) syn. d'*excédent ; ce qui est en plus, par opp. à *déficit, défaut, manque, insuffisance ; ce qui dépasse une quantité ; différence en plus d'une quantité à une autre (des dépenses relativement aux recettes, des importations relativement aux exportations). V. *abus, iniquité, exaction.*

EXCÈS DE POUVOIR

N. m. – Lat. *excessus,* qui a pris le sens d'excès à basse époque, en lat. class. « mort », c'est-à-dire « sortie de la vie ». V. *pouvoir.*

► **I** (adm.)

- Ensemble des violations par l'administration du principe de légalité ; la locution, plus générique que spécifique, ne s'emploie que dans l'expression « *recours pour excès de pouvoir ».

► **II** (pr. civ.)

- Violation de la *séparation des pouvoirs ; empiétement par une autorité judiciaire sur les attributions du pouvoir législatif (*arrêt de règlement) ou exécutif (critique d'une décision administrative) qui donne *ouverture à *cassation. V. *violation de la loi.*

EXCESSIF, IVE

Adj. – De *excès.

- Outrancier, exagéré, immodéré, démesuré, énorme (comme jadis la lésion) ; qui outrepasse la mesure ; qui franchit les bornes légitimes, le seuil du tolérable et que, justement, la loi ne tolère pas. Ex. *réduction en cas d'*excès des engagements contractés par un majeur sous *sauvegarde de justice (C. civ. a. 435), *modération de la clause *pénale manifestement excessive (C. civ., a. 1231-5, al. 2). Comp. *anormal, injuste, exorbitant, abusif, léonin*. V. *usure, dureté exceptionnelle, trouble de voisinage, violence, pouvoir *modérateur, réduction, clause de *sauvegarde.* Ant. *dérisoire, vil* (mais aussi *normal, juste, équitable, raisonnable*).

DICTON : *Trop c'est trop.*

EXCESS LOSS

Expression anglo-saxonne signifiant « excédent de perte » utilisée pour désigner une forme non proportionnelle de *réassurance. V. *excédent.*

EXCIPER

V. – Lat. jur. *excipere* : excepter.

- **1** Pour un plaideur, opposer à son adversaire tout *moyen de défense. Ex. exciper de sa bonne foi.
- **2** Plus précisément, soulever, pour sa défense, une *exception de procédure. Ex. exciper de la nullité d'un acte, de l'incompétence de la juridiction.

EXCITATION À LA DÉBAUCHE

Lat. de basse époque *excitatio* (du v. *excitare* : exciter). V. *débauche.*

- Fait de provoquer, favoriser ou faciliter la dépravation d'autrui, autrement que par des actes de séduction directe et personnelle, qui constitue un délit, aujourd'hui englobé dans la *corruption de mineurs, s'il est commis aux dépens de ceux-ci (C. pén., a. 227-22). V. *incitation, débauche, instigateur.* Comp. *proxénétisme.*

EXCLUSIF, IVE

Adj. – Lat. médiév. *exclusivus,* du v. *excludere* : exclure.

- **1** Qui exclut ; se dit :

a / De ce qui écarte l'application normale d'une règle. Ex. convention exclusive de responsabilité. Comp. *limitatif, restrictif, élisif, exceptionnel, exonératoire.*

b / De ce qui ne tolère ni partage, ni adjonction, ni mélange. Ex. compétence exclusive ; le principe indemnitaire est exclusif de toute idée d'enrichissement. Ant. *mixte.*

c / De ce qui apporte une preuve négative certaine. Ex. analyse sanguine exclusive de paternité.

d / De ce qui écarte de la jouissance d'un droit toute autre personne que le titulaire. Ant. *indivis, commun.*

- **2** (par voie de conséquence). Qui appartient, profite ou incombe à un seul. Ex. jouissance exclusive, bénéfice exclusif, charge exclusive, *torts exclusifs. V. *privatif, propre, particulier.*

— **(approvisionnement).** V. *approvisionnement.*

—**ve (distribution).** V. *distribution exclusive.*

—**ve (gestion).** Par opp. à gestion *conjointe et à gestion *concurrentielle (ou *concurrente), celle qui appartient, en titre, à un seul, et qui comporte, pour son unique titulaire, le pouvoir d'accomplir seul tous les actes qui en relèvent (sans partage, concours ni autorisation). V. *individuel, indépendant.*

EXCLUSION

N. f. – Lat. *exclusio,* du v. *excludere* : exclure.

- Action d'exclure et résultat de cette action. Plus précisément :
- **1** Élimination. Ex. sanction prononcée contre l'adhérent d'un groupement qui a commis une faute grave. Comp. *radiation, expulsion, éviction.*

— **temporaire.** Peine disciplinaire infligée à un parlementaire, l'écartant pour un temps des travaux et du palais de l'assemblée dont il fait partie (ex. r. AN, a. 73 à 77).

- **2** *Restriction.

— **de risque.** Restriction de garantie, encore nommée non-assurance, écartant pour tel ou tel risque spécifié, la couverture de l'assurance (et résultant de la loi ou de la convention). Comp. *exception, refus, réserve, limitation.*

- **3** Mode négatif de *choix, V. *exhérédation.*

ADAGE : *Exclure c'est instituer.*

EXCLUSIVITÉ

N. f. – Dér. de *exclusif.

- **1** Modalité affectant une obligation contractuelle, en vertu de laquelle le débiteur réserve à son créancier, à l'exclusion de tout autre bénéficiaire, un genre de prestations mises à sa charge par le contrat (approvisionnement, fourniture, mandat, licence…).

— **(clause ou contrat d').** Stipulation ou convention conférant à un contractant le bénéfice de l'exclusivité. V. *franchisage, concession.*

- **2** Plus généralement, caractère de ce qui est *exclusif (sens 2).

EXCUSABILITÉ

N. f. – Dér. d'excusable, fait sur le lat. *excusabilis,* du v. *excusare* : mettre hors de cause *(causa).*

- **1** Qualité naguère accordée au débiteur failli dont la probité était judiciairement reconnue dans une faillite terminée par l'union des créanciers et qui lui permettait d'échapper à la contrainte par corps en matière civile et commerciale.
- **2** Plus généralement (mais rare) aptitude à être excusé ; caractère de ce qui est digne d'*excuse.

EXCUSE

N. f. – Tiré d'excuser. V. *excusabilité.*

▸ **I** (civ. et pr.)

- *Motif légitime de *dispense ou de *décharge ; cause liée à une situation personnelle (âge, maladie, etc.) qui affranchit un individu d'une obligation ou d'une charge, laquelle, normalement, lui incomberait. Ex. l'éloignement, des occupations professionnelles ou familiales exceptionnellement absorbantes étaient des excuses qui dispensaient ou déchargeaient de la tutelle (C. civ., a. 428, 429 anc.) ; nom autrefois donné au motif légitime qui dispense un tiers qui dépose comme témoin (CPC, a. 206) ou de décharger de l'amende le témoin défaillant (a. 207, a. 3). V. *dérogation, empêchement, prétexte, alléguer.*

▸ **II** (pén.)

- Circonstance que la loi (d'où l'expression d'excuse légale) prend elle-même en considération pour soustraire plus ou moins complètement un coupable aux peines auxquelles il s'est exposé. Comp. *fait justificatif, *état de nécessité, justification, repentir.*

— ***absolutoire.** Excuse qui entraîne suppression de la peine, mais qui laisse subsister la culpabilité ; dénomination aujourd'hui remplacée, assez lourdement, par les termes : cause légale d'*exemption de peine.

— **atténuante.** Excuse qui entraîne substitution à la peine normale d'une peine plus douce (ex. excuse atténuante de *minorité, excuse atténuante de *provocation) ; aujourd'hui nommée cause légale de *diminution de peine. V. *repentir.*

EXÉCUTEUR TESTAMENTAIRE

Lat. *exsecutor* et bas lat. *executorius,* de *exsequi* : poursuivre, accomplir. V. *testamentaire.*

- Personne désignée par le testateur dans son *testament pour assurer l'exécution de ses dernières volontés et à laquelle il peut donner la *saisine de son mobilier pendant un an et un jour (C. civ., a. 1025 à 1034). V. *diamant.* Comp. *mandat à effet *posthume.*

EXÉCUTIF (POUVOIR)

Du rad. du lat. *exsecutor* : celui qui accomplit, poursuit, venge ; du v. *exsequi* : suivre jusqu'au bout.

- **1** (sens fonctionnel). Syn. de fonction *exécutive.
- **2** (sens organique). Organe ou groupe d'organes chargé d'exercer à titre principal cette fonction (on dit aussi l'exécutif). Comp. *gouvernement.*
- **3** Puissance nécessaire de cet organe en vue de l'exercice de cette fonction.

EXÉCUTION

N. f. – Lat. *exsecutio,* du v. *exsequi.* V. le précédent.

- **1** *Accomplissement, par le débiteur, de la prestation due ; fait de remplir son obligation (impliquant *satisfaction donnée au créancier). V. *paiement, observation, désintéressement.*
- **2** Plus généralement, réalisation effective des dispositions d'une convention ou d'un jugement (qui peut ne procurer au créancier qu'une satisfaction par équivalent). Comp. *application.*
- **3** Par extension, la *sanction tendant à obtenir, au besoin par la *contrainte, l'accomplissement d'une obligation. V. *coercition, *voie d'exécution, force.*

— **(acte d').** Acte ayant pour objet de contraindre le débiteur d'une obligation ou la partie condamnée à exécuter les dispositions que contiennent la convention ou le jugement. Ex. une saisie mobilière, la saisie d'un immeuble. V. *saisie exécutoire, sommation.*

— **des peines.** Ensemble des mesures de mise en œuvre et d'adaptation d'une peine dont la mission incombe à diverses administrations sous l'autorité du procureur de la République de la juridiction qui a prononcé la peine et le contrôle croissant de l'autorité judiciaire. V. *juge de l'application des peines, relèvement, incapacité, déchéance.*

— **en bourse.** Opération par laquelle un agent de change effectue d'office, à la Bourse, des achats ou des ventes de titres pour le compte d'un *donneur d'ordre qui n'a pas tenu, dans les délais voulus, son engagement de remettre des titres ou des fonds.

— ***forcée.** Exécution d'une convention ou d'un jugement imposée au débiteur sur sa personne ou sur ses biens par le ministère d'un officier public compétent, et, au besoin, de la *force armée, en observant les formalités prescrites par la loi. Cette exécution forcée peut s'effectuer en nature sauf si elle est impossible ou s'il existe une disproportion manifeste entre son coût pour le débiteur et

son intérêt pour le créancier (C. civ., a. 1221). V. *contrainte, coercition.*
— **parée.** Exécution prête à être réalisée sans autre formalité préalable, notion actuellement dépourvue d'existence pratique (l'a. 547 C. pr. civ. anc. a supprimé la nécessité d'un **pareatis* autrefois exigé lorsqu'un acte ou un jugement passé ou rendu dans le ressort d'un Parlement devait être exécuté dans celui d'un autre. D'autre part, la loi du 2 juin 1841, C. pr. civ. anc., a. 742, a interdit la clause insérée dans une convention telle qu'une constitution d'hypothèque, permettant au créancier, en cas de défaut de paiement, de faire vendre les immeubles du débiteur sans suivre les formalités de la saisie immobilière, clause de *voie parée).
— ***provisoire.** Droit accordé par la loi ou par le juge à la partie bénéficiaire d'un jugement d'en poursuivre l'exécution malgré l'effet suspensif des voies de recours du délai ou des recours exercés.
— **volontaire.** Fait, par une personne, de se conformer sans contrainte aux dispositions d'une convention ou d'un jugement.

- **4** S'agissant d'une loi, objet de la fonction *exécutive, mise en œuvre de cette loi. Comp. *application.*
- **5** (s'agissant d'une infraction). Passage à l'acte.

— **(commencement d').** Pour une infraction, début de son accomplissement ; agissement qui, au-delà du stade de la préparation (ex. achat d'une arme), entame le processus de réalisation du forfait (l'effraction dans un vol) et concourt à constituer une *tentative. V. *iter criminis, acte préparatoire.*

EXÉCUTION CAPITALE

V. *exécution, capital* (adj.).

- Mise à mort d'un condamné. V. **peine de mort.*

EXÉCUTIVE (FONCTION)

V. *exécutif* (pouvoir) et *fonction.*

- **1** Sens étroit : mise à effet des lois.

a / (dans les théories dualistes des fonctions juridiques de l'État). Fonction consistant à accomplir tous les actes nécessaires à l'*exécution des lois (la fonction exécutive inclut alors les activités juridictionnelles ; on dit aussi que le pouvoir *exécutif englobe le pouvoir judiciaire).

b / (dans les classifications trialistes). Fonction consistant à accomplir les actes nécessaires à l'application non contentieuse des lois (n'incluant alors pas la fonction juridictionnelle).

- **2** Au sens large : ensemble des compétences de l'organe dit pouvoir *exécutif consistant à gouverner effectivement, même si elles excèdent la simple mise à exécution des lois, mais le plus souvent, sous la réserve des fonctions *législative et *juridictionnelle, par opposition auxquelles on situe la fonction exécutive ; celle-ci inclut alors, par exemple, la direction de la politique étrangère, celle de l'administration et de la force armée, l'initiative des lois, etc., Comp. *gouvernement.*

EXÉCUTOIRE

Adj. – Lat. de basse époque *ex(s)ecutorius,* du v. *exsequi.* V. *exécuteur, exécution.*

- **1** Qui peut être mis à exécution, au besoin par la *force (avec le concours de la *force publique) ; qui a *force exécutoire. V. *état, coercition, promulgation, publication.*

— **(acte).**

a / Acte (jugement, acte administratif, acte notarié) qui permet de mettre en jeu directement la *contrainte sociale (de recourir aux voies d'exécution forcée pour faire exécuter les dispositions qu'il contient) et dont le caractère exécutoire résulte en général de l'apposition de la formule exécutoire sur une expédition de l'acte (ex. pour les jugements : CPC, a. 502).

b / Syn. **titre exécutoire.*

— **(formule).** *Formule qui, apposée par le greffier ou le notaire sur certains actes, leur donne *force exécutoire (V. *grosse*). Elle contient l'ordre adressé par le chef de l'État aux agents de la force publique de faire exécuter l'acte ou de prêter leur concours à cette exécution. Syn. *mandement d'exécution.* V. *mander.*
— **(jugement).** Décision de justice qui peut être mise à exécution forcée (aux conditions de la loi, aux jours et heures autorisés, sur présentation d'une expédition revêtue de la

formule exécutoire, etc.), soit parce qu'elle n'est pas (ou plus) susceptible d'un recours suspensif d'exécution (on dit alors qu'*elle a – ou qu'elle passe en – *force de chose jugée), soit parce qu'elle est assortie de l'*exécution provisoire (CPC, a. 500, 501).

— **(titre).**

a / Acte écrit (*grosse d'un jugement, acte notarié) revêtu de la *formule exécutoire.

b / Par extension, acte auquel une disposition de la loi reconnaît la valeur d'un titre exécutoire (ex. extrait d'un procès-verbal de conciliation, CPC, a. 131).

— **(titre… européen).** V. *titre*.

• **2** Se dit, par opposition à *conservatoire, d'une mesure (ex. une saisie-exécution) destinée à réaliser le *gage des créanciers en vue de les désintéresser (faire vendre le bien du débiteur, afin de distribuer le prix obtenu aux créanciers).

EXÉCUTOIRE

N. m. – V. le précédent qui a été substantivé dans l'expression suivante :

— **des dépens.** Ordonnance du juge taxateur qui fixe le montant des *frais et qui, revêtue de la *formule exécutoire, permet au créancier des *dépens d'en poursuivre le paiement par les voies ordinaires d'exécution des décisions de justice (lorsque le jugement contient la taxe des frais, la *grosse sert d'exécutoire des dépens).

EXÉGÈSE

Subst. fém. – Du grec ἐξήγησις.

• **1** (sens gén.). Interprétation d'un texte ; étude critique de ses origines et de son sens.

• **2** Plus spécifiquement, méthode d'*interprétation de la loi (nommée méthode exégétique ou interprétation exégétique) dont le principe est de rechercher ce qu'a voulu dire l'auteur du *texte à partir de celui-ci, du contexte, des *travaux préparatoires et de l'objectif général de la loi, d'en dégager le sens d'après l'intention du législateur, afin d'en régler la portée sur la *ratio legis,* de manière à appliquer la règle dans la plénitude de sa raison d'être, en en faisant au besoin prévaloir l'*esprit sur la *lettre. V. *analogie, argument, application exégétique.* Comp. *interprétation littérale, téléologique.*

EXÉGÉTIQUE

Adj. – Lat. *exegeticus.* Grec ἐξηγητικός.

• Relatif à l'*exégèse ; qui s'en réclame et la met en œuvre ; qui fait prévaloir l'*esprit sur la *lettre d'un *texte (en cela syn. anciennement de **spirituel*) par opp. à *littéral.* Ex. interprétation exégétique, méthode exégétique. Comp. *téléologique, textuel.*

EXEMPLARITÉ

N. f. – Dér. de exemplaire, lat. *exemplaris.*

• Force de l'*exemple ; leçon escomptée de celui-ci. Plus spécialement : 1) (exemplarité de la *peine) pouvoir d'intimidation attendu de la peine ; crainte que peut inspirer aux autres, dans l'espoir que ce soit une incitation à demeurer dans le droit chemin, l'application ferme du châtiment au condamné, instrument préventif de *politique criminelle ; 2) pouvoir d'évocation de l'exemple, force *analogique qu'il développe, afin d'appliquer la règle à des hypothèses semblables non énoncées. V. *analogie.*

EXEMPLE

N. m. – Lat. *exemplum* (du v. *eximere,* enlever, prélever), échantillon, modèle.

• (dans la loi). Application concrète typique, échantillonnée et spécifiée par la loi, afin de faire imaginer, par similitude, d'autres applications (non énoncées au texte) de la même règle ; figure modèle. Ex. C. civ., a. 565, 700, 1404, etc. V. *indicatif, démonstratif, analogique, énumérer.*

EXEMPTION

N. f. – Lat. *exemptio* : action d'ôter.

• **1** Acte par lequel une autorité affranchit un sujet de droit (justiciable, contribuable), d'une obligation qui lui incomberait normalement ou le soustrait au régime ordinaire qui lui serait applicable. Ex. exemption du service armé, exemption fiscale. V. *dégrèvement, décharge, dis-*

*pense, franchise, affranchissement, grâce, pouvoir *modérateur, exonération.* Comp. *immunité, impunité.*

— **de peine.** Décision d'un juge pénal, naguère nommée *absolution, qui consiste à relever l'accusé – pourtant reconnu coupable – de l'obligation de subir sa peine (C. pr. pén., a. 363) pour avoir permis d'éviter ou de faire cesser une infraction (par ex. en révélant un complot, un projet d'attentat, une association de malfaiteurs, C. pén., a. 414-2 s.), les causes d'exemption (*excuses absolutoires) étant déterminées par la loi, en politique criminelle, afin sinon d'inciter le malfaiteur au *repentir, du moins de créer pour lui un intérêt à être utile à la société. Comp. **diminution de peine.*

• **2** Par ext., le bénéfice ainsi obtenu.

— **par catégories** (eur.). Inapplicabilité de l'a. 85-1 du traité CEE anc., TFUE, a.101-1, en vertu de l'a. 85-3 anc., TFUE, a. 101-3, à des ententes dont les caractères sont préalablement déterminés par le Conseil et la Commission.

— **(clause d')** (eur.). Disposition du traité en vertu de laquelle une *dérogation peut être accordée, dans un domaine particulier de la coopération communautaire, à un État membre de l'*Union européenne qui refuserait de se rallier, dans ce domaine, aux autres États membres, issue exorbitante également nommée *opting out* destinée à éviter un blocage général. Ex. dérogations accordées au Royaume-Uni et au Danemark, États désireux de ne pas participer à la troisième phase de l'*UEM. V. *euro.* Comp. *retrait (clause de), suspension (clause de), intégration différenciée.*

EXEQUATUR

Subst. masc. inv. – Terme empr. au lat. signifiant : « qu'il exerce…, qu'il poursuive en justice ».

• *Injonction émanant d'une autorité d'un État qui a pour vertu d'incorporer à l'ordre juridique étatique qu'elle représente un élément extérieur à celui-ci. Comp. *committitur.*

▸ **I** (pr. civ.)

• Décision par laquelle le tribunal de grande instance donne *force *exécutoire à une sentence arbitrale (V. CPC, a. 1477, 1478) ; désigne aussi bien l'objet ou l'effet de la décision (l'ordre d'exécution) que la décision même. Ex. l'ordonnance d'exequatur.

▸ **II** (int. priv.)

• Décision par laquelle un tribunal de grande instance (statuant à juge unique) donne *force exécutoire à une sentence arbitrale, ou autorise l'exécution en France d'un jugement ou d'un acte étranger. V. CPC, a. 1504. Comp. *pareatis.* V. *opposabilité, contrôle du jugement étranger.*

▸ **III** (int. publ.)

• Décret par lequel le gouvernement d'un pays notifie à ses autorités qu'un consul étranger a officiellement qualité pour remplir dans ce pays les actes de sa fonction, et leur enjoint de lui assurer le libre exercice de celle-ci.

EXERCICE

N. m. – Lat. *exercitium,* de *exercere* : exercer, pratiquer.

• **1** *Accomplissement d'une fonction, d'un droit.

a / Fait de faire valoir soi-même un droit, de remplir une fonction, d'accomplir une mission. Comp. *jouissance.*

b / Parfois syn. de *capacité d'exercice.

— **de l'autorité parentale.** Mise en œuvre des attributs de l'*autorité parentale qui a vocation à s'accomplir suivant les modalités déterminées par la loi (modalités d'exercice).

a / conjoint (de l'autorité parentale). Syn. *exercice en commun* (C. civ., a. 374 *in fine* anc.). V. *coparentalité.*

b / en commun (de l'autorité parentale). 1° Modalité ordinaire (applicable de droit aux époux, C. civ., a. 372, 389, 389-1) dans laquelle les deux parents prennent ensemble les décisions relatives à la personne et au patrimoine de l'enfant, sous réserve de la *présomption légale d'accord qui libère l'initiative individuelle concurrente de chacun pour les actes les moins graves (a. 372-2, 389-4), de l'arbitrage du juge des tutelles en cas de désaccord (a. 372-1 anc.) et de l'autorisation de celui-ci, même en cas d'accord parental, pour l'accomplissement de certains actes graves (a. 389-5 *in fine*) ; 2° Modalité applicable, dans les conditions de la loi, soit après divorce ou séparation de corps (sur décision du juge ou homologation de la convention des époux, a. 287, 230, 292 anc.), soit entre parents naturels (sur déclaration conjointe devant le juge des tutelles ou décision du juge aux affaires matrimoniales, a. 374) qui, dans les deux séries de cas (a. 373-2 et 374 *in fine*), se distingue seulement du modèle précédent en ce que le juge indique celui des parents coexerçants chez lequel l'enfant a sa résidence habituelle (a. 287, 374, al. 3 anc.). V. *administration légale pure et simple.*

c / unilatéral (de l'autorité parentale). Modalité dans laquelle l'accomplissement quotidien des attributs de l'autorité parentale (garde avec cohabitation, surveillance, éducation) repose principalement sur un seul des parents (la mère naturelle de droit, si elle a reconnu l'enfant, sauf établissement ultérieur de l'exercice conjoint ou de l'exercice unilatéral du père, a. 374 anc. ; après divorce ou séparation de corps, celui des parents, que désigne le juge ou la convention homologuée des époux), l'autre parent (qui n'a pas l'exercice de l'autorité parentale) étant cependant assuré d'un droit de *visite, d'information, de *surveillance et d'hébergement (a. 288, 374 anc.) et pouvant être associé, sous contrôle judiciaire, à la gestion du patrimoine de l'enfant (a. 288). V. *administration légale sous contrôle judiciaire, coparentalité.*

- **2** *Pratique d'une activité. Ex. exercice d'une profession, exercice d'un *culte.

- **3** Période de temps.

a / (Droit des affaires). Sens général : période de temps comprise entre deux inventaires ; sens technique : période de durée fixe, le plus souvent annuelle, pendant laquelle sont enregistrées en comptabilité toutes les créances acquises à l'entreprise et toutes les dettes nées de son chef, afin de déterminer, au terme de cette période, le montant de l'enrichissement ou de l'appauvrissement du patrimoine investi et de réaliser certaines opérations : déclarations fiscales, réunion de l'as- semblée générale des associés dans un délai de six mois, répartition des bénéfices entre eux.

b / (fin.). Période pour laquelle le budget d'un organisme public est voté et dans le cadre de laquelle il est exécuté (en France, en principe, l'année civile).

c / (comp. publ.). Système comptable en vertu duquel les opérations sont imputées sur le compte du budget auquel elles se rattachent, quelle que soit la date à laquelle elles sont effectuées.

EXHÉRÉDATION

N. f. – Lat. *exheredatio,* de *exheredare,* de *heres, heredis* : héritier.

- Action de déshériter et résultat de cette action ; disposition testamentaire par laquelle le *testateur enlève directement ou indirectement à ses héritiers présomptifs les droits héréditaires que leur donne la loi (et qui, s'il laisse des héritiers *réservataires, n'est valable que pour la *quotité disponible). Comp. *déshérence.*

ADAGE : *Exclure c'est disposer. Disposer c'est exclure.*

EXHÉRÉDER

V. – Du lat. *exheredare* : déshériter.

- Syn. de déshériter. V. *élire, choix.*

EXHIBITION SEXUELLE

Du lat. *exhibitio,* du v. *exhibere,* faire paraître, montrer à tous. V. *sexuel.*

V. *sexuelle (exhibition).*

EXIGENCE

N. f. – Lat. *exigentia* de *exigens* (exigeant) part. de *exigere.* V. *exiger.*

- **1** Action d'*exiger, de *réclamer, de *requérir.
- **2** Ce qui es exigé : par la loi, la morale, le droit naturel, les principes supérieurs de la vie en société ou par une fonction, un état, une charge. Ex. exigence de loyauté, de bonne foi, de tolérance, d'humanité, etc. ; exigences de la profession (syn. *devoirs d'état). V. *obligation, contrainte, devoir.*
- **3** (au pl.). Prétentions de l'un des partenaires dans une négociation. Ex. exigence quant au prix ou aux conditions de travail (parfois taxées d'*excès).
- **4** *Rigueur sourcilleuse que l'on s'impose à soi-même ou que l'on attend d'autrui dans l'accomplissement d'une tâche.
- **5** Parfois syn. de *nécessité ou de contingences (exigence des circonstances, de la vie, de la survie). V. *besoin.*

EXIGER

V. – Lat. *exigere* (de *ex*, dehors et *agere*, faire avancer, mettre en mouvement), chasser, pousser dehors, exiger, réclamer, faire rentrer l'argent *(pecunias)*, faire payer.

- **1** (pour qui a un droit ou y prétend). *Réclamer comme un dû l'exécution d'une prestation ; pour le créancier, exiger le paiement de la dette, pour la victime, la réparation du dommage. Comp. *contraindre, imposer.*
- **2** (pour qui est en position de force). Poser une condition à la conclusion d'une opération. Ex. exiger le versement d'un acompte, la fourniture d'une garantie.
- **3** (s'agissant du bon accomplissement d'une mission). *Requérir comme gage de succès une qualité particulière. Ex. le mandat exige du mandataire diligence et fidélité. V. *exigence, exaction, exigible.*

EXIGIBILITÉ

N. f. – Dér. de *exigible, dér. lui-même de exiger, lat. *exigere.*

- **1** (sens gén.). Caractère d'une dette dont le créancier est en droit de réclamer L'*exécution immédiate, sans être tenu de respecter un *terme, ni d'attendre l'accomplissement d'une *condition suspensive. V. *échéance, *exception dilatoire.*
- **2** (fisc.). Possibilité d'exiger le paiement de l'impôt.

— **(date d').** Date à partir de laquelle le comptable chargé de percevoir l'impôt peut procéder au recouvrement forcé, c'est-à-dire aux poursuites.

EXIGIBLE

Adj. – Dér. du v. exiger, lat. *exigere.*

- **1** Qui peut être aussitôt exigé ; qui est dû sans *terme ni *condition ; se dit aussi bien de la *créance ou de la *dette dont le paiement peut être immédiatement réclamé (au besoin en justice) sans attendre l'*échéance d'un terme ou l'avènement d'une condition, que de la prestation qui peut être exigée (ex. sommes exigibles, passif exigible). V. *exigibilité, action, recouvrement, exécution, voie de droit, cessation des paiements.* Ant. *à terme.* Comp. *échu, payable, restituable, remboursable, portable, quérable.*
- **2** Plus vaguement, sanctionné par le droit ; qui peut être réclamé par les voies de droit ; se dit surtout sous une forme négative (non exigible) pour caractériser une obligation (obligation *naturelle, dette prescrite) qui n'est pas susceptible d'exécution forcée.

EXIL

N. m. – Lat. *exsilium, exilium.*

- Nom traditionnel parfois encore donné au *bannissement (désignation légale). V. *expulsion, expatriation, émigration.* Comp. *proscription, déportation.*

EXILÉ, ÉE

Adj. – Part. passé du v. exiler, dér. de *exil (le latin connaissant *pellere aliquem in exsilium*).

- Frappé d'*exil, *banni (parfois employé substantivement). Comp. *expatrié, expulsé, proscrit, émigré, émigrant, réfugié, asilé.*

EXISTENCES

Subst. fém. plur. – Bas lat. *existentia.*

- Ensemble des choses, objets ou marchandises soumis au risque (et à déclarer sous peine de *sous-assurance).

EXONÉRATION

N. f. – Dér. du v. lat. *exonerare* : décharger.

- *Décharge, totale ou partielle, d'une obligation, d'un devoir, d'une charge (fiscale, par ex.) ou d'une responsabilité (que l'on aurait normalement assumée) qui peut résulter de la loi, d'une décision administrative, d'un contrat ou d'une clause d'un contrat (exonération conventionnelle). Dans ce dernier cas, on parle couramment de clause d'*irresponsabilité, même lorsque la clause supprime en réalité une obligation, et non la responsabilité qui résulterait de la violation de celle-ci. V. *exemption, négligence, clause, dispense, franchise, dégrèvement, affranchissement, avis de *clémence.* Comp. *immunité, impunité.* Ant. *assujettissement, imposition.*

EXONÉRATOIRE

Adj. – Dér. de exonérer.

- Qui exonère (fait exonératoire) ; qui tend à décharger par avance une personne d'une obligation ou d'une responsabilité (en cas de manquement à une obligation) (clause exonératoire de responsabilité). Syn. *exclusif, élisif.* Comp. *libératoire, limitatif, forfaitaire.* V. **cause *étrangère, cas fortuit, force majeure.*

EXORBITANT, ANTE

Adj. – Lat. *exorbitans,* part. prés. de *exorbitare* : dévier, s'écarter de.

- **1** (sens gén.). Qui excède la mesure *ordinaire, qui sort de la règle commune ; se dit d'une clause contractuelle, d'une autorisation judiciaire ou administrative, d'une disposition légale qui déroge gravement au droit *commun, en général pour conférer à son bénéficiaire un traitement préférentiel, un avantage particulier, une situation privilégiée ; se dit aussi de la faveur accordée (ex. avantage exorbitant). Comp. *dérogatoire, exceptionnel, spécial, léonin, abusif, excessif.* V. *normal, commun, naturel.*

—e (compétence). Chef de *compétence internationale présentant un lien généralement considéré comme trop faible avec le litige. Ex. nationalité du demandeur, lieu de saisie des biens.

- **2** (adm.). Dans l'expression « clause exorbitante du droit commun » désigne en jurisprudence une clause qui, traduisant des exigences d'intérêt public normalement étrangères aux conventions de droit privé, contribue à la qualification des contrats administratifs.

EXPATRIATION

Subst. fém. du v. **expatrier.*

- **1** Action d'*expatrier, d'être expatrié ou de s'expatrier.
- **2** Résultat de cette action ; état de la personne *expatriée. Comp. *expulsion, bannissement, exil, proscription, émigration, déplacement, détachement, déportation, relégation.* Ant. *rapatriement.*

EXPATRIÉ, ÉE

Adj. – Part. passé du v. *expatrier.

- Qui a quitté sa *patrie, quelle que soit la raison de son départ. Ex. le travailleur expatrié qui est amené à exercer son travail dans un pays de la Communauté européenne autre que l'État membre dont il est ressortissant a certains droits et devoirs (directive du Conseil des Communautés européennes, 14 oct. 1991, a. 4). Comp. *émigré, émigrant, banni, exilé. réfugié, expulsé, asilé, proscrit.* Ant. *rapatrié.*

EXPATRIER

V. – De *ex,* hors de, et *patrie.

- **1** (un ressortissant). Chasser quelqu'un de sa *patrie, le *bannir, L'*exiler ou, en dehors de toute sanction et avec son accord, le détacher à l'étranger pour exercer une activité durable. V. *détachement.* Comp. *expulser, proscrire.*
- **2** (des *capitaux). Les placer à l'étranger. V. *transfert, blanchiment.*

—(s'). Quitter sa patrie de son plein gré, pour s'établir à l'étranger ou, au moins, y entreprendre une activité professionnelle durable (se dit aussi, plus rarement, de celui qui, subissant l'exil, doit s'expatrier). Comp. *émigrer.*

EXPECTANT, ANTE

Subst. – Du lat. *expectans,* part. prés. de *expectare.* V. *expectative.*

- Ancien terme désignant celui qui a une *expectative. V. *successible, héritier présomptif.*

EXPECTATIVE

Subst. fém. – Lat. médiév. *expectativa,* de *expectare* : attendre.

- Droit *éventuel ; espérance fondée sur une *vocation ; attente d'acquisition attachée à une qualité. Ex. expectative de l'*héritier présomptif sur la succession non ouverte. Ant. *droit né et actuel, droit acquis.* V. *successible, expectant.*

EXPÉDIER

V. – Tiré de expédient, empr. au lat. *expediens,* part. prés. de *expedire* : dégager.

- **1** Délivrer une copie conforme à la minute d'un acte notarié ou d'un jugement.
- **2** Faire partir, envoyer une marchandise par les soins d'un transporteur ou d'un commissionnaire de transport.

EXPÉDITEUR

Subst. – Dér. du v. *expédier.

- **1** Personne qui contracte avec un transporteur ou un commissionnaire de transport en vue du déplacement d'une marchandise (C. com., a. L.132-7).
- **2** Terme également utilisé, dans la pratique, pour désigner le *commissionnaire de transport.

EXPÉDITION

N. f. – Lat. *expeditio,* le sens a suivi celui du verbe *expédier.

▸ **I** (civ.)

- *Copie littérale d'un acte ou d'un jugement, délivrée avec certification de la conformité à la *minute par l'officier public dépositaire de celle-ci. Ex. C. civ., a. 1334. V. *grosse.*

▸ **II** (com.)

a / Acte de *remise de la marchandise au transporteur.

b / Opération de transport.

— **contre-remboursement.** Transport dans lequel l'expéditeur demande au transporteur de ne livrer la marchandise au destinataire que contre paiement du prix de vente.

— **(déclaration d').** Document dans lequel l'expéditeur décrit la marchandise à transporter et précise quel service il demande.

— **de détail.** Transport d'une marchandise en faible quantité. V. *groupage.*

— **(*feuille d').** Document établi par les commissionnaires de transport pour les affrètements de camions.

— ***franco.** Transport dont les *risques sont à la charge du vendeur de la marchandise.

— **(*récépissé d').** Document par lequel le transporteur ou le commissionnaire de transport reconnaît avoir pris une marchandise en charge.

— **(transports par).** Envois autres que les transports par wagon et par rame.

▸ **III** (mar.)

- Voyage en mer d'un bâtiment de commerce ou de pêche.

EXPÉRIMENTATION SUR LA *PERSONNE *HUMAINE

N. f. – Dér. du part. pass. *(expertum)* du v. lat. *experiri,* éprouver, faire l'essai, l'expérience.

- Fait de pratiquer ou de faire pratiquer sur une personne une recherche biomédicale, qui constitue un délit pénal, au titre de la *mise en danger de la personne, lorsque l'intéressé n'y a pas expressément donné un consentement libre et éclairé ou qu'il l'a retiré (C. pén., a. 223-8).

EXPERT

Subst. masc. – Lat. *expertus,* part. pass. du v. *experiri* : faire l'expérience de.

- **1** Nom donné au *technicien commis par le juge en raison de ses lumières particulières, pour procéder à une *expertise ; homme de l'art. Comp. *consultant, amicus curiae.*
- **2** Titre des personnes inscrites sur une liste officielle comme *spécialiste en telle matière. V. *sachant, sapiteur.*

— **comptable.** V. *comptable (expert-).*

— **en diagnostic d'entreprise.** Expert désigné en justice pour établir un rapport sur la situation économique et financière d'une entreprise en cas de *règlement amiable ou de *redressement judiciaire ou concourir à l'élaboration d'un tel rapport en cas de redressement judiciaire.

EXPERTAL, ALE, AUX

Adj. – Néol. tiré de *expert.

- Qui est fondé sur une *expertise ; qui est relatif à l'expertise. Ex. le rapport expertal, la mission expertale. Comp. *arbitral.*

EXPERTISE

Dér. de *expert.

- **1** *Mesure d'instruction consistant, pour le *technicien commis par le juge, l'*expert, à examiner une question de fait qui requiert ses lumières et sur laquelle des *constatations ou une simple *consultation ne suffiraient pas à éclairer le juge et à donner un *avis purement technique sans porter d'appréciation d'ordre juridique (CPC, a. 263 s.).

— **à futur (ou in futurum).** V. **action in futurum*.

- **2** Plus spécialement *évaluation du montant d'un dommage ; *estimation de la valeur d'un bien. Comp. *appréciation*.

EXPERTISER

V. – Dér. de *expertise.

- **1** Faire une *expertise ; pour l'expert, y procéder ; plus spécialement *estimer la valeur d'un bien, *évaluer le montant d'un dommage. Comp. *apprécier*.
- **2** Par ext. soumettre à une expertise.

EXPLICITE

Adj. – Lat. *explicitus,* pour *explicatus,* de *explicare,* déplier, déployer.

- Formellement et complètement énoncé ; clairement formulé ; développé et nettement exposé ; se dit d'une clause, d'un aveu, d'une raison. V. *clair, non équivoque, formel, traduire*. Comp. *exprès*. Ant. *implicite*.

EXPLICITÉ

Subst. fém. – V. le précédent.

- (rare). Qualité de ce qui est *explicite.

EXPLICITER

V. les précédents.

- Rendre *explicite ; clarifier.

EXPLOIT

N. m. – Sens jur. d'après exploiter, au sens de saisir. « Exploit » est une réfection de l'anc. franç. *esploit,* lat. pop. *explicitum,* neutre pris substantivement de *explicitus* : d'une exécution facile.

- *Acte d'huissier de justice destiné à assurer l'accomplissement d'une formalité (convocation du défendeur devant une juridiction ; saisie de certains meubles ou immeubles du débiteur en vertu d'une décision de justice exécutoire…) ; terme abandonné par le nouveau Code de procédure civile, qui lui préfère l'appellation plus générale d'*acte de procédure (a. 112) ou d'acte d'huissier de justice (a. 55).

EXPLOITATION

N. f. – Dér. d'exploiter, d'abord *esploiter* : accomplir, lat. pop. *explicitare.* V. *exploit.*

- **1** Mise en valeur d'une source de richesse (agricole, industrielle). Ex. exploitation d'un domaine rural, d'une usine, d'un fonds de commerce.
- **2** Par ext. le lieu exploité (le domaine, le fonds) ou même l'*entreprise, l'ensemble des biens destinés à l'exploitation. Comp. *établissement*.
- **3** Plus généralement, activité consistant à faire valoir un bien, à accomplir les actes nécessaires, selon sa nature et sa destination, à sa mise en valeur : cultiver, louer, placer, etc. (l'exploitation normale étant le critère de l'acte d'administration). Comp. *gestion, conservation, acte *conservatoire, disposition, entretien, investissement, établissement*.

— **agricole.** Ensemble des éléments mobiliers et immobiliers affectés à une utilisation agricole et constituant une unité de culture autonome mais demeurés juridiquement indépendants.

EXPLOITATION ABUSIVE (D'UNE POSITION DOMINANTE)

V. **abus de *position dominante*.

EXPONSE

Subst. fém. – Tiré d'un ancien v. *espondre* : abandonner, francisation du lat. *exponere,* au même sens.

- *Abandon par le *preneur de la terre louée, dans le *bail à domaine congéable, pour se soustraire au paiement de la rente convenancière. Syn. *déguerpissement*.

EXPORTATION

N. f. – Empr. au lat. *exportatio,* de *exportare* : exporter, probablement d'après l'angl. *exportation,* de même origine.

• Sortie du territoire national de toute marchandise ou denrée. V. *importation, transit, échange.*

— **des capitaux.** Transport. des capitaux à l'étranger.

EXPOSÉ

Subst. masc. – Tiré du v. exposer, francisation du lat. *exponere,* d'après poser.

• Action d'exposer et résultat de cette action ; présentation écrite ou orale, à une personne déterminée ou au public, d'une proposition, souvent explicative et justificative, dont l'objet peut être très divers. Ex. exposé des prétentions, des faits, de la procédure, des moyens, des arguments. V. *énoncé, articulation, point, question, discussion, raisonnement juridique.*

— **des *motifs.** Considérants accompagnant un projet ou une proposition (par ex. de loi) et en indiquant les raisons. V. *disposition.* Comp. *rapport, travaux préparatoires.*

EXPOSITION

N. f. – Lat. *expositio.* V. *exposé.*

• Manifestation non périodique – en principe libre – qui a pour but de faire l'inventaire d'une activité humaine, en présentant ses produits de manière rationnelle et en faisant ressortir le progrès. Ex. la Convention internationale du 22 novembre 1928 réglemente les expositions internationales. V. *foire, salon.*

EXPOSITION D'ENFANT

Lat. *expositio* (V. le précédent). V. *enfant.*

• Espèce de *délaissement (aujourd'hui non spécifiée par la loi) ; fait d'abandonner à la mort ou à la providence, en un lieu propice, en général solitaire, un enfant incapable de se défendre et de subvenir à ses besoins. Ex. exposition d'Œdipe, abandonné par son père Laïos, roi de Thèbes, sur une montagne où le recueillirent des bergers (pour son destin fatal). V. *abandon d'enfant.*

EXPRÈS, ESSE

Adj. – Lat. *expressus,* de *exprimere* : exprimer.

• Formellement exprimé ; explicitement manifesté, en général par *écrit (ex. C. civ., a. 932) parfois par la *parole, ou même par de simples signes ou gestes consacrés par l'usage ; se dit d'un acte de volonté *déclarée (ordre exprès, accord exprès, stipulation expresse) ou d'une règle énoncée dans le *texte de la loi (disposition expresse). Ant. *tacite, implicite.* Comp. *explicite.* V. *expression, consentement, acceptation, offre, solennel, formel, oral, verbal, *nullité expresse.*

EXPRESSION DE VOLONTÉ

Lat. *expressio,* de *exprimare* : exprimer. V. *volonté.*

• *Manifestation *expresse ou *tacite de *volonté. V. *déclaration, interne, consentement, loi, écrit, oral, verbal, option, opposition, émission.*

EXPRESSIS VERBIS

Mots latins signifiant « en termes *exprès », encore employés en ce sens. Syn. *expressément.* Comp. *littéralement.* Ant. *tacitement, implicitement.* V. *écrit, oral, verbal, parole.*

EXPROPRIATION

N. f. – Dér. d'exproprier, dér. de propre, d'après la forme de l'adj. *proprius* (d'où vient propre) et le v. approprier.

• **1** En un sens générique, toute opération tendant à priver contre son gré de sa propriété un propriétaire foncier, plus généralement à dépouiller le titulaire d'un droit réel immobilier de son droit. V. *cession, *transfert de propriété, éviction, expulsion, confiscation.*

— ***forcée.** Expression synonyme dans le C. civ. de *saisie immobilière (C. civ., a. 2190, 2533). V. *adjudication.*

• **2** Désigne surtout aujourd'hui l'expropriation pour cause d'utilité publique, sous les précisions suivantes :

a / *Cession forcée, pour des motifs d'utilité publique, de tout ou partie d'immeubles ou de droits réels immobiliers. V. *réquisition, nationalisation.*

b / Procédure à laquelle est assujettie cette cession.

— **d'extrême urgence.** Régime spécial applicable aux travaux intéressant la défense nationale dont l'utilité publique a été ou est déclarée et qui permet une prise de possession rapide des immeubles par l'expropriant.

— **d'urgence.** Régime particulier appliqué en cas d'urgence à la fixation du montant de l'indemnité d'expropriation.

— ***indirecte.** Construction jurisprudentielle destinée à résoudre la situation créée par la prise de possession irrégulière d'un immeuble privé au cours d'une opération administrative en elle-même régulière lorsque cette prise de possession, nécessaire au service public, apparaît comme devant être maintenue.

— **(juge de l').** Magistrat désigné pour chaque département, parmi les juges du tribunal de grande instance, qui a compétence exclusive pour prononcer, en premier et dernier ressort, l'expropriation pour cause d'utilité publique et fixer à charge d'appel les indemnités d'expropriation.

- **3** (int. publ.). Opération par laquelle un État se saisit, moyennant indemnité, d'un ou de plusieurs biens appartenant à un particulier étranger ou à un autre État. (En Droit international, le concept d'expropriation n'est pas toujours distingué de celui de *nationalisation. Certains considèrent l'expropriation comme une simple technique, une procédure que l'État peut utiliser pour nationaliser des biens étrangers ; d'autres, que l'expropriation et la nationalisation se distinguent par leur nature et leur étendue, la première ayant un but purement administratif et portant sur un bien individualisé, la seconde s'effectuant dans un dessein politique et portant sur un ensemble de biens concrètement désignés ou abstraitement définis.)

EXPROPRIÉ, IÉE

Adj. – Part. pass. du v. exproprier, de l'adj. lat. *proprius* : propre, d'après approprier.

- **1** (d'un bien). Qui est l'objet de l'*expropriation. Ex. l'immeuble exproprié.
- **2** (d'une personne). Qui subit l'expropriation. Ex. propriétaire exproprié. Comp. *évincé, retrayé.*

EX PROPRIIS SENSIBUS

Loc. lat. signifiant litt. « par ses propres sens » encore employée en un sens concret pour caractériser la *connaissance personnelle d'un fait que prend directement, par lui-même, un juge, un expert, un huissier de justice ou qu'a eue un *témoin, soit **de visu*, soit en écoutant, en touchant, en goutant, etc. V. *vérification, constatation, constat, évidence, pollution, trouble de voisinage.*

EXPULSER

V. – Lat. *expulsare,* de *expellere,* repousser, chasser, bannir.

- Ordonner ou faire exécuter une *expulsion. Comp. *expatrier, bannir, exiler, proscrire, extrader.*

EXPULSION

N. f. – Lat. *expulsio,* de *expellere* : chasser.

- Action de faire sortir une personne, en vertu d'un *titre exécutoire et au besoin par la force, d'un lieu où elle se trouve sans droit (ex. expulsion, après expiration de son bail, d'un locataire d'un local d'habitation ne bénéficiant pas du maintien dans les lieux ; expulsion de travailleurs en grève occupant les lieux de travail). Comp. *éviction, évacuation.* V. *mesure d'expulsion.*

— **des étrangers.**

a / Mesure de police administrative ayant pour objet d'enjoindre à un étranger de quitter le territoire ; pour les ressortissants des autres États membres de la Communauté européenne, on parle d'*éloignement du territoire. Comp. *extradition, refoulement, interdiction de séjour, bannissement, proscription.* V. *asile.*

b / L'opération matérielle qui accompagne parfois cet ordre (ex. fait de reconduire l'expulsé à la frontière).

EXTENSIF, IVE

Adj. – Lat. *extensivus.*

- **1** Par opp. à *restrictif, qui étend (spéc. au-delà des limites ordinaires) ; se dit d'une *interprétation qui étend une règle en dehors de son domaine normal et l'applique à des cas non prévus. V. *analogie, large.*
- **2** Par opp. à restreint, syn. de *large, étendu (pouvoirs extensifs).

EXTENSION

N. f. – Bas lat. *extensio,* de *extendere* (sup. *extensum*) : étendre, élargir, allonger.

- Application *extensive d'une règle ou d'un texte ; opération ou décision consistant à l'étendre au-delà de son domaine normal d'application. Comp. *restriction, exclusion.* V. *interprétation.*

— **analogique.** V. *analogie.*

— **des conventions collectives.** Procédure permettant au ministre du Travail de conférer, par arrêté, à une convention *collective, une portée que ne lui donne pas le seul accord des parties (la convention étendue devenant la loi de la profession en ce sens qu'elle s'applique, dans le secteur géographique visé, à toutes les entreprises, qu'elles soient ou non représentées par l'organisation patronale qui a signé l'accord).

— **du *redressement judiciaire.** Application à un dirigeant (de droit ou de fait, rémunéré ou non) d'une personne morale de la procédure de *redressement judiciaire ouverte à l'égard de celle-ci, qui peut être décidée par le tribunal dans les cas spécifiés par la loi (fautes graves ou utilisation de la société à des fins personnelles) et qui a pour conséquence principale d'ajouter au passif personnel celui de la personne morale.

EXTERNALISATION

Subst. fém. – Néol.

- (aff.). Nom donné dans le jargon des affaires à une stratégie économique en forte croissance consistant, pour un opérateur économique, à confier à un ou plusieurs autres opérateurs indépendants telle ou telle des activités ordinairement intégrées dans une même entreprise (fabrication, transport, comptablité, gestion informatique, etc.) afin de profiter au maximum des ressources extérieures du *marché (moindres coûts, avantages fiscaux), et de se consacrer à celle des activités qu'il se réserve (ex. conception des modèles, marketing), division du travail dont les conséquences économiques et sociales (not. sur la consistance de l'entreprise et le sort des salariés) dépendent du montage choisi (délocalisation, création de filiales, partenariat, transfert d'actifs et de personnels) et la réalisation juridique s'inscrit dans la durée moyennant le truchement des contrats les plus divers, *sous-traitance, commission, mandat, vente, etc.

EXTERRITORIALITÉ

N. f. – Formé de *ex* : hors de, et de territorial, dér. de territoire, lat. *territorium.*

- *Fiction (qui servait jadis de fondement aux *privilèges et *immunités diplomatiques, aujourd'hui pratiquement abandonnée) en vertu de laquelle les agents diplomatiques régulièrement accrédités auprès d'un État étranger étaient censés n'avoir jamais quitté leur territoire national (exterritorialité fictive) et suivant laquelle l'ambassade était elle-même considérée comme une portion de territoire national (exterritorialité réelle). Comp. *impunité.*

EXTINCTIF, IVE

Adj. – Du rad. de *extinction.

- Qui entraîne l'*extinction (la perte, la fin, l'expiration) d'un droit, plus spécialement d'un droit de créance (donc d'une obligation) mais, à la différence de la *résolution (V. *résolutoire*), sans rétroactivité ; s'oppose parfois plus spécialement à *suspensif (ex. *terme extinctif), parfois à *acquisitif. Ex. la *prescription extinctive qui au bout d'un certain temps libère le débiteur (prescription *libératoire, C. civ., a. 2219, 2224, etc.), ou fait disparaître un droit réel.

EXTINCTION

N. f. – Lat. *extinctio,* de *extinguere* : éteindre.

- Perte d'un droit venu à expiration (ex. extinction d'un usufruit ou d'une action), *fin d'une situation juridique (ex. extinction de l'instance). Comp. *dissolution, suspension, interruption, terme, déchéance, échéance.*

— **de l'obligation.** Dénouement du lien juridique entre créancier et débiteur emportant libération de ce dernier qui résulte soit du *paiement de la dette, soit d'un autre mode d'extinction (ex. remise volontaire, confusion, compensation, *résolution, etc.) (C. civ., a. 1234).

EXTORQUER

V. – Lat. *extorquere,* arracher, obtenir par force.

- Obtenir de *force, par *violence ou *menaces, sous la *contrainte physique ou morale. Ex. extorquer un consentement, des aveux, de l'argent.

EXTORSION

N. f. – Lat. *extorsio.*

- Action d'*extorquer. Ex. extorsion de signature, de fonds. Plus généralement, exaction avec *violence. Plus spécifiquement (C. pén., a. 312-1) fait d'obtenir par violence, menace de violences ou contrainte une signature, un engagement, une renonciation, la révélation d'un secret ou la remise de fonds, de valeurs ou d'un bien quelconque, délit ou crime selon les circonstances. V. *concussion, corruption.* Comp. *dol, fraude, captation, suggestion, chantage, vol, escroquerie.*

EXTRACONTRACTUEL, ELLE

Adj. – Comp. de extra, du lat. *extra,* en dehors, et de *contractuel.

- Qui résulte d'une *source autre que le *contrat ou qui a trait aux matières autres que la matière contractuelle. Ex. les obligations *quasi contractuelles, *délictuelles ou purement *légales sont des obligations extracontractuelles.

EXTRACTION (DE DÉTENUS)

V. **transfert (de détenus),* **autorisation de sortie,* **permission de sortie.*

EXTRADITION

N. f. – Comp. des mots latins *ex* : hors de, et *traditio* : action de livrer, *tradere.*

- Opération par laquelle un État remet, sur sa demande, à un autre État, un individu qui se trouve sur le territoire du premier mais qui, pénalement poursuivi ou condamné par le second, est réclamé par celui-ci pour y être jugé ou y subir sa peine (la demande de l'État requérant étant examinée suivant une procédure en général réglée par les traités internationaux et la loi locale). Ex. en France la demande d'extradition est soumise à la *chambre d'accusation qui formule un avis sur sa recevabilité eu égard aux règles du Droit français (lequel n'admet pas l'extradition des nationaux ni celle des délinquants politiques) mais sans pouvoir examiner au fond la réalité de la culpabilité prétendue ; l'avis négatif lie le gouvernement, l'avis positif laisse au contraire à celui-ci la liberté d'apprécier souverainement l'opportunité de la mesure. V. *réextradition.*

EXTRAIT

Subst. masc. – Tiré de extraire, anciennement *estraire,* lat. pop. *extragere,* substitué au lat. class. *extrahere.*

- **1** Partie d'un acte littéralement copiée sur la *minute ou l'*original et délivrée par le dépositaire, lequel, s'il est officier public, lui confère pour la partie reproduite la même valeur probante que l'original (C. pr. civ. anc., a. 853). Comp. *copie, expédition, bulletin.*
- **2** *Énonciation résumée et non littérale, des parties essentielles d'un acte, destinée à être publiée, notifiée, mentionnée en marge d'un autre acte, etc. Ex. C. civ., a. 2478.

EXTRAJUDICIAIRE

Adj. – Comp. du préf. extra, lat. *extra,* et de *judiciaire.

- Qui a lieu en dehors d'une instance en justice (en dehors de toute instance, plus rarement en dehors d'une instance déterminée). V. **acte extrajudiciaire, sommation.* Ant. *judiciaire* (sens 3 *d*). V. *aveu extrajudiciaire, serment.*

EXTRANÉITÉ

Subst. fém. – Dér. du lat. *extraneus.* V. *étranger.*

- Qualité de ce qui est *étranger ; s'applique aux personnes (extranéité du demandeur) ou aux situations (rapport de droit présentant un élément d'extranéité).

EXTRAORDINAIRE

Adj. – Comp. du préf. extra, lat. *extra* : hors de, et *ordinaire.

- **1** Qualifie les *voies de recours qui, ordonnées à une finalité particulière et débouchant sur un contrôle spécifique, ne sont ouvertes que dans les cas spécifiés par la loi (CPC, a. 580) et sont démunies, sauf exception, d'effet suspensif d'exécution (a. 579) ; ainsi le *pourvoi en cassation (a. 604), le *recours en *révision (a. 593), la *tierce opposition (a. 582). V. *ordinaire.*
- **2** Par opp. à *courant, *exceptionnel par son importance et irrégulier dans sa nécessité ou sa survenance. Ex. *assemblée extraordinaire, audience extraordinaire, *dépense extraordinaire. V. *session.*

EXTRAPATRIMONIAL, ALE, AUX

Adj. – Préf. du lat. *extra* : en dehors. V. *patrimonial.*

- **1** Qui ne fait pas partie du *patrimoine. mais touche à la personne ; qui n'a pas le caractère d'un bien, mais relève d'un autre ordre de valeur, d'où le propre d'être *hors commerce (sans exclure néanmoins que l'atteinte à un droit extrapatrimonial donne lieu à une indemnisation pécuniaire). Ex. garde, surveillance, éducation sont les attributs extrapatrimoniaux de l'autorité parentale ; le droit au nom est un droit extrapatrimonial. Ant. **patrimonial* (sens 2). Comp. *moral, intellectuel, personnel, corporel.*
- **2** Qui concerne les matières autres que celles qui se rapportent au patrimoine (le droit des personnes). Ex. mesure d'ordre extrapatrimonial.

F

FABRICANT, ANTE

Subst. – Du lat. *fabricans,* part. de *fabricare,* façonner, confectionner, fabriquer, de *faber,* ouvrier, artisan.

- *Producteur dont l'action consiste à façonner un objet (*produit fini ou partie composante) ; personne qui, à titre professionnel (industriel, artisan), applique sa façon à la matière pour en faire un objet. Ex. fabricant de meubles, de pièces détachées. Comp. *entrepreneur, fournisseur.*

FABRIQUE

N. f. – Lat. *fabrica* : fabrication, de *faber* : artisan.

- *Établissement industriel où s'opère la transformation de matières premières ou d'objets partiellement ouvrés. V. *manufacture.*

— **(marque de).** V. *marque de fabrique.*

FACILITÉS ESSENTIELLES

N. f. pl.

- (conc.). Ressources ou infrastructures dont l'accès est indispensable aux opérateurs pour exercer une activité économique sur un marché annexe et qui ne sont pas reproductibles à des conditions économiques raisonnables (par ex. accès à une infrastructure portuaire, réseau câblé, temps d'antenne, base de données telle que répertoire SIRENE et INSEE).

— **(théorie des).** En droit de la concurrence, théorie issue du droit anti-trust américain, par laquelle la personne qui est propriétaire ou qui détient le contrôle d'une facilité essentielle est contrainte, sous peine d'un abus de position dominante, d'en ouvrir l'accès à d'autres opérateurs économiques.

FACTAGE

Subst. masc. – Dér. du lat. *factor* : facteur.

- Opération de *transport routier accessoire à un transport ferroviaire consistant à acheminer au domicile du destinataire la marchandise arrivée en gare. Syn. *camionnage.*

FACTEUR

Subst. masc. – Francisation de **factor.*

- Personne (individu ou société, en pratique banque ou établissement financier) qui accomplit habituellement des opérations d'*affacturage ; parfois nommé *affactureur.

FACTOR

Lat. celui qui fait.

- Mot anglais rendu en français par le terme *facteur.

FACTORING

V. *factor.*

- Mot anglais officiellement rendu en français par le terme *affacturage (arr. 29 nov. 1973), mais souvent utilisé dans la vie des affaires.

FACTURE

N. f. – Dér. de facteur, au sens d'« agent commercial ».

- *Pièce comptable donnant le détail des marchandises fournies ou des travaux exécutés, avec indication en regard du prix de chaque objet ou service (C. com., a. L. 441-9) et qui, en matière commerciale, fait preuve du contrat lorsqu'elle est acceptée (C. com., a. L. 110-3) et de la libération du débiteur lorsqu'elle est acquittée (C. com., a. 101).

— ***consulaire.** Facture établie par un vendeur d'outre-mer, portant l'estampille d'un consul étranger installé dans le pays pour garantir que les marchandises livrées ont réellement l'origine indiquée par la facture (constitue l'un des *documents qui accompagnent le plus souvent les effets documentaires).

— **de *complaisance.** Factures qui se réfèrent à des opérations réelles (prestations, livraisons) mais dont les coordonnées (nom, adresse de fournisseurs ou de clients) sont falsifiées en général dans un but de fraude fiscale.

— ***fictives.** Factures ne correspondant à aucune opération réelle établies dans le but frauduleux de déduire des charges non existantes.

— **(marché sur).** Espèce de *marchés pour lesquels, en raison de leur montant fixé à un niveau assez bas, l'administration peut traiter sans recourir à la forme écrite. Syn. marché sur mémoire. V. *forfait, devis, *série de prix.*

— **pro forma.** Nom donné en pratique – pour le distinguer de la facture ordinaire (ou définitive) – à un document portant évaluation de biens ou de services qui, établi par un fournisseur offrant de traiter aux conditions indiquées pour un client éventuel, est destiné à être remis par celui-ci, à titre d'information, à des tiers (organismes de crédit, administrations), afin d'en obtenir divers avantages (financement de l'opération, autorisation d'importation, etc.). Comp. *devis.*

— **protestable transmissible.** *Effet de commerce créé par l'ordonnance du 28 septembre 1967 et dont la transmission a des effets voisins de ceux de l'endossement d'une lettre de change (inopposabilité des exceptions, solidarité, transfert de la provision…).

FACULTATIF, IVE

Adj. – Lat. *facultas* : capacité, aptitude, du lat. *facere* : faire.

- **1** Laissé au gré d'un intéressé. Ant. *obligatoire, impératif.* Comp. *interprétatif, dispositif, permissif.* V. *supplétif.*
- **2** Laissé à l'*appréciation du juge, selon la gravité de la situation ou les intérêts en présence, par opp. à ce qui est *de droit ou *péremptoire. Ex. la violation des devoirs du mariage, cause facultative de divorce pour faute (C. civ., a. 242) ; l'attribution préférentielle de l'exploitation agricole (hors le cas de l'a. 832-1, C. civ.).
- **3** Se dit de l'*obligation en vertu de laquelle le débiteur est tenu d'un objet unique (à la différence de l'obligation *conjonctive et de l'obligation *alternative) mais avec faculté pour lui de se libérer en fournissant un autre objet déterminé (C. civ., a. 1308). Ex. le débiteur doit un cheval, mais il peut se libérer en payant 10 000 €.

FACULTÉ

N. f. – Lat. *facultas* : facilité, capacité, etc.

- **1** Dans un sens générique (vague) syn. de *liberté, incluant le droit de faire ou celui de ne pas faire (par opp. à obligation). Ex. la faculté d'option du bénéficiaire d'une promesse de vente, les facultés incluses dans certaines institutions : droit de *préemption, *retrait *litigieux, etc. Comp. *option, capacité, jouissance, exercice, permission.* V. *obligation.*

— **d'élire.** Droit accordé par la loi ou la convention à une personne d'attribuer à une autre la propriété de certains biens. Ex. droit conféré par le testateur à une personne de confiance de désigner le bénéficiaire d'un legs.

— **de rachat.** V. *réméré.*

- **2** Plus spécifiquement, droit qui n'est pas susceptible de s'éteindre par *prescription parce que, consistant dans l'exercice d'une liberté fondamentale ou du droit de propriété, le titre sur lequel il est fondé se renouvelle sans cesse. Ex. faculté de se déplacer, de s'établir, de faire valoir un domaine, etc.

— **(acte de pure).** Acte consistant dans l'exercice normal du droit de propriété qui, n'empiétant pas sur le fonds d'autrui, ne constitue pas un acte de possession capable de faire acquérir, par usucapion, un droit sur ce fonds (not. une servitude). Ex. le propriétaire d'un mur joignant le fonds voisin, qui ouvre dans ce mur des *jours de *tolérance, ne peut acquérir par la possession prolongée le droit d'interdire au voisin de les boucher si celui-ci acquiert la mitoyenneté du mur (C. civ., a. 2262). V. *acte de simple *tolérance.*

- **3** Parfois syn. de *pouvoir. Ex. faculté d'*appréciation du juge.
- **4** Naguère établissement public d'État, partie d'une *université, chargé de l'enseignement scientifique approfondi d'un ordre déterminé de connaissances (Droit, Lettres, Sciences, Médecine, Pharmacie, Théologie) et de la collation des grades de l'enseignement secondaire et supérieur ; abandonné par la loi du 12 novembre 1968 qui a supprimé l'institution, le terme a survécu, non seulement dans la langue courante, mais encore dans la dénomination que se sont donnée certaines *unités d'enseignement et de recherche à la faveur de l'autonomie statutaire qui leur a été reconnue.

FACULTÉS

Subst. fém. plur.

V. *faculté.*

- **1** Parfois syn. de *ressources ; *possibilités financières (existantes ou potentielles) d'une personne ou d'une masse de biens (communauté, succession), mesure de certains droits ou obligations (contribution aux charges du mariage ; C. civ., a. 214 ; gains de survie, a. 1481 anc.). Comp. *forces.*
- **2** Moyens personnels d'un individu.

— **corporelles.** Moyens physiques qui permettent d'apprécier l'état de validité, le degré d'invalidité, l'état d'infirmité d'une personne et dont l'altération – médicalement constatée – peut indirectement affecter sa capacité (ex. lorsqu'elle empêche l'expression de la volonté ; C. civ., a. 425), l'atteinte à ces facultés constituant par ailleurs un *préjudice réparable à la charge du tiers responsable.

— **mentales.** Ensemble des moyens psychiques gouvernant la capacité de comprendre et de vouloir dont l'*altération – médicalement établie – justifie l'application d'un *régime de protection (tutelle, curatelle, etc. ; C. civ., a. 425). V. **trouble mental, *aliénation mentale, folie, démence, fureur, *faible d'esprit, raison, volonté, discernement, conscience, connaissance.*

— **personnelles.** Ensemble des moyens physiques et psychiques qui, en cas d'altération, justifient un régime de protection (C. civ., a. 425). V. **altération des facultés personnelles.*

- **3** Dans l'*assurance maritime (not. dans l'expression assurance sur facultés) syn. de marchandises chargées sur le navire ou destinées à être transportées par mer.

FAIBLE D'ESPRIT

Lat. *flebilis* : pitoyable, digne d'être pleuré. V. *esprit.*

- Nom encore parfois donné (en pratique, non dans la loi) à l'individu majeur dont l'état mental justifie qu'il soit soumis à un régime de *curatelle. V. **altération des facultés personnelles, aliénation, esprit.*

FAILLI, IE

Adj. et subst. – Empr. de l'ital. *fallito,* francisé d'après le v. faillir.

- Autrefois, commerçant déclaré en état de faillite. V. *débiteur insolvable.*

FAILLITE

N. f. – Même origine que *failli.

- **1** Terme, aujourd'hui abandonné par la loi, qui désignait, avant 1967, l'état du commerçant dont la cessation des paiements était constatée par un jugement du tribunal de commerce et qui, distincte du règlement judiciaire (faillite atténuée), entraînait : sur le plan patrimonial, un règlement collectif de la situation du commerçant en vue d'assurer un traitement égal à tous les créanciers (dans la liquidation du patrimoine du commerçant ; V. aujourd'hui *liquidation judiciaire*) ; sur le plan personnel un ensemble d'interdictions et de *déchéances d'ordre essentiellement civique et professionnel (ex. l'interdiction d'entreprendre une profession commerciale ou industrielle). V. aujourd'hui *faillite personnelle.*
- **2** Dans le langage courant, et même parfois en doctrine, continue à désigner de façon générique la situation du débiteur

dont la *cessation des paiements a été constatée par le tribunal.

— **personnelle.** Sanction emportant, entre autres *déchéances, *interdiction de diriger, gérer, administrer ou contrôler directement ou indirectement toute entreprise (commerciale, artisanale ou toute personne morale ayant une activité économique) que peut prononcer le tribunal, lorsqu'une procédure de *redressement judiciaire est ouverte, à l'encontre d'une personne physique, soit que celle-ci soit elle-même commerçant ou artisan, soit qu'elle soit dirigeant de droit ou de fait ou représentant permanent de personnes morales ayant une activité économique (ou dirigeant elles-mêmes de telles personnes), le tout suivant les distinctions de la loi.

FAIRE DROIT

V. – Lat. *facere*. V. *Droit*.

- **1** Pour un juge statuant au fond, *accueillir la prétention d'un plaideur en la déclarant *bien fondée (au principal ou en sa demande incidente).
- **2** Par ext., accueillir une demande (faire droit à une requête) ; on parle de jugement « avant faire droit » ou « avant dire droit » pour désigner le jugement qui, rendu en cours d'instance, ne statue pas au fond du droit.

FAIT

N. m. – Lat. *factum* : fait, action, ouvrage.

- **1** Dans un sens large, tout ce qui arrive, tout ce qui se produit, tout événement – qu'il s'agisse d'un phénomène physique (orage, nuit), social (guerre, grève), individuel (maladie, parole) ; spéc. utilisé en matière de responsabilité pour désigner le comportement (action ou omission) de l'homme (fait personnel, fait d'autrui), l'action de l'animal ou l'intervention d'une chose (responsabilité du fait des choses ou des animaux) ; le fait (même personnel) ne doit pas être confondu avec la *faute, puisqu'il faut une *qualification pour le retenir comme fautif et qu'un fait brut, tenant à l'existence d'un certain comportement patent mais non fautif, suffit parfois à engager la responsabilité (not. la responsabilité du fait d'autrui). V. *fait *positif*.

— **d'autrui.** V. *responsabilité du fait d'autrui.*

— **de charge.** Fait dommageable accompli par le titulaire d'un office dans l'exercice de ses fonctions. Ex. faute consistant dans la rédaction d'un acte irrégulier par un officier ministériel.

— **de *guerre.** Acte commis à l'occasion de la guerre et considéré comme justifié par celle-ci. Ex. meurtre, violences, destruction des biens n'exposent pas leurs auteurs à des sanctions pénales dans la mesure où ils sont des conséquences nécessaires ou normales de la guerre, l'hypothèse du *crime de guerre étant réservée.

— **de l'homme.** V. *homme (fait de).*

— **des animaux.** V. *responsabilité du fait des animaux.*

— **des choses.** V. **responsabilité du fait des choses.*

— **du prince.**

a / Nom donné à la théorie jurisprudentielle, propre aux *contrats administratifs, suivant laquelle le cocontractant de l'administration a droit à l'indemnisation intégrale du préjudice que lui causent, en rendant directement ou indirectement plus onéreuse l'exécution du contrat, les mesures prises par l'autorité administrative contractante, y compris les mesures de portée générale lorsque celles-ci affectent l'état de choses en considération duquel les parties avaient contracté. V. **imprévision*. Comp. **sujétions imprévues.*

b / Plus généralement, décision de l'autorité publique ayant pour conséquence de porter atteinte à l'équilibre financier de situations contractuelles et qui, en matière civile, peut constituer un cas de *force majeure. V. **cas fortuit, *cause étrangère.*

— **(voie de).** V. **voie de fait.*

- **2** Dans un sens très général, s'opp. au *Droit et désigne l'ensemble des réalités physiques, économiques, sociales ou individuelles considérées, abstraction faite de leur *qualification et de leurs conséquences juridiques, comme des phénomènes bruts, des matérialités relativement à l'*ordre juridique ; on parle en ce sens d'éléments de fait.

—**s de l'espèce.** Ensemble des éléments de fait, des données de base qui sont dans le débat (globalement apportées par les parties : conflit conjugal, contentieux contractuel, etc., qui forment la matière du litige). V. *cause.*

— **et cause (prendre).** De la part d'une personne, soutenir les prétentions d'une partie en *cause, parfois prendre ses lieu et place. V. **intervention volontaire* (accessoire) (CPC, a. 330).

— **juridique.** Fait quelconque (agissement intentionnel ou non de l'homme, événement social, phénomène de la nature, fait matériel) auquel la loi attache une conséquence juridique (acquisition d'un droit, création d'une obligation, etc.) qui n'a pas été nécessairement recherchée par l'auteur du fait (C. civ., a. 1100-2). Ex. le délit oblige son auteur à réparer le dommage causé ; la possession d'un immeuble pendant trente ans fait acquérir la propriété ; une force majeure exonère le débiteur. V. *liberté de la preuve, admissibilité, acte juridique.*

— **(*moyen de).** Élément de fait qui, dans l'ensemble des *faits de l'espèce, est tout spécialement *invoqué par une partie au soutien de sa prétention. V. *allégation.*

— **(*motif de).** Considération de fait sur laquelle s'appuie le raisonnement du juge ; élément de motivation qui dans la décision de justice est fondé sur la constatation des faits. Comp. *motif de droit.*

— **nouveau.** V. *nouveau* (moyen).

— **(question de).** Question relative à la *constatation d'un fait (étendue des dégâts) ou assimilée à celle-ci (interprétation d'une convention) mais non à la *qualification du fait ou à la recherche et à l'interprétation de la règle de droit applicable. Comp. *question de droit.*

FALSIFICATION

N. f. – Dér. de falsifier, francisation du lat. *falsificare.*

- *Altération, dénaturation d'une chose ou d'un document. V. *fraude, tromperie, contrefaçon, antidate.*

— **de discours ou documents en langue étrangère.** Fait, pour un interprète commis par la justice civile ou répressive, de dénaturer de mauvaise foi la substance de paroles ou de documents oralement traduits (C. pén., a. 434-18). Comp. *faux serment, faux témoignage, escroquerie, faux spéciaux, *fausses nouvelles.*

— **de marchandises.** Présentation de marchandises dont la composition a été modifiée dans des conditions illégales. Ex. falsification des denrées servant à l'alimentation des hommes ou des animaux, des substances médicamenteuses, des boissons et des produits agricoles ou naturels destinés à être vendus.

— **d'objets ou de documents.** Présentation d'un document ou d'une chose qui ne correspond pas à son état originaire. Ex. falsification de monnaies (V. **fausse monnaie*), de poids ou mesures. V. **faux en écritures, *faux certificat.*

— ***matérielle.** Altération opérée par suppression, adjonction, rature, surcharge.

FAMA

Terme latin signifiant « bruit », « voix publique », « renommée », « réputation », encore utilisé dans la trilogie traditionnelle des éléments principaux de la *possession d'état *(*nomen, *tractatus, fama)* pour désigner le fait d'être considéré par la famille, la société, l'autorité publique comme ayant tel ou tel lien de parenté avec une personne déterminée (par ex. comme étant enfant légitime ou enfant naturel de celle-ci).

FAMILIAL, ALE, AUX

Adj. – Dér. de *famille.

- Qui concerne la *famille (dans l'un des sens indiqués) ; qui lui appartient ou lui est destiné. Ex. relations familiales, associations familiales, exploitation familiale, prestations familiales. Comp. *conjugal, matrimonial, parental* ; s'opp. parfois à individuel (comp. *commun*), parfois à économique (extrafamilial). Ex. le droit familial par opp. au droit des obligations ou au droit des affaires ; cependant ce qui est familial concerne, au sein de la famille, non seulement les relations d'ordre *personnel mais les questions d'intérêt pécuniaire. Ex. le droit familial comprend le droit extrapatrimonial et le droit patrimonial de la famille (successions, obligation alimentaire, etc.). V. *juge aux affaires familiales.*

FAMILISTÈRE

N. m. – Fait sur le modèle de *phalanstère,* en remplaçant le début par *famili,* tiré du lat. *familia* : *phalanstère* a été forgé par Fourier avec phalan(ge), terme qui sert à désigner un groupement de son système et la terminaison de monastère.

- Naguère, établissement industriel exploité sous la forme coopérative de manière à ce que chaque travailleur puisse se considérer comme un associé, participant aux bénéfices.

FAMILLE

N. f. – Lat. *familia.*

- **1** Désigne couramment soit :

a / L'ensemble des personnes qui sont unies par un *lien du sang, qui descendent d'un auteur commun (même au-delà du *degré successible). V. *parenté, ligne, *souvenirs de famille, ascendants, collatéraux.*

b / Le groupe restreint des père et mère et de leurs enfants (mineurs) vivant avec eux (famille conjugale, nucléaire) ; not. dans les expressions direction, résidence, intérêt de la famille (C. civ., a. 213, 215, 220-1, 1397). V. *ménage, couple, mariage.*

c / Les seuls enfants, descendants directs (mère de famille nombreuse). V. *souche, *abandon de famille.*

- **2** Désigne parfois (et dans des acceptions limitées) :

a / L'ensemble des parents et alliés (C. civ., a. 334, al. 2 anc., 399). V. **alliance, *conseil de famille, *lien de famille.*

b / Le groupe des parents et alliés entre lesquels existe une obligation alimentaire (famille alimentaire). V. *solidarité.*

c / Le groupe des personnes vivant sous le même toit *(domus).* V. C. civ., a. 632, 1724. Comp. a. 1735.

d / (vx). Le conseil de famille (C. civ., a. 398 s., a. 456).

— **adoptive.** Soit le groupe formé par le ou les adoptants et l'adopté, soit, relativement à celui-ci et par opp. à sa *famille d'origine, la famille de l'adoptant (C. civ., a. 358, 368). V. *adoption, filiation adoptive.*

— **(bien de).** V. *bien de famille.*

— **biologique.** Famille par le sang, famille d'origine.

— **(cercle de).** V. *cercle de famille.*

— **de fait.** Groupe constitué par un individu (ou un ménage) et les personnes à sa *charge et souvent assimilé par le Droit social à la famille (not. pour l'ouverture du droit aux prestations familiales). V. *famille nourricière, union libre.*

— **d'origine.** Par opp. à la famille *adoptive et à la famille nourricière, la famille par le sang à laquelle appartenait l'enfant avant l'*adoption et dans laquelle il reste, en cas d'adoption *simple (en y conservant tous ses droits, C. civ., a. 364), ne lui demeurant au contraire attaché, dans l'adoption *plénière, que sous certains rapports irréductibles (prohibition de mariage ; C. civ., 1356). Comp. **filiation d'origine.*

— ***légitime.** Désigne soit les époux, soit les père et mère et leurs enfants, soit l'ensemble de la parenté légitime.

— ***monoparentale.** Famille dans laquelle l'enfant vit avec un seul de ses parents (mère ou père) et qui englobe, outre les cas de *famille *unilinéaire, toutes les hypothèses dans lesquelles l'enfant demeure légalement rattaché à celui de ses parents avec lequel il ne vit pas (conservant à son égard ses droits et devoirs). Ex. conjoint veuf, divorcé, séparé de corps, séparé de fait assumant seul la garde des enfants issus du mariage.

— ***naturelle.** Celle qui n'est pas fondée sur le mariage mais repose, lorsqu'ils sont juridiquement constatés, sur des faits biologiques (union des sexes, procréation, descendance d'un auteur commun, C. civ., a. 334 anc.), parfois accompagnés d'une communauté de vie ; désigne soit le ménage de fait (les concubins), soit le groupe du ou des parents naturels et de l'enfant naturel, soit l'ensemble de la parenté naturelle.

— **nourricière.** Celle qui nourrit l'enfant, c'est-à-dire plus généralement (comp. *aliments*) le fait vivre, le garde, l'élève, l'éduque (en dehors de toute obligation *alimentaire et en vertu de conventions, délégations, décisions), famille dite d'accueil au sein de laquelle vit l'enfant et qui se substitue à la famille biologique (que celle-ci soit ou non connue) et se comporte, en parallèle avec l'*adoption, comme une *famille adoptive de fait ; *famille de fait, en somme (mais relativement à l'enfant) dite encore famille de lait. V. C. civ., a. 337, 371-4).

— **par le sang.** Par opp. à la *famille adoptive (résultant d'un lien juridique) et à la famille nourricière, la famille légitime ou naturelle entre parents unis par un lien de sang, not. ses père et mère par le sang (C. civ., a. 356, 370).

— **recomposée.** Famille dont les soutiens (homme, femme), ayant vécu l'un ou l'autre ou l'un et l'autre, chacun de son côté, en mariage ou hors mariage, avec d'autres partenaires, s'unissent, après divorce, rupture ou décès, pour vivre ensemble, en mariage ou en union libre, avec les enfants issus des unions antérieures et, le cas échéant, leurs enfants communs, ce réassortiment familial composite faisant coexister – tant qu'elle dure –, dans la communauté de vie présente, des liens de famille différents (frères et sœurs consanguins, utérins ou germains, parents et beaux-parents) sans abolir les liens antérieurs avec les parents par le sang séparés, et posant la question délicate de l'harmonisation des intérêts attachés à chaque lien.
— **(souvenirs de).** V. *souvenirs de famille.*
— **spirituelle.** Nom traditionnel donné à la parenté morale (dotée de rares et faibles effets de droit, C. civ., a. 371-4) qui s'établit entre les parrains et marraines et leurs filleuls et filleules.
— **(titre de).** V. *titre de famille.*
— ***unilinéaire.** Famille dans laquelle l'enfant n'est légalement rattaché qu'à l'un de ses parents, père ou mère, de telle sorte qu'il n'a dans son ascendance qu'une ligne, paternelle ou maternelle ; espèce de *famille *monoparentale dans laquelle le caractère monoparental résulte des structures mêmes de la parenté. Ex. naguère enfant naturel dont la filiation n'était légalement établie qu'à l'égard d'un de ses parents ; enfant adoptif dans l'adoption plénière unilatérale.

FARDAGE

Subst. masc. – Dér. anc. franç. *farde* : fardeau, d'où not. fardeau, empr. de l'arabe *farda* : charge d'un chameau, ballot, sac.

- **1** Pose de pièces de bois ou autres matières isolantes tendant à préserver les marchandises de tout contact susceptible de les endommager.
- **2** Désignait aussi, dans la pratique maritime, les objets encombrants du gréement ou les constructions du navire situées au-dessous du pont supérieur.

FAUSSE APPLICATION DE LA LOI

V. **application de la loi(fausse).*

FAUSSE MONNAIE

V. *faux* et *monnaie.*

- *Monnaie obtenue par *faux-monnayage ou monnaie authentique ayant subi une altération. V. *falsification.* Comp. *contrefaçon.*

FAUSSES NOUVELLES

N. f. pl. – V. *faux* et *nouveau.*

- Fait de publier, diffuser ou reproduire de mauvaise foi des informations inexactes, des pièces fabriquées, falsifiées ou mensongèrement attribuées à des tiers, de nature soit à troubler la paix publique, soit à ébranler la discipline ou le moral des armées, ou à entraver l'effort de guerre de la nation. V. *falsification, fourniture de fausses *informations.*

FAUTE

N. f. – Lat. *fallita* : action de faillir, fém. pris substantivement d'un participe *falletas,* qui s'est substitué au lat. class. *falsus,* de *fallere* : tromper, échapper à…, d'où faire défaut.

► **I** (civ.)

- Acte illicite supposant la réunion : *1* / d'un élément *matériel, le fait originaire (lequel peut consister en un fait positif – faute par commission – ou en une abstention – faute par omission) ; *2* / d'un élément d'illicéité, la violation d'un devoir, la transgression du Droit (loi, coutume, etc.) ; *3* / (sous réserve de la théorie de la faute dite objective) un élément moral (d'*imputabilité), le discernement de l'auteur du fait, parfois nommé élément *volontaire, bien qu'il puisse être intentionnel ou non, et auquel la loi attache diverses conséquences juridiques. Ex. faute délictuelle engageant la *responsabilité civile de son auteur (C. civ., a. 1382 anc., 1383 anc., devenus a. 1240, 1241), faute conjugale constituant une cause de divorce (C. civ., a. 242). Comp. *délit, quasi-délit, dol, fraude, risque, fait justificatif, cause d'exonération, tort.*

— **assurable.** Faute (de l'assuré) qui, n'étant ni intentionnelle, ni dolosive, peut faire l'objet d'une assurance.
— ***civile.** Par opp. à faute pénale, celle qui engage la responsabilité civile (délictuelle ou contractuelle) de son auteur.

— ***contractuelle.** Inobservation, par le débiteur, d'une obligation née du contrat (par inexécution totale, exécution défectueuse ou tardive) qui engage sa responsabilité contractuelle.

— ***délictuelle.**

a / Fait dommageable constitutif d'un *délit civil (au sens générique du terme) qui engage la responsabilité délictuelle de son auteur et se distingue de la faute contractuelle en ce que le devoir dont il est la violation ne résulte pas d'un contrat, mais du devoir général (consacré par la loi et la coutume) de ne pas nuire à autrui.

b / Par opp. à la faute *quasi délictuelle, faute dont l'auteur a eu l'intention de causer le dommage.

— ***dolosive.** Espèce de faute contractuelle, naguère syn. de faute intentionnelle, aujourd'hui caractérisée par le fait que le débiteur, malhonnête, manque sciemment à ses obligations. V. *faute *lourde.*

— ***intentionnelle.** Faute commise avec intention de nuire à autrui, plus généralement avec celle de causer le dommage (ex. suicide). V. *faute *délictuelle (stricto sensu).* Comp. *faute *dolosive.*

— ***légère.** Comportement, volontaire ou non, qui s'écarte peu du comportement qu'aurait eu dans les mêmes circonstances le *bon père de famille (ex. maladresse, sans gravité en elle-même, erreur vénielle d'appréciation. V. *négligence*) ; acte maladroit pouvant constituer une faute pénale donc une faute civile ; en matière contractuelle, dans les obligations de moyens, on admet que l'erreur n'est pas nécessairement fautive (erreur de diagnostic, par ex.), en matière délictuelle, il est exceptionnel de ne pas retenir comme faute l'erreur, comportement différent de celui qui s'imposait théoriquement, mais statistiquement inévitable même de la part du bon père de famille.

ADAGE : *In lege Aquilia, et culpa levissima venit.*

— ***lourde.** Comportement qui s'écarte largement du comportement qu'aurait eu dans les mêmes circonstances le *bon père de famille ; comportement qui dénote chez son auteur, soit l'extrême sottise, soit l'incurie, soit une grande insouciance à l'égard des dangers que l'on crée.

ADAGE : *Culpa lata dolo aequiparatur.*

● Comp. *faute grave* (C. civ., a. 800), *faute *inexcusable* (C. séc. soc., a. L. 452-1), *faute dolosive.*

— **quasi délictuelle.** Espèce de faute délictuelle *(lato sensu)* dont l'auteur a agi, par imprudence ou négligence, sans intention de nuire. V. *faute délictuelle(stricto sensu).*

► **II** (pén.)

● Par opp. à *dol, élément psychologique (moral) des infractions non intentionnelles ; dans les atteintes involontaires à l'intégrité corporelle, la faute consiste en une imprudence, négligence, maladresse, inobservation des règlements.

— **caractérisée** (au sens de l'a. 121-3 C. pén., al. 4). *Faute aggravée exposant autrui à un risque particulièrement grave que son auteur ne peut ignorer, *caractérisation à laquelle est subordonnée, en cas de *délit non *intentionnel, la responsabilité pénale d'une personne physique qui n'a pas causé directement le dommage (mais seulement contribué à sa réalisation) mais non sa responsabilité civile (C. pr. pén., a. 4-1). Comp. *faute délibérée.*

— ***contraventionnelle.** Élément psychologique plus ténu, fréquent en matière de contraventions et se rencontrant dans certains délits (dits parfois délits contraventionnels) où l'auteur n'échappe à la condamnation que s'il est établi qu'il y a eu *force majeure ou cause de non-*imputabilité.

— ***délibérée** (au sens de l'a. 121-3, al. 4 C. pén.). *Faute aggravée tenant à la violation résolument décidée d'une obligation particulière de prudence ou de sécurité prévue par la loi, *qualification à laquelle est subordonnée, en cas de *délit non *intentionnel, la responsabilité pénale de la personne physique qui a contribué à la réalisation d'un dommage sans l'avoir directement causé, mais non sa responsabilité civile (C. pr. pén., a. 4-1). Comp. *préméditation, faute caractérisée.*

► **III** (adm.)

Terme employé dans les expressions suivantes :

— **de service.** Acte dommageable commis par un agent public à l'occasion de l'exécution du service (ou non dépourvu de lien avec le service) dont la réparation incombe à l'administration.

— **disciplinaire.** V. *disciplinaire(faute).*

— **du service.** Acte dommageable de caractère anonyme trahissant une mauvaise organisation ou un mauvais fonctionnement du service et qui engage la responsabilité de l'administration dans des conditions différentes suivant le degré de difficulté que présentent l'exécution du service et la gravité de cette faute.

— ***personnelle.** Acte dommageable commis par un agent public en dehors du service ou présentant, bien que commis à l'occasion du service, le caractère soit d'une faute intentionnelle, soit d'une faute d'une extrême gravité, révélant ainsi, suivant la formule classique de Laferrière, « l'homme avec ses faiblesses, ses passions, ses imprudences ». V. *risque, responsabilité.*

▸ **IV** (trav.)

S'emploie dans les expressions suivantes :

— **grave.** Celle qui, étant suffisamment grave pour rendre intolérable le maintien des relations contractuelles, justifie la résiliation anticipée du contrat de travail à durée déterminée et la rupture immédiate, sans indemnité de licenciement, du contrat de travail à durée indéterminée.

— **inexcusable.** V. *inexcusable(faute).*

— **intentionnelle.** Celle qui est caractérisée par l'intention, chez l'employeur ou le salarié victime d'un accident du travail, de réaliser le dommage.

— **lourde.** Syn. de *faute grave ; faute particulièrement grave assimilable à la faute intentionnelle.

▸ **V** (transp.)

— **inexcusable.** V. *inexcusable (faute).*

FAUX, FAUSSE

Adj. – Lat. *falsus,* part. pass. de *fallere,* tromper.

• **1** Inexact, erroné, contraire à la *vérité, mais aussi bien de bonne foi, non conforme à la réalité. Ant. *vrai, véritable.*

• **2** Sciemment contraire à la vérité, trompeur ; syn. en ce sens de *mensonger. Ex. faux témoignage, fausse attestation, faux serment, fausse déclaration. Ant. *sincère, loyal, véridique.* Comp. *frauduleux, dolosif, fictif.* V. *fourniture de fausses *informations, fausses nouvelles, escroquerie, dénonciation calomnieuse.*

• **3** Falsifié, altéré, frauduleusement fabriqué. Ex. fausse facture, faux passeport, fausses *pièces, fausse clé, fausse monnaie. V. *falsification.*

— **certificat.**

a / *Attestation intentionnellement inexacte délivrée par une autorité publique ou professionnelle ou par un particulier en faveur d'une autre personne, ex. faux certificats médicaux.

b / Attestation établie faussement comme émanant d'un médecin, d'un fonctionnaire ou officier public ou même d'un particulier ; certificat falsifié.

— **-monnayage.** Action de fabriquer ou de mettre en circulation une monnaie française ou étrangère fausse ou altérée, que celle-ci ait ou n'ait plus cours légal et qu'il s'agisse de monnaie métallique ou de monnaie de papier (C. pén., a. 442-1 s.). V. *fausse monnaie.*

—**sse (pièce).** V. *pièce (fausse).*

— ***serment.**

a / *Affirmation intentionnellement inexacte faite par un plaideur à qui le *serment décisoire a été déféré ou référé en matière civile (C. pén., a. 434-17). V. *parjure.*

b / Affirmation intentionnellement inexacte faite par un administré dans une déclaration administrative ou fiscale, formulée par écrit ou oralement sous la foi du serment et sous les peines du faux serment. Comp. *faux témoignage, falsification.* V. *sincérité.*

— ***témoignage.** Témoignage *mensonger fait en justice sous serment. Altération consciente de la vérité commise par une personne déposant sous serment devant une juridiction, qui, à défaut de rétractation spontanée avant la clôture des débats, expose son auteur à des peines variables notamment suivant les peines encourues par la personne poursuivie (C. pén., a. 434-13 s.). Comp. *faux serment, subornation de témoins.*

FAUX

Subst. masc. – V. le précédent.

▸ **I** (pén.)

• Infraction plus spécialement nommée faux en écritures ou faux documentaire consistant en la fabrication ou altération frauduleuse d'un document écrit ayant une valeur juridique (C. pén., a. 441-1 s.) punie sous toutes ses formes (*falsification matérielle ou *contrefaçon, falsification intellectuelle), mais différemment selon qu'il porte sur des écritures publiques ou authentiques, ou sur des écritures privées, de commerce ou de banque. V. *faux spéciaux.*

— **spéciaux.**

a / Agissements présentant les caractères du *faux en écritures, mais punis de peines moins fortes en raison de la moindre importance du document fabriqué ou falsifié (passeports, cartes, permis, bulletins, laissez-passer, feuilles de route, etc.).

b / Utilisation de tels documents par un autre que leur bénéficiaire ou fait de les obtenir frauduleusement.

— **(usage de).** Fait de se servir d'un tel document, puni au même titre que l'établissement de celui-ci.

▸ **II** (civ.)

- Contestation relative à la véracité d'une preuve littérale qui peut être élevée soit incidemment soit à titre principal qu'il s'agisse d'un acte sous seing privé ou d'un acte authentique (on parle en ce dernier cas d'*inscription de faux). V. CPC, a. 299 s. V. *vérification d'écriture.*

FAUX FRAIS

V. *faux, frais* ; dér. du bas lat., de *fredum* : amende.

- *Dépenses nécessaires généralement exposées au cours d'un procès par un avocat ou un officier ministériel, en dehors des *frais légaux. Ex. frais de poste, de papeterie, d'écritures. Comp. **frais généraux.*

FAVEUR

N. f. – Lat. *favor,* de *faveo,ere* : être favorable, favoriser, s'intéresser à.

- **1** Acte de *favoritisme, *préférence arbitraire (de la part de qui la prodigue), *avantage injuste (pour qui en profite). Comp. *privilège, *traitement préférentiel.*
- **2** *Avantage particulier, marque de bienveillance, *protection spéciale, *bienfait accordé par la loi, au-delà du droit commun ou de la simple logique, à certaines catégories de personne éminemment dignes d'intérêt. Ex. *gains de survie en faveur du conjoint survivant (C. civ., a. 1481 anc.), *bénéfice du mariage putatif en faveur de l'époux de bonne foi (C. civ., a. 201), bienfait de la légitimation par mariage (C. civ., a. 331 s. anc.) ou par autorité de justice (a. 333 s. anc.). Comp. *priorité, dispense, exemption.*
- **3** *Préférence *a priori* donnée à l'un de deux intérêts en présence, au moins dans le doute (les *présomptions sont souvent des faveurs de la loi). Ex. faveur à la *bonne foi (C. civ., a. 2274), faveur à l'*innocence *(in dubio pro reo, favor libertatis),* faveur au débiteur (la convention, dans le doute, s'interprète en sa faveur, C. civ., a. 1162 ; le terme est présumé stipulé en sa faveur C. civ., a. 1187) ; préjugé favorable.
- **4** Préférence de même nature pour une voie, une modalité, un moyen, une solution, encouragement en ce sens. Ex. faveur à la conciliation (CPC, a. 21), faveur aux arrangements amiables (C. civ., a. 373-2-11), faveur à la maintenance (a. 274), faveur au divorce sur demande conjointe (CPC, a. 1077, C. civ., a. 230), faveur à l'adhésion familiale (C. civ., a. 375-1), faveur au maintien de l'enfant dans son milieu actuel (C. civ., a. 375-2).
- **5** Plus généralement, en politique législative, sollicitude de la loi envers tel ou tel intérêt (notamment par des mesures fiscales d'encouragement). Ex. faveur à l'exploitation familiale, à la libre entreprise, etc.
- **6** De façon plus neutre, la locution « en faveur de… » sert seulement à désigner le bénéficiaire direct d'une opération (legs, renonciation en faveur de…, équivalent : au profit de) ou même le bénéficiaire plus lointain (ex. donation en faveur des petits-enfants).

FAVORITISME

N. m. – Dér. de favori, part. pass. de l'anc. v. favorir, favoriser.

- **1** (sens gén.). Dans les sphères politiques, économiques ou autres milieux, népotisme ; fait de favoriser une personne de connaissance, de l'avantager arbitrairement au détriment de ceux qui, à mérite égal ou supérieur, pourraient aspirer aux mêmes distinctions. Comp. *complaisance.*

- **2** Délit de favoritisme ; pour une autorité, action de rompre, dans un marché public, l'égalité des chances entre candidats, en procurant un avantage particulier injustifié à l'un des concurrents (C. pén. a. 432-14). Ex., pour un maire, attribution d'un marché important à un maître d'œuvre sans organiser de concours d'architecture.

FÉDÉRALISME

N. m. – Dér. de *federala,* formé lui-même sur le lat. *foedus, foederis* : alliance.

- **1** Forme constitutionnelle donnant à l'État le caractère d'*État fédéral. Comp. *plurilégislatif.*
- **2** Plus largement, forme politique dans laquelle une certaine liberté d'action des parties associées se combine avec une certaine unité de l'ensemble, que ce soit l'État fédéral ou la confédération d'États. Comp. *plurilégislatif.*
- **3** Doctrine préconisant une telle forme constitutionnelle ou politique.

FÉDÉRATION

N. f. – Du lat. *foederatio,* de *foedus* : pacte.

- **1** Toute forme d'*union volontaire entre sujets de Droit conclue, en principe pour une durée indéterminée, en vue d'assurer une meilleure protection de certains intérêts légitimes et communs à chacun de ses membres. Ex. les fédérations sportives internationales.
- **2** Plus spéc. syn. d'État fédéral ; union volontaire entre États généralement contigus qui cessent de ce fait d'être souverains au regard du Droit international et qui opèrent, au profit des organes par eux institués, un transfert en principe permanent de compétences et de pouvoirs juridiques à l'effet de protéger et de promouvoir certains intérêts communs à l'ensemble de ses membres, not. en matière de diplomatie, de défense, ainsi que de relations économiques, commerciales, financières ; l'État fédéral se distingue de la confédération d'États en ce que, constituant une entité souveraine au regard du Droit international, il dispose à l'effet de nouer des relations internationales d'une capacité seulement limitée par les dispositions pertinentes de la Constitution fédérale et par son caractère immédiat (les actes juridiques qu'il édicte étant directement applicables aux individus dans chacun des États qui le composent). Ex. les États-Unis d'Amérique.
- **3** Union de syndicats ouvriers ou patronaux rassemblant les organisations d'une même branche d'activité ou d'une même profession (ex. fédération CGT des métaux, Union des industries métallurgiques et minières).
- **4** Plus généralement groupement de groupements ; appliqué aux partis politiques, désigne le regroupement des sections locales d'un parti dans une même unité territoriale (ex. fédération départementale de tel parti) ou coalition de partis. Comp. *union, confédération.*

FÉMINICIDE

N. m.

- Homicide d'une femme, d'une jeune fille ou d'une enfant en raison de son sexe. JORF 16.9.2014 p. 15186.

FEMME

Lat. *femina.*

- **1** Personne de sexe féminin.
- **2** Désigne parfois, par opp. au *mari, la femme mariée, l'*épouse. V. *conjoint, veuf, célibataire, mère.*

— **isolée.** Expression désignant, dans certaines lois sociales, une femme seule chargée de famille (divorcée, veuve, *mère célibataire, abandonnée). Ex. loi en faveur de l'emploi des femmes isolées. V. *monoparental.*

FENÊTRES (OBLIGATIONS À)

Lat. *fenestra.* V. *obligation.*

- Nom donné dans la pratique, en matière d'*emprunt à taux fixe de longue durée (par ex. 18 ans), à des *obligations assorties de facultés de remboursement anticipé (les fenêtres) à des dates déterminées au contrat d'émission (par ex. à l'expiration des 10e et 14e années) soit au gré du porteur soit au gré de l'émetteur, moyennant des pénalités dégressives. Comp. *prorogeable (emprunt).*

FENTE

N. f. – Tiré de fendre, lat. *fendere.*

- Nom traditionnel encore donné en doctrine et en pratique à la division (aujourd'hui forfaitaire et sans considérer l'origine des biens ; C. civ., a. 732 anc.) d'une succession en deux portions égales, l'une à la *ligne paternelle, l'autre à la ligne maternelle, chaque portion étant dévolue dans cette ligne à l'héritier le plus proche, sans *refente. Ex. dans une succession déférée aux ascendants, division par moitié entre les ascendants de la ligne paternelle (ex. à un père) et ceux de la ligne maternelle (ex. à une grand-mère maternelle) ; dans les successions collatérales (C. civ., a. 737, 738).

  ADAGE : *Paterna paternis, materna maternis* (aujourd'hui non reçu).

FÉRIÉ, IÉE

Adj. – Lat. *feriatus* : qui est en fête, oisif.

- Se dit d'un jour où l'on ne travaille pas, en raison d'une *fête légale. Comp. *chômé.*

FERMAGE

N. m. – Dér. de ferme, tiré de fermer, au sens de fixer, décider, lat. *firmare.*

- **1** Redevance due par le preneur au bailleur comme prix de la location dans le *bail à ferme, fixée d'après le cours des denrées et à verser soit en espèces, soit en denrées, suivant la convention des parties. V. *loyer.*
- **2** Par ext., le contrat de *bail qui donne lieu au versement de cette redevance. Ex. statut du fermage. Comp. *métayage, colon partiaire.*

FERME

Adj. – Lat. *firmus* : solide, résistant.

- Se dit d'un contrat définitivement conclu ou d'un consentement définitivement donné (commande ou offre ferme), c'est-à-dire sans qu'il soit nécessaire de réitérer ni de confirmer l'accord ou le consentement par ailleurs sans réserve. Ant. *labial.*

FERME

N. f. – Tiré de fermer. V. *fermage.*

- **1** Exploitation rurale qui est l'objet d'un *bail à ferme.
- **2** Syn. dans certaines expressions de *bail. Ex. prendre à ferme. V. *placier.*

FERME AUBERGE

V. *ferme,* auberge, du prov. *auberjo,* de l'anc. franç. herberge. V. *héberge.*

- Lieu de restauration avec ou sans hébergement aménagé sur une *exploitation *rurale sous la gestion d'un agriculteur, correspondant à une formule personnalisée d'accueil à la ferme. Comp. **gîte rural, *chambres d'hôtes, *camping à la ferme, tourisme.*

FERMIER

Subst. – Dér. de *ferme.

- Nom du *preneur dans le *bail à ferme. V. *métayer.* Comp. **colon partiaire, locataire, tenancier, cheptelier.*

FERROUTAGE

N. m.

- Acheminement par le rail de véhicules routiers chargés de leurs marchandises. V. *multimodal.*

FÊTE

N. f. – Lat. *feria,* moins usuel que le plur. *feriae* : jours de fête.

- Réjouissance publique destinée à célébrer ou commémorer un événement historique, un héros national, etc.

—s légales. Journées déclarées par la loi *jour *férié et correspondant (en dehors du premier de l'an et de la fête du travail, 1er mai) soit à des fêtes religieuses célébrées un autre jour que le dimanche (Noël, Ascension, Assomption, Toussaint), soit à l'anniversaire d'événe-

ments glorieux, ex. 14 juillet, anniversaire de la prise de la Bastille érigé en fête nationale par la l. 6 juillet 1880. V. *congé.*
— **nationale.** Jour de la célébration de la patrie (l. 6 juill. 1880).

FEU

Lat. *focus.*

- **1** Désigne encore aujourd'hui le foyer – groupe des personnes vivant ensemble – dans de rares expressions. Ex. « partage par feu », modalité de partage par famille ou ménage en matière d'*affouage communal.
- **2** Dispositif d'éclairage et de signalisation d'un véhicule ou d'un navire. Ex. les feux de position, de route, de croisement, de gabarit, de stationnement, feux rouges arrière, feux spéciaux de brouillard ou de marche arrière ; feux de babord et de tribord, etc.
- **3** (sens courant). Syn. d'*incendie. V. *sinistre.*

FEUDISTE

Subst. – Dér. du bas lat. *feudum* : fief.

- Nom donné aux juristes et jurisconsultes qui ont écrit sur la féodalité et le Droit féodal.

FEUILLE

N. f. – Lat. *folia,* plur. neutre de *folium.*

- Nom donné, dans diverses expressions, à un *document en général volant ou détachable qui a pour support une feuille de *papier. Comp. *carte, carnet, registre.* V. *chèque, souche.*

— **de maladie.** Imprimé destiné à permettre le remboursement aux assurés sociaux des honoraires médicaux, du prix des produits pharmaceutiques et plus généralement des dépenses consécutives à la maladie.
— **de présence.** Document servant à dénombrer et à identifier les personnes participant à une réunion, spécialement à une assemblée générale d'actionnaires et permettant de constater la régularité de sa composition et des conditions dans lesquelles les délibérations sont prises. V. *émargement, registre de présence.*
— **d'expédition.** V. *expédition (feuille d').*

FIABILITÉ

N. f. – Dér. de *fiable.

- Caractère de ce qui est *fiable ; crédibilité.

— **(présomption de).** *Présomption légale *réfragable en vertu de laquelle il y a lieu de faire confiance jusqu'à preuve du contraire au procédé de *signature électronique (de lui accorder *foi) lorsque celle-ci est créée, l'identité du signataire assurée et l'intégrité de l'acte garantie conformément au décret du 30 mars 2001, lequel exige, en définissant ces notions (a. 1, 2 s.), que le procédé mette en œuvre une signature sécurisée, établie grâce à un dispositif sécurisé de création de signature électronique et que la vérification de cette signature repose sur l'utilisation d'un certificat électronique qualifié (C. civ., a. 1367).

FIABLE

Adj. – Du v. *fier,* lat. pop. *fidare,* class. *fidere,* avoir confiance, compter sur ; *fidus,* fidèle.

- Digne de confiance ; se dit surtout d'un procédé auquel on peut se fier. Comp. *fidèle.*

FIANÇAILLES

Subst. fém. plur. – Dér. de fiancer : prendre un engagement, lui-même dér. par l'intermédiaire d'un ancien fiance, de fier, lat. *fidare.*

- *Promesse mutuelle de *mariage, généralement entourée d'un certain cérémonial (familial ou mondain) qui ne constitue pas un engagement contractuel civilement obligatoire, mais dont la rupture abusive (par ex. intempestive) engage la responsabilité délictuelle de son auteur et qui crée une situation parfois dotée d'effets juridiques (ex. le décès accidentel du fiancé ouvre à la fiancée un droit à réparation contre le tiers responsable ; la séduction par fiançailles ouvre l'action en recherche de paternité naturelle, C. civ., a. 340, etc. anc.) ; ne se confondent pas avec les formalités officielles nécessaires à la célébration d'un mariage *posthume (au sens de l'a. 171 C. civ.).

FICHIER

N. m. – Dér. de fiche, dér. du v. lat. *figere* : fixer. V. *immobilier.*

- Instrument de *classement tenu par le conservateur des hypothèques qui, pour permettre de retrouver la trace des actes juridiques publiés (constitutions ou mutations de droits réels immobiliers, etc.), comprend des fiches personnelles (aux noms, classés par ordre alphabétique, des titulaires de droits) et réelles (à raison d'une par immeuble avec un classement géographique) faisant référence aux publications conservées dans les *registres chronologiques adéquats (registre des ventes, des hypothèques, etc.). V. *publicité foncière.* Comp. *registre, répertoire, casier.*

FICHIER À CARACTÈRE PERSONNEL

N. m.

- Tout ensemble structuré et stable de données à caractère personnel accessibles selon des critères déterminés (art. 2, l. 6 janvier 1978). V. *données à caractère personnel.*

FICTIF, IVE

Adj. – Lat. *fictus* (du v. *fingere, fictum*) : feint, imaginaire.

- Créé en faux-semblant ; établi en façade soit dans le vide, en pure feinte, soit en paravent d'une autre opération destinée à demeurer cachée ; se dit d'une opération imaginaire dont l'apparence ou bien ne recouvre rien (société fictive, *emploi fictif, facture fictive) ou bien masque l'acte occulte qui correspond à la volonté réelle des intéressés (vente fictive à un successible d'un bien qu'en réalité on lui donne). Syn. *apparent, simulé* (lorsque l'acte apparent dissimule un acte *occulte). V. *sinécure, simulation, déguisement, déguisé, paulien, franc symbolique.* Comp. *faux, mensonger.*

—s (*dividendes). Dividendes prélevés sur des bénéfices non distribuables.

FICTION

N. f. – Lat. *fictio*, du v. *fingere* : feindre.

- **1** Artifice de technique juridique (en principe réservé au législateur souverain), « mensonge de la loi » (et bienfait de celle-ci) consistant à « faire comme si », à supposer un fait contraire à la réalité, en vue de produire un effet de droit. Ex. à faire comme si l'enfant conçu était né afin qu'il acquière un droit ; comme si le représenté était l'auteur même de l'acte accompli en son nom par son représentant (légal, judiciaire ou conventionnel) ; comme si chaque cohéritier, après indivision et partage, avait succédé seul et immédiatement au défunt pour les biens mis dans son lot (C. civ., a. 883), mécanisme souvent annoncé par les expressions « est réputé… » « censé ». *Adde* C. civ., a. 751 (représentation successorale), a. 1179 anc. (*rétroactivité de la condition). Comp. *présomption.*
- **2** Idée, concept doctrinal imaginé en vue d'expliquer une situation, un mécanisme (ex. la *continuation de la personne du défunt par ses héritiers). V. *exterritorialité.*

ADAGES : *Infans conceptus pro nato habetur quoties de commodo ejus agitur.*
Qui mandat dicatur ipse vere facere.

FICTIONNAIRE

Adj. – Dér. de *fiction.

- (rare). Qui découle d'une *fiction ; se dit parfois des droits résultant d'une fiction légale. Ex. les droits que le représenté tient de la représentation.

FICTIVITÉ

Subst. fém. – Néol. dér. de *fictif.

- Caractère de ce qui est *fictif ; se dit not. d'une société qui n'existe qu'en apparence, sur le papier, en ce qu'elle ne correspond, dans la réalité, à aucune activité sociale propre, ou d'un emploi pour lequel aucun travail n'est fourni. V. *sinécure.*

FIDÉICOMMIS

Subst. masc. – Lat. jur. *fideicommissum*, propr. : ce qui est confié à la bonne foi de quelqu'un.

- Nom donné à deux dispositions voisines licites qui se différencient, chacune par un trait particulier, des *substitutions prohibées :

1 / Celle par laquelle le disposant, en investissant d'un bien une personne nommée *fiduciaire s'en remet à sa bonne foi pour faire parvenir le bien à une autre personne, nommée fidéicommissaire, seule véritable gratifiée dans l'intention du disposant, mais sans action contre le fiduciaire, le fidéicommis s'apparentant ici à un vœu. Comp. *fiducie* (à fins de libéralité). V. *précatif*.

2 / Celle par laquelle le disposant, en gratifiant une personne en premier (ce n'est pas un simple fiduciaire) le charge (ce n'est pas un vœu mais une obligation) de retransmettre le bien avant sa mort à une personne gratifiée en second, la date de retransmission antérieure à la mort du premier gratifié (ce n'est pas une substitution prohibée) pouvant être, par exemple, la majorité du second gratifié ; espèce de libéralité avec *charge.

FIDÉJUSSEUR

N. m. – Lat. jur. *fidejussor,* garant, du v. *fidejubere,* s'engager sur sa foi. *Fidejussor est qui fide sua jubet quod alius debet* (le fidéjusseur est celui qui garantit sur sa foi ce qu'un autre doit).

• (vx). Syn. de *caution. V. *cofidéjusseur.*

FIDEJUSSION

N. f. – Lat. *fidejussio,* v. le précédent.

• Engagement que contracte le *fidéjusseur, garantie qu'il donne.

FIDÈLE

Adj. – Lat. *fidelis,* de *fides* : foi.

• **1** Qui respecte la *foi promise (pour un époux la foi conjugale, le devoir de *fidélité). V. *infidèle, adultère.*

• **2** *Conforme à ; se dit d'une interprétation (fidèle à la loi, not. à son esprit), d'une copie (fidèle à l'original).

• **3** Exact, complet, exhaustif, qui traduit bien la réalité ; se dit d'un *inventaire, d'une *description, d'un *rapport, d'une *constatation. Comp. *loyal, sincère, bon, fiable.*

FIDÉLITÉ

N. f. – Lat. *fidelitas,* de *fidelis* : fidèle.

• **1** *Foi due à un engagement ; *respect de la *parole donnée ; accomplissement correct et ponctuel de la *mission confiée. V. *fidèle.*

— **conjugale.** Foi due au mariage ; plus spéc. devoir pour chaque époux de ne pas commettre l'*adultère et de ne pas entretenir avec un tiers des relations offensantes pour son époux (flirt, etc.). V. *injure grave.*

• **2** Particulier attachement d'une clientèle envers un fournisseur. V. *prime.*

— **(remise de).** V. *remise.*

• **3** *Conformité des instruments servant à peser ou à mesurer avec les étalons des poids et mesures légaux.

FIDUCIAIRE

Adj. et subst. – Lat. jur. *fiduciarius,* de *fiducia* : confiance.

• **1** (subst.) Celui qui, dans l'aliénation fiduciaire, acquiert un bien à charge de le rétrocéder soit au tiers bénéficiaire de la libéralité, soit au *fiduciant après gestion ou jeu de la garantie. V. *fiducié* (nom également donné à l'un des protagonistes du *fidéicommis).

• **2** (adj.)

a / Qui concerne la *fiducie. Ex. aliénation, acquéreur, transfert fiduciaire.

b / Se dit de la *monnaie émise sous forme de billets de banque ou de pièces métalliques. V. *numéraire.*

c / Qualificatif que s'appliquent certaines sociétés spécialisées dans les opérations financières et la comptabilité afin de s'affirmer comme organismes de « confiance ».

— **(contrat).** Nom donné à un type de contrat qui, impliquant entre les parties une confiance particulière, constitue un élément de la définition de l'*abus de confiance. Ex. dépôt, mandat, louage, nantissement, prêt à usage, etc.

FIDUCIANT

Subst. – Dér. de *fiducie.

• Celui qui, dans l'aliénation fiduciaire, cède un bien soit à titre de garantie (il est débiteur ou constituant de la sûreté), soit à fins de libéralité (il en est l'auteur par ex. comme testateur), soit en vue de faire gérer le bien par un tiers dans son intérêt. V. *fiducie, fiduciaire.*

FIDUCIE

N. f. – Lat. *fiducia* : confiance, cession de bonne foi (de *fides*).

- *Aliénation fiduciaire à charge de rétrocession ; acte juridique (contrat ou dans certains cas legs) par lequel une personne, nommée *fiduciant, transfère la propriété d'un bien corporel ou incorporel à une autre personne, nommée *fiduciaire, soit à titre de garantie d'une créance (fiducie à fins de sûreté) sous l'obligation de rétrocéder le bien au constituant de la sûreté lorsque celle-ci n'a plus lieu de jouer (sauf si le bien acquis par ex. une créance a permis de désintéresser le créancier), soit en vue de réaliser une libéralité (fiducie à fins de libéralité) sous l'obligation de retransférer le bien à un tiers bénéficiaire après l'avoir géré dans l'intérêt de celui-ci ou d'une autre personne pendant un certain temps, soit afin de gérer le bien dans l'intérêt du fiduciant sous l'obligation de le rétrocéder à ce dernier, à une certaine date (fiducie à fins de gestion) (C. civ., 2011). Comp. *réméré, rachat, convention de portage, *cession, bail, rétrocession, fondation, fidéicommis, *libéralité avec charge, mandat, simulation, *pacte commissoire, *réserve de propriété, crédit-bail.* V. **stipulation pour autrui, *exécution testamentaire, défaisance.*

FILIALE

N. f. – Lat. *filialis*, de *filius* : fils.

- Terme désignant (par abréviation et substantivation) la société dont un pourcentage du capital social (en gén. plus de la moitié) appartient à une société (dite *société mère). Comp. *participation, succursale, établissement *secondaire, *entreprise commune, holding, groupe de sociétés, concentration, affiliation.*

FILIATION

N. f. – Lat. *filiatio*, de *filius* : fils.

- **1** Lien de parenté unissant l'*enfant à son père (filiation paternelle) ou à sa mère (filiation maternelle). V. *paternité, maternité, légitime, naturel, adultérin, adoptif.*
- **2** Plus largement tout lien de parenté en ligne directe.
- **3** Parfois syn. de descendance.

— **d'origine.** Filiation – légitime ou naturelle – qui était celle (légalement établie) de l'enfant adoptif avant l'adoption et à laquelle sa nouvelle filiation (*adoptive) se substitue (en cas d'*adoption *plénière) ou se surajoute (dans l'adoption *simple) (C. civ., a. 356, 363 s.). Comp. **famille d'origine.*

— **(atteinte à la).** Qualification générique sous laquelle sont regroupés les divers délits qui, tendant à oblitérer, dès l'origine, la filiation véritable de l'enfant (en fait la maternité), sont de nature à séparer l'enfant de ses auteurs non seulement en fait mais en droit (par atteinte à son état civil) : provocation à l'*abandon, *substitution, *simulation, *dissimulation (C. pén., a. 227-12 s.).

FILIÈRE

N. f. – Dér. de fil, lat. *filum.*

- **1** *Titre à ordre créé pour liquider des opérations de ventes de marchandises et contenant une offre de livraison, dont la transmission par voie d'endossement, d'acquéreur en acquéreur, permet l'exécution (grâce à une seule délivrance faite par le premier vendeur au dernier acquéreur) d'une série de ventes successives portant sur la même marchandise. Ex. titre portant dans un marché à terme réglementé sur des marchandises en entrepôt qui font l'objet d'opérations appelées à être liquidées par l'intermédiaire d'une *caisse de liquidation.
- **2** Par ext., suite de ventes sur la même marchandise devant s'exécuter en une seule délivrance faite par le premier vendeur au dernier acquéreur (même quand il n'est pas émis de titre de livraison à ordre).

— **(ventes par).** Ventes successives appelées à se liquider grâce à la circulation d'une filière, par l'intermédiaire d'une *caisse de liquidation ou même celle d'un titre représentant les marchandises vendues.

FILIÉRISTE

Subst. – Dér. de *filière.

- Personne qui se charge de faire circuler la *filière d'acquéreur en acquéreur et d'effectuer les règlements de compte auxquels donnent lieu les ventes successives ainsi exécutées (généralement faites en bourse de commerce par l'entremise de commissionnaires et d'une *caisse de liquidation).

FILLE PUBLIQUE

Lat. *filia.* V. *public.*

- Femme exerçant habituellement la *prostitution (expression presque entièrement abandonnée, remplacée par le terme *prostituée). V. *débauche, proxénétisme.*

FILM

Empr. à l'angl. (où le terme *film* a d'abord signifié pellicule).

- **1** Support matériel d'une *œuvre cinématographique.
- **2** Par ext., cette *œuvre elle-même.

FILOUTERIE

N. f. – Dér. de filou, mot d'argot, d'origine obscure.

- Mot employé pour désigner certaines variétés de *vol où la ruse prédomine (ex. C. pén., a. 313-5), ou diverses infractions ayant une qualification propre, intermédiaires entre le *vol et l'*escroquerie ; fraude consistant à s'assurer d'abord d'un profit (fait accompli) pour ensuite n'en pas payer le prix. Ex. la filouterie d'aliments dite aussi *grivèlerie, la filouterie de transport, commise par la personne qui, se sachant dans l'impossibilité de payer ou étant déterminée à ne pas le faire, prend en location une voiture de place, etc. V. *larcin.*

FILS, FILLE

Lat. *filius* et *filia.*

- *Enfant ; *descendant au premier *degré. V. *héritier, frères, sœurs.*

FIN

N. f. – Lat. *finis,* limite, fin, cessation, terme, but.

- **1** Terme, *extinction. Ex. fin d'un mandat, d'une société. Comp. *dissolution.*

— **(bonne).** Expression fréquemment utilisée (not. dans les contrats à exécution successive) pour désigner l'exécution complète et correcte des engagements, l'aboutissement satisfaisant d'une opération conduite à son terme ou, par ext., les substituts de cette bonne exécution (ex. remboursement des versements, prise en charge de l'excédent du prix convenu). Ex. la *garantie de bonne fin, terme générique de la pratique, consiste, dans le contrat de promotion immobilière, en une garantie de dépassement du prix (alors qu'elle correspond dans d'autres contrats à une garantie d'achèvement ou à d'autres garanties de prix).

- **2** Finalité, *but, *objectif (même sens dans *cause *finale). V. *téléologique.*
- **3** Syn. en procédure, surtout au pluriel, d'*objet de la demande. Ex. action à *fins de subsides (mais le terme *fins est plus large).

FINAL, ALE

Adj. – Dér. de *fin.

- **1** Qualificatif donné, sous le régime de *participation aux *acquêts, à l'ensemble des biens qui appartiennent à un époux lors de la dissolution du régime (*patrimoine final), y compris notamment ceux dont il aurait disposé à cause de mort, dont l'*estimation (après réunion fictive de certains autres biens : biens donnés sans le consentement de l'autre, ou frauduleusement aliénés) permet, par comparaison avec le patrimoine *originaire, de calculer les acquêts réalisés par un époux et, par compensation avec ceux de son conjoint, la *créance de participation (C. civ., a. 1572 s.).
- **2** Qui sert de *fin (sens 2) ; qui indique le *but poursuivi. Ex. *cause finale.

FINALITÉ

N. m. – Dér. de *fin.

- Ce à quoi est ordonnée une action et l'action d'y tendre ; ce qu'il s'agit d'obtenir (que l'*intention soit bonne ou malicieuse, la *fin poursuivie licite ou illicite, l'*objectif atteint ou non, le résultat bienfaisant ou nocif) ; ce qui est attendu d'une entreprise pour finir (en dernière analyse, plutôt que dans l'immédiat).

Critère important pour juger de l'orientation, des tendances, de la nature et de la valeur d'une réforme, d'une opération commerciale, d'un montage financier, de toute activité consciente et organisée. Ex. finalité sociale, économique, morale. Voisins de sens : *but, *objectif. V. *cause finale, téléologique.* Comp. *raison, ratio legis, esprit.*

FINANCE

N. f. – De l'anc. v. *finer,* mener à bout, payer (de *fin).

- **1** (au plur.). Désigne par abréviation les finances publiques. Ex. loi de finances, inspecteur des finances.

—s publiques.

a / Ensemble des ressources (en argent, *crédit ou autre moyen financier) de l'État et des collectivités publiques. V. *budget, trésor, fisc, impôts, recettes.*

b / Branche du Droit régissant ces ressources et plus généralement les voies et moyens, procédés et techniques se rapportant à l'activité financière des personnes publiques. Comp. *Droit fiscal.*

- **2** Ensemble des activités *financières.
- **3** Désigne en pratique, par opp. au *titre (sens 3), la valeur patrimoniale d'un *office ministériel ; celle que le titulaire ou ses ayants droit peuvent attendre du successeur en cas d'exercice du droit de présentation.

FINANCEMENT

N. m. – De *finance.

- Réunion des *fonds nécessaires à la réalisation d'une opération (acquisition ou amélioration d'un bien, ex. achat d'un immeuble, rachat d'une société) moyennant en général le recours au *crédit, not. par *emprunt (sauf le cas d'*autofinancement, par affectation de *ressources propres) ; plus spécialement, action de procurer des *capitaux aux entreprises et aux particuliers sous forme de *prêts, d'ouvertures de crédit ou autre montage financier, surtout pratiquée, à titre professionnel, par des organismes spécialisés (sociétés de financement).

— **participatif.** Financement faisant appel à un grand nombre de personnes, généralement des internautes, par une plateforme spécialisée ou les emprunteurs eux-mêmes, pour qu'elles investissent les fonds nécessaires à l'aboutissement d'un projet. Angl. *crowdfunding.* JORF 20.8.2014 p. 12995 ; JORF 18.5.2013 p. 8357.

FINANCIER, IÈRE

Adj. – Dér. de *finance.

- **1** Qui a trait aux *finances publiques. Comp. *fiscal, budgétaire.* Ex. Droit financier.
- **2** Plus généralement, qui a trait aux *capitaux, à leur gestion, aux activités et opérations qui s'y rapportent, spécialement aux mouvements et placements de fonds ; en ce sens financier englobe *boursier. Ex. participation financière, frais financiers, *marché financier. V. *fonds, AMF.*
- **3** Plus vaguement, parfois syn. de *pécuniaire. Comp. *monétaire, économique, patrimonial.*

— **(bail)** (transport, finances). Sorte de *crédit-bail en forme de bail à usage professionnel à durée déterminée qui permet au bailleur de recouvrer par les loyers le coût de l'objet loué ainsi qu'un revenu pour son investissement, et qui confère au preneur la faculté d'acheter l'objet (clause de rachat) pour une valeur non nécessairement prévue lors du bail. V. *bail à effet de *levier, location financière.* Comp. *bail d'exploitation.* Angl. *financial lease.*

FIN DE NON-RECEVOIR

N. f. – V. fin : recevoir, du lat. *recipere.*

- Dans un procès, *moyen de défense qui tend à faire déclarer l'adversaire *irrecevable en sa demande, sans examen au fond, pour défaut de droit d'agir (tels le défaut de qualité ou d'intérêt, la prescription, la chose jugée) et peut être invoqué en tout état de cause (CPC, a. 122). Comp. *défense au fond, *exception de procédure, irrecevabilité.* V. *exception de *recours parallèle, action.*

FINS

Subst. fém. plur. – V. *fin.*

- **1** (sens gén.). But poursuivi, *intérêt recherché, intentions, objectifs ; se dit aussi bien des visées d'un délinquant (fins illicites qu'il poursuit ; utilisation de pouvoirs sociaux à des fins personnelles) que de la finalité générale d'un acte juridique (ex. décision administrative prise à des fins d'intérêt public) ; l'expression « aux fins de... » est syn. de : « en vue de... » Ex. commandement aux fins de saisie, *assignation aux fins de, tentative de conciliation (CPC, a. 830) ou « à toutes fins » (en vue d'un jugement, à défaut de conciliation, a. 836).
- **2** Appliqué à la demande en justice, dans la pratique judiciaire, désigne non seulement l'objet des prétentions, mais les moyens invoqués, not. dans les expressions « demandeur débouté des fins de la demande » (de tous ses moyens) ou « se défendre à toutes fins » (exposer tous ses moyens, tant de procédure que de fond), « à toutes fins *utiles » ; très proche du terme *conclusions ; désigne parfois la demande même (ex. fins civiles par opp. aux demandes tendant à une condamnation pénale). Comp. *action à fins de *subsides.*

FIRME

N. f. – Empr. à l'angl. *firm,* empr. lui aussi au lat. médiév. *firma* : convention.

- **1** Terme souvent employé pour désigner une *entreprise, plus spéc. une entreprise exploitée sous forme sociale. V. *société, compagnie.*
- **2** Dans certaines législations étrangères (not. en Droit allemand), dénomination appliquée à toute personne exerçant une activité commerciale : commerçant, personne physique ou société (société anonyme, société en nom collectif, etc.).

FISC

N. m. – Lat. *fiscus,* propr. « panier », d'où panier pour percevoir l'impôt, utilisé par les collecteurs, puis « caisse de l'État ».

- **1** Anciennement, personnification de l'État considéré comme titulaire de droits patrimoniaux. V. *trésor.*
- **2** Administration chargée de l'assiette et de la liquidation des impôts (l'administration fiscale est aussi chargée du recouvrement de certains d'entre eux).

FISCAL, ALE, AUX

Adj. – Du lat. *fiscalis* : relatif au fisc.

- Qui se rapporte à l'impôt, à la fiscalité. Comp. *financier, budgétaire.*

— **(Droit).** Branche du Droit régissant les *impôts quant à leur assiette, leur liquidation et leur recouvrement. Comp. *fiscalité, *finances publiques.*

FISCALISATION

Dér. de *fiscal.

- Substitution d'une ressource fiscale à un autre procédé de financement. Ex. financement de la Sécurité sociale par l'impôt aux lieu et place des cotisations essentiellement assises sur les salaires et revenus professionnels.

FISCALITÉ

Dér. de *fiscal.

- **1** Système d'imposition. Ex. fiscalité dite personnelle ou réelle selon qu'elle frappe les personnes ou les biens.
- **2** Parfois syn. de réglementation *fiscale. V. *Droit *fiscal.*

FIXATION

Dér. de *fixe.

- **1** Détermination du montant d'une somme. Ex. fixation par le juge des dommages-intérêts ; fixation par l'État du prix d'un produit ou d'un service. Comp. *blocage, taxation, *prix imposé, évaluation, estimation.*
- **2** Détermination d'une date, spéc. décision (d'administration judiciaire) par laquelle le président d'une juridiction (ou un juge) détermine les jour et heure auxquels une affaire sera plaidée.

— **(audience de).** *Audience au cours de laquelle la date des plaidoiries est arrêtée par affaire (on dit que les affaires sont fixées). Comp. *conférence, assignation à jour fixe.*

FIXE

Adj. – Lat. *fixus,* de *figere* : fixer.

• **1** Invariable par opp. à indexé (rente fixe) ou à variable (intérêt fixe).

— **(droit).** Droit d'enregistrement perçu sur certains actes (ex. procuration, autorisation, etc., plus généralement, actes ne constatant aucun mouvement de valeur) qui dépend uniquement de la nature de l'acte et non de la valeur des biens qui en font l'objet.

• **2** Déterminé.

— **(assignation à jour).** Assignation à comparaître pour une date d'audience d'ores et déjà indiquée dans l'acte même d'assignation.

— **(procédure à jour).** Procédure d'urgence dans laquelle le demandeur ayant été autorisé sur requête à assigner le défendeur pour un jour déterminé par le président, l'affaire doit, en principe, être plaidée au jour indiqué dans l'assignation (CPC, a. 788 s., 917 s.).

FLAGRANCE

Subst. fém. – Lat. *flagrantia* : embrasement.

V. **flagrant délit.*

FLAGRANT, ANTE

Adj. – Lat. *flagrans,* du v. *flagrare* : brûler, flamber.

• **1** Constaté sur le coup, sur le fait.

— ***délit.** Infraction constatée pendant sa *commission ou immédiatement après (cas de l'individu pris sur le fait ou présentant encore dans un temps très voisin de l'action des traces ou indices en relation avec cette infraction), cette circonstance nommée flagrance ayant pour effet d'accroître les pouvoirs de l'officier de police judiciaire et de permettre, en certains cas, la saisine rapide du tribunal correctionnel.

• **2** Par ext., patent, *manifeste et donc *grave en parlant d'une irrégularité (violation flagrante de la loi ; mauvaise foi flagrante). V. *caractérisé.*

FLOTTABLE

Adj. – De flotte et flotter, lat. *fluctuare.*

V. *cours d'eau flottable.*

FLOTTANTE (POLICE)

V. *police flottante.*

FLOTTE

Étym. obscure.

• Ensemble de navires du même genre opérant sous une direction commune (flotte de guerre, flotte de commerce).

FLUX DE TRÉSORERIE

• Ensemble des entrées et sorties de trésorerie et d'équivalents de trésorerie. JORF 13.3.2013 p. 4423.

FOB

• Initiales des termes anglais *free on board,* signifiant littéralement : libre à bord, utilisées pour caractériser une vente également nommée *vente **franco-bord.*

FOI

N. f. – Lat. *fides* : foi, confiance, croyance.

• **1** Désigne, dans certaines expressions (*bonne foi, *mauvaise foi), l'attitude psychologique (erreur, *croyance ou connaissance) ou le comportement moral (loyauté, déloyauté) d'un contractant dans la formation ou l'exécution du contrat (ou même ceux d'un tiers relativement à l'opération). V. *intention.*

• **2** Parfois syn. de *fidélité, *croyance, respect.

— **du contrat (sur la).** En tablant sur le respect dû au contrat.

• **3** Degré de crédibilité qui s'attache à un mode de preuve ; *force probante qui s'en dégage ; mesure dans laquelle le juge est tenu d'y croire. Ex. l'*aveu fait pleine foi contre celui qui l'a fait (C. civ., a. 1383-2). Comp. **intime *conviction, for, fiabilité.* V. *serment, véracité, décisoire, authenticité.*

FOIRE

N. f. – Bas lat. *feria* : marché, lat. class. *feriae* : jours de fête.

• Manifestation commerciale – soumise à autorisation – destinée à présenter des échantillons de marchandises au public pour en provoquer l'achat. V. *salon, exposition, marché.*

FOL APPEL

V. *appel* et *folie.*

- Appel ainsi qualifié et autrefois sanctionné (par une amende dite de fol appel) du seul fait du rejet de l'appel, même si celui-ci n'était ni *abusif, ni *dilatoire.

FOL ENCHÉRISSEUR

Subst.

V. *folie* et *enchère.*

- Nom traditionnel encore donné à l'*adjudicataire d'un bien vendu judiciairement qui ne satisfait pas aux conditions du cahier des charges, not. en ne payant pas le prix ou les frais d'adjudication. V. **réadjudication sur *folle enchère, enchérisseur, enchère.* Comp. *surenchérisseur.*

FOLIE

N. f. – Dér. du lat. *follis* : ballon, outre gonflée (ballottée par le vent).

- Espèce d'*altération des facultés mentales (aujourd'hui remplacée par *facultés personnelles). Comp. *démence, *aliénation mentale, *trouble mental.*

FOLLE ENCHÈRE

V. *folie* et *enchère.*

- *Enchère formée par une personne qui, devenue *adjudicataire (comme dernier enchérisseur), n'exécute pas ses obligations. V. **fol enchérisseur.*

— **(procédure de).** Celle qui, provoquée par la folle enchère, a pour objet de revendre le bien aux enchères. V. *réadjudication, revente.*

FONCIER, IÈRE

Adj. ou subst. – Dér. de *fonds.

- **1** Qui se rattache à un *fonds de terre, plus gén. à un immeuble. V. *immobilier, rural, agricole, tréfoncier.*
- **2** Le propriétaire foncier ; nom not. donné au propriétaire du sol et du sous-sol (il est également dit *tréfoncier) par opp. au *superficiaire, propriétaire des constructions et plantations, dans le cas où a été établi un droit de *superficie.

— **(aménagement).** Dispositions tendant à obliger ou à inciter les propriétaires ou les exploitants de fonds à destination agricole soit à les mettre en valeur, soit à procéder à diverses opérations permettant une meilleure utilisation des terres.

— **(apport).** Transfert d'un immeuble ayant une destination agricole à une *société civile d'exploitation ou à un *groupement de propriétaires ou d'exploitants.

— **(capital).** Ensemble des immeubles à destination agricole dont dispose un *chef d'exploitation ou un *groupement d'exploitants agricoles.

— **(opérations groupées d'aménagement).** Transferts et regroupements de terres agricoles réalisés dans un périmètre donné par les pouvoirs publics, en vue de permettre une amélioration des structures agricoles, donnant droit pour ceux qui y participent à des aides spécifiques de l'État.

FONCTION

N. f. – Lat. jur. *functio*, de *fungi* : s'acquitter de.

▸ **I** (publ.)

- **1** Service d'un but supérieur et commun.
- **2** Ensemble des actes qu'un *organe déterminé est appelé à faire pour ce service. Ex. fonction gouvernementale. V. *pouvoir, office, mission.*
- **3** Ensemble des actes d'une même sorte concourant à l'accomplissement du service. Ex. fonction législative, fonction juridictionnelle.

— **exécutive.** V. *exécutive* (fonction).

— **juridictionnelle.** V. *juridictionnelle* (fonction).

— ***publique.**

a / Activité incombant aux *agents publics.

b / Ensemble de ceux-ci considéré comme une entité soumise à des règles organiques et fonctionnelles particulières. V. *office, charge, ministère, mission, mandat.*

— *(conseil supérieur de la).* Conseil consultatif composé paritairement de représentants de l'administration et de représentants désignés sur proposition des organisations syndicales de fonctionnaires les plus représentatives, présidé par le Premier ministre ou le membre du gouvernement délégué dans ce domaine et compétent, soit de manière générale, soit de manière spéciale pour émettre des avis ou des recommandations sur toute question intéressant la fonction publique.

— *(direction générale de l'administration et de la).* Organisme administratif rattaché au Premier ministre dont la mission consiste principalement à suivre l'application du *statut général des fonctionnaires.

▸ **II** (priv.)

- **1** Ensemble des *pouvoirs et *devoirs appartenant, ès qualités, à l'organe d'un groupement (société, syndicat); fonction de gérant.

— **(droit).** V. *droit fonction.*

- **2** Parfois syn. plus vaguement de *mission.

FONCTIONNAIRE

Subst. – Dér. de **fonction.*

- *Agent d'une collectivité publique dont la situation dans la *fonction publique est caractérisée par la permanence de l'*emploi dans lequel il a été nommé et par sa *titularisation dans un *grade de la hiérarchie ; se distingue des *agents n'occupant pas un emploi permanent et de ceux qui, occupant un tel emploi, ne sont titulaires d'aucun grade ; les fonctionnaires sont soumis soit au *statut général soit à des statuts particuliers ou spéciaux. V. **auxiliaires, *contractuels, *temporaires.*

— **d'autorité.** Désignait, par opp. aux fonctionnaires de *gestion, les fonctionnaires compétents pour prendre des *actes dits d'autorité et placés comme tels dans une situation de Droit public ; abandonnée avec la distinction des actes dont elle était le corollaire, la locution n'a pas complètement disparu du langage ; on dit encore du *préfet qu'il est un fonctionnaire d'autorité, sans cependant qu'il s'y attache de conséquences juridiques précises.

— **de fait.** Personne irrégulièrement ou même non investie d'une fonction publique et dont les actes seront néanmoins reconnus valides, soit en période normale par l'application de la théorie de l'*apparence ou de l'investiture plausible, soit en période exceptionnelle à raison de la nécessité de maintenir le fonctionnement des services publics.

— **de gestion.** Par opp. aux fonctionnaires d'*autorité, agents publics chargés de tâches de gestion et qui comme tels auraient été placés dans une situation contractuelle de Droit privé ; l'expression n'est plus usitée, les conséquences juridiques que l'on prétendait attacher à la catégorie qu'elle désignait ne correspondant pas au Droit positif.

— ***international.** Agent exerçant une fonction publique au service d'une organisation interétatique d'une manière exclusive et continue, entraînant un régime juridique de nature internationale caractérisé par une indépendance à l'égard des États et une allégeance à l'égard de l'organisation.

FOND

N. m. – Variante graphique, d'après le lat. écrit *fundus,* de *fonds.

▸ **I** (théorie gén.)

- **1** Substance même de l'*ordre juridique ; ensemble de règles idéalement prééminentes relativement à diverses contingences (forme, preuve, etc.), mais souvent dépendantes d'elles en réalité (le fond l'emporte sur la forme ; *paria est non esse et non probari*). V. *substantiel, matériel.*

- **2** Par opp. à *forme, tout ce qui, dans un acte juridique, touche à la personne de ses auteurs (capacité, pouvoir), à la valeur de leur consentement, au contenu de l'acte (objet, cause), à l'exclusion du mode d'expression des volontés ; on appelle conditions de fond, nullités de fond, les conditions de validité et les sanctions qui les concernent.

- **3** Par opp. à *preuve, matière du Droit substantiel qui fonde les droits et obligations (la perte fortuite d'une chose est pour son propriétaire : règle de fond), par opp. aux règles qui président à la preuve des faits et actes juridiques (la preuve de la perte fortuite incombe au détenteur précaire : règle de preuve).

▸ **II** (pr.)

- **1** *Fond du litige.* Entier *litige ; ensemble des éléments de fait et de droit de la contestation, matière de la juridiction pleine et définitive ; fond est plus large que *principal (le fond englobe non seulement les éléments de la contestation principale déterminée par la *demande originaire et les *défenses *au fond, mais les éléments qu'y ajoutent les *incidents de fond : demandes additionnelles, reconventionnelles) ; s'opp. à *pur droit* (les juges du fond sont juges du fait et du droit, par opp. à la Cour de cassation qui ne connaît que du droit) ; s'opp. aussi à la matière de la *juridiction provisoire (V. « statuer au fond » : résoudre la contestation en droit, lui donner une décision définitive en disant le droit, *juris dictio,* par opp. à la décision provisoire qui ne tranche pas de contestation sérieuse et ne préjuge pas le fond).
- **2** *Fond du Droit.* Par opp. à *procédure et à *compétence, tout ce qui, dans le débat tend à établir le *bien-fondé ou le *mal-fondé des prétentions, à la différence de contestations qui portent sur la régularité des procédures ou la compétence des juridictions. V. *défenses au fond, exception de procédure* (mais les questions de compétence peuvent être liées au fond, sens II, 1, et la validité des actes de procédure dépend de certaines conditions de fond, sens I, 2, sanctionnées par des nullités de fond).

— **(référé au).** V. référé 1, I, *b.*

FONDAMENTAL, ALE, AUX

Adj. – Lat. *fundamentalis,* de *fundamentum,* fondement, base, support, de *fundare,* bâtir, affermir sur une base, asseoir solidement.

- **1** *essentiel (sens usuel).
- **2** (plus précis). Qui est au *fondement, à la base ; qui constitue le socle, l'assise de… ; qui sert de support, de fondation à…
- **3** (par voie de conséquence) primordial, prééminent ; doté d'une valeur supérieure à ce qui s'y appuie ; digne de respect en tant que *valeur posée en premier. V. **valeurs fondamentales, intérêts fondamentaux.*

— **aux (droits).** Droits proclamés comme tels par diverses sources juridiques (Charte des Nations Unies, Déclaration universelle des droits de l'homme, Charte des droits fondamentaux de l'Union européenne) dont la notion varie de l'une à l'autre et en doctrine, ainsi que leur liste, jusqu'à la prolifération (près de 50 dans la Charte européenne), ensemble hétérogène de véritables droits (droit de vote, droit d'asile) et de libertés (liberté de pensée), de véritables droits subjectifs (droit de propriété) et de multiples « droits à »… (à l'éducation, à des conditions de travail justes et équitables, à une bonne administration, à un tribunal impartial, à saisir le médiateur, pour les personnes âgées à mener une vie digne et indépendante, etc.), de principes (liberté, égalité de droit, sûreté, pluralisme, diversité culturelle, religieuse et linguistique), d'interdictions (de la peine de mort, de la torture, de l'esclavage, du travail forcé, du clonage reproductif des êtres humains), de protections (de la santé, de l'environnement, des consommateurs ; protection diplomatique et consulaire, présomption d'innocence, etc.), de droits universels ou particuliers à une région (ex. la liberté de circulation et de séjour au sein de l'Union européenne pour les citoyens de celle-ci) ou même de droits garantis selon les lois nationales qui en régissent l'exercice (droit de se marier et de fonder une famille) ; amalgame créant une ambiguïté fondamentale en raison de la subjectivisation qui enveloppe ces « droits et libertés » dont beaucoup sont au premier chef des principes de *droit *objectif et de véritables institutions, des choix de société en amont des droits individuels qui en découlent (liberté, égalité, sécurité sociale, aide sociale, légalité des délits et des peines, présomption d'innocence, interdiction des peines inhumaines ou dégradantes, etc.).
D'où la diversité des définitions d'un terme instrumentalisé en mot-valise fourre-tout :

- 1. Parfois syn. de *droits de l'homme.
- 2. Parfois syn. de droits *universels.
- 3. Parfois syn. de droits consacrés par la Constitution et les conventions internationales (conception positiviste).
- 4. Bases de la vie en société dotées d'une valeur intrinsèque première et d'une prééminence naturelle (définition convenant aux principes de droit objectif et aux droits individuels qu'ils garantissent). V. *proportionnalité.*

— **ales (libertés).** *Libertés jointes aux droits

fondamentaux (parfois incluses en eux) et de même *valeur, au fondement de l'ordre social et politique : Ex. liberté de conscience, de religion, d'association, de la recherche, libre choix de la profession, liberté d'entreprise.

— **ales (opérations et notions).** Nom donné aux démarches primordiales de la pensée juridique (définition, qualification, présomption, etc.) et aux principales *catégories juridiques.

— **(*rapport).** Nom donné par opp. à la créance *cambiaire, à la créance de base qui préexiste à la souscription d'une *lettre de change et lui survit de telle sorte que le porteur de la lettre dispose de deux actions distinctes pour le recouvrement d'un même capital, le recours cambiaire quand il se prévaut des droits conférés par le titre cambiaire et l'action fondamentale quand il invoque les clauses du contrat de base.

— **ale (*science).** Ensemble des concepts et des démarches de la pensée juridique qui forme la base de la connaissance du droit.

— **(droit privé).** Fonds des règles *essentielles communes à l'ensemble des branches du droit privé (droit civil patrimonial ou extrapatrimonial, droit commercial, etc.).

FONDATEUR, TRICE

Subst. – Lat. *fundator,* du v. *fundare* : fonder, bâtir.

- **1** Celui (ou celle) qui fait une *fondation (auteur de la libéralité qui en est l'origine et le moyen). V. *testateur, donateur, disposant.*
- **2** Plus généralement, celui qui prend l'initiative de créer et d'organiser une institution, une œuvre ou un groupement (association, groupement d'intérêt économique, société destinée en principe à subsister après lui).

— **de société.**

a / Terme aujourd'hui employé par la loi à propos des seules sociétés anonymes faisant publiquement appel à l'épargne sans faire l'objet d'aucune définition, les textes se référant de préférence aux « personnes qui ont agi au nom d'une société en formation avant qu'elle ait acquis la jouissance de la personnalité morale ».

b / Dans la jurisprudence, celui qui participe à la constitution d'une société (en prenant part à l'élaboration des statuts, à la recherche des capitaux, etc.). Comp. *associé, sociétaire.*

— **(part de).** V. *part de fondateur.*

FONDATION

N. f. – Lat. *fundatio.*

- *Affectation irrévocable d'une masse de biens (droits ou ressources) à la réalisation d'une œuvre d'intérêt général et à but non lucratif (hôpital, fondation de lit, cité universitaire, fondation de prix) par le moyen d'une libéralité (donation, legs) ou *dotation que le *fondateur adresse à une *personne morale préexistante en l'assortissant de la *charge de respecter l'affectation, ou qu'il destine à constituer le *patrimoine autonome d'une nouvelle personne morale, en suscitant la création d'une *fondation d'utilité publique, laquelle acquiert la capacité juridique par la reconnaissance d'utilité publique (a. 18, l. 23 juill. 1987) ; le terme désigne d'abord l'acte de fondation (l'acte juridique originaire par lequel une ou plusieurs personnes physiques ou morales décident l'affectation et attribuent la dotation initiale), par ext. l'œuvre fondée ou (et) la personne morale créée pour la réaliser (fondation reconnue d'utilité publique). Comp. *société.* V. *mécénat, *personnalité morale, patrimoine, constitution, institution, fiducie.*

— **de coopération scientifique.** Personne morale de droit privé à but non lucratif fondée par des établissements ou organismes publics ou privés, parmi lesquels doit figurer au moins un établissement supérieur d'enseignement ou de recherche (ex. CNRS, université), et dont l'objet est exclusivement le soutien à la recherche publique. Soumise aux règles relatives aux fondations d'utilité publique.

FONDÉ, ÉE

Adj. – Part. pass. du v. fonder. V. *fondateur.*

- Justifié (en droit) et établi (en fait). Syn. **bien fondé* (adj.). Comp. **mal fondé, recevable, régulier, valable, légitime.*

FONDÉ DE POUVOIR

Part. pass. pris substantivement de fonder, lat. *fundare.*

- **1** Personne qui a reçu d'une autre le *mandat d'exercer à sa place certains pouvoirs (C. civ., a. 1995).
- **2** Plus spéc., dans certaines entreprises ou administrations (commerciales et sur-

tout financières, privées ou publiques), *employé supérieur qui a reçu procuration d'agir personnellement pour le compte de l'entreprise ou de l'administration et de l'engager par sa *signature. Ex. fondé de pouvoir d'un agent de change, d'un banquier, d'un trésorier général. Comp. *gérant, gérant succursaliste, *représentant de société, mandataire, commis, commissionnaire.*

FONDEMENT

N. m. – Lat. *fundamentum,* du v. *fundare* : fonder.

- **1** *Valeur, référence de base (souvent associée à d'autres) sur laquelle repose une règle, une institution, un système juridique et qui en éclaire l'*esprit. Ex. fondement moral, philosophique, historique, économique. Comp. *raison, objectif.*
- **2** (sens gén.). *Motif juridique, *base légale, *moyen de *justification.
- **3** (pr.).

— **d'une *prétention.**

a / *Soutien de fait : ensemble des faits allégués à l'appui d'une prétention qui, s'ils sont vérifiés, concourent à en établir le *bien-fondé. V. **cause, corroboration.*

b / Fondement juridique : *moyens de droit propres à justifier en droit une prétention. V. **bien-fondé.*

FONDS

Subst. masc.sing. ou plur. – Lat. *fundus.*

- **1** Expression générique servant à désigner les *immeubles par nature (fonds de terre ou bâtiments) pris comme biens principaux, not. par opp. aux *immeubles par destination (C. civ., a. 518 s.) et par ext., dans l'expression *fonds de commerce, une entité mobilière complexe, autre source de richesse. V. *héritage.*

— **de commerce.** Ensemble des éléments corporels (matériel, outillage, marchandises) et incorporels (droit au bail, nom, enseigne, brevets et marques, clientèle et achalandage) qui, appartenant à un commerçant ou à un industriel et réunis pour lui permettre d'exercer son activité, constitue une universalité juridique et un meuble incorporel soumis à des règles particulières (not. en cas de vente ou de nantissement).

— **dominant.** V. *dominant* (sens 2).

— ***libéral.** Fonds d'exercice d'une *profession *libérale ; nom donné aux *cabinets professionnels de *clientèles civiles (cabinet médical, *agence d'architectes, etc.), dans la mesure où s'affirment leur *patrimonialité et la licéité de leur cession (sous la condition que soit sauvegardée la liberté de choix du client). V. *patrimonialisation* ; comp. *commercialisation.*

— **servant.** Immeuble sur lequel pèse la charge d'une servitude ; fonds assujetti. Ant. *fonds *dominant.*

- **2** (plur.). *Capitaux, sommes d'argent, deniers, *économies. Ex. fonds personnels disponibles, fonds communs ; en Droit *financier, s'oppose, en ce sens, à *crédit (l'octroi de crédits entraîne, pour l'autorité financière, mission de mettre en place le moment venu les fonds nécessaires au règlement de la dépense). V. *liquidité, appel, numéraire, blanchiment, financement.*

— **de concours.**

a / Somme mise à la disposition d'une collectivité publique par une personne physique ou une personne morale (privée ou publique) en vue de participer à une dépense d'intérêt public assumée par cette collectivité ; se traduit dans le budget par une recette suivie d'une dépense.

b / Par ext., produit de certaines recettes de nature non fiscale assimilé à des fonds de concours par décret pris sur le rapport du ministre des Finances, pour dépenses d'intérêt public. Comp. *rétablissement de crédits.*

— **et fruits (compte de).** Opération ayant pour objet, dans l'établissement d'un état liquidatif, de distinguer entre les éléments d'actif qui représentent un capital et ceux qui représentent des revenus, lorsque les revenus reviennent à une personne autre que le copartageant copropriétaire des capitaux.

— **secrets.** Crédits (et fonds correspondants) dont la disposition appartient discrétionnairement à certains ordonnateurs primaires en dehors des règles de la comptabilité publique.

— **spéciaux.** V. *fonds secrets.*

- **3** (sing.). Capital constitué avec une affectation particulière et par ext. l'organisme chargé de le gérer ; terme fréquemment utilisé, en ce sens, dans les relations internationales pour désigner les organismes créés par des États, aussi bien sur le plan universel que régional, pour rassembler des capitaux publics destinés à venir en aide aux pays participants qui viendraient à connaître des difficultés financières (certains « fonds » ont reçu la personnalité juridique et ont été érigés en organisations internationales – tel le Fonds monétaire international –, d'autres, les plus nombreux, fonctionnent à l'intérieur d'une institution internationale de rattachement au nom de laquelle ils agissent dans leur domaine d'activité, tels les divers « fonds » établis par l'ONU).

— **commun de créances.** *Copropriété de créances, constituée sur le modèle du *fonds commun de placement (dénué de la personnalité juridique et soustraite aux règles de l'indivision et de la société en participation) à l'initiative d'une société chargée de sa gestion et d'une personne morale dépositaire des actifs du fonds, dont l'objet exclusif est d'acquérir des créances détenues par les établissements de crédit ou la Caisse des dépôts et consignations en vue d'émettre, en une seule fois, des parts représentatives de ces créances (a. 34, 37, l. 23 déc. 1988, C. mon. et fin.). V. *titrisation.*

— **commun de placement.** *Copropriété de *valeurs mobilières et de sommes placées à court terme ou à vue, qui, dénuée de la *personnalité morale et soustraite aux règles régissant l'*indivision et la société en participation, est soumise à un régime spécial (l. 23 déc. 1988, a. 7 s., C. mon. et fin.).

— **de *garantie.** Organisme institué en vue de garantir aux victimes d'accidents d'automobile (ou de chasse) les indemnités qui leur sont dues, lorsque l'auteur de l'accident n'est pas assuré et est insolvable, lorsqu'il est inconnu, ou lorsque la société d'assurance est mise en liquidation après retrait d'agrément. (div.).

— **de limitation.** Somme d'argent dont la consignation au bénéfice des créanciers permet au propriétaire d'un navire de se libérer, sous certaines conditions, de toute responsabilité résultant d'un événement dommageable survenu dans l'exploitation de ce navire.

— **de pérennité.** Personne morale constituée par l'apport gratuit, entre vifs ou par legs, et irrévocable, de titres de capital ou de parts sociales d'une ou plusieurs sociétés exerçant une activité industrielle, commerciale, artisanale ou agricole, ou détenant directement ou indirectement des participations dans une ou plusieurs sociétés exerçant une telle activité, dans le but de gérer ces titres ou parts, d'exercer les droits attachés et d'utiliser ses ressources afin de contribuer à la pérennité économique de cette ou ces sociétés et le cas échéant de réaliser ou financer des activités d'intérêt général (a. 177 et s., loi n° 2019-486 du 22 mai 2019 relative à la croissance et à la transformation des entreprises).

— **d'établissement.** Sommes qui, à l'aide d'emprunts faits par les fondateurs, doivent être réunies lors de la constitution des sociétés d'assurance mutuelle ou à forme mutuelle pour suppléer l'absence de capital dans de telles sociétés.

— **d'*investissement.** Fonds constitué par les sommes imparties à la réserve de participation destinée à l'intéressement des salariés des entreprises et qui doivent être obligatoirement employées au financement d'investissements (les salariés bénéficiant d'un droit de créance sur l'entreprise égal au montant des sommes versées au fonds).

— **d'investissement alternatif.** *Fin.* Fonds recevant des capitaux en vue de les investir dans l'intérêt d'investisseurs conformément à leur convention (Règl. AMF et directive 2011/61/UE).

— **perdus.** Dans le budget des entreprises, dépenses entraînées par la création d'activités nouvelles dont le coût ne peut être récupéré en cas d'arrêt de ces activités (dépenses de recherche, de formation, etc.).

— **propres.** Syn. **capitaux propres.*

— **social complémentaire.** Fonds qui à l'aide d'emprunts auprès des sociétaires peut être constitué dans les sociétés d'assurances mutuelles ou à forme mutuelle pour renforcer leur solvabilité.

FONDS DE DOTATION

- Personne morale de droit privé à but non lucratif qui reçoit et gère des biens et droits de toute nature qui lui sont apportés à titre gratuit et irrévocable et qui utilise les revenus de leur capitalisation à des fins d'intérêt général (réalisation ou financement d'une œuvre ou d'une mission d'intérêt général). Ex. fonds de dotation du Musée du Louvre (arr. 16 juill. 2009, l. 4 août 2008, a. 140).

FONDS EUROPÉEN DE STABILITÉ FINANCIÈRE

V. **mécanisme européen de stabilité financière.*

FONDS MARINS

V. *fonds, marin.*

- Sol et sous-sol *marins situés au-delà des zones soumises, conformément au Droit international, à la juridiction nationale des États côtiers (l. 23 déc. 1981). V. **plateau continental, mer territoriale.*

FONGIBILITÉ

N. f. – Dér. de *fongible.

- Caractère de ce qui est fongible ; interchangeabilité.

FONGIBLE

Adj. – Lat. *fungibilis* (du v. *fungor, fungi,* s'acquitter de, consommer) qui se consomme, qui remplit une fonction.

- Ne s'emploie qu'en droit pour désigner, par opp. à un corps *certain, dans la classification juridique des biens, une *chose de genre ; plus précisément une chose qui appartenant au même genre qu'une autre peut être considérée comme équivalente (sur un marché, pour un paiement) si elle est de même qualité et quantité, ce qui suppose que les choses fongibles peuvent se compter, se mesurer, se peser, qu'il s'agisse de choses tangibles (blé ou autres denrées, argent liquide) ou de biens incorporels (somme d'argent). Par ext. s'applique à d'autres choses incorporelles, créances, dettes ou même actions en justice. Ex. seules donnent lieu à *compensation les dettes fongibles (qui ont pour objet une somme d'argent ou une certaine quantité de choses fongibles), C. civ., a. 1347-1 ; toutes les actions fondées sur un vice du consentement (erreur, violence, dol) sont fongibles en tant qu'objet générique procédant d'une même cause. Ne pas confondre avec *consomptible. Syn. (langage cour.) interchangeable.

FOR

Subst. masc. – Lat. *forum* : place, tribunal.

- **1** Tribunal, juridiction ; s'emploie encore (en français ou en latin) dans certaines expressions qui énoncent en abrégé des critères de compétence législative ou juridictionnelle, not. en Droit international privé. Ex. *clause d'élection de for, loi du for (V. **lex fori*), privilège du for (privilège de juridiction qui consistait pour les clercs, en Droit canonique, à ne pouvoir être assignés que devant un tribunal d'Église).

- **2** Par ext. le tribunal de la *conscience (souvent nommé for interne ou intérieur). Ex. la locution « en son for » (en son *âme et conscience) exprime qu'une question au regard du Droit positif est un choix de conscience (option politique, liberté religieuse, exécution d'une *obligation naturelle) ; on dit encore qu'elle relève du for interne. Comp. **intime *conviction, foi, non-droit.*

FORAIN, AINE

Adj. – Lat. de basse époque *foranus* : étranger, dér. de *foris* : dehors.

- **1** Venu du dehors, étranger à une localité donnée ; se disait des conseillers municipaux sans domicile ni résidence dans la commune, ou des viandes introduites dans une commune sans avoir été abattues dans l'abattoir public de celle-ci. V. *saisie foraine.*

- **2** Par ext., qui a lieu sur un champ de foire ou un *marché.

— **(marchand).** *Commerçant qui vend ses marchandises dans les *foires ou les marchés. Comp. *marchand ambulant, nomade.*

- **3** Extérieur à un lieu considéré.

— **(audience).** Audience tenue par un juge en dehors du *siège ordinaire de la juridiction. V. *juridictions de *proximité.*

FORAIN, AINE

Subst. – V. le précédent.

- **1** Syn. de marchand *forain (adj.).
- **2** Industriel forain. Ex. exploitant d'un manège.

FORCE

N. f. – Lat. de basse époque *fortia,* plur. neutre pris substantivement de *fortis* : fort, courageux.

• **1** Dans certaines expressions, *contrainte de droit ou de fait (purement matérielle ou associée à la précédente). V. *coercition.*

— **(acte de).** Acte de contrainte qui entre dans la définition de la *violence, vice du consentement (C. civ., a. 1111) ou vice de la possession (a. 2263). V. *extorsion.*

— **de loi.**

a / Force obligatoire de la *loi.

b / Force équivalente à celle de la loi reconnue à certaines règles autres que la loi ; la coutume a force de loi ; certaines ordonnances ont force de loi (Const. 1958, a. 38, al. 1 et 2).

ADAGE : *Consuetudo legis habet vigorem.*

V. *vigueur.*

— **exécutoire.** V. *exécutoire.*

— ***majeure.** *a)* (trilogie classique). Événement *imprévisible et irrésistible qui, provenant d'une cause extérieure au débiteur d'une obligation ou à l'auteur d'un dommage (force de la nature, fait d'un tiers, fait du prince) le libère de son obligation ou l'exonère de sa responsabilité ; espèce de *cause étrangère comme le *cas *fortuit, s'en distingue seulement (pour un même effet) par l'accent mis sur le caractère irrésistible de l'événement. *b)* en matière contractuelle, événement échappant au contrôle du débiteur qui ne pouvait être raisonnablement prévu lors de la conclusion du contrat et dont les effets ne peuvent être évités par des mesures appropriées, qui empêche temporairement ou définitivement l'exécution de son obligation par le débiteur (C. civ., a. 1218). V. *exonération, contrainte, vimaire.*

— ***ouverte.** Déploiement concerté et ostensible de force ou de violence, par un groupe de malfaiteurs, qui engage la responsabilité des instigateurs, organisateurs et participants. Comp. *bande armée.*

• **2** Dans d'autres expressions, efficacité, valeur, poids.

— **de *chose jugée.** Efficacité particulière qu'a (ou obtient) une décision de justice lorsque, n'étant pas (ou plus) susceptible d'une voie de recours suspensive, elle est (ou devient) *exécutoire (CPC, a. 500) ; ne pas confondre avec *autorité de la *chose jugée.

— **probante.** *Valeur d'un mode de *preuve (écrit, témoignages) comme élément de conviction ; *foi qu'il faut lui attacher, soit relativement aux faits à prouver (l'acte authentique fait foi jusqu'à inscription de faux), soit relativement aux personnes auxquelles on l'oppose (les registres domestiques font foi contre celui qui les a écrits) (C. civ., a. 1378-1). V. *corroborer, corroboration, décisoire* ; comp. *admissibilité.*

• **3** Ensemble d'organes dotés d'une puissance de contrainte matérielle.

— **armée.**

a / Dans un sens large la force publique.

b / Dans un sens étroit l'armée.

— **publique.** Ensemble des agents armés placés sous l'autorité des pouvoirs publics pour assurer, au besoin par la force, l'exécution des actes juridiques et le maintien de l'*ordre. V. *manu militari, police.*

FORCÉ, ÉE

Adj. – Part. pass. du v. forcer, lat. *fortiare.*

• **1** Illégalement *contraint ; extorqué par *violence. Ex. consentement forcé. V. *vice du consentement, viol.* Ant. *libre.*

• **2** Légalement imposé à un individu contre son gré, soit à titre de sanction, soit dans un intérêt supérieur. Ex. cession forcée de la propriété dans l'expropriation pour cause d'utilité publique. Syn. *nécessaire.* Ant. *volontaire.* V. **exécution forcée, *travail forcé, *travaux forcés, obligatoire, remembrement, réintégration.*

— **(acceptation).** Acceptation *pure et simple de la succession imposée à titre de pénalité à l'héritier qui a commis un *recel successoral, le receleur étant déchu soit de la faculté de choisir un autre parti (*renonciation, *acceptation à concurrence de l'actif net), soit de l'un ou l'autre de ces partis, s'il l'avait déjà choisi (C. civ., a. 778, 800).

— **(copropriété).** V. *copropriété forcée.*

— **(cours).** V. *cours forcé.*

— **(indivision).** V. *indivision forcée.*

FORCEMENT

Subst. masc. – Dér. forcer, lat. *fortiare,* de *fortis.* V. *force.*

— **de vapeur.** Augmentation anormale de la pression de la vapeur pour porter la puissance au maximum, susceptible de causer des dommages aux machines ou chaudières (V. règle VII d'York et d'Anvers 1950).

— **de voiles.** Manœuvre qui consiste à augmenter, de façon anormale, la surface de toile pour porter la puissance due au vent au maximum, susceptible de causer des dommages aux voiles et au navire (V. règle VI d'York et d'Anvers 1950).

FORCES

Subst. fém. plur.

V. *force.*

- Expression parfois employée pour désigner l'*actif (d'un patrimoine), spécialement l'actif successoral, par opp. aux charges ou dettes (surtout au passif successoral). Comp. *facultés.* V. *intra vires, ultra vires, cum viribus, pro viribus.*

FORCLOS, OSE

Adj. – Part. pass. du v. forclore. V. *forclusion.*

- Qui a encouru une *forclusion. Comp. *déchu.* V. *tardif, prescrit, périmé.*

FORCLUSION

N. f. – Dér. du v. forclore, comp. de clore, lat. *claudere,* d'après exclusion.

- Sanction qui frappe le titulaire d'un droit ou d'une action, pour défaut d'accomplissement dans le délai légal, conventionnel ou judiciaire, d'une formalité lui incombant, en interdisant à l'intéressé *forclos d'accomplir désormais cette formalité, sous réserve des cas où il peut être *relevé de forclusion. Ex. encourt une forclusion celui qui n'a pas interjeté appel d'une décision contentieuse dans le délai légal d'un mois. Comp. *déchéance, nullité, caducité, annulation, radiation, péremption.*

FORÊT

N. f. – Lat. de basse époque *forestis (silva),* litt. « forêt qui se trouve en dehors », de *foris* : dehors ; mais on ignore la valeur précise qu'avait ce mot lors de sa création.

- Étendue de terrain naturellement peuplée de végétaux ligneux, arbres ou arbustes, plus particulièrement affectés à la production du bois. V. *eaux et forêts.*

— **privée.** Bois, forêts et terrains à boiser appartenant à des particuliers.

— **soumise.** Ensemble des bois, forêts ou terrains à boiser appartenant aux personnes morales publiques (État, départements, communes), aux établissements publics et d'utilité publique, aux sociétés mutualistes et aux caisses d'épargne ou sur lequel ces collectivités ont des droits de propriété indivise, soumis à un régime spécifique, le régime forestier, et exploités par l'*Office national des forêts. V. *affouage.*

FORFAIT (I)

N. m. – Du lat. *forum* (place publique, marché) et *factum* (fait) : marché fait d'avance. Ne pas confondre avec le suivant.

- **1** Mode de fixation du *prix caractérisant les conventions dans lesquelles une partie s'oblige à faire ou à fournir quelque chose pour un certain prix fixé par avance (marché à forfait, vente à forfait). Comp. *devis.*

- **2** Par ext., la convention par laquelle une des parties s'oblige à faire ou à fournir quelque chose pour un prix global immuable, fixé dès l'origine invariablement (à perte ou gain). Ex. nom donné au contrat d'*entreprise quand celui-ci a pour objet une construction à forfait.

— **de salaire.** Accord exprès ou tacite fixant la rémunération globale du salarié pour un horaire de travail effectif, y compris la majoration des heures supplémentaires.

— **(marché à).** Catégorie de marché de travaux publics dans laquelle le contrat fixe à la fois la quantité de travaux à exécuter et la somme globale qui sera payée à l'entrepreneur. V. **devis, *série de prix, *facture.*

- **3** Système de *réparation dans lequel l'indemnité est par avance tarifée en vertu de barèmes préétablis en fonction des diverses catégories de dommage. Ex. système de réparation retenu par les lois qui limitent la responsabilité du chef d'entreprise ou du transporteur aérien.

— **d'indemnité.** Accord exprès ou tacite attribuant au salarié en sus de son salaire une somme fixe d'argent, soit en remboursement des frais professionnels, soit en rémunération de sujétions exceptionnelles inhérentes aux conditions particulières de travail (transport, hébergement, repas, etc.).

- **4** (très voisin) (adm.). Mode de réparation qui fixe le montant de celle-ci indépendamment du préjudice effectivement éprouvé. Ex. montant forfaitaire des pensions d'invalidité des agents publics. V. *indemnitaire, adéquat, intégral.*
- **5** Désigne parfois plus vaguement une convention ayant un caractère transactionnel.
- **6** Nom parfois donné à la somme forfaitairement fixée. V. *forfaitaire.*

— **de communauté.** Clause d'un contrat de mariage (aujourd'hui rare et passée sous silence par la loi. V. les a. 1522 et 1523, abrogés en 1965) en vertu de laquelle, lors de la dissolution de la communauté, l'un des époux ne peut prétendre qu'à une certaine somme, fixée de manière intangible, pour tout droit dans la communauté et qui oblige l'autre époux ou ses héritiers à payer la somme stipulée.

- **.7** (fisc.). Mode simplifié de détermination d'une donnée de l'imposition (matière imposable, charges déductibles…) dans lequel l'évaluation exacte est remplacée par une évaluation approximative fixée par la loi (forfait légal) ou arrêtée après négociation avec le contribuable (forfait conventionnel).

FORFAIT (II)

N. m. – Du lat. *foris* (dehors) et *factum* (fait) : ce qui est fait en dehors (de ce que l'on doit). Ne pas confondre avec le précédent.

- **1** Terme générique employé (en pratique et en doctrine, mais non dans la loi) pour désigner une *infraction grave, un *crime. Comp. (sous le rapport de la transgression du droit) *illicéité, hors la loi, forfaiture.*
- **.2** Par ext., manquement à la promesse de participer à une épreuve, à un concours ; fait de renoncer à prendre part à une compétition ; on dit ainsi de celui qui renonce qu'il déclare forfait. Comp. *défaut.*
- **3** Par ext., l'indemnité que doit celui qui déclare forfait. Comp. *pénalité, amende.*

FORFAITAIRE

Adj. – Dér. de *forfait (I).

- Fixé par approximation globale et pour tout paiement (qu'il s'agisse d'un prix, d'une indemnité, etc.), soit par avance (et invariablement), soit après coup (not. à titre de transaction). V. *forfait* I. Ant. **réel.*

FORFAITURE

N. f. – Dér. de *forfait (II).

- Nom générique naguère donné à tout *crime commis par un fonctionnaire public dans l'exercice de ses fonctions (anc. C. pén., a. 166) et à la décision d'un juge ou d'un administrateur prise par faveur ou inimitié envers une partie (anc. C. pén., a. 183) qui était en principe puni de la *dégradation civique (anc. C. pén., a. 167, 126, 127), incrimination supprimée en 1994 (comme étant tombée en désuétude ou faisant double emploi avec d'autres incriminations).

FORMALISME

N. m. – Dér. de *formel.

- **1** Tendance générale, dans une législation, à multiplier les *formalités dans la formation des actes juridiques ou l'exercice des droits, soit à des fins de *preuve, soit à des fins de *publicité, soit à peine de nullité.
- **2** Exigence de *forme poussée au plus haut degré (on parle de formalisme substantiel) qui consiste à subordonner la validité d'un *acte (dit *solennel) à l'accomplissement de *formalités déterminées (requises à peine de nullité absolue). V. *consensualisme, sacramentel, *ad solemnitatem.*

FORMALITÉ

N. f. – Dér. savant du lat. *formalis* : relatif au moule, qui sert de type, relatif à la forme.

- Opération consistant en l'*accomplissement d'actes divers (inscription, déclaration, rédaction d'un acte, mention, formulaire à remplir, remise d'un document, communication d'une pièce, constitution d'un dossier, insertion, d'une annonce, publication, souvent accompagné du versement d'une somme d'argent) que la loi exige dans la plupart des domaines (formalités administratives, formalités procédurales, etc.) mais à des fins et sous des sanctions très variables : soit à peine de nullité (V. *formalités *substantielles*), soit à peine d'*inopposabilité aux tiers (ex. formalités de publicité foncière) ou à des fins probatoires (ex. formalité de l'enregistrement des actes sous seing privé), soit comme condition de recevabilité ou comme condition préalable nécessaire à l'obtention d'un avantage ; exigence de *forme en général considérée comme un acte matériel (et souvent écrit) d'exécution par opp. à l'élaboration au *fond de l'acte ou de la décision (V. *negotium*), mais qui peut avoir sa gravité (on parle alors de *solennité), revêtir des modalités diverses (prononcé de parole, présence personnelle) et s'applique indifféremment à un acte ponctuel (envoi d'une lettre) ou à un ensemble d'opérations (formalités de l'enquête). V. *formalisme, publicité, instrumentum, publication, formel.*

— **de *procédure.**

a / En un sens générique (et au pluriel) l'ensemble des actes de la procédure. V. *délai, diligences.*

b / Plus spécifiquement, les conditions de *forme dont l'inobservation entache un acte de procédure d'une *irrégularité qui en justifie l'annulation (même si la formalité n'est ni *substantielle ni d'ordre public, mais sous les conditions de la loi : CPC, a. 112 s.). V. **exception de *nullité, *vice de forme, *moyen de défense.*

— ***substantielle.**

a / Celle qui est exigée pour la validité d'un acte (à peine de nullité). Ex. écriture, signature et date du testament olographe (C. civ., a. 970). V. **ad solemnitatem, *ad validitatem.* Comp. *consensuel, probatoire.*

b / (proc. civ.). Exigence de forme particulièrement grave (soumise au même régime que la formalité d'ordre public dont elle est voisine) dont l'inobservation est sanctionnée par la *nullité de l'acte de procédure ainsi entaché, même si cette nullité n'est pas expressément prévue par la loi (CPC, a. 114, al. 1), mais à la condition, pour l'adversaire qui l'invoque, de prouver le *grief que lui cause l'inobservation (CPC, a. 114, al. 2). V. *« pas de nullité sans grief ».* Comp. *« pas de nullité sans texte »*, ne pas confondre avec irrégularité de fond.

FORMATIONT

N. f. – Lat. *formatio,* de *forma.* V. *forme.*

- **1** (pour un contrat). Syn. de *conclusion (même lorsque celle-ci n'est subordonnée à aucune *formalité spéciale) ; désigne aussi bien la phase d'élaboration du contrat que l'aboutissement de celle-ci marquée par la réunion de toutes les conditions nécessaires à la perfection de l'accord et à la naissance de l'obligation. V. *constitution, passation.* Comp. *exécution, extinction, forme, annulation.*
- **2** (pour une personne). Action de former ou de se former et plus spécialement de procurer ou d'acquérir une *qualification professionnelle. V. *apprentissage, *emploi-formation (contrat), stage.*

— **continue.** Suite et développement de la formation professionnelle des adultes, partie de la *formation *permanente, qui a pour objet de permettre l'adaptation des travailleurs au changement des techniques et des conditions de travail, de favoriser leur promotion sociale par l'accès aux différents niveaux de la culture et de la qualification professionnelle et leur contribution au développement culturel, économique et social.

— **des adultes.** Ensemble des activités destinées à permettre aux adultes sans qualification professionnelle d'en acquérir une et aux autres d'accroître la leur, en vue de satisfaire les besoins de main-d'œuvre qualifiée (optimisation économique) et de porter la qualification et l'emploi du travailleur au niveau de ses aptitudes (justice sociale).

— **des jeunes.** Ensemble des formations initiales liées à l'orientation professionnelle, dispensées jusqu'à l'expiration de l'obligation scolaire (16 ans) en dehors de l'enseignement général (primaire, secondaire et supérieur), dans le cadre de l'*apprentissage et de l'*enseignement technique.

— **permanente.** Développement global de la formation professionnelle comprenant la formation initiale (enseignement général, apprentissage, enseignement technique. V. *formation des jeunes*) et la *formation continue. Syn. *éducation permanente.*

— **professionnelle.** Formation destinée à

l'acquisition ou au perfectionnement d'une *qualification professionnelle.

- **3** (pour une juridiction). Chacune des unités de jugement qui se constituent en son sein pour siéger dans la *composition qui la caractérise. Ex. le tribunal de grande instance siège à juge unique ou en formation collégiale ; une *chambre civile de la Cour de cassation est une formation de la Cour suprême mais peut elle-même siéger en formation ordinaire ou en formation restreinte. V. *section.*
- **4** (pour un organe). L'action de le constituer, et plus spéc., pour le gouvernement, l'action de le composer en nommant ses membres. V. *composition.* Comp. *nomination, désignation, élection.*

FORME

N. f. – Lat. *forma.*

- **1** Toute façon d'agir, toute manière de procéder qui préside à l'accomplissement d'un *acte juridique (forme d'un contrat, d'un testament, d'un jugement, d'une décision, etc.) ou au déroulement d'une série d'actes (forme d'un *procès) ; désigne parfois plus précisément soit le mode d'*expression de la volonté (forme *écrite ou *orale) soit la façon de recevoir un acte et d'en établir la *preuve (donation en la forme *authentique, testament dans la forme *mystique, décision revêtant la forme d'une simple mention au dossier ; CPC, a. 151). V. *instrumentum, consensualisme.* Comp. *procédure.* Ant. *fond.*
- **2** *Formalité (spéciale), solennité, cérémonial (ex. présence personnelle des intéressés, rédaction d'un écrit devant notaire ou *sous seing privé, lecture d'un acte, présence de témoins, envoi d'une lettre recommandée, etc.) surtout dans certaines expressions. Ex. « sans forme » (sans formalité particulière, sous une forme quelconque), « en bonne et due forme » (conformément aux exigences de la loi). V. *formalisme, sacramentel.*

— **(condition de).** *Formalité exigée pour la formation d'un acte, en principe à peine de nullité absolue. V. *ad solemnitatem.*

— **(vice de).** V. *vice de forme.*

ADAGE : *Forma dat esse rei.*

- **3** Apparence, aspect extérieur (d'un acte). Ex. contrôle de pure forme (contrôle de la régularité *formelle d'un acte, de l'observation des règles de forme et, par ext. contrôle superficiel).
- **4** Encore plus vaguement, parfois syn. de type, espèce, mode. Ex. l'adoption plénière est l'une des deux formes d'adoption.
- **5** (int. priv.). Par opp. à *fond, catégorie de rattachement groupant les règles relatives aux éléments matériels par lesquels se manifeste extérieurement la volonté destinée à produire des effets juridiques. V. *acte, fond, *locus regit actum.*

FORMEL, ELLE

Adj. – Du lat. *formalis,* qui a trait aux moules (du fondeur), de *forma* : forme, type.

- **1** Qui a trait à la *forme d'un acte, aux conditions et aux modes de son élaboration, non à ses conditions de *fond ou à son objet (s'oppose en cela à *fondamental, *substantiel, *matériel). Ex. validité formelle d'un contrat résultant de l'observation des exigences de forme requises pour sa conclusion. Comp. *procédural, organique.* V. *formalité, source.*
- **2** Expressément énoncé ; formulé de manière à accréditer comme certain, auprès de ses destinataires, le message exprimé, par ext. *ferme, catégorique. Ex. engagement formel, interdiction formelle. Comp. *exprès, solennel, explicite.* V. *officiel, public.*
- **3** De pure forme (sans examen au fond), d'où péj. sans valeur réelle ou sans contrôle effectif. Comp. *littéral, textuel.*
- **4** Qui a trait à l'apparence d'un acte ou à l'aspect extérieur d'une chose. Ex. la présentation formelle de la loi. Comp. *matériel.*
- **5** Par opp. à *matériel (sens 9), qui tient à l'accomplissement d'un acte, abstraction faite du résultat de celui-ci. Ex. *délit formel.

FORMULAIRE

Subst. masc. – Dér. du lat. *formula* : cadre, règle.

- **1** Recueil de *formules à l'usage des rédacteurs d'actes. Ex. formulaires des notaires.

• **2** *Document préétabli en série selon un modèle comportant des *blancs destinés à recevoir les indications de l'intéressé qui le remplit en réponse aux questions énoncées ; *questionnaire. V. *protocole.*

FORMULE

N. f. – Lat. *formula* : cadre, règle.

• **1** Modèle contenant les termes dans lesquels il est d'usage (parfois de rigueur) de rédiger un acte (ex. formule des *clauses de style) ou de faire une déclaration (formule du serment). V. *libellé, sacramentel, rédaction, déclaration.* Comp. *formule *exécutoire.*

• **2** Expression consacrée (« bon pour… », « passez à l'ordre de… »).

— **exécutoire.** V. *exécutoire (formule).*

FORMULER

V. – Dér. de *formule.

• **1** Énoncer expressément (not. sous forme de *clause, de *stipulation, de *disposition). V. *chef, expression, exprès, libeller.*

• **2** Exposer de façon précise (une *prétention, un *moyen, un *argument).

FORTAGE

Subst. masc. – Orig. inconnue.

• *Redevance au mètre cube due par l'exploitant d'une *carrière au propriétaire du sol en vertu de la convention qui les lie (dite convention de fortage). V. *fruit, produit.*

FORTUIT, UITE

Adj. – Lat. *fortuitus,* de *fors* : hasard.

• **1** Qui dépend du hasard, qui en provient. Syn. aléatoire. Ex. gains fortuits. V. *don de *fortune.* Comp. *éventuel, casuelle (condition).*

• **2** Par ext., imprévisible. V. **Cas fortuit.*

FORTUNE

N. f. – Lat. *fortuna* : sort, d'où l'ital. *fortuna* : tempête.

• **1** Ensemble des moyens d'existence d'une personne, de ses *ressources (ce dernier terme est aujourd'hui préféré) (C. civ., a. 272, 276-3. V. cependant a. 208) ; donnée not. prise en considération pour actualiser l'obligation *alimentaire et en déterminer le montant. V. *besoin.* Comp. *patrimoine, revenus, capital, fruits, biens.*

• **2** Désigne parfois le hasard et les profits qui en adviennent. Ex. les *gains de jeux (paris, loteries, etc.), le *trésor sont dits dons de fortune. V. *aléa, risque, bénéfices, fortuit.*

— **de mer.**

a / Risque *fortuit dont la mer est le théâtre. Ex. tempête, naufrage, échouement, incendie, prise, pillage.

b / Actif du patrimoine de mer, comprenant le navire, le fret et certaines créances de remplacement de l'un ou de l'autre.

— **(clause de retour à meilleure).** V. *retour à meilleure fortune (clause de).*

FORUM

Subst. masc. – Du mot lat. signifiant place publique et par extension tribunal.

• Terme usité avec diverses spécifications également en latin afin de désigner abstraitement le tribunal compétent pour connaître d'un litige et par là également le pays dont ce tribunal relève. Ex. *forum arresti* : le tribunal du lieu (le pays) de la saisie ; **actor sequitur forum rei.*

— ***non conveniens.*** Formule forgée en latin (signifiant litt. tribunal non approprié) sous le nom de laquelle se développe, dans les pays de *common law,* une théorie selon laquelle le tribunal compétent peut néanmoins décliner sa compétence, s'il estime qu'une autre juridiction est mieux placée pour connaître de l'affaire, pouvoir juridictionnel discrétionnaire peu compatible avec le caractère légal (parfois impératif) des règles de compétence et la sécurité juridique, au regard du droit français et, jusqu'à nouvel ordre, dans l'espace européen.

— ***shopping*** (terme anglais, sans équivalent en français – V. cependant le français québécois « magasiner » : choisir un tribunal comme on choisit d'entrer dans une boutique pour faire ses emplettes) : possibilité qu'offre à un demandeur la diversité des règles de compétence internationale de saisir les tribunaux du pays appelé à rendre la décision la plus favorable à ses intérêts.

— **o conscientiae (in).** Au tribunal de la *conscience.

FOUILLE

N. f. – Dér. de fouiller, lat. vulg. *fodiculare,* de *fodicare* : percer.

- **1** (sur une personne ou dans un bien). *Investigation, afin de vérification ou de contrôle.

— **à corps** (dite aussi *fouille corporelle*). Investigation pratiquée sur une personne afin de vérifier ce qu'elle porte sur elle ; opération qualifiée de « perquisition corporelle » qui obéit au régime des *perquisitions et dont la forme est réglementée (palpations ou inspection intégrale). Ex. fouille à corps prévue par la législation des douanes, le droit pénitentiaire, la réglementation du travail.

— **des bagages.** Visite des bagages qu'un voyageur transporte avec lui (impliquant le droit de faire ouvrir ceux qui sont fermés) afin d'en contrôler le contenu, notamment pour s'assurer qu'ils ne comportent pas d'objets ou marchandises prohibés ou sujets à déclaration.

— **des véhicules.** Opération de police consistant en la vérification du contenu de tout le chargement d'un véhicule.

- **2** (dans la terre). Tout travail de terrassement comportant excavation, creusement ou autre bouleversement de terrain à l'initiative de l'État (travaux publics) ou de particuliers (propriétaire sur son fonds, C. civ., a. 552) quelle qu'en soit la finalité (construction, fondation, pose de canalisation ou recherche de *vestiges enfouis). V. *accession, abusus.*

— **archéologiques.** Fouilles exécutées par l'État ou, moyennant autorisation préalable, par le propriétaire sur son terrain ou un tiers, en vue de rechercher et de mettre au jour des monuments ou des objets pouvant intéresser la préhistoire, l'histoire, l'art ou l'archéologie (l. 27 sept. 1941, devenue a. L. 531-1 s., C. patr.). V. *sondage, trésor, monuments historiques, archéologie *préventive.*

FOURNI

Subst. – Du part. pass. de fournir. V. *fournissement.*

- Nom donné au bénéficiaire de la *concession commerciale. Syn. *concessionnaire.* V. *acquéreur, fournisseur, concédant, fourniture.*

FOURNISSEMENT

Subst. masc. – Dér. du v. fournir, empr. au francique *frumjan.*

- Terme parfois employé pour désigner la *remise à chaque *copartageant du *lot à lui échu et des titres de propriété relatifs aux biens qui le composent (C. civ., a. 828 anc.). V. *attribution, partage, allotissement.*

FOURNISSEUR

Subst. – Dér. de fournir. V. *fournissement.*

- .Celui qui procure la marchandise ou les services à celui qui la distribue ou les utilise, dans le contrat de *fourniture. V. *concession commerciale, fourni, vente, distribution, distributeur.* Comp. *prestataire, vendeur, négociant, producteur, concédant.*

— **d'accès à Internet (FAI).** Entreprise offrant une connexion permettant à toute personne d'accéder aux services d'Internet (messagerie, sites, etc.), en principe par abonnement, usagers dont elle doit détenir et conserver les moyens de leur identification, mais qui est exonérée de toute responsabilité en cas de contenus illicites dès lors qu'elle ne fournit, en qualité de simple prestataire technique, que le moyen de leur transmission.

FOURNITURE

Subst. fém. – De fournir. V. *fournissement.*

- **1** (sens gén.). Action de fournir, *prestation ; action de faire tenir à autrui une chose, de procurer un avantage, une garantie. Ex. fourniture d'une caution.
- **2** Spécifiquement, contrat par lequel une personne, appelée *fournisseur, s'engage à approvisionner pendant un certain temps de manière continue ou périodique, en marchandises ou en services, une autre personne appelée *fourni (en général, décomposé en un contrat-cadre et en contrats d'application dont la conclusion résulte de l'exécution du contrat-cadre). V. *concession commerciale, vente, franchisage.*

• **3** Par ext., l'objet même de ce contrat, spécialement les marchandises.
—s (marché de). V. *marché de fournitures.*

FOURRIÈRE

Subst. fém. – D'abord « local où l'on met le fourrage », dér. de l'anc. franç. *fuerre* : fourrage.

• Lieu déterminé par l'autorité municipale pour recevoir les animaux ou véhicules délaissés sur la voie publique ou saisis à la suite de contraventions de police.

FRAIS

N. m. pl. – Dér. du bas lat. *fredum* : amende.

• **1** *Dépense résultant de l'accomplissement d'une procédure, d'un acte instrumentaire ou d'une formalité prescrite par la loi (sommes à verser). Ex. frais de vente, frais d'enregistrement.
— **de justice.** Ensemble des frais de procédure exposés à l'occasion d'une instance judiciaire englobant, outre les *dépens, tous les frais *irrépétibles. V. *taxe, émoluments, droits, rémunération, honoraires.*

• **2** Dépense dont le remboursement est dû (sommes à rembourser) ; plus particulièrement, dépenses résultant de l'exécution ou de l'inexécution d'une obligation conventionnelle ou légale dont le remboursement est prévu par la loi. V. *débours, impenses, indemnité.*
— **de conservation.** Dépense engagée pour la conservation d'une chose (C. civ., a. 2332-3°).
— **de dernière maladie.** Dépense engagée afin d'assurer le traitement de la maladie du débiteur ayant précédé son décès ou la réalisation de ses biens (C. civ., a. 2331-3°).
— **de garde.** Somme avancée par le dépositaire pour la garde et la conservation de la chose déposée.
— **de gestion.** Somme allouée par le conseil de famille au tuteur en remboursement de ses dépenses.
— **de justice.** Dépense engagée dans l'intérêt commun des créanciers pour conserver ou réaliser le patrimoine du débiteur (C. civ., a. 2331-1°).
— **de remplacement.** Dépense exposée pour remplacer l'objet détérioré pendant son indisponibilité ; se dit encore des sommes, fourniture ou service dont la loi invite à faire l'avance au profit d'autrui en garantissant leur paiement par un privilège ou une hypothèque légale.
— **et *loyaux coûts.** Frais nécessités par la conclusion d'un acte juridique ; plus spécialement, sommes que l'acquéreur a été obligé de payer, en vertu de la loi, des usages et de l'économie du contrat, outre le prix de son acquisition. Ex. frais à rembourser à l'acquéreur dépossédé par l'adjudicataire sur surenchère après purge de l'hypothèque (C. civ., a. 2483).
— **funéraires.** Dépense engagée afin d'assurer une sépulture convenable au défunt (C. civ., a. 2331-2°).

• **3** Somme versée en remboursement de dépenses exposées ou supposées et bénéficiant d'un statut de faveur.
— **généraux.** Ensemble des dépenses supportées par une entreprise qui, n'ayant pas pour contrepartie l'entrée d'un nouvel élément dans l'actif, se traduisent par une diminution de l'actif net de celle-ci. Ex. dépenses de personnel, impôts, travaux d'entretien. Comp. **faux frais.*

• **4** Ensemble de dépenses effectuées par un salarié pour mettre en œuvre ou conserver sa force de travail.
— **d'atelier.** Dépenses inhérentes à l'activité professionnelle des travailleurs à domicile.
— **d'hospitalisation.** Prix de séjour dans un établissement de soins public ou privé.
— **médicaux.** Rémunération par le patient des actes médicaux et para-médicaux à lui dispensés.
— **pharmaceutiques.** Dépenses relatives à l'acquisition des médicaments prescrits par un praticien.
— **professionnels.** Dépenses inhérentes à l'exercice d'un emploi ou d'une fonction (ex. frais de déplacement).

FRANC, FRANCHE

Adj. – Lat. *francus.*

• **1** *Libre de toute charge ; non *grevé d'hypothèque ; libéré de toute dette (en gén. employé dans l'expression « franc et quitte »). V. *clause d'*apport.*

• **2** Exempt de taxe ; se dit d'une lettre dispensée d'*affranchissement. V. *franchise.*

— **(en port).** Dispensé de payer les frais d'envoi d'une marchandise en faveur de l'expéditeur ou du destinataire (port payé). V. *franco*.

● **3** Non *assujetti à garantie ; par ext. nom donné à certaines clauses de non-garantie ou de non-responsabilité.

— **d'avaries particulières (clause de).** Clause de la police stipulant que l'assureur ne garantit pas les avaries non classées en **avaries communes*.

● **4** *Franc (délai).* Délai dans lequel on ne compte ni le jour du fait (événement, acte, notification) qui le fait courir *(*dies a quo...),* ni le jour qui, d'après la stricte durée du délai, devrait être le dernier *(*dies ad quem...),* de telle sorte que le jour suivant est encore (par faveur) dans le délai. Ex. une assignation dite « à *huitaine franche », remise le jeudi à son destinataire, obligeait celui-ci à comparaître non le vendredi mais le samedi de la semaine suivante.

— **(délai non).** Délai dans lequel le *dies a quo* n'est pas compté mais qui, à la différence du délai franc, expire véritablement le dernier jour à vingt-quatre heures ; c'est la nouvelle règle générale (CPC, a. 642), ce dernier jour étant celui que le nombre de jours désigne comme tel, dans un délai exprimé en jours, ou, dans un délai exprimé en mois ou en années, le jour qui porte le même quantième que le fait qui fait courir ce délai. V. *computation des délais*.

FRANC

N. m. – Tiré de *francorum rex,* devise d'une monnaie d'or frappée pour la première fois sous le roi Jean dit le Bon (alors prisonnier des Anglais, 1356, afin de payer sa rançon) et à l'effigie d'un chevalier franc (c'est-à-dire libre), d'où le nom de la monnaie substitué à celui de livre.

● *Unité monétaire de certains pays (franc français, franc belge, franc suisse). V. *monnaie*.

— **français** (dans la loi française, le franc). Nom donné à l'unité monétaire de la France du XIVe s. à nos jours, mais répondant à des définitions différentes reflétées par des variations de vocabulaire, franc de Germinal (an XI, argent), franc Poincaré (1928, or), selon la référence à tel ou tel étalon, ou même à une absence de définition légale, une fois détaché de tout métal précieux (1936, 1937 ; nouveau franc de 1960 redevenu franc en 1962) ; nom destiné à disparaître en France pour la désignation de sa monnaie avec l'adoption d'une monnaie unique par l'Union européenne, mais en deux temps, comme *monnaie de compte dès l'introduction de l'*euro (1999) et comme *instrument monétaire (monnaie de paiement) lorsque les pièces métalliques et les billets de banque exprimés en francs ont été retirés de la circulation (2002) ; ils ont eu seuls *cours légal jusqu'au 31 déc. 2001) ; nom appelé à se pérenniser dans certaines expressions consacrées : « Au marc le franc », « franc symbolique ». V. *centime le franc*.

— **(au marc le).** Expression traditionnelle évoquant la répartition proportionnelle d'une somme d'argent, plus précisément utilisée pour caractériser, dans la répartition entre créanciers *chirographaires du prix des biens du débiteur (après saisie et vente), un mode de distribution égalitaire qui attribue à chacun une part proportionnelle au montant de sa créance, lorsque le prix ne suffit pas à les désintéresser tous, mode encore nommé *distribution par *contribution (C. civ., a. 2285).

— **or.** Mesure d'une valeur sur la base de la définition du franc en or.

— **symbolique.** Nom de fonction donné à la somme allouée à titre de dommages-intérêts ou fixée comme prix de vente ou loyer, lorsqu'elle est égale à un franc, d'où il ressort qu'elle ne remplit pas sa fonction pécuniaire ordinaire d'indemnisation ou de contrepartie en argent, mais se charge d'une autre signification et d'une autre finalité, la condamnation à un franc *symbolique, celle de proclamer le principe de la responsabilité et de procurer à la victime une satisfaction morale, dans le cas de la vente ou du bail, celle de poursuivre un autre intérêt qui peut être légitime : réaliser une donation (déguisée) ou tirer de l'opération certains avantages patrimoniaux indirects (en quoi une prestation symbolique peut entrer dans l'économie d'une opération patrimoniale). Comp. *fictif*.

FRANCHISAGE

Subst. masc. – (Néol.). Terme substitué, par francisation, au mot angl. *franchising* (arr. 29 nov. 1973).

● Contrat – également nommé contrat de *franchise – en vertu duquel une personne nommée *franchiseur s'engage à communiquer un *savoir-faire à une autre personne nommée *franchisé, à le faire jouir de sa marque et éventuellement à le fournir, le franchisé s'engageant en retour à exploiter le savoir-faire, utiliser la marque et éventuellement s'approvisionner auprès du franchiseur (avec en général de sa part pour cet approvisionnement un engagement d'exclusivité). V. *commercialisation, licence de marque.* Comp. *contrat de *transfert de processus technologique.*

FRANCHISE

N. f. – Dér. de *franc.

- **1** En matière d'assurance-dommages, dommage ou part du dommage, exprimé en somme ou en pourcentage, que l'assureur ne garantit pas ; souvent confondue avec le *découvert obligatoire, mais à tort, car à la différence de ce dernier, la franchise est rachetable ou assurable.

— ***absolue.** Part du dommage qui n'est jamais garantie.
— ***simple.** Dommage qui n'est pas garanti s'il ne dépasse pas la somme fixée (mais si le dommage dépasse cette somme, il est intégralement garanti).

- **2** En matière douanière ou postale, *exonération temporaire ou définitive de droits de douane ou d'affranchissement ; étant un droit, la franchise se distingue de la *tolérance, simple bienveillance. Comp. *exemption, dispense, décharge, affranchissement.*
- **3** L'objet du contrat de *franchisage (l'ensemble des prestations fournies au franchisé par le franchiseur) ; par ext., le contrat lui-même.
- **4** (int. publ.). Comp. *exterritorialité.*

FRANCHISÉ, ÉE

Subst. – Néol. dér. de *franchisage.

- Celui qui bénéficie d'une *franchise (sens 3) dans le contrat de *franchisage. Comp. *concessionnaire.*

FRANCHISEUR

Subst. – Néol. dér. de *franchisage.

- Celui qui concède une *franchise (sens 3), dans le contrat de *franchisage. Comp. *concédant.*

FRANCISATION

N. f. – Dér. de franciser, formé sur *francus* : franc, puis français.

- **1** Opération administrative qui confère au navire le droit de battre pavillon français.

— **(*acte de).** Titre *(instrumentum)* constatant cette opération et attestant ainsi la nationalité française d'un navire.

- **2** Dans la nationalité des personnes, modification d'orthographe ou traduction du nom ou des prénoms d'un étranger naturalisé, de façon à leur retirer l'apparence et la consonance étrangères.
- **.3** Prescription d'ordre linguistique par laquelle l'État français substitue à un terme étranger (souvent anglais), par traduction ou modification formelle, un terme français dont il impose ou recommande l'usage soit pour désigner la même chose, soit pour recouvrir un contenu spécifique. Ex. *franchisage, *affacturage, *cession-bail, *crédit-bail, capitaux fébriles *(hot money),* *savoir-faire.

FRANCO

Abréviation de « porto franco » (de l'ital.), mode d'expédition en port *franc. Comp. *expédition franco.*

FRANCO BORD

Franco, forme ital. de franc. V. *bord.*

- Mot composé servant à caractériser une vente maritime également nommée *vente *FOB, dans laquelle le vendeur promet de livrer la marchandise à bord du navire (autre équivalent en anglais : *free along side*).

FRAPPER

V. – Du francique *hrappan* ou du néerlandais *flappen* : souffleter.

- Dans le langage de la pratique, exercer un recours contre une décision de justice. Ex. frapper d'appel, de pourvoi. V. *interjeter, attaquer, relever, querellé.*

FRATERNITAIRE

Adj. – Dér. de *fraternité.

- Qui tend à la *fraternité ; qui vise à l'instaurer. Ex. l'égalité est un principe fraternitaire. Comp. *égalitaire.*

FRATERNITÉ

N. f. – Lat. *fraternitas.*

- **1** Lien de parenté (par le sang ou par adoption) entre *frère et *sœur, V. *fratrie.*
- **2** Lien ou idéal d'affection entre ceux qui se traitent ou devraient se traiter comme frères, principe de solidarité entre concitoyens consacré par certaines constitutions. Ex. la fraternité, élément de la devise républicaine française (Const. franc. 1958, a. 2). V. *égalité.* Comp. *jus fraternitatis.*
- **3** Par ext., nom courant donné à ceux qui vivent comme des frères, sans autre conséquences juridiques que celles éventuellement attachées à la communauté de vie (ne pas confondre avec les fratries, associations de citoyens dans la Grèce ou la Rome antiques). Syn. *communauté.*

FRATRIE

Subst. fém. – Dér. du lat. *frater* : frère.

- **1** Nom aujourd'hui donné, en signe d'unité, au groupe des *frères et sœurs (germains ou même utérins et consanguins), surtout pour marquer qu'ils ont vocation à ne pas être séparés pendant leur minorité ou à conserver des liens étroits s'ils ne vivent pas au même foyer (comp. C. civ. a. 375-1).
- **2** V. *fraternité* (3).

FRAUDATOIRE

Adj. – Lat. *fraudatorius,* qui concerne les fripons *(fraudator),* Papinien, *Dig.* 46, 3, 96.

- (vx). Qui concerne la *fraude (peut qualifier ce qui lutte contre la fraude, sanction fraudatoire, ou ce qui y tend, syn., en ce sens, de *frauduleux). Comp. *frustratoire, dilatoire, révocatoire.* V. **action* *paulienne.*

FRAUDE

N. f. – Lat. *fraus, fraudis.*

- **1** Sens gén.

a / *Mauvaise foi, intention frauduleuse. Ex. en Droit pénal, l'intention frauduleuse est un élément constitutif du vol. V. *intention, élément *moral de l'*infraction.*

b / Acte de mauvaise foi, *tromperie, acte accompli dans le dessein de préjudicier à des droits que l'on doit respecter. Ex. fraude aux créanciers. Comp. *dol, *concert frauduleux, déloyauté, dissimulation.*

- **2** Agissement illicite par emploi de moyens illégaux. Ex. fraude douanière, fraude alimentaire, fraude électorale, fraude aux examens.

— **carrousel.** Fraude à la TVA réalisée par la conception d'une chaîne de sociétés réalisant entre elles des importations et exportations intracommunautaires destinées à créer un droit à déduction de TVA qui n'a jamais été acquittée en amont.

— **entre copartageants.** Manœuvres destinées à rompre l'égalité du partage. V. *recel, divertissement.*

— **fiscale.** Fait d'échapper à l'impôt par des moyens répréhensibles, c'est-à-dire par des procédés ou des manipulations que la loi permet de réprimer. V. **évasion fiscale, *factures de *complaisance, factures fictives, dessous-de-table.*

- **3** Agissement illicite par emploi de moyens réguliers ; opération consistant à utiliser des moyens licites pour violer la loi. Syn. en ce sens de fraude à la loi (V. ci-dessous). Comp. **abus du droit, *détournement de pouvoir.*

— **à la loi.**

a / (civ.). Acte régulier en soi (ou en tout cas non sanctionné d'inefficacité) accompli dans l'intention d'éluder une loi impérative ou prohibitive et qui, pour cette raison, est frappé d'inefficacité par la jurisprudence ou par la loi. Ex. donation déguisée ou faite à personne interposée au profit d'une personne incapable de recevoir (C. civ., a. 911, 1099-2° anc.).

b / (int. priv.). En matière de *conflits de lois, éviction de la loi normalement compétente (jugée gênante) par un changement du point de rattachement de la règle de conflit applicable, en vue d'attribuer compétence à une autre loi moins contraignante. Ex. changement de nationalité dans le seul dessein d'éluder la compétence de la loi nationale interdisant le divorce ou édictant une incapacité…

ADAGE : *Fraus omnia corrumpit.*

— ***paulienne.** Celle qui consiste, de la part du débiteur, à se rendre sciemment insolvable ou à augmenter son insolvabilité. V. *action paulienne, *consilium fraudis.*

FRAUDULEUX, EUSE

Adj. – Lat. *fraudulosus.*

- Entaché de *fraude, destiné à tromper autrui ou à lui porter préjudice, à tourner la loi ; se dit d'un acte, d'*agissements, d'une intention. Comp. *fraudatoire, dolosif, illicite, illégal, délictueux, abusif, frustratoire, délictuel, déceptif, mensonger.*

— **(concert).** V. *concert frauduleux.*

FREINTE DE ROUTE

Freinte, usuel au Moyen Âge, sous la forme frainte : action de briser, infraction, etc., tiré de *fraindre* : briser, lat. *frangere.*

- Expression syn. de « *déchet de route ».

FRÈRES

Subst. m. plur. – Lat. *frater.*

- *Fils d'un même père ou/et d'une même mère ; *descendants de sexe masculin, légitimes ou naturels, issus soit des mêmes père et mère (frères *germains), soit du même père (demi-frères, frères *consanguins), soit de la même mère (demi-frères, frères *utérins) qui, comme *descendants directs, sont appelés à égalité avec leurs frères et sœurs (C. civ., a. 745 anc.) ou comme réservataires (a. 913) dans la succession de leur *ascendant et qui, dans la succession de l'un d'eux (ou d'une *sœur), viennent (avec leurs frères et sœurs) comme *collatéraux privilégiés (parents au deuxième degré, a. 738) en concurrence avec les ascendants (a. 750) mais n'y sont pas réservataires et entre lesquels n'existe aucune obligation (civile) alimentaire, la proximité de la parenté leur donnant un titre secondaire d'intervention en diverses circonstances (administration légale des biens d'un frère majeur en tutelle : a. 497 anc., participation éventuelle au conseil de famille : a. 399, action en révocation d'une adoption : a. 370, etc.). V. *sœurs, fraternité, fratrie, beau-frère, cousin, enfant, droit de retour.*

FRET

Subst. masc. – Empr. du néerlandais *vrecht* : prix du transport.

- **1** *Rémunération due par l'*affréteur à l'armateur pour l'affrètement d'un navire, ou par le *chargeur au transporteur maritime pour prix du transport des marchandises. Syn. (vx) *nolis, chapeau du capitaine.*
- **2** Cargaison d'un navire de commerce.
- **3** Ensemble des marchandises susceptibles d'être transportées par mer, ou par air.

FRÉTEUR

Subst. – Dér. du v. fréter. V. *fret.*

- (terme tendant à tomber en désuétude). L'*armateur du navire considéré en tant que partie au contrat d'*affrètement. V. *affréteur.*

FRONTALIER, IÈRE

Adj. – Dér. du lat. *frons* : front.

- Habitant d'une zone contiguë à la frontière, bénéficiant à ce titre d'un régime de faveur en ce qui concerne not. la circulation des personnes, les droits de douane, les taxes et l'exercice de certaines activités. Ex. médecins, salariés.

FRONTIÈRE

N. f. – Dér. de front. V. *frontalier.*

- Ligne séparant les territoires de deux États ; se distingue de la *ligne de démarcation qui a en général un caractère provisoire, not. à la suite d'opérations militaires. V. *thalweg.*

FRUCTUS

Terme latin signifiant « droit de percevoir les fruits d'une chose », « fruits de cette chose », encore utilisé dans la trilogie des attributs du droit de *propriété *(*usus, fructus, *abusus)* ou dans la définition de l'*usufruit pour désigner au sens strict du terme le droit de *jouissance. Syn. *jus fruendi.*

FRUGIFÈRE

Adj. – Du lat. *frugifer,* de *fruges* : fruits, récoltes et *ferre* : porter.

• Qui porte ou rapporte périodiquement des *fruits ; productif. Ex. immeuble de rapport, champ cultivé ou spontanément productif, fonds placés, sommes prêtées avec intérêts, etc. Ant. *stérile, improductif.* V. *bien, capital, ressources, revenus, choses, non-valeur.*

FRUITS

Subst. masc.plur. – Lat. **fructus* : rapport, revenu, fruit.

• **1** Biens de toute sorte (sommes d'argent, biens en nature) que fournissent et rapportent périodiquement les *biens *frugifères (sans que la substance de ceux-ci soit entamée comme elle l'est par les *produits au sens strict) ; espèce de *revenus issus des *capitaux, à la différence des revenus du *travail. Ex. récoltes, *intérêts des fonds prêtés, loyers des maisons ou des terres louées, arrérages des rentes. V. *propriété, jouissance, usufruit, rapport, usage, possession, bonne foi, accession, ressources, compte de *fonds et fruits.*

— **civils.** V. *civils (fruits).*

— ***industriels.** Ceux qui, comme les fruits *naturels, proviennent du bien même qui les produit, mais qui, à la différence de ceux-ci, sont obtenus par la culture, l'*industrie de l'homme (C. civ., a. 583). V. *civil, frugifère, revenus.*

— **naturels.** V. *naturels (fruits).*

• **2** Qualification étendue à certains biens qui, bien qu'entamant la substance du capital qui les fournit (comme les *produits au sens strict), sont assimilés à des fruits en raison de la périodicité de la production. Ex. matériaux tirés d'une *carrière régulièrement exploitée (C. civ., a. 598) ; arbres abattus dans une forêt aménagée en coupes réglées (a. 591). V. *fortage.*

FRUSTRATOIRE

Adj. – Lat. *frustratorius* : trompeur, qui élude, qui abuse. Mod., *Dig.* 22, 1, 41.

• Vain, inutile, injustifié (même sans mauvaise foi) ; se dit encore, dans la pratique judiciaire (comp. a. 1031, anc. C. pr. civ.), de frais exposés sans raison par un auxiliaire de justice ; se dit plus précisément, d'abord, lorsqu'ils sont sans intérêt pour les parties, des actes de procédure (ou d'exécution) eux-mêmes (ex. instance en paiement contre celui qui s'était déclaré prêt à payer), par voie de conséquence, des *dépens qui y sont afférents, lesquels sont, comme pour les actes nuls par leur faute, à la charge des auxiliaires qui, même de bonne foi, ont fait les actes injustifiés (CPC, a. 698). Comp. *frauduleux, dolosif, abusif, dilatoire, surérogatoire, fraudatoire, surabondant, superfétatoire, téméraire.*

FUITE (DÉLIT DE)

Tiré du v. fuir, lat. *fugere.* V. *délit.*

• Fait pour tout conducteur d'un véhicule (ou d'un engin terrestre, fluvial ou maritime), sachant qu'il vient de causer ou d'occasionner un accident, de ne pas s'arrêter, et de tenter ainsi d'échapper à toute responsabilité pénale ou civile (C. pén., a. 434-10).

FURTIF, IVE

Adj. – Lat. *furtivus* : dérobé, de *furtum* : vol, larcin.

• (vx). Appréhendé par *vol. Ex. meuble furtif, meuble volé. Comp. *recelé, vacant.*

FUSION

N. f. – Lat. *fusio,* de *fundere* : fondre.

• **1** Opération par laquelle deux ou plusieurs sociétés réunissent leur patrimoine pour ne former qu'une seule société. V. *concentration.*

— **par absorption.** Celle dans laquelle la société absorbante augmente son capital du montant de l'actif de la société absorbée.

— **par création de société nouvelle.** Fusion dans laquelle deux ou plusieurs sociétés disparaissent pour constituer une société nouvelle à laquelle elles apportent leur patrimoine.
— **scission.** Opération dans laquelle une société fait *apport de ses biens et activités à deux ou plusieurs sociétés préexistantes ou participe avec celles-ci à la constitution de sociétés nouvelles. V. *apport, scission.*

• **2** (publ.).
— **de *communes.** Opération consistant, en vue de réduire le nombre des communes, à réunir, en une seule, deux ou plusieurs de ces collectivités.

FUTUR, URE

Adj. subst. – Du lat. *futurus,* part. du v. *esse,* être, qui sera.

• (prat.) futur conjoint ; désigne les futurs époux dans la période qui précède la célébration du mariage, jusqu'à l'échange des consentements (C. civ., a. 63).

G

GAGE

N. m. – Empr. du francique *Waddi* (cf. l'all. *Wette* : gageure, latinisé en *Wadiu(m)*).

• **1** *Sûreté *réelle conventionnelle portant sur un meuble corporel (par opposition au *nantissement de meubles incorporels), catégorie obéissant au droit commun du gage établi par le Code civil (a. 2333) sous réserve des règles particulières aux gages autres que le gage civil ordinaire (gage commercial, gage automobile, gage de stocks) ; plus précisément : convention conclue entre le propriétaire d'un meuble corporel, le *constituant (débiteur principal ou tiers) et un créancier, parfaite par l'établissement d'un écrit (et non plus contrat, *réel, a. 2336), dont l'objet est de conférer à ce créancier (créancier gagiste) le droit de se faire payer par préférence aux autres créanciers sur le bien affecté en garantie (bien gagé, c'est une sûreté *réelle, C. civ., a. 2333), mais qui crée, dès avant l'échéance de l'obligation garantie, une situation différente selon qu'elle s'opère avec ou sans dépossession. Comp. *antichrèse, entiercement.* V. *sûreté réelle pour autrui.*

— **automobile.** Nom donné en pratique au gage portant sur un véhicule automobile immatriculé dont l'opposabilité aux tiers est subordonnée à une déclaration faite à l'administration, et qui investit le créancier gagiste de toutes les prérogatives attachées au gage avec dépossession, y compris le droit de *rétention, dès lors que, du seul fait de la délivrance du reçu de cette déclaration, le créancier est réputé avoir conservé en sa possession le bien mis en gage, gage civil avec dépossession fictive (C. civ., a. 2351 s.).

— **avec dépossession** (droit commun). Modalité du gage de droit commun qui se forme par l'établissement d'un écrit (ce n'est pas un contrat *réel) mais dans laquelle le créancier gagiste (ou un tiers convenu) constitué *détenteur (*précaire) du bien gagé par l'effet de la dépossession du *constituant, peut, de ce fait, opposer son gage aux tiers (C. civ., a. 2337, al. 2), est tenu de veiller à la conservation du gage (a. 2344), fondé à se faire rembourser des dépenses utiles et nécessaires exposées à cette fin (a. 2343), à percevoir les fruits du bien gagé (s'il s'agit du créancier) à charge de les imputer sur les intérêts ou, à défaut, sur le capital de la dette (a. 2345), à retenir le bien jusqu'au paiement de sa créance (a. 2286) et, à défaut de paiement, à faire ordonner en justice que le bien soit vendu ou lui demeure en paiement (a. 2346, 2347). V. *pacte commissoire.* Comp. *hypothèque conventionnelle.*

— **commercial.** Gage répondant à la définition du droit commun mais qui, constitué par un commerçant ou un non-commerçant pour un acte de commerce, obéit à certaines règles particulières (C. civ., a. 2354) figurant au Code de commerce (liberté de sa preuve, endossement *pignoratif des valeurs négociables, inscription sur registre des valeurs nominatives, facilités de réalisation, a. L. 521-1 s.).

— **des stocks.** Gage spécial sans dépossession qui peut être constitué par écrit sur certaines marchandises (stocks de matières premières, etc., C. com., a. L. 527-3) pour la garantie d'un crédit accordé à leur propriétaire dans son activité professionnelle par un établissement de crédit, et dont l'efficacité est subordonnée à son inscription sur un registre spécial (a. L. 527-1 s.).

— **sans dépossession** (droit commun). Modalité du gage de droit commun qui, constitué sans que le bien gagé soit remis au créancier gagiste, n'est opposable aux tiers que par la publicité qui en est faite (C. civ., a. 2337), et qui, n'investissant pas le créancier de la détention du gage l'affranchit de sa conservation (a. 2344), mais le prive de la perception des fruits et du droit de rétention.

• **2** Par ext., la chose mise en gage, dite chose gagée ou *engagée, terme générique qui englobe tout bien mobilier ou ensemble de biens mobiliers, présents ou futurs (C. civ., a. 2333), qu'il s'agisse de corps certains ou de choses fongibles (C. civ., a. 2341, 2342). On dit aussi que les meubles du locataire sont le gage du bailleur.

• **3** Dans un sens particulier consacré, les biens du débiteur (l'ensemble de ses biens présents et à venir) sont « le gage commun » de ses créanciers, dont on dit semblablement que ceux-ci jouissent, sur cet ensemble, d'un « droit de gage général », pour exprimer que le prix de ces biens s'en distribue entre eux par contribution, à moins qu'il n'y ait entre les créanciers des causes légitimes de préférence (privilèges, hypothèque, etc.) (C. civ., a. 2285).

GAGES

Subst. masc.plur. – V. le précédent.

• Nom parfois encore donné au *salaire de certains employés (domestiques, gens de maison, ouvriers agricoles). V. *paye, rémunération, gratification, pourboire*.

GAGISTE

Subst. – Dér. de *gage.

• *Créancier dont la créance est garantie par un *gage ; souvent apposé au terme créancier : créancier gagiste. V. *nanti, antichrésiste, hypothécaire, privilégié, muni*. Comp. *chirographaire*.

GAIN

Subst. verbal de gagner, autrefois *guaaignier,* empr. du francisque *waidanjan* : faire du butin, mot de la famille de l'all. *weiden* : paître.

• **1** *Bénéfice (par opp. à *perte).

a / *Profit tiré d'une industrie (d'une activité) ou même du jeu ; plus spéc. *revenus du travail (gains et *salaires). V. *rémunération, traitement, appointements, *perte de gains professionnels*.

b /

— **en valeur.** Bénéfice réalisé par un époux pendant le mariage, sous le régime de la participation aux acquêts (calculé par différence entre son patrimoine *originaire et son patrimoine *final).

• **2** Faveur ; *avantage particulier (par opp. à égalité).

a /

—**s nuptiaux.** Avantages faits par le contrat de mariage aux époux. V. *avantages matrimoniaux*.

b /

—**s de *survie.** Égards particuliers réservés au conjoint survivant dans le partage de la communauté (frais de deuil, pour un temps nourriture et logement, C. civ., a. 1481 anc.) qui revêtent aujourd'hui la forme d'un droit au *logement temporaire accordé au *conjoint successible sous tous les régimes matrimoniaux, comme un effet direct et d'ordre public du mariage (C. civ., a. 763).

• **3**

— **de cause.** *Profit du jugement ; avantage obtenu par le plaideur dont la demande est admise. V. *débouté*.

GARANT, ANTE

Subst. – Mot d'origine germanique, cf. all. *gewähren* : garantir, de *wahr,* vrai.

• Celui qui doit *garantie, qui garantit. V. *caution, cofidéjusseur, intervenant*. Comp. **codébiteur *solidaire, *in solidum*.

GARANTIE

N. f. – Tiré de garantir, dér. de *garant.

▸ **I** (priv.)

• **1** Au sens large, tout mécanisme qui prémunit une personne contre une perte pécuniaire : garanties du vendeur non payé, garantie de l'assureur, etc. ; terme générique doté d'un sens d'évocation employé seul et chargé de sens de précision associé à d'autres. Comp. *sûreté, assurance, protection, sauvegarde, sécurité, certification, couverture*.

— **à première demande.** Modalité principale de *garantie *autonome ; garantie conventionnelle renforcée en vertu de laquelle le garant doit payer aussitôt qu'il en est sollicité sans pouvoir, hors le cas de fraude manifeste, opposer la moindre exception (bénéfice de discussion, contestation sur la réalisation du risque, etc.). Comp. *solidaire, documentaire (garantie), constitut*.

— **autonome.** *Sûreté *personnelle conventionnelle renforcée, distincte du *cautionnement et de la *lettre d'intention, consistant dans l'engagement pris par une personne, le garant, en contemplation d'une obligation souscrite par une autre personne, le bénéficiaire de la garantie, mais indépendamment de celle-ci, de verser une somme déterminée soit *à première demande, soit suivant des modalités convenues, le caractère *autonome d'un tel engagement (ni *accessoire ni *subsidiaire relativement à l'obligation garantie) excluant qu'il suive cette dernière et que le garant oppose les exceptions qui y tiennent, l'obligation du garant tombant seulement en cas d'abus ou de fraude manifestes du bénéficiaire ou de collusion de celui-ci avec le donneur d'ordre (C. civ., a. 2321).

— **(contrat de).** Contrat ayant pour objet de fournir au créancier l'engagement d'un débiteur accessoire. Ex. cautionnement. V. *crédit*. Comp. *porte-fort*.

• **2** Parfois syn. de *sûreté (mais une sûreté n'est qu'une espèce de garantie). V. *gage, hypothèque, privilège*.

• **3** Au sens technique, obligation accessoire qui naît de certains contrats (vente, bail, entreprise, etc.) à la charge d'une partie et qui renforce la position de l'autre lorsqu'en cours d'exécution celle-ci n'obtient pas les satisfactions qu'elle était en droit d'attendre. Ex. : garantie d'éviction, garantie décennale de l'architecte.

— **(action en).** Action tendant à faire consacrer le droit à la garantie, soit par voie principale, soit par voie d'*appel en garantie. V. *mise en cause, intervention forcée*.

— **de bonne fin.** V. **fin (bonne)*.

— **des vices cachés.** Obligation mise par la loi à la charge not. du vendeur ou du bailleur de fournir à son cocontractant une chose qui ne soit pas atteinte de vices « qui la rendent impropre à l'usage auquel on la destine » (C. civ., a. 1641, pour la vente) ou qui en empêchent l'usage (C. civ., a. 1721, pour le louage). V. *rédhibitoire*.

— **d'éviction.** Obligation pour le vendeur de défendre l'acquéreur contre le trouble apporté par autrui à sa possession et de l'indemniser au cas où la propriété de la chose vendue serait reconnue appartenir à un tiers ou grevée de droits réels (C. civ., a. 1626).

— **du fait personnel.** Obligation imposée par la loi au vendeur, au donateur ou au bailleur de ne rien faire qui puisse troubler la jouissance de l'acquéreur, du donataire ou du locataire (C. civ., a. 1628, 1719 s.).

• **4** Mise en œuvre judiciaire de l'*obligation de garantie.

— **(exception de).** *Exception *dilatoire opposée par une partie principale à l'autre, en vue d'obtenir du juge un délai pour appeler un garant et de différer la solution du procès jusqu'à la mise en cause de celui-ci (CPC, a. 109).

— **incidente.** Demande *incidente par laquelle l'une des parties – généralement le défendeur – provoque l'intervention d'un tiers dans l'instance en cours à l'effet d'être indemnisé des condamnations qui pourraient être prononcées contre elles. V. *appel en garantie, *exception de garantie, obligation de garantie, intervention (forcée)*.

— **principale.** Instance autonome engagée contre son *garant par une personne qui a succombé dans un procès antérieur.

• **5** En matière d'*assurance.

a / Étendue de la couverture d'un risque par l'assureur (peut être restreinte par des *exclusions de risque).

b / Montant ou plafond de cette couverture. V. *capital, somme assurée*.

— **(fonds de).** V. *fonds de garantie*.

► **II** (publ.)

S'emploie dans les expressions suivantes :

— **des droits.** Ensemble des dispositions et procédés, quelquefois contenus dans une rubrique spéciale de la Constitution écrite, qui tendent à empêcher par des interdictions ou d'une manière générale par un système quelconque de limitation du pouvoir la violation des droits de l'homme par les gouvernants. V. Décl. 1789, a. 16 et début de la Const. de 1791.

— **des fonctionnaires.**

a / Dénomination donnée au régime institué par l'a. 75 de la Constitution de l'an VIII subordonnant à une autorisation du Conseil d'État les actions en responsabilité personnelle dirigées contre les fonctionnaires devant les juridictions judiciaires et qui a survécu jusqu'en 1870 (la majorité de la doctrine considère comme une survivance de cette garantie la combinaison du mécanisme du *conflit positif avec la distinction entre *faute de service et *faute personnelle des fonctionnaires. V. ci-dessous).

b / Principe selon lequel un fonctionnaire ne peut être poursuivi devant les tribunaux de l'ordre judiciaire pour des faits relatifs à l'exercice de ses fonctions, à moins qu'il n'ait commis une faute personnelle détachable de son service (l'administration est tenue d'élever le conflit pour faire respecter le principe ; si elle ne le fait pas, l'État devra couvrir ses fonctionnaires contre les condamnations pécuniaires prononcées contre eux).

c / L'expression se retrouve dans la Constitution de 1958 sous la formule « garanties *fondamentales des fonctionnaires civils et militaires de l'État », où elle désigne les dispositions statutaires qui, ayant ce caractère, sont de la compétence exclusive du législateur.

▸ **III** (int. publ.)

- **1** Engagement individuel ou collectif sous condition suspensive par lequel un ou plusieurs sujets de Droit international s'obligent envers un ou plusieurs autres à maintenir un état de fait ou de droit et à accomplir certains actes spécifiés en cas de survenance d'événements de nature à compromettre la situation garantie (peut être unilatérale ou réciproque).

— **automatique.** Celle dans laquelle aucun pouvoir d'appréciation n'appartient à ceux qui la donnent pour constater la réalisation de la condition suspensive.

- **2** Par extension, instrument incorporant l'engagement ainsi défini.

▸ **IV** (trav.)

- Clauses (contractuelles ou conventionnelles) tendant à protéger les salariés contre les aléas de leur condition d'existence.

— **d'emploi.** Interdiction de licencier un salarié pendant une période de maladie, d'accident ou d'absence de courte durée ou obligation de reclasser un salarié reconnu médicalement inapte à occuper son emploi actuel.

— **de ressources.** Clauses accordant soit le maintien intégral ou partiel du salaire en cas de maladie, d'accident ou de déclassement professionnel accepté, soit un minimum de ressources en cas de perte de l'emploi.

— **sociales.** Affiliation, par voie de convention, aux régimes complémentaires de sécurité sociale : vieillesse, chômage, etc., assurant une protection plus complète que la sécurité sociale.

▸ **V** (fin. et fisc.)

— **de l'État.** En matière d'emprunt, engagement pris de se substituer à l'emprunteur si celui-ci se trouve dans l'impossibilité de faire face à ses engagements.

— **des investissements.** Mécanismes destinés à favoriser les exportations en permettant à l'investisseur de se prémunir contre les risques pouvant résulter de l'insolvabilité du débiteur étranger ou des interventions de l'État étranger.

— **d'intérêts.** Engagement pris par l'État d'assurer le service d'un emprunt ou celui d'un dividende minimum à des actions en faveur des collectivités publiques ou d'entreprises d'utilité publique. Ex. la garantie d'intérêts prévue dans le régime financier des chemins de fer.

— **du Trésor.** Ensemble des sûretés que la loi accorde au Trésor pour le recouvrement des impôts. V. *privilège*.

— **(emprunt avec).** Emprunt assorti d'engagements au profit des souscripteurs tels qu'indexation, garantie de change, etc.

▸ **VI**

- Constatation officielle du *titre des objets d'or, d'argent et de platine qui donne lieu à la perception d'une contribution indirecte, le droit de garantie.

GARDE

Subst. fém. – Tiré de garder, empr. au germ. *wardôn,* cf. all. *warten* : attendre, angl. *to ward* : protéger.

• **1** Mission de *surveillance, action de veiller sur une personne ou une chose.

► A / (S'agissant *d'un mineur.*)

a / Dans un sens spécifique, droit et devoir de garder un enfant mineur sous sa *protection – c'est-à-dire de fixer sa résidence et de veiller sur sa santé, sa sécurité et sa moralité –, mission qui, constituant un *attribut de l'*autorité parentale, est normalement exercée en commun – et sous leur *responsabilité commune – par les père et mère légitimes (C. civ., a. 371-2 anc.), mais qui, dans d'autres situations (après divorce ou séparation de corps, ou entre parents naturels), se trouve soit englobée dans l'*exercice unilatéral de l'autorité parentale, soit fondue dans l'*exercice conjoint de celle-ci (sous réserve, en ce cas, de la désignation judiciaire de celui des parents coexerçants chez lequel l'enfant a sa résidence habituelle) (C. civ., a. 287 anc., 374 anc.). V. *entretien, visite (droit de), hébergement (droit de), surveillance (droit de).*

b / Dans un sens plus large, englobait naguère – outre la mission ci-dessus définie – la *surveillance et l'*éducation de l'enfant mineur (bien que celles-ci constituent chacune un attribut distinct de l'autorité parentale : C. civ., a. 371-2 anc.), l'ensemble de ces attributs formant aujourd'hui la matière soit de l'*exercice en commun, soit de l'*exercice unilatéral de l'autorité parentale. V. *visite (droit de), hébergement (droit de), surveillance (droit de).*

— ***provisoire.** Nom naguère donné (et non remplacé) à la mission transitoire exceptionnelle que le tribunal peut confier à un tiers dans les cas spécifiés par la loi (not. après divorce. C. civ., a. 287-1 anc., 373-3, 373-4 ; V. aussi a. 374-1) et qui consiste pour ce tiers à accomplir tous les actes relatifs à la surveillance et à l'éducation de l'enfant à lui confié, l'autorité parentale continuant d'être exercée par les père et mère.

► B / (S'agissant *d'une chose.*)

a / Au sens de l'a. 1384, al. 1, pouvoir indépendant d'usage, de direction et de contrôle sur une chose qui permet de considérer celui qui l'exerce effectivement comme l'auteur responsable du dommage causé par cette chose.

— **de comportement.** Expression doctrinale désignant, dans l'analyse qui dédouble la garde, le fait d'avoir le maniement de cette chose d'où la charge d'assumer les dommages dus à ce maniement. Ex. le locataire d'un véhicule, ayant la garde de comportement, répond des accidents dus à une erreur de conduite.

— **de structure.** Expression doctrinale désignant, dans la même analyse, la maîtrise ou la connaissance présumée des vices internes d'une chose, raison d'assumer la responsabilité des dommages causés par de tels vices. Ex. le garagiste qui loue un véhicule conserve la garde de structure et la responsabilité des accidents causés par la rupture de la direction.

b / Obligation de veiller à la *conservation d'une chose (en empêchant qu'elle ne se perde ou ne se dégrade et en attendant de la restituer) que certains contrats font naître à la charge d'une partie (investie ou non, par ailleurs, du droit de s'en servir ; comp. dépôt, C. civ., a. 1915, prêt à usage, a. 1880) et dont l'intensité est appréciée avec plus ou moins de rigueur, suivant des critères d'équité (C. civ., a. 1927 et 1928) et les stipulations du contrat. Comp. *usage, jouissance.*

— **(droit de).** Droit de *douane perçu à l'occasion du séjour d'une marchandise constituée en dépôt dans les magasins de la douane.

► C / (S'agissant *d'un animal.*)

• Au sens de l'a. 1385, devoir de vigilance et de direction qui – incombant au propriétaire ou à la personne à laquelle l'animal a été confié – rend le gardien responsable des dommages causés par celui-ci, fût-il égaré ou échappé.

• **2** Organe investi de cette fonction (ou de missions dérivées).

— **nationale.** Institution créée en 1791 et qui a survécu avec des fortunes diverses jusqu'en 1871 : constituée par les citoyens actifs de 18 ans, commandée par des officiers élus chaque année par les hommes, elle avait pour double mission de maintenir l'ordre intérieur et de défendre l'État contre les ennemis du dehors.

— **républicaine.** Dénomination appliquée jusqu'en 1954 à une partie de la *gendarmerie devenue à cette date la gendarmerie mobile et qui a été conservée pour désigner la légion de gendarmerie spécialement chargée, sous l'autorité du préfet de police, de la surveillance de Paris (la garde républicaine assure, en outre, des services d'*honneurs).

GARDE

Subst.

- Agent (principalement) chargé d'une mission de surveillance. Comp. *gardien*.

— **champêtre.** Agent communal assermenté (nommé par le maire, agréé et commissionné par le sous-préfet) essentiellement chargé sur le territoire de la commune de veiller à la conservation des récoltes et des propriétés rurales, de rechercher en qualité d'officier de police judiciaire les contraventions et délits ruraux et de chasse et de concourir comme agent de la force publique au maintien de la tranquillité publique.
— **-chasse.** Garde particulier appartenant aux brigades mobiles de répression du braconnage des *associations cynégétiques ou fédérations de sociétés de chasse, désigné par le ministre de l'Agriculture pour exercer les fonctions d'agent technique des eaux et forêts chargé spécialement de la police de la *chasse, dans les arrondissements pour lesquels il est assermenté.
— **forestier.** Préposé ayant pour mission, sous l'autorité des agents de l'*Office national des forêts, de surveiller les *forêts soumises au régime forestier et de constater les infractions aux lois et règlements dont l'application ressortit à l'Office national des forêts.
— **particulier.** Personne chargée de la surveillance des propriétés rurales ainsi que des bois et forêts privés.

GARDE À VUE

Subst. fém.

V. le précédent et *vue*.

- Mesure de police en vertu de laquelle sont retenues, dans certains locaux non pénitentiaires et pour une durée limitée variable selon le type d'infractions, des personnes qui, tout en n'étant ni prévenues ni inculpées, doivent rester à la disposition des autorités de police ou de gendarmerie pour les nécessités de l'enquête. V. **liberté individuelle*.

GARDE DES SCEAUX

V. *sceaux (garde des)*.

GARDIEN, IENNE

Subst. – Dér. de *garder. V. *garde*.

- **1** Celui qui est investi – comme d'un droit et d'un devoir – de la *garde d'un enfant mineur.
- **2** Celui qui a la *garde d'une chose inanimée (au sens de l'a. 1384, al. 1 anc., devenu a. 1242, al. 1) ou d'un animal (au sens de l'a. 1385 anc., devenu a. 1243), que son pouvoir effectif corresponde à un droit (le propriétaire est normalement gardien) ou à un pur fait (le voleur devient gardien). Comp. *possesseur*.
- **3** Celui qui, en vertu de certains contrats, assume en droit une obligation de *garde, ou de *surveillance. Ex. le *dépositaire, l'*emprunteur. V. *détenteur précaire, séquestre, tiers convenu, entiercement, administrateur, gardiennage*.

— **de la paix.** Agent de la police administrative urbaine, naguère qualifié aussi de sergent de ville. Comp. *garde*.
— **judiciaire (ou des *scellés).** Personne chargée, par décision de justice, de conserver en sa surveillance, jusqu'à mainlevée régulière, des objets saisis, mis sous scellés ou séquestrés. V. *séquestre, dépositaire*.

GARDIENNAGE

N. m. – Dér. de *gardien.

- Action de veiller sur un bien meuble ou immeuble, bateau, animal, usine, etc. (d'où une première différence avec le *dépôt, opération mobilière) ; action d'en assurer la protection, spécialement contre les risques de vol et de dégradation ; mission de *surveillance, parfois associée à d'autres tâches (convoi et transport de fonds. Ex. d. 10, oct. 1986), qui n'investit pas nécessairement le *gardien de la détention de la chose confiée à sa vigilance, mais qui implique nécessairement qu'il ait accès à celle-ci (ex. gardiennage de bateaux dans un port). Par ext. profession de gardien, pour qui pratique habituellement cette activité, et convention en vertu de laquelle une personne assume, à titre onéreux, cette mission de surveillance.

GARNI, IE

Adj.et subst. – Part. pass. de garnir, du francique *warjan,* all. *warnen,* prendre garde.

• **1** (adj.).
a / Syn. de *meublé.
b / Approvisionné (se dit d'un compte en banque).
• **2** (subst.). Le local loué meublé (police des garnis), ou le mode de bail (logeur en garni).

GARNISSEMENT

N. m. – Dér. de *garni.

• Action de garnir ; obligation pour le preneur, dans le bail à loyer, de meubler le local loué (non *meublé) suffisamment pour répondre du loyer (C. civ., a. 1752).

GEMMAGE (CONTRAT DE)

Dér. de gemme, empr. au lat. *gemma* : proprement pierre précieuse ; gemme a été dit de la résine parce qu'elle forme en coulant des gouttes brillantes. V. *contrat.*

• Convention qui accompagne souvent un *bail rural et constitue une variété de *louage d'ouvrage au terme de laquelle le propriétaire d'un domaine forestier assigne à un gemmeur un certain nombre de lots de pins sur lesquels il aura à effectuer des opérations de résinage moyennant paiement d'une somme d'argent calculée sur le prix de vente du produit récolté.

GENDARMERIE

N. f. – Dér. de gendarme, tiré de gens d'armes.

• Élément de la force publique relevant du ministre des Armées et comprenant : *1* / la gendarmerie départementale ; *2* / la gendarmerie mobile qui a remplacé l'ancienne *garde républicaine ; *3* / la garde républicaine de Paris ; *4* / un certain nombre de formations spéciales (gendarmerie maritime, de l'air…). La gendarmerie assure trois fonctions principales : *police administrative, police judiciaire, fonction militaire, réparties en service ordinaire et service extraordinaire, selon que l'intervention se déroule spontanément, dans le cadre normal de ces attributions ou sur réquisition des autorités civiles.

— **(légion de).** V. *légion de gendarmerie.*

GENDRE

Lat. *gener.*

• Mari d'une fille. Comp. *beau-fils.* V. *belle-fille.*

GÉNÉRAL, ALE, AUX

Adj. – Lat. *generalis* : qui appartient à un genre.

• **1** Par opp. à *spécial ou à *particulier, *commun à tous les éléments d'un ensemble. Ex. théorie générale des contrats, ensemble des règles communes à tous les contrats (par opp. au droit spécial à chacun des contrats) ; dispositions générales applicables à tout jugement (CPC, a. 430 s.). Comp. *générique.*

• **2** (sens voisin). Par opp. aux mêmes termes, applicable sauf dérogation *(generali per specialem derogatur).*

• **3** Qui réunit tous les membres d'une collectivité ou d'un collège. Ex. assemblée générale, par opp. à formation restreinte, section, chambre. Syn. *plénier.*

• **4** Qui concerne tous les membres d'une collectivité. Ex. intérêt général, par opp. à intérêt *particulier ou *privé ou *personnel. Comp. *commun.*

• **5** Qui s'étend à toute une série d'affaires. Ex. mandat général, procuration générale. Ant. *spécial.*

• **6** De rang élevé. Ex. procureur général, inspecteur général, officier général ou simplement général.

• **7** Plus vaguement, large, étendu.
— **(en).** Le plus souvent.
—**e (règle).** S'appliquant à toute une série de cas semblables, posée en termes abstraits, impersonnels et de portée permanente (par opp. à décision *individuelle et *spéciale). Comp. *règlement.* V. *norme.*

GÉNÉRATION

N. f. – Lat. *generatio* : reproduction, action d'engendrer, génération.

• **1** Dans la suite des personnes qui descendent les unes des autres, chaque maillon de la généalogie relativement à celui dont il est issu et à celui dont il est l'auteur, chacun des points de la *ligne directe de la *parenté qui, sous le nom de *degré, constitue l'unité de compte de la proximité de la parenté (C. civ., a. 741). V. *âge, ordre*.

- **2** Parfois syn. d'intervalle entre deux générations (au sens 1).

GÉNÉRIQUE

Adj. – Dér. du lat. *genus, ...eris* : origine, race, genre.

- Inhérent à un genre ; *commun à toutes les espèces de ce genre. Ex. la *convention est une notion générique relativement aux diverses espèces de *contrat. Comp. *général*. Ant. *spécifique*.

GÉNIE RURAL

N. m. – Lat. *genius* : divinité intérieure. V. *rural*.

- Corps d'*ingénieurs chargé de promouvoir, coordonner et contrôler les études et la réalisation des travaux d'équipement rural entrepris par les collectivités publiques et, dans certains cas, par les collectivités privées ainsi que par les particuliers.

GÉNOCIDE

Subst. masc. – Du gr. γένος, race, espèce, et du lat. *occidere* : tuer.

- **1** (sens d'évocation). Extermination délibérée et systématique de l'ensemble des individus constituant une nation, une ethnie, un peuple.
- **2** (sens de précision). Crime contre l'*humanité consistant à commettre (ou à faire commettre) l'un des actes spécifiés par la Convention des Nations Unies du 9 déc. 1948 (a. 2) et par l'a. 211-1, C. pén. (atteinte volontaire à la vie, atteinte grave à l'intégrité physique ou psychique, soumission à des conditions d'existence équivalentes à un processus d'extermination, mesures d'entrave aux naissances, transfert d'enfants) dans l'intention de détruire en tout ou en partie un groupe national, ethnique, racial, religieux ou arbitrairement déterminé (et même, précise la loi française, en exécution d'un plan concerté tendant à de telles fins), finalité spécifique odieuse qui explique la qualification de génocide. V. *crime international*.

GENS

Subst. masc.et fém. plur. – Lat. *gentes*.

S'emploie dans les expressions suivantes :

— **de justice.** Ensemble des personnes qui ont pour fonction ou profession de participer à l'œuvre de justice : *magistrats qui la rendent (agents même du service de la justice) et *auxiliaires de justice qui coopèrent à l'administration de la justice. V. *Professions judiciaires*.

— **de l'équipage.** Expression vieillie désignant les marins composant l'équipage des navires de commerce. V. *marin*.

— **de maison.** Expression employée pour désigner l'ensemble du *personnel *domestique d'une maison, en y comprenant les domestiques qui ne sont pas attachés à la personne, tels que cocher, concierge, intendant, cuisinier.

— **de mer.** Personnes adonnées professionnellement à la navigation maritime. V. *marin*.

— **de service.** Salariés qui accomplissent un travail domestique (C. civ., a. 2331, 4°; C. trav., liv. 1, a. 47 anc.). Comp. **louage de services*.

— **du voyage.** Appellation volontiers donnée aujourd'hui aux personnes dont l'habitat traditionnel est constitué de *résidences mobiles, habitants de caravanes, également nommés *nomades et *marchands ambulants, qui, au cours de leurs déplacements, fréquentent pour un séjour de durée variable (parfois pour un emploi saisonnier) les aires d'accueil et les lieux de passage que les communes ont la charge d'aménager et qui, pour leurs rassemblements traditionnels occupent temporairement certains lieux déterminés (l. 5 juill. 2000).

— **(Droit des).** V. *Droit des gens*.

GENTLEMEN'S AGREEMENT

Expression angl. signifiant : convention entre hommes du monde, utilisée pour désigner :

- **1** Dans la pratique anglo-saxonne ou par imitation de celle-ci, un accord international conclu selon des procédures simplifiées et constituant pour les États signataires un engagement d'honneur sans obligations juridiques particulières.

• **2** Dans des relations internationales économiques, un accord conclu selon des procédures souples et simplifiées, mais qui peut néanmoins comporter certaines obligations juridiques pour les signataires. Ex. certains accords conclus dans le cadre du GATT sur les produits de base.

• **3** Dans le Droit de la concurrence, une espèce d'*entente non juridiquement obligatoire à la différence d'un accord entre entreprises mais plus structurée qu'une simple *pratique *concertée.

GÉRANCE

N. f. – Tiré de *gérer.

• **1** Mission de gérer, fonction du *gérant. V. *gestion, administration, régie*.
— **de la tutelle.** Régime simplifié de protection du patrimoine d'un *incapable majeur qui peut être institué par le juge des tutelles aux lieu et place de la *tutelle, lorsque la modicité du patrimoine à gérer ne justifie pas la constitution complète de celle-ci (C. civ., a. 499).
— **libre (contrat de).** Convention également nommée contrat de *location-gérance, en vertu de laquelle une personne appelée *gérant libre (ou locataire-gérant de fonds de commerce) assure à ses risques et périls et avec la qualité personnelle de commerçant l'exploitation du fonds de commerce qui lui a été donné en location par le propriétaire de celui-ci. V. **location de fonds de commerce*.
— **technique.**
a / Gestion nautique d'un bâtiment.
b / Contrat par lequel un armateur confie à un tiers, moyennant rémunération forfaitaire, la gestion nautique du bâtiment dont il est propriétaire ou affréteur.

• **2** *Gestion d'une *société, considérée dans l'ensemble des problèmes qu'elle pose (désignation du ou des *gérants, organisation du mode de gérance, pouvoirs des gérants, révocation, etc.). V. *direction*.

GÉRANT, ANTE

Subst. – Tiré de *gérer.

• **1** (sens gén.). Celui qui gère pour le compte d'autrui. V. *gestion, gérance, gestionnaire, administrateur, régisseur*.
— **d'affaires.** Dans la *gestion d'affaires, celui qui s'immisce dans les affaires du *maître de l'affaire.
— **de la tutelle.** Personne désignée par le juge des tutelles pour assurer la *gérance de la tutelle, soit parmi les membres du personnel administratif de l'établissement où l'incapable est traité, soit parmi les personnes physiques ou morales figurant, comme administrateurs spéciaux, sur une liste dressée chaque année par le procureur de la République, avec mission de percevoir les revenus de l'incapable et de les affecter aux besoins de ce dernier et le cas échéant pouvoir d'accomplir d'autres actes nécessaires avec l'autorisation du juge (C. civ., a. 499, 500).
— **de portefeuille.** Celui qui pratique la *gestion de portefeuille.
— **d'immeubles.** Celui qui, à titre professionnel, exerce la gestion d'immeubles pour le compte de propriétaires.

• **2** Plus spécifiquement, *administrateur placé à la tête d'une entreprise (ou d'un établissement). Ex. salarié mandaté par le propriétaire d'une entreprise afin de gérer celle-ci pour son compte et selon ses directives.
— **libre.** Celui qui exploite un fonds de commerce en vertu du contrat de *gérance libre (également nommé locataire-gérant de fonds de commerce).
— **-mandataire.** Personne physique ou morale à laquelle le propriétaire d'un fonds de commerce ou d'un fonds artisanal donne *mandat de le gérer pour son compte et à ses risques, moyennant le versement d'une commission proportionnelle au chiffre d'affaires, en lui laissant toute latitude, dans le cadre de la mission qu'il lui fixe, de déterminer ses conditions de travail, d'embaucher du personnel et de se substituer des remplaçants dans son activité à ses frais et sous son entière responsabilité (C. com., a. L. 146-1, l. 2 août 2005).
— **succursaliste.** *Fondé de pouvoir de la succursale d'une entreprise qui, lié à l'établissement principal dont il est le représentant, soit par un contrat de travail, soit par un mandat, n'a pas la qualité de commerçant, mais dispose d'une large autonomie d'exploitation.

• **3** Personne chargée (par les statuts, la loi ou la convention des intéressés) d'assurer la marche des affaires sociales dans une

société ou celle des affaires communes dans une *indivision (C. civ., a. 1873-5).
— **de fait.** Celui qui, traitant avec les tiers au nom d'une personne morale sans avoir aucun pouvoir à cet effet, encourt par là certaines sanctions et engage sa responsabilité personnelle.
— **de société.** Mandataire chargé de l'administration des affaires sociales (dans les sociétés civiles, les sociétés en participation, les sociétés en nom collectif, en commandite ou à responsabilité limitée) et nommé par les statuts ou les délibérations des associés au besoin en dehors de ceux-ci. V. *représentant de société*.

- **4** Officier d'administration chargé, sous le nom de « gérant d'annexe », de diriger une portion distincte d'un établissement militaire sous les ordres de l'officier gestionnaire de cet établissement.

GÉRER

V. – Lat. *gerere*.

- *Administrer (au sens large de ce terme) ; faire valoir un bien ou une masse de biens ; s'occuper de certaines affaires. Ex. gérer les affaires communales.

GERMAIN, AINE

Adj. – Du lat. *germanus*.

- **1** Se dit de *frères ou *sœurs qui ont le même père et la même mère, par opp. aux frères et sœurs *consanguins ou *utérins.
- **2** Se dit des *cousins (enfants de frères ou de sœurs) qui ont, dans la ligne paternelle ou maternelle, des grands-parents communs.

GESTATION POUR LE COMPTE D'AUTRUI

N. f.

- Méthode d'assistance à la procréation, non reconnue par le droit français, qui consiste pour une femme à porter l'embryon issu des forces génétiques d'un autre couple (mère porteuse), ou encore à porter un embryon conçu avec ses forces génétiques et celle d'un tiers tout en acceptant à l'avance, souvent moyennant une contrepartie financière, d'abandonner l'enfant à la naissance pour qu'il soit remis au couple ou au parent d'intention (C. civ., a. 16-7). Syn. *maternité pour autrui*.

GESTION

N. f. – Lat. *gestio*, de *gerere*, V. *gérer*.

▶ **I** (priv.)

- Action de gérer un bien ou un ensemble de biens en vertu de la loi (gestion par chaque époux de ses biens propres ; gestion par le tuteur du patrimoine pupillaire), d'un jugement (gestion du *séquestre) ou d'une convention (gestion du mandataire, C. civ., a. 1992) qui englobe en général les *actes d'*administration *stricto sensu* (gestion ordinaire) et parfois (suivant l'étendue de la mission confiée) des actes de *disposition (ex. C. civ., a. 1421) ; le terme désigne selon les cas la fonction conférée (et l'ensemble des pouvoirs de gestion) ou la façon de gérer (la gestion accomplie et l'ensemble des actes de gestion. V. C. civ., a. 469, 2000). Syn. *administration au sens large du terme. Comp. *gérance*. V. *cogestion, pouvoir*.

.— **concurrentielle (ou concurrente).** V. *concurrentielle (gestion)*.
— **conjointe.** V. *conjointe (gestion)*.
— **d'affaires.** Acte d'*immixtion dans les affaires d'autrui accompli par une personne en dehors de tout pouvoir légal judiciaire ou conventionnel dans l'intérêt et à l'insu (ou au moins sans opposition) du *maître de l'affaire qui oblige celui-ci, lorsque l'initiative était utile, à remplir les engagements pris par le *gérant et à lui rembourser ses dépenses (C. civ., a. 1301). V. *quasi-contrat*. Comp. *mandat*.
— **de fait.** Maniement occulte de fonds par une personne qui, n'ayant pas la qualité de comptable public, encourt à ce titre des responsabilités.
— **de portefeuille.**

a / Administration d'un ensemble de valeurs mobilières.

b / Désigne aussi le contrat par lequel une personne (banquier, société d'*investissement) se charge d'accomplir, pour le compte d'autrui, toutes les opérations utiles que nécessite cette administration (versements pour la libération des titres, encaissement des coupons, souscription aux augmentations de capital, vérification des tirages, etc.) et qui peut être complété par un engagement d'*épargne à long terme. V. AMF.

▸ **II** (adm.)

- Terme employé dans les expressions « gestion publique » et « gestion privée » pour distinguer, du point de vue du droit applicable et de la compétence juridictionnelle, les régimes des différents services publics. Comp. *régie*.

— **privée.** Celle qui correspond soit à l'utilisation par un service public de procédés de Droit privé (contrats de droit commun notamment), soit à la soumission de principe d'un service aux règles de ce Droit (services industriels et commerciaux). V. *acte de gestion, fonctionnaire de gestion*.

— **publique.** Celle qui, correspondant à la mise en œuvre de procédés de Droit public, constitue le régime normal des services dits administratifs.

▸ **III** (fin.)

- Système comptable en vertu duquel les opérations sont imputées sur le compte de l'année au cours de laquelle elles sont effectuées, quel que soit le budget auquel elles se rapportent. Comp. *exercice et compte de gestion*.

▸ **IV** (législ. milit.)

- Service en *régie directe d'un établissement militaire confié à un officier « gestionnaire ». Ex. gestion de vivres, de l'habillement.

GESTIONNAIRE

Subst. – Dér. de *gestion.

- **1** Nom parfois donné à des personnes chargées de missions particulières de *gestion (législ. milit.). Comp. *gérant, administrateur, régisseur*.
- **2** Plus vaguement, celui qui, cantonné dans des tâches de gestion, n'est pas associé aux grandes décisions.

GIBIER

N. m. – Étym. inconnue.

- Terme servant à désigner les animaux sauvages à sang chaud (mammifères et oiseaux) vivant à l'état de liberté naturelle, objet de la *chasse. V. *res nullius, occupation, pêche*.

GÎTE RURAL

Part. pass. du v. gésir, lat. *jacere* : être étendu. V. *rural*.

- Logement (à louer) meublé situé en commune rurale créé ou aménagé dans des bâtiments annexes, pour être mis à la disposition de personnes souhaitant séjourner à la campagne. Comp., comme formule de résidence ou de *tourisme en espace *rural, **chambre d'hôtes, *camping à la ferme, *ferme auberge*.

GLANDÉE

N. f. – Dér. de gland, lat. *glans, glandis*.

- Droit de ramasser les glands ou faines en forêt reconnu à certaines personnes à la suite d'un *usage ou d'une *concession par adjudication dont l'exercice dans une *forêt soumise au régime forestier ne peut excéder trois mois.

GOODWILL

Mot anglais signifiant clientèle commerciale, souvent utilisé dans un sens très proche du terme *fonds de commerce, mais qui désigne plus précisément la probabilité que les anciens clients continuent à fréquenter le même emplacement commercial et à s'adresser à l'entreprise du même nom. V. *clientèle, achalandage*.

GOUVERNANCE

N. f. – Néol. (de sens) empr. de l'anglais *governance*, du franç. gouvernance, désignant sous l'Ancien Régime, en Artois et dans les Flandres, des juridictions royales ordinaires (gouvernance de Lille, Douai, Arras, etc.) ; terme poétique ancien désignant l'emprise, la domination d'un état ou d'un sentiment (Ch. d'Orléans, *Ballades*, LXXXII). V. *gouverner*.

- Terme de prestige aujourd'hui en faveur (not. dans le discours politique et l'économie de l'entreprise) véhiculant un concept anglo-saxon, mais qui, interférant avec les notions de pouvoir dans l'État et au sein de l'entreprise, nourrit une réflexion en vogue sur une certaine façon de prendre les décisions et d'harmoniser les intérêts, moyennant un renforcement de la concertation et de la négociation entre partenaires sociaux et, pour le bien commun, de la *transparence et du contrôle

(C. mon. et fin., a. L. 214-12). V. *management, consensuel.*

GOUVERNANT, ANTE

Subst. – Part. prés. de gouverner, lat. *gubernare,* du gr. κυβερναω.

- Terme doctrinal désignant, par opp. aux simples *agents et aux gouvernés, l'ensemble des *représentants, dépositaires ou titulaires du pouvoir politique.

GOUVERNEMENT

N. m. – Dér. de gouverner. V. *gouvernant.*

- **1** Au sens organique :

A / En un sens large, ensemble des *pouvoirs publics d'un pays.

B / Plus souvent, en un sens étroit :

a / Ensemble des organes du pouvoir exécutif.

b / Spécialement dans les régimes parlementaires, ceux des organes du pouvoir exécutif (en général les ministres) qui sont politiquement responsables devant une assemblée législative, par opp. au chef de l'État irresponsable.

c / Collège formé par les ministres.

- **2** Au sens fonctionnel :

a / Exercice du pouvoir politique. Ex. la science ou l'art du gouvernement ; le gouvernement des juges. Comp. *gouvernance.*

b / Ensemble des compétences et activités du gouvernement (au sens organique) en tant qu'elles assurent la direction suprême des affaires publiques et déterminent l'orientation de la politique du pays. Ex. initiative des lois, pouvoir réglementaire, conduite des relations internationales, moyens d'action sur d'autres organes, nomination des fonctionnaires.

c / Fonction exécutive. V. *exécutif.*

- **.3** Organisation, structure politique, régime d'un État. Ex. gouvernement démocratique, représentatif, parlementaire ; gouvernement d'opinion.
- **4** Plus généralement, *autorité, direction. Ex. le gouvernement de la personne du mineur attribut de l'*autorité parentale.

GOUVERNEMENTAL, ALE, AUX

Adj. – Dér. de *gouvernement.

- Relatif au *gouvernement. V. *ministériel.* Comp. *législatif, exécutif, administratif, régional, départemental, communal.*

—e (fonction). Dans la terminologie de certains auteurs, ensemble des compétences exercées par le pouvoir exécutif (au sens organique) et qui ne se limitent pas à la mise à effet des lois, mais consistent à assumer toute la direction des affaires publiques, des services et polices.

GOUVERNER

V. – Lat. *gubernare,* du gr. γυβερναω.

- **1** Activité consistant à *diriger la société en assurant la création et la direction des services publics qui sont nécessaires à l'intérêt général et la police qui empêche les activités privées de s'exercer de façon contraire à cet intérêt général. V. *légiférer, administrer, gérer, commander, régner.*
- **2** Parfois syn. de *régir. Ex. loi gouvernant l'ensemble des cas de divorce. Comp. *commander, réglementer.*

GOUVERNEUR

Subst. – Dér. de *gouverner.

- **1** Nom que peut porter dans certains territoires d'outre-mer le haut fonctionnaire administratif placé à la tête du territoire pour y représenter le gouvernement métropolitain et pour être le chef de tous les services du territoire et le représentant de celui-ci.
- **2** Officier placé à la tête du commandement militaire dans certaines places. Ex. gouverneur militaire de Paris.
- **3** Chef mis par l'État à la tête de certaines institutions financières importantes qui, même si elles revêtent la forme de sociétés, sont régies par des règles particulières et bénéficient de privilèges : gouverneur de la Banque de France, du Crédit foncier.

GRÂCE

N. f. – Lat. *gratia.*

► **I** (civ.)

- S'emploie dans les expressions *délai de grâce, *terme de grâce pour caractériser une mesure légale ou judiciaire de faveur, atténuant la rigueur d'un engagement. V. *pouvoir *modérateur, bénéfice, bienfait, moratoire*.

▸ **II** (pén.)

- Mesure de clémence par laquelle le Président de la République, en vertu du droit que lui confère l'a. 17 de la Constitution du 4 octobre 1958, soustrait en tout ou partie un condamné à l'exécution de la peine prononcée contre lui (*remise de peine) ou substitue à cette peine une peine plus douce (*commutation de peine). V. o. 22 décembre 1958, portant loi organique du Conseil supérieur de la magistrature, a. 15 s.

— **amnistiante.** Grâce accordée par le Président de la République dans les conditions spéciales prévues par une loi d'*amnistie et à laquelle cette loi attache par avance les effets de l'amnistie.

GRACIEUX, EUSE

Adj. – Lat. *graciosus* : obligeant.

- **1** Non *contentieux ; qui n'a pas un caractère *litigieux ; qui se développe en dehors de toute *contestation ; se dit not. de la demande formée, de la procédure suivie, de la décision rendue en matière gracieuse. Comp. *amiable, consensuel*.

—ses (affaires). Se dit de celles qui relèvent, en elles-mêmes, de la matière gracieuse (ex. adoption, CPC, a. 1167 ; divorce sur demande conjointe, CPC, a. 1088) par opp. à celles qui, ne répondant pas de façon certaine aux critères de la matière gracieuse, lui ont néanmoins été rattachées dans le doute et sont jugées comme en matière gracieuse (ex. déclaration d'absence, CPC, a. 1067 ; autorisations et habilitations en matière de régimes matrimoniaux, CPC, a. 1287).

—se (*juridiction). Attribution conférée par la loi aux tribunaux ou à leurs présidents leur donnant pouvoir de statuer en matière gracieuse ; *fonction juridictionnelle comportant toujours, pour le juge, le contrôle de la légalité de l'acte qui lui est soumis et parfois la mission d'apprécier les intérêts en présence, la mesure sollicitée du juge (*autorisation, *habilitation, *homologation, etc.) étant alors subordonnée au respect de tels intérêts (on dit alors que la juridiction gracieuse s'exerce en *pleine *connaissance de cause).

—se (matière). Ensemble des affaires dans lesquelles, en l'absence de *litige, le juge est saisi d'une demande dont la loi exige, en raison de la nature de l'affaire ou de la qualité du requérant, qu'elle soit soumise à un contrôle de justice. Ex. demande en vue d'une adoption, homologation d'un changement de régime matrimonial, divorce sur demande conjointe. V. CPC, a. 25 ; on parle parfois de matière gracieuse à l'état pur pour désigner les cas dans lesquels les parties soumettent au juge l'accord qu'elles ont élaboré (convention, contrat, etc.), la juridiction gracieuse s'exerçant alors, en l'absence de litige, sur un acte privé qui en forme la matière.

—se (procédure). Procédure suivie en matière gracieuse ou dans les affaires qui doivent être jugées comme en matière gracieuse qui obéit devant chaque juridiction à certaines règles communes (ex. CPC, a. 797 à 800, devant le tribunal de grande instance, CPC, a. 950, devant la cour d'appel) et par matière à diverses règles particulières (ex. CPC, a. 1088 s., 1167 s.). (Comp. ci-dessous.)

- **2** Préalable au contentieux.

—se (procédure). Phase préliminaire à tout recours dirigé contre une caisse de Sécurité sociale ; préalable nécessaire à la phase contentieuse qui se déroule devant une commission dite de recours gracieux à caractère administratif.

— **(*recours).** Se dit d'un *recours administratif adressé à l'auteur d'un acte dont la validité ou l'*opportunité est contestée. Comp. *discrétionnaire*.

- **3** De pure bienveillance ; se dit de ce qui est accordé sans que celui qui en profite puisse y prétendre (et sans que celui qui l'accorde y soit obligé). Ex. titre de séjour temporaire délivré à titre gracieux par le préfet à un étranger qui ne remplissait pas les conditions pour l'obtenir (CE, 13 juin 2003). V. *obligeance*.

GRADE

N. m. – Empr. de l'ital. *grado,* du lat. *gradus* : degré.

- De manière générale, titre indiquant la place de son titulaire dans une hiérarchie. Terme principalement utilisé dans deux ordres de dispositions :

• **1** Dans le Droit de la fonction publique où, distinct de l'*emploi, le grade se définit comme le *titre qui confère à ses bénéficiaires vocation à occuper l'un des emplois qui leur sont réservés (la différence existant à cet égard entre la fonction civile et la fonction militaire, où le grade jouissait d'une valeur et d'une protection particulière, tend à s'atténuer ; la hiérarchie des grades militaires demeure néanmoins spécifique dans son ouverture et ses dénominations, celles-ci comprenant également une *dignité, maréchal, et des fonctions, général d'armée ou de corps d'armée).

• **2** Dans le Droit universitaire où il désigne l'un des titres scientifiques (baccalauréat, licence, maîtrise, mastaire, doctorat) conférés par l'État qui s'est réservé le monopole de leur collation. L'usage du terme y est en voie de disparition, les mots « titre » et plus généralement « diplôme », qui n'impliquent pas référence à une hiérarchie, tendant à le supplanter.

GRADUÉ (EN DROIT)

Tiré de graduer, lat. scolastique *graduare* (de *gradus*, V. le précédent).

• Dénomination du langage courant synonyme de *capacitaire en droit, parfois de bachelier en droit. Comp. *diplômé*.

GRATIFICATION

N. f. – Lat. *gratificatio* : bienveillance, faveur, de *gratificare* : avoir de la complaisance pour…

• Versement fait par un employeur en sus du salaire proprement dit à titre de *récompense ou de *rémunération exceptionnelle soit spontanément, soit en vertu d'un usage ou d'une convention collective. Comp. *pourboire, prime, avantage*.

GRATIFIÉ, ÉE

Subst. – Part. pass. de gratifier. V. *gratification*.

• .Le *bénéficiaire d'une libéralité (*donataire, *légataire). Comp. *appelé, grevé, institué*.

GRATUIT, UITE

Adj. – Lat. *gratuitus*, de *gratis* : pour rien, gratuitement.

• **1** Sans *contrepartie et dans l'intérêt d'autrui. V. *libéral, bénévole, désintéressé, gracieux, surérogatoire*. Ant. *onéreux*.

— **(acte à titre).** Acte juridique par lequel une personne fournit sans contrepartie un avantage à une autre dans l'intention de lui rendre service (prêt à usage) ou dans une intention *libérale (libéralité), la gratuité pouvant être de l'*essence de l'acte (ex. précités) ou de sa *nature, sauf convention contraire (ex. mandat, dépôt) (C. civ., a. 1107). Comp. *contrat de *bienfaisance*. V. **animus donandi, don, donation, legs*.

• **2** Sans contrepartie mais non sans mobile intéressé. Ex. essai gratuit dans la vente à l'essai ; libéralité avec charges.

• **3** Non payant ; se dit des services publics dont l'accès n'est subordonné à aucun paiement (ex. l'enseignement public, par opp. aux transports publics) même si les usagers sont tenus de rémunérer les services de certains auxiliaires du service (ex. le service public de la justice).

GRATUITÉ

N. f. – Lat. *gratuitas*.

• Caractère de ce qui est *gratuit. Ant. *onérosité*.

GRAVE

Adj. – Lat. *gravis* : lourd, pesant.

• **1** (pour une transgression). *Lourd et donc de nature à influer sur le principe ou la rigueur de la sanction. Ex. faute grave, violation grave, infraction grave. Comp. *flagrant, inexcusable, manifeste*. Ant. *léger, mineur*. V. *aggravation*.

• **2** (pour une cause ou un indice). Sérieux, de poids et donc digne d'être retenu comme motif d'excuse de dispense, de dérogation, etc., ou comme élément de présomption. Comp. *légitime, déterminant*. V. *exceptionnel*.

• **3** (pour un événement). Important, lourd de conséquences. Ex. circonstances graves, grave conflit.

GRAVIDITÉ

N. f. – Lat. *graviditas* : état d'une femme enceinte.

• Syn. **grossesse*.

GRAVITÉ

N. f. – Lat. *gravitas* : pesanteur, lourdeur.

- **1** Caractère de ce qui est *grave (reconnu tel). Ex. rigueur répondant à la gravité d'une infraction.
- **2** Mesure de ce caractère ; degré, échelle de gravité. Ex. appréciation par le juge de la gravité plus ou moins grande d'une faute.

GRÉ À GRÉ (DE)

Lat. *gratum* : chose agréable.

- Par accord direct entre intéressés, sans intervention d'une autorité de contrôle ni formalité particulière. Spéc. ancienne dénomination d'une catégorie de marchés publics, désormais qualifiés *marchés négociés. V. *contrat de gré à gré*. Comp. *appel d'offres*.

— **(licitation de).** V. *licitation de gré à gré*.

GREFFE

Subst. masc. – Lat. *graphium,* du gr. γραφίον : poinçon pour écrire sur la cire, stylet.

- **1** Office *ministériel, placé sous l'autorité et la responsabilité d'un greffier titulaire de *charge, assurant l'ensemble des services administratifs des tribunaux de commerce et, à titre transitoire, de ceux du siège de quelques cours d'appel, tribunaux de grande instance et tribunaux d'instance.
- **2** (langage judiciaire). Appellation générale des greffes et des *secrétariats-greffes.
- **3** Par ext., local abritant les services du greffe ou du secrétariat-greffe.

GREFFIER, ÈRE

Subst. – Lat. médiév. *graphiarius* : relatif aux styles.

- **1** (langage judiciaire). Appellation générale des *greffiers titulaires de charge, *commis-greffiers, *secrétaires-greffiers en chef et *secrétaires-greffiers.
- **2** Titulaire de charge ; *officier ministériel chargé de diriger les services d'un greffe de tribunal de commerce et, à titre transitoire, de cour d'appel, de tribunal de grande instance ou d'instance.

— **(commis-).** V. *commis-(greffier)*.

GRÈVE

N. f. – Tiré de faire grève : proprement se réunir sur la place de Grève (aujourd'hui place de l'Hôtel-de-Ville).

- Interruption concertée et collective du travail par des salariés afin d'assurer le succès de leurs revendications (elle suspend le contrat de travail, sans le rompre, sauf faute lourde imputable au salarié).

— ***abusive.** Exercice irrégulier du droit de grève à raison des fins poursuivies (grève exclusivement politique) ou des moyens employés.

— **de solidarité.** Grève dont l'objet est, pour ceux qui la font, de s'associer à la défense des intérêts professionnels d'autres salariés.

— **(droit de).** Droit pour chaque travailleur de participer à une grève sans que sa situation juridique ne subisse d'autre effet que celui qui résulte de la Constitution ou de la loi.

— **du zèle (ou du règlement).** Diminution de l'efficacité du travail par application à la lettre des consignes données et observation minutieuse de toutes les formalités administratives.

— ***illicite.** Grève prohibée en raison de sa nature même, indépendamment des circonstances dans lesquelles elle s'est déroulée.

— **perlée.** Action revendicative se traduisant par une réduction volontaire du rythme de travail.

— **politique.** Grève dirigée non contre l'entreprise, mais contre la politique menée par le gouvernement.

— **sauvage.** Grève qui éclate spontanément, sans initiative syndicale.

— **sur le tas.** Grève au cours de laquelle les grévistes restent dans les locaux de l'entreprise.

— **surprise.** Grève déclenchée inopinément, sans avoir été précédée d'aucun préavis.

— **tournante.** Arrêts successifs du travail n'affectant chaque fois qu'une partie du personnel (elle peut être horizontale, par catégories de personnel, ou verticale, par secteurs d'activité ou de services).

GREVÉ, ÉE

Adj. – De grever, tiré du lat. *gravare* : charger, alourdir.

- **1** (subst.). Celui sur qui pèse une *charge. Ex. dans la donation à charge de rente viagère, le donataire tenu de servir la rente ; le grevé de restitution dans la *substitution (C. civ., a. 1051). V. *débiteur, débirentier, appelé, bénéficiaire*. Comp. *redevable, contribuable, imposable, assujetti, obligé*. Ant. *libéré, quitte, affranchi, libre*.

- **2** (adj.). Se dit du bien qui supporte une charge ou sur lequel porte une sûreté. Ex. l'immeuble grevé d'une servitude ou d'une hypothèque. V. *libération, fonds servant, hypothèque, engagé, warranté*. Comp. *assujetti*.

GRIEF

Subst. masc. – Du v. grever, lat. *gravare*.

- **1** *Préjudice d'ordre patrimonial ou extrapatrimonial qui donne à celui qui s'en plaint *intérêt à agir, par ex. à poursuivre l'auteur du *dommage, ou plus spécifiquement à exercer un recours contre une décision de justice qui lui est défavorable, ou à invoquer la nullité d'un acte pour un *vice de forme qui lui cause préjudice, l'absence de grief rendant au contraire sa demande *irrecevable (CPC, a. 114, al. 2). V. *action, fin de non-recevoir*. V. *action, fin de non-recevoir, acte faisant grief*.

  ADAGE : *Pas de nullité sans grief*.

- **2** Par ext., sujet de plainte, reproche au soutien d'une *allégation (griefs entre époux) ; motif de critique (ex. griefs d'appel contre le jugement critiqué). V. *doléance, articuler*.

—s *réciproques (divorce aux *torts et). Divorce aux torts *partagés qui, fondé sur les fautes respectives des époux (ou un *aveu indivisible), produit les mêmes effets à l'égard des époux (aucun ne peut par ex. réclamer à l'autre de dommages-intérêts, chacun peut révoquer les donations faites à l'autre), sauf la possibilité, pour celui qui en remplit les conditions, d'obtenir de l'autre une *prestation compensatoire.

GRIVÈLERIE

N. f. – Dér. de griveler : faire des profits illicites, lui-même dér. de grive.

- Délit qui consiste à prendre un repas chez un restaurateur alors qu'on sait n'être pas en mesure de le payer ou que l'on est résolu à ne pas le faire. Syn. *filouterie d'aliments*. V. *larcin*.

GROSSE

Subst. fém. – De l'adj. lat. *grossus* : gros, épais.

- Nom donné dans la pratique à l'*expédition (d'un jugement ou d'un acte) revêtue de la formule *exécutoire ; *copie remise à l'intéressé pour obtenir l'exécution.

GROSSE AVENTURE

V. **prêt à la grosse aventure*.

GROSSE RÉPARATION

V. *réparation (grosse)*.

GROSSESSE

N. f. – Formé sur gros, lat. *grossus*.

- État d'une femme enceinte depuis la *conception de l'enfant jusqu'à l'accouchement ; état qui, dès sa constatation médicale, ouvre à l'intéressée le bénéfice de mesures sanitaires et sociales (surveillance médicale, allocations prénatales, protection contre le licenciement, congé prénatal, etc.). Syn. *gestation, gravidité*.

— (déclaration de la). Formalité nécessaire à la perception des allocations sociales prénatales, et à l'exercice du droit de la femme enceinte salariée à la suspension du contrat de travail.

— (durée légale de la). Temps (variable) de la gestation dont la loi ne fixe en principe que le maximum (300 jours) et le minimum (180 jours), en présumant, sauf preuve contraire, que l'enfant a été conçu dans la période qui s'étend du 300e au 180e jour inclusivement avant la naissance (C. civ., a. 311, al. 1). V. *période légale de la *conception*.

— (interruption volontaire de la). Intervention destinée à empêcher le développement et à provoquer l'accouchement avant terme du fœtus, qui constitue une infraction délictuelle (C. pén., a. 223-10), sauf dans les cas où elle est pratiquée aux conditions définies par la loi : *1 /* avant la fin de la douzième semaine suivant la conception ; *2 /* pour un motif thérapeutique (C. sant. publ. a. L. 2213-1). Syn.

**avortement*. V. **interruption volontaire de grossesse*.
— **(recel de la).** Fait pour la mère de dissimuler son état à son mari, qui la prive du droit d'opposer au *désaveu par simple dénégation (d'un enfant né avant le 180e jour du mariage) la fin de non-recevoir tirée de la connaissance que le mari aurait eue de la grossesse (C. civ., a. 314, al. 3 anc.).

GROSSISTE

- Personne physique ou morale sous réserve de certaines exclusions qui, à des fins professionnelles, achète des produits à un ou plusieurs fournisseurs et les revend, à titre principal, à d'autres commerçants, grossistes ou détaillants, à des transformateurs ou à tout autre professionnel qui s'approvisionne pour les besoins de son activité (C. com., a. L. 441-4-II).

GROUPAGE

N. m. – Dér. du v. grouper, de *groupe.

- Opération qui consiste à réunir en une *expédition unique des marchandises provenant de plusieurs expéditeurs ou à l'adresse de plusieurs destinataires pour les remettre en bloc à un transporteur.

— **(bordereau de).** Document accompagnant la lettre de voiture ou le récépissé et établi pour chaque lot groupé.
— **(connaissement de).** Document établi par un transitaire chargeur à l'adresse d'un transitaire destinataire et couvrant plusieurs expéditions groupées ou non.
— **(entreprise de).** Professionnel des opérations de ce nom.

GROUPE

N. m. – De l'ital. *gruppo*.

- **1** Ensemble de personnes (physiques ou morales) ayant un caractère ou un objectif commun (licite ou illicite), ou unies par un lien de droit. Comp. *groupement, commission, assemblée, comité, syndicat, club*.

— **(assurance de).** V. *assurance de groupe*.
— **de combat.** Tout *groupement de personnes détenant ou ayant accès à des *armes, doté d'une organisation hiérarchisée et susceptible de troubler l'ordre public (définition qui laisse en dehors d'elle les groupes armés en vertu de la loi), la participation à un tel groupe constituant une atteinte à l'autorité de l'État, plus spécialement à la paix publique (C. pén., a. 431-13). Comp. *bande organisée, association de malfaiteurs, complot*.
— **de coordination.** Ensemble de sociétés demeurées autonomes entre lesquelles l'unité d'action résulte d'accords à l'exclusion de tout moyen de domination.
— **de pression.** Ensemble de personnes (organisé ou non en un groupement à forme juridique définie) ayant des intérêts communs et s'efforçant de les imposer aux pouvoirs publics par des moyens divers.
— **de sociétés ou d'entreprises.** Ensemble de sociétés ayant chacune une existence juridique distincte souvent constitué par une *société mère et une ou plusieurs *filiales. V. *conglomérat, concentration*. Comp. *entente, trust*.
— **de subordination.** Ensemble de sociétés dans lequel l'une d'entre elles, appelée société dominante, exerce sur les autres, dites sociétés dominées, un pouvoir de contrôle et les soumet à une direction unique. Ex. un groupe industriel dans lequel la société dominante exerce une activité industrielle identique, complémentaire ou même différente de celle des sociétés dominées ; un groupe financier dans lequel la société dominante a un objet exclusivement financier consistant à contrôler les sociétés qui composent le groupe ; un groupe personnel dans lequel l'unité de décision résulte d'une communauté de dirigeants. V. *participation*.
— **parlementaire.** Formation interne d'une assemblée parlementaire réunissant des membres de celle-ci d'après leurs affinités politiques (V. r. AN, a. 19 s.). Comp. *commission, apparentement*.

- **2** Ensemble de biens divers réunis en une même main, en un même lieu ou présentant un caractère commun. Comp. *masse, patrimoine, universalité, fondation, collection*.
- **3** Parfois syn. de *catégorie ou d'espèce (dans une classification).

GROUPEMENT

N. m. – Dér. de grouper, de *groupe.

- Dans le sens commun, réunion de personnes, d'institutions ou d'organismes en

vue d'une action commune ou d'actions coordonnées ; on parle en ce sens de groupement de collectivités locales pour désigner les *syndicats de communes, les *districts ou les *communautés urbaines.
Comp. *groupe, association, société, *personnalité morale, comité, syndicat.*

— **agricole d'exploitation en commun** (GAEC). *Société civile particulière ayant pour objet la mise en valeur d'une exploitation agricole collective constituée, après agrément d'un *comité départemental, par des agriculteurs qui réunissent la totalité ou une partie des éléments de leurs exploitations et travaillent en commun tout en conservant leur statut d'exploitant individuel.

— **de producteurs.** Organisme de caractère économique constitué librement sous la forme de *société coopérative agricole, d'union de sociétés coopératives, de *société d'intérêt collectif agricole, de *syndicat agricole à vocation non générale ou d'*association entre producteurs agricoles, ayant pour mission d'imposer à ses membres des disciplines de production et de mise en marché et qui bénéficie, en cas de reconnaissance par arrêté du ministre de l'Agriculture, de prérogatives juridiques et financières spécifiques.

— **d'intérêt économique.** 1. *(Loi française)* : personne morale constituée entre deux ou plusieurs personnes physiques ou morales dans le but économique de prolonger l'activité préexistante de ses membres pour la faciliter ou la développer. Ex. groupement d'achat ou de recherche ; 2. *(Groupement européen d'intérêt économique)* : groupement doté de la pleine capacité juridique que peuvent constituer des opérateurs économiques européens (relevant d'au moins deux États membres) afin de faciliter ou de développer leur activité (industrielle, commerciale, artisanale, agricole ou même libérale) ou d'en améliorer les résultats par des activités auxiliaires qui s'y rattachent (recherche, information, gestion comptable, etc.), instrument juridique de coopération européenne (transposé du modèle précédent) dont l'organisation intérieure (organe collégial, gérance) dépend, dans chaque cas, du contrat qui le crée (r. 25 juill. 1985, Cons. Comm. eur.).

— **d'intérêt public.** Celui qui, doté de la personnalité juridique et de l'autonomie financière, peut être constitué entre deux ou plusieurs personnes morales de droit public ou de droit privé (comportant au moins une personne morale de droit public) afin d'exercer ensemble, pendant une durée déterminée, des activités dans des domaines spécifiés par la loi qui présentent un intérêt public (recherche, développement technologique, sport, culture, jeunesse, etc.) et pour créer ou gérer ensemble des équipements ou des services d'intérêt commun nécessaires à ces activités. Ex. l. 16 juill. 1984 devenue C. sport, L. 114-1, l. 23 juill. 1987, a. 22, d. 12 janv. 1989. V. *Mécénat*.

— **d'intérêt scientifique.** Dispositif conventionnel de collaboration dépourvu de la personnalité morale destiné à mettre en commun des moyens (personnels, matériels, locaux, etc.) en vue de développer des recherches dans un domaine particulier.

— **foncier agricole** (GFA). *Société civile particulière opérant la réunion de plusieurs *fonds ruraux par des propriétaires ou titulaires de droits immobiliers avec, le cas échéant, la participation d'une *société d'aménagement foncier et d'établissement rural, en vue de créer ou de conserver une exploitation agricole viable dont la mise en valeur est assurée soit par un fermier auquel ces fonds sont loués, soit par le groupement lui-même en faire-valoir direct.

— **forestier.** *Société civile particulière ayant pour objet l'amélioration, l'équipement, la conservation ou la gestion d'un ou plusieurs massifs forestiers et constituée par les propriétaires des forêts, soit librement de leur consentement unanime, soit à la suite d'une décision impérative du ministre de l'Agriculture.

—**s interhospitaliers régionaux et de secteur.** Institution dépourvue de personnalité regroupant par région ou par secteur d'action sanitaire les établissements assurant le service hospitalier.

— **pastoral.** Formule d'exploitation collective des pâturages réunissant les agriculteurs des régions d'*économie montagnarde, soumise à l'agrément du préfet et empruntant indifféremment le régime juridique d'une *société civile, *commerciale, ou *coopérative agricole, d'un syndicat, d'une association, etc.

—**s professionnels routiers.** Organisme corporatif régional, chargé à titre consultatif d'assister l'autorité publique dans sa mission d'administration des transports.

GUERRE

N. f. – Empr. du francique *Werra,* cf. angl. *war.*

- *Conflit armé entre deux ou plusieurs États, chacun des belligérants cherchant à soumettre son ou ses adversaires à sa volonté par la force. V. *agression, rupture de la *paix, menace.*

— ***civile.** Conflit armé de nature interne ayant éclaté au sein d'un État et qui, bien que ne relevant pas des règles du Droit de la guerre, peut, dans certains cas, engendrer des droits ou des obligations d'ordre international pour le gouvernement légal, les insurgés ou les États tiers. V. *belligérance (reconnaissance de).*

— **(crime de).** V. *crime de guerre.*

— **(état de).** Situation juridique résultant d'une déclaration de guerre et entraînant l'application de régimes spéciaux (not. les « lois et coutumes de la guerre ») aux relations entre belligérants et aux relations entre belligérants et neutres (l'interdiction du recours à la guerre par le pacte Briand-Kellogg et l'interdiction du recours à la force par la Charte des Nations Unies doivent être considérées, au moins théoriquement, comme ayant fait disparaître la notion juridique de guerre, tout en maintenant l'obligation d'observer les lois et coutumes de la guerre en cas de conflit armé). V. *belligérance.*

— **(fait de).** V. *fait de guerre.*

GUET-APENS

N. m. – Tiré de la locution de *guet apens,* altération de *guet apensé* (où guet est le substantif verbal de guetter, d'origine germ., et *apensé* est tiré de l'ancien verbe apenser : former un projet).

- Nom traditionnel évocateur naguère donné au fait d'attendre plus ou moins longtemps, en un ou plusieurs endroits, un individu, soit pour lui donner la mort, soit pour exercer sur lui des actes de violences, scénario qui, impliquant la *préméditation dont il est une application pure et simple (aujourd'hui non spécifiée), entraîne une aggravation de la répression.

GUILLOTINE

- Machine ainsi nommée du nom de son promoteur, le Dr Guillotin, député à l'Assemblée nationale, qui, de la loi du 20-25 mars 1792 jusqu'à l'abolition de la peine de mort, a servi en France à l'exécution de cette peine par décapitation.

H

HABILE

Adj. – Lat. *habilis*.

- **1** Qui réunit en sa personne les conditions (de qualité, de compétence, de *pouvoir) requises pour l'accomplissement d'un acte ou l'exercice d'une fonction ; *capable d'agir par lui-même.
- **2** Souvent syn. d'*habilité (C. civ., a. 1396).

ADAGE : *Habilis ad nuptias, habilis ad pacta nuptialia.*

HABILITANT, ANTE

Adj. – Part. prés. du v. habiliter, lat. médiév. *habilitare*.

- Qui habilite ; qui est propre à rendre *habile ; se dit des formalités et conditions (*investiture officielle, assistance des personnes dont le consentement est requis) qui confèrent à une personne le pouvoir d'exercer ses fonctions ou d'agir au nom d'autrui, ou à un incapable celui d'agir en son nom grâce à l'*autorisation reçue. V. *habilité*.

HABILITATION

N. f. – Lat. médiév. *habilitatio*, de *habilitare* : rendre apte, habile.

- **1** Collation d'un *pouvoir d'agir ; investiture légale ou judiciaire en vertu de laquelle une personne reçoit le pouvoir d'accomplir un ou plusieurs actes juridiques, soit en son nom personnel, soit par représentation d'autrui. Ex. certaines personnes sont habilitées par la loi à assister ou représenter un plaideur en matière prud'homale (C. trav., a. R. 1453-2), un époux peut être habilité par justice à représenter son conjoint empêché soit d'une manière générale, soit pour certains actes particuliers (C. civ., a. 219).

— **familiale.** Mesure temporaire de protection judiciaire, plus rapide et moins lourde que la tutelle ou la curatelle, par laquelle le juge des tutelles peut autoriser un tiers à représenter une personne ou à l'assister pour passer des actes en son nom, lorsqu'elle n'est plus apte à pourvoir seule à ses intérêts en raison d'une dégradation de ses facultés mentales ou corporelles médicalement constatée (C. civ., a. 494-1).

- **2** Syn. d'*autorisation (mais ce dernier terme évoque plutôt la source de l'accroissement de pouvoir et l'habilitation, l'acquisition du pouvoir). Comp. *homologation*.
- **3** (publ.). Nom souvent donné, en doctrine et en pratique, à la procédure par laquelle une autorité publique en autorise une autre à faire quelque chose que sans cette permission elle ne pourrait pas faire. Ex. les lois d'habilitation par lesquelles le Parlement autorise le gouvernement à prendre des *décrets ou ordonnances ayant certains caractères législatifs (Const. 1958, a. 38). Comp. *décret-loi, pleins pouvoirs* (loi de), *délégation, investiture*.

HABILITÉ, ÉE

Adj. – Part. pass. de habiliter. V. *habilitation*.

- Rendu *habile (par investiture légale, *habilitation de justice, *autorisation parentale, etc.), mis à même d'accomplir valablement un acte ; se dit : *1 /* de la personne qui a par avance reçu pouvoir à l'effet d'agir seule pour et au nom d'une autre. Ex. personne habilitée à recevoir un acte de procédure (CPC, a. 654, 692). Comp. **représentant*, **mandataire*, **fondé de pouvoir* ; *2 /* de l'incapable qui, accomplissant en son nom personnel un acte pour lequel la loi exige le consentement d'une autre personne, justifie de l'*autorisation requise ; en ce sens syn. d'*autorisé. V. *assistance, curatelle, minorité*. Comp. *capable*.

HABITAT INCLUSIF

- Mode d'habitation regroupé pour les personnes âgées et les personnes handicapées, prenant diverses formes (*colocation, *logement-foyer, ensemble de logements autonomes comportant des espaces communs, etc. ; C. act. soc. et fam., a. L. 281-1).

HABITATION

N. f. – Lat. *habitatio,* du v. *habitare.*

- **1** *Logement ; lieu *(maison ou appartement) où demeure une personne, où elle vit (seule ou avec sa famille) et qui peut être aussi le lieu où elle travaille, mais qui est souvent opposé au lieu où elle exerce sa profession. Comp. *demeure, résidence, domicile*.

— **à loyer modéré.** Expression générique couramment employée sous le sigle HLM, substituée à celle d'habitation à bon marché (HBM) pour désigner des immeubles à usage d'habitation destinés au logement de familles peu fortunées (les habitations de ce type sont, quant à leur construction et à leur gestion, soumises à un régime administratif et financier particulier différencié suivant qu'elles relèvent d'*offices publics ou de sociétés privées) ; on distingue les HLM locatives (logements à bail) et les HLM en accession à la propriété (le transfert est réalisé au terme d'une période de location, selon le système dit de la *location-attribution).

— **(local d').** V. *local d'habitation*.

- **2** Fait de demeurer en un lieu pour y loger ; *usage d'un local comme logement ; par ext., façon de l'habiter. V. *jouissance*.

— **bourgeoise (clause d').** Clause d'un bail ou d'un règlement de copropriété selon laquelle un local ne peut servir qu'au logement ou parfois à l'exercice d'une profession libérale, exclusion faite de tout commerce ou bureau.

— **(C. de l'urbanisme et de l').** Recueil des textes relatifs à l'habitat.

— **(droit d').** Droit réel conférant à son bénéficiaire la faculté d'employer un immeuble bâti pour son logement personnel ou familial, mais seulement dans la mesure nécessaire à ce logement et sans possibilité de céder ou louer son droit (C. civ., a. 632, 633, 634). V. *usufruit, droit d'usage*. Comp. *droit viager au *logement*.

HABITUEL, ELLE

Adj. – Lat. médiév. *habitualis.*

- **1** Qui correspond à une habitude, à une pratique courante, à une activité répétitive. Ex. sont commerçants ceux dont la profession habituelle consiste à accomplir des actes de commerce (C. com., a. L. 121-1). Comp. *professionnel, principal*. Ant. *accessoire, occasionnel*. V. *délit d'habitude*.

—**le (*résidence).** Expression utilisée par les conventions de La Haye de Droit international privé à la place du terme *domicile en raison des différentes conceptions de celui-ci dans les États contractants.

- **2** Syn. **usuel*. Comp. *coutumier, ordinaire*.

HALAGE

N. m. – Dér. de haler, d'origine germ.

- Action de tirer avec des amarres un bateau naviguant sur une rivière ou un canal, de le remorquer au moyen d'un cordage tiré du rivage.

— **(chemin de).** Chemin établi le long d'une voie d'eau pour permettre le halage des bateaux.

— **(servitude de).** Servitude légale imposée, au moins sur une rive, aux fonds en bordure des cours d'eau inscrits sur la nomenclature des voies navigables ou flottables et astreignant les propriétaires de la rive à réserver un certain emplacement pour l'établissement du chemin de halage et à n'établir aucune construction, plantation ou clôture sur un espace complémentaire du précédent (C. civ., a. 556, al. 2, et 650 ; C. du domaine public fluvial et de la navigation intérieure, a. 15 à 22). Comp. (pour l'autre rive) *servitude de *marchepied*.

HALLES

N. fém. pl. – De la langue francique, puis du mot angl. *hall*.

- Emplacements couverts à usage de *marché ; bâtiments couverts aménagés en vue de la *vente au comptant et au détail de marchandises à emporter et qui, appartenant en général aux communes, font partie du domaine public de celles-ci. V. *concession d'emplacement, marché*.

HANDICAP

N. m. – Angl. *handicap,* formé de *hand* : main, *in* : dans, et *cap* : chapeau.

- Toute limitation d'activité ou restriction de participation à la vie en société que subit une personne en raison d'une altération substantielle de ses fonctions physiques, sensorielles, mentales, cognitives ou psychiques (C. act. soc. et fam., a. 114).

HANDICAPÉ, ÉE

Adj.et subst.

- **1** (adj.). Se dit d'une personne diminuée dans ses facultés mentales ou corporelles. V. *infirme, invalide, incapable*.
- **2** (subst.). Travailleur à aptitude réduite dont l'emploi est l'objet d'une protection particulière.

HARCÈLEMENT

Subst. masc. – Du v. harceler. alt. de herser, de herse, lat. *hirpex*.

— **moral.** Faits qui, indépendamment de l'intention de leur auteur, répétés sur une période variable selon les circonstances, ont pour objet ou pour effet une dégradation des conditions de travail du salarié susceptible de porter atteinte à ses droits et à sa dignité, d'altérer sa santé physique ou mentale, ou de compromettre son avenir professionnel (C. trav., a. L. 1152-1).

— **sexuel.** Fait d'imposer à une personne, de façon répétée, des propos ou comportements à connotation sexuelle qui soit portent atteinte à sa dignité en raison de leur caractère dégradant ou humiliant, soit créent à son encontre une situation intimidante, hostile ou offensante (C. pén., a. 222-33-I). Est assimilé au harcèlement sexuel le fait, même non répété, d'user de toute forme de pression grave dans le but réel ou apparent d'obtenir un acte de nature sexuelle, que celui-ci soit recherché au profit de l'auteur des faits ou au profit d'un tiers (C. pén., a. 222-33-II). V. *sexuel (harcèlement)*.

HARDES

Subst. fém.plur. – Altération, par croisement avec haillon, de l'anc. franç. *farde* : fardeau, paquet, empr. à l'arabe *farda* : ballot, sac.

- Vx mot qui désignait naguère soit les vêtements de toutes sortes (ex. C. civ., a. 1492 et 1566 anciens, la femme en renonçant à la communauté pouvait reprendre les linges et hardes à son usage), soit l'ensemble des objets mobiliers qu'on emporte en voyage (ex. tout ce que renferment les coffres des matelots, C. com., a. 419 ancien). Comp. *trousseau*.

HARDSHIP (CLAUSE DE)

Mot angl. signifiant « épreuve ». V. *clause*.

- Espèce de clause de *révision ou d'*adaptation en usage dans les contrats internationaux, encore nommée clause de *sauvegarde ou de *renégociation, en vertu de laquelle les parties à un contrat s'engagent à renégocier le contenu de leur accord lorsque les circonstances extérieures lui ont fait subir de profonds déséquilibres, en conférant parfois au juge, à défaut de nouvel accord, le pouvoir de procéder lui-même à une révision qui n'altère pas l'économie de l'opération ou à déclarer l'accord caduc. V. *imprévision, rebus sic stantibus*.

HARMONISATION

Dér. lat. *harmonia* : arrangement.

- **1** Opération législative consistant à mettre en accord des dispositions d'origine (et souvent de date) différente, plus spécialement à modifier des dispositions existantes afin de les mettre en cohérence avec une réforme nouvelle. V. *codification, coordination, modification, ordre*.

- **2** Opération consistant à unifier des ensembles législatifs différents par élaboration d'un droit nouveau empruntant aux uns et aux autres. V. *unification, unité*.
- **3** Désigne parfois un simple *rapprochement entre deux ou plusieurs systèmes juridiques. Ex. harmonisation des législations européennes. V. *coordination*.

— **minimale** (UE). Méthode de *rapprochement des droits nationaux selon laquelle le droit de l'Union européenne fixe des normes minimales et laisse aux États une marge de manœuvre leur permettant d'adopter des règles plus strictes ou plus protectrices (ex. dir. 2003/98/CE du Parlement européen et du Conseil du 17 novembre 2003 sur la réutilisation des informations du secteur public).
— **sociale.** Technique souple d'égalisation dans le sens du progrès des conditions de vie et de travail entre plusieurs pays, le plus souvent interdépendants économiquement.
— **totale** (UE). Procédé selon lequel le droit de l'Union européenne fixe des normes tendant à l'uniformisation du droit, en ne laissant aucune marge de manœuvre aux autorités nationales (ex. durée de protection des droits de propriété intellectuelle, dir. 2001/29/CE du Parlement européen et du Conseil du 22 mai 2001 sur l'harmonisation de certains aspects du droit d'auteur et des droits voisins dans la société de l'information).

HAUT-COMMISSAIRE

Du lat. *altus* : haut, et de **commissaire*.

- Personnalité désignée par un gouvernement ou par une organisation internationale pour exercer en son nom l'autorité sur un territoire placé sous statut international. V. *commissaire*.

HAUT CONSEIL DU COMMISSARIAT AUX COMPTES

- *Autorité publique indépendante en charge de l'organisation de la profession, et qui à ce titre procède à l'inscription des commissaires, à l'établissement des règles déontologiques, à l'orientation de la formation continue et sanctionne les *commissaires aux comptes contrevenants (not. C. com., a. 821-1).

HAUT CONSEILLER

Du lat. *altus* : haut. V. *conseiller*.

- Titre donné aux conseillers à la Cour de cassation et aux membres du Conseil supérieur de la magistrature.

HAUTE (CHAMBRE)

V. *chambre (haute)*.

HAUTE COUR

Du lat. *altas* : haut. V. *cour*.

- (Plus précisément Haute *Cour de justice.) Juridiction, généralement composée de parlementaires, appelée à juger les plus hauts personnages de l'État et parfois certaines infractions graves de caractère le plus souvent politique. Ex. dans la Constitution de 1958 (a. 68), juridiction chargée de juger le Président de la République en cas de *haute trahison.

HAUTE TRAHISON

V. *trahison (haute)*.

HAUTURIER (PILOTE)

V. *pilote*. Comp. *lamaneur*.

HÉBERGE

Subst. fém. – En anc. franç. *herberge* : campement, d'origine germ. comme le v. héberger. Cf. all. *Herberge* : logis.

- Partie supérieure du bâtiment le moins élevé quand deux bâtiments sont contigus. Ex. C. civ., a. 653, présume un mur mitoyen jusqu'à l'héberge.

HÉBERGEMENT

En anc. franç. *herberge* : campement, d'origine germ. ; cf. all. *Herberge* : logis.

- **1** (sens général) Action de loger quelqu'un chez soi, de lui accorder l'abri de son toit.

— **(convention d').** Accord en général verbal (parfois tacite) à titre précaire et provisoire par lequel une personne accueille chez elle, dans un esprit de bienfaisance et par protection, une autre personne en difficulté ; accueil à domicile toujours gratuit ; se distingue de la convention d'*occupation précaire (dont elle est, par ailleurs, très proche) en ce que celle-ci peut donner lieu à une redevance et suppose, relativement à l'hôte, plus d'indépendance chez l'occupant que pour l'hébergé. Comp. *bail, prêt à usage*.

— **(droit d').** Droit – étroitement lié au droit de *visite (et parfois considéré comme inclus dans celui-ci) – permettant à celui des père et mère qui n'a pas l'*exercice de l'autorité parentale sur son enfant mineur de recevoir ce dernier chez lui pour des séjours temporaires déterminés (not. par le jugement de divorce ou de séparation de corps), par ex. pendant une partie des vacances (C. civ., a. 373-2-1). Comp. *surveillance, éducation*.

• **2** (informatique)

— **(contrat d').** Contrat passé entre un utilisateur et une entreprise possédant un serveur, par lequel le fournisseur héberge sur ses propres machines le site Internet de l'utilisateur.

— **(fournisseur d').** Personne physique ou morale qui assure, à titre onéreux ou gratuit, pour des services de communication au public en ligne, le stockage de signaux, d'écrits, d'images, de sons ou de messages de toute nature, exonérée de toute responsabilité si elle n'a pas effectivement connaissance du caractère illicite des contenus stockés ou si, dès le moment où elle en a eu connaissance, elle a agi promptement pour retirer ces données ou en rendre l'accès impossible (l. n° 2004-575 du 21 juin 2004 LCEN).

— **(serveur d').** Système informatique qui reçoit et stocke les informations fournies par un utilisateur et les rend accessibles aux autres utilisateurs sur le réseau.

HEIMATLOS

Subst. inv. – Dér. de l'all. *Heimatlos* : sans patrie.

V. *apatride*.

HEIMATLOSAT

Subst. masc. – Dér. de *heimatlos.

• Situation juridique de l'*heimatlos.

HÉRÉDITAIRE

Adj. – Lat. *hereditarius.*

• **1** Qui se rapporte à l'hérédité, à la succession. Ex. vocation héréditaire, vocation à recueillir la succession de qqn. Syn. *successoral*. Comp. *testamentaire*.

• **2** Qui se transmet par succession ; qui ne s'éteint pas au décès de son titulaire mais se transmet de génération en génération (en ce sens *perpétuel). Ex. la propriété, droit héréditaire ; s'applique aux fonctions (en particulier de roi ou empereur) qui se transmettent par succession au lieu d'être conférées par élection ou nomination. Syn. transmissible (à cause de mort). Ant. *viager*. Comp. *imprescriptible, cessible, électif, nominatif, personnel*.

HÉRÉDITÉ

N. f. – Lat. *hereditas,* de *heres,heredis* : héritier.

• **1** Mode de transmission, par voie successorale, des droits non viagers.

• **2** Syn. d'*héritage, de *succession. Ex. *pétition d'hérédité. Comp. *hoirie*. V. *patrimoine, masse, cohérie*.

— **(certificat d').** V. *certificat d'hérédité*.

— **(pétition d').** V. *pétition d'hérédité*.

HÉRITAGE

N. m. – Dér. de hériter, lat. *hereditare.*

• **1** *Patrimoine d'une personne envisagé au moment du décès de celle-ci ; patrimoine successoral ; ensemble des biens transmis aux héritiers. Syn. *hérédité, succession, hoirie*. V. *cohérie*.

• **2** Syn. de *succession (mode d'acquisition). Ex. acquérir par héritage. V. *legs, disposition testamentaire*.

• **3** Expression vieillie encore employée par le C. civ. pour désigner un immeuble par nature (C. civ., a. 637, 647). Comp. *fonds*.

HÉRITIER, IÈRE

Subst. – Lat. *hereditarius,* de *heres, heredis.*

- **1** Au sens strict, parent légitime ou naturel appelé par la loi à recueillir la succession d'un défunt (C. civ., a. 734) ; s'oppose à la fois, en tant qu'héritier **ab intestat,* au *légataire (appelé par testament) et en tant qu'héritier du sang (parent), au conjoint successible et autres successeurs. V. *hoir, cohéritier.*
- **2** Dans un sens plus large (consacré par la loi, C. civ., a. 731), tous les héritiers **ab intestat* (et *saisis), y compris le conjoint successible, à l'exclusion de l'État, *successeur irrégulier (C. civ., a. 811) et par opp. aux *légataires. V. *déshérence.*
- **3** Plus largement encore, toute personne qui succède à titre universel, y compris les héritiers testamentaires à vocation universelle, à l'exclusion de l'État et des successeurs à titre particulier (le terme *successeur est encore plus large). Ex. institution d'héritier. V. *déshérence.*
- **4** Sous un autre rapport (et dans chacun de ces sens) désigne en général l'*héritier appelé (à une succession ouverte), par opp. à l'héritier présomptif (comp. *successible*) et parfois, plus spécifiquement, l'héritier acceptant qui a pris la qualité d'héritier (comp. *successeur*).

— **acceptant.** Héritier qui a pris la qualité d'héritier soit purement et simplement, soit sous bénéfice d'inventaire (C. civ., a. 782, a. 790).
— **apparent.** V. *apparent (héritier).*
— ***bénéficiaire.** Héritier qui a accepté la succession sous *bénéfice d'inventaire (C. civ., a. 793). V. *intra vires.*
— ***institué.** *Légataire (assimilé à un légataire universel) que le testateur a désigné dans son testament comme son héritier (ex. C. civ., a. 898). V. *institution d'héritier.*
— **préférable.** Nom donné à l'héritier de rang prioritaire qui exclut les héritiers subséquents, soit parce que plus proche en degré, soit en vertu d'un autre critère (conjoint survivant, fente, ligne, etc.).
— ***présomptif.** Personne qui, du vivant d'une autre, a *vocation à la succession de celle-ci. Comp. **successible*. V. *expectative, droit *éventuel.*
— ***pur et simple.** Héritier qui est tenu des dettes héréditaires et des legs même au-delà de l'actif de la succession *(*ultra vires)* soit pour avoir accepté celle-ci purement et simplement (sans réserver le *bénéfice d'inventaire), soit pour avoir été déchu de ce bénéfice ou de la faculté de renonciation au cas de *recel (C. civ., a. 778). V. *acceptation.*
— **renonçant.** Héritier qui a renoncé, qui a répudié une succession. V. *renonciation.*
— **réservataire.** V. *réservataire (héritier).*
— **subséquent.** Nom donné à l'héritier d'un *degré plus éloigné qui, primé par un héritier de rang préférable, ne vient à la succession qu'en cas de défaillance (renonciation ; C. civ., a. 805) de celui-ci, sauf son droit de prendre, dès avant, des mesures conservatoires.

HEURE

Lat. *hora.*

- **1** Espace de temps égal à la vingt-quatrième partie du jour. V. *jour, mois, délai, date.*

— **légale.**
a / Heure que la loi détermine dans chaque pays relativement à une référence internationale (en général le méridien de Greenwich) et qui peut varier, en vertu de la loi, d'une saison à l'autre. Ex. en France, l'heure d'hiver et l'heure d'été.
b / Heure fixée par la loi, avant ou après laquelle il est interdit de faire certains actes (ex. notifications, CPC, a. 664, perquisitions, arrestations à domicile).

- **2** Heure de travail.

—**s de dérogation permanente.** Heures de travail rémunérées comme *supplémentaires que l'employeur peut, sans autorisation spéciale, faire effectuer au personnel si dans la profession la durée légale du travail dépasse la durée de droit commun.
—**s de fonction.** Heures prises sur son *horaire que le représentant du personnel peut consacrer à sa mission sans perte de rémunération (crédit d'heures).
—**s d'équivalence.** Heures de travail destinées à compenser dans certaines professions les temps morts ou d'inactivité (ne sont pas payées comme *supplémentaires).
—**s supplémentaires.** Heures de travail qui, accomplies au-delà de la *durée légale du travail, doivent être rémunérées à un taux supérieur au taux normal.

HIÉRARCHIE

Lat. ecclés. *hierarchia,* du gr. : ιεραργιος, formé de ιερος : sacré et αρχια : commandement.

• **1** (de personnes ou d'organes).
a / Ensemble des personnes, agents ou services participant à l'exercice d'une autorité, considéré dans leur échelonnement et fondé sur l'obligation pour un élément subordonné d'exécuter les ordres et de suivre les instructions de l'élément qui lui est immédiatement supérieur. V. *ordre, corps, rang, grade, degré, subordination*.
b / Dans cet ensemble, les organes dotés du pouvoir *hiérarchique.

• **2** (de *règles ou de *normes). Ensemble des composantes d'un *système juridique (Constitution, loi, règlement…) considéré dans leur coordination et fondé sur le principe selon lequel la norme d'un degré doit respecter et mettre en œuvre celle du degré supérieur (structure d'ensemble métaphoriquement nommée pyramide des normes). V. *suprématie, constitutionnalité, légalité, conformité*. Comp. *classification, classement, corpus*.

HIÉRARCHIQUE

Adj. – Dér. de *hiérarchie.

• Qui appartient à une *hiérarchie, s'y rapporte ou en procède. Comp. *disciplinaire*. Ant. *égalitaire, paritaire*.
— **(*pouvoir).**
a / Au sens large, droit et obligation pour un supérieur hiérarchique de contrôler l'action de ses subordonnés.
b / Au sens étroit, droit et obligation pour un supérieur hiérarchique de contrôler les actes juridiques de ses subordonnés, avec faculté de les modifier ou de les annuler.
— **(recours).** *Recours porté devant le supérieur hiérarchique de l'auteur de la décision administrative.

HOIR

Subst. masc. – Lat. pop. *herem,* au lieu du lat. class. *heredem,* refait sur le nominatif *heres.*

• Vx. *Héritier (s'appliquait surtout aux enfants et petits-enfants).

HOIRIE

Subst. fém. – Dér. de *hoir.

• (Vx.) *Héritage, *succession. Comp. *hérédité*. V. *cohérie*.
— **(*avancement d').**
a / *Libéralité faite à un héritier *présomptif par anticipation sur ce qui pourra lui advenir dans la succession du donateur et comme une sorte d'*avance sur sa *part successorale, qui, à la différence d'une donation par *préciput et hors part ou avec *dispense de *rapport, doit, lors du décès du donateur, être rapportée en nature ou en *moins prenant à la succession de celui-ci, par l'héritier gratifié (C. civ., a. 843). Aujourd'hui nommé avancement sur part successorale. V. *donation, rapport, rapportable, préciputaire, acompte*.
b / Par dérivation, les biens objet de cette libéralité.

HOLDING

• Mot anglais, abrév. de *holding company,* signifiant « société de soutien », utilisé pour désigner une société purement financière par son activité et son actif qui a précisément pour objet de prendre des *participations et (à la différence des sociétés d'investissement, simples sociétés de placement) d'assurer le contrôle et la direction des sociétés dont elle détient une partie des actions. Comp. *trust*.

HOMICIDE (I)

N. m. – Lat. *homicidium,* de *homo* : homme, et *caedere* : tuer.

• Fait de donner la mort à un être *humain, soit volontairement (C. pén., a. 221-1) ou même avec préméditation (a. 221-3), soit involontairement (a. 221-6) ou encore de façon casuelle, la mort pouvant être enfin la conséquence non voulue de *violences volontaires (a. 222-7). V. *meurtre, assassinat, parricide, infanticide, régicide, suicide*.
— **par *imprudence** (ou **involontaire**). Fait de donner la mort à un être humain involontairement (par maladresse, négligence, inattention, imprudence, etc.).
— **sexiste.** Homicide d'une personne en raison de son sexe ou de son orientation sexuelle. JORF 16.9.2014 p. 15186.

HOMICIDE (II)

Subst.ou adj. – Lat. *homicida (homo, caedere)*.

- (L')auteur d'un *homicide.

HOMME

N. m. – Lat. *hominem,* accusatif de *homo,* dér. comme *humus* d'un mot indo-européen signifiant terre, d'où le sens « né de la terre », « terrestre ».

- Désigne, dans diverses expressions, soit l'être *humain (femme ou homme) par opp. à la *personne morale (V. **droits de l'homme*), aux forces de la nature (ex. ouvrage édifié par la main de l'homme) ou aux choses inanimées (fait de l'homme), soit le juge par opp. à la loi (présomption de l'homme). V. **personne physique*.

— **de paille.** *Personne interposée, prête-nom. V. *simulation*.

— **(fait de).** Fait dommageable résultant de la faute d'un individu qui engage la responsabilité personnelle de son auteur (V. **responsabilité du fait personnel*), parfois aussi celle d'une autre personne (dans les cas de *responsabilité du fait d'autrui).

— **(*présomption de).** *Présomption non établie par la loi que le juge est fondé cas par cas à induire des circonstances de l'espèce, dans les seules hypothèses où la loi admet la preuve *testimoniale et *indiciaire et en suivant les indications de prudence de l'a. 1353 C. civ.

HOMOLOGATION

N. f. – Dér. du lat. scolastique *homologare,* du gr. ὁμολογειν : reconnaître.

- (Sens gén.), Action d'homologuer et résultat de cette action.
- **1** (civ.). *Approbation judiciaire à laquelle la loi subordonne certains actes et qui, supposant du juge un contrôle de légalité et souvent un contrôle d'opportunité, confère à l'acte homologué la force exécutoire d'une décision de justice. Ex. homologation par le tribunal de grande instance de la convention modificative du régime matrimonial (C. civ., a. 1397), homologation par le juge aux affaires matrimoniales de la convention de règlement des conséquences du divorce par consentement mutuel (C. civ., a. 230 et 232). Comp. *autorisation, habilitation*.
- **2** (adm.). Approbation donnée par l'autorité administrative à certains actes pour permettre leur mise à exécution. Ex. homologation des tarifs d'une administration publique.

HONNEUR

N. m. – Lat. *honor*.

- **1** (pour une personne que distinguent sa fonction ou des mérites particuliers) : Marque exceptionnelle de *considération ; égard dû à son rang ; témoignage d'estime ; hommage rendu à sa valeur (le devoir et l'action d'honorer entrent dans une relation unilatérale d'autorité, de hiérarchie (C. civ., a. 371). Comp. *honneurs, respect*. V. *Légion d'honneur*.

ADAGE : *Ubi honor ibi onus ; ubi onus ibi honor.*

- **2** (pour toute personne) : Sa *dignité, élément de son patrimoine moral qu'il est dans son droit de faire respecter de chacun (à charge de réciprocité) et dans son devoir de s'y conformer (devoir juridique, ex. parole d'honneur, ou moral, ex. dette d'honneur). V. *injure, diffamation, chantage, réparation d'honneur, réputation, dommage moral, gentlemen's agreement, respect, bonne foi, loyauté, fidélité, capitulation, offense, duel*.
- **3** (Plus objectivement) : *Règle transcendante de conduite, norme *morale de comportement, valeur idéale à laquelle se réfère un groupe (honneur d'un peuple, honneur d'une profession) comme à la synthèse et au creuset de ses vertus essentielles (loyauté, courage, désintéressement, attachement aux libertés), pour en faire une *devise, un *code. V. *conscience, déontologie*.

HONNEURS

Subst. masc.plur. – Lat. *honores*.

- Marques spéciales de *respect qui sont prodiguées au chef de l'État, aux membres du gouvernement, aux représentants diplomatiques et à certains hauts fonctionnaires lorsqu'ils prennent possession de leurs fonctions, se déplacent ou décèdent : honneurs civils (salutations, sonneries de cloches) ; honneurs militaires (coups de canons, escorte, sonneries, présentation de troupes) ; honneurs funèbres, civils ou militaires. V. *préséances, insigne, décorations, titre, dignité*.

HONORAIRE

Adj. – Lat. *honorarius* : qui concerne les magistratures.

- À titre honorifique ; pour l'honneur et sans la charge (ni plus généralement l'exercice effectif de la fonction correspondante) ; se dit des membres de certaines professions (professeur, magistrat) qui reçoivent cette distinction grâce à laquelle ils demeurent associés à certaines activités de leur corps (solennités, etc.), se dit aussi de personnalités extérieures à un corps qui y sont admises en signe d'*honneur particulier.

HONORAIRES

Lat. jur. *honorarium,* proprement « donné à titre d'honneur », neutre de *honorarius*.

- Nom traditionnel donné, surtout dans certaines professions libérales (médecin, avocat, architecte, etc.), à la *rémunération (fixée de gré à gré ou tarifée) des services rendus par une personne dont l'activité est indépendante et non salariée (en souvenir du temps où, ces personnes n'ayant aucune action en justice pour en exiger le recouvrement, cette rétribution était censée honorer les services qu'elles avaient rendus). Comp. *traitement, émolument, salaire, prime, gratification, appointements, gain, revenus, gages*.

HONORARIAT

Subst. masc. – Dér. de *honoraire.

- État et prérogatives du professeur *honoraire ; plus généralement *dignité de tout fonctionnaire honoraire. Comp. *émérite* (distinction universitaire).

HÔPITAL

N. m. – Lat. *hospitalis (domus)* : maison où l'on reçoit les hôtes.

- Établissement public communal, intercommunal, départemental, interdépartemental ou national qui pourvoit aux examens de médecine préventive et de diagnostic, au traitement avec ou sans hospitalisation des malades, blessés, convalescents et femmes enceintes, y compris not., le cas échéant, leur réadaptation fonctionnelle, ainsi qu'à l'isolement prophylactique (C. sant. publ., a. L. 6112-1). V. **hospice*.

HORAIRE

Subst.ou adj. – Lat. *horarius,* de *hora* : heure.

- Laps de temps durant lequel le salarié est astreint à fournir le travail prévu par le contrat de travail.

— **(travailleur).** Travailleur payé à l'heure. Comp. *tâcheron*.

— **variable.** Durée déterminée de travail que le salarié est libre de choisir à l'intérieur de limites plus ou moins étendues.

HORS CADRE

Hors, lat. pop. *deforis,* de *foris* : fors. V. *cadre*.

- *Position dans laquelle un *fonctionnaire, détaché soit auprès d'une administration ou d'une entreprise publique dans un emploi ne conduisant pas à pension du régime général des retraites, soit auprès d'organismes internationaux, peut être placé, sur sa demande, pour continuer à servir dans la même administration, entreprise ou organisation. V. *détachement, retraite, disponibilité*.

HORS COTE

V. *cote (hors)*.

HORS DE *CAUSE

Du lat. *foris* : fors. V. *cause*.

- Qui n'est pas *partie à une instance, se dit surtout d'une personne qui est rendue étrangère à cette instance (*mise hors de cause). V. **intervention forcée, *garantie formelle*. Comp. **mise en cause, tierce opposition*.

HORS PART

V. *par *préciput* et *hors part*.

HORS LA VUE (DU NOTAIRE)

V. *vue*.

HOSPICE

N. m. – Lat. *hospitium* : hospitalité.

- Établissement public communal, intercommunal, départemental, interdépartemental ou national qui pourvoit à l'hébergement des personnes âgées, infirmes et incurables et leur assure, le cas échéant, les soins nécessaires (CASF., a. L. 312-1). V. **maison de retraite*. Comp. *hôpital*.

HOSPITALISATION

N. f. – Dér. du v. hospitaliser, du lat. *hospitalis*.

- Séjour à l'hôpital nécessité par l'état de santé du malade.

— **à domicile.** Prolongation au domicile de la personne ayant fait l'objet d'une hospitalisation du traitement reçu à l'hôpital et ce, avec le consentement de celle-ci et le concours du médecin traitant.

HÔTE

Subst. masc. – Lat. *hospes (hospitis)*.

- Habitant requis de loger un militaire et protégé par une répression particulièrement sévère contre le vol que celui-ci pourrait commettre. Comp. *logeur*. V. **chambre d'hôte*.

HÔTEL DE VILLE

Lat. *hospitale* : local pour recevoir les *hôtes. V. *ville*.

- Terme courant désignant la mairie dans les *villes importantes. V. *maison commune*.

HÔTELLERIE

N. f. – De hôtel, lat. *hospitale* : local pour recevoir les hôtes.

- Activité professionnelle consistant à héberger des clients (dans un hôtel, une auberge) et parfois à les nourrir. Comp. *restauration*.

— **(contrat d').** Nom aujourd'hui donné à la convention d'ensemble qui lie l'hôtelier à son client et qui englobe, outre le dépôt hôtelier, les engagements relatifs à la personne du voyageur (not. une obligation de *sécurité) et, le cas échéant, un contrat de *restauration. V. *droit de *rétention, privilège*.

— **(dépôt d').** Espèce de *dépôt que la loi suppose – et commande de regarder comme *nécessaire – entre les aubergistes ou hôteliers et le voyageur qui loge chez eux, en vertu duquel les premiers répondent comme dépositaires des vêtements, bagages et objets divers que celui-ci apporte dans leur établissement (y compris les voitures garées) (C. civ., a. 1952).

HOUILLÈRE (DE BASSIN)

Dér. de houille, du francique *hukila* (tas). V. *bassin*.

- Établissement public national à caractère industriel et commercial créé dans chaque bassin houiller par la loi du 17 mai 1946 relative à la nationalisation des combustibles minéraux solides et chargé de l'exploitation de ces bassins (à l'origine, au nombre de neuf, les houillères de bassin ont depuis été réduites à trois par concentration).

HUIS CLOS

Huis : lat. *ostium* ; clos : part. pass. de clore, lat. *claudere*.

- Expression consacrée signifiant « toutes portes fermées » utilisée pour désigner, soit l'audience à laquelle le public n'est pas admis par exception au principe de la *publicité des *débats, soit la décision prise par le juge de ne pas (ou de ne plus) admettre le public. Ex. en droit pénal, la juridiction peut exclure le public de la salle d'audience par une décision de huis clos, en constatant que la publicité est dangereuse pour l'ordre public ou les mœurs (C. pr. pén., a. 306 et 400. Comp. CPC, a. 435). Comp. *instruction, secret*.

— **(à).** Syn. de « en *chambre du conseil », expression aujourd'hui préférée par le législateur (au moins en matière civile. V. CPC, a. 22, 433 s.).

HUISSIER

N. m. – Dér. de huis, lat. *ostium* : porte, entrée.

- **1** Dans la pratique judiciaire, par abréviation, huissier de justice (V. ci-dessous).

— **audiencier.** Huissier de justice qui introduit le tribunal dans la salle d'audience, fait l'appel des causes, assure la police de l'audience et plus généralement le service personnel près les cours et tribunaux, avec le privilège de signifier les actes de procédure d'avocat à avocat, plus généralement les *actes du palais.

— **de justice.** *Auxiliaire de justice ayant qualité d'*officier ministériel seul habilité à signifier les actes de procédure dans la circonscription où il a pouvoir d'instrumenter et à mettre à exécution les décisions de justice et autres actes exécutoires, qui peut être chargé de diverses autres opérations (recouvrement de créances, *constatations sur commission du juge ou à la requête des particuliers, ventes publiques de meubles dans les lieux où il n'est pas établi de commissaire-priseur, etc.). V. *saisie, signification, notification.*

- **2** Terme générique désignant les agents préposés, dans les cérémonies et réceptions officielles ou autres solennités, à régler l'entrée des personnalités et du public.

HUITAINE FRANCHE

Dér. de huit, lat. *octo*. V. *franc* (adj.).

- Expression traditionnelle désignant naguère un délai *franc de huit jours.

HUMAIN

Adj. – Lat. *humanus,* de *homo,* l'*homme.

- Qui est propre à l'homme (être humain) ; qui appartient au genre humain.

—**e (atteintes à la personne).** Ensemble des actions illicites préjudiciables à la personne humaine, catégorie générique de regroupement des crimes et délits attentatoires à la personne physique (C. pén., a. 221-1 s.) atteintes volontaires ou involontaires à la *vie de la personne (meurtre, assassinat, empoisonnement, mort accidentelle), atteintes volontaires ou involontaires à l'*intégrité physique ou psychique de la personne (tortures et actes de barbarie, violences, menaces, blessures et incapacités de travail, agressions *sexuelles, trafic de stupéfiants), expérimentation illégale sur la personne, interruption illégale de la grossesse. V. *droits de la *personnalité*.

— **(corps).** La personne incarnée, en chair et en os ; la personne humaine en sa réalité physique au respect de laquelle chacun a droit (C. civ., a. 16-1) ; le support naturel de la personne physique, entité biologique vitale proclamée, en tant que telle, inviolable et rebelle à tout droit patrimonial (C. civ., a. 16-1), inaliénable mais non indisponible sous maints rapports.

— **(embryon).** L'être humain à son commencement *(ab ovo)* (C. civ., a. 16).

— **(être).** Tout individu, homme ou femme, appartenant au genre humain (par opp. au règne animal, végétal et minéral), reconnu comme tel dès son origine (sa conception) et dont la loi, dès ce moment, garantit en principe le *respect (C. civ., a. 16).

—**e (*dignité de la personne).** Valeur éminente appartenant à toute personne physique du seul fait de son appartenance à l'espèce humaine ; *considération et respect que mérite et auxquels a droit la personne humaine en raison de sa primauté dans la création (relativement aux animaux et aux choses dont d'abord l'argent) (C. civ., a. 16).

—**e (personne).** La *personne physique considérée en sa totalité physique et psychique (corps et esprit), entité magnifiée en tant qu'elle est porteuse de toutes les valeurs prééminentes inhérentes à l'espèce humaine. V. *Expérimentation sur la personne humaine.*

HUMANITÉ

Subst. fém. – Lat. *humanitas,* de *humanus.* V. *humain.*

- **1** Le genre humain.

— **(crime contre l').** Incrimination générique englobant le *génocide et divers autres crimes semblablement réprouvés par la conscience universelle en raison de leur ignominie et de leur caractère inhumain (d'où leur nom) qui ont en commun d'être odieux non seulement en eux-mêmes, par leur atrocité (*déportation, réduction en esclavage, pratique massive et systématique d'enlèvements suivis de disparition, de *tortures ou d'actes inhumains) mais parce qu'ils sont inspirés par des motifs politiques, philosophiques, raciaux ou religieux et organisés en exécution d'un plan concerté à l'encontre d'un groupe de population civile (ou semblablement parce qu'ils sont commis, en temps de guerre, en exécution d'un plan concerté contre ceux qui combattent l'idéologie au nom de laquelle sont perpétrés des crimes contre l'humanité) (C. pén., a. 212-1 et 212-2).

- **2** Sentiment d'humanité; clémence, bienveillance, commisération devant la détresse humaine, élément de *modération dans l'application de la loi. Ex. humanité dans la répression ou la détention. Ant. *rigueur*.

HYPOTHÉCAIRE

Adj. – Bas lat. *hypothecarius*.

- **1** Garanti par une hypothèque (créancier hypothécaire, prêt hypothécaire, créance hypothécaire). Ant. *chirographaire*. V. **prêt viager hypothécaire*. Comp. *privilégié, gagiste, nanti, antichrésiste*.
- **2** Relatif à l'*hypothèque (droit hypothécaire, matière hypothécaire).
- **3** Par ext., relatif à tout ce qui relève de la publicité foncière. V. **régime hypothécaire*.

HYPOTHÈQUE

N. f. – Lat. *hypotheca,* du gr. ὑποθήκη.

- **1** Droit réel sur un immeuble affecté à l'acquittement d'une obligation (C. civ. a. 2393); plus précisément, *sûreté réelle *immobilière constituée sans la dépossession du débiteur, par une convention, la loi ou une décision de justice, et en vertu de laquelle le *créancier qui a procédé à l'*inscription hypothécaire a la faculté (en tant qu'il est investi d'un droit *réel *accessoire garantissant sa créance) de faire vendre l'immeuble grevé en quelques mains qu'il se trouve (droit de *suite) et d'être payé par préférence sur le prix (*droit de *préférence). Comp. *antichrèse*.

— ***conservatoire.** Mesure conservatoire garantissant provisoirement, en cas d'urgence et si le recouvrement de la créance semble en péril, l'exécution future de créances paraissant fondées en leur principe mais non encore exigibles ou liquides, moyennant autorisation du président du tribunal de grande instance statuant par ordonnance rendue sur requête.

— **conventionnelle.** Hypothèque constituée par acte authentique entre le détenteur (constituant), propriétaire du bien grevé ou titulaire d'un droit réel susceptible d'hypothèque, et le créancier hypothécaire (*bénéficiaire) (C. civ., a. 2413 s.) ; le créancier hypothécaire impayé ayant aujourd'hui le droit de demander en justice non seulement la vente de l'immeuble mais l'attribution en paiement de la propriété de celui-ci sauf s'il s'agit de la résidence principale du débiteur (C. civ., a. 2458). Comp. *gage*.

— **judiciaire.** Hypothèque attachée de plein droit aux jugements de condamnation ou sentences arbitrales rendus *exécutoires et à certaines *contraintes administratives (C. civ., a. 2412). Comp. *sûreté judiciaire*.

— **légale.** Hypothèque attachée par la force de la loi à certaines créances déterminées. Ex. hypothèque légale de chaque époux sur les biens de l'autre, des *incapables sur les immeubles de leur *représentant légal, des départements, des communes et des établissements publics sur les biens de receveurs et des comptables (C. civ., a. 2400 s.).

— **rechargeable.** Hypothèque conventionnelle performante (innovation de la réforme de 2006) qui, à la condition que l'éventualité en soit expressément prévue par l'acte qui la constitue, peut ultérieurement être affectée, par une *convention de rechargement, à la garantie de créances autres que celles qui sont mentionnées dans l'acte constitutif originaire, dans la limite de la somme fixée par celui-ci, un tel instrument, s'agissant de créances pour lesquelles l'acte constitutif ne marque qu'une réserve de potentialité (à la différence de créances futures qui doivent être dès l'origine déterminables) étant destiné à permettre au *constituant, par une sorte de plein emploi de la valeur de l'immeuble, d'affecter hypothécairement celui-ci (dans la limite évoquée) à la garantie de crédits successifs (C. civ., a. 2422).

- **2** Par ext. nom naguère donné à diverses *sûretés *mobilières par la doctrine en concurrence avec les dénominations *nantissement ou *gage sans *dépossession (ex. *nantissement des films cinématographiques), l'hypothèque dite mobilière se caractérisant, comme l'hypothèque immobilière, par l'absence de dépossession du débiteur, l'organisation d'une publicité légale et la garantie plus ou moins parfaite d'un droit de suite et de préférence. Néanmoins, nom encore donné en matière maritime, aérienne et fluviale.

I

IDENTITÉ

N. f. – Lat. *identitas,* de *idem* : le même.

- **1** Pour une personne physique : ce qui fait qu'une personne est elle-même et non une autre ; par ext., ce qui permet de la reconnaître et de la distinguer des autres ; l'individualité de chacun, par ext., l'ensemble des caractères qui permettent de l'identifier.

— ***civile.** Ensemble des éléments qui, aux termes de la loi, concourent à l'identification d'une *personne physique (dans la société, au regard de l'*état *civil) : nom, prénom, date de naissance, filiation, etc. Comp. *individualisation, *qualité essentielle.*

— **(interrogatoire d').** V. *interrogatoire d'identité.*

— **judiciaire.**

a / Ensemble des moyens techniques et scientifiques propres à assurer l'identification des délinquants (fichiers dactyloscopiques, documents photographiques, élaboration de portraits-robots, etc.).

b / Par ext., les services chargés de la mise en œuvre de ces techniques. V. **police judiciaire.*

— **(*papiers d').** Document écrit (générale ment une carte) qui énonce et atteste l'identité civile d'une personne physique. V. *pièce.*

— **physique.** L'identité corporelle, naturelle de chaque individu, celle qui fait qu'un être humain existe comme être unique et ne se confond avec aucun autre. V. *corps, apparence, erreur.*

— **(vérification d').** V. *vérification.*

- **2** Pour un objet :

a / Similitude ; ce qui fait que deux objets se ressemblent. Ex. identité des marques concurrentes.

b / Unité ; ce qui fait que deux éléments, eSn réalité, n'en font qu'un seul et même. Ex. identité d'objet entre deux obligations.

IGAME

- Sigle de la locution « Inspecteur général de l'Administration en Mission extraordinaire » qui désignait une autorité chargée dans le cadre des régions militaires de coordonner l'action dé l'armée et des pouvoirs de police en matière de maintien de l'ordre (l'institution a disparu par transfert de ses attributions aux *préfets de région, 1964).

IGNORANCE

N. f. – V. ignorer.

- **1** État de celui qui ne sait pas (et qui aurait dû savoir) ; ignorance blamable (lat. *ignorantia*).
- **2** État de celui qui n'est pas au courant (et qui aurait dû être informé) ; ignorance accidentelle (lat. *ignoratio*).
- **3** Refus de connaître ce que l'on n'a pas à connaître (v. *compétence, décliner*) ou ce que l'on entend méconnaître *(inobservation ; violation)*.

IGNORER

V. – Lat. *ignorare.*

- **1** Ne pas connaître ; ne pas savoir ; ne pas être courant (not. pour ne pas s'être informé ou ne pas l'avoir été). V. *bonne foi.*

- **2** Ne pas vouloir connaître ; refuser de voir ou de savoir ; faire délibérément abstraction (d'un fait, d'une autorité, d'une loi), d'où méconnaître. V. *mauvaise foi, taisant, silence, réponse.*

ADAGE : *Nul n'est censé ignorer la loi.*

ÎLE

N. f. – Lat. *insula.*

- **1** Étendue de terre émergée d'une manière durable des eaux d'un océan, d'une mer, d'un lac ou d'un cours d'eau.
- **2** Pour la convention de Montego Bay du 10 décembre 1982 (a. 121), « étendue naturelle de terre entourée d'eau qui reste découverte à marée haute ».
- **3** Qualification en général donnée à certaines installations (plates-formes de forage) lorsqu'elles sont fixées d'une manière durable sur le sol marin (on parle d'île artificielle), les autres étant assimilées à des navires.

ILLÉGAL, ALE, AUX

Adj. – Lat. médiév. *illegalis,* comp. du préf. nég. *in* et *legalis.*

- **1** Contraire à la loi (au sens formel).
- **2** Parfois plus largement contraire au *Droit. Syn. en ce sens de *illicite 3. Ant. *légal.* Comp. *irrégulier, illégitime, frauduleux, immoral, délictueux, délictuel, abusif, dolosif.*

ILLÉGALEMENT

Adv. – Dér. de *illégal.

- Contrairement ou non conformément à la loi ; de façon *illégale, en dehors de la légalité (ce qui postule qu'il existe une loi ; ne pas confondre avec agir en l'absence de toute loi. V. *vide juridique*). Ant. *légalement.*

ILLÉGALITÉ

N. f. – Dér. de *illégal.

- Désigne aussi bien le caractère de ce qui est illégal (ex. vivre dans l'illégalité) que l'atteinte à la *légalité (ex. commettre une illégalité).
- **1** En un sens générique (commun à toutes les disciplines) ce qui est contraire à la *loi (au sens formel) ou parfois, plus généralement, au Droit. Comp. *illicéité, irrégularité, fraude, abus du droit, *violation de la loi, illégitimité, immoralité, inconstitutionnalité.*
- **2** En un sens plus spécial au droit administratif, méconnaissance d'une règle de droit constitutive de la *légalité et s'imposant comme telle aux autorités administratives. L'illégalité est susceptible de différentes modalités suivant qu'elle consiste dans une méconnaissance des règles de compétence (*incompétence), de forme (*vice de forme) ou de fond (objet, but et motifs) auxquelles était assujetti un acte administratif. Comp. **détournement de pouvoir, excès de pouvoir.*

ILLÉGITIME

Adj. – Lat. jur. *illegitimus,* comp. du préf. nég. *in* et de *legitimus.*

- **1** Auquel manque la *légitimité morale ou politique.
- **2** Hors mariage ; auquel manque la *légitimité du mariage. Ant. *légitime.*

— **(filiation).** Parfois syn. de filiation *naturelle (surtout si celle-ci est *adultérine).

- **3** Parfois syn. de *illicite, *illégal, irrégulier. Comp. *immoral, frauduleux, injuste, abusif, délictueux, dolosif.*

ILLÉGITIMITÉ

N. f. – Dér. de *illégitime.

- Caractère de ce qui est *illégitime. Comp. *illégalité, illicéité, immoralité, irrégularité.*

ILLICÉITÉ

N. f. – Dér. de *illicite.

Sens gén.

- **1** Caractère de ce qui est contraire à un texte ordonnant ou prohibant (loi, décret, arrêté). Ant. *licéité.*
- **2** Caractère de ce qui est contraire à l'ordre public, aux exigences fondamen-

tales, même non formulées, d'un système juridique ; se distingue en ce sens de *immoralité.

- **3** Plus généralement encore, caractère de ce qui est contraire à l'ordre public et aux bonnes mœurs ; comprend en ce sens immoralité. Comp. *illégalité* 1.

▸ **I** (civ.)

- **1** Vice justifiant l'annulation d'un acte juridique lorsqu'il affecte un élément constitutif de celui-ci (illicéité de l'objet, C. civ., a. 1128, 1598 ; de la cause, C. civ., a. 900, 1172).
- **2** Transgression d'une norme de comportement (C. civ., a. 1382,1383) ou réalisation d'une relation causale prohibée (C. civ., a. 1384, al. 1, 1385, 1386) constituant une condition de la responsabilité extracontractuelle.

▸ **II** (pén.)

- Élément de l'infraction résultant de l'absence de toute cause légale de justification ; en ce sens on parle également de l'élément d'antijuridicité.

▸ **III** (pr. civ.)

- Cause d'irrecevabilité de la demande (not. dans l'action, en responsabilité civile) tenant à l'absence d'intérêt légitime ou à la participation concertée de la victime au fait illicite d'autrui. Syn. *antijuridicité* (terme moins fréquemment employé). Comp. *fraude, délit, illégitimité, inconstitutionnalité.*

ADAGE : *Damnum injuria datum. Volenti non fit injuria.*

ILLICITE

Adj. – Lat. *illicitus, in,* privatif, et *licitum,* de *licet* : il est permis.

- **1** Contraire à la loi (à un texte : loi, décret, etc.). Comp. *illégal* (sens 1). Ant. *licite* (sens 1). V. *spéculation.*
- **2** Contraire à l'*ordre public (exprès ou virtuel) ; se distingue en ce sens d'*immoral. Ant. *licite* (sens 2).
- **3** Plus généralement encore, contraire au *Droit (à l'ordre public et aux *bonnes mœurs) ; comprend en ce sens *immoral. Syn. *illégal* (sens 2), *illégitime, frauduleux, délictueux, délictuel, injuste, dolosif.* Ant. *licite* (sens 3).
- **4** Antijuridique.

— **(cause)** (dans un acte juridique, spéc. un contrat). Cause entachant de nullité absolue l'engagement contracté par l'un au moins de ses auteurs, dans un *but contraire à l'ordre public, aux bonnes mœurs ou, plus généralement, à une règle impérative.

ILLUSOIRE

Adj. – Dér. du latin *illusorius* : illusion.

- Qui est sans effet, qui ne se réalise pas. Ex. la *contrepartie convenue est illusoire (C. civ., a. 1169). V. *dérisoire, mauvaise foi.*

ÎLOT INSALUBRE

Ilot, de *île ; lat. *insalubris.*

- *Immeubles ou groupe d'immeubles dont l'*insalubrité est déclarée en vue de faciliter l'assainissement ou l'aménagement d'agglomérations, C. sant. publ., a L.1331-25.

IMAGE

Subst. fém. – Lat. *imago,* représentation, portrait, copie.

- **1** *Apparence visible d'un individu ou d'une chose ; aspect physique d'une personne ou d'un bien, qui est, pour la personne, une partie de sa *personnalité.

— **(droit à sa propre).** Droit de chacun à l'exclusivité de son image qui pourrait fonder celui de se soustraire à la vue de ses semblables, mais dont le respect exige au moins que nul ne puisse, sans le consentement de celle-ci, fixer, enregistrer ou transmettre l'image d'une personne qui se trouve dans un lieu privé, la captation de cette image constituant une atteinte à la personnalité, plus spécialement à la vie privée. C. pén., a. 226-1.

- **2** Représentation d'une personne ou d'un bien ; reproduction de son image (sens 1) par un moyen quelconque, peinture, photographie, etc.

— **(droit au respect de sa propre).** Droit, pour chacun, à l'exclusivité et au respect de sa *représentation, l'atteinte à celle-ci étant incriminée comme une atteinte à la personnalité. C. pén., a. 226-8.

— **du mineur (exploitation de l').** Infraction consistant à diffuser, quand elle a un caractère pornographique, l'image d'un mineur ou à la fixer, l'enregistrer ou la transmettre en vue de sa diffusion. C. pén., a. 227-23. V. *mise en *péril des mineurs.*

IMMATRICULATION

N. f. – Dér. de immatriculer, du lat. médiév. *immatricular*e.

- Action d'inscrire sur un registre, sous un numéro d'ordre, le nom d'une personne ou d'une chose, en vue de l'identifier à des fins diverses (ouverture d'un droit, publicité, etc.). Comp. *enrôlement.*

— **à la Sécurité sociale.** Acte par lequel l'organisme de Sécurité sociale compétent inscrit sur la liste des assurés sociaux la personne qui réunit les conditions légales d'assujettissement à la Sécurité sociale.

— **au *Registre des agents commerciaux.** Inscription préalable obligatoire sur ce registre des personnes désirant exercer la profession d'*agent commercial, avec attribution d'un numéro matricule à chaque intéressé.

— **au Registre du commerce et des sociétés.** Inscription sur le *Registre du commerce du nom ou de la raison ou dénomination sociale des personnes physiques *commerçantes et des personnes morales commerçantes ou non (ainsi que des principaux renseignements relatifs à leur état civil ou leurs statuts et leur administration, et à leur activité commerciale), qui s'accompagne de l'attribution à chaque assujetti d'un numéro matricule d'identification et confère la personnalité morale à la société. V. *publicité, radiation, constitution, *période constitutive, domiciliation.*

— **(contrat d').** V. *wagon de particulier.*

IMMATRICULE

Subst. fém. – Du v. immatriculer. V. le précédent.

- **1** Inscription (et par ext. numéro d'ordre) d'un huissier de justice sur la liste de ceux qui instrumentent dans le ressort d'une juridiction.
- **2** *Formule reproduisant les indications que l'huissier de justice doit à peine de nullité énoncer dans tous les actes qu'il dresse (CPC, a. 648).

IMMÉMORIAL, ALE, AUX

Adj. – Lat. médiév. *immemorialis.*

- Dont l'origine remonte à une époque si reculée qu'aucun contemporain n'a souvenance de celle-ci (établissement, entrée en vigueur ou en possession), ancienneté qui peut être signe de force (*coutume), source de considération (prescription acquisitive de droits normalement imprescriptibles. V. *nom*) ou de méfiance (en matière de *servitudes, de *possession. C. civ., a. 691). V. *temps.*

IMMEUBLE

Subst. ou adj. – Lat. *immobilis* : immobile, qui a reçu son sens jur. dans le lat. médiév.

- **1** (sens premier). *Bien qui, par nature, ne peut être déplacé : le sol (*fonds de terre) et ce qui s'y incorpore (ex. les bâtiments) (C. civ., a. 518 s.) ; on le nomme plus précisément immeuble par nature. V. *chose, *meuble par nature, tènement, château.*

— **insalubre.** Immeuble, bâti ou non, attenant ou non à une voie publique, qui constitue, par lui-même ou par les conditions dans lesquelles il est occupé, un danger pour la santé des occupants ou des voisins.

— **menaçant ruine.** V. *édifice.*

- **2** (sens générique). Tout *bien auquel la loi reconnaît un caractère *immobilier en raison de sa nature, de sa *destination, de l'objet auquel il s'applique (C. civ., a. 517), ou de critères plus spéciaux. Ant. *meuble.* V. *immobilisation.*

— **par déclaration du propriétaire.** Droits mobiliers auxquels leurs titulaires peuvent fictivement, par une déclaration, donner le caractère de droits immobiliers. Ex. actions de la Banque de France (d. 16 janv. 1808), avant que la loi du 14 décembre 1936 n'ait mis fin à cette possibilité pour l'avenir.

— **par *destination.** Chose mobilière réputée immeuble par la loi (C. civ., a. 524, 525) du fait qu'elle est, à l'initiative du propriétaire d'un immeuble, soit attachée à celui-ci à *perpétuelle demeure (C. civ., a. 525), soit affectée au service et à l'exploitation du fonds (C. civ., a. 524). Ex. animaux de culture.

— **par l'objet auquel il s'applique.** Bien *incorporel (droit autre que la propriété) auquel la loi reconnaît le caractère immobilier en raison de l'objet sur lequel il porte : usufruit d'un immeuble, servitude, action en justice tendant à revendiquer un immeuble ou à annuler une vente immobilière (C. civ., a. 526).

IMMIGRANT, ANTE

Subst. ou adj. – Du v. immigrer, lat. *immigrare.* V. *immigration.*

- Personne physique qui pénètre ou cherche à pénétrer sur le territoire d'un État dont elle n'est pas nationale afin d'y établir son domicile ou sa résidence, de façon permanente et souvent sans esprit de retour. V. *émigrant.* Comp. *migrant, émigré, immigré, réfugié.*

IMMIGRATION

N. f. – Dér. de immigrer, lat. *immigrare* : s'introduire dans. V. *migration.*

- Fait pour une personne de venir séjourner dans un autre pays que celui dont elle est ressortissante, le plus souvent afin de trouver ou d'occuper un emploi dans le pays d'accueil (l'immigration fait en général l'objet d'un contrôle par les autorités du pays d'accueil). V. *migration, immigré, immigrant, migrant, émigration.*

IMMIGRÉ, ÉE

Adj. ou subst. – Du v. immigrer. V. *immigration.*

- Qui est venu de l'étranger ; qualificatif qui tend à être remplacé pour les travailleurs par celui de *migrant. V. *immigration, immigrant, réfugié.* Comp. *émigrant.*

IMMIXTION

N. f. – Lat. *immixtio,* du v. *immiscere (in* et *miscere)* : mêler à.

- **1** En un sens large, toute intervention sans *titre (V. ci-dessous) dans les affaires d'autrui, se traduisant par l'accomplissement d'un acte ; englobe en ce sens même les actes de *gestion d'affaires accomplis dans l'intention de rendre service à autrui ou les initiatives prises au su d'une personne mais sans opposition de sa part (ex. C. civ., a. 1432, al. 1). Syn. *ingérence,* sens 1.
- **2** (sens strict). Intervention illicite dans les affaires d'autrui, l'absence de tout titre d'intervention (mandat, habilitation judiciaire, pouvoir légal) s'aggravant ici de la transgression d'une interdiction d'agir. Ex. immixtion d'un époux dans la gestion des propres de l'autre au mépris d'une opposition de celui-ci, C. civ., a. 1432, al. 3 ; immixtion d'un commissaire aux comptes dans la gestion de la société qu'il contrôle au mépris de l'interdiction légale (a. L. 822-13 C. com.). V. *non-immixtion.*

IMMOBILIER, IÈRE

Adj. – Comp. du préf. *in* et de *mobilier.

- **1** Qui a le caractère d'un *immeuble au sens générique (bien immobilier, droit immobilier, action immobilière). Ant. *mobilier.*
- **2** Qui se rapporte aux immeubles (Droit immobilier). Syn. *foncier.* V. *réel.*

IMMOBILISATION

N. f. – Dér. de immobiliser, comp. de mobiliser, lui-même dér. de *mobile.

- **1** Attribution à un meuble de certains caractères juridiques des *immeubles dans les conditions prévues par la loi. V. *immeubles par destination, immeubles par déclaration du propriétaire.* Comp. *ameublissement, mobilisation, réalisation.*

— **des fruits** (dans la *saisie immobilière). Bénéfice de la loi réservant au profit exclusif des créanciers hypothécaires ou privilégiés les fruits naturels ou civils de l'immeuble saisi (à compter de la publication du commandement valant saisie) pour être distribués avec le prix de la vente par ordre d'hypothèque (comme si ces fruits étaient des immeubles).

- **2** (en un sens passif). Biens de toute nature acquis ou créés par l'entreprise pour être non vendus ou transformés, mais utilisés d'une manière durable comme moyens d'exploitation ou instruments de travail : terrains, constructions, matériel et outillage, mobiliers et installations, fonds de commerce, brevets et licences, etc. (tous biens considérés dans leur fonction de moyen de production).

- **3** Parfois syn. d'*interdiction de déplacer un meuble. Ex. immobilisation, à titre conservatoire, d'un objet corporel entre les mains de celui qui en est constitué gardien. V. *saisie, saisie-gagerie, mesure d'urgence.* Comp. *indisponibilité* (sens 2).
- **4** Action d'entraver un animal avant son étourdissement et son *abattage.

IMMORAL, ALE, AUX

Adj. – Lat. *in* et *moralis* : moral.

- Contraire aux *bonnes mœurs. Comp. *illicite, illégal, irrégulier, frauduleux, dolosif, délictueux.* Ant. *moral.*

IMMORALITÉ

N. f. – Dér. de *immoral.

- Caractère de ce qui est *immoral. Comp. *illicéité, illégalité, irrégularité.*

IMMUNITÉ

N. f. – Lat. *immunitas* : exemption de charge : *munus.*

- **1** (sens strict). Cause d'*impunité qui, tenant à la situation particulière de l'auteur de l'infraction au moment où il commet celle-ci, s'oppose définitivement à toute poursuite, alors que la situation créant ce privilège a pris fin. Comp. *inviolabilité, intangibilité, irresponsabilité.*

— **de la défense.** Immunité dont bénéficient les parties, leurs conseils et les témoins pour les discours prononcés ou les écrits produits devant les tribunaux (l. 29 juill. 1881, a. 41, al. 3 s.) sauf le droit, pour la juridiction, d'ordonner la suppression de certains passages, de faire des injonctions aux avocats, ou de réserver les droits de la victime de ces excès.

— **diplomatique.** Immunité dont bénéficient les agents diplomatiques accrédités et les membres de leur famille pour toutes les infractions qu'ils peuvent commettre, y compris (du moins en Droit français) les attentats à la sûreté de l'État.

— **familiale.** Immunité dont bénéficient les membres de la proche famille pour les soustractions commises entre eux (C. pén., a. 311-12), la non-dénonciation de l'infraction dont l'un d'entre eux est coupable, ou l'aide apportée à celui-ci pour échapper à la justice (C. pén., a. 434-1).

— **parlementaire.** Immunité dont bénéficient les membres des assemblées parlementaires pour les discours proférés à la tribune ainsi que pour les rapports ou autres pièces imprimées par l'ordre d'une de ces assemblées (l. 29 juill. 1881, a. 41, al. 1 et 2), immunité qui coïncide avec la garantie constitutionnelle de leur *irresponsabilité ; à ne pas confondre avec l'*inviolabilité des mêmes personnes.

- **2** En un sens plus large, privilège faisant échapper une personne, en raison d'une qualité qui lui est propre, à un devoir ou une sujétion pesant sur les autres ; prérogatives reconnues à une personne (not. étrangère) l'exemptant à certains égards de l'application du droit commun. Ex. les immunités des parlementaires, du Président de la République (Const. 1958, a. 26 et 68). Comp. *exemption, exonération, dispense.*

— **de juridiction des chefs d'État étrangers en exercice** (droit international pénal). Principe de la coutume internationale en vertu duquel un chef d'État en exercice ne peut être poursuivi devant les juridictions pénales d'un État étranger, en dehors des cas exceptés par des dispositions internationales contraires (Crim. 13 mars 2001, *D.,* 2001 . 2631). Comp. (pour des particuliers) *compétence* universelle.*

— **de l'État souverain.** Prérogatives en vertu desquelles un État étranger ne peut être défendeur dans une action en justice devant les tribunaux de l'État national sans son consentement (immunité *de juridiction*), ni voir ses biens faire l'objet d'une mesure d'exécution (immunité *d'exécution*).

—**s diplomatiques et consulaires.**

a / Prérogatives dont bénéficient les agents diplomatiques et consulaires dans l'accomplissement de leur mission et visant à leur assurer toute l'indépendance et la liberté nécessaires vis-à-vis des autorités locales : *inviolabilité de la personne et de ses biens, franchise des locaux de la mission, droit de l'agent au secret diplomatique, exemption des juridictions civile, administrative et pénale, privilèges fiscaux.

b / Par ext., immunités dont peuvent bénéficier fonctionnaires et agents internationaux.

—s parlementaires. Privilèges dont l'objet est de permettre au parlementaire le libre exercice de sa fonction en lui assurant une protection contre les actions judiciaires intentées contre lui par les particuliers ou par l'autorité publique et qui incluent l'*irresponsabilité (immunité au sens strict), et, par extension, l'*inviolabilité.

IMMUTABILITÉ

N. f. – Lat. XIVe s. *immutabilitas,* de *immutabilis* : qui ne peut être changé.

- Qualité de ce qui ne peut être volontairement changé. Comp. *intangibilité.*

— des conventions matrimoniales. Principe aujourd'hui abandonné dans l'absolu, en vertu duquel, le mariage célébré, les époux ne pouvaient apporter aucune modification à leur régime matrimonial ; règle dont il reste qu'un tel changement ne peut résulter que d'un jugement ou d'un acte notarié dans les cas spécifiés par la loi (*séparation judiciaire de biens, *mesures judiciaires de protection, *changement de régime matrimonial sous homologation judiciaire. C. civ., a. 1396). V. **mutabilité judiciairement contrôlée.*

IMPARTIALITÉ

N. f. – De impartial, lat. *in* prép. nég., *pars,* partie, parti.

- Absence de parti pris, de préjugé, de préférence, d'idée préconçue, exigence consubstantielle à la *fonction *juridictionnelle dont le propre est de départager des adversaires en toute justice et *équité.

a) (dans le débat). De la part du juge, attention scrupuleuse à respecter et à faire respecter le principe de la *contradiction, en veillant à ce que chacune des parties jouisse des mêmes chances de faire valoir ses prétentions, en tenant entre elles la balance égale dans la recherche des preuves (CPC a. 16). *Audiatur et altera pars.* V. *objectivité, neutralité.*

b) (dans la sentence). Abstention de tout favoritisme ; obligation rigoureuse de n'avantager aucun des plaideurs, de ne jamais statuer au profit de l'un d'eux pour d'autres raisons que celles qui tiennent au bien fondé de ses prétentions, devoir de stricte *justice, par op. à *iniquité, arbitraire, discrimination.* Comp. *objectivité, conscience.*

IMPARTIR

V. – Lat. *impartiri* : faire part de, partager.

- (s'emploie pour la fixation judiciaire des délais). Fait pour un juge d'imposer à quelqu'un un délai qu'il détermine lui-même pour l'accomplissement d'un acte. Ex. le juge de la mise en état a le pouvoir d'impartir aux avocats un délai pour le dépôt de leurs conclusions (CPC, a. 3).

IMPENSES

N. f. – Lat. *impensa,* de *in,* dans et *pendere,* payer.

- Sommes investies dans un immeuble pour sa conservation, son amélioration ou son agrément ; *dépenses incorporées à l'immeuble dont l'auteur peut être indemnisé, quand il est tenu à restituer celui-ci, si elles sont *nécessaires ou *utiles, non si elles sont *voluptuaires (C. civ. a. 1634, 1635, 862, 1469).

— *nécessaires. Celles qui ont pour objet la *conservation de l'immeuble.

— *utiles. Celles qui ont pour effet d'améliorer l'immeuble et lui donnent une *plus-value. V. *amélioration.*

— *voluptuaires. Celles qui sont faites pour le seul plaisir *(causa delectationis)* ; dépenses de luxe ou de pur agrément.

IMPÉRATIF, IVE

Adj. – Lat. *imperativus,* de *imperare* : commander.

- Auquel la volonté individuelle ne peut déroger (C. civ., a. 6) ; se dit d'un texte législatif ou réglementaire dont les dispositions d'*ordre public l'emportent sur toute volonté contraire que les particuliers auraient exprimée dans un acte juridique (ce caractère impératif n'étant qu'une conséquence, parmi d'autres, de l'ordre public, le mot impératif peut toujours être remplacé par l'expression d'ordre public, mais la réciproque n'est pas vraie). V. *indicatif, supplétif, obligatoire, contraignant, interprétatif, loi, règle.*

IMPÉRATIF

Subst. masc. – De l'adj. *impératif.

- Exigence catégorique ; objectif essentiel ; commandement inflexible ; précepte qui ne souffre ni transgression ni mollesse. Ex. impératif de sécurité, de fraternité, de solidarité ; impératif de *conscience.

IMPÉRATRICE

V. *empereur.*

IMPERIUM

Terme latin signifiant « pouvoir de donner des ordres », « autorité », employé en doctrine par opposition à **jurisdictio* pour désigner la parcelle de puissance publique dont l'*arbitre, à la différence du juge étatique, est démuni (du fait qu'il tient son pouvoir *juridictionnel non d'une investiture officielle mais d'une convention d'arbitrage) ; le terme désigne, par voie de conséquence, l'ensemble des pouvoirs qui ont leur principe dans la détention d'une fraction de puissance publique : pouvoir de disposer de la force publique, d'ordonner une astreinte, etc. (ce qui explique que la sentence arbitrale n'a pas par elle-même force exécutoire, mais seulement en vertu d'une décision d'exequatur, CPC, a. 1477 ; que l'hypothèque judiciaire ne résulte que d'une sentence arbitrale revêtue de l'ordonnance judiciaire d'exécution, C. civ., a. 2412 ; que l'arbitre ne dispose pas du pouvoir d'*injonction de l'a. 11, al. 2, CPC, a.1464, al. 2 ; que la juridiction gracieuse, malgré son caractère juridictionnel, est étrangère à l'arbitrage en ce qu'elle postule la collation officielle d'une mission de contrôle.

IMPÉTRANT, ANTE

Subst. – De *impétrer.

- Celui qui a obtenu, sur sa candidature ou sa demande, un diplôme (autrefois un privilège ou un titre), plus généralement un avantage ; ne pas confondre avec *postulant ou *requérant.

IMPÉTRATION

N. f. – Lat. *impetratio.*

- Vx. Action d'arriver à ses fins, d'obtenir satisfaction, succès obtenu après une requête. Ex. impétration d'une grâce, d'un sursis ; voisin d'obtention. Comp. *octroi.*

IMPÉTRER

V. – Lat. *impetrare* : obtenir.

- Obtenir de l'autorité compétente l'avantage sollicité (rare) ; se dit encore parfois d'une requête. V. *impétrant.*

IMPIGNORATION

N. f. – Lat. *pignus* : gage ; bas lat. *impignoratio* : engagement ; *impignorare* : engager, hypothéquer.

- (rare). Mise en gage ; opération qui affecte un bien à titre de sûreté, non à titre translatif. Ex. de l'antichrèse, il ne résulte qu'une impignoration, non une aliénation de la chose ; la vente à réméré peut être rangée parmi les contrats d'impignoration, sans être un vrai contrat pignoratif. Comp. *engagement.*

IMPLICATION

N. f. – Lat. *implicatio,* entrelacement, embarras, enchaînement.

- **1** Action d'*impliquer une personne dans une *accusation ou un procès. Comp. **mise en cause, inculpation, poursuite.*
- **2** Action d'être *impliqué dans une affaire ou une procédure.
- **3** Conséquence logique résultant d'une proposition.
- **4** Indication de preuve tirée d'un fait connu. Comp. **présomption, indice.*

— d'un véhicule terrestre à moteur dans un accident de la circulation. Participation matérielle de ce véhicule à un tel accident qui suffit à engager la responsabilité civile de son conducteur ou du propriétaire, sans qu'il soit nécessaire que le véhicule ait été à l'origine certaine et immédiate du dommage (l. 5 juill. 1985, a. 1er, Conv. La Haye, 1971, a. 4).

IMPLICITE

Adj. – Lat. *implicitus,* part. pass. de *implicare* : plier dans, envelopper.

- Qui est impliqué, en l'absence de toute volonté exprimée, par la *nature d'un acte ou d'un comportement (et parfois, en vertu de la loi ou des usages) en sorte que l'on peut en admettre l'existence, en dépit de ce silence, du fait de l'acte ou du comportement. Ex. obligation implicite de sécurité attachée à un contrat (C. civ., a. 1135) ; consentement implicite tiré d'un certain agissement. Comp. *naturel, essentiel, tacite, non équivoque*. V. *expresse, *clause de style*.

— **(décision).** V. **silence* (sens 3).

IMPLIQUER

V. – Lat. *implicare (in, plico)*, plier dans, entortiller, envelopper, emmêler.

- **1** (une personne). La mettre en cause dans une *accusation, une *poursuite, une procédure, spécialement en matière pénale, ce qui peut s'entendre soit en un sens vague (avancer son nom, diriger sur elle les soupçons) soit en un sens précis (l'introduire dans la procédure, la poursuivre, etc.).
- **2** (une conséquence). Pour une proposition, en contenir une autre, non énoncée, qui lui est attachée. Ex. le sort des enfants dans le divorce implique l'attention particulière du juge aux affaires familiales. Une notion peut aussi, en ce sens, en impliquer une autre (le doute implique l'abstention ou la prudence). En matière de preuve on dit aussi, en un sens voisin, qu'un fait connu en implique un autre, si le premier est l'*indice du second.

— **(être).**

a / (dans un procès). Pour une personne, y être mise en cause (en l'un des sens ci-dessus).

b / (dans une affaire, une entreprise). Y être objectivement mêlée.

c / (dans un accident de la circulation, pour un véhicule terrestre à moteur) (sens spécial). Être intervenu dans l'accident, d'une manière ou d'une autre, seul ou avec d'autres, en mouvement ou à l'arrêt, avec ou sans contact, fait brut qui est source de responsabilité, pour peu que le véhicule soit entré dans l'enchaînement de l'accident, même si, instrument secondaire ou passif, il n'en est ni la cause originaire, ni la cause principale (l. 5 juill. 1985, a. 1). V. *implication*.

IMPORTATION

N. f. – Empr. à l'angl. *importation*, de *to import* : importer, empr. lui-même au lat. *importare*.

- Pénétration d'une marchandise sur le territoire national. Ant. *exportation*. V. *échange*.

IMPOSABLE

Adj. – Dér. de imposer.

- *Assujetti à l'*impôt, qui peut être imposé. V. *contribuable, redevable, grevé, contraignable, débiteur*. Ant. *dispensé, exempté, exonéré*.

— **(*matière).** L'objet que frappe l'impôt (capital, revenus, transactions, etc.) et à partir duquel est plus précisément déterminée l'*assiette de l'impôt. Comp. *taxable*.

IMPOSER

V. – Lat. *imponere*.

- **1** Rendre obligatoire, *exiger, soumettre à une obligation. Ex. la loi impose une formalité, un devoir, une charge. V. *prescrire, enjoindre, commander, obliger, contraindre*. Comp. *proposer, disposer*.
- **2** Plus spéc. assujettir à un *impôt.
- **3** Pour une *autorité de droit ou de fait, faire prévaloir sa volonté en vertu d'une prérogative ou de force. V. *contraindre*.
- **4** Parfois syn. de conférer, attribuer. Ex. imposer un nom, un prénom.

IMPOSITION

N. f. – Lat. *impositio*, de *imponere* : imposer.

- **1** Dans le langage courant, syn. d'*impôt ou de contribution. Ex. les impositions locales. Comp. *assujettissement*.
- **2** Procédé technique d'assiette et de liquidation d'un impôt. Ex. l'imposition par foyer, en matière d'impôt général sur le revenu, qui bloque les revenus des divers membres de la famille au nom du chef de famille.
- **3** Parfois syn. de *collation ; action de conférer qqch. à qqn. Ex. imposition d'un prénom à un enfant.
- **4** Fait d'imposer certaines contraintes de marché. Ex. imposition de prix ou de conditions discriminatoires. V. *discrimination*.

IMPOSSIBILITÉ

N. f. – Lat. *impossibilitas,* dér. de *impossibilis* : impossible.

- Caractère de ce qui est *impossible.

IMPOSSIBLE

Adj. – Du lat. *impossibilis* : impossible.

- **1** (s'agissant du fait d'un débiteur). Qui ne peut être accompli ou évité pour une raison matérielle (perte, arrêt de fabrication, tempête) ou juridique (prohibition, expropriation, réquisition) de caractère objectif (non à cause de la faiblesse du débiteur) et insurmontable (absolument), soit que l'impossibilité existe lors de l'engagement (ex. le contrat qui a, au départ, un objet impossible est nul), soit que l'impossibilité survienne après coup (ex. si l'exécution devient impossible par l'effet d'une *force majeure, le débiteur est libéré). Ant. *possible.*

  ADAGE : *Impossibilium nulla obligatio.*
- **2** (s'agissant d'un événement). Dont on est sûr, dès l'engagement, qu'il ne peut se produire (en ce sens, la condition impossible rend nulle la convention qui en dépend, C. civ., a. 1172) ; ex. si tel cheval remporte le prix, alors qu'il n'est pas engagé dans la course.
- **3** Plus généralement, exclu en fait. Ex. paternité impossible.
- **4** Parfois syn. d'*interdit, défendu (en droit). Ex. mariage impossible.

IMPÔT

N. m. – Lat. *impositum,* de *imponere.* V. *imposition.*

- **1** Prélèvement obligatoire destiné à financer les dépenses budgétaires de l'État et de certains autres organismes publics, collectivités locales, établissements publics à vocation territoriale (régions, par ex.).
- **2** Mode de répartition des charges publiques fondé sur l'adaptation aux facultés contributives des citoyens. V. *quotité, répartition, proportionnalité, progressivité, revenu, imposition.*

— **cédulaire.**

a / D'une manière générale, impôt qui frappe une catégorie de revenus, par opp. à l'impôt général sur le revenu.

b / Spéc., les impôts directs proportionnels, en France, de 1917 à 1948.

— ***direct.** Impôt établi nominativement d'après les facultés contributives personnelles du contribuable (revenus, fortune…) qui est perçu par voie de rôle nominatif et supporté par celui qui en est légalement redevable. Ex. impôt sur le revenu, impôt sur le capital. Ant. *impôt indirect.*

— **indiciaire.** V. *indiciaire (impôt).*

— ***indirect.** Impôt non établi nominativement qui, frappant certains actes ou opérations (importations, mutations), peut être répercuté par le payeur légal sur le consommateur dont les facultés contributives sont ainsi appréhendées à l'occasion des dépenses qu'il engage, signe de richesse. Ex. taxe sur le chiffre d'affaires, droit d'enregistrement. Ant. *impôt direct.*

— ***personnel.** Impôt dont le montant est calculé en tenant compte de la situation individuelle du contribuable (situation de famille, etc.). Ex. impôt sur le revenu. Ant. *impôt réel.*

— ***réel.** Impôt qui frappe la matière imposable sans tenir compte de la situation individuelle du contribuable. Ex. impôt foncier. Ant. *impôt personnel.*

IMPRÉGNATION ALCOOLIQUE

- Présence d'alcool dans le sang (alcoolémie) que la loi prend en considération lorsqu'elle est susceptible de troubler les perceptions, les réflexes et les facultés psychiques du sujet, même sans qu'il y ait état d'*ivresse, soit comme élément d'infraction (ex. la conduite d'un véhicule avec un taux d'alcoolémie égal ou supérieur à celui que tolère la loi est un délit), soit pour l'aggravation de la peine (ex. les peines encourues pour homicide ou blessures par imprudence sont doublées en ces cas). Comp. *ivresse, intempérance.*

IMPRÉSARIO

Subst. – Empr. à l'ital. *impresario,* dér. de *impresa* : entreprise.

- Celui qui a pour activité professionnelle l'*agence artistique. Syn. **agent artistique.*

IMPRESCRIPTIBILITÉ

N. f. – Dér. de *imprescriptible.

- **1** (sens gén.). Qualité d'un droit ou d'une action en justice qui n'est pas susceptible de s'éteindre par le *non-usage, marque symbolique (et pratique) de la valeur exceptionnelle ainsi attachée à un droit soustrait à l'action du temps (qui est de règle). Ex. imprescriptibilité du droit de propriété ainsi que de l'action en revendication de la propriété immobilière ou mobilière. V. *perpétuité* ; comp. *inaliénabilité.*
- **2** (adm.). Caractère des biens composant le *domaine public et qui, complétant leur *inaliénabilité, s'opp. à ce que les dépendances de celui-ci puissent faire l'objet d'une prescription tant de la propriété que de ses démembrements (imprescriptibilité qui s'étend aux actions en justice protégeant le domaine public).

IMPRESCRIPTIBLE

Adj. – De *in* et *prescriptible.

- Qui échappe à la *prescription extinctive ; qui ne s'éteint pas par le *non-usage. Ex. la propriété est un droit imprescriptible. Comp. *perpétuel, héréditaire, inaliénable, indisponible.* Ant. *prescriptible.*

IMPRÉVISIBILITÉ

N. f. – Dér. de *imprévisible.

- Caractère de ce qui est *imprévisible ; caractère de ce qui ne pouvait être prévu par un individu raisonnable et compte tenu des circonstances lors de la conclusion d'un contrat ou de la réalisation d'un fait dommageable et qui, appliqué au préjudice (en matière contractuelle), le rend, sauf exception, non réparable (C. civ., a. 1231-3) ou qui, associé à d'autres caractères (*extériorité, *irrésistibilité), contribue à caractériser une *cause étrangère exonératoire de responsabilité contractuelle ou délictuelle.

IMPRÉVISIBLE

Comp. du préf. nég. *in* et *prévisible.

- Qui échappe à toute prévision raisonnable ; se dit d'un *dommage (C. civ., a. 1231-3) ou d'un événement de *force majeure. Ant. *prévisible.*

IMPRÉVISION (THÉORIE DE L')

N. f. – Comp. de prévision, lat. *praevisio,* de *praevidere* : prévoir.

- **1** Théorie prétorienne élaborée par le Conseil d'État mais rejetée par la jurisprudence civile et discutée dans ses rattachements (continuité du service public, clause **rebus sic stantibus,* bonne foi, etc.) en vertu de laquelle le juge a le pouvoir de réviser un contrat à la demande d'une partie lorsque par suite d'un événement extérieur, étranger à la volonté des contractants (circonstances économiques, monétaires, etc.) et imprévisible lors de la conclusion (d'où le nom de la théorie), l'exécution de celui-ci devient pour l'un des contractants non pas *impossible (différence avec la *force majeure), mais tellement onéreuse qu'elle risque de le ruiner (et parfois d'interrompre le service public), déséquilibre dans l'économie du contrat qui à la différence de la *lésion survient en cours d'exécution. V. *révision pour imprévision, circonstances, hardship (clause de).*
- **2** (plus précisément). Théorie jurisprudentielle destinée à concilier la force obligatoire des *contrats administratifs et les exigences de continuité du *service public, suivant laquelle le cocontractant de l'administration, sans être délié de ses obligations, a droit à une indemnité compensatrice des charges extracontractuelles résultant pour lui d'événements imprévisibles et anormaux indépendants de sa volonté qui ont eu pour conséquence un bouleversement de l'économie du contrat. V. **sujétions imprévues, *fait du prince.*

IMPRUDENCE

N. f. – Lat. *imprudentia.*

- **1** Espèce de *faute non intentionnelle (*quasi-délit), source de responsabilité civile (C. civ., a. 1241) ou pénale, qui se distingue de la *négligence par l'initiative qu'elle suppose (acte d'imprudence : excès de vitesse, escalade, etc.). V. *intention, délit d'imprudence, délit non intentionnel.*

- **2** Plus vaguement et plus banalement, tout manquement à la *prudence.

IMPUBERTÉ

N. f. – Comp. de puberté, lat. *pubertas.*

- État de l'enfant qui n'a pas encore atteint l'âge auquel la loi autorise le mariage (18 ans) ; défaut d'âge qui constitue un empêchement au mariage (sauf dispense accordée par le procureur de la République) et une cause de nullité absolue du mariage.

IMPUGNER

V. – Lat. *impugnare,in* : contre, et *pugnare* : combattre.

- (lang. jud., peu usité). *Attaquer un jugement, un acte, une opinion. V. *contester, interjeter.* Comp. *intenter.*

IMPUISSANCE

N. f. – Comp. de *in* et *puissance.

- État d'un homme qui ne peut accomplir l'acte sexuel complet ; incapacité qui, n'étant pas une cause de nullité du mariage (sauf si elle a été dissimulée par l'homme à sa future épouse), peut être un moyen de preuve de la non-paternité légitime (C. civ., a. 312-2 anc.) ou naturelle (a. 340 anc.), ou, si les circonstances en font une faute, une cause de divorce (a. 242).

IMPUNITÉ

N. f. – Lat. *impunitas.*

- Fait de n'être pas *puni ; de se soustraire à la punition (ex. par la fuite) ou d'y échapper soit du fait des circonstances (ex. faute de preuve), soit pour une raison de droit (*immunité, prescription criminelle). Se dit du déliquant (impunité du criminel) ou de l'infraction (impunité du crime). Comp. *exterritorialité, inviolabilité, exemption, exonération.*

IMPUTABILITÉ

N. f. – Dér. de *imputable.

- Caractère de ce qui peut être mis au compte d'une personne comme une *faute, en raison de ce que cette personne jouit d'une volonté libre et consciente (condition d'imputabilité de la faute) ou, plus généralement, comme un fait à sa charge, en raison de ce que ce fait provient bien de sa part non d'une *cause *étrangère. Ant. **non-imputabilité.* V. *culpabilité, responsabilité.*

IMPUTABLE

Adj. – De imputer. V. *imputation.*

- **1** (d'un fait dommageable).

a / Qui peut être regardé comme une *faute de la part d'une personne (lui être subjectivement imputé à faute), en raison de ce que ce fait (par ailleurs supposé objectivement illicite) procède chez son auteur d'une *volonté libre et consciente.

b / Qui peut être retenu à la charge d'une personne en raison de ce que ce fait (supposé illicite) provient bien de sa part (de son fait personnel ou du fait d'une personne ou d'une chose dont elle doit répondre) non d'une *cause étrangère. V. **non-imputabilité.*

- **2** (d'une valeur). Qui doit être imputée sur une autre valeur, lui être appliquée pour en être soustraite ; déductible. Ex. libéralité imputable sur la quotité disponible ; libéralité *rapportable imputable sur la part successorale.

IMPUTATION

N. f. – Dér. du v. imputer, lat. *imputare* : porter au compte.

- **1** Opération de calcul comparable à une soustraction consistant à appliquer une valeur (correspondant par ex. à une libéralité rapportable ou à une dette) sur une autre valeur (correspondant à une part successorale ou à une créance) en vue de déduire la première de la seconde, afin de faire apparaître, s'il existe, l'excédent à remettre (par ex. à l'héritier qui a fait le *rapport). V. **rapport des libéralités, des dettes.* Comp. *compensation.*

— **des paiements.** Détermination, par le débiteur ou par la loi, de celle des dettes distinctes de ce débiteur envers un même créancier qui doit être éteinte en tout ou en partie par un paiement insuffisant pour les éteindre toutes (C. civ., a. 1342-10).

- **2** Opération comptable consistant à rattacher tout ou partie d'une charge ou d'un profit au résultat d'un exercice déterminé.
- **3** Fait de précompter sur les droits fiscaux auxquels donne ouverture une opération les sommes déjà perçues à l'occasion de celle-ci.
- **4** Fait d'imputer quelque chose à quelqu'un afin de lui en faire grief, de lui attribuer un acte à lui reprocher. Comp. *diffamation, injure, dénonciation calomnieuse, accusation, inculpation.* V. *imputabilité.*
- **5** Prise en considération de la durée d'un internement en vue de déduire cette durée de celle d'une peine. Ex. imputation de la détention préventive sur la peine prononcée. Comp. *confusion.*

INACTIF, IVE

Adj. – Comp. de *in* et *actif.

- Ant. *actif.*

INACTIVITÉ

Comp. de *in* et *activité.

- Ant. *activité.*

INALIÉNABILITÉ

N. f. – Dér. de *inaliénable.

- **1** (sens gén.). Qualité (juridique) d'un bien (ou d'un droit) qui ne peut valablement être l'objet d'une aliénation, soit par l'effet d'une interdiction légale (biens du domaine public, droit d'usage et d'habitation attaché à la personne, C. civ., a. 631, 634) soit (mais dans les limites de la loi) en vertu de la volonté de l'homme (clauses d'inaliénabilité temporaire et dans un intérêt justifié, C. civ., a. 900-1 ; substitutions permises, C. civ., a. 1048) ; espèce d'*intransmissibilité ou d'*indisponibilité (cette dernière notion est plus large. mais l'inaliénabilité, souvent confondue avec elle, est considérée comme en portant les effets). Syn. *incessibilité.* Ant. *aliénabilité.* Comp. *insaisissabilité, imprescriptibilité, intransmissibilité.*
- **2** (adm.). Caractère des biens composant le *domaine public et qui s'oppose à ce que les dépendances de celui-ci puissent faire l'objet d'une aliénation volontaire ou forcée ou d'une constitution de droits réels civils au profit des particuliers. V. **imprescriptibilité.*

INALIÉNABLE

Adj. – Comp. de *in* et *aliénable.

- Qui ne peut être l'objet d'une *aliénation, *hors commerce. V. *inaliénabilité.* Comp. *indisponible, incessible, intransmissible, imprescriptible, insaisissable.* Ant. *aliénable.*

INAMOVIBILITÉ

N. f. – Dér. de *inamovible.

- **1** Situation juridique de celui qui, investi d'une fonction publique, ne peut être révoqué, suspendu, déplacé (même en avancement) ou mis à la retraite prématurément (sauf pour faute disciplinaire ou raison de santé et, en pareils cas, dans les conditions et les formes prévues par la loi), tous avantages considérés comme une garantie d'indépendance à l'égard des pouvoirs publics et d'impartialité dans l'exercice de la fonction. Ex. l'inamovibilité expressément reconnue aux magistrats du siège de l'ordre judiciaire et de la Cour des comptes. Ant. **amovibilité.*
- **2** Par ext., nom donné à la situation des titulaires d'offices publics (notaires) ou ministériels (avocats au Conseil d'État et à la Cour de cassation, huissiers de justice) en raison du caractère vénal de l'office ainsi que du droit pour son titulaire de le conserver sa vie durant et de le transmettre à clause de mort ou de le céder de son vivant (sous réserve de l'agrément du successeur par le ministre de la Justice).

INAMOVIBLE

Adj. – Comp. de *in* et de amovible, lat. médiév. *amovibilis,* du v. *amovere* : éloigner, écarter.

- Qui jouit de l'*inamovibilité.

INAPTE

Adj. – Comp. de *in* et *apte.

- Ant. **apte*. Comp. *inadapté, incapable*.

INAPTITUDE

N. f. – Comp. de *in* et de *aptitude.

- **1** Pour une personne juridiquement capable, incapacité de fait à exercer une activité déterminée qui peut justifier, lorsqu'elle est établie, une mesure d'adaptation. Ex. inaptitude d'un époux à gérer la communauté, cause de *transfert judiciaire d'administration (C. civ., a. 1426). V. *capacité, incapacité*. Comp. *négligence, fraude*.
- **2** Plus vaguement, toute *incapacité de droit ou de fait.
- **3** Plus spéc., pour un travailleur, disqualification qui, survenant au cours de la vie active, peut donner lieu à la rupture du contrat de travail, mais aussi au versement anticipé de prestations de vieillesse. Comp. *inadaptation*.
- **4** Dans un sens neutre, défaut de *pouvoir. V. *incompétence*.

IN ARTICULO MORTIS

Expression latine signifiant « à l'article de la mort », encore utilisée pour caractériser un acte accompli **in extremis* par une personne avant sa mort, par ex. un testament fait sur son lit de mort.

INATTAQUABLE

Adj. – Préf. nég. in du lat. *in* et *attaquable.

- S'emploie absolument pour caractériser un acte contre lequel aucun *recours n'est ouvert (syn. *insusceptible de recours) ou relativement à une voie déterminée (inattaquable par la voie de l'appel). Comp. *irrévocable, définitif*.

IN BONIS

Termes latins signifiant « dans ses biens » aujourd'hui encore utilisés pour désigner le débiteur qui est à la tête de son patrimoine, maître de ses biens, par opp. à celui qui est dessaisi de ses pouvoirs de gestion en raison not. d'une liquidation judiciaire.

INCAPABLE

Subst. et adj. – Comp. de capable, lat. *capabilis* : susceptible de, de *capere* : prendre, contenir, comporter.

- **1** Personne légalement frappée d'une *incapacité de jouissance ou d'exercice (et donc soumise en droit à un *régime juridiquement établi). Comp. *incapable de fait*. V. **régime de protection, mineur*. Ant. *capable*.

— **majeur.** Nom encore souvent donné (dans la pratique, non dans la loi) aux *majeurs *protégés (ou au moins à ceux d'entre eux qui perdent l'exercice de leurs droits).

- **2** Personne qui, bien que non (ou non encore) soumise à un régime d'incapacité juridiquement établi, est, en fait, dans l'impossibilité de pourvoir à ses intérêts ou d'accomplir un acte (on précise parfois incapable de fait). V. *inapte*.

INCAPACITÉ

N. f. – Comp. de *in* et de *capacité.

- **1** *Inaptitude juridique qui, dans les cas déterminés par la loi (on parle d'incapacité légale ou de droit), empêche une personne d'acquérir ou d'exercer valablement un droit. Ant. **capacité*. V. *incapable*.

— **de donner et de recevoir (double).** Peine *accessoire aujourd'hui supprimée (1994) qui privait le condamné à une peine criminelle perpétuelle de droit commun du droit de disposer de ses biens, en tout ou en partie, soit par donation entre vifs, soit par testament et qui l'empêchait de rien recevoir à ce titre si ce n'est pour cause d'aliments (Anc. c. pén., a. 36). Comp. **interdiction légale*.

— **de *jouissance.** Inaptitude juridique à devenir titulaire d'un droit qui se distingue de la mort civile par son caractère nécessairement spécial (à certains droits), mais qui peut exister soit à l'égard de toute personne (incapacité *absolue de recevoir à titre gratuit frappant certains condamnés), soit seulement dans les rapports de deux personnes déterminées (incapacité *relative, ex. le médecin ne peut recevoir une libéralité que lui aurait faite, pendant sa dernière maladie, le malade qu'il soigne). V. *personnalité*.

— **de *protection.** Nom donné aux incapacités d'exercice qui, établies pour protéger l'incapable, sont sanctionnées dans l'intérêt de ce dernier par une nullité relative dite de protection.

— **d'*exercice.** Inaptitude juridique par l'effet de laquelle une personne ne peut, à peine de nullité, soit exercer elle-même ses droits (sauf à être représentée par une autre personne, ex. le mineur représenté par le tuteur), soit les exercer seule (sans l'*assistance ou l'autorisation d'une autre personne, ex. le prodigue assisté du curateur) et qui peut englober l'ensemble des actes de la vie civile (incapacité générale) ou n'affecter que certains actes déterminés. V. *majeur protégé, *régime de protection, curatelle, tutelle.*

- **2** Inaptitude physique à laquelle certaines législations (not. le Droit social) attachent divers effets.

— **de travail.** Impossibilité de gagner sa vie à laquelle se heurte un salarié à la suite d'un accident ayant entraîné la diminution de ses capacités physiques.

— **partielle.** Celle qui réduit la capacité de travail et de gain de la victime d'un accident (poste global appelé à se scinder en deux *postes distincts d'indemnisation du *dommage *corporel, le *déficit fonctionnel (*temporaire ou *permanent), la *perte de gains professionnels (actuels ou futurs). V. *nomenclature, chef.*

— **permanente.** Celle qui subsiste après la consolidation de la blessure et donne droit à l'attribution d'une rente.

— **temporaire.** Celle qui empêche la victime de travailler pendant un certain temps et donne droit à une indemnité journalière depuis le lendemain de l'accident ou de la première constatation médicale de la maladie jusqu'au jour, soit de la guérison, soit de la consolidation de la blessure.

— **totale.** Celle qui empêche définitivement la victime d'un accident d'exercer tout travail rémunérateur.

INCARCÉRATION

N. f. – Dér. de incarcérer, lat. médiév. *incarcerare,* de *carcer* : prison.

- Mise en prison. Comp. *emprisonnement, détention, écrou.* V. *carcéral, isolement, libération, élargissement.*

IN CASU

Expression lat. signifiant « dans l'espèce », encore employée dans ce sens, sous les nuances suivantes :

- **1** En l'espèce, dans le *cas envisagé ; se dit d'une décision prise en considération des circonstances particulières d'un cas litigieux. V. *pouvoir *modérateur.*

- **2** Cas par cas ; dans chaque *espèce ; se dit d'une appréciation qui ne peut être portée qu'individuellement, dans chaque cas, en fonction des particularités de chaque situation. Comp. **individualisation judiciaire, personnalisation, notion-cadre.*

INCENDIE

N. m. – Lat. *incendium.*

- Embrasement d'une chose quelconque, mobilière ou immobilière, entraînant sa destruction partielle ou totale sous l'action directe d'un *feu susceptible de se propager : cause de sinistre pouvant engager la responsabilité délictuelle du gardien du bien dans lequel l'incendie a pris naissance (si sa faute est prouvée) en cas de dommages aux tiers (C. civ., a. 1242), la responsabilité contractuelle du preneur envers le bailleur pour les dégâts aux lieux loués (ex. C. civ., a. 1733), ou parfois la responsabilité pénale de son auteur.

— **involontaire.** Contravention consistant à mettre le feu par imprudence, qui devient un délit s'il entraîne la mort ou des blessures (C. pén., a. 322-5) ou la destruction de bois ou forêts (C. for., a. L. 322-1).

— **volontaire.** Crime consistant à mettre intentionnellement le feu et sanctionné selon la nature des biens atteints et l'intensité du danger couru par les personnes (C. pén., 322-6).

INCERTAIN, AINE

Adj. – Comp. du préf. *in,* négatif, et de *certain.

- **1** Se dit d'un événement dont on ne sait s'il arrivera ou non (avancement, changement de résidence) ; en ce sens, le *terme ne correspond jamais à un événement incertain, la *condition toujours (C. civ., a. 1304). Comp. **éventuel, aléatoire, fortuit.* Ant. **certain.* V. *accompli, risque.*

• **2** Se dit d'un événement *futur qui se produira nécessairement mais à une date qu'on ignore (ex. décès d'une personne). Ant. *certain.*

— **(terme).** Terme choisi par référence à un événement dont la date *indéterminée n'est pas connaissable.

• **3** Se dit d'une jurisprudence flottante, non encore fixée. Ant. *constant.*

• **4** Douteux, mal *établi (dans sa preuve), ou même en droit. Comp. *contestable.* Ant. *certain, constant.*

• **5** Dans certaines expressions, indéterminé et indéterminable. V. *personne incertaine.*

INCESSIBILITÉ

N. f. – Dér. de *incessible.

• Syn. d'*inaliénabilité, employé de préférence quand il s'agit d'un bien incorporel (créance, pension, brevet d'invention, fonds de commerce). V. *indisponibilité, instransmissibilité, extrapatrimonial.* Ant. *cessibilité.* Comp. *insaisissabilité.*

INCESSIBLE

Adj. – Comp. de *in* et de *cessible.

• Qui ne peut être l'objet d'aucune *cession. Comp. *indisponible, insaisissable, personnel, extrapatrimonial.* Ant. *cessible.*

INCESTE

Subst. masc. – Lat. *incestus,* adj. (*in, castus* : non chaste) et *incestum,* subst. : souillure.

• **1** Union en vue du mariage que la loi interdit entre les parents ou alliés qu'elle détermine (C. civ., a. 161 s.). V. *empêchement, nullité.*

— ***absolu.** Union dont la prohibition ne peut être levée par une *dispense (mariage entre parents en ligne directe ou entre frère et sœur).

— ***relatif.** Union dont la prohibition peut être levée par une dispense (C. civ., a. 164).

• **2** Rapport sexuel entré proches parents incriminé comme agression ou atteinte sexuelle lorsque celle-ci est commise par un ascendant sur un mineur non marié (C. pén., a. 222-24 s., 227-26 s.).

INCESTUEUX, UEUSE

Adj. – Lat. *incestuosus.*

• Issu de l'*inceste (*enfant incestueux), entaché d'inceste (union ou filiation incestueuse). Comp. *adultérin.*

INCIDENCE

De *incident.

• (de l'impôt). Détermination de la personne qui supporte l'impôt (qui en supporte définitivement la charge sans pouvoir la répercuter sur d'autres). Comp. *contribution.*

INCIDENT

Adj. – Lat. médiév. *incidens,* de *incidere* : survenir.

• **1** (sens générique). Qui survient au cours d'une instance déjà introduite par une demande dite *initiale ou *principale ; se dit surtout d'une contestation qui se greffe sur cette instance (par ex. sur la compétence du juge saisi, la nullité d'un acte de procédure), parfois de tout acte ou événement qui affecte l'instance (mesure d'instruction, décès d'un plaideur en cours d'instance, etc.). V. *jugement incident.*

— **(appel).**

a / Le plus souvent (au sens strict), *appel formé par un *intimé soit contre l'*appelant, soit contre les autres intimés, CPC, a. 548.

b / Plus largement, tout appel consécutif à l'appel principal ; englobe en ce sens même l'*appel provoqué (lequel formé à la suite d'un appel principal ou incident – au sens strict – émane de toute personne non intimée qui avait été partie en première instance, CPC, a. 549).

— **(*pourvoi).** Désigne, comme l'appel incident (CPC, a. 614) soit, au sens strict, celui qui émane du défendeur au pourvoi initial, soit, plus largement, tout pourvoi consécutif au pourvoi initial, y compris le pourvoi provoqué. Ant. **pourvoi *principal* ou *initial.*

• **2** Quand il qualifie une *demande en justice, prend un sens très restreint : demande incidente signifie seulement demande qui modifie les prétentions originaires (du demandeur initial) en y ajoutant (demande *additionnelle) ou en leur opposant (demande *reconventionnelle) d'autres prétentions ou qui élargit le groupe des parties originaires au procès en introduisant en la cause d'autres plaideurs (*intervention). V. CPC, a. 63 s.; V. **incident de fond.*

INCIDENT

N. m. – V. le précédent.

- **1** (pr.).
a / En un sens très large, tout ce qui survient au cours d'un procès *(quidquid incidit in litem)* et peut avoir une incidence sur ce procès (y compris la majorité ou le décès d'une partie).
—s d'instance. Ensemble des faits et actes (événements et décisions même non juridictionnelles) qui affectent le cours de l'instance: jonction et disjonction d'instance, interruption, suspension, extinction de l'instance, CPC, a. 367 s. V. *sursis à statuer, radiation, *péremption d'instance, *désistement d'instance, acquiescement.*
b / En un sens moins large (mais encore très étendu) toute procédure greffée sur une instance principale (accessoire au procès principal), soit qu'elle tende à un jugement définitif tranchant une véritable contestation, litige latéral distinct du principal (incidents de procédure. incidents de fond), soit qu'elle tende à un jugement avant dire droit dont l'objet peut être d'ordonner une mesure d'instruction (enquête, expertise) ou une mesure provisoire (provision alimentaire, provision *ad litem*), cas dans lesquels il n'y a parfois pas de contestation, au moins sur le principe de la mesure. V. *jugement incident.*
— de fond. Nom parfois donné aux demandes *incidentes qui, reliées au principal, modifient le fond du procès entre parties originaires (demandes additionnelles ou reconventionnelles) ou introduisent de nouvelles parties dans l'instance (intervention).
— de procédure. Contestations distinctes du principal (on dit parfois accessoires, annexes, latérales) dont l'objet particulier très divers peut être de critiquer la validité d'un acte de procédure (incident de nullité) ou la saisine du juge (incident de compétence, de récusation, etc.) ou la valeur d'une preuve (incident de *faux, *vérification d'écriture), etc.
- **2** Dans un sens courant, facteur de trouble, élément de surprise (dispute, désordre, révélation) qui perturbe ou infléchit le cours d'un débat ou d'une délibération. Ex. incident d'audience, incident de séance.
—s de séance (théorie des). Théorie autrefois élaborée pour permettre la révocation des dirigeants de société, en vertu de laquelle la révélation au cours d'une assemblée générale de faits nouveaux et graves justifie l'examen immédiat d'une question qui pourtant ne figure pas à l'ordre du jour.

INCIDENTAIRE

Adj. – Dér. de *incident.

- (péj. peu usité). Chicaneur qui soulève des *incidents.

INCIDENTER

V. tiré de *incident.

- Faire naître des *incidents (lang. du palais, rare). V. *contester, impugner.*

INCITATION

N. f. – Lat. *incitatio* : élan, impulsion.

- Syn. *instigation.* V. *apologie, débauche, excitation, provocation.*

INCOLAT

N. m. – Du lat. *incola, ae,* habitant, indigène, compatriote (corr. au gr. παροικος).

- (obs.). Se disait naguère de la personne qui demeure dans un pays qui n'est pas le sien, ainsi de l'étranger établi en France.

INCOMBANCE

N. f. – Néol. (emprunté au vocabulaire juridique suisse) ; du v. *incomber.

- *Charge, *devoir dont l'inobservation expose son auteur non à une condamnation, mais à la perte des avantages attachés à l'accomplissement du devoir. V. *déchéance*. Comp. *obligation*.

INCOMBER

V. – Lat. *incumbere* : peser sur.

- **1** Se dit dans le procès des *charges qui pèsent sur les parties (*allégation, *preuve).

ADAGE : *Actori incumbit probatio.*

● **2** Se dit plus généralement d'une mission ou d'une fonction dont est chargée une personne.

INCOMMUTABILITÉ

N. f. – Lat. *incommutabilitas,* de *incommutabilis,* v. incommutable.

● (rare). Caractère de ce qui est *incommutable (droit, propriété) ; se disait notamment d'une possession centenaire.

INCOMMUTABLE

Adj. – Du lat. *incommutabilis,* de *in,* préf. nég. et *commutabilis,* qui peut être changé, de *commutatio,* changement, mutation.

● (anc. jur.). S'agissant d'un propriétaire (ou d'un bien, parfois d'un droit) : qui ne peut être (ou dont on ne peut être) légitimement dépossédé ; se dit encore parfois dans la pratique notariale, de la propriété ou du propriétaire, pour exprimer que celui-ci n'encourt aucun risque d'être dépossédé du bien qu'il a valablement acquis (ce qui n'exclut ni l'application de l'article 545 ni un contentieux de validité) et que le transfert de propriété a un caractère définitif, terme auquel incommutable est fréquemment associé (comme il l'était jadis dans la formule féodale : « posséder en héritage perpétuel parfait et incommutable ») ; survivance marginalement utile dans les acquisitions complexes.

INCOMPATIBILITÉ

N. f. – Dér. de incompatible, comp. de compatible, du v. lat. *compati.*

● Impossibilité légale de *cumuler, soit certaines fonctions publiques, soit certains mandats électifs, soit une fonction publique ou un mandat électif avec certaines occupations ou situations privées, soit même deux activités privées (telles que commerçant et commissaire aux comptes). Comp. *inéligibilité, interdiction.* V. *cumul.*

INCOMPÉTENCE

N. f. – Dér. de incompétent, lat. *incompetens* : déplacé, qui ne cadre pas.

● (Sens gén.) *Inaptitude d'une autorité publique à accomplir un acte juridique. Ex. incompétence de l'exécutif, d'un ministère, d'un officier de l'état civil, d'une juridiction.

▸ **I** (adm.)

● Méconnaissance positive ou négative, par l'auteur d'un acte administratif, des règles de sa compétence, vice radical (insusceptible d'être couvert par la ratification de l'autorité compétente) qui constitue, dans le recours pour excès de pouvoir, au titre de la légalité externe des actes administratifs, un moyen d'ordre public que le juge de l'annulation peut soulever d'office. Comp. *excès de pouvoir, usurpation de fonctions, substitution.*

▸ **II** (pr. civ.) (incompétence du juge)

● **1** *Inaptitude d'une juridiction à connaître d'une affaire, *ratione materiae, loci* ou *personae.* Ant. *compétence.*

● **2** Syn. *brevitatis causae* d'*exception d'incompétence. Ex. incompétence soulevée par les parties, incompétence relevée d'office.

— **(exception d').** *Moyen de défense appartenant à la catégorie des exceptions de *procédure qui doit à peine d'irrecevabilité être soulevée par les parties avant toute défense au fond ou fin de non-recevoir (CPC, a. 74) et sur laquelle le juge dont l'incompétence est prétendue se prononce en statuant ou non selon les cas sur le fond du litige (CPC, a. 76 s.) ; moyen semblable qui peut être relevé d'office par le juge dans les cas spécifiés par la loi (a. 92 s.).

INCONSTITUTIONNALITÉ

N. f. – Dér. de inconstitutionnel. V. *Constitution.*

● Caractère de ce qui n'est pas conforme à la *Constitution. Comp. *illégalité, illicéité, illégitimité, irrégularité.* V. *Conseil constitutionnel, question (prioritaire de constitutionnalité).* Ant. *constitutionnalité.*

INCONTESTABILITÉ (CLAUSE D')

Dér. de *incontestable.

● Clause qui petit être insérée dans une police d'assurance sur la vie et par laquelle l'assureur s'engage à ne pas contester la validité du contrat pour omission ou déclaration inexacte du risque par l'assuré, le cas de mauvaise foi excepté ; nom également donné à la clause (plus souvent encore appelée clause de non-contestation et dont l'illicéité est reconnue au moins en droit européen) par laquelle le licencié promet de ne pas contester la validité d'un brevet.

— **différée.** Clause qui peut être insérée dans une police d'assurance sur la vie (en cas de décès) et par laquelle l'assureur garantit le suicide conscient de l'assuré si celui-ci se produit plus de deux ans après la conclusion du contrat.

INCONTESTABLE

Adj. – Préf. négatif *in* et *contestable.

- **1** Qui échappe, en droit, à toute discussion, en ce que sa remise en cause se heurte, en justice, à une *fin de non-recevoir (irrecevabilité sans examen de fond). Ex. C. civ., anc. a. 322, al. 2 ; juridiquement inattaquable. Comp. *irréfragable, péremptoire, décisoire, créance incontestée.* Ant. *contestable* (sens 1).
- **2** Qui est, en fait, indiscutable, soit dans sa force probante (parce que *certain, avéré, patent), soit par sa valeur éprouvée dans tel ou tel ordre (juridiquement, moralement, etc.), indubitable. Comp. *établi, constant, évident, manifeste, flagrant, notoire.* Ant. *contestable* (sens 2).

INCONVÉNIENT

N. m. – Lat. *inconveniens* : qui ne s'accorde pas, qui ne sied pas.

- Désagrément ou *préjudice résultant pour une personne d'une situation de fait ou d'un acte juridique. Ex. inconvénients *anormaux de *voisinage. V. *trouble, dommage, nuisance, pollution.*

INCONVENTIONNALITÉ

Caractère de ce qui n'est pas conforme à une convention internationale. Comp. *inconstitutionnalité.*

INCONVERTIBILITÉ

N. f. – Dér. de *inconvertible.

- Qualité de ce qui est *inconvertible, spécialement des billets de banque mis en circulation sous le régime du *cours forcé. Ant. *convertibilité.* V. *conversion, change.*

INCONVERTIBLE

Adj. – Comp. de *in* et *convertible.

- Qui ne peut être l'objet d'une *conversion, se dit surtout du billet de banque dont le porteur ne peut exiger de l'émetteur qu'il soit remboursé en pièce d'or. Ant. *Convertible.* Comp. *non *fongible.*

INCORPORATION

N. f. – Dér. de incorporer, lat. médiév. *incorporare,* de *corpus* : corps.

► **I** (adm.)

- Opération consistant à faire entrer une personne ou un bien dans une catégorie soumise à un régime déterminé. Ex. incorporation des jeunes gens (dans les différentes catégories d'exécution du service national). V. **report d'incorporation, sursis* ; incorporation de biens au domaine public artificiel (par la procédure de l'*alignement).

► **II** (priv.)

- **1** Fiction légale en vertu de laquelle un droit incorporel en soi (not. une créance) est censé s'être matérialisé dans un document, objet corporel (une lettre, un titre) de telle sorte que le détenteur du document (le porteur) est *ipsofacto* considéré comme titulaire du droit qui y est indivisiblement attaché et que le droit passe nécessairement (et sans preuve contraire possible) de main en main avec son support matériel. Comp. *dématérialisation.*
- **2** Espèce d'*accession.

► **III**

Désigne divers mécanismes dans les expressions suivantes :

— **de la loi dans le contrat** (doct.). Conception selon laquelle la loi choisie par les parties perdrait son caractère propre de loi en s'insérant dans le contrat et deviendrait simple disposition conventionnelle de même nature que les autres stipulations du contrat. Comp. *assimilation, qualification.*

— **de réserves au capital.** Affectation au *capital social de tout ou partie des *réserves d'une société (opération comptable qui, décidée par l'assemblée générale extraordinaire des associés et réalisée par aménagement des comptes du *passif interne, donne lieu en général à la distribution d'actions gratuites ou parfois se traduit par l'augmentation du nominal des actions existantes).

— **des sociétés.** Critère retenu, en particulier dans les États de *common law,* pour déterminer la *nationalité des sociétés ou au moins la loi qui leur est applicable, laquelle sera celle du lieu où ont été accomplies les formalités de leur *constitution (le terme incorporation désignant la formalité qui donne corps à fa société). V. **personnalité morale.*

INCORPOREL, ELLE

Adj. – Lat. *incorporalis* (pr. négatif *in* et *corpus* : corps).

- **1** Impalpable, immatériel ; se dit, par opp. aux *biens *corporels, des biens ou valeurs qui échappent à toute appréhension matérielle. Ex. créances, valeurs mobilières (sauf si le droit est incorporé dans le titre), parts sociales, droits autres que la propriété des choses matérielles, actions en justice. Syn. *dématérialisé.* V. *immeuble.*
- **2** On nomme plus spécialement *propriétés incorporelles les propriétés dont l'objet est purement immatériel, intellectuel (d'où le terme de droits *intellectuels). Ex. propriété d'un office ministériel, droits sur une clientèle, fonds de commerce, propriété industrielle, propriété littéraire et artistique (ensemble des droits du créateur sur une œuvre de l'esprit, la propriété incorporelle se distingue dans les arts plastiques de la propriété corporelle de l'objet créé, ex. sculpture). V. *moral.*

INCOTERMS

Contraction de *International Commercial Terms.*

- Termes qui définissent, sous des appellations standardisées, les conditions les plus usuelles de certains contrats internationaux (tâches, coûts, risques), ex. vente FOB (*free on board*), vente CAF (coût, assurance, fret).

INCRIMINATEUR, TRICE

Adj. – Néol. de *incriminer.

- Qui incrimine ; qui énonce l'incrimination ; se dit not. de l'article de loi qui porte l'incrimination.

INCRIMINATION

N. f. – Du v. *incriminer.

- Mesure de politique criminelle consistant, pour l'autorité compétente (en principe le pouvoir législatif), à ériger un comportement déterminé (non pas nécessairement en crime) mais en *infraction, en déterminant les *éléments constitutifs de celle-ci et la peine applicable. V. **criminalisation,* **décriminalisation, dépénalisation, délit, légalité.* Comp. *inculpation.*

ADAGE : *Nullum crimen, nulla pœna sine lege.*

INCRIMINER

V. – Bas lat. *incriminare,* de *criminor,* accuser, porter accusation *(crimen).*

- **1** (de la part du législateur). Ériger un fait en infraction (en crime, en délit, etc.).
- **2** Parfois syn. dans le langage judiciaire d'accuser (une personne) ; action de lui imputer une faute ou même de la mettre en cause.

INCULPATION

N. f. – Lat. *inculpatio,* de *inculpare,* de *culpa* : faute.

- Nom naguère donné à l'*imputation officielle d'une infraction à une personne entendue par le magistrat instructeur au cours de l'*information (moment à partir duquel l'*inculpé pouvait exercer les droits de la *défense) ; mécanisme aujourd'hui remplacé par la *mise en examen. Comp. *accusation, condamnation, poursuite.*

INCULPÉ, ÉE

Adj.ou subst. – De inculper. V. *inculpation.*

- Naguère, individu qui a fait l'objet d'une *inculpation, dénomination aujourd'hui remplacée par la périphrase euphémique

« personne mise en examen ». Comp. *accusé, prévenu.*

INDEMNE

Adj. – Lat. *indemnis,* de *in* privatif et de *damnum* : dommage.

- Qui n'a subi aucun *dommage (se dit d'une personne). V. *indemnisé.*

INDEMNISABLE

Dér. de *indemniser.

- **1** Qui a droit à *indemnisation.
- **2** Qui peut être *indemnisé. Comp. *réparable.*

INDEMNISATION

N. f. – Dér. de *indemniser.

- Action d'*indemniser, moyen ou résultat de cette action. Plus précisément, opération consistant à rendre *indemne la victime d'un *dommage en réparant celui-ci de la manière la plus *adéquate, soit en nature (reconstruction, attribution d'un bien équivalent), soit en argent (*indemnité). Syn. *réparation (ce serait une erreur d'opposer à la réparation supposée toujours intégrale l'indemnisation qui pourrait ne pas l'être, alors que l'une ou l'autre peut être partielle et surtout que, si on ne le spécifie pas, l'indemnisation est, par définition, l'élimination de tout le dommage (v. l'étym. de *indemne) ce que rend bien le principe *indemnitaire, tandis que l'on parle presque toujours de réparation intégrale, pour bien marquer que tel est le cas). V. *responsabilité, assurance, préjudice, indemnitaire, dédommagement, désintéressement, satisfaction.*

INDEMNISÉ, ÉE

Adj. – Part. pass. de *indemniser.

- Se dit de la victime qui a reçu pour la *réparation du dommage qu'elle avait subi une indemnité (dommages-intérêts *compensatoires ou *moratoires) ou un *dédommagement équivalent. V. *indemne.*

INDEMNISER

V. – Dér. de *indemne.

- *Dédommager une personne du préjudice qu'elle a subi ou de ses *frais, de ses pertes, de son manque à gagner.

INDEMNITAIRE

Adj. – Dér. de *indemnité.

- Qui se rapporte à une *indemnité, qui a le caractère d'une indemnité. V. *compensatoire.* Comp. *alimentaire, forfaitaire.*

— **(principe).** Maxime du Droit de la responsabilité et des assurances, règle d'ordre public selon laquelle la valeur attribuée à titre d'indemnité doit réparer tout le dommage mais le seul dommage – fonction exacte de l'*indemnisation – sans appauvrir ni enrichir la victime. Ex., en matière d'assurances de dommages, l'assurance ne peut jamais procurer un bénéfice à l'assuré, le montant du préjudice subi par ce dernier constituant la limite extrême de l'indemnité due par l'assureur en cas de sinistre. Comp. *comminatoire, pénalité civile, astreinte, clause pénale.*

INDEMNITÉ

N. f. – Lat. *indemnitas,* de *damnum* : dommage.

- **1** Somme d'argent destinée à dédommager une victime, à réparer le *préjudice qu'elle a subi (du fait d'un délit ou de l'exécution d'un contrat) par attribution d'une valeur équivalente qui apparaît tout à la fois comme la *réparation d'un *dommage et la sanction d'une *responsabilité. Syn. **dommages-intérêts.* V. *dommage, indemnisation, dédommagement.* Comp. *aliments.*
- **2** Plus généralement, somme d'argent destinée à compenser toute espèce de dommage (manque à gagner, perte quelconque). Ex. indemnité de clientèle, d'éviction (V. ci-dessous), somme correspondant parfois à des risques pris en charge par la Sécurité sociale. Comp. *prime.*
- **3** Sommes dues en remboursement de *dépenses exposées à l'occasion d'un travail ou d'une mission, soit en complément de *rémunération, soit à titre principal pour couverture de *frais réels. V. *mandataire, gérant d'affaire.* Comp. *impenses, salaire.*

- **4** Substitut de rémunération. Ex. indemnité de congés payés (V. ci-dessous).
- **5** Nom euphémique donné à certaines rémunérations ; ex. indemnité parlementaire (V. ci-dessous). Comp. *honoraires, traitement.*

— **compensatrice des congés payés.** Fraction de l'indemnité de congés payés due au salarié dont le contrat de travail est résilié en cours d'année sans qu'il puisse bénéficier des congés légaux.

— **de clientèle.** Somme versée par l'employeur aux *VRP licenciés représentant la part qui leur revient dans la valeur de la clientèle qu'ils ont apportée, créée ou développée et dont l'employeur continue à bénéficier.

— **de *congédiement abusif.** Dommages-intérêts dus par la partie qui met fin au contrat de travail à durée indéterminée dans des conditions fautives ou irrégulières.

— **de congés payés.** Substitut de salaire égal à celui dû par l'employeur au salarié pendant toute la période des congés légaux.

— **de *préavis.** Salaire correspondant à la période du préavis lorsque le salarié est dispensé de l'effectuer ou lorsqu'il y a rupture brusque du contrat par l'employeur.

— **d'*éviction.** Somme que le bailleur doit verser à titre de dommages-intérêts à son locataire commerçant en cas de refus de renouvellement de son bail. V. *repentir, propriété commerciale.*

— **journalière.** Indemnité versée par la Sécurité sociale pendant toute la durée d'incapacité *temporaire. Comp. *per diem.*

— **légale de *licenciement.** Indemnisation forfaitaire du préjudice subi par le salarié congédié calculée en proportion de son salaire et de son ancienneté.

— **parlementaire.** Allocation périodique d'une somme d'argent aux députés et sénateurs en vue de leur permettre d'exercer en toute indépendance matérielle leur mandat.

INDÉPENDANCE

N. f. – Préf. négatif *in* et dépendance, du lat. *dependere* : absence de subordination.

- **1** (pour une personne ou une collectivité publique).

a / Situation d'une collectivité non subordonnée à une collectivité étrangère ; ne pas confondre avec la simple *autonomie. V. *liberté.*

b / S'agissant d'un État, souvent employé comme synonyme de *souveraineté ; droit pour un État d'exercer par lui-même l'ensemble de ses compétences internes et externes sans subordination à un autre État ou à une autorité internationale, mais en restant tenu d'observer le Droit international et de respecter ses engagements conventionnels. V. *dépendance.*

c / Situation d'un organe public auquel son statut assure la possibilité de prendre ses décisions en toute liberté et à l'abri de toutes instructions et pressions. Ex. indépendance de l'autorité judiciaire (Const. 1958, a. 64).

- **2** (pour un travailleur ou un professionnel).

a / Situation de celui qui n'est pas lié par un contrat de travail. Comp. *salariat.*

b / Plus largement, situation de celui qui travaille pour son propre compte. Comp. *profession libérale.*

- **3** (plus généralement, pour une personne privée).

a / Situation d'un individu qui exerce seul et en toute liberté les pouvoirs qui lui sont conférés. Ex. indépendance de chaque époux dans l'exercice de sa profession ou dans la gestion de ses biens personnels. Comp. *interdépendance, cogestion, autorisation.* V. *individuel.*

b / Parfois syn. de pleine *capacité. Ex. situation du majeur qui a échappé à l'autorité parentale et n'est soumis à aucun régime de protection.

- **4** (pour un patrimoine ou une masse de biens). Terme employé pour exprimer que cet ensemble constitue une entité distincte d'un autre patrimoine ou d'une autre masse (ex. patrimoine social, masse successorale).

INDÉTERMINABLE

Adj. – Comp. de *in* et *déterminable.

- **1** Qui ne peut être déterminé d'aucune manière.
- **2** Qui ne peut être déterminé sans un nouvel accord des parties contractantes ; se dit de l'objet d'une convention dans les cas où son indétermination initiale ne s'accompagne pas dès l'origine d'un

mécanisme objectif de détermination ultérieure. Ant. *déterminable.*

INDÉTERMINÉ, ÉE

Adj. – Comp. de *in* et déterminé, du v. déterminer, lat. *determinare* : marquer des limites.

• **1** Qui n'est pas (pas encore) fixé soit dans sa date, soit dans son montant ; se dit d'un événement dont on sait qu'il se produira mais à une date inconnue (V. **terme *incertain*), ou d'un préjudice reconnu dans son principe niais non encore évalué ; en ce sens le prix d'une vente peut être indéterminé mais *déterminable. Ant. *déterminé.* V. *certain.* Comp. *futur, éventuel, aléatoire, sentence indéterminée.*

• **2** Qui n'est pas arrêté dans sa nature ; en ce sens, l'*objet d'une convention est aussi indéterminable.

• **3** Plus spéc., non évaluable en argent ; se dit d'une demande en justice dont l'objet n'est pas susceptible d'être évalué en argent (demande en divorce, en nullité de société, en rectification d'acte de l'état civil…).

INDEX (MISE À L')

Lat. *index* : indicateur.

• Mesure d'intimidation consistant pour un groupe à faire appel à des tiers ou pression sur eux afin qu'ils refusent d'établir ou rompent les rapports professionnels avec la ou les personnes visées ; manœuvre voisine du *boycott (parfois assimilée à celui-ci).

INDEXATION

N. f. – Dér. de *index.

• Modalité imprimée à une obligation de somme d'argent par une convention (clause d'indexation), une décision de justice (C. civ., a. 208 al. 2, 276-1) ou par la loi qui tend à faire varier le montant de cette obligation (en capital ou intérêts) en fonction d'un élément objectif de référence nommé *indice : cours de l'or (*clause valeur-or), cours d'une monnaie étrangère (clause valeur-devise), coût de la vie, prix du blé, coût de la construction (clause d'*échelle mobile). Ex. l'indexation conventionnelle est licite si l'indice choisi se rattache à l'activité de l'une des parties ou à l'objet du contrat, non à un indice général ou monétaire. V. *adaptation, revalorisation, actualisation, valeur, variation, valorisme monétaire, nominalisme.* Comp. *révision, clause de renégociation, clause-*recettes*.

INDICATIF, IVE

Adj. – Lat. *indicativus.*

• Donné pour *indication, à titre d'*exemple, sans limitation (se dit not. d'une énumération légale). Syn. **énonciatif, démonstratif, analogique.* Ant. **limitatif, exhaustif*; parfois syn. de **supplétif,* **dispositif.*

INDICATION

N. f. – Lat. *indicatio,* de *indicare* : indiquer.

• **1** (sens gén.). Action d'indiquer et résultat de cette action ; action de désigner, d'annoncer, de montrer, de publier, d'orienter, de guider. Comp. *index.* V. *publicité, déclaration.*

• **2** Plus précisément et dans un acte ou sur un objet, *mentions de celui-ci, *énonciations, inscriptions. V. *affiche.*

— **de paiement.** Expression de la pratique désignant la mention de *paiements partiels qui, lorsqu'elle est écrite par le créancier sur le titre resté entre ses mains (ou dans divers autres cas, C. civ., a. 1332), fait *preuve contre lui – quoique non datée ni signée – du paiement indiqué. Se dit aussi de la désignation de la personne qui doit payer ou recevoir à la place du débiteur ou du créancier. Distincte de la novation et de la délégation (C. civ., a. 1340).

— **de provenance.** V. *provenance (indication de).*

— **d'origine.** V. *origine (indication d').*

• **3** Élément de *preuve ; *indice (C. civ., a. 311-1). V. *présomption.*

• **4** Donnée d'interprétation. Ex. indication tirée d'un texte en faveur d'une solution. V. *argument.*

• **5** Parfois syn. de *conseil.

• **6** Concrètement, élément de signalisation, *signe. Ex. indications de la route.

INDICE

N. m. – Lat. *indicium,* de *index.

- **1** Élément de *preuve consistant en un fait, événement, objet, trace… dont la constatation fait *présumer l'existence du fait à démontrer et qui se rattache aux *présomptions de l'homme ; s'opp. au *signe en ce qu'il n'a pas une origine intentionnelle. V. *indiciaire, indication, vraisemblance.*
- **2** Élément objectif (ex. prix du blé, coût de la construction) dont la *valeur, suivant les *variations qu'elle enregistre, est utilisée comme référence, soit pour déterminer le prix d'une prestation (obligation indexée), soit pour apprécier certains phénomènes économiques (inflation). V. *indexation, échelle mobile, revalorisation, valorisme monétaire, clause-or.*

— **du coût de la vie.** Échantillon de produits ou services reflétant le coût de la vie, servant de référence pour tenir compte de la hausse des prix afin de sauvegarder le pouvoir d'achat de certains salaires.

— **variable (clause d').** Clause insérée dans un contrat d'assurance dommages qui rattache ce contrat à un indice économique régulièrement publié de sorte que, à chaque échéance de prime, le capital assuré et la prime sont automatiquement adaptés selon les variations de l'indice correspondant.

- **3** Élément de fait servant de critère à la détermination de certains impôts. V. *impôt *indiciaire.*

INDICIAIRE

Adj. – De indice.

- Qui se rapporte à un *indice.

— **(*impôt).** Impôt dont l'assiette est déterminée par certains indices, généralement par des *signes extérieurs.

— **(preuve).** Preuve par *indices, soumise pour son admissibilité comme la preuve par *présomption (de fait) au régime de la *preuve *testimoniale : C. civ., a. 1353.

INDIGNE

Adj. ou *subst.* – Lat. *indignus, in* privatif, *dignus* qui est digne de, qui mérite (laudatif ou péjoratif).

- **1** (sens gén., adj.). Qui ne mérite pas (en mauvaise part : honneur, confiance, avancement, nomination) ; (en bonne part : outrage, offense, reproche, mauvais traitement). Ant. *digne.*
- **2** (succ., subst.). Le successible frappé d'*indignité successorale (C. civ., a. 726).

INDIGNITÉ

N. f. – Lat. *indignitas,* indignité, conduite indigne, traitement indigne.

- **1** (sens gén.). Caractère de ce qui est indigne et action de l'être ; démérite, déshonneur, outrage, offense (pour qui la commet ou la subit). V. *dignité, honneur, respect, infidélité, déloyauté.*
- **2** (Civ. et pén.). Désigne à la fois un fait délictueux et sa sanction juridique, une conduite répréhensible et la sanction civile ou/et pénale qu'elle encourt.

— **successorale.** *Déchéance du droit de succéder qui frappe un héritier coupable de fautes graves envers le défunt, soit de plein droit, dans les cas les plus graves (C. civ., a. 726) soit, dans d'autres cas spécifiés par la loi (a. 727), à la demande d'un autre héritier, en vertu d'une déclaration judiciaire d'indignité qui laisse au juge une marge d'appréciation, l'exclusion de la succession pouvant, dans tous les cas, être couverte par le pardon du défunt (a. 728) et n'atteignant jamais les enfants de l'indigne, étrangers à la faute de leur auteur, qu'ils viennent à la succession de leur chef ou par représentation, conformément au principe de la personnalité des pénalités civiles (a. 729-1). Comp. *ingratitude.*

INDIGNITÉ NATIONALE

Lat. *indignitas,* de *indignus* : indigne. V. *national.*

- Crime établi par l'o. du 26 déc. 1944 et consistant, pour un Français, à avoir aidé l'Allemagne ou ses alliés ou porté atteinte à l'unité de la nation, à la liberté ou à l'égalité des citoyens, postérieurement au 16 juin 1940, pendant la seconde guerre mondiale. V. *inéligibilité.*

INDIRECT, ECTE

Adj. – Lat. *indirectus,* formé du préf. négatif *in* et de *directus,* de *dirigere* : diriger.

• Détourné, médiat, par intermédiaire. Ant. *direct.* V. *témoin.*

— **(*avantage).**

a / Libéralité faite par une voie détournée, moyennant *interposition de personnes ou dissimulation de la donation sous la forme d'un contrat à titre onéreux : C. civ., a. 853. Comp. **donation déguisée.*

b / Plus précisément, libéralité faite ouvertement sous la forme d'un acte juridique autre qu'une donation, tel qu'une remise de dette, une renonciation à usufruit ou une stipulation pour autrui. V. not. C. civ., a. 1099. Comp. **donation indirecte.*

—e (démocratie). V. **démocratie indirecte.*

— **(*dommage).**

a / Dommage trop lointain pour être retenu comme une conséquence réparable du fait initial en matière de responsabilité. V. *causalité.*

b / Qualificatif parfois appliqué au dommage par *ricochet. V. **direct (dommage).*

—e (donation). V. **donation indirecte.*

— **(impôt).** V. *impôt indirect.*

— **(*suffrage).** Celui dans lequel l'élu n'est pas désigné directement par le corps électoral de base (suffrage universel) mais par des électeurs eux-mêmes élus par celui-ci directement ou indirectement (le suffrage indirect pouvant être à deux degrés ou plus).

— **(*victime).** Victime par ricochet (ou par répercussion) ; personne qui souffre d'un préjudice moral ou pécuniaire personnel en contrecoup d'un dommage qui a frappé autrui (not. un proche). Ant. *victime *directe.* V. **préjudice par ricochet.*

INDISPONIBLE

Adj. – Comp. de *in* et *disponible.

• **1** Dont on ne peut disposer. Comp. *inaliénable, incessible, intransmissible.* Ant. *disponible.*

• **2** Dont on ne peut disposer à titre gratuit. Ex., dans une succession, portion indisponible ou réservée (aux héritiers réservataires) par opp. à quotité disponible.

INDISPONIBILITÉ

Préf. négatif du lat. *in.* V. *disponibilité.*

• **1** Interdiction de *disposer frappant une personne dans l'ensemble de son patrimoine ou sur un bien déterminé qui peut résulter d'une incapacité de jouissance, d'une incapacité d'exercice ou d'une restriction de pouvoirs. Ex. C. civ., a. 220-1. Comp. *immobilisation* (sens 3).

• **2** Qualité d'un bien (ou d'un droit) qui ne peut être l'objet d'aucun acte de disposition (aliénation ou constitution d'hypothèque, etc.) ; on parle parfois d'indisponibilité réelle. V. *inaliénabilité, incessibilité, intransmissibilité.* Comp. *immobilisation* (sens 3). Ant. *disponibilité.*

• **3** Circonstances de fait ou de droit emportant restriction à la libre disposition des produits et justifiant un *refus de vente.

— **juridique.** Restriction affectant des produits qui constituent le stock de sécurité d'un vendeur ou qui sont l'objet d'une commande ferme et irrévocable ou encore qui sont distribués not. dans le cadre d'un contrat de concession exclusive ou de distribution sélective.

— **matérielle.** Restriction affectant des produits qu'un vendeur ne détient pas effectivement et pour des produits de catalogue, ceux qu'il ne peut pas fabriquer ou se procurer.

INDISSOLUBILITÉ

Dér. de *indissoluble.

• Caractère de ce qui est *indissoluble. Ant. *(rare) dissolubilité.* V. *dissolution, rupture.* Comp. *stabilité, immutabilité, perpétuité, annulabilité.*

INDISSOLUBLE

Lat. *indissolubilis.*

• Qui ne peut être dissous volontairement ; qui ne peut être juridiquement rompu par la volonté de l'homme (fût-ce du commun accord des intéressés ou même par décision de justice). Ex. un mariage indissoluble ne peut être dissous par le divorce (mais seulement par la mort d'un époux. Comp. C. civ., a. 227, et il est *annulable). Comp. *perpétuel, viager, intangible.*

INDIVIDUALISATION

Dér. de individualiser, de *individuel.

• **1** Détermination d'une personne ou d'une chose dans son individualité, grâce à des signes distinctifs, à des procédés d'identification. Ex. individualisation de chaque personne par ses nom, prénoms, profession, qualités et au moyen des actes de l'état civil ; individualisation d'une chose de genre par marque ou localisation après mesurage, pesage ou comptage. V. *état, *vente à la mesure, désignation, distinction.*

- **2** Parti consistant (surtout de la part d'un juge) à adapter une mesure (de garde, de sanction, etc.) à la personnalité propre et à la situation particulière d'un individu. Comp. *discrimination, grâce.* V. **in concreto, in casu, personnalisation, modération.*

INDIVIDUEL, ELLE

Adj. – Dér. de individu, lat. *individuum* : ce qui est indivisible.

- **1** Qui ne concerne qu'une personne déterminée par opp. à *général (ex. acte individuel, décision individuelle) ou par opp. à *commun ou *collectif (ex. intérêt individuel dans une société). Comp. *spécial, dérogatoire, exceptionnel, particulier, subjectif.*
- **2** Qui n'appartient qu'à une personne déterminée. Ex. action individuelle. Comp. *personnel, propre, privé, unipersonnel, attitré.*
- **3** Qui n'est accompli en fait que par une personne déterminée. Ex. poursuite individuelle, achats individuels des époux.
- **4** Qui exige le consentement d'un seul. Ant. *conjoint.* Comp. *concurrentiel.* V. *indépendant.*
- **5** Qui appartient à tout individu en tant que personne humaine. Ex. droits individuels.

— **le (liberté).** V. **liberté individuelle.*

INDIVIS, ISE

Adj. – Lat. *indivisus.*

- **1** Non divisé, non encore *partagé ; se dit par opp. au bien *loti, aux portions privativement attribuées (V. *lot*) ou à un bien personnel, du ou des biens qui sont l'objet d'une *indivision ; plus spécialement du bien indivis quant à la propriété (en *copropriété). Ant. *divis, divisé, privatif, propre.* Comp. *commun, mitoyen.*
- **2** Non limité à une partie divise d'un bien ou d'un ensemble de biens et non exclusif mais concurrent sur le tout avec d'autres droits de même nature ; se dit des droits des indivisaires (droits indivis). Ant. *privatif, individuel.*
- **3** Se dit même parfois des personnes qui sont dans l'indivision.

— **(convention relative à l'exercice des droits).** Convention organisant l'*indivision qui peut être conclue entre tous ceux qui ont des droits sur les biens indivis, à titre de propriétaires, de nus-propriétaires ou d'usufruitiers (soit entre titulaires de droits semblables, soit entre titulaires de droits de diverses catégories) (C. civ., a. 1873-16).

INDIVISAIRE

Subst. – Dér. de *indivis.

- Celui qui est dans l'*indivision avec un ou plusieurs autres. Ex. chacun des *cohéritiers, chacun des *copropriétaires d'un bien. Syn. *coïndivisaire.* V. *copartageant, communiste.*

INDIVISIBILITÉ

N. f. – Lat. *indivisibilis.* V. *indivisaire, indivision.*

► **I** (publ.)

- Principe selon lequel l'État et son territoire ne peuvent être morcelés par l'effet de conquêtes, sécessions et autres aliénations ou démembrements (a. 1 Const. 1958).

► **II**

- État de ce qui ne peut être divisé sous un rapport donné (spéc., de ce qui ne peut être admis ou fourni en partie) et qui doit être considéré ou payé globalement comme un tout, même (s'il s'agit d'une dette) par les héritiers du débiteur (chacun étant tenu au tout. C. civ., a. 1320. Comp. *solidarité*). Ex. indivisibilité d'un aveu, d'un compte courant, d'une servitude, d'une *obligation (dans les cas ci-dessous indiqués). Ant. *divisibilité.* V. *division, *obligation indivisible.*

— ***accidentelle (ou conventionnelle).** Celle de l'obligation dont l'objet en lui-même divisible a été rendu indivisible par une stipulation spéciale des parties. Ex. indivisibilité de paiement d'une dette d'argent.

— ***naturelle.** Celle de l'obligation dont l'objet, par nature, ne peut être divisé soit matériellement (obligation de livrer un animal vivant), soit rationnellement (obligation de garantir la jouissance paisible d'un locataire), soit intellectuellement, sous le rapport sous lequel il a été considéré (obligation de construire une maison) (C. civ., a. 1320).

INDIVISION

N. f. – Dér. de *indivis.

- **1** Situation juridique qui existe, jusqu'au *partage d'une chose (immeuble acquis en commun) ou d'un ensemble de choses (masse successorale, communauté dissoute), entre ceux qui ont sur cette chose ou cet ensemble un droit de même nature (propriété, nue-propriété, usufruit), chacun pour une *quote-part (égale ou inégale), aucun n'ayant de droit privatif cantonné sur une partie déterminée et tous ayant des pouvoirs concurrents sur le tout (usage, jouissance, disposition). V. *division, licitation, communauté, *personne morale.* Ant. *propriété divise, privative.*
- **2** Par ext., situation juridique du bien qui est l'objet de droits *indivis. Ex. immeuble en indivision, indivision de l'exploitation agricole (C. civ., a. 815-1).
- **3** Plus spéc., l'indivision en propriété (syn. **copropriété*), par opp. à l'indivision en usufruit (ou quant à un autre droit).
- **4** Plus spéc. encore, l'indivision en propriété portant sur une masse de biens, par opp. à la *copropriété d'un bien déterminé.

— **(compte d').** Compte établi après le décès permettant de faire la balance des créances et des dettes du défunt, de la succession et de l'indivision envers un ou plusieurs héritiers et réciproquement, jusqu'au *partage.

— **conventionnelle.**

a / Indivision qui a pour origine un acte volontaire (achat en commun) ou une convention d'indivision, mais qui dans le silence de la convention obéit au *régime légal de l'indivision.

b / Se dit parfois de l'indivision (d'origine légale ou conventionnelle) lorsqu'elle est conventionnellement *organisée.

— ***forcée.** Indivision qui, portant sur un élément immobilier accessoire de deux immeubles voisins (cour, puits, mur *mitoyen), prend un caractère nécessaire et perpétuel dès lors qu'aucun des copropriétaires ne peut exiger le partage en nature de l'accessoire commun ni céder sa quote-part indépendamment de l'immeuble dont dépend l'accessoire. Syn. **copropriété forcée ou perpétuelle.* V. *mitoyenneté.*

— **légale.** Indivision qui s'établit de plein droit dans les cas spécifiés par la loi (par ex. entre cohéritiers à l'ouverture d'une succession légale) et qui, soumise à un *régime légal ordinaire, peut être d'un commun accord maintenue et organisée par des conventions (relatives à l'exercice des droits *indivis. C. civ., a. 1873-1) et prendre, en ce sens, un caractère conventionnel.

— **organisée.**

a / Expression aujourd'hui applicable à une indivision quelconque, toute indivision étant soumise de plein droit sauf convention complémentaire ou contraire à une organisation légale élémentaire (*régime légal).

b / Indivision soumise, par convention, à une organisation plus poussée, soit entre copropriétaires, soit entre co-usufruitiers, soit même entre les uns et les autres. V. *conventions relatives à l'exercice des droits *indivis.*

— **postcommunautaire.** V. *postcommunautaire.*

— **(régime légal de l').** Ensemble des règles auxquelles est, de plein droit, soumise (sauf convention complémentaire ou contraire) toute indivision pour la gestion des biens *indivis, les droits (d'usage, de jouissance, etc.) et les obligations des *indivisaires, le droit de poursuite des créanciers, etc. C. civ., a. 815 s. V. *conventions relatives à l'exercice des droits *indivis.*

— **(retrait d').** V. *retrait, droit de *substitution.*

— **successorale.** V. *successoral.*

INDU

Subst. masc. et adj. – Comp. de dû, de devoir, lat. *debere.*

- Qui n'est pas dû (en vertu d'une obligation civile) ; *trop perçu. V. *obligation *naturelle, surérogatoire.*

— **(paiement de l').** Remise (volontaire) à une personne d'une chose dont on se croyait par erreur débiteur, qui ouvre à l'auteur du paiement un droit à restitution (action en *répétition de l'indu) (C. civ., a. 1302-1). Comp. **enrichissement sans cause, solvens, accipiens, quasi-contrat.*

INDUSTRIE

Subst. fém. – Du lat. *industria,* activité, application, assiduité.

- **1** Ensemble des activités économiques consacrées à l'extraction, à la production et à la transformation des richesses (non agricoles). Comp. *commerce, artisanat, agriculture.*
- **2** S'emploie pour désigner, dans certaines *sociétés (C. civ., a. 1832), ou sous un régime de communauté, la puissance de travail et de création, l'habileté, le savoir-faire, l'activité, le labeur, l'ingéniosité au gain et à l'épargne que les associés doivent apporter à la société ou que les époux doivent, pendant le mariage, mettre au service de la communauté, en vertu de leur devoir de *collaboration et dont les résultats (gains et salaires, créations, produits de leur activité, etc.) tombent dans la communauté tant qu'elle dure (C. civ., a. 1401). Syn. de travail *lato sensu,* mais plus large que travail professionnel ou métier. V. *revenus, fruits, apport.*

— **(apport en).** V. *apport en industrie.*
— **(louage d').** Syn., dans la terminologie du Code civil (a. 1779), de *louage d'ouvrage (au sens générique et inusité de ce terme) comprenant le *contrat de travail, le contrat de *transport et le contrat d'*entreprise.

INDUSTRIEL, IELLE

Adj. – Lat. médiév. *industrialis.*

- **1** Qui se rapporte à l'*industrie (sens 1). Ex. production industrielle, activité industrielle. Comp. *commercial, artisanal.*
- **2** Qui provient de l'*industrie (sens 2). Ex. *propriété industrielle. V. *incorporel, intellectuel, littéraire et artistique (propriété).*

—**s (fruits).** V. *fruits industriels.*

INEFFECTIVITÉ

Subst. fém. – Dér. de ineffectif, comp. de *in* et *effectif.

- Caractère d'une règle de droit qui ne produit pas l'effet voulu, qui n'est pas, ou qui est peu appliquée. Comp. *désuétude, effectivité.*

INÉGAL, ALE, AUX

Adj. – Lat. *inaequalis.*

- Non conforme à l'*égalité, non équivalent. Ex. partage inégal, prestations inégales ; inégalitaire est plus fort. Ant. *égal.* V. *léonin, injuste, inéquitable, lésionnaire, inique.*

INÉGALITAIRE

Adj. – Dér. de *inégalité.

- Contraire à l'*égalité ; qui tend à violer l'égalité, à instaurer l'*inégalité ou même à la prôner. Ex. système, doctrine inégalitaire. Ant. *égalitaire.* Comp. *inégal.* V. *injuste, inique, léonin, lésionnaire.*

INÉGALITÉ

Subst. fém. – Du lat. *inaequalitas* : inégalité, diversité, variété.

- Atteinte à l'*égalité ; rupture d'égalité ou d'*équivalence que l'on pourra qualifier d'*injustice, d'*iniquité ou de simple déséquilibre selon la cause et la gravité de la rupture. V. *lésion, discrimination.*

INÉLIGIBILITÉ

Subst. fém. – Dér. de *inéligible.

- Situation de celui qui légalement ne peut pas être élu soit dans aucune circonscription (inéligibilité *absolue ; ex. celle de l'étranger), soit dans certaines circonscriptions seulement (inéligibilité *relative ; ex. celle de certains fonctionnaires dans les ressorts où s'exerce leur autorité). Comp. *incompatibilité.* V. *indignité.* Ant. *éligibilité, rééligibilité.*

INÉLIGIBLE

Adj. – Comp. du préf. *in* et de *éligible.

- Qui n'est pas ou qui n'est plus apte à être *élu. Ant. *éligible, rééligible.*

INÉQUITABLE

Adj. – Comp. du préf. nég. *in* et de *équitable.

- Non conforme à l'*équité. Ex. il peut paraître inéquitable de laisser les frais irrépétibles à la charge du plaideur qui les a exposés (CPC, a. 700) ; *inique est plus fort. Ant. *équitable.* Comp. *injuste, abusif, léonin, lésionnaire.*

INEXCUSABLE

Adj. – Lat. *inexcusabilis.*

- En un sens générique, qui ne peut être excusé ; se dit d'un acte contraire au Droit dont le caractère illicite n'est effacé par aucune cause *justificative. Ant. *excusable.* V. *cause étrangère, force majeure, cas fortuit, motif légitime.*

— **(*erreur).** Erreur grossière, résultat d'un défaut préalable d'information, dont la victime par négligence ne peut se prévaloir comme vice du consentement (C. civ., a. 1132).

— **(*faute).** Faute particulièrement *grave qui suppose chez son auteur la conscience d'un danger et la volonté téméraire de prendre le risque de sa réalisation sans raison valable (sans cependant impliquer la volonté de causer ce dommage, en quoi elle se distingue de la *faute intentionnelle, notion retenue dans le Droit des accidents du travail et le Droit des transports). Ex. la faute inexcusable de la victime d'un accident de la circulation routière, a. 3, l. 5 juill. 1985.

INEXÉCUTION

N. f. – Comp. de *in* et exécution, lat. *ex(s)ecutio*, de *ex (s)equi* : accomplir.

- Non-accomplissement d'une *obligation qui peut être total ou partiel, résulter d'une omission ou d'une initiative, être dû à une faute de la part du débiteur (inexécution fautive) ou à une *cause étrangère (*inexécution fortuite). V. *exception d'inexécution,synallagmatique, justice privée.* Comp. *droit de *rétention.*

INEXISTANT, ANTE

Adj. – Comp. du préf. *in* et de existant, part. prés. du v. exister, lat. *existere (exsistere)* : sortie de…, naître.

- Entaché d'*inexistence. Comp. *nul, non avenu, non écrit (réputé), annulable, annulé, caduc.*

INEXISTENCE

N. f. – Comp. de *in* et existence, lat. *existentia,* du v. *existere.*

► **I** (civ.)

- Défaut d'existence d'un acte juridique – en général assimilée à une *nullité absolue – résultant de l'absence d'un élément constitutif essentiel à sa formation. Ex. absence du consentement d'une des parties dans un contrat, absence de prix dans une vente, identité de sexe pour le mariage.

► **II** (pr. civ.)

- **1** État de l'acte de procédure ou du jugement qui ne mérite pas ce nom en l'absence de l'un de ses éléments constitutifs essentiels (ex. décision rendue par une personne non investie des fonctions de juge).
- **2** Se dit parfois de l'état de l'acte qui, n'ayant jamais pu se former, n'a même pas à être annulé ou dont la non-existence peut être reconnue même dans des cas où la *nullité ne pourrait être déclarée. Comp. **irrégularité *substantielle.*

► **III** (adm.)

- Caractère d'un *acte administratif qui, soit n'a pas été effectivement pris (inexistence *matérielle), soit est entaché d'un vice d'une telle gravité – *usurpation de fonctions, absence de pouvoir approprié de l'administration – qu'il doit être considéré comme n'existant pas en tant qu'acte de l'administration (inexistence juridique), un tel acte étant généralement qualifié de nul et *non avenu, ou de nul effet ou encore d'entièrement inopérant. L'inexistence d'un acte administratif permet au juge judiciaire d'en constater la *nullité, contrairement au principe de *séparation des autorités, et entraîne certains assouplissements des règles régissant normalement de tels actes (retrait, délais des recours contentieux). V. **voie de fait.*

IN EXTENSO

Expression latine signifiant « dans toute son étendue », « dans sa teneur entière » encore employée en ce sens. Ex. compte rendu de séance *in extenso.*

IN EXTREMIS

Expression latine signifiant « au dernier moment » et surtout « à la dernière extrémité de la vie » encore employée en ce sens. Ex. mariage *in extremis*, contracté au lit de mort. V. **in articulo mortis*.

INFAMANT, ANTE

Adj. – Part. prés. de l'anc. v. infamer, lat. *infamare* : décrier, accuser.

V. **peine infamante*.

INFANTICIDE

N. m. – Lat. *infanticidium*.

- Nom naguère donné au meurtre d'un enfant nouveau-né, qui, aujourd'hui passé sous silence comme crime spécifique, constitue, comme tout meurtre commis sur un mineur de quinze ans (C. pén., a. 221-4), un crime aggravé par l'âge de la victime (l'aggravation frappant la mère aussi bien que des tiers, lorsqu'elle est l'auteur ou le complice du crime ; comp. C. pén. anc., a. 302, al. 2). Comp. *avortement*, **interruption volontaire de grossesse, homicide, régicide, parricide*.

INFIDÈLE

Adj. – Lat. *infidelis* : inconstant, peu sûr.

- **1** Qui viole la foi promise, trahit la confiance placée en lui. Ex. époux qui enfreint le devoir de *fidélité. V. *adultère* ; se dit aussi du dépositaire qui manque gravement à ses obligations et. spéc. détourne la chose à lui confiée (perdant ainsi le bénéfice de cession, C. civ., a. 1945).
- **2** Non conforme, par opp. à *fidèle (sens 2).
- **3** Incomplet, fragmentaire (avec des manquants). V. *lacunaire*.

INFIDÉLITÉ

N. f. – Lat. *infidelitas*.

- **1** Violation du devoir de *fidélité pouvant constituer une faute, cause de divorce aux conditions de l'a. 242 du C. civ. V. *adultère*.
- **2** Plus généralement, pour un fonctionnaire, un mandataire, un émissaire, manquement aux devoirs de sa charge, en particulier à la confiance qu'elle implique ; très proche de *déloyauté. V. *Indignité*.

INFIRMATIF, IVE

Adj. – Dér. d'*infirmation.

- Se dit de l'arrêt qui réforme ou annule le jugement *attaqué. Ant. *confirmatif*.

INFIRMATION

N. f. – Lat. *infirmatio*, du v. *infirmare* : infirmer.

- *Réformation ou *annulation partielle ou totale, par le juge d'appel, de la décision qui lui est déférée. Ant. *confirmation*.

INFIRMITÉ

Subst. fém. – Lat. *infirmitas* (de *in* privatif et *firmus*, solide), faiblesse, infirmité.

- **1** Handicap physique (congénital ou accidentel) tenant à la privation ou à la jouissance imparfaite (temporaire ou définitive) d'une fonction (marche, vue), qui peut constituer un *préjudice corporel, une cause d'invalidité ou d'incapacité de travail, aggrave, en maintes infractions (ex. escroquerie, extorsion, C. pén., a. 313-2, 4°, 312-2), la peine de ceux qui abusent de la vulnérabilité de la victime, et, toute *discrimination exclue (C. pén., a. 225-1), peut être retenue, par ex. en matière d'embauche, comme une inaptitude médicalement constatée (a. 225-3).

— **permanente.** Atteinte irréversible à l'intégrité de la personne qui, lorsqu'elle résulte d'une infraction, aggrave la peine, en parallèle avec la *mutilation (ex. C. pén., a. 224-2, 311-7).

- **2** Par ext. faiblesse d'une demande ou d'une argumentation.

INFLATION

N. f. – Lat. *inflatio* : enflure, du v. *inflare*.

- Création de moyens de paiement en excédent par rapport aux besoins de l'économie qui provoque une hausse générale des prix.

INFORMATION

N. f. – Dér. de informer, lat. *informere* : instruire.

- **1** L'action de rechercher une preuve et le résultat de cette recherche.

a / Au sens large, ensemble des actes tendant à établir la preuve d'une infraction et à en découvrir les auteurs, comprenant l'*instruction préparatoire, le pouvoir d'instruction du président de la *cour d'assises, l'instruction à l'audience et la conduite du supplément d'information ordonnée par la juridiction de jugement.

b / Au sens étroit, syn. d'*instruction préparatoire conduite par le magistrat instructeur. Comp. *commission rogatoire, enquête préliminaire, *flagrant délit, inculpation, mise en état.*

- **2** Le *renseignement possédé et l'action de le communiquer à autrui (à une personne déterminée ou au public). V. *presse, publication, communication, communiqué, annonce, détournement.*

—s à une personne étrangère (livraison d'). Action de faire tenir ou de rendre accessibles à une puissance étrangère toutes sortes d'informations (renseignements, procédés, objets, documents, données informatisées ou fichiers), érigée en crime de *trahison ou d'*espionnage (selon le cas, C. pén., a. 411-1), lorsque l'exploitation, la divulgation ou la réunion, de ces informations est de nature à porter atteinte aux *intérêts fondamentaux de la nation (a. 411-6). Comp. *sabotage, *intelligence avec une puissance étrangère.*

—s (fourniture de *fausses). Fait de procurer des informations inexactes et propres à les induire en erreur, aux autorités civiles ou militaires de la France, en vue de servir les intérêts d'une puissance étrangère, qui est érigé en délit de *trahison ou d'*espionnage (selon le cas, C. pén. a. 411-1) lorsque cette fourniture est de nature à porter atteinte aux intérêts fondamentaux de la nation (C. pén. a. 411-10).

— (obligation d').

a / Devoir imposé par la loi à un contractant de fournir des indications sur des éléments ayant un lien direct et nécessaire avec le contenu du contrat ou la qualité des parties lorsque, légitimement, l'autre partie ignore cette information ou fait confiance à son cocontractant (C. civ., a. 1112-1).

b / Plus généralement, parfois syn. d'obligation de *renseignement.

— *privilégiée. V. *délit d'initié.*

- **3** En un sens archaïque, procès-verbal qui contient les dispositions des témoins.

INFORMATION PUBLIQUE

N. f.

- Information contenue dans des *documents administratifs communicables, soumise au principe de libre réutilisation sous réserve de restrictions liées à la sensibilité des données (ex. *données à caractère personnel, sécurité publique, vie privée, etc.) et à l'existence de droits de propriété intellectuelle détenus par des tiers (l. 78-753 du 17 juillet 1978).
- **réutilisation d'informations publiques (droit de).** Droit d'exploiter les informations figurant dans les *documents administratifs à d'autres fins que celles de la mission de service public pour les besoins de laquelle ils ont été produits ou reçus (ex. utilisation des données de l'INSEE à des fins commerciales).

INFORMEL, ELLE

Adj. – De *in*, préf. privatif et *forme.

- Sans solennité ni déroulement rigide ; dégagé de tout formalisme. Se dit d'un *entretien dont les sujets sont abordés librement (ex. *pourparlers, échange de vues sans *ordre du jour), sans exclure que l'entretien ait lieu devant l'autorité qui le provoque (*audition simple d'un plaideur, rencontre avec un médiateur, mais dans le respect de la contradiction). Comp. *consensuel*. V. *consensus, conférence, formel.*

INFRACTION

N. f. – Lat. *infractio,* de *infringere* : briser.

- **1** Comportement actif ou passif (action ou *omission) prohibé par la loi et passible selon sa gravité d'une peine principale, soit criminelle, soit correctionnelle, soit de police, éventuellement assortie de peines complémentaires ou accessoires ou de *mesures de sûreté ; terme générique

englobant *crime, *délit, *contravention. V. *légalité, incrimination, légal, matériel, moral.*
— **continue.** Celle dont la consommation suppose une certaine durée, attestant que la volonté délictueuse se prolonge dans le temps (par opp. à instantané) ; on parle aussi d'infractions successives. Ex. port illégal de décoration, séquestration arbitraire.
— **instantanée.** Celle qui se réalise en un trait de temps, par opp. à continue ou successive. Ex. le vol, l'affichage irrégulier.
— **internationale.** Violation d'une règle de Droit international (toute infraction à une règle essentielle peut être qualifiée de *crime ou *délit *international, sans que ces termes aient en Droit international la même précision qu'en Droit interne).
— **permanente.** Celle dont les conséquences se prolongent dans le temps (ne pas confondre avec continue ou successive). Ex. construction d'une maison dépassant la hauteur autorisée.
— ***successive.** Syn. d'infraction continue.

ADAGE : *Nullum crimen... sine lege.*

- **2** (sens neutre générique). Action d'*enfreindre une règle ou un ordre. Ex. infraction à la loi, à un commandement.

INFRANGIBLE

Adj. – Du bas lat. *frangibilis.* V. *frangere* : briser.

- *Inviolable, se dit d'un précepte supérieur ou d'un pacte solennel que leur valeur éminente devrait mettre au-dessus de toute *transgression. Comp. *indissoluble.*

INFRA PETITA

Termes latins signifiant litt. « en deçà des choses demandées », encore utilisés pour caractériser le fait pour une juridiction de ne pas statuer sur tous les chefs de la demande : omission de statuer qui peut donner lieu à *rectification du jugement par le juge qui l'a rendu ou donner *ouverture à *cassation ; ne pas confondre avec le fait d'accorder moins qu'il n'a été demandé. Ex. 3 000 F de dommages-intérêts au lieu des 4 000 réclamés. V. *ultra petita, principe dispositif.*

INGÉNIERIE

Subst. fém. – Néol. par francisation du terme angl. *engineering,* du franç. *ingénieur (arr. 12 janv. 1973).

- Contrat complexe associant *entreprise, licence de brevet et communication de *savoir-faire, par lequel un entrepreneur s'engage vis-à-vis d'un *donneur d'ordre à concevoir, installer et mettre en marche une unité de fabrication. V. *know-how.*

INGÉNIEUR DU GÉNIE RURAL, DES EAUX ET DES FORÊTS

En anc. franç. *« engeigneur »* : qui fait des machines, dér. de engin : machine de guerre, du lat. *ingenium* : habileté, ruse, refait d'après le mot lat.

- Fonctionnaire ayant vocation à occuper des emplois de nature scientifique, technique, administrative ou économique relatifs à l'aménagement de l'espace rural, à l'économie agricole et forestière, à la production, à la transformation et à la commercialisation des produits agricoles et forestiers, à l'élevage, à la mise en valeur des *forêts, à la protection et à l'aménagement du milieu naturel, not. en matière de *chasse ou de *pêche.

INGÉRENCE

N. f. – Comp. de *in* : dans, et *gérance.

- **1** *Immixtion sans titre dans la gestion des affaires d'autrui. Ex. ingérence dans les affaires d'une société qui rend son auteur dirigeant de fait ; ingérence du mari dans la gestion des biens propres de sa femme. V. **gestion d'affaires.*
- **2** Infraction consistant, pour un fonctionnaire public, à s'immiscer dans des affaires incompatibles avec sa qualité (not. en prenant un intérêt dans des entreprises dont il a même partiellement l'administration ou la surveillance) ou pour un ancien fonctionnaire à prendre, moins de cinq ans après la cessation de ses fonctions, une participation dans les entreprises qu'il administrait ou contrôlait ; parfois dénommée prise d'intérêt ou *intéressement. Comp. *corruption, trafic d'influence.*

INGRATITUDE

N. f. – Lat. *ingratitudo,* de l'adj. *ingratus* : ingrat.

- Violation du devoir de reconnaissance incombant à un donataire ou à un légataire envers celui qui l'a gratifié, qui entraîne la *révocation de la libéralité dans les cas graves spécifiés par la loi : attentat à la vie du donateur ou du testateur, refus d'aliments, etc. V. C. civ., a. 955, 1046. Comp. *indignité*. V. *injure*.

INIQUE

Adj. – Lat. *iniquus,* inégal, injuste, excessif.

• Gravement contraire à l'*équité (contrariété saillante relativement à la non-conformité qui est dans *inéquitable). Comp. *injuste, abusif, léonin, exorbitant, lésionnaire, excessif.*

INIQUITÉ

Subst. fém. – Lat. *iniquitas,* inégalité, injustice, inéquité.

• Atteinte grave à l'équité ; *injustice flagrante ; *inégalité criante ; ce qui est manifestement contraire à l'équité (forme sous laquelle la loi se réfère volontiers à l'iniquité. Ex. C. civ., a. 280-1 anc., 1579). V. *lésion.*

INITIAL, ALE, AUX

Adj. – Lat. *initialis,* de *initium* : commencement.

• **1** (sens spécifique). Syn. de *principal (sens 5) ; se dit de la *demande en justice par laquelle un plaideur prend l'initiative d'un procès et qui *introduit l'instance (CPC, a. 53). Ant. *incident, réitéré.*

• **2** (sens générique). Syn. de *originaire.

INITIATIVE

N. f. – Dér. du lat. *initiare* : commencer.

• **1** Faculté parfois conférée par la loi, soit à une ou plusieurs personnes déterminées, soit au plus diligent, d'*agir le premier, de prendre avant toute autre une décision (ex. initiative d'une défense, initiative de convoquer une assemblée). V. *inquisitoire.*

• **2** L'exercice de cette prérogative.

• **3** Parfois l'acte ainsi accompli, la décision prise.

• **4** Plus spéc., acte par lequel on propose l'adoption d'un texte, par ex. projet ou proposition de loi (V. Const. 1958, a. 39).

— **(droit d')** (eur.). Mission (droit et devoir) conférée à la *Commission européenne, intitulée gardienne des traités et de l'intérêt général, de faire des propositions au *Conseil de l'Union européenne, soit à titre exclusif dans le domaine communautaire, soit en partage avec les États membres dans divers autres domaines (politique étrangère, sécurité commune, etc.).

— **populaire.**

a / Possibilité que le Droit constitutionnel de certains pays ouvre à un certain nombre d'électeurs de proposer le principe d'une loi ou un texte de loi, qui sera soumis au Parlement ou à un référendum.

b / Exercice de cette faculté.

• **5** Parfois, le fait d'entreprendre avec ou sans droit une action, une activité, etc. Ex. initiative d'un procès. V. *introduction.* Comp. *ingérence.*

INITIÉ (DÉLIT D')

V. *délit d'initié, opérations d'initiés.*

INJONCTION

N. f. – Lat. *injunctio,* de *injungere* : enjoindre.

• **1** (sens gén.). *Ordre, prescription, commandement émanant d'une autorité. Ex. les magistrats du siège ne peuvent, sans commettre un excès de pouvoir, adresser des injonctions aux membres du ministère public. V. *imperium.*

• **2** (pr. civ.). Ordre donné par le juge aux parties ou aux auxiliaires de justice dans une cause dont il est saisi, sous les sanctions déterminées par la loi, soit en vertu de son pouvoir de police (ex. le président de la juridiction peut enjoindre aux personnes qui troublent l'audience de garder le silence ou de sortir, CPC, a. 439), soit en vertu de son pouvoir d'instruction (ex. le magistrat chargé de la mise en état devant le tribunal de grande instance peut adresser des injonctions aux avocats en vue d'assurer le déroulement loyal de la procédure, l'échange ponctuel des conclusions, la communication des pièces, CPC, a. 763) ; le pouvoir d'injonction résulte clairement, dans les textes, du pouvoir d'« ordonner » ou de « mettre en demeure », moins nettement du pouvoir d' « inviter les parties à… », l'invitation étant comme une incitation, une forme atténuée et polie d'injonction, sauf au juge à tirer toute conséquence d'une

abstention ou d'un refus (CPC, a. 332, 844, 862...). V. *inviter.*
— **de faire.** *Ordre d'exécuter en *nature une *obligation contractuelle d'accomplir une *prestation (fourniture de travaux, prestation de services, délivrance de la chose vendue) ; désigne globalement la procédure d'injonction instaurée en 1988, devant le tribunal d'instance, pour favoriser l'exécution d'obligations nées de contrats conclus entre non-commerçants ou entre civils et commerçants (CPC, a. 1425-1 s.), plus spécifiquement, l'ordonnance non susceptible de recours portant injonction de faire que le juge rend sur requête, si celle-ci lui paraît fondée, et dans laquelle il fixe les délais et les conditions dans lesquels l'obligation doit être exécutée (première phase non contradictoire de la procédure). Comp. *injonction de payer.* V. *prescrire.*
— **de payer.** Ordre de s'acquitter d'une dette de somme d'argent donné par le juge au débiteur ; par ext., nom donné à la procédure spéciale de recouvrement des petites créances civiles ou commerciales de nature contractuelle.

• **3** (adm.). Mesure de caractère comminatoire que le juge ne peut prendre à l'encontre de l'*administration (sauf si celle-ci a commis une *voie de fait) : interdiction liée à une conception – aujourd'hui contestée – des privilèges de l'administration. V. *astreintes.* Comp. *réquisition.*

IN JUDICIO

Expression lat. signifiant « en justice », utilisée pour caractériser ce qui a lieu « devant le juge », « en cours d'instance ». V. *judiciaire.*

INJURE

N. f. – Lat. *injuria* : injustice, violation du Droit.

• **1** (pén.). Toute expression outrageante (paroles, écrits, imprimés, dessins), terme de mépris ou invective qui ne renferme l'imputation d'aucun fait précis (autrement il s'agirait d'une *diffamation). Comp. *outrage, offense.*
— **(contravention d').** Injure proférée en privé.
— **(délit d').** Injure publique et proférée à l'encontre de particulier ou de groupe et concernant leur ethnie, race, nation, ou religion, injure contenue dans une correspondance postale ou un télégramme circulant à découvert.

• **2** (civ.). Offense grave du donataire envers le donateur (atteinte à son honneur, à sa réputation) retenue comme marque d'*ingratitude et cause de révocation (C. civ., a. 955).
— **grave.** Cause naguère spécifiée de divorce (aujourd'hui englobée dans la violation des devoirs et obligations du mariage et constitutive d'une faute cause de divorce aux conditions de l'a. 242, C. civ.) mais correspondant déjà à cette notion générique. Ex. refus de soins au conjoint malade ou de la communauté de vie. Comp. *excès, sévices, adultère.*

INJUSTE

Adj. – Lat. *injustus.*

• Contraire à la *justice, *excessif, démesuré. Ant. *juste.* Comp. *inique, inéquitable, abusif, exorbitant, léonin, lésionnaire.*

INJUSTICE

Subst. fém. – Lat. *injustitia,* injustice, rigueur injuste.

• Atteinte à la *justice (par mauvaise justice ou *déni de justice, refus de faire justice) ; se dit surtout d'une violation grave de la justice, par ext. d'une violation grave de l'*équité, de l'*égalité. V. *iniquité, inégalité, lésion.*

IN LIMINE LITIS

Formule latine signifiant « sur le seuil du procès », employée, dans le langage du palais, pour marquer que certains *moyens de défense – étrangers au fond du litige – ne peuvent être invoqués à tout moment de la procédure (en tout *état de cause) à la différence not. des *défenses au fond (CPC, a. 72), mais doivent l'être à peine d'*irrecevabilité dès le début de l'instance, c'est-à-dire avant l'engagement du véritable débat, lequel résulte en général du dépôt de conclusions au fond (ce débat, une fois engagé, ne pouvant plus être troublé par des incidents suscités à retardement dans une intention dilatoire). Ex. les *exceptions de procédure (d'incompétence, de nullité, etc.) doivent, à peine d'irrecevabilité, être soulevées simultanément et avant toute défense au fond ou *fin de non-recevoir (CPC, a. 74).

IN MITIUS

Termes latins signifiant « en plus doux » (*mitis :* doux, comp. *mitior*) utilisés pour exprimer que la loi pénale a été modifiée dans le sens de la *clémence, par suppression d'incrimination, abolition ou abaissement de la peine (la loi nouvelle moins sévère étant applicable aux infractions commises avant son entrée en vigueur, C. pén., a. 112-1) ou que, sur recours (en appel ou après cassation), la condamnation a été atténuée, par diminution de la peine, fractionnement, dispense, octroi du sursis, etc. Ant. *in pejus*.

INNAVIGABILITÉ

Dér. de innavigable, lat. *innavigabilis*, de *navigare*.

• Incapacité du navire à tenir la nier ou à effectuer correctement le voyage convenu.

INNOCENCE

Subst. fém. – Dér. de *innocent.

• Non-*culpabilité.
— **(*présomption d').** Préjugé en *faveur de la non-culpabilité ; règle fondamentale gouvernant la *charge de la *preuve, en vertu de laquelle toute personne poursuivie pour une infraction est, *a priori*, supposée ne pas l'avoir commise, et ce, aussi longtemps que sa *culpabilité n'est pas reconnue par un jugement irrévocable, principe qui implique qu'elle doit être acquittée au bénéfice du *doute par la juridiction de jugement si sa culpabilité n'est pas démontrée, et que, pendant l'instruction même, elle doit être tenue pour non coupable et respectée comme telle (C. civ., a. 9-1), les « indices laissant présumer (présomption de l'homme) qu'elle a participé, comme auteur ou complice, aux faits » dont le juge d'instruction est saisi justifiant seulement sa *mise en examen (C. pr. pén., a. 80-1) et la recherche, par la justice qui en a la charge, des preuves contraires à la présomption légale d'innocence (v. C. pr. pén., a. prélim. III). Comp. *présomption de *bonne foi, faveur.*

ADAGE : *In dubio pro reo, le doute profite à l'accusé.*

INNOCENT, ENTE

Adj. – Lat. *innocens,* incapable de nuire, innocent ; préf. nég. *in* et dér. de *nocere* : nuire (à l'origine donner la mort, *nex, necis*).

• Non coupable (reconnu ou réputé tel).

INNOMMÉ, ÉE

Adj. – Lat. *innominatus*.

• **1** *(stricto sensu)*. Qui n'a reçu de la loi ni dénomination spéciale ni réglementation particulière ; se dit surtout des conventions (V. *contrat innommé*), plus généralement des actes juridiques, par ex. en matière d'enregistrement, des actes judiciaires ou extrajudiciaires qui, n'étant spécialement tarifés par aucune disposition de la loi fiscale, sont assujettis à un droit fixe.

• **2** *(lato sensu)*. Qui ne correspond, dans la loi ou la pratique, à aucune figure juridique spécifiée ; se dit de conventions *sui generis* élaborées en dehors des catégories nommées.

INOBSERVATION

N. f. – Du lat. *in,* prép. nég. et *observatio* attention, scrupule, respect, de *ob,* devant et *servare,* garder, regarder.

• (terme neutre et générique). Fait de ne pas se conformer à une obligation (légale, coutumière, conventionnelle, etc.) ; *manquement à ses devoirs, à sa parole. Comp. *violation, infraction, contravention, transgression, méconnaissance.* Ant. *respect.* V. *fidélité, conformité.*

INOPPOSABILITÉ

N. f. – Dér. de *inopposable, de la famille d'opposer, lat. *opponere,* francisé d'après poser.

• **1** Inefficience d'un acte à l'égard d'un *tiers permettant à ce tiers de méconnaître l'existence de l'acte et d'en ignorer les effets, qui tient non pas au fait que le tiers, étranger à l'acte, n'est pas directement obligé par celui-ci (conséquence spécifique de l'effet relatif) mais à la circonstance que l'acte manque de l'une des conditions de sa pleine efficacité et de son intégration à l'ordre juridique (absence de fraude ou de simulation, formalité de publicité, etc.). Ant. *opposabilité.*

***a* /** (sanction d'un acte frauduleux). Inefficience limitée, distincte de la *nullité *(erga omnes)* qui prive un acte juridique frauduleux d'effet mais seulement à l'égard de certaines personnes (créanciers notamment) auxquelles la loi réserve le bénéfice de faire révoquer cet acte en ce qui les concerne, s'il leur nuit.

— **des actes de la période suspecte.** Neutralisation, à l'égard de la masse des créanciers d'un débiteur soumis à une procédure de règlement judiciaire ou de liquidation des biens, des actes accomplis par celui-ci pendant la *période suspecte, lorsqu'ils ont rompu gravement l'égalité des créanciers (les actes attaqués demeurant valables dans les rapports du débiteur et de celui qui a traité avec lui, ainsi qu'à l'égard des tiers autres que la masse) ; sanction aujourd'hui remplacée, dans le redressement judiciaire, par la nullité.

b / (sanction d'un défaut de publication). Inefficience à l'égard des *tiers déterminés par la loi d'un acte dont la pleine efficacité était subordonnée à l'accomplissement d'une formalité de publicité qui a été inobservée. Ex. inopposabilité d'une vente immobilière non publiée. V. *propriété foncière.*

c /

— **d'un jugement étranger (action en).** Action tendant à faire déclarer, directement et préventivement, qu'un jugement étranger est sans effet en France, parce qu'il ne remplit par les conditions de régularité internationale exigées par le Droit international privé français, V. *opposabilité d'un jugement étranger (action en).*

- **2** Désigne parfois une sorte d'*irrecevabilité portant not. sur certains moyens de défense.

— **des *exceptions en matière d'effets de commerce.** Impossibilité, pour la personne à qui est demandé le paiement par le porteur légitime et de bonne foi d'une lettre de change, d'un billet à ordre, d'un chèque ou d'un titre au porteur ou revêtu de la *clause à ordre, d'écarter la demande en invoquant les exceptions (causes de nullité ou d'extinction de la créance représentée par le titre) fondées sur ses rapports personnels avec les porteurs antérieurs ou, sauf exception, avec le tireur.

INOPPOSABLE

Adj. – Comp. de *in,* préfixe négatif, et *opposable.

- Se dit relativement à une personne, d'un acte ou d'un droit dont cette personne est fondée à ignorer ou à faire écarter les effets.

a / Qui ne peut être utilement invoqué par l'auteur d'une prétention à l'encontre de son adversaire en raison d'une carence procédurale (ex. conclusions inopposables d'une expertise non contradictoire) ou de l'imperfection qui rend un droit ou un acte substantiel inopposable aux sens ci-dessous.

b / Se dit d'un acte valable mais dont le défaut de publication contrairement aux exigences de la loi permet à certains tiers d'en méconnaître l'existence.

c / Se dit, par opp. à annulé, d'un acte en lui-même maintenu mais dont les effets sont neutralisés à l'égard d'une personne qui est en droit de ne pas en souffrir, à charge de faire déclarer en justice la circonstance (fraude, simulation) qui justifie cette neutralisation. Comp. *nul, annulable, non avenu, inexistant, caduc, périmé.*

d / Se dit aussi du jugement étranger déclaré tel préventivement. V. *inopposabilité.*

IN PEJUS

V. *reformatio in pejus.*

INQUISITION

N. f. – Lat. *inquisitio* : faculté de rechercher, information, enquête.

- Dans la langue courante, ensemble des pouvoirs d'investigation donnés aux agents du fisc pour contrôler l'assiette des impôts.

INQUISITOIRE

Adj. – Dér. du v. lat. *inquirere* : rechercher, faire une enquête.

- Qui repose sur l'*initiative du juge, sous les distinctions qui suivent.
- **1** Caractère d'une procédure dans laquelle toute initiative vient du juge : l'introduction de l'instance (saisine d'office), la direction du procès, la recherche des faits et la réunion des éléments de preuve. Ex. la procédure extraordinaire du Bas-Empire, la procédure suivie à la fin du XIIe siècle devant les juridictions ecclésiastiques puis à partir du XIIIe devant les juridictions laïques en matière criminelle.
- **2** Plus étroitement, caractère d'un système de preuve dont le juge a la maîtrise.
- **3** Se dit aussi, quant à son orientation, d'une procédure dans laquelle la part revenant à l'initiative du juge en ce qui concerne la direction du procès ou la recherche des preuves tend à s'affirmer

en se combinant avec le caractère *accusatoire. Ant. *accusatoire, neutralité du juge.* Comp. *inquisitorial, dispositif (principe).* V. *office du juge.*

ADAGE : *Tout juge est procureur général* (Ancien Droit).

INQUISITORIAL, ALE, AUX

Adj. – Du lat. *inquisitor* : enquêteur.

- **1** Parfois syn. d'*inquisitoire.
- **2** Dans un sens plus large, et par référence aux origines, se dit parfois d'une procédure écrite, secrète ou non contradictoire, qualificatif empreint d'une nuance péjorative. Ex. pratiques, méthodes, procédés inquisitoriaux.

IN QUO VIS

Loc. lat. signifiant littéralement « sur ce que tu veux », c'est-à-dire sur n'importe quel objet, servant en pratique à caractériser une assurance sur facultés dans laquelle le nom du navire sur lequel les marchandises sont chargées n'est pas indiqué (on dit assurance *in quo vis* ou assurance sur navire indéterminé).

INSAISISSABILITÉ

N. f. – Dér. de insaisissable, de la famille de saisir, d'origine germ.

- Protection spéciale découlant de la loi (ou sous les restrictions de la loi d'une convention ou d'un testament) qui met en tout ou partie certains biens d'une personne hors d'atteinte de ses créanciers, en interdisant que ces biens soient l'objet d'une saisie, dans les limites et sous les exceptions déterminées par la loi. Ex. insaisissabilité partielle des traitements et salaires (V. *portion *saisissable*) ; insaisissabilité des pensions alimentaires si ce n'est pour aliments fournis à la partie saisie (a. 14, l. 9 juil. 1991). V. **gage général, incessibilité, indisponibilité, inaliénabilité.*

INSAISISSABLE

Adj. – V. *insaisissabilité.*

- Qui ne peut, par l'effet d'une protection spéciale, être *saisi (être valablement l'objet d'une *saisie), totalement ou dans les limites et par les créanciers que la loi détermine. Ex. sont insaisissables les biens mobiliers nécessaires au travail du saisi, si ce n'est pour paiement de leur prix, dans les limites fixées par le C. de procédure civile. V. a. 14, l. 9 juillet 1991. V. *incessible, indisponible, inaliénable.* Ant. *saisissable.*

INSALUBRITÉ

N. f. – Dér. de insalubre, lat. *insalubris.*

- Caractère de ce qui constitue un danger pour la *santé. V. *îlot, immeuble, salubrité.*

INSANITÉ D'ESPRIT

N. f. – Lat. *insanitas* (de *sanus* : sain) ; lat. *spiritus.*

- Altération de la santé mentale. Syn. **démence, *aliénation mentale* (englobé sous le terme *altération des facultés personnelles). V. *esprit, trouble mental.* Comp. *folie.*

INSCRIPTION

N. f. – Lat. *inscriptio,* de *inscribere* : inscrire.

- Action d'inscrire sur un registre (en général officiel) ou résultat de cette opération, qui a donné son nom soit à une formalité soit à une procédure, soit parfois à l'administration chargée de tenir le registre. V. *enregistrement, écriture, écrit, insertion, transcription, enrôlement.*

— **au *rôle.** Syn. d'enrôlement ou de mise au *rôle.

— **de faux.**

a / Contestation portée devant une juridiction civile, soit à titre *incident (CPC, a. 306), soit à titre *principal (CPC, a. 314) en vue de faire reconnaître qu'un acte *authentique est faux (comp. vérification d'écriture et faux) ; ne pas confondre avec le *faux documentaire (délit pénal) parfois nommé faux principal.

b / Formalité, solennelle par laquelle commence la procédure ci-dessus définie (CPC, a. 306).

— **de rente.** V. *dette inscrite.*

— **d'office.**

a / (Dr. civ.). Mention que la loi oblige le conservateur des hypothèques à opérer d'office sur le registre des inscriptions hypothécaires lors de la présentation à la transcription d'un contrat de vente d'immeuble, lorsque le prix de vente n'a pas été payé comptant, et qui a pour but d'assurer la publicité de la créance privilégiée du vendeur (C. civ., a. 2379). V. *transcription.*

b / (adm.). Procédure de tutelle administrative par laquelle l'autorité centralisée (Président de la République ou préfet, selon les cas) se substitue à l'organe décentralisé, après refus formel de celui-ci, pour porter au budget de la personne administrative visée le crédit nécessaire aux fins de couvrir une dépense obligatoire et pour créer, le cas échéant, une imposition spéciale trouvant la recette nécessaire.

— **hypothécaire.** *Formalité de *publicité assurant l'*opposabilité aux tiers des *hypothèques et *privilèges spéciaux immobiliers par une inscription à la conservation des hypothèques portant identification du créancier et du débiteur, indication de la créance garantie, et désignation de l'immeuble grevé et permettant de faire jouer le droit de suite attaché à l'hypothèque ainsi que de fixer le rang entre les créanciers inscrits (C. civ., a. 2426 s.).

— **maritime.** Ancienne dénomination de l'administration des *affaires maritimes.

INSERTION

N. f. – Lat. *insertio.*

- **1** Incorporation à un écrit d'une mention, observation, formule ou stipulation particulière ; introduction d'une précision dans un acte. Ex. insertion dans un contrat de bail d'une clause résolutoire ; insertion d'un dire dans le cahier des charges d'une vente judiciaire d'immeubles (CPC., a. 1275). V. *inscription.*
- **2** Publication dans la presse d'une *information. Syn. *annonces.* V. *réponse (droit de), communiqué, rectification.*
- **3** (ou réinsertion). Réadaptation sociale consistant pour un détenu libéré à retrouver une place dans la société (objectif de la politique criminelle). Comp. *réintégration.*

INSIGNE

N. m. – Lat. *insigne.*

- **1** *Signe généralement symbolique dont le port extérieur manifeste l'appartenance d'une personne à un groupe organisé ou non.
- **2** Signe extérieur d'un grade, d'une distinction honorifique ou de l'appartenance à une catégorie particulière de personnes autorisées par une réglementation à porter une marque distinctive. Ex. insignes des anciens combattants et victimes de guerre. V. *honneur.*

IN SOLIDUM

Termes latins signifiant « au tout », utilisés pour caractériser certaines dettes (V. **obligation in solidum*) et par ext. le jugement mettant de telles dettes à la charge d'une personne : condamnation *in solidum.* Comp. *solidaire, indivisible.*

INSOLVABILITÉ

N. f. – Dér. de *insolvable, comp. de *in* et solvable, dér. du lat. *solvere* : payer.

- État de l'*insolvable. Comp. *déconfiture, *cessation de paiement, surendettement, carence.* V. *appauvrissement, *action paulienne.*

— **(organisation frauduleuse de l').** Fait pour un débiteur, de chercher, même avant que sa dette ne soit judiciairement reconnue, à se soustraire à l'exécution d'une condamnation pénale, délictuelle ou alimentaire, soit en augmentant le passif ou en diminuant l'actif de son patrimoine, soit en dissimulant tout ou partie de ses biens ou revenus (C. pén., a. 314-7). V. *détournement, dissimulation.*

INSOLVABLE

V. *insolvabilité.*

- Qui ne peut payer ce qu'il doit. Ant. *solvable.* V. *contraignable.*

INSOUMISSION

N. f. – Comp. de *in* et soumission, lat. *submissio.*

- Infraction commise par l'individu qui, appelé à rejoindre son corps de troupe, ne se présente pas dans les délais voulus à la destination fixée. V. *recel.* Comp. *désertion, insubordination, refus d'obéissance.*

INSPECTEUR, TRICE

Subst. – Lat. *inspector, trix* : observateur, examinateur, scrutateur.

• **1** Terme générique rarement employé seul désignant un fonctionnaire chargé par l'autorité supérieure de la surveillance d'un service ou d'un établissement public ou privé. Ex. inspecteur des finances, inspecteur d'académie, inspecteur du travail. V. *inspection des finances, inspection du travail.* Comp. *contrôleur.*

• **2** Sous la même précision, terme désignant un fonctionnaire appartenant à un corps investi d'une mission de surveillance déterminée par le type d'activité qui en est l'objet. Ex. inspecteur de police.

— **de police.** Fonctionnaire appartenant au corps de la *police nationale (sûreté nationale ou préfecture de police) et investi d'une mission de police judiciaire dont les pouvoirs dépendent de la catégorie dans laquelle il est classé selon son rang et son ancienneté. Ex. un inspecteur divisionnaire de la police nationale a la qualité d'*officier de police judiciaire ; d'autres inspecteurs sont seulement *agents de police judiciaire.

• **3** Par ext., agent salarié chargé par une entreprise d'une mission de surveillance (par ex. dans un grand magasin).

INSPECTION DU TRAVAIL

Corps de fonctionnaires chargé initialement d'assurer le respect de la législation du travail dans les entreprises et investi par la suite de missions étendues dans le domaine de l'emploi ou des relations de travail.

INSPECTION GÉNÉRALE DES FINANCES

Corps de hauts fonctionnaires placé auprès du ministre des Finances et chargé principalement de contrôler les comptables publics ainsi que les services financiers des organismes publics.

INSTALLATION

N. f. – Dér. du lat. médiév. *installare,* établir dans une stalle du chœur, pour le mettre en possession de sa dignité ou de son bénéfice, le titulaire désigné de celui-ci.

• **1** Action d'installer autrui dans une fonction. V. *installation de fonctionnaire.* Comp. *investiture, collation, titularisation.*

• **2** Action de s'installer, de s'établir à son compte, d'entreprendre en un lieu une activité économique en mettant en place les moyens nécessaires à cette entreprise (aménagement, équipement, etc.). Ex. installation d'un jeune agriculteur sur un fonds en vue d'une exploitation indépendante. Comp. *établissement, investissement.* V. *dotation.*

• **3** Résultat de cette action (bâtiment, chantier, etc.). V. *installation classée.*

INSTALLATION CLASSÉE

V. le précédent.

• Expression (substituée à celle d'établissement dangereux, incommode et insalubre) désignant les usines, ateliers, dépôts, chantiers, carrières et, de manière générale, les installations exploitées ou détenues par toute personne physique ou morale publique ou privée, qui peuvent présenter des dangers ou des inconvénients soit pour la commodité du voisinage, soit pour la santé, la sécurité, la salubrité publique, soit pour l'agriculture, soit pour la protection de la nature et de l'environnement, soit pour la conservation des sites et des monuments (a. 1, l. 19 juill. 1976, relative aux installations classées pour la protection de l'environnement, C. env., a. 511-1 et s.).

INSTALLATION DE FONCTIONNAIRE

Du v. installer, lat. médiév. *installare.* V. les précédents et *fonctionnaire.*

• Formalité (parfois solennité) par laquelle un fonctionnaire est publiquement investi des fonctions auxquelles il a été nommé, qui marque dans ces fonctions le point de départ de son droit au traitement et à laquelle est subordonnée son entrée en fonctions. Ex. installation d'un magistrat, d'un comptable, V. *nomination, prestation de *serment, investiture, établissement, collation, passation des pouvoirs.*

INSTANCE

N. f. – Lat. *instantia,* de *instare* : s'appliquer à…

• **1** Procédure engagée devant une juridiction ; phase d'un *procès. Ex. la première instance est celle qui se déroule devant les premiers juges, au premier degré de juridiction, éventuellement suivie d'une instance en appel ou en cassation. V. *cause.* Comp. *litige, procès.*

- **2** Désigne plus précisément la suite des actes et délais de cette procédure à partir de la demande *introductive d'instance jusqu'au jugement ou aux autres modes d'extinction de l'instance (*désistement, *péremption), y compris instruction et incidents divers (*suspension, *interruption et *reprise d'instance) ; on parle en ce sens du déroulement ou de la *poursuite de l'instance. V. *introduire, conduire, diligences.*
- **3** Par ext., situation juridique des parties en *cause ; l'instance est en ce sens un *lien juridique source de droits et d'obligations pour les parties à l'instance (on parle aussi de lien d'instance).

— **(tribunal d').** V. *tribunal d'instance.*
— **(tribunal de grande).** V. *tribunal de grande instance.*

INSTIGATEUR, TRICE

Subst. – Lat. *instigator.*

- Celui qui, agissant en sous-main par *provocation, *abus d'autorité ou *instructions en vue de faire réaliser par autrui le projet délictueux qu'il a conçu, en est l'auteur intellectuel mais qui, n'en étant pas l'*auteur *matériel, n'est puni que comme *complice de l'agent d'exécution et seulement lorsque celui-ci passe à l'action, hors les cas particuliers où l'*instigation est en elle-même érigée en délit spécial (ex. incitation à la *débauche, à l'interruption de grossesse, proxénétisme). V. *apologie.*

INSTIGATION

N. f. – Lat. *instigatio* : action d'exciter.

- Fait d'inspirer à autrui un acte en général délictueux (cas de *complicité si l'infraction est commise) ou de le pousser à accomplir un acte grave (objection de conscience, interruption de grossesse). Syn. *incitation.* V. *apologie, instigateur.* Comp. *provocation, complicité, connivence, coaction, participation.*

INSTITUER

V. – Lat. *instituere,* disposer, établir, fonder.

- **1** *Établir en droit ; fonder, créer (dans l'ordre juridique) ; donner naissance à une entité juridique nouvelle : un organisme (instituer une commission, une juridiction), un droit (instituer une action en justice, un recours, une garantie, etc.), plus généralement toute règle nouvelle (instituer une procédure, un type de convention, etc.), initiatives qui appartiennent à la loi (aux pouvoirs publics), aux traités, pactes et conventions. V. *ériger.*
- **2** (un héritier) : faire un *héritier ; désigner une personne comme héritier. V. *institution d'héritier, institution contractuelle.*

INSTITUT

N. m. – Lat. *institutum* : plan, organisation.

- **1** Par abréviation de l'expression Institut de France, établissement public constitué par les cinq *académies.
- **2** Terme employé dans la dénomination d'un certain nombre d'*institutions ou d'organismes de nature, régime ou fonctions variables : Institut national de la Statistique et des Études économique (INSEE), Institut de Développement industriel (IDI), Institut national des Appellation d'origine.

— **de France.** V. ci-dessus.

INSTITUTES

Subst. fém. plur.

- Terme tiré du mot lat. *institutiones* par lequel on désignait les traités exposant les principes généraux du Droit. Ex. institutes de Justinien, institutes coutumières de Loysel.

INSTITUTION

N. f. – Lat. *institutio,* du v. *instituere* : disposer, établir.

- **1** En un sens général et large, éléments constituant la structure juridique de la réalité sociale ; ensemble des mécanismes et structures juridiques encadrant les conduites au sein d'une collectivité ; on parle ainsi de l'histoire des institutions (par opp. à l'histoire des événements ou à l'histoire des mentalités). Ex. les institutions de la Ve République, le mariage, la propriété, le contrat, l'entreprise, institutions fondamentales des sociétés individualistes et libérales.

- **2** Par opp. à une règle de droit particulière, ensemble de règles concernant un même objet. Ex. l'institution de la tutelle. V. **corps de règles.*

- **3** Dans un usage récent, équivalent approximatif de branche du droit ou de *système juridique. Ex. les institutions judiciaires, financières, les institutions juridiques de la Grande-Bretagne.

- **4** Action d'instituer, fait de créer et résultat de cette création. Ex. « instituer » un pays signifie au XVIIIe siècle lui donner une *constitution. Comp. *fondation, établissement, rétablissement.* V. *abolition.*

- **5** *Collectivité humaine organisée en vue de la réalisation d'une fin supérieure et au sein de laquelle les individus acceptent ou subissent l'existence d'une autorité commune. Ex. l'État. V. *organe, organisme, corporation.*

- **6** (doct. Hauriou). Réalité que constitue soit un organisme existant (ex. un établissement administratif) lorsque s'y dégagent la conscience d'une mission et la volonté de la remplir en agissant comme une *personne morale, soit une création lorsque le fondateur, découvrant l'idée d'une œuvre à réaliser, entreprend cette réalisation en suscitant une communauté d'adhérents ; ou encore, organisation sociale établie en relation avec l'ordre général des, choses dont la permanence est assurée par un équilibre de forces ou par une séparation des pouvoirs et qui constitue par elle-même un état de droit. Ex. en Droit public, conception qui permet d'analyser les diverses institutions administratives en mesurant leur degré d'individualité et d'autonomie et de fournir une théorie réaliste de l'État en justifiant sa valeur inhérente d'état de droit et en expliquant son autolimitation par les équilibres résultant de séparations de pouvoirs internes ; en Droit privé, théorie surtout utilisée pour rendre compte du phénomène de la *personnalité morale (société, association, fondation, syndicat) et qui, par contraste avec les instruments techniques habituellement utilisés (contrat, obligation, etc.), se caractérise par l'accent mis sur le facteur de durée (grâce au Droit disciplinaire et au Droit statutaire), le rôle spécifique des volontés des participants à la fondation et à la vie de l'institution.

— **contractuelle.** Institution d'*héritier par contrat ; désigne plus spécialement aujourd'hui la *donation de biens à venir exceptionnellement permise lorsqu'elle est faite par contrat de mariage, soit d'un époux à l'autre, soit d'un tiers aux époux ou à leurs enfants à naître.

— **corporative (ou incorporée).** Nom donné aux institutions qui prennent corps dans un organisme (corps administratif, société, associations, syndicats) ; encore nommées institutions-personnes.

— **d'héritier.** Dénomination (sans valeur *sacramentelle) que peut prendre la disposition testamentaire par laquelle le testateur confère le titre et la qualité d'*héritier (avec vocation *universelle) à la personne à laquelle il laisse ses biens par *testament. Syn. **legs* (C. civ., a. 967, 1002). V. **héritier institué, légataire, colégataire.*

— **spécialisée** (int. publ.). *Organisation internationale fondée sur une convention interétatique possédant des attributions étendues dans le domaine économique, social, culturel, scientifique ou technique et liée à l'Organisation des Nations Unies par un accord établissant des rapports de coordination, voire de subordination, se distingue de certains organes subsidiaires des Nations Unies (ex. fonds international de secours à l'enfance, conférence des Nations Unies pour le commerce et le développement) du fait qu'elle a été créée non par une résolution de l'Assemblée générale mais par une convention internationale. Ex. Organisation internationale du Travail (OIT), Organisation des Nations Unies pour l'alimentation et l'agriculture (FAO), Organisation des Nations Unies pour l'éducation, la science et la culture (Unesco), Fonds monétaire international (FMI), etc.

INSTITUTIONNEL, ELLE

Adj. – Dér. de *institution.

- **1** Qui a été érigé en *institution, qui a la valeur (la pérennité) d'une institution. V. *objectif, positif.*

- **2** Plus spéc., qui échappe aux volontés particulières par opp. à *contractuel, *conventionnel.
- **3** Parfois plus vaguement syn. d'étatique.

INSTRUCTION

N. f. – Lat. *instructio,* du v. *instruere* : élever, bâtir, disposer.

- **1** *Prescription pratique donnée à un subordonné pour l'exécution d'un *ordre ou l'application d'une règle ; norme d'application ; *directive. Ex. instructions de l'employeur à ses salariés. Comp. *recommandation, conseil.*

— **de service.** Prescriptions adressées par les chefs de service aux agents placés sous leur autorité et relatives soit à l'interprétation et à l'application des lois et règlements, soit au fonctionnement du service et aux conditions d'exécution de leurs fonctions. V. *circulaires, *mesures d'ordre intérieur.*

— **(pouvoir d').** Attribut du *pouvoir hiérarchique permettant au supérieur de prescrire leur comportement à ses subordonnés.

- **2** Phase du procès destinée à instruire le juge de l'affaire dont il est saisi. V. *mise en état.*
- **A** (pr. pén.). (Instruction dite préparatoire.) Phase du procès pénal (obligatoire en matière de crime, facultative en matière de délit, exceptionnelle en matière de contravention) au cours de laquelle le magistrat instructeur procède aux recherches tendant à identifier l'auteur de l'infraction, à éclairer sa personnalité, à établir les circonstances et les conséquences de cette infraction, afin de décider de la suite à donner à l'action publique. V. *juge d'instruction, chambre de l'instruction, contrôle judiciaire, détention provisoire, information, mandats, non-lieu.*
- **B** (pr. civ.).

a / Phase du procès civil qui, en un sens large, englobe non seulement la phase *préparatoire (comprenant la communication des pièces, l'exécution des mesures d'instruction, l'échange des conclusions), mais aussi les plaidoiries et les débats qui concourent à éclairer le juge.

b / En un sens strict, phase qui expire lorsque l'affaire est en *état d'être jugée et qui est déclarée close par une décision du juge (ex. ordonnance de clôture) avant d'être renvoyée à l'audience. Ex. instruction déclarée close par le président (CPC, a. 760), instruction close par le juge de la *mise en état (CPC, a. 779).

— **(mesure d').** Mise en œuvre judiciaire des modes de preuve ; mesure tendant à l'administration devant le juge des divers modes de preuve (ex. l'enquête : mise en œuvre de la preuve testimoniale, CPC, a. 199 ; la comparution personnelle fournissant aveu, indice, présomption, etc.) ; désigne soit l'objet de la mesure (expertise, consultation), soit la décision qui l'ordonne (d'office ou à la demande des parties), soit encore l'ensemble de la procédure *incidente à laquelle elle donne lieu. V. **mesure d'instruction, action in futurum.*

- **3** Action d'instruire, d'enseigner. Comp. *éducation, formation, enseignement.*

— **publique.** Expression aujourd'hui remplacée par *éducation, qui désignait le service public de l'enseignement.

INSTRUMENTAIRE

Adj. – Dér. de instrument, lat. *instrumentum.*

- Qui constitue ou se rapporte à l'*instrumentum d'un *acte juridique. Comp. *documentaire* (sens 2). V. *écrit, témoin, source.*

INSTRUMENTER

V. – Dér. de *instrument.

- **1** Pour certains officiers ministériels et auxiliaires de justice (notaire, huissier, etc.), dresser un *acte *(*instrumentum),* établir un écrit (contrat, procès-verbal, constat, etc.). V. C. civ., a. 1317. Comp. *monumenter.*
- **2** Par ext. (et plus vaguement), pour les mêmes, exercer leur ministère.

INSTRUMENTS JURIDIQUES

Subst. masc. plur. – Lat. **instrumentum.* V. *juridique.*

- *Textes et *actes juridiques ; termes génériques (en faveur dans les relations internationales) englobant l'ensemble des actes *(lato sensu)* dotés d'une valeur obligatoire (dispositions législatives, contrats, actes juridiques unilatéraux). Ex. l'introduction de l'euro n'a pas pour effet de modifier les termes d'un instrument juridique. Comp. *monument.*

- Pour une autorité, modes, formes, types d'*acte, techniques juridiques d'intervention qui entrent dans son pouvoir. Ex. règlement (général), décision (individuelle), etc.

— **communautaires** (eur.). Types d'acte que les institutions communautaires sont fondées à accomplir dans l'exercice de leur mission : *règlement, *directive, *décision, *recommandation, avis, *résolution.

INSTRUMENTS MONÉTAIRES

N. m. pl. – Lat. *instrumentum.* V. *monnaie.*

- Signes monétaires matérialisés (billets de banque, pièces métalliques) constituant la *monnaie *fiduciaire (v. aussi *numéraire*) qui, représentant une certaine quantité d'*unités monétaires (billet de 100 €, pièce de 2 €), sont pour leur valeur nominale un moyen de paiement, mais qui, en tant que meubles corporels (fongibles et consomptibles), sont, pour qui les possède, objet de propriété et de thésaurisation sous réserve des prérogatives souveraines de l'État qui les émet (retrait, démonétisation) ; s'opp. à *monnaie scripturale. V. *monnaie, valeur, nominalisme, valorisme, *cours légal.*

INSTRUMENTUM

Terme lat. signifiant « document », « pièce », utilisé pour désigner dans un acte juridique l'*écrit qui le constate, par opp. au *negotium.* Syn. **acte instrumentaire.* V. *protocole, procès-verbal, police* (II).

INSUBORDINATION

N. f. – Comp. de *in* et de subordination, lat. médiév. *subordinatio,* du v. *subordinare* : subordonner.

- Fait d'enfreindre activement les ordres de l'autorité supérieure. Ex. **refus d'obéissance, *rébellion, *révolte militaire.* Comp. **insoumission, désertion.*

INSUFFISANCE

N. f. – Comp. de suffisance, de la famille de suffire, lat. *sufficere* et de *in,* privatif.

- **1** En général, évaluation de la matière imposable inférieure à la réalité.
- **2** Spéc. en matière de droits d'enregistrement (mutations), évaluation ou prix inférieur à ce qui doit être retenu pour l'imposition (valeur vénale). Comp. *dissimulation de prix.*

INSUFFISANT, ANTE

Adj. – Comp. de *in* et *suffisant, du bas lat. *insufficiens.*

- **1** Inférieur en qualité ou quantité à ce qui, est dû ; non conforme. Ex. marchandise de qualité insuffisante, occupation insuffisante.
- **2** Trop faible pour atteindre son but. Ex. justification insuffisante, cause de rejet de la demande ; motivation insuffisante, cas de cassation. Comp. **défaut de base légale, lacunaire.*

INSULTE(S) À SENTINELLE OU À VEDETTE

Dér. lat. *insultare,* formé de *in* : sur et *suitare* : sauter.

- Délit consistant, pour un militaire, à outrager une sentinelle ou une vedette par paroles, gestes ou menaces. V. *injure.*

INSURRECTION

N. f. – Lat. *insurrectio,* du v. *insurgere* : se lever contre.

- Mouvement populaire, action collective tendant à renverser par l'emploi de la violence le pouvoir établi (V. décl. placée en tête de la Const. 1793, a. 35). Le Code pénal incrimine spécifiquement le *mouvement insurrectionnel. Comp. **coup d'État, attentat, complot, groupe de combat, bande organisée.*

INSUSCEPTIBLE DE RECOURS

Préf. négatif in du lat. *in* et *susceptible ; v. recours.

- Qui n'est sujet à aucun *recours ; se dit surtout des décisions de justice qui ne peuvent être attaquées par aucune *voie de recours (spéc. appel, opposition, pourvoi en cassation) soit parce qu'elles échappent par nature à tout recours (ex. les mesures d'*administration judiciaire ne sont sujettes à aucun recours, a. 537, CPC), soit parce que le délai pendant lequel le recours était recevable a expiré sans que ce recours ait été exercé, soit même parce que le recours, ayant été exercé dans le délai, a été rejeté. Se dit plus généralement des actes qui ne souffrent aucun recours administratif ou juridictionnel. Syn. *sans recours, *inattaquable* ; ne pas confondre avec **définitif.* Comp. *force de *chose jugée, *irrévocable.* Ant. **susceptible de recours.*

INTANGIBILITÉ

N. f. – Dér. de *intangible.

- Qualité de ce qui est *intangible. Comp. *inviolabilité, immunité, immutabilité.* V. *respect.*

INTANGIBLE

Adj. – Comp. de *in* négatif et de tangible, lat. *tangibilis,* du v. *tangere,* toucher, frapper. (Terme chargé d'une valeur solennelle qui fait imaginer une interdiction absolue.)

- **1** Dont on ne doit jamais s'écarter. Ex. le principe de la République est intangible. V. *inviolable, infrangible.*
- **2** Auquel il est interdit de porter atteinte. Ex. le corps de la personne humaine est intangible.

  ADAGE : **Noli me tangere.*
- **3** Qui ne peut être modifié ni révisé en dehors d'un commun accord. Ex. pacte intangible. Comp. *indissoluble.*

INTÉGRATION

N. f. – Lat. *integratio,* de *integrare* : réparer.

▸ **I** (int. publ.)

- **1** Transfert de compétences étatiques d'un État à une organisation internationale dotée de pouvoirs de décision et de compétences supranationales.
- **2** Dans le système de l'OTAN plus particulièrement, réunion d'unités militaires de nationalités différentes sous la même autorité internationale.
- **3** Au sein de la CEE, octroi à certains organes communautaires (par exemple la Commission) de compétences supranationales s'exerçant dans certains domaines de la vie économique et sociale des États membres.

— **différenciée** (eur.). Mode souple d'intégration européenne qui permet aux États membres de n'en pas embrasser au même moment tous les objectifs, mais, au choix de chacun, d'y progresser par étapes, en choisissant leur heure et leurs objectifs, processus flexible d'intégration individualisée. Comp. *exemption (clause de).*

▸ **II** (Dr. écon.)

- Nom récemment donné à différentes formes d'organisation ou de relations entre entreprises caractérisées par la perte d'indépendance économique et d'autonomie de décision que subit une firme au profit d'une autre ou d'un groupe d'entreprises ; on désigne not., comme moyens d'intégration, les contrats de *concession, de *sous-traitance, ou même des liens plus lâches de nature financière, voire personnelle, pour lesquels on parle volontiers de quasi-intégration. V. *concentration, subordination.*

— **(contrat d').** Variété de *louage d'ouvrage (soumise à des dispositions légales particulières) qui, résultant d'un ou de plusieurs contrats conclus entre un producteur agricole ou un groupe de producteurs et une ou plusieurs entreprises industrielles ou commerciales, crée entre les parties des obligations réciproques de fourniture de produits ou de services. V. *élevage (contrat d').*

INTELLECTUEL, ELLE

Adj. – Lat. *intellectualis.*

- **1** Immatériel, impalpable, qui a une réalité morale indépendamment de tout support physique.

— **(droit).** Nom parfois donné aux propriétés *incorporelles dont l'objet est purement intellectuel, immatériel (droit sur une clientèle).

— **(faux).** Espèce de faux en écriture, affectant la substance même de l'opération juridique constatée *(negotium),* qui consiste à altérer l'économie de l'opération dans tout ou partie de ses éléments (faux nom, somme supérieure, etc.). Comp. *faux *matériel* (C. pén., a. 441-4).

—**le (propriété).** Terme générique englobant la propriété *littéraire et artistique et la propriété *industrielle.

- **2** Qui se rapporte non à la réalisation mais à la conception d'un acte, par opp. à *matériel (sens 8). Ex. l'auteur intellectuel d'une infraction. V. *instigation.*

INTELLIGENCE

Subst. fém. – Lat. *intellegentia,* du v. *intellegere*: discerner, comprendre.

- Terme employé dans certaines expressions consacrées dans le sens d'entente, de compréhension entre personnes qui sont directement en rapport. Ex. « en bonne intelligence » (pour des associés, des voisins), en bonne entente ; ant. *mésintelligence ; « intelligences avec l'ennemi », entente frauduleuse, contacts illicites avec un pays ennemi.

—**s avec l'ennemi** (plus précisément). Atteinte, perpétrée en temps de guerre, à la sûreté extérieure de l'État, consistant à entretenir des relations avec les agents d'une puissance ennemie en vue de porter préjudice au pays, agissement criminel aujourd'hui qualifié d'atteinte aux *intérêts fondamentaux de la nation en temps de guerre (C. just. mil., a. 476-1 s.).

— **avec une puissance étrangère.** Atteinte, hors du temps de guerre, à la sûreté extérieure de l'État, consistant à entretenir des relations avec une puissance étrangère (termes englobant toute entreprise ou organisation étrangère ou sous contrôle étranger et leurs agents), agissement incriminé en soi, comme crime, lorsqu'il tend à susciter des hostilités ou des actes d'agression contre la France (C. pén., a. 411-4) et, même à défaut d'une telle fin, comme délit, dans tous les cas où il est de nature à porter atteinte aux *intérêts fondamentaux de la nation (C. pén., a. 411-5), de telles relations constituant, selon la personne qui est impliquée, une *trahison ou un *espionnage (a. 411-1). Comp. *sabotage, livraison d'*informations à une puissance étrangère.*

INTELLIGENT

V. *transport intelligent (système de).*

INTEMPÉRANCE

N. f. – Lat. *intemperentia*: excès, défaut de modération.

- Manque de sobriété, vie désordonnée qui pouvait justifier l'ouverture d'une *curatelle, lorsque le majeur qui s'y livrait s'exposait à tomber dans le besoin ou compromettait l'exécution de ses obligations familiales (C. civ., a. 488 anc., 508-1 anc.). Comp. *oisiveté, prodigalité.* V. *imprégnation alcoolique, ivresse publique.*

INTENTER

V. – Du v. lat. *intentare*: tendre contre.

- Diriger contre quelqu'un (une demande en justice, une accusation) ; se dit surtout d'un procès. V. *agir, ester, introduire, *demande *initiale.* Comp. *impugner, plaider.*

INTENTION

N. f. – Lat. *intentio*: tension, action de tendre, attention.

- **1** *Résolution intime d'agir dans un certain sens, donnée psychologique (relevant de la *volonté interne) qui, en fonction du *but qui la qualifie, est souvent retenue comme élément constitutif d'un acte ou d'un fait juridique (ex. l'intention libérale, l'intention frauduleuse, l'intention de *nuire, l'intention de rendre service, respectivement caractéristique de la donation, de la fraude, du *délit *stricto sensu* et de l'abus du droit, de la gestion d'affaires), parfois comme critère d'appréciation de sa licéité (ex. intention immorale, cause impulsive et déterminante). Comp. *motif, mobile, fraude, animus, prétention, dot, faute, communiqué.*

— **criminelle (ou délictueuse).** État psychologique (également appelé *dol ou *faute *intentionnelle), de celui qui commet volontairement un fait qu'il sait prohibé, *élément que la loi exige dans tous les crimes et les délits (sauf exception) pour que l'infraction soit constituée ; résolution intime de commettre une infraction, sans laquelle il n'y a pas d'infraction (au moins pour les crimes et les délits) ; conscience et volonté de commettre un crime ou un délit, élément constitutif (dit élément *moral) de l'infraction (C. pén., a. 121-3), sauf pour les délits d'*imprudence ou de *négligence. Ne pas confondre avec le *mobile de l'infraction. V. **délit contraventionnel, préméditation.*

— ***libérale.** Intention de procurer à autrui un avantage, sans contrepartie (gratuit). Syn. **animus donandi*. V. **contrat de *bienfaisance, bénévole, sentiment.*
— **(lettre d').** V. *lettre d'intention.*
— **matrimoniale (défaut d').** V. **mariage simulé, *absence de consentement.*

- **2** (du législateur). Pensée du législateur historique ; idée directrice à l'origine de la loi. Comp. *esprit, ratio legis, but.* V. *interprétation, exégèse.*

INTENTIONNEL, ELLE

Adj. – De *intention.

- Animé par une *intention particulière ; se dit d'actes ou de faits juridiques, lorsque l'intention qui les inspire entre dans leur définition. Ex. *délit intentionnel. V. *moral, volontaire.*

— **(élément).** Syn. d'*intention.
— **le (faute).** Faute accomplie dans l'intention de nuire. V. *délit.*

INTER-BUREAUX (CONVENTION)

Formé de la prépos. lat. *inter* : entre et du bas lat. *burellum* : bureau.

- Convention de Droit privé passée entre bureaux nationaux de plusieurs pays, groupant dans chacun d'eux les assureurs automobiles, aux fins d'éviter à la victime d'avoir à s'adresser à un bureau ou à un assureur étranger.

INTERCALAIRE

Adj. – Lat. *intercalarius.*

- Se dit de feuillets ajoutés à une police d'assurance en vue d'en compléter soit les conditions générales, soit les conditions particulières. V. *avenant, additif.*

— **(clause d'intérêt).** V. *intérêt intercalaire (clause d').*

INTERCESSION

N. f. – Lat. *intercessio,* du v. *intercedere* : intervenir pour.

- **1** Fait de s'engager à garantir d'une façon quelconque le paiement de la dette d'autrui (soit en qualité de débiteur conjoint ou solidaire, soit en fournissant une sûreté personnelle ou réelle). V. *caution, garant.*
- **2** Plus généralement, fait d'intervenir en faveur de qqn (par ex. pour obtenir une grâce).

INTERCOMMUNAL, ALE, AUX

Adj. comp. de inter (lat. *inter,* entre, indicatif de relation) et de *communal.

- Qui est commun à deux ou plusieurs communes, en dépend, les dessert, les regroupe. Ex. service intercommunal, syndicat intercommunal. Comp. *interdépartemental, interrégional.*

—**e (coopération).** Action pour plusieurs *communes voisines ayant des intérêts communs de s'associer en formant une communauté (de communes, d'*agglomération ou *urbaine, selon le cas) gérée par un établissement public à fiscalité propre, dans le but de réaliser, au sein de l'espace de solidarité, un projet commun de développement, d'aménagement et de services d'intérêt collectif, modalité la plus élaborée d'*intercommunalité (l. 12 juill. 1999). V. **établissement public de coopération intercommunale, pays.*

INTERCOMMUNALITÉ

Subst. fém. – Néol. dér. d'*intercommmunal.

- Politique de regroupement tendant à organiser et à rationaliser, entre deux ou plusieurs communes voisines, sous des formes diverses, leur développement, leur aménagement, des services collectifs (distribution d'eau, d'électricité, ramassage des ordures ménagères, etc.) ; désigne aussi le réseau de relations qui en résulte. V. *coopérationintercommunale, communauté d'*agglomération.* Comp. *interdépartementalité, interrégionalité.*

INTERDÉPARTEMENTAL, ALE, AUX

Adj. comp. de inter (lat. *inter*) et *départemental.

- Qui concerne plusieurs *départements.

INTERDÉPARTEMENTALITÉ

Subst. fém. – Néol. dér. d'*interdépartemental.

• Mouvement tendant à établir certains liens entre départements voisins pour la solution de problèmes communs, ou à créer entre eux, au titre de la solidarité, des mécanismes financiers de péréquation. Comp. *intercommunalité, interrégionalité.*

INTERDÉPENDANCE

N. f. – Formé de *inter* : entre et *dépendance.

• **1** *Lien spécifique qui, dans les contrats *synallagmatiques, fait dépendre l'exécution par une partie de son obligation envers l'autre, de l'exécution réciproque par celle-ci de son obligation envers la première, de telle sorte que l'inexécution de l'une des obligations rend sans *cause l'obligation qui en est la contrepartie, ce qui fonde le débiteur de cette dernière, soit à obtenir la nullité ou la *résolution du contrat, soit, s'il n'a pas encore exécuté sa propre obligation, à opposer l'*exception d'*inexécution. V. *contre-prestation, réciprocité, unilatéral.* Comp. *contrats interdépendants.*

• **2** *Dépendance mutuelle dans laquelle se trouvent deux personnes soit du fait que l'initiative de l'une engage l'autre (V. *solidarité*), soit du fait qu'aucune d'elles ne peut accomplir tel ou tel acte sans le consentement de l'autre (V. *cogestion*). Ant. *indépendance.*

INTERDICTION

N. f. – Lat. *interdictio,* du v. *interdicere* : interdire.

• **1** (sens gén.). *Défense ; *prescription *impérative qui prohibe certains actes, faits, activités (interdiction d'aliéner, de chasser, de déplacer un meuble, d'entrer, etc.). Comp. *prohibition, empêchement, interdit.* V. *règle, permission, autorisation.*

• **2** *Mesure d'origine législative, réglementaire ou judiciaire qui prive un individu de la faculté d'exercer certains droits, certaines activités ou certaines fonctions.

— **de communiquer.** V. *mise au *secret (b).*

— **des droits civils, civiques et de famille.** Peine complémentaire criminelle ou correctionnelle (C. pén., a. 131-26) consistant dans la privation, pour une durée n'excédant pas dix ans, de tout ou partie des droits énumérés par le texte (ex. vote, éligibilité, droit d'être tuteur, de témoigner ou d'exercer une fonction juridictionnelle, etc.). Comp. *dégradation civique.*

— **de séjour.** Peine complémentaire en matière criminelle et correctionnelle (C. pén., a.131-31 s.) qui consiste dans la défense faite à un condamné de paraître dans certains lieux (dont la liste individuelle, établie par le ministre de l'Intérieur, lui est notifiée) et comporte des mesures de surveillance (visa périodique d'un carnet anthropométrique) et d'assistance fixées par le *juge de l'application des peines. Ex. C. pén., a. 221-9.

— **d'une activité professionnelle ou sociale.** Interdiction définitive ou temporaire de se livrer à une activité déterminée qui peut être encourue à titre de *peine *complémentaire pour un crime ou un délit (C. pén., a. 131-27).

— **judiciaire.** Nom autrefois donné au régime d'incapacité auquel un majeur reconnu dément pouvait être soumis par jugement et qui a été remplacé par la *tutelle des majeurs.

— **légale.** Peine *accessoire aujourd'hui supprimée (1994) qui frappait tout condamné à une peine criminelle de droit commun (pendant toute la durée de la privation de liberté découlant de la peine principale) de l'incapacité de gérer son patrimoine (lequel était administré par un tuteur avec interdiction de remettre au détenu une portion de ses revenus). Comp. **incapacité double.*

INTERDIRE

V. – Lat. *interdicere.*

• **1** (sens générique). *Défendre, prohiber, *proscrire, ce qui s'entend, de la part de celui qui interdit (loi, juge ou autre autorité légitime) : 1. de l'affirmation du caractère illicite de l'acte interdit (action matérielle, ex. stationnement, ou opération juridique, ex. trafic de stupéfiants) ; 2. de l'invitation impérative à s'abstenir d'un tel acte adressée aux destinataires de l'interdiction (il s'agit, négativement, d'une obligation de ne pas faire, par opposition à *prescrire) ; 3. assez souvent de la menace de la sanction encourue en cas de violation de l'interdiction. Ant. *permettre, autoriser, ordonner, prescrire.*

• **2** (sens spéc.). Frapper une personne d'*interdiction (sens 2).

INTERDIT, ITE

Adj. ou subst. – Part. pass. du v. interdire, lat. *interdicere.*

• **1** Adj. (sens gén.). Défendu, prohibé. Ex. passage interdit.

• **2** Subst. (valeur de prestige). Nom intimidant donné à certaines *interdictions fondamentales. Ex. interdit de l'inceste ou de la polygamie.

• **3** Avant 1968, incapable majeur frappé d'*interdiction judiciaire. V. **majeur *protégé*.

— **de séjour.** Celui qui est frappé d'une *interdiction de séjour.

INTÉRESSEMENT

Subst. masc. – Construit sur le lat. *interesse* : être de l'intérêt de…

• Ensemble de méthodes permettant aux salariés de participer aux résultats financiers de l'entreprise. Ex. attribution d'actions aux salariés, au titre de leur participation aux fruits de l'expansion.

— **(clause d').** Stipulation souvent utilisée dans les cessions de titres sociaux qui fait varier une partie de leur prix en fonction des performances à venir de la société. Elle est fréquemment dénommée clause d'*earn out* pour marquer que le cédant, tout en ayant cédé ses titres sociaux (*out*), continue à bénéficier des résultats de la société (*earn*).

INTÉRÊT

N. m. – Lat. *interest,* de *interesse.*

• **1** Ce qui importe (à l'état brut, avant toute qualification) : considération d'ordre *moral (affection, honneur, haine) ou *économique (argent, possession d'un bien) qui, dans une affaire (contrat, procès…), concerne, attire, préoccupe une personne (ce qui lui importe). V. *cause, motif, mobile, désintéressement.*

— **collectif de la profession.** Intérêt commun à tous les membres d'une profession que les syndicats sont autorisés à défendre en justice et distinct des intérêts individuels de leurs membres.

— **de la loi** (par ext.). Nom donné à un cas de *pourvoi en cassation pour le seul respect des principes et sans incidence sur la solution de l'espèce entre les parties, en cas de *cassation.

— **des parties, des tiers** (créanciers not.). Ce que chacun poursuit dans une opération (instance, convention) et que chacun doit respecter chez l'autre (si l'intérêt est *légitime).

— **en cause.** Enjeu du procès. V. *preuve, compétence.*

— **éventuel.** V. *éventuel (intérêt).*

— **pour agir.** Importance qui, s'attachant pour le demandeur à ce qu'il demande, le rend *recevable à le demander en justice (si cette importance est assez personnelle, directe et *légitime) et à défaut de laquelle le demandeur est sans droit pour *agir (pas d'intérêt, pas d'*action). Comp. *qualité.*

— **social.** *Notion-cadre de contrôle de la conformité des décisions, délibérations et actes sociaux à l'intérêt propre de la société, en tant que personne morale distincte, pouvant, afin de préserver son existence et sa pérennité, englober l'intérêt commun des associés, celui des salariés, créanciers et clients de la société, et en prenant en considération les enjeux sociaux et environnementaux (C. civ., a. 1833).

• **2** (plus spéc.). Ce qui est bon, ce qui est opportun, avantageux, bénéfique (*avantage d'ordre patrimonial ou extrapatrimonial, individuel, ou social, etc.) ; se distingue d'un *droit.

— **de la famille.** Ce qui est pour le bien de la famille (ou de certains de ses membres), critère d'appréciation dont doit s'inspirer le juge pour autoriser certains actes (C. civ., a. 217), un changement de régime matrimonial (C. civ., a. 1397).

— **de l'enfant.** Ce que réclame le bien de l'enfant, critère par ex. de l'exercice de l'autorité parentale, C. civ., a. 373-2-1.

—**s en présence.** Éléments divers laissés à l'appréciation du juge pour statuer en opportunité, au mieux, compte tenu de l'ensemble des données en cause.

— ***fondamentaux de la nation.** Ensemble des *valeurs proclamées par la loi comme essentielles à la nation (son indépendance, l'intégrité de son territoire, sa sécurité, la forme républicaine de ses institutions, les moyens de sa défense et de sa diplomatie, la sauvegarde de sa population en France et à l'étranger, l'équilibre de son milieu naturel et de son environnement, les éléments essentiels de son potentiel scientifique et économique et de son patrimoine culturel, C. pén., a. 410-1), l'atteinte à de telles valeurs n'étant pas érigée elle-même en infraction, mais entrant, comme élément constitutif, dans la définition de la plupart des crimes de *trahison ou d'*espionnage. V. *sabotage, intelligences avec une puissance étrangère.*

— **public, général.** Ce qui est pour le bien public, à l'avantage de tous. V. *utilité publique.*

• **3** (plus spéc. encore). Ce qui est économiquement utile ; rapport pécuniaire, profit, avantage patrimonial en nature ou en argent.

***a** / Intérêts du capital.* Revenus de l'argent, profit rapporté par un capital (placé, prêté ou dû en vertu d'une convention ou d'une condamnation), considérés comme des *fruits civils (C. civ., a. 584). V. *prêt à intérêts.*

—**s compensatoires.** V. *dommages-intérêts compensatoires.*

—**s composés.** Intérêts calculés sur un capital accru de ses intérêts accumulés (la capitalisation des intérêts s'appelle *anatocisme).

—**s conventionnels.** Intérêts dus en vertu d'une stipulation expresse à l'occasion d'un prêt (C. civ., a. 1907) ou de tout autre contrat à un *taux dont la loi limite la liberté.

—**s de droit.** Intérêts calculés sur les bases de la loi ou de la convention des parties. V. *légal.*

—**s échus.** Intérêts dont le terme prévu pour le paiement est arrivé, par opp. à intérêts à échoir. V. *échéance.*

— **fixe***(clause d').* Stipulation des statuts d'une société – aujourd'hui interdite – aux termes de laquelle les associés devaient recevoir de la société, même en l'absence de bénéfices, l'intérêt à un taux déterminé du montant de leurs apports. Comp. **premier dividende.*

— **intercalaire***(clause d').* Clause d'intérêt fixe limitée à une durée précisée.

—**s judiciaires.** Intérêts dus à partir de la demande en justice ou d'une sommation préalable.

— **légal.** Intérêt dont le *taux est fixé par la loi, à défaut de convention (par ex., 5 % en mat. civ., 6 % en mat. com.).

— **moratoires.** V. *dommages-intérêts moratoires.*

—**s simples.** Intérêts perçus sur un capital fixe, par opp. aux intérêts *composés.

— ***usuraire.** Intérêts dont le taux est *usuraire. V. *usure.*

***b** / Intérêt du contrat.* Avantage qu'offre un contrat soit en faveur d'une seule des parties (l'usage pour l'emprunteur dans le commodat, la garde pour le dépositaire dans le dépôt gratuit) soit pour les deux parties (société, C. civ., a. 1833 ; mandat d'intérêt commun : a. 1831-1). V. *contrat d'intérêt commun.*

***c** / — (prise illégale d').* Délit consistant, pour un fonctionnaire, un agent public ou un élu, à prendre, recevoir ou conserver un intérêt (avantage pécuniaire quelconque) dans une entreprise ou une opération dont il a, au moment de l'acte, la charge d'assurer la surveillance, l'administration ou la liquidation (C. pén., a. 432-12). Comp. *corruption, trafic d'influence.*

• **4** Parfois syn. de *droit (subjectif).

***a** /* (com.). Part ; droit non librement cessible de l'associé, dans une société de personnes (nommée société par intérêts).

***b** /* (toutes matières). Dans l'expression « intérêt juridiquement protégé », élément constitutif du droit.

• **5** (ass.). En matière d'assurances de dommage : intérêt qu'a une personne à ce que le risque ne se réalise pas ou valeur pécuniaire pouvant être perdue pour elle en cas de sinistre (C. ass., a. L. 121-6). Au regard de la chose assurée, c'est le plus souvent l'intérêt du propriétaire, mais ce peut être aussi celui des titulaires d'un droit réel (usufruit, nue-propriété, gage, hypothèque). Dans l'*assurance crédit c'est celui du créancier risquant de ne pas être payé. L'intérêt, quant aux choses assurées, s'exprime normalement par la valeur même de ces choses (intérêt direct). Mais, sous le nom d' « intérêt indirect », il peut comporter, moyennant clause ou police spéciale (assurance des pertes d'exploitation), l'assurance du « profit espéré », c'est-à-dire de la perte, des gains ou bénéfices que l'assuré peut subir à la suite du sinistre.

INTÉRIM

Subst. masc. – En lat. adv. signifiant « pendant ce temps ».

- **1** Situation temporaire dans laquelle un agent est chargé provisoirement d'une fonction soudainement devenue vacante, en attendant la désignation définitive du nouveau titulaire du poste.
- **2** Parfois employé improprement pour désigner une *suppléance automatique temporaire (ex. Const. 1958, a. 7, al. 4).

INTÉRIMAIRE

Adj. ou subst. – De *intérim.

- **1** (adm.). Se dit d'une personne provisoirement chargée de remplacer le *titulaire d'une fonction soit pendant une absence de celui-ci, soit entre sa cessation de fonction et la prise de fonction de son successeur (terme employé par contraction comme substantif). V. *suppléance, suppléant.* Comp. *auxiliaire, temporaire, adjoint, assesseur.*
- **2** (soc. trav.). Se dit d'un travailleur mis à la disposition d'une entreprise, pour une durée ou une mission déterminée, par l'entreprise de travail à titre temporaire avec laquelle il a contracté. V. *temporaire.* Comp. **prêt de main-d'œuvre, saisonnier.*

INTERJETER

V. – Bas lat. *interjettare,* fréq. de *interjicere* : former, émettre ; [s'emploie à propos de l'*appel].

— **appel.** Faire appel ; accomplir l'acte par lequel l'appel est formé (assignation, déclaration au greffe). V. *frapper, relever.* Comp. *ester, agir, intenter, attaquer, saisir.*

INTERLOCUTOIRE

Adj. – Lat. médiév. *interlocutorius,* de *interlocutio,* de *interloqui* : rendre un jugement interlocutoire, propr. « interrompre ».

- Se dit d'un jugement *avant dire droit qui préjuge le fond du litige en ordonnant une mesure d'instruction ; ex. la décision qui ordonne une enquête sur le grief allégué par un époux contre l'autre préjuge que le grief constitue une cause de divorce. Comp. *préparatoire.*

INTERMÉDIAIRE

Adj. ou subst. – Dér. du lat. *intermedius* : qui est au milieu.

- Se dit de celui qui fait profession de mettre en relations deux ou plusieurs personnes en vue de la conclusion d'une convention. Ex. *agent de change, *courtier, agent immobilier (s'emploie par contraction comme substantif). Comp. *médiateur, conseil, représentant, mandataire, commissionnaire, transitaire, consignataire, dépositaire, voyageur-représentant-placier.*

INTERMÉDIAIRE EN FINANCEMENT PARTICIPATIF

- Personne morale effectuant, à titre habituel, la mise en relation, au moyen d'un site Internet, de porteurs d'un projet déterminé et de personnes finançant ce projet par un prêt, à titre onéreux ou gratuit, ou un don (C. mon. et fin., a. 548-1).

INTERMÉDIATION

N. f.

- Mise en relation de personnes en vue de la conclusion d'un contrat. V. **intermédiaire.*

IN TERMINIS

(vx). Expression latine signifiant « dans les termes », parfois employée pour caractériser une décision judiciaire qui met définitivement fin à un litige.

INTERNATIONAL, ALE, AUX

Adj. – Formé de la prép. lat. *inter* : entre, et de *national.

- **1** Qui concerne les relations entre *nations (au sens d'État) ; s'applique tantôt à la source du Droit (celui-ci émanant non d'un seul État, mais de plusieurs, ou de la communauté internationale), tantôt à son objet (la règle émanant d'un seul État mais visant des situations qui en intéressent plusieurs). Comp. *transnational, supranational, multinational.*
- **2** Désigne des situations qui, parce qu'elles intéressent plusieurs États, appellent l'application de règles particulières, de source variable. Ex. un contrat international est, en ce sens juridique, celui qui présente des contacts avec le Droit de plusieurs États ou le Droit international.

• **3** (sens économique). Qui met en cause des *intérêts du commerce international. Ex. arbitrage international (CPC, a. 1492), contrat international (on précise parfois : qui suppose un mouvement de biens ou de valeurs par-dessus les frontières). Comp. ci-dessus l'approche juridique.

NB. — En tant que qualifiant une branche du Droit, l'adj. indique qu'il s'agit de la partie de celle-ci qui est de source internationale ou qui a pour objet des situations intéressant plusieurs États. Un usage récent voudrait que, dans le premier cas, l'adj. se place avant celui qui qualifie la branche en question (ex. Droit international social) et, dans le second, après (ex. Droit social international). Mais l'appellation traditionnelle *Droit international privé échappe à cet usage. Comp. *interétatique, communautaire.* Ant. *national, interne.*

— **(crime).** V. **crime international.*

— **(délit).** V. **délit* (int. publ.).

— **(Droit).**

a / Désigne par abréviation le *Droit international public.

b / Branche du Droit générique qui se subdivise en *Droit international public, et *Droit international privé.

c / Plus généralement, branche du Droit ayant pour objet le règlement des relations, quelles qu'elles soient, qui présentent des liens avec plusieurs États.

— **du travail (Droit).** Branche du Droit regroupant des règles nationales (applicables aux relations de travail internationales et aux travailleurs étrangers) et des règles internationales du travail.

— **(*fleuve).** Cours d'eau qui, dans sa partie naturellement navigable, sépare (fleuve contigu) ou traverse (fleuve *successif) des territoires dépendant de plusieurs États et qui est soumis à un régime juridique d'*internationalisation. V. *canal, voie d'eau internationale.*

— **(fonctionnaire).** V. *fonctionnaire international.*

—**e (juridiction).** V. *Juridiction internationale.*

—**e (organisation).** V. **organisation internationale.*

— **privé (Droit).**

a / En un sens large et ancien (aujourd'hui peu usité), branche du Droit ayant pour objet le règlement des relations internationales affectées par la diversité des Droits internes. Cf. *transnational.*

b / Au sens étroit et traditionnel à partir du XIXe s. (le plus important aujourd'hui), branche du Droit ayant pour objet le règlement des relations internationales de Droit privé, not. par le procédé du *conflit des lois.

c / Souvent, et surtout hors de France, syn. de *conflit de lois.

— **public (Droit).** Ensemble des règles juridiques régissant les rapports entre États souverains, auxquelles on ajoute aujourd'hui celles qui gouvernent les rapports entre des entités ou des personnes dotées de compétences d'ordre international (organisations internationales, collectivités infra- ou para-étatiques et même personnes privées).

—**e (société).**

a / Celle que forme l'ensemble des États (syn. **communauté internationale*) ou certains d'entre eux par traité.

b / (pour une entreprise, ou un contrat). Celle qui, déployant ses activités dans plusieurs États, présente des contacts avec les Droits de ceux-ci et le Droit international. Syn. *multinational.*

INTERNATIONALISATION

N. f. – Du v. internationaliser, de *international.

• **1** Régime appliqué par un groupe d'États ou par une organisation *internationale à un espace donné (ville, fleuve, canal, territoire, zones de l'espace polaire, maritime ou du fond des mers, espace extra-atmosphérique, corps célestes, etc.) ; toujours défini par le Droit *international, ne comporte pas de contenu spécifique prédéterminé, pouvant signifier, soit le libre usage par tous les États de l'espace en question, soit l'exploitation en commun de certaines richesses ou de certains services, soit l'attribution à un organe international de certaines compétences dans la zone internationalisée (celles-ci pouvant aller jusqu'à l'exercice de la souveraineté au lieu et place de l'État territorial).

• **2** Intervention, sollicitée ou non, d'États tiers ou d'organismes internationaux dans une affaire qui jusque-là ne relevait pas de la *communauté internationale.

- **3** Soumission au droit international (public) d'un *contrat d'État, destinée à soustraire celui-ci à l'ordre juridique interne de cet État.

INTERNEMENT

N. m. – Dér. du v. interner, de interne, lat. *internus.*

- *Mesure de sûreté entraînant une privation de liberté et tendant, par des procédés variés, à amender des individus dangereux pour autrui (ex. internement des mineurs délinquants dans des établissements spécialisés), à les soigner (ex. internement des aliénés dans les hôpitaux psychiatriques) ou à les neutraliser (internements administratifs). Comp. *emprisonnement, incarcération, détention, écrou.*

— **administratif.** Mesure de détention dans un camp décidée par les autorités administratives en dehors de toute condamnation ou inculpation pénales à l'égard de personnes dont les activités sont réputées dangereuses pour la *sécurité et l'*ordre public. Comp. **assignation à résidence.*

INTERNONCE

Subst. masc. – Comp. de nonce, ital. *nunzio,* du lat. *nuntius.*

- Agent diplomatique du Saint-Siège, envoyé souvent à la place d'un nonce ou dans un pays où il n'y a pas de nonciature et que la Convention de Vienne sur les relations diplomatiques du 18 avril 1961, a. 14, situe dans la seconde classe des chefs de mission.

INTEROPÉRABILITÉ

N. f.

- Dans le domaine des nouvelles technologies (informatique et réseaux), aptitude technique des systèmes ou produits à échanger de l'information, de manière à les rendre compatibles et à permettre leur interconnexion (JORF n° 30 du 5 février 2002, p. 2335, circ. du 21 janvier 2002 relative à la mise en œuvre d'un cadre commun d'interopérabilité pour les échanges et la compatibilité des systèmes d'information des administrations).

INTER PARTES

Expression lat. signifiant « entre les *parties », utilisée pour marquer l'effet *relatif des contrats ou des jugements dont le caractère obligatoire ou l'*autorité n'existe en principe qu'à l'égard des parties au contrat ou à l'instance (et de leurs ayants droit), non à l'égard des *tiers. Ant. *erga omnes.*

INTERPELLATION

N. f. – Lat. *interpellatio,* du v. *interpellare* : interrompre qqn qui parle.

▸ **I** (const.)

- **1** Procédure d'information et de contrôle par laquelle un parlementaire, sous les IIIe et IVe Républiques not., provoquait dans son assemblée un débat sur la composition ou la politique du gouvernement se terminant par le vote d'un *ordre du jour et pouvant ainsi, s'il était de défiance, entraîner la chute du gouvernement. Comp. *régime parlementaire, censure, question.*

- **2** (de parlementaire à parlementaire). Apostrophe, attaque personnelle entre membres d'une assemblée (V. r. AN, a. 58, al. 6 anc.).

▸ **II** (pén.)

- *Sommation adressée par un agent de l'autorité à un individu (suspect, agent de trouble) en vue d'un contrôle ou d'un rappel à l'ordre. Comp. *arrestation, poursuite.*

▸ **III** (civ.)

- Désigne encore parfois la *mise en demeure. V. *sommation.*

ADAGE : *Dies non interpellat pro homine.*

INTERPOSITION DE PERSONNE

N. f. – Lat. *interpositio,* de *interponere* : interposer. V. *personne.*

- Espèce de *simulation consistant, dans un acte juridique *ostensible (société, donation), à faire figurer en nom comme titulaire *apparent du droit (associé, donataire) une personne qui se prête au jeu (dite personne interposée ou homme de paille) alors qu'en vertu de la volonté réelle des parties, en général consignée dans une *contre-lettre, le véritable intéressé (associé, destinataire réel de la libéralité) est une autre personne tenue secrète (not. parce que incapable de recevoir, ex. C. civ., a. 911). Comp. *déguisement, prête-nom, occulte.*

INTERPRÉTATIF, IVE

Adj. – Lat. médiév. *interpretativus,* du lat. *interpretatio.*

- Qui tend, de la part de l'auteur d'un acte, à clarifier celui-ci par un éclaircissement destiné à s'incorporer à l'acte interprété. Comp. *rectificatif, déclaratif.* Ant. *modificatif, abolitif, abrogatif.*

— **jugement.** Jugement qui précise le sens du dispositif d'un jugement antérieurement rendu par la même juridiction. Comp. *révision, rétractation.*

—**ve (*loi).** Acte d'éclaircissement qui interprète un acte antérieur obscur. V. *droit transitoire, rétroactivité.*

ADAGE : *Ejus est interpretari cujus est condere legem.*

INTERPRÉTATION

N. f. – Lat. *interpretatio,* du v. *interprerari* : expliquer, éclaircir.

- **1** Opération qui consiste à discerner le véritable sens d'un texte obscur ; désigne aussi bien les éclaircissements donnés par l'auteur même de l'acte (*loi interprétative, *jugement interprétatif), que le travail d'un *interprète étranger à l'acte (interprétation doctrinale, interprétation judiciaire d'une convention, interprétation ministérielle d'une loi). V. *saisine pour *avis de la Cour de cassation, rescrit.*
- **2** Désigne par ext. la méthode qui inspire la recherche (l'interprétation *littérale s'attache à la *lettre du *texte ; *exégétique, elle s'efforce de dégager l'*intention de son auteur ; *téléologique, elle se règle sur la finalité de la norme). V. *exégèse, esprit, ratio legis, fin, but.*
- **3** Se dit aussi du résultat de la recherche. Comp. *doctrine, dénaturation.* V. *interprète, appréciation, qualification, strict, restrictif, restriction.*

— ***préjudicielle.** *Décision par laquelle la Cour de justice des Communautés européennes indique à une juridiction nationale le sens d'une disposition d'un des traités, d'un acte, d'une décision communautaire, des statuts des organismes créés par un acte du Conseil ou de conventions conclues soit entre États membres, soit entre une communauté et un État tiers (anc. tr. CEE, a. 177 ; anc. tr. CECA, a. 150, TFUE, a. 267). V. **acte clair, *question *préjudicielle, renvoi préjudiciel.*

INTERRÉGION

N. f. – Néol. formé du préf. lat. *inter* et de *région.

Nom donné en matière de développement économique interrégional :

- **1** À une *région (entité juridique) étudiée sous le rapport de la fonction intermédiaire qu'elle exerce entre deux ou plusieurs autres régions qu'elle sépare. Ex. Languedoc-Roussillon entre Midi-Pyrénées et Provence-Alpes-Côte d'Azur.
- **2** À un groupement de plusieurs régions, ensemble économique envisagé au moins en projet comme interrégions de plan. Ex. le grand Sud-Ouest, la façade méditerranéenne. V. *interrégionalité.*

INTERRÉGIONAL, ALE, AUX

Adj. comp. de inter (lat. *inter,* entre, idée de relation) et de *régional.

- Qui concerne plusieurs *régions et, plus spécialement, les relie ou les associe. Ex. communication interrégionale, groupement interrégional. Comp. *intercommunal, interdépartemental.*

INTERRÉGIONALITÉ

Subst. fém. – Néol. dér. d'*interrégional.

- Développement entre *régions voisines unies par des affinités particulières, d'éléments de collaboration, de concertation ou même de coordination destinés à corriger le caractère marginalement artificiel du découpage des collectivités territoriales, en faisant face aux problèmes homologues ou complémentaires qui intéressent plusieurs régions (aménagement de rivière ou de massif montagneux, etc.) par des moyens divers (entente interrégionale sous forme d'établissement public, contrat de plan, association de regroupement, etc.) ; désigne à la fois la politique d'un tel développement et le réseau de liens et relations ordonnés à cet objectif. Comp. *intercommunalité, interdépartementalité.*. V. *interrégion.*

INTERROGATOIRE

N. m. – Lat. *interrogatarius,* de *interrogare* : interroger.

- **1** *Audition d'une personne mise en examen par le magistrat instructeur au cours de l'*instruction ou d'un prévenu par le président à l'audience consistant à recueillir les réponses aux questions qui lui sont posées, C. pr. pén., a. 328 (à partir de l'inculpation, *mise en examen, l'interrogatoire de la personne poursuivie ne peut plus être confié à la *police judiciaire, a. 152, al. 2). Comp. **comparution personnelle, enquête, témoignage.* V. *inquisitorial.*
- **2** Par ext., le procès-verbal qui constate une telle audition.

— **définitif.** Dernier interrogatoire par le juge d'instruction dans les affaires relevant de la cour d'assises, avant la communication au parquet et la transmission du dossier au parquet général ; souvent utilisé par le président de la cour d'assises pour l'interrogatoire sur le fond auquel il procède à l'audience.

— **de première comparution.** Premier interrogatoire d'où résulte la *mise en examen de celui qui y est soumis, au cours duquel le juge d'instruction procède à l'imputation officielle des faits délictueux ainsi qu'à leur qualification juridique (v. naguère *inculpation*) et informe l'intéressé de son droit de choisir un avocat (C. pr. pén., a. 114 s.).

— **d'*identité.** Interrogatoire préliminaire destiné à fixer l'identité d'une personne à qui est imputée une infraction (C. pr. pén., a. 294, 406).

— **sur le fond.** Interrogatoire portant sur les circonstances des faits reprochés ou sur la vie et le comportement de l'intéressé et au cours duquel le procureur de la République (qui peut assister à l'interrogatoire (C. pr. pén., a. 119) et l'avocat (s'il en existe un) peuvent être autorisés à poser des questions (*ibid.*, a. 120).

INTERRUPTIF, IVE

Adj. – Dér. de *interruption.

- Qui emporte *interruption ; se dit surtout des faits et actes qui interrompent l'instance ou la prescription.

INTERRUPTION

N. f. – Lat. *interruptio,* de *interrumpere.*

- Action d'arrêter, de mettre un terme à, et résultat de cette action.

— **de la session.** Décision par laquelle une assemblée décide, volontairement ou contrainte par un événement, d'arrêter provisoirement ou non ses travaux.

— **de l'instance.** *Incident d'instance, événement qui, empêchant l'instance de se dérouler normalement (en raison du décès d'une partie ou d'une autre cause déterminée par la loi), rend nuls, du seul fait de la survenance de l'obstacle, les actes et jugements qui interviendraient postérieurement au fait *interruptif, s'il n'y a eu *reprise d'instance. Comp. **suspension d'instance.*

— **de prescription.** Arrêt du cours de la prescription pour des causes déterminées par la loi (ex. par assignation) qui efface rétroactivement le délai écoulé avant le fait *interruptif de sorte que si, après ce fait, la prescription recommence le délai antérieur ne compte plus (comp. *suspension de prescription*). V. *naturelle, civile.*

— **illégale de grossesse.** Interruption de *grossesse qui tombe comme délit sous le coup de la loi pénale (de même que la tentative de ce délit) du fait que l'intéressée n'y a pas donné son consentement (C. pén., a. 223-10, C. sant. publ., L. 2222-1) ou du fait qu'elle a été pratiquée, même avec le consentement de l'intéressée, après l'expiration du délai pendant lequel la loi le permet (douze semaines à compter de la conception) si ce n'est pour un motif thérapeutique, ou par une personne n'ayant pas la qualité de médecin, ou dans un lieu autre qu'un établissement d'hospitalisation répondant aux conditions de la loi (C. pén., a. 223-11 anc.). V. C. sant. publ., L. 2222-2 s. (tout manquement à une seule de ces exigences suffisant à caractériser l'illégalité de l'interruption).

— **volontaire de grossesse.**

a / Appellation parfois réservée à l'interruption que la loi autorise (IVG). V. *grossesse (interruption volontaire de) et ci-dessus.*

b / Toute intervention mettant volontairement un terme à la grossesse (par opp. à interruption naturelle). Comp. *avortement.* V. *infanticide.*

INTERVALLE LUCIDE

N. m. – Lat. *intervallum* et *lucidus* : lumineux.

- Période de temps pendant laquelle un individu dont les facultés mentales sont habituellement altérées jouit de sa raison. V. **aliénation mentale, démence.*

INTERVENANT, ANTE

Subst. ou adj. – Part. prés. de intervenir.

- Syn. **partie intervenante.*

INTERVENTION

N. f. – Lat. *interventio* (garantie, caution), de *intervenire.*

▸ **I** (priv.)

— **dans les affaires d'autrui.** Fait de prendre en charge les affaires d'autrui soit spontanément (V. *immixtion, ingérence, *gestion d'affaires*), soit en vertu d'un titre (mandat, séquestre, représentant légal, etc.). V. *initiative.*

— **d'un *effet de commerce (paiement par).** Paiement d'un effet de commerce par un tiers pour le compte de l'un des débiteurs cambiaires autre que le tiré.

▸ **II** (int. publ.)

- Action d'un État comportant une interférence illicite (intellectuelle ou matérielle) dans les affaires qui relèvent de la compétence exclusive d'un autre État, spéc. à des fins de pression. V. *principe de non-intervention.*

— **armée.**

a / Action, même sans pénétration sur le territoire, comportant un emploi de la force armée contre un État à des fins de pression.

b / Au sens vulgaire, tout emploi de la force armée comportant une pénétration sur le territoire, quel que soit son but.

— **d'humanité.** Intervention visant à obliger l'État contre lequel elle est dirigée à accorder aux individus séjournant sur son territoire un traitement correspondant aux exigences humanitaires telles qu'elles sont généralement appréciées, ou plus fréquemment à se substituer à lui pour le leur garantir.

▸ **III** (pr. civ.)

- Demande *incidente par laquelle un tiers entre dans un procès déjà engagé, de son propre mouvement (intervention volontaire) ou à l'initiative de l'une des parties en cause (intervention forcée). V. *mise en cause, déclaration de jugement (ou d'arrêt) commun.*

INTERVENTIONNISME

N. m. – De *intervention.

- Doctrine économique (ou politique étatique) prônant (ou réalisant) l'irruption de l'État dans les affaires relevant traditionnellement du secteur privé ; s'oppose au *libéralisme, à la politique du libre *marché. Comp. *dirigisme.* Ant. *déréglementation.*

INTERVERSION DE TITRE

N. f. – Bas lat. *interversio* : action de prendre à contresens. V. *titre.*

- Modification du *titre en vertu duquel s'exerçait une *détention qui, résultant d'une cause venant d'un tiers ou d'une contradiction opposée par le détenteur ou ses héritiers au droit du propriétaire, transforme la détention *précaire en possession utile pour l'*usucapion V. C. civ. a. 2268, 2270. Comp. *constitut possessoire, conversion* (sens 2).

INTESTAT

Adj. – Lat. *intestatus.*

- Qui est décédé sans avoir fait de *testament. V. *de cujus, ab intestat, testateur, légataire.*

INTIMATION

N. f. – Lat. *intiniatio,* du v. *intimare* : mettre dans. L'expression remonte à la pratique coutumière médiévale : l'appel étant alors dirigé contre le premier juge, c'est celui-ci qui était ajourné, la partie adverse étant simplement intimée, c'est-à-dire mise en cause.

- Acte par lequel celui qui a intégralement ou partiellement perdu son procès en première instance assigne devant le juge d'appel toutes ou certaines des parties gagnantes qui prennent le nom d'intimés. Comp. *appel principal*. V. *interjeter, assignation*.

INTIME CONVICTION

V. *conviction (intime)*.

INTIMÉ, ÉE

Adj. et subst. – Part. pass. du v. intimer, lat. *intimare* : mettre dans.

- *Partie contre laquelle a été engagée la procédure d'appel d'un jugement de première instance, par opp. à l'*appelant (celui-ci devenant lui-même pour partie intimé lorsqu'un appel *incident est formé contre lui). Comp. *défendeur, défendeur au pourvoi*. V. *demandeur, intervenant, adversaire*.

INTIMIDATION (ACTES D')

N. f. – Dér. de intimider, comp. du lat. *in* et timide, lat. *timidus* (de *timeo*, je crains), craintif, tremblant. V. *acte*.

- Moyens de pression (menaces, violences, voies de fait, manœuvres, etc.) destinés, par la crainte qu'ils inspirent, à détourner une personne de ses devoirs ou à la dissuader de faire valoir ses droits, incriminés comme *entraves à l'exercice de la justice lorsqu'ils s'exercent sur un magistrat, un arbitre, un juré, un expert, un interprète, un avocat (C. pén., a. 434-8), un témoin (a. 434-15), la victime d'une infraction (a. 434-5) et comme atteinte à l'administration publique, lorsqu'ils s'exercent sur un fonctionnaire, un agent public ou un élu (a. 433-3). V. *subornation, corruption*. Comp. *chantage, terrorisme*.

INTITULÉ D'INVENTAIRE

V. *inventaire (intitulé d')*.

INTRANSMISSIBILITÉ

N. f. – Comp. du préf. nég. *in* et de *transmissibilité.

- Qualité du droit ou de l'obligation qui ne peut être l'objet d'aucune *transmission ou dont la *transmissibilité est restreinte (intransmissibilité active d'une pension alimentaire ; intransmissibilité passive d'une dette personnelle). Comp. **indisponibilité*, **incessibilité*, **inaliénabilité* (intransmissibilités volontaires), *insaisissabilité*.

INTRANSMISSIBLE

Adj. – Comp. de *in* et *transmissible.

- (s'agissant d'un droit, d'un bien, d'une dette). Qui ne peut être l'objet d'une *transmission d'une personne à une autre (soit de tout mode de transmission, soit de l'un d'eux, ex. intransmissible à cause de mort). Comp. *incessible, indisponible, inaliénable*. V. *hors commerce*. Ant. *transmissible*.

INTRA VIRES (HEREDITATIS)

Expression lat. signifiant « jusqu'à concurrence de l'actif successoral » (V. *forces*), employée pour caractériser l'obligation aux dettes d'un héritier ou d'un légataire dans les cas où celui-ci n'est tenu des dettes de la succession que jusqu'à concurrence de ce qu'il recueille. Ex. l'héritier qui accepte à concurrence de l'actif net n'est obligé aux dettes qu'*intra vires* (C. civ., a. 791). Ant. **ultra vires*. V. *pro viribus*. Comp. *com viribus*.

INTRODUCTIF, IVE

Adj. – Dér. de introduction.

- Qui *introduit. Se dit de l'acte *initial de procédure qui inaugure l'*instance : *acte introductif d'instance, *demande introductive. V. *assignation, requête, déclaration*.

INTRODUCTION

N. f. – Lat. *introductio*.

- Action d'*introduire. Se dit de l'*instance en justice pour désigner l'impulsion procédurale qui lui donne naissance, prérogative des parties (CPC, a. 1er ; principe d'impulsion). V. *initiative*.

ADAGE : *Le procès est la chose des parties*.

INTRODUIRE

V. – Lat. *introducere*, amener dans, faire entrer.

- (proc.). Se dit précisément de l'*instance dans le sens : prendre l'*initiative de l'acte procédural qui crée le lien d'instance (demande *initiale, appel, pourvoi, etc.). « Seules les parties introduisent l'instance » (CPC, a. 1er). V. *agir, intenter, ester, impugner.* Comp. *conduire, produire, traduire.*

INTUITU PERSONAE

Expression lat. signifiant « en considération de la personne » employée pour caractériser les opérations (not. les conventions) dans lesquelles la personnalité de l'une des parties est tenue pour *essentielle (d'où not. la possibilité de faire valoir une *erreur sur la personne), en raison de ses aptitudes particulières, de la nature du service attendu d'elle, etc. Ex. le dépôt, le mandat, le contrat médical sont conclus *intuitu personae,* en considération de la *confiance placée dans le dépositaire, le mandataire, le médecin ; on parle parfois d'*intuitus personae* (nominatif) pour désigner la dose de considération personnelle qui entre dans telle opération.

INVALIDATION

N. f. – Du v. invalider. V. *invalidé.*

- Déclaration d'*invalidité ; reconnaissance par une autorité ou une assemblée de l'irrégularité d'un acte ou d'une opération. Comp. *annulation.* Ant. *validation* (sens 2).

INVALIDÉ, ÉE

Adj. – De invalider, de valide, lat. *validus.*

- Frappé d'*invalidité par l'effet d'une *invalidation. Ant. **validé.*

INVALIDITÉ

N. f. – Formé sur le lat. *invalidus* (*in* : privatif et *validus* : valide).

- **1** Réduction durable des deux tiers au moins de la capacité de travail ou de gain d'un assuré social âgé de moins de 60 ans, lui donnant droit aux prestations de l'assurance invalidité.
- **2** Défaut ou perte de *validité ; état d'un acte dénué ou privé de toute valeur juridique (avec ou sans rétroactivité). Comp. *nullité, caducité, péremption.* V. *invalidation.* Ant. *validité.*

INVENTAIRE

N. m. – Lat. *inventarium,* de *invenire* : trouver.

- **1** Opération consistant à énumérer les qualités des parties (V. *intitulé d'inventaire*) et à décrire les éléments actifs et passifs d'une masse de biens (communauté, succession, fonds de commerce, biens d'une société). V. *description, dénombrement, état, estimation, preuve, relevé, liste.*
- **2** Par ext., le *procès-verbal d'inventaire.

— **(bénéfice d').** V. **acceptation à concurrence de l'actif net.*

— **commercial.** État descriptif et estimatif de leurs effets mobiliers et immobiliers, de leurs créances et de leurs dettes que la loi oblige les commerçants à établir au moins une fois par an de façon à se rendre compte de la situation exacte de leurs affaires.

— **(intitulé d').** Procès-verbal dressé au début de l'inventaire contenant tous les éléments (identité, qualités, situation) qui fondent les opérations d'inventaire.

— **(livre d').** V. *livre d'inventaire.*

INVENTEUR

Lat. *inventor.*

- **1** Celui qui trouve un *trésor. V. **jure inventionis.*
- **2** Auteur d'une découverte, d'une *invention (secret de fabrication, nouveau produit, nouveau. procédé de fabrication, etc.) qui n'est pas nécessairement le *brevetaire (ex. s'il tarde à déposer sa demande de *brevet d'invention ou s'il cède son droit de le réclamer) mais qui, en tant que premier inventeur, bénéficiant d'une exception de possession antérieure, ne peut être condamné comme *contrefacteur à la demande du premier déclarant.

INVENTION

N. f. – Lat. *inventio,* dér. de *invenire* : trouver.

- **1** Découverte d'un *trésor et par ext. le droit au trésor (ou à une partie de celui-ci) fondé sur le fait de cette découverte, l'invention devenant en ce sens un mode originaire d'acquisition de la propriété. Comp. *occupation, accession.* V. *inventeur, *jure inventionis, *jure soli.*
- **2** Découverte d'une nouveauté scientifique. Comp. *création.* V. *brevet.*

— **de salarié.** Celle qui est faite dans le cadre

du contrat de travail et dont la propriété peut être dévolue à l'entreprise, au salarié ou aux deux parties conjointement.

INVESTISSEMENT

N. m. – Formé de investir, lat. *investire* (*in* : dans, et *vestire* : vêtir).

- *Placement, *emploi de *fonds, plus précisément, action d'engager des *capitaux dans une entreprise en vue d'un profit à long terme et résultat de cette action. V. *épargne, remploi, impenses, améliorations, installation, blanchiment.*

— **en capital.** Investissement dans une entreprise non cotée en *Bourse pour faciliter sa création, sa croissance ou son rachat. JORF 13.3.2013 p. 4423 et s.
— **(fonds d').** V. *fonds d'investissement.*
— **(*sociétés d').** Sociétés anonymes qui ont pour unique objet l'acquisition, le placement et la gestion collective d'un portefeuille de valeurs immobilières, pour le compte des épargnants.
— **(sociétés immobilières d').** Sociétés anonymes qui ont pour objet exclusif l'exploitation d'immeubles locatifs à usage d'habitation.
— **(sociétés nationales d').** Sociétés qui assurent la gestion des valeurs appartenant à l'État ou à des collectivités publiques.

INVESTISSEUR QUALIFIÉ

- Personne ou *entité considérée comme professionnelle en raison de son statut ou apte à évaluer ou gérer les risques auxquels elle s'expose par des opérations sur titres financiers (C. mon. et fin., a. L. 411-2-1 ; Règlement [UE] nº 2017/1129 du 14 juin 2017, a. 2 ; Directive 2014/65/UE du Parlement européen et du Conseil du 15 mai 2014 concernant les marchés d'instruments financiers et modifiant la Directive 2002/92/CE et la Directive 2011/61/UE, modifiée, annexe II).

INVESTITURE

N. f. – Dér. du v. investir, fat. *investire* : propr. revêtir.

- **1** Action de conférer à quelqu'un une *fonction ou un *titre par *élection ou *nomination ; par ext., celle de conférer à quelqu'un une *mission ou une *charge par convention. Ex. investiture d'un mandataire. V. *collation, constitution, établissement, installation, agrément, retrait.*
- **2** Vote par lequel, sous la IVe République, l'Assemblée nationale accordait sa confiance à un candidat à la présidence du Conseil et permettait ainsi sa nomination (Const. 1946, a. 45).
- **3** Décision d'une formation politique par laquelle celle-ci désigne son candidat en vue d'une élection.

— **plausible.** Nom donné à une *apparence d'investiture, plus précisément à un ensemble de signes extérieurs qui peuvent donner à croire qu'une personne est régulièrement investie d'une fonction publique.

INVÊTISON

N. m. – Origine incertaine.

V. *échelage.*

INVIOLABILITÉ

N. f. – Dér. de *inviolable.

- **1** Intangibilité constituant, pour une personne, soit un droit fondamental à son intégrité corporelle (inviolabilité du corps humain), soit une protection dans l'exercice de certaines fonctions (inviolabilité parlementaire). V. *violation, viol.*

— **parlementaire.** Garantie constitutionnelle propre aux membres des assemblées parlementaires en vertu de laquelle aucun d'entre eux ne peut, en matière criminelle ou correctionnelle, hors le cas de crime ou délit flagrant ou de condamnation définitive, tomber sous le coup d'une arrestation ou de toute autre mesure privative ou restrictive de liberté sans l'*autorisation du bureau de l'assemblée à laquelle il appartient, et chacun, s'il est arrêté, peut bénéficier, dans tous les cas, d'une suspension des poursuites, de sa détention et des autres mesures privatives ou restrictives de sa liberté, pour la session de l'assemblée dont il est membre, lorsque celle-ci le requiert (Const. 1958, a. 26, mod. l. const. 4 août 1995). Comp. **immunité parlementaire* et **irresponsabilité parlementaire.*

- **2** Garantie particulière dont la loi enveloppe certains droits pour les protéger contre toute atteinte juridique ou matérielle (inviolabilité du droit de propriété), ou certains lieux au moins pour les soustraire à toute atteinte matérielle (inviolabilité du domicile, inviolabilité des sépultures). V. *expropriation, incessibilité.*

— **du *domicile.** Protection couvrant pour toute personne (comme un droit de la *personnalité) le lieu où elle demeure (domicile ou résidence) à quelque titre que ce soit (propriétaire, locataire, etc.) et consistant, pour son bénéficiaire, dans le droit de défendre l'accès de ce lieu à quiconque (particuliers ou autorités), en dehors des cas exceptés par la loi (constats ou saisies aux heures légales). C. pén., a. 226-4, 432-8. V. **violation de domicile, *respect de la *vie privée.*

INVIOLABLE

Adj. – Lat. *inviolabilis* : inviolable, invulnérable, de *violare.*

- Se dit presque exclusivement du droit de propriété, dans l'expression consacrée « inviolable et sacré », pour exprimer que nul ne peut être contraint de céder sa propriété si ce n'est pour cause d'utilité publique et moyennant une juste et préalable indemnité (C. civ., a. 545). V. *infrangible.* Comp. *intangible.*

INVITATION À ENTRER EN NÉGOCIATION

Proposition de contracter qui ne renferme pas les éléments essentiels du contrat envisagé (C. civ., a. 1114).

INVITER

V. – Du v. lat. *invitare.*

- Terme euphémique fréquemment utilisé dans les actes de procédure et les décisions de justice, soit de la part d'un plaideur pour convier son adversaire au débat judiciaire (V. *assignation, ajournement*), soit de la part du juge ou du secrétariat de la juridiction à un justiciable, un témoin ou un tiers, pour lui faire connaître la diligence que l'on attend de lui (l'inviter à se présenter à une audience, à déposer des conclusions, à produire ou à communiquer une pièce), cette diligence correspondant, pour le destinataire, soit à une véritable obligation (auquel cas l'invitation est une *injonction adoucie en la forme), soit à une *charge (l'invitation devenant un rappel et une incitation plus qu'un ordre sous sanction). V. *sommation, sommer.*

INVOQUER

V. – Lat. *invocare,* de *in* préf. augmentatif et *vocare,* appeler, nommer, invoquer, inviter, de *vox,* voix.

- Faire valoir en justice ; pour un plaideur, faire appel à tout ce qui peut être favorable à sa cause : désigner la règle propre à fonder ses prétentions (invoquer un article de loi, la coutume, un usage), s'appuyer sur l'autorité d'une opinion (invoquer la doctrine, une jurisprudence), en appeler à l'équité ou au sentiment du juge (invoquer sa clémence), se prévaloir d'une circonstance (invoquer l'urgence, la nécessité, sa propre bonne foi, etc.). Plus généralement, en tout *raisonnement, mettre en avant tout ce qui peut soutenir l'opinion avancée. Comp. *alléguer, soulever, relever, produire, opposer, contester, prouver.*

IPSO FACTO

Locution adv. lat. signifiant « par le fait même », utilisée pour caractériser un *effet de droit qui résulte de la seule survenance du fait auquel il est attaché, sans aucune formalité. Ex. l'obligation à des dommages-intérêts résulte, sans mise en demeure, *ipso facto,* du seul fait de la contravention à une obligation de ne pas faire. C. civ., a. 1145. V. **ipso jure.*

IPSO JURE

Loc. lat. signifiant « en vertu du droit même », employée pour caractériser un état nouveau résultant du droit même, considérée comme équivalent à **de plano* (sens 3, a). V. *de droit, de plein droit, de lege, de jure.*

IRRECEVABILITÉ

N. f. – Dér. de *irrecevable.

- Caractère de ce qui est *irrecevable ; vice affectant une prétention formée par qui n'a pas le droit d'*agir en justice, faute d'*intérêt, de *qualité, en raison de l'expiration de la prescription, etc. À ne pas confondre avec **irrégularité, *mal fondé.* V. **fin de non-recevoir, *moyen de défense, action.*

IRRECEVABLE

Adj. – Comp. de *in* et de recevable, dér. du v. recevoir, lat. *recipere.*

- À écarter sans examen au *fond ; se dit de la prétention dont l'auteur est reconnu sans droit pour agir, sur la *fin de non-recevoir opposée par son adversaire ou relevée d'office ; se dit aussi, dans le même cas, de l'auteur même de la prétention (dit irrecevable en sa demande). Comp. *irrégulier, mal fondé, nul.*

IRRÉCOUVRABLE

Adj. – Comp. de *in* et de recouvrable, du v. recouvrer, lat. *recuperare.*

- Qui ne peut être recouvré ; se dit d'une créance lorsque le paiement de son montant n'est pas *exigible ou ne peut être obtenu du fait de l'*insolvabilité du débiteur. V. *recouvrement, *non-valeur, insaisissabilité.* Comp. *irrépétible.*

IRRÉFRAGABLE

Adj. – Bas lat. *irrefragabilis,* du v. *refragari* : s'opposer à.

- Qui ne souffre pas la *preuve contraire (laquelle n'est pas *admissible) ; se dit de certaines *présomptions légales qui ne peuvent être combattues par une telle preuve. Comp. *incontestable, péremptoire.* Syn. **absolu, juris et de jure.* Ant. *réfragable, simple, juris tantum.*

IRRÉGULARITÉ

N. f. – Bas lat. *irregularitas,* de *regula* : règle.

- **1** (sens gén.). Non-conformité à la règle ; défaut entachant un acte ou une situation non conforme au Droit, not. du fait de l'inobservation d'une condition de formation. Ant. *régularité.* V. *nullité, illicéité, illégalité, invalidité.*
- **2** (proc.). En parlant d'un acte de procédure, *vice (de forme ou de fond) qui ne peut être soulevé par l'adversaire (au moyen d'une *exception de nullité, d'incompétence, de litispendance, ou de connexité) ou relevé d'office qu'à des conditions restrictives et qui, s'il est reconnu, a pour effet de faire tomber l'acte ou la procédure (sans empêcher qu'on la recommence par un acte valable ou devant une juridiction compétente). (Comp. *irrecevabilité, mal fondé*). V. *in limine litis.*

IRRÉGULIER, IÈRE

Adj. – Bas lat. *irregularis.*

- **1** Qui est entaché d'une *irrégularité ; se dit de l'acte qui encourt *nullité pour *vice de forme ou de fond ou de la demande portée devant une juridiction incompétente. Ant. *régulier.* Comp. *irrecevable, mal fondé.*
- **2** Qualifie plus spéc. le *dépôt qui, à la différence du dépôt *régulier, porte sur une chose *fongible (argent, titre) à charge pour le dépositaire de restituer non la chose déposée en nature, mais une chose de même espèce, quantité et qualité. Comp. *prêt de consommation.*

— **(successeur).** Nom donné à un *successeur qui, n'étant pas héritier, doit, s'il veut recueillir la succession, demander en justice l'*envoi en possession (C. civ., a. 724, 811. L'État est désormais seul de cette catégorie). V. *saisine.*

IRRÉPÉTIBLE

Adj. – Comp. de *in* et de répétible, du v. répéter, lat. *repetere* : poursuivre de nouveau en justice.

- Se dit des *frais non compris dans les *dépens (et qui ne peuvent donc être recouvrés comme tels par le plaideur qui les a exposés, ex. honoraires d'avocat) sauf, s'il est inéquitable de les laisser à la charge de ce dernier, le pouvoir pour le juge de condamner l'autre partie à lui payer une indemnité (CPC, a. 700). Comp. *irrecouvrable.*

IRRESPONSABILITÉ

N. f. – Dér. de irresponsable, comp. de responsable, dér. de *responsus,* part. pass. de *respondere* : répondre.

- **1** Exclusion de *responsabilité tenant à la non-*imputabilité du fait dommageable (à supposer remplies les autres conditions de responsabilité). Ex. irresponsabilité de l'**infans.* Comp. *trouble mental, réparation.*
- **2** *Exonération de responsabilité tenant

à la survenance, dans la réalisation du dommage, d'une *cause étrangère (force majeure, cas fortuit…), ou à l'application d'une clause exclusive de responsabilité ; on parle plus volontiers de cause ou de clause de *non-responsabilité.

— **du chef de l'État.** Immunité en vertu de laquelle ce dernier n'a à répondre des actes accomplis dans l'exercice de ses fonctions, ni devant le Parlement ou le peuple, ni devant la justice, sauf en cas de haute *trahison permettant de le mettre en accusation devant la Haute *Cour de justice (Const. 1958, a. 68).

— **parlementaire.** *Immunité en vertu de laquelle le parlementaire est définitivement soustrait à toute action judiciaire tant civile que pénale pour les opinions ou votes émis dans l'exercice de ses fonctions (Const. 1958, a. 26). Comp. *inviolabilité.*

— **pénale (causes d').** Faits spécifiés par la loi qui justifient celui qui agit sous le coup de l'un d'entre eux, excluant ainsi sa responsabilité pénale : *trouble mental, *contrainte, *erreur de droit, *autorisation de la loi, *légitime défense, *état de nécessité (C. pén., a. 122-1 s.). Syn. *fait *justificatif.*

IRRÉVOCABILITÉ

N. f. – De *irrévocable.

- **1** Caractère de ce qui n'est pas susceptible de *révocation *unilatérale, soit par exception (*mandat irrévocable), soit par principe (donation irrévocable).
- **2** Dans un sens renforcé propre aux donations, exclusion impérative de toute faculté de révocation unilatérale, emportant prohibition de toute clause par laquelle le donateur se réserverait un moyen direct ou indirect de détruire ou d'atténuer l'effet de la donation. Ex. nullité des donations sous conditions potestatives ou des donations de biens à venir.
- **3** Caractère qui appartient au jugement *irrévocable (sens 2).

IRRÉVOCABLE

Adj. – Lat. *irrevocabilis.*

- **1** Qui ne peut être rétracté au gré de celui qui l'a fait ; qui échappe au *repentir volontaire de son auteur. Ex. offre irrévocable, *donation irrévocable. Ant. *révocable, *ad nulum.* V. **révocation, *unilatérale.*
- **2** Se dit d'un jugement qui ne peut plus être attaqué par une *voie extraordinaire de *recours, du fait que ces recours ont été exercés ou que les délais de recours sont expirés ; ne pas confondre avec *définitif. V. **chose jugée (force de), *insusceptible de recours, inattaquable.*

IRRITANT, ANTE

Adj. – Dér. de l'adj. lat. *irritus* (*in ratus* : non ratifié, annulé).

- Terme ancien qui servait à caractériser dans sa sanction la disposition légale ou la stipulation conventionnelle dont la violation entraînait la nullité de l'acte qui y contrevenait ; se dit encore, parfois, en doctrine, de la formalité dont l'inobservation est assortie de nullité. Comp. *dirimant, prohibitif.*

ISOLEMENT

Subst. masc. – Du v. isoler, dér. de *isolé,* venant par l'italien *isolato* (îlé, séparé comme une île) du lat. *insula* (île).

- (Pénit.). Régime *carcéral exceptionnel et rigoureux dans lequel, par mesure de précaution (V. *mise à l'isolement*), le détenu vit entièrement séparé des autres détenus (seul dans sa *cellule et soustrait à la vie collective de l'établissement dans les activités organisées, promenade, sports, travail), n'ayant d'autres occasions de rencontre que les contacts réglementaires avec les personnels pénitentiaires et les visites, par accès individuel, à la cabine de *parloir (C. pr. pén., a. D. 283-2).

— **(mise à l').** Mesure de sécurité renforcée, prise par décision individuelle motivée de l'administration qui impose l'*isolement à un détenu (ou l'établit à sa demande quand il s'estime menacé), dans des circonstances graves (risque d'évasion, d'agression, de rébellion, de mutinerie, risques courus par un détenu). Comp. *mise au *secret.*

— **(*quartier d').** Dans un établissement pénitentiaire, partie séparée où les détenus sont mis à l'isolement.

ISOLOIR

N. m. – Dér. de isoler. V. le précédent

- Aménagement assurant le *secret du vote en soustrayant l'électeur à tous les regards au moment où il introduit son bulletin dans l'enveloppe qu'il déposera dans l'urne, ou actionne la machine à voter.

ITEM

- **1** Mot latin signifiant « de même », « pareillement », parfois encore employé en ce sens comme adverbe dans une énumération.
- **2** (subst. masc.). Par ext., article d'un *compte (un item).

ITÉRATIF, IVE

Adj. – Lat. *iterativus,* recommencé, repris, redit, renouvelé.

- (Vx). Répété, *réitéré ; ne s'emploie que dans de rares expressions : itératif commandement (Anc. c. pr. civ., a. 586), défenses itératives. Ant. *unique.*

ITER CRIMINIS

Termes latins signifiant « chemin du crime », employés pour désigner le cheminement qui conduit le délinquant à l'accomplissement de son forfait, l'enchaînement des causes, de la préparation à la mise à *exécution de celui-ci, à travers les mobiles et la psychologie de son auteur, son processus décisionnel. V. *préméditation, tentative, acte préparatoire.*

ITINÉRAIRE

Subst. masc. Bas lat. *itinerarium,* de *iter, itineris* : chemin.

- Prend dans certains cas (V. *déroutement*) le sens de chemin à suivre, de parcours imposé à celui qui se déplace. V. *route.*

ITINÉRANT, ANTE

Adj. – Venant par l'anglais *itinerant* du v. lat. *itinerari,* voyager.

- **1** Qui se déplace pour exercer sa fonction. Ex. agent itinérant, juridiction itinérante. Comp. *ambulant, forain.*
- **2** Qui s'accomplit moyennant un déplacement au long d'un trajet déterminé (itinéraire). Ex. vente itinérante de pain dans la tournée du *boulanger (C. cons., a. L. 121-81).

IVRESSE

N. f. – Dér. de ivre, lat. *ebrius.*

- Degré d'ébriété altérant les facultés intellectuelles et les réflexes moteurs que la loi incrimine en certaines circonstances not. lorsque l'ivresse est publique ou manifeste (c'est une contravention ou même s'il y a récidive un délit) ou en cas de conduite de véhicule dans cet état (C. route, a. L. 234-1) ; à distinguer de l'*imprégnation alcoolique.

J

JACTANCE

Subst. fém. – Lat. *jactantia* : étalage, vantardise, présomption, de *jactare* : jeter, lancer.

- Terme ancien désignant le fait de se vanter, de se dire titulaire d'un droit à l'encontre d'une personne, comportement qui faisait autrefois naître, pour cette dernière, une action *provocatoire, dite action de jactance, destinée à contraindre l'auteur de la jactance à donner la preuve de son droit prétendu ou à verser des dommages-intérêts. V. *intérêt, né.*

JAUGE

N. f. – Étym. obscure.

- *Tonnage, capacité du navire exprimée en *tonneaux de jauge : unité de 2,83 m^3 ou 100 pieds cubes.

— **brute.** Capacité totale, déduction faite de certains emplacements (appareils auxiliaires, cuisines, constructions sur le pont…).

— **brute totale.** Capacité intérieure totale du navire et de toutes les constructions qui se trouvent sur le pont.

— **nette.** Capacité intérieure utile au logement des passagers et des marchandises.

JAUGEAGE

Dér. de *jauge.

- Opération qui a pour but de déterminer la capacité du navire.

JECTISSE

Adj. – Lat. *jectitia* : jet.

- Se dit, en matière de servitudes, des terres rapportées, amoncelées de main d'homme.

JET À LA MER

Tiré de jeter, lat. pop. *jectare,* lat. class. *jactare.* V. *mer.*

- Opération consistant à alléger volontairement le navire en jetant tout ou partie de la cargaison par-dessus bord. V. **fortune de mer, risque,* **avaries communes.*

JETON

De jeter. V. *jet à la mer, présence.*

- *Fin.* En matière financière, tout bien incorporel représentant, sous forme numérique, un ou plusieurs droits, pouvant être émis, inscrits, conservés ou transférés au moyen d'un dispositif d'enregistrement électronique partagé permettant d'identifier, directement ou indirectement, son propriétaire (C. mon. et fin., a. L. 552-2).

— **(émetteur de).** Opérateur procédant à une offre au public de jetons (C. mon. et fin., a. L. 552-3).

— **de présence.** Somme allouée, soit à titre de rémunération (pour les fonctions qu'elles y remplissent), soit à titre de remboursement forfaitaire de leurs dépenses, aux personnes assistant à certaines réunions ou assemblées. Ex. jetons attribués aux administrateurs des sociétés anonymes. Comp. *tantième.*

JEU

N. m. – Lat. *jocus.*

- **1** Contrat *aléatoire par lequel chacune des parties s'engage à accomplir au profit de celle qui vaincra les autres dans une compétition créée entre elles sous une forme quelconque (et fondée à la fois sur l'adresse physique ou intellectuelle et sur le hasard) une prestation déterminée : remise d'une chose ou d'une somme d'argent, accomplissement d'un acte ou abstention (C. civ., a. 1965). V. **exception de jeu.*

- **2** Par ext. toute combinaison dans laquelle les participants risquent une somme d'argent déterminée dans l'espoir de faire un bénéfice à la faveur de certains événements aléatoires tels que par ex. la variation des cours d'une marchandise, le résultat d'une compétition sportive ou la sortie d'un numéro dans une *loterie. Comp. *pari, fortune, aléa.*

JOCANDI CAUSA

Expression lat. signifiant « pour plaisanter », utilisée pour caractériser l'intention de celui qui se prête à un acte juridique ou en est l'instigateur par pure plaisanterie, par jeu, sans *volonté *sérieuse de s'engager. Comp. *blanc.*

JONCTION

N. f. – Lat. *junctio* : union, liaison.

- Action de joindre et résultat de cette action.

— **des possessions.** Action consistant pour le possesseur, dans le calcul du délai de la *prescription acquisitive, à ajouter au temps pendant lequel il a possédé le temps de possession de son auteur (C. civ., a. 2265).

— **d'*instances.** Mesure d'administration judiciaire (incident d'instance) consistant, pour un juge, à réunir plusieurs instances pendantes devant lui, quand il existe entre les litiges un lien tel qu'il soit de l'intérêt d'une bonne justice de les faire instruire ou juger ensemble (CPC, a. 367, 368). Ant. *disjonction.* V. *connexité.*

JOUISSANCE

N. f. – Dér. de jouir, lat. *gaudere.*

- **1** Bénéfices et avantages divers attachés à la possession (au sens large) d'un bien ou d'un patrimoine.

a / Dans un sens strict *(*fructus, jus fruendi),* droit de percevoir les *fruits d'un bien (les loyers d'un immeuble) sur sa seule signature et d'en disposer sans en être comptable (jouissance des revenus). Comp. *administration, disposition, gestion.*

b / Dans un sens plus large, englobe la jouissance au sens ***a /*** et l'*usage (**usus,* droit de se servir personnellement de la chose, ex. habiter un appartement) jusqu'à désigner parfois une espèce particulière d'*usufruit (jouissance *légale des parents), mais s'oppose toujours à la *disposition du capital frugifère.

c / Dans certaines expressions courantes, correspond même davantage à l'usage qu'à la jouissance au sens ***a /***. Ex. jouissance d'un jardin, troubles de jouissance. V. *droit au *logement temporaire.*

— **à temps partagé.** Dénomination nouvelle que la loi a donnée, en la consacrant et en l'encadrant, à une formule de jouissance alternative que la pratique avait élaborée en l'affublant du nom alléchant et trompeur de *multipropriété ou *pluripropriété.

- **2** Pour un droit, la jouissance ne s'entend pas de l'exercice de ce droit, de l'usage effectif du droit, du fait d'en profiter, mais de l'aptitude à en devenir titulaire (en ce sens, l'*incapacité de jouissance, incapacité d'acquérir le droit, s'oppose à l'incapacité d'exercice). V. *usage* (4), *capacité.*

— **des droits** (int. priv.). Bienfait consistant, pour un étranger, en la faculté de se prévaloir, dans un État, de certains droits dont la détermination est indépendante du choix de la loi applicable. V. **condition des *étrangers.*

— **légale.** Espèce particulière d'*usufruit conféré par la loi aux père et mère sur les biens personnels de leur enfant de moins de 16 ans (C. civ., a. 384). Comp. **administration légale.*

— **(prorogation de).** V. *prorogation de jouissance.*

JOUR

N. m. – Lat. *diurnus,* adj. de la famille de *dies* : jour.

- **1** Espace de temps de vingt-quatre heures calculé de minuit à minuit et servant au calcul des délais qui se comptent par jour (assignation à quinze jours, lettre de change tirée à trente jours, délai de viduité de trois cents jours) et non d'heure à heure. V. *mois, année.*

— **chômé.** Jour où le travail est suspendu (un jour ouvrable chômé parce que placé entre deux jours *fériés constitue un « pont »). Ant. *jour ouvrable.*
—**s de planche.** Jours pendant lesquels le navire reste à la disposition des affréteurs ou des destinataires pour le chargement ou le déchargement de la cargaison. Syn. *staries.* V. *surestaries.*
— **de valeur.** En matière bancaire, jour à partir duquel les sommes passées en compte à la suite d'une opération commencent ou cessent de porter intérêt.
— **férié.** Jour de l'année déclaré *fête légale et doté, en principe, d'effets importants : suspension du fonctionnement de certains services administratifs, interdiction d'exécution, prorogation des actes de procédure, ou repos (mais un jour férié n'est pas nécessairement *chômé).
— **fixe.** Date déterminée indiquée dans l'exploit d'ajournement. Ex., en cas d'urgence, le président du tribunal de grande instance autorise la délivrance d'une assignation à jour fixe (CPC, a. 788) ; de même, le premier président d'une cour d'appel autorise l'assignation à jour fixe pour faire statuer sur l'appel au cas où les droits d'une partie sont en péril ; ne pas confondre avec *jour fixé* (*ne varietur,* dans la semaine, par exemple pour les audiences de référés).
— **franc.** V. **délai *franc.*
— ***ouvrable.** Jour pendant lequel on travaille, par opp. à jour chômé.
— ***utile.** Jour pendant lequel un acte peut être encore accompli. Ex. lorsque le délai expire un dimanche, le lundi est jour utile.

- **2** Par opp. à nuit, intervalle entre le lever et le coucher du soleil, en dehors duquel certains actes sont interdits (comp. CPC, a. 508 qui interdit toute exécution avant six heures et après vingt et une heures).

- **3** Par ext., la lumière, d'où le sens d'ouverture ou de *vue ; désigne ainsi plus spécialement, en matière de *servitudes, l'ouverture à verre dormant pratiquée dans une construction soit sur la voie publique (conformément aux règlements administratifs), soit (aux conditions des a. 676 et 677 C. civ., et à titre de jour de *souffrance) sur la propriété d'un tiers.

— **de *souffrance.** Syn. de jour de *tolérance.
— **de tolérance.** V. *tolérance (jour de).*

JOUR-AMENDE

Subst. masc. – V. jour, amende.

- *Peine pécuniaire correctionnelle qui astreint le condamné à verser au Trésor une somme dont le montant global résulte de la détermination par le juge d'une contribution quotidienne (plafonnée par la loi) pendant un certain nombre de jours (dans la limite de la loi) et qui peut être prononcée, à la place de l'emprisonnement ou cumulativement. C. pén., a. 131-3, 131-5 et 131-9). Comp. *amende.* V. **peine alternative, travail d'intérêt général.*

JOURNAL

N. m. – Dér. de *jour, anciennement *jo(u)rn.*

- **1** *Document, de caractère officiel ou privé, destiné à recevoir des notations quotidiennes ou au moins régulières relativement à une activité professionnelle, à une entreprise (voyage) ou à la vie familiale. V. **papiers domestiques, registre domestique.*

— **de bord.** V. **livre de bord.*
— **(livre).** V. **livre journal.*

- **2** Publication périodique, organe de la presse écrite (par ext. *bulletin d'information radiodiffusé ou radiotélévisé) soumis à la loi du 29 juillet 1881 sur la liberté de la presse ; parfois syn. de gazette (dans les publications juridiques).

— ***officiel.** *Publication officielle quotidienne destinée à assurer la publicité des lois, décrets, arrêtés, actes et documents administratifs du gouvernement, ainsi que du compte rendu des séances et débats des assemblées parlementaires. V. *promulgation, errata, rectificatif, travaux préparatoires.*

- **3** Genre d'*œuvre littéraire (création de l'esprit) protégée par la loi sur la propriété littéraire.

JOURNALISTE (À TITRE PROFESSIONNEL)

De *journal et de *profession.

- Collaborateur rétribué de la presse écrite ou parlée qui exerce, de manière régulière, ses activités dans une publication périodique, une agence de presse ou à la radiotélévision et en tire le principal de ses ressources. V. *presse.*

JUDICATOIRE

Adj. – Bas lat. *judicatorius,* du v. *judicare* : juger.

- (vx). Qui tend au jugement du procès (entre adversaires qui ne se sont pas conciliés). V. *conciliatoire.* Comp. *interlocutoire, préparatoire.*

JUDICATURE

Subst. fém. – Lat. méd. *judicatura,* du v. *judicare,* juger.

- Nom donné, sous l'anc. rég., aux charges de magistrats (offices de judicature) ; presque syn. de *magistrature, le terme est parfois encore employé pour désigner l'état de ceux qui sont chargés de rendre la justice (à la différence de magistrature, il ne s'applique qu'à la fonction de juger, au métier de juge).

JUDICIAIRE

Adj. – Lat. *judiciarius,* dér. de *judex (judicis)* : juge.

- **1** (dans un sens vague). Qui appartient à la justice, par opp. à *législatif et *administratif. Ex. le *pouvoir judiciaire, l'autorité judiciaire (cependant, même en ce sens, il ne s'agit que de la justice de l'ordre judiciaire). V. *juridictionnel.*
- **2** (dans un sens précis). Qui concerne la justice rendue par les tribunaux judiciaires.

— **(*corps).** Ensemble des *magistrats de l'*ordre judiciaire pour lesquels la *judicature est un état dans lequel ils font *carrière ; *magistrature judiciaire de carrière comprenant magistrats du siège et du parquet et auditeurs de justice (a. 1er, o. 22 déc. 1958).

— **(*ordre).** Ensemble des juridictions jugeant les procès civils, commerciaux et pénaux et relevant du contrôle de la Cour de cassation (par opp. à l'ordre des juridictions administratives).

—**s (professions).** Celles des *magistrats et *auxiliaires de justice des tribunaux judiciaires. Ex. juges et membres du ministère public de ces tribunaux, greffiers et secrétaires de juridiction, mais aussi avocats, huissiers de justice. V. *gens de justice.*

—**s (tribunaux).** Juridictions de l'ordre judiciaire.

- **3** (au sein de l'ordre judiciaire).

a / Qui émane d'un juge, par opp. à *légal et *conventionnel, qu'il s'agisse d'un acte *juridictionnel (*contentieux ou *gracieux), ou d'un acte de caractère administratif (acte d'administration judiciaire). Ex. autorisation judiciaire, habilitation judiciaire, délégation judiciaire. Comp. *amiable.*

b / Sens voisin. Qui est nommé par décision de justice. Ex. administrateur judiciaire.

c / Qui a lieu en justice ; qui suppose une procédure, une intervention de la justice ; en ce sens s'opp. à *juridique.

d / En cours d'instance par opp. à *extrajudiciaire. Ex. transaction judiciaire. V. *in judicio.*

JUGE

Lat. *judex (jus, dicere).*

- **1** Au sens générique (le plus fréquent dans le CPC, *adde* C. civ., a. 4 et 5), toute *juridiction, quels que soient son degré dans la hiérarchie (juge de première instance, juge d'appel, juge de cassation), son pouvoir (juge du droit, juge du fond, juge du provisoire), l'origine de son investiture (juge de l'État ou nommé par les parties), sa composition (*collégiale ou non) ou même l'ordre auquel elle appartient (juge administratif ou juge judiciaire, et au sein de l'ordre judiciaire, juge civil ou juge pénal, etc.) ; tout organe doté d'un pouvoir juridictionnel (du pouvoir de dire le droit, de trancher un litige) ; en ce sens sont des juges, la Cour de cassation, la cour d'appel, la cour d'assises, l'arbitre. V. *tribunal, cour, commission, conseil, jugement.* Comp. *administrateur.*
- **2** Parfois spécifiquement, le juge unique, par opp. au *tribunal (formation collégiale).
- **3** La juridiction saisie par opp. aux plaideurs ; le juge de la cause (le juge et les *parties). V. *auxiliaire de justice, avocat, expert.*
- **4** Parfois syn. de *magistrat.
- **5** Parfois plus spéc. magistrat du siège, par opp. aux magistrats du parquet. V. *juré.*

• **6** Plus spéc. encore, les magistrats du siège, membres des tribunaux de première instance, par opp. à ceux qui sont membres de la Cour de cassation ou des cours d'appel, nommés *conseillers. V. *cour, arrêt.*

• **7** Parfois même, dans une formation collégiale, les juges (*assesseurs) par opp. au président.

• **8** Très généralement, personnification de la justice (ou du pouvoir judiciaire) par opp. à la loi ou à l'administration. V. *jurisprudence.*

• **9** Dans certaines expressions, prend le sens particulier de « celui qui est compétent pour trancher, celui qui connaît l'affaire ». Ex. le juge de l'action est le juge de l'exception ; tout juge est juge de sa compétence.

— **assesseur.** V. *assesseur.*

— **aux affaires *familiales.** Nom donné au successeur du juge aux affaires matrimoniales (institué en 1975 comme un rouage essentiel du divorce et de l'après-divorce), juge unique et spécialisé délégué dans chaque *tribunal de grande instance aux affaires familiales, avec mission spéciale de veiller à la sauvegarde des intérêts des enfants mineurs, qui a compétence pour prononcer le divorce quelle qu'en soit la cause (sauf, à certaines conditions, renvoi à l'audience collégiale), statuer sur ses conséquences et le contentieux d'après divorce et qui connaît des actions spécifiées par la loi (obligation alimentaire, charges du mariage, exercice de l'autorité parentale, etc. COJ, a. L. 213-3) (C. civ., a. 247 ; CPC, a. 1074, 1135).

— **aux ordres et *contributions.** Juge spécialement chargé du règlement des *ordres et des distributions par *contribution, qui normalement est désigné dans chaque *tribunal de grande instance pour une durée déterminée par le premier président de la cour d'appel.

— **chargé de suivre la procédure.** Juge institué par le d.-l. du 30 octobre 1935 (aujourd'hui remplacé par le *juge de la mise en état) qui, dans les affaires portées devant le *tribunal de grande instance, était désigné parmi les membres de celui-ci pour suivre le déroulement de l'instance, avec d'assez faibles pouvoirs et mission de présenter un rapport avant les plaidoiries.

— **commis.**

a / Souvent syn. en pratique de juge-commissaire.

b / (au registre du commerce). Juge du *tribunal de commerce chargé de surveiller la tenue du *registre du commerce avec pouvoir de statuer sur les contestations entre les requérants et le greffier, d'ordonner inscriptions ou rectifications, etc.

— **-*commissaire.**

a / En général, magistrat chargé par le tribunal ou le juge de la mise en état d'accomplir des actes auxquels ces derniers ne peuvent ou ne veulent procéder eux-mêmes en raison de leur empêchement ou par commodité (ex. enquête, visite des lieux). V. *commission rogatoire.*

b / Juge commis par le tribunal pour une mission particulière (surveiller les opérations d'un partage, C. civ., a. 840 s., recevoir un compte, régler un ordre), à charge de faire rapport au tribunal en cas de contestation.

c / Plus spécialement, organe essentiel de contrôle de la procédure de *redressement judiciaire ; juge nommé par le tribunal dès l'ouverture de la procédure avec mission générale de veiller au déroulement rapide de celle-ci et à la protection des intérêts en présence qui a pour attributions principales de procéder à la vérification des créances, d'autoriser certains actes graves (actes de disposition étrangers à la gestion courante, hypothèque, transaction, licenciements, etc.), de centraliser toutes les informations relatives à la situation économique et financière de l'entreprise, et, en cas de liquidation, d'ordonner ou d'autoriser, sous leurs diverses modalités, les opérations de celle-ci (vente par adjudication amiable ou de gré à gré des immeubles, cession globale des unités de production, etc.). V. *administrateur judiciaire.*

— ***consulaire.** Dénomination traditionnelle (de prestige) parfois encore donnée, dans la pratique, aux magistrats des tribunaux de commerce, en souvenir des juges-consuls de l'Ancien Droit. V. *tribunal consulaire.*

— **d'appui.** Nom donné, dans la pratique, au magistrat de la justice étatique qui intervient ponctuellement et subsidiairement dans le fonctionnement de l'*arbitrage pour lever les difficultés incidentes que soulève la constitution du tribunal arbitral (CPC, a. 1444, 1454), la prorogation du délai de la mission des arbitres (a. 1456) ou la récusation d'un arbitre (a. 1463), mission auxiliaire de « dépannage » assumée en référé, par le président du tribunal de grande instance ou parfois celui du tribunal de commerce compétent (a. 1457).

— **de la *mise en état.** Juge chargé du contrôle de l'instruction des affaires civiles contentieuses portées devant le *tribunal judiciaire qui, désigné en principe parmi les magistrats de la chambre à laquelle l'affaire est distribuée, a mission de veiller à ce que soient mises en état d'être jugées toutes les affaires qui ne peuvent l'être aussitôt ou sur premier renvoi (CPC, a. 762) et dispose à cette fin de pouvoirs importants : injonctions pour assurer la ponctualité de l'échange des conclusions et la communication des pièces, fixation des délais, audition et conciliation des parties, connaissance des exceptions de nullité pour vice de forme, octroi de provision au créancier, pouvoir d'ordonner toute mesure provisoire et toute mesure d'instruction, ordonnance de clôture, CPC, a. 763 s.

— **de l'*application des peines.** Juge du tribunal judiciaire désigné par décret, ayant mission, d'une part, de surveiller avec l'aide d'agents de *probation si le condamné avec *sursis et mise à l'épreuve respecte les obligations mises à sa charge par le tribunal et d'assurer le *suivi socio-judiciaire des condamnés, d'autre part de contrôler et d'agencer le mode d'exécution des peines dans les établissements de *détention (C. pr. pén., a. 712-2 s.).

— **délégué.** Magistrat chargé par le président d'une juridiction ou d'une chambre de le remplacer dans l'exercice de certaines de ses attributions (CPC, a. 820) par ex. pour le jugement des référés.

— **de l'exécution.** Juge qui a vocation – dans les cas et conditions déterminés par le C. pr. civ. – à connaître de tout ce qui a trait à l'exécution des jugements et autres actes exécutoires, mission que la loi du 9 juillet 1991 (COJ, a. L. 213-5 s.) attribue au tribunal de grande instance statuant à juge unique.

— **de paix.** Jusqu'au remplacement des justices de paix par les tribunaux d'instance (1958), désignait :

a / La juridiction cantonale du premier degré (le tribunal de paix), juge (d'exception) des petites causes et conciliateur des grandes (en matière civile) et juge répressif des infractions mineures (tribunal de simple police) statuant à juge unique.

b / Le magistrat d'un cadre spécial chargé de ces fonctions.

— **départiteur.** Nom donné au juge du *tribunal d'instance (dans le ressort duquel siège un *conseil de prud'hommes) lorsque, après un partage des voix au sein d'une des formations de ce conseil (bureau de jugement ou formation de référé), il est appelé à présider l'audience de la formation intéressée à laquelle l'affaire est renvoyée afin de départager les conseillers prud'hommes (C. trav., a. R. 1454-29). V. *partage d'*opinion.*

— **des *contentieux de la protection.** Juge spécialisé du tribunal judiciaire, qui exerce les fonctions de juge des tutelles des majeurs, et connaît en outre de diverses actions (relatives à l'expulsion ou aux baux d'habitation, au surendettement des particuliers, au crédit à la consommation) (COJ, a. L. 213-4 s.)

— **des enfants.** Magistrat du *tribunal de grande instance compétent à l'égard des enfants mineurs : 1 / en matière pénale : pour les infractions commises par les mineurs comme juridiction d'instruction pour toutes les infractions et comme juridiction de jugement (il statue, soit comme juge unique, mais avec des pouvoirs limités quant à la nature des sanctions, soit comme président du *tribunal pour enfants, pour toutes les infractions commises par des mineurs à l'exception des crimes relevant de la compétence de la cour d'assises des mineurs de 16 à 18 ans) ; 2 / en matière civile, pour ordonner des mesures d'*assistance éducative (si la santé ou la moralité d'un mineur non émancipé sont en danger ou si les conditions de son éducation sont gravement compromises) ; 3 / en matière sociale, pour décider de l'ouverture de la *tutelle aux prestations sociales versées pour des mineurs et désigner le tuteur ; ne pas confondre avec le *juge des tutelles.

— **des enquêtes.** Espèce de juge-commissaire (V. ci-dessus) ; juge commis par le tribunal pour procéder à une enquête.

— **des libertés et de la détention.** Juridiction à juge unique instituée comme un rouage démultiplié de l'instruction dans le procès pénal pour statuer, en attribution exclusive, sur la *détention provisoire (l'ordonner ou la prolonger) et sur les demandes de mise en liberté, fonction exercée au sein du tribunal de grande instance par un magistrat du siège désigné par le président de ce tribunal, qui, saisi par ordonnance motivée du juge d'instruction, en reçoit le dossier de la procédure accompagné des réquisitions du procureur de la République et statue par ordonnance motivée (sous réserve, en certains cas spécifiés, d'une intervention de la *chambre de l'instruction à l'initiative du procureur de la République (C. pr. pén., a. 137-1 s.).

— **des loyers.** Expression commode pour désigner la juridiction compétente en matière de loyers (ex. le tribunal d'instance, pour les baux d'habitation) mais qui visait surtout le président du tribunal de grande instance, statuant en la forme des référés, pour la compétence au fond que lui conférait l'a. 48 (abrogé en 1972) de la loi du 1er septembre 1948.

— **des référés.**

a / La juridiction des *référés, instituée désormais dans presque tous les types de juridiction (tribunal de grande instance, tribunal d'instance, cour d'appel, conseil de prud'hommes, etc.) avec mission principale de prendre dans les cas d'urgence des décisions *provisoires (ordonnances de référés, CPC, a. 484) dépourvues au principal de l'autorité de la chose jugée (a. 488).

b / Le (ou les) magistrats chargés de ces fonctions : le président ou son délégué pour la cour d'appel, le tribunal de grande instance, le tribunal de commerce ; le (ou un) juge du tribunal d'instance, le président du tribunal paritaire de baux ruraux, etc. V. CPC, a. 808, 848, 872, 893, 956, C. trav. a. R. 1455-1.

— **des tutelles.** Autrefois magistrat du *tribunal d'instance (dont les fonctions sont exercées depuis 2020 par le juge des *contentieux de la protection pour la tutelle des majeurs et par le juge aux affaires familiales pour la tutelle des mineurs) intervenant comme juge unique, généralement en matière gracieuse, ainsi nommé en raison des fonctions essentielles dont la loi l'investit dans la protection des majeurs ou des mineurs incapables (ouverture, contrôle, cessation de la *tutelle et des autres régimes de protection, C. civ., a. 391 s., 425), mais auquel la loi confie de nombreuses autres attributions en matière de filiation (établissement des *actes de *notoriété, C. civ., a. 311-3 anc.), de *nom (il recevait la déclaration de substitution du nom du père ou du mari de la mère, à celui de la mère d'un enfant naturel, C. civ., a. 372-1 anc.) ou même en matière sociale (il décide de l'ouverture d'une tutelle aux prestations sociales versées à un *incapable majeur) ; ne pas confondre avec le *juge des enfants. V. *tutelle.*

— **d'instance.** Avant 2020, magistrat siégeant comme juge unique, compétent au civil pour statuer dans des affaires que le législateur attribuait au *tribunal d'instance, et au pénal pour juger les auteurs de contraventions (il constituait en ce dernier cas le *tribunal de police).

— **d'instruction.** Magistrat du tribunal judiciaire, désigné par décret pour trois ans, dont la mission est de rechercher, dans le cadre d'une information pénale ouverte à la demande du Parquet ou de la victime, s'il existe contre un inculpé des charges suffisantes pour que celui-ci soit traduit devant une juridiction de jugement ; parfois nommé juge informateur.

— **directeur.** Avant 2020, dans les *tribunaux d'instance de la région parisienne comprenant plus de deux juges, celui d'entre eux qui était nommé, sous ce titre, pour administrer le tribunal et répartir le service ; COJ, a. R. 321-40 anc.

— **informateur.** V. *juge d'instruction.*

— ***naturel** (int. priv.). Juridiction du domicile du défendeur, considérée jadis, en vertu de la maxime **Actor sequitur forum rei,* comme de droit *naturel.

— **(premier).** Dans la hiérarchie du corps judiciaire, fonction du second groupe du second grade, pour un magistrat du siège.

—**s (premiers).** Ceux qui ont connu l'affaire en premier ressort.

— **rapporteur.**

a / Devant le *tribunal de commerce, celui de ses membres auquel est confié le soin d'instruire une affaire (CPC, a. 861), avec d'importants pouvoirs : constater la conciliation, ordonner des mesures d'instruction et même entendre les plaidoiries (seul) sauf à en rendre compte au tribunal dans son délibéré (CPC, a. 862). Comp. **conseiller rapporteur,* **juge de la mise en état.*

b / Devant le tribunal de grande instance statuant en matière gracieuse, juge de la chambre à laquelle l'affaire est distribuée qui est désigné par le président pour instruire, celle-ci avec les mêmes pouvoirs que le tribunal (CPC, a. 799).

c / Nom parfois donné, devant le tribunal de grande instance statuant en matière contentieuse, au magistrat qui peut être chargé dans une affaire d'établir un rapport écrit précisant, pour l'essentiel, les questions en litige et les éléments de solution et de le présenter à l'audience avant les plaidoiries sans faire connaître son avis (CPC, a. 785).

— ***unique.** Magistrat qui, constituant par lui-même une juridiction, statue seul (non en collège) soit, au fond, comme juge du principal (c'est toujours le cas du tribunal d'instance, c'est le cas du président du tribunal paritaire des baux ruraux si l'un des assesseurs est défaillant, c'est même aujourd'hui le cas du tribunal de grande instance dans les hypothèses spécifiées par la loi – divorce – ou, en dehors de l'état des personnes, sur décision du président, sous réserve d'un renvoi à la formation collégiale en certaines circonstances : COJ, a. L. 212-2, CPC, a. 801), soit par décision provisoire : c'est le cas en général du juge des référés sous réserve de la faculté pour celui-ci de renvoyer l'affaire en état de référé devant la formation collégiale de la juridiction (CPC, a. 487).

JUGEMENT

N. m. – Dér. de juger, lat. *judicare.*

- **1** L'action de juger, plus précisément d'examiner une affaire en vue de lui donner une solution, en général après une *instruction et des *débats. Ex. *audience de jugement, *bureau de jugement. V. *examen, appréciation, délibéré, *intime *conviction.*
- **2** Le résultat de cette action, la décision prise (en tant qu'acte juridique), désigne, en ce sens générique, toute *décision de justice (acte *juridictionnel soumis en tant que tel à des règles générales. V. not. CPC, a. 430 à 499) ; englobe toutes les décisions de caractère juridictionnel (définitif ou avant dire droit, contentieux ou gracieux, etc.) émanant d'un *juge (au sens générique), c'est-à-dire même les *arrêts de la Cour de cassation ou des cours d'appel et les décisions des *arbitres, mais non les décisions de caractère administratif prises par un juge (simples *mesures d'*administration judiciaire, CPC, a. 499, 537, 820 s.). V. *prononcé, autorité de chose jugée, dessaisissement, ordonnance, sentence, verdict, juridiction, loi, contrat.*
- **3** Par ext., l'écrit qui contient la décision et toutes les mentions requises (CPC, a. 454 à 456). V. *dispositif, motifs, *acte *authentique, rectification, vice de forme, nullité.* Comp. **mention en marge.*
- **4** Désigne parfois plus spécialement les décisions des tribunaux de première instance (on disait naguère des tribunaux inférieurs par rapport aux cours) par opp. à d'autres décisions nommées *arrêts (not. celles de la Cour de cassation ou des cours d'appel).
- **5** Désigne souvent en pratique le jugement au fond (jugement définitif). V. **juridiction de jugement.*

— **au fond.** Jugement sur le fond (V. ci-dessous).

— ***avant dire droit (ou avant faire droit).** Jugement qui, pour préparer ou attendre la solution de la contestation principale, se borne dans son dispositif à ordonner une mesure d'instruction (*enquête, *expertise) ou (pour le cours de l'instance) une mesure *provisoire (provision *ad litem,* attribution de la garde d'un enfant, etc.), sans trancher le principal, d'où il résulte que ce jugement n'a pas au principal *autorité de chose jugée et ne dessaisit pas le juge (CPC, a. 482, 483). V. *préparatoire, interlocutoire, Mixte, incident.* Ant. **jugement sur le fond* (jugement *définitif, CPC, a. 480).

— **comminatoire.** V. *comminatoire.*

— **commun (appel en déclaration de).** V. **mise en cause.*

— **constitutif.** V. *constitutif.*

— **contentieux.** V. *contentieux.*

— ***contradictoire.** Jugement rendu au terme d'une instance dans laquelle, au moins à l'origine, la *contradiction entre les parties s'est réellement manifestée – par une assignation ou une comparution – (même si les deux parties ne se sont pas fait entendre, par la suite, dans un débat), ce qui les empêche de faire *opposition.

Le caractère contradictoire est plus précisément reconnu :

a / (CPC, a. 467). Au jugement qui intervient à la demande d'une partie, lorsque les deux adversaires (demandeur et défendeur) ont régulièrement comparu (suivant les règles propres à chaque juridiction) même si par la suite l'une d'elles s'abstient d'accomplir les actes de la procédure (mais le défendeur peut alors préférer demander au juge de déclarer la citation caduque, a. 469).

b / (CPC, a. 468). Au jugement qui intervient à la demande du défendeur, lorsque le demandeur sans motif légitime ne comparaît pas (l'initiative vient malgré tout de lui), le juge pouvant cependant même d'office déclarer la citation caduque. Comp. **jugement réputé contradictoire.* V. **jugement par *défaut, défaillant.*

— **convenu.** V. *jugement d'expédient.*

— **d'accord.** V. *jugement d'expédient.*

— **déclaratif.** V. *déclaratif.*

— **de débouté.** V. *débouté.*

— **de défaut.** V. *jugement par défaut.*

— **de donner acte.** Jugement qui fait état, à la demande d'une partie (ou des deux) et comme venant d'elle(s), d'une constatation, ou d'une déclaration (donner acte d'une réserve, d'une affirmation, d'une concession, d'un accord, etc.). V. *donné acte.* Comp. **jugement d'expédient.*

— **définitif.** Jugement qui tranche une contestation (principale ou incidente) et qui de ce fait dessaisit le juge de cette contestation et a relativement à elle l'autorité de la chose jugée (CPC, a. 480), ce qui n'exclut pas à leurs conditions ordinaires l'exercice des voies de recours. Syn. **jugement sur le fond.* Ant. **jugement avant dire droit.* V. *mixte.* Comp. *révocable, irrévocable, exécutoire.*

— **d'expédient (convenu ou d'accord).** Décision prise en forme de jugement par laquelle le juge entérine l'accord des parties en lui conférant l'*autorité de la chose jugée. Comp. **jugement de donner acte, donné acte.*

— **en dernier ressort.** Jugement qui n'est pas susceptible d'*appel (on dit encore sans appel), mais contre lequel sont ouvertes les *voies extraordinaires de recours (pourvoi en cassation, recours en révision, CPC, a. 605, 593). Ex., en matière de responsabilité délictuelle, jugement en dernier ressort du tribunal d'instance jusqu'à la valeur de 4 000 €.

— **en premier ressort.** Jugement susceptible d'*appel (on dit encore à charge d'appel).

— **gracieux.** V. *gracieux.*

— ***incident.**

a / Au sens large, tout jugement rendu au cours d'une instance sur un point autre que celui qui fait l'objet de la demande principale ; les jugements avant dire droit (par ex. ordonnant une expertise) sont incidents en ce sens.

b / En un sens plus étroit, jugement (définitif) qui en cours d'instance tranche une contestation incidente (un incident de procédure : ex. incident de nullité ou de compétence) ou même statue sur une demande incidente (demande reconventionnelle, intervention, incidents de fond) avant la demande principale.

— **interlocutoire.** V. *interlocutoire.*

— **par défaut.**

a / En un sens large (qui n'est pas de droit positif), tout jugement rendu au terme d'une instance dans laquelle l'une des parties n'a pas comparu a fait défaut ; englobe, en ce sens, les *jugements réputés contradictoires et même certains jugements contradictoires (CPC, a. 468). V. *défaut.*

b / Au sens strict, n'est un jugement par défaut – ou plus exactement ne peut être rendu par défaut et considéré comme tel (critère qui ouvre l'*opposition, CPC, a. 571, al. 1) – que celui qui intervient dans un cas où, le défendeur n'ayant comparu ni sur première ni sur seconde citation, aucune de celles-ci n'a été délivrée à sa personne et où (condition cumulative) l'appel n'est pas ouvert ; a. 473, al. 1. Comp. **jugement réputé contradictoire, *jugement contradictoire.* V. *défaillant, défaut, comparant, comparution.*

— **préparatoire.** V. *préparatoire (jugement).*

— **provisoire.** V. *provisoire.*

— **réputé contradictoire.** Jugement que la loi prescrit de considérer comme contradictoire (et donc non susceptible d'*opposition) bien que le défendeur n'ait pas comparu, soit parce que la nouvelle citation adressée à ce dernier, après un premier essai infructueux, a été délivrée à sa personne, soit (condition alternative) parce que le jugement rendu sur une nouvelle citation (même non délivrée à personne) est susceptible d'*appel (voie ouverte qui remplace en l'excluant l'opposition ; CPC, a. 473, al. 2, 571, al. 1). V. **jugement contradictoire, *jugement par défaut, comparution, défaut, comparant, défaillant.*

— **sur le fond.** Jugement qui, tranchant une contestation, a relativement à celle-ci l'autorité de la chose jugée. Syn. *définitif* ; englobe ceux qui tranchent la contestation principale (jugement définitif sur le principal) et ceux qui tranchent une contestation incidente (sur exception de procédure ou tout autre incident contentieux), jugement au fond mais sur incident (CPC, a. 480). Ant. **jugement avant dire droit.* V. *mixte.* Comp. *fond, principal.*

JURATOIRE

Adj. – Lat. jur. *juratorius,* dér. de *jurare* : jurer.

• (vx). Sous *serment ; s'emploie à propos de certains engagements pour spécifier qu'ils ont été pris sous la *foi du serment. V. **caution juratoire, solennel.*

JURE…

Ablatif du mot lat. *jus* (*juris* : droit) utilisé, dans diverses expressions lat. avec le sens de : en vertu du droit de…, à titre de…, par droit de… Comp. *more… ratione…*

— **hereditario.** À titre successoral, par droit de succession (se dit de l'acquisition par un héritier d'un bien de la succession). Ant. *jure proprio.*

— **inventionis.** Par droit d'invention (se dit de la part acquise dans le *trésor à celui qui le trouve en sa qualité d'*inventeur).

— **proprio.** En vertu d'un droit propre né en la personne de son titulaire. Ant. *jure hereditario.*

— **sanguinis.** Par droit de filiation, en vertu d'un lien de sang. Comp. **jus sanguinis.*

— **soli.**

a / En vertu du droit de propriété sur le sol, se dit de la part acquise dans le *trésor au propriétaire du fonds dans lequel il est découvert.

b / Au titre de la naissance, sur un territoire (le sol désignant ici non une propriété mais le pays du lieu de naissance). V. **jus soli.*

JURÉ

Subst. – Tiré de jurer, lat. *jurare.*

• Membre du *jury criminel choisi selon la procédure prévue par la loi (C. pr. pén., a. 259 s.) et dont les fonctions obligatoires et gratuites sont accessibles aux citoyens des deux sexes remplissant certaines conditions positives et non exclus pour indignité ou incompatibilité, V. *conscience.*

— **de session.** Personne figurant dans le *jury de session.

— **de jugement.** Personne figurant dans le *jury de jugement.

— **supplémentaire.** Personne dont le nom est tiré au sort sur la liste de session en supplément des jurés de jugement et qui siège avec ceux-ci afin de pouvoir participer à la délibération si l'un des jurés est défaillant avant la fin du procès.

JURER

V. – Lat. *jurare.*

• **1** Prêter, faire *serment, affirmer ou s'engager solennellement sur la foi du serment. Ex. jurer de dire la vérité, de remplir loyalement ses fonctions ; jurer être innocent.

• **2** Proférer des jurons.

JURIDICITÉ

N. f. – Mot formé vers 1950, par les sociologues du Droit, à partir de l'épithète *juridique.

• Caractère de ce qui relève du Droit, par opp. aux mœurs, à la morale, aux convenances. Ex. le **dolus bonus* est un dol qui n'atteint pas un seuil de juridicité.

JURIDICTION

N. f. – Lat. *jurisdictio,* de *jus dicere* : dire le droit.

• **1** Mission de juger ; pouvoir et devoir de rendre la justice par application du *Droit (en disant le Droit).

a / Parfois, la seule juridiction *contentieuse.

b / L'ensemble de la *fonction juridictionnelle, y compris la juridiction *gracieuse.

c / Parfois syn. de *pouvoir juridictionnel. Ex. avoir juridiction définitive (pouvoir de trancher l'affaire au fond), ou provisoire.

d / Parfois syn. de *compétence (avoir juridiction en matière de filiation). Syn. *connaissance,* par ex. (int. priv.) compétence de l'État en matière de justice. V. **compétence internationale, immunités de juridiction.*

e / Parfois syn. de **jurisdictio,* par opp. à **imperium.*

f / Parfois pris au sens très large de « autorité en tel domaine ».

• **2** Organe institué pour exercer le pouvoir de juridiction. V. *justice.*

a / Syn. de *juge ou *tribunal (au sens large), y compris les tribunaux qui portent le nom deb *cour. Ex. le tribunal de commerce est une juridiction *collégiale, le *conseil de prud'hommes une juridiction *paritaire, la *commission du contentieux de la Sécurité sociale une juridiction *échevinale, la cour d'appel une juridiction du second degré, etc.

b / L'ensemble des tribunaux de même classe ou degré, envisagés en tant qu'ils exercent le pouvoir de juger dans un secteur déterminé correspondant à leur nature. Ex. les litiges entre les salariés et leurs employeurs relèvent de la juridiction prud'homale.

c / (int. priv.). Tribunaux d'un État considérés dans leur ensemble. Cf. *conflits de juridictions.*

d / Parfois syn. d'*ordre de juridiction.

— **administrative.**

a / Par distinction d'avec la juridiction judiciaire, ensemble des juridictions compétentes en matière de *contentieux administratif ; ensemble des institutions assurant le contrôle juridictionnel de l'administration, à savoir : le *Conseil d'État et les tribunaux dépendant de celui-ci soit par la voie de l'appel (*tribunaux administratifs, conseil du contentieux administratif, conseil des prises…), soit par la voie de la cassation (Cour des comptes, Cour de discipline budgétaire, Conseil supérieur de l'éducation nationale, juridiction de pension, etc.). V. *ordre, *séparation des pouvoirs, *tribunal des conflits.*

b / Par distinction d'avec les organismes de l'administration, organe auquel, en raison de sa compétence et de sa procédure, est reconnu le caractère *juridictionnel. V. *justice.*

— **(chef de).** V. *chef de juridiction.*

— ***civile.** Ensemble des tribunaux qui connaissent des litiges entre particuliers, régis par le Droit civil.

— **commerciale.** Ensemble des tribunaux chargés de juger les affaires commerciales.

— ***consulaire.** V. *consulaire.*

— ***correctionnelle.** Ensemble des tribunaux exerçant le pouvoir de juger les délits.

— ***criminelle.** Ensemble des tribunaux exerçant le pouvoir de juger les crimes. V. *cour d'assises.*

— **de droit commun.**

a / Juridiction qui a vocation à connaître de toutes les affaires, à moins qu'elles n'aient été attribuées par la loi à une autre juridiction. Ex., dans l'ordre judiciaire, le tribunal de grande instance ; dans l'ordre administratif, le tribunal administratif (d. 30 sept. 1953 anc., CJA, a. L. 211-1) ; s'oppose à *juridiction d'exception.

b / Souvent pris, en Droit public, pour désigner l'ensemble des juridictions de l'ordre judiciaire, par opposition aux juridictions des autres ordres.

— **(degré de).** V. **degré de juridiction.*

— **de *jugement** (pén.). Juridiction ayant pour mission de statuer sur l'existence de l'infraction, la culpabilité de la personne poursuivie, et, éventuellement, de prononcer condamnation.

— **de proximité.** V. *proximité (juridiction de).*

— **de simple police** (pén.). Ensemble des tribunaux à qui est attribué le pouvoir de statuer sur les contraventions (ex. le tribunal d'instance).

— **d'exception.** Juridiction ne pouvant connaître que des affaires qui lui ont été spécialement attribuées par un texte. Ex. le tribunal d'instance, le tribunal de commerce, le conseil des prud'hommes. Syn. *juridiction spécialisée.*

— **d'instruction** (pén.). Autorités judiciaires ayant pour mission de rechercher et de recueillir les preuves d'un délit ou d'un crime, et de décider s'il existe, contre l'inculpé, des charges suffisantes pour le renvoyer devant le tribunal correctionnel ou la cour d'assises afin qu'il soit jugé. S'oppose à *juridiction de jugement.

— **(immunité de).** V. *juridiction (privilège de)* et *immunité diplomatique.*

— **internationale.**

a / Juridiction permanente instituée pour trancher les litiges *internationaux ou (et) assurer l'unité d'interprétation et le respect de conventions ou de traités internationaux, qui est composée de membres ressortissants de plusieurs États. Ex. *Cour internationale de justice, Cour de justice des Communautés européennes.

b / Appellation donnée à un tribunal arbitraire statuant en matière d'arbitrage international.

— **judiciaire** (au plur.). Ensemble des tribunaux compétents dans les matières de Droit privé et relevant du contrôle de la Cour de cassation ; s'opp. à juridiction administrative. Ex. l'ordre des juridictions judiciaires comprend principalement le tribunal de grande instance, le tribunal paritaire des baux ruraux, le conseil de prud'hommes, les commissions du contentieux de la Sécurité sociale.

— **(pleine).**

• 1 (proc.).

a / Connaissance de l'entier litige (dans

tous ses éléments de fait et de Droit) qui appartient aux seuls juges du fond par opp. à la Cour de cassation, juge du Droit seulement. V. *pouvoir.*

b / Parfois syn. de compétence de Droit commun (par opp. à juridiction d'exception).

c / Plénitude de juridiction de la cour d'assises.

• 2 (adm.). Contentieux de la pleine juridiction, par opposition au contentieux limité à l'annulation (recours pour excès de pouvoir ou en cassation) : variété du contentieux administratif dans laquelle le juge peut connaître de tous les éléments de Droit ou de fait de l'espèce et ordonner en principe toute mesure, y compris, par ex., des indemnisations.

— **(*privilège de).**

a / (pén.). Droit, en faveur de certains dignitaires, magistrats ou fonctionnaires, d'être jugés, pour les infractions à la loi pénale qui leur étaient reprochées, par une juridiction à laquelle la loi attribue exceptionnellement compétence (C. pr. pén., a. 679 anc., 681 à 686 anc.).

b / (int. publ.). V. *immunité diplomatique.*

JURIDICTIONNALISATION

N. f. – Néol. construit sur *juridiction.

• Procédé consistant à attribuer à des actes qui ne la comporteraient normalement pas la *qualification d'acte *juridictionnel, afin de leur étendre le régime de ce dernier (autorité de chose jugée). Comp. *légalisation, constitutionnaliser.*

JURIDICTIONNEL, ELLE

Adj. – Dér. de *juridiction.

• Qui se rapporte à la *juridiction prise soit comme organe (ex. le juge des référés est un organe juridictionnel), soit comme *fonction (ex. le juge des mises en état a des *pouvoirs juridictionnels) ; ne pas confondre avec *judiciaire, tout ce qui est judiciaire n'est pas juridictionnel (ex. le juge d'instance accomplit des actes d'*administration judiciaire) ; tout ce qui est juridictionnel n'est pas judiciaire (les tribunaux administratifs exercent dans leur ordre la fonction juridictionnelle).

— **(acte).** Terme scientifique employé pour caractériser certains actes (jugements, arrêts, sentences…) par opp. aux actes *législatifs, *réglementaires, *administratifs, conventionnels, etc. (ou même, au sein des actes émanant d'un juge, aux actes d'administration judiciaire).

a / Acte par lequel une juridiction tranche une contestation au terme d'une procédure organisée et qui, pour toutes ces raisons, est revêtu de l'*autorité de la chose jugée, acte de juridiction *contentieuse. Ex. l'annulation d'une vente par le tribunal de grande instance statuant selon la procédure ordinaire est le type de l'acte pleinement juridictionnel. V. *contentieux, arbitral.*

b / Acte parfois caractérisé (dans les controverses doctrinales) par un seul des critères (organique, formel ou matériel) ci-dessus associés. Ex. une décision gracieuse est en ce sens un acte juridictionnel. (V. **juridiction *gracieuse*). Comp. *amiable.* V. *juridictionnalisation.*

—**le (fonction).**

a / Par opp. à *fonction législative ou exécutive, fonction de rendre la justice.

b / Plus préc. et par opp. aux attributions administratives du juge (V. *acte d'administration judiciaire*), fonction de juger, mission d'ensemble qui englobe celle de dire le droit dans l'exercice de la *juridiction *contentieuse (trancher le litige par application du droit sous réserve des cas où le juge est *amiable compositeur), les missions de contrôle, liées à l'exercice de la juridiction *gracieuse et les fonctions associées à l'une ou à l'autre de ces deux compartiments principaux de la fonction juridictionnelle (mission d'ordonner les mesures provisoires, les mesures conservatoires et les mesures d'instruction). V. *pouvoir.*

— **(pouvoir).** V. *pouvoir.*

JURIDIQUE

Adj. – Lat. *juridicus,* de *jus, juris* : droit et *dicere* : dire.

• **1** (sens gén.). De *droit ; en droit ; qui a trait au droit, par opp. 1 / à d'autres disciplines (médecine, architecture, etc.), ex. sciences juridiques ; 2 / à d'autres normes (morale, bienséance, etc.), ex. règles juridiques ; 3 / à des données factuelles (économiques, sociales, politiques, démographiques), ex. *nature juridique, fondement juridique ; 4 / à une démarche non normative (sociologique), ex. analyse juridique, théorie juridique ; 5 / à de *fait, ex. *moyen de droit. Comp. *normatif, législatif, civil, *raisonnement juridique, *de droit.* V. *moral, naturel.*

— **(technique).**

a / Ensemble des moyens spécifiques (procédés, opérations : *présomption, fiction, assimilation, qualification, etc.) qui président à l'agencement et à la *réalisation du Droit ; compartiment des instruments de précision de la pensée juridique dans la *science fondamentale du Droit. V. *catégorie juridique, doctrine.*

b / Maîtrise de ces moyens dans l'*application *(lato sensu)* du Droit ; savoir *pratique du Droit, saisi en général ou dans tel ou tel domaine (ex. technique législative). Comp. *raisonnement juridique, théorie juridique.*

— **(théorie).** V. *théorie juridique.*

• **2** Plus spécifiquement, qui produit un effet de droit ; qui est doté de conséquences juridiques.

— **(*acte).** Acte accompli en vue de produire un effet de droit (recherché par son auteur). Ex. mandat, prêt, bail, donation, testament, etc. V. *juridicité, qualification, nature, catégorie.*

— **(*fait).** Fait auquel la loi attache un effet de droit. Ex. un délit engage la responsabilité de son auteur.

• **3** Parfois syn. de *conforme au droit. Comp. *licite, légitime, légal, bien-fondé, régulier, juste.*

• **4** Plus spéc. encore, empreint de juridisme ; fondé en droit strict plus qu'en *équité, ou en opportunité. Ex. position purement juridique. Comp. *légal, littéral, formel, textuel.*

• **5** Par opp. à *judiciaire, qui concerne en dehors de tout procès la vie des affaires et la gestion des patrimoines (constitution de société, gestion immobilière, négociation de titres, opérations contractuelles en général, etc.).

JURILINGUISTIQUE

V. *linguistique juridique.*

JURISCONSULTE

Subst. – Lat. *jurisconsultus* : versé dans le Droit.

• **1** Titre de prestige décerné par un public éclairé non pas à tout *auteur (ou à tout *consultant), mais à quelques rares *juristes en raison de l'éminente *autorité de leurs opinions ou de leurs travaux et de leur maîtrise incontestée de la science du Droit (interprétation ou législation). Ex. Dumoulin fut un jurisconsulte célèbre. V. *doctrine, interprète.* Comp. *compilateur, légiste.*

• **2** Nom parfois encore donné à qui fait profession de donner des avis (des consultations) sur les questions de droit. Comp. *consultant.*

JURISDICTIO

Terme latin doté en droit romain de multiples sens (juridiction, pouvoir de rendre la justice, action de la rendre, autorité, compétence, ressort), traditionnellement employé en doctrine, par opposition à **imperium,* pour désigner la mission ou l'action de dire le droit (de trancher le litige par application du droit), distinction d'évocation qui a son intérêt en matière d'*arbitrage, mais qui, pour les magistrats de la justice étatique dotés de *jurisdictio* et *imperium,* ne forme pas le clivage selon lequel se distribuent les multiples attributions que réunit, en sa plénitude, l'office du juge : division majeure de la fonction *juridictionnelle en *juridiction *contentieuse et juridiction *gracieuse, fonctions juridictionnelles associées (pouvoir d'ordonner mesures conservatoires, mesures provisoires, mesures d'instruction), mesures d'administration judiciaire (CPC, a. 107, 499, 537, etc.), ensemble de fonctions dont chacune obéit à des règles particulières. V. *fonction *juridictionnelle, pouvoir.*

JURISPRUDENCE

N. f. – Lat. *jurisprudentia* : science du Droit.

• **1** Ensemble des décisions de justice rendues pendant une certaine période soit dans une matière (jurisprudence immobilière), soit dans une branche du Droit (jurisprudence civile, fiscale, etc.), soit dans l'ensemble du Droit.

— **(recueil de).** Publication d'un ensemble de décisions de justice.

• **2** Ensemble des solutions apportées par les décisions de justice dans l'application du Droit (not. dans l'*interprétation de la loi quand celle-ci est obscure) ou même dans la création du Droit (quand il faut compléter la loi, suppléer une règle qui fait défaut) ; répertoire des solutions jurisprudentielles ; œuvre des tribunaux. V. *silence, lacune.*

- **3** Personnification de l'action des tribunaux (par opp. à *législation ou *doctrine). V. *loi.*
- **4** Habitude de juger dans un certain sens et, lorsque celle-ci est établie (on parle de jurisprudence constante, fixée), résultat de cette habitude : solution consacrée d'une question de droit considérée au moins comme *autorité, parfois comme *source de droit. V. *précédent.*
- **5** Tendance habituelle d'une juridiction déterminée ou d'une catégorie de juridiction à juger dans tel sens. Ex. jurisprudence de la chambre criminelle de la Cour de cassation, jurisprudence des juridictions du fond.
- **6** *Pratique judiciaire ; habitude de procéder ou d'opérer de telle ou telle manière (en dehors des questions de droit) dans les mesures d'instruction, les conciliations, les évaluations, etc.

— **(bris de).** Intervention législative destinée à rompre avec une solution jurisprudentielle en adoptant pour l'avenir une règle qui l'exclut.

— **prétorienne.** V. *prétorien.*

— **(revirement de).** Abandon par les tribunaux eux-mêmes d'une solution qu'ils avaient jusqu'alors admise ; adoption d'une solution contraire à celle qu'ils consacraient ; renversement de tendance dans la manière de juger.

JURISPRUDENTIEL, ELLE

Adj. – Dér. de *jurisprudence.

- **1** Qui se rapporte à la *jurisprudence. Ex. chronique jurisprudentielle, évolution jurisprudentielle. V. *commentaire, note, arrêtiste, recueil.*
- **2** Qui en émane, par opp. à *doctrinal, *légal (ou *législatif), *coutumier (non sans lien). Ex. solution jurisprudentielle. Comp. *judiciaire.* V. *pratique judiciaire.*
- **3** Dans ce même sens mais renforcé, parfois syn. de *prétorien. Ex. construction jurisprudentielle. V. *source, autorité, précédent.*

JURY

Subst. masc. – Empr. à l'angl. *jury,* lui-même pris à l'anc. franç. *jurée* : serment, enquête juridique.

- **1** Groupe de citoyens (*jurés) appelé à intervenir aux côtés de magistrats professionnels dans le jugement des crimes par la *cour d'assises ; encore appelé jury criminel.

— **de jugement.** Groupe de 9 jurés tirés au sort, avant l'ouverture de chaque affaire (sur la liste de session des jurés titulaires) qui siègent aux côtés de 3 magistrats professionnels pour composer la *cour d'assises et, depuis l'établissement de l'*échevinage (1941), délibérer et décider tant sur la culpabilité de l'*accusé que sur la peine à lui appliquer (les magistrats professionnels statuant seuls sur la demande de la partie civile). Comp. *cour d'assises, minorité de faveur.*

— **de session.** Groupe de 35 jurés titulaires et de 10 jurés suppléants tirés au sort sur des listes départementales (celle des jurés titulaires comportant environ 1 juré par 1 300 habitants) dressées à la suite d'une sélection opérée selon la procédure prévue par les a. 259 s. du Code de procédure pénale.

- **2** Nom parfois donné à certaines juridictions spéciales composées en tout ou en partie de magistrats non professionnels.

— **d'expropriation.** Institution composée de propriétaires et chargée par la loi du 3 mai 1841 de fixer le montant des indemnités d'*expropriation (réformé en 1914 le système a été abandonné en 1935, le jury d'expropriation ayant été remplacé par des commissions arbitrales puis par une juridiction spéciale d'expropriation).

JUS, JURIS

Mot latin signifiant « droit », « justice » qui figure dans de nombreuses maximes ou expressions latines (parfois récemment forgées), soit avec le sens de *droit subjectif (ex. *nemo plus juris ad alium transfere potest quam ipse habet*), soit avec celui de *Droit objectif. Comp. *lex.* V. *jure…, loi.*

— **abutendi.** Syn. **abusus.*

— **ad bellum.** Expression latine signifiant « Droit en considération de la guerre » qui désignait naguère dans la trilogie traditionnelle du Droit international public le Droit préventif de la guerre. Comp. *jus belli.*

— **ad personam.** Termes latins signifiant litt. « droit à l'encontre d'une personne » encore utilisés en doctrine pour désigner le droit de créance par opp. à *jus in re.*

— **ad rem.** Termes latins signifiant « droit à

la remise de la chose », ou « droit à la chose », utilisé lorsque le transfert de propriété ne se produit pas par le seul effet du contrat. Opp. *jus in re*.

— **belli.** Expression latine signifiant « Droit de la guerre », qui désignait, par opp. à **jus ad bellum* et à *jus pacis,* les règles essentielles (d'ordre humanitaire not.) s'imposant aux belligérants en temps de guerre dans la conduite même des hostilités.

— **cogens.** Expression latine signifiant « droit contraignant », utilisée pour désigner une norme impérative de Droit international général, porteuse d'une valeur universelle d'intérêt vital ; plus précisément (a. 53, conv. de Vienne sur le droit des traités), règle acceptée et reconnue par la communauté internationale dans son ensemble comme une norme à laquelle aucune dérogation n'est permise et qui ne peut être modifiée que par une nouvelle norme de Droit international général ayant le même caractère. Ant. *jus dispositivum.*

— **fraternitatis.** Expression latine signifiant littéralement droit de fraternité, encore employée pour caractériser certaines relations, principalement les rapports entre associés, comme lien de *fraternité, et faire naître l'idée d'une union fraternelle d'intérêts. V. *affectio societatis, société.*

— **fruendi.** Syn. **fructus.*

— **gentium.** Expression latine signifiant « *droit des gens », couramment employée en ce sens.

— **in re.** Termes latins signifiant « droit sur une chose » encore utilisés pour désigner le droit réel par opp. à *jus ad personam.*

— **pacis.** Expression latine signifiant « Droit de la paix », qui désignait traditionnellement l'ensemble des règles de Droit international public, gouvernant en temps de paix les relations entre États, et l'ensemble des institutions et organisations internationales. Comp. *jus ad bellum, jus belli.*

— **sanguinis** (doct.). Expression latine signifiant « droit du sang » et désignant un mode de détermination de la nationalité d'un individu en raison de la nationalité de ses parents. Comp. *jus soli.* V. *jure…*

— **soli** (doct.). Expression latine signifiant « droit du sol » (lat. *solum*), par ext. droit du pays, désignant un mode de détermination de la nationalité d'un individu en raison de son lieu de naissance. Comp. *jus sanguinis.* V. **jure soli.*

— **utendi.** Syn. **usus.*

ADAGE : *Summum jus, summa injuria.*

JUSTE

Adj. – Lat. *justus.*

- **1** *Légitime, *conforme à la loi, en règle, et parfois plus spéc. mais sans y insister autant qu'autrefois en bonne et due forme, suivant les solennités de la loi (on évoque encore, dans le mariage union légitime, les justes noces ; comp. jadis *justum testamentum, justi fili, justa sententia*). Comp. *licite, légal.*
- **2** Dans un sens voisin (mais avec un accent sur la vertu, l'efficience de la notion), apte à *justifier, propre à *fonder (en raison de sa conformité à l'attente de la loi). V. *justificatif, légitime.*

— **motif (justa causa).** Raison de nature à *bien fonder une demande en justice (dissolution d'une société, C. civ., a. 1871), à justifier une décision (révocation d'un gérant de société). Syn. aujourd'hui dans le langage courant de raison **valable* (sens 3).

- **3** *Conforme à l'équité et à la raison (dans un juste milieu), *équitable. V. *raisonnable.*

— **prix.** Contrepartie équitable d'un bien ou d'une prestation correspondant à sa valeur normale, raisonnable. Ex. C. civ., a. 1681 ; juste salaire : même sens.

- **4** Exact, sans erreur (compte juste) ; renvoie ici à justesse.
- **5** Prend dans certaines expressions un sens plus technique proche du sens 2.

— ***titre.** Acte qui aurait transféré la propriété d'un immeuble s'il était émané du véritable propriétaire (C. civ., a. 2272) ; titre translatif apparemment parfait (dont le seul vice est de ne pas émaner du **verus dominus*) qui est de nature à justifier l'entrée en possession de l'acquéreur de *bonne foi et de le conduire par l'*usucapion à l'acquisition de la propriété.

JUSTICE

N. f. – Lat. *justicia.*

- **1** Ce qui est idéalement *juste (sens 3), conforme aux exigences de l'*équité et de la *raison ; en ce sens la justice est tout à la fois un sentiment, une vertu, un idéal, un bienfait (comme la paix), une valeur. V. *droit naturel, morale.*

- **2** Ce qui est positivement *juste (sens 2) ; ce à quoi chacun peut légitimement prétendre (en vertu du Droit) ; en ce sens la justice consiste à rendre à chacun le sien *(suum cuique tribuere)* et demander justice signifie réclamer son dû, son droit. Comp. *légitimité, légalité, licéité.*

- **3** La *fonction juridictionnelle (justice s'opp. en ce sens à *législation et *administration). Ex. rendre justice. V. *juridiction, contentieux, gracieux.*

- **4** Par ext., le service public de la justice (ex. ministre de la Justice) ou l'ensemble des tribunaux et de l'organisation judiciaire : action en justice. V. *auxiliaire de justice.*

— **administrative.** Ensemble des *juridictions administratives (tribunaux administratifs, Conseil d'État).

— **(bois de).** Charpente de l'échafaud.

— **civile.** Ensemble des juridictions civiles (tribunaux d'instance, tribunaux de grande instance, cours d'appel, Cour de cassation, etc.).

— ***commerciale.** Ensemble des juridictions commerciales (tribunaux de commerce et tribunaux de grande instance statuant commercialement). V. *consulaire.*

— ***consulaire.** Syn. de justice commerciale. V. *juge consulaire, tribunal consulaire.*

— **déléguée.** Expression désignant le régime (appliqué depuis 1872) dans lequel la *juridiction administrative dispose du pouvoir de rendre elle-même les décisions en matière contentieuse. V. *justice retenue.*

— **(déni de).** V. **déni de justice.*

— **de paix.** Juridiction du juge de paix supprimée par la réforme judiciaire du 23 décembre 1958 et remplacée par le *tribunal d'instance. V. *juge de paix.*

— **(descente de).** V. **descente sur les lieux.*

— **(Haute Cour de).** V. **Cour de justice.*

— **(huissier de).** V. *huissier.*

— **(maison de).** V. *maison (de justice).*

— **pénale (ou répressive).** Ensemble des juridictions pénales.

— **prédictive.** Ensemble des techniques algorithmiques traitant de grandes masses de données issues de l'analyse de la jurisprudence, conçu comme un outil d'aide à la décision du juge et d'incitation des parties à recourir à des modes alternatifs de règlement des différends (conciliation, médiation, arbitrage).

— ***privée.** Fait, contraire au droit, de se faire justice à soi-même ; de s'arroger le droit de procéder spontanément, de son propre mouvement, à l'exécution de ses projets, sur la seule appréciation personnelle du bien-fondé de ses propres prétentions, sans recourir à la justice étatique ou à une autre autorité instituée, ni chercher dans l'arbitrage, la médiation, la conciliation ou la transaction, la solution amable des conflits ; action unilatérale de propre justice que l'état de droit exclut dans le principe mais dont subsistent, par exception, des traces naturelles dans divers procédés séculaires d'autodéfense (légitime défense, exception d'*inexécution, droit de rétention, droit de couper soi-même les racines qui débordent la ligne séparative, C. civ. a. 673, al. 2, droit de *rétorsion mais non de *représailles dans les relations internationales, privilège régalien de l'exécution d'office, etc.). Comp. *clause de *voie parée, duel.*

ADAGE : *Nul ne peut se faire justice à soi-même.*

— ***prud'homale.** Juridiction des *conseils de prud'hommes.

— **restaurative.** Démarche pénale qui vise à restaurer la cohésion sociale en faisant participer l'auteur d'une infraction à la correction de ses effets, en relation avec la victime et, le cas échéant, avec d'autres membres de la communauté affectée. JORF 5.12.2013 p. 19811.

— **retenue.** Expression désignant le régime appliqué jusqu'en 1872, dans lequel le Conseil d'État ne disposait en matière contentieuse que du pouvoir de proposer les décisions au chef de l'État.

— **(s'en rapporter à).** V. **rapporter à justice (s'en).*

JUSTICIABLE

Subst. ou adj. – Dér. du v. justicier, de *justice.

- **1** L'individu en tant qu'il peut être entendu ou appelé en *justice pour y être jugé ; en tant qu'il peut obtenir justice (V. *accès aux tribunaux*) et être soumis à justice (tenu d'obéir aux décisions de justice). V. *partie, plaideur, témoin.*

— **d'une juridiction.** Qui relève d'une juridiction spécialement (et parfois exclusivement) compétente pour juger de son cas.

- **2** (au plur.). Ensemble des personnes qui relèvent de la justice d'un État. Comp. *sujet de droit, contribuable, citoyen, administré.*

JUSTIFICATIF, IVE

Adj. – De justifier, lat. *justificare.*

- **1** Propre à justifier une allégation, une affirmation, à en établir la véracité, la réalité.

—ves (pièces). *Pièces de nature à démontrer le bien-fondé d'une prétention, l'exactitude d'une déclaration ou d'un compte. Comp. *probant.* V. *juste.*

- **2** Propre à justifier un homme, à légitimer un comportement. Comp. *exonératoire, légitime.*

— **(fait).** Fait de nature à excuser un acte, à disculper l'auteur d'un dommage en écartant l'imputabilité ou l'illicéité d'un fait, constituant ainsi une cause d'*irresponsabilité civile ou pénale (légitime *défense, force majeure, etc.). V. *excuse, cause étrangère, motif.*

JUSTIFICATION

N. f. – Lat. *justificatio.*

- Action de justifier et résultat de cette action.
- **1** (pour un plaideur). Action de *prouver conformément à la loi les faits nécessaires au succès de sa prétention (CPC, a. 9) et de les appuyer sur les *moyens de droit qui lui donnent un *fondement juridique. V. *bien-fondé, établissement, preuve, alléguer.* Comp. *allégation, argumentation, excuse.*
- **2** (pour un juge). Action de fonder sa décision en fait et en droit (CPC, a. 7, 12) en la motivant suffisamment pour lui donner une base légale (on dit alors qu'elle est légalement justifiée). V. *motif, motivation.*

K-L

KAFALA

• Institution de droit musulman. Recueil légal d'un enfant n'ayant pas de conséquence sur le lien de filiation et créant un engagement de prendre bénévolement en charge l'entretien, l'éducation et la protection de ce dernier. V. *recueil légal.*

KETOUBA

Institution de droit mosaïque. Acte écrit support indispensable du mariage.

KNOW HOW

Expression anglaise signifiant « savoir comment », à laquelle a été substituée, par *francisation, l'expression « *savoir-faire » (arr. 12 janv. 1973), afin de désigner un ensemble de connaissances techniques (renseignements, conseils, connaissances de procédés de fabrication ou de vente, etc.), un certain savoir-faire industriel ou commercial assez original pour être objet d'appropriation ou de transfert, qui ne constitue pas lui-même un procédé brevetable, mais dont le caractère secret doit être respecté. V. **transfert de processus technologique (contrat de), *concurrence déloyale, franchisage.*

LABEL

N. m. – Empr. de l'angl. *label,* empr. lui-même de l'anc. franç. *label* (autre forme de *lambel* : lambeau).

• *Signe distinctif apposé sur un produit destiné à la vente ou accompagnant un service et garantissant une certaine qualité du produit (matière première, solidité, épreuves subies…) ou certaines caractéristiques du service (avantages sociaux accordés aux ouvriers ou employés) ; parfois nommé *marque syndicale au souvenir des anciennes marques corporatives. V. *collective (marque).* Comp. **appellation contrôlée, certification, promotion.*

— **agricole.** Signe distinctif valant attestation officielle de qualité supérieure dont peut bénéficier pour sa *valorisation dans le commerce, une denrée alimentaire ou un produit agricole non alimentaire non transformé (à l'exclusion des produits qui bénéficient d'une *appellation d'origine et des *vins VDQS) et qui repose sur l'affirmation que ce produit possède, à un degré supérieur, un ensemble distinct de qualités et de caractéristiques définies dans un cahier des charges, aujourd'hui dénommé label rouge (C. rur., a. L. 641-1).

— **ouvrier.** Marque apposée par un syndicat ouvrier, témoignant du respect par l'employeur des dispositions de la législation sociale et des conventions collectives.

— ***patronal.** Marque apposée par le chef d'entreprise, garantissant l'origine et la qualité d'un article fabriqué ou vendu par l'entreprise.

LABIAL, ALE

Adj. – Du lat. *labia* : lèvre.

• (peu usité). Purement *verbal et sans intention résolue (du bout des lèvres). Ex. offres labiales. Ant. *ferme.* Comp. *oral, nuncupatif.*

LACUNAIRE

Adj. – De *lacune ; lat. *lacunosus,* qui a des creux, des trous, des vides.

• Qui présente des *lacunes ; se dit surtout, péj., d'une loi, d'un dispositif législatif, réglementaire ou conventionnel, d'un système juridique qui présente des lacunes non intentionnelles, des *vides juridiques. Comp. *insuffisant.*

LACUNE

N. f. – Lat. *lacuna* : trou, manque.

- Lacune du Droit ; point sur lequel la loi, muette ou insuffisante, a besoin d'être complétée par celui qui l'applique ou l'interprète (grâce not. à d'autres *sources de droit).

— **intra legem.** Lacune volontaire (de la part du législateur) qui se traduit dans la loi par l'utilisation de notions intentionnellement vagues (intérêt de la famille) ou par un renvoi exprès à la coutume, aux usages, à la pratique : ex. capacité d'usage du mineur (C. civ., a. 389-3). V. *norme, standard.*

— **praeter legem.** Lacunes involontaires correspondant à une imperfection législative. V. *silence, comblement, vide juridique.*

LAÏC

V. *laïque.*

LAÏCISATION

N. f. – Dér. de laïciser, dér. de *laïque.

- **1** Politique visant à réaliser la *laïcité, déconfessionnalisation.
- **2** Remplacement d'un personnel religieux par un personnel laïque. Ex. laïcisation des écoles, des hôpitaux.

LAÏCITÉ

N. f. – Dér. de *laïque.

- (pour une structure politique, un système juridique, une institution). Caractère non *confessionnel de l'entité considérée, négation renvoyant à son caractère *commun à tous les citoyens (par opp. à communautariste), parfois à son caractère public et ouvert à tous (mais il existe des institutions privées laïques), à son caractère *civil par opp. à religieux (ex. le mariage civil).

— **de l'État** (concept français). *Neutralité *confessionnelle de la République (et donc de la France) procédant de la *séparation des Églises et de l'État (l. 9 déc. 1905) et proclamée par la Constitution (en 1946 et par l'a. 1 de celle de 1958) ; fondement de la paix civile et religieuse qui implique : 1 / le caractère non théocratique de l'État français et sa non-appartenance ainsi que sa non-allégeance à une confession religieuse ; 2 / le monopole des pouvoirs publics dans l'exercice des fonctions étatiques (législation, gouvernement, justice) et l'exclusion de toute participation des autorités religieuses dans ces domaines ; 3 / le respect de la *liberté de *conscience et des *libertés religieuses, ainsi que la non-immixtion de l'État dans l'exercice des cultes et la vie des Églises (sous réserve des atteintes à l'ordre public) ; 4 / le respect de la diversité des *opinions et des croyances).

— **de l'enseignement public.** Caractère non *confessionnel de l'école publique ordonné au maintien de la paix scolaire dans le respect mutuel des opinions et des croyances, principe qui implique : 1 / la neutralité religieuse du service public de l'enseignement (dans les programmes et de la part des enseignants) ; 2 / de la part de ses usagers, la modération dans l'expression de leur foi au sein de l'école, d'où l'exclusion de toute manifestation déplacée (prosélytisme, provocation, port de signes ou tenues manifestant ostensiblement une appartenance religieuse, l. 15 mars 2004) et le devoir de ne pas se soustraire aux activités communes d'enseignement pour un motif religieux.

LAÏQUE (OU LAÏC)

Adj. ou subst. Empr. du lat. ecclés. *laicus* (du gr. λαικὸς : du peuple).

- **1** Qui ne fait pas partie du clergé. Ant. *clerc, ecclésiastique.*
- **2** Qui est indépendant de toute confession religieuse, en ce sens, s'opp. à *confessionnel. Ex. Const. 1958, a. 1, « la France est une République laïque… ». Comp. *civil.*

LAIS

N. m. – Tiré du v. laisser.

— **de rivière.** V. *alluvion, avulsion.*

— **(et relais) de la mer.** Terrains que la mer en se retirant laisse à découvert d'une manière permanente ; on appelle ces terrains lais de mer lorsqu'ils proviennent d'*atterrissements, relais lorsqu'ils émergent par suite du retrait des flots. V. *accroissement, accession, rivages de la mer.*

LAISSÉ-POUR-COMPTE

Subst. – De laisser, lat. *laxare* : relâcher. V *compte.*

- Opération par laquelle le destinataire prétend abandonner la marchandise au transporteur, contre paiement de l'indemnité à laquelle il aurait droit en cas de perte totale.

LAISSEZ-PASSER

N. m. – De laisser (V. le précédent) ; passer, du lat. pop. *passare,* de *passas* : pas.

- **1** *Autorisation temporaire, tenant lieu de *passeport, d'effectuer un déplacement à l'étranger. V. *visa, sauf-conduit.*
- **2** *Titre de mouvement accompagnant une marchandise dont la circulation est réglementée. V. *congé, acquit-à-caution.*
- **3** Autorisation administrative par exception exigée (dans certaines situations de crise) pour circuler sur tout ou partie du territoire. V. **liberté de circulation.*

LAMANAGE

N. m. – Dér. anc. franç. *laman,* probablement empr. de l'anc. angl. *ladman.*

- **1** *Pilotage des navires à l'entrée et à la sortie des ports.
- **2** (Plus spéc.) Opération portuaire de mouvement des amarres d'un navire, plus précisément pour le fixer à quai.

LAMANEUR

N. m. – Dér. de *lamanage.

- *Pilote pratiquant le *lamanage, par opp. au pilote *hauturier qui dirige le navire au cours du voyage ; les mots lamanage, lamaneur tendaient à disparaître, mais la réapparition du pilotage hauturier doit les conserver.

LANCEUR D'ALERTE

- Personne physique qui révèle ou signale, de manière désintéressée et de bonne foi, un crime ou un délit, une violation grave et manifeste d'un engagement international, de la loi ou du règlement, ou une menace ou un préjudice graves pour l'intérêt général, dont elle a eu personnellement connaissance. Les faits, informations ou documents, quel que soit leur forme ou leur support, couverts par le secret de la défense nationale, le secret médical ou le secret des relations entre un avocat et son client sont exclus (art. 6 loi n° 2016-1691 du 9 décembre 2016, JORF 10.12.2016). V. *alerte professionnelle.*

LARCIN

N. m. – Lat. *latrocinium,* de *latro* : voleur, brigand.

- Espèce de *vol, de faible importance. Comp. *filouterie, grivèlerie.*

LARGE

Adj. – Adj. lat. *largus* : copieux, abondant.

- **1** Compréhensif ; entendu dans le sens d'une plus grande application, d'une plus vaste portée, par opp. à *strict, *étroit, *restrictif ; se dit d'une *interprétation qui tend à appliquer une règle dans toutes ses virtualités, d'une notion prise dans sa pleine acception (notion large d'*intérêt de l'enfant, par opp. à notion stricte d'*aliments) se distingue d'*extensif et de laxiste (exagérément. étendu, relâché). V. **lato sensu.*
- **2** Par ext., *libéral, généreux. Ex. évaluation large d'une indemnité, interprétation large.
- **3** Plus vaguement, syn. d'étendu, important (larges pouvoirs, larges ressources). Ant. *restreint.*

LATO SENSU

Expression lat. signifiant « au sens *large » (d'un terme), fréquemment employée dans l'*interprétation des lois ou des conventions pour donner sa pleine compréhension à un terme ou s'évader du sens *littéral. Ex. *délit *lato sensu,* englobe même le *quasi-délit et pas seulement le délit intentionnel. *Ant.* **stricto sensu.* V. *libéral.*

LEASE BACK

Expression angl. à laquelle a été substitué le mot composé **cession bail* (arr. 29 nov. 1973). V. *francisation.*

LEASING

Angl. *to lease* : donner à bail.

- Terme anglais rendu en français par l'expression *crédit-bail et souvent utilisé, dans la pratique, pour désigner le crédit-bail mobilier (emploi contestable du fait que le crédit-bail correspond seulement à l'opération spécifique réglementée par la loi française et non à la notion générique que recouvre le terme anglo-saxon).

LECTURE

N. f. – Lat. *lectura.*

- **1** Opération intellectuelle (en général muette) consistant à prendre connaissance de la teneur d'un acte *écrit, pour *examen ou *vérification. Ex. lecture faite, le témoin, s'il persiste, signe sa déposition (CPC, a. 220, al. 2). V. *écriture.*
- **2** Action d'énoncer oralement le contenu d'un écrit afin d'en donner connaissance à autrui. Ex. la lecture du jugement en audience publique, la lecture du testament par le notaire. V. *oralisé, parole, prononcé, verbal.*
- **3** Spécialement, action de lire un document devant une assemblée délibérante. Ex. Const. 1958, a. 18.
- **4** Par ext., *examen par une assemblée législative d'un projet ou d'une proposition de loi, action de l'examiner. Ex. Const. 1958, a. 45 et 47. V. *délibération, vote.*

LÉGAL, ALE, AUX

Adj. – Lat. *legalis* (relatif aux lois, conforme à la loi), de *lex* : loi.

- **1** Ayant nature de *loi. Ex. disposition légale (par opp. not. à *réglementaire) ; parfois, dans une acception dérivée, ayant nature de Droit écrit (par opp. à *coutumier, *jurisprudentiel, *doctrinal). Comp. *législatif.*
- **2** Qui résulte de la loi, soit sans dérogation possible (ex. représentation légale par opp. à représentation *judiciaire ou *conventionnelle), soit sauf stipulation contraire (ex. régime matrimonial légal). Comp. *de plein droit, de lege.*
- **3** *Conforme à la loi (au sens formel). Ex. règlement légal, ordre légal. Ant. *illégal.* Comp. *licite, légitime, régulier.* V. *légalité, aloi.*, **preuve légale.*
- **4** Parfois, plus largement, conforme au *Droit. Syn. *licite* (sens 3).

LÉGALEMENT

Adv. – Dér. de *légal.

- Conformément à la loi. Ex. filiation légalement établie : filiation prouvée conformément aux exigences de la loi. V. **preuves légales(système de).* Ant. *illégalement.*

LÉGALISATION

N. f. – Dér. de légaliser ; dér. de *légal.

- **1** Opération par laquelle un agent public compétent atteste la véracité de la signature apposée sur un acte public ou privé et, au moins dans le premier cas, la qualité en laquelle le signataire a agi ainsi que, le cas échéant, l'identité du sceau ou du timbre dont cet acte est revêtu afin que celui-ci puisse faire foi partout où il sera produit ; désigne parfois non la formalité (la *vérification), mais la déclaration écrite (l'*attestation) qui en résulte. V. **certification de signature, visa, apostille, authentification.*
- **2** Se dit plus généralement de la consécration par la loi soit d'une pratique jusqu'alors non réglementée, soit même d'un comportement illicite, mais souvent déjà toléré. Comp. *validation, régularisation, légitimation, confirmation.*

LÉGALITÉ

N. f. – Dér. de *légal.

- **1** Conformité à la loi ; caractère de ce qui est conforme à la *loi (au sens formel), plus largement au Droit écrit, parfois même au Droit positif dans son ensemble ; ne pas confondre avec **légitimité.* Comp. *licéité, constitutionnalité, régularité, validité, opportunité.* Ant. *illégalité.*
- **2** Caractère de ce qui doit être établi par la loi. Ex. le principe de la légalité des délits et des peines, parfois nommé prin-

cipe de légalité de la répression. V. *souveraineté, liberté, prérogative.*

— **des délits et des peines (principe de la).** Principe qui exige que le système répressif (not. dans la détermination des agissements incriminés et des peines applicables) soit organisé et fonctionne selon des règles édictées par le pouvoir législatif, C. pén., a. 111-3 ; parfois énoncé sous la forme *nullum crimen nulla poena sine lege.* V. *incrimination.*

- **3** Caractère de ce que la loi impose de faire. Ex. légalité des poursuites en Allemagne fédérale. V. *obligatoire.*

— **des poursuites.** Système selon lequel le *ministère public est tenu d'engager des poursuites dès lors que les agissements portés à sa connaissance renferment, vérification par lui faite, tous les éléments d'une infraction ; s'opp. à l'*opportunité des poursuites.

- **4** Ensemble des dispositions de la loi ou du Droit écrit, ou du Droit positif. V. **ordre juridique, ordonnancement, Droit objectif.*

— **contentieux de la.** V. *annulation (contentieux de l').*

— **(principe de la).**

a / Principe d'après lequel les autorités publiques doivent respect à la légalité (et qui traduit la subordination de l'administration à la loi).

b / Nom souvent donné par des auteurs à une maxime, considérée par eux comme faisant partie du Droit en vigueur, d'après laquelle les décisions individuelles et spéciales de l'autorité ne peuvent être prises qu'en vertu et en conformité de règles générales préétablies.

LÉGAT

Lat. *legatus,* de *legare* : envoyer.

- Représentant envoyé par le pape à titre extraordinaire. Comp. *nonce.*

LÉGATAIRE

Adj. et subst. – Lat. jur. *legatarius,* de *legare* : léguer.

- *Bénéficiaire d'un *legs. Comp. *donataire, héritier, appelé, grevé, gratifié, acquéreur, colégataire, testateur.*

— **à titre universel.** Bénéficiaire d'un *legs à titre universel.

— **particulier.** Bénéficiaire d'un *legs à titre particulier.

— **universel.** Bénéficiaire d'un *legs universel. V. **héritier institué.*

LÉGATION

N. f. – Lat. *legatio* : députation, ambassade.

- **1** Charge et exercice des fonctions d'un *légat.

- **2** Dans le Droit des gens antérieur à la Seconde Guerre mondiale, représentation diplomatique entretenue par un gouvernement auprès d'un État où il n'avait pas d'ambassade (la plupart des légations ayant été transformées en ambassades depuis 1945, le terme ne figure pas dans la convention de Vienne sur les relations diplomatiques du 18 avr. 1961).

— **(droit de).** Droit pour un État d'envoyer auprès d'autres États ou de recevoir de ceux-ci des représentants diplomatiques ; dans le premier cas, on parle de droit de légation actif, dans le second de droit de légation passif.

LÉGER, ÈRE

Adj. – Lat. *levis.*

- **1** Sans *gravité. Ex. *faute légère. préjudice léger. Ant. *grave, lourd.* V. *violence.*

- **2** Sans réflexion ; se dit d'un comportement frivole (engagement à la légère).

LÉGÈRETÉ BLÂMABLE

De léger ; blâmable, de blâmer, lat. ecclés. *blasphemare.*

- **1** Qualification appliquée par la jurisprudence au comportement de l'employeur afin de condamner comme *abusif l'usage du droit de congédiement, lorsque celui-ci est rendu *vexatoire par l'arbitraire des motifs invoqués ou la particulière inopportunité de la décision.

- **2** Plus généralement, *excès manifeste de désinvolture ou d'irréflexion dans une décision entraînant, pour autrui, de graves conséquences ; manquement au *sérieux élémentaire et au minimum de *respect sur lesquels chaque partenaire doit pouvoir légitimement compter dans les relations précontractuelles ou contractuelles (ex. rupture vexatoire de pourparlers ; suppression brutale de crédit) ; irreflexion dans l'exercice d'une action. V. *téméraire*.

- **3** *Négligence grave dans l'exercice d'une fonction ou l'exécution d'une mission.

LÉGIFÉRER

V. – Dér. du lat. *legifer (lex, fero)* : qui établit des lois.

- **1** Exercer la fonction *législative ; avoir le pouvoir de faire des *lois. Ex. le Parlement légifère. Comp. *réglementer, gouverner*.
- **2** Faire une loi ; régler une question par une loi. Ex. Faut-il légiférer en matière de procréation médicalement assistée ? V. *édicter, régir, ériger, disposer, codifier*.

LÉGION DE GENDARMERIE

Lat. *legio* : légion, corps de troupe ; gendarmerie, dér. de gendarme, de *gens et *armes.

- Formation de cette arme constituée de plusieurs groupements sous le commandement d'un colonel.

LÉGION D'HONNEUR

Lat. *legio*. V. *honneur*.

- Ordre institué par la loi du 29 floréal an X et composé de chevaliers, d'officiers, de commandeurs, de grands officiers et de grands-croix, afin de récompenser les services civils et militaires.

LÉGION ÉTRANGÈRE

Lat. *legio*. V. *étranger*.

- Corps de troupes composé d'étrangers engagés volontairement au service de la France et exclusivement utilisé, sous le commandement d'officiers français, en dehors de la France continentale.

LÉGISLATEUR

N. m. – Lat. *legislator* : celui qui propose une loi.

- **1** L'*organe du pouvoir législatif ; celui qui fait la *loi.
- **2** Par personnification, la *loi. Comp. *jurisprudence, doctrine, coutume*.
- **3** Au sens de J.-J. Rousseau, celui qui propose et fait adopter par l'organe du pouvoir législatif un corps de règles. Ex. Lycurgue, Solon. Comp. *jurisconsulte, légiste*.

LÉGISLATIF, IVE

Adj. – Dér. du lat. *legislator*.

- **1** Qui se rapporte aux lois (*stricto sensu*). Ex. *assemblée législative. Comp. *constitutionnel, réglementaire*. V. *élection*.
- **2** Qui émane de la loi, par opp. à *coutumier, *jurisprudentiel, *doctrinal. Syn. *légal* (sens 1). V. *légiférer*.
- **3** Qui se rapporte au Droit ou s'en occupe. Ex. études législatives. Comp. *judiciaire, administratif*.

— **(corps).**

a / Collège qui a la qualité d'organe total ou partiel de la fonction législative.

b / Nom donné à ce collège dans les Constitutions françaises de 1791, 1793, de l'an VIII et de 1852.

—**ve (*critique).** Partie de la *science *législative, qui, en amont de la *politique législative, a pour objet de porter un jugement de valeur sur la législation en vigueur (à la lumière des informations recueillies sur son application et les besoins de la société, ainsi qu'en fonction des valeurs auxquelles celle-ci est attachée), de discerner *(*de lege lata)* les lacunes, les insuffisances et les obscurités du droit existant, et, le cas échéant, dans sa partie constructive, de proposer **de lege ferenda* les améliorations propres à remédier aux défauts du droit positif (on nomme volontiers *évaluation l'appréciation des résultats de l'application d'une loi). V. *réexamen, révision*.

—**ve (fonction).** Syn. **pouvoir législatif* (sens *b*). V. *exécutive (fonction)*. Comp. *législation*.

—**ve (*matière).** Partie du Droit positif qui est de la compétence exclusive du pouvoir législatif (Const. 1958, a. 34).

—**ve (*politique).** Partie de la *science législative, tributaire de la *critique législative et débouchant sur la technique législative, qui a pour objet de concevoir les *fins et les moyens d'une action législative, en vue d'une modification du Droit positif, de donner une impulsion au mouvement de la *législation, d'orienter les *réformes, d'en fixer les *objectifs et d'en peser les moyens, dans le discernement de ce qui est souhaitable et de ce qui est possible. V. **de lege ferenda, source.*

— **(*pouvoir).**

a / Puissance ou capacité de faire des lois.

b / Activité par laquelle, ou compétence en vertu de laquelle sont faites les lois. Syn. *fonction législative.* V. *législation.*

c / Par ext., organe collégial, délibérant, issu de l'élection dont le principe de compétence est l'exercice total ou partiel de cette fonction, même lorsqu'on fait allusion à ses autres compétences. Ex. le pouvoir législatif a vu diminuer ses prérogatives en matière exécutive. Syn. **parlement.*

—ve (*science). Science de la *législation science juridique auxiliaire qui, fondée sur la recherche des données de la législation (sociologie juridique, législation comparée, histoire du droit), comprend la critique, la politique et la technique législative. V. *légistique, source.*

—ve (technique). Art de faire les lois ; partie de la *science législative qui a pour objet la mise en œuvre des options de la politique législative et qui consiste non seulement dans la rédaction du texte de loi ou plus généralement dans sa mise en forme (présentation formelle, plan, titres, divisions, articulat, etc.), mais dans le choix et l'agencement des modes d'énoncé de la règle de Droit et des procédés techniques de sa réalisation (énoncé d'une *clausula generalis* ou d'une énumération, assimilation, fiction, présomption, *canon, etc.). Comp. *légistique.*

LÉGISLATION

N. f. – Lat. *legislatio.*

- **1** Science *législative ; études et recherches (doctrinales, historiques, comparatives, etc.) ayant pour objet la critique du Droit existant et l'adoption de réformes souhaitables (la sociologie et le *Droit comparé sont des sciences auxiliaires de la législation) ; comprend, en ce sens, la politique et la technique *législatives.

— **(en).** V. *de lege ferenda.*

- **2** Action de légiférer ; ensemble des travaux tendant à l'élaboration des lois (projets et propositions de lois, rapports, amendements, débats parlementaires, vote). V. *travaux *préparatoires.*
- **3** Parfois syn. de pouvoir *législatif ou de fonction *législative.
- **4** Ensemble des lois (y compris les règlements) d'un État ou d'une région (législation française ou allemande, nationale ou locale) ou des lois relatives à une branche du droit (législation civile ou commerciale) ; plus généralement, *Droit *positif d'un pays. V. **système juridique, *ordre juridique, ordonnancement.*
- **5** Ensemble de règles se rapportant à un objet particulier (bien que parfois à cheval sur plusieurs disciplines), dont l'autonomie comme *corps de règles est soulignée en pratique par un particularisme accentué, ainsi que par la fréquence et l'importance de son application. Ex. législation des accidents du travail, des dommages de guerre, des baux commerciaux ; on parle aussi de législation *spéciale.

LÉGISLATURE

N. f. – Dér. du précédent sur le modèle de l'angl. *legislature.*

- **1** L'assemblée ou les assemblées *législatives.
- **2** Période pour laquelle est élue une assemblée législative. Ex. loi votée pendant la dernière législature. Comp. *session.*

LÉGISTE

Subst. – Lat. médiév. *legista,* de *lex, legis* : loi.

- Terme encore employé dans l'expression *médecin légiste et, par erreur, pour désigner un *juriste, un homme de loi, un *jurisconsulte (ou par intention péjorative dans ce même sens).

LÉGISTIQUE

Subst. fém. – Néol. construit sur le lat. *lex, legis* : loi.

- *Science de la composition des lois ; plus spécialement étude systématique des méthodes de rédaction des textes de loi.

Comp. *technique *législative, science *législative, législation.*

LÉGITIMANT, ANTE

Adj. – Part. prés. de *légitimer.

• Qui confère la *légitimité (sens I). Ex. la fonction légitimante du mariage.

LÉGITIMATION

N. f. – Dér. de *légitimer.

• Bienfait de la loi consistant naguère à faire bénéficier de la *légitimité (en lui conférant les droits et les devoirs d'un enfant légitime) un enfant naturel (dont la filiation était légalement établie), soit en raison du mariage de ses père et mère (légitimation par mariage, C. civ., a. 331 anc.), soit, lorsque le mariage était impossible, en vertu d'un jugement (légitimation par autorité de justice, C. civ., a. 333 anc.) (institution abolie par l'o. du 4 juill. 2005).

— ***post nuptias.*** Légitimation postérieure au mariage, qui pouvait avoir lieu en faveur de l'enfant naturel dont la filiation n'avait été établie qu'après le mariage de ses père et mère, mais seulement en vertu d'un jugement constatant qu'il avait eu, depuis la célébration du mariage, la possession d'état d'enfant commun (C. civ., a. 331-1 anc.).

LÉGITIME

Adj. – Lat. *legitimus* : établi par la loi, conforme à la règle.

▸ **I** (civ.)

• **1** Fondé en droit. V. *bien-fondé.*

— **détenteur.** Celui qui détient une chose en vertu d'un titre régulier (bail, dépôt, désignation judiciaire, etc.).

— **propriétaire.** Celui qui est, en droit, le véritable propriétaire. V. *verus dominus.*

• **2** Accordé ou réservé par la loi (portion légitime, nom parfois donné à la portion réservée par la loi à certains héritiers). V. **quotité disponible, réserve.*

• **3** Digne d'être pris en considération (et parfois, plus activement, propre à justifier ou à excuser), non seulement comme conforme aux exigences de la légalité (comp. *légal*) ou aux règles de droit (comp. *licite*), mais comme fondé sur des données (besoins, aspirations, etc.) tenues pour normales relativement à un certain état moral et social ; se dit par exemple d'un motif ou d'un empêchement (maladie, deuil) qui fait excuser une absence ou d'un intérêt qui justifie une demande. Comp. **contradicteur légitime, justificatif.*

• **4** *Conforme à la justice, à l'*équité. Ex. rémunération légitime d'un travail. V. *juste, moral.*

• **5** Justifié par les circonstances (not. les *apparences). *Croyance légitime. V. *confiance.*

• **6** Dans les rapports de famille : inhérent au mariage.

— **(enfant).**

a / Enfant conçu ou né en mariage (C. civ., a. 312) par opp. à l'enfant *naturel, né hors mariage ; rayé de la loi (o. 4 juill. 2005), le qualificatif légitime demeure inscrit dans le fait qu'un tel enfant est issu de l'*union *légitime de ses parents (laquelle conserve sa nature et son nom) et, si le vocable légitime n'apporte à l'enfant aucun droit particulier (a. 310 ; V. *égalité des enfants*), il entre toujours dans sa définition qu'un tel enfant, aujourd'hui comme hier, a pour père le mari de sa mère, dans les limites de la présomption de la loi (a. 312), bénéficiant ainsi, à l'origine, de l'établissement indivisible de la maternité et de la paternité (par opp. à la *filiation *naturelle divisible).

b / Plus généralement (naguère) enfant légitime dès l'origine ou *légitimé.

— **(famille).** Famille fondée sur le mariage. V. *alliance.*

— **(filiation).** Nom naguère donné au lien qui rattache à ses père et mère l'enfant issu de leur mariage et dont le trait spécifique est encore que, la maternité établie, la paternité l'est aussi, dans les limites de la présomption de la loi (C. civ., a. 312), par opp. à *filiation *naturelle.

— **(*parenté).** Lien qui existe entre les descendants issus d'un même mariage (*frères et sœurs) et entre ceux-ci et leurs grands-parents paternels ou maternels.

— **(union).** Union par *mariage, par opp. à *union libre ou concubinage ; union de l'homme et de la femme qui contractent un mariage civil (C. civ., a. 75, 144 s.), ainsi nommée en raison de son caractère institutionnel (de sa conformité à la loi et à l'institution du mariage) en même temps qu'elle procède du libre consentement des époux.

▸ **II** (publ.)

• Qui a la *légitimité (sens II).

▸ **III** (pén.)

— ***défense.** Réaction justifiée à une agression injustifiée ; plus précisément, état de celui qui, sous le coup de la nécessité de protéger sa personne ou celle d'autrui, ou même des biens, contre une agression injuste (actuelle ou imminente) commet lui-même un acte interdit par la loi pénale, situation qui vaut, pour lui, *fait *justificatif, si du moins l'intensité de sa riposte est proportionnée à la gravité de l'atteinte, sous la précision que la légitime défense des biens ne justifie jamais un homicide volontaire (C. pén., a. 122-5). V. *causes d'*irresponsabilité, justice privée.* Comp. *provocation, état de nécessité.*

LÉGITIMÉ, ÉE

Adj. – Part. pass. de * légitimer.

• **1** Qualificatif naguère donné à l'enfant *naturel qui, ayant bénéficié d'une *légitimation, était assimilé à un enfant *légitime.

• **2** Se dit parfois, plus vaguement, d'une initiative ou d'un comportement, comme syn. de justifié, *bien fondé (mais après un doute ou un soupçon).

LÉGITIMER

V. – Lat. médiév. *legitimare.*

• **1** (un enfant naturel). Lui conférer la légitimité ; le faire bénéficier d'une *légitimation.

• **2** Dans un sens plus vague, rendre légitime, *justifier (un fait, une abstention). Comp. *fonder, légaliser, régulariser, excuser, valider.*

LÉGITIMITÉ

N. f. – Dér. de *légitime.

▸ **I** (civ.)

• **1** *État (situation) de l'enfant *légitime (légitimité d'origine) ou légitimé (légitimité acquise par *légitimation) et consistant en un ensemble de droits et de devoirs (statut d'enfant légitime). V. *égalité.*

• **2** Parfois syn. de **justice* (V. *légitime,* I, sens 4), ou de **justification* (V. *légitime,* I, sens 3) ou de **licéité.*

▸ **II** (publ.)

• Conformité d'une institution à une norme supérieure juridique ou éthique, ressentie comme fondamentale par la collectivité qui fait accepter moralement et politiquement l'autorité de cette institution ; ne pas confondre avec *légalité.

— **interne (doctrine de la).** Doctrine proposée par certains États d'Amérique centrale, d'après laquelle les États seraient dans l'obligation de refuser leur reconnaissance à tout gouvernement nouveau issu de bouleversements révolutionnaires, parce qu'un tel gouvernement ne saurait prétendre à la légitimité interne en l'absence d'une libre adhésion de l'électorat.

— **internationale (doctrine de la).** Doctrine proposée par les États-Unis d'Amérique, d'après laquelle les États seraient dans l'obligation de refuser leur reconnaissance à tout gouvernement nouveau issu de bouleversements révolutionnaires, parce qu'un tel gouvernement ne saurait prétendre à la légitimité internationale en l'absence de toute indication de sa part qu'il entend se conformer aux règles du Droit international général ou conventionnel.

LEGS

N. m. – Altération d'après *legatum* : legs, de l'anc. franç. *lais,* tiré de laisser.

• Acte *unilatéral de *disposition à cause de mort et à titre *gratuit contenu dans un *testament (et essentiellement révocable) par lequel le testateur laisse tout ou partie de ses biens en pleine propriété, en usufruit ou en nue-propriété à un *légataire ou lui transmet un autre droit (usage, habitation, servitude, créance, action). Syn. *disposition testamentaire* ; se distingue du *vœu. V. *donation, libéralité, fidéicommis, *donation « mortis causa », institution d'héritier, charge, héritage.*

— **à titre *universel.**

a / Legs par lequel le testateur lègue une *quote-part (la moitié, un tiers) de l'universalité de ses biens.

b / Désigne aussi, dans la définition légale (C. civ., a. 1010), le legs qui englobe tous les immeubles ou tous les meubles du testateur ou une quotité fixe de ces immeubles ou de ces meubles. Comp. *legs universel, legs particulier.* V. *particulier.*
— ***conditionnel (double).** Disposition testamentaire consistant à léguer le même bien, sous condition résolutoire à une première personne et sous condition suspensive à une seconde. Ex. léguer un bien à un fils sous la condition que, s'il décède sans enfant, le legs sera résolu et profitera à sa sœur.
— **de libération.** Legs à titre particulier par lequel le testateur créancier affranchit son débiteur (légataire) de sa dette. V. *compensation.*
— **« de residuo » (ou « de eo quod supererit »).** Disposition testamentaire dans laquelle le testateur désigne une personne à laquelle le légataire devra, à son décès, laisser ce qui restera de la chose léguée. V. **libéralité résiduelle.* Comp. *substitution.*
— ***particulier (ou à titre particulier).**
a / Legs qui a pour objet un ou plusieurs biens (ou droits) déterminés. Ex. une somme d'argent, un bijou, un terrain désigné, une créance, etc.
b / Plus largement (dans la définition légale), tout legs qui n'est ni *universel ni à *litre universel (C. civ., a. 1010).
— **pieux.** Legs en faveur d'une église ou d'une œuvre religieuse.
— **précatif.** V. *précatif.*
— **sans émolument.** V. *émolument.*
— ***universel.** Legs qui confère à un ou plusieurs légataires vocation à recueillir l'universalité (la totalité) des biens du testateur ou au moins ce qui reste après délivrance des autres legs et exécution des charges (C. civ., a. 1003). V. *colégataire.* Comp. *particulier, à titre *universel.*

LÉONIN, INE

Adj. – Lat. *leonimus,* de lion ; le sens spécial de l'adj. franç. vient de la locution du lat. jur. *societas leonina* issue de la fable *La génisse, la chèvre et la brebis en société avec le lion.*

- *Excessif par l'avantage disproportionné procuré à certains coïntéressés relativement à ce que reçoivent les autres ; se dit d'un contrat ou de la clause d'un contrat dont l'exécution aurait pour résultat de procurer à l'un des contractants un avantage *exorbitant au détriment des autres (en lui donnant la part du lion), *iniquité qui peut entraîner la nullité de la convention ou de la clause léonine, ou parfois justifier la réduction prétorienne des profits unilatéraux excessifs. Ex. est léonine la *société qui donne à l'un des associés tous les bénéfices ou l'affranchit de toute contribution aux pertes (C. civ., a. 1844-1). V. *pouvoir *modérateur.* Comp. *lésionnaire, abusif, inégal, inéquitable, injuste.*

LÉSÉ, ÉE

Adj. – Part. pass. du v. *léser.

- **1** Spécifiquement, qui a subi une *lésion (sens 1). Ex. copartageant, vendeur lésé.
- **2** Plus généralement, qui a subi un préjudice quelconque (mais d'ordre patrimonial). V. *victime.* Comp. *endommagé.*
- **3** Se dit aussi du droit, de l'intérêt atteint.

LÉSER

V. – Lat. *laedere (laesum),* blesser, endommager, offenser.

- **1** Porter *préjudice à qqn, *nuire à ses intérêts. Comp. *préjudicier, endommager.*
- **2** Se dit plus spéc. de certaines opérations (vente, partage) qui font subir une *lésion (sens 1) à une partie.
- **3** Offenser (la morale, la logique, la décence).

LÉSION

N. f. – Lat. *laesio* (de *laedere*) : blessure, dommage, lésion.

- **1** *Préjudice que subit l'une des parties au contrat ou au *partage du fait de l'inégalité originaire des prestations réciproques ou des lots, disproportion de valeur qui, dans la conception française, justifie la *rescision de l'acte *lésionnaire (V. **vice du consentement*) mais seulement dans les cas et aux conditions spécifiés par la loi s'il s'agit de contrats entre majeurs (ex. rescision de la *vente pour lésion de plus de sept douzièmes dans le prix de l'immeuble au détriment du vendeur, C. civ., a. 1674 ; rescision du partage pour lésion de plus du quart, a. 889), ou en faveur du mineur ou du majeur sous *sauvegarde de justice dans toutes sortes de conventions (a. 1305) ; ne pas confondre avec l'imprévision. V. *justice, équité, équivalence, inégalité, iniquité, excès, réduction.*

ADAGE : *Minor restituitur non tanquam minor sed tanquam laesus.*

• **2** Plus vaguement, action de porter atteinte à un droit, à un intérêt ou résultat de cette action (le *dommage ainsi causé). Ex. lésions corporelles. V. *violation. préjudice.*

LÉSIONNAIRE

Adj. – Dér. de *lésion.

• Atteint, entaché de *lésion (sens 1). Ex. vente, partage lésionnaire. Comp. *léonin, abusif, excessif, injuste, inéquitable, inégal, nul, annulable, réductible.* V. *rescindable, rescindé, vil.*

LETTRE

N. f. – Lat. *littera.*

• **1** Lettre missive ; *document contenant un message à un ou plusieurs destinataires. V. *communication, note, réceptice.*

— **missive.** Tout *écrit destiné à servir de *correspondance entre deux ou plusieurs personnes dont le contenu peut avoir la valeur d'une preuve testimoniale (*attestation sous forme de lettre, CPC, a. 200 s.), celle d'un aveu (not. de paternité, C. civ., a. 340, 3° anc.) ou celle d'une preuve littérale (les lettres font foi des conventions qui y sont constatées, comme *actes sous seing privé entre ceux qui les ont échangées), qui peut être l'objet d'une *vérification d'écriture (CPC, a. 287 s.), constituer une *pièce de procédure (a. 132 s.), être utilisé comme moyen de vote (ex. C. civ., a. 413 anc.), être protégé comme *œuvre de l'esprit et par le *secret de la correspondance. V. **violation du *secret des correspondances.*

— **simple.** Lettre confiée au service ordinaire de la poste.

— **recommandée avec demande d'avis de réception.** Lettre recommandée accompagnée d'un avis de réception retourné à l'expéditeur après *réception et signature par le destinataire. V. *chargement.*

— **recommandée simple.** Lettre confiée aux services de la poste, avec mission particulière de la remettre en mains propres à son destinataire. V. *recommandation.*

• **2** Lettre missive particulière nommée par son objet.

— **de confort.** Lettre par laquelle une société intervient auprès d'un établissement de crédit afin que celui-ci accorde son concours à une autre société (filiale, partenaire), en promettant un renfort (sans se borner à une *recommandation), acte unilatéral qui, s'il est accepté, soumet son auteur à un engagement juridique (et non seulement moral) dont l'objet et la portée dépendent *in casu,* à partir des termes de la lettre, de la commune intention des parties : maintenir sa participation, soutenir la trésorerie de l'emprunteur, se substituer à lui en cas de défaillance et garantir une dette, etc. Comp. *cautionnement.*

— **de patronage.** Nom parfois donné à la *lettre de confort.

— **d'intention.**

a / Souvent synonyme, dans la pratique, de *lettre de confort. Expressément nommée dans la loi depuis la réforme des sûretés (2006), la lettre d'intention, *sûreté personnelle distincte du *cautionnement et de la *garantie autonome, y est plus généralement et plus vaguement définie : engagement de faire ou ne pas faire dont l'objet est d'apporter un soutien à un débiteur dans l'exécution de son obligation envers son créancier (C. civ., a. 2322).

b / Plus largement encore, lettre porteuse d'une intention quelconque : offre, proposition, engagement, etc. Comp. *communiqué.*

• **3** Désigne souvent, associé à divers compléments, un document officiel établi en forme de lettre mais sur un modèle stéréotypé et doté d'effets spécifiques. Ex. lettre d'embauche, de commande. V. *notification, sommation, mise en demeure.*

—**s de créance.** Document officiel émanant du chef d'un État (signé par lui et le cas échéant contresigné par un ministre responsable, en France le ministre des Relations extérieures) qui a pour objet l'*accréditation d'un agent diplomatique ; adressées par le chef de l'État accréditant soit au chef de l'État accréditaire – lorsqu'il s'agit d'un agent diplomatique ayant rang de nonce, d'ambassadeur, d'envoyé, d'internonce ou de ministre – soit au ministère des Affaires étrangères de l'État accréditaire – lorsqu'il s'agit d'un agent diplomatique ayant rang de chargé d'affaires, elles confirment la nomination de ce représentant, énoncent les titres et qualités attachés à sa personne, et l'investissent des pouvoirs nécessaires à l'accomplissement de sa *mission diplomatique. Ant. *lettres de recréance.* V. *rappel.*

— **de fusion de compte (ou d'unité de compte).** Lettre qui permet, lorsqu'une personne est titulaire dans la même banque de plusieurs comptes, de faire échec au principe de l'indépendance des comptes et de réunir ceux-ci en vue d'une liquidation globale.

— **de *rappel.** Document par lequel le comptable invite le contribuable qui n'a pas payé ses impôts à la date prévue à s'acquitter de sa dette sous peine de se voir appliquer la procédure de *recouvrement forcé (poursuites), anciennement sommation sans frais. Comp. *lettres de *rappel.*

— **de recréance.** Document par lequel l'État accréditant notifie à l'un de ses agents diplomatiques auprès d'un État accréditaire qu'il met fin à sa mission. Syn. *lettres de *rappel.*

— **de service.** Lettre par laquelle l'autorité administrative invite un fonctionnaire à occuper l'emploi de son titre.

— **de voiture.** Lettre adressée par l'expéditeur au destinataire par l'intermédiaire du *voiturier, mentionnant l'objet et les conditions du contrat de transport.

— **ministérielle.** Lettre par laquelle un ministre notifie sa décision à un individu ou à un corps déterminé.

—**s patentes.** V. *patent.*

• **4** Associé à d'autres compléments, désigne aussi (à un degré de plus de formalisme et de juridicité) certains *actes instrumentaires constituant un *titre.

— **de change** (encore appelée *traite, dans la pratique des affaires). Écrit par lequel une personne, le *tireur, invite une deuxième personne, le *tiré, à payer à une troisième personne, le *bénéficiaire ou *porteur ou à l'ordre de cette dernière une somme d'argent à une échéance en général assez proche (le tireur, en tant que signataire, est responsable de la création de la lettre étant tenu de la payer si le tiré ne le fait pas). V. *effet de commerce, fondamental (rapport).*

— **de change-relevé (LCR).** Nom donné à un système de paiement partiellement informatisé qui repose sur un véritable *effet de commerce lorsque avant d'être traduit sous une forme magnétique ou informatique, un titre comportant toutes les mentions requises par la loi et la signature du tireur est établi par celui-ci, support papier (d'où le nom de LCR papier) destiné non à circuler, mais à demeurer comme original entre les mains du banquier du tireur (soit après endossement, soit à titre de mandataire), la présentation de la LCR papier, une fois codée, à l'ordinateur de compensation permettant au banquier domiciliataire du tiré d'établir un relevé papier (d'où le nom lettre de change-relevé) et de le transmettre à son client en l'invitant (dans le meilleur des cas) à le lui retourner avant l'échéance avec la mention « bon à payer » (la LCR purement magnétique, sans établissement d'un *titre cambiaire n'étant pas un effet de commerce).

— **de *crédit.** Lettre par laquelle un banquier invite un de ses correspondants à remettre une somme à la personne qu'elle désigne ou à lui ouvrir un crédit d'un montant déterminé ; la pratique donne le nom d'*accréditif à la lettre de crédit remise au bénéficiaire qui la présentera au correspondant. V. *accréditer, documentaire.*

— **de transport.** *Titre de transport aérien remis par l'expéditeur au transporteur en même temps que la marchandise.

• **5** Teneur *littérale d'un *acte, contenu d'un *écrit. Ex. lettre de la loi. V. *texte, libellé, rédaction, interprétation, esprit.*

LEVÉE

N. f. – Dér. du v. lever, lat. *levare.*

• Désigne, dans diverses expressions, soit une mesure destinée à faire disparaître (à lever) un obstacle (ex. levée d'*écrou, levée des scellés), soit un acte matériel de diligence (levée d'un jugement, levée des inscriptions, levée des états en matière de nantissement et d'hypothèque), soit une manifestation de volonté destinée à lever une incertitude (levée de l'option). V. *mainlevée, remise, délivrance, libération, relevé, relèvement.*

— **d'écrou.** V. *écrou (levée d').*

— **de jugement.** Acte par lequel une par-

tie qui a obtenu gain de cause se fait délivrer une *grosse du jugement par le *greffier.
— **des *scellés.** Acte par lequel le juge du tribunal d'instance ou, sur délégation, le greffier procède à l'enlèvement des scellés après en avoir constaté l'intégrité ou l'altération, afin de remettre les objets à ceux qui y ont droit.
— **d'*option.** Acte par lequel le bénéficiaire d'une *promesse *unilatérale de vente déclare se porter acquéreur aux conditions convenues.

LBO (LEVERAGED BUY-OUT)

Angl. *Achat à effet de levier.

LEVIER (BAIL À EFFET DE)

- Espèce de bail *financier dans lequel le rapport entre le traitement fiscal de l'amortissement du bien loué et son financement constitue l'effet de levier. Angl. *leverage lease.*

LEX

Mot latin *(lex, legis)* signifiant « *loi », utilisé en doctrine et en jurisprudence, dans diverses expressions latines (traditionnelles ou remployées) destinées à déterminer, en la caractérisant, la règle de droit applicable à un litige international (int. priv.). V. *jus, jure.* Comp. *de lege ferenda, de lege lata.*

— **causae** (litt. loi de la cause). Loi compétente pour régir la relation de droit litigieuse ou la situation juridique envisagée (tantôt la loi du pays du juge saisi, tantôt la loi étrangère, selon la localisation du rapport et le critère de *rattachement retenu par la *règle de conflit applicable). Ex. dans un litige relatif à un accident d'automobile survenu en Allemagne, la loi allemande du lieu de commission du délit est la *lex causae*.
— **fori** (litt. loi du *for). Loi du tribunal saisi.
— **loci** (litt. loi du lieu). Loi locale ; loi du lieu de survenance d'un fait juridique (ex. *lex loci delicti commissi*) ou de passation d'un acte juridique *(lex loci contractus, loci celebrationis)* ; en ce sens, on l'oppose à la loi territoriale *(lex rei sitae, lex domicilii, lex fori)* et à la loi personnelle.
— **mercatoria** (litt. loi marchande). Expression reprise de l'histoire du Droit du Moyen Âge pour désigner le Droit élaboré par les milieux professionnels du commerce international ou spontanément suivi par ces milieux indépendamment de tout Droit étatique et dont l'application échapperait, pour cette raison, à la méthode du *conflit de lois. Comp. *usage du commerce international, coutume marchande.*
— **monetae** (litt. loi de la monnaie, lat. *moneta*). Loi monétaire, termes volontiers employés à propos de l'introduction de l'*euro. Ex. l'introduction de l'euro constitue une modification de la *lex monetae* des États membres participants, et la nouvelle loi monétaire de l'Union européenne est opposable, en tant qu'acte de souveraineté, à tous les États, s'imposant dans l'ordre juridique des pays tiers.
— **rei sitae.** Loi de la situation de la chose.

LEX IMPERFECTA

Termes latins signifiant « loi imparfaite », utilisés pour désigner une *règle de droit dépourvue de *sanction (sens 3), dont la violation échappe à l'emprise de la *contrainte étatique. Comp. **obligation naturelle.*

LIAISON DU CONTENTIEUX

V. *lien* et *contentieux.*

- Opération par laquelle se fixent les *prétentions des parties et qui détermine le cadre du litige soumis au juge ; la règle de la *décision préalable, propre au contentieux administratif, a été considérée comme le facteur de la liaison de ce contentieux.

LIBELLÉ

Subst. masc. – Part. pass. du v. *libeller.

- **1** Termes dans lesquels un acte (surtout un acte judiciaire) est rédigé ; teneur de l'acte. Ex. libellé d'un acte d'huissier, d'un accord. V. *énonciation, mention, rédaction, style, forme, lettre, énoncé, dressé.*
- **2** Plus spécialement, *mentions qui complètent un *écrit (formulaire, titre) préparé en *blanc. Ex. libellé d'un chèque (indication du montant, du bénéficiaire, etc.). V. *formule.*

LIBELLER

V. – De *libelle, lat. *libellus,* petit livre, opuscule.

- **1** (sens gén.). *Rédiger ; énoncer par écrit. V. *formuler.*

- **2** (plus spécif.). Rédiger en la *forme ; dresser un acte en bonne et due forme ; ex. libeller une assignation, une requête. V. *dressé.*
- **3** (plus spéc.). Remplir un formulaire (en ses blancs) ; porter sur un titre les indications manquantes, not. celle de son montant ; ex. libeller un chèque. V. *relibeller.*

LIBÉRAL, ALE

Adj. – Du lat. *liberalis* : noble, généreux.

- **1** Qui se réclame du libéralisme (politique ou économique) ; qui proclame et consacre, comme un principe fondamental, les *libertés publiques ou la liberté du marché ; se dit d'un régime politique ou d'un système économique par opp. à autoritaire, dirigiste, interventionniste.
- **2** (dans un sens plus neutre). Qui reconnaît ou laisse une liberté. Comp. *démocratique, permissif.* V. *tolérance.*
- **3** Qui admet facilement (sans restrictions ou sous un minimum de conditions) l'acquisition d'un droit ou l'exercice d'une activité. Ant. *restrictif, formalisme.*
- **4** Pour une interprétation, syn. de *large.* Ant. *strict, étroit.*
- **5** Sert à caractériser, bien qu'elles soient de plus en plus réglementées, certaines *professions d'ordre intellectuel, en raison de l'indépendance qu'exige leur exercice. Ex. la profession d'avocat est une profession libérale.
- **6** Qui donne largement, et par ext. qui concerne les *libéralités. V. **intention libérale, gratuit, gracieux, surérogatoire, bienfaisance, onéreux.*

— **(fonds).** V. *fonds libéral.*

LIBÉRALISATION

N. f. – Dér. de libéraliser, de *libéral.

- Tendance législative à rendre plus *libéral un système de droit, à admettre ou à permettre plus largement un comportement, une opération, etc., not. par ouverture de nouveaux cas ou suppression de formalités. Ex. loi de libéralisation du divorce. V. *permission, permissivité, tolérance, restriction, moralisation, censure.*

LIBÉRALISME ÉCONOMIQUE

Subst. masc. – De *libéral.

- Doctrine économique (ou politique gouvernementale) qui érige en système l'abandon de l'économie à la loi du *marché et dont la traduction juridique est l'affirmation en principe de la *liberté des conventions, l'intervention de l'État dans les relations économiques étant réduite au minimum, sinon exclue (libéralisme absolu). V. *déréglementation.* Ant. *interventionnisme, dirigisme.*

LIBÉRALITÉ

N. f. – Lat. *liberalitas* : bonté, libéralité, de *liberalis* : généreux, libéral.

- Acte par lequel une personne dispose à titre gratuit, par donation entre vifs ou par testament, de tout ou partie de ses biens ou de ses droits au profit d'une autre personne, appartenant ou non à sa famille (C. civ., a. 893) ; toute *disposition à titre *gratuit, quel qu'en soit le mode de réalisation : entre vifs (*donation ordinaire, indirecte ou déguisée), ou à cause de mort (legs, institution contractuelle). V. *libéral, animus donandi, testament, don, charge.*

— **faite hors part successorale.** Don ou legs parfois encore nommé par *préciput et hors part (not. pour un legs, C. civ., a. 843, al. 2) ou *préciputaire ou encore avec *dispense de *rapport qui, dans une perspective successorale, constitue au profit du donataire ou du légataire un avantage distinct de la part qui lui revient dans la succession du donateur ou du testateur, de telle sorte que les biens ainsi reçus, étrangers à la masse partageable, n'ont pas à y être rapportés (de telles libéralités sont imputées sur la quotité disponible, l'excédent étant sujet à réduction (C. civ., a. 844, 919-2). Comp. **donation faite en avancement de part successorale.*

— **graduelle.** Forme particulière de libéralité entre vifs ou testamentaire imposant au donataire ou au légataire de biens déterminables lors de la transmission (immeuble, valeurs mobilières, etc.) la *charge de les conserver sa vie durant et, à sa mort, de transmettre ceux qui subsistent en nature à un second gratifié désigné dans l'acte, figure nouvelle de *substitution limitée à un degré autorisée par la loi (C. civ., a. 1048 s., 1053, 896). V. *libéralité avec *charge, substitution fidéicommissaire.* Comp. *libéralité résiduelle.*

— **-*partage.** Libéralité polyvalente et polymorphe (version nouvelle du *partage d'ascendant, 2007) consistant, pour une personne, à distribuer et à partager ses biens et ses droits, soit entre ses héritiers présomptifs sous forme de *donation-partage ou de *testament-partage (C. civ., a. 1075), soit par donation-partage (à certaines conditions) entre des descendants de *degrés différents, qu'ils soient ou non ses héritiers présomptifs (a. 1075-1).

— **résiduelle.** Forme particulière de libéralité (don ou legs) en faveur d'une personne appelée à recueillir ce qui restera, à la mort d'un premier gratifié, du don ou du legs dont celui-ci a bénéficié, sans qu'il soit fait obligation au premier gratifié de conserver les biens reçus mais seulement de transmettre ceux dont il n'aurait pas disposé (C. civ., a. 1057). Comp. *libéralité graduelle* et, naguère **legs de residuo.*

LIBÉRATION

N. f. – Lat. *liberatio* : délivrance, affranchissement, libération, de *liberare* : délivrer.

- **1** Mise en liberté d'un condamné qui a subi tout ou partie de sa peine. V. *élargissement.* Ant. *internement, incarcération, arrestation.*

— ***conditionnelle.** Faveur révocable qui peut être accordée à un condamné présentant des gages sérieux de réadaptation sociale ; elle consiste (lorsque les conditions légales sont réunies) en la mise en liberté anticipée de l'intéressé assortie de mesures d'assistance et de contrôle (C. pr. pén., a. 729 s.), afin de continuer en *milieu libre le traitement pénitentiaire commencé en établissement. Comp. **sursis avec mise à l'épreuve.*

- **2** Action (spontanée, négociée ou forcée) de rendre la liberté à une personne (libération d'otages), ou à un lieu (libération d'un territoire) ; se dit surtout dans les cas où la liberté restituée avait été abusivement confisquée. V. *occupation, contrainte.*
- **3** Dénouement de l'*engagement du débiteur ; fait de ne plus être tenu d'une *obligation quelle que soit la cause de l'*extinction de celle-ci (paiement, *remise de dette (C. civ., a. 1282), legs de libération). Ex. libération de la caution par la décharge conventionnelle accordée au débiteur principal (C. civ., a. 1287). Syn. **décharge.* Ant. **engagement.* Comp. *extinction, dissolution.* V. *quittance, affranchissement.*

— **(mode de).** Cause d'extinction de l'obligation.

- **4** Par ext., fait de ne plus être *grevé d'une charge d'un droit réel accessoire (*hypothèque, *servitude) ou même d'une obligation de service. V. **appel sous les drapeaux.*
- **5** Parfois, plus spécialement, le paiement qui produit la libération.

— **des *actions.** Versement effectué par un actionnaire à la société de tout ou partie du montant de son action (ex. les *apports en nature doivent être intégralement libérés dès l'origine). V. *souscription.*

- **6** Action étatique consistant à rendre la liberté à une activité, à ne pas en entraver l'exercice (V. **liberté d'établissement*) ou à laisser au libre marché la fixation des conditions d'un accord. Ex. libération des *prix, libération des loyers. Ant. *tarification.* V. *réglementation.*

LIBÉRATION SOUS CONTRAINTE

- Mode d'exécution d'un reliquat de peine sous différents régimes (semi-liberté, placement à l'extérieur, placement sous surveillance électronique, libération conditionnelle) lorsque la personne a été condamnée à une peine privative de liberté d'une durée inférieure ou égale à cinq années et que la durée de la peine accomplie est au moins égale au double de la durée de la peine restant à subir (CPP, a. 720).

LIBÉRATOIRE

Adj. – De libérer, lat. *liberare.*

- Qui emporte *extinction d'une obligation ; se dit not. du paiement dans les cas où – fait conformément à la loi – celui-ci libère le débiteur. V. *libération, acquitter, acquit, quittance, décharge, prélèvement libératoire, cours légal.* Comp. *satisfactoire, exonératoire, absolutoire, justificatif.*

— **(pénalité).** Somme que le titulaire d'un compte en banque doit verser au Trésor public, après avoir émis un chèque sans provision, afin de recouvrer la faculté d'émettre des chèques.

LIBERTÉ

N. f. – Lat. *libertas,* de *liber* : libre.

• **1** (la liberté).
a / Bienfait suprême consistant pour un individu ou un *peuple à vivre hors de tout esclavage, servitude, oppression, *sujétion ou domination intérieure ou étrangère. V. *libération, affranchissement, autonomie, indépendance.* Comp. *égalité, fraternité, sécurité.*
b / Situation garantie par le Droit dans laquelle chacun est maître de soi-même et exerce comme il le veut toutes ses facultés. Ex. Const. 1958, préamb. et a. 2.

• **2** (une liberté). *Exercice sans entrave garanti par le Droit de telle faculté ou activité. Ex. liberté de la presse, liberté des conventions, liberté d'*association, liberté d'établissement, liberté de circulation, etc. Comp. *capacité, jouissance, *autonomie de la *volonté, consentement, aveu, libertés *fondamentales.*

• **3** Fait de n'être ni arrêté, ni détenu. Syn. *liberté corporelle.* Ant. *arrestation, incarcération.*

• **4** Parfois pris au sens banal de toute *faculté. Syn. *droit de...* V. *permission.*

• **5** Parfois syn. d'absence de réglementation, de taxation. Ex. liberté des loyers, des prix. V. *libération.*

• **6** Parfois encore, libre *pouvoir (not. pour une autorité). Ex. liberté d'appréciation. V. *office, mission.*

• **7** (en matière de preuve). Syn. d'*admissibilité.* Ex. liberté de la preuve.

• **8** Parfois enfin synonyme de *licence. Ex. liberté de mœurs.

— **civile.** Faculté innée, inhérente à la *personnalité, reconnue à tout individu de se déterminer par sa seule volonté dans sa vie personnelle (privée ou professionnelle). Ex. liberté de choisir sa religion, son mode de vie, le lieu de sa résidence, sa profession, etc. V. *droit de la personnalité, égalité.*

— **conditionnelle.** Résultat de la *libération conditionnelle.

— **contractuelle.** Liberté de contracter ou de ne pas contracter, de choisir son cocontractant et de déterminer le contenu et la forme du contrat dans les limites fixées par la loi (C. civ., a. 1102).

— ***corporelle.** Celle de n'être ni arrêté, ni détenu.

— **d'*appréciation.** Faculté abandonnée aux seules lumières d'une autorité ou d'un individu de se forger une opinion et de prendre une décision qui échappe à tout *contrôle d'opportunité ; pouvoir discrétionnaire. V. *censure.* Comp. *souveraineté, sagesse.*

— **de *circulation.**
a / *(dans la Communauté économique européenne).* Droit reconnu aux travailleurs de la CEE, hors toute discrimination fondée sur la nationalité, de répondre à des emplois effectivement offerts, de se déplacer librement sur le territoire des États membres afin d'y exercer un emploi et de demeurer sur le territoire d'un État membre après y avoir occupé un emploi.
b / *(dans l'entreprise).* Droit reconnu par la jurisprudence aux représentants des travailleurs de circuler librement dans l'entreprise durant leur crédit d'heures, sans contrôle *a priori* de l'employeur.

— **de communication.** Principe en vertu duquel la *communication au public par voie électronique est libre sous réserve du respect des droits d'autrui (propriété intellectuelle, dignité de la personne humaine) et autres intérêts fondamentaux (pluralisme, ordre public, bonnes mœurs, défense nationale) et sous les restrictions dictées par les exigences et le fonctionnement du service public. (l. du 30 sept. 1986, a. 1.).

— **de conscience.** V. *conscience (liberté de).*

— **de la défense.** V. *défense.*

— **de la preuve.** *Admissibilité sans restriction de tous les modes de *preuve ; ouverture qui exclut qu'un moyen de preuve soit *a priori* écarté des débats, et, au contraire, exige que tous les moyens de preuve quels qu'ils soient (écrits, témoignages, indices, etc.) soient soumis à un examen contradictoire afin que le juge en apprécie la valeur (*pertinence, *force probante), principe admis sans réserve en matière pénale (C. pr. pén. a. 427) qui est aussi de règle en matière civile pour la preuve des *faits juridiques (sauf exception) mais non pour celle des actes juridiques (C. civ. a. 1316 s., 1341 s.) ; le tout sous réserve du rejet sans examen, devant le juge civil, des moyens intrinsèquement illicites ou frauduleusement obtenus (C. civ. a. 259-1, 259-2 pour le divorce). Comp. *testing, recevabilité, admission.* V. *intime conviction.*

— **des cultes.** V. *liberté religieuse.*

— **des *mers.** Libre navigation en pleine mer universellement reconnue en principe (sauf exception : piraterie, etc.). V. *haute *mer, zone économique exclusive.*

ADAGE : *Mare liberum.*

— **des *prestations de services.** Suppression de toutes les *restrictions entravant la possibilité pour un ressortissant d'un État membre, établi dans un pays de la Communauté, aujourd'hui de l'Union européenne, d'accomplir certains actes de l'activité professionnelle (non salariée) qu'il exerce au bénéfice d'un client se trouvant dans un autre État membre (anc. tr. CEE, a. 59, TFUE, a. 56).

— **d'*établissement.** Droit reconnu aux ressortissants des États de la Communauté économique européenne, aujourd'hui l'Union européenne, hors toute discrimination fondée sur la nationalité, d'exercer leur activité professionnelle dans l'un des États membres ; suppression de toutes *restrictions qui empêchent un ressortissant d'un État membre d'exercer sur le territoire d'un autre État membre et dans les conditions définies pour les nationaux de celui-ci, une activité économique non salariée à partir d'une installation permanente (anc. tr. CEE, a. 52 s. TFUE, a. 49).

— **d'*opinion.** Liberté pour tout individu de penser ce qu'il veut (liberté de pensée) et d'exprimer sa pensée (liberté d'expression).

— **du travail.** Liberté reconnue à toute personne d'exercer l'activité professionnelle de son choix et à tout employeur de recruter qui lui plaît. V. **atteinte à la liberté du travail.*

— ***individuelle.**

a / Droit fondamental de faire tout ce que la société n'a pas le droit d'empêcher ; exercice des volontés légitimes de chacun dans la limite des nécessités de l'ordre social.

b / Plus précisément, sûreté garantissant les personnes qui résulte de ce que nul ne peut être arrêté ni incarcéré que dans les cas prévus par la loi et suivant des formes prescrites d'avance et du droit pour chacun de n'être jamais traduit devant d'autres juges que ses juges naturels, désignés par la loi ; syn. en ce sens de liberté corporelle d'aller et venir sans être arrêté ni détenu arbitrairement.

— **(mesures privatives de).** Mesures de sûreté ou peines complémentaires pouvant consister dans le placement de l'intéressé dans un établissement fermé. Ex. *internement, *placement en établissement d'*éducation surveillée, etc.

— **(mise en) (maintien en).** Mesure nommée avant 1970 *liberté provisoire qui s'opp. à *détention provisoire et entraîne l'*élargissement de l'intéressé ; si le maintien ou la remise en liberté est accompagné de certaines obligations particulières (autres que l'engagement de répondre aux convocations), il y a placement sous *contrôle judiciaire ; ne pas confondre avec la *libération conditionnelle.

— **(peine privative de).** Sanctions pénales prononcées à titre principal et impliquant l'incarcération du condamné (emprisonnement de police ou correctionnel, réclusion criminelle à temps ou à perpétuité, détention criminelle à temps ou à perpétuité) sous réserve du pouvoir pour la juridiction de jugement d'ordonner parfois le *sursis à l'exécution de certaines de ces peines.

— ***provisoire.** Expression employée jusqu'à la loi du 17 juillet 1970 pour désigner la remise en liberté d'un *inculpé ou *prévenu placé en détention à la suite d'un *mandat du juge d'instruction, du procureur de la République ou d'une juridiction de jugement, ou le maintien en liberté d'une personne qui aurait pu être légalement placée en détention. Ex. « X… a été laissé en liberté provisoire. » Opp. alors à *détention préventive.

—s publiques. Celles des libertés (sens 2) qui permettent de participer à la vie publique. Ex. celles de la presse et des réunions.

— **religieuse.** Liberté pour tout individu d'adhérer à la confession de son choix ou de les repousser toutes (liberté de *conscience), d'exprimer et d'enseigner ses convictions et ses croyances (liberté d'opinion) et d'exercer publiquement le *culte correspondant à sa foi (liberté du culte). V. *liberté *confessionnelle, laïcité.*

— **surveillée.** Régime sous lequel peut être placé un mineur de 18 ans faisant l'objet de poursuites pénales, mesure éducative qui peut être prise à titre d'observation préalable par la juridiction d'instruction ou à titre définitif par la juridiction de jugement (le mineur est alors contrôlé par un *délégué à la liberté surveillée, sous l'autorité du *juge des enfants).

— **syndicale.**

a / (individuelle). Liberté fondamentale reconnue par la Constitution à tout individu de défendre ses droits et ses intérêts par l'action syndicale et d'adhérer au syndicat de son choix.

b / (collective). Liberté de constitution et de fonctionnement des organisations professionnelles hors tout contrôle des pouvoirs publics et de l'employeur.

LIBRE

Adj. – Lat. *liber.*

- **1** Affranchi de toute servitude, non opprimé, non asservi. Ex. homme libre, peuple libre ; se dit aussi du citoyen qui jouit des *libertés fondamentales. V. *souverain, indépendant, affranchissement.*
- **2** *Maître de ses droits. Ex. libre de s'engager. V. *capable, majeur.*
- **3** Laissé à la *volonté de chacun, à son initiative, abandonné à la volonté individuelle. Ex. libre accord, libre entreprise, temps libre. V. *autonomie.*
- **4** Qui dépend de la volonté d'un seul, qui est en son *pouvoir, agissant seul. Ex. chaque époux a la libre disposition de ses propres. Comp. *cogestion, main commune, autorisation.*
- **5** Sans restriction, *discrétionnaire. Ex. libre révocation ; plus spécialement, non limité, non *tarifé, non contingenté. Ex. honoraires libres. V. *absolu.*
- **6** Non obligé en droit, non *débiteur, non grevé, non engagé. Ex. libre de tout engagement, propriété libre. V. *purgé.*
- **7** Non institutionnel, sans engagement officiel. Ex. *union libre.
- **8** Non assujetti à une formalité. Ex. libre choix des formes. Comp. *consensuel, informel.*
- **9** Non réglementé. Ex. vente libre. Comp. *libéral.* V. *interdiction, licence, autorisation.*
- **10** Non contrôlé, non surveillé. Ex. libre *communication du détenu et de son conseil.
- **11** Non soumis à l'autorité hiérarchique. Ex. la plume est serve, la parole est libre. V. *indépendance.*
- **12** Non *détenu. Ex. prévenu comparaissant libre ; prisonnier libéré.
- **13** Non *contraint en fait. Ex. consentement libre. Ant. *forcé.* V. *violence, vicié.*
- **14** Non occupé. Ex. local libre à la vente ; se dit aussi d'une partie de territoire non occupée par une puissance étrangère (zone libre). V. *vacant, franc.*
- **15** Non payant. Ex. entrée libre.
- **16** *Gratuit, désintéressé, purement volontaire. Ex. libre contribution. V. *bénévole.*
- **17** Non étatique, syn. de *privé par opp. à *public. Ex. radio libre.
- **18** Dont la liberté est garantie. Ex. libres élections, presse libre. V. *censure.*
- **19** Ouvert à la recherche, issu de la création *personnelle. Ex. interprétation libre, libre création. V. *original.*

— **choix du praticien.** Principe de la médecine libérale, reconnu par le Droit de la sécurité sociale, en vertu duquel le malade doit pouvoir librement s'adresser au médecin de son choix ; s'opp. à la *médecine dite « de caisse ».

— **circulation des capitaux.** Possibilité pour les mouvements des capitaux appartenant à des personnes résidant dans les États membres de s'effectuer sans restrictions et sans discriminations de traitement fondées sur la nationalité ou la résidence des parties ou sur la localisation du placement (anc. tr. CEE, a. 67, TFUE, a. 63). V. **marché commun.*

— **circulation des marchandises.** Échange de biens entre États membres sans entrave découlant de droits de douane, taxes d'*effet équivalent, *restrictions quantitatives ou mesures d'effet équivalent (anc. tr. CEE, a. 12 s., TFUE, a. 26 s.). V. *zone de *libre-échange.*

— **concurrence.** V. *concurrence (libre).*

— **-échange (zone de).** Zone formée par des États entre lesquels existe la *libre circulation des marchandises dans leurs échanges réciproques, chaque pays demeurant en revanche libre de sa politique douanière à l'égard des pays tiers. Ex. AELE. Comp. **union douanière.* V. **marché commun, concurrence, restriction.*

LICÉITÉ

N. f. – De *licite.

- Caractère de ce qui est *licite aux sens 1, 2 ou 3. Comp. *légalité, légitimité, juridicité, régularité, validité.*

LICENCE

N. f. – Lat. *licencia,* de *licere* : être permis.

- **1** *Autorisation spéciale, en général *octroyée par les pouvoirs publics, parfois moyennant le paiement d'une contribution ; par ext., le titre constatant cette autorisation ou même la contribution à verser. V. *permis, concession.*

a / (com.). Autorisation d'attribution limitée à laquelle est subordonnée l'exploitation de certains fonds de commerce et qui constitue un élément essentiel de ce fonds (généralement cédé avec celui-ci). Ex. licence de *débit de boissons, de transports routiers.

b / (douane). Autorisation nécessaire pour l'exportation ou l'importation d'une marchandise dont le commerce n'est pas *libre.

c / (fisc.). Titre permettant d'exploiter un commerce ; donne généralement lieu à paiement d'un impôt (droit de licence).

d / (prop. intell.).

— **conventionnelle.** Convention conclue par le titulaire d'un *brevet d'invention ou d'une *marque avec un tiers aux fins d'exploitation qui, à la différence d'une cession, n'implique pas l'aliénation du brevet ou de la marque (dénomination généralement non employée pour désigner les conventions d'exploitation en matière de droits d'auteur).

— **de dépendance.** Licence accordée par les pouvoirs publics au titulaire d'un *brevet de perfectionnement sur le brevet auquel celui-ci se rattache.

— **obligatoire.** Autorisation d'exploiter un brevet consentie à un tiers par les pouvoirs publics au cas d'exploitation insuffisante par le breveté ou le licencié conventionnel (certaines législations l'ont introduite dans le domaine des droits d'auteur : enregistrements phonographiques, radiodiffusion).

- **2** *Grade universitaire. Dénomination générique donnée au *diplôme sanctionnant la troisième année d'études supérieures. V. *maîtrise, mastaire, doctorat, capacité, titre.*

- **3** *Agrément ouvrant droit, pour son bénéficiaire, à la pratique d'un sport ou d'une activité, moyennant affiliation à un club ou à une association.

LICENCIÉ, IÉE

Adj. ou subst. – Part. pass. du v. licencier, lat. médiév. *licentiare (licentiatus).*

- **1** (adj.). Congédié(e).
- **2** (adj. parfois substantivé). Titulaire d'une *licence universitaire ou sportive.
- **3** (subst.). Bénéficiaire d'une *licence de marque, de brevet, etc. V. *concédant.* Comp. *concessionnaire.*

LICENCIEMENT

N. m. – Formé sur licencier, dér. de *licere* : être permis.

- Acte par lequel l'employeur rompt unilatéralement le contrat de travail et congédie un ou plusieurs salariés. V. *congé, congédiement, rupture, renvoi, révocation.* Ant. *démission.*

— **collectif.** Mesure de licenciement intéressant plusieurs salariés, prise pour des motifs économiques soit structurels (fusion, restructuration, concentration), soit conjoncturels (situation économique), soumise au respect de certaines formalités et de certaines règles.

— **(indemnité légale de).** V. **indemnité légale de licenciement.*

— **individuel.** Exercice par l'employeur de son droit de *résiliation *unilatérale du contrat de travail à durée indéterminée.

LICITATION

N. f. – Lat. *licitatio,* de *licitari* : mettre aux enchères.

- Opération ayant pour objet – moyennant une *adjudication ou un mode équivalent – de dénouer une situation complexe (*indivision ou enchevêtrement de droits) avec les effets d'un *partage ou d'une *vente ; plus précisément, opération tendant à faire cesser un état, de droit ou de fait, caractérisé par la coexistence, sur un même bien, de plusieurs droits dont l'exercice immédiat est impossible, Ex. licitation d'un immeuble indivis.

— ***amiable.** Licitation faite sans intervention de justice par entente des intéressés

(licitation par adjudication amiable ou de *gré à gré).
— **de *gré à gré.** Licitation dont les conditions sont discutées et établies librement et sans formes entre parties intéressées (*colicitants entre eux, ou colicitants et tiers), sans appel au public, *enchères ni adjudication.
— **facultative.** V. *licitation volontaire.*
— **judiciaire (ou par autorité de justice).** Licitation qui a lieu en justice (devant un juge ou un notaire), en vertu d'un jugement et dans les formes réglées par la loi, soit lorsque ce recours est obligatoire (si tous les intéressés ne sont pas présents), soit lorsque les parties qui pourraient procéder à une licitation amiable sont d'accord pour recourir à justice.
— **nécessaire ou obligatoire.** V. *licitation volontaire.*
— **par *adjudication.** Licitation qui s'opère par le recours à une procédure d'adjudication.
— **-partage.** Licitation donnant lieu à une adjudication ou une attribution à l'un des coïndivisaires et qui, intervenant entre copropriétaires en mettant fin à l'indivision quant au bien licité, constitue une opération de partage.
— **-vente.** Licitation qui, donnant lieu à une adjudication ou une attribution à une personne autre que les colicitants, s'analyse en une vente.
— **volontaire.** Expression équivoque.

a / Souvent prise comme synonyme de *licitation amiable, par opposition à *licitation judiciaire (mais il arrive que les parties, alors qu'elles pourraient procéder à l'amiable, recourent volontairement à une licitation judiciaire).

b / Plus précisément (syn. *licitation facultative*), celle à laquelle les parties décident de procéder alors qu'elles n'y sont aucunement tenues ; s'oppose à licitation nécessaire ou obligatoire (ex. C. civ., a. 827 anc.). V. *licitant.*

LICITE

Adj. – Lat. *licitus* : permis.

- **1** Permis par un texte (loi, décret, etc.). Ex. activité licite. Ant. *interdit, illicite* (sens 1). Comp. *légal* (sens 3).
- **2** *Conforme à l'ordre public (exprès ou virtuel) ; en ce sens licite se distingue de *moral. Ant. *illicite* (sens 2).
- **3** Plus généralement, conforme au *Droit, non seulement à l'ordre public, mais aux bonnes mœurs (en ce sens licite englobe moral). Ex. *cause licite. Comp. *juridique, légitime, juste, régulier.* Ant. *illicite* (sens 3). Syn. *légal* (sens 4).

LICITÉ, ÉE

Adj. – Part. pass. de liciter. V. *licitation.*

- Vendu par *licitation. Comp. *adjugé.*

LIÉ, ÉE

Adj. – Part. pass. du v. *lier.

- **1** Tenu, *engagé, *obligé. Ex, individu lié par sa promesse. V. *débiteur, caution, assujetti.*
- **2** Noué, né, créé. Ex. instance liée. V. *liaison, saisine.*
- **3** S'opp. à *discrétionnaire dans certaines expressions. V. *compétence liée.*
- **4** Uni, relié à…

— **(ordre).** V. *ordre lié.*
— **(prêt).** Nom donné en pratique à l'opération légalement dénommée « prêt accessoire à une opération principale » (en général vente ou prestation de services) ; prêt dont l'existence est subordonnée à la réalisation de l'opération pour laquelle il a été consenti.

LIEN

Lat. *ligamen,* de *ligare* : lier.

- **1** Rapport juridique unissant deux ou plusieurs personnes en vertu d'un acte ou d'un fait juridique (lien conjugal, lien de *parenté ou d'*alliance, etc.) qui est à la fois effet de droit (ex. l'*obligation lien de droit, *vinculum juris,* entre créancier et débiteur, né d'un contrat ou d'un délit) et situation juridique, source de droits et d'obligations (ex. droits et devoirs attachés au lien de filiation ou au lien d'*instance). V. *ligne, dissolution, relâchement.*

— **d'instance.** V. *instance* (sens 3).
— **(double).** Nom traditionnel donné au lien existant entre frères et sœurs *germains (issus d'un même père et d'une même mère) par opp. au lien exclusivement paternel qui unit les frères et sœurs *consanguins ou au lien exclusivement maternel qui unit frères et sœurs *utérins.

• **2** Rapport, relation, points communs, éléments de rapprochement, de dépendance ou d'affectation entre divers objets, diverses prétentions, diverses affaires justifiant, sous certaines conditions, le traitement conjoint ou le rattachement juridique des divers éléments. Ex. le lien suffisant avec les prétentions originaires qui commande la recevabilité des demandes incidentes (CPC, a. 4), le lien qui justifie le renvoi pour *connexité (a. 101), le lien de l'accessoire au principal, le lien de destination des immeubles par destination, etc. Comp. *attache, indivisibilité.*

LIER

V. – Lat. *ligare.*

• **1** Astreindre, contraindre, créer une *obligation (au sens large). Ex. le juge n'est pas lié par les constatations et les conclusions du technicien (CPC, a. 246) ; les conclusions des parties lient le juge (il doit se prononcer sur tout ce qui est demandé et seulement sur ce qui est demandé, CPC, a. 5).

• **2** Plus spéc. obliger, faire naître un lien d'obligation (au sens strict), une dette. Ex. une promesse lie son auteur.

ADAGE : *On lie les bœufs par les cornes et les hommes par les paroles.*

• **3** Faire naître un rapport de droit. Ex. lier l'*instance.

— **(se).** S'engager, s'obliger, contracter un engagement.

LIEU PUBLIC

Lieu, lat. *locus.* V. *public.*

• Lieu ouvert au *public, lieu où tout le monde est admis indistinctement et pour lequel, en raison de cette particularité, les pouvoirs de police de l'autorité administrative sont plus étendus que sur les simples propriétés privées. V. *public, voie, accès, domicile.*

LIEUTENANT AU LONG COURS

Comp. de lieu et du part. prés. de tenir.

V. **long cours (lieutenant au).*

LIEUTENANT DE LOUVETERIE

V. *louveterie.*

LIGNE

N. f. – Lat. *linea.*

• Série des *générations successives de parents ; suite des *degrés de parenté (expression graphique des rapports de parenté) contribuant à établir les structures de la *parenté et constituant, en matière de succession *ab intestat,* l'un des critères déterminateurs de la *vocation successorale dans les successions déférées aux ascendants (C. civ., a. 747) ou aux collatéraux *ordinaires (C. civ, a. 749). V. *fente.* Comp. *degré, tête, souche, ordre, lien, branche, lit, chef.*

— **collatérale.** Ligne des parents qui ne descendent pas les uns des autres, mais d'un *auteur commun (C. civ., a. 742). Ex. frères et sœurs, oncles ou tantes et neveux ou nièces, cousins germains sont des parents en ligne collatérale. V. *collatéraux, germains.*

— ***directe.** Ligne des parents qui descendent les uns des autres (a. 742).

— **directe ascendante.** Celle qui lie une personne avec ceux dont elle descend. V. *ascendant, ascendance.*

— **directe descendante.** Celle qui lie une personne (le chef, *caput,* tête de série : C. civ., a. 736 anc.) avec ceux qui descendent d'elle. V. *descendant, descendance.*

— **maternelle.**

a / Ensemble des parents qui sont unis à une personne par sa mère.

b / Plus spécialement, *branche maternelle de la ligne directe ascendante. V. *utérin.*

— **paternelle.**

a / Ensemble des parents qui sont unis à une personne par son père.

b / Plus spécialement, *branche paternelle de la ligne directe ascendante. V. *consanguin.*

LIGNE DE CHARGE

V. le précédent et *charge.*

• Ligne idéale en dessous de laquelle le navire ne doit pas s'enfoncer dans l'eau.

LIMINAIRE

Adj. – Bas lat. *liminaris,* de *limen* : seuil.

- Qui vient en tête d'un discours (déclaration liminaire) ou d'un texte (*dispositions liminaires, ex. CPC, a. 1). V. *préliminaire, préambule, préalable.*

LIMITATIF, IVE

Adj. – Du v. lat. *limitare* : fixer, déterminer, limiter.

- **1** Qui renferme dans les termes marqués, *restrictif ; se dit d'une disposition de loi (not. une *énumération) dont l'application est limitée aux *cas qu'elle spécifie, sans extension possible à d'autres cas même analogues. Ex. admission des causes de divorce, de révocation des donations (C. civ., a. 953). Comp. *exceptionnel, strict.* Ant. *énonciatif, indicatif.*
- **2** Se dit plus spécialement d'une clause qui cantonne la responsabilité dans certains cas spécifiés ou en fixe par avance le plafond. Comp. *exclusif.*

LIMITATION

Lat. *limitatio* : bornage, délimitation.

- **1** L'action de limiter ; l'opération consistant à fixer, par une règle ou un accord, une *limite à ce qui est permis (ex. limitation de vitesse) ou à ce qui peut être dû (limitation de responsabilité, de garantie). Comp. *restriction, contingentement, détermination, fixation, délimitation, exclusion, définition.*
- **2** La *limite ainsi établie.

LIMITE

Lat. *limes* : limites.

- **1** Terme extrême, point final. Ant. *Seuil* (*limen* dans **in limine litis*).

— **d'âge.** Dans le Droit de la fonction publique, l'âge au-delà duquel une personne ne peut plus participer à un concours ou, étant fonctionnaire, ne peut plus être maintenue en fonctions ; plus généralement, âge au-delà duquel une personne (salarié, administrateur de société, etc.) ne peut plus exercer son activité professionnelle.

- **2** Par ext., ce qui délimite :

a / En un sens matériel, un terrain, un territoire. V. *bornage, frontière, témoin, tenant, aboutissant.*

b / En un sens intellectuel, l'étendue des pouvoirs (d'un mandataire), le domaine d'application d'une loi, les points à discuter et à juger (limites du débat, limites du moyen). V. *Principe dispositif, infra petita, ultra petita.*

— **de propriété.** Ligne séparative de deux terrains contigus.

LINGUISTIQUE JURIDIQUE

- Étude des signes linguistiques qu'utilise le droit, qu'il s'agisse des mots sous le rapport de leur sens et de leur forme, ou des énoncés du point de vue de leur fonction, de leur structure, de leur style et de leur présentation. Comprend l'étude du langage du droit et du droit du langage.
- Dénommée jurilinguistique au Québec.

LIQUIDATEUR

Subst. ou adj. – Dér. de liquider, de *liquide, formé sur le lat. *liquidus* : clair, net.

- Personne chargée des opérations de *liquidation. Ex. en matière de sociétés commerciales, liquidateur nommé à l'amiable ou par décision de justice.

— **(mandataire).** Dans une procédure de *redressement judiciaire, mandataire chargé de représenter les créanciers et de procéder éventuellement à la *liquidation judiciaire. V. *représentant des créanciers.* Comp. *administrateur judiciaire.*

LIQUIDATION

N. f. – Du v. liquider. V. le précédent.

- **1** Clarification (le terme fait ici référence à l'un des symboles de l'eau, la limpidité, attribut de l'eau transparente et pure. Comp. *liquidité*) ; opération globale de mise au clair d'une masse à partager (ex. liquidation d'une succession, d'une communauté) ; suite d'opérations comptables, préalables au *partage, qui consistent à isoler la masse à partager et à fixer les droits de chaque copartageant (après avoir en général désintéressé les créanciers de la succession ou de la communauté).
- **2** Plus largement, opération par laquelle on apure, règle et solde des comptes après en avoir déterminé le montant de manière

définitive. Ex. liquidation de la créance de participation (C. civ., a. 1578).

— **des biens.** Nom donné avant la réforme de 1985 (V. naguère *faillite*) à la situation du *débiteur dont la *cessation des paiements a été constatée par le tribunal et qui, n'ayant pas été en mesure de proposer un *concordat sérieux, n'a pu obtenir le *règlement judiciaire. V. aujourd'hui *redressement judiciaire*

— **judiciaire.** Par opp. au *redressement judiciaire (proprement dit), autre issue de la procédure dite de redressement judiciaire (au sens large) que retient le tribunal (en prononçant la liquidation et en nommant un *liquidateur) lorsqu'il n'existe pour l'entreprise aucune chance sérieuse de survie (par continuation ou cession) et qui, consistant dans la *réalisation de l'actif et *l'apurement du passif, s'accompagne nécessairement du *dessaisissement du débiteur ainsi que de la cessation de l'activité, sauf autorisation judiciaire de maintenir provisoirement celle-ci dans l'intérêt public ou celui des créanciers. V. *collective de règlement du passif (procédure), plan de redressement, mandataire-liquidateur.*

LIQUIDE

Adj. – Lat. *liquidus.*

- **1** (pour une *obligation, dette, créance). Qui est déterminée avec certitude (claire) dans son montant, chiffrée, ce qui suppose qu'elle est d'abord *certaine en son principe (la réciproque n'est pas vraie). Ex. lorsque le principe de la responsabilité est acquis, la créance de dommages-intérêts ne devient liquide qu'à partir du moment où le quantum de l'indemnité est fixé. Comp. *exigible, fongible, compensable, saisie, compensation.*
- **2** Dans le langage courant, se dit de l'argent *disponible en *espèces. V. *liquidité, trésorerie, fonds, numéraire, deniers.*

LIQUIDÉ, ÉE

Adj. – Part. pass. de liquider. V. *liquidateur.*

- **1** Rendu *liquide. Ex. *astreinte liquidée, frais liquidés (C. civ., a. 1258).
- **2** Qui a fait l'objet d'une *liquidation (sens 1). Ex. communauté, succession liquidée.

LIQUIDITÉ

N. f. – Lat. *liquiditas* : pureté, limpidité (en raison de la transparence de l'eau).

- **1** Qualité que présente une *obligation (dette, créance) lorsqu'elle est *liquide. Comp. *exigibilité, fongibilité.* V. *saisie, compensation.*
- **2** (au pluriel). Dans le langage courant, syn. de *fonds disponibles en *espèces, sommes d'argent constituant entre les mains de celui qui les détient une masse de manœuvre. (Autre symbole, le terme fait ici référence à la fluidité de l'eau. Comp. *liquidation.*) V. *trésorerie, fonds, deniers, numéraire.* Comp. *réalisation* (sens 2).

LISTE

N. f. – Empr. de l'ital. *lista,* mot d'origine germ. et all. *Leiste* : bordure, bande.

- **1** Énumération en série de personnes ou de choses ; plus spéc. recensement nominatif de personnes ; par ext., le document qui le contient. V. *état, inventaire, bordereau, relevé.*

— **de candidats.** Groupe de candidats, en général de tendance voisine, se présentant ensemble à une élection où il s'agit de pourvoir plusieurs sièges.

— **des actionnaires.** État nominatif des *actionnaires d'une société par actions, comprenant les titulaires d'actions nominatives et ceux qui ont effectué au siège social le dépôt permanent de leurs actions au porteur.

— **électorale.** Liste de tous les électeurs ayant le droit de voter dans tel endroit (en principe, dans la commune).

— **(*scrutin de).** Mode de scrutin où, dans chaque circonscription, il y a plusieurs sièges à pourvoir, si bien que l'électeur vote à la fois pour plusieurs candidats formant une liste. Comp. **bloquée* (liste) ; **représentation proportionnelle*, **scrutin* **uninominal.*

- **2** A pris par ext. un sens particulier dans l'expression suivante :

— **civile.** Somme allouée, annuellement ou parfois pour la durée de son règne, au chef de l'État dans les régimes monarchiques pour subvenir à ses besoins et aux charges de sa fonction.

LITIGANT, ANTE

Souvent au pl. – Du lat. *litigare*, être en procès, plaider.

- **1** Syn. *parties au procès ; *adversaires en justice. V. *plaideur, demandeur, défendeur, *partie intervenante, altera pars, colitigant.*
- **2** Parties en *litige ; personnes opposées par un *différend non encore porté devant un tribunal (mais susceptible de l'être).

LITIGE

N. m. – Du lat. *litigium*, de *lis,litis* : procès et *agere* : conduire.

- **1** Souvent syn. de *procès ou de *cause.
- **2** Plus exactement, *différend, désaccord, conflit considéré dès le moment où il éclate (litige *né) comme pouvant faire l'objet d'une transaction, d'un compromis d'arbitrage, entre autres modes de solution des litiges (renonciation), indépendamment de tout recours à la justice étatique. Syn. *contestation*. V. *querelle.*
- **3** Par ext., le différend porté devant un tribunal et devenu matière du procès, une fois saisie la justice.

— **éventuel.** V. *éventuel (litige).*

LITIGIEUX, IEUSE

Adj. – De *litige, lat. *litigiosus* : processif, litigieux.

- En litige ; qui est l'objet d'un *litige.
- **1** Se dit du droit ou des intérêts en litige (possession ou propriété litigieuse, C. civ., a. 1961).
- **2** Se dit aussi, plus concrètement, de l'objet matériel en litige (meuble, terrain litigieux) ; syn. de chose *contentieuse (C. civ., a. 1956). V. *gracieux, amiable.*

— **(*retrait).** *Faculté que la loi donne à celui contre lequel on a cédé un droit litigieux de s'en faire tenir quitte par le cessionnaire (de racheter le droit) en lui remboursant le prix de cession (aux conditions de l'a. 1699, C. civ.) ; désigne aussi l'exercice du retrait, l'acte de retrait. V. *cession de droits litigieux.*

LITISCONSORTS

Subst. plur. – Lat. *litisconsortes* : participant à un procès avec un intérêt semblable.

- Plaideurs qui, dans une *instance, occupent une position procédurale analogue comme demandeurs (actifs) ou défendeurs (passifs). V. *consorts, codemandeur, codéfendeur, colitigant, partie.*

LITISPENDANCE

N. f. – Empr. du lat. médiév. *litispendentia*, fait de *lis* : procès et *pendere* : pendre.

- Situation qui naît lorsqu'un litige *pendant devant une juridiction est porté devant une autre juridiction également compétente pour en connaître et qui se résout par le dessaisissement de cette dernière, si l'une des parties le demande (CPC, a. 100). Comp. *connexité.*

— **(*exception ou déclinatoire de).** Moyen par lequel on invoque la litispendance.

LITTÉRAIRE (ŒUVRE)

Lat. *litterarius* : relatif à la lecture et à l'écriture. V. *œuvre.*

V. **œuvre littéraire, écrit.*

LITTÉRAL, ALE, AUX

Adj. – Bas lat. *litteralis*, dér. de *littera* : lettre.

- **1** Se dit de la preuve par *écrit (par titre authentique ou acte sous seing privé) par opp. aux autres modes de preuve (preuve testimoniale, présomptions et indices, aveu, serment, etc.) (C. civ., a. 1369).
- **2** Se dit de l'*interprétation qui, s'attachant à la *lettre d'un texte (loi, contrat), la fait au besoin prévaloir sur son *esprit en en tirant toutes les conséquences possibles (même si elles n'ont pas été voulues par l'auteur du texte) et sans en étendre l'application au-delà de ce qui est écrit (même si l'intention de l'auteur du texte et la raison sont en ce sens) ; ne pas confondre avec l'interprétation *exégétique. V., C. civ., a. 1188, *strict, analogie, textuel, texte, lettre, commentaire, exégèse, spirituel.*

LITTÉRALEMENT

Adv. – De *littéral.

• **1** À la *lettre ; au pied de la lettre (façon d'interpréter). V. *littéral* (sens 2).

• **2** En toutes lettres ; expressément (façon d'énoncer ou de transcrire). Ant. *implicitement.*

LITTORAL

V. **rivages de la mer.*

LIVRAISON

N. f. – Dér. de livrer, lat. *liberare* : propr. délivrer.

• **1** Opération juridique par laquelle le transporteur remet, au destinataire qui l'accepte, la marchandise transportée. V. *réception.*

• **2** S'emploie abusivement pour désigner la *délivrance dans la vente. Comp. *tradition, remise, retirement.*

• **3**

— **à soi-même (fisc.).** Action, pour une personne (souvent une entreprise), de recevoir d'elle-même un bien ou un service, en obtenant cet avantage à partir d'éléments ou de moyens qui lui appartiennent, qu'elle ait ou non fait appel à des tiers pour l'élaboration en tout ou partie du bien ou du service et que l'avantage obtenu soit affecté, s'il s'agit d'une entreprise, à celle-ci ou aux besoins personnels d'un de ses membres ou d'un tiers. Ex. livraison à soi-même d'un immeuble.

LIVRAISONS (À SOI-MÊME)

V. le précédent.

• Opérations que les redevables de la taxe sur la valeur ajoutée réalisent pour leurs besoins ou ceux de leur exploitation et qui sont traitées comme des « affaires imposables » dans certains cas (lorsque l'absence d'imposition entraînerait une inégalité entre ceux qui achètent un bien et ceux qui la réalisent eux-mêmes).

LIVRE

N. m. – Lat. *liber.*

• **1** Division majeure d'un *code (contenant *titres et *chapitres). Ex. le Code civil est divisé en trois livres.

• **2** Support (papier) d'une *œuvre littéraire. V. *écrit.*

— **indisponible.** Livre publié en France avant le 1er janvier 2001 qui ne fait plus l'objet ni d'une diffusion commerciale par un éditeur, ni d'une publication en cours sous une forme imprimée ou numérique (CPI, a. L. 134-1).

• **3** Espèce de *document, officiel ou d'origine privée selon les cas, destiné à rassembler aux fins de preuve, de contrôle, de consultation, des informations diverses et échelonnées relatives à un même objet. Comp. *registre, état, inventaire, pièce, livret, cahier des charges.*

— **de bord.** Registre sur lequel le capitaine doit inscrire toutes les résolutions, tous les événements et incidents du voyage ainsi que tout ce qui concerne l'accomplissement de ses fonctions.

—**s de commerce.** Livres que tient le commerçant afin de connaître la marche de ses affaires et qui servent d'instrument de preuve à son profit ou au profit des tiers avec lesquels il est en conflit.

— **de discipline.** Registre sur lequel le capitaine du navire doit inscrire les infractions disciplinaires ou pénales commises à bord et les punitions infligées aux marins.

— **de la dette publique (grand).** Document sur lequel étaient inscrites, autrefois, les créances à long terme sur le Trésor et qui constatait l'existence de ces créances ; n'est plus que l'un des modes de gestion de la dette à long terme, utilisé pour la dette perpétuelle et pour les nouveaux emprunts lorsque le décret d'émission le prévoit expressément (rentes Pinay).

— **de paie.** Livre sur lequel l'employeur doit légalement reproduire les mentions du bulletin de paie remis aux salariés en vue de permettre un contrôle de la réglementation en matière de salaire.

— **d'inventaire.** Livre où le commerçant copie le bilan et le compté de pertes et profits annuels de son entreprise.

—**s facultatifs.** Livres que le commerçant peut tenir en plus des livres obligatoires et qui varient suivant la nature des entreprises. Ex. le *grand livre, le livre de caisse (où sont notés les paiements faits ou reçus), le livre de magasin (où sont indiquées les marchandises entrées ou sorties), le brouillard ou main courante (sorte de brouillon du grand livre), le livre des effets à payer et à recevoir (mentionnant les traites et leurs échéances).

— **foncier.** Document public établi par commune dans lequel les propriétés immobilières sont recensées et classées au nom des propriétaires (n'existe actuellement que pour les communes d'Alsace et de Lorraine).

— **(grand).** Livre où les commerçants inscrivent leurs opérations, non dans l'ordre chronologique, mais dans un ordre méthodique, de façon à pouvoir connaître plus facilement leur situation à l'égard de chacun de leurs clients et aussi, dans la comptabilité en partie double, l'état de leur entreprise dans ses différents éléments.

— **-journal.** Livre où sont relevées chronologiquement toutes les opérations de l'entreprise (sans blancs, lacunes, ni altérations) ou au moins récapitulés mensuellement les totaux de ces opérations (à condition que les documents permettant de vérifier ces opérations jour par jour soient conservés).

—**s obligatoires.** Livres que le commerçant doit tenir suivant certaines prescriptions et dont l'absence ou la tenue irrégulière peut entraîner diverses sanctions civiles ou pénales. V. *livre-journal, livre d'inventaire.*

—**s spéciaux.** Livres obligatoires pour les commerçants exerçant certaines professions où sont mentionnées leurs opérations commerciales. Ex. livres des agents de change, des entrepreneurs de transport, des brocanteurs.

LIVRET

N. m. – Dér. de *livre.

- *Document officiel, en forme de carnet, récapitulant les informations essentielles relatives à l'identité d'une personne ou à la situation d'un bien. V. *pièce.* Comp. *livre.*

— **cadastral.** Document délivré par les services fiscaux au propriétaire de biens fonciers sur lequel sont mentionnés tous les renseignements cadastraux concernant ces biens pour une commune déterminée.

— **de famille.** Document d'état civil, en forme de fascicule, destiné à récapituler pour en faciliter la preuve la vie d'une famille, soit à compter du mariage (remis aux époux par l'officier de l'état civil, lors de la célébration du mariage, le livret comporte alors l'extrait de mariage et est ultérieurement complété par diverses mentions ; extraits des actes de naissance des enfants, issus du mariage, etc.) soit après la naissance d'un enfant naturel (livret remis sur sa demande à la mère naturelle et au père naturel), soit après une adoption. V. *état civil, actes de l'état civil, casier civil, fiches d'état civil, famille, enfant sans vie.*

— **de marin.** Livret délivré par l'autorité maritime pour être conservé par le marin et recevoir mention des engagements successifs.

— **militaire.** Livret remis lors de son incorporation à chaque homme inscrit sur les listes de recrutement cantonal et reproduisant les indications d'incorporation ou de position contenues au registre matricule tenu par subdivision de région.

— **ouvrier.** Pièce d'identité, jadis obligatoire pour tout ouvrier, supprimée par la loi du 2 juillet 1890 comme portant atteinte à la liberté d'embauchage des travailleurs, les patrons ne pouvant, avant cette loi, embaucher les ouvriers dont le livret ne contenait pas l'acquit des avances faites par le maître précédent.

LOCAL, ALE, AUX

Adj. – Lat. *localis.*

- **1** Particulier à une localité, à un lieu (lequel peut être une région ; local est syn. en ce cas de *régional) par opp. à général, national. Ex. usage local. V. *collectivité, territorial.*

— **(Droit).** Expression consacrée englobant l'ensemble des dispositions particulières demeurées en vigueur dans les trois départements du Haut-Rhin, du Bas-Rhin et de la Moselle.

- **2** Du lieu. Ex. représentant local d'une entreprise, correspondant local d'un auxiliaire de justice. V. *union locale.*

LOCAL

N. m. – Lat. *localis,* de *locus* : lieu.

- Emplacement en général clos et couvert (maison, appartement, pièce, entrepôt, garage, abri) par opp. à terrain *nu ; le terme s'emploie surtout, en pratique, pour désigner des lieux loués.

— **commercial.** Local loué pour l'exercice

d'une activité commerciale. V. **bail commercial.*

— **d'habitation.** Dans la législation des baux, local destiné au seul *logement des personnes à l'exclusion de toute activité professionnelle, commerciale ou non.

— **professionnel (ou à usage professionnel).** Dans la même législation, local affecté à l'exercice d'une profession non commerciale (ex. *cabinet de médecin, d'avocat).

LOCALISATION

N. f. – Formé sur le lat. *localis.* V. *local.*

- Démarche qui, pour désigner la loi applicable, situe le rapport de droit sur le *territoire d'un État, ou plus généralement, dans la sphère d'application d'un *système juridique ; elle détermine objectivement, en fonction des éléments principaux de ce rapport de droit, matériels ou juridiques, le centre de gravité de l'opération et ses liens avec un territoire ou un *système juridique. Ex. localisation des meubles et des immeubles au lieu de leur situation, localisation des contrats au lieu où se trouvent centralisés effectivement les intérêts en jeu. V. *territorial, territorialité, rattachement.*

LOCATAIRE

Subst. – Dér. du lat. *locare* : louer.

- Celui qui reçoit la *jouissance d'une chose en vertu d'un contrat de *louage ; se dit plus spécialement de celui qui prend à bail une maison ou un local commercial, par opp. au *fermier ou au *métayer qui prend à bail un bien rural (C. civ., a. 1726). Syn. *preneur.* V. *bailleur, emphytéote, concessionnaire, colon partiaire, tenancier, cheptelier.*

— ***principal.** Locataire qui donne à bail à un tiers tout ou partie de la chose qu'il a prise lui-même en location (V. *sous-locataire*) et reste tenu envers le bailleur initial des obligations de son contrat.

— **(sous-).** Personne qui reçoit en location une chose d'une autre personne (V. *locataire *principal*), elle-même déjà locataire (C. civ., a. 1743). V. *sous-*location.*

LOCATAIRE-ATTRIBUTAIRE

V. le précédent ; *attributaire.*

- *Bénéficiaire du contrat de *location-attribution, occupant d'un local *accédant à la propriété. V. *locataire, preneur.*

LOCATEUR

Subst. – Du lat. *locator.*

- Syn. désuet de *bailleur (dans le contrat de location de choses). V. *loueur, logeur.*

— **de services** (vx). Celui qui loue ses services dans le *louage de services (contrat de travail), aujourd'hui nommé **salarié, *employé.* V. *prestataire.*

— **d'ouvrage.** Celui qui, dans le contrat de *louage d'ouvrage (ou *entreprise), s'engage à faire un ouvrage. Syn. *entrepreneur.* V. **maître de l'ouvrage.*

LOCATIF, IVE

Adj. – Du v. lat. *locare* : louer.

- Inhérent à la location d'une chose (immobilière pour l'essentiel), plus spécifiquement à l'occupation de cette chose à titre de locataire, ou à son exploitation en location.

—**ves (charges).** Celles des *charges d'habitation qui incombent au locataire en plus du loyer dont elles constituent l'*accessoire.

— **(immeuble).** Par opp. à immeuble en copropriété, immeuble de rapport exploité en location.

—**ves (réparations).**

a / Réparations de menu entretien incombant au locataire, sauf clause contraire, dans le droit commun du bail à loyer (C. civ., a. 1754) et même dans tout louage de choses (C. civ., a. 1719-2).

b / Travaux d'entretien courant et de menues réparations (y compris les remplacements d'éléments assimilables à celles-ci) incombant au locataire lorsqu'ils sont consécutifs à l'usage normal des locaux et équipements loués à usage privatif (non s'ils sont occasionnés par vétusté, malfaçon, vice de construction, cas fortuit ou force majeure, a. 16 et 2, l. 22 juin 1982 anc., d. 30 déc. 1982, a. 1). Ex. dégorgement des descentes d'eau, remplacement des vitres, menus raccords de peinture, etc.

— **(risque).** *Risque correspondant aux dommages pouvant résulter de l'incendie des lieux loués dont il incombe au locataire, légalement responsable de ces dommages envers le bailleur, de se couvrir par assurance (C. civ., a. 1733, 1734).

—**ve (*valeur).**

a / Montant estimé d'un loyer calculé en vue d'évaluer le rapport possible d'un immeuble non loué, valeur potentielle de location.

b / Critère de détermination légale ou judiciaire d'un loyer destiné à être effectivement payé, dans les cas où la détermination du loyer échappe à la volonté des parties. Ex. en matière de baux commerciaux, le montant du loyer révisé ou de celui du bail renouvelé doit correspondre à la valeur locative (d. 30 sept. 1953, a. 23).

c / Évaluation du loyer d'un local servant de base d'imposition pour les impôts directs locaux. Comp. *loyer matriciel.*

LOCATION

N. f. – Lat. *locatio,* du v. *locare* : louer.

- **1** Toute espèce de *louage de choses. Syn. **bail.* Ex. location d'un appartement, d'un véhicule, d'une planche à voile, location saisonnière. Comp. **prêt à usage, vente, dépôt, concession.* V. *emphytéose, loyer.*

— **avec option d'achat.** Contrat en vertu duquel un établissement de crédit loue à un preneur (pour un usage non professionnel) une chose achetée à cet effet, en stipulant à son profit la faculté d'en devenir propriétaire en levant l'*option à l'expiration du contrat (parfois au cours de celui-ci moyennant le versement de la totalité des loyers non échus et une pénalité) ; encore nommée location avec *promesse de vente. Comp. *crédit-bail, cession-bail.*

— **de coffre-fort.** Nom donné dans la pratique à la convention spécifique par laquelle un banquier met à la disposition d'un client un coffre-fort dont il assure la garde.

— **de fonds de commerce.** Convention par laquelle le propriétaire d'un *fonds de commerce ou d'artisan concède pour un temps l'exploitation de son fonds à une personne dite *gérant libre ou locataire-gérant qui exploite à ses risques et périls, contre paiement d'une redevance périodique. Syn. *location-gérance, *gérance libre.*

— **en *meublé ou *garni.** Bail d'un local meublé (comportant la jouissance des meubles garnissant les lieux loués, C. civ., a. 1758).

— **financière.** Variété de *crédit-bail, le plus souvent sans transfert de propriété en raison de l'obsolescence rapide du bien financé.

— **-*gérance.** V. ci-dessus *location de fonds de commerce.*

— **(sous-).** Location conclue entre un locataire originaire (*locataire principal) agissant lui-même comme bailleur (de tout ou partie du même local) et un preneur, *sous-locataire.

- **2** (dans le langage pratique). Action de réserver une place pour un spectacle ou un voyage. Syn. *réservation.*

LOCATION-ATTRIBUTION (CONTRAT DE)

V. *location, attribution.*

- Contrat mixte conclu entre un candidat au logement et certaines sociétés spéciales (sociétés anonymes coopératives de location-attribution HLM) ouvrant au coopérateur le droit de jouir personnellement du local construit ou à construire comme un preneur à bail et celui de se le faire attribuer en pleine propriété au bout d'un certain temps (en général dix ans) moyennant le paiement du prix de revient du logement et celui du loyer et des charges. Comp. *location-vente.* V. **accession à la propriété, locataire-attributaire, crédit-bail, leasing.*

LOCATION-VENTE

V. *location, vente.*

- Contrat par lequel le propriétaire d'une chose le plus souvent mobilière (matériel industriel, automobile, électroménager…) en remet la jouissance à une autre personne moyennant le paiement d'une redevance supérieure au montant normal d'un loyer, avec faculté d'en acquérir la propriété au cours ou à la fin du contrat. Comp. *leasing, crédit-bail, location-attribution.*

LOCK-OUT

Subst. masc. – Expression angl. formée de *lock* : fermer à clef et *out* : dehors, aujourd'hui reçue en Droit français.

- Interruption de l'activité de l'entreprise ou d'une fraction de celle-ci sur décision de la direction, au cours d'un conflit du travail, soit pour prévenir une *grève, soit pour y riposter.

LOCUS REGIT ACTUM

Adage latin signifiant « le lieu régit l'acte », qui énonce la soumission de l'acte juridique, quant à la forme, à la loi du lieu où il a été passé.

LOGEMENT

N. m. – Dér. de loger. V. *logeur.*

- *Immeuble *bâti servant à l'*habitation principale (ou secondaire) d'une personne ou d'une famille qui l'occupe à titre de propriétaire, de locataire ou d'occupant. V. *demeure, résidence, domicile, local.*

— **(droit viager au).** Droit d'*habitation accordé par la loi (sauf volonté contraire du défunt) au *conjoint *successible jusqu'à son décès, sur le logement appartenant aux époux ou dépendant en totalité de la succession, s'il l'occupait effectivement, à l'époque du décès de son conjoint, à titre d'habitation principale, droit au logement assorti d'un droit d'usage sur le mobilier compris dans la succession qui le garnissait, tous droits successoraux de leur nature, dont la valeur s'impute sur celle des droits successoraux recueillis par le conjoint (C. civ., a. 764, 765).

— **temporaire (droit au).** *Jouissance gratuite accordée de plein droit (et impérativement) par la loi, pour un an, au *conjoint *successible sur le logement appartenant aux époux ou dépendant en totalité de la succession, s'il l'occupait effectivement, à l'époque du décès, à titre d'habitation principale (C. civ., a. 763), droit non successoral mais matrimonial en tant qu'effet direct du mariage, dans la tradition des *gains de survie, ici concentrée sur le logement mais élargie à tous les régimes matrimoniaux (comp. a. 1481 anc.).

LOGEMENT-FOYER

- Établissement destiné au logement collectif à titre de résidence principale de personnes dans des immeubles comportant à la fois des locaux privatifs meublés ou non et des locaux communs affectés à la vie collective pour l'accueil, notamment, de personnes âgées, de personnes handicapées, de jeunes travailleurs, d'étudiants, de travailleurs migrants ou de personnes défavorisées (CCH, a. L. 633-1).

LOGEUR, EUSE

Subst. – De loger, loge, francique *laubja* ; cf. all. *Laube* : tonnelle.

- **1** Celui qui, à titre professionnel, fournit le logement et la nourriture à des clients fixes ou de passage dans son établissement (hôtel, pension, maison). V. *maître de pension, hôtelier.*
- **2** Dans certaines expressions, syn. de *loueur. Ex. logeur en *meublé. Comp. *bailleur, locateur, hôte, *chambre d'hôte.*

LOI

N. f. – Lat. **lex.*

- Toute *norme ou *système de normes d'ordre juridique ou extrajuridique ; en ce sens, on parle de loi *naturelle (V. **droit naturel*) ou de loi *morale, par opp. à la loi *positive (V. *droit positif*). V. *Droit, lex, jus.*

▸ **I** (en droit positif, toutes disciplines)

- **1** (sens juridique usuel). Texte voté par le Parlement (Const. 1958, a. 34) ; loi au sens organique et formel par opp. à décret, règlement, ordonnance, arrêté, mais aussi à Constitution. V. *liberté, état de Droit, *compétence législative, *pouvoir législatif, législation, constitutionnalité, statut.*
- **2** Texte voté par *référendum (Const. 1958, a. 11).
- **3** (sens fondamental). *Règle de droit suprême dans la hiérarchie des *normes ; en ce sens les lois sont les règles qu'un régime politique rend suprêmes (1 et 2). Ex., dans le système juridique français, la loi est l'expression de la volonté générale. V. *Constitution.*
- **4** Règle de droit écrit (d'origine étatique, volontaire) par opp. à la *coutume. V. *source.*
- **5** Englobe parfois, *ut universi,* toutes les règles émises par une autorité qualifiée (y compris les *règlements) et les règles assimilées (principes généraux du Droit,

coutume). Ex. la violation de la loi donnant ouverture au recours pour excès de pouvoir ou au pourvoi en cassation ; à la limite : ensemble du Droit positif d'un pays. Ex. selon la loi française, *conflit de lois. V. *Droit objectif, ordre, *système juridique, *ordonnancement juridique* et le sens II (int. priv.) mais pris *ut singuli.*

• **6** (au sens matériel très proche du précédent). Syn. de *règle de droit ; se dit de toute disposition de caractère général, abstrait et permanent ; en ce sens la loi s'oppose au *jugement et au *contrat comme *source de droit ou d'obligation.

• **7** Par extension encore, tout ce qui est juridiquement obligatoire. Ex. les conventions légalement formées tiennent lieu de loi à ceux qui les ont faites (C. civ., a. 1134).

• **8** Personnifie l'action du *législateur par opp. à la *jurisprudence, à la *doctrine et à la *coutume. V. *interprétation, lacune, application, ordinaire.*

• **9** Le droit *strict par rapport à l'*équité. V. *justice.*

— **-cadre.** Loi, qui sous la IVe République, se bornait, pour l'ensemble d'une matière, à poser succinctement des règles générales et invitait le pouvoir réglementaire (en l'y habilitant) à fixer ou modifier les dispositions nécessaires dans le cadre très large qu'elle lui traçait. Ex. loi-cadre du 23 juin 1956 pour les territoires d'outre-mer. Comp. *loi de *programme, contrat-cadre.*

— **constitutionnelle.** V. *constitutionnel.*

— **de blocage.** Disposition par laquelle les pouvoirs publics cherchent à soustraire leurs ressortissants à certains pouvoirs d'investigation des autorités étrangères, par exemple ceux conférés par la procédure de *pre trial discovery*, en leur interdisant la production de preuves devant celles-ci (ex. loi no 80-538 du 16 juillet 1980 relative à la communication de renseignements d'ordre économique, commercial ou technique à des personnes étrangères ; voir aussi la réglementation édictée par l'UE : Règlement délégué de la Commission [UE] 2018/1100 ; [UE] 2018/1101 ; et la « Note d'orientation » [2018/C 277 I/03]) (*Blocking statutes*).

— **de finances.** V. entrée suivante.

— **de programme.** V. *programme (loi de).*

— **de règlement du budget.** V. *loi de finances.*

— **de simplification.** Loi proposant un ensemble de mesures destinées à simplifier le droit existant pour améliorer sa qualité et son accessibilité. Prévues initialement pour la simplification des procédures administratives, ces lois habilitent, le plus souvent, le gouvernement à transposer par ordonnance des directives européennes ou à réaliser des codifications à droit constant.

— **d'exception.** Loi qui, en raison de circonstances exceptionnelles (ex. en cas de guerre, de catastrophe naturelle) et au vu des nécessités d'y faire face, déroge provisoirement aux règles applicables.

— **d'habilitation.** V. *habilitation.*

— **dispositive.** V. *dispositive (loi).*

— **d'orientation.** Loi qui, pour l'ensemble d'une matière, fixe une politique globale à réaliser en un temps plus ou moins long et prend les dispositions législatives nécessaires à cet effet dès ce moment. Ex. loi d'orientation agricole du 5 août 1960 ; loi d'orientation de l'enseignement supérieur du 12 novembre 1968. V. *impératif, objectif.*

— **-écran** (adm.). Théorie selon laquelle le juge administratif ne peut statuer sur l'inconstitutionnalité d'un acte administratif pris en application d'une loi, quand bien même cette loi ne serait pas conforme à la constitution.

— **interprétative.** V. *interprétative (loi).*

— **martiale.** Nom naguère donné à la loi autorisant le recours à la force armée pour la répression intérieure et par ext. au régime d'exception établi en cette circonstance. Comp. **état de siège, pouvoirs spéciaux.*

— **organique.** V. *organique (loi).*

— **prohibitive.** V. *prohibitif.*

— **référendaire.** Loi adoptée par *référendum.

—**s de Rolland** (adm.). Du nom du professeur Louis Rolland qui les a formulées dans son précis de droit administratif durant les années 1930 à 1938 ; principes directeurs du service public : égalité, continuité et adaptation, repris dans la Charte des services publics (1992).

—**s mémorielles.** Lois qui ont pour point commun de donner un point de vue officiel sur des événements historiques (délit de négationnisme du génocide des Juifs ; commémoration annuelle du génocide arménien ;

reconnaissance de la traite et de l'esclavage comme crime contre l'humanité).

— **supplétive.** V. *supplétif.*

— **(autorisation de la).** V. *autorisation de la loi.*

— **(ordre ou permission de la).** V. *autorisation de la loi.*

▸ **II** (int. priv.)

• Ensemble des règles de droit du *système juridique déclaré applicable à une situation juridique internationale. Ex. la loi nationale qui régit la capacité d'une personne comprend l'ensemble des règles de droit, législatives ou non, relatives à la capacité, qui sont en vigueur dans le pays dont cette personne a la nationalité.

—s d'application immédiate. Expression désignant les lois dont l'application, dans les rapports internationaux, serait commandée par leur contenu sans considération des règles de conflit. Comp. *lois de police et de sûreté.*

—s de police et de sûreté.

a / (sens traditionnel). Lois relatives à l'organisation étatique et lois pénales qui, à ce titre, obligent tous ceux qui habitent le territoire (C. civ., a. 3, al. 1).

b / (sens extensif). Lois dont l'observation est nécessaire pour la sauvegarde de l'organisation politique, sociale et économique et qui excluent l'application des lois étrangères Comp. *lois d'application immédiate.*

— **personnelle.** V. *statut* (sens 2 et 3).

— **réelle.** V. *statut* (sens 2).

— **uniforme.** V. **Droit *uniforme.*

LOI DE FINANCES

V. *loi, finance.*

• Loi qui contient des dispositions budgétaires, c'est-à-dire qui détermine la nature, le montant et l'affectation des ressources et des charges de l'État (loi de finances de l'année, loi de finances rectificative, loi de règlement du budget). V. l. org. relative aux lois de finances, a. 1.

— **de l'année.** Loi votée avant l'ouverture de l'exercice budgétaire et qui contient les autorisations de recettes et de dépenses pour cet exercice.

— **de règlement du *budget.** Loi par laquelle le Parlement constate les résultats financiers de l'exercice budgétaire et approuve les différences entre les résultats et les prévisions de la loi de finances de l'année et des lois de finances rectificatives.

— **rectificative (ou *collectif budgétaire).** Loi qui, en cours d'année, modifie les dispositions de la loi de finances.

LONG COURS

Lat. *longus* : long. V. *cours.*

• *Navigation pratiquée au-delà d'une zone délimitée en latitude et en longitude par la loi (présumée plus dangereuse que la navigation au *cabotage). Comp. *bornage.*

— **(capitaine au).** Officier muni d'un brevet lui permettant d'accéder au commandement de tout navire de commerce, quel que soit son tonnage et quelle que soit la navigation pratiquée (brevet aujourd'hui remplacé par celui de capitaine de 1re classe de la navigation maritime, qui suppose désormais une formation polyvalente de navigateur et de mécanicien).

— **(lieutenant au).** Officier muni d'un brevet permettant d'accéder aux fonctions de lieutenant sur tout navire de commerce (brevet remplacé par le brevet d'officier de la marine marchande, qui suppose désormais une formation polyvalente de navigateur et de mécanicien).

LOT

N. m. – Mot d'origine germ. Cf. gotique *hlauts* : sort, héritage.

• **1** Ensemble des biens attribués en *partage à un *copartageant, constituant sa *part (au sens concret) après division de la masse ou du bien indivis (C. civ., a. 826). V. *portion, attribution, fournissement.*

—s (formation et composition des). Opération de partage consistant à constituer autant de lots égaux qu'il y a d'héritiers copartageants ou de souches copartageantes, en déterminant concrètement les biens qui composent chacun. V. *allotissement, allotir, tirage, *assignation de parts.*

• **2** Portion divise d'un bien destiné à être vendu par parcelles ; chacune des parties du bien *loti. V. *lotissement, coloti.*

• **3** Somme d'argent ou objet attribué au gagnant d'une *loterie. Comp. *enjeu, gain.*

• **4** Ensemble des droits appartenant, dans la *copropriété des immeubles bâtis, à chaque copropriétaire et comprenant outre la propriété exclusive d'une partie privative une quote-part dans la copropriété des parties communes.

— **(*retour de).** Somme d'argent ou rente due par un copartageant avantagé afin de compenser l'inégalité des lots. Syn. *soulte* (de partage).

• **5** Ensemble de marchandises vendu en bloc pour un prix global comportant un rabais. Comp. *contrats *couplés.*

• **6** Dans certaines formules financières (*obligation à lots, valeur à lots), avantage distribué à l'occasion du remboursement de la valeur, après tirage au sort.

LOTERIE

N. f. – Dér. de l'ital. *lotteria,* lui-même dér. de *lotto,* qui vient du franç. *lot.

• Opération (quelle qu'en soit la dénomination) offerte au public et par laquelle un gain ou un avantage quelconque est attribué à une ou plusieurs personnes par la voie du sort (sauf la loterie nationale, instituée par la l. du 31 mai 1933, les loteries destinées à des actes de bienfaisance ou à l'encouragement des arts qui peuvent être autorisées et les loteries foraines qui ne sont en réalité que tolérées, les loteries sont interdites). V. *jeu, aléa, *bonnes mœurs, pari.*

LOTI, IE

Adj. – De lotir, de *lot.

• **1** *Attributaire d'un *lot (sens 1) dans le partage ; se dit du *copartageant rempli de sa *part ; *alloti. Comp. *coloti.*

• **2** Divisé en *lots (sens 2) ; vendu par *lots. Ex. terrain loti. V. *lotissement.* Comp. *partagé.*

LOTISSEMENT

N. m. – Dér. du v. lotir, dér. de *lot.

• **1** Opération ou résultat de l'opération ayant pour objet ou effet la division volontaire en *lots d'une ou plusieurs propriétés foncières par ventes ou locations (simultanées ou successives) en vue de la création d'habitations, de jardins ou d'établissements industriels ou commerciaux (C. urb., a. L. 442-1). V. *coloti.*

• **2** Dans cet ensemble, désigne souvent en pratique la vente de la propriété par *lots. Comp. *allotissement.*

• **3** Par extension, le terrain *loti.

LOTISSEUR, EUSE

Subst. – Dér. du v. lotir. V. *lot.*

• Celui qui procède au *lotissement ; personne privée ou organisme public autorisé à lotir à charge d'exécuter les travaux préalables à la vente des lots (viabilité, etc.). Comp. *promoteur constructeur.*

LOUAGE

N. m. – Dér. de louer, lat. *locare.*

• **1** En un sens générique (peu usité), tout contrat de louage de choses, d'ouvrage, de services.

• **2** En un sens plus usuel et plus spécifique, *louage de choses. V. *location.*

— **à domaine congéable.** V. *bail à domaine congéable.*

— **de choses.** Contrat par lequel une des parties appelée *bailleur s'oblige, moyennant un *loyer, à faire jouir l'autre partie appelée *locataire d'une chose immobilière ou mobilière pendant un certain temps. Syn. **bail, *location* (C. civ., a. 1709 s.). V. *affermage, amodiation, fermage, métayage.*

— **de services.** Contrat par lequel une personne appelée *salarié (travailleur salarié ou *employé) met son travail à la disposition d'une autre nommée *employeur, à laquelle elle est subordonnée, moyennant une rémunération appelée salaire (C. civ., a. 1780) ; l'expression synonyme *contrat de travail est aujourd'hui constamment employée.

— **d'ouvrage.** Contrat, plus souvent nommé aujourd'hui contrat d'*entreprise ou entreprise, en vertu duquel une personne, nommée *locateur d'ouvrage (entrepreneur), s'engage à réaliser un *ouvrage déterminé pour une autre personne appelée *maître de l'ouvrage qui lui en paye le prix, mais à l'égard de laquelle la première n'est pas en état de subordination juridique (C. civ., a. 1710), par opp.

au louage de services. Comp. *mandat, contrat de promotion immobilière, construction, sous-traitance.*

LOUER

V. – Du lat. *locare.*

- 1 Prendre ou donner à *bail une chose.
- 2 Employer les services d'un travailleur ou, pour ce travailleur, engager ses services.
- 3 *Réserver une place pour un spectacle ou un déplacement.

LOUEUR

De louer, lat. *locare* ; *adde locator.*

- 1 Nom donné, dans le contrat de *location-gérance, à celui qui loue le fonds de commerce dont il est propriétaire à un gérant libre, aux fins d'exploitation.
- 2 Désigne aussi, dans diverses espèces de locations, celui qui, à titre professionnel, offre à louer certaines choses (équipement, locaux meublés). Ex. loueur en meublé (de locaux situés dans des hôtels, pensions de famille, *meublés). Comp. *bailleur (terme générique), logeur, locateur.*

LOURD, LOURDE

Adj. – Lat. pop. *lurdus,* origine obscure.

- 1 Particulièrement *grave. Ex. *faute lourde. Comp. *inexcusable, dolosif.* Ant. *léger.*
- 2 Pesant, accablant. Ex. lourdes *charges.
- 3 Sévère, élevé. Ex. lourde peine.

ADAGE : *Culpa lata dolo aequiparatur.*

LOUVETERIE

N. f. – Dér. de louvetier, dér. lui-même de loup, lat. *lupus.*

- 1 *Chasse aux loups et autres animaux nuisibles, en vue seulement de leur destruction.
- 2 Organisation administrative ayant pour objet la destruction des animaux nuisibles sous la direction des lieutenants de louveterie qui, nommés pour un temps par le préfet, exercent bénévolement leurs fonctions sous le contrôle de la direction départementale de l'agriculture.

LOYAL, ALE, AUX

Adj. – Du lat. *legalis* : relatif à la loi, conforme à la loi.

- 1 A conservé dans certaines expressions traditionnelles un sens proche du sens étymologique : « Loyaux coûts du contrat », sommes que l'acquéreur a été obligé de payer, en vertu de la. loi, des usages ou du contrat, en plus du prix d'achat, « qualité loyale et marchande », qualité (bonté) que requièrent, en la chose vendue, la loi, la bonne pratique et les usages du commerce. Comp. *aloi.*
- 2 Sincère ; franc, droit, plus spécialement, entre adversaires, dans un combat ou un procès, qui observe les règles du jeu, par exemple, pour un plaideur, celle de communiquer ses pièces à l'autre partie (CPC, a. 132), de s'abstenir de fraude (ex. de falsifier des pièces, a. 595), plus généralement, de respecter le principe de contradiction. V. *loyauté (du débat).* Ant. *déloyal.*
- 3 *Fidèle ; qui respecte les devoirs de son état, par exemple la foi conjugale (compagne loyale) ou la loi du contrat (mandataire loyal).

LOYALISME

N. m. – Empr. à l'angl. *loyalism,* pris du franç. loyal, lat. *legalis.*

▸ **I** (adm.)

- Obligation qui vise les fonctionnaires et agents publics à l'égard de la nation et à l'égard du gouvernement pour ceux de ces fonctionnaires occupant un emploi à la discrétion de ce dernier.

▸ **II** (int. priv.)

- Fidélité, au moins passive, au régime politique établi dans un État. Ex. le défaut de loyalisme peut être cause, pour les étrangers, d'*expulsion ou de refoulement et, pour les nationaux, de *perte de leur nationalité.

LOYAUTÉ

N. f. – De *loyal.

• Droiture ; désigne plus spécialement soit la *sincérité contractuelle (dans la formation du contrat), soit la *bonne foi contractuelle (dans l'exécution du contrat) soit, dans le débat judiciaire, le bon comportement qui consiste, pour chaque adversaire, à mettre l'autre à même d'organiser sa défense, en lui communiquant en temps utile ses moyens de défense et de preuve (CPC, a. 15). Ant. *déloyauté, dol, mauvaise foi.* V. **concurrence déloyale.*

LOYAUX COÛTS

V. *loyal* ; coût du v. coûter, lat. *constare* : être fixé, avoir pour prix.

V. **frais et loyaux coûts.*

LOYER

N. m. – Lat. *locarium* : prix d'un gîte, de *locare* : louer.

• **1** *Prix que doit payer le preneur dans le contrat de bail en contrepartie de la jouissance de la chose (C. civ., a. 1709). V. *revenus, fruit, jouissance.*

• **2** Plus spécialement, prix du *bail à loyer, par opp. au *fermage. Comp. *canon emphytéotique, complant.* V. *redevance.*

— **(bail à).** V. *bail.*

— **commercial.** Loyer dû en raison d'un *bail commercial.

— **matriciel.** Dans l'ancien système de fiscalité directe locale, loyer fictif arrêté par l'administration et qui servait de base d'imposition à la contribution mobilière. Comp. *valeur locative.*

• **3** Désigne en pratique, dans l'expression « loyer de l'argent », le *taux usuel de l'*intérêt servi par les banques sur une place donnée à un moment donné ; pour le prêteur, le rapport de l'argent.

LUCRATIF, IVE

Adj. – Lat. *lacrativus,* de *lucrum.*

• Qui procure un *gain, un *profit, un *avantage. Ex. emploi lucratif, activité lucrative. Comp. *intéressé, onéreux.* V. *bénévole, gratuit, rémunération, bénéfice, revenus, frugifère.*

— **(*but).** Objectif qui caractérise les groupements constitués en vue de réaliser un profit (bénéfice ou économie), par ex. une société (C. civ., a. 1832), par opp. aux groupements à but non lucratif (une association l. 1er juill. 1901, a. 1).

— **ive (faute).** Faute dont son auteur tire un profit supérieur au montant de la condamnation qu'il encourt pour l'avoir commise, et qu'il commet dans ce dessein, agissement non expressément prévu par la loi, mais entaché de fraude à la loi en ce qu'il tend à braver la loi sous couvert du *principe *indemnitaire, d'où la légitimité de l'infliction de dommages-intérêts *punitifs par dérogation à ce principe, dans les cas où l'application stricte et aveugle de celui-ci aurait pour effet manifestement pervers d'encourager les calculs frauduleux et la violation intentionnelle de la loi.

ADAGE : *Fraus omnia corrumpit.*

— **(personne morale à but)** (eur.). Personne morale exerçant une activité économique contre rémunération et qui, à ce titre, peut bénéficier des dispositions du traité CEE relatives au libre *établissement et à la libre prestation des *services (a. 58, anc. tr. CEE, TFUE, a. 54).

LUCRUM CESSANS

Expression latine désignant le « *gain manqué » par le créancier du fait de l'inexécution du contrat, *préjudice à prendre en considération, outre le **damnum emergens* (perte subie) dans le calcul des *dommages-intérêts (C. civ., a. 1149). Ex. les dommages-intérêts doivent couvrir non seulement le prix d'achat déjà payé de marchandises non livrées (perte subie), mais le bénéfice perdu que le commerçant aurait retiré de la revente de ces marchandises que son fournisseur – responsable du dommage – aurait dû lui livrer. Comp. **perte de gains professionnels, *manque à gagner.* V. *dommage.*

LYCÉE

N. m. – Lat. *lyceum,* du gr. λύκειον : gymnase près d'Athènes où Aristote tenait son école.

• *Établissement public national, à caractère administratif chargé du second cycle de l'enseignement secondaire. Comp. *collège.*

M

MAGASINAGE (DROIT DE)

Dér. de *magasin.

• **1** En matière de transport ferroviaire, droits perçus par le chemin de fer lorsque le destinataire dépasse les délais impartis pour procéder à l'enlèvement ou au déchargement de la marchandise à destination.

• **2** En matière de douane, droits appliqués aux marchandises qui se trouvent entre les mains de la douane sans être dédouanées.

MAGASINS GÉNÉRAUX

Empr. de l'ital. *magazzino,* tiré de l'arabe *makhâzin,* plur. de *makhzin* : bureau, etc.

• Établissements exploités par des particuliers, après autorisation administrative, et jouissant du monopole de mettre à la disposition du public des locaux destinés à recevoir des marchandises, lesquelles, conservées sous la responsabilité de cet établissement, peuvent être l'objet d'opérations de *vente et de mise en *gage, grâce aux titres remis au déposant par le magasin général (*récépissé, *warrant). V. *dépôt, entiercement, tiers convenu.*

MAGISTRAL, ALE, AUX

Adj. – Lat. *magistralis* : de maître.

• **1** Qui est l'œuvre d'un maître.

— **(enseignement).** Celui qui est donné par un maître ex cathedra (cours magistral) ou sous une autre forme (ex. conférence magistrale). V. *doctrinal.*

• **2** Qui est digne d'un maître (par l'autorité et le brio). Ex. démonstration magistrale.

• **3** Se dit aussi par opp. à officinal du remède préparé sur ordonnance d'un médecin. V. *officine.*

MAGISTRAT

Du lat. *magistratus* : charge, fonction publique, magistrature.

• **1** Au sens strict, toute personne appartenant au *corps judiciaire et investie, à titre professionnel, du pouvoir de rendre la justice (*magistrat du siège) ou de la requérir au nom de l'État (*magistrat du parquet). Ne pas confondre avec *juge. Ex. sont des juges, non des magistrats, les *arbitres nommés par les parties ; sont des magistrats, non des juges, les membres du parquet.

— **consulaire.** V. *consulaire.*

— **de carrière.** Ceux qui sont destinés à faire carrière dans les juridictions ordinaires (tribunaux d'instance ou de grande instance, etc.) sauf à présider les juridictions *échevinales (tribunaux paritaires de baux ruraux) par opp. à ceux qui siègent comme assesseurs dans ces dernières ou composent les autres juridictions spécialisées (tribunaux de commerce, conseils de prud'hommes) et qui y sont appelés en raison de leur qualification dans une autre profession principale (ex. commerçant).

— **de l'*ordre *judiciaire (ou magistrat judiciaire).** Magistrat du corps judiciaire qui connaît des procès civils, par opposition aux magistrats des tribunaux administratifs et du Conseil d'État (comprend non seulement les membres de la Cour de cassation, des cours d'appel et des tribunaux de grande instance ou d'instance, mais aussi ceux des juridictions spécialisées). V. *gens de justice*.

— **du parquet (ou debout).** Magistrat du *ministère public chargé de représenter l'État auprès des juridictions judiciaires civiles ou répressives et not. d'exercer l'*action publique ; ainsi nommé, par opp. au magistrat du siège, parce qu'il se lève pour porter la parole à l'audience et qu'il y occupe une estrade distincte.

— **du siège (ou assis).** Magistrat *inamovible chargé de juger, de rendre les décisions de justice, ainsi nommé, par opp. au magistrat du parquet parce qu'il siège à l'audience. V. *conseiller, président, assesseur*.

— **instructeur.** Magistrat du siège chargé de l'instruction des affaires et investi d'un pouvoir d'instruction et d'un pouvoir de juridiction (juge d'instruction) ou seulement d'un pouvoir d'instruction (juge d'instruction militaire (C. just. mil., a. 3).

- **2** Dans un sens beaucoup plus général, toute personne relevant de l'*ordre administratif ou judiciaire (ou des deux), et investie d'une *charge publique (d'une magistrature) comportant soit un pouvoir juridictionnel soit le pouvoir de prendre ou de requérir des mesures en vue de l'application des lois ou de l'ordre public ; sont ainsi magistrats de l'ordre administratif, les membres du Conseil d'État et des tribunaux administratifs, les membres de la Cour des comptes, les membres des commissions municipales chargées de la révision des listes électorales (avec pouvoir juridictionnel) et (sans pouvoir juridictionnel), le Président de la République et les ministres, ainsi que les préfets et sous-préfets ; sont de même magistrats de l'ordre administratif, mais aussi de l'ordre judiciaire, les *maires, leurs adjoints et les commissaires de police.

MAGISTRATURE

N. f. – Dér. de *magistrat.

- **1** *Fonction du *magistrat (ex. exercer une magistrature). À la différence de *judicature, le terme ne s'applique pas qu'à la fonction de juger. Ex. magistrature suprême du *Président de la République. Comp. *charge*. V. *office*.
- **2** Corps judiciaire (ex. entrer dans la magistrature).

— **assise (ou du *siège).** Ensemble des magistrats chargés de rendre la justice et bénéficiant de l'*inamovibilité ; ainsi appelée parce que ces magistrats exercent leurs fonctions en restant assis.

— **debout (ou du *parquet).** Ensemble des magistrats chargés de requérir la justice au nom de l'État et ne bénéficiant pas de l'inamovibilité ; ainsi nommée parce que ces magistrats se tiennent debout pour prononcer leurs réquisitions ou conclusions.

MAHR

- Institution de droit musulman. Somme que le mari doit verser à sa femme pour cause de mariage et qui est destinée à lui garantir sa subsistance en cas de rupture des liens conjugaux. V. *dot*.

MAIN

N. f. – Lat. *manus* : main, action, force.

- **1** Concrètement, l'organe du corps humain pris comme :
- A / Moyen d'expression de la volonté, à savoir selon les cas :

a / Organe scripteur dans la signature ou même l'écriture *manuscrite d'un acte entier (ex. testament olographe, C. civ., a. 970).

b / Mode direct d'expression du consentement (vote à main levée).

c / Geste rituel d'engagement solennel (prestation de serment à main levée).

- B / Mode d'exécution de la *tradition dans les opérations manuelles (don manuel, versement de la main à la main), et plus largement comme signe d'appréhension effective, de maîtrise matérielle, de *détention d'une chose corporelle. V. *corpus, dessous-de-table*.

— **(contrat en).** V. *contrat en main*.

- **2** Par ext., la personne même *titulaire d'un droit, soit celle dont on tient ce droit (*auteur, not. dans les expressions « tenir de la main de… »), soit celle qui l'acquiert « (acquisition de première main », réunion de parts sociales « en une seule main », C. civ., a. 1844-5) ; désigne aussi le détenteur d'un bien (ex. saisie d'un immeuble en quelque main qu'il se trouve). V. *tête, chef, tènement, entiercer.*

— **propre (en).** À la personne même, directement.

• **3** Symboliquement, signe de pouvoir, d'autorité, désignant :

***a* /** Le titulaire d'un pouvoir de *gestion, ou le mode de gestion.

— **commune (administration en).** Type de gestion dans laquelle les deux époux administrent ensemble, conjointement, les biens communs. Syn. *administration conjointe.* V. *cogestion* (sens 2, *b*).

***b* /** La puissance, l'autorité, parfois la force publique (dans l'expression *manu militari*).

— **de justice (biens placés sous).** Se dit des biens saisis en tant qu'ils sont mis sous l'autorité de la justice. Comp. *mainmorte.* V. *saisie, mainlevée.*

— **de justice (personnes placées sous).** Personnes qui, effectuant leur peine en milieu ouvert ou fermé, bénéficient d'un suivi de l'administration pénitentiaire aux fins de leur réinsertion sociale et professionnelle.

• **4** Dans certaines expressions, ce qui est à portée de la main et fait à la main. Ex. main courante. V. *brouillard.*

— ***courante.** Nom donné en pratique, dans les services de police, au *registre, en général tenu à la main, sur lequel sont relatés, au jour le jour, au fur et à mesure qu'ils se produisent, les événements qui jalonnent l'activité d'un commissariat de police (convocation, interpellation, transfert, constats d'accident, etc.) et les déclarations qui y sont faites (déclaration de vol, d'accident, dépôt de plaintes, etc.). Comp. *procès-verbal.*

MAIN-D'ŒUVRE

V. *main* et *œuvre.*

• Ensemble des forces humaines utilisées à la production et à la fourniture de biens ou de services. V. *salariat, marchandage.*

MAINLEVÉE

N. f. – Comp. de *main et de levée (du v. lever, lat. *levare*).

• **1** Disparition d'un obstacle de droit à l'accomplissement d'un acte, à l'exercice d'un droit et, plus précisément, levée – pour un retour à la normale – d'un obstacle qui avait créé, dans un intérêt légitime, une situation de blocage ou de protection que les circonstances ne justifient plus. Ex. mainlevée d'une saisie, d'une inscription hypothécaire, d'une opposition à mariage (C. civ., a. 67, 173) ou même d'une tutelle ou d'une curatelle (C. civ., a. 443), ayant pour résultat de faire cesser les effets de la saisie, de permettre la radiation de l'hypothèque, la célébration du mariage, de mettre un terme au régime de protection, etc.

• **2** Par métonymie, action de supprimer ou acte qui supprime (ou sur le fondement duquel est supprimé) cet obstacle. Ex. en cas d'opposition, l'officier d'état civil ne peut célébrer le mariage avant qu'on lui en ait remis la mainlevée (C. civ., a. 68).

— **administrative.** Celle qui est donnée par l'autorité administrative (comptable public, ministre, etc.), s'agissant des intérêts de l'État.

— **amiable.** Syn. *mainlevée volontaire.*

— **automatique (ou *de plein droit).** Celle qui résulte **de plano* de la survenance d'un événement, ou de l'écoulement du temps. Ex. effet de l'opposition à mariage limité à un an. Syn. **péremption,* **caducité.*

— *forcée.* Syn. *mainlevée judiciaire.*

— **judiciaire (ou forcée).** Celle qui est ordonnée par une décision de justice. Syn. *rejet* (de l'opposition à mariage).

— **partielle.** Celle qui réduit les effets d'une sûreté ou d'une voie d'exécution sans les faire cesser totalement. Ex. radiation partielle d'une inscription hypothécaire (C. civ., a. 2444). V. *cantonnement, réduction.*

— **totale.** Celle qui anéantit les effets d'une sûreté ou d'une voie d'exécution.

— **volontaire (ou amiable).** Celle qui est consentie par la (ou les) partie(s) intéressée(s) : opposant, auteur de la mainmise ou bénéficiaire de la sûreté. Comp. *désistement, renonciation, retrait, révocation.* Syn. **levée* (**scellés*).

• La mainlevée est l'antidote d'un empêchement, d'un obstacle, d'une opposition. Mais il convient de discerner l'obstacle qu'elle dissipe électivement : la mainlevée fait disparaître l'empêchement à mariage que l'opposition crée par elle-même ; elle est sans effet sur l'empêchement légal en vertu duquel cette opposition a pu être formée ; la mainlevée volontaire de l'inscription se distingue de la renonciation à l'hypothèque qu'elle n'emporte pas nécessairement (le créancier pouvant rester titulaire d'une hypothèque non inscrite) ; en matière de saisie immobilière ou d'inscription de sûreté, la mainlevée se distingue (en tant qu'elle en constitue une condition préalable) de la *radiation (opération matérielle par laquelle se traduit l'exécution de la mainlevée).

MAINMORTE

N. f. – Comp. de *main et morte, lat. *mortuus.*

- Se dit de la possession de certains biens (fonciers) par des personnes morales (association, congrégation…), de leur appartenance à un *patrimoine qui, à la différence de celui des particuliers, ne se transmet pas de main en main (d'où le nom de biens de mainmorte), mais réalise une accumulation de richesses en dehors des mutations successorales et économiques. Comp. *inaliénabilité, indisponibilité, fondation, munici palisation des sols, *réserve foncière.*

MAINTENANCE

N. f. – Dér. du v. maintenir, lat. pop. *manutenire.*

- **1** (sens économique et juridique). Nom donné à l'exécution de la *prestation compensatoire après divorce, lorsque celle-ci prend la forme d'un capital (C. civ., a. 274) (modalité destinée à maintenir en valeur la prestation compensatoire contre la dépréciation monétaire). Comp. *équivalence.*
- **2** Prend dans certaines expressions un sens matériel, concret.

— **(contrat de).** Nom donné, dans la pratique, aux conventions de service après vente assurant durablement aux utilisateurs de machines de haute technicité (not. de matériel informatique), soit un service périodique de vérification, de réglage et d'*entretien (maintenance préventive), soit un service rapide de dépannage et de réparation, dans des délais très courts mais variables selon la modalité du contrat (maintenance « sur site », « retour au centre technique » ou « retour à l'usine »). V. *conservation*. Comp. *abonnement.*

MAINTIEN DANS LES LIEUX

De maintenir, formé de *main et de tenir, lat. *tenere.* V. *lieu.*

- Bienfait accordé de plein droit par la loi, consistant dans le droit, pour l'occupant de bonne foi d'un local soumis à la loi du 1er septembre 1948, de demeurer à l'expiration du bail dans les lieux qu'il occupe, sans l'accomplissement d'aucune formalité (et aux conditions du contrat primitif), malgré l'opposition du propriétaire, sous réserve des cas où ce dernier peut faire valoir un droit de *reprise (l. 1er sept. 1948, a. 4 s.). Comp. *renouvellement, reconduction*. V. *congé, expulsion, bénéfice.*

MAIRE

N. – Lat. *major,* comp. de *magnus,* propr. « plus grand ».

- Premier *magistrat communal élu en son sein par le *conseil municipal et chargé de trois ordres de fonctions : 1 / administration de la commune spécialement par la préparation et l'exécution des délibérations du conseil municipal ; 2 / exécution en qualité d'agent de l'État de certaines missions (publication et exécution des lois et règlements et des mesures de sûreté générale, état civil, police judiciaire ; 3 / exercice de la *police administrative. V. *municipalité.*

MAIRIE

N. f. – Dér. de *maire.

- Bâtiment dans lequel se tiennent normalement les séances du *conseil municipal et où sont installés les bureaux du maire et de l'administration communale. Par ext., ces services municipaux eux-mêmes ; comp. préfecture. V. **hôtel de ville, *maison commune.*

MAISON

N. f. – Lat. *mansio,* demeure, du v. *manere* : rester.

- Le lieu où l'on demeure (mais il ne s'agit pas nécessairement d'une *demeure particulière) ; se dit par ext. et plus souvent d'un établissement ou même d'une collectivité. Comp. *résidence, domicile, logement, habitation*.

— **centrale.** *Établissement pénitentiaire où sont détenus les condamnés à des peines privatives de liberté de longue durée (plus d'un an restant à subir lorsque la peine devient définitive) ou au moins ceux de ces condamnés qui ne sont pas affectés à des *centres de détention. V. **travaux forcés*.

— **civile et militaire du chef de l'État.** Expression héritée de la période monarchique, désignant l'ensemble des collaborateurs immédiats du chef de l'État.

— **commune.** Syn. de **mairie*. V. *hôtel de ville*.

— **d'arrêt.** Par opp. aux *établissement pour peines, établissement pénitentiaire principalement destiné à recevoir des *prévenus incarcérés (détention provisoire, flagrant délit) et, secondairement, les condamnés à des peines d'emprisonnement de courte durée (dans les limites déterminées par la loi, C. pr. pén. a. D. 53).

— **de correction.** Établissement recevant les mineurs acquittés comme ayant agi sans discernement.

— **de *dépôt.** Syn. *de maison d'arrêt*.

— **de jeux.** Établissement ouvert au public où l'on joue de l'argent dans des jeux de hasard (anc. C. pén., a. 410, a. L. 2331-2 CGCT).

— **de justice.** Dénomination, avant 1958, des établissements où étaient incarcérés les accusés avant leur comparution devant la cour d'assises et les condamnés à mort avant leur exécution. Comp. **centre pénitentiaire*.

— **de justice et du droit.** Type de maison instituée comme lieu d'accueil et de concertation (l. 18 déc. 1998, COJ, a. R. 131-1) afin d'assurer une présence judiciaire de proximité dans les localités où le besoin s'en fait sentir, avec mission de concourir à la *prévention de la délinquance, à l'aide aux victimes et à l'*accès au droit, et vocation à servir de cadre, en matière pénale et civile, aux travaux de médiation et de conciliation, institution placée, en antenne, comme siège avancé associé à l'œuvre de justice, sous l'autorité des chefs du tribunal de grande instance dans le ressort duquel une maison est créée.

— **de la culture.** Établissement à vocation culturelle créé par accord entre l'État et les communes et géré par des associations auxquelles participent des personnalités indépendantes.

— **de retraite.** Dénomination des *hospices qui ne reçoivent que des vieillards.

— **de tolérance.** Nom encore donné, dans la pratique, aux établissements de *prostitution prohibée par la loi (C. pén., a. 225-10) (on parle aussi de maison, ou de maison meublée).

— **(employés ou gens de).** V. **employés de maison*.

— **familiale.** Syn. de *résidence de la famille (C. civ., a. 371-3). V. **communauté de vie*, **autorité parentale*.

— **habitée.** Tout bâtiment, logement, loge, cabane, même mobile, qui, même sans être actuellement habité, est destiné à l'habitation et tout ce qui en dépend (cours, garages, granges, etc.) (C. pén., a. 390) ; lieu pris en considération par la loi pénale comme circonstance de l'infraction. Ex. le fait que l'infraction ait été commise dans un tel lieu est une circonstance aggravante du vol (C. pén., a. 381-3 et 386-1) ; les violences commises en repoussant l'escalade ou l'effraction des clôtures, murs ou entrée de ce lieu bénéficient soit d'une *excuse atténuante (C. pén., a. 322) si le fait est commis de jour, soit même du fait justificatif (a. 329-1) de légitime défense (si le fait est commis la nuit).

— **individuelle (contrat de construction de).** Espèce de contrat instauré en 1975 (CCH a. L. et R. 231-1) dont l'objet exclusif est l'édification d'un immeuble à usage d'habitation (ou à usage professionnel et d'habitation) de dimension restreinte (deux logements au plus destinés au même maître de l'ouvrage), finalité spécifique qui explique les multiples garanties dont jouissent les candidats à ce type modeste d'accession à la propriété immobilière. V. *pavillonneur*.

MAÎTRE

Adj. – V. le suivant.

- **1** *Libre, pleinement *capable (pour agir seul). Ex. maître de ses droits, maître de disposer (exprime la non-dépendance). V. *capacité, jouissance, exercice*.

- **2** En droit d'exiger quelque chose par sa seule volonté (exprime le pouvoir). Ex. C. civ., a. 1687.

MAÎTRE

Subst. – Lat. *magister.*

- **1** Celui qui a autorité sur d'autres ou sur certains biens ; *chef ; désigne parfois encore en ce sens celui qui emploie un *domestique (ex. C. civ., a. 1384, mais le terme *employeur est aujourd'hui préféré). Comp. *commettant, patron*.
- **2** Parfois, le *propriétaire d'un bien *(*verus dominus)*.
- **3** Celui qui enseigne un art, une science (vx) ; enseignant, instituteur, professeur. V. C. civ., a. 2272 anc.
- **4** Titre d'usage donné aux avocats et aux officiers ministériels (avoué, notaire).

— **de l'affaire.** Dans la *gestion d'affaires, celui pour le compte duquel l'affaire est gérée. V. **gérant d'affaires*.

— **de l'ouvrage.** Celui envers lequel l'*entrepreneur s'engage à fournir un ouvrage, dans le contrat de *louage d'ouvrage (spécialement en matière de construction) ; ainsi nommé parce qu'il commande l'ouvrage, bien qu'il ne soit pas le patron (l'employeur) de l'entrepreneur, celui-ci étant indépendant, à la différence du *salarié, dans l'exécution de l'ouvrage commandé ; en matière de travaux publics, la collectivité administrative pour le compte de laquelle est exécuté un ouvrage, qui utilise ou exploite celui-ci. Ne pas confondre avec maître d'*œuvre.

— **de pensions** (vx). Celui qui tient un établissement où il reçoit des élèves pensionnaires. V. C. civ., a. 2272 anc.

— **des hautes œuvres.** Nom donné naguère à l'*exécuteur de la peine capitale. V. **exécution, *peine de mort*.

— **des requêtes.** Membre du *Conseil d'État occupant dans la hiérarchie un rang intermédiaire entre celui d'*auditeur et celui de *conseiller.

— **d'œuvre.** V. *œuvre (maître d')*.

MAÎTRISE

N. f. – Dér. de *maître.

- **1** Qualification professionnelle reconnue en général à certains *employés ou collaborateurs ayant acquis une aptitude professionnelle suffisante et ayant au moins un ouvrier sous leurs ordres.
- **2** Titre universitaire sanctionnant la seconde année du deuxième cycle, après la *licence. Comp. *doctorat* ; ne pas confondre avec **mastaire*.
- **3** Plus concrètement, *pouvoir effectif de direction et de contrôle du *gardien, du *possesseur ou du *détenteur précaire d'une chose. V. *garde, responsabilité du fait des choses, corpus, usage*.

MAJEUR, EURE

Subst. – Lat. *major*. V. *maire*.

- Individu qui, ayant atteint l'*âge de la *majorité, est, dès cet instant (en vertu de la loi), pleinement *capable et, sauf exception, soustrait à toute protection. V. *mineur*.

— ***protégé.** Majeur qui a été placé sous l'un des trois *régimes de protection prévus par la loi (tutelle, *curatelle, *sauvegarde de justice), en raison d'une altération de ses facultés personnelles (C. civ., a. 415). Comp. **incapable majeur*.

MAJEUR, EURE

Adj. – V. le précédent.

- **1** (pour un individu). Qualité de celui qui a l'âge de la *majorité.
- **2** (pour un événement). Terme marquant, dans certaines expressions consacrées, l'importance exceptionnelle de cet événement. Ex. *force majeure, *sinistre majeur, conflit majeur.

MAJORATION

N. f. – Dér. de majorer, dér. lui-même du lat. *major.* V. *majeur.*

- Augmentation de valeur se traduisant par un accroissement de charges. Ex. majoration de l'impôt, majoration de dépenses. V. *abattement, dégrèvement, réduction*.

— **de retard.** Sanction civile, infligée à l'employeur ou au travailleur indépendant débiteur de cotisations de Sécurité sociale non payées à l'échéance et consistant dans une augmentation du montant de la dette calculée selon un pourcentage fixe ou variable du montant initial ; s'emploie aussi en matière fiscale. Comp. *pénalité, *intérêts *moratoires*.

MAJORITÉ

N. f. – Lat. médiév. *majoritas,* dér. de *major.* V. *majeur.*

- **1** (dans une assemblée délibérative, ou un collège électoral). Total des voix qui l'emporte par son nombre lors d'une élection ou du vote d'une décision.

— ***absolue.** Total de voix supérieur à la moitié des voix exprimées.

— **qualifiée.** Proportion des voix supérieure à la majorité absolue, exigée pour l'emporter dans certains votes particulièrement importants. Ex. majorité des trois cinquièmes pour la révision de la Constitution par le Parlement réuni en congrès (Const. 1958, a. 89).

— ***relative ou simple.** Total de voix supérieur à celui de chacun des concurrents, suffisant pour l'emporter quand la loi n'exige pas une majorité absolue ou qualifiée. Comp. *scrutin*.

- **2** (dans une société). Nombre minimum de *voix ou fraction minimale du capital social nécessaire pour qu'une délibération soit valablement prise par l'organe d'une *société (pourcentage variable selon les types de sociétés et l'objet des délibérations).

- **3** (pour un individu). *Âge légal auquel il accède à la pleine *capacité d'exercice et devient en droit indépendant et responsable ; désigne, plus spécialement, la *majorité civile. V. *émancipation*.

— **civile.** Âge déterminé par la loi (par ex. 18 ans, en France) auquel l'individu réputé capable de tous les actes de la vie civile (C. civ., a. 414) est soustrait à tout *régime de protection (sauf circonstances particulières). V. *responsabilité, majeur, protégé*.

— **électorale.** Âge à partir duquel on est électeur.

— **pénale.** Âge à partir duquel un individu peut encourir une *peine (18 ans), une telle condamnation étant subordonnée entre 13 et 18 ans à des conditions exceptionnelles. V. **responsabilité pénale, minorité, mesures éducatives*.

- **4** Ensemble des forces politiques qui exercent le pouvoir pour avoir obtenu la majorité aux élections. Ant. *opposition*.

MALADIE PROFESSIONNELLE

Dér. de malade, lat. *male habitus* : qui se trouve dans un mauvais état. V. *professionnel*.

- Altération organique ou fonctionnelle suscitée par l'accomplissement de certains travaux par le salarié dans le cadre de sa profession (la liste en est dressée par l'autorité réglementaire). Comp. **accident du travail*. V. *incapacité*.

MALFAÇON

N. f. – Comp. de mal, lat. *male,* et de façon, lat. *factio* : action de faire, rac. *facere*.

- Exécution défectueuse du travail par l'ouvrier, due not. au défaut de compétence ou à la négligence et résultat de cette exécution. Comp. **vice de construction*. V. *ouvrage, garantie, responsabilité, dommage, désordre*.

MAL-FONDÉ, ÉE

Adj. – Part. pass. du v. *fundare* : fonder. V. *fond, fondation*.

- **1** (sens gén.). Syn. d'injustifié ; établi sur de mauvaises bases.

- **2** Se dit plus spéc. d'une *prétention en justice lorsque les faits nécessaires à son succès ne sont pas vérifiés (adultère non prouvé) ou lorsqu'elle repose sur des moyens de droit impuissants à la justifier (la chose a péri par force majeure mais le débiteur ne répond que de sa faute). Syn. *non justifié*. Comp. *irrégulier, irrecevable*.

MAL-FONDÉ

Subst. – V. le précédent.

- Ce qui fait qu'une prétention en justice ou une décision de justice est injustifiée en fait ou en droit et que l'auteur de la prétention doit être *débouté au *fond ou la décision censurée sur recours. Ant. *bien-fondé*. Comp. *irrecevabilité, irrégularité*. V. **moyens de défense*.

MALUS

Subst. masc.

- Terme emprunté au lat. (adj.) *malus* signifiant mauvais, funeste, utilisé en matière d'assurance automobile pour désigner une augmentation du montant de la prime appliquée à un assuré qui a, dans l'année ou les années antérieures, causé un accident. Ant. *bonus*.

MALVERSATION

N. f. – De malverser (anc. v.) se mal comporter, du lat. *male, versari* (passif de *versare,* de *vertere* (sup. *versum*), tourner.

- Grave écart de conduite qui, par esprit de lucre, détourne des devoirs de sa charge un magistrat, un fonctionnaire, un officier public ou ministériel, le membre d'une profession judiciaire, un mandataire (pot-de-vin, détournement, maniement frauduleux de fonds, favoritisme, etc.) ; notion générique (comparable à *exaction, prévarication) non érigée en incrimination spéciale mais diffuse dans l'éventail des infractions financières qu'inspire l'appât du gain : *corruption, concussion, détournement, prise illégale d'intérêt, trafic d'influence, abus de confiance*.

MANAGEMENT

N. m.

- Néologisme provenant de la *francisation (par prononciation) du terme anglais *management,* utilisé pour désigner soit la direction, soit la gestion et l'administration d'une entreprise (V. arr. 12 janv. 1973, relatif à l'enrichissement du vocabulaire). V. *gouvernance*.

MANAGER

Terme anglais signifiant « *directeur », utilisé bien que non francisé (dans une prononciation anglaise) pour désigner un dirigeant d'entreprise qui, n'ayant pas la propriété de l'entreprise, a cependant été placé à la tête de celle-ci en raison de sa compétence. V. **chef d'entreprise*.

MANDANT, ANTE

Subst. – Dér. de *mander.

- Celui ou celle qui, dans le *mandat, confère au *mandataire pouvoir et mission d'agir en son nom, le *constitue mandataire. V. *comandant, représenté*.

MANDAT

N. m. – Lat. *mandatum* : mandat.

- **1** Acte par lequel une personne donne à une autre le *pouvoir de faire quelque chose pour elle et en son nom. Comp. *commission, courtage, sous-mandat*.

Plus spécifiquement :

a / Contrat – en principe révocable au gré du *mandant – par lequel celui-ci confère à une personne qui en accepte la charge (le *mandataire) le *pouvoir et la mission d'accomplir pour elle et en son nom (à titre de *représentant) un acte juridique (vente, achat, gestion immobilière, etc.). V. *représentation*. Comp. *gestion d'affaires*.

b / Nom parfois étendu à la convention, non apparente aux yeux des tiers, par laquelle le *prête-nom reçoit mission d'accomplir un acte juridique pour le mandant occulte, mais en son propre nom et sans représentation (d'où le nom de mandat occulte ou sans représentation). V. *simulation*.

c / Parfois la *procuration (C. civ., a. 1984). V. *collation, constitution*.

— ***ad litem*.** Mandat de représentation en justice (V. ci-dessous).

— **à effet posthume.** V. *posthume (mandat à effet)*.

— **d'entremise.** Mandat qui donne pouvoir au mandataire de mettre en vente un bien et de trouver un acquéreur, mais non de conclure la vente.

— **de protection future.** Voie ouverte à un acte d'autoprévoyance, alternative volontaire de la tutelle légale, dans la réforme en cours de la *protection juridique des majeurs : convention par laquelle une personne capable, en possession de ses facultés, envisageant l'hypothèse où elle perdrait son autonomie, par l'effet de l'altération de ses facultés mentales (ou semblablement de ses facultés corporelles au point de ne pouvoir exprimer sa volonté) confie par avance à la (ou aux) personne(s) qu'elle choisit elle-même pour la représenter (et qui accepte ce mandat) la mission de protéger sa personne ou de gérer son patrimoine (ou l'un et l'autre), pour le cas où surviendraient dans l'avenir de tels troubles (C. civ., a. 477 s.). V. *prévoyance*.

— **de recherche d'héritier.** Mandat donné, postérieurement à l'ouverture d'une succession, par toute personne ayant un intérêt direct et légitime à l'identification des héritiers ou au règlement de la succession, à une personne chargée de prêter son concours à la recherche d'héritier (l. du 23 juin 2006, a. 36). Comp. *contrat de révélation de succession*.

— **de *représentation en justice.** Celui par lequel un plaideur confère à une personne habilitée par la loi (ex. un avocat nécessairement devant le tribunal de grande instance, toute personne devant le tribunal de commerce, etc.) mission de le représenter en justice et qui emporte pouvoir et devoir d'accomplir au nom du mandant les actes (ordinaires) de la procédure (CPC, a. 411), ainsi que (sauf disposition ou convention contraire) la mission d'assistance (a. 413).

— **d'*intérêt commun.** Qualification appliquée par la loi à certaines conventions (mandat de l'agent commercial, contrat de *promotion immobilière) ; nom donné, en dehors de ces cas, au mandat (en général salarié), à la réalisation duquel le mandataire est personnellement intéressé et qui échappe à la libre révocabilité du mandat ordinaire (C. civ., a. 2004).

— **général.** Par opp. à mandat spécial, celui qui englobe toutes les affaires du mandat.

— **légal.** Nom abusivement donné au pouvoir de représentation conféré par la loi à certaines personnes dites représentants légaux (ex. le tuteur d'un mineur ; C. civ., a. 408).

— **ostensible.** Nom donné au mandat ordinaire avec représentation (sens 1, *a*).

— **représentatif.** Autre nom du mandat ordinaire (comp. ci-dessous).

— ***spécial.** Mandat (seulement) donné pour une ou plusieurs opérations déterminées dont la justification est en général exigée par la loi pour les actes graves.

— ***tacite.** Par opp. à mandat *exprès, celui qui, à défaut d'investiture formelle (écrite ou orale) de la part du mandant, repose sur des circonstances qui le rendent probable (ex. mandat tacite du mineur pour les commissions chez les fournisseurs du ménage) et que parfois la loi elle-même suppose (ex. C. civ., a. 1540).

- **2** Fonction ainsi conférée, surtout quand elle est élective (ex. mandat municipal ; fonction de conseiller municipal ou de maire).

— **impératif.** Instructions obligatoires qui seraient données par les électeurs à l'élu de leur circonscription (Const. 1958, a. 27 : « Tout mandat impératif est nul »).

— **parlementaire (ou législatif).** Nom sous lequel on désigne couramment la fonction de membre élu du Parlement.

— **présidentiel.** Nom sous lequel on désigne souvent la fonction de Président de la République.

— ***représentatif.** Théorie opposée à celle du mandat impératif en vertu de laquelle les parlementaires, étant les élus de la nation, n'ont pas à suivre les directives des électeurs de leur circonscription et ne peuvent être révoqués par eux (comp. ci-dessus).

- **3** Désigne parfois un *ordre, une *injonction, une décision ou le document qui les constate. V. *mandement*.

***a* /** (fin.). Ordre de paiement d'une dépense publique émanant d'un ordonnateur autre qu'un ordonnateur primaire de l'État : ordonnateur secondaire de l'État, ordonnateur d'une collectivité locale… V. *mandater, mandatement, ordonnance* (sens 3).

— **-contributions.** Titre postal constatant le paiement des impôts et constituant la preuve absolue de ce paiement.

— ***fictif.** Mandat provoquant le paiement d'une dépenses publique inexistante et concrétisée par de fausses pièces de liquidation au profit d'un créancier imaginaire ou complaisant.

***b* /** (pén.). Ordre du juge d'instruction tendant à s'assurer d'une personne ou à la faire comparaître (C. pr. pén., a. 122) d'où résulte sa *mise en examen.

— **d'amener.** Ordre donné par le juge d'instruction à la force publique de conduire immédiatement devant lui la personne à l'encontre de laquelle il est décerné.

— **d'arrêt.** Ordre semblable de rechercher et de conduire à la *maison d'arrêt indiquée sur le mandat, afin qu'elle y soit reçue et détenue, la personne à l'encontre de laquelle le mandat est décerné. Comp. *prise de *corps*.

— **d'arrêt européen.** Décision judiciaire émanant d'un État membre de l'Union européenne, en vue de l'arrestation et de la remise, par un autre État membre, d'une personne recherchée pour l'exercice de poursuites pénales ou pour l'exécution d'une peine ou d'une mesure de sûreté privative de liberté (CPP, a. 695-11).

— **de comparution.** Celui qui a pour objet de mettre la personne à l'encontre de laquelle il est décerné en demeure de se présenter devant

le juge d'instruction à la date et à l'heure indiquées par ce mandat.
— **de *dépôt.** Ordre donné par un magistrat au chef d'un établissement pénitentiaire de recevoir et de détenir une personne qui est déjà entre les mains de la justice.
— **de justice.** Acte écrit par lequel le juge ordonne la recherche, la comparution, l'arrestation ou la détention d'une personne (CPP, a. 122 et 196).

- **4** En droit international public, mission particulière, institution créée par l'a. 22 du pacte de la Société des nations et selon laquelle un certain nombre de territoires, détachés d'États ex-ennemis après la Première Guerre mondiale et habités par des peuples alors considérés non encore capables de se diriger eux-mêmes, ont été confiés à l'administration de certaines puissances (France, Grande-Bretagne et dominions, Belgique, États-Unis, Japon), afin d'y exercer la « mission sacrée de civilisation », essence du mandat ; selon le degré d'évolution des peuples placés sous le régime, il existait trois catégories de mandats (A, B, C) caractérisés par l'emprise plus ou moins grande de la puissance mandataire. V. *protectorat*.

MANDATAIRE

Subst. – Lat. jur. *mandatarius*. V. *mandant, mandat*.

- Celui qui, dans le *mandat, reçoit du *mandant pouvoir et mission d'agir au nom de ce dernier. V. *représentant, prête-nom, gérant d'affaires, intermédiaire, courtier, mandaté, délégué*. Comp. *commissionnaire, transitaire, agent, séquestre*.

— **de justice.** *Administrateur judiciaire. V. *curateur, syndic*.
— **liquidateur.** V. *liquidateur (mandataire)*.
— **(gérant).** V. *gérant-mandataire*.
— **social.** Personne chargée d'administrer une société, *représentant de société. V. **gérant de société*, **président-directeur général*.

MANDATEMENT

N. m. – Formé sur *mandat, comme *mandater.

- Action d'ordonner le paiement d'une dépense publique, pour un ordonnateur autre qu'un ordonnateur primaire : ordonnateur secondaire de l'État, ordonnateur d'une collectivité locale… Comp. *mandat* (sens 3), *mandater, ordonnance* (sens 3), *ordonnancement*.

MANDATÉ

Adj.et subst. – Part. pass. du v. *mandater.

- **1** (subst.). S'agissant d'une personne, celui ou celle qui a reçu mission (V. *mandater* sens 3). Comp. *délégué, agréé, mandataire, représentant*.
- **2** (adj.). S'agissant d'une somme d'argent, celle qui est portée sur un *mandat (sens 3).

MANDATER

V. – De *mandat.

- **1** (s'agissant d'une somme d'argent). Donner ordre à un organisme intermédiaire d'en verser le montant entre les mains d'un destinataire (ou de le virer à son crédit) par émission d'un titre (mandat de paiement ou de virement) qui constitue un mode de paiement.
- **2** (s'agissant d'une dépense publique). En ordonner le paiement (pour un ordonnateur autre qu'un ordonnateur primaire). V. *mandat* (sens 3), *mandatement, ordonnance* (sens 3). Comp. *ordonnancer*.
- **3** (s'agissant d'une personne). Lui donner mandat, lui confier une mission (terme de la pratique surtout utilisé dans la représentation syndicale ou professionnelle).

MANDEMENT

N. m. – Dér. de *mander.

- Parfois encore employé dans certaines expressions avec le sens « *ordre écrit », « instruction formelle ». Comp. *mandat* (3), *sommation*. V. *mander*.

— **de collocation.** Syn. **bordereau de collocation*.
— **d'exécution.** Syn. **formule exécutoire*.

MANDER

V. – Lat. *mandare* : donner mission.

- Donner formellement *mission officielle d'accomplir un acte de puissance publique ; ne s'emploie qu'en de rares expressions pour caractériser la collation d'un pouvoir, parcelle de souveraineté, qui a sa source dans la volonté suprême de l'État. Ex. « la République mande et ordonne, etc. » (*formule exécutoire). Comp. *requérir*. V. *mandement*.

MANIFESTATION

N. f. – Lat. *manifestatio,* dér. de *manifestare,* montrer, découvrir, manifester, révéler.

- **1** Action de manifester, d'extérioriser un sentiment, une idée, une volonté ; plus spéc. affirmation publique, sous forme de *rassemblement, d'une *opinion, de convictions ou de *revendications, qui se réfère à la *liberté d'expression et n'est pas en soi une atteinte à la *tranquillité publique. Ex. manifestation politique, syndicale, religieuse. Comp. *pétition, réunion, attroupement, trouble*.

— **de volonté :** action d'exprimer sa *volonté (par écrit, oralement ou même tacitement) en vue d'un effet de droit (conclusion d'un contrat, accomplissement d'une formalité, etc.). Ex. le testament, manifestation unilatérale de volonté (C. civ., a. 967) ; résultat de cette action. V. *expression, déclaration, offre, acceptation, consentement, notification*.

- **2** Apparition, *révélation, découverte. Ex. manifestation du dommage, fait, pour celui-ci, de se révéler ou d'être découvert, et parfois bien après le moment où il a été causé (C. civ., a. 2270-1 anc.).

— **de la vérité :** mise en *évidence de la *vérité résultant d'une *preuve ou du hasard. C. civ., a. 10, CPC, a. 231. V. *enquête, témoignage, audition, aveu, moyen, justification, mesure d'instruction*.

MANIFESTE

Adj. – Lat. *manifestus.*

- *Évident, mais sous diverses nuances :
- **1** Criant ; qui appelle et justifie incontestablement une intervention, une réaction (abus manifeste, conséquence manifestement contraire à l'équité, C. civ., a. 1579).
- **2** En soi très *apparent, patent, qui se révèle de lui-même et de façon très visible (erreur manifeste). Comp. *évident, incontestable, non équivoque*.
- **3** *Grave parce que nécessairement perceptible, grossier, *flagrant (violation manifeste de la loi).

MANIFESTE

N. m. – Tiré de l'adj. *manifeste.

- Document, signé du capitaine, qui doit être présenté aux agents de la douane.

— **d'entrée.** Celui qui indique la nature des marchandises introduites par mer dans un port avec les marques et numéros.

— **de sortie.** Celui qui concerne tout navire qui veut sortir de France, chargé ou sans lest.

MANŒUVRES

N. f. pl. – Lat. de basse époque *manuopera* : travail fait avec la main.

- Moyens et *agissements destinés à tromper qui constituent l'élément *matériel de certains actes illicites. Ex. usage d'un faux nom ou d'une fausse qualité, présentation de faux documents, ruse, machination, simulation de vol, etc. V. *fraude*.

— ***dolosives.** Agissements destinés à tromper qui constitue une espèce caractérisée de *dol en raison de la mise en scène qu'il suppose. Comp. *réticence*. V. *silence*.

— ***frauduleuses.** Acte matériel et extérieur accompli en vue d'inspirer confiance ou crédit et venant à l'appui d'une affirmation mensongère ; constitue l'un des moyens de réalisation du délit d'*escroquerie. V. *fraude*.

MANQUE À GAGNER

N. m. – V. *manquement, gain.*

- Profit perdu ; *perte (en général de *gains professionnels) consécutive à l'inexécution d'un contrat ou à un *dommage *corporel ; parfois occasion perdue de réaliser un profit. V. *lucrum cessans*.

MANQUE DE BASE LÉGALE

V. **base légale (manque de)*.

MANQUEMENT

Subst. masc. du v. manquer, de l'ital. *mancare,* dér. du lat. *mancus,* manchot.

- Fait de faillir à un devoir, *inobservation d'une obligation ; se dit spéc. de la *violation par un État membre de ses obligations de droit communautaire. Comp. *transgression, infraction, contravention, méconnaissance*

— **(recours en).** Action ouverte à la Commission et à un autre État membre de l'Union européenne afin de faire constater cette violation par la Cour de justice (anc. tr. CEE, a. 169 s., TFUE, a. 258, 259). Comp. **recours en *carence.*

MANU MILITARI

Expression latine signifiant « par la force armée », utilisée pour désigner l'exécution d'un ordre ou d'une obligation par la *force publique. V. **exécution *forcée, *formule exécutoire, main, contrainte.*

MANUFACTURE

N. f. – Lat. médiév. *manufactura* : travail fait avec la main.

- *Établissement ayant pour objet la fabrication en grand des *produits de l'industrie ; par ext., bâtiment abritant cet établissement. V. *fabrique.*

— **nationale.** Nom donné à des établissements créés sous l'Ancien Régime (manufactures de Sèvres, de Beauvais, des Gobelins et de la Savonnerie) qui, après avoir bénéficié du statut d'établissement public, relèvent directement de l'administration du Mobilier national.

MARÂTRE

Subst. fém. – Du lat. décadent *matrasta,* de *mater.*

- *Belle-mère (sens 2), péj. V. *parâtre.*

MARAUDAGE

N. m. – Dér. de marauder, peut-être dér. lui-même de *maraud,* propr. : « matou », mot onomatopéique.

- Vol de récoltes ou autres productions utiles de la terre non encore détachées du sol.

MARCHAND

Subst. – Lat. *mercatans,* de *mercalare,* en lat. class. *mercari,* de *merx, mercis* : marchandise.

- **1** (vx). En un sens large, syn. de *commerçant (C. com., L. 121-1). V. *distributeur, vendeur, revendeur.*
- **2** En un sens plus précis, détaillant ; se distingue alors du négociant (V. *négociation*) et du *banquier, qui sont aussi commerçants (C. civ., a. 1329, 2272, 2277, anc. ; C. com., L. 322-3).

— **ambulant.** Commerçant parcourant les villes et les campagnes en vue de vendre des marchandises. Comp. *forain, nomade.* V. *gens du voyage.*

— **de biens.** Désignation courante de celui qui fait profession d'acheter des immeubles pour les revendre.

— **forain.** V. *forain (marchand).*

MARCHAND, ANDE

Adj. – V. le précédent.

- **1** Qui s'adonne au commerce ; qui y est propice. Ex. ville marchande, rue marchande. Syn. *commercial.*
- **2** Commercialisable ; facile à écouler. Ex. produit de qualité marchande.
- **3** Au cours du marché. Ex. valeur marchande. Comp. *vénal, estimatif.*

MARCHANDAGE

N. m. – Dér. de marchand.

- **1** Contrat de *sous-entreprise, ayant essentiellement pour objet la fourniture de *main-d'œuvre et qui conduit à une exploitation spéculative de la main-d'œuvre. Comp. *contrat d'*équipe.*
- **2** Dans un sens vague, négociation tendant, de la part de l'acheteur, à faire baisser le prix. Comp. *enchères.*

MARCHANDISE

N. f. – Dér. de *marchand (souvent employé au pluriel).

- **1** Meubles corporels faisant l'objet d'un contrat commercial (vente, transport, gage, etc.) ; s'applique en ce sens, même aux *produits alimentaires ou denrées (C. civ., a. 1585, 1586 ; C. com., a. 92 s.). V. *article.*
- **2** Meubles corporels compris dans un fonds de commerce et destinés à être vendus ; se distinguent en ce sens du matériel et de l'outillage.

—**s (avance sur).** V. *avance sur marchandises.*

MARCHÉ

N. m. – Lat. *mercatus* : commerce, négoce, trafic.

• **1** Lieu d'échanges commerciaux.

a / Lieu public où s'effectuent des ventes de denrées ou de marchandises. V. *expositions, foires, halles*.

b / Plus spécialement, emplacement où s'assemblent à date fixe ou périodiquement les vendeurs de marchandises (en particulier de denrées alimentaires pour la vente au public).

c / Aire géographique au sein de laquelle se développent des relations commerciales globales ou sectorielles. Ex. marché commun.

• **2** Rassemblement périodique de vendeurs et d'acheteurs en vue de la vente au détail et au comptant de marchandises à emporter, ce qui les distingue des *expositions, *salons ou *foires.

• **3** Espèce de *convention.

a / Convention ayant pour objet la livraison de *marchandises ou la fourniture de services. Comp. *transaction, pacte, accord*.

b / Parfois syn. de vente commerciale.

c / Plus particulièrement, convention comportant des prestations successives (ex. marché avec clause de révision de prix).

d / Désigne encore certaines variétés du *louage d'ouvrage (C. civ., a. 1794). Ex. marché à forfait. V. *entreprise, devis*.

• **4** Ensemble des opérations commerciales relatives à une catégorie de biens, sur une place ou dans une zone géographique donnée. Ex. marché agricole, marché du sucre.

• **5** Ensemble des transactions et tractations relatives à des opérations déterminées. Ex. opérations de *bourse. V. *marché au *comptant, marché à *terme, marché à *prime, opérateur*.

• **6** Type d'économie où règne la libre concurrence (économie de marché) ; mode de relations commerciales gouverné par la liberté des échanges (loi du marché). V. *libéralisme économique, déréglementation, interventionnisme, dirigisme, régulation*.

— **à forfait.** Marché dans lequel l'entrepreneur accepte d'exécuter un ouvrage déterminé contre un prix déterminé ou fixe, lequel ne peut être modifié qu'avec le consentement écrit du *maître de l'ouvrage.

— **à livrer.** V. **vente à livrer*.

— **commun.**

a / Dans un sens générique, groupement de deux ou plusieurs États ou territoires, comportant à la fois une union douanière, la liberté de circulation des personnes, capitaux et services et une harmonisation des législations dans l'ordre économique et social.

b / Plus spécifiquement, marché couvrant le territoire des *États membres des *communautés européennes formant entre eux une union douanière et sur lequel est assurée la *libre circulation des personnes, des services, des marchandises et des capitaux et une *concurrence effective, soit pour l'ensemble des produits et des services ne faisant pas l'objet d'un régime particulier, soit pour des produits ou services d'une catégorie déterminée. Ex. marché commun du charbon et de l'acier, marché commun des transports, marché commun agricole.

— **de fournitures.** Marché ayant pour objet des livraisons successives de marchandises, dans des conditions réglées par avance par les parties.

— **de gré à gré.** V. **gré à gré (de), marché négocié*. Comp. *appel d'offres*.

— **de partenariat.** V. *partenariat (marché de)*.

— **d'études.** Catégorie particulière de marchés publics portant spécifiquement sur les études nécessaires à des réalisations et que la collectivité ou l'établissement contractant n'est pas en mesure de mener à leur terme. Ex. marchés d'ingénierie et d'architecture.

— **d'intérêt national.** Marché de produits agricoles et alimentaires créé par décret en Conseil d'État, dont la gestion est assurée soit en *régie par une collectivité locale, soit par une *société d'économie mixte, soit par un organisme doté de la *personnalité morale, autour duquel peut être institué un périmètre de protection où sont interdits, à titre autre que de détails, le commerce des produits vendus sur le marché.

— **en cause.** Marché à prendre en considération pour apprécier, en vue de l'application des règles de *concurrence, la situation économique d'une entreprise, l'objet ou l'effet d'une *entente. Syn. **marché pertinent*. V. **produits de substitution*.

— **financier.** Marché des placements à long terme et des valeurs mobilières (banques, bourses). V. *régulation, AMF*.

— **hypothécaire.** Marché où se négocient, entre organismes financiers, les titres représentatifs de crédits hypothécaires à long terme consentis à des particuliers pour leur logement.
— **monétaire.** Marché de la monnaie, entre établissements bancaires et financiers, qui leur permet de trouver quotidiennement les fonds dont ils ont besoin ou de placer leurs fonds sans emploi immédiat.
— **négocié.** Marché dans lequel l'autorité compétente de la collectivité ou de l'établissement public engage sans formalité les discussions qui lui paraissent utiles et attribue ensuite librement au candidat qu'elle a retenu. V. **gré à gré (de)*. Comp. *appel d'offres*.
— **par adjudication.** V. *adjudication*.
— **pertinent.** V. *pertinent (marché)*.
— **(pouvoir de).** Capacité d'une entreprise ou d'une organisation à influencer le niveau des prix ou la définition des normes dans son domaine d'activité. JORF 5.8.2016 p. 0181.
— ***public.** Contrat conclu à titre onéreux par un acheteur public avec un opérateur économique, qui prend la forme soit d'un marché pour répondre à ses besoins en matière de travaux, de fournitures ou de services, soit d'un accord cadre ayant pour objet d'établir les règles relatives aux bons de commande à émettre ou les termes régissant les marchés à passer au cours d'une période donnée (not. les prix, les quantités envisagées, etc.), soit encore de marchés de partenariat (C. marchés publics). V. *cahier des charges*. Comp. *délégation de service public, contrat de *partenariat*.
— **réglementé** (*Fin.*). Système multilatéral qui assure ou facilite la rencontre, en son sein et selon des règles non discrétionnaires, de multiples intérêts d'acheteurs et de vendeurs exprimés par des tiers pour des instruments financiers régulièrement admis à la négociation, et d'une manière qui aboutisse à la conclusion de contrats (C. mon. et fin., a. L. 421-1).
— **sur appel d'offres.** V. **appel d'offres*.
— **sur devis.** V. *devis*.
— **sur série de prix.**

a / (sens gén.). Marché dans lequel l'entrepreneur exécute un ouvrage dont les éléments ne sont pas arrêtés dès le début et dont le prix total est déterminé d'après l'état final de l'ouvrage par référence aux prix fixés pour chacun des éléments de l'ouvrage (souvent selon des tarifs syndicaux).

b / (adm.). Catégorie de *marché de travaux publics dans laquelle le contrat fixe directement ou par référence les différents prix applicables à chaque catégorie de prestation comprise dans le marché, sans déterminer la quantité de travail à exécuter. V. **devis*, **forfait, facture*.

MARCHEPIED (SERVITUDE DE)

De marcher et pied. V. *servitude*.

- *Servitude administrative obligeant les propriétaires des rives des cours d'eau domaniaux non assujettis à la servitude de *halage à laisser libre de toute construction, clôture ou plantation un espace de 3,50 m appelé « marchepied » ou chemin de contre-halage.

MARCHAND

Locution mal expliquée (formée avec marc et franc, tous deux d'origine germanique), qui s'emploie not. dans l'expression « payer au marc le franc ».

— **(distribution au).** Distribution proportionnelle consistant à répartir une somme au prorata des droits de chacun des intéressés, lorsque l'ensemble de ces droits dépasse la somme à répartir et qu'il n'existe pas de cause de préférence au profit des uns sur les autres. Ex. les créanciers *chirographaires du débiteur en liquidation des biens sont payés au marc le *franc. V. *contribution*. Comp. *ordre*.

MARGE

N. f. – Lat. *margo (marginis)* : bord, bordure.

- **1** Différence entre la valeur d'un *gage et la somme avancée sur le gage, en prévision d'une baisse de valeur de celui-ci. Ex. dans les avances sur titres et les escomptes de warrants, les banquiers se réservent une marge de 20 à 50 %. On nomme également « marge de sécurité » la différence entre la valeur de marché d'un titre et sa valeur en tant que gage.
- **2** *Couverture supplémentaire exigée pour les opérations à terme, lorsque la variation des cours au-dessus et au-dessous d'un chiffre déterminé fait

craindre que la couverture initiale ne suffise plus à assurer le règlement des différences (courantes dans les opérations de change à terme effectuées par un banquier).
— **(appel de).** Demande de couverture supplémentaire.
— **de commercialisation.** Taux (fixé en application de la réglementation des prix) déterminant, à partir d'un prix de base, les prix à divers stades de la commercialisation. Ex. fixation du prix des carburants à la production et à la distribution.

- **3** S'emploie aussi avec un sens particulier dans les expressions suivantes :

— **bénéficiaire.** Différence entre le coût de revient d'un bien ou d'un service et son prix à la clientèle. V. *bénéfice, chiffre d'affaires*.
— **de sécurité.** Patrimoine libre imposé, en plus des *provisions techniques, aux entreprises françaises d'assurances de dommage pour mieux asseoir leur solvabilité (marge constituée du capital social ou du *fonds d'établissement, de l'emprunt pour *fonds social complémentaire et des plus-values latentes).
— **nationale d'appréciation.** Latitude laissée par la Cour européenne des droits de l'homme aux autorités nationales pour la mise en œuvre de leurs obligations au titre de la Convention.

MARI

N. m. – Lat. *maritus*.

- Celui qui est uni par mariage à une personne de sexe différent ou de même sexe. V. *époux, conjoint*. Comp. *père, concubin, célibataire, veuf*.

MARIAGE

N. m. – Dér. de marier, lat. *maritare*.

- **1** Union légitime de deux personnes de sexe différent ou (depuis la loi n° 2013-404 du 17 mai 2013) de même sexe en vue de vivre en commun et de fonder une famille, un foyer (désigne l'institution même du mariage). V. **union libre, *concubinage, *démariage, célibat, matrimonial, marital, conjugal, conjoint, égalité conjugale*.
- **2** Parfois plus spéc. l'acte de formation du mariage (l'acte juridique solennel) qui préside à sa formation (échange des consentements). V. *célébration* ; ne pas confondre avec *contrat de mariage.
- **3** *État des gens mariés ; *statut d'*époux.

— **boiteux.** Mariage valable selon une loi, mais nul ou dissous selon une autre. Ex. mariage purement civil, célébré en France, d'époux grecs orthodoxes, mariage dissous par un divorce prononcé en un pays, mais non reconnu dans un autre pays, nouveau mariage contracté par l'un des époux dans ces circonstances et non reconnu dans un autre ou d'autres pays.
— **(célébration du).** Cérémonie civile qui préside à la formation du mariage.
— ***civil.** Mariage célébré, conformément à la loi française, devant l'officier de l'état civil (par opp. à mariage religieux).
— **(devoirs et droits du).** Devoirs (mutuels) et droits (respectifs) que le mariage fait aître pour chacun des époux (C. civ. a. 212 s.) dans l'ordre patrimonial et extrapatrimonial (fidélité, secours, assistance, communauté de vie, solidarité ménagère, gestion indépendante des biens personnels, autonomie bancaire et professionnelle) et qui forment ensemble un statut commun à tous les ménages et auxquels les époux ne peuvent déroger (a. 1388), sous réserve des conventions matrimoniales et adaptations judiciaires spécifiées par la loi.
— **(contrat de).** V. *contrat de mariage*.
— **putatif.** V. *putatif*.
— ***simulé.** Mariage célébré sans *intention matrimoniale réelle (et non suivi de consommation) à seule fin de faire bénéficier l'un des pseudo-conjoints de certains effets du mariage (en matière de nom, de nationalité). V. *blanc, *fraude à la loi, *absence de consentement*.

MARIN

Subst.ou adj. – De l'adj. lat. *marinus* : de mer *(mare)*.

- **1** (subst.). Personne de l'un ou l'autre sexe qui s'engage envers l'*armateur pour servir à bord d'un navire. V. *patron*.
- **2** (adj.). Qui a trait à la *mer. Ex. *fonds marins.

MARINE

Subst. fém. – Dér. de *marin.

S'emploie dans les expressions suivantes :

— **marchande.** Ensemble des bâtiments de mer servant au commerce.
— **militaire (ou de guerre).** Ensemble des navires de l'État destinés à la défense nationale.

MARITAL, ALE, AUX

Adj. – Lat. *maritalis* : marital, nuptial.

• **1** Qui appartient au *mari. Ex. on nommait maritale la puissance que la loi conférait au mari relativement à sa femme. Comp. *paternel, maternel, parental.*
— **(nom).** *Nom du mari dont la femme reçoit l'usage par l'effet du mariage, en vertu de la coutume (et de la loi, arg. a. 264, C. civ.), sans cependant perdre son *nom de naissance (l'usage du nom marital constituant d'ailleurs pour elle un droit, non une obligation).

• **2** Qui a l'apparence du mariage ; ex. l'union maritale (vie en concubinage). V. *couple, ménage*. Comp. *conjugal, matrimonial.*

MARITALEMENT

Adv. – Dér. de *marital.

• Comme en mariage (mais hors mariage). Ex. deux personnes vivent maritalement lorsqu'elles vivent comme deux époux mais sans être mariées (ensemble). V. *concubinage, union libre, compagne.*

MARQUE

N. f. – Tiré de *marquer,* mot dialectal d'origine germ. Cf. all. *merken* : remarquer.

• **1** *Signe sensible apposé sur des produits ou accompagnant certains services afin de les distinguer de produits ou de services émanant d'entreprises concurrentes. Comp. *estampille*. V. *déceptif.*
— **collective.** V. *collective (marque).*
— **collective de certification.** Celle qui est appliquée au produit ou au service qui présente notamment, quant à sa nature, ses propriétés ou ses qualités, des caractères précisés dans son règlement (CPI, a. L. 715, al. 2).
— **communautaire.** Titre de propriété industrielle unique produisant les mêmes effets dans l'ensemble de l'Union européenne (Règl. CE n° 207.2009, a. 1).
— **complexe.** Marque réunissant plusieurs éléments : mot, dessin, image ou signes.
— **déceptive.** Marque constituée de signes distinctifs de nature à tromper le public, notamment sur la nature, la qualité ou la provenance géographique du produit ou du service (CPI, a. L. 711-3 c).
— **de commerce.** Celle qui est apposée par celui qui commercialise le produit sans en être le fabricant.
— **de fabrique.** Celle qui est apposée par le fabricant d'un produit.
— **de service.** Celle qui est apposée par celui qui fournit un service (transport, blanchissage, banque).
— **distributeur.** Nom de marque qu'un distributeur appose sur le produit d'un fournisseur pour le commercialiser. JORF 5.8.2016 p. 0181.
— **(épuisement des droits de).** Perte, par le titulaire de la marque, du droit d'en interdire l'usage lorsque des produits ont été mis dans le commerce par lui-même ou de son consentement, sous cette marque, dans la Communauté économique européenne ou dans l'Espace économique européen (CPI, a. L. 713-4).
— **figurative ou emblématique.** Celle qui est constituée par des lignes, des dessins, des couleurs, des emblèmes, timbres, cachets, vignettes, lisérés, etc., et peut même comporter trois dimensions (forme d'un emballage, d'un récipient, du produit).
— **nominale.** Celle qui est constituée par des mots, lettres ou chiffres (nom patronymique, nom géographique, terme de fantaisie, devise, slogan…).
— **notoire.** Marque *renommée, non enregistrée, bénéficiant néanmoins d'une protection spéciale en raison de sa célébrité. Marque notoirement connue au sens de l'article 6 bis de la convention de l'Union de Paris pour la protection de la propriété industrielle (CUP ; CPI, a. L. 711-4 et L. 713-5).
— **(principe de spécialité).** Protection du signe distinctif uniquement à l'égard de produits ou services similaires.
— **renommée.** Marque enregistrée, dotée d'un pouvoir attractif certain, pour les produits ou services qu'elle couvre, auprès d'un consommateur moyen, normalement informé et raisonnablement attentif et avisé.
— **syndicale.** V. *label.*
— **tridimensionnelle.** Marque constituée

d'une forme ou plus généralement de signes autres que ceux imposés par la nature ou la fonction du produit (CPI, a. L. 711-2 c).

• **2** Désigne dans certaines expressions d'autres espèces de *signe.

— **de non-mitoyenneté.** Détails de construction d'un mur qui font présumer que celui-ci est privatif et non *mitoyen. Ex. chaperon à une seule pente, corbeaux d'un seul côté (C. civ., a. 654). V. *mitoyenneté*.

— **de poupe.** Indication du nom et du port d'attache inscrite à la poupe du navire pour l'individualiser.

MARTELAGE

N. m. – Dér. de marteler, lui-même dérivé de marteau, d'abord martel, lat. *martellus*.

• Opération par laquelle les *ingénieurs et préposés forestiers marquent les arbres d'une coupe par l'apposition sur un blanchis ou miroir, obtenu par l'enlèvement local de l'écorce, d'un marteau forestier dont l'empreinte est déposée auprès des tribunaux.

— **en abandon ou en délivrance.** Désignation des arbres destinés à être abattus.

— **en réserve.** Désignation des arbres d'une coupe qui doivent être conservés.

MASSE

N. f. – Lat. *massa*, propr. : « Masse de pâte. »

• **1** Ensemble de personnes ayant des intérêts communs ou des droits identiques.

— **des créanciers.** Avant la réforme de 1985, groupement légal obligatoire des créanciers d'un débiteur en état de liquidation des biens ou de règlement judiciaire. V. aujourd'hui **représentation des créanciers*.

— **des obligataires.** Groupement légal obligatoire des propriétaires des *obligations d'une même émission qui bénéficient de droits identiques.

— **des porteurs de parts de fondateur ou de parts bénéficiaires.** Groupement légal obligatoire des propriétaires de parts de fondateur ou de parts bénéficiaires qui bénéficient de droits identiques.

• **2** Ensemble de biens d'une catégorie particulière soumise à un régime spécial. Ex. la masse des biens communs sous le régime légal. Comp. *universalité, patrimoine* ; se dit plus spéc. d'un ensemble d'éléments actifs et passifs réunis pour les besoins d'une liquidation, not. pour déterminer le calcul ou l'assiette de certains droits. Ex. rapport d'une donation à la masse successorale ; masse de calcul et masse d'exercice de l'usufruit du conjoint survivant.

— **de (faire).** Réunir en un compte, pour en additionner la valeur, divers éléments actifs (créances) ou passifs (dettes).

• **3** Parfois syn. de total.

— **salariale.** Somme globale représentant le total des rémunérations versées par l'entreprise au cours d'une année (utilisée not. lors des négociations de salaires dans les grandes entreprises publiques).

MASTAIRE

Subst. masc. – Néol. francisation de l'anglais *master* (maître).

• Nouveau *grade de l'enseignement supérieur français (Universités, grandes écoles), intermédiaire entre la *maîtrise et le *doctorat, conféré de plein droit aux titulaires de certains diplômes (DEA, DESS), d'un titre d'ingénieur diplômé (ou de titres ou diplômes homologués de niveau analogue) qui est délivré, au nom de l'État (en même temps que le titre ou diplôme qui y ouvre droit), comme une sorte de commun indicateur européen d'un niveau de formation comparable (d. 30 août 1999).

MATÉRIEL, ELLE

Adj. – Lat. *materialis*.

• **1** Par opp. à *moral : *pécuniaire, *patrimonial, *économique ; on parle de direction matérielle de la famille (C. civ., a. 213), d'intérêts matériels ; s'opp. aussi, dans un sens voisin (qui touche aux biens), à *moral et à *corporel. Ex. préjudice matériel dommage aux biens.

• **2** Par opp. à *territorial et à *processuel : qui touche au *fond du Droit, fondé sur les divisions du Droit. V. *substantiel*.

—**le (compétence).** Compétence attribuée à raison de la *matière (le tribunal de grande instance est compétent en matière de divorce).

— **(Droit).** Droit *substantiel (le Droit civil par rapport à la procédure). V. *procédural.*

- **3** Par opp. à *formel et à *organique : qui a trait au contenu d'un acte, à son objet.
- **4** Par opp. à *juridique : qui n'est pas destiné à produire un effet de droit ; une opération matérielle (construction d'un mur) s'oppose à une opération juridique (vente) ; mais un fait matériel devient *juridique en un autre sens *(b)* si la loi lui attache un effet de droit non recherché par son auteur.
- **5** Par opp. à *légal (2) et à *moral de pur fait, à l'état brut.

— **de l'infraction (élément).** Acte (ex. coup) ou abstention (ex. défaut de soins) qui forme la base de toute infraction et qui, en général associé aux autres *éléments constitutifs (intention), suffit à lui seul à constituer l'infraction dans les infractions dites matérielles.

- **6** Concret, appliqué à une chose tangible.

— **(faux).** Espèce de faux en écriture, appliqué au document même de l'écrit *(*instrumentum),* qui consiste soit à fabriquer un titre, soit à en altérer physiquement l'écriture (par grattage, biffure, etc.), soit à le revêtir d'une fausse signature ou d'une écriture contrefaite. V. *falsification matérielle.*

- **7** Purement formel, issu d'un accident d'exécution.

—**le (erreur ou omission).** Inexactitude qui se glisse par inadvertance dans l'exécution d'une opération (ex. erreur de calcul) ou dans la rédaction d'un acte (ex. omission d'un nom) et qui appelle une simple rectification – sans nouvelle contestation – à partir des données en général évidentes qui permettent de redresser l'erreur ou de réparer l'omission.

- **8** Qui se rapporte non à la conception mais à la réalisation (exécution) d'un acte, par opp. à intellectuel (sens 2). Ex. auteur matériel de l'infraction par opp. à auteur intellectuel. V. *instigation*.
- **9** Par opp. à *formel (sens 5), qui suppose atteint le résultat cherché. Ex. *délit matériel.
- **10** (int. priv.). Se dit, par opp. à *conflictuel, de la *règle ou de la norme dans laquelle la situation internationale trouve directement sa réglementation. Syn. *substantiel* (sens 1).

MATERNEL, ELLE

Adj. – Lat. *maternus.*

- De la *mère ; qui se rapporte en propre à la *mère, qui lui appartient. Ex. filiation maternelle. Comp. *paternel, parental.*

MATERNITÉ

N. f. – Du lat. *maternitas,* dér. de *maternus* : maternel.

- **1** Lien de *filiation qui unit la *mère à son enfant. V. *conception, parenté, ascendance*. Comp. *paternité*.
- **2** Fait de devenir mère (grossesse ou accouchement).
- **3** Établissement hospitalier pour les femmes enceintes ou en couches.

— **adoptive.** Celle qui résulte de l'*adoption simple ou plénière par opp. à la maternité d'origine.

— **(assurance).** Branche de la Sécurité sociale couvrant les salaires contre les pertes consécutives à la grossesse et à l'accouchement.

— **biologique.** Celle qui appartient à la femme qui est tout à la fois génitrice (génétique, ovulaire) et gestatrice (utérine, porteuse) et qui coïncide avec la maternité légale mais peut correspondre : 1 / à la maternité charnelle ; 2 / à la maternité consécutive à une insémination artificielle ; 3 / à la maternité après réimplantation chez la donneuse d'ovocyte d'un œuf fécondé *in vitro*. V. *vérité biologique*.

— **(congé de).** Suspension du contrat de travail avant et après l'accouchement. V. *grossesse.*

— **légale.** Maternité de la femme qui met un enfant au monde ; lien dont la preuve résulte de celle de l'accouchement de cette femme et de la preuve que l'enfant à lui rattacher est identiquement celui dont elle est accouchée.

— ***légitime.** Nom naguère donné à la maternité en mariage dont la preuve ordinaire (non contentieuse) résulte aujourd'hui comme hier de la désignation de la mère dans l'acte de naissance de l'enfant (titre, C. civ., a. 311-25 anc.) ou, à défaut, de la possession d'état (a. 310-1, 317 anc.).

— ***naturelle.** Nom naguère donné à la maternité hors mariage dont la preuve s'établit désormais selon les mêmes modes que la maternité en mariage (a. 311-25 anc., o. 4 juill. 2005).

— **(protection de la).** Ensemble de mesures édictées par le législateur aux fins de garantir la femme enceinte contre toute discrimination, dans l'accès à l'emploi et la sécurité de celui-ci.

MATIÈRE

Lat. *materia*.

• **1** *Substance, contenu, *objet.

— **de l'acte juridique.** Son *objet, son contenu (engagement pris, droits conférés).

— **de la juridiction.** Éléments soumis au juge pour qu'il y applique sa juridiction contentieuse (questions à trancher, matière du litige) ou gracieuse (accord à homologuer).

• **2** *Domaine déterminé par la nature des choses dont a à connaître une autorité.

— **de la compétence** (not. juridictionnelle). *Questions qui relèvent de. la *compétence d'attribution d'une juridiction ou d'une autorité. Ex. le tribunal de grande instance est compétent en matière *réelle. Comp. **ratione materiae*.

— **législative ou réglementaire.** Domaine dans lequel soit le législateur, soit le pouvoir réglementaire est compétent en vertu des a. 34 et 37 de la Constitution.

• **3** *Élément constitutif.

— **de l'infraction.** Éléments objectifs (acte, abstention) qui concourent à constituer une infraction. V. *matériel, élément *légal, intention*.

MATIÈRES

Subst. fém. plur. – Lat. *materia*.

• (fin.). Matériel (des comptabilités spéciales retracent la valeur des matières, valeurs et titres des collectivités publiques. R. gén. sur la comptabilité publique, a. 54 et 136).

MATRICE

N. f. – Lat. *matrix (matricis)* : femelle, reproductrice, souche, registre.

• Document dans lequel sont recensées et classées des informations concernant les impôts : listes de contribuables, bases d'imposition, propriétés foncières.

— **cadastrale.** V. *registre, répertoire*.

MATRICULE

Subst.fém. ou masc. – Lat. *matricula*, de *matrix*. V. *matrice*.

• À l'origine, *registre où étaient successivement inscrites, avec un numéro d'ordre, les personnes admises dans un établissement (hospitalier, pénitentiaire) ou faisant l'objet d'un *enrôlement ou d'une incorporation (inscrits maritimes, soldats) ; par ext. aujourd'hui (masc.), le numéro d'inscription sur ce registre. V. *immatriculé, enregistrement*. Comp. *immatricule*.

MATRIMONIAL, ALE, AUX

Adj. Bas lat. *matrimonialis*, de *matrinionium* : mariage.

• **1** Qui a trait au mariage. Ex. le droit matrimonial englobe l'ensemble des règles relatives au mariage. Comp. *conjugal, nuptial, familial, parental, marital*. V. *statut conjugal, mariage (devoirs et droits du)*.

• **2** Plus spéc., qui a trait aux relations *patrimoniales des époux. Ex. les *régimes matrimoniaux regroupent des règles relatives aux biens des époux, à leurs intérêts *pécuniaires. V. **conventions matrimoniales*.

— **(*avantage).** *Profit particulier qui résulte du fonctionnement du régime matrimonial pour un époux (désigné en personne ou comme survivant) ; traitement préférentiel qui, favorisant son bénéficiaire comme copartageant, n'est pas regardé par la loi comme une *donation (mais seulement soumis, en présence d'enfant d'un précédent mariage, à certaines règles empruntées aux libéralités ; C. civ. a. 1527). Ex. *préciput, attribution de plus de la moitié de la communauté, communauté universelle, prélèvement moyennant indemnité sont des avantages matrimoniaux.

MATRIMONIUM CLAUDICANS

Expression latine signifiant *mariage boiteux.

MAUVAISE FOI

N. f. – Lat. pop. *malifatius* : qui a un mauvais sort. V. *foi*.

• (Sens gén.). Attitude contraire à la *bonne foi. V. *déloyauté, dissimulation, fraude, dol*.

- **1** S'agissant de priver l'intéressé du bénéfice de l'ignorance ou de l'apparence : attitude de celui qui se prévaut d'une situation juridique dont il connaît (ou devrait connaître) les vices ou le caractère illusoire. Ex. C. civ., a. 220-2, 1635 ; il se peut que la déloyauté d'une telle attitude soit sanctionnée pour elle-même et qu'il faille alors conjuguer les deux manifestations de la mauvaise foi (C. civ., a. 1645).

  ADAGES : *Mala fides superveniens non nocet.*

  Unus quisque peritus esse débet artis suae.

- **2** S'agissant de frapper l'intéressé de sanctions particulières : attitude de celui qui manque de *loyauté envers autrui, surtout lorsque ses agissements révèlent la conscience ou la volonté de nuire (ex. C. civ., a. 800, 1413) ; la mauvaise foi, en cas d'inexécution délibérée d'un contrat, reçoit généralement le nom de *dol ; c'est d'elle, également, que procèdent ces autres formes de déloyauté que sont : la *fraude (où elle use de voies détournées), l'*abus du droit (où elle use de voies légales).

  ADAGE : *Malitiis non est indulgendum.*

MAXIME

Subst. fém. – Lat. ecclés. *maxima (sententia)* : la plus grande sentence.

- *Principe général du Droit, souvent énoncé sous forme d'*adage. Ex. *nemo plus juris ad alium transferre potest quam ipse habet.* Comp. *axiome*. V. *brocard, règle, précepte, dicton*.

MÉCANISME EUROPÉEN DE STABILITÉ FINANCIÈRE

- Mécanisme intergouvernemental, permanent, au profit des seuls États membres de la zone euro, ayant pour but de préserver la stabilité financière de la zone euro dans son ensemble par un soutien financier, subordonné à des engagements appropriés, à un ou plusieurs États membres confrontés à de graves perturbations économiques ou financières, causées par des circonstances exceptionnelles échappant à leur contrôle. Remplace le Fonds européen de stabilité financière à partir de juillet 2013 (loi n° 2012-323 du 7 mars 2012 ; R [UE] n° 407/2010 du 11 mai 2010).

MÉCÉNAT

Subst. masc. – Dér. de Mécène, lat. *Maecenas,* chevalier romain, ami d'Auguste, protecteur des lettres.

- **1** Action d'encourager, par une *aide financière désintéressée, les arts et toutes autres œuvres de civilisation, encouragement que les États favorisent à leur tour par les avantages fiscaux dont ils font bénéficier ceux qui prodiguent cette aide. Ex. allégements fiscaux dont bénéficient, en France, les entreprises en raison de versements effectués au profit d'œuvres ou d'organismes d'intérêt général ayant un caractère philanthropique, éducatif, scientifique, social, humanitaire, sportif, familial, culturel, etc. (a. 238 *bis*, 1, CGI). V. *groupement d'intérêt public, fondation*.
- **2** Nom étendu à d'autres initiatives en faveur d'artistes vivants (par acquisition d'œuvres originales, a. 7, l. 23 juil. 1987 sur le développement du mécénat) ou de la sauvegarde du patrimoine artistique (par acquisition d'œuvres d'art, livres ou autres objets de haute valeur artistique ou historique dont l'offre de donation à l'État a été acceptée, a. 238 *bis*, OA, CGI).
- **3** Englobe parfois, dans un sens plus large, le *parrainage publicitaire et le *sponsorisme qui sont, pourtant, des initiatives intéressées (de la part du parrain ou du sponsor), un tel rapprochement s'expliquant à l'idée que, dans le mécénat le plus pur, entrent l'intérêt de la réputation flatteuse qui auréole le mécène et, parfois, la jouissance personnelle d'une œuvre.

MÉCONNAISSANCE

N. f. – De méconnaître, préf. péj. me (de moins ou du préf. germ. *missa*) et connaître (lat. *cognoscere*).

- Action de ne pas de connaître, de ne pas reconnaître ou de ne pas comprendre, de déformer, mal interpréter, sous-estimer : ignorance, méprise, incompréhension, fausse représentation portant sur un devoir, un droit, la loi, une institution, une doctrine, un fait, une situation, etc. Comp. *inobservation, violation, application de la loi (fausse), manquement*.

MÉDAILLES

Empr. à l'ital. *medaglia*.

V. **monnaies et médailles*.

MÉDECINE

N. f. – Lat. *medicina,* de *medicus* : médecin.

S'emploie dans les expressions suivantes :

— **de caisse.** Organisation de la médecine dans laquelle le praticien appelé à donner des soins aux assurés est directement rémunéré par les organismes de Sécurité sociale.

— **de groupe.** Système d'organisation de la médecine selon lequel un certain nombre de praticiens, dans un souci d'efficacité et de réduction des frais, décident la mise en commun tant de leurs compétences que de leur matériel.

— **du travail.** Service de l'entreprise ou commun à plusieurs entreprises qui a pour mission d'assurer la surveillance médicale des salariés tant au moment de l'embauche qu'en cours d'emploi.

— **(exercice illégal de la).** Infraction consistant, pour une personne dépourvue du diplôme requis par la loi, à prendre part habituellement au traitement des maladies, à des opérations chirurgicales ou à la pratique de l'art dentaire ou des accouchements.

— **légale.** Branche spéciale de la médecine qui a pour objet d'aider la justice (pénale ou civile) dans la découverte de la vérité (not. en matière d'homicide, d'accidents du travail, etc.). V. *médecin légiste*.

— **libérale.** Organisation de la médecine reposant not. sur les principes du libre choix du lieu d'installation par le praticien, du libre choix du praticien par le client, de la liberté de prescription, de l'entente directe en matière d'honoraires entre le praticien et son client, et du secret médical.

MÉDECIN *LÉGISTE

Lat. *medicus* ; lat. médiév. *legista,* de *lex, legis* : loi.

• Médecin exerçant, auprès des tribunaux, les fonctions d'*expert ou de *consultant en matière de *médecine légale (not. pour des autopsies après mort violente). V. *technicien*.

MÉDIATEUR

Subst. masc. – Lat. *mediator,* du v. *mediare,* v. ci-dessous.

• **1** (sens générique). Celui auquel les parties à un conflit demandent de proposer la solution de leur différend (à la différence du *conciliateur seulement chargé d'œuvrer au rapprochement des personnes en conflit), sans cependant être investi du pouvoir (juridictionnel) de l'imposer, à la différence de l'*arbitre (lequel est *juge). Plus vaguement, celui qui, choisi par les intéressés seuls ou par le juge avec leur accord, intervient à toutes fins pacificatrices pour tempérer le conflit si celui-ci ne peut être résolu, et inciter les intéressés, à défaut de règlement global, à chercher au moins à discerner les points d'accord et de désaccord. Comp. **amiable compositeur*. V. *recommandation*.

• **2** (publ.). Personnalité investie, sur le plan national, sous le nom de médiateur de la République, de la charge d'instruire les réclamations des administrés au sujet du fonctionnement des administrations de l'État, des collectivités publiques territoriales, des établissements publics et de tout autre organisme investi d'une mission de service public (fonction instituée par la loi du 3 janv. 1973). V. *ombudsman*.

• **3** (eur.). Personnalité investie d'une fonction semblable au sein de l'*Union européenne, sous le nom de médiateur européen ou d'*ombudsman européen, et nommée par le *Parlement européen pour la durée de la législature.

MÉDIATION

N. f. – Lat. *mediatio* : entremise, de *mediare* : s'interposer.

• **1** (sens gén.). Mode de solution des *conflits consistant, pour la personne choisie par les antagonistes (en raison le plus souvent de son autorité personnelle), à proposer à ceux-ci un projet de solution, sans se borner à s'efforcer de les rapprocher, à la différence de la *conciliation, mais sans être investi du pouvoir de le leur imposer comme décision juridictionnelle, à la différence de l'*arbitrage et de la *juridiction étatique. Plus vaguement, mission polymorphe (purement extrajudiciaire ou par côté judiciaire) et polyvalente qui interfère avec la conciliation dans l'exploration des voies d'apaisement des situations conflictuelles et la « quête d'une justice alternative » (Carbonnier). Comp. *transaction*. V. *amiable*.

- **2** (trav.). Procédure de règlement des conflits collectifs du travail faisant intervenir un intermédiaire, le *médiateur, investi de larges pouvoirs, qui recueille des informations complètes sur le conflit et propose une solution contenue dans une recommandation motivée soumise à l'approbation des partenaires sociaux.
- **3** (int. publ.). Procédure pacifique de règlement des conflits internationaux caractérisée par l'intervention d'un tiers (État ou groupe d'États, organisme international, personne privée) ; confondue parfois avec les *bons offices, la médiation tend comme eux au rapprochement et à l'ajustement des positions des parties en litige, mais, à la différence des bons offices, elle comporte généralement, de la part du médiateur, des propositions en vue de la solution du litige. La médiation se distingue également de la *conciliation où des fonctions analogues sont exercées par un organe collégial, généralement préconstitué, ainsi que de l'*arbitrage et du *règlement judiciaire qui s'analysent dans l'exercice d'une fonction proprement juridictionnelle.

MÉDIATION ADMINISTRATIVE

Mode de règlement amiable d'un litige relevant des juridictions administratives, par le recours à un tiers, le médiateur, désigné soit par les parties, soit par le juge, avec l'accord des parties (CJA, a. L. 213-1).

MÉDIATURE

Subst. fém. – Néol. construit sur *médiateur.

- Nom de prestige donné à la fonction de médiateur de la République ; désigne aussi l'institution même, parfois la durée du mandat.

MÉDICAMENT

N. m. – Lat. *medicamentum.*

- Toute substance ou composition présentée comme possédant des propriétés curatives ou préventives à l'égard des maladies humaines ou animales, ainsi que tout produit pouvant être administré à l'homme ou à l'animal en vue d'établir un diagnostic médical ou de restaurer, corriger ou modifier leurs fonctions organiques (C. sant. publ., a. 5111-1), et consistant soit en des préparations magistrales (préparées par le pharmacien suivant la formule indiquée par le médecin), soit en des produits spécialisés (préparés à l'avance, présentés sous un conditionnement particulier et ne donnant lieu à remboursement que s'ils figurent sur la liste officielle des *spécialités remboursables). V. *pharmacopée*. Comp. *produit de santé*.
- **générique.** Se dit de celui qui a la même composition qualitative et quantitative en principes actifs, la même forme pharmaceutique et dont la bioéquivalence avec la spécialité est démontrée par des études de biodisponibilité appropriées (C. santé pub., L. 5121-1).

MÉLANGÉ DE FAIT ET DE DROIT

V. **moyen mélangé de fait et de droit.*

MÈL

N. m. – Néol., contraction de message électronique ; comp. l'angl. *e-mail,* abréviation de *electronic mail* ; *mail* (en franç. poste, courrier) vient du franç. malle (malle-poste), et ce terme du haut allemand *mal* (sacoche, besace).

- Message électronique ; syn. *courriel.

— **(abus de).** Harcèlement gravement perturbateur tenant à l'envoi massif et répétitif de courriels non sollicités par un destinataire dont l'expéditeur a irrégulièrement capté l'adresse électronique, pratique déloyale contraire à la charte de bonne conduite qui régit l'internet ; en angl. *spamming*.

MÉMOIRE

Subst. masc. – Tiré de mémoire (subst. fém.), lat. *memoria.*

- **1** Document qui, notamment devant certaines juridictions (Cour de cassation,

Conseil d'État), remplace à la fois les *conclusions et la *plaidoirie (en ce qu'il contient les arguments et les prétentions d'une partie) et qui, de ce fait, constitue la pièce maîtresse d'une procédure écrite. V. *conclusions*.

— ***ampliatif.** Mémoire développant les moyens sommairement énumérés dans le *pourvoi en cassation ou dans la requête déposée devant le juge administratif. V. *ampliation*.

— **en défense.** Mémoire établi par le défendeur en réponse au mémoire ampliatif. Comp. *réplique*.

- **2** Document, annexé à la requête initiale, dans lequel l'époux qui demande le divorce (sur aveu indivisible, C. civ., a. 233) doit s'efforcer de décrire objectivement la situation conjugale, sans chercher à imputer l'échec du mariage à l'autre conjoint, et qui tient en cela, et par son caractère personnel, de l'*aveu, de la confession et de l'anamnèse.
- **3** Dans la pratique professionnelle, document par lequel un locateur d'ouvrage énumère le détail des travaux dont il est l'auteur et du prix demandé pour ces travaux et les fournitures qui les accompagnent. Comp. attachements.

MÉMORANDUM

Subst. masc. – Neutre de l'adj. lat. *memorandus* : qui doit être rappelé, de *memorare* : rappeler.

- **1** *Aide-mémoire, document destiné à rappeler certains points et certains faits importants.
- **2** Dans les relations diplomatiques, document – confidentiel ou secret – faisant le point d'une question, éventuellement accompagné d'instructions ou de propositions.
- **3** Dans certaines organisations internationales, rapport – éventuellement accompagné d'un exposé des motifs et de recommandations – qui est transmis par un organe à un autre (ex. dans le système de la CEE, mémorandum de la commission au Conseil des ministres).

MENACE

Subst. fém. – Lat. *minacia*, de *minae* : menaces.

- **1** Acte d'intimidation consistant, pour une personne, à inspirer à une autre la *crainte d'un mal projeté contre sa personne, sa famille ou ses biens, par l'annonce (écrite ou verbale, publique ou privée) de la mise à exécution de ce projet : agissement réprimé soit comme délit spécial (C. pén., a. 222-17 s., R. 623-1), soit comme élément constitutif ou circonstance aggravante d'autres infractions (outrages, *chantage), qui, en matière civile, peut constituer un acte de *violence, vice du consentement, plus rarement un abus du droit (menace d'exercer un droit). V. *comminatoire, sommation, extorsion*.
- **2** Situation qui présente objectivement (quelle qu'en soit la cause) un risque de dommage. Ex. menace de ruine. V. **dénonciation de nouvel œuvre, *trouble possessoire, réparation*.

— **contre la paix.** Dans la charte des Nations Unies (a. 39), l'une des situations, discrétionnairement appréciée par le Conseil de sécurité, l'habilitant à mettre en œuvre les mesures prévues par le chapitre VII ; notion vague, précisée par la pratique et impliquant, selon l'appréciation du Conseil, un danger actuel et persistant (résultant d'événements intérieurs ou internationaux) et des éléments d'illégalité permettant d'imputer la situation à l'une des parties en présence.

MÉNAGE

Subst. masc. – dér. du lat. vulg. *mansionaticum* : qui concerne la *maison.

- **1** Groupe formé par les époux eux-mêmes (*couple, noyau matrimonial, ou conjugal) et, le cas échéant, par les enfants qui vivent avec eux ; par ext., groupe formé par deux personnes qui vivent *maritalement (comme s'ils étaient mariés, mais sans l'être l'un avec l'autre) en *union libre pure et simple ou dans les liens d'un *pacs. V. *lignage, famille, concubinage, couple*.
- **2** Désigne aussi la vie domestique et l'ensemble des activités et affaires liées à la *communauté de vie d'un ménage (au sens 1), à sa vie quotidienne.

— **(dépenses de).** V. *dépenses, dettes de ménage*.

MÉNAGER, ÈRE

Adj., dér. de *ménage.

- Qui se rapporte au *ménage, *domestique. Ex. *dépenses ménagères. Comp. familial, alimentaire.

— **(pouvoir).** Pouvoir que chaque époux tient de la loi (sous tous les *régimes matrimoniaux) de passer seul les contrats qui ont pour objet l'entretien du *ménage ou l'éducation des enfants, et d'obliger l'autre solidairement par les *dettes ainsi contractées (C. civ., a. 220).

MENDICITÉ

N. f. – Lat. *mendicitas,* de *menjicus* : mendiant.

- Fait de demander l'aumône dans son intérêt personnel, même sous la fausse apparence d'un acte de commerce, agissement qui constituait naguère un délit : 1 / lorsqu'il existait un *dépôt de mendicité ; 2 / en l'absence d'établissement de cette nature, lorsqu'elle était le fait d'un mendiant d'habitude valide ; 3 / lorsqu'elle avait été commise dans des circonstances particulières : menaces, simulation de plaies ou d'infirmité, introduction sans permission dans un lieu habité, réunion (anc. C. pén. a. 274 s.), incrimination supprimée en 1994. Comp. *vagabondage.* V. *quête*.

MENOTTES

Subst. fém.plur. – Dér. de *main.

- *Entraves constituées par deux anneaux métalliques reliés par une courte chaîne que l'on passe aux poignets des détenus dangereux (pour autrui ou pour eux-mêmes) ou susceptibles de vouloir s'enfuir (C. pr. pén., a. 803).

MENSONGER, ÈRE

Adj. – De mensonge, du lat. *mentire,* mentir.

- Qui cache ou altère la *vérité ; sciemment contraire à la réalité ; qui est destiné (ou à tout le moins de nature) à induire en erreur ; trompeur. Ex. déclaration mensongère, *publicité mensongère, *témoignage mensonger (C. pén. a. 434-13 et 14). Ant. *loyal, véridique*. Comp. *faux, dolosif, frauduleux, fictif, simulé*. V. *sincérité, dénonciation calomnieuse*.

MENSUALISATION

N. f. – Néol., dér. de *mensuel.

- Régime (not. de rémunération ou d'imposition) consistant à rendre *mensuel l'accomplissement d'une opération, surtout le versement d'une somme d'argent (not. à titre de salaire ou d'impôt).

— **du salaire.** Mesure garantissant une rémunération mensuelle minimale aux salariés dont le contrat de travail comporte un horaire au moins égal à la durée légale hebdomadaire.

MENSUALITÉ

Subst. fém. – Dér. de *mensuel.

- **1** Caractère de ce qui est *mensuel ; périodicité d'un mois.
- **2** Par ext., sommes versées ou perçues mensuellement. Ex. paiement par mensualités, après délai de grâce, de sommes encore dues, ou du prix d'une chose achetée à crédit. Comp. *arrérages*.

MENSUEL, ELLE

Adj. – Du lat. *mensis* : mois.

- **1** (adj.). Calculé pour un mois et payé chaque mois. Ex. rémunération mensuelle.
- **2** (subst.). Employé d'une entreprise payé au mois par opp. à l'ouvrier horaire, payé à l'heure. Comp. *journalier, vacataire, saisonnier, tâcheron*.

MENTION

N. f. – Lat. *mentio* : action de nommer, de citer.

- **1** *Énonciation ajoutée au corps d'un acte à la suite, ou plus généralement, en marge de celui-ci, en vue, soit de le compléter ou de le rectifier, soit de faire connaître l'accomplissement d'une formalité légale ou un événement postérieur qui l'anéantit ou l'affecte. Ex., en matière de publicité foncière, mention complémentaire destinée à réparer une erreur ou une omission relative à la désignation de personnes ou d'immeubles, apposée par le rédacteur de l'acte à la suite de la minute ou de l'original ; en matière d'actes de l'état civil, mention en marge de l'acte de naissance de tous les actes de l'état civil qui jalonnent la vie d'une personne (mariage, divorce, reconnaissance d'enfant naturel, décès). V. *rectification, transcription*.

- **2** *Indication que doit comporter un acte (ex. pour un acte d'huissier de justice, identité du requérant, pour un jugement, le nom des juges qui en ont délibéré). V. *formalité, libellé*.
- **3** Relation, dans un acte, d'un fait, d'une déclaration, de démarches (ex. mentions, dans un procès-verbal, de constatations matérielles ou de témoignages ; dans un acte d'huissier de justice, des diligences de cet officier ministériel pour en effectuer la délivrance).

MER

N. f. – Lat. *mare.*

- Ensemble des *zones marines s'étendant au-delà des *eaux intérieures des États (bien qu'une portion de celles-ci fasse géographiquement partie des espaces maritimes).

— **(haute).** Zone marine qui, en principe, échappe à toute souveraineté et que la convention de Genève de 1958 définit comme l'ensemble des parties de la mer n'appartenant ni à la mer territoriale ni aux eaux intérieures d'un État (la *zone économique exclusive ne semblant pas en faire partie, bien qu'ouverte à la *liberté des mers).

— ***territoriale.** Zone marine adjacente aux côtes et placée sous la souveraineté de l'État côtier (convention de Genève de 1958) dont la Convention des Nations unies sur le droit de la mer (Montego Bay) de 1982 a fixé la largeur à 12 milles marins. V. **zone contiguë, *fonds marins, pêche, *plateau continental, *zone économique exclusive, passage inoffensif (droit de) ; passage en transit sans entrave (droit de)*.

MERCURIALE

Subst. fém. – Lat. *mercurialis,* de Mercure, qui a lieu le mercredi ; qualifiait d'abord une assemblée du Parlement qu'on trouve le premier mercredi après les vacances et où le premier président prononçait une mercuriale.

- **1** État des prix courants de denrées vendues sur un marché public.
- **2** Harangue, sur un sujet édifiant, destinée à stimuler le zèle des magistrats et des auxiliaires de la justice, autrefois prononcée dans des circonstances solennelles, par un représentant du ministère public. Ex. les dix-neuf mercuriales du chancelier d'Aguesseau.
- **3** Nom naguère donné (en souvenir des anciennes mercuriales de remontrances et d'admonestation) au discours de rentrée prononcé, dans chaque cour d'appel, après les vacances judiciaires, bien que celui-ci n'eût qu'indirectement pour objet de rappeler les magistrats aux devoirs de leur charge en traitant un sujet de droit, de morale ou d'organisation judiciaire ; coutume dont il reste le discours d'usage (sur un sujet d'actualité ou d'intérêt juridique ou judiciaire) qui, dans les cours d'appel, peut précéder l'exposé consacré, au début de l'*année judiciaire, dans toute juridiction, à l'activité de celle-ci durant l'année écoulée (COJ, a. R. 711-2 anc.).

MÈRE

N. f. – Lat. *mater.*

- Celle qui a mis au monde un enfant. V. *maternité, père, veuve, fille, vérité biologique, égalité parentale*.

— **adoptive.** V. *adoptif*.

— **célibataire.** Femme non mariée (mère adoptive, C. civ., a. 343-1, mère naturelle, naguère appelée fille mère) qui élève son enfant.

— ***légitime.** Celle qui a un *enfant de son mariage. V. *maternité*.

— ***naturelle.** Celle qui a un enfant hors mariage.

ADAGE : *Mater semper certa.*

MÉRITE

N. m. – Lat. *meritum.*

- *Valeur d'un acte judiciaire ; *bien-fondé d'une demande ou d'un recours. Ex. mérite de la demande d'assistance judiciaire ou de l'appel.

MÉRITE (ORDRE NATIONAL DU)

V. le précédent, *ordre* et *national*.

- *Ordre destiné à récompenser les mérites distingués, acquis, soit dans une fonction publique, civile ou militaire, soit dans l'exercice d'une activité privée (remplace divers ordres spécifiques dont les grades ne sont plus attribués). V. distinction, honneur.

MERROUTAGE

N. m.

- *Transp. maritime*. Transport intermodal de marchandises, utilisant des véhicules routiers acheminés sur des navires rouliers. Comp. *ferroutage*. Équivalent étranger : *sea-road transport*. JORF 6.6.2009.

MÉSENTENTE

V. le suivant et *entente*.

- Syn. **mésintelligence*.

MÉSINTELLIGENCE

N. f. – Comp. du préf. més(me), particule péjorative du francique *missi* et de *intelligence.

- Défaut d'harmonie ; état d'inimitié, d'incompréhension, dans lequel se trouvent les personnes qui ne savent s'accorder quand il leur faut vivre ou agir ensemble. Ex. mésintelligence entre époux ou entre associés (directement sanctionnée par l'aménagement ou l'anéantissement du rapport juridique qu'elle paralyse), mésintelligence entre voisins (indirectement sanctionnée par la réparation des troubles qu'elle occasionne s'ils dépassent les inconvénients normaux de voisinage). Ant. *bonne *intelligence*. Syn. *mésentente* ; se situe au-delà des dissentiments ou des désaccords (souvent plus légers et ponctuels) et en deçà de la désunion dans la hiérarchie des termes qui reflètent l'échec de rapports personnels ; il faut que cette situation dégénère en antagonisme pour qu'apparaissent dissensions, *conflits, *contestations, *rupture.

ADAGE : *Quieta non movere.*

MESSAGE

N. m. – Bas lat. *missaticuni*, de *missus* : envoyé.

- Terme de prestige employé pour désigner certaines *communications ou allocutions émanant du chef de l'État. Comp. **conférence de presse, proclamation, appel, communiqué*.

— **à la nation.** Acte par lequel le Président de la République s'adresse au peuple, not. pour l'informer de sa décision de recourir aux pouvoirs extraordinaires de l'article 16 de la Constitution de 1958.

— **au Parlement.** Acte par lequel le Président de la République communique avec les deux assemblées du Parlement (Const. 1958, a. 18).

MESURE

N. f. – Lat. *mensura*.

- **1** Moyen tendant à obtenir un résultat déterminé (sauvegarde, aide, administration, sanction, etc.).
- **2** Par ext., la décision (judiciaire ou administrative) qui ordonne la mesure.

— ***comminatoire.** V. *comminatoire*.

— ***conservatoire.**

a / Mesure d'urgence prise pour la sauvegarde d'un droit ou d'une chose. Ex. bonne exécution du testament (C. civ., a. 1029) ; apposition des scellés après décès (C. civ., a. 819 à 821 anc.) ou au début d'une instance en divorce (C. civ., a. 257) ; nomination d'un administrateur aux biens d'un non-présent. Terme générique désignant aujourd'hui l'ensemble des *saisies conservatoires et des *sûretés judiciaires, mesures que toute personne dont la créance paraît fondée en son principe peut obtenir du juge l'autorisation de pratiquer sur la justification des circonstances qui risquent d'en compromettre le recouvrement (C. pr. civ. ex., a. L. 511-1). Comp. *mesure provisoire*.

b / Mesures avant dire droit qu'un tribunal international invite les parties à mettre en œuvre en attendant son jugement sur la compétence ou sur le fond, de façon à éviter une atteinte irréparable aux droits de celle des parties qui les a sollicitées.

— **d'administration judiciaire.** Mesure de caractère non juridictionnel (non *susceptible de recours) destinée à assurer le fonctionnement de la juridiction soit d'une façon globale (répartition des juges entre les diverses chambres d'un tribunal ; répartition des affaires, délégation de fonctions, etc.), soit à l'occasion d'un litige (radiation d'une affaire, ordonnance de clôture).

— **de crise.** Nom donné à certaines *mesures judiciaires de protection qui, sous tous les régimes matrimoniaux, permettent, surtout dans les situations conflictuelles entre époux et toujours dans l'intérêt de la famille, soit de réaliser certaines opérations nécessaires (*autorisations et *habilitations judiciaires not. pour la vente d'un bien ; C. civ., a. 217, 219), soit de prendre d'urgence, à titre temporaire et conservatoire, des dispositions de sauvegarde. Ex. scellés, interdiction de vendre ou de déplacer un bien (C. civ., a. 220-1). Comp. **séparation judiciaire de biens*.

— **de justice restaurative.** Mesure de nature confidentielle, mise en œuvre par un tiers indépendant, sous le contrôle de l'autorité judiciaire, expressément consentie par la victime et l'auteur d'une infraction leur permettant de participer activement à la résolution des difficultés résultant de cette infraction, et notamment à la réparation des préjudices de toute nature résultant de sa commission (CPP, a. 10-1). V. *justice restaurative*.

— **de sauvegarde.** V. *sauvegarde (mesure de)*.

— **de sûreté.** Mesure de précaution destinée à compléter ou suppléer la *peine encourue par un délinquant qui, relevant en principe, comme la peine, de l'autorité judiciaire ne constitue pas un châtiment, mais une mesure de défense sociale imposée à un individu dangereux afin de prévenir les infractions futures qu'il pourrait commettre et que son état rend probables, l'aider ou le soumettre à un traitement. Ex. mesures éducatives à l'égard d'un mineur, *internement d'un aliéné, *expulsion d'un étranger. V. *interdiction, permis de conduire (retrait de) ; *état dangereux, politique criminelle, amendement*.

— **d'expulsion.** Mesure individuelle d'*expulsion ou mesure collective d'*évacuation, subordonnée à de strictes conditions lorsqu'elle porte sur des lieux d'habitation (l. 9 juill. 1991, a. 61 s.).

— **d'instruction.** Mesure que le juge peut ordonner, d'office ou à la demande des parties, pour s'éclairer dans l'administration judiciaire de la preuve, soit par des vérifications personnelles (ex. *descente sur les lieux), soit par les déclarations des parties (*comparution personnelle), soit par celles des tiers (*attestations, *enquête), soit grâce aux lumières d'un *technicien (*constatations, *consultation, *expertise).

— **d'instruction à futur (ou *in futurum*).** V. **action in futurum*.

— ***disciplinaire.** Mesure infligée par l'autorité investie du *pouvoir disciplinaire qui a pour objet d'assurer le respect des règlements et usages de la part des membres d'un corps (armée, magistrature, université, barreau, etc.), par application de *peines disciplinaires.

— **d'ordre intérieur.** Expression générique désignant des actes administratifs qui, bien que de caractères souvent très différents, ont en commun de n'avoir pour destinataires que des autorités ou des agents de l'administration et de ne concerner en principe que les relations juridiques existant à l'intérieur de l'administration. Ex. mesures *circulaires ou *instructions de service (la plupart de ces mesures échappent au contrôle du juge de l'excès de pouvoir).

— **éducative.** *Mesure de sûreté applicable à des mineurs, prononcée par l'autorité judiciaire et constamment révisable jusqu'à la majorité accomplie qui constitue un mode de traitement obligatoire pour les mineurs délinquants de 13 ans et facultatif pour ceux de 13 à 18 ans et un mode de traitement des mineurs non émancipés, en danger moral (C. civ., a. 375 s.).

—**s nouvelles.** Inscriptions budgétaires (crédits nouveaux, augmentations, réductions ou suppressions de crédits) qui apportent des modifications à la structure des dépenses ou aux conditions d'exécution des services publics telles qu'elles résultaient du budget précédent ; se distinguent des crédits pour « services votés » qui Visent à poursuivre l'exécution des services dans les condition sapprouvées l'année précédente par le Parlement.

— ***provisoire.**

a / Au sens strict, mesure prise pour la durée d'un procès afin de régler momentanément une situation urgente en attendant une décision définitive. Ex. allocation d'une provision alimentaire au conjoint et aux enfants pendant l'instance en divorce ; octroi d'une pension *ad litem* ; mise sous séquestre d'un objet litigieux. Comp. *mesure conservatoire*. V. *ad litem*.

b / Parfois syn. dans un sens plus large de décision *provisoire. Comp. *accessoire*.

- **3** *Modération, juste milieu. Comp. *sagesse, *prudence*. Ant. *excès, abus*.

MÉTAYAGE

N. m. – Dér. de *métayer.

V. **bail à métayage*.

MÉTAYER

Subst. – Dér. de *meitié*, anc. forme de moitié.

- *Preneur dans le *bail à métayage ; syn. (ancien) **colon partiaire*. Comp. *locataire, fermier, tenancier, cheptelier*.

MÉTIER

N. m. – Dér. du lat. *ministerium* : service, fonction.

- **1** Syn. de *profession (1).
- **2** Désigne plus particulièrement certaines professions (l'artisanat) dans diverses expressions. V. **chambre des métiers*.

MÉTROPOLE

Subst. fém. – Lat. *metropolis*, mot d'origine gr. (πολις et μήτηρ) litt. ville mère.

- Expression datant de la période coloniale et désignant la France d'Europe, par opp., autrefois, aux dépendances coloniales, aujourd'hui encore, aux départements d'outre-mer et territoires d'outre-mer.

MEUBLE

N. m. – Lat. *mobilis*.

- **1** (sens premier). Toute chose matérielle qui peut être déplacée. Ex. meubles meublants, véhicules, animaux, navires, marchandises, or, bijoux, vêtements, aéronefs, etc. ; on les nomme plus précisément meubles *corporels ou meubles par nature (C. civ., a. 528).
- **2** (sens générique). Tout bien qui n'est pas *immeuble, qu'il soit mobilier par nature (V. *supra*, 1), ou par détermination de la loi (C. civ., a. 527). Syn. **bien meuble, *effet mobilier, *mobilier*.

— par anticipation. Choses immobilières (non encore détachées du sol) que l'on traite par avance comme meubles parce qu'elles sont destinées à le devenir bientôt. Ex. les récoltes sur pied font l'objet d'une vente mobilière. V. *mobilisation, ameublissement, saisie-brandon*.

— par détermination de la loi. Biens *incorporels auxquels la loi confère un caractère mobilier. Ex. créances mobilières, droits d'auteur, actions ou intérêts dans les sociétés, offices ministériels, fonds de commerce (C. civ., a. 529).

- **3** (sens restreint). Employé seul ne comprend que le *mobilier (au sens courant) à l'exclusion de l'argent, des bijoux et des biens énumérés par l'a. 533 du C. civ.

— meublant. Meuble destiné à l'usage et à l'ornement des appartements (C. civ., a. 534).

ADAGE : *Mobilia sequuntur personam. Res mobilis, res vilis.*

MEUBLÉ

Du v. meubler, dér. de *meuble.

- **1** (adj.). *Garni, par opp. à *nu ; se dit d'un local loué avec les meubles qui le garnissent et soumis, en tant que tel, à un régime particulier, not. pour la durée du bail (C. civ., a. 1757).
- **2** (subst.). Le *local même loué *garni (on occupe un meublé), ou le type de location (on loue en meublé). V. *loueur, logement, logeur*.

MEURTRE

N. m. – Mot d'origine germ.

- **1** *Homicide volontaire ; terme générique désignant le fait de donner volontairement la mort à autrui (C. pén., a. 221-1). V. *crime*.
- **2** Désigne parfois plus spécifiquement le meurtre simple (commis sans aucune circonstance aggravante) par opp. aux meurtres aggravés (ex. *assassinat, *parricide, *infanticide, *empoisonnement) naguère nommés crimes capitaux, dans les cas où ils risquaient d'entraîner la

*peine de mort. Comp. **actes de barbarie, génocide, coups, *homicide involontaire*.

MICRO-ENTREPRENEUR

V. *entrepreneur*.

MIGRANT, ANTE

Adj. – Dér. de *migration.

- Qui opère une *migration. Ex. travailleur migrant (néologisme destiné à remplacer le terme *immigré). V. *émigrant, immigrant, réfugié, migration*.

MIGRATION

N. f. – Du v. lat. *migrare* : s'en aller.

- **1**

— **internationale.** Fait, pour une personne, de se déplacer d'un pays dans un autre et d'y séjourner pour un motif de travail ; parfois, plus généralement (dans le droit de la Sécurité sociale), tout déplacement international de l'assuré social, quel que soit le motif du déplacement. V. *migrant, émigration, immigration*.

- **2**

— **rurale.** Opération donnant droit à une aide financière et technique de l'État et consistant, pour un *agriculteur, à quitter une *exploitation située dans une zone surpeuplée pour s'installer dans une zone d'accueil sur une exploitation présentant certaines garanties de rentabilité.

MILIEU OUVERT

Milieu, formé du préf. mi et de *lieu. V. *ouvert*.

- Expression désignant, par opp. à des solutions d'internement (milieu carcéral, établissement pénitentiaire) ou d'internat, des structures ou des formules d'accueil plus libres qui, tout en laissant l'enfant au contact de la vie sociale, permettent grâce à des services d'observation de suivre son éducation ou sa rééducation par mesure d'*assistance éducative (C. civ., a. 375-4). Ex. accueil dans une famille, résidence dans un foyer communautaire ; expression désignant un mode comparable d'exécution de la peine (par substitution) expérimenté pour les délinquants adultes.

MILITAIRE

Adj. – Lat. *militaris*, de *miles* : soldat.

- Qui concerne les forces armées. Ex. direction militaire de la défense, politique militaire, service militaire. Comp. *civil*.

MINE

N. f. – Lat. *mina* : mine, monnaie, ou terme d'origine celtique.

- Gîte de substances minérales ou fossiles, renfermées dans le sein de la terre ou existant à la surface lorsque ces substances sont de celles énumérées à l'a. 2 du Code minier. V. *carrière*.

MINEUR, EURE

Subst.et adj. – Lat. *minor*.

- **1** Individu qui n'a pas atteint l'âge de la *majorité (en général de la *majorité civile). Ant. **majeur*. V. *incapable, minorité*.

- 2

— **de…** Qui n'a pas atteint l'âge de…

MINIÈRE

Dér. de *mine.

- Terme aujourd'hui abandonné qui désignait des gisements contenant des minerais de fer dits d'alluvions, des terres pyriteuses renfermant des sulfates de fer, des terres alumineuses ou des tourbes.

MINIMISATION DES PERTES

Subst. fém. – Néol. dér. de minime, lat. *minimum*, le moindre ; transf. de l'angl. *mitigation*. V. *perte*.

- Obligation, pour le créancier, de prendre toute mesure propre à limiter le dommage résultant de l'inexécution du contrat, dont l'inobservation l'expose à une réduction des dommages-intérêts si la perte avait pu être évitée (a. 77, conv. Vienne, 11 avr. 1980).

MINISTÈRE

Subst. masc. – Lat. *ministerium*, de *minister* : serviteur.

- **1** Ensemble des ministres faisant partie d'un même *gouvernement ou *cabinet.

- **2** Ensemble des services de l'administration placés sous l'autorité d'un même ministre ; département *ministériel.
- **3** Bâtiment abritant les services et appartements d'un ministre.
- **4** *Fonction, *office, *mission, not. pour les auxiliaires de justice (sens vague, les fonctions d'un même auxiliaire étant souvent variables). V. *assistance, représentation, plaidoirie, postulation, conclusions*. Comp. *magistrature*.
- **5** Dans certaines expressions, *concours, entremise, intervention ; par ministère d'avocat, d'avoué, d'huissier, signifie par l'intermédiaire d'un avocat, etc. ; dire que, pour un acte, le ministère d'un auxiliaire de justice est obligatoire, signifie que le plaideur ne peut accomplir cet acte qu'avec le concours de cet auxiliaire (sans pouvoir le faire lui-même, seul). V. *monopole*.

MINISTÈRE PUBLIC

V. *ministère* ; lat. *publicus*.

- **1** D'une manière générale, organe qui fait partie d'une juridiction mais y assume un rôle à part, consistant à inviter les magistrats du siège à juger de telle façon : soit dans le sens du gouvernement et, le cas échéant, sur instructions de celui-ci, devant les tribunaux judiciaires, soit pour des raisons de Droit ou de fait qu'il formule librement, devant les juridictions administratives ou judiciaires « (la plume est serve mais la parole est libre »). Comp. *procureur, parquet, rapporteur public*. V. *réquisition, conclusion*.
- **2** Devant les tribunaux judiciaires, corps hiérarchisé (et subordonné au garde des sceaux) des *magistrats chargés de représenter l'État devant les divers types de juridiction, qui comprend des éléments dans chaque cour d'appel (*parquet général) et chaque tribunal de grande instance (*parquet du TGI) et peut être représenté, devant le tribunal de police, par un commissaire de police, avec mission d'agir comme *partie principale dans tous les procès répressifs, de déclencher l'action publique (V. **partie civile*) et de l'exercer (C. pr. pén., a. 1), et mission d'agir ou d'intervenir en matière civile, comme *partie principale ou partie jointe.

— **(unité du).** Règle selon laquelle, à l'intérieur de chaque *parquet, les membres du ministère public peuvent se remplacer les uns les autres.

MINISTÉRIEL, ELLE

Adj. – Bas lat. *ministerialis*.

- **1** Qui a trait au *ministère (sens 1). Ex. crise ministérielle. Syn. *gouvernemental*.
- **2** Qui concerne un *ministère (sens 2) ; qui émane de ce ministère. Ex. réponse ministérielle, circulaire ministérielle.
- **3** Qui caractérise certaines fonctions placées sous l'égide de l'autorité judiciaire (*offices ministériels) et ceux qui les exercent (*officiers ministériels). Comp. *public, officiel, notarial*.

MINISTRE

Lat. *minister* : serviteur, domestique. V. *ministère*.

- Membre du gouvernement, en général placé en même temps à la tête d'un ensemble de services de l'administration (sauf pour les ministres sans portefeuille).

— **(Conseil des).** Réunion de l'ensemble des membres du gouvernement, sous la présidence du chef de l'État (Const. 1958, a. 9). Comp. *régime parlementaire, cabinet (conseil de), conseil restreint*.

— **délégué auprès du Premier ministre.** Ministre exerçant des compétences par délégation du Premier ministre.

— **d'État.** Titre attribué à un ministre pour souligner l'importance qui s'attache à sa présence au gouvernement en raison de sa personne ou de son appartenance politique (peut être avec ou sans portefeuille).

— **juge.** Nom donné, dans la conception doctrinale et jurisprudentielle abandonnée en 1889, à tout ministre en ce que chacun était, pour les affaires administrative contentieuses de son département, juge de droit commun en premier ressort.

— **plénipotentiaire.** Agent diplomatique qui occupe le grade le plus élevé dans la hiérarchie des cadres du ministère français des Affaires extérieures (et appartient à la deuxième classe des chefs de mission diplomatique dans la

hiérarchie instituée par la convention de Vienne sur les relations diplomatiques 1961) (l'adjectif plénipotentiaire n'a plus aucune valeur juridique, mais s'explique par des raisons historiques, en souvenir de l'époque où le ministre plénipotentiaire était chargé de négocier des traités).
— **(Premier).** Dénomination du *chef du gouvernement, traditionnelle dans certains régimes tel celui de la Grande-Bretagne, et adoptée en France depuis la Constitution de 1958 (v. a. 21 et 22). Comp. *président du Conseil des ministres* (pour les IIIe et IVe Républiques).
— **sans *portefeuille.** Ministre n'ayant pas de services à diriger, appelé à siéger au gouvernement en raison de sa personne ou de son appartenance politique.

MINORITÉ

N. f. – Lat. médiév. *minoritas* (de *minor.* V. *mineur*) au sens empr. de l'angl. *minority.*

- **1** Pour un individu :

a / Période de la vie humaine s'étendant de la naissance à la *majorité.

b / *Condition juridique du *mineur ; plus précisément *état dans lequel se trouve l'individu qui, n'ayant pas atteint l'âge de la majorité civile (18 ans), est soumis à un *régime de protection (V. *autorité parentale, administration légale, tutelle*) et frappé par la loi d'une *incapacité d'exercice, sous réserve des dispositions qui le reconnaissent capable d'accomplir lui-même tel ou tel acte (ex. actes usuels, C. civ., a. 389-3 et 408 ; testament à partir de 16 ans, C. civ., a. 904).

c / Désigne aussi (sous le nom de minorité pénale) l'état d'une personne qui n'a pas atteint l'*âge fixé par la loi pénale pour la *majorité (18 ans au lieu de 16 depuis 1906) et dont les infractions sont soumises à un régime répressif particulier. V. *excuse*.
— **de faveur.**

a / Minorité qui l'emporte sur la *majorité et fait résoudre, au bénéfice de l'inculpé, les questions posées à la cour d'assises (culpabilité, excuses, octroi des circonstances atténuantes, etc.) lorsque ces questions ne réunissent pas contre lui une majorité renforcée des suffrages exprimés (8 au moins sur 12).

b / Nom donné à cette règle de faveur.
— **(excuse de).** *Excuse atténuante qui a pour effet d'abaisser, en faveur des mineurs, le maximum de la peine encourue (en suivant les distinctions de la loi, o. 2 févr. 1945, a. 20-2 s.). V. *diminution de la peine*.

- **2** Dans une *assemblée délibérante (assemblée parlementaire, assemblée générale de société). V. *majorité, unanimité*.

a / Total de voix qui, dans une assemblée ou un collège électoral, est inférieur en nombre à celui du parti opposé lors d'une élection ou du vote d'une décision.

b / Désigne aussi le parti ou le groupe qui, dans une assemblée, réunit le moins de sièges. Comp. *représentation*.
— **de blocage.** Celle qui empêche que soit valablement prise une décision pour laquelle la loi exige une majorité qualifiée. V. *abus*.

- **3** Dans un État. *Groupe d'individus, généralement fixés à demeure sur le territoire d'un État, qui forme une véritable *communauté caractérisée par ses particularités ethniques, linguistiques et religieuses et se trouve en état d'infériorité numérique au sein d'une population majoritaire vis-à-vis de laquelle elle entend préserver son identité. (Certaines minorités font l'objet d'un statut juridique international.) V. *nation*.

MINUTE

N. f. – Lat. médiév. *minuta* « (écriture) menue » (de *minutus* : menu).

- Nom donné à l'*original d'un acte authentique dans les cas où l'autorité qui en est dépositaire (officier public, secrétariat de la juridiction), ne peut s'en dessaisir, sauf à en remettre des *copies (*grosse ou *expéditions), ou des *extraits. Ex. la minute d'un jugement, d'un acte notarié, d'un acte de l'état civil ; également nommé acte en minute, par opp. à l'acte en *brevet. Comp. *Plumitif*.

MINUTIER

N. m. – Dér. de *minute.

- Registre des *minutes des actes d'un notaire ; plus larg. ensemble de minutes ou d'archives, sur papier ou sous forme électronique, conservées par chaque notaire en son étude et regroupées au plan national (ex. minutier central des archives, minutier central électronique du notariat) ; désigne aussi le local ou sont déposées les minutes.

MISE

N. f. – Part. pass. fém. de mettre, lat. *mittere*.

- Terme neutre désignant dans les expressions qui suivent toutes sortes d'actes juridiques ou matériels (décision, mesure, sanction, remise, etc.).

— **à disposition.**

a / (s'agissant d'une personne). Acte par lequel, dans le contrat de mise à disposition, une entreprise de travail temporaire procure à une entreprise utilisatrice les services d'un salarié pour l'accomplissement d'une *mission temporaire. V. *travailleur, intérimaire*.

b / (s'agissant d'une chose). Modalité de *délivrance qui consiste à tendre une chose accessible à son destinataire (ex. acquéreur), de manière à ce que celui-ci puisse effectivement en prendre possession. Comp. **mise en possession*.

— **à l'index.** V. *index (mise à l')*.

— **à l'isolement.** V. *isolement*.

— **à pied.** (Autrefois, sanction contre des militaires servant à cheval.) Suspension du contrat de travail imposée au salarié avec privation corrélative du salaire.

— *des représentants du personnel*. Mesure conservatoire et essentiellement provisoire prise par l'employeur dans l'attente du licenciement d'un représentant du personnel en cas de faute grave.

— *disciplinaire*. Sanction disciplinaire qui peut être prononcée à l'encontre d'un salarié fautif, même en l'absence de texte, en vertu du pouvoir disciplinaire inhérent à la qualité d'employeur.

— *économique*. Suspension des rapports du travail consécutive à l'arrêt temporaire de l'activité d'une entreprise, dû soit à des difficultés économiques, soit à la force majeure.

— **à prix.**

a / Détermination, par *estimation, du prix auquel les enchères seront ouvertes dans les ventes publiques de meubles ou d'immeubles ; ex. détermination du prix de l'immeuble à vendre par l'avocat ou le notaire, dans le *cahier des charges ; C. pr. civ., a. 1275. V. *placard*. Comp. *prisée*.

b / Par ext., la somme déterminée, l'estimation faite pour le prix de départ. V. C. pr. civ., a. 963.

— **au rôle.** V. *rôle (mise au)*.

— **au secret.** V. *secret (mise au)*.

— **aux *enchères.** Mise en vente d'un bien par la voie de l'*adjudication au profit de l'amateur qui offrira le prix le plus élevé.

— **en accusation.** V. *accusation (mise en)*.

— **en *cause.** Espèce de demande *incidente tendant à l'intervention forcée d'un tiers ; fait pour l'une des parties à un procès d'y *appeler un tiers afin d'obtenir contre ce dernier une condamnation ou de lui rendre le *jugement commun (avec autorité de chose jugée à son égard). V. *appel en cause, en garantie*.

— **en circulation.** V. *circulation (mise en)*.

— **en danger.** a) Titre générique sous lequel sont regroupés aux a. 223-1 à 223-15, C. pén. des délits qui ont pour trait commun de mettre en danger la personne d'autrui : risques causés à autrui, *délaissement d'une personne hors d'état de se protéger, *entrave aux mesures d'assistance, *omission de porter secours, *expérimentation sur la personne humaine, *interruption illégale de la grossesse, *provocation au suicide ; b) Nom plus spécialement donné au fait d'exposer directement autrui à un risque immédiat, fait incriminé par l'a. 223-1, C. pén., sous le titre vague de risques causés à autrui, lorsqu'il s'agit d'un risque d'une extrême gravité (risque de mort ou de blessures de nature à entraîner une mutilation ou une infirmité permanente) et que la création du risque résulte de la « violation manifestement *délibérée d'une obligation particulière de sécurité ou de prudence imposée par la loi ou le règlement », incrimination floue et complexe d'interprétation délicate.

— **en défense.** Soustraction au pâturage d'un terrain à reboiser.

— **en *délibéré.** Acte consistant pour le juge, à la clôture des *débats, à réserver l'examen de l'affaire avant de rendre sa décision, c'est-à-dire le plus souvent à en renvoyer l'étude pour la soumettre à une délibération en chambre du conseil.

— **en *demeure.** V. **demeure (mise en)*.

— **en état.**

a / (sens générique). Action de mettre une affaire en *état d'être jugée. Syn. **instruction*.

b / (devant les juridictions où existe une organisation de la mise en état : tribunal de grande instance, cour d'appel). Phase préparatoire de la procédure principalement ordonnée à l'instruction approfondie de l'affaire et, le cas échéant, au jugement de contestations incidentes (exception d'incompétence, de nullité, etc.) ou à la prise de mesures provisoires (provision *ad litem*) qui, applicable à toutes les affaires non directement renvoyées à l'audience (V. CPC, a. 762), se développe sous le contrôle d'un magistrat spécialement investi de cette mission (*juge de la mise en état, conseiller de la mise en état) depuis le moment où celui-ci est saisi jusqu'à *l'ordonnance de *clôture (V. CPC, a. 763 s. ; 910 s.).

— **en examen.** Décision, correspondant naguère à l'*inculpation, en vertu de laquelle le juge d'instruction soumet à une instruction préparatoire une personne à l'encontre de laquelle il existe des indices laissant présumer qu'elle a participé, comme auteur ou complice, aux faits dont il est saisi, en l'informant de ces faits et de leur qualification juridique (et en les lui imputant officiellement), ouvrant ainsi une phase d'information au cours de laquelle la personne mise en examen ne peut plus être entendue comme témoin et jouit, entre autres droits de la défense, de celui d'être assisté par un avocat (C. pr. pén., a. 80-1). V. **interrogatoire de première comparution, mandat (d'amener, de comparution, d'arrêt, de dépôt)*.

— **en garde.** Ensemble des mesures destinées, dans l'organisation générale de la défense et en cas de *menace, à assurer la liberté d'action du gouvernement, à diminuer la vulnérabilité des populations ou des équipements principaux et à garantir la sécurité des opérations de *mobilisation ou de mise en œuvre des forces militaires.

— **en liberté.** Action de rendre la *liberté à un détenu à titre conditionnel ou définitif. Comp. *libération, *permission de sortie*.

— **en possession.** *Délivrance d'une chose à une personne, qui transfère à celle-ci la *possession effective (la *détention matérielle) de cette chose ; ex. C. civ., a. 1141. Comp. **mise à disposition, *prise de possession, *envoi en possession, saisine, *entrée en possession, investiture, dépossession, dessaisissement*.

— **en recouvrement.** Décision de l'autorité administrative ou fiscale qui rend exécutoires les rôles d'imposition.

— **en recouvrement (date de).** Date d'échéance de l'impôt pour les impôts perçus par voie de rôle nominatif, qui sert de point de départ pour le calcul de certains délais (par ex. *exigibilité), ou de certaines prescriptions (par ex. *réclamations, redressements).

— **hors de *cause.** Décision d'une juridiction par laquelle un plaideur est rendu étranger, au moins comme partie principale, à un procès dans lequel il s'était trouvé engagé à tort ou qui ne le concerne plus, sauf pour lui à y demeurer pour la conservation de ses intérêts. V. *mise en cause*.

MISE SOCIALE

Syn. d'*apport en société.

MISSION

N. f. – Lat. *missio,* de *missere* : envoyer.

- **1** Ce qui est confié par une personne à une autre (détermination d'où résulte la limite des *pouvoirs de celui qui reçoit mission) ; l'opération confiée. Ex. mission du mandataire, de l'expert, de l'arbitre, mission spéciale d'un fonctionnaire, mission confiée par un sujet de droit international à un envoyé qui le représente. V. *mandat, investiture, attribution* (sens 1), *tâche, fidélité*.
- **2** Ce qui appartient de droit à une autorité et dont l'accomplissement correspond pour celle-ci à un pouvoir et à un devoir. Syn. **office* (*charge à remplir d'office). Ex. il entre dans la mission du juge de concilier les parties (CPC, a. 21). Comp. *fonction, compétence, attribution* (sens 2).
- **3** Plus spécialement, déplacement sur l'ordre de l'employeur et pour le compte de l'entreprise.
- **4** Engagement proposé par une société de *travail *temporaire à un de ses salariés. V. **mise à disposition*.

— **de visite.** Accomplissement, par les représentants d'une organisation internationale qui a reçu compétence à cet effet, de tâches d'enquête et de contrôle en dehors du siège de l'organisation internationale en cause. Les missions de visite du Conseil de tutelle de l'organisation des Nations Unies.

— **diplomatique.** Tâche accomplie, pour le compte d'un sujet du Droit international auprès d'un autre, à des fins de représentation, de protection, de négociation et d'information, par l'envoi d'agents diplomatiques (les États accréditent des représentants diplomatiques

auprès des autres États et désignent auprès des organisations internationales des missions permanentes assimilées à des missions diplomatiques) ; par ext., les moyens en matériel et en personnels affectés à l'accomplissement de la mission.
— **permanente.** Représentation diplomatique d'un État auprès d'une organisation internationale.
— **spéciale.** Mission temporaire (ayant un caractère représentatif de l'État), envoyée par un État auprès d'un autre avec le consentement de ce dernier en vue de traiter avec lui de questions déterminées ou d'accomplir auprès de lui une tâche déterminée (Com. Ass. gén. Nations Unies, 8 déc. 1969).

MITIGATION DES PEINES

Dér. du v. mitiger, lat. *mitigare* : adoucir. V. *peine*.

- Abaissement, pour des motifs humanitaires, de la peine normalement encourue, adoucissement aujourd'hui englobé dans le pouvoir, pour le juge, de prononcer une peine inférieure à celle qui est encourue (C. pén., a. 132-18 s.) et que favorise la *personnalisation de la peine (a. 132-24 s.). Comp. *modération, atténuation des peines, exonération, avis de *clémence*. V. *humanité, peine de *substitution, aggravation des peines*.

MITOYEN, ENNE

Adj. – Lat. *mediateneus*, de *medietas* : moitié.

- Soumis à la mitoyenneté ; se dit, par opp. à *privatif, de la clôture (mur, fossé, haie), qui est la *copropriété de deux propriétaires voisins. Comp. *indivis, commun*.

MITOYENNETÉ

N. f. – Comp. *de *mitoyen*.

- *Copropriété des clôtures (murs, haies, fossés) qui, constituant, pour les copropriétaires voisins un ensemble de droits (ex. appui d'un bâtiment) et de charges (entretien), est soumise à un régime spécial pour son acquisition, sa preuve, etc. (v. C. civ., a. 653 s.), V. **indivision forcée, abandon, *marque de non-mitoyenneté*.

MIXTE

Adj. – Lat. *mixtus*, de *miscere* : mêler.

- Composite ; constitué de deux composantes opposées et souvent complémentaires (éléments de différente nature ou de membres d'appartenances diverses). Ex. mi-séparatiste, mi-communautaire, le régime de *participation aux acquêts est un régime matrimonial mixte. Ex. bail mixte (à usage professionnel et d'habitation) ; peine mixte (prison et amende). Comp. *paritaire, échevinal*. V. *pur*.

— **(acte).** Acte juridique civil pour l'une des parties et commercial pour l'autre, soumis pour cette raison à un régime hybride (en matière de preuve ou de compétence).
— **(action).** V. *action mixte*.
— **(assurance).** V. **assurance sur la vie*.
— **(chambre).** *Formation de la *Cour de cassation comprenant sous la présidence du premier président les représentants de deux ou plusieurs chambres, qui a vocation à connaître, sur renvoi ordonné par le premier président ou par arrêt de la chambre saisie, de questions particulièrement graves ou délicates (question de principe, question relevant des attributions de plusieurs chambres, questions exposées à des solutions divergentes) et à laquelle l'affaire est renvoyée de droit en cas de partage égal des voix si la décision rendue, après cassation, par la juridiction de renvoi, est attaquée par les mêmes moyens ou si le procureur général le requiert par écrit. V. **assemblée plénière*.
— **(*condition).** Événement futur et incertain qui dépend à la fois de la volonté d'une partie contractante et de la volonté d'un tiers (C. civ., a. 1171 anc.), ex. si je me marie avec telle personne. Comp. *casuel, potestatif*.
— **(économie).** V. *économie mixte*.
— **(en matière).** Expression désignant les litiges qui, présentant à la fois un caractère *personnel (en ce qu'ils touchent à un droit de créance) et un caractère *réel (immobilier) peuvent être portés par le demandeur, à son choix, soit devant la juridiction du lieu où demeure le défendeur soit devant celle du lieu où est situé l'immeuble (CPC, a. 46). V. **compétence territoriale*.
— **(jugement).** Décision contenant à la fois des dispositions *définitives et des dispositions *avant dire droit (ex. jugement désignant la personne responsable d'un accident et

ordonnant une expertise pour déterminer l'étendue du préjudice subi par la victime). Rappr. *jugements définitifs, *avant dire droit, *avant faire droit, préparatoire, interlocutoire.*

MOBILE

N. m. – Lat. *mobilis* : mobile, qui peut être déplacé (adj.).

• *Motif, variable d'un individu à l'autre dans un même type d'acte, qui pousse une personne à agir ; *but qu'elle poursuit ; considération décisive dans sa pensée (élément de son *intention) qui, en matière contractuelle, constitue la *cause impulsive et déterminante. Syn. *motif* (sens 2). V. *cause *illicite, volonté, consentement, raison, fin, sentiment, subjectif.*

— **politique (doctrine du).** Conception doctrinale et jurisprudentielle (abandonnée) suivant laquelle un acte administratif inspiré par des mobiles politiques constituait un acte de gouvernement insusceptible, en tant que tel, de *recours contentieux.

MOBILE

Adj. – V. le précédent.

— **(conflit).** V. *conflit de lois (conflit mobile).*
— **(échelle).** V. *échelle mobile.*

MOBILIER

N. m. – Dér. de *mobile.

• **1** (subst.).

a / (sens concret). Ensemble des *meubles meublants.

b / (sens abstrait). Ensemble des biens meubles, des *effets mobiliers. Syn. de *meuble (au sens générique) (C. civ., a. 535).

• **2** (adj.).

a / (sens gén.). Qui a le caractère d'un *meuble. Ex. *valeur mobilière. Ant. *immobilier.*

b / Qui se rapporte aux meubles. Ex. gestion mobilière, *action mobilière.

MOBILISATION

N. f. – Dér. de *mobile.

► **I** (publ.)

• En matière de défense, décision mettant en œuvre les mesures déjà préparées et comportant not. le droit de requérir les personnes, les biens et les services. V. **mise en garde.*

► **II** (priv.)

• **1** Opération préparant la circulation d'une créance à terme par sa représentation dans un *effet de commerce (lettre de change, facture protestable, etc.) qui permet au créancier de se procurer auprès d'un tiers des moyens de paiement immédiatement disponibles, en échange de sa créance à terme. Ex. un banquier se fait remettre un billet à ordre en représentation d'une avance de fonds. Comp. *titrisation.*

• **2** Opération réalisant le transfert au comptant d'une créance à terme par la négociation d'un *effet de commerce. Ex. mobilisation des crédits commerciaux par l'escompte ; mobilisation des crédits bancaires par le réescompte, etc.

MOBILITÉ PROFESSIONNELLE

De *mobile. Lat. *mobilitas,* de *mobilis* : qui peut se déplacer ou être déplacé. V. *professionnel.*

• Adaptation aux changements dans la qualification des emplois, rendue nécessaire par le progrès technique et les modifications des structures économiques.

MODAL, ALE, AUX

Adj. – Dér. de mode, lat. *modus.*

• Se dit d'une *obligation affectée d'une *modalité. Ant. *pur et simple.* V. *conditionnel, plural, conjoint, solidaire, terme.*

MODALITÉ

N. f. – Dér. de *modal.

• **1** En un sens, technique de précision : particularité qui, affectant une *obligation dans l'un de ses éléments, modifie les effets normaux de celle-ci, soit qu'elle en commande l'exigibilité (*terme suspensif), l'extinction (terme extinctif), la naissance (*condition suspensive), ou la résolution (condition résolutoire), soit qu'elle règle la situation des multiples débiteurs (*solidarité, *indivisibilité) ou des divers objets dus (caractère *alternatif ou *facultatif de l'obligation, par opp. à l'obligation *conjonctive). V. *modal*.

- **2** Moyens destinés à concrétiser un accord ou une décision de principe (modalités d'application, d'exécution).

MODE DE PREUVE

V. *preuve*.

MODE DE SCRUTIN

V. *scrutin (mode de)*.

MODÈLE

N. m. – Expression de l'ital. *modello,* qui remonte au lat. *modus*.

- **1** (modèle de fabrique). Création à trois dimensions destinée à orner des objets d'utilité, qui, à condition de n'être pas brevetable, donne prise aux *droits d'auteur (l. 11 mars 1957) ou à un régime spécial (l. 14 juill. 1909). V. *dessin, brevet*.
- **2** (modèle législatif). Œuvre législative dont la valeur exemplaire fait une source d'inspiration en législation comparée. Comp. *canon* (législatif), *monument*.

MODÉRATEUR (POUVOIR)

Lat. *moderator* (subst.) : celui qui modère, qui règle. V. *pouvoir*.

- *Pouvoir *exorbitant conféré au juge par la loi dans des cas spécifiés (exceptionnels) de *déroger à l'application normale de la règle de droit (*strict), lorsque celle-ci entraînerait, dans le *cas particulier soumis au juge *(in casu),* des conséquences d'une *rigueur manifestement *excessive (pouvoir comparable en ses effets à la mission conventionnelle d'*amiable composition mais d'origine légale). Ex. *modération de la clause pénale (C. civ., a. 1152, al. 2), rejet du divorce pour exceptionnelle dureté (C. civ., a. 238 anc.), révision exceptionnelle de la prestation compensatoire (C. civ., a. 273 anc.), octroi équitable d'une indemnisation exceptionnelle à l'époux coupable qui a travaillé (C. civ., a. 280-1, al. 2 anc.), prorogation du délai d'*expulsion pour exceptionnelle *dureté, l. 9 juill. 1991, a. 62, al. 2 ; ne pas confondre avec un simple pouvoir d'appréciation. V. *dérogation, dérogatoire, relaxatio legis, dispense, sauvegarde (clause de), équité, humanité*. Comp. *mitigation des peines*.

MODÉRATION

N. f. – Lat. *moderatio* (qui remonte à *modus*). V. les précédents.

- **1** *Atténuation, diminution, abaissement, mesure d'*individualisation judiciaire (parfois administrative), consistant en un adoucissement du droit *strict, en général pour des raisons d'*humanité ou d'équité. Ex. modération d'une peine, des dommages-intérêts, d'une clause pénale. Comp. *mitigation des peines, amiable composition, avis de *clémence*. V. *pouvoir *modérateur, dispense, grâce, aggravation, rigueur, raison, raisonnable, sagesse*.

— **de droit.** *Dégrèvement partiel d'impôt accordé au contribuable à titre gracieux. Comp. *remise, décharge, réduction*.

- **2** (sens courant). Sens de la mesure, qualité de pondération. V. *sagesse, prudence*. Comp. *principe du développement durable*. Ant. *excès, abus*.

MODERNE (DROIT)

Bas lat. *modernus,* de *modo* : récemment. V. *Droit*.

- **1** Par opp. à *traditionnel, dans les États issus de la décolonisation, Droit inspiré de la civilisation occidentale.
- **2** Par opp. à *ancien, Droit actuel, contemporain. V. *positif, nouveau, vigueur, antérieur*.

MODIFICATIF, IVE

Adj. – Dér. du v. modifier, lat. *modificare* : régler, ordonner suivant une mesure.

- **1** Qui apporte un changement partiel à un acte antérieur. Ex. jugement de divorce qui modifie une convention de liquidation anticipée, conclue par les époux en cours d'instance (C. civ., a. 1451). Comp. *rectificatif, rectification, novation*. V. *avenant, additionnel, protocole*.
- **2** Qualificatif parfois étendu à l'acte qui change entièrement un état de droit anté-

rieur. Ex. convention modificative par laquelle les époux décident, dans l'intérêt de la famille et sous réserve de l'homologation judiciaire, de changer en tout ou en partie leur régime matrimonial. V. **changement de régime matrimonial, mutabilité*.

MODIFICATION

N. f. – Lat. *modificatio,* de *modus* : manière, *deficare,* fréq. de *facere* : faire.

- **1** (s'agissant d'un acte juridique). *Changement partiel ; ex. modification d'un contrat par les parties (V. *avenant, dérogation*), exceptionnellement par le juge (V. *révision, imprévision*). Comp. *nuitabilité, rectification, adaptation, transformation, conversion, novation*.
- **2** Apparition d'une situation nouvelle. V. *fait *nouveau*.

— **de la situation juridique de l'employeur.** Changement d'employeur consécutif à une transformation juridique affectant l'entreprise avec maintien des contrats de travail en cours.

MOINS PRENANT (EN)

Lat. *minus* : moins ; part. prés. de prendre, lat. *prehendere.*

- Expression traditionnelle servant à caractériser, dans des comptes de liquidation avant partage, un mode de calcul consistant à imputer sur la part d'un copartageant – qui prendra d'autant moins – le montant d'une dette ou la valeur d'un bien dont il est débiteur envers la masse. V. **rapport en moins prenant, imputation*.

MOINS-VALUE

Lat. *minus* (neutre pris adv. de *minor*) : moins-value, anc. franç. dér. de valoir.

- Diminution de la valeur d'une chose entre deux dates différentes. Ant. *plus-value*.

MONARCHIE

N. f. – Lat. *monarchia,* du gr. μοναρχία, μονος, seul, αρχειν, commander.

- **1** Régime dans lequel le chef de l'État est un *monarque. Comp. *royaume, empire, principauté, monocratie*.
- **2** État ayant ce régime.

— ***absolue.** Celle dans laquelle le pouvoir du monarque est complet, exclusif et illimité. V. *autocratie, monocratie*.

— ***constitutionnelle.** Celle dans laquelle le pouvoir du monarque est établi par une Constitution, mais en même temps, le plus souvent, limité par celle-ci.

— **limitée.** Celle dans laquelle le pouvoir du monarque est partagé avec d'autres organes ou soumis à des restrictions, en vertu de règles constitutionnelles.

MONARQUE

Lat. d'origine gr. : *monarchus*.

- Chef d'État *unipersonnel et héréditaire : *roi, *empereur ou *prince. V. *monarchie*. Comp. **Président de la République*.

MONÉTAIRE

Adj. – Dér. de *monnaie.

- Qui se rapporte à la *monnaie, relatif à l'argent. Ex. système monétaire, dévaluation monétaire, clause monétaire. Comp. *économique, financier, budgétaire*. V. *indexation, révision, échelle mobile, clause or, clause valeur-or, revalorisation, valorisme monétaire, pécuniaire, obligation monétaire*.

MONNAIE

N. f. – Lat. *moneta,* surnom de Junon dans le temple duquel on fabriquait la monnaie.

- **1** Instrument légal des paiements pouvant avoir, suivant les systèmes monétaires, une base métallique ou une base fiduciaire, le plus souvent par combinaison des deux (souvent nommée monnaie de paiement).
- **2** Désigne parfois la monnaie de compte (V. ci-dessous).
- **3** Dans un pays, ensemble des moyens de paiement immédiatement disponibles.

— **de compte.** Monnaie utilisée dans les comptes, mais qui, n'étant pas matérialisée sous forme d'espèces, doit, pour les règlements, être transformée en monnaie de paiement. V. *clause or, clause valeur-or*.

— **de paiement.**

a / La monnaie, comme instrument de paiement.
b / Plus spéc., la monnaie nationale choisie par les contractants pour l'exécution du contrat. Comp. *monnaie de compte*. V. *change*.
— **de papier.** Syn. de monnaie fiduciaire (plus spéc. employé lorsque les billets émis sont convertibles en monnaie métallique). Comp. *papier-monnaie*.
— **électronique.** Monnaie constituée par des signes gravés sur un support électronique.
— **électronique privée.** Toute représentation numérique d'une valeur, ni émise ou garantie par une banque centrale ou une autorité publique, ni attachée nécessairement à une monnaie ayant cours légal, mais qui, bien que dépourvue du statut juridique de monnaie, peut être transférée, stockée ou échangée par un mode électronique afin de constituer un moyen d'échange entre les personnes physiques ou morales qui l'acceptent (ex. Bitcoin, Ethereum, Dash ; C. mon. et fin., L. 54-10-1, al. 2).
— **(fausse).** V. **fausse monnaie*.
— ***fiduciaire.** Moyen de paiement constitué par des billets de banque ou des pièces métalliques. Syn. *numéraire*. V. *instruments monétaires*.
— **métallique.** Monnaie constituée par des pièces frappées par un État dans un métal choisi (en général nickel ou cuivre) et adoptées comme unité de valeur (la monnaie reste métallique lorsque les billets de banque émis concurremment sont *convertibles en cette monnaie).
— **(papier-).** Syn. de monnaie fiduciaire (plus spéc. employé lorsque les billets de banque ne sont pas convertibles en une monnaie métallique).
— **scripturale.** Moyen de paiement constitué par les dépôts à vue dans les banques ou aux chèques postaux.

MONNAIE ET MÉDAILLES

V. *monnaie, médailles*.

- Administration qui, sous l'autorité du ministre des Finances, est chargée de la fabrication de la monnaie et de la frappe des médailles.

MONNAYAGE (FAUX-)

V. *fausse monnaie*.

MONOCARTE

Adj. – Néol. comp. du gr. μονος : seul. V. *carte*.

V. **voyageur, représentant, placier*. Ant. *multicarte*. Comp. *exclusivité*.

MONOCRATIE

Subst. fém. – Du gr. Μονοκράτια, de μονος : seul, et κρατος : puissance.

- Gouvernement d'un seul. Ant. *oligarchie* et *démocratie*. Comp. *autocratie, monarchie, despotisme, tyrannie, dictateur*.

MONOGAMIE

N. f. – Lat. d'origine gr. *monogamia* : mariage unique.

- Système juridique dans. lequel un homme ou une femme ne peut avoir plusieurs conjoints en même temps. Ant. *polygamie*. V. *bigamie, trigamie*.

MONOPARENTAL, ALE, AUX

Adj. – Néol. comp. de l'adj. gr. μονος : seul, unique et de *parental.

- À un seul *parent (père ou mère). Ex. *famille monoparentale. Comp. *unilinéaire*, **femme isolée*.

MONOPOLE

Subst. masc. – Lat. *monopolium*, du gr. μονοπώλιον, droit de vendre (πωλειν).

- Régime de droit (monopole de droit) ou situation de fait (monopole de fait) ayant pour objet ou pour résultat de soustraire à toute *concurrence sur un marché donné une entreprise privée ou un organe ou établissement public. Ex. le monopole de fabrication et de vente dont bénéficie le titulaire d'un brevet. V. *exclusivité, concentration, trust, groupe d'entreprise*. Comp. *oligopole*.

— **commercial** (eur.). *Droit exclusif résultant d'un acte de Droit public permettant à une personne morale de Droit public ou privé de contrôler les échanges d'un produit. V. **droits spéciaux*.
— **d'exploitation.** Droit exclusif, pour l'auteur d'une œuvre ou le titulaire d'une marque, etc., de procéder ou faire procéder à l'exploitation de celle-ci, et d'en tirer un profit

pécuniaire. V. *reproduction, représentation, cession, licence.*
— **fiscal** (eur.). *Droit exclusif concédé à une entreprise pour la vente d'un produit aux fins de procurer des ressources budgétaires à l'État ou aux collectivités publiques relevant de celui-ci.
— **territorial.** Exclusivité limitée à une zone géographique déterminée.

MONT-DE-PIÉTÉ

Empr. à l'ital. *monte di pieta* : crédit de piété.

- Expression désignant les *caisses de crédit municipal. V. *prêteur.*

MONUMENT

Subst. masc. – Lat. *monumentum,* de *monere* : faire souvenir.

- **1** En un sens concret, édifice, ouvrage (ou parfois même autre objet matériel) destiné à perpétuer la mémoire de qqn, le souvenir de qqch.

— **historique.** Expression désignant soit des immeubles, soit des objets mobiliers dont la conservation présente un intérêt public du point de vue historique, artistique, scientifique ou technique et qui sont soumis à un régime juridique particulier résultant de leur classement (l. 31 déc. 1913, l. 23 juill. 1927, C. patr., a. L. 621-1 et s.). Ex. monuments mégalithiques ; objets détenus par des particuliers. V. *patrimoine, château, fouille, sondage, vestiges terrestres.*

- **2** En un autre sens concret, *acte juridique dressé de manière à être conservé, le plus souvent en la forme *authentique. Comp. *instruments juridiques, instrumentum, minute.* V. *monumenter.*
- **3** En un sens dérivé, œuvre législative importante. Ex. on dira d'une loi fondamentale, d'un code, que ce sont des monuments législatifs. V. *modèle.*

MONUMENTER

V. – Dér. de *monument.

- Établir un *acte juridique en la forme authentique ; se dit du notaire qui dresse l'acte authentique. V. *monument* (sens 2), *minute, instrumentum, dressé.* Comp. *instrumenter.*

MORAL, ALE, AUX

Adj. – Lat. *moralis* : relatif aux mœurs, de *mores* : mœurs.

- **1** Par opp. à *physique, qui est purement intellectuel, non incarné. Ex. une personne morale, ainsi nommée (et dotée de la *personnalité juridique) comme entité distincte des personnes physiques qui la composent.
- **2** Par opp. à *pécuniaire, qui touche à des valeurs extrapatrimoniales d'ordre supérieur. Ex. l'éducation des enfants met en jeu des intérêts moraux et relève de la direction morale de la famille (C. civ., a. 213) ; se dit aussi de l'*intérêt pour agir en justice ; le droit de l'auteur d'une œuvre de l'esprit comporte des attributs d'ordre moral. V. *droit, auteur (droits).* Comp. *intellectuel.*
- **3** Par opp. à *corporel et à *matériel, affectif. Ex. le dommage moral, atteinte aux sentiments d'affection (perte d'un être cher) ou d'honneur (offense) d'une personne, se distingue du préjudice causé au corps humain (blessure) ou aux biens (dégâts).
- **4** Par opp. à *immoral, conforme aux *bonnes mœurs ; se dit de l'objet et de la cause dans l'acte juridique et de l'intérêt pour agir en justice. Comp. *licite, légitime, juridique.*
- **5** Par opp. à *juridique (ou à *civil), qui relève non du droit positif, mais de la règle morale. Comp. *naturel.* V. *honneur.*
- **6** Par opp. à *légal (sens 2) et à *matériel, caractérise l'élément constitutif de l'*infraction qui correspond à l'*intention délictueuse (C. pén., a. 121-3). V. *intentionnel, volontaire.*

MORALITÉ

Subst. fém. – Lat. *moralitas* (caractère, caractéristique), de *moralis.* V. *moral.*

- **1** Ce qui caractérise (en bien ou en mal) le comportement d'une personne (moralité individuelle) ou d'une société (moralité publique). Ex. individu de moralité douteuse.
- **2** Ce qui est conforme (dans le comportement individuel ou social) aux normes morales admises dans le milieu de

référence. Syn. **bonnes mœurs* ; *santé morale*. V. *témoin de moralité*.

— **du mineur (atteinte à la).** Qualification sous laquelle se regroupent divers délits, naguère englobés dans les *outrages aux bonnes mœurs, consistant à produire et à diffuser, de manière à être reçu par les mineurs, tout message marqué par la violence, la pornographie ou attentatoire à la dignité humaine, quel qu'en soit le support (paroles, écrits, image, etc.), C. pén., a. 227-24.

MORATOIRE

Subst. masc. – V. le suivant.

- **1** Mesure législative exceptionnelle et temporaire, collective et objective (*délai de grâce) intéressant une catégorie spéciale de débiteurs (ex. mobilisés) ou de dettes (ex. loyers) qui a pour objet d'accorder un délai de paiement, une suspension de mesures d'exécution forcée, etc., en raison de circonstances sociales graves rendant difficile l'exécution des obligations (ex. crise économique, état de guerre), pour une durée fixée par la loi (moratoire légal) ou laissée à la détermination du juge (moratoire judiciaire) ; parfois nommé moratorium. V. *terme*.
- **2** Acte par lequel un ou plusieurs créanciers consentent au débiteur des délais parfois même un échelonnement des paiements. Comp. *concordat, remise*.

MORATOIRE

Adj. – Lat. *moratorius* : qui retarde, de *morari* : retarder.

- Se dit des *dommages-intérêts destinés à réparer le préjudice résultant du retard dans l'exécution d'une obligation (C. civ., a. 1231-6) (par opp. aux dommages-intérêts *compensatoires). V. *demeure*.

MORE

Mot lat. *mos, moris,* à l'ablatif, signifiant « à la manière de… », « suivant l'usage de », encore utilisé en ce sens dans diverses expressions. Comp. *jure*.

— **helvetico.** À la mode suisse (se dit par ex. d'un type de référendum ou d'un mode de contrôle de la Cour suprême).

— **judaïco.** Selon le rite israélite (se dit d'un mode de répudiation ou de serment, etc.).

— **nostro.** Suivant nos usages.

MOROSIF, IVE

Adj. – Lat. *morosus* : lent, de *mora* : retard.

- Négligent ; se dit d'un débiteur qui tarde à s'exécuter ou d'un créancier (d'aliments en partie) qui néglige de réclamer à terme son dû (not. le versement des *arrérages). Comp. *tardif, dilatoire*. V. *diligence*.

MORT

Lat. *mors, mortis*.

- **1** La mort *naturelle, perte de la *vie (par opp. à mort civile) ; l'arrêt des fonctions vitales (cependant les recherches sur la définition médicale de la mort engendrent des incertitudes et des controverses sur la détermination exacte du moment de la mort). V. **prélèvement d'organes*. Syn. *décès*.

— **(à cause de).** Expression utilisée pour caractériser les opérations juridiques ou les modes de transmission qui produisent leur effet au décès d'une personne. Ant. **entre vifs*.

— **(peine de).** Dans les législations qui ne l'ont pas abolie, privation de la vie, châtiment suprême de l'échelle des peines (qui naguère constituait, en France, la peine *capitale). V. **exécution capitale*.

- **2**

— **civile.** Sanction qui frappait (avant son abolition en 1854) les condamnés aux peines les plus graves et qui consistait à les réputer morts au regard du Droit bien qu'ils fussent physiquement en vie, d'où résultaient, pour eux, une perte de leur *personnalité juridique et, à quelques atténuations près, une *incapacité générale de jouissance. Comp. **confiscation générale, interdiction*.

- **3** La personne décédée ; le *défunt ; le **de cujus*. V. **respect dû aux morts*.

MOSQUÉE

Subst. fém. – De l'arabe *masdjid* : endroit où l'on adore.

- Édifice consacré au culte musulman. Comp. *église, synagogue, temple*.

MOTIF

N. m. – Lat. *motivus* : mobile, relatif au mouvement, de *movere* : mouvoir.

- **1** *Fondement ; cause de *justification ; raison de principe ou de circonstances invoquée pour justifier une décision ou un comportement. Ex. motif de licenciement, motif d'absence. Comp. *excuse, fait *justificatif, prétexte*. V. *légitime, juste, allégation*.
- **2** Syn. de *mobile. V. *cause, raison, fin*.
- **3** *Raison de fait ou de droit qui commande la *décision et que le jugement doit exposer avant le *dispositif (CPC, a. 455) ; dans leur ensemble, raisons (nécessaires ou *surabondantes, exactes ou erronées, suffisantes ou non) que le juge indique comme l'ayant déterminé à prononcer comme il l'a fait. Comp. *moyen, motivation, argument*. V. *adoption de motifs, question, point, ratio décidendi, obiter dictum, dictum*.

—s (*contrariété de). *Contradiction entre les motifs et le dispositif d'une décision judiciaire ou entre les motifs eux-mêmes, qui constitue un cas d'ouverture à cassation.

— **décisif :** nom parfois donné en doctrine au motif qui constitue, logiquement, le soutien nécessaire de la solution énoncée par le *dispositif. Comp. *motif décisoire*.

— **(décisoire).** V. *décisoire (motif)*.

— **(défaut de).** Absence de réponse dans un jugement à chacun des *chefs de conclusions des parties, qui donne ouverture à cassation.

— **dubitatif.** V. *dubitatif (motif)*. V. **base légale (manque de)*.

MOTION

N. f. – Empr. de l'angl. *motion,* du lat. *motio* : mise en mouvement.

- **1** *Résolution prise par l'une des assemblées parlementaires, en dehors de la procédure d'élaboration des lois et ayant pour objet d'édicter une mesure d'ordre intérieur, non permanente, ou d'exprimer un vœu d'intérêt général.
- **2** Texte proposé ou adopté au cours de la réunion ou du congrès d'un groupement tel qu'un parti.
- **3** (S'agissant d'organiser un référendum). Proposition signée par un certain nombre de parlementaires, tendant à demander l'organisation d'un référendum au titre de l'article 11 de la Constitution de 1958 (V. r. AN, a. 122). Comp. *délibération, résolution*.

— **de censure.** V. *censure (motion de)*.

— **de renvoi.** V. *renvoi (motion de)* (const.).

MOTIVATION

N. f. – Du v. motiver, de *motif.

- Ensemble des motifs d'un jugement ou d'une décision, telle que la fixation unilatérale du prix (C. civ., a. 1164). Comp. *argumentation, discussion, raisonnement, caractérisation, base légale (manque de)*.

MOUVEMENT INSURRECTIONNEL

Subst. – De mouvoir, du lat. *movere,* remuer, agiter, mettre en mouvement. V. *insurrection*.

- Toute *violence collective de nature à mettre en péril les institutions de la République ou à porter atteinte à l'intégrité du territoire national, la participation à un tel mouvement constituant, comme atteinte aux *intérêts fondamentaux de la nation, un crime contre la nation et l'État (C. pén., a. 412-3 et 4), *a fortiori* la direction ou l'organisation d'un tel mouvement (a. 412-6). Comp. *attentat, complot, groupe de combat, bande organisée, coup d'État, insurrection, terrorisme*.

MOYEN

Subst. masc. – Lat. *medianus* : du milieu, de *medius* : au milieu, central.

- **1** Dans une demande ou une *décision en justice : soutien, *fondement, élément de justification ; *motif destiné à *fonder en fait et en droit une demande en justice ou un jugement ; se dit principalement des *raisons de fait et de droit invoquées par un plaideur à l'appui de sa prétention, dès la demande originaire ou au soutien d'un recours (moyen d'*opposition, d'*appel, de *cassation) ; se dit également des *motifs de droit que le juge *relève d'office (*supplée ou *substitue).

—s de cassation. Désignent soit les moyens invoqués au soutien d'un pourvoi, soit les causes spécifiées qui peuvent donner ouverture à cassation (alors syn. de cas d'ouverture).

—s de défense.

a / Raisons qu'un plaideur oppose aux prétentions de son adversaire (le défendeur à celles du demandeur, et réciproquement) pour les faire rejeter par le juge comme *irrégulières (*exception de procédure) *irrecevables (*fins de non-recevoir) ou *mal fondées (*défense au fond).

b / Tout ce qu'un accusé invoque pour sa défense.

— **de droit.** *Fondement juridique ; raison tirée d'une règle de Droit propre, d'après celui qui l'expose, à justifier la demande ou la décision (ex. moyen tiré de l'a. 1134, C. civ., et la force obligatoire des conventions) ; se distingue de l'argumentation, du *raisonnement qui sert à le développer. V. *argument*.

— **de fait.** Faits spécialement allégués par un plaideur pour fonder ou critiquer une prétention (état d'ivresse, excès de vitesse, alibi). Comp. **éléments de fait*. V. *principe dispositif*.

— **de faux.** Raison invoquée à l'appui d'une demande en *faux.

— **de pur droit.** Moyen dont la justification opère sans qu'il soit nécessaire de mettre en œuvre des faits autres que ceux établis dans le débat, parce qu'il se réfère à une règle de droit dont l'application à l'espèce n'en postule pas d'autres (ayant mission de dire le droit, le juge peut toujours suppléer d'office les moyens de pur droit, sans violer l'interdiction de relever d'office les moyens de fait). V. CPC, a. 12, al. 3.

— **mélangé de fait et droit.** Moyen qui se réfère à une règle de droit dont l'application à l'espèce exigerait la mise en œuvre de faits qui ne résultent pas du débat (tenu de fonder exclusivement sa décision sur les faits qui sont dans le débat, le juge ne peut suppléer d'office les moyens mélangés de fait). V. CPC, a. 7, al. 1 ; *principe dispositif*.

— **nouveau.** V. *nouveau (moyen)*.

• **2** En matière de preuve (on précise alors moyens de preuve).

a / Tout ce qui peut servir (écrits, déclarations, constatations, etc.) à la preuve des faits ou des actes juridiques, en dehors de tout procès ou en justice.

b / Désigne aussi les divers *modes de preuve classés par catégorie suivant leur admissibilité et leur force probante (preuve littérale, testimoniale, aveu, serment, etc.).

c / Éléments de preuve destinés à établir la véracité des faits allégués par un plaideur au soutien de ses prétentions.

MOYENNE

Subst. fém. – Dér. de *moyen.

S'emploie dans les expressions suivantes :

— **de liste.** Dans certains systèmes de *représentation proportionnelle, nombre obtenu en divisant le total des voix groupées sur tous les candidats d'une même liste par le nombre de ces colistiers, et qui, divisé à son tour par le *quotient électoral, donne le nombre de sièges auquel la liste a droit avant toute utilisation des restes.

— **(plus forte).** Procédé de répartition des sièges d'une assemblée ou d'un conseil entre différentes formations (politiques ou non) dans le cadre du scrutin à la *représentation proportionnelle, consistant, après dévolution à chaque liste du nombre des sièges auquel lui donne droit la division de son total de voix par le *quotient électoral, à attribuer chaque siège restant à pourvoir à la liste dans laquelle il représentera le plus d'électeurs (c'est-à-dire à celle pour laquelle la division du total des voix par le nombre de sièges qu'elle a déjà obtenus, plus un, sera la plus élevée).

MOYENS

Subst.plur. – V. *moyen*.

• *Ressources, *facultés. Comp. *revenus*. V. *besoins, fortune, forces*.

— **des services.** Dans la nomenclature budgétaire, crédits de fonctionnement des différents ministères. Comp. *voies et moyens*.

MOYENS DE PAIEMENT

• Instruments mis à la disposition d'un client pour réaliser des opérations sur son compte (monnaie fiduciaire, *carte de paiement ou de crédit, *chèque, prélèvement, *virement, *TIP, *porte-monnaie électronique).

MULTICARTE

Adj. – Néol. comp. de l'adj. lat. *multus* : nombreux, et de *carte.

V. **voyageur-représentant-placier*. Syn. *pluricarte*. Ant. *monocarte*.

MULTILATÉRAL, ALE, AUX

Adj. – Comp. de l'adj. lat. *multus* : nombreux, et du subst. lat. *latus, lateris* : côté.

- Syn. *plurilatéral.*

MULTIMODAL

Adj.

- Opération de transport qui se réalise par plus d'un mode de transport. Ex : routier et maritime, aérien et routier, routier et ferroviaire.

MULTINATIONAL, ALE, AUX

Adj. – V. le précédent et *national.*

- **1** Qui a plusieurs nationalités ; se dit d'un groupe plus ou moins institutionnalisé de sociétés de nationalité différente opérant chacune dans son État national mais relevant ensemble d'une direction commune, plus ou moins effective et plus ou moins localisée dans un seul État ; on parle aussi d'entreprise ou de firme multinationale, ou encore de « multinationale ».
- **2** Qui opère dans plusieurs États ; on qualifie parfois pour cette seule raison de multinationale une société (ou un groupe) n'ayant pourtant qu'une nationalité. Comp. *international, transnational.*

MULTIPROPRIÉTÉ

N. f. – Néol. comp. de l'adj. lat. *multus* : nombreux, et de *propriété.

- Nom flatteur et trompeur abusivement donné, dans la pratique publicitaire, à une formule d'utilisation collective d'un même ensemble résidentiel (aujourd'hui nommée *jouissance à temps partagé, l. 6 janv. 1986 ; dir. eur. 26 oct. 1994), conférant à chacun des associés, membres de la société propriétaire de l'ensemble, un droit de séjour attaché à sa part qui lui assure, chaque année, pendant une période déterminée, la jouissance privative d'une unité d'habitation (studio, appartement) et l'usage des parties communes, moyennant une participation aux charges financières (de gestion, d'entretien, etc.), combinaison qui, sous des modalités et des appellations variées, permet de diviser par périodes la jouissance d'une même unité (angl. *timeshare*). Syn. *pluripropriété.*

MULTIRISQUES (POLICE)

V. *police (multirisques).*

MUNI, IE

Adj. – Du lat. *munire* : fortifier.

- **1** Pourvu, doté, *nanti, garanti. Ex. créancier muni de sûreté. V. *hypothécaire, privilégié, gagiste, titulaire, bénéficiaire.*
- **2** Porteur, investi. Ex. mandataire muni d'un pouvoir spécial.

MUNICIPAL, ALE, AUX

Adj. – Lat. *municipalis*, de *municipium* : municipe.

- Qualifie plus spécialement les aspects organiques ou structurels de l'administration *communale. Ex. *conseil municipal, service municipal. V. *communal*. Comp. *départemental, régional, national, local.*

— **(arrêté).** Arrêté du maire.

MUNICIPALISATION

N. f. – Néol. construit sur *municipal.

- Opération consistant à rendre *municipal un terrain, des ressources, un établissement, etc.

— **des services.** Mise en *régie, dans le cadre communal, des services publics à caractère commercial ou industriel.

— **des sols.** Système foncier qui consisterait, dans les opérations d'urbanisation ou d'extension liée à la croissance des villes, à attribuer ou transférer à la commune la propriété de l'ensemble des terrains à bâtir.

MUNICIPALITÉ

Dér. de *municipal.

- Désigne le *maire et les *adjoints (anciennement dénommée corps de ville).

MUR MITOYEN

V. *mitoyen (mur), mitoyenneté.*

MUSÉE DE FRANCE

Subst.masc. – Lat. d'origine gr. : *museum.*

- Dénomination donnée aux collections permanentes dont le propriétaire peut être public ou privé (personnes morales à but non lucratif) et dont la conservation et l'accès sont d'intérêt public (C. patr., a. 1 ; a. 410-1). Attribuée de droit aux collections appartenant à l'État (musées nationaux) et aux anciens musées classés et contrôlés (o. 13 juill. 1945 portant organisation provisoire des musées des beaux-arts).

MUSÉUM

Subst. masc. – Empr. au lat. V. *musée.*

- Dénomination généralement réservée aux *musées d'histoire naturelle. Ex. muséum national d'histoire naturelle.

MUTABILITÉ

N. f. – Lat. *mutabilitas.*

- Qualité de ce qui se prête à un changement ou à une *modification volontaire (unilatérale, conventionnelle, judiciaire selon les cas) ; se dit d'un statut, d'un régime, d'un système de règles. V. *révision, adaptation.*

— **judiciairement contrôlée du régime matrimonial.** Nouveau principe en vertu duquel les époux peuvent (pendant le mariage) convenir, dans l'intérêt de la famille, de changer en tout ou en partie leur régime matrimonial par acte notarié soumis à l'*homologation de justice, et qui permet aussi les modifications secondaires résultant des *mesures judiciaires de protection (C. civ., a. 1396 et 1397). V. **immutabilité des conventions matrimoniales, juridiction gracieuse, *changement de régime matrimonial, convention *modificative.*

MUTATION

N. f. – Lat. *mutatio* : altération, changement, de *mutare* : changer.

- **1** *Transfert d'un droit (surtout d'un droit réel) d'une personne à une autre ; désigne aussi bien le changement de titulaire du droit qui en résulte que l'opération qui produit ce changement, laquelle peut être volontaire (cession amiable) ou forcée (expropriation), à titre *onéreux ou à titre *gratuit, entre *vifs, ou à cause de *mort. Comp. *auteur, ayant cause.* V. *transmission, transport, aliénation, échange.*
- **2** Changement d'affectation d'un fonctionnaire ou d'un salarié ; changement dans ses attributions ou dans le lieu de son travail, décidé par l'autorité dont il relève, soit à la demande de l'intéressé (convenance personnelle), soit d'office, pour les nécessités du service ou de l'entreprise, ou à la suite d'une promotion de grade ; distincte du déplacement d'office qui a, un caractère disciplinaire, la mutation s'accompagne le plus souvent d'un changement de résidence. V. *avancement.*
- **3** Transmission d'un titre mobilier en dehors d'une négociation en bourse ou d'un transfert direct (par donation, legs, succession), par remise du titre à l'organisme émetteur et modification de l'inscription portée sur le registre nominatif. V. *transfert.*

— **d'exploitation.** Opération d'aménagement *foncier (ouvrant droit au bénéfice d'aides techniques et financières) qui consiste à délaisser une *exploitation agricole de rentabilité insuffisante pour s'installer (sans qu'aucune *migration ne soit exigée) sur une nouvelle exploitation, dans des conditions susceptibles de favoriser une amélioration des structures.

— **domaniale.** Changement d'affectation d'une dépendance du *domaine public.

— **(droits de).** Droits d'*enregistrement perçus à l'occasion de certains transferts entre vifs ou à cause de mort (droit de succession).

MUTILATION

Subst. fém. – Lat. *mutilatio.*

- *Atteinte irréversible à l'intégrité physique d'une personne, not. par perte, ablation ou amputation d'un membre, qui constitue un grave *préjudice corporel, et, en parallèle avec une infirmité permanente, aggrave la peine de nombreuses infractions, violences, viol, séquestration, vol, etc. V. not. C. pén., a. 222-9, 222-24. Comp. *transsexualisme.*

— **volontaire.** Infraction commise par un militaire ou un appelé qui, portant atteinte à son intégrité corporelle, se rend volontairement impropre au service, de manière temporaire ou permanente, en vue de se soustraire à ses obligations.

MUTINERIE

N. f. – De mutin, dér. de meute au sens anc. d'émeute.

- Action de se mutiner et résultat de cette action. V. *rébellion, résistance à l'oppression, révolte.*

MUTUALITÉ

N. f. – Dér. de *mutuel.

- **1** Technique de garantie des risques par la constitution d'un fonds commun de prévoyance alimenté par les cotisations des adhérents, base de la technique de toute *assurance, à savoir le groupement de risques au sein d'une entreprise qui en effectue la répartition et la compensation selon les lois de la statistique (existe de façon manifeste dans les *sociétés d'assurance *mutuelle ou à forme mutuelle dont les membres, sociétaires, sont à la fois assureurs et assurés et suivant les résultats reçoivent des *ristournes ou sont soumis à des *rappels).
- **2** Au sens étroit, les sociétés mutualistes qui couvrent leurs adhérents contre certains risques limités et sont soumises à un régime spécial.

— **agricole.** Système de prévoyance propre au monde rural; organisation groupant les agriculteurs en vue d'assurer la couverture des risques professionnels et sociaux (V. ci-dessous).

— **agricole économique** (appelée également mutualité 1900). Assurance organisée par la loi du 4 juillet 1900 en vue de garantir les agriculteurs contre différents risques d'exploitation (mortalité du bétail, incendie, grêle…).

— **agricole sociale.** Assurance contre les risques sociaux (maladie, invalidité, vieillesse…) reposant sur le principe de l'assujettissement obligatoire et regroupant exploitants, salariés et employeurs de main-d'œuvre.

MUTUALISTE

Adj.et subst. – Dér. de *mutuel.

- **1** Qui se rapporte à l'organisation, au développement, à la doctrine de la *mutualité. Ex. système mutualiste.
- **2** Adhérent d'une *mutuelle. Comp. *assuré.*

MUTUEL, ELLE

Adj. – Lat. *mutuus* : réciproque.

- **1** *Réciproque. Ex. devoir mutuel de fidélité entre époux. Comp. *synallagmatique, connexe.*
- **2** *Respectif et concordant; qui est donné de part et d'autre en vue d'un même objet. Ex. accord mutuel. V. **divorce par consentement mutuel.*
- **3** Qui se rapporte à la *mutualité. Ex. assurance mutuelle. V. **sociétés d'assurances.*

— **(pari).** V. **pari mutuel.*

- **4**

— **le** (subst.). Par abréviation, société d'assurance mutuelle.

MUTUUS CONSENSUS

Termes latins signifiant « consentement *mutuel », utilisés pour désigner l'échange des *consentements qui préside à la formation d'une convention. V. *consensus, mutuus dissensus.*

MUTUUS DISSENSUS

Termes latins signifiant « dissentiment *mutuel », utilisés pour désigner, de la part de deux intéressés, la volonté réciproque de rompre les liens qui les unissaient (lien contractuel, ou conjugal, etc.). C. civ., a. 1134, al. 2. V. **mutuus consensus, *divorce par consentement mutuel, distrat.*

MYSTIQUE

Adj. – Lat. *mysticus* (du gr. μυστικός) : caché, relatif aux mystères.

- *Secret, caché; se dit de certains actes – en eux-mêmes non clandestins (et même officiellement constatés) – dont le contenu ou le motif réel est tenu secret, même à l'égard de l'autorité qui les reçoit. Ex. le divorce par consentement mutuel peut être dit mystique lorsqu'il est conçu comme un divorce pour cause non divulguée, les époux étant dispensés de révéler au juge le motif de leur désunion. Comp. *confidentiel.*

— **(testament).** *Testament que le testateur remet au notaire, en présence de deux témoins, sous forme de papier clos, cacheté et scellé, en déclarant que ce papier, signé de lui (mais écrit par lui ou un autre et, dans ce cas, vérifié par lui), contient ses volontés testamentaires (C. civ., a. 976). Comp. *authentique, olographe.* V. *suscription.*

N

NAISSANCE

N. f. – Tiré du v. naître, du lat. pop. *nascere,* lat. class. *nasci*. V. *nation*.

- Venue au monde qui marque, pour un enfant *viable, le commencement de la *personnalité, sous réserve de l'application de l'adage *« infans conceptus pro nato habetur »,* et dont la date permet, en utilisant la période légale de gestation (C. civ., a. 311), de déterminer les dates possibles de *conception et joue un grand rôle dans la détermination de la filiation (C. civ., a. 312) et naguère de la *légitimité, par rapprochement avec celles de la célébration ou de la dissolution du mariage (C. civ., a. 314, 315 anc.). V. *accouchement, décès*.

— **(acte de).** *Acte de l'*état civil qui doit être dressé dans les trois jours de l'accouchement et constitue une preuve extrajudiciaire de la filiation (C. civ., a. 311-25) et naguère de la filiation légitime (C. civ., a. 319 anc.), ainsi que de la filiation naturelle maternelle, lorsque celle-ci s'accompagnait de la *possession d'état (C. civ., a. 337 anc.).

—**s (contrôle des).** Politique de limitation des naissances par la contraception.

— **(parents de).** Père et mère biologiques, *parents d'*origine (que la filiation soit ou non légalement établie). V. *accès aux origines personnelles, pupille de l'État, accouchement sous* X.

NANTI, IE

Adj. – Du v. nantir. V. *nantissement*.

- **1** *Bénéficiaire d'un *nantissement (créancier nanti). V. *hypothécaire, privilégié, gagiste*. Ant. *chirographaire, ordinaire*.
- **2** Par ext., pourvu, *muni, en possession. V. *titulaire, bénéficiaire*.

NANTISSEMENT

N. m. – Dér. de nantir, mot d'origine germ. *nehmen* : prendre.

- **1** Terme qui, englobant naguère le nantissement des biens immeubles, nommé *antichrèse, et celui des biens meubles, nommé *gage, ne désigne plus, dans la classification des sûretés issue de la réforme de 2006, que le nantissement de meubles incorporels (a. 2355 s.) par opposition au *gage de biens corporels.

— **de meubles incorporels.** *Sûreté réelle mobilière consistant dans l'affectation d'un bien meuble incorporel à la garantie d'une obligation, que cette garantie procède du juge (nantissement judiciaire) ou de la volonté des parties (nantissement conventionnel), et que l'affectation porte sur un bien meuble incorporel ou un ensemble de biens meubles incorporels, présents ou futurs (C. civ., a. 2355), le nantissement conventionnel d'une créance constituant la figure principale et la plus élaborée (a. 2356 à 2366).

— **de créance.** Nantissement conventionnel par écrit d'une ou plusieurs créances (ou d'une fraction de créance) qui, parfait entre parties et opposable aux tiers à la date de l'acte et opposable au débiteur de la créance nantie, s'il lui a été notifié, confère au créancier nanti, après cette notification, vocation exclusive à recevoir le paiement de la créance donnée en nantissement (a. 2363), droit de préférence.

- **2** Nom que prennent certains *gages sans dépossession spéciaux (et qui recouvre souvent de véritables *hypothèques mobilières). Comp. *warrant*.

— **de fonds de commerce.** Contrat par lequel un commerçant affecte, sans en perdre la possession, son fonds de commerce (à l'exclusion des marchandises) à la garantie d'une ou plusieurs dettes au profit d'un ou de plusieurs créanciers et qui confère aux créanciers ainsi *nantis un droit de préférence sur le prix du fonds de commerce (le rang des créanciers étant déterminé par l'ordre chronologique des inscriptions par eux prises sur un registre tenu au greffe du tribunal de commerce dans le ressort duquel est exploité le fonds).

— **cinématographique.** *Sûreté sans dépossession portant sur les films cinématographiques, considérée comme une *hypothèque mobilière dont la double assiette est constituée par le négatif, meuble corporel, et par l'œuvre qu'il représente, meuble incorporel, et qui confère à son titulaire, adjoint au droit de suite et de préférence, le bénéfice d'une *délégation de recettes (C. cin., a. L. 124-1).

NATION

N. f. – Lat. *natio* (de *natus*) : naissance, peuplade, nation.

- **1** Dans l'analyse des éléments constitutifs de l'*État : la collectivité des individus qui forment un même *peuple et sont soumis à l'autorité d'un même *gouvernement ; communauté généralement fixée sur un territoire déterminé dont la réalité résulte de caractéristiques ethniques, linguistiques, culturelles, de coutumes sociales, de traditions historiques et religieuses, tous facteurs qui développent un sentiment d'appartenance et des aspirations politiques trouvant leur manifestation essentielle dans la volonté collective de s'ériger en corps politique souverain au regard du droit international. V. *patrie, nationalité* (sens 4).
- **2** Par ext., l'entité étatique exerçant son autorité sur la nation ainsi définie. Ex. Société des Nations, Organisation des Nations Unies.
- **3** Dans la théorie classique de la *souveraineté issue de la Révolution française : personne juridique titulaire de la souveraineté, qui en conserve l'essence et en délègue l'exercice aux *représentants (correspondant, selon les opinions, soit au peuple réel, soit au pays en tant que ses intérêts sont considérés comme distincts de ceux de ses habitants actuels).

NATIONAL, ALE, AUX

Adj.et subst. – Dér. de *nation.

- **1** (subst.). Personne ayant la *nationalité d'un État considéré ; ex. un national français. V. *citoyen, sujet, apatride, résident*.

— **d'*origine.** Celui qui a une nationalité déterminée depuis sa naissance. V. *naturalisé*.

- **2** (adj.).

***a* /** Qui a la *nationalité d'un État ; *ressortissant.

***b* /** Qui se rapporte à un État. Ex. ressources nationales, compétence nationale. Comp. *étatique, démocratique, populaire*.

NATIONALITÉ

N. f. – Dér. de *national.

- **1** Lien juridique et politique, défini par la loi d'un État, unissant un individu audit *État.
- **2** Notion exprimant le rattachement d'une personne morale à un État déterminé, rattachement résultant de divers critères (constitution, siège social, contrôle) et conférant à la personne morale les droits réservés par la loi de l'État à ses nationaux.
- **3** Terme utilisé pour exprimer la soumission à la loi d'un État déterminé des droits portant sur une chose. Ex. la nationalité d'un navire, d'un aéronef, d'un film.
- **4** Ensemble de personnes ayant des caractères communs (de race, de culture et de langue) rendant souhaitable qu'elles aient leur État propre ou bénéficient de règles protectrices de leurs particularités au sein de l'État auquel elles sont rattachées. V. *nation* (sens 1), *peuple*.

— **effective.** Se dit de la *nationalité lorsqu'il existe entre un individu et l'État qui la confère des liens de fait (comportement, langue, milieu de vie) tels que cet individu est plus étroitement rattaché à la population de cet État qu'à celle de tout autre (V. conv. La Haye, 12 avr. 1930, a. 5).

—s (principe des). Principe politique selon lequel toute nationalité (sens 4) distincte devrait avoir son État propre. Comp. *peuple, nation* (sens 1).

NATION LA PLUS FAVORISÉE (CLAUSE DE LA)

Dér. du v. favoriser, du lat. *favor* : faveur. V. *nation, clause.*

- Disposition par laquelle un État s'engage à accorder à un autre État ou aux ressortissants de celui-ci le *traitement le plus avantageux qu'il a déjà accordé ou qu'il viendrait à accorder à un autre partenaire (État tiers ou ressortissants de celui-ci). Comp. *préférence, privilège, discrimination.*

NATURALISATION

N. f. – Dér. de naturaliser, dér. lui-même du lat. *naturalis,* de *natura* : nature.

- Octroi discrétionnaire, par les autorités d'un État, de la *nationalité de cet État à l'étranger qui la demande ; la naturalisation ne doit pas être confondue avec l'acquisition de la nationalité par l'effet de la loi ou par l'exercice d'une *option de nationalité. V. *origine*. Comp. *francisation.*

NATURALISÉ, ÉE

Adj. – Part. pass. de naturaliser, du rad. lat., de *naturel.

- Individu qui a acquis la nationalité d'un État à la suite d'une *naturalisation. Opp. *national d'*origine (C. civ., a. 21-15) ; le C. de la nationalité, a. 81 anc., utilisait l'expression « étranger naturalisé ».

NATURE

N. f. – Lat. *natura.*

- **1** Ce qui définit en *fait une chose ; sa nature réelle, parfois irréductible à toute catégorie juridique. Ex. contrat **sui generis,* de nature atypique.
- **2** Ce qui définit en Droit une chose (fait, acte, institution, etc.) ; sa nature *juridique ; ce qui est de son *essence, de sa *substance, au regard du Droit ; l'ensemble des critères distinctifs qui constituent cette chose en une *notion juridique. V. **catégorie, définition, qualification, raisonnement juridique.*
- **3** Plus spécifiquement, ce qui est normalement attaché à un acte juridique et qui répond à son caractère ordinaire ; se distingue en ce sens de l'*essence (C. civ., a. 1135). V. *naturel* (sens 5).

— (arme par). V. *arme.*

— (en).

a / En biens de même nature. Ex. l'égalité en nature est réalisée dans un partage lorsque les lots sont composés de biens de même nature. Ant. *en *valeur.*

b / En son *objet même. Ex. une *obligation est exécutée en nature lorsque le débiteur s'en acquitte en fournissant la prestation même qui en est l'objet. V. *obligation en nature, injonction de faire.* Ant. *par équivalent.*

NATUREL, ELLE

Adj. – Lat. *naturalis,* de *natura* : nature.

- **1** Fondé en Droit naturel, sur un ordre de valeurs éminentes (justice idéale, devoir moral) même si l'exigence dont il s'agit a été par ailleurs reconnue par la loi positive. Ant. **positif,* **civil.*

—(Droit).

a / Règle considérée comme conforme à la *nature (de l'homme ou des choses) et à ce titre reconnue comme de *droit idéal.

b / (int.). Notion à laquelle, en marge des controverses philosophiques, la jurisprudence a parfois eu recours pour justifier la reconnaissance aux étrangers des droits que la loi française ne leur accordait pas explicitement (V. **Droit des gens*), ou pour décider qu'une institution censée en relever doit recevoir application en France quelle que soit la loi désignée comme applicable par la règle de conflit de lois (V. **ordre public*).

—s (droits). Dans la théorie classique, droits innés et inaliénables que chaque individu possède par naissance et nature sans avoir besoin de les tenir d'un acte ni pouvoir les aliéner et dont les gouvernants sont tenus d'assurer le respect.

—le (obligation). Par opp. à obligation *civile, obligation dont l'exécution (forcée) ne peut être exigée en justice mais dont l'exécution (volontaire) ne donne pas lieu à *répétition, en tant qu'elle est l'accomplissement d'un devoir moral (dette de jeu, devoir alimentaire entre frères).

- **2** Qui résulte d'un fait de la nature (physique, biologique, etc.). V. *accession*.

—le (famille). Se dit parfois de la famille d'origine, ou famille par le sang (légitime ou naturelle au sens 3), par opp. à la famille *adoptive établie par jugement entre personnes qui ne sont pas (nécessairement) unies par un lien de sang.

—s (fruits). *Fruits qui, comme les fruits *industriels, proviennent du bien même qui les porte, mais qui, à la différence de ceux-ci, sont le produit spontané de la terre (foin, fruits de certains arbres) et auxquels sont assimilés le produit et le croît des animaux (C. civ., a. 583). V. *civil, frugifère, revenus*.

—le (*servitude). Servitude qui, dérivant de la situation des lieux (ex. différence d'altitude entre deux propriétés voisines), doit, à la différence des servitudes *légales, être supportée sans indemnité par le fonds assujetti, parce qu'elle tire sa nécessité de la force des choses. Ex. le fonds inférieur est assujetti à recevoir les eaux qui découlent naturellement du fonds supérieur (C. civ., a. 640).

- **3** Se disait naguère par opp. à *légitime, de tous les groupes et liens familiaux qui ne sont pas fondés sur le mariage mais dérivent de l'*union libre (famille, parenté, filiation, maternité, paternité), terme effacé de la loi (o. 4 juill. 2005) et remplacé par l'expression hors mariage, le Code civil visant particulièrement la paternité hors mariage (a. 327, al. 1), laquelle, n'étant pas présumée par la loi, à la différence de la paternité en mariage (a. 312) ne peut être légalement établie que par *reconnaissance volontaire, *possession d'état ou déclaration judiciaire. V. *égalité des enfants*.

— (enfant). Enfant né hors mariage soit de deux personnes libres de se marier (enfant naturel *simple) soit de deux personnes dont l'une au moins était mariée, lors de sa conception, avec une personne autre que son autre parent (enfant *adultérin), circonstances aujourd'hui ignorée par la loi, de même que le vocable naturel (o. 4 juill. 2005), un tel enfant ayant les mêmes droits et les mêmes devoirs que tout autre enfant relativement à celui ou à ceux de ses parents à l'égard duquel ou desquels sa filiation est légalement établie (C. civ., a. 310), la question déterminante demeurant de savoir s'il est légalement rattaché à ses père et mère, ou à un seul d'entre eux. V. *égalité des enfants, *divisibilité de la filiation *naturelle.* Comp. *enfant *légitime*.

— (filiation). Nom naguère donné à la filiation d'un enfant né hors mariage, laquelle, nonobstant l'*égalité des filiations, conserve la spécificité inhérente à sa *divisibilité, dès lors qu'elle n'est légalement établie dans son double lien maternel et paternel que si chacun de ces liens, indépendants l'un de l'autre, est distinctement établi selon l'un des modes prévus par la loi, de telle sorte que, hors mariage, la maternité peut être établie sans la paternité ou la paternité sans la maternité, et que, si elles sont toutes deux établies ce peut être selon des modes différents. Ex. la maternité par titre (C. civ., a. 311-25), la paternité par *reconnaissance.

- **4** *Normal, *ordinaire, tout désigné, conforme à ce qui est naturellement indiqué, par opp. à *exorbitant, *dérogatoire.

— (juge). Juge désigné par les règles ordinaires de la compétence, comme étant le mieux placé pour trancher un type de litige. Ex. le lieu de la situation de l'immeuble pour un procès relatif à la propriété de celui-ci ; on parle aussi en ce sens de compétence ou de vocation naturelle.

- **5** Qui est de la *nature d'une institution, par opp. à ce qui en est de l'*essence ou à ce qui est accidentel ; se dit aujourd'hui encore des obligations accessoires, sous-entendues *(naturalia negotii)* qui font tacitement partie d'un contrat, sans que les parties aient à en convenir expressément (à la différence des éléments accidentels) mais que les parties pourraient exclure par une clause spéciale (à la différence des éléments essentiels) (C. civ., a. 1135). Ex. il est naturel à la vente que le vendeur soit tenu à garantie.

- **6** Consommé en fait, matériellement réalisé (par opp. à purement juridique ou *civil).

—le de la *prescription (*interruption). Espèce d'interruption qui résulte d'une dépossession matérielle, de la perte effective par le possesseur de la détention de la chose (du fait de l'ancien propriétaire ou d'un tiers et pendant plus d'un an) (C. civ., a. 2271).

NAUFRAGE

N. m. – Lat. *naufragium* (de *navis* et *frangere*).

• Submersion totale du navire. V. *accident, force majeure, dépôt nécessaire*. Comp. *cabanage*.

NAVETTE

N. f. – Dér. de nef, lat. *navis*.

• Terme couramment employé pour désigner la succession de transmission d'un projet ou d'une proposition entre les deux assemblées du Parlement jusqu'à ce qu'elles se soient mises d'accord sur un texte (Const. 1958, a. 45). V. *débat*.

NAVETTEUR, EUSE

Subst. – Dér. de *navette, néol.

• Usager régulier d'un moyen de transport entre son domicile et le lieu de son travail (Suisse, Belgique, Canada).

NAVIGABILITÉ

N. f. – Dér. de *navigable. Lat. *navigabilis,* de *navigare* : naviguer.

• **1** Ensemble des qualités nautiques et commerciales qui permettent au navire d'assurer le service auquel il est promis.

— **(certificat de).** Document délivré par une société de classification pour attester que le navire est en état de prendre la mer.

• **2** Caractère des *cours d'eau et lacs dits précisément *navigables et qui, comme tels, font partie du *domaine public fluvial.

NAVIGABLE

Adj. – Lat. *navigabilis,* de *navigare* : naviguer.

V. *cours d'eau navigable*.

NAVIGATION

N. f. – Lat. *navigatio* : navigation, voyage sur mer ou par eau.

• Action de se déplacer sur l'eau ou dans les airs ; l'activité en résultant. V. *circulation*.

— **aérienne.** Navigation qui se fait au moyen d'aéronefs.

— **commerciale.** Navigation qui a pour objet les déplacements rémunérés de marchandises ou de voyageurs.

— **côtière.** Navigation pratiquée par des petits bâtiments ne s'éloignant pas de certaines limites fixées par la loi à partir de leur port d'attache ; se dit aussi de la navigation pratiquée par des chalands et autres engins remorqués en mer ou par des navires ne sortant pas des ports et rades.

— **de plaisance.** Navigation pratiquée sans but lucratif, pour les seuls plaisir et agrément des passagers, par un navire qui ne se livre ni au commerce, ni à la pêche.

— **fluviale.** Navigation qui se fait habituellement sur les cours d'eau, les canaux, les lacs et les étangs ; on dit plus généralement navigation intérieure.

— **maritime.** Navigation qui se fait habituellement dans les eaux maritimes (où le bâtiment est exposé aux risques de la mer).

— **mixte.** Navigation en partie fluviale et en partie maritime.

NAVIRE

N. m. – Altération de *navirie,* antérieurement *navilie,* du lat. *navigium,* puis *navilium*.

• *Bâtiment effectuant habituellement une navigation maritime ; bâtiment de mer. Comp. *bateau*. V. *paquebot*.

NÉ, ÉE

Adj. – Lat. *natus*.

• **1** Venu au monde. V. *viable, conçu*.

• **2** (d'un *litige). Par opp. à *éventuel, se dit du *litige (sens 2), dès le moment où celui-ci surgit entre les intéressés (avant même que l'un d'eux n'en saisisse la justice) et sur lequel il est permis de *transiger, compromettre, conférer au juge pouvoir de statuer comme *amiable compositeur (CPC, a. 12).

• **3** Se dit, par opp. à *éventuel, de l'*intérêt pour agir en justice, lorsque celui-ci a pris corps et consistance (comme condition de l'*action), soit du fait d'un préjudice consommé, d'un trouble actuel, soit même, dès avant la réalisation d'un dommage, devant la menace d'un préjudice *éventuel. Syn. **né et actuel*.*

NÉCESSAIRE

Adj. – Lat. *necessarius* : inéluctable, indispensable, nécessaire.

- **1** Exigé (en droit), requis, obligatoire (not. pour l'accomplissement d'un acte). Ex. consentement nécessaire d'un conjoint, d'un parent (C. civ., a. 182, 217), formalité nécessaire. Ant. *inutile, surabondant, facultatif*. Comp. *impératif*.
- **2** Qui répond en fait à un besoin primordial et souvent urgent, par opp. à *voluptuaire ou même à *utile. Ex. dépenses nécessaires à la vie du ménage, réparations nécessaires (C. civ., a. 1720). V. *conservatoire, impenses*. Comp. *opportun*.
- **3** Qui est indispensable à… Ex. les instruments nécessaires à la profession d'un époux (C. civ., a. 1404).
- **4** Qui est impérieusement dicté par les circonstances. Ex. le *dépôt nécessaire, par opp. au dépôt *volontaire.
- **5** (pén.). Qui est commis en état de *nécessité. Ex. délit, infraction nécessaire.

NÉCESSITÉ

N. f. – Lat. *necessitas*.

- **1** *Force des circonstances ; situation critique qui, abolissant en fait le choix des moyens, dicte et justifie une solution même *exorbitante comme étant, raisonnablement, dans le *cas, la seule de nature à sauvegarder un intérêt légitime ; situation plus déterminante que l'*utilité, la commodité ou l'opportunité. V. C. civ., a. 371-3 ; CPC, a. 17. Comp. *urgence, contrainte, violence*. V. *nécessaire*.

  ADAGE : *Nécessité fait loi.*
- **2** État de *besoin. V. *aliment*.
- **3** Plus vaguement, syn. d'*exigence, obligation, devoir, charge*. Ex. nécessités de la procédure, nécessités de la fonction.

— **(état de).**

a / Situation d'une personne qui ne peut sauvegarder ses intérêts légitimes ou ceux d'autrui qu'en commettant un acte délictueux ; constitue un *fait justificatif et supprime en conséquence l'infraction lorsque sont réunies certaines conditions concernant le péril encouru et l'acte commis. V. *force majeure, cas fortuit*. Comp. *excuse, légitime défense*.

b / Ensemble de circonstances exceptionnelles qui, comportant un danger ou une menace pour les institutions ou le pays, justifient pour y parer un transfert ou une extension, organisés ou non par la Constitution écrite, des compétences constitutionnelles. Ex. Const. 1958, a. 16. V. **décrets-lois de nécessité*.

NÉGLIGENCE

N. f. – Lat. *negligentia*.

- Faute non intentionnelle consistant à ne pas accomplir un acte qu'on aurait dû accomplir, *quasi-délit source de responsabilité civile (C. civ., a. 1383) ou parfois pénale. Comp. *imprudence, abstention, omission, légèreté blâmable*. V. *diligence, intention, *délit non intentionnel*.

— **clause.** Expression anglaise désignant la clause par laquelle, dans les chartes-parties, l'armateur déclare s'exonérer de toute responsabilité pour les fautes commises par le capitaine, l'équipage, le pilote et toute autre personne au service du navire.

NÉGOCE

N. m. – Lat. *negotium* : occupation (exprimant à l'origine l'absence de loisir).

- *Commerce. Comp. *oisiveté*. V. *distribution*.

NÉGOCIABILITÉ

N. f. – Dér. de négociable, dér. lui-même de négocier, lat. *negotiari* : faire du négoce.

- Qualité attachée à certains *titres représentatifs d'un droit ou d'une créance, qui en permet une *transmission plus rapide et plus efficace que les procédés du Droit civil (sans être tenu de recourir aux formalités exigées de la *cession civile pour qu'elle soit opposable aux tiers : C. civ., a. 1690). Ex. l'endossement des titres à ordre, le transfert des titres nominatifs, la tradition des titres au porteur (ou leur virement s'ils sont déposés en compte courant). V. *valeur mobilière, action, obli-*

gation, cessibilité, transmissibilité, aliénabilité.

NÉGOCIANT, ANTE

Subst. – Lat. *negotians* : homme d'affaires, trafiquant, commerçant.

- *Commerçant. Comp. *marchand, distributeur, revendeur, opérateur.*

NÉGOCIATION

N. f. – Lat. *negotiatio* : négoce, commerce en grand, trafic.

- **1** Action de traiter une affaire, de passer un marché et, par ext. (sens principal aujourd'hui), opérations préalables diverses (entretiens, démarches, échanges de vues, consultations) tendant à la recherche d'un *accord. Comp. *concertation* ; désigne aussi bien la discussion d'un contrat en vue d'arriver à sa conclusion (*pourparlers précontractuels impliquant une discussion sur les conditions du contrat spécialement sur le prix, C. civ., a. 1112) que les efforts déployés en vue du règlement d'un différend (conflit collectif ou international). V. *invitation à entrer en négociation,punctation, accord de principe, renégociation, contractualisation.*

— **interprofessionnelle.** Négociation menée au niveau national par les confédérations patronales et ouvrières.

— **professionnelle.** Recherche d'un accord dans le cadre d'une profession, ou d'un ensemble de professions constituant une branche d'activité.

- **2** Plus spécialement, dans le Droit des traités, première phase de la procédure de conclusion d'un accord international, phase au cours de laquelle les parties procèdent à la mise au point du texte et qui se clôt normalement par l'authentification de celui-ci. V. *signature.*
- **3** Espèce de cession simplifiée permettant la transmission des titres négociables. V. *négociabilité.*
- **4** Nom donné au *marché passé dans des bourses de commerce ou de valeurs. Ex. négociation en bourse d'un lot de valeurs mobilières. V. *transaction* (sens 4).

NÉGOCIÉS (MARCHÉS)

N. m. pl. – Part. pass. du v. négocier, lat. *negotiari.* V. *marché.*

- Ceux dans lesquels la personne responsable du *marché engage sans formalité les discussions qui lui paraissent utiles et attribue librement le marché au candidat qu'elle a retenu ; catégorie de *marchés publics, ayant remplacé celle des marchés dits sur entente directe, elle-même remplacée par celle des *marchés dits de *gré à gré.

NEGOTIORUM GESTOR

Termes latins signifiant « gérant d'affaires », encore utilisés pour désigner celui qui gère l'affaire d'autrui. V. **gestion d'affaires.*

NEGOTIUM

Terme latin, signifiant « occupation », « affaire », utilisé pour désigner, dans l'*acte juridique, l'opération en laquelle il consiste, par opp. à **instrumentum,* écrit qui le constate (n. m.).

NEUTRALISATION

N. f. – Dér. de neutraliser, dér. lui-même du lat. *neutralis,* de *neuter* : ni l'un, ni l'autre.

- **1** Opération souvent convenue par accord international et consistant à placer certaines personnes, certains établissements ou certains territoires sous un régime de *neutralité.
- **2** Privation d'effets qui fait qu'un acte non annulé est cependant inopposable. V. *inopposabilité.* Comp. *annulation, invalidation, caducité.*

NEUTRALITÉ

N. f. – Dér. de *neutralis,* de *neuter* : ni l'un, ni l'autre, neutre.

- **1** *D'un État :* situation d'un État qui reste étranger à une guerre entre deux ou plusieurs autres États, s'abstient d'y participer ou d'assister l'un des belligérants ; la notion de neutralité ne doit pas être confondue avec celle de *neutralisation. V. *belligérance.*

— **occasionnelle.** Attitude de neutralité volontairement et temporairement choisie par un État au cours d'une guerre déterminée.

— **permanente ou perpétuelle.** Situation d'un État auquel une convention internationale a imposé et garanti à perpétuité un statut de neutralité.

• **2** *D'un juge :*
a / (au sens moral). Attitude d'*impartialité du juge qui, exempt de toute idée préconçue, examine avec la même attention les éléments favorables ou défavorables à chacune des parties. Comp. *objectivité*.
b / (en un sens plus technique). État du juge tenu de statuer dans les limites des conclusions des parties – sur les choses demandées et les faits allégués – (corollaire du principe *dispositif) ou même (dans les procédures de type strictement *accusatoire) de s'abstenir de toute initiative dans la recherche des preuves. Comp. *accusatoire, dispositif (principe)*.

ADAGE : *Judex secundum allegata et probata judicare debet.*

— **confessionnelle.** V. **confessionnelle (neutralité).*

NEVEU, NIÈCE

Lat. *nepos, nepotis.* petit-fils ; lat. pop. *neptia,* lat. class. *neptis.*

• Fils ou fille d'un frère ou d'une sœur, parent en *ligne collatérale au troisième *degré de ses oncles et tantes.

NIVEAU DE VIE

Anc. franç. *liveau,* du lat. *libella* : balance. V. *vie.*

• Mode d'existence moyen d'un groupe social, en relation avec le pouvoir d'achat, c'est-à-dire avec l'ensemble des biens et des services que permet de se procurer le revenu moyen du groupe considéré. Comp. *train de *vie.*

NOBLESSE (TITRE DE)

V. *titre de noblesse.*

NOCES

N. f. pl. – Lat. *nuptiae.*

• Syn. de *mariage encore employé dans certaines expressions : secondes noces, *cadeaux de noces, frais de noces, noces d'or, etc. V. *nuptial, nuptialité.*

NOLI ME TANGERE

• Maxime latine signifiant « ne me touche pas », exprimant l'inviolabilité du corps humain. V. *intangible.*

NOLIS

Subst.masc. – Dér. de noliser, empr. de l'ital. *noleggiare* (de *nolo* : affrètement), lat. *naulum,* d'origine gr. (ναυλον).

• Mot ancien syn. de *fret, usité sur les côtes de la Méditerranée.

NOLISSEMENT

N. m. – Dér. de noliser. V. *nolis.*

• Mot ancien syn. d'*affrètement, usité sur les côtes de la Méditerranée.

NOM

N. m. – Lat. *nomen,* grec ὄνομα.

• **1** Mot ou ensemble de mots désignant une personne physique ou morale et se composant, pour les personnes physiques, du nom de famille et du ou des *prénoms, avec parfois adjonction d'un *pseudonyme, d'un *surnom, d'une *particule ou d'un *titre de noblesse.

— **biparental.** V. *biparental.*

— **commercial.** Appellation sous laquelle une personne exerce le commerce ; élément du fonds de commerce (au même titre que l'*enseigne), qui peut être cédé ou grevé d'un nantissement et protégé par l'action en concurrence déloyale. V. *dénomination sociale, raison sociale, signature sociale.*

— **de famille.** Nom que les enfants reçoivent en naissant de leurs parents, et qui peut être, selon leur choix (d'un commun accord) soit le nom du père, soit le nom de la mère, soit leurs deux noms accolés dans l'ordre choisi par eux, dans la limite d'un nom de famille pour chacun d'eux, le nom transmis étant celui du père, à défaut d'accord (le nom ainsi dévolu au premier enfant valant dans tous les cas pour les autres enfants communs). V. C. civ., a. 311-21 ; la dévolution du nom aux enfants naturels obéissait à des règles complexes. V. comp.

C. civ., a. 311-21, 334.1 anc., 334-2 anc., 334-3 anc.). V. *patronyme, nom de naissance.*
— **de naissance.** Nom que chaque individu reçoit à sa naissance *(Geburtsname),* nom d'origine dont la dévolution varie d'un système onomastique à l'autre (nom du père, nom de la mère, nom double composé de l'un et de l'autre, etc.) et, en chaque système selon que la filiation de l'enfant est légalement établie à l'égard des deux parents ou d'un seul d'entre eux ; nom de base transmissible, impérativement dévolu auquel peut être adjoint, à titre d'usage, un *nom parental complémentaire. Ex. dans la tradition patrilinéaire française, le nom de naissance, dit nom de famille ou patronyme était naguère le nom du père.
— **parental complémentaire** (l. 23 déc. 1985). Nom que tout enfant peut emprunter à celui de ses parents qui ne le lui a pas transmis, en l'ajoutant, à titre d'usage, à son nom de base, mais sans pouvoir le transmettre, nom parental adjoint improprement nommé nom d'usage n'étant pas usuel mais facultatif et complémentaire.
• **2** Désigne souvent le seul nom patronymique, par opp. aux prénoms.
— **collectif (société en).** V. **société en nom collectif.*
— **(usurpation de).** V. **usurpation de nom.*

NOMADE

Lat. *nomas (nomadis),* mot d'origine gr.

• Personne (même de nationalité française) circulant en France sans domicile ni résidence fixe (et sans avoir le statut de *forain) qui, naguère assujettie à l'obligation de posséder un carnet anthropométrique et à un compte étroit de ses déplacements, est aujourd'hui assimilée aux *marchands ambulants (sauf si elle est dépourvue de ressources régulières). V. *gens du voyage, sédentaire.* Comp. *vagabondage.*

NOMBRE UNIFORME

Lat. *numerus* : nombre, et *uniformis,* de *unus* : un, et *forma* : forme.

• Dans l'un des systèmes de *représentation proportionnelle, nombre, fixé à l'avance, par lequel on divise les totaux de voix obtenues par chacune des listes concurrentes pour déterminer combien de sièges elle aura. V. *scrutin.*

NOMEN

Terme latin signifiant « *nom », encore utilisé pour désigner l'un des principaux faits de la *possession d'état (pour un individu, celui d'avoir toujours porté le nom de ceux dont on le dit issu. C. civ., a. 311-2). V. *tractatus, fama.*

NOMENCLATURE

N. f. – Lat. *nomenclatura,* de *nomen* : nom, et *calare* : appeler.

• *Classification méthodique des éléments d'un ensemble. Ex. : objets d'une collection, actes d'une profession, nomenclature commune des *préjudices *corporels, classification des *chefs de préjudices indemnisables suivant des critères rationnels associés (victime directe ou indirecte, préjudice patrimonial ou extrapatrimonial, temporaire ou permanent). Comp. *inventaire, répertoire.* V. *pharmacopée.*
— **budgétaire.** Cadre de classement administratif des crédits budgétaires de l'État correspondant à une répartition des dépenses en titres, parties, chapitres, articles et paragraphes (le chapitre est l'unité de structure du budget pour la consommation des crédits et la comptabilité publique).

NOMINALISME LÉGISLATIF

N. m.

• Expression doctrinale désignant le pouvoir de nommer dont dispose le législateur.

NOMINALISME MONÉTAIRE

N. m. – Dér. de *nominal,* lat. *nominalis,* de *nomen* : nom ; de monnaie.

• Principe selon lequel une *unité monétaire conserve tant qu'elle a le même nom la même valeur (libératoire), même si dans le temps sa *valeur réelle (son pouvoir d'achat) a changé et par application duquel le débiteur d'une certaine quantité d'unités monétaires doit toujours la même somme numérique, sans *revalorisation (C. civ., a. 1895). V. **instrument monétaire, valeur, indexation, variation, échelle* *mobile, clause-or, rebus sic stantibus*. Ant. *valorisme*.

ADAGE : *Le franc vaut toujours le franc.*

NOMINATION

N. f. – Lat. *nominatio,* de *nominare* : nommer.

• **1** Syn. dans un sens générique de *désignation (individuelle), de *commission (avec indication du nom de celui qui est *commis). Comp. *recrutement, engagement, embauche.*

• **2** Plus spécifiquement et par opp. à *élection, opération par laquelle un seul investit une personne d'une *fonction. Ex. Const. 1958, a. 13 et 21. Comp. *investiture, mission.*

— **des fonctionnaires.** Acte qui, avec la *titularisation, conditionne la collation de la qualité de fonctionnaire ; distincts lors de l'entrée au service public, les deux actes se confondent lorsque la *carrière de l'intéressé se déroule dans un même corps par voie d'accession successive aux différents grades de ce corps et se distinguent à nouveau au cas de changement de corps. Comp. *installation*.

NOMMÉ, ÉE

Adj. – Part. pass. du v. nommer, lat. *nominare*.

• **1** Désigné par un nom ; se dit not. par opp. aux *contrats innommés, des contrats qui, sous une *appellation consacrée par la loi (ou au moins par l'usage), correspondent, chacun, à une espèce particulière de convention soumise, en tant que telle, à certaines règles spéciales.

• **2** *Désigné, par son nom, pour occuper un poste ou remplir une mission. V. *commis*.

NON-ADMISSION

N. f. – Lat. *non,* v. admission.

• Sort des *pourvois en cassation qui sont écartés liminairement (déclarés non admis) en tant qu'ils sont irrecevables ou non fondés sur un moyen sérieux, par une décision juridictionnelle émanant de trois magistrats du siège, au cours d'une audience dite d'amissibilité, avec l'avis du ministère public, la non-admission fermant à ces pourvois l'accès ordinaire à la Cour de cassation.

NON-ASSISTANCE

Lat. *non*. V. *assistance*.

• Manquement volontaire à un devoir d'assistance, plus spéc. refus de porter *secours à une personne en péril (non-assistance à personne en danger, *abstention délictueuse également nommée *omission de porter secours).

NON AVENU, UE

Adj. – Nég. lat. *non* et part. pass. de l'anc. v. *avenir*.

• Se dit en pratique d'un acte manifestement *nul (et souvent par insistance : nul et non avenu) pour exprimer qu'avant même son *annulation par l'autorité compétente, il y a lieu de faire comme s'il n'avait pas été accompli. Comp. *inexistant, non écrit (réputé)*. V. *annulable, annulé, inexistence, caduc*.

NON BIS IN IDEM

Maxime latine signifiant « Pas deux fois sur la même chose », aujourd'hui utilisée pour exprimer :

1 / Qu'un accusé jugé (acquitté ou condamné) par une décision non susceptible de recours ne peut plus être poursuivi pour le même fait ;

2 / Que le juge, lorsqu'un fait matériel peut tomber sous le coup de plusieurs *incriminations, ne peut retenir qu'une seule des *qualifications possibles de telle sorte que le délinquant ne soit pas puni deux fois pour le même fait. V. **autorité de chose jugée, *concours d'infractions, *non-cumul*.

NONCE

N. m. – Empr. à l'ital. *nunzio,* du lat. *nuntius* : messager.

• Prélat envoyé par le pape avec rang d'ambassadeur comme représentant du Saint-Siège auprès d'un État étranger et dont le rôle est défini par un *motu proprio* du 23 juin 1969. Comp. *pro nonce, légat.*

NON-CONCURRENCE (CLAUSE DE)

N. f. – V. *concurrence, clause.*

- **1** (sens gén.). Stipulation par laquelle un contractant se prive de la faculté d'exercer pendant une certaine période et dans une aire géographique déterminée une activité professionnelle susceptible de concurrencer celle de l'autre.
- **2** Clause figurant généralement dans le contrat de vente d'un fonds de commerce ou artisanal ou de cession d'une clientèle civile (afin de préciser une obligation inhérente au contrat) par laquelle le vendeur ou le cédant s'engage à ne pas exercer une activité identique ou semblable à celle de l'acheteur ou du cessionnaire, au moins pendant une période et dans un périmètre déterminés, limites auxquelles est subordonnée la validité de la clause. Syn. *clause de *non-rétablissement.*
- **3** Clause du contrat de travail par laquelle le salarié s'engage à ne pas exercer, pendant un certain délai à partir de la cessation des relations de travail, une activité semblable à celle de son employeur, pour son propre compte ou celui d'un autre employeur (obligation qui, à la différence de la précédente, n'existe que si elle est stipulée).
- **4** Parfois syn. de clause d'*approvisionnement exclusif.

NON-CUMUL

N. m. – V. *cumul.*

- Termes utilisés pour exclure la coexistence, la réunion de deux éléments, pour en marquer l'incompatibilité, par ex. pour interdire l'exercice conjoint de deux activités. V. *cumul, concours.*

— **de la *responsabilité contractuelle et de la responsabilité délictuelle.** Principe en vertu duquel le débiteur d'une obligation contractuelle ne peut être recherché, au moins par son cocontractant, sur le fondement de la responsabilité délictuelle, pour la réparation du dommage qui résulte de la violation de cette obligation même (une telle violation ne pouvant engager que sa responsabilité contractuelle) : en quoi le non-cumul exclut l'*option entre les deux ordres de responsabilité.

— **des peines.** Principe en vertu duquel les peines prononcées contre une même personne pour divers crimes ou divers délits (en *concours réel) ne peuvent être cumulativement exécutées. V. **cumul réel.*

— **du *possessoire et du *pétitoire.**

a / Règle en vertu de laquelle le procès au possessoire et le débat sur le *fond du droit (de propriété not.) ne peuvent être mêlés, de telle sorte que le juge d'instance (compétemment) saisi d'une action *possessoire ne doit statuer que sur celle-ci (sauf à examiner les titres à seule fin de vérifier si les conditions de la protection possessoire sont réunies) sans pouvoir ni statuer, ni ordonner de mesures d'instruction, ni appuyer sa décision sur le fond du droit (CPC, a. 1265).

b / Règles (corollaires de la précédente) en vertu desquelles, d'une part, le défendeur au possessoire ne peut agir au fond qu'après avoir mis fin au trouble, d'autre part, celui qui agit au fond n'est plus recevable à agir au possessoire.

NON-DÉNONCIATION

N. f. – V. *dénonciation.*

- Fait de ne pas informer les autorités d'une infraction dont on a connaissance, *abstention érigée en délit lorsqu'il s'agit soit d'un crime dont les conséquences pourraient être tempérées ou les auteurs contrariés dans la poursuite de leur entreprise (C. pén., a. 434-1), soit de mauvais traitements infligés à des personnes dont la vulnérabilité appelle une protection particulière (mineur de 15 ans, infirme, etc.), a. 434-3, double *entrave à la saisine de la justice.

NON-DISCRIMINATION

Subst. fém. – V. *discrimination.*

- **1** (sens gén.). Non-admission, dans la jouissance des droits, de *distinctions *arbitraires, not. fondées sur la race, le sexe, les opinions, la naissance, la religion, l'appartenance sociale, etc., norme idéale découlant du principe d'*égalité civile qui n'exclut cependant pas que la loi attache à diverses considérations (âge, situation familiale, nationalité, qualification professionnelle, handicap physique, etc.), les conséquences juridiques pertinentes que commandent la protection des intéressés, l'accomplissement de leur *état, la sauvegarde de leurs activités, etc., la non-discrimination ne se confondant pas avec une non-différenciation intégrale et aveugle. V. *statut, condition*.

- **2** Dans la charte sociale européenne (révisée, v. d. 4 févr. 2000, *D.*, 2000, lég. 158), disposition-balai (part. V, a. E), selon laquelle la jouissance des droits reconnus par la Charte « doit être assurée, sans distinction aucune fondée not. sur la race, la couleur, le sexe, la langue, la religion, les opinions politiques ou toutes autres opinions, l'ascendance nationale ou l'origine sociale, la santé, l'appartenance à une minorité nationale, la naissance ou toute autre situation ».

NON-DROIT

N. m. – Expression doctrinale ici retenue dans le sens donné par son auteur (J. Carbonnier).

- Absence de droit ; état dans lequel se trouvent les rapports humains non saisis par le droit, libres de droit ; *vide juridique ne résultant ni d'une imperfection du droit liée aux *lacunes non intentionnelles de celui-ci, ni d'une violation du droit assez forte pour le tenir en échec, mais de multiples phénomènes divers : retrait volontaire du droit (lieu d'asile, temps de trêve), espaces de liberté juridiquement non relevants (champ de *conscience ; en droit pénal, tout ce qui n'est pas interdit est permis), choix de relations non juridiques, etc., ensemble des « mécanismes par lesquels le droit se retire ». Ne pas confondre avec anti-droit ou droit injuste. V. *for interne*.

NON ÉCRIT, ITE

Adj. – Part. pass. du v. écrire, lat. *scribere*.

- **1** (dans la loi). Se dit, par opp. à la loi et en raison de son origine non étatique, du Droit *coutumier (qui peut cependant faire l'objet d'une rédaction distincte de la publication officielle, not. dans un recueil privé).
- **2** (dans la convention). Se dit, par opp. aux stipulations expresses, de clauses non formulées qui lient implicitement les parties (souvent anciennes clauses de style conservées par l'usage auxquelles elles se sont tacitement référées). V. *implicite, tacite*.

— **(réputé).** Se dit, dans un acte juridique, d'une clause illicite (not. une *condition) dont la *nullité n'emporte pas celle de l'acte qui la contient, la clause (seule annulée) étant censée n'avoir pas été stipulée. V. *nul*. Comp. *non avenu*.

NON ÉQUIVOQUE

V. *Équivoque*.

- *Clair, univoque, de sens *manifeste ; se dit surtout d'une intention qui ressort à l'*évidence, sans ambiguïté, d'une déclaration ou d'un agissement ; ce qui est non équivoque n'est pas nécessairement *explicite, même lorsque la loi exige un écrit. Ex. un aveu non équivoque de paternité – qui supposait une lettre ou quelque autre écrit – pouvait être exprès ou *implicite (C. civ., a. 340 anc.). Cependant le caractère non équivoque ne peut être reconnu, surtout s'il s'agit d'une manifestation *tacite de volonté, qu'à un message dont l'évidence est caractérisée, exigence qui explique que le caractère non équivoque soit requis des actes les plus graves : renonciation à l'appel, renonciation à l'arbitrage, désistement.

NON-IMMIXTION

V. *immixtion*.

- Non-ingérence, non-intervention dans les affaires d'autrui. Ex. : le principe de non-immixtion en droit des affaires interdit au banquier ou à quiconque n'est pas dirigeant de droit de l'entreprise (organe de surveillance, de contrôle, commanditaire) de participer à la gestion de celle-ci.

NON-IMPUTABILITÉ

V. *imputabilité*.

- Caractère de ce qui ne peut être retenu à la charge d'une personne comme une faute ou plus généralement comme un fait de sa part, en raison de l'existence à sa décharge d'une cause de non-imputabilité. Ant. *imputabilité*.

— **(causes de).** Faits *exonératoires de diverse nature qui empêchent de considérer un fait dommageable comme une faute de la part d'une personne ou plus généralement comme un fait à sa charge, soit en établissant que l'élément psychologique de la faute fait défaut en sa personne (cause particulière à la responsabilité pour faute), soit parce que le fait provient d'une *cause étrangère (à elle non imputable). Ex. le défaut de volonté libre et l'incapacité délictuelle sont des causes de non-imputabilité d'une faute ; la force majeure, le fait d'un tiers, la faute de la victime sont des causes générales de non-imputabilité. Comp. *fait justificatif, excuse, état de *nécessité*.

NON-INTERVENTION (PRINCIPE DE)

V. *intervention, principe*.

- Principe de droit international public selon lequel l'*intervention est illégitime.

NON-LIEU

V. *lieu*.

- Abréviation d'*ordonnance ou arrêt de non-lieu.
- Décision de *clôture par laquelle une juridiction d'instruction déclare qu'il n'y a pas lieu de poursuivre l'instruction contre un inculpé (personne mise en examen), soit parce que les faits à lui reprochés ne tombent pas ou ne tombent plus sous le coup de la loi pénale, soit parce que les charges relevées contre lui n'apparaissent pas suffisantes (C. pr. pén., a. 177). Comp. *acquittement, relaxe*.

NON LIQUET

Expression lat. signifiant « le cas n'est pas clair », utilisée pour désigner les cas où un arbitre ou un juge international se trouve dans l'impossibilité de juger, du fait de l'absence d'un droit applicable ou de l'insuffisance d'information sur les faits de la cause. Comp. **déni de justice, lacune*.

NON NAVIGABLE

Adj.

V. *navigable, cours d'eau non navigable*.

NON PRÉSENT, ENTE

Subst.ou adj. – V. *présent*.

- **1** Personne qui, se trouvant malgré elle hors d'état de manifester sa volonté par suite d'éloignement sans que l'on ait motif de la présumer absente, peut cependant bénéficier comme un présumé *absent de certaines mesures de protection (représentation, administration de ses biens) (C. civ., a. 120). Comp. *disparu*. V. *vivant*.
- **2** Plus généralement, qui n'est pas là où il devrait être (et n'y est pas représenté). Comp. *défaillant*. Ant. *présent, représenté*.

NON RÉCEPTICE

V. *réceptice*.

- Se dit des *actes juridiques *unilatéraux qui, pour exister valablement, n'ont pas à être notifiés à une personne déterminée (même si la manifestation de volonté est soumise à d'autres formalités) et sont parfois nommés *déclarations non faites à partie. Ex. reconnaissance d'un enfant naturel, testament. Ant. *réceptice*.

NON-RÉCIPROCITÉ

V. *réciprocité*.

- **1** Défaut de *réciprocité servant à caractériser ce qui est dû sans contrepartie (obligation *unilatérale).
- **2** Non-exigence de réciprocité, absence de réciprocité servant à caractériser ce qui est accordé sans réclamer de contrepartie.

— **(régime de).** Situation dans laquelle un État assure à un autre État ou à ses ressortissants un traitement déterminé sans en subordonner le bénéfice à l'assurance à son profit d'un traitement équivalent, situation qui peut se rencontrer dans les relations économiques entre pays développés et pays en voie de développement. Ex. partie IV du GATT.

NON-REPRÉSENTATION D'ENFANT

V. *représentation, enfant*.

- Fait de refuser indûment de remettre un enfant mineur à toute personne qui est en droit de le réclamer en vertu d'un jugement ou de la loi, manquement érigé en atteinte à l'exercice de l'*autorité parentale, comme la *soustraction d'enfant, mais consistant, à la différence de celle-ci, en une attitude de résistance passive, *abstention délictueuse (C. pén., a. 227-5).

NON-RÉTABLISSEMENT (CLAUSE DE)

V. *rétablissement, clause*.

• *Clause en vertu de laquelle celui qui cède un fonds de commerce, une clientèle civile, ou monnaye un droit de présentation prend, envers son successeur, l'engagement de ne pas reprendre une activité de nature à concurrencer celui-ci, au moins dans un périmètre et pour un temps déterminés, restrictions qui rendent son engagement licite. V. *clause de *non-concurrence*. Comp. *exclusivité*.

NON-RÉTROACTIVITÉ

V. *rétroactivité*.

• **1** (des lois). Principe traditionnel de Droit *transitoire (C. civ., a. 2) en vertu duquel, à défaut de disposition contraire dans la loi, le juge ne peut appliquer une loi nouvelle à des situations préexistantes (not. à des contrats antérieurement conclus), ce qui s'entendait plus généralement, naguère, du respect des droits *acquis sous l'empire de la loi ancienne et s'entend seulement aujourd'hui de l'impossibilité de remettre en cause les conséquences déjà produites par des situations en cours (mais avec *application immédiate de la loi nouvelle aux conséquences futures de ces situations). Ant. *rétroactivité*. V. *survie de la loi ancienne*. Comp. *rétrospectivité*.

— **des lois pénales.** Règle interdisant au juge répressif d'appliquer à des faits passés une loi nouvelle d'incrimination ou de pénalité – sauf si elle est moins sévère que la loi ancienne – ou d'étendre à des actes procéduraux déjà accomplis les dispositions d'une loi procédurale nouvelle (C. pén., a. 112-1 s.).

• **2** (des actes administratifs). Principe général de droit dont la portée est identique à la règle prévue pour les lois.

NON-USAGE

N. m. – V. *usage*.

• Non-*exercice d'un droit ; plus spéc. fait de ne pas user d'un droit réel qui peut être cause de *prescription extinctive. Ex. les *servitudes et l'*usufruit s'éteignent par suite du non-usage pendant trente ans (C. civ., a. 617, 706 s.). Ant. *usage*. V. **abus du droit*. Comp. *désuétude*.

NON-VALEUR

N. f. – V. *valeur*.

• **1** État d'une créance *irrécouvrable du fait de l'*insolvabilité du débiteur (not. lorsque celui-ci ne laisse, après décès, aucun actif saisissable ou que la liquidation de biens est clôturée pour insuffisance d'actif) ; par ext., cette créance même.

— **(admission en).** Acte unilatéral par lequel le créancier (organisme financier en général) déclare irrécouvrable une créance en raison de l'insolvabilité du débiteur, reconnaissance qui dégage de sa responsabilité le comptable chargé du *recouvrement. Comp. **remise de dette, renonciation*. V. *fonds*.

• **2** Situation d'une propriété (not. d'un terrain, d'un immeuble) qui ne rapporte aucun *revenu ; par ext., cette propriété. Comp. *frugifère*.

NON VIABLE

V. *viable*.

• **1** (sens traditionnel). Se dit de l'enfant qui, bien que né *vivant (et non mort-né), est inapte à la *vie en ce qu'il est dépourvu des organes essentiels à la vie. Ex. enfant né trop prématurément, ou atteint de malformations graves. Ant. *viable*. V. *conception, naissance, enfant sans *vie*.

• **2** (sens technologique conforme aux recommandations de l'OMS. V. *viabilité*). Se dit d'un enfant qui n'est parvenu ni au terme de vingt-deux semaines d'aménorrhée ni au poids de 500 g. V. circ. nº 2001/576, 30 nov. 2001.

NORMAL, ALE, AUX

Adj. – Lat. *normalis* : fait à l'équerre, de *norma*. V. *norme*.

- **1** *Conforme à la *norme.
- **2** Conforme au principe, par opp. à *exceptionnel, *dérogatoire, *exorbitant ; ce qui est de *règle. V. *droit *commun*. Comp. *naturel, ordinaire*.
- **3** Ce qui est, en fait, le plus fréquent, *courant, *commun, habituel. V. **plerumque fit, usage, usuel*.
- **4** Ce qui est modéré, moyen, *raisonnable, par opp. à *excessif, *anormal.

NORMALISATION

N. f. – De normal, lat. *normalis,* de *norma*. V. *norme*.

- **1** Ensemble des mesures techniques destinées à uniformiser les méthodes de travail et *certains types de produits afin d'améliorer le rendement de la production et la distribution (opération not. appliquée aux qualités et à la forme, par ex. au conditionnement des produits). Ex. l'association française de normalisation (AFNOR) centralise et coordonne les travaux préparatoires à l'établissement des normes en vue de l'homologation ministérielle de celles-ci ; terme synonyme de son homologue anglo-saxon « standardisation », encore que la législation et la pratique ne les utilisent pas toujours indifféremment.
- **2** (comptabilité). Planification, ensemble des règles en vertu desquelles les entreprises doivent tenir leurs comptes et sous-comptes, selon un schéma type (*plan comptable général, *plan comptable professionnel).
- **3** Plus vaguement, établissement ou rétablissement d'une situation normale, retour à la norme. Comp. *crise, conflit*.

NORMATIF, IVE

Adj. – Dér. de *norme.

- Qui énonce une règle, qui est porteur d'une *norme. V. *source, juridique, directif, obligatoire, impératif*. Comp. *indicatif, interprétatif, supplétif, régulateur*.

NORMATIVISTE (DOCTRINE)

Dér. de *normatif. V. *doctrine*.

- Nom donné à la *doctrine de Kelsen selon laquelle il n'y a pas de différence de nature entre les dispositions juridiques par voie générale et les dispositions juridiques par voie individuelle, le terme englobant toute prescription, que celle-ci soit abstraite et impersonnelle ou individuelle. V. *norme*.

NORME

N. f. – Lat. *norma* : équerre, mesure, règle.

- **1** Terme scientifique employé parfois dans une acception générale, comme équivalent de *règle de droit (proposition abstraite et générale), qui évoque non pas l'idée de normalité (comme par exemple en biologie), ni celle de rationalité, ou de type convenu (standardisation), mais spécifiquement la valeur *obligatoire attachée à une règle de conduite, et qui offre l'avantage de viser d'une manière générale toutes les règles présentant ce caractère, quels qu'en soient la source (loi, traité, voire règle de Droit naturel) ou l'objet (règle de conflit, Droit substantiel, etc.). V. *hiérarchie, suprématie, ordre, système, canon, modèle*.

—s primaires. Nom donné aux règles qui énoncent des principes généraux ou même à toutes celles qui prescrivent directement une conduite à tenir.

—s secondaires. Nom donné à des règles accessoires, plus spécialement à celles qui, édictant des sanctions, tendent à la réalisation effective des premières.

- **2** Parfois plus spécialement règle qui marque la direction générale à donner à une conduite. Comp. *standard, directive, notion-cadre*.
- **3** (sens voisin). Manière dont il convient de diriger son activité, méthode à suivre.

— de sécurité. Règle technique de caractère obligatoire en vue d'assurer la sécurité physique.

— de travail. Règle d'exécution d'un travail ; base à partir de laquelle est déterminée la rémunération dans le cas de salaire aux pièces ou au rendement.

— minimum. Prescription s'imposant comme base aux relations de travail et n'acceptant de dérogations que plus favorables pour les salariés.

- **4** Désigne parfois, par rapport à la

notion ordinaire de règle de droit, la règle qui, dotée d'une efficacité particulière, opérerait de plein droit et immédiatement, sans l'intermédiaire de sanctions. Ex. la convention collective, dont les dispositions s'appliquent d'elles-mêmes dans les contrats individuels de travail.

- **5** Dans la théorie de Kelsen, éléments coordonnés et hiérarchisés qui constituent un *système de droit ou « ordonnancement juridique », dans lequel les normes supérieures engendrent directement les normes inférieures (constitution, lois, règlements, etc.) jusques et y compris les situations juridiques particulières (responsabilité de l'auteur d'un dommage, obligation née d'un contrat). V. *normativiste (doctrine)*.

NOTAIRE

N. m. – Lat. *notarius* : scribe, sténographe, secrétaire, de *nota* : note (*notare* : écrire).

- Officier *public qui a pour fonction de recevoir, dans l'étendue de son ressort, les actes auxquels les parties doivent ou veulent donner un caractère *authentique, d'en assurer la date, d'en conserver le dépôt et d'en délivrer des copies exécutoires (*grosses) et des *expéditions (l. 25 ventôse an XI et d. n°s 71 . 941 et 71 . 942, 26 nov. 1971). V. *étude, charge, *officier *ministériel, hors la *vue*.

NOTARIAL, ALE, AUX

Adj. – Du lat. médiév. *notariatus*.

- Relatif à la *charge, à l'activité, à la profession de notaire. Ex. fonctions notariales, opérations notariales, style notarial. Comp. *ministériel, officiel*.

NOTARIAT

N. m. – Dér. de *notaire.

- **1** Fonction de notaire. V. *office*.
- **2** Ensemble de la profession notariale.

NOTARIÉ, IÉE

Adj. – Dér. de *notaire.

- Par-devant *notaire ; se dit d'un acte reçu par un notaire. V. *acte notarié, minute, grosse, authentique*. Comp. *acte sous seing privé*.

NOTATION

Fin. Évaluation, par une institution spécialisée, de la qualité de crédit d'une entreprise ou d'un État, donnant une information codifiée sur la capacité de remboursement des titres de dette émis. Comp. *agence de notation*. JORF 5.8.2016 p. 0181.

— **(rehausseur de).** Société, possédant généralement le statut de compagnie d'assurance, qui, bénéficiant d'une meilleure notation que celle d'un emprunteur, apporte sa garantie aux titres que celui-ci émet pour améliorer leur notation et permettre ainsi la baisse de leur taux et du coût financier de leur émission. Comp. JORF 5.6.2014 p. 9477 et s.

NOTE

N. f. – Lat. *nota* : signe, marque, annotation.

- **1** Terme neutre désignant un *document explicatif généralement bref. V. *écrit, acte, observation, dires, instrumentum*.

— **de couverture.** Document – appelé aussi lettre de couverture – signé par le seul assureur et remis par lui à l'assuré, par lequel il accorde sa garantie, soit en attendant l'établissement de la police, soit à titre provisoire et pour une courte période limitée. Comp. *avenant*.

— **diplomatique.** Document écrit remis par un agent diplomatique au gouvernement auprès duquel il est accrédité ou à un autre agent diplomatique et qui a pour objet de présenter, au nom du gouvernement dont l'agent diplomatique est le représentant, une communication importante sur un sujet déterminé. Comp. *lettres de créance*.

— **en *délibéré.** Observations écrites à l'appui de leurs explications orales que les plaideurs (les avocats) – ou l'un d'eux – remettent à la formation de jugement après les plaidoiries et qu'il leur est, en principe, interdit de déposer après la *clôture des *débats, en dehors des cas spécifiés par la loi (par ex. pour répondre aux arguments développés par le ministère public qui, partie jointe, parle en dernier ; CPC, a. 445). V. *principe du *contradictoire*.

— ***verbale.** Document écrit, généralement non signé, rédigé à la troisième personne, émanant de la chancellerie d'une mission diplomatique et destiné à accompagner ou à remplacer une communication orale ; vise à éclaircir des points de détails, à résumer une conversation importante ou à poser une question.

- **2** Genre de la littérature juridique consistant dans le *commentaire d'une décision de justice (en général récente) publié à la suite de celle-ci. Ex. les périodiques juridiques publient de nombreuses notes d'arrêt. Comp. *chronique, observation*.

NOTICE

N. f. – Lat. *notitia* : connaissance, d'où liste.

- **1** Document destiné à informer le public (les épargnants) sur la constitution d'une société anonyme ou sur une émission d'actions ou d'obligations qui doit contenir toutes les précisions prescrites par la loi et être publiée au *Bulletin des annonces légales obligatoires* avant toute *souscription de titres.
- **2** Document destiné à l'information du consommateur qui accompagne certains produits (parfois syn. de mode d'emploi).

NOTIFICATION

N. f. – Dér. de notifier, lat. *notificare*. V. *note, notice*.

- **1** Fait (en général assujetti à certaines formes) de porter à la connaissance d'une personne un fait, un acte ou un projet d'acte qui la concerne individuellement. Ex. fait de porter à la connaissance d'un intéressé un acte de procédure soit par voie de *signification, soit par voie postale, etc. V. CPC, a. 651 (la notification ayant un sens générique) ; fait par l'administration de faire connaître à un administré la décision qui le concerne spécialement. V. *réceptice, unilatéral, publicité*. Comp. *annonce, communication, avertissement, avis, manifestation*.
- **2** Par ext., l'acte même de notification, l'*écrit formulant la notification.

— **des *ententes.** Déclaration à la Commission des Communautés européennes des éléments essentiels d'une entente en vue de l'obtention d'une *déclaration d'inapplicabilité de l'anc. a. 85, § 1, en application du § 3 de ce même article, TFUE, a. 101. Comp. **attestation négative*.

NOTION-CADRE

N. f.

- Notion juridique englobante et *directive virtuellement applicable à une série indéfinie de cas, et dont l'application, en raison de son indétermination intentionnelle, passe nécessairement par l'appréciation d'un juge (ou d'un interprète) qui l'actualise **in casu,* si, précisément, il estime que le cas particulier entre dans le *cadre de la notion ; critère vague mais chargé d'évocation dont il appartient au juge, sur la force de l'idée directrice qui s'en dégage, de déterminer le contenu variable et évolutif au gré des espèces et au fil du temps. Ex. intérêt de l'enfant, exigence d'une bonne justice, délai *raisonnable, iniquité manifeste, *ordre public, *bonnes mœurs, circonstances exceptionnelles, bonnes pratiques, etc. Syn. *standard*. V. *lacunes intra legem*. Comp. *qualification*.

NOTOIRE

Adj. – Lat. jur. *notorius* : qui fait connaître, qui notifie.

- **1** Se dit d'un fait qui est à la connaissance publique du milieu qu'il concerne et qui tire sa valeur juridique (ou sa force probante) de sa diffusion dans ce milieu. Ex. *notoriété d'une marque pour des consommateurs, d'une solvabilité pour les initiés d'une place financière, d'un *concubinage ou de l'inconduite d'une mère, pour l'entourage, le voisinage. V. *fama*.
- **2** Plus vaguement, syn. de *public, *manifeste, visible pour qui veut s'en convaincre et donc : *a* / que l'on est en faute de ne pas avoir pris en considération (insolvabilité du sous-mandataire C. civ., a. 1994) ; *b* / que l'on peut considérer comme établi (dépenses notoires) ; *c* / que l'on est dispensé de prouver (jadis une coutume notoire, aujourd'hui un usage notoire). V. *dispense*. Comp. *apparent*.
- **3** (dans un sens voisin mais renforcé). Qui a la force de l'*évidence ; *manifeste au point d'être au-dessus de la discussion ; indubitable. Ex. en matière de droit d'auteur, l'*abus notoire est un comportement manifestement contraire à l'usage

légitime d'un droit (l. 11 mars 1957, a. 20 et 29). Syn. *évident.*

NOTORIÉTÉ

N. f. – Dér. de *notoire.

- **1** Qualité de ce qui est *notoire ; publicité plus ou moins flatteuse et plus ou moins répandue qui peut contribuer, comme élément de preuve, à établir le fait qu'elle enveloppe (incapacité, insolvabilité, C. civ., a. 1994), ou être la condition d'un droit ou d'une sanction par ex. comme critère de protection (d'un pseudonyme, d'une marque), ou élément de faute (inconduite notoire de la mère) ; généralement bien fondée, à la différence de l'*apparence (fallacieuse) et de l'*erreur commune, la notoriété est moins superficielle que la reconnaissance, par la société, d'un état possédé (**fama,* C. civ., a. 311-2) et plutôt formée d'une somme de convictions personnelles directes que d'une chaîne de rumeurs, comme la *commune renommée.

— **(acte de).***a)* Document dans lequel les déclarations de plusieurs témoins sur un fait à établir sont officiellement recueillies par un juge (mais en dehors de tout procès et de la procédure d'enquête) ou parfois par un notaire ou un officier d'état civil, et auquel la loi reconnaît une valeur probante à titre supplétif (C. civ., a. 71) ou principal (C. civ., a. 317). *b)* (succ.). Par ext., nom donné à un acte dressé par un notaire à la demande d'un ayant droit et sur l'affirmation que celui-ci a (seul ou avec d'autres) vocation à recueillir (en tout ou en partie) la succession du défunt ; acte qui, érigé en preuve de la qualité d'héritier, fait foi de celle-ci jusqu'à preuve du contraire, avec la particularité, qu'à sa source, l'audition des tiers n'y est que facultative, les personnes dont les dires paraîtraient utiles pouvant être appelées à l'acte (C. civ., a. 730-1 s.).

- **2** Parfois, renommée, réputation individuelle. Ex. (Séc. soc.) particulière qualification d'un médecin lui permettant de réclamer des honoraires supérieurs au tarif conventionnel.

NOUVEAU, ELLE

Adj. – Lat. *novellus* : nouveau, récent, diminutif de *novus.*

- **1** Par opp. à *ancien, caractérise ce qui est issu d'une réforme législative. Ex. droit nouveau, loi nouvelle, nouveau régime de communauté. V. *droit *transitoire, *conflit de lois.*
- **2** Qui constitue objectivement une innovation. Comp. *original.* V. *nouveauté, *propriété intellectuelle.*
- **3** Se dit dans un procès d'un élément qui serait de nature à modifier, en cours d'instance, les données du litige ; s'opp. souvent à *principal, *initial, *originaire. Se dit parfois simplement d'un élément distinct et indépendant (*instance nouvelle).

— **(fait).** Circonstance survenue ou révélée postérieurement à une décision qui justifie que celle-ci soit révisée (modifiée ou même rapportée), not. en matière pénale ou même en matière civile (mais à la condition qu'il s'agisse d'une décision *provisoire). V. **autorité de chose jugée, demande nouvelle.*

— **(*moyen).** Dans le développement d'un procès, moyen qui est invoqué pour la première fois dans une instance de recours, alors qu'il n'avait pas été soumis à la discussion dans l'instance qui avait précédé. Ex. un moyen est dit nouveau en appel lorsque, soulevé devant la juridiction d'appel, il ne l'avait pas été en première instance (CPC, a. 563).

—**elles (pièces).** Pièces produites postérieurement à une *communication qui peuvent être écartées du débat lorsqu'elles n'ont pas été fournies en temps utile et sont irrecevables (devant certaines juridictions après la clôture de l'instruction).

NOUVEAUTÉ

N. f. – De *nouveau.

- **1** Condition de validité des brevets, selon laquelle l'invention considérée ne doit pas avoir été révélée au public avant le dépôt de la demande ; ne pas confondre avec *originalité.
- **2** Condition de validité des marques, selon laquelle le signe choisi ne doit pas avoir été utilisé pour désigner des produits identiques ou similaires. Comp. *disponibilité.*
- **3** Caractère de ce qui est *nouveau (sens 3).

NOVATION

N. f. – Lat. *novatio,* de *novare* : renouveler.

- Substitution, à une obligation que l'on éteint, d'une obligation que l'on crée nouvelle (« novée », par rapport à l'ancienne qu'elle est destinée à remplacer), par changement de créancier (C. civ., a. 1333), de débiteur (a. 1332), par changement du contenu (C. civ., a. 1162) tel que changement de l'objet (capital transformé en rente) ou du but (bail changé en location-vente) ou de la contrepartie (a. 1162). Comp. *délégation.*

ADAGE : *Novatio enim a novo nomen accipit.*

NU, UE

Adj. – Lat. *nudus.*

- **1** Réduit à sa propre substance, sans adjonctions ni accessoires.
— **(local).** Lieu (loué) non *garni (de meubles) par opp. à *meublé. Comp. *vacant, libre.*
— **(terrain).** Terrain non *bâti, fonds de terre sur lequel ne s'élève aucun *bâtiment, *sol sans édifice, type même de l'*immeuble par nature (C. civ., a. 518).
- **2** Non revêtu d'une forme particulière, sans solennité ; se dit encore parfois d'un pacte non revêtu des formes requises ou même, en dehors des actes formalistes, d'un *simple *pacte conclu sans formalité (ex. accord verbal). V. *consensuel.*
- **3** Démuni de sûreté, sans garantie particulière ; se dit parfois du titre d'un créancier *chirographaire. V. *ordinaire.*
- **4** Dépouillé de ses avantages, de son utilité économique actuelle. V. *nue-propriété.*

NU-PROPRIÉTAIRE

De *nue-propriété.

- Le titulaire de la *nue-propriété. V. *usufruitier, usager.*

NUE-PROPRIÉTÉ

N. f. – V. *nu et propriété.*

- Expression consacrée par laquelle on désigne les prérogatives conservées par le propriétaire pendant la période où la chose qui lui appartient fait l'objet d'un *démembrement de propriété, à la suite de la constitution d'un droit d'*usufruit, d'*usage, ou d'*habitation au profit d'un tiers. V. *nu, pleine propriété.*

NUIRE

V. – Du v. lat. *nocere,* dér. de *nex* (mort violente donnée) avec affaiblissement de sens : nuire (et non tuer).

- (du fait de l'homme). Faire *tort à quelqu'un, porter, intentionnellement ou non, *préjudice à autrui, causer toute espèce de *dommage, corporel, matériel, financier, moral, etc., par opp. à profiter [à], bénéficier [à] ; s'emploie, dans le même sens et sous ces diverses distinctions, sous la forme pronominale (se nuire à soi-même). Comp. *préjudicier, endommager, léser.*
- (venant d'un animal, d'une chose ou des circonstances). Être source de dommage.

NUISANCE

Subst.fém. – Dér. de *nuire.

- Aptitude à *nuire, nocivité, par opp. à innocuité.
- (souvent au plur.). Les facteurs de trouble et leurs résultats dommageables. Ex. les méfaits de la pollution. V. **troubles de voisinage, inconvénient.*

NUISIBLE

Adj. – Dér. de *nuire.

- Capable de *nuire, dangereux, nocif, par opp. à inoffensif, innocent, neutre.
- Qui nuit, *dommageable, *préjudiciable, par opp. à profitable, avantageux, bénéfique.

NUL, NULLE

Adj. – Lat. *nullus.*

- **1** Interdit par la loi à peine de *nullité ; voué par la loi à une telle sanction. Ex. toute séparation amiable est nulle (C. civ., a. 1443).
- **2** Entaché de nullité ; se dit, dès le moment où existe le vice qui l'affecte, de

l'acte qui, en raison de ce vice, encourt annulation et dont il n'y a pas lieu de tenir compte. Comp. *non avenu, non écrit (réputé), inexistant, annulable*.

- **3** Déclaré nul et rétroactivement privé d'effet ; syn. en ce sens d'*annulé. Comp. *inopposable, caduc, périmé*. V. *putatif*.

— **(bulletin).** *Bulletin de *vote qui, affecté d'une irrégularité entraînant sa nullité, est exclu du décompte des *suffrages exprimés. Comp. *bulletin *blanc*.

NULLITÉ

N. f. – Lat. médiév. *nullitas*, de *nullus* : nul.

- **1** *Sanction encourue par un acte juridique (contrat, acte de procédure, jugement) entaché d'un vice de forme (inobservation d'une formalité requise) ou d'une irrégularité de fond (ex. défaut de capacité d'ester en justice pour un acte de procédure : CPC, a. 117), qui consiste dans l'anéantissement de l'acte ; se distingue de l'*annulation qui proclame la nullité, celle-ci existant, au moins virtuellement, dès avant son prononcé, dès que survient la *cause de nullité. Comp. *inexistence, inopposabilité, invalidité, déchéance, forclusion, caducité*. V. *couverte, cas, confirmation, exception, *conversion par réduction d'un acte nul*.

- **2** Inefficacité, en principe rétroactive, qui frappe, une fois l'*annulation prononcée, l'acte annulé (nul et de nul effet, nul et non avenu, sont des redondances).

- **3** Par ellipse, l'imperfection même de l'acte (couvrir une nullité), l'état de l'acte vicié. Syn. *vice*. Ant. *validité*. V. *irrégularité*.

- **4** *Brevitatis causa,* la disposition qui fulmine la nullité (la nullité de l'a. 1099 C. civ. anc.).

— ***absolue.** Nullité qui, sanctionnant la violation d'une règle d'intérêt général ou l'absence d'un élément essentiel à un acte, peut être demandée par tout intéressé ainsi que par le ministère public (C. civ., a. 1179 et s.). V. *ordre public*.

— ***expresse.** Nullité expressément prévue par un texte. Ex. C. civ., a. 1133.

— **partielle.** V. non écrit.

— ***relative.** Nullité d'intérêt privé que seule peut invoquer la partie protégée (C. civ., a. 1179 et 1181). Syn. *nullité de protection*. V. *incapacité, confirmation*.

— **textuelle.** Syn. *nullité expresse*.

— **virtuelle.** Nullité qu'aucun texte ne prévoit et que l'on déduit par interprétation de l'importance de la disposition transgressée (C. civ., a. 791 anc.).

— **(voie de).** V. *voie de nullité*.

ADAGES : « Pas de nullité sans texte » (sauf exception : CPC, a. 114, al. 1).

- « Pas de nullité sans grief » (sans exception, en ce qui concerne la nullité des actes de procédure pour vice de forme : CPC, a. 114, al. 2).

NUMÉRAIRE

Subst.masc. – Lat. *numerarius,* de *numerus* : nombre.

- **1** Billets de banque et pièces métalliques ayant cours légal (monnaie *fiduciaire). Ex. paiement en numéraire (par opp. à paiement par chèque ou par virement). Syn. *espèces*. V. *monnaie, liquidités, disponibilités, fonds, deniers*.

- **2** Parfois syn. de somme d'argent. Ex. *apport en numéraire (en argent).

NUMÉRATION

Lat. *numeratio*, de *numerus*. V. *numéraire*.

- Dénombrement des espèces au moment du versement d'une somme d'argent.

NUMÉROTATION

N. f. – Dér. de numéroter, de numéro, de l'ital. *numero* : nombre.

- Sens gén. : action de numéroter et résultat de cette action. V. *énumération, classification*.

- **1** Technique d'individualisation d'un bien. Ex. individualisation administrative d'un bien par numérotation d'un terrain, d'un véhicule, d'un navire, individualisation juridique d'un titre par numérotation des actions, des obligations, etc.

- **2** Technique d'individualisation comptable. Ex. individualisation des créances et des dettes au moment de leur inscription au compte d'exploitation ; individualisation des comptes et sous-comptes en vue de l'enregistrement des créances, dettes et mouvements de valeur internes. V. *écriture, article*.

- **3** Action de numéroter les dispositions d'un texte de loi. Ex. numérotation des articles d'un code.

NUNCUPATIF, IVE

Adj. – Lat. *nuncupativus,* de *nuncupare* : désigné par son nom.

- *Verbal, se disait (Dr. rom.) d'un testament *oral aujourd'hui non obligatoire pour les héritiers. V. *écrit, olographe, manuscrit*.

NUPTIAL, ALE, AUX

Adj. – Lat. *nuptialis* : nuptial, conjugal, de *nuptiae* : noces.

- De la noce ; qui a trait aux *noces, à la célébration du mariage. Ex. cérémonie nuptiale, cadeau nuptial. Comp. *conjugal, matrimonial*.

NUPTIALITÉ

N. f. – De *nuptial.

- Le *mariage considéré comme phénomène démographique, en lui-même (nombre de mariages célébrés dans une année) et relativement à d'autres données (âge, catégories socioprofessionnelles, etc.) ou à d'autres faits (natalité, mortalité, *divortialité).

O

OBITER DICTUM

Subst.masc.

• Locution latine signifiant « dit en passant » (ou « soit dit en passant ») qui sert à désigner, dans un jugement, une *opinion que le juge livre chemin faisant, à titre indicatif, indication occasionnelle qui, à la différence des *motifs, même *surabondants, ne tend pas à justifier la *décision qui la contient, mais seulement à faire connaître par avance, à toutes fins utiles, le sentiment du juge sur une question autre que celles que la solution du litige en cause exige de trancher. Ex. si, en légitimant, dans un divorce sur demande conjointe, un abandon de biens en pleine propriété, à titre de prestation compensatoire, le juge ajoute que cette même modalité serait possible, moyennant l'accord des parties, dans un divorce contentieux, il contient en cela un *obiter dictum*. Comp. *ratio decidendi, opinion*. V. *dispositif, dictum*.

OBJECTEUR DE CONSCIENCE

De objecter, lat. *objectare* : opposer ; lat. *conscientia* : connaissance.

• **1** *Appelé qui, avant son incorporation en vue du *service national, se déclare opposé, pour des motifs de *conscience, à l'usage personnel des armes et qui, moyennant l'accomplissement de formalités légales, est admis à satisfaire aux obligations du service national soit dans un service civil relevant d'une administration de l'État ou des collectivités locales, soit dans un organisme à vocation sociale ou humanitaire assurant une mission d'intérêt général (C. serv. nat., a. L. 116-l, 1. 8 juill. 1983). V. *conscience (objection de)*.

• **2** Citoyen qui, après l'accomplissement des obligations du service national actif et de la disponibilité, ou lorsqu'il en a été exempté ou dispensé, est admis au bénéfice du statut s'il invoque la même *objection de sa conscience, sa demande valant renonciation à son grade militaire (a. L. 116-2).

OBJECTIF, IVE

Adj. – Lat. scol. *objectivus* (de *ob*, devant, et *jacere*, jeter) tourné vers l'objet.

• **1** Qui existe en soi, indépendamment de la psychologie et de la volonté des personnes.

—ive de divorce (cause). Celle qui tient à la situation du couple, indépendamment de la faute des époux et de leur volonté commune, la constatation de l'échec conjugal suffisant à justifier le divorce, même en l'absence de toute faute et du consentement mutuel des époux.

—ive (responsabilité). Celle qui est fondée sur la seule constatation d'un dommage causé, abstraction faite de toute faute, la preuve d'un fait dommageable suffisant à engager la responsabilité de son auteur, même en l'absence de faute de sa part.

—ive de l'obligation contractuelle (cause). Celle qui ressort, dans le contrat *synallagmatique, pour chacune des obligations réciproques, de la seule considération des prestations dues, abstraction faite des mobiles des contractants ; se dit, par opp. à *cause impulsive et déterminante, de la cause abstraite dont on apprécie l'existence, pour l'obligation de chacun des contractants, en fonction de l'exécution, de la part de l'autre, des prestations à sa charge.

- **2** Qui rend fidèlement compte de la réalité ; se dit d'une démarche conforme au critère d'*objectivité.

— **(Droit).** Ensemble des règles qui sont à la base de l'ordre juridique ; ensemble des institutions d'un pays, des assises juridiques de la société, par opp. aux droits qui naissent sur la tête d'une personne en particulier, d'un sujet de droit, individuellement (*droit *subjectif). Comp. *droit positif.*

OBJECTIF

N. m. – V. le précédent.

- **1** En *politique *législative, le *but que se propose la loi ; la *fin à laquelle est ordonnée une *réforme ; perspective de progrès dans laquelle elle s'inscrit. Ex. la dédramatisation des conflits conjugaux fut l'un des objectifs de l'institution du divorce par consentement mutuel ; la protection des espèces animales l'un des objectifs de la loi relative à la protection de la nature. Comp. *ratio legis*. V. *de lege ferenda, loi d'orientation.*
- **2** En matière contractuelle, résultat qu'une partie fait obligation à l'autre d'atteindre. Ex. clause de fixation d'objectifs exigeant de l'un des contractants qu'il réalise un certain chiffre d'affaires. V. *stipulation*. Comp. **obligation de résultat.*

OBJECTION

N. f. – Lat. *objectio* de *objicere* (*ob.* devant, *jacere,* jeter) : jeter au-devant, contre, opposer.

- **1** Ce que l'on objecte à autrui. Dans un débat doctrinal, judiciaire, législatif, ce que le tenant d'une opinion oppose à la thèse, aux *arguments, aux allégations, aux prétentions de son adversaire, ou au projet soumis à *discussion ; argument contre, position contraire qui élève la *contestation. V. *contra, controverse, raisonnement.*
- **2** Ce que l'on s'objecte soi-même. Dans la réflexion critique ou l'objection de *conscience, ce qui crée un débat intérieur par la pesée du pour et du contre.

OBJECTIVITÉ

N. f. – De *objectif.

- Représentation exacte de la réalité matérielle ou juridique ; aptitude à en rendre fidèlement compte dans le discernement et la probité, sans préjugé, partialité ni arbitraire, qualité essentielle de jugement (pour un juge, un chercheur, un auxiliaire de justice, un journaliste not.), esprit de vérité qui donne sa valeur à l'*intime conviction (par opp. à subjectivité). Comp. **impartialité*. V. *conscience.*

a) (dans l'examen des faits). Aptitude à mettre en évidence l'ensemble des données d'une situation (ex. devoir d'objectivité de l'expert. CPC a. 237).

b) (dans l'interprétation du droit). Respect de la règle, fidélité à son esprit, attention à sa juste application.

OBJET

N. m. – Lat. scolastique *objectum* : ce qui est placé devant, du v. ancien *objicere* : mettre devant.

- **1** *Chose matérielle, tangible ; objet *corporel (corps certain ou chose fongible). V. *bien, sujet, assiette.*
- **2** Avantage économique, *prestation pécuniaire (en argent ou en *nature), prestation de services.
- **3** Avantage d'ordre patrimonial ou extrapatrimonial (honneur, nom, fidélité, assistance, etc.).

— **d'obligation** (dette, créance). La *prestation due. V. *cause, bonnes mœurs, ordre public.*

— **du contrat.**

a / En un sens matériel, la chose relativement à laquelle le contrat est conclu (en ce sens, la vente et le bail d'un immeuble ont le même objet).

b / En un sens technique, l'ensemble des droits et des obligations que le contrat est destiné à faire naître (en ce sens, la vente a pour objet de transférer la propriété d'un bien moyennant le paiement du prix convenu, le bail de conférer l'usage d'un bien moyennant le versement d'un loyer). V. *contenu.*

— **du droit.**

a / S'il s'agit d'un droit *réel, la chose matérielle sur laquelle il porte directement *(jus in re).*

b / S'il s'agit d'un droit *personnel (créance), la *prestation attendue (somme d'argent, travail, exécution d'un ouvrage, non-concurrence).

c / S'il s'agit d'un droit extrapatrimonial, l'avantage qui y est attaché (assistance, fidélité).

— **du litige.** Dans un procès, l'avantage auquel prétend une partie et que conteste l'autre ; ce qu'une partie demande et à quoi s'oppose son adversaire ; la chose demandée et contestée, donc litigieuse *(res contestata, res litigiosa).* Comp. CPC, a. 4 : « L'objet du litige est déterminé par les *prétentions respectives des parties. » Ex. l'annulation ou l'exécution d'un contrat, la réparation d'un dommage, la rupture oui le relâchement du lien matrimonial, etc. On emploie souvent dans le même sens l'expression objet de la demande. V. *chose jugée, dispositif (principe), immutabilité du litige, fin(s).*

— **social.**

a / Objet du contrat de *société ; mise en commun d'apports (C. civ., a. 1832).

b / Objet de la société ; activité économique exercée par la société.

OBLIGATAIRE

Subst.et adj. – Dér. de *obligation, sur le modèle de donataire parallèlement à actionnaire.

- **1** (subst.). *Créancier (épargnant, prêteur) titulaire ou *porteur d'une *obligation.
- **2** (adj.). Qui se rapporte à une *obligation (sens 3 *b*), plus préc. qui est lié à l'émission d'une telle obligation. Ex. emprunt obligataire, titre obligataire. Comp. *sociétaire, actionnaire.*

OBLIGATION

N. f. – Lat. *obligatio,* de *obligare* (comp. savant, préf. *ob, ligare,* lier) : obliger, lier par une loi, un ordre, un accord, un service.

- **1** En un sens général, syn. de *devoir (résultant en général de la loi). Ex. obligations légales du tuteur, obligation de fidélité entre époux. Comp. *faculté, liberté, pouvoir, charge, incombance.*
- **2** En un sens technique, face passive du *droit personnel (ou droit de *créance) ; lien de droit *(vinculum juris)* par lequel une ou plusieurs personnes, le ou les *débiteurs, sont tenues d'une *prestation (fait ou abstention) envers une ou plusieurs autres – le ou les *créanciers – en vertu soit d'un *contrat (obligation contractuelle), soit d'un *quasi-contrat (obligation quasi contractuelle), soit d'un *délit ou d'un *quasi-délit (obligation délictuelle ou quasi délictuelle), soit de la *loi (obligation légale) ; ex. obligation pour le vendeur de délivrer à l'acheteur la chose vendue ; obligation pour celui qui cède un fonds de commerce de ne pas se rétablir à proximité ; obligation pour le responsable d'un dommage d'indemniser la victime. Syn. *dette, engagement* ; désigne normalement l'obligation juridique, par opposition à l'obligation morale, et même, plus spécialement, l'obligation *civile (devoir assorti d'une *contrainte étatique) par opposition à l'obligation *naturelle. V. *source.*

— **alimentaire.** V. *alimentaire (obligation).*

— ***alternative.** Obligation qui, ayant pour objet deux ou plusieurs prestations, est éteinte lorsque le débiteur a exécuté l'une d'elles. Ex. le débiteur doit 10 000 € ou un cheval. Comp. *conjonctive, facultative.*

— **à terme.** Obligation affectée d'un *terme.

— **(sur le plan de l').** À l'égard du créancier ; du point de vue du droit de poursuite (expression consacrée servant à déterminer si une personne est ou non exposée aux poursuites du créancier), par opp. à « sur le plan de la *contribution ».

— **aux dettes.** Obligation pour un successeur universel ou à titre universel de payer les dettes du défunt. V. *obligation indéfinie, ultra vires, intra vires, pro viribus, cum viribus.*

— **civile.** V. *civile (obligation).*

— **complexe.** Syn. d'obligation *modale.

— **conditionnelle.** Obligation affectée d'une *condition.

— **conjonctive.** V. *conjonctif.*

— **conjointe.** V. *conjoint.* Comp. *obligation indivisible solidaire.*

— **de donner.** Celle qui a pour objet l'aliénation de la propriété ou d'un autre droit et s'exécute en principe par le seul échange des consentements, *solo consensu.* Ex. obligation et transfert découlant d'une vente, d'une donation, d'une cession de créance, d'une constitution d'usufruit, etc. V. *obligation en nature.*

— **de donner à *usage.** Celle qui a pour

objet la concession de l'usage d'une chose, à charge pour celui qui en est investi (locataire, emprunteur) de restituer la chose dont il est *détenteur *précaire.
— **de faire.** Celle qui a pour objet une action (ex. la réalisation d'un ouvrage) ou une prestation de services (louage de services). V. *obligation en nature.*
— **de ne pas faire.** Celle qui a pour objet une abstention (non-concurrence, non-rétablissement, non-divulgation, non-construction). V. *obligation en nature.*
— **de *motivation.** Obligation de justifier la décision prise.
— **de moyens** (dite aussi obligation générale de prudence et de diligence). Obligation, pour le débiteur, non de parvenir à un résultat déterminé mais d'y appliquer ses soins et ses capacités (ex. obligation pour le médecin, non de guérir mais de soigner avec science et conscience) de telle sorte que la responsabilité du débiteur n'est engagée que si le créancier prouve, de la part de ce débiteur, un manquement à ses devoirs de prudence et de diligence. Ant. **obligation de résultat.*
— **de résultat** (dite parfois obligation déterminée). Obligation pour le débiteur de parvenir à un résultat déterminé (ex. obligation, pour le transporteur, de conduire le voyageur sain et sauf à destination), de telle sorte que la responsabilité du débiteur est engagée sur la seule preuve que le fait n'est pas réalisé, sauf à se justifier, s'il le peut, en prouvant que le dommage vient d'une cause étrangère. Ant. **obligation de moyens.*
— **de sécurité.** Obligation de veiller à la sécurité d'une personne ou d'un bien, qui peut être une obligation de résultat ou une obligation de moyens.
— **de somme d'argent** (ou obligation *pécuniaire ou monétaire). Par opposition à obligation en nature, obligation de fournir une certaine somme d'argent. V. *monétaire, injonction de payer.*
— **de *valeur.** Celle qui a pour objet de fournir au créancier, en argent ou en nature, un avantage économique variable selon les circonstances, qui lui garantit, dans le temps, une satisfaction appropriée, moyennant l'actualisation de son montant au jour de son exécution. Ex. pension alimentaire, obligation monétaire, *dette de valeur ; charge de pourvoir aux besoins d'une personne, obligation en nature.
— **en *nature.** Par opposition à l'obligation pécuniaire, toute obligation de procurer au créancier la satisfaction même qu'il attend (autre qu'une somme d'argent) : une *prestation personnelle (obligation de faire), une abstention (obligation de ne pas faire), la propriété de certains biens (obligation de *donner). V. *injonction de faire, prescrire, interdire, contrat de commande.*
— **essentielle.** V. *essentiel.*
— **facultative.** V. *facultatif.*
— **indéfinie.** Obligation illimitée (dans son montant) aux dettes de la succession, **ultra vires hereditatis* ; obligation inhérente au caractère universel de la vocation successorale (légale ou testamentaire) et indépendante de la *saisine, en vertu de laquelle tous les successeurs universels ou à titre universel appelés par la loi ou le testament (légataires universels ou à titre universel même non saisis) sont tenus sur leurs biens personnels du passif successoral, même si celui-ci excède l'actif successoral (sauf l'effet d'une acceptation à concurrence de l'actif net) (C. civ., a. 785).
— **indivisible.** Obligation qui ne peut être exécutée qu'en entier, soit que la nature de l'objet dû interdise toute division de cet objet (*indivisibilité *naturelle), soit que les parties soient convenues que celui-ci ne pourrait être divisé (C. civ., a. 1320). V. **indivisibilité conventionnelle, solidaire, conjoint, divisible.*
— **in solidum.** Variété d'obligation au tout (obligation pour chacun des débiteurs de payer la totalité de la dette, sauf son recours contre les autres) qui, parfois établie par la loi, plus souvent forgée par la jurisprudence (entre coauteurs d'un délit civil) ne produit pas tous les effets de la *solidarité passive (non-interruption de la prescription, etc.). V. *codébiteur.*
— **modale.** Par opposition à obligation pure et simple, obligation affectée d'une modalité (*terme, *condition, pluralité d'objets ou de sujets).
— ***monétaire.** Celle qui porte sur une somme d'argent par opp. à obligation en nature. Syn. *obligation pécuniaire.*
— **naturelle.** V. *naturelle (obligation).*
— **pécuniaire.** Obligation de somme d'argent. V. *pécuniaire.*
— **plurale.** Obligation modale comportant plusieurs objets (obligation conjonctive dite cumulative, alternative, facultative, C. civ., a. 1306 et s.) ou plusieurs sujets actifs ou

passifs (obligation conjointe, solidaire, *in solidum*). V. *codébiteur*.

— ***réelle.**

a / Obligation liée à une chose (et dite *propter rem*) qui pèse, non sur un débiteur personnellement, mais sur le propriétaire de cette chose en tant que tel, de telle sorte que celui-ci peut s'en affranchir en aliénant la chose (l'obligation passe à l'acquéreur même à titre particulier) ou en délaissant sa propriété (abandon, déguerpissement). Ex. obligation pour le propriétaire du fonds servant de réaliser à ses frais les travaux nécessaires à l'exercice d'une *servitude (C. civ., a. 698, 699).

b / Par ext., obligation de certains détenteurs d'une chose grevée d'une sûreté réelle (ex. le tiers acquéreur d'un immeuble hypothéqué) qui, n'étant pas personnellement obligés à la dette, sont seulement tenus de subir, entre leurs mains, la saisie d'un bien par le créancier muni de la sûreté. Comp. *caution réelle*. V. *purge*.

— **solidaire.** V. *solidaire, conjoint, obligation indivisible*.

• **3** Par ext., le *titre qui constate la dette. V. *écrit, instrumentum, acte, obligataire*.

***a* /** Dans la pratique notariale : acte authentique constatant qu'une personne est débitrice d'une somme d'argent envers une autre, par exemple en vertu d'un prêt. V. *titre*.

***b* /** En matière commerciale : *titre *négociable, nominatif ou au porteur, remis par une société commerciale ou une collectivité publique à ceux qui lui prêtent des capitaux et dont la valeur nominale, lors de l'émission, correspond à une division du montant global de l'emprunt. V. *action, valeur mobilière, négociabilité*.

— **à lots.** Obligations dont certaines d'entre elles, tirées au sort, donnent droit à des *lots plus ou moins importants. V. *prime*.

— **amortissable.** Obligation susceptible d'être remboursée par voie d'*amortissement.

— **convertible.** Obligation susceptible d'être transformée, au gré du porteur, en une action de la société émettrice de l'emprunt obligataire, soit pendant une période d'option déterminée (obligation convertible ordinaire), soit, à tout moment, pendant une période de temps correspondant généralement à la durée de l'obligation. V. *conversion*.

— **échangeable.** Obligation qui, à tout moment, peut, au gré du porteur, être échangée contre des actions de la société émettrice de l'emprunt obligataire. V. *échange de titres*.

— **participante.** Obligation dont le montant du remboursement est fonction des résultats de l'activité de la société émettrice (chiffre d'affaires ou bénéfices).

***c* /** En matière fiscale et financière.

—**s cautionnées.** Billets à ordre, assortis d'une caution, souscrits par les redevables au profit du Trésor lorsque l'État leur accorde des délais de paiement pour certains impôts (douanes, taxes sur le chiffre d'affaires…).

— **(euro-).** Obligation publique émise dans la zone euro et garantie par l'ensemble des États membres de cette zone ou par certains d'entre eux. Syn. *obligation européenne*. JORF 13.5.2012 p. 9085.

—**s foncières.** Obligations émises par des entreprises de prêt immobilier (crédit foncier) pour financer leurs créances hypothécaires sur des emprunteurs ordinaires ou des collectivités locales. L'obligation est dite *adossée à la créance. Comp. JORF 17.6.2012. *Commission générale de terminologie et de néologie*. Comp. *obligation sécurisée*.

— **sécurisée.** Titre obligataire assorti d'une garantie, émis par une institution financière pour refinancer des créances, généralement des prêts immobiliers ou des prêts au secteur public, qui figure comme tel dans la comptabilité de l'émetteur. Ex. émission d'emprunts par la Caisse française de financement local (Caffil) ou la Société de financement local (SFIL).

OBLIGATOIRE

Adj. – Lat. *obligatorius*.

• **1** Qui oblige juridiquement (en droit), *normatif, qui a pour les sujets de droit le caractère d'une *obligation, en tant que pièce de l'ordre juridique, du Droit objectif ; en ce sens, toute *règle de droit, toute *loi, toute *coutume a une *force obligatoire (quelle que soit l'intensité variable de cette force, par ex. que la loi soit *impérative ou *supplétive). V. *légal, coutumier, étatique, obligatoriété*. Comp. *exécutoire, applicable*.

• **2** Exigé, requis, nécessaire, *forcé par opp. à *facultatif : se dit not. d'une disposition qui s'impose aux sujets de droit, d'un comportement positif qui leur est imposé. Ex. formalité obligatoire de publicité, service national, étude d'une langue. Comp. *interdit, prohibé*.

OBLIGATORIÉTÉ

N. f. – Néol. construit sur *obligatoire.

- Qualité de ce qui est *obligatoire (sens 1) ; pouvoir d'*obliger (sens 1) inhérent à la *règle de droit. Ex. obligatoriété de la loi, de la coutume.

OBLIGÉ, ÉE

Subst.ou adj. – Part. pass. de *obliger.

- **1** (subst.). Syn. **débiteur*. V. *coobligé*.
- **2** (adj.). Tenu d'une *obligation, *engagé, *assujetti, *lié, soumis. V. *redevable, imposable, contribuable, contraignable, grevé*. Ant. *libéré, affranchi, quitte, dispensé, exonéré, exempté*.

OBLIGEANCE

N. f. – Dér. de obligeant, part. pass. de *obliger.

- Inclination à rendre *service, le service rendu (l'acte d'obligeance) demeurant pour qui en profite (l'obligé, disait-on jadis) dans la sphère libre de la reconnaissance, sans exclure qu'il vienne au droit par la *gestion d'affaires. V. *bénévole, gracieux, non-droit, complaisance*.

OBLIGER

V. – Lat. *obligare,* de *ligare* : lier.

- **1** *Régir, gouverner, astreindre, s'appliquer comme une règle de droit. Ex. la loi oblige les sujets de droit. V. *obligatoire* (sens 1). Comp. *réglementer, prescrire, imposer, contraindre*.
- **2** Engager, lier, assujettir, soumettre à une *obligation (sens 2). Ex. le contrat oblige les parties ; s'emploie souvent sous la forme pronominale (les contractants s'obligent à…). Comp. *stipuler, exiger*.
- **3** Plus spéc., engager son patrimoine (par ses dettes), exposer ses biens à la poursuite des créanciers, parfois en affectant tel ou tel bien à la garantie d'une dette. Comp. *grever, hypothéquer, nantir*. V. *droit de *gage général, saisie*.

OBLIQUE (ACTION)

V. **action oblique*.

OBSERVATEUR

Subst. – Lat. *observator,* de *observare* : observer.

- **1** Représentant d'un État ou d'une organisation internationale qui, sans être partie aux négociations et aux travaux d'une conférence internationale, y assiste afin d'être informé de leur déroulement, avec parfois le pouvoir d'intervenir dans les débats sans droit de vote.
- **2** Agent des Nations Unies chargé de recueillir des renseignements concernant le respect d'un cessez-le-feu ou le déroulement des opérations d'une consultation populaire.

OBSERVATION

N. f. – Lat. *observatio,* de *observare* : regarder devant soi, garder, veiller, surveiller.

- **1** Action d'observer, de *respecter (une règle), de s'y conformer, de l'appliquer. Ex. observation des lois et règlements. Syn. *respect*. Ant. *inobservation, *contravention, *violation, *infraction, transgression*. Comp. *conservation, accomplissement, satisfaction, application, exécution, conformité*.
- **2** (au pluriel, exprimant le résultat d'un examen). Remarques en général brèves (données à titre de précision, d'explication, d'objection, etc.) qui, à la différence d'un discours, ont un caractère ponctuel et fragmentaire et qui peuvent être présentées par écrit ou verbalement, parfois à l'appui d'un texte (*mémoire, conclusions écrites) sous la forme d'un commentaire *oral complémentaire. Ex. plaider par observations, observations du ministère public. Comp. **conclusions, réquisitions*. V. *note, avis, opinion, dire, déclaration*.
- **3** Plus spécialement, remarques incluant un reproche, une réprimande ; *avertissement, rappel à l'ordre. Ex. observations d'un supérieur hiérarchique à un subordonné. Comp. *circulaire, instructions, admonestation, blâme*.
- **4** Commentaire doctrinal d'une décision

de jurisprudence ; annotation d'un arrêt. V. *note, chronique*.

- **5** Examen d'un état de fait ; relation d'un fait. V. *constatation*.

OBSIGNATEUR

Subst. masc. – Lat. *obsignator,* du préf. *ob,* devant, en face et du v. *signare,* signer.

- (obs.) Nom parfois encore donné au tiers signataire d'un testament pour attestation, au souvenir du *témoin qui, dans l'ancien droit romain, était appelé pour signer un testament, en y apposant son cachet. Comp. *témoin instrumentaire*.

OBSOLESCENCE PROGRAMMÉE

Procédé technique qui consiste à mettre sur le marché des objets ou des pièces dont la durée de vie est délibérément réduite pour contraindre le consommateur à les renouveler ou les remplacer plus fréquemment (C. cons., a. L. 213-4-1.-I).

OBSOLÈTE

Adj. – Lat. *obsoletus,* du préf. *ob,* à l'encontre, et du v. *solere,* avoir coutume.

- Tombé en désuétude, hors d'usage, se dit d'une formule archaïque, d'une expression ou d'une dénomination désuète ou même d'une ancienne pratique abandonnée ou en voie de l'être. Ex. *obsignateur.

OBTENTEUR

Subst. – Néol. construit sur obtention.

- Celui qui obtient une espèce végétale et, par extension, celui auquel a été délivré (en raison de sa compétence technique dans la reproduction des plantes vivantes) un certificat d'*obtention végétale assurant la protection de ses droits sur les semences ou la plante.

OBTENTION VÉGÉTALE

Du lat. *obtentum,* de *obtinere* : obtenir ; lat. scol. *vegetalis,* de *vegetare* : animer, vivifier, croître.

- Variété végétale nouvelle (possédant la faculté de se reproduire) qui, se distinguant des variétés analogues déjà connues, permet à son créateur de se faire délivrer un certificat lui conférant un monopole temporaire sur la production obtenue. V. *obtenteur*.

OCCASIONNEL, ELLE

Adj. – De occasion, lat. *occasio*.

- **1** Inhabituel ; qui survient ou s'opère dans certaines *circonstances, épisodiquement, par opp. à *professionnel. V. *commerçant.* Ex. vente occasionnelle, activité occasionnelle.

- **2** Qui est lié à une circonstance. Comp. *casuel, fortuit, ad hoc*.

— **(*préposé).** Celui qui, n'étant pas lié au commettant par un contrat faisant naître un rapport juridique de subordination, se trouve cependant placé par l'effet d'une mission de circonstances, dans un état de subordination (valant lien de préposition). Ex. personne conduisant un véhicule sous la direction et conformément aux instructions du gardien de celui-ci.

— **(recel).** V. **recel occasionnel.*

OCCULTE

Adj. – Lat. *occullus* : caché, secret.

- **1** Caché, *secret (par opp. à *apparent), mais réel (par opp. à *fictif) ; se dit de l'acte dissimulé (*contre-lettre) qui, tenu secret entre les parties contractantes et porteur de leur volonté réelle, modifie l'acte *simulé qu'elles laissent apparaître. Ant. *ostensible*. Comp. *mystique, clandestin, confidentiel, dessous-de-table*.

  ADAGE : *Plus valet quod agitur quam quod simulatur.*

- **2** Se dit d'une sûreté (ex. privilège) qui, bien que non assujettie à publicité, n'en est pas moins opposable aux autres créanciers.

OCCUPANT

Subst. – Part. prés. de *occuper.

- **1** Celui qui occupe un local d'habitation, qui l'habite effectivement en vertu ou en l'absence d'un bail ; en ce sens, le *locataire est un occupant. Comp. *preneur, exploitant, gérant*.

- **2** Plus spécialement et par opp. au locataire, celui qui continue d'occuper un local d'habitation à l'expiration du bail, malgré le *congé donné par le bailleur et qui, s'il est occupant de bonne foi, bénéficie du *maintien dans les lieux.

- **3** Se dit de l'État qui occupe le territoire d'un autre État, de la puissance occupante. V. *occupation* (sens 1).
- **4** Celui qui acquiert par *occupation (sens 3). Ex. la terre est au premier occupant.

OCCUPATION

N. f. – Lat. *occupatio,* du v. *occupare.* V. *occuper.*

- **1** Fait d'*occuper un lieu en vertu d'un titre ou sans droit. V. *profession, détention, appréhension, corpus, usurpation, saisine, maîtrise.* Ant. *abandon, libération, éviction, expulsion, évacuation.* V. *vacance, libre.*

— **de territoire.** Présence temporaire d'une force armée d'un État sur le territoire d'un autre État, sans qu'il y ait *prise de possession de ce territoire ; le stationnement de forces armées sur un territoire étranger peut avoir lieu en temps de guerre (occupation de guerre) ou en temps de paix (occupation pacifique) ; l'expression *occupation militaire* est également employée en vue de préciser que l'occupant exerce des compétences limitées, strictement liées au stationnement des forces armées, et qu'il ne saurait exercer sa *souveraineté sur le territoire occupé.

— **du domaine public.** Expression générique désignant les utilisations particulières du *domaine public qui se réalisent sous forme de *concessions, *permissions ou *autorisations et qui se différencient suivant qu'elles intéressent des dépendances de ce domaine affectées à l'usage collectif du public (ex. *permission de voirie) ou destinées à un usage privatif (ex. *concession dans les cimetières).

— **d'usine.** Au cours d'une *grève ou d'un *conflit collectif, maintien du personnel en grève sur les lieux de travail.

— **temporaire.** Privilège administratif destiné à faciliter l'exécution des *travaux publics et consistant dans le droit pour les exécutants de ces travaux de prendre possession d'une propriété privée pour une durée limitée et moyennant indemnité, soit pour procéder à des études et travaux préliminaires, soit pour procéder aux opérations nécessaires à l'exécution des travaux (installation de chantier, dépôt de matériel, fouilles, extraction de matériaux).

- **2** Plus spéc., fait d'habiter effectivement (un local), d'y demeurer réellement.

— **sans droit ni titre.** Occupation purement volontaire dénuée de tout fondement juridique. Ex. occupation de locaux *vacants par des « *squatters ».

— **précaire (convention d').** V. *précaire.*

- **3** Spécifiquement, mode *originaire d'appropriation par *appréhension effective d'une chose n'appartenant à personne. Ex. *a* / (int. publ.). Acquisition d'un territoire sans *maître par un État qui, de la sorte, acquiert la souveraineté de ce territoire ; *b* / (priv.). Acquisition de la *propriété résultant de la prise de *possession d'une chose mobilière sans maître, avec l'intention de se l'approprier, ainsi la capture de gibier et de poisson qui n'ont jamais eu de propriétaire *(*res nullius),* le ramassage d'objets volontairement abandonnés par leur propriétaire *(*res dereliciae).* Comp. *invention.* V. *trésor.*

OCCUPER

V. – Lat. *occupare* : être le premier à s'emparer de..., prendre avant tout autre.

- **1** Pour un locataire ou un *occupant, habiter les lieux.
- **2** Pour la puissance occupante, faire stationner ses armées sur le territoire d'un autre État.
- **3** Pour le conseil d'une partie à l'instance, assurer la *représentation de celle-ci devant la juridiction, à l'effet d'accomplir les actes de la procédure ; se dit surtout de l'avoué, dans la langue du palais. V. *postulation.*

OCTROI

N. m. – Tiré du v. octroyer, réfection d'après le lat. *auctor* de l'anc. franç. *otroyer,* lat. pop. *auctorisare.*

- **1** Anciennement *contribution indirecte que les communes étaient autorisées à établir sur des objets et marchandises destinés à la consommation locale et qui était perçue à l'entrée dans la commune. V. *péage, redevance.*

- **2** Administration qui était chargée de l'assiette et du recouvrement de ces droits.
- **3** Bureau où l'on acquittait ces droits.
- **4** Action d'accorder. Ex. octroi d'un délai de grâce. Comp. *concession, allocation*. V. *naturalisation*.

OCTROYER

V. – V. *octroi.*

- *Accorder (un délai de grâce, une indemnité, une *autorisation) ; se dit souvent d'un avantage particulier que son bénéficiaire reçoit d'une autorité en vertu d'un choix, d'une appréciation plutôt que d'un droit. Comp. *allouer*. V. *concession, bienfait, bénéfice, privilège, licence*.

ŒUVRE

N. f. – Lat. *opus(operis, opera).*

- **1** (sens gén.). *Travail, activité et par ext. résultat de ce travail ou de cette activité. V. *industrie*. Comp. *ouvrage*.
- **2** Création littéraire ou artistique.

— **artistique.** Toute œuvre, quels qu'en soient le genre et le sujet, dans le domaine de la musique, du théâtre, de la chorégraphie, des arts plastiques (sculpture, architecture, peinture, etc.), de la création audiovisuelle (œuvres cinématographique, radiophonique, télévisuelle), ou dans les arts appliqués.

— **cinématographique.** (Œuvre consistant en une séquence d'images (films muets) ou en des séquences d'images et de sons (films dits sonores ou parlants), de court ou long métrage, de caractère documentaire ou d'imagination, qui est investie des droits d'auteur, à condition de porter l'empreinte de la personnalité de ceux qui ont contribué à son élaboration (aux œuvres cinématographiques sont apparentées les œuvres de télévision).

— **collective.** V. *collective (œuvre)*.

— **composite.** Œuvre *dérivée ou de seconde main qui procède de la juxtaposition d'une œuvre nouvelle à une œuvre préexistante (mise en musique d'un sonnet) et, dans une conception extensive, de l'incorporation à une œuvre nouvelle des éléments originaux d'une œuvre préexistante (*adaptation cinématographique d'un roman, traduction, anthologie).

— **de collaboration.** V. *collaboration (œuvre de)*.

— **de l'esprit.** Création de l'esprit empreinte d'originalité qui, comme telle, donne prise aux *droits d'auteur. V. *original, anonyme, collectif, publié, respect, intellectuel*. Comp. *invention*.

— **en usage partagé** (propr. intel.). Œuvre que son auteur destine à l'usage commun et dont il abandonne ou concède à titre gratuit tout ou partie des droits d'utilisation ou d'exploitation (autorisation de réutiliser l'œuvre, de l'éditer, de la modifier…, ex. licences libres, licence « Creative commons ») (Franceterme, JO 22/09/2007). Syn. *œuvre en partage*.

— **indisponible.** V. *livre indisponible*.

— **littéraire.** Toute œuvre, *écrite ou orale, constituée par un assemblage de mots, quel qu'en soit le sujet. V. *lettre missive, écrit*.

— **orpheline.** Œuvre divulguée donnant encore prise à des droits d'exploitation, dont le titulaire ne peut pas être identifié ou retrouvé, malgré des recherches diligentes, avérées et sérieuses, et qui peut être utilisée sous certaines restrictions par des tiers (CPI, a. L. 113-10, dir. 2012/28/UE du Parlement européen et du Conseil du 25 octobre 2012 sur certaines utilisations autorisées des œuvres orphelines).

— **photographique.** Photographie qui donne prise au droit d'auteur à condition d'avoir un caractère artistique ou documentaire.

— ***posthume.** Œuvre dont la *divulgation n'a lieu qu'après la mort de l'auteur.

- **3** Parfois, plus spécialement, *ouvrage matériel, construction.

— **(maître d').** Personne chargée de coordonner les travaux des divers corps de métiers dans une entreprise de construction et de mener celle-ci à bien ; ne pas confondre avec le *maître de l'ouvrage (qui passe commande du travail). Comp. **dénonciation de nouvel œuvre*.

- **4** (plur.). Activités déployées en vue d'un but déterminé.

—**s sociales de l'entreprise.** Ensemble des services organisés au profit des salariés et de leurs familles (créées à l'origine par les employeurs, elles sont, depuis 1945, gérées ou contrôlées par les *comités d'entreprise).

—**s universitaires et sociales.** Ensemble des actions concernant les conditions matérielles de vie et de travail des étudiants (logement, restaurant, services sociaux, etc.) dont la définition et l'exécution sont confiées à des établissements publics à participation étudiante : Centre national des œuvres universitaires et scolaires (CNOUS) et centres régionaux (CROUS).

• **5** Par ext., organismes, institutions chargés de ces activités.

—s d'intérêt général. Institutions – personnalisées ou non – ayant un but philanthropique, éducatif, scientifique, social ou familial.

—s (exécuteur des hautes) (pén.). Périphrase désignant le bourreau.

OFFENSE

N. f. – Lat. *offensa,* de *offendere* : se heurter contre, heurter, attaquer, offenser.

• **1** Dans un sens gén. syn. d'*injure, *outrage ; atteinte à l'*honneur, à la *dignité, à la considération d'une personne ; insulte. V. *duel*.

• **2** Plus spécifiquement, nom spécial donné à une offense aux chefs d'État ; *outrage adressé hors de leur présence (not. par un organe d'information) au Président de la République, et naguère à un chef d'État, ainsi qu'au chef de gouvernement ou ministre des Affaires étrangères d'un gouvernement étranger (l. 29 juill. 1881, a. 26 et 36 anc.).

OFFICE

N. m. – Lat. *officium* : devoir.

• **1** Ensemble des *pouvoirs et *devoirs attachés à une fonction publique. Ex. l'office du juge. Syn. *charge, fonction*. V. *ministère, mission, tâche, officiel,* **fonction *juridictionnelle, jurisdictio, magistrature, judicature*.

— (avocat *commis d'). Avocat *désigné par le bâtonnier afin d'assurer la défense d'un prévenu non encore assisté, en vertu du principe que tout prévenu a le droit de l'être (d'où, sauf empêchement, le caractère obligatoire de cette commission).

— (d') (ex officio). Se dit du pouvoir que le juge tire de sa fonction de se saisir lui-même de certaines affaires, de considérer sur sa propre initiative, certains de ses éléments (ex. relever un moyen de droit), d'ordonner *motu proprio* une mesure d'instruction légalement admissible (CPC, a. 10).

• **2** *Charge qui donne à son titulaire le droit viager d'exercer des fonctions indépendantes en vertu d'une investiture de l'autorité publique et qu'il peut transmettre avec l'agrément de celle-ci ; entité au sein de laquelle l'analyse traditionnelle distingue le *titre (la *fonction, élément extrapatrimonial, hors commerce) et la *finance (valeur patrimoniale de l'office dans l'exercice du droit de présentation). Ex. office ministériel. V. *étude, cabinet, fonds libéral, ministère, titre, finance, officier ministériel, officier public*.

• **3** Terme sans signification juridique spécifique appliqué à la dénomination de certains *établissements publics, plus spécialement à divers établissements publics à caractère industriel et commercial. V. *commission, conseil, comité, institut*. Ex. l'Office français de Protection des Réfugiés et Apatrides (OFPRA), l'Office national d'Immigration (ONI).

— national de la chasse. Établissement public à caractère administratif placé sous l'autorité du ministre chargé de la *chasse, ayant pour mission de maintenir et améliorer le capital cynégétique et, en général, de concourir au développement de la chasse.

— national des Forêts. Établissement public à caractère industriel et commercial chargé, sous la tutelle du ministre de l'Agriculture, de la surveillance, de la gestion et de la protection des *forêts soumises au régime forestier ainsi que, dans d'assez nombreuses hypothèses, de l'ensemble du patrimoine forestier.

— national interprofessionnel des Céréales (ONIC). Établissement public ayant pour mission, sous la tutelle des ministres de l'Agriculture, de l'Économie et des Finances, d'assurer l'organisation administrative et la régulation du marché des céréales.

— national interprofessionnel du Bétail et des Viandes (ONIBEV). Établissement public à caractère industriel et commercial ayant pour mission de préparer et mettre en œuvre, sous la tutelle des ministres de l'Agriculture, de l'Économie et des Finances, les mesures d'intervention, d'organisation et de gestion concernant le marché du bétail et des viandes.

OFFICES (BONS)

V. **bons offices*.

OFFICIEL, IELLE

Adj. – Bas lat. *officialis* : qui concerne le devoir, de *officium* : *devoir.

- Qui revêt une forme *publique et en général *solennelle, sous l'impulsion ou au moins sous l'égide de l'autorité publique. Ex. commémoration officielle, célébration officielle du mariage. V. *journal officiel, promulgation, proclamation, communiqué*. Ant. *officieux*. Comp. *formel, authentique*.

OFFICIER

Subst. – Lat. médiév. *officiarius*, de *officium* : fonction publique.

- **1** Terme générique désignant dans la fonction militaire les personnes appartenant à la catégorie des personnels placés dans la hiérarchie des *gradés au-dessus des sous-officiers et des hommes du rang.

— **défenseur.** Personnel militaire remplissant les fonctions d'avocat (concurremment avec les avocats de carrière) auprès des tribunaux militaires aux armées.

— **de *police judiciaire.** Membre du corps de la police judiciaire qui exerce les fonctions de celle-ci dans un ressort géographique déterminé (C. pr. pén., a. 16) et peut exercer, en cas d'*infraction flagrante, les pouvoirs du procureur de la République (a. 54 s.) et placer en *garde à vue les personnes susceptibles de fournir des renseignements.

- **2** Titulaire d'un grade dans la hiérarchie des distinctions honorifiques constituées en *ordre (officiers de la Légion d'honneur).

- **3** Titulaire d'un *office.

— **de l'état civil.** Personne chargée par la loi de tenir les registres officiels de l'état civil, d'y dresser et signer les actes ainsi que d'en délivrer des copies et extraits (en principe, l'officier de l'état civil est le maire de la commune).

— ***ministériel.** Titulaire d'un *office rattaché à l'administration de la justice (ex. avocat au Conseil d'État, à la Cour de cassation, avoué à la cour, notaire, huissier, greffiers des tribunaux de commerce. V. ci-dessous).

— **public.** Titulaire d'un office non rattaché à l'administration de la justice (ex. agent de change, commissaire-priseur) ; distinction non absolue (les notaires sont à la fois officiers publics et ministériels) qu'atténuent : *1* / la réglementation, en partie commune aux « officiers publics ou ministériels » ; *2* / le fait qu'ils sont tous propriétaires de leur office et rémunérés par leur clientèle.

OFFICIEUX, IEUSE

Adj. – Lat. *officiosus* : serviable, obligeant.

- Non (encore) *officiel, non encore rendu *public parce que non encore achevé ; se dit d'un acte qui, bien qu'entrepris à l'initiative des intéressés (bien souvent d'une autorité publique), n'a encore qu'un caractère *préparatoire, exploratoire, ou demande à être confirmé. Ex. négociations officieuses, candidature officieuse. V. **enquête préliminaire, pourparlers, tractations*. Comp. *secret*.

OFFICINE

N. f. – Lat. *officina* : atelier, fabrique.

- (on spécifie souvent officine pharmaceutique). Par application du sens figuré (« endroit où s'élabore quelque chose »), établissement affecté à l'exécution des ordonnances *magistrales, à la préparation des médicaments inscrits à la *pharmacopée et à la vente au détail de produits qualifiés médicaments par la loi (C. santé publ., a. L. 5121-1) ; désigne à la fois le laboratoire du pharmacien, le local où il exerce et par ext. le fonds de commerce dans lequel sont vendus les produits pharmaceutiques. Comp. *clientèle, office*.

OFFRANT

Adj.ou subst. – Du part. prés. de offrir.

- Celui qui, de lui-même ou en réponse à un *appel d'offres, propose de traiter à tel prix. Ex. l'*enchérisseur le plus offrant déclaré adjudicataire parce qu'il propose le plus haut prix. Comp. *pollicitant, promettant*. V. *acceptant, soumissionnaire*.

OFFRE

N. f. – Tiré de offrir, lat. *offerre.*

- **1** *Manifestation de volonté, expresse ou tacite, par laquelle une personne propose à une ou plusieurs autres (déterminées ou indéterminées) la conclusion d'un contrat à certaines conditions qui renferment les éléments essentiels du contrat envisagé, en sorte que son acceptation suffit à former le contrat (C. civ., a. 1114). Syn. *pollicitation.* Comp. *proposition, présentation, prétention, invitation à entrer en négociation.*
- **2** Objet de la proposition de contracter. Comp. *pourparlers, acceptation, consentement, négociation.* V. *acte unilatéral, avant-contrat, intuitus personae, refus de contracter.*
- **3** Plus particulièrement proposition d'un prix. Ex. l'offre par l'acquéreur du prix qu'il consentirait à payer. V. *offrant, enchère, soumission, *appel d'offres.*

— **alternative (clause d').** V. *clause d'offre alternative.*

— **au public de titres financiers.** Faculté ouverte à toute personne ou *entité de proposer au public des titres financiers ou des parts sociales qu'elle émet ou cède ou qui sont émis ou cédés par une autre personne ou *entité dans les conditions fixées par la loi (C. mon. et fin., a. L. 411-1, Règlement [UE] 2017/1129 du 14 juin 2017).

— **concurrente (clause d').** V. *concurrente (clause d'offre).*

— **de *concours.** Offre par laquelle un particulier ou une personne publique s'engage à l'égard d'une autre personne publique à participer à titre onéreux à l'exécution d'une opération de *travaux publics ou, par extension doctrinale, au fonctionnement d'un service public.

— **publique d'achat (OPA).** Opération consistant, pour un initiateur (personne physique ou morale), à indiquer publiquement aux actionnaires d'une société qu'il est prêt (pendant une période déterminée) à acheter leurs titres à un prix supérieur au cours coté en bourse, en vue de s'assurer le contrôle ou la majorité de la société sans avoir recours à des achats successifs en bourse ou à une cession directe d'actions. À présent dénommée offre au public de titres financiers (C. mon. et fin., a. L. 411-1 ; L. 411-2).

— **publique d'échange (OPE).** Proposition faite, par la société qui prend l'initiative, aux actionnaires de la société visée d'accepter la remise des titres à émettre par la société acheteuse. V. *échange de titres.*

—**s réelles.** Acte par lequel le débiteur propose de s'acquitter de son obligation, en mettant le créancier en demeure d'accepter le *paiement de la somme ou la remise de la chose due qu'il lui présente, afin de pouvoir, en cas de refus, se libérer par la *consignation de l'objet qu'il doit (C. civ., a. 1257, CPC, a. 1426) ; sont dites *réelles en ce qu'elles doivent s'accompagner d'une mise à la disposition effective de la chose offerte entre les mains de son destinataire. Comp. *labial.*

OISIVETÉ

N. f. – De oisif, dér. de oiseux, lat. *otiosus,* de *otium* : loisir, repos.

- Fait de vivre sans travailler qui, pour un majeur, pouvait justifier l'ouverture d'une *curatelle, lorsque cette situation l'exposait à tomber dans le besoin ou compromettait l'exécution de ses obligations familiales (C. civ., a. 488 anc., 508-1 anc.). Comp. *prodigalité, intempérance, négoce.*

OLIGARCHIE

N. f. – Gr. ολιγαρχια, ολιγος petit nombre, et αρχειν, commander.

- Gouvernement par un petit nombre d'hommes, par opp. à *monocratie, *monarchie et *démocratie. Comp. *aristocratie.*

OLIGOPOLE

Subst.masc. – Néol. construit sur *monopole, du gr. ολιγος : petit nombre.

- Situation de marché caractérisée par la domination d'un petit nombre d'entreprises de taille comparable qui suppose la transparence des coûts et l'homogénéité des produits et crée, entre ces entreprises, une interdépendance non assimilable à une *entente. Comp. *monopole.*

OLOGRAPHE

Adj. – Du gr. ὀλόγραφος, de ὀλός : entier, et γραφειν : écrire.

V. *testament olographe.*

OMBUDSMAN

Du subst. scandinave : *ombud,* transformé en passant dans la langue angl. en *ombud's man.*

- Nom donné à la personnalité élue par le Parlement et chargée, d'office ou sur plainte, de surveiller les autorités administratives et les tribunaux : organe d'une institution scandinave de protection contre les abus administratifs dont s'est en partie inspirée la création, en France, du *médiateur.

— **européen.** *Médiateur nommé par le *Parlement européen pour la durée de la législature qui est habilité à recevoir les plaintes de citoyens (ou résidents) de l'Union relatives à l'action administrative des institutions communautaires (à l'exclusion de la Cour de justice ou du Tribunal), à saisir l'institution concernée en cas de mauvaise administration, à procéder à une enquête, à rechercher une solution et à élaborer, si nécessaire, une recommandation.

OMISSION

N. f. – Lat. *omissio,* de *omittere* : omettre.

- **1** Fait, volontaire ou non, de ne pas accomplir ce qui devait l'être. Ex. omission d'une mention obligatoire dans un acte, d'un bien dans une déclaration fiscale, d'une pièce dans un dossier. V. *manquement, inobservation, dissimulation, erreur matérielle, rectification, refus, silence, réticence.*
- **2** Spécialement, comportement négatif qui constitue dans certains cas l'*élément *matériel de l'*infraction (ex. *abandon de famille) ou même d'un *délit civil. V. *commission.*

— **de porter secours.** Fait de ne pas prêter assistance à une personne en danger, qui est incriminé lorsque celui qui pouvait agir par lui-même ou en provoquant un secours, sans danger pour lui ou des tiers, s'abstient volontairement de le faire (C. pén., a. 223-6 ; délit également nommé *abstention de porter secours ou *non-assistance à personne en danger) ; qualification étendue, aux mêmes conditions, au fait de ne pas prendre ou provoquer les mesures propres à combattre un sinistre grave (a. 223-7) ou de ne pas empêcher, par une action immédiate, une atteinte délictueuse à l'intégrité corporelle d'autrui (a. 223-6).

- **3** Non-indication d'un avocat au tableau, à sa demande ou à titre de sanction disciplinaire. Comp. *radiation, suspension.*

ONCLE

N. m. – Lat. *avunculus* : oncle maternel.

- **1** Pour un enfant, frère de son père (oncle paternel) ou sa mère (oncle maternel), appelé comme *collatéral ordinaire à la succession *ab intestat* de ses *neveux et *nièces (C. civ., a. 743) et investi du vivant de ceux-ci d'un rôle effacé de suppléance (il peut être choisi comme membre du conseil de famille (a. 399), demander la révocation d'une adoption simple (a. 370), faire opposition au mariage sous les conditions de l'a. 174), la proximité de la parenté légitime ou naturelle créant cependant un empêchement au mariage (C. civ., a. 163) non une obligation alimentaire. V. *tante, cousins.*
- **2** Nom courant donné – sans les conséquences précédentes – au mari de la tante (oncle par alliance).

— **à la mode de Bretagne.** Nom courant donné au cousin germain du père ou de la mère.

— **(grand-).** Frère du grand-père ou de la grand-mère.

ONÉREUX, EUSE

Adj. – Lat. *onerosus,* de *onus, oneris* : charge, poids.

- **1** Qui comporte une *charge, une contrepartie. Ant. *gratuit.*

— **(*acte à titre).** Acte juridique dans lequel chaque partie entend recevoir une prestation en *contrepartie de celle qu'il fournit ; acte procurant un avantage moyennant contrepartie. Ex. tout contrat *synallagmatique (vente, bail, etc.) est – par essence – un acte à titre onéreux (C. civ., a. 1107) ; certains contrats – par nature gratuits – peuvent prendre un caractère onéreux par l'effet d'une stipulation (mandat, dépôt, C. civ., a. 1916, 1917). V. *salaire, libéralités avec *charge, *prêt à intérêt, contre-prestation, intéressé.*

- **2** Qui constitue une lourde charge, coûteux, dispendieux, cher.

— **(exécution excessivement).** Exécution qui, sans être impossible, présente un coût économique très important pour le débiteur (C. civ., a. 1195).

OPÉRATEUR

Subst. – Lat. *operator* : travailleur, ouvrier.

- Nom donné à quiconque intervient sur un *marché pour acheter ou vendre (not. dans les opérations de bourse). Comp. *vendeur, acheteur, *donneur d'ordre.*

— **de *vente volontaire.** Personne physique ou morale qui, agissant comme mandataire, organise ou réalise des ventes volontaires de meubles aux enchères publiques ou par voie électronique (C. com., a. L. 321-4). Prend le titre de *commissaire-priseur de vente volontaire sous certaines conditions de nationalité et de qualification.

OPÉRATION

N. f. – Lat. *operatio,* du v. *operare* : travailler, etc.

- **1** (juridique). *Acte juridique ou ensemble *complexe d'actes juridiques. Ex. opération de vente, opération immobilière, opération de *crédit. V. *negotium*.

— **de banque.** Tous les actes juridiques auxquels donne lieu le commerce des banques.

— **de bourse.** Ventes et achats de *valeurs mobilières ou de *marchandises réalisée dans les *bourses de valeurs ou de marchandises.

— **d'initié.** Opérations réalisées sur le marché des valeurs mobilières (acquisitions, cessions) soit par les détenteurs mêmes d'une *information *privilégiée que ceux-ci exploitent, par anticipation, pour leur propre compte ou celui d'autrui, soit par des tiers auxquels les détenteurs de l'information ont communiqué celle-ci avant qu'elle ne soit connue du public. V. *délit d'initié*.

- **2** (matérielle). Acte ou série d'actes matériels ou techniques, accomplis en exécution d'un ouvrage, d'une mission, etc. Ex. opération de construction, opérations de l'expert (CPC, a. 273 s.), opérations électorales, opérations de saisie.

- **3** (intellectuelle). Démarche de la pensée juridique ; opération de l'esprit pouvant consister en une induction, déduction, *présomption, *qualification, *fiction. V. **raisonnement juridique*.

- **4** Parfois plus vaguement, syn. d'*affaire.

V. *marché, transaction, compromis*.

OPINANT, ANTE

Subst. – Part. prés. du v. opiner, du lat. *opinari* : avoir telle opinion, conjecturer.

- Celui qui opine au cours du délibéré d'une formation collégiale de jugement. V. *préopinant, opinion, voix.*

OPINER

V. – Lat. *opinari*. V. *opinant*.

- (pour un juge). Émettre son *opinion, faire entendre sa *voix au cours du *délibéré.

OPINION

N. f. – Lat. *opinio*.

- **1** Conviction personnelle (surtout politique) considérée non seulement comme sentiment intime, mais comme avis déclaré. Ex. la *liberté d'opinion comprend la liberté de pensée et la liberté d'expression. V. *manifestation, vote, voix, laïcité, neutralité *confessionnelle.*

— **(délit d').** Dans certains systèmes juridiques, infraction politique consistant dans le seul fait d'adopter publiquement certaines idées condamnées par le régime en place. V. **liberté d'opinion*.

— **(gouvernement d').** Régime dans lequel les gouvernants doivent appliquer la politique voulue par l'opinion publique.

- **2** *Avis personnel qu'un juge émet lors du *délibéré sur la solution du litige (avis placé au moins en Droit interne sous couvert du *secret des *délibérations. V. not. CPC, a. 448, 1469 et qu'il ne doit pas davantage faire connaître auparavant même dans le rapport dont il peut avoir été chargé, a. 785, al. 2). Syn. *voix*. V.

intime conviction, opinant, opiner, collégialité, réponse, sentiment.

— **dissidente.** Exposé officiel, par un membre d'une juridiction internationale, de son dissentiment à l'égard d'une décision prise par cette juridiction et des motifs de ce dissentiment.

— **individuelle.** Exposé officiel, par un membre d'une juridiction internationale, de son désaccord sur les motifs d'une décision rendue par cette juridiction dont il accepte par ailleurs le dispositif.

— **(partage d').** Situation qui résulte du fait qu'au cours du *délibéré d'une formation collégiale (même soumise au principe d'imparité) aucune des opinions émises par les magistrats qui y participent n'obtient de majorité, d'où, en certains cas, le recours à un *juge *départiteur.

- **3** Solution que donne la formation de *jugement dans sa décision (on parle de l'opinion de la cour, du tribunal). Comp. *obiter dictum, doctrine.*

- **4** Position *doctrinale adoptée par un auteur sur une question controversée ou par un jurisconsulte sur la *question litigieuse dans une *consultation ; *thèse. V. *doctrine, controverse, discussion, démonstration, unanimité, consensus.*

- **5** *Avis que le *technicien (expert, consultant) est appelé à donner au juge sur les points de fait que celui-ci soumet à son examen, lorsque sa mission ne se borne pas à des *constatations (CPC, a. 238, 249, al. 2).

OPPORTUNITÉ

N. f. – Lat. *opportunitas* : opportunité, convenance, condition favorable.

- Par opp. à *légalité, ensemble des considérations d'intérêts, d'utilité et de justice amenant une autorité à faire tel acte ou à donner telle solution à une affaire dont elle est saisie. V. *gracieux, appréciation, contrôle.* Comp. *équité, proportionnalité.*

— **des *poursuites (règle de l').** Règle admise par le Droit français selon laquelle le ministère public, en vertu du pouvoir d'appréciation qui lui est reconnu, est autorisé à ne pas déclencher des poursuites alors qu'il possède l'assurance qu'une infraction présentant tous les éléments constitutifs prévus par l'incrimination a bien été commise. S'opp. à la *légalité des poursuites.

OPPOSABILITÉ

N. f. – Dér. de *opposable.

- Aptitude d'un droit, d'un acte (convention. jugement, etc.), d'une situation de droit ou de fait à faire sentir ses effets à l'égard des *tiers (c'est-à-dire ici de personnes qui ne sont ni titulaires du droit ni parties à l'acte ni ayants cause ou créanciers de ces parties ni concernées en premier par la situation) non en soumettant ces tiers aux obligations directement nées de ces éléments (ce qui constitue, dans les cas spécifiés où cela se produit, une extension de l'effet obligatoire d'un acte par exception au principe de l'effet relatif de celui-ci), mais en les forçant à reconnaître l'existence des faits, droits et actes dits opposables (s'ils sont par ailleurs légalement prouvés), à les respecter comme des éléments de l'ordre juridique et à en subir les effets, sous réserve de leur opposition lorsque la loi leur en ouvre le droit. V. *tierce opposition*. Ex. les jugements rendus en matière de filiation sont opposables même aux personnes qui n'y ont point été parties, mais elles ont le droit d'y former *tierce opposition (C. civ., a. 324). Ant. *inopposabilité*.

— **(d'un jugement étranger) (action en).** Action tendant à faire déclarer qu'un jugement étranger produit en France tous les effets qui s'y attachent à l'exception de la force exécutoire (serait une variante de l'action en *exequatur). V. *inopposabilité d'un jugement étranger (action en).*

OPPOSABLE

Adj. – Dér. de *opposer.

- **1** Qui peut être utilement invoqué par un plaideur à l'encontre de son adversaire ; se dit soit d'un acte de procédure *régulier (expertise contradictoire), soit d'un droit ou d'un acte substantiel opposable au sens 2 ci-dessous. Ant. *inopposable*.

- **2** (même en dehors d'un procès). Dont la valeur comme élément de l'ordre juridique ne peut être méconnue par les tiers, lesquels, n'étant pas directement obligés par ce qui leur est opposable, n'en sont pas moins tenus d'en reconnaître et d'en respecter l'existence et même d'en subir les effets.

OPPOSER

V. – Lat. *opponere* : placer devant, opposer comme obstacle.

- **1** (dans un procès). *Invoquer à l'encontre de… Ex. opposer un moyen de défense, un argument. V. *soulever, alléguer, contester.*
- **2** (même en dehors d'un procès). Être fondé à se prévaloir à l'encontre d'une personne d'un droit ou d'un acte qui lui est *opposable (sens 2 ou 3).

— **(s').** Pour une autorité, un intéressé, marquer son désaccord relativement à un projet, un acte, y faire obstacle.

OPPOSITION

N. f. – Lat. *oppositio,* du v. *opponere* : opposer.

- Le fait de s'opposer (à quelque chose ou à quelqu'un), l'acte par lequel on s'oppose, la situation qui en résulte.
- **1** Manifestation de volonté destinée à empêcher l'accomplissement d'un acte juridique ou à en neutraliser les effets. V. *empêchement, veto, contestation, refus, adhésion, acceptation, approbation, autorisation, silence.*

— **à acquisition de la nationalité française ou à réintégration dans cette nationalité.** Procédure par laquelle le gouvernement fait échec, dans les cas et pour les motifs déterminés par la loi, à l'acquisition de la nationalité française ou à la réintégration dans cette nationalité.

— **à changement de nom.** Acte par lequel une personne justifiant d'un intérêt à empêcher une autre personne de porter le nom patronymique qu'elle demande à prendre, intervient, soit préventivement auprès du gouvernement pour empêcher le changement de nom d'être autorisé, soit postérieurement auprès du Conseil d'État pour obtenir l'annulation de l'autorisation.

— **à francisation de nom.** Acte par lequel une personne qui justifie d'un préjudice moral ou matériel résultant de la francisation du nom patronymique d'une autre personne demande que le décret accordant cette francisation soit rapporté.

— **à mariage.** Défense de célébrer le mariage faite, par acte d'huissier de justice signifié aux futurs époux et à l'officier de l'état civil à la requête de personnes déterminées par la loi, en considération d'*empêchements légaux que ces personnes sont autorisées par le législateur à invoquer (C. civ., a. 172 s.).

— **à négociation ou paiement de titres au porteur ou de coupons perdus ou volés.** Acte notifié dans les formes fixées par la loi par une personne dépossédée de titres au porteur ou de coupons afférents, d'une part, à la chambre syndicale des agents de change (en vue, par une publication au *Bulletin officiel des oppositions,* de mettre obstacle à la négociation et à la transmission de ces titres ainsi qu'à leur remise avec fongibilité à un organisme assurant leur circulation par virement de compte à compte), d'autre part, à la personne morale émettrice (afin d'empêcher le paiement du capital et des intérêts ou dividendes échus ou à échoir et toute opération intéressant les titres eux-mêmes incombant à cette personne morale).

— **à paiement.**

a / Défense faite à un débiteur de payer sa dette, soit à une personne dont on est le créancier (ex. *saisie-arrêt, opposition sur indemnité d'assurance, sur prix de vente d'un fonds de commerce) ou dont on conteste les droits (ex. opposant se prétendant titulaire de la créance), soit autrement qu'en certaines formes (ex. paiement des dettes d'une succession acceptée sous bénéfice d'inventaire selon la procédure de distribution par contribution).

b / Défense faite au tiré de payer une lettre de change, un billet à ordre, un chèque bancaire ou postal pour cause de perte, de redressement ou de liquidation judiciaires du porteur.

— **à partage.** Défense faite aux copartageants par le créancier chirographaire, hypothécaire ou privilégié de l'un d'eux de procéder au partage hors sa présence, à peine de révocation en cas de préjudice.

— **à restitution et déplacement d'une chose déposée.** Défense faite au dépositaire de restituer la chose déposée au déposant.

- **2** Espèce de *recours ; désigne aussi bien la *voie de recours que l'acte par lequel celle-ci est exercée.

► **I** (pr. civ.)

a / Voie de recours ordinaire ouverte au défaillant pour faire rétracter un jugement par *défaut en remettant en question devant la même juridiction les points déjà jugés afin qu'il soit statué à nouveau en fait et en droit (CPC, a. 571 et 572). Comp. **tierce opposition, appel, contredit*. V. *acquiescement*.

b / Recours ouvert aux intéressés dans les cas déterminés par la loi pour obtenir soit la rétractation d'une ordonnance par le juge qui l'a rendue (ex. opposition à autorisation de saisie conservatoire de meubles), soit la réformation par le tribunal d'une ordonnance d'un juge de ce même tribunal (ex. opposition à ordonnance de taxe, à ordonnance de clôture de la procédure d'ordre).

— **à commandement.** Acte d'huissier de justice par lequel un débiteur conteste la validité au fond ou en la forme d'un commandement de payer et qui contient, à peine d'être dépourvu d'effet, assignation devant la juridiction compétente pour statuer sur la contestation.

— **aux scellés.** Défense faite au juge, par toute personne ayant pour la sauvegarde de ses droits un intérêt né et actuel à y assister, de procéder à la levée des scellés sans qu'elle y ait été appelée.

► **II** (pén.)

a / Voie de recours (et plus spécialement de *rétractation) qui, ouverte à la partie jugée sans avoir été présente ni représentée contre les décisions rendues par défaut, est portée devant la juridiction dont émane la décision attaquée, laquelle statue à nouveau en fait et en droit avec une entière liberté.

b / Voie de recours ouverte au ministère public et au prévenu contre les *ordonnances pénales rendues par le président du tribunal de police.

c / Avant 1935, nom donné à l'*appel contre les *ordonnances du juge d'instruction.

► **III** (fin.)

• Recours d'un contribuable contre l'administration fiscale.

— **à contrainte.** Celle qui vise le recouvrement de l'impôt et porte sur l'existence, la quotité ou l'exigibilité de la dette fiscale.

— **à poursuite.** Celle qui porte sur la validité en la forme d'un acte de poursuite.

• **3** Situation conflictuelle, antagonisme, discorde, mésentente. V. *conflit, mésintelligence, crise, différend, litige, contestation*.

— **d'intérêts.** Contrariété des *intérêts (sens 1) que diverses personnes ont dans une même opération (contrat, procès) qui empêche un intéressé d'en représenter ou d'en assister un autre dans cette opération ; divergence, discordance, source d'incompatibilité de fonctions (ex. l'un a intérêt à vendre, l'autre à acheter la même chose). V. *contrepartie, *subrogé tuteur*.

• **4** Ensemble des forces politiques qui se dressent contre le pouvoir en place, soit au sein des assemblées (opposition parlementaire), soit dans l'ensemble du pays ; hommes ou partis qui, n'étant pas au pouvoir (par ex. parce qu'étant dans la minorité), surveillent les hommes ou partis au pouvoir, les critiquent, agissent contre eux, parfois même contestent le régime politique en vigueur. V. *majorité, dissident*.

OPT-IN

Terme angl.

• Possibilité d'accepter l'application d'une règle (TFUE, a. 331 §1).

OPTION

N. f. – Lat. *optio* : choix.

• **1** *Faculté de choisir entre divers partis (accepter ou refuser, payer en nature ou en argent, prendre un bien ou un autre, etc.) conférée, en général pendant un délai déterminé (V. ci-dessous), soit par la loi (option successorale), soit par la convention (option du *bénéficiaire d'une *promesse unilatérale de vente), soit par un testament. V. *non-cumul, choix*. Comp. *retrait, préemption, location avec option d'achat*.

• **2** Par ext., l'acte par lequel cette faculté est exercée, le fait d'opter (ex. option anticipée), ou même le parti choisi (ex. l'acceptation sous bénéfice d'inventaire est une option prudente). V. *choix*.

— **(délai d').** Laps de temps en général déterminé pendant lequel le *bénéficiaire de l'option ne peut être contraint de choisir (il jouit d'une *exception *dilatoire) et à l'expiration duquel il perd, selon les cas, le droit de choisir (étant réputé avoir choisi tel ou tel parti), ou au moins le droit de différer sa réponse. V. *option successorale*.

— **d'*échange (fin.).** Option ouvrant à son bénéficiaire, moyennant paiement immédiat d'une prime au vendeur, de réaliser, à une échéance déterminée (ou jusqu'à celle-ci), un échange d'intérêts, de monnaies ou d'instruments financiers aux conditions convenues, ou d'y renoncer en abandonnant la prime.

— **de bourse.** Faculté laissée, dans le contrat *unilatéral de négociation de valeurs mobilières, à celle des parties qui n'est pas engagée (vendeur ou acheteur selon le cas) de ne pas vendre ou de ne pas acheter au terme convenu, dans les conditions de l'accord.

— **de nationalité.**

a / Faculté offerte par la loi ou par un traité international à un individu de décliner, répudier, réclamer ou se faire reconnaître une nationalité déterminée.

b / Acte par lequel celui qui dispose d'une telle faculté exerce son choix.

— **de sortie.** Dans certains accords économiques, *faculté pour les parties ou l'une d'elles de se soustraire, sous certaines conditions, à une ou plusieurs clauses de l'accord (anglais : *opting out*). Comp. *dédit, repentir*.

— **de souscription ou d'achat d'actions.** Faculté offerte aux salariés de la société par actions ou à certains d'entre eux de souscrire à une augmentation de capital ou d'acheter des actions acquises à leur intention par la société.

— **(levée d').** V. *levée d'option*.

— **successorale.** Faculté que la loi, après l'ouverture de la succession, confère à l'héritier de choisir, suivant les formes et avec les effets propres à chacun des trois partis, entre l'*acceptation pure et simple de la succession, l'*acceptation à concurrence de l'actif net et la *renonciation, en lui laissant pour faire inventaire et délibérer un délai de réflexion (quatre mois) passé lequel il peut être sommé de prendre parti dans les deux mois, délai à l'expiation duquel, faute de l'avoir fait, il est réputé acceptant pur et simple (C. civ., a. 771, 772).

ADAGES : N'est héritier qui ne veut.
Semel heres, semper heres.

OPTION SUR TITRES

V. **stock option*.

OPT-OUT

Terme angl.

- Possibilité d'exclure l'application d'une règle (Convention de Vienne sur la vente internationale de marchandises).

ORAL, ALE, AUX

Adj. – Du lat. *os, oris* : bouche.

- *Verbal ; qui s'énonce par la *parole. Ex. conclusions orales, déclarations orales (CPC, a. 199). Ant. *écrit*. V. *nuncupatif, labial, consensuel, forme, exprès, tacite, *note verbale, observation, débat*.

ORALITÉ

N. f. – Dér. de *oral.

- **1** Dans un sens absolu, caractère de la procédure qui, ne faisant aucune part aux *écritures (n'exigeant par ex. aucun échange de conclusions écrites avant ou pendant l'audience), repose exclusivement sur de simples échanges *verbaux, dont principalement les *débats à l'audience.
- **2** Désigne aussi l'importance relative que l'élément verbal revêt dans le procès, plus spécialement celle de l'audience par rapport aux échanges d'écritures.
- **3** Est parfois confondue avec les plaidoiries, en tant que celles-ci constituent, dans les débats eux-mêmes, un élément oral de forme et d'importance variables. V. *parole*.

ORDINAL, ALE, AUX

Adj. – Lat. *ordinalis*.

- Qui appartient ou qui se rapporte à un *ordre professionnel. Ex. la juridiction ordinale, juridiction compétente en matière *disciplinaire au sein d'un ordre.

ORDINAIRE

Adj. – Lat. *ordinarius*, du v. *ordinare* : mettre en ordre.

- **1** *Normal, conforme à l'ordre *habituel, aux normes *communes par opp. à *dérogatoire, *exorbitant, *exceptionnel, *spécial, *particulier. Ex. application ordinaire de la loi, contrat conclu à des conditions ordinaires. V. *usuel, naturel*.

- **2** Plus spécialement, de *droit *commun ; on dit ainsi que le tribunal de grande instance est la juridiction ordinaire ; se dit aussi, dans une acception très proche, par opp. à *privilégié, *hypothécaire, du créancier chirographaire non muni de sûreté (et donc seulement investi du droit de gage général).
- **3** Qualifie les *voies de recours qui, étant toutes naturelles au regard des garanties élémentaires de bonne justice (principes du contradictoire et du double degré de juridiction), sont largement admises et dotées sauf exception d'un effet suspensif d'exécution qui s'attache tant au délai de recours qu'à l'exercice du recours dans le délai : *l'opposition ouverte au justiciable condamné par défaut (CPC, a. 527 s.) ; l'appel ouvert contre un jugement de première instance (a. 542). V. *extraordinaire*.
- **4** *Courant, par opp. à extraordinaire. Ex. dépenses ordinaires. V. *somptuaire, assemblée, session*.
- **5** Qualificatif naguère appliqué, sous le régime de la communauté, à tous les *biens *communs autres que les biens *réservés.
- **6** Se dit, dans la succession *ab intestat,* des ascendants autres que les père et mère (nommés par opposition *ascendants privilégiés) et, semblablement, des collatéraux autres que les frères et sœurs du défunt et descendants d'eux (nommés *collatéraux privilégiés). V. *ordre d'héritiers*.

ORDINATORIA LITIS

Termes latins signifiant « mesures destinées à instruire un procès », utilisés en matière de conflits de lois pour désigner les éléments de procédure par opp. aux éléments de fond. V. **decisoria litis*.

ORDONNANCE

N. f. – Dér. de ordonner, lui-même du lat. *ordinare* : mettre en ordre, donner un ordre, en lat. ecclés.

- **1** *Règlement pris par le pouvoir exécutif : *a* / sous l'Ancien Régime, avec valeur de loi. Ex. ordonnance sur la marine, 1681 ; *b* / à certaines époques, avec simple valeur de décret (Restauration et monarchie de Juillet. Ex. o. 1er juin 1828) ; *c* / en une époque où il n'y a aucun autre pouvoir qui puisse légiférer, et ayant alors valeur législative en qualité de *décret-loi de nécessité. Ex. o. 9 août 1944 sur le rétablissement de la légalité républicaine ; *d* / avec valeur législative, en vertu d'une disposition expresse de la Constitution (V. Const. 1958, a. 92 anc.) ; *e* / en matière législative, en vertu d'une loi d'habilitation (Const. 1958, a. 38) ; *f* / pour remplacer le budget non voté en temps utile (Const. 1958, a. 47). V. *loi, décret*.
- **2** Nom donné à certaines *décisions émanant d'un juge unique (président de juridiction, juge d'instruction, juge de la mise en état) qui peut revêtir soit un caractère juridictionnel, contentieux (ordonnance de référé) ou gracieux (certaines ordonnances sur requête), soit le caractère d'une mesure d'administration judiciaire (ordonnance de renvoi, de soit-communiqué) et dont l'objet peut être très divers : ordonnance de clôture (CPC, a. 782), ordonnance d'envoi en possession du légataire universel (C. civ., a. 1008), ordonnance de non-conciliation en matière de divorce (CPC, a. 1111), etc. Comp. *jugement, arrêt*.

— **de clôture.** V. *clôture (ordonnance de)*.

— **de non-lieu.** V. *non-lieu*.

— **de prise de corps.** V. *prise de *corps*.

— **de *référé.** Décision provisoire (qui n'a pas, au principal, l'autorité de la chose jugée mais ne peut être modifiée ou rapportée qu'en cas de circonstances nouvelles) rendue à la demande d'une partie, l'autre présente ou appelée, dans les cas où la loi confère à un juge (ex. président du tribunal de grande instance, premier président de la cour d'appel, CPC, a. 956) qui n'est pas saisi du principal le pouvoir d'ordonner immédiatement les mesures nécessaires (CPC, a. 484). Ex. ordonnance prescrivant la saisie d'un journal. V. *urgence*.

— **de renvoi.** V. *renvoi*.

— **de soit-communiqué.**

a / Ordonnance du président du tribunal prescrivant la *communication d'une affaire civile au ministère public (CPC, a. 427).

b / Ordonnance par laquelle le juge d'instruction, avant de clore l'instruction, ordonne la communication de la procédure d'un dossier au procureur de la République qui devra ensuite lui adresser ses réquisitions.

— **de taxe.** Ordonnance par laquelle (en cas de contestation), le président de la juridiction ou le magistrat délégué à cet effet statue après l'avoir vérifié sur le compte des *dépens (CPC, a. 709).

— **sur requête.** Décision *provisoire rendue non contradictoirement dans les cas où le requérant est fondé à ne pas appeler la partie adverse (CPC, a. 493) à charge, pour tout intéressé, d'en référer au juge qui a fait droit à la requête (afin d'en obtenir la modification ou la rétractation, a. 496, 497). Ex. ordonnance prescrivant une mesure conservatoire, not. l'apposition de scellés. V. CPC, a. 17.

- **3** Acte par lequel un ordonnateur principal donne à un comptable public l'ordre de recevoir ou de verser des fonds au nom de l'État ou de la collectivité qu'il représente. Comp. *mandatement*. V. *ordonnancement*.

— **de délégation.** Acte par lequel un ordonnateur principal transmet à un ordonnateur secondaire le droit de *mandater un montant déterminé de crédits budgétaires.

— **de paiement.** Ordonnance délivrée directement par un ministre à un créancier de l'État.

- **4** Décision émanant d'un tribunal international, de la Cour permanente de justice internationale, de la Cour internationale de justice ou de son président qui a pour objet, dans la direction du procès, de régler un point de procédure sans toutefois se prononcer sur le fond de l'affaire, ou de donner acte d'un arrangement amiable ou d'un désistement (la Cour internationale de justice se prononce parfois par voie d'ordonnance sur une requête en indication de mesures conservatoires, ou pour radier une affaire du rôle).
- **5** Nom donné à certains arrêtés de préfets (préfet de Paris).
- **6** Dans la pratique et la jurisprudence médicale et pharmaceutique, *prescription signée du médecin.

ORDONNANCEMENT D'UNE DÉPENSE PUBLIQUE

Dér. de ordonnancer, lui-même dér. de *ordonnance. V. *dépense, public*.

- Acte administratif par lequel une autorité qualifiée (*ordonnateur) donne à un *comptable public, conformément au résultat de la liquidation, l'ordre de payer la dette d'un organisme public. V. **engagement, *paiement d'une *dépense publique, ordonnance* (sens 3), *mandatement*.

ORDONNANCEMENT JURIDIQUE

V. le précédent ; *juridique*.

- Ensemble de *règles de Droit articulées entre elles, qui sont en vigueur à un moment donné dans une société donnée ; *Droit positif considéré dans sa structure ; ensemble des *normes, *système des règles applicables en un État donné. Comp. **ordre juridique, *corps de règles, régime, code, codification, corpus, loi, système, norme*.

ORDONNANCER

V. – Dér. de *ordonnance.

- Procéder à l'*ordonnancement d'une dépense publique. Comp. *mandater*.

ORDONNATEUR, TRICE

Subst. – Dér. de *ordonner.

- Autorité habilitée à donner à un *comptable public l'ordre de percevoir ou de verser des fonds au nom d'un organisme public (le plus souvent, l'ordonnateur est en même temps l'autorité habilitée à « engager » les dépenses de ces organismes). V. *ordonnancement, mandatement*.

—s et des comptables (principe de la séparation des). Règle en vertu de laquelle un même agent ne peut cumuler les fonctions d'ordonnateur et de comptable.

ORDONNER

V. – Lat. *ordinare* : mettre en ordre, organiser, régler.

- **1** Pour un supérieur hiérarchique, donner un *ordre à un subordonné, commander.
- **2** Pour un juge, *prescrire par *ordonnance ou autre décision une mesure particulière (d'administration judiciaire ou

d'ordre juridictionnel). Ex. ordonner la réouverture des débats, une mesure d'instruction, une saisie, la fermeture d'un établissement. Syn. *enjoindre*.

• **3** Pour le législateur, édicter une obligation, une norme positive, une prescription par opp. à permettre et à interdire. Ex. CPC, a. 19.

ORDRE

N. m. – Lat. *ordo, ordinis* : rang, ligne ; le sens de « prescription » vient du verbe *ordonner.

• **1** Ensemble ordonné, considéré sous le double rapport de son existence comme entité distincte (classe, catégorie) et de son organisation interne, que l'ordre s'applique à des personnes, des juridictions, des opérations ou activités, ou aux règles du Droit. Ex. ordre des créanciers, ordre judiciaire, ordre du jour, ordre juridique ; peut aussi bien désigner en ce sens une procédure, un groupement, une hiérarchie. Comp. *police* (I).

— **administratif.** Ensemble des juridictions administratives formant une hiérarchie dont le *Conseil d'État est la tête (V. *ordre de juridiction*).

— ***amiable.** Procédure préalable à l'ordre judiciaire tendant à établir un accord entre les créanciers hypothécaires et privilégiés pour la distribution du prix d'un immeuble, sous la direction du juge commissaire aux ordres.

— **complémentaire.** Programme de travail déterminé par la conférence des présidents de l'assemblée, en sus de l'ordre du jour prioritaire, toutes les fois que le gouvernement n'occupe pas par l'ordre du jour prioritaire la totalité du temps des séances prévues.

— **conventionnel (ou consensuel).** Accord conclu, sans intervention judiciaire, entre le débiteur et ses créanciers hypothécaires et privilégiés pour la distribution du prix de l'immeuble hypothéqué.

— **de juridiction.**

a / Ensemble distinct et hiérarchisé de juridictions de même nature. Ex. ordre judiciaire, ordre administratif.

b / Plus spécialement, dans l'article 34 de la Constitution de 1958 : toute catégorie de juridictions non réductible à celles existant déjà, et dont, dès lors, la création nécessite une loi en vertu de cet article. Ex. la création de la catégorie des tribunaux d'instance à compétence exclusivement pénale est celle d'un nouvel ordre de juridiction, d'après la décision du Conseil constitutionnel du 18 juillet 1961.

— **des avocats.** Devant chaque tribunal de grande instance, ensemble des avocats du *barreau de ce tribunal, entité dotée de la personnalité civile qui correspond, dans le rayon qui est le sien, à la *profession organisée : représenté par un *bâtonnier et administré par un *conseil, l'ordre regroupe non seulement les avocats inscrits au *tableau et les avocats inscrits sur la liste du stage, mais en *assemblée générale, les avocats honoraires. Comp. *compagnie, confrérie*.

— **des médecins.** Ordre professionnel compétent pour les professions médicales et dont sont membres tous les médecins.

— **des pharmaciens.** Ordre professionnel compétent pour les pharmaciens exerçant dans les officines pharmaceutiques.

— **d'héritiers.** Catégorie regroupant, dans la succession *ab intestat,* les héritiers ayant la même vocation ou des vocations concurrentes (descendants, *ascendants et *collatéraux privilégiés, ascendants *ordinaires, collatéraux *ordinaires), la loi réglant l'ordre (V. *ordre successoral*) dans lequel chaque catégorie est appelée à recueillir la succession, soit en l'absence de *conjoint successible (chacun des quatre ordres classés exclut les suivants, C. civ., a. 734), soit en concours avec lui (s'agissant seulement des descendants et des ascendants privilégiés, à l'exclusion des autres parents, C. civ., a. 756 à 757-2) ; *héritier comme les parents, s'il est *successible, le *conjoint survivant, seul de sa « catégorie », ne constitue pas un ordre d'héritiers. V. *rang, ligne, souche, branche*.

— **du jour.** Liste fixée à l'avance des questions qu'une assemblée délibérante aura à examiner au cours d'une séance, suivant le rang dans lequel elles ont été inscrites.

— ***judiciaire.**

a / Ensemble des juridictions *judiciaires formant une hiérarchie dont la Cour de cassation constitue le sommet.

b / Procédure tendant à faire régler par le juge commissaire à défaut de règlement conventionnel ou amiable la destination du prix d'un immeuble grevé d'hypothèque ou de privilèges.

— **juridique.** Relativement à une entité (État,

groupe d'États, etc.), l'ensemble des *règles de Droit qui la gouvernent. Ex. l'ordre juridique français, international, mais aussi d'après les conceptions de l'institutionnalisme italien (Santi Romano), l'ordre juridique de l'Église, d'une commune, d'une entreprise. Comp. *Droit objectif, système juridique, *ordonnancement juridique, *corps de règles, loi, régime, code, codification*.

— **prioritaire.** Ordre du jour dans lequel, en vertu de l'a. 48 de la Constitution de 1958, figure par priorité et dans l'ordre que le gouvernement a fixé la discussion des projets de loi qu'il a déposés et des propositions de loi qu'il a acceptées.

— **(procédure d').** V. *ordre judiciaire*.

— **professionnel.** Organisme de caractère corporatif institué par la loi au plan national, régional ou départemental et regroupant obligatoirement les membres de certaines professions libérales (avocats, médecins, chirurgiens-dentistes, sages-femmes, experts-comptables, géomètres-experts, vétérinaires et architectes) qui exerce, outre une fonction de représentation, une mission de service public consistant dans la réglementation de la profession et dans la juridiction disciplinaire sur ses membres. Comp. **chambre syndicale*.

— **successoral (ou ordre légal des successions).** Ordre (ordre successif, *rang) dans lequel la loi, à défaut de testament, appelle les diverses catégories d'héritiers (V. *ordre d'héritiers*) à recueillir la succession *ab intestat*.

- **2** Acte unilatéral par lequel une personne dotée d'un pouvoir de *commandement (supérieur hiérarchique, juge, employeur, etc.) fait obligation, à une personne qui y est tenue, de se conformer à la volonté qui y est exprimée ; désigne aussi, dans un sens atténué, certaines manifestations unilatérales de volonté ayant valeur, dans les relations contractuelles, d'*instructions ou de décisions obligeant leur auteur même (ex. ordre de vente, ordre du mandant au mandataire) ; dans tous les cas, le terme peut désigner non seulement l'acte de donner un ordre, mais l'objet de l'ordre ou le titre qui le constate. V. *injonction, prescription*. Comp. *sommation, mise en demeure, ordonner* (sens 1), *réquisition*.

— **(clause à).** Mention inscrite sur un titre afin de permettre sa transmission par *endossement.

— **(clause non à).** Mention en vertu de laquelle une lettre de change ou un chèque est stipulé payable au profit d'une personne dénommée et ne devient transmissible que dans la forme et les effets d'une cession ordinaire.

— **de bourse.** Mandat donné à un agent de change (souvent par l'intermédiaire d'un remisier ou d'un banquier pour le compte de son client) d'acheter ou de vendre à la Bourse une valeur déterminée à des conditions en général spécifiées. Ex. ordre au comptant ou à terme, ordre au premier cours ou à un cours limite, etc.

— **de service.** *Instruction obligatoire adressée par les agents techniques de l'administration aux entrepreneurs de *travaux publics et destinée à guider ceux-ci dans l'exécution du *marché.

— **du jour.** Résolution par laquelle, pour clore la discussion d'une interpellation sous les IIIe et IVe Républiques, l'assemblée décidait de passer à l'examen des questions suivantes de son ordre du jour et qui pouvait être motivée d'une façon impliquant la confiance au Cabinet ou la défiance.

— **hiérarchique.** *Excuse absolutoire au profit d'une personne qui accomplit un acte commandé par l'autorité légitime sauf si cet acte est manifestement illégal (C. pén., 122-4). Naguère prévue dans les articles 114 et 190 du C. pén. anc. en matière d'atteintes aux libertés individuelles, au profit de subordonnés qui ont agi en exécution d'un ordre illégal donné par un supérieur dans un domaine de son ressort et pour lequel lui était due l'obéissance hiérarchique.

— ***lié.** Ordre qui porte sur deux opérations dont chacune est la condition de l'autre. Ex. ordre de vente d'une valeur à un prix déterminé et ordre d'achat d'une autre valeur si la vente a eu lieu.

- **3** Par ext. (et par une personnification de la loi), désigne parfois une prescription légale.

— **de la loi.** *Fait justificatif qui exonère l'auteur d'une infraction lorsque son comportement délictueux était imposé par une disposition légale et qui prend son plein effet s'il est accompagné du *commandement de l'autorité légitime (C. pén., a. 122-4). Ex. médecin qui viole le secret professionnel en procédant à la déclaration d'une maladie contagieuse dont la loi rend la déclaration obligatoire. On assimile à l'ordre de la loi la simple *permission de celle-ci, que certains étendent même à l'autorisation de la coutume.

- **4** Parfois syn. d'*ordre public (sens 1), d'ordre social (not. dans l'expression forces de l'ordre), parfois même plus spécialement de l'ordre contraignant rétabli après des troubles par les pouvoirs publics. V. **force publique*.

ORDRE PUBLIC

V. le précédent et *public*.

Sens général

- **1** Pour un pays donné, à un moment donné, état social dans lequel la paix, la *tranquillité et la *sécurité publique ne sont pas troublées. V. *sûreté, liberté*.

- **2** Au sein d'un ordre juridique, termes servant à caractériser certaines règles qui s'imposent avec une force particulière (ex. loi ou disposition d'ordre public) et par extension à désigner l'ensemble des règles qui présentent ce caractère. Comp. *bonnes mœurs*.

▸ **I** (priv.)

- *Norme *impérative dont les individus ne peuvent s'écarter ni dans leur comportement, ni dans leurs conventions (C. civ., a. 6 ; a. 1102) ; norme *directive qui, exprimée ou non dans une loi, correspond à l'ensemble des exigences fondamentales (sociales, politiques, etc.) considérées comme essentielles au fonctionnement des services publics, au maintien de la sécurité ou de la moralité (en ce sens l'ordre public englobe les *bonnes mœurs), à la marche de l'économie (ordre public économique) ou même à la sauvegarde de certains intérêts particuliers primordiaux (ordre public de protection individuelle) ; intérêt supérieur hors d'atteinte des volontés particulières contraires ; limite à la liberté qui fait positivement ressortir les *valeurs fondamentales qu'elle protège contre les abus de la liberté. V. *illicite, cause, objet, nullité absolue, indisponibilité, interventionnisme, dirigisme, déréglementation, notion-cadre*.

— **de protection individuelle.** Celui qui tend à la sauvegarde d'un intérêt privé en raison de la *valeur fondamentale qui s'y attache (protection du corps humain, reconnaissance à tout être humain de la personnalité juridique, etc.).

▸ **II** (int. priv.)

a / Ensemble de principes, écrits ou non, qui sont, au moment où l'on raisonne, considérés, dans un *ordre juridique, comme fondamentaux et qui, pour cette raison, imposent d'écarter l'effet, dans cet ordre juridique, non seulement de la volonté privée (C. civ., a. 6) mais aussi des lois étrangères et des actes des autorités étrangères (en quoi il est dit parfois ordre public d'éviction). Pour marquer la distinction d'avec la notion homonyme du Droit interne, on parle parfois d'ordre public international ou d'« ordre public au sens du Droit international privé » ; pour rappeler la spécificité du contenu de la notion dans chaque ordre juridique, on parle d' « ordre public international français », « allemand », etc. ; lorsque les principes apparaissent comme reflétant, non pas les conceptions particulières d'un ordre juridique, mais la conviction dans celui-ci que ces principes sont en fait, ou devraient être, consacrés dans le monde entier (« principes de justice universelle considérés dans l'opinion française comme doués de valeur internationale absolue »), il est parlé d'« ordre public véritablement international »).

— **de proximité.** Expression qui marque que la perturbation de l'ordre juridique du *for, justifiant le déclenchement de l'exception d'ordre public international, est d'autant plus forte que la situation présente des liens plus étroits avec celui-ci, en raison notamment de la nationalité française et/ou de la résidence en France d'une ou des personnes concernées. Ex. une *répudiation more islamico prononcée à l'étranger est contraire à l'ordre public français dès lors que la femme est de nationalité française et/ou domiciliée en France.

— **(effet atténué de l').** Expression qui marque que le seuil de déclenchement de l'exception d'ordre public international est reculé dès lors qu'il s'agit non de créer une situation en France mais de reconnaître en France une situation déjà créée à l'étranger. Ex. le mariage polygamique contracté à l'étranger entre des personnes dont la loi personnelle l'admet sera reconnu en France, alors que la célébration d'un tel mariage en France, entre les mêmes personnes, se heurterait à l'exception d'ordre public international.

b / Spécialement en matière de *conflit de

lois, les mêmes principes lorsqu'ils conduisent à écarter l'application d'une loi étrangère rendue applicable par une *règle de conflit (réserve de l'ordre public).

— **(loi d').** Expression usitée en jurisprudence pour désigner une disposition législative considérée comme exprimant, par sa teneur même, les principes de l'ordre public. V. **lois de police*, **lois d'application immédiate*.

▸ **III** (soc., trav.)

— **social.** Conception de l'ordre public particulière au Droit du travail et au Droit social : les règles de l'ordre public social sont impératives, mais elles souffrent des dérogations, à la seule condition que celles-ci soient plus favorables aux salariés.

▸ **IV** (eur.)

— **(mesure d').** Acte d'une autorité d'un État membre, de portée générale ou individuelle, destiné à sauvegarder les intérêts essentiels de cet État.

OREAM

Sigle désignant les organismes d'études d'aménagement d'aires métropolitaines, chargés des études relatives aux schémas d'aménagement des aires des métropoles d'équilibre prévues dans la politique d'aménagement du territoire.

ORGANE

N. m. – Lat. *organum,* du gr. ὄργανον : outil.

- **1** (sens gén.). Instrument d'une *fonction ; rouage d'une *organisation ; éléments qui, liés à la structure d'une institution, en assurent le fonctionnement, par leur action combinée. V. *organisme*.

—**s de la *tutelle.** Ensemble des agents – autorités ou particuliers investis d'une *charge tutélaire – qui, individuellement ou en groupe, président à l'organisation et au fonctionnement de la tutelle : juge des tutelles, tuteur, conseil de famille, subrogé tuteur (C. civ., a. 397 s.). V. *pouvoir, autorité*.

- **2** Personne ou service chargé de remplir une fonction constitutionnelle, administrative ou internationale déterminée. Ex. le maire est l'organe exécutif, le conseil municipal l'organe délibérant de l'administration de la commune.
- **3** Individu ou groupe d'individus, investis du *pouvoir d'assurer, avec ou sans *représentation, le fonctionnement d'une personne morale. Ex. le président, le conseil d'administration, l'assemblée générale d'une société ou d'une association.

— ***principal** (int. publ.). Celui qui est créé par la convention de base d'une organisation internationale.

— ***subsidiaire.** Celui qui est créé par un organe principal en vue de l'aider dans l'accomplissement de ses fonctions avec des compétences qui dans certains cas peuvent ne pas être expressément reconnues à l'organe principal à condition de pouvoir se rattacher implicitement à la mission de celui-ci (lorsque l'idée de délégation de pouvoirs anime la mise en place d'organes subsidiaires, ex. communautés européennes, les pouvoirs délégués à un organe subsidiaire ne doivent pas modifier l'équilibre institutionnel ni faire obstacle à l'exercice de la compétence d'attribution de l'organe juridictionnel chargé de contrôler la légalité de l'action des organes de l'organisation).

ORGANIQUE

Adj. – Lat. *organicus* : musicien ou mécanique, instrumental.

- **1** Qui consiste à considérer, dans un acte, l'organe qui l'accomplit ; terme employé dans l'expression « analyse organique » pour désigner une méthode de qualification et de classification des actes juridiques par référence aux caractères de leur auteur. Ex. critère organique de la loi ou de l'acte juridictionnel. V. *matériel, formel*.
- **2** Parfois, qui préside à l'organisation des pouvoirs de l'État.

— **(loi).** *Loi fixant, dans le cadre de la Constitution, les règles relatives aux pouvoirs publics, et soumise pour son adoption à une procédure spéciale par l'a. 46 de la Constitution de 1958 (V. a. 34, 47, 63, 64, etc., de cette Constitution). Comp. *loi *constitutionnelle, *loi ordinaire*. V. *décret*.

- **3** Plus vaguement qui se rapporte à un organe. Comp. *fonctionnel*.

ORGANISATION

N. f. – Dér. du v. organiser. V. *organe*.

- **1** Action d'organiser, d'établir des structures en vue d'une activité, d'instituer des *organes en les dotant d'une *fonction ; par ext., de prévoir et de régler le déroulement d'une opération (ex. organisation d'une réunion, d'un colloque, etc.). V. *établissement, constitution, institution, administration, aménagement, gestion, investiture, planification*.
- **2** L'ensemble des normes gouvernant l'activité des organes établis, les règles de leur fonctionnement. Ex. l'organisation de la tutelle (C. civ., a. 397 s.). V. *réglementation, statut, régime, ordre, code*.
- **3** L'ensemble des *organes investis d'une fonction ; plus spécialement l'ensemble des *services d'une administration (organisation d'un ministère, d'une préfecture). V. *ordre, corps, assemblée, conseil, organisme*.
- **4** Parfois syn. de *groupement. Ex. organisation *syndicale. V. *syndicat*.
- **5** Procédure par laquelle on limite d'avance la durée d'un débat, d'une discussion, en répartissant le temps de parole entre les groupes.

— **internationale.** V. *organisation internationale*.

— **judiciaire.**

a / Ensemble des organes chargés d'assurer le fonctionnement du *service public de la justice.

b / Ensemble des règles qui déterminent la hiérarchie, la composition et la compétence des juridictions ainsi que le statut des magistrats et des auxiliaires de la justice. V. *ordre judiciaire, *conseil de l'organisation judiciaire*.

ORGANISATION INTERNATIONALE

V. le précédent et *international*.

- Collectivité composée d'États, établie de façon permanente et dotée d'une volonté distincte de celle de ses membres ; organisation *internationale dite *interétatique (encore appelée intergouvernementale) pour la différencier des groupements composés de personnes privées ne relevant pas d'un même État, qu'on appelle parfois organisations internationales privées (certaines organisations intergouvernementales, not. des *institutions spécialisées, admettent cependant comme membres à part entière ou en tant qu'associés, des collectivités qui ne possèdent pas toujours la personnalité juridique internationale).

— **non gouvernementales (ONG).** Organisations internationales privées auxquelles la Charte des Nations Unies (a. 71) et les conventions de base de certaines institutions spécialisées donnent la possibilité d'être consultées par ces organisations intergouvernementales (ex. Chambre de Commerce internationale, Fédération mondiale des Anciens Combattants, Union interparlementaire).

— **politique.** Organisation internationale dont le but est de mettre au point des attitudes communes aux États membres à l'égard des États tiers, essentiellement en fonction de combinaisons d'équilibre des forces dans la société internationale (aspect de la spécialisation des organisations internationales qui peut aussi se manifester dans le domaine économique, technique, social ou militaire) ; on distingue les organisations internationales spéciales (à ne pas confondre avec les institutions spécialisées) et les organisations internationales générales, dont le domaine d'activités recouvre l'ensemble des relations internationales entre les États membres (ex. ONU).

— **régionale.** Organisation internationale dont la vocation est limitée à regrouper des États situés dans une zone géographique délimitée, le régionalisme traduisant souvent une différenciation géopolitique, c'est-à-dire plus une solidarité politique, voire idéologique, qu'un simple particularisme géographique (ex. Organisation du traité de l'Atlantique Nord, Ligue arabe) ; l'organisation régionale se différencie d'une *organisation *universelle,* dont la vocation est d'être ouverte en principe à tous les États.

— ***supranationale.** Organisation internationale dotée d'un pouvoir de décision non seulement à l'égard des États membres, mais directement à l'égard des nationaux de ces États (ex. Communautés européennes).

ORGANISME

N. m. – Dér. de *organe.

- **1** Ensemble de *postes et de *services articulés entre eux de façon à concourir à remplir une *fonction ; ensemble d'*organes préposés à une fonction.

- **2** Par ext., l'entité titulaire de cette fonction. Ex. organisme financier, organismes de la sécurité sociale. V. *personne morale, établissement, organisation, entreprise*.

ORGANISME DE FONCIER SOLIDAIRE

- Organisme qui a pour objet, pour tout ou partie de son activité, d'acquérir et de gérer des terrains, bâtis ou non, en vue de réaliser des logements et des équipements collectifs conformément aux objectifs de politique publique d'aide au logement (C. urb., a. L. 329-1 ; CCH, a. L. 301-1).

ORGANISME GÉNÉTIQUEMENT MODIFIÉ (OGM)

N. m. – V. le précédent, modificatif et l'adv. dér. de génétique, du gr. γεννητιχος, propre à la génération.

- (Au sens de la dir. 2001/18/CE ; du 12 mars 2001 dont l'application à l'être humain est expressément exclue). Entité biologique capable de se reproduire, mais dont le matériel génétique a été modifié suivant des techniques étrangères aux modes naturels de reproduction (multiplication ou recombinaison naturelles), produit transgénique dont la dissémination sur le territoire et la mise sur le marché (s'agissant not. de semences ou de denrées alimentaires) sont soumises pour la protection de la santé humaine et de l'environnement à une réglementation spéciale.

ORIENTATION (LOI D')

V. *loi d'orientation*.

ORIENTATION PROFESSIONNELLE

Dér. de orienter, formé sur Orient. V. *professionnel*.

- Ensemble des institutions et des règles qui ont pour objet d'informer les jeunes générations sur l'éventail des professions et d'aider chacun à choisir une voie qui soit conforme à ses aptitudes.

ORIGINAIRE

Adj. – Lat. *originarius,* de *origo* : origine.

- **1** (dans le temps). Qui est à l'origine de…, au commencement. Syn. *initial, principal*. Ex. prétentions originaires, parties originaires (à un procès) ; en ce sens, qualificatif donné, sous le régime de *participation aux *acquêts, aux biens qui appartenaient à un époux, au jour du mariage et à ceux qu'il a acquis depuis, par succession ou libéralité (ainsi qu'à l'ensemble qu'ils constituent, le *patrimoine originaire) et dont l'*estimation lors de la liquidation du régime permet, par comparaison avec le patrimoine *final, de calculer les acquêts réalisés par cet époux et, par compensation avec ceux de son conjoint, la *créance de participation (C. civ., a. 1570 s.). Comp. *propre, personnel*. V. *constitutif, constituant, fondateur*.
- **2** (dans l'espace). Qui a son *origine dans…, qui provient de… ; qualificatif donné à l'individu qui se rattache à un certain territoire, soit en raison de son lieu de naissance, soit en raison du lien de filiation qui l'unit à une personne établie sur ce territoire (C. nat., a. 152, anc., C. civ., a. 17-1, a. 18 et s.). V. *national, ressortissant, étranger, réfugié*.
- **3** (pour un individu dans une société). Qui est issu de… qualifie le milieu (familial, social) où il est né et a été élevé. V. *condition, état, filiation, parenté*.

ORIGINAL

Adj.ou subst. – Lat. *originalis* : qui existe dès l'origine, primitif, originaire.

- **1** (subst.). *Titre original (ou originaire) ; *écrit dressé, en un ou plusieurs exemplaires, afin de constater un *acte juridique, signé par les parties à l'acte (ou par leur représentant), à la différence d'une *copie. Ex. : les conventions synallagmatiques doivent être établies en autant d'originaux que de parties ayant un intérêt distinct (C. civ., a. 1325). Comp. *minute*. V. *expédition, grosse, instrumentum, *acte sous seing privé, *acte authentique*.

— **(*double ou second).** V. *duplicata*.

- **2** (adj.). Qui est le résultat d'une création ; qui porte la marque de la personnalité de son auteur ; qui est *nouveau au moins par cette empreinte sinon objectivement. V. *œuvre de l'esprit, nouveauté, protégeable.*

ORIGINALITÉ

N. f. – De *original.

- Caractère de ce qui est *original (sens 2), critère qui, entrant dans la définition de l'*œuvre de l'esprit, est la condition de leur protection ; ne pas confondre avec *nouveauté (critère objectif spécifique de la protection des *brevets mais aussi des *marques).

ORIGINE

N. f. – Lat. *origo* : origine, provenance, naissance ; du v. *orior,* se lever, naître.

- **1 (d'une personne).**

α) son extraction ; ses *parents de *naissance ; la famille dont elle descend, plus largement le milieu d'où elle est issue. Ex. la famille d'origine par opp. à la famille de l'adoptant (C. civ. a. 364).

β) Son rattachement initial, par son lieu de naissance ou son appartenance ethnique et politique : pays d'origine, nationalité d'origine (C. civ. a. 17-1).

—s personnelles (accès aux). Levée, pour une personne, du *secret de son ascendance biologique ; connaissance de ses parents de naissance, révélation subordonnée à la volonté de ceux-ci, pour les personnes adoptées et *pupilles de l'État, mais en faveur de laquelle la loi a pris diverses mesures incitatives (l. 22 janv. 2002). V. *accouchement sous* X.

—s personnelles (conseil national pour l'accès aux). Organe administratif investi de la mission de faciliter l'accès aux origines personnelles des personnes adoptées et pupilles de l'État, en centralisant les informations que lui confient les parents de naissance et en les communiquant, sur leur demande, aux intéressés (l. 22 janv. 2002).

- **2 (d'une chose).**

α) Pour un produit, *pays ou territoire de *provenance.

— (*appellation d'). Nom géographique indiquant la provenance d'un bien dont l'application est réservée aux biens qui tirent de cette provenance (de ce terroir) des qualités spécifiques (vins, fromages, etc.). Comp. *indication de *provenance, label, marque, signe* (sens 4).

— (certificat d'). *Certificat délivré par un fabricant et visé par l'autorité publique attestant qu'une marchandise est produite dans une localité déterminée.

— (indication d'). Mention du pays d'origine de produits importés exigée par l'administration, en particulier par celle des douanes.

β) Pour un bien (dans la famille), *branche ascendante dont il provient : bien d'origine paternelle *(paterna)* ou maternelle *(materna).* V. C. civ. a. 732 anc. ; *fente, ligne.*

ADAGE (non reçu) : *Paterna paternis, materna maternis.*

- **3 (d'un fait, d'un droit).** *Cause initiale, lointaine d'un acte ou d'un événement. Ex. origine d'un dommage, d'un litige. Par ext., *fondement d'un droit, *source d'une obligation.

— de propriété. Histoire juridique d'un bien (immeuble, fonds de commerce) retracée par le notaire dans un *acte d'acquisition et contribuant à fonder le droit de propriété par l'indication des personnes et des actes dont le cédant (vendeur, donateur) tient lui-même ses droits. V. *auteur, ayant droit, titre.*

— d'un *délai. Acte ou événement qui le fait courir (CPC, a. 640).

OTAGE

N. m. – Probablement dér. de hôte, lat. *hospitem* (de *hospes*) en anc. franç. *ostage,* signifie d'abord logement, demeure, d'où demeure par contrainte, d'où notre sens.

- Personne prise ou livrée en garantie de l'exécution de certaines injonctions, conventions, promesses.

— (prise d').

a / (pén. interne). Espèce aggravée d'*enlèvement et de *séquestration ; action de capturer une personne et la retenir captive qui aggrave la peine de son auteur du fait que celui-ci se sert de son prisonnier comme moyen de pression afin de préparer ou faciliter la commission d'un crime ou d'un délit, de favoriser la fuite ou assurer l'impunité des auteurs ou complices, ou pour répondre de l'exécution d'un ordre ou d'une condition, par ex. le versement d'une somme d'argent (C. pén., a. 224-4).

b / (int. publ.). Action semblable qui, dans les conflits internationaux et les guerres civiles, constitue un *crime de guerre (Convention de Genève, 1949).

OUBLI NUMÉRIQUE

- **(droit à l').** Droit d'exiger l'effacement sur Internet de données collectées, indexées, stockées et mises à la disposition de tiers, lorsque leur utilisation porte atteinte à la protection des *données à caractère personnel et au respect de la *vie privée.
- Plus spécialement, droit de toute personne d'exiger de la part du responsable d'un traitement de données à caractère personnel l'effacement de celles qui la concernent (Règlement [UE] 2016/679, a. 17).

OUTRAGE

N. m. – Dér. de la préposition outre, lat. *ultra.*

- **1** *Offense, manifestation de mépris qui constitue un délit lorsqu'elle est adressée, par parole, geste, menace, écrit ou image, attentatoire à la dignité de sa fonction, à une personne dépositaire de l'autorité publique, à un agent public ou à un magistrat dans ou à l'occasion de l'exercice de ses fonctions (C. pén., a. 433-5, 434-24). V. *injure*.
- **2** Atteinte grave à un intérêt d'ordre moral, *violation flagrante et intentionnelle d'un interdit social.

— **aux bonnes mœurs.** Atteinte à la *moralité publique par paroles, écrits, images, etc., qui constituait naguère un délit dont certains éléments se retrouvent dans l'atteinte à la *moralité d'un mineur (C. pén., a. 227-24).

— **public à la pudeur.** Délit, aujourd'hui nommé *exhibition *sexuelle, consistant à causer publiquement scandale par des gestes ou des exhibitions obscènes (C. pén., a. 222.32).

OUTREPASSÉ (DÉLIT D')

Comp. de outre, lat. *ultra,* et de passé du v. passer. V. *délit.*

- Délit forestier consistant, pour l'adjudicataire, à exploiter des bois hors des limites de la coupe qu'il a acquise. V. *abattage*. Comp. *déficit de réserve*.

OUTREPASSER

V. le précédent.

- Exercer un droit, une fonction, une mission au-delà des limites de ce droit, de cette fonction, etc. ; excéder les bornes d'un mandat, d'un pouvoir. V. **excès de pouvoir, *abus de fonction, immixtion*.

OUVERT, E

Adj. – De ouvrir, lat. *aperire.*

- **1** Se dit d'une *voie de recours ou d'une *action en justice pour exprimer que le recours ou l'action peut être exercé (aux conditions de la loi), que la demande qui y tend est *recevable. Comp. *ouverture à cassation, admissible, utile, sujet, susceptible de recours*. V. *forclos*.
- **2** Sans internement. V. *milieu ouvert*.
- **3** Ostensible, *manifeste, extériorisé. V. *force ouverte, patent*.

OUVERTURE

N. f. – Lat. pop. *opertura,* altération du lat. class. *apertura* (comme ouvrir, lat. *operire,* pour *aperire,* d'après *cooperire* : couvrir).

- **1** *Faculté, possibilité offerte. V. *voie*. Comp. *admissibilité, admission*.

— **(cas d').** Hypothèses déterminées par la loi dans lesquelles un recours *extraordinaire peut être exercé. Ex. le manque de base légale est un cas d'ouverture à cassation.

— **d'une *action.** Ensemble des conditions de *recevabilité d'une demande en justice. Ex. l'action est ouverte à tout intéressé pendant un délai d'un mois, etc.

- **2** Activité, temps d'activité (not. pour un établissement). Ant. *fermeture*.
- **3** Commencement d'une opération (par ex. de pourparlers, de débats). Ant. *clôture*. V. *réouverture*.
- **4** Dans certaines expressions, désigne une opération juridique destinée à établir de nouveaux rapports : ouverture de crédit.

— **de *crédit.** Contrat par lequel une personne (le plus souvent un banquier) s'engage à mettre une somme d'argent à la disposition d'une autre, en une ou plusieurs fois.

— **en *compte courant.** Ouverture de crédit réalisée par le moyen d'un compte courant, c'est-à-dire dans laquelle le crédité, en faisant des remises après des prélèvements, fait revivre à son profit le montant de l'ouverture de crédit.

OUVRABLE (JOUR)

De l'anc. franç. ouvrier (de ouvrer, travailler, lat. *operari*) ; « jour ouvrier » (Ch. d'Orléans, rondeaux CCCXXX) jour où l'on peut travailler.

V. *jour ouvrable*.

OUVRAGE

- **1** Tout *travail indépendant (par opp. au travail subordonné du *contrat de travail, aux services du *louage de services), toute *activité (libre, créatrice) qui peut être l'objet d'un *contrat d'entreprise (ou *louage d'ouvrage). Syn. (vx) *industrie* ; sont en ce sens des ouvrages tous les travaux de façon, réparation, peinture, décoration, etc., et même nombre d'activités des professions libérales (consulter, conseiller, soigner, etc.) et pas seulement les travaux de construction. Comp. *œuvre, entreprise*.

— **(donneur d').** V. *donneur d'ouvrage*.

- **2** Ouvrage de construction ; terme générique englobant non seulement les *bâtiments mais tous les *édifices et plus généralement toute espèce de *construction, tout élément concourant à la constitution d'un édifice par opp. aux éléments d'équipement. Ex. ouvrages de viabilité, de fondation, d'ossature, de clos, de couvert (C. civ., a. 1792-2). V. *constructeur, plantations, superfices, améliorations*.

— **(louage d').** V. *louage d'ouvrage*.

— **(maître de l').** V. *maître de l'ouvrage*.

— ***public.** Immeuble (objet d'un minimum d'aménagement) affecté (quel que soit son propriétaire ou son régime de propriété) soit à l'usage direct du public, soit à un service public et soumis, en tant que tel, à un régime spécial quant à la compétence juridictionnelle et la réparation des dommages causés aux personnes et aux biens (notion altérée par des extensions jurisprudentielles qui se recoupe partiellement avec celles de *domaine public et de *travail public).

OUVRIER, ÈRE

Subst. – Lat. *operarius*. V. *ouvrage*.

- **1** *Salarié exécutant un travail manuel, par opposition au travail de bureau de l'*employé ou au travail domestique de l'*employé de maison.

— **professionnel.** Ouvrier qualifié titulaire d'un diplôme dans la spécialité correspondant à l'emploi occupé ou bénéficiant d'une expérience lui conférant une qualification dans le métier (abrégé : O.P.).

— **spécialisé.** Ouvrier n'ayant pas de qualification particulière dans le métier correspondant au poste occupé, mais disposant d'une formation préalable ou d'une expérience lui permettant de tenir un certain type de poste de travail (abrégé : O.S.).

- **2** Dans le contrat d'*entreprise (spéc. le contrat de *construction), désigne encore, parfois, l'homme de métier (en général *artisan : charpentier, maçon, serrurier, etc.) qui, en qualité d'*entrepreneur (C. civ., a. 1799), de constructeur (a. 1792-1), exécute lui-même une partie de l'ouvrage. Comp. *tâcheron*.

OYANT COMPTE

N. m. – *Oyant*, part. prés. de l'anc. v. *ouïr*, lat. *audire* : écouter, entendre. V. *compte*.

- Personne à laquelle un compte est soumis, par opposition au rendant compte. Ex. l'ex-pupille devenu majeur auquel son tuteur présente le *compte de tutelle (peu usité).

P

PAC

Sigle formé des initiales de politique agricole commune désignant, dans l'Union européenne, la politique ordonnée à l'organisation commune des marchés agricoles. Comp. *PESC.*

PACAGE

N. m. – Lat. pop. *pascuaticum,* dér. de *pascuum* : pâturage.

- *Pâturage en forêt des brebis et des moutons. V. *panage.* Comp. *paissance.*

— **(droit de).** Droit de faire pâturer les brebis et les moutons en forêt, qui ne peut être accordé, dans les forêts soumises au régime forestier, que par décision spéciale du préfet, sur proposition de l'*ingénieur en service à l'Office national des forêts.

PACOTILLE

Étym. obscure.

- Marchandises que les membres de l'équipage d'un *navire de commerce ont la faculté de transporter pour leur propre compte.

PACTE

N. m. – Lat. *pactum,* de *pacisci* : faire un pacte, un traité.

- Espèce de *convention ; terme surtout employé dans des expressions consacrées désignant des opérations d'une certaine solennité qui, en général, établissent un ordre durable (paix des familles, *charte, traité des nations) ou engagent gravement l'avenir. Ex. pacte désigne dans les relations internationales un *traité d'une importance particulière. V. *accord, protocole, transaction.*

ADAGE : *Pacta sunt servanda.*

— **civil de *solidarité (pacs).** Modalité conventionnelle d'organisation de la *vie commune entre deux personnes physiques majeures, indifféremment offerte aux *couples hétérosexuels ou homosexuels (sauf empêchement de parenté ou d'alliance ou de précédent engagement), espèce nouvelle de contrat civil nommé (C. civ., a. 515-1 s.) qui crée entre les *partenaires une solidarité courante (aide mutuelle, obligation solidaire aux dettes de ménage), et soumet tous les biens acquis à titre onéreux postérieurement à la conclusion du pacs à une indivision par moitié (laquelle peut cependant être exclue, selon la nature des biens, soit dans la convention initiale, soit dans l'acte d'acquisition), pacte qui présente un caractère précaire (il peut être dissous d'un commun accord ou par rupture unilatérale, en ce sens *union libre) et formaliste (étrangères à l'état civil, les formalités de sa formation, de sa modification ou de sa dissolution sont centralisées au greffe du tribunal d'instance). Comp. *concubinage, ménage.*

— ***commissoire.**

a / Nom que prend la clause *résolutoire expresse lorsqu'elle affecte une vente (C. civ., a. 1656). V. *résolution.*

b / Nom traditionnel donné, en matière de sûreté, à la clause qui attache à l'inexécution de l'obligation garantie, l'effet radical de rendre le créancier propriétaire du bien engagé (sans avoir à le demander en justice), sanction de rigueur qui peut aujourd'hui être convenue lors de la constitution du *gage ou postérieurement (C. civ., a. 2348 ; C. com., a. L. 521-3) ou dans la convention d'hypothèque (sauf si l'immeuble grevé est la résidence principale du débiteur, C. civ., a. 2459) et qui débouche impérativement sur l'estimation par expert de la valeur du bien lors du transfert, et, si cette valeur excède le montant de la dette garantie, sur le versement de la différence au débiteur (ou, selon le cas, sa consignation) innovation de la réforme de 2006. Comp. *clause de *voie parée.* V. *clause résolutoire.*

— **d'actionnaires.** Convention statutaire ou extra-statutaire aux termes de laquelle les associés d'une société s'accordent licitement sur les ventes à venir de leurs titres, soit à des tiers, soit entre eux, par une clause de *préemption réciproque, ou sur les modalités de leur vote dans les assemblées générales. V. *préemption, agrément, vote, statuts, assemblée.*

— **de famille.** Nom parfois donné au *contrat de mariage, en raison de l'intervention de certains parents des futurs époux, soit *honoris causa,* soit comme donateurs.

— **de préférence.** *a* / (en matière de vente). Convention par laquelle une personne s'engage, pour le cas où elle se déciderait à vendre un bien (ce n'est pas une *promesse ferme de vente) à l'offrir d'abord, aux conditions proposées par un tiers (ou à des conditions prédéterminées) au bénéficiaire du pacte, lequel jouit ainsi, pour se porter acquéreur, d'un droit de *préemption. Ex. pacte de préférence inséré dans un bail immobilier en faveur du locataire. Comp. *pacte de rachat* ou *de réméré.*

b / Plus généralement (s'agissant de tout contrat futur) convention par laquelle le promettant s'engage, pour le cas où il se déciderait à conclure, à offrir par priorité au bénéficiaire du pacte de traiter avec lui (sous l'obligation de porter à sa connaissance toute offre relative à ce contrat) (C. civ., a. 1123). Comp. **promesse unilatérale de contrat.*

— **« de quota litis ».** V. *quota litis (pacte de).*

— **de *rachat (ou de réméré).** V. *vente à réméré.*

— **nu.** V. *nu.*

— **sur succession future.** Convention qui a pour objet de créer et transmettre des droits ou de renoncer à des droits sur tout ou partie des biens qu'une personne (contractant ou tiers) laissera à son décès (vente, renonciation, etc.), convention en principe nulle (C. civ., a. 1130, al. 2) comme portant sur un droit *éventuel, sauf dans les cas où la loi l'autorise (C. civ., a. 722), exceptions nombreuses. Ex. certaines institutions contractuelles et donations de biens à venir (C. civ., a. 1082, 1093), la clause d'attribution de propres (a. 1390), la clause de continuation de société entre associés survivants (a. 1868), sont des pactes exceptionnellement validés par la loi. V. *Éventuel.*

— **tontinier.** *V. tontinier.*

PACTUM DE CONTRAHENDO

Expression latine signifiant « pacte relatif à ce qu'il est question de conclure », servant à désigner, dans les relations internationales, un accord par lequel les parties s'engagent à mener une *négociation en vue de conclure un *traité sur un objet déterminé.

PAIEMENT

N. m. – Dér. de payer, lat. *pacare* : pacifier, d'où apaiser, satisfaire, payer.

- **1** Au sens courant, *versement d'une somme d'argent en exécution d'une obligation de somme d'argent. Ex. paiement du prix de vente. V. *monnaie, imputation, *indication de paiement, remboursement, recouvrement, reversement, payable, portable, quérable.*
- **2** Au sens technique, exécution d'une obligation, quel que soit l'objet de celle-ci (somme d'argent, remise en nature d'un bien ou d'un document, autre prestation) (C. civ., a. 1342). V. *extinction, libératoire, accipiens, solvens, offres réelles, consignation.*

— **avec subrogation.** V. *subrogation.*

— **de l'indu.** Paiement ne correspondant à aucune *dette qui ouvre un droit de *répétition (une action en *restitution) à celui qui a payé par erreur (ou plus généralement sans intention libérale et donc sans cause) (C. civ., a. 1302 et s.). V. **quasi-contrat, *enrichissement sans cause, *gestion d'affaires.*

— ***direct d'une *pension alimentaire.** Mode de *recouvrement d'une pension alimentaire tendant au versement direct des sommes dues au créancier de la pension par un débiteur du débiteur de la pension (ex. employeur débiteur de salaires, banquier dépositaire de fonds). Comp. *saisie-arrêt, *recouvrement public de la pension alimentaire.*

— **d'une dépense publique.** Acte par lequel un *comptable public libère un organisme

public de sa dette : remise d'espèces ou de chèques, mandat postal, virement bancaire ou postal, éventuellement remise de valeurs publiques, effets de commerce ou autres moyens prévus par la loi. V. *ordonnancement.*
— **par compensation.** V. *compensation.*
— **par intervention d'un effet de commerce.** V. *intervention.*

PAIR

Subst. masc. – Lat. *par,* adj. « pareil, égal sous le rapport des dimensions, de la quantité, de la valeur, etc., pair ».

- **1** (pour une monnaie, un titre, etc.). Valeur correspondant à la valeur normale, *nominale. V. *parité, cours, change.*

— **(au).**
a / A la valeur nominale ; se dit d'une émission d'actions lorsque le prix d'émission est égal à la valeur nominale du titre émis (sans *prime d'émission).
b / Pour une valeur équivalente ; se dit pour caractériser la rémunération en nature de certains services (ex. garde d'enfants) par la fourniture gratuite de certains avantages (hébergement, nourriture).

- **2** (pour des individus). Personne d'un rang égal, de même appartenance. Ex. le doyen est élu par ses pairs, les juges *consulaires par leurs pairs.

ADAGE : *Primus inter pares.*

PAIR À PAIR (*PEER TO PEER*), P2P

- Modèle de réseau d'ordinateurs dont les entités constitutives dénommées « nœud » ou « pair » distribuent ou reçoivent des données, d'égal à égal, directement et sans serveur central. Ex. le bitcoin repose sur un système de pair à pair.

PAISSANCE OU DÉPAISSANCE

N. f. – De paître, lat. *pascere.*

- Action de faire ou de laisser paître des animaux domestiques en forêt ; s'entend généralement de cette action faite sans droit. Ex. animaux trouvés en paissance dans un peuplement. V. *pâturage, pacage, panage, paisson.*

PAISSON

N. f. – Du lat. *pastio,* de *pascere* : paître.

- (arch.). Syn. de *partage. Comp. *pacage, pâturage, paissance.*

PAIX

N. f. – Lat. *pax.*

- **1** Situation d'un État qui n'est en *guerre avec aucun autre ou qui ne l'est pas avec un autre État déterminé, que cette situation résulte d'un traité de paix ou de la seule prolongation d'un état de non-*agression. V. *rupture de la paix, menace, conflit, belligérance.* Comp. *neutralité.*
- **2** Dans diverses expressions, sert à caractériser une situation non conflictuelle supposant, dans des relations individuelles ou collectives, non une bonne *entente, mais à tout le moins une absence de litige, de procès. Ex. paix sociale (V. ci-dessous), paix des familles (politique législative tendant à décourager par des règles restrictives – prescription extinctive, forclusion – l'exercice d'actions en justice de nature à troubler les rapports de famille). V. *autorité de chose jugée.*

— **(juge de).** Nom naguère donné au juge des petites causes (juge unique de première instance), aujourd'hui remplacé par le *tribunal d'instance.
— **sociale (clause de).**
a / (au sens strict). Clause d'une convention collective ou d'un accord d'entreprise qui interdit pendant leur durée le recours à la grève, sur des questions réglées par l'accord ou la convention.
b / (au sens large). Toute clause limitant le recours à la grève, telle que préavis obligatoire, respect de procédures de conciliation préalablement à la grève.

- **3** *Tranquillité, absence de trouble et d'agitation.

PALAIS

N. m. – Par abrév. de palais de justice.

- **1** Lieu où l'on rend la justice ; plus particulièrement bâtiment du domaine départemental affecté au service de la justice et dans lequel siègent habituellement la cour d'appel et les tribunaux de grande instance. V. *tribunal.*

- **2** Par ext., l'ensemble de ceux qui fréquentent professionnellement ce lieu : magistrats et auxiliaires de justice, monde judiciaire.
- **3** Désigne aussi l'ensemble des activités et pratiques professionnelles qui se développent en ce lieu ; ainsi dans les expressions « usages du Palais », « style du Palais ».

— **(sur la foi du).** A titre confidentiel, entre avocats.

PALAN (CLAUSE DE SOUS-)

Empr. à l'ital. *palanco,* du lat. vulg. *palanca,* alt. de *palanga* (gr. φαλαγγα) : gros bâton.

- Clause du *connaissement aux termes de laquelle la prise en charge des marchandises par le transporteur se fait à l'instant où le chargeur remet celle-ci le long du bord pour qu'elles puissent être enlevées par le palan et la livraison au destinataire à l'instant où, à l'arrivée, elles sont déposées à quai par le palan. Syn. *clause « alongside ».* V. *déchargement.*

PALETTE

N. f. – Dér. de pale, lat. *pala* : pelle.

- Plateau, pourvu à la base d'ouvertures dans lesquelles peut s'engager la fourche d'un appareil de manutention, permettant de charger un certain nombre de colis formant un bloc homogène en vue de leur manutention, de leur stockage ou de leur transport.

— **(box).** Plateau, avec ou sans couvercle, muni de panneaux, montants ou ridelles amovibles ou repliables, constituant une version simplifiée d'un petit container.

PANACHAGE

N. m. – Dér. de panache, ital. *pennachio,* du lat. *penna* : plume.

- Dans le *scrutin plurinominal, mélange, sur un même bulletin de *vote, de noms de candidats appartenant à des *listes différentes.

PANAGE

N. m. – Anc. *pasnage,* lat. *pastinaticum,* de *pastinare* : propr. « travailler la vigne à la houe », avec un développement de sens qu'on ne suit pas dans les textes.

- Action de faire pâturer les porcs en forêt, pour y consommer les fruits des arbres forestiers. V. *pâturage, pacage, paissance, paisson.*

— **(droit de).** Droit de faire pâturer les porcs en forêt, qui, lorsqu'il est exercé dans une *forêt soumise, ne doit pas excéder une durée de trois mois, laquelle peut toujours être réduite, suivant l'état et la possibilité des forêts, par l'*Office national des Forêts.

PANONCEAUX

N. m. pl. – Dér. de *pennon, panon* : sorte d'enseigne (lui-même dér. de penne, lat. *penna* : plume).

- Double écusson à l'effigie de la République française apposé à l'entrée de l'immeuble où s'exerce l'activité professionnelle d'officiers ministériels. V. *enseigne.*

PAPIER

N. m. – Lat. *papyrus,* du gr. d'origine égyptienne.

- Terme utilisé dans diverses expressions pour désigner toute sorte de *documents *écrits de valeur très inégale (papiers officiels ou privés, etc.). V. *titre, instrumentum, pièces, archives, registre, note.*

— **commercial.** V. *papier de commerce.*

—**s d'affaires.**

a / Documents relatifs à un procès.

b / Par ext., documents constatant des liens juridiques ou relatifs à l'activité d'une entreprise (V. not. C. com., a. L. 123-12). Syn. *documents commerciaux.*

c / Terme désignant, pour toute personne immatriculée au registre du commerce et des sociétés, les factures, notes de commande, tarifs, documents publicitaires ainsi que toutes correspondances et tous récépissés concernant son activité et signés par elle ou en son nom (C. com., a. R. 123-237). Cf. *suprab /* et C. com., L. 123-12. Comp. *archives.*

— **de bord.** Documents que tout capitaine de navire doit avoir à bord pour justifier de la nationalité, de la propriété et de la navigabilité du bâtiment, de la composition de l'équipage et de la consistance du chargement.

— **de commerce.**
a / Syn. d'*effet de commerce.
b / Par ext., ensemble des effets souscrits par un commerçant. Ex. le papier de telle maison est bon ou douteux, selon la solvabilité probable de cette maison.
—**s de famille.** Syn. *papiers domestiques.*
—**s d'identité.** Syn. **pièces d'*identité.*
—**s domestiques.** *Documents établis par un particulier pour conserver (à domicile) et sous diverses formes (*journal, double de lettres, *registres, cahiers, livre de compte) la trace d'opérations ou d'événements le concernant, qui constituent des éléments de *preuve (par écrit mais distinct des preuves préconstituées), dont l'admissibilité est déterminée par des dispositions spéciales (ex. C. civ., 46, 1378-1) avec une force probante variable (ex. *commencement de preuve par écrit). V. **titre de famille.*
— **libre.** Papier non revêtu de timbres fiscaux.
— **-monnaie.** V. *monnaie, billet.*
— **timbré.** Papier spécial de différents formats, vendu pour assurer la perception du droit de *timbre par l'administration de l'Enregistrement et certains débits de tabac. Il est marqué de deux timbres, l'un à l'encre grasse indiquant la quotité du droit de timbre, l'autre à sec portant un emblème, et comporte un filigrane avec emblème et date.

PAQUEBOT

N. m. – Empr. de l'angl. *packet boat* (litt. « bateau pour le transport des paquets de lettres »).

- *Navire de commerce de fort tonnage principalement affecté au transport de passagers. Comp. *bateau, bâtiment.*

PARACHUTE DORÉ

- Large compensation financière qu'une entreprise s'engage à verser à un dirigeant, ou salarié en cas de modification importante de son contrat, éviction, licenciement ou changement de contrôle de la société (C. com., a. L. 225-22-1, L. 225-42-1, L. 227-1 al. 3 notamment). Comp. JORF 2.3.2010, dans *Commission générale de terminologie et de néologie.*

PARACOMMERCIALITÉ

Subst. fém. – Néol., préf. *para,* du gr. παρα : à côté. V. *commercialité.*

- **1** Au sens strict, nom donné à des formes de *commercialité *parallèle dont la concurrence est redoutée des commerçants (en raison not. de l'allégement des charges dont elles bénéficient), même si elle est licite, *a fortiori* dans le cas contraire. Ex. vente à la sauvette. V. *coopérative, économat.*
- **2** Plus largement, englobe toute sorte de situations marginales répondant imparfaitement aux critères de la commercialité. Ex. actes de commerce par l'accessoire, société civile par son objet et commerciale par sa forme.

PARAFISCALITÉ

Subst. fém. – Préf. *para* (v. le mot précédent) et fiscalité, dér. de *fisc.

- Ensemble de *taxes et de *redevances obligatoires perçues au profit de personnes publiques ou privées autres que l'État, les collectivités locales et les établissements publics administratifs habilités à percevoir des impôts.

PARALLÈLE

Adj. – Lat. *parallelus,* du gr. παραλληλος.

- Se dit, dans diverses expressions, d'opérations ou de voies distinctes qui tendent au même but, surtout lorsque, l'une étant seule officielle, l'autre se développe en marge de celle-ci, de façon officieuse, *clandestine ou illicite. Ex. marché parallèle. Comp. *coulisse.* V. *équivalence des résultats.*

— **(comportement).** Agissements similaires d'entreprises concurrentes qui peuvent constituer, en certains cas, des indices ou des faits de *pratiques concertées.
—**s (droits de propriété industrielle).** Droits de propriété industrielle appartenant ou ayant appartenu, dans deux ou plusieurs États, au même titulaire ou à des entreprises faisant ou ayant fait partie du même groupe.
—**s (importations).** Importations réalisées par un distributeur qui n'est pas membre du réseau organisé par le fabricant ou le producteur. V. **concurrence déloyale.*
— **(*recours).** V. *exception de recours parallèle.*

PARALLÉLISME

Subst. masc. – Dér. de *parallèle.

Terme employé dans les expressions suivantes :
— **des compétences.** Principe général consacré par la jurisprudence suivant lequel, lorsque l'autorité compétente pour modifier ou abroger un acte administratif n'a pas été désignée par les textes, cette autorité est la même que celle à laquelle ces textes ont attribué compétence pour édicter cet acte.
— **des formes.**
a / Principe général, homologue du précédent, suivant lequel un acte administratif ne peut en principe être modifié ou abrogé que par un acte dit « acte *contraire » pris dans les mêmes formes que celles imposées pour l'édiction de l'acte qu'il supprime ou modifie. V. *équipollent.*
b / Plus généralement, correspondance des formes entre l'acte qui crée un état de droit et celui qui le modifie ou y met fin. Ex. similitude des procédures de nomination et de révocation.

PARAMOUNT (CLAUSE)

De l'angl. *paramount,* « qui l'emporte sur les autres » (nom donné au Lord Paramount en raison de sa qualité de suzerain). V. *clause.*

• En matière de transport maritime, espèce de stipulation, également nommée clause souveraine (à cause de sa suprématie) en vertu de laquelle, dans un *connaissement ou une *charte-partie, les parties au contrat soumettent celui-ci à la Convention de Bruxelles ou, plus généralement, à la loi nationale qu'ils déterminent (ex. loi française, C. transp. a. L. 5422-1 s., ou toute loi étrangère).

PARAPHE

Subst. masc. – Lat. médiév. *paraffus,* altération de *paragraphus,* propr. signe servant à séparer les différentes parties d'un chapitre, d'origine grecque.

• **1** Signature abrégée destinée à approuver les *renvois ou les ratures d'un acte, ou semblablement une page d'un acte qui en contient plusieurs. V. *surcharge, apostille, addition.*

• **2** Formule d'*authentification apposée sur certains actes par un magistrat, avec sa signature, souvent remplacée par un timbre spécial.

• **3** *Authentification du texte d'un traité à l'issue des négociations par l'apposition des initiales des plénipotentiaires qui ont participé à la négociation (le paraphe peut précéder la signature lorsque les plénipotentiaires n'ont pas le pouvoir de signer, ou la remplacer lorsque les États ayant participé à la négociation en ont ainsi décidé).

PARAPHERNAL, ALE, AUX

Adj. – Empr. du lat. médiév. *paraphernalis,* dér. du gr. de basse époque παραφερνα, plur. neutre : biens paraphernaux, formé de la prép. παρα : à côté de, au-delà de, et de φερνη : dot.

• Soumis à la *paraphernalité ; se dit sous le *régime *dotal de ceux des biens personnels de la femme qui, n'ayant pas été constitués en *dot, sont laissés à son administration et à sa jouissance à la différence des biens *dotaux. S'emploie au plur. comme subst. Ant. *dotal.*

PARAPHERNALITÉ

Dér. de *paraphernal.

• Situation juridique des biens *paraphernaux sous le régime *dotal, caractérisée par l'attribution de leur gestion à la femme, laquelle avait sur eux les mêmes pouvoirs qu'une femme séparée de biens sur ses biens personnels (C. civ., a. 1576 ancien). Ant. *dotalité.*

PARAPLUIE

V. **accord parapluie*.

PARÂTRE

N. m. – Lat. basse époque *patraster* : second mari de la mère.

• *Beau-père (sens 2) péj. V. *marâtre.*

PARC

N. m. – Bas lat. *parricus, parcus,* origine obscure.

• Ensemble d'espaces ruraux ou forestiers spécialement protégés en vue de permettre la mise en œuvre d'actions de caractère culturel, scientifique ou touristique ; *territoire soumis à un régime administratif destiné à conserver et à y protéger le milieu naturel (aussi appelé pour cette raison parc naturel).

— **national.** *Zone de protection aménagée et gérée par un *établissement public national, afin d'assurer la conservation et la protection du milieu naturel : faune, flore, sol, sous-sol, atmosphère, eaux. Ex. parc de la Vanoise.

— **naturel régional.** Vaste *secteur rural ou forestier choisi comme espace privilégié en raison de ses caractères originaux (cadre naturel, faune, flore, *habitat rural, monuments) ou de sa situation (proximité d'une grande ville) et géré par les collectivités locales de façon à assurer la protection de la nature, la détente et le développement des actions culturelles.

PARCELLAIRE

Adj. – Dér. de *parcelle

- **1** Qui se rapporte à une parcelle (de terre). Ex. charge parcellaire.
- **2** Qui se fait par parcelle. Ex. opération parcellaire ; qui est divisé par parcelles. V. *remembrement, cadastre.*

PARCELLE

Subst. fém. – Lat. *particella,* dér. de *pars* : partie.

- Portion de terrain d'étendue variable et d'un seul tenant située dans un même lieu qui présente une même nature de culture ou une même affectation et appartient à un même propriétaire, constituant ainsi l'*unité cadastrale. V. *remembrement.*

— **(petite).** Terme désignant, en matière de statut du fermage, une *superficie inférieure à un certain maximum fixé dans chaque département et selon la nature des cultures par arrêté préfectoral, et dont la location échappe à l'application de certaines règles de ce statut, sauf le cas où cette terre constitue un « *corps de ferme » ou une partie essentielle d'une *exploitation agricole.

PAREATIS

Mot lat. signifiant « Obéissez », jadis utilisé pour désigner la formule (ordre, permission) destinée à rendre un jugement ou un autre *acte exécutoire hors du ressort de la juridiction dont il émanait. Comp. *exequatur, committitur.*

PARENT

N. m. – Du lat. *parens,* acc. *parentem* : qui a mis au monde.

- **1** (subst.). Le *père ou la *mère. V. *ascendant, auteur, *ligne directe, égalité parentale.* Comp. *part.*

— **de naissance.** V. *naissance (parents de).*

— **(grand-).** Le grand-père ou la grand-mère. V. *aïeul.*

- **2** (subst. ou adj.). Membre de la famille. V. *allié.*

PARENTAL, ALE, AUX

Adj. – Dér. de parent.

- **1** Qui se rapporte au père ou à la mère ou aux père et mère (pris conjointement relativement à leurs enfants), par opp. à *paternel ou *maternel. Ex. l'*autorité parentale a remplacé la puissance paternelle, le congé parental. Comp. *matrimonial, familial, conjugal.* V. *égalité parentale, biparental, coparental, coparentalité.*

—**e (contrat de responsabilité).** Nom donné à un accord passé entre le président du conseil général et les titulaires de l'*autorité parentale en cas de difficulté liée à la carence de celle-ci (absentéisme scolaire, trouble au fonctionnement d'un établissement scolaire, etc.) afin de rappeler aux signataires leurs devoirs de parent (C. civ., a. 371-1) et les inciter à assumer leurs responsabilités parentales, expédient mi-consensuel mi-comminatoire d'accompagnement social, dont l'objet est d'aménager avec eux les mesures d'aide et d'action sociales propres à remédier à la situation (l. 31 mars 2006, C. act. soc. et fam., a. L. 222-4-1), sous la menace, en cas de non-respect de leurs obligations ou de l'aménagement (ou d'un refus de participation), de mesures de pression (ex. suspension du versement des allocations familiales) ou même de sanctions diverses (C. pén., a. 227-17).

- **2** Qui se rapporte à des parents, à la parenté. Ex. le groupe parental.

PARENTALITÉ

N. f. – Néol. formé à partir de *parenté.

- **1** Sens général : lien d'autorité *parentale.
- **2** Par extension, prérogatives d'autorité parentale exercées sur l'enfant par des tiers (beaux-parents, concubins, partenaires, grands-parents, etc.). V. *coparentalité*, *monoparentalité*. Comp. *parenté*.

PARENTÉ

N. f. – Lat. pop. *parentatus,* de *parens* : parent.

- **1** *Lien qui existe soit entre deux personnes dont l'une descend de l'autre (ex. parenté en *ligne directe entre fils et père, petit-fils et grand-père, etc.), soit entre personnes qui descendent d'un auteur commun (parenté en *ligne collatérale entre frères et sœurs, entre cousins, etc.) et auquel la loi attache des effets de droit (vocation alimentaire, droit de succession, etc.) compte tenu not. de la proximité de la parenté (ligne, degré) et naguère de la qualité du lien (parenté *légitime, *naturelle). V. *paternité, maternité, filiation, génération.* Comp. *alliance.* V. *computation.*

— ***adoptive.** Lien juridique qui résulte de l'adoption entre, d'une part, l'adoptant (et sa famille), d'autre part, l'adopté (et ses descendants) et auquel la loi attache les effets de la parenté légitime.

- **2** Par ext., l'ensemble des personnes unies par ce lien, le groupe parental, la famille. Comp. *fratrie, lignage, hoirie.* V. *solidarité.*

PARÈRE

Subst. masc. – Empr. de l'ital. *parere,* lat. *parere* : paraître.

- **1** *Certificat délivré soit par des organismes professionnels (not. une chambre de commerce), soit par des commerçants notables, pour établir l'existence d'un *usage déterminé. V. *sachant.*
- **2** S'emploie quelquefois, mais à tort, en Droit international privé, comme synonyme de *certificat de coutume.

PARES MAGIS QUAM SIMILES

Formule latine signifiant « égaux plus que semblables » reprise par d'Aguesseau pour montrer que si tous les individus sont *égaux de naissance, ils ont entre eux des différences (d'âge, de sexe, de nationalité, de religion, de profession, etc.) dont certaines sont assorties d'effets de droit. D'où la coexistence du principe d'*égalité civile et de distinctions civiles sur lesquelles s'articule l'*état civil de chaque individu, les *distinctions de la loi tirant leur légitimité de leur fondement rationnel et raisonnable (la minorité légale n'est pas une *discrimination) mais pouvant prendre un caractère *discriminatoire (distinctions contraires à l'égalité des sexes ou au principe de laïcité, par ex.). V. *non-discrimination*.

PARI

N. m. – Tiré du v. parier, lat. de basse époque *pariare* : égaler.

- Contrat *aléatoire par lequel deux (ou plusieurs) personnes, qui sont d'avis divergents sur un sujet quelconque, conviennent que celle dont l'opinion se révélera exacte bénéficiera de la part de l'autre (ou des autres) ou d'une prestation déterminée (remise d'une chose, d'une somme d'argent, accomplissement d'un acte, abstention, C. civ., a. 1965). Comp. *jeu, loterie, concours.* V. *aléa.*

— ***mutuel.** Pari dans lequel les parties versent des enjeux dont la somme doit ensuite être répartie entre les gagnants en proportion de leurs mises respectives. Ainsi nommé parce que les parieurs y forment une sorte de mutualité, comparable à celle que constituent les clients d'une compagnie d'assurances et soumise à un même aléa dont chaque participant espère profiter pour empocher les mises des autres (en principe interdit, sauf autorisation gouvernementale donnée à des sociétés de courses avec prélèvement fiscal d'une partie des recettes).

— **mutuel urbain.** Pari mutuel sur le résultat des courses de chevaux organisé hors des hippodromes par les *sociétés de courses autorisées par l'État et géré, pour le compte de celles-ci, par un groupement d'intérêt économique dénommé Paris mutuel urbain (PMU) et représenté sur l'ensemble du territoire français par des mandataires habilités à recevoir les paris du public (a. 27, d. 5 mai 1997).

PARITAIRE

Adj. – Dér. de *parité.

- **1** (sens gén.). Ce qui est divisé en parts égales ou composé à égalité d'éléments divers. V. *égalitaire.*
- **2** Se dit particulièrement d'un organisme (commission, *comité, assemblée, etc.) dans lequel diverses catégories de personnes ayant des intérêts distincts (employeurs, employés ; fermiers, bailleurs) ont un nombre égal de représentants (qui sont leurs *pairs, leurs pareils).
- **3** Plus spéc. qualifie les juridictions instituées pour trancher certains litiges opposant des personnes appartenant à des catégories professionnelles différentes relativement au contrat qui les lie, dans lesquelles siègent en nombre égal (mais parfois sous la présidence d'un magistrat de l'État) des juges appartenant à la même catégorie que chacun des adversaires. Ex. le tribunal paritaire des baux ruraux comprend, sous la présidence du juge d'instance, un nombre égal d'assesseurs preneurs et d'assesseurs bailleurs ; le *Conseil de prud'hommes comprend, dans chaque formation, un nombre égal de prud'hommes patrons et de prud'hommes employés ou ouvriers. Comp. *échevinal.*

PARITARISME

N. m. – Néol., construit sur *parité.

- Système, organisation impliquant des mécanismes *paritaires, fonctionnant sous l'entière et seule responsabilité des « partenaires sociaux » (le développement du paritarisme va de pair avec celui de la *négociation collective).

PARITÉ

N. f. – Lat. de basse époque *paritas,* de *par.* V. *pair.*

- **1** (mon.). Équivalence de valeur entre deux monnaies, appréciée par référence aux critères communs dont leurs valeurs sont fonction (ex. or).

— **de *change.** Égalité de la valeur d'échange de deux monnaies dans leurs pays respectifs d'émission.

- **2** (entre catégories sociales). *Égalité en nombre ; égalité mathématique entre diverses catégories dans la composition d'un groupe, réalisée lorsque chaque catégorie y est représentée par un même nombre de personnes. Ex. parité entre prud'hommes patrons et prud'hommes employés dans chaque formation du conseil de *prud'hommes ; parité entre hommes et femmes dans une élection (autant de candidats que de candidates), ou dans une assemblée (autant d'élues que d'élus).

PARJURE

Subst. masc. – Lat. *perjurium* (parjure) et *perjurus* (menteur, imposteur) de *perjurare* (se parjurer, faire un faux serment, attester par un faux serment), de *per* (à travers ; exprimant une transgression) et *jurare,* jurer, prêter serment, attester sous serment.

- Nom parfois encore donné dans la pratique au *faux *serment prêté en justice et à l'auteur d'un tel serment (C. pén., a. 434-17) ou à celui d'un *témoignage *mensonger fait en justice sous serment (C. pén., a. 434-13).

PARLEMENT

N. m. – Dér. de parler, avec influence, pour le sens, de l'angl. *parliament,* lui-même pris au français.

- **1** Dans l'Angleterre traditionnelle, nom donné à l'organe législatif complexe formé du roi et des deux chambres.
- **2** Dans certains régimes représentatifs, nom donné à l'*assemblée ou aux assemblées délibérantes de l'État, issues au moins partiellement de l'élection, et ayant pour mission principale de voter les lois et le budget, souvent aussi, de contrôler les ministres. V. *Assemblée nationale, Sénat.*
- **3** Nom que porte, dans l'*Union européenne, une institution non dotée du pouvoir législatif.

— **européen.** Assemblée des représentants des citoyens de l'Union européenne élus au suffrage universel direct (depuis 1979) qui exerce principalement des attributions d'ordre consultatif et remplit diverses autres fonctions (investiture de la *Commission européenne, vote du budget, etc.). V. *médiateur, pétition (droit de).*

PARLEMENTAIRE

Adj. – Dér. de *Parlement.

- **1** (adj.). Qui appartient ou se rapporte au Parlement ou à ses membres. Ex.

*indemnité, *immunité, *mandat. V. *représentatif, démocratique, républicain.*

● **2** (subst.).

a / (const.). Membre du Parlement ; actuellement en France : député ou sénateur.

b / (intern. et mil.). Personne chargée de *pourparlers, par ex. en vue de faire cesser des hostilités.

— **(régime).**

a / (sens le plus large). Au XIXᵉ siècle, syn. de régime représentatif (rare auj. en ce sens).

b / (sens large). Tout régime dans lequel l'organe du pouvoir exécutif ou un organe partiel de ce pouvoir, le cabinet ou gouvernement, est politiquement responsable devant une ou plusieurs assemblées représentatives qui peuvent provoquer sa démission.

c / (sens étroit, le plus courant). Ceux de ces régimes dans lesquels le pouvoir exécutif est formé de deux éléments distincts, un chef de l'État irresponsable et un cabinet responsable devant une assemblée qui peut être dissoute par lui ou par le chef de l'État. Le régime parlementaire est dit « dualiste » si le cabinet peut être destitué aussi bien par le chef de l'État que par une assemblée. Ex. la monarchie de Juillet (V. *orléanisme*) ; « moniste » si le cabinet est responsable seulement devant les chambres ou l'une d'elles. Ex. la Grande-Bretagne aujourd'hui. Comp. *séparation des pouvoirs, présidentiel (régime).*

PARLEMENTARISME

Dér. de *parlementaire.

● **1** (sens large). Système constitutionnel comportant l'existence et l'action d'un *Parlement.

● **2** Syn. de régime *parlementaire.

PARLOIR

Subst. masc. – Du v. parler.

● Dans les établissements pénitentiaires, local où ont lieu les visites aux détenus.

PAROLE

N. f. – Lat. ecclés. *parabola,* propr. « parabole du Christ », d'où parole par excellence, du gr. παραβολη.

● **1** Ce qui a été dit, les termes d'un discours ou d'une déclaration, par ext. les expressions d'un texte (on parle en ce sens des paroles de la loi). V. *verbal, prononcé, injure, outrage, silence, expressis verbis, dire.*

● **2** L'expression *orale par opp. à l'expression *écrite, par ext. la faculté de s'exprimer ainsi (V. *droit à la parole*). V. *voix, oralité.*

● **3** L'engagement pris oralement (parfois nommée parole d'honneur), par ext. toute *promesse faite (parole donnée). V. **bonne foi, consensualisme, promesse, serment, fidélité, respect.*

● **4** Opinion, avis et, par ext., occasion de s'exprimer, de faire connaître son sentiment, son point de vue. Ex. la parole de l'enfant dans les procès qui le concernent.

● **5** Le droit de parler (à son tour). Ex. avoir la parole.

— **(droit de).**

a / Droit que possède tout membre d'une assemblée délibérante de demander et obtenir la parole (sens 2) dans une discussion selon les conditions fixées par le règlement de l'assemblée.

b / Droit que possèdent les membres du gouvernement, non seulement d'accéder aux chambres, mais aussi d'y obtenir la parole quand ils la demandent (Const. 1958, a. 31, et a. 56, al. 1, r. AN).

MAXIMES :

Les paroles de la loi se pèsent comme des diamants (Bentham). La plume est serve, la parole est libre.

● On lie les bœufs par les cornes et les hommes par les paroles.

PARQUET

Dér. de parc, propr. petit enclos, d'où : partie d'une salle de justice où se tiennent les juges (ainsi nommée à cause de la barre).

● **1** Groupe des *magistrats exerçant les fonctions du *ministère public, soit à la Cour de cassation (parquet de la Cour de cassation placé sous l'autorité du *procureur général près cette Cour), soit à la cour d'appel (parquet général établi dans chaque cour sous l'autorité du *procureur général près cette cour), soit dans chaque tribunal de grande instance sous l'autorité du *procureur de la République. V. *substitut.*

• **2** Local réservé dans une juridiction aux magistrats exerçant auprès d'elle les fonctions du ministère public ainsi qu'aux services du parquet (sens 1), où la loi prescrit l'accomplissement de certains actes (ex. la *signification d'un acte destinée à une personne domiciliée à l'étranger est faite au parquet, CPC, a. 684).
— **européen.** Organe de l'Union européenne, doté de la personnalité juridique, compétent pour rechercher, poursuivre et renvoyer en jugement les auteurs et complices des infractions pénales portant atteinte aux intérêts financiers de l'Union (Directive [UE] 2017/1371 ; Règlement [UE] 2017/1939 du 12 octobre 2017).
— **général.** V. ci-dessus, 1.
— **(magistrats du).** Magistrats du *corps judiciaire exerçant auprès des juridictions les fonctions du ministère public (et formant la *magistrature debout) qui sont placés statutairement sous la direction et le contrôle de leurs chefs hiérarchiques et sous l'autorité du garde des Sceaux (mais dont la *parole est libre à l'audience) (o. n° 58. 1270, 22 déc. 1958, a. 1 et 5). Comp. *magistrat du *siège.*

• **3** Lieu de la *Bourse où est publiée la *cote officielle. V. *corbeille, coulisse.*

PARRAINAGE PUBLICITAIRE

De parrain. lat. pop. *patrinus,* de *pater* : père, V. *publicité.*

• Action de patronner une initiative à fin de publicité ou de promotion ; sorte de *mécénat (au sens large) qui se distingue du *sponsorisme au sens strict en ce que l'encouragement, prodigué à des concurrents amateurs (non professionnels), peut se réduire à une assistance ponctuelle et fragmentaire (fourniture de vêtements, d'éléments d'équipement, etc.) ; par ext., le contrat qui tend à cette fin. V. *sponsor, sponsoring.*

PARRICIDE

Subst. – Lat. *parricidium.*

• **1** *Homicide volontaire commis sur la personne d'un ascendant légitime ou naturel (quels que soient son degré de parenté et son sexe) ou sur les père ou mère adoptifs, qui expose son auteur à une peine aggravée en raison de la personnalité de la victime (sans cependant que la loi, aujourd'hui, qualifie expressément ce crime aggravé de parricide). C. pén., a. 221-4. V. *meurtre, assassinat, infanticide, régicide.*

• **2** L'auteur de cet homicide.

PART (I)

Subst. fém. – Lat. *pars, partis* : partie, portion.

• **1** (sens abstrait). Quotité d'une *universalité ou d'un bien indivis que chaque coïndivisaire (cohéritier, époux commun en biens, copropriétaire) a *vocation à recueillir ; *quote-part (exprimée par une fraction) du tout indivis. Ex. part de succession (un tiers), part de communauté (la moitié), etc. Ex. C. civ., a. 757-1, 873. Syn. *portion* (sens 1). V. *partage, tête, préciput, prélèvement, *avancement d'hoirie, rapport.*
— **(hors).** V. **préciput et hors part.*
— **virile.** Syn. **portion virile.*

• **2** Dans un sens voisin, la part sociale et par ext. le *titre qui la représente.
— **de *fondateur (ou part bénéficiaire).** Titre négociable créé par une société commerciale par actions, ne conférant pas à son titulaire la qualité d'associé mais pouvant ouvrir, à titre de créance éventuelle contre la société, un droit fixe ou proportionnel dans les bénéfices sociaux, bénéfices d'exercice ou boni de liquidation (la loi du 24 juill. 1966 a prohibé la création de parts de fondateurs et édicté des mesures destinées à hâter la disparition de celles qui existent par rachat ou conversion en actions).
— **d'intérêts.** Nom naguère donné à la part sociale des associés en nom collectif. V. *société de personnes.*
— **sociale.**

a / Fraction du capital social dont l'appropriation donne à l'associé le droit de participer à la vie de la société et au partage des bénéfices.

b / Par ext., le droit de l'associé dans une société civile et commerciale, droit soumis à un régime variable suivant la forme de la société. V. *société anonyme, société de capitaux, société à responsabilité limitée, société de personnes.*

• **3** (sens concret). *Portion (sens 2) de

biens attribués en partage à un *copartageant ; ensemble des éléments concrets qui composent son *lot. Ex. C. civ., a. 824. V. *allotissement, *assignation de parts, attribution, abandonnement, fournissement.*

• **4** Plus généralement, partie d'un tout. V. *part *contributive, contribution.*

PART (II)

Subst. masc. – Du lat. *partus* : enfanté (dér. de *parere, partum* : mettre au monde).

• Dans certaines expressions, l'enfant né, le nouveau-né. V. **confusion de part, *supposition de part, *suppression de part.* Comp. *parent.*

PARTAGE

Subst. masc. – Dér. de partir, propr. partager, lat. pop. *partire,* lat. class. *partiri* : diviser, répartir.

• Opération à *effet *déclaratif par laquelle les copropriétaires d'un bien ou d'une universalité (succession, communauté) mettent fin à l'*indivision, en attribuant à chaque *copartageant, à titre privatif, une portion concrète de biens (terrain, titres, argent liquide, bijoux) destinés à composer son *lot ; désigne selon les cas, soit, dans l'ensemble de ses opérations, l'acte (juridique) de partage (convention de partage, partage fait en justice), soit plus spécialement, l'opération matérielle de *répartition des biens en lots distincts (formation et attribution des *lots) (C. civ., a. 815 s.). V. *attribution, *attribution préférentielle, part, portion, prélèvement, préciput, rapport, *avancement d'hoirie, *maintien de l'indivision, sursis, *action en partage, indivisaire, licitation, allotissement, assignation de parts, fournissement, en *nature, égalité.*

— ***amiable.** Partage que les copartageants, tous présents, majeurs et d'accord, font selon la *forme qu'ils jugent convenable (C. civ., a. 835).

— **d'ascendant.** Acte par lequel un ascendant distribue et partage tout ou partie de sa succession entre ses descendants par donation (V. **donation-partage*) ou par testament (V. **testament-partage*), en composant lui-même les *lots qu'il attribue à chacun et en veillant (sous la menace de l'action en réduction) à ce que chaque lot soit au moins égal à la part de *réserve de son attributaire (C. civ., a. 1075 s.). Acte aujourd'hui nommé *libéralité-partage et doté, sous ce nom, de potentialités élargies.

— **d'opinions.** V. *opinion.*

— **judiciaire.** Partage fait en justice, assujetti à diverses formalités, dans les cas déterminés par la loi (désaccord, absence, etc.).

— **par souche.** V. *souche.*

— **par tête.** V. *tête.*

— **provisionnel.** V. *provisionnel.*

PARTAGE DE CODE

Commercialisation partagée d'un vol entre la compagnie aérienne qui assure ce vol sous son propre indicatif technique, communément appelé « code », et une autre compagnie aérienne.

PARTAGÉ, ÉE

Adj. – Part. pass. du v. partager. V. *partage.*

• **1** Divisé en plusieurs *parts ou portions. Ex. succession partagée. Comp. *loti.* V. *indivis.*

• **2** Limité à une part, à une partie, partiel. Ex. responsabilité partagée, *torts partagés. Comp. *réciproque, respectif, prépondérant.*

PARTAGEABLE

Adj. – Dér. de *partage.

• **1** Destiné à être *partagé. Ex. la masse partageable, masse à partager. V. *commun, héréditaire, successoral, indivis.*

• **2** Qui peut être matériellement et commodément divisé en plusieurs *portions concrètes réparties, en nature, entre les copartageants (C. civ., a. 1686, al. 1). Ex. immeuble divisible par appartements. V. *attribution, licitation, part, lot.* Comp. *divisible.*

PARTENAIRE

Subst. – Angl. *partner,* anc. **parcener,* pris de l'anc. franç. *parcenier, parsonnier (associé),* ou *parsoner,* du bas lat. *partitionarius,* de *partitio,* partage.

• **1** Personne qui participe avec d'autres à des *négociations pour la défense de ses intérêts ; les partenaires ne sont encore ni *parties contractantes à un accord qu'ils auraient signé (V. *signataire, cocontractant*), ni *parties *adverses à un procès qui les opposerait (V. *adversaire*), mais peuvent le devenir.

- **2** Personnes publiques ou privées (États, entreprises) qui entretiennent des relations économiques ou/et politiques suivies et unissent leurs efforts dans la poursuite d'un objectif commun.
- **3** Nom donné aux *concubins et (dans la loi même) aux personnes qui ont conclu un *PACS.

—s sociaux. *Parties en présence dans les relations collectives de travail : groupes d'employeurs et groupes de salariés, représentés par leurs organisations syndicales respectives.

PARTENARIAT (MARCHÉ DE)

N. m. – De *partenaire ; V. *contrat*.

- Nouveau type de *contrat administratif créé (distinctement du *marché public et de la *délégation du service public) en vue de développer l'association de l'entreprise privée aux investissements et à l'exploitation d'équipements ou de services publics, de manière à assister les autorités administratives dans l'exercice de leurs missions, contrat dont l'objet – très largement conçu – peut être la conception, la réalisation, la transformation, l'exploitation et le financement d'équipements publics et/ou la gestion et le financement de services, et qui, conclu pour un terme qui peut être long, est soumis à un régime spécifique (l. 2 juill. 2003 ; o. 17 juin 2004).

PARTENARIAT ENREGISTRÉ

N. m.

- Désigne, en droit de la famille, la convention, enregistrée auprès d'une autorité publique et soumise à un statut légal, conclue entre deux personnes pour organiser leur vie commune. Pacte civil de solidarité en France ou *civil partnership* de droit anglais (C. civ., a. 515-7-1).

PARTIAIRE

V. *colon partiaire*.

PARTI POLITIQUE

Part. pass. pris subst. de partir : partager. V. *partage*.

- Groupement de personnes ayant les mêmes opinions politiques et s'organisant pour en poursuivre l'application par une action commune en vue de la conquête du pouvoir et dans l'exercice de celui-ci (V. Const. 1958, a. 4). Comp. *association, *groupe de pression*.

PARTICIPATIF, IVE

Adj. – Néol., construit sur *participation.

- Destiné à faire participer un tiers (apporteur de capitaux, épargnant) aux résultats d'une entreprise, sans l'y associer. Comp. *associationnel, associatif, communautaire*.

— (financement). V. *financement participatif*.

— (prêt). Moyen de *financement intermédiaire entre le *prêt à long terme (il est remboursable à l'échéance) et la *prise de *participation (il participe aux fonds propres de l'entreprise) permettant à divers organismes (établissements de crédit, banques, sociétés commerciales, etc.) ou à l'État d'apporter un concours financier (sur des fonds disponibles à long terme) à des entreprises commerciales ou industrielles, moyennant le service d'un intérêt fixe (modique) en général majoré d'une participation au bénéfice net de l'emprunteur.

—s (titres). Espèce de titres émis par les sociétés par actions appartenant au secteur public et les sociétés anonymes coopératives (afin de développer leurs investissements par appel à l'épargne sur une longue période) qui proposent au porteur une rémunération comportant une partie fixe et une partie variable (en fonction not. des résultats de la société) et sont négociables mais ne sont remboursables qu'en cas de liquidation de la société ou, à son initiative, à l'expiration d'un délai au moins égal à sept ans (C. com., a. L. 228-36 s.) Comp. *emprunt, prêt, *émission d'*obligations*.

PARTICIPATION

N. f. – Lat. *participatio,* du v. *participare* : faire participer ou avoir sa part de.

- **1** Fait de participer à une action, une opération, une activité, de manière occasionnelle ou habituelle.

— **criminelle.** Comportement tendant à coopérer sciemment à la réalisation d'une infraction, incriminé en Droit français à titre d'action principale, de *coaction (*coauteur), de *complicité, ou parfois de délit distinct. Comp. *instigation.*

- **2** Plus spéc., fait de coopérer à une activité et d'être associé à ses résultats (ex. participation d'un époux à l'activité professionnelle de l'autre), par ext. le droit correspondant (ex. possibilité donnée aux travailleurs de l'entreprise de coopérer ou de prendre part à la vie de leur entreprise). V. *collaboration, assistance.*

— **à la gestion.** Introduction des salariés d'une entreprise dans ses organes de *gestion, qui existe sous une forme atténuée dans les mécanismes d'information et de consultation assurés par l'intermédiaire des comités d'entreprise. Comp. *cogestion.*

— **(association en).** V. **société en participation.*

— **aux bénéfices.** Vocation à une fraction des bénéfices de l'entreprise ou d'une exploitation, qui peut procéder d'origines diverses (société, prêt, contrat de travail) ; association aux résultats financiers. V. *intéressement.*

— **aux fruits de l'expansion.** Droit pour les salariés à une fraction des bénéfices de l'entreprise qui est mise en compte dans une réserve spéciale dite *réserve de participation et dont chacun ne peut en principe disposer, pour sa part, pendant une certaine durée.

— **(société en).** V. **société en participation.*

- **3** Par ext. (à considérer les résultats de la participation ainsi définie), la part ou la situation de celui qui participe.

a / (sens large). Ensemble des parts qu'une personne détient dans le capital d'une société en vue d'y exercer une influence ou de la contrôler. V. *groupe de sociétés, holding, concentration, contrôle.*

b / (sens étroit). Situation qui résulte, pour une société, de la détention, dans le capital d'une autre société, d'une fraction comprise entre 10 et 50 % (C. com., a. L. 233-2). V. *filiale, société mère.*

— **(prise de).** Opération par laquelle une société (par ex. une banque) acquiert une portion du capital d'une autre société. V. *contrôle, concentration.* Comp. *participatif (prêt), participatif (titre).*

—**s réciproques.** Celles qui s'établissent entre deux sociétés commerciales lorsque chacune détient une part du capital de l'autre ; encore nommées croisées (C. com., a. L.233-29 s.). Syn. *autocontrôle.*

PARTICIPATION AUX ACQUÊTS

V. le précédent ; *acquêts.*

- *Régime matrimonial *conventionnel, de caractère *mixte, en vertu duquel chacun des époux conserve, pendant le mariage, l'administration, la jouissance et la libre disposition de ses biens personnels (comme s'ils étaient mariés sous le régime de *séparation de biens), mais dans lequel, à la dissolution du régime, chacun a le droit de participer pour moitié, en valeur, aux acquêts nets constatés dans le patrimoine de l'autre et mesurés par la double *estimation du patrimoine *originaire et du patrimoine *final (C. civ., a. 1569). V. **créance de participation.* Comp. *communauté.*

PARTICULARISME

N. m. – Dér. de *particulier.

- **1** Ensemble des données (culturelles, linguistiques, ethniques, économiques, etc.) qui donnent à une partie d'un État (par ex. une région) vocation à être reconnue comme une entité. Comp. *autonomie, régionalisme, indépendance.*
- **2** Spécificité ; ensemble des éléments (tendances, méthodes, etc.) qui caractérisent une matière (spéciale), une discipline, un système juridique. Ex. particularisme du droit agricole. Comp. *autonomie.*

PARTICULE

N. f. – Lat. *particula,* de *pars, partis.*

- Préposition (de, du, de la, des) précédant le corps du *nom patronymique dont elle constitue un accessoire détaché – mais avec lui transmissible – à tort considérée comme un signe de noblesse. V. *titre nobiliaire.*

PARTICULIER

Subst. – Lat. *particularis,* de *pars* : partie.

- **1** *Personne *privée, personne quelconque, considérée dans ses intérêts privés, par opp. à l'État et aux personnes publiques ou aux gouvernants et agents publics remplissant les fonctions étatiques.
- **2** Désigne parfois seulement l'individu, la *personne physique, par opp. au groupement.
- **3** Parfois, la maison individuelle bourgeoise. Ex. le particulier tourangeau.

PARTICULIER, IÈRE

Adj. – V. le précédent.

- **1** Par opp. à *général et à *commun, *spécial, propre à… Ex. dans le CPC les dispositions particulières à chaque juridiction (a. 750 s.).
- **2** Par opp. à *uniforme, *individuel, individualisé, *personnalisé. Ex. traitement particulier, *avantage particulier. Comp. *privilégié, favorable.*
- **3** Par opp. à semblable et à conforme, différent, personnel, singulier, original. Ex. un avis particulier, une opinion particulière. Comp. *dissident.*
- **4** Parfois syn. de *privé, *propre. V. *exclusif, privatif.*
- **5** Syn. de « à titre particulier ».

— **(à titre).** Qui porte sur un ou plusieurs biens déterminés par opp. à *universel et à titre universel (englobe résiduellement tout ce qui n'est ni l'un ni l'autre, C. civ., a. 1010) ; se dit en matière de libéralité testamentaire des dispositions caractérisées par cette vocation limitée, de cette vocation même ou de son bénéficiaire (disposition à titre particulier, *legs à titre particulier, etc.) ; se dit, entre vifs, des opérations à titre gratuit ou onéreux (donation, vente) répondant à ce critère (cession à titre particulier). V. *ayant cause à titre particulier.*

PARTIE

Part. fém. pris substant. de partir.

- **1** Partie au contrat (ou à la convention), partie contractante ; désigne toute personne liée par l'accord, qu'elle soit *présente ou *représentée. Syn. *contractant.* Comp. *cocontractant, signataire, partenaire.* Ant. *tiers.* V. *représentant, ayant cause, *relativité des conventions.*
- **2** Partie au procès (ou à l'instance), partie litigante ; personne physique ou morale engagée dans un procès ; toute personne qui est dans l'*instance, soit comme *demandeur (parfois unique, V. *requérant*), soit comme *défendeur, soit comme *intervenant, y compris le *ministère public (partie *jointe ou partie *principale). V. *litigant, colitigant, appelant, intimé.* Ant. *tiers.*

— ***adverse.** Syn. *adversaire.*

— **civile.** Individu ayant personnellement souffert d'un dommage directement causé par une infraction, qui exerce contre les auteurs de ce dommage l'action civile en réparation du préjudice causé par l'infraction. Si la *victime porte son action civile devant la juridiction répressive, elle devient partie au procès pénal (C. pr. pén., a. 1 s.), d'où son nom.

— **intervenante.** Tiers qui, par voie d'*intervention volontaire ou forcée (V. *mise en cause*), devient partie au procès engagé entre des parties originaires (CPC, a. 325 s.).

— **jointe.** Position habituellement tenue par le ministère public dans un procès civil qu'il n'a pas fait naître et dans lequel il intervient par voie de *réquisition pour donner à la juridiction saisie un simple avis sur la solution de l'affaire (CPC, a. 424 s.). V. *communication.*

— ***principale.**

a / Partie *originaire par opp. à partie intervenante ou à partie jointe ; plaideur (demandeur ou défendeur) qui est au nombre de ceux entre lesquels le procès s'est engagé. V. *initial.*

b / Plus spéc. position de demandeur ou de défendeur exceptionnellement occupée par le ministère public dans un procès civil où il agit comme mandataire (représentant le préfet, CPC, a. 421), ou d'office par voie d'*action, soit dans les cas spécifiés par loi (ex. en matière d'autorité parentale, C. civ., a. 375, ou de protection des majeurs, C. civ., a. 430), soit pour la défense de l'ordre public. V. CPC, a. 422 et 423.

c / Auprès des juridictions répressives, le ministère public (qui a pour mission d'exercer l'action publique et a toujours la position de partie principale).

— **publique.** Le ministère public en tant qu'il exerce l'action publique devant les tribunaux répressifs.

• **3** Élément d'un tout, subdivision d'un ensemble. Ex. élément de la *nomenclature budgétaire : chaque *titre du budget est divisé en parties, chaque partie en *chapitres ; partie législative ou partie réglementaire d'un code.

— **double (comptabilité en).** V. *comptabilité.*

— **simple (comptabilité en).** V. *comptabilité.*

PAS-DE-PORTE

N. m. – Pas : lat. *passus* ; porte : lat. *porta.*

• **1** Somme exigée, soit à titre d'indemnité compensatrice du droit au renouvellement d'un bail commercial, soit, en supplément de loyer, par le bailleur au moment de la conclusion du bail ou par le locataire qui cède son bail.

• **2** Dans une acception plus large, somme versée au cédant par le cessionnaire d'un bail commercial. Comp. *reprise.*

PASSAGE

N. m. – Dér. de passer, lat. pop. *passare,* dér. de *passus.*

• **1** Fait de traverser la propriété d'autrui afin not. d'accéder – venant d'une autre propriété voisine enclavée – à la voie publique ; par ext., la voie par laquelle on passe.

— **(droit de).** Droit, pour le propriétaire d'un fonds, de traverser le fonds d'autrui (à pied, avec des véhicules ou par des canalisations selon les cas) en vertu d'une *servitude légale ou conventionnelle. V. *enclave.*

• **2** Fait de franchir une frontière. V. *contrebande.*

— **(droit de).** Droit en général coutumier, pour un État, de faire entrer ou transiter sur le territoire ou dans les enclaves d'un autre État des forces civiles ou militaires placées sous son autorité. V. *transit.*

• **3** Fait d'embarquer sur un navire ou un aéronef, sans faire partie de l'équipage. Comp. *transport.*

— **(contrat de).** Convention par laquelle l'exploitant d'un navire ou d'un aéronef s'oblige à transporter un voyageur (C. transp., a. L. 5421-1).

— **en douane.** Formalités douanières effectuées à l'entrée ou à la sortie d'un navire.

— **(frais de).** Dans la marine militaire, indemnité versée à une « table » pour nourrir les passagers admis épisodiquement à cette table.

— **(prix du).** Somme payée par le passager en rémunération du service rendu par le transporteur. Syn. *fret de passage.*

• **4** Passage maritime.

— **en transit sans entrave (droit de).** Droit reconnu aux navires, sous-marins et aéronefs par la Convention des Nations unies sur le droit de la mer (Montego Bay) de 1982, de franchir librement (sans autorisation) certains détroits, pour un transit réalisé selon leur mode normal de navigation.

— **inoffensif (droit de).** Droit reconnu aux navires par la Convention des Nations unies sur le droit de la mer (Montego Bay) de 1982 d'accéder librement (sans autorisation) aux mers territoriales étrangères pour un passage continu et rapide sans aucune démonstration attentatoire à la souveraineté de l'État côtier. Comp. *passage en transit sans entrave, liberté des mers.*

PASSAGE AUX ARTICLES (OU À LA DISCUSSION DES ARTICLES)

Dér. de passer, lat. pop. *passare,* dér. de *passus.* V. *article.*

• Étape de la *discussion parlementaire d'un projet ou d'une proposition de loi, qui se place immédiatement après la clôture de la *discussion générale et est marquée par la décision de l'assemblée de poursuivre les débats par l'examen des articles au lieu d'abandonner globalement le texte. V. *amendement.*

PASSAGER

Subst. – Dér. de *passage.

• Personne transportée en vertu d'un contrat de *passage. Ex. passager de cabine, pas-

sager d'entrepont. V. *transporteur.* Comp. *voyageur.*
— ***clandestin.** Passager embarqué sans billet et sans être en règle avec la police de sortie.

PASSATION

N. f. – Dér. de passer. V. les précédents.

- **1** Accomplissement, réalisation, *conclusion. Ex. passation d'un contrat.
— **d'écriture.** Fait de passer une écriture, c'est-à-dire d'inscrire une opération sur un livre de compte. V. *contre-passation.*
- **2** Action de transmettre, transmission.
— **des pouvoirs.** Acte symbolique (parfois solennisé en une cérémonie) par lequel le titulaire d'une fonction en délaisse l'exercice à son successeur et qui s'accompagne souvent de la remise des insignes de celle-ci. Comp. *installation.*

PASSAVANT

N. m. – Comp. de *passer.* V. mot précédent.

- **1** *Titre de mouvement délivré par les services des contributions indirectes qui accompagne une marchandise affranchie de taxes intérieures à raison soit de sa nature, soit de la qualité de l'expéditeur ou du destinataire, soit des conditions dans lesquelles est effectué le déplacement. Comp. *congé.*
- **2** Titre de mouvement délivré par la douane, qui accompagne les marchandises transportées dans la zone terrestre du rayon douanier.

PASSE DE SAC

V. les mots précédents ; lat. *saccus,* du gr. σάκκος.

- Expression traditionnelle désignant la réduction que le débiteur d'une somme importante à verser en espèces est autorisé, par l'usage, à appliquer au montant de sa dette (not. par retenue), en contrepartie de l'obligation où il est de remettre cette somme en sacs ficelés.

PASSEPORT

N. m. – Mot formé de passer et *port.

- *Titre délivré par l'autorité administrative qui, certifiant l'identité, la nationalité et le domicile de son titulaire, permet à celui-ci de voyager librement, not. de franchir les frontières. V. *visa.*
— **de service.** Passeport délivré aux personnes qui vont à l'étranger pour le compte du gouvernement et qui ne remplissent pas les conditions exigées des titulaires d'un passeport diplomatique.
— **diplomatique.** Passeport délivré aux agents diplomatiques et à certains membres de leur famille, ainsi qu'aux personnes envoyées à l'étranger pour une mission temporaire et aux fonctionnaires internationaux bénéficiant du statut diplomatique.

PASSIBLE

Adj. – Lat. *passibilis,* de *passus,* part. pass. de *pati* : souffrir, supporter.

- **1** Qui *encourt une *peine ; se dit du fait délictueux relativement à la peine que lui attache la loi et du délinquant qui, ayant commis ce fait, est exposé à une telle condamnation. Ex. contravention passible d'amende, délinquant passible de prison. Syn. *punissable, puni.* Comp. *coupable, responsable, excusable.*
- **2** Qui supporte une imposition, qui peut être frappé d'une contribution, d'un impôt. Ex. bien passible d'une taxe foncière. Comp. *imposable, redevable, grevé, contribuable, assujetti, contraignable.* V. *débiteur, obligé, engagé.* Ant. *exonéré, dispensé, affranchi.*

PASSIF, IVE

Adj. – Lat. *passivus,* terme de philosophie et de grammaire. Le sens financier a été développé par opp. à actif.

- **1** Se dit, dans l'obligation, de celui qui doit (sujet passif) du fait qu'il est exposé à souffrir l'action en paiement du *créancier (V. *débiteur*) et, par ext., de ce qui concerne la dette (ex. transmissibilité passive, solidarité passive). Ant. **actif.*
- **2** Non causal ; se dit en matière de responsabilité du fait des choses, pour caractériser l'intervention neutre et non déterminante d'une chose dans la réalisation du dommage. Ant. *actif.* V. *causalité.*

PASSIF

N. m. – V. le précédent.

- Ensemble des *dettes qui grèvent un *patrimoine (ou une *masse de biens), par opp. aux éléments *actifs (à l'actif) de celui-ci. Ex. le passif héréditaire (passif de la succession), le passif commun (passif de la communauté) ; désigne aussi en ce sens le passif social, c'est-à-dire le passif externe de la société. V. *obligation, contribution.*

— **du *bilan.** Ensemble des comptes situés à la droite du bilan et représentant l'origine des ressources de l'entreprise, lesquelles englobent d'une part les capitaux propres (ou passif interne), d'autre part le passif externe ou réel.

— **externe (ou réel).** Ensemble des dettes de la société à l'égard des tiers. Comp. *passif interne.*

— **interne.** Sommes représentant les dettes de la société envers les associés et correspondant aux fonds mis par ceux-ci à la disposition de celle-là, d'où l'expression *capitaux propres (capital et *réserves) ou passif fictif.

— **social.** V. ci-dessus.

PASSIM

Mot lat. signifiant « en plusieurs endroits », utilisé pour faire référence, dans un ouvrage, à une idée qui revient à plusieurs reprises.

PATÈGUE

N. m.

- Nom donné en Provence à une copropriété perpétuelle et forcée à usage commun. Encore nommée Patecq dans la région toulousaine.

PATENT, ENTE

Adj. – Du part. prés. *patens* du v. lat. *patere*, être ouvert, visible, étendu.

- **1** Ouvert (sens matériel), se disait jadis des lettres présentées ouvertes à leur destinataire.
- **2** Accessible, adressé à tous.

—**s (lettres).** Forme diplomatique en laquelle étaient rédigées certaines ordonnances royales (adressées à tous).

- **3** Clair, évident, *manifeste. V. *ouvert.*

PATENTE

N. f. – D'abord lettre *patente.

- Ancien impôt direct perçu à raison de l'exercice d'une profession non salariale ; impôt d'État jusqu'en 1917, impôt local jusqu'en 1975, la patente est aujourd'hui remplacée par la *taxe professionnelle.

PATERNALISME

N. m. – Du lat. *paternalis,* formé sur *pater* : père.

- **1** Attitude protectrice donnant aux rapports entre le chef d'entreprise et son personnel les mêmes caractères qu'au rapport de père à enfants.
- **2** Par ext., politique sociale d'un employeur dans laquelle la charité et la bienveillance prennent le pas sur la justice et la répartition équitable des résultats de l'entreprise.

PATERNEL, ELLE

Lat. *paternus.*

- Qui se rapporte en propre au *père. Ex. filiation paternelle, autorité paternelle. Comp. *maternel, parental, marital, filial.*

PATERNITÉ

N. f. – Lat. *paternitas,* dér. de *paternus* : paternel. V. mots suiv.

- Lien de *filiation qui unit le père à son enfant. V. *parenté, ascendance, présomption, désaveu, déclaration judiciaire, conception.* Comp. *maternité.*

— **adoptive.** Celle qui, résultant de l'*adoption simple ou plénière, unit l'enfant adopté à son père adoptif ; s'opp. à la paternité par le sang ou paternité d'origine.

— **alimentaire** (doct.). Catégorie de rattachement admise (en droit int. priv.) pour rendre compte du rapport unissant, à des fins alimentaires, un homme et un enfant, lorsque cet homme a eu des relations avec la mère pendant la période de la conception, sans qu'un lien de filiation soit considéré comme légalement établi à d'autres fins. Comp. *action à fins de subsides.*

— **biologique.** Paternité génétique, ou par le sang, conforme à la *vérité biologique qui peut soit correspondre à une paternité légale (légitime ou naturelle), soit n'être pas légalement établie (inconnue, non recherchée, secrète) et qui n'est pas nécessairement une paternité charnelle (ainsi en cas d'insémination artificielle).

— **de fait.**

a / Syn. de paternité biologique ou génétique.

b / Se dit surtout de la paternité de pur fait (non légalement établie).

— **génétique.** Celle qui résulte du fait de la procréation. Syn. *paternité biologique, de fait.*

— ***légale.** Paternité, légalement établie, en mariage ou hors mariage.

— ***légitime.** Paternité en mariage fondée sur une présomption légale (C. civ., a. 312).

— ***naturelle.** Paternité hors mariage établie par reconnaissance, possession d'état ou par l'effet d'un jugement (C. civ., a. 316, 317, 327).

— **(présomption de).** Présomption légale en vertu de laquelle l'enfant conçu ou né pendant le mariage a pour père le mari (C. civ., a. 312).

ADAGE : *Pater is est quem nuptiae demonstrant.*

PATRIE

N. f. – Lat. *patria,* de *pater* : père.

- Lieu des attaches historiques d'une *nation qui demeure dans la mémoire de ceux qui ont le sentiment d'appartenir à cette nation, comme un *territoire à défendre ou à reconquérir (lorsque celle-ci ne correspond plus à un *État). V. *pays.*

PATRIMOINE

N. m. – Lat. *patrimonium,* de *pater* : père.

- **1** Ensemble des *biens et des obligations d'une même personne (c'est-à-dire de ses droits et charges appréciables en argent), de l'*actif et du *passif, envisagé comme formant une *universalité de droit, un tout comprenant non seulement ses biens *présents mais aussi ses biens à venir (C. civ., a. 2284). V. *bilan.*

— **originaire, — final.** Sous le régime matrimonial de la *participation aux acquêts, ensemble des biens et des dettes de chaque époux, au début du régime (patrimoine originaire) et lors de sa dissolution (patrimoine final) qu'il faut évaluer et comparer pour faire apparaître le montant des *acquêts donnant lieu à participation (C. civ., a. 1570 et 1572).

- **2** Nom donné à certaines *masses de biens soumises à une *affectation spéciale (ex. *fondation) ou à un régime particulier (patrimoine commun par opp. au patrimoine respectif des époux, sous un régime matrimonial de *communauté, C. civ., a. 1469, a. 1435). Comp. *entrepreneur individuel à responsabilité limitée (EIRL), mainmorte.*

- **3** Par extension, ensemble de biens meubles ou immeubles revêtus d'un intérêt culturel (artistique, historique, archéologique, scientifique ou technique) et comme tels susceptibles de protection, quel qu'en soit le propriétaire public ou privé (C. patr., a. L. 1). Comprend notamment le patrimoine monumental englobant les monuments (édifices civils, militaires et religieux), les parcs et jardins historiques, les sites et espaces protégés, le patrimoine archéologique, le patrimoine mobilier (archives et collections des musées) ; plus spécialement biens communément reconnus comme ayant une valeur éminente. Ex. patrimoine mondial culturel et naturel comprenant des monuments, des ensembles architecturaux, des sites naturels dignes d'être conservés et transmis aux générations futures (conv. Unesco, 16 nov. 1972). V. *archéologie préventive.*

— **commun de la nation.** Bien ou ressource qui, par-delà son régime de propriété privé ou public, concerne la collectivité nationale (ex. le territoire français, la langue française, l'eau, la biodiversité, les biens culturels) et dont la préservation est d'intérêt général (C. patr. ; C. env., a. L. 110-1 ; C. urb., a. L. 111-1).

— **sensoriel** (env.). Partie du *patrimoine de la nation, constituée par les sons et odeurs qui caractérisent les espaces, ressources et milieux naturels terrestres et marins (Loi 2021-85 du 29 janvier 2021).

PATRIMONIAL, ALE, AUX

Adj. – Lat. *patrimonialis.*

- **1** Qui se rapporte au *patrimoine, aux *biens (spéc. à la gestion de ceux-ci et aux opérations qui les concernent), qu'il s'agisse du commerce, des *affaires en général ou, au sein de la famille, des questions pécuniaires. Ex. droit patrimonial de la famille (les régimes matrimoniaux sont patrimoniaux), mesure d'ordre patrimonial. Ant. *extrapatrimonial*. Comp. *pécuniaire*.

- **2** Qui est dans le patrimoine (comme ayant une valeur *pécuniaire) et le plus souvent dans le commerce (*cessible moyennant finance), *transmissible. Un office ministériel recèle en ce sens un élément patrimonial. V. *patrimonialité, vénal, succession, héréditaire*. Comp. *économique, financier, monétaire, budgétaire*.

PATRIMONIALISATION

N. f. – Néol. de *patrimonialité.

- Tendance, pour un attribut de la *personnalité, élément *extrapatrimonial de sa nature (nom, image de la personne, etc.) à se charger d'une valeur appréciable en argent issue de la valeur propre de la personne (son savoir-faire, ses compétences, son talent), mais dotée d'une utilité économique qu'il est seul en droit d'exploiter par des conventions avec des tiers (phénomène de *contractualisation et de patrimonialisation), comme un droit incorporel de jouissance, le monopole juridique de ce potentiel économique.

PATRIMONIALITÉ

N. f. – Dér. de *patrimonial.

- Caractère de ce qui est *patrimonial (sens 2) ; appartenance au *patrimoine indiquant que l'élément. revêtu de cette qualité constitue une *valeur appréciable en argent et impliquant la *cessibilité et la *transmissibilité de ce bien. Ex. la patrimonialité des charges et des offices, de certaines clientèles. Comp. *vénalité, disponibilité, aliénabilité*.

PATRON

N. m. – Lat. *patronus* : protecteur, avocat, de *pater* : père.

- **1** Naguère, l'*employeur de l'industrie et du commerce ; aujourd'hui, dans le langage courant, tout *employeur. Comp. *maître, commettant*. V. **contrat de travail, patronal*.
- **2** *Marin muni d'un brevet qui lui donne le droit de commander un *bateau de pêche. V. *propriétaire embarqué*.

PATRONAL, ALE, AUX

Adj. – Dér. de *patron.

- Qui concerne le *patron (l'*employeur, le *chef d'entreprise) ; qui lui appartient (prérogative patronale), qui est à sa charge (cotisation patronale), qui émane de lui (*label patronal). Comp. *salarial, ouvrier, syndical*. V. *syndical*.

PATRONAT

N. m. – Dér. de *patron.

- L'ensemble des *employeurs. Comp. *salariat*.

PATRONYME

N. m. – De patronymique, bas lat. *patronymicus*, du gr. πατρονυμιχος, comp. de πατηρ : père, et ονυμα : nom.

- *Nom patronymique, nom du père qui, en France, devient encore dans certains cas le *nom de famille (transmis aux enfants) V. C. civ., a. 311-21 (l. 4 mars 2002). Comp. *pseudonyme, prénom, surnom, nom de naissance*.

PATRONYMIQUE

Adj. – V. le précédent.

- Qui concerne le *patronyme ; qui l'exprime. Ex. *nom patronymique.

— **(principe).** Dans la tradition patrilinéaire française (aujourd'hui abandonnée, l. 4 mars 2002), règle coutumière selon laquelle, en mariage, l'enfant prenait à sa naissance, le nom de son père, principe primé hors mariage, par d'autres règles mais retrouvant, en divers cas, son influence. V. C. civ., a. 311-21.

PÂTURAGE

N. m. – Dér. de *pâture.

- Action du propriétaire ou de l'usager qui fait pâturer ses animaux. V. *pacage*. Comp. *paissance*.

— **(contrat de).** Contrat en vertu duquel le propriétaire de terres (ou le titulaire d'un droit d'alpage) concède à un éleveur, moyennant

une redevance modique, le droit d'y faire paître ses troupeaux, sans qu'il y ait, de la part de ce dernier, ni travail de culture ni obligation d'entretien de la terre (en quoi il n'est pas un *fermier), et sans que l'exploitation de l'herbe incombe davantage au concédant (en quoi il ne s'agit pas d'une *vente d'herbe), de telle sorte que l'éleveur n'a droit, pour son troupeau, qu'à ce qui pousse naturellement. V. **bail à ferme, statut du *fermage.*
— **(convention pluriannuelle de).** *Bail non soumis au statut du *fermage, conclu au minimum pour deux saisons de pâturage, portant sur des fonds à vocation pastorale situés dans les *zones d'économie montagnarde et permettant une utilisation distributive du terrain suivant les saisons.
— **(droit de).** Usage forestier strictement réglementé, s'analysant en un droit *réel particulier et emportant le droit de faire paître le bétail dans les bois ou *parcelles boisées. V. *panage, paisson.*

PÂTURE

N. f. – Lat. *pastura,* de *pascere* : paître.

- Au sens large, nourriture des animaux.

— **(vaine).** Droit (incessible) accordé à la généralité des habitants d'une commune, par une loi ancienne, une coutume, un usage immémorial ou un titre, d'envoyer leurs animaux paître librement, après l'enlèvement des récoltes et jusqu'à l'ensemencement, sur l'ensemble des champs de la commune ou certains champs déterminés, à l'exclusion, en tout temps, des prairies artificielles ; droit ancestral aujourd'hui canalisé par la loi (qui, par ex., réserve à tout propriétaire le droit de se clore et aux collectivités locales, à certaines conditions, de le restreindre ou de le supprimer) (C. rur., a. L. 651-1 s.). Comp. **servitude de vaine pâture.*
— **(vive et grasse).** Droit de faire paître du bétail dans des endroits où se trouvent des herbes ou des fruits susceptibles d'être récoltés par le propriétaire, constituant, suivant les cas, une *servitude, un droit de *copropriété, d'*usufruit, de *bail ou d'*usage.

PAULIEN, IENNE

Adj.

- Qualificatif traditionnel donné à une *action particulière (dite paulienne du nom du préteur romain Paulus qui l'aurait créée) par ext. à la *fraude que sanctionne cette action. V. *inopposable, créancier, *action *révocatoire.* Comp. *oblique, fraudatoire.*

PAUPÉRISATION

Formé du lat. *pauper* : pauvre.

- Appauvrissement ; concept exprimant l'écart entre l'accroissement du capital et l'accroissement des richesses provenant du travail (la paupérisation peut s'accentuer alors que le niveau de vie augmente).

PAUSE

N. f. – Lat. *pausa.*

- Temps de répit dans l'exécution du travail, brève interruption du travail (détente, déjeuner, etc.). Comp. *repos.* V. *congé, vacances.*

PAVILLON

N. m. – Lat. *papilio* : papillon, tente.

- **1** Pièce d'étoffe que l'on hisse sur un navire pour indiquer sa *nationalité, la compagnie de navigation à laquelle il appartient ou pour faire des signaux ; plus spéc. insigne de nationalité, placé en poupe du navire. V. *drapeau.*
- **2** Par ext., nationalité du navire.
- **3** Ensemble des navires d'une même nationalité.

— **de complaisance (ou de refuge).** Nom donné au pavillon qui couvre le rattachement fictif d'un bâtiment à un État, utilisé pour caractériser les flottes attribuées fictivement à certains États (ex. Liberia et Panama) en vue d'échapper aux charges sociales et aux sujétions fiscales supportées par les marines marchandes traditionnelles.
— **(loi du).** Loi du pays dont le navire arbore le pavillon ; loi nationale d'un navire ou d'un aéronef servant à déterminer le régime juridique applicable au bien considéré, éventuellement à ceux qui se trouvent à son bord, aux actes qui y sont accomplis et à l'autorité qui y est exercée par le capitaine.
— **(monopole de).** Navigation réservée aux navires d'une nationalité déterminée.

- **4** *Maison individuelle, habitation particulière.

PAVILLONNEUR

N. m. – Néol. construit sur *pavillon (au sens de maison particulière).

- Nom donné dans la pratique aux professionnels de l'immobilier qui se spécialisent dans la conclusion de contrats de construction de *maison individuelle (CCH a. L. et R. 231-1 s.).

PAYABLE

Adj. – Dér. du v. payer. V. *paiement.*

- Qui doit être payé (plus généralement exécuté) d'une certaine manière (l'obligation gouvernant non le principe mais les modalités du *paiement). Ex. : en un certain temps (payable à vue ou à terme), en un certain lieu (a. 1296 C. civ.), sous une certaine forme (en nature ou en argent) et, dans ce dernier cas, en une certaine monnaie (franc français, franc suisse) ; plus rarement ; qui peut être valablement payé d'une certaine façon (à l'un quelconque des créanciers, par n'importe lequel des codébiteurs). Comp. *exigible, remboursable, restituable.* V. *portable, quérable.*

PAYEMENT

V. *paiement.*

PAYEUR

Subst. ou adj. – Dér. du v. payer. V. *paiement.*

- **1** S'emploie dans diverses expressions pour désigner certains comptables de deniers publics. Ex. *trésorier-payeur général, payeur aux armées. Comp. *percepteur.*
- **2** Dans certaines expressions familières, le débiteur. Ex. un client « mauvais payeur ». V. *solvens.* Comp. **tiers payant.*

PAYS

N. m. – Lat. *pagensis*, propr. « habitant d'un *pagus* : canton, aussi territoire d'un *pagus.*

- **1** Syn. d'*État dans certaines expressions. Ex. pays d'origine ; parfois aussi plus vaguement de *nation, de *patrie ou même de *région. V. *territoire.*
- **2** (int. priv.). Terme générique usité pour désigner aussi bien un État sujet du Droit international que toute subdivision d'État ou tout territoire qui, en raison du particularisme de son Droit, pose des problèmes de *conflit de lois. En ce sens, la Grande-Bretagne est un pays, mais aussi l'Écosse ou l'île de Man ; les États-Unis mais aussi New York ou le Maryland. V. **État fédéral.*

— en voie de développement. Expression désignant habituellement les pays pauvres qui constituent ce que l'on appelle le *Tiers Monde et auxquels certains actes, accords interétatiques ou résolutions d'organisations internationales tendent de plus en plus à conférer un statut spécifique dérogeant temporairement au principe d'égalité des États et reposant sur l'idée « d'inégalité compensatrice » par rapport aux droits et devoirs reconnus aux États classés dans la catégorie des pays « développés ».

- **3** Nom donné dans la politique d'aménagement et de développement du territoire, à un espace territorial qui ne s'insère pas dans la France administrative (n'étant ni une circonscription administrative ni une collectivité territoriale) mais qui correspond à une entité de géographie économique assise sur la communauté réelle d'intérêts économiques et sociaux qui unit ses composantes en un périmètre de solidarité, et fournit un cadre d'intervention à tous les acteurs étatiques et locaux de l'aménagement et du développement du territoire pour des investissements et des programmes communs, définition fonctionnelle qui fait de cette notion floue, à profil variable, un outil polyvalent de développement des solidarités entre communes ou même entre la ville et l'espace rural (l. 4 févr. 1995 ; l. 25 juin 1999). V. *intercommunalité, coopération *intercommunale.*

PÉAGE

N. m. – Lat. pop. *pedaticum* : droit de passage, litt. droit de mettre le pied, *pes, pedis.*

- *Redevance payée à raison de l'usage d'un bien public. Ex. péage routier. V. *octroi.*

PÊCHE

N. f. – Tiré de pêcher, lat. *piscari.*

- Recherche et capture du poisson, lequel devient la *propriété du pêcheur par *occupation. V. *réserve, res nullius, chasse.*

— **(droit de).** Droit de rechercher et capturer les animaux vivant dans l'eau appartenant à l'État (dans les fleuves, rivières ou canaux domaniaux) et aux propriétaires riverains (dans les cours d'eau non domaniaux), dont l'exercice, limité par les règlements, peut faire l'objet d'une cession par *affermage, *concession ou *adjudication.

— **maritime de loisir.** Pêche pratiquée à pied, à la nage ou en plongée, ou à bord d'embarcations (autres que celles qui sont titulaires d'un rôle d'équipage) dans le domaine public maritime ou la partie des fleuves, rivières et canaux où les eaux sont salées et dont le produit, destiné à la consommation du pêcheur et de sa famille, ne peut être colporté, exposé ou vendu (d. 11 juill. 1990, a. 1er).

— **(permis de).** V. *permis.*

— **(*zone de).** Portion d'espace maritime où un ou plusieurs États se livrent à la pêche en vertu d'un droit coutumier ou conventionnel.

PÊCHERIE

N. f. – Dér. de *pêche.

- Lieu aménagé pour une entreprise de pêche et à l'égard duquel un État peut avoir ou prétendre avoir un droit de pêche, exclusif ou non.

—**s adjacentes.** Zones de *pêche – souvent les plus productives – situées dans les eaux relativement peu profondes du *plateau continental (d'où la revendication émise par plusieurs États d'une extension du régime juridique de ce plateau aux eaux surjacentes).

— **(sédentaire).** Installations se composant d'engins enfoncés dans le fond de la mer, et fixés en permanence, ou tout au moins renouvelés à chaque saison en des emplacements qui sont toujours les mêmes.

PÉCULAT

N. m. – Lat. *peculatus,* de *peculari* : « être concussionnaire », de *peculium.* V. *pécule.*

- Terme provenant du droit romain quelquefois encore employé aujourd'hui (mais non dans le Code pénal) pour désigner la *soustraction ou le détournement par un fonctionnaire public des biens de l'État ou des deniers publics. Comp. *concussion, corruption.*

PÉCULE

N. m. – Lat. *peculium,* dér. de *pecunia* : argent, richesse.

- **1** Réserve pécuniaire constituée, sur le produit de son travail, au profit d'un enfant mineur, plus spéc. d'un *pupille, par celui qui est chargé de sa garde.
- **2** Ensemble des sommes inscrites à l'actif d'un détenu dans la comptabilité de l'établissement pénitentiaire où il est incarcéré et comprenant essentiellement la portion de rémunération qui lui est allouée pour le travail effectué au sein de l'établissement.

— **de garantie.** Partie du pécule affectée au paiement des amendes et des frais de justice dus à l'État et, subsidiairement, des dommages-intérêts alloués à la partie civile (quart des gains du détenu jusqu'à apurement de ces dettes).

— **de réserve.** Partie du pécule destinée à être remise au détenu le jour de sa libération (quart des gains du détenu) jusqu'à un maximum fixé par arrêté.

— ***disponible.** Partie du pécule composée des sommes possédées par le détenu au jour de son incarcération, des dons reçus par la suite, et surtout de la moitié au moins des gains lui revenant sur les produits de son travail (partie laissée à la disposition du détenu durant son incarcération, mais sous la forme d'un crédit à un compte ouvert à son nom).

- **3— d'incitation au départ anticipé.** Somme d'argent s'élevant à un nombre déterminé de mois de solde, attribuée, sur sa demande, au militaire de carrière en position d'activité justifiant d'une certaine durée de services militaires, afin de l'inciter à faire valoir par anticipation ses droits à une pension de retraite, mesure d'accompagnement de la professionnalisation des armées (l. 19 déc. 1996).

PÉCUNIAIRE

Adj. – Lat. *pecuniarus,* de *pecunia* : argent.

- **1** En argent ; qui consiste en une somme d'argent. Ex. réparation pécuniaire, sanction pécuniaire, *obligation pécuniaire. Ant. *en nature*. V. *équivalent, monétaire, peine*.

- **2** Appréciable en argent ; dont la valeur peut être exprimée en une somme d'argent. Ex. valeur pécuniaire, intérêt pécuniaire, droit pécuniaire. Comp. *économique, vénal*.
- **3** Qui concerne l'argent, mais aussi plus généralement, les finances, les affaires, le patrimoine. Syn. en ce sens de *patrimonial (sens 1), *financier. V. *budgétaire*. Ant. *extrapatrimonial, moral*.

PEINE

N. f. – Lat. *poena*, du gr. ποινή.

- **1** Châtiment édicté par la loi (peine prévue) à l'effet de prévenir et, s'il y a lieu, de réprimer l'atteinte à l'ordre social qualifiée d'*infraction *(nulla poena sine lege)* ; châtiment infligé en matière pénale par le juge répressif, en vertu de la loi (peine prononcée). V. *sanction, condamnation, pénalité, punition, répression, mesure de sûreté, *application de la peine, politique criminelle, amendement, exemplarité*.

— ***accessoire.** Peine qui était attachée de plein droit à une condamnation pénale sans avoir à être expressément prononcée (ex. incapacité d'être banquier attachée à une condamnation pour vol) ; type de peine aujourd'hui supprimé (C. pén., a. 132-17).

— **afflictive.** Nom naguère donné aux peines criminelles les plus graves, hors la peine capitale (réclusion et détention criminelles, à perpétuité ou à temps), souvent nommées afflictives et infamantes (toute peine afflictive étant également infamante, C. pén. anc., a. 7) par opp. aux peines seulement infamantes (V. ci-dessous) ; qualification aujourd'hui abandonnée (1994).

— **alternative.** Peine qui peut être prononcée au lieu d'une autre et à titre de peine principale ; caractère qui peut appartenir, en matière correctionnelle, soit à une peine complémentaire (C. pén., a. 131-11), soit aux peines correctionnelles autres que l'emprisonnement et l'amende (*jour-amende, stage de citoyenneté, *travail d'intérêt général, peines privatives ou restrictives de droits, sanction-réparation), lesquelles ont toutes vocation à remplacer l'emprisonnement (a. 131-5, 131-6, 131-8, 131-8-1) ou même l'amende lorsqu'elle est seule prévue (s'agissant des peines privatives ou restrictives de droits, a. 131-7). Expression aujourd'hui préférée à celle de peine de *substitution, en ce qu'elle fait entendre que les peines alternatives ne sont pas secondaires (mais elles aussi prononcées à titre principal).

— ***capitale.** Peine de *mort. V. *abolition*.

— **complémentaire.** Peine qui peut s'ajouter à la peine *principale lorsque la loi l'a prévue et que le juge la prononce (il est tenu de le faire si la peine complémentaire est « obligatoire » ; il en est autrement si elle est « facultative »). Ex. *interdiction, déchéance, retrait d'un droit, incapacité, confiscation (C. pén., a. 131-10).

— **contraventionnelles.** V. — *de police*.

— ***correctionnelles.** Peines établies par la loi comme telles en matière correctionnelle (pour la sanction des *délits *stricto sensu*) et qui comprennent : pour les personnes physiques, l'emprisonnement, l'amende, le jour-amende, le stage de citoyenneté, le travail d'intérêt général, les peines privatives ou restrictives de droits, les peines complémentaires spécifiées par la loi, la sanction-réparation (C. pén., a. 131-3) ; pour les personnes morales, l'amende et diverses peines spécifiées par la loi (dissolution, fermeture, etc.) (C. pén., a. 131-37).

— ***criminelles.** Peines établies par la loi comme telles en matière criminelle (peines criminelles par nature) qui correspondent dans l'échelle légale des peines au degré supérieur de gravité et qui existent, pour les personnes physiques, sous deux espèces : la *réclusion criminelle (peine de droit commun) à perpétuité ou à temps (trente ans au plus, dix ans au moins) et, en parallèle, suivant la même échelle, la *détention criminelle, peine politique (C. pén., a. 131-1) (pour les personnes morales, l'amende et diverses peines spécifiées par la loi, a. 131-37) (comp. *peines correctionnelles et contraventionnelles*).

— **de *police (ou peines *contraventionnelles).** Peines établies par la loi comme telles, en matière de police (pour la sanction des *contraventions) qui comprennent, pour les personnes physiques et les personnes morales, mais en vertu de dispositions distinctes, l'amende, la sanction-réparation et les peines privatives ou restrictives de droits spécifiées par la loi (C. pén., a. 131-12 ; 131-40) (comp. *peines correctionnelles et criminelles*). C. pén., a. 1. V. **simple police*.

— **de substitution.** V. *substitution (peine de).*
— ***disciplinaire.** Sanction prévue (ou infligée) par les autorités investies du *pouvoir disciplinaire en punition des manquements édictés pour le fonctionnement du groupe.
— **infamante.** Celle qui était seulement infamante (bannissement et dégradation civique, C. pén. anc., a. 6 et 8) par opp. aux peines afflictives et infamantes. Ces deux infractions ont été supprimées (1994) et la qualification effacée.
— **justifiée (principe de la).** Règle d'après laquelle, lorsqu'une condamnation repose sur une erreur de droit (par ex. sur la peine applicable ou la qualification de l'infraction), le pourvoi en cassation doit néanmoins être rejeté par suite de défaut d'intérêt, si la personne condamnée est bien la personne coupable et si la peine prononcée correspond à celle qui pouvait être légalement prononcée (C. pr. pén., a. 598).
— **militaire.** Peine spéciale au Droit pénal militaire, qui n'existe pas en Droit pénal commun, Ex. la perte du grade.
— ***pécuniaire.** Peine frappant le coupable dans son patrimoine. Ex. *amende, *confiscation, jour-amende. Comp. *dommages et intérêts, réparation, indemnité.*
— **politique.** Espèce de peine criminelle frappant, à la différence de peines de droit commun, des *crimes politiques ; appartient seule à cette catégorie : la *détention criminelle à perpétuité ou à temps (depuis 1960) (le *bannissement et la *dégradation civique ont été supprimés en 1994). De 1849 à 1960, ont existé la *déportation dans une enceinte fortifiée et la *déportation simple.
— ***principale.** Peine prévue pour l'infraction dont la personne poursuivie est reconnue coupable et que la juridiction est tenue de prononcer sauf si cette personne bénéficie d'une exemption de peine. L'*échelle des peines comprend uniquement la liste des peines principales ; la peine principale encourue permet de déterminer la nature de l'infraction. V. *crime, délit, contravention.*
— **privative de droits.** Peine généralement temporaire qui frappe le condamné dans l'exercice de certains droits ou de certaines activités. Ex. *interdiction d'exercer une profession, retrait du *permis de conduire (C. pén., a. 131-6 ; 131-43).
— **privative de liberté.** Peine temporaire ou perpétuelle qui prive le condamné de la liberté de se déplacer à sa guise et implique son *incarcération sous *écrou. N'est pas incompatible avec une exécution au grand air (pénitenciers agricoles) ou même avec des autorisations de déplacements justifiés hors de l'établissement dans la journée (*semi-liberté) ou pour quelques jours (*permission de sortir).
— **restrictive de liberté.** Peine qui restreint la liberté du condamné de se déplacer à sa guise, lui interdisant certaines localités ou certaines régions. Ex. *interdiction de séjour. V. *probation.*
— **(fractionnement de la).** Mode de *personnalisation de la peine consistant, pour le juge pénal, à échelonner l'exécution de la peine d'emprisonnement ou d'amende, à l'étaler dans le temps en la divisant par tranches, *faveur qui peut être accordée, en matière délictuelle ou contraventionnelle, pour motif d'ordre médical, familial, professionnel (C. pén., a. 132-27 s.). V. *dispense, ajournement.*

- **2** Désigne parfois une *sanction infligée en matière civile (et non pénale), mais à titre de *punition (et non de *réparation).

— ***privée.** Perte infligée à titre de *sanction *punitive, dans les cas spécifiés par la loi, à l'auteur d'agissements frauduleux, en général accomplis au détriment d'un cocontractant ou d'un cohéritier (fausse déclaration intentionnelle, *divertissement, *recel de succession ou de communauté) dont le profit va (d'où le qualificatif privé) à la victime de ces agissements, laquelle reçoit un avantage finalement supérieur au préjudice qu'elle avait subi. Ex. l'héritier coupable de recel successoral (C. civ., a. 778) doit abandonner au profit de ses cohéritiers sa part dans les objets recélés ou divertis ; les primes demeurent acquises à l'assureur en cas de fausse déclaration intentionnelle dc l'assuré (C. ass., a. L. 113-8). Comp. **pénalité civile, amende.*

- **3** Somme forfaitaire stipulée à titre de *dommages-intérêts à la charge du contractant qui manquera à exécuter ses obligations (C. civ., a. 1152). V. *clause *pénale.*

PÉNAL, ALE, AUX

Adj. – Lat. *poenalis,* de *poena* : peine.

- **1** Qui se rapporte aux peines proprement dites (sanctions *répressives), aux faits qui encourent ces peines et à tout ce qui

concerne la répression de ces faits. Ex. sanction pénale, délit pénal, justice pénale. Syn. *répressif.* Comp. *civil.*
— **(Droit).** Branche du Droit ayant pour objet traditionnel la prévention et la répression des *infractions. Syn. *Droit *criminel.*

• **2** Qui se rapporte à une *pénalité, qui a un caractère *punitif. Comp. *délictueux, délictuel.*

— **(clause).**

a / Clause *comminatoire en vertu de laquelle un contractant s'engage en cas d'inexécution de son obligation principale (ou en cas de retard dans l'exécution) à verser à l'autre à titre de dommages-intérêts une somme forfaitaire – en général très supérieure au montant du préjudice réel subi par le créancier (et appelée *peine stipulée) – qui en principe ne peut être ni modérée ni augmentée par le juge, sauf si elle est manifestement *excessive ou dérisoire (C. civ., a. 1231-5). V. *pouvoir *modérateur, peine.*

b / Clause comminatoire par laquelle l'auteur d'une libéralité déclare réduire à sa réserve ou exclure de sa succession l'héritier qui demanderait après sa mort la nullité de la libéralité.

PÉNALEMENT

Adv. – Dér. de *pénal.

• Au regard de la loi pénale ; en matière pénale. Ex. être pénalement responsable. Comp. *civilement.*

PÉNALISATION

N. f. – De l'angl. *penalization* : sanction d'une faute de jeu.

• Action de pénaliser – infliger une pénalité ou un handicap – et résultat de cette action ; désigne surtout en matière économique ou sociale la rupture de l'égalité des chances qui résulte d'un traitement discriminatoire ou d'une mesure jouant à la manière d'un tel traitement. Comp. *discrimination.* Ne pas confondre avec *criminalisation ; n'a pas pour contraire *dépénalisation.

PÉNALISTE

Subst. – Dér. de *pénal.

• Juriste spécialiste de *Droit *pénal. Syn. **criminaliste.* Comp. *civiliste, commercialiste, criminologue.* V. *privatiste, jurisconsulte.*

PÉNALITÉ

N. f. – Dér. de *pénal.

• **1** Expression employée généralement comme syn. de *peine et pouvant désigner soit une *sanction pénale, soit une *peine privée.

• **2** Plus particulièrement, sanction applicable aux délits tels qu'amendes et doubles droits. Ex. pénalité de retard.

— **civile.** Terme générique englobant l'ensemble des sanctions civiles ayant une fonction *punitive ou *comminatoire et non *réparatrice et *indemnitaire. Ex. amende civile, *astreinte, *peine du recel et du divertissement.

— **libératoire.** V. *libératoire (pénalité).*

• **3** Parfois syn. de handicap. V. *pénalisation, discrimination.*

PENDANT, ANTE

Adj. – Part. prés. du v. pendre.

• **1** Se dit – à partir de la *saisine jusqu'au *dessaisissement – du litige effectivement porté devant une juridiction mais non encore tranché par la juridiction *saisie. V. *litispendance.*

• **2** Se dit aussi de la *condition (suspensive ou résolutoire) tant qu'elle n'est pas *accomplie, situation rendue par la formule latine *pendente conditione* (ablatif absolu). V. *défailli.*

PENDENTE CONDITIONE

V. *pendant.*

PÉNITENCIER

N. m. – Dér. de pénitence, lat. *poenitentia.*

• Espèce d'*établissement *pénitentiaire ; nom donné, au temps de la *transportation, aux établissements dans lesquels se purgeaient les travaux forcés (communément appelés *bagne). V. *prison.*

PÉNITENTIAIRE

Adj. – Dér. de *pénitence.

- Qui a rapport à la *détention des condamnés et prévenus, à l'organisation et au régime de la vie *carcérale. Ex. administration pénitentiaire, *établissements pénitentiaires, science pénitentiaire. V. *prison, incarcération.*

PENITUS EXTRANEI

Termes latins signifiant « tout à fait étrangers » servant à désigner les *tiers (étrangers au contrat) qui ne sont pas obligés par celui-ci. Comp. *partie, ayant cause.*

PENSION

N. f. – Lat. *pensio* : paiement, de *pendere* : peser, payer.

- **1** *Allocation périodique ; somme d'argent versée à quelqu'un à intervalles réguliers afin d'assurer sa subsistance en contrepartie de cotisations ; plus spécialement, rémunération versée en certaines circonstances aux fonctionnaires civils et militaires ou à leurs ayants droit. V. *arrérages, viager.*

— ***alimentaire.** Pension versée à titre d'*aliments, c'est-à-dire en exécution d'une obligation alimentaire (ex. entre époux séparés de corps ou envers un ascendant dans le besoin) ou d'une obligation d'entretien (*contribution parentale à l'entretien d'un enfant mineur). Syn. *rente.* Comp. *maintenance, prestation compensatoire, subsides, *provision ad litem.* V. *indexation, révision.*

— **de retraite ou de vieillesse.**

a / (soc.). Pension versée à une personne qui a cessé de travailler, dont le montant est fondé sur les périodes antérieures de travail et le chiffre des cotisations. V. *pension proportionnelle* (ci-dessous).

b / (adm.). Rémunération versée au fonctionnaire qui a cessé d'exercer ses fonctions à la suite de sa mise à la retraite (la distinction pratiquée naguère entre la pension normale d'ancienneté et la pension ou retraite proportionnelle est abandonnée).

— **de réversion.** Pension versée à une personne sur la base de droits acquis par une autre personne avec qui elle était unie par certains liens de droit (mariage, filiation). Ex. pension accordée à la veuve ou aux orphelins du fonctionnaire.

— **d'invalidité.** Revenu versé à une personne en vue de compenser une incapacité partielle ou totale de travailler. Ex. rémunération versée au fonctionnaire en cas de maladie due au service.

— **proportionnelle** (soc.). Pension partielle liée à une insuffisance de cotisations.

- **2** Opération financière par laquelle un organisme financier (personne morale, fonds commun de placement ou de créances) cède en pleine propriété à un organisme du même genre, moyennant un prix convenu, des valeurs, titres ou effets appartenant à des catégories spécifiées par la loi, et par laquelle le cédant (celui qui met en pension les effets) et le cessionnaire (celui qui les prend en pension) s'engagent, le premier à les reprendre, le second à les rétrocéder pour un prix et à une date convenus (C. mon. et fin., a. L. 211-27 s.).

PENSION DE FAMILLE

- Établissement destiné à l'accueil sans condition de durée des personnes dont la situation sociale et psychologique rend difficile leur accès à un logement ordinaire (CCH, a. L. 633-1).

PERCEPTEUR

Dér. du lat. *perceptus,* lui-même de *percipere* : recueillir, percevoir.

- Ancien nom des *comptables du Trésor, chargés du recouvrement des impôts directs et des taxes assimilées. Comp. *receveur, payeur.*

PERCEPTION

N. f. – Lat. *perceptio* : action de recueillir, récolte.

- **1** Opération qui consiste à recueillir certains biens, not. des revenus, suivant des modes variables (encaissement d'une somme d'argent en espèces, inscription au crédit d'un compte, etc.) et qui, matérielle ou comptable, réalise l'entrée du bien perçu dans le patrimoine « percepteur ». Ex. en droit privé, perception des fruits et produits, gains et salaires, prestations sociales ou familiales ; en droit public, des impôts, taxes, redevances…

La perception de sommes versées par autrui est une forme de la *réception des biens (C. civ., a. 1243) ; elle équivaut, pour un créancier, à un *recouvrement. V. *jouissance, quittance, paiement.*

- **2** Par ext., le local (bureau, bâtiment) où s'opère la perception. Ancien nom des postes comptables où s'effectue le paiement des impôts directs.

PER DIEM

N. m.

- Locution latine signifiant littéralement « par jour », « pour une journée », en usage en Europe dans certaines institutions (universités, corps diplomatiques) pour désigner une rémunération versée à titre d'*indemnité ou d'honoraires qui est calculée par jour (à tant par jour de mission). Comp. *Indemnité journalière.* V. *dies.*

PÈRE

N. m. – Lat. *pater.*

- Celui des œuvres duquel un enfant est né ; ascendant mâle au premier degré. V. *paternité, mère, veuf, fils, fille, vérité biologique, égalité parentale.*

— **adoptif.** V. *adoptif.*
— ***légitime.** Celui que la loi désigne comme tel relativement aux enfants d'une femme mariée (le *mari), C. civ., a. 312.
— ***naturel.** Celui qui a reconnu un enfant né d'une femme avec laquelle il n'est pas marié, ou dont la paternité naturelle résulte de la possession d'état ou d'un jugement ; se dit aussi du père de fait dont la paternité naturelle est certaine, mais non légalement établie.

ADAGE : *Pater is est quem nuptiae demonstrant.*

PÉREMPTION

N. f. – Lat. *peremptio,* de *perimere* : propr. détruire.

- **1** Anéantissement d'un acte, *perte d'un droit, résultant en général d'un défaut de diligence ou du non-exercice du droit pendant un certain temps. Comp. *forclusion, déchéance, *prescription extinctive, caducité.*

— **d'instance.** Extinction de l'*instance résultant de l'inaction des parties pendant deux ans (CPC, a. 386) et qui, n'excluant pas par elle-même l'introduction d'une nouvelle instance (si l'*action n'est pas, par ailleurs, éteinte), empêche seulement de se prévaloir des actes de la procédure périmée ; ne pas confondre avec la *caducité de l'assignation.

- **2** (d'un article de loi ou de décret). Sorte de purge qui, à l'occasion d'une *codification formelle, d'une *consolidation ou de l'incorporation d'un texte dans un ensemble, atteint certaines dispositions de ce texte qui ne sont pas reprises mais radiées, parce que la situation à laquelle elles se rapportent a disparu (remaniement surtout pratiqué dans la législation fiscale. Ex. d. 28 mai 1997).

PÉREMPTOIRE

Adj. – Lat. jur. *peremptorius,* de *perimere.* V. le précédent.

- **1** Relatif à la *péremption ; qui tire sa force, en droit, de l'expiration du délai de péremption. Ex. exception péremptoire. Comp. *incontestable* (sens 1).
- **2** Par ext., indiscutable, qui tire sa force, en fait, de sa propre évidence. Ex. preuve péremptoire. Comp. *irréfragable, incontestable.*

PERFECTIONNEMENT

Dér. de perfectionner, venant de perfection, lat. *perfectio,* de *perfectus,* part. pass. de *perficere* : activer.

- **1** Au sens technique, toute *invention nouvelle se rattachant étroitement à l'invention de base dans laquelle on retrouve la même idée essentielle et fondamentale. V. *brevet.*
- **2** Au sens commercial, toute invention nouvelle susceptible de concurrencer, sur le marché, l'invention de base.

PÉRIL

Subst. masc. – Lat. *periculum.*

- Danger imminent et grave ; situation à hauts *risques qui menace une personne (dans sa sécurité, sa santé, etc.), un bien, des intérêts, la société, l'État, etc., et crée un état d'*urgence.

— **des mineurs (mise en).** Qualification

générique sous laquelle sont regroupées diverses infractions qui menacent le mineur dans sa sécurité, sa santé, son éducation, etc. : privation d'*aliments et de soins, *abandon moral et matériel, provocation à l'usage de stupéfiants, corruption, atteinte à sa *moralité, agression *sexuelle (C. pén., a. 227-15 s.).

PÉRIMÉ, ÉE

Adj. – Du v. périmer, lat. *perimere* : anéantir.

- **1** Atteint de *péremption (sens 1). Ex. instance périmée, autorisation périmée. Comp. *nul, caduc.* V. *déchéance, forclusion.*
- **2** (pour un article de loi ou de décret). Rayé, radié, atteint de *péremption (sens 2).

PÉRIMÈTRE

*Espace délimité à l'intérieur duquel s'applique une réglementation particulière. V. *territoire, réserves, parcs, zone, secteur.*

— **de protection.** Espace, entourant un monument ou un site, dans lequel s'applique une réglementation destinée à en sauvegarder l'esthétique et la visibilité ; s'emploie également pour désigner l'espace où s'applique une réglementation de sauvegarde des espaces boisés.

— **sensible.** Espace soumis à un régime de sauvegarde du caractère esthétique et touristique des lieux, spécialement du littoral maritime.

PÉRIODE

N. f. – Lat. *periodus,* du gr. περιοδος : propr. circuit.

- *Temps qui s'écoule entre deux événements.

— **complémentaire.** Délai pendant lequel peuvent être exécutées, au-delà du douzième mois de l'exercice, certaines opérations budgétaires relatives à cet exercice.

— ***constitutive.**

a / Au sens strict, période nécessaire à la formation d'une société, qui s'étend, suivant que la société fait ou non appel public à l'épargne, soit jusqu'à la signature des statuts, soit jusqu'à la tenue de l'*assemblée constitutive. V. *constitution.*

b / Plus largement, période qui s'étend jusqu'à l'*immatriculation de la société (et pendant laquelle les engagements pris par les personnes agissant au nom de la société incombent à ces personnes, sauf à la société à les reprendre, une fois immatriculée). V. *société en formation.*

— **d'assurance.** Temps pendant lequel une personne a été affiliée à un mécanisme d'assurance et a versé les cotisations correspondantes.

— **d'emploi.** Durée pendant laquelle un travailleur a été salarié.

— **d'essai.** V. *essai.*

— ***électorale.** Période qui s'écoule entre la convocation officielle des collèges électoraux et le *scrutin et pendant laquelle peut se dérouler la *campagne électorale.

— **légale de la conception.** Période qui s'étend du 300e au 180e jour inclusivement avant la naissance (C. civ., a. 311). V. *présomption, paternité légitime, omni meliore momento.*

— **militaire.** Période pendant laquelle des militaires de réserve sont rappelés sous les drapeaux pour un complément d'instruction.

— **suspecte.** Période qui, s'étendant de la date de la *cessation des paiements jusqu'au jugement qui ouvre une procédure de redressement ou de liquidation judiciaire d'une entreprise, fait peser un soupçon de fraude sur les actes accomplis, pendant sa durée, par le débiteur, au point que ceux-ci doivent ou peuvent, selon les cas, être déclarés nuls. V. *report, inopposabilité.*

PERMANENCE

N. f. – Lat. médiév. *permanentia,* de *permanere* : durer.

- **1** Aptitude à durer en l'état, à demeurer en vigueur jusqu'à nouvel ordre. Ex. permanence qui caractérise une loi ordinaire par opp. à une loi de circonstances de caractère *temporaire.
- **2** Intangibilité excluant toute modification jusqu'à l'expiration d'un délai déterminé. Ex. permanence de la liste électorale, laquelle ne peut être modifiée dans l'intervalle de deux révisions périodiques.
- **3** Aptitude à fonctionner, à siéger, à exercer une activité sans intermittence, sans alternance entre des périodes d'activité (sessions, assises) et des périodes d'interruption. Ex. permanence d'une

assemblée politique, aptitude juridique de celle-ci à exercer ses attributions en tout temps à sa convenance, et non pas seulement pendant des sessions.

PERMANENT, ENTE

Adj. – V. le précédent.

- **1** Destiné à s'appliquer indéfiniment, jusqu'à une modification régulière. Ex. loi permanente par opp. à loi de circonstances. Ant. *temporaire.* Comp. *transitoire, provisoire, durable.*
- **2** Destiné à fonctionner sans interruption. Ex. le service public de la justice, les tribunaux siégeant toute l'année et non par sessions périodiques (à l'exception de certaines juridictions, not. la cour d'assises).
- **3** Investi d'une fonction continue, stable, ordinaire, non d'une mission spéciale, intermittente ou extraordinaire. Ex. le représentant permanent d'un État auprès d'une organisation internationale, le membre permanent d'une association ou d'un syndicat.
- **4** Durable sinon définitif en fait, qui n'est pas appelé à disparaître. Ex. incapacité permanente de travail par opp. à incapacité *temporaire, plus généralement *préjudice permanent. V. *consolidé.*

PERMIS

Subst. masc. – Tiré de permettre, lat. *permittere.*

- **1** *Autorisation d'accomplir un acte ou d'exercer une activité, donnée en général sur sa demande à une personne par l'autorité compétente. Ex. autorisation donnée par l'administration de se livrer à une activité ou à une opération matérielle déterminée (chasse, construction d'un immeu ble, conduite automobile, inhumation d'un mort, communication avec un détenu, etc.). V. *permission, habilitation, concession, licence, octroi, collation.*
- **2** Par ext., le *document attestant que l'intéressé a obtenu ladite autorisation. V. *licence, certificat, visa, titre, acte.*

— **de *chasse.** Autorisation administrative, délivrée moyennant redevance et examen d'aptitude, nécessaire à toute personne désireuse de se livrer à la recherche, à la poursuite et à la capture du gibier.

— **de chasser.** Titre de caractère personnel qui, nécessaire à toute personne désirant se livrer à une *chasse quelconque sur le territoire français, est délivré par le préfet (à qui justifie d'un permis de chasse) visé annuellement, moyennant paiement des redevances, par le préfet ou par le maire et susceptible d'être retiré par décision du juge d'instance lorsque son titulaire se rend coupable de certaines infractions.

— **de circulation.** Document annuel dont doivent être pourvus, au lieu et place du rôle d'équipage, les *bateaux et engins assimilés (chalands, pontons), ainsi que les *navires de plaisance, qui effectuent une *navigation non professionnelle dans les eaux maritimes.

— **de citer.** Acte du juge autorisant un plaideur à citer son adversaire lorsque la procédure de conciliation préalable a échoué (ex. CPC, a. 835).

— **de communiquer.** V. *communiquer.*

— **de conduire.** Titre délivré sur examen par l'autorité préfectorale et indispensable à toute personne pour conduire un véhicule automobile ou un ensemble de véhicules (il existe plusieurs catégories de permis de conduire qui se différencient par leur régime en fonction de la nature des véhicules et de leur usage).

— **de construire.** Décision expresse ou tacite par laquelle les autorités administratives autorisent la construction ou certaines modifications de bâtiments répondant aux diverses prescriptions de la réglementation de l'urbanisme.

— **de démolir.** Décision administrative autorisant la démolition d'un bâtiment.

— **de navigation.** Autorisation de naviguer donnée à un navire par l'autorité maritime après vérification de son état de navigabilité.

— **de *pêche.** Autorisation administrative délivrée moyennant redevance, nécessaire à toute personne désireuse de se livrer à la recherche et à la capture du poisson ; autorisation délivrée par les associations de pêche agréées, moyennant le paiement d'une cotisation et d'une taxe annuelle, donnant droit à ceux qui en sont titulaires de pêcher dans les eaux libres, lacs, canaux, ruisseaux et cours d'eau relevant de ces associations.

— **de *stationnement.** Acte par lequel l'autorité administrative compétente en matière de police de la circulation autorise moyennant redevance un particulier à occuper à titre privatif mais sans *emprise une partie du domaine public affectée à l'usage collectif. Ex. les terrasses de café nécessitent un permis de stationnement. V. *permission de voirie, droit de *place, occupation.*

PERMIS, ISE

Adj. – V. le précédent.

- **1** *Autorisé ; qui a été l'objet d'une autorisation, d'un *permis.
- **2** Plus généralement, qui n'est pas défendu (par la loi), licite. Ant. *interdit, prohibé, obligatoire.* Comp. *toléré, régulier, facultatif, possible.*

PERMISSIF, IVE

Adj. – Néol. construit sur permettre.

- Qui accroît dans une société la marge de liberté, surtout celle des mœurs ; se dit (souvent avec une note péjorative) d'une loi qui autorise ou admet plus libéralement ce qui était jusqu'alors interdit ou restreint. Ant. *restrictif, rigoriste.* Comp. *libéral.* V. *tolérance.*

PERMISSION

N. f. – Lat. *permissio,* de *permittere.* V. le précédent.

- **1** *Liberté, *faculté. On parle ainsi de la permission de la loi. V. *interdiction, prohibition, prescription, tolérance.*

— **de la loi.** Au sens strict, autorisation légale d'accomplir un acte qui, sans cela, serait illicite ; *fait *justificatif qui trouve sa source dans la loi. Comp. *commandement de l'autorité légitime, ordre de la loi, état de nécessité.* V. *excuse.*

- **2** Syn. de *permis, *autorisation (administrative, judiciaire, parentale, etc.). Comp. *consentement.*

— **de sortir.** Autorisation donnée à un condamné de s'absenter d'un établissement pénitentiaire pendant une période de temps déterminée (qui s'impute sur la durée de la peine en cours d'exécution), en vue de préparer sa réinsertion sociale, de maintenir ses liens familiaux ou de remplir une obligation qui exige sa présence (C. pr. pén., a. 723-3, l. 22 nov. 1978). Comp. **autorisation de sortie sous escorte, semi-liberté, élargissement, *libération conditionnelle.* V. **application des peines.*

— **de *voirie.** *Autorisation accordée moyennant redevance par l'autorité administrative responsable de la conservation du *domaine public et permettant une *occupation privative d'une parcelle de celui-ci lorsque cette occupation implique soit une *emprise, soit une modification de l'assiette. V. **permis de stationnement.*

PERMISSIVITÉ

N. f. – Dér. de *permissif.

- Caractère de ce qui est *permissif, tendance (souvent ressentie comme excessive) à la libéralisation d'un système de droit. V. *tolérance, moralisation, censure, rave-partie.*

PERMUTATION

N. f. – Lat. *permutatio,* de *permutare* : changer.

- *Mutation combinée intervenant entre deux personnes (fonctionnaires, locataires) en vertu de laquelle chacune est appelée à prendre la place de l'autre (dans le poste ou le local occupé). Comp. *échange.*

PERPÉTUEL, ELLE

Adj. – Lat. *perpetualis,* de *perpetuus* : perpétuel.

- **1** A vie ; destiné à durer autant que la vie de la personne concernée. Ex. peine perpétuelle, engagement perpétuel (C. civ., a. 1780) ; s'oppose à la fois à « à temps » (*temporaire, à durée déterminée) et à « indéfini » (à durée *indéterminée). Comp. *durable, viager, renouvelable.*
- **2** Établi à jamais, au-delà du terme de la vie humaine ; qui ne s'éteint pas à la mort de son titulaire, *héréditaire. Ex. concession perpétuelle, fondation perpétuelle ou – combinaison prohibée – société perpétuelle ; la propriété est en ce sens un droit perpétuel. Comp. *transmissible.*
- **3** Qui ne s'éteint pas par le *non-usage, *imprescriptible ; le droit de propriété est également perpétuel en ce sens.

— **demeure (attaché à).** Se dit des meubles

qui sont matériellement rattachés à un immeuble par nature (scellés ou incorporés) au point de n'en pouvoir être détachés sans dommage, et sont pour cette raison considérés par la loi comme des *immeubles par destination (C. civ., a. 525).

PERPÉTUITÉ

N. f. – Lat. *perpetuitas* : continuité.

- Caractère de ce qui est *perpétuel. Comp. *indissolubilité, immutabilité, stabilité.*

PERQUISITION

N. f. – Lat. *perquisitio,* de *perquirere* : rechercher.

- Mesure d'investigation effectuée en tous lieux (not. au domicile de la personne poursuivie ou soupçonnée) et destinée à rechercher, en vue de les saisir, tous papiers, effets ou objets paraissant utiles à la manifestation de la vérité (C. pr. pén., a. 56 s., 94 s.) ; ordonnée soit par le procureur de la République, un officier de police judiciaire ou le juge d'instruction en cas d'infraction flagrante, soit par le magistrat instructeur lorsqu'une *information est ouverte, la perquisition doit être effectuée en principe de jour et en présence de la personne chez qui elle a lieu (a. 57, 59, 95 s.). V. *instruction, enquête, preuve, visite domiciliaire, fouille, scellés, séquestre, saisie.*

PER SALTUM

Expression lat. signifiant « par bond » (en sautant), not. employée en matière de *représentation successorale, pour marquer que, si les descendants d'une *souche ont plusieurs *degrés à franchir pour venir à la succession, ils sont en droit d'y prétendre, mais à la condition qu'il n'y ait pas, à un degré intermédiaire, de successible vivant, indigne ou renonçant (qu'ils ne peuvent « sauter ») ; la représentation n'a pas lieu *per saltum*.

PER SE

Expression lat. signifiant « en soi », « par soi ».

— **(pratique).** Pratique considérée comme illégale pour elle-même, indépendamment de ses effets positifs ou négatifs sur le marché (ex. entente sur les prix). Contra **règle de raison*.

PERSONNALISATION

Subst. fém. – Néol. du v. personnaliser. V. le suivant.

- Action d'adapter une solution (mesure, sanction) à la personnalité de celui qu'elle concerne, plus généralement à l'ensemble des circonstances d'une espèce, adaptation judiciaire **in casu* très proche de l'*individualisation.

— **des peines.** Mode d'appréciation de la peine consistant, pour les juridictions répressives – suivant le vœu de la loi mais dans les limites fixées par elle – à prononcer les peines et à fixer leur régime en fonction des circonstances de l'infraction et de la personnalité de son auteur ainsi qu'à tenir compte de ses ressources et de ses charges pour déterminer le montant de l'amende (C. pén., a. 132-24). Ex. la semi-liberté, le *fractionnement de la peine, le sursis simple ou avec mise à l'épreuve, etc., sont des modes de personnalisation de la peine. V. *dispense, ajournement.* Comp. *mitigation.*

PERSONNALISÉ, ÉE

Adj. – Part. pass. du v. personnaliser, du lat. *personalis.*

- **1** Adapté à la situation *particulière d'une personne (ou d'un groupe) et not. calculé en fonction de ses charges de famille. Ex. l'aide personnalisée au logement, variable suivant que son bénéficiaire est une personne isolée, un ménage (avec ou sans personne à charge), etc. V. *individualisation, in concreto.*
- **2** Qui rassemble des données et informations propres à une personne. Ex. dossier médical personnalisé.

PERSONNALITÉ

N. f. – Lat. *personalitas,* de *personalis* : personnel.

- **1** *Aptitude à être titulaire de droits et assujetti à des obligations qui appartient à toutes les personnes physiques, et dans des conditions différentes aux *personnes morales ; on spécifie volontiers personnalité juridique. V. **sujet de droit, capacité, jouissance,* **mort civile.*

— **morale.** Nom donné à la personnalité juridique des *personnes morales ; désigne aussi dans la théorie dite de la personnalité morale la fiction en vertu de laquelle un groupement, un organisme, etc., est considéré comme un sujet de droit en soi, une entité distincte de la personne des membres qui le composent. V. *association, société, syndicat.*

- **2** Ce que la *personne physique en elle-même (et pour tout être humain) a de propre et d'essentiel.

— **(droits de la).** Droits inhérents à la personne *humaine qui appartiennent de droit à toute personne physique (innés et inaliénables) pour la protection de ses intérêts primordiaux. Ex. droit à la vie, à l'intégrité physique, au respect de la vie privée (C. civ., a. 9), etc.

- **3** Ce qui caractérise en particulier un individu (dans ses tendances et son tempérament), son individualité, son caractère.

— **(dossier de).** Ensemble des résultats de l'enquête de personnalité et des examens médicaux et médico-psychologiques ordonnés par le juge d'instruction (C. pr. pén., a. 81, al. 6) ; a pour but de parvenir à une connaissance plus approfondie de la personnalité du délinquant et à une meilleure *individualisation de la sanction.

— **(enquête de).** Syn. d'*examen de personnalité.

— **(examen de).** Recherche destinée à connaître les divers aspects de la personnalité du prévenu afin que le juge puisse utiliser de façon adéquate à son endroit la marge dont il dispose légalement pour la fixation de la peine : examen obligatoire au cours de l'instruction à l'égard des mineurs, facultatif pour les majeurs délinquants. Syn. **enquête de personnalité.* Comp. **individualisation de la peine.*

- **4** Ce qui est attaché ou incombe à chaque personne en particulier.

— **de la responsabilité.** Caractère individuel de la responsabilité ; principe en vertu duquel chacun n'est responsable (pénalement) que de son propre fait (C. pén., a. 121-1). V. *responsabilité pénale des personnes morales, responsabilité du fait personnel.* Comp. *responsabilité du fait d'autrui* (en matière civile).

- **5** Ce qui dépend d'une personne.

— **active.** Principe qui fonde la compétence internationale des juridictions répressives françaises sur le fait que l'infraction a été commise par un ressortissant français (C. pén., a. 113-6).

— **passive.** Principe qui fonde la compétence internationale des juridictions répressives françaises sur le fait que la victime d'une infraction est un ressortissant français (C. pén., a. 113-7). Comp. *compétence universelle, territorialité.*

PERSONNE

N. f. – Lat. *persona,* propr. masque de théâtre, d'où personnage et personne.

- *Être qui jouit de la *personnalité juridique. V. *sujet de droit.* Comp. *être *humain, personne *humaine.*

— **à *charge.** Personne dont la subsistance est assurée, spontanément ou en vertu d'une obligation, par une autre personne.

— **administrative.** Personne morale de Droit public. Ex. la *commune, l'*établissement public sont des personnes administratives. Comp. **personne publique.*

— **civile.** Syn. de *personne morale.

— **(droits de la).** V. *droits de la *personnalité, *droits de l'homme.*

— **future.** Personne à naître, dont l'intérêt fonde l'aptitude à jouir de certains droits ; en général, ce terme désigne un enfant déjà conçu.

ADAGE : *Infans conceptus pro nato habetur quoties de commodis ejus agitur.*

— ***incertaine.** Personne dont l'identité n'est ni déterminée ni déterminable. Ex. stipulation au profit d'une personne incertaine, legs à personne incertaine.

— **indéterminée.** V. *personne incertaine.*

— **internationale.** Sujet de Droit international.

— **interposée.** Personne qui, dans un rapport de droit, joue ostensiblement le rôle du bénéficiaire véritable, qu'elle masque aux yeux des tiers (ex. C. civ., a. 911). V. **interposition de personne.* Comp. *simulation, contre-lettre, apparence, libéralité, prête- nom, *homme de paille.*

— **morale.** *Groupement doté, sous certaines conditions, d'une *personnalité juridique plus ou moins complète ; *sujet de droit fictif qui, sous l'aptitude commune à être titulaire de droit et d'obligation, est soumis à un régime variable, not. selon qu'il s'agit d'une personne morale de droit privé ou d'une personne morale de droit public. Ex. association, société, groupement d'intérêt économique, syndicat, État, département, commune. Syn. **être moral*, **personne civile*. V. *fiction*.

— **physique.** *Être humain, tel qu'il est considéré par le Droit ; la personne humaine prise comme *sujet de droit, par opp. à la personne morale. V. *individu, homme, particulier, esprit, corps, état*.

— **publique.** Personne morale de Droit public ; désigne plus spéc. les institutions publiques dotées de la personnalité juridique. Comp. **personne administrative*.

PERSONNEL, ELLE

Adj. – Lat. *personalis* : personnel, relatif à la personne.

- **1** Relatif à un *droit de créance, à une *obligation ; caractérise le droit pour le *créancier d'exiger du débiteur *(jus ad personam)* l'exécution de son engagement. Ex. le prêteur a un droit personnel à l'encontre de l'emprunteur. Ant. **réel* (sens 1). V. *action personnelle*.
- **2** *Individuel, qui concerne une personne en particulier, qui lui est propre, par opp. à collectif. Ex. préjudice personnel, intérêt personnel. Comp. *direct, subjectif*.

— **(*exception).** Moyen de défense tiré de la situation particulière d'un des défendeurs et dont les autres ne peuvent se prévaloir. Ex. un codébiteur solidaire peut opposer aux créanciers toutes les exceptions communes à tous les codébiteurs et celles qui lui sont personnelles, sans pouvoir se prévaloir des exceptions personnelles à ses codébiteurs (C. civ., a. 1315).

- **3** Qui appartient en propre à une personne. Ex. biens personnels, patrimoine personnel. V. *propre, commun*. Comp. *subjectif, attitré*.
- **4** Exclusivement attaché à la personne ; se dit de droits ou d'actions qui ne peuvent profiter qu'à leur titulaire et sont *intransmissibles à leurs héritiers (bénéfice d'une pension alimentaire), ou qui ne peuvent être exercés par les créanciers du titulaire par voie *oblique (C. civ., a. 1341-1). V. *action oblique*.
- **5** Qui exclut la représentation (par avocat ou autre mandataire) et ne peut être fait que par l'intéressé lui-même (en personne). Ex. la *comparution personnelle des parties, le *mémoire personnel dans le divorce sur aveu indivisible.
- **6** Qui doit être remis en mains propres à son destinataire. Ex. pli personnel. Comp. *confidentiel*.
- **7** Qui repose sur l'engagement personnel d'un individu. Ex. l'engagement de la caution est, pour le créancier du débiteur principal, une sûreté personnelle.
- **8** Parfois syn. de *personnalisé, individualisé. Ex. *impôt personnel.

PERSONNEL

Subst. – Lat. *personalis* : personnel.

- **1** Ensemble des salariés d'une entreprise.

— **(direction du).** Service d'une entreprise ayant pour objet les mouvements et les mesures affectant le personnel : recrutement, mutations, classifications, licenciement, etc. Par ext., service d'entreprise compétent pour l'ensemble des problèmes de travail.

— **(représentants du).** Salariés élus dans l'entreprise avec pour mission d'agir au nom du personnel dans les institutions d'une entreprise ; les représentants du personnel sont les délégués du personnel et les membres élus du comité d'entreprise.

- **2** Plus généralement, ensemble des employés d'un service, d'une administration, d'une organisation, etc. V. *gens*.

PERSPECTIVE MONUMENTALE

Bas lat. *perspectiva,* de *perspectus,* part. pass. de *perspicere* : apercevoir ; de mouvement, lat. *monumentum*.

- Ensemble urbain – place, rue ou groupe de voies adjacentes – dégageant une impression esthétique et susceptible comme tel de faire l'objet d'une protection administrative particulière ; se distingue comme ensemble, du monument historique et par son caractère urbain des sites ou monuments naturels.

PERTE

N. f. – Tiré d'un ancien participe, de perdre, lat. *perdere*.

• **1** Fait d'être privé d'un droit, d'un avantage, d'une qualité, not. par l'effet d'une *déchéance, d'une *prescription extinctive, d'un retrait d'autorisation, etc. Ex. perte d'un avantage matrimonial (C. civ., a. 267 anc.), perte de la nationalité française (C. civ., a. 23 s.). Comp. *extinction, fin, caducité, péremption, forclusion, retrait, dégénérescence.* Ant. *acquisition, conservation.*

• **2** Amoindrissement pécuniaire qui s'inscrit dans le patrimoine ou dans une masse de biens spécialisée (V. *damnum emergens*) à la suite d'un acte juridique (ex. une vente à perte), d'un ensemble d'opérations juridiques (ex. le compte de profits et pertes du *bilan annuel d'une entreprise) ou d'un fait dommageable (ex. la perte réalisée par une avarie de transport, C. civ., a. 1149). Syn. *déficit.* Ant. *gains, bénéfice, profit.* V. *préjudice, dommage, appauvrissement, lucrum cessans.*

— de *gains professionnels (actuels ou futurs). *Manque à gagner résultant d'un arrêt de travail consécutif à un *dommage *corporel, préjudice patrimonial *temporaire ou *permanent érigé en *poste d'indemnisation distinct du *déficit fonctionnel (temporaire ou permanent) avec lequel il est actuellement associé dans l'*incapacité temporaire ou permanente de travail. V. *nomenclature.* Comp. *lucrum cessans.*

• **3** En un sens technique, fait d'égarer un meuble corporel ; *dépossession involontaire d'un tel meuble (par opposition à l'*abandon, acte volontaire), circonstance exceptionnelle (analogue au *vol) qui permet au propriétaire de la chose perdue de la revendiquer (C. civ., a. 2276). V. *furtif, possession, revendication, déclaration.*

• **4** En un autre sens technique, destruction matérielle d'une chose (par ruine, incendie, etc. Ex. perte d'une récolte) ou par ext. impossibilité juridique d'en tirer une utilité (par l'effet d'une expropriation, interdiction, réquisition, mise hors commerce, etc.) qui s'inscrit en une perte patrimoniale pour son propriétaire (*res perit domino,* à moins qu'il ne s'agisse d'une chose de genre : *genera non pereunt*) et qui, lorsqu'elle affecte l'objet d'une obligation, peut suivant son origine (perte fortuite, perte fautive) être cause d'extinction de l'obligation ou source de responsabilité. V. *cas fortuit, dégâts, dégradation.*

— (assurance de).

— *de bénéfices ou d'exploitation.* Assurance complémentaire d'une assurance principale contre l'incendie qui garantit, pendant l'arrêt de l'exploitation consécutif à un incendie, la perte des bénéfices de l'entreprise assurée. V. *intérêt.*

— *des loyers.* Assurance complémentaire d'une assurance principale contre l'incendie qui couvre soit le propriétaire contre la perte des revenus de son immeuble à la suite d'incendie, soit, en pareil cas, le locataire pour sa responsabilité envers le propriétaire.

—*s indirectes.* Assurance couvrant forfaitairement (pourcentage de l'indemnité principale) l'assuré contre les pertes consécutives à un incendie.

—s (minimisation des). V. *minimisation des pertes.*

—s sociales.

a / Excédent du total des sommes affectées à une opération commerciale sur les *gains réalisés.

b / *Déficit d'exercice. V. *bilan, *compte profits et pertes, gains.*

— totale. Privation de toute la propriété ou l'usage de la chose.

— partielle. Même définition pour une partie de celle-ci.

PERTINENCE

N. f. – Dér. de pertinent, lat. *pertinens,* de *pertinere* : concerner.

• Rapport qui doit exister entre le fait à prouver et l'offre de *preuve ou, plus gén., entre l'objet de la *prétention et l'*allégation d'un fait pour que cette offre ou cette allégation soit prise en considération (condition distincte de l'*admissibilité et de la *force probante) ; relation dont on vérifie l'existence ou le défaut, en supposant établie la preuve offerte (ou l'allégation) et en se demandant si cette démonstration supposée peut exercer une influence sur la solution de la question en litige. Ex. l'offre par une personne de prouver qu'elle n'a pas commis de faute est dénuée de pertinence et doit être rejetée sans examen, si cette personne encourt une responsabilité qui cède à la preuve d'une force majeure, mais non à celle d'une absence de faute.

PERTINENT, ENTE

Adj. – V. le précédent.

- **1** Qui est doué de *pertinence. Ant. non pertinent. Comp. *démonstratif.*
- **2** Qui sert de référence.

— **(*marché).** Marché à prendre en considération pour apprécier l'existence d'une restriction de *concurrence ou le caractère *dominant d'une entreprise ; marché de référence à déterminer *in re* (produit, service) et *in situ* (aire géographique).

PESAGE

Dér. de peser, lat. *pensare,* de *pendere.*

- Opération consistant pour le voiturier à vérifier le poids de la marchandise qu'il prend en charge.

PESC

- (eur.). Sigle aux initiales de politique étrangère et de sécurité commune, deuxième pilier de l'Union européenne instituée par le traité sur l'Union en remplacement de la coopération politique européenne (CPE), en vue de la définition à terme d'une politique commune de défense, pouvant ultérieurement conduire à une défense commune. V. *abstention constructive.* Comp. *PAC.* V. *UEO.*

— **(M. ou Mme).** Appellation imaginaire donnée, dans le jargon communautaire, au personnage qui pourrait être investi (si celle-ci était créée) de la fonction de s'exprimer sur la scène internationale au nom de l'Union européenne dans le cadre de la PESC (fonction qui serait l'embryon d'une représentation internationale).

PÉTITION

N. f. – Empr. de l'angl. *petition,* lat. *petitio,* de *petere* : chercher à atteindre.

- **1** *Réclamation entourée d'une certaine publicité adressée à une autorité par un ou plusieurs intéressés en vue de provoquer une décision à leur avantage ou en faveur de la cause qu'ils défendent ; par ext., l'écrit signé par les auteurs de cette réclamation. Comp. *manifestation.*
- **2** Plus spécialement, *demande adressée par un particulier ou groupe de particuliers à une autorité publique, la priant d'exercer sa compétence de telle façon (ex. r. AN, a. 147 s.) ; not., document écrit, adressé par un ou plusieurs individus, isolément ou collectivement, à un organe institué sous la juridiction duquel ils se trouvent placés, à l'effet de rendre publics certains faits, généralement dommageables, et d'obtenir l'intervention de mesures de prévention ou de réparation. Certains instruments internationaux instituent un droit de pétition au profit de populations menacées d'oppression (traités de minorités ; Charte des Nations Unies, a. 87).

— **(droit de)** (eur.). Droit appartenant à tout citoyen de l'Union européenne (à titre individuel ou associé à d'autres) de présenter une *demande ou une *doléance au *Parlement européen sur un sujet relevant des domaines d'activités de la Communauté qui le concerne directement (en particulier ou avec ceux auxquels il est associé). Comp. *requête, plainte, recours.*

- **3** Désigne plus spéc. encore, dans certaines expressions, une *demande en justice.

— **d'*hérédité.** Demande (en général considérée comme l'exercice d'une action réelle) par laquelle un héritier entend faire reconnaître en justice sa vocation héréditaire contre ceux qui se prétendent seuls héritiers des biens qu'ils détiennent et obtenir d'eux les avantages qui en découlent (restitution, partage ou réduction) ; se distingue de l'action en partage qui, émanant d'un cohéritier dont les droits ne sont pas contestés, tend seulement à faire cesser l'indivision. V. *réclamer.*

PÉTITOIRE

Adj. – Lat. *petitorius,* du v. *petere* : demander.

- Qui a trait à la protection en justice de la propriété immobilière ou des autres droits réels immobiliers. Comp. *possessoire.*

— **(action).** Action en justice qui tend à une telle protection. Ex. action en revendication du droit de propriété sur un immeuble, action *confessoire.

PÉTITOIRE

Subst. masc. – V. le précédent.

- Débat qui – distinct du procès au *possessoire – porte devant le tribunal de grande instance sur le droit de propriété immobilière lui-même ou plus gén. un droit réel immobilier. V. *non-cumul.* Loc. : On est demandeur ou défendeur au pétitoire. Comp. *possessoire.* V. **fond du droit.*

PETITS-ENFANTS

Bas lat. *pitittus.* V. *enfant.*

- *Descendants au second *degré. V. *enfant, génération, ligne.*

— **(arrière-).** Descendant au troisième degré.

PEUPLE

N. m. – Lat. *populus.*

- **1** Ensemble des individus soumis à un *État ; totalité des personnes formant la population d'un même État et soumises ensemble à son autorité. Ex. le « principe de la République française est le gouvernement du peuple par le peuple et pour le peuple » (Const. 1958, a. 2 et 3). Comp. *démocratie.* V. *populaire.*
- **2** Ensemble des individus composant une *nation ; ensemble de personnes ayant en commun certains caractères qui les distinguent des autres hommes et peuvent amener à souhaiter qu'ils aient en propre leur État ou choisissent librement celui auquel ils se rattachent. Ex. dans la formule du « droit des peuples à disposer d'eux-mêmes » (V. Const. 1958, Préambule, a. 1 ; Charte de l'ONU, Préambule), Comp. *nationalité, patrie, communauté.*

PHARMACIE

V. *spécialités pharmaceutiques.*

PHARMACOPÉE

N. f. – Du gr. φαρμακοποïα : fabrication de remèdes.

- Terme substitué à celui de codex pour désigner le *recueil des articles, la *nomenclature des drogues, des médicaments simples et composés, des articles officinaux, une liste des dénominations communes des médicaments, les tableaux de posologie maximale et usuelle des médicaments pour l'enfant et pour l'adulte et des renseignements pouvant être utiles au pharmacien pour la pratique pharmaceutique (C. sant. publ., a. R. 5112-1). V. *préparation hospitalière.*

PHOTOGRAPHIQUE (ŒUVRE)

V. **œuvre photographique.*

PIÈCE

N. f. – Bas lat. *pettia.*

- **1** *Document, *écrit, *papiers ; spécialement, documents produits devant une juridiction par les parties à l'appui de leurs prétentions. V. *production, communication, rétablissement, archives, instrumentum, note, registre, preuve, soustraction.*

— **d'identité.** V. *identité (papiers d').*

— **(*fausse).** Document falsifié (altéré ou créé de toute pièce) ou établi en vue de faire reconnaître comme vrai un fait inexact. Ex. faux testament, énonciation d'un fait inexistant dans un procès-verbal.

— **justificative.** V. *justificatif.*

— **nouvelle.** V. *nouveau.*

- **2** Par ext., tout élément (not. de preuve), tout objet (matériel, fabriqué). Comp. *effets.*

— **à conviction.** Objet placé sous main de justice à l'effet de servir d'éléments de preuve (aidant à la conviction du juge) dans un procès pénal. V. *intime *conviction, preuve, saisie, scellés, perquisition, corps du délit.*

—**s (travail aux).** Forme de travail qui ne se mesure pas uniquement par le temps de présence du travailleur au lieu du travail mais par le résultat effectif du travail accompli dans un laps de temps déterminé (l'employeur fixant à l'avance à l'ouvrier le prix d'exécution d'une pièce ou d'une opération). V. *travail à la *tâche.* Comp. *travail à la *pige.*

PIGE

N. f. – Dér. (?) de l'anc. franç. *piger* : mesurer.

- Mode de *rémunération à la ligne ou à l'article, employé not. en typographie ou dans le journalisme.

— **(travail à la).** Travail ainsi rémunéré. Comp. *travail aux *pièces, travail à la *tâche.*

PIGISTE

Subst. – Dér. de *pige.

• Travailleur payé à la *pige. Comp. *tâcheron.*

— **(contrat dit de).** Contrat de travail moyennant rémunération à la *tâche qui – exorbitant du droit commun – n'oblige ni l'employeur à fournir au pigiste une quantité déterminée de travail, ni le pigiste à accepter toutes les commandes passées par son employeur.

PIGNORATIF, IVE

Adj. – Dér. du lat. *pignorare* : mettre en *gage.

• Relatif au *gage.

— **(contrat).** Opération assimilable au *pacte commissoire et prohibée par la loi (C. civ., a. 2348) consistant à dissimuler un prêt sous une vente avec faculté de rachat pour un prix correspondant à la somme prêtée, le bien vendu (donné en gage) étant acquis de droit à l'acquéreur (prêteur, usurier) à défaut de rachat (de remboursement du prêt) dans le délai prévu.

— **(endossement).** Endossement de garantie qui réalise la mise en gage d'une lettre de change ou d'un billet à ordre au profit d'un créancier gagiste qui, à la différence du bénéficiaire d'un *endossement translatif, ne peut lui-même faire un nouvel endossement translatif mais seulement un endossement de procuration.

PILLAGE

N. m. – Dér. de piller, lat. pop. **piliare,* lat. de basse époque *pilare* : voler.

• Fait de s'emparer, en bande et à force ouverte, de biens appartenant à autrui (C. pén., a. 412-5, 462-15). V. *vol.*

PILOTAGE

N. m. – Dér. de *pilote.

• Action de diriger le navire soit à l'entrée et à la sortie des ports (*lamanage), soit au cours de la navigation.

PILOTE

De l'ital. *piloto,* origine obscure.

• Professionnel chargé de diriger le navire soit à l'entrée et à la sortie des ports (*lamaneur), soit en haute mer pendant tout le cours de la navigation (pilote hauturier).

PIQUET DE GRÈVE

Celtique *pic* : pointe. V. *grève.*

• Gréviste qui, sur les lieux habituels du travail, veille à l'exécution de la consigne de grève (désigne en général un groupe).

PIRATE

Lat. *pirata,* du gr. πειρατής.

• Auteur d'un acte de *piraterie.

PIRATERIE

Dér. de *pirate.

• **1** Brigandage maritime consistant à commettre, à des fins privées, des actes de violence contre les personnes ou les biens (sa répression appartient à tout État, quel que soit le pavillon arboré par le pirate).

• **2** Par une ext. (impropre), capture illicite d'aéronefs. V. *détournement.*

— **aérienne.** Acte d'une personne qui, se trouvant à bord d'un aéronef en position de vol (entre la fermeture des portes au départ et leur ouverture à l'arrivée), s'en empare ou en exerce le contrôle par violence ou menace de violence. La peine (réclusion criminelle à temps) est aggravée si le détournement a occasionné une atteinte corporelle à une ou plusieurs personnes.

— **maritime.** Acte de déprédation ou de violence commis à main armée à l'encontre d'un navire, de son équipage, de ses passagers ou de son chargement par des membres de l'équipage de ce même navire ou d'autres bâtiments, français ou étrangers. Sont assimilés au crime de piraterie les agissements suivants : mutinerie avec prise du bâtiment ; livraison du navire à l'ennemi ; navigation sans titre sur un bâtiment équipé d'armes de guerre ; cumul des commissions de deux ou plusieurs gouvernements ; actes d'hostilité commis sous un faux pavillon.

PLACARD

N. m. – Dér. de plaquer, empr. au néerlandais *plaken* : enduire, coller.

- *Affiche dont l'apposition (not. à la porte du tribunal) est requise pour la *publicité de certains actes. Ex. pour annoncer la vente d'un immeuble sur saisie (anc. C. pr. civ., a. 699 ; *adde* C. pr. pén., a. R. 211). V. *mise à prix, criée.*

PLACE

N. f. – Du lat. pop. *plattea*, class. *platea*.

- **1** S'emploie dans les expressions suivantes :

— **de guerre.** Enceintes fortifiées, faisant partie du *domaine public militaire, soumises à un régime juridique particulier en ce qui concerne leur délimitation, leur classement et les servitudes imposées aux propriétés qui les entourent en fonction de zones déterminant la situation de ces propriétés. V. **rue militaire.*
— **(droit de).** Redevance perçue à l'occasion de la délivrance des autorisations permettant l'occupation d'un emplacement dans les halles et marchés. V. *placier.*
— **forte.** V. *place de guerre.*
— **(voiture de).** Expression désignant les taxis.

- **2** Dans la pratique, désigne un marché, une bourse, pris comme lieu de négociation ou de cotation. Ex. cours du sucre sur la place de Zurich.

PLACEMENT

N. m. – Dér. de placer, celui-ci de *place.

- **1** Opération consistant à employer de l'argent pour l'acquisition d'un bien dont on espère qu'il prendra de la valeur. Comp. *emploi, remploi, investissement.* V. *épargne, acquêts, fonds, capitaux, blanchiment, transfert.*
- **2** Par ext., le bien acquis.

—s réglementés. Valeurs mobilières ou immobilières qui représentent, à l'actif du bilan, les *provisions techniques et qui sont soumises, quant à leur choix et à leur évaluation, à des règles particulières.

- **3** Opération consistant à vendre certains biens (surtout les titres, parfois des billets de loterie, etc.) à une clientèle particulière ou au public. Ex. placement par une banque des actions émises par une société qui augmente son capital.
- **4** Mise en rapport d'un demandeur d'emploi et d'un employeur éventuel en vue de l'engagement de celui-là par celui-ci ; par ext., ensemble des opérations et services destinés à faciliter l'embauchage, par rapprochement des offres et demandes d'emploi.

PLACET

Subst. masc. – Tiré du lat. *placet* : il plaît, formule d'acceptation à une requête.

- **1** Terme traditionnel qui désigne encore, en pratique, dans les procès civils, la copie intégrale de l'assignation (adressée par le demandeur au défendeur) destinée à la juridiction qui doit trancher le litige, copie ainsi nommée parce qu'elle contient la formule qui invite la juridiction à se prononcer par jugement (plaise au tribunal), et que la remise de cette copie au secrétariat de la juridiction, à la diligence de l'un des avocats, est l'acte qui saisit effectivement la juridiction (CPC, a. 757, 857, etc.).
- **2** Par ext., nom donné à la remise même de cette copie au secrétariat de la juridiction, à l'acte de *saisine.
- Dans les deux sens, on parle aussi de *réquisition d'audience.

PLACIER

Subst. – Dér. de placer. V. *place.*

- **1** Personne qui fait profession de vendre, pour le compte d'une maison, des articles de commerce, en visitant la clientèle à domicile. Comp. **voyageur, *représentant.* V. *démarchage, vente de porte à porte, colportage.*
- **2** Personne qui prend à ferme les places d'un marché public pour les sous-louer aux marchands qui y apportent leurs marchandises en vue de les vendre. V. *droit de *place.*

PLAFOND

Comp. de plat (lat. vulg. *plattus*) et *fond.

- Limite supérieure ; maximum en général fixé par la loi. Ant. *plancher.*

— **de cotisation.** Montant maximum de gains ou rémunérations donnant lieu au versement des cotisations de Sécurité sociale.

— **de ressources.** Chiffre limite, revenu compatible avec l'octroi de certaines allocations telles que celles de chômage partiel, d'aide sociale ou de salaire unique.

— **des affiliations.** Chiffre de rémunération au-delà duquel il n'y a pas lieu à affiliation à la Sécurité sociale (l'institution a disparu en France).

— **légal de densité.** Limite déterminée en fonction du *coefficient d'occupation des *sols, au-delà de laquelle le droit de construire, subordonné à une autorisation de la collectivité intéressée, donne lieu au versement à celle-ci d'une contribution spéciale. V. *propriété, droit de *superficie.*

PLAGIAT

N. m.

- Appropriation illicite de tout ou partie de l'œuvre d'autrui. Acte constitutif du délit de contrefaçon.

PLAIDANT, ANTE

Adj. – Dér. de *plaider.

- Qui plaide ; se dit surtout d'un *avocat qui se présente à la barre et ne se borne pas à *consulter, à être avocat-conseil (*consultant) ; autrefois d'un avoué qui, à ses fonctions ordinaires (postulation), ajoutait, devant les juridictions où cette faculté lui était ouverte, la *plaidoirie. Comp. *plaideur, postulant.* V. *défenseur, conseil.*

PLAIDER

V. – De plaid, convention, du lat. *placitum* (litt. ce qui plaît), part. pass. substantivé de *placere* : plaire.

- **1** *Intenter ou soutenir un procès ; pour une *partie, être en procès. V. *plaideur, ester.*
- **2** Exposer oralement l'une des thèses en présence à la barre d'un tribunal ; faire une *plaidoirie (monopole de l'*avocat devant certaines juridictions ; l. 31 déc. 1971, a. 4). V. *plaidant, postuler.*
- **3** Par ext., assumer, sous tous ses aspects, la défense en justice des intérêts de qqn (consultation, conclusions, plaidoiries, etc.) ; terme vague qui n'entre pas dans les précisions techniques que donnent d'autres termes sur les fonctions d'un auxiliaire de justice. V. *assistance, représentation, postulation.*
- **4** (v. transitif). Faire valoir en justice un argument. Ex. plaider l'irresponsabilité.

— ***coupable** (expression consacrée). Pour le prévenu, reconnaître sa *culpabilité devant son juge, dans l'espoir que son *aveu – choix d'un moyen de défense – lui attirera un verdict de *clémence. Comp. *comparution sur reconnaissance préalable de *culpabilité.*

PLAIDEUR

Dér. de *plaider.

- **1** Celui qui est en *procès (qui fait *plaider, pour qui l'on plaide et qui, en général, ne plaide pas lui-même sa cause) ; terme du langage judiciaire qui désigne les *parties (terme davantage usité dans les textes), surtout les parties principales (*demandeur, *défendeur), sans exclure cependant les parties *intervenantes. V. *appelant, intimé, appelé, adversaire, colitigant, justiciable.* Comp. *plaidant.*
- **2** Souvent employé avec un qualificatif pour indiquer la façon de se comporter avec son *adversaire : plaideur avisé, loyal, mauvais plaideur.

PLAIDOIRIE

N. f. – Dér. de l'anc. **plaidoyer.*

- **1** Action de *plaider (sens 2), d'exposer oralement à la barre d'un tribunal, les faits de l'espèce, et les prétentions d'un plaideur, de faire valoir au soutien de celles-ci des preuves et des moyens de droit et de développer des arguments en faveur de sa thèse (se dit aussi de l'acte de celui qui plaide pour lui-même). Comp. *plaidoyer.* V. *audience, dossier, conclusions.*
- **2** La teneur de cet exposé, *œuvre *orale prise en tant que création de

l'esprit. V. *propriété littéraire et artistique.* Comp. *mémoire.*

PLAIDOYER

N. m. – Tiré de l'anc. v. *plaidoyer,* tiré lui-même de *plaid.* V. *plaider.*

- **1** Syn. de *plaidoirie.
- **2** Plus spéc. plaidoirie pour la défense d'un inculpé devant une juridiction répressive. Ant. *réquisitoire.*

PLAIGNANT, ANTE

Adj., subst. – Du v. plaindre V. *plainte.*

- Qui porte *plainte (partie plaignante) ; l'auteur d'une plainte (le plaignant se constitue *partie civile). V. *victime.*

PLAINTE

N. f. – Tiré du v. *plaindre,* lat. *plangere.*

▸ **I** (pén.)

- Acte par lequel la victime d'une infraction ou son représentant porte ce fait à la connaissance de l'autorité compétente ; prend le nom de *dénonciation lorsqu'il émane d'un tiers. Comp. *réclamation, poursuites, pétition, requête, doléance.*

— **avec *constitution de *partie civile.** Celle qui permet à la victime de devenir partie au procès pénal et même de déclencher celui-ci.

▸ **II** (eur.)

- *Demande présentée à la Commission des Communautés européennes à l'effet de lui faire constater une infraction aux règles de concurrence du traité. Comp. **attestation négative, *déclaration d'inapplicabilité, notification.*

PLAN

N. m. – Altération de plant, tiré de planter, lat. *plantare.*

- **1** *Programme, *projet, projection dans le temps d'une action à réaliser par étape et suivant des directives, par ext., le document qui contient ce programme ; spécialement, document élaboré par le gouvernement assisté d'organes spéciaux, et approuvé par le Parlement, fixant, pour la société entière, pour un certain nombre d'années, dans le domaine économique et social, des objectifs cohérents (V. Const. 1958, a. 70). Autre ex. plan d'urbanisme. V. *planification, sécurité civile.*

— **d'apurement collectif du passif.** V. *suspension provisoire despoursuites.*

— **d'épargne d'entreprise.** Système d'épargne collectif qui ouvre aux salariés la faculté de participer, avec l'aide de l'entreprise, à la constitution d'un portefeuille de valeurs mobilières ; constitue une des modalités de la participation aux *fruits.

— **de développement.** Document écrit décrivant tout ou partie du projet de l'entreprise. Syn. *plan d'affaires* (JO 14 août 1998).

— **de redressement.** Terme générique englobant le plan de *continuation de l'entreprise ou le plan de *cession de celle-ci ; plan qu'arrête le tribunal à l'issue de la période d'observation marquant l'ouverture d'une procédure de *redressement judiciaire lorsque existent pour l'entreprise de sérieuses chances de survie (la *liquidation judiciaire étant prononcée au cas contraire) et qui a pour objet d'organiser soit la continuation de l'entreprise, soit sa cession, soit sa continuation assortie d'une cession partielle, ce qui comprend dans tous les cas la désignation des personnes tenues de l'exécuter et la mention des engagements nécessaires au redressement de l'entreprise qu'elles ont souscrits quant à l'avenir de l'activité, le financement de l'entreprise, l'apurement du passif, les garanties d'exécution, les perspectives d'emploi, etc.

- **2** Ensemble des règles gouvernant la présentation de la comptabilité des entreprises ; le document qui les énonce.

— **comptable.** Codification autoritaire de la tenue d'une comptabilité, ayant pour objet de fixer les principes généraux de la comptabilité pour toutes les entreprises ou une catégorie d'entre elles.

— **comptable général.** Plan visant à réaliser une *normalisation progressive des comptabilités.

— **d'entreprise.** Ensemble de règles comptables que se donne une entreprise exerçant des activités différenciées relevant de plusieurs plans comptables professionnels distincts, en choisissant, parmi ceux-ci, des comptes adaptés à ses besoins et aux exigences de sa gestion.

— **particulier.** Ensemble des règles comptables auxquelles se trouve soumise une entreprise ou une administration du secteur public ou une société d'économie mixte à raison de son statut juridique ou de l'intervention de l'État dans sa gestion ou dans son contrôle, en vertu de textes réglementaires ayant pour objet d'adapter le plan comptable général à sa situation particulière.
—**s professionnels.** Plans qui adaptent le plan précédent à chaque branche du commerce ou de l'industrie.

- **3** Document représentant ou reproduisant par divers moyens (dessins, relevés cartographiques, etc.), à une certaine échelle, une construction ou une surface. Ex. plan *cadastral.

PLAN ÉPARGNE RETRAITE

- Convention, réservée aux personnes physiques, ayant pour objet l'acquisition et la jouissance de droits viagers personnels ou le versement d'un capital, payables au titulaire à compter, au plus tôt, de la date de liquidation de sa pension dans un régime obligatoire d'assurance vieillesse ou de l'âge (C. séc. soc., a. L. 161-17-2 ; C. mon. et fin., a. 224-1).

PLANIFICATION

N. f. – De planifier. V. *plan.*

- Élaboration de normes cadres, de programmes destinés à orienter, par des mesures incitatives ou la conclusion de contrats, l'action des entreprises à moyen ou à long terme ; définition d'objectifs économiques (industriels, agricoles), nationaux ou régionaux, à atteindre au cours d'une période déterminée.

PLANTATION

N. f. – Lat. *plantatio.*

- Terme désignant soit l'action de planter, soit le terrain planté, soit le plus souvent les végétaux plantés, lesquels, constituant avec les *constructions des *superficies, appartiennent en principe au propriétaire du *sol, par *accession, mais sont parfois l'objet d'un droit de *superficie et sont soumis à des règles spéciales lorsque les plantations sont faites sur le terrain d'autrui ou à la limite d'un fonds (C. civ., a. 552 et 671 s.). V. *bail rural, ouvrage, distance, servitude, améliorations.*

PLATEAU CONTINENTAL

Formé sur plat, lat. vulg. *plattus* : continental, de continent, du lat. *continere* : tenir ensemble.

- Prolongement sous-marin du continent, sur lequel l'État côtier exerce (ou prétend exercer) certains droits souverains (exploitation, recherche) ; termes désignant le lit de la mer et le sous-sol des régions sous-marines adjacentes aux côtes (des continents ou des îles) mais situées en dehors de la *mer territoriale, dans les limites déterminées par des conventions internationales (Conv. 29 avr. 1958, a. 1er. Comp. Conv. 10 déc. 1982 de Montego Bay). V. *fonds marins, zone économique exclusive, pêche, pêcherie.*

PLATEFORME

— **de négociation.** Terme générique désignant un marché réglementé, un système multilatéral de négociation ou un système organisé de négociation (C. mon. et fin., a. L. 421-1, L. 424-1 et L. 425-1).
— **industrielle.** Regroupement d'*installations classées pour la protection de l'environnement, sur un territoire délimité et homogène conduisant, par la similarité ou la complémentarité de leurs activités, à la mutualisation de la gestion de certains des biens et services qui leur sont nécessaires (C. env., a. L. 515-48).
— **numérique.** Site internet destiné à mettre en relation, soit contre rémunération soit à titre gratuit, les personnes proposant un service (par ex., réservation de chambres d'hôtel, rendez-vous médical, déplacement en véhicule de transport avec chauffeur : VTC, livraison de marchandises au moyen d'un véhicule à deux ou trois roues, location d'un logement, d'un matériel ; place dans un véhicule pour un trajet) et celles en ayant besoin (C. tourisme, a. L. 311-5-2 s. ; C. transp., a. L. 1326-1 s. ; C. trav., a. L. 7341-1 s.).

PLÉBISCITE

N. m. – Lat. *plebiscitum.*

► **I** (const.)

• **1** Syn. de *référendum.

• **2** Parfois spécialement employé pour désigner un référendum dans lequel, à l'occasion de l'approbation d'un acte ou texte, il est en réalité demandé au corps électoral de manifester sa confiance à un homme.

► **II** (int. publ.)

• Procédure de consultation des habitants d'un territoire, appelés, au nom du droit des peuples à disposer d'eux-mêmes (encore appelé droit à l'autodétermination), à exprimer leur consentement ou leur refus de consentement à l'attribution de ce territoire à un État déterminé, soit leur volonté ou leurs vœux touchant la détermination du statut international de ce territoire.

— **de détermination.** Celui dans lequel la population est invitée, avant toute décision, à choisir son avenir (ex. plébiscites en Haute-Silésie en 1921, en Sarre en 1935 et 1955 et surtout dans le cadre de la décolonisation, not. dans les territoires sous tutelle). Syn. **consultation populaire, *référendum.*

— **de ratification.** Celui (aujourd'hui plus rare) qui tend à l'approbation d'un traité de cession de territoire (ex. consultation de la population de la Savoie et de Nice à propos du traité de Turin cédant ces territoires à la France en 1860).

PLEIN, E

Adj. – Lat. *plenus.*

• Syn. d'entier, intégral, complet dans diverses expressions. V. **pouvoir de pleine *juridiction, en pleine *connaissance de *cause.* Comp. *plénier.*

—**e capacité.** Capacité de celui qui – n'étant frappé d'aucune incapacité de jouissance ou d'exercice – est normalement apte à acquérir tous les droits et à les exercer lui-même et seul (sans être ni représenté, ni assisté).

— **droit (de).** V. **de plein droit.*

—**e propriété.** Par opp. à *nue-propriété et à tous autres démembrements (ex. *usage), propriété constituée dans l'ensemble de ses attributs qui confère à son titulaire la plénitude de l'utilité de la chose appropriée.

PLEIN

N. m. – Lat. *plenus.*

► **I** (mar.)

• Chargement complet du navire.

► **II** (ass.)

• Désigne dans diverses expressions une somme maximum.

— **d'acceptation.** Somme maximum acceptée par un réassureur (ou rétrocessionnaire). Il est généralement déterminé par le plein de conservation (V. ci-dessous) de l'assureur ; ainsi celui-ci réassure, auprès de plusieurs réassureurs, un nombre déterminé de pleins.

— **de conservation (ou de rétention).** Somme maximum que l'assureur conserve à sa charge et pour son propre compte sur un risque, dont l'excédent est cédé à un ou plusieurs réassureurs.

— **de souscription.** Somme maximum qu'un assureur peut couvrir sur un seul risque, sous réserve d'en céder, au-delà de son plein de conservation (V. *supra*), l'excédent à un ou plusieurs réassureurs.

► **III** (proc. civ.).

— **de la demande.** Dans la langue du palais, *satisfaction pleine et entière donnée au plaideur sur sa demande. On dit « obtenir le plein de sa demande ». V. *adjudication, *gain de cause.*

PLEINS POUVOIRS

N. m. pl. – V. le précédent (adj.) et *pouvoir.*

► **I** (int. publ.)

• Pouvoirs habilitant une personne à négocier ou conclure un traité, conférés à un chef d'État par écrit, sous forme de lettres patentes. V. *plénipotentiaire.* Comp. *accréditation, blanc-seing.*

► **II** (const.)

— **(loi de).** Expression couramment employée pour désigner une loi d'*habilitation par laquelle le Parlement autorise le gouvernement à prendre des *décrets-lois ou *ordonnances ayant certains caractères législatifs.

PLÉNIER, IÈRE

Adj. – Bas lat. *plenarius,* de *plenus* : plein.

• **1** (pour un organe, assemblée, *commission). Qui réunit l'ensemble de ses membres ou une représentation équilibrée de ses composantes en une *formation solennelle dotée de pouvoirs éminents, dont l'action est en général intermittente. Ex. *assemblée générale plénière, *assemblée plénière, *commission plénière. V. *sous-commission.*

• **2** (pour une institution). Qui est dotée d'une plénitude d'effets.

—e (*adoption). Par opp. à adoption *simple, type d'adoption qui confère à l'enfant adoptif une filiation qui se substitue à sa filiation d'origine, de telle sorte que l'adopté cesse d'appartenir à sa famille par le sang et acquiert, dans la famille de l'adoptant, les mêmes droits et les mêmes obligations qu'un enfant légitime (C. civ., a. 356 et 358) ; intégration corrélative à une rupture qui explique que l'adoption plénière soit soumise à certaines conditions particulières, not. qu'elle ne puisse bénéficier qu'à certains enfants (C. civ., a. 345 s.).

PLÉNIPOTENTIAIRE

Subst. – Lat. *plenus* : plein, et *potentia* : puissance.

• Titulaire de *pleins pouvoirs. V. *ambassadeur, alter ego.*

— (ministre extraordinaire et). Ancien titre diplomatique qui signifiait que l'agent avait le pouvoir d'engager l'État lorsqu'il négociait un traité (le titre n'a plus cette signification particulière aujourd'hui).

PLÉNITUDE DE JURIDICTION

Lat. *plenitudo,* de *plenus* : plein. V. *juridiction.*

• Syn. **pouvoir de pleine *juridiction.*

PLERUMQUE FIT

Expression latine (par abrév. de *« ex eo quod plerumque fit »*) faisant référence à « ce qui se produit le plus souvent » pour désigner le rapport de fréquence, source de *vraisemblance, sur lequel s'appuie la *présomption pour admettre la preuve d'un fait inconnu à partir de celle d'un fait connu, observation faite que, le plus souvent, les deux faits sont liés.

ADAGE : *Ex eo quod plerumque fit ducuntur praesumptiones.*

PLOUTOCRATE

Subst. masc. – Du gr. πλουτος : richesse, et κρατος : pouvoir.

• Personnage qui, par sa puissance économique, exerce une influence politique.

PLOUTOCRATIE

N. f. – De *ploutocrate.

• Gouvernement par les riches (que le pouvoir politique soit directement entre leurs mains ou sous l'influence maîtresse de leur puissance réelle). Comp. *oligarchie, aristocratie.* V. *monocratie, démocratie, monarchie.*

PLU

• Abréviation de plan local d'urbanisme. Document de planification urbaine élaboré à l'échelon communal ou intercommunal en vue de fixer les règles d'occupation et d'utilisation du sol. Anc. **plan d'occupation des sols(POS).*

PLUMITIF

N. m. – Altération de *plumetis,* d'après *primitif* : original, dér. de *plumeter* : prendre des notes, de *pluma* : plume.

• Nom naguère donné au registre (aujourd'hui nommé *registre d'audience, CPC, a. 728) tenu par le greffier (secrétaire de la formation de jugement) et destiné à recevoir, pour chaque audience, certaines indications (date de l'audience, nom des juges et du secrétaire, nature des affaires, nom des parties et, le cas échéant, de leur représentant, caractère public ou non de l'audience, incidents de l'audience et décisions prises sur incidents, etc.) ; ne pas confondre avec la *minute du jugement. V. *répertoire général, dossier.*

PLURIACTIVITÉ

N. f. – Néol. formé de *pluri,* de l'adj. lat. *plures* : plusieurs, et de *activité, sur le modèle de pluridisciplinarité.

• Exercice simultané ou successif par une même personne de plusieurs *activités professionnelles différentes. Ex. en zone de montagne, par alternance de travaux saisonniers, service hivernal des remontées mécaniques et travaux agricoles d'été.

PLURICARTE

Adj. – Néol. comp. de l'adj. lat. *plures* : plusieurs, et de *carte.

• Syn. *multicarte.* Ant. **monocarte.* V. **voyageur, représentant, placier.*

PLURILATÉRAL

Adj. – Comp. de *pluri* : plusieurs, et *latus, lateris* : côté.

• Qui émane de deux ou plusieurs *parties ; se dit des actes juridiques (contrats, conventions, etc.) au moins *bilatéraux (sens 1). Syn. *multilatéral.* Ant. *unilatéral.* V. *traité.*

PLURILÉGISLATIF, IVE

Adj. – *Pluri,* préf. tiré du lat. *plures* : plusieurs, et *législatif.

• Se dit d'un ordre juridique qui en rassemble plusieurs autres dont l'application est soit territoriale (Grande-Bretagne), soit personnelle (Liban). V. **conflits interterritoriaux, *conflits interpersonnels.* Comp. *fédéralisme.*

PLURIPROPRIÉTÉ

Subst. fém. – Néol. comp. du lat. *plures* : plusieurs, et de *propriété.

• Nom alléchant et trompeur abusivement donné en pratique à la pseudo-*multipropriété, aujourd'hui nommée *jouissance à temps partagé. Syn. *multipropriété.*

PLUS-VALUE

Comp. de plus et value, aujourd'hui hors d'usage, de valoir.

• **1** Augmentation de *valeur d'un bien foncier, d'une date déterminée à une autre, du fait de la montée (spéculative ou non) du prix des sols. Ex. augmentation de valeur enregistrée sur un bien, à une date donnée depuis une date antérieure, en tenant compte de l'état de ce bien à cette date (sans les améliorations faites dans l'intervalle). V. C. civ., a. 860, 922, 1571 ; *rapport, réduction, bien *originaire, *participation aux acquêts.*

— **latente.** Simple constatation de l'augmentation de valeur, sans qu'il en résulte un gain réel.

— **réalisée.** *Gain effectif résultant de la vente d'un bien à un prix supérieur à celui qui avait été payé lors de l'achat de ce bien. Comp. *bénéfice.*

• **2** Plus généralement, accroissement de *valeur réalisé par un bien pendant une période donnée, pour une raison quelconque (travaux, améliorations, investissements publics, phénomènes économiques ou monétaires). V. *accession, construction sur le terrain d'autrui, évaluation, estimation, dette de valeur, récompenses, impenses.*

POINÇON

Lat. *punctio,* de *pungere* : piquer.

• **1** Outil servant à certifier l'authenticité des métaux précieux ou l'origine d'une marchandise.

• **2** Marque faite avec cet outil sur le métal ou la marchandise.

POINT

Lat. *punctum.*

• **1** Dans un litige, *question de fait (point de fait) ou de droit (point de droit) sur laquelle les parties sont en désaccord (points litigieux. V. **requête conjointe,* CPC, a. 57) ou en accord ; *élément d'une prétention, d'une pièce ou d'un acte qui appelle des explications, une *discussion, un développement, une réponse. V. *moyen, chef, argument, motif, articulat, critique.*

• **2** Jadis, partie des *qualités d'un jugement où étaient énoncés les faits de la cause (point de fait) et les moyens de droit invoqués à l'appui des prétentions des parties, ainsi que le résumé des questions soumises au tribunal (point de droit).

• **3** (int. priv.). Syn. de critère, élément, facteur, dans l'expression « point de *rattachement ».

• **4** Unité de mesure, de calcul.

— **de retraite.** Unité de calcul de certaines pensions de vieillesse (leur nombre est fonction des années de cotisation et des années validées, leur valeur est fixée chaque année).

POINTAGE

N. m. – Dér. de pointer, lui-même de *point.

- **1** Mode de vérification d'un *scrutin public ordinaire (par opp. à « à la tribune ») dans une assemblée délibérante, mis en œuvre en cas de doute ou de contestation et destiné à empêcher les erreurs et les fraudes en s'assurant matériellement qu'il n'a été déposé dans l'urne qu'un seul bulletin au nom de chaque membre de l'assemblée.
- **2** Système de contrôle des horaires de travail des salariés, consistant dans l'inscription obligatoire sur une carte de l'heure de leur arrivée et de celle de leur départ.

POLICE (I)

Subst. fém. – Lat. *politia* : organisation politique, administrative, du gr. πολιτεία, de πόλις : cité.

- **1** A conservé dans certaines expressions le sens générique d'*ordre, assainissement, contrôle pour la sauvegarde de l'intérêt général ; on parle ainsi de police juridique pour caractériser l'organisation d'une publicité, ou le contrôle de la licéité d'une convention.
- **2** Plus spécifiquement, ensemble des règles imposées par l'autorité publique aux citoyens en vue de faire régner l'ordre, la tranquillité et la sécurité dans l'État. Ex. lois de police et de sûreté (C. civ., a. 3).
- **3** Plus précisément, celui des trois compartiments composant l'ensemble de la matière pénale qui regroupe les peines et infractions de moindre gravité (on dit aussi simple police). Ex. « en matière de police » s'oppose à « en matière de crime » et à « en matière de délit ». V. *contraventionnel, *simple police.*

— **(peine de).** V. **peine de police.*

- **4** *Force publique qui a pour fonction de faire respecter les règles de police (sens 2).

— ***administrative.** Ensemble des moyens juridiques et matériels – réglementations, autorisations, défenses, injonctions, coercitions – mis en œuvre par les autorités administratives compétentes en vue d'assurer, de maintenir ou de rétablir l'ordre public ; on distingue la police administrative générale chargée du maintien de la *sécurité, de la *tranquillité et de la *salubrité publiques, des polices administratives spéciales applicables à telle ou telle activité, par ex. chemin de fer…

— ***judiciaire.** Activité des autorités ayant la qualité d'officier de police judiciaire qui consiste à constater les infractions, à en rechercher les auteurs et à rassembler les preuves permettant l'inculpation de ces derniers.

- **5** Bon ordre, bon déroulement ; action et mission de faire régner le calme, la sérénité, la dignité, la bonne tenue d'une réunion, d'une assemblée, d'une *discussion. Ex. le président de la juridiction assure la police de l'*audience. V. *débats, diriger.*

POLICE (II)

Subst. fém. – Empr. du provençal *pollissa* (ital. *polizza*), du lat. médiév. *apodixa,* gr. ἀπόδειξις : preuve, reçu.

- Nom encore donné à l'*écrit destiné à constater certains contrats. Ex. police d'assurance, police d'abonnement. V. *instrumentum.*

— **collective.** Police unique délivrée à l'assuré par plusieurs assureurs couvrant en *coassurance le même risque (spécialement l'incendie) ; depuis 1945, il existe par l'intermédiaire de la Bourse des assurances de Paris une police collective à quittance unique (prime totale payée par l'assuré à l'*apériteur).

— **d'assurance.** Document signé par les deux parties contractantes et prouvant, avec ses diverses conditions, le contrat d'assurance conclu (elle contient des conditions générales imprimées et des conditions particulières, propres à chaque contrat, dactylographiées). V. *assurance.*

— **flottante.** Police par laquelle sont garantis, à concurrence d'une somme maximale, tous les risques prévus, mais déterminés au fur et à mesure par les déclarations d'*aliments faites par l'assuré à l'assureur (police par abonnement), modalité de l'assurance sur facultés en vertu de laquelle l'assureur s'engage à couvrir toutes les expéditions que l'assuré doit effectuer dans un cadre déterminé, sous l'obligation, pour ce dernier, de les lui déclarer toutes dans un certain délai fixé par la convention des parties.

— **multirisques.** Police unique couvrant des risques différents déterminés. Ex. un propriétaire se fait assurer dans une telle police contre l'incendie et l'explosion (dommages directs et responsabilité), contre les dégâts des eaux (id.), contre le vol et sa responsabilité de propriétaire.

POLITIQUE

Adj. – Lat. *politicus,* du gr. πολιτικός, dér. de πολις : cité.

- Qui a trait au gouvernement de la cité, à l'exercice du pouvoir dans un État, à la participation qu'y prennent les citoyens, les organes institués et les partis. Comp. *économique, social.* V. *gouvernemental, ministériel, administratif, constitutionnel, élection.*

—**s (*droits).** Droits conférés par la loi qui permettent au citoyen de participer à l'exercice du pouvoir, not. *électorat, *éligibilité (C. pén., a. 131-26). Comp. **droits civils.*
— **(peine).** V. **peine politique.*
— **(*pouvoir).** Pouvoir suprême dirigeant toute la vie de la société et pour l'exercice duquel sont institués les pouvoirs publics constitutionnels.

POLITIQUE

N. f. – V. le précédent.

- S'emploie en diverses expressions dans le sens de ligne d'action, de direction imprimée à une action par le choix des *objectifs et des moyens de celle-ci. V. *programme.*

— ***commune.** Principes et règles uniformes décidés par les autorités communautaires pour l'ensemble de l'économie de la communauté (politique économique) ou un secteur de celle-ci. Ex. politique agricole, commerciale, industrielle commune, politique commune des transports. Comp. *coordination, harmonisation, distorsion.*
— ***criminelle.** Réponse de l'État à la *criminalité. Ensemble des objectifs que l'État poursuit devant le phénomène de la criminalité (*prévention, *répression, etc.), des moyens qu'il met en œuvre à ces fins (*peines, *mesures de sûreté) et, à la racine, des raisons de mesurer la part de chaque type de réaction sociale (rétribution de la faute, *amendement du coupable, *protection de la société, etc.). V. *punition, exemplarité.*
— **des revenus.** Politique anti-inflationniste tendant à contrôler les hausses des salaires et des revenus non salariaux en fonction des accroissements de productivité.
— **législative.** V. *législative (politique).*

POLLICITANT

Subst. – Construit sur le rad. de *pollicitation, comme promettant.

- L'auteur de la *pollicitation, celui qui propose de contracter. Comp. *offrant, promettant.* V. *acceptant, soumissionnaire.*

POLLICITATION

Subst. fém. – Lat. *pollicitatio,* de *polliceri* : offrir, proposer.

- Syn. **offre* (sens 1). V. *proposition, présentation.* Comp. *promesse, stipulation.*

POLLUTION

Lat. ecclés. *pollutio.*

- Action de polluer ou résultat de cette action ; plus spéc., les déchets produits ou détenus dans des conditions de nature à entraîner des effets nocifs sur le sol, la flore et la faune, à dégrader les sites ou les paysages, à vicier l'air ou les eaux et, d'une façon générale, à porter atteinte à la santé de l'homme ainsi qu'à l'environnement, dont l'élimination doit être assurée par le responsable ou par les pouvoirs publics aux frais du responsable. V. *nuisance.*

— **atmosphérique.** Introduction directe ou indirecte, par l'homme, dans l'atmosphère et les espaces clos, de substances de nature à nuire à la santé humaine, aux ressources biologiques et aux écosystèmes, à influer sur les changements climatiques, à détériorer les biens matériels, à provoquer des *nuisances olfactives excessives (a. 2, l. 30 déc. 1996, C. env., L. 220-2). V. *trouble devoisinage.*

POLYGAME

N. m. et f. – Du grec *πολυγαμος,* de *πολυς,* nombreux et *γαμος,* mariage.

- Homme marié à plusieurs femmes ; femme mariée à plusieurs hommes. V. *polygame, trigame.*

POLYGAMIE

N. f. – Du grec *πολυγαμια.*

- **1** Pluralité des femmes (d'épouses) système matrimonial, opposé à la *monogamie, encore admis dans certaines sociétés.
- **2** Pluralité d'épouses (pour un homme) ou d'époux (pour une femme) ; englobe en ce sens la polyandrie, pluralité de maris, système social plus rare. V. *bigamie.*
- **3** État de *polygame. Comp. *bigame, trigame.*

POMPES FUNÈBRES

Lat. *pompa,* du gr. πομπή : convoi, cérémonie, lat. *funebris.*

- Service public communal chargé d'assurer le transport des corps, la fourniture des cercueils, corbillards, tentures extérieures des maisons mortuaires, les voitures de deuil ainsi que les fournitures et le personnel nécessaires aux inhumations, exhumations et crémations.

POMPIER

Dér. de pompe, probabl. de l'ital. *pompa,* mot d'origine expressive.

V. **sapeur-pompier.*

PONDÉRATION

N. f. – Lat. *ponderatio* : pesage, pesée.

- Système de *représentation qui, repoussant la stricte égalité, accorde, dans les votes d'une assemblée, à chaque participant un poids tenant compte de sa force respective par rapport aux autres. Ex. participation des communes au collège élisant les sénateurs ; vote au sein de la *conférence des présidents d'une assemblée politique ; votes dans certains organes internationaux.

PONTS ET CHAUSSÉES

Lat. *pons* ; lat. pop. *calciata (via)* : voie dont le pavé était renforcé de chaux *(calx, calcis).*

- Service chargé de la construction et de l'entretien des *voies publiques nationales et départementales. V. *voirie.*

POOL

Subst. masc.

- Terme emprunté à l'anglais, parfois utilisé pour désigner un *groupement d'entreprises comportant, sans forme juridique précise, la mise en commun d'activités de ressources, de charges ou de résultats d'exploitation. Ex. le Marché commun du charbon et de l'acier était parfois nommé pool du charbon et de l'acier.

— **bancaire.** V. *agent du pool bancaire.*

— **de réassurance.** Association de *réassurance réciproque constituée par des assureurs et des réassureurs en vue de la mise en commun et de la répartition de certains risques déterminés (chacun des contractants étant à la fois cédant et réassureur). Ex. pool de réassurance des risques de cinéma, d'aviation, des risques atomiques.

POPULAIRE

Adj. – Lat. *popularis.*

- **1** Qui émane du *peuple ; qui se développe dans la masse des citoyens. Ex. us et coutumes d'origine populaire ; par opp. aux coutumes d'origine *savante. Comp. *démocratique, national.* V. *représentatif, républicain, souveraineté, votation, veto.*
- **2** Qui concerne la partie la plus déshéritée de la population. V. **assurance populaire.*

PORT (I)

Lat. *portus* : ouverture, passage, port.

- Abri naturel ou artificiel aménagé en vue de recevoir les navires pour leurs opérations d'embarquement, de débarquement et de magasinage et l'accomplissement de formalités douanières.

— ***autonome.** Établissement public de l'État créé par décret et responsable de la gestion administrative, technique, commerciale et financière d'un ensemble portuaire.

— **d'éclatement.** Port dans lequel des conteneurs acheminés par des navires principaux repartent vers d'autres ports après avoir été chargés sur des navires collecteurs. JORF 21.12.2013 p. 20879. Syn. *port pivot.*

— ***franc.** Port soustrait au service des *douanes, où les marchandises pénètrent et sortent librement, sans formalité ni paiement de droits. V. *quai (droit de)*.

PORT (II)

Tiré du v. porter, lat. *portare*.

• Action matérielle de transporter ou de porter sur soi (ex. port illégal de décoration) ; par ext., en un sens intellectuel, fait d'user, *usage (port d'un nom, d'un prénom, d'un titre).

— **d'armes.** Fait de transporter ou de porter sur soi hors de son domicile un instrument destiné à l'attaque ou à la défense qui constitue, selon les cas, une infraction ou une circonstance aggravante d'une autre infraction (ex. vol à main armée).

— **prohibé*. *1 /* Fait d'avoir sur soi et sans autorisation une arme des catégories déterminées par la loi. *2 /* Fait d'être en possession d'une arme quelconque en certains lieux (ex. églises, marchés) ou en certaines circonstances (ex. attroupements). *3 /* Fait de porter une arme alors que l'on a été déchu de ce droit.

— *contre la France.* Crime de trahison consistant, pour un Français, à prendre du service dans une armée étrangère opérant contre le pays.

PORTABLE

Adj. – Du v. porter, lat. *portare*.

• Se dit, par opp. à *quérable, d'une dette qu'il incombe au débiteur de payer chez le créancier (ex. l'obligation de somme d'argent doit en principe être payée au domicile du créancier, C. civ., a. 1343-4) ; se dit aussi parfois de la dette dont le paiement doit être fait au lieu fixé par la convention (si ce n'est ni chez le créancier ni chez le débiteur, l'initiative incombant également à ce dernier) ; se dit aussi, dans les ventes mobilières d'objets corporels, de la chose vendue (qui peut être portable ou quérable). V. *payable, délivrance, retirement.*

PORTAGE (CONVENTION DE)

Subst. masc. du v. porter, lat. *portare*. V. *convention.*

• Nom donné dans la pratique à une convention (non réglementée par la loi) en vertu de laquelle une personne nommée « donneur d'ordre » transmet la propriété de titres à une autre personne nommée « porteur » qui l'accepte mais s'engage par écrit à céder ces mêmes titres à une date et pour un prix fixés à l'avance à une personne désignée qui peut être le donneur d'ordre lui-même ou un tiers bénéficiaire, technique empirique, proche de la *fiducie, qui peut, en parallèle, assumer soit une fonction de garantie au profit d'un prêteur qui rétrocédera les titres pour un prix couvrant le prix d'achat et les intérêts, soit une fonction de transmission en faveur du tiers désigné (opération dont la licéité et le régime au regard du droit fiscal et du droit des sociétés sont sujets à discussion, surtout si elle est occulte).

PORTE ÉTROITE

• Pratique non régie par les textes, émanant soit de la société civile (associations, syndicats, autres groupements), soit d'acteurs politiques, qui consiste à exposer un point de vue au Conseil constitutionnel lors du contrôle *a priori* d'une loi ou au Conseil d'État lorsqu'il examine et donne son avis sur un projet de loi ou un projet de décret.

PORTÉE

N. f. – Du v. porter. V. *port*.

• Terme neutre souvent employé à propos d'une règle, d'une décision de justice ou d'une convention (ex. portée d'une loi, d'une disposition, d'un arrêt, d'un accord) pour désigner :

• **1** Son *domaine d'*application. V. *champ, terrain.*

• **2** Son *objet et ses effets directs (la réforme opérée, la mesure arrêtée).

• **3** Plus indirectement, ses incidences (monétaires, économiques, psychologiques, ex. comportement des épargnants, des investisseurs).

• **4** Son efficacité ou son effectivité.

PORTEFEUILLE

N. m. – Comp. de porte (de porter) et de *feuille.

• **1** Terme désignant en pratique un ensemble de titres, de valeurs, de contrats

réunis entre les mains d'une même personne. V. *avoir, placement, masse, fonds, clientèle, patrimoine, universalité.*
— **d'assurances.** Ensemble des contrats, soit de toutes catégories, soit d'une catégorie déterminée, souscrits auprès d'une société d'assurance qui en a la propriété (peut faire l'objet d'une cession). V. *transfert de portefeuille.*
— **d'effets de commerce.** Ensemble des effets détenus à un moment donné par une maison de commerce en représentation de créances sur ses clients. Ex. le portefeuille d'une banque se compose des effets qu'elle a escomptés et de ceux que ses clients la chargent de recouvrer.
— **de valeurs mobilières.** Ensemble des valeurs mobilières détenues à un moment donné par une personne.

- **2** Expression par laquelle on désigne l'attribution à un membre du gouvernement d'un département ministériel. Ex. le portefeuille de l'Intérieur.

— **(ministre sans).** V. *ministre sans portefeuille.*

PORTE-FORT

Subst. – Comp. de porte (de porter) et de l'adj. fort, lat. *fortis.*

- **1** Celui qui se porte fort.
- **2** Nom donné à la convention (promesse ou clause de porte-fort) par laquelle une personne s'engage envers une autre (qui accepte le risque) à obtenir l'approbation d'un tiers à un acte envisagé (vente, partage) et s'expose personnellement à une indemnité pour le cas où ce tiers, comme il est libre de le faire, refuserait de ratifier l'acte (C. civ., a. 1204). Ex. le tuteur qui se fait fort, en vendant le bien de son pupille, de faire ratifier la vente par celui-ci à sa majorité. V. *ratification, relativité des conventions.* Comp. *stipulation pour autrui, cautionnement.*

ADAGE : *Res inter alios acta aliis neque prodesse neque nocere potest.*

PORTE-MONNAIE ÉLECTRONIQUE

- *Moyen de paiement, constitué par une valeur monétaire stockée sur une forme électronique, y compris magnétique, émis par un établissement de crédit permettant à son titulaire d'effectuer des paiements de faible montant.

PORTER À CONNAISSANCE

- Acte par lequel le préfet communique aux communes ou à leurs groupements les documents nécessaires à l'exercice de leurs compétences en matière d'urbanisme (directives territoriales d'aménagement et de développement durable, dispositions relatives aux zones de montagne et au littoral, servitude d'utilité publique, projets d'intérêt général, opération d'intérêt national, etc., C. urb., a. L. 121-1, R. 121-1).

PORTEUR

Subst. ou adj. – Lat. *portator.* V. les précédents.

- **1** Personne au profit de laquelle un effet de commerce a été souscrit ou à qui l'effet a été transmis par voie d'*endossement (tiers porteur). V. *bénéficiaire, tireur, tiré, endosseur, endossataire, souscripteur, *lettre de change, actionnaire, obligataire.*
- **2** Détenteur d'un *titre au porteur.

— ***diligent.** Porteur qui, ayant fait dresser *protêt faute de paiement le lendemain de l'échéance de l'effet impayé (C. com., a. L. 511-49), s'est ainsi réservé les facilités de recouvrement spéciales au Droit cambiaire.
— ***négligent.** Porteur qui s'expose à la déchéance, dans son recours contre les garants, pour n'avoir pas fait dresser *protêt le lendemain de l'échéance (en l'absence d'un obstacle insurmontable) ou, sous la même réserve, pour n'avoir pas accompli de diligences équivalentes (C. com., a. L. 511-49, L. 511-50, L. 511-39, L. 511-42).

PORTION

N. f. – Lat. *portio.*

- **1** Partie d'un tout, quotité d'une *universalité (succession ou autre masse indivise) qui désigne plus spécialement une *part successorale (ex. C. civ., a. 744) ou plus généralement une fraction de la succession (ex. portion disponible : syn.

quotité disponible, portion réservée). V. *réserve, partage, tête.*

— **virile.** Portion d'une masse indivise obtenue en divisant cette masse par le nombre des ayants droit (C. civ., a. 873 anc.). Syn. **part virile.*

• **2** Parfois, l'ensemble des biens concrets attribués en partage à un copartageant. V. *lot, attribution, *assignation de parts, fournissement.*

POSITIF, IVE

Adj. – Du lat. *positum* supin du v. *ponere,* contraction de *posinere,* préf. *po* et *sinere,* placer, poser.

• S'emploie dans les expressions suivantes (avec des sens qui recoupent certains des sens courants : établi, tangible, actuel, accompli, qui ressort en plus).

— **(*droit).** Ensemble des règles de droit (droit *objectif) en *vigueur dans un pays donné à un moment donné, par opp. à droit naturel (ou idéal) et à un droit révolu (aboli ou abrogé) reçu dans le passé (*Ancien droit). Ex. droit positif français, belge, suisse. V. *de lege lata.*

— **(*fait).** S'agissant d'une personne, acte, action, initiative, par opp. à *omission, *abstention, *négligence. Ex. de la part d'un demandeur d'emploi, acte positif de recherche d'emploi ; fait délictueux positif (*commission par action). V. *diligence.*

— **(bilan, compte).** Celui dans lequel le crédit est supérieur au débit, l'actif au passif. Syn. *créditeur.*

— **(résultat).** Supérieur à zéro, par opp. à négatif et à nul ; se dit des bénéfices d'une entreprise, des conclusions d'une expertise lorsque le fait à prouver est établi ou du vote d'une proposition lorsque celle-ci est adoptée.

— **(conflit).** V. *conflit positif.*

—**ve (discrimination).** V. *discrimination positive.*

POSITION

N. f. – Lat. *positio,* de *ponere* : placer.

• **1** *Situation, *état. Ex. situation d'une entreprise sur un marché, situation d'un compte.

— **(compte tenu en).** Expression caractérisant un mode de tenue des comptes bancaires permettant de distinguer les opérations en cours et les opérations terminées.

— **de compte.** Différence entre le crédit et le débit d'un compte (surtout en cours de fonctionnement).

— ***dominante.** Situation d'une ou plusieurs entreprises, sur un marché déterminé, qui leur permet de se soustraire à une *concurrence effective ou de faire obstacle au maintien de celle-ci en leur assurant, dans une mesure importante, une indépendance de comportement à l'égard des concurrents, clients ou fournisseurs. V. **puissance économique, clause *abusive, dépendance économique, marché *pertinent.*

— **dominante (*abus de).** Pratique illicite consistant dans l'utilisation, par une entreprise, de sa position dominante pour se procurer un avantage que le jeu normal de la concurrence ne lui aurait pas permis d'obtenir ; plus généralement, adoption par cette entreprise d'un comportement restrictif de concurrence. Comp. *dépendance économique (abus de).* V. *boycott.*

• **2** (plur.). Ensemble des propositions dans lesquelles l'auteur d'une thèse (de doctorat) résume les opinions qu'il soutient.

POSSÉDER

V. – Lat. *possidere.*

• **1** Avoir la *possession d'une chose (sens 1 et 2).

• **2** Plus vaguement, détenir une chose (en avoir la *détention matérielle) (C. civ., a. 2256).

• **3** Parfois, être propriétaire d'une chose. V. *déposséder.*

— **un état.** V. **possession d'état.*

POSSESSEUR

Subst. – Lat. *possessor,* de *possidere* : posséder.

• Celui qui a la *possession (sens 1 ou 2) d'une chose, qu'il en soit ou non *propriétaire, qu'il soit de *bonne ou de *mauvaise *foi. Ex. le voleur est possesseur de mauvaise foi, l'*acquéreur *a non domino* peut être possesseur de bonne foi (C. civ., a. 550). S'opp. au *détenteur. V. *maître.*

POSSESSIO JURIS

Expression latine signifiant « possession d'un droit » qui sert aujourd'hui à désigner toute *possession (sens 2) correspondant à un droit réel autre que la propriété et conduisant à l'acquisition de celui-ci. Syn. **quasi-possession*. Comp. **possessio rei*.

POSSESSION

N.f. – Lat. *possessio*. V. *possesseur.*

► **I** (priv.)

● **1** *Pouvoir de fait (**corpus*, *détention matérielle) exercé sur une chose avec l'intention de s'en affirmer le maître *(*animus domini)*, même si – le sachant ou non – on ne l'est pas ; maîtrise effective manifestée sur la chose possédée par des actes de propriétaire (les faits de possession : cultiver, clore, habiter) accomplis – de *bonne ou de *mauvaise *foi – avec une âme de propriétaire et qui, ainsi constituée *corpore et animo*, permet au possesseur d'un immeuble, à certaines conditions, d'en acquérir la propriété par la *prescription *(possessio ad usucapionem)* et de jouir de la *protection *possessoire *(possessio ad interdicta)* (C. civ., a. 2255). Se distingue de la *détention précaire. V. *usucapion, *actions *possessoires, meuble, dépossession, acte de pure *faculté, tolérance, *possessio rei, jonction.*

● **2** Pouvoir de fait consistant à exercer sur une chose des prérogatives correspondant à un droit réel autre que la propriété (ex. à se comporter en usufruitier ou en bénéficiaire d'une servitude) avec l'intention de s'affirmer titulaire de ce droit *(animus)* ; **possessio juris, *quasi-possession.*

● **3** Parfois syn. de façon plus neutre de *détention matérielle. V. **mise en possession, *prise de possession, dépossession.*

● **4** Dans certaines expressions, droit de se mettre en possession d'une chose, d'en devenir le possesseur effectif et légitime (non cependant comme *détenteur mais, en général, comme héritier ou légataire). V. **envoi en possession, saisine, dessaisissement.*

● **5** Pour une personne, s'appliquant à son *état, désigne un comportement et une apparence, conformes ou non au Droit. V. *possession d'état* (ci-dessous).

— ***clandestine.** Possession entachée du vice de *clandestinité. Ant. **publique*.

— **continue.** Possession régulière correspondant à l'usage normal d'une chose (et donc parfois intermittent ou saisonnier. Ex. usage d'un chalet de montagne pendant les vacances d'été ou d'hiver). Ant. *discontinue.*

— **d'état.**

a / Fait, pour un individu, de se comporter comme ayant un *état et d'être considéré comme l'ayant, même si en droit il ne l'a pas (ex. vivre comme et passer pour un enfant légitime, un époux, le ressortissant d'une nationalité), auquel la loi attache des effets variables (ex. droit de réclamer la nationalité correspondante, C. civ., a. 21-13).

b / Spéc., situation d'ensemble qui, lorsqu'elle résulte de la réunion suffisante de faits et gestes indiquant un rapport de filiation ou de parenté (port d'un nom, comportement parental et filial, réputation dans l'entourage, etc.) constitue, à titre de présomption, une preuve de la filiation (C. civ., a. 311-1 s.). V. *nomem, tractatus, fama, acte de *notoriété, titre, temps, vérité sociologique.*

— **discontinue.** Possession entachée du *vice de *discontinuité. Ant. *continue.*

— **équivoque.** Possession entachée du *vice d'*équivoque.

— ***immémoriale.** Possession si reculée que nul homme vivant n'en a vu l'origine et sur laquelle nul ne peut déposer en raison de son antiquité (C. civ., a. 691).

— **paisible.** Possession qui a commencé et se maintient sans voies de fait ni menaces. Ant. *violente.*

— **publique.** Possession non *clandestine.

— **utile.** V. *utile.*

— **vicieuse.** Possession entachée d'un *vice (*violence, *clandestinité, etc.).

— **violente.** Possession entachée du vice de *violence.

► **II** (publ.)

● Naguère, dépendance coloniale d'un État ; désigne encore des dépendances territoriales lointaines. Ex. possessions françaises du Pacifique.

POSSESSIO REI

Expression latine signifiant « possession d'une chose » servant aujourd'hui à désigner la *possession (sens 1) qui correspond au droit de propriété et conduit à l'acquisition de celui-ci, par l'accomplissement d'actes de maître dans l'affirmation de cette qualité. Comp. *possessio juris, quasi-possession.*

POSSESSOIRE

Adj. – Lat. *possessorius,* de *possidere* : posséder.

- Relatif à la *possession (immobilière plus spéc.).

—**s (actions).** *Actions en justice ouvertes, avant la loi du 16 février 2015, devant le tribunal d'instance pendant l'année du *trouble possessoire, en vue d'obtenir la *protection possessoire, à toute personne qui, paisiblement, possède un immeuble depuis au moins un an (même si elle n'en est pas propriétaire) et qui avaient été ouvertes, sous les mêmes conditions, au simple *détenteur d'immeuble (contre tout autre que son *auteur). V. *complainte, dénonciation de nouvel œuvre, réintégrande.*

— **(*protection).** Sauvegarde judiciaire qui, par le moyen, autrefois des trois *actions possessoires et depuis la loi du 16 février 2015 d'une action en référé devant le président du tribunal judiciaire, couvre la possession immobilière en tant que telle (abstraction faite de la propriété et sans avoir égard au *fond du droit), contre le *trouble qui l'affecte ou la menace, et qui est pareillement accordée au détenteur contre tout autre que celui de qui il tient ses droits (C. civ., a. 2278). V. *pétitoire, possessoire* (subst.).

— **(*trouble).** Fait matériel (mise en culture, construction) ou acte juridique (bail d'un local) qui porte atteinte à la possession (ou la détention) d'autrui sur un immeuble et qui, procédant d'une prétention juridique (V. *trouble de droit*), ouvre à la victime la protection possessoire. V. *voie de fait.*

POSSESSOIRE

N. m. – Dér. par substantivation du précédent.

- Débat qui – entièrement séparé du procès au *pétitoire – porte, devant le président du tribunal judiciaire en référé (depuis la loi du 16 février 2015 ; auparavant devant le tribunal d'instance), sur la seule question de la protection *possessoire (existence d'un *trouble possessoire, ouverture des actions *possessoires) à l'exclusion du droit de propriété. Loc. : *agir au possessoire ; le possessoire et le petitoire ne sont jamais cumulés.*

POSSIBILITÉ

Lat. *possibilitas,* dér. de *possibilis* : possible, de *posse* : pouvoir.

- **1** (sens gén.). Caractère de ce qui est *possible.
- **2** (for.). Quantité de produits ligneux susceptibles d'être coupés annuellement dans une *forêt sans modifier son état, sans l'appauvrir ni l'enrichir.
- **3** (au plur.). Syn. de *ressources, *facultés. V. *moyens, disponibilités, forces.*

POSSIBLE

Adj. – Lat. *possibilis.*

- **1** Qu'il est humainement et raisonnablement au pouvoir du débiteur d'accomplir (s'agissant de l'exécution de son engagement). Ant. *impossible* (sens 1). V. *force majeure, empêchement.*
- **2** Qui peut arriver ; se dit d'un événement non encore réalisé mais réalisable, ou dont le caractère impossible n'est pas encore établi. Ant. *impossible* (sens 2). V. *condition, réalisation, aléa.* Comp. *probable, vraisemblable, certain.*
- **3** Parfois syn. de *permis, *autorisé (en droit). Ex. opération juridiquement possible.

POSTCOMMUNAUTAIRE

Adj. – Lat. *post,* après. V. *communautaire.*

- Se dit de l'*indivision qui s'ouvre à la dissolution de la *communauté conjugale, et qui est aussi *successorale lorsque la communauté se dissout par la mort d'un époux (en présence de ses héritiers).

POSTE

N. m. – Empr. de l'ital. *posto,* de *porre* : poser, lat. *ponere.*

- **1** *Emploi auquel le fonctionnaire est affecté. Ex. l'*abandon de poste est sévèrement réprimé. Comp. *grade.*
- **2**

— **de travail.** Ensemble des activités exercées par un salarié dans un emploi déterminé (donnée qui commande, selon la jurisprudence, la qualification du travailleur).

- **3** Compartiment d'un *compte. Ex. poste des emprunts, des dépenses ménagères.
- **4** Élément distinct du *préjudice ; syn. *chef de préjudice indemnisable. V. *nomenclature.*

POSTÉRITÉ

Lat. *posteritas* : le temps qui vient ensuite, l'avenir.

- **1** *Descendance que laisse (ou ne laisse pas) le défunt après lui ; ensemble de ses enfants et descendants d'eux, par opp. à ses *ascendants et *collatéraux (C. civ., a. 734). Ex. les *ascendants privilégiés du défunt lui succèdent lorsqu'il ne laisse ni postérité ni collatéraux privilégiés (a. 736).
- **2** *Générations à venir.
- **3** Le temps qui vient après la mort, porteur de mémoire ou d'oubli.

POSTHUME

Bas lat. *posthumus,* class. *postumus* : dernier.

- Qui apparaît, s'accomplit ou s'opère après la mort de quelqu'un. Ex. enfant posthume, mariage posthume. Comp. **œuvre posthume.* V. *publication posthume (droit de).*

— **(*mandat à effet).** Acte de *prévoyance par lequel une personne confie par anticipation à un mandataire la mission d'administrer après sa mort, pour le compte de ses héritiers, les biens qu'il laissera ; plus préc. mandat que toute personne peut donner à une ou plusieurs autres personnes, physiques ou morales (par ex. à l'un de ses héritiers) d'administrer ou de gérer, sous réserve des pouvoirs conférés à l'*exécuteur testamentaire, tout ou partie de sa succession, pour le compte et dans l'intérêt d'un ou plusieurs héritiers identifiés (C. civ., a. 812).

POST NUPTIAS

Expression latine signifiant « postérieurement à la célébration du mariage ». V. *légitimation.*

POSTULANT, ANTE

Subst. – De postuler, lat. *postulare* : demander.

- **1** Celui qui sollicite un avantage, une nomination, un emploi, etc. Comp. *candidat, requérant, impétrant.*
- **2** Titre arboré, en Europe, par les membres des professions judiciaires spécialisées qui ont pour mission exclusive la *postulation (représentation territoriale des justiciables devant les juridictions) : *avoués à la cour d'appel (en France), *procuradores* espagnols, *solicitadores* portugais (comme adjectif, « postulant » peut être employé pour qualifier l'avocat en tant qu'il postule). Comp. *plaidant.*

POSTULATION

N. f. – Lat. *postulatio,* de *postulare* : postuler.

- Mission consistant à accomplir au nom d'un plaideur les actes de la procédure, qui incombe, du seul fait qu'elle est *constituée, à la personne investie d'un *mandat de *représentation en justice (CPC, a. 411). V. *ministère, diligenter, postulant.* Comp. *assistance.* Limitée aux actes ordinaires de la procédure, la postulation n'englobe pas de plus graves actes (désistement, acquiescement, transaction) qui ne sont pas compris, de plein droit, dans le pouvoir général du mandataire et pour l'accomplissement desquels celui-ci est seulement réputé – à l'égard du juge et de la partie adverse – avoir reçu un pouvoir spécial, par l'effet d'une présomption légale relative (CPC, a. 417). Elle se distingue de la *plaidoirie, distinction qui conserve un intérêt (même depuis que les avocats cumulent, devant les tribunaux de grande instance, le monopole de la postulation et de la plaidoirie, l. 31 déc. 1971, a. 4), car elle demeure, *ratione personae,* devant la cour d'appel (maintien des avoués d'appel), et, *ratione loci,* devant les tribunaux de grande instance : les avocats peuvent plaider dans toute la France, sans limitation territoriale, ils ne peuvent postuler que devant les tribunaux de grande instance près desquels leur barreau est constitué (l. 31 déc. 1971, a. 5). Elle n'englobe pas la rédaction des *conclusions, même si, en pratique, celui qui postule est aussi celui qui conclut, soit parce que c'est également celui qui plaide, soit parce que même non *plaidant, l'usage d'un barreau rattache les conclusions à la postulation qu'il assume. V. *pouvoir.*

POSTULER

V. – V. *postulation.*

- Accomplir, au nom d'un plaideur, les actes ordinaires de la procédure, par opp. à *plaider et à *conclure. V. *représentation en justice, mandat, ministère, diligenter.*

POTESTATIF, IVE

Adj. – Lat. *potestativus,* de *potestas* : puissance.

- Qui dépend de la volonté d'une personne. Ex. *condition potestative. Comp. *discrétionnaire, arbitraire.* V. *casuel, mixte.*

—ve (condition purement). Celle qui dépend uniquement du bon vouloir de l'une des parties et qui, équivalant à une absence d'engagement lorsqu'elle est laissée à la discrétion du débiteur, rend nulle, en ce cas, l'obligation qu'elle affecte (C. civ., a. 1304-2). Ex. je vendrai si je veux.

—ve (condition simplement). Celle qui dépend d'un événement dont la réalisation est sans doute volontaire de la part d'une partie, mais au prix d'une décision qui est fonction de contingences. Ex. je vendrai si je cesse d'exercer telle activité. Comp. *retour à meilleure fortune (clause de).*

POURBOIRE

N. m. – Comp. de la prép. pour et du v. boire.

- **1** Somme d'argent remise au salarié par le client de l'employeur pour lequel il a travaillé, versement tantôt facultatif, tantôt obligatoire, qui constitue, selon les professions, un *salaire complémentaire ou exclusif. Syn. *service.* Comp. *commission.* V. *rémunération.*
- **2** Plus généralement, somme d'appoint qu'il est d'usage de verser à certains prestataires de service, en plus du prix de la prestation, en signe de satisfaction supposée. Comp. *épingles, *denier à Dieu, bouquet.*

POURPARLERS

N. m. pl. – De pour et parler.

- Entretiens préalables à la conclusion d'un *accord (convention, traité), *négociations et *tractations préliminaires. V. *proposition, offre, pollicitation, projet, précontractuel, parlementaire, avant-contrat, punctation, invitation à entrer en négociation.*

POURSUITE

N. f. – Comp. de suite, comme poursuivre de suivre, lat. *sequere* (suite est tiré du v.).

- **1** (sens gén.). Exercice d'une *voie de droit pour contraindre une personne à exécuter ses obligations ou à se soumettre aux ordres de la loi ou de l'autorité publique. Comp. *suite (droit de),* I.

***a* /** Exercice de l'*action en justice par le créancier contre le débiteur (on dit quelquefois « acte de poursuite »).

— *individuelle. Action en justice ou voie d'exécution exercée par un créancier dans son intérêt personnel (par opp. à procédure collective). V. *arrêt des poursuites individuelles, suspension des poursuites individuelles.*

—s (subrogation dans les). Substitution d'un tiers au créancier dans les poursuites exercées ou dans les droits et actions possédés par celui-ci contre le débiteur, qui peut s'opérer soit de plein droit, dans les cas spécifiés par la loi (ex. en matière d'assurances de dommages non maritimes, l'assureur qui a payé l'indemnité d'assurance est subrogé, jusqu'à concurrence de cette indemnité, dans les droits et actions de l'assuré contre le tiers qui, par son, fait, a donné lieu à la responsabilité de l'assureur ; en matière de saisie immobilière, un, créancier peut, sur simple demande, être subrogé au premier saisissant négligent), soit en vertu d'une stipulation expresse (subrogation conventionnelle aux conditions de l'a. 1250 C. civ.) ; en fait destinée à éviter les poursuites contre le débiteur. Ex. tiers intervenant pour désintéresser le créancier moyennant subrogation personnelle convenue lors du paiement.

***b* /** Mise en œuvre des *voies d'exécution (saisies immobilières ou mobilières) après condamnation ou en vertu d'un titre exécutoire. Ex. poursuite en vente forcée d'immeubles).

—s (discontinuation des). Suspension ou abandon d'une procédure d'exécution. Ex. le débiteur qui se prétend libéré assigne le créancier en discontinuation des poursuites.

***c* /** (pén.). Ensemble des actes par lesquels le *ministère public exerce l'*action publique et requiert l'application de la loi et des actes

accomplis par un juge d'instruction (ou un officier de police judiciaire) pour découvrir l'auteur d'une infraction pénale, rassembler les preuves et les charges, le renvoyer devant les juridictions de jugement (avant l'exercice de l'action publique, l'enquête préliminaire contre une personne soupçonnée d'être l'auteur d'une infraction, n'est pas une poursuite pénale proprement dite, mais l'expression est en usage).
—s **(opportunité des).** V. *opportunité.*
d / (fisc.). Mesures à l'encontre du contribuable qui n'a pas acquitté à l'échéance fixée par la loi la portion exigible de ses contributions.
— **(agents de).** Nom donné par l'usage aux huissiers de justice et aux agents huissiers du Trésor faisant fonction d'huissiers de justice.
e / (douanes). Mesures de contrainte permettant aux agents de l'administration des douanes de saisir des marchandises de contrebande, même en deçà des zones frontalières (sans interruption et à vue).

- **2** (pr.) Développement d'une procédure ou d'une opération ; *diligence donnant suite à une action. Ex. poursuite des opérations d'expertise.

— **de l'instance.** Nouvelle impulsion donnée à la procédure par les parties ou le juge, not. après une *suspension de l'instance (CPC, a. 379) ou l'exécution d'une mesure d'instruction (CPC, a. 172) ; ne pas confondre avec la *reprise d'instance.

- **3** (sens phys.). Prise en chasse d'un fuyard ; action de se lancer aux trousses d'une personne en fuite afin de l'arrêter.

— **(droit de).** Permission donnée aux services enquêteurs d'une partie à la Convention de Schengen du 19 juin 1990 (a. 41) de poursuivre, sans autorisation, au-delà de la frontière d'un État voisin, une personne prise en flagrant délit de commission de certaines infractions (ex. trafic de stupéfiants) lorsque les autorités de l'État de refuge n'ont pu être à même de prendre le relais de la poursuite, les agents étrangers poursuivants n'ayant pas le droit d'interpeller le fuyard, mais celui de l'appréhender et de le retenir pour le remettre aux autorités locales.

- **4** Prise en chasse d'un navire étranger par un bâtiment de guerre d'un État, commencée dans les eaux intérieures ou dans la mer territoriale de cet État et qui peut être continuée en haute mer si le navire étranger a commis une infraction aux lois de l'État riverain, et à condition qu'il n'y ait pas eu d'interruption dans la poursuite. Comp. *suite (droit de).* II.

POURSUIVANT

Subst. ou adj. – Part. prés. de poursuivre. V. *poursuite.*

- Nom donné au créancier qui pratique une saisie immobilière ; parfois, plus généralement, à tout *saisissant.

POURVOI

N. m. – De pourvoir, comp. de voir, lat. *videre.*

- **1** (sens courant). Tout *recours contre une décision de justice ou un acte de l'administration.
- **2** (sens technique). *Recours extraordinaire formé devant la Cour de *cassation (pourvoi en *cassation) ou le Conseil d'État contre une décision de justice rendue en dernier ressort.

— **dans l'intérêt de la loi.** Pourvoi en cassation formé spontanément par le procureur général près la Cour de cassation contre une décision qui n'a pas été attaquée par les parties dans les délais et qui lui semble comporter une grave contrariété aux lois, aux règlements ou aux formes de procéder (satisfaction donnée aux principes, la cassation laisse subsister entre les parties la décision attaquée).
— **en révision.** V. *révision.*
— **incident.** V. **incident (pourvoi).* Ant. *pourvoi principal.*
— **principal.** Pourvoi initial. V. *principal.*
— **provoqué.** Espèce de pourvoi incident émanant, à la suite du pourvoi principal ou d'un pourvoi incident (au sens strict), d'une personne qui était partie au jugement *attaqué mais contre laquelle n'était dirigé ni le pourvoi principal, ni le pourvoi incident. Comp. **appel provoqué.*
— **sur l'ordre du garde des Sceaux.** Pourvoi en cassation formé par le procureur général près la Cour de cassation sur l'ordre exprès du ministre de la Justice soit contre un acte de procédure civile entaché d'*excès de pouvoir (il produit ses effets à l'égard des parties), soit contre un acte du procès pénal (il profite au condamné mais ne peut lui nuire). V. **voie de recours, requête.*

POURVOIR (SE)

V. *pourvoi.*

- **1** Exercer un recours devant une juridiction supérieure et, plus spécifiquement, devant la Cour de cassation (se pourvoir en cassation). V. *pourvoi.*
- **2** S'adresser à une autre juridiction seule compétente pour connaître d'une demande (ex. se pourvoir au *pétitoire après la fin de l'instance au *possessoire ; être renvoyé à mieux se pourvoir après une décision d'incompétence).

POUVOIR

N. m. – Infinitif pris subst. du lat. pop. *potere* au lieu de *posse.*

Sens général

a / *Maîtrise de fait, *force, *puissance.

b / *Prérogative juridique (pouvoir de droit, fondé en droit). V. *fonction, mission, autorité, compétence, vocation, aptitude, capacité, investiture, devoir, attribut.*

▸ **I** (const.)

- **1** Le pouvoir.

***a* /** Ensemble des compétences juridiques et des capacités matérielles de l'État ; compétence suprême permettant de contrôler l'exercice des autres.

***b* /** Ensemble des organes ayant cette *puissance.

- **2** Un pouvoir.

***a* /** Syn. d'*organe. Ex. le pouvoir *législatif et le pouvoir *exécutif sont-ils indépendants l'un de l'autre dans tel régime ?

***b* /** Syn. de *fonction. Ex. le Parlement participe à l'exercice du pouvoir exécutif dans certains régimes.

- **3** Syn. de *compétence. Ex. l'Assemblée nationale a le pouvoir de renverser le gouvernement.

— **(détournement de).** V. **détournement de pouvoir.*
— **hiérarchique.** V. *hiérarchique (pouvoir).*
— **judiciaire.** V. *judiciaire.*
— **politique.** V. *politique (pouvoir).*
—**s publics.**

a / Les organes ou autorités les plus importants de l'État parce qu'ils participent à l'exercice du pouvoir législatif et du pouvoir exécutif.

b / Plus généralement, toutes les autorités immédiatement instituées par la Constitution (les pouvoirs publics constitutionnels).

c / Plus généralement encore, toutes les autorités publiques.

— **réglementaire.** V. *réglementaire.*

▸ **II** (priv.)

- **1** Pouvoir de fait, maîtrise effective. Ex. pouvoir d'usage de contrôle et de direction définissant la garde (de comportement) d'une chose inanimée. V. *possession, détention.*
- **2** Aptitude d'origine légale, judiciaire ou conventionnelle à exercer les droits d'autrui (personne physique ou morale) et à agir pour le compte de cette personne dans les limites de l'investiture reçue (pouvoir d'*administrer, de *disposer, etc.) qui correspond en général, pour celui qui l'exerce, non seulement à un droit d'agir qui fonde son intervention (et rend l'acte par lui accompli obligatoire pour le représenté) mais à une mission (emportant soit obligation d'agir, soit au moins devoir de diligence, avec faculté d'appréciation) ; prérogative, fonction. Comp. *capacité.* V. *mandat, gestion, faculté, représentation.*
- **3** Par ext., écrit par lequel une personne confère à une autre mission de la représenter. V. *procuration.*
- **4** Dans un sens voisin du sens 2, *prérogative finalisée que son titulaire a reçu mission d'exercer dans un intérêt au moins partiellement distinct du sien et dont l'exercice est soumis à un contrôle juridictionnel (lorsque le pouvoir est détourné de sa fin). Ex. pouvoirs des titulaires de l'autorité parentale.
- **5** Désigne aussi dans un sens neutre soit les attributs d'un droit subjectif (V. *prérogative,* sens 2), soit l'aptitude à exercer ses propres droits (ordinairement nommée *capacité d'exercice) dans les cas où le titulaire des droits est membre d'une société (ou assujetti à un régime matrimonial) dont les règles de fonctionnement lui attribuent ou lui laissent, sur ses biens personnels, certaines prérogatives. Ex. sous le régime légal, chaque époux a, sur ses propres, un pouvoir de libre disposition. V. C. civ., a. 1428.

▸ **III** (proc.)

- **1** (du juge). Mesure de sa *juridiction ;

sous ce rapport, le pouvoir de *pleine *juridiction (ou de juridiction *définitive : pouvoir de connaître de l'entier litige dans tous ses éléments de fait et de droit et de statuer au *fond) s'oppose au pouvoir de juridiction *provisoire (sans préjuger le fond) et au pouvoir de juridiction limité au Droit (Cour de cassation) ; ne pas confondre ce pouvoir, encore nommé pouvoir juridictionnel, avec la *compétence. V. **fonction *juridictionnelle, principe de *compétence – compétence.*

— **modérateur.** V. *modérateur (pouvoir).*

• **2** (des parties ou de leurs représentants). Mesure des initiatives laissées à un plaideur (qui a par ailleurs *capacité et *qualité pour agir en justice) d'après la gravité du procès. Ex. le tuteur n'a pas le pouvoir d'introduire une demande en partage au nom de la personne protégée, sans autorisation du conseil de famille (C. civ., a. 465, 507) ; condition de validité (de *fond) de l'acte de procédure. V. **exception de procédure, nullité de fond.*

• **3** (du mandataire de justice). Mesure des initiatives laissées au mandataire de justice en vertu soit du mandat **ad litem* (pouvoir de conclure), soit d'une autorisation particulière (pouvoir spécial) : pouvoir de transiger. V. *représentation, postulation.*

► **IV** (soc. et trav.)
— **de direction.** Pouvoir en vertu duquel le chef d'entreprise peut librement choisir ses collaborateurs et prendre toutes décisions intéressant la marche de l'entreprise.
— **disciplinaire.** V. *disciplinaire (pouvoir).*
— **du chef d'entreprise.** Prérogatives reconnues au chef d'entreprise et fondées sur la propriété.

► **V** (mon.)
— **d'achat.** Mesure de la quantité de biens et de services que peut procurer une unité monétaire à un moment donné. V. *échelle mobile, indexation.*

PRAETER LEGEM

Expression latine signifiant « au-delà de la loi » aujourd'hui utilisée pour caractériser une *coutume, un usage qui s'établit, à défaut de texte, dans le *silence de la loi, pour combler une *lacune de la loi écrite. Comp. **contra, *secundum legem.*

PRATIQUE

N. f. – Lat. *practice* ; gr. *πρακτικός*.

• **1** Application du droit.

a / La mise en œuvre du Droit, sa *réalisation. V. *effectivité.*

b / L'ensemble des activités tendant à l'application du Droit.

c / L'expérience de cette application (avoir la pratique du Droit).

d / L'ensemble des praticiens du Droit.

e / La façon d'appliquer le Droit. V. *pratique judiciaire.*

f / Les *usages établis par l'application du Droit au sein d'une profession. Ex. pratique notariale.

— **judiciaire.**

a / Application du Droit par les tribunaux ; façon dont le Droit est appliqué par les juges et l'ensemble des services et auxiliaires de la justice.

b / Parfois syn. de *jurisprudence.

c / Plus vaguement, usage du palais. Comp. *style.*

• **2** Comportement de fait.

a / Façon d'agir, manière de procéder dans une branche d'activité ou un genre d'*opération. Ex. pratique commerciale, pratique financière, pratique conventionnelle. V. *affaire, recommandations de bonnes pratiques.*

b / Façon habituelle d'agir qui, par la répétition, peut donner corps à un *usage ou une *coutume. V. **opinio necessitatis, mœurs, source, réitération.*

c / Façon particulière d'agir qui peut être conforme ou contraire au droit ou s'établir **praeter legem.* Ex. pratique familiale en matière d'autorité parentale (C. civ., a. 373-2-11), pratique illicite. V. *précédent.*

— **concertée.** Comportements parallèles ou coordonnés de deux ou plusieurs entreprises sur le marché qui résultent d'une *concertation préalable, informelle entre celles-ci ; forme d'*entente entre entreprises qui se situe entre l'accord (convention) et l'action spontanée et qui devient illicite lorsqu'elle substitue sciemment aux risques de la *concurrence une coopération conduisant à des conditions de concurrence anormales, eu égard aux caractéristiques du marché.

— **discriminatoire.** Syn. **discrimination.*

PRÉALABLE

Adj. – De pré et allable, adj. de aller, comp. sav. d'après le lat. *praembulus* : qui marche devant (lat. *ambulare*).

V. **examen préalable*, **question préalable, préliminaire, liminaire*. Comp. *préparatoire, préjudiciel*.

PRÉAMBULE

N. m. – Lat. *praeambulum*, de *prae* : avant, et *ambulare* : marcher.

- **1** *Déclaration de principe placée en tête de certaines Constitutions (ex. préambule Const. de 1848) et ayant parfois le caractère de dispositions juridiquement obligatoires faisant partie de ces Constitutions (ex. préambule Const. de 1946 et 1958). Comp. **exposé des motifs*. V. *préliminaire*.
- **2** Ensemble des *dispositions *liminaires d'un traité qui précède le *dispositif de celui-ci, comportant, en général, l'énumération des parties contractantes ou des chefs d'État ou de gouvernement signataires, ainsi que l'exposé du but et des motifs qui ont déterminé la conclusion du traité (cet exposé rédigé avec plus ou moins de précision pouvant constituer un élément important d'interprétation du traité). V. *annexe, protocole*.

PRÉAVIS

N. m. – De pré et *avis.

- **1** *Avertissement, *information préalable ; désigne aussi bien l'action (ou l'obligation) d'aviser par avance que l'acte (instrumentaire) par lequel l'avis est notifié. V. *notification, sommation*.
- **2** Par ext., *délai d'attente légal ou d'usage, dit délai de prévenance, qui doit être observé entre le moment où une personne est informée d'une mesure qui la concerne et la date à laquelle cette mesure s'appliquera effectivement ; on dit aussi délai de préavis.

— **de congédiement** (ou **délai de préavis** ou encore **délai-congé**). Laps de temps qui s'écoule entre la notification du *congédiement et la cessation des effets du contrat de travail ; par atténuation à l'effet immédiat du droit de résiliation immédiate du contrat de travail à durée indéterminée, délai pendant lequel le salarié, tout en continuant son travail et en percevant son salaire, a la possibilité de chercher un nouvel emploi et l'employeur celle de lui trouver un remplaçant. V. *indemnité*.

— **de grève.** Délai « de prévenance » que doivent parfois observer les travailleurs (en vertu de la loi ou de conventions collectives) entre la décision de faire grève et l'arrêt effectif du travail.

PRÉCAIRE

Adj. – Lat. *precarius* : obtenu par prière, de *preces* : prière.

- **1** (sens technique le plus courant). Se dit de la *détention d'une chose lorsque celle-ci est fondée en droit mais sur un titre qui oblige le détenteur à restitution (sans cependant que le propriétaire, tenu de respecter le contrat ou la loi, puisse exiger cette restitution quand bon lui semble).
- **2** (sens étymologique correspondant au *precarium* romain). Fondé sur un accord ou une tolérance (souvent à titre de service gratuit) résiliable à la première demande du propriétaire (à sa prière). Ex. hébergement précaire ; convention de jouissance précaire (C. civ., a. 426, al. 2).
- **3** Dénué de tout fondement juridique. Ex. occupation précaire sans droit ni titre.

PRÉCARITÉ

N. f. – De *précaire.

- **1** (sens technique). Caractère de la *détention *précaire.
- **2** (autre sens technique). Caractère de ce qui est librement révocable au gré du maître d'une chose (administration, propriétaire). Ex. précarité d'une *occupation.
- **3** Parfois, dans la pratique judiciaire, caractère de ce qui est dépourvu de tout *fondement juridique ; *mal fondé. Ex. précarité de la demande. Comp. *carence*.
- **4** Par ext., caractère de ce qui est fragile, instable, incertain. Ex. précarité de l'emploi.

PRÉCATIF, IVE

Adj. – Du lat. *preces*, prières, vœux.

- En forme de prière, à titre de *vœu ; se dit de la *disposition testamentaire par laquelle le testateur exprime le souhait qu'une chose soit remise ou un avantage fourni à une personne déterminée, sans en faire une obligation pour son ayant cause (héritier, légataire universel), simple prière qui, n'étant pas un ordre, ne constitue pas un véritable *legs, et fait échapper le testament à la prohibition de principe des *substitutions fidéicommissaires dans le cas particulier où le bénéficiaire d'une disposition (légataire universel, à titre universel ou à titre particulier) est seulement invité, sans y être astreint, à retransmettre après sa mort ce qu'il a reçu (les termes legs précatif sont cependant parfois employés pour désigner la disposition qui contient la prière). Ex. disposition précative en faveur d'un ancien serviteur que l'héritier est prié d'accueillir ou d'aider.

PRÉCAUTION

N. f. – Du lat. *praecautio*, précaution, du v. *praecavere (cautum)*, prendre garde, prendre des mesures préventives (le préfixe *prae* exprime l'anticipation).

- Précaution (sens cour.) ; (plur.) mesures *préventives. V. *Prudence, prévoyance, prévention*. Comp. *cautèle, caution*.

— **(principe de).** Directive de politique juridique qui, pour la sauvegarde d'intérêts essentiels (protection de la santé publique, de l'environnement) recommande (aux gouvernants en particulier) de prendre, à titre *préventif, des mesures *conservatoires propres à empêcher la réalisation d'un risque éventuel, avant même de savoir avec certitude (preuves scientifiques à l'appui) que le danger contre lequel on se prémunit constitue une menace effective. Maxime de *prudence aux contours flous dont la portée juridique et le fondement appellent réflexion, un surcroît de précaution n'ayant de légitimité qu'autant qu'il repose sur une évaluation raisonnable du risque et apporte à celui-ci une réponse pertinente et proportionnée.

ADAGE : *Dans le doute, abstiens-toi.*

PRÉCÉDENT

Subst. masc. – Lat. *praecedens*, du v. *praecedere* : marcher devant.

- **1** Antécédent ; décision antérieure prise comme référence ; relativement à une décision à prendre, solution déjà adoptée par le passé dans une affaire ou des circonstances semblables ; désigne soit une décision administrative, soit une décision juridictionnelle (précédent jurisprudentiel) qui peut avoir, selon les systèmes juridiques, valeur d'exemple, *autorité de fait ou caractère obligatoire *(stare decisis)*. V. *jurisprudence, résistance*.
- **2** Parfois, fait, acte, comportement antérieur à prendre en considération dans la détermination d'une *coutume, par ex. dans la formation d'un *usage international ou d'une *pratique familiale (C. civ., a. 373-2-11).

PRÉCEPTE

Subst. masc. – Lat. *praeceptum* : enseignement, instruction, recommandation.

- Terme doctrinal employé pour désigner une *règle en forme de leçon se référant à d'éminentes valeurs, non seulement en dehors du Droit (précepte moral, précepte religieux) mais dans l'ordre juridique même. Ex. le respect filial, le principe de bonne foi sont de véritables préceptes. V. *principe, axiome, maxime, prescription, impératif, dictamen*.

PRÉCIPUT

Subst. masc. – Lat. *praecipuum*, neutre de l'adj. *praecipuus* : qui doit être fourni, de *praebere*.

- **1** *Avantage matrimonial conféré par contrat de mariage ou convention *modificative à un époux survivant consistant, pour son bénéficiaire, dans le droit de prélever avant tout *partage et hors *part, sur la masse commune, lors de la dissolution de la communauté, un bien déterminé ou une somme d'argent (C. civ., a. 1515). Par ext., le bien qui fait l'objet du *prélèvement. Comp. **prélèvement moyennant indemnité*, **stipulation de parts inégales*, **clause d'attribution ou d'acquisition*, *gain de survie, priorité*.
- **2** Avantage (parfois accordé par le dis-

posant, dans certains cas par la loi) consistant, pour un *héritier *ab intestat* qui avait été gratifié par le défunt, dans le droit de retenir le bien donné ou légué en plus de sa part, sans le rapporter lors du partage à la succession de l'auteur de la libéralité (C. civ., a. 843). Syn. **dispense de *rapport.* Ant. **avancement d'*hoirie.*

— **et hors part (par).** Expression servant à qualifier une *libéralité non *rapportable (*préciputaire), faite hors part successorale. Syn. avec **dispense de rapport.* Ant. *en *avancement d'*hoirie.*

PRÉCIPUTAIRE

Adj. – Dér. de *préciput.

- Fait par *préciput et hors part. Ex. donation préciputaire. Syn. *dispensé de *rapport.* Ant. *en *avancement d'hoirie, rapportable.*

PRÉCOMPTE

N. m. – Tiré du v. précompter, comp. du lat. *prae* : avant, et de compter. V. *compte.*

▸ **I** (com.)

- Fait de compter par avance les sommes à déduire d'un règlement entre créancier et débiteur.

▸ **II** (fisc.)

- *Prélèvement fiscal opéré à raison de la distribution de certains dividendes (provenant de bénéfices non soumis à l'impôt sur les sociétés au taux normal, ou de résultats d'exercices clos depuis plus de cinq ans) qui est destiné à compenser l'*avoir fiscal attaché à toute distribution de dividendes et à inciter les sociétés à répartir rapidement leurs bénéfices.

▸ **III** (trav.)

- *Retenue effectuée par l'employeur sur la rémunération du salarié pour payer les cotisations ouvrières au profit de la Sécurité sociale, des ASSEDIC ou des organismes de retraite complémentaire qu'il est tenu d'acquitter pour le compte du salarié.

PRÉCONTRACTUEL, ELLE

Adj.

- Désigne la période préalable à la conclusion du contrat.

PRÉDATEUR

- (pén.) Personne exerçant une emprise réduisant autrui à l'état de proie. V. **prix prédateur.*

PRÉEMPTER

V. *préemption.*

- Acquérir par *préemption, exercer un droit de préemption.

PRÉEMPTEUR

Adj. – Dér. de *préempter.

- Qui exerce le droit de *préemption ; qui use de la faculté de se porter *acquéreur par préemption. Ex. un coïndivisaire préempteur. Comp. *acheteur, retrayant, cessionnaire.*

PRÉEMPTION (DROIT DE)

Comp. du lat. *prae* : avant, et de *emptio* : achat, de *emere* : acheter.

- **1** Nom traditionnellement donné à la *faculté conférée par la loi ou par la convention à une personne (bénéficiaire d'une *option) d'acquérir, de *préférence à toute autre, un bien que son propriétaire se propose de céder, en se portant acquéreur de ce bien dans un délai donné, en général aux prix et conditions de la cession projetée (à lui préalablement notifiés) ; se ramène en ce sens au droit de préférence et se distingue du *retrait qui opère après conclusion du contrat.
- **2** Droit pour une personne, relativement à un contrat préexistant *(inter alios)*, de se substituer à l'acquéreur en évinçant celui-ci, comme dans le *retrait, mais en libérant ce dernier, à la différence du retrait. Ex. droit de préemption accordé par l'a. 815-14 C. civ. à un *indivisaire sur les droits qu'un coïndivisaire a dans l'indivision lorsque celui-ci entend les céder à titre onéreux à une personne étrangère à l'indivision. V. aussi C. civ., a. 1873-12 ; en matière d'enregistrement, droit pour l'administration fiscale de se substituer à l'acquéreur d'un bien lorsque le prix de vente déclaré est insuffisant. Comp. *droit de *substitution, priorité, préférence, agrément.*

PRÉFECTURE

N. f. – Lat. *praefectura,* de *praefectus.* V. *préfet.*

- **1** Ville chef-lieu d'un *département ou d'une *région. V. *sous-préfecture.*
- **2** Ensemble des services dirigés par le *préfet.
- **3** Immeuble dans lequel sont installés les services de l'*administration préfectorale.

PRÉFÉRENCE

N. f. – De préférer, lat. *praeferre* : porter en avant, mettre devant, au-dessus.

- **1** Dans un sens général et vague, tout *avantage de priorité, d'antériorité qui permet au titulaire d'un droit plus fort d'exclure un concurrent. Ex. *vocation héréditaire préférable, droit de *préemption, droit de *substitution. V. *priorité, préemption, faveur, primauté.*

ADAGE : *Prior tempore, potior jure.*

— **(pacte de).** V. **pacte de préférence.*

- **2** Dans un sens technique, avantage consistant, pour un créancier, à être payé avant un autre, sans concourir avec celui-ci (C. civ., a. 2325, 2326). Ant. *concurrence, concours, *distribution par *contribution.*

— **(causes légitimes de).** Expression par laquelle la loi désigne les *privilèges et *hypothèques (C. civ., a. 2323) en les reconnaissant générateurs d'un droit de préférence (C. civ., a. 2285).

— **(droit de).** Droit pour certains créanciers d'échapper au concours des autres créanciers (ou de certaines catégories de créanciers) dans la distribution du prix de vente des biens du débiteur et d'être payés avant ceux auxquels ils sont préférés. Ex. droit pour le créancier *privilégié d'être préféré à tous autres créanciers, *chirographaires ou *hypothécaires (C. civ., a. 2324). V. *gage commun.* Comp. *droit de *suite.*

- **3** Parti pris, par le bénéficiaire d'une *option, en faveur de l'une des branches de celle-ci. Ex. préférence marquée pour un versement en argent au lieu d'une attribution en nature (C. civ., a. 815 anc.).
- **4** (int. publ.). Avantage qu'un État accorde à un ou plusieurs autres États sans condition de réciprocité, soit seulement dans l'ordre commercial, soit plus largement dans tous autres domaines, et comportant un certain élément de *discrimination à l'égard des États qui ne bénéficient pas du même traitement (de faveur). Comp. *clause de la *nation la plus favorisée.*

PRÉFÉRENTIEL, IELLE

Adj. – De *préférence.

- **1** Qui établit une *préférence, un *avantage particulier (en *faveur d'une personne ou d'une catégorie de personnes) ; qui confère un droit en propre (à l'exclusion de tout autre) ou en *priorité (à exercer, avant tout autre). Ex. *traitement préférentiel, *attribution préférentielle, tarif préférentiel, par opp. à *égal, *égalitaire, *concurrentiel, *uniforme, *commun, *ordinaire. Comp. *privilégié, prioritaire, préciputaire.*
- **2** Qui marque une préférence (en faveur d'un candidat dans une liste). Ex. *vote préférentiel.

PRÉFET

N. m. – Lat. *praefectus,* préposé du v. *praeficere.*

- Haut fonctionnaire dont la création remonte à Bonaparte et qui, appartenant au corps préfectoral, a, en tant que tel, vocation à être affecté soit à des fonctions de *commissaire de la République, soit à d'autres postes territoriaux occupés par des membres de ce corps, soit enfin à des emplois supérieurs comportant une mission de service public relevant du gouvernement. V. *sous-préfet.*

PRÉFET MARITIME

V. *préfet.*

- Titre donné à l'officier général de la marine commandant, du point de vue militaire et administratif, l'une des régions maritimes qui se partagent le littoral.

PRÉJUDICE

N. m. – Lat. *praejudicium,* propr. opinion préconçue, action de préjuger, jugement préalable (de *praejudicare* de *prae,* avant, *jus,* droit, *dicere,* dire : préjuger, juger par anticipation).

• **1** Syn. de *dommage dans l'usage régnant ; dommage subi par une personne dans son intégrité physique (préjudice corporel, esthétique), dans ses biens (préjudice patrimonial, pécuniaire, matériel), dans ses sentiments (préjudice *moral) qui fait naître, chez la victime, un droit à *réparation ; plus précisément, pour le *dommage corporel, ensemble des chefs de préjudice qui en résultent pour celui qui en est la victime *directe ou *indirecte. V. *corporels (préjudices), pretium doloris, mutilation, responsabilité, indemnisation, indemnité, assurance, causalité, faute,* **dommages-intérêts, tort.*

— **d'agrément.** Celui qui, par suite d'une atteinte à son intégrité physique, prive la victime de la jouissance de certains plaisirs ou en diminue notablement l'usage. Ex. pratique d'un sport, vie sexuelle.

— **esthétique.** *Souffrance endurée par une personne dont l'apparence est altérée (ex. elle est défigurée), préjudice extrapatrimonial pris en considération même avant la *consolidation qui peut être longue (par ex. pour de grands brûlés de la face), préjudice esthétique dit temporaire.

—**s extrapatrimoniaux évolutifs.** Préjudices hors *consolidation inhérents à des pathologies évolutives incurables (contamination par l'amiante ou le VIH).

— ***permanent.** Dans la *nomenclature des *chefs de préjudice *corporel, celui qui demeure après consolidation (stabilisé sinon irréversible) qu'il soit patrimonial (ex. dépenses de santé futures, frais de logement ou de véhicule adapté, perte de gains professionnels futurs, assistance par tierce personne) ou extrapatrimonial (ex. déficit fonctionnel permanent, préjudice esthétique, préjudice d'agrément, préjudice sexuel). Ant. *temporaire.*

—**s permanents exceptionnels.** Préjudices extrapatrimoniaux permanents correspondant à de graves traumatismes durables consécutifs à un événement extraordinaire (attentat, catastrophe collective).

— ***temporaire.** Préjudice patent avant la *consolidation. Ex. Dépenses de santé actuelles, perte de gains professionnels actuels (préjudices patrimoniaux) ; déficit fonctionnel temporaire, *souffrances endurées, préjudice esthétique temporaire (préjudices extrapatrimoniaux). Ant. *permanent.*

— **par ricochet.** Nom donné au préjudice (moral ou pécuniaire) subi par des personnes liées par l'affection ou la profession à la victime *directe du dommage (conjoint, concubin, enfants, employeur) ; spéc., ensemble des *chefs de préjudice que subissent, par contrecoup, les proches de la victime directe d'un dommage *corporel, soit en cas de décès de celle-ci (préjudice d'affection, frais d'obsèques, frais divers, perte de revenus, préjudice d'accompagnement), soit en cas de survie (mêmes *postes à l'exclusion des frais d'obsèques). V. *nomenclature.*

• **2** En doctrine, parfois distingué du dommage dont il serait la conséquence.

— **éventuel.** V. *éventuel (préjudice).*

• **3** Dans un sens étymologique – et équivoque – synonyme de préjugé (préjudicier, du lat. *praejudicare*), de déjà jugé au fond (avec autorité de chose jugée) ; ainsi disait-on naguère que le juge des référés ne doit pas porter préjudice au principal pour exprimer – règle maintenue – que ses ordonnances sont *provisoires et n'ont pas *autorité de chose jugée au principal (CPC, a. 488).

— **(sans)** (de telle autre disposition). Expression couramment employée dans les textes de loi pour indiquer que la règle posée laisse intégralement subsister telle autre disposition. Comp. *sous *réserve de...*

PRÉJUDICIABLE

Adj. – Du lat. *praejudicium* : jugement préalable, action de préjuger, préjudice.

• Qui porte *préjudice. Syn. **dommageable, nuisible, attentatoire.*

PRÉJUDICIEL, ELLE

Adj. – Praejudicialis, de *praejudicium*. V. *préjudice.*

• Se dit principalement du point de droit (question préjudicielle) qui doit être jugé avant un autre dont il commande la solution, mais qui ne peut l'être que par une juridiction autre que celle qui connaît de ce dernier, de telle sorte que celle-ci doit surseoir à statuer sur le point subordonné et renvoyer à la juridiction compétente le point à juger en premier. Se dit aussi du *renvoi lui-même. Ex. *question préjudicielle en matière civile ou pénale. Renvoi préjudiciel à la Cour de justice de l'Union européenne (anc. traité CEE, a. 177, TUE, a. 19 et TFUE, a. 267). Comp. **question préalable*; *préparatoire, préliminaire.* V. *interprétation préjudicielle, sursis à statuer.*

PRÉJUDICIER

V. – De *préjudice, lat. *praejudicium,* du v. *praejudicare.*

- **1** Porter *préjudice à qqn (préjudicier à sa personne, à sa réputation, à ses intérêts); faire *tort à une institution, à une cause. V. *léser, endommager, nuire.*
- **2** (vx) Préjuger (sens étym.), not. dans une décision de justice, préjuger le fond de l'affaire; ex. on disait naguère de l'ordonnance de référé qu'elle ne fait aucun préjudice au principal (ou ne lui préjudicie pas) pour exprimer qu'elle n'a pas, au principal, autorité de chose jugée, C. pr. civ., a. 488.

PRÉLÈVEMENT

N. m. – Dér. du v. prélever, lat. *praelevare.*

- **1** Opération par laquelle un copartageant (cohéritier, époux) prend pour lui, avant tout *partage dans la masse indivise, un bien en nature ou une somme d'argent, soit à titre de *préciput et hors part (ex. C. civ., a. 1515), soit moyennant indemnité (par *attribution préférentielle d'un bien dont la valeur est imputée sur la part du bénéficiaire : C. civ., a. 1511 s.), soit pour se payer de ce qui lui est dû (ex. prélèvement de biens communs par l'époux créancier de *récompenses : C. civ., a. 1470 ; V. *dation en paiement.* Comp. *priorité, délibation.*
- **2** Par ext., le bien prélevé. Ex. prélèvements mobiliers ou immobiliers.

— **successoral** (int. priv.). Prérogative reconnue au Français appelé à une succession de prélever sur les biens sis en France la part nécessaire pour le remplir des droits que lui accorderait la loi française, quelle que soit la loi applicable à la succession considérée (l. 14 juill. 1819, a. 2).

- **3** Terme générique désignant tout impôt (prélèvements obligatoires, fiscaux) ou nom donné à certaines ressources budgétaires particulières. Ex. prélèvement communautaire particulier à l'ancienne CECA, assis annuellement sur les différents produits entrant dans le champ d'application de ce traité (a. 49-50) en fonction de leur valeur moyenne.

— ***libératoire.** Acquittement par anticipation de l'impôt sur certains revenus calculé à un taux fixe qui résulte de la retenue d'une portion de ceux-ci par l'organisme qui les verse à la personne imposable.

- **4** En matière de politique agricole commune, somme perçue par les services des douanes d'un État membre, au profit du budget de la Communauté, lors de l'importation d'un produit faisant l'objet d'une organisation commune de marché et destinée à compenser la différence entre le prix communautaire garanti et le prix inférieur de la vente en cause ; plus rarement, à l'exportation, en cas de déséquilibre inverse. V. *restitution* (sens 5).
- **5** En matière de prévention ou de répression des fraudes, opération consistant à saisir et à enlever, en vue d'une expertise, une portion de marchandises ou de produits alimentaires à examiner.

PRÉLIMINAIRE

Adj. ou subst. – Comp. de pré (lat. *prae* : avant) et de liminaire (lat. *liminaris,* de *limen* : seuil).

- **1** (adj.). Qui précède et prépare un acte grave soit afin d'en présenter le projet (discours préliminaire au vote d'une loi), soit en vue de le mettre au point (négociations préliminaires à la signature d'un traité), soit afin de ménager une période d'essai et de réflexion (convention préliminaire à la conclusion d'un accord *définitif). V. *précontractuel, préalable, préparatoire, contrat préliminaire de *réservation, officieux, préjudiciel.*

— **(enquête).** V. *enquête préliminaire.*

- **2** Dans l'expression « préliminaire de *conciliation » désigne, par substantivation, la phase préliminaire obligatoire de conciliation.
- **3** Ce qui est placé en tête d'un tout, afin d'y introduire, mais qui fait partie de ce tout. Ex. les dispositions préliminaires d'un code (parfois appelées dispositions

*liminaires. V. CPC, a. 1 s.) qui ont la même valeur positive que les autres dispositions du code. V. *préambule.*

PRÉMÉDITATION

N. f. – Lat. *praemeditatio,* du v. *praemeditari* : méditer d'avance, se préparer par la réflexion.

- Dessein réfléchi, formé avant l'action, de commettre un crime ou un délit déterminé (C. pén., a. 132-72) ; parfois appelée *dol aggravé, entraîne une peine plus sévère en matière d'atteintes volontaires à l'intégrité de la personne (C. pén., a. 222-3, 222-8, 222-10, 222-12 s.) et fait que le *meurtre (avec préméditation) constitue un *assassinat (C. pén., a. 221-3). V. *intention, bande organisée, association de malfaiteurs, complot, guet-apens, iter criminis.*

PRENEUR

Subst. – Dér. de prendre, lat. *prehendare.*

- **1** Syn. de *locataire. Comp. *fermier, métayer, *colon partiaire, tenancier, cheptelier, crédit-preneur.* V. *bailleur.*
- **2** Parfois syn. de *commodataire.

— **d'assurances.** Celui qui, signant la police en son nom personnel, s'engage envers l'assureur, not. au paiement des primes ; appelé encore *souscripteur ou contractant (est *l'assuré, sauf dans l'*assurance pour compte).

PRÉNOM

N. m. – Lat. *praenomen.*

- Nom qui précède le *nom patronymique et sert à distinguer les personnes d'une même famille (C. civ., a. 57). V. *transsexualisme.*

PRÉNOTATION

N. f. – Préf. exprimant l'anticipation (lat. *prae,* en avant) ; lat. *notatio,* action de marquer par un signe.

- (Publicité foncière). Nom doctrinal donné, sur le modèle du droit local alsacien-mosellan, à la publication facultative, à titre *conservatoire, en pis-aller et par anticipation (d'où le nom de ce jalon d'attente) d'un acte autre qu'un acte authentique normalement requis, *inscription provisoire qui, dès sa date, confère à l'acte une opposabilité aux tiers temporaire, mais appelée à se muer (avec conservation du rang de prénotation) en opposabilité rétroactive, à la condition que, dans le délai de la loi (sauf prorogation judiciaire) intervienne l'inscription définitive ; mécanisme protecteur qui permet en pratique au bénéficiaire d'une promesse de vente sous seing privé, de passer outre le refus de réaliser l'acte authentique de la part du promettant, en faisant publier au bureau des hypothèques l'acte sous seing privé et le document qui marque sa propre volonté de passer l'acte notarié (not. la demande en justice à cette fin), en attendant de faire publier l'acte enfin obtenu ou le jugement qui en tient lieu (d. 4 janv. 1955, a. 37-2, réd. 7 janv. 1959). Comp. *hypothèque conservatoire.*

PRÉOPINANT

Subst. – Comp. du préf. *pré* et part. prés. de opiner, lat. *opinari* : avoir une opinion.

- Pour celui dont vient le tour d'*opiner, celui ou ceux qui l'ont déjà fait, dans un délibéré où les *opinions sont recueillies dans un certain ordre et parfois une fois pour toutes sans repentir. V. *opinant, collégialité, voix.*

PRÉPARATION

N. f.

— **hospitalière.** Tout médicament, à l'exception des produits de thérapie génique ou cellulaire, préparé selon les indications de la pharmacopée et en conformité avec les bonnes pratiques de l'Agence nationale de sécurité du médicament (C. sant. publ., a. L. 5121-1).

— **magistrale.** Tout médicament préparé selon une prescription médicale destinée à un malade déterminé, en raison de l'absence de spécialité pharmaceutique disponible bénéficiant d'une autorisation de mise sur le marché ou de l'une des autres autorisations prévues par la loi (C. sant. publ., a. L. 5121-1).

PRÉPARATOIRE

Adj. – Lat. *praeparatorius,* du v. *praeparare* : préparer.

- Qui tend à la préparation ; qui concourt à l'élaboration (définitive) d'un acte, soit

à un stade *préliminaire (travaux préparatoires), soit au début d'une opération d'ensemble (instruction, jugement préparatoire). V. *préliminaire.* Comp. *préjudiciel, officieux.* Ant. *définitif.*
— (*instruction). Nom parfois encore donné, dans le déroulement de l'instance par opp. à instruction *définitive, à la phase d'échange des pièces et des conclusions.
— (jugement). Jugement *avant dire droit qui ordonne une *mesure d'instruction (ex. l'examen par un expert de la comptabilité de deux entreprises en litige sur le montant d'une dette) sans préjuger le fond (la détermination du montant de la dette n'étant pas impliquée par le jugement ordonnant l'expertise mais attendue des résultats de celle-ci). Comp. *interlocutoire.*
—s (travaux). Ensemble des activités et documents (exposés des motifs des projets ou propositions, rapports, discussions, etc.) qui, dans le processus d'élaboration d'un acte juridique (par ex. la loi), ont précédé la manifestation définitive de la volonté de son auteur et sont de nature à éclairer sa signification. V. *interprétation, exégèse.*

PRÉPONDÉRANT, ANTE

Adj. – Lat. *praeponderans,* de *praeponderare* : faire pencher la balance, l'emporter.

- Qui pèse plus lourd dans une décision ou une appréciation d'ensemble.

—s (*torts). Dans un divorce pour faute où chacun des époux a des torts, torts plus graves retenus à la charge de l'un que ceux qui pèsent sur l'autre. V. *partage, réciproque, respectif.*
—e (voix). Celle qui, correspondant au *vote d'une personne déterminée (le président le plus souvent), pèse plus lourd que les autres et emporte la décision en cas de partage égal des *voix entre deux solutions (si du moins la délibération est gouvernée par le principe de prépondérance).

PRÉPOSÉ

Subst. – Tiré de préposer, lat. *praeponere* (francisé d'après poser).

- **1** Celui qui accomplit un acte ou exerce une fonction sous la *subordination d'un autre (C. civ., a. 1384). V. *commettant.* Comp. *salarié, travailleur, employé.*

— occasionnel. V. *occasionnel.*

- **2** Dans l'organisation administrative, qualificatif désignant les *agents d'exécution ou agents subalternes. Ex. préposés d'octroi, des douanes, des forêts, des postes, etc.

PRÉPOSITION (LIEN DE)

Dér. de *préposé.

- Lien unissant le *préposé au *commettant. Syn. *rapport (ou lien) de *subordination.* V. *dépendance.*

PRÉROGATIVE

N. f. – Lat. jur. *praerogativa,* qui désignait d'abord la centurie qui votait la première.

- **1** *Compétence ou *droit reconnu ou attribué à une personne ou à un organe en raison de sa *fonction et impliquant pour lui une certaine supériorité, *puissance ou immunité. V. *autorité, pouvoir, puissance publique, agent.*
- **2** Attribut d'un *droit ; chacun des *pouvoirs *exclusifs spécifiés, des moyens d'action, etc., qui appartiennent au titulaire d'un droit et dont l'ensemble correspond au contenu de ce droit. Ex. : disposition, usage et jouissance sont les prérogatives attachées au droit de propriété. V. *exclusivité, titularité.*
- **3** En un sens neutre, terme générique englobant tout *droit subjectif, tout *pouvoir de droit, toute faculté d'agir fondée en droit, à l'exclusion d'une maîtrise de pur fait.
- **4** En Grande-Bretagne, ensemble des compétences et immunités du monarque.

PRESCRIPTEUR

Subst. masc. – Néol. construit sur le v. prescrire, comme souscripteur.

- Celui qui commande l'*audit. V. *auditeur.*

PRESCRIPTIBILITÉ

N. f. – Dér. de *prescriptible.

- **1** Qualité de ce qui est *prescriptible. *a)* Caractère des droits et actions qui s'éteignent par le *non-usage pendant un certain temps (v. *prescription extinctive*). *b)* Se dit aussi des droits qui peuvent s'acquérir par *usucapion. Ex. prescriptibilité de la propriété d'un terrain privé. Ant. *imprescriptibilité* ; comp. *perpétuité*.

- **2** Caractère de ce qui peut être légalement prescrit (ordonné). Ex. prescriptibilité d'un remède.

PRESCRIPTIBLE

Adj. – Du v. prescrire, lat. *praescribere* : écrire en tête.

- Qui est sujet à la *prescription (s'agissant surtout de la prescription extinctive) ; se dit not. des droits et actions tant réels que personnels qui s'éteignent par le *non-usage pendant un laps de temps variable (30, 10, 5, 2 ans, parfois 1 an ou 6 mois). Ex. usufruit (C. civ. a. 617), servitudes (a. 706), actions diverses en responsabilité ou en paiement (a. 2224 s.) à l'exclusion du droit de propriété. Ant. *imprescriptible, perpétuel.*

PRESCRIPTION

N. f. – Lat. jur. *praescriptio,* de *praescribere* : écrire en tête.

- **1** Mode d'*acquisition ou d'*extinction d'un droit, par l'écoulement d'un certain laps de temps (d'un *délai) et sous les conditions déterminées par la loi (C. civ., a. 2219 anc.).

— ***acquisitive.** Celle qui mène à l'*acquisition : 1 / de la propriété d'un immeuble par la possession *(*possessio rei)* de celui-ci pendant trente ans (possession dite ordinaire ou trentenaire, C. civ. a. 2272 al. 1) ou pendant une durée de dix ans (prescription dite abrégée, a. 2272, al. 2) ; 2 / d'un autre droit réel (usufruit ou certaines servitudes) par la *quasi-possession *(*possessio juris)* correspondant *corpore et anime,* non à des actes de maître accomplis dans l'**animus domini* (comme la **possessio rei*), mais à l'exercice du droit réel considéré (usufruit, servitude) en l'affirmation de cette qualité. V. **juste *titre,* **bonne foi,* **prescrire.* Syn. *usucapion.*

— ***extinctive** (on dit aussi *libératoire). Celle qui entraîne l'extinction du droit (la perte du droit substantiel) par *non-usage de ce droit pendant un laps de temps déterminé (sauf exception pour les droits *imprescriptibles. V. *propriété*) ; lorsqu'il s'agit d'un droit de créance, on parle indifféremment de la prescription de la créance ou de celle de la dette (de l'obligation, C. civ., a. 1234).

- **2** Mode d'extinction de l'action en justice résultant du non-exercice de celle-ci avant l'expiration du délai fixé par la loi.

a / (proc. civ.). Cause d'extinction du droit d'agir en justice (CPC, a. 30) qui rend *irrecevable la demande formée après expiration du délai d'action et constitue une fin de non-recevoir (CPC, a. 122). V. *moyen de défense, utile.*

— **(courte).** Celle – en général de deux ans ou moins – qui s'opère par l'écoulement d'un temps inférieur au délai ordinaire. Ex. C. civ., a. 1578.

b / (pén.). Celle qui éteint l'*action publique (C. pr. pén., a. 7 s.) et à l'expiration de laquelle l'action civile ne peut plus être exercée devant les juridictions répressives mais peut encore l'être devant les juridictions civiles (C. pr. pén., a. 10) ; ne pas confondre avec la prescription de la peine.

- **3** Mode d'extinction qui, affectant l'exécution d'une condamnation pénale (prononcée), empêche que celle-ci soit exécutée lorsqu'elle n'a pu l'être pendant un certain laps de temps déterminé par la loi. V. *contumace.*

— **civile.** Par opp. à la prescription criminelle, désigne aussi bien la prescription du droit (1) que celle de l'action (2).

— **criminelle.** Par opp. à la prescription civile, désigne la prescription de l'action (publique) et celle de la peine (3).

— **de la peine.** Prescription extinctive applicable à la peine résultant d'une sentence de condamnation (C. pén., a. 133-2 s.) qui empêche l'exécution de cette peine, mais ne fait pas disparaître la condamnation ; ne pas confondre avec la prescription de l'action. Comp. *amnistie, grâce, réhabilitation.*

- **4** *Ordre donné aux plaideurs par le juge ; *injonction. Comp. *interdiction.*

- **5** Plus généralement, parfois syn. de *règle. Ex. prescription légale. V. *disposition, précepte, principe.*

- **6** Indication de soins et de médicaments décidée par un médecin. V. *ordonnance.*

PRESCRIRE

V. – Lat. *praescribere,* écrire en tête, mettre en avant (comme prétexte), prescrire.

- **1** *Édicter une *obligation de faire (par opposition au caractère négatif de l'*interdiction) ; rendre obligatoire, positivement, l'accomplissement d'un acte. Ant. *interdire, proscrire.*
- **2** Plus généralement, *établir une règle ; se dit surtout de la loi (syn. *édicter, *disposer, prévoir, établir*) et des autres sources écrites (décret, arrêté), bien que la référence instrumentale à l'écriture, dans l'étymologie, se soit effacée (on dit plus rarement qu'un usage ou la coutume prescrit).
- **3** Ordonner, enjoindre, *commander (s'agissant, non plus d'une règle générale, mais d'une décision individuelle). Ex. prescrire une enquête, une expertise.
- **4** (sens spécial). Acquérir ou se libérer par *prescription ; usucaper ou jouir de l'extinction de sa dette. Emploi intr. : on ne peut prescrire contre son titre (au sens de C. civ. a. 2270) ; trans. : prescrire la libération de l'obligation contractée (a. 2241 anc. ; *adde* a. 2266).

— **(se)** (pron.). Se perdre ou se gagner à force de temps ; se dit de la dette qui s'éteint ou du droit qui s'acquiert par prescription.

PRESCRIT, ITE

Adj. – Part. pass. du v. prescrire, lat. *praescribere,* sup. *scriptum.*

- **1** Ordonné, enjoint. Ex. formalité prescrite. V. *obligatoire, impératif, imposer.*
- **2** Éteint par la *prescription. Ex. dette prescrite, action prescrite. Comp. *usucapé, forclos.*

PRÉSÉANCE

N. f. – Comp. de *séance.

- Supériorité protocolaire ; ordre dans lequel sont placées les différentes autorités publiques dans les cérémonies *officielles. V. *protocole, honneur.*

— **(rang de).** V. *rang.*

PRÉSENT, ENTE

Adj. – Lat. *praesens,* part. prés. de *praeesse* : être en avant.

- **1** Qui se trouve ou se trouvait à un moment donné en un lieu déterminé. Ex. personne présente à son domicile lors de la signification ; individu présent sur les lieux du crime. V. *assistance, biens présents.*
- **2** Plus spéc. qui concourt en personne à l'accomplissement d'un acte ou au déroulement de la procédure ; on parle ainsi par opp. à *représenté d'une partie présente à un acte juridique. Comp. *défaillant.* V. *intervenant.*
- **3** Se dit plus vaguement de toute personne qu'il n'a pas lieu de supposer *non présente ou de présumer *absente.

PRÉSENTATION

N. f. – Dér. de présenter, lat. *praesentare* : rendre présent, offrir.

- **1** Action de mettre une personne en présence d'une ou plusieurs autres, afin de la faire connaître et parfois agréer. Ex. démarche par laquelle un cabinet récemment formé prend contact avec les chambres ou avec l'une d'elles. Comp. *représentation.*

— **(droit de).** Droit pour une personne qui cesse son activité (titulaire d'un office ministériel, d'une clientèle, agent d'assurances) de présenter son successeur (selon les cas à l'autorité de nomination, à la clientèle, à son employeur), moyennant le versement par le successeur d'une somme représentant la valeur des droits cédés ou parfois, à défaut d'agrément, le versement d'une indemnité par l'employeur.

- **2** Plus spécialement, dans un sens voisin, présentation de candidature ; procédure dans laquelle, en vue de certaines élections, chaque candidature doit être proposée par un certain nombre de personnes occupant certaines fonctions. Ex. pour les candidatures à la présidence de la République.
- **3** Action de soumettre un projet, un rapport, des prétentions, etc., à un organe politique, administratif ou juridictionnel, en vue d'une délibération (vote, décision,

etc.). Ex. présentation du projet de budget à une assemblée parlementaire, présentation par un avocat de ses observations au tribunal.

• **4** Action de proposer un contrat à l'adhésion d'un éventuel intéressé ; spécialement, en matière d'assurances, fait, pour une personne physique ou morale, de solliciter ou de recueillir la souscription de contrats d'assurance (ou de capitalisation) ou l'adhésion à un tel contrat ou d'exposer oralement ou par écrit à un souscripteur ou adhérent éventuel, en vue de cette souscription ou adhésion, les conditions de garanties d'un tel contrat. Comp. *proposition, offre, pollicitation, prétention.*

PRÉSENTS D'USAGE

N. m. pl. – Présent adj. pris subst., lat. *praesens,* de *praesentare* : offrir. V. *usage.*

• *Dons ou *cadeaux offerts, conformément aux usages, à l'occasion de certaines fêtes ou cérémonies (jour de l'an, anniversaires, baptêmes, noces, etc.) et soumis, quand ces dons ne sont pas excessifs eu égard aux coutumes et à la situation sociale du donateur, à un régime particulier. Ex. ils sont dispensés du rapport successoral (C. civ., a. 852), n'entrent pas en ligne de compte pour le calcul de la réserve héréditaire, échappaient à la révocabilité des donations entre époux, etc. V. *libéralité, donation, bijoux, cadeaux,* **souvenirs de famille.*

PRÉSIDENCE

N. f. – De *président.

• **1** Fonction de président.
• **2** Titre de président.
• **3** Action de présider.
• **4** Durée de la fonction, du mandat présidentiel. V. *règne, quinquennat, septennat.*
• **5** Par ext., les services de la présidence.
• **6** Le lieu où ceux-ci sont établis.

PRÉSIDENT

N. m. – Lat. *praesidens,* de *praesidere* : être assis devant, avoir la préséance, présider.

• **1** Personne élue (plus rarement nommée), placée à la tête d'une collectivité ou institution pour en assurer la direction (par ex. de l'État : président de la République, ou d'une université, etc.). V. *chef, directeur.*

• **2** Personne placée à la tête d'une assemblée, d'un conseil, d'un collège, d'un comité, d'une commission, pour diriger ses travaux et veiller au bon ordre de ses délibérations. Ex. le président de l'Assemblée nationale.

—s (conférence des). V. *conférence.*

— d'âge. Personne la plus âgée d'une assemblée qui en dirige la séance inaugurale jusqu'à la désignation de son président définitif.

— de chambre. Magistrat chargé de présider les audiences d'une *formation du tribunal ou de la cour d'appel, d'en diriger les débats et le délibéré soit en qualité de vice-président (tribunal) ou de président de chambre (cour d'appel), soit, à défaut de titulaire, à raison de son ancienneté.

— de juridiction. Magistrat du siège chargé de la direction d'une juridiction (seul ou avec un représentant du parquet). Ex. le président du tribunal de grande instance, *chef du tribunal avec le procureur de la République. V. *premier président, vice-président.*

— de la République. Par opp. à *monarque, *roi, *empereur, *chef de l'État élu le plus souvent pour une durée limitée (Const. 1958, a. 5 à 13).

— de séance. Celui des membres du bureau d'une assemblée qui en dirige, à un moment donné, la séance.

— -directeur général. Terme non employé par la loi, mais consacré par un usage constant de la pratique (depuis la loi du 16 nov. 1940) qui sert à désigner dans la société anonyme de type traditionnel le président du conseil d'administration. Comp. *directeur.* V. *représentant de société, dirigeant.*

— du Conseil des ministres. Dénomination du chef du gouvernement, qui était traditionnelle en France depuis 1815 et a été remplacée, depuis 1958, par celle de Premier ministre.

— du tribunal de grande instance. Magistrat du siège investi de fonctions administratives (direction du tribunal) et juridictionnelles (juridiction présidentielle personnelle en référés ou sur requête, présidence d'une audience).

— **(premier).**

— *de la Cour de cassation.* Magistrat chargé, avec le procureur général, de la direction générale de la Cour suprême et investi, en raison de sa qualité, de nombreuses autres présidences (ex. présidence du Conseil supérieur de la magistrature statuant en formation disciplinaire).

— *de la cour d'appel.* Magistrat chargé, avec le procureur général, de la direction générale de la cour d'appel et investi d'une juridiction personnelle (référés, requête).

— **(vice-).**

a / Poste existant dans certains États, institutions ou assemblées et dont le titulaire est appelé à remplacer éventuellement le président. Ex. les vice-présidents de l'Assemblée nationale.

b / Magistrat adjoint au président dans les tribunaux de grande instance les plus importants et chargé de le suppléer dans une ou plusieurs de ses attributions.

PRÉSIDENTIALISME

N. m. – Néol. construit sur *président.

- **1** Parfois syn. de *régime *présidentiel.
- **2** Plus fréquemment, nom donné aux systèmes politiques de certains États, spécialement d'Amérique latine, qui comportent plusieurs des traits du régime *présidentiel, mais dans lesquels pour des raisons variables l'équilibre politique penche en faveur du président.
- **3** Par ext., chez certains auteurs, nom donné aux régimes de tous les États, quelle que soit leur forme, présidentielle ou parlementaire, dans lesquels un président élu au suffrage universel dispose de la prééminence. Ainsi parle-t-on parfois du présidentialisme de la Ve République française.

PRÉSIDENTIEL, IELLE

Adj. – De *président.

- Qui appartient au président, qui concerne le président. Ex. fonctions présidentielles, pouvoir présidentiel.

— **(régime).** Nom donné par la doctrine classique de la fin du XIXe siècle au type de Constitution qui, comme celle des États-Unis, comporte un Président élu au suffrage universel direct ou selon une procédure équivalente, ayant la qualité d'organe unique du pouvoir exécutif et surtout indépendant des assemblées qui ne peuvent le renverser et qu'il ne peut dissoudre ; ce dernier trait conduit la doctrine à caractériser le régime présidentiel par la *séparation tranchée des pouvoirs (au sens organique) qui doit avoir pour résultat le maintien d'un équilibre politique entre le Président et les assemblées. Comp. **parlementaire (régime)*.

PRÉSOMPTIF, IVE

Adj. – Lat. *praesumptivus,* de *praesumere* : prendre d'avance, conjecturer, présumer.

- Sert à qualifier, avant la mort d'une personne, une autre personne, nommée *héritier présomptif, dont il y a lieu de supposer par avance qu'elle recueillera la succession de la première, en raison de sa vocation légale. Comp. *successible, successeur.* V. *éventuel (droit), expectative.*

PRÉSOMPTION

N. f. – Lat. *praesumptio,* de *praesumere.* V. *présomptif.*

- **1** Conséquence que la loi ou le juge tire d'un fait connu (p. ex. la date de naissance et celle du mariage) à un fait inconnu (par ex. la paternité) dont l'existence est rendue *vraisemblable par le premier, procédé technique qui entraîne, pour celui qui en bénéficie, la *dispense de *prouver le fait inconnu (a. 1352), difficile ou impossible à établir directement, à charge de rapporter la preuve plus facile du fait connu (d'où un déplacement de l'objet de la preuve) mais sous réserve, lorsque la présomption est *réfragable, de la preuve, par son adversaire, de l'inexistence du fait inconnu présumé (d'où, en ce cas, un renversement de la charge de la preuve). Le terme désigne à la fois la démarche inductive de celui (législateur ou juge) qui pose ou admet la présomption et la preuve qui en résulte (la preuve induite). V. **preuve *indirecte, *technique juridique, assimilation, vérité, vraisemblance, plerumque fit.*

— **absolue ou *irréfragable** (dite aussi *juris et de jure*). Présomption légale qui ne peut être

combattue par aucune preuve contraire (C. civ., a. 1352). Comp. *fiction.*
— **de fait ou de l'*homme.** Présomption que le juge induit librement d'un fait pour former sa conviction, sans y être obligé par la loi ; mode de preuve très proche de la preuve par *indices et en général admissible dans les mêmes limites que la preuve testimoniale (C. civ., a. 1353). V. *sagesse, prudence.*
— **judiciaire.** Présomptions qui ne sont pas établies par la loi ; elles sont laissées à l'appréciation du juge dans les cas où la loi admet la preuve par tous moyens, et ne sont admises que si elles sont graves, précises et concordantes (C. civ., a. 1382).
— **légale.** Présomption établie par la loi (C. civ., a. 1350 s.). Ex. *présomption légale de *paternité légitime* (C. civ., a. 312).
— **simple ou *réfragable** (dite aussi *juris tantum*). Présomption légale qui peut être combattue par la preuve contraire (selon des modalités déterminées limitativement ou le régime ordinaire des preuves, suivant les cas).

• **2** Supposition de départ ; vérité admise jusqu'à preuve du contraire à la charge de celui qui la conteste ; position de principe ouverte à la contestation.

— **d'innocence.** V. *innocence (présomption d').*

PRESSE

N. f. – Tiré de presser, lat. *pressare* ; a d'abord désigné la machine à imprimer, puis les produits de l'imprimerie.

• **1** La presse écrite, l'ensemble des publications imprimées et publiées, périodiques ou non.

• **2** L'ensemble des moyens d'information quel qu'en soit le mode d'expression (presse écrite, parlée, audio-visuelle). V. *journal.*

• **3** Les organes qui détiennent ces moyens. V. *journaliste.*

• **4** Les *informations diffusées. V. *renseignement.*

— **(voie de la)** (d'après la jurisprudence développée sur l'a. 23 de la loi du 29 juill. 1881), toute manifestation d'*information ou d'opinion exprimée soit verbalement en public (discours, cris ou menaces), soit par écrits ou imprimés vendus, distribués ou exposés dans des lieux publics, soit par des placards ou affiches exposés au regard du public, soit par des moyens de diffusion par enregistrement (cinéma, disques et cassettes), ou par la voie des ondes (radiophone, télévision).

PRESTATAIRE

Subst. – De *prestation.

• Le *débiteur d'une *prestation ; celui qui la fournit. Ex. prestataire de services. Comp. *fournisseur, *locateur de services, entrepreneur.*

— **de services numériques.** Professionnel enregistré par l'Autorité des marchés financiers, qui conserve, achète, vend, échange et exploite une *plateforme de négociation d'*actifs numériques conformément à la règlementation en vigueur (C. mon. et fin., a. L. 54-10-2).

PRESTATION

N. f. – Lat. jur. *praestatio,* de *praestare* : garantir, assurer, procurer, fournir.

• **1** (sens gén.). Action de fournir (*fourniture) et par ext. *objet fourni ou dû.

a / *Objet de l'obligation en général qui peut, selon le contexte, désigner soit, dans sa matérialité, la chose due, par ex. la somme prêtée (prestation en argent), le logement assuré ou le meuble vendu (prestation en *nature), soit l'activité attendue du débiteur relativement à cette chose, par ex. le versement de l'argent, la fourniture du logement, la livraison du meuble, la réalisation d'un ouvrage.

b / Plus particulièrement, *objet de l'*obligation de faire, consistant à fournir une chose, à accomplir un acte juridique ou à exécuter un *ouvrage. V. *contre-prestation, injonction de faire.*

— **de *services.**

a / Terme générique englobant, à l'exclusion de la fourniture de produits (en pleine propriété), celle de tout avantage appréciable en argent (ouvrage, travaux, gestion, conseil, etc.), en vertu des contrats les plus divers (mandat, entreprise, contrat de travail, bail, assurance, prêt à usage, etc.) (C. civ., a. 1165).

b / (eur.). Par opp. à *établissement (mais, comme pour celui-ci, dans l'exercice

d'une profession non salariée) intervention économique concrétisée dans un État membre sous forme d'actes ou de série d'actes ponctuels, à partir d'un établissement installé sur le territoire d'un autre État.
— **indivisible.** Obligation dont la prestation ou l'objet ne peut être divisé en raison de sa nature ou du contrat (C. civ., a. 1320).

- **2** (civ.)

— **compensatoire.** Prestation à caractère forfaitaire qu'un époux peut devoir verser à l'autre en raison des disparités économiques que crée la rupture du mariage, qui peut consister soit au paiement d'une somme d'argent soit dans l'attribution de biens ou de droits d'usage, d'habitation ou d'usufruit, et dont le montant est fixé en fonction des ressources de celui qui la verse et des besoins de l'époux à laquelle elle est due.

- **3** (en matière sociale). Avantage accordé par un organisme social consistant en une *allocation pécuniaire (prestation en espèces) ; ou une prise en charge de frais (de soins médicaux, par ex.), ou la fourniture d'un service (prestation en nature) et qui est destiné soit à couvrir un dommage (prestation d'assurances sociales), soit à compenser une charge (prestation familiale), soit à mettre fin à un état de besoin (prestation d'*aide sociale).

—**s de Sécurité sociale.** Divers avantages accordés aux bénéficiaires de la législation de Sécurité sociale, soit pour compenser une perte de revenu, soit en remboursement d'une dépense.
—**s familiales.** Prestations en espèces versées par les organismes de Sécurité sociale en raison et en fonction des charges de famille.
— **non *contributive.** Celle qui est accordée sans contrepartie du bénéficiaire.

- **4** (fin.). *Travail devant être exécuté par tout habitant d'une commune porté au rôle des contributions directes pour l'entretien des chemins *vicinaux, dès lors que le *prestataire n'a pas opté pour le paiement d'une taxe dite « taxe des prestations » (o. n° 59-115, 7 janv. 1959, a. 13).

- **5**

— **de serment.** Action de prêter *serment. V. *jurer, témoignage, déposition, délation, relation.*

PRÉSUMER

V. – Lat. *praesumere* : se représenter d'avance, conjecturer, présumer.

- **1** Tenir pour prouvé un fait inconnu à partir d'un fait connu qui en est l'*indice ; pour la loi établir une *présomption, pour le juge, l'admettre. Induire d'un *indice. V. *prouver.*
- **2** Admettre jusqu'à *preuve du contraire ; supposer *a priori*. Pass. : être censé, être supposé. Ex. tout individu est présumé *innocent aussi longtemps que sa culpabilité n'est pas établie. V. *présomption d'*innocence.*

PRÉSUPPOSÉ

N. m. – Préf. pré (lat. *prae,* avant) ; part. pass. de supposer, lat. *supponere* (*sub,* sous, *ponere,* poser), mettre dessous.

- **1** Donnée tenue *a priori* pour acquise à la base d'un *raisonnement.
- **2** Dans la structure d'une *règle, le cas qu'elle régit au regard de la conséquence qui y est attachée ; l'hypothèse dans laquelle elle s'applique relativement à l'effet qu'elle produit ; la présupposition de son application *(voraussetzung)* en lien avec son effet juridique *(Rechtsfolge),* association nécessaire, en toute norme, de cette double détermination.
- **3** Plus généralement, toutes les conditions qui permettent à une règle de s'appliquer. V. *prise en *considération.*

PRÊT

N. m. – Tiré de prêter, lat. *praestare* : fournir, d'où prêter.

- **1** Convention générique – dont le prêt à usage et le prêt de consommation sont les deux espèces – en vertu de laquelle le prêteur remet une chose à l'emprunteur, afin que celui-ci s'en serve, à charge de *restitution (en nature ou en valeur) (C. civ., a. 1874). V. *contrat *réel, tradition, détention, emprunt, endettement, financement, crédit.*

— **à intérêts.** Prêt de consommation consenti moyennant le paiement d'*intérêts par l'emprunteur (C. civ., a. 1905). V. *capital, taux, usure, crédit, sûreté, gage.*
— **à la grosse *aventure (ou à la grosse).**

Prêt à intérêt concernant des choses exposées à des risques maritimes sous la condition caractéristique qu'en cas de sinistre l'emprunteur soit dispensé de rembourser au prêteur tout ou partie des sommes prêtées.
— **amortissable.** Prêt dont les remboursements à chacune des échéances comprennent une partie du capital et des intérêts. Le remboursement progressif du capital diminue la charge des intérêts. Comp. *prêt «* in fine *», amortissement.*
— **à usage (ou *commodat).** Prêt essentiellement gratuit portant sur un corps certain que l'emprunteur doit restituer en nature après s'en être servi (C. civ., a. 1875). Comp. **louage* (de meubles).
— **de consommation (ou simple prêt).** Prêt onéreux ou gratuit (avec ou sans intérêts), portant sur une somme d'argent ou une certaine quantité de choses qui se consomment par l'usage (céréales, denrées, combustibles), à charge pour l'emprunteur d'en rendre au prêteur autant de mêmes espèce et qualité (C. civ., a. 1892). V. *consomptible.*
— **«*in fine*».** Prêt dont le capital est remboursé à l'échéance du contrat. Comp. *prêt amortissable.*
— **participatif.** V. *participatif (prêt).*
— ***viager *hypothécaire** (C. cons., a. L. 314-1 s.). Contrat en vertu duquel un établissement de crédit (ou financier) consent à une personne physique un *prêt (sous la forme d'un capital ou de versements périodiques) qui est garanti par une *hypothèque constituée sur un bien immobilier à usage exclusif d'habitation appartenant à l'emprunteur, et dont le remboursement (principal et intérêts) ne peut être exigé qu'au décès de l'emprunteur (ou, s'ils surviennent avant le décès, lors de l'aliénation ou du démembrement de la propriété de l'immeuble hypothéqué) ; contrat de crédit qui ne peut être destiné au financement d'une activité professionnelle.

- **2** Par ext. (et déviation), nom parfois donné à des opérations portant non sur des choses, mais sur des *prestations de *services.

— **de main-d'œuvre.** Contrat par lequel un employeur met temporairement un de ses salariés à la *disposition d'un autre employeur. Comp. *travailleur *intérimaire, travailleur *temporaire.*

PRÉTENDANT DROIT

Lat. *praetendere* : tendre en avant, invoquer, présenter. V. *droit.*

- (vx). Celui qui prétend avoir un droit (not. comme héritier dans une succession), expression aujourd'hui très rarement employée (anc. C. pr. civ., a. 910). Comp. *ayant droit, *héritier *présomptif.*

PRÊTE-NOM

Comp. de prête, de prêter (V. *prêt*) et de *nom.

- **1** *Mandataire traitant pour le compte du mandant, mais en laissant croire qu'il agit dans son intérêt propre et en assumant personnellement les charges du contrat. V. **homme de paille.* Comp. *commission, *interposition de personnes, simulation.*
- **2** Par ext., la convention de prête-nom.

PRÉTENTION

N. f. – Dér. du lat. *praetentus,* part. de *praetendere* : tendre en avant, invoquer, alléguer.

- **1** *Affirmation en justice tendant à réclamer quelque chose, soit de la part du demandeur (par demande *principale ou *additionnelle), soit de la part du défendeur (par demande *reconventionnelle) et dont l'ensemble (prétentions *respectives) détermine l'*objet du litige (dans la mesure où chacun s'oppose à la prétention *adverse) (CPC, a. 4). Syn. **demande en justice,* au sens générique de ce terme. V. *originaire, nouveau, conclusions, allégations, réclamation, principe dispositif.*
- **2** Par ext., objet même de la prétention, avantage auquel tend la demande (1 000 € de dommages-intérêts, résolution d'une vente, restitution d'un bien).
- **3** Dans certaines expressions (prétention *contraire), désigne seulement la *contestation qu'un plaideur oppose à la prétention adverse, sans prétendre à un autre avantage que celui de la faire repousser.
- **4** Dans des négociations contractuelles, des pourparlers, les exigences de l'une des parties. Ex. prétention du vendeur, du salarié. V. *proposition, offre, présentation.*

PRÊTER

V. – Lat. *praestare* : fournir, remplir.

- **1** Consentir un *prêt, remettre à titre de prêt. Ant. *emprunter.*
- **2** A conservé, dans certaines expressions, le sens générique de fournir, procurer, exécuter. Ex. prêter main-forte ou secours, prêter *serment (CPC, a. 319). V. *prestation, déposition, fourniture.*

PRÊTEUR

Subst. – Dérivé du v. *prêter.

- Celui qui consent un *prêt de consommation (bailleur de fonds, s'il s'agit d'une somme d'argent), ou un prêt à usage (parfois encore nommé *commodant en ce dernier cas). V. *usurier, mont-de-piété emprunteur.* Comp. *déposant, bailleur, fournisseur.*

PRÉTEXTE

Subst. masc. – Lat. *praetextum,* ornement, prétexte. A Rome, la robe prétexte *(toga praetexta),* portée par les enfants jusqu'à 16 ans, était blanche et bordée d'une bande de pourpre *(tunicae purpura praetextae).*

- **1** Fausse *raison mise en avant comme *excuse ; *motif d'expédient ; échappatoire. Le motif manque en fait lorsque le prétexte est imaginaire. Cependant, même lorsqu'il correspond à une réalité, le prétexte est un motif fallacieux, un faux-fuyant, une raison « tissée », « cousue » en avant (v. étymologie) pour cacher la cause réelle (c'est une *simulation dans la *motivation). Les meilleurs prétextes manquent en droit lorsque la loi les écarte comme motif légitime (ex. le juge ne peut refuser « sous prétexte du silence, de l'obscurité ou de l'insuffisance de la loi… », même si la loi est réellement entachée de ces imperfections, C. civ., a. 4). Il arrive qu'un bon prétexte (même s'il ne trompe personne) soit admis comme excuse valable (prétexte diplomatique, formule de politesse).
- **2** Circonstance, en général futile (le moindre prétexte), que fait naître ou saisit, en l'amplifiant, pour en faire une cause de contestation ou de retard, celui qui cherche querelle ou qui cherche à gagner du temps ; moyen de chicane, manœuvre *dilatoire. V. *processif.*

PRETIUM DOLORIS

Expression lat. signifiant littéralement « prix de la douleur », employée pour désigner les *dommages-intérêts accordés par les tribunaux à titre de réparation de la douleur ; expression surtout utilisée pour désigner la douleur résultant d'une atteinte physique (*souffrance corporelle) ; par ext., celle qui résulte de la perte d'un être cher. V. *dommage moral.*

PRÉTOIRE

N. m. – Lat. *praetorium* : lieu où se tient le préteur.

- **1** Salle d'*audience des cours et tribunaux. V. *auditoire.*
- **2** Par ext., le tribunal.

PRÉTORIEN, IENNE

Adj. – Lat. *praetorianus* : du préteur, du juge.

- Qui procède – en l'absence de texte et à l'initiative d'une autorité – d'une élaboration autonome (et surtout audacieuse), par opp. à ce qui résulte de l'application pure et simple de la loi ; se dit (au souvenir du préteur romain) d'une *jurisprudence qui retient une solution au-delà de la loi, dans le *silence de la loi (ou même à la limite contre la loi). V. *jurisprudentiel, action prétorienne, apériteur, vide juridique.*

PREUVE

N. f. – Tiré du v. prouver, lat. *probare* : vérifier, approuver, prouver.

- **1** *Démonstration de l'existence d'un *fait (matérialité d'un dommage) ou d'un *acte (contrat, testament) dans les formes admises ou requises par la loi. V. *vérité, liberté de la preuve, prouver, admissibilité, charge, *force probante, *administration de la preuve, pertinence, présomption, évidence, justification, établissement, authenticité, probatoire, corroborer.* Comp. *fond, forme, formalité, solennité.*

— **(contrat sur la).** Contrat par lequel les parties conviennent du mode de preuve de leur engagement sous réserve des prescriptions de la loi (C. civ., a. 1356).

- **2** Moyen employé pour faire la preuve ; mode de preuve. Ex. preuve par témoins, preuve *littérale, indices, aveu, serment, constatations. V. *expertise, consultation, technicien, constat.*

— **contraire.** Preuve tendant à détruire la preuve ou l'effet de la présomption légale. Ex. réserver au défendeur en divorce la preuve contraire des faits que son conjoint est autorisé à prouver ; ouvrir au mari la preuve de sa non-paternité. V. *réfragable, irréfragable, simple, absolu.*
— **indiciaire.** Preuve par *indices. V. *indiciaire.*
—**s *légales (système de).** Régime probatoire dans lequel la loi, écartant en partie le régime ordinaire de la preuve judiciaire (fondé sur la *liberté de la preuve et l'intime *conviction) règle elle-même la *charge, l'*admissibilité ou la *valeur de la preuve, not. en établissant des *présomptions (C. civ., a. 1354 et 1382) en exigeant tel mode de preuve pour tel acte ou tel fait (C. civ., a. 1363 et s.) ou en fixant la force probante d'un mode de preuve (a. 1359 et s.).
— ***littérale (ou par écrit).** Preuve administrée au moyen de la production d'un *écrit (sur papier ou support électronique). Ex. la preuve d'un acte juridique dont l'intérêt excède une somme fixée par décret (1 500 € depuis 2005. V. C. civ., a. 1359). V. *faux, *vérification d'écritures.*
— **par écrit (commencement de).** V. **commencement de preuve par écrit, adminicule.*
— **préconstituée.** Preuve qu'une personne s'est ménagée, de son droit, avant la naissance de tout litige, spécialement par la rédaction et la signature lors de la conclusion d'un accord d'un *acte (*instrumentaire) qui en constate la teneur. Ex. *écrit dressé **ad probationem* (acte notarié ou sous seing privé). V. *authentique.* Comp. **action in futurum.*
— **testimoniale.** Preuve reposant sur des *témoignages, sur les *déclarations orales (V. *enquête*) ou écrites (V. *attestations*) de tiers ; preuve par *témoins à laquelle est assimilée (pour son admissibilité) la preuve par présomptions et indices.

PRÉVENANCE (DÉLAI DE)

V. *préavis.*

PRÉVENTIF, IVE

Adj. – Dér. du lat. *praeventus,* de *praevenire* : devancer.

- **1** Par opp. à *répressif, qui tend à prévenir la criminalité, à l'empêcher ou à la réduire par avance, en s'attaquant à ses causes ou à ses moyens (lutte antialcoolique, limitation de vitesse) ; on parle ainsi, en matière de délinquance, de politique préventive. V. *prévention.*
- **2** Qui tend à éviter la réalisation d'un dommage ou à devancer le dépérissement d'une preuve.

—**ve (action).** Action en justice destinée à écarter la menace d'un *trouble *possessoire imminent (V. **dénonciation de nouvel œuvre,* **action possessoire*), ou à conserver une preuve exposée à disparaître (V. **action in futurum*) ; ainsi nommée en raison du risque qu'elle prévient, l'action l'est aussi à un autre titre, en ce qu'elle est exercée avant (et en dehors) de tout litige (encore qu'elle ne déroge point à la maxime « pas d'intérêt, pas d'action », l'intérêt naissant de l'imminence du risque). V. **né et *actuel.*
—**ve (archéologie).** Mission de recherche scientifique érigée en service public, confiée à un établissement public national (sauf interventions d'opérateurs privés) dont l'objet est la détection, la conservation et la sauvegarde des éléments du *patrimoine archéologique qui risquent d'être affectés par des travaux publics ou privés d'aménagement (l. 17 janv. 2001 ; Cons. const. 31 juill. 2003, C. patr., a. L. 521-1, s.). V. *fouilles archéologiques.*

- **3 —ve (détention).** V. **détention préventive.*

PRÉVENTION

N. f. – Lat. *praeventio,* de *praevenire* : devancer.

- Ensemble des mesures et institutions destinées à empêcher – ou au moins à limiter – la réalisation d'un *risque, la production d'un dommage, l'accomplissement d'actes nuisibles, etc., en s'efforçant d'en supprimer les causes et les moyens. Ex. précautions contre les accidents du travail et les maladies professionnelles dans la législation sociale. Comp. *répression, réparation, indemnisation, amendement.* V. *assurance, garantie, sécurité, prévoyance, politique criminelle, principe de *précaution, maison de justice et du droit.*

PRÉVENU, UE

Subst. et *adj.* – Tiré de prévenir. V. le précédent.

- Tout individu qui, après clôture d'une

procédure préalable (enquête préliminaire, enquête de flagrant délit, instruction préparatoire), comparaît devant une juridiction répressive jugeant les délits (trib. police, trib. correctionnel, chambre des appels correctionnels). À distinguer de l'*inculpé (personne poursuivie au cours de l'instruction préparatoire, *i.e.* mise en examen), de l'*accusé (personne renvoyée devant la cour d'assises) et du suspect (personne soupçonnée qui n'est pas encore poursuivie). L'inculpé devient prévenu lorsque le juge d'instruction rend contre lui une ordonnance de renvoi.

MAXIME : *Tout prévenu est présumé innocent jusqu'au jugement de condamnation.*

PRÉVISIBILITÉ

N. f. – Dér. de *prévisible.

- Caractère de ce qui est *prévisible. Ant. *imprévisibilité.*

PRÉVISIBLE

Adj. – Dér. de prévoir, lat. *praevidere.*

- Que l'on peut normalement prévoir et qui doit donc être raisonnablement prévu ; se dit not. d'un *dommage, d'un événement, d'un *risque. Ant. **imprévisible.* Comp. *probable, vraisemblable, possible.* V. *force majeure, prévoyance.*

PRÉVOYANCE

N. f. – Dér. de prévoir, lat. *praevidere* : apercevoir d'avance.

- **1** Vertu du *bon père de famille consistant à discerner les risques normalement *prévisibles afin d'en éviter la réalisation ou d'en garantir les conséquences dommageables. Comp. *prudence, diligence, sagesse.* V. **mandat de protection future, mandat à effet *posthume, imprévision, cas fortuit.*
- **2** Nom donné à tout système de protection établi en prévision de certains risques et destiné à en couvrir les conséquences. V. *garantie, assurance, mutualité, sécurité, Sécurité sociale.* Comp. *Prévention, principe de *précaution.*

— **collective.** Versements opérés par les membres d'une collectivité afin d'alimenter un fonds d'aide de secours ou de retraite au profit des cotisants et de leur famille.

— **individuelle.** Épargne individuelle affectée volontairement à la garantie des conséquences pécuniaires de risques éventuels.

— **sociale.** Mesures de protection sociale créées, réglementées, et imposées par l'État.

PRIMAIRE

Adj. – Lat. *primarius* : premier.

— **(*délinquant).** Celui qui n'a jamais été condamné. Comp. *récidiviste.*

— **(*régime) (ou régime matrimonial primaire).** Ensemble des règles primordiales à incidence pécuniaire, en principe impératives, applicables à tous les époux quel que soit leur *régime matrimonial proprement dit (sens 2) (lequel, qu'il soit légal ou conventionnel, vient nécessairement se superposer à ce régime de base) et destinées à sauvegarder les fins du mariage, tout en assurant un pouvoir d'action autonome à chacun des époux, soit que ces règles puissent jouer d'elles-mêmes, soit qu'elles permettent l'intervention du juge. Syn. *statut (matrimonial) fondamental impératif* (C. civ., a. 214 s.). V. *ménage.*

PRIMAUTÉ

N. f. – Dér. du lat. *primus* : premier.

- **1** Pour une personne (physique ou morale), prééminence, *prépondérance, pouvoir de faire prévaloir sa décision en cas de conflit. Comp. *privilège, priorité, préférence, autorité, préséance.* V. *puissance.*
- **2** Pour une *source de droit dans la hiérarchie des *normes, *autorité supérieure d'où résulte parfois, pour la norme qui en est dotée, la vocation à s'appliquer, en cas de contrariété, de préférence à une norme inférieure. Ex. Constitution de 1958, a. 55 ; primauté du droit communautaire. Syn. *suprématie.* Comp. *subordination, proportionnalité.*

PRIME

N. f. – Empr. à l'angl. *praemium* (lui-même empr. au lat. *praemium* : prix, récompense).

- **1** Somme d'argent correspondant parfois à la contrepartie principale du service obtenu.

— **chargée (ou brute ou commerciale).** Total de la somme due par l'assuré à l'assureur (prime pure et chargement).

— **d'assurances.** Somme due par l'assuré (plus exactement par le contractant ou preneur d'assurance) à l'assureur en contrepartie du risque pris en charge par ce dernier, qui prend le nom de *cotisation dans les assurances mutuelles ; somme le plus souvent payable d'avance par versement en général périodique (prime annuelle, parfois viagère).

— **d'inventaire.** En assurance-vie spécialement, prime brute diminuée des frais d'acquisition et des frais d'encaissement.

— **fractionnée.** Prime annuelle payable par semestre, trimestre ou mois (fractionnement constituant une simple modalité de paiement).

— **pure.** Prime correspondant à la valeur théorique du risque selon les statistiques ou les tables de mortalité, abstraction faite du « chargement » qui correspond à tous les frais de l'entreprise d'assurance.

• **2** Parfois, le *prix d'un avantage particulier.

— **d'émission.** Somme d'argent que doit payer un souscripteur d'actions lors d'une émission, en plus du capital nominal de l'action qu'il souscrit.

— **(marché à).** Dans les bourses de valeurs, opération à terme se traitant à l'échéance de l'une des trois liquidations suivantes où l'acheteur peut, moyennant le paiement de la prime, choisir entre l'exécution du contrat ou sa résiliation. V. *réponse des primes.*

• **3** Cadeau (par-dessus le marché), prestation supplémentaire de modique importance accordée par un contractant à l'autre, à titre gratuit, mais pour un but intéressé (s'attacher une clientèle, promouvoir une vente). Comp. *remise de fidélité.*

— **de remboursement.** Somme d'argent payée aux obligataires lors du remboursement de leurs obligations, en plus du capital qui a été fourni par eux à la souscription de leurs titres (le plus souvent égale à la différence entre le prix d'émission du titre et sa valeur nominale). Ex. la prime est de 20 € lorsque l'obligation, émise à 480 €, est au nominal de 500 €. La prime sera de 20 € également si l'obligation est remboursée à 520 € alors que son prix d'émission est de 500 €.

— **(vente avec).** Vente réglementée et en principe interdite (sauf si la prime consiste en menus objets publicitaires), dans laquelle le commerçant, pour attirer un client, offre à celui-ci gratuitement un produit ou un service qui n'est pas identique à la prestation principale (C. cons., a. L. 121-19). Comp. *lot, prix.* V. *coupons-primes.*

• **4** Aide financière versée par l'État pour encourager certaines opérations, par ex. pour orienter la production agricole (prime d'arrachage, d'abattage, etc.).

—**s à l'exportation.** Primes allouées aux producteurs en vue de les encourager à exporter certains produits. V. *dumping.* Comp. *prélèvement* (eur.).

— **d'apport structurel.** Allocation versée par l'État sous forme de capital ou d'annuités viagères à un chef d'*exploitation agricole exerçant cette profession à titre principal qui met fin à cette activité et cède son exploitation en satisfaisant à certaines conditions d'aménagement structurel.

— **de départ et d'installation.** Allocation versée aux *agriculteurs descendants d'agriculteurs et salariés agricoles qui, se trouvant en situation de sous-emploi, acquièrent une nouvelle formation professionnelle et quittent l'*agriculture pour exercer une nouvelle activité. Comp. *indemnité de départ.*

• **5** Nom donné à divers compléments de *salaire.

— **d'assiduité.** Prime qui, pour lutter contre l'absentéisme, est accordée au salarié par l'employeur, mais réduite ou supprimée en cas d'absence non autorisée.

— **de productivité.** Prime collective accordée par l'employeur aux salariés afin d'encourager l'élévation de la *productivité et consistant en un supplément proportionnel à l'augmentation de celle-ci.

— **de rendement ou de résultat.** Prime calculée de façon variable et dépendant des résultats de la production.

• **6** Somme allouée à titre de *récompense. V. *prix* (sens 3).

— **d'apurement.** Prime instituée au profit des agents de recettes dont les comptes sont soldés de net, sans reprises ni débit, dans les premiers mois de l'année suivante.

— **d'arrestation.** Prime allouée aux agents saisissants pour encourager la répression des fraudes sur les tabacs, les poudres, les allumettes et briquets et les alcools.

PRIME D'ARRIVÉE OU DE BIENVENUE

N.f.

- Avantage exceptionnel proposé à une personne pour l'inciter à rejoindre une entreprise (Franceterme, JO 02/03/2010). Équivalent étranger *Golden Hello* – traduit par Pont d'or.

PRIMOGÉNITURE

N. f. – Du lat. *primogenitus* : premier-né, aîné.

- Antériorité de naissance entre frères et sœurs, autrefois source d'avantages au profit de l'*aîné (droit d'*aînesse ou de primogéniture), encore considérée dans la transmission des titres nobiliaires, mais aujourd'hui privée d'effet dans les rapports de famille, not. dans la succession légale, laquelle est partagée entre enfants par égales portions, « sans distinction de sexe, ni de primogéniture » (C. civ., a. 735). V. *puîné, âge, égalité, génération.*

PRINCE

Lat. *princeps* : propr. premier.

Dans les régimes monarchiques :

- **1** *Monarque d'un rang moins élevé qu'un *roi ou un *empereur. V. *souverain.*
- **2** Membre de la famille royale ou impériale.

— **(fait du).** V. **fait du prince.*

PRINCIPAL, ALE, AUX

Adj. – Lat. *principalis* : originaire, principal, qui a trait au prince, de *princeps, cipis.*

- **1** Qui a une certaine importance. Ex. théorie des gares principales.
- **2** Qui est le plus important. Ex. le *domicile est au lieu du principal établissement (C. civ., a. 102). V. *secondaire.*
- **3** Qui est le plus important d'un groupe. V. *accessoire, complémentaire.*

— **(bien).** Bien au service duquel est affecté un autre bien ou un droit qui lui apporte une utilité supplémentaire. Ex. le fonds est principal, les ustensiles aratoires sont accessoires ; le fonds dominant est principal, la servitude grevant le fonds servant accessoire ; se dit encore d'un bien auquel s'incorpore un autre bien qui lui emprunte sa condition. Ex. le fonds riverain d'un fleuve est principal et les alluvions qui s'y unissent *accessoires (C. civ., a. 556).

— **(clerc de notaire).** Se dit encore, dans la pratique notariale, du clerc qui était naguère seul habilité à signer les actes.

— **(débiteur).** Celui sur qui repose en définitive la charge d'une dette, qui en est tenu au premier chef, par opp. à débiteur *subsidiaire. Comp. *solidaire, codébiteur.*

— **(peine).** V. *peine principale.*

- **4** Qui est considéré par priorité, par opp. à *subsidiaire ; se dit d'une *dette, d'une *demande, par opp. à ce qui est dû ou demandé à défaut du principal ; se dit aussi du débiteur auquel le créancier doit d'abord demander paiement (débiteur principal, tenu à titre principal) par opp. à la caution, tenue à titre de garantie en cas d'insolvabilité du premier.
- **5** *Initial, inaugural, introductif, premier dans l'ordre chronologique ; se dit, par opp. aux *demandes *incidentes, de la demande qui introduit l'instance (semblablement de l'*appel formé par la partie qui saisit la première la cour d'appel, par opp. à l'appel *incident, ou du *pourvoi initial devant la Cour de cassation) ; se dit aussi des *parties entre lesquelles le procès a été engagé par opp. aux parties intervenantes. V. **locataire principal, originaire.*
- **6** Qui porte sur la substance de la chose.

— **(droit *réel).** Droit qui tend à l'utilisation directe de la chose prise dans sa matérialité. Ex. le droit de propriété par opp. aux droits réels accessoires. Ex. l'hypothèque.

PRINCIPAL

Subst. – V. le précédent.

▸ **I** (dans le droit du patrimoine)

- **1**

a / Élément auquel se rattache un autre élément, dit *accessoire, qui lui est affecté ou lui emprunte certaines de ses conditions d'existence et qui de ce fait en subit l'influence. Ex. la créance est le principal relativement à l'hypothèque destinée à en garantir le recouvrement ; le sol relativement aux constructions qu'il supporte.

b / Par ext., l'important par rapport à ce qui est accessoire ou annexe dans une opération, un patrimoine (l'*immeuble, par opp. à ses *dépendances), une entreprise (le *fonds de commerce par rapport au droit au *bail du local).

ADAGE : *Accessorium sequitur principale.*

- **2** Dans une dette, le *capital dû, par opp. aux *intérêts.
- **3** Dans le bail, le loyer par opp. aux *charges locatives.

▸ **II** (dans un procès)

- **1** Éléments essentiels de la demande (capital et intérêts dus au jour de la demande) qui permettent de déterminer son montant et, par là, le tribunal compétent et la possibilité d'appel (par opp. aux accessoires : dépens, intérêts échus depuis la demande).
- **2** Parfois syn. de l'objet du litige, tel que celui-ci est déterminé par les prétentions respectives des parties (demandes initiales et demandes *incidentes) (CPC, a. 4 et 480).
- **3** Plus spécifiquement, ce qui fait l'objet de la demande originaire ou initiale (dite aussi principale), par opp. à l'incident.
- **4** Le *fond de l'affaire, par opp. à l'*avant-dire droit ; l'objet essentiel de la contestation.

— **(au).** Au fond, devant le juge du fond. Ex. les ordonnances de référés n'ont pas, au principal, l'autorité de la chose jugée.
— **(juge du).** Juridiction ayant le pouvoir de trancher au fond le litige, de le trancher par une décision *définitive.

▸ **III** (s'agissant d'une personne)

- **1** Premier *clerc.
- **2** Administrateur placé à la tête d'un collège.

PRINCIPAUTÉ

N. f. – Du lat. *princeps,* d'après royauté.

- État gouverné par un *prince. Comp. *royaume, empire.*

PRINCIPE

N. m. – Lat. *principium* : ce qui vient en premier, à l'origine.

- **1** Règle ou *norme générale, de caractère non juridique d'où peuvent être déduites des normes juridiques. Ex. le principe des nationalités, celui de la souveraineté nationale. Comp. *valeurs *fondamentales.*
- **2** *Règle juridique établie par un texte en termes assez généraux destinée à inspirer diverses applications et s'imposant avec une autorité supérieure. Ex. les « principes *fondamentaux » reconnus par les lois de la République et les « principes politiques, économiques et sociaux… particulièrement nécessaires à notre temps », visés par le préambule de la Constitution de 1946 auquel renvoie celui de la Constitution de 1958 s'imposent même au législateur ; les « principes *fondamentaux », c'est-à-dire les règles les plus importantes de certaines matières, sont réservés, par l'a. 34 de la Constitution de 1958, à la compétence du législateur. V. *précepte.*
- **3** *Maxime générale juridiquement obligatoire bien que non écrite dans un texte législatif. Ex. **fraus omnia corrumpit.* V. *adage, coutume.*
- **4** Nom donné à une maxime intransgressable ; règle tenue pour absolue.
- **5** *Règle générale qui doit, à défaut de texte spécial ou de dérogation particulière, régir une sorte de cas, par opposition à *exception. Comp. *droit *commun.*
- **6** *Élément essentiel qui caractérise un régime, une Constitution. Ex. le principe du régime parlementaire est la responsabilité politique du cabinet. Comp. *définition.*
- **7** Au sens de Montesquieu, ressort qui permet à un régime de fonctionner. Ex. la vertu est le principe de la démocratie.

— **(décision de).** Décision de justice qui tranche, en son principe, une *question de droit en général controversée, qu'il s'agisse de l'interprétation de la loi ou d'une création prétorienne, qu'elle émane de la Cour de cassation ou d'une autre juridiction ; décision à laquelle sa motivation générale est de nature à procurer une autorité morale (d'ailleurs variable) en dehors de l'espèce jugée, sans cependant lui conférer de portée juridique supérieure ; s'oppose à décision d'*espèce dans la mesure où elle procède réellement de l'intention de donner une solution générale à une question débattue ; ne pas confondre avec *arrêt de règlement. V. *question de principe.*

— **de cohérence.** Principe invoqué pour justifier l'éradication d'une clause contraire à l'économie du contrat ou pour sanctionner le comportement d'une partie qui agit en contradiction avec ses déclarations et comportements antérieurs sur la foi desquels une autre partie s'est, dans un procès ou un contrat, légitimement fondée.

— **de précaution.** V. *précaution.*

—**s directeurs du procès.** V. **directeurs du procès (principes).*

— **dispositif.** V. *dispositif* (adj.).

— **(en).**

a / En règle générale, par opposition à « par *exception » (sens 1).

b / En général, indique ce qui se fait le plus souvent, par opposition à *exception (sens 2).

c / Si l'on s'en tient aux règles, par opposition à « en pratique », « en fait ». Syn. *en théorie, en Droit.*

—**s généraux du droit.**

a / (adm.). Règles admises par la jurisprudence comme s'imposant à l'administration et à ses rapports avec les particuliers, même sans texte, et ayant une valeur égale à celle de la loi, de sorte que celle-ci peut y déroger et que, au contraire, l'administration et le pouvoir réglementaire doivent les respecter. V. *source.*

b / (int. publ.). *Source du Droit international au regard de l'a. 38 du statut de la Cour internationale de justice, qui fait référence aux principes généraux du Droit reconnus par les nations civilisées : principes communs aux *ordres juridiques internes et à l'ordre international (bonne foi, abus de droit, enrichissement sans cause, autorité de chose jugée, égalité des parties à une instance), ou principes spécifiques à l'ordre international qui parfois se distinguent difficilement des règles *coutumières (souveraineté, responsabilité, légalité des États).

— **(accord de).** V. **accord de principe.*

— **indemnitaire.** V. *indemnitaire (principe).*

— **(question de).** V. **question de principe.*

PRIORITAIRE

Adj. – Dér. de *priorité.

• *Bénéficiaire d'une *priorité. Comp. *privilégié, préférentiel, urgent.*

PRIORITÉ

N. f. – Lat. médiév. *prioritas,* de *prior* : premier de deux.

• **1** (sens gén.). *Primauté en ordre de temps ou de rang. Comp. *suprématie, préséance.* V. **ordre successoral.*

• **2** *Faveur, privilège, *avantage particulier, *traitement *préférentiel parfois accordé à certaines personnes – prioritaires – pour des raisons inhérentes à leurs bénéficiaires ; droit d'être admis ou servi avant d'autres. Comp. *préemption, préférence, préciput, prélèvement.*

— **d'embauchage.** Faveur accordée à certaines catégories de travailleurs dignes d'intérêt d'être embauchés avant les autres.

• **3** Force prééminente reconnue à un droit sur un autre droit, pour des raisons impersonnelles. Ex. *préférence accordée à celui de deux acquéreurs successifs d'un même bien (prenant leur droit du même auteur) qui a, le premier, accompli les formalités légales de publicité.

ADAGE : *Prior tempore, potior jure.*

— **de passage.** Droit pour le conducteur d'un véhicule de passer avant un autre à un croisement.

• **4** Droit pour un organe d'examiner en premier un projet qui doit également être soumis à un autre. Ex. Const. 1958, a. 39 *in fine.*

• **5** Rang préférentiel donné, dans l'*ordre du jour, à une question, ainsi assurée d'être examinée avant les autres.

PRISE (OU PRISE MARITIME)

Fém. pris subst. de pris, du v. prendre, lat. *prehendere.* V. *maritime.*

• **1** Au cours d'une guerre navale, saisie d'un navire ou d'une cargaison appartenant à des ennemis ou parfois à des neutres.

• **2** Le navire capturé ou la marchandise saisie.

—**s (conseil des).** V. **conseil des prises.*

— **(de bonne).** Navire ou cargaison contre lequel le droit de prise peut être exercé.

— **(droit de).** Droit des belligérants de capturer et de confisquer ou de détruire, sous certaines conditions, des navires ennemis ou neutres ne faisant pas partie des forces navales, ou leur cargaison.

PRISE À PARTIE

V. le précédent et *partie*.

- Voie de droit ouverte en vue de faire condamner à des dommages et intérêts un magistrat qui s'est rendu coupable, dans l'instruction ou le jugement d'un procès, d'une faute lourde professionnelle, d'un dol, d'une fraude, de concussion ou d'un déni de justice (l'État étant civilement responsable des condamnations à des dommages et intérêts prononcées à raison de ces faits contre des magistrats, sauf son recours contre ces derniers) (anc. C. pr. civ., a. 505 s. ; l. nº 72-626, 5 juill. 1972, a. 11 ; COJ, a. L. 141-3).

PRISE D'EFFET

V. le précédent et *effet*.

- *Entrée en *vigueur ; se dit surtout du moment précis (jour et heure) où le contrat d'assurance entre en vigueur, spécialement du point de vue de la garantie. Ex. prise d'effet immédiate ou subordonnée au paiement par l'assuré de la première prime. V. *effet*.

PRISE DE POSSESSION

V. *prise* et *possession*.

- **1** Acte matériel par lequel une personne se met en *possession. Syn. **entrée en possession*. V. **mise en possession, *détention* (matérielle), *retirement, occupation, usurpation, saisine, envoi en possession, *bien sans maître, dépossession, dessaisissement, abandonnement*.
- **2** Parfois syn. d'*entrée en fonctions. Comp. *installation*.
- **3** Affirmation de *souveraineté sur une portion de territoire faite au nom d'un État par un représentant de celui-ci.

PRISÉE

Subst. fém. – Tiré de *priser.

- **1** *Estimation (à juste valeur et sans crue) d'objets mobiliers par un *commissaire- priseur (ou un greffier d'instance) qui figure dans un *inventaire (inventaire d'une succession, d'une communauté dissoute, d'une société en liquidation). Syn. *évaluation*. Comp. *mise à prix, appréciation*.
- **2** Plus généralement, fixation d'un prix en réponse à une demande sur un marché.
- **3** (fin.) Fixation, pour raison comptable, de la valeur à un moment donné, d'un bien ou d'un instrument financier, sur un marché organisé ou de gré à gré.

PRISE EN CONSIDÉRATION

V. *considération (prise en)*.

PRISE FERME

V. les précédents ; lat. *firmus* : solide, ferme.

- **1** Opération par laquelle un banquier ou un groupe de banquiers (formant un « *syndicat ») souscrit, au moment d'une émission, tout ou partie des titres émis, en vue de les répartir ensuite dans la clientèle.
- **2** Plus généralement, *souscription d'une action à titre irréductible.

PRISE ILLÉGALE D'INTÉRÊTS

V. *intérêts (prise illégale d')*.

PRISER

V. – Lat. *pretiare,* estimer, priser, de *pretium,* prix.

- Apprécier, estimer, évaluer ; plus spéc. (fin.) fixer un prix en réponse à une demande sur un marché ou la valeur d'un bien ou d'un instrument financier pour des raisons comptables, sur un marché organisé ou de gré à gré (arr. 11 févr. 1993 relatif à la terminologie économique et financière). Ant. *dépriser* (obs.).

PRISEUR

Du v. *priser.

- (Fin.) Personne qui fixe un prix en réponse à une demande sur un marché ou, pour une raison comptable, la valeur d'un bien ou d'un instrument financier sur un marché organisé ou de gré à gré.

— **(Commissaire).** V. *commissaire-priseur.*

PRISON

N. f. – Lat. *prehensio,* de *prehendere* : prendre, appréhender au corps.

- **1** Au sens large, établissement destiné à détenir les individus privés de leur liberté par l'effet d'une décision de justice. V. **établissement* **pénitentiaire, emprisonnement, détention, bagne, pénitencier, écrou,* **carcéral.*
- **2** Au sens étroit, lieu où s'exécutent l'*emprisonnement correctionnel et la *détention provisoire (*maison d'arrêt).

— **(bris de).** Violences matérielles exercées contre les clôtures de la prison ; pouvait être un élément constitutif du délit d'évasion (C. pén., a. 245 anc.). Aujourd'hui inclus dans le délit d'effraction.

PRISONNIER, IÈRE

Subst. – Dér. de *prison.

► **I** (pén.)

- Individu *détenu dans une prison, personne incarcérée.

► **II** (int. publ.)

— **de guerre.** Personne appartenant aux forces armées d'un État belligérant et qui, tombée aux mains de l'État ennemi, est retenue par celui-ci et soumise à un statut fixé par le Droit international (V. conv. de Genève, 12 août 1949).

PRIVATE EQUITY

Angl. *Investissement en capital. V. *capital-investissement.*

PRIVATIF, IVE

Adj. – Lat. *privativus,* de *privare* : mettre à part.

- **1** Qui est la propriété *exclusive de quelqu'un. Ex. dans la copropriété des immeubles bâtis, les parties privatives, réservées à l'usage exclusif d'un copropriétaire déterminé, sont la propriété exclusive de celui-ci. S'oppose en ce sens à *commun et à *collectif. Syn. *privé.* Comp. *propre.*
- **2** Qui bénéficie en particulier à un seul (se dit même d'un droit autre que la propriété). Ex. le locataire a l'usage privatif des lieux loués. Comp. *personnel, particulier, individuel.*
- **3** Qui exclut, qui prive une personne d'un droit ou entraîne la perte d'un avantage. Ex. peine privative de liberté. Comp. *extinctif.*

PRIVATION D'ALIMENTS

V. *aliment.*

PRIVATISTE

Subst. ou adj. – Dér. de *privé.

- Juriste qui se consacre à l'étude du *Droit privé (ex. *civiliste, *commercialiste), par opp. à *publiciste. V. *pénaliste, jurisconsulte, doctrine, autorité.*

PRIVÉ, ÉE

Adj. – Lat. *privatus.*

- **1** Qui ne concerne que les intérêts *personnels des particuliers. Ant. *public, collectif.* V. *commun, syndical.*
- **2** Plus précisément qui concerne les intérêts *civils d'une personne, par opp. à *pénal. V. *peine privée.*
- **3** Qui émane des particuliers eux-mêmes (sans intervention d'une autorité publique ou d'un officier ministériel), Comp. *amiable, officieux.* V. *justice privée.*
- **4** *Particulier ; sert à caractériser chacun des membres (personne physique ou morale) d'une collectivité (État, nation) considéré en lui-même et dans ses activités propres, abstraction faite des fonctions publiques qu'il peut exercer et par opp. aux personnes publiques.

— **(Droit).** Ensemble des règles de Droit qui gouvernent les rapports des *particuliers entre eux : Droit *civil, *commercial, Droit *social (en partie), etc. V. *fondamental.*

- **5** Parfois syn. de *privatif. Ex. propriété privée. Comp. *propre, exclusif, individuel, particulier.*
- **6** Intime. Ex. vie privée, audience privée.

PRIVILÈGE

N. m. – Lat. jur. *privilegium* : propr. loi concernant un particulier *(privus)*.

• **1** Droit appartenant à un *créancier d'être payé sur le prix de vente d'un ou plusieurs biens du *débiteur par *préférence à d'autres créanciers. Comp. *hypothèque, gage, warrant, nantissement, droit de suite, superprivilège.*

a / Au sens large, droit de *préférence qui peut avoir une origine aussi bien conventionnelle ou judiciaire que *légale. Ex. le privilège du créancier gagiste (C. civ., a. 2333). V. *séparation des patrimoines.*

b / Au sens strict, *sûreté accordée par la loi à certains créanciers en raison de la *qualité de leur *créance (C. civ., a. 2324).

— **de la Sécurité sociale.** Privilège général garantissant le paiement des cotisations de sécurité sociale pendant un an à compter de leur exigibilité et prenant rang concurremment avec celui des salariés.

— **des salariés.** Privilège général accordé au salarié en cas de *redressement judiciaire de l'employeur, garantissant pour les six derniers mois, le paiement du salaire et de ses accessoires ainsi que des différentes indemnités dues au cas de rupture du contrat de travail.

— **du Trésor.** Droit de préférence attribué à l'État sur le produit de la vente des biens d'un contribuable, pour le recouvrement des impôts non payés.

—**s généraux immobiliers.** Ceux qui portent sur tous les immeubles du débiteur (C. civ., a. 2375).

—**s généraux mobiliers.** Ceux qui grèvent tout le patrimoine mobilier du débiteur (C. civ., a. 2331).

—**s spéciaux immobiliers.** Ceux qui portent sur certains immeubles déterminés (C. civ., a. 2374).

—**s spéciaux mobiliers.** Ceux qui grèvent certains meubles déterminés (C. civ., a. 2332).

• **2** *Faveur accordée à une personne ou régime réservé à un bien par rapport à la loi commune. Comp. *avantage, bénéfice, préférence, priorité, dispense, dérogation, décharge.*

— **de juridiction.** V. *juridiction (privilège de), immunité diplomatique.*

PRIVILÉGIÉ, IÉE

Adj. – Part. pass. de privilégier, de *privilège.

• **1** Garanti par un *privilège (sens 1). Ex. créancier privilégié, créance privilégiée. Ant. *chirographaire, ordinaire.* V. *hypothécaire, nanti, gagiste.*

• **2** En un sens plus vague, *bénéficiaire d'une faveur, d'une situation exceptionnellement avantageuse. Ex. *résident privilégié. V. *prioritaire, préférentiel.*

• **3** Se dit, dans la succession *ab intestat,* des père et mère du défunt (nommés *ascendants privilégiés par opp. aux autres ascendants dits *ordinaires), et semblablement des frères et sœurs du défunt et descendants d'eux (*collatéraux privilégiés par opp. aux *collatéraux *ordinaires) (C. civ., 734 s.). V. *ordre d'héritiers*.

• **4** Se dit aussi, par glissement, de l'*information confidentielle importante qu'il est seulement donné à certaines personnes de connaître en raison de leurs fonctions ou de leurs activités (ce sont elles qui sont favorisées, privilégiées) et que le droit boursier leur interdit d'exploiter avant qu'elle ne soit connue du public. V. *délit d'initié, *opération d'initié.*

PRIX

N. m. – Lat. *pretium.*

• **1** Somme d'argent due par l'acquéreur au vendeur (C. civ., a. 1583). V. *vente, lésion, juste, taxation, estimation, symbolique, vil, bouquet, abus dans la fixation du prix.*

• **2** Par ext., le *loyer, ou le *fermage dû par le preneur au bailleur (prix du bail) (C. civ., a. 1728), le coût de l'ouvrage dans le contrat d'entreprise (prix du transport), ou la *rémunération de certains services (prix du dépôt, *redevance). Comp. *prime.* V. *salaire.*

— **de façon.** Prix fixé par unité de mesure dans un travail aux *pièces.

— **de journée.** Prix journalier du séjour dans un établissement public ou privé de soins ou de santé qui donne lieu, en principe, à remboursement par la Sécurité sociale.

— **de transfert.** Prix stipulés par des entreprises associées, à l'intérieur d'un groupe

notamment, pour leurs transactions sur des biens ou services de toute nature. Peuvent affecter la répartition des coûts et la concurrence.
— **(juste).** V. **juste prix*.
— **non équitable.** Prix imposé par une entreprise en *position dominante et disproportionné par rapport à la valeur du bien ou du service qu'elle fournit (ou acquiert).
— **prédateur.** Prix inférieur aux coûts variables de production, destiné à fausser la concurrence par un effet d'éviction du marché.
— **(série de).** V. **série de prix*.
- **3** *Récompense en argent ou en nature décernée au gagnant d'un concours. Comp. *prime, lot, enjeu, gain.*

PROBABLE

Adj. – Lat. *probabilis.*

- **1** (s'agissant d'un événement futur). Qui a de sérieuses chances de se produire et donc qu'il est raisonnable de prévoir. V. *prévisible.*
- **2** (s'agissant d'un événement inconnu même passé). Très plausible et donc qu'il est naturel de présumer. Syn. *vraisemblable.* Comp. *possible.* V. *indice, présomption.*

PROBANT, ANTE

Adj. – Lat. *probans,* p. prés. de *probare,* prouver, éprouver, vérifier.

- Qui prouve, fait *preuve, a *force de preuve ; mais la force probante varie d'un mode de preuve à l'autre (celle de l'*acte sous seing privé est moindre que celle de l'acte *authentique) et, pour un même mode, est susceptible de degré (un *indice peut être plus ou moins probant). Très proches : *démonstratif, décisif.* Comp. *décisoire, concluant, probatoire.* V. *foi, conviction.*

PROBATION

N. f. – Lat. *probatio,* de *probare* : prouver.

- Régime d'épreuve comportant des mesures de surveillance et d'assistance, ainsi que des obligations particulières à chaque condamné, qui est lié à la suspension de l'exécution d'une peine d'emprisonnement décidée par la juridiction de jugement (*sursis avec mise à l'épreuve). Introduit en Droit français en 1958. Le déroulement de l'épreuve est surveillé par divers organes d'exécution (not. le comité de probation) présidés par le *juge de l'application des peines.

PROBATIONNAIRE

N. – Néol. dér. de *probation.

- Nom doctrinal donné au condamné bénéficiaire d'un *sursis avec mise à l'épreuve, soumis au régime de *probation.

PROBATOIRE

Adj. – Lat. *probatorius,* de *probare* : prouver.

- **1** Qui est destiné, qui tend à *prouver. Ex. acte probatoire ; fonction probatoire. Comp. *probant.* V. *force, serment, déclaratoire.*
- **2** Plus spéc. dans certaines expressions, qui est destiné à éprouver l'honnêteté de qqn, sa capacité de demeurer dans le droit chemin, sans *récidive. Ex. *sursis probatoire à l'exécution des peines (avec mise à l'épreuve). V. *probation.*

PROCÉDÉ MICROBIOLOGIQUE

(« Est regardé » comme tel, l. 8 déc. 2004, *in*CPI a. L. 611-19 . III) « tout procédé utilisant ou produisant une *matière *biologique ou comportant une intervention sur une telle matière ».

PROCÉDURAL, ALE, AUX

Adj. – Dér. de *procédure.

- Qui a trait à la procédure ; se dit par opp. à *substantiel, *matériel, *fondamental, pour caractériser une règle de procédure, Comp. *formel, processuel.*

PROCÉDURE

N. f. – Dér. de procéder, lat. jur. *procedere* : s'avancer, procéder à une action judiciaire.

- **1** Branche de la science du droit ayant pour objet de déterminer les règles d'organisation judiciaire, de compétence, d'*instruction des procès et d'exécution des décisions de justice et englobant la procédure *administrative, *civile et *pénale. V. *droit processuel.*

- **2** Ensemble des règles gouvernant un type de procès. Ex. procédure devant la Cour de cassation, procédure *gracieuse, procédure *ordinaire.

— **administrative.** Rameau de la *procédure ayant pour objet de déterminer les règles homologues en ce qui concerne les juridictions de l'ordre administratif.

— ***civile.** Rameau de la *procédure ayant pour objet de déterminer les règles d'organisation judiciaire, de compétence, d'instruction des procès et d'exécution des décisions particulières aux tribunaux civils de l'ordre judiciaire. V. *Droit judiciaire privé.*

— **pénale ou criminelle.** Rameau de la *procédure ayant pour objet de déterminer les règles homologues en ce qui concerne les juridictions pénales de l'ordre judiciaire.

- **3** Ensemble des *actes successivement accomplis pour parvenir à une décision. Ex. demander la nullité de la procédure suivie dans un procès, soulever un incident de procédure, engager une procédure dilatoire.

— **collective.** V. *collectif.*
— **(exception de).** V. *exception* (sens 2).
— ***gracieuse.** V. *gracieux.*

PROCÉDURE PARTICIPATIVE (CONVENTION DE)

V. *convention de procédure participative.*

PROCÉDURIER, IÈRE

Adj. – Dér. de *procédure.

- **1** Qui prend volontiers l'initiative de procès et n'hésite pas à en retarder le cours ; chicanier, *processif. V. *incident, dilatoire, abusif.*

- **2** Dans un sens non péjoratif, habile à conduire une procédure,

PROCÈS

N. m. – Lat. jur. du Moyen Âge *processus,* de *procedere.* V. *procédure.*

- **1** *Litige soumis à un tribunal ; *contestation pendante devant une juridiction. V. *contentieux, cas, espèce, cause, arbitrage.*

- **2** Parfois syn. de *procédure, *instance.

PROCESSIF, IVE

Adj. – Dér. de *procès.

- Syn. de *procédurier (sens 1).

ADAGE : *Curritur ad praetorium.*

PROCESSUALISTE

Subst. – Néol. construit comme *commercialiste à partir de *processuel.

- Spécialiste de droit *processuel. V. *privatiste, civiliste, pénaliste, publiciste, juriste.*

PROCESSUEL, ELLE

Adj. – Néol. savant construit sur *procès.

- Qui se rapporte au *procès sous toutes ses espèces (civil, pénal, administratif, arbitral) ; se dit surtout d'une discipline de recherches (le Droit processuel) qui, plus qu'une branche du Droit, est une science comparative fondée sur le rapprochement des *procédures en Droit privé, pénal, administratif… et l'étude des thèmes communs à tous les procès. Comp. *procédural* (traditionnel et plus neutre).

PROCESSUS TECHNOLOGIQUE (CONTRAT DE TRANSFERT DE)

V. *transfert.*

PROCÈS-VERBAL

N. m. – V. *procès, verbal.*

- *Document *écrit établi par une autorité compétente ou un organe qualifié, après un accord, un désaccord, un fait délictueux, une délibération, afin d'en *constater l'existence ou la tenue et d'en conserver la trace (comme preuve, archives, etc.). Ex. document retraçant les discussions et les décisions d'une assemblée ou d'un conseil. Ex. r. AN, a. 54 et 59. Comp. **compte rendu.* V. *preuve préconstituée, constat, dresser, relevé,* **main courante.*

— **de carence.** V. *carence.*
— **de conciliation.**

a / Dans la procédure de divorce, acte par lequel le juge constate la conciliation des époux (CPC, a. 1111 anc., a. 1123).

b / Écrit relatant l'accord ou le désaccord total ou partiel des parties, dressé à l'issue de la réunion d'une commission de conciliation au cours d'un conflit collectif du travail.

— **de contravention** (en matière pénale ou fiscale). Acte par lequel les agents habilités par l'autorité publique constatent des faits susceptibles d'entraîner des poursuites pénales ou fiscales.

— **de fin de conflit.** Document établi à la fin d'un conflit et énonçant les différents points sur lesquels la direction de l'entreprise et les représentants des salariés se sont mis d'accord, ainsi que les modalités de la reprise du travail. V. **protocole d'accord*.

PROCHE

Subst et *adj*. – Du lat. pop. *propeanus,* de *prope,* près de.

- Qui est près de…
- **1** (par la distance). Voisin.
- **2** (par le *degré de parenté). Proche parent.
- **3** (par des liens affectifs). Ami, familier, intime, titre de confiance et d'intervention (C. civ., a. 450 ; C. sant. publ., a. L. 1110-4).
- **4** (dans le temps). Sur le point d'atteindre un terme. Ex. mineur proche de sa majorité.

PROCLAMATION

N. f. – Lat. médiév. *proclamatio,* de *proclamare* : proclamer.

- **1** Action de faire connaître avec solennité une décision ou les résultats d'un vote. Ex. Const. 1958, a. 58 et 60. Comp. *message, communication, communiqué, prononcé.*
- **2** *Déclaration importante et qui fait l'objet d'une large publicité. Comp. **profession de foi.*

PROCURATION

N. f. – Lat. *procuratio* : action d'administrer, gestion, de *procurare* : propr. soigner.

- **1** Écrit qui constate le *mandat et qui, remis au *mandataire, permet à celui-ci de justifier de son *pouvoir. V. *représentation.*
- **2** Par ext., le *mandat lui-même.

PROCUREUR

Subst. – Dér. de procurer. V. *procuration.*

- **1** En un sens générique (vieilli), celui qui a reçu pouvoir (*procuration) d'accomplir un acte de gestion au nom d'une personne (*mandataire) ou de la représenter en justice (*mandataire *ad litem*). Comp. *gérant, représentant.*

  ADAGE : *Nul ne plaide par procureur.*
- **2** Titre donné aux magistrats représentants du *ministère public et chefs de *parquet auprès des principes juridictions.

— **de la République.** Représentant du ministère public et chef du *parquet près le tribunal de grande instance, parfois assisté d'un procureur adjoint et de substituts.

— **européen.** Procureur assurant, au nom des chambres permanentes du *Parquet européen, la surveillance des enquêtes et des poursuites menées par les procureurs européens délégués dans leur État membre d'origine.

— **européen délégué.** Procureur agissant au nom du *Parquet européen dans les États membres de l'Union européenne, investi des mêmes pouvoirs que les procureurs nationaux dans le domaine des enquêtes, des poursuites et du renvoi en jugement des auteurs et des complices d'infractions pénales portant atteinte aux intérêts financiers de l'Union européenne (Règlement 2017/1939, a. 13).

— **général.** Représentant du ministère public et chef du parquet près la Cour de cassation, la Cour des comptes et les cours d'appel. V. *avocat général, substitut général.*

- **3** Nom anciennement donné aux *avoués.

PRODIGALITÉ

N. f. – Bas lat. *prodigalitas.*

- Tendance à dépenser exagérément, à dissiper ses revenus et à dilapider ses biens sans utilité ni raison, qui, chez un majeur, pouvait justifier l'ouverture d'une *curatelle, lorsque le prodigue s'exposait à tomber dans le besoin ou compromettait l'exécution de ses obligations familiales (C. civ., a. 488 anc., 508-1 anc.). Comp.

oisiveté, intempérance. V. *incapacité, régime de *protection.*

PRODIGUE

Subst. – Lat. *prodigus.*

- Celui qui cède à la *prodigalité.

PRODUCTEUR

Subst. – Du lat. *productus,* part. de *producere,* conduire en avant, étendre, faire pousser, développer.

- Par opp. à *consommateur et à *fournisseur, personne qui, à titre professionnel, applique son activité à extraire, créer, façonner, transformer une richesse destinée à être mise sur le marché : producteur d'une matière première, *fabricant d'un *produit fini ou d'une partie composante. Ne pas confondre avec ceux qui, se présentant comme producteur en apposant sur le produit leur nom ou un autre signe distinctif ou en important et distribuant le produit, sont, à certaines conditions, assimilés à un producteur pour la responsabilité du fait des produits *défectueux (C. civ., a. 1386-6). Comp. *entrepreneur.*

PRODUCTION

N. f. – Dér. de produire, lat. *producere* : conduire en avant, d'après le lat. *productio* (qui a un tout autre sens).

- **1** Activité économique consistant dans la création, la fabrication, la culture de produits ou de biens, artistiques, industriels, agricoles, etc. Comp. *transformation.* V. *distribution, consommation.*
- **2** Opération matérielle par laquelle une partie au procès (ou un tiers) met une *pièce dans le débat, la verse au dossier pour discussion contradictoire et examen par le juge. V. *verser aux débats, communication, délivrance.*

— **forcée.** Production ordonnée par le juge à une partie (ou même à un tiers), le cas échéant à peine d'astreinte.

- **3** Plus spéc. dans une procédure d'ordre ou de contribution, dépôt d'une requête par laquelle un créancier présente au juge commissaire ses titres de créance et lui demande à être colloqué dans la procédure.
- **4** (avant la réforme de 1985). En matière de liquidation des biens et de règlement judiciaire, déclaration accompagnée de pièces justificatives (et d'un bordereau récapitulatif) par laquelle une personne fait connaître au *syndic l'origine, le montant et la qualité de la créance pour laquelle elle entend figurer dans la masse (est devenue la *déclaration des créances dans la réforme de 1985). V. *vérification, suspension des poursuites individuelles.*

PRODUIRE

V. – Lat. *producere,* conduire en avant, mener en avant, présenter quelqu'un *(aliquem)* à l'assemblée ou au peuple, présenter au juge des témoins *(testes).*

- **1** (sens courant). Fabriquer un *produit fini (ou une partie composante) ; mettre en œuvre certaines richesses (ex. produire des matières premières, de l'électricité).
- **2** (en justice). Faire état en justice d'un élément de preuve ; se dit surtout aujourd'hui des *pièces (CPC, a. 139, 142), not. des *attestations (CPC, a. 200) (syn. **verser aux débats*) ; peut encore se dire, pour chaque partie (conformément au sens étymologique), des témoins dont chacune sollicite l'audition. Comp. *communiquer, prouver, alléguer, soulever.* V. *introduire, conduire, traduire.*
- **3** Parfois syn. de causer, provoquer, susciter. Ex. produire un dommage.

PRODUIT

N. m. – Tiré de produire. V. *production.*

- **1** En un sens large et vague, tout ce qui est fourni par une chose (fruits ou produits au sens 2) (ex. C. civ., a. 546, 549, 552, 582). V. *revenus, fortage.*
- **2** Au sens strict (et par opp. aux *fruits) ce qui est retiré d'un *capital moyennant une diminution de substance et en dehors d'une exploitation régulière. Ex. matériaux extraits épisodiquement d'une *carrière non exploitée (C. civ., a. 598) ; arbres abattus isolément (a. 592). V. *biens, patrimoine, ressources, usufruit, choses, capital.*
- **3** (Au sens de l'a. 1386-3, C. civ. pour la responsabilité du fait des produits *défectueux.) Tout bien corporel mobilier (même

incorporé dans un immeuble) quelles qu'en soient la nature, l'origine et la destination (matière première, produit du sol, de l'élevage, de la pêche et de la chasse, produit de transformation, produit manufacturé, produit de consommation, produit chimique, etc.) et l'électricité, l'existence du produit supposant toujours, même s'il est brut, une intervention humaine déterminante (extraction, cueillette, exploitation, etc., à défaut de fabrication ou de transformation). V. *mise en *circulation, services, défectueux, responsabilité du fait des produits*.

—s de grande consommation. Produits non durables à forte fréquence et récurrence de consommation (C. com., a. L. 441-4-I).

—s de *substitution. Biens qui, en raison de leurs prix, usage et propriétés sont, par leur aptitude à satisfaire des besoins similaires, interchangeables pour le consommateur (ils entrent dans la définition du marché à prendre en considération pour apprécier l'existence d'une position dominante ou l'effet d'une entente sur la concurrence).

• **4** Résultat d'une opération.

— net. Solde créditeur ou débiteur d'une opération.

• **5**

— de santé. Terme générique très large désignant dans le code de la santé publique les produits pharmaceutiques (médicaments à usage humain, médicaments vétérinaires et autres produits et substances pharmaceutiques réglementés), les dispositifs médicaux de diagnostic *in vitro* et autres produits et objets réglementés dans l'intérêt de la santé publique. En un sens encore plus large le terme inclut aussi les produits du corps humain, certains produits cosmétiques, les produits diététiques et compléments alimentaires et dans une certaine mesure les organismes génétiquement modifiés (C. sant. publ., a. L. 5121-1). Comp. *médicament*.

PROFANATION

Subst. fém. – Lat. *profanatio,* du v. *profanare,* de *pro* (en avant) et *fanum* (enceinte sacrée, lieu consacré), profaner, commettre un sacrilège, une impiété.

• Atteinte à la dignité de certaines choses ou de certains espaces (sépulture, lieu de culte, mémorial funéraire) par toute marque outrageante (dégradation, inscription, souillure) en *violation du *respect dû aux morts et aux sentiments religieux de toute confession, offense parfois aggravée de haine raciale (C. pén., a. 225-17, 18). Ex. profanation d'un cimetière juif.

PROFESSIO JURIS

Lat. *professio, onis* : déclaration.

• Possibilité offerte à un futur *de cujus de choisir la loi applicable à tout ou partie de sa succession. Ex. loi fédérale suisse sur le droit international privé, a. 90 al. 2.

PROFESSION

N. f. – Lat. *professio* : état qu'on déclare exercer, de *profiteri* : déclarer.

• **1** *Activité habituellement exercée par une personne pour se procurer les ressources nécessaires à son existence ; métier.

— séparée. Expression désignant la profession de la femme mariée lorsque cette profession est distincte de celle de son époux. Comp. *collaboration.* V. *biens réservés, gains et salaires.*

• **2** Secteur économique auquel se rattache une entreprise en raison de son activité.

—s connexes. Activités diverses exercées par des salariés participant à l'élaboration de produits identiques et leur permettant de constituer un syndicat unique (syndicat d'industrie par opposition au syndicat de métier).

— indépendante. Activité exercée par une personne qui ne se place pas sous la subordination de celui qui la sollicite.

— libérale. V. *libéral* (sens 4).

— (*organisation de la). Groupement obligatoire ayant reçu de l'État une mission d'ordre interne et de contrôle qui n'a pas pour objet principal la défense des intérêts de la profession et de ses membres, mais celle de sa morale et de sa dignité (il est doté à cet effet de pouvoirs disciplinaires).

PROFESSION DE FOI

Lat. ecclés. *professio,* propr. : déclaration. V. *profession, foi.*

• *Déclaration écrite et publique faite par un candidat à une élection et contenant l'exposé de ses principes et du *programme dont il se propose de poursuivre la réalisation s'il est élu. V. *proclamation.*

PROFESSIONNEL, ELLE

Adj. parfois substantivé – Dér. de *profession.

• **1** (adj.).

a / De profession ; à titre de *profession (sens 1) et donc dans l'ordre d'un travail habituel rémunérateur. Ex. activité professionnelle. Comp. *lucratif, bénévole.*

b / Inhérent à la profession ; lié à son exercice. Ex. compétence professionnelle, usage professionnel, faute professionnelle, responsabilité professionnelle.

c / Qui a trait à une *profession (sens 2), à son organisation, à la défense de ses intérêts. Ex. chambre professionnelle, représentation professionnelle. Comp. *syndical, ordinal.*

• **2** (subst.). Par opp. à profane, homme de l'*art ; personne dont l'appartenance à une profession fait attendre une qualification correspondante ; plus précisément, par opp. à *consommateur, toute personne physique ou morale qui, dans les contrats de vente ou de prestation de services, agit dans le cadre de son activité professionnelle privée ou publique (dir. 93/13 CEE du CCE, 5 avr. 1993). V. *technicien, spécialiste, expert, consultant.*

PROFIL

N. m. – Ital. *profilo, porfil* : bordure.

• Trait caractéristique du comportement d'une personne dans son activité professionnelle.

— **médical.** Portrait synthétique résultant de l'étude statistique du comportement individuel de chaque médecin dans l'ordonnancement des dépenses de la Sécurité sociale d'après la nature et le nombre des actes réalisés, la nature et le coût des prescriptions ordonnancées.

— **professionnel.** Ensemble des aptitudes requises (formation technique, connaissances théoriques, qualités humaines) pour exercer une fonction ou occuper un emploi donné.

PROFIT

N. m. – Lat. *profectus,* de *proficere* : progresser, faire du profit.

• **1** Tout *avantage patrimonial ou extrapatrimonial ; succès, réussite. Comp. *intérêt, bénéfice, bienfait.*

— **de la demande (ou de l'instance).** Syn. de *gain de cause, par opp. à *tort, perte du procès. Ex. divorce prononcé au profit d'un époux et aux torts exclusifs de son conjoint.

— **du *défaut.** *Gain de cause donné au demandeur, lorsque le défendeur ne comparaît pas, sous la condition que le juge estime sa demande régulière, recevable et bien fondée (CPC, a. 472) ; *adjudication au demandeur de ses conclusions reconnues justifiées en cas de *défaut du défendeur.

— **joint (défaut).** Nom traditionnel donné au principe d'ordre selon lequel, en cas de pluralité de *défendeurs, le jugement est réputé contradictoire même à l'égard de ceux qui ne comparaissent pas si ceux-ci ont été cités à personne ou si le jugement est susceptible d'appel (CPC, a. 474).

• **2** Plus spéc. enrichissement pécuniaire résultant, dans un patrimoine, soit d'une opération financièrement avantageuse (excédent des recettes sur les dépenses, assurance au profit d'un tiers, amélioration d'un bien personnel financée par autrui, etc.), soit d'une *plus-value (ex. d'un terrain par l'effet de la dépréciation monétaire). Ant. *perte, préjudice, dommage, appauvrissement.* Comp. *émolument, gain.* V. **lucrum cessans.*

— **commercial.** *Gain réalisé soit sur une opération commerciale isolée, soit sur un ensemble d'opérations (ex. au cours d'un exercice). Ant. *perte.*

— **(commercial) brut.** Total des sommes encaissées.

— **(commercial) net.** Celui qui ressort de la différence entre le profit brut et le total des frais exposés pour la réalisation de l'opération ou des opérations envisagées.

— **espéré.** V. *intérêt* (sens 2).

—**s et pertes (compte de).** V. *compte.*

— **subsistant.** Par opp. à dépense faite (par un patrimoine fournisseur), valeur finale qui existe, lors du règlement, dans le patrimoine qui avait antérieurement bénéficié d'un transfert de valeur et qui correspond, en général, à la valeur au jour du règlement du bien en nature placé dans le patrimoine bénéficiaire. Ex. sous le régime de communauté, la *récompense due par la communauté à un époux ou inversement ne peut être moindre que le profit subsistant (évalué en pratique au jour de la liquidation) quand la valeur empruntée a servi à acquérir un bien qui se retrouve, au jour de la liquidation de la communauté, dans le patrimoine emprunteur (C. civ., a. 1469).

• **3** Parfois, spécifiquement, tout profit économique.

— **d'une entente.** Avantage économique qui résulte de l'amélioration, par une *entente, de la *production ou de la *distribution ou encore de la contribution de celle-ci au progrès technique et économique et dont une partie équitable doit être réservée aux utilisateurs (condition d'une dérogation à la prohibition des ententes restrictives de concurrence).

ADAGE : *Is fecit qui prodest. Ubi onus, ibi emolumentum. Nemo potest ex suo delicto consequi emolumentum. Res inter alios acta (ou judicata) aliis neque nocet neque prodest.*

PRO FORMA

Loc. invariable formée de mots latins signifiant « pour la forme » utilisée pour caractériser un type de facture. V. **facture pro forma*.

PROGRAMME

N. m. – Du gr. πρόγραμμα : écrit d'avance.

• **1** Exposé de la *politique, des intentions et des projets d'un gouvernement (ex. Const. 1958, a. 38 et 49), d'un parti, d'un candidat. V. *proclamation, plan, *profession de foi, directive, cadre.*

— **(contrat de).** Convention passée entre l'autorité publique et une entreprise ou un groupe d'entreprises (publiques ou privées), en vue d'orienter l'activité économique de celles-ci dans un sens conforme à la politique de celle-là.

— **(loi de).** Loi qui détermine les objectifs de l'action économique et sociale de l'État (Const. 1958, a. 34 et anciennement o. 2 janv. 1959, a. 2, relative aux lois de finances, remplacée par l. du 1er août 2001 (LOLF)). Comp. **loi-cadre*.

• **2** Dans la terminologie en usage au sein des organisations internationales et les textes relatifs à l'aide aux pays en voie de développement :

a / Acte de prévision de principe couvrant un nombre déterminé ou non d'opérations indépendantes et doté d'une certaine force juridique (ex. les programmes « ordinaires » d'aide des États ou des organisations internationales).

b / Structure organique et financière mise sur pied pour remplir les fonctions impliquées par cet acte et jouissant dans certains cas de la personnalité juridique (ex. programme alimentaire mondial, programme des Nations Unies pour le développement, programme des Nations Unies pour l'environnement).

• **3** Parfois syn. de *projet, *plan. Ex. programme de construction. V. *contrat de *promotion.*

PROGRESSIVITÉ

Dér. de progressif, lui-même dér. du lat. *progressus* : qui avance, de *progredi* : avancer.

— **de l'impôt.** Système de calcul de l'impôt dans lequel le taux augmente en fonction de l'importance de la matière imposable. Comp. **proportionnalité*.

PROHIBÉ, ÉE

Adj. – Du v. prohiber, lat. *prohibere* : tenir à distance.

• Défendu (en général par la loi), strictement *interdit, *illicite ; se dit d'un agissement, d'une chose (*engin prohibé), ou d'un acte juridique (vente prohibée, C. civ., a. 1133, 1598) ; hors commerce. Comp. *illégal.* Ant. *permis, admis, licite.* V. *port* (II), *temps*.

PROHIBITIF, IVE

Adj. – De prohiber.

• **1** Qui interdit, qui rend *illicite, un acte ou qui met une chose *hors commerce. Ex. loi prohibitive. Comp. *rédhibitoire, impératif, répressif.* V. *permissif.*

• **2** Se dit plus spéc. de l'*empêchement de mariage qui fait obstacle à la célébration de celui-ci mais dont la violation, à la différence de celle d'un empêchement *dirimant, n'entraîne pas la nullité du mariage.

PROHIBITION

N. f. – Lat. *prohibitio.*

- Espèce d'*interdiction, en général édictée par la loi et dotée d'un caractère absolu ; interdiction stricte (désigne aussi bien l'action de prohiber que la prohibition établie). Comp. *défense, empêchement, proscription.* V. *ordre public, impératif, règle, mesure, prescription, ordre, injonction, permission, autorisation.*

PROJET

N. m. – Tiré de projeter, lat. *projectare* : jeter.

- **1** Acte régissant l'avenir élaboré par un organe ou une personne et soumis, pour adoption ou homologation, au contrôle d'un autre organe ou d'une autorité ou même à l'acceptation d'un éventuel cocontractant. Ex. projet de convention réglant les conséquences du divorce soumis à l'approbation du juge aux affaires matrimoniales (C. civ., a. 252-3). Comp. *proposition, pourparlers, négociation, adhésion.*

— **(avant-).** Document préparatoire par lequel peut commencer l'élaboration d'un texte (de loi, de décret de convention, etc.) et qui sera lui-même déjà objet d'une discussion avant de devenir le projet.

— **de loi.** Texte proposé pour être adopté par le Parlement ou le peuple comme loi, et émanant de l'initiative gouvernementale (par opp. à *proposition de loi) (V. Const. 1958, a. 11 et 39).

— **de révision.** Texte proposé pour être adopté comme modification de la Constitution, et émanant de l'initiative gouvernementale (par opp. à *proposition de révision) (V. Const. 1958, a. 89).

- **2** Plus généralement, opération prévue mais non encore réalisée, *programme à mettre en œuvre ; se dit aussi d'un acte délictueux. Ex. projet criminel. V. *plan, préméditation, concert frauduleux.*

PROMESSE

N. f. – Lat. *promissa,* pl. de *promissum,* du v. *promittere* : promettre.

- (Sens gén.). *Engagement de contracter une obligation ou d'accomplir un *acte. Comp. *serment, offre, pollicitation.*

- **1** Acte de volonté *unilatérale dont il résulte un engagement unilatéral (à la charge de son auteur), V. *billet non causé.*

— **de récompense.** *Offre (dont le caractère contraignant est discuté), d'une *prime en espèces ou en nature, à qui rendra un service déterminé, par ex. la découverte d'un objet perdu.

- **2** Engagement unilatéral mais inclus dans un accord (not. comme *clause d'un contrat) ; engagement pris, dans un contrat, par une partie soit envers l'autre partie, soit en faveur d'un tiers. V. **stipulation pour autrui,* **porte-fort.*

— **d'égalité.** Clause par laquelle une personne s'engage dans le contrat de mariage d'un de ses héritiers à ne pas en avantager un autre à son détriment.

— **unilatérale de contrat** (de vente, de louage…). Accord de volonté par lequel une personne s'engage immédiatement envers une autre à passer avec elle un certain contrat à des conditions déterminées, le bénéficiaire de cet engagement – investi d'un droit d'*option, pendant un délai donné – restant libre de ne pas conclure le contrat envisagé (en laissant passer le délai) ou de le conclure en « levant » l'option dans le délai (V. *levée*) (C. civ., a. 1124). Comp. *promesse synallagmatique,* **pacte de préférence.*

- **3** Engagements personnels mais réciproques (promesses échangées).

— **de mariage.** Engagement pris envers une personne de contracter mariage avec elle, qui n'oblige pas juridiquement son auteur (celui-ci pouvant toutefois être condamné à des dommages-intérêts en cas de rupture abusive). V. *fiançailles,* **courtage matrimonial.*

— **(simple).** V. *simple.*

— **synallagmatique de contrat.** Accord de volontés par lequel deux personnes s'engagent réciproquement et définitivement dans les termes d'un contrat dont les conditions essentielles, au moins, sont déterminées et qui équivaut au contrat lui-même. Ex. C. civ., a. 1589. Comp. *promesse unilatérale.*

PROMETTANT

Subst. – De promettre.

- **1** Celui qui promet, qui se crée une dette (comp. stipuler, sens 3), not. celui qui, à la demande du *stipulant, s'oblige au profit du tiers *bénéficiaire dans la *stipulation pour autrui. Ex. l'assureur qui s'engage à verser un capital au tiers bénéficiaire de l'assurance en cas de réalisation du risque.

- **2** Auteur d'une *promesse unilatérale ou synallagmatique. Comp. *réservant, offrant, pollicitant.*

PROMETTRE

V. – Lat. *promittere.*

- **1** S'engager, s'obliger, contracter une obligation (envers qqn). V. *stipuler, parole.*
- **2** Jurer, prêter *serment, s'engager sous la foi du serment (devant les hommes et, parfois, devant Dieu ou sous une autre invocation suprême mais toujours en présence d'une autorité). Dans la formule du serment *promissoire, promettre est souvent associé à *jurer. Ex. : « Je jure et promets de bien et loyalement remplir mes fonctions, etc. » (C. postes et com. électr., a. R. 20-44-2).

PROMISSOIRE

Adj. – Dér. de *promesse.

- Qui contient une *promesse d'avenir.

— **(serment).** *Serment dans lequel, à la différence du *serment *affirmatif, la déclaration de l'homme ne porte pas sur le passé mais sur l'avenir et ne tend pas à prouver, mais à contracter un engagement. Ex. serment de remplir fidèlement une mission (de la part d'un expert, d'un fonctionnaire, etc.), serment de dire la vérité (de la part du témoin).

PROMOTEUR

Subst. – Bas lat. *promotor* : celui qui accroît.

- Personne physique ou morale dont l'activité professionnelle ou occasionnelle consiste à conclure des contrats de *promotion. Comp. *maître d'œuvre.* V. *entrepreneur, constructeur, mandataire, lotisseur.*

PROMOTION

N. f. – Lat. *promotio,* de *promovere* : promouvoir, pousser en avant, faire monter qqn en grade ou faire avancer un travail.

- **1** Action de promouvoir, développer, encourager, stimuler, favoriser. V. *valorisation.*

— **collective.** Celle qui est destinée à permettre à l'ensemble des travailleurs d'acquérir la formation économique et sociale nécessaire à l'exercice de responsabilités dans l'entreprise, la profession ou l'économie nationale.

— **des ventes.** Ensemble de mesures (*publicité, baisse de prix, offre spéciale, etc.) destinées à développer la vente d'un ou plusieurs produits. V. **cadeau publicitaire, couponnage.*

— **individuelle.** Celle qui a pour but de faciliter l'accès des travailleurs à un échelon supérieur dans la hiérarchie professionnelle.

— **sociale.** Politique dont l'objet est d'offrir aux travailleurs les moyens d'accéder à une condition supérieure.

- **2** Action de prendre en charge la réalisation d'une opération, d'en assumer la responsabilité d'ensemble. Ex. promotion immobilière.

— **(contrat de).** Contrat qualifié de mandat d'intérêt commun (C. civ., a. 1831-1) tenant à la fois du mandat et du louage d'ouvrage, par lequel une personne dite *promoteur immobilier, s'oblige envers le propriétaire d'un terrain, maître de l'ouvrage, à faire procéder au moyen de contrats de louage d'ouvrage, à la réalisation d'un *programme de construction pour un prix convenu, ainsi qu'à procéder elle-même ou à faire procéder, moyennant une rémunération convenue, à tout ou partie des opérations juridiques, administratives et financières concourant au même objet.

PROMOTIONNEL, ELLE

Adj. – De *promotion.

- Qui est l'objet d'une *promotion (ex. vente promotionnelle) ou qui la met en œuvre (ex. pratique promotionnelle).

PROMULGATION

N. f. – Lat. *promulgatio,* de *promulgare,* altération de *provulgare* : divulguer, rendre public.

- Déclaration *officielle intervenant après l'élaboration d'une loi (ou parfois la signature d'un traité) qui préside à l'insertion de cet acte dans l'ordre juridique et conditionne son *entrée en vigueur sous réserve de la *publication à intervenir. V. *édiction.*

— **de la loi.** Décret par lequel le chef de l'État

constate que la procédure d'élaboration de la loi a été régulièrement accomplie et rend *exécutoire, comme loi de l'État, le texte ainsi adopté par le Parlement ou par le peuple (V. Const. 1958, a. 10 et 11). Parfois employé improprement comme syn. de *publication ou de *édiction.

— **de traité.** Décret par lequel, avant la IVe République, le pouvoir exécutif introduisait dans l'ordonnancement juridique interne un accord international conclu par la France et qui, par l'effet de ce décret, était désormais considéré comme y ayant une force juridique égale à celle de la loi.

PROMULGUER

V. – V. *promulgation.*

- Donner l'ordre d'exécuter une loi ou un traité dans la teneur où ils ont été adoptés après avoir vérifié la régularité de leur élaboration ; déclarer *exécutoire la loi ou le traité, en en encadrant le texte de formules consacrées. Comp. *publier, édicter.*

PRONONCE

N. m. – Préf. *pro.* V. *nonce.*

- Représentant du pape qui, bien qu'ayant rang d'ambassadeur, ne bénéficie pas de la même préséance protocolaire qu'un *nonce, l'État accréditaire ne désirant pas recevoir un représentant du Saint-Siège ayant le plein statut de nonce.

PRONONCÉ, ÉE

Adj. – De *prononcer.

- **1** Énoncé oralement par le juge ; se dit d'un jugement *rendu oralement.
- **2** Par ext., décidé par le juge. Ex. peine prononcée, condamnation prononcée.

PRONONCÉ

N. m. – Adj. pris subst. V. le précédent.

- Fait de prononcer une décision de justice, de rendre le jugement par *proclamation *orale, formalité normalement exigée pour la validité du jugement (sauf si la loi autorise un autre mode de *communication aux parties), à partir de laquelle le juge dessaisi ne peut, sauf cas spécifiés, rétracter ou modifier sa décision. Comp. *délibéré.* V. *dessaisissement.*

ADAGE : *Lata sententia, judex desinit esse judex.*

PRONONCER

V. – Lat. *pronuntiare* : proclamer, annoncer à haute voix.

- **1** Pour le juge qui en a délibéré (ou un membre de la formation de jugement), faire officiellement connaître la décision prise par lecture à haute voix (au moins du *dispositif), soit en audience publique, soit en chambre du conseil suivant ce que prescrit la loi. V. *prononcé.*
- **2** Parfois syn. de se prononcer. Ex. C. civ., a. 5.

— **(se).** Statuer, juger, trancher, *décider.

- **3** Plus généralement, proférer une parole ; s'exprimer oralement. Ex. prononcer un *serment. V. *prêter, jurer.*

PROPER LAW

Expression anglaise signifiant « loi appropriée », utilisée dans diverses expressions pour caractériser, dans un conflit de lois, celle de l'État dans lequel l'acte à rattacher se localise le plus naturellement. V. *naturel, rattachement.*

— **of the contract** (litt. du contrat) (Doct. Westlake). Dans un système qui admet que le contrat ne relève pas d'une loi impérativement désignée (ex. loi du lieu de conclusion ou d'exécution), expression désignant la loi la plus appropriée, suivant les circonstances de la cause (ex. dans la conception anglaise, la loi que les parties ont choisie, et à défaut d'intention exprimée dans le contrat, celle à laquelle le contrat est le plus étroitement et le plus réellement associé). Comp. *loi d'*autonomie.*

— **of the tort** (litt. du délit) (Doct. Morris). Expression désignant la loi de l'État avec lequel le délit commis présente le plus de points de contact (ex. dans un accident de la circulation, nationalité du conducteur et de la victime, immatriculation, provenance et destination du véhicule, etc.).

PROPORTIONNALITÉ

Lat. *proportionalitas,* de *proportio* : proportion, rapport.

- **1** Rapport mathématique constant.

— **de l'impôt.** Système de calcul de l'impôt dans lequel le taux d'imposition reste constant. V. *progressivité.*

• **2** Par ext., principe d'adéquation.

— **de la défense** (à l'agression). Limite qui ne légitime, dans le choix des moyens de défense, que ceux qui sont nécessaires à repousser l'agression. V. **légitime défense.*

— **des délits et des peines.** Directive de politique criminelle qui commande au législateur, dans l'échelle des peines, de doser la sévérité de la sanction en fonction de la gravité de l'infraction.

• **3** (dans un conflit de règles de même valeur). Juste *mesure à observer dans l'application à un litige de deux principes antinomiques d'égale valeur qui ont l'un et l'autre vocation à en gouverner la solution ; critère directif de pondération (doctrinal à sa racine) qui doit conduire le juge non pas à affirmer, en général, la *primauté d'une règle sur l'autre, mais à mettre en balance concrètement les conséquences qui découleraient de l'application de chacune, afin de faire prévaloir, en l'espèce, celle qui sauvegarde le mieux les intérêts en présence (arbitrage *in casu* comparable dans la conciliation des règles de droit à la composition des intérêts qui résulte de l'*appréciation en *opportunité de situations de fait) ; issue d'expédient à envisager quelle que soit la nature des règles en conflit.

— **(principe de).** Dans la jurisprudence de la Cour européenne des droits de l'homme et de la Cour de justice de l'Union européenne, règle de pondération selon laquelle les atteintes portées à des *droits *fondamentaux par la puissance publique ne peuvent excéder ce qui est nécessaire à l'intérêt général ; principe voisin en vertu duquel l'action de la Communauté ne doit pas excéder ce qui est nécessaire pour atteindre les *objectifs du traité de l'Union.

PROPOSER

V. – Du lat. *proponere* : présenter, exposer, proposer.

• **1** Dans des *pourparlers, offrir de contracter ou de traiter à certaines conditions (ex. proposer un prix d'achat).

• **2** De la part d'un plaideur, soumettre au juge un moyen de droit (syn. *invoquer, *soulever), un argument, un moyen de preuve. Comp. *alléguer.* V. *production.*

PROPOSITION

N. f. – Lat. *propositio*, de *proponere*. V. *proposer.*

• **1** Désigne aussi bien le fait de soumettre à autrui un acte de son cru (l'initiative de la proposition) que l'objet proposé (la substance de la proposition). Comp. *offre, pollicitation, présentation.* V. *pourparlers, recommandation, prétention.*

— **de loi.** Texte proposé pour être adopté comme loi, et émanant de l'initiative parlementaire (par opp. à *projet de loi).

— **de révision.** Texte proposé pour être adopté comme modification de la Constitution, et émanant de l'initiative parlementaire (par opp. à *projet de révision) (Const. 1958, a. 89).

• **2** Plus spéc. acte par lequel un assurable ou assuré sollicite d'un assureur la conclusion d'un contrat d'assurance ou la modification d'un contrat existant. Comp. *présentation.*

PROPRE

Adj. et subst. – Lat. *proprius.*

• **1** (adj.). Qui appartient en propre à quelqu'un ; qui est sa propriété *privée. Ex. bien propre, patrimoine propre. V. *particulier, privatif, personnel, individuel, exclusif.* Ant. *commun.*

• **2** Par substantivation, sous le régime de la communauté, un bien propre (par opp. aux biens *communs). Ex. la femme a la gestion de ses propres. Comp. *réservés, paraphernaux* (biens).

PROPRIÉTAIRE

Subst. et adj. – Lat. jur. *proprietarius.*

• Titulaire du droit de *propriété. Comp. *maître.* V. *possesseur, bailleur, détenteur, auteur, *verus dominus, *nu-propriétaire, usufruitier, usager, copropriétaire, foncier.*

— **embarqué.** Qualité reconnue au *patron pêcheur qui pratique la pêche maritime, à titre professionnel, à bord de son navire (statut qu'il conserve même s'il interrompt la navigation pour les besoins de la gestion de son entreprise, au moins pour une part mineure de son temps (l. 18 nov. 1997, a. 15).

PROPRIÉTÉ

N. f. – Lat. *proprietas,* de *proprius* : propre, sans partage, de *pro privo,* pour un particulier, privé.

• Employé seul, désigne la propriété *privée – droit individuel de propriété – et la *pleine propriété, type le plus achevé de *droit réel : droit d'user, jouir et disposer d'une chose d'une manière *exclusive et *absolue sous les restrictions établies par la loi (C. civ., a. 544). V. *maîtrise, domaine, copropriété, dominion.* Comp. *usufruit, usage, servitude, droit de superficie, possession, détention, expropriation, perpétuité, héréditaire.*

— **apparente.**
a / V. *apparent.*
b / (fisc.)
— *(théorie de la).* Ancienne théorie fiscale en vertu de laquelle, pour la perception des droits, l'administration peut s'en tenir aux situations apparentes sans avoir à rechercher les intentions véritables des parties.

— **artistique et littéraire.** Expression employée pour désigner le monopole temporaire d'exploitation pécuniaire appartenant à l'artiste ou à l'écrivain sur son œuvre et aussi, dans un sens plus large, l'ensemble des droits patrimoniaux ou non, reconnus au créateur d'une œuvre de l'esprit.

— **commerciale.**
a / Expression donnée au droit, pour le *preneur, d'obtenir, à l'expiration du contrat, le renouvellement du *bail commercial ou, à défaut, une *indemnité d'éviction (si du moins le refus de renouvellement ne procède pas d'un motif légitime).
b / (eur.). Expression employée pour désigner le droit de marque par opp. au droit de brevet. V. *propriété industrielle.*

— **culturale.** V. *culturale (propriété).*

— **(*démembrement de la).** Dissociation entre plusieurs titulaires des attributs de la propriété qui sont réunis en une seule main dans la pleine propriété (V. *démembrement*) ; s'en distinguent certaines décompositions de la propriété en usage dans certaines régions (V. *assec, évolage, droit de *Bandite)* qui font alterner sur un même bien entre des personnes différentes des prérogatives particulières, ouvrant un champ à la création de droits réels non homologués.

— **incorporelle.** V. *incorporel.*

— ***industrielle.**
a / Expression employée pour désigner soit un monopole d'exploitation (*brevet d'invention, *dessin ou *modèle), soit le droit exclusif à l'usage d'un nom commercial, d'une marque ou de tout autre signe permettant l'identification d'un commerçant ou industriel.
b / (eur.). Expression employée pour désigner spécifiquement le droit de brevet par opp. au droit de marque (propriété commerciale).

— **intellectuelle.** V. *intellectuelle (propriété).*

— **publique.** Droit de propriété des personnes publiques (État, collectivités territoriales, leurs groupements et établissements publics). Désigne également les biens et droits appartenant à une personne publique (CGPPP, a. L. 1), qui relèvent soit de son *domaine public et sont à ce titre inaliénables et imprescriptibles (CGPPP, a. L. 3111-1, CGPPP, a. L. 2112-1), soit de son *domaine privé, régime proche de la propriété privée.

PRORATA

Subst. masc.

• Terme devenu français tiré par abréviation de l'expression lat. *pro rata parte,* « pour la part fixée », utilisé dans le sens de pourcentage, proportion not. en matière fiscale pour désigner, dans la taxe sur la *valeur ajoutée, le pourcentage de taxe déductible sur les achats d'immobilisation (fixé annuellement et égal au quotient du chiffre d'affaires taxé sur le chiffre d'affaires total pour l'année précédente).

— **général.** Extension du prorata à l'ensemble des achats.

PRORATA TEMPORIS

Adv.

• Construction lat. récente, comp. de **prorata* et *tempus, oris,* temps, signifiant « proportionnellement au temps écoulé », utilisée not. en matière sociale (V. *proratisation*) et en matière fiscale pour désigner, en ce dernier cas, la correction en fonction du temps d'une donnée de l'imposition. Ex. pour la première année de l'amortissement d'un bien, l'annuité ne porte que sur la partie de l'exercice postérieure à l'achat ou à la mise en service du bien. Comp. *ratione temporis.*

PRORATISATION

N. f. – Néol. construit sur *prorata.

• Utilisation de la méthode de calcul **pro-rata temporis* en matière de coordination des divers régimes d'assurance-vieillesse en Droit interne ou des droits acquis par les travailleurs migrants sous diverses législations, conduisant à déterminer la part de pension incombant à chaque régime. V. aussi *totalisation.*

PROROGATIF, IVE

Adj. – Lat. *prorogativus* : dont l'effet peut être retardé.

• (rare). Qui tend à proroger ; qui proroge. Comp. *suspensif, dérogatoire, subrogatif, subrogatoire, attributif, modificatif.*

PROROGATION

N. f. – Lat. *prorogatio,* de *prorogare* : accorder une prorogation, prolonger.

• **1** *Modification apportée à un droit, une mission, etc., dans le sens d'une prolongation (dans le temps), d'un maintien en vigueur ou en activité au-delà de l'échéance ; désigne aussi bien l'action de proroger que la prolongation qui en résulte. Ex. prorogation d'un délai d'exécution ou d'un pouvoir au-delà de la date normale de son expiration, prorogation d'un contrat (C. civ., a. 1213). V. *moratoire, délai, remise, grâce.* Comp. *dérogation, subrogation, renvoi, report.*

— **de *jouissance.** Avantage consistant, pour un locataire en place, dans le droit de se maintenir en jouissance dans les lieux loués, après l'expiration du bail, par la faveur de la loi (prorogations légales de circonstances dans les périodes de guerre ou de crise, *maintien dans les lieux) ou même par l'effet de la *tacite *reconduction.

• **2** Par ext., modification apportée à un droit ou à un pouvoir dans le sens d'un accroissement, d'une augmentation de pouvoir. Comp. *autorisation.*

— **de compétence (ou de juridiction).** Extension de la compétence territoriale ou matérielle d'une juridiction qui peut résulter soit, expressément, d'une *clause *attributive de compétence, soit, tacitement, du fait que l'exception d'incompétence n'est pas soulevée en temps utile (sous réserve, en certains cas, du pouvoir pour le juge de *relever d'*office son *incompétence).

• **3** Parfois plus spécialement, *report de clôture associé à une interruption d'activité n'entraînant donc pas nécessairement un allongement global du temps d'activité.

— **des chambres.** *Suspension de leur session par le pouvoir exécutif pour une durée indéterminée (ex. Const. 14 janv. 1852, a. 46) ; n'est pas prévue par le Droit constitutionnel des IIIe et IVe Républiques. Comp. *ajournement.*

PROROGEABLE

Adj. – Néol. du v. proroger. V. *prorogation.*

• Qui peut être prorogé ; susceptible de *prorogation. Ex. bail prorogeable.

— **(emprunt).** Emprunt à taux fixe émis pour une durée moyenne d'amortissement (ex. sept ans) qui ouvre au porteur la faculté de prolonger son engagement à un taux de rémunération inchangé ou sujet à révision selon les cas. Comp. *fenêtres (obligations à).*

PROSCRIPTION

N. f. – Lat. *proscriptio,* du v. *proscribere.* V. *proscrire.*

• **1** Parfois syn. en un sens générique d'exclusion, *interdiction, *prohibition, *défense. Ex. proscription de pratiques dangereuses.

• **2** *Bannissement dans l'intérêt de l'État ; mesure de sûreté politique aujourd'hui abrogée (en France) qui interdisait au proscrit l'accès du territoire français. Comp. *exil, purge, expatriation.* V. *expulsion.*

PROSCRIRE

V. – Lat. *proscribere,* afficher. annoncer, publier par affiches.

• **1** *Interdire, prohiber, abolir, supprimer. Ex. proscrire les ventes d'armes. Ant. *prescrire, établir* ou *permettre.*

• **2** Frapper de *proscription (sens 2 ;

avant l'abrogation de cette peine). V. *bannir, expulser, expatrier.*

PROSCRIT, ITE

Adj. – Part. passé du v. *proscrire.

- **1** *Interdit, prohibé, supprimé, exclu, écarté.
- **2** (Naguère) *banni pour des raisons politiques, condamné à la *proscription (sens 2) (souvent employé substantivement). Comp. *exilé, expatrié, émigré, réfugié.*

PROSPÉRER

V. intr. ; lat. *prosperare* : obtenir le succès.

- Évoluer favorablement, être pris en considération comme facteur de réussite ; se dit, pour celui qui en profite, de la procédure qui se développe à son avantage, du moyen qui a des chances de lui donner gain de cause. V. *bien-fondé.*

PROSTITUTION

N. f. – Lat. ecclés. *prostitutio* (du v. *prostituere* : exposer publiquement d'où, spéc. : livrer à la débauche).

- Activité habituelle qui consiste, pour toute personne (homme ou femme), à s'offrir en vue d'une activité sexuelle (même homosexuelle) à n'importe quelle autre personne prête à la rétribuer d'une façon quelconque et qui ne constitue pas en elle-même une infraction pénale à la différence du *racolage et du *proxénétisme ; doit être distinguée de la *débauche sexuelle qui est la recherche d'un plaisir, alors que l'acte prostitutionnel a pour mobile central la recherche d'un profit, qui souvent bénéficie surtout au *proxénète. V. *fille publique.*

PROTECTION

N. f. – Lat. *protectio,* du v. lat. *protegere* : protéger.

- **1** Précaution qui, répondant au besoin de celui ou de ce qu'elle couvre et correspondant en général à un devoir pour celui qui l'assure, consiste à prémunir une personne ou un bien contre un risque, à garantir sa *sécurité, son intégrité, etc., par des moyens juridiques ou matériels ; désigne aussi bien l'action de protéger que le système de protection établi (mesure, *régime, dispositif…). Syn. **sauvegarde.* Comp. *défense, garantie, assurance, prévention, prévision, tutelle, curatelle, assistance, autorisation, incapacité.* V. *assistance éducative.*

— **des minorités.** Ensemble des mesures légales et jurisprudentielles conférant aux associés non majoritaires au sein des organes (de surveillance ou de décision) des sociétés certains droits d'intervention et de contrôle (théorie de l'abus de majorité) dans le fonctionnement de la société ou même un droit de retrait.

— **du *consommateur.** Ensemble des mesures légales et jurisprudentielles ainsi que des institutions destinées à sauvegarder la santé, la sécurité et les intérêts économiques du consommateur, à lui donner les moyens de défendre ses droits ainsi qu'à assurer la représentation de ses intérêts au sein des instances compétentes dans les différentes matières qui le concernent. V. *consommation (droit de la).*

— **(incapacité de).** V. **incapacité de protection.*

— **(régime de).** V. **régime de protection.*

— **sociale.** Ensemble des mesures par lesquelles la société entend protéger les individus contre les risques sociaux ; en ce sens participent de la protection sociale : la Sécurité sociale, l'*aide sociale, les *institutions de prévoyance, la législation en faveur des mineurs, des *handicapés physiques. Comp. *couverture.*

— **territoriale absolue.** Ensemble des clauses (ex. interdiction d'exporter faite aux membres du réseau de *distribution) et moyens d'action judiciaire (ex. action en concurrence déloyale ou en contrefaçon) tendant à soustraire le distributeur d'un produit à toute concurrence directe ou indirecte (par importation *parallèle) sur un territoire déterminé. V. *exclusivité, concession.*

- **2** Prise en charge de la *défense d'une personne.

— **diplomatique.** Action par laquelle un État décide d'*endosser, de prendre à son compte la réclamation d'un de ses nationaux contre un autre État et de porter par là le litige sur le plan international, par voie diplomatique ou juridictionnelle.

— **juridique (assurance de).** Modalité d'*assurance de responsabilité civile dans laquelle, en contrepartie d'une prime, l'assureur prend en charge l'ensemble des services et frais relatifs à un différend opposant l'assuré à un tiers qui, lui, réclame des dommages-intérêts, a. L. 127-1 s., C. ass.

• **3** Plus gén., moyens destinés à défendre un droit, une situation. Ex. protection *possessoire.

PROTECTIONNISME

N. m. – Dér. de *protection.

• Politique douanière selon laquelle, en vue de protéger le marché national contre la concurrence étrangère ou de procurer des ressources fiscales à l'État, l'importation des marchandises est soit prohibée, soit soumise au paiement de droits de douane ; s'opp. au *libre-échange.

PROTECTORAT

N. m. – Dér. de protecteur, lat. *protector* : défenseur, satellite, garde du corps.

• **1** (int.). Régime établi (parfois unilatéralement, le plus souvent par traité), selon lequel un État (dit. État protégé), sans perdre son existence ni sa personnalité juridique, confie l'exercice de certaines compétences internes ou internationales à un autre État qui s'engage en retour à la protéger contre toute agression extérieure et à lui apporter aide et conseil dans la mise en œuvre des réformes qu'implique sa modernisation.

• **2**
— **(colonial).** Autorité exercée par un État sur un territoire ne constituant pas lui-même un État, sans pour autant qu'il y ait annexion formelle de ce dernier par l'État protecteur ; l'institution du protectorat a disparu du droit positif contemporain.

PROTÉGÉ

Adj. – Du part. pass. de protéger. V. protection.

• **1** Qui bénéficie pour sa personne et ses biens, en raison d'un état de faiblesse et de vulnérabilité, d'un régime de *protection organisé par la loi. Ex. *majeur protégé (expression euphémique substituée à *incapable majeur ; v. *tutelle, curatelle, sauvegarde de justice*) ; mineur spécialement protégé (ex. pupille de la nation).

• **2** Soustrait au droit commun, par ex. au régime ordinaire du travail (ateliers protégés pour personnes handicapées) ou du licenciement (salariés protégés comme délégués syndicaux ou représentants du personnel).

• **3** Dont la confidentialité est strictement respectée (domicile et correspondance de l'avocat).

• **4** Se dit de lieux ou de richesses naturelles dont la préservation, la conservation, la sauvegarde sont l'objet d'une réglementation particulière (interdictions, limitations, etc.), en raison de leur intérêt au regard de la santé publique, de la sécurité publique, de la qualité de l'environnement, de la protection de la nature, etc. Ex. espace protégé, zones protégées, passage protégé (à l'intention des piétons), espèce protégée, etc.

• **5** Couvert par la propriété intellectuelle dans ses droits moraux et patrimoniaux contre les atteintes des tiers : œuvre protégée, dénomination protégée, invention protégée ; très voisin de **protégeable*.

• **6** Équipé d'un système technique déjouant le piratage. Ex. cassette protégée.

PROTÉGEABLE

Adj. – Néol. du v. protéger, lat. *protegere* : couvrir en avant, abriter.

• Se dit, dans la pratique, des œuvres de l'esprit qui, répondant aux critères de la loi sur la protection des droits intellectuels, méritent à leur auteur une telle protection (d'où il résulte qu'elles sont elles-mêmes *protégées). Ex. titre, invention, marque protégeable. Comp. *brevetable.* V. *original.*

PROTESTATION

N. f. – Lat. *protestatio,* du v. *protestari* : protester publiquement, déclarer hautement.

• **1** Acte unilatéral par lequel un sujet de Droit international manifeste sa volonté de ne pas reconnaître la légalité des actes ou des prétentions d'un autre État, de ne pas accepter la situation que ces actes ont créée ou pourraient créer (claire et prompte, la protestation rend inopposable à son auteur l'état de choses créé).

- **2** Terme utilisé pour désigner spécifiquement les *recours contre les résultats des élections.
- **3** Plus généralement, action de s'élever contre une décision, un fait accompli, une accusation ; action de marquer son *opposition. Comp. *contestation, résistance.*

—s et réserves. Syn. de **réserve* (sens 3), par atténuation de sens (liée à la prépondérance du second terme).

PROTÊT

N. m. – Formé sur protester. V. *protestation.*

- Acte extrajudiciaire dressé par un huissier ou un notaire en vue de constater officiellement la présentation régulière d'un effet au paiement et le refus de paiement (dit *protêt faute de paiement*). V. *porteur diligent* ou *négligent, clause « sans frais ».*

— faute d'acceptation. Protêt qui, en matière de lettre de change, permet au porteur d'exercer ses recours de façon anticipée.

PROTOCOLE

N. m. – Lat. médiév. *protocollum,* qui vient du C. Justinien où il désigne une feuille collée aux chartes portant diverses indications qui les authentifient, du gr. πρωτόκολλον, littér. ce qui est collé en premier.

- (Sens gén.) Désigne toujours un document ou son contenu.
- **1** Étiquette à observer dans les cérémonies *officielles et les relations diplomatiques. V. *préséance, rang, solennité.*
- **2** Actes relatant les résolutions d'une conférence, d'une assemblée, d'un congrès international. Comp. *minute, charte, titre.*
- **3** Par ext., l'accord même, les résolutions elles-mêmes. Ex. le protocole de Genève.
- **4** Désigne aussi des conventions internationales jointes à un traité principal et portant sur des questions mineures.
- **5** *Accord entre particuliers ; *procès-verbal d'accord, *acte *(*instrumentum)* portant engagement ou libération ; désigne ainsi dans la pratique notariale le procès-verbal établi sous seing privé dans l'attente d'une réitération en la forme authentique et constatant un accord relatif par ex. à un arrangement de famille ou au partage d'une société. V. *convention, contrat, pacte, clause, stipulation, avenant.*
- **6** Dans la pratique commerciale, document établi par deux ou plusieurs entreprises qui constate soit les bases d'une opération complexe, encore à l'état de projet, qu'elles se proposent de réaliser (ex. protocole de fusion de sociétés), soit un contrat préparatoire à la conclusion d'un contrat important ou d'un groupe de contrats (ex. protocole de crédit-bail immobilier).
- **7**

— d'accord (trav.). *Document établi hors toute formalité par accord entre la direction et les organisations syndicales afin de régler un conflit et de préciser les conditions de travail et de salaire (généralement non signé). V. *procès-verbal.*

- **8** *Formulaire de lettres ou actes publics.

PROTUTEUR

Subst. – Lat. *protutor.*

- Anciennement, *tuteur chargé d'administrer les biens situés aux colonies ou à l'étranger d'un mineur domicilié en France ou réciproquement (C. civ., a. 417 anc.).

PROUVER

V. *preuve.*

- Faire reconnaître pour *vrai ; faire apparaître comme *certain ; démontrer ; *établir en fait ; apporter la *démonstration d'une allégation ; faire voir la réalité d'un fait. Comp. *alléguer, produire, corroborer, invoquer, présumer, dispense.* V. *preuve, vérification, évidence.*

PROVENANCE (INDICATION DE)

N. f.

- Mention, sur un produit, de la région ou de la ville dans laquelle il est fabriqué ou cultivé ; indication non protégée par la loi (comp. *appellation d'*origine*) mais dont celle-ci exige qu'elle soit véridique, afin d'éviter que le produit ne s'arroge la réputation dont jouit la provenance indiquée. Comp. *signe, marque, label.*

PRO VIRIBUS

Expression lat. signifiant « proportionnellement aux forces (de la succession) », « jusqu'à concurrence de la valeur de l'actif », employée pour préciser que si l'obligation au passif d'un copartageant est limitée à la valeur de la part qu'il recueille dans l'actif, il peut pour cette valeur être poursuivi même sur ses biens personnels, sans pouvoir prétendre être tenu **cum viribus*. Ex. le *bénéfice d'émolument consiste, pour l'époux commun en biens qui en jouit, à n'être tenu de certaines dettes lors du partage de la communauté que jusqu'à concurrence de la part qu'il y prend, sauf à pouvoir être poursuivi sur ses biens personnels jusqu'à concurrence de cette valeur. V. *forces, intra vires, ultra vires.*

PROVISION

N. f. – Lat. *provisio,* de *providere* : voir en avant, prévoir, pourvoir.

• **1** Espèce de garantie liée à la technique cambiaire.

a / Créance du tireur sur le tiré qui justifie la création de l'effet de commerce (mais dont l'existence à ce moment n'est pas exigée dans tous les effets de commerce) et qui est transmise en même temps que le titre. Ex. en matière de lettre de change, elle peut n'exister qu'à l'échéance ; en matière de *chèque elle doit être préalable à l'émission. Comp. *valeur fournie, tirage en l'air.*

b / Somme d'argent déposée par un émetteur de titres entre les mains du banquier chargé du service financier des titres, destinée à assurer le paiement des coupons ou des titres amortis.

c / Couverture en espèces ou en titre remise à un agent de change ou à un coulissier par le donneur d'ordre.

• **2** Sorte d'*avance liée à la pratique judiciaire.

a / Somme allouée par le juge à titre *provisionnel pour parer aux besoins urgents d'un créancier réclamant une somme plus importante en attendant la fixation de cette dernière par justice.

b / Somme versée à l'avance ou en cours de travail à titre d'*acompte par un client à un avocat, un officier ministériel, un homme d'affaires. V. *avance, honoraires.* Comp. *arrhes.*

— **ad litem.** Somme parfois allouée en justice à l'un des plaideurs pour lui permettre de faire face aux frais d'un procès. Ex. femme mariée plaidant en divorce.

— **alimentaire.** V. *alimentaire (provision).*

— **(exécution par).** V. *exécution provisoire.*

• **3** Genre de *réserve liée à la politique financière et à la technique comptable.

a / Déduction opérée sur le bénéfice imposable d'une entreprise en franchise d'impôt pour faire face à des dépenses probables et individualisées qui, si elles étaient effectives, seraient des charges déductibles ; doit être distinguée des *frais généraux et des *amortissements qui sont des charges déductibles effectivement supportées ainsi que des *réserves qui ne sont pas des charges déductibles.

b /

—**s techniques.** Dénomination donnée, depuis 1966, aux sommes mises de côté (par prélèvement sur les primes) par les sociétés et qui correspondent à leurs engagements envers les tiers et les bénéficiaires (au sens large) de contrats d'assurances. Figurant au passif du bilan, à titre de charge de l'exercice, et sans déduction des réassurances, elles doivent être représentées à l'actif par des valeurs déterminées. Elles comprennent principalement : *1 /* pour les opérations dites de répartition (assurances élémentaires, c'est-à-dire assurances incendie, accidents et risques divers) d'une part la provision pour risques en cours (report sur l'exercice suivant d'une partie des primes encaissées sur l'exercice actuel), d'autre part la provision pour sinistres restant à payer (valeur estimative des sinistres survenus dans l'exercice et qui ne seront payés que dans les exercices ultérieurs) ; *2 /* pour les opérations reposant sur la *capitalisation (assurances-vie et assimilées) : les provisions mathématiques et la provision de capitalisation.

• **4** Dans un sens matériel, denrées alimentaires, mises en réserve pour la consommation d'un foyer, que la loi déclare insaisissables (l. 9 juill. 1991, a. 14, 2°).

PROVISIONNEL, ELLE

Adj. – Dér. de *provision.

• À titre de *provision, d'avance, d'*acompte ; se dit d'un acte d'exécution *partielle (surtout d'un versement) à titre de première satisfaction, en attendant un règlement global ultérieur (dans lequel l'acte provisionnel sera pris en compte). Ex. versement du « tiers » provisionnel. Comp. *provisoire.*

— **(*partage).** Partage partiel portant soit sur les fruits de la masse à partager, soit sur une fraction de celle-ci en attendant le partage *définitif.

PROVISOIRE

Adj. – Du lat. *provisus,* part. pass. du v. *providere* : prévoir, pourvoir.

• **1** En un sens générique, qui peut être modifié (augmenté, diminué, complété, adapté, supprimé) par une nouvelle décision de justice sur la justification de la survenance d'un fait nouveau, mais seulement en ce cas ; sujet à *révision judiciaire, sous cette condition. Ex. la créance d'aliments, l'attribution de la garde des enfants après divorce sont, par essence, provisoires. V. *mesure provisoire.* Ant. *définitif.*

— **(décision).**

a / Décision de justice susceptible, en raison de son objet ou de sa nature, d'être révisée sur la preuve d'un fait nouveau qui modifie les données génératrices du droit, mais qui ne peut l'être qu'en ce cas (en quoi elle jouit, dans son ordre, d'une certaine autorité de chose jugée). Ex. ordonnance de référé (CPC, a. 488, al. 2).

b / Décision de justice qui en raison de la limite du *pouvoir juridictionnel du juge dont elle émane (lequel n'est pas saisi du principal) n'a pas, au principal, l'autorité de la chose jugée (ne préjuge pas le fond), de telle sorte que le juge du principal a tout pouvoir d'en décider. Ex. l'ordonnance de référé est également provisoire en ce deuxième sens (CPC, a. 488, al. 1).

• **2** En un sens spécifique restreint, ordonné pour le cours de l'instance ; *ad litem.* V. *mesure provisoire* (sens *a*). Comp. *accessoire, provisionnel.*

• **3** En un sens voisin mais élargi, à titre *temporaire, en attendant une décision *définitive. Ex. *validité provisoire.* Comp. *transitoire, précaire.* V. *détention provisoire.*

PROVOCATION

N. f. – Lat. *provocatio,* du v. *provocare* : appeler, d'où défier, exciter, etc.

• **1** Fait (intentionnel) de pousser autrui à commettre une infraction ; action punissable soit comme acte de *complicité lorsqu'il résulte de dons, promesses, menaces, ordres, abus d'autorité ou de pouvoir (C. pén., a. 121-7, al. 2), soit comme délit distinct (ex. C. just. mil., a. 321-18, provocation à la désertion ; provocation à l'abandon d'enfant, C. pén., a. 227-12 ; provocation au suicide, C. pén., a. 223-13). V. *instigation, incitation.*

• **2** Fait (causal) d'avoir déterminé une personne à réagir ; plus précisément, initiative délictueuse de nature à excuser la réaction également délictueuse que cette initiative a déclenchée à l'encontre de son auteur. V. *rétorsion, représailles.*

— **(excuse de).** *Excuse en général atténuante parfois absolutoire accordée à celui qui répond aussitôt à l'infraction dont il est victime par une infraction aux dépens de l'auteur de la première, même si, à la différence de la *légitime défense, sa réaction n'est pas proportionnée à la gravité de la menace initiale (aujourd'hui nommée cause légale de *diminution ou d'*exemption de peine).

PROVOQUÉ (APPEL, POURVOI)

V. **appel provoqué, *pourvoi provoqué.*

PROXÉNÈTE

Lat. *proxeneta* : courtier, entremetteur, du gr. προξενητής.

• Individu de l'un ou l'autre sexe qui favorise la *prostitution d'autrui ou tente d'en tirer des profits. V. *souteneur.*

PROXÉNÉTISME

N. m. – Dér. de *proxénète.

• Activité quasi professionnelle délictueuse qui consiste à favoriser la *prostitution d'autrui ou à en tirer profit. Comp. *excitation à la débauche.*

• Plus précisément, fait pour une personne physique ou morale, d'aider, d'assister ou de protéger la *prostitution d'autrui, d'en tirer profit, d'en partager les produits ou d'en retirer des subsides, d'embaucher, d'entraîner ou de détourner une personne en vue de la prostitution ou encore d'exercer sur elle une pression en ce sens (C. pén., a. 225-5), activité multiforme à laquelle sont assimilés divers agissements parallèles (a. 225-6) et aggravée par diverses circonstances (not. si elle s'exerce à l'égard d'un mineur, a. 225-7).

PROXIMITÉ

N. f. – Lat. *proximitas,* voisinage.

- Situation, relativement à une personne, à une chose, à un événement passé ou futur, de ce qui est *proche de cette référence, dans l'espace (voisinage, contiguïté) dans le temps (passé récent, imminence), dans la parenté (proximité du *degré), en esprit (affinité), etc.

— **(juridictions de).** Nom anciennement donné par la loi (9 sept. 2002) aux juridictions de première instance instituées dans le ressort de chaque cour d'appel, avec mission de statuer à juge unique en matière civile et pénale dans les affaires de faible importance dont la connaissance leur est attribuée par la loi (ex. en matière civile les demandes personnelles mobilières formées par une personne physique jusqu'à la valeur de 1 500 € ; en matière pénale, certaines contraventions de police, C. pr. pén., a. 706-72) ; juridictions composées de magistrats non professionnels dont le fonctionnement (not. pour la procédure) s'appuie sur les règles applicables au tribunal d'instance (tribunal de police) et qui peuvent tenir des audiences *foraines (not. à la mairie ou dans les maisons de justice). (V. COJ, a. L. 231-1 s. et D. 231-1 s. ; l. 23 févr. 2003 (statut), organisation, procédure). Aujourd'hui remplacé par les chambres de proximité dénommées *tribunal de proximité relevant des tribunaux d'instance.

— **(ordre public de).** V. *ordre public.*

— **(principe de).** En doctrine, principe qui tend à soumettre une situation à l'ordre juridique avec lequel elle entretient les liens les plus étroits.

PRUDENCE

N. f. – Lat. *prudentia,* prévoyance, sagesse, connaissance.

- **1** Qualité (vertu) faite de *prévoyance (clairvoyance, lucidité, capacité de prévoir) et de *modération (mesure, aptitude à se refréner, maîtrise, autolimitation) ; comportement conforme à cette norme. Ex. la prudence prêtée au *bon père de famille, modèle de comportement ; la prudence au volant ; la prudence dans la gestion d'une entreprise ou l'action gouvernementale. Comp. *diligence, principe de *précaution.* Ant. *imprudence.*
- **2** Sagacité, circonspection, modération, expérience, *sagesse, savoir-faire. Ex. les présomptions de l'homme sont abandonnées aux lumières et à la prudence du magistrat (C. civ., a. 1353) ; dans cette prudence, il reste quelque chose de l'un des sens de *prudentia* (connaissance pratique) et de *jurisprudentia* (science du droit).

PRUDENTIEL, ELLE

Néol. – Adj. construit sur *prudence, comme jurisprudentiel sur jurisprudence.

- Qui relève de la *prudence, spécialement de la prudence financière ; qui renvoie à un ensemble de normes de sécurité, not. aux mesures de précaution qu'implique une organisation financière saine et raisonnable, tout particulièrement de la part des établissements de crédit, pour la protection des fonds qu'ils manient et de l'épargne ; on parle de règles prudentielles pour désigner tout ce qui donne la mesure de la *sagesse (normes, taux, ratios, limitations, etc.), surtout dans la structure financière d'un établissement. Ex. les règles prudentielles applicables aux sociétés de bourse (normes de fonds propres minimaux, indications relatives à leur solvabilité, à leurs liquidités et à l'équilibre de leur structure financière, a. 2-5-1 et 2-5-2, arr. 19 janv. 1989 portant homologation du règlement général du Conseil des bourses de valeurs) ; l'activité de l'Autorité des marchés financiers (AMF, C. mon. et fin., a. L. 621-1 s. et de l'Autorité de contrôle prudentiel (C. mon. et fin., a. L. 612-1 s.) ; la surveillance prudentielle que les États membres des Communautés européennes sont en droit d'exercer sur les établissements financiers dans le système de la libre circulation des capitaux (a. 4, dir. du Conseil, 24 juin 1988).

PRUD'HOMAL, ALE, AUX

Adj. – Dér. de *prud'hommes.

- Qui a trait au *conseil de *prud'hommes ; on parle ainsi de la juridiction prud'homale pour désigner le *conseil de prud'hommes, de la compétence prud'homale, du *référé prud'homal et par ext. de la matière prud'homale (contentieux relevant de la compétence du conseil de prud'hommes). V. *prud'homie, paritaire.* Comp. *civil, commercial, social.*

PRUD'HOMIE

N. f. – Construit sur *prud'homme comme bonhomie sur bonhomme.

- **1** Parfois syn. de juridiction *prud'homale.
- **2** Globalement, tout ce qui touche aux *conseils de *prud'hommes, tout ce qui, dans l'ordre judiciaire, est d'ordre prud'homal ; s'entend aussi bien, en un sens organique et fonctionnel, de l'ensemble des institutions et activités prud'homales que, dans un sens matériel, de l'ensemble des questions et intérêts qui s'y rapportent (organisation, fonctionnement, compétence des conseils de prud'hommes, élection, statut, formation des conseillers prud'hommes). Ex. les attributions du conseil supérieur de la prud'homie (C. trav., a. R. 511-4).

PRUD'HOMMES

N. m. pl. – Des mots lat. *prodis,* bas lat. *prode* : preux ; v. *prodesse* : être utile, et *homo* : homme : homme sage et probe.

- Membres de la juridiction *prud'homale, encore nommés conseillers prud'hommes qui, respectivement élus pour six ans par leurs pairs (les prud'hommes employeurs par un collège d'employeurs, les prud'hommes employés par un collège d'employés, etc.), rééligibles et investis de fonctions gratuites, ont la qualité de juge (ils peuvent être récusés, etc.) et sont soumis à une discipline (C. trav., a. L. 1442- 11 s.). V. *prud'homie, paritaire.*

— **conseil de.** V. *conseil.*

— **pêcheurs.** Juges spéciaux élus par les patrons pêcheurs, dans certains ports de la Méditerranée, afin de trancher entre pêcheurs les litiges relatifs à la pêche et investis, en tant qu'administrateurs des communautés de pêcheurs, de pouvoirs disciplinaires et réglementaires.

PSEUDONYME

N. m. – Empr. du grec ψευδώνυμος : qui a un faux nom.

- Nom de fantaisie, librement choisi par une personne physique dans l'exercice d'une activité particulière (littéraire, artistique, commerciale ou autre), afin de dissimuler au public son *nom véritable (o. 24 sept. 1945, a. 6, al. 3, C. sant. publ., a. L. 4113-3). Ex. nom de guerre, de plume, de théâtre. Comp. *surnom.*

— **(*œuvre).** Œuvre dans laquelle l'auteur dissimule sa véritable identité sous une dénomination de fantaisie.

PUBLIC, IQUE

Adj. – Lat. *publicus* : qui concerne le peuple.

- **1** Qui concerne l'ensemble des citoyens. Ex. la chose publique. V. *République.* Ant. *individuel, catégoriel.*
- **2** Qui est d'ordre *général et supérieur. Ex. intérêt public, salut public, sécurité publique. V. **ordre public.* Comp. *commun, collectif.* Ant. *privé, particulier.*
- **3** Qui est inhérent à la Constitution ou à l'organisation de l'État. Ex. pouvoirs publics, *services publics, *fonction publique, *finances publiques, collectivités publiques, personnes publiques, *puissance publique. V. *étatique.* Comp. *constitutionnel, administratif.*

— **(Droit).** Ensemble des règles juridiques concernant la complexion, le fonctionnement et les relations des États et des organisations ou collectivités qui les regroupent ou les constituent. V. *Droit *public interne, Droit *international public.*

— **international (Droit).** V. *Droit *international public.*

— **interne (Droit).** Ensemble des règles de *droit public consacrées à l'organisation et au fonctionnement politique (droit *constitutionnel) *administratif (droit administratif) et *financier (droit financier et fiscal) des collectivités publiques à l'exclusion de leurs aspects internationaux. V. *Droit *international public.*

- **4** Qui est soumis à un régime de Droit public. V. *travaux publics, ouvrage public, propriété publique, travail public, marché public.*
- **5** Qui détient une parcelle de l'autorité de l'État et participe à l'exercice d'une fonction qui en dépend. Ex. *agent public, *officier public, *ministère public.
- **6** Qui est au service de l'État. Ex. *force publique.
- **7** Qui est exercé au nom de l'État. V. **action publique.*
- **8** Qui appartient à l'État. Ex. *domaine public.
- **9** Qui émane d'une autorité de l'État ou est placé sous le contrôle d'une telle autorité. Comp. *officiel.*

— **(acte).**

a / *Acte dont la teneur est nécessairement dévoilée, soit à plusieurs officiers ministériels, soit à l'un d'eux en présence de témoins. Ex. *testament public. Ant. *secret, mystique, olographe.*

b / Plus vaguement, acte dressé par une autorité publique. Comp. *acte *authentique, acte *notarié.* V. **acte de l'état civil.*

- **10** Qui s'adresse à tous. Ex. *appel public à l'épargne, *offre publique d'achat, *vente publique.
- **11** Qui est ouvert à tous (à l'usage du public). Ex. *lieu public. Ant. *privé.*
- **12** Où le public est admis. Ex. audience publique. V. *publicité.* Ant. **huis clos, chambre du conseil.*
- **13** Qui est assorti de publicité. Ex. injure publique. Comp. *publié, scrutin public.*
- **14** Connu, *notoire. Ex. liaison publique. V. *manifeste.*
- **15** *Commun, qui appartient à tous. V. *res nullius, res communes.*

PUBLIC

N. m. – Lat. *publicus.*

- **1** (potentiellement).

a / L'ensemble indéfini des individus susceptibles d'être indistinctement admis dans un lieu (*lieu public) ou exclus de ce lieu (interdit au public) ; la population. V. *collectivité.*

b / L'ensemble indéfini des personnes qui peuvent être touchées par un moyen de diffusion (lecteurs, auditeurs, spectateurs, téléspectateurs).

- **2** (opérationnellement). L'ensemble défini de personnes effectivement présentes en un lieu donné à un moment donné (not. à une réunion ou une manifestation) ; l'*auditoire, l'*assistance. Comp. *clientèle.*

PUBLICATEUR

N. m. – Néol.

- Personne qui communique l'œuvre au public par tous moyens (*reproduction, *représentation).
- Plus spécialement, personne investie, en sa qualité de propriétaire de l'original, d'un droit exclusif d'exploitation à la condition qu'elle communique au public une œuvre posthume (manuscrit, correspondances, etc.) après l'extinction du *monopole. V. *droit de *publication posthume.*

PUBLICATION

N. f. – Dér. de publier, lat. *publicare,* de *publicus.* V. *publicité* ; le lat. *publicatio* ne signifie que confiscation, vente à l'encan.

- **1** Action de *publier, d'informer et de faire diffuser un écrit (livre, brochure ou périodique). V. *édition, auteur (contrat à compte d').*

— **posthume (droit de).** Droit exclusif d'exploitation du propriétaire de l'original d'une œuvre non divulguée (manuscrit, correspondances, etc.) qui la communique au public après extinction du *monopole d'exploitation.

- **2** Ouvrage ainsi publié ; parfois, en un sens plus étroit, seulement la presse juridique. V. *œuvre *publiée.*
- **3** Action de porter un acte législatif ou administratif (ou un accord international, V. Const. 1958, a. 55), le plus souvent de portée générale, à la connaissance du *public, normalement par son insertion dans un périodique officiel tel que le *Journal officiel de la République française* ou le bulletin d'un ministère ou le recueil des actes d'une préfecture, souvent aussi par

affichage ; mesure de publicité destinée à rendre l'acte opposable à tous qui constitue l'une des conditions de l'*entrée en vigueur de l'acte. V. *promulgation, édiction.* Comp. *notification, information, communication, communiqué.*

- **4** Accomplissement d'une *formalité légale de *publicité (affichage, insertion dans la presse, inscription sur un registre public, etc.) destiné à prévenir les tiers (ex. publication d'une demande en justice, d'un jugement), à leur rendre *opposable l'acte ainsi publié. V. *intervention, tierce opposition, opposabilité.*

PUBLICISTE

Subst. – Dér. de *public.

- Juriste qui se consacre à l'étude du *Droit public. Comp. **privatiste.* V. *jurisconsulte.*

PUBLICITÉ

N. f. – Dér. de public, lat. *publicus.* V. *publication.*

- **1** Caractère de ce qui est *public (12). Ex. publicité des audiences. V. *huis clos, chambre du conseil.*

— **des débats.** Caractère de la séance d'une assemblée à laquelle le public peut assister ou dont les débats sont retransmis ou publiés. Ant. *comité secret.*

- **2** Caractère de ce qui est effectivement connu du public. Ex. publicité d'une injure.
- **3** Caractère de ce qui est destiné à être connu du public et mis à sa disposition sous forme de moyen d'information à consulter. Ex. organisation d'un système de publicité.

— **des registres.** Règle (et ensemble des moyens) permettant au public de prendre connaissance des énonciations contenues dans certains registres (*registre de l'état civil, registre du commerce) en s'en faisant délivrer des *extraits. V. *répertoire civil.*

— **foncière.** Ensemble des règles destinées à faire connaître aux tiers intéressés la situation juridique des immeubles par le moyen d'un *fichier immobilier et la publicité des privilèges, des hypothèques et des autres droits portant sur ces immeubles. V. *inscription, transcription, insinuation.*

- **4** Parfois les *formalités de publicité.

— **des sociétés.** Ensemble des formalités imposées par la loi lors de la constitution de la société ou de la modification des statuts et au cours de la vie sociale, destinées, selon les cas, soit à créer la personnalité juridique de la société (*immatriculation au registre du commerce), soit à rendre opposables aux tiers les modifications intervenues dans les statuts (y compris la mise en liquidation) ou dans la liste des organes de la société (not. des personnes ayant pouvoir d'engager la société), soit à informer des résultats financiers de l'exercice.

- **5** L'accomplissement de ces formalités. Syn. *publication.*
- **6** Toute communication quelle qu'en soit la forme destinée à promouvoir la fourniture de biens ou de services (on parle de publicité commerciale). V. *promotion.*

— **comparative.** Pour un professionnel (not. une entreprise commerciale) manière de se faire valoir auprès de la clientèle par référence à la concurrence, affirmation publique de supériorité ; publicité de combat consistant pour l'annonceur à se flatter de faire mieux que ses concurrents, identifiés ou identifiables, en faisant valoir qu'il pratique de meilleurs prix pour des prestations équivalentes ou offre des produits et services de meilleure qualité, plus généralement, un rapport qualité-prix plus avantageux (procédé admis sous certaines conditions par la loi française, l. 18 janv. 1992 ; C. cons. a. L. 122-1). V. *loyal, véridique, mensonger.*

PUBLIÉ, ÉE

Adj. – Divulgué, communiqué, qui a été l'objet d'une *publication. V. *public* (13).

— **(œuvre).** Œuvre communiquée au public sous quelque forme que ce soit avec l'autorisation de l'auteur (dans certaines législations, une œuvre n'est considérée comme publiée que si elle a été éditée).

PUBLIER

V. *publication.*

- **1** (une loi). Procéder à sa *publication officielle. V. *promulguer, édicter.*

- **2** (un acte). Accomplir les formalités légales de *publicité.
- **3** (une œuvre). La communiquer au public.

PUÎNÉ, ÉE

Adj. ou subst. – De puis et *né.

- Né après l'*aîné ou tout autre frère ou sœur ; cadet. Ex. sœur puînée, un puîné. V. *primogéniture, égalité.*

PUISAGE (OU SERVITUDE DE PUISAGE)

Dér. de puiser, lui-même dér. de puits, lat. *puteus.*

- *Servitude (*discontinue) donnant au propriétaire d'un *fonds le droit de prendre de l'eau sur le fonds voisin, avec des récipients portatifs, pour les besoins de son propre fonds (C. civ., a. 688). Comp. *passage, pacage.*

PUISSANCE

N. f. – Dér. de puissant, dér. lui-même de *pouvoir, d'après certaines formes de ce v.

- **1** Syn. de *pouvoir (1 *a*), de *prérogative ; ensemble de pouvoirs.
- **2** Titulaire de ces pouvoirs. Ex. puissance publique (sens *b*), puissances étrangères.
- **3** Faculté de commander ; mise en œuvre, dans certains actes, des prérogatives de l'administration V. *primauté, subordination.*
- **4** Supériorité de fait, domination, hégémonie.

— **économique.** Pour une entreprise, *force, domination économique, pouvoir d'imposer sa loi sur le marché (à ses fournisseurs, clients ou concurrents) qui entre dans la définition de diverses notions (*clause *abusive, *position dominante, dépendance économique).

— **maritale.** Prépondérance aujourd'hui abolie qui conférait au mari relativement à sa femme diverses prérogatives (autorisation d'exercer une profession, contrôle de correspondance, etc.). V. *capacité, égalité.*

— **paternelle.** Ensemble des droits appartenant au père sur la personne et les biens de ses enfants mineurs (non émancipés), prérogative patriarcale aujourd'hui remplacée, moyennant une redéfinition de ses attributs et une bilatéralisation de son attribution (aux père et mère), par l'*autorité parentale.

— ***publique.**

a / Ensemble des pouvoirs de l'État et des autres personnes publiques. Ex. exercice de la puissance publique. V. *souveraineté.*

b / L'État et les autres personnes publiques. V. *citoyen.*

PUNCTATION

N. f. – Néol. de l'allemand *Punktation* (de *Punkt,* point), projet de traité ou de convention.

- Nom parfois donné en doctrine au pointage entre négociateurs, au cours de *pourparlers précontractuels, des éléments sur lesquels ils sont tombés d'accord, constat d'accord partiel, parfois nommé *accord de principe, qui peut marquer le moment de la formation du contrat (en droit français), mais à la condition qu'il porte sur les éléments essentiels de celui-ci (ex. a. 1583 pour la vente) et à moins que les parties aient marqué leur volonté de retarder la conclusion du contrat jusqu'à leur accord sur les points accessoires (Comp. BGB, a. 154 et C. oblig. suisse, a. 2). V. *négociation.*

PUNI, IE

Part. de punir. V. *punissable.*

- **1** Syn. de *passible d'une sanction ayant les caractères d'une punition dans les expressions consacrées par lesquelles la loi édicte une peine. Ex. le complot… est puni (C. pén., a. 412-2) ; le viol est puni… (C. pén., a. 222-23). V. *punissable.*
- **2** Condamné (se dit de celui contre lequel la peine a été prononcée). V. *coupable.*

PUNISSABLE

Adj. – De punir, lat. *punire.*

- *Passible d'une *peine (plus exactement d'une sanction répressive) ; se dit du fait délictueux (plus précisément des faits constitutifs d'une infraction à la date à laquelle ils ont été commis, C. pén., a. 112.1) parfois des personnes qui peuvent encourir une peine. Comp. *excusable, responsable, coupable.*

PUNITIF, IVE

Adj. – Dér. de punition.

- Destiné à punir, qui a valeur de *punition. V. *peine, *peine privée.* Comp. *répressif, exemplaire, indemnitaire.*

— **ifs (dommages-intérêts).** Dommages-intérêts ordonnés non à la seule réparation du préjudice, mais, en raison de la particulière gravité de la faute de celui qui l'a causé, à la punition de celui-ci, par sa condamnation à une somme qui excède la réparation intégrale du dommage, dépassement contraire en droit français, au principe *indemnitaire, mais parfois obtenu par des moyens indirects (qualification de la faute, surévaluation de tel chef de préjudice) ; *peine privée exemplaire débattue en législation comparée (par référence aux modèles des pays de *common law, punitive* ou *exemplary damages*) comme instrument de lutte contre des pratiques condamnables (v. *faute *lucrative*), le montant dissuasif de la condamnation pouvant avoir une fonction préventive. Comp. *amende civile* (dont le montant va au Trésor, non à la victime).

PUNITION

N. f. – Lat. *punitio.*

- **1** L'action de punir, d'infliger une peine, de réprimer. V. *condamnation, répression, politique criminelle.* Comp. *prévention.*
- **2** La peine infligée : terme générique (doctrinal) désignant une *sanction destinée non pas à indemniser la victime, mais à faire subir au coupable une souffrance dans sa personne ou ses biens et correspondant aux *peines établies en matière répressive et aux *peines privées. V. *pénalité, amendement.* Comp. *réparation, indemnisation.*

PUPILLAIRE

Adj. – Dér. de *pupille.

- Propre ou relatif au *pupille. Ex. le patrimoine pupillaire (C. civ., a. 457 anc.).

PUPILLE

Subst. – Lat. *pupillus* : enfant qui n'a plus ses parents.

- **1** *Mineur en tutelle.
- **2** Enfant abandonné.
- **3** Orphelin.

— **de la Nation.** Enfant victime ou orphelin de guerre auquel un jugement, qualifié de jugement d'adoption par la Nation, donne le droit d'obtenir un soutien matériel et moral jusqu'à sa majorité (C. pensions d'invalidité et victimes de la guerre, a. 461 s.).

— **de l'Assistance publique.** Enfant abandonné, maltraité, trouvé ou dont les parents ont été déchus de l'autorité parentale qui est confié à l'*Assistance publique en vue d'y être gardé, élevé et éduqué.

— **de l'État.** Enfant trouvé, abandonné, orphelin ou dont les parents ont été déchus de l'autorité parentale, confié au service de l'aide sociale à l'enfance (CASF, a. 224-1) et placé sous la tutelle du préfet. V. *accès aux *origines personnelles.*

PUR ET SIMPLE

Adj. – Lat. *purus.* V. *simple.*

- **1** Sans *modalité. Ex. *obligation pure et simple (sans condition ni terme, ni autre modalité : solidarité, etc.). Comp. *simple, modale (obligation).*
- **2** Sans *réserves.

— **(acceptation).**

a / Manifestation de volonté par laquelle l'héritier appelé, sans faire le nécessaire pour accepter à concurrence de l'actif, prend expressément le titre d'héritier dans un acte (acceptation expresse) ou fait un acte d'héritier supposant nécessairement son intention d'accepter (acceptation tacite résultant, par ex. d'actes d'appropriation ou de disposition, *gestio pro herede*).

b / Désigne par ext. le premier parti de l'*option successorale qui, fixant irrévocablement, rétroactivement (au jour du décès) et sans limite la qualité d'héritier sur la tête de l'acceptant pur et simple, consolide pour lui l'acquisition de la propriété de la succession avec ses avantages et ses charges (V. *ultra vires, obligation indéfinie*), et entraîne la confusion de son patrimoine personnel avec le patrimoine successoral. Comp. **acceptation à concurrence de l'actif net, renonciation.* V. *forcé.*

ADAGE : *Semel heres, semper heres. Protestatio non valet contra actum.*

PURGE

N. f. – Du v. lat. *purgare* : nettoyer.

- **1** Opération tendant à libérer un bien d'une *charge qui le grève. V. **tiers* **détenteur, délaissement, libération, libre.*

— **de l'action résolutoire.** Extinction de l'action résolutoire appartenant à l'ancien propriétaire non payé d'un immeuble saisi, si, nonobstant la notification qui lui a été faite, il n'a pas exercé cette action avant le jour de la vente.

— **des hypothèques inscrites et des privilèges.** Procédure permettant à l'acquéreur ou au donataire d'un immeuble, non personnellement tenu au paiement des dettes qui le grèvent, de restreindre à la somme par lui offerte le droit de poursuite des créanciers hypothécaires de la loi, ces derniers ou l'un d'eux ne pouvant provoquer une revente qu'en offrant de porter le prix à un dixième au-dessus de la somme offerte (C. civ., a. 2480 s.). V. *surenchère.*

- **2** Élimination ou neutralisation arbitraire, par un pouvoir en place, à force de moyens divers (exécution, internement, expulsion, etc.) des opposants politiques au régime. Comp. *épuration.*

PURGER

V. – Lat. *purgare* : nettoyer.

▸ **I** (civ.)

- Procéder à la *purge d'un bien. Ex., pour le *tiers détenteur, purger sa propriété (C. civ., a. 2462). V. *délaissement.*

▸ **II** (pén.)

S'emploie dans les expressions suivantes :

a / S'agissant du jugement d'une affaire.

— **l'accusation.** Soumettre à la cour d'assises, lorsque les questions sont posées par le président, tous les faits avec leurs circonstances dont la cour a été saisie par l'arrêt de renvoi de la chambre d'accusation. Comp. *vider.*

b / Pour un condamné.

— **la condamnation.** Subir la peine privative de liberté à laquelle il a été condamné.

— **la contumace.** Mettre à néant la condamnation par contumace en se constituant prisonnier ou en se faisant arrêter avant l'expiration du délai de prescription de la peine. Ex. la condamnation par contumace devient irrévocable par l'expiration du délai donné pour purger la contumace (C. pr. pén., a. 633 anc.).

— **l'extradition.** S'agissant d'un extradé, demeurer après sa libération, pendant un délai de trente jours, sur le territoire de l'État bénéficiaire de la remise (le principe de la spécialité de l'extradition cesse alors de s'appliquer).

PUTATIF, IVE

Adj. – Lat. jur. du Moyen Âge *putatibus,* de *putare* : penser, croire, supposer.

- **1** Se dit de certains actes purement imaginaires qui n'existent que dans la pensée d'une personne. Ex. un testament inexistant est un *titre putatif qui ne permet pas au possesseur qui l'invoque de se prévaloir de la prescription acquisitive abrégée (C. civ., a. 2272). V. *inexistence.* Comp. *fictif.*
- **2** Se dit aussi d'actes *nuls (mais non *inexistants) à la validité desquels tel intéressé a cru par erreur et auxquels la loi fait produire certains effets en faveur des intéressés de bonne foi. Ex. le *mariage putatif est un mariage réellement célébré sur la validité duquel l'un au moins des époux a pu être abusé (erreur de fait ou de droit) et auquel, bien que déclaré nul, la loi fait produire des effets en faveur de l'époux (ou des époux) qui l'a (ou l'ont) contracté de bonne foi (C. civ., a. 201).
- **3** Se dit aussi d'un risque. V. *risque putatif.*

PUTATIVITÉ

N. f. – Dér. de *putatif.

- Caractère de ce qui est putatif. Ex. le *bénéfice de la putativité du mariage invoqué par un époux de bonne foi.

Q

QUAI (DROIT DE)

Remonte à un mot gaulois : *caio*.

- Taxe perçue par l'administration des douanes en contrepartie de l'utilisation de certaines installations portuaires. V. *port franc*.

QUALIFICATION

N. f. – Lat. scolastique *qualificatio.* V. le suivant.

▸ **I** (théorie gén.)

- Opération intellectuelle d'analyse juridique, outil essentiel de la pensée juridique, consistant à prendre en considération l'*élément qu'il s'agit de qualifier (fait brut, acte, règle, etc.) et à le faire entrer dans une *catégorie juridique préexistante (d'où résulte, par rattachement, le *régime juridique qui lui est applicable) en reconnaissant en lui les caractéristiques *essentielles de la catégorie de rattachement. Opération de l'esprit consistant à revêtir une donnée concrète de la qualité qui détermine son régime et ses conséquences juridiques, en le rattachant, par *nature, à la catégorie abstraite dont il possède les critères distinctifs. Ex. opération consistant à identifier dans un fait dommageable les *éléments constitutifs d'un délit civil, dans un accord donné, les traits qui permettent de le retenir comme un contrat de vente, ou dans une disposition légale, les éléments spécifiques d'une règle de forme. Comp. *définition, *raisonnement juridique, application, interprétation, dénaturation, constatation, classification.* V. *nature juridique, base légale, requalification, disqualification, caractérisation.*

▸ **II** (int. priv.)

- Classement d'un fait ou d'un acte dans une catégorie juridique de rattachement dont dépend la détermination de la loi applicable, dite aussi qualification internationale, par opp. à la qualification en sous-ordre qui n'influe pas sur la loi applicable. Ex. rattachement juridique de l'authenticité à une question de fond (auquel cas la loi régissant le fond de l'acte – loi dite d'« autonomie » – sera applicable) ou à une question de forme (auquel cas s'appliquera la règle *« locus regit actum »*).

— **(conflit de).** Hypothèse dans laquelle les différents systèmes juridiques intéressés, qualifiant différemment l'objet du litige, ne donnent pas compétence à la même loi et où il s'agit donc de savoir auquel de ces systèmes le juge doit demander la qualification de cet objet *(lex fori,* ou *lex causae).* V. **conflit de qualification.*

▸ **III** (pr. civ.)

- Opération intellectuelle consistant dans l'analyse juridique d'un fait ou d'un acte (V. ci-dessus I) qui constitue une *question de droit (non de fait) ; d'où l'obligation pour le juge de donner ou restituer leur exacte qualification aux faits et actes litigieux, sans s'arrêter à la dénomination qu'en auraient proposée les parties (CPC, a. 12, al. 2) et la soumission au *contrôle de la Cour de cassation de la qualification juridique des faits souverainement constatés par les juges du fond. V. *constatation, moyen de droit, application.* Comp. *dénaturation, interprétation, appréciation, souveraineté.*

▸ **IV** (pén.)

- **1** Détermination de l'infraction par

rattachement du fait en cause à l'infraction définie par la loi ; opération intellectuelle consistant à déterminer le texte pénal s'appliquant éventuellement à un comportement antisocial. Ex. meurtre, empoisonnement, homicide par imprudence.

—s (cumul de). Coexistence, pour un même fait, de plusieurs rattachements possibles à ne confondre ni avec le *concours (réel ou idéal) d'infractions, ni avec la *récidive qui supposent tous une pluralité d'infractions. Syn. **concours de qualifications.*

● **2** Dans une acception plus large, détermination de celle des catégories de l'échelle des infractions à laquelle ce comportement se rattache ; classement dans une catégorie d'infraction. V. *correctionnalisation, disqualification.* Ex. qualification criminelle, correctionnelle, contraventionnelle.

▸ **V** (toutes disc.)

● Dans un sens vague, syn. d'*aptitude, *compétence, *qualité.

— *professionnelle. Aptitude d'un *travailleur à occuper un emploi déterminé. V. *adapter, réadapter.*

QUALIFIÉ, ÉE

Adj. – Tiré du v. qualifier, lat. scol. *qualificare,* de *qualis* : quel.

● **1** (s'agissant d'un acte ou d'un fait).

a / Qui a fait l'objet d'une *qualification (sens I) ; rattaché à une catégorie juridique. Ex. fait qualifié faute.

b / (dans un sens voisin). Spécifié. Ex. *aveu qualifié.

c / (pén.). Plus spécifiquement, se dit en pratique d'un délit exceptionnellement érigé en crime en raison des circonstances *aggravantes qui l'accompagnent. Ex. vol qualifié (C. pén., a. 311-4 s.), abus de confiance qualifié (C. pén., a. 314-2).

● **2** (s'agissant d'une personne). Dont la compétence particulière est reconnue. Ex. professionnel qualifié (C. civ., a. 255, 9°), ouvrier qualifié.

QUALITÉ

N. f. – Lat. philosoph. *qualitas,* de *qualis* : quel.

▸ **I** (théorie gén.)

● **1** Éléments – autres que *nom et prénoms – de l'*état d'une *personne, de sa *condition civile ou politique. Ex. mineur ou majeur, célibataire, marié, divorcé, veuf, citoyen français… V. *identité.* Comp. ci-dessous sens III *a.*

● **2** *Titre auquel une personne figure dans un acte juridique ou dans un procès (qualité de représentant légal d'une personne morale en laquelle l'administrateur d'une société signe une vente ; qualité de tuteur en laquelle est assigné le père d'un mineur).

● **3** Plus généralement, dans la société et l'organisation des pouvoirs publics, *titre inhérent à une fonction. Ex. qualité de ministre, de magistrat, etc. V. **usage irrégulier de qualité.*

▸ **II** (pr. civ.)

— (défaut de). Absence de titre (sens *a* ci-dessous) ou de *qualification (sens *b*) pour agir en justice qui constitue une *fin de non-recevoir.

—s du jugement. Nom donné à un document émanant de l'avoué de la partie gagnante, qui devait autrefois être reproduit en tête de la *grosse d'un jugement en matière civile (comp. aujourd'hui CPC, a. 455) et contenir toute une série d'indications : noms des parties, qualité (sens I, 2) en laquelle elles ont figuré dans l'instance, noms des avoués, exposé des prétentions respectives des parties, indication des actes de procédure, énoncé sommaire des points de fait et de droit.

— pour agir.

a / *Titre auquel est attaché, dans certaines *actions, le droit d'agir en justice (dites actions *attitrées). Ex. les époux ont seuls qualité – comme demandeur ou défendeur – pour agir en divorce. V. **intérêt.*

b / Plus généralement, *qualification pour *agir en justice exigée à peine d'*irrecevabilité, du demandeur et du défendeur (V. CPC, a. 30), qui résulte soit de la qualité requise par la loi (au sens *a* ci-dessus), dans les actions réservées à certaines personnes, soit, dans les actions ouvertes à tout *intéressé (a. 31), de la justification d'un *intérêt ; condition d'existence de l'*action en justice et donc de *recevabilité de la *demande.

▸ **III** (priv.)

a / Caractéristiques d'une personne, englobant non seulement l'ensemble des éléments de son *état (y compris le nom), mais ses particularités physiques ou morales (âge, état de santé, honorabilité, etc.), considérations sur lesquelles une *erreur de la part d'un futur époux relativement à l'autre peut constituer une erreur sur la personne, cause de nullité de mariage (C. civ., a. 180), à la condition d'être reconnue comme *essentielle.

b / Critère de *valeur qui permet de classer une chose par ordre de mérite, à un niveau supérieur, inférieur ou moyen, relativement aux choses de même genre. V. *quantité.* Comp. *état, vice, défaut, garantie, contrôle.*

—**s substantielles.** V. *substantielles (qualités).*

QUARANTAINE

Subst. fém. – Dér. de quarante, lat. pop. *quaranta,* lat. class. *quadraginta.*

- **1** A l'origine, isolement de quarante jours imposé à leur arrivée dans un port à des personnes ou des marchandises transportées par navire en raison des risques de contagion qu'elles présentent.
- **2** Par ext., mesure tendant à isoler des personnes, des animaux ou des produits qui présentent pour l'État qui les reçoit sur son territoire un danger d'ordre sanitaire, pendant le temps nécessaire à la disparition de ce danger.
- **3** Par déformation (et à propos des mesures prises par les États-Unis contre Cuba en 1962), mesure consistant, de la part d'un État, à interdire aux navires de toutes nationalités l'accès au territoire d'un autre État, ou à le subordonner à un contrôle. V. *blocus.*

QUART

Subst. masc. – Lat. *quartus* : quatrième.

- Période de quatre heures pendant lesquelles une partie de l'équipage est de service.

— **(officier de).** Officier qui assure la surveillance de la route suivie par le navire et commande le service de quart.

— **(service de).** Fraction de l'équipage assurant le quart sur les navires de commerce. Ex. être de quart, prendre le quart, rendre le quart, bordée de quart (C. trav. mar., a. 113).

QUARTIER

N. m. – Dér. de *quart.

- **1** Au sens strict, division territoriale administrative.

a / Partie quaternaire d'un arrondissement parisien (siège d'un commissariat, etc.).

b / Subdivision d'une direction des affaires maritimes, à la tête de laquelle se trouve un administrateur des affaires maritimes. V. *sous-quartier.*

- **2** Plus vaguement, partie d'une agglomération présentant des caractères distinctifs. Ex. quartier résidentiel, quartier insalubre, etc. V. *secteur, zone.*
- **3** Partie d'un *établissement *pénitentiaire séparée des autres et dotée d'une affectation particulière. Ex. quartier d'*isolement.

QUARTIER-MAÎTRE

Trad. de l'all. *Quartier-meister* (ou de la forme correspondante du néerlandais).

- Le premier des grades de la marine militaire, correspondant au grade de caporal de l'armée de terre.

QUASI CONTRACTUEL, UELLE

Adj. – *Quasi* : mot lat. signifiant presque. V. *contrat.*

- Qui a sa *source dans un *quasi-contrat, par opp. à *contractuel et à *délictuel (ex. *obligation quasi contractuelle) ; plus vaguement, qui se rapporte à un quasi-contrat (ex. en matière quasi contractuelle). V. *extra-contractuel, gestion d'affaires, répétition de l'indu, enrichissement sans cause, *fait juridique.*

QUASI-CONTRAT

Subst. masc. – *Quasi :* mot lat. signifiant presque. V. *contrat.*

- Expression traditionnelle (critiquée mais encore consacrée par le Code civil et l'ordonnance du 10 février 2016), désignant un fait juridique, *source *extracontractuelle d'*obligation, plus spécifiquement d'une obligation (de remboursement, de restitution, d'indemnisation) qui naît, pour celui qui en profite (ex. *maître de l'affaire, **accipiens*), d'un *fait accompli par une autre personne (*gérant d'affaires *solvens*), en dehors de tout *contrat, de toute obligation, de toute libéralité et donc de tout fondement juridique ; fait « purement volontaire » (C. civ., a. 1300) qui engendre des conséquences comparables à celles qui naîtraient d'un contrat, par ex. d'un *mandat (*quasi ex contractu nasci videntur* – qui paraissent être nées comme d'un contrat – d'où le nom donné à ce fait juridique) ; réduit à l'essentiel, le quasi-contrat est un fait qui procure à autrui un avantage auquel il n'a pas droit (par opp. au *délit, dommage causé sans droit), trait commun à tous les quasi-contrats, *gestion d'affaires, *paiement de l'indu, *enrichissement sans cause). V. *quasi contractuel.*

QUASI DÉLICTUEL, UELLE

Adj. – V. *quasi-contrat* et *délit.*

- Qui a sa *source dans un *quasi-délit. Comp. *délictuel, quasi contractuel, contractuel, délictueux.*

QUASI-DÉLIT

N. m. – V. *quasi-contrat* et *délit.*

- *Fait dommageable illicite non intentionnel (accompli par négligence ou imprudence, sans intention de causer un dommage), par opp. à *délit (sens I, 2), qui est source de responsabilité délictuelle (C. civ., a. 1241) ; plus spéc. *faute non intentionnelle.

QUASI-INTÉGRATION

V. *intégration* (II).

QUASI-POSSESSION

N. f. – Lat. *quasi possessio* (*quasi,* presque). V. possession.

- Expression désignant, par opp. à **possessio rei,* la possession (sens 2) qui mène à l'acquisition d'un droit réel autre que la propriété (usufruit, certaines servitudes) par l'accomplissement pendant un certain temps d'actes correspondant à l'exercice du droit réel concerné (usufruit ou servitude). Syn. *possessio juris.*

QUASI-RÉGIE

N. f.

- *Marché public non soumis aux procédures de publicité et de mise en concurrence lorsqu'il est conclu entre une autorité adjudicatrice (État, collectivités territoriales, établissements publics) et un prestataire qui réalise pour elle l'essentiel de ses activités, et sur lequel elle assure un contrôle de même nature que sur ses propres services (Franceterme, JO 19/11/08). Syn. *contrat de prestations intégrées*, souvent qualifié de contrat *in house.*

QUASI-USUFRUIT

Subst. masc. – Voir le précédent et *usufruit.*

- Droit équivalent à l'*usufruit qui porte sur des choses *consomptibles par le premier usage et, pour cette raison, confère à son titulaire la faculté de les consommer ou de les aliéner, à charge de restituer à la fin de l'usufruit soit des choses de même quantité et qualité, soit leur valeur estimée à la date de restitution (C. civ., a. 567).

QUÉRABLE

Adj. – Du v. quérir, lat. *quaerere* : chercher.

- Se dit, par opp. à *portable, d'une dette dont le *paiement doit être fait chez le débiteur (C. civ., a. 1342-6), c'est-à-dire aussi d'une créance dont le créancier doit aller réclamer le *recouvrement chez ce dernier. V. *versement, payable, quérable.*

QUERELLE

Lat. *querela* : plainte.

- *Contestation, *différend, *litige.

— **de *compétence.** Contestation relative à la compétence. V. *incident, contentieux.*

QUERELLÉ, ÉE

Adj. – Part. pass. de quereller, de *querelle.

- (vx). Critiqué, *attaqué, contesté, ligitieux (ex. testament querellé, jugement querellé).

QUESTEUR

Subst. – Lat. *quaestor* : sorte de magistrat s'occupant particulièrement des finances.

• **1** Membre du bureau d'une assemblée parlementaire, chargé des services financiers et administratifs de cette assemblée. V. *questure.*

• **2** Membre d'une juridiction chargé, au sein de celle-ci, de fonctions semblables.

QUESTION

N. f. – Lat. *quaestio,* de *quaerere* : (re)chercher.

• **1** Interrogation ; question posée à une personne, une assemblée, un conseil, etc. ; demande d'explication ; par ext., procédure de cette démarche interrogative.

—s à la cour d'assises. Formules par lesquelles les magistrats et les jurés constituant la cour d'assises sont interrogés par le président sur les faits relevés à la charge de l'accusé à la suite de l'arrêt de renvoi de la *chambre d'accusation et des débats devant la cour d'assises, ainsi que sur les causes d'aggravation ou d'atténuation de la peine encourue (C. pr. pén., a. 348 s.).

— d'actualité. Variété de question orale venant, par priorité, devant l'Assemblée nationale, sur décision de la conférence des présidents (règl. Ass. nat., a. 138 anc.).

— de *confiance. Dans le régime parlementaire, procédure déclenchée sur l'initiative du gouvernement, au sujet de l'adoption par une chambre de mesures qu'il préconise, ou du rejet de mesures qu'il combat et dont il souligne l'importance politique en mettant comme enjeu de cette adoption ou de ce rejet par la chambre le sort du cabinet (lequel démissionnera si la chambre ne partage pas son point de vue).

— écrite. Demande de renseignements ou d'explications qu'un parlementaire adresse par écrit à un ministre, qui y répond également par écrit, question et *réponse étant publiées au *JO* (règl. Ass. nat., a. 135).

— orale. Demande de renseignements ou d'explications qu'un parlementaire adresse à un ministre et qui donne lieu, en séance de l'assemblée, à un échange de réponses et de commentaires entre le ministre et l'auteur de la question seuls (question orale sans débat) ou avec intervention d'autres membres de l'assemblée (question orale avec débat) (Const. 1958, a. 48, al. 6, et règl. Ass. nat., a. 135 s.).

— préalable. Acte de procédure par lequel une assemblée est appelée, sur la proposition d'un de ses membres, à décider s'il y a lieu de délibérer sur un texte qui est sur le point d'être mis en discussion ou d'en refuser l'examen (règl. Ass. nat., a. 91, al. 5). Ex. question préalable sur la constitutionnalité ou l'opportunité du texte. Comp. *question préjudicielle, question préalable, rappel à la question.*

• **2** Question posée au juge ; problème que les parties (demandeur ou défendeur) demandent au juge de résoudre ; désigne aussi bien chaque *point de fait ou de droit soumis à l'*examen du juge que l'acte dans lequel ces points sont énoncés ou même la procédure à laquelle donne lieu la recherche de leur solution. Comp. *demande, prétention, moyen, articulat, argument, qualification, requête conjointe, motif, discussion.* V. *saisine pour *avis de la Cour de cassation, rescrit.*

— de *principe. Question litigieuse dont la solution offre par ses conséquences, au-delà de l'espèce où elle surgit, un intérêt de portée générale pour l'application du Droit et qui, devant la Cour de cassation, justifie son renvoi à une chambre mixte en vue d'assurer, au sein de la Cour suprême, l'unité d'interprétation de la loi. Ant. *question d'*espèce.* Comp. *décision de principe.*

— préalable.

a / Problème à la solution duquel est nécessairement subordonné l'examen d'une question suivante. Comp. *question préjudicielle, question préalable* ci-dessous.

b / (int. priv.). Dans les *conflits de lois, situation dans laquelle la solution de la question de droit posée implique préalablement celle d'une autre, dont on se demande si la loi qui lui est applicable doit être déterminée par la règle de conflit du juge saisi ou par celle du pays, par hypothèse étranger, dont la loi régit la question principale. Ex. la filiation d'un enfant prétendant à une succession est une question préalable par rapport à la question successorale, question « principale ».

— préjudicielle.

a / (civ.) (question dite préjudicielle au jugement). *Point litigieux dont la solution doit précéder celle de la question principale qu'elle commande (comme pour la *question *préalable) mais qui (à la différence de celle-ci) ne peut être tranché par la juridiction saisie, de telle sorte que celle-ci doit *surseoir à statuer jusqu'à ce que la question préjudicielle ait été résolue par la juridiction seule compétente pour en connaître. Ex. au civil, question préjudicielle générale de droit administratif à trancher par une juridiction de l'ordre administratif, ou question spéciale à trancher par une autre juridiction civile (état des personnes). V. *suspension.*

b / (eur.).

1 / Question *préjudicielle (au sens ci-dessus défini) portant sur l'interprétation d'une règle communautaire ou la validité des actes des institutions communautaires qui doit être renvoyée à la Cour de justice lorsqu'elle se pose devant une juridiction statuant en dernier ressort (anc. traité CEE, a. 177, al. 3, TFUE, a. 267, al. 3).

2 / Question portant sur les mêmes points, que les autres juridictions peuvent poser à la Cour de justice (*renvoi facultatif, *ibid.*, a. 267, al. 2). V. **interprétation préjudicielle*, **acte clair.*

c / (pén.). Question d'ordre civil, commercial, administratif ou même pénal, de la solution de laquelle dépend l'existence d'une infraction et qui, au lieu d'être laissée à l'appréciation de la juridiction compétente pour connaître de l'infraction, doit être tranchée par une autre juridiction, seule qualifiée pour la résoudre avant que l'infraction soit l'objet d'un jugement (*préjudicielle au jugement,* encore désignée sous l'expression *d'exception préjudicielle*) ou même d'une poursuite (*question préjudicielle à l'action.* Ex. C. civ., a. 29).

— **prioritaire de constitutionnalité.** Moyen selon lequel il est soutenu, à l'occasion d'une instance en cours devant une juridiction, qu'une disposition législative porte atteinte aux droits et libertés que la Constitution garantit, et dont peut être saisi le Conseil constitutionnel sur renvoi du Conseil d'État ou de la Cour de cassation, lesquels remplissent alors un rôle de filtre (Const. 1958 a. 61-l, CPC, a. 126-1 s.).

- **3** Par ext., élément d'une partie du Droit, *matière. Ex. question d'état, question relative à l'état d'une personne.

QUESTIONNAIRE

Dér. de *question.

- **1** *Document comportant une liste de questions auxquelles son destinataire est invité à répondre, à titre d'information ou de formalité préalable, en général sur le document même. V. *formulaire.*
- **2** Plus spécialement, document imprimé remis par l'assureur à celui qui lui fait une proposition d'assurance et où sont posées à celui-ci une série de questions précises auxquelles il doit répondre complètement et exactement pour exécuter son obligation de déclarer le risque. V. **déclaration du risque.*

QUESTURE

N. f. – Lat. *quaestura.* V. *questeur.*

- **1** Ensemble des services d'une assemblée parlementaire dirigés par les *questeurs et chargés de l'administration intérieure de cette assemblée.
- **2** Fonction de questeur.
- **3** Locaux où s'exerce cette fonction.

QUÊTE

Fém. pris subst. d'un anc. participe du v. querre, lat. *quaerere.*

- Appel à la générosité publique s'adressant not. à des personnes réunies en un même lieu. V. *collecte.* Comp. *mendicité.*

QUINQUENNAT

N. m. – De quinquennal, lat. *quinquennalis,* qui a lieu tous les cinq ans, qui dure cinq ans.

- Durée de cinq ans ; terme employé pour désigner le mandat du Président de la République française qui dure désormais cinq ans. V. *septennat, règne, présidence.*

QUIRAT

N. m. – Empr. de l'arabe *qirât,* 24e partie d'un poids, lui-même d'origine grecque, d'où aussi carat.

- Part de *copropriété d'un navire (en gén. 1/24).

QUIRATAIRE

Subst. – Dér. de *quirat.

- Titulaire d'une ou plusieurs parts de *copropriété dans un navire. Comp. *copropriétaire, communiste, indivisaire.*

QUITTANCE

N. f. – Dér. de quitter, du lat. médiév. *quitare,* déformation de *quietare,* propr. : laisser reposer.

► **I** (civ.)

- *Écrit par lequel un créancier reconnaît qu'il a reçu paiement de sa créance ou, par ext., que le débiteur a satisfait à son obligation. Ex. C. civ., a. 1908, 1250, 2°, 1255 et 1256. V. *décharge, acquit, libération, reçu.*

—s valables (condamnation en deniers ou). Formule employée dans une décision de justice condamnant à payer une somme, lorsqu'il semble que des paiements ont eu lieu antérieurement à la décision sans que le créancier les ait reconnus.

► **II** (lég. fin.)

- Tout titre qui emporte *libération, reçu ou *décharge et qui est soumis à la perception d'un droit de timbre.

— **(timbre-).** Nom donné au timbre apposé pour l'*acquit du droit à la perception duquel est soumise toute quittance.

QUITTE

Adj. – V. *quittance.*

- **1** Libéré d'une obligation, se dit du débiteur qui a payé sa dette, par ex. de l'emprunteur qui a remboursé le prêt.
- **2** Exempté d'obligation ; se dit not. du bénéficiaire d'une *exonération fiscale. V. *acquit, acquitter.*

— **(apport franc et).** V. **apport franc et quitte.*

QUITUS

Subst. masc. – Lat. mod. *quitus,* fait sur quitte. V. *quittance.* Mot devenu français (subst. masc.).

- **1** *Décharge de responsabilité ; acte par lequel une personne reconnaît qu'une autre personne qu'elle avait chargée d'une mission a rempli celle-ci dans des conditions qui la déchargent de toute responsabilité.

— **(arrêt de).** Arrêt par lequel la Cour des comptes juge régulier le *compte d'un comptable qui quitte sa charge. V. *apurement.*

- **2** Nom donné par déformation à l'approbation d'un compte même dans les cas où celle-ci n'emporte pas décharge de responsabilité.

— **de dirigeants sociaux.** Délibération (vote du quitus) par laquelle les associés, après approbation des comptes présentés par les dirigeants de la société, reconnaissent que ceux-ci se sont convenablement acquittés de leur mission, sans cependant que cette décharge de principe empêche de rechercher ensuite la responsabilité des dirigeants.

QUORUM

Subst. masc. – Empr. de l'angl. *quorum,* mot lat. signifiant desquels ; terme devenu français (subst. masc.).

- Proportion minimum des membres d'un organe collégial qui doivent être présents ou représentés à une réunion de cet organe afin que celui-ci puisse valablement délibérer et prendre une décision. Ex. le conseil d'administration d'une société anonyme ne délibère valablement que si la moitié au moins de ses membres sont présents. V. *majorité, voix.*

QUOTA

Subst. masc. – Par l'angl. *quota,* du lat. *quotus* (adj. interrogatif), abrév. du lat. *quota pars,* en quelle part.

- Quote-part, pourcentage, fraction, contingent.

— **(clause de).** Dans un contrat de *distribution exclusive, clause de rendement en vertu de laquelle le distributeur est tenu de réaliser ses achats auprès du fournisseur pour un montant au moins égal à une quotité de son chiffre d'affaires.

— **litis (pacte de).** Litt. pacte « sur une quote-part de procès », expression désignant une clause (interdite) stipulant que celui auquel un plaideur confie la direction de son procès fixe par avance le montant de sa rémunération en fonction du résultat de celui-ci, par ex. en prévoyant que ses honoraires s'élèveront à une fraction de l'indemnité accordée par le juge.

QUOTE-PART

N. f. – Calqué sur le lat. *quota pars,* comp. du lat. *quotus,* adj. interrog. : En quel nombre ? V. *part.*

• *Part d'une *masse ou d'une chose indivise, exprimée par une fraction qui correspond (du moins dans le premier cas), pour son destinataire, à une *vocation *universelle (à une *portion de l'actif et du passif). Ex. dans la succession paternelle, deux enfants recueillent les biens et supportent les dettes pour la quote-part de moitié. Ant. *objet déterminé, partie délimitée.* V. **legs universel et à titre universel, à titre particulier, *assignation de parts, réassurance, participation, portion, quotité.*

QUOTIENT

Lat. *quotiens,* autre forme de *quoties* : Combien de fois ?

— **électoral.** Dans la *représentation proportionnelle, résultat de la division du nombre des *suffrages exprimés dans une circonscription électorale par le nombre des sièges à pourvoir, qui permet de répartir ces sièges en en attribuant à chacune des listes de candidats autant que son total de voix contient de fois le quotient électoral.

— **familial.** Système français de personnalisation de l'impôt sur le revenu à raison des charges de famille qui consiste à diviser le revenu en un certain nombre de parts (nombre variable en fonction de la famille) et à appliquer séparément le barème progressif de l'impôt à chaque part.

QUOTITÉ DISPONIBLE

Dér. de *cote. V. *quote-part, disponible.*

V. *disponible (quotité).*

QUOTITÉ (IMPÔT DE)

V. le précédent et *impôt.*

• *Impôt dont la collectivité publique fixe le régime juridique sans en déterminer impérativement le produit. Comp. **impôt de *répartition.*

R

RABAIS

N. m. – Du v. rabaisser, re et abaisser, a et baisser, lat. pop. *bassiare.*

- Syn. de *remise (sens 4), *réduction de prix. V. *ristourne, solde, discompte,* **avantage tarifaire.*

RABAT

N. m. – Du v. *rabattre.

- Pièce de dentelle ou de tissu blanc, qui se replie sur la poitrine par-dessus la robe du magistrat ou de l'avocat.

RABAT D'ARRÊT

Du v. *rabattre ; V. *arrêt.*

- Nom donné dans la pratique à la mise à néant, par la juridiction, de la décision qu'elle a rendue, lorsque celle-ci est entachée d'une erreur manifeste résultant, dans la procédure, d'une défaillance de service et donc non imputable aux parties (ex. arrêt d'irrecevabilité rabattu après avoir été prononcé pour défaut de mémoire ampliatif, dans un cas où ce mémoire avait été déposé en temps utile), remède prétorien exorbitant et rare, étranger à toutes les voies de recours et à la *rectification (s'agissant non de réparer des erreurs et omissions matérielles mais de statuer à nouveau après rabat) que seule s'autorise, en des circonstances très caractérisées, la Cour de cassation, à la requête de la partie intéressée, de son procureur général ou d'office ; parfois nommé arrêt de *rétractation (à ne pas confondre avec les voies de recours de ce nom. V. *opposition, tierce opposition, révision*).

RABATTEMENT DE DÉFAUT

N. m. – Dér. de *rabattre. V. *défaut.*

- Nom donné, dans la pratique, à la décision d'une juridiction annulant le jugement de défaut rendu au début de l'audience lorsque, avant la fin de celle-ci, la partie défaillante comparaît. V. *retrait, rétractation, rapport.*

RABATTRE

V. – Comp. de abattre, lat. pop. *abbatere,* rad. *battuere, battere* : battre.

- Dans la langue du palais, révoquer, *rapporter, annuler, mettre à néant, déclarer nul et non avenu ; action émanant en général, comme une mesure d'ordre, de celui qui avait établi ce qui est rabattu ; se dit de l'ordonnance de *clôture (V. *révocation*), du jugement de défaut (V. *rabattement de défaut*) et, dans des circonstances exceptionnelles, de certains arrêts de la Cour de cassation (V. *rabat d'arrêt*). Comp. *rétractation, retrait, rapport.*

RACHAT

N. m. – Tiré de racheter, d'abord rachater. V. *achat.* Comp. lat. *redemptio* : rachat. V. *rançon.*

- **1** Opération par laquelle le vendeur d'une chose se porte à nouveau acquéreur de cette chose entre les mains de celui auquel il l'avait cédée et qui a pour objet et effet de faire revenir cette même chose en nature entre ses mains, moyennant le versement du prix et, le cas échéant, d'une indemnité (selon ce qui avait été convenu). V. **vente à *réméré, *pacte de rachat.* Comp. *repentir (droit de), rétractation, retrait, fiducie.*

- **2** Opération par laquelle l'acquéreur de marchandises non livrées acquiert d'un autre vendeur des marchandises de même genre aux frais du vendeur défaillant (pour un prix supérieur qui fait apparaître le préjudice qu'il subit) : opération de remplacement, non de recouvrement (à la différence de la précédente). V. **damnum emergens, *valeur de remplacement.*

- **3** Opération par laquelle le débiteur d'une obligation dont l'exécution s'échelonne dans le temps (concession, service d'arrérages périodiques, etc.) s'en libère en bloc, par le versement immédiat d'une somme globale (capital, indemnité) ; s'emploie aussi pour désigner la substitution d'un paiement anticipé à un paiement différé.

— **de *concession.** Résiliation d'une concession de service public, par l'autorité concédante, moyennant en général le paiement d'une indemnité au concessionnaire et suivant des conditions fixées par l'acte de concession et le cahier des charges.

— **de police d'assurance.** Opération par laquelle celui qui a contracté une assurance sur la vie et qui veut définitivement mettre fin à son contrat exige de son assureur (si, pratiquement, il a déjà payé au moins trois primes annuelles) le versement immédiat de sa créance contre lui, créance concrétisée par l'existence d'une *provision mathématique. S'analysant en un paiement anticipé de cette provision elle est ainsi dénommée, parce que l'assureur rachète sa dette.

— **de *rente.** Acte par lequel le débiteur d'une rente *perpétuelle se libère de l'obligation d'en servir les arrérages en versant au crédirentier une somme égale au capital représentatif de la rente (C. civ., a. 530 et 1911). Syn. *remboursement de rente.*

- **4** Opération par laquelle une société se porte acquéreur de ses propres actions, afin de réduire son capital. V. **société d'investissement à capital variable.*

- **5** Désigne parfois la *rançon.

RACHETABLE

Adj. – Dér. du v. racheter. V. *rachat.*

- Susceptible de *rachat (sens 3).

RADIATION

N. f. – Du v. lat. *radere* : raser, gratter, ou du lat. médiév. *radiare* : rayer.

- Opération consistant à rayer sur un registre la mention d'un nom, d'un droit, d'une affaire, etc., qui a pour effet de supprimer (sous réserve d'un rétablissement ultérieur) les droits ou les effets de droit attachés à cette inscription ; désigne aussi bien l'opération matérielle (qui peut s'effectuer par divers moyens équivalents) que l'opération juridique (laquelle correspond souvent à une sanction la plus grave dans son ordre. Comp. *omission, suspension*).

— **des *cadres.** Mesure marquant par elle-même la fin de l'appartenance aux cadres de l'administration, dans la fonction publique civile, désigne plus particulièrement la mesure prise, sans accomplissement des formalités prescrites en matière disciplinaire, à l'encontre d'un fonctionnaire coupable d'un *abandon de poste et qui équivaut à une *révocation ou à un *licenciement. Dans la fonction publique militaire, correspond soit à une mesure disciplinaire, soit à la situation de personnels qui, par suite d'inaptitude physique ou d'infirmités incurables, ne peuvent plus rester en activité.

— **d'inscription hypothécaire.** Suppression d'une *inscription hypothécaire, opérée au moyen d'ure mention en marge par le conservateur des hypothèques, en vertu soit du consentement du créancier, ayant capacité à cet effet, soit d'une décision judiciaire (C. civ., a. 2440 ; d. 27 juill. 2006, a. 58, 113, 124). V. *réduction.*

— **d'une affaire** (dite parfois radiation d'instance). Sanction du défaut de *diligence des parties (ou de leurs représentants), résultant d'une décision d'administration judiciaire qui entraîne *retrait du rang des affaires en cours (perte du tour de rôle) et *suspension de l'instance, sans cependant faire obstacle à la poursuite de celle-ci après *rétablissement de l'affaire (CPC, a. 377 s.) (ex. radiation ordonnée par le juge de la mise en état lorsque aucun des avocats n'a signifié de conclusions). Comp. **sursis à statuer, caducité, péremption, suppression.* V. **incident d'instance.*

— **du registre du commerce.** Suppression de l'*immatriculation d'un commerçant au *registre du commerce, opérée soit sur sa demande après cessation de son activité, soit, pour les personnes morales, sur celle du liquidateur après clôture des opérations de liquidation, soit d'office par le greffier du tribunal de commerce à défaut de demande formulée dans les délais réglementaires.

— **du *tableau d'avancement.** Sanction disciplinaire prévue tant par le statut général des fonctionnaires que par celui des militaires dont la conséquence est de priver l'intéressé de sa vocation à l'avancement.

RADIODIFFUSION

Lat. *radius* : rayon, et *diffusio*.

- *Communication audiovisuelle faite de messages adressés, par le canal de l'image ou/et du son, à un public d'auditeurs ou de téléspectateurs, à des fins d'information, de divertissement, de culture et d'éducation, qui est assurée, en vertu du principe de la liberté de communication, par des entreprises relevant du service public ou du secteur privé (l. 30 sept. 1986). Syn. *télédiffusion*.

RADOUB

N. m. – Tiré de radouber, comp. de l'ancien adouber, propr. « armer chevalier », d'où équiper, préparer, qui remonte au francique *dubban* : frapper.

- Réparation de la coque du navire. Ex. la créance pour travaux de radoub est assortie du privilège pour frais de conservation.

RAISON

N. f. – Lat. *ratio*, calcul, compte, considération, faculté de raisonner, explication, raison.

- **1** Capacité naturelle de *discernement, *aptitude à comprendre. Comp. *volonté, consentement, intention, facultés mentales, altération, esprit.*

— **(*âge de).** Âge (légalement indéterminé) à partir duquel le mineur commence à comprendre la portée de ses actes et qui dépend en fait, pour chacun, de l'éveil de son esprit (en général de 5 à 7 ans).

- **2** Discernement de ce qui est juste et de ce qui est possible, aptitude à choisir, dans ce qui est réalisable, ce qui est bon. V. *équité.*
- **3** Plus objectivement, la conformité à la raison (sens 2) ; ce que révèle l'exercice de la faculté précédente ; ce que commande la compréhension des choses, l'intelligence des situations ; ce que suggère une *conscience bien disposée (informée, claire, sereine) ; ce qui est conforme au bon sens : la *sagesse même. Ce que la finesse ajoute ou retranche à la géométrie. Comp. *sagesse, modération.* V. *dictamen.*
- **4** *Motif, raison d'être, explication.

— **de la loi (*ratio legis).** Considérations qui ont déterminé le législateur à établir une règle. V. *analogie, argument, fin.*

- **5** Justification, *bien-fondé (d'une prétention, d'une décision). Ex. à raison, avec raison : Syn. *« à bon droit », « à juste titre ».* Ant. *« à *tort ».* V. *droit, équité, justice, fondement, prétexte.*
- **6** Parfois syn. de *raisonnement (un instant de raison). V. *argument, moyen.*

— **(en tant que de).** Dans la mesure où une analyse rationnelle (compte tenu de la matière et de ses caractères spécifiques) le justifie, mesure *raisonnable et souple utilisée comme mode de renvoi ou instrument d'*analogie, en vue de transposer à une matière la règle énoncée pour une autre ou de l'étendre à un cas non spécifié. Ex. C. civ., a. 1578. V. *silence, lacune, interprétation, application.*

- **7** Dans certaines expressions (demander raison, *raison sociale), l'*obligation de répondre – au besoin en justice – de ses actes (not. de ses dettes). V. *responsabilité, engagement.*

RAISON D'ÊTRE

- (soc.) Énoncé de principes (d'ordre éthique, social, environnemental, consumériste, ou d'intérêt général) que la société peut préciser dans ses statuts, pour guider son activité et sa stratégie et pour le respect desquels elle entend affecter des moyens (C. civ., a. 1835).

RAISONNABLE

Adj. – Dér. de *raison.

- **1** (d'une personne). Doué de *discernement ; doté d'une capacité normale (moyenne) de compréhension (critère *in abstracto*). Ex. C. civ., a. 1197, 1882, 1962. Rappr. *bon père de famille.*

• **2** (d'une mesure). Conforme à la *raison (sens 2) ; qui répond plus encore qu'aux exigences de la rationalité (de la logique), à celles d'autres aspirations (usage, bon sens) sans exclure la considération des contingences (l'opportunité, le possible) ; par ext., en pratique, modéré, mesuré, qui se tient dans une juste moyenne. Ex. délai raisonnable (C. civ., a. 1116, 1231). Comp. *équitable, naturel, normal.* Ant. *excessif ou dérisoire.* V. *ex aequo et bono.*

RAISONNEMENT JURIDIQUE

N. m. – Formé sur raison, lat. *ratio.*

• **1** *Opération intellectuelle relevant de la *science *fondamentale et de l'application pratique du Droit qui, consistant, en général, dans l'*application d'une règle à un cas, suppose : *1* / la recherche et l'affirmation de la règle juridique applicable ; *2* / la recherche et la détermination de son domaine d'application ; *3* / l'analyse du cas particulier (*constatations de fait, *qualification juridique) ; *4* / la conclusion (en forme d'avis ou de décision, etc.) issue du rapprochement du cas concret qualifié et de la règle abstraite, en quoi l'opération s'appuie sur la logique formelle (prenant parfois la forme d'un syllogisme), tout en faisant une part importante à la dialectique (not. dans la détermination du domaine d'application), le raisonnement prenant, en définitive, des orientations sensiblement différentes selon qu'il a pour objet une série de cas (raisonnement explicatif d'une réforme) ou la solution d'un litige (consultation doctrinale, décision de justice) et, s'il s'agit du raisonnement judiciaire (dans lequel les faits de l'espèce ont leur importance), selon qu'il est manié par le juge dans sa décision, par l'avocat dans sa plaidoirie, par son adversaire, par le ministère public dans ses observations…). V. *qualification, science, technique *juridique, théorie juridique, doctrine, démonstration, argumentation, discussion.*

• **2** Plus spéc., *argumentation ; élaboration et agencement de raisons (sens 4), *motifs, *moyens de droit et *arguments à l'appui d'une solution (dans une *démonstration doctrinale, une motivation judiciaire, une plaidoirie, etc.) ; *construction intellectuelle destinée à fonder en droit une proposition. V. *interprétation, thèse, corroborer, contra, objection, présupposé.*

• **3** **—par analogie.** V. *analogie (raisonnement par).*

RAISON SOCIALE

V. *raison* (sens 7) et *social.*

• Appellation de certaines sociétés (celles qui comportent des associés indéfiniment responsables du passif social) qui est composée à partir du nom de ces associés. Ex. dans les *sociétés en nom collectif, la raison sociale est formée par le nom de tous les associés ou celui de l'un ou de plusieurs d'entre eux suivi des mots : et *compagnie. V. *dénomination sociale, nom commercial, enseigne, signature sociale, commandité, commanditaire, *société en commandite.*

RAMASSAGE SCOLAIRE

• Nom donné aux services de transport d'élèves liés à l'établissement de la carte scolaire et aux activités de ces services (lesquels sont créés par les collectivités publiques, les établissements d'enseignement ou les associations de parents et organisés dans le cadre d'un plan départemental).

RANÇON

N. f. – D'abord terme féodal. Lat. *redemptio* : rachat.

• Somme d'argent exigée pour la libération d'un prisonnier de guerre ou la relâche d'un navire de commerce capturé (V. **avaries communes*) et par ext. somme réclamée par l'auteur d'une *prise d'otages pour la libération de ceux-ci. V. *rachat* (sens 4).

RANG

N. m. – Empr. du francique *hring* : cercle, anneau.

• Place d'une personne, d'un droit, etc., dans un classement par ordre de mérite, d'ancienneté ou plus généralement de priorité chronologique, etc. Ex. rang de classement d'un concours.

— **de *préséance (ou rang *diplomatique).** Place d'un dignitaire ou d'un fonctionnaire dans l'ordre des préséances. V. *protocole.*
— **des *privilèges et des *hypothèques.** Place à laquelle est classé un privilège ou une hypothèque, dans l'ordre de priorité à établir entre ces sûretés, et qui dépend en général d'une inscription à la conservation des hypothèques et de la date de cette inscription (C. civ., a. 2377 s., 2425). V. **cession d'autorité.*

ADAGE : *Prior tempore, potior jure.*

RAPATRIEMENT

Dér. de rapatrier, formé de *patrie.

- **1** Ensemble des opérations consistant à organiser et à assurer le retour d'une personne dans son pays d'origine ou son lieu de départ, en général après un incident, de voyage (maladie, expulsion, etc.).
- **2** Plus spéc., retour dans son pays d'origine du marin débarqué à l'étranger ou hors d'un port métropolitain (C. trav. mar., a. 87).

RAPPEL

N. m. – De rappeler. V. *appel.*

- **1** Acte par lequel une autorité fait cesser la mission à l'étranger d'un de ses agents.

— **d'*agent diplomatique.** Acte par lequel un État met fin à la mission d'un de ses agents diplomatiques auprès d'un autre État.
— **(lettres de).** Document par lequel un gouvernement signifie à l'un de ses agents diplomatiques auprès d'un gouvernement étranger qu'il met fin à sa mission. Syn. **lettres de récréance.* Ant. **lettres de créance.*

- **2** Acte par lequel un État soumet à nouveau à un service actif un agent antérieurement libéré de ses obligations normales. Ex. rappel de fonctionnaires à la retraite.

— **sous les drapeaux.** Acte par lequel l'autorité militaire enjoint à des réservistes de reprendre service dans les forces armées (sujétion qui suspend leur contrat de travail, à la différence du *service national qui crée un simple droit à réintégration). V. **suspension du contrat de travail, *appel sous les drapeaux, *service militaire.*

- **3** *Avertissement adressé par le président d'une assemblée délibérante à l'un des membres de celle-ci.

— **à l'ordre.** *Avertissement par lequel le président de séance, en vertu de son pouvoir disciplinaire, somme un membre de l'assemblée de cesser de troubler le cours des délibérations de celle-ci.
— **la *question.** Invitation à revenir au sujet, adressée à l'orateur qui s'en écarte, par le président de séance, investi du pouvoir de direction des débats.

- **4** Appel réitéré ; acte par lequel le créancier invite le débiteur qui, malgré un premier appel, ne s'est pas acquitté de sa dette, à s'exécuter, se dit aussi de la réclamation adressée au débiteur qui ne s'est pas acquitté à l'échéance. V. **lettre de rappel, arriéré.*
- **5** Appel complémentaire de fonds et par ext. montant des sommes ainsi réclamées. Spéc. dans les sociétés où les cotisations sont variables (sociétés mutuelles proprement dites et, selon les statuts, des sociétés à forme mutuelle), complément de cotisation qui peut être réclamé aux assurés (sociétaires) lors d'un exercice dont les résultats se révèlent insuffisants pour faire face aux charges (sinistres) de cet exercice. Comp., dans le cas contraire, *ristourne* (sens 2).
- **6** Versement complémentaire de fonds (et montant de ces versements). Spéc. versement fait à un salarié, en sus de sa rémunération périodique, d'un reliquat dû pour une période antérieure en raison du non-paiement intégral de son salaire, d'une majoration de salaire ayant un effet rétroactif ou d'une promotion.

RAPPORT

N. m. – Tiré de *rapporter.

- **1** Opération consistant à reconstituer en nature ou en valeur un ensemble de biens à liquider et à partager ou à réaliser (parfois à administrer).

a / En matière de succession et de libéralités, désigne le rapport à succession : opération préalable au partage consistant dans la restitution, par un copartageant, à la masse partageable (afin de reconstitution de celle-ci) de sommes dont il est débiteur envers la masse, ou de biens dont il avait été gratifié par le défunt (ou encore de la valeur de ces biens) (C. civ., a. 843). Comp. *réduction*. V. *préciput, renonciation, rapportable, égalité*.

— **des dettes.** Rapport à la succession, par un copartageant, des sommes dont il est redevable envers la masse, même en vertu de dettes non encore échues (C. civ., a. 864 s.).

— **des donations.** Rapport à la succession *ab intestat* par un cohéritier qui accepte celle-ci, des donations qu'il avait reçues du défunt en *avancement d'hoirie (non *préciputaires et sans dispense de rapport) (C. civ., a. 843 s.).

— **des legs.** Rapport en moins prenant que le testateur, s'il en exprime la volonté, peut imposer au légataire particulier (C. civ., a. 843).

— **en *moins prenant.** Rapport exécuté sans restitution en nature à la masse partageable du bien rapportable en valeur, par imputation de la valeur de celui-ci sur la part du copartageant débiteur du rapport, ainsi nommé du fait que ce dernier prend d'autant moins dans le partage. V. *prélèvement, lot*.

— **en nature.** Rapport exécuté par la remise effective, dans la masse à partager, du bien sujet à rapport.

b / En matière de procédure collective, désigne le rapport à la masse : restitution à la masse des créanciers de biens indûment sortis du patrimoine du débiteur. V. **inopposabilité de la période suspecte, *action paulienne*.

— **à faillite.** Expression employée avant l'entrée en vigueur de la loi du 13 juillet 1967, pour désigner la restitution à la masse d'un élément du patrimoine du débiteur en état de faillite ou de règlement judiciaire, à la suite d'une action en inopposabilité intentée en vertu des a. 477 s. anc. C. com.

- **2** *Exposé, compte rendu, *relation. Désigne le plus souvent le document établi par le rapporteur, parfois le fait, pour celui-ci, de présenter (lire ou résumer) ce document, ou même la relation verbale directe de son travail (rapport oral). Comp. *avis, conseil, constat*.

— **aux assemblées de sociétés.** Document écrit destiné à donner aux assemblées diverses informations sur certains faits qui la concernent. Ex. dans toute société commerciale, rapport que les dirigeants doivent établir, à la clôture de chaque exercice et avant l'assemblée générale ordinaire, sur la situation de la société et la vie de celle-ci pendant l'exercice écoulé ; dans les sociétés par actions, rapport que doivent présenter les commissaires aux comptes sur l'accomplissement de leur mission.

— **de mer.** Rapport écrit comprenant le récit circonstancié du voyage, fait par le capitaine au tribunal de commerce ou au consul de France dans les vingt-quatre heures de l'arrivée du navire.

— **d'expertise.** Document dans lequel un expert fait connaître par écrit au tribunal ses *constatations et son *avis relativement aux questions à lui soumises (CPC, a. 282).

— **du juge.** Exposé des éléments d'une affaire, présenté à une juridiction, par un membre de celle-ci, pour faciliter le délibéré, mais n'indiquant pas l'*avis du rapporteur. Ex. rapport du conseiller rapporteur à la Cour de cassation, du juge de la mise en état au tribunal de grande instance (CPC, a. 785).

— **officiel.** Conclusions d'une personne ou d'une commission chargée par une autorité d'étudier pour celle-ci un certain point ou une certaine question en vue de lui faire connaître la vérité et de lui proposer une action appropriée. Ex. conclusions d'une commission d'une assemblée parlementaire ayant eu à examiner un texte préalablement à sa discussion et à son vote en séance plénière en vue de proposer son adoption, son rejet ou sa modification.

- **3** (s'agissant d'une décision, d'une mesure). *Annulation d'une décision par une nouvelle, *rétractation. Comp. *retrait, abrogation, abolition, rabattement de défaut*.

— **de faillite.** Expression employée, avant l'entrée en vigueur de la loi du 13 juillet 1967, pour désigner la décision par laquelle le tribunal mettait fin à l'état de faillite ou de règlement judiciaire (« rapportait le jugement »), not. lorsque le débiteur justifiait qu'il avait payé ses créanciers. Comp. *clôture pour extinction du passif*.

- **4** Le *revenu d'un bien. Ex. rapport d'un immeuble (loyers), rapport de l'argent (intérêts d'un prêt) ; plus spéc. ce qu'un bien *frugifère laisse entre les mains de celui qui en a la *jouissance toutes charges déduites (rapport net). V. *fruits, capital, bénéfice*.

- **5** Syn. de relation, soit dans un sens* factuel (rapports de voisinage), soit dans un sens juridique (rapport de droit, lien juridique). Ex. rapport d'instance (lien

juridique d'*instance), rapports entre époux (d'ordre patrimonial ou extrapatrimonial), rapports collectifs ou individuels du travail.
— **rapport fondamental.** V. *fondamental (rapport).*

RAPPORTABLE

Dér. de rapporter.

- **1** (d'un bien). Sujet à *rapport (sens 1 *a*). Ex. donations, legs, valeur, dettes, rapportables (à la succession), V. *en *avancement d'hoirie.* Ant. *préciputaire, *dispensé de rapport.* Comp. *réductible.*
- **2** (d'une décision). Susceptible d'être rapportée. V. *rapport* (sens 3), *rétractation.*

RAPPORTER

V. – Comp. de apporter, lat. *apportare.*

- **1** Abroger, annuler, rétracter. Ex. rapporter un décret, une nomination ; rapporter une ordonnance de référé en cas de circonstances nouvelles (CPC, a. 488, al. 2). Comp. *rabattre, modifier.* V. *rétractation, révocation.*
- **2** Dans la pratique, être chargé d'un *rapport (sens 2), faire ce rapport. Ex. rapporter une affaire, rapporter un projet de loi.
- **3**

— **à justice (s'en).** Pour une partie au procès, s'en remettre à l'arbitrage du juge sur tout ou partie des questions à résoudre.

RAPPORTEUR

Subst. et adj. – Dér. de *rapporter.

- **1** Membre d'une commission d'une assemblée chargé de présenter devant l'assemblée le rapport de la commission sur un texte.

— **général.** Membre de la commission permanente des Finances, dans une assemblée parlementaire, chargé du rapport sur la loi de finances et, de façon générale, sur l'ensemble des textes soumis à la commission.

- **2** Nom donné au magistrat chargé, dans une affaire, de présenter un *rapport (sens 2) à une juridiction (ex. conseiller rapporteur à la Cour de cassation).

— **public.** Magistrat membre d'une juridiction administrative ou du Tribunal des conflits exposant publiquement, et en toute indépendance, son opinion sur le litige et sa solution. Anc. « commissaire du gouvernement ». CJA, a. L. 7.

- **3** Nom donné, devant certaines juridictions, au magistrat chargé d'instruire l'affaire (avec des pouvoirs variables). Ex. juge rapporteur du tribunal de commerce (CPC, a. 862) ; conseiller rapporteur du conseil de prud'hommes (C. trav., a. R. 1454-1).
- **4** Prend un sens particulier dans l'expression *arbitre rapporteur.

RAPPROCHEMENT DES LÉGISLATIONS

(eur.). Mode d'*intégration juridique des États membres – moins poussée que l'*unification ou l'*uniformisation des législations – qui se réalise par *directive ou par convention. Syn. **harmonisation, *coordination.*

RAPT

Lat. *raptus,* rac. *rapere* : saisir, enlever.

- **1** *Enlèvement ou détournement d'un mineur du lieu où il a été placé par ceux à l'autorité ou à la direction desquels il était soumis ou confié ; à distinguer de la *supposition ou *suppression d'enfant et de la *non-représentation d'enfant.

— **de séduction.** Rapt opéré sans fraude ni violence sur un mineur (C. pén., a. 227-8), communément appelé *détournement ou *soustraction de mineur.
— **de violence.** Rapt réalisé par fraude ou violence sur un mineur (C. pén., a. 224-5). V. *séquestration.*

- **2** De la part d'un homme, *enlèvement d'une femme (même majeure) contre le gré de celle-ci, qui, depuis l'abolition des cas d'ouverture de la recherche judiciaire de paternité naturelle, peut être retenu au titre des présomptions ou indices graves de paternité (C. civ., a. 340 anc.). Comp. *viol, séduction dolosive.*

RASSEMBLEMENT

Dér. de rassembler. Comp. de assembler, lat. *assimulare* : mettre ensemble *(simul).*

- *Réunion occasionnelle de personnes sur la voie publique qui est illicite lorsqu'elle présente les caractères d'un *attroupement prohibé. V. *manifestation, rébellion.*

RATIFICATION

N. f. – Lat. médiév. *ratificatio* (comp. de *ratum* : ce qui est confirmé), doublet de *ratihabitio* : acte de confirmation.

► **I** (civ.)

- **1** *Approbation ; acte juridique unilatéral (subséquent) par lequel une personne approuve – en faisant siens les droits et engagements qui y sont prévus – l'acte accompli pour elle – mais sans pouvoir – par une tierce personne, le caractère obligatoire de l'acte originaire, pour l'intéressé, étant subordonné à la survenance de la libre approbation de celui-ci : ex. celui pour lequel on s'est porté fort n'est tenu que par sa ratification (C. civ., a. 1204) ; de même le mandant, pour ce qui a été fait par le mandataire au-delà de ses pouvoirs (C. civ., a. 1998). V. **porte-fort*. Comp. **gestion d'affaires*. Ant. *refus.*

ADAGE : *Ratihabitio mandato aequiparatur.*

- **2** Parfois syn. de *confirmation (C. civ., a. 1338).

► **II** (publ. et const.)

- **1** Acte exigé pour que les ordonnances prises en application de l'a. 38 de la Constitution aient valeur de loi après l'expiration de la période de délégation (le dépôt du projet de loi de ratification étant suffisant pour que l'exigence constitutionnelle soit satisfaite).
- **2** Acte destiné à intégrer à la législation nationale les dispositions d'une convention internationale (intervenant par décret pris après autorisation donnée par une loi ou par le Premier ministre conformément aux a. 52 à 55 de la Constitution de 1958).

► **III** (int. publ.)

- Acte par lequel l'organe compétent d'un État – généralement le chef de l'État ou en organe collégial (par ex. le présidium du Soviet suprême) – confirme la signature apposée sur un traité par un plénipotentiaire et marque ainsi le consentement définitif de l'État à être lié par ce traité.

—s (dépôt des). Acte par lequel les États signataires d'un traité notifient à l'un d'eux, désigné par le traité, ou à un organisme international, la ratification par eux du traité en cause afin d'assurer la publicité de celle-ci à l'égard des autres signataires ou des États tiers.

—s (échange des). Acte par lequel les États signataires d'un traité se notifient mutuellement que la ratification de ce traité a eu lieu de leur part (les dates, soit de ratification par un certain nombre d'États, soit de dépôt ou d'échange de ratifications, entraînant des effets quant à l'application du traité). V. Conv. de Vienne, 22 mai 1969.

RATIO

Terme latin à sens multiples (raison, faculté de raisonner, raisonnement, calcul, compte, méthode, etc.) qui, construit avec le génitif du gérondif, prend le sens d'art dans diverses expressions consacrées (— *dicendi.* Art oratoire, éloquence ; — *disserendi.* Art d'argumenter, dialectique ; — *rogandi.* Art d'interroger).

RATIO DECIDENDI

Expression latine signifiant « raison de décider », parfois utilisée pour désigner, dans le processus décisionnel d'une autorité, le *motif *essentiel, la raison décisive, la donnée déterminante de la décision. Comp. *obiter dictum.*

RATIO LEGIS

Expression latine signifiant « *raison de la loi », encore utilisée pour désigner la raison d'être de la règle établie d'où l'interprétation tire la mesure de la pleine application de celle-ci. V. *raison, motif, exégèse, esprit, intention, analogie, a pari, a fortiori.* Comp. *objectif, but.*

RATIO SCRIPTA

Termes latins signifiant « raison écrite » utilisés pour désigner une source qui, n'appartenant pas à un ordre juridique en vigueur, vaut par la seule autorité de la raison (opinion d'anciens jurisconsultes, institutes de droit romain, traité international non applicable, etc.) et à laquelle l'interprète (le juge not.) se réfère en raison de sa valeur intrinsèque pour y puiser un motif de décision, un argument, une justification.

RATIONE

Ablatif du mot latin **ratio* signifiant « en raison de… », « en considération de… » ; surtout employé dans les expressions *ratione materiae, ratione loci, ratione personae,* pour désigner les considérations de *matière (divorce), de lieu (résidence du défendeur) ou de personne (qualité de commerçant), retenues par la loi comme critères déterminateurs de *compétence (matérielle ou territoriale) d'une juridiction ou d'une autorité. Ex., pour le recouvrement d'une somme d'argent, le tribunal territorialement compétent est, *ratione loci,* celui du domicile du défendeur. Comp. *jure.*

— **temporis.** Expression latine signifiant litt. « à raison du temps » utilisée dans le sens de « en fonction du temps passé » (V. **prorata temporis*), parfois, « en fonction de la *date ».

RATTACHEMENT

N. m. – Tiré de rattacher, préf. re et attacher (a et anc. franç. *tache* : « agrafe »).

- Désigne à la fois la constatation du ou des liens qui existent entre une situation et un ou plusieurs États (du fait de divers critères) (V. *point de rattachement*) et (au résultat de cette analyse) la soumission de la situation au système juridique de l'État avec lequel elle présente des liens prépondérants. Comp. *localisation.*

— **(*point de)** (on dit aussi critère, facteur, circonstance de rattachement). Éléments, de fait ou de droit, retenus par les *règles de conflit de lois (lieu de commission d'un acte, nationalité d'une personne, etc.) qui lient une situation à un État déterminé et justifient la soumission de celle-ci au Droit de cet État.

— **(règle de).** Syn. **règle de conflit.*

RATURE

N. f. – Lat. pop. *raditura,* de *radere* : racler.

- Trait tiré sur une partie d'énoncé écrit. Ex., dans les actes de l'état civil, les ratures doivent être approuvées et signées de la même manière que le corps de l'acte. Comp. *surcharge, cancellation, adirement.*

RAVE-PARTIE

N. f. – Néol. empr. à l'anglais *rave-party,* fête en folie.

- Kermesse sonore consacrée à la diffusion intensive, un ou plusieurs jours durant, à une foule d'amateurs, d'une musique électronique très fortement amplifiée, rassemblement sauvage mais *toléré, malgré le *tapage noctrune, les dommages aux propriétés et les dégâts collatéraux, moyennant une déclaration préalable (d. 3 mai 2002).

V. *tranquillité publique, troubles de voisinage, permissivité, tolérance, nuisance.*

RAYON DES DOUANES

Sens tiré de « rayon de miel », dér. de l'anc. franç. *rée,* empr. au moyen néerlandais *râta* : miel vierge. V. *douane.*

- *Zone maritime et terrestre, située près des côtes et des frontières, dans laquelle les mouvements de marchandises font l'objet d'une réglementation spéciale. V. *rebat, secteur.*

RE

Ablatif du terme latin *res* (chose) utilisé pour caractériser, par opposition aux actes *solennels et aux actes *consensuels, les contrats qui se forment par la *tradition (la remise effective) d'une chose, nommés contrats *réels. Ex. le dépôt, le prêt (naguère le gage) se forment *re.* Comp. *solo consensu, ad solemnitatem.*

RÉADAPTER

V. – Lat. *re,* terme exprimant la répétition, la reprise. Comp. de re et *adapter.

- Donner à quelqu'un qui a perdu son *emploi les moyens d'acquérir la *qualification nécessaire qui lui manquait pour en occuper un différent. Comp. *reclassement, *rééducation professionnelle.* V. *adapter, apte, aptitude.*

RÉADJUDICATION SUR (OU À LA) *FOLLE *ENCHÈRE

Préf. re (lat. *re*) et *adjudication.

► **I** (priv.)

- Remise en vente faite par nouvelle *adjudication publique, aux risques et dommages de l'*adjudicataire d'un bien vendu judiciairement, lorsque celui-ci, appelé *fol enchérisseur, ne satisfait pas aux conditions du cahier des charges (not. en ne payant pas les frais ou le prix d'adjudication). V. *enchère, revente.*

► **II** (adm.)

- Dans le Droit des marchés de travaux publics, sanction qui consiste à substituer à l'entrepreneur fautif dont le contrat est résilié un nouvel entrepreneur désigné en principe, mais non nécessairement, par voie d'*adjudication et qui achèvera l'exécution du marché, l'éventuel excédent de dépenses restant à la charge de l'entrepreneur évincé. Comp. *mise en *régie.*

RÉALISATION

N. f. – Dér. de réaliser, dér. du lat. *relais,* de *res* : chose.

- **1** Accomplissement matériel d'un travail, d'une œuvre, en exécution d'un projet, d'un plan, d'un engagement. V. *ouvrage.*
- **2** Survenance d'un événement, spéc. *accomplissement, avènement d'une *condition ; se dit aussi en matière d'assurance et de responsabilité de la survenance de l'accident ou du sinistre (réalisation du *risque, du *dommage). V. *possible.*
- **3** Terme pratique désignant l'opération financière consistant à vendre un bien (en général de *placement) pour pouvoir disposer des fonds provenant de la vente. Ex. réalisation d'un portefeuille de valeurs mobilières. Comp. *liquidation, liquidité.*

— **de l'actif.** Mise en vente des biens d'un débiteur en état de *liquidation judiciaire en vue de la distribution du montant de leur prix aux créanciers. V. *apurement du passif, dividende.*

- **4**

— **(clause de).** Convention matrimoniale parfois nommée clause d'*immobilisation, qui consistait, sous l'empire d'une communauté légale de meubles et acquêts, à exclure de celle-ci en les assimilant à des immeubles, des objets mobiliers qui, normalement, auraient dû y tomber. Ant. *ameublissement.*

- **5** Mise en œuvre du Droit ; ensemble des opérations qui assurent, en *pratique, la mise en application des règles de Droit. V. *action, voies, moyens, pratique (notariale, judiciaire), effectivité.* Comp. *création, élaboration, législation, technique juridique.*
- **6** (ass.). Au cas de retrait total d'*agrément, régime spécial imposé aux sociétés d'assurance et qui pratiquement se substitue au régime de droit commun des procédures collectives de règlement du passif.
- **7** Expression finale d'une dette ou d'une charge en somme d'argent ; opération de calcul aboutissant à chiffrer en argent le montant d'une dette, d'une charge (liquidation des *dépens, d'une *astreinte, de l'impôt). V. *liquide.*

— **de l'impôt.**

a / Ensemble des opérations qui, une fois la matière imposable déterminée, permettent de fixer le montant exact de l'impôt.

b / S'entend parfois aussi, dans le langage courant, de la détermination de la valeur à laquelle le tarif est appliqué (enregistrement).

— **d'une dépense publique.** Intervenant après l'engagement et en principe après exécution de son obligation par le contractant, ensemble des opérations qui ont pour objet, avant l'ordonnancement ou le mandatement, de vérifier la réalité de la dette d'un organisme public et d'en arrêter le montant exact.

- **8** En un sens plus étroit, *conversion en argent des éléments d'actif d'une société.
- **9** Exécution à échéance d'un marché en bourse conclu à terme.
- **10** Vente au *rabais destinée à écouler un stock de marchandises. Comp. *solde, braderie.*

RÉASSIGNATION

N. f. – Dér. de réassigner, préf. re et *assigner.

- Seconde *assignation à comparaître, qui peut être adressée, à l'initiative du demandeur ou sur décision d'office du juge, au défendeur qui ne comparaît pas, lorsque la première n'a pas été délivrée à personne (CPC, a. 471). V. *citation, assignation, signification, défaut, *jugement réputé contradictoire, *jugement par défaut.*

RÉASSURANCE

N. f. – De réassurer, préf. re et assurer. V. *assurance.*

- Opération par laquelle un assureur (dit *cédant), jugeant trop lourds ou dangereux pour lui les risques qu'il a acceptés de couvrir, s'en décharge partiellement (au-delà de son plein de *conservation) sur un autre assureur (dit *réassureur ou *cessionnaire), tout en demeurant intégralement tenu vis-à-vis de l'assuré ; facultative, ou le plus souvent obligatoire (à la suite d'un *traité passé entre les deux parties). La réassurance est tantôt *propor-*

tionnelle (soit en cas de réassurance en participation ou en quote-part, soit en cas de réassurance en excédent de risque ou excédent de plein de conservation), tantôt *non proportionnelle* (soit en cas de réassurance en excédent de sinistres, **excess loss,* soit en cas de réassurance en excédent de pertes, **stop loss*). V. *pool de réassurance.*

REBAT

N. m. – Tiré de rebattre, préf. re et battre. V. *rabattement.*

- Tournée quotidienne de circulation des agents des *douanes pour la surveillance d'un *secteur. V. *rayon des douanes.*

RÉBELLION

N. f. – Lat. *rebellio,* de *rebellare* : se rebeller, de *bellum* : guerre.

- **1** Attaque ou *résistance avec violences envers des représentants de l'autorité agissant pour l'exécution des lois, des ordres de l'autorité publique, des décisions ou mandats de justice, dont la gravité dépend du nombre des rebelles et du point de savoir si certains d'entre eux portaient des armes (C. pén., a. 433-6). Comp. *attroupement, réunion, mutinerie, révolte, révolution.*
- **2** De la part des juges du fond, syn. de *résistance.

REBOISEMENT

Dér. de reboiser, préf. re et bois, du germ. *bosk* : buisson, bois.

- **1** Rétablissement de l'état boisé sur un terrain autrefois en bois, qui avait été défriché.
- **2** Par ext., au lieu de boisement, la transformation en forêt au moyen de semis ou plantations, d'un terrain nu, en friche ou cultivé.

REBUS SIC STANTIBUS

Formule latine (abl. abs.) signifiant « les choses étant ou demeurant ainsi », utilisée pour désigner la référence à la situation (économique, monétaire, etc.) qui existait au moment de la conclusion d'un accord de longue durée, dans la question de savoir si le maintien de cette situation a été considéré (expressément ou implicitement) comme la condition du maintien de cet accord, de telle sorte que l'altération grave de cet état de choses justifierait la caducité ou l'*adaptation de l'accord originaire. V. *imprévision, variation, circonstances, hardship, indexation, actualisation, revalorisation, valeur.*

— **(clause).** V. **clause rebus sic stantibus.*

RECEL

N. m. – De receler, préf. re et celer, lat. *celare* : tenir caché, cacher, tenir secret, ne pas dévoiler.

- Au sens strict, *dissimulation illicite d'une personne, d'une chose ou d'un événement qui constitue, sous les conditions propres à chacun, divers délits spéciaux (d'ordre civil ou pénal) ou au moins un agissement frauduleux ; qualification souvent étendue à d'autres faits que celui de tenir caché par-devers soi, par ex. celui de transmettre une chose ou d'aider un criminel dans sa fuite. V. *fraude.*

▸ **I** (civ.)

- **1** Désigne le recel de communauté ou le recel successoral : fraude au *partage par laquelle l'un des coïndivisaires détourne sciemment au préjudice des autres une valeur de la communauté (recel de communauté) ou de la succession (recel successoral) qu'il soustrait au partage en vue de se l'approprier ; agissement frauduleux constitutif d'un *délit civil qui peut consister en toute opération (soustraction matérielle, *détournement, dissimulation ou autres combinaisons) tendant à entamer l'actif partageable et qui expose son auteur à diverses peines civiles dont la privation, pour le receleur, de sa portion dans les biens recéelés (C. civ., a. 778, 1477). Syn. *divertissement* (mais ce dernier terme désigne plus spécialement un acte de détournement). V. *égalité.*
- **2**

— **de grossesse.** Dissimulation, par une femme, de son état de grossesse à son futur époux, qui fondait celui-ci à désavouer par simple dénégation l'enfant né dans les cent quatre-vingts jours du mariage, à moins qu'il ne se soit après la naissance comporté comme le père (C. civ., a. 314 anc.).

— **de naissance.** Dissimulation, par une femme, de la naissance de son enfant qui différait le point de départ de l'action en *désaveu ouverte à son époux jusqu'au jour de la découverte de la fraude (C. civ., a. 316 anc.).

► **II** (pén. et com.)

• Comportement puni par la loi pénale et qui est en liaison avec une infraction précédemment commise par un tiers. V. *vol.*

— **autrefois dit de biens de faillite.** Délit spécial de la part de toute personne (mais sans connivence avec le débiteur : cas de complicité de *banqueroute frauduleuse), à dissimuler ou à soustraire aux poursuites de la masse des créanciers tout ou partie des biens, meubles ou immeubles, du débiteur soumis à une procédure de règlement judiciaire ou de liquidation des biens et exposant son auteur à une peine correctionnelle de prison qui peut s'accompagner d'une privation de certains droits (droits de vote et d'éligibilité, droit d'être juré, de voter dans les délibérations de famille, d'être entendu en justice comme témoin sous serment, etc.).

— **de cadavre.** Fait de cacher sciemment (chez soi ou ailleurs) le cadavre d'une personne dont on sait qu'elle est décédée à la suite d'une infraction, incriminé comme *entrave à la saisine de la justice (C. pén., a. 434-7).

— **de choses.** Fait de détenir et de tenir cachée une chose que l'on sait provenir d'un crime ou d'un délit, qualification étendue au fait de la dissimuler (en tout lieu), de la transmettre (seul ou comme intermédiaire) et même de bénéficier en connaissance de cause du produit de l'infraction (recel-profit). C. pén., a. 321-1.

— **de déserteur.** Fait de cacher sciemment un militaire en fuite ou de le soustraire aux poursuites. V. *désertion.*

— **de criminel.** Fait de donner asile à un criminel (de lui fournir un logement ou un lieu de retraite), par ext. fait de lui fournir des subsides, des moyens d'existence ou tout autre moyen de se soustraire à la justice, assistance incriminée comme *entrave à la saisine de la justice, sauf si elle a lieu en faveur d'un proche (C. pén., a. 434-6).

— **d'insoumis.** Fait de cacher sciemment ou de soustraire aux poursuites (par ex. en le prenant à son service) un appelé militaire qui refuse de rejoindre son corps. V. **insoumission.*

RECELÉ

Adj. – Part. pass. du v. receler. V. *recel.*

• Caché ; se dit des objets divertis, dissimulés par recel. V. *furtif.*

RECELÉ

Subst. – V. le précédent.

• (vx). Syn. de *recel (de communauté ou de succession).

RECÈLEMENT

Dér. de receler. V. *recel.*

• (vx). Action de receler.

RECELER

V. *recel.*

• **1** (sens étym. spécifique). Dissimuler, cacher (spéc. ce que l'on détient).

• **2** (par ext., sens générique). Mettre sciemment obstacle à l'œuvre de la justice par tous les moyens propres à lui soustraire une chose d'origine délictueuse ou un malfaiteur en fuite.

RECELEUR, EUSE

Subst. – Dér. de receler. V. *recel.*

• Auteur d'un *recel.

RECENSEMENT

N. m. – Dér. de recenser, lat. *recensere.*

• Opération ayant pour objet de dénombrer certains individus ou certaines données et d'en dresser la statistique. V. *dénombrement.*

— **aux fins du service national.** Opération de dénombrement consistant à établir, année par année, à partir de leurs déclarations, la liste des Français qui atteignent, dans l'année, l'âge de 16 ans, l'obligation de se faire inscrire à la mairie de son domicile incombant à tout Français atteignant cet âge, au titre du *service national universel (C. serv. nat., a. R. 111-1).

— **de la population.** Recensement (quinquennal) ayant pour objet de dénombrer, d'une manière totale et par catégories, la population du pays.

RÉCÉPISSÉ

Subst. masc. – Mot lat. signifiant « avoir reçu » ; infinitif parfait du v. *recipere* : recevoir. Aujourd'hui considéré comme un mot français.

- **1** *Écrit constatant la *réception de pièces ou d'objets divers en communication, en dépôt ou après un transport. Ex. on nomme récépissé le document attestant la remise d'un envoi au service postal pour être expédié, ou la réception d'un envoi par le destinataire ; lorsqu'il est signé par le destinataire de la communication, le *bordereau des pièces communiquées lors d'une procédure vaut récépissé (CPC, a. 815 et 961). V. aussi a. 655, 934, *reçu, récépissé d'*expédition.*
- **2** En matière de *warrant : titre qui constate le dépôt de marchandises dans les magasins généraux et qui peut avoir une existence distincte de celle du warrant auquel, lors du dépôt, il est attaché.

RÉCEPTEUR (D'UN COMPTE COURANT)

De *receptus,* part. pass. du v. lat. *recipere* : recevoir.

- Partie à un compte courant dont une dette envers l'autre partie entre en compte, que la dette résulte d'un dépôt ou de toute autre cause.

RÉCEPTICE

Adj. – V. le précédent.

- Se dit des *actes juridiques *unilatéraux qui n'existent que par la *notification qui en est faite à leur destinataire (parfois nommés déclarations faites à partie). Ex. le *congé donné par le bailleur, la *mise en demeure du débiteur. V. *sommation, déclaration, option.* Ant. **non récepticе.*

RÉCEPTION

N. f. – Lat. *receptio,* du v. *recipere* : recevoir.

- **1** En un sens courant, fait matériel de recevoir un objet, une communication, des nouvelles ou même, le sachant ou non, une lettre, fait qui, en ce dernier cas, dans une certaine théorie (dite de la réception), marque la date à laquelle devient parfait un contrat entre absents et détermine le lieu de sa conclusion. Comp. *émission.* V. *remise, tradition, lettre recommandée avec demande d'avis de réception, acceptation.*
- **2** Plus spéc. action de recevoir un paiement (de percevoir une somme d'argent) et d'en donner quittance. V. *reçu.* Comp. *recouvrement, perception, encaissement.*
- **3** En un sens technique, opération juridique par laquelle une personne donne son *agrément – parfois accompagné de *réserves – à une opération matérielle accomplie à son intention (transport, travaux), ou à une offre de garantie ; espèce d'*acceptation. V. *approbation, adhésion, accord.*

— de *caution.

a / Au sens large, acte par lequel un créancier accepte en qualité de caution de son débiteur, la personne que celui-ci lui présente ou qui s'offre pour garantir la dette.

b / En un sens plus technique, procédure suivant laquelle la caution que le débiteur doit fournir en vertu de la loi ou d'un jugement est présentée au créancier afin que celui-ci déclare s'il l'accepte ou la conteste. V. **certificateur de caution.*

— de marchandises. Acte juridique par lequel le destinataire accepte la marchandise qui lui est offerte à la *livraison par le transporteur. Ne se confond pas avec *enlèvement. V. *connaissement.*

— de travaux.

a / (sens générique). Acte par lequel le *maître de l'ouvrage reconnaît l'exécution correcte et satisfaisante des travaux accomplis pour lui par un entrepreneur ; se distingue de la simple *livraison de l'ouvrage par l'entrepreneur ou de sa prise de possession par le maître qu'elle peut aussi bien précéder que suivre.

b / (plus spécialement). Acte par lequel, à l'amiable ou judiciairement (mais toujours de façon contradictoire) le maître de l'ouvrage déclare accepter l'ouvrage avec ou sans réserves et qui laisse toujours subsister la garantie de parfait achèvement à la charge de l'entrepreneur, pendant un délai d'un an à compter de sa date et, pendant deux ans au moins, la garantie de bon fonctionnement des éléments d'équipement autres que ceux qui sont parties d'ouvrage (C. civ., a. 1792-3, 1792-6).

RÉCEPTIONNAIRE

Subst. – Dér. de *réception.

- Celui qui prend *livraison des marchandises pour son propre compte ou pour le compte du *destinataire. Syn. *destinataire.* Comp. *ayant droit, réclamateur.*

RECETTE

N. f. – Tiré de recevoir, d'après le lat. *recepta,* fém. de *receptus,* de *recipere* : recevoir.

- **1** *Ressource, produit, rentrée d'argent, pour l'État, une entreprise. Ex. recettes budgétaires, *chiffre d'affaires.

— **d'ordre.** Recette qui atténue ou compense une dépense correspondante.

— **publique.** Rentrée d'argent dans les caisses de l'État ou d'une autre personne morale de droit public.

- **2** Source de ces rentrées. Ex. impôt.
- **3** Service chargé de percevoir des *deniers. Ex. recette des impôts, recette buraliste.

— **s (clause).** Nom donné, dans la pratique des *baux commerciaux, à la stipulation qui fait varier en plus ou en moins le loyer à verser au bailleur en fonction du *chiffre d'affaires réalisé par le preneur, mécanisme modérateur des crises qui, purement conventionnel, échappe à la révision légale des clauses ordinaires d'*indexation, et qui, à la différence des clauses de *renégociation joue automatiquement et tend, non à un rééquilibrage global du contrat mais à une *adaptation du seul prix.

— **(délégation de).** V. *délégation de recettes.*

RECEVABILITÉ

N. f. – Dér. de *recevable.

- **1** Caractère d'un recours ou d'une proposition qui remplit les conditions préalables exigées pour que l'organe saisi puisse passer à l'examen du fond en vue de discuter, amender, adopter ou rejeter. Ex. recevabilité d'une requête contentieuse, d'une proposition ou d'un amendement législatif (Const. 1958, a. 40 et 41).
- **2** Plus spéc., caractère reconnu à une demande en justice lorsqu'elle mérite d'être examinée au *fond (sauf à être ensuite déclarée *mal fondée) et qui naît lorsque les conditions de l'*action étant réunies, la demande qui l'exerce ne se heurte à aucune *fin de non-recevoir. Ne pas confondre avec *régularité (CPC, a. 30, 122). Comp. *admissibilité.*

RECEVABLE

Dér. de recevoir, lat. *recipere.*

- **1** Qui mérite d'être pris en considération pour un examen au *fond (en l'absence de toute *fin de non-recevoir, s'opposant à cet examen) ; se dit de la demande en justice dont le juge est tenu d'examiner les mérites au fond, mais à laquelle il ne fera droit que si, par ailleurs, cette demande est également *régulière (en la forme) et *bien-fondée (au fond). Ex. CPC, a. 472, al. 2. Comp. *admissible.*
- **2** S'applique aussi au plaideur, dont on dit qu'il est recevable en sa demande lorsque, le droit d'agir lui étant *ouvert, il est en droit d'être entendu sur le fond de sa prétention (même s'il est ensuite débouté *au fond).

RECEVEUR

Dér. de recevoir. V. *recette.*

- Agent chargé d'effectuer certaines *dépenses ou de percevoir certaines *recettes. Ex. receveur des finances, receveur municipal.

RECHANGE

N. m. – Préf. re et *change.

- **1** *Recours du porteur d'une lettre de change impayée consistant à tirer une nouvelle lettre de change, dite *retraite sur l'un de ses garants pour se faire payer (C. com., L. 511-62 s.).
- **2** Prix de la négociation de la *retraite (II).

RECHARGEMENT

N. m. – Dér. de recharger, lat. *carricare,* dér. de *carrus* : char.

- Action de charger, sur le même engin de transport, une marchandise primitivement déchargée, à la suite d'un refus du destinataire, d'une erreur de destination ou d'opérations de douanes.

RECHERCHE (ACTION EN)

- **1** En matière de filiation hors mariage : action intentée par un enfant non *reconnu par son père (et non rattaché à lui par la possession d'état), afin d'établir et de faire judiciairement déclarer sa filiation paternelle (action en recherche de *paternité hors mariage, C. civ., a. 327) et de bénéficier des effets qui résultent de cet état (on dit aussi action en *déclaration judiciaire de paternité). Ne pas confondre avec l'action en constatation de *possession d'état, autre mode d'établissement de la filiation hors mariage. V. *reconnaissance.*
- **2** Désigne aussi la preuve judiciaire de la maternité : action en recherche de maternité (C. civ., a. 325), que la mère soit ou non mariée.

RECHERCHE SCIENTIFIQUE

Préf. re et lat. *circare* : aller çà et là.

- Expression désignant l'ensemble des institutions (ministère, comités, délégation générale, centre national), et des actions assurant l'intervention de l'État dans le domaine de la recherche et du développement scientifique et technique.

RÉCIDIVE

N. f. – Lat. médiév. *recidiva,* du lat. *recidivus,* propr. « qui retombe », d'où « qui revient ».

- Fait, pour un individu qui a encouru une condamnation définitive à une peine par une juridiction française et pour une certaine infraction, d'en commettre une autre (distincte) soit de même nature (récidive spéciale) soit de nature différente (récidive générale) : rechute à laquelle la loi attache une *aggravation de la peine (C. pén., a. 132-8 s.). Ex. récidive de peine criminelle à peine criminelle, de peine criminelle à peine correctionnelle, etc. V. *circonstance aggravante.* Comp. *cumul de *qualifications, cumul réel d'infractions, réitération.*

— **perpétuelle.** Rechute sanctionnée comme récidive quel que soit l'intervalle de temps qui sépare l'infraction nouvelle de la condamnation antérieure, réitération.
— **temporaire.** Rechute qui n'est sanctionnée comme récidive que dans le cas où l'infraction nouvelle est commise avant l'expiration d'un certain laps de temps depuis la condamnation antérieure ou la date à laquelle le condamné en a été affranchi.

RÉCIDIVISTE

Subst. et adj. – De *récidive.

- *Délinquant reconnu coupable d'infraction en état de *récidive. V. *primaire (délinquant).*

RÉCIPROCITÉ

N. f. – Lat. *reciprocitas,* de *reciprocus* : qui revient au point de départ.

- **1** Caractère de ce qui est *réciproque (au sens 1, 2, 3 ou 4). Comp. *connexité, équivalence, partage.*
- **2** Plus spéc. (int. publ.). Situation dans laquelle un État assure à un autre État ou à ses ressortissants un traitement équivalent à celui que lui réserve ce dernier.

— **de fait.** Celle qu'un État pratique envers un autre État lorsqu'il bénéficie en fait, sur le territoire de cet État, du même traitement. Comp. **clause de la nation la plus favorisée.* V. *non-réciprocité (régime de).*
— **diplomatique.** Celle qui résulte d'un traité.
— **législative.** Celle qui procède de lois concordantes.

- **3** En matière de *réassurance, pratique selon laquelle l'assureur (cédant) demande au réassureur de lui faire des cessions, ce qui conduit à des *compensations.

RÉCIPROQUE

Adj. – V. *réciprocité.*

- **1** *Mutuel ; se dit pour caractériser, entre deux personnes, les obligations de même nature qui les lient l'une envers l'autre, lorsque chacune est tenue à l'égard de l'autre d'un devoir ayant le même objet. Ex. entre époux la fidélité est un devoir réciproque ; entre parents les obligations alimentaires sont réciproques (C. civ., a. 207). Ant. *propre, unilatéral.*
- **2** *Connexe ; se dit pour caractériser, entre deux contractants, les obligations de même objet ou d'objet différent que

chacun assume envers l'autre, lorsque l'obligation de chacun est regardée comme la *contrepartie de l'obligation de l'autre, de telle sorte que l'exécution de l'obligation de l'un est subordonnée à l'exécution de l'obligation de l'autre. Ex. dans la vente les obligations réciproques de l'acheteur et du vendeur. Syn. *corrélatif, interdépendant, *synallagmatique.* V. *bilatéral, résolution, *exception d'inexécution, cause.* Ant. *unilatéral.*

- **3** *Équivalent ; se dit pour caractériser, entre partenaires à des échanges politiques ou économiques, des obligations mutuelles qui, par l'effet d'une exigence renforcée, ne sont regardées, comme réciproques, qu'à la condition de procurer à chacun des avantages substantiellement comparables. Ex. traitement réciproque des nationaux.
- **4** *Respectif ; se dit pour caractériser, entre parties à une même opération ou membres d'un groupe, ce qui vient de chacun quels qu'en soient l'objet et l'importance. Ex. apports réciproques des associés, remises réciproques en compte courant, torts réciproques des époux. V. *partagé*.

RÉCLAMANT

Subst. – Part. prés. subst. de *réclamer.

- L'auteur d'une *réclamation, celui qui réclame. Comp. *demandeur, requérant.*

RÉCLAMATEUR

Dér. de réclamer, lat. *reclamare.*

- *Destinataire qui se présente pour demander la *livraison de marchandises arrivées. V. *ayant droit, connaissement.* Comp. *réceptionnaire.*

RÉCLAMATION

N. f. – Lat. *reclamatio,* de *reclamare* : réclamer, rad. *clamare* : appeler.

- Action de réclamer ; acte par lequel un sujet de droit s'adresse à une autorité afin d'obtenir ce qu'il estime être son dû, de faire respecter son droit : nom générique donné à une démarche administrative (service des réclamations) ; nom spécifique porté par certaines actions en justice (ex. réclamation d'état). Comp. *contestation, prétention, allégation, demande, requête, revendication, plainte, dénonciation, placer, pétition, répétition, doléance.*

▸ **I** (fisc.)

- **1** Sens général : contestation portant sur le bien-fondé de tout ou partie d'une imposition.
- **2** Spécialement : acte par lequel le contribuable doit saisir l'administration de sa contestation avant d'en saisir le tribunal compétent. Ex. la réclamation préalable, généralement adressée au directeur départemental des impôts.

▸ **II** (com.)

- Espèce de *contredit ; contestation élevée à l'encontre de l'état des créances dans les procédures collectives d'apurement du passif.

▸ **III** (int. publ.)

- **1** Demande présentée par un sujet de Droit international à un autre sujet de Droit international, et par laquelle le réclamant se prétend fondé en droit à obtenir réparation d'un préjudice.
- **2** Plainte par laquelle la victime du comportement d'un sujet de Droit international demande à celui-ci de pourvoir de quelque façon au redressement de la situation résultant de ce comportement. Comp. *représentations.*

▸ **IV** (civ.)
— **d'état.**
a / Naguère : action en justice exercée par un enfant dépourvu de titre ou de possession d'état ou prétendant que les énonciations de son acte de naissance sont fausses, afin d'établir la filiation légitime qu'il prétendait être la sienne (C. civ., a. 323 anc.). V. aujourd'hui, *action en recherche de maternité.*

- Ne se confondait pas avec la réclamation ou *revendication d'enfant légitime, action à fin de preuve de la filiation naguère ouverte, dans la même situation (généralement absence de titre et de possession d'état) aux parents prétendus agissant conjointement ou séparément (C. civ., a. 328 anc., action aujourd'hui non prévue, o. 4 juill. 2005)).

b / Dans un sens plus large : toute action judiciaire en vue d'établir une filiation dont le demandeur s'estime privé à tort (ex. l'action en *recherche de paternité hors mariage) et qui, *action d'état dotée d'effets complets (quant au nom, à l'autorité parentale et aux droits successoraux principalement), se différencie de l'action alimentaire ou de celle à fins de subsides (C. civ., a. 342). Ant. *contestation d'état*. V. *conflit de filiation*.

c / Dans un sens encore plus large (et rare) action par laquelle une personne, qui n'est pas en possession de l'état qu'elle prétend être le sien (ou de tous les éléments de celui-ci), demande à se voir reconnaître cet état et à bénéficier des effets qui s'y attachent. Ex. une action relative au nom, en vue de l'adjonction d'une particule, peut ne poser aucune question de filiation. V. *état, état civil, action d'état, action en interprétation d'état, revendication de paternité légitime, action en rectification d'acte de l'état civil*.

RÉCLAMER

V. – Lat. *reclamare*. V. *réclamation*.

- **1** Demander comme un droit (ex. réclamer le remboursement d'un prêt, l'indemnisation d'un dommage), non pas seulement devant un tribunal (réclamer en justice ; V. *demande*) mais par toute manifestation tendant à exercer un droit (réclamer une *succession, C. civ., a. 809). V. **pétition d'hérédité, *réclamation d'état, exiger*.
- **2** Parfois syn. de *requérir (réclamer la réclusion criminelle).
- **3** Plus vaguement, *invoquer, solliciter, implorer (réclamer l'indulgence du jury).

— **(vente à).** V. *vente à réclamer*.

RECLASSEMENT

N. m. – Préf. re et lat. *classis*.

- **1** Mesure par laquelle un nouvel emploi est procuré à un salarié licencié. V. *reconversion, réadapter, adapter, rééducation professionnelle*.
- **2** (adm.). Action consistant, après le *déclassement d'un bien, à réincorporer celui-ci au domaine public. V. *classement*.

RÉCLUSION

N. f. – Dér. de reclus, de reclure (vx), lat. *recludere*, rad. *claudere* : clore.

- Avant l'ordonnance du 4 juin 1960, peine criminelle de droit commun, afflictive et infamante, d'une durée de cinq à dix ans et exécutée en maison centrale. Comp. *réclusion criminelle*. V. *détention*.

— **criminelle.** *Peine criminelle de droit commun privative de liberté instituée en 1960 pour remplacer à la fois la peine des *travaux forcés et celle de la réclusion et remodelée en 1994 ; peut être temporaire (trente ans au plus, dix ans au moins) ou perpétuelle, s'exécute normalement en *maison centrale ou en *centre de détention. C. pén., a. 131-1. Comp. *détention criminelle*.

RECODIFICATION

N. f. – Néol. préf. re (exprimant une reprise) et *codification.

- **1** (formellement). Regroupement dans un *code de lois postérieures qui lui étaient demeurées extérieures ; réincorporation de lois spéciales éparses relatives à une matière. Comp. *codification à droit constant*.
- **2** (intellectuellement). Rénovation d'un code par la refonte de parties importantes de sa structure ; réforme s'apparentant, en reprise, à une *codification réelle.

RECOGNITIF, IVE

Adj.

V. **acte recognitif*.

RÉCOLEMENT

N. m. – Dér. de récoler, lat. *recolere* : se rappeler et rappeler.

- **1** *Dénombrement des meubles saisis auquel l'huissier procède immédiatement avant la vente consécutive à une *saisie-exécution (afin de vérifier s'il n'en a pas été détourné depuis lors) et qui donne lieu à la rédaction d'un procès-verbal. V. *inventaire*. Comp. *recensement*.
- **2** Vérification contradictoire, après exploitation d'une coupe, de la conformité de cette exploitation avec les clauses

et conditions imposées : *réserve des arbres marqués, bonne exécution des travaux, etc.

• **3** En matière de contributions directes, détermination de la quantité d'alcool que renferment les spiritueux représentés par un bouilleur, en dehors de toute investigation du service.

RÉCOLTES

N. f. pl. – Ital. *ricolta,* de *ricogliere* : recueillir.

• Terme général désignant les produits de la terre arrivés à maturité et recueillis par l'exploitant, ou susceptibles de l'être à brève échéance. V. **meuble par anticipation, saisie-brandon*. Comp. *fruits.*

— **(déclaration de).** Formalité imposée à tout producteur de vin bénéficiant d'une *appellation d'origine l'obligeant à faire connaître en mairie l'origine géographique du vin, les cépages et les quantités récoltées.

— **(destruction de).** *Délit rural, puni de peines correctionnelles, consistant en la dévastation volontaire des récoltes sur pied ou des plants appartenant à autrui.

— **(incendie de).** Infraction, punie de peines criminelles, consistant pour une personne à mettre volontairement le feu soit à des récoltes appartenant à autrui, soit à ses propres récoltes dans l'intention de porter préjudice à autrui.

— **(perte de).** *Cas fortuit entraînant la destruction d'au moins la moitié d'une récolte, permettant au fermier d'obtenir une remise du prix de sa location à moins que son préjudice n'ait été compensé par les récoltes précédentes.

— **(vol de).** Infraction, punie suivant les cas de peines correctionnelle ou de police, consistant soit à s'emparer des récoltes d'autrui détachées du sol, soit à cueillir ou manger sur place des fruits ou autres productions appartenant à autrui.

RECOMMANDATAIRE AU BESOIN

Dér. de *recommandation. V. *besoin.*

• Personne dont le nom est mentionné dans la lettre de change pour l'accepter à défaut du *tiré ou simplement pour la payer en cas de défaillance de ce dernier.

RECOMMANDATION

N. f. – Dér. de recommander. dér. lui-même du lat. pop. *commandare* : commander.

• (Sens gén.). Invitation à agir dans un sens déterminé ; par opp. à *directive ou *injonction, suggestion en général dépourvue de caractère contraignant. Comp. *conseil, avis, ordre, instruction.*

• **1** (pour un organisme international). *Résolution invitant son destinataire à agir d'une certaine manière et qui, en principe, not. lorsqu'elle s'adresse à un État, est dépourvue de force obligatoire. Dans la pratique, on distingue : les recommandations simples, qui ont valeur de simples *propositions (ex. UNO), les recommandations contrôlées, à l'égard desquelles les États doivent motiver leur refus (ex. OIT), et les recommandations de résultat, qui rendent le but à atteindre obligatoire tout en laissant aux États la liberté du choix des moyens (ex. CECA).

• **2** (plus part. pour les institutions communautaires).

a / Acte du Conseil ou de la Commission demandant aux destinataires de suivre un comportement donné sans pour autant les lier (anc. tr. CEE, a. 189, anc. tr. CEEA, a. 161, TFUE, a. 288). Comp. *décision, directive, règlement, résolution, instruments juridiques communautaires.*

b / Acte de la Commission ou du Conseil (CECA), comportant obligation dans les buts qu'il assigne, mais laissant aux destinataires le choix des moyens propres à atteindre ces buts (tr. CECA, a. 14).

• **3** (pour le *médiateur ou un conciliateur). Conseils et suggestions adressés aux parties afin de favoriser leur rapprochement et de les orienter vers un accord ; parfois (not. en droit du travail) la proposition motivée de règlement du conflit émise par le médiateur, le projet (élaboré) de résolution du différend. V. *médiation.*

• **4** (pour un syndicat d'employeurs). *Décision unilatérale d'un syndicat patronal qui, intervenant à défaut de l'accord prévu par une convention collective, peut lier les employeurs adhérents à l'égard de leurs salariés.

• **5** Action, pour une personne, de marquer sa *confiance envers une autre, en invitant une troisième personne à réserver bon accueil à la précédente, sans cependant que l'auteur de la recommandation prenne d'engagement envers le destinataire de celle-ci. Ex. lettre de recommandation. Comp. *lettre de confort.*

• **6** *Conseil, *instruction du mandant au mandataire.

• **7** Action de recommander une lettre. V. *lettre recommandée.*

—s de bonnes *pratiques. Guide de bonne exécution ; ensemble d'indications à suivre dans l'accomplissement d'une mission, afin d'y satisfaire, qui émane d'organismes consultatifs autorisés. Ex. recommandations sur la délivrance à l'usager du système de santé de l'information à laquelle il a droit sur son état de santé (C. sant. publ. a. L. 1111-2 ; *adde* a. L. 1111-9). V. *abus de mèl.*

RÉCOMPENSE

N. f. – Tiré de récompenser, lat. *recompensare* : compenser, récompenser.

• **1** Somme d'argent ou bien donné à quelqu'un comme prix d'un service, d'une bonne action ou d'un succès dans une entreprise (concours, jeu, match).

— industrielle ou commerciale. Distinction honorifique décernée dans des concours ou expositions soit par le gouvernement français, soit par un État étranger, soit par un corps constitué, une personne publique ou privée, et dont le lauréat ne peut se prévaloir dans les relations commerciales qu'après un enregistrement à l'Institut national de la propriété industrielle (l. 8 août 1912).

• **2** Sous le régime de la communauté de biens entre époux, *indemnité pécuniaire due par la communauté à l'un des époux ou par l'un des époux à la communauté et qui est réglée après la dissolution de la communauté (C. civ., a. 1468 s.). On a proposé d'étendre le terme à d'autres indemnités dues entre époux à l'occasion de la liquidation du régime matrimonial. V. *liquidation, règlement, reprise,* **profit subsistant.*

• **3** Par ext. plus large encore, indemnité due par une personne qui conserve un bien en nature à celui qui avait des droits sur la valeur de ce bien. Ex. indemnité versée par le gratifié à l'héritier réservataire en cas de réduction en valeur (C. civ., a. 866, 867 anc. ; *adde* a. 765, al. 3).

RÉCONCILIATION

N. f. – Lat. *reconciliatio.* V. *conciliation.*

• Fait pour deux époux de reprendre effectivement et intentionnellement (par accord tacite ou exprès) la vie commune précédemment interrompue qui se distingue du simple fait de maintenir, ou de reprendre temporairement une cohabitation (not. en raison de la nécessité d'un effort de conciliation ou des besoins de l'éducation des enfants, C. civ., a. 244, al. 3) et auquel la loi attache de nombreux effets : la réconciliation constitue une fin de non-recevoir à l'action en divorce ou en séparation de corps pour faute ; met fin à la séparation de corps prononcée entre les époux (C. civ., a. 305) ; peut contribuer à constituer la possession d'état d'enfant à l'égard du mari et, par suite, à rétablir ou conforter la présomption de paternité lorsque celle-ci est écartée ou affaiblie en raison de la séparation des époux (C. civ., a. 314, 313). À distinguer de la *conciliation qui peut intervenir au cours de la procédure de divorce et qui, constatée par ordonnance judiciaire, met fin à la procédure.

RECONDUCTION

N. f. – Lat. *reconductio,* de *reconducere* : reprendre à bail.

• Continuation d'un contrat (de bail, de travail, de prêt…) à durée déterminée au-delà de sa durée initialement convenue et aux conditions originaires, en vertu de l'accord explicite ou, le plus souvent, implicite des parties. Comp. *renouvellement, prorogation.*

— tacite. V. **tacite reconduction.*

RECONNAISSANCE

N. f. – Dér. de reconnaître, lat. *recognoscere.*

• **1** Manifestation de volonté par laquelle une personne accepte de tenir pour établie une situation préexistante de fait (lien de filiation) ou de droit (obligation) ; acte unilatéral *déclaratif de cette situation mais propre à lui faire produire ses effets ou à les renforcer. V. *recognitif.* Comp. *aveu, affirmation, déclaration, acquiescement.*

— **de complaisance.** V. *complaisance.*

— **de dette.** Acte écrit par lequel une personne se reconnaît débitrice envers une autre. V. **billet non causé.*

— **d'enfant hors mariage.** Mode d'établissement de la *filiation hors mariage (simple ou adultérine, C. civ., a. 316) plus spécifiquement nommé reconnaissance volontaire (par opp. à la déclaration judiciaire de paternité ou de maternité), qui consiste en une *déclaration par laquelle une personne affirme dans un acte authentique être l'auteur d'un enfant.

— **judiciaire ou forcée.** Par abus de langage, nom parfois donné à la déclaration judiciaire de la filiation à la suite d'une action en *recherche de maternité (C. civ., a. 325) ou de paternité hors mariage (a. 327).

• **2** Décision officielle d'*admission après *contrôle ; acte unilatéral par lequel une autorité confère un droit ou un effet de droit à un groupement, un acte ou un titre dont elle admet l'existence et la valeur.

— **des jugements.**

a / Admission dans un État de tout ou partie des effets d'un acte émanant d'une autorité étrangère.

b / Spécialement en matière de jugements étrangers, admission à la suite ou non d'une procédure particulière, des effets de jugements autres que ceux qui entraîneraient des mesures d'exécution. Comp. *opposabilité, exequatur, coercition sur les personnes.*

— **d'utilité publique.** Acte par lequel les pouvoirs publics reconnaissent officiellement l'intérêt qu'en raison de son but une *association présente pour la collectivité et qui confère à l'association une *capacité élargie ; par ext., le bienfait ainsi octroyé ou le régime applicable aux associations reconnues. V. **associations *déclarées.*

— **mutuelle des diplômes.** Acte par lequel chaque État membre confère, sur son territoire, aux diplômes délivrés par les autres États membres le même effet qu'aux diplômes correspondants qu'il délivre (TFUE, a. 57, § 1) ; ex. directive du Conseil du 5 avril 1993 visant notamment à la reconnaissance mutuelle des diplômes, certificats et autres titres de médecin.

• **3** (int. publ.). Acte unilatéral par lequel un État fait connaître explicitement ou implicitement qu'il admet, pour ce qui le concerne, l'existence d'un fait ou d'une situation (apparition d'un État nouveau, changement de régime intervenu par la violence, édiction d'un acte juridique, etc.) et qu'il en accepte les conséquences dans ses relations extérieures ; intervient soit *de jure,* soit seulement *de facto.*

— **comme belligérants (ou de belligérance).** Acte par lequel un État déclare qu'il considère désormais des insurgés comme belligérants, c'est-à-dire comme admis au bénéfice du droit de la guerre.

— **comme insurgés.** Acte par lequel un État déclare que les individus qui luttent contre lui les armes à la main seront soustraits au traitement habituellement appliqué aux rebelles.

— **comme nation.** Acte par lequel un État déclare son intention de reconnaître comme État, si elle conquiert son indépendance, une collectivité encore incorporée à un autre État. Ex. reconnaissance de la Pologne et de la Tchécoslovaquie comme nations par les gouvernements alliés pendant la guerre de 1914-1918.

— **de gouvernement.** Acte par lequel un État déclare son intention d'entretenir désormais des relations avec le gouvernement issu d'une révolution ou d'un coup d'État.

— **d'État.** Acte par lequel un État déclare son intention de traiter désormais comme État une collectivité qui n'avait pas antérieurement d'organisation politique indépendante.

• **4** Dans une loi ou un traité, disposition *déclaratoire en général solennelle dont l'objet est d'admettre officiellement l'existence d'un fait ou d'un droit jusqu'alors méconnu ou passé sous silence, *déclaration qui en marque symboliquement laconsécration. Ex. reconnaissance du *trust par la Convention de La Haye du 1er juill. 1985 (non ratifiée par la France) ; reconnaissance par la France du génocide arménien.

• **5** Acte matériel de *vérification, examen ; contrôle. Ex. reconnaissance des lieux.

— **sanitaire.** Vérification de la provenance du navire faite par l'autorité maritime.

• **6** Parfois, dans un sens moins technique, consécration juridique. Ex. agir en justice pour la reconnaissance d'un droit.

— **préalable de culpabilité (comparution sur).** V. *culpabilité.*

RECONNU, UE

Adj. – Part. pass. de reconnaître. V. *reconnaissance.*

- **1** Se dit d'un enfant *naturel qui a bénéficié d'une *reconnaissance volontaire de la part de sa mère, de son père, ou des deux, et dont la filiation naturelle se trouve ainsi légalement établie relativement à l'auteur de la reconnaissance.
- **2** Pour un groupement étranger (not. une société), doté de la personnalité juridique.
- **3** Parfois syn. d'*établi ou de jugé.

RECONSTITUTION

N. f. – Préf. re et *constitution.

- Action de reconstituer correspondant soit au rétablissement juridique d'une situation, soit à la reproduction matérielle d'un événement.

— **de carrière.** Ensemble des mesures qui doivent être prises par l'administration à la suite de l'annulation par le juge d'une décision illégale d'éviction d'un agent et qui ont pour objet de rétablir celui-ci dans la situation où il se serait trouvé au moment de l'annulation s'il n'avait jamais été évincé. V. *réintégration.*

— **de crime.** Acte d'*instruction consistant à demander au témoin d'un crime ou à un suspect de reproduire, en gestes et en paroles, le déroulement des faits délictueux.

RECONVENTION

N. f. – Comp. *de *convention.*

- Nom parfois donné, dans la pratique, à la *demande *reconventionnelle.

RECONVENTIONNELLE (DEMANDE)

V. **demande reconventionnelle.*

RECONVERSION

N. f. – Préf. re et lat. *conversio* : *conversion.

- **1** Série de mesures par lesquelles un salarié licencié est préparé à occuper un emploi ne répondant pas à sa spécialité. Comp. *reclassement.*
- **2** Opération par laquelle une entreprise modifie soit le processus de fabrication, soit l'objet fabriqué.

RECORS

N. m. – Anc. *record* (recors est probablement une forme de pluriel : qui se souvient, puis : témoin, tiré de l'anc. *recorder,* lat. *recordare*).

- Nom traditionnel autrefois donné aux particuliers (parfois encore nommés praticiens), dont l'huissier peut se faire accompagner et assister – comme *témoins – dans les opérations d'exécution (anc. C. pr. civ., a. 585).

RECOUPEMENT

N. m. – Dér. de recouponner, comp. de re et coupon, de couper. V. *coups.*

- Opération consistant à remplacer un titre négociable (en général une action) ne comportant plus aucun *coupon, ou n'en comportant qu'un petit nombre, par un titre nouveau ayant une nouvelle feuille complète de coupons.

RECOURS

N. m. – Lat. *recursus.* V. *cours.*

- **1** En un sens vague et général, tout droit de critique *ouvert contre un acte, quelles que soient la nature de cet acte (décision administrative ou juridictionnelle, etc.) et la qualité de l'autorité de recours (juridiction ou autorité administrative, etc.). Comp. *action, voie de droit, contestation.*
- **2** Souvent pris comme syn. de *voies de recours ; englobe, en ce sens, toutes les voies de recours ou l'ensemble de ces voies à l'exception du pourvoi en cassation. V. **susceptible de recours, *insusceptible de recours, inattaquable.*
- **3** Désigne parfois, non le droit de recours, mais l'acte par lequel celui-ci est exercé. V. *appel, opposition, tierce opposition, pourvoi en cassation, requête.*
- **4** Nom spécifique donné à certaines actions en justice, not. aux *actions dites récursoires, exercées par une personne qui, elle-même poursuivie ou condamnée, se retourne contre une autre afin que celle-ci supporte en définitive tout ou partie de la condamnation.

— **administratif.** Recours porté devant les autorités administratives (ex. *recours gracieux, recours *hiérarchique) à la différence du recours contentieux. V. *requête, protestation.*

— ***cambiaire.**

a / Au sens large, droit (ou fait) pour le porteur non payé par le tiré de se retourner contre l'un quelconque des signataires de la lettre afin d'obtenir paiement, soit de façon amiable et informelle soit par voie de *rechange, soit par voie judiciaire.

b / Au sens restreint, action en justice ouverte contre l'un des signataires de l'effet au porteur non négligent qui a dressé *protêt dans les délais et en général exercée suivant la procédure d'injonction.

— ***contentieux.**

a / (adm.). Recours formé devant une juridiction, par opp. aux *recours administratifs (ex. recours de pleine juridiction, recours pour excès de pouvoir). V. *requête.* Comp. *recours gracieux.*

b / (fisc.). Demande de dégrèvement dans laquelle le débiteur de l'impôt conteste le bien-fondé de tout ou partie d'une imposition.

— **de pleine juridiction.** Recours sur lequel la juridiction administrative prononce entre l'administration et ses contradicteurs comme les tribunaux ordinaires entre deux parties litigantes. Ainsi le juge peut-il, suivant la définition classique de Laferrière, réformer les décisions de l'administration non seulement quand elles sont illégales mais encore lorsqu'elles sont erronées, leur substituer des décisions nouvelles, constater des obligations et prononcer des condamnations pécuniaires.

— **des caisses de sécurité sociale.** V. *recours *subrogatoire.*

— **des voisins.** Action en responsabilité intentée contre l'auteur d'un incendie, par les propriétaires ou locataires voisins, qui tend à la réparation du dommage que l'incendie leur a causé. V. **assurance du recours des voisins.*

— **de tutelle.** Dénomination donnée aux *recours pour excès de pouvoir formée par les *autorités de tutelle contre les actes des autorités soumises à leur contrôle lorsque ces autorités de tutelle ne disposent pas du pouvoir d'annulation.

— **en annulation.**

a / (adm.). Recours tendant à l'annulation d'une décision administrative. V. **recours pour excès de pouvoir.*

b / (eur.). Voie de droit tendant à faire annuler par la Cour de justice de l'Union européenne, comme contraires à la légalité, les actes législatifs, les actes du Conseil, de la Commission et de la Banque centrale européenne autres que les recommandations et les avis, ainsi que les actes du Parlement européen et du Conseil européen destinés à produire des effects juridiques à l'égard des tiers (anc. tr. CEE, a. 173 ; anc. tr. CEEA, a. 146 ; TFUE, a. 263).

— **en appréciation de validité.** Recours tendant à faire apprécier la validité d'un acte administratif à l'occasion d'un litige porté devant les juridictions judiciaires. V. **questions *préjudicielles.*

— **en *carence.** Voie de droit tendant à faire constater par la Cour de justice ou le *tribunal de première instance qu'en violation du traité, le Conseil ou la Commission s'est abstenu d'agir (anc. tr. CEE, a. 175 ; anc. tr. CEEA, a. 148 ; TFUE, a. 265) ;

— **en *grâce.** Demande formée en vue d'obtenir du chef de l'État une remise ou une commutation de peine.

— **en *interprétation** (adm.). Recours tendant à faire déterminer le sens et la portée d'un acte administratif dans un litige né et actuel soit directement, soit le plus souvent sur renvoi des juridictions judiciaires. V. **question *préjudicielle.*

— **en manquement.** V. *manquement (recours en).*

— **en rectification.** V. *rectification.*

— **en révision.**

a / (pr. civ.). Voie extraordinaire de recours autrefois nommée requête *civile, qui tend à faire rétracter un jugement passé en force de chose jugée, pour l'une des causes spécifiées par la loi, afin qu'il soit à nouveau statué en fait et en droit (CPC, a. 593), la *rétractation sollicitée du juge se référant à un vice qui entache sa décision sans erreur de sa part. Ex. fraude d'une partie ou découverte d'une pièce fausse.

b / (adm.). Voie de *rétractation extraordinaire, inspirée de la *requête civile (aujourd'hui nommée recours en révision) et ouverte devant le Conseil d'État dans les seuls cas où une décision contradictoire et définitive de celui-ci aurait été rendue soit sur pièces fausses, soit à la suite de la violation d'une règle fondamentale de procédure ou aurait prononcé la condamnation d'une partie faute de représenter une pièce décisive retenue par son adversaire.

c / (pén.). Parfois syn. de pourvoi en *révision.
— ***gracieux.**
a / (adm.). Recours administratif porté devant l'auteur de la décision administrative contestée. Comp. *recours contentieux.*
b / (fisc.). Demande de dégrèvement dans laquelle le débiteur de l'impôt ne conteste pas le bien-fondé de l'imposition mais réclame seulement une faveur.
c / (soc.). Demande présentée par un assuré social au conseil d'administration d'une caisse tendant à l'octroi d'une prestation préalablement refusée et qui précède le recours contentieux. V. *contentieux.*
— **hiérarchique.** V. *hiérarchique.*
— **internes (épuisement des).** V. *épuisement.*
— **parallèle.** V. **exception de recours parallèle.*
— **pour excès de pouvoir.** Recours contentieux tendant à l'*annulation d'une décision administrative et fondé sur la violation par cette décision d'une règle de droit. V. *recours en annulation, recours de tutelle.*
— **subrogatoire.** V. *subrogatoire (recours).*

RECOUSSE (OU RESCOUSSE)

N. f. – Recousse (d'où par altération resc-), tiré de *recourre* : reprendre, délivrer, comp. d'un anc. escourre, lat. *excutere* : faire tomber en secouant.

- Au cours d'une guerre maritime, fait de reprendre à l'ennemi le navire ou les autres biens pris par lui (arr. 2 prairial an XI).

RECOUVREMENT

N. m. – Dér. de recouvrer, lat. *recuperare.*

- *Perception de sommes d'argent dues et par ext. ensemble des opérations (judiciaires ou extrajudiciaires) tendant à obtenir le *paiement d'une dette d'argent (on parle en ce sens du recouvrement d'une créance, d'une pension, de l'impôt, des dépens) ; réception d'un paiement volontaire ou forcé. V. *quérable, saisie, mise en demeure.* Comp. *encaissement, répétition, remboursement, versement.*

— ***forcé.** Recouvrement par voie d'autorité, en vertu d'une contrainte administrative et au moyen de poursuites.
— **public d'une *pension alimentaire.** Mode de recouvrement d'une pension alimentaire exercé par les comptables du Trésor public, comme en matière de contributions directes, pour le compte du créancier de la pension, lorsque celui-ci n'a pu en obtenir paiement par une voie d'exécution de Droit privé (l. 11 juill. 1975). Comp. **paiement direct d'une pension alimentaire.*

RÉCRÉANCE

N. f. – Dér. de l'anc. v. recroire : rendre, remettre (de croire. V. *créance*).

- **1** (vx). Jouissance provisionnelle des bénéfices d'un revenu en litige.
- **2** (int. publ.).

— **(lettres de).** *Lettres de rappel.

RÉCRIMINATION

N. f. – Lat. médiév. *recriminatio.*

- **1** *Accusation retournée par l'accusé contre l'accusateur.
- **2** Reproche en réplique, fondé sur l'inexactitude et la légèreté du reproche originaire auquel il s'oppose. V. *récriminatoire.*

RÉCRIMINATOIRE

Adj. – De *récrimination.

- Qualificatif donné à l'action exercée par le *prévenu *relaxé contre la *partie civile qui, par une *constitution abusive, a mis *témérairement en mouvement l'action publique (C. pr. pén., a. 472). V. *dénonciation calomnieuse, récrimination.*

RECRUTEMENT

N. m. – Dér. de recruter, lui-même dér. de recrue, tiré de recroître, comp. de croître, lat. *crescere.*

- Opération destinée à procurer du personnel : terme usité en matière militaire (recrutement de l'armée) et dans le Droit de la fonction publique où il est accompagné d'indications destinées à caractériser le procédé employé (recrutement sur concours, sur *titres, sur listes d'aptitude, sur emplois réservés). Comp. *engagement, embauchage.*

RECTEUR D'ACADÉMIE

Lat. médiév. *rector,* de *regere* : diriger.

- Fonctionnaire nommé par le Président de la République en Conseil des ministres et qui, placé à la tête d'une *académie, y représente auprès des établissements d'enseignements de tous ordres, publics et privés, les ministres de l'Éducation et des Universités. V. *chancelier.*

RECTIFICATIF, IVE

Adj. – Dér. de *rectification.

- Qui rectifie ; se dit des actes et jugements portant *rectification des actes de l'état civil (C. civ., a. 99) et des jugements qui réparent les erreurs et omissions matérielles des décisions de justice (CPC, a. 462) ou même les omissions de statuer (a. 463).

—**ve (décision).** V. **décision rectificative.*

RECTIFICATIF

Subst. – Dér. de *rectification.

- **1** Texte qui a pour objet de rétablir l'exactitude d'un écrit, plus spéc., texte inséré dans un périodique officiel et apportant à un autre, antérieurement paru dans le même périodique, une modification qui, en principe, n'est que la correction d'une erreur. Comp. *publication, erratum.* V. *interprétatif, communiqué.*
- **2** Plus tech., acte, couramment appelé acte contraire, édicté suivant les mêmes règles de forme et de compétence que l'acte qu'il modifie.

RECTIFICATION

N. f. – Lat. *rectificatio,* de *rectus* : droit.

- **1** *Redressement d'une erreur ; la correction apportée. V. *erratum, communiqué.*
- **2** Modification de détail.

— **administrative.** Opération de correction des erreurs et omissions purement matérielles des actes de l'état civil par le procureur de la République (CPC, a. 1046).

— **de jugement.** Opération qui consiste à réparer, par une *décision *rectificative, les erreurs et omissions matérielles affectant un jugement même passé en force de chose jugée et qui donne lieu, sur *recours simplifié (requête unilatérale ou commune), à une procédure contradictoire mais allégée, soit devant la juridiction qui avait rendu le jugement, soit devant celle à laquelle il est déféré, not. en appel (CPC, a. 462). Comp. *omission de statuer, ultra petita, interprétation.*

— **d'erreur *matérielle.** Voie de *rétractation ouverte devant le Conseil d'État à la partie intéressée contre les décisions qui seraient entachées d'une erreur matérielle susceptible d'avoir exercé une influence sur le jugement de l'affaire.

— **d'office.** Redressement d'une imposition effectué unilatéralement par l'administration à l'encontre d'un contribuable qui a perdu le droit à la procédure contradictoire.

REÇU, UE

Adj. – V. le suivant.

- **1** Se dit de l'*acte qui est rédigé par un officier public, mais conformément aux volontés ou aux déclarations des parties contractantes ou comparantes. Ex. acte reçu par un notaire ou un officier de l'état civil. V. *dressé.*
- **2** Parfois syn. de perçu.

REÇU

N. m. – Part. pass. de recevoir. V. *recevabilité.*

- *Écrit sous seing privé dans lequel une personne reconnaît avoir reçu une somme d'argent ou un objet mobilier à titre de paiement, de dépôt, de prêt ou de mandat. Comp. *quittance, récépissé.* V. *réception,* **reconnaissance de dette, billet, acte, bulletin, décharge, acquit, libération.*

— **pour solde de tout compte.** Écrit, délivré à l'employeur pour solde de tout compte par le travailleur lors de la résiliation ou à l'expiration de son contrat, qui constate le paiement de ce qui lui est dû et a pour effet d'éteindre les rapports d'obligation entre les parties, à moins qu'il n'ait été dénoncé dans les deux mois de sa signature par lettre recommandée dûment motivée.

RECUEIL D'ENFANTS

N. m. – Recueil du v. recueillir, lat. *recolligere,* rassembler, réunir.

- Action de recevoir et d'héberger provisoirement un enfant, par mesure de sauvegarde, dans des circonstances exceptionnelles (enfant abandonné, perdu, en fugue) ; spéc. *accueil provisoire d'un enfant en vue de son adoption (CASF, a. R. 225-24).

RECUEIL LÉGAL

Dt musulman. Kafala. Engagement de prendre en charge un enfant mineur sans création de lien de filiation. JORF 5.12.2013 p. 19811.

RECULEMENT (SERVITUDE DE)

Dér. de reculer, comp. de *culus* : cul.

V. *servitude de reculement.*

RÉCUPÉRATION (DES HEURES PERDUES)

Du lat. *recuperare* : recouvrer.

- Faculté, pour l'employeur, lorsque par suite de l'interruption collective du travail dans un établissement, pour toute cause autre qu'une grève ou un lock-out, l'horaire hebdomadaire a été inférieur à l'horaire légal, d'imposer ultérieurement à son personnel un dépassement de l'horaire légal, les heures « récupérées » étant alors payées au taux normal.

RÉCURSOIRE (ACTION)

V. **action récursoire.*

RÉCUSATION

N. f. – Lat. *recusatio,* de *recusare* : récuser.

- **1** Acte par lequel un plaideur refuse d'être jugé par ou en présence d'un magistrat (juge ou, s'il est partie jointe, membre du ministère public) ou par un arbitre, dont il conteste l'impartialité : demande *incidente qui doit être admise lorsqu'elle se fonde sur l'une des causes déterminées par la loi (lien de parenté, d'alliance, d'amitié ou d'inimitié entre le juge et une partie, etc. (COJ, a. L. 111-6) et aboutit, en la cause, à écarter le juge récusé et à le remplacer, soit à la suite d'un acquiescement de sa part, soit par l'effet de la décision qui tranche sans débat ni délai la contestation (CPC, a. 341 s.). V. C. pr. pén., a. 668 s. Comp. *abstention, renvoi, suspicion légitime, sûreté publique.*
- **2** Par ext., l'ensemble de cette contestation incidente (l'*incident de récusation).

— **de juré.** Droit donné au ministère public et à la défense, lors de la constitution de la cour d'assises, de récuser, sans avoir à donner de motifs, respectivement 4 et 5 jurés en premier ressort, et 5 et 6 en appel au moment du tirage au sort, lequel est alors continué pour remplacer les jurés écartés (C. pr. pén., a. 297 s.).

RÉDACTION

Subst. fém. – Dér. du lat. *redactus,* part. pass. de *redigere* : pousser, ramener, réduire, soumettre, disposer.

- L'action de *rédiger et le résultat de cette action (la teneur du texte) ; exprime dans le sens actif non seulement l'action matérielle de mettre par écrit un *texte, mais l'opération intellectuelle de composer ses énoncés ; élaboration, mise en forme. Ex. rédaction d'une loi, d'un jugement, d'un acte notarié. V. *technique législative, document, libellé, style, lettre.* Comp. *transcription, copie.*

REDDITION

N. f. – Lat. *redditio,* de *reddere* : rendre.

- **1** Action de se rendre à l'ennemi, avec ou sans conditions (sauvegarde de l'honneur et de certains intérêts) dont la *capitulation n'est qu'une espèce.
- **2** Action de rendre (ne s'emploie que pour un compte).

— **de *compte.** Opération consistant de la part d'un mandataire, d'un administrateur du patrimoine d'autrui, d'un comptable, à présenter à l'amiable ou en justice son *compte de gestion (sommes dépensées, sommes encaissées, indemnités, etc.), afin que celui-ci soit vérifié, réglé et arrêté (C. civ., a. 1993, CPC, a. 1268 s.). V. *rendant compte.*

REDEVABLE

Adj. – Dér. de redevoir, comp. de re et *devoir.

- **1** Qui demeure tenu de ce qui reste à devoir (à payer) après un premier versement.

- **2** Par ext., qui est tenu d'une *obligation, plus spéc. de somme d'argent et souvent, plus précisément encore, d'un *impôt ou d'une *redevance. Ex. redevable d'une contribution. Comp. *contribuable.* V. *débiteur, passible, contraignable, assujetti, obligé, grevé.* Ant. *exempté, dispensé, exonéré, libéré, affranchi.*

REDEVANCE

N. f. – Dér. de redevoir, du v. lat. *debere* : devoir.

- **1** D'une manière générale, somme due périodiquement, à titre de *rente ou de *loyer. V. *prix, fortage.* Comp. *arrérages, complant.*
- **2** Plus spéc., dans le sens de *taxe, somme due en contrepartie d'une *concession, d'une utilisation du domaine ou d'un service public, ou d'un avantage particulier. Comp. *impôt, contribution, péage, octroi.*
- **3** Parfois, plus vaguement, syn. de *droit (fiscal). V. *dette.*

REDEVANCE DOMANIALE

N. f.

- Redevance perçue par une personne publique en contrepartie de l'occupation ou de l'utilisation d'une dépendance du domaine public lui appartenant, dont le montant doit tenir compte des avantages de toute nature procurés à l'occupant (CGPPP, a. L. 2125-3). V. *occupation du domaine public.*

REDEVANCE POUR SERVICE RENDU

N. f.

- Redevance perçue auprès des usagers pour compenser les charges d'un service public déterminé ou les frais d'établissement et d'entretien d'un ouvrage public, qui consitue la contrepartie directe du service rendu ou de l'utilisation de l'ouvrage et dont le montant est fixé en fonction de l'importance du service.

RÉDHIBITION

N. f. – Lat. *redhibitio,* de *redhibere* : rendre, restituer.

- **1** *Résolution d'une vente entachée d'un *vice *rédhibitoire.
- **2** Par ext., l'action *rédhibitoire.

RÉDHIBITOIRE

Adj. – Lat. *redhibitorius.* V. *rédhibition.*

- **1** Se dit du *vice qui rend la chose vendue impropre à l'usage auquel on la destine ou en diminue notablement l'intérêt pour l'acheteur (C. civ., a. 1641), mettant celui-ci en droit d'agir en *garantie contre le vendeur, pour demander la *résolution de la vente ou la diminution du prix (a. 1644).
- **2** Par ext., se dit de l'*action en garantie par laquelle l'acheteur d'une chose affectée d'un tel vice demande, non la diminution du prix (V. *action estimatoire*), mais la résolution de la vente (avec restitution du prix et des frais). V. *rédhibition.* Comp. *résolutoire.*

RÉDIGER

V. du lat. *redigere.* V. *rédaction.*

- **1** (sens matériel, *instrumentaire). Mettre par *écrit ; donner corps à un *texte composé de signes linguistiques dotés de sens.
- **2** (avec un indicatif de valeur). Mettre en *forme un acte avec plus ou moins de savoir-faire (en respectant plus ou moins heureusement, dans sa composition et son style, les règles de l'art et la correction grammaticale). Ex. loi mal rédigée, art de rédiger. Pour certains actes (constat, acte notarié), syn. dresser. V. *dressé, libeller, formuler, acter.*
- **3** (sens intellectuel). Composer, élaborer (s'agissant d'une loi, d'un jugement).

REDONDANCE

Subst. fém. – Du lat. *redudantia,* trop-plein, excès, grande abondance.

- Surabondance de mots ; séquence (souvent soudée) de termes équivalents (sans gain de sens) ; surcharge de style qui alourdit les jugements et encombre la teneur des actes sans cependant les entacher de nullité. Ex. faire et passer (un acte), dire et juger. V. *surabondant, cautèle, clause de style.*

ADAGES : *Quod abundat non vitiat.*
Non solent quae abundant vitiare scripturas.

REDONDANT, ANTE

Adj. – Du lat. *redundans,* part. de *redundo,* déborder.

• *Surabondant, superflu (se dit d'un terme ou d'une précision). V. *superfétatoire.*

REDRESSEMENT

N. m. – Dér. du v. redresser, de dresser, lat. *directiare,* de *directus* : droit.

• **1** *Rectification ; action de corriger une erreur, une omission.

— **de *compte.** Action par laquelle on corrige un compte erroné pour le rendre conforme à la réalité.

— **fiscal.** Rectification, par l'administration fiscale, de la base d'imposition d'un contribuable accompagnée de la réclamation à ce dernier du complément de droits qu'elle estime exigible ; sert à qualifier les procédures ayant cet objet. V. **imposition d'office, rappel, *réintégration des bénéfices.*

• **2** (pour une entreprise en difficulté). Rétablissement d'une situation économique saine, *renflouement financier.

— **judiciaire.** 1° Nom donné par la loi (25 janv. 1985, C. com., a. 631-1 s.) à la procédure ouverte à toute entreprise (commerçant, artisan, personne morale de droit privé) en état de *cessation des paiements, qui, instituée par substitution au *règlement judiciaire, à la *liquidation des biens et à la procédure de suspension provisoire des poursuites (o. 23 sept. 1967) en vue de permettre la sauvegarde de l'entreprise, le maintien de l'activité et de l'emploi et l'apurement du passif, commence toujours par une phase procédurale d'observation, mais peut en réalité déboucher : *1* / soit sur la voie d'un redressement judiciaire proprement dit (C. com., L. 631-1), conduisant, moyennant l'élaboration du bilan économique et social et du projet de plan de redressement de l'entreprise, à la *continuation ou à la *cession de celle-ci ; *2* / soit, à l'issue de la période d'observation ou même avant l'expiration de celle-ci (C. com., a. L. 631-15), à la *liquidation judiciaire de l'entreprise. 2° Le nom de **redressement judiciaire civil** avait été donné par la loi du 31 décembre 1989 à la procédure *collective instituée devant le tribunal d'instance en vue du règlement des difficultés financières du particulier, personne physique, qui se trouve dans une situation de *surendettement (C. cons., a. L. 771-1 s.). Aujourd'hui remplacé par le plan conventionnel de redressement (C. cons., a. L. 732-1). Comp. *règlement amiable.* V. *collective de règlement du passif (procédure), plan de redressement, administrateur judiciaire, expert en diagnostic d'entreprise.*

RÉDUCTIBLE

Adj. – Dér. de *réduction.

• Qui encourt la *réduction ; se dit d'une libéralité excessive qui, à la demande des héritiers dont elle entame la *réserve, doit être amputée de tout ce dont elle excède la *quotité disponible (ce qui peut entraîner sa diminution ou sa suppression). V. *disponible, rapportable.*

RÉDUCTION

N. f. – Lat. *reductio,* de *reducere* : réduire.

• **1** Action de réduire, de diminuer ; action d'accorder ou d'imposer une diminution à autrui, ou celle de se restreindre (réduction des charges, des dépenses, du train de vie).

• **2** Par ext., diminution accordée comme un bienfait, un bénéfice (allégement, *dégrèvement, *remise, *rabais), ou *restriction imposée à titre de sanction, parfois même, de façon plus neutre, la diminution, correspondant à une mesure d'adéquation, d'adaptation (réduction de capital, réduction d'hypothèque). V. *économie, couponnage.*

• **3** Action de ramener un acte juridique à certains de ses éléments. Ex. *conversion par réduction d'un acte nul.

— **d'assurance.** Dans les contrats d'assurance sur la vie comportant une provision (réserve) *mathématique, diminution du montant de l'engagement de l'assureur (capital ou rente), lorsque, après certaines formalités, l'assuré cesse le paiement des primes.

— **de capital.** Diminution du montant du *capital social qui, faite en exécution d'une délibération de la société, n'est opposable

qu'aux créanciers ayant traité postérieurement à la publication de la réduction.
— **de libéralité.** En matière de *libéralité, opération consistant à amputer, à la demande des *héritiers *réservataires, les libéralités excessives (dons et legs qui entament la *réserve héréditaire) de tout ce dont elles excèdent la *quotité disponible, ce qui peut entraîner leur diminution ou leur suppression (C. civ., a. 920 s.). Comp. *retranchement, rapport, annulation.*
— **de *peine.**
a / (pén.). Diminution de la durée de la peine privative de liberté infligée à un condamné, qui peut lui être accordée par le *juge de l'application des peines dans certaines limites et dans diverses circonstances, périodiques ou exceptionnelles, not. pour bonne conduite, succès à examen ou gages particuliers de réadaptation sociale (C. pr. pén., a. 721, 721-1 et 729-1). Comp. *grâce, *remise de peine, *diminution de peine.*
b / (civ.). *Modération judiciaire de la somme forfaitaire stipulée par la *clause *pénale lorsque cette somme est manifestement *excessive (C. civ., a. 1152, al. 2), ou (et) diminution de cette somme consécutive à une exécution partielle (a. 1231).
— **d'hypothèque.** *Allégement d'une *charge hypothécaire excessive relativement aux nécessités de la garantie qui s'opère, dans les cas spécifiés par la loi, par voie de restriction des *inscriptions prises, soit par un *cantonnement aux immeubles suffisants (réduction de l'assiette de la garantie), soit par une diminution des sommes garanties. Ex. réduction des inscriptions excessives demandée par le débiteur (C. civ., a. 2444, 2445) ou par le tuteur (C. civ., a. 2447) s'agissant de l'hypothèque du mineur ou du majeur en tutelle.
— **d'impôt.**
a / Atténuation d'une imposition, prévue par la loi pour une raison quelconque, le plus souvent d'ordre social ou économique. Par ex. réduction à raison des charges de famille. V. *décote, abattement.*
b / Dans le contentieux, *dégrèvement partiel d'impôt sur réclamation du contribuable.
— **du *prix.** Diminution du prix, *rabais, *remise, *réfaction. Le créancier peut, après mise en *demeure, accepter une exécution imparfaite et solliciter une réduction proportionnelle du prix (C. civ., a. 1223). V. *ristourne, discompte, *avantage tarifaire.*

RÉÉDUCATION PROFESSIONNELLE

Comp. de *éducation. V. *professionnel.*

- *Réadaptation à laquelle peut prétendre la victime d'un accident du travail inapte à occuper son emploi, qui est destinée, moyennant les soins, les cures et la formation nécessaires, à lui permettre d'exercer soit son ancienne profession avec des moyens physiques inférieurs, soit une profession nouvelle en rapport avec ses possibilités. Comp. *reclassement.*

RÉEL, ELLE

Adj. – Lat. médiév. *realis,* de *res* : chose.

- **1** Qui a pour objet une *chose (corporelle) ou un *droit sur une chose. Ex. *action réelle, *subrogation réelle. Ant. *personnel.*

— **(droit).** Droit qui porte directement sur une chose *(jus in re)* et procure à son titulaire tout ou partie de l'utilité économique de cette chose. Ex. la propriété est le droit réel le plus complet. V. *usufruit, servitude, usage, droit de *suite, droit de *préférence, accessoire, affouage réel.* Comp. *droit de *créance.*

- **2** Dans un sens très voisin, qui est attaché à la propriété ou à la possession d'une chose. Ex. *obligation réelle.
- **3** Dans un sens encore très proche, qui se réalise par le moyen d'une chose, en nature. Comp. *corporel.*

— **(*communauté).** Celle dont la consistance est appelée à se former, pendant le mariage, de biens distincts des propres des époux et destinés à être partagés en nature à la dissolution du régime ; s'oppose à communauté comptable, posthume.
— **(contrat).** Contrat qui se forme par la remise effective d'une chose *(*re),* la personne qui reçoit cette chose n'en devenant débiteur que par cette *tradition réelle (C. civ., a. 1109). Ex. dépôt, prêt ; le gage, sûreté réelle, n'est plus un contrat réel. Comp. *consensuel, solennel.*
—**s (offres).** V. *offres réelles.*
— **(*tradition).** Par opp. à feinte, symbo-

lique, tradition matérialisée par la remise *effective d'une chose.

- **4** Qui a pour assiette une chose et dont le montant dépend de la valeur de cette chose. Ex. charge réelle, *impôt réel, *sûreté réelle.
- **5** Qui existe en réalité ; dont on peut justifier ; conforme à la réalité, *vrai ; s'oppose soit à *fictif (ex. société réelle), soit à *forfaitaire (ex. frais réel). V. *véritable*.

— **(siège social).** Se dit du siège social d'une société, localisé à l'endroit où sont concentrées son activité et sa vie juridique, où fonctionnent ses services de direction, par opp. au siège social *statutaire, qui peut n'être que fictif ; qualifie dans les mêmes conditions le *domicile, pour autant que ce mot est utilisé en jurisprudence à la place du mot siège.

- **6** Dans un sens voisin, matérialisé par un acte distinct ; correspondant à un fait *matériel. Ex. *concours réel d'infractions par opp. à concours idéal.
- **7** Parfois (et abusivement) syn. d'*immobilier. Ex. les actions réelles désignent parfois les actions réelles immobilières en raison de la rareté des actions réelles mobilières.

RÉÉLECTION

N. f. – Comp. de *élection, lat. *electis,* de *eligere* : choisir.

- Nouvelle *élection d'une personne dont le mandat vient à expiration, à la fonction qu'elle occupait déjà par l'effet de l'élection précédente. V. *renouvellement.*

RÉÉLIGIBILITÉ

N. f. – Dér. de *rééligible.

- Aptitude légale à être réélu. V. *éligibilité, inéligibilité, renouvellement, réélection.*

RÉÉLIGIBLE

Adj. – Comp. du préf. re et de *éligible.

- Légalement apte à être réélu (en général à l'expiration du mandat en cours : on précise parfois immédiatement rééligible). V. *éligible, inéligible.*

RÉESCOMPTE

N. m. – Comp. du préf. re et escompte, de l'ital. *sconto,* de *scontare* : décompter.

- *Escompte effectué par un organisme central (le plus souvent la Banque de France) au profit d'un établissement bancaire et portant sur un effet que cet établissement a déjà escompté une fois au profit de son propre client.

RÉÉVALUATION

N. f. – Comp. du préf. re et d'*évaluation.

- Action de procéder à une nouvelle *évaluation et résultat de cette action ; spéc. action de redéfinir la valeur d'un bien afin de l'actualiser compte tenu des données économiques et monétaires de l'heure. Comp. *réfaction.*

— **de bilan.** Opération destinée à accorder les divers postes d'un *bilan (qui mentionnent en principe la *valeur des biens lors de leur entrée dans l'entreprise) avec la valeur nouvelle de la monnaie, afin de tenir compte de la dépréciation de celle-ci, et pouvant faire apparaître des plus-values d'actif passibles d'impôt.

RÉEXAMEN

Subst. masc. – Préf. re et *examen.

- Nouvel *examen ; reprise de l'étude d'une question dans la perspective d'une *révision (éventuelle) de la solution qui lui avait été donnée, après *évaluation de ses résultats.

— **(clause de).** Engagement pris par le Parlement de soumettre une loi à une nouvelle discussion, dans un délai déterminé, en vue de sa *révision éventuelle. Ex. l. n° 94-654, 29 juill. 1994, a. 21. V. *clause de rendez-vous* (syn.), *critique législative*.

RÉEXTRADITION

Comp. de *extradition.

- Acte par lequel l'État qui a obtenu l'*extradition d'un délinquant remet celui-ci soit à l'État qui le lui avait livré soit à un autre État.

RÉFACTION

N. f. – Dér. de refaire, d'après le rapport faction-faire.

- **1** *Réduction sur le prix des marchandises au moment de la livraison, lorsqu'elles ne sont pas livrées dans les conditions convenues ; diminution du prix de vente d'une marchandise affectée d'un vice. V. *rédhibition, rédhibitoire, estimatoire.*
- **2** Abattements opérés sur la matière imposable avant application de l'impôt. Par ex. réfaction de 70 % sur le prix de vente des terrains à bâtir avant application de la TVA.
- **3** Plus généralement, réestimation d'un ouvrage, d'un travail en fonction des circonstances ou d'une modification des prévisions ; *réévaluation, fixation d'un nouveau prix.

RÉFECTION

N. f. – Lat. *refectio*, de *reficere* : refaire.

- **1** Action de refaire un acte ; établissement d'un nouvel acte instrumentaire (*acte refait) destiné à remplacer un acte antérieur (en général nul pour vice de forme), sans en modifier au fond la teneur. Comp. *confirmation, révision.*
- **2** Action de refaire un ouvrage, d'en recommencer la réalisation conformément aux règles de l'art après une première exécution défectueuse. Comp. *réhabilitation, réparation, restauration.*

REFENTE

Comp. de *fente.

- Nom autrefois donné à la subdivision – aujourd'hui exclue (C. civ., a. 746) – de la portion dévolue en vertu de la *fente à une ligne paternelle ou maternelle.

RÉFÉRÉ

N. m. – Tiré du v. *référer.

- **1** Procédure juridictionnelle d'urgence, de caractère contradictoire. Comp. *requête.* V. **ordonnance de référé.*

► **I** (priv.)

a / Procédure rapide et simplifiée tendant à obtenir d'un juge unique exerçant en général une fonction présidentielle (président du tribunal de grande instance, juge du tribunal d'instance, président du tribunal de commerce, président du tribunal paritaire de baux ruraux, premier président de la cour d'appel), par exception d'une formation spécifique dans le référé *prud'homal, toutes les mesures qui ne se heurtent à aucune contestation sérieuse ou que justifie l'existence d'un différend (CPC, a. 808, 848, 872, 893, 956 ; C. trav., a. R. 1455-5).

b / Par ext., procédure semblable tendant à obtenir des mêmes juges, à l'exclusion du premier président, les mesures conservatoires ou de remise en état qui s'imposent pour prévenir un dommage imminent ou faire cesser un trouble manifestement illicite ou même, si l'obligation n'est pas sérieusement contestable, l'octroi d'une provision au créancier ou l'exécution en nature de l'obligation (CPC, a. 809, 849, 873, 894 ; C. trav., a. R. 1455-6 et 1455-7) ; souvent nommé, en pratique, référé au fond, du fait que la satisfaction obtenue en référé rend inutile un débat ultérieur devant la juridiction du fond.

c / Procédure semblable tendant à en *référer (sens 1 *b*) au président du tribunal de grande instance, pour statuer sur les difficultés d'exécution d'un jugement ou d'un autre titre exécutoire (CPC, a. 811 anc.).

— **d'heure à heure.** Celui qui a lieu à une heure indiquée par le juge, même les jours fériés ou chômés, soit à l'audience soit encore au domicile du juge (portes ouvertes), dans les cas où ce dernier permet au demandeur, en raison de la *célérité de l'affaire, d'assigner dans de telles circonstances (CPC, a. 485, al. 2).

— **liberté.** Nom donné dans la pratique à la procédure performante permettant à la personne qui fait aussitôt appel de l'ordonnance du juge des libertés et de la détention qui le place en détention provisoire, de solliciter du président de la chambre de l'instruction, par une demande jointe à son appel, de déclarer celui-ci suspensif, voie dont il peut espérer sa mise en liberté plus rapide, le président saisi ayant à statuer dans les trois jours par ordonnance non motivée insusceptible d'appel (C. pr. pén. a. 187-1).

— **sur procès-verbal.** Celui qui est introduit à l'occasion d'un acte (généralement une saisie) dont le procès-verbal mentionne la contestation soulevée et contient l'assignation, l'ordonnance rendue étant parfois consignée sur ce procès-verbal.

d / Procédure semblable, tendant à obtenir du premier président, en cas d'appel, la suspension de l'exécution de certains jugements, ou l'exercice de ses pouvoirs en matière d'exécution provisoire (CPC, a. 524).

▸ **II** (adm.)

a / Procédures contradictoires (écrites ou orales) permettant de saisir le juge des référés statuant en cas d'urgence :

— **conservatoire.** Procédure permettant au juge d'ordonner sur simple requête (même en l'absence de décision administrative préalable) toutes mesures utiles, sans faire obstacle à l'exécution d'aucune décision administrative (CJA, a. L. 521-3). Notamment utilisé en matière de communication des documents administratifs. Également nommé référé mesures utiles.

— **liberté.** Procédure permettant au juge administratif d'ordonner toutes mesures nécessaires à la sauvegarde d'une liberté fondamentale à laquelle une personne morale de droit public ou un organisme de droit privé chargé de la gestion d'un service public aurait porté une atteinte grave et manifestement illicite (CJA, a. L. 521-2).

— **suspension.** Procédure permettant au juge administratif d'ordonner la *suspension de l'exécution d'une décision administrative qui est l'objet d'une requête en annulation ou en réformation quand sa légalité inspire un doute sérieux (CJA, a. L. 521-1).

b / Autres procédures permettant de saisir le juge des référés statuant hors cas d'urgence.

— **constat** (just. adm.) (application particulière du sens gén. 1). Opération se bornant à la *constatation pure et simple de faits ; mission consistant seulement pour un expert, désigné par le juge des référés sur simple requête (recevable même en l'absence d'une décision administrative préalable), à constater sans délai les faits qui seraient susceptibles de donner lieu à un litige devant la juridiction (CJA, a. R. 531-1). V. *action in futurum*. Comp. *référé-instruction*.

— **contractuel.** Procédure permettant de saisir le juge administratif en cas de manquement aux obligations de publicité et de mise en concurrence des contrats de commande publique, après attribution du marché (CJA, a. L. 551-13 s., R. 551-7 s.).

— **fiscal.** Procédure permettant de contester un refus par l'administration d'une demande de sursis ou de différé de paiement en matière d'imposition (CJA, a. L. 552-1 ; LPF, a. L. 279 ; ex. impôt sur les sociétés ou TVA).

— ***instruction.** Nom donné dans la justice administrative, par opposition à la procédure devant le juge des référés statuant en urgence, à la procédure sur simple requête ouverte même en l'absence d'une décision administrative préalable, dont l'objet est d'obtenir du juge des référés la prescription de toute mesure utile d'expertise et plus généralement d'instruction (CJA, a. R. 532-1). Ex. mission donnée à un expert de procéder, lors de l'exécution de travaux publics, à toutes constatations relatives à l'état des immeubles susceptibles d'être affectés par des dommages pendant la durée de sa mission. V. *constat*.

— **mesures utiles.** V. *conservatoire*.

— **précontractuel.** Procédure permettant de saisir le juge administratif, avant l'attribution du contrat, en cas de manquement aux obligations de publicité et de mise en concurrence auxquelles est soumise la passation de contrats administratifs ayant pour objet l'exécution de travaux, la livraison de fournitures ou la prestation de services (CJA, a. L. 551.1).

— ***provision.** Somme accordée par le juge des référés, même en l'absence d'une demande au fond, au créancier qui l'a saisi lorsque l'existence de l'obligation n'est pas sérieusement contestable (CJA, a. R. 541-1).

• **2** Démarche ponctuelle consistant à en *référer (sens 1 *a*) à une autorité pour lui soumettre une question ou un rapport.

— **de la Cour des comptes.** Dans le cadre du contrôle administratif des opérations effectuées par les ordonnateurs, lettre officielle par laquelle le premier président de la Cour des comptes informe un ministre des irrégularités ou pratiques défectueuses constatées dans le fonctionnement financier de ses services.

— **législatif.** Système dans lequel le juge demandait l'interprétation de la loi d'un organe de la législation. Ex. l. 16-24 août 1790, tit. II, a. 12.

ADAGE : *Ejus est interpretari cujus est condere legem.*

RÉFÉRENCE

N. f. – Dér. du v. référer, lat. *referre*, rapporter.

• **1** Action de rapporter une proposition (solution, opinion, interprétation) à une source de droit (référence à un article de loi) ou à une *autorité (opinion doctrinale, décision de jurisprudence) et d'y renvoyer (le lecteur ou l'auditeur) pour y trouver un appui, par extension à titre d'information, ou de manière critique. Comp. *conférence, référencement.*

- **2** Résultat de cette action ; indication bibliographique qui en résulte (en note ou autrement). Comp. *citation.*

— **(ouvrage de).** Ouvrage auquel on se réfère dans la matière où il fait autorité.

RÉFÉRENCEMENT

N. m. – Néol. du v. référencer (de référence, dér. du v. référer, lat. *referre,* rapporter), mettre en échantillon, donner en référence.

- S'emploie dans les expressions suivantes : *centrale de référencement, contrat de référencement.

— **(contrat de).** Convention de globalisation des commandes en vertu de laquelle une *centrale négocie auprès de certains fournisseurs, moyennant leur inscription à son catalogue, des conditions d'achats en faveur de ses adhérents (appelés à passer directement commande aux fournisseurs ainsi « référencés »). V. *contrat d'*affiliation, contrat d'*approvisionnement exclusif, distribution.*

RÉFÉRENDAIRE

Subst. ou adj. – Lat. *referendarius* : chargé de ce qui est à rapporter, de *referre* : rapporter.

- **1** (adj. ou subst.). *Conseiller référendaire.
- **2** (adj.). Qui se rapporte au *référendum. Ex. consultation référendaire.

RÉFÉRENDUM

Subst. masc. – Terme empr. au lat. neutre de *referendus* (dans l'expression *ad referendum*) : qui doit être rapporté, de *referre* : rapporter.

- *Votation qui soumet une loi (ordinaire ou constitutionnelle) à l'approbation de l'ensemble du corps électoral. Ex. Const. 1958, a. 11 (l. const. 4 août 1995) et 89. V. *plébiscite, vote, voix, veto.*

— **constituant.** Référendum qui s'applique à l'adoption ou à la révision d'une Constitution.

— **de *consultation (ou antérieur).** Référendum dans lequel le corps électoral donne seulement un avis.

— **de ratification (ou postérieur).** Référendum dans lequel l'opinion du corps électoral vaut décision définitive.

— **d'initiative partagée.** Référendum issu de l'initiative d'un cinquième des membres du Parlement, soutenue par un dixième des électeurs inscrits sur les listes électorales (Const., a. 11 ; l. constitutionnelle n° 2008-724 du 23 juillet 2008).

— **facultatif.** Référendum que les pouvoirs publics sont libres de déclencher.

— **législatif.** Référendum qui s'applique à une loi ordinaire.

— **obligatoire.** Référendum auquel il doit nécessairement être recouru sur tel objet.

RÉFÉRENTIEL

Subst. masc. – Dér. de *référence.

- Base ou système de référence. Ex. référentiel de normalisation : document technique par référence auquel s'opère la *certification de produit et de service.

RÉFÉRER

V. – Lat. *referre* : rapporter, faire un rapport, soumettre une affaire à la délibération d'une autorité.

- **1**

— **à (en).**

a / Pour une autorité saisie d'une question, soumettre celle-ci à une autorité supérieure.

b / Pour un justiciable, saisir le juge des *référés, soit après avoir obtenu de lui, sur requête, une ordonnance (à charge d'en référer), soit pour qu'il statue sur une difficulté d'exécution d'un jugement ou d'un autre titre exécutoire.

- **2**

— **à (se).** Se reporter à (une source de droit, un texte, une pratique) ; s'appuyer sur (un précédent, une jurisprudence).

- **3**

— **le serment.** Pour le destinataire de la *délation de serment, *déférer celui-ci en retour, c'est-à-dire pour le plaideur auquel le serment a été déféré par son adversaire (mais non par le juge) mettre celui-ci au défi de jurer, en se soumettant par avance à son serment (*décisoire), façon, pour qui réfère le serment, d'éviter tout à la fois de le prêter et de le refuser. V. *relation de serment.*

RÉFLEXION

V. *délai de réflexion*.

REFONTE

N. f. – De refondre, comp. de fondre, lat. *fundere* : faire couler.

- Action de refondre et résultat de cette action ; espèce de *réforme législative caractérisée par le remaniement tant au fond qu'en la forme de l'ensemble des dispositions d'une matière et, en général, par la reconsidération de ses éléments fondamentaux. Ex. refonte du Droit de la famille dans le C. civ. V. *modification, révision, codification, politique législative, recodification*.

— **des textes législatifs** (eur.). Remaniement au fond d'un *instrument juridique communautaire de base, qui aboutit à l'adoption d'un nouvel acte de base auquel sont incorporées les modifications de fond apportées à l'ancien (lequel est abrogé) ; espèce de *codification réelle (de *recodification) par opp. à une codification purement formelle. Ex. Règlement (UE) 1215/2012, Refonte Bruxelles I bis. Comp. *consolidation*.

REFORMATIO IN PEJUS

Locution latine signifiant littéralement « réformation en pire », utilisée pour désigner, à l'occasion d'un recours, l'*aggravation de la peine initialement prononcée. Ex. *reformatio in pejus* décidée par la cour d'appel, ou exclue après un *pourvoi en révision. V. *appel à minima, in mitius*.

RÉFORMATION

N. f. – Lat. *reformatio*, du v. *reformare* : reformer, refaire, corriger.

- **1** (pour une juridiction d'appel). Action de réformer sur appel la décision attaquée et résultat de cette action ; espèce d'*infirmation consistant, pour le juge d'appel, à modifier en tout ou en partie la décision – par ailleurs valable – du premier juge. Comp. *annulation, censure, cassation*.

— **(voie de).** Par opp. à voie de *rétractation, *voie de recours ouverte non devant la juridiction qui a rendu la décision critiquée mais devant une juridiction d'un degré hiérarchiquement supérieur.

- **2** (pour un supérieur hiérarchique). Par opp. à la *suspension et à l'*annulation, modification par le supérieur hiérarchique d'un acte administratif émanant d'une autorité inférieure. Ex. le *recours hiérarchique constitue une voie de réformation. Comp. *invalidation*.

RÉFORME

N. f. – Tiré de réformer. V. *réformation*.

- **1** Dans le Droit de la fonction publique (civile et plus particulièrement militaire), opération qui constate dans la personne des intéressés l'existence d'inaptitudes physiques. Ex. commissions de réforme.
- **2** Réforme législative ; plus généralement *modification du Droit existant soit par une loi nouvelle (ex. loi portant réforme du divorce), soit par décret (décret portant réforme de la procédure civile). V. *législation, législatif* (science, technique), *de lege ferenda, droit transitoire*. Comp. *refonte, codification, amendement, révision*.

REFOULEMENT

Dér. de refouler, comp. de fouler, du bas lat. *fullare*.

- Mesure par laquelle un État interdit le franchissement de sa frontière à un étranger qui sollicite l'accès à son territoire ; ne pas confondre avec *expulsion, éloignement.

RÉFRAGABLE

Adj. – V. *irréfragable*.

- Qui admet la *preuve contraire ; se dit d'une *présomption qui peut être renversée par une telle preuve. Ex. la présomption légale de paternité légitime peut être écartée par la preuve de la non-paternité. Syn. *simple, juris tantum*. Ant. *irréfragable, absolu, juris et de jure*. V. *charge, admissibilité, *mode de preuve*.

REFUGE

- Local recueillant à titre de dépôt des biens culturels à la demande de l'État propriétaire ou détenteur, ou en vertu d'une résolution du Conseil de sécurité des Nations unies, pour en assurer la sécurité lorsqu'ils se trouvent dans une situation d'urgence et de grave danger en raison d'un conflit armé ou d'une catastrophe sur le territoire de l'État qui les possède ou les détient (C. patr., a. 111-11).

RÉFUGIÉ

Formé sur refuge, lat. *refugium*.

- Toute personne qui a dû fuir son pays d'origine ou le pays dans lequel elle avait sa résidence habituelle afin de se soustraire à de graves dangers, not. pour échapper à des persécutions politiques, raciales où religieuses, et qui ne peut ou, par une crainte légitime, ne veut pas recourir à la protection des autorités de son pays. Comp. *expatrié, émigré, émigrant.*

— **non statutaire.** Celui qui, ne répondant pas à la définition du réfugié statutaire, relève cependant directement du Haut Commissariat des Nations Unies pour les réfugiés. Comp. *asilé.*

— **statutaire.** Celui qui bénéficie du régime de protection internationale institué par la convention des Nations Unies du 28 juillet 1951.

REFUS

N. m. – Tiré de refuser, lat. pop. *refusare,* dû probablement au croisement de *recusare* et de *refutare.*

- **1** (pour un individu). Manifestation de non-vouloir.

a / Non-*acceptation ; réponse négative – en principe libre et licite – opposée par le destinataire d'une *offre à la proposition qui lui est faite. Ex. refus de *consentement, d'agrément, d'autorisation. Comp. *opposition, veto, silence, abstention.* Ant. *approbation, acceptation, adhésion, accord.* V. *pollicitation.*

b / Non-exécution ; fait de se soustraire à l'accomplissement d'un devoir, *abstention ou *résistance opposée à l'exécution d'une obligation. Comp. *violation, inobservation, rébellion, révolte.*

— **de porter secours.** Fait de s'abstenir volontairement de porter à une personne en péril l'assistance que, sans risque pour soi-même ou pour des tiers, on pouvait lui prêter, soit par son action personnelle, soit en provoquant un secours (C. pén., a. 223-6). V. *abstention, omission de porter secours, non-assistance.*

— **de vente et de services.** Fait pour tout producteur, industriel ou artisan de refuser de satisfaire, dans la mesure de ses disponibilités et dans des conditions conformes aux usages commerciaux, aux demandes des acheteurs de produits ou aux demandes de prestations de services faites par des demandeurs de bonne foi, et ne présentant aucun caractère anormal et à la condition que la vente ou la prestation de services en cause ne soit pas légalement interdite (agissement assimilé à la pratique de *prix illicites).

— **d'obéissance.** Inexécution volontaire d'un ordre ; acte d'*insubordination qui, commis en présence de l'ennemi, est punissable de mort.

— **d'obtempérer.** Fait de s'abstenir sciemment de s'arrêter, alors qu'on est sommé de le faire par un fonctionnaire chargé de constater les infractions et muni des signes extérieurs et apparents de sa qualité ; par ext., refus de se soumettre à toutes vérifications prescrites par la loi ou les règlements et concernant les personnes ou les véhicules.

— **d'un service légalement dû.** Délit commis par un commandant militaire qui ne défère pas à une réquisition régulière de l'autorité civile, ou par un militaire qui, appelé à siéger dans une juridiction des forces armées, ne se rend pas à l'audience.

- **2** (pour une autorité). Parfois syn. d'exclusion ou de *dénégation (ex. refus d'action par la loi), de *rejet ou de *débouté (ex. refus de dommages-intérêts par le juge) ou de non-admission (ex. refus d'autorisation par l'administration). Comp. *déni.*

RÉGENT

Lat. *regens,* part. prés. de *regere* : diriger.

- **1** Personne qui exerce les fonctions du *monarque mineur ou incapable de gouverner.
- **2** Nom donné dans l'organisation de la Banque de France (ou de certains autres établissements) à des personnes élues par l'assemblée générale des actionnaires de la Banque aux côtés du gouverneur, des sous-gouverneurs et des *censeurs (ou aux personnes appelées dans les autres établissements à des fonctions comparables).

RÉGICIDE

Lat. *regicidium,* de *rex, regis* : roi.

• **1** Le meurtre ou l'exécution capitale d'un roi. Comp. *parricide, infanticide, homicide.*

• **2** L'auteur de ce meurtre, l'*assassin d'un monarque.

RÉGIE

N. f. – Tiré de régir, lat. *regere* : diriger.

• **1** Mode de *gestion d'un service public et parfois, par ext., ce service public.

— **directe.**

a / Mode de gestion d'un service public assuré directement par la personne publique dont dépend ce service avec son personnel et ses moyens matériels et financiers.

b / Le service public ainsi géré.

— **intéressée.**

a / Mode de gestion d'un service public – dérivé de la *concession – assuré par un régisseur n'en supportant pas les risques, mais intéressé financièrement aux résultats de l'exploitation.

b / Le service public ainsi géré.

— **(mise en).** Sanction du Droit des marchés de travaux publics consistant à substituer, à l'entrepreneur coupable d'une faute dans l'exécution du marché, un régisseur choisi par l'administration qui poursuit cette exécution aux frais et risques de cet entrepreneur. Comp. **réadjudication à la folle enchère.*

— **municipale.** Mode de gestion directe d'un service public communal à caractère industriel et commercial doté de l'autonomie financière (et parfois de la personnalité juridique).

• **2** Dans la comptabilité publique, mécanisme qui déroge à la règle de la séparation des ordonnateurs et des comptables en permettant à un agent de l'administration (le régisseur), soit de régler directement une dépense au moyen d'une avance qui lui est consentie par le comptable *(régie d'avance),* soit de percevoir et de détenir temporairement une recette en attendant de la reverser au comptable *(régie de recette).*

RÉGIME

N. m. – Lat. *regimen,* de *regere* : diriger.

▸ **I** (th. gén.)

• **1** *Système de *règles, considéré comme un tout, soit en tant qu'il regroupe l'ensemble des règles relatives à une matière (ex. régime constitutionnel, régime foncier), soit en raison de la finalité à laquelle sont ordonnées les règles (ex. *régime de protection, régime pénitentiaire) ; *corps cohérent de règles. V. *ordre, ordonnancement juridique.*

• **2** Par ext., terme utilisé, associé à un qualificatif, pour caractériser l'esprit ou la tendance de cet ensemble de règles. Ex. régime souple, libéral, autoritaire, favorable, draconien, etc.

▸ **II** (const. et pol.).

• Forme du gouvernement d'un État. Mise en œuvre, dans un État déterminé, d'une certaine conception concernant la souveraineté et les principes dont doit s'inspirer le gouvernement, ou les distinctions et relations entre gouvernants et gouvernés et entre les divers pouvoirs publics. Ex. régime démocratique, régime libéral, régime parlementaire, régime présidentiel (on parle plus volontiers de régime constitutionnel ou de régime politique selon que l'accent est mis sur l'analyse juridique ou sur l'analyse politique).

— **(Ancien).** Expression désignant, en France, la période de la monarchie absolue, « société traditionnelle » par opp. à la « société nouvelle » de 1789, selon Taine.

— **capacitaire.** Système électoral dans lequel la jouissance de l'électorat est conditionnée par un degré élevé d'instruction décelé par un diplôme ou l'exercice de certaines professions.

— ***censitaire.** Système électoral dans lequel la jouissance de l'électorat est conditionnée par le paiement d'un certain chiffre élevé d'impôt direct (cens) décelant la fortune. Ex. le régime censitaire consacré par les chartes de 1814 et 1830.

— **parlementaire.** V. *gouvernement parlementaire.*

— **représentatif.** V. *gouvernement représentatif.*

— ***républicain.** Régime politique dans lequel le chef de l'État est un président élu pour une certaine durée (Const. 1958, a. 89 *in fine*). Ant. *monarchique.*

▸ **III** (priv.)

• **1** Ensemble de règles gouvernant certaines matières et institutions de droit privé (régime hypothécaire, régimes matrimoniaux, etc.).

— **conventionnel.** Par opp. au *régime légal, régime matrimonial choisi par les futurs époux dans leur *contrat de mariage ou adopté par voie de *changement de régime pendant le mariage (à la requête conjointe des époux, moyennant homologation judiciaire). Ex. régime de séparation de biens, régime de *participation aux acquêts ou même régime élaboré par les époux dans les limites de la liberté des conventions matrimoniales.

— **de *protection.**

a / Système tutélaire destiné à sauvegarder dans sa personne ou ses biens une personne qui ne peut pourvoir elle-même à ses intérêts.

b / Plus spécifiquement, système plus ou moins complexe (*tutelle, *curatelle, *sauvegarde de justice) prévu par la loi en vue de pourvoir aux intérêts d'un *majeur qui, en raison de l'altération de ses facultés personnelles (not. de ses facultés mentales par l'effet d'une maladie, d'une infirmité ou d'un affaiblissement dû à l'âge ; C. civ., a. 425), a besoin d'être soit représenté, soit conseillé et contrôlé, soit *protégé dans les actes de la vie civile. V. *capacité, incapacité, juge des tutelles.* Comp. *administration légale.*

— **dotal.** Ancien type de régime matrimonial conventionnel (aujourd'hui passé sous silence dans la loi), caractérisé par l'apport que la femme faisait au mari, pour l'aider à subvenir aux besoins du ménage et à charge de restitution, de certains biens, inaliénables et insaisissables, appelés biens *dotaux (C. civ., a. 1540 s. anc.), la femme conservant la jouissance de ses autres biens, appelés *paraphernaux ou extradotaux.

— **général des obligations.** Celles des règles qui peuvent s'appliquer à toute obligation quelle qu'en soit la source.

— ***hypothécaire.** Ensemble des règles régissant la publicité foncière (publicité et conservation des privilèges, hypothèques et autres droits soumis à publicité).

— ***légal.** Par opposition aux *régimes conventionnels, régime matrimonial applicable par le seul effet de la loi à tous les époux qui se marient sans avoir fait au préalable un contrat de mariage. V. *communauté légale, communauté réduite aux acquêts.* Syn. *régime matrimonial de droit commun.*

— ***matrimonial.**

1 / Au sens large, ensemble des règles d'ordre patrimonial qui régissent, au cours et à la dissolution du mariage, les biens des époux (quant à la propriété, la disposition, l'administration et la jouissance) et toutes les questions pécuniaires du ménage, tant dans les rapports entre époux que dans les relations de ceux-ci avec les tiers, y compris les règles du régime matrimonial primaire.

2 / Désigne plus précisément, et à l'exclusion du régime primaire, le corps des règles qui constituent spécifiquement un type de régime. Ex. la communauté légale, la séparation de biens.

— **matrimonial primaire.** V. *primaire.*

— **sans communauté.** Ancien type de régime matrimonial conventionnel (aujourd'hui passé sous silence par la loi) dans lequel, tous les biens des époux demeurant séparés (sans aucune communauté), le mari avait l'administration et la jouissance des biens de sa femme. V. *communauté, participation aux acquêts, séparation de biens.*

• **2** Plus banalement (on parle aussi de régime juridique), règles de droit auxquelles est soumis un acte (régime d'une promesse de vente) ou un bien (régime des souvenirs de famille). Comp. *condition, statut.*

▸ **IV** (pén.)

— **pénitentiaire.** Ensemble des règles édictées par le pouvoir législatif ou par l'autorité administrative en vue d'organiser l'exécution des peines privatives ou restrictives de liberté et des mesures de sûreté. Selon l'étymologie, le but du régime pénitentiaire est de procurer l'amendement du condamné, préoccupation qui tient une place de plus en plus grande dans son aménagement. V. *incarcération, cellulaire, isolement, carcéral.*

▸ **V** (séc. soc.)

— **agricole.** Système de protection propre à la catégorie socioprofessionnelle des agriculteurs et justifié par le particularisme du monde rural et de ses problèmes sociaux.

—**s autonomes.** Régimes qui ne couvrent qu'un risque social pour une catégorie socioprofessionnelle déterminée. Par ex., l'assurance vieillesse des professions artisanales ou l'assurance maladie-maternité des professions indépendantes non agricoles.

—**s complémentaires.** Système de protection en matière de maladie, vieillesse, chômage, etc., accordant des avantages supplémentaires à ceux du régime légal de sécurité sociale.

— **de sécurité sociale.** Ensemble de dispositions légales et réglementaires qui structurent et organisent un système de sécurité sociale déterminé.

— **général.** Régime qui s'applique aux salariés de l'industrie et du commerce pour l'ensemble des risques sociaux couverts par la sécurité sociale.

—**s spéciaux.** Régimes légaux qui, indépendants en tout ou en partie du régime général, accordent à certaines catégories socio-professionnelles (travailleurs des mines, de la SNCF, de l'EDF, de la RATP, fonctionnaires, militaires de carrière, etc.) des avantages supérieurs à ceux du régime général (ces régimes spéciaux codifiant en général des avantages acquis par les intéressés antérieurement à l'institution de la sécurité sociale).

RÉGION

N. f. – Lat. *regio* : direction, frontière, zone, contrée ; du v. lat. *regere,* de *rex, regis,* roi.

- **1** *Circonscription administrative (érigée en établissement public territorial à partir des circonscriptions d'action régionale par la l. du 5 juill. 1972) qui regroupe un nombre variable de *départements. V. *comité économique et social, conseil régional, préfet, territoire, préfecture, interrégionalité, interrégion.*
- **2** *Zone géographique qui présente des caractères typiques justifiant sa soumission à un régime particulier. Ex. région de haute montagne, région côtière.

—**s ultrapériphériques** (eur.). Appellation donnée à diverses parcelles excentriques du territoire de certains États membres (les Açores, les îles Canaries, Madère et, pour la France, quatre départements, Guadeloupe, Guyane, Martinique, Réunion) qui, en raison de leur éloignement géographique (d'où leur nom) et surtout de leur situation socio-économique, peuvent bénéficier, au sein de l'Union européenne, de mesures spécifiques en faveur de leur développement.

RÉGIONAL, ALE, AUX

Adj. – Dér. de *région.

- Relatif, inhérent à une *région ; qui en dépend, en provient ou en épouse les limites. Ex. produit régional, assemblée régionale, taxe régionale. Comp. *national, départemental, communal.* V. *local, interrégionalité, conseil.*

RÉGIONALISME

N. m. – V. *région.*

- **1** Système de *décentralisation politique et administrative donnant à des portions du territoire d'un État possédant une certaine unité géographique, historique, ethnographique ou économique, une indépendance plus ou moins importante à l'égard du pouvoir central.
- **2** Le système homologue mis en œuvre dans le cadre de la société internationale par la reconnaissance, au sein de l'organisation universelle, de règles ou d'institutions propres à un continent ou à un groupe d'États.
- **3** Ensemble des idées ou des doctrines intéressant un tel système. V. *particularisme.*

RÉGIR

V. – Lat. *regere,* diriger.

- Pour une loi (plus généralement pour une règle de droit ou un système juridique), s'appliquer à un cas, une situation, une matière, en *commander le régime juridique, lui donner la règle qui le *gouverne. Ex. le droit civil régit l'état des personnes, la loi du lieu de situation d'un immeuble régit le statut de celui-ci. V. *locus regit actum.* Comp. *légiférer, réglementer.*

RÉGISSEUR

Subst. – Dér. de *régir.

- **1** Personne chargée, en vertu d'un *contrat de travail, de gérer, moyennant rémunération, un domaine agricole, avec obligation de rendre compte au propriétaire du domaine, lequel conserve la qualité de *chef d'exploitation. V. *gérant, intendant.*
- **2** Personne investie de la *régie d'un

service public. Comp. *gestionnaire, administrateur.*

- **3** Agent de l'administration, titulaire, dans la comptabilité publique, d'une *régie d'avance ou de recette.

REGISTRE

N. m. – D'abord *regeste,* puis registre, lat. *regista* : registre, catalogue, plur. neutre de *regestus,* de *regerere* : rapporter.

- *Livre constituant un instrument de *preuve ou de *publicité, parfois doté d'une valeur constitutive, sur lequel on note des informations d'un type qui le caractérise et sert généralement à le dénommer et dont la tenue incombe parfois à un service officiel, parfois au principal intéressé. Comp. *fichier, répertoire, casier, journal, archive, cadastre, écrit,* **main courante.* V. *enregistrement.*

— **à souche.** Registre d'où sont obligatoirement tirés les titres ou certificats d'actions émis par une société, compagnie ou entreprise quelconque, financière, commerciale, industrielle ou civile. V. *talon.*

— **d'audience.** Registre tenu par chambre de tribunal de grande instance ou de cour d'appel et pour chaque audience ; fait not. mention des affaires plaidées, des conditions du déroulement de l'audience et des décisions rendues. V. *plumitif.*

— **d'avocat.** Document comptable, destiné à constater toutes opérations effectuées, sur fonds, effets ou valeurs, par un avocat, dans l'exercice de sa profession.

— **d'avoué.** Document comptable tenu par tout avoué sur lequel sont portées les sommes reçues de ses clients.

— **de présence.** Registre sur lequel doit être indiqué, suivi de leur signature, le nom des administrateurs ayant participé à la séance du conseil d'administration. V. *feuille de présence.*

— **de procès-verbaux.** Registre sur les feuilles duquel sont dressés les procès- verbaux destinés à constater les délibérations d'une assemblée ou d'un conseil. Ex., en matière de société, registre des procès- verbaux du conseil d'administration ou de l'assemblée générale, etc.

— **des achats d'actions.** Registre où sont inscrits les achats en bourse par une société de ses propres actions, en vue de faire participer les salariés aux fruits de l'expansion ou de leur consentir des options d'achat.

— **des achats et des ventes d'actions.** Registre où sont inscrits les achats et les ventes, par une société, de ses propres actions.

— **des agents commerciaux.** Registre tenu au greffe du tribunal de commerce où doivent se faire inscrire les personnes désirant exercer la profession d'agent commercial. V. *immatriculation.*

— **des métiers.** Ancienne dénomination du *répertoire des métiers.

— **d'état civil.** Registre coté et paraphé par le président du tribunal de grande instance, tenu dans chaque commune par l'*officier de l'*état civil et sur lequel sont rédigés les actes de l'*état civil. Comp. *répertoire civil.*

— **de transfert.** Dénomination courante du registre où sont inscrites toutes les *mutations intéressant les titres nominatifs d'une société.

— **domestique.** *Documents comparables aux *papiers domestiques mais établis de façon plus systématique sur support unique.

— **du commerce et des sociétés.** Registre tenu au greffe du tribunal de commerce (ou du tribunal de grande instance statuant commercialement) où doivent se faire immatriculer, sur leur déclaration, not. les personnes physiques ayant la qualité de commerçants, les sociétés et les groupements d'intérêt économique ayant leur siège en France et jouissant de la personnalité morale. V. *immatriculation.*

— **public de la cinématographie.** Registre tenu par le Centre national de la cinématographie où doivent être inscrits, à peine d'inopposabilité, toutes les conventions afférentes à la création et à l'exploitation des films (C. cin., a. L. 121-1 s.).

REGISTRE GÉNÉRAL DÉMATÉRIALISÉ

- Registre numérique centralisant les informations des entreprises, contenues dans le registre national du commerce et des sociétés, au répertoire national des métiers et au registre des actifs agricoles (l. n° 2019-486 du 22 mai 2019 relative à la croissance et la transformation des entreprises, a. 2).

RÈGLE

N. f. – Lat. *regula.*

• **1** Règle de droit ; désigne toute *norme juridiquement *obligatoire (normalement assortie de la *contrainte étatique), quels que soient sa *source (règle légale, coutumière), son degré de généralité (règle générale, spéciale), sa portée (règle absolue, rigide, souple, etc.) ; en ce sens l'exception aussi est une règle. V. *Droit, loi, directive, ordre, ordonnancement juridique, canon, système juridique, *corps de règle, régime, règlement, réglementation, jus, impératif, contraignant, prescription, interdiction.*

• **2** Parfois le *principe (la règle de principe), par opp. à l'*exception. Ex. il est de règle que… V. *droit *commun, exorbitant, dérogatoire, pouvoir modérateur, maxime, précepte, axiome.*

• **3** Toute norme autre que juridique ; règle *morale, règle de *conscience, etc. Ex. règle de courtoisie ou de bienséance, *pratique observée dans la vie politique et internationale, mais dont le non-respect n'entraîne aucune sanction en dehors de la désapprobation morale. V. *honneur.*

— **de conflit de lois** (ou, par abréviation, **de conflit**). Règle de droit législative ou jurisprudentielle qui, tenant compte des liens qu'une situation présente avec plusieurs *systèmes juridiques (V. *rattachement*), prescrit l'application à cette situation, ou à tel ou tel de ses éléments, d'un de ces systèmes, de préférence aux autres. V. *bilatérale, unilatérale, alternatif.*

— **de droit international privé.**

a / Règle ayant pour objet le règlement des relations affectées par la pluralité des droits internes en vigueur dans le monde. V. *règle de conflit, matérielle, lois de police, conflit de juridictions.*

b / Parfois syn. de *règle de conflit.

— **de *fond.** Règle qui touche au *fond du droit.

— **de *forme.** Règle qui gouverne la *forme des actes juridiques.

— **de La Haye.** Règles adoptées par le comité maritime international en 1922 et conseillées aux armateurs et usagers du transport maritime ; suivant une pratique incorrecte, ces mots désignent la convention internationale de Bruxelles du 25 août 1924 unifiant certaines règles relatives aux connaissements.

— **de raison** (conc.). Processus de comparaison des avantages et des inconvénients d'une pratique commerciale restrictive de concurrence. Contra *illégalité *per se.*

— **de *rattachement.** Syn. *règle de conflit.*

— **d'York et d'Anvers.** Règles adoptées par l'*International Law Association* et conseillées aux intéressés pour régler les *avaries communes.

— **matérielle.** V. *matériel.*

— **proportionnelle** (ass.).

a / Règle d'après laquelle, lorsqu'il y a sous-assurance (c'est-à-dire lorsque la somme assurée est inférieure à la valeur réelle de la chose assurée au jour du sinistre), l'assureur, sauf convention contraire, ne répond du dommage subi que dans la proportion de la somme assurée par rapport à la valeur actuelle.

• *Règle proportionnelle de prime :* règle en vertu de laquelle, lorsque l'assuré a, de bonne foi, commis une irrégularité dans la déclaration du risque, il n'a droit, en cas de sinistre, qu'à une indemnité réduite selon le rapport entre la prime payée et celle qu'il aurait dû payer.

b / En matière d'assurances *cumulatives faites sans fraude, règlement proportionnel imposé par la loi entre les divers assureurs, selon les capitaux respectivement couverts par eux.

— ***substantielle.** Syn. *règle *matérielle.*

RÈGLEMENT

N. m. – Dér. de régler, de *règle.

• **1** Espèce de *règle ; disposition de portée légale.

***a* /** Texte de portée générale émanant de l'autorité exécutive par opp. à la *loi (votée par les assemblées législatives). Ex. la procédure civile est du domaine du règlement ; variété d'actes, à caractère général et impersonnel, qui, émanant d'une autorité exécutive ou administrative (Président de la République, Premier ministre, préfets, maires…), a pour objet, soit de disposer dans des domaines non réservés au législateur, soit de développer les règles posées par une loi en vue d'en assurer l'*application. V. *décret, arrêté, statut.*

— **autonome.** Règlement pris en vertu de l'a. 37 de la Constitution et qui porte sur toutes les matières autres que celles réservées au domaine de la loi par l'a. 34 précédent.

— **d'administration publique.** Règlement que le Premier ministre est tenu de prendre à l'invitation du législateur en vue de compléter une loi et dont le texte doit au préalable être obligatoirement soumis à l'avis du Conseil d'État.

— **national de construction.** Décret en Conseil d'État qui fixait les règles générales de construction applicables aux bâtiments d'habitation (C. urb., a. L. 111-3 anc.).

— **national d'urbanisme.** Ensemble des dispositions prises par voie de règlement d'administration publique et concernant les règles générales applicables en matière d'utilisation du sol (localisation, desserte, implantation et architecture des constructions, mode de clôture et tenue décente des propriétés (C. urb., a. L. 111-1).

— **de police.** Règlement assorti d'une sanction pénale et qui a pour objet d'imposer à la liberté des citoyens des restrictions justifiées par les nécessités de l'ordre public.

— **européen.** Acte de portée générale du Conseil ou de la Commission, obligatoire dans tous ses éléments et directement applicable dans tout État membre. Comp. *directive, proposition, décision, recommandation, résolution, instruments juridiques communautaires.*

b / Disposition juridique s'appliquant aux membres d'un groupement, y compris à ceux qui n'y ont pas expressément adhéré. Ex. règlement de copropriété. Comp. **convention collective.*

c /

— **intérieur.** Résolution déterminant les méthodes et règles de travail intérieures qui doivent être observées dans le fonctionnement d'une assemblée, d'un conseil, d'un organe complexe ou d'un ordre. Ex. r. AN et du Sénat, Const. 1958, a. 61, al. 1 ; règlement intérieur du Barreau de Paris.

— *d'atelier.* Acte de l'employeur fixant pour l'ensemble du personnel de l'entreprise, de l'établissement ou de l'atelier, des prescriptions relatives à la discipline, aux horaires de travail, à l'hygiène et à la sécurité, aux sanctions de leur violation, parfois à la rémunération, à l'embauchage et au licenciement.

— *du tribunal.* Ensemble des règles par lesquelles chaque tribunal en particulier prévoit et organise en détail le fonctionnement propre de ses *services ; organisation interne.

• **2** Parfois syn. de *solution d'un litige, d'un conflit. Ex. règlement amiable du litige par *transaction ; l'arbitrage, mode de règlement du litige ; règlement d'un conflit de compétence.

— **de juges.** Expression servant traditionnellement à désigner la procédure et la décision consécutive permettant de résoudre un *conflit entre deux ou plusieurs juridictions entendant toutes connaître d'une affaire (conflit positif) ou, au contraire, refusant toutes d'en connaître (conflit négatif) ; expression, aujourd'hui abandonnée par le législateur pour désigner telle ou telle procédure particulière dans l'ensemble des modes de règlement des conflits de compétence.

— **pacifique.** Mode de solution d'un *différend par des moyens ne comportant pas l'usage de la force, tels que la négociation ou l'intervention d'un tiers (règlement diplomatique ou juridictionnel).

• **3** Nom donné à des opérations de paiement ou de liquidation.

a / *Paiement effectué à l'aide d'un ou plusieurs instruments monétaires. Ex. banque des règlements internationaux, règlement d'une dette par chèque. V. *acquittement, libération.*

b / A l'issue d'un *compte, série d'opérations d'exécution (versement, virement, transfert, prélèvements, etc.) par le moyen desquelles chacun rentre dans ses droits conformément aux résultats du compte. Ex. règlement des récompenses sous le régime de communauté, not. par voie de *prélèvement (C. civ., a. 1470). Syn. *apurement.* V. *liquidation, régularisation.*

c / Ensemble des opérations destinées à liquider et à partager une masse indivise. Ex. règlement d'une communauté dissoute. Comp. **règlement judiciaire.*

• **4** Nom donné à des opérations complexes rendues nécessaires par la survenance de certains sinistres ou les difficultés d'un débiteur à exécuter ses obligations.

— ***amiable.** 1° Accord conclu en vue du redressement financier d'une entreprise en difficulté (mais non en état de *cessation des paiements) en présence d'un conciliateur judiciairement nommé à la demande du dirigeant de l'entreprise, en vertu duquel les principaux créanciers de celle-ci lui consentent des délais

de paiement et des remises de dette assortis not. de l'*arrêt des poursuites individuelles. Comp. *atermoiement.* V. *concordat, conversion du règlement amiable en redressement judiciaire, expert en diagnostic d'entreprise.*
2° Nom qui avait été donné par la loi du 31 décembre 1989 à la procédure instituée devant une commission administrative départementale en vue de régler la situation de *surendettement des personnes physiques par l'élaboration d'un plan conventionnel soumis à l'accord du débiteur et de ses principaux créanciers. Aujourd'hui remplacé par la procédure de surendettement des particuliers. Comp. *redressement judiciaire civil.*

— **d'avarie.** En matière d'avarie commune, opération qui consiste, soit d'accord commun, soit par les soins d'un expert répartiteur (V. *dispacheur*) à déterminer quelles sont les avaries à classer en avaries communes, le montant des dommages et pertes à admettre, la répartition entre les intéressés.

— **judiciaire.**

a / (entre 1955 et 1967). État du commerçant dont la cessation des paiements avait été constatée par un jugement du tribunal de commerce et qui, à la différence du commerçant en état de *faillite – représenté par un syndic –, était assisté par un administrateur (le règlement judiciaire n'entraînant pas toutes les *déchéances ou interdictions encourues en cas de faillite).

b / Dans la loi du 13 juillet 1967, état du *débiteur dont la *cessation des paiements avait été constatée par le tribunal et qui était en mesure de proposer un *concordat sérieux, seule issue possible du règlement judiciaire à défaut de laquelle le tribunal devait *convertir le règlement judiciaire en *liquidation des biens). V. *assistance.*

c / Institution ignorée par la loi créant la procédure de *redressement judiciaire. V. *collective de règlement du passif (procédure).*

- **5** Plus vaguement, action de résoudre une affaire ou d'apporter une solution à un problème.

— **(ordonnance de).** Ordonnance par laquelle, sitôt l'instruction terminée, le juge d'instruction statue sur le sort du dossier et prononce soit le *renvoi de l'affaire devant la juridiction de jugement soit le *non-lieu. Comp. *réquisitoire.*

— **par séries.** Ancienne pratique qui, en matière d'assurance sur facultés, consistait, pour atténuer l'effet des franchises, à grouper la cargaison en plusieurs séries afin que la franchise se calcule sur chacune des séries.

RÉGLEMENTAIRE

Adj. – Dér. de *règlement.

- **1** Qui se rapporte au *règlement. Ex. *pouvoir réglementaire ou pouvoir de prendre des règlements (Const. 1958, a. 21). Comp. *législatif.* V. *exécutif.*
- **2** Qui est du ressort du règlement (Const. 1958, a. 34 et 37, al. 2) : « Les matières autres que celles qui sont du domaine de la loi ont un caractère réglementaire. »
- **3** Qui a la nature d'un règlement. Ex. décret réglementaire (décret disposant par voie générale et impersonnelle). Ant. *individuel et spécial.*
- **4** Qui est conforme au règlement, ou, plus largement, à la règle. Comp. *légal, régulier.*

— **(acte).** V. **acte réglementaire.*

— **(délibération).** Décision d'une assemblée décentralisée, qui est définitive par elle-même au lieu d'être soumise à la nécessité d'une approbation de l'autorité de tutelle.

RÉGLEMENTATION

N. f. – Dér. de *réglementer.

- **1** Action de *réglementer (sens 1). Comp. *régulation.*
- **2** Résultat de cette action ; ensemble des *règlements relatifs à cette matière. Ex. : réglementation en matière de circulation, d'assurance, de permis de construire, prend facilement en ce sens un tour péjoratif qui reflète les vices d'une intervention étatique abusive. Ex. : réglementation touffue, tatillonne, incohérente, changeante. V. *déréglementation.*
- **3** Ensemble des *règles (même autres que *réglementaires) qui gouvernent une matière ; syn., en ce sens plus général, de droit relatif à une question. Ex. : la réglementation du divorce.

RÉGLEMENTER

V. – Dér. de *règlement.

- **1** (sens technique de précision). Action de prendre des *règlements (sens 1).
- **2** Soumettre à des *règles ; syn., en ce sens générique plus vague, de *régir, assujettir. Comp. *gouverner, commander, régir.*

RÈGNE

N. m. – Lat. *regnum* : autorité royale, royauté, souveraineté.

- **1** Sens spécifique :

a / L'exercice du pouvoir royal. Comp. *régence, empire.* V. *royauté, royaume, présidence, monarchie.*

b / La période pendant laquelle le roi exerce son pouvoir. Comp. *septennat, régence.*

- **2** Par ext., en un sens générique et parfois métaphorique, l'*autorité, la *souveraineté, la domination ; ainsi parlera-t-on dans un état policé du règne du droit, dans le silence de la loi du règne de la jurisprudence. Comp. *empire.*

— **de la loi.**

a / Expression doctrinale désignant un *régime constitutionnel dans lequel les gouvernants et leurs agents sont assujettis, pour leurs décisions particulières, à l'observation des règles de droit, conformément au principe de *légalité. Comp. **état de droit.*

b / Dans un sens plus étroit, régime juridique soumettant les agents de l'État comme les simples particuliers à l'empire de la loi commune appliquée par le juge du droit commun. Ex. le règne de la loi est la base du droit constitutionnel anglais.

REGROUPEMENT

N. m. – Dér. de l'ital. *groppo.*

- **1**

— **d'entreprises.** Syn. de *concentration, V. *entente.*

- **2**

— **de titres.** Opération consistant, sans modifier le capital social ou le montant d'un emprunt obligataire, à échanger des actions ou des obligations d'une valeur nominale déterminée contre des titres nouveaux d'une valeur nominale plus élevée mais conférant les mêmes droits (de créance ou réel) que les titres qu'ils remplacent. V. *échange de titres.*

- **3**

— **familial.** Procédure qui permet à un étranger établi régulièrement en France depuis une certaine durée de s'y faire rejoindre par son conjoint et ses enfants âgés de moins de dix-huit ans (C. étr., a. L. 411-1).

RÉGULARISATION

Dér. de régulariser, du lat. *regularis* : qui sert de règle, de *regula* : règle.

- **1** En un sens générique, action de rendre un acte ou une situation conforme à la règle ; syn. en ce sens vague de *validation ; résultat de cette action. Comp. *légalisation, confirmation, légitimation, *conversion par réduction d'un acte nul.*
- **2** Plus spécifiquement, action de purger un acte ou une situation du vice formel qui l'entache en réparant celui-ci par une initiative positive qui consiste en la suppression de l'imperfection qui l'affecte, ou en l'accomplissement de la formalité adéquate (immatriculation, complément d'information, mentions apportées à un acte, versement d'une somme d'argent, fourniture de caution, tenue d'une nouvelle assemblée, etc.). Comp. *rectification.*
- **3** Plus spécialement, parfois syn., entre personnes en compte d'*apurement, de *règlement. Comp. *liquidation.*

— **des cotisations de sécurité sociale.** Fait de vérifier si les cotisations versées périodiquement au cours de l'année civile correspondent au plafond annuel du salaire soumis à cotisations, la différence entre les cotisations versées à titre prévisionnel et celles dues sur la base du plafond annuel donnant lieu, soit à un versement régulateur, soit à un remboursement du trop-perçu.

RÉGULARITÉ

N. f. – Du lat. *regularis.* V. *régularisation.*

- **1** (sens gén.). Conformité à la *règle ; qualité de ce qui est conforme au Droit, spécialement aux exigences de forme (régularité formelle). Comp. *validité,* *légalité, licéité, légitimité.* Ant. **irrégularité.*

- **2** (pr. civ.). Qualité qui appartient à l'acte valablement formé (sans *vice de forme, ni irrégularité de fond), entièrement distincte de la *recevabilité et du *bien-fondé de l'acte.
- **3** Caractère de ce qui est constant dans sa périodicité. Ex. régularité des ressources, des versements. V. *revenus, arrérages.*

RÉGULATEUR, TRICE

Adj. et n. – Du bas lat. *regulare* : régler.

- **1** (adj.). Qui a pour fin de normaliser, de régulariser le cours d'activités ou d'opérations diverses, not. de faire respecter, dans ses applications multiples, la cohérence d'une règle. Ex. la Cour de cassation, cour régulatrice, veille à l'application uniforme de la loi. Comp. *normatif.*
- **2** (n.). Nom générique donné dans sa pratique aux autorités de *régulation.

RÉGULATION

N. f. – De régulateur, du lat. *regulare* : régler, diriger.

- Équilibrage d'un ensemble mouvant d'initiatives naturellement désordonnées par des interventions normalisatrices, action de régler un phénomène évolutif :

a / Action de choisir le moment de son avènement. Ex. régulation des naissances. Comp. *contrôle.*

b / Action d'en maîtriser dans le temps l'importance quantitative, en soumettant son développement à des normes. Ex. régulation par le piégeage des populations animales. Comp. *planification, normalisation.*

c / (écon.). Action économique mi-directive mi-corrective d'orientation, d'adaptation et de contrôle exercée par des autorités (dites de régulation) sur un *marché donné (à considérer par *secteur, régulation financière, boursière, énergétique, etc.) qui, en corrélation avec le caractère mouvant, divers et complexe de l'ensemble des activités dont l'équilibre est en cause, se caractérise par sa finalité (le bon fonctionnement d'un marché ouvert à la *concurrence mais non abandonné à elle), la flexibilité de ses mécanismes et sa position à la jointure de l'économie et du droit en tant qu'action régulatrice elle-même soumise au droit et à un contrôle juridictionnel. Ex. régulation des marchés financiers. V. *AMF* ; système de régulation de la concurrence au sein du marché unique de l'Union européenne. À ne pas confondre avec *réglementation, qui peut cependant être un moyen de régulation.

RÉGULIER, ÈRE

Adj. – Lat. *regularis* : qui sert de règle, de mesure, de canon.

- **1** *Conforme à la loi (not. aux exigences de l'ordre public et des bonnes mœurs, ainsi qu'aux règles de forme).
- **2** Plus spéc., valablement formé, conclu, rédigé, accompli conformément aux conditions de forme et de fond requises par la loi. V. *irrégularité.* Comp. *recevable, recevabilité, valide, valable, bien-fondé.*
- **3** Qualifie (au sens de normal) par opp. à *irrégulier (2), le *dépôt qui porte (c'est le cas *ordinaire) sur un corps certain à restituer en nature. Comp. *naturel, commun.*
- **4** Parfois syn. de réglé.
- **5** Constant.

RÉHABILITATION

N. f. – Dér. de réhabiliter. V. *habiliter.*

- **1** Rétablissement d'une personne dans la plénitude de ses droits intervenant, après une peine en tout ou partie exécutée ou une faillite personnelle, pour un motif qui justifie l'effacement des déchéances et interdictions qui y étaient attachées. Ex. bonne conduite, désintéressement des créanciers, etc. Comp. *grâce, amnistie.* V. *habilitation.*

a / Effacement pour l'avenir d'une condamnation criminelle correctionnelle ou contraventionnelle ainsi que des déchéances ou incapacités dont elle peut être assortie (C. pr. pén., a. 782 à 799 ; ne joue que si la peine a été exécutée ou est réputée telle).

— **judiciaire.** Celle qui est accordée par la chambre de l'instruction après expiration d'un certain délai à compter du jour de la libération définitive ou conditionnelle (C. pr. pén., a. 786 et 787) au condamné qui a fait preuve de bonne conduite pendant ce laps de temps (C. pr. pén., a. 787, 788, 789).

— **légale.** Celle qui intervient de plein droit après expiration d'un certain délai à compter de l'expiration de la peine subie ou de la *prescription acquise, lorsque le condamné n'a fait l'objet d'aucune condamnation nouvelle autre que l'amende (C. pén., a. 133-13). Comp. **relèvement* (des incapacités ou déchéances).

b / Cessation des *déchéances découlant de la *faillite personnelle ou celle de l'interdiction de diriger, gérer, administrer une entreprise commerciale appliquée à un débiteur en *liquidation des biens ou en *règlement judiciaire (ou au dirigeant d'une société atteinte par l'une de ces procédures).

- **2** Remploi architectural d'un immeuble ou d'un ensemble immobilier consistant non à le restaurer, mais, not. à l'occasion d'un changement de fonction, à procéder à tous les aménagements, équipements et remodelages propres à en dégager la meilleure utilisation architecturale. Comp. *restauration, réfection, réparation, rénovation*. V. *urbanisme*.

RÉINTÉGRANDE

N. f. – Lat. médiév., *reintegranda*. V. *réintégration*.

- Nom coutumier donné à l'ancienne action en *réintégration (traditionnellement classée parmi les *anciennes actions dites *possessoires) tendant à permettre au possesseur (et par ext. au simple détenteur, locataire ou fermier), dépouillé à la suite d'une *voie de fait, de recouvrer la jouissance perdue (même s'il possédait ou détenait depuis moins d'un an). Comp. *complainte, dénonciation de nouvel œuvre*. V. *dépossession, spoliation, *trouble *possessoire*.

  ADAGE : *Spoliatus ante omnia restituendus*. (Qui a été dépouillé doit, avant tout, être rétabli dans sa possession.)

RÉINTÉGRATION

N. f. – Dér. de réintégrer, lat. médiév. *reintegrare*, lat. anc. *redintegrare* : remettre dans son premier état, fait sur *integer* : intact.

- **1** Opération consistant à rétablir quelqu'un dans sa situation normale (dans ses droits, emploi, fonction, etc.) ; terme essentiellement usité en matière de fonction publique où il désigne les mesures mettant fin à un *détachement, à une position hors cadre ou à une mise en disponibilité et celles qui tirent les conséquences de l'annulation par le juge d'une *révocation ou d'un *licenciement illégaux. V. **reconstitution de carrière*. Comp. *rétablissement*.

— **(action en).** Dénomination nouvelle de la *réintégrande (CPC, a. 1264).

— **dans la nationalité.** Procédure permettant à une personne ayant perdu sa nationalité de la recouvrer sans rétroactivité et résultat de celle-ci.

— **dans l'emploi.** Mesure en vertu de laquelle un salarié retrouve l'emploi qu'il avait quitté par suite d'une interruption de travail ou d'un congédiement, bienfait qui résulte de la loi (après la libération du service militaire) ou d'une décision de justice (en cas de congédiement irrégulier ou abusif).

- **2** Opération de *redressement consistant, pour l'administration fiscale, à incorporer dans le revenu imposable d'un contribuable les sommes qui en ont été indûment déduites ou qui ont été dissimulées.

RÉITÉRATION

N. f. – Du bas lat. *reiteratio*, de *reiterare*, v. réitérer.

- Action de réitérer, répétition d'un même acte (juridique ou factuel) qui peut se charger d'effets de droit divers, en fonction de l'acte accompli, comme réaffirmation d'une intention, *renouvellement d'une confiance, amorce d'une *pratique, création d'une *apparence, persévérance dans la violation d'un devoir, signe de rechute, etc. Comp. *confirmation, récidive, délit d'habitude, harcèlement*.

RÉITÉRER

V. – Bas lat. *reiterare*, préf. *re* (de répétition) et *iterare* (cheminer, de *iter*, chemin) : refaire le chemin, recommencer.

- Faire de nouveau ; refaire une ou plusieurs fois ce qu'on avait déjà fait, signe d'insistance, de persévérance, de constance dans le comportement, marque d'une volonté persistante, d'une confiance renouvelée, d'une tendance confirmée, etc. Ex. (s'agissant d'actes juridiques) : réitérer un ordre, une interdiction, une promesse, un avertissement, une *sommation, une demande (requête réitérée en divorce par consentement mutuel après un délai de réflexion) ; (s'agissant de faits licites ou illicites, souvent au part. pass.) : offres réitérées dans les rapports d'affaires, défaut réitéré de paiement du loyer, violation réitérée des devoirs du mariage, manquements réitérés du salarié à ses obligations, brimades, violences réitérées, etc. (la réitération marquant le dépassement d'un seuil de *tolérance et le déclenchement de la sanction). V. *itératif.*

REJET

N. m. – Subst. verbal de rejeter, lat. *rejectare* : renvoyer, repousser.

• Solution consistant, pour un juge, à écarter un argument, un moyen, une demande d'un plaideur. Ex. le rejet d'un moyen peut entraîner le rejet de la requête. V. *débouté, refus.*

— **(arrêt de).** Arrêt par lequel la Cour suprême, rejetant un *pourvoi en cassation, refuse de casser la décision attaquée. Ant. *cassation (arrêt de).*

REJETER

V. – Lat. *rejectare.* V. *rejet.*

• Fait pour la juridiction saisie de ne pas donner de solution favorable à la demande d'une partie, d'écarter sa prétention. Ex. rejeter une *requête, un *pourvoi, Ant. **accueillir,* **adjuger.*

RELÂCHE

N. f. – Tiré de relâcher, comp. de lâcher, de lâche, lat. *laxus* : détendu, desserré.

• **1** Arrêt du navire en cours de route dans un port ou dans une rade. En pratique, ce terme ne s'emploie que lorsque l'arrêt est imposé au capitaine du navire par suite d'un événement de mer ou de tout autre incident (relâche *forcée).

• **2** Interruption en général hebdomadaire (et pour un soir) d'un spectacle.

RELÂCHEMENT (DU LIEN CONJUGAL)

Tiré de relâcher. V. *relâche.*

• Effet spécifique de la *séparation de corps consistant à distendre le *lien conjugal sans le rompre (à la différence du *divorce) (C. civ., a. 299). V. *devoir de *cohabitation, dissolution, démariage, communauté de vie.*

RELAIS

V. *lais.*

RELATIF, IVE

Adj. – Lat. *relativus,* de *relatum,* de *referre* : rapporter.

• **1** Qui se rapporte à… Ex. dispositions relatives à la filiation.

• **2** Limité aux relations de personnes déterminées. Ex. effet relatif du contrat. Ant. *absolu.* V. **relativité des conventions, parties, fiers, opposabilité, inopposabilité, incapacité relative.*

—ve de la chose jugée (autorité). V. *autorité.*

• **3** Qui ne concerne qu'une personne déterminée (dans ses intérêts privés). Ex. *nullité relative. Ant. *absolu.*

• **4** Qui admet certaines dérogations. V. **inceste relatif.*

• **5** Limité à certains cas. V. *inéligibilité relative.*

• **6** Par rapport à, par comparaison. V. *majorité relative, vérité relative.*

RELATION(S)

N. f. – Lat. *relatio* : rapport, du v. *referre* : rapporter à.

• **1** *Rapports de droit ou (et) de fait entre deux ou plusieurs personnes, *liens (juridiques ou non) qui les unissent. Ex. relations familiales ou conjugales, relations d'affaires (C. civ., a. 1220), relations personnelles de l'enfant avec ses grands-parents (C. civ., a. 371-4).

— **de travail.** Rapport juridique qui lie l'employeur et le salarié et a presque toujours sa source dans un contrat.

—s diplomatiques. Relations que les États entretiennent par l'intermédiaire des *agents diplomatiques qu'ils accréditent les uns auprès des autres.

—s extérieures. Expression équivalente à celle, traditionnelle, d'*affaires étrangères.

—s professionnelles. Ensemble des rapports collectifs existant entre, d'une part, les employeurs et, d'autre part, les travailleurs et les représentants des travailleurs (négociations, institutions paritaires, institutions représentatives du personnel, modes de règlements des conflits).

- **2** Action de rapporter un fait, de rendre compte d'une opération et résultat de cette action (*rapport). Comp. *déclaration, procès-verbal, constat, livre de bord.*

- **3** Action de *référer ce qui a été *déféré. V. *délation.*

— de *serment *(relatio jus jurandi).* De la part du plaideur auquel a été déféré le serment et qui a refusé de le prêter, action de déférer à son tour le serment à son adversaire pour s'en remettre à lui (C. civ., a. 1385-1 et s.).

RELATIVITÉ AQUILIENNE

De *relatif. V. *aquilien.*

- Expression signifiant que seules les personnes spécialement protégées par la règle de droit enfreinte peuvent demander réparation du dommage qui en est résulté. V. *aquilien.*

RELATIVITÉ DES CONVENTIONS (PRINCIPE DE LA)

De *relatif.

- Principe en vertu duquel les contrats n'ont de force obligatoire que dans les relations des *parties contractantes entre elles, et non à l'égard des *tiers auxquels ils ne peuvent, en règle, ni nuire, ni profiter (C. civ., a. 1165). Comp. *inopposabilité.* V. *opposabilité, stipulation pour autrui, promesse de porte-fort, convention collective, créancier, ayant cause.* Syn. *effet *relatif.*

ADAGE : *Res inter alios acta aliis neque prodesse, neque nocere potest.*

RELAXATIO LEGIS

Expression latine d'origine canonique signifiant « relâchement de la loi », utilisée pour caractériser l'adoucissement qui résulte, relativement à l'application rigoureuse du droit *strict, de l'exercice du pouvoir* modérateur. V. *modération, dispense, grâce, remise, tempérament.*

RELAXE

N. f. – Tiré de relaxer, lat. *relaxare* : relâcher, desserrer.

- Décision d'une juridiction de jugement qui, statuant sur le fond, met la personne poursuivie hors de cause (la relaxe intervient en matière correctionnelle ou de police). Comp. *acquittement, non-lieu, absolution.* Ant. *condamnation.*

RELÉGATION

N. f. – Lat. *relegatio,* de *relegare* : bannir, reléguer.

- Mesure de préservation sociale qui était destinée à éliminer définitivement de la société les multirécidivistes de certaines infractions, par une privation perpétuelle de liberté après exécution de la peine prononcée contre eux (créée par la loi du 27 mai 1885, prononcée obligatoirement – jusqu'à la loi du 3 juillet 1954 – lorsque la juridiction de jugement appliquait une peine d'une certaine durée ; s'exécutait par *transportation outre-mer jusqu'en 1939 ; a été supprimée et remplacée par la *tutelle pénale de 1970 à 1981). Comp. *réclusion, *travaux forcés, bannissement.*

RELEVÉ

N. m. – Subst. – Part. pass. substantivé de *relever.

- **1** Action de relever ou d'être *relevé (déchargé) d'une interdiction, d'une déchéance, d'une incapacité, etc., et résultat de cette action (le bénéfice qui en ressort) ; en matière pénale, on préfère le terme *relèvement. Comp. *décharge, dispense, exonération, exemption, remise.*

— de *forclusion. Acte, parfois encore nommé *relief de forclusion, en vertu duquel celui qui avait encouru (en général sans sa faute, V. CPC, a. 540, 541) une *forclusion est après coup dégagé de cette sanction et autorisé à accomplir la formalité qui lui incombait (ou à recevoir la prestation qui lui revenait) dans un nouveau délai. Ex. le premier président de la cour d'appel peut relever de la forclusion celui qui n'a pu interjeter appel d'une décision dans le délai (CPC, a. 540). Comp. *levée, couvert.*

- **2** Action de noter, en les regroupant, les résultats d'une opération ; par ext., le document synthétisant ces indications. Ex. relevé d'un compte en banque. Comp. *état, bordereau, liste, inventaire, bulletin, procès-verbal.*

RELÈVEMENT

N. m. – Du v. *relever.

- (pén.) *Levée totale ou partielle de certaines peines accordée par la juridiction qui prononce la condamnation (relèvement instantané) ou ultérieurement par cette même juridiction (sauf cas particuliers) à la requête du condamné, mesure d'allègement, décidée compte tenu not. de la situation et de la conduite du requérant, que la loi ouvre pour toute mesure d'interdiction, de déchéance d'incapacité résultant de plein droit d'une condamnation pénale ou prononcée à titre de peine complémentaire (a. 702-1 C. pr. pén. ; ex. suspension du permis de conduire, incapacité d'exercer une profession commerciale ; *adde* a. 763-6 pour le *suivi socio-judiciaire) et qui décharge électivement le condamné, par mesure d'individualisation judiciaire, de ces sanctions spécifiques sans effacer la condamnation. Comp. *réhabilitation*.

RELEVER

V. – Lat. *relevare* : soulever, décharger, alléger.

- **1**

— **appel.** Aujourd'hui syn. d'*interjeter *appel. V. *attaquer, frapper.*

- **2**

— **de…**

a / (pour une personne). Être subordonné à… Ex. relever d'un supérieur hiérarchique.

b / (pour une question). Ressortir à… être du ressort de… ; la demande en divorce relève de la compétence du tribunal de grande instance.

- **3**

— **quelqu'un de…** Lever, supprimer en faveur d'une personne l'obstacle ou l'obligation qui résulte de l'application stricte d'une règle de droit ou le décharger de certaines sanctions. V. *relevé de forclusion, relèvement.*

- **4**

— **un moyen de droit.** Pour un juge, motiver sa décision en invoquant d'*office un *moyen de droit ajouté ou substitué (à un moyen *soulevé par une partie) ou *suppléé (CPC, a. 16, al. 3). Comp. *invoquer, soulever.*

- **5**

— **être relevé de…** Être déchargé d'une fonction, d'un commandement à titre de sanction.

RELIANCE

V. *attentes légitimes.*

RELIBELLER

V. – Néol. comp. du préf. re du lat. *re* indiquant une reprise, un retour en arrière, et de *libeller.

- Substituer, par application du *taux de conversion, une unité monétaire à une autre dans l'expression du montant d'une créance, sans modifier le régime de celle-ci. Ex. : exprimer en *euro une créance libellée dans la monnaie nationale d'un État membre participant à l'introduction de l'unité monétaire européenne (régl. n° 974-98-CE du Conseil de l'Union européenne du 3 mai 1998, art. 2).

RELIEF DE FORCLUSION

Subst. verbal de *relever, d'après les anciennes formes (je relief…). V. *forclusion.*

- Syn. de *relevé de forclusion.

RELIGION

N. f. – Lat. *religio* : scrupule, conscience, crainte, croyance religieuse.

- **1** Ensemble de *croyances et de pratiques cultuelles procédant, d'une religion à l'autre, de fondements divers (sources scripturaires, traditions, doctrine religieuse, dogme, convictions philosophiques), chaque confession professant une foi se référant en général à des valeurs transcendantes. V. *culte, laïcité, confessionel, *liberté religieuse, *signes religieux.*
- **2** En parlant d'une juridiction, *connaissance d'une affaire ou d'un fait, *opinion,

*conviction intime. Éclairer la religion du tribunal : lui donner les éclaircissements qui lui permettent de prendre sa décision en pleine *connaissance de *cause. Comp. *sentiment.*

- **3** (vx). Parfois syn. de confiance, consentement. Ex. surprendre la religion d'un contractant. Comp. *foi.*

RELIQUAT

N. m. – Du lat. *reliqua,* ce qui reste à payer, de *reliquus* (qui reste).

- Le reste ou *débet dont le *rendant *compte, sa dépense déduite, se trouve débiteur après clôture et arrêté du compte. V. *reliquataire.*

RELIQUATAIRE

N. m. – De *reliquat.

- Le débiteur d'un *reliquat de *compte. Ex. le mandataire doit l'intérêt des sommes dont il est reliquataire après sa mise en demeure (C. civ. a. 1996).

REMBOURSABLE

Adj. – Dér. de rembourser. V. le suivant.

- **1** Qui doit être remboursé. Comp. *restituable, exigible.*
- **2** Qui doit être remboursé d'une certaine manière. V. *payable.*

REMBOURSEMENT

N. m. – Dér. de rembourser, comp. du préf. re et embourser, de *bourse, lat. *bursa* ou *byrsa,* du gr. βύρσα : peau, sac de cuir.

- **1** *Restitution en argent ; *reversement à une personne, en exécution d'une obligation de restitution, d'une somme d'argent que cette personne avait précédemment versée (prêtée ou payée). Ex. remboursement d'un prêt, remboursement d'une somme indûment payée, remboursement du prix d'un billet après annulation de la séance. V. *versement, paiement, *répétition de l'indu, rachat, réméré.*

— **de rente.** V. *rachat de rente.*

- **2** Versement à une personne, à titre d'indemnisation, d'une somme que cette personne avait avancée de ses deniers personnels et dont la charge définitive incombe à une autre ; remboursement de frais ou de dépenses, not. par la Sécurité sociale. Ex. C. civ., a. 1375, 1673.

REMEMBREMENT

N. m. – Créé par opp. à *démembrement.

- Opération foncière consistant en la réunion volontaire ou *forcée de différentes *parcelles en un seul tenant afin d'assurer une redistribution rationnelle des sols. Comp. *répartition.*

— **rural.** Opération tendant à réaliser, sous l'autorité du préfet, en général par voie d'échanges forcés, une nouvelle distribution des *parcelles d'un périmètre déterminé, en vue d'améliorer la mise en valeur des terres agricoles qui y sont soumises, en constituant des *exploitations d'un seul tenant ou à grandes *parcelles bien groupées.

— **urbain.** Opérations (réalisées par une double mutation forcée de propriété) dont l'origine remonte à la reconstruction des villes sinistrées et qui, concernant principalement des parcelles dont la disposition s'opposerait à l'application de règles d'*urbanisme relatives à l'implantation et au volume des constructions, tendent à favoriser la reconstruction d'immeubles sinistrés ou la *rénovation d'îlots urbains. V. *restauration.*

RÉMÉRÉ

N. m. – *Subst.* – Lat. médiév. *reemere* : racheter, au lieu du lat. class. *redimere.*

- *Rachat (sens 1) ; reprise de la chose vendue en vertu d'une clause de réméré ou pacte de rachat.

— **(clause de).** Clause par laquelle le vendeur, lors du contrat de vente, se réserve la faculté de reprendre la chose vendue, moyennant le *remboursement du prix principal et le remboursement de certains *frais (C. civ., a. 1659 s.). Syn. *faculté de *rachat.* V. **vente à réméré.*

REMETTANT

N. m. – Dér. de remettre, lat. *remittere* : renvoyer, rendre.

- Celui qui remet à un banquier une somme d'argent ou une valeur dont le montant est destiné à être porté au crédit d'un compte (employé spéc. quand le compte est un compte courant). V. *solvens*.

REMISE

N. f. – Dér. de remettre. V. *remettant*.

- **1** Fait de transférer à une personne la *détention d'un bien, le plus souvent en exécution d'un contrat. Ex. remise de clés à un locataire, remise de fonds en avance ou en *dépôt. Comp. *tradition, délivrance, livraison* ; plus spéc., action matérielle de présenter à une personne et de laisser entre ses mains un document. Ex. remise au secrétariat de la juridiction d'un acte de procédure (CPC, a. 846).
- **2** (ou remise en compte). Transfert de valeurs entre parties à un compte pour inscription au *débit ou au *crédit d'un compte, not. sous forme d'escompte. V. *remise à l'*encaissement*.

— **en compte courant.** Entrée en compte courant d'une créance d'une partie au compte sur l'autre ; inscription par l'effet de laquelle la créance, perdant son individualité, devient un simple article du compte courant.

- **3** *Rémunération que reçoit le *remisier et qui consiste en un pourcentage sur le montant des courtages versés à l'agent de change.
- **4** Nom parfois donné dans la pratique à la diminution de prix que le vendeur accorde, par faveur, à tel ou tel acheteur (en raison de la personnalité de celui-ci, du nombre d'articles achetés, etc.). Nommée remise de *fidélité lorsque la réduction de prix est fonction du volume des commandes, cette pratique *tarifaire peut constituer un abus de position dominante. Syn. *rabais, ristourne, réduction*. V. *discompte, cagnotte, prime, *avantage tarifaire*.

— **(cartellisation des).** V. **totalisation des bases de rabais*.

- **5** Action de décharger un débiteur ou un condamné de tout ou partie de son obligation ou de sa condamnation ; parfois le résultat de cette mesure d'indulgence. Comp. *relaxatio legis* ; plus spéc., *dégrèvement d'un impôt ou d'une pénalité fiscale sur demande gracieuse. V. *recours gracieux, relevé, exonération, exemption*.

— **de *dette.** Acte (*extinctif de l'*obligation) par lequel le créancier, renonçant volontairement (mais dans une vue parfois intéressée ; ex. concordat) à recevoir *paiement, libère le débiteur (qui accepte : c'est un contrat ; C. civ., a. 1350) de son obligation ; ne se confond pas avec la remise du titre de la dette qui vaut présomption de *libération (C. civ., a. 1342-9). Syn. **décharge conventionnelle*. Comp. *prescription*. V. *libératoire*.

— **de *peine.** Se dit communément de la *grâce, plus précisément de toute mesure de clémence par l'effet de laquelle le condamné est dispensé de subir sa peine en tout ou en partie (*réduction de peine). Comp. *commutation*.

- **6** Action de remettre à plus tard, de différer l'accomplissement d'un acte prévu pour une date à une date ultérieure.

— **de *cause.** *Renvoi des débats d'une affaire à une audience ultérieure (CPC, a. 761). V. *report*. Comp. *prorogation*.

REMISIER

N. m. – Dér. de *remise.

- Auxiliaire (commerçant) des professions bancaires et boursières qui, intermédiaire entre la clientèle (dont il est conseiller et mandataire) et les agents de change, fait profession d'apporter des affaires à un agent de change sans être lié à lui par un contrat de travail. V. *remise* (3), *ordre*.

REMORQUAGE

N. m. – Dér. de remorquer, ital. *remorchiare* (qui remonte au lat. d'origine franç. *remuleum* : corde de halage).

- **1** Traction d'un bâtiment de mer ou de rivière par un autre bâtiment appelé remorqueur. Comp. **assistance maritime, *sauvetage*.
- **2** Par ext., toute traction (terrestre ou aérienne) d'un élément inerte par un engin pourvu de force motrice.

REMPLOI

N. m. – Tiré de remployer. V. *emploi*.

- Achat d'un bien avec des *deniers provenant de la vente d'un autre bien ou d'une indemnité représentative de la valeur d'un autre bien (indemnité d'assurance ou d'expropriation, par ex.) (C. civ., a. 501, 815-10, 1433, 1434, 1435, 1541). Le remploi diffère de l'emploi en ce qu'il suppose l'aliénation préalable d'un bien, tandis que l'emploi consiste dans l'achat d'un bien fait avec des capitaux disponibles qui ne proviennent pas d'une telle aliénation (mais, par ex., du paiement d'une créance, d'une donation ou d'un legs, d'une succession) ; ces deux opérations de placement revêtant une importance particulière sous les régimes matrimoniaux, en permettant de maintenir la consistance des différentes masses de biens, spéc. des biens propres des époux sous le régime de communauté.

— **(ou emploi) *« a posteriori »*ou à retardement.** Affectation d'un bien, à titre d'emploi de deniers ou de remploi d'un autre bien, postérieurement à l'acquisition qui en a été faite. V. *subrogation*.

— **(ou emploi) par anticipation.** Achat d'un bien dont le prix sera payé au moyen de deniers à provenir de la vente d'un autre bien qui sera ultérieurement vendu (remploi par anticipation) ou au moyen de fonds qui seront ultérieurement touchés par l'acquéreur ou mis à sa disposition (emploi par anticipation), opérations dans lesquelles l'acquéreur, au lieu d'attendre, pour acheter, d'avoir les fonds disponibles pour payer le prix, fait par avance le placement des deniers qu'il compte recevoir ultérieurement (C. civ., a. 1435).

RÉMUNÉRATION

N. f. – Lat. *remuneratio,* de *munus,muneris* : présent, récompense.

- **1** Terme générique désignant toute *prestation, en argent ou même en nature, fournie en contrepartie d'un travail ou d'une activité (ouvrage, services, etc.) ; englobe en ce sens *traitement, *honoraires, *salaire, *gratification, *commission, courtage, gages, pourboire, avantage en nature, fret. Comp. *indemnité, prime, intérêt, appointements, émolument.*
- **2** Plus spéc. (pour un travailleur salarié), contrepartie du travail ou de la disponibilité du travailleur, fixe ou variable, calculée au temps ou au rendement, fixée en argent ou pour partie en nature ; elle comporte non seulement le *salaire et ses accessoires (primes, gratifications, indemnités, *pourboires), mais l'ensemble des avantages accordés au travailleur en vue de lui permettre de satisfaire à ses besoins. V. *paye, gages, saisie des rémunérations.*

— **d'*assistance.** Somme fixée par la convention des parties ou par le juge pour désintéresser le navire qui a prêté assistance à un navire en péril.

RENDANT COMPTE

Subst. – Part. prés. substantivé de rendre. V. *compte.*

- Dans une *reddition de compte, celui qui rend compte à l'*oyant compte (rare). V. *reliquataire.*

RENDEZ-VOUS (CLAUSE DE)

V. *clause de rendez-vous.*

RENDU, E

Adj. – Part. pass. de rendre, lat. *reddere.*

- **1** Pour un objet emprunté, syn. de restitué, remis au prêteur. V. *dessaisissement.*
- **2** Se dit d'un jugement à partir du moment où il est *prononcé ou, si la loi l'admet, communiqué aux parties d'une autre manière. V. *dessaisissement.*

RENÉGOCIATION

N. f. – De *négociation ; préf. re exprimant la réitération.

- Réouverture des négociations. Elle est prévue lorsqu'un changement de circonstances imprévisibles lors de la conclusion du contrat en rend l'exécution excessivement onéreuse (C. civ., a. 1195).

— **(clause de).** Clause d'*adaptation du contrat à une situation nouvelle, clause de *sauvegarde qui, à la différence des clauses ordinaires d'*indexation et des clauses-*recettes, ne joue pas automatiquement, mais moyennant une réouverture des pourparlers contractuels, et tend, non à une simple *révision du prix, mais à un rééquilibrage global du contrat ; l'une des appellations françaises de la clause de **hardship*.

RENFLOUEMENT

N. m. – Dér. de renflouer, dér. de flot, anc. fluct, d'origine germ.

- **1** Remise à flot d'un navire échoué non volontairement ou coulé.
- **2** (sens fig.). Rétablissement financier d'une entreprise. V. *redressement.*

— **externe.** Décision des autorités publiques d'accorder à une entreprise ou à un État en difficulté un concours financier externe, provenant de fonds publics, principalement sous la forme d'un prêt ou d'un apport en capital, pour lui permettre de maintenir sa solvabilité à court terme. JORF 5.8.2016 p. 0181. Angl. *bail out.*

— **interne.** Décision des autorités publiques qui impose à certaines catégories de créanciers d'un établissement de crédit, selon un ordre préétabli, une diminution du montant des créances qu'ils possèdent sur celui-ci ou une conversion de ces créances en capital. Ex. renflouement d'une banque. JORF 5.8.2016 p. 0181. Angl. *bail in.*

RENOMMÉE

N. f. – Dér. de renommer, de nommer, lat. *nominare.*

- **1** *Réputation. V. *fama, *possession d'état, honneur.*
- **2** Opinion diffuse, répandue, connaissance indirecte. V. **commune renommée.*

RENONÇANT, ANTE

Subst. – Part. prés., subst. de renoncer. V. *renonciation.*

- Celui qui a renoncé ; l'auteur d'une *renonciation ; spéc. l'*héritier qui a renoncé à une succession (C. civ., a. 768, 804 s.). Syn. (vx) renonciateur, trice. Ant. *acceptant.* Comp. *renonciataire.*

RENONCIATAIRE

N. – de *renonciation.

- Personne en faveur de laquelle est faite une *renonciation ; le *bénéficiaire de celle-ci (rare). Comp. *renonçant.*

RENONCIATION

N. f. – Lat. *renuntiatio,* de *renuntiare* : propr. annoncer en réponse, renvoyer, renoncer.

- **1** Acte de disposition par lequel une personne – abandonnant volontairement un droit déjà *né dans son patrimoine (droit substantiel ou action en justice) – éteint ce droit (renonciation à une créance, à un usufruit, à une servitude) ou s'interdit de faire valoir un moyen de défense ou d'action (renonciation à une prescription acquise, C. civ., a. 2250 s., à une exception de nullité, etc.). Comp. *acte *abdicatif, *remise de dette, confirmation, transaction, extinction, abandon, déguerpissement, délaissement.* Ant. *prétention, revendication.*
- (Plus spéc. int. publ.), Acte unilatéral ou conventionnel par lequel un sujet de Droit international manifeste expressément ou tacitement sa volonté d'abandonner un droit ou une prétention.

— ***abdicative.** Renonciation dont l'auteur abandonne un droit sans se préoccuper du sort futur de ce droit. Comp. *renonciation translative.*

— **à succession.** Acte – soumis à formalité – par lequel un héritier se rend rétroactivement étranger à la succession (en général grevée de dettes) à laquelle il avait été appelé, la part du *renonçant étant alors acquise à ses cohéritiers ou dévolue au degré subséquent (C. civ., a. 804 s.). Syn. *répudiation.* Comp. **acceptation pure et simple* ou *à concurrence de l'actif net, *option successorale.*

au bénéfice des formes. De la part de l'administration, non-observation (par abstention) des formes ou formalités prévues pour sa protection.

— **translative.** Renonciation à un droit avec transfert à une autre personne. Comp. *renonciation abdicative.* V. *cession, délégation.*

- **2** Acte – en principe interdit – par lequel une personne se prive par avance d'un avantage encore *éventuel auquel elle pourrait normalement prétendre un jour. Ex. renonciation à une prescription non acquise (C. civ., a. 2250), à une succession non ouverte (a. 722, 1130).
- **3** Abandon d'une charge publique ou familiale dont on était investi. Ex. renonciation au trône, à la tutelle, à l'autorité parentale (C. civ., a. 376). Comp. *abdication, démission, décharge, délégation, cession.*

— **à la nationalité.**

a / Acte par lequel une personne décline la possibilité que lui offrait la loi d'acquérir une nationalité qu'elle ne possédait pas.

b / Acte par lequel une personne abandonne par avance la possibilité d'exercer une option de nationalité (ou s'en prive). Comp. *répudiation, abandon.*

RENOUVELLEMENT

Comp. ancien de *novel* : nouveau, lat. *novellus,* de *novus* : nouveau, jeune, neuf.

• **1** Pour une assemblée parlementaire, opération consistant à pourvoir, par une nouvelle élection, les sièges laissés vacants par l'expiration des mandats. Comp. *réélection, rééligibilité.*

— **général.** Celui qui porte sur la totalité des sièges. Ex. renouvellement de l'Assemblée nationale.

— **partiel.** Celui qui porte, par périodes successives, sur une fraction des sièges. Ex. renouvellement du Sénat par tiers tous les trois ans (les départements étant répartis par ordre alphabétique en trois séries). Comp. *élection partielle.*

• **2** Avènement – par accord exprès ou *tacite – d'un nouveau contrat destiné à prendre effet – entre les mêmes parties – à l'expiration d'un contrat antérieur, pour une durée indéterminée et, en général, aux mêmes conditions (C. civ., a. 1214). Ex. renouvellement d'un bail, d'un contrat d'*abonnement. V. *reconduction, prorogation, congé, éviction.*

— **(droit au).** Droit d'obtenir le renouvellement du bail, pour une durée de neuf ans, elle-même renouvelable, consacré par le législateur, avec des modalités différentes, au profit des locataires à usage commercial (C. com., a. L. 145-8 s.) et des fermiers et métayers (statut du fermage). V. *reconduction.*

• **3** *Réitération d'une formalité à opérer avant l'expiration d'un délai, pour la conservation d'un droit. Ex. renouvellement d'une inscription hypothécaire (C. civ., a. 2435 s.).

RÉNOVATION

Préf. re et *novation.

— **urbaine.** Opération d'urbanisme consistant dans la transformation d'un quartier vétuste et qui comporte not. l'acquisition de terrains et leur éventuel *remembrement, l'acquisition d'immeubles, leur démolition et leur reconstruction et la réinstallation des occupants. Comp. *restauration, réhabilitation, réfection, réparation.*

RENSEIGNEMENT

Dér. de renseigner, comp. de re et enseigner, lat. pop. *insignare.*

• **1** L'information (l'*avis, l'*avertissement) ; par ext., l'action de rechercher (enquête) ou de communiquer l'information, ou encore le service chargé d'informer le public (bureau de renseignements) ou d'assurer la recherche (renseignements généraux).

— **(demande de).** Acte par lequel la Commission, dans l'accomplissement des tâches qui lui sont assignées par l'a. 105 du TFUE et les textes arrêtés en vertu de l'a. 103, pour l'application des a. 101 et 102, requiert des gouvernements et autorités compétents des États membres et/ou, d'une ou plusieurs entreprises ou associations d'entreprises, toutes informations nécessaires (règl. n° 17/62, 6 févr. 1962, a. 11 anc.). V. *amende, astreinte.*

— **(obligation de).** Devoir implicite, découvert par la jurisprudence dans certains contrats, en vertu duquel la partie supposée la plus compétente ou la mieux informée est tenue de communiquer à l'autre les informations qu'elle détient relativement à l'objet du contrat. Comp. *conseil (devoir de), sincérité (devoir de), information (obligation de), silence, réticence, révélation, divulgation.*

• **2** Plus spéc., et par opp. à *témoignage, information recueillie par le juge, sans prestation de serment, d'un tiers au procès. Ex. une personne incapable de témoigner peut être entendue à titre de simples renseignements. V. CPC, a. 205, al. 2 ; C. pr. pén., a. 336.

RENTE

N. f. – Propr. part. fém. pris substantivement de rendre, lat. pop. *rendere,* altération, d'après *prendere* : prendre, du lat. class. *reddere.*

• **1** *Revenu périodique (gén. annuel), provenant d'une source autre que le travail (aliénation d'un bien, placement d'un capital, etc.) qui est le plus souvent calculé en argent, parfois en nature (rente en blé) ou établi d'après le cours de ces denrées, et parfois susceptible de *révision et d'*indexation (ex. libre indexation : CMF, a. L. 112-2 ; révision légale et judiciaire : l. 25 mars 1949, des rentes viagères constituées entre particuliers). Ex. la *prestation compensatoire peut prendre la forme d'une rente (C. civ., a. 276). V. *arrérages, crédirentier, débirentier.* Comp. *pension, maintenance.*

• **2** Par ext., contrat stipulant le versement d'une rente.

a / Rente stipulée dans un acte de constitution de rente, unilatéral ou synallagmatique.

b / Plus spéc., rente constituée en contrepartie d'un bien mobilier, généralement un capital.

— **(constitution de).** Acte par lequel une personne (débirentier) s'engage à verser à une autre (crédirentier) une rente, soit à titre gratuit, soit à titre onéreux (V. *rente foncière, rente constituée*), avec ou sans limitation de durée (V. *rente perpétuelle, viagère*).

— **(contrat de).** Contrat de constitution d'une rente ayant les caractères de la rente viagère.

— **d'accident du travail.** Rente allouée à la victime d'un accident du travail en contrepartie de la perte totale ou partielle de la capacité de gain ; parfois encore nommée « rente d'invalidité ».

— **foncière.** Rente consentie moyennant la cession d'un fonds immobilier, en vertu d'un contrat de constitution parfois nommé bail à rente ; dite aussi rente réservée (C. civ., a. 530).

— **perpétuelle.** Rente que le débirentier doit verser sans limitation de durée (mais qui est toujours *rachetable) ; dite aussi rente créée en perpétuel (C. civ., a. 1910 à 1913).

— **(*rachat de).**

a / Possibilité conventionnelle (et légale, en ce qui concerne les rentes perpétuelles) offerte au débirentier de cesser le service de la rente, en restituant ce qu'il a reçu en contrepartie (C. civ., a. 1911).

b / Rachat imposé au débirentier qui cesse de remplir ses obligations ou s'abstient de fournir les sûretés promises (C. civ., a. 1912).

— **(remboursement de).** Syn. **rachat de rente.*

— **réservée.** V. *rente foncière.*

— **(réversion de) (ou réversibilité de).** Stipulation d'assurer le paiement d'une rente viagère à un second bénéficiaire, après le décès du premier (rente constituée sur plusieurs têtes, généralement au profit du conjoint survivant) (C. civ., a. 1972 et 1973).

— **sur l'État.** Nom donné à un *emprunt d'État (il s'agit en réalité d'un prêt à intérêt), la rente servie par l'État (en contrepartie du versement d'un capital) étant dite « amortissable » lorsque l'État s'engage à rembourser le capital, « perpétuelle » dans le cas contraire.

— **(taux de la réversion de la).** Rapport entre le montant de la rente annuelle et celui du capital, ou de la valeur du bien remis en contrepartie. Ex. rente à 4 %.

— **(taux du rachat de la).** Montant que le débirentier, pour se libérer de la rente, doit restituer ; plus généralement, conditions dans lesquelles le rachat est effectué.

— ***viagère.** Rente due pendant la vie d'une ou de plusieurs personnes (« sur la tête de »), généralement (mais non forcément) des crédirentiers. V. **achat en viager, vente en *viager.*

• **3** Dans l'expression « rente convenancière », désigne la redevance due par le preneur d'une terre à domaine congéable et qui ne peut être rachetée mais dont le tenancier peut se libérer en abandonnant la terre. V. **bail à convenant ou à domaine congéable, déguerpissement.*

RENVOI

N. m. – Tiré de renvoyer, de envoyer. V. *envoi en possession.*

► **I** (const.)

S'emploie dans les expressions suivantes :

— **en commission.**

a / *Soumission* d'un texte à l'examen d'une commission parlementaire préalablement à sa discussion et à son vote en assemblée (ex. r. AN, a. 87).

b / Soumission à un nouvel examen d'un texte pour lequel il est décidé qu'il sera procédé à une seconde délibération (ex. r. AN, a. 116).

— **(*motion de).** Procédure par laquelle des parlementaires, lors de la délibération sur un texte, peuvent, après la clôture de la discussion générale, demander le renvoi pour nouvel examen à la commission saisie au fond (a. 91). Comp. *prise en *considération.*

▸ **II** (int. priv.)

• Raisonnement servant à la détermination de la loi applicable et fondé sur le principe selon lequel, lorsque le Droit international privé d'un pays désigne comme applicable le Droit (la loi) d'un autre pays, il y a lieu de prendre en considération, non pas les règles de Droit interne de ce pays, mais ses règles de Droit international privé (spéc. ses *règles de conflit de lois), ce système pouvant conduire à la désignation d'une loi autre que celle initialement désignée par la règle de conflit du for.
— **au premier degré.** Celui qui aboutit à l'application de la loi interne du tribunal saisi, en vertu du renvoi fait à celle-ci par la loi étrangère initialement désignée.
— **au deuxième ou troisième degré,** etc. Celui qui conduit à appliquer la règle de conflit d'un deuxième ou troisième pays, etc., par répétition du même mécanisme.
— **double.** Conception anglaise du renvoi (appelée en Angleterre *Foreign court theory*), selon laquelle le renvoi conduit à imiter à tous égards la solution que le litige reçoit, ou est supposé recevoir, devant les tribunaux du pays dont la loi est applicable et donc à tenir compte non seulement des règles de conflit de ce pays, mais aussi de la réglementation, dans ce pays, du renvoi lui-même.

▸ **III** (pr. civ. et pén.)

• **1** Parfois syn. de *rejet ou de *relaxe.
— **des fins de la demande (ou renvoi de la demande).** Décision par laquelle le juge rejette les prétentions du demandeur ; jugement de *débouté. Ex. C. civ., a. 1670.
— **des fins de la poursuite.** Décision par laquelle la juridiction de jugement relaxe le prévenu. Ant. *condamnation.*

• **2** *Remise à une date ultérieure soit de l'examen de l'affaire (renvoi des plaidoiries et des débats à une autre audience), soit du prononcé du jugement pour plus ample délibéré (CPC, a. 450) (par la formation de jugement qui en demeure saisie). Comp. *report, prorogation.*

• **3** De la part du juge des référés, remise de la connaissance de l'affaire, en l'état de référé, à la formation collégiale (CPC, a. 487).

• **4** Mesure d'administration judiciaire par laquelle le président de la juridiction, déclarant l'instruction close, fixe la date de l'audience à laquelle sera jugée une affaire qu'il estime en état de l'être (CPC, a. 760, circuit court) dit « renvoi à l'audience ». Comp. *mise en état.* V. *audiencer.*

• **5** Dans le déroulement des phases d'un procès, décision par laquelle la formation de jugement (ou le rouage de la juridiction) qui a rempli son office marque que l'affaire est apte à suivre son cours devant une autre formation ou une autre juridiction. Ex. décision de renvoi (ordonnance, arrêt) par laquelle la juridiction d'instruction met le prévenu à la disposition de la juridiction de jugement, lorsque des charges suffisantes ont été relevées contre lui. V. *règlement (ordonnance de).*
— **après cassation.** Décision par laquelle la Cour de cassation, après annulation de la décision attaquée, désigne la juridiction appelée à connaître de l'affaire, si la cassation implique qu'il soit à nouveau statué sur le fond (CPC, a. 626) et si la Cour suprême n'use pas de la faculté de casser sans renvoi en mettant elle-même fin au litige (CPC, a. 627).
— **(juridiction de).** Juridiction désignée pour connaître de l'affaire après cassation, que ce soit une juridiction autre que celle dont la décision a été cassée ou cette même juridiction autrement composée.

• **6** Décision par laquelle un juge se déclare incompétent, sans indiquer la juridiction qui est, selon lui, compétente (on dit qu'il renvoie les parties à mieux se pourvoir, CPC, a. 96, al. 1).

• **7** Décision par laquelle un juge du provisoire se déclare sans pouvoir pour trancher une affaire au fond. Ex. renvoi au principal par le juge des référés qui refuse d'ordonner une mesure qui préjuge le fond.

• **8** Décision par laquelle un juge se déclare incompétent en désignant la juridiction qui, selon lui, est compétente (CPC, a. 96, al. 2).

• **9** Décision par laquelle une juridiction complètement saisie d'une affaire s'en dessaisit ou en est dessaisie (par la Cour de cassation) pour raison de bonne justice. Ex. renvoi pour cause de suspicion légitime (CPC, a. 356) ; renvoi pour cause de récusation contre plusieurs juges (a. 364) ; renvoi pour cause de sûreté publique (a. 365 : prononcé par la Cour de cassation).

— **préjudiciel.** V. **question* **préjudicielle*, **interprétation préjudicielle.*

▸ **IV** (soc. trav.)

• Syn. en pratique de *congédiement, *licenciement, *révocation. Ant. *démission.*

▸ **V** (ou renvoi d'acte)

• **1** Signe qui, dans le corps d'un acte, indique la place où une *addition, écrite en marge sous un signe semblable, doit être insérée.

• **2** Désigne aussi l'addition elle-même. Syn. *apostille.* V. *surcharge, paraphe, signature.*

RÉOUVERTURE DES DÉBATS

V. *débats (réouverture des).*

RÉPARABLE

Adj. – Du v. réparer.

• **1** Matériellement réparable ; qui peut être remis en état (sens courant concret). V. *réparation.*

• **2** Juridiquement réparable.

a / Qui répond aux conditions du droit à réparation ; se dit du dommage qui réunit les caractères exigés par la loi pour sa réparation (dommage *certain, *prévisible, *direct, etc.). Comp. *indemnisable.*

b / Qui est susceptible d'être corrigé ; se dit, dans un jugement de l'erreur ou de l'omission matérielle qui peut être rectifiée par la juridiction qui a rendu le jugement (CPC, a. 462).

c / Qui peut être neutralisé ; se dit du vice qui entache un acte juridique, lorsque la nullité de celui-ci peut être *couverte par confirmation.

RÉPARATION

N. f. – Lat. *reparatio,* de *reparare* : préparer de nouveau, remettre en état.

• **1** *Indemnisation (le terme « réparation » est abusivement préféré au terme « indemnisation » dans certains textes, au prétexte que la réparation serait toujours intégrale, ce que ne serait pas l'indemnisation, alors au contraire que le soin mis, en général, à parler de réparation intégrale montre que la réparation peut être partielle tandis que, par définition, l'indemnisation est par elle-même, sauf précision contraire, l'élimination de tout le dommage, *in* privatif, *damnum,* dommage ; d'où le sens du principe *indemnitaire). V. *indemne.*

• A / (priv.). *Dédommagement d'un *préjudice par la personne qui en est responsable civilement (d'où l'expression réparation civile ou responsabilité civile par opp. à responsabilité pénale) ; rétablissement de l'équilibre détruit par le dommage consistant à replacer, si possible, la victime dans la situation où elle serait si le dommage ne s'était pas produit ; désigne aussi bien l'action de réparer que le mode de réparation.

— **en argent** (ou pécuniaire). Celle qui s'opère sous forme de dommages-intérêts, par allocation d'une somme d'argent. V. *indemnité, évaluation, capital, rente, indexation.* Comp. *astreinte, pénalité civile.*

— **en nature.** Celle qui s'opère par rétablissement de la situation antérieure au dommage *(restitutio in integrum).* Ex. démolition d'un mur litigieux, *restitution d'un bien.

— **intégrale (principe de).** Principe dit *indemnitaire en vertu duquel la réparation doit couvrir tout le dommage (sans appauvrissement de la victime) mais seulement le dommage (sans enrichissement de la victime). Ex. la réparation intégrale du dommage causé à une chose est assurée par le remboursement des frais de remise en état, ou si cette dernière est impossible, par le paiement d'une somme d'argent représentant la *valeur de son remplacement.

— **(obligation de).** Obligation de réparer le dommage causé, définition même de la *responsabilité civile (contractuelle ou délictuelle).

— **par équivalent.**

a / Parfois syn. de réparation en argent (par équivalent pécuniaire).

b / Plus spéc., celle qui s'opère par la fourniture à la victime d'un dommage d'avantages divers, à titre de *compensation (jouissance d'un bien, droit de préférence, etc.).

• B / (int. publ.).
a / Prestation qui vise à faire disparaître le dommage subi par un État ou une organisation internationale en rétablissant la situation antérieure à l'acte dommageable *(restitutio in integrum)* ou en versant une indemnité pécuniaire.
b / Terme également employé à l'occasion du *règlement des questions consécutives à un conflit armé, pour désigner l'objet de l'obligation mise à la charge d'un État de fournir compensation des dommages subis par un autre État et ses ressortissants.

• **2** Satisfaction morale donnée à la victime d'une offense.

— **d'*honneur.** Déclaration par laquelle, devant le juge, l'auteur d'une injure reconnaissait en l'offensé un homme d'honneur (aujourd'hui tombée en désuétude). Comp. *duel.*

• **3** Travaux effectués sur une chose en vue de sa conservation ou de son entretien. Comp. *réfection, rénovation, réhabilitation.*

—**s d'entretien.** Réparations, à la charge de l'usufruitier, correspondant à toutes celles qui ne sont pas des grosses réparations au sens de l'a. 606, C. civ.

—**s (grosses).** Réparations importantes que l'a. 605 met à la charge du nu-propriétaire (à moins qu'elles n'aient été occasionnées par le défaut de réparation d'entretien depuis l'ouverture de l'usufruit) et que l'a. 606 énumère (réparation des gros murs et des voûtes, rétablissement des poutres et des couvertures entières, pour l'essentiel).

—**s locatives.** V. **locatives (réparations).*

RÉPARTEMENT

Dér. de répartir. V. *répartition.*

V. **répartition (impôt de).*

RÉPARTITEUR

Dér. de répartir. V. *réparation.*

V. **répartition (impôt de).*

RÉPARTITION

N. f. – Dér. de répartir, comp. de partir, au sens anc. de partager, lat. *partiri* : diviser en parties.

• **1** (sens gén.). Action de répartir ou résultat de cette action ; opération consistant à diviser un ensemble en plusieurs parties et à distribuer celles-ci entre plusieurs intéressés de manière à en diviser la charge ou le profit. V. *attribution, distribution.*

• **2** (spéc.). *Distribution d'une masse de biens entre les ayants droit ou d'une dette entre ceux qui doivent la supporter. Ex. répartition entre créanciers d'une somme saisie-arrêtée ou du produit de la vente des biens du failli ; répartition d'une dette de succession entre les héritiers du défunt ; répartition des *dépens. Comp. *contribution, partage, ordre, lot, liquidation.*

• **3** (soc.). Système de financement des institutions de sécurité sociale, en particulier du régime de retraites, dans lequel, par opp. au système de *capitalisation, les prestations servies aux membres inactifs du groupe ne sont que le produit de la division des cotisations versées par les membres actifs de celui-ci.

• **4** Parfois (plus vaguement) syn. de *distinction, *classification. Ex. la répartition des biens en biens propres et biens communs. Comp. *qualification.*

— **des causes.** V. **distribution des affaires.*

— **des restes.** Dans la *représentation proportionnelle, opération visant à répartir entre les diverses listes concurrentes les sièges qui n'ont pu être attribués par le jeu du *quotient ou du *nombre uniforme.

— **des sièges.** Dans l'application de la *représentation proportionnelle, opération consistant à déterminer le nombre de sièges revenant à chaque liste concurrente ; l'attribution de ces sièges aux candidats qui, dans chaque liste, doivent en bénéficier.

— **des sources d'approvisionnement** (eur.). Objet ou effet d'une *entente consistant à réserver à chacun de ses membres une source déterminée d'approvisionnement (anc. tr. CEE, a. 85, § 1, C ; anc. tr. CECA, a. 66, § 1, C ; TFUE, a. 101).

— **du marché** (eur.). Objet ou effet d'une *entente consistant à réserver à chacun de ses membres une partie déterminée du marché.

— **impôt de.** Impôt dont la collectivité publique fixe impérativement le produit, qui est ensuite partagé entre les contribuables (dans l'ancienne fiscalité française, ce partage ou *répartement était effectué par des commissions de *répartiteurs). Comp. *impôt de *quotité.*

REPENTIR

N. m. – Préf. re et lat. *paenitere* : avoir du regret, du repentir, causer du regret.

• **1** De la part de l'auteur d'un acte illicite, le fait de le regretter. V. *conscience.*

— **actif.** Action de celui qui, ayant commis une *infraction (constituée dans tous ses *éléments), s'efforce de remédier aux effets produits par celle-ci : cause d'atténuation, mais non d'exonération de la peine encourue. Comp. *tentative, exemption de peine.* V. **diminution de peine, *excuse atténuante.*

• **2** Dans l'expression « droit de repentir » :

• A / (sens gén.). Faculté exorbitante reconnue, par faveur, à une personne, dans certains cas déterminés (par la loi ou la convention) de revenir sur le consentement qu'elle avait donné – ou sur le refus qu'elle avait opposé – (en général pendant un délai restreint de *rétractation) sans engager sa responsabilité. Comp. *rachat, réméré, arrhes, option.* V. **délai de repentir, *révocation, téléachat (vente de).*

• B / (spéc.).

a / (prop. intell.). Prérogative rattachée au droit moral de l'auteur et recouvrant : *1* / le droit de *retrait *stricto sensu* (sens 2) ; *2* / le droit, pour l'auteur, d'apporter des retouches à une œuvre publiée ou de refuser de livrer une œuvre commandée.

b / (com.). Faculté pour le bailleur de rétracter son refus de *renouvellement du bail commercial, dans un délai déterminé après la fixation de l'*indemnité d'*éviction par une décision judiciaire devenue définitive.

RÉPERTOIRE

N. m. – Lat. jur. *repertorium,* de *reperire* : trouver, retrouver.

• **1** Espèce de *registre ; document d'*archives destiné à recueillir et à conserver, réunis selon un mode de classement qui en permette la consultation, des éléments d'information relatifs à une matière. V. *livre, matrice, rôle, fichier, casier.*

— **civil.** Système de mise en réserve et en mémoire d'informations relatives à des événements affectant la capacité et les pouvoirs d'un individu (décisions sur la tutelle, changement de régime matrimonial, etc.), pièce d'un mode démultiplié de *publicité par raccordement au service de *l'état civil, qui repose, à la base, sur la centralisation des documents à publier (extraits d'actes ou de jugements) et la tenue d'un registre d'ordre au secrétariat-greffe du tribunal de grande instance dans le ressort duquel est née la personne, la mention subséquente en marge de l'acte de naissance de celle-ci de la référence au répertoire civil permettant aux tiers intéressés d'obtenir du greffe copie des documents répertoriés.

— **des métiers.** Registre tenu par la chambre des métiers où doivent être immatriculées les personnes exerçant, à titre professionnel et de façon indépendante, une activité artisanale (en dehors de l'agriculture et de la pêche) qui n'emploie pas plus de dix salariés.

— **des opérations de bourse.** Livre sur lequel l'agent de change doit relater toutes les opérations faites par ses clients.

— **général.** Registre ou fichier conservé au secrétariat-greffe sur lequel sont inscrites, par ordre chronologique, les affaires portées devant le tribunal de grande instance ou la cour d'appel ; désigné sous le nom de « *rôle général » devant les autres juridictions. V. **registre d'audience, plumitif, dossier, archives.*

• **2** Ouvrage en forme de recueil destiné à réunir, dans l'ordre chronologique ou selon un autre mode de classement (par ex. alphabétique ou analytique) des documents de même source qui ont fait l'objet de publications périodiques. Ex. répertoire de jurisprudence, répertoire de doctrine, etc.

RÉPÉTITION DE L'INDU

N. f. – Lat. *repetitio,* du v. *repetere* : redemander, V. *indu.*

• *Réclamation de ce qui a été versé sans être dû. V. *indu, paiement, trop-perçu.*

— **(action en).** Action en justice ouverte à la personne qui a effectué un paiement alors qu'elle n'en était pas débitrice en vue de reprendre la somme qu'elle a versée entre les mains de celui qui l'a reçue (C. civ., a. 1302, 1302-1). V. **enrichissement sans cause, solvens, accipiens, quasi-contrat, remboursement, reversement, action « de in rem verso », recouvrement.*

RÉPLIQUE

N. f. – Tiré de répliquer, lat. *replicare* : propr. replier, déplier, d'où raconter.

• *Réponse à une réponse ; se dit de celle faite par l'avocat qui a parlé le premier à l'avocat qui a parlé le second ou des *conclusions et moyens par lesquels le demandeur répond à ceux du défendeur. V. *duplique.*

RÉPONDRE

V. – Lat. *respondere.* V. *réponse.*

• **1** (à qqch. ou à qqn).
***a* /** Donner une *réponse expresse à une demande, réclamation, etc.
***b* /** Donner à une telle demande, etc., une suite qui peut consister en un *silence.
— **une *requête.** Fait, par le juge, de délivrer une *ordonnance au bas d'une requête.

• **2** (de qqch ou de qqn).
***a* /** Se porter garant d'une dette, cautionner une personne.
***b* /** Être le *responsable désigné d'un dommage. V. *responsabilité.*

• **3** (à une exigence, une condition). Y être conforme ou s'y conformer. V. *respect.*

RÉPONSE

N. f. – Tiré de répons, lat. *responsum,* du v. *respondere* : assurer de son côté, garantir, répondre.

• Action de répondre (en faisant connaître son *avis, sa position, sa décision, etc.) ou résultat de cette action. V. *opinion, consultation, rescrit.*

• **1** (à une *question). De la part du juge, action consistant à examiner, dans sa décision, chacune des prétentions des parties, à se prononcer sur tout ce qui lui est demandé (CPC, a. 5). V. *infra petita.*
— **à *conclusions (défaut de).** Manquement par le juge à l'obligation de statuer sur tous les chefs de demande qui donne ouverture à cassation (le juge n'étant cependant pas tenu de répondre à tous les arguments des parties).
— ***ministérielle.** Écrit dans lequel le ministre saisi par une *question écrite donne son avis ou son interprétation sur le point qui lui est soumis.

• **2** (à une *proposition ou à une *offre). De la part de son destinataire, manifestation de volonté exprimant son *refus ou son *acceptation, ou formulant une contre-proposition.
— **des primes.** Opération par laquelle les acquéreurs à *prime sur le marché boursier déclarent s'ils entendent (d'après le cours de compensation) lever les titres ou payer la prime. Ex. la prime sera levée (payée) si le cours de réponse est supérieur au pied de la prime (prix d'achat, déduction faite de la prime), elle sera abandonnée dans le cas contraire.

• **3** (à une prétention). De la part d'un plaideur, contradiction aux faits allégués, aux moyens invoqués, aux preuves proposées ou aux arguments développés par son adversaire.
— **(conclusions en).** V. *conclusion.*

• **4** (à une réclamation). Suite que l'administration donne à celle-ci expressément ou par son *silence.

• **5** (à une récusation). Avis écrit par lequel le juge récusé fait connaître soit son acquiescement à la récusation, soit les motifs pour lesquels il s'y oppose (CPC, a. 347 s.).

• **6** (à une assertion). Mise au point émanant de la personne concernée.
— **(droit de).** Droit pour la personne mise en cause dans un organe de la presse écrite, d'exiger, du gérant de celle-ci, l'*insertion gratuite de sa réponse. V. *communiqué, rectification.*

REPORT

N. m. – Tiré de reporter, de porter, lat. *portare.*

• **1** (report en avant). Action de différer (dans l'avenir), not. de retarder la date d'une opération ou de la rattacher à une opération ultérieure. Comp. *renvoi, prorogation, remise.*
— **à nouveau.** Résultat bénéficiaire ou déficitaire des exercices antérieurs d'une entreprise (ou partie de ce résultat), dont l'affectation a été renvoyée par l'assemblée générale.
— **de crédit.** Prolongation de la validité d'un crédit budgétaire non consommé pendant l'exercice pour lequel il avait été voté.
— **d'incorporation.** Expression substituée à celle de *sursis d'incorporation pour désigner les mesures qui dans l'exécution du *service

national retardent pour certaines catégories de jeunes gens l'âge de l'appel.

— **en bourse.** Opération par laquelle un acheteur, spéc. un acheteur à la hausse, appelé *reporté, se procure, à la *liquidation de sa spéculation, les fonds nécessaires au paiement de ses titres en les cédant au comptant à un capitaliste, appelé *reporteur, auquel il les rachète en même temps à *terme pour la liquidation suivante, espérant qu'à cette liquidation la hausse des titres lui permettra de payer le reporteur avec le produit d'une nouvelle vente des titres. V. *déport.*

• **2** (report en arrière). Action de reculer (dans le passé). Comp. *rétroactivité.*

— **de la date de *cessation des paiements.** Opération par laquelle, au cours de la procédure de *redressement judiciaire, le tribunal fixe la *cessation des paiements à une date plus reculée que celle initialement retenue, allongeant, du même coup, la *période suspecte. V. *inopposabilité.*

— **de la date de dissolution de la communauté.** Modification judiciaire de la date normale de la dissolution de la communauté consistant à la reculer dans le temps de manière à faire remonter les effets de la dissolution au jour où les époux avaient cessé de cohabiter et de collaborer (C. civ., a. 1442, al. 2). V. *anticipé.*

REPORTÉ

Subst. – Dér. de report.

• L'acheteur (spéculateur) dans le *report en bourse.

REPORTEUR

Subst. – Dér. de report.

• Le *cessionnaire intermédiaire dans le *report en bourse.

REPOS

N. m. – Tiré de reposer, lat. *repausare,* de *pausare* : faire une pause, cesser, puis se reposer.

• Interruption de travail, *pause, à fondement physiologique. Comp. *congé.*

— **des femmes allaitant leurs enfants.** Repos de deux périodes de trente minutes durant la journée de travail, qui doit être assuré pendant un an à compter de la naissance à la mère afin qu'elle allaite son enfant.

— **des femmes en couches.** Semaines de repos aujourd'hui nommées *congé de maternité.

— **des femmes et des enfants.** Repos qui doivent être assurés aux femmes et aux enfants mineurs de 18 ans occupés dans les établissements industriels et commerciaux.

— **hebdomadaire.** Repos d'un jour par semaine, en principe le dimanche (repos dominical), qui doit être assuré par le patron d'un établissement industriel ou commercial aux ouvriers et employés qu'il occupe (sauf dérogation permettant d'organiser un repos par *roulement).

— **compensateur.** Période de repos destiné à compenser la privation du repos hebdomadaire.

REPRÉSAILLES

N. f. pl. – Lat. médiév. *represalia,* fait sur l'ital. *ripresaglia,* de *riprendere* : action de reprendre ce qui a été pris.

• Acte en lui-même illicite accompli par un État pour répondre à un acte également illicite accompli par un autre État. Comp. *rétorsion (mesure de).* V. *contre-mesure, agression, justice privée.*

REPRÉSENTANT

Subst. – Dér. de représenter, lat. *representare* : propr. rendre présent, mettre devant les yeux.

• **1** Celui qui fait valoir les intérêts (*privés) d'une autre personne physique ou morale.

a / (sens technique). Celui qui agit par *représentation, au nom, à la place et pour le compte du *représenté (avec le pouvoir de l'obliger), en vertu d'un *pouvoir conféré par la convention (représentant conventionnel), par une décision de justice (représentant judiciaire) ou par la loi (représentant légal). V. *mandataire, administrateur, séquestre, tuteur, gérant, conseil.*

— **de société.** *Mandataire social ayant pouvoir d'engager la personne morale à l'égard des tiers. Ex. le *gérant d'une société à responsabilité limitée, d'une société en nom collectif, le *président-directeur général d'une société anonyme. V. *signature, fondé de pouvoir.*

b / Nom donné dans les affaires à des *intermédiaires, même lorsqu'ils sont dépourvus du pouvoir d'engager les personnes dans l'intérêt desquelles ils ont mission d'agir. V. *commissionnaire, courtier, transitaire, consignataire.*

— **de commerce.**

a / Dans un sens large, professionnel de la distribution qui a pour mission de proposer ou passer des contrats pour le compte d'une ou plusieurs entreprises.

b / Dans un sens restreint, salarié bénéficiant du statut des *voyageurs- représentants-placiers. Comp. **commerçant indépendant, concessionnaire.*

— **responsable** (fisc.). Personne habilitée, à l'égard des contributions directes, à recevoir les communications relatives à l'assiette, au recouvrement et au contentieux de l'impôt, au nom d'une personne n'ayant pas de résidence habituelle en France et imposable à raison des bénéfices ou revenus qu'elle y réalise ou perçoit.

• **2** Celui qui fait valoir les intérêts (*collectifs) d'un groupe.

a / (du peuple). Gouvernant élu ou accepté par la nation ou par le peuple et qui est censé vouloir et agir pour eux, soit pour légiférer, soit plus largement pour tout exercice de l'autorité suprême. Ex. Const. 1958, a. 3 : « La souveraineté nationale appartient au peuple, qui l'exerce par ses représentants et par la voie du référendum. » Ant. *commis, agent.*

b / (des créanciers). *Mandataire de justice désigné par le jugement d'ouverture de la procédure de *redressement judiciaire qui, seul qualifié pour agir au nom et dans l'intérêt des créanciers, a pour attributions principales de procéder à la *vérification des créances et de contribuer à la reconstitution de l'actif, a vocation à être désigné comme *liquidateur et qualité pour demander au tribunal la cessation de l'activité ou la liquidation judiciaire, toutes fonctions qui le font reconnaître, mais en partie seulement, comme un successeur du *syndic. V. *représentation des créanciers, liquidateur (mandataire), administrateur judiciaire.*

c / (des salariés). Dans la procédure de *redressement judiciaire, personne désignée, à l'invitation du tribunal, par le comité d'entreprise, les délégués du personnel ou les salariés selon les cas, à l'effet de représenter les salariés, dont les attributions principales consistent à vérifier le relevé des créances résultant des contrats de travail et, le cas échéant, à assister les salariés devant la juridiction prud'homale dans les litiges relatifs au règlement de ces créances.

d /

— du personnel. Salariés investis d'un mandat représentatif des intérêts des membres du personnel d'une entreprise ou d'un établissement. Régis par un statut particulier destiné à leur permettre d'exercer leur fonction représentative, ils sont les uns élus par les salariés (*délégués du personnel, membres des *comités d'entreprise ou d'*établissement, membres des *comités d'hygiène et de sécurité), les autres désignés par les syndicats les plus représentatifs (*délégués syndicaux, représentants syndicaux au comité d'entreprise).

• **3** Organe d'une autorité agissant dans un intérêt public ou parfois même délégataire de cet organe.

• Dans les relations internationales, terme désignant plus spécialement :

a / Le chef de la mission diplomatique lorsque les relations diplomatiques ne se situent pas au niveau d'une ambassade ou d'une légation ou se placent dans un cadre particulier (ex. Union africaine et malgache en 1962).

b / Le délégué d'un État, chargé de représenter celui-ci pour une durée limitée ou non (représentant permanent) aux sessions d'une organisation internationale dont l'État est membre ; à distinguer des représentants des organisations internationales qui sont envoyés par les organisations à des réunions d'autres organisations internationales, soit pour y prendre part, soit, plus fréquemment, en qualité d'*observateurs.

— **du gouvernement.** Personnage nommé par celui-ci pour surveiller ou diriger un organe ou une circonscription. Ex. le gouverneur ou administrateur en chef dans certains territoires d'outre-mer.

— **d'une autorité.** Délégué que le détenteur d'une autorité est en droit d'envoyer siéger à sa place dans un conseil.

— **résident.** Fonctionnaire des Nations Unies responsable de l'ensemble des projets du Programme des Nations Unies pour le développement (PNUD) dans un ou plusieurs pays.

• **4** (dans un sens très spécial). Héritier qui vient à une succession par *représentation d'un successible prédécédé (il prend la place et vient dans les droits de ce dernier, mais dans son intérêt propre).

REPRÉSENTATIF, IVE

Adj. – Dér. de représenter. V. *représentant.*

- **1** (sens gén.). Caractère d'un organe qualifié pour exprimer les vœux de la population ou d'une partie déterminée de celle-ci (classe, profession, etc.) et en défendre les *intérêts. V. *qualité.*
- **2** (const.). Qui concerne l'organe ou les organes investis par le peuple ou la nation du pouvoir de vouloir et d'agir pour eux et en leur nom.

— **(gouvernement) ou (régime).**

a / Système politique dans lequel le peuple ou la nation, considérés comme ayant la souveraineté, en confient l'exercice à un ou plusieurs individus ou assemblées, le plus souvent élus, qui décideront et agiront au nom du peuple ou de la nation. V. *démocratique, populaire, national, républicain.*

b / Parfois pris comme syn. de régime parlementaire.

— **(mandat).** V. *mandat représentatif* (sens 2).

- **3** (priv.). Se dit du mandat avec *représentation (au sens technique) ou *mandat ordinaire.

REPRÉSENTATION

N. f. – Lat. *representatio.* V. *représentant.*

▸ **I** (priv.)

- **1** (sens premier). Montrer, faire paraître, mettre en évidence, présenter.

a / (s'agissant d'une personne). Fait de présenter cette personne dans le lieu où il est nécessaire ou naturel qu'elle se trouve.

— **(non-) d'enfant.** V. *non-représentation.*

b / (s'agissant d'une chose). Fait de l'exhiber, de la mettre en évidence, soit à fin de preuve, soit pour permettre à celui qui prétend avoir sur elle quelque droit de l'exercer effectivement. V. *action ad exhibendum.* Plus spéc., s'agissant d'une marchandise ou d'un service, action de faire connaître celui-ci à la clientèle et d'en promouvoir la commercialisation.

— **d'acte.** Fait de présenter un *acte pouvant servir de titre ou de preuve. Ex. représentation à un tribunal de l'original d'un testament par le notaire qui en est dépositaire. Comp. *production, communication.*

— **des livres de commerce.** *Production en justice des livres et documents d'un commerçant ordonnée par le juge, même d'office, afin d'en extraire ce qui concerne la contestation (C. com., L. 123-21 à L. 123-23) et dont la portée est plus limitée que la *communication prévue pour certaines catégories de litiges (a. L. 123-20).

c / (s'agissant d'une œuvre). Action de la présenter au public.

— **(contrat de).** Convention en vertu de laquelle l'auteur d'une œuvre de l'esprit (ou son ayant droit) autorise une personne à représenter cette œuvre aux conditions qu'elle fixe, espèce de contrat d'exploitation des œuvres de l'esprit. Comp. *contrat d'*édition.*

— **(droit de).** Droit d'auteur qui s'applique à l'interprétation publique des œuvres dramatiques et musicales, à la récitation, à la lecture publique, à la protection des œuvres cinématographiques, à la diffusion radiophonique ou télévisuelle (la publicité s'entend de toute initiative qui n'est pas prise à titre gratuit dans un cercle de famille).

d / (s'agissant de l'image ou de la voix d'une personne). Reproduction publique de l'image ou de la voix d'une personne.

— **de la personne (atteinte à la).** Fait de publier, sans son consentement, un montage réalisé avec les paroles ou l'*image d'une personne, qui constitue (hors les cas exceptés) une atteinte à la *personnalité. C. pén., a. 226-8. Comp. *atteinte à la *vie privée.*

- **2** (sens figuré, devenu le plus courant).

a / Action consistant pour une personne investie à cet effet d'un *pouvoir légal, judiciaire ou conventionnel (le représentant), d'accomplir au nom et pour le compte d'une autre – incapable ou empêchée (le représenté) – un acte juridique dont les effets se produisent directement sur la tête du représenté. V. *mandat, procuration, administrateur, séquestre.* Comp. **gestion d'affaires.*

b / Par ext., le mécanisme même par la vertu duquel l'acte accompli par le représentant engendre des droits et des obligations non pour ce dernier (partie agissante), mais pour le représenté (partie intéressée), de telle sorte que celui-ci devient directement créancier ou débiteur du tiers avec lequel le représentant a

traité (sans lui-même s'engager) ; on dit ainsi que la représentation est une *fiction.
— **(clause de).** Convention matrimoniale par laquelle les futurs époux (dans le contrat de mariage) ou les époux (par changement de régime) décidaient de se donner pouvoir réciproque de gérer l'ensemble des biens communs (ordinaires ou réservés), de telle sorte que les actes d'administration accomplis par un seul d'entre eux (femme ou mari) sur un tel bien soient opposables à l'autre, les actes de disposition exigeant leur consentement commun (C. civ., a. 1504, abrogé l. 23 déc. 1985). Comp. **main commune.* V. **communauté conventionnelle.*
— **conjointe (action en).** Action que les associations de consommateurs ont le pouvoir d'exercer en réparation de préjudices individuels de même origine causés par un même professionnel à plusieurs consommateurs, à la condition d'avoir été mandatées par deux au moins de ceux-ci (ainsi représentés conjointement, eux au moins), C. cons., a. L. 622-1. V. *action collective, class action, action de groupe.*
— **des créanciers.** Mécanisme (substitué à la *masse) aujourd'hui lié à la procédure de *redressement judiciaire et mis en place par le jugement ouvrant celle-ci qui, fondé sur la désignation d'un représentant des créanciers seul qualifié pour agir au nom et dans l'intérêt de ces derniers, marque, en corrélation avec l'*arrêt des poursuites individuelles, le passage à la procédure collective. V. *représentant des créanciers.*
— **en justice.**
a / Fonction d'origine variable (légale, judiciaire, conventionnelle, statutaire), consistant pour une personne à agir en justice au nom d'une autre, comme demandeur ou défendeur, les effets juridiques de l'instance se produisant au profit ou à la charge de cette dernière. Ex. le tuteur représente le mineur devant les tribunaux, le préfet représente l'État dans les litiges concernant les biens domaniaux (représentation légale), l'administrateur judiciaire représente le débiteur dans le redressement judiciaire (représentation judiciaire), un époux peut donner à l'autre mandat de le représenter en justice (représentation conventionnelle), une société est représentée en justice par son gérant ou ses administrateurs (représentation statutaire).
b / Mission d'origine conventionnelle (*mandat *ad litem*) qui confère au mandataire pouvoir et devoir d'accomplir au nom du mandant (le plaideur) les actes de la procédure et emporte, sauf disposition ou convention contraire, mission d'*assistance (CPC, a. 411 et 413). Ex. représentation (obligatoire) réservée aux avocats devant le tribunal de grande instance (ou aux avoués devant la cour d'appel), représentation (facultative) ouverte à d'autres personnes habilitées par la loi devant certaines autres juridictions (au conjoint devant le tribunal d'instance, à un délégué syndical devant le conseil de prud'hommes, etc.) à charge de justifier d'un pouvoir spécial. V. *postulation, postulant.*
— **imparfaite.** Système de représentation dans lequel le représentant, tout en agissant pour autrui, dissimule totalement ou partiellement au cocontractant sa qualité d'intermédiaire. V. *commissionnaire, prête-nom.*
— ***mutuelle.** Système de représentation existant entre plusieurs personnes dont chacune a le pouvoir d'agir pour le compte de tous (au moins pour certains actes). Ex. représentation mutuelle de créanciers ou de codébiteurs solidaires.
— **successorale.** *Fiction de la loi destinée à réparer le désordre créé par le décès prématuré d'un successible, par le bienfait de laquelle le prédécédé est censé venir, dans sa place et son degré, à la succession du défunt et y être représenté par ses descendants afin que ceux-ci, recueillant ses droits, y prennent sa part dans un *partage par *souche (C. civ., a. 739).

▸ **II** (publ.)

• **1** (du côté des représentants).
a / L'action de représenter. Ex. agir en représentation.
b / L'ensemble des représentants. Ex. la représentation de la France dans un organisme international.

• **2** (du côté des représentés).
a / L'avantage, le bénéfice de la représentation.
— **des minorités.** Système électoral assurant un certain nombre de sièges aux candidats qui n'ont pas obtenu la majorité des voix (par ex. grâce à la représentation proportionnelle).
— **professionnelle.** Système assurant dans une assemblée une représentation des professions. Ex. Cons. économique, social et environnemental (tit. XI, Const. 1958 et o. 29 déc. 1958).

b / Le mécanisme par lequel s'opère la représentation, le système représentatif ; désigne surtout un système électoral.

— **proportionnelle.**

a / Par opp. au scrutin *majoritaire, mode de scrutin s'efforçant de répartir les sièges à pourvoir proportionnellement à l'effectif des groupes politiques en concurrence ou proportionnellement au nombre de voix obtenu par chaque liste de candidats en présence. Comp. *quotient électoral, nombre uniforme, moyenne (plus forte), reste.*

b / Système de péréquation destiné, dans le découpage électoral, à assurer à chacune des circonscriptions un nombre d'élus proportionnel à sa population ou à son nombre d'électeurs.

REPRÉSENTATIONS

Subst. fém. pluriel. – V. *représentation.*

- *Réclamation verbale contenant les remontrances d'un État accréditant, relativement au comportement de l'État accréditaire, auprès du gouvernement de celui-ci.

REPRÉSENTATIVITÉ

N. f. – Dér. de représentatif.

- **1** Caractère d'un organe politique ou professionnel, ou d'un groupement dont la composition reflète le peuple ou la nation ou une catégorie déterminée de la population (profession, ensemble des consommateurs). Ex. la représentativité d'une assemblée, d'un syndicat. V. *qualité, intérêt.*
- **2** Spéc., *qualité juridique exigée d'une organisation syndicale pour l'exercice de certaines prérogatives (conclusion d'une convention collective, constitution d'une section syndicale d'entreprise, désignation des délégués syndicaux, etc.) qui s'apprécie en fonction de divers critères associés (volume des effectifs et des cotisations, degré d'audience, expérience et ancienneté, indépendance, etc.).

REPRÉSENTÉ

Subst. – Part. pass. de représenter. V. *représentant.*

- La personne qui est représentée par une autre, et, à partir de là :
- **1** Celle pour le compte de laquelle le *représentant agit. V. *mandant, pupille, mineur, *majeur protégé, absent, non-présent, présent.*
- **2** Le successible prédécédé à la place duquel son descendant vient à la succession. V. *souche, représentation.*

REPRÉSENTER

V. – V. *représentant.*

- **1** (sens étym. renfermé dans un cas particulier). Rendre une personne présente devant une autre ; la replacer sous ses yeux, d'où la remettre entre ses mains. Ex. représenter un enfant à la personne qui a le droit de le réclamer. V. **non-représentation.*
- **2** Remplacer une personne dans l'exercice de ses droits.
- **3** Présenter une œuvre en public.
- **4** Reproduire l'*image d'une personne.

RÉPRESSIF, IVE

Adj. – De *répression.

- **1** Qui a rapport à la *répression, qui tend à son organisation (système répressif), à sa mise en œuvre et à son application (mesures répressives, juridictions répressives). Syn. *pénal.* V. *criminel, punitif.* Comp. *préventif, indemnitaire.*
- **2** Qui a tendance à la répression (à la sévérité et parfois à l'abus dans la répression). V. *rigueur.* Ant. *permissif, tolérant.*

RÉPRESSION

N. f. – Lat. médiév. *repressio,* de *reprimere* : réprimer, contenir, refouler.

- **1** La fonction répressive, fonction étatique consistant, dans la lutte contre la délinquance, à organiser et à mettre en œuvre les *sanctions *pénales. V. *politique criminelle, amendement.* Comp. *prévention, réparation, sûreté (mesure de).*
- **2** L'action de réprimer incluant l'incrimination des faits délictueux, la poursuite de leurs auteurs et l'infliction des peines. Comp. *punition.* V. *condamnation.*

— ***disciplinaire.** Fonction incombant aux autorités hiérarchiques dont l'objet est d'infliger aux fonctionnaires coupables de fautes dans l'exercice de leurs fonctions des sanctions disciplinaires ; conditions d'exercice de ce pouvoir.

RÉPRIMANDE

N. f. – Lat. *reprimenda* (s.-ent. *culpa*) : faute qui doit être réprimée.

- **1** Élément de l'*admonestation adressée par le juge à un mineur délinquant qui consiste à lui montrer sa faute et à l'en blâmer.
- **2** *Blâme constituant naguère une *sanction *disciplinaire d'ordre purement moral (terme aujourd'hui non usité).

REPRIS DE JUSTICE

Repris, part. pass. de reprendre, lat. *reprehendere.* V. *justice.*

- Se dit communément de celui qui a déjà encouru une ou plusieurs condamnations pénales. V. *délinquant, récidiviste, contrevenant, criminel.*

REPRISE

N. f. – Dér. de reprendre, lat. *reprendere.*

- **1** Action de reprendre l'usage, la gestion ou l'entière maîtrise d'un bien ; opération consistant, pour le propriétaire d'un bien, à recouvrer sur celui-ci un pouvoir, un attribut ou une pleine indépendance dont il avait été temporairement privé.

— **des propres.** Sous un régime de *communauté, opération consécutive à la dissolution et préalable à la *liquidation proprement dite de celle-ci, consistant, pour chaque époux (ou ses héritiers), à séparer en nature des biens communs (et des propres de son conjoint) ceux de ses biens qui n'étaient pas entrés en communauté (à charge, le cas échéant, d'en établir le caractère *propre) afin de recouvrer, sur eux, l'entière maîtrise correspondant à sa propriété : y compris (si elle avait été confiée à son époux), la gestion de ceux-ci. Comp. *récompense.* V. *preuve, *présomption de communauté.*

— **(droit de).** Droit accordé par la loi, dans certains cas spécifiés, au propriétaire d'un local assujetti à la loi du 1er septembre 1948, d'en recouvrer la jouissance pour son habitation personnelle ou celle de personnes déterminées (ex. descendants), sans que lui soit opposable le droit au *maintien dans les lieux de l'occupant (l. 1er sept. 1948, a. 18 s.).

- **2** Action de reprendre, après une interruption, le cours d'un ouvrage ou d'une activité. Ex. reprise des travaux, reprise du travail après une grève.

— **d'instance.**

a / Relance de l'instance interrompue, en l'état où elle se trouvait lors de l'*interruption (CPC, a. 374).

b / L'acte même par lequel l'instance reprend son cours (acte d'avocat à avocat dans la reprise volontaire, à l'initiative de celui du chef duquel l'instance avait été interrompue ou de ses héritiers, citation dans le cas contraire) (CPC, a. 373).

- **3** Action pour le nouveau locataire de conserver (reprendre) les installations laissées sur les lieux loués par le locataire sortant et par ext. sommes exigées de lui, pour la valeur des installations reprises, par son prédécesseur ou le bailleur. Comp. *pas-de-porte.*
- **4** Se dit aussi des sommes déduites par le vendeur d'un véhicule neuf sur le prix de vente de celui-ci jusqu'à concurrence de la valeur du véhicule ancien que l'acquéreur lui abandonne.

REPRODUCTION

N. f. – Dér. de reproduire, comp. de produire, lat. *producere.*

- **1** *Copie ou *imitation d'une œuvre littéraire ou artistique, d'un dessin ou modèle dont la publication ou la vente est interdite sans autorisation de l'auteur ou de ses ayants cause, tant que l'œuvre n'est pas tombée dans le domaine public. V. *concurrence déloyale, contrefaçon.*

— **(droit de).** Droit de l'*auteur d'une *œuvre consistant dans la prérogative exclusive de consentir tant à l'édition muette (librairie) qu'à l'édition dite sonore (enregistrements phonographiques) de celle-ci, élément de son droit pécuniaire. V. *publication, édition (contrat d'), *monopole d'exploitation, cession.* Comp. *représentation.*

- **2** Plus généralement, action de reproduire un document et résultat de cette action ; action d'en établir la *copie par un procédé quelconque (transcription, photocopie, etc.). V. *expédition, conforme.* Comp. *extrait.*

RÉPUBLICAIN, AINE

Adj. – Dér. de *république.

- **1** Qui se rapporte à la *République.
- **2** Qui répond au principe de la République. Ex. institutions républicaines, constitution républicaine. Comp. *monarchique.* V. *démocratique, représentatif, parlementaire, populaire, national.*

—e du gouvernement (forme). Celle dans laquelle le chef de l'État est *électif, au lieu d'être héréditaire comme dans la monarchie. Ex. d'après l'a. 89 de la Const. de 1958, « la forme républicaine du gouvernement ne peut faire l'objet d'une révision ».
— (régime). Celui qui revêt la forme républicaine du gouvernement (V. ci-dessus).

- **3** Qui est partisan de la République, adepte des principes républicains.

RÉPUBLIQUE

N. f. – Lat. *res publica* : chose publique.

- **1** *État dont le *régime est *républicain (Const. 1958, a. 2 début et a. 5 à 19). Ant. *monarchie.*
- **2** Parfois pris comme syn. de *démocratie, ou, plus largement encore, d'État en général. Comp. *royauté, empire.*

— (procureur de la). V. *procureur.*

RÉPUDIATION

N. f. – Lat. *repudiatio* : action de rejeter, rejet.

- **1** Rupture du mariage par la volonté libre et unilatérale d'un époux (sans contrôle de justice ni accord du conjoint répudié), mode de dissolution abandonné au gré d'un seul époux, non admis en Droit français. Comp. *divorce, *séparation de corps.*
- **2** *Renonciation à un droit acquis, *abandon d'un droit déjà né (ou d'une qualité que l'on possède). Ex. répudiation d'une succession, renonciation à cette succession. Ant. *acceptation.* Comp. *abdication.*

— de nationalité. Acte par lequel une personne qui possède une nationalité déclare, dans les conditions prévues par la loi, abandonner cette nationalité. Comp. *renonciation.*

RÉPUTATION

N. f. – Lat. *reputatio* : compte, réflexion, examen.

- **1** Façon dont une personne est considérée par la société, qualité qui lui est reconnue. V. *fama, *possession d'état, renommée, apparence.*
- **2** Parfois syn. d'*honneur. Ex. atteinte à la réputation.

RÉPUTÉ, ÉE

Adj. – Part. pass. de réputer, lat. *reputare* : supputer, calculer, compter, examiner.

- **1** Présumé par la loi. Ex. tout bien est réputé acquêt de communauté (C. civ., a. 1402). Comp. *censé.* V. *présomption.*
- **2** Considéré par la loi comme… V. *fiction.* Comp. *assimilation.*

— contradictoire. V. **jugement réputé contradictoire.*

REQUALIFICATION

N. f. – Préf. re, lat. *re.* V. *qualification.*

- Opération par laquelle le juge restitue à un acte ou à un fait son exacte *qualification sans s'arrêter à la dénomination que les parties en auraient proposée, élément de son *office (CPC, a. 12). Ex. requalification en contrat de travail à durée indéterminée de contrats de travail à durée déterminée. Désigne en général la requalification judiciaire mais la même analyse critique peut aussi émaner de la doctrine. Comp. *disqualification.*

REQUÉRABLE

Adj. – Du v. *requérir.

- Syn. ancien *(Loysel)* et aujourd'hui inusité de *quérable.

REQUÉRANT, ANTE

Adj. et subst. – De *requérir.

- **1** (sens strict). Auteur de la *requête ; justiciable *demandeur dans l'intérêt duquel la requête est présentée au juge (soit par lui-même, soit par mandataire).

- **2** Par ext., syn. de *demandeur. Comp. *réclamant, postulant, impétrant.* V. *justiciable, partie, plaideur.*

REQUÉRIR

V. – Du lat. *requirere* (de *re,* préf. de renforcement, et *quaerere,* chercher) rechercher, réclamer.

- Demander, réclamer (sur divers modes).
- **1** (pén.). Demander *ex officio* l'application de la loi ; s'agissant du représentant du ministère public, *réclamer l'infliction d'une peine (requérir une peine d'emprisonnement) ; demander à la juridiction, dans son *réquisitoire à l'audience, de condamner le prévenu à la peine qu'il estime conforme à la loi.
- **2** « Demander en vertu d'un droit qu'on a d'obtenir » (J.-J. Rousseau) ; sommer en vertu d'un pouvoir ou d'un titre. Ex. pour un juge requérir un huissier ; pour un huissier de justice requérir la force publique (en vertu d'un titre exécutoire).
- **3** Pour un plaideur, parfois syn. de demander en justice, solliciter, prier. Ex. requérir la fixation d'une audience. V. *placet, réquisition d'audience.* Comp. *requête.*
- **4** (s'agissant du part.). *Exigé par la loi, nécessaire. Ex. formalités *requises.
- **5** (s'agissant d'une chose). Ce que requiert une chose, une mission, un état. Ex. ce que requiert l'état de santé, l'audition d'un mineur, la construction d'un immeuble, etc. V. *exiger.*

REQUÊTE

N. f. – Du lat. *requiisitus,* part. pass. de *requirere*). V. *requérir, enquête.*

▸ **I** (sens gén.)

- *Demande adressée à une autorité ayant pouvoir de décision. Comp. *réclamation.*

▸ **II** (adm.)

- Acte par lequel est formé un *recours administratif ou contentieux (terme usité en ce dernier cas, lorsque l'instance est introduite par un particulier ou une personne morale administrative, le mot *recours étant réservé aux instances introduites par les ministres).

▸ **III** (proc. civ.)

- **1** (sens spécifique). Acte *(instrumentum)* par lequel est formée la *demande en justice (acte juridique) dans les procédures non contradictoires (cas spécifiés par la loi) et qui, consistant en un écrit motivé, est directement présenté au juge (en général, le président de la juridiction, CPC, a. 812, 874, 897, 958, plus rarement le tribunal, a. 806) afin que celui-ci statue sur la requête (on dit aussi réponde à la requête) par décision au bas de celle-ci, sans que, s'il en existe, la partie adverse ou d'autres intéressés aient été avisés ou convoqués par le requérant ou le juge, mais à charge d'en *référer à celui-ci en cas de difficulté (a. 496), par où s'explique que la requête soit, en matière *gracieuse, le mode normal d'introduction de l'instance (a. 60. V. cep. **déclaration verbale*) et soit admise en matière contentieuse, dans les cas où le requérant est fondé à ne pas appeler de partie adverse (a. 493), par ex. pour obtenir une mesure conservatoire. Comp., comme autre forme de la demande, *assignation, présentation volontaire des parties, requête conjointe, déclaration.* V. *ordonnance, *acte *introductif d'instance.*
- **2** Par ext., acte unilatéral par lequel une partie est fondée par une disposition expresse de la loi, à solliciter directement du juge une mesure d'administration judiciaire ou même une décision d'ordre juridictionnel qui suppose que les parties soient entendues ou appelées par les juges ; ex. requête en *rectification d'erreur ou d'omission matérielles (CPC, a. 462).
- **3** Parfois syn. de *demande en justice, ainsi dans l'expression « à la requête de… (telle personne)… » qui figure dans des actes signifiés par huissier.

— **civile.** Voie *extraordinaire de recours, aujourd'hui remplacée par le *recours en *révision, par lequel son auteur demandait (civilement, poliment) au juge de rétracter sa décision pour l'une des onze causes spécifiées à l'a. 480 (ancien), partiellement reprises par

le nouvel a. 595, comme cas de révision. V. *voie de *rétractation.*
— ***commune.** Requête présentée directement au juge par toutes les parties pour solliciter, d'un commun accord, une même mesure ; ex. requête commune en rectification d'erreur matérielle (CPC, a. 462). Syn. *requête unique.*
— ***conjointe.**
a / Requête formée, en matière gracieuse, par des parties qui sollicitent une autorisation ou une homologation du juge, en soumettant d'un commun accord à son contrôle l'acte qu'elles ont élaboré. Ex. requête conjointe pour un divorce par consentement mutuel (C. civ., a. 230 et CPC, a. 1089). Syn. *requête unique.*
b / Requête commune, formée en matière contentieuse, par laquelle deux parties en litige soumettent au juge leurs prétentions respectives, les points sur lesquels elles demeurent en désaccord ainsi que leurs moyens respectifs (CPC, a. 57).
— **unique.** Syn. *requête conjointe, commune.*

REQUIS, ISE

Adj. – Part. pass. de requérir. V. *réquisition.*

- **1** (s'agissant d'une personne). Qui coopère à l'exécution d'un service public en vertu d'une *réquisition ; le terme tend à se substituer au mot réquisitionné. Comp. *bénévole.*
- **2** (s'agissant d'une peine ou d'une mesure). Dont l'application est demandée, dans son *réquisitoire, par le ministère public ; réclamée.
- **3** (s'agissant d'une condition ou d'une qualité). Syn. *exigé* (par la loi ou la convention). V. *obligatoire, conforme.*

RÉQUISITION

N. f. – Empr. du lat. *requisitio,* du v. *requirere.* V. *requête.*

- **1** Parfois syn. de *demande, *requête ou même *conclusions, dans des emplois très spéciaux ; spéc. en Droit pénal (et au pluriel).

— **d'audience.** Syn. **placet.*
— **d'emprise totale.** Incident de la procédure d'*expropriation dans lequel un propriétaire exproprié d'une partie de son immeuble, alors que le reste n'est plus utilisable dans des conditions normales, exige de l'administration l'expropriation totale de sa propriété.
— **de taxe.** Requête adressée par un notaire, avocat ou huissier au président d'une juridiction en vue d'obtenir la *taxe d'un *état des frais qui lui sont dus. Comp. demande d'ordonnance de taxe (CPC, a. 708).
—**s du ministère public.**
a / (pén.). Formulation écrite ou orale par laquelle le représentant du *ministère public fait connaître aux juridictions d'instruction ou de jugement la mesure qu'il leur demande de prendre ; les réquisitions écrites doivent être conformes aux instructions qui ont pu être données par l'autorité hiérarchique (C. pr. pén., a. 33). V. *réquisitoire, parole.*
b / (civ.). Désigne parfois, en la matière, les *conclusions du ministère public (CPC, a. 431). V. *avis.*

ADAGE : *La plume est serve, la parole est libre.*

- **2** Espèce particulière d'*ordre (émanant d'une autorité) ; par ext., l'opération ou la procédure à laquelle cet ordre donne lieu, ou même, pour ceux qui en subissent l'exécution, le résultat de celle-ci. V. *injonction.*

a / (fin.). Ordre écrit par lequel un ordonnateur contraint un comptable à effectuer le paiement d'une ordonnance ou d'un mandat que celui-ci aurait refusé de payer pour irrégularité budgétaire (on précise parfois réquisition de paiement).
b / (adm.). Opération unilatérale par laquelle, suivant les cas et selon des régimes différents, les autorités civiles ou militaires exigent d'une personne, qui sera ultérieurement indemnisée, une prestation de service, la fourniture d'objets mobiliers ou l'abandon de la jouissance d'un immeuble en vue d'assurer le fonctionnement des services publics ou la satisfaction de besoins publics. Comp. *expropriation, nationalisation.*
— **de la *force armée.** Pouvoir reconnu par la loi à certaines autorités civiles de mettre en mouvement la force armée pour assurer le maintien de l'ordre.
— **des personnes.** Procédure permettant au gouvernement d'astreindre à ne pas interrompre le travail ou à le reprendre les personnes dont l'activité est indispensable pour assurer les besoins de la nation, sous peine de

sanctions pénales (correctionnelles) et civiles (congédiement sans préavis ni indemnité).

c / (int. publ.). Prestations en nature ou en services que le belligérant ou l'occupant exige, dans le respect des conditions du Droit international et du Droit interne, de la population d'un territoire occupé.

RÉQUISITIONNÉ, ÉE

Adj. – Dér. de *réquisition.

• Syn. **requis* (sens 1).

RÉQUISITOIRE

N. m. – Dér. de *requisitus,* part. pass. de *requirere.* V. *réquisition.*

• Acte par lequel le représentant du *ministère public met en mouvement l'*action publique ou exerce celle-ci (C. pén., a. 1).
— **à fin d'informer** (ou réquisitoire introductif). Document par lequel le ministère public saisit le juge d'instruction en lui demandant d'informer sur certains faits paraissant constituer une infraction (C. pr. pén., a. 80 s.).
— **à l'audience.** Développement oral, au cours de l'audience de jugement, par le représentant du ministère public, faisant connaître aux juges les raisons qui justifient la décision qu'il leur demande de prononcer en application de la loi. V. *réquisitions, plaidoyer, plaidoirie.*
— **définitif.** Acte par lequel, à l'issue de l'information, le ministère public, partant d'un résumé qu'il établit des faits, porte à la connaissance du juge d'instruction son avis motivé sur la suite à donner à l'affaire (*règlement du dossier).
— ***supplétif, *complétif (ou *additionnel).** Acte par lequel le ministère public requiert le juge d'instruction d'informer sur des faits nouvellement portés à sa connaissance et qui ont un lien avec une information déjà en cours, ou par lequel le ministère public demande d'effectuer une mesure d'instruction à laquelle il n'avait pas été procédé.

RESCINDABLE

Adj. – V. *rescision.*

• *Annulable (par voie de *rescision) parce que *lésionnaire. V. *rescindé, nul.*

RESCINDANT

N. m. – De rescinder, lat. *rescindere* : séparer en déchirant, détruire.

• Première des deux phases de la procédure du pourvoi en *révision pour erreur judiciaire d'une décision de condamnation, qui consiste en l'examen, par la chambre criminelle de la Cour de cassation, de la recevabilité et du bien-fondé du pourvoi et peut, suivant le cas, donner lieu à un arrêt d'irrecevabilité, de rejet ou d'annulation, le rescindant débouchant, en ce dernier cas, sur le *rescisoire.

RESCINDÉ, ÉE

Adj. – Part. pass. de rescinder. V. *rescindant.*

• Annulé, anéanti ; se dit surtout de l'acte annulé pour cause de *lésion, parfois du jugement *cassé. V. *rescindable, lésionnaire, nul.*

RESCISION

N. f. – Lat. médiév. *rescisio,* de *rescindere* : rescinder. V. *rescindant.*

• **1** Nom spécifique que prend – en demeurant soumise au régime des *nullités relatives – l'*annulation d'un *acte pour cause de *lésion. Ex. action en rescision d'un partage ou d'une vente *lésionnaire (C. civ., a. 887 anc., 1674).

• **2** Désigne parfois, plus généralement, toute *annulation pour cause de nullité relative (vice du consentement, incapacité…) (C. civ., a. 887, al. 1 anc.).

RESCISOIRE

Subst. masc. – Lat. *rescisorius.*

• Phase destinée à rejuger l'affaire, qui s'ouvre, après annulation au *rescindant de la décision reconnue erronée, dans la procédure du pourvoi en *révision, soit devant la juridiction de renvoi, soit, dans les cas où le renvoi est exclu, devant la chambre criminelle (auquel cas la distinction du rescindant et du rescisoire s'estompe).

RES COMMUNIS

Expression lat. signifiant « chose commune » encore utilisée :

- **1** En général, pour désigner les *choses dont l'usage appartient à tous et que nul ne peut s'approprier individuellement. Ex. l'air, la lumière. Comp. *res nullius, res derelictae.*
- **2** Spéc., en Droit international public, pour exprimer l'idée que l'usage de certaines zones (maritimes par ex.) est commun à tous les États.

RESCOUSSE

V. *recousse.*

RESCRIT

Subst. masc. – Lat. *rescriptum,* du v. *rescribere,* écrire en retour.

- Sous l'Empire romain, *rescriptum* a désigné la réponse écrite de l'empereur, sur une question de droit, à la demande de consultation d'un magistrat, d'un gouverneur de province ou d'un particulier (par ext. l'arrêt rendu sur un litige à lui soumis).
- **1** Terme de prestige récemment repris par des textes réglementaires dans le sens d'*avis donné par une autorité sur l'*interprétation d'un règlement dont elle est l'auteur, en *réponse à une demande de *consultation émanant d'un intéressé (v. règlement général de l'AMF, a. 121-1) ; avis rendu par l'Autorité des marchés financiers en réponse à une demande écrite d'interprétation dont elle est saisie avant la réalisation d'une opération, par une partie à celle-ci, sur la non-contrariété de l'opération précise envisagée aux règlements de l'AMF (rescrit ne valant qu'à l'égard du demandeur, mais destiné à être publié pour l'information des porteurs de valeurs mobilières et la publicité de certaines opérations de bourse) ; *adde* d. nº 2005-1264, 7 oct. 2005, d. nº 2008-1537, 30 déc. 2008, d. nº 2009-1598, 18 déc. 2009 qui utilisent dans leur titre le terme rescrit pour désigner le champ des questions que les administrés peuvent poser aux organismes de sécurité sociale.
- **2** Plus généralement, expression doctrinale servant à désigner les *consultations données, à la demande des intéressés, par des autorités administratives ou juridictionnelles, sur des *questions de droit (interprétation de leurs règlements ou de la loi), sous des formes et dans des domaines divers (droit fiscal, contentieux judiciaire et administratif, concurrence). V. *saisine pour *avis de la Cour de cassation, de la commission des clauses abusives.*

RES DERELICTAE

Expression lat. signifiant « choses abandonnées », encore utilisée en ce sens pour désigner une espèce de **res nullius,* celles qui peuvent être acquises par *occupation après *abandon par leur propriétaire. Ex. choses délaissées sur le seuil des habitations. V. *vacant, bien vacant, déchet.* Comp. *res communis.*

RÉSERVANT

Subst. – Néol., part. pass. substantivé de réserver, lat. *reservare.* V. *réservataire.*

- Dans les contrats de *réservation, celui qui prend l'engagement de réserver un avantage au *réservataire. Comp. *promettant.*

RÉSERVATAIRE

Subst. – Construit sur le lat. *reservatus,* part. pass. de *reservare* : mettre de côté, réserver.

- **1** Le *bénéficiaire d'une *réservation ; dans les contrats de *réservation, celui au profit duquel est faite la réservation d'un avantage (billet, chambre, appartement). Ex. le bénéficiaire du contrat préliminaire de réservation dans la vente d'immeuble à construire. Ant. *réservant.* Comp. *attributaire, allocataire, assignataire.*
- **2** Le bénéficiaire de la *réserve (héréditaire) ; s'emploie aussi comme adj.

— **(héritier).** *Héritier auquel une quotité de biens est réservée par la loi dans la succession du défunt. Ex. enfants (C. civ., a. 913) ; le conjoint à défaut de descendant (C. civ., a. 914-1). V. *réserve, quotité disponible, réduction.*

RÉSERVATION

N. f. – Lat. jur. médiév. *reservatio.*

- Action de *réserver (sens 1) ou résultat de cette action ; plus spéc. opération ou activité consistant à conclure un contrat de réservation.

— **(contrat de).** Contrat en vertu duquel le *réservant promet au *réservataire, en général moyennant rémunération, de lui assurer le bénéfice exclusif d'un droit (à une place dans un avion, un train, un théâtre, etc.), convention accessoire dont la conclusion, facultative ou obligatoire selon les cas, peut également être antérieure, concomitante ou postérieure à celle de la convention principale (contrat de transport, de spectacles, etc.).

— **(contrat préliminaire de).** Dans la vente d'immeuble à construire, convention préparatoire, en vertu de laquelle le vendeur s'engage, en contrepartie d'un dépôt de garantie, à réserver à l'acheteur l'immeuble ou une partie de celui-ci (C. constr., a. L. 261-15). V. *avant-contrat.*

RÉSERVE

Subst. fém. – Tiré de réserver, lat. *reservare.*

- Sens de base : action de réserver (de mettre à part, de côté) et résultat de cette action. Le sens utile varie selon l'objet, l'auteur et le bénéficiaire de la réserve (ces derniers coïncidant lorsque qqn se réserve qqch.).

- **1** Bénéfice correspondant à l'assurance ou à la promesse d'*attribution exclusive d'un bien, d'un droit, d'un avantage.

— **héréditaire (ou légale).** Portion de succession réservée par la loi à certains *héritiers (*réservataires) en ce que, par opp. à la *quotité disponible, elle ne peut, à peine de *réduction, être entamée par des libéralités que le défunt aurait consenties au détriment des réservataires. Ex. la réserve des trois quarts de la succession au profit des enfants, lorsque ceux-ci sont trois ou un plus grand nombre, la quotité disponible étant du quart (C. civ., a. 913, 921). V. *retranchement, réductible.*

- **2** Action de retenir un droit, de le conserver jusqu'à nouvel ordre ou à telle échéance déterminée.

— **conventionnelle.** Action consistant, pour un contractant (donateur, vendeur, etc.), à *retenir à son profit ou à attribuer à un tiers, sans le transmettre à l'autre partie, tel droit ou avantage attaché à la chose objet du contrat. Ex. réserve d'usufruit ou d'usage par le donateur, ou même, à titre de garantie, réserve de propriété sur la chose fournie en location-vente ; par ext., nom donné à la clause qui prévoit cette réserve.

— **de propriété (clause de).** Clause destinée à retenir la propriété d'un bien à titre de garantie, qui suspend, dans un contrat, l'effet translatif de celui-ci jusqu'au complet paiement de l'obligation qui en est la contrepartie, *sûreté *réelle conventionnelle, mobilière ou immobilière, qui permet au créancier, à défaut de complet paiement à l'échéance de se faire restituer le bien et d'en disposer, et qui, le cas échéant, se reporte sur l'indemnité d'assurance ou la créance du prix de revente (C. civ., a. 2367 à 2372 et 2373 ; C. com., a. L. 624-18).

- **3** Action de ménager, pour l'avenir, la faculté d'exercer une action ou un droit (par ex. de rétractation) pour soi-même ou au profit d'un tiers. Comp. *restriction.*

Spécialement :

a / (dans tout acte juridique). Restriction insérée, à titre de précaution, dans un acte (reçu, quittance, conclusions, réception), sous une forme traditionnelle (« sous toutes réserves »), par laquelle l'une des parties manifeste qu'elle entend, en cas de rebondissement imprévu, faire valoir ses droits, sans que puisse lui être opposée comme renonciation à le faire (comme une acceptation pure et simple) sa participation à l'acte. V. *protestations et réserves.*

b / (dans un traité). Déclaration unilatérale par laquelle un État qui devient partie à un traité manifeste sa volonté d'exclure ou de modifier l'effet que certaines dispositions du traité peuvent produire à son égard. Cf. conv. de Vienne sur le droit des traités, a. 2, al. 1 *d.*

— **(offre avec).** *Offre assortie d'une faculté de rétractation (non-agrément, épuisement des stocks, etc.).

- **4** Renvoi à l'application d'un droit existant ou d'une règle établie, marqué en général expressément lors de l'élaboration d'un acte ou d'une règle nouvelle, pour qu'il soit évident que ces derniers n'empêchent pas les premiers de continuer à sortir leur plein effet, non-exclusion de ce qui existe. Ex. réserve du droit des tiers.

— **de (sous).** Sans qu'il soit fait obstacle ni porté atteinte à… Comp. *sans *préjudice de…*

• **5** Attitude de retenue et d'abstention que dictent la prudence et la modération.

— **(obligation de).** Devoir statutaire incombant aux fonctionnaires (not. aux magistrats) de s'abstenir de manifestations individuelles intempestives, incompatibles avec la dignité, l'impartialité et la sérénité de leurs fonctions.

• **6** Valeurs à mettre de côté, généralement à titre de garantie, parfois d'*épargne.

a / (ass.)

—**s de garantie.** Sommes qui, à titre de charge de l'exercice et calculées en fonction à la fois des provisions techniques, des primes et des sinistres, doivent être mises de côté par les sociétés d'assurance en vue de renforcer leur solvabilité, mais qui, à l'actif du bilan, ne sont pas soumises à des règles spéciales de placement. Elle dispense les sociétés d'assurance par actions de la constitution de la réserve légale ordinaire.

—**s facultatives ou libres.** Sommes prélevées sur les bénéfices ou excédents de recettes, ayant ou non une affectation spéciale, après satisfaction des provisions techniques et des réserves obligatoires.

—**s obligatoires.** Réserves non techniques qui, en plus des provisions techniques, doivent être constituées sans règles spéciales de représentation à l'actif du bilan ; parmi elles figurent la réserve de garantie (V. ci-dessus), et, pour les sociétés d'assurances-dommages, la *marge de sécurité.

b / (fin.)

—**s obligatoires.** Système de contrôle du crédit qui consiste à obliger les banques à remettre à la Banque de France, sous forme de dépôts non rémunérés, une masse monétaire égale à un certain pourcentage des dépôts qu'elles reçoivent et des crédits qu'elles accordent (pourcentage fixé par les autorités monétaires en fonction de la conjoncture économique et de la situation monétaire).

c / (com.)

— **de sociétés.**

a / Dans une acception étroite, bénéfices affectés durablement à la société jusqu'à décision contraire des organes compétents. V. *incorporation.*

b / Plus largement, partie du *passif interne qui excède le *capital social et dont l'exigibilité est retardée avec ou sans le consentement des associés.

— **légale de société.** Fonds de garantie (réunis en un compte spécial) que toute société par actions ou société à responsabilité limitée doit constituer à l'aide d'un prélèvement d'au moins 5 % sur les bénéfices nets, jusqu'à ce qu'il atteigne le dixième du capital social.

— **spéciale de participation.** V. **participation aux fruits de l'expansion.*

• **7** Action de renvoyer à plus tard, de reporter ; spéc. (const.), modification de l'ordre de la discussion et du vote d'un texte, consistant à reporter à plus tard l'examen d'une partie de celui-ci (r. AN, a. 95, et r. Sénat, a. 44). Comp. *disjonction, report, renvoi.*

• **8** Concrètement, terrains délimités, portion de territoire ou bâtiment déterminés, dotés d'une affectation et souvent d'un régime de protection. Ex. (for.), partie de la *forêt, mise en dehors des *coupes ordinaires pour satisfaire aux besoins exceptionnels du propriétaire.

— **de chasse ou de pêche.** Territoire (ou partie d'un cours d'eau) dans lequel l'exercice de la *chasse ou de la *pêche est interdit à tout le monde dans l'intérêt de la reproduction du *gibier et du poisson.

—**s foncières.** Immeubles que peuvent acquérir par voie d'*expropriation les collectivités ou les établissements publics territoriaux en prévision de l'extension des agglomérations, de l'aménagement des espaces naturels entourant celles-ci, de la création de villes nouvelles ou de stations de tourisme, ou opération de *rénovation urbaine et d'aménagement. Comp. *mainmorte, municipalisation des sols.*

—**s intégrales.** Zones dans lesquelles la protection du milieu est renforcée par rapport au régime applicable aux *parcs naturels.

• **9** Spéc. (for.). Arbre marqué par le propriétaire d'un bois ou, dans une *forêt soumise au régime forestier, par l'administration, en vue de son maintien sur pied, qui doit être représenté par l'adjudicataire de la *coupe, à la fin de l'exploitation, lors du *récolement. Comp. *balivage.* Ant. *abandon* (sens 6).

— **(déficit de).** Arbres marqués pour être maintenus qui ne peuvent être représentés par l'adjudicataire lors du récolement ; coupe effectuée par l'adjudicataire sur des arbres désignés pour rester en réserve. V. *abattage.* Comp. *délit d'outre-passe.*

RÉSERVÉ, ÉE

Adj. – Part. pass. de *réserver.

- **1** Qui est l'objet d'une *réservation (place réservée) ou d'une *réserve (portion réservée) ou même d'un régime particulier en faveur de quelqu'un. V. *disponible, libre.*

—**s (biens).** Biens dont la loi, sous tous les régimes matrimoniaux, attribuait la gestion (en principe exclusive) à la femme mariée, en tant que biens acquis par ses gains et salaires (ou les économies en provenant) dans l'exercice d'une profession séparée (mais qui, sous le régime de la communauté, n'en étaient pas moins des *acquêts). V. *biens *communs, *propres, ordinaires, main commune.*

- **2** Qui est, en soi, l'objet d'une *réserve (sens 3, 6, 7). Ex. droit de reproduction réservé (V. *copyright*) ; question réservée (dont l'examen est renvoyé à plus tard).

RÉSERVER

V. – Lat. *reservare* : mettre de côté, réserver.

- **1** Retenir par avance la jouissance exclusive d'un avantage au profit d'une personne (peut être le fait du réservant ou du réservataire). Comp. *louer.*
- **2** Renvoyer à plus tard un avis, une décision. Ex. réserver les *dépens. Comp. *report, renvoi, sursis.*
- **3** Insérer dans un acte des *réserves (réserver une action) ou des restrictions (réserver un cas spécifié).

RÉSIDENCE

N. f. – Dér. de *résident.

- Lieu où une personne physique demeure effectivement d'une façon assez stable, mais qui peut n'être pas son *domicile (ex. résidence secondaire, résidence conjugale ne coïncidant pas avec le domicile de fonction que la femme a dans une ville voisine, etc.) et auquel la loi attache principalement, subsidiairement ou concurremment avec le domicile, divers effets de droit (ex. détermination de la compétence territoriale des juridictions, CPC, a. 43). V. *demeure, communauté de vie, habitation, élection de domicile, *exercice en commun de l'autorité parentale.* Comp. *gens du voyage.*

— **accueil.** Pension de famille dédiée aux personnes ayant un handicap psychique (CCH, a. L. 633-1).

— **hôtelière à vocation sociale.** Établissement commercial agréé par le représentant de l'État dans le département dans lequel il est implanté et non soumis à une autorisation d'exploitation, à vocation d'hébergement et d'hébergement hôtelier et touristique pour une occupation à la journée, à la semaine ou au mois à une clientèle qui peut éventuellement l'occuper à titre de résidence principale (CCH, a. L. 633-11 ; C. com., a. L. 752-1).

— **services.** Ensemble d'habitations constitué de logements autonomes permettant aux occupants de jouir de services spécifiques, bénéficiant par nature à l'ensemble des occupants et non individualisables (CCH, a. L. 633-13).

— **sociale.** *Logement-foyer destiné à toute personne ou famille éprouvant des difficultés particulières, en raison notamment de l'inadaptation de ses ressources ou de ses conditions d'existence (CCH, a. L. 301-1 et 631-1, al. 3).

— **universitaire.** Établissement destiné au logement collectif à titre de résidence principale dans des immeubles comportant à la fois des locaux privatifs, meublés ou non, et des locaux affectés à la vie collective (CCH, a. L. 631-12).

RÉSIDENT

Subst. – Lat. *residens,* part. prés. de *residere* : résider.

- **1** Personne liée à un État par la *résidence, indépendamment de sa *nationalité ou de son *domicile. Comp. *national, ressortissant.* V. *étranger, apatride, réfugié politique, stagiaire.*

— **(carte de).** *Carte que peuvent obtenir les étrangers qui justifient d'une résidence non interrompue en France pendant une durée légale minimale et qui est délivrée de plein droit aux personnes déterminées par la loi, not. au conjoint étranger d'un ressortissant français, au réfugié politique (de statut), à l'apatride, etc. Comp. **carte de séjour temporaire.*

- **2** Plus vaguement, l'habitant d'une résidence (ensemble immobilier, résidentiel, cité universitaire).

RESIDUO (LEGS DE)

V. *legs de residuo.*

RÉSILIABILITÉ

N. f. – De résiliable.

- Caractère de ce qui est *résiliable. Ex. résiliabilité, conventionnelle ou unilatérale, d'un contrat à durée indéterminée. Comp. *révocabilité.*

RÉSILIABLE

Adj. – De résilier. V. *résiliation.*

- Qui est susceptible de *résiliation. Comp. *résoluble, révocable, annulable, rescindable, rétractable.*

RÉSILIATION

Dér. de résilier, auparavant *resilir,* lat. jur. *resilire* : propr. sauter en arrière, se retirer.

- **1** *Résolution non rétroactive ; nom que prend la résolution (judiciaire pour manquement fautif, légale pour perte, etc.) dans les contrats successifs qui excluent la rétroactivité. Ex. résiliation du bail pour perte de la chose louée (C. civ., a. 1722), résiliation du contrat de travail.
- **2** Nom donné à la dissolution du contrat par acte volontaire – comme la *révocation, mais sans rétroactivité – soit à l'initiative d'une seule partie, not. dans les contrats à durée indéterminée (résiliation unilatérale), soit sur l'accord des deux parties (résiliation conventionnelle). Ex. résiliation du contrat de travail. Comp. *congédiement, licenciement, congé, rupture, rétractation, suspension.* V. *distrat, mutuus dissensus.*

RÉSISTANCE

N. f. – Dér. de résister, lat. *resistere.*

- Action de s'opposer ; action d'opposer à une initiative (agression, ordre, décision, prétention, etc.) un *refus (abstention, non-exécution) ou une initiative contraire (rébellion, décision, ou prétention en retour, etc.). V. *défense, protestation, contestation.*

— ***abusive.** Fait générateur de responsabilité consistant, pour le défendeur, dans un procès, à opposer à la prétention bien fondée du demandeur, des moyens ou une prétention contraire manifestement mal fondés.

— **à l'*oppression (droit de).** Droit individuel reconnu, dans une certaine doctrine politique, aux gouvernés de s'opposer aux actes manifestement injustes des gouvernants, soit par non-exécution (résistance passive), soit par la force (résistance active), soit même par un soulèvement destiné à obtenir le retrait de l'acte et le départ des gouvernants (résistance agressive). V. *rébellion* (sens 1).

— **des juges du fond.** Fait de ne pas s'incliner devant une décision ou la *jurisprudence de la Cour de cassation, soit dans la même affaire, après une première cassation, de la part de juridictions de renvoi, soit dans d'autres affaires, de la part de juridictions à nouveau saisies de questions semblables. Syn. *rébellion* (sens 2). V. *dissident, source, autorité.*

RES NULLIUS

Expression lat. signifiant « chose n'appartenant à personne », encore utilisée :

- **1** En général, pour désigner les *choses sans *maître (choses qui ne sont pas encore ou qui ne sont plus appropriées, mais qui sont susceptibles de l'être). Ex. *gibier, **res derelictae.* V. *occupation,* **biens *vacants, pêche, res communis.*
- **2** Spéc. en Droit international public, pour exprimer l'idée que certaines zones (maritimes, par ex.) échappent à toute souveraineté territoriale mais sont susceptibles de passer sous celle de l'État qui en effectuera l'occupation. Comp. *res communis.*

RÉSOLUBLE

Adj. – Lat. *resolubilis,* du v. *resolvere* : résoudre.

- **1** Sous *condition *résolutoire ; se dit d'un droit affecté par une telle condition. Ex. C. civ., a. 2414 ; ne pas confondre avec *annulable. V. *conditionnel, révocable, rétractable.*
- **2** Plus gén. exposé à la *résolution, pour cause d'inexécution. Comp. *résiliable, annulable, rescindable.*

RÉSOLUTION

N. f. – Lat. *resolutio,* de *resolvere* : délier, dénouer, dissoudre, résoudre.

• **1** Action d'anéantir, ou résultat de cette action ; plus spéc., anéantissement en principe rétroactif (comp. *résiliation) d'un contrat *synallagmatique qui, fondé sur l'interdépendance des obligations résultant de ce type de contrat, consiste à libérer une partie de son obligation (et à lui permettre d'exiger la restitution de ce qu'elle a déjà fourni), lorsque l'obligation de l'autre ne peut être exécutée, soit du fait d'une faute de celle-ci (manquement sanctionné selon les cas par la résiliation judiciaire ou la clause *résolutoire expresse), soit par l'effet d'une cause étrangère (perte fortuite : c'est la théorie des risques). Ex. résolution d'une vente (et restitution au vendeur de la chose vendue en cas de non-paiement du prix). Comp. *annulation, nullité, révocation, rétractation, suspension.*

— **judiciaire.** Résolution qui doit être demandée au juge, lequel jouit, pour la prononcer, d'un certain pouvoir d'appréciation (C. civ., a. 1227 et s., anc. a. 1184). Comp. *clause *résolutoire expresse.*

— **unilatérale**. Possibilité reconnue à une partie à un contrat d'y mettre fin à ses risques et périls, en cas de manquement grave du cocontractant, en dehors du juge et sans qu'une disposition conventionnelle l'y autorise (C. civ., a. 1226 ; Pr. Unidroit, a. 7.3.1 ; PEDC, a. 4.301).

• **2** Action de délibérer et de décider, ou résultat de cette action. V. *décision.*

a / (const.). *Délibération adoptée par une assemblée parlementaire, en dehors de la procédure de l'élaboration des lois, en vue de prendre une décision d'ordre intérieur ayant trait au fonctionnement et à la discipline de l'assemblée, ou créer une commission d'enquête ou de contrôle, ou décider une mise en accusation devant la Haute Cour de justice.

b / (int. publ.). D'un point de vue formel, prise de position adoptée par une conférence internationale ou un organe d'une organisation internationale sans préjuger, du point de vue du fond, la force juridique de celle-ci.

c / (pr. civ.). Parfois syn. de *solution du litige (action de le trancher).

d / (eur.).

— **du Conseil de l'Union européenne (anc. des Communautés européennes).** Acte du Conseil qui, bien que non prévu dans la liste énoncée à l'a. 288 TFUE (anc. a. 189 du traité), peut avoir des effets juridiques déterminés tant dans les relations entre l'Union et les États membres que dans les rapports entre institutions. Comp. *décision, directive, recommandation, règlement, communication, instruments juridiques communautaires.*

RÉSOLUTOIRE

Adj. – Bas lat. *resolutorius,* de *resolutum,* sup. de *resolvere* : dénouer, résoudre.

• Qui est propre à opérer la *résolution du contrat (ex. condition résolutoire) ou qui tend à cette résolution (ex. action résolutoire). V. *résoluble.* Comp. *révocatoire.*

— **(condition).** *Condition (sens 2 *b*) qui, lorsqu'elle s'accomplit, opère l'anéantissement *rétroactif de l'obligation qu'elle affecte (C. civ., a. 1183). Ant. *suspensif.*

— **(condition) tacite.** Condition résolutoire que la loi suppose sous-entendue dans tout contrat *synallagmatique (C. civ., a. 1184, chaque partie étant censée s'engager sous condition que l'autre exécute son obligation) et qui, lorsqu'elle s'accomplit (lorsque l'une des parties manque à son obligation par sa faute), permet à l'autre de demander au juge la résolution de son engagement et du contrat. V. **résolution judiciaire.*

— **expresse (clause).** Clause par laquelle les parties, adoptant une *condition résolutoire expresse, décident à l'avance dans un contrat (bail, vente, etc.) que celui-ci sera de plein droit résolu, du seul fait de l'inexécution par l'une des parties de son obligation, sans qu'il soit nécessaire de le demander au juge – comp. **résolution judiciaire* – et sans que celui-ci, s'il est saisi, dispose en principe d'un pouvoir d'appréciation (C. civ., a. 1225). V. *pacte commissoire.*

RESPECT

N. m. – Lat. *respectus,* regard en arrière, égard, de *respicere* : *respecter.

• Action de *respecter au sens 1 (non-atteinte, non-immixtion, non-ingérence), au sens 2 (*observation, accomplissement) ou au sens 3 (*considération particulière, égard, déférence). Ex. droit au respect de la *vie privée (C. civ., a. 9) ; respect de la parole donnée, respect filial (C. civ., a. 371). Ant. *trouble, violation, transgression, injure, légèreté blâmable.* V. *honneur, réputation, fidélité.*

— **des œuvres de l'esprit (droit au).** Droit de caractère perpétuel en vertu duquel l'auteur, de son vivant et, après sa mort, les personnes désignées par la loi peuvent exiger des tiers le respect de l'intégrité des œuvres de l'esprit.

— **dû aux morts (atteinte au).** Délit consistant dans la *violation ou la *profanation de sépultures, de tombeaux, d'urnes cinéraires ou de monuments érigés à la mémoire des *morts, ou dans toute atteinte à l'intégrité du cadavre (C. pén., a. 225-17).

— **du nom de l'auteur (droit au).** Droit qu'a le créateur de proclamer la paternité de ses *œuvres littéraires et artistiques, *dessins, et *modèles, ainsi que des *brevets d'invention. V. *anonyme, pseudonyme.*

RESPECTER

V. – Du v. lat. *respicere* (sup. *respectum*) : regarder en arrière, avoir égard à…, prendre en considération.

- **1** (négativement). Ne pas porter atteinte à… Ex. respecter les droits des tiers, la propriété d'autrui, etc.
- **2** (plus positivement). Se conformer à… Ex. respecter la loi (l'observer), respecter ses devoirs (les remplir), respecter les délais requis, etc. V. *répondre.*
- **3** (à un degré encore supérieur). Marquer et manifester une *considération particulière envers une personne, une institution, etc.

RESPECTIF, IVE

Adj. – Du lat. *respectum,* de *respicere* : regarder.

- **1** Dans un procès, émanant de chacune des parties (*prétentions respectives). V. *adverse, contraire.* Comp. *conjoint, commun.*
- **2** Parfois (et plus spéc.), émanant du défendeur (*enquête respective).
- **3** Plus généralement, se dit dans un groupe de ce qui concerne chacun (intérêts respectifs, besoins respectifs, facultés respectives), de ce qui vient de chacun (apports respectifs, *torts respectifs), ou de ce qui est attribué à chacun (part respective). V. *réciproque, mutuel, partagé, synallagmatique, connexe, individuel.* Ant. *commun, collectif.*

RESPONSABILITÉ

N. f. – Dér. de responsable, dér. lui-même du lat. *responsus,* part. pass. de *respondere* : se porter garant, répondre.

► **I** (sens gén.)

- Obligation de répondre d'un dommage devant la justice et d'en assumer les conséquences civiles, pénales, disciplinaires, etc. (soit envers la victime, soit envers la société, etc.). V. *imputabilité, répondre.* Ant. *irresponsabilité.*
- A / (priv.). Employé seul désigne toute obligation, pour l'auteur d'un *dommage causé à autrui, de le réparer. (V. *responsabilité civile,* sens 1), parfois plus spécifiquement, la responsabilité délictuelle (V. *réparation*).

— ***civile.***

a / En un sens générique (qui englobe la responsabilité délictuelle et la responsabilité contractuelle), toute obligation de répondre civilement du dommage que l'on a causé à autrui, c'est-à-dire de le réparer en nature ou par équivalent (not. en versant une *indemnité). V. *non-cumul.*

b / Désigne plus spéc. la responsabilité civile délictuelle, par opp. à la responsabilité pénale. V. **action civile.*

— ***contractuelle.** Obligation pour le contractant qui ne remplit pas (en tout, en partie, ou à temps) une obligation que le contrat mettait à sa charge, de réparer (en nature si possible ou, à défaut, en argent) le dommage causé à l'autre partie (le créancier), soit par l'inexécution totale ou partielle (V. *dommages-intérêts compensatoires*), soit par l'exécution tardive (V. *dommages-intérêts moratoires*) de l'engagement contractuel.

— ***délictuelle.**

a / En général, toute obligation, pour l'auteur du fait dommageable (ou la personne désignée par la loi), de réparer le dommage causé par un *délit civil (que celui-ci soit ou non un délit pénal), en indemnisant la victime, presque toujours par le versement d'une somme d'argent à titre de *dommages-intérêts.

b / Désigne parfois plus spéc. la responsabilité du fait personnel (par opp. à la responsabilité du fait d'autrui).

— **du fait d'autrui.** Responsabilité délictuelle pour faute présumée que la loi met à la charge de certaines personnes déterminées (père, mère, commettant) pour le dommage causé aux tiers par les personnes dont elles répondent (enfant mineur, préposé, V. C. civ., a. 1384).

— **du fait de l'homme.** V. *fait de l'*homme.*

— **du fait des animaux.** Responsabilité délictuelle qui, en vertu d'une présomption légale irréfragable, incombe au propriétaire ou au gardien d'un animal pour le dommage causé à autrui par celui-ci (C. civ., a. 1385).

— **du fait des bâtiments.** Responsabilité délictuelle du propriétaire du bâtiment pour le dommage causé par la ruine de celui-ci, lorsque la victime prouve que cette ruine est due à un défaut d'entretien ou d'un vice de construction (C. civ., a. 1386).

— **du fait des choses inanimées.** Responsabilité délictuelle qui, en vertu d'une présomption légale irréfragable (C. civ., a. 1384, al. 1), incombe à celui qui a sous sa *garde une chose inanimée, pour le dommage causé aux tiers par celle-ci.

— **du fait des produits**. Régime spécial de responsabilité sans faute mise à la charge des producteurs et, subsidiairement, des fournisseurs professionnels, en cas de dommages causés à la personne ou aux biens par le défaut d'un produit (C. civ., a. 1386-1 s.).

— **du fait personnel.** Responsabilité délictuelle pour faute prouvée qui incombe à l'auteur même du fait dommageable pour le préjudice causé par sa faute même non intentionnelle (imprudence, négligence, etc., C. civ. a. 1382, 1383).

— **limitée (société à).** V. *société à responsabilité limitée.*

— **parentale.** V. *responsabilité parentale.*

- B / (pén.). Obligation de répondre des *infractions commises et de subir la peine prévue par le texte qui les réprime. Comp. *culpabilité.*

— **atténuée.** Expression employée parfois pour désigner la responsabilité d'un individu qui, sans avoir agi sous l'empire d'un trouble qui aurait aboli son discernement, n'était pas en possession de toutes ses facultés (sans faute de sa part).

— **pénale des personnes morales.** Obligation pour les personnes morales (hormis l'État) de répondre, dans les cas spécifiés par la loi, des infractions commises, pour leur compte, par leurs organes ou représentants, sans que soit exclue la responsabilité pénale personnelle des auteurs ou complices de ces infractions (C. pén., a. 121-2). V. *personnalité de la responsabilité.*

▸ **II** (const.)

— **politique.** Obligation pour les ministres, dans le régime parlementaire, de quitter le pouvoir lorsqu'ils n'ont plus la confiance du Parlement (Const. 1958, a. 49 et 50).

RESPONSABILITÉ PARENTALE

- **1** Obligation incombant solidairement aux père et mère, en tant qu'ils exercent l'*autorité parentale, de réparer le dommage causé par leur enfant mineur habitant avec eux, espèce de *responsabilité civile *du fait d'autrui établie par la loi (C. civ., a. 1384) ; désigne également la responsabilité pénale encourue par les parents pour les infractions commises sur leurs enfants.
- **2** Traduction de *parental responsibility*, expression utilisée au lieu et place d'*autorité parentale, notamment dans le droit de l'Union européenne. V. Convention de La Haye du 19 octobre 1996, R. CE 2201/2003 relatif à la compétence, la reconnaissance et l'exécution des décisions en matière matrimoniale et en matière de responsabilité parentale ; v. aussi art. C. civ., 375.

— **contrat de.** Contrat réglementé proposé aux parents ou aux représentants légaux par le président du Conseil général en cas de difficultés scolaires liées à une carence de l'*autorité parentale, dont l'objet est de rappeler aux parents leurs obligations et dont l'inexécution peut être sanctionnée par une déchéance des prestations familiales (CASF, L. 222-4-1 et s.).

— **stage de.** *Peine complémentaire destinée à rappeler aux parents condamnés pénalement les obligations juridiques, économiques, sociales et morales qu'implique l'éducation d'un enfant (C. pén., R. 131-48). V. *autorité parentale.*

RESPONSABILITÉ SOCIALE DE L'ENTREPRISE (RSE)

Responsabilité de l'entreprise à l'égard de la collectivité, qui s'étend au-delà de ses obligations légales et de ses impératifs purement économiques. JORF 28.12.2006 p. 18781 et s.

RESPONSABLE

Subst. ou adj. – Du lat. *responsus,* part. pass. de *respondere* : *répondre.

- **1** Celui qui encourt une *responsabilité (responsable potentiel). Ex. le gardien d'une chose est présumé responsable des dommages causés par celle-ci. V. *caution, garant.* Comp. *imputable.* Ant. *irresponsable.*
- **2** Celui dont la responsabilité est reconnue (not. judiciairement retenue). V. *auteur, condamné, coupable.* Ant. *innocent, acquitté, relaxé, justifié, excusé.* Comp. *tiers, victime.*

RESPONSIVES (CONCLUSIONS)

V. **conclusions responsives.*

RESSORT

N. m. – Tiré de ressortir, propr. rebondir, comp. de sortir, d'origine incertaine.

- **1** Concrètement, circonscription dans laquelle une autorité exerce son pouvoir. Ex. C. élec., a. L. O. 132 ; spécialement, étendue géographique de la compétence territoriale d'une juridiction. Ex. le tribunal d'Avignon est dans le ressort de la cour de Nîmes. Comp. *circonscription.*
- **2** Par ext., étendue de la compétence déterminée selon la valeur du litige. V. *taux du ressort, premier, dernier ressort.*
- **3** En un sens gén. plus vague, domaine de compétence (être du ressort d'une autorité, relever de sa compétence).

— **(dernier).** Dernier *degré de juridiction (sans compter l'instance de cassation) ; se dit d'une décision rendue par une juridiction de première instance lorsqu'elle n'est pas susceptible d'appel (en premier et en dernier ressort), ou d'une décision rendue en appel ; en dernier ressort signifie sans *appel.

— **(premier).** Premier *degré de juridiction ; se dit d'un jugement susceptible d'appel ; en premier ressort signifie à charge d'appel. V. *dernier ressort.* Comp. *première instance.*

— **(taux du).** V. **taux du ressort.*

RESSORTISSANT

Subst. – Tiré de ressortir qui, comme terme jur., dérive de *ressort.

- **1** Aujourd'hui, syn. de *national. Comp. *sujet, citoyen, résident étranger, apatride, réfugié politique.*
- **2** Jadis, individus auxquels un État accordait sa protection (*nationaux, sujets de pays de protectorat, sous mandat ou tutelle).

RESSOURCES

N. f. pl. – Formé comme source, sur le lat. *surgere* : surgir.

- **1** Ensemble des moyens d'existence (disponibles ou en puissance) d'une personne, englobant non seulement tous ses *revenus (revenus du *travail ou revenus du *capital) mais, au moins à titre potentiel, ses *capitaux. V. *fortune, facultés, possibilités, besoins, aliments, patrimoine, biens, train de *vie.*
- **2** Moyens financiers d'une personne morale, *fonds à sa disposition.

— **publiques.** Recettes et créances de l'État ou des autres collectivités publiques (inscrites ou non dans la loi budgétaire). Ex. Const. 1958, a. 40. Comp. *charges publiques.*

— **propres d'une société (ou d'une entreprise).** Expression de doctrine économique (à ne pas confondre avec les termes comptables *capitaux propres) désignant les moyens financiers qu'une société (ou une entreprise) tire d'elle-même sans recours à l'emprunt, réalisant ainsi non un endettement externe mais un *autofinancement ; vocable étendu à des institutions ou organismes divers, mais pour désigner les recettes que ceux-ci perçoivent et qui tendent à assurer leur autonomie financière, par opposition aux contributions de leur fondateur. Ex. ressources propres des Communautés européennes. V. *financement* et ci-dessous.

— propres des Communautés européennes. Droits de douanes, *prélèvements et tous autres impôts ou taxes alimentant le budget des Communautés européennes (par opposition aux contributions des États).

RESTAURATION

N. f. – Lat. *restauratio* : renouvellement, rétablissement.

- **1** Métier de restaurateur ; activité professionnelle consistant à servir des repas à des clients. Comp. *hôtellerie.*

— (contrat de). Nom aujourd'hui donné à la convention en vertu de laquelle le restaurateur est tenu envers son client, moyennant rémunération, non seulement de servir le repas commandé, mais d'une obligation de *sécurité (couvrant ici les vices des mets) et d'une obligation de garde (relativement aux vêtements des convives). Comp. *contrat d'*hôtellerie.*

- **2** Opération architecturale consistant à remettre en état un immeuble vétuste, spéc. un immeuble qui en vaut la peine (en raison de son caractère historique, de son style, de son cachet) et résultat de cette opération. Comp. *réhabilitation, rénovation, réfection, réparation.* V. *urbanisme.*

— de l'habitat rural. Travaux ayant pour objet l'amélioration de l'habitation rurale et du logement des animaux ainsi que, d'une façon générale, l'aménagement national des bâtiments ruraux, de leurs abords et de leurs accès (C. rur., D. 346-1 s.). Comp. *remembrement.*

- **3** Parfois syn. de *rétablissement (sens 1). Ex. restauration des libertés.

RESTAURATIVE

Adj. V. *mesure de justice, justice.*

RESTE

N. m. – Tiré de rester, lat. *restare.*

- (const.). Dans un système de *représentation proportionnelle, reste de la division du nombre des voix qu'a obtenues une liste de candidats par le *quotient électoral ou par le *nombre uniforme.

—s (plus forts). Dans un système de représentation proportionnelle, procédé consistant à attribuer aux listes qui ont les plus forts restes les sièges non encore attribués par le jeu du quotient électoral (par opp. à *plus forte moyenne).

—s (report des). Variante d'un système de représentation proportionnelle dans laquelle les restes de voix d'un parti trop petits pour être utilisés dans les circonscriptions de base sont additionnés dans une circonscription supérieure, afin de donner lieu à l'attribution de sièges supplémentaires.

RESTITUABLE

Adj. – De restituer. V. *restitution.*

- **1** Qui doit être *restitué, rendu. Ex. chose prêtée restituable en nature. Comp. *remboursable, payable, exigible, quérable, portable.*
- **2** Qui est en droit d'obtenir la *restitution (sens 3), l'annulation d'un engagement. Ex. le mineur qui exerce une profession n'est point restituable contre les engagements qu'il a pris dans l'exercice de celle-ci (C. civ., a. 1308). V. *restitué.*

RESTITUÉ, ÉE

Adj. – Part. pass. du v. restituer. V. *restitution.*

- **1** Rendu, remis (au propriétaire, au prêteur).
- **2** Qui a obtenu la *restitution (sens 3), l'annulation d'un engagement. V. *restituable* (sens 2).

RESTITUTION

N. f. – Lat. *restitutio*, de *restituere* : restituer.

- **1** Fait de remettre au propriétaire une chose dont il avait été privé indûment ou involontairement. Ex. restitution d'une chose volée ou perdue. V. *répétition, impenses.*
- **2** Par ext., fait de remettre à qui de droit une chose que l'on doit rendre, mais que l'on ne détenait pas injustement. Ex. restitution par l'emprunteur de la chose prêtée ; restitution des pièces d'un dossier après communication (CPC, a. 136). Ant. *rétention.* V. *détention précaire, rétablissement.*

- **3** Rétablissement de la situation patrimoniale des parties dans l'état antérieur à l'anéantissement de leur contrat (C. civ., a. 1352 et s.). Par ext. (au pluriel), opérations de remise en ordre consécutives à l'annulation ou à la caducité d'un acte (*remboursement, *remise, *reversement, etc.) (C. civ., a. 1352 et s.). V. *retour.*
- **4** En matière de politique agricole commune, somme d'argent à la charge du budget communautaire versée à titre d'aide à l'exportation de produits faisant l'objet d'une organisation commune de marché, afin de rendre leur prix compétitif sur le marché mondial. V. *prélèvement* (sens 4).

RESTITUTOIRE

Adj. – De restituer.

- (vx). Se dit parfois du jugement qui ordonne la *restitution (sens 1 ou 2).

RESTRICTIF, IVE

Adj. – Du lat. *restrictus,* part. pass. de *restringere* : restreindre, resserrer, ramener en arrière.

- **1** *Limitatif ; se dit d'une disposition légale (ou de sa formulation) qui limite l'application d'une règle à des *cas déterminés (souvent sous la forme : ne… que) et appelle une interprétation *stricte exclusive de toute extension analogique. Ant. *démonstratif.* Comp. *indicatif, énonciatif, énumératif.*
- **2** *Exclusif ; se dit d'une clause qui comporte une *restriction (au sens 3).
- **3** Limitatif, perturbateur ; se dit d'une pratique qui apporte une *restriction (sens 4).
- **4** Qui retranche ; se dit d'une *interprétation qui, par retranchement, soustrait à la loi un cas auquel celle-ci serait normalement applicable (au contraire d'une application pleine et entière) et *a fortiori* d'une *application *extensive (sens 1). Comp. *strict* (sens 4).

RESTRICTION

N. f. – Bas lat. *restrictio* : modération, restriction.

- Action de restreindre et résultat de cette action. Comp. *limitation.* Plus précisément :
- **1** (de la part de l'autorité qui établit une règle ou une mesure). Action de réduire un droit ou une liberté, de limiter le champ d'application d'une régie, de diminuer la portée d'une mesure. Comp. *modification, suppression, abolition, exception, exclusion.*
- **2** (dans l'application d'une règle). Manière *restrictive de l'appliquer ou de l'interpréter. V. *interprétation, exception, principe.*
- **3** (dans les prévisions conventionnelles). Clause d'*exclusion d'un cas spécifié. Comp. *réserve* (sens 3).
- **4** (dans les relations économiques). Entrave à la liberté des échanges et au libre jeu de la concurrence.

— **de la concurrence.** Obstacle au libre jeu de la *concurrence (entente de prix, répartition des marchés) ou atteinte aux structures concurrentielles (élimination d'un concurrent, concentration illicite). V. *libre circulation des marchandises, marché *pertinent.*

— **quantitative des échanges.** Mesure, réglementation ayant pour effet de limiter le volume des importations ou des exportations. V. *mesure d'*effet équivalant à une restriction quantitative.*

RÉTABLISSEMENT

N. m. – Dér. du v. rétablir, comp. de *établir. V. *établissement.*

- **1** *Restauration d'un état de droit ou de fait antérieur ; not. restauration d'une règle, d'une institution ou d'un ordre juridique après une période d'abandon (ex. rétablissement du divorce en 1884 après son *abolition en 1816 ; rétablissement de la légalité républicaine) ; ou encore *redressement d'une situation critique (rétablissement d'un équilibre financier, rétablissement de l'ordre). Comp. *établissement, institution* (le rétablissement suppose le retour à un état antérieur pour un temps écarté). Comp. *révolution, stabilisation.*

— **de communauté.** Restauration conventionnelle de la communauté naguère permise, par exception, aux époux judiciairement séparés de biens ou de corps qui se réconciliaient, et aujourd'hui réalisable par voie de changement de régime.

— **de l'affaire.** Se dit, dans la pratique, de l'initiative d'un plaideur après radiation d'une affaire, pour faire remettre celle-ci au rang des affaires en cours (on disait naguère au *rôle). Comp. **reprise d'instance.*

• **2** Opération de *redressement ou de *correction (not. dans un compte). Comp. *révision.*

— **de crédits.** Procédure d'affectation des recettes par annulation de dépenses qui se traduit par la reconstitution de la dotation budgétaire antérieure à la dépense. Comp. *fonds de concours.*

— **de l'égalité en valeur.** Opération du partage de succession, de communauté, etc., qui consiste, après avoir inégalement réparti les biens indivis, à restaurer, au moyen de *soultes, la parité en valeur des lots, not. après attribution préférentielle (C. civ., a. 831).

— **de sommes d'argent.** *Remise de sommes qui avaient été distraites dans une masse à partager.

• **3** Action de se rétablir ; reprise de la même activité professionnelle.

— **(clause de non-).** V. *non-rétablissement (clause de).*

— **personnel.** Procédure ayant pour objet l'effacement des dettes, sans liquidation judiciaire, d'un débiteur en situation de surendettement (C. cons., a. L. 741-1 et s.).

— **professionnel.** Procédure ayant pour objet l'effacement, sans liquidation judiciaire, des dettes nées antérieurement au jugement d'ouverture d'un débiteur, personne physique (C. com., a. L. 640-2).

• **4** Parfois syn. de *restitution.

— **de pièces.** Opération matérielle par laquelle sont restituées à l'avocat d'une partie les pièces qu'il avait communiquées à l'adversaire (CPC, a. 136).

RETENIR

V. – Lat. *retinere.*

• **1** Pour un *détenteur, ne pas restituer un bien à son propriétaire ; exercer un droit de *rétention (C. civ., a. 1948). Comp. *retenue.*

• **2** Ne pas transmettre un droit ; plus spécialement pour un donateur, ne pas se dessaisir de la chose donnée (ne pas en donner la possession par tradition au donataire) et, par ext., se réserver, par une clause, le droit de révoquer la donation ou se mettre dans le cas de pouvoir la priver d'effet (*donation de biens à venir). Comp. **réserve d'usufruit, retour conventionnel, clause de *réserve de propriété.* V. *dessaisissement.*

ADAGE : *Donner et retenir ne vaut.*

• **3** Pour le successible gratifié par *préciput et hors part, ou avec *dispense de *rapport, ne pas rapporter le bien donné à la masse partageable, le garder, en plus de sa part, dans la succession à laquelle il est appelé (C. civ., a. 843).

• **4** Pour un juge, reconnaître et utiliser comme élément de solution à l'appui de sa décision, après examen de l'ensemble des éléments du débat, les points de fait ou de droit qu'il considère comme établis ou bien-fondés. Ex. retenir tel grief à la charge d'un époux.

• **5** Pour une autorité de police, maintenir sous surveillance, dans ses locaux (ne pas libérer), une personne arrêtée ou interrogée. V. *garde à vue.*

RÉTENTION

N. f. – Lat. *retentio,* de *retinere* : retenir.

• **1** Fait de *retenir une chose que l'on doit remettre à autrui.

— **de précompte.** Acte délictueux de l'employeur consistant à ne pas verser la cotisation ouvrière aux assurances sociales, laquelle a été nécessairement prélevée sur le salaire. V. **retenue sur le salaire.*

— **(droit de).** Droit reconnu à un créancier de *retenir entre ses mains l'objet qu'il doit restituer à son débiteur, tant que celui-ci ne l'a pas lui-même payé. Droit consacré par diverses dispositions particulières (ex. en faveur du vendeur au comptant, C. civ., a. 1612) qui revêt aujourd'hui une portée générale en matière mobilière et immobilière, étant reconnu à celui à qui la chose a été remise jusqu'au paiement de sa créance (gagiste, dépositaire) et à celui dont la créance impayée résulte du contrat qui l'oblige à la livrer ou est née à l'occasion de la détention de la chose (ex. impenses), un tel droit ne se perdant que par dessaisissement volontaire (C. civ.,

a. 2286, 2287). Comp. *connexité, sûreté, *vente au comptant, gage, procédures collectives, revendication, justice privée.* Ant. *dessaisissement, exception d'inexécution.*

- **2** Appliquée à une information (rétention d'information), syn. **réticence*.
- **3** En matière de *réassurance proportionnelle, conservation par l'assureur d'une partie des risques (l'autre partie étant cédée au réassureur). V. *plein.*
- **4** Parfois en pratique, action de *retenir une personne dans les locaux de la police. Comp. *emprisonnement, détention.*

RÉTENTION ADMINISTRATIVE

N. f.

- Mesure de placement temporaire, dans des centres de rétention, d'un étranger sous le coup d'une mesure d'éloignement, dans l'attente de son renvoi forcé (a. L. 551-1 et s. du C. étr.).

— **centre de.** Lieu spécialement aménagé pour recevoir des étrangers sous le coup d'une mesure de rétention administrative.

RÉTENTION DE SÛRETÉ

- Mesure exceptionnelle de placement en centre socio-médico-judiciaire prise en fin d'exécution de peine, par une juridiction spéciale, à l'encontre des auteurs de certains crimes aggravés ou commis en récidive, présentant une dangerosité caractérisée par une probabilité très élevée de récidive liée à un trouble grave de la personnalité.

RETENUE SUR SALAIRE

N. f. – Tiré de retenir, lat. *retinere.* V. *salaire.*

- **1** Somme prélevée sur le *salaire par l'employeur pour son propre compte dans le cadre de la *compensation légale entre sa créance sur le salarié et le salaire dû. V. *prélèvement.*
- **2** Somme prélevée sur le salaire par l'employeur pour le compte d'un tiers organisme (cotisation salariale au profit des assurances sociales, des ASSEDIC ou des organismes de retraite complémentaire). V. *cotisation de sécurité sociale, allocations (de chômage), retraites.* La retenue destinée aux assurances sociales porte le nom de *précompte. V. **rétention de précompte.*

RÉTICENCE

N. f. – Lat. *reticentia,* de *reticere* : garder une chose par-devers soi, se taire.

- *Omission volontaire par une personne d'un fait qu'elle a obligation de révéler ; *dissimulation parfois assimilée à un *dol civil, cause de nullité du contrat (ex. fait par l'assuré de ne pas, et ce, de mauvaise foi, déclarer à l'assureur des circonstances relatives au risque qu'il avait l'obligation de déclarer, C. ass., a. L. 113-8) et pouvant constituer le délit de *faux témoignage (C. pén., a. 434-13 s.). V. *silence, déclaration, *rétention d'information, fraude, tromperie.*

RETIREMENT

N. m. – Dér. du v. retirer, préf. re et tirer, d'origine obscure.

- Action, pour l'acheteur, de retirer la chose vendue du lieu où le vendeur doit, en vertu de l'obligation de *délivrance, la tenir à sa disposition (c'est-à-dire chez le vendeur ou en un autre lieu convenu, ce qui suppose que la chose n'est pas *portable) ; action d'en prendre effectivement *possession (*livraison au sens courant) en ce lieu, diligence à défaut de laquelle l'acquéreur de denrées et objets mobiliers encourt la résolution de plein droit de la vente à l'expiration du terme convenu pour le retirement (C. civ., a. 1657). V. *prise de possession.*

RÉTORSION (MESURE DE)

N. f. – Lat. *retorsio,* du v. *retorquere* : tourner en arrière, retordre, d'où rétorquer. V. *mesure.*

- Acte en lui-même licite, mais préjudiciable aux intérêts d'un État étranger, accompli par un État en réponse à un acte de même nature de cet État étranger. Comp. *représailles.* V. *contre-mesure, provocation, justice privée.*

RETOUR

N. m. – Tiré de retourner, comp. de tourner, lat. *tornare.*

- **1** Revêt, dans certaines expressions, le sens concret de réacheminement au point de départ. V. **conduite de retour.*

— **sans frais (clause de).** Clause insérée dans la formule d'un effet de commerce ou dans un endossement, qui dispense de dresser *protêt faute de paiement, en vue d'éviter des frais.

- **2** Parfois syn. de *reversement, *restitution. V. *retour de *lot.*
- **3** Plus spécifiquement, dévolution accidentelle qui, dans la succession du propriétaire d'un bien, fait revenir ce bien dans le patrimoine de son auteur (ou parfois dans celui de ses descendants).

— **conventionnel.** Droit de retour stipulé au profit du donateur (et qui ne peut l'être qu'en sa faveur. C. civ., a. 951) pour le cas du prédécès du donataire seul ou de celui-ci et de ses descendants. V. *donation, succession, passif successoral, origine.*

— **(droit de).** Droit en vertu duquel une chose échappe aux règles successorales ordinaires pour revenir à la personne de qui le *de cujus* la tenait, ou parfois aux descendants de cette personne. V. *réversion.*

— **légal.** Vocation héréditaire atypique (encore nommée droit de succession *anomale) qui n'est plus aujourd'hui accordée qu'aux parents adoptifs et aux parents par le sang, lorsque, en l'absence de conjoint successible, le *de cujus,* qui a fait l'objet d'une adoption simple, meurt sans descendance (C. civ., a. 368-1). Comp. (sans le mot), le droit de retour accordé aux *collatéraux privilégiés en présence du *conjoint successible, à défaut de descendants, sur la moitié des biens que le défunt avait reçus de ses ascendants, s'ils se retrouvent en nature dans la succession (C. civ., a. 757-3). Comp. le droit de retour accordé aux père et mère, en l'absence de descendants, sur les biens que le défunt avait reçus d'eux par donation à hauteur d'une quote-part de la succession (C. civ., a. 738-2). V. *frères, sœurs.*

- **4** (int. pub.)

— **de *biens culturels.** Remise d'un bien à l'État d'origine à sa requête, lorsque le bien a été exporté en violation des règles nationales et internationales de protection du patrimoine culturel, ou qu'il a été déplacé antérieurement à l'adoption de ces règles (périodes de conflits, de colonisation). Comp. *restitution.*

RETOUR À MEILLEURE FORTUNE (CLAUSE DE)

V. *Fortune.*

- Stipulation (licite) en vertu de laquelle l'emprunteur s'engage à payer sa dette non à une date déterminée sur le calendrier, mais au jour où il lui en adviendra les moyens, l'*échéance du remboursement n'étant pas, de sa part, *potestative, mais subordonnée à l'amélioration de sa situation financière, circonstance à constater par le juge quand il lui fixe un terme (C. civ., a. 1901).

RÉTRACTABLE

Adj. – De rétracter, lat. *retractare* : retirer.

- Susceptible de *rétractation. Comp. *révocable.*

RÉTRACTATION

N. f. – Lat. *retractatio,* de *retractare* : propr. retirer.

- Manifestation de volonté contraire par laquelle l'auteur d'un acte ou d'une manifestation *unilatérale de volonté entend revenir sur sa volonté et la retirer comme si elle était non avenue, afin de la priver de tout effet passé ou à venir (se distingue d'un simple *retrait qui peut n'opérer que pour l'avenir). Ex. rétractation d'une offre (a. 1118), d'un vote, d'un consentement. Se dit dans le même sens, pour l'auteur d'un acte juridictionnel, de la décision ultérieure par laquelle il annule sa décision première. Ex. rétractation en référé d'une ordonnance sur requête (CPC, a. 497). Comp. *révocation, repentir, dédit, réméré, rapport* (sens 3), *rabattement de défaut.*

— **(*délai de).** Délai, en général bref, pendant lequel celui qui bénéficie d'une faculté de rétractation peut discrétionnairement revenir sur son consentement (C. civ., a. 1122).

— **(voie de).** *Voie de recours par laquelle un intéressé demande à la juridiction même qui avait rendu la décision qu'il attaque d'anéantir celle-ci et de statuer à nouveau en fait et en droit (au moins sur les points qu'il critique).

Ex. l'*opposition (CPC, a. 571, 572), la *tierce opposition principale (a. 582, 587), le *recours en *révision (a. 595, CPC) sont des voies de rétractation. Ant. *voie de *réformation.*

RETRAIT

N. m. – Tiré de l'anc. v. *retraire* : retirer, lat. *retrahere.*

• **1** Action de se retirer ; spéc. (int. publ.), procédé par lequel un État quitte définitivement une organisation internationale et entend ne plus être soumis à aucune obligation à l'égard de celle-ci, not. en ce qui concerne le versement de contributions financières, gén. assorti d'un préavis (le point est controversé de savoir si le droit de retrait existe en l'absence d'une disposition formelle dans la convention de base). Comp. *sécession, démission, suspension.*

— **de l'Union (clause de)** (eur.). Disposition du traité reconnaissant à chaque État membre le droit de se retirer de l'Union européenne, au cas où celle-ci prendrait une direction qu'il jugerait inacceptable. Comp. *exemption (clause d').*

— **(droit de).** Prérogative accordée à l'actionnaire d'une société en bourse qui fait l'objet d'une *offre publique d'achat de quitter celle-ci en contraignant le repreneur à racheter ses titres (a. 236-1, règl. gén. AMF).

• **2** Action de retirer une décision ou de reprendre un consentement ; not. décision par laquelle une autorité administrative revient sur une de ses décisions antérieures. Ex. retrait d'une autorisation (englobée dans l'expression générique retrait d'un acte administratif). Comp. *rétractation, révocation, rapport, rabattement de défaut, suspension.*

— **(droit de).**

a / Sens large, syn. de droit de *repentir (l. 11 mars 1957, a. 32 ; CPI, a. L. 121-4).

b / Dans un sens technique étroit, attribut du droit moral d'auteur, grâce auquel le créateur d'une œuvre de l'esprit peut mettre un terme à un contrat d'exploitation d'ores et déjà conclu, même après la publication, lorsqu'il vient à regretter, pour des considérations d'ordre intellectuel ou moral, d'avoir pris la décision de publier.

— **d'un acte administratif.** Disparition d'un tel acte par la volonté postérieure de son auteur, et qui, selon les cas, vaut seulement pour l'avenir ou produit un effet rétroactif. V. *rapport* (sens 3).

• **3** Privation d'un droit par décision de justice.

— **partiel de l'autorité parentale.** Par opposition à *déchéance totale (aujourd'hui nommée retrait total, par euphémisme), privation de certains des droits de l'*autorité parentale ; amputation limitée aux attributs que le juge spécifie (par ex. la *garde) mais ayant effet soit à l'égard de tous les enfants, soit à l'égard de certains d'entre eux (C. civ., a. 379-1). Comp. *délégation, renonciation, assistance éducative, perte.* V. *éducation surveillée.*

• **4** Action de retirer un bien des mains d'une autre personne afin d'en acquérir, soi-même, la propriété. Plus précisément : acte par lequel une personne, le *retrayant, se substitue, dans les cas où la loi l'y autorise, à l'acquéreur d'un bien, le *retrayé, a charge d'indemniser celui-ci de ses frais et débours (not. le prix d'acquisition) ; désigne aussi bien l'acte par lequel le retrait est exercé que le droit de retrait ou l'institution dans son ensemble, considérée comme *faveur, *privilège pour son bénéficiaire ; se distingue traditionnellement du droit de *préemption en ce qu'il intervient postérieurement à la conclusion du contrat ou, au moins, en ce qu'il ne libère pas l'acquéreur.

— **d'*indivision.** Acte par lequel une femme mariée sous le régime de la communauté prenait comme propres, moyennant récompense, les parts indivises acquises à titre onéreux pendant le mariage par le mari dont la femme était déjà propriétaire (il a été supprimé par la loi du 13 juill. 1965).

— **litigieux.** Acte par lequel, après une *cession de droits *litigieux, celui contre qui sont invoqués ces droits se substitue à l'acquéreur de ceux-ci, le cessionnaire, en lui remboursant le prix réel de la cession, avec les frais et intérêts (C. civ., a. 1699 s.) ; désigne aussi la *faculté d'exercer le retrait ou, plus globalement encore, l'institution même du retrait.

— **successoral.** Institution aujourd'hui remplacée par un droit de *préemption au profit de tout *indivisaire, qui permettait à un cohéritier d'écarter du partage, en l'indemnisant de ses frais et dépenses, un tiers (étranger à la succession) acquéreur de tout ou partie de la quote-part d'un autre cohéritier (V. C. civ., a. 841 ancien, abrogé l. 31 déc. 1976).

- **5** De la part du titulaire d'un compte, action de se faire remettre une somme d'argent à débiter sur son compte par celui qui le tient. Ex. retrait en espèces au guichet d'une banque. Comp. *prélèvement.*

RETRAITE (I)

N. f. – Tiré de l'anc. franç. *retraire* : se retirer.

- Action de se retirer (de prendre sa retraite), état de celui qui s'est retiré et par ext. pension dont il bénéficie. Plus précisément :
- **1** Situation des agents publics qui, ayant cessé leurs activités au service de l'administration le plus souvent parce qu'ils ont atteint la limite d'âge prévue pour le corps auquel ils appartenaient, jouissent d'une *pension ; à la différence de ce qui se passe pour les fonctionnaires civils, la retraite constitue pour les militaires une position statutaire marquant ainsi la permanence de leur qualité au-delà de la cessation de leurs liens de service avec l'armée. V. *éméritat, honorariat.*
- **2** Plus généralement, état de tout travailleur qui, ayant cessé toute activité professionnelle, reçoit une pension servie par l'organisme auquel il est affilié (Sécurité sociale, retraites complémentaires, etc.) en contrepartie de cotisations versées à cet effet.

— **(droit à la).** Droit de s'arrêter de travailler à un âge déterminé et de faire valoir ses droits à pension.

RETRAITE (II)

N. f. – Comp. de re et *traite.

- Action de retirer, de tirer à nouveau une lettre de change ; plus précisément, seconde lettre de change que le porteur non payé tire sur le tireur ou l'un des endosseurs responsables du non-paiement, pour lui réclamer le montant de la première traite impayée, les frais, intérêts et le nouveau change, s'il y a lieu. V. *rechange.*

RETRANCHEMENT

N. m. – Dér. de retrancher, comp. de trancher, d'origine incertaine.

- **1** Nom donné à la *réduction qu'encourent lorsqu'ils excèdent la portion réglée par la loi (C. civ., a. 1094-1), les *avantages matrimoniaux faits, par contrat de mariage ou convention modificative, à un nouvel époux par une personne qui avait des enfants d'un précédent mariage (C. civ., a. 1527). V. **quotité disponible.*
- **2** Espèce de *cassation sans *renvoi qui consiste en l'annulation pure et simple d'une partie de la décision déférée à la Cour de cassation (tout en laissant subsister celle-ci pour le reste). Ex. cassation par voie de retranchement d'un chef de décision prononçant à tort une peine complémentaire. Comp. **cassation partielle.*

RETRAYANT

Subst. – Du part. prés. de l'anc. v. retraire. V. *retrait.*

- Celui qui exerce le *retrait, qui se substitue au *retrayé. Comp. *préempteur, acquéreur, acheteur, cessionnaire, successeur.*

RETRAYÉ

Subst. – Du part. pass. de l'anc. v. retraire. V. *retrait.*

- Celui qui subit le *retrait, l'*acquéreur originaire auquel se substitue le *retrayant. Comp. *évincé, exproprié.* V. *étranger.*

RÉTROACTIF, IVE

Adj. – Dér. de *retroactus,* part. pass. du v. *retroagere* : ramener en arrière.

- Doté de *rétroactivité. Ex. acte rétroactif, effet rétroactif. V. *déclaratif* (effet, jugement, acte).

RÉTROACTIVITÉ

N. f. – Dér. de *rétroactif.

- Efficacité renforcée consistant pour un acte accompli ou pour un fait survenu à une certaine date à produire des effets à partir d'une date antérieure ; *report dans le passé des effets d'un acte ou d'un fait ;

effet rétroactif. Ant. **non-rétroactivité*. V. *fiction*. Comp. *rétrospectivité*.

— **de la *condition.** Effet conventionnellement rétroactif attaché à la condition suspensive accomplie (C. civ., a. 1304-6, al. 2). Auparavant, effet rétroactif attaché à la condition accomplie (C. civ., anc. a. 1179) emportant report, au jour de la passation d'un acte juridique, des effets – résolutoires ou créateurs – de la condition affectant cet acte ; ex., à l'arrivée de la condition résolutoire, l'acte subordonné à une telle condition est réputé n'avoir jamais existé.

- Nom doctrinal donné, dans la théorie du droit *transitoire, à l'effet particulier que produit la loi nouvelle lorsqu'elle modifie, pendant le déroulement dans le temps de la règle ancienne, la durée de l'effet juridique qui lui est attaché ; figure originale du *conflit de lois dans le temps voisine (par son effet « rétro ») de la *rétroactivité en ce qu'elle modifie pour l'avenir l'effet d'une situation établie dans la durée antérieurement à elle, mais distincte de celle-ci en ce qu'elle ne remet pas en cause les effets produits par la règle ancienne antérieurement à la loi nouvelle. Ex. réduction pour l'avenir d'une exonération fiscale établie pour un temps, sans la remettre en cause pour le passé.

RÉTROCESSION

N. f. – Lat. médiév. *retrocessio*, de *retrocedere* : propr. reculer.

- **1** Acte consistant, de la part de l'acquéreur d'un droit, à le transmettre en *retour à celui dont il le tenait. Ex. la rétrocession d'un immeuble par l'acheteur à celui qui le lui avait rendu. V. *cession, réméré, pension.*

— **après expropriation.** Cession en retour que peut exiger pendant trente ans, pour en recouvrer la propriété, l'ancien propriétaire d'un immeuble exproprié, lorsque celui-ci, ou bien n'a pas reçu dans un délai de cinq ans la destination prévue par l'expropriation, ou bien a cessé de recevoir cette destination (C. expr., a. L. 12-6).

- **2** Désigne parfois, en pratique, la *transmission à un tiers d'une acquisition que l'on vient de faire, ou même la *cession partielle à une personne de sommes ou avantages reçus d'une autre personne. Comp. *revente*.

— **d'honoraires.** Pratique de certaines professions libérales consistant de la part de l'un des membres à verser à un confrère une partie des honoraires qu'il reçoit d'un client que ce dernier lui avait adressé. Comp. *dichotomie, reversement.*

- **3** Opération par laquelle un réassureur se décharge sur un autre réassureur de tout ou partie des risques qu'il a acceptés de réassurer. V. *rétention*.

RÉTROSPECTIVITÉ

N. f. – Néol. de rétrospectif, dér. du lat. *retrospectum* supin de *retrospicere*, regarder en arrière, reconsidérer.

RÉUNION

N. f. – Dér. de réunir, comp. de unir, lat. *unire*, sur le modèle de union.

- **1** Rencontre organisée et temporaire de plusieurs personnes en vue d'entendre l'exposé d'idées ou d'opinions, de se concerter sur la défense d'intérêts ou d'entreprendre une action commune (licite ou illicite) ; se distingue de l'*attroupement (sans organisation préalable), de l'*association (caractère durable) ou du *spectacle (dont l'objet est le divertissement) ; se rapproche par son caractère concerté et ses buts de la *manifestation ou de la *grève. V. *rassemblement, convocation, conférence.*

— ***électorale.** Réunion organisée pendant la *campagne pour exposer aux électeurs les raisons de telle candidature ou de la présentation de tel texte au référendum.

— ***privée.** Celle à laquelle ne peuvent participer que des personnes nominativement invitées par les organisateurs, quel que soit le caractère privé ou public du lieu où elle se tient.

— ***publique.** Celle qui annoncée par voie d'affiches ou de presse est ouverte à toute personne qui désire y assister même si cette réunion se tient dans un lieu privé.

- **2** Terme utilisé pour dénommer divers établissements publics nationaux réunissant un certain type d'institutions. Ex. réunion des *théâtres lyriques nationaux. V. *union*.

REVALORISATION

N. f. – De revaloriser, comp. de re et valoriser, du lat. *valor* : valeur.

- **1** Action consistant, de la part du législateur, du juge ou des parties à un contrat, à modifier le montant d'une prestation en argent, de manière à lui conserver, au regard du pouvoir d'achat, une *valeur correspondant à sa fin, en corrigeant les méfaits de la dépréciation monétaire ; se dit aussi du mécanisme prévu à cet effet. Ex. revalorisation légale ou conventionnelle d'une rente viagère. V. *révision, actualisation, indexation, variation, rebus sic stantibus, valorisme monétaire, nominalisme.* Comp. *réévaluation, valorisation.*
- **2** Opération qui, en matière de sécurité sociale, consiste à majorer : — périodiquement le taux des indemnités journalières en fonction soit de coefficients officiels, soit de l'évolution conventionnelle des salaires dans la profession du bénéficiaire ; — annuellement le taux des rentes et pensions d'invalidité, de vieillesse et d'accident du travail par arrêté ministériel.

RÉVÉLATION

N. f. – Lat. *revelatio,* de *revelare* : propr. dévoiler, révéler (de *velum* : voile).

- Action de révéler, de faire connaître à autrui une chose qui était cachée, ignorée (*secret, *information, vice) et résultat de cette action. V. *renseignement, divulgation, aveu.* Comp. *manifestation.*

— de succession (contrat de). Convention par laquelle une personne (en général un généalogiste) s'engage, moyennant rémunération, à faire connaître à un héritier l'ouverture à son profit d'une succession et dont la nullité peut être demandée, pour absence de *cause (d'*aléa), faute de service rendu, lorsqu'il apparaît que l'héritier aurait eu lui-même connaissance de ses droits.

— (ou divulgation) de secret. Violation du *secret professionnel.

REVENDEUR

Subst. – Préf. re. V. *vendeur.*

- Celui qui fait profession de vendre ce qu'il achète comme grossiste ou détaillant, etc. V. *vendeur, commerçant, marchand, distributeur.*

REVENDICATION

N. f. – Anc. *reivendication,* cf. lat. jur. *actio de reivindicatione* : action pour revendiquer une chose.

- **1** Action en justice par laquelle on fait établir le droit de propriété qu'on a sur un bien, en gén. pour le reprendre d'entre les mains d'un tiers détenteur. Ex. revendication des meubles corporels perdus ou volés (C. civ., a. 2276, al. 2) ; revendication formée par le propriétaire lorsque le détenteur est en redressement ou en liquidation judiciaires. V. *verus dominus.*
- **2** Faculté de réclamer le droit de *rétention qu'il avait abandonné, reconnue sous certaines conditions au vendeur impayé d'un meuble corporel, ou exercice de cette faculté. V. C. civ., a. 2332, 4°. V. *saisie-revendication.*
- **3** Énoncé, présenté lors du dépôt d'une demande de brevet d'invention, des éléments appropriables dont le déposant réclame l'exclusivité d'exploitation.
- **4** Syn. de *réclamation dans l'expression revendication d'enfant légitime.
- **5** De la part de salariés, action de réclamer une amélioration de leurs conditions de travail et de rémunération et avantages réclamés. Comp. *vœu, desiderata, doléances.*

REVENTE

N. f. – Du v. *revendre.

- **1** Vente après achat, vente consentie à un tiers par l'acquéreur. Comp. *rétrocession.* V. *rachat, distribution, commercialisation.*
- **2** Remise en vente après *folle enchère, *réadjudication sur folle enchère.

REVENU

N. m. – Tiré de revenir, lat. *revenire.*

- *Ressources périodiques d'une personne, issues de son *travail (gains, salaires, traitements, rémunérations), ou de son *capital (*fruits). V. *rapport* (sens 5),

*patrimoine, biens, communauté, acquêts, train de *vie, facultés, possibilités.*
— **de remplacement.** Ressources destinées à remplacer le salaire antérieurement perçu par un travailleur involontairement privé de son *emploi, versées en vertu de la loi à titre d'*aide sous forme de prestations temporaires diverses (*allocation de base, allocation spéciale, allocation de garantie de ressources…) au travailleur qui recherche un nouvel emploi. V. *chômage.*

REVERSEMENT

N. m. – Du v. reverser, comp. de re et verser, lat. *versare,* fréquentatif de *vertere* : tourner, retourner.

- **1** *Versement en *retour, à une personne, de tout ou partie de sommes d'argent que cette personne avait précédemment versées. V. *remboursement, restitution, ristourne.* Comp. *rabais, remise.*
- **2** Versement à une personne (ou dans un compte), par l'effet d'un changement d'attribution, de sommes d'argent initialement destinées à une autre personne (ou à un autre compte). Comp. *réversibilité, impulation, rétrocession d'honoraires.*

RÉVERSIBILITÉ

N. f. – Dér. de *réversible.

- Caractère de ce qui est *réversible ; aptitude d'un droit à se reporter et à se fixer, après la mort de son titulaire, sur la tête d'un bénéficiaire désigné, dans les termes de la clause ou de la disposition qui le prévoit. Ex. réversibilité d'une *rente viagère. V. **clause de réversibilité.*

RÉVERSIBLE

Adj. – Du lat. *reversus,* part. pass. de *revertere* : retourner.

- (s'agissant d'un droit). Qui a vocation au décès de son ou de l'un de ses titulaires, à se perpétuer en faveur du survivant de ceux-ci ou à se fixer sur la tête d'un tiers bénéficiaire, sans subir d'altération. Ex. pension réversible sur la tête du conjoint survivant, usufruit réversible en faveur du dernier survivant d'un groupe. Comp. *transmissible.* V. *viager.*

RÉVERSION

Lat. *reversio,* de *revertere.* V. *réversible.*

- **1** Opération par laquelle, le moment venu, s'accomplit la *réversibilité. Comp. *dévolution, transmission.* V. *bénéfice, rente (réversion de).*
- **2** (vx). Syn. de *retour dans l'expression droit de réversion. V. *droit de *retour* (sens 3).

RÉVISION

N. f. – Lat. *revisio,* de *revisere* : réviser.

- **1** *Réexamen d'un corps de règles en vue de son amélioration. Ex. révision constitutionnelle, révision législative. Comp. *réforme, refonte, codification, recodification, consolidation, critique législative, politique législative, législation.*

— **d'un traité.** Examen d'ensemble de celui-ci (ex. Charte des Nations Unies, a. 109), par opp. à *amendement, révision partielle (en ce sens conférence de Vienne).

- **2** *Modification d'un acte juridique (spéc. de son contenu monétaire), en vue de son adaptation aux circonstances. Ex. modification conventionnelle ou judiciaire du loyer commercial pendant la durée du contrat (révision triennale), révision d'une *pension alimentaire. V. *revalorisation, actualisation, provisoire, imprévision, rebus sic stantibus.* Comp. *avenant.*

— **de prix (clause de).** Dans le Droit des marchés publics, clause qui, faisant échec au principe de l'irrévocabilité du prix convenu, permet de modifier ou de faire varier celui-ci (clause de variation), en fonction de la réalisation de certaines conditions.
— **des salaires.** Ajustement périodique de ceux-ci afin de tenir compte de la hausse du coût de la vie.
— **pour imprévision.** Pouvoir reconnu au juge de modifier un contrat dont l'exécution a été rendue excessivement *onéreuse en raison d'un changement de *circonstances imprévisibles au moment de sa conclusion, lorsque le *risque de ce changement n'a pas été assumé par les parties et qu'elles ne sont pas parvenues à le renégocier (C. civ., a. 1195). V. *imprévision, circonstances.* Comp. *renégociation.*

- **3** Réexamen juridictionnel d'une décision en vue de sa *rétractation (par le même juge : V. **recours en révision*), ou de son annulation par une juridiction supérieure (pourvoi en révision), auquel fait suite, le cas échéant, un nouveau jugement de l'affaire au fond.

— **des jugements étrangers.** Pouvoir jadis reconnu au juge français de vérifier au cours de l'instance en *exequatur si le juge étranger a bien jugé en fait comme en droit et, dans la négative, de refuser l'exequatur. Comp. *aujourd'hui *contrôle.*

— **(pourvoi en).** Voie de recours extraordinaire en annulation ouverte dans les cas spécifiés par la loi devant la Cour de cassation (chambre criminelle) contre une décision définitive de condamnation supposée entachée d'erreur judiciaire (C. pén., a. 622). Comp. **recours en révision.*

- **4** Mise à jour (en général périodique) d'un acte ; corrections à lui apporter. Ex. révision des listes électorales. Comp. *redressement, rétablissement, consolidation.*

RÉVOCABILITÉ

N. f. – De révocable.

- Caractère de ce qui est *révocable. Ex. révocabilité du mandataire, révocabilité des donations entre époux. Ant. *irrévocabilité.* Comp. *résiliabilité.*

RÉVOCABLE

Adj. – Lat. *revocabilis.*

- Susceptible de *révocation (s'agissant de la personne ou de l'acte qui peut être révoqué). Ant. *irrévocable.* Comp. *rétractable, rescindable, annulable.*

RÉVOCATION

N. f. – Lat. *revocatio,* de *revocare* : rappeler.

- Action de révoquer et résultat de cette action.

- **1** Révocation d'une personne.

a / Dans le Droit de la fonction publique, mesure disciplinaire consistant dans l'exclusion d'un fonctionnaire des cadres de l'administration avec ou sans suspension de ses droits à pension. V. *licenciement, *radiation des cadres, réintégration, *reconstitution de carrière.*

b / Dans les relations privées (civiles ou commerciales), acte unilatéral par lequel celui qui avait confié une mission à une personne met fin à cette mission, soit *ad nutum,* soit pour des motifs déterminés. Ex. révocation d'un mandataire (C. civ., a. 2003 s.), révocation d'un dirigeant social. Comp. *congédiement, licenciement, renvoi.* Ant. *démission.*

- **2** Révocation d'un acte.

a / Acte *unilatéral de *rétractation par lequel une personne entend mettre à néant un acte antérieur dont elle est l'unique auteur ou même un contrat auquel elle est partie et qui produit cet effet dans les cas déterminés par la loi. Ex. révocation du *testament par le testateur, de l'offre par le *pollicitant, révocation d'une stipulation pour autrui par le stipulant avant l'acceptation du tiers bénéficiaire (C. civ., a. 1206). Comp. *résiliation, cancellation.*

b / Par ext., anéantissement d'un acte qui résulte, pour des causes spécifiées par la loi, soit de plein droit de leur survenance, soit, moyennant une appréciation, d'une décision de justice. Ex. révocation d'une donation pour cause d'*ingratitude, d'*inexécution des conditions ou de survenance d'enfants (C. civ., a. 953 s.). Comp. *résolution, retrait, annulation, *action *révocatoire, rabat d'arrêt, rabattement de défaut.*

— **de l'*ordonnance de *clôture.** Mise à néant de l'ordonnance de clôture rouvrant la phase de mise en état qui, s'il se révèle une cause grave depuis que cette ordonnance a été rendue, peut être décidée sans recours, d'office ou à la demande des parties, soit par le juge (ou le conseiller) de la mise en état, soit, après l'ouverture des débats, par le tribunal de grande instance (ou la cour d'appel) (CPC, a. 784). Comp. *radiation.* V. *rabattre.*

- **3** Révocation d'un avantage, d'un bénéfice ; perte de ce bienfait, en général à titre de sanction. Ex. révocation du *sursis par l'effet d'une nouvelle condamnation (C. pr. pén., a. 735-1) ; révocation de plein droit de certains avantages matrimoniaux (C. civ., a. 265).

ADAGE : *Quae in fraudem creditorum alienata sunt revocantur.*

RÉVOCATOIRE

Adj. – Lat. *revocatorius,* destiné à rappeler.

- Qui tend à la *révocation ; qui entraîne *révocation ; se dit surtout de l'action en révocation d'un acte *frauduleux, l'*action révocatoire, syn. *action *paulienne.* Comp. *fraudatoire, résolutoire.*

RÉVOLTE

N. f. – Tiré du v. révolter, empr. de l'ital. *revoltare* : retourner (le sens de révolter est propre au français).

- Se dit communément d'un acte de *résistance, avec violences et voies de fait, aux prescriptions de l'autorité publique ou d'un supérieur hiérarchique. V. *rébellion, mutinerie, révolution, résistance à l'oppression.*

— **militaire.** Fait, pour des militaires (ou individus embarqués) réunis (au nombre de quatre ou de huit, selon le cas) et agissant de concert, de refuser d'obéir aux ordres de leurs chefs, de prendre les armes sans autorisation en agissant contre les ordres de leurs chefs ou de se livrer à des violences en faisant usage d'armes et de refuser, à la voix de l'autorité qualifiée, de se disperser et de rentrer dans l'ordre (C. just. mil., a. L. 323-1 s.).

RÉVOLUTION

N. f. – Lat. *revolutio,* de *revolvere* : rouler en arrière

- **1** Changement complet de l'ordre constitutionnel, opéré en gén. de façon brusque et violente, mais toujours par rupture avec l'ordonnancement juridique antérieur. Comp. *déconstitutionnaliser, rébellion, révolte, résistance à l'oppression.*
- **2** Parfois pris dans le sens de tout changement important dans les structures sociales, le régime économique, etc.

REVUES (DÉPENSES SUR)

Revue, tiré de revoir, comp. de voir, *videre.* V. *dépenses.*

- Espèce de dépenses publiques qui ont pour particularité de n'être pas ordonnancées individuellement au profit de chaque partie prenante, mais en bloc au profit de l'autorité chargée du paiement.

RICOCHET (PRÉJUDICE PAR).

V. *préjudice par ricochet.*

RIGUEUR

N. f. – Lat. *rigor,* raideur, dureté, sévérité.

- **1** (du *raisonnement). Qualité logique de rectitude et de probité, justesse de la pensée qui concourt à la force démonstrative d'une argumentation.
- **2** (de la loi, du juge). Inflexibilité, rigidité, esprit d'*exigence et de sévérité, sans indulgence ni faiblesse, dans l'édiction ou l'application du droit. V. *strict, draconien, pouvoir *modérateur, tolérance, tolérer.* Comp. *humanité.*

ADAGES : *Dura lex sed lex. Summum jus summa injuria.*

- **3** (des circonstances). *Dureté d'une situation.

RISQUE

N. m. – Empr. de l'ital. *risco,* d'origine obscure.

- **1** Événement dommageable dont la survenance est *incertaine, quant à sa réalisation ou à la date de cette réalisation ; se dit aussi bien de l'éventualité d'un tel événement en gén., que de l'événement spécifié dont la survenance est envisagée. Ex. événement (décès, vol, incendie) pris en considération par la police pour déterminer les limites de la garantie (risque assuré). V. *sélection, aléa, expédition franco, sécurité civile.*
- **2** Par ext., valeur garantie ou objet de l'assurance (personne ou chose assurée).

—**s (charge des).** Détermination, dans un contrat, de celui des contractants qui doit supporter le risque de perte ou de détérioration du corps certain, objet du contrat (C. civ., a. 1197).

— **de *guerre.** En matière d'assurances, éventualité de dommages résultant de l'état de guerre (prise, pillage, arrêt par ordre de puissance, etc.) et qui peuvent se produire avant la déclaration de guerre ou après la cessation des hostilités (ex. naufrage sur une mine sous-marine).

— **de mer.** V. **fortune de mer.*

— **exclu.** V. *exclusion de risque.*

—s industriels. Termes indiquant spécialement, pour l'assurance incendie, au regard de son objet, les usines, fabriques ou entreprises industrielles pour lesquelles existent des tarifs très détaillés.
— linguistique. En matière contractuelle, risque de mauvaise compréhension du contenu des obligations pour des motifs linguistiques.
— locatif. V. *risque *locatif*
— (petit). Altération bénigne de l'état de santé ou de la capacité de faire d'un individu dont le bien-fondé de la réparation par la Sécurité sociale est discuté.
— *putatif. Risque déjà réalisé mais à l'insu des parties, lors de la conclusion du contrat (prévu spécialement par le Droit des assurances maritimes).
—s simples. Ceux qui concernent les habitations, par opp., en assurance incendie, aux risques industriels (V. *supra*).
—s sociaux. Selon la convention n° 102 de l'Organisation internationale du Travail : maladie, maternité, invalidité, vieillesse, accident du travail et maladie professionnelle, décès (protection des proches survivants), charges familiales, chômage.
— taré. Terme employé en assurance-vie pour désigner les risques anormaux, lesquels ne peuvent être couverts que moyennant *surprime spéciale.
— variable. Risque dont les chances de réalisation varient au cours du contrat ou dont l'objet varie en importance durant ce cours (de ce dernier point de vue, et spécialement au regard des marchandises des industriels, il existe* diverses assurances incendie spéciales : ajustables, en compte courant, flottantes, révisables).

- **3** (en matière de responsabilité).

***a* /** (adm.). Terme employé pour caractériser la *responsabilité extracontractuelle de l'administration dans les hypothèses où celle-ci est engagée en dehors d'une *faute, l'expression responsabilité pour risque étant syn. de responsabilité sans faute ; sauf dans la formule « risque anormal de *voisinage », cet usage ne correspond pas à une signification plus précise et le terme n'implique pas de véritable homogénéité des hypothèses qu'il recouvre.

***b* /** (priv.).
— (théorie du). Théorie suivant laquelle on est responsable du dommage que l'on a causé par son fait, celui de ses préposés ou celui des choses que l'on a sous sa garde, lors même que l'on n'a aucune faute à se reprocher, à raison du risque que, par sa propriété ou son activité, on a fait courir à autrui (le responsable assumant, nonobstant la preuve de son absence de faute, les dommages dont l'origine demeure inconnue).

RISTOURNE

N. f. – Empr. de l'ital. *ristorno.*

- **1** *Reversement, par un *fournisseur à un *fourni, un groupe de fournis ou un intermédiaire, d'une fraction de prix perçu à la suite d'une ou plusieurs ventes et correspondant à un *rabais consenti à raison du volume de marchandises commandées. V. *remise* (4), *réduction, discompte, cagnotte, *avantage tarifaire*. Comp. *couponnage.*
- **2** Reversement en fin d'année, à un coopérateur, de sa part sur les résultats positifs annuels de la coopérative (ou à l'adhérent d'une société d'assurances mutuelles d'une partie de sa cotisation) lorsque le montant des cotisations a dépassé les engagements de la société. Comp., dans le cas contraire, *rappel.*
- **3** Annulation d'un contrat d'assurance maritime ; on dit en ce sens qu'on ristourne une police pour défaut ou disparition du risque.

RIVAGE DE LA MER

Dér. de rive, lat. *ripa.* V. *mer.*

- Dépendance du *domaine de l'État dont la limite est déterminée, quel que soit le rivage, par le point jusqu'où les plus hautes mers peuvent s'étendre en l'absence de perturbations météorologiques exceptionnelles. V. *rive, bord, lais.*

RIVERAIN, AINE

Subst. – Dér. de *rivière.

- Personne dont la propriété borde une *voie d'eau et par ext. toute voie de communication. Ex. riverains des voies publiques.

RIVERAINETÉ (DROIT DE)

Dér. de *riverain.

- Droits qui appartiennent sur les eaux, le lit et la force motrice d'un *cours d'eau non navigable aux propriétaires dont les domaines bordent ce cours d'eau (C. civ., a. 644 s.).

RIVES DES COURS D'EAU

V. le précédent et *rivière*.

- Bandes de terre qui bordent le cours d'eau. Syn. *bord.* V. *lit, rivière, rivages de la mer.*

RIVIÈRE

N. f. – Lat. *riparia (riparius)* : propr. qui se trouve sur la rive *(ripa)* d'où région proche d'un cours d'eau, d'où cours d'eau.

- Espèce de *cours d'eau.

ROI

N. m. – Lat. *rex.*

- Chef d'État unipersonnel et héréditaire, *monarque dont le *règne s'exerce sur un *royaume. Comp. *empereur, prince.* V. *royauté, régence, Président de la République.*

RÔLE

N. m. – Lat. *rotulus* : rouleau.

- **1** Espèce de *registre, de *répertoire ; spéc., nom donné dans la pratique au répertoire général sur lequel le secrétariat inscrit par ordre chronologique les affaires dont une juridiction est saisie (rôle général), ainsi que, dans les juridictions comportant plusieurs chambres, au registre où ne sont inscrites que les affaires distribuées à chaque chambre (rôle particulier). V. *radiation.*

— **de l'inscription maritime.** Registre tenu par l'administration de l'inscription maritime, sur lequel doit être inscrit tout Français qui exerce la navigation maritime à titre professionnel.

— **(*mise au).** Nom encore donné, dans la pratique, à la formalité au moyen de laquelle une juridiction est saisie d'une affaire et qui comporte, à la diligence de l'une des parties, la remise au secrétariat d'une copie de l'assignation (CPC, a. 757, 838, 857, 901), suivie, à la diligence du secrétariat d'une inscription de l'affaire sur un *répertoire général (CPC, a. 726). Syn. *enrôlement, *inscription au rôle.* V. *saisine, radiation, sortie du rôle.*

— **(sortie du).** Nom encore donné en pratique au *renvoi à l'audience (pour être plaidée) d'une *affaire en état d'être jugée ; ne pas confondre avec la *radiation de l'affaire. Comp. *mise au rôle.*

- **2** Nom traditionnel encore donné à certaines listes de personnes.

— **d'équipage.** Liste des personnes composant l'équipage (avec mention des principales conditions du contrat d'engagement) qui est dressée par l'administrateur des *affaires maritimes.

— **nominatif.** Document contenant la décision administrative qui, pour chaque contribuable, fixe l'assiette de l'impôt, en liquide le montant et forme à la fois titre de recette et titre exécutoire pour son recouvrement ; est utilisé, pour les impôts perçus par le comptable du Trésor (sauf l'impôt sur les sociétés où il ne remplit qu'une fonction secondaire). V. *avertissement.*

- **3** Recto et verso d'un feuillet d'acte notarié, d'expédition de jugement, de cahier des charges, de conclusions, etc.

ROMPUS

Subst. (plur.). – Part. pass. du v. rompre, lat. *rumpere.*

- Nom donné, dans la pratique, aux *titres et *droits de *souscription ou d'*attribution qui, lors d'une opération de regroupement, d'échange ou d'émission de valeurs mobilières réservée aux propriétaires anciens, ne permettent pas d'obtenir un titre nouveau parce que leur nombre est insuffisant pour atteindre le rapport arithmétique prévu entre titres anciens et titres nouveaux. Ex., en cas d'attribution gratuite d'une action nouvelle pour dix anciennes, le propriétaire de vingt-trois actions dispose de trois rompus.

ROULAGE (POLICE DU)

Dér. de rouler, dér. lui-même de rouler, anc. *roueller,* de rouelle : petite roue, lat. *rotella.* V. *police.*

- Réglementation de la circulation des véhicules en vue d'assurer la conservation des routes ainsi que la sécurité et la liberté de la circulation.

ROULEMENT

N. m. – Dér. de rouler. V. le précédent.

• **1** (dans l'organisation du travail). Remplacement alternatif de plusieurs personnes ou équipes à un même poste de travail.

— **(repos par).** V. *repos hebdomadaire.*

• **2** (des membres du tribunal).
***a* /** Permutation annuelle, d'une chambre à l'autre, des magistrats au siège d'un tribunal.
***b* /** Par ext., tableau annuel de répartition des magistrats dans les diverses chambres de la juridiction.

ROUTE

N. f. – Lat. *(via) rupta* : litt. voie rompue, frayée.

• **1** *Voie de communication terrestre de première importance; terme désignant aujourd'hui les voies qui appartiennent au domaine de l'État (routes nationales).

— **(Code de la).** Nom donné au texte codifiant les dispositions législatives et réglementaires qui régissent les conditions de la circulation routière, les contraventions de police y afférent, leur constatation et leur sanction.

— **express.** Route ou section de route appartenant au domaine public de l'État ou de toute autre collectivité publique territoriale accessibles seulement en des points aménagés à cet effet et qui peuvent être interdites à certaines catégories d'usagers et de véhicules.

• **2** Itinéraire suivi pour parvenir au lieu de destination. Ex. itinéraire du navire. V. *déroutement.*

ROYAUME

Lat. *regimen* : gouvernement, avec adaptation d'après royal, de *roi.

• *Pays où le chef de l'État est un *roi. Comp. *empire, monarchie, principauté.* V. *République.*

ROYAUTÉ

Dér. de royal. V. *roi.*

• **1** La dignité de roi.

• **2** Par ext., le pouvoir royal.

• **3** Parfois syn. de *règne. Comp. *dynastie.*

RUE

N. f. – Lat. *ruga* : propr. « ride », d'où le sens de rue (non attesté en lat.).

• *Voie située dans une agglomération qui fait partie des *voies communales, mais sans désormais constituer au sein de la *voirie communale une catégorie distincte (autrefois voies urbaines); appliqué aux *voies publiques, le terme peut l'être aux voies privées ouvertes par des particuliers sur leurs propres fonds. V. *routes, chemins.*

— **militaire.** Limites des fortifications dans la délimitation des *places de guerre.

RUPTURE

N. f. – Lat. *ruptura,* du v. *rumpere* : rompre.

• Action de rompre et résultat de cette action.

• **1** *Dissolution juridique d'un lien de droit par l'effet de causes que la loi détermine suivant la nature du lien. Ex. la rupture du lien conjugal par l'effet du divorce; en ce sens, la rupture s'oppose au simple relâchement. V. **séparation de corps, extinction, fin.* Comp. *rétractation, retrait, résolution, résiliation.* Ant. *établissement, conclusion, formation, constitution.*

— **anticipée.** Rupture du contrat de travail à durée déterminée avant l'arrivée du terme, par l'effet de la force majeure ou la faute grave de l'autre partie (auquel cas la rupture peut être immédiate, sans recours préalable au juge).

— **de ban.** V. *ban (rupture de).*

— **du contrat de travail.** Dissolution des rapports contractuels entre employeur et salarié, soit par consentement mutuel, résiliation unilatérale (droit appartenant à chacune des parties au contrat à durée indéterminée), résolution judiciaire pour faute grave, soit par l'effet de certains événements (décès du salarié ou maladie prolongée rendant son remplacement indispensable, cessation de l'entreprise, force majeure). V. *congédiement, licenciement, congé, indemnité.*

• **2** Action en général unilatérale (et souvent brutale) de mettre un terme à des pourparlers ou à un projet qui coupe court à l'établissement de l'état de droit initialement recherché. Ex. rupture de négociations contractuelles ou diplomatiques, rupture des *fiançailles.

- **3** Fait ou action de mettre fin à de bonnes relations qui débouche sur une situation conflictuelle parfois non conforme au Droit. Ex. rupture de la vie commune (*séparation de fait qui, à elle seule, ne dissout pas le lien conjugal). Comp. *mésentente.* Ant. *conciliation, réconciliation.*

— **de la paix.** Événement ou situation habilitant le Conseil de Sécurité à mettre en œuvre, comme dans le cas de *menace contre la paix ou d'acte d'*agression, les mesures prévues par le chapitre VII (charte Nations Unies, a. 39) ; la qualification de l'acte ou de la situation constituant une rupture de la paix résulte de l'appréciation discrétionnaire du Conseil de Sécurité, sans qu'il soit possible de préciser juridiquement la notion de rupture de la paix par rapport à celle de *menace contre la paix et d'acte d'agression. V. *conflit, guerre.*

— **des relations diplomatiques.** Acte unilatéral par lequel un État met fin aux relations diplomatiques qu'il entretenait avec un autre État et qui se traduit par le rappel du personnel diplomatique et la fermeture de la mission.

RURAL, ALE, AUX

Adj. – Lat. *ruralis,* de *rus, ruris* : campagne.

- Qui se rapporte aux champs, de façon plus générale, à la vie campagnarde et donc (géographiquement) qui se situe à la campagne, en dehors des agglomérations ou des villes d'une certaine importance, par opp. à *urbain ; parfois abandonné (V. **police rurale*), le qualificatif se maintient dans de nombreuses expressions telles que not. *chemin rural, *remembrement rural ou *restauration de l'habitat rural où sa signification correspond à une qualification spécifique plus conforme au sens propre. Comp. *agricole, forestier, cultural, foncier.*

— **(bail).** Bail d'immeubles à destination agricole susceptible, s'il en remplit les conditions d'application, d'être soumis au statut du *fermage et du *métayage.

— **(délit).** Infraction contre les biens à usage agricole (vol, incendie, destruction de récoltes…) prévue par le C. rural et punie, suivant les cas, de peine correctionnelle ou de police.

— **(domaine).** Immeuble à destination agricole susceptible de former tout ou partie d'une *exploitation.

— **(Droit).** Ensemble des règles concernant l'agriculture et la vie des personnes habitant à la campagne, comprenant, avec les dispositions applicables aux *exploitations agricoles, et à la profession d'*agriculteur, celles relatives aux biens ruraux et aux droits qui s'y rattachent. Comp. *Droit *agricole, *Droit forestier.*

— **(*gîte).** Logement situé à la campagne, destiné à être loué pendant les périodes de vacances et pouvant donner lieu, pour leur aménagement, à des aides de l'État.

— **(habitat).** Bâtiment utilisé par les *agriculteurs, soit pour leur logement et celui de leur personnel, soit pour les besoins de leur exploitation, pouvant donner lieu, pour leur construction ou leur aménagement, à des subventions ou autres avantages financiers accordés par l'État.

— **(*usage).** Règle de Droit résultant de pratiques sociales anciennes relatives aux *exploitations agricoles et à la vie campagnarde, dont l'ensemble est recueilli et codifié dans chaque département par les *chambres d'agriculture.

S

SABORDEMENT

N. m. – Dér. du v. saborder, dér. de sabord, d'origine obscure.

- Fait de pratiquer volontairement une ou plusieurs ouvertures dans son navire.

SABOTAGE

N. m. – Formé sur sabot, d'origine inconnue.

- **1** Fait de détruire, détériorer ou détourner tout document, matériel, construction, équipement, installation, appareil technique ou système de traitement automatisé d'informations ou d'y apporter des malfaçons, qui constitue, selon les cas, un crime de *trahison ou d'*espionnage, lorsqu'il est de nature à porter atteinte aux *intérêts fondamentaux de la nation (C. pén., a. 411-9). Comp. *intelligences avec une puissance étrangère, livraison d'*informations à une puissance étrangère, fourniture de fausses *informations.*
- **2** Acte de détérioration ou de *dégradation volontaire qui peut accompagner une *grève (parfois pénalement punissable).

SACHANT

Subst. – Du part. prés. du v. savoir.

- Ancien terme désignant une personne bien renseignée, bien informée (« à ce connaissant ») qu'un *technicien (not. un *expert) peut, de lui-même, consulter et qui, à la demande de celui-ci ou des parties, peut également être entendu par le juge (CPC, a. 242). V. *sapiteur, parère.*

SACRAMENTEL, ELLE

Adj. – Var. de sacramental, lat. *sacramentalis,* de *sacramentum* : serment.

- Se dit de termes ou de formules dont l'énoncé ou le prononcé *littéral est exigé, à peine de nullité, à l'exclusion de toute autre formulation, manifestation extrême de *formalisme que ne comportent normalement pas même les actes *solennels (chaque fois au moins que l'observation de la forme requise se prête à diverses expressions *équivalentes). Ex. le serment n'est pas assujetti, sauf exception (serment professionnel), à une formule sacramentelle. V. **expressis verbis, formaliste, consensuel.* Ant. *équipollent.*

SAFER

Initiales de *société d'aménagement foncier et d'établissement rural.

SAGE-FEMME

De sage, lat. *sapiens,* et de *femme.

- **1** Termes utilisés par la loi pour désigner la profession (désormais ouverte aux hommes, l. 19 mai 1982), dont l'objet principal, la pratique des accouchements, s'étend à diverses interventions complémentaires (surveillance de la grossesse, préparation de l'accouchement, soins postnatals) sans se confondre avec celle de médecin- accoucheur (obstétricien).
- **2** La femme qui exerce cette profession (l'usage n'a pas encore retenu, pour les hommes nouvellement admis à l'exercer, le terme spécifique qui les désignerait

– sage-homme ? – ou le terme générique qui les engloberait parturieur, maïeuticien, maïeutiste ?).

SAGESSE

N. f. – Lat. *sapientia* : bon sens, jugement.

- **1** *Prudence dans le jugement, impliquant connaissance et *modération ; se dit de la qualité d'attention et d'*appréciation que la loi attend du juge lorsqu'elle abandonne une question à ses lumières (C. civ., a. 1353) ou qu'un plaideur attend du juge lorsqu'il s'en remet à sa décision. V. *souveraineté, liberté, conscience.* Comp. *prud'hommes, prudentiel.*
- **2** Marque d'une règle *raisonnable et bien inspirée ; fonds d'expérience et de réflexion qui est le trésor de la législation ; qualité du législateur qui n'en fait ni n'en dit ni trop ni trop peu. V. *raison, dictamen, dicton, sentence.*

SAINT-SIÈGE

Saint : lat. *sanctus* : siège, lat. pop. *sedicum,* de *sedicare,* de *sedere.*

- Expression qui désigne à la fois la direction suprême de l'Église catholique et l'entité de caractère para-étatique résultant des accords du Latran du 11 février 1929 et qui, localisée sur le territoire de la cité du Vatican, a pour mission de conduire les relations internationales de cette Église.

SAISI

Adj. ou subst. – Part. pass. de saisir, d'origine germ.

- **1** Qui subit ou qui est l'objet d'une *saisie (personne saisie, bien saisi). Substantivement, le débiteur (principal ou caution) dont les biens sont saisis (encore nommé partie saisie). V. *saisissant.* Comp. *dessaisi.* V. *dessaisissement.*

— **(débiteur).** Le saisi (lorsqu'il est débiteur) ; nom plus spécialement donné, dans la *saisie-arrêt, au débiteur dont les biens sont saisis entre les mains du tiers saisi.

— **(tiers).** Dans la *saisie-arrêt, le tiers débiteur du débiteur (ou détenteur d'effets lui appartenant), entre les mains duquel le créancier de ce dernier pratique la saisie. Ex. l'employeur du débiteur d'une pension alimentaire entre les mains duquel le créancier de la pension saisit-arrête le salaire de l'employé.

- **2** Qui a la *saisine ; qui est de plein droit saisi des biens, droits et actions du défunt sans avoir à demander un *envoi en possession (C. civ., a. 724). Ex. *héritier saisi, successeur non saisi. V. **successeur *irrégulier.*
- **3** Se dit, à partir de sa *saisine jusqu'à son *dessaisissement, de la juridiction devant laquelle le litige est porté. V. *pendant, litispendance.* Ant. **dessaisi.*

SAISIE

Subst. fém. – Du v. saisir. V. *saisi.*

► **I** (toutes disciplines)

- Mise d'un bien sous *main de justice (plus généralement sous contrôle d'une autorité) destinée, dans l'intérêt public ou dans un intérêt privé légitime, à empêcher celui qui a ce bien entre les mains d'en faire un usage contraire à cet intérêt (le déplacer, en disposer, le détruire, causer un dommage, etc.) ; englobe en ce sens même les saisies pratiquées d'office par une autorité. Ex. en matière pénale, saisie aux conditions de la loi (C. pr. pén., a. 56 s., 97 s.) des documents ou objets découverts à la suite de *perquisitions, *visites domiciliaires ou *fouilles corporelles. V. *scellés.* Comp. *embargo, arrêt du prince, séquestre.*

► **II** (priv.)

- *Voie de droit sur le patrimoine ; moyen d'action offert par la loi au créancier sur les biens du débiteur afin d'assurer la conservation et, le cas échéant, la réalisation de son *gage ; désigne :

a / Stricto sensu, la mise du bien sous main de justice, opération conservatoire commune à toute saisie qui frappe le bien d'indisponibilité et en général d'immobilisation (interdiction de le déplacer) entre les mains de celui que l'huissier constitue gardien.

b / Pour les saisies qui tendent à désintéresser le créancier avec le prix de vente des biens saisis, l'ensemble des opérations nécessaires, y compris la phase de réalisation des biens (mise en vente), d'où, en ce dernier cas, le qualificatif de *voie d'exécution ou de procédure d'exécution forcée donné à la saisie. V. *poursuite, titre exécutoire, dessaisissement, huissier de justice, distraction, vente forcée, adjudication, contrainte, crédit, sûreté, droit de suite.* Comp. *astreinte.*

— **-appréhension.** Saisie d'un meuble corporel qui permet, en vertu d'un titre exécutoire ou d'une injonction du juge, de s'en rendre maître entre les mains de celui qui est tenu de le remettre ou d'un tiers détenteur, afin qu'il soit délivré ou restitué à son propriétaire ou au créancier gagiste (a. 139 s., d. 31 juill. 1992).

— **-arrêt.** Nom naguère donné à la saisie mobilière pratiquée par un créancier, en vertu d'un titre ou d'une autorisation de justice, sur un tiers débiteur de son débiteur ou détenteur de sommes ou d'objets appartenant à ce dernier, qui avait pour objet et pour effet premiers d'interdire au tiers saisi de s'acquitter de sa dette envers le débiteur du saisissant ou de lui remettre ce qui lui appartenait, phase conservatoire qui, moyennant les formalités et vérifications nécessaires, pouvait déboucher sur un jugement dit de validité ou de mainvidange ordonnant au tiers saisi de payer directement le créancier saisissant ; saisie encore nommée *opposition ; aujourd'hui remplacée par la saisie conservatoire et la saisie-attribution (l. 9 juill. 1991).

— **-attribution.** Saisie mobilière exécutoire créée en remplacement de la saisie-arrêt (l. 9 juill. 1991, a. 42 s.), qui permet à tout créancier muni d'un titre exécutoire constatant une créance liquide et exigible, de saisir entre les mains d'un tiers les créances de somme d'argent de son débiteur, afin d'obtenir paiement de la sienne, ainsi nommée parce que l'acte de saisie emporte *attribution immédiate au saisissant de la créance disponible saisie, à concurrence du montant de la saisie (et rend le tiers personnellement débiteur de celui-ci dans la limite de son obligation). V. *saisie conservatoire, saisie des rémunérations.*

— **-brandon.** Appellation traditionnelle parfois encore donnée à la forme spéciale de saisie exécutoire qui permet au créancier (muni d'un titre exécutoire) de l'exploitant – propriétaire ou fermier – d'un champ portant des produits de culture proches de leur maturité, de saisir sur pied ces produits considérés comme *meubles par anticipation et de les faire vendre aux enchères, après la récolte, afin de se payer sur le prix ; ainsi nommée du nom des piquets coiffés de paille torsadée qui, dans l'ancienne pratique, étaient fichés dans le champ portant les produits saisis ; parfois encore dénommée saisie des fruits pendants par racine.

— ***conservatoire.**

a / Termes génériques englobant l'ensemble des saisies dont l'unique objet et l'unique effet sont de frapper d'indisponibilité le bien saisi, afin d'empêcher le débiteur de soustraire ce bien au gage de son créancier (et de faire pression sur lui afin qu'il s'exécute) ; garantie conservatoire rapidement obtenue mais provisoire que le créancier peut faire convertir en saisie exécutoire, à charge d'introduire une instance en validité ; dénomination appliquée aux saisies conservatoires spéciales (saisie-gagerie, saisie foraine, saisie-revendication, saisie conservatoire des aéronefs) et à la saisie conservatoire de droit commun.

b / Plus spécifiquement, la saisie conservatoire générale (de droit commun) qui permet en cas d'urgence à tout créancier, en matière civile ou commerciale, sans commandement préalable, mais sur autorisation du juge, de rendre indisponibles les biens mobiliers corporels ou incorporels de son débiteur. V. *mesure conservatoire.*

— **contrefaçon.** Procédure destinée à se procurer la preuve d'agissements argués de *contrefaçon (saisie dite descriptive) ou à les suspendre provisoirement en attendant l'instance au fond (saisie dite réelle), en matière de propriété littéraire, artistique, industrielle.

— **des aéronefs.** Saisie conservatoire spéciale permettant d'immobiliser provisoirement, sur autorisation du juge du lieu de l'atterrissage, les aéronefs de nationalité étrangère, sauf mainlevée sur offre d'un cautionnement.

— **des droits incorporels.** Terme générique donné à la saisie mobilière exécutoire qui permet à tout créancier muni d'un titre exécutoire constatant une créance liquide et exigible de faire procéder à la saisie et à la vente des droits incorporels de son débiteur (l. 9 juill. 1991, a. 59 s. ; la saisie des créances de sommes d'argent étant une espèce du genre, mais soumise à des règles particulières sous le nom de saisie-attribution et de saisie des rémunérations). Comp. *saisie conservatoire.*

— **des rémunérations.** Espèce de saisie-attribution (substituée à la saisie-arrêt sur salaire) applicable à toutes les sommes dues, par un employeur, à titre de rémunération, quels que soient le montant et la nature de celle-ci, à toute personne salariée, quelles que soient la nature et la forme de leur contrat (et soumise à diverses règles particulières, C. trav., a. L. 3252-1 s.).

— **-exécution.** Nom naguère donné à la saisie mobilière exécutoire de droit commun qui permettait à tout créancier muni d'un titre exécutoire de faire placer sous main de justice afin de les soumettre à vente forcée et de se faire payer sur le prix les meubles corporels appartenant à son débiteur qui se trouvent en la possession de celui-ci ; procédure aujourd'hui remplacée par la saisie-vente et la saisie-attribution (l. 9 juill. 1991).

— ***exécutoire.** Par opp. à saisie conservatoire, toute saisie – mobilière ou immobilière – tendant à la réalisation des biens saisis (parfois à leur restitution. V. *saisie-revendication*).

— ***foraine.** Saisie conservatoire spéciale permettant au créancier, sans commandement préalable mais sur autorisation du juge, de faire placer sous main de justice les effets mobiliers d'un débiteur de passage (forain, du latin de basse époque *foranus* : étranger, de *foris* : dehors). Ex. saisie foraine des bagages d'un voyageur.

— **-gagerie.** Saisie conservatoire spéciale permettant au bailleur d'immeuble, pour sa créance de loyer, de faire placer sous main de justice les objets mobiliers qui garnissent les lieux loués, soit après sommation sans autorisation préalable, soit sans sommation mais sur autorisation du juge.

— **immobilière.** Procédure d'exécution forcée qui permet au créancier muni d'un titre exécutoire de faire placer sous main de justice, moyennant un commandement de payer et la publication de celui-ci, un immeuble (la propriété ou l'usufruit de celui-ci) appartenant à son débiteur ou à un tiers détenteur (contre lequel il exerce son droit de suite) et d'obtenir la vente du bien saisi (en vue de la distribution de son prix) en présence des personnes saisies et des créanciers inscrits. V. *indisponibilité, immobilisation, cahier des charges, adjudication, enchères, ordre, distribution, par contribution.*

— **mobilière.** Saisie d'un bien meuble (corporel ou incorporel) de caractère exécutoire (saisie-vente, saisie-attribution, saisie des droits incorporels) ou conservatoire (saisie conservatoire générale, saisie-gagerie, saisie foraine, saisie des aéronefs, saisie- revendication) sous réserve de conversion ultérieure.

— **-revendication.** Saisie conservatoire spéciale qui permet au titulaire d'un droit réel (de propriété ou de gage) sur une chose mobilière de frapper celle-ci d'indisponibilité, en vertu d'une autorisation judiciaire, entre les mains du tiers qui la détient, lequel devra la restituer, si toutefois le saisissant, dans une instance ultérieure en validité, fait reconnaître son droit de suite sur cette chose. Ex. saisie-revendication par le bailleur, après enlèvement de ceux-ci sans son consentement, des meubles qui garnissaient les lieux loués ; revendication des meubles perdus ou volés ; la saisie conservatoire incorpore ici à son nom la finalité spécifique de la phase exécutoire subséquente, qui est non la vente mais la restitution des meubles saisis. V. *possession, revendication, saisie exécutoire.*

— **-vente.** Saisie mobilière exécutoire de droit commun (anciennement saisie-exécution) qui permet à tout créancier muni d'un titre exécutoire constatant une créance liquide et exigible de faire procéder, après un *commandement, à la saisie et à la vente des meubles corporels de son débiteur (moyennant autorisation préalable du juge de l'exécution si les biens saisis sont détenus par un tiers dans son habitation, l. 9 juill. 1991, a. 50 s.).

SAISINE

N. f. – V. *saisi.*

▸ **I** (const.)

- Action de porter devant un organe une question sur laquelle celui-ci est appelé à statuer (V. Const. 1958, a. 61 : saisine du Cons. const.).

— **au fond** (d'une commission). Acte par lequel celle-ci est appelée à l'étude préparatoire d'un texte soumis à l'assemblée dont elle est un organe.

— **pour avis** (d'une commission). Acte par lequel celle-ci n'est appelée qu'à donner son avis sur certains aspects d'un texte dont l'étude principale appartient à une autre commission saisie au fond.

▸ **II** (pr. civ.)

- **1** Acte inaugurant la phase active de l'instruction et emportant *liaison de l'instance, par lequel le litige est soumis à la juridiction afin que celle-ci y applique son activité jusqu'à son *dessaisissement, impulsion résultant en général d'une initiative des parties (de la diligence de l'une d'elles) suivant des formalités variables (ex. remise au secrétariat-greffe d'une copie de l'assignation) exceptionnellement du juge dans les cas où il peut se saisir d'office. V. *pendant, litispendance, rôle, caducité, radiation.*

• **2** Désigne parfois plus spéc. la phase du procès pendant laquelle tel ou tel magistrat (juge des mises en état) a le pouvoir et le devoir d'intervenir.

• **3** Désigne aussi, dans la pratique judiciaire, l'ensemble des questions dont une juridiction se trouve saisie, qui sont soumises à sa *connaissance (not. par l'effet *dévolutif de l'appel, CPC, a. 562, ou sur renvoi après cassation, a. 634 et 638) et sur lesquelles elle est tenue de répondre aux conclusions des parties. Comp. *principe *dispositif, compétence, juridiction, dévolution.* V. *vider.*

• **4**

— **pour avis de la Cour de cassation.** V. **avis de la Cour de cassation (saisine pour).*

▸ **III** (pr. pén.)

— **in personam.** Règle de procédure pénale selon laquelle la juridiction de jugement statue sur toutes les personnes qui lui sont déférées et seulement celles-ci.

— **in rem.** Règle de procédure pénale selon laquelle le juge, en particulier le juge d'instruction, ne peut s'auto-saisir mais doit examiner, mener les investigations et statuer sur tous les faits visés par l'acte de poursuite et seulement ceux-ci.

▸ **IV** (civ.)

• **1** Investiture de la *possession de l'hérédité qui, s'opérant de plein droit au jour du décès en faveur des *héritiers *ab intestat* (appelés, C. civ., a. 724) ou (en l'absence d'héritier réservataire) au profit du légataire universel (C. civ., a. 1006), fonde le successeur *saisi à exercer d'emblée les prérogatives attachées à sa qualité (not. à appréhender matériellement tous les biens de la succession) sans avoir à accomplir la moindre formalité, à la différence du *successeur *irrégulier qui doit demander l'*envoi en possession ou des légataires (légataire universel en présence d'héritier réservataire, autres légataires) tenus de solliciter la *délivrance de leur legs. (La saisine est une prérogative indépendante de l'*obligation aux dettes.)

— **virtuelle.** Nom doctrinal du pouvoir reconnu aux héritiers du degré subséquent, lorsque l'héritier premier *appelé demeure inactif, d'exercer au moins à titre conservatoire les prérogatives du saisi.

• **2** Pouvoir temporaire (au maximum un an et un jour) que le testateur peut conférer à l'exécuteur testamentaire de prendre *possession de tout ou partie du mobilier de la succession (dont il devient *détenteur *précaire), en vue de l'exécution des legs mobiliers (C. civ., a. 1030 et 1030-1). V. *Mandat à effet *posthume.*

ADAGE : *Le mort saisit le vif, son hoir le plus proche, habile à lui succéder.*

SAISIR

V. – V. *saisi.*

• **1** (une juridiction) Porter une demande en justice devant une juridiction, en accomplissant auprès de celle-ci la formalité variable requise (remettre au secrétariat de la juridiction une copie de l'assignation, a. 757, ou au juge une requête conjointe, signer un procès-verbal, a. 846), acte qui concrétise la soumission de l'affaire à une juridiction déterminée (sa localisation et, pour le service de la juridiction, le déclenchement de son activité).

• **2** (un bien) Le mettre sous main de justice ; pratiquer une *saisie.

• **3** (un héritier) L'investir de la *saisine successorale (mécanisme automatique ne reposant pas, à la différence des cas précédents, sur l'accomplissement d'un acte).

SAISISSABLE

Adj. – Dér. de saisir.

• Qui peut être *saisi (être valablement l'objet d'une *saisie), soit en totalité, soit dans les limites autorisées par la loi, soit par tous les créanciers soit par ceux que la loi détermine. Ex. portion saisissable de traitement. V. *cessible, disponible, aliénable.* Ant. *insaisissable.*

SAISISSANT

Adj.ou subst. – Part. prés. de saisir.

- Celui qui saisit, qui pratique une *saisie ; créancier saisissant. V. *saisi, *débiteur saisi, *tiers saisi, poursuivant.*

— **(premier).** Celui qui a, le premier, pratiqué une saisie et qui, à ce titre, a priorité sur les saisissants postérieurs pour mener la procédure à bonne fin, sans pour autant jouir, de ce fait, d'un privilège pour le règlement de sa créance.

SAISONNIER

Formé sur saison, lat. *satio* : action de planter.

- **1** Limité à la durée d'une saison, plus spécialement à une période de vacances. Ex. locations saisonnières, commerce saisonnier. V. *temporaire, provisoire.* Comp. *mensuel, journalier, vacataire, tâcheron.*

— **(travailleur).** *Travailleur engagé temporairement pour une « saison » (spécialement dans l'agriculture et l'hôtellerie).

- **2** Sensible aux variations d'une saison à l'autre, épisodique, irrégulier. Ex. commerce saisonnier.

SALAIRE

N. m. – Lat. *salarium* : propr. solde pour acheter du sel *(sal).*

- *Rémunération perçue par le *travailleur en échange de sa prestation de travail. V. *gains, revenus, ressources.* Comp. *commission, traitement, honoraires, vacation, appointements, émoluments, indemnités, prime, pourboire, SMIC, sursalaire.*

— **à la tâche.** Salaire calculé en fonction du produit du travail du salarié.

— **au temps.** Salaire calculé en fonction du temps pendant lequel le salarié reste au service du patron : salaire au mois, à la journée, à l'heure.

— **aux pièces.** Salaire calculé en fonction du nombre de pièces que le travailleur a effectuées dans un temps donné.

— ***conventionnel.** Salaire dont le montant est fixé par la convention collective ou par le contrat individuel de travail.

— **de base.** Salaire proprement dit versé au travailleur en fonction du temps passé par lui dans l'entreprise ou de la tâche accomplie. Sert au calcul de diverses prestations de Sécurité sociale.

— **différé.** Salaire dont le versement est reporté ; nom donné dans le travail agricole, lorsqu'un ou plusieurs enfants ont travaillé dans l'exploitation familiale sans salaire, au droit à rémunération qu'ils peuvent faire valoir sur la succession de leurs auteurs ou de l'un d'eux.

— ***direct.** Toutes formes de rémunérations (salaire de base et accessoires au salaire) versées par l'employeur au salarié à l'occasion du travail.

—**s (hiérarchie des).** Échelle des rémunérations correspondant aux différents degrés de qualification et de responsabilité.

— ***indirect.** V. *salaire social.*

— **minimum.** Limite au-dessous de laquelle il est interdit de fixer un salaire (cette limite est déterminée soit par la loi, soit par la convention collective).

— **social.** Prestations sociales versées au travailleur contraint d'interrompre son travail pour lui assurer une sécurité de gain constante (véritables substituts de salaire désignés parfois sous le terme de salaire d'inactivité). Syn. *salaire indirect.*

SALARIAL, ALE, AUX

Adj. – Dér. de *salarié.

- Qui concerne le ou les *salaires (masse salariale) ; qui est à la charge du *salarié et calculé sur son salaire (cotisation salariale). Comp. *patronal, syndical, ouvrier.*

SALARIAT

N. m. – Construit sur *salaire.

- **1** À l'origine (et parfois encore), mode de *rémunération caractérisé par le versement périodique d'un *salaire. V. *mensualisation.*
- **2** Par ext. (sens aujourd'hui dominant), la condition de salarié, l'état de travailleur salarié. V. *classe.*
- **3** Parfois, plus juridiquement, le statut

des salariés. V. *subordination, contrat de travail.*

- **4** L'ensemble des salariés. Comp. *patronat.*

SALARIÉ

Du v. salarier, de salaire.

- **1** (adj. ou subst.). *Travailleur rémunéré qui, en vertu d'un *contrat de travail, fournit une prestation de travail à un *employeur qui le paie et lui donne des ordres. Ant. **travailleur indépendant.* V. *employé, ouvrier, préposé, salariat, *subordination juridique.*
- **2** (adj.). Qui donne lieu au versement d'un *salaire. Ex. activité salariée, travailleur salarié.

SALLE D'AUDIENCE

N. f. – V. *audience.*

- Local du *palais de justice où siège le *tribunal pour les débats et où, en principe, le public est admis (*audience publique). Comp. *chambre *Chambre du conseil, cabinet, bureau.* V. **huis clos, barre, banc, siège, parquet.*

SALON

N. m. – De l'ital. *salone,* tiré de *sala* : salle.

- Espèce de *foire consacrée à une catégorie déterminée de produit ; manifestation commerciale en général annuelle destinée à exposer des échantillons de marchandises. V. *exposition, marchés.*

SALUBRITÉ PUBLIQUE

Lat. *salubritas,* de *saluber* : salubre.

- Élément de l'*ordre public caractérisé par l'absence de maladies ou de menaces de maladies : l'un des objectifs de la *police administrative qui exige un état sanitaire satisfaisant et se traduit par des mesures relatives à l'hygiène des personnes, des animaux et des choses et par la lutte contre la pollution (prévention des épidémies et épizooties, contrôle des comestibles exposés en vente, etc.). V. **santé publique, sécurité, sûreté, *tranquillité publique, insalubrité.*

SANCTION

N. f. – Lat. *sanctio,* du v. *sancire* : établir une loi.

► **I** (sens gén.)

- **1** En un sens restreint, *punition, *peine infligée par une autorité à l'auteur d'une infraction, mesure répressive destinée à le punir. On distingue suivant l'autorité chargée de la *répression et la nature de la mesure, les sanctions pénales, disciplinaires, administratives, internationales. V. *pénalité, *peine privée, condamnation.* Ant. **mesure préventive.*
- **2** En un sens plus large, toute mesure – même réparatrice – justifiée par la violation d'une obligation. Ex. la condamnation à indemniser la victime (par le versement de dommages-intérêts) est la sanction (civile) de la faute dommageable ; la sanction peut aussi consister en une mesure de protection ou d'assistance.
- **3** Plus généralement encore, tout *moyen destiné à assurer le respect et l'exécution effective d'un droit ou d'une obligation. Ex. l'*action en justice ouverte au titulaire d'un droit est la sanction de ce droit ; moyen de pression, l'*astreinte est aussi une sanction en ce sens. V. **voie de droit, recours, *lex imperfecta, contrainte, état.*
- **4** Parfois syn. de consécration, d'approbation. Ex. la Cour de cassation donne sa sanction à une thèse, le gouvernement à une politique, etc. (ce sens est ce qui reste du sens historique, aujourd'hui révolu, au moins en droit constitutionnel français : acte par lequel le souverain revêt une loi de l'approbation qui la rend exécutoire. Comp. *promulgation*). Ant. *censure.*

► **II** (adm.)

- **1** De manière générale, toute mesure que les autorités administratives ont le pouvoir d'infliger elles-mêmes à des particuliers afin de réprimer un comportement fautif de ceux-ci.

—s administratives. Celles qui répriment l'inexécution de lois ou de réglementations ; se distinguent des actes administratifs qui peuvent avoir le même contenu (refus, retraits, interdictions) par le fait qu'elles sont destinées à punir une infraction.

—s disciplinaires. V. *disciplinaire.*

- **2** Dans le droit des contrats administratifs,

mesures que l'administration peut décider elle-même à l'encontre de son cocontractant, qu'elles soient pécuniaires (amendes, dommages-intérêts) ou coercitives (*mise en régie, *séquestre, *action par défaut, à la limite *résiliation).

▸ **III** (pén.)

— -réparation.

• Peine pouvant sanctionner les délits (C. pén., a. 131-8-1) et les contraventions de 5e classe (C.pén., a. 131-15-1), consistant dans l'obligation pour le condamné d'indemniser en argent ou en nature le préjudice subi par la victime.

SANCTIONNER

V. – De *sanction.

• **1** (sens restreint). Punir, réprimer, infliger une *peine (not. une sanction pénale, administrative).

• **2** Plus généralement, appliquer une sanction quelconque (répressive, réparatrice, etc.).

• **3** Plus généralement encore, assurer le respect et l'exécution d'un droit ou d'une obligation (et donc aussi du Droit). V. *action en justice, voies de droit, astreinte.*

• **4** Parfois, approuver, consacrer, adopter, entériner. Ant. *censurer.*

SANTÉ

V. *produits de santé.*

SANTÉ PUBLIQUE

N. f. – Lat. *sanitas,* de *sanus* : sain. V. *public.*

• **1** État physiquement sain de la population d'un pays, d'une région ou d'une ville.

• **2** Ensemble des moyens destinés à l'assurer. Naguère synonyme d'hygiène, la notion englobe désormais la protection sanitaire générale, la protection sanitaire de la famille et de l'enfance, la lutte contre les fléaux sociaux (tuberculose, maladies vénériennes, cancer, maladies mentales, alcoolisme et toxicomanie, etc.), la réglementation des professions médicales et de leurs auxiliaires, celle de la pharmacie, enfin celle des institutions hospitalières. V. **salubrité publique.* Comp. *sécurité, sûreté, *tranquillité publique.*

• **3** Le ministère et les services qui ont eu charge de ces objets.

SAPEURS-POMPIERS

Dér. de saper, dér. lui-même de sape, lat. *sappa* : boyau. V. *pompier.*

• **1** Personnes, volontaires ou professionnelles, de sexe masculin ou féminin, appelées, dans le cadre communal (comme agents communaux), à participer à la lutte contre le feu et aux autres fonctions de leur corps.

• **2** Par ext., le corps qui les regroupe et qui, organisé militairement, mais normalement placé sous statut civil et relevant du ministre de l'Intérieur, est spécialement chargé des secours et de la protection contre les incendies et contre les périls ou accidents de toute nature menaçant la *sécurité publique.

SAPITEUR

N. m. – Lat. *sapere* : savoir ; du bas lat. *sapitor* : qui sait évaluer.

• Ancien terme désignant une personne qui connaît les localités et auprès de laquelle un *technicien (*expert, *consultant, *constatant), peut, de lui-même, recueillir des informations orales ou écrites (CPC, a. 242) ; espèce de *sachant.

SATISFACTION

N. f. – Lat. *satisfactio* : action d'acquitter une dette.

• **1** *Profit de la demande. Ex. le plaideur qui obtient ce qu'il demande obtient satisfaction (en nature, en argent, ou par équivalent ; totale ou partielle). Comp. **gain de cause, réparation, adjudication* (sens II, 2), *plein.*

• **2** Parfois encore action d'exécuter une *obligation, *paiement de la dette, *accomplissement d'un devoir, *acquittement, *exécution. Ce sens se perpétue surtout dans l'emploi du verbe (satisfaire à ses obligations). V. *observation, application, désintéressement, indemnisation.*

• **3** Plus spécifiquement, l'avantage qui

résulte pour le créancier de l'exécution forcée de la dette (de la distribution du prix de la vente des biens saisis). Ex. la saisie-exécution tend non seulement à la *conservation du gage mais à la satisfaction du créancier. V. *satisfactoire*.

• **4** (int. publ.). *Avantage d'ordre moral qu'obtient un État à titre de redressement d'un acte ou d'un comportement ayant engagé la responsabilité d'un autre État. Ex. regrets, salut au drapeau, excuse, punition des agents responsables, proclamation par l'arbitre ou le juge du caractère illicite du comportement de l'État coupable, etc.

SATISFACTOIRE

Adj. – Dér. du v. *satisfacere* : s'acquitter.

• Qui est propre à donner *satisfaction, à remplir quelqu'un de ses droits, suffisant ; se dit d'une offre d'indemnité, d'un mode de réparation. Ant. *insuffisant, *dérisoire*. Comp. *adéquat, intégral*.

SAUF-CONDUIT

Lat. *salvus* et conduit, de conduire, lat. *conducere*.

• *Autorisation exceptionnelle accordée à un individu d'effectuer, à l'intérieur du territoire ou à l'étranger, un déplacement qui lui est interdit pour des raisons d'ordre général ou tenant à sa propre situation. Comp. *laissez-passer, passeport, visa, congé*. V. *permission*.

SAUVEGARDE

N. f. – Comp. de sauve (V. le précédent) et *garde.

• *Protection, et même protection toute spéciale ordonnée à la *défense d'intérêts essentiels. Ex. le juge aux affaires familiales est chargé de veiller, dans les question qui lui sont soumises, à la sauvegarde des intérêts des enfants mineurs (C. civ., a. 373-2-6). V. *conservation, sécurité civile*.

— **accélérée (procédure de).** Procédure de redressement d'une entreprise ouverte à la demande du débiteur engagé dans une procédure de conciliation qui justifie avoir élaboré un plan propre à assurer la pérennité de l'entreprise avec un soutien de ses principaux créanciers suffisant pour espérer son adoption dans les délais fixés par la loi (C. com., a. L. 628-1). Équivalent étranger : *prepack, prepackaged plan, prepackaged restructuring plan*.

— **(*clause de).**

a / Disposition d'un traité permettant à un État membre de se dispenser de l'exécution de tout ou partie des obligations qui en découlent. Ex. a. anc. 226 tr. CEE, 144 TFUE. Comp. *réserve*.

b / Dénomination française de la clause de *hardship*. V. *renégociation, clause-recettes*.

c / Nom donné aux dispositions légales exceptionnelles qui investissent le juge d'un pouvoir *modérateur. Ex. les clauses de *dureté (C. civ., a. 238, al. 2, 240, 273 anc. ; l. 9 juill. 1991, a. 62 en matière d'*expulsion), les clauses d'*équité (C. civ., a. 280-1, al. 2 anc.). — **(*mesure de) (eur).** Restrictions temporaires qu'un État membre peut, par dérogation au principe de libre circulation des capitaux au sein de la Communauté, et sous de strictes conditions, édicter à l'encontre de mouvements de capitaux (à court terme), lorsque l'ampleur exceptionnelle de ces mouvements engendre, dans cet État, de graves perturbations monétaires (dir. Cons. 24 juin 1988, a. 3).

— **de justice.** *Régime de protection (le plus léger) sous lequel peut être placé un majeur qui, tout en conservant l'exercice de ses droits, a besoin d'être protégé dans les actes de la vie civile (not. en cas de *lésion ou d'*excès, C. civ., a. 435), en raison d'une *altération de ses *facultés personnelles (C. civ., a. 425, 433). Comp. **tutelle des majeurs, curatelle*. V. **majeur *protégé, rescision, réduction*.

— **des entreprises (procédure de).** Procédure collective calquée sur le *redressement judiciaire mais ouverte, par anticipation, au débiteur en difficulté dès avant qu'il ne soit en état de cessation des paiements et à lui seul, voie dont la seule issue est le maintien et la continuation de l'entreprise, tout y étant ordonné au sauvetage de celle-ci (l. 26 juill. 2005, C. com., a. L. 620-1 s.).

— **financière accélérée.** Procédure de *sauvegarde accélérée rendant vraisemblable l'adoption d'un plan de sauvegarde par les seuls créanciers membres du comité des établissements de crédit (C. com., a. L. 626-30) et, s'il y a lieu, ceux des créanciers *obligataires (C. com., a. L. 628-9).

SAUVETAGE

N. m. – Dér. de sauver, lat. *salvare* ; d'après l'anc. franç. sauveté (dér. de *sauf).

- *Secours porté à un navire menacé de se perdre, assimilé à l'*assistance.

— **des épaves.** Mise en *sûreté des épaves maritimes (débris de navires et de cargaisons) par celui qui les a trouvées.

SAVANT, ANTE

Adj. – Anc. part. prés. de savoir.

- Qui a sa *source non dans des pratiques ou aspirations *populaires mais dans les travaux et réflexions d'initiés (juristes de métier, jurisconsultes, techniciens du droit, spécialistes). Ex. *coutume d'origine savante, droit savant ; parfois proche de *doctrinal, théorique (œuvre de théoricien) ou de scientifique, systématique, parfois encore (avec une note péjorative) de technocratique.

SAVOIR-FAIRE

V. *know-how.*

SCEAU

N. m. – Lat. pop. *sigellum,* lat. class. *sigillum* : propr. figurine gravée sur un cachet, puis cachet.

- Cachet portant des signes gravés dont l'empreinte est apposée sur un acte et par ext. l'empreinte ainsi apposée, soit afin de sceller cet acte (le fermer) de façon inviolable, soit afin de l'*authentifier (en attestant que l'acte émane de la personne qui l'a signé), s'il s'agit, officiellement, du sceau d'une autorité. V. *scellés.* Comp. *estampille.*

— **(Garde des)** (sous-entendu de l'État). Titre traditionnellement donné au ministre de la Justice, dépositaire de ces sceaux.

SCELLÉS

Subst. masc. plur. – Tiré du v. sceller, lat. pop. *sigillare.* V. *sceau.*

- Dispositif (par ex. bandes d'étoffes ou de papier) fixé au moyen de cachets de cire portant l'empreinte d'un *sceau officiel sur un bien à sauvegarder (document, paquet, meuble, local), de manière qu'il soit impossible, sans effraction, de procéder à l'ouverture de ce bien. V. *saisie,* **visite domiciliaire.*

— **(bris de).** Action, érigée en délit, de briser les scellés apposés par l'autorité publique sur un local, un récipient, un objet ou des documents en sorte que les choses sous scellés ont pu être altérées ou disparaître. Le détournement d'objets placés sous scellés ou main de justice est assimilé au bris de scellés (C. pén., a. 434-22). Comp. **soustraction de pièces.*

— **(gardien des).** Syn. **gardien judiciaire.*

— **(levée des).** V. *levée.*

— **(mise sous).** Ensemble des opérations matérielles consistant à placer les scellés Par ext., décision ordonnant cette mesure. Syn. apposition des scellés.

SCHÉMA DIRECTEUR D'AMÉNAGEMENT ET D'URBANISME

- Document qui fixait les orientations fondamentales de l'*aménagement d'un territoire, not. en ce qui concerne l'extension des agglomérations et qui pouvait être complété, pour son exécution, par des schémas de secteur (C. urb., a. L. 122-1 anc.). Ex. compte tenu des relations entre agglomérations et régions avoisinantes et de l'équilibre à préserver entre l'extension urbaine, l'exercice d'activités agricoles, l'existence d'exploitations agricoles spécialisées et la conservation des massifs boisés et des sites naturels, ces documents déterminaient la destination générale des sols, le tracé des grands équipements d'infrastructure, l'organisation générale des transports, la localisation des services et des activités les plus importantes ainsi que les zones préférentielles d'extension et de rénovation. Documents d'urbanisme aujourd'hui remplacés par les Schémas de cohérence territoriale (SCOT, C. urb. a. L. 122-1-1) V. **plan d'occupation des sols.*

SCIENCE

N. f. – Lat. *scientia,* du v. *scire* : savoir.

- **1** La science du Droit ; connaissance approfondie et méthodique du Droit, englobant non seulement celle de ses règles, mais la maîtrise de l'ensemble des ressources de la pensée juridique (*raisonnement juridique, *qualification, *interprétation), science *fondamentale, et le savoir pratique qui en gouverne l'application (rédaction de texte, élaboration d'acte, etc.), science appliquée ; par ext., chacune des branches de cette connaissance, science de l'interprétation, science de la *législation, etc. Comp. *jurisprudence.*

— ***administrative.** Science sociale, partie des sciences politiques, dont l'objet est de décrire et d'expliquer les structures et les fonctions des appareils administratifs ; plus spécialement, ceux de l'État et des collectivités publiques.

—**s auxiliaires du Droit.** Disciplines complémentaires d'observation du Droit qui, ayant celui-ci pour objet mais plutôt comme fait social ou phénomène analysé dans sa genèse, son évolution, ses manifestations géographiques, son application, sa réception, etc., offrent au juriste l'appoint de leurs lumières pour élargir ses idées et rabattre son amour-propre. Ex. histoire du Droit, législation comparée, sociologie juridique, linguistique juridique sont des sciences auxiliaires du Droit.

—**s juridiques.** L'ensemble des disciplines juridiques correspondant aux diverses branches du Droit (Droit civil, sciences criminelles).

— **législative.** V. *législative (science).*

- **2** Le Droit lui-même en tant que science ; ensemble cohérent de concepts, de méthodes et de procédés techniques. Comp. **système juridique.* V. *corps, code.*
- **3** Parfois, l'ensemble des travaux de la *doctrine. V. *théorie juridique.*

SCISSION

N. f. – Lat. *scissio,* de *scindere* : rompre.

- **1** Dans un sens technique, opération de démembrement par laquelle est fractionné le patrimoine de la société scindée, les diverses fractions formant, par *apport, les patrimoines des sociétés nouvelles issues de la scission. V. *fusion-scission.*
- **2** Plus généralement, éclatement d'une personne morale (parti politique, association, etc.).

— **d'un syndicat.** Éclatement d'un syndicat par suite de dissensions internes (phénomène qui soulève des difficultés relatives à la dévolution des biens, l'attribution du nom, du sigle et des archives du syndicat, et pose le problème du pouvoir de la majorité).

SCRIPT

Subst. masc. – Lat. *scriptum,* de *scribere* : écrire.

- *Écrit remis à un créancier, spécialement à un *obligataire, par une collectivité qui ne peut assurer qu'une partie de ses paiements d'intérêts ou de ses remboursements de capitaux, en vue de représenter la partie non payée des *coupons échus ou des titres remboursables.

SCRUTATEUR, TATRICE

Lat. *scrutator,* de *scrutari* : fouiller.

- Personne appelée à participer au dépouillement d'un *scrutin.

SCRUTIN

N. m. – Lat. *scrutinium.* V. *scrutateur.*

- **1** Ensemble des actes constituant l'opération électorale proprement dite : il comprend le dépôt par les électeurs de leur vote, le dépouillement, la proclamation des élus.
- **2** Parfois pris comme syn. de *élection ou *vote.

— **à la *tribune.** Dans une assemblée, variété de scrutin *public où chaque membre, à l'appel de son nom, apporte son vote à la tribune.

— **de liste.** V. *liste (scrutin de).*

— **majoritaire.** (Par opp. à la *représentation proportionnelle et à la *représentation des minorités.) Celui dans lequel tous les sièges vont aux candidats ayant réuni la *majorité des voix. Le scrutin majoritaire peut être uninominal ou plurinominal. Il peut être à un *tour ou à deux ou plusieurs tours. S'il est à deux tours, la majorité absolue est exigée au premier tour ; au second, la majorité relative suffit.

— **(mode de).** Système selon lequel sont répartis, dans une assemblée élective, les sièges, entre les circonscriptions et entre les candidats.

— **plurinominal.** Celui dans lequel l'électeur est appelé à voter pour plusieurs noms à la

fois, qu'ils forment ou non une liste proprement dite.
— ***public.** *Votation dans laquelle le vote de chacun est connu (par opp. au scrutin secret).
— ***uninominal.** Celui où, dans chaque circonscription, il n'y a à pourvoir qu'un siège : l'électeur vote pour un seul candidat.

SÉANCE

Dér. de seoir, lat. *sedere* : être assis.

- Réunion tenue par une *assemblée. Comp. *session.*

SEBC

- (eur.). Sigle aux initiales du Système européen de banques centrales, désignant, au sein de l'Union européenne, la coordination investie, sous la direction des organes de décision de la *BCE (conseil des gouverneurs et directoire), des missions de gérer la masse monétaire, conduire les opérations de change, gérer les réserves officielles de change des États membres et d'assurer le bon fonctionnement des systèmes de paiement.

SÉCESSION

Lat. *secessio,* de *secedere* : se retirer.

- Action pacifique ou violente par laquelle une partie de la population d'un État se détache volontairement de celui-ci pour s'intégrer à un autre État ou former un État nouveau. V. *autonomie, indépendance, *démembrement de territoire.*

SECOND (OU SECOND CAPITAINE)

Lat. *secundus,* de *sequi* : suivre.

- Officier qui, sur les navires de commerce, est le collaborateur immédiat du *capitaine et le remplace de plein droit au commandement du navire en cas de nécessité.

SECONDAIRE

Adj. – Lat. *secundarius* : de second rang.

- **1** Par opp. à *principal (*établissement), se dit, au sein d'une entreprise, d'un établissement dont les activités sont subordonnées, pour l'essentiel, aux directives émanant d'un établissement principal. Comp. *succursale, agence, filiale.* V. *bureau secondaire.*
- **2** Par opp. à *principale (résidence), se dit d'un local d'habitation dans lequel un usager ne demeure pas habituellement mais pour des séjours temporaires (par ex. : des vacances). Plus spéc., en droit fiscal, d'une résidence ainsi caractérisée, lorsqu'elle appartient à celui qui en profite.
- **3** Se dit, par opp. à l'effet essentiel de la *solidarité passive (obligation au tout), des effets complémentaires que la loi attache à celle-ci (ex. interruption de la prescription à l'égard de tous les codébiteurs solidaires par l'effet de poursuites exercées contre l'un d'eux, C. civ., a. 1206). V. **obligation in solidum.*

SECONDE GROSSE

V. *second, grosse.*

- Nom donné dans la pratique à la seconde *expédition – revêtue de la formule exécutoire – d'un acte notarié ou d'un jugement, qui est remise en vertu d'une ordonnance du juge à la partie y ayant droit, en cas de perte, destruction ou rétention irrégulière de la première ; CPC, a. 465. V. *grosse.*

SECOND ORIGINAL

V. *second, original.*

- Double *original, Syn. *duplicata.*

SECOURS

N. m. – Dér. de secourir, lat. *succurrere.*

- **1** *Aide matérielle (en nature ou en argent) à une personne dans le *besoin. Comp. *subside.*

— **de grève.** Sommes versées aux travailleurs en grève et provenant soit de collectes, soit de fonds syndicaux.
— **(devoir de).** *Devoir, pour chaque époux de subvenir, en cas de nécessité, aux besoins de l'autre, qui, normalement englobé dans la contribution aux *charges du mariage, tant que dure la *communauté de vie, se manifeste distinctement comme obligation *alimentaire

(not. sous forme de *pension) dans certaines situations critiques, spécialement après décès (par les *aliments que la succession de l'époux prédécédé doit au conjoint survivant dans le besoin, C. civ., a. 767), ou même après un divorce pour rupture de la vie commune (le devoir de secours subsistant exceptionnellement en ce cas à la charge de l'époux demandeur, C. civ., a. 281 anc.) ; se distingue par son objet pécuniaire du *devoir d'*assistance avec lequel on le confond parfois. V. *fidélité, *devoirs de mariage, *séparation de fait, divorce.*

— **mutuels (société de).** Dans la loi du 1er avril 1898, association ayant pour objet de fournir à. ses membres et à leur famille, conformément au principe de *mutualité des secours en cas de mort, maladie, blessures ou infirmités, des pensions de retraite ou le bénéfice d'assurance en cas de décès, d'accident, etc.

— ***publics.** *Allocations en nature ou en argent destinées à soulager la détresse ou le besoin des miséreux, malades, accidentés, sinistrés, etc., et distribuées par une collectivité publique (État, département, commune ou établissement public) ; tend, dans la terminologie administrative, à être remplacé par *aide, allocation. V. **plan Orsec, *aide sociale.*

- **2** *Assistance effective, *aide physique apportée à une personne en péril. V. **abstention de porter secours, bénévole, *gestion d'affaires, entrave aux mesures d'assistance.* Ant. **non-assistance à personne en danger.* Comp. *sauvetage, protection, sauvegarde.*

SECRET

Adj. – Lat. *secretum* : chose secrète, du v. *secernere* : séparer.

- **1** Qui ne doit pas être dévoilé (par ceux qui sont légalement dans le secret) ; en ce sens exclut non seulement la divulgation au public mais toute communication ou révélation même privée. Ex. les délibérations des juges sont secrètes (CPC, a. 448). Comp. *officieux.*
- **2** Dont l'auteur ne doit pas être dévoilé. Ex. vote à bulletin secret. Comp. *anonyme.*
- **3** Dont il est interdit de prendre connaissance (pour ceux qui, légalement, ne sont pas dans le secret) ; *confidentiel. Ex. lettres couvertes par le secret de la correspondance.
- **4** Dissimulé, *occulte, non apparent ; se dit, en matière de *simulation, par opp. à l'acte *ostensible, de l'acte occulte, non révélé aux tiers (la *contre-lettre) qui contient la volonté réelle des parties. Comp. *clandestin.*
- **5** Parfois syn. de *mystique. Ex. testament mystique.

SECRET

N. m. – V. le précédent.

- **1** Chose cachée, par ext. protection qui couvre cette chose et peut consister soit, pour celui qui connaît la chose, dans l'interdiction de la révéler à d'autres (ex. obligation de garder le secret du délibéré), soit pour celui qui ne la connaît pas, dans l'interdiction d'entrer dans le secret (ex. *violation du secret de la correspondance). V. *secret* (adj.), *divulgation, isoloir.* Comp. *silence.*

— **administratif.** Obligation qui ferait obstacle à ce que l'administration fasse connaître les motifs de ses décisions ou communique certains documents mais qu'une législation récente est venue atténuer sur chacun de ces points en restreignant ce que la pratique avait de préjudiciable aux intérêts des administrés.

— **de fabrication (ou de fabrique).** Procédé de fabrication offrant un intérêt pratique ou commercial, mis en œuvre par un industriel et tenu caché à ses concurrents, qui est protégé – tant qu'il n'a pas fait l'objet d'un *brevet – contre toute divulgation de la part du personnel de la *fabrique (C. pén., a. 418 anc., C. trav., a. 1227-1, CPI, L. 621-1) ; peut consister en un simple tour de main ou en un procédé ingénieux, d'importance même mineure, qui réduit les coûts de production ou améliore la qualité des produits. Comp. *discrétion.*

— **de la défense nationale.** Renseignements, objets, documents, données informatisées, fichiers ou procédés qui doivent être tenus cachés dans l'intérêt de la défense nationale et dont la recherche, l'appropriation, le détournement, la reproduction, la divulgation ou la destruction constituent des infractions contre la sûreté de l'État (C. pén., a. 413-9). V. *espionnage, trahison.*

— **de l'enquête et de l'instruction.** Variété de *secret professionnel s'appliquant à toute personne qui concourt à la procédure d'instruction préparatoire (C. pr. pén., a. 11).
— **d'État.** V. **intelligences avec l'ennemi.*
— **des *correspondances et *lettres missives.** Protection couvrant les objets confiés à la poste qui consiste dans l'interdiction, pour quiconque (fonctionnaire public, agent de l'administration des postes, simple particulier, C. pén., a. 226-15 et 432-9) de les détruire, de les ouvrir, de les supprimer, de les détourner même momentanément et par ext. de leur faire subir d'autres traitements (retards frauduleux ou systématiques, renvoi abusif, distributions intentionnellement erronées). V. *violation.*
— **professionnel.** Obligation, pour les personnes qui ont eu connaissance de faits *confidentiels dans l'exercice ou à l'occasion de leurs fonctions, de ne pas les divulguer hors les cas où la loi impose ou autorise la révélation du secret ; obligation, sanctionnée par la loi pénale, qui pèse sur les médecins, chirurgiens, pharmaciens, sages- femmes, mais également sur toutes autres personnes, dépositaires par état, profession ou fonctions (temporaires ou permanentes), des informations à caractère secret qu'on leur confie (avocats, notaires, ministres du culte, etc.) et qui dispense de celle de déposer sur les faits appris dans ces conditions (C. pén., a. 226-13 s. V. C. civ., a. 259-3, al. 2).

• **2** Désigne encore, dans certaines expressions, un lieu retiré et par ext. l'interdiction de communiquer avec l'extérieur.
— **(mise au).**
a / Mesure disciplinaire consistant à isoler un détenu (C. pr. pén., a. 726) aujourd'hui dénommée confinement. Comp. *mise à l'*isolement.*
b / Ordonnance dite d'interdiction de communiquer, par laquelle un juge d'instruction interdisait naguère à un inculpé, détenu en vertu d'un mandat de dépôt ou d'arrêt dans une prison non *cellulaire, de communiquer avec les autres détenus et avec l'extérieur pendant une période de dix jours renouvelable une seule fois (interdiction non applicable au conseil de l'inculpé). C. pr. pén., a. 116 anc. V. *communication.*

SECRÉTAIRE

Subst. – Lat. médiév. *secretarius,* de *secretum.* V. *secret.*

• Titre correspondant à des fonctions diverses (ministérielles, administratives, associatives, etc.) donné pour des raisons historiques à des personnes qui les exercent en des qualités différentes (membre du gouvernement, membre d'une assemblée, fonctionnaire, agent, etc.).

► **I** (const.)
— **d'État**
a / Titre équivalant, dans les anciens régimes monarchiques, à celui de ministre dans les régimes contemporains.
b / Titre désignant certains ministres des Affaires étrangères (celui des États-Unis, celui du gouvernement pontifical).
c / Dans le système constitutionnel de la Ve République, membre du gouvernement d'un rang hiérarchiquement inférieur à celui des ministres, et qui exerce, par délégation et sous l'autorité du Premier ministre ou d'un ministre, des compétences pouvant aller jusqu'à la direction d'un service ou groupe de services.
— **d'État (sous-).** Expression employée avant 1958 pour désigner un membre du gouvernement de second rang et remplacée depuis 1958 par celle de secrétaire d'État.
— **d'une assemblée.** Membre du *bureau d'une assemblée délibérante politique ou administrative qui assiste le président dans l'exercice de ses fonctions, not. en décomptant les votes lors des scrutins et en surveillant la tenue du procès-verbal.
— **général :**
(d'une assemblée parlementaire). *Administrateur, ne faisant pas partie de l'assemblée, dirigeant les services financiers et administratifs chargés d'assurer l'exécution de la fonction de direction et de coordination dévolue au Premier ministre.
(de la Présidence de la République). Haut fonctionnaire choisi par le Président pour diriger les services qui l'assistent dans sa tâche.

► **II** (adm.)
— **administratif.** Fonctionnaire appartenant à un corps issu de la réforme du corps des *« secrétaires d'administration » et chargé des fonctions d'application.
— **d'administration.** Fonctionnaire des administrations centrales de l'État chargé des fonctions d'exécution. Aujourd'hui en voie d'extinction, le corps des secrétaires d'administration a été remplacé par celui des

*attachés d'administration centrale et par celui des *secrétaires administratifs.
— **de mairie.** Agent de la commune chargé des tâches de secrétariat administratif. Dans les grandes communes, prend le titre de secrétaire général et dirige l'ensemble du personnel des différents services.
— **général de mairie.** V. **secrétaire de mairie.*
— **général de ministère.** Agent chargé, dans certains ministères, d'assurer, sous l'autorité du ministre, la direction et la coordination des services de l'administration centrale (mais avec un rôle variable). Ex. au ministère des Affaires étrangères, le secrétaire général peut jouer un véritable rôle politique, au ministère de la Défense, le secrétaire général pour l'administration assiste le ministre dans l'exercice de ses attributions administratives, financières et sociales.
— **général de préfecture.** Agent chargé d'assister le préfet d'un département dans l'accomplissement de sa mission. Les fonctions de secrétaire général de préfecture sont de celles qui sont statutairement confiées aux *sous-préfets.

▸ **III** (Pr. civ.)
— **-greffier.** Fonctionnaire des *secrétariats-greffes chargé d'assister les magistrats à l'audience et dans les cas prévus par la loi, de dresser les actes de greffe et d'exercer, sur délégation, certaines fonctions du secrétaire-greffier en chef.
— **-greffier en chef.** Fonctionnaire qui, sous l'autorité des chefs de la juridiction, dirige le *secrétariat-greffe (en particulier, il conserve les minutes et archives, délivre les expéditions et copies, a la garde des scellés et des sommes déposées, etc.).

SECRÉTARIAT

N. m. – De *secrétaire.

- **1** Fonction de *secrétaire.
- **2** Service chargé de cette fonction.
- **3** Locaux ou bureaux de ce service. V. *administration, gestion, organisation, bureau.* Comp. *commissariat.*

— **général.** Structure aménagée dans l'*administration centrale d'un ministère pour un secteur spécifique du domaine d'action de celui-ci, dans les cas où cette spécificité, sans justifier l'érection ou le maintien d'un secrétariat d'État, exige une organisation particulière. Ex. secrétariat général à l'aviation civile ou à la marine marchande.
— **-*greffe.** Ensemble des services administratifs du siège et du parquet (Cour de cassation, Cour de sûreté de l'État, cour d'appel, tribunaux de grande instance) ou du siège seulement (tribunaux d'instance), placés sous la direction d'un *secrétaire-*greffier en chef.

SECTEUR

N. m. – Lat. *sector.*

- **1** Aire territoriale délimitée pour une intervention déterminée (protection, développement, etc.) ; rayon d'action. V. *quartier, zone, plan, urbanisme, région, circonscription, ressort, territoire, section, périmètre.*

— **de *commune.** Établissement public temporaire chargé d'assurer les services publics nécessaires aux nouveaux ensembles d'habitation édifiés soit dans une zone à urbaniser par priorité, soit en exécution d'un plan d'urbanisme publié ou approuvé (C. comm., a. L.152-1 s. anc.).
— **sauvegardé.** En matière d'urbanisme, secteur présentant un caractère historique, esthétique ou de nature à justifier la conservation, la restauration ou la mise en valeur d'un ensemble d'immeubles et soumis comme tel à une réglementation particulière. Comp. **station classée.*

- **2** Branche d'activité d'ordre économique ou professionnel. Ex. secteur agricole, viticole, etc. V. *sectoriel, régulation.*

— **privé.** Ensemble des biens, activités et entreprises qui appartiennent aux particuliers.
— **public.** Ensemble des biens, activités et entreprises qui relèvent de la puissance publique.

SECTION

N. f. – Lat. *sectio,* de *secare* : couper.

- **1** Subdivision territoriale d'un ensemble.

— **de commune.** Partie d'une *commune possédant à titre permanent et exclusif des biens ou des droits distincts de ceux de la commune et dotée de la personnalité juridique.
— **de vote.** Local désigné par le préfet où les

électeurs vont déposer leur bulletin de vote. La division de la commune en sections de vote, à la différence du sectionnement électoral, ne crée pas des collèges électoraux séparés, mais est simplement une division matérielle destinée à faciliter aux citoyens l'accomplissement de leur devoir, en en rapprochant d'eux le lieu.

— **électorale de commune.** Subdivision de la commune ayant des intérêts distincts à défendre et à laquelle, pour cette raison, on accorde une représentation spéciale dans le conseil municipal, ses électeurs formant un collège électoral séparé pour les élections municipales. Comp. *sectionnement.* Ne pas confondre avec « section de commune ».

• **2** Subdivision organique d'un *corps. Comp. *formation, chambre.*

— **de tribunal.**

a / Au siège, subdivision d'une *chambre de tribunal, établie par dédoublement de plusieurs *formations d'audience appelées à siéger séparément, de manière à multiplier les audiences sans dépasser le nombre légal de chambres.

b / Au parquet, subdivision destinée à spécialiser plus efficacement les magistrats. Ex. section financière du parquet de Paris.

— **du Conseil d'État.** L'une des cinq formations internes du *Conseil d'État, à savoir la section du contentieux (elle-même divisée en sous-sections), qui exerce les attributions juridictionnelles, et les quatre sections administratives (Finances, Travaux publics, Intérieur et Sociale), qui exercent les attributions consultatives.

— **du contentieux.** Section du *Conseil d'État exerçant les attributions juridictionnelles de celui-ci et comprenant neuf sous-sections chargées de l'instruction des affaires (celles-ci étant ensuite jugées soit par deux sous- sections réunies, soit par la section en formation de jugement, soit par l'*assemblée du contentieux).

• **3** Subdivision rationnelle d'un texte. Ex. la loi est en général divisée en *titres, *chapitres, sections.

SECTIONNEMENT

N. m. – Dér. de sectionner, dér. lui-même de *section.

• Division d'une commune en *sections électorales, pouvant être décidée par le conseil général, sur la demande d'un de ses membres, du préfet, du conseil municipal ou d'électeurs de la commune.

SECTORIEL, ELLE

Adj. – Dér. de *secteur.

• Propre à un *secteur (à une branche) d'activité. Comp. *catégoriel.* Ex. législation sectorielle (particulière au petit commerce), grève sectorielle (dans la métallurgie), hausse sectorielle (affectant les transports publics).

SECTORISATION

N. f. – Construit sur *secteur (comme valorisation sur valeur).

• Action de diviser un espace territorial en *secteurs, afin de limiter ou réserver la participation aux activités de ce secteur aux personnes justifiant d'attaches dans celui-ci. Ant. *désectorisation.* Comp. *cantonnement.*

SÉCULARISATION

N. f. – Dér. de séculariser, de séculier, lat. ecclés. *saecularis,* de *saeculum* au sens de « vie mondaine ».

• **1** *Étatisation d'un bien d'Église ; intégration au domaine de l'État ou d'une personne morale de droit public d'un bien qui appartenait à une communauté religieuse ou à un établissement ecclésiastique. Comp. *nationalisation, expropriation.* V. *mainmorte.*

• **2** Laïcisation d'une institution, déconfessionnalisation, intégration à l'ordre des institutions *civiles (par opp. à religieux), et soumission au droit étatique (d'un État laïque), d'une institution dont le caractère religieux était jusqu'alors reconnu. Ex. sécularisation du mariage.

SECUNDUM LEGEM

Termes latins signifiant « conformément à la loi », utilisés pour désigner une coutume, un usage, une pratique qui s'établit conformément à la loi écrite ou qui s'applique en vertu d'un renvoi exprès de la loi. Comp. *contra legem, praeter legem,* **lacune intra legem.*

SÉCURITAIRE

Adj. – Néol. de *sécurité.

• Relatif à la *sécurité (publique, intérieure) ; qui tend à la faire régner. Ex. politique sécuritaire, mesure sécuritaire tendant à la prévention et à la répression de la criminalité, à la protection de la tranquillité publique.

SÉCURITÉ

N. f. – Lat. *securitas,* de *securus* : sûr (*sine cura,* sans soucis, sans inquiétude, calme).

• **1** Situation de celui ou de ce qui est à l'abri des *risques (s'agissant de risques concrets : agressions, accidents, atteintes matérielles…) ; état qui peut concerner une personne (sécurité individuelle), un groupe (sécurité publique), un bien. Comp. *sûreté, salubrité, santé, tranquillité, liberté.*

• **2** *Prévention de tels risques, mesures et moyens de *protection tendant à prévenir la réalisation de ces risques, ensemble de précautions incombant à certaines personnes envers d'autres. Ex. dispositif (système de sécurité, devoir de sécurité du parent gardien envers l'enfant mineur) (C. civ., a. 371-1). Comp. *garde, sauvegarde, surveillance, contrôle.*

— **aérienne.** Mesure prise pour assurer la prévention des accidents (C. transp., a. L. 1621-1 et s.). Comp. *sûreté aérienne.*

• **3** *Compensation des risques réalisés, mesures tendant à compenser, chez la victime, la réalisation des risques. V. *assurance, indemnisation, réparation.*

• **4** Dans un sens abstrait, toute *garantie, tout système juridique de protection tendant à assurer, sans surprise, la bonne exécution des obligations, à exclure ou au moins réduire l'incertitude dans la réalisation du droit. Ex. sécurité des transactions, sécurité du crédit. V. *sûreté, contrainte, formalité, preuve, préconstitution, caution, insolvabilité.*

— **civile.** *Prévention des *risques de toute nature, et *protection des personnes, des biens et de l'environnement contre les *accidents, les *sinistres et les catastrophes ; désigne à la fois l'objectif de *sauvegarde de la société et l'organisation de celle-ci par la préparation et la mise en œuvre des moyens d'intervention et de secours dans le cadre de *plans d'organisation (Ex. plans Orsec, plans d'urgence, l. 22 juill. 1987 ; l. 13 août 2004 de modernisation de la sécurité civile et d. n° 2005-117, 13 sept. 2005).

— **de l'emploi.** Tendance à prémunir le travailleur contre une perte de son poste de travail, en rendant moins fréquentes les causes de rupture du contrat de travail.

— **du travail.** Protection préventive du salarié contre les risques d'accident du travail ou de maladie professionnelle.

— **intérieure.** Absence de trouble et d'inquiétude, paix, calme et tranquillité qui règnent, au sein d'un État, pour ses ressortissants et habitants ; ou, au moins, objectif de sa politique et dette à sa charge qui passe primordialement par la lutte contre la criminalité (prévention et répression). V. *conseil de sécurité intérieure, sécuritaire.*

— **(obligation de).** Obligation *accessoire, en général *implicite, en vertu de laquelle, dans l'exécution de certains contrats (transport, hôtellerie, jeux forains), supposant l'utilisation de certaines installations (voiture, ascenseurs, manège), le professionnel (transporteur, hôtelier, tenancier) est tenu envers son client (voyageur, etc.), soit de garantir l'intégrité corporelle de celui-ci (obligation de sécurité et de résultat), soit de faire tout son possible pour l'assurer (obligation de moyens).

— **publique.** Élément de l'ordre public caractérisé par l'absence de périls pour la vie, la liberté ou le droit de propriété des individus ; l'un des objectifs de la *police administrative (prévention des risques d'accident). V. *insécurité, sûreté, tranquillité publique, salubrité, sapeurs-pompiers, internement.*

— **sociale.** Institution ou ensemble d'institutions qui ont pour fonction de protéger les individus des conséquences de divers événements généralement qualifiés de *risques sociaux. V. *prévoyance.*

SÉDITIEUX, EUSE

Adj. – Lat. *seditiosus.*

• Qui tend à la *sédition, insurrectionnel. Ex. chant séditieux.

SÉDITIEUX

Subst. – V. le précédent.

- Qui participe à la sédition, insurgé, révolté, insoumis.

SÉDITION

N. f. – Lat. *seditio* (de la famille du v. *ire* : s'en aller).

- *Révolte concertée contre l'autorité publique (C. pén., a. 97 anc. ; comp. a. 412-4). V. *insurrection, pillage, soulèvement.*

SÉDUCTION DOLOSIVE

N. f. – Lat. *seductio.* V. *dolosif.*

- Fait d'amener une femme à consentir à des relations sexuelles hors mariage, à l'aide de manœuvres *frauduleuses, abus d'autorité, promesse de mariage qui, naguère cas d'ouverture de la recherche judiciaire de paternité naturelle, peut être un indice de paternité (C. civ., a. 340 anc.) et donner droit à divers dédommagements (C. civ., a. 340-5 anc.). Comp. *concubinage, viol, enlèvement, rapt.*

SÉLECTION

Lat. *selectio* : choix, triage.

— **des distributeurs.** Autre dénomination de la *distribution sélective.

— **des risques.** Opération par laquelle l'assureur, compte tenu des conditions ayant présidé à l'établissement des statistiques ou tables (de mortalité), exerce un choix parmi les *risques proposés à sa souscription, sélection surtout importante (au besoin à l'aide d'un examen médical préalable) dans l'assurance sur la vie où ne s'applique pas la théorie des aggravations.

SELF EXECUTING

Expression angl. signifiant « exécution automatique », employée pour désigner une norme ou un acte de Droit international s'appliquant immédiatement dans l'ordre interne, sans qu'il soit besoin d'une norme interne qui en opère la réception dans cet ordre ou qui la précise de façon à lui faire produire des effets juridiques concrets.

SEMI-DIRECTE (DÉMOCRATIE)

V. **démocratie semi-directe.*

SEMI-LIBERTÉ

Lat. *semi* : à demi. V. *liberté.*

- Mode de *personnalisation de la peine ; procédé d'exécution des peines privatives de liberté permettant au condamné d'exercer pendant la journée, hors de l'établissement pénitentiaire sans surveillance continue, certaines activités, surtout professionnelles (avec obligation de regagner l'établissement pénitentiaire à l'expiration du temps nécessaire à ces activités et d'y demeurer les jours où elles sont interrompues (C. pén., a. 132-25 s.) Comp. **permission de sortir, *autorisation de sortie sous escorte, *liberté conditionnelle, *contrôle judiciaire.*

SÉNAT

N. m. – Lat. *senatus* : conseil des anciens, sénat.

- Nom donné (en souvenir d'une institution romaine) par certaines constitutions (ex. celle des États-Unis ; en France, celles de l'an VIII, de 1852, de 1875, de 1958) à une seconde *chambre ayant la qualité d'organe partiel du pouvoir constituant ou du pouvoir législatif et qui se distingue de l'autre ou des autres chambres par l'âge de ses membres, généralement plus élevé, la durée plus longue de leur mandat ou le procédé par lequel ils sont désignés. Comp. **Conseil de la République.* V. *Assemblée.*

SÉNATEUR

Subst. – Lat. *senator.*

- Membre du *Sénat. Comp. *député.* V. *parlementaire.*

SÉNATUS-CONSULTE

Subst. masc. – Lat. *senatusconsultum.*

- Dans les systèmes constitutionnels issus des constitutions de l'an VIII et de 1852, *décisions du Sénat ayant un caractère constitutionnel ou législatif.

SENTENCE

N. f. – Lat. *sententia* (*-cia* à basse époque).

- **1** Nom traditionnel encore donné à certaines espèces de *jugement : *décisions des *arbitres (sentence *arbitrale), des *conseils de prud'hommes (sentence *prud'homale), des tribunaux d'instance après les juges de paix. V. *arrêt*. Comp. *opinion, avis*.

- **2** Volontiers employé pour désigner certaines sortes de décisions ; ex. une sentence de mort. V. *verdict, condamnation, peine*.
- **3** Parfois employé en un sens générique comme syn. de décision de justice, jugement.

— **arbitrale étrangère.** V. **arbitrage étranger*.

— **arbitrale internationale.** V. **arbitrage international*.

— ***indéterminée.** Décision, en usage dans certains pays anglo-américains, qui ne précise pas la date d'expiration de la mesure prononcée, afin de prolonger le traitement autant qu'il apparaîtra nécessaire (système jamais admis en France et dont la faveur paraît avoir décliné au cours du XXe siècle).

- **4** (rare). Opinion doctrinale de portée générale énoncée en forme lapidaire, nom de prestige donné, au souvenir des avis des anciens jurisconsultes (ex. sentences de Paul), à des pensées d'auteur que leur pénétration et leur portée morale vouent à la postérité. V. *précepte, adage, maxime*.
- **5** Enseignement moral ou conseil de prudence passé en *dicton dans la *sagesse populaire. Ex. : « Bien mal acquis ne profite jamais », « En close bouche n'entre mouche ».

SENTIMENT

Subst. masc. – Dér. de sentir, du lat. *sentire* : percevoir par les sens ou l'intelligence, être affecté, éprouver, penser, juger, avoir une opinion.

- **1** Disposition psychologique relevant de l'affectivité ; mouvement du cœur (amour, jalousie, ensemble des ressentiments et dissentiments). En ce sens, sentiment s'oppose à *consentement et à *volonté, mais un sentiment peut être la *cause impulsive et déterminante d'un acte juridique, le *mobile d'un délit civil ou pénal, parfois l'élément constitutif de l'un ou de l'autre (V. *intention libérale, intention de nuire, abus du droit, testament ab irato*). Moins raisonné, un sentiment se distingue d'une *opinion ou d'un *avis (cf. les sentiments des enfants pris en compte par le juge statuant sur les modalités d'exercice de l'autorité parentale, C. civ., a. 373-2-11) sans méconnaître la force d'un tel indice. V. *animus donandi*.
- **2** Approche intime (d'une réalité), perception intuitive (d'une exigence, d'une situation), impression plus ou moins vague ou profonde, donnée de psychologie juridique de nature à influer sur un comportement ou un jugement. Ex. sentiment d'insécurité, d'injustice, d'humanité, d'équité, de culpabilité. V. *conscience, dictamen*.
- **3** Parfois syn. d'*opinion, d'*avis. Ex. : le sentiment d'un juge conduit au jugement, à la *sentence, celui d'un auteur à une thèse. V. *intime *conviction, religion*.

SÉPARATIF, IVE

Adj. – Dér. de séparer.

- **1** (sens concret). Qui tend à la délimitation et parfois à l'isolement de deux fonds *voisins, qui correspond à leur démarcation et parfois la matérialise. Ex. ligne séparative, mur séparatif. V. *mitoyen, bornage, clôture, voisinage, frontière, échelage*. Comp. *privatif*.
- **2** (sens abstrait). Qui tend à organiser sur un pied d'indépendance, des rapports de droit. Ex. régime séparatif. V. *séparation*. Ant. *communautaire, associationniste*.

SÉPARATION

N. f. – Lat. *separatio*, de *separare* : séparer.

► **I** (publ.)

- **1** *Distinction organisée ; régime destiné à garantir l'indépendance respective des composantes qu'il distingue (autorités, fonctions, organes, pouvoirs). V. *division, attribution, partage, coordination*.
- **2** Spéc. principe d'*organisation des pouvoirs publics.

— **de la juridiction administrative et de l'administration.** Principe destiné à garantir l'autonomie du juge administratif par rapport à l'administration (en lui assurant, dans son statut personnel, une large indépendance, et en distinguant la fonction juridictionnelle des fonctions administratives) et en vertu duquel, réciproquement, le juge administratif ne peut se substituer à l'administration ou lui adresser des *injonctions.

— **des autorités administrative et judiciaire.** Principe posé par la loi des 16-24 août 1790 sur l'organisation judiciaire, suivant lequel les autorités judiciaires sont distinctes des autorités administratives et ne peuvent connaître ni du fonctionnement, ni des décisions de celles-ci, distinction d'où résultent une division du pouvoir de juger entre deux *ordres de juridictions – l'ordre judiciaire et l'ordre administratif – et la mise en place d'un système de régulation des compétences confié au *tribunal des *conflits. V. **questions préjudicielles, *voie de fait.*

— **des Églises et de l'État.** Régime considérant les activités religieuses comme des activités privées soumises à la seule police de l'ordre public et traitant par suite les Églises comme des institutions de droit privé ; l. 9 déc. 1905. V. *laïcité, neutralité *confessionnelle.*

— **des fonctions.** V. *séparation des pouvoirs.*

— **des pouvoirs.**

- A / (sens historique). Au XVIIIe siècle : formule proposée (en Doctrine) d'organisation du système politique dans laquelle les fonctions juridiques de l'État ne sont pas exercées par un même individu ou collège, mais réparties entre plusieurs autorités. Syn. *distribution des pouvoirs. On estimait que l'objet de toute constitution est de séparer les pouvoirs en ce sens (Décl. droits de l'homme et du citoyen de 1789, a. 16 : « Toute société dans laquelle la garantie des droits n'est pas assurée, ni la séparation des pouvoirs déterminée, n'a point de Constitution »).

— *absolue.* Mode particulier de distribution des fonctions dans lequel chaque autorité est spécialisée dans l'exercice d'une seule fonction et dans lequel les fonctions et donc les autorités sont hiérarchisées.

- B / (sens actuel).

a / Organisation du système politique dans laquelle les fonctions sont réparties entre des autorités spécialisées et mutuellement indépendantes, surtout dans les conceptions de séparation dite « rigide » ou « tranchée ».

— *souple.* Organisation dans laquelle les autorités sont relativement spécialisées mais non indépendantes les unes des autres. Ex. le régime parlementaire.

b / Théorie qui préconise de telles séparations dans l'espoir d'obtenir ainsi un équilibre des autorités et, partant, une limitation de pouvoir. Ant. *confusion des pouvoirs.*

► **II** (priv.)

- **1** Initiative (conventionnelle) tendant à aménager certains rapports (not. conjugaux) dans le sens d'une certaine indépendance ; par ext., le régime séparatif qui en résulte. Comp. *communauté.*

— **de biens.** Régime matrimonial dans lequel chacun des époux conserve l'administration, la jouissance et la libre disposition de tous ses biens personnels, sous l'obligation de contribuer aux charges du mariage (C. civ., a. 1536 s.).

— **de biens conventionnelle.** Séparation de biens stipulée dans le contrat de mariage.

- **2** Désunion, action ou décision tendant à séparer (à dissocier) ce qui a été uni (parfois en l'organisant), par ext. l'état (plus ou moins organisé) qui en résulte. Comp. *rupture, divorce, démariage.* V. *communauté de vie, cohabitation.*

— **de biens judiciaire.** Séparation de biens résultant soit d'une décision judiciaire rendue à la demande de l'un des époux en raison du désordre des affaires de l'autre époux, de sa mauvaise administration ou de son inconduite (C. civ., a. 1443), soit de plein droit d'une décision judiciaire prononçant la séparation de corps (C. civ., a. 302).

— **de corps.** Relâchement du lien conjugal résultant d'un jugement rendu à la demande de l'un des époux dans les mêmes cas et aux mêmes conditions que le *divorce (C. civ., a. 296) et comportant, pour l'essentiel, la suppression du devoir de *cohabitation (a. 299). V. *conversion, séparation de biens, *exercice de l'autorité parentale.*

— **de fait.** Situation de pur fait dans laquelle se trouvent deux époux qui, en l'absence de tout jugement de séparation de corps et de toute autorisation judiciaire de résidence séparée, ont cessé de vivre ensemble, par suite de l'*abandon de l'un par l'autre ou d'un accord exprès ou tacite (séparation conventionnelle amiable), *pacte d'ailleurs dépourvu de toute force obligatoire. V. **Rupture de la *vie commune, divorce.*

• **3** Non-confusion, *distinction matérielle ou comptable aux fins de clarification. Comp. *liquidation.*
— **des patrimoines.** *Privilège donné par la loi aux créanciers d'une succession et aux légataires particuliers de sommes d'argent, afin d'éviter la confusion juridique de la succession avec le patrimoine de l'héritier et de leur permettre de se faire payer sur les biens héréditaires par préférence aux créanciers personnels de l'héritier (C. civ., a. 878 s., 2383).

SÉPARÉ, ÉE

Adj. – Part. pass. de séparer. V. *séparation.*

• **1** (pour des époux).
a / Par opp. à unis, qui ont cessé de vivre ensemble sans avoir divorcé (séparés de corps, séparés de fait).
b / Par opp. à communs (en biens), qui sont soumis à la séparation de biens (séparés de biens). Comp. *propre, personnel.*

• **2** (pour un vote). Par opp. à *bloqué, article par article, successif, non global.

• **3** (pour un acte de procédure). Par opp. à conjoint, unique, distinct, individuel, propre. Ex. requête séparée.

• **4** (pour les parties d'un tout). Par opp. à confondu, matériellement distinct. Ex. lots séparés.

SEPTENNAT

N. m. – De septennal, bas lat. *septennalis.*

• Terme souvent employé pour désigner le mandat du Président de la République, naguère conféré pour sept ans (désormais pour cinq ans). V. *présidence, règne, quinquennat.*

SÉPULTURE (VIOLATION DE)

V. *violation, *respect dû aux morts, profanation,*

SÉQUESTRATION

N. f. – Lat. *sequestratio.* V. *sequestre.*

• **1** Infraction consistant à priver une personne de liberté et à la retenir prisonnière illégalement (sans ordre des autorités constituées et hors les cas prévus par la loi), C. pén., a. 224-1, atteinte à la liberté qui encourt des peines aggravées lorsque la victime a subi de mauvais traitements (a. 224-2) ou été détenue comme *otage (a. 224-4). V. *rapt, enlèvement.* Comp. *détention illégale.*

• **2** (vx). Action de mettre un bien sous *séquestre.

SÉQUESTRE

N. m. – Lat. *sequestrum, sequester* : propr. médiateur, intermédiaire.

• **1** Espèce de *dépôt qui consiste à confier à la *garde d'un tiers soit une chose litigieuse (ou saisie) – jusqu'au règlement du litige –, soit une chose offerte en garantie par le débiteur, soit plus spécialement le prix de cession de certains biens (fonds de commerce, droit au bail) jusqu'à l'expiration d'un délai de réclamation ou d'opposition. V. *entiercement.*
— **conventionnel.** Celui qui résulte de la convention des parties (C. civ., a. 1956 s.).
— **judiciaire.** Celui qui est ordonné par justice et donné soit au tiers dont les intéressés conviennent soit à une personne nommée d'office par le juge (a. 1961 s.).

• **2** Par ext., nom donné au tiers constitué *gardien (*dépositaire) dans le séquestre conventionnel ou judiciaire. V. *tiers convenu.*

• **3** (adm.).
— **(mise sous).** Mesure qui, sans priver le concessionnaire des droits qu'il tient d'une concession de *service public, lui substitue temporairement le concédant dans l'exercice de ces droits, que ce soit à titre de *sanction (auquel cas le service est géré par le concédant aux frais et risques du concessionnaire fautif) ou non (le concédant conservant à sa charge les frais de gestion).

SÉQUESTRÉ, ÉE

Adj. – Dér. de séquestrer.

• **1** (d'une personne). Qui est victime d'une *séquestration.

• **2** (d'un bien). Qui est l'objet d'un *séquestre.

SERGENT DE VILLE

Lat. *serviens,* part. prés. de *servire* au sens de « être au service ».

- Expression – aujourd'hui peu usitée – qui désignait les agents de la police municipale.

SÉRIE DE PRIX

Lat. *series.* V. *prix.*

- Nomenclature établie soit par l'administration, soit par les organismes professionnels, dans laquelle chaque prestation des différents corps de métier est tarifée et à laquelle se réfèrent les parties pour la fixation du *prix d'un marché. Ex. *marché sur série de prix. V. *tarif.*

SÉRIEUX, EUSE

Adj. – Lat. scolast. *seriosus.*

- **1** Réfléchi, résolu, qui n'est pas pris à la légère ou par plaisanterie. Ex. engagement sérieux, acheteur sérieux. V. *légèreté blâmable, jocandi causa.*
- **2** Attentif, soigneux, appliqué, raisonnable. Ex. gestion sérieuse. V. *prudence, diligence, conscience.*
- **3** Réel ou, du moins, suffisamment consistant pour mériter d'être allégué, soutenu, pris en considération et avoir des chances d'être retenu après discussion et réflexion. Ex. argument sérieux, motif sérieux, cause sérieuse de licenciement, contestation sérieuse.
- **4** Non négligeable, non *dérisoire, qui compte (d'où parfois grave). Ex. prix sérieux, compensation sérieuse, dommage sérieux, atteinte sérieuse. V. *symbolique, vil.*

SERMENT

N. m. – Lat. *sacramentum.*

Sens général

- *Affirmation solennelle (à l'origine, religieuse), orale ou écrite, par laquelle une personne promet (jure) de se comporter d'une certaine manière ou atteste (en le jurant aussi) la *véracité d'une *déclaration. V. *faux serment, prestation, parole, foi, attestation, déposition, affidavit.* Comp. *aveu.*

- **1** *Promesse avant l'accomplissement d'un acte.

— **professionnel.** Engagement solennel pris par une autorité, un agent ou les membres de certaines professions, de remplir fidèlement les devoirs de leur charge ou de leur état (not. requis des magistrats, avocats, officiers ministériels, médecins).

— ***promissoire.** V. *promissoire (serment),*

- **2** *Affirmation attestant la *véracité d'une assertion de son auteur relative à un fait généralement passé (serment dit *affirmatif ou asserfoire ou attestatoire).

— ***décisoire (ou litis-décisoire).** Serment déféré par un plaideur à son adversaire, sur des faits personnels à ce dernier, afin d'en faire dépendre la solution du litige (C. civ., a. 1385 et s.) et qui, doté de tels effets, constitue à la fois une preuve légale et un mode de disposition du droit.

— **de crédulité (ou de crédibilité).** Serment déféré par un plaideur à la veuve et aux héritiers d'une personne décédée, sur le point de savoir s'ils ont connaissance d'un fait personnel à leur auteur (C. civ., a. 2275, al. 2 anc.).

— **déféré d'office.** V. *serment supplétoire* (C. civ., a. 1386).

— ***extrajudiciaire.** Expression appliquée généralement à l'hypothèse peu courante du serment prêté en exécution d'une convention passée hors de justice et dont les parties ont fait dépendre la solution d'un différend. Mériterait de désigner le serment fait en dehors d'un procès, tel que doit le contenir l'inventaire (CPC, a. 1330. 5°).

— **in litem.** Qualificatif donné au *serment supplétoire que le juge peut déférer au demandeur pour fixer le montant de la demande aux conditions strictes de la loi (C. civ., a. 1369).

— **judiciaire.** Qualificatif donné au serment prêté par une partie devant le juge, qui peut être *décisoire ou *supplétoire (C. civ., a. 1357). V. **délation de serment.*

— ***probatoire.** Serment affirmatif prêté en vue de la preuve d'un fait.

— **purgatoire.** Dans l'ancien Droit, serment permettant au défendeur de se disculper en jurant qu'il est innocent.

— **supplétoire (ou supplétif ou déféré d'office).** Qualificatif donné au serment que le juge peut, dans le *doute, déférer d'office à l'une des parties au procès en vue d'une meilleure connaissance de la cause, dont il apprécie souverainement la valeur probante (C. civ., a. 1386) et qui constitue, par opp. au serment *décisoire, une simple mesure d'instruction.

— **(faux).** V. *faux serment.*

• **3** Affirmation attestant la *véracité de la déclaration d'un tiers. Ex. dans l'ancien Droit, serment sous lequel les cojureurs proclamaient que le défendeur était sincère en sa dénégation ; vérification du rapport de mer, formalité se réduisant, dans la pratique des tribunaux de commerce, à une attestation, par quelques membres de l'équipage, de la sincérité de la narration du capitaine. V. *sincérité (déclaration de).* Comp. *affirmation judiciaire* (syn. supposé laïque qui a figuré jusqu'en 1868 à l'a. 1781 C. civ.), affirmation qui désigne soit l'attestation sous serment par son auteur que la relation de certains faits est sincère et véritable (ex. affirmation d'un procès-verbal, du rapport de mer), soit l'attestation solennelle qu'un acte dressé par un tiers est sincère et véritable (ex. affirmation d'un inventaire). V. *assermenté, caution juratoire, jurer.*

SERVICE

N. m. – Lat. *servitium* (*-cium* à basse époque) : servitude, condition d'esclave.

• **1** L'action de servir, considérée soit comme acte isolé, soit, le plus souvent, comme activité habituelle.

a / L'action de rendre service, de se dévouer bénévolement à une cause. V. *bénévole.*

b / L'action d'être au service de quelqu'un, d'agir dans l'intérêt et sous les ordres d'autrui, d'où, spéc., activité juridiquement subordonnée. V. **louage de services, *contrat de travail.*

c / L'action non désintéressée de fournir à autrui, sans lien de subordination, certaines prestations, Ex. service après-vente.

d / Spéc. dans la restauration, le travail fourni par les employés auprès des consommateurs. Ex. service non compris.

• **2** Par ext., la *fonction de servir, l'activité érigée en *charge ; désigne aussi bien l'objet global de la fonction dévolue à une administration (*service public) que, pour un agent, l'activité correspondant à son *emploi. V. *mission, attribution, compétence, office, tâche.*

• **3** Le résultat de cette action, de cette activité ou de l'exercice de cette fonction. Ex. le service rendu, les *prestations de services (subordonnées ou non), le service fait.

• **4** L'organe chargé de cette fonction ; désigne, spéc. en droit public, une *administration particulière, généralement technique. Ex. le service des ponts et chaussées, plus largement un organe investi d'une fonction publique ou d'intérêt collectif.

• **5** L'aménagement organique interne d'un service (au sens 4) – not. d'une administration – chargé d'une *tâche déterminée. Ex. le service du personnel.

• **6** Parfois les obligations attachées au service, le service pris comme *devoir.

—**s à compétence nationale.** *Administrations civiles de l'État qui partagent avec les *administrations centrales le monopole des missions qui présentent un caractère national ou dont l'exécution ne peut, en vertu de la loi, être déléguée à un échelon territorial, par opp. à *services déconcentrés (d. 9 mai 1997).

— **(chef de).** Agent, quelle que soit sa qualité, qui a la responsabilité de la direction et du fonctionnement d'un ensemble d'activités et de personnes constituant un service.

— **civil.** V. *Volontariat civil.*

—**s déconcentrés.** *Administrations civiles de l'État auxquelles sont principalement confiées les missions qui intéressent les relations entre l'État et les collectivités locales, plus généralement toutes les missions autres que celles dont les *administrations centrales et les *services à compétence nationale ont le monopole (d. 9 mai 1997).

— **de défense.** V. *service national.*

— **de l'emploi.** Service chargé d'une mission de connaissance des offres et demandes d'emplois, et de procurer du travail aux salariés privés d'emploi.

—**s extérieurs.** Par opp. à l'*administration centrale, ensemble des services d'une administration établis sur le *territoire au niveau régional ou départemental (échelons territoriaux des administrations d'État). V. *territorial.*

— **fait.** En matière de comptabilité publique, prestation exécutée par le créancier de l'administration et qui doit être justifiée pour permettre le paiement des dépenses publiques. La constatation du service fait est une des

opérations de la procédure d'exécution de ces dépenses. V. *traitement.*
— **médical.** Service visant à assurer par la médecine préventive la protection médicale des travailleurs, obligatoire dans toutes les entreprises.
— **militaire.** V. *service national.*
— **minimum.** Activité marginale irréductible, imposée aux organismes de radiotélévision en cas de *grève.
— **national** (avant sa réforme par la l. du 28 oct. 1997). Ensemble des obligations d'activité ou de réserve pesant sur les citoyens de sexe masculin entre 18 et 50 ans sous les armes suivantes : 1 / service militaire destiné à répondre aux besoins des armées ; 2 / service de la défense destiné à répondre aux besoins de la défense, et not. de la protection des populations civiles, en personnel non militaire ; 3 / service de l'aide technique qui contribue au développement des départements et territoires d'outre-mer et le service de la coopération en faveur des États étrangers qui en font la demande.
— **national de santé.** Service confié aux médecins appelés à soigner gratuitement l'ensemble de la population et recevant en contrepartie une rémunération de la collectivité nationale.
— **national *universel** (l. 28 oct. 1997). Service (substitué au précédent) par l'accomplissement duquel les citoyens concourent à la défense de la Nation, et qui comprend d'une part des obligations (*recensement, *appel de préparation à la défense, *appel sous les drapeaux) d'autre part des *volontariats.
— **social.** Service dont le rôle est de veiller sur le bien-être des salariés de l'entreprise, ou a l'extérieur de celle-ci.
—**s votés.** Crédits budgétaires nécessaires pour poursuivre l'exécution des services publics dans les conditions approuvées l'année précédente par le Parlement.

SERVICE PUBLIC

N. m. – V. service, public.

▸ **I**

- Désigne usuellement aussi bien une activité destinée à satisfaire un besoin d'intérêt général que l'organisme administratif chargé de la gestion d'une telle activité. On dira également de l'enseignement et d'une université que ce sont des services publics.

▸ **II**

- Plus spéc. l'un des concepts fondamentaux du droit administratif dont il contribue à justifier la spécificité et à déterminer le champ d'application. Cette notion résulte de la combinaison des deux éléments qui se trouvent à l'origine des acceptions usuelles de l'expression (V. I), et son contenu a évolué en fonction de la place respective faite dans cette combinaison à chacun d'entre eux. À la prédominance de l'élément organique – gestion par une personne publique – qui ne correspondait plus à l'existence de nombreux services publics gérés par des personnes privées, a succédé la prédominance de l'élément matériel – caractère d'intérêt général de l'activité poursuivie – qui, s'il avait toujours fait partie de la notion, en est devenue la composante déterminante. C'est à ce caractère d'intérêt général de l'activité, déterminé non pas à partir de la nature objective de celle-ci mais en fonction de la reconnaissance que lui ont accordée les autorités publiques, que se rattachent plusieurs principes de fonctionnement communs à tous les services publics que sont les principes de *continuité, d'*adaptation, de *neutralité et d'*égalité. En revanche, la soumission à un régime exorbitant du droit commun incorporée à la notion comme sa conséquence inhérente a pu en être exclue, la notion de service public n'impliquant plus inévitablement cette soumission mais s'accommodant désormais d'une diversité de régimes dans lesquels, si le droit public n'est jamais tout à fait absent, le droit privé peut tenir la place principale. Dès lors, la relation que l'on avait pu établir entre service public, champ d'application du droit administratif et compétence du juge administratif est devenue relative à proportion de la relativité d'une notion qui, de ce fait, ne peut plus constituer qu'un critère principal mais non exclusif.

— **administratif.** Catégorie de services publics, dits aussi « proprement administratifs », constituée résiduellement par ceux de ces services n'ayant pas un caractère *indus-

triel et commercial et dont le régime est essentiellement constitué de règles de droit public.
— **concédé.** Service public confié à un tiers personne privée, *société d'économie mixte ou même *établissement public – qui le gère à ses risques et périls en vertu d'un contrat de *concession. V. *séquestre*.
— **corporatif.** Catégorie de services publics qui ont en commun d'être gérés par des organismes composés de représentants des professions intéressées, comme c'est le cas des *ordres professionnels et de certains organismes d'intervention économique.
— **(délégation de).** V. *Délégation de service public*.
— **(École du).** Nom donné à des auteurs de droit administratif – L. Duguit, G. Jèze, R. Bonnard – dont la doctrine a consisté à ramener l'ensemble du droit administratif à une théorie du service public.
— **en *régie.** Service géré directement par une collectivité publique.
— **industriel et commercial.** Catégorie de services publics assimilables à des entreprises privées à la fois par l'objet de leurs activités, par les modalités de leur organisation et de leur fonctionnement et par l'origine de leurs ressources, principalement tirées de redevances payées par les usagers. Ces services sont soumis à un régime mixte où se combinent des règles de droit public inhérentes à leur qualité de service public, et des règles de droit privé appropriées à la nature de leurs activités.
— **(mission de).** Formule jurisprudentielle qualifiant les activités de certains organismes privés et justifiant à l'égard de ces activités la compétence administrative.
—**s obligatoires.** Services que les collectivités locales – spécialement les communes – sont tenues d'organiser.
— **par nature.** Doctrine suivant laquelle certaines activités seraient, de par leur seule nature participant de la vocation de l'État, des activités de service public et devraient être de ce seul fait qualifiées comme telles, un raisonnement identique étant fait à l'inverse.
— **social.** Service dont l'objet est de procurer à certaines catégories de personnes au profit desquelles elles ont été spécialement instituées, des prestations à caractère social (mais dont l'appellation ne correspond pas à une notion homogène que la jurisprudence a finalement renoncé à définir.
— **virtuel.** Activité qui, présentant un caractère suffisant d'intérêt général, sans cependant avoir été érigée en service public, est considérée, dans une certaine conception, comme constituant virtuellement un service public, ce qui permettrait à l'administration d'assujettir son exercice à des obligations de droit public.

SERVITEUR

Subst. – Lat. *servitor*, de *servire* : servir.

- Terme aujourd'hui abandonné qui désignait un *domestique au service d'une maison. V. **employé de maison, salarié, préposé*. Comp. *maître, patron, employeur*.

SERVITUDE

N. f. – Lat. *servitudo*.

▸ **I** (civ.)

- **1** Charge établie sur un immeuble pour l'usage et l'utilité d'un autre immeuble appartenant à un autre propriétaire (C. civ., a. 637). Démembrement de la propriété de l'immeuble qu'elle grève (appelé *fonds servant), elle est un droit accessoire de la propriété du fonds auquel elle profite (*fonds dominant).

— ***active.** Servitude dont profite un fonds : servitude envisagée du point de vue du propriétaire du fonds dominant (V. *servitude passive*).
— ***affirmative.** Servitude autorisant le propriétaire du fonds dominant à faire quelque chose sur le fonds servant, par ex. passer, puiser de l'eau, etc. Syn. *servitude positive*.
— ***apparente.** Servitude dont l'existence est révélée par des signes extérieurs. Ex. servitude d'aqueduc par canal de surface, servitude de passage se manifestant par une porte ou un chemin tracé (C. civ., a. 689).
— **continue.** Servitude dont l'exercice ne suppose pas le fait actuel de l'homme, mais résulte de l'aménagement du fonds lui-même. Ex. servitude d'aqueduc, de vue, de ne pas bâtir (C. civ., a. 688).
— **conventionnelle.** Servitude ayant sa source dans une convention et, par extension, dans tout acte juridique (ex. testament).
— **d'abreuvage (ou d'abreuvoir).** Servitude en vertu de laquelle le propriétaire du fonds

dominant peut conduire ses animaux à un abreuvoir situé sur le fonds servant.

— **d'appui.** Servitude permettant au propriétaire riverain d'un cours d'eau non domanial d'appuyer un barrage sur la berge opposée (servitude conventionnelle, ou légale lorsque le barrage est établi en vue de l'irrigation, C. rur., a. L. 152-17).

— **d'aqueduc.** Servitude permettant à un propriétaire de faire passer sur un fonds voisin une canalisation destinée à amener sur son propre fonds des eaux dont il a le droit de disposer (C. rur., a. L. 152-14).

— **d'échelage.** V. *échelle, échelage.*

— **d'écoulement des eaux.** Servitude en vertu de laquelle le propriétaire d'un fonds inférieur est tenu de laisser s'écouler sur son fonds les eaux provenant d'un fonds supérieur ; servitude naturelle pour les eaux pluviales (C. civ., a. 640), légale pour les eaux provenant d'irrigation (C. rur., a. L. 152-15), de drainage ou de tout autre mode d'assèchement (C. rur., a. L. 152-20).

— **de cour commune.** Servitude de ne pas bâtir ou servitude *non altius tollendi* à laquelle est subordonnée l'autorisation administrative de construire sur un terrain voisin, afin de respecter les règles d'urbanisme ; servitude conventionnelle ou judiciaire.

— **de déversement.** Servitude, du fait de l'homme, imposant de recevoir directement sur le fonds servant les eaux pluviales tombées sur le toit voisin.

— **d'égout des toits.** Servitude légale en vertu de laquelle les toits doivent être établis de manière que les eaux pluviales s'écoulent sur le fonds du propriétaire des constructions ou sur la voie publique, mais non directement sur le fonds voisin (C. civ., a. 681).

— **d'*élagage.** Servitude imposant au propriétaire d'un fonds de couper les branches des arbres, arbustes et arbrisseaux qui avancent sur le fonds voisin (C. civ., a. 673).

— **de ne pas bâtir.** V. *servitude non aedificandi.*

— **de pacage et de pâturage.** Servitude imposant de laisser paître sur un fonds les animaux appartenant au propriétaire d'un autre fonds et servant à l'exploitation de celui-ci.

— **de passage.** Servitude conférant au propriétaire du fonds dominant un droit de *passage sur le fonds servant, servitude légale en cas d'*enclave, conventionnelle dans les autres cas.

— **de pâturage.** V. *servitude de pacage.*

— **de prise d'eau.** Servitude permettant d'implanter sur le fonds voisin les ouvrages nécessaires à la conduite sur le fonds dominant des eaux dont le propriétaire de celui-ci a le droit de disposer. V. *servitude d'aqueduc et servitude d'appui.*

— **de prospect.** Servitude consistant en l'interdiction faite au propriétaire d'un fonds de faire aucune construction ni ouvrage ou plantation qui gênerait la vue du propriétaire voisin aussi loin qu'elle peut s'étendre.

— **de puisage.** Servitude permettant au propriétaire du fonds dominant de tirer, pour les besoins de ce fonds, de l'eau du puits ou de la fontaine du fonds servant (C. civ., a. 696).

— **de tour d'échelle.** V. *échelle, échelage.*

— **de vaine pâture.** Droit appartenant à certaines personnes de faire paître leurs troupeaux sur un fonds appartenant à autrui, dans l'intervalle séparant l'enlèvement des récoltes de l'ensemencement, ne pas confondre avec le droit de vaine *pâture général.

— **d'évier.** Servitude imposant à un propriétaire de supporter l'écoulement sur son fonds des eaux usées de la maison voisine.

— **de *vue.**

a / Servitude légale interdisant à un propriétaire d'ouvrir dans un mur des fenêtres donnant sur le fonds voisin sans observer les distances prévues par les a. 678 et 679 du C. civ.

b / Servitude du fait de l'homme, imposant au propriétaire d'un fonds de laisser le propriétaire du fonds voisin ouvrir des vues sur son fonds à une distance moindre que la distance légale. Non seulement le propriétaire du fonds servant ne peut exiger l'obturation des fenêtres, mais il ne peut pas construire sur son propre fonds devant les vues du fonds dominant, dans un rayon inférieur aux distances des a. 678 et 679 du C. civ.

— **d'habitation bourgeoise.** Servitude interdisant au propriétaire d'une maison d'y exercer une activité commerciale ou industrielle, afin d'assurer la tranquillité des fonds voisins.

— **discontinue.** Servitude qui a besoin du fait actuel de l'homme pour être exercée. Ex. servitude de passage, de puisage (C. civ., a. 688).

— **du fait de l'homme.** Servitude dérivant de la volonté de l'homme exprimée par un

contrat, un testament, une possession prolongée ou la destination du père de famille.
— **judiciaire.** Servitude créée et aménagée par le juge. Ex. *servitude de cour commune.
— **légale.** Servitude établie par la loi. Ex. *servitude de passage, en cas d'enclave.
— ***naturelle.** Servitude dérivant de la situation des lieux. Ex. servitude d'écoulement des eaux pluviales (C. civ., a. 640).
— **négative.** Servitude interdisant au propriétaire du fonds servant l'exercice de certains actes de propriété. Ex. *servitude *non aedificandi.*
— **non aedificandi.** Servitude interdisant de bâtir.
— **non altius tollendi.** Servitude interdisant de bâtir au-delà d'une certaine hauteur.
— **non apparente.** Servitude qui ne se révèle par aucun signe extérieur. Ex. servitude *non aedificandi* ou *non altius tollendi.*
— **oneris ferendi.** Servitude du fait de l'homme, consistant à laisser le propriétaire du fonds voisin appuyer sa maison ou son mur sur son propre mur.
— ***passive.** Servitude qui grève un fonds : servitude envisagée du point de vue du propriétaire du fonds servant. V. *servitude active.*
— **personnelle.** Expression critiquable employée parfois pour désigner l'usufruit, l'usage ou l'habitation.
— **positive.** Syn. *servitude affirmative.*
— ***réelle.** Expression employée pour désigner les servitudes établissant un rapport entre fonds dominant et fonds servant, par opposition aux servitudes personnelles.
— **rurale.** Servitude portant sur un fonds rural.
— **tigni immitendi.** Servitude imposant au propriétaire d'un mur de laisser le propriétaire du fonds voisin y placer des poutres ou des solives.
— ***urbaine.** Servitude portant sur un fonds urbain.

• **2** Dans certaines régions, syn. de *dépendances.

▸ **II** (Publ.)
—**s aéronautiques.** Servitudes imposées dans l'intérêt dé la circulation aérienne.
— **aéronautique de balisage.** Servitude imposant de laisser l'administration installer sur un fonds des dispositifs de signalisation visuels ou radioélectriques destinés à indiquer la présence de certains obstacles à la navigation aérienne.
— **aéronautique de dégagement.** Servitude comportant l'interdiction de créer ou l'obligation de supprimer des obstacles à la circulation aérienne, en particulier à proximité des aérodromes.
— **d'abattage.** Servitude imposant de laisser couper des arbres et des branches d'arbres dont la présence gêne le passage de conducteurs aériens d'électricité.
— **d'alignement.** V. *servitude de reculement.*
— **d'ancrage.** Servitude imposant de laisser établir sur des murs, toits ou terrasses les supports de lignes électriques, télégraphiques, téléphoniques, ou de conduites de gaz.
— **d'aspect.** Servitude imposant le respect de certaines règles architecturales lors de la construction d'un bâtiment.
— **de dégagement des centres radioélectriques.** Servitude interdisant d'élever des obstacles à la propagation des ondes radioélectriques et imposant de supprimer les obstacles existants, à proximité des stations émettrices ou réceptrices et des laboratoires ou centres de recherches radioélectriques.
— **de dégagement des routes et autoroutes.** Servitude interdisant de construire à une certaine distance de l'axe des routes classées « voies à grande circulation » et des autoroutes, ainsi que sur des terrains réservés à l'exécution de projets tendant à améliorer les conditions de la circulation sur les routes nationales par élargissement, rectification, création de sections nouvelles ou de champs de visibilité.
— **de fouilles.** Servitude interdisant à un propriétaire d'ouvrir des fossés, puits ou canaux à une certaine distance d'ouvrages publics.
— **de halage.** Servitude légale frappant les propriétés riveraines des cours d'eau navigables, du côté où existe un chemin de halage, impliquant l'obligation de laisser une zone libre de 7,80 m de largeur pour la traction des bateaux et l'interdiction de construire, de planter ou d'établir des haies à moins de 9,75 m du cours d'eau.
— **de marchepied.** Servitude légale frappant les propriétés riveraines des cours d'eau navigables, du côté où le halage ne se pratique pas, impliquant l'obligation de laisser un espace libre de 3,25 m à partir du cours d'eau pour permettre aux mariniers de descendre sur la

rive et d'y effectuer les manœuvres que peut exiger la circulation des bateaux.
— **de passage des eaux.** Servitude imposant de laisser installer sur un fonds une canalisation enterrée destinée à l'acheminement de l'eau potable ou à l'évacuation des eaux usées.
— **de pêche.** Servitude légale en vertu de laquelle les propriétaires riverains d'un cours d'eau domanial sont tenus de laisser à l'usage des pêcheurs, le long du cours d'eau, un espace libre de 3,25 m de largeur pouvant, dans certains cas, être réduit à 1,50 m.
— **de protection des bords de mer.** Servitude interdisant de construire sur certaines zones littorales en vue de la satisfaction des besoins d'intérêt public d'ordre maritime, balnéaire ou touristique.
— **de protection des eaux potables et minérales.** Servitude interdisant d'effectuer des travaux souterrains et des dépôts de matières nuisibles à l'intérieur d'un périmètre défini autour d'une source ou d'un point de prélèvement d'eau potable.
— **de protection des forêts.** Restriction au droit de construire et au droit d'installer des établissements industriels à proximité des forêts.
— **de protection des monuments historiques.** Servitude imposant la conservation et interdisant la modification d'un immeuble présentant pour l'histoire ou pour l'art un intérêt public et ayant fait l'objet d'une décision de classement ou pour lequel une procédure de classement est en cours.
— **de protection des sites.** Servitude limitant le droit de construire afin de préserver l'aspect esthétique de sites ayant fait l'objet d'une décision de classement ou pour lesquels une procédure de classement est en cours.
— **de protection des voies ferrées.** Ensemble de restrictions à l'exercice du droit de propriété sur les terrains riverains des chemins de fer et relatives, not. à l'alignement, à l'écoulement des eaux, aux distances à observer pour les plantations, constructions et fouilles, à l'occupation temporaire des fonds en cas de réparations à la voie.
— **de reculement.** Restriction légale à la liberté du propriétaire d'une construction dépassant sur la voie publique les limites du plan d'alignement et comportant pour ce propriétaire l'interdiction de faire des constructions nouvelles ou surélévations, ainsi que l'interdiction d'effectuer des travaux confortatifs sur la construction, de sorte que, lorsque celle-ci tombera de vétusté, le sol puisse être réuni à la voie publique moyennant une indemnité représentative de la seule valeur du terrain nu.
— **d'essartage.** Servitude imposant à un propriétaire de supprimer les bois, épines, broussailles se trouvant à une certaine distance d'ouvrages publics.
— **de survol.** Servitude imposant de laisser installer et fonctionner au-dessus d'un fonds une ligne de téléphérique affectée au transport des voyageurs.
— **de visibilité.** Interdiction de bâtir, de placer des clôtures, de faire des plantations pouvant nuire à la visibilité à proximité de croisements, virages et points dangereux pour la circulation publique et obligation de supprimer les obstacles existants.
— **de voirie.** Ensemble des servitudes imposées aux riverains des voies publiques dans l'intérêt de celles-ci ; restrictions légales apportées au droit de propriété des immeubles riverains, dans l'intérêt de la voirie publique (V. *servitude de dégagement des routes et autoroutes, servitude de fouilles, servitude de protection des voies ferrées, servitude de reculement*).
— **d'irrigation.** Servitude imposant de laisser installer et entretenir sur un fonds les canalisations nécessaires à l'irrigation.
— **dites administratives.** Charges spéciales grevant les propriétés privées dans l'intérêt général, soit comme des servitudes de passage (de lignes télégraphiques, téléphoniques, électriques, etc.) ou plus récemment, les servitudes d'urbanisme, soit au profit de dépendances domaniales, ces dernières ayant seules le caractère de véritables servitudes au sens technique du terme à la différence des premières qui constituent seulement des restrictions au droit de propriété. Comp. *sujétion.*
— **d'occupation temporaire.** Servitude imposant de laisser les agents de l'administration utiliser un terrain pendant la durée nécessaire à l'exécution de certains travaux.
— **d'urbanisme.** Ensemble des servitudes – appelées également « servitudes d'utilisation des sols » – qui résultent des plans d'*urbanisme et sont établies soit dans l'intérêt du domaine soit dans l'intérêt général.
— **d'utilité publique.** Servitude de droit public.
—**s militaires.** Restrictions à la liberté de

construire et de planter à proximité des places de guerre et postes militaires ou des magasins à poudre.

— **non confortandi.** Servitude interdisant de renforcer ou consolider des constructions frappées d'alignement. V. *servitude de reculement.*

—**s radio-électriques.** V. *servitude de dégagement des centres radio-électriques.*

▸ **III** (int. publ.)

- Notion (plus ou moins contestée en Droit international) désignant un régime juridique dans lequel la compétence territoriale d'un État se trouve affectée au profit d'un autre État ou de la communauté internationale.

SESSION

N. f. – Empr. de l'angl. *session,* du lat. *sessio* : séance, de *sedere* : être assis.

- **1** Période pendant laquelle une assemblée délibérante peut légalement tenir ses *séances et exercer ses attributions. Comp. *législature.*

— ***extraordinaire.** Session supplémentaire exceptionnelle convoquée dans l'intervalle des sessions ordinaires. Ex. Const. 1958, a. 29. Comp. *clôture, interruption, permanence.*

— ***ordinaire.** Session qui se reproduit tous les ans et pour toutes les assemblées de même catégorie à des époques déterminées par la loi. Ex. Const. 1958, modifiée par la loi constitutionnelle du 30 décembre 1963, a. 28 et l. du 10 août 1871, a. 23 abr., CGCT L. 4422-4.

- **2** Période pendant laquelle *siège une juridiction non permanente, ainsi la *cour d'assise. Syn. **assises* (sens 2). Comp. *audience, séance, siège.*
- **3** Période d'examen ; ensemble des épreuves organisées pendant cette période.

SÉVICES

N. m. pl. – Lat. *saevitia* (*-cia* à basse époque), de *saevus* : violent.

- *Violences physiques, mauvais traitements corporels infligés à une personne. Comp. *coup.*

— **entre époux.** Violences pouvant motiver le divorce pour faute si elles rendent intolérable le maintien de la vie commune. V. *excès, injure.*

— **envers un donateur.** Faits retenus, s'ils sont graves, comme marque d'ingratitude, cause de révocation de la donation. V. *injure.*

— **envers un mineur de 15 ans.** Faits dont la non-dénonciation aux autorités sanitaires et sociales est un délit.

SEXE

Subst. masc. – Lat. *sexus.*

- **1** Chez l'homme ou la femme, organes de la reproduction et de la sexualité.
- **2** Chacune des deux moitiés du genre humain, ensemble des femmes (sexe féminin), ensemble des hommes (sexe masculin).
- **3** L'appartenance à l'un de ces groupes, élément de l'*état des personnes auquel la loi attache certaines conséquences juridiques parfois *discriminatoires et contraires à l'égalité civile, parfois compensatoires (ex. privilège de gravidité en faveur de la femme) parfois inhérentes à une différence naturelle (ex. la paternité et la maternité ne peuvent se prouver de la même manière). V. *transsexualisme.*

SEXISTE

Adj. – Néol. construit sur le modèle de raciste.

- Qui tend à fonder une *discrimination sur le sexe, spécialement en défaveur du sexe féminin.

SEXUEL, ELLE

Adj. – Lat. *sexualis,* du sexe de la femme.

- Qui se rapporte à la sexualité, à l'union charnelle, aux rapports intimes. Ex. relations sexuelles.

— **(*agression).** Toute atteinte sexuelle commise avec violence, contrainte, menace ou surprise (C. pén., a. 222-22) qui est passible de peines plus ou moins graves selon qu'il s'agit d'un *viol ou d'agressions autres que le viol (naguère nommées *attentats à la pudeur, a. 222-27 s.), mais toujours caractérisée par la violence (à la différence de l'atteinte sexuelle sans violence incriminée lorsqu'elle s'exerce sur la personne d'un mineur de quinze ans) et par l'acte qui la matérialise tangiblement sur le corps de la victime (à la différence de l'exhibition sexuelle).

— **(*atteinte).** Atteinte volontaire à l'intégrité physique et psychique d'une personne de l'un ou l'autre sexe, commise soit avec violence (agression sexuelle), soit sans violence (et seulement incriminée lorsqu'elle s'exerce sur un mineur de 15 ans, C. pén., a. 227-25) mais toujours matérialisée par un acte sur le corps de la victime, Comp. *exhibition sexuelle, harcèlement sexuel.*

— **(exhibition).** Ostentation impudique; action d'exposer publiquement sa nudité ou ses attributs sexuels (naguère nommée *outrage public à la pudeur), incriminée lorsque son auteur impose ce spectacle à la vue d'autrui dans un lieu accessible aux regards du public (C. pén., a. 222-32).

— **(harcèlement).** V. *harcèlement.*

SICAV

V. *société d'investissement à capital variable.*

SICOVAM

V. *société interprofessionnelle pour la compensation des valeurs mobilières.*

SIC REBUS STANTIBUS

V. **rebus sic stantibus.*

SIÈGE

N. m. – Lat. pop., de *sedicum,* de *sedicare,* tiré lui-même de *sedere.* V. *session.*

• **1** Localité où est établie une autorité, où elle se trouve légalement. Ex. le siège des pouvoirs publics est à Paris.

— **du tribunal.** Localité où le tribunal est installé, où il tient régulièrement ses *séances. Comp. *ressort, circonscription.*

• **2** Plus précisément, local dans lequel s'exerce une activité, lieu où elle est implantée (bâtiment, terrain, etc.).

— **d'exploitation.** Lieu où s'exercent les opérations commerciales techniques de la société, où se trouvent ses usines, bureaux d'exploitation, magasins de vente (peut être pris pour le domicile de la société lorsqu'il ne se confond pas avec le siège social et que la sincérité de celui-ci n'est pas établie).

— **social.** Lieu déterminateur du *domicile de la société où se trouve concentrée la vie juridique de celle-ci, où fonctionnent ses organes d'administration, où se réunissent ses assemblées générales (peut être distinct du lieu où la société exerce sa principale activité d'exploitation et où se trouvent son industrie et son commerce). V. *réel, statutaire.*

• **3** Place occupée par un membre d'une assemblée ou d'une juridiction dans la salle des séances ou dans la salle d'audience. Comp. *parquet, barreau, tribune.*

— **(jugement rendu sur le).** Jugement rendu dès la clôture des débats séance tenante, sans que les juges qui siègent se retirent en chambre du conseil pour délibérer. Comp. **sur-le-champ.*

• **4** Par ext., la fonction appartenant, en tant que tel, au membre d'une assemblée. Ex. nombre de sièges à pourvoir dans une élection. Comp. *voix.*

• **5** Fonction caractérisée par la position (assise) dans laquelle elle s'exerce et par exit. l'organe qui l'exerce; spéc., par opp, au *parquet, la juridiction de jugement.

— **(magistrature du).** Ensemble de la *magistrature assise.

• **6** Localisation juridique des activités centrales d'une organisation internationale. Un « accord de siège » définit généralement le statut juridique de l'organisation sur le territoire de l'État sur lequel est situé le siège.

— **(état de).** Régime dans lequel sont restreintes les libertés publiques, transférés et étendus les pouvoirs de police, et modifiées les compétences juridictionnelles, principalement au profit de l'autorité militaire, prévu, soit pour les localités effectivement assiégées par un ennemi, soit, par ext., pour celles où les désordres se produisent, par la Constitution (Const. 1958, a. 36) et par les articles L. 2121-4 s. du C. déf. (anc. lois des 3 avril 1878 et 9 avril 1849). Comp. *urgence (état d'), crise.*

SIÉGER

V. – Lat. *sedere* : être assis.

• **1** Pour une autorité (assemblée, juridiction).

a / (dans l'espace). Être établie, installée dans une localité. Ex. la Cour de cassation siège à Paris.

b / (dans le temps). Tenir *séance. Comp. *délibérer.*

- **2** Pour une personne (magistrat, parlementaire).

a / Être membre d'une juridiction (siéger à la cour de Paris) ou d'une assemblée (siéger à l'Assemblée nationale).

b / Être en séance. V. *audience.*

SIGNATAIRE

Subst. – Dér. de signer. V. *signature.*

- **1** Celui qui a donné son accord à un acte (contrat, traité), en son nom ou par représentation, en apposant sa *signature au bas de cet acte. Comp. *souscripteur, contractant, partie, cocontractant, partenaire.*
- **2** Quiconque appose sa signature sur un chèque ou un effet de commerce à quelque titre que ce soit : *tireur, *tiré (ou *souscripteur), ou *endosseur.
- **3** Parfois syn. d'*auteur (d'une œuvre). Ex. signataire d'un ouvrage, d'un article.

SIGNATURE

N. f. – Dér. de signer, lat. *signare* : mettre un signe : *signum.*

1 (sens fonctionnel générique)

- *Signe par lequel le *signataire s'affirme comme l'auteur de ce qu'il signe (lettre, œuvre, acte), marque personnelle intentionnelle qui manifeste son identité et concentre sur sa tête les effets attachés à son initiative (C. civ., a. 1367, al. 1).

— **d'un *acte juridique.** *a)* signature des parties. Signe par lequel les parties nommément désignées assument (par elles-mêmes ou leur représentant) les conséquences juridiques de l'acte. *b)* signature d'un officier public : signe conférant l'*authenticité à l'acte sur lequel il est apposé.

2 (sens traditionnels)

- **1** Apposition (en général manuscrite) que fait une personne de son nom (accompagné ou non de son prénom), soit sur un acte comme partie à une convention (signature d'un bail), ou auteur d'un acte unilatéral (signature d'un testament), soit sur une œuvre personnelle (manuscrit, toile, lettre, comme auteur de celle-ci), soit sur un document quelconque (livre) en signe d'appropriation ou de dédicace. Comp. *ex libris.* V. *adhésion, approbation, engagement, écriture, inscription, subscription, souscription, légalisation, *certification de signature, olographe.*
- **2** La même opération accomplie par une autorité sur un document, afin de conférer l'authenticité à un acte relevant de sa compétence. Ex. signature d'un décret en Conseil des ministres par le Président de la République, signature d'un jugement par le président de la juridiction qui l'a rendue et le secrétaire de celle-ci (CPC, a. 456). V. *contreseing, promulgation, publication, vote.*
- **3** Le signe graphique lui-même (en général manuscrit). Comp. *paraphe, griffe, marque, label.*
- **4** Par ext., le pouvoir d'engager (avoir la signature) ou la compétence pour accomplir l'acte.

— **(délégation de).** V. **délégation de signature.*

—**s privées.** Celles des personnes privées, parties à un acte juridique. V. **acte sous seing privé.*

— **sociale.** Signature, souvent accompagnée du cachet de la société, qui, apposée sur un acte par le représentant d'une personne morale, engage celle-ci : ne se confond pas avec le *nom de la société (*raison sociale ou dénomination sociale). V. **fondé de pouvoir.*

- **5** Dans la procédure de conclusion des traités internationaux, acte émanant, soit du président de la conférence au sein de laquelle a eu lieu la négociation, afin d'authentifier le texte du traité adopté par cette conférence, soit des plénipotentiaires ayant négocié le traité, ou des délégués d'États désirant adhérer à un traité. déjà négocié (la signature donnée par des représentants d'États ayant pour but de marquer leur accord sur le texte du traité et l'intention de leur État de devenir partie à celui-ci, ordinairement après *ratification ou *approbation, quelquefois par le seul effet de la signature).

3 (signature électronique)

- Donnée qui résulte de l'usage d'un procédé *fiable d'identification garantissant son lien avec l'acte auquel elle s'attache (C. civ., a. 1367, al. 2). V. *présomption de *fiabilité, écrit électronique.*

— **sécurisée.** Signature électronique répondant aux exigences de la sécurité du commerce juridique, ce qui suppose qu'elle soit propre au signataire, qu'elle soit créée par des moyens que le signataire puisse garder sous son contrôle exclusif et qu'elle garantisse avec l'acte auquel elle s'attache un lien tel que toute modification ultérieure de l'acte soit détectable (d. 30 mars 2001, a. 1er-2).

SIGNE

N. m. – Lat. *signum.*

- **1** *Indice, élément de preuve. Ex. signe de richesse, signe de vie. V. *présomption.*

—**s extérieurs.** Indices retenus par la loi fiscale, soit pour déterminer l'assiette d'un impôt, soit pour contrôler les déclarations du contribuable.

- **2** Démonstration extérieure. Ex. signes d'approbation ou de désapprobation donnés à l'audience par des personnes qui y assistent (CPC, a. 439).

—**(s) religieux.** Manifestation de l'adhésion à une *religion par le port d'objets ou de vêtements tels que voile, croix, kippa ; réglementée dans certains lieux et dans des circonstances particulières (ex. établissement d'enseignement, C. éduc., a. L. 141-5-1 ; lieu de travail, C. trav., a. L. 1321-2-1).

- **3** Manifestation de volonté, expression de consentement. Ex. signe de tête ou de main valant prise d'engagement dans un jeu, un pari, aux enchères, à la bourse. V. *consensualisme, ad nutum.*
- **4** Élément distinctif choisi comme facteur d'identification et de reconnaissance ; signe extérieur qui peut être un costume, un uniforme, une décoration, un insigne. Ex. usurpation de signes réservés à l'autorité publique (C. pén., a. 433-14). Comp. *marque, label, sigle, enseigne, appellation d'*origine, indication de *provenance.*
- **5** Élément de signalisation, symbole d'une règle de droit (interdiction, permission) ; norme visualisée.

SIGNIFICATION

N. f. – Lat. *significatio.* V. les précédents.

- **1** *Notification faite par huissier de justice, consistant en la remise de la copie d'un acte de procédure à son destinataire (CPC, a. 651).

— **à domicile, à résidence.** Signification faite – lorsqu'elle s'avère impossible à personne – au domicile ou, à défaut, à la résidence du destinataire, à toute personne présente, sinon au gardien de l'immeuble, en dernier lieu à tout voisin (est réputée faite dans les mêmes conditions la signification en mairie si les personnes ne peuvent ou ne veulent recevoir la copie de l'acte).

— **à personne.** Signification faite à l'intéressé lui-même en quelque lieu qu'il soit rencontré.

— **au parquet.** Signification faite au procureur lorsque le destinataire n'a ni domicile, ni résidence, ni lieu de travail connus ou qu'il demeure dans un territoire d'outre-mer ou à l'étranger.

— **par acte au palais.** Signification faite d'avocat à avocat, ou d'avoué à avoué par huissier de justice (avec apposition par celui-ci de mentions diverses sur l'acte et les copies). V. *acte d'avocat à avocat.*

- **2** L'acte même de signification (l'**instrumentum*). V. *second original.*

SILENCE

N. m. – Lat. *silentium.*

- **1** Absence de règle écrite, de disposition expresse dans la loi, que le silence de la loi soit intentionnel ou non. V. *omission, *lacune intra legem, déni de justice, coutume, praeter legem, vide juridique.*
- **2** Défaut de réponse (sous une forme ou une autre), à une *offre qui peut, selon les circonstances, valoir refus ou acceptation de celle-ci (qui ne dit mot consent) (C. civ., a. 1120). V. *tacite, implicite, consensualisme, signe.*
- **3** Absence de réponse de l'administration à une requête dont elle a été saisie, qui peut être assimilée à une décision dite tacite (ou *implicite) positive ou négative. Ex. octroi tacite du permis de construire ou, en matière contentieuse, décision implicite de rejet résultant du silence

gardé pendant quatre mois par l'administration (l'assimilation du silence à un rejet a été considérée par le Conseil constitutionnel comme un principe général, ce qui implique que la solution inverse ne puisse être décidée que par la loi. Le Conseil d'État ne s'est pas rallié à cette position).

- **4** Fait, pour une personne, de ne pas révéler ce qu'elle sait, contrairement, en général, à ce qu'elle devrait. Comp. *réticence, secret, dissimulation.* V. *dol, fraude, mauvaise foi, sincérité.*
- **5** Fait, pour le destinataire d'une lettre, de ne pas opposer de démenti à l'affirmation d'un fait contenu dans cette lettre, non-contestation qui, à elle seule, ne vaut pas *reconnaissance du fait allégué (en matière de preuve).
- **6** Fait de se taire. Ex. pour un prévenu, de ne pas répondre aux questions du juge ; refus ou abstention de prendre la *parole.
- **7** Fait, pour plusieurs personnes réunies, de s'abstenir de toute parole afin de réfléchir et de se recueillir. V. *intime *conviction.*

ADAGES : « Qui ne dit mot consent. » « En close bouche n'entre bouche » (Catherinot).
« Expressa nocent, non expressa non nocent » (Modestin).

SIMPLE

Adj. – Lat. *simplus,* var. de *simplex.*

- **1** *Ordinaire, sans particularités ni caractères spéciaux. Comp. **pur et simple.*

— **(enfant *naturel).** Par opp. à enfant *adultérin ou *incestueux, enfant né d'une union libre non entachée d'adultère ou d'inceste, enfant issu de deux personnes non mariées ensemble mais qui seraient libres de le faire *(solutus cum soluta)*.
— **(lettre).** Par opp. à *lettre recommandée, lettre expédiée par voie postale sans garantie spéciale d'acheminement.
— **(majorité).** V. *majorité.*
— **(*sursis).** Par opp. à *sursis avec mise à l'*épreuve, sursis ne comportant pour son bénéficiaire aucune sujétion particulière (not. de contrôle judiciaire).
— **(vol).** Par opp. à *vol *qualifié, vol non accompagné de circonstances aggravantes (violence, effraction, etc.).

- **2** De moindre portée ou efficacité. Comp. *franchise simple.*

— **(adoption).** Par opp. à adoption *plénière, type d'adoption qui, ayant seulement pour effet de créer entre l'adopté et la famille adoptive un nouveau lien de filiation (fictive), n'a pas celui de rompre le lien qui l'unit à sa famille d'origine (de telle sorte qu'il conserve dans celle-ci tous ses droits, not. ses droits héréditaires, tout en en obtenant de semblables dans la famille adoptive) (C. civ., a. 360 s.).
— **(présomption).** Par opp. à présomption *irréfragable, celle qui souffre la preuve contraire. Syn. *réfragable, présomption juris tantum.*

- **3** De moindre gravité.

— ***police.** Par opp. à police *correctionnelle, expression servant à caractériser, dans l'échelle des *infractions, la catégorie d'infraction la moins grave (contravention de simple police), et par ext. la catégorie de peine correspondante au degré le plus bas de l'échelle des peines (peine de simple police) ainsi que la juridiction compétente pour en connaître (tribunal de simple police).

- **4** Sans formalité ni solennité. Ex. simple promesse. Comp. *consensuel, verbal.* V. *pacte *nu.*
- **5** Sans développement. Ex. simples observations.
- **6** Unique, par opp. à double. Ex. dépôt d'une pièce en simple exemplaire.
- **7** Sans réserve. Syn. en ce sens de *pur et simple (sens 2). Ex. *aveu simple.

SIMULATION

N. f. – Lat. *simulatio,* de *simulare* : feindre.

- Fait consistant à créer un acte juridique *apparent (dit *ostensible) qui ne correspond pas à la réalité des choses, soit pour faire croire à l'existence d'une opération imaginaire, soit pour masquer la nature ou le contenu réel de l'opération (ex. dissimulation du prix, *déguisement d'une donation en vente), soit pour tenir secrète la personnalité d'une ou de plusieurs des parties à l'opération (*interposition de personnes), etc. V. *contre-lettre, prête-nom, *personne interposée, simulé,* *déguisé, occulte, secret.* Comp. *dissimulation.*

— **(action en déclaration de).** Action en justice par laquelle un tiers, qui se verrait opposer l'acte apparent, peut obtenir qu'il ne soit tenu compte que de l'acte effectif, pour tout ce qui concerne ses intérêts (C. civ., a. 1201).

— **de maternité (ou d'enfant).** Fait, pour une femme qui n'est pas accouchée d'un enfant, de s'en attribuer la maternité (naguère nommé *supposition d'enfant), incriminé comme portant atteinte à l'état civil de l'enfant, le mensonge de la mère fictive (simulation de naissance) étant associé, de la part de la mère véritable, à la *dissimulation de sa maternité. C. pén., a. 227-13. V. *atteinte à la *filiation.*

SIMULÉ, ÉE

Adj. – Part. pass. de simuler, lat. *simulare.*

- **1** Se dit de l'acte *ostensible purement *fictif ou sous l'*apparence duquel les parties cachent l'opération *véritable qu'elles entendent réaliser (acte *déguisé). Ex. vente simulée recouvrant une donation. V. *simulation, déguisement, contre-lettre, interposition de personne, occulte, blanc, mariage.*
- **2** Postiche mais destiné à créer une confusion. Ex. *arme simulée.

SINCÉRITÉ

N. f. – Lat. *sinceritas* : intégrité, pureté.

- Probité consistant en la révélation spontanée, par celui qui est en général seul à le connaître, d'un fait décisif ou au moins non négligeable pour celui qui l'ignore. Comp. *bonne foi, véracité, vérité.* Ant. **silence, secret, *réticence, *dol.* V. *erreur, croyance, fraude.*

— **(déclaration de).** Celle par laquelle l'auteur d'un acte affirme que le contenu de celui-ci (ex. indication du prix de vente, description des circonstances d'un accident) correspond exactement et fidèlement à la *vérité, à la réalité. V. *serment, dissimulation.*

— **(devoir de).** Aspect de l'obligation de loyauté incombant aux parties dans la période précontractuelle, plus spécialement devoir pour chaque fiancé de révéler à l'autre les raisons graves qui pourraient dissuader celui-ci de l'épouser (faits déshonorants), afin d'expliquer que la dissimulation de faits antérieurs au mariage puisse constituer une faute, cause de divorce. V. *injure grave, *erreur dans la personne, dol, bonne foi.* Comp. *renseignement (devoir de), information (obligation d').*

ADAGE : *En mariage, trompe qui peut.*

SINÉCURE

Subst. fém. – Emp. à l'anglais *sinecure,* construit sur le lat. *sine cura,* sans soin, sans travail, sans souci.

- (vx) *Poste rétribué sans travail à fournir ; *emploi rémunéré sans avoir rien à faire (ou pour ne rien faire). V. *fictif.*

SINISTRE

N. m. – Empr. de l'ital. *sinistro,* du lat. *sinister* : à gauche, défavorable.

- Réalisation du *risque, prévu au contrat, de nature à entraîner la garantie de l'assureur, sous l'obligation pour l'assuré (ou le bénéficiaire), à peine de déchéance (prévue au contrat), d'en faire la déclaration à l'assureur dans un certain délai et à charge, pour lui, de prouver le sinistre. V. *préjudice, dommage, sécurité.*

— ***majeur.** Sinistre donnant, en vertu de la loi ou de la police, ouverture au délaissement en matière d'assurance maritime. V. *délaissement.*

SINISTRÉ, ÉE

Adj. – Dér. de **sinistre.*

- Qui a subi un sinistre, plus précisément une catastrophe dont l'ampleur justifie en général des mesures exceptionnelles. Ex. secours aux personnes sinistrées, protection de la zone sinistrée.

SITUATION

N. f. – Dér. de situer, formé sur site.

- **1** *État dans lequel se trouve une personne sous un rapport déterminé (situation de famille, de fortune, professionnelle, etc.) et qui, fondé sur une donnée de *fait, peut être très diversement caractérisé au regard du droit (situation légalement reconnue ou dite de pur fait ; situation licite, illicite ou tolérée), mais qui constitue une situation juridique pour peu que certains effets de droit – favorables ou défavorables – lui soient attachés. Ex. communauté de vie ou séparation de fait, insolvabilité, état de *besoin ou aisance, filiation naturelle légalement établie, etc. Comp. *condition, statut.*

- **2** Conjoncture, ensemble de *circonstances de fait d'ordre individuel, familial, collectif, politique, *économique, social, international, etc., que le Droit prend en considération pour y attacher telle ou telle conséquence juridique. Ex. hausse ou baisse, entente ou mésentente, pénurie ou abondance, situation de crise, etc. V. *force majeure, révision, mesures de crise, provisoire, cas.*

— **exceptionnelle.** V. *exceptionnel.*

— **internationale.** Ensemble de circonstances non constitutives d'un *différend entre parties, et constituant une menace objective pour la sécurité internationale (charte des Nations Unies).

- **3** *État des opérations et des comptes d'un organisme ou d'une entreprise à un moment donné. Ex. situation du Trésor, situation de travaux (désigne le résultat de ce pointage et surtout le document qui le constate).
- **4** Pour une chose, sa place dans l'espace, son implantation géographique. Ex. loi du lieu de situation d'un immeuble : loi de l'État sur le *territoire duquel il se trouve ; par ext., l'action de la situer en un lieu. Syn. *localisation.* V. *rattachement.*

SMIC

Initiales désignant le salaire minimum interprofessionnel de croissance, salaire destiné à assurer à tout travailleur âgé de plus de 18 ans un minimum de rémunération variant en fonction du coût de la vie (295 articles) et de l'augmentation des salaires réels moyens (a remplacé le SMIG, lequel subsiste pour le calcul de certaines prestations sociales, sous le nom de minimum garanti).

SOCIAL, ALE, AUX

Adj. – Lat. *socialis,* dér. de *socius* : compagnon, associé.

- **1** Qui concerne, dans un pays donné, la société tout entière et donc l'intérêt général. Ex. utilité sociale. Comp, public, collectif. Ant. *particulier, privé, individuel.* V. *service public, aide sociale.*
- **2** Qui concerne la vie des travailleurs, plus généralement les relations de travail ; par opp. à économique.

— **(Droit).** Branche du Droit constituée par l'ensemble des règles régissant les relations du travail et englobant, dans l'opinion commune, la protection contre les risques (*sécurité sociale). Syn. *législation sociale.* Comp. **Droit du travail.*

- **3** Plus spécifiquement encore, qui tend, dans l'organisation d'un pays, à promouvoir, par la solidarité, la sécurité de ses membres. Ex. sécurité sociale, avantages sociaux.
- **4** Qui se rapporte à une *société (civile ou commerciale), qui lui appartient. Ex. actif social, passif social, biens sociaux, *action sociale. Ant. *personnel, individuel.* Comp. *collectif.*

SOCIÉTAIRE

Subst. – Dér. de *société.

- **1** Membre d'une *association. Comp. *associé, fondateur, obligataire.*
- **2** Membre d'une compagnie d'acteurs.

SOCIÉTÉ

N. f. – Lat. *societas,* de *socius* : compagnon, associé.

- **1** Sens divers (secondaires).

a / La collectivité des membres d'une nation, d'un État, considérée comme sujet et support d'un *intérêt *collectif. En ce sens, le ministère public défend les intérêts de la société. Comp. **ordre public.* V. *social, général.*

b / Société internationale. L'ensemble des États, le concert des *nations (V. ci-dessous un autre sens).

c / Le milieu social. V. *possession d'État* (C. civ., a. 311-2), *fama.*

d / Dans l'expression *société d'acquêts, espèce de convention matrimoniale.

- **2** Sens principaux (correspondant à l'ensemble des sous-mots et aux diverses espèces de sociétés civiles ou commerciales).

a / L'acte qui institue la société. 1° (modèle traditionnel). Le contrat par lequel deux ou plusieurs personnes conviennent d'affecter à une entreprise commune des biens ou leur *industrie, en vue de partager le *bénéfice ou de profiter de l'économie qui pourra en résulter (but intéressé qui le distingue de l'*association), tout en s'engageant à contribuer aux *pertes, C. civ., a. 1832 (ce contrat exige pour son existence : 1 / qu'un *apport soit fait parchacun des associés ; 2 / que tous aient une vocation aux bénéfices ; 3 / que chacun d'eux contribue aux pertes ; 4 / que les associés aient la volonté de se traiter comme tels *(affectio societatis),* c'est-à-dire aient la possibilité de participer sur un certain pied d'égalité à l'œuvre entreprise en commun). 2° (fig. nouvelle). L'acte de volonté d'une seule personne qui institue une entreprise *unipersonnelle (a. 1832, al. 2). V. *associé, *part sociale, fondateur, gérance, jus fraternitatis.* Comp. *association, collaboration.*

b / La réalité sociale (l'organisme, l'institution) qui naît du contrat de société et qui, s'il ne s'agit d'une *société en participation, constitue une *personne *morale à compter de l'immatriculation (C. civ., a. 1842), d'où la personne juridique née du contrat de société et considérée comme propriétaire du patrimoine social. V. *personnalité morale, firme, compagnie, établissement, groupe, groupement, entreprise.* Comp. *fondation.*

— ***anonyme.** Société commerciale (quel que soit son objet) dans laquelle les associés (qui doivent être au moins au nombre de sept) ne sont tenus des dettes sociales qu'à concurrence de leur apport et dont le capital est divisé en *actions (librement cessibles). V. *négociabilité, société de capitaux, société par actions, commerçant.*

— **à responsabilité limitée.** Société commerciale (quel que soit son objet) dans laquelle les associés ne sont tenus des dettes sociales qu'à concurrence de leur apport et dont le capital est divisé en *parts sociales non librement cessibles (ne pouvant être cédées à des tiers qu'avec l'assentiment de la majorité des associés représentant les trois quarts du capital social).

— ***civile.** Espèce de *société soumise à un statut légal particulier et à toutes les règles non contraires du droit commun des sociétés que la loi, par opposition not. aux sociétés commerciales, définit comme un genre résiduel, en reconnaissant un caractère civil à toutes les sociétés auxquelles une disposition légale n'attribue pas un autre caractère à raison de leur forme, de leur nature ou de leur objet (C. civ., a. 1845 s.).

— **civile professionnelle.** Société constituée entre personnes physiques exerçant une même profession libérale réglementée (agréés, avocats, commissaires-priseurs, huissiers, notaires) et qui a pour objet l'exercice en commun de la profession de ses membres. V. *société d'exercice libéral.*

— ***commerciale.** Société régie par les lois particulières du commerce (suivant sa forme et son objet) et, sauf dérogation légale, par les dispositions générales du droit commun des sociétés (C. civ., a. 1832 s., spéc. 1834), a pour objet principal l'accomplissement d'opérations commerciales ou qui, ayant pour objet principal l'accomplissement d'opérations civiles, a adopté la forme de la société en nom collectif, de la société en commandite simple, de la société en commandite par actions, de la société anonyme ou de la société à responsabilité limitée. V. *commerçant.* Comp. **société civile.*

— ***conventionnée.** Sociétés bénéficiant de certains avantages fiscaux en vertu d'une convention conclue avec l'État. Ex. sociétés immobilières conventionnées ; sociétés pour le développement de l'industrie, du commerce et de l'agriculture et leur adaptation à la CEE.

— **coopérative.** V. *coopérative.*

— ***coopérative agricole.** Société sans but lucratif bénéficiant d'un statut juridique autonome, formée par les *agriculteurs et les groupements agricoles en vue d'utiliser en commun tous les moyens propres à faciliter ou à développer leur activité économique, à améliorer ou à accroître les résultats de cette activité.

— **coopérative ouvrière de production.** Espèce nouvelle de société coopérative constituée, sous forme, soit de société à responsabilité limitée, soit de société anonyme, par des travailleurs de toutes catégories ou qualifications qui, se choisissant librement, s'associent pour exercer en commun leurs professions dans une entreprise qu'ils gèrent directement (ou par l'intermédiaire de mandataires désignés par eux et en leur sein), et disposent de pouvoirs égaux quelle que soit la part de capital détenue par chacun d'eux (l. 19 juill. 1978, a. 3 ; l. 10 sept. 1947, a. 4).

— **d'aménagement foncier et d'établissement rural (SAFER).** Société sans but lucratif, qui a une compétence géographique déterminée moyennant agrément de l'administration, peut acquérir des terres ou des exploitations agricoles librement mises en vente, ainsi que des *terres incultes destinées à être rétrocédées après aménagement éventuel, et doit, par les achats, les ventes et les baux qu'elle conclut ou provoque, les mises en valeur et les travaux auxquels elle procède, améliorer les structures agraires et faciliter les installations d'*exploitants agricoles.

—**s d'assurances à forme mutuelle.** Sociétés non commerciales, dont les cotisations sont, selon les statuts, fixes ou variables et qui sont dotées d'un fonds d'établissement (peuvent couvrir tous les risques, y compris les risques d'assurance vie, avoir des intermédiaires rémunérés par des commissions et garantissent le règlement intégral de leurs engagements en cas de sinistre).

—**s d'assurances mutualistes.** Sociétés qui couvrent leurs adhérents contre certains risques limités et sans être soumises au régime général des sociétés d'assurances sont régies par des textes spéciaux.

—**s d'assurances *mutuelles** (pures ou proprement dites). Associations non commerciales dont les cotisations sont toujours variables, qui sont dotées d'un fonds d'établissement, et ont un caractère soit régional, soit professionnel (ne peuvent couvrir les risques d'assurance vie, ni avoir d'intermédiaires rémunérés ; garantissent le règlement intégral de leurs engagements en cas de sinistre).

—**s d'assurances mutuelles agricoles.** Sociétés mutuelles qui, bénéficiant de subvention et de faveurs fiscales, ne peuvent, avec des cotisations fixes ou variables, couvrir que les risques spécifiquement agricoles ou connexes (sont constituées selon les règles des syndicats professionnels).

—**s d'assurances nationalisées.** Principales sociétés d'assurances qui ont été appropriées par l'État.

—**s d'assurances par actions.** Sociétés commerciales d'assurances qui, tout en étant soumises aux règles générales des sociétés par actions, sont d'abord régies par des règles spéciales.

— **de *capitalisation.** Société s'engageant, en échange de versements périodiques ou d'un versement unique, à payer à chacun de ses adhérents une somme déterminée au bout d'un certain temps.

— **de capitaux.** Société dans laquelle la personnalité des associés est indifférente, seuls étant pris en considération les capitaux apportés, d'où il résulte que les *parts de chacun des associés, appelées *actions, sont négociables et librement transmissibles. V. *négociabilité.* Comp. *société de personnes.*

— **de chasse.**

a / Association de chasseurs créée en vue d'organiser un territoire de *chasse et de partager les dépenses afférentes.

b / Société civile constituée en vue d'exploiter commercialement le droit de *chasse de ses adhérents et de partager les bénéfices résultant de cette exploitation.

—**s de courses de chevaux.** Groupements régis, en dehors des règles qui leur sont propres, par la loi du 1er juillet 1901 qui ont pour objet, moyennant l'autorisation de l'État, l'organisation des courses de chevaux et des activités liées à cet objet (a. 1, d. 5 mai 1997). V. *société mère.*

— **d'économie mixte.** Société commerciale constituée entre des personnes de droit privé et une ou plusieurs personnes de droit public, ayant le caractère d'un organisme de droit privé, mais dont les statuts contiennent généralement des dérogations au droit commun des sociétés (société qui tire cette dénomination de ce que son capital appartient pour partie à une ou plusieurs personnes publiques, pour partie à des personnes privées). V. *société nationale, société d'État.*

— **de fait.** Groupement de deux ou plusieurs personnes qui présente les éléments spécifiques du contrat de société (*affectio societatis,* mise en commun de biens, partage des bénéfices et des pertes) sans remplir toutes les conditions requises pour la formation ou la validité de ce contrat. Ex. société de fait entre concubins qui se sont comportés comme des associés sans avoir exprimé la volonté de former une société ; société voulue par les associés mais frappée d'une cause de nullité après avoir fonctionné un certain temps.

— **de personnes.** Société à laquelle chaque associé est réputé n'avoir consenti qu'en considération de la personne de ses coassociés *(intuitu personae)* et qui exige leur collaboration personnelle à la poursuite du but social, d'où il résulte que la *part sociale de chacun d'eux (appelée *part d'intérêt) n'est transmissible qu'en vertu d'une clause expresse et avec le consentement des coassociés. Comp. *société de capitaux.* V. *société en nom collectif, société en commandite simple, *agrément (clause d').*

—s d'État. Sociétés de droit commercial issues des *nationalisations ou créées de toutes pièces et dont la particularité réside dans le fait que leur capital est intégralement propriété de l'État, avec ce que cela implique comme conséquences sur leur organisation et leur fonctionnement. Comp. *société d'économie mixte.* V. *société nationale.*

— de travail temporaire. V. **travail temporaire.*

— d'exercice *libéral. *Société *civile, constituée par les membres de professions libérales réglementées (spécialement les *avocats) afin d'exercer en commun leurs activités par la création d'une *personne morale, empruntant la forme des principales sociétés commerciales de capitaux (responsabilité limitée, forme anonyme, commandite par actions), tout en restant de nature civile par son objet et inscrite sur une liste ou un tableau (elle peut être pour partie composée d'associés n'appartenant pas à la corporation, à l'exclusion des professions juridiques); plus exceptionnellement, société en participation *constituée entre praticiens des dites professions, sans création d'être nouveau (l. 31 déc. 1990). V. *affectio societatis, jus fraternitatis.*

— d'intérêt collectif agricole (SICA). Société de forme civile ou commerciale comprenant des personnes appartenant aux professions agricoles, commerciales et industrielles, garantissant par ses statuts une place prépondérante aux *agriculteurs dont l'objet consiste soit à créer ou à gérer des installations ou équipements soit à assurer des services dans l'intérêt des agriculteurs d'une région rurale déterminée ou, de façon plus générale, dans celui des habitants de cette région, sans distinction professionnelle.

— d'*investissement. Société, constituée obligatoirement sous la forme anonyme, qui a pour objet la gestion d'un portefeuille de valeurs mobilières et à qui toutes autres opérations financières, industrielles ou commerciales sont interdites. Comp. *holding.*

— d'investissement à capital variable. Type de société d'investissement dont le capital est susceptible d'augmenter par l'émission de nouvelles actions et de diminuer par le *rachat, par la société, d'actions reprises aux actionnaires qui en font la demande (adaptation en France de la technique anglo- américaine des fonds *open end*).

— en commandite par actions. Société commerciale par la forme comprenant les deux catégories d'associés de la *société en commandite simple mais dans laquelle l'apport des commanditaires (dont le nombre ne peut être inférieur à trois), est représenté par des *actions.

— en commandite simple. *Société de personnes, commerciale par la forme, et connue du public sous une *raison sociale, qui comprend deux sortes d'associés : un ou plusieurs associés indéfiniment et solidairement tenus des dettes sociales, appelés *commandités ou gérants qui ont tous la qualité de commerçant et dont le nom figure dans la raison sociale (à moins que celle-ci ne comprenne le nom d'un ou plusieurs d'entre jeux suivi de l'expression « et Cie »); un ou plusieurs associés tenus seulement dans les limites de leur apport, appelés *commanditaires ou bailleurs de fonds, exclus de la gérance et qui n'ont pas la qualité de commerçant.

— en formation. Société en cours de *constitution. V. *période constitutive.*

— en nom collectif. *Société de personnes, commerciale par la forme et connue du public sous une *raison sociale, dans laquelle les associés (qui ont tous la qualité de commerçants) sont tenus indéfiniment et solidairement des dettes sociales.

— en *participation. Société, en général commerciale, nécessairement occulte et dénuée de la personnalité morale, par laquelle deux ou plusieurs personnes conviennent de partager, suivant une proportion librement décidée, les résultats d'une ou plusieurs opérations accomplies personnellement par l'un des associés ou d'une ou plusieurs exploitations prolongées, exécutées en leur nom personnel par les associés à qui elles appartiennent (les droits de l'associé ne pouvant être représentés par des titres négociables et n'étant cessibles qu'avec le consentement de ses coassociés) (C. civ., a. 1871 s.).

— **filiale.** V. *filiale.* Comp. *société mère.*
—**s (*groupe de).** Ensemble formé par une société et celle(s) qu'elle *contrôle. Comp. **entreprise commune, concentration.*
—**s immobilières d'investissement.** Sociétés, revêtant obligatoirement la forme anonyme, ayant pour objet exclusif l'exploitation d'immeubles ou groupes d'immeubles locatifs situés en France, affectés à concurrence des trois quarts au moins de leur superficie à l'habitation, et qui fonctionnent conformément à des statuts préalablement approuvés par arrêté du ministre de l'Économie et des Finances.
— ***internationale.**
a / Société qui relève en principe du *Droit international public, ayant été constituée par traité diplomatique.
b / Société ayant des liens avec plusieurs pays. V. *multinationale.*
— **interprofessionnelle pour la compensation des valeurs mobilières.** Organisme interprofessionnel, ayant la forme d'une société commerciale, où les valeurs mobilières au porteur peuvent être déposées, mais seulement par les établissements affiliés (agents de change, banques, établissements financiers), chacun de ceux-ci ayant, au sein de la société, un *compte courant dans lequel les titres perdent leur individualité. V. *titre en SICOVAM.*
— ***léonine.** Nom donné en pratique à la société dans laquelle l'un des associés s'est fait attribuer la totalité des bénéfices ou affranchir de toute contribution aux pertes en vertu d'une clause aujourd'hui réputée non écrite (C. civ., a. 1844-1).
— **mixte d'intérêt agricole (SMIA).** Société de forme commerciale, comprenant des personnes appartenant aux professions agricoles, commerciales et industrielles, garantissant aux organisation agricoles, par ses statuts, une position minoritaire (mais suffisante pour leur permettre d'empêcher toute décision importante contraire aux intérêts agricoles) dont l'objet consiste à transformer et commercialiser les produits agricoles.
— **multinationale.** V. *multinationale.*
— **nationale.** Entreprise constituée à la suite d'une *nationalisation ou par création directe sous une forme sociétaire et dont la totalité du capital est détenue par l'État, ce qui implique certaines modalités particulières d'organisation et de contrôle. Comp. *société d'économie mixte.* V. *société d'État.*
— **par actions.** Société commerciale par la forme, désignée par une *dénomination sociale, comprenant soit des associés à responsabilité illimitée appelés *commandités et des associés à responsabilité limitée (*société en commandite par actions), soit des associés de cette dernière catégorie seulement (*société anonyme).
— **par actions simplifiée.** Société commerciale ne faisant pas publiquement appel à l'épargne constituée entre au moins deux personnes morales dotées d'un capital important dont le fonctionnement et l'administration sont réglés, dans une très grande liberté contractuelle, par les statuts ou des pactes d'actionnaires.
— **publique locale.** Société créée par les collectivités territoriales et leurs groupements, dans le but de réaliser des opérations d'aménagement (C. urb., a. L. 300-1), des opérations de construction ou pour exploiter des services publics industriel ou commercial ou toutes autres activités d'intérêt général et dont elles détiennent la totalité du capital (CGCT, a. L. 1531-1).

SOCIÉTÉ D'ACQUÊTS

V. *société, acquêts.*

• Société particulière ayant pour objet la mise en commun de leurs *acquêts respectifs (en une masse soumise aux mêmes règles que la *communauté légale réduite aux acquêts), que les futurs époux ou les époux peuvent, par une stipulation particulière de leurs conventions matrimoniales originaires ou par convention modificative, adjoindre, à titre de correctif, au régime matrimonial séparatiste qui est, par ailleurs, le leur (*séparation de biens ou naguère régime dotal), en vue de cumuler, par cette combinaison, les avantages qu'ils escomptent d'un régime de séparation (indépendance dans la gestion de leurs biens personnels), et ceux qu'ils attendent, grâce à la société d'acquêts adjointe, de leur association aux bénéfices : régime conventionnel *mixte très proche de la nouvelle communauté légale. V. **participation aux acquêts.*

SOCIÉTÉ DE GESTION COLLECTIVE

• (propr. litt.). Groupement ayant pour objet la perception des redevances dues par les utilisateurs de propriété intellectuelle pour le compte des titulaires de ces droits ou en tant que titulaire de droits (SACEM, SACD).

SOCIÉTÉ MÈRE

V. *société, mère.*

- **1** Société qui possède plus de la moitié du capital social d'une autre société, dite *filiale. V. *participation, contrôle, groupe de sociétés.*
- **2** Nom donné, dans chacune des deux spécialités de courses de chevaux (galop et trot) à la *société de courses agréée comme telle par l'État pour exercer sa responsabilité sur l'ensemble de la filière (des sociétés) qui dépend de sa spécialité, élaborer le code des courses qui régit celle-ci, veiller à son respect, etc. (a. 2 s., d. 5 mai 1997).

SŒURS

Subst. fém. plur. – Lat. *soror.*

- *Filles d'un même père ou/et d'une même mère ; *descendantes de sexe féminin issues soit des mêmes père et mère (sœurs *germaines) soit du même père (sœurs *consanguines, demi-sœurs) soit de la même mère (sœurs *utérines, demi-sœurs) qui, comme descendantes directes réservataires, viennent à égalité (entre elles ou/et avec leurs *frères) dans la succession de leur ascendant et qui, dans la succession de l'une d'elles (ou d'un frère) viennent (entre elles ou/et avec leurs frères) comme *collatéraux privilégiés (parents au deuxième degré, a. 743). V. *frères* pour d'autres précisions ; *fratrie, fraternité, belle- sœur, cousine, enfant.*

SOINS (PRIVATION DE)

V. *privation d'*aliments ou de soins.*

SOLDAT

N. m. – Empr. de l'ital, *soldato, soldare* : payer une *solde.

- Autrefois, homme de guerre rémunéré par une paye régulière ou *solde. Aujourd'hui le terme désigne génériquement les militaires, plus spécialement les hommes de troupe.

SOLDE

(I) Empr. de l'ital. *soldo,* propr. : pièce de monnaie. Lat. *solidus.*

(II) Empr. de l'ital. *soldo* et francisé d'après solde (I).

▸ **I** (subst. fém.)

- *Traitement alloué aux divers fonctionnaires ou agents civils ou militaires. Le terme n'est plus guère employé que pour désigner la *rémunération principale des militaires.

▸ **II** (subst. masc.)

- **1** Somme restant due par le débiteur après paiement partiel, ou représentant, entre parties en *compte, lors de la clôture ou du relevé de celui-ci, la différence entre le débit et le crédit de l'une des parties (solde *débiteur ou *créditeur selon le cas). V. *balance.*
- **2** Modalité de vente à bas prix pour écouler des marchandises en stock V. *vente au déballage, liquidation, braderie.* Par ext. (pour le commerçant), l'opération de vente ainsi organisée (période des soldes) et – pour les clients – l'occasion d'achat qui se présente (C. com. a. L. 310-3). Par ext., l'objet vendu en solde.

— **(vente en).**

a / *Vente saisonnière (soldes d'été, d'hiver), organisée par un commerçant avec une certaine publicité sur la baisse de prix (placards, badigeon de vitrine, etc.) pour écouler des marchandises qu'il a en stock à un prix inférieur à leur prix antérieur (barré, démarqué) (C. com., a. L. 310-3). V. *liquidation, vente au déballage, braderie.*

b / Désigne aussi – même en dehors de la période des soldes – la vente à bas prix d'objets (en général démodés) présentés séparément, hors rayon (et souvent pêle-mêle), au choix de la clientèle.

SOLDÉ, ÉE

Adj. – Dér. de *solde.

- Vendu en *solde.

SOLDER

V. – De l'ital. *saldare,* francisé d'après *solde.

- **1** (pour une marchandise). La vendre en *solde.
- **2** (pour un compte).

a / En faire la balance, après clôture, afin de faire apparaître un débit et un crédit.
b / Payer le reliquat de la dette.

SOLENNEL, ELLE

Adj. – Lat. *solennis* : qui revient tous les ans, consacré.

- **1** *Formaliste ; plus précisément, dont la formation est subordonnée, à peine de nullité absolue *(*ad solemnitatem),* à l'accomplissement de formalités déterminées par la loi (écrit, cérémonial, etc.) ; se dit, par opp. à *consensuel,* de certains *actes juridiques, *contrats, *conventions. Ex. le mariage (devant l'officier de l'état civil), le contrat de mariage (pardevant notaire) sont des actes solennels. V. *formalisme, consensualisme, forme, ad probationem, réel, sacramentel, équipollent.*
- **2** Dont la forme revêt, en raison des circonstances, un cérémonial particulier destiné à marquer soit la gravité d'une délibération (ex. audience solennelle de renvoi après cassation), soit l'importance symbolique d'une date (audience solennelle de rentrée). V. *officiel, public.*

SOLENNITÉ

N. f. – Lat. *solennitas* : solennité, fête solennelle.

- **1** *Formalité particulière (réception par un officier public, rédaction d'un acte authentique, cérémonial, geste, parole, forme spéciale), à l'accomplissement de laquelle est subordonnée la validité d'un *acte. Ex. les solennités du mariage (célébration devant l'officier de l'état civil), la solennité du serment, celle de la reconnaissance d'un enfant naturel. V. *formalisme, authenticité, solennel.*
- **2** Caractère de ce qui est *solennel (sens 2). Ex. la solennité de l'audience. V. *protocole.*

SOLIDAIRE

V. *solidarité.*

- **1** Qui comporte la *solidarité passive (obligation, dette, engagement solidaire de la part des débiteurs, C. civ., a. 1200) ou active (obligation solidaire entre plusieurs créanciers, C. civ., a. 1197). V. *conjoint, *obligation modale, plurale, indivisible, divisible.*
- **2** Qui est tenu solidairement (*débiteur, *codébiteur, *caution solidaire), ou qui bénéficie de la *solidarité active (créanciers solidaires).

SOLIDARISME CONTRACTUEL

N. m.

- Doctrine qui considère que le contrat a pour ressort la solidarité et la fraternité, en sorte que le juge a naturellement vocation à intervenir pour veiller à ce qu'il atteigne les objectifs d'utilité sociale qui lui sont ainsi assignés.

SOLIDARITÉ

N. f. – Dér. de solidaire, dér. lui-même de la loc. lat. *in solidum* : solidairement.

- **1** Au sein de la parenté et de l'alliance (solidarité familiale) :

a / Impératif d'entraide qui, dans l'épreuve, soumet réciproquement les plus proches parents et alliés à des devoirs élémentaires de secours et d'assistance (obligation *alimentaire, C. civ., a. 205 s. ; charges *tutélaires, C. civ., a. 394) et se prolonge, après la mort, par une vocation successorale réservataire (C. civ., a. 913 s.).
b / Plus largement et plus vaguement, lien moral, esprit de famille qui rassemble toute la parenté autour de ses valeurs communes (nom de famille, honneur, traditions) et anime une vie de famille (entreprises communes, entraide professionnelle, regroupements familiaux).

- **2** Au sein d'une collectivité, lien d'entraide unissant tous ses membres (solidarité nationale), plus précisément :

a / État de dépendance mutuelle et obligation de s'entraider (ex. Const. 1958, a. 1, 87), base de toutes les institutions de garantie sociale.

b / Principe proclamé par le préambule de la Constitution de 1946, obligeant les Français à s'entraider devant les charges résultant des calamités nationales. Comp. *fraternité.*

— **(contrat de).** Nom couvrant un moyen de lutte contre le chômage, reposant sur la conclusion entre l'État et certains employeurs (entreprises ou administrations) de conventions en vertu desquelles les intéressés qui s'engagent soit dans la voie de la réduction du temps de travail, soit dans celle des préretraites (démission ou retraite progressive), sont assurés de bénéficier, dans le premier cas (pour les employeurs), de la prise en charge par l'État de la part patronale des cotisations de Sécurité sociale, dues sur la rémunération des nouveaux embauchés, soit dans les autres cas (pour les salariés concernés par les préretraites) de recevoir un revenu de remplacement, sous l'obligation pour les entreprises ou administrations, dans toutes les hypothèses, d'embaucher de nouveaux salariés.

- **3** Au sein d'une équipe dirigeante, communauté de vues, d'action et de destin unissant, au moins à l'égard des tiers, les membres du groupe (parti, syndicat, etc.).

— ***ministérielle.** Obligation politique, pour les membres d'un gouvernement, en régime parlementaire, d'agir de concert, compte tenu de leur responsabilité collective devant le Parlement.

- **4** Dans le rapport d'obligation, lien particulier entre sujets passifs (débiteurs) ou actifs (créanciers) de l'obligation. Plus précisément *modalité conventionnelle ou légale d'une obligation plurale, qui en empêche la division. V. *indivisibilité, *obligation indivisible, dette conjointe, obligation in solidum, sûreté, cautionnement, société en nom collectif, dettes de ménage, divisible.*

— ***active.** Modalité d'une obligation à pluralité de créanciers, où chacun de ceux-ci peut demander au débiteur le paiement du tout (C. civ., a. 1311). Ex. compte joint bancaire.

— **imparfaite.** V. *obligation in solidum.*

— ***passive.**

a / Modalité d'une obligation à pluralité de débiteurs, où chacun de ceux-ci est tenu du tout à l'égard du créancier (C. civ., a. 1313 et s., a. 220).

b / Spéc. (pén.). Obligation pour chacun des auteurs, coauteurs et complices d'une même infraction ou d'infractions connexes, de payer la totalité des dommages-intérêts et des frais, avec la possibilité de demander ensuite à chacun des autres le remboursement de ce qui a été payé pour lui (C. pr. pén., a. 375-2, 480-1, 543) ; prévue autrefois de façon générale, la solidarité ne s'applique plus au paiement des amendes et des frais que dans le cas où le prévenu s'est entouré de coparticipants insolvables et nécessite une décision spéciale et motivée de la juridiction.

- **5** Communauté de sort entre certains droits, corrélation de mécanismes. Comp. *assimilation, régime.*

— **des prescriptions.** Règle en vertu de laquelle l'action civile expirait avec l'action publique et dont il reste seulement que lorsque l'action publique est éteinte, l'action civile ne peut plus être portée devant les juridictions répressives tandis qu'elle peut encore l'être devant les juridictions civiles (l. 23 déc. 1980).

SOLO CONSENSU

Expression latine signifiant « par le seul consentement » (ou par le seul échange des consentements) utilisée pour caractériser, par opposition aux contrats *solennels et aux contrats *réels les contrats purement *consensuels, plus généralement les actes qui sont parfaits par le seul échange des consentements. Comp. *ad solemnitatem, re.*

SOLVABILITÉ

N. f. – Dér. de *solvable.

- État de celui qui est *solvable, capacité de paiement. Comp. *crédit.* Ant. *insolvabilité.* V. *déconfiture.*

SOLVABLE

Adj. – Du lat. *solvere* : payer, acquitter.

- **1** Qui a les moyens de payer ses dettes, se dit d'une personne qui, à la tête de ses affaires, paie régulièrement ce qu'elle doit. Comp. *cessation des paiements.*
- **2** Qui est capable de faire face à une dette par ses liquidités ou même son actif à réaliser. Ant. *insolvable.* V. *débiteur.*

SOLVENS

Part. prés. de *solvere* : payer.

- Mot latin qui désigne aujourd'hui encore (comme subst. : on dit le solvens), la personne qui exécute l'*obligation (spécialement celui qui verse une somme d'argent). S'oppose à « *accipiens ». V. *débiteur, payeur.*

SOMMATION

N. f. – Dér. du v. sommer.

- **1** Invitation *comminatoire avant exécution ; appel pressant adressé à une personne déterminée (acte *réceptice) afin de la décider à se conformer à l'invitation qui lui est faite, en lui indiquant les suites fâcheuses auxquelles l'exposerait son refus d'obtempérer, *avertissement en général péremptoire et solennel, soumis à des formes consacrées par la loi ou l'usage, qui est, à la charge de celui qui le lance, le préalable nécessaire d'un passage à une action énergique, le préliminaire d'une mise à exécution. V. *commandement, saisie-vente.*
- **2** Plus précisément (proc.), acte *extrajudiciaire, notifié par huissier de justice, par lequel un requérant fait intimer un ordre ou une défense à l'adresse de son destinataire. V. *demeure (mise en), interpellation.*

SOMME ASSURÉE

Montant total de la *garantie exprimée en argent. V. *capital, prime, sous-assurance.*

SOMMER

V. – Origine incertaine.

- Mettre en *demeure ; *inviter quelqu'un à s'exécuter avant d'y être contraint ; faire une *sommation.

SONDAGE

Subst. masc. – De l'anc. norv. *sund* (mer).

- Exploration par échantillonnage d'un site sous-terrain, soumise, si elle poursuit la même finalité, au régime des *fouilles archéologiques.

SORTIE DE RÔLE

V. *rôle.*

SOUCHE

N. f. – Lat. d'origine obscure.

- **1** Dans une succession (ou une généalogie), *auteur commun à plusieurs personnes ; désigne surtout, en cas de *représentation successorale, le successible prédécédé que représentent, dans la succession, ceux qui descendent de lui. V. *tête, ligne, branche, degré, copartageant, génération.*

— **(partage par).** *Partage dans lequel, en vertu de la *représentation successorale, les représentants du successible prédécédé, ne venant pas de leur *chef, ne sont pas comptés par *tête, mais reçoivent ensemble pour lot (à partager entre eux) la part dévolue à celui qu'ils représentent.

- **2** Partie d'une feuille de papier adhérente à un *carnet (ou à un *registre), dont on détache l'autre partie (appelée *volant ou *récépissé) et qui constitue un titre pour celui qui le conserve. Syn. *talon ; désigne plus proprement l'ensemble des talons d'un carnet ou d'un registre.

SOUFFRANCE

N. f. – De souffrir, dér. du lat. *sufferentia* : patience, tolérance.

- **1** *Tolérance de certaines choses qu'on pourrait empêcher ou du moins qui n'empêchent pas celui qui les supporte de les faire disparaître en exerçant son propre droit. V. *servitude.*

— **(jour de).** Syn. de jour de *tolérance.

- **2** État d'une marchandise parvenue à destination dont le destinataire n'a pas pris livraison.

— **(avis de).** *Avis adressé par le voiturier à l'expéditeur pour l'informer de l'état de souffrance des marchandises parvenues à destination.

- **3 —s endurées.** Maux et douleurs affectant la victime *directe d'un dommage *corporel (chef de préjudice) extrapatrimonial *temporaire). V. *pretium doloris.*

SOULÈVEMENT

N. m. – Dér. de soulever. Comp. de lever, lat. *levare.*

- Mouvement de *révolte collective, qui fait considérer comme crime l'attentat ou le complot qui le fomente (C. pén., a. 91 anc. ; comp. a. 412-3). Comp. *rébellion, insurrection, sédition, pillage.*

— **armé.** Soulèvement opéré avec des troupes armées ou au moyen d'armes (C. pén., a. 92 s. anc. ; comp. a. 412-4).

SOULEVER

V. – Lat. *sublevare.*

- Pour un plaideur, introduire ou mettre en relief dans le procès un élément qui lui donne une physionomie nouvelle ; *invoquer, faire valoir. Ex. soulever un moyen, une exception. Comp. *relever, alléguer, contester.*

SOULTE

N. f. – Tiré de l'anc. v. soudre : payer ; lat. *solvere.*

- Somme d'argent due par un *coéchangiste (C. civ., a. 1407) ou par un copartageant (C. civ., a. 831, al. 1) destinée à compenser l'inégalité des prestations ou des lots (C. civ., a. 826). Comp. *partage, échange.* Syn. (vieilli) **retour de lots*.

SOUMETTRE

V. – Lat. *submittere* : placer sous.

- **1** Pour le législateur, assujettir à une règle ou à un ensemble de règles. Ex. soumettre un contrat à la formalité de l'enregistrement, soumettre une catégorie de personnes à un statut particulier ; plus spécialement assujettir à un impôt. V. *régir, imposer, disposer, astreindre, contraindre, application.*
- **2** Pour un sujet de droit, présenter une demande à l'agrément d'une autorité. Ex. le plaideur soumet ses prétentions au juge ; un promoteur soumet un projet de construction à l'administration.
- **3** Pour un organe exécutif, présenter un projet à la discussion d'un organe délibérant. Ex., pour le gouvernement, soumettre un projet de loi au Parlement. Comp. *communiquer, consulter.*

SOUMISSION

N. f. – Lat. *submissio,* du v. *submittere.* V. le précédent.

- **1** (sens gén.). Syn. *sujétion, *assujetissement ; action de *soumettre et résultat de cette action.
- **2** (adm.). Dans la procédure d'*adjudication, acte écrit par lequel le candidat à un marché prend l'engagement de se conformer aux clauses des cahiers de charges et indique les prix auxquels il se propose d'exécuter les prestations qui font l'objet de ce marché ou, si l'administration a fait une mise à prix, le rabais que ce candidat consent par rapport à ce prix. V. *offre, pollicitation, enchère, acceptation.*
- **3** (civ.). Syn. d'*appel d'offres.

SOUMISSIONNAIRE

Subst. – Dér. de *soumission.

- Celui qui présente une *soumission, l'auteur de cette soumission. V. *offrant.* Comp. *pollicitant, enchérisseur.*

SOUMISSIONNER

V. – Dér. de *soumission.

- Se porter *soumissionnaire ; faire une *soumission.

SOURCE

N. f. – Dér. de l'anc. part. pass. de sourdre, lat. *surgere.*

- **1** Source du *Droit ; forces d'où surgit le Droit (objectif) ; ce qui l'engendre.

a / Ensemble des données morales, économiques, sociales, politiques, etc., qui suscitent l'évolution du Droit, considérations de base, causes historiques, « forces créatrices » (G. Ripert), sources brutes dites réelles que captent et filtrent les *sciences auxiliaires de la législation pour alimenter la *politique *législative. Comp. *ratio legis.*

b / Forme sous l'action de laquelle la règle naît au Droit ; moule officiel dit source formelle qui préside, positivement, à l'élaboration, à l'énoncé et à l'adoption d'une règle de Droit : fonction reconnue, selon les systèmes juridiques, à la *loi, à la *coutume, à la *jurisprudence ou à la *doctrine. Ex. en Droit français, loi et coutume sont les seules sources formelles incontestées, la doctrine et la jurisprudence étant plutôt des *autorités (mais l'admission de celle-ci a d'ardents défenseurs et ses créations *prétoriennes en font *a posteriori* une source historique). V. *précédent, arrêt de règlement, résistance.*

c / Plus largement, tous éléments ou agents, contribuant à la germination du Droit, y compris *pratique contractuelle, *usages, controverses, etc.

d / *Documents dans lesquels sont consignées les sources formelles, dites plus précisément sources *documentaires ou *instrumentaires.

- **2** Source de *droit ou d'*obligation ; tout élément générateur de droit subjectif ou d'*engagement (not. de responsabilité), vertu créatrice propre des *actes et des *faits juridiques ou de l'autorité seule de la loi. Ex. en Droit français (C. civ., a. 1370) contrat, quasi-contrat, délit, quasi-délit sont les sources traditionnelles d'obligations (*contractuelles ou *extracontractuelles). V. **délictuel, quasi délictuel, quasi contractuel, cause, origine.*

SOUS-ACQUÉREUR

V. *acquéreur.*

SOUS-AFFRÈTEMENT

N. m. – V. *affrètement.*

- Opération consistant, pour l'*affréteur d'un navire, à conclure lui-même, relativement à ce navire, un autre contrat d'*affrètement avec une tierce personne.

SOUS-AGENT

N. m. – V. *agent.*

- *Mandataire d'un *agent général, sans lien juridique direct avec la société que ce dernier représente.

SOUS-ASSURANCE

N. f. – V. *assurance.*

- État d'une assurance dont la *somme assurée est inférieure à la valeur réelle de la chose assurée (donne lieu, en cas de sinistre, à l'application, sauf clause contraire, de la *règle proportionnelle).

SOUS-COMMISSION

N. f. – V. *commission.*

- Groupe restreint composé de certains des membres d'une *commission (dite alors *plénière), afin de préparer les travaux de celle-ci.

SOUS-CONTRAT

N. m. – V. *contrat.*

- Appellation générique désignant toute convention secondaire (sous-location, sous-entreprise, sous-mandat, etc.) qui, conclue après une convention principale sur laquelle elle est par nature calquée, relativement à tout ou partie de l'objet de celle-ci (des lieux loués, de l'ouvrage, de la mission), mais entre l'une des parties originaires (locataire principal, entrepreneur principal, mandataire principal) et un tiers (sous-locataire, sous-entrepreneur, sous-mandataire), créé entre les sous-contractants des rapports juridiques nouveaux, sans effacer les rapports nés à l'origine du contrat principal entre les parties à celui-ci, mais sans exclure les relations directes qui peuvent naître – selon ce que précisent les conventions particulières ou les lois spéciales – entre la partie principale demeurée étrangère au sous- contrat (bailleur, maître de l'ouvrage, mandant initial) et le sous-contractant, tiers au contrat principal. Comp. **avant- contrat.* V. *cession.*

SOUS-CONTRIBUTION

V. *contribution, sous-ordre.*

SOUSCRIPTEUR

N. m. – Lat. *subscriptor* : approbateur, partisan.

- **1** L'auteur d'une *souscription (sens 1 ou 2). V. *signataire.*
- **2** Celui qui souscrit l'*assurance, qui conclut avec l'*assureur et signe le contrat d'assurance, soit pour son propre compte (il est alors l'assuré) soit pour le compte d'autrui (ainsi dans l'assurance pour compte, souscrite par un individu, en son nom, pour le compte d'un autre, ou dans l'assurance sur la vie souscrite par une

personne sur la tête d'une autre, laquelle – l'assuré – doit donner son consentement au contrat et à la désignation du *bénéficiaire). Syn. *preneur d'assurance.* V. *signataire.*

- **3** Syn. de *tiré. V. *endossement, porteur,* **lettre de change.*

SOUSCRIPTION

N. f. – Lat. *subscriptio,* de *subscribere* : souscrire.

- **1** Apposition par le *souscripteur (soussigné) de sa *signature au bas d'un acte, à titre d'engagement. V. **acte sous seing privé.* Comp. *subscription.*
- **2** Par extension, nom donné à cet engagement même, pris en général en vue d'acheter (souscription à un ouvrage à éditer) '(souscription d'action), de prêter (souscription à une *obligation ou à un emprunt), etc. V. *syndicat, notice.*
- **3** Par extension, désigne parfois le versement d'argent fait, à cette occasion, par le souscripteur (souscription à une œuvre de bienfaisance). Comp. **libération (pour les actions souscrites).*
- **4** Par extension, la modalité de lancement d'une entreprise (emprunt, œuvre) par appel à l'épargne ou à la bienfaisance pour réunir les fonds nécessaires.

— **à titre irréductible.** Souscription qui ne peut être réduite, parce qu'elle correspond à la capacité minimum de souscription attachée à chaque droit préférentiel (déterminée par le rapport entre le nombre des actions à émettre et celui des actions existantes).

— **à titre réductible.** Souscription qui peut être réduite, dans la mesure où elle est effectuée par un titulaire de droit de souscription au-delà du minimum (ci-dessus), sur des actions disponibles (lesquelles sont réparties entre les souscripteurs proportionnellement à leurs droits de souscription et dans la limite de leur demande).

— **(bulletin de).** V. *bulletin.*

— **(déclaration de).** V. *déclaration.*

— **(droit de ; ou droit préférentiel de).** Droit accordé aux actionnaires de souscrire, par préférence et proportionnellement au montant de leurs actions, des actions de numéraire émises pour réaliser une augmentation de *capital. V. *rompus.*

— ***publique.** Souscription offerte au public en vue d'ouvrir un emprunt d'État ou d'ériger un monument.

SOUSCRIRE

V. – V. *souscription.*

- **1** Action d'apposer sa signature au *pied d'un acte, à titre d'engagement ; est trans. dir. si l'on insiste sur l'action matérielle de signer (ex. souscrire un billet à ordre), trans. indir. si l'accent est mis sur l'acte juridique d'engagement (souscrire à un emprunt) mais la signature emporte engagement dans le premier cas et l'engagement suppose une signature dans le deuxième.
- **2** Par ext. (et glissement vers l'opération matérielle consécutive), verser les fonds en exécution de l'engagement pris.
- **3** Par ext. (et glissement vers une adhésion morale ou intellectuelle de confiance ou de soutien), se rallier à une opération, à une politique et parfois approuver par avance un programme, une entreprise.

SOUSCRIT, ITE

Adj. part. pass. du v. *souscrire.

- **1** S'agissant de l'acte instrumentaire). Signé. Ex. billet souscrit.
- **2** (s'agissant de l'engagement). Pris, contracté.
- **3** (s'agissant de l'opération globale). Réalisé grâce aux versements accomplis, couvert. Ex. emprunt couvert.

SOUS-ENTREPRENEUR

V. *entrepreneur.*

SOUS-ENTREPRISE

N. f. – V. *entreprise.*

- Contrat passé par un chef d'entreprise avec un autre entrepreneur pour l'exécution d'un certain travail ou la fourniture de certains services. V. *sous-contrat.*

— **de *main-d'œuvre.** Convention selon laquelle un sous-entrepreneur recrute de la main-d'œuvre qu'il met à la disposition de l'entrepreneur principal (c'est le sous-entrepreneur qui dirige et paie la main- d'œuvre). On désigne parfois cette convention par le terme de *marchandage.

SOUS-LOCATION

V. *location.*

SOUS-MANDAT

Contrat par lequel un *mandataire se substitue un tiers dans l'accomplissement de sa mission.

SOUS-ORDRE

Subst. masc. – V. *ordre.*

• Nom donné à la procédure grâce à laquelle les créanciers d'un débiteur qui figure lui-même (ou est en droit de figurer) comme créancier dans une procédure d'*ordre (ou, par ext., de *distribution par *contribution) prennent la place de leur débiteur et se partagent, suivant leur rang ou au *marc le franc, le montant de la *collocation qui revient à leur débiteur (anc. C. pr. civ., a. 775). On parle plus spécifiquement de *sous-contribution en cas de distribution au marc le franc.

SOUS-PALAN (CLAUSE DE)

V. *palan.*

SOUS-PRÉFECTURE

N. f. – V. *préfecture.*

• **1** Chef-lieu de l'*arrondissement. V. *préfecture.*

• **2** Ensemble des services dirigés par le *sous-préfet.

• **3** Immeuble dans lequel sont installés le sous-préfet et ses services.

SOUS-PRÉFET

N. m. – V. *préfet.*

• Fonctionnaire appartenant à un corps dont la mission est d'assister les *préfets dans l'accomplissement de leurs fonctions, et qui peut être chargé, à ce titre, soit de l'administration d'un *arrondissement, soit des fonctions de *secrétaire général de préfecture, de directeur de cabinet de préfet, de chef de cabinet de préfet, soit de toute autre mission entrant dans le cadre général indiqué ci-dessus.

SOUS-QUARTIER

N. m. – V. *quartier.*

• Subdivision d'un *quartier des affaires maritimes, dirigée par un officier d'administration des affaires maritimes.

SOUS-SECRÉTAIRE D'ÉTAT

V. **secrétaire* (d'État).

SOUSTRACTION

N. f. – Lat. *subtractio,* de *subtrahere* : tirer par-dessous, soustraire.

• Action en général subreptice et frauduleuse d'enlever une personne à la garde d'une autre ou de retirer d'un ensemble tel ou tel élément ; action de dérober. V. *vol.* Comp. *distraction.*

— **d'enfant mineur.** Fait d'enlever un mineur des mains de ceux qui exercent l'autorité parentale, initiative incriminée comme atteinte positive à l'exercice de l'*autorité parentale (comp. *non-représentation d'enfant), qu'elle soit commise par un ascendant avec ou sans fraude ou violence (C. pén., a. 227-7) ou par toute autre personne, mais sans fraude ni violence (a. 227-8, peine aggravée), l'enlèvement du mineur par un tiers avec fraude ou violence constituant le crime d'*enlèvement (a. 224-1 s.). V. *détournement, rapt de séduction.*

— **de pièces.**

• **1** Fait (constitutif d'une contravention) consistant, pour un plaideur, après avoir produit dans une contestation judiciaire une *pièce (titre ou mémoire), à la retirer de quelque manière que ce soit (C. pén., a. R. 645-7).

• **2** Fait de retirer (sans droit) un document contenu dans un dépôt public (archives, greffe, etc.) ou remis à un dépositaire public en cette qualité (ex. pièces de procédures criminelles, actes, registres, effets, titres, fonds publics ou privés) qui constitue, pour son auteur, un crime dont la peine est aggravée s'il s'agit du dépositaire (archiviste, greffier, notaire, comptable public) et, pour ce même dépositaire négligent (lorsqu'il n'est pas l'auteur de la soustraction), un délit (C. pén., a. 432-15 s.). Syn. enlèvement. V. *détournement, destruction.* Comp. **bris de scellés.*

SOUS-TRAITANCE

Dér. de traitant, de traiter, lat. *tractare.*

- Opération par laquelle un *entrepreneur, dit entrepreneur principal, confie par une convention appelée *sous-traité ou contrat de sous-traitance et sous sa responsabilité, à une autre personne nommée *sous-traitant, l'exécution de tout ou partie du contrat d'*entreprise ou d'une partie d'un marché public conclu avec le *maître de l'ouvrage (a. 1, l. 31 déc. 1975, mod. l. 12 décembre 2001), le recours à la sous-traitance impliquant, pour l'entrepreneur principal, l'obligation de faire accepter les sous-traitants par le maître de l'ouvrage. V. *externalisation.*

SOUS-TRAITANT

N. m. – V. *sous-traitance.*

- Celui qui, dans la *sous-traitance, est chargé par l'*entrepreneur principal de l'exécution de tout ou partie du contrat d'entreprise et bénéficie, à ce titre, d'une protection particulière pour le paiement de son marché, a. 6 et 12, l. 31 décembre 1975 (il est lui-même considéré comme entrepreneur principal à l'égard de ses propres sous-traitants). Comp. *fournisseur.* V. *tâcheron.*

SOUS-TRAITÉ

N. m. – V. *sous-traitance.*

- Dans la *sous-traitance, le contrat qui fonde et précise la mission du *sous- traitant. Syn. *contrat de *sous-traitance.*

SOUS-TRAITER

V. *traiter.*

- Action de recourir à la *sous-traitance, de conclure un *sous-traité, soit de la part de l'entrepreneur, soit de la part du sous-traitant. Comp. *louer.*

SOUTÈNEMENT DE COMPTE

V. *compte (soutènement de).*

SOUTENEUR

N. m. – Dér. de soutenir, lat. sustinere.

- Individu de l'un ou l'autre sexe – aujourd'hui qualifié de *proxénète (l. 13 avr. 1946) – qui s'entremet dans l'exercice de la *prostitution d'une ou plusieurs personnes, ou du *racolage, afin not. d'en retirer des profits en échange de sa protection (en particulier contre la concurrence), C. pén., a. 225-5 et 225-6. V. **traite des êtres humains.*

SOUTIEN

N. m. – Tiré de soutenir, lat. *sustinere.*

- **1** Appui particulier à l'action ou à la cause d'autrui. Ex. soutien financier apporté à une entreprise ou à une association, soutien politique d'un gouvernement, avec ou sans participation, soutien moral inclus dans le devoir d'*assistance. V. *aide, secours, charge, aliments, adhésion.*

— **de famille.** Qualificatif donné à celui dont l'activité est indispensable pour assurer l'existence de sa famille.

- **2** *Fondement.

— **de la demande (ou de la prétention).** Tout ce qui concourt au *bien-fondé de celle-ci. Ex. les faits allégués, les preuves proposées, les moyens de droit invoqués, les arguments développés au soutien de la demande en justice. V. *corroboration.*

SOUTRAGE

N. m. – Dér. d'un mot dialectal *sou(s)tré,* « litière », tiré d'un anc. v. *sou(s)trêt,* lat. pop. *substrare.*

- Droit d'usage portant sur les morts-bois, les feuilles mortes et les herbes sèches que l'on peut récolter dans une forêt pour les brûler ou en faire de la litière.

SOUVENIRS DE FAMILLE

N. m. plur.

- Biens mobiliers portant intrinsèquement la marque de l'histoire familiale qui échappent aux règles de dévolution et de partage, quelle que soit leur valeur vénale et dont la conservation est entre les mains de la personne la plus qualifiée pour les détenir dans l'intérêt de la famille. Comprennent notamment les papiers et correspondances de famille, les portraits de famille, les décorations et armes, les albums de photographies, les archives familiales. Comp. *bien de famille, bijou, présent d'usage, titre de famille*.

SOUVERAIN, AINE

Adj. – Lat. médiév. *superanus,* de *super* : dessus.

- **1** Qui a la *souveraineté. Ex. État souverain, organe souverain.
- **2** Qui échappe au contrôle du juge de cassation. Ex. les juges du fond sont souverains appréciateurs des faits litigieux. V. *appréciation, supérieur.* Comp. *suprême.*
- **3** Plus largement, qui échappe au contrôle d'un organe supérieur. Ex. les jurys sont souverains. Syn. sans recours. Comp. *régalien, discrétionnaire.*

SOUVERAIN

Subst. – V. le précédent.

- **1** Titulaire de la *souveraineté dans l'État. Ex. selon le principe démocratique, le peuple.
- **2** Chef d'État monarchique. V. *roi, prince.* Comp. *empereur.*

SOUVERAINETÉ

N. f. – Dér. de *souverain.

- **1** Caractère suprême d'une *puissance *(summa potestas)* qui n'est soumise à aucune autre. Ex. la souveraineté de l'État, de la loi. Puissance suprême et inconditionnée dans laquelle l'ordre international reconnaît un attribut essentiel de l'État mais qui est aussi reconnue, par exception, à certaines entités. V. *dominion.*
- **2** Caractère d'un organe qui n'est soumis au contrôle d'aucun autre et se trouve investi des compétences les plus élevées (souveraineté *dans* l'État).
- **3** Plus spécifiquement, dans la théorie du régime représentatif, attribut d'un être, nation ou peuple, qui fonde l'autorité des organes suprêmes de l'État parce que c'est en son nom qu'est exercée par eux en dernière instance la puissance publique.
- **4** Ensemble des compétences et privilèges susceptibles d'être exercés par un être souverain. Syn. **puissance publique.*

— **des juges du fond.** Pouvoir en vertu duquel les juridictions du premier et du second degré de l'ordre judiciaire (dites juges du fait) échappent au *contrôle de la Cour de cassation (juge du droit) dans la *constatation et l'*appréciation des faits litigieux, mais qui ne les dispense pas de donner à leur décision une motivation suffisante afin que la Cour de cassation puisse en contrôler la *base légale.

— ***nationale.**

a / Dans la théorie du gouvernement *représentatif, principe selon lequel les organes suprêmes de l'État (spécialement les organes législatifs) ne tiennent pas leurs pouvoirs d'un droit propre (contrairement au monarque de l'Ancien Régime) mais l'exercent en qualité de représentants qui peuvent seuls exprimer sa volonté.

b / Par extension : essence (par opp. à l'exercice) de la souveraineté dans l'État en régime démocratique. Ex. Const. 1958, a. 3 : « La souveraineté nationale appartient au peuple, qui l'exerce par ses représentants et par la voie du référendum. »

— ***populaire.** Principe selon lequel la souveraineté appartient au peuple, défini concrètement comme l'ensemble des citoyens, et qui peut, soit en déléguer l'exercice à des représentants (système de l'an III), soit l'exercer lui-même en totalité ou en partie (systèmes de 1793 et 1958).

SPAMMING

V. *Mél (abus de).*

SPÉCIAL, ALE, AUX

Adj. – Lat. *specialis* : relatif à l'espèce : *species.*

- **1** (s'agissant d'une mesure, d'une règle, d'un acte juridique).

a / Personnel, *individuel, *particulier ; se dit d'une mesure qui ne s'applique qu'à un cas concret (ex. décision spéciale, par opp. à *règlement). V. *ad personam, nomination.*

b / Qui ne concerne qu'un ensemble de cas abstraitement défini mais constituant une espèce assez étroite (règles spéciales aux artisans, aux juridictions consulaires) par opp. à un genre plus étendu régi par une règle générale. **Specialia generalibus derogant. *Legi speciali per generalem non derogatur.* Ant. *général.* Comp. *exorbitant, dérogatoire.*

c / Dans un sens voisin, qui est propre à une espèce d'acte ou de fait, par opp. à ce qui est *commun à toutes les espèces du genre. Ex. droit des contrats spéciaux par opp. à théorie générale du contrat ; droit pénal spécial par opp. à droit pénal général.

d / Limité, cantonné à des éléments, restreint. Ex. mandat spécial : qui ne donne pouvoir que pour un objet déterminé ; sûreté spéciale par opp. à droit de gage général ; *confiscation spéciale.

e / Expressément spécifié en raison de l'importance de son objet. Ex. mandat spécial de vendre un immeuble.

f / *Exceptionnel. Ex. affectation spéciale, autorisation spéciale.

- **2** (s'agissant d'une institution, d'un organe). Syn. de spécialisé, spécialement affecté à…, spécialement qualifié pour… Ex. chambre spéciale, juridiction spéciale. V. *magistrat délégué, ad hoc.*
- **3** (s'agissant d'une chose). Qui présente des particularités, des traits distinctifs. Ex. produit spécial. Comp. *spécifique, original.*

SPÉCIALISTE

Subst. et adj. – Dér. de *spécial.

- **1** Membre d'une profession non juridique dont la *qualification particulière est reconnue dans un domaine déterminé, d'où son titre à être choisi comme *technicien (*expert, *consultant) ou comme *sapiteur. Ex. médecin spécialiste (C. civ., a. 493-1 anc.). V. *auxiliaire de justice.*
- **2** Auteur ou praticien du Droit professant une *compétence confirmée en une matière particulière (le droit d'arborer une spécialisation étant parfois réglementé, ainsi dans la profession d'avocat, d. n° 97-1197, 27 nov. 1991, a. 86 s.). Ex. avocat ou consultant spécialiste en matière de propriété industrielle.

SPÉCIALITÉ

N. f. – Dér. de *spécial.

- **1** Caractère de ce qui est *spécial (sens 1, 2 ou 3).

— **des crédits.** Règle en vertu de laquelle les crédits sont, dans le budget, affectés à une catégorie déterminée de dépenses dans le cadre des « chapitres » et qui, sous réserve de la réglementation particulière aux *virements, interdit d'utiliser les crédits d'un chapitre budgétaire pour effectuer des dépenses relevant d'un autre chapitre.

— **d'une *marque.** Ce qui est sous la marque et donc sous la protection de la marque ; limitation de la protection de la marque aux produits ou services qui figurent dans l'acte de dépôt et aux produits ou services similaires. V. *antériorité, nouveauté.*

— **pharmaceutique** (Séc. soc.). Médicament préparé à l'avance, présenté sous un conditionnement particulier et une dénomination propre (n'est remboursé par les caisses d'assurance maladie que s'il figure sur une liste établie par l'administration).

— **(principe de).** Principe inhérent à la nature des *personnes morales, suivant lequel les activités de celles-ci sont limitées aux domaines et objets en vue desquels elles ont été créées ; règle qui limite la *capacité ou la compétence de ces personnes aux actes correspondant aux finalités en vue desquelles elles ont été instituées. Ex. pour les personnes morales administratives, la spécialité découle essentiellement de leur vocation territoriale limitée, s'il s'agit de personnes *territoriales, ou est déterminée par leur statut constitutif, s'il s'agit des *établissements publics.

- **2** Domaine dans lequel une personne a acquis une *qualification particulière, par ext., cette qualification même. Ex. spécialité d'un avocat en matière de brevets.

SPÉCIALITÉS PHARMACEUTIQUES

N. f. pl.

- Tout médicament préparé à l'avance, présenté sous un conditionnement particulier et caractérisé par une dénomination spéciale (C. sant. publ., a. L. 5111-2).

SPÉCIFICATION

N. f. – Lat. *specificatio,* de *species.* V. *spécialité.*

• **1** Création d'un objet nouveau par le travail de l'homme, spéc. celle d'une chose mobilière par le travail d'une personne appliqué à une matière appartenant à autrui (C. civ., a. 570 s.). Ex. bijou façonné par un orfèvre avec des métaux précieux fournis par une autre personne. V. *accession, adjonction, mélange, entreprise, ouvrage.*

• **2** Détermination des caractères d'un objet ou d'un article (origine, composition, qualité, poids, etc.).

— **(vente sans).** Vente ne précisant pas la qualité de l'objet vendu. V. *chose de genre, chose fongible.*

SPÉCIFIQUE

Adj. – Bas lat. *specificus.*

• *Particulier à une espèce, distinctif, propre à chacune des espèces d'un genre. Ex. la stipulation d'un loyer est le trait spécifique qui distingue le bail du prêt à usage, la théorie de l'imprévision est une règle spécifique en matière de contrats administratifs. Comp. *spécial.* Ant. *générique.*

SPÉCULATION

N. f. – Lat. *speculatio,* de *speculare* : observer.

• *Opération sur valeurs, immeubles ou marchandises, faite en vue de réaliser un gain en profitant des fluctuations du marché. V. *bourse.*

— ***illicite.** Fait de procéder, en vue de réaliser un bénéfice excessif, à des opérations commerciales qui faussent les cours normaux de la concurrence par des moyens prohibés par la loi ; qualification également appliquée à la fonte des espèces et monnaies nationales et aux atteintes au crédit de la nation (agissements souvent poursuivis comme infractions à la législation économique). V. *agiotage.*

SPIRITUEL, ELLE

Adj. – Lat. *spiritualis,* de *spiritus,* souffle, esprit.

• Se disait autrefois, comme synonyme d'*exégétique, d'une *interprétation conforme à l'*esprit d'un *texte.

SPOLIATION

N. f. – Lat. *spoliatio.*

• **1** *Confiscation ou *nationalisation non reconnue parce que contraire au Droit international ou à l'ordre public.

• **2** Spéc., acte accompli dans les territoires occupés par l'ennemi, sur son ordre ou sous son inspiration et qui, même d'apparence légale, a eu pour résultat de dépouiller d'un bien ou d'un droit un national, un allié ou un neutre (o. 21 avr. et 9 juin 1945).

• **3** Parfois syn. de *dépossession violente. V. *trouble possessoire, voie de fait, action en *réintégration, réintégrande.*

ADAGE : *Spoliatus ante omnia restituendus.*

SPONSOR

Terme anglais venant du lat. *sponsor* (caution, garant) en voie de francisation qui désigne le *commanditaire dans le *sponsorisme ou le dispensateur d'un *parrainage publicitaire (parrain).

SPONSORING

Dér. de *sponsor.

• Terme anglais rendu en français par *sponsorisme et *parrainage publicitaire.

SPONSORISME

Subst. masc. – Néol. construit sur le terme angl. **sponsoring.*

• **1** Action de commanditer une initiative à fin de publicité ou plus spéc. de promotion (on dit parfois action de sponsorer ou sponsorisation).

— **(contrat de).** Convention en vertu de laquelle un apporteur de capitaux en quête de publicité pour lui-même finance en tout ou partie une initiative, not. une activité sportive en général de haut niveau et à grand risque (compétition, expédition, etc.) à la condition que le bénéficiaire des crédits exerce publiquement cette activité sous la bannière du commanditaire (nom, couleurs, marque, sigle, logo) ou qu'il soit manifeste et notoire qu'il en a le soutien, de telle sorte que l'exploit escompté du commandité (sponsoré) rejaillisse sur le commanditaire (*sponsor). Comp. *parrainage publicitaire, mécénat.*

• **2** Englobe parfois le *parrainage publicitaire.

STABILISATION

N. f. – Dér. de stabiliser, dér. lui-même de stable, lat. *stabilis.*

• **1** Opération qui a pour objet de mettre fin aux variations dans le pouvoir d'achat d'une monnaie.

• **2** Ensemble des mesures prises dans le cadre de cette opération (par ex. dans l'expression : « plan de stabilisation »). Comp. *rétablissement.*

STABILITÉ

N. f. – Du lat. *stabilitas.*

• **1** État de permanence, de fixité et de solidité dont fait preuve, en fait, une situation lorsqu'elle dure mais qui, selon les circonstances, peut dégénérer en instabilité. Ex. stabilité monétaire, stabilité ministérielle, stabilité de l'union libre.

• **2** Aptitude à se maintenir que la loi s'efforce d'imprimer à certaines institutions afin qu'elles trouvent, dans la durée, leur accomplissement, et constituent les bases d'un *état de droit. Ex. la stabilité du mariage, de l'autorité parentale (not. de la garde). V. **immutabilité des conventions matrimoniales* et **mutabilité judiciairement contrôlée, maintenance, provisoire.* Comp. *stabilisation, indissolubilité, perpétuité.*

— de l'emploi. Tendance au maintien du contrat de travail liant un travailleur à une entreprise, les parties n'utilisant pas la faculté donnée à chacune d'elles de rompre unilatéralement un contrat à durée indéterminée (il peut être convenu, expressément ou tacitement, de ne pas rompre le contrat avant un certain délai ou en l'absence de circonstances exceptionnelles).

STAGE

N. m. – Lat. médiév. *stagium* (fait lui-même sur le franç. *estage* : étage).

• **1** Période de formation professionnelle que doivent accomplir les membres de certaines professions au seuil de l'exercice de celles-ci, afin de se familiariser avec la pratique de leur métier. Ex. stage des avocats et des officiers ministériels.

• **2** Période de formation professionnelle précédant parfois la titularisation du travailleur dans son emploi ; ne doit pas être confondue avec la période d'*essai, au cours de laquelle le contrat peut être rompu unilatéralement sans condition.

• **3** Période de perfectionnement ou d'adaptation en cours de carrière ou en cas de changement d'orientation professionnelle.

STAGIAIRE

Subst. et adj. – Dér. de *stage.

• **1** Celui qui accomplit un *stage.

• **2** (int. priv.). Toute personne faisant dans un État un séjour de durée limitée à des fins de formation professionnelle. V. *résident.*

STANDARD

N. m. – Terme anglais signifiant « niveau, modèle, étalon, moyenne ».

• **1** (théorie générale). Pour désigner une *norme souple fondée sur un critère intentionnellement indéterminé, critère *directif (englobant et plastique, mais *normatif) qu'il appartient au juge, en vertu du renvoi implicite de la loi, d'appliquer espèce par espèce, à la lumière de données extralégales ou même extrajuridiques (références coutumières, besoins sociaux, contexte économique et politique), occasion d'adapter la règle à la diversité des situations et à l'évolution de la société, en la pérennisant. Ex. référence à la bonne foi, à la conciliation des intérêts en présence (intérêt de la famille, intérêt de l'enfant) à des circonstances exceptionnelles. Syn. *notion-cadre.* V. *lacune intra legem, appréciation, ordre public, bonnes mœurs, bon père de famille.*

• **2** (int. publ.). Par des organisations économiques telles que le FMI ou le GATT, pour désigner certaines règles qui, sans avoir la force d'une véritable norme juridique, ne sont pas dépourvues de tout caractère obligatoire (par ex. le standard du « traitement national » dans le cadre du GATT).

• **3** Pour désigner le comportement normal et moyen des États civilisés dans les relations internationales, ce comportement servant de référence pour apprécier la conduite d'un État dans un domaine donné ; on parle de « standard minimum » pour marquer un seuil au-dessous duquel les États, en principe, ne doivent pas descendre dans le traitement qu'ils accordent à d'autres États ou à leurs ressortissants.

STARIES

Subst. fém. plur. – Tiré de *surestaries.

• Laps de temps, compté par jour et par heure, mis gratuitement par la convention des parties ou les usages locaux à la disposition de l'affréteur au voyage pour charger ou décharger la cargaison. Syn. *jours de planche.* V. *surestaries.*

STATION

N. f. – Lat. *statio,* de *stare* : se tenir debout, s'arrêter.

• **1** Localité où se pratique une activité sportive, touristique ou thérapeutique.

— **classée.** Commune, fraction de commune ou groupe de communes officiellement reconnus comme offrant soit un ensemble de curiosités naturelles, pittoresques, historiques ou artistiques, soit des avantages résultant de leur situation géographique ou hydrominéralogiques, de leur climat ou de leur altitude, tels que ressources thermales, balnéaires, maritimes, sportives ou uvales et qui, à l'un ou plusieurs de ces titres, ont fait l'objet d'une décision de classement, ex. stations hydrominérales, climatiques, uvales et touristiques. Comp. *secteur sauvegardé.*

• **2**

— **-service.** Poste de distribution de carburant soumis à un régime administratif particulier.

STATIONNEMENT

N. m. – Du v. stationner, dér. lui-même de *station.

• Fait pour un particulier d'occuper, pour une durée variable, un emplacement sur le domaine public, sans que cette occupation entraîne une modification dans l'assiette de ce domaine, soit que le stationnement nécessite une autorisation administrative – le *permis de stationnement – soit qu'il puisse s'exercer librement sous la seule réserve d'observer la réglementation de police.

— **(permis de).** V. *permis de stationnement.*

STATUER

V. – V. *statut.*

• Rendre (en la forme), une décision de justice ; terme générique employé, sous une forme transitive ou intransitive, quels que soient la nature de la décision (décision définitive sur la demande principale, « statuer au principal, sur le fond » ; décision provisoire, « statuer avant dire droit » ; décision incidente, « statuer sur une exception, une fin de non-recevoir »), son origine (statuer d'office ou sur demande), le droit de recours (statuer en dernier ressort, à charge d'appel), qui caractérise l'acte par lequel s'exerce la fonction juridictionnelle (pour un juge ou un arbitre), à la différence des actes d'*administration judiciaire, et qui correspond, pour tout juge, à une obligation. Syn. *juger, prononcer, décider.*

— **(omission de).** Fait, pour le juge, de ne pas répondre, dans sa décision, à un élément de la demande d'un plaideur (chef de demande) ou à un moyen (défense au fond, moyen de procédure) qui constitue un *cas d'ouverture à *cassation.

— **(refus de).** Fait de ne pas répondre à une demande en justice, qui constitue un *déni de justice (C. civ., a. 4, C. pén., a. 434-7-1).

— **(surseoir à).** Pour le juge, remettre à plus tard le jugement d'une affaire dont il est saisi, décision qui, sans le dessaisir, suspend le cours de l'instance pour le temps ou jusqu'à la survenance de l'événement qu'elle détermine (CPC, a. 378 s.). V. *sursis à statuer, question préjudicielle, suspension de l'instance.*

STATU QUO

Subst. masc. – Lat. *status* ; *quid* (abl.) : où.

• Termes empruntés à la loc. lat., ellipse de *in statu quo ante,* signifiant litt. « dans l'état où auparavant (étaient les choses) », utilisés pour désigner un état de droit ou de fait que l'on entend rétablir, tel qu'il existait (avant l'événement qui l'a affecté) ou maintenir tel qu'il existe (sans y apporter de changement).

— **ante bellum.** État de droit ou de fait ayant existé antérieurement à une guerre et que l'on entend, à l'issue de celle-ci, rétablir tel qu'il était avant les hostilités.

STATUT

N. m. – Lat. *statutum* : décret, de *statuere* : statuer, établir, ou *status* : état, de *stare* se tenir debout.

Sens général

• Le terme ne désigne plus que très rarement aujourd'hui l'acte qui établit une *règle (*statutum,* décret, comp. l'anglais *statute*) mais soit un ensemble de règles établies par la *loi (même étym.), soit la *condition juridique qui en résulte pour une personne, une catégorie de personnes ou une institution (*status* et *statutum* se rejoignent). Comp. *statuts.* V. *ordonnance, ordonnancement, réglementation, norme.*

• **1** Ensemble cohérent des règles applicables à une catégorie de personnes (statut des gens mariés) ou d'agents (statut des fonctionnaires) ou à une institution (statut des collectivités locales) et qui en déterminent, pour l'essentiel, la *condition et le *régime juridiques. V. *état.*

— ***conjugal.** Ensemble des devoirs et droits respectifs des époux. Syn. état d'époux, statut matrimonial. V. *mariage (devoirs et droits du).*

— **des fonctionnaires.**

a / Au sens large, ensemble des dispositions légales et réglementaires fixant la situation des fonctionnaires en ce qui concerne l'entrée au service, le déroulement de la carrière, les droits et obligations, la discipline et la sortie du service.

b / Au sens étroit, loi régissant spécifiquement la situation des agents publics ayant de ce fait la qualité de fonctionnaire.

— **du personnel.** Ensemble des règles (de caractère souvent réglementaire) déterminant les conditions d'emploi et de travail des salariés d'une grande entreprise.

• **2** Ensemble de *normes juridiques relatives à une matière (sens issu de l'Ancien Droit où il désignait toute règle de droit envisagée quant à son domaine d'application) ; désigne encore aujourd'hui, en droit international privé, le Droit, considéré globalement, qui régit une catégorie donnée de matières. Usité surtout pour désigner le Droit applicable, d'une part aux personnes (statut personnel au sens 3), d'autre part aux biens (statut réel). Ex. « les Français… sont régis par leur statut personnel ». Comp. *loi, code, corps de règles, règlement.*

• **3** Dans l'expression « statut personnel », ensemble des règles gouvernant la condition civile des personnes physiques et comprenant (en général), l'*état et la *capacité des personnes au sens de l'a. 3, al. 3 du C. civ. (y compris les relations de famille), en tant qu'objet de *rattachement (ex. « le statut personnel des Français… est régi par la loi française »), ou même englobant (dans les pays où le Droit n'est pas unifié quant aux personnes concernées. V. **conflits interpersonnels), les régimes matrimoniaux, les successions, parfois le régime des biens* (V. tr. de Lausanne du 24 févr. 1923, a. 42).

STATUTAIRE

Adj. – Dér. de *statut.

• **1** Établi par un *statut (ex. la condition des fonctionnaires est statutaire et non contractuelle) ou par des *statuts (ex. gérant statutaire, disposition statutaire déterminant le montant du capital social…). V. *réfugié.*

—**s (règles).** Règles générales et établies par des lois et règlements, par opp. à celles qui résulteraient d'un contrat passé avec telles personnes et leur seraient *spéciales.

— **(siège).** Lieu où les statuts d'une société fixent son siège. Ant. *siège *réel.*

• **2** Conforme au statut ou aux statuts.

STATUTS

N. m. pl. – De *statutum.* V. le mot précédent.

• Ensemble des dispositions constitutives d'un être moral (ex. statuts d'une société, d'une association), par ext. le document qui les consigne. V. *règlement, règlement intérieur, constitution, création, organisation, fonctionnement, charte.*

STELLAGE

Subst. masc. – Dér. du v. all. *stellen,* dresser, placer.

• Opération de bourse qui confère à l'acquéreur de valeurs mobilières le droit de les acheter ou de les vendre à son choix, à l'échéance convenue, selon la différence de cours.

STELLIONAT

Subst. masc. – Lat. *stellionatus,* de *stellio* : fourbe, escroc.

- *Délit civil consistant à vendre ou hypothéquer à une personne, au moyen d'affirmations mensongères ou de réticences, un bien qu'on avait déjà vendu ou hypothéqué à une autre personne. Ex. C. civ., a. 1599.

STELLIONATAIRE

Dér. de *stellionat.

- Celui qui a commis un *stellionat.

STEVEDORE

- Terme anglais signifiant « arrimeur », « déchargeur », utilisé pour désigner l'entrepreneur de manutention chargé des opérations matérielles de mise à bord, de déchargement et de manipulation à terre des marchandises (le *stevedore* exerce son activité dans les ports de la mer du Nord, de la Manche et de l'Atlantique).

STIPULANT

Subst. – De stipuler. V. *stipulation.*

- Celui qui *stipule (sens 3) à son profit ou au profit d'un tiers (*bénéficiaire de la *stipulation pour autrui). V. *promettant.* Ex. l'époux qui contracte une assurance sur la vie au profit de son conjoint.

STIPULATION

N. f. – Lat. *stipulatio,* de *stipulare* : stipuler, exiger un engagement formel.

- **1** *Clause d'un *contrat, élément expressément prévu dans une convention et en général formellement énoncé par écrit. Comp. *disposition, décision.*
- **2** Par ext., toute prévision contractuelle.
- **3** (sens orig. restreint). Clause par laquelle un contractant fait prendre à l'autre un engagement en sa faveur ou au profit d'autrui. V. *consentement, clause d'*objectifs.*

— **de parts inégales.** Clause par laquelle les époux stipulent, dans le contrat de mariage ou une convention modificative, qu'une part autre que la moitié (ex. le tiers, le quart), sera attribuée à l'un des époux ou à ses héritiers, sous l'obligation de supporter le passif commun dans la même proportion (C. civ., a. 1520 s.). Comp. **clause d'attribution de communauté au survivant.* V. *avantage matrimonial.*

— **pour autrui.** Convention par laquelle l'une des parties (le *stipulant) fait promettre à l'autre (le *promettant) l'accomplissement d'une prestation au profit d'un tiers (le *bénéficiaire) ; figure juridique complexe dans laquelle la stipulation peut être révoquée par le stipulant tant que son bénéficiaire ne l'a pas acceptée, mais en vertu de laquelle l'acceptation de celui-ci avant la révocation de la stipulation rend celle-ci irrévocable, et investit le tiers, contre le promettant pour l'exécution de l'engagement, d'un droit direct censé né dès la stipulation. Ex. C. civ., a. 1205 et s. V. *effet relatif des conventions, contrat d'assurance, assurance pour compte, donation avec charge.*

STIPULER

V. – V. *stipulation.*

- **1** Usuellement, convenir.
- **2** Plus spéc. préciser un des éléments de l'accord, en donnant à cette prévision contractuelle la forme d'une *clause expresse et même écrite. Ex. dans un prêt d'argent, stipuler les intérêts ; dans un bail, stipuler que les loyers sont payables par trimestre. On dit souvent par erreur que la loi stipule. Comp. *disposer, décider.*
- **3** Sens originaire : acquérir des droits par convention ; pour un contractant, faire promettre à l'autre l'accomplissement d'une prestation, soit à son avantage, soit en faveur d'autrui (C. civ., a. 1119, 1121, 1122). Comp. *promettant* (sens 1).

STOCK OPTION

- Droit attribué au salarié d'une entreprise, généralement un cadre, d'acquérir (ou de souscrire à leur émission) des titres représentatifs du capital de l'entreprise pour un prix fixe, dit prix d'exercice, généralement inférieur au cours de la bourse. L'acquéreur (ou le souscripteur) doit se déterminer pendant un délai limité, qui varie entre 2 et 5 ans selon les cas.

STOP-LOSS

Locution anglaise signifiant litt. « arrêt-perte » utilisée pour désigner la *réassurance en excédent de pertes.

STRICT, ICTE

Adj. – Lat. *strictus* : serré, étroit, sévère.

- **1** Rigide, qui ne tolère aucun assouplissement (se dit not. d'une discipline, d'une *interdiction).
- **2** Exact, parfaitement conforme à… : se dit de l'application pure et simple de la loi, de l'observation pointilleuse d'un règlement, etc.
- **3** Par ext. des sens ci-dessus, sévère, rigoureux, sans indulgence. Ant. *libéral.* V. *dureté (exceptionnelle), rigueur.*
- **4** Qui ne souffre aucune extension analogique en dehors des cas prévus, resserré dans ses limites. Se dit de l'*interprétation qu'appelle une règle d'*exception ou la loi pénale (C. pén., a. 111-4) ; ne pas confondre avec *rectrictif (2) (qui retranche à la loi). V. *limitatif.* Ant. **extensif.*
- **5** *Étroit, réduit au minimum ; en ce sens plus vague, interprétation stricte, s'opp. à interprétation *large (sens 1), *libérale.

— **(droit).**

a / S'opp. à *équité ; « en droit strict » signifie : par application pure et simple de la loi, sans s'attacher aux conséquences iniques de cette observation rigoureuse. V. *ex aequo et bono.*

b / S'opp. à extension ; « de droit strict » est syn. d'interprétation stricte. V. *supra,* 4 ; *étroit (de droit).*

STRICTO SENSU

Expression lat. signifiant « au sens *strict » (d'un terme), couramment utilisée dans l'*interprétation de la loi ou des conventions pour serrer le sens *étroit du texte et renfermer son application dans ces limites. Ex. *délit *stricto sensu*, désigne le délit intentionnel, par opp. au *quasi-délit. Ant. **lato sensu.* V. *littéral, restrictif.*

STUPÉFIANTS

Subst. plur. – De stupéfier, lat. *stupefacere, stupefieri* : être étonné, interdit.

- Ensemble des substances ou plantes classées comme telles par voie réglementaire (C. sant. publ.), parce que reconnues vénéneuses et de nature à provoquer chez l'utilisateur une sorte d'ivresse intoxicante. Ex. chanvre indien, kat, etc. ; se distinguent des substances dangereuses et des substances toxiques.

— **(trafic de).** Commerce illicite de stupéfiants ; plus précisément, fait de diriger ou d'organiser un groupement ayant pour objet la production, la fabrication, l'importation, l'exportation, le transport, la détention, l'offre, la cession, l'acquisition ou l'emploi illicites, de produits classés comme stupéfiants, très sévèrement réprimé, C. pén., a. 222-34, conformément aux engagements internationaux souscrits par la France (convention unique sur les stupéfiants, 30 mars 1961). V. *blanchiment.*

— **(usage de).** Fait de consommer, seul ou en groupe, des substances stupéfiantes, qui constitue un délit, le consommateur pouvant cependant échapper à la répression en suivant un traitement approprié.

SUBDÉLÉGATION

N. f. – Comp. de *sub* : sous, et *délégation.

- Acte généralement illicite par lequel un organe qui n'exerce une certaine compétence que par *délégation décide de la déléguer lui-même à quelqu'un d'autre. V. *substitution (pouvoir de).*

SUBJECTIF, IVE

Adj. – Du lat. *subjectivus* (de *subjectare* mettre sous) placé sous ; qui se rapporte au sujet.

- **1** Qui appartient à une personne. Ex. *droit subjectif, prérogative *individuelle qui existe sur la tête d'une personne, titulaire du droit, par opp. à *Droit *objectif. V. *sujet de droit.* Comp. *attitré, personnel, individuel.*
- 2 Qui s'apprécie en une personne.

—**ive (*cause).** Dans un contrat, celle qui tient à la psychologie de l'un des contractants, cause concrète dite cause impulsive et déterminante par opp. à cause *objective. V. *mobile*. Ant. *objectif.*
—**ive (responsabilité).** Celle qui est fondée sur la faute de l'auteur du dommage. Ant. *objectif.*
• **3** Qui porte la marque d'une personne.
—**ive (*appréciation).** Celle qui porte l'empreinte ou le sceau de son auteur (parfois au point de manquer d'*objectivité). Comp. *arbitraire, souverain.*

SUBJUGATION

N. f. – De subjuguer, lat. *subjugare* : faire passer sous le joug.

V. *debellatio.*

SUBORDINATION JURIDIQUE

Lat. *subordinatio* : délégation.

• Situation de *dépendance du travailleur placé, en droit, sous l'autorité de celui pour lequel il effectue une tâche ; *dépendance plus préc. caractérisée, par le pouvoir, pour l'employeur, de donner au *travailleur des instructions, des ordres et des directives, d'en contrôler l'exécution et d'en vérifier les résultats, ainsi que de sanctionner les manquements de son subordonné, à charge d'assumer les risques de son activité : marque spécifique et principal critère du *contrat de travail, ainsi que de l'affiliation au régime général de la sécurité sociale. V. *préposition (lien de), indépendance.* Comp. *sujétion.*

SUBORNATION

N. f. – Lat. *subornatio,* de *subornare* : suborner, préparer en dessous, en secret.

• Délit d'*entrave à l'exercice de la justice, consistant, en vue ou à l'occasion d'une procédure judiciaire, à inciter un tiers, par des offres (promesses, dons, présents) ou des tromperies (manœuvres, artifices), à commettre un *faux témoignage (déposition ou attestation mensongère) (C. pén., a. 434-15) ; se distingue de la complicité de faux témoignage accomplie par provocation, en ce que le délit de subornation est réalisé même si la pression exercée est restée sans effet ; se distingue aussi des actes d'*intimidation, moyens de pression par la crainte. La subornation de l'interprète (C. pén., a. 434-19) et de l'expert (a. 434-21) répondent à la même définition que la subornation de témoin.

SUBRÉCARGUE

N. m. – Empr. de l'esp. *subrecargo* (*-gar* : surcharger).

• Représentant de l'affréteur ou de l'armateur chargé de diriger les opérations commerciales ou de pêche.

SUBROGATIF, IVE

Adj. – Dér. de *subrogation.

• Qui a pour effet de subroger, qui emporte *subrogation. Ex. convention subrogative. V. *subrogatoire.* Comp. *prorogatif.*

SUBROGATION

Subst. fém. – Du lat. *subrogatio,* de *subrogare* : subroger, élire en remplacement, choisir qqn à la place d'un autre.

• Sens gén. : substitution, remplacement.
— **aux poursuites.** Faculté ouverte sous certaines conditions à un créancier de se substituer, dans une procédure d'exécution, à un autre créancier négligent (C. pr. civ., anc., a. 612, 721 et 724 ; d. n° 92-755, 31 juill. 1992, a. 123).
— **(paiement avec).** V. *subrogation personnelle* (sens *b*).
— **personnelle.**
a / Au sens large, substitution d'une personne à une autre dans un rapport de droit en vue de permettre à la première d'exercer tout ou partie des droits qui appartiennent à la seconde.
b / Au sens étroit, modalité conventionnelle ou légale du paiement, qui permet au tiers *solvens d'exercer à son profit les droits du créancier payé par lui (C. civ., a. 1346 et s.) ; substitution du créancier qui a payé au créancier désintéressé dans la créance de ce dernier. Ex. en matière d'assurances de dommages, l'assureur qui a payé l'indemnité d'assurance est subrogé, jusqu'à concurrence de cette indemnité, dans les droits de l'assuré contre les tiers responsables du sinistre, sauf

en quelques cas exceptionnels (C. ass., a. L. 121-12). Comp. *paiement, cession de créance, action récursoire, solidarité passive, obligation in solidum, assurance de dommages.*

— **réelle.** Fiction de droit par laquelle (dans une universalité) un bien en remplace un autre en lui empruntant ses qualités (C. civ., a. 855, al. 2, a. 1406, al. 2, a. 1434 et 1435). Ex. en matière d'assurances de dommages, l'indemnité d'assurance est subrogée à la chose assurée au profit des créanciers privilégiés et hypothécaires. C. ass., a. L. 121-13. V. *universalité, patrimoine, indivision, fonds de commerce, cheptel, régime de communauté, emploi, réemploi, indemnité d'assurance, délégation, clause de *réserve de propriété.*

ADAGES : *In judiciis universalibus, pretium succedit loci rei et res loco pretii. Subrogatum capit naturam subrogati.*

SUBROGATOIRE

Adj. – Dér. de *subrogation.

- Né de la *subrogation ; à titre de subrogation ; se dit de l'action exercée par le solvens subrogé dans les droits du créancier, de son *recours. V. *subrogatif.*

SUBROGÉ

N. m. – Part. pass. subst. de subroger. V. subrogation.

- En bref, le créancier subrogé aux droits et actions du créancier qu'il a payé ; dans la *subrogation personnelle, le créancier substitué au créancier *primitif, nouveau créancier investi, dans la limite de ce qu'il a payé, de la créance du premier, ainsi que de tous les accessoires de celle-ci (sûretés qui la garantissent, droits et actions y attachés).

SUBROGÉ CURATEUR

V. *subrogation et curateur.*

- Organe (de surveillance et de suppléance) de la curatelle d'un incapable majeur ; personne désignée par le juge (choisie si possible dans une branche autre que celle du curateur), dont les fonctions consistent à surveiller le curateur et à assister l'incapable lorsque ses intérêts sont en opposition avec ceux du curateur (C. civ., a. 454).

SUBROGÉ TUTEUR

V. *subrogation* et *tuteur.*

- Organe (de surveillance et de suppléance) de la *tutelle d'un *incapable (mineur ou majeur) ; personne désignée par le *conseil de famille parmi ses membres (si possible dans une branche autre que celle du tuteur), dont les fonctions consistent à surveiller la gestion tutélaire et à représenter l'incapable lorsque ses intérêts sont en opposition avec ceux du *tuteur (C. civ., a. 410, 454). V. *charge, destitution, gérant de la tutelle.*

SUBSIDE

Subst. masc. – Du lat. *subsidium* : secours, aide, renfort.

- (souvent au plur.). *Secours (en général *aide financière) apporté à une personne en vue de subvenir à son existence ; répondant à la même fonction que les, *aliments auxquels ils empruntent le plus souvent leur forme (*pension en argent), les subsides s'en distinguent en ce que leur octroi n'est pas l'exécution d'un devoir de famille mais le substitut de celui-ci. V. *charge.* Comp. *subvention, allocation.*

— **(*action à *fins de).** Droit, pour tout enfant (naturel) dont la filiation paternelle n'est pas légalement établie, de réclamer en justice des subsides à celui qui a eu des relations avec sa mère pendant la période légale de la conception sur la seule preuve de celles-ci (sans avoir à établir la paternité naturelle du défendeur, à la différence de l'action en recherche de paternité hors mariage) (C. civ., a. 342).

SUBSIDIAIRE

Adj. – Lat. jur. *subsidiaria,* dér. de *subsidium* : secours.

- **1** Qui a vocation à venir en second lieu (à titre de remède, de garantie, de suppléance, de consolation), pour le cas où ce qui est *principal, primordial, vient à faire défaut (cependant un ordre à plusieurs degrés peut comporter un subsidiaire du subsidiaire, etc., jusqu'à l'*ultimum subsidium*). Comp. *supplétif, résiduel.*

• **2** Par ext., secondaire, *accessoire, auxiliaire (à titre de renfort).

— **(action).**

a / Celle qui ne peut être exercée, à titre de garantie, qu'après échec d'une action principale (son exercice prématuré se heurterait à une exception *dilatoire).

b / Celle qui ne s'ouvre qu'en l'absence de toute autre action, lorsque cette absence d'action ne provient pas d'une cause légitime (autorité de chose jugée, forclusion, etc., cas dans lesquels son exercice se heurterait à une *fin de non-recevoir). Ex. *action de *in rem verso.*

— **débiteur.** V. *obligation *subsidiaire.*

— **(demande).** Celle qui a pour objet de procurer un avantage considéré comme un pis-aller, pour le cas où la prétention principale serait rejetée.

— **(moyen).** Celui qui est invoqué par une partie (ou développé par le juge), soit pour renforcer un moyen principal., soit pour suppléer celui-ci au cas où il serait écarté.

— **(obligation).** Celle dont le paiement ne devient exigible que dans le cas où le créancier ne peut obtenir du débiteur *principal (par ex. insolvable) l'exécution de la dette principale. V. *bénéfice de discussion, caution.* Ant. *garantie autonome.*

SUBSIDIAIREMENT

Adv. – De *subsidiaire.

• A titre *subsidiaire (sens 1) ; s'emploie surtout dans les écritures du palais pour la présentation des objets et fins de la demande (et parfois dans un ordre croissant de surabondance de droit ; ex. plus subsidiairement encore…).

SUBSIDIARITÉ

Subst. fém. – De *subsidiaire.

• **1** Caractère de ce qui est *subsidiaire. Ex. subsidiarité de l'action de *in rem verso.*

• **2** (const.) Principe selon lequel les collectivités territoriales ont vocation à exercer les compétences qu'elles sont mieux à même d'assumer à leur échelon (Const., a. 72, al. 2).

• **3** (eur.) Caractère de l'un des modes d'action de l'Union européenne.

— **(principe de).** Règle directive en vertu de laquelle la Communauté n'agit – en dehors des domaines de sa compétence exclusive – que si et dans la mesure où les objectifs de l'action envisagée ne peuvent être réalisés de manière suffisante par les États membres, tant au niveau central qu'à l'échelon régional ou local, et peuvent être mieux réalisés au niveau de l'Union (art. 3 B trait. CE anc., ins. par trait. Maastricht, TUE, a. 5). V. *transposition.*

SUBSTANCE

N. f. – Lat. *substantia.*

• **1** Au sens matériel : composition physico-chimique d'une chose, matière (or, argent, laine…

• **2** Au sens finaliste de l'anc. a. 1110 C. civ., toute qualité *substantielle (on dit aussi *essentielle), d'une chose. Comp. *essence.* V. *cause.*

— **(erreur sur la).** V. *erreur sur la substance.*

• **3** Dans un sens plus vague, syn. de contenu, *matière, objet.

SUBSTANTIEL, ELLE

Adj. – Lat. *substantialis.*

• **1** *Fondamental ; qui touche au *fond du Droit. Ant. *procédural.*

— **(Droit).** Syn. de Droit *matériel (sens 2).

— **(droit).** Se dit du droit subjectif déduit en justice, par opp. au droit d'agir en justice (*action). Ex. dans un procès en revendication, le droit substantiel est la propriété litigieuse.

—**le (règle)** (int. priv.). Celle qui fournit directement la réglementation d'une situation internationale. Syn. **matériel* (sens 8).

• **2** *Essentiel, par opp. à secondaire, accessoire.

—**les (*formalités).** Celles qui donnent à un acte son caractère spécifique et dont l'inobservation justifie la nullité de l'acte même sans texte, mais qui demeurent soumises à la maxime : « pas de nullité sans grief » (s'il s'agit d'un acte de procédure, CPC, a. 114) ; se distinguent mal des formalités d'ordre public qui suivent le même régime et qu'elles sont parfois considérées comme englobant. V. *vice de forme.*

—les (*qualités). Caractéristiques que les parties (ou l'une d'elles au su de l'autre) ont principalement en vue, dans une chose, en contractant (ex. authenticité, origine, dimensions, matière) de telle sorte qu'une *erreur sur cette donnée justifie l'annulation du contrat pour *vice du consentement (Comp. *cause*) ; en ce sens finaliste, la qualité substantielle, également nommée essentielle, correspond soit à un élément ordinaire que tout le monde recherche dans un même type d'opération soit, plus personnellement, à une caractéristique particulière que tel contractant recherche spécialement, au su de l'autre. V. *substance, essence.*

• **3** (eur.).

—le du Marché intérieur (partie). Partie économiquement significative du Marché intérieur par son étendue, sa population, le volume de la production ou des échanges (CEE, a. 85, 86 anc., TFUE, a. 101, 102).

SUBSTITUT

N. m. – Lat. *substitutus,* part. de *substituere.* V. *substitution.*

• *Magistrat membre du *ministère public, chargé d'assister le *procureur général près d'une cour d'appel (substitut du procureur général) ou le *procureur de la République près d'un tribunal de grande instance (substitut du procureur de la République). V. *parquet, régleur.*

SUBSTITUTION

N. f. – Lat. *substitutio,* du v. *substituere* : substituer.

• **1** Remplacement d'une personne par une autre.

— d'enfant. Fait de la part de la mère, ou d'un tiers, de mettre un autre enfant à la place de celui dont une femme est accouchée, incriminé lorsqu'il en résulte une atteinte à l'état civil de l'enfant. C. pén., a. 227-13, C. civ., a. 322-1 anc. V. *atteinte à la *filiation.* Comp. *supposition de part (ou d'enfant), suppression de part, simulation, dissimulation.*

• **2** Action, pour une personne, de se mettre à la place d'une autre (ou fait d'agir à sa place).

— (droit de). Droit exorbitant accordé, dans certains cas, par la loi à une personne de se rendre maître, après adjudication, du bien adjugé, en se substituant comme acquéreur à l'adjudicataire dans un délai donné. Ex. droit de substitution accordé à un indivisaire en cas d'adjudication des droits d'un coïndivisaire dans le bien indivis (C. civ., a. 815-15 ; 1873-12). Comp. *droit de *préemption, retrait.* V. *option.*

— (pouvoir de). Pouvoir des autorités de *tutelle qui leur permet dans certaines conditions définies restrictivement de se substituer aux autorités sous tutelle et d'agir en leur lieu et place. Comp. *suppléance.*

— (tutelle de). Forme de *tutelle dans laquelle l'autorité chargée de celle-ci peut se substituer à l'autorité décentralisée, préalablement mise en demeure, pour prendre à la place de cette dernière une décision. qu'elle s'est refusé à prendre alors qu'elle y était légalement tenue. Procédé illustré, dans le domaine financier, par l'*inscription d'office.

• **3** Action pour une personne de se faire remplacer par une autre.

— (pouvoir de).

a / Faculté exceptionnellement reconnue à une autorité de *déléguer à un tiers ses fonctions. V. *subdélégation.*

b / Faculté, en principe reconnue au mandataire, de se faire remplacer, dans l'exercice de ses pouvoirs, par un tiers dont il répond (C. civ., a. 1994). V. *représentation, procuration.*

• **4** Action de prévoir le remplacement éventuel du gratifié par un autre qui caractérise une espèce de disposition à titre gratuit. V. *libéralité.*

— fidéicommissaire. Disposition entre vifs ou testamentaire, en principe prohibée (C. civ., a. 896), par laquelle le disposant *charge la personne gratifiée (dite *grevé) de conserver toute sa vie les biens à elle donnés ou légués en vue de les transmettre à son décès à une autre personne (dite *appelé) désignée par le disposant lui-même. Comp. *vulgaire, précatif, libéralité avec *charge.* V. *libéralité graduelle,fidéicommis, vœu, fiducie, trust.*

— vulgaire. Disposition entre vifs, ou testamentaire, par laquelle le disposant désigne subsidiairement une seconde personne qui recueillera le don ou legs, mais seulement pour le cas où le donataire ou légataire appelé en première ligne ne le recueillerait pas.

• **5** Remplacement d'une chose par une autre. V. *produit de substitution.*
— **de *base légale.** Opération par laquelle le juge de l'excès de pouvoir, pour ne pas annuler un acte administratif, substitue le texte approprié au texte invoqué à tort par l'administration comme base de cet acte.
— **de *motifs.**
a / (pr. adm.). Opération par laquelle le juge de l'excès de pouvoir, pour ne pas annuler un acte administratif généralement pris en vertu d'une compétence liée, substitue le véritable motif au motif erroné indiqué par l'administration.
b / (proc. civ.). Opération qui permet à la Cour de cassation de rejeter le pourvoi en remplaçant, dans la décision attaquée, un motif erroné par un motif de pur droit (CPC, a. 620). Comp. *surabondant.*
— **(*peine de).**
a / Peine que le juge est fondé par la loi à prononcer au lieu de l'emprisonnement normalement applicable (à l'idée que cette dernière peine serait inadéquate et que la peine de substitution a des chances d'être plus efficace) ; qualification à laquelle est aujourd'hui préférée celle de *peine alternative. Comp. **mitigation des peines.*
b / En politique criminelle, peine destinée à en remplacer une autre abolie, et dont on espère qu'elle sera aussi efficace bien que moins sévère.

SUBVENTION

Subst. fém. – Du lat. *subventio,* de *subvenire* : subvenir.

• *Aide financière sans contrepartie, somme allouée, en général par les pouvoirs publics, en faveur d'une œuvre, d'une institution ou d'une entreprise digne d'intérêt et d'encouragement ; se distingue du *prêt qui suppose le versement d'intérêts et le remboursement du capital. V. *allocation.* Comp. *subside, secours.*

SUCCÉDER

V. – Lat. *succedere (sub, cedere)* : venir à la place de, remplacer, succéder.

• **1** Hériter, recueillir une succession, *venir à une succession ouverte (C. civ., a. 725).

• **2** Plus généralement et plus vaguement, prendre la suite d'un devancier (*cédant, *auteur), dans l'exercice d'un droit, d'une fonction, dans l'exploitation d'un bien.

SUCCESSEUR

Subst. – Lat. *successor,* de *succedere.*

• **1** Celui qui prend la place (la suite) d'un devancier (son prédécesseur), dans un commerce, dans certaines fonctions, dans ses droits ou obligations. V. *ayant cause, cessionnaire.* Ant. *auteur.*

• **2** Toute personne *appelée à recueillir tout ou partie d'une succession ouverte, soit comme *héritier (2), soit comme *légataire, à titre *universel ou *particulier, soit comme successeur *irrégulier. Comp. *successible, héritier présomptif.*
— **anomal.** Celui qui a recueilli une *succession anomale.
— **irrégulier.** V. *irrégulier.*

SUCCESSIBLE

Adj. – Dér. de succéder, d'après successif.

• **1** Qualificatif caractérisant l'aptitude à recueillir une succession ; ex. parent au degré successible (C. civ., a. 745) ; conjoint successible.
— **(conjoint).** *Conjoint survivant non divorcé (C. civ., a. 732) ; l'application au conjoint du qualificatif successible et donc son aptitude à recueillir la succession, seul ou en concours avec les descendants du défunt, sont subordonnées à cette condition (a. 756). V. *héritier, droit au *logement temporaire, droit viager au *logement, droit de *retour.*

• **2** Substantivement, personne ayant *vocation à recueillir la succession – non encore ouverte – d'une autre. Syn. **héritier présomptif.* V. *expectative, droit *éventuel* ; se dit aussi, par ext. après l'ouverture de la succession, de l'*héritier *appelé tant qu'il n'a pas pris parti (soit en renonçant, soit en prenant la qualité d'*héritier, purement et simplement ou à concurrence de l'actif net) (C. civ., a. 782). V. **option successorale.* Comp. *successeur.*

SUCCESSIF, IVE

Adj. – Lat. *successivus* : qui succède.

V. *contrat, infraction, fleuve *international.* Comp. *antérieur.*

SUCCESSION

N. f. – Lat. *successio* : action de succéder, succession.

- Fait pour une personne de prendre la place d'une autre à la mort de celle-ci ou après cessation de son activité, qui, lorsqu'il s'agit de succéder à un défunt à la tête de ses biens, a fini par désigner surtout la *dévolution du patrimoine héréditaire et ce patrimoine même. Comp. *représentation, substitution, subrogation.*

▸ **I** (priv.)

- **1** *Transmission – légale ou testamentaire – à une ou plusieurs personnes vivantes (V. *successeur, héritier, légataire*) du patrimoine laissé par une personne décédée (V. *de cujus*) ; mode d'*acquisition à cause de mort et à titre gratuit de la propriété. Comp. *dévolution, libéralité.*

— **ab intestat (ou légale).** Succession dont la *dévolution est réglée par la loi (C. civ., a. 721 s.), à défaut de testament ou pour compléter celui-ci ; par opp. à la succession testamentaire.

— ***anomale.** Succession portant sur des biens déterminés dont la loi, par exception (C. civ., a. 732 anc.), règle la dévolution en raison de leur origine, en les faisant retourner à leur donateur dans la succession du donataire prédécédé sans postérité (ou dans le même cas, aux descendants de leur propriétaire, s'il s'agissait de biens recueillis dans sa succession). Ex. la succession anomale en faveur de l'adoptant ou de ses descendants, en cas de prédécès de l'adopté (C. civ., a. 368-1). V. *retour.*

— **testamentaire (ou volontaire).** Succession qui, à la différence de la succession *ab intestat,* n'est pas entièrement réglée par la loi, mais est réglée par testament, soit dans sa totalité, soit au moins en partie.

ADAGE : *Nemo partim testatus partim intestatus decedere potest* (aujourd'hui non reçu).

- **2** Le *patrimoine ainsi transmis, le patrimoine successoral ou héréditaire. Syn. *héritage, hérédité.* V. *actif, passif, masse, hoirie.*

— ***bénéficiaire.** Succession acceptée sous *bénéfice d'inventaire.

— **en déshérence.** V. *déshérence.*

— **non réclamée.** *Succession vacante *(lato sensu)* qui peut être reconnue comme non réclamée dès avant l'expiration des délais pour faire inventaire et délibérer (c'est la différence avec la succession vacante *stricto sensu*), sa gestion provisoire étant alors confiée à l'administration des Domaines, avec des pouvoirs de pure administration. V. *réclamer.*

— ***vacante.**

a / (lato sensu). Succession que nul successeur universel, même l'État, ne réclame (comp. déshérence), à laquelle n'est appelé aucun héritier *ab intestat* (ou à laquelle ont renoncé tous les héritiers connus) (C. civ., a. 809).

b / (stricto sensu). Succession qui, six mois après son ouverture, n'a fait l'objet, de manière expresse ou tacite, d'aucune acceptation de la part des héritiers connus (C. civ., a. 809, 3° s.). V. *vacant, vacance, exhérédation.*

▸ **II** (int. publ.)

— **d'États.** Expression utilisée en doctrine pour désigner l'ensemble des problèmes juridiques résultant de la substitution d'une souveraineté à une autre sur un territoire donné, qu'il s'agisse d'une *annexion partielle ou totale, d'un partage, d'une fusion ou de la création d'un État nouveau.

— **d'organisations internationales.** Terme emprunté au Droit privé pour désigner la substitution d'une organisation internationale à une autre. En raison du silence des conventions de base sur ce point, des difficultés peuvent surgir, not. quant à la compétence pour décider d'une telle substitution et quant à la portée de cette substitution (fonctions transférées, actes de l'organisation disparue, biens et agents).

SUCCESSORAL, ALE, AUX

Adj. – Dér. du lat. *successor* : successeur, remplaçant.

- Relatif aux successions, qui se rapporte à une succession. Ex. Droit successoral, vocation successorale, *retrait successoral, patrimoine successoral. Comp. *héréditaire.*

— **(*indivision).** Indivision qui s'établit entre cohéritiers à l'ouverture d'une succession. V. *postcommunautaire.*

SUCCOMBANCE

N. f. – V. *succomber.*

• (arch.). Fait d'avoir perdu son procès qui, en principe, expose le succombant à être condamné aux *dépens. Ant. **gain de cause.*

SUCCOMBER

V. – Lat. *succumbere, sub* : sous, et *cumbere* : s'enfoncer, s'affaisser.

• Perdre son procès. Ant. *triompher.*

SUCCURSALE

Subst. fém. – Dér. du lat. *succurrere* : secourir, d'après le sup. *succursum.*

• *Établissement *secondaire sans personnalité juridique propre mais doté d'une certaine autonomie de gestion. Ex. succursale de la Banque de France, succursale des magasins d'alimentation. V. *agence, filiale, bureau secondaire, succursaliste.*

SUCCURSALISTE

Adj. – Dér. de *succursale.

— **(commis).** V. *commis succursaliste.*

— **(gérant).** V. *gérant succursaliste.*

SUFFRAGANT, ANTE

Subst. – Lat. *suffraganeus,* lat. ecclés. de *suffragari* : voter pour, favoriser.

• Membre d'un jury de thèse autre que le président. Comp. *assesseur, assistant.*

SUFFRAGE

Subst. masc. – Du lat. *suffragium.*

• **1** *Vote émis. Ex. suffrages exprimés, suffrages effectifs recueillis lors d'un vote, déduction faite, non seulement des abstentions, mais aussi des bulletins blancs ou nuls. V. *voix, quotient électoral.*

• **2** Système selon lequel est donné ou, refusé le droit de vote. V. *scrutin.*

— ***censitaire.** Suffrage restreint dans lequel l'électorat est réservé à ceux qui ont une certaine fortune constatée par le paiement d'une certaine somme d'impôt direct (cens).

— **restreint.** Système où ce droit est limité aux citoyens remplissant certaines conditions (fortune, « capacités », origine, etc.).

— ***universel.** Par opp. aux suffrages restreints, celui dans lequel l'électorat, n'étant limité par aucune condition de fortune ou de « capacités », est en principe ouvert à tous, dans les deux sexes, mais qui peut impliquer des exclusions, à raison du trop jeune âge ou de l'indignité.

• **3** Parfois pris comme syn. de corps électoral.

SUGGESTION

N. f. – Lat. *suggestio* : action d'ajouter, avis.

• Fait d'influer sur la volonté d'une personne pour la résoudre à consentir à une libéralité qu'elle n'aurait pas faite d'elle-même, action qui peut entraîner la nullité de la libéralité, mais seulement lorsque – accompagné de *manœuvres frauduleuses et d'insinuations mensongères – un tel comportement constitue un *dol. Comp. *captation, fraude, extorsion.*

SUITE (DROIT DE)

Anc. part. pass. de suivre, lat pop. *sequitus.* V. *droit.*

▸ **I** (priv.)

• **1** Attribut du droit *réel permettant au titulaire de celui-ci de saisir le bien grevé du droit en quelque main qu'il se trouve. Ex. droit de suite du créancier hypothécaire entre les mains du tiers acquéreur de l'immeuble hypothéqué (C. civ., a. 2393). Comp. *droit de *préférence, poursuite.* V. *sûreté.*

• **2** Droit inaliénable dont jouissent les artistes et leurs héritiers d'effectuer un prélèvement sur le prix de revente de leurs œuvres, tant que celles-ci ne sont pas incorporées au *domaine public.

• **3** Droit reconnu par la pratique professionnelle à l'avocat qui a donné une consultation gratuite (en mairie ou au palais) de prendre en charge, avec l'autorisation du bâtonnier, le dossier de la personne qui l'avait consulté.

▶ **II** (int. publ.)

- **1** Dans le Droit de la guerre maritime, droit que s'arrogent les belligérants de poursuivre et capturer en quelques parages que ce soit des navires neutres violateurs d'un blocus régulier.
- **2** Droit reconnu par traité aux agents d'un État de poursuivre et arrêter en territoire étranger les auteurs d'infractions à la loi pénale.
- **3** Prétention invoquée par certains États en cas de guerre civile de poursuivre et de combattre des forces rebelles sur le territoire d'un État étranger où elles auraient trouvé asile.

SUIVI

Subst. masc. – V. le précédent.

- (néol.). Contrôle appliqué à chacune des phases de l'exécution d'une opération ; vérification persévérante et vigilante impliquant, pour celui qui en est chargé, la mission de surveiller le déroulement d'une opération et de veiller à l'accomplissement des actes qui en assurent la bonne fin.

— **socio-judiciaire.** Contrôle exercé sur un condamné par le *juge de l'application des peines, afin de favoriser sa réinsertion sociale et de prévenir une récidive, qui est ordonné par la juridiction de jugement dans les cas prévus par la loi pour une durée limitée, et qui comprend, dans l'éventail offert par la loi, les mesures de surveillance et d'assistance appropriées (not. contrôle de l'emploi, de la résidence, des déplacements du condamné, éventuellement injonction de soins) sous l'obligation pour le condamné, à peine de sanction, de s'y soumettre et d'accomplir les diligences qui lui sont prescrites (C. pén., a. 131-36-1 s.). Comp. *sursis avec mise à l'épreuve.*

SUJET

Subst. – Lat. *subjectus,* part. de *subjicere* : placer sous, soumettre.

- **1** Parfois syn. de *national (spéc. dans les pays à régime monarchique : ex. sujet britannique. Comp. *ressortissant, citoyen.*
- **2**

— **de droit.** *Personne (physique ou morale) considérée comme support d'un *droit *subjectif ; titulaire du droit (sujet actif) ou débiteur de l'obligation (sujet passif). V. *personnalité, être *humain, personne *humaine.*

— **de l'action.** Personne investie du droit d'agir en justice, soit pour élever une prétention, soit pour la combattre (CPC, a. 30). Syn. **titulaire de l'action.*

SUJET, ETTE

Adj. – V. le précédent.

- Soumis à, *susceptible de (recours). Ex. une mesure d'administration judiciaire n'est sujette à aucun recours.

SUJÉTION

N. f. – Lat. *subjectio,* action de mettre sous, de *subjicere* (de *sub* et *jacere*) jeter ou placer dessous, soumettre, assujettir, subordonner, mettre sous la dépendance de.

- **1** Action d'assujettir et résultat de cette action (état de sujétion) ; *soumission d'une personne à une autre ; condition du *sujet relativement à celui dont il dépend, en droit et/ou en fait. Voisin : *assujettissement.* Comp. *dépendance, subordination.*

a) (relativement à un État). Situation juridique de ses sujets (v. *ressortissants, citoyens*) ; se dit aussi de la soumission à la souveraineté ou à la domination d'une puissance étatique de populations, ethnies, groupes, personnes autres que ses ressortissants (v. *annexion*).

b) (d'un particulier à un autre). Situation d'une personne qui, sous l'*autorité d'une autre, ne jouit pas d'une pleine autonomie. Ex. sujétion légale du *mineur ou du *majeur *protégé sous l'autorité parentale ou tutélaire ; sujétion aliénante d'une personne qui subit la domination abusive d'une autre au point de perdre sa capacité de jugement (C. pén. a. 223-15-2).

- **2** *Astreinte, *contrainte, *obligation ou *charge particulière qui rend plus malaisé l'accomplissement d'une tâche.

SUJÉTIONS (ADM.)

N. f. pl. – Lat. *subjectio* : soumission, du v. *subjicere.* V. le précédent.

• De manière générale, obligations que l'administration peut imposer à des particuliers dans un but d'intérêt public. Ex. l'a. 34 de la Constitution de 1958 place dans le domaine de la loi les « sujétions imposées par la Défense nationale » ; à distinguer des *servitudes qui en principe ne portent que sur les immeubles et leur utilisation, non sur les personnes et leurs activités.
— **imprévues.** Dans le droit des marchés publics, difficultés matérielles d'exécution, de caractère exceptionnel, imprivisibles lors de la conclusion du contrat et provenant d'une cause extérieure aux parties, qui, rendant plus onéreuse l'exécution de celui-ci, ouvrent au cocontractant de l'administration droit à une indemnisation intégrale par relèvement du prix du marché. C. des marchés publics, a. 20. Comp. *imprévision, révision.*

SUMMA DIVISIO

Termes latins signifiant « division la plus élevée » encore utilisés pour caractériser la distinction majeure d'une *classification. Ex. dans la classification des biens, la distinction des meubles et des immeubles est la *summa divisio* (C. civ., a. 516). V. *division.*

SUPERFÉTATOIRE

Adj. – Du lat. *superfetatio,* préf. *super* et *fœtus* (ou *fetus*) produit.

• Qui s'ajoute sans nécessité à une chose ; qui s'y surajoute inutilement ; superflu ; se dit not. pour une mesure d'instruction, d'une [demande d']expertise relative à un fait dont la preuve est déjà suffisamment établie. Comp. *surabondant, redondant.* V. *dilatoire, frustratoire, surérogatoire.*

SUPERFICES

Subst. plur. – Lat. *superficies.*

• (vx). Désigne, dans certaines expressions (*édifices et superfices), tout ce qui est (édifié ou cultivé) au-dessus du *sol (*constructions, *plantations) et qui, en principe, appartient par *accession au propriétaire du sol. V. *bail ou louage à domaine congéable, domanier, foncier, exponse, congément, bâtiment, améliorations.*

ADAGE : *Superficies solo cedit.*

SUPERFICIAIRE

Subst. – Dér. de *superficie.

• Titulaire du droit de *superficie ; propriétaire de tout ou partie de ce qui est au-dessus du sol (constructions, plantations) par opp. au propriétaire du sol et du sous-sol (*foncier, *tréfoncier) dans toutes les opérations fondées sur la dissociation de la propriétaire du terrain (fonds et tréfonds) et de celle des *superfices. V. *bail à domaine congéable, colon, domanier.*

SUPERFICIE

Subst. fém. – lat. *superficies.*

• **1** Étendue d'un bien, spéc. d'un fonds de terre ; surface au *sol.
— **de référence.** Superficie d'exploitation nécessaire à un *exploitant agricole pour bénéficier de prêts d'installation à long terme du *crédit agricole ainsi que de certaines aides de l'État, qui est établie, en fonction des cultures, dans chaque région agricole, par le ministre de l'Agriculture et ne doit pas différer de plus de la moitié de la superficie moyenne des exploitations de la région.
— **minimum d'installation.** Surface minimale au-dessous de laquelle une *exploitation agricole est jugée incapable de se développer et de devenir rentable, utilisée pour l'application de la législation des *cumuls et l'attribution des *indemnités de départ, déterminée dans chaque région agricole par le ministre de l'Agriculture sans jamais être inférieure de plus de 30 % à la moyenne nationale des surfaces des exploitations agricoles dont la mise en valeur constitue l'activité principale du chef d'exploitation.

• **2** Ce qui est au-dessus du *soi.
— **(droit de).** Nom donné au droit de *propriété portant sur les *constructions (*édifices), *plantations et autres *superfices dans les cas où la propriété de ces choses est dissociée de la propriété du *sol (not. dans le bail à domaine congéable). Comp. **bail à construction.*

SUPERFLU, UE

Adj. – Lat. *superfluus,* de *superfluere* : déborder.

• Syn. **surabondant.*

SUPERPRIVILÈGE

Subst. masc. – Du lat. *super* : au-dessus. V. *privilège.*

- (néol.). *Privilège renforcé qui, ayant priorité sur les autres privilèges, garantit à son bénéficiaire le droit d'être payé en premier au moins pour une partie de sa créance. Nom donné au droit, pour les travailleurs d'une entreprise qui a cessé ses paiements, d'obtenir le règlement, nonobstant l'existence de toute autre créance, et sur les premiers fonds disponibles, de leurs derniers salaires dans la limite d'un plafond.

SUPPLÉANCE

N. f. – Dér. de suppléer, lat. *supplere* : compléter en ajoutant ce qui manque.

- **1** Remplacement temporaire d'un agent empêché ou absent par un autre (dans l'exercice de ses fonctions), qui s'opère de plein droit (automatiquement) en vertu des dispositions statutaires qui le prévoient. Ex. CGCT, a. L. 2122-17, Const. 1958, a. 7, al. 4, mod. en 1962. On appelle aussi suppléants les remplaçants prévus par l'a. 25, al. 2, de la Const. Comp. *vacance, substitution, intérim.*
- **2** Parfois employé improprement pour désigner une *délégation. Ex. Const. 1958, a. 21, al. 4.

SUPPLÉANT, ANTE

Subst. ou adj. – De suppléer. V. le précédent.

- Celui qui assure une *suppléance. Comp. *titulaire, auxiliaire, intérimaire, temporaire. adjoint, assesseur.*

SUPPLÉTIF, IVE

Adj. – Lat. médiév. *suppletivus,* de *supplere.*

- Qui remplace, s'applique à défaut de…, comble une *lacune.
- **1** Se dit d'une règle applicable à défaut d'autres dispositions (légales ou conventionnelles). Ex. *coutume supplétive, applicable dans le silence de la loi.
- **2** Sous-entend souvent « de volonté individuelle » ; se dit alors d'une loi applicable dans le silence des parties, c'est-à-dire, en l'absence d'un choix volontaire différent de leur part, fonction de suppléance qui manifeste la valeur éminente du modèle proposé à défaut de volonté contraire (vocation *subsidiaire qui désigne la règle supplétive comme le *droit commun). Ex. le régime supplétif de la communauté légale applicable en l'absence de contrat de mariage (modèle exemplaire mais non imposé). Comp. *interprétatif.* V. *impératif, dispositif, indicatif, implicite.*
- **3** Se dit d'un mode de preuve admis, faute de mieux (un peu à regret), afin de remédier à l'insuffisance des autres preuves. Ex. *serment supplétif encore nommé *supplétoire. Comp. *subsidiaire.*
- **4** Parfois syn. d'*additionnel ou de complétif. V. **réquisitoire complétif, ampliatif.*

SUPPLÉTOIRE

Adj. – Du lat. *supplere* : suppléer.

- Syn. de *supplétif, qui ne s'emploie que pour qualifier une espèce de *serment déféré par le juge, dans le *doute, afin de remédier à l'insuffisance des preuves.

SUPPOSITION DE PART (OU D'ENFANT)

N. f. – Lat. *suppositio,* de *supponere* : supposer, V. *part.*

- Fait d'attribuer la maternité d'un enfant à une femme qui n'en a pas accouché, aujourd'hui incriminé comme atteinte à la filiation, délit impliquant, de la part de la mère fictive, la *simulation de la naissance et, de la part de la femme qui a accouché, mère véritable, la *dissimulation de sa maternité (C. pén., a. 227-13). V. *part, atteinte à la *filiation.* Comp. *substitution d'enfant, suppression de part.*

SUPPRESSION

N. f. – Lat. *suppressio,* de *supprimere* : supprimer.

- **1** Action (matérielle) de faire disparaître une chose, un document, un élément de preuve. Comp. *soustraction.*

— **de *part.** Nom naguère donné à l'infraction qui consistait à faire disparaître toute preuve de l'existence d'un enfant (C. pén. anc., a. 345), sans attenter à sa vie, dont l'incrimination a été supprimée à l'idée qu'elle porterait atteinte à l'existence de l'enfant (et pas seulement à son état civil) et se confondrait ainsi avec une atteinte à la vie (C. pén., a. 227-13). Comp. *enlèvement, *non-représentation d'enfant, *supposition de *part, substitution d'enfant.*

• **2** Action (juridique) de mettre un terme (pour l'avenir) à une règle, à un droit, à une procédure. Ex. suppression de la peine de mort, suppression de la pension alimentaire. Comp. *abolition, modification, révision, annulation, extinction, suspension, radiation.* Ant. *établissement, institution.*

• **3**

— **de la concurrence.** Élimination de la *concurrence par l'effet d'une *entente, du comportement d'une entreprise en position dominante ou d'une *concentration d'entreprises. Comp. *restriction, concurrence faussée, concurrence restreinte.*

SUPRANATIONAL, ALE, AUX

Adj. – Comp. de la prép. lat. *supra* : au-dessus, et de *national.

• Qualificatif appliqué à une institution *internationale regroupant deux ou plusieurs États, qui indique qu'il y a eu un transfert de compétences des États aux organes de cette institution, de telle sorte que celle-ci dispose en certaines matières d'un pouvoir de décision s'exerçant directement sur les États eux-mêmes ou sur les particuliers ressortissants de ces États. V. *souveraineté.* Comp. *fédéral, transnational.*

SUPRÉMATIE

N. f. – Dér. de *suprême.

• *Primauté en vertu de laquelle une source de droit s'impose à celles qui lui sont subordonnées dans la *hiérarchie des *normes. Ex. suprématie du traité sur la loi, suprématie de la loi sur le décret.

— **du droit communautaire.** Syn. **primauté du droit communautaire.*

SUPRÊME

Adj. – Lat. *supremus.*

• Qualificatif parfois donné à la *Cour de cassation, en tant qu'elle est la juridiction la plus élevée de l'*ordre judiciaire. Comp. *souverain.* V. *hiérarchie.*

SURABONDANT, ANTE

Adj. – Préf. sur et abondant, du v. lat. *abundare* : être en abondance.

• Inutile, superflu, surérogatoire. V. *superfétatoire, frustratoire, redondant, cautèle.*

— **(*motif).** Élément inutile (et souvent critiquable) de la motivation d'une décision de justice, qui, bien qu'erroné, n'empêche pas cette décision d'être maintenue (si elle est par ailleurs suffisamment étayée), dès lors que la juridiction de contrôle peut en faire abstraction (ex. CPC, a. 620, al. 1). V. *substitution de motifs.* Comp. *obiter dictum.*

ADAGE : *Quod abundat non vitiat.*

SURARBITRE

Subst. – V. *arbitre.*

• **1** En pratique, naguère, syn. de *tiers *arbitre.

• **2** Nom parfois donné, naguère, au troisième *arbitre.

SURASSURANCE

N. f. – V. *assurance.*

• (néol.). État d'une assurance de dommages dont la *somme assurée est supérieure à la valeur réelle de la chose assurée, et qui appelle une réduction de l'assurance à cette valeur (ou la nullité de l'assurance en cas de fraude).

SURCHARGE

N. f. – V. *charge.*

• Correction rédactionnelle modifiant sans *rature le choix ou la graphie d'un mot (ou d'un chiffre). Dans les actes notariés, les mots ou les chiffres surchargés sont nuls (d. 26 nov. 1971, a. 13). Comp. *addition, *renvoi d'acte.*

SURCOMPENSATION

Formé du préf. sur et de *compensation.

- (néol.). Opération consistant à grouper les excédents de recettes et de dépenses des institutions gérant le même risque, et à couvrir les uns par les autres, en équilibrant les charges et en réalisant une solidarité nationale (ex. surcompensation des charges familiales).

SURENCHÈRE

N. f. – Comp. du préf. sur et *enchère.

- **1** *Enchère qui, portée après une première vente (par ex. après l'adjudication d'un immeuble ou la vente judiciaire d'un fonds de commerce), a pour effet de remettre en question cette vente et d'en provoquer une autre, lorsqu'elle est supérieure au prix obtenu dans une proportion déterminée par la loi. Ex. offre d'un dixième en plus du prix d'adjudication d'un immeuble (C. civ., a. 2480). V. **adjudication sur surenchère.*
- **2** Nom abusivement donné, au cours d'une adjudication à toute enchère supérieure à la précédente.

SURENCHÉRISSEUR, EUSE

Subst. – Dér. de surenchérir, de *surenchère.

- Celui ou celle qui porte une *surenchère. Comp. **fol enchérisseur.* V. *adjudicataire,* **adjudication sur surenchère.*

SURENDETTEMENT

N. m. – Subst. masc. comp. de sur (lat. *super* marquant ici l'accumulation, l'excès, la surcharge) et de *endettement.

- *Endettement extrême d'un particulier débiteur de bonne foi ; plus précisément, nom donné par la loi du 31 décembre 1989 à la situation d'une personne physique qui, débiteur de bonne foi, est dans l'impossibilité *manifeste de régler ses créanciers, et qui peut, à ce titre, bénéficier d'aménagements de ses paiements (report ou rééchelonnement, imputation sur le capital, réduction du taux d'intérêt, etc.), mesures d'allégement proposées, sous forme de *règlement amiable, par une commission administrative saisie à son initiative ou imposées par le juge d'instance de son domicile, dans le cadre d'un *redressement judiciaire civil (a. 1 s., l. 31 déc. 1989 ; C. cons., a. L. 711-1). Comp. *insolvabilité, déconfiture, cessation des paiements.* V. *dette, grâce, bienfait.*

SURÉROGATOIRE

Adj. – Lat. scolast. *supererogatorius,* du lat. *supererogatio,* action de payer en plus.

- (Peu usité) qui excède ce qui est dû ; qui est fait (en général par intention) en plus, au-delà de ce à quoi l'on est tenu. Ex. paiement surérogatoire, garantie surérogatoire. (Le substantif surérogation, versement ou distribution qui dépasse l'obligation, est plus rare encore.) Comp. *indu,* **trop perçu, libéral, gratuit, surabondant.*

SURESTARIES

Subst. fém. plur. – Empr. de l'esp. *sobestaria.*

- **1** Temps employé au chargement ou au déchargement du navire après l'expiration du délai des *staries.
- **2** Somme due par l'affréteur pour le dépassement des staries.

SÛRETÉ

N. f. – Dér. de sûr, lat. *securus.*

- **1** Pour chaque citoyen (on précise parfois sûreté individuelle) :
  a / *Garantie contre les arrestations, détentions et peines arbitraires.
  b / Garantie de la *liberté individuelle qui consiste dans la protection accordée par la société à chacun de ses membres pour la conservation de sa personne, de ses droits et de sa propriété (décl. 1793, a. 8) ; l'un des objectifs de la *police administrative (CGCT, a. L. 2212-2) de même que la *sécurité, la *salubrité et le bon *ordre (notion générique englobant la *tranquillité publique).
- **2** Désigne, par ext. dans diverses expressions, la protection dont l'État se couvre (sûreté de l'État), celle qu'il organise (sûreté publique) ou même, naguère, l'organe chargé d'une telle protection (sûreté nationale).

• **aérienne.** Mesure prise pour assurer la prévention des actes illicites et du terrorisme (C. transp., a. L. 6341-1 et s.). Comp. *sécurité aérienne*.

— **de l'État.** Maintien de la consistance de l'État, de son territoire, de sa population, de ses institutions publiques essentielles, de leur indépendance et de leur autorité, par prévention et répression des infractions qui y porteraient atteinte (anc. d. 3 déc. 1979 relatif à la communication des documents d'archives publiques ; anc. C. pén., a. 70 ; comp. a. 410-1 C. pén.). V. *Cour de sûreté de l'État, trahison.*

— ***nationale.** Direction générale du ministère de l'Intérieur qui avait succédé en 1934 à la sûreté générale et a été remplacée en 1949 par la direction générale de la police nationale (désignait, par distinction d'avec la préfecture de police compétente pour Paris et le département de la Seine, l'administration des services de police d'État sur le territoire, l'ensemble relevant désormais de la direction générale de la police nationale au ministère de l'Intérieur).

— ***publique.** Ensemble des mesures prises par l'autorité publique afin d'assurer un minimum d'ordre entre les citoyens, et not. la sécurité. Ex. la police municipale a pour objet not. d'assurer la sûreté publique.

• **3** Pour un créancier, garantie fournie par une personne (sûreté conventionnelle), ou établie par la loi (sûreté légale) ou plus rarement résultant d'un jugement (hypothèque judiciaire), pour l'exécution d'une *obligation ; disposition destinée à garantir le paiement d'une dette à l'échéance, malgré l'*insolvabilité du débiteur. V. *crédit, hypothèque, privilège, nantissement, gage, antichrèse, cautionnement, solidarité, gage général, concours, sécurité, garantie.*

— **avec *dessaisissement (ou avec *dépossession).** Sûreté réelle mobilière constituée sur un bien dont la détention est ôtée au débiteur pour être conférée soit au créancier, soit à un tiers gardien. Ex. *gage. V. *entiercement.*

— **judiciaire.** Espèce de *mesure conservatoire ; garantie qui peut être constituée, à titre conservatoire, sur certains biens, en vertu d'une autorisation de justice : hypothèque sur un immeuble, nantissement d'un fonds de commerce, d'actions, de parts sociales, de valeurs mobilières (l. 9 juill. 1991, a. 77 s.). Comp. *saisie conservatoire.*

— ***personnelle.** Sûreté assise sur une *obligation, celle-ci offrant en garantie au créancier qui en est investi non la valeur d'une chose (v. sûreté *réelle) mais la solvabilité de la personne qui s'engage envers lui (C. civ., a. 2285) ; plus précisément sûreté consistant dans l'engagement, envers le créancier, d'un ou plusieurs autres débiteurs (principaux ou accessoires) : engagement (subsidiaire ou principal) d'une *caution (simple ou solidaire) ; *garantie autonome, *lettre d'intention ; *solidarité de plusieurs codébiteurs.

— ***réelle.** Sûreté assise sur une chose (meuble corporel ou incorporel, ou immeuble) qui offre au créancier qui en est nanti, pour la garantie de sa créance, non la solvabilité d'une personne (comme la sûreté *personnelle) mais la valeur de la chose qui en est grevée ; plus précisément, sûreté portant sur un ou plusieurs biens déterminés, meubles ou immeubles, appartenant au débiteur ou à un tiers, consistant à conférer au créancier, sur ce bien, un droit réel (assorti d'un droit de *préférence et d'un droit de *suite), ainsi des sûretés sur les meubles (*privilèges mobiliers, *gage de meubles corporels, *nantissement de meubles incorporels, *propriété retenue à titre de garantie, C. civ., a. 2329) et des sûretés sur les immeubles (*privilèges, *antichrèse, *hypothèque, propriété retenue à titre de garantie, C. civ., a. 2373).

— **réelle pour autrui.** Sûreté réelle consentie par un tiers sur l'un de ses biens pour garantir la dette d'autrui, sous forme de gage, d'hypothèque ou de cautionnement réel, le créancier n'ayant d'action que sur le bien affecté en garantie (C. civ., a. 2334, pour le bien engagé).

— **sans *dessaisissement (ou sans *dépossession).** Sûreté réelle mobilière constituée sur un bien que le débiteur – établi *gardien de ce bien – est autorisé à conserver entre ses mains. Ex. nantissement de l'outillage industriel.

SURNOM

N. m. – Comp. du préf. sur et *nom.

• *Nom ajouté par le public au nom de famille d'une personne, afin de la distinguer des autres personnes portant le même nom de famille, et qui se différencie du *pseudonyme en ce qu'il n'est pas choisi par celui qui le porte, et qu'il n'a pas pour but de dissimuler son identité, mais au contraire de la préciser ; sobriquet.

SURNUMÉRAIRE

Subst. ou adj. – Lat. *supernumerarius,* de *numerus* : nombre.

- **1** (adj.). En surnombre.
- **2** (subst.). Naguère, employé de grade inférieur dans certaines administrations fiscales.

SURPRIME

N. f. – Comp. du préf. sur et *prime.

- (ass.). *Prime supplémentaire due, soit dès la conclusion du contrat, pour un risque dont les caractéristiques propres sont anormales et dépassent celles des risques habituels des tarifs (V. *risque taré*), soit, en cours de contrat, en cas d'*aggravation de risque.

SURSALAIRE

N. m. – Comp. du préf. sur et de *salaire.

- (néol.). Expression employée quelquefois pour désigner un supplément s'ajoutant au *salaire normal.

SURSEOIR À STATUER

V. *statuer (surseoir à).*

SURSIS

N. m. – Comp. du préf. sur et de seoir, d'après le lat. *supersedere,*

- L'action de surseoir (la décision administrative ou juridictionnelle de sursis) ou l'objet et l'effet de cette décision (l'*ajournement, la *suspension qui en résulte). V. *renvoi, remise, report, délai, arrêt, surseoir à *statuer, suspension.*

— **à exécution.**

a / Décision par laquelle les tribunaux administratifs (sauf en matière d'ordre public) et le Conseil d'État peuvent ordonner qu'il soit différé à l'exécution d'une décision administrative contre laquelle ils sont saisis d'un recours, ce recours ne faisant pas de lui-même obstacle à cette exécution en raison de son caractère non *suspensif.

b / Décision de même objet qui peut être prise par le Conseil d'État statuant en appel à l'égard du jugement du tribunal administratif qui lui est déféré, l'appel n'ayant pas de caractère suspensif (institution remplacée en 2000 (l. 30 juin) par le *référé en cas d'urgence, dit référé-*suspension, mais dont le régime survit dans la nouvelle institution).

— **à l'exécution des peines.** Suspension totale ou partielle de l'exécution d'une peine correctionnelle qui peut être ordonnée (si les conditions légales en sont réunies) par le juge qui a prononcé la sentence et devient définitive après un certain délai écoulé sans incident.

— **à *statuer.** Décision d'une juridiction remettant à une date ultérieure le jugement d'une affaire pour des motifs de compétence ou de procédure ; *suspension de l'instance sans *dessaisissement du juge (CPC, a. 378). Ex. sursis à statuer du juge judiciaire sur déclinatoire de compétence en cas de *conflit positif, d'un juge de l'un ou l'autre ordre de juridiction en présence d'une *question *préjudicielle, ou d'un juge national en cas de recours en interprétation préjudicielle devant la CJCE. V. *incident d'instance.* Comp. *radiation, interruption, validité provisoire.*

— **avec mise à l'épreuve (dit aussi « *probatoire »).** Sursis applicable uniquement aux peines d'*emprisonnement et qui est assorti d'une épreuve ou *probation, comportant certaines obligations que le juge impose au condamné. L'inexécution des obligations, ou une nouvelle condamnation pendant le délai de l'épreuve peut entraîner sa révocation (C. pén., a. 132-40 s.). V. **juge de l'application des peines, centre éducatif fermé.*

— **d'incorporation.** Remise à une date ultérieure de l'incorporation des jeunes gens appelés au *service national. Toujours usité dans la langue courante, le terme a été remplacé dans le Code du service national par le terme *report (d'incorporation). Comp. *ajournement d'incorporation.*

— ***simple.** Sursis qui dispense le condamné de l'exécution de la peine (d'emprisonnement ou d'amende), si, dans un délai de cinq ans, il ne commet pas d'autre infraction pouvant révoquer cette faveur (C. pén., a. 132-29 s.).

SURTAXE

N. f. – Comp. du préf. sur et de *taxe.

- **1** Majoration d'une *taxe par application d'un supplément à une même assiette. V. *contribution, redevance.*

• **2** *Impôt qui se superpose à un autre pour frapper une même assiette. Ex. surtaxe progressive, en France, de 1948 à 1959.

SURVEILLANCE

N. f. – Dér. de surveiller, de veiller, lat. *vigilare.*

• **1** (sens gén.). Action de veiller sur une personne ou une chose dans l'intérêt de celle-ci, ou de surveiller une personne ou une opération pour la sauvegarde d'autres intérêts –, action préventive qui, fondée sur la vigilance de celui qui surveille (marquée par des actes de *vérification et de *contrôle), s'applique à l'action d'autrui dans le temps (au développement, au devenir de ce qui est surveillé). Ex. surveillance du territoire, surveillance des élèves et apprentis par les instituteurs et artisans (C. civ., a. 1384, al. 6). V. *diligence, bon père de famille, suivi, subrogé curateur, subrogé tuteur.*

— **(conseil de).** Organe de certaines sociétés dont la fonction est d'exercer le contrôle permanent de la gestion des affaires sociales par le directoire. V. *société anonyme, commandite par actions.*

• **2** Plus spéc., mission incombant aux parents de veiller sur leur enfant afin d'assurer sa sécurité, sa santé et sa moralité ; l'un des trois attributs de l'*autorité parentale qui constitue pour les détenteurs de celle-ci un droit et un devoir (C. civ., a. 371-2 anc.). V. *garde, éducation, soins, assistance, aide.*

— **(droit de).** Droit distinct des droits de *visite et d'*hébergement, permettant au parent qui n'a pas l'*exercice de l'autorité parentale sur son enfant mineur de surveiller l'entretien et l'éducation de celui-ci et d'être informé des choix importants relatifs à sa vie (C. civ., a. 373-2-1).

• **3** Espèce de contrôle judiciaire de caractère administratif (acte d'administration judiciaire).

— **de l'instance.** Contrôle du développement de l'instance, pouvoir et devoir pour le juge de veiller au bon déroulement de l'instance, en impartissant des délais, en adressant des injonctions et en ordonnant les mesures nécessaires.

— **des expertises.** Contrôle du déroulement des opérations de l'expertise exercé par le juge qui l'a ordonnée, moyennant d'importants pouvoirs (information constante de l'état des travaux, assistance aux opérations, remplacement de l'expert, etc.).

— **des experts.** Contrôle exercé par le juge sur le comportement des experts (aptitude, diligence) et l'encombrement de leur cabinet pour régler au mieux leur désignation et permettre le cas échéant leur radiation de la liste.

— **du rôle.** Contrôle de l'évacuation régulière des affaires inscrites au rôle d'une juridiction exercé par le président de celle-ci (ne présente plus d'intérêt que pour les causes non confiées à un juge de la mise en état).

SURVIE

N. f. – Comp. de sur et *vie.

• **1** Fait de survivre à quelqu'un, ou de lui avoir survécu (d'être mort après lui). Comp. *survivant.* V. *vie.*

— **(présomptions de).** Présomptions légales non irréfragables et subsidiaires qui déterminaient naguère, en fonction de l'âge et du sexe, l'ordre supposé des décès des *comourants aujourd'hui supprimées (l. 3 déc. 2001 ; C. civ., a. 725-1) (C. civ., a. 720 s. anc.). V. *codécédés, vivant.*

• **2** Subsistance de celui qui survit ; moyens d'assurer son existence. V. **gains de survie.*

• **3**

— **de la loi *ancienne.** *Application à une situation (contrat en général), malgré l'entrée en vigueur d'une loi *nouvelle, de la loi en vigueur au jour de la naissance de cette situation (conclusion du contrat) ; règle de droit *transitoire qui, faisant exception à celle de l'effet immédiat de la loi nouvelle, souffre elle-même exception si cette dernière a un caractère d'ordre public.

• **4** (de l'entreprise). Chance d'éviter la *liquidation judiciaire que s'efforce de ménager la procédure de *redressement judiciaire en favorisant la *continuation ou la *cession de l'entreprise.

SURVIVANT, ANTE

Adj. ou subst. – Du v. survivre, de sur et lat. *vivere.*

• Qui survit à une ou plusieurs personnes déterminées. Comp. *comourants, présomption de *survie.* V. *vivant.*

— **(*conjoint).** Époux – *veuf ou veuve – qui survit à son conjoint prédécédé (prémourant). V. *successible, *gains de survie, vocation successorale, usufruit.*

SUSCEPTIBLE DE RECOURS

Bas lat. *susceptibilis,* de *susceptum,* sup. de *suspicere* : prendre par-dessous, subir *(sub, capere).* V. *recours.*

- Exposé à un *recours ; qui peut – en raison not. de sa nature ou de son importance – être attaqué par une *voie de recours ; se dit d'une décision de justice contre laquelle un recours est *ouvert. Ex. tout jugement est susceptible de tierce opposition (CPC, a. 585), un jugement réputé contradictoire n'est pas susceptible d'opposition ; les décisions rendues par le tribunal d'instance dans des affaires dont la valeur est inférieure ou égale au *taux du dernier *ressort ne sont pas susceptibles d'appel. V. *attaquable, recevable, sujet, force de *chose jugée.* Ant. **insusceptible de recours, irrévocable, inattaquable.*

SUSCRIPTION

N. f. – Empr. du lat. *superscriptio.*

- Fait de porter une indication (d'origine ou de destination) sur un pli cacheté ou sur l'enveloppe contenant un document, par ext. l'indication écrite elle-même, spéc. l'adresse.

— **(acte de).** Acte dressé par le notaire sur le *testament *mystique que lui remet le testateur (sur le document même, ou l'enveloppe qui le renferme) et contenant diverses indications (date, lieu, description du pli, mention des formalités, etc.) (C. civ., a. 976).

SUSPENSIF, IVE

Adj. – Lat. *suspensivus.*

- **1** (sens gén.). Qui emporte *suspension ; se dit surtout des causes qui suspendent la prescription et des décisions ou actes qui suspendent l'instance. Comp. *interruptif.*
- **2** (sous-entendu d'exécution). Qui empêche, jusqu'à nouvel ordre, l'exécution d'une décision de justice ; se dit de l'effet produit par certaines voies de recours sur l'exécution du jugement qui en est l'objet plus précisément, du délai de recours ou du recours exercé dans ce délai, Ex. le délai d'appel et l'appel interjeté dans ce délai sont également suspensifs (CPC, a. 539). V. *exécution provisoire, sursis à exécution, dilatoire, exécutoire.* Comp. *interruptif.*
- **3** (appliqué à une modalité de l'obligation). Qui diffère l'exigibilité de cette obligation (terme suspensif) ou même en rend incertaine la naissance (condition suspensive).

— **(*condition).** Événement futur et incertain auquel est subordonnée la naissance d'une obligation (C. civ., a. 1304-6). Ex. je vous vendrai ma maison si je suis nommé dans une autre ville. V. *résolutoire, terme.*

— **(*terme).** Événement à la réalisation duquel est subordonnée l'exigibilité d'une obligation qui existe bien tant que le terme court, mais dont l'exécution ne peut être exigée jusqu'à l'arrivée du terme (C. civ., a. 1305 et 1305-2). Ex. je vous transporterai tel jour. V. *extinctif, certain, incertain.*

SUSPENSION

N. f. – Lat. *suspensio,* du v. *suspendere* : suspendre.

Sens général

- Action de suspendre et résultat de cette action ; mesure temporaire qui fait provisoirement obstacle à l'exercice d'une fonction ou d'un droit, à l'exécution d'une convention ou d'une décision, au déroulement d'une opération ou d'une instance…, soit à titre de sanction, soit par mesure d'attente (adaptation aux circonstances, trêve, etc.). Comp. *interruption, extinction, suppression, arrêt, sursis, retrait.*

▸ **I** (adm.)

- Dans le droit de la fonction publique, mesure essentiellement provisoire pouvant être prise par l'autorité investie du pouvoir disciplinaire à l'encontre d'un fonctionnaire prévenu d'une faute grave – qu'il s'agisse d'un manquement aux obligations professionnelles ou d'une infraction de droit commun – qui a pour effet d'écarter temporairement l'intéressé du service ; la suspension peut s'accompagner de la privation d'une partie du traitement. Comp. *radiation, omission.*

— **(référé –).** Nom donné dans la pratique à l'une des applications du *référé en cas d'urgence qui a remplacé le *sursis à exécution (l. 30 juin 2000).

▸ **II** (int. publ. et eur.)

• **1** Cessation provisoire des effets d'un traité du fait de sa violation par l'une des hautes parties contractantes ou du fait de la guerre.

• **2** Sanction dont une organisation internationale peut frapper (en vertu de son pouvoir disciplinaire) un État membre ayant manqué à l'une de ses obligations, soit dans l'un de ses droits (ex. représentation, droit de vote), soit dans l'ensemble de ses droits sans incidence sur les obligations qui pèsent sur lui (cette sanction doit être prévue par la convention de base qui en réglemente l'exercice et peut être automatique). Ex. suspension du droit de vote en cas de retard dans le versement des contributions financières dans certaines organisations). Comp. *retrait, sécession, exemption (clause d').*

— **(clause de)** (eur.). Clause (en discussion) du traité qui fonderait le Conseil européen à suspendre jusqu'à nouvel ordre un État membre de l'Union européenne qui ne respecterait pas les droits de l'homme, sauf son recours à la Cour de justice.

— **d'armes.** Convention conclue entre chefs militaires en vue d'une cessation temporaire des hostilités. Comp. *armistice, trêve, cessez-le-feu.* V. *paix.*

▸ **III** (priv.)

— **de la *prescription.** Arrêt temporaire du cours de la *prescription en faveur de certaines personnes (mineurs, majeurs en tutelle) ou entre certaines personnes (entre époux) ou pour diverses causes déterminées par la loi (C. civ., a. 2234 s.) qui, à la différence de l'*interruption, n'en anéantit pas les effets accomplis (not. le *temps déjà couru) et se traduit par un allongement du délai correspondant au temps de suspension.

ADAGE : *Contra non valentem agere non currit praescriptio.*

— **de l'exécution de l'obligation.** En cas de *force majeure empêchant temporairement l'exécution d'une obligation, celle-ci est suspendue à moins que le retard en résultant ne justifie la *résolution du contrat (C. civ., a. 1218). Possibilité pour une partie de suspendre l'exécution d'une obligation dès lors qu'il est manifeste que son cocontractant ne s'exécutera pas à l'échéance et que les conséquences de cette inexécution sont suffisamment graves pour elles (C. civ., a. 1220). V. *exception d'inexécution.*

▸ **IV** (com.)

— **des poursuites individuelles.** Interdiction qui, dans diverses procédures de règlement *collectif du passif (règlement judiciaire, liquidation de biens), est faite à tout créancier d'exercer isolément une action en justice ou une voie d'exécution (ou de continuer à le faire, sauf à faire valoir son droit en produisant entre les mains du *syndic (ou des curateurs aux biens) et en se soumettant à la *vérification des créances. V. aujourd'hui *arrêt des poursuites individuelles.*

— ***provisoire des poursuites et plan d'apurement.** Procédure instituée par l'ordonnance du 23 septembre 1967 en vue de permettre à certaines entreprises en difficulté mais n'ayant pas encore cessé leurs paiements (V. *cessation des paiements*) d'obtenir des délais de paiement afin de surmonter une crise passagère et de poursuivre leur activité après réorganisation, moyennant la préparation (par le débiteur assisté d'un curateur) et l'approbation (par le tribunal) d'un plan de redressement de l'entreprise (propre à améliorer la gestion et les résultats de celle-ci) et d'un plan d'apurement du passif sans réduction. V. *conversion.* Comp. *délai de grâce.*

▸ **V** (trav.)

— **du contrat de travail.** Interruption de l'exécution du contrat de travail, sans que l'existence du contrat lui-même en soit affectée ; il en est ainsi lorsque l'impossibilité d'exécution n'a qu'un caractère temporaire (maladie, difficultés d'approvisionnement), si les parties n'ont pas manifesté expressément une volonté de résilier le contrat, ou si la loi le prévoit (grève, femme enceinte). V. *rupture, résiliation, résolution.*

▸ **VI** (ass.)

— **de la garantie.** Sanction légale encourue par un assuré n'ayant pas, après formalités et délais, acquitté la prime par lui due, qui consiste à lui retirer le bénéfice de la garantie, sans le délier de son obligation de payer la prime qui continue à courir.

— **du contrat.** Arrêt provisoire de tous les

effets du contrat (légale dans le cas d'aliénation entre vifs d'un véhicule terrestre à moteur, conventionnelle et constatée par *avenant en général).

▸ **VII** (Pr. civ.)
— **d'audience.** Simple pause, arrêt momentané ordonné par le président dans le déroulement de l'*audience.
— **de l'instance.** Arrêt temporaire, mais parfois indéfini, de l'instance, résultant d'un *sursis à statuer (sur exception *dilatoire ou pour une question préjudicielle), d'une *radiation de l'affaire ou d'une autre cause déterminée par la loi (CPC, a. 377 s.) après lequel (disparue la cause de suspension) l'instance se poursuit (ou peut l'être) avec un minimum de formalités. Comp. *interruption de l'instance.*

▸ **VIII** (just. mil.)
— **de l'exécution du jugement.** En temps de guerre, arrêt de l'exécution d'un jugement de condamnation, par l'autorité militaire qui avait donné l'ordre de poursuite ou le ministre chargé de la Défense (C. just. mil., a. 263-1).

SUSPICION LÉGITIME

Lat. *suspicio,* de *suspicere* : soupçonner.

• Soupçon de partialité envers la juridiction saisie qui permet à la juridiction supérieure, à la demande d'une partie, de dessaisir la première et de renvoyer l'affaire à une autre juridiction de même nature, si le soupçon est fondé (*légitime ; ex. opinions personnelles manifestées par un membre de la juridiction). Comp. *récusation, abstention, déport, sûreté publique.* V. *renvoi, dessaisissement.*

SWEATING-SYSTEM

N. m.

• Expression anglaise (litt. système de la sueur) désignant l'emploi à la tâche de personnes travaillant chez elles (surtout femmes et enfants), dénoncé, dès la fin du XIXe s., comme un mode abusif d'exploitation à domicile de la force de travail de personnes isolées, rémunérées à la pièce et à de faibles taux, dans des conditions permettant à l'employeur d'échapper à la règlementation du travail.

SYMBOLIQUE

Adj. – Dér. de symbole, du grec *sumbolon* de *sumballein, sun* avec et *ballein* jeter, jeter ensemble, associer.

• S'emploie dans les expressions prix symbolique, loyer symbolique, *franc symbolique, condamnation symbolique, pour caractériser une décision ou une prestation qui – négativement – est privée de sa valeur pécuniaire, contrairement à sa fonction ordinaire (d'où parfois l'idée de la tenir pour inexistante, nulle ou *fictive) mais qui – positivement – se charge d'une valeur d'un autre ordre qui peut la justifier : proclamation de principe, satisfaction morale, intention libérale, utilité patrimoniale indirecte (devenant ainsi – sauf dans le dernier cas – le signe d'une valeur autre que l'argent).

SYNAGOGUE

N. f. – Lat. ecclés. *synagoga,* du gr. συναγωγή : assemblée, réunion.

• Édifice destiné à la célébration du culte israélite. Comp. *église, mosquée, temple.*

SYNALLAGMATIQUE

Adj. – Empr. du gr. συναλλαγματικός dér. de συνάλλαγμα : contrat, du v. συναλλατείν : lier ensemble.

• Qui engendre des *obligations *réciproques et interdépendantes : se dit des contrats ou conventions par lesquels les contractants s'obligent réciproquement les uns envers les autres (C. civ., a. 1106). Ex. contrat de travail, vente, bail. Syn. *bilatéral* (sens 2). Ant. *unilatéral* (sens 2). V. *interdépendance,résolution, exception « non adimpleti contractus », mutuel, respectif, connexe.*
— **imparfait (contrat).** Nom parfois donné à un contrat *unilatéral dans les cas où, postérieurement à la conclusion du contrat, celui des contractants qui n'assumait jusqu'alors aucune obligation (ex. le déposant dans le dépôt gratuit) devient obligé envers son cocontractant par suite d'un fait relatif à l'exécution du contrat (ex. il est tenu de rembourser au dépositaire les dépenses faites pour la conservation de la chose déposée).

SYNDIC

Subst. masc. – Lat. *syndicus,* d'un mot gr. συνδικος, signifiant « qui assiste en justice ».

- **1** Agent chargé de prendre soin des affaires de certaines personnes, *compagnies ou *corporations.
- **2** Parfois, le président de la compagnie ou de la corporation.

— **de faillite.** Naguère, représentant légal de la masse des créanciers du failli, considéré par la loi comme représentant aussi le failli dont il gère et liquide les biens et au nom de qui il agit en justice en raison du *dessaisissement dont le failli est frappé. V. *représentant des créanciers.*

— **de règlement judiciaire (ou de liquidation des biens).** Naguère, *mandataire de justice chargé, sous sa responsabilité, de mettre en œuvre la procédure, de représenter la masse des créanciers et de remplacer, ou d'assister le débiteur (selon que ce dernier est ou non dessaisi) dont les attributions sont aujourd'hui scindées entre le *représentant des créanciers et l'*administrateur judiciaire. V. *aussi mandataire, *liquidateur.*

— **des gens de mer.** Agent subalterne de l'administration de la marine marchande chargé de la gestion des stations maritimes pour la surveillance et police de la navigation.

— **d'une chambre de discipline.** Membre d'une chambre de discipline élu pour exercer devant cette juridiction les fonctions de poursuite des fautes disciplinaires.

SYNDICAL, ALE, AUX

Adj. – Dér. de *syndic.

- **1** Qui concerne le *syndicat, s'y rapporte, lui appartient ou en est l'émanation (qu'il s'agisse de syndicat ouvrier ou d'association). Ex. *chambre syndicale, *délégué syndical. Comp. *associatif, associationnel, collectif, communautaire, salarial, patronal.*

—**e (action).** Rôle rempli par les syndicats pour la défense des intérêts collectifs de la profession, soit en justice, soit en participant à des organismes économiques et sociaux, à des négociations, au fonctionnement des organes représentatifs du personnel dans les entreprises, au déclenchement et à la solution des conflits collectifs de travail.

—**e (*section).** Groupement constitué dans une entreprise par les membres que les syndicats les plus représentatifs y comptent.

- **2** Plus généralement, qui se rapporte au droit de se syndiquer ou au syndicalisme. Ex. liberté syndicale, droit syndical.

SYNDICAT

N. m. – Dér. de *syndic.

▸ **I** (prof.)

- *Groupement de personnes exerçant la même profession, des métiers similaires ou des professions connexes, en vue de la défense de leurs intérêts professionnels. V. *personne morale, action *syndicale, section *syndicale.* Comp. *association, corporation, compagnie, ordre.*

— **maison.** Syndicat qui, composé de salariés, est en fait sous la dépendance du chef d'entreprise.

— **ouvriers.** Ceux qui comprennent exclusivement des travailleurs salariés ou des travailleurs indépendants.

— **patronaux.** Ceux qui ne regroupent que des employeurs.

▸ **II** (adm.)

— **communautaire d'aménagement.** Établissement public que peuvent constituer entre elles les communes intéressées à la création d'une *agglomération nouvelle.

— **de communes.** Établissement public administratif associant plusieurs communes en vue d'œuvres ou de services d'intérêt intercommunal, dont l'institution, autorisée par arrêté préfectoral, est décidée par une majorité qualifiée des conseils municipaux des communes intéressées (on dit aussi syndicat intercommunal, en distinguant les syndicats à vocation unique dont l'objet se limite à un seul service et les syndicats à vocation multiple – SIVOM – qui sont au contraire chargés de plusieurs services).

— **de gestion forestière.** Syndicat intercommunal ou mixte permettant aux collectivités publiques propriétaires de *forêts soumises au régime forestier d'organiser le groupement et la gestion en commun de ces forêts.

— **mixte.** Établissement public qui peut être constitué entre institutions administratives de nature différente – ententes ou institutions interdépartementales, départements, communautés urbaines, districts, syndicats de communes, communes, chambres de commerce, d'agriculture ou des métiers – en vue d'œuvres ou de services présentant une utilité pour chacune des institutions participantes.

▸ **III** (com.)

• Nom donné à un groupement de banquiers, correspondant à une véritable société constituée (de façon en général occulte) pour une opération donnée.

— **bancaire.** V. *agent du pool bancaire*.

— **d'émission.** Groupement de banquiers formé en vue de souscrire tout ou partie des actions d'une société nouvelle (ou qui augmente son capital) et de les placer dans le public en réalisant un bénéfice sous l'une des modalités suivantes.

— *de garantie.* Syndicat d'émission qui s'engage à se porter souscripteur pour toutes les actions qu'il n'aurait pu placer.

— *de placement.* Syndicat d'émission qui s'oblige à rechercher des souscripteurs sans s'engager personnellement à souscrire.

— *de *prise ferme.* Syndicat d'émission qui souscrit les actions pour son compte et s'efforce de les replacer, à ses risques et périls, dans le public.

SYSTÈME

N. m. – Lat. *systema,* du gr. συστῆμα.

• **1** Ensemble de *règles, considéré sous le rapport de ce qui en fait la cohérence, celle-ci pouvant tenir, s'il s'agit du droit d'un pays, aux caractéristiques nationales de ce dernier (ex. système juridique français), ou, s'il s'agit au sein d'un *ordre juridique, d'un faisceau de règles, au parti législatif qui l'inspire (ex. système légal des *preuves de la filiation). V. *droit objectif, ordonnancement juridique, loi, corps de règles, norme, codification, code, régime, corpus, ratio legis, de lege lata, de lege ferenda.*

— **de conflits.** Règles et principes relatifs aux conflits de lois en vigueur dans un État (plus généralement dans un ordre juridique) considérés dans leur totalité.

— ***juridique.** Droit d'un État ou d'une société territoriale ou personnelle, considéré, pour l'application d'une règle de conflit de lois, ou en législation comparée, dans sa totalité. Ex. le système juridique allemand, californien, musulman.

— **juridique mixte.** Système construit par combinaison de règles et d'institutions issues de systèmes juridiques différents (ex. Québec, Louisiane).

• **2** *Construction intellectuelle issue d'une *théorie *doctrinale ou d'une création prétorienne. V. *science, doctrine, thèse, raisonnement juridique, technique juridique, dogmatique.*

• **3** Ensemble coordonné ; agencement administratif, financier, commercial, social ou économique d'un ensemble.

— **de transports intelligents.** V. *transport*.

— **européen de banques centrales.** V. SEBC.

• **4** (*Fin.*)

• Système de paiements interbancaires ou de règlement et de livraison d'instruments financiers (C. mon. et fin., a. L. 330-1).

T

TABAC

V. **débit de tabac*.

TABLE DE MORTALITÉ

N. f. – Lat. *tabula* ; lat. *mortalitas.*

- Tableau qui, indiquant, selon l'âge et le sexe, la probabilité des décès par année, sert de base à l'assurance sur la vie, pour la fixation des primes.

TABLEAU

N. m. – Dér. de table, lat. *tabula.*

- Liste officielle de personnes ayant la même qualité ou la même aptitude et à laquelle sont attachées certaines conséquences. Ex. l'exercice des professions organisées en *ordre est subordonné à l'inscription au tableau établi par les instances compétentes de l'ordre.

— **d'avancement (fonction publique).** Liste annuelle des fonctionnaires jugés aptes par ordre de mérite à passer au *grade supérieur, qui, pour l'avancement au choix, impose à l'autorité investie du pouvoir de promotion de suivre l'ordre établi.

— **des ordres professionnels.** Liste des praticiens autorisés à exercer une profession organisée en *ordre qui est dressée par les instances de cet ordre (par juridiction pour les avocats, dans le cadre départemental pour les médecins, dans le cadre régional pour les autres ordres). V. *barreau.*

— **(ordre du).** Classement résultant de la succession des inscriptions au tableau qui assigne aux personnes inscrites un rang dont dépend l'exercice de certaines prérogatives. Ex. l'ordre du tableau des adjoints au maire (tel que déterminé par la succession des votes du conseil municipal) commande leur vocation à suppléer le maire.

TÂCHE

Subst. fém. – Du lat. médiév. *taxa* (prestation due). V. *taxe.*

- *Travail commandé, *ouvrage assigné, plus précisément *prestation à accomplir à certaines conditions, dans un temps déterminé ou pour une date fixée. V. *service, mission, office, charge.*

— **(travail à la).** Travail dans lequel le travailleur, nommé *tâcheron, n'est rémunéré ni à l'heure, ni à la journée, ni plus généralement au temps consacré à son travail, mais en fonction du travail accompli ; opération dans laquelle le prix est convenu pour un travail réglé d'avance. V. *travail aux *pièces, travail à la *pige.*

TÂCHERON

N. m. – Dér. de tâcher, dér. lui-même de *tâche.

- **1** Petit *entrepreneur qui se charge, généralement en *sous-traitant, d'un *ouvrage à faire et qui l'exécute soit seul, soit avec l'aide de quelques *ouvriers. Comp. *artisan, pigiste.* V. *entreprise, métier.*
- **2** Plus généralement *travailleur à la *tâche.

TACITE

Adj. – Lat. *jur. tacitus,* du v. *tacere* : se taire.

- **1** *Réel bien que non formellement exprimé ; dont l'existence se déduit, en l'absence de *déclaration expresse, de certains faits (attitude, comportement) révélateurs d'une intention ; se dit not. d'une *manifestation de *volonté (pacte tacite, *aveu tacite, *acceptation tacite, *offre tacite). Ant. *exprès*. V. *consentement, silence, écrit, oral, formel, non équivoque*. Comp. *implicite*.

- **2** Sous-entendu comme résultant des *usages ou de l'évidence ; se dit, dans le *silence d'un contrat, de certaines clauses non écrites.
- **3** Supposé conforme à la volonté probable. Ex. le choix de la communauté comme régime légal est réputé conforme à la volonté présumée de la majorité des Français.

— ***reconduction.** Continuation – fondée sur la volonté probable des parties – de tout contrat à durée déterminée dont les parties poursuivent l'exécution au-delà du terme prévu (C. civ., a. 1215). Comp. *renouvellement, prorogation*. Ex. reconduction tacite du contrat de concession, d'abonnement, de travail et surtout :

a / Continuation d'un contrat de louage à durée déterminée, arrivé à son expiration, résultant du seul fait que le locataire se maintient dans les lieux loués sans que le propriétaire s'y oppose, et qui s'opère aux mêmes conditions que le précédent bail à l'exception de la durée qui devient indéterminée. Comp. *renouvellement*.

b / En application d'une clause expresse figurant dans un contrat d'assurance à durée déterminée, renouvellement ou prorogation automatique du contrat qui s'opère à l'expiration de celui-ci si aucune des parties n'a, moyennant un certain délai de préavis, manifesté l'intention de s'y opposer (n'a lieu que pour un an d'année en année, C. ass., a. L. 113-15).

TAILLE

N. f. – Dér. de tailler, lat. *taliare, talea* : bouture.

- Petit bâton divisé – pour être utilisé comme mode de *preuve – en deux morceaux exactement jointifs sur lesquels on fait des encoches, afin de constater la quantité de marchandises fournies au détail ; plus spéc., le morceau qui reste aux mains de l'acheteur. Ex. acheter le pain à la taille (C. civ., a. 1333). V. *échantillon* (sens 2).

TAISANT, ANTE

Subst. – Part. prés. substantivé du v. taire, lat. *tacere*.

- Nom donné dans la pratique notariale à celui qui s'abstient obstinément de répondre à toute convocation, mettant ainsi obstacle aux opérations de liquidation et de partage. Comp. *défaillant*. V. *comparant, déclarant*.

TALON

N. m. – Bas lat. *talo*, dér. du lat. *talus*.

- Partie d'une feuille de *carnet qui reste attachée à la *souche après détachement de l'autre partie, ou *volant, et qui doit porter des mentions concordantes avec celles inscrites sur cette autre partie (ainsi dans les chèques, mandats-poste, actions et obligations de société). V. *registre à *souche*.

TANKER

Mot anglais auquel est substitué le terme *bateau-citerne (arr. 12 janv. 1973).

TANTE

N. f. – Altér. de *ante*, lat. *amita* : tante paternelle.

- **1** Pour un enfant, sœur de son père (tante paternelle) ou de sa mère (tante maternelle), placée, relativement à ses *neveux et nièces. dans la même situation que l'*oncle. V. *degré, parenté, empêchement de mariage, inceste, dispense, collatéral*.
- **2** Nom courant donné, sans conséquence juridique, à la femme de l'oncle (tante par alliance).

TANTIÈME

Subst. masc. – Dér. de tant, lat. *tantum*.

- Quote-part des bénéfices nets de l'exercice et des réserves distribués, allouée aux membres du conseil d'administration ou du conseil de surveillance d'une société anonyme, en rémunération de leurs fonctions (avant la loi du 31 déc. 1975 qui

interdit ce mode de rémunération). Comp. *jeton de présence, dividende.*
— **de copropriété.** Fraction (généralement exprimée en millièmes) de l'ensemble des parties communes qui est attribuée à chaque copropriétaire, en fonction not. de la superficie et de la situation de son lot, afin d'en déterminer la valeur et sert principalement à la répartition des charges et indemnités dues par ou à chaque copropriétaire.

TAPAGE INJURIEUX OU NOCTURNE

N. m. – Tapage (XVIIe s.), origine onomatopéique ; injurieux latinisme, *iniuriosus* : outrageant nocturne, lat. *nocturnus.*

— **injurieux.** Agissements personnels et volontaires produisant des bruits outrageants (C. pén., a. R. 623-2). V. *injure, outrage.*
— **nocturne.** Agissements personnels et volontaires produisant ou occasionnant des bruits qui troublent la *tranquillité des habitants pendant la nuit (C. pén., a. R. 623-2). Comp. *nuisance.*

TARDIF, IVE

Adj. – Bas lat. *tardivus,* de l'adv. *tardé.*

- Hors délai ; se dit d'un acte accompli après l'expiration du *délai dans lequel il aurait dû l'être. Ex. appel tardif (appel interjeté après l'expiration du délai d'appel), *production tardive (production postérieure à l'arrêté des créances). Ant. *utile.* V. *forclos, forclusion.* Comp. *anticipé.*

TARDIVETÉ

N. f. – Dér. de *tardif.

- Caractère de ce qui est *tardif.

ADAGE : *Tarde venientibus ossa.*

TARIF

N. m. – Empr. de l'ital. *tariffa,* d'origine arabe.

- **1** Tableau de prix, de valeur, de frais ; *barème.
- **2** Par ext., le document sur lequel figure cette liste.
- **3** Parfois le prix *tarifé. Comp. *taux, taxe, taxation.*

— **conventionnel.** Barème fixé par convention entre les syndicats professionnels et les caisses, devant être respecté par les praticiens, et servant de base de remboursement aux assurés.
— **criminel.** Document inséré dans le C. pr. pén. énumérant les catégories de frais en matière de justice criminelle, correctionnelle et de police, établissant leur montant et réglant l'octroi et le recouvrement de ces frais et indemnités.
— **d'autorité.** Barème fixé par arrêté à défaut de convention (inférieur au tarif conventionnel, sert de base de remboursement aux assurés).
— **de frais de justice.**

a / Barème officiel (par décret) fixant impérativement le montant de la rémunération d'auxiliaires de justice à l'occasion de leur activité (ex. des huissiers de justice) des indemnités allouées aux citoyens apportant leur concours à la justice (ex. témoins) ou de droits dus au Trésor public (ex. greffes des juridictions civiles).

b / Barème officieux recommandé par des organismes professionnels à leurs membres dans leurs activités non tarifées.

— **de la Sécurité sociale.** Barème du montant des frais médicaux, paramédicaux ou d'hospitalisation pris en considération par les institutions de Sécurité sociale.
— **de l'impôt.**

a / Syn. de barème.

b / Document indiquant le barème. Ex. tarif des douanes.

— **des risques assurables.** Tableau des primes ou des taux des primes applicables aux divers risques assurables dans chaque branche (dont certains excessivement détaillés : tarif incendie, dit tarif rouge, pour les *risques industriels). Dans l'assurance sur la vie, tarifs commandés par les *tables de mortalité.

TARIFAIRE

Adj. – De *tarif.

- Qui concerne un *tarif. Ex. disposition tarifaire, *avantage tarifaire.

TARIFÉ, ÉE

Adj. – De *tarif.

- **1** Fixé par un *tarif.

● **2** Dont le prix est fixé autoritairement. Ant. *libre*.

TARIFICATION

N. f. – Dér. de *tarif.

● **1** Action (autoritaire) consistant à établir et à imposer, dans un genre d'activité, un *tarif. Ant. *libération*. V. *prix*. Comp. *taxation, conventionnement*.

● **2** *Fixation autoritaire d'un prix, Syn. **taxation* (sens 2). V. *estimation, évaluation, appréciation*.

TAUX

N. m. – Tiré de *tauxer*, altération du v. taxer. V. *taxe*.

● **1** Montant fixé à l'avance à une somme d'argent, en général comme limite inférieure, pour la détermination du prix d'une prestation ou de la base de calcul d'un salaire ou d'une contribution, ou même d'une compétence. Comp. *taxe, taxation, tarif, appréciation, barème*.

— **d'affrétage.** Expression utilisée parfois pour désigner la base de calcul du salaire à la tâche ou au rendement, montant minimum de la rémunération susceptible d'être versée pour l'accomplissement d'un travail déterminé dans un temps fixé, et augmenté en cas d'exécution plus rapide.

— **de *cotisation.** Base de calcul de la contribution au financement des dépenses de Sécurité sociale demandée aux assurés, ainsi qu'à leurs employeurs, s'ils sont salariés (taux fixe, ou, le plus souvent variable, suivant l'importance des revenus procurés aux assurés par l'exercice de leur activité, dans la limite d'un plafond).

— **du *ressort.** Limite – fondée sur la valeur du litige – qui restreint parfois soit la faculté d'appel, soit la compétence en premier *ressort d'une juridiction. Ex. en 2011 en matière personnelle, le juge d'instance est compétent en dernier *ressort jusqu'à la valeur de 4 000 €, à charge d'appel jusqu'à la valeur de 10 000 €.

● **2** Par ext., syn. de pourcentage. Ex. taux d'amortissement, taux d'invalidité, taux de capitalisation, de *change.

— **de conversion** (eur.). Pourcentages qui déterminent irrévocablement la contre-valeur d'un *euro dans chacune des monnaies nationales des États membres participant à l'Union économique et monétaire et qui gouvernent toutes les conversions entre ces diverses unités monétaires : d'euro en une unité nationale ou d'une unité nationale en euro, mais aussi (couplant les deux opérations) d'une unité nationale en une autre unité nationale par l'intermédiaire nécessaire de l'euro.

— **de l'impôt.** Pourcentage (taux proportionnel, taux progressif), élément du *tarif de l'impôt.

— **de marque.** Rapport entre la marge de marque et le prix de vente (la marge de marque étant la différence entre le prix de vente d'une part, et le coût d'achat ou de production majoré des frais accessoires d'autre part).

— **d'escompte.**

a / Pourcentage servant de base au calcul de l'*agio d'*escompte dans une opération déterminée.

b / Pourcentage servant de base au calcul de tous les agios d'escompte à une date donnée sur un marché déterminé.

— **des prestations.** Base de calcul des versements effectués par les institutions de Sécurité sociale aux assurés pour les indemniser de leurs débours ou compléter leurs ressources.

— **d'*intérêt.** Pourcentage déterminé par la loi (taux légal) ou par la convention pour être appliqué au montant du capital, qui sert de base au calcul des intérêts.

TAXABLE

Adj. – Du v. *taxer.

● Qui peut être taxé, assujetti à une *taxe, soumis à *taxation. Syn. vx *taxatif (ive)*. Comp. *imposable*.

TAXATEUR

Subst. masc. et adj. – Du lat. *taxator* du v. *taxare*, *taxer.

● Celui qui taxe (qui en a le pouvoir et qui y procède) ; se dit de l'autorité qui détermine, en général, la *taxe qu'elle impose (ex. le fisc) et de l'agent – fonctionnaire ou préposé – qui calcule et fixe, cas par cas, la taxe imposée par application des tarifs établis (ex. juge taxateur des dépens, employé des postes taxateur des envois). Syn. vx *taxeur*.

TAXATION

N. f. – Lat. *taxatio,* du v. *taxare* : *taxer.

- **1** Sens générique : *estimation imposée, *évaluation officielle. En toute taxation (v. applications ci-dessous) persiste le sens étymologique (évaluer) mais par voie d'autorité, intervention directive aggravée dans la *taxation d'office. Comp. *tarif, taux.* V. *appréciation, prisée.*
- **2** Action d'imposer une *taxe et résultat de cette action. Syn. *imposition.* Comp. *assujettissement.*

— **d'office.** Évaluation de la matière imposable faite unilatéralement par l'administration à l'encontre d'un contribuable qui, par son comportement, a perdu le bénéfice de la procédure contradictoire (par ex. contribuable qui n'a pas souscrit de déclaration de ses revenus).

- **3** Fixation autoritaire d'un prix. Syn. *tarification* (sens 2).

TAXE

N. f. – Tiré de taxer. V. *taxation.*

- **1** Espèce de prélèvement fiscal ou parafiscal. V. *parafiscalité.*

a / Au sens propre, prélèvement obligatoire de la même nature que l'*impôt mais destiné à financer un service public déterminé, et dû par les seuls usagers du service. Ex. taxe d'enlèvement des ordures ménagères. V. *surtaxe.* Comp. *redevance.*

b / Qualification appliquée à de véritables impôts soit par le législateur (ex. taxe sur le chiffre d'affaires), soit dans les finances locales, pour désigner les impôts locaux par opp. aux impôts d'État.

c / Dans un sens vague, syn. d'impôt, d'imposition, de *contribution.

— **d'apprentissage, de formation.** Taxes assises sur les salaires, destinées au financement soit de l'apprentissage, soit de la formation professionnelle continue, dont l'employeur peut se libérer en effectuant lui-même des dépenses suffisantes consacrées à l'apprentissage et à la formation professionnelle.

— **professionnelle.** Impôt général dû – sauf dérogation spécifiée – par toute personne physique ou morale exerçant à titre habituel une activité professionnelle non salariée qui est perçu au profit des collectivités locales (en remplacement de l'ancienne contribution des patentes).

— **unique.** Impôt qui, réunissant les anciens droits de timbre et d'enregistrement, frappe, depuis 1944, les contrats d'assurance par un pourcentage, variable suivant les branches, des primes payées par les assurés (taxe perçue en même temps que la prime par l'assureur qui la reverse au Trésor public).

- **2** *Prix autoritairement fixé par l'État pour une denrée, un service. Ex. taxe du pain, taxe des actes de procédure. V. *tarif.*
- **3** Dans la vérification et le recouvrement des *dépens, syn. de vérification.

— **(ordonnance de).** Décision par laquelle le juge, sur demande de taxe, tranche la contestation relative à la vérification des dépens (CPC, a. 708).

TAXER

V. – Lat. *taxare,* du grec τάσσειν, évaluer, estimer, taxer :

- **1** Imposer une *taxe (imposition, prix).
- **2** Calculer, en chaque cas, la taxe imposée.

TECHNICIEN

Du gr. τεχνικός, de τέχνη : art, industrie.

- Nom donné à la personne choisie et commise par le juge en raison de sa qualification, pour l'éclairer, par des *constatations, une *consultation ou une *expertise, sur une question de fait qui requiert les lumières d'un *spécialiste et dont dépend la solution du litige (CPC, a. 232). V. *constatant, consultant, expert.* Comp. *sapiteur, sachant.*

TECHNIQUE

Subst. fém. – V. *technicien.*

— **juridique.** V. **juridique (technique).*

— **législative.** V. **législative (technique).*

TÉLÉ-ACHAT

N. m. – Du grec τῆλε, de loin. V. *achat,* néol.

- Achat à distance par télécommunication. Achat de produits directement offerts par des services de *radiodiffusion et de télévision (dans le cadre d'émissions autorisées dites de télépromotion) qui s'accompagne, pour l'acheteur, du droit de retourner le produit au vendeur pour échange ou remboursement dans un délai de 7 jours (l. 6 janv. 1988 ; C. cons., a L. 121-20). V. *repentir (droit de), vidéo-achat.*

TÉLÉCOMMUNICATION

Subst. fém. – Néol. comp. de l'adv. grec τῆλε, de loin et *communication.

- Transmission, émission ou réception de signes, signaux, écrits, images, sons ou autres renseignements, par voie électromagnétique (a. 2, l. 30 sept. 1986). V. *radiodiffusion, communication audiovisuelle, communications électroniques.*

TÉLÉOLOGIQUE

Adj. – Composé du grec τέλος : fin et λόγος : discours, étude.

- Qui se rapporte à la science des *fins, à la connaissance des *finalités ; se dit de l'*interprétation qui prend pour principe qu'une règle doit être appliquée de manière à remplir ses fins et interprétée à la lumière de ses finalités, principe d'interprétation extensive et évolutive. Ex. l'interprétation téléologique, en faveur à la Cour de justice, commande de retenir le sens qui donne un effet utile au droit communautaire. Comp. *exégétique, littéral, spirituel, textuel.*

TÉLÉPAIEMENT

N. m. – V. le précédent et *paiement*, néol.

- Ordre de *paiement donné à distance par l'intermédiaire d'un système informatique ; paiement par *télécommunication réalisé suivant divers procédés : paiement par carte à mémoire présentée au fournisseur (technique dite du « fer à repasser »), paiement déclenché par introduction d'une carte dans un terminal après frappe du code confidentiel ou même paiement direct par tout mode de télécommunication (téléphone, Minitel, etc.) moyennant révélation du numéro de carte bancaire.

TÉLÉVENTE

Subst. fém. – Néol., V. *télé-achat.*

- Vente à distance par *télécommunication ou *radiodiffusion. On parle aussi de télémarché pour désigner le procédé de distribution permettant une commande à distance après choix sur liste, le télédémarchage englobant la prospection, la vente et les enquêtes commerciales par télécommunication (arr. 11 févr. 1993, relatif à la terminologie économique et financière). V. *vidéovente.*

TÉMÉRAIRE

Adj. – Du lat. *temerarius,* accidentel, inconsidéré, de *temere,* au hasard, à l'aventure.

- Entrepris à la légère ; se dit d'une initiative procédurale irréfléchie, d'une action en justice exercée sans fondement sérieux, la *légèreté blâmable (la témérité) d'une demande ou d'un recours pouvant contribuer à en faire reconnaître le caractère *abusif (CPC a. 32-1, 550, 559, 560, 581, 628). Comp. *dilatoire, frustratoire.*

TÉMOIGNAGE

N. m. – Dér. de témoigner, dér. lui-même de *témoin.

- **1** *Déclaration tendant de la part de son auteur à communiquer à autrui la connaissance personnelle qu'il a (et non par ouï-dire comme dans la commune *renommée) d'un événement passé dont il affirme (atteste) la véracité (CPC, a. 199) V. *de visu.*
- **2** Plus précisément, *déclaration (sens 1) d'un tiers officiellement recueillie soit oralement, par voie d'*enquête, pour éclairer le juge sur les faits litigieux (syn. *déposition sous *serment*), soit dans un *acte de notoriété. Comp. *attestation.*
- **3** Parfois plus vaguement – en tant que mode de preuve – comme syn. de preuve testimoniale, preuve par *témoins. V. *faux témoignage, complaisance.*

— ***indirect ou immédiat.***

a / Au sens strict, déclaration non équivalente à un véritable témoignage par laquelle un tiers, not. dans un procès, rapporte ce qu'il a appris, sur le fait à établir, d'une autre personne déterminée qui, elle, en a eu personnellement connaissance.

b / Plus vaguement, toutes déclarations rapportées englobant même la *commune renommée.

— ***mensonger.** Altération consciente de la vérité par un témoin qui dépose en justice sous serment. Syn. **faux témoignage.*

TÉMOIN

N. m. – Lat. *testimonium* : témoignage, de *testis* : témoin.

- (Sens gén.). Celui en présence de qui se produit, par hasard ou à dessein, un fait ou un acte.

- **1** Celui qui contrôle l'accomplissement d'un acte.

— **certificateur.** Personne qui atteste auprès d'un notaire l'identité, l'état et le domicile des parties, si ces éléments ne sont pas connus du notaire et n'ont pas été établis par la production de documents justificatifs.

— ***instrumentaire.** Personne qui assiste un officier public pour la passation d'un acte, dans les cas exigés par la loi, pour confirmer la véracité de celui-ci par sa présence et sa signature (dans la célébration du mariage ou la rédaction de certains actes authentiques). V. *obsignateur.*

- **2** Celui qui communique à autrui la connaissance d'un événement passé ; plus préc. (en matière civile) tiers entendu sous serment dans une *enquête sur les faits litigieux dont il a personnellement connaissance (CPC a. 199, 204 s.). V. *témoignage, déclaration, déclarant.* Plus spéc. en Droit pénal :

a / Personne qui, *déposant en justice sous la foi du *serment, fait connaître ce qu'elle sait au sujet des faits (objets d'une *information ou d'une procédure de jugement) ou sur la personnalité des personnes mises en cause et peut faire état – non seulement de ce qu'elle a vu ou entendu mais de ce qu'elle a entendu dire (ouï-dire), la personne citée comme témoin étant tenue, avant de comparaître, de prêter serment de dire la vérité et de fournir son *témoignage (l'altération consciente de la vérité expose son auteur aux peines du *faux témoignage, s'il ne s'est pas rétracté spontanément avant la clôture des débats).

b / Par ext. et abusivement, se dit d'une personne qui dépose sans avoir prêté serment (au cours de l'*enquête préliminaire ou de l'*enquête sur infraction flagrante, ou même à l'audience si elle n'est pas admise à prêter serment, ou dépose en vertu du pouvoir discrétionnaire du président des assises. La procédure de faux témoignage n'est pas applicable en ce cas.

c / Plus extensivement encore, personne entendue à un stade quelconque du procès pénal, « à titre de renseignement » et sans prestation de serment.

— **à *charge.** Personne citée par le *ministère public ou la *partie civile pour convaincre le juge de la réalité de l'infraction et de la culpabilité de l'individu poursuivi.

— **à décharge.** Celui qui dépose à l'appui de la défense ; témoin dont la déposition est favorable au prévenu, à raison des éléments qu'il apporte sur les faits, ou de ce qu'il connaît de la personnalité du prévenu (généralement cité à l'audience à la requête de la défense).

— **de *moralité.** Personne attestant, dans un procès pénal, que l'accusé est « homme d'honneur, de probité et d'une conduite irréprochable », à distinguer de celle qui, connaissant l'accusé, fournit des renseignements sur sa personnalité.

— ***judiciaire.** Tiers appelé à déposer en justice sur un événement dont il a eu connaissance personnelle et dont il a gardé la mémoire ; à distinguer des personnes qui – frappées d'une incapacité de témoigner – peuvent cependant être entendues « en justice, sans prestation de serment. V. *enquête.*

— **(faux).** L'auteur d'un *témoignage *mensonger fait en justice sous serment (C. pén., a. 434-13). V. *parjure.*

ADAGE : *Testis unus, testis nullus.*

- **3** Qualification donnée par métaphore, en matière de *bornage, d'eaux et forêts, etc., à des signes ou substances propres à authentifier des marques ou bornes qui pourraient être déplacées ou confondues. Syn. *garant.*

TÉMOIN ASSISTÉ

N. m. – V. le précédent ; adj. assisté part. pass. du v. assister, lat. *adsistere,* se placer auprès.

- Qualité en laquelle, dans un procès pénal, est entendue une personne qui est visée par un *réquisitoire introductif ou par une plainte, ou mise en cause par la victime, mais qui n'est pas (pas encore ?) mise en examen et dont on attend des déclarations comparables à celles qui viennent d'un tiers, *témoin ordinaire ; qualité ambiguë qui fait bénéficier le témoin assisté du droit d'être assisté par un avocat (qui a accès au dossier de la procédure), d'être confronté à sa demande aux personnes qui le mettent en cause et de ne pas prêter serment (c'est déjà presque une partie) ainsi que de diverses garanties (il ne peut être placé en détention provisoire), sans qu'il soit exclu que, par la suite, le témoin assisté soit mis en examen à sa demande afin de bénéficier de l'ensemble des droits de la défense ou par le juge d'instruction. V. C. proc. pén., a. 113-1 s.

TEMPLE

N. m. – Lat. *templum.*

- *Édifice destiné à la célébration du *culte protestant. Comp. *église, mosquée, synagogue.*

TEMPORAIRE

Adj. – Lat. *temporarius,* de *tempus* : temps.

- Pour un temps déterminé (sur le calendrier) ; par ext., pour une durée non fixée mais limitée par référence à une mission déterminée. Ex. droit au *logement temporaire pour le *conjoint *successible. Comp. *provisoire, précaire, permanent, transitoire.*

— **(*agent).** Personnes recrutées unilatéralement par l'administration pour des durées, en principe limitées, afin de remplir des tâches occasionnelles et qui, comme telles, ne bénéficient ni d'une garantie de carrière, ni d'une stabilité d'emploi. Comp. *auxiliaire, intérimaire, suppléant, titulaire, contractuel, vacataire.*
— **(occupation).** V. *occupation.*
— **(préjudice).** V. *préjudice temporaire.*
— **(résident).** V. **résident (étranger).*
— **(*travailleur).** Syn. *travailleur *intérimaire.* V. **prêt de main-d'œuvre.*

ADAGE : *Quae temporalia sunt ad agendum perpetua sunt ad excipiendum.*

TEMPS

N. m. – Lat. *tempus.*

- **1** Temps mesuré ; portion de durée légalement, judiciairement ou conventionnellement déterminée, par opp. à ce qui est indéfini, *viager ou *perpétuel. Ex. temps de la *prescription, emprisonnement à temps, *travail à temps partiel. V. *délai, usucapion, utile.*

— ***prohibé.** Se dit en matière de chasse de la période pendant laquelle la chasse à un gibier déterminé n'est pas ouverte.

- **2** Temps passé ; durée réelle. Ex. le temps consacré à l'éducation des enfants. V. *vie, ancienneté, âge, vétusté, vérité sociologique.*

— ***immémorial.** Celui qui marque une *possession ancienne dont l'origine a échappé à la mémoire.

- **3** Parfois syn. de moment, date. Ex. C. civ., a. 895. V. *jour.*

TENANCIER, IÈRE

Subst. – Dér. anc. franç. *tenance* : tenure, propriété, possession ; de tenir.

- (Sens gén.). Celui qui tient, détient, gère, dirige, exploite. (En droit féodal, désignait celui qui avait en domaine utile, particulièrement celui qui tenait en roture des terres dépendant d'un fief, à charge de cens, champart, ou autres droits.)
- **1** Tout personnage qui gère, dirige ou exploite, en quelque qualité juridique que ce soit, un établissement soumis à réglementation ou à surveillance des pouvoirs publics. Ex. tenancier d'un *débit de boissons, d'un hôtel ou logement garni, d'une maison de jeu ou d'une loterie, etc. Syn. *exploitant, gérant.* Comp. *concessionnaire, débitant.*
- **2** Se dit quelquefois, sans correspondre à un état juridique particulier, du *preneur d'une petite métairie dépendant d'une plus grosse ferme. V. *fermier, métayer, locataire, *colon partiaire, cheptelier.*

TENANTS

Subst. (plur.). – Part. prés. de tenir.

- Pour une propriété, les *fonds qui sont

adjacents à ses grands côtés, par opp. aux *aboutissants.

TÈNEMENT

Subst. masc. – Dér. du v. tenir, lat. *teneo.*

- Ensemble de propriétés qui se tiennent ; réunion en une seule *main de plusieurs immeubles contigus (bâtiments ou terrains). Ex. acquérir un tènement de maisons. Comp. *domaine.*

TENTATIVE

N. f. – Lat. scolastique *tentativa* : épreuve universitaire, de *tentare* : tenter.

- Acte accompli en vue de commettre une infraction mais qui ne produit pas le résultat voulu par son *auteur, fait punissable s'il y a eu un commencement d'*exécution et si l'acte n'a manqué son effet (ou n'a été suspendu) que par suite de circonstances indépendantes de la volonté de son auteur. C. pén., a. 121-5. Comp. **repentir actif.* V. *iter criminis.*

TERME

N. m. – Lat. *terminus.*

- **1** Sens technique : *modalité d'une obligation généralement contractuelle subordonnant son exigibilité ou son extinction à l'arrivée d'un événement futur qui, au moment de l'engagement, est de réalisation *certaine (C. civ., a. 1305). Comp. *condition.*

— **certain.** V. *certain* (sens 2).
— **de droit.** Terme fixé par la convention ou par la loi.
— **de faveur.** Terme fixé par le juge (*délai de *grâce, C. civ., a. 1343-5) ou par la loi (*moratoire), retardant l'exécution de l'obligation, par dérogation à l'effet obligatoire du contrat qui ne le stipulait pas, en considération de la difficulté d'exécution du débiteur ; on dit aussi terme de grâce.
— **de rigueur.** Terme dont l'échéance vaut mise en demeure lorsque le contrat le prévoit (C. civ., a. 1344).
— ***extinctif.** Événement à la réalisation duquel est subordonnée l'extinction d'une obligation qui existe tant que le terme court, mais prend fin nécessairement à l'arrivée du terme. Ex. je conserverai la chose déposée jusqu'au 1er juillet prochain.
— **incertain.** V. *incertain* (sens 2).
— **suspensif.** V. *suspensif.*

- **2** Par ext., date du paiement, plus spéc. du remboursement.

— **(crédit à court).** Crédit consenti pour une durée inférieure à deux ans.
— **(crédit à long).** Crédit consenti pour une durée supérieure à cinq ou sept ans (suivant la nature du bien).
— **(crédit à moyen).** Crédit consenti pour une durée de deux à cinq ou sept ans.

- **3** Sens dérivé de la pratique : dans les obligations de sommes d'argent à exécution successive et périodique (ex. loyers et fermages, intérêts d'un prêt), somme correspondant à la jouissance de la chose louée ou prêtée pendant un laps de temps déterminé (mois, trimestre, année) qui n'est autre que celui indiqué par la course du terme au sens technique.

- **4** Dans les opérations de bourse, date imposée pour l'exécution ou la *liquidation des marchés à terme.

— **(marché à).**
a / Opération de bourse dont les conditions sont fixées le jour de la négociation mais dans laquelle le règlement et la livraison des titres sont reportés à une date ultérieure déterminée, nommée date de liquidation. V. *spéculation.*
b / Ensemble des opérations à terme effectuées dans une bourse.
— **(opération à).** Dénomination commune à tous les types de marchés à terme et aux *reports. Ant. *opérations au *comptant.*

TERRAIN

Lat. *terrenum,* neutre de l'adj. *terrenus* : formé de terre.

- **1** En un sens concret, parcelle de terre, portion de territoire. Comp. *sol, fonds de terre, immeuble, tènement.*

— **à bâtir.** Dans le droit de l'*expropriation, terrain, quelle qu'en soit l'utilisation, qui, un an avant l'ouverture de l'enquête, est effectivement desservi par des réseaux d'électricité, d'eau et le cas échéant d'assainissement, à condition que ces réseaux soient à proximité immédiate et d'une capacité appropriée à la capacité de construction du terrain.
— **militaire.** Partie du *domaine militaire

terme générique désignant les parties du domaine de l'administration utilisées par les services de la Défense et dont le classement comme le régime peuvent varier suivant cette utilisation.

• **2** Plus abstraitement (pour faire naître l'idée d'étendue, de limites) :

a / Syn. de champ ou de domaine d'*application.

b / Lieu auquel se circonscrit un débat (terrain de discussion) ou un accord (terrain d'entente). V. *litige, transaction.*

TERRES INCULTES (OU ABANDONNÉES)

Lat. *terra* ; *incultus.* V. *abandon.*

• *Fonds qui, depuis un nombre d'années déterminé par la loi et les pouvoirs publics, n'ont pas été l'objet d'une utilisation agricole, pastorale ou forestière, régulière ou effective, dont la mise en valeur peut être provoquée par un *exploitant voisin ou par les pouvoirs publics.

TERRITOIRE

N. m. – Lat. *territorium.*

• **1** Élément constitutif de l'*État dont il forme l'assise géographique et dont il détermine le champ d'exercice des *compétences. V. *patrie, pays, nation.*

— **(*adjonction de).** Opération par laquelle le territoire de l'État se trouve augmenté d'une nouvelle portion de l'espace géographique (Const. 1958, a. 53, al. 1 et 3).

— **(*cession de).** Opération par laquelle une portion d'espace géographique est soustraite à la souveraineté d'un État et désormais soumise à celle d'un autre (Const. 1958, a. 53, al. 1 et 3).

— **(échange de).** V. *échange.*

• **2** Assise géographique des différentes collectivités ou personnes publiques territoriales. Ex. le territoire du *département de la *commune. V. *circonscription, région, ressort.*

— **associé.** V. *associé (territoire).*

— **d'outre-mer.** Collectivité territoriale (ancienne colonie) faisant partie de la République française mais soumise au régime particulier prévu par le titre XII de la Const. de 1958.

• **3** Portion de territoire soumis à un régime particulier. V. *réserves, *parcs naturels, espace, périmètre, secteur.*

— **(aménagement du).** V. *aménagement du territoire.*

• **4** Nom donné à certains espaces géographiques dotés d'un statut international mais qui ne constituent pas des États souverains, ex. territoires non autonomes (charte ONU, a. 73 et 74).

• **5** Espace – dissocié de la surface terrestre – dans lequel une autorité déterminée exerce sa compétence.

— **douanier.** Aire d'application d'un régime douanier qui peut être distinct du territoire de l'État. Ainsi, les États membres d'une *union douanière ou d'une *zone de libre-échange ne constituent plus qu'un seul territoire douanier.

— **maritime.** Les eaux intérieures ou mer territoriale d'un État.

TERRITORIAL, ALE, AUX

Adj. – Dér. de *territoire.

• **1** Qui est déterminé en fonction du *territoire et de ses divisions (ex. administrations territoriales, *circonscriptions *territoriales, *collectivités territoriales, *structures administratives déterminées en fonction du *territoire) ou par *rattachement à un territoire (ex. *compétence territoriale). V. *ratione loci, services extérieurs, local.* Comp. *réel, matériel, personnel, localisation, situation.*

• **2** Qui s'étend au territoire d'un État. Ex. *asile territorial, règle territoriale.

TERRITORIALITÉ

N. f. – Dér. de *territorial.

• **1** Vocation d'un Droit à s'appliquer uniformément sur l'ensemble d'un *territoire, sans acception de nationalité ni de confession. Opp. personnalité. Ex. territorialité des lois de police.

— **de la compétence judiciaire.** Système en vertu duquel les tribunaux d'un État connaissent de toutes les infractions commises sur le territoire de cet État, à l'exclusion de celles commises en dehors, quels que soient les auteurs ou les victimes (le Droit français lui fait une place privilégiée mais admet d'autres sources de compétence pour ses tribunaux, C. pén., a.113-2).

• **2** Postulat selon lequel le Droit en vigueur dans un territoire, d'une part, est seul applicable dans ce territoire, d'autre part, n'a pas d'effet hors de ce territoire. V. *application, compétence, autorité.*

- **3** Principe de solution des *conflits de lois fondé sur la *localisation, réelle ou fictive, des objets ou des actes visés par le Droit, qui consiste à soumettre un bien à la loi du lieu de sa *situation. V. *rattachement.* Ex. la territorialité du régime des immeubles, des marques de fabrique.

TERRORISME (ACTES DE)

Subst. masc. – Dér. de terreur, lat. *terror.*

- **1** Agissements criminels destinés à semer l'épouvante dans la population civile, par leur caractère meurtrier systématiquement aveugle. Ex. attentat à la bombe dans des lieux publics. Plus précisément, agissements qui, incriminés en eux-mêmes et en toutes circonstances, comme atteinte aux personnes et aux biens, revêtent la qualification spécifique d'actes de terrorisme dans le cas où ils sont en relation avec une entreprise individuelle ou collective ayant pour but de troubler gravement l'ordre public par l'*intimidation ou la terreur (C. pén., a. 421-1, 421-2), qualification aggravante de superposition fondée sur le lien de l'acte avec une véritable entreprise de déstabilisation dont l'objectif est la subversion de l'ordre public et le ressort la propagation de la peur. Ex. meurtre, enlèvement, séquestration, *détournement d'aéronef, vols, extorsions, destructions, fabrication d'engins meurtriers, production ou vente de substances explosives, etc., dans tous les cas où ils se rattachent à une telle entreprise. Comp. *mouvement insurrectionnel.*
- **2** Participation à un groupement formé en vue de la préparation d'actes de terrorisme (C. pén., a. 421-2-1) ou financement d'une entreprise terroriste (C. pén., a. 421-2-2).

TESTAMENT

N. m. – Lat. *testamentum.*

- **1** Acte unilatéral et solennel de dernière volonté *révocable jusqu'au décès de son auteur, par lequel une personne (*testateur) dispose pour le temps où elle n'existera plus (acte de *disposition à cause de mort), sous l'une des trois formes écrites déterminées par la loi (*olographe, authentique, *mystique), de tout ou partie de ses biens, en faveur d'une ou plusieurs personnes (*légataire universel, à titre universel ou particulier) (C. civ., a. 895). Syn. *disposition *testamentaire.* Comp. *legs, donation.* V. *libéralité, *acte à titre *gratuit, institution d'héritier, *succession testamentaire, codicille, *donation mortis causa, fidéicommis, succession ab intestat.*
- **2** Acte *(*instrumentum)* dans lequel une personne exprime l'ensemble de ses dernières volontés et qui peut contenir (sous réserve de respecter les formes déterminées par la loi) non seulement des *legs, mais de simples *vœux ou des dispositions diverses (clauses réglant ses obsèques, reconnaissance d'un enfant naturel, etc.). V. *révocation.*

— ***authentique.** Testament reçu par un notaire, encore nommé testament *public ou par acte public (par opp. au testament *mystique) étant dicté par le testateur au notaire en présence d'un autre notaire ou de deux témoins (C. civ., a. 971 s.).
— **conjonctif.** V. *conjonctif.*
— **mystique.** V. *mystique.*
— **nuncupatif.** V. *nuncupatif.*
— **olographe.** Testament écrit en entier daté et signé de la *main du testateur (C. civ., a. 970), sans être assujetti à aucune autre *forme. Comp. *chirographaire, manuscrit.*
— **-partage.** *Partage d'ascendant réalisé par testament qui porte sur tout ou partie des biens que le testateur laisse à son décès (C. civ., a. 1075) et qui, sous la menace de l'action en réduction, doit attribuer à chaque héritier réservataire un lot au moins égal à sa part de réserve (a. 1080) ; présenté aujourd'hui comme l'une des deux figures de *libéralité-partage. Comp. **donation-partage.*
— ***public (ou par acte public).** Autre nom du testament authentique.
— ***secret.** Autre nom du testament mystique.
— ***verbal.** Testament nuncupatif.

TESTAMENTAIRE

Adj. – Lat. *testamentarius.*

- Qui s'opère par testament (disposition testamentaire) ; qui se rapporte au testament.

Comp. *successoral, héréditaire.* V. *ab intestat, tuteur.*

— **(*disposition).**

a / *Stricto sensu,* acte de *disposition par testament, *legs.

b / Toute clause contenue dans un testament.

c / Parfois syn. de *testament. V. **disposition entre vifs.*

— **(exécuteur).** V. *exécuteur testamentaire.*

TESTATEUR, TRICE

Subst. – Lat. *testator,* de *testari* : tester.

— (*disposition).

- Celui (ou celle) qui dispose par *testament ; *auteur du testament. V. *disposant, donateur, fondateur, légataire.* Ant. *intestat.*

TESTIMONIAL, ALE, AUX

Adj. – Lat. *testimonialis,* de *testimonium.* V. *témoin.*

V. **preuve testimoniale, témoin, témoignage.*

TESTING

Terme angl., de *test,* essayer, tester, éprouver.

- Nom parfois donné dans la presse et la pratique au stratagème consistant, pour un particulier non assisté d'un huissier ou d'une autorité à créer, pour un autre, une occasion de délit afin d'en surprendre et d'en préconstituter la preuve sur le fait, s'il est commis, la liberté de la preuve en matière pénale (C. pr. pén. a. 427, al. 1) excluant que le juge répressif écarte *a priori* du débat le moyen de preuve qui lui est ainsi apporté (au motif qu'il aurait été obtenu de façon déloyale) et lui faisant un devoir de le soumettre au débat contradictoire afin d'en apprécier la valeur (a. 427, al. 2).

TÊTE

N. f. – Lat. *testa* : vase de terre et par ext. enveloppe, crâne.

- **1** Désigne la personne, prise comme unité de compte et *sujet de droit. Comp. *chef.*

— **(partage par)**. *Partage dans lequel, à la différence du partage par *souche (ou par *représentation), chaque copartageant, venant à la succession de son *chef, reçoit pour part un lot correspondant à sa propre vocation, c'est-à-dire la part entière qui lui est personnellement dévolue et non, par représentation en tout ou partie, celle qui est dévolue à un successible prédécédé. Ex. des frères et sœurs (tous descendants au premier degré et appelés de leur chef) succèdent par égales portions et par tête (C. civ., a. 744 ; V. a. 748, 750).

- **2** La *vie de la personne. Ex. *rente constituée sur la tête d'une personne, c'est-à-dire au profit de cette personne tant qu'elle vit, pour sa vie (C. civ., a. 1971 s.).

TEXTE

N. m. – Lat. *textus* : tissu, trame, de *texere* : tisser.

- **1** Texte de loi (au sens générique du terme).

a / Ensemble des *énoncés d'une règle de droit considérés dans leur expression écrite, teneur littérale de l'acte énonçant cette règle ; enchaînement de ses dispositions. Ex. texte d'une loi *(stricto sensu),* texte d'un décret, etc.

— **(argument de).**

a / *Argument fondé sur la *lettre d'un texte, élément de son *interprétation *littérale (sens et ordre des mots, ponctuation, etc.).

b / Plus largement, argument tiré d'un texte, sans exclure la considération de son origine ou de son *esprit. V. *exégèse.*

b / Le document écrit portant ou reproduisant ces dispositions. V. *journal officiel, publication.*

c / (plur.). L'ensemble des *sources écrites du Droit écrit. V. *instruments juridiques.*

- **2** Teneur d'un acte (décision, contrat) et document *écrit qui la contient. V. *rédaction.*

TEXTUEL, UELLE

Adj. – Dér. de *texte.

- Conforme au *texte ; *littéral ; à la *lettre. Ex. référence, reproduction textuelle. V. *exprès, écrit, nullité.* Comp. *exégétique, spirituel, virtuelle (*nullité).*

THALWEG

N. m. – Terme empr. à l'all. *thal* : vallée, *weg* : chemin.

- **1** Ligne médiane de plus grande profondeur du lit d'un fleuve.
- **2** Par ext., procédé de délimitation permettant par le recours à cette ligne médiane de tracer une *frontière lorsque le fleuve sépare deux territoires étatiques. V. *délimitation.*

THÉÂTRE

Lat. d'origine gr. : *theatrum.*

—s municipaux.
a / La salle communale où se donnent les spectacles.
b / L'activité théâtrale placée sous un régime de service public municipal plus ou moins caractérisé.
—s nationaux. Expression, préférée à celle de « théâtres subventionnés » (ce caractère ne leur étant plus propre), désignant des théâtres soumis à un contrôle particulier de l'État à raison de la mission de service public qu'ils assument. Constituent cette catégorie, sous réserve des variations de dénomination et de régime auxquelles ils sont exposés : la Comédie-Française, l'Opéra, l'Opéra-Studio (ex. Opéra-Comique), le Théâtre de France (ex. Odéon) et le Théâtre national populaire (TNP).
—s subventionnés. V. *théâtres nationaux.*

THÉORIE JURIDIQUE

N. f. – Lat. *theoria,* du gr. θεωρία. V. *juridique.*

- Activité *doctrinale fondamentale dont l'objectif est de contribuer à l'élaboration scientifique du Droit, en dégageant les questions qui dominent une matière, les catégories qui l'ordonnent, les principes qui en gouvernent l'application, la nature juridique des droits et des institutions, l'explication rationnelle des règles de Droit ; réflexion spéculative qui tend à découvrir la rationalité du Droit sous son historicité. V. *science, *raisonnement juridique, doctrine, thèse, technique *juridique, dogmatique.* Comp. **pratique judiciaire, interprétation.*

THÈSE

N. f. – Lat. d'origine gr. *thesis.*

- **1** Ouvrage scientifique présenté et soutenu devant un jury en vue de l'obtention du diplôme de docteur.
- **2** *Opinion doctrinale ou position adoptée par un plaideur (ex. thèse de la défense). Comp. *doctrine.* V. *théorie juridique, moyen, raisonnement juridique, argumentation, articulation, corroborer.*

TICKET

N. m. – Dér. de *ticket,* mot angl., et de l'anc. franç. *estiquer* : billet de logement.

- **1** Nom donné à un *document cartonné valant *titre de transport, d'entrée, de dépôt, etc. Comp. *billet.*

— de passage. Billet remis à un voyageur pour son déplacement par un engin de transport.

- **2** Dans un sens dérivé (fonctionnel).

— modérateur. Part des frais médicaux pharmaceutiques ou d'hospitalisation laissée à la charge de l'assuré social et déduite du tarif par la caisse qui ne la rembourse pas.

TIERCEMENT

N. m. – Dér. de *tiers.

- Partage par tiers.

— (règle du). Règle du *bail à métayage suivant laquelle la part du bailleur ne peut être supérieure au tiers de l'ensemble des produits du *fonds loué, sauf décision contraire du *tribunal paritaire.

TIERCE OPPOSITION

N. f. – V. *tiers, opposition.*

- *Voie *extraordinaire de *recours permettant, en principe, à toute personne qui n'a été ni partie ni *représentée à une instance (*tiers) d'attaquer pendant trente ans, s'il lui est préjudiciable (V. **intérêt*), le jugement rendu en dehors d'elle, pour demander au juge de rejuger, en ce qui la concerne, les points qu'elle critique et, sur ces points, de rétracter ou de réformer le jugement relativement à elle (l'ouverture de ce recours étant cependant restreinte dans le cas où le jugement a été

notifié à un tiers, ce dernier n'ayant alors, en matière contentieuse, que deux mois à compter de la notification pour former tierce opposition et perdant en matière *gracieuse le droit de le faire, voyant s'ouvrir à lui la seule voie – d'ailleurs mixte – de l'appel (mi-*rétractation mi-*réformation) particulière à cette matière) (CPC, a. 582 s., 679, 950 s.). V. *inopposabilité, autorité de *chose jugée, relativité.* Comp. *opposition, révision.*
— ***incidente.** Tierce opposition incidente à une contestation dont est saisie une juridiction qui peut, sous certaines conditions, être tranchée par cette dernière (voie de *réformation ; CPC, a. 588).
— ***principale.** Tierce opposition formée à titre principal devant la juridiction même dont émane le jugement attaqué (voie de *rétractation, cas de figure ordinaire ; CPC, a. 587).

TIERS

N. m. – Lat. *tertius.*

• **1** En un sens gén. et vague : toute personne étrangère à une situation juridique ou même personne autre que celle dont on parle. Ex. C. civ., a. 555.

• **2** En matière contractuelle :

***a* /** Personne n'ayant été ni *partie ni représentée à un contrat qui n'est pas touchée par son effet obligatoire (C. civ., a. 1199) et peut tout au plus se le voir opposer (C. civ., a. 1200). V. *peintus extranei.*

***b* /** *Ayants cause à titre particulier des *contractants (lorsqu'un texte ne les astreint pas à exécuter les obligations de leur auteur) et créanciers chirographaires.

• **3** Parfois, personne spécialement protégée qui a la possibilité d'invoquer l'*inopposabilité d'un acte ou d'une situation juridique. Ex. tiers, au sens de l'a. 1377 C. civ., ou en matière immobilière.

• **4** Dans un procès, toute personne qui n'y est ni *partie, ni *représentée.
— **acquéreur.** V. *acquéreur.*
— **arbitre.** Nom naguère donné à la personne chargée de départager des *arbitres en désaccord sur la solution à donner au litige, sous l'obligation de choisir l'avis de l'un des arbitres initiaux ou de rallier l'un d'eux à son opinion : fonction que rend inutile le principe d'imparité de la composition du tribunal arbitral. Comp. CPC, a. 1453 ; *surarbitre, troisième *arbitre.*
— **civilement responsable.** V. *responsabilité.*
— **convenu.** Expression traditionnellement abrégée (pour « tiers convenu entre les parties », C. civ., a. 2337) qui désigne, dans le gage sans *dépossession, la tierce personne, choisie d'un commun accord par le débiteur et le créancier *gagiste, qui accepte la mission de conserver pour leur compte l'objet du gage mis en sa possession, modalité de dépossession nommée *entiercement. Ex. les *magasins généraux peuvent être choisis comme tiers convenu. Comp. *séquestre, gardien, dépositaire.* V. *entiercer.*
— **détenteur.** V. *détenteur.*
— **intervenant.** Celui qui, volontairement, intervient au procès engagé entre les parties originaires (CPC, a. 66, 328).
— **opposant.** Celui qui forme *tierce opposition.
— **payant.** Dénomination appliquée à l'organisme de Sécurité sociale, lorsque celui-ci règle directement les frais médicaux et pharmaceutiques, au lieu de se borner à rembourser à l'assuré l'avance que celui-ci en a faite. V. *débiteur, solvens, payeur.*
— **porteur.** Celui à qui un effet de commerce se trouve transmis par endossement.
— **saisi.** V. *saisi.*

TIERS MONDE

Expression habituelle désignant l'ensemble des *pays en voie de développement.

TIMBRE

N. m. – Empr. au gr. byzantin *tymbanon.*

• **1** Empreinte officielle attestant le paiement de l'impôt perçu à raison de la rédaction de certains actes (droit de timbre).
— **de dimension.** Droit qui varie en fonction de la taille du papier utilisé.
— **mobile.** Vignette apposée sur un papier ordinaire. V. *papier timbré.*
— **proportionnel.** Droit variant avec l'importance de la somme qui fait l'objet de l'acte.

• **2**
— **-*prime.** Vignette ouvrant droit à une prime, par un commerçant à sa clientèle en fonction du montant des achats. V. *coupon-prime.*

TIME CHARTER

Expression angl. signifiant *affrètement à temps (parfois encore utilisée dans la pratique française de la navigation maritime).

TIRAGE

N. m. – Dér. de tirer, d'origine obscure.

- **1** Action d'émettre une lettre de change. V. *tireur, tiré*.

— **en l'air.** Tirage d'une *traite qui ne correspond à aucune créance du tireur sur le tiré, ni à aucun engagement pris par le tiré envers le porteur de la traite. V. *provision*. Comp. *valeur fournie*.

- **2** Désignation par la voie du sort de *lots à répartir (ex. tirage des lots dans le *partage : C. civ., a. 835), de titres destinés à être *amortis (actions) ou remboursés (obligations) ou même de personnes pour exercer certaines fonctions (jury d'assises). V. **assignation de parts, allotissement, loterie, fournissement*.

TIRÉ

Subst. – Dér. de tirer. V. *tirage*.

- Personne désignée dans la *lettre de change et dans le *chèque comme devant effectuer le paiement. Syn. *souscripteur*. V. *débiteur, signataire, tireur, endosseur*.

TIREUR

Subst. – Dér. de tirer. V. *tirage*.

- Personne qui émet une *lettre de change ou un *chèque, c'est-à-dire qui donne l'ordre à une seconde personne – le *tiré – de payer à une troisième personne une somme déterminée. Comp. *souscripteur, endosseur, signataire, endossataire*.

— **pour compte.** Tireur ostensible d'une lettre de change qui exécute les instructions d'un *donneur d'ordre.

TITRE

N. m. – Lat. *titulus*.

▸ **I** (sens gén.)

- **1** Cause ou *fondement juridique d'un nouveau droit qui, associé à divers qualificatifs, indique tant la source du droit (volonté de l'homme : titre conventionnel, loi : titre légal), que le mode et les caractères essentiels de l'acquisition (acte à titre gratuit ou à titre onéreux, vocation à titre universel ou à titre particulier, rente à titre indemnitaire ou alimentaire, etc.).

— **(juste).** V. *juste*.

— **nul.** Titre inexistant ou frappé de nullité absolue, qui ne peut servir de base à la prescription abrégée (C. civ., a. 2273).

— **paré.** V. *voie parée*.

— **putatif.** V. *putatif*.

— **(usine fondée en).** Exploitation de chutes d'eau établie en vertu d'un droit acquis par l'usinier sur le domaine avant 1566 ou sur des biens nationaux vendus sous la Révolution.

ADAGES : *En fait de meubles, possession vaut titre.*
Nul ne se crée de titre à soi-même.

- **2** *Écrit en vue de constater un acte juridique ou un acte matériel pouvant produire des effets juridiques (**instrumentum*). Ex. titre de créance, titre de propriété. V. *acte, original, lettre*.

— ***exécutoire.** Titre revêtu de la formule exécutoire. Titre qui permet de recourir au recouvrement forcé de la dette, c'est-à-dire aux poursuites, si le débiteur ne s'en acquitte pas spontanément (CPP, a. 111-3).

— **exécutoire européen.** Certificat qui accompagne une décision juridictionnelle, une transaction judiciaire ou un acte authentique relatifs à une *créance incontestée, leur permettant de circuler librement dans l'Union européenne sans qu'une déclaration constatant leur force exécutoire soit nécessaire ou qu'il soit possible de contester leur reconnaissance (Règlement UE 805/2004 du Parlement européen et du conseil du 21 avril 2004, portant création d'un titre exécutoire européen pour les créances incontestées).

— **de croisière.** *Billet que l'organisateur de croisière doit délivrer à chaque passager ou groupe de passagers pour définir les obligations qu'il assume envers ses clients. V. *ticket*.

—**s de famille.** *Documents d'origine familiale (correspondance, livre de compte, inventaire, généalogie, etc.) assimilés, pour leur valeur probatoire, aux *registres et *papiers domestiques.

— **de mouvement.** Document qui doit accompagner, lors de son transport, une

marchandise dont le déplacement est réglementé. Ex. *acquit à caution, *passavant.
— **de perception.** V. *titre de recette.*
— **de recette.** Document qui justifie, au regard du droit budgétaire et de la comptabilité publique, l'entrée des fonds dans la caisse du comptable. Appelé parfois titre de perception.
— **nouvel (ou novel).** Titre dressé pour constater la reconnaissance d'un droit déjà établi par un titre antérieur, en vue de suppléer un titre *primordial perdu ou d'interrompre la prescription (C. civ., a. 2263 anc.).
— **primordial.** Écrit primitivement dressé, par opp. au titre *nouvel sur lequel il l'emporte en cas de désaccord.
— ***recognitif.** Titre dressé pour constater de nouveau un droit déjà établi dans un titre antérieur. V. *acte recognitif.*
— **-restaurant.** Instrument de paiement, appelé aussi en pratique *chèque-restaurant, qui permet à l'employeur de s'acquitter de l'indemnité de repas due au salarié, puis à ce dernier de régler au restaurateur le prix de son repas.

- **3** Désignation marquant une qualité (ex. à titre de propriétaire), une dignité particulière (ex. titre de *doyen), une fonction (titre d'officier ministériel). Comp. *finance.* V. *éméritat, honorariat, usurpation de titres.*

— **de noblesse.** Accessoire honorifique du *nom emprunté à la hiérarchie nobiliaire de l'Ancien Régime (prince, duc, marquis, comte, vicomte, baron, chevalier), soumis, comme élément de l'état, à des règles spéciales de transmission dont l'application est contrôlée par le ministère de la Justice.

- **4** Parfois syn. de *diplôme, qualification.

— **(recrutement sur).** Modalité du système de recrutement par concours dans laquelle celui-ci ne comporte pas d'épreuves et où le classement des candidats est effectué sur leurs seuls titres.

- **5** Désignation identifiant une *œuvre de l'esprit (œuvre littéraire ou artistique, journal, périodique). V. *propriété littéraire et artistique.*

- **6** Intitulé soit de la loi (ex. loi sur la protection du consommateur), soit de l'une de ses divisions (ex. section I, dispositions communes, section II, dispositions particulières).

- **7** L'une des subdivisions de la loi. Comp. *chapitre, section, livre.*

▸ **II**

- Certificat représentatif d'une valeur de bourse : rente sur l'État, action, obligation, part de fondateur ; ces certificats revêtent quatre formes principales (titres à *ordre, titres au *porteur, titres *nominatifs, titres *mixtes). V. *lettre, effet* (II), *bon.*

— **à ordre.** Titre revêtu de la *clause à ordre qui le rend transmissible par endossement. V. *filière.*
— **associatif.** Obligation que peuvent émettre les associations qui exercent, exclusivement ou non, une activité économique (l. n° 2014-856 du 31 juillet 2014, C. mon. et fin., a. 213-8).
— **au porteur.** Titre qui, n'indiquant pas le titulaire du droit, est en gén. identifié par un numéro d'ordre, se transmet de la main à la main, et donne au possesseur le droit dont il constate l'existence. V. *incorporation* et, aujourd'hui, *dématérialisation.*
— **de créance adossé (TCA).** Titre de créance émis par une structure de *titrisation, généralement segmenté selon les risques et *adossé à un portefeuille diversifié de créances bancaires. JORF 19.1.2010, dans *Commission générale de terminologie et de néologie.*
— **en SICOVAM.** Titre au porteur reçu en dépôt par un établissement affilié à la SICOVAM et qui, transmis par le dépositaire à cet organisme, devient article au compte du dépositaire et perd son individualité (ne conservant la dénomination de titre que par abus de langage).
— **financier.** Titre de capital émis par des sociétés par actions (actions et titres pouvant donner accès au capital, CMF, a. L. 211-1-II-1, ou au droit de vote, CMF, a. L. 212-1-A) et titres de créances et parts de certains organismes de placement collectif (OPCVM, a. L. 211-1, II, et CMF, a. L. 214-1).
— **interbancaire de paiement (TIP).** Moyen de paiement particulier indiquant le montant de la facture à payer, conçu et écrit par un créancier, permettant un virement du compte d'un débiteur à celui de son créancier. Utilisé par des créanciers disposant d'un grand nombre de débiteurs (Trésor public, fournisseurs d'énergie, entreprises de téléphonie, etc.).
— **mixte.** Titre nominatif muni d'une feuille de coupons payables au porteur.
— **nominatif.** Dér. du lat. *nominare* par le

supin *nominatum*. Titre indiquant le titulaire du droit, et dont la transmission ne peut s'effectuer qu'au moyen d'un *transfert sur les registres de l'établissement émetteur.

— **participatif.** V. *participatif.*

▸ **III**

• Proportion de métal précieux (or, argent, platine) contenue dans un alliage destiné à la fabrication des monnaies ou d'articles de bijouterie, d'orfèvrerie et de joaillerie qui, fixée et contrôlée par l'État, est garantie au public au moyen de l'apposition d'un *poinçon.

TITRISABLE

Adj. – Néol. du verbe titriser, v. *titrisé*.

• Se dit d'une formule de crédit bancaire susceptible d'être titrisée.

TITRISATION

N. f. – Néol. construit sur *titre, par imitation de l'anglais *securitization,* lui-même construit sur *securities* (titres), afin de désigner une technique comparable.

• Nom donné dans la pratique financière à la transformation, en *titres négociables, de créances (de prêts) détenues par un établissement de crédit (ou la Caisse des dépôts et consignations), opération réalisée par la cession de ces créances à un *fonds commun, créé *ad hoc* pour les acquérir, moyennant l'émission de parts représentatives (des créances) lesquelles sont offertes aux investisseurs sur le marché financier comme valeurs mobilières; C. mon. et fin., a. L. 214-1 s. Comp. *mobilisation.*

TITRISÉ, ÉE

Adj. – Néol. de même origine que *titrisation.

• Se dit, dans la même pratique, de la créance qui a été l'objet d'une *titrisation. V. *billet de trésorerie.*

TITULAIRE

Adj. et subst. – Dér. du lat. *titulus* : titre, inscription.

• **1** *Détenteur en nom (en titre), investi en personne, désigné (par la loi, le contrat, etc.) comme *sujet actif d'un droit. Ex. titulaire du bail : locataire en titre désigné par le bail (ou la loi, C. civ., a. 1751). V. *cotitulaire.* Comp. *nanti, muni, attributaire, brevetaire.*

• **2** Bénéficiaire d'une *titularisation ; nommé. Comp. *auxiliaire, intérimaire, suppléant, temporaire, vacataire.*

TITULARISATION

N. f. – Dér. du v. titulariser, de *titulaire.

• Dans le Droit de la fonction publique, l'opération, partant l'acte juridique, qui a pour objet de conférer à une personne un *grade dans la hiérarchie administrative, se distingue en principe de la *nomination qui attribue un emploi : le fonctionnaire est nommé dans un emploi et titularisé dans un grade. Comp. *avancement.* V. *installation, investiture, collation.*

TITULARITÉ

N. f. – Dér. de *titulaire (néol.).

• *Jouissance en titre d'un droit ; possession d'un titre. V. *cotitularité.*

TOLÉRANCE

N. f. – Lat. *tolerantia,* basse époque *tolerancia* : constance à endurer, patience, du v. *tolerare* : supporter.

• Action de supporter et résultat de cette action, spéc. fait, pour l'autorité publique ou le titulaire d'un droit, de supporter une activité franchement illicite (ex. naguère maison de tolérance) ou un agissement sans droit (et, en général, de portée limitée) d'où résulte, le plus souvent, un régime d'autorisation ou une situation précaire, plus exceptionnellement l'acquisition d'un droit au bout d'un certain temps (dans le domaine des marques, l. 4 janv. 1991, a. 19, 25 ; CPI, a. L. 716-5 et L. 714-3). Comp. *franchise.* V. *libéral, permissif, tolérer, rave-partie, usoirs.*

— **(acte de).** Acte d'*immixtion sur le fonds d'autrui qui, accompli avec la permission expresse ou tacite du propriétaire de celui-ci, ne constitue pas un acte de possession capable de fonder la prescription acquisitive (C. civ., a. 2262). On dit aussi acte de simple tolérance. Comp. *acte de pure *faculté.*

— **(jour de).** Ouverture qui peut être pratiquée dans un mur séparatif non mitoyen, sans observer la distance requise par la loi pour les vues droites ou obliques, à la condition de n'être qu'un *jour (non une vue), mais qui ne prive pas le propriétaire du fonds voisin du libre exercice des *facultés inhérentes à son droit de propriété (construction, plantation ou même suppression du jour après acquisition de la mitoyenneté (C. civ., a. 676). Syn. *jour de *souffrance.*

TOLÉRER

V. – Lat. *tolerare* : porter, supporter, endurer.

- Supporter (sans réagir), souffrir (sans exclure), attitude qui peut s'entendre :
- 1 / De la part des pouvoirs publics, soit d'une passivité condamnable, d'un excès de laxisme, s'il s'agit d'actes gravement illicites. Ex. tolérer abus, injustice, trafic de drogue ou d'influence sans les réprimer ni adopter les mesures nécessaires ; soit d'une position non rigoriste, par indulgence à des infractions moins graves (ex. tolérer un stationnement dans des circonstances qui le rendent moins gênant). V. *rigueur.*
- 2 / De la part des puissances dominantes (parti politique unique, État confessionnel), d'une attitude conciliante et libérale envers les minorités non conformistes (autres partis, autres confessions ou idéologies).
- 3 / De la part des sujets de droit, de l'abstention de combattre (par négligence, indulgence ou indifférence) les atteintes que des tiers portent à leurs droits, attitude non combative qui peut exceptionnellement les priver du droit de réagir au bout d'un certain temps. Ex. si le propriétaire d'une marque a toléré pendant cinq ans l'usage d'une marque déposée de bonne foi après la sienne, il perd l'action en contrefaçon et en nullité (l. 4 janv. 1991, a. 19 et 25 ; CPI, a. L. 716-5 et L. 714-3).

TONNAGE

N. m. – Dér. de tonne, lat. d'origine celtique *tunna.*

- Capacité du navire en *tonneaux de *jauge. Syn. *jauge.*

TONNEAU

N. m. – Dér. de tonne. V. le précédent.

- Unité de mesure de la cargaison ou de la capacité du navire.

— **d'*affrètement.** Mesure fondée à la fois sur le poids en tonnes métriques et le volume en mètres cubes des marchandises.
— **de *jauge.** Mesure de 100 pieds cubes ou 2,83 m^3.

TONTINE

N. f. – Du nom de son créateur L. Tonti.

- Groupement dont les membres, par des versements, constituent un fonds commun destiné à être capitalisé durant un certain nombre d'années et réparti entre les survivants à l'échéance convenue (opération soumise au contrôle de l'État). V. plus préc. *clause *tontinière, votum mortis.*

TONTINIER, IÈRE

Adj. – Dér. de *tontine.

- Qui se rapporte à la *tontine. Ex. opération tontinière, pacte tontinier, mécanisme tontinier.

—**e (clause)** (dite encore clause d'*accroissement). Clause insérée dans un contrat d'acquisition en commun selon laquelle la part du premier mourant doit revenir, à titre gratuit, au survivant ; clause d'acquisition de la totalité d'un bien sous condition de survie, qui permet aux acquéreurs de ce bien d'en jouir en commun leur vie durant, mais en vertu de laquelle chaque acquéreur est propriétaire sous condition résolutoire de son prédécès et propriétaire sous condition suspensive de sa survie, de telle sorte que, par l'effet de la rétroactivité de la condition, le prémourant est censé n'avoir jamais été propriétaire et le survivant l'avoir été depuis l'acquisition (fixant ainsi sur sa tête la propriété du tout) ; par ext. clause semblable appliquée à l'acquisition en commun de l'usufruit d'un bien. Syn. *pacte tontinier.*

TORT

Subst. masc. – Du v. lat. *torquere* (supin *tortum*) : tordre, tourmenter, torturer, lancer en brandissant ; s'emploie souvent au pluriel.

- **1** (en fait d'agissements, de comportement) : Ce qui est contraire au droit (tordu et non pas droit) et, souvent, plus précisément, ce qui est reconnu tel à l'issue d'un procès ; syn. de *faute (avérée et retenue). Ex. le divorce aux torts *exclusifs est prononcé sur le fondement de fautes reconnues à la charge d'un seul époux. D'où l'idée de perte présente dans les torts (le divorce est prononcé contre cet époux, C. civ., a. 265). V. *partagé, respectif, prépondérant, réciproque.*
- **2** Plus généralement, ce qui est contraire non seulement au droit, mais à la raison, à la réalité, à la vérité (par ex. dans les expressions « avoir tort », « être en tort »).

— **(à) :** par erreur (de droit, de fait ou de raisonnement), sans motifs ou sur des motifs fallacieux, inexacts. Ex. (formule consacrée) : « C'est à tort que les juges du fond ont qualifié bail un prêt. » Ant. *à *raison, à juste titre, à bon droit.*

- **3** (en passant de la cause à la conséquence) et par ext. : ce qui est préjudiciable (sur le postulat que le *dommage est illicite, injustifié) ; ce que l'on peut reprocher à quelqu'un ; se dit d'un dommage dont on est fondé à se plaindre, d'un *grief (l'accent étant plutôt ici sur l'allégation, le reproche). « Aux torts et griefs » est, en ce sens, une redondance.

NB. — Dans ces trois sens voisins, les torts, étant débattus et arbitrés entre adversaires, sont appréciés non seulement par référence à des critères objectifs (droit, raison), mais, par glissement, en comparant les comportements respectifs des protagonistes.

TORTURE

Subst. fém. – Lat. *tortura* (de *torquere*), action de tordre, torture, souffrance.

- Action criminelle de soumettre autrui à d'odieuses souffrances, en général destinées à *extorquer à la victime un avantage ou une révélation, agissements incriminés en eux-mêmes (C. pén., a. 222-1) et comme circonstance aggravante de nombreuses autres infractions (détournement d'aéronef, a. 224-7 ; proxénétisme, a. 225-9, etc.). V. *actes de *barbarie, violence, contrainte, crime contre l'*humanité, terrorisme.*

TOTALISATION

N. f. – Dér. de total, lat. *totalis.*

- Action de totaliser et résultat de cette action, *addition, regroupement.

— **des bases de rabais.** *Cartellisation des remises, système de calcul des rabais consistant, de la part d'un groupe de fournisseurs, à consentir des remises calculées par application d'un barème progressif, sur la base de la valeur ou du volume de l'ensemble des achats effectués auprès d'eux (voire auprès de certains fournisseurs non membres de l'entente) par chaque client durant une période déterminée (accord jugé restrictif de concurrence).

— **des périodes d'assurances.** Prise en considération, pour l'ouverture et le calcul des droits à prestations, de l'ensemble des périodes de travail accomplies sous des régimes différents de Sécurité sociale, dans le même pays ou dans des pays différents. Comp. *proratisation.*

TOUR

N. m. – Dér. du lat. *tornus* : tour de potier.

— **d'échelle.** Abréviation de droit de tour d'échelle. Syn. **échelage.*

— **de *scrutin.** Ensemble des opérations de vote faites en une seule fois (scrutin à un seul tour) ou pouvant avoir lieu deux ou plusieurs fois de suite (premier, puis éventuellement second tour, ou plusieurs fois), si les conditions requises pour que le résultat soit acquis dès la première fois ne sont pas remplies. Comp. *ballottage.*

— **extérieur.** Mode particulier de *recrutement, usité plus spécialement dans les juridictions administratives, qui consiste, pour certains grades et dans une proportion déterminée, à pourvoir aux emplois par incorporation de personnes dont la carrière s'est déroulée jusque-là en dehors de l'institution. Ex. au Conseil d'État, un poste de maître de requêtes sur quatre est réservé aux fonctionnaires publics âgés de 30 ans et justifiant de dix ans de service public : un poste de conseiller d'État sur trois est pourvu au tour de l'extérieur par des personnes ayant 45 ans accomplis.

TOURISME

N. m. – Empr. de l'angl. *tourism,* de *tour pris au franç.

- Terme employé dans différentes locutions pour désigner les instances

administratives ayant en charge cette activité et dont la dénomination comme la nature ont varié (Office national, commissariat général, secrétariat d'État, comité interministériel, conseil supérieur, comités et délégués régionaux…).
— **(associations de).** Catégorie associations dont la constitution est subordonnée à agrément ministériel, le retrait de celui-ci entraînant leur dissolution.
— **(hôtel de).** Appellation réservée à des établissements hôteliers présentant certaines qualités et classés comme tels par décision ministérielle.
— **(office de).** Établissement public industriel et commercial institué par arrêté préfectoral dans les *stations classées et chargé d'y promouvoir le tourisme. V. **chambres d'hôte, *camping à la ferme, *ferme auberge, *gîte rural, agence de voyages, chèque-voyage.*

TRAÇABILITÉ

N. f.

- (cons.). Instrument de contrôle, de transparence et de sécurité permettant de suivre par divers moyens d'information (étiquetage, registres, déclaration…) toutes les étapes de la production, de la transformation et de la distribution d'un produit ou d'une activité (ex. secteurs de l'agroalimentaire, des produits pharmaceutiques, des transactions bancaires, norme ISO 8402).

TRACTATION

N. f. – Lat. *tractatio* : action de manier, manière d'agir.

- *Négociation (qui a en général un caractère *secret, parfois même clandestin), *pourparlers. V. *officieux.*

TRACTATUS

Terme latin signifiant « action de s'occuper » encore utilisé afin de désigner le fait, pour un parent, de traiter un individu comme son enfant (légitime ou naturel) et d'être en retour traité par celui-ci comme père ou mère, comportement mutuel considéré – surtout dans la trilogie classique *« *nomen, tractatus, *fama »* – comme l'un des principaux faits de *possession d'état (C. civ., a, 311-1).

TRADITION

N. f. – Lat. *traditio,* du v. *tradere* : transmettre.

- **1** (sens technique). *Transfert de la possession (au moins de la *détention, *corpus*) d'une chose (mobilière) ; remise matérielle dont le transfert de propriété est indépendant (C. civ., a. 1196) mais dont dépend la perfection des contrats dits *réels (ex. le *dépôt : C. civ., a. 1919). V. *livraison, délivrance, re.*

— **feinte.** Tradition *fictive, symbolique, qui remplace la tradition *réelle lorsque le destinataire est déjà en possession de la chose et que, moyennant une *interversion de titre, il en devient détenteur à un autre titre (ex. le vendeur qui conserve la chose vendue comme dépositaire, C. civ., a. 1919).
— ***réelle.** Tradition proprement dite, qui se réalise par un déplacement matériel *effectif de la chose, par opp. à la tradition feinte.

- **2** (dans un sens courant). Pratique héritée du passé qui peut être élément d'un *usage ou d'une *coutume.

TRADITIONNEL, ELLE

Adj. – Dér. de *tradition.

- **1** Issu de la *tradition (sens 2), hérité d'elle ; se dit aussi bien de doctrines, thèses, interprétations qui se réfèrent, comme à une *autorité, à des opinions anciennes que de celles qui portent la marque – et la limite – du passé ; éprouvé par le temps, conservateur.
ADAGE : *Nil innovetur quod traditum est.*

- **2** Parfois syn. de *coutumier.

— **(droit).** Dans les pays de la décolonisation, Droit aborigène, d'origine généralement coutumière, par opp. à Droit *moderne.

TRADUCTION

N. f. – Lat. *traductio* : traversée, action de faire passer.

- **1** Action de *traduire (sens 1) et énoncé qui en résulte. Syn. version all. *Übersetzung.* Comp. *définition, qualification.*
- **2** Action de *traduire (sens 2). All. *Verdolmetschung.* V. *droits de la *défense.*
- **3** Action de *traduire (sens 3). All. *Wiedergabe.* Comp. *interprétation.*

TRADUIRE

V. – Lat. *traducere* : faire passer à travers, au-delà, devant.

- **1** Faire passer, d'une langue à une ou plusieurs autres, un énoncé écrit ou oral, opération qu'exige le caractère international d'un acte ou le plurilinguisme d'un système juridique. Comp. *introduire, conduire, produire.*
- **2** Plus spéc. rendre compréhensible, pour un sujet de droit, un document ou un débat qui le concerne. V. CPC, a. 23.
- **3** Par ext. expliquer ; exprimer une règle ou formuler un concept en termes *explicites, actualisés, adaptés.
- **4** (Pour une autorité) citer, convoquer, faire (ou appeler à) comparaître un justiciable devant une juridiction compétente pour connaître de son cas. Comp. *attraire.*

TRAFIC D'ÉCLATEMENT

Trafic des navires collecteurs dans un *port d'éclatement. JORF 21.12.2013 p. 20879.

TRAFIC DE STUPÉFIANTS

N. m. – Empr. de l'ital. *traffico.*

V. *stupéfiants (trafic de).*

TRAFIC D'INFLUENCE

V. le précédent.

- **1** Sous sa forme passive, fait, pour une personne dépositaire de l'autorité publique, chargée d'une mission de service public (ou investie d'un mandat électif public), de solliciter, agréer, ou recevoir, sans droit, des offres, promesses, dons ou présents, afin de faire (ou tenter de faire) obtenir par son influence, de l'autorité publique, un avantage quelconque (décoration, emploi, marché, etc.) pour elle-même ou pour autrui (C. pén., a. 432-11). Comp. *corruption, vénalité.*
- **2** Sous sa forme active, fait, pour un particulier, de proposer, sans droit, des offres, promesses, dons, présents ou avantages quelconques pour obtenir d'une personne dépositaire de l'autorité publique, chargée d'une mission de service public (ou d'un mandat électif public) qu'elle use (abuse) de son influence pour faire obtenir d'une autorité ou d'une administration l'une des faveurs indiquées ci-dessus (C. pén., a. 433-1). V. *corruption, prise illégale d'*intérêts, intimidation.* Comp. *concussion.*

TRAHISON

N. f. – Dér. de trahir, lat. *tradere.*

- Qualification générique donnée, lorsqu'elles sont commises par un Français ou un militaire au service de la France (C. pén., a. 411-1), à diverses atteintes criminelles à la sûreté extérieure de l'État, incriminées sous des noms spécifiques (*sabotage, *intelligences avec une puissance étrangère, livraison d'*informations à une puissance étrangère, fournitures de fausses *informations, etc.), lorsqu'elles portent atteinte aux *intérêts fondamentaux de la nation ou en tant qu'elles impliquent nécessairement une telle atteinte (ex. livraison à une puissance étrangère de tout ou partie du territoire national, de forces armées ou de matériel, C. pén., a. 411-2 et 3). Comp. *espionnage.*

— **(haute).** Infraction politique à contenu variable (soustraite au principe de la détermination légale des incriminations et des peines) consistant en un manquement grave du Président de la République à ses devoirs et engageant sa responsabilité devant la Haute *Cour de justice (Const. 1958, a. 67 et 68).

TRAITE

N. f. – Tiré de traire, lat. *trahere,* altéré en *tragere.*

- Syn. de **lettre de change.* V. *effet de commerce, billet à ordre.*

— **de cavalerie.** Syn. *effet de cavalerie.*
— **documentaire.** V. *documentaire.*

TRAITÉ

N. m. – Du v. traiter, lat. *tractare.*

► **I** (int. publ.)

- **1** (sens gén.). *Accord, *convention (la terminologie étant peu fixée, les termes sont équivalents). Comp. *pacte, protocole, négociation, pourparlers, entente.*
- **2** *(stricto sensu).* Accord conclu sous la

forme écrite quelle que soit sa dénomination (conv. de Vienne, droit des traités, a. 2, al. 1 *a*).
— ***bilatéral.** Traité conclu entre deux parties.
— **-contrat.** Accord emportant échange de prestations réciproques (par opp. à traité-loi).
— **-loi.** Accord par lequel les parties adoptent une règle générale destinée à régir leurs relations futures (par opp. à traité-contrat).
— **multilatéral.** Traité conclu par un nombre de parties supérieures à deux.
— **multilatéral général.** Traité largement ouvert à l'adhésion et dont le régime n'implique pas une exclusion de la procédure des réserves.
— **multilatéral restreint ou *plurilatéral.** Traité conclu par un groupe d'États, fermé à l'adhésion des États qui n'ont pas participé à la négociation et dont le régime doit s'appliquer dans son intégralité, les réserves étant interdites ou tout au moins soumises à l'acceptation de toutes les parties.

▸ **II** (ass.)

● Nom donné en pratique à certaines conventions entre assureurs. V. *réassurance*.

TRAITE DES ÊTRES HUMAINS

N. f. – Tiré de traire, lat. *trahere,* altéré en *tragere*.

● Nom générique donné à l'exploitation de la *prostitution des femmes (naguère dénommée « traite des blanches »), des enfants ou des adultes homosexuels, qui, ayant fait l'objet de la Convention internationale de Genève du 2 décembre 1949, est aujourd'hui réprimée par les a. 225-7 du C. pén. V. *proxénétisme, souteneur*.

TRAITEMENT

N. m. – Dér. du v. traiter. V. *traité*.

● **1** Façon de se comporter à l'égard d'une personne (bons, mauvais traitements), de mettre en œuvre une opération (traitement informatique des décisions de justice), ou de lutter contre une maladie (traitement médical : ensemble des soins et médicaments appliqués à une affection). V. *tractatus, possession d'état*.

● **2** Par ext., *régime juridique accordé ou réservé à certaines catégories de personnes (ex. traitement *préférentiel de certains clients, traitement national des ressortissants communautaires). Comp. *discrimination positive*.

● **3** Espèce de *rémunération, élément principal de la *rémunération des fonctionnaires, celle-ci comprenant en outre différentes indemnités accessoires ; se distinguant en principe du *salaire en ce qu'il ne constitue pas la contrepartie d'un travail fourni mais le moyen pour le fonctionnaire de vivre et de tenir un rang en fonction de son grade, le traitement n'en est pas moins subordonné dans son paiement à l'exercice effectif d'un emploi et à l'exécution préalable d'un service. V. **installation, *service fait, solde*. Comp. *appointements, vacation, honoraires, indemnités, gains, revenus, émoluments*.

TRANQUILLITÉ PUBLIQUE

N. f. – Lat. *tranquillitas,* de *tranquillus* : paisible, calme.

● Élément de *paix sociale (de bon ordre), aspect de l'*ordre public, qui constitue l'un des objets de la *police administrative ; ex. les « rixes et disputes accompagnées d'ameutement dans les rues », les « bruits et rassemblements nocturnes qui troublent le repos des habitants » sont des atteintes à la tranquillité publique (CGCT, a. L. 2212-2). V. *sûreté, sécurité, salubrité, trouble, attroupement, manifestation*.

TRANSACTION

N. f. – Lat. *transactio,* de *transigere* : transiger.

● **1** Contrat par lequel les parties à un *litige (déjà porté devant un tribunal ou seulement *né entre elles) y mettent fin à l'amiable en se faisant des concessions réciproques (C. civ., a. 2044). V. **autorité de chose jugée*. Comp. *conciliation, abandon, arbitrage, compromis, clause compromissoire, *amiable composition, arrangement*.

● **2** Mode d'extinction de l'action publique résultant du pouvoir conféré à certaines administrations (contributions indirectes, douanes, eaux et forêts, concurrence et prix) de renoncer à l'exercice de poursuites contre un délinquant, en le contraignant à verser une somme destinée à tenir lieu de pénalité.

— **pénale.** Procédure alternative aux poursuites pénales soumise à homologation du juge, par laquelle l'officier de police judiciaire, tant que l'action publique n'a pas été mise en mouvement et sur autorisation du procureur de la République, propose à l'auteur présumé de certaines infractions de faible gravité (ex. : usage de stupéfiants, vol d'un bien dont la valeur est inférieure ou égale à 300 €) le paiement d'une amende transactionnelle, qui peut être assortie d'une obligation de réparer le dommage résultant des faits et qui, en cas d'exécution, éteint l'action publique (C. pr. pén., a. 41-1-1). Possibilité de proposer une transaction étendue à certaines autorités comme le défenseur des droits (discriminations : C. pr. pén., a. D. 1-1) ou l'inspection du travail (C. trav., a. L. 8114-4). Possibilité de bénéficier d'une transaction étendue aux personnes morales en matière de lutte contre la corruption sous le nom de convention judiciaire d'intérêt public (C. pr. pén., a. 41-1-2).

- **3** Convention par laquelle une administration (contributions indirectes, douanes, eaux et forêts) accepte que soient atténuées les peines pécuniaires prononcées par une juridiction répressive contre un délinquant (transaction après condamnation).

- **4** Dans le langage de la pratique financière, toute opération de bourse sur valeurs ou marchandises, tout *marché commercial. V. *négociation.* Comp. *spéculation.*

—s à haute fréquence. Angl. *High Frequency Trading (HFT) Production*, acheminement et exécution d'ordres de bourse recourant à des programmes informatiques particulièrement rapides. JORF 5.6.2014 p. 9477.

TRANSBORDEMENT

N. m. – Comp. du lat. *trans* (au-delà) et bordement, dér. de bord. V. *bordereau.*

- Fait de transporter les marchandises d'un navire dans un autre.

— **direct.** Opération de transfert de marchandises d'un véhicule à un autre, sans stockage intermédiaire. Équivalent étranger : *cross-docking.* JORF 21.12.2013 p. 20879.

TRANSCRIPTION

N. f. – Lat. *transcriptio,* de *transcribere* : transcrire.

- **1** Copie sur les registres de l'état civil de certains actes dressés en un autre lieu ou du dispositif de certains jugements. Ex. transcription de certains actes de décès (C. civ., a. 80), du dispositif du jugement déclaratif de décès (C. civ., a. 91). Comp. **mention en marge.* V. *publicité.*

- **2** Nom autrefois donné, en matière de publicité foncière, à la formalité de *publicité consistant dans le dépôt au bureau de la conservation des hypothèques, en vue de leur copie sur le registre des transcriptions, de la plupart des actes relatifs à la situation juridique des immeubles (actes translatifs, déclaratifs ou modificatifs de propriété ou de droits réels immobiliers), formalité aujourd'hui modifiée et désignée sous le terme générique de publication ou de formalité légale de *publicité. V. *inscription, insinuation, enregistrement.*

TRANSFÈREMENT

N. m. – Dér. de *transférer.

- Déplacement sous escorte d'un détenu sous *écrou dans un *établissement pénitentiaire, en vue de son écrou dans un autre établissement ; ne pas confondre avec l'*extraction, opération temporaire sous escorte sans radiation de l'écrou. V. *transfert.* Comp. *transportation, translation.*

TRANSFÉRER

V. – Lat. *transferre* : transporter.

- **1** Transmettre (un bien). V. *translation, transmission, transfert, transport, mutation.* Comp. *déférer, conférer.*

- **2** Déplacer d'un lieu dans un autre ; désigne soit la décision de transfert (transférer, d'une ville dans une autre, le siège d'un tribunal) soit l'exécution – prescrite ou autorisée – du transfert.

TRANSFERT

N. m. – Tiré de *transférer.

- **1** Opération juridique de *transmission d'un droit, d'une obligation ou d'une fonction ; *mutation.

a / Transmission d'un droit d'un *titulaire (*auteur) à un autre (*ayant cause) ; désigne aussi bien le résultat de l'opération, l'effet translatif (ex. le transfert de propriété résultant de la vente) que l'opération même (l'acte translatif). V. *transport, cession, dévolution.*
— **de portefeuille.**
— *conventionnel.* Opération par laquelle une société d'assurance (dite *cédante) cède à une autre société d'assurance (dite *cessionnaire) tout ou partie des contrats composant son *portefeuille (transfert rendu opposable à tous par arrêté du ministre des Finances).
— *d'office.* En matière d'assurance automobile, mesure préalable du retrait d'*agrément qui, sous certaines conditions, peut être imposée à une société en difficulté, avec la participation du *fonds de garantie (le transfert du portefeuille de la société à une autre société acceptante étant, ici encore, rendu opposable à tous par arrêté du ministre des Finances).

b / Attribution à une personne de fonctions jusqu'alors exercées par une autre (ex. transfert de la garde d'un enfant, transfert judiciaire d'administration ; C. civ., a. 1426, 1429), ou changement d'affectation d'un salarié.
— **de crédit.** Acte par lequel le pouvoir exécutif change le service responsable d'une dépense prévue au budget sans modifier la nature de cette dépense. V. *virement.*
— **du salarié.** Opération par laquelle un salarié est muté d'une société à une autre société à l'intérieur d'un groupe – lequel constitue son véritable employeur. V. *mutation.*

- 2 Opération matérielle d'exécution. V. *tradition.*

a / Déplacement dans l'espace d'un objet (ex. transfert de dossier d'un greffe à un autre) ou même d'une personne (transfert de détenus. V. *transfèrement*). V. *translation, transférer.* Comp. *transportation.*
— **des salaires.** Opération par laquelle le travailleur migrant peut envoyer son salaire dans son pays d'origine.

b / Formalité (jeu d'écritures) consécutive à certaines mutations.
— **de garantie.** Transfert par lequel se réalise la constitution d'un gage sur un titre nominatif.
— **de titre nominatif.** Substitution, sur les livres de l'établissement débiteur, du nom de l'acheteur d'un titre nominatif à celui du vendeur dont l'effet est de rendre opposable *erga omnes* la transmission du droit, Ex. mutation (sens 3).
— **direct.** Transfert réalisé à titre provisoire au nom de l'agent de change chargé de négocier un titre nominatif, lorsque ce titre n'est pas susceptible d'être converti au porteur, afin d'assurer le secret de l'opération.
— **d'ordre.** Transfert réalisé à titre provisoire au nom de l'agent de change chargé de négocier un titre nominatif, lorsque ce titre n'est pas susceptible d'être converti au porteur.

- **3** Opération financière (scripturale ou matérielle) réalisant un mouvement de *capitaux interne ou international. Ex. transfert de capitaux d'un organisme financier ou d'un pays à un autre. V. *placement, blanchiment, expatrier.*

- **4**

— **de processus technologique (contrat de).** Contrat en vertu duquel une personne qui détient la maîtrise d'un procédé, d'une technique, d'un *savoir-faire (en anglais **know how*) transmet à un tiers cette connaissance ou cette compétence ; s'accompagne parfois de la fourniture des moyens matériels qui conditionnent sa réalisation (instruments, biens ou substances de toute nature). Comp. *licence, concession, franchisage.*

TRANSFORMATION

N. f. – Lat. *transformatio.*

- *Modification dans la *forme d'une institution, d'une prestation, etc., spéc. changement de forme d'une société (ex. transformation d'une SARL en société anonyme) qui n'entraîne pas par elle-même création d'une personne morale nouvelle, mais est parfois assimilée, sur le plan fiscal, à une cession d'entreprise. V. *conversion, changement, novation.*

TRANSFUGE

N. m. – Lat. *transfuga.*

- Celui qui, en temps de guerre, déserte et passe à l'ennemi. V. *désertion.*

TRANSGRESSER

V. – Lat. *transgredi,* traverser ; prép. *trans,* au-delà, par-delà, de l'autre côté, par-dessus ; *gradi* (part. pass. *gressum*) marcher, de *gradus* (pas.).

• Passer outre à une règle (surtout *enfreindre une interdiction) ; *contrevenir à un ordre ; se dit de la *violation d'un précepte supérieur, la solennité du terme accordée à l'éminence du commandement marquant la gravité du *manquement.

TRANSGRESSION

N. f. – Lat. *transgressio* de *trangredi*. V. transgresser.

• Action de *transgresser un précepte ou un ordre ; espèce de *violation, mais l'expression *violation de la loi est plus générale et plus courante ; *inobservation est plus neutre ; infraction et contravention ont aussi un sens générique mais leur sens spécifique pénal est principal. V. manquement. Ant. *respect,observation*.

TRANSIT

N. m. – Dér. de l'ital. *transito,* lat. *transitus* : passage.

• **1** Situation des marchandises entre deux phases distinctes d'un déplacement unique : par ex. entre la fin d'un transport routier et le début d'un transport maritime.

• **2** *Passage à travers un État d'une marchandise dont la destination finale est dans un autre État ; par ext., le régime applicable au transport de marchandises sous douane sur le territoire français, caractérisé en général par le bénéfice de la suspension des droits, taxes et prohibitions.

— **(visa de).** V. *visa de transit.*

• **3** Passage d'un navire dans les eaux territoriales étrangères (ou survol d'un aéronef). V. *passage en transit sans entrave (droit de), eaux archipélagiques.*

TRANSITAIRE

Subst. – Dér. de *transit.

• Intermédiaire qui accomplit les opérations juridiques, et matérielles nécessitées par le passage des marchandises en *transit. Comp. *consignataire, commissionnaire, agent, mandataire, représentant, courtier.*

TRANSITOIRE

Adj. – Du lat. *transitorius* : passager, court.

• Qui se rapporte à une période de transition entre deux états de Droit. Comp. *intérimaire, provisoire, temporaire.*

— **(Droit).**

a / Ensemble des règles gouvernant l'application de la loi dans le temps qui déterminent le domaine respectif de la loi ancienne et de la loi nouvelle et qui résultent soit des dispositions spéciales de cette dernière, soit du système de solution des conflits largement tributaire des recherches doctrinales. V. *application immédiate, non-rétroactivité, droit acquis, conflit de lois dans le temps, rétroactivité, rétrospectivité.*

b / (dit parfois substantiel). Règles qui, écartant l'application pure et simple de la loi nouvelle et de la loi ancienne, rendent applicable, pour une période intérimaire, un régime particulier forgé pour la circonstance.

TRANSLATIF, IVE

Adj. – Lat. *transiativus,* dér. de *translatus,* part. pass. de *transferre.* V. *transfert.*

• Qui a pour *effet de faire passer un droit (surtout de propriété) d'un titulaire (V. *auteur, cédant,* etc.) à un autre (V. *ayant cause*) ; qui opère un tel *transfert ; se dit de tout *acte juridique doté d'un tel effet. Ex. la vente, le jugement d'adjudication sont translatifs de propriété. Ant. *déclaratif.* Comp. *constitutif.* V. *aliénation, cession, transmission, clause de *réserve de propriété.*

TRANSLATION

N. f. – Lat. *translatio* : action de transporter, traduction.

• Déplacement d'un lieu à un autre, du siège d'une autorité. Ex. translation d'un tribunal. Comp. *transport, transfert, transfèrement.* V. *transférer.*

TRANSMISSIBILITÉ

N. f. – Dér. de transmissible.

• Qualité d'un droit (d'un bien) ou d'une obligation (d'une dette) qui peut être l'objet d'une *transmission, librement ou au moins selon certains modes (ex. transmissibilité entre vifs, mais non à cause de mort) ; terme plus large que *disponibilité, *cessibilité, *aliénabilité (espèces de transmissibilité volontaire). Comp. *patrimonialité, vénalité, négociabilité.* Ant. **intransmissibilité.* V. *transmissible.*

TRANSMISSIBLE

Adj. – Dér. sav. du part. pass. lat. *transmissas,* de *transmittere.* V. *transmission.*

- (s'agissant d'un droit, d'un bien, d'une dette). Qui peut être transmis entre vifs ou à cause de mort, à titre onéreux ou gratuit (cédé, vendu, aliéné, donné, légué). Qui peut être l'objet d'une transmission. Comp. *cessible, aliénable, réversible, disponible, vénal.* V. *transmissibilité, négociabilité, patrimonial, pécuniaire.* Ant. *intransmissible, viager.*

TRANSMISSION

N. f. – Lat. *transmissio,* de *transmittere* : envoyer au-delà, transmettre.

- Terme générique désignant toute opération par laquelle les droits ou les obligations d'une personne sont transférés à une autre (qui devient à sa place propriétaire, créancier, débiteur, etc.) soit par la volonté de l'homme (transmission conventionnelle ou testamentaire), soit en vertu de la loi (transmission successorale *ab intestat*) ; soit entre vifs, soit à cause de mort ; soit à titre onéreux, soit à titre gratuit, soit à titre particulier, soit à titre universel (transmission héréditaire de tout le patrimoine). À la différence de l'*aliénation (transmission volontaire. V. aussi *cession, disposition*), la transmission peut résulter de la loi et porter non seulement sur des biens ou des droits (transmission active, spéc. d'une créance), mais sur des obligations (transmission passive d'une dette), Voisin, le terme *transfert est surtout consacré dans des emplois plus limités (transfert de propriété, de valeurs). Comp. *mutation, tradition, transport.* V. *transmissibilité, auteur, ayant cause, dévolution, transférer, translation.*

— **des pouvoirs.** Opération par laquelle les pouvoirs d'un gouvernant ou agent sont transférés à son successeur soit par un acte de volonté exprès, soit par l'effet automatique de la loi. V. *passation des pouvoirs.*

TRANSNATIONAL, ALE, AUX

Adj. – Néol. comp. de la prép. lat. *trans* : au-delà, et de *national.

- **1** Qui suppose le franchissement d'une frontière ou (et) s'exerce par-dessus les frontières indépendamment de l'action des États. Ex. actions transnationales des Églises, des partis, des syndicats. Comp. *international, supranational, multinational, interétatique.*
- **2** Souvent syn., en définitive, d'*international.

TRANSPARENCE

N. f. – Dér. de transparent, du lat. *transparens,* comp. de la prép. lat. *trans* : à travers, et *parens,* part. prés. du v. *parere* : paraître, apparaître.

- **1** Dans une société (on précise souvent transparence fiscale) :

a / Situation au regard du fisc des sociétés qui sont réputées ne pas avoir de personnalité distincte de celle de leurs membres pour l'application des impôts directs, des droits d'enregistrement et des taxes assimilées. Ex. transparence des sociétés immobilières de copropriété.

b / Dans une acception plus large mais contestée, imposition des bénéfices d'une société directement entre les mains des associés sans que la société elle-même soit soumise à l'impôt sur les sociétés.

- **2** Pour un marché, accessibilité des informations relatives not. aux prix de revient et conditions de vente qui y ont cours. Ex. transparence tarifaire d'un fournisseur. V. *gouvernance.*

TRANSPORT

N. m. – Tiré de transporter, lat. *transportare.*

- **1** L'action de transporter (déplacer dans l'espace) une personne ou une chose. Comp. *transfert, transfèrement, transportation, factage.*

— **(commission de).** Contrat par lequel un commissionnaire s'engage envers un commettant à faire transporter une marchandise d'un lieu à un autre, en choisissant les voies et moyens nécessaires (C. com., a. L. 132-3 s.).

— **(commissionnaire de).** Professionnel qui, pour le compte de ses clients, fait transporter des marchandises en choisissant librement les voies et moyens nécessaires (C. com., a. L. 132-3 s.).

— **(contrat de).** Contrat par lequel un *transporteur s'engage, moyennant rémunération, à déplacer une chose ou une personne d'un lieu à un autre (C. civ., a. 1782 s. ; C. com., a. L. 133-1 s. ; l. 18 juin 1968, tit. II et III ; conv. de Bruxelles, 25 août 1924, de Varsovie, 12 oct. 1929, de Genève (CMR), 19 mai 1956, de Berne (CIM et CIV), 25 févr. 1961). V. *expéditeur, destinataire, entreprise, agence, *obligation de sécurité, *obligation de résultat, voiturier.*

— **-(s) intelligents.** Dispositifs utilisant des techniques informatiques mises en œuvre dans le secteur du transport routier afin d'améliorer la gestion de la circulation, renforcer la sécurité, accroître son efficacité en termes d'économie d'énergie et réduire ses effets sur l'environnement (C. transp., a. L. 1513-1).

— **multimodal.** Opération de transport, couverte par un contrat unique, qui se réalise par plus d'un mode de transport. Ex. : routier et ferroviaire, routier et maritime.

• **2** L'action de se déplacer d'un lieu à un autre et par ext. la mesure d'instruction qui a cet objet.

— **de justice.** Déplacement de magistrats en vue de procéder à des constatations sur place ou à des reconstitutions (*descente sur les lieux, *vues de lieu, transport sur les lieux) ou à l'audition d'un témoin malade, soit en matière civile (CPC, a. 179), soit en matière pénale. V. *vérification personnelle, visite des lieux.*

— **sur les lieux.** Espèce de transport de justice.

• **3** Parfois syn. de *cession. Ex. transport de créance (vx), C. civ., a. 1689. Comp. *transfert, transmission.*

TRANSPORTATION

N. f. – Dér. de transporter. V. *transport.*

• *Transfert de détenus outre-mer (essentiellement en Guyane), en exécution de certaines peines privatives de liberté de longue durée, institué en 1854 (l. 30 mai) pour les *travaux forcés, appliqué à la *relégation en 1885 (l. 27 mai) et respectivement abandonné en 1938 et en 1942. V. *bagne, transfèrement.*

TRANSPORTEUR

Subst. – Dér. de transporter. V. *transport.*

• Celui qui, dans le contrat de *transport, s'engage à transporter un *voyageur ou des marchandises, par terre, par eau ou par air. Comp. *voiturier.* V. *expéditeur, destinataire, entrepreneur, passager.*

— **intégral** (néol.). Transporteur aérien assumant, en tout ou en partie, des opérations généralement accomplies par d'autres entreprises, avant et après le transport (vente, formalités, acheminement du fret ou de la poste), également nommé intégrateur (angl. *integrator*).

TRANSPOSITION

Subst. fém. – Du v. transposer, préf. du lat. *trans,* exprimant un passage. V. *position.*

• Passage d'un ordre de réglementation à un autre moyennant parfois certaines conditions de délais, d'adaptation ou de réserves. Spéc. (eur.), action d'insérer en droit interne les normes communautaires, moyennant les vérifications et remaniements nécessaires ; désigne préc. les tâches incombant aux départements ministériels en vue de l'intégration des directives communautaires (étude comparative et sélective des règles en présence par application du principe de *subsidiarité, le cas échéant, adaptation du droit interne). V. circulaire 9 nov. 1998, *JO,* 10 nov., non publiée.

TRANSSEXUALISME

Subst. masc. – Néol. construit sur le lat. *trans,* au-delà, et *sexuel.

• Passage du *sexe d'origine au sexe opposé, qui, une fois consommé, en fait, sur le corps et à la demande du sujet qui en éprouve les symptômes, par le traitement médico-chirurgical qui conforme son apparence physique au sentiment de son appartenance, se traduit, lorsque le droit tolère cette intervention (présentée comme thérapeutique) et entérine cette métamorphose comme un changement de sexe, par une modification, à la requête de l'intéressé, de son état civil et/ou (au moins) par un changement de prénom. Comp. *mutilation.*

TRAVAIL

N. m. – Tiré du v. travailler, lat. pop. *tripaliare* : propr. torturer avec l'instrument de fortune dit *tripalium.*

• *Activité humaine, manuelle ou intellectuelle, exercée en vue d'un résultat utile déterminé. Dans le langage courant, se confond avec la notion d'activité *professionnelle, productrice, d'utilité sociale et destinée à assurer à un individu les revenus nécessaires à sa subsistance. Dans un sens plus restreint, s'utilise souvent pour désigner une activité *salariée. V. *ouvrage, service, tâche.*

— **à domicile.** Travail qui, exécuté en chambre ou dans un petit atelier proche de l'habitation, pour le compte d'un donneur d'ouvrage, est assimilé à une activité salariée, bien qu'effectué dans des conditions de relative indépendance.

— **à temps partiel.** Travail dont la durée se limite à une fraction de l'horaire général de l'entreprise (souvent à la demi-journée, d'où l'expression voisine de « travail à mi-temps »). Concerne plus particulièrement la main-d'œuvre féminine. Comp. *travail temporaire.*

— **au noir.** Travail pour *autrui effectué en dehors des conditions légales (not. au regard des législations fiscale et sociale) ; en général, activité clandestine exercée accessoirement à une activité principale salariée (V. *cumul*). Lorsqu'il est assimilable à un travail indépendant, le travail « clandestin » est passible de sanction pénale.

— ***bénévole (ou d'entraide).** Travail pour autrui, non rémunéré, effectué gracieusement ; correspond à une activité non salariée, exclusive de toute application de la législation sociale (sauf en matière d'assurances sociales et de prestations familiales). Dans certaines situations marginales de dépendance, le législateur a tranché en faveur de l'application de la législation sociale (concierges, travailleurs à domicile, VRP, etc.).

— **dépendant (ou subordonné).** Celui qui s'exécute sous l'autorité de la personne qui en acquiert le résultat, en vertu d'un contrat de travail, activité *salariée soumise à la législation sociale. V. *salarié.*

— **d'intérêt général.** Peine correctionnelle astreignant le condamné à travailler sans recevoir de rémunération, pendant une durée déterminée, au profit d'une personne morale de droit public ou d'une association habilitée, qui peut être prononcée, si le prévenu est présent et y consent, lorsque le délit qu'il a commis est puni d'*emprisonnement (peine que le travail, *peine alternative, remplace). C. pén., a. 131-8, 131-22 s. Comp. *jour-amende.*

— **(droit au).** Droit pour chaque citoyen en contrepartie de son devoir de travailler, d'obtenir un emploi (un travail, au sens d'activité *salariée) de façon à lui permettre de subvenir à ses besoins et à ceux de sa famille. Proclamé par le Préambule de la Constitution de 1946, il comporte pour l'État obligation de mettre en œuvre une « politique de l'emploi ».

— **(Droit du).** V. *Droit du travail.*

— ***forcé.** Travail non librement choisi par celui qui y est astreint, obligé de l'accomplir au profit d'un tiers sous l'empire d'une contrainte extérieure, en général, étatique. Syn. *travail obligatoire.*

— **pour autrui.** Travail exécuté à titre *dépendant ou *indépendant, au profit d'un tiers qui en acquiert le résultat (V. *bénévole*). S'opp. au travail pour compte propre dont le résultat bénéficie directement et entièrement à son auteur.

— ***public.** Édification, aménagement ou entretien d'un *ouvrage public, par extension, cet ouvrage même ; au sens strict, travail quelconque (construction, réparation, transformation, destruction, entretien, etc.) sur un immeuble (au sens du droit civil, à l'exclusion de travaux mobiliers) présentant une utilité générale (celle-ci n'étant pas restreinte à l'existence d'une relation avec le *domaine public ou le *service public mais appréciée en fonction de son but propre, ce qui exclut les travaux réalisés dans l'intérêt privé ou même financier des collectivités publiques) et réalisé soit pour le compte d'une personne publique – critère traditionnel – soit pour la réalisation d'une mission de service public – critère alternatif plus récent. V. *travaux publics.*

— ***temporaire.** Travail de salariés mis à la disposition provisoire d'utilisateurs, tiers au contrat de travail, embauchés à cet effet par un employeur qui fait de cette activité sa profession exclusive (entreprise de travail temporaire). V. *intérimaire.*

TRAVAILLEUR

Subst. – Dér. de *travail.

- **1** De façon générale, personne qui exécute un *travail.
- **2** Plus spéc. usité comme équivalent de *salarié, par opp. à *employeur, patron ou *chef d'entreprise et à travailleur *indépendant. V. *employé, ouvrier, tâcheron,*

préposé, contrat de travail, subordination juridique.
— **à domicile.** V. *travail à domicile.*
— **assimilé.** V. *assimilation à salariat.*
— **handicapé.** V. *handicapé.*
— **indépendant.**
a / Par opp. à *salarié, celui qui effectue un *travail pour autrui sans être subordonné à celui qui le lui demande, en général en vertu d'un *contrat d'entreprise.
b / Par opp. à employeur (chef d'entreprise), travailleur qui exerce seul sa profession sans main-d'œuvre auxiliaire.
— **intérimaire.** V. *intérimaire.*
— **migrant.** V. *migrant.*
— **saisonnier.** V. *saisonnier.*
— **salarié.** V. *salarié.*
— **temporaire.** V. *temporaire.*

TRAVAUX

N. m. pl. – V. *travail.*

— ***forcés.** Ancienne peine privative de liberté, afflictive et infamante, à perpétuité ou à temps qu'une ordonnance du 4 juin 1960 a remplacée par la *réclusion criminelle ; travaux exécutés, à l'origine, dans les ports militaires (au moins pour les hommes), par *transportation outre-mer de 1854 à 1938 et dans les maisons centrales de la métropole de 1938 à 1960. Comp. *relégation.*
— **préparatoires.** V. *préparatoires (travaux).*
— ***publics.**
a / Travaux qui, répondant à la définition du *travail *public, sont soumis à un régime juridique spécial tant en ce qui concerne leur mode d'exécution que la réparation des dommages auxquels ils peuvent donner lieu, et dont la connaissance appartient à la juridiction administrative.
b / Par ext., administration ayant en charge de tels travaux. L'expression a disparu de la dénomination du ministère où elle a été remplacée par le terme *équipement.

TRÉFONCIER, IÈRE

Adj. ou subst. – De *tréfonds.

- **1** Qui se rapporte au *tréfonds. Ex. propriétaire tréfoncier. Comp. *foncier.*
- **2** Nom donné au propriétaire du *tréfonds (sous-sol) not. dans le cas où existe un droit de *superficie, le tréfoncier étant alors également dit *foncier, par opp. au *superficiaire, propriétaire des *superfices.

TRÉFONDS

N. m. – Comp. de *tres,* dans l'ancien sens « au-delà », lat. *trans,* et de fonds.

- Syn. de *sous-sol. V. *fonds, mines, carrières.*

TRÉSOR

N. m. – Lat. *thesaurus.*

- Chose cachée ou enfouie (ex. pièces d'or, bijoux, etc.), découverte par le seul effet du hasard, sur laquelle personne ne peut justifier de sa propriété et dont la propriété est attribuée en tout ou en partie, suivant les distinctions de la loi (C. civ., a. 716), à celui qui le trouve. V. *jure..., inventionis, soli, inventeur, fouille, sondage.* Comp. *chose *abandonnée, épave, fortune, aléa, vestiges terrestres.*

ADAGE : *Vetus quaedern depositio pecuniae, cujus non exstat memoria.*

TRÉSORERIE

N. f. – Dér. de *trésorier.

- **1** *Disponibilité matérielle des *deniers nécessaires au paiement des dépenses (aisance de trésorerie). V. *liquidités, numéraire, fonds, espèces.*
— **(flux de).** V. *flux de trésorerie.*
— **(moyens de).** Moyens par lesquels le Trésor se procure les *fonds nécessaires au règlement des dépenses, lorsque les recettes budgétaires sont provisoirement ou définitivement insuffisantes.
- **2** Poste comptable : trésorerie générale, trésorerie principale.
- **3** Charge de trésorier.

TRÉSORIER-PAYEUR GÉNÉRAL

Dér. de *trésor.

- Chef des services comptables de l'État pour le département.

TRÉSOR PUBLIC

V. *trésor, public.*

- Ensemble de services dépendant du ministère des Finances et dépourvu de personnalité juridique distincte de celle de l'État ayant pour missions principales d'effectuer les opérations de recettes et de dépenses des organismes publics et d'assurer la Trésorerie de l'État. Le Trésor exerce en outre d'importantes attributions dans la gestion des participations de l'État, vis-à-vis des marchés de capitaux et dans les relations financières avec l'étranger.

TRÊVE

N. f. – Anc. franç. *trive,* du francique *triva* (all. *treue* : fidélité).

- **1** Suspension temporaire des hostilités entre deux États à la suite d'un accord entre eux. La notion de trêve ne se distingue pas juridiquement de celle d'*armistice. V. *paix.*
- **2** Dans le langage courant, *suspension d'armes de moindre effet et de plus courte durée que celle qui résulte d'un armistice. Comp. *cessez-le-feu.*

TRIBUNAL

N. m. – Lat. *tribunal* : tribunal, estrade.

- **1** Lieu (bâtiment) où l'on rend la justice. Comp. *palais.* V. *siège, salle d'audience, chambre.*
- **2** La *juridiction elle-même, que celle-ci soit composée de plusieurs magistrats (tribunal de grande instance) ou d'un seul (tribunal d'instance). Parfois cependant, tribunal, employé seul, désigne plutôt une juridiction collégiale qu'un juge unique. V. *collège.*
- **3** Plus particulièrement, les juridictions du premier degré par opp. aux juridictions d'appel et de cassation qui portent le nom de *cour. (V. cep. *tribunal des conflits.*)
- **4** (plur.). Désigne soit les juridictions du fond (y compris la cour d'appel) par opp. à la Cour suprême, soit l'ensemble des juridictions par opp. à l'administration, soit la jurisprudence par opp. à la doctrine.

— ***administratif.** Juridiction de l'ordre administratif substituée en 1953 aux *conseils interdépartementaux de préfecture, ayant qualité de juge administratif de droit commun sous réserve d'appel au *Conseil d'État, disposant de certaines attributions administratives, consultatives ou décisoires.

— **administratif international.** Organe juridictionnel rattaché à une organisation internationale et chargé de régler le contentieux qui oppose cette organisation aux membres de son personnel. Si les principaux de ces organismes portent le titre de tribunal administratif (ex. tribunal administratif des Nations Unies, tribunal administratif de l'OIT), d'autres s'appellent commissions de recours (ex. OTAN, OCDE, Conseil de l'Europe). La Cour internationale de justice (à l'égard du personnel du greffe) et la Cour de justice des Communautés européennes (à l'égard du personnel des communautés) sont également des tribunaux administratifs. Certains tribunaux administratifs sont communs à plusieurs organisations et leurs décisions sont susceptibles d'une voie de recours devant la Cour internationale de justice (ex. tribunal administratif des Nations Unies et tribunal administratif de l'OIT).

— ***arbitral.** La *juridiction chargée de l'*arbitrage et composée du ou des arbitres désignés par la clause compromissoire ou le compromis (CPC, a. 1443, 1448, 1493).

— ***civil** (au plur.). Par opp. aux tribunaux *répressifs, ensemble des juridictions chargées du contentieux de droit privé (tribunal d'instance, tribunal de grande instance, tribunal de commerce, conseils de prud'hommes, tribunaux paritaires de baux ruraux, commission du contentieux de la Sécurité sociale, cour d'appel). Comp. *tribunaux judiciaires.*

— ***consulaire.** Appellation de prestige parfois encore donnée au tribunal de commerce en souvenir du titre de *consul aux magistrats appliqué par l'édit de 1563 aux juges en matière commerciale. V. *juge consulaire, justice consulaire.*

— **correctionnel.** V. *correctionnel (tribunal), juridiction correctionnelle.*

— **de commerce.** *Juridiction spécialisée du premier degré de l'ordre judiciaire établie dans les circonscriptions où une suffisante activité commerciale le justifie, composée de membres (un président et des juges) élus par un collège électoral constitué de représentants de professions commerciales et principalement compétente pour juger des contestations relatives aux engagements entre commerçants, des contestations entre associés (pour raison de société de commerce) de celles relatives aux actes de commerce. V. *juge rapporteur, juge commis.*

— **de droit commun.** Syn. *juridiction de droit commun.*

— **de grande instance.** Anciennement, juridiction de droit commun du premier degré de l'ordre judiciaire relevant en appel de la cour d'appel dans le ressort de laquelle elle est établie, composée d'un *président et de juges tous magistrats de carrière, statuant en formation collégiale (ou exceptionnellement à juge unique), qui a compétence exclusive dans les matières déterminées par la loi (ex. mariage, divorce, filiation, régimes matrimoniaux, affaires immobilières pétitoires, etc.), connaît à charge d'appel de toutes les affaires pour lesquelles compétence n'est pas attribuée expressément à une autre juridiction en raison de la nature de l'affaire ou du montant de la demande et reçoit le recours formé contre les décisions du juge des tutelles et contre celles du conseil de famille. V. *juge des référés, juge aux affaires matrimoniales, juge de la mise en état, juge de l'exécution, juge aux ordres et contributions, procureur de la République, tribunal correctionnel, tribunal judiciaire.*

— **de police.** Juridiction pénale du premier degré de l'ordre judiciaire constituée par le juge du tribunal d'instance et relevant en appel de la cour d'appel qui statue à juge unique en matière de *contravention et devant laquelle le ministère public est représenté, selon les cas, par le procureur de la République ou le commissaire de police.

— **de police correctionnelle** (vx). Dénomination parfois encore donnée au tribunal correctionnel.

— **de première instance des Communautés européennes.** Tribunal adjoint à la Cour de justice, siégeant en chambres composées de trois ou cinq juges, afin d'exercer, en première instance, dans les matières spécifiées par la décision d'institution (et jusqu'à nouvel ordre) les compétences conférées à la Cour de justice, et dont les décisions (arrêts) peuvent être frappées devant cette Cour d'un pourvoi limité aux questions de droit (décision du Conseil, 24 oct. 1988). Ex. cette juridiction connaît, en premier ressort, des *recours en annulation ou en *carence à l'encontre des décisions (ou de l'inaction) des institutions communautaires en matière de concurrence.

— **de proximité.** Chambres rattachées au *tribunal judiciaire compétent.

— **des conflits.** Juridiction paritaire composée de conseillers d'État et de conseillers à la Cour de cassation, et chargée de trancher en vertu du principe de *séparation des autorités administrative et judiciaire, les *conflits d'attribution et les *conflits de décision. V. **juridiction administrative.*

— **de simple police.** Syn. *tribunal de police.*

— **d'instance.** Anciennement, juridiction du premier degré de l'ordre judiciaire statuant à juge unique (comp. naguère *juge de paix) qui relève en appel de la cour d'appel dans le ressort de laquelle elle est établie et dont le service est assuré par des magistrats du tribunal de grande instance, compétente pour statuer en premier et dernier ressort ou à charge d'appel suivant les distinctions de la loi, sur toutes les affaires que celle-ci lui attribue (ex. les actions personnelles ou mobilières, injonction de payer, actions pour dommages causés aux récoltes par le gibier, etc.). V. *juge des tutelles, juge d'instance, juge directeur, juge départiteur, tribunal de simple police, tribunal judiciaire.*

— **international.** Syn. **juridiction internationale.*

— **aux judiciaires** (au plur.). Syn. *juridiction judiciaire.* V. *tribunal civil, tribunal répressif.* Comp. *juridiction administrative.*

— **maritime commercial.** Tribunal spécial qui connaît certains délits et contraventions prévus et punis par le C. pén. de la marine marchande.

— **paritaire des baux ruraux.** Juridiction (spécialisée) compétente pour connaître, en premier ressort, des contestations dont les *baux ruraux sont l'objet, la cause ou l'occasion et qui, composée du juge d'instance (président) et de quatre assesseurs (deux bailleurs et deux preneurs), est, en ce sens, *échevinale et *paritaire.

— **aux permanents des forces armées.** Juridictions militaires permanentes qui, en temps de paix, associent deux magistrats civils – dont le président – à trois juges militaires, dans la formation de jugement et ne connaissent que des infractions militaires et des infractions de Droit commun commises par un militaire dans un établissement militaire ou dans le service et, en temps de guerre, connaissent également des infractions contre la sûreté de l'État et sont entièrement composées de militaires.

— **pour enfant.** Juridiction pénale spécialisée de première instance composée du *juge des enfants, président (juge du tribunal de grande instance) et de deux assesseurs non-magistrats (personnalités nommées s'intéressant aux problèmes de l'enfance) qui connaît des infractions commises par les mineurs que lui attribue la loi (crimes commis par les mineurs de 16 ans, contraventions et délits commis par les mineurs de 18 ans) et relève en appel d'une chambre spéciale de la cour d'appel.

— ***répressif** (au plur.). Par opp. aux *tribunaux civils, ensemble des juridictions chargées d'appliquer les peines sous le contrôle de la Cour de cassation (chambre criminelle) ; tribunaux compétents en matière pénale (tribunal de simple police, tribunal correctionnel, cour d'appel, cour d'assises).

TRIBUNAL JUDICIAIRE

Juridiction civile issue de la fusion du tribunal de grande instance et du tribunal d'instance, qui statue en première instance en matière civile et pénale, pouvant comprendre, en dehors de son siège, des chambres de proximité désignées sous le terme de « tribunaux de proximité » (COJ, a. L. 212-8). Dénommé tribunal correctionnel ou tribunal de police lorsqu'il statue en matière pénale.

TRIBUNE

N. f. – Bas lat. *tribuna.*

● Emplacement élevé, dans une salle de *séances (par ex. d'assemblée parlementaire) d'où les orateurs s'adressent à l'assemblée et où l'on vote en cas de *scrutin public à la tribune. Comp. *siège, parquet.* V. *tribunal.*

TRIGAME

Adj. – Du gr. *gamos,* mariage, préf. tri.

● **1** Qui a contracté un troisième mariage avant la dissolution des deux précédents.

● **2** Qui s'est marié trois fois. Subst. : *homme, femme trigame.*

TRIGAMIE

N. f. – Dér. de *trigame.

● État de *trigame. Comp. *bigamie.* V. *polygamie.*

TRIPARTISME

Dér. de triparti. V. *tripartite.*

● Système ou pratique de la négociation collective *tripartite (sens 1). Se dit aussi de la structure de certaines organisations (organisation internationale du travail) composées de représentants des pouvoirs publics, des syndicats ouvriers et patronaux.

TRIPARTITE OU TRIPARTI, IE

Adj. – Lat. *tripartitus,* du préf. *tri* et du v. *partiri* : partager.

● **1** Qualificatif s'appliquant aux négociations collectives à trois partenaires (dans lesquelles les pouvoirs publics viennent s'ajouter aux représentants des employeurs et des salariés) ainsi qu'aux conventions ou accords qui peuvent en être issus.

● **2** Plus généralement, caractère de toute activité (opération, négociation, etc.) associant trois sortes de partenaires représentant, chacun, des intérêts distincts.

TRIPLIQUE

Subst. fém. – Du lat. *triplicare* : tripler.

● (vx). Réponse à une *duplique. V. *réplique.*

TRISAÏEUL, E

N. – V. aïeul, e.

TROC

Subst. masc. – Du v. *troquer.

● Nom familier de l'*échange (en son sens générique économique). Fourniture d'un bien ou d'un service en contrepartie d'un autre (de même espèce ou d'espèce différente), opération nette réalisée en nature, sans mouvement d'argent.

— **publicitaire.** Opération dans laquelle l'annonceur fournit sous sa signature un programme à une chaîne de télévision en contrepartie de la cession d'espaces publicitaires encadrant ou coupant le programme.

TROQUER

V. – Du lat. médiév. *trocare.*

- Fournir une chose contre une autre. Syn. *échanger.*

TROMPERIE

N. f. – Dér. de trompe, d'origine obscure.

- **1** Délit pénal consistant à induire l'acheteur en erreur sur la quantité ou la nature des marchandises vendues (not. au moyen de désignations fausses ou équivoques, d'indications frauduleuses) (C. cons., a. L. 441-1).
- **2** Plus généralement (d'où la multiplicité de ses emplois en Droit civil même), action de tromper et résultat de cette action, action d'induire en erreur un cocontractant, un créancier, un copartageant, le fisc ou le public qui entre dans la définition du *dol, de la *fraude paulienne, du *recel ou du *divertissement, de la fraude fiscale, de la publicité trompeuse. V. *mauvaise foi, concert frauduleux.*

TROP-PERÇU

N. m. – Trop, probablement d'orig. germ. ; perçu, part. pass. du v. percevoir. V. *percepteur.*

- L'*indu* ; ce qui est perçu (reçu) par le créancier venant du débiteur au-delà de ce que ce dernier doit et qui donne lieu à reversement. Ex. trop-perçu d'impôt, de loyer. V. *répétition de l'indu.* Comp. *surérogatoire.*

TROUBLE

N. m. – De troubler, lat. pop. *turbulare.*

- **1** *Atteinte à la *paix publique (par *attroupement, désordre, agitation…) ou à l'exercice d'un droit individuel (bris de clôture) ; perturbation apportée à une activité licite. Ant. *respect.* V. *violation, voie de fait, violence, spoliation, dépossession.* Comp. *manifestation.*

— **de droit.** Trouble émanant d'un tiers qui prétend agir en vertu d'un droit (voisin qui occupe ou revendique un terrain dont il se dit propriétaire).

— **de fait.** Trouble non assorti d'une prétention juridique (dégâts matériels causés à une propriété voisine).

— **de voisinage.** Dommages causés à un voisin (bruit, fumées, odeurs, ébranlement, etc.) qui, lorsqu'ils excèdent les *inconvénients ordinaires du voisinage, sont jugés *anormaux et obligent l'auteur du trouble à dédommager la victime, quand bien même ce trouble serait inhérent à une activité licite et qu'aucune faute ne pourrait être reprochée à celui qui le cause (en posant ce principe, la jurisprudence a distingué la théorie des troubles de *voisinage de celle de l'*abus de droit). V. *nuisance, pollution.*

— **possessoire.** V. *possessoire.*

- **2** Atteinte subie par une personne dans sa santé, sa personnalité, son esprit.

— **mental.** Perturbation psychologique subite (accès de *folie, fureur, crise de *démence), passagère (ivresse, hypnose) ou durable (*altération des *facultés personnelles, état d'*aliénation mentale) qui, abolissant le *consentement, justifie la nullité de l'acte juridique passé sous l'empire du trouble (C. civ., a. 414-1), mais laisse entière la responsabilité civile de l'auteur d'un délit accompli sous le coup de ce trouble ; la notion de trouble mental est plus large que celle d'altération des facultés mentales justifiant l'application d'un régime de protection (C. civ., a. 425). V. *conscience* ; **absence de consentement.*

— **psychique (ou neuropsychique).** Trouble de l'esprit ou du comportement qui, selon qu'il abolit ou seulement altère le discernement ou le contrôle des actes, exclut ou permet au juge d'atténuer la *responsabilité pénale de celui qui en est atteint au moment où il agit, cause d'*irresponsabilité ou d'atténuation de responsabilité (C. pén., a. 122-1). V. *démence.* Comp. *altération des facultés personnelles.*

ADAGE : *Cum satis furore ipso puniatur.*

TROUSSEAU

N. m. – Dér. de trousse, de trousser, lat. pop. *torclare* : tordre.

- Nom traditionnel parfois encore donné, dans la pratique, à l'ensemble des linges et habits qu'apporte soit une femme, en se mariant ou en entrant dans un ordre religieux, soit un mineur qui entre en pension ou en apprentissage. La loi nouvelle considère plutôt aujourd'hui les vêtements et linges à usage personnel, sans distinguer, pour les époux, selon qu'ils ont été apportés lors du mariage ou acquis depuis (C. civ., a. 1404). Comp. *hardes*. V. **propre par nature*.

TRUST

N. m. – Mot empr. à l'anglais signif. confiance, administration, gérance, du v. *to trust,* confier.

- **1** (institution typique du droit anglo-américain, étrangère au système juridique français et présente sous des formes variées dans les pays de *common law,* qui a été l'objet d'une *reconnaissance par la convention de La Haye du 1er juill. 1985 – non ratifiée par la France – d'où sont tirés les éléments de la définition qui suit). Arrangement patrimonial à fins multiples établi par acte entre vifs ou à cause de mort, à l'initiative d'une personne nommée constituant, dont l'objet est de placer certains biens, dans l'intérêt d'un bénéficiaire ou dans un but déterminé, sous le *contrôle d'un intermédiaire, nommé *trustee, qui est investi du *pouvoir et du devoir, à charge d'en rendre compte, de gérer ou de disposer conformément à son investiture et à la loi, des biens à lui confiés, lesquels figurent à son nom sur les titres mais constituent une masse distincte qui ne fait pas partie de son *patrimoine. Comp. les fonctions que pourrait assumer en France la *fiducie. V. *fidéicommis, vœu, substitution fidéicommissaire.*
- **2** Terme utilisé, en dehors de son sens technique originaire, dans le langage politique (où il symbolise les abus du grand capitalisme) pour désigner une *entreprise multinationale ou un *groupe d'entreprises fortement structuré exerçant un *monopole ou détenant une position dominante dans un secteur économique. V. *concentration, conglomérat, entente, cartel, holding.*

— **(anti-).** Qualificatif souvent donné à la législation sur les *ententes et les abus de *position dominante.

TRUSTEE

N. m. – Mot empr. à l'anglais *trustee* signif. administrateur, gérant.

- Dans les pays de *common law* et la Convention de La Haye (1er juill. 1985) personne à laquelle sont confiés les biens du *trust.

TUTÉLAIRE

Adj. – Lat. *tutelaris,* de *tutela,* défense, garde, protection.

- **1** Qui se rapporte à la *tutelle (spéc. celle des mineurs). Ex. charges tutélaires (C. civ., a. 395), mission tutélaire (C. civ., a. 410), organes tutélaires (C. civ., a. 388-3).
- **2** (plus gén.). Qui tient en tutelle (au sens large de protection) ; qui a sous son égide ; par ext. bienveillant, favorable. Ex. autorité tutélaire, institution tutélaire.

TUTELLE

N. f. – Lat. *tutela,* du v. *tueri* : protéger.

▸ **I** (civ.)

- *Régime de protection institué par la loi pour sauvegarder dans leur personne et leurs biens certains individus *incapables de pourvoir eux-mêmes à leurs intérêts et dont la charge incombe, sous la surveillance du *juge des tutelles, à divers organes : *tuteur, *conseil de famille, *subrogé tuteur, etc.

— **des majeurs.** *Régime de protection (comprenant représentation par un *tuteur et contrôle du juge des tutelles) sous lequel peut être placé un majeur qui, en raison d'une altération de ses facultés personnelles (C. civ., a. 425 et 440), a besoin d'être représenté d'une manière continue dans les actes de la vie civile. Comp. *curatelle et sauvegarde de justice.* V. *majeur protégé.*

— **des mineurs.** Tutelle qui s'ouvre en faveur des enfants mineurs dont les père et mère sont décédés (et en divers autres cas, C. civ., a. 390) ; se distingue de l'*administration légale (pure et simple ou sous contrôle judiciaire).

— **d'État.** Tutelle vacante déférée à l'État (C. civ., a. 411).

— **en *gérance.** Tutelle simplifiée, confiée à un *gérant (par ex. à un préposé de l'établissement de traitement), sans subrogé tuteur ni conseil de famille lorsque la consistance des biens du majeur incapable rend inutile la constitution complète d'une tutelle (C. civ., a. 499 anc. ; comp. a. 456).

— **(juge des).** V. *juge des tutelles.*

► **II** (publ. et soc.)

• Par ext., terme utilisé pour désigner diverses espèces de *contrôle.

a / (tutelle administrative). *Ensemble des contrôles auxquels sont soumises les personnes administratives décentralisées. Ex. tutelle sur les communes, départements, établissements publics.

— **(interdiction de).** Principe constitutionnel selon lequel aucune collectivité territoriale ne peut exercer une tutelle sur une autre (Const., a. 72), sans faire obstacle à ce que certaines d'entre elles, en cas de compétences partagées, soient autorisées par la loi en qualité de *collectivité chef de file, à organiser les modalités de l'action commune.

— **sur les actes.** Tutelle administrative destinée à sanctionner la légalité des actes des autorités décentralisées (tutelle de la légalité) ou qui subordonne à l'accord des autorités de tutelle la perfection juridique des décisions des autorités sous tutelle (tutelle de l'opportunité) et s'analyse plus exactement en une coopération entre ces deux catégories d'autorités, partant en une coadministration. En raison de l'évocation inexacte qu'il suggère avec la tutelle du Droit civil, le terme a tendance à s'effacer au profit du mot *contrôle. V. *substitution.*

— **sur les personnes.** Tutelle individuelle ou collective (révocation d'un maire, démission d'office d'un conseiller municipal, dissolution d'un conseil municipal ou général) qui s'apparente au pouvoir disciplinaire.

b / (tutelle en matière sociale).

— **aux prestations sociales.** Pouvoir attribué au *juge des tutelles d'ordonner le versement de certaines prestations sociales à une personne physique ou morale qualifiée, dite « tuteur aux prestations sociales », à charge pour elle de les utiliser au profit des bénéficiaires, lorsqu'il constate qu'en fait tel n'était pas le cas.

— **sur les caisses de séc. soc.** Contrôle de la gestion des organismes de Séc. soc. (mission confiée au ministre chargé de la Séc. soc., qui l'exerce par l'intermédiaire des directeurs régionaux de la Séc. soc., auxquels il peut déléguer ses pouvoirs).

► **III** (int. publ.)

• Régime prévu par le chapitre XII de la charte des Nations Unies pour diverses catégories de territoires tels que les territoires sous mandat de la SDN ou les territoires détachés d'États antérieurement ennemis par suite de la seconde guerre mondiale, et consistant, pour l'ONU, à confier, sous le contrôle du conseil de tutelle et par voie d'accords particuliers dénommés accords de tutelle, l'administration et la surveillance de chacun des territoires en question à une puissance déterminée (généralement la puissance mandataire), ou, suivant la pratique ultérieure, à l'organisation elle-même.

— **stratégique.** Régime particulier prévu par les a. 82 et 83 de la charte pour certaines zones et dont la caractéristique principale est que les fonctions de l'organisation sont exercées ici par le Conseil de sécurité.

► **IV** (pén.)

— **pénale.** Mesure prononcée pour une durée de dix années (ajoutées à la peine principale) à l'encontre de certains délinquants récidivistes, qui peut s'exécuter sous la forme d'une détention en établissement pénitentiaire spécialisé ou sous le régime de la *libération conditionnelle (a remplacé la *relégation de 1970 à 1981, date de sa suppression).

TUTEUR, TRICE

N. – Lat. *tutor* : défenseur, protecteur, gardien.

• Organe exécutif de la tutelle, chargé de veiller sur la personne et de gérer les biens du pupille ou du majeur en tutelle et de le représenter dans les actes juridiques. V. *conseil de famille, juge des tutelles.*

— ***ad hoc.** Personne chargée, en l'absence de subrogé tuteur, de représenter, dans une opération juridique spéciale, l'incapable (majeur ou mineur) dont les intérêts se trouvent en conflit avec ceux du tuteur (C. civ., a. 455). Il y avait lieu également à désignation du tuteur *ad hoc* dans le désaveu de paternité (C. civ., a. 317 anc.).

— **adjoint.** Tuteur uniquement chargé de la gestion de certains biens particuliers (C. civ., a. 417).

— **à la personne.** Tuteur uniquement chargé de prendre soin de la personne de l'incapable (C. civ., a. 447).

— **aux biens.** Tuteur uniquement chargé de la gestion des biens de l'incapable (C. civ., a. 447).

— ***datif.** Tuteur nommé par le conseil de famille (C. civ., a. 404).

— **de fait.** Personne assumant ou continuant les charges d'une tutelle sans avoir en droit la qualité de tuteur.

— ***légal.** Tuteur désigné par la loi. Ex. ascendant ou conjoint (C. civ., a. 402 anc. ; comp. a. 449).

— **testamentaire.** Tuteur désigné par le survivant des père ou mère (s'il est lui-même encore tuteur ou administrateur légal des biens de ses enfants) par testament ou par déclaration devant notaire (C. civ., a. 398).

TUTORAT D'ENTREPRISE

N. m. – Néol. de *tuteur. V. *entreprise*.

- Mission temporaire d'assistance professionnelle que le cédant d'une entreprise commerciale, artisanale ou de services s'engage à remplir envers le cessionnaire (par convention conclue après la cession) en promettant de lui transmettre l'expérience professionnelle qu'il a acquise comme chef d'entreprise. Désormais dénommé tutorat rémunéré en entreprise. (C. com., a. L. 129-1, l. 2 août 2005).

TYRANNIE

N. f. – De tyran, lat. *tyrannus*, gr. *turannos* : maître.

- Pouvoir politique arbitraire, autoritaire et cruel, d'un homme ou de quelques-uns. V. *totalitarisme, despotisme, dictateur.*

U

UCE

• Sigle composé des initiales des termes unité, compte, européenne, qui, naguère, désignait officiellement la monnaie de compte européenne. V. **écu, euro.*

UE

V. *Union européenne.*

UEM

• (eur.). Sigle formé des initiales de l'Union économique et monétaire désignant le processus d'harmonisation des politiques économiques et monétaires des États membres de l'*Union européenne afin d'instaurer une monnaie unique, programme dont la troisième phase (au 1er janvier 1999) est marquée par l'introduction de l'*euro, la création de la *Banque centrale européenne et la fixation des *taux de *conversion. V. *exemption (clause d').*

UEO

• (eur.). Sigle aux initiales de l'Union de l'Europe occidentale désignant l'organisation de coopération pour la défense et la sécurité, fondée en 1948 et devenue partie intégrante du développement de l'*Union européenne, qui est chargée d'élaborer et de mettre en œuvre les décisions et les actions dans le domaine de la défense ; constituée des États membres de l'Union (sauf l'Autriche, le Danemark, la Finlande, l'Irlande et la Suède), l'UEO compte des membres associés et des partenaires associés. V. *PESC.*

— (membres associés de). États européens membres de l'OTAN (mais non de l'UEO) – Islande, Norvège, Turquie – qui sont associés à l'UEO par la faculté de participer aux réunions de ses organes, en s'y exprimant sans vote de blocage, et aux opérations militaires conduites sous l'égide de l'UEO.

— (partenaires associés de). États d'Europe centrale et orientale (Bulgarie, Hongrie, Pologne, République tchèque, Roumanie, Slovaquie, Slovénie, trois États baltes) qui ont la faculté de participer aux réunions du Conseil de l'UEO, peuvent être invités à participer à celles des groupes de travail et s'associer, pour certaines missions spécifiées (ex. missions humanitaires ou de maintien de la paix), aux décisions des États membres.

ULTIMATUM

Subst. masc. – Du lat. *ultimus* : dernier (terme latin francisé, subst. masc.).

• Acte par lequel un État exige d'un autre État qu'il adopte, en gén. dans un délai fixé, un comportement déterminé sous peine de se voir infliger, par le premier, des mesures de contrainte pouvant aller jusqu'au recours à la force armée.

ULTRA PETITA

Expression lat. signifiant « au-delà de ce qui a été demandé », encore utilisée pour désigner la décision par laquelle une juridiction accorde plus qu'il n'a été demandé (ex. 5 000 € de dommages- intérêts au lieu des 4 000 réclamés) ou statue sur une question qui ne lui a pas été soumise (on parle encore, en ce dernier cas, de décision *extra petita*), décision donnant lieu à *rectification ou à *cassation. V. CPC, a. 5, *infra petita.*

ULTRA VIRES (HEREDITATIS)

Expression lat. signifiant « au-delà des *forces » (de la succession), employée pour caractériser l'*obligation aux dettes d'un héritier ou d'un légataire, dans le cas où ce dernier est tenu de payer le passif successoral même si celui-ci excède l'actif et peut être poursuivi sur ses biens personnels pour ces dettes, *obligation dite indéfinie (C. civ., a. 785). Ex. l'héritier qui accepte purement et simplement la succession est tenu *ultra vires.* Ant. **intra vires.* Comp. *pro viribus, cum viribus.*

UNANIMITÉ

Lat. *unanimitas* : accord, harmonie, concorde.

- **1** Dans un *vote ou une *délibération, accord de tous les membres de l'assemblée délibérante, de l'organe de décision, de la juridiction sur la question à décider ; réunion de la totalité des voix ou des suffrages, de l'ensemble des *opinions, sur l'objet de la délibération. Ex. élection à l'unanimité, adoption d'une motion à l'unanimité. Comp. *majorité, minorité.* V. *dissident.*
- **2** (en *doctrine). Accord des interprètes ; concordance des *opinions ; assentiment général des auteurs sur un point de droit *(communis opinio doctorum)* ; *consensus doctrinal. Ant. *Controverse.*

UNIFICATION

N. f. – Dér. du v. unifier, lat. médiév. *unificare.*

- (Sens gén.). Action d'unifier et résultat de cette action dans l'ordre juridique.
- **1** Action d'établir (ou de rétablir, réunification) l'*unité de législation dans un pays (un territoire) donné ; d'où les termes d'unité *législative ou *territoriale. Ex. unification des lois civiles en France par le C. civ. Comp. *codification.*
- **2** Action de faire régner, au sein d'un système juridique, l'unité d'*interprétation, d'assurer l'égale et uniforme application de la loi, vocation première de la Cour de cassation. V. *autorité, jurisprudence.*
- **3** *Uniformisation du Droit applicable à une matière juridique donnée dans un ou plusieurs pays, mode d'intégration plus poussé que l'*harmonisation, la *coordination ou le *rapprochement des législations. V. *loi uniforme.*

UNIFORME

Adj. – Lat. *uniformis, unus, forma.*

- **1** Unifié entre deux systèmes juridiques, soumis à un régime identique. V. *uniformisation, unification.* Comp. *harmonisation, rapprochement des législations.*

— **(Droit).** Droit établi par traité international et réalisant entre plusieurs États l'*unification, soit du Droit interne (conv. de Genève du 7 juin 1930 « portant loi uniforme sur les lettres de change et billets à ordre »), soit des *règles de conflit de lois (conv. de La Haye du 5 oct. 1961 « sur les conflits de lois en matière de dispositions testamentaires »).

- **2** Égal, invariable et semblable au sein d'un même ordre juridique. Ex. la Cour de cassation assure l'interprétation uniforme de la loi sur le territoire français. V. *jurisprudence, division, discrimination, unité, unique.*

UNIFORMISATION

N. f. – De uniformiser, dér. de uniforme. lat. *uniformis,* de *imus* et *forma.*

- Modification de la législation de deux ou plusieurs pays tendant à instaurer dans une matière juridique donnée une réglementation identique. Syn. *unification* (sens 3). V. *loi uniforme.* Comp. *coordination, harmonisation, rapprochement des législations.*

UNILATÉRAL, ALE, AUX

Adj. – Formé du préf. d'origine lat. uni et de latéral, du lat. *lateralis,* de *latus (lateris)* : côté.

- **1** Qui émane d'une seule personne, d'une volonté unique, par opp. à *plurilatéral, *multilatéral, *bilatéral, *conventionnel. Ex. le testament, œuvre du seul testateur, est un acte juridique unilatéral, l'*offre de contracter, une manifestation unilatérale de volonté. V. **acte juridique unilatéral, congé, résiliation unilatérale, révocation, rétractation.* Comp. *collectif.*

— **(règle de conflit).** *Règle de conflit de lois qui dispose de l'application de la seule loi du pays où elle est en vigueur. Ex. C. civ., a. 3. Ant. *bilatérale.*

- **2** Qui oblige une personne envers une ou plusieurs autres sans qu'il y ait, de la part de ces dernières, d'engagement *réciproque (C. civ., a. 1106) ; se dit, par opp. aux *contrats ou *conventions *synallagmatiques (ou *bilatéraux), de certains contrats ainsi nommés bien qu'ils soient nécessairement, au sens 1, des actes juridiques bilatéraux. Ex. est un contrat unilatéral (au sens 2) le prêt d'argent qui n'engendre d'obligation qu'à la charge de l'emprunteur (restitution du capital et versement des intérêts). V. *contrat *synallagmatique imparfait.*

- **3** Qui ne profite qu'à l'un des intéressés par opp. à *réciproque. Ex. *avantage matrimonial stipulé en faveur de l'épouse seule.
- **4** Par opp. à *contradictoire, qui procède de l'initiative et repose sur la participation d'un seul intéressé parmi d'autres. Ex. une expertise unilatérale (par opp. à *amiable ou contentieuse), une requête unilatérale (exceptionnellement admise en matière contentieuse, CPC, a. 17).
- **5** Par opp. à *conjoint, qui émane et requiert la participation d'une seule personne. Ex. requête unilatérale en matière *gracieuse (par opp. aux cas de requête conjointe). V. **exercice unilatéral de l'autorité parentale.*

UNILINÉAIRE

Adj. – Néol. comp. de l'adj. lat. *unus,* un, et de linéaire, lat. *linearis,* de *linea* : ligne.

- Constitué d'une seule *ligne ascendante de parenté ; caractérise une certaine structure de la parenté dite *famille unilinéaire. Comp. *monoparental.*

UNINOMINAL, ALE, AUX

Adj. – Comp. du préf. uni, du lat. *unus* : un, unique, et de *nominal, lat. *nominalis,* de *nomen (nominis)* : *nom.

- Qui porte sur un seul nom ; se dit, par opp. à *scrutin de liste, du scrutin dans lequel le *vote ne porte, par circonscription, que sur un candidat. Comp. *unipersonnel.*

UNION

N. f. – Lat. *unio* : unité, union.

- **1** Action de s'unir, acte par lequel deux ou plusieurs personnes (particuliers ou personnes publiques) décident d'unir leur sort ou leurs intérêts. Ex. union conjugale.

— **(convention ou traité d').** Se dit de certains traités multilatéraux qui édictent, pour les matières qu'ils visent, des règles communes, le plus souvent *matérielles, applicables dans les rapports entre États contractants. Ex. convention d'union de Paris du 20 mars 1883 pour la protection de la propriété industrielle.

— **shop.** V. *closed shop.*

- **2** État – de droit ou de fait – de ceux qui se sont unis. Ex. union légitime.

— ***libre.** Désigne principalement, par opp. à l'union légitime (*mariage), une union de fait entre un homme et une femme qui vivent ensemble sans être mariés (ni ensemble, ni avec des tiers), mais qui pourraient s'unir par mariage *(solutus cum soluta),* union libre sous tous les rapports qui correspond à un *concubinage non adultérin avec *communauté de vie ; peut aussi désigner une union adultérine ou incestueuse, ou une union homosexuelle ; l'expression ne convient au *pacs, dont la formation est assujettie à des formalités et à des restrictions que sous le rapport de sa dissolution (laquelle peut librement résulter de la volonté unilatérale de chacun des *partenaires). V. *ménage, vie commune.*

- **3** Bonne entente entre plusieurs personnes, convergence de leurs intérêts par opp. à mésintelligence, opposition, dissension. Ex. union au sein de la famille. V. *consensus, unanimité.*

— **des créanciers.** Avant la réforme de 1985, situation dans laquelle se trouvent les créanciers à l'égard du débiteur dès le moment où celui-ci est déclaré en état de *liquidation des biens et qui permet au syndic de procéder immédiatement aux opérations de liquidation de l'actif en même temps qu'à l'établissement de l'état des créances, sous réserve de la continuation de l'exploitation ou de l'activité du débiteur décidée par le tribunal.

— **d'intérêts.** Communauté qui existe en fait entre les parties à l'expédition maritime, affréteur et fréteur, chargeurs et armateurs et qui supportera ainsi les *avaries communes.

- **4** Forme institutionnelle qui peut résulter de l'action de s'unir. Nom souvent pris ou donné à des groupements ou des groupements de groupements. Comp. *réunion.*

— **de l'Europe occidentale.** V. *UEO.*

— **départementale.** Personne morale constituée par tous les syndicats d'un même département affiliés à une même *« confédération ».
— **de sociétés coopératives.** Groupement constitué par des sociétés *coopératives, pour la gestion de leurs intérêts communs, sous la forme d'une société coopérative ; coopérative de coopératives.
— **de *syndicats.** Personne morale constituée par le groupement de syndicats (C. trav., a. L. 2133-1 s.) ; groupement exclusivement composé de personnes morales, unies par un lien dit d' « affiliation » ; peuvent être verticales par branches d'activité, regroupant sur le plan national les syndicats appartenant à la même branche (elles sont alors appelées *fédérations) ou horizontales et regroupant les syndicats de branches différentes dans le cadre d'une même circonscription territoriale (le terme « unions » recouvre, dans le langage syndical, plus spécifiquement cette dernière forme).
— **douanière.** Groupement de deux ou plusieurs États ou territoires, en vue de constituer un seul territoire douanier et comportant, d'une part, l'élimination des droits de douane et des réglementations commerciales restrictives entre les États ou territoires constitutifs de l'union, d'autre part, l'institution d'un tarif extérieur commun et d'une réglementation commerciale commune à l'égard des pays tiers. V. *zone de libre-échange.*
— **économique et monétaire.** V. *UEM.*
— **européenne (UE).** Groupement des peuples et États d'Europe (ces derniers déjà intégrés dans la *communauté européenne) ayant pour mission d'organiser de façon cohérente et solidaire l'ensemble de leurs relations not. politiques, économiques, monétaires et culturelles. Tr. de Maastricht, 7 févr. 1992.
— **française.** Forme nouvelle qu'avait prise dans la Constitution de 1946, rejetant le colonialisme, la relation entre la France et ses dépendances d'outre-mer ; remplacée dans la Constitution de 1958 par la *Communauté.
— **internationale.** Dans les relations internationales, groupements d'États constitués sur la base d'une convention. Ex. convention de Berne en matière de propriété littéraire et artistique ; convention de Paris en matière de propriété industrielle.
— ***locale.** Personne morale constituée par tous les syndicats d'une même ville ou agglomération urbaine affiliés à une même confédération.

- **5** Espèce d'*accession.

UNIONISTE

Adj. – Dér. de *union.

- Caractère du Droit établi par des conventions d'union ; terme surtout usité pour désigner le Droit établi par la convention de Paris du 20 mars 1883 pour la protection de la propriété industrielle et ses révisions successives.

UNIPERSONNEL, ELLE

Adj. – Néol. construit sur *personnel comme *uninominal ; uni, du lat. *unus* : un, un seul.

- À une seule personne ; composé d'un unique membre ; appartenant à un seul. Comp. *individuel, exclusif, personnel.* V. *monarque, monopole, uninominal.*

—**le (entreprise).** Entreprise à forme sociale composée d'un seul associé, qui résulte soit de la constitution de la *société par une seule personne, soit de la réunion en une seule main de toutes les parts d'une société à l'origine pluripersonnelle, formule ouverte par le droit français sous la seule forme de responsabilité limitée (EURL) et, par personne, pour une seule société. V. *individuel* (sens 2). Comp. *patrimoine d'*affectation*, *entrepreneur individuel à responsabilité limitée (EIRL).*

UNIQUE

Adj. – Lat. *unicus,* de *unus* : un.

- **1** Seul en son genre (en son activité, sa vocation, etc.), d'où exclusif, sans pareil ou encore non réitéré, Ex. *juge unique, représentant unique, locataire unique, unique héritier, unique exemplaire. V. *original, double, colocataire, cohéritier, itératif, collégial.*
- **2** *Uniforme, unifié. Ex. règle unique, régime unique.

UNITÉ

N. f. – Lat. *unitas,* de *unus* : un.

- **1** Élément de base d'un ensemble ou d'un système.

— **cadastrale.** V. *parcelle.*

— **de compte.** Monnaie de compte, unité monétaire de compte. Ex. ECU, naguère monnaie de compte des communautés européennes.

— **monétaire.** Unité idéale qui, sous un nom (franc, dollar, mark), constitue la base d'un système monétaire et peut être l'objet d'une définition légale (par rapport à l'or ou à une monnaie étrangère). V. **instruments monétaires, valeur,* **nominalisme monétaire,* **valorisme monétaire.*

— **monétaire européenne.** 1° De 1976 jusqu'à l'institution de l'*euro, l'*écu dit écu-panier : unité monétaire composée, au centre du système monétaire européen (SME), d'une quantité fixe des monnaies des États membres (réunies en un panier pondéré) ayant pour fonction de servir : 1 / de numéraire, pour libeller les instruments de paiement (chaque monnaie ayant un cours pivot exprimé en écu) ; 2 / de référence, pour repérer les divergences entre les monnaies ; 3 / de dénominateur pour les interventions et crédits des autorités ; 4 / de moyen de règlement entre les autorités monétaires de la communauté. 2° À compter de son institution : l'*euro (qui se substitue à l'*écu, mais au titre de monnaie unique).

• **2** Uniformité d'un ensemble ; qualité d'un tout sur lequel règne un régime unique. Ex. unité d'interprétation de la loi. V. *uniforme, jurisprudence.*

— **budgétaire.** Règle en vertu de laquelle toutes les dépenses et toutes les recettes d'une collectivité publique doivent être regroupées dans un seul document le budget. Comp. *universalité.*

UNIVERSALISTE

Adj. – Dér. de *universel.

• Se dit, par opp. not. à *nationaliste, d'une doctrine qui se donne comme virtuellement applicable à tous les systèmes juridiques.

UNIVERSALITÉ

N. f. – Lat. *universalitas,* de *universus* : tout entier.

• **1** Ensemble de biens et de dettes formant un tout (souvent nommé universalité de droit par opp. au suivant) dont les éléments actifs et passifs sont inséparablement liés (l'actif répond du passif, l'ensemble de l'actif ne peut être transmis que sous déduction du passif, etc.). Ex. le *patrimoine.

ADAGE : *Bona non sunt nisi deducto aere alieno.*

• **2** Ensemble de biens (nommé universalité de fait) formant une collection (ex. bibliothèque) ou une entité juridique complexe (ex. *fonds de commerce) prise globalement comme un bien unique (par ex. à l'occasion d'une vente ou d'un legs) et soumise à un régime juridique particulier. V. *ut universi.*

• **3** (on précise souvent universalité budgétaire). Règle en vertu de laquelle toutes les dépenses et toutes les recettes d'une collectivité publique doivent figurer dans son budget sans aucune compensation ou contraction entre elles.

UNIVERSEL, ELLE

Adj. – Lat. *universalis.*

• **1** Admis dans tous les pays ; mondialement reconnu ou ayant vocation à l'être. Ex. protection universelle des droits d'auteur ; déclaration universelle des droits de l'homme. Comp. *européen, national.*

• **2** Au sein d'un même État, ouvert ou imposé à tous les citoyens. Ex. *suffrage universel, *service national universel. Comp. *démocratique, populaire.*

• **3** Qui porte sur l'*universalité des biens d'une personne, sur l'ensemble de son patrimoine (actif et passif), par opp. à *particulier et à titre universel. Ex. vocation universelle, transmission universelle, *legs universel. V. *institution d'héritier.*

— **(à *titre).**

a / (sens générique). Se dit par opp. à *particulier de toute vocation, universelle ou à titre universel (sens spécifique), qui appelle nécessairement son bénéficiaire à recueillir dans l'universalité transmise la même proportion d'actif et de passif *(Bona non sunt nisi deducto aere alieno).*

b / (sens spécifique). Qualificatif appliqué au *legs à titre universel pour le distinguer du legs universel et du legs particulier (C. civ., a. 1010).

—le (*donation). Celle qui, portant sur l'universalité des biens que le disposant laissera à son décès, est prohibée sauf si elle prend la forme d'une *institution contractuelle dans les cas exceptionnels où celle-ci est admise (C. civ., a. 1082). V. *donation de biens à venir.*

- **4** Prend dans « *communauté universelle » un sens voisin : qui englobe l'universalité des biens (passif et actif) des deux époux.

- **5**

— (banque) (néol.). Établissement de crédit offrant tous les services bancaires à l'ensemble de sa clientèle *(universal bank, universal banking)* et activité de cet établissement *(global banking).* Comp. *banque d'entreprise.*

- **6**

— (compétence) (droit pénal international). Compétence reconnue à un État pour réprimer des infractions commises par des particuliers en dehors de son territoire alors que ni le criminel ni la victime ne sont de ses ressortissants. Ex. compétence universelle de la France pour la répression du terrorisme et des infractions énumérées aux art. 689-1 s. C. pr. pén. Comp. **immunité de juridiction des chefs d'État étrangers.*

UNIVERSITÉ

N. f. – Lat. médiév. *universitas.*

- Établissement public à caractère scientifique, culturel et professionnel, doté de la personnalité juridique et de l'autonomie financière, substitué par la loi du 12 novembre 1968 d'orientation de l'enseignement supérieur aux anciennes universités et *facultés dont elles reprennent les attributions. De structure fédérative, les universités regroupent, outre certains instituts ou établissements d'enseignement supérieur qui peuvent leur être rattachés, des *unités de formation et de recherche constituant, en nombre variable, leurs cellules organiques. Elles sont administrées par un *conseil d'université et par un *président.

URBAIN, E

Adj. – Lat. *urbanus,* de *urbs* : ville.

- Qui est de la ville, qui concerne une ville par opp. à *rural. Ex. *servitude urbaine, communauté urbaine.

—e (communauté). *Établissement public de coopération *intercommunale regroupant plusieurs communes qui forment, d'un seul tenant et sans enclave, un ensemble de plus de 500 000 habitants et qui s'associent pour réaliser ensemble un projet commun de développement urbain et d'aménagement de leur territoire, l'établissement public exerçant de plein droit au lieu et place des communes-membres les compétences déterminées par la loi en matière de développement, d'aménagement, de logement, de services d'intérêt collectif, etc. (l. 12 juill. 1999, a. 14 s.). V. *communauté d'*agglomération, intercommunalité, pays.*

URBANISME

N. m. – Dér. de *urbain.

- Ensemble des mesures d'ordre architectural, esthétique et culturel, économique, administratif ayant pour but d'assurer le développement harmonieux et rationnel des agglomérations urbaines. V. *certificat, opération, plan, règlement, servitudes.*

— (document d'). V. *document.*

URGENCE

N. f. – Dér. de *urgent.

- **1** (sens gén.). Caractère d'un état de fait susceptible d'entraîner, s'il n'y est porté remède à bref délai, un préjudice irréparable, sans cependant qu'il y ait nécessairement péril imminent (degré extrême de l'urgence. V. CPC, a. 917). Ex. dans tous les cas d'urgence le président du tribunal de grande instance peut ordonner en *référé les mesures *provisoires nécessaires (CPC, a. 484, 808). D'où la nécessité d'agir pour la conservation d'un droit ou la sauvegarde d'un intérêt. V. *célérité.*

- **2** Plus spéc. (publ.).

a / Circonstances pressantes que, d'après les textes, le gouvernement peut invoquer pour accélérer le cours des délibérations parlementaires et la discussion entre les assemblées (Const. 1958, a. 45, al. 2) ou abréger le délai imparti au Conseil constitutionnel statuant sur la conformité de la loi à la Constitution (Const. 1958, a. 61, al. 3).

b / Circonstances pressantes qui, aux yeux de la jurisprudence, valident des actes juridiques qui, en temps ordinaire, auraient été illégaux.

— **(*état d').** Situation dans laquelle les pouvoirs de *police administrative se trouvent renforcés et élargis pour faire face soit à un péril imminent résultant d'atteintes graves à l'*ordre public, soit à des événements présentant par leur nature et leur gravité le caractère de calamité publique ; situation pouvant ou non résulter de *circonstances exceptionnelles et dont l'existence justifie que l'administration, sous réserve de l'appréciation du juge, passe outre certains délais ou exigences de forme ou de procédure. V. *crise.*

— **sanitaire (*état d').** Situation dans laquelle les pouvoirs de *police administrative se trouvent renforcés et élargis pour faire face à une catastrophe sanitaire mettant en péril par sa nature et sa gravité la santé de la population. Justifie des mesures dérogatoires au droit commun (C. sant. publ., a. L. 3131-15 s.).

URGENT, E

Adj. – Lat. *urgens,* de *urgere* : pousser, presser.

- Ce qui, dans une situation donnée, crée la nécessité d'agir (besoin urgent), partant, ce qu'il est nécessaire de faire pour parer à cette situation (mesure urgente).

URNE

N. f. – Lat. *urna.*

- Boîte dans laquelle les électeurs déposent leur bulletin pour voter.

USAGE

N. m. – Bas lat. *usaticum,* dér. de *usus* : us.

- **1** Espèce de *source de droit.
  a / Parfois syn. de *coutume (sens 1).
  b / Plutôt qu'une véritable règle de droit, désigne souvent une *pratique particulière à une profession (usages professionnels), à une région (usages régionaux) ou à une localité (usages locaux) et dont la force obligatoire est variable. V. *parère, vaine *pâture.*

— **commercial.**
a / Usage suivi en matière commerciale.
b / Terme parfois utilisé pour désigner plus spéc. des coutumes dérogeant aux lois civiles même impératives. Ex. exclusion coutumière de l'a. 1343-2, C. civ., réglementant l'anatocisme en matière de compte courant.

—**s conventionnels.** Usages suivis dans certains contrats, dérivant d'anciennes clauses de style aujourd'hui sous-entendues, qui tirent leur force obligatoire de la volonté tacite des contractants et n'ont qu'une valeur *supplétive.

— **de la profession.** Habitudes, pratiques suivies de longue date entre employeurs et salariés d'une même localité ou d'une même branche professionnelle (ex. en matière de préavis).

— **de l'entreprise.** Pratique courante de l'employeur à l'égard de son personnel s'incorporant au contrat lors de l'embauchage (paiement des jours de maladie, primes de fin d'année, etc.). Les usages dotés de généralité, de fixité et de constance se transforment en coutume impérative s'imposant aux parties au contrat de travail.

—**s *locaux.** Habitudes, pratiques suivies de longue date, not. entre employeurs et salariés d'une même localité ou d'une même région (ex. jours fériés liés aux fêtes locales).

—**s professionnels.** Usages de la profession (V. ci-dessus).

- **2** Droit de se servir d'une chose selon sa destination, qui constitue l'un des attributs *(*usus)* de la *propriété et de l'*usufruit (associé au **fructus,* *jouissance, sens 1, *a)* ou qui est conféré au détenteur d'une chose, à titre de droit personnel et non réel en vertu de certains contrats (*prêt à usage, bail).
- **3** Plus spéc., sorte d'*usufruit restreint espèce de droit *réel *démembré, temporaire, incessible et insaisissable, qui donne à son titulaire (usager) la faculté de se servir d'une chose appartenant à autrui ainsi que d'en percevoir les fruits jusqu'à concurrence de ses besoins et de ceux de sa famille (C. civ., a. 625).
- **4** En un sens plus vague, syn. d'*exercice ; fait d'exercer effectivement un droit, on parle d'usage ou de *non-usage d'un droit. Comp. *abus d'un droit, jouissance* (sens 2).
- **5** En un sens voisin, utilisation. Ex. usage d'une marque, d'un nom. V. *port.*

— **irrégulier de qualité.** Délit consistant pour le fondateur ou le dirigeant d'une entreprise à but lucratif d'utiliser pour la publicité de celle-ci le nom, avec mention de leur qualité ou fonction, des membres du gouvernement, du Parlement, des grands corps de l'État, de la magistrature ou de la fonction publique (C. pén., a. 433-18).

SENTENCE : *Usus efficacissimus rerum omnium magister,* l'usage est en tout le meilleur maître (Pline).

USAGER

Subst. – Dér. de *usage.

- **1** Celui qui a recours à un service public ou utilise le domaine ou un ouvrage public. Ex. les usagers des transports en commun, les usagers de la route.
- **2** Plus vaguement, syn. de *consommateur, utilisateur. V. *client, particulier.*
- **3** Le titulaire d'un droit réel d'*usage (sens 3). V. *usufruitier.*

USANCE

N. f. – Dér. de user, lat. pop. *usare.*

- **1** Délai pour le règlement des lettres de change fixé selon l'*usage des places où l'effet est tiré. Ex. usance de trente jours.
- **2** En matière bancaire, conditions d'accès au réescompte du *papier commercial (essentiellement mais pas uniquement en matière de délais) qui sont diffusées par la direction générale de l'escompte de la Banque de France sous forme d'« avis aux cédants ».
- **3** Terme encore parfois employé pour indiquer une exploitation en cours. Ex. coupe en usance, intervalle entre deux coupes.

USINE

N. f. – Mot dialectal du Nord-Est, lat. *officina* : atelier.

— **fondée en titre.** Expression désignant les exploitations de *chute d'eau établies sur le domaine avant 1566 ou sur des biens nationaux vendus sous la Révolution et dont les propriétaires dits « usiniers fondés en titre » demeurent, dans le cadre de la loi du 16 octobre 1919 sur l'énergie hydraulique, titulaires de droits d'eau perpétuels.

USOIRS

N. m. pl. – Origine inconnue.

- Nom donné dans certaines régions (Lorraine not.) aux larges bandes de terrain qui, bordant chaque côté de la rue, séparent celle-ci des habitations riveraines, espace public à vocation communautaire (pour le passage not.) en butte à l'occupation privative des riverains au-delà de l'usage traditionnel *toléré.

USUCAPÉ, ÉE

Adj. – Part. pass. du v. usucaper, lat. *usucapere* : acquérir par usage prolongé.

- Acquis par *usucapion. Comp. *prescrit.*

USUCAPION

Subst. fém. – Lat. *usucapio.*

- Nom traditionnel donné à la *prescription acquisitive, manière d'acquérir par la possession prolongée. V. *possession (possessio ad usucapionem), mode d'*acquisition.*

USUFRUCTUAIRE

Adj. – Du lat. *ususfructuarius,* usufruitier, usufructuaire.

- Relatif à l'*usufruit, inhérent à ce droit. Ex. charge usufructuaire.

USUFRUIT

Subst. masc. – Du lat. *usufructus, usus,* droit d'usage, *fructus,* jouissance.

- Droit *réel, par essence temporaire, dans la majorité des cas *viager, qui confère à son titulaire l'*usage et la *jouissance de toutes sortes de biens appartenant à autrui, mais à charge d'en conserver la substance (C. civ., a. 578) ; présenté comme un *démembrement de la propriété, en tant qu'il regroupe deux attributs démembrés du droit de *propriété.

— **à titre particulier.** Usufruit portant sur un bien corporel ou incorporel déterminé. Ex. un immeuble, un fonds de commerce, une créance.

— **à titre *universel.** Usufruit portant sur un patrimoine ou sur une fraction de patrimoine. V. *quasi-usufruit, fructus, usus, abusus, nue-*

*propriété, doit d'*usage ou d'*habitation, conservation.*

— **établi par la volonté de l'homme.** Usufruit constitué par un contrat (soit à titre onéreux, soit à titre gratuit) ou par testament.

— **légal.** Usufruit établi par la loi. Ex. usufruit du conjoint survivant (C. civ., a. 757) ; usufruit du conjoint survivant sur les droits d'exploitation appartenant au conjoint décédé (l. 11 mars 1957 sur la propriété littéraire et artistique, a. 24 ; CPI, a. L. 123-6) ; droit de jouissance de celui des père et mère qui a la charge de l'administration des biens de ses enfants mineurs de 16 ans non mariés (C. civ., a. 382 s.).

USUFRUITIER, IÈRE

Subst. et adj. – Dér. de usufruit.

- *Titulaire de l'*usufruit. V. *usager.* Comp. *propriétaire, locataire.*

USURAIRE

Adj. – Lat. *usurarius* : qui concerne l'intérêt de l'argent.

- Entaché d'*usure, qui excède ce qui est permis en matière d'*intérêts. Ex. taux usuraire, prêt usuraire.

USURE

Subst. fém. – Du lat. *usura,* usage, jouissance d'un capital, intérêt d'un capital.

- Stipulation d'*intérêts *excessifs dans un *prêt conventionnel ou dans les crédits accordés à l'occasion de ventes à tempérament (le caractère excessif, appliqué au taux effectif global, étant déterminé selon les critères établis par la loi).

USURIER, IÈRE

Subst. – De *usure.

- Nom donné, dans la pratique, à celui qui prête à *usure, à taux *usuraire (par profession ou habitude). V. *prêteur.*

USURPATION

N. f. – Lat. *usurpatio,* du v. *usurpare* : faire usage, prendre possession (abusivement), usurper.

- **1** Action d'usurper, de s'arroger sans droit l'usage d'une chose, d'une qualité ou l'exercice d'un pouvoir appartenant à autrui (qu'il s'agisse d'une personne ou d'un groupe déterminé). Ex. usurpation de *signes réservés à l'autorité publique (C. pén., a. 433-14).

— **de fonctions.**

a / Initiative, considérée comme un cas d'*incompétence radicale, qui consiste soit dans l'exécution d'une fonction administrative par une personne dépourvue de tout pouvoir légal, soit dans l'ingérence d'un agent administratif dans l'exercice de fonctions d'un ordre substantiellement ou organiquement séparé des siennes. Ex. empiétement d'un agent administratif dans la compétence d'une autorité juridictionnelle ou d'un agent exécutif dans les attributions d'une autorité délibérante. V. **fonctionnaire de fait, empiétement de fonctions.*

b / (pén.). Fait, par toute personne agissant sans titre, de s'immiscer dans l'exercice d'une fonction publique en accomplissant l'un des actes réservés au titulaire de cette fonction (C. pén., a. 433-12) ; fait voisin de se comporter de manière à créer, dans l'esprit du public, une confusion avec l'exercice d'une fonction publique (C. pén., a. 433-13, 1°) ; ex. se faire passer, par des actes de sa compétence, pour un commissaire de police.

— **de *nom.**

a / Fait de porter sans droit le nom d'autrui.

b / Délit d'*entrave à l'exercice de la justice consistant à prendre le nom d'un tiers dans des circonstances qui ont déterminé ou auraient pu déterminer contre celui-ci des poursuites pénales (C. pén., a. 434-23).

— **de *titres.** Usage, sans droit, d'un titre attaché à une profession, d'un *diplôme officiel ou d'une *qualité attribuée conformément à la loi (C. pén., a. 433-17).

- **2** Par ext., fait, pour une personne, de s'arroger ce à quoi elle n'a pas droit (sans pour autant l'emprunter à autrui). Ainsi parle-t-on d'usurpation de nom pour désigner le délit consistant à porter atteinte à son état civil en prenant un nom autre que le sien ou en altérant son nom dans un acte public ou authentique ou dans un document administratif destiné à l'autorité publique (sous réserve de la tolérance d'usage des noms d'emprunt) (C. pén., a. 433-19).

USURPATOIRE

Adj. – Lat. jur. *usurpatorius,* de *usurpator* : usurpateur.

• Qui a le caractère de l'*usurpation ; qui tend à celle-ci ou en résulte (rare).

USUS

Terme latin signifiant « usage » (action ou faculté d'user) encore utilisé dans la trilogie des attributs du droit de *propriété *(usus, *fructus, *abusus)* ou dans la définition de l'*usufruit pour désigner le droit d'*usage. Syn. *jus utendi.*

UTÉRIN, INE

Adj. – Lat. *uterinus,* de *uterus.*

• Parent du côté de la mère, mais non du côté du père. Se dit surtout des *frères et sœurs qui ont la même mère mais non le même père, par opp. aux frères et sœurs *germains et *consanguins (C. civ., a. 752 anc.).

UTILE

Adj. – Lat. *utilis.*

• **1** Qui présente un intérêt (au moment de son accomplissement) ; qui se justifie au regard d'une bonne gestion. Ex. le *gérant d'affaires ne peut exiger du maître le remboursement de ses dépenses que si celles-ci, au moment où il les a engagées, étaient utiles (C. civ., a. 1375), même s'il n'en ressort, en fin de compte, aucun enrichissement. En ce sens, utile s'opp. à *voluptuaire et est plus large que *conservatoire ou *nécessaire (une dépense conservatoire ou nécessaire est toujours utile, une amélioration – non nécessaire – peut être utile). V. *impenses.*

• **2** Efficace (en droit), propre à produire un effet juridique. Ex. l'appel n'est recevable que s'il est exercé en temps utile, avant l'expiration du délai d'appel. Ant. *tardif.* V. *forclos.*

— **(jour).** V. *jour utile.*

— **(possession).** Par opp. à *vicieuse, celle qui, parée des qualités requises (*paisible, *continue, *non équivoque, etc.), peut fonder une *prescription acquisitive (C. civ., a. 2261). V. *vice.*

• **3** Suffisant (en fait). Ex. dans diverses procédures d'urgence (référés, procédure à jour fixe) le juge doit s'assurer qu'en fait le défendeur a disposé d'un temps suffisant (délai utile), pour assurer sa défense (CPC, a. 486, 792).

UTILITÉ PUBLIQUE

N. f. – Lat. *utilitas,* de *utilis* : utile.

• Qualité qu'une *déclaration officielle de l'autorité publique reconnaît à une institution ou à une opération en considération de l'*intérêt qui s'y attache pour le bien public et qui entraîne l'application d'un régime juridique plus ou moins exorbitant du Droit commun. V. *association, expropriation, reconnaissance.*

UTI POSSIDETIS

Expression de la procédure romaine signifiant « selon que vous possédez », utilisée pour caractériser le principe proclamé en 1810 par les Républiques hispano-américaines, suivant lequel les limites des États nouvellement constitués seraient les frontières des colonies espagnoles auxquelles se substituaient ces États (sans qu'il soit fait mention de sa dénomination, le même principe a été repris par les États membres de l'Organisation de l'Unité africaine).

UT SINGULI

Formule lat. signifiant littéralement « en tant que chacun en particulier », « un à un » encore utilisée pour désigner :

• **1** Des choses ou des droits dont on veut considérer le régime juridique en les envisageant séparément, à titre individuel. Ex. les meubles appartenant à une même personne sont soumis *ut singuli* à la loi du pays où ils se trouvent respectivement situés, tandis que la transmission successorale des meubles d'une personne, envisagés comme *universalité, est soumise à une loi unique (loi du dernier domicile de cette personne).

• **2** L'exercice, par des membres d'un groupement agissant individuellement, des droits et actions appartenant à ce groupement. S'opp., surtout dans le premier sens, à **ut universi.*

UT UNIVERSI

Formule lat. signifiant littéralement « en tant que tous ensemble », « (considéré) comme un tout », encore utilisée pour désigner la façon d'envisager les éléments d'un ensemble « en tant qu'universalité » et non **ut singuli.*

V

VACANCE

N. f. – Dér. de *vacant.

• **1** (d'un *emploi). État d'un emploi public qui n'est plus occupé, absence définitive du *titulaire d'une fonction, par suite de décès, démission ou destitution, ou par expiration de la durée pour laquelle la fonction avait été conférée (V. par ex. Const. 1958, a. 7). Comp. *empêchement, suppléance.*

— **(déclaration de).** Formalité administrative de publicité destinée à permettre la manifestation de candidatures.

• **2** (d'une succession). État d'une *succession qui n'est réclamée par personne, soit qu'il n'y ait aucun héritier connu, soit que les héritiers aient tous renoncé, soit qu'ils n'aient pas opté dans le délai légal (C. civ. a. 809 s.). V. curatelle à succession vacante. Comp. *déshérence, exhérédation.*

• **3**

— **de maison.** Inhabitation d'un immeuble pouvant justifier, comme perte de revenu, un dégrèvement partiel ou total de l'impôt foncier. Ant. *occupation* (sens 1).

VACANCES

N. f. pl. – V. le précédent.

• Syn. de *congé, plus spéc. usité pour les congés dont bénéficient dans les divers ordres d'enseignement les maîtres et les élèves.

— **(chèque).** V. *chèque-vacances.*

— **judiciaires.** Naguère, période de l'année s'étendant du 15 juillet au 15 septembre pendant laquelle la plupart des audiences des chambres civiles des cours d'appel et des tribunaux de grande instance et d'instance étaient suspendues, un service de *vacations étant seul assuré (période fixée du 1er août au 1er octobre pour la Cour de cassation). V. **année judiciaire.*

VACANT, E

Adj. – Lat. *vacans,* du v. *vacare* : être vide, libre.

• **1** (en droit, dans un sens technique).

a / Sans *maître, sans propriétaire ; se dit d'un bien (en pratique d'un meuble corporel, compte tenu de l'attribution à l'État des immeubles vacants, C. civ., a. 539, 713) qui n'est pas encore ou qui n'est plus privativement approprié (parce qu'abandonné not.). V. *abandon, bien vacant, succession vacante, res nullius, res derelictae.*

b / Sans possesseur ; se dit d'un meuble qui n'est plus en la possession de son propriétaire par l'effet d'une perte ou d'un vol. V. *épave, furtif.*

c / Sans titulaire ; ex. poste vacant. V. *vacance.*

• **2** (en fait, dans un sens courant). Inoccupé, se dit d'un local inhabité. V. *libre, nu.*

VACATAIRE

Adj. – Dér. de *vacation.

• Qui travaille et est rémunéré à la *vacation. Comp. *intérimaire, suppléant.* V. *titulaire.*

VACATION

N. f. – Lat. *vacatio* : exemption, dispense et prix de la dispense.

► I (adm.)

● Désigne à la fois le mode d'exécution de certaines tâches administratives, l'unité de durée qui sert de base à cette exécution et la rémunération forfaitaire attachée à cette unité. On dira ainsi d'une tâche qu'elle est exécutée à la vacation lorsque cette exécution se réalise par unités de temps (ex. vacation d'une heure et demie) et donne lieu à une *rémunération calculée à partir du nombre d'unités nécessaires (ex. trois vacations versées).

► II (pr. civ.)

a / Temps consacré par certains officiers publics ou un *technicien commis à l'examen d'une affaire ou à l'accomplissement de certaines fonctions. Ex. vacation d'un notaire aux opérations d'inventaire, d'un expert à sa mission ; par ext., *honoraires dus à ces personnes. V. *commission*. Comp. *émolument*.

b / Intervention d'une personne en remplacement d'une autre et rémunération de cette intervention. Ex. avocat, substituant un confrère, rémunéré à la vacation.

—s (chambre des). Naguère, formation juridictionnelle chargée pendant les *vacances judiciaires, de tenir des audiences au cours desquelles étaient jugées les affaires requérant célérité.

VAGABONDAGE

N. m. – Dér. de vagabonder, dér. lui-même de vagabond, lat. *vagabundus*, de *vagare* : aller çà et là.

● Situation d'un individu sans domicile certain, ni moyen de subsistance, qui n'exerce habituellement ni métier, ni profession, naguère considérée comme un délit susceptible de circonstances aggravantes en cas de *violences ou de possession d'armes, d'instruments utilisables pour commettre des vols ou de sommes d'argent non justifiées (anc. C. pén., a. 270 s.), incrimination supprimée en 1994. Comp. *mendicité*.

VAINE PÂTURE

V. *pâture (vaine)*.

VAISSEAU

N. m. – Lat. *vascellum* (de *vas* : vase).

● Terme employé autrefois comme syn. de *navire ou *bâtiment de mer. N'est plus aujourd'hui employé que pour désigner les bâtiments de guerre d'une certaine importance.

VALABLE

Adj. – De valoir, lat. *valere*.

● **1** *Valide, qui n'est affecté dans sa formation d'aucune cause de nullité ; se dit d'un acte juridique dont la formation n'est entachée d'aucun vice (de fond ou de forme) qui pourrait entraîner son annulation. Ant. *vicié, annulable, nul*. Comp. *régulier, légal, juridique*.

● **2** En cours de validité ; se dit d'un titre (ou d'une offre) avant l'expiration de la durée pour laquelle il est délivré (ou l'offre proposée). Comp. *valide* (sens 2 *b*). Ant. *périmé*. V. *validation, renouvellement*.

● **3** Dans un sens courant, plus vague, syn. de *légitime, *juste (sens 2), apte ou au moins suffisant à justifier (ou à excuser) un comportement (motif valable, excuse valable). V. *fondé, bien-fondé, sérieux*.

VALEUR

N. f. – Lat. *valor*.

● **1** (sens courant) *a)* (pour qqn). Ce qui, de son point de vue, est estimable, appréciable, désirable, valeur subjective. *b)* (plus objectivement). Bien en soi ; ce qui, en général, est considéré comme bon, utile, digne d'estime.

—s *fondamentales. Bienfaits reconnus comme *principes de la vie en société ; valeurs dites communes par ceux qui, ensemble, s'en réclament, comme bases de leurs relations. Ex. liberté, égalité, solidarité proclamées par les Nations Unies (déclaration du millénaire, 8 févr. 2000) ou l'Union européenne (charte des *droits fondamentaux). V. *ordre public*.

● **2** Ce que vaut, en argent, une chose ; le montant de la somme d'argent qu'elle représente, sa valeur pécuniaire, en général calculée d'après sa valeur *vénale. V. *prix, évaluation, estimation, appréciation, plus-value, *nominalisme monétaire, *valorisme monétaire, parité, pair, reva-*

lorisation, dévaluation, dépréciation, ad valorem, cote, vil, aloi.

— **agréée (clause de).** Spéc. au regard des choses précieuses (œuvres d'art et collections), convention par laquelle, généralement moyennant une expertise préalable, l'assureur et l'assuré assignent à la chose assurée une valeur déterminée, destinée à servir de base au calcul de l'indemnité en cas de sinistre, sauf le droit pour l'assureur, qui ne peut jamais être tenu de payer une somme supérieure au montant du dommage subi par l'assuré (principe indemnitaire), de prouver que la valeur agréée excède la valeur de la chose au jour du sinistre (comp. *valeur déclarée*).

— **à neuf (clause de).** Spéc. en assurance incendie, clause qui garantit à l'assuré la valeur totale de remplacement, sans que soit déduite la *vétusté.

— **(date de).** V. *date de valeur.*

— **déclarée.**

a / (ass.). Valeur (ou somme assurée) fixée librement par l'assuré qui sert à la fixation de la prime et en cas de sinistre à la détermination du dommage, sous réserve de l'obligation pour l'assuré d'apporter la preuve de ce dommage. Comp. *valeur agréée.*

b / (transp.). Valeur indiquée par un expéditeur pour des marchandises confiées à un transporteur ou pour un pli confié à la poste, afin de fixer le montant de l'indemnité due en cas de perte au cours du transport.

— **de remplacement.** Valeur correspondant au prix d'achat ou de reconstruction d'une chose nouvelle destinée à remplacer la chose détruite ou détériorée.

— **locative.** V. *locatif.*

— **nominale.** Valeur indiquée par l'inscription que porte un *instrument monétaire (billet de banque, pièce de monnaie). V. *nominalisme monétaire.*

— **-or (clause).** V. *clause-or* (et *valeur-or*).

— **vénale.** V. *vénal.*

• **3** Avantage appréciable en argent attaché à une prestation ou à un bien.

— **(dette de).** Obligation qui, ayant pour objet, non une quantité invariable d'unités monétaires (une somme d'argent déterminée), mais une valeur qui peut donner lieu, suivant les époques, à des estimations différentes, assujettit le débiteur lors de l'échéance à verser une quantité d'unités monétaires correspondant à ce moment à l'estimation de la valeur due. V. *plus-value, profit, actualisation, indexation, variation, réévaluation, rebus sic stantibus, revalorisation.*

• **4** Désigne, par ext., certaines prestations ou certains biens. V. *titre.*

— **fournie.** Créance (de somme d'argent) du porteur d'une lettre de change sur le *tireur qui explique que le tireur remette l'effet au porteur mais peut résulter de causes diverses (prêt ou livraison de marchandise) non nécessairement mentionnées sur la lettre. Comp. *provision, tirage en l'air.*

— ***mobilière.** *Titre faisant partie d'une émission globale effectuée par une collectivité publique ou privée et qui, en raison de cette origine de sa *négociabilité, est susceptible d'être coté en bourse. V. *action, obligation.*

• **5** Ce qui fait le *mérite d'une demande en justice, d'une prétention, d'un moyen, d'un argument ; son *bien-fondé.

• **6** En un sens générique, ce qui donne effet (à un acte, à un titre), ce qui mesure l'efficacité, la *force (d'un droit, d'une preuve). V. *validité, vigueur, corroborer.*

VALIDATION

N. f. – Dér. du v. valider, lat. *validare*, de *validus* : bien-portant.

• **1** Opération (déclarative) de *vérification, consistant pour une autorité (juge, administration) ou une assemblée à reconnaître la véracité d'un fait (validation de signature) ou la *régularité d'un acte (validation d'une élection). Comp. *homologation, exequatur.*

• **2** Opération consistant à rendre valide un acte qui ne l'est pas. Comp. *légalisation, régularisation, confirmation, rectification.*

— **législative.** Intervention du législateur en forme de loi destinée, à titre rétroactif ou préventif, à valider de manière expresse, indirecte ou même implicite, un acte administratif annulé ou susceptible de l'être.

• **3** Formalité administrative consistant à conférer ou à prolonger la validité d'une pièce soumise à *autorisation périodique.

VALIDE

Adj. – Lat. *validus* : bien-portant.

• **1** (pour une personne). Non atteint d'infirmité, en bonne santé.

• **2** (pour un acte juridique).

a / En parlant du **negotium* : valablement formé, conforme aux conditions exigées par la loi à peine de nullité pour sa conclusion. Ex. mariage exempt, dans sa formation, de toute cause de nullité. Syn. **valable* (sens 1). Comp. *validé, annulable, invalidé.*

b / En parlant d'un titre *(*instrumentum)* en règle, régulièrement délivré, revêtu des formes *légales. Ex. passeport en cours de validité. Comp. *valable* (sens 2), *régulier.*

VALIDÉ, ÉE

Adj. – Part. pass. de valider, lat. *validare.*

• Rendu *valide par l'effet d'une *validation. Ant. **invalidé.*

VALIDITÉ

N. f. – Lat. *validitas* : force, vigueur.

• **1** Qualité de ce qui est *valide ou *validé ; qualité d'un acte qui n'est entaché d'aucun *vice de nature à justifier son *annulation. Comp. *licéité, légalité, légitimité, régularité, valeur, vigueur, force.* V. *nullité, invalidité, violation.* Ant. *invalidité.*

— **(condition de).** Exigence de *forme ou de *fond à laquelle la loi subordonne, à peine de nullité, la formation d'un acte juridique. Ex. le libre consentement des époux au mariage. V. *ad validitatem, ad solemnitatem, existence, preuve.*

• **2** Plus spéc., qualité appartenant à un titre temporaire (passeport, billet) avant l'expiration du temps pour lequel il a été établi. V. *péremption, caducité (en cours de validité).*

— ***provisoire** (eur.). Régime juridique d'une *entente ancienne notifiée qui produit tous ses effets entre les parties et à l'égard des tiers, jusqu'à ce que la commission ait pris une décision à son sujet ; régime remplacé par le sursis à statuer facultatif pour les ententes nouvelles.

VALORISATION

Subst. fém. – Dér. de *valeur.

• **1** Mise en *valeur.

a / Action d'améliorer la valeur intrinsèque d'une chose par des travaux, d'en accroître le rendement. Ex. valorisation des sols par *amendement.

b / Action d'exalter les mérites d'une chose, ses qualités, par des moyens extrinsèques, afin d'en favoriser la vente. V. *label, certification, promotion.*

• **2** Accroissement de valeur. Fait pour un bien (terrain, créance, portefeuille financier) d'augmenter de prix sous l'effet de facteurs économiques et monétaires, parfois par le jeu de clauses spécifiques. V. *appréciation, indexation.* Comp. *revalorisation.* Ant. *dépréciation.*

VALORISME MONÉTAIRE

N. m. – Dér. de *valeur et *monnaie.

• Thèse selon laquelle celui qui doit une certaine quantité d'*unités *monétaires, correspondant, à l'origine, à un certain pouvoir d'achat doit, à l'échéance, la quantité – égale, inférieure ou supérieure – d'unités monétaires correspondant au même pouvoir d'achat, c'est-à-dire, le plus souvent, une dette revalorisée du montant de la perte de *valeur subie par la monnaie. Ant. **nominalisme monétaire.* V. *indexation, revalorisation, rebus sic stantibus, échelle mobile, clause-or.*

VARIATION

Lat. *variatio.*

• *Modification dans la *situation économique, monétaire, etc., *changement de *circonstances. Comp. **fait nouveau.* V. *imprévision, révision, provisoire.*

— **(*clause de).** Clause dont l'objet est de faire varier le montant des obligations engendrées par le contrat dans lequel elle est insérée (prêt, vente, etc.) en fonction de la *valeur de l'or (*clause valeur-or), d'une devise étrangère (clause valeur-devises), ou de celle d'une marchandise de référence choisie comme *indice (clause d'*échelle mobile ou d'*indexation *stricto sensu*). V. *revalorisation, valorisme monétaire, rebus sic stantibus, nominalisme monétaire.*

VEILLER À

V. – Lat. *vigilare.*

• Avoir l'œil sur… et tenir la main à… (en général par fonction) ; porter attention, à… et en tirer la conséquence. Ex. le Président de la République veille au respect de la Constitution ; le ministère public veille à l'exécution de la loi ; le juge veille au bon déroulement de l'instance (CPC, a. 3). V. *autorité, initiative, action, responsabilité, surveillance, suivi.*

VÉNAL, E, AUX

Adj. – Lat. *venalis,* de *venum, venus* : vente, trafic.

• **1** A conservé, dans certaines expressions, le sens neutre : relatif à la vente.

—e (valeur). *Valeur supposée pour laquelle on estime qu'une chose trouverait acquéreur, si, à cet instant, on la vendait ; valeur estimée pour l'hypothèse d'une réalisation ; prix normal qu'accepterait de payer un acquéreur quelconque (n'ayant pas une raison exceptionnelle de convenance de vouloir plus particulièrement le bien vendu de préférence à d'autres similaires) et correspondant au jeu normal de l'offre et de la demande. Syn. **valeur *marchande.*

• **2** (pour une personne, en un sens péjoratif). Qui agit pour de l'argent contre les devoirs de sa charge.

VÉNALITÉ

Lat. *venalitas.*

• **1** Inclination à la *corruption passive, fait d'y être accessible. V. *concussion, trafic d'influence.*

• **2** Pour rendre le sens neutre « aptitude à être vendu » on préfère les expressions *cessibilité ou *transmissibilité à titre onéreux, ou même *patrimonialité, en raison du souvenir péjoratif attaché à l'ancien système de la vénalité des offices et des charges.

VENDEUR

Subst. – Dér. de *vendre.

• **1** Dans la *vente, celui qui vend (fém. venderesse). Comp. *cédant, disposant, aliénateur, commerçant, marchand, négociant, placier, opérateur, revendeur, distributeur, auteur, garant, testateur, donateur, fournisseur.*

• **2** Dans une entreprise, celui qui est chargé des ventes, not. à la clientèle (fém. vendeuse).

VENDRE

V. – Lat. *vendere,* contraction de *venum dare* : donner à vendre.

• Mettre en *vente ou consentir une vente, ou encore en faire profession. Comp. *aliéner, disposer, donner, léguer, céder.* V. *revendre.*

— (refus de). Délit consistant pour quiconque fait profession de vendre à refuser de satisfaire, dans la mesure de ses disponibilités et dans les conditions conformes aux usages commerciaux, aux demandes des acheteurs de produits ou aux demandes de prestation de services (en dehors des cas spécifiés par la loi qui justifient ce refus. Ex. demande anormale, acheteur de mauvaise foi, respect d'une entente licite) ; aujourd'hui nommé refus de vente et de services.

VENIR (À UNE SUCCESSION, À UN PARTAGE)

Lat. *venire.*

• *Succéder, recueillir une succession ou une part de succession (y étant *appelé et l'acceptant). Ex. venir de son *chef ou par *représentation (C. civ., a. 752-2). V. *vocation, acceptation.*

VENTE

N. f. – Tiré de *vendre.

• Contrat par lequel l'une des parties, le *vendeur, *transmet la *propriété d'une chose et s'engage à livrer celle-ci, à une autre, l'*acheteur ou *acquéreur, qui s'oblige à lui en payer le *prix (C. civ., a. 1582). V. *cession, transmission, mutation, adjudication, titre onéreux, translatif, acquisition, achat, revente, donation, lésion, promesse.*

— à *crédit. Vente avec *terme pour le paiement du prix. Ant. **vente au comptant.* V. *vente à terme, vente à livrer, vente à tempérament, achat à crédit.*

— à découvert. Vente dans laquelle le

vendeur n'est pas propriétaire, au moment de la conclusion du contrat, des objets vendus et se réserve de les acquérir pour en effectuer la livraison à l'acheteur au terme fixé. Ex. vente à découvert de valeurs en bourse. Comp. *vente à livrer.*

— **à distance.** V. *téléachat, vidéoachat, vidéovente.*

— **à domicile.** V. *vente de porte à porte.*

— **à la *commission.** Vente conclue par un *commissionnaire pour le compte d'un commettant.

— **à la consommation (ou à l'acquitté).** Vente dans laquelle le vendeur s'oblige à supporter les droits de douane en livrant les marchandises placées dans un entrepôt.

— **à la découpe.** Opération consistant de la part d'investisseurs à vendre par lots des immeubles acquis en bloc.

— **à la dégustation (ou ad gustum).** Vente de marchandises que l'on est dans l'usage de goûter avant d'en faire l'achat, qui, sauf convention contraire, n'est pas parfaite tant que l'acheteur ne les a pas goûtées et agréées (C. civ., a. 1587).

— **à l'agrément.** V. *agrément.*

— **à la sauvette.** Vente de marchandises dans les lieux publics, en contravention avec la police de ces lieux, par des vendeurs dont l'installation sommaire (valise, parapluie…) permet un déplacement rapide. Comp. *vente au déballage.*

— **à l'embarquement.** Vente à l'arrivée de marchandises que le vendeur s'oblige à faire transporter par mer sur un navire indéterminé.

— **à l'encan.** Vente de meubles aux *enchères, dans laquelle toute personne peut se porter acquéreur. V. **vente publique.*

— **à l'*essai.** Vente subordonnée (par l'usage) à la *condition (suspensive) que la chose à vendre sera essayée par l'acheteur, qui ne devient définitive que si cette chose est reconnue apte au service auquel elle est destinée (C. civ., a. 1588).

— **à livrer.** Vente dans laquelle le vendeur a un *terme pour la livraison par opp. à la *vente en disponible. Ex. vente de choses *« in genere »* dans les bourses de marchandises. Comp. *marché à terme, vente à terme.*

— **à perte.** Pratique (illicite), consistant à revendre un produit en l'état à un prix inférieur à son prix d'achat effectif.

— **à *réclamer.** Vente portant sur un cheval qui, mis à prix par son propriétaire avant le départ de la course, peut être acquis par des amateurs qui l'ont vu courir, à la condition d'en offrir un prix au moins égal (préférence donnée au plus offrant).

— **à *réméré.** Vente dans laquelle le vendeur tient d'un pacte de *rachat la faculté de reprendre la chose vendue en restituant à l'acheteur le prix et les frais, dans un délai convenu ; vente avec faculté de rachat (C. civ., a. 1659). V. *repentir (droit de).* Comp. *fiducie, rétractation, retrait.*

— **à tempérament.** Variété de vente à *crédit dans laquelle le prix est payable par fractions égales croissantes ou décroissantes à terme périodique. Ex. vente à crédit du matériel d'équipement des entreprises ou des biens à usage particulier (automobiles, télévision, meubles, appareils ménagers, livres…).

— **à terme.**

a / (sens gén.). Vente affectée d'un *terme retardant l'exigibilité de l'obligation de l'une des parties, soit l'obligation, pour l'acheteur, de payer le prix (vente à crédit), soit l'obligation, pour le vendeur, de livrer la chose (vente à livrer). Comp. **marché à terme.*

b / (constr.). Espèce de *vente d'immeuble à construire dans laquelle le vendeur s'engage à livrer l'immeuble à son achèvement et l'acquéreur, tenu d'en prendre livraison, à en payer le prix à la date de celle-ci, la constatation de l'achèvement par acte authentique emportant de plein droit transfert de propriété, avec effet rétroactif de celui-ci au jour de la vente (C. civ., a. 1601-2).

— **au comptant.** Vente dans laquelle l'acheteur s'engage à payer immédiatement le prix de vente, le vendeur ayant, jusqu'à ce paiement, un droit de *rétention (C. civ., a. 1612). Ant. **vente à crédit,* **vente à terme.* V. *achat au comptant.*

— **au déballage.** Vente effectuée par un commerçant en des lieux non habituellement destinés au commerce et accompagnée de publicité la présentant comme une vente exceptionnelle d'un lot limité de marchandises dont le commerçant souhaite se défaire rapidement et dont les acheteurs pourront espérer un bon prix. Comp. *solde, liquidation, braderie, vente à la sauvette.*

— **au *disponible (ou en disponible).** Vente dans laquelle le vendeur offre une marchandise qui, se trouvant dans ses magasins ou dans ceux d'un tiers, est aussitôt à la disposition de l'acheteur. Ant. **vente à livrer.*

— **au poids, à la mesure.** Vente dans laquelle l'individualisation de la marchandise est faite par le pesage, le comptage ou le mesurage. Ex. vente de tant de quintaux de blé. V. *choses de genre, choses *consomptibles, débit* (II).

— **aux *enchères.** Vente *publique dans laquelle toute personne peut se porter acquéreur en mettant la plus forte enchère. V. **vente à l'encan, adjudication, surenchère, fol enchérisseur.*

— **aux enchères en ligne.** Fait de proposer, en qualité de mandataire du propriétaire, un bien aux enchères publiques à distance, par voie électronique pour l'adjuger au mieux-disant des enchérisseurs (C. com., a. L. 321-3).

— **avec prime.** V. *prime* (sens 3).

— **CAF.** V. *CAF.* Vente maritime au départ, dans laquelle le vendeur se charge de fréter le navire destiné à transporter la marchandise et d'assurer celle-ci. Équivalent en anglais : *CIF = *coast, insurance, freight.*

— **de biens de faillite.** Nom encore donné à la vente forcée des biens appartenant à une personne en liquidation judiciaire selon les formalités prescrites par la loi.

— **de porte à porte (ou à domicile).** Vente au domicile des particuliers par des vendeurs faisant le porte-à-porte, avec la marchandise (*colportage) ou avec de simples échantillons (*démarchage). V. *placier.*

— **d'immeuble à construire.** Contrat tenant de la vente et de l'*entreprise par lequel le vendeur s'engage à édifier un immeuble dans un délai déterminé et qui peut revêtir deux modalités, *vente à terme ou en l'état futur d'achèvement (C. civ., a. 1601-1).

— **d'immeuble prêt à finir.** Nom donné, dans la pratique, à la vente d'un immeuble en état de non-achèvement, dans laquelle l'acquéreur, prenant à sa charge l'achèvement de la construction, se réserve de réaliser certains travaux (finitions ou même aménagements ou installations spécifiés), formule inédite relevant du droit commun, sous réserve de son rattachement à la *vente d'immeuble à construire.

— **en l'état futur d'achèvement.** Espèce de *vente d'immeuble à construire qui transfère immédiatement à l'acquéreur la propriété du sol et des constructions existantes, celle des ouvrages à venir s'opérant au fur et à me-sure de leur exécution et sous l'obligation, pour l'acquéreur, d'en payer au fur et à mesure le prix, le vendeur demeurant maître de l'ouvrage jusqu'à la réception des travaux (C. civ., a. 1601-3).

— **en solde.** V. *solde.*

— **en viager.** V. *Viager(vente en).*

— **en vrac.** Vente de produits présentés sans emballage, en quantité choisie par l'acheteur (C. cons., a. L. 120-1).

— **FOB.** V. *FOB.* Vente maritime au départ dans laquelle le vendeur s'engage à livrer la marchandise le long du navire désigné par l'acheteur (autre équivalent en anglais : *free along side*).

— ***forcée.** Vente sur saisie. Ant. **vente *volontaire.*

— **judiciaire.** Vente aux enchères qui a lieu à la barre du tribunal après publicité. V. *adjudication.*

— **jumelée.** Vente groupée de plusieurs objets différents pour un prix unique, l'acheteur étant tantôt invité à profiter d'un prix global inférieur à la somme des prix séparés, tantôt contraint de tout acheter pour obtenir l'objet qu'il convoite (pratique de prix, en ce second cas, illicite) ; dite aussi vente subordonnée ou liée.

— **liée.** Subordination de la vente d'un produit à l'achat d'une quantité imposée ou à l'achat concomitant d'un autre produit (C. cons., a. L. 122-11).

— **par correspondance.** Vente conclue par correspondance, la commande de l'acheteur étant établie par référence aux articles du catalogue diffusé par le vendeur.

— **par filière.** V. *filière.*

— ***publique.** Vente effectuée publiquement dans laquelle toute personne peut se porter acquéreur (en pratique, vente aux *enchères).

— **refus de vente et de services.** V. *vendre (refus de).*

— **sous palan.** V. *palan.*

— **subordonnée.** Syn. **vente jumelée ou liée.*

— **sur *conversion de saisie immobilière.** Syn. **adjudication sur conversion de saisie.*

— **sur *documents.** Vente qui se réalise par la remise à l'acquéreur d'un titre représentatif de la marchandise vendue (qui donne droit à la livraison de celle-ci).

— **sur échantillon.** Vente dans laquelle le vendeur est tenu de livrer une marchandise conforme à l'échantillon qu'il a remis à l'acquéreur avant ou au moment de la formation du contrat. V. *démarchage.*

— **sur folle enchère.** Syn. **réadjudication à la folle enchère.*
— **sur navire désigné.** Vente à l'arrivée de marchandises que le vendeur s'oblige à faire transporter sur un navire déterminé.
— **sur publications.** Vente effectuée à la suite de certaines formalités de publicité (apposition d'affiches, etc.) destinées à attirer des amateurs. Ex. ventes judiciaires.
— **sur saisie.** Vente *forcée des biens du débiteur, effectuée par autorité de justice, à la suite d'une saisie pratiquée par les créanciers.
— ***volontaire.** Vente effectuée de son plein gré par le propriétaire d'une chose. Ant. **vente forcée.*

VENTILATION

N. f. – Lat. *ventilatio,* de *ventilare* : examiner une question, propr. : agiter en l'air.

- Détermination de la *valeur de partie d'une chose, par rapport à la valeur totale de celle-ci. Ex. en cas de vente d'un fonds de commerce, détermination de la fraction du prix global correspondant aux éléments corporels du fonds (marchandises, etc.) et de celle qui correspond aux éléments incorporels (droit au bail, etc.) (C. civ., a. 1601, 1637). Comp. *évaluation, estimation, prix, perte, éviction.*

VENTURE-CAPITAL

Termes anglais, rendus en français par l'expression *capital-risque.

VÉRACITÉ

N. f. – Du lat. *verax* : véridique, sincère.

- **1** Qualité de ce qui est conforme à la *vérité (sens 1), véridique ; syn. de vérité (sens 2). Ex. véracité d'une déclaration, d'un *serment, d'un *aveu. V. *décisoire, foi, force probante.*
- **2** Parfois, qualité de ce que l'on croit conforme à la vérité ; syn. en ce sens de *sincérité. Ex. véracité d'un témoignage (même erroné) dont la loyauté est hors de doute.

VERBAL, ALE, AUX

Adj. – Lat. *verbalis,* de *verbum* : verbe.

- **1** Exprimé oralement, conclu de vive voix. Syn. **oral,* par opp. à **écrit* et à **tacite.* Ex. rapport verbal, bail verbal. V. *parole, consensuel, exprès, formel, expressis verbis, nuncupatif, labial.*
- **2** Qui relate par écrit ce qui vient d'être dit. V. *procès-verbal, note verbale.*

VERBALISATEUR (AGENT)

N. m. – De *verbaliser.

- L'agent qui dresse *procès-verbal.

VERBALISER

V. – Dér. de *verbal.

- *Dresser *procès-verbal. V. *sanctionner.*

VERDICT

Subst. masc. – Empr. à l'angl. *verdict,* lat. médiév. *veredictum.*

- *Déclaration solennelle par laquelle la cour proprement dite (les magistrats) et les jurés répondent aux questions posées par le président de la cour d'assises, et qui est considérée comme l'expression d'une vérité définitive sur les questions de fait (sans doute parce qu'elle est rendue par une juridiction populaire) ; jusqu'en 1941, désignait la décision des seuls jurés en réponse aux questions posées sur la culpabilité. V. *jury, sentence.*

VÉRIDIQUE

Adj. – Du lat. *veridicus* (de *verus* et *dico*) : qui dit la vérité.

- **1** Qui dit la *vérité, au moins celle qu'il perçoit de *bonne foi ; en ce sens syn. de sincère. Ex. témoin véridique. V. *sincérité.* Ant. *faux, mensonger.*
- **2** Qui a été confirmé par la réalité, éprouvé, vérifié ; en ce sens syn. de *véritable, *vrai (sens 1). Comp. *établi, certain, constant.* V. *faux.*
- **3** (en un sens voisin, plus rare, présent dans *verdict), qui est dit vrai (affirmé tel, notamment par une juridiction, et tenu, en ce cas, pour vérité légale).

VÉRIFICATION

N. f. – Dér. du v. vérifier, lat. *verificare.*

- Action de vérifier, spéc. de la part d'une autorité ; action d'éprouver la réalité d'un fait, l'exactitude d'une allégation, la véracité d'une déclaration, la *conformité d'une situation aux exigences de la loi, l'existence d'un pouvoir ou d'un droit, etc., souvent syn. de *contrôle (ex. vérification d'identité). V. *constatation, validation, examen, lecture, preuve, certification, vidimus.*

— **d'*écriture.** Procédure qui a pour objet de faire reconnaître par le juge que l'écriture ou la signature d'un acte sous seing privé émanent de la personne à qui on l'attribue ; dite *incidente lorsqu'elle est demandée au cours d'une instance par la partie qui dénie ou méconnaît l'écriture qui lui est attribuée, ou déclare ne pas reconnaître celle qui est attribuée à son auteur, contre l'adversaire qui le lui oppose ; *principale lorsqu'en dehors de tout litige une personne demande au juge de reconnaître les écritures de l'acte dont elle est porteur en prévision d'éventuelles contestations (*action préventive). V. CPC, a. 287 s. Comp. *faux.* V. *authentification, certification de signature.* Comp. *légalisation.*

— **des créances.** Opération incombant au *représentant des créanciers dans la procédure de *redressement judiciaire (naguère au syndic dans les procédures homologues antérieures) qui consiste à s'assurer de l'existence et du montant des créances déclarées puis à en dresser une liste en vue de leur *admission par le *juge commissaire. V. *déclaration des créances, suspension des poursuites individuelles.*

— **des poids et mesures.** Contrôle organisé en vue d'assurer, par une série d'épreuves (vérification première, vérifications périodiques, vérifications extraordinaires), l'observation des prescriptions légales concernant l'uniformité des poids et mesures ayant cours en France, ainsi que des instruments de pesage et de mesurage ; par ext. le service public chargé de ce contrôle.

— **des pouvoirs.**

a / Jusqu'à la Constitution de 1958, contrôle par les assemblées parlementaires de l'éligibilité et de la régularité de l'élection de leurs membres (aujourd'hui remplacé par un contrôle juridictionnel du Conseil constitutionnel). V. *validation.*

b / En matière de sociétés, procédure préliminaire à la délibération des assemblées générales, consistant à contrôler l'existence et la validité des mandats donnés par les actionnaires empêchés d'assister à l'assemblée afin de s'assurer que le *quorum est atteint.

— **fiscale** (au sens strict). Contrôle de la situation fiscale d'un contribuable astreint à la tenue d'une comptabilité, dans le cadre des règles précises édictées par le Code général des impôts (durée, assistance d'un conseil…).

— **personnelle du juge.** Action, pour le juge, de prendre lui-même *connaissance des faits litigieux, en procédant en personne aux *constatations, évaluations, appréciations et reconstitutions qu'il estime nécessaire à la manifestation de la vérité, au besoin en se transportant sur les lieux, afin d'éprouver l'évidence d'une *preuve par ses propres sens (CPC, a. 179). V. *descente sur les lieux, visite des lieux.* Comp. *consultation, expertise, constat, technicien, mesure d'instruction.*

VÉRITABLE

Adj. – Dér. de *vérité.

- **1** Syn. de *vrai (dans les quatre premiers sens de ce terme).
- **2** Dans l'interprétation d'un texte ambigu, se dit du sens conforme à l'intention de l'auteur du texte (intention du législateur, commune intention des contractants).
- **3** Parfois syn. de *réel (par opp. à *fictif, simulé). Ex. dans la *simulation, l'acte occulte est dit porteur de la volonté véritable des parties par opposition à celle qu'elles expriment dans l'acte ostensible.

VÉRITÉ

N. f. – Lat. *veritas* : la vérité, le vrai, de *verus* : vrai.

- **1** (Ce qui est objectivement *vrai, *véritable en soi). Propriété intrinsèque de la *réalité (dont il est cependant inévitable d'admettre que nous l'appréhendons subjectivement) ; propriété de ce qui, réellement, existe ou a existé : critère, pour un *fait présent ou passé, de sa *preuve, dès lors que la vérité une fois dévoilée (à supposer cette révélation possible) a pour propre de faire *foi par sa propre *évidence *(veritas index sui),* de s'imposer d'elle-même à tout esprit éclairé, de persuader en faisant naître la certitude, source de l'*intime conviction, ressort de la *force probante, justesse de la justice ; s'applique seulement, en ce sens, à la *connaissance et à l'établissement des faits (non aux règles et aux propositions de droit) mais s'applique à tous les faits (de l'homme ou de la nature, matériels, psychologiques, sociaux, etc.). Comp. *apparence.*

— ***absolue.***
a / Celle à laquelle permettrait d'accéder une connaissance plénière.
b / Celle que l'on considère comme telle, soit qu'elle tombe d'elle-même sous le sens (V. *erreur*), soit qu'elle se rende aux investigations les plus complètes que permet l'état actuel de la science. Comp. *vérité relative.*

— **affective.** Celle qui exprime une relation d'affection (en général réciproque) que celle-ci exalte la *vérité *biologique quand elle lui est associée (amour maternel, filial, etc.), ou repose, entre personnes non parentes, sur la seule force des *sentiments, souvent au soutien de la *vérité sociologique. V. C. civ., a. 311-13 anc. ; 371-4, al. 2).

— ***biologique.** Celle qui marque la parenté par le sang (selon la nature) c'est-à-dire, pour la paternité, la paternité génétique (par la force génétique du sperme) et, pour la maternité, la maternité tout à la fois génitrice (génétique, ovulaire) et gestatrice (utérine, porteuse), la maternité seulement génitrice ou seulement gestatrice n'étant biologique que *pro parte.* Comp. *naturel, vérité sociologique, vérité affective.*

— **(exception de vérité).** V. *exceptio veritatis*.

— **(*manifestation de la).** Mise en évidence de la vérité, enjeu du combat judiciaire pour la preuve, objectif de la recherche *contradictoire des preuves et de la *vérification juridictionnelle des *allégations de fait. V. *contradiction, mesure d'instruction, modes de *preuve, administration judiciaire de la preuve, constatation, constat, impartialité, inquisitorial, justification.*

— ***relative.** La plus forte *vraisemblance entre toutes les versions examinées.

— **sociologique.** Celle qui marque une relation parentale vécue, que la *vie, en passant, a tissée en acte et aux yeux de la société ; celle qui, œuvrant, manifeste, dans le *temps, s'autorise de son être en durant et qui, selon les cas, renforce, supplée ou supplante la vérité biologique. V. *possession d'état, vérité affective.*

- **2** (ce qui est *véridique). Qualité de ce qui est conforme à, la vérité (sens 1) ; conformité à la réalité ; ce qui en est l'expression fidèle (sincère et exacte) et non erronée ou *mensongère ; syn. en ce sens de *véracité : exactitude qui s'applique non plus au fait lui-même mais à l'affirmation d'un fait (*allégation, *déclaration, témoignage) ou à un état de droit (lequel peut être contraire ou conforme à la réalité). V. *serment, aveu, sincérité, spontanéité, loyauté, bonne foi, erreur, faux, fraude, tromperie.*
- **3** (par assimilation, ce qui est incontestable). Ce que la loi commande de tenir pour vrai (vérité légale) ou vérifié (vérité judiciaire) par l'effet d'une *présomption irréfragable qui rend la version officielle juridiquement incontestable (mais il y a le « comme si »). *Res judicata pro veritate habetur* (est considérée comme…). V. *autorité de chose jugée, fin de non-recevoir.* Comp. *authenticité.*

VERSEMENT

N. m. – Du lat. *versare,* dér. de *vertere* : tourner.

- **1** Opération consistant, pour une personne, à faire tenir une somme d'argent à une autre, par la remise effective d'un instrument de paiement (versement en espèces, remise d'un chèque, etc.), soit en *paiement d'une dette (versement entre les mains du créancier ou d'un tiers), soit à un autre titre (versement d'arrhes, d'un dépôt de garantie, d'un don, etc.). V. *tradition, virement, transport, transfert, quérable.*
- **2** Plus vaguement, syn. de *paiement, ou même de *service. Ex. versement d'une pension alimentaire, d'une rente. V. *reversement, remboursement.*

VERSER AUX DÉBATS

V. *versement, débat.*

- Faire état d'une *pièce dans un procès, d'où l'obligation de la *communiquer

(CPC, a. 132). Syn. **produire en justice* (V. *production*, sens 2). Comp. *communication*; par ext., faire état, dans une discussion, d'un élément d'information.

VERTU (EN — DE)

Lat. *virtus*, dér. de *vir* : homme.

- Le mot vertu désignant tout à la fois la force et la légitimité, la source et la base d'un droit, d'un pouvoir, etc., l'expression peut signifier (sens voisins) :
- **1** Par application de…, par l'effet de… (être poursuivi en vertu de la loi, verser une indemnité en vertu d'un jugement).
- **2** Sur le fondement de… (on possède en vertu d'un titre, on agit en vertu de l'a. 1384 C. civ.).
- **3** Dans l'exercice de (c'est-à-dire dans l'exécution et les limites de). Ex. en vertu d'un mandat, d'un pouvoir. Comp. *force, vigueur.*

VERUS DOMINUS

Expression lat. signifiant « véritable propriétaire », encore utilisée pour désigner le titulaire réel du droit de propriété, en général pris au moment où il exerce l'action en *revendication contre l'*acquéreur **a non domino*. V. *possesseur.*

VESTIGES TERRESTRES

Subst. masc. plur. – Du lat. *vestigium*, empreinte des pas, traces, ruines ; *terrestris* (de *terra*) relatif à la terre.

- *Monuments et objets enfouis mis au jour par des *fouilles ou l'effet du hasard qui présentent un intérêt historique, artistique, scientifique, culturel ou archéologique et, selon le cas, un caractère immobilier (grottes ornées, menhirs ou stèles dressés) ou mobilier (menhirs ou stèles couchés), parfois nommés monuments mégalithiques (l. 31 déc. 1913, a. 1). V. *trésor, accession.* Comp. *épave.*

VETO

Subst. masc. – Lat. *veto* : je m'oppose.

- Décision par laquelle un organe partiel d'une fonction juridique s'oppose à l'édiction d'un acte de cette fonction déjà approuvé par un ou plusieurs autres organes partiels.

— ***absolu.** Celui qui ne peut être surmonté.

— **(droit de).**

a / (sens gén.). Droit de s'opposer par un vote hostile à l'adoption d'une résolution lorsque l'unanimité est requise.

b / (int. publ.). Pouvoir donné par la charte des Nations Unies (a. 27, al. 3) aux membres permanents du conseil de sécurité de s'opposer par un vote négatif à l'adoption d'une résolution par cet organe.

— **législatif.** Décision par laquelle un organe législatif partiel (qui peut être en même temps le titulaire du pouvoir exécutif : le roi dans la Constitution de 1791, le président dans celle des États-Unis) s'oppose à l'édiction d'une loi dont le contenu a déjà été approuvé par un autre organe législatif partiel (par ex. les assemblées parlementaires).

— **limité.** Veto qui peut être surmonté par les autres organes ayant adopté la décision frappée par ce veto, s'ils réitèrent leur volonté, soit selon une procédure différente (par ex. à une majorité qualifiée), soit après un certain délai (« veto suspensif »).

— ***populaire.** Modalité de *référendum dans laquelle le corps électoral peut s'opposer à l'entrée en vigueur d'un texte déjà adopté par un organe constitutionnel.

VÉTUSTÉ

N. f. – Lat. *vetustas* : vieillesse, grand âge.

- État d'usure ou de détérioration d'une chose résultant du temps ou de l'usage, pris en considération comme cause de *ruine ou de réparation (C. civ., a. 1730, 1755), ou comme perte de valeur. Ex. en matière d'assurance de chose, la dépréciation correspondant à la vétusté est, en principe, déduite, lors de l'évaluation du dommage (la vétusté n'est pas un risque), sauf si l'assurance est faite en *valeur à neuf. V. *amortissement.*

VEUF, VEUVE

Lat. *viduus, vidua.*

- *Époux dont le mariage a été dissous par le décès de son *conjoint. Syn. **conjoint *survivant.* V. *célibataire, *femme isolée,* *divorcée, *délai de viduité, gains de survie.*

VIABILITÉ (I)

N. f. – Dér. de *viable, ne pas confondre avec l'homophone suivant dér. de *via* : voie, non de *vita* : vie.

- **1** (sens logique traditionnel). Aptitude à la *vie, capacité naturelle de vivre, caractère de l'enfant né vivant et *viable (aptitude à laquelle est subordonnée l'acquisition de la *personnalité juridique, not. pour la capacité de succéder, C. civ., a. 725, 906). V. *conception, naissance.*
- **2** (définition technologique conforme aux recommandations de l'Organisation mondiale de la santé). Caractère reconnu à l'enfant qui, au moment de sa naissance – vivant ou mort – a atteint le poids de 500 g ou le terme de vingt-deux semaines d'aménorrhée (circ. n° 2001/576, 30 nov. 2001). V. *enfant mort-né, enfant sans *vie.*

VIABILITÉ (II)

N. f. – Dér. du lat. *viabilis*, de *via* : voie.

- **1** État d'une voie de communication sur laquelle la circulation est praticable.
- **2** Mise en état de circulation d'une telle voie et par ext. ensemble des travaux d'aménagement de voirie et d'assainissement préalables à la construction d'un ensemble immobilier. V. *constructible.*

VIABLE

Adj. – Dér. de vie, lat. *vita.*

- **1** (sens traditionnel). Physiologiquement apte à vivre, à survivre, se dit de l'enfant né vivant et doté des organes essentiels à la vie (C. civ., a. 725). V. *personnalité.* Ant. *non viable.*
- **2** (critère technologique OMSV ci-dessus) se dit d'un enfant parvenu au terme de vingt-deux semaines d'aménorrhée ou au poids de 500 g. V. *enfant sans *vie, *enfant mort-né.*

VIAGER, ÈRE

Adj. – Dér. l'anc. franç. *viagé* : durée de vie puis usufruit.

- Qui a vocation à durer autant que la *vie d'une personne déterminée (par opp. à ce qui doit s'éteindre à date certaine), mais pas au-delà (par opp. à ce qui est héréditaire, transmissible à cause de mort). Ex. *rente viagère, droit viager au *logement, *prêt viager hypothécaire.

— **(vente en).** Vente à charge de *rente viagère dont le prix est versé au vendeur non seulement par arrérages périodiques mais en général pour partie au comptant, sous la forme d'un *bouquet. V. *personnel, intransmissible, tête, usufruit, usage, crédirentier, votum mortis.* Comp. *perpétuel.*

VICE

N. m. – Lat. *vitium*, à basse époque *vicium.*

- **1** Défaut affectant une chose (fabriquée, vendue, louée…).

— **caché.** Défaut non *apparent que l'acquéreur ou le locataire ne peut, à lui seul, déceler dans la chose vendue ou louée, lors de la conclusion du contrat et qui, sous certaines conditions (V. *rédhibitoire*), oblige le vendeur ou le bailleur à *garantie (C. civ., a. 1641, 1721).

— **de construction.** Défaut qui, provenant de la mauvaise conception ou de l'exécution défectueuse des travaux de construction (erreur de plan, emploi de matériau trop léger, etc.), oblige les personnes désignées par la loi (architectes, entrepreneurs, autres personnes liées par un contrat de louage d'ouvrage, vendeur d'un immeuble à construire, promoteur immobilier, etc.) à garantie envers le maître de l'ouvrage ou l'acquéreur lorsqu'il en résulte une perte totale ou partielle du bâtiment et qui, d'un autre côté, engage la *responsabilité délictuelle du propriétaire du bâtiment envers les tiers victimes d'un dommage causé par cette ruine. V. *désordre, malfaçon.*

— **propre.** Défectuosité inhérente à la chose même (ex. sa tendance naturelle à se détériorer), par opp. à l'action accidentelle d'agents extérieurs.

— **rédhibitoire.** V. *rédhibitoire.*

- **2** Défaut affectant un acte ou une situation juridique dans sa formation ou son origine ; imperfection affectant l'élaboration d'un acte.

— **de *forme.**

a / (d'un acte en général). *Irrégularité

résultant de l'inobservation d'une formalité requise dans la conclusion ou la rédaction d'un acte (convocation préalable, lecture, mention, etc.), en général sanctionnée par la nullité de l'acte (sous réserve, pour les actes de procédure, de l'application de la maxime: « Pas de nullité sans grief », CPC, a. 114). Comp. **irrégularité de *fond*. V. *exception de nullité, régularisation*.

b / (d'un acte administratif). Omission ou irrégularité des procédures ou *formalités qui auraient dû être observées dans l'élaboration d'un acte administratif. V. **recours pour excès de pouvoir, violation*.

c / (d'un jugement). Inobservation des règles prescrites pour l'élaboration d'un jugement (débats, délibéré, rédaction, etc.) pouvant entraîner (aux conditions de la loi, CPC, a. 446) l'annulation de ce jugement sur voie de recours. V. *ouverture, cassation*.

ADAGE : *Voies de nullité n'ont lieu contre les jugements*.

— de la possession. Défaut entachant la *possession (*équivoque, *violence, *clandestinité), qui empêche celle-ci de produire tous ses effets de droit, not. de conduire à l'acquisition de la propriété par *usucapion (V. *vicieux, utile*).

— du *consentement.

a / Nom commun donné aux diverses perturbations qui, lors de la formation de l'acte juridique, entament la lucidité ou la liberté du *consentement (*erreur, *dol, *violence) sans cependant l'abolir entièrement (comp. **trouble mental*, **altération des facultés personnelles*) et qui constituent, comme l'*incapacité d'exercice, une cause de *nullité relative (C. civ., a. 1129 et s.). Comp. **absence de consentement*.

b / Qualification également appliquée à la *lésion, et qui se justifie dans les systèmes où celle-ci suppose l'exploitation, par l'un des contractants, de la gêne ou de l'inexpérience de l'autre.

VICIÉ, IÉE

Adj. – Dér. de *vice.

- Se dit par opp. à *valide, *valable, de l'acte juridique entaché d'une cause de nullité, plus spéc. du consentement à cet acte lorsqu'il est contraint ou donné par erreur. V. *vice, annulable, rescindable, lésionnaire, libre, forcé, défectueux*.

VICIEUX, EUSE

Adj. – Dér. de *vice.

- Se dit, par opp. à *utile, de la *possession qui, entachée d'un *vice, ne peut fonder la *prescription acquisitive. V. *usucapion, équivoque, clandestin, violent, discontinue, mauvaise foi*.

VICINAL, ALE, AUX

Adj. – Lat. *vicinalis*, de *vicinus* : voisin, dér. de *vicus* : bourg.

- Désignait jusqu'en 1959, dans la locution « chemins vicinaux ordinaires », des voies reliant les agglomérations de faible ou de moyenne importance (catégorie désormais fondue dans celle de *voies *communales).

VICINALITÉ

Dér. de *vicinal.

- Ensemble des chemins *vicinaux.

VICTIME

N. f. – Lat. *victima*.

- Celui qui subit personnellement un *préjudice, par opp. à celui qui le cause (*auteur), mais qui peut en être la victime *directe ou *indirecte. Comp. *ayant cause, ayant droit, tiers*. V. *constitution de *partie civile*.

VIDE JURIDIQUE

N. m. – Vide, lat. *vacuum* du v. *vacare*, être vide, inoccupé, libre, vacant (par le lat. pop. *vocitum* devenu l'a. fr. *vuide*). V. *juridique*.

- **1** *Lacune non intentionnelle du droit (en une matière juridiquement relevante) dont le *comblement incombe *in casu* au juge (lequel ne peut dénier justice, C. civ., a. 4), à terme au législateur lorsque l'*analogie ne suffit pas à suppléer la loi, la doctrine ayant mission de montrer, en raison et imagination, que le vide est souvent plus apparent que réel. V. *déni de justice, prétorien, lacunaire*.

• **2** Aire du *non-droit ; espace de liberté dans lequel le droit est non présent, qui, en fait, est juridiquement non relevant (même si le droit pourrait avoir la tentation de s'y introduire).

VIDÉOACHAT

Subst. masc. – Néol., trad. de l'anglais *videoshopping.*

• *Achat effectué après présentation et démonstration, sur un écran, de produits et de leur utilisation ; espèce de *téléachat. V. *vidéovente.*

VIDÉOVENTE

Subst. fém. – Néol. comp. de video, du v. lat. *videre,* voir, et de vente.

• Même opération considérée du côté du vendeur ; technique de vente ; espèce de *télévente.

VIDER

V. – Dér. de *vide, du lat. *vacuus.*

• Verbe utilisé dans certaines expressions de la pratique (vider sa *saisine, vider son délibéré) pour exprimer que le juge résout en son entier le litige dont il est saisi, tranche tous les points soumis à son examen. Comp. *purger.*

VIDIMER

V. – De **vidimus* (terme de chancellerie).

• Collationner la *copie d'un acte sur l'original et attester qu'elle y est *conforme. Ex. charte vidimée, copie d'une charte certifiée conforme à l'original. V. *certifier, authentifier* ; comp. *légaliser.*

VIDIMUS

N. m. – Terme lat. signifiant « Nous avons vu ».

• (Anc. dr.). *Déclaration portée sur un acte par laquelle une autorité (un juge not.) affirme avoir examiné cet acte, et atteste, après l'avoir collationné sur l'original qu'il est *conforme à celui-ci ; mention sur un acte de l'*attestation officielle de sa *conformité à l'original après *collationnement. Pourrait aujourd'hui par métaphore désigner un *certificat de conformité. V. *certification, affirmation, authentification, vérification, copie.*

VIDUITÉ

N. f. – Lat. *viduitas* : privation, veuvage.

• (vx). État de veuf ou de veuve, veuvage, s'emploie surtout dans l'expression : *délai de viduité.

VIE

N. f. – Lat. *vita.*

• **1** Période qui s'étend de la *naissance (et même de la *conception) jusqu'à la *mort. V. *personnalité, viable, viager, décès.*

ADAGE : *Infans conceptus pro nato habetur quoties de commodo ejus agitur.*

• **2** Ensemble des activités et occupations d'une personne ; les facettes de son existence, vie publique, vie professionnelle, vie privée.

— **privée.** La sphère d'intimité de chacun ; par opp. à vie publique, ce qui, dans la vie de chacun, ne regarde personne d'autre que lui et ses intimes (s'il n'a consenti à le dévoiler) : vie familiale, conjugale, sentimentale, face cachée de son travail ou de ses loisirs, etc.

— **privée (droit au *respect de la).** Droit de n'être troublé par autrui ni chez soi (*inviolabilité du *domicile), ni dans son quant-à-soi (inviolabilité de la sphère d'intimité), C. civ., a. 9.

— **privée (atteinte à la).** Qualification générique regroupant les infractions les plus graves au respect de la vie privée : *violation de domicile ; captation des paroles ou de l'image d'une personne sans son consentement (C. pén., a. 226-1) ; conservation ou diffusion d'un enregistrement attentatoire à la vie privée (a. 226-2), etc.

• **3** Fait d'être *vivant ; état de celui dont l'existence est certaine, par opp. à la mort et à l'incertitude qui caractérise la présomption d'*absence et, à un degré moindre, la *disparition et l'*absence déclarée (lesquelles correspondent à une présomption de décès). V. *absent, disparu, de cujus, vif, tête, corps, survie, comourants.*

— **(assurance sur la).** V. *assurance sur la vie.*
— **(*certificat de).** Acte authentique (délivré par un maire ou un notaire) attestant l'existence d'une personne.
— **(enfant sans).** Mention sous laquelle sont inscrits à l'état civil (*acte d'enfant sans vie) : *1 /* l'enfant né vivant mais *non *viable ; *2 /* l'enfant né mort mais *viable (sens OMS, v. *viabilité*), avec indication du prénom qui leur est donné (mention figurant à la demande des parents sur le livret de famille). V. circ. nº 2001/576, 30 nov. 2001 ; *enfant mort-né.*

• **4** Mode de vie (familiale)
— **(communauté de).** Union de deux vies, modèle de l'existence conjugale, comprenant, dans un réciproque vouloir vivre ensemble, cohabitation (résidence commune, mais non pas nécessairement même *domicile), union charnelle et sentimentale *(consortium omnis vitae)* qui, érigé en *devoir mutuel de mariage (C. civ., a. 215), a vocation à régner durablement en plénitude, mais dont l'altération n'a de conséquences juridiques qu'en cas de rupture consommée (celle-ci étant caractérisée par une existence séparée – abandon de l'un des époux par l'autre, altération définitive du lien conjugal résultant d'une *séparation de fait pendant deux ans, cause de divorce, C. civ., a. 237, 238). V. *vie commune.*
— **commune.** Fait pour deux personnes d'habiter ensemble (v. *cohabitation*) qui suppose généralement entre elles l'existence de relations charnelles (v. *couple*) et d'une unité ménagère (v. *ménage*). *1 /* Élément de la *communauté de vie, la vie commune constitue, entre époux, un *devoir de *mariage, mais peut, en fait, être rompue, not. par *séparation de fait (la rupture de la vie commune étant une cause de divorce, C. civ., a. 237 s.). *2 /* Hors mariage, la vie commune entre, comme donnée de fait, dans la définition du *concubinage et dans la finalité du *pacs (entre personnes de même sexe ou de sexe différent C. civ., 515-1, 515-4). V. *union libre.*
— **séparée.** V. *séparation de fait.*

• **5** Façon de se conduire, appréciée not. du point de vue de la *moralité publique (bonne vie et mœurs, mauvaise vie).

• **6** Subsistance ; conditions d'existence.
— **(train de).** Façon plus ou moins large (avec faste, aisance ou plus malaisément) de vivre, quant aux dépenses de l'existence ; volume variable que représentent, dans un budget familial ou personnel, les dépenses affectées à la satisfaction des *besoins et des plaisirs (C. civ., a. 220). V. *dettes de ménage, gains de survie, charges du mariage, fortune, ressources, facultés, revenus, aliments, nécessité, dissipation, curatelle, prodigalité.* Comp. **niveau de vie.*

VIEILLESSE

N. f. – Dér. de vieux, vieil, du lat. *vetulus.*

• État d'une personne qui, ayant dépassé un certain âge, est présumée ne plus pouvoir travailler, et peut bénéficier, à ce titre, d'un régime de pension de *retraite et d'une aide éventuelle à défaut d'un minimum de ressources.
— **(minimum).** Allocation minimale fixée par décret annuel, à laquelle il peut être prétendu en cas de vieillesse.
— **(pension de).** V. *pension.*

VIF

N. m. – Lat. *vivus,* du v. *vivere,* vivre, être en vie.

• Terme employé substantivement au sens de « personne vivante », dans certains énoncés traditionnels. Ex. l'adage : « Le mort saisit le vif. » Comp. *vivant.*
—**s (entre).** Expression consacrée destinée à caractériser un acte juridique bilatéral qui produit ses effets du vivant même de ses auteurs. Dans les actes translatifs (*disposition entre vifs, *donation entre vifs), cette précision marque que le transfert de propriété accompli du vivant du disposant n'est pas unilatéralement révocable au gré de celui-ci, et, en cas de prédécès du bénéficiaire, demeure acquis à la succession de ce dernier. Ant. *À cause de mort.* V. *donation à cause de mort.*

VIGILANCE

— **(plan de).** Plan imposé aux sociétés anonymes, comportant les mesures propres à identifier et à prévenir les atteintes graves aux droits humains, aux libertés fondamentales, à la santé et à la sécurité des personnes, ainsi que l'environnement résultant de leur activité et celle des sociétés qu'elles contrôlent directement et indirectement et des sous-traitants avec lesquels elles entretiennent une relation commerciale établie (C. com., a. L. 225-102-4). Comp. **conformité.*

VIGNETTE

N. f. – Dér. de vigne, lat. *vinea.*

- Étiquette figurant sur une spécialité pharmaceutique et permettant son remboursement par la Sécurité sociale à celui qui en a fait l'achat.

VIGUEUR

N. f. – Lat. *vigor,* de *vigere* : être plein de force.

- **1** Syn. de *force obligatoire, obligatoriété. V. *vertu.*

ADAGE : *Consuetudo legis habet vigorem.*

- **2** Dans un sens plus précis, particulier à la loi écrite (loi, décret, arrêté…), aux traités et aux conventions, s'emploie dans des expressions destinées à déterminer la période pendant laquelle le texte a vocation à être effectivement appliqué.

— **(en).** Actuellement obligatoire ; applicable au moment considéré, par opp. à ce qui ne l'est pas encore (ex. loi non encore promulguée ou publiée) et à ce qui ne l'est plus (ex. loi abrogée). V. *positif (droit).*

— **(entrée en).** Mise en *application (à une date déterminée) ; moment où le texte devient obligatoire (ex. une loi entre en vigueur, soit à l'expiration du délai prévu par l'a. 1 du C. civ., après sa *promulgation, soit à la date – ultérieure – que fixe une disposition spéciale de cette loi).

- **3** Parfois syn. de fécondité (à propos d'un principe fertile en conséquences, on dira « dans la vigueur des principes ».
- **4** Parfois aussi syn. de force persuasive (ex. vigueur d'un moyen, argumentation sans vigueur).

VIL, E

Adj. – Du lat. *vilis,* sans valeur, vulgaire.

- **1** De peu de *valeur (pécuniaire), bon marché ; se dit d'une denrée, d'un objet. *Res mobilis, res vilis.*
- **2** Très bas, très faible ; se dit alors du *prix de vente d'une chose, lorsqu'il est très inférieur à la valeur réelle, ou au moins marchande de cette chose. Ex. vendre un immeuble à vil prix (en général sous le coup de la nécessité, la vileté du prix n'exprimant pas la valeur de la chose, à la différence, dans le sens 1, de la vileté de la chose). V. *dérisoire, lésionnaire, action paulienne.*
- **3** Avec une connotation morale, abject, honteux, méprisable ; se dit d'une intention, d'une dénonciation, d'un marchandage, etc.

VILETÉ OU VILITÉ

Subst. fém. – Du lat. *vilitas,* bon marché, insignifiance, bassesse.

- Caractère de ce qui est *vil ; se dit surtout du prix, parfois d'une marchandise, plus rarement d'une action.

VILLE

N. f. – Lat. *villa,* d'abord « ferme », « maison de campagne », plus tard « village », enfin « agglomération de plusieurs villages ».

- Agglomération d'une certaine importance par opp. à village et hameau ; terme souvent employé pour désigner la commune* s'identifiant à l'agglomération.

— **nouvelle.** Nom donné à des agglomérations urbaines ne résultant pas de l'extension d'agglomérations existantes mais d'une création autonome (décidée par décret en Conseil d'État après avis du conseil général, des conseils municipaux intéressés et le cas échéant du conseil de la *communauté urbaine intéressée). V. **syndicat communautaire d'aménagement, *ensemble urbain.*

— **(politique de la).** Politique de cohésion urbaine et de solidarité, nationale et locale, envers les quartiers défavorisés et leurs habitants (l. n° 2014-173 du 21 février 2014). V. *contrat de ville.*

VIMAIRE (OU VIMÈRE)

N. f. – Obs., du lat. *vis* (force) *major* (majeure).

- (for.). *Force majeure, qualification donnée à de violentes intempéries gravement dommageables (ouragan, tempête de grêle).

VIN

N. m. – Lat. *vinum,* vin, liqueur d'autres fruits.

- Produit obtenu exclusivement par la fermentation alcoolique, totale ou partielle, de raisins frais, foulés ou non, ou de moûts de raisins (régl. 822/87, 16 mars 1987,

Cons. CE ; l. 14 août 1889, a. 1er) ; définition générique qui débouche sur la définition spécifique des différents types de vin (not. par référence au titre alcoométrique, et aux pratiques œnologiques) : vin nouveau, vin de table, vin de liqueur, vin mousseux, vin pétillant, piquette, vin viné, etc., dont certains, lorsque leur qualité répond aux normes légales, sont qualifiés « vins de qualité produits dans des régions déterminées (VQPRD), catégorie au sein de laquelle la réglementation française distingue les vins d'*appellation d'origine contrôlée (AOC) et les appellations d'origine, vins délimités de qualité supérieure (AOVDQS).

VINDICATIF, IVE

Adj. – Du v. lat. *vindicare* (terme obscur en son premier élément et dont la racine se rattache au v. *dicere,* dire) revendiquer en justice, réclamer, punir, châtier, venger.

- (sens courant). Qui aspire à la vengeance, qui cherche à se venger.

—**ve (action).** Nom parfois donné à la *constitution de partie civile devant une juridiction répressive lorsque la constitution a pour seule fin, de la part de la victime de l'infraction, de corroborer par sa présence, l'action publique, sans être accompagnée d'une demande tendant à la réparation de son préjudice, ce qui donne à penser que, dans cette instance, la partie civile est seulement animée par le désir d'entendre condamner pénalement l'inculpé (sinon par l'esprit de vengeance) (Civ. 1re 25 janv. 2000, *D.,* 2001, p. 1348).

VINDICTE

N. f. – Du lat. *vindicta,* revendication, protection, châtiment, vengeance (ital. *vendetta*).

- (obs.) *Poursuite d'un crime, punition. Ex. d'un fait qui tombe sous le coup de la loi pénale, on pouvait dire jadis qu'il encourait la vindicte légale.

— **publique** (rare). Poursuite des crimes et délits exercée par le ministère public. V. *action publique.*

VIOL

N. m. – Tiré de violer, lat. *violare.*

- Crime consistant en tout acte de pénétration sexuelle, de quelque nature qu'il soit, commis sur la personne d'autrui par violence, contrainte, menace ou surprise. Ex. conjonction sexuelle imposée à une femme non consentante par un homme (C. pén., a. 222-23). V. **attentat aux mœurs, agression sexuelle, harcèlement sexuel.*

VIOLATION

N. f. – Lat. *violatio* : profanation ; du v. *violare* : faire violence.

- **1** (sens fort). *Atteinte caractérisée à une règle fondamentale ; *transgression ; acte illicite dont la gravité tient en général à la valeur primordiale de ce qui est violé (violation des droits de l'homme, d'un principe, d'une frontière, etc.), parfois aussi aux moyens employés (violation brutale, flagrante, etc.). V. *infraction, contravention.*

— **de domicile.**

a / Fait, pour quiconque, de s'introduire dans le *domicile d'autrui par manœuvres, menaces, voies de fait ou contrainte, ou, s'étant ainsi introduit, de s'y maintenir, atteinte (géographiquement matérialisée) à la *vie privée (hors les cas exceptés). C. pén., a. 226-4. V. **inviolabilité du domicile, huissier, saisie.*

b / *Abus d'autorité consistant, pour un dépositaire de l'autorité publique, dans l'exercice de ses fonctions, à s'introduire dans le domicile d'autrui, contre le gré de celui-ci, hors les cas prévus par la loi. C. pén., a. 432-8. V. *perquisition, visite domiciliaire.*

— **de sépulture (ou de tombeau).** Délit qui consiste à se livrer à une voie de fait portant outrage à un mort reposant dans le tombeau, qu'il s'agisse de l'atteinte à l'intégrité du cadavre, ou de la dégradation de la sépulture, violations et *profanations aujourd'hui englobées dans les atteintes au *respect dû aux morts (C. pén., a. 225-17).

— **du *secret des *correspondances.**

a / Fait, pour un particulier, d'ouvrir ou de prendre connaissance (de mauvaise foi) de correspondances écrites destinées à autrui (auquel est assimilé celui de les supprimer, retarder ou détourner) ; fait d'intercepter ou de divulguer des correspondances acheminées par télécommunication (auquel est assimilé celui de les détourner, utiliser ou divulguer ou celui d'installer des appareils d'interception), indiscrétion incriminée comme atteinte à la personnalité (C. pén., a. 226-15).

b / *Abus d'autorité consistant, pour un dépositaire de l'autorité publique, dans l'exercice de ses fonctions, hors les cas prévus par la loi, à détourner, supprimer, ouvrir ou révéler dans leur contenu des correspondances écrites, ou à intercepter, détourner, utiliser ou divulguer des correspondances acheminées par télécommunication (C. pén., a. 432-9).

- **2** (dans un sens neutre plus atténué). *Inobservation d'une règle ; *méconnaissance d'une obligation légale ou conventionnelle (ex. violation d'une promesse, de la foi contractuelle). V. *manquement.* Ant. *respect, application.* V. *vice.*

— de la loi.

a / (priv.). Cas d'ouverture à *cassation consistant en la méconnaissance, fausse *application ou fausse interprétation par le juge (dans l'instruction ou le jugement du procès), de toute *règle de droit, légale (au sens générique du terme) ou coutumière (maxime, usages ayant force de loi, etc.). V. *contrôle.*

b / (adm.). Naguère, l'un des cas d'ouverture au *recours pour excès de pouvoir. Insuffisamment spécifique par rapport aux autres cas d'ouverture qui s'analysent également en des violations de la loi et trop restrictive dans la mesure où ce cas d'ouverture ne se limitait pas à une méconnaissance de la seule loi au sens formel, cette locution n'est pratiquement plus employée.

VIOLENCE

N. f. – Lat. *violentia,* à basse époque *-cia.*

- (Sens gén.). *Contrainte illicite, acte de *force dont le caractère illégitime tient (par atteinte à la paix et à la liberté) à la brutalité du procédé employé (violence physique ou corporelle, matérielle) ou (et), par effet d'intimidation, à la peur inspirée (violence morale). V. *sévices, extorsion.*

► **I** (priv.)

- **1** Contrainte exercée sur une personne – pour la réduire à passer un acte – qui justifie l'annulation de celui-ci pour *vice du consentement (cause de *nullité relative) lorsque le consentement a été extorqué sous l'empire de la crainte inspirée par la menace d'un mal considérable (C. civ., a. 1140). Comp. *crainte révérencielle, erreur, dol, lésion, contraint, forcé.* V. *dépendance,libre.*

- **2** Fait de s'emparer d'un bien par la force (*voie de fait, *menaces) qui, viciant la possession, empêche celle-ci, non *paisible, d'opérer la *prescription acquisitive. V. *usucapion, utile, vice.*

► **II** (pén.) (souvent au pluriel).

- Acte d'*agression de nature à porter atteinte à l'intégrité physique ou psychique de la personne contre laquelle il est dirigé, qui peut être : *1* / infraction principale, C. pén., a. 222-7 s. ; *2* / *circonstance aggravante de certaines infractions (*vol, C. pén., a. 311-4) ; *3* / *excuse atténuante du *meurtre ou de *coups et blessures, si la violence, grave, constitue une *provocation ; *4* / élément constitutif de certaines infractions (*viol, agression *sexuelle). Comprend non seulement toutes les atteintes effectivement portées à l'intégrité corporelle (sans intention homicide) mais les actes ayant entraîné un trouble psychologique, même sans contact avec la victime (menace d'une arme, coup de feu en l'air, persécutions téléphoniques ; C. pén., a. 311-8, 222-16). Comp. **voie de fait.*

— à sentinelle. Infraction militaire, qualifiée crime si les violences ont été commises à main armée ou dans des circonstances d'une extrême gravité (C. just. mil., a. L. 323-15).

—s *légères. Celles qui, n'entraînant pas d'incapacité de travail, sont assimilées, comme contravention, à une *voie de fait (C. pén., a. R. 624-1).

► **III** (int. publ.)

- **1** Contrainte exercée sur le représentant d'un État par des actes ou des menaces en vue d'obtenir le consentement de celui-ci à un accord.

- **2** Menace ou emploi de la force en violation des principes du Droit international exercés à l'encontre d'un État en vue d'obtenir de celui-ci la conclusion d'un accord ou l'acceptation d'une décision.

VIOLER

V. – Lat. *violare,* faire violence, profaner, outrager, porter atteinte à.

- **1** Commettre un *viol.
- **2** Agir en *violation d'une règle ou d'un engagement.
- **3** Profaner une sépulture.

VIREMENT

N. m. – Dér. de virer, lat. pop. *virare,* altération de *gyrare* : tourner.

- Opération qui réalise un *transfert de fonds ou de valeurs par inscription d'un débit au compte du donneur d'ordre et du crédit correspondant au compte du bénéficiaire. Ex. virement bancaire, virement postal. V. *créditement.*

— **de crédit.** Acte par lequel le pouvoir exécutif affecte, en cours d'année, les crédits d'un chapitre à un autre chapitre du budget, dès lors que ce changement conduit à modifier la nature de la dépense initialement prévue (interdits en principe par la règle de la *spécialité des crédits, les virements de crédit ne sont autorisés que dans des limites étroites fixées par la loi organique du 1er août 2001 relative aux lois de finances, a. 12).

— **SEPA (Single Euro Payments Area).** Virement en euros par lequel des fonds sont transférés aussi bien en France que dans l'Espace économique européen (EEE).

VISA

Subst. masc. – Lat. *visa,* plur. neutre de *visus* : choses vues, de *videre* : voir (terme lat. francisé).

- (Sens gén.). Mention officielle attestant qu'une chose a été examinée (par une autorité) et acte sur lequel cette mention est apposée. V. *vu.*
- **1** Formalité destinée à autoriser un étranger à pénétrer sur le territoire national, soit pour le traverser, soit pour y séjourner temporairement et matérialisée par l'apposition sur le *passeport d'une mention à cet effet (visa de court, de long séjour).

— **de *transit.** Visa permettant à son titulaire de traverser le territoire français avec éventuellement un arrêt de courte durée.

- **2** Partie des actes administratifs où sont mentionnées les références aux textes dont ces actes constituent l'exécution et, le cas échéant, les formalités qui ont été suivies pour leur édiction.
- **3** Indication, dans un jugement, de la loi ou de l'acte de procédure auquel il se réfère, en général ainsi conçue, « vu l'a. 1134, C. civ. » ; « vu le procès-verbal de non-conciliation… »).
- **4** Formule ou *sceau accompagné d'une *signature, apposé sur un acte ou un dossier pour constater sa remise ou sa communication (ex. visa du greffier sur la copie d'un acte de procédure remise au greffe ; visa du ministère public sur le dossier des causes dont il doit avoir communication).
- **5** *Attestation, par le *contrôleur financier, de la régularité budgétaire d'un *engagement ou d'un *ordonnancement de dépense publique, lorsque cette dépense est effectuée par un *ordonnateur primaire (ministre).

VISER

V. – Dér. de *visa.

- **1** Dans un acte (en général en tête de celui-ci), se référer expressément à une source de droit. Ex. viser un article de loi, une décision de justice. V. *visa, vu.*
- **2** Pour une autorité, examiner un document et le revêtir d'un *visa.
- **3** Syn., en un sens plus neutre, de mentionner, définir, concerner. Ex. personnes visées par une disposition.

VISITE

N. f. – Tiré de visiter, lat. *visitare.*

- **1** Se rapporte, dans certaines expressions, à l'action de rencontrer une personne (en vue d'entretenir avec elle des relations).

— **(droit de).** Droit, distinct du droit de *surveillance, permettant à une personne qui n'a pas l'*exercice de l'autorité parentale sur son enfant mineur d'entretenir avec lui des relations personnelles par la correspondance, le contact périodique (sorties, voyages, etc.) ou l'*hébergement temporaire ; droit reconnu, en fonction de l'intérêt de l'enfant, aux père et mère légitimes, naturels ou adoptifs, aux grands-parents et exceptionnellement accordé à d'autres personnes (C. civ., a. 373-2-1, 371-4, 373-2-9). V. **autorité parentale, *exercice de l'autorité parentale.*

- **2** Se rapporte, dans diverses expressions, à l'action d'examiner une chose par mesure de contrôle ou d'instruction.

— **des lieux.**

a / (pr.). Procédé d'instruction qui consiste, de la part du tribunal tout entier, à se transporter sur les lieux litigieux afin de procéder par lui-même à tous examens et constatations utiles en vue de la solution d'un procès relatif à des droits immobiliers. Appelé plus communément « visite officielle des lieux », pour le distinguer de la descente sur les lieux. V. *vérification personnelle du juge.*

b / (pén.). V. **transport sur les lieux.*

— ***domiciliaire.** *Mesuré d'instruction effectuée au domicile de l'inculpé ou d'un tiers en vue d'y rechercher et recueillir les preuves d'une infraction. Elle diffère de la *perquisition en ce qu'elle ne comporte pas nécessairement des investigations mais est entourée des mêmes garanties que celle-ci. Comp. **fouille corporelle.* V. *saisie, scellés.*

— **(infraction au droit de).** V. **non-représentation d'enfant.*

— **(bon de).** Dans la pratique immobilière, *écrit portant autorisation, pour une personne, de visiter les lieux qu'elle envisage d'acquérir ou de louer, et permettant à l'agence qui le délivre de prouver son droit à commission. V. *bon, bon pour.*

— **(droit de)** (int. publ.).

a / Droit reconnu en temps de guerre aux États belligérants de procéder à toutes inspections utiles à bord de navires de commerce étrangers en vue de constater un éventuel manquement aux règles de la neutralité.

b / Droit analogue reconnu par traité à certains États même en temps de paix en vue de constater une infraction internationale (par ex. traite des esclaves).

VISITEUR, EUSE, DE PRISON

Dér. de visiter, lat. *visitare,* fréq. de *visere* : voir. V. *prison.*

- Personnalité agréée par l'autorité, comme aide bénévole des assistantes sociales des établissements pénitentiaires, dont le rôle est d'apporter aux détenus dont elle a la charge le réconfort de sa visite et de sa correspondance ainsi que de faciliter la préparation de leur reclassement social. V. *assistance postpénale.*

VIVANT, ANTE

Adj. – Du part. prés. de vivre, lat. *vivere.*

- **1** Qui est en vie, par opp. à celui dont la *mort est médicalement certaine ; se dit not. de l'enfant né vivant (par opp. à l'enfant mort-né), même s'il n'est pas *viable, V. *vif, survivant, non viable, enfant sans *vie.*
- **2** Dont l'existence est certaine, par opp. à celui dont le décès a été officiellement constaté et à celui dont le décès n'est que probable (*disparu, personne déclarée *absente) ou à celui dont l'existence est incertaine (présumé *absent). V. **non-présent.*

VOCATION

N. f. – Lat. *vocatio* : action d'appeler, assignation en justice.

- **1** *Droit, en général conféré par la loi, auquel son bénéficiaire ne peut renoncer avant l'événement qui l'actualise (ouverture de la succession, survenance de l'état de besoin), mais qui existe dès avant à l'état de virtualité, d'éventualité. Ex. la vocation successorale ou héréditaire : droit pour le *successible d'être appelé à une *succession (C. civ., a. 725) ; la vocation alimentaire : droit pour une personne de réclamer des *aliments à un parent, en cas de besoin. V. *droit *éventuel, *pacte sur succession future, appelé, venir, succéder, expectative, *quote-part, legs.*
- **2** Plus vaguement syn. de *droit. Ex. avoir vocation à recevoir des intérêts, une indemnité…

VŒU

N. m. – Lat. *votum.*

- **1** Souhait, désir, espoir (V. *votum mortis*).

a / Souhaits que certains corps délibérants – ou certains fonctionnaires – sont en droit d'émettre et de présenter à l'autorité supérieure.

b / Souhaits non juridiquement obligatoires qui, dans un *testament, se distinguent des véritables actes de disposition ou dernières volontés (*legs, clause réglant les obsèques, etc.) parce que le testateur en laisse l'exécution à la *conscience des intéressés. Syn. **fidéicommis*. V. *précatif, trust, fiducie, substitution fidéicommissaire.*

- **2** But poursuivi ; se dit, pour une loi, du *motif qui l'inspire, du but recherché par le législateur. V. *intention, ratio legis.*
- **3** Engagement unilatéral (promesse faite à Dieu ou engagement solennel dans un but désintéressé : ériger un monument, faire un don, etc.).

VOIE

N. f. – Lat. *via.*

- **1** (sens concret). Voie de communication ; terme générique désignant les différentes catégories de *routes et de *chemins destinés à la circulation et à la desserte des propriétés riveraines et dont l'ensemble constitue la *voirie. V. *ponts et chaussées.*

—**s *communales.** Ensemble des voies faisant partie du domaine public de la commune et qui regroupe les anciennes voies urbaines, les anciens chemins vicinaux ordinaires et certains anciens chemins ruraux reconnus.

— **d'eau internationale.** Voie d'eau maritime ou fluviale dont l'utilisation est régie par le Droit international coutumier ou conventionnel. V. *canal, fleuve.*

— **électronique.** Utilisation de tout support électronique pour transmettre des informations, une offre de contracter, l'acceptation de cette offre (C. civ., a. 1125 et s.). V. *contrat à distance.*

— **express.** V. **route express.*

— **ferrée.** Voie de chemin de fer.

—**s *privées.** Celles qui sont la propriété des particuliers qui les ont établies et qui, lorsqu'elles sont « ouvertes au public », sont soumises à un régime administratif particulier.

—**s *publiques.** Celles qui appartiennent au *domaine public des différentes collectivités administratives territoriales : État, département, communes.

— ***urbaine.** V. *voies communales.*

- **2** (sens fig.). Moyen, conforme ou contraire au Droit (voie de droit, *voie de fait), de parvenir à une fin. V. *ouverture, ouvert.*

— **d'*action.** Terme employé pour désigner l'une des manières d'agir du *ministère public (celle dans laquelle il agit comme *partie *principale). V. *voie de réquisition.*

— **de droit.**

a / Moyen offert par la loi aux citoyens de faire reconnaître et respecter leurs droits ou de défendre leurs intérêts ; terme générique englobant *action en justice, voies (juridictionnelles) de recours, voies d'exécution, recours administratif ; par ext., toute procédure juridictionnelle même à l'initiative du ministère public. V. *voie d'action, voie de réquisition.*

b / Plus généralement, toute procédure de Droit. Ex. réforme par voie législative, réglementaire, par voie de référendum ; initiative par la voie diplomatique.

— **de nullité.** Action en nullité, contentieux d'annulation. Ex. voies de nullité n'ont lieu en France contre les jugements.

— **de *recours.** Moyen juridictionnel tendant à la *réformation, la *rétractation ou la *cassation d'une décision de justice ; désigne l'institution du *recours (*appel, *opposition, *tierce opposition, recours en *révision, *pourvoi en cassation) ou la procédure empruntée lorsque le recours est exercé. V. *ordinaire, extraordinaire.*

— **de réformation.** V. *réformation.*

— **de *réquisition.** L'une des manières d'agir du *ministère public (dans laquelle il intervient comme *partie *jointe). V. *voie d'action.*

— **de rétractation.** V. *rétractation.*

— **d'exécution.**

a / (sens strict). Moyen par lequel une personne peut, avec le concours de l'autorité publique, obtenir l'exécution forcée des engagements pris envers lui, spécialement contraindre celui qui a été condamné ou s'est engagé dans certaines formes à satisfaire à ses obligations. Ex. la *saisie-exécution, la *saisie immobilière.

b / (lato sensu). Englobe même les *saisies conservatoires.

— **extraordinaire de recours.** V. *extraordinaire.*

— **ordinaire de recours.** V. *ordinaire.*

— **parée (*clause de).** Nom traditionnel

donné à la clause – autrefois fréquente dans les prêts hypothécaires, aujourd'hui interdite (C. civ., a. 2201, al. 2) – par laquelle le créancier se faisait consentir par le débiteur le droit, en cas de non-paiement après commandement, de faire vendre l'immeuble aux enchères devant notaire, sans suivre les formalités de la saisie immobilière. Comp. *pacte commissoire.* V. *clause résolutoire expresse, résolution.*

ADAGE : *Unia via electa non datur recursus ad alteram.*

VOIE DE FAIT

N. f. – V. *voie, fait.*

- **1** Exaction ; comportement s'écartant si ouvertement des règles légales, qu'il justifie de la part de celui qui en est victime le recours immédiat à une procédure d'*urgence afin de faire cesser le *trouble qui en résulte. Ex. trouble *possessoire par voie de fait ouvrant l'action en *réintégration (CPC, a. 1264. V. *réintégrande*) ; action en référé au cas de licenciement des représentants élus ou syndicaux, hors de la procédure imposée par la loi. V. *violation, spoliation, dépossession.*
- **2** Plus spéc. (en jurisprudence administrative) *irrégularité manifeste portant atteinte au droit de propriété ou à une liberté publique, commise par l'administration dans l'accomplissement d'une opération matérielle d'exécution.
- **3** *Violence (envers une personne) ne constituant ni une blessure ni un coup ; ex. fait de saisir une personne au corps, de lui cracher à la figure, de lui claquer une porte au nez, etc. (la gravité de l'infraction dépendant de ses conséquences sur la santé de la victime, C. pén., a. 222-13 ; R. 624-1). V. *violences.*
- **4** En droit pénal militaire, agissement punissable envers un supérieur, un subordonné ou le tribunal militaire.

VOIE MÈRE

N. f. – V. *voie, mère.*

- Tronçon de voie ferrée reliant divers embranchements à la voie principale.

— **d'embranchement particulier.** Partie d'embranchement particulier utilisée en commun par plusieurs titulaires d'embranchements particuliers.

VOIES ET MOYENS

V. *voie, moyen.*

- (fin.). Syn. *recettes. Comp. *moyens.*

VOIRIE

N. f. – Dér. de voyer, lat. *vicarius.*

- Ensemble des *routes, *voies et *chemins ; par ext., ce qui se rapporte à leur régime ou à leur rattachement. On parle ainsi de la voirie communale. Le terme se retrouve dans les expressions *aisances de voirie, *concession de voirie, *convention de voirie, *permission de voirie, *servitudes de voirie.

VOISINAGE (TROUBLE DE)

V. *trouble de voisinage.*

VOISINS (DROITS)

V. *droit* ; voisin, du lat. *vicinus.*

- Droits apparentés aux droits d'auteur et dévolus aux auxiliaires de la création littéraire et artistique : artistes interprètes ou exécutants – entrepreneurs d'enregistrements phonographiques –, organismes de radiodiffusion. V. *connexe.*

VOITURE

N. f. – Lat. *vectura,* transport, du v. *vehere,* transporter.

- Véhicule ferroviaire, non équipé de moteur, destiné au transport de voyageurs. Comp. *wagon.*

VOITURIER

Subst. – Dér. de *voiture.

- (vx). Le *transporteur (par terre ou par eau) (C. civ., a. 1782 s.). V. *transport, expéditeur, destinataire, entrepreneur.*

VOIX

N. f. – Lat. *vox.*

• **1** (s'agissant d'une délibération).
a / Droit d'opiner au cours d'une *délibération (voix consultative ou *délibérative). V. *parole, délibéré*.
b / *Opinion exprimée, unité de compte de la majorité. Ex. CPC, a. 449, 1470. V. *conseil, intime conviction*.
— **(confusion des).** Pratique coutumière consistant à ne compter que pour une les voix de deux juges parents ou alliés (jusqu'au degré d'oncle ou de neveu), lorsque, siégeant, contrairement à la règle, dans la même formation, ils se prononcent dans le même sens.
— **consultative.** Opinion exprimée par une personne au cours d'une délibération et recueillie à titre de simple information sans qu'il y ait obligation d'en tenir compte dans la décision à prendre.
— **délibérative.** Opinion exprimée par une personne au cours d'une délibération et dont il doit être obligatoirement tenu compte dans la décision à prendre.
• **2** (s'agissant d'un vote).
a / Droit de participer à un vote.
b / Expression de l'opinion lorsqu'il est fait usage de ce droit, *vote émis (ex. calcul du total des voix recueillies par un candidat dans une élection). Comp. *suffrage*. V. *consultation*.

VOL

N. m. – Tiré de voler, lat. *volare* : voler en parlant de l'oiseau, d'où surprendre dans le langage de la fauconnerie.

• **1** *Soustraction frauduleuse de la chose d'autrui (C. pén., a. 311-1) ; plus précisément, fait de s'emparer frauduleusement de la chose mobilière d'autrui avec l'intention d'agir en propriétaire de cette chose. V. *pillage, détournement, recel, divertissement, possession, furtif, vacant, soustraction de pièces, gardiennage*. Comp. *escroquerie, abus de confiance, perte*.
— **aggravé.** Vol qui par l'effet de circonstances aggravantes est puni de peines plus lourdes, correctionnelles (C. pén., a. 311-4 à 311.6, ex. vol. en réunion, vol au détriment d'une personne handicapée) ou criminelles. V. *vol qualifié*.
— **à l'américaine.** *Escroquerie consistant à exhiber des objets de nature à faire croire à un crédit ou des opérations imaginaires.
— **à la roulotte.** Fait de s'emparer de bagages ou objets se trouvant dans une voiture en stationnement.
— **à la tire.** Fait de soustraire subrepticement à une personne l'argent, le portefeuille, etc., qu'elle porte, en opérant habilement sur elle, à son insu.
— **à l'étalage.** Vol commis dans un établissement où les marchandises sont exposées ; par ext., vol dans les grands magasins ou les « libres-services ».
— **au rendez-moi.** Fait pour un individu de remettre un billet pour le changer ou effectuer un achat et de reprendre ensuite le billet avec la monnaie.
— **chez l'hôte.** V. *hôte*.
— **d'usage.** Vol d'une chose dont l'auteur entend simplement se servir momentanément (ex. « emprunt » d'un véhicule).
— **qualifié.** Vol aggravé qui, par l'effet des circonstances les plus aggravantes, est puni de peines criminelles (et se trouve ainsi qualifié crime). Ex. vol à main armée, vol en *bande organisée.
— ***simple.** Vol qui, faute de circonstances aggravantes, ne constitue qu'un *délit correctionnel.
• **2** Parcours aérien d'un aéronef ; transport aérien (chaque opération constituant un vol identifié par un numéro).
— **camionné** (néol.). Transport par lequel du fret aérien est acheminé par des camions portant un numéro de vol.

VOLANT

Subst. masc. – Du v. voler, lat. *volare*.

• Partie d'une feuille de *carnet destinée à être détachée du *talon et de la *souche. V. *récépissé, registre*.

VOLONTAIRE

Adj. – Lat. *voluntarius*.

• **1** Qui procède de la *volonté de l'homme, exercée dans l'*intention de produire un effet de droit, qu'il s'agisse d'une volonté *unilatérale ou d'un accord de volontés (V. *conventionnel*). Ex. un *acte juridique est un acte volontaire. Comp. *légal, judiciaire*. V. *intentionnel*.
• **2** Qui émane d'un être doué de discernement, sans être nécessairement *intentionnel. Ex., même lorsqu'il ne suppose pas

d'intention de nuire, un délit pénal exige de la part de son auteur un acte volontaire.

• **3** Souvent syn., en droit pénal, d'intentionnel. Ex. coups et blessures volontaires, homicide volontaire. Ant. *involontaire.*

• **4** Librement et spontanément consenti, sans contrainte. Ex. *vente volontaire par opp. à vente *forcée, *dépôt volontaire, par opp. à dépôt *nécessaire. Comp. *libre.* V. *contraint, forcé, appelé.*

VOLONTARIAT

Subst. masc. – Néol. (1872) de *volontaire.

• **1** (milit.). Service militaire accompli par un engagé volontaire ; plus précis (l. 28 oct. 1997), modalité du *service national *universel consistant dans le concours personnel temporaire apporté par un citoyen à l'exécution d'une mission d'intérêt général, en vertu d'un engagement souscrit de son plein gré pour une durée déterminée auprès de l'administration chargée du service national.

— **civil** (l. 14 mars 2000). Modalité du service civil prévu par le Code du service national (a. L. 111-2 s.) que peuvent demander à accomplir, comme volontaires, entre 18 et 28 ans, pour une durée de six à vingt-quatre mois, des ressortissants français de sexe masculin ou féminin, auprès d'un organisme ou d'une collectivité, pour une mission en métropole de protection ou d'intérêt général ou même, outre-mer, de toute mission de développement, plus généralement encore en coopération internationale pour toute participation à l'action culturelle, scientifique, humanitaire de la France.

• **2** Par ext., toute activité (sociale, culturelle, philanthropique, etc.) exercée par une personne de son seul gré (sans y être obligée) et, en général, à titre gratuit. Ex. le volontariat dans la vie associative ; très voisin de *bénévolat.

VOLONTÉ

N. f. – Lat. *volontas.*

• **1** Faculté de vouloir ; *aptitude de fait à comprendre la portée d'un acte (*conscience) et à se décider, condition de validité d'un *acte juridique (le défaut de volonté résultant d'un *trouble mental justifiant l'annulation de l'acte, C. civ., a. 414-1) et condition de la responsabilité délictuelle ou contractuelle (le défaut de *discernement étant, au moins chez l'enfant en bas âge, une cause de non-imputabilité ; comp. a. 414-3) ; question de fait appréciée cas par cas, la volonté se distingue de la *capacité, aptitude légale ; en matière de responsabilité, la volonté (élément brut) se distingue de l'*intention (volonté tendue vers un but). V. *délit, quasi-délit, faute, dol, démence, altération des facultés personnelles, esprit, raison.*

• **2** Fait de vouloir ; acte de volition constitutif du *consentement nécessaire à la formation de l'*acte juridique, qui comprend un élément psychologique (volonté interne) et un élément d'extériorisation (volonté déclarée). Ex. le consentement à un contrat existe par l'accord des volontés ; l'acte juridique *unilatéral consiste en une manifestation unilatérale de volonté.

— **déclarée.**

a / Volonté exprimée par *déclaration écrite ou orale ou même par gestes (signe de la main ou de la tête). V. *vote, voix.*

b / Plus généralement (par opp. à volonté interne), volonté manifestée soit expressément (volonté expresse, sens précédent) soit tacitement, par des actes indiquant clairement la volonté de contracter (volonté tacite, acceptation tacite, not. par des actes d'exécution), *manifestation nécessaire pour que l'acte soit formé.

— **interne.** Volonté réelle (V. C. civ., a. 232) correspondant à l'*intention véritable de l'auteur de l'acte qui doit prévaloir dans le contentieux de l'annulation, sur la volonté déclarée, lorsque la discordance entre elles résulte d'un *vice du consentement (*erreur, *violence) ; dans l'acte juridique, la volonté recèle nécessairement une intention, la recherche délibérée de l'effet de droit que l'acte est destiné à produire (volonté de vendre, d'acheter, de divorcer), plus large, le concept d'*intention englobe des motifs plus reculés, les *mobiles, qui se distinguent de la volonté. Comp. *simulation, sentiment.*

• **3** Ce qui est voulu ; contenu de la *décision. Ex. les dernières volontés exprimées par le défunt dans son testament, c'est en ce sens que l'on parle souvent de la volonté du législateur (telle qu'elle résulte not. du texte de loi, de l'exposé des motifs, des travaux préparatoires). V. *clause, stipulation.*

— **(autonomie de la).** V. *autonomie de la volonté.*

- **4** Dans certaines expressions, désigne non la volonté individuelle d'une personne (physique ou morale), mais le vouloir collectif prêté à un groupe. Ex. volonté nationale, volonté populaire *(vox populi).* V. *vote, référendum, représentation, loi.*

— **générale.** Dans la tradition du Droit public français, volonté de la nation ou du peuple souverains légiférant par eux-mêmes ou par leurs représentants (V. a. 6 de la Déclaration des droits de 1789).

VOLUPTUAIRE

Adj. – Lat. *voluptarius* (de *voluptas,* plaisir), qui cause du plaisir, de pur agrément.

- Se dit des *impenses de pur agrément ou de luxe, dépenses qui ne donnent lieu à aucune indemnité en faveur de celui qui les a faites, lorsqu'il doit restituer l'immeuble dans lequel elles ont été investies (par opp. à *nécessaires ou *utiles).

VOTATION

N. f. – Dér. de voter, empr. de l'angl. *to vote.* V. *vote.*

- **1** Parfois pris comme synonyme de *vote. V. *consultation.*
- **2** Désigne en Suisse un *référendum ; on précise parfois votation *populaire. Ex. Const. fédérale, a. 140 s.

VOTE

N. m. – Empr. de l'angl. *vote* (du lat. *votum*).

- **1** Action par laquelle un membre d'une assemblée délibérante ou un électeur participe au *scrutin en exprimant son *opinion selon la procédure prévue. Ex. à *main levée, par assis et debout, par dépôt de *bulletin dans une urne, par manœuvre d'une machine à voter, etc. V. *élection, voix.* Comp. *votation.*
- **2** Résultat de cette action.
- **3** Résultats globaux de cette action, intéressant un ensemble d'électeurs regroupés selon des critères de tendance, de sexe, d'âge, etc. Ex. le vote communiste, catholique, féminin, etc.
- **4** Parfois pris comme syn. d'*élection ou de *référendum.

— **blanc.** V. **blanc (bulletin).* Comp. *abstention, nul.*

— **bloqué.** V. *bloqué (vote).*

— **(bureau de).** V. *bureau de vote.*

— **familial.** Système électoral accordant plusieurs voix au chef de famille appelé à voter, soit comme représentant du groupe social constitué par la famille, soit comme représentant des individus composant la famille (ce système n'a pas cours en France).

— **féminin.** Participation des femmes au suffrage universel (en France depuis o. 21 avr. 1944).

— **plural.** Système électoral donnant une ou plusieurs voix supplémentaires à certains électeurs pour le vote dans une même circonscription (ce système n'a pas cours en France).

— ***préférentiel.** Possibilité pour l'électeur de changer l'ordre de classement des candidats présentés sur une *liste. Ant. *bloquée (liste).*

VOTE NU

- *Com.* Droit de vote attaché à la détention temporaire de titres sans que le détenteur soit exposé au risque financier inhérent à la propriété de ces titres. JORF 5.12.2013 p. 19811.

VOTUM MORTIS

Expression latine signifiant « vœu de mort », citée à propos d'opérations *viagères *aléatoires susceptibles de faire naître le souhait de la mort d'autrui, en ce que la chance de gagner y est subordonnée, pour une partie, au décès de l'autre (ex. décès du crédirentier pour le débirentier, décès du prémourant pour le survivant dans la *tontine), d'où la suspicion qui pèse sur de telles opérations, sans pouvoir présumer, pour autant, ni la naissance d'un tel vœu, ni *a fortiori* sa mise à exécution. Comp. *vœu.*

VOYAGE (GENS DU)

V. *gens.*

VOYAGEUR

Subst. – Dér. de *voyage.

- Personne transportée en vertu d'un contrat

de transport (terrestre). Comp. *passager.* V. *transporteur.*

VOYAGEUR-REPRÉSENTANT-PLACIER (DÉSIGNÉ EN PRATIQUE PAR LES INITIALES VRP)

De voyage, lat. *viaticum* (de *via* : voie) propr. « argent pour un voyage » ; part. prés. de représenter ; lat. *representare* : rendre présent ; V. *placier.*

- *Représentant de commerce salarié, visitant la clientèle dans un secteur fixe, n'accomplissant aucune opération commerciale pour son compte personnel, exerçant la représentation commerciale de façon exclusive et constante pour le compte d'un ou plusieurs employeurs (ou au moins de façon effective et habituelle s'il accomplit pour son employeur des tâches étrangères à la représentation proprement dite). V. *placier, indemnité de clientèle.* Comp. *courtier, commissionnaire, transitaire, consignataire, intermédiaire.*

— **dit monocarte (ou exclusif).** Celui qui travaille pour un seul employeur, par opp. au VRP dit pluricarte ou multicarte, qui en a plusieurs.

VOYAGISTE

N. m. ou f. – Néol. de voyage, lat. *viaticum* (de *via,* voie) doublet populaire de viatique (provisions de route) déplacement sur une route.

- Nom donné, dans la pratique, aux personnes qui font profession d'organiser des voyages pour autrui. Syn. **agence de voyages*. V. *tourisme.*

VRAI, VRAIE

Adj. – Du lat. *verus.*

- **1** Conforme à la réalité, à la *vérité factuelle ; *véritable en fait (que la référence factuelle soit scientifique, not. biologique, ex. vrai père par le sang, ou affective, sociologique, ex. vrai père par le comportement). Ant. **faux.*
- **2** Désigné par le droit ; conforme au droit. Ex. le vrai propriétaire *(verus dominus)* au regard du droit.
- **3** Parfois syn. de *véridique (sens 1) ; sincère, Ex. témoignage vrai. Ant. *faux, mensonger.*
- **4** Parfois syn. de *pertinent, décisif. Ex. le vrai problème à résoudre dans un litige, la vraie question.
- **5** Conforme à la vérité morale ; en ce sens syn. de *juste, bon. Ex. dans un litige, la vraie solution.

VRAISEMBLABLE

Adj. – Du lat. *verisimilis.*

- Qui est, selon de fortes probabilités, conforme à la *vérité. Comp. *véritable, vrai, probable, possible, douteux.*

VRAISEMBLANCE

N. f. – Du lat. *verisimilitudo.*

- Caractère (force) de ce qui est *vraisemblable. V. *vérité, preuve, présomption, plerumque fit, indice, filiation, conflit.*

VU

Prép., du part. pass. du v. voir.

- Formule du *visa ; terme valant soit référence à un acte ou à une loi, soit *attestation d'examen.

VUE

Subst. fém. – Tiré de voir, lat. *videre.*

- **1** Point de vue. Fenêtre ou autre ouverture qui laisse passer le regard (et pas seulement la lumière, comme un simple *jour) et qui, donnant vue sur le terrain d'autrui lorsqu'elle est pratiquée dans les murs de deux constructions voisines, ne peut l'être que dans des murs situés à des distances de recul réglementées par la loi (C. civ., a. 675 s.), s'il n'existe une *servitude de vue. Comp. *plantations.*

— **droite (ou fenêtre d'aspect).** Celle qui est ouverte dans un mur parallèle à la ligne de séparation des deux propriétés.

— **oblique (ou par côté).** Celle qui est pratiquée dans un mur perpendiculaire à cette ligne.

- **2** Action de voir (sens concret).

— **de lieux.** Syn. descente sur les lieux. V. *de visu* ; *ex propriis sensibus.*

— **du notaire (hors la).** Expression consacrée pour désigner ce qui n'a pas lieu en la présence du *notaire et n'est donc pas couvert par l'*authenticité attachée à ce que l'officier public fait ou voit lui-même. Ex. l'indication dans un acte notarié que les fonds ont été versés hors la vue du notaire (et non par l'intermédiaire de sa comptabilité) ne fait pas *foi du versement jusqu'à *inscription de faux.

VULNÉRABILITÉ

N. f.

- (pén.). Situation d'une personne en état de faiblesse, en raison de son âge, d'une maladie, d'une infirmité, d'une déficience physique ou psychique ou encore d'un état de grossesse. Constitue en droit pénal une circonstance aggravante de l'infraction (C. pén., a. 222-4).

W-Z

WAGON

N. m. – Empr. à l'angl. *waggon* : chariot pour les voitures de chemin de fer ; V. *particulier.*

• Véhicule ferroviaire, non équipé d'un moteur, destiné au transport de *fret (ne concerne pas le transport des voyageurs). V. *voiture.*

— **de particulier.** Wagon n'appartenant pas à la société de chemin de fer et admis à circuler sur le réseau en vertu d'un « contrat d'*immatriculation » conclu entre la société et le propriétaire du wagon.

WARRANT

N. m. – Empr. de l'angl. *warrant,* lui-même d'origine franç., franç. *warant,* autre forme de garant.

• **1** Nom donné à diverses sûretés mobilières dont les unes relèvent du *gage pur (warrant sur marchandises) avec dépossession du débiteur au profit d'un tiers convenu (en l'espèce, les *magasins généraux), et les autres constituent des *gages sans dépossession (warrant agricole, hôtelier, pétrolier, industriel, nantissement sur films cinématographiques). V. *nantissement.*

• **2** Titre constatant l'existence d'une telle sûreté, remis au créancier et transmissible par *endossement. V. *effet de commerce, récépissé.*

— **agricole.** Warrant consenti par un agriculteur sur les produits et biens mobiliers de son *exploitation (*récoltes sur pied, bétail, matériel…) et constitué par la remise au créancier d'un titre et la transcription de ce titre au greffe du *tribunal d'instance dans la circonscription duquel se trouvent les biens donnés en garantie.

— **hôtelier.** Warrant consenti par l'exploitant d'un hôtel sur son mobilier commercial, son matériel et son outillage et titre à ordre constatant cette mise en gage.

— **pétrolier.** Warrant consenti sur un stock de pétrole, par le détenteur de celui-ci, titulaire d'une autorisation spéciale d'importation, et titre à ordre constatant une telle mise en gage.

WARRANTAGE

Subst. masc. – Dér. de *warrant.

• Constitution d'un *warrant, spéc. action de donner une marchandise en warrant.

WARRANTÉ, ÉE

Adj. – Part. pass. du v. warranter : donner en *warrant.

• Donné en garantie à titre de *warrant, *engagé (à ce titre). Ex. objets, produits warrantés ; marchandises, récoltes warrantées.

ZONAGE

N. m. – Dér. de *zone.

• Nom donné dans les *plans d'*urbanisme à la définition des modes d'occupation des sols (habitation, activité, etc.).

ZONE

N. f. – Lat. d'origine gr. *zona* : propr. ceinture.

• *Aire territoriale délimitée en vue de l'application d'une réglementation déterminée ; traditionnellement employé en matière militaire et douanière, le terme est devenu d'usage courant en matière d'*urbanisme et d'*aménagement du *territoire. Comp. *région, ressort, circonscription, secteur.* V. *surface, domaine, rayon des douanes, parc, territoire, périmètre.*

— **à urbaniser en priorité.** Aire territoriale, communément désignée sous le sigle ZUP, où, antérieurement à la loi du 31 décembre 1975 portant réforme de la politique foncière, des opérations d'urbanisme (création d'importants ensembles d'habitations, de quartiers nouveaux ou même de villes nouvelles) devaient être réalisées à court terme et à l'intérieur de laquelle les collectivités publiques ou leurs concessionnaires disposaient d'un droit de préemption (C. urb., a. L. 211-1 ancien).

— **contiguë.** Espace maritime s'étendant au-delà de la limite extérieure de la *mer territoriale et sur lequel l'État riverain se voit reconnaître un faisceau de compétences, not. en vue de prévenir les contraventions à ses lois de police douanière, fiscale, sanitaire ou d'immigration (l'État y peut en outre réprimer les contraventions à ces mêmes lois, commises sur son territoire ou dans sa mer territoriale).

— **d'action forestière prioritaire.** *Région où les actions forestières sont prioritaires, les utilisations des terres et les mesures d'accueil en milieu rural étant complémentaires des actions forestières.

— **d'aménagement concerté.** Aire territoriale, couramment désignée sous le sigle ZAC, à l'intérieur de laquelle une collectivité publique ou un établissement public y ayant vocation décide d'intervenir pour réaliser ou faire réaliser l'aménagement et l'équipement de terrains, not. ceux que cette collectivité ou cet établissement a acquis ou acquerra en vue de les céder ou de les concéder ultérieurement à des utilisateurs publics ou privés (C. urb., a. L. 311-1).

— **d'aménagement différé.** Aire territoriale, communément désignée sous le sigle ZAD, déterminée en vue not. de la création ou de la rénovation de secteurs urbains, de la création de zones d'activité ou de la constitution de réserves foncières et à l'intérieur de laquelle les collectivités publiques, certains établissements publics ou des sociétés d'économie mixte concessionnaires disposent d'un droit de préemption (C. urb., a. L. 212-1).

— **d'économie montagnarde.** *Région où le maintien d'activités agricoles à prédominance pastorale est encouragé par une action spécifique en raison de l'altitude, du climat, de la nature des sols, de la vocation générale du terroir, en vue d'assurer la protection du milieu naturel et des sols ainsi que la sauvegarde de la vie sociale.

— **de libre-échange.** Groupement de deux ou plusieurs États ou territoires comportant l'élimination des droits de douane et des réglementations commerciales restrictives entre les membres de la zone sans tarif extérieur commun ni réglementation commerciale commune à l'égard des pays tiers. V. *union douanière.*

— **de pêche.** V. *pêche (zone de).*

— **de rénovation rurale.** Zone rurale où l'activité agricole largement dominante souffre d'un développement insuffisant et doit faire l'objet de mesures spéciales propres à en favoriser la progression et la rénovation.

— **des cinquante pas géométriques.** Dans les départements d'outre-mer, zone littorale, d'une largeur de 81,20 m calculée à partir de la limite du rivage, relevant du domaine public maritime (l. 3 janv. 1986, a. 37) et soumise à un statut domanial particulier (CGPPP, a. L. 5111-1 s.).

— **d'intervention foncière.** Aire territoriale, désignée sous le sigle ZIF, instituée de plein droit sur l'étendue des zones urbaines délimitées par le *plan d'occupation des sols (communes ou groupements de communes de plus de 10 000 habitants) et à l'intérieur de laquelle s'exerçait le droit de préemption (C. urb., a. L. 211-1 anc.). Technique aujourd'hui remplacée par l'institution du droit de préemption urbain (l. 18 juill. 1985, a. 9 s., C. urb., a. L. 211-1 s.).

— **économique exclusive.** Zone marine dite de 200 milles marins, consacrée par la convention de la Jamaïque de 1982, dans laquelle (s'agissant des 188 milles au-delà de la *mer territoriale) aucune entrave n'est apportée aux *libertés de navigation, de survol et de pose des câbles et conduites sous-marins comme dans la haute *mer, mais dans laquelle les États côtiers exercent des droits souverains de nature économique (droit exclusif de pêcher et d'extraire du pétrole ou des minerais) ainsi que des juridictions spécialisées telles que recherche scientifique, prévention, répression et suppression de la pollution du

milieu marin. V. *fonds marins, plateau continental, zone contiguë.*
— ***euro.** Espace géographique correspondant aux territoires de ceux des États membres de l'Union européenne qui adoptent la monnaie unique (onze pays en janvier 1999, date d'introduction de l'euro), ainsi nommée (de préférence à l'anglicisme « euroland », même francisé en « eurolande ») en tant qu'aire d'application du traité instituant l'euro. V. *UEM.*
— ***franche.** Partie du territoire d'un État qui, bien que restant sous la souveraineté politique de cet État, est placée, soit par décision interne, soit par convention internationale, en dehors de sa frontière douanière pour la soustraire à l'application de la législation douanière et commerciale de l'État dont elle relève.
— ***frontière.** Zone contiguë à la frontière dans laquelle certaines lois fiscales s'appliquent dans des conditions particulières.

Maximes et adages de droit français[1] *augmentés de quelques dictons et sentences*

Accessorium sequitur principale : L'accessoire suit le principal (ex. C. civ., a. 546, 1018). V. *Major pars…*

Accord vaut mieux que plaid.

Actio personalis moritur cum persona : Une action personnelle s'éteint avec son titulaire. Comp. L'homme mort, etc.

Actiones quae morte vel tempore pereunt semel inclusae judicio salvae permanent : Les actions qui s'éteignent par la mort ou par l'expiration d'un délai sont conservées dès qu'elles ont été exercées par l'intéressé (ex. C. civ., a. 311-8, 957).

Actioni non natae non praescribitur : L'action non encore née ne se prescrit pas (ex. C. civ., a. 2257). Comp. *Contra non valentem…*

Actor sequitur forum rei : Le demandeur doit porter l'action devant le tribunal du défendeur (CPC, a. 42).

Actore non probante, reus absolvitur : Faute de preuve par le demandeur, le défendeur est absous (triomphe).

Actori incumbit probatio : Au demandeur incombe la preuve (C. civ., a. 1315 ; CPC, a. 9). V. *Ei incumbit probatio…* ; *Onus probandi…* ; *Reus in excipiendo…*

Actus interpretandus est potius ut valeat quam ut pereat : Un acte doit être interprété dans le sens où il produit effet plutôt que dans celui où il n'en a aucun (C. civ., a. 1157).

Affirmer n'est pas prouver (Daguin, 31 ; C. civ., a. 1315).

Aléa (l') chasse la lésion.

Aliéné n'aliène.

Aliments n'arréragent pas.

Aestimatio venditio est : Estimation vaut vente (ex. C. civ., a. 587).

Alteri stipulari nemo potest : Nul ne peut stipuler pour autrui (C. civ., a. 1119 ; comp. a. 1121).

À l'impossible nul n'est tenu (C. civ., a. 900, 1172). Comp. *Impossibilium nulla obligatio.*

Alterius factum alteri nocet : Le fait d'un débiteur nuit à son codébiteur solidaire (C. civ., a. 1205).

Alterius mora alteri non nocet : La mise en demeure d'un débiteur ne peut nuire au codébiteur solidaire (comp. C. civ., a. 1205, 1207).

Arrêt lu à l'audience appartient au public : comp. *Lata sententia judex desinit esse judex.*

Audi alteram partem : Entends l'autre partie (V. variante ci-dessous).

1. Seules ont été retenues les maximes qu'il est encore d'usage de citer et qui ont un rapport avec le système juridique français (mais beaucoup n'expriment pas le droit positif, notamment celles qui, sous un énoncé catégorique, paraissent avoir une portée absolue dont elles sont, en Droit, dépourvues. Ex. Qui ne dit mot consent).

Audiatur et altera pars : L'autre partie doit être entendue (CPC, a. 14). Comp. Nulle partie ne…

Autant de villes, autant de guises (Daguin, 100).

Autant vaut simple promesse ou convenance que les stipulations du droit romain (comp. C. civ., a. 1134). Comp. On lie les bœufs… ; *Solus consensus*...

Besoin ou nécessité n'ont loi (Loisel, 913 ; *necessitas cogit legem*).

Bis de eadem re ne sit actio : L'action ne peut être réitérée sur une même affaire (quand celle-ci a été jugée). Comp. C. civ., a. 1351). Comp. *Res judicata*...

Bona non sunt (ou : *non intelliguntur*) *nisi deducto aere alieno :* Les biens (le patrimoine) ne s'entendent que sous déduction des dettes (comp. C. civ., a. 2092). Comp. *Nemo liberalis*...

Bonae fidei non congruit de apicibus juris disputare : Il n'est pas conforme à la bonne foi d'ergoter sur les pointes d'épingle (les subtilités) du droit.

Bonne foi est toujours présumée (C. civ., a. 2268).

Bonne foi va tout droit.

Celui qui cautionne autrui s'en trouve mal (Prov. 11, 15).

Cessante causa, cessat effectus : Disparue la cause, l'effet cesse.

Cessante ratione legis, cessat lex (variante : *cessante causa legis, cessat ipsa dispositio*) : La loi n'a pas lieu d'être appliquée lorsque disparaît sa raison d'être.

Civil (le) tient le criminel en état (ex. C. civ., a. 311-5 s.). V. Criminel (le)…

Clémence grandit justice (Philippe le Bel).

Coacta voluntas, tamen voluntas : Un consentement forcé demeure un consentement (comp. C. civ., a. 1112). Comp. *Qui mavult*...

Cogitationis poenam nemo patitur : Pour une simple intention (criminelle) nul n'est punissable.

Commencer une querelle, c'est ouvrir une digue (Prov. 17, 14).

Commodum ejus esse debet cujus periculum est : À qui court le risque doit aller le profit (ex. C. civ., a. 1844-1, al. 2). Comp. *ubi emolumentum*...

Comparaison n'est pas raison (Daguin).

Confessio dividi non debet : L'aveu ne peut être divisé (C. civ., a. 1356, al. 3).

Confirmatio nil dat novi : La confirmation n'ajoute rien de nouveau (comp. C. civ., a. 1338 s.). Comp. *recognitio*...

Consensus non concubitus facit nuptias : C'est le consentement, non le coucher (la cohabitation), qui fait le mariage (comp. C. civ., a. 146).

Contra negantem principia, non est disputandum : Avec qui nie les principes, il n'y a pas à discuter.

Contra non valentem agere non currit praescriptio : La prescription ne court pas contre celui qui ne peut agir en justice (comp. C. civ., a. 2252, 2253). Comp. *Actioni non natae*...

Consuetudo legis habet vigorem ; Coutume a force de loi. V. *Legis vim... ; Pro jure*...

Convenances vainquent lois (Loisel, comp. C. civ., a. 1134).

Cornu bos capitur, voce ligatur homo : Le bœuf est pris par la corne, l'homme lié par sa parole.

Coutume passe Droit.

Coutume vainct droit (Loisel).

Criminel (le) tient le civil en état. V. Civil (le)…

Cujus est condere legem ejus est interpretari : C'est à celui qui a édicté la loi qu'il appartient de l'interpréter (règle non reçue aujourd'hui).

Cujus est solum ejus usque ad caelum usque ad inferos : Qui est propriétaire du sol est propriétaire jusqu'au ciel et jusqu'aux entrailles de la terre.

Culpa lata dolo aequiparatur : La faute lourde est assimilée au dol.

Curritur ad praetorium : on court au prétoire (Cic. verr. 5, 12).

Da mihi factum, dabo tibi jus : Donne-moi le fait, je te donnerai le Droit (V. CPC, a. 6 et 12). Comp. *Secundum allegata et probata partium judex judicare debet.*

Damnum injuria datum : Dommage injustement causé.

Debitor rei certae interitu rei liberatur : Le débiteur d'un corps certain est libéré par la perte (fortuite) de la chose (s'il n'est en demeure de la livrer) (C. civ., a. 1138 ; comp. a. 1042, 1302).

De minimis non curat praetor : Le prêteur ne s'occupe pas des affaires insignifiantes. Comp. en droit de la concurrence, tout accord non susceptible d'affecter la concurrence à l'intérieur du marché unique en raison de son objet ou de son effet négligeable.

Dies a quo non computatur in termino : Le jour de l'acte ou de l'événement qui fait courir le délai ne compte pas (CPC, a. 641).

Dies non interpellat pro homine : L'arrivée du terme ne vaut pas mise en demeure (pour le créancier) (comp. C. civ., a. 1139).

Diuturni mores consensu utentium comprobati legem imitantur : Un usage ancien confirmé dans l'opinion de ceux qui le suivent a valeur de loi.

Donner et retenir ne vaut (comp. C. civ., a. 894, 943 s.).

Doute (le) profite à l'accusé. V. *In dubio pro reo.*

Dubia in meliorem partem interpretari debent : Ce qui est douteux doit s'interpréter dans le sens le plus favorable (comp. C. civ., a. 1162).

Dura lex, sed lex : La loi est dure, mais c'est la loi.

Ei incumbit probatio qui dicit non qui negat : La preuve incombe à celui qui affirme, non à celui qui nie. V. C. civ., a. 1315 ; CPC, a. 9. Comp. *Actori incumbit… ; Onus probandi… ; Reus in excipiendo…*

Ejus est interpretari legem cujus est condere : L'interprétation de la loi appartient à celui qui l'établit (comp. C. civ., a. 4). V. *Cujus est condere…*

Electa una via non datur regressus (ou *recursus*) *ad alteram :* Lorsqu'on a choisi une voie on ne peut plus recourir à l'autre.

En close bouche n'entre mouche (Catherinot).

En fait de meubles possession vaut titre. Comp. C. civ., a. 2279.

En mariage, il trompe qui peut (Loisel). Comp. C. civ., a. 180 *(a silentio).*

Entre voisins, pour la truelle, on s'accorde le tour d'échelle (Daguin, 359).

Erreur de calcul ne passe jamais en force de chose jugée (Loysel).

Error communis facit jus : Une erreur communément répandue devient le droit.

Error falsae causae usucapionem non parit : La croyance erronée en un juste titre ne produit pas l'usucapion.

Est bien père qui me nourrit (Daguin).

Est quidem vera lex recta ratio : C'est à n'en pas douter la véritable loi que la droite raison.

Exclure c'est instituer. V. Instituer…

Ex eo quod plerumque fit, ducuntur praesumptiones (Cujas) : Les présomptions sont tirées de ce qui advient le plus souvent.

Ex facto jus oritur : Le droit naît du fait.

Ex nihilo nihil (Perse) : De rien, rien.

Expressa nocent, non expressa non nocent (Modestin) : Ce qui est exprimé peut nuire ; ce qui n'est pas exprimé ne peut nuire.

Factum negantis probatio nulla est : Il n'y a pas de preuve d'un fait négatif.

Factum tutoris, factum pupilli : Le fait du tuteur est réputé le fait du pupille. V. C. civ., a. 450.

Faillite sur faillite ne vaut.

Fiducia est audacia (Cicéron) : Confiance est audace.

Fiscus semper solvendo censetur : Le fisc (l'État) est toujours réputé solvable.

Fond (le) l'emporte sur la forme.

Force n'est pas droit.

Forma dat esse rei : La forme donne l'existence à la chose. V. *In solemnibus...*

Franc (le) vaut toujours le franc. Comp. *Or vaut...*

Frangenti fidem, non est fides servanda : Envers qui viole la foi (qu'il a promise), il n'y a pas à respecter la foi (qu'on lui a promise).

Fraus omnia corrumpit : La fraude corrompt toute chose.

Fraus, per jus ad injuriam pervenire (Sénèque) : La fraude consiste à atteindre un but illégal par un moyen légal.

Fraus significat eventum et consilium (Cujas) : La fraude suppose le résultat et l'intention.

Fructus augent hereditatem : Les fruits accroissent la succession.

Frustra probatur quod probatum non relevat : C'est en vain que l'on prouve ce qui n'est pas pertinent.

Genera non pereunt : Les choses de genre ne périssent pas. V. C. civ., a. 1302.

Generalia specialibus non derogant : Les dispositions générales ne dérogent pas aux dispositions spéciales. Comp. *In toto jure...* ; *Specialia generalibus...*

Genus nunquam perit : Le genre jamais ne périt.

Habilis ad nuptias, habilis ad pacta nuptialia : Qui est habile à contracter mariage est habile à conclure les conventions matrimoniales. V. C. civ., a. 1398.

Herméneutique (l') est la forme savante de la désobéissance (Carbonnier).

Hypotheca est tota in toto et tota in qualibet parte : L'hypothèque est tout entière sur l'ensemble et tout entière sur n'importe quelle partie du bien grevé. V. C. civ., a. 2114.

Idem est non esse et non significari : C'est tout un de ne pas exister ou de ne pas être signifié.

Idem est non esse et non probari : C'est la même chose de ne pas être ou de ne pas être prouvé. Comp. *Paria est...*

Il est à moi, mon chien l'a pris (Catherinot).

Il plaide bel, qui plaide sans partie (Loisel). Comp. C. pr. civ., a. 472.

Impossibilium nulla obligatio (Celsus) : Il n'y a pas d'obligation quand l'objet est impossible, V. A. l'impossible...

Incendia plerumque fiunt culpa inhabitantium : Les incendies arrivent le plus souvent par la faute des habitants. Comp. C. civ., a. 1733, 1734.

Inclusione unius fit exclusio alterius : Citer l'un exclut l'autre... Comp. *Qui dicit...*

In dubio contra stipulatorem : En cas de doute, les clauses doivent être interprétées contre leur auteur (v. a. 1162 C. civ.).

In dubio pro reo : Dans le doute, faveur à l'accusé. V. Doute (le) profite...

Infans conceptus pro nato habetur quoties de commodo ejus agitur : L'enfant conçu est considéré comme né chaque fois qu'il y a avantage. Comp. C. civ., a. 725, 906, 961.

In judicando criminosa est celeritas (Publius Syrus) : Quand on juge, la précipitation est blâmable.

In judiciis universalibus pretium succedit loco rei et res loco pretii : Dans les universalités de droit, le prix tient lieu de la chose et la chose du prix. Comp. C. civ., a. 1686.

In lege Aquilia et culpa levissima venit : En matière aquilienne (délictuelle), même la faute la plus légère est prise en considération.

In pari causa melior est causa possidentis : Toutes choses étant égales, le possesseur doit être préféré. Comp. *Melior est...*

In pari causa turpitudinis cessat repetitio : Lorsqu'il y a turpitude des deux côtés, la répétition n'est pas admise.

In sollemnibus forma dat esse rei : Dans les actes solennels, la forme donne existence à l'acte. V. *Forma dat...*

Instituer c'est exclure. V. Exclure...

Intelligitur confiteri crimen qui pasciscitur : Est censé avouer sa faute celui qui pactise (transige).

Intérêt (l') est la mesure de l'action. V. CPC, a. 31. V. Pas d'intérêt…

In toto et pars continetur : La partie est comprise dans le tout.

In toto jure generi per speciem derogatur : En droit, l'espèce déroge au genre. Comp. *Generalia specialibus… ; Specialia generalibus…*

Is fecit cui prodest : A commis (le crime) celui à qui profite (le crime).

Judices secundum legem scriptam juste judicent, non secundum arbitrium suum (Charlemagne en ses capitulaires) : Les juges doivent statuer justement (qui implique exactement et équitablement) selon la loi écrite, non selon leur sentiment personnel (leur fantaisie, leur volonté arbitraire).

Juge (le) de l'action est le juge de l'exception.

Jura novit curia : Le juge est censé connaître le droit (et l'appliquer d'office). V. CPC, a. 12 et 16.

Jura vigilantibus, non dormientibus prosunt : Les droits viennent à ceux qui veillent, non à ceux qui dorment. Comp. Paiement (le) est le prix…

*Jura vigilantibus ; *tarde venientibus ossa :* Les droits à ceux qui veillent ; à ceux qui viennent trop tard, les os.

Jure naturae, aequum est neminem cum alterius detrimento et injuria fieri locupletiorem (Pomponius) : De droit naturel, il est équitable que nul ne s'enrichisse injustement au détriment d'autrui. Comp. C. civ., a. 1396, 1377. Comp. *Natura aequum… ; Neminem cum…*

Juris praecepta sunt haec : honeste vivere, alterum non laedere, suum cuique tribuere (Ulpien, Dig. 1, 1, 10) : Les préceptes du droit sont ceux-ci : Vivre honnêtement, ne pas porter préjudice à autrui, attribuer à chacun le sien.

Jus est ars boni et aequi (Celsus) : Le droit est l'art du bon et de l'équitable (ou du juste).

Jus naturale est quod natura omnia animalia docuit (Inst., L. 1, t. 2) : Le droit naturel est ce qu'enseigne la nature à toute la création (à tous les êtres).

Justitia est constans et perpetua voluntas jus suum cuique tribuendi (Ulpien, Dig. 1, 1, 10) : La justice est la volonté inébranlable et incessante d'attribuer à chacun son droit.

Lata sententia judex desinit esse judex : La sentence rendue, le juge cesse d'être juge. V. CPC, a. 481. Comp. Arrêt lu…

Legis vim habet : (la coutume) a force de loi. V. *Consuetudo legis… ; Pro jure…*

Les juges doivent juger certainement et selon les choses alléguées et prouvées (Loisel, 853).

Lettres passent témoins. Comp. C. civ., a. 1341.

Lex statuit de eo quod plerumque fit : La loi statue sur ce qui se produit le plus souvent.

Libertas inaestimabilis res est : La liberté est sans prix.

"L'homme mort, le plait est mort" (Loysel) : Au décès de l'accusé le procès finit (on ne fait pas de procès au cadavre ou à la mémoire du défunt). Comp. *Actio personalis,* etc.

Locus regit actum : L'acte est régi, quant à sa forme, par la loi du lieu où il est passé.

Major pars trahit ad se minorem : La plus grande part attire à elle la moindre. V. C. civ., a. 566. Comp. *accessorium sequitur…*

Mala fides superveniens non impedit usucapionem : La mauvaise foi survenant n'empêche pas la prescription. V. C. civ., a. 2269.

Mala fides superveniens non nocet : La mauvaise foi survenant ne nuit point.

Malitia supplet aetatem : La malice supplée l'âge (*i.e.* le défaut d'âge, la minorité). Comp. C. civ., a. 1310.

Malitiis non est indulgendum : Aux hommes de mauvaise foi, point d'indulgence.

Mare liberum : La (haute) mer est libre.

Materiam superabat opus : Plus que la matière vaut le travail.

Mauvais arrangement vaux mieux que bonne querelle.

Melior est causa possidentis quam petentis : La cause du possesseur est meilleure que celle du demandeur. Comp. *In pari causa…*

Melius est non solvere quam solutum repetere : Mieux vaut ne pas payer que répéter ce qui a été payé.

Meubles n'ont pas de suite par hypothèque (Loisel). C. civ., a. 2119. V. *Mobilia non*...

Mieux vaut un voisin proche qu'un frère éloigné (Prov. 27, 10 ; comp. C. civ., a. 409).

Minor restituitur non tanquam minor sed tanquam laesus : Le mineur est restitué non parce qu'il est mineur, mais en tant qu'il a subi une lésion. Comp. C. civ., a. 1305.

Mobilia non habent sequelam : Les meubles n'ont pas de suite. V. Meubles n'ont pas…

Mobilia sequuntur personam (Loysel, 206). Les meubles suivent la personne.

Mobilium vilis est possessio : La possession des meubles est chose de peu de prix. Comp. *Res mobilis*...

Moneat lex priusquam feriat : La loi doit avertir avant de frapper.

Mort (le) saisit le vif (son héritier le plus proche habile à lui succéder). V. C. civ., a. 724.

Mulier non debet sumptibus suis lugere maritum : La veuve ne doit pas supporter les frais de deuil de son mari. Comp. C. civ., a. 1481.

Natura aequum est neminem cum alterius detrimento fieri locupletoriem : De nature, il est équitable que nul ne s'enrichisse au détriment d'autrui. Comp. *Jure naturae, aequum..., neminem cum...*

Ne bis in idem : V. **Non bis in idem*. Comp. Charte des droits fondamentaux, a. 50, « Nul ne peut être poursuivi ou puni pénalement en raison d'une infraction pour laquelle il a déjà été acquitté ou condamné dans l'Union par un jugement pénal définitif conformément à la loi ».

Nécessité fait loi.

Nécessité n'a pas de loi.

Nec plus in accessione esse potest quam in principali : Il ne peut y avoir dans l'accessoire plus que dans le principal.

Ne dote qui ne veut. V. C. civ., a. 204.

N'est héritier qui ne veut (Loisel). V. C. civ., a. 775.

Neminem cum alterius detrimento fieri locupletoriem : *Nul ne peut s'enrichir au détriment d'autrui. Comp. *Natura aequum*... ; *Jure naturae, aequum*...

Neminem laedit qui suo jure utitur : Ne lèse personne qui use de son droit. Comp. *Nemo damnum*... ; *Nullus videtur*...

Nemini res sua servit : Nul n'a de servitude sur sa propre chose. C. civ., a. 637 et 705. Comp. *Nulli res*...

Nemo auditur propriam turpitudinem allegans : Nul n'est recevable à invoquer sa propre turpitude.

Nemo causam possessionis sibi mutare potest : Nul ne peut se changer à soi-même la cause de sa possession. V. C. civ., a. 2240.

Nemo censetur ignorare legem : *Nul n'est censé ignorer la loi.

Nemo condemnatus, nisi auditus vel vocatus : Nul ne peut être condamné sans avoir été entendu ou, au moins, sans avoir été appelé à se défendre.

Nemo contra se edere tenetur : Nul n'est tenu de produire (des pièces ; de prouver) contre lui-même. Comp. C. civ., a. 10 ; CPC, a. 11, 142.

Nemo contra se subrogasse censetur : Nul n'est censé avoir fait une subrogation contre soi. Comp. C. civ., a. 1252.

Nemo damnum facit qui suo jure utitur : Nul ne cause un dommage qui use de son droit. Comp. *Neminem laedit... ; Nullus videur*...

Nemo dat quod non habet : Nul ne peut transférer la propriété de ce qui ne lui appartient pas. V. C. civ., a. 1599, 1601. Comp. *Nemo plus juris*...

Nemo ex alterius facto praegravari debet : Nul ne doit pâtir du fait d'autrui.

Nemo in rem suam auctor esse potest : Nul ne peut se donner d'autorisation pour sa propre affaire. V. C. civ., a. 420.

Nemo judex sine actu : Pas de juge sans acte (pas de justice sans demande). Comp. *Ne procedat*...

Nemo liberalis nisi liberatus : Nul ne peut faire de libéralité sans que ses dettes soient acquittées. Comp. *Bona non sunt*...

Nemo plus juris ad alium transferre potest quam ifse habet : Nul ne peut transférer à autrui plus de droit qu'il n'a lui-même (Ulpien). Comp. *Nemo dat…* ; *Resoluto jure…*

Nemo potest ex suo delicto consequi emolumentum : Nul ne peut tirer profit de son délit.

Nemo praecise cogi ad factum : Nul ne peut être contraint à faire quelque chose. Comp. C. civ., a. 1142.

Ne procedat judex ex officio : Le juge ne peut se saisir d'office. Comp. *Nemo judex…* V. CPC, a. 1.

Non alienat qui occasionem acquirendi omittit : N'aliène pas qui omet d'acquérir. Comp. C. civ., a. 1167.

Non bis in idem : Pas deux fois sur la même chose. Comp. *Ne bis in idem.*

Non concedit venire contra factum proprium (rom.) : Il n'est pas permis d'aller à l'encontre de son propre fait (pour une partie, d'adopter une attitude qui contredise son comportement antérieur auquel l'autre partie s'était fiée).

Non exemplis sed legibus judicandum est : On doit juger non suivant les précédents mais selon les lois (Constantin).

Non fatetur qui errat : N'avoue pas celui qui est dans l'erreur. Comp. C. civ., a. 1356.

Non olet : (L'argent) n'a pas d'odeur.

Non omne quod licet honestum est : Ce qui est permis n'est pas toujours honnête.

Non solent quae abundant vitiare scripturas : L'usage n'est pas qu'un acte soit vicié par ce qu'il contient de superflu.

Novatio enim a novo nomen accipit (Digeste) : La novation tient son nom de la nouveauté (du changement introduit dans l'obligation).

Nul en France ne plaide par procureur (hormis le roi).

Nulla poena sine lege : Il n'y a pas de peine sans loi (sans texte).

Nulle partie ne peut être jugée sans avoir été entendue ou appelée. CPC, a. 14. Comp. *Audiatur et altera…*

Nulle servitude sans titre. Comp. C. civ., a. 690.

Nulli res sua servit : V. C. civ., a. 637, 705. Comp. *Nemini res…*

Nullum crimen sine lege : Il n'y a pas de crime (d'infraction) sans loi (sans texte).

Nullus videtur dolo facere qui suo jure utitur : Nul n'est considéré comme agissant par dol qui use de son droit. Comp. *Nemo damnum…* ; *Neminem loedit…*

Nul ne peut ériger sa propre carence en grief (cf. CPC a. 146, al. 2).

Nul ne peut se faire justice à soi-même.

Nul n'est censé ignorer la loi. Comp. *Nemo censetur…*

Nul n'est tenu de rester dans l'indivision. C. civ., a. 815.

Nuptias non concubitus sed consensus facit (Ulpien) : Ce n'est pas la cohabitation mais le consentement qui fait le mariage.

Odiosa sunt restringenda : Les dispositions odieuses doivent être interprétées restrictivement. Comp. *Poenalia sunt…*

Omne quod inaedificatur solo cedit : Tout ce qui est édifié appartient au sol. V. C. civ., a. 553. Comp. *Superficies…*

Omnis definitio in jure civili periculosa est : En droit civil, toute définition est périlleuse.

On lie les bœufs par les cornes et les hommes par leurs paroles (Loisel). Comp. Autant vaut… ; *Solus consensus…* V. C. civ., a. 1134.

Onus probandi incumbit actori (var. : *ei qui dicit*) : La charge de la preuve incombe au demandeur (var. : à celui qui affirme). V. CPC, a. 9. Comp. *Actori incumbit…* ; *Ei incumbit…* ; *Reus excipiendo…*

Opposition sur opposition ne vaut. Comp. CPC, a. 578.

Optima est legum interpres consuetudo : Il n'est de meilleur interprète de la loi que la coutume.

Or vaut ce qu'or vaut (Loisel). Comp. Franc (le)…

Où manque la police, abonde la malice.

Pacta sunt servanda : Les conventions doivent être respectées (maxime des canonistes ; comp. C. civ., a. 1134).

Paiement (le) est le prix de la course. Comp. *Jura vigilantibus*...

Paria est non esse et non probari : Il est équivalent de ne pas être ou de ne pas être prouvé. Comp. *Idem est*...

Pas de nullité sans grief. CPC, a. 114.

Pas de nullité sans texte. CPC, a. 114.

Pas de privilège sans texte (C. civ., a. 2093).

Pas d'intérêt pas d'action. CPC, a. 31. Comp. Intérêt (l')...

Patere legem quam ipse fecisti : Souffre la loi que tu as faite toi-même.

Pater is est quem nuptiae demonstrant. C. civ., a. 312.

Paterna paternis, materna maternis : Les biens paternels à la ligne paternelle, les biens maternels à la ligne maternelle. Comp. C. civ., a. 732.

Plume (la) est serve, la parole est libre.

Plurimae leges, pessima respublica : Trop nombreuses lois, pire des États.

Plus cautionis in re quam in persona (Pomponius) : Il y a plus de garantie dans une chose que dans une personne.

Plus valet quod agitur quam quod simulatur : Ce qui est ostensible l'emporte sur ce qui est occulte. Comp. C. civ., a. 1321.

Poenalia sunt restringenda : Les lois pénales sont d'interprétation stricte. Comp. *Odiosa*...

Portio accrescit portioni (Bartole) : La portion accroît à la portion.

Potius ut valeat quam ut pereat : Faveur à la validité plutôt qu'à la nullité (dans l'interprétation).

Praesumptio sumitur eo quod plerumque fit : La présomption prend comme prémisse ce qui se produit le plus souvent. V. *Ex eo*...

Précepte (un) est une lampe (Prov. 6, 23).

Prior tempore potior jure : Premier en date, préférable en droit. Comp. C. civ., a. 2134.

Privilegia non ex tempore aestimantur sed ex causa : Les privilèges se classent non par ordre d'inscription mais en fonction de leur qualité. V. C. civ., a. 2095 et 2096.

Probatio diabolica : (La preuve de la propriété est) une preuve diabolique.

Probatio probatissima : La plus importante des preuves (est l'aveu).

Pro jure et lege tenetur : (La coutume) est tenue pour le Droit ou la loi. Comp. *Consuetudo legis*... ; *Legis vim*...

Protestatio non valet contra actum : Contre l'acte protestation ne vaut.

Provision est due au titre.

Quae fuerant vitia, mores sunt (Sénèque) : Les vices d'autrefois sont les mœurs d'aujourd'hui.

Quae in fraudem creditorum alienata sunt revocantur : Les aliénations faites en fraude aux créanciers encourent la nullité.

Quae temporalia sunt ad agendum, perpetua sunt ad excipiendum : Ce que l'on n'est en droit de demander que pendant un certain temps, on est toujours en droit de l'opposer par voie d'exception (de moyen ou de défense).

Quand les preuves manquent, les conjectures suffisent (V. *sufficit praesumptiva*...).

Quem de evictione tenet actio eumdem agentem repellit exceptio : Celui qui est tenu à la garantie d'éviction est repoussé, s'il agit, par l'exception de garantie. Comp. Qui doit garantir...

Qui actionem habet ad rem recipiendam ipsam rem habere videur : Celui qui a une action pour recevoir une chose est censé avoir la chose même.

Qui auctor est se non obligat : Qui donne son autorisation ne s'oblige pas. Comp. C. civ., a. 1418.

Qui bâtit, borne (Daguin, 1242).

Qui certat de damno vitando anteponendus est ei qui certat de lucro captando : Celui qui s'efforce d'éviter une perte doit être préféré à celui qui cherche à réaliser un gain.

Qui confirmat nihil dat (cité par d'Aguesseau) : Qui confirme ne donne rien.

Qui cum alio contrahit vel est vel debet esse non ignarus conditionis ejus : Celui qui conclut un contrat connaît ou ne doit pas ignorer la condition de son cocontractant.

Qui dicit de uno, de altero negat : Qui affirme l'un nie l'autre (*a contrario,* si l'un exclut l'autre). Comp. *inclusione unius...*

Qui doit garantir ne peut évincer. Comp. *Quem de evictione...*

Quieta non movere : Ce qui est tranquille, il ne faut pas le troubler.

Qui fait l'enfant doit le nourrir (Loisel). V. C. civ., a. 203, 334.

Qui le sien donne avant mourir bientôt s'apprête à moult souffrir (Loisel).

Qui mandat dicitur ipse vere facere : Qui donne mandat doit être dit agir vraiment lui-même (Bartole). Comp. C. civ., a. 1984.

Qui mavult vult : Qui choisit de deux maux le moindre veut. Comp. *Coacta voluntas...*

Qui ne dit mot consent.

Qui paie mal, paie deux fois (Loisel). Comp. C. civ., a. 1241.

Qui répond paie (Loisel, 669 ; C. civ., 2011).

Qui s'entremet doit achever (Loisel). Comp. C. civ., a. 1372, 1991.

Qui s'excuse s'accuse (dicton).

Qui s'oblige oblige le sien. C. civ., a. 2092.

Qui tardius solvit minus solvit : Qui paie en retard paie moins.

Qui vend le pot dit le mot (Loisel ; celui qui vend fait la loi).

Quis custodiet ipsos custodes ? Qui gardera les gardiens eux-mêmes

Quod abundat non vitiat : Ce qui est surabondant ne vicie pas.

Quod nullum est nullum producit effectum : Ce qui est nul ne produit aucun effet.

Quod universitatis est non est singulorum : Ce qui appartient à une personne morale n'appartient pas à ses membres.

Ratihabitio mandato aequiparatur : La ratification équivaut à un mandat. Comp. C. civ., a. 1998.

Recognitio nil dat novi : La reconnaissance ne fait rien acquérir de nouveau. Comp. *Confirmatio...*

Res inter alios acta aliis neque nocere neque prodesse potest : Ce qui est conclu entre les uns ne peut ni nuire ni profiter aux autres. Comp. C. civ., a. 1121, 1165.

Res inter alios judicata aliis neque nocere neque prodesse potest : Ce qui est jugé entre les uns ne peut ni nuire ni profiter aux autres. Comp. C. civ., a. 1351.

Res ipsa loquitur : La chose parle d'elle-même. Comp. *Veritas index sui.*

Res judicata pro veritate accipitur (var. : *habetur*) : La chose jugée est reçue (var. : est tenue) pour vérité. Comp. C. civ., a. 1350. Comp. *Bis de eadem...*

Res mobilis, res vilis : Chose mobilière, chose sans valeur. Comp. *Mobilium vilis...*

Res perit domino : La perte d'une chose est pour le propriétaire. Comp. C. civ., a. 1138.

Resoluto jure dantis, resolvitur jus accipientis : Résolu le droit de celui qui transmet, résolu le droit de celui qui reçoit. Comp. *Nemo dat...* ; *Nemo plus juris...*

Reus in excipiendo fit actor : Le défendeur devient demandeur relativement à l'exception qu'il soulève. V. CPC, a. 9. Comp. *Actori incumbit...* ; *Ei incumbit...* ; *Onus probandi...*

Sage est le juge qui escoute et tard juge. Car de fol juge briefve sentence (Loisel, 855).

Saisie sur saisie ne vaut (Loisel).

Secundum allegata et probata partium judex judicare debet : Le juge doit juger selon ce qui est allégué et prouvé par les parties. V. CPC, a. 6, 7, 9, 10. Comp. *Da mihi factum...*

Semel heres, sempers heres : Une fois héritier, on l'est toujours. Comp. C. civ., a. 783.

Semper in dubiis benigniora praeferenda sunt (Gaius) : Dans le doute, il faut toujours préférer les mesures les plus démentes.

Semper in obscuris inspici debet quod verisimilis est aut quod plerumque fieri solet. Il faut toujours avoir égard dans l'interprétation des choses obscures à ce qui est vraisemblable ou à ce qui, le plus souvent, a coutume de se produire.

Semper in obscuris quod minimum est sequimur (Ulpien) : En cas d'obscurité, il convient de s'en tenir à ce qui est le moins rigoureux.

Servitus sertitutis esse non potest : Une servitude ne peut être établie sur une servitude.

Sibi vigilavit suum recepit. Qui veille à ses intérêts, reçoit le sien (prix de la course au remboursement).

Sic jubeo, sit pro ratione voluntas, (Juvénal, 6, 223) : Tel est mon ordre, que ma volonté tienne lieu de raison.

Sine pretio, nulla est vinditio : Sans prix, pas de vente (Ulpien). Comp. C. civ., a. 1582 s.

Socii mei socius meus socius non est : L'associé de mon associé n'est pas mon associé.

Solus consensus obligat : Le seul consentement suffit à obliger. Comp. On lie les bœufs… ; Autant vaut… ; V. C. civ., a. 1134.

Specialia generalibus derogant : Les dispositions spéciales dérogent aux dispositions générales. Comp. *Generalia specialibus…* ; *In toto jure…*

Specialia generalibus insunt : Les espèces sont comprises dans les généralités.

Spoliatus ante omnia restituitur : Qui a été dépouillé doit, avant tout, obtenir restitution. Comp. CPC, a. 1264.

Subrogatum capit naturam subrogati : La chose subrogée prend la nature de la chose à laquelle elle est subrogée (Bartole).

Sufficit praesumptiva probatio per conjecturas (verisimiles conjecturae) : (Quand les preuves manquent), les conjectures (les présomptions) suffisent (si elles sont vraisemblables). Cf. C. civ., a. 1353.

Summum jus, summa injuria : Droit extrême, suprême injustice (Cicéron).

Superficies solo cedit : Ce qui est au-dessus du sol le cède au sol. V. C. civ., a. 552. Comp. *Omne quod…*

Surenchère sur surenchère ne vaut.

Tantum devolutum quantum appellatum : Il est dévolu (à la cour) autant que ce dont est appel. CPC, a. 562.

Tantum prescriptum quantum possessum : On n'acquiert (par prescription) que ce qu'on possède.

Tarde venientibus ossa : Aux tard venus, les os. Comp. *Jura vigilantibus*

Testis unus, testis nullus : Un seul témoin, aucun témoin.

Tous biens sont réputés acquêts, s'il n'appert du contraire (Loisel). Comp. C. civ., a. 1402.

Tout juge est juge de sa compétence.

Tout juge est procureur général.

Tout prévenu est présumé innocent jusqu'au jugement de sa condamnation.

Toutes appellations ont effet suspensif et dévolutif (Loisel). CPC, a. 539, 561 s.

Transiger est aliéner.

Ubi eadem ratio, idem jus : Où il y a la même raison (de décider), il faut admettre le même droit.

Ubi emolumentum, ibi onus : Là où est l'émolument, là doit être la charge.

Ubi lex non distinguit, nec nos distinguere debemus : Quand la loi ne distingue pas, nous non plus ne devons distinguer.

Ubi onus, ibi emolumentum : Là où est la charge, là doit être l'émolument.

Une fois n'est pas coutume.

Universitas vice personae fungitur : La collectivité fait fonction d'une personne.

Unus quisque peritus esse debet artis suae : Chacun doit avoir l'expérience de son métier.

Usage rend maître (prov. gallic., XVe s.).

Usus efficacissimus rerum omnium magister (Pline) : L'usage est en tout le meilleur maître.

Uti possidetis, ita possideatis : Comme vous possédez, ainsi continuez à posséder. Comp. CPC, a. 1264.

Vani timoris justa excusatio non est : D'une crainte vaine ne peut venir une excuse légitime. Comp. C. civ., a. 1114.

Verba volant, scripta manent : Les paroles s'envolent, les écrits demeurent.

Veritas index sui : Vérité révélation d'elle-même. Comp. *Res ipsa loquitur.*

Volenti non fit injuria : À qui consent on ne fait pas tort.

DANS LA COLLECTION « QUADRIGE »

Dictionnaires

Denis Alland, Stéphane Rials, *Dictionnaire de la culture juridique*
Madeleine Ambrière, *Dictionnaire du XIXe siècle européen*
Joël Andriantsimbazovina, Hélène Gaudin, Jean-Pierre Marguénaud, Stéphane Rials, *Dictionnaire des droits de l'homme*
Patrick Arabeyre, Jean-Louis Halpérin, Jacques Krynen, *Dictionnaire historique des juristes français, XIIe-XXe siècle*
Jean-Robert Armogathe, *Histoire générale du christianisme (2 volumes)*
Paul Aron, Denis Saint-Jacques, Alain Viala, *Le dictionnaire du littéraire*
Régine Azria, Danièle Hervieu-Léger, Dominique Iogna-Prat, *Dictionnaire des faits religieux*
Antoine de Baecque, Philippe Chevallier, *Dictionnaire de la pensée du cinéma*
Lucien Bély, *Dictionnaire de l'Ancien Régime*
Jamel Eddine Bencheikh, *Dictionnaire de littératures de langue arabe et maghrébine francophone*
Antoine Bevort, Annette Jobert, Michel Lallement, Arnaud Mias, *Dictionnaire du travail*
Oscar Bloch, Walther von Wartburg, *Dictionnaire étymologique de la langue française*
Pierre Bonte, Michel Izard, *Dictionnaire de l'ethnologie et de l'anthropologie*
Emilio Bonvini, Joëlle Busuttil, Alain Peyraube, *Dictionnaire des langues*
Massimo Borlandi, Raymond Boudon, Mohamed Cherkaoui, Bernard Valade, *Dictionnaire de la pensée sociologique*
Raymond Boudon, François Bourricaud, *Dictionnaire critique de la sociologie*
Dominique Bourg, Alain Papaux, *Dictionnaire de la pensée écologique*
Alain Bouvier, Irène Bros, Michel George, François Le Lionnais, *Dictionnaire des mathématiques*
Monique Canto-Sperber, *Dictionnaire d'éthique et de philosophie morale*
François Châtelet, Olivier Duhamel, Évelyne Pisier, *Dictionnaire des œuvres politiques*
André Comte-Sponville, *Dictionnaire philosophique*
Gérard Cornu, *Vocabulaire juridique*
Marie Cornu-Volatron, Fabienne Orsi, Judith Rochfeld, *Dictionnaire des biens communs*
Michel Delon, *Dictionnaire européen des Lumières*
Christian Delporte, Jean-Yves Mollier, Jean-François Sirinelli, *Dictionnaire d'histoire culturelle de la France contemporaine*
Roland Doron, Françoise Parot, *Dictionnaire de psychologie*
Benoît Durieux, Jean-Baptiste Jeangène Vilmer, Frédéric Ramel, *Dictionnaire de la guerre et de la paix*
Pierre Enckell, Pierre Rézeau, *Dictionnaire des onomatopées*
Pierre-Sylvain Filliozat, *Dictionnaire des littératures de l'Inde*
Claude Gauvard, Alain de Libera, Michel Zink, *Dictionnaire du Moyen Âge*
Claude Gauvard, Jean-François Sirinelli, *Dictionnaire de l'historien*
Pierre George, Fernand Verger, *Dictionnaire de la géographie*
Pierre Gisel, *Encyclopédie du protestantisme*
Denis Huisman, *Dictionnaire des philosophes*
Jean-Yves Lacoste, Olivier Riaudel, *Dictionnaire critique de théologie*
Robert Lafon, *Vocabulaire de psychopédagogie et de psychiatrie de l'enfant*
André Lalande, *Vocabulaire technique et critique de la philosophie*
Jean Laplanche, Jean-Bertrand Pontalis, *Vocabulaire de la psychanalyse*
David Le Breton, Daniel Marcelli, *Dictionnaire de l'adolescence et de la jeunesse*
Jean Leclant, *Dictionnaire de l'Antiquité*
Dominique Lecourt, *Dictionnaire de la pensée médicale*
— *Dictionnaire d'histoire et philosophie des sciences*
Claude Le Guen, *Dictionnaire freudien*
André Leroi-Gourhan, *Dictionnaire de la Préhistoire*
Daniel Ligou, *Dictionnaire de la franc-maçonnerie*

Michela MARZANO, *Dictionnaire de la violence*
— *Dictionnaire du corps*
Pierre MERLIN, Françoise CHOAY, *Dictionnaire de l'urbanisme et de l'aménagement*
Sylvie MESURE, Patrick SAVIDAN, *Le dictionnaire des sciences humaines*
Georges MOUNIN, *Dictionnaire de la linguistique*
Jean-Jacques ORIGAS, *Dictionnaire de littérature japonaise*
Henri PIÉRON, *Vocabulaire de la psychologie*
Jean-Pierre POULAIN, *Dictionnaire des cultures alimentaires*
Paul POUPARD, *Dictionnaire des religions*
Michel PRIGENT, Frank LESTRINGANT, Michel ZINK, *Histoire de la France littéraire. Volume I*
Michel PRIGENT, Jean-Charles DARMON, Michel DELON, *Histoire de la France littéraire. Volume II*
Michel PRIGENT, Patrick BERTHIER, Michel JARRETY, *Histoire de la France littéraire. Volume III*
Philippe RAYNAUD, Stéphane RIALS, *Dictionnaire de philosophie politique*
Jacqueline de ROMILLY, *Dictionnaire de littérature grecque ancienne et moderne*
Patrick SAVIDAN, *Dictionnaire des inégalités et de la justice sociale*
Jean-François SIRINELLI, *Dictionnaire historique de la vie politique française au XXe siècle*
Albert SOBOUL, *Dictionnaire historique de la Révolution française*
Dominique SOURDEL, Janine SOURDEL-THOMINE, *Dictionnaire historique de l'islam*
Étienne SOURIAU, Anne SOURIAU, *Vocabulaire d'esthétique*
Pierre-André TAGUIEFF, *Dictionnaire historique et critique du racisme*
Paul TEYSSIER, *Dictionnaire de littérature brésilienne*
Agnès VAN ZANTEN, Patrick RAYOU, *Dictionnaire de l'éducation*
Roger ZUBER, Marc FUMAROLI, *Dictionnaire de littérature française du XVIIe siècle*

Droit et sciences politiques

Jacques BIDET, Gérard DUMÉNIL, *Altermarxisme*
Hervé de CARMOY, *Où va l'Amérique d'Obama ?*
Laurent COHEN-TANUGI, *Le droit sans l'État*
Mireille DELMAS-MARTY, *Le flou du droit*
Jacques ELLUL, *Histoire des institutions. L'Antiquité*
— *Histoire des institutions. Le Moyen Âge*
— *Histoire des institutions. XVIe-XVIIIe siècle*
Frédéric ENCEL, *Géopolitique du Printemps arabe*
— *Mon dictionnaire géopolitique*, édition augmentée
Philippe NEMO, *Les deux Républiques françaises*
Stéphane RIALS, *Villey et les idoles*
Carl SCHMITT, *Les trois types de pensée juridique*
Alain SUPIOT, *Critique du droit du travail*
Michel VILLEY, *Le droit romain*
— *Le droit et les droits de l'homme*
Max WEBER, *Sociologie du droit*

Économie

Peter L. BERNSTEIN, *Des idées capitales*
Angus DEATON, *La grande évasion. Santé, richesse et origine des inégalités*
Tim HARFORD, *L'économie est un jeu d'enfant*
Friedrich HAYEK, *Droit, législation et liberté*
— *La route de la servitude*
Albert O. HIRSCHMAN, *Les passions et les intérêts*
Bruno PALIER, *Gouverner la sécurité sociale*
Amartya SEN, *Éthique et économie*
Jean TIROLE, *Économie du bien commun*
Pierre VELTZ, *Mondialisation, villes et territoires*

Histoire

Christian Bellest, Lucien Malson, *Le jazz*
Johann Chapoutot, *Fascisme, nazisme et régimes autoritaires en Europe (1918-1945)*
— *Le meurtre de Weimar*
— *Le nazisme et l'Antiquité*
Pierre Chaunu, *Histoire de l'Amérique latine*
Denis Crouzet, *Christophe Colomb*
Gandhi, *Autobiographie ou mes expériences de vérité*
Pierre Grimal, *La mythologie grecque*
Jacques Le Goff, *Marchands et banquiers du Moyen Âge*
Henri Lehmann, *Les civilisations précolombiennes*
André Leroi-Gourhan, *Les religions de la préhistoire*
William Marx, *Les arrière-gardes au xxe siècle*
Marie-Anne Matard-Bonucci, *L'Italie fasciste et la persécution des juifs*
Gérard Poumarède, *Pour en finir avec la Croisade*
René Rémond, *Histoire des États-Unis*
Louis Sala-Molins, *Le Code Noir ou le calvaire de Canaan*
Victor Schœlcher, *Esclavage et colonisation*
Albert Soboul, *La Révolution française*
Jacques Verger, *Les universités au Moyen Âge*

Littérature

Lou Andreas-Salomé, *Ma vie*
Jean Bellemin-Noël, *Psychanalyse et littérature*
Gilles Deleuze, *Proust et les signes*
Gilbert Durand, *L'imagination symbolique*
Umberto Eco, *Sémiotique et philosophie du langage*
Knut Hamsun, *Faim*
Francois Jullien, *La valeur allusive*
Michel Meyer, *Le comique et le tragique*
André Miquel, *La littérature arabe*
Michel Eyquem de Montaigne, *Les Essais. Livres I-III*
Jacqueline de Romilly, *Précis de littérature grecque*
— *La tragédie grecque*
Henri Saint-Simon, *Œuvres complètes (4 vol.),*
Léopold Sédar Senghor, *Anthologie de la nouvelle poésie nègre et malgache de langue française*
Alain Viala, *Lettre à Rousseau sur l'intérêt littéraire*
Stefan Zweig, *Montaigne*

Philosophie

Alain, *Propos sur des philosophes*
— *Propos sur les Beaux-Arts*
Ferdinand Alquié, *Le désir d'éternité*
Louis Althusser, *Lire Le Capital*
— *Montesquieu, la politique et l'histoire*
Hannah Arendt, *La vie de l'esprit*
Mohammed Arkoun, *La pensée arabe*
Paul-Laurent Assoun, *L'École de Francfort*
— *Freud, la philosophie et les philosophes*
— *Freud et Nietzsche*
Pierre Aubenque, *Le problème de l'être chez Aristote*

— *La prudence chez Aristote*
Sylvain AUROUX, *La pensée chinoise*
— (dir.), *La pensée japonaise*
Gaston BACHELARD, *La dialectique de la durée*
— *Le droit de rêver*
— *La flamme d'une chandelle*
— *Le matérialisme rationnel*
— *Le nouvel esprit scientifique*
— *La philosophie du non*
— *La poétique de la rêverie*
— *La poétique de l'espace*
— *Le rationalisme appliqué*
Alain BADIOU, *Métaphysique du bonheur réel*
— *Saint Paul. La fondation de l'universalisme*
Jean BEAUFRET, *Parménide. Le Poème*
Henri BERGSON, *L'âme et le corps*
— *Le cerveau et la pensée*
— *La conscience et la vie*
— *Les deux sources de la morale et de la religion*
— *Durée et simultanéité*
— *Écrits philosophiques*
— *L'énergie spirituelle*
— *Essai sur les données immédiates de la conscience*
— *L'évolution créatrice*
— *Introduction à la métaphysique*
— *L'intuition philosophique*
— *Matière et mémoire*
— *La pensée et le mouvant*
— *La perception du changement*
— *La philosophie de Claude Bernard*
— *Le possible et le réel*
— *Le rêve suivi de Fantômes de vivants*
— *Le rire*
— *Le souvenir du présent et la fausse reconnaissance*
— *Sur le pragmatisme de William James*
— *La vie et l'œuvre de Ravaisson*
Robert BLANCHÉ, *L'axiomatique*
Richard BODÉUS, Marie-Hélène GAUTHIER-MUZELLEC, Annick JAULIN, Francis WOLFF, *La philosophie d'Aristote*
Pierre BOUTANG, *Ontologie du secret*
Gérald BRONNER, Étienne GÉHIN, *L'inquiétant principe de précaution*
Georges CANGUILHEM, *Le normal et le pathologique*
Georges CANGUILHEM, Georges LAPASSADE, Jacques PIQUEMAL, Jacques ULMANN, *Du développement à l'évolution au XIXe siècle*
Monique CANTO-SPERBER, *Éthiques grecques*
Anne CAUQUELIN, *À l'angle des mondes possibles*
— *L'invention du paysage*
— *Le site et le paysage*
Pascal CHABOT, *Global burn-out*
Auguste COMTE, *Premiers cours de philosophie positive*
André COMTE-SPONVILLE, *Du corps*
— *Du tragique au matérialisme (et retour)*
— *Traité du désespoir et de la béatitude*
Marcel CONCHE, *Essais sur Homère*
— *Montaigne ou la conscience heureuse*
— *Présence de la nature*
François DAGOGNET, *Le corps*
Marie-Magdeleine DAVY, *La connaissance de soi*
Gilles DELEUZE, *Le bergsonisme*
— *Nietzsche*

— *Nietzsche et la philosophie*
— *La philosophie critique de Kant*
Jacques DERRIDA, *La voix et le phénomène*
Jean-Toussaint DESANTI, *Introduction à l'histoire de la philosophie*
René DESCARTES, *Méditations métaphysiques*
— *La Recherche de la Vérité par la lumière naturelle*
Vincent DESCOMBES, *Le platonisme*
Vincent DESCOMBES, Charles LARMORE, *Dernières nouvelles du Moi*
Cora DIAMOND, *L'importance d'être humain*
Émile DURKHEIM, *L'éducation morale*
Jacques ELLUL, *Islam et judéo-christianisme*
Luc FERRY, Alain RENAUT, *Philosophie politique*
Henri FOCILLON, *Vie des formes*
Hugo GROTIUS, *Le droit de la guerre et de la paix*
Georges GUSDORF, *La parole*
Georg Wilhelm Friedrich HEGEL, *Le magnétisme animal*
— *Principes de la philosophie du droit*
Martin HEIDEGGER, *Qu'appelle-t-on penser ?*
Michel HENRY, *La barbarie*
— *Voir l'invisible. Sur Kandinsky*
Roland JACCARD, *La tentation nihiliste suivi de Le cimetière de la morale*
— *L'exil intérieur*
Vladimir JANKÉLÉVITCH, *Henri Bergson*
— *Philosophie première*
Denis KAMBOUCHNER, *Les Méditations métaphysiques de Descartes. I*
Emmanuel KANT, *Critique de la raison pratique*
— *Critique de la raison pure*
Richard KEARNEY, Joseph Stephen O'LEARY, *Heidegger et la question de Dieu*
Jean-Francois KERVÉGAN, *Hegel, Carl Schmitt*
Shûzô KUKI, *La structure de l'iki*
LAO TSEU, *Tao Te king*
Guillaume LE BLANC, *Canguilhem et la vie humaine*
Dominique LECOURT, *L'Amérique entre la Bible et Darwin*
— *Contre la peur*
— *Humain, posthumain*
Clotilde LEGUIL, *L'être et le genre*
Emmanuel LEVINAS, *Le temps et l'autre*
Jean-François LYOTARD, *La phénoménologie*
— *Pourquoi philosopher ?*
Nicolas MACHIAVEL, *Le Prince*
Alasdair MACINTYRE, *Après la vertu*
Moïse MAÏMONIDE, *Le livre de la connaissance*
Catherine MALABOU, *Les nouveaux blessés. De Freud à la neurologie : penser les traumatismes contemporains*
Jean-Luc MARION, *La croisée du visible*
— *De surcroît*
— *Dieu sans l'être*
— *Étant donné*
— *Réduction et donation*
— *Sur la théologie blanche de Descartes*
Karl MARX, *Le Capital. Livre I*
Jean-François MATTÉI, *La barbarie intérieure*
— *Platon et le miroir du mythe*
Maurice MERLEAU-PONTY, *La structure du comportement*
Michel MEYER, *De la problématologie*
Yves MICHAUD, *La crise de l'art contemporain*
John Stuart MILL, *L'utilitarisme. Essai sur Bentham*
Emmanuel MOUNIER, *Le personnalisme*
Hisayasu NAKAGAWA, *Introduction à la culture japonaise*
Philippe NEMO, *La belle mort de l'athéisme moderne*

— *Qu'est-ce que l'Occident ?*
Robert NOZICK, *Anarchie, État et utopie*
Corine PELLUCHON, *L'autonomie brisée*
Henri PEÑA-RUIZ, *Dieu et Marianne*
Jean PIAGET, *L'épistémologie génétique*
— *Le structuralisme*
Jacques RANCIÈRE, *Figures de l'histoire*
John RAWLS, *Libéralisme politique*
Stéphane RIALS, *Oppressions et résistances*
Claude ROMANO, *L'événement et le temps*
Clément ROSSET, *L'anti-nature*
— *Logique du pire*
— *La philosophie tragique*
— *Propos sur le cinéma*
— *Schopenhauer, philosophe de l'absurde*
RUE DESCARTES, *Emmanuel Levinas*
— *Gilles Deleuze*
Henri SAINT-SIMON, *Œuvres complètes (4 volumes sous coffret)*
Jean-Paul SARTRE, *L'imagination*
Carl SCHMITT, *Le nomos de la Terre*
— *Théorie de la Constitution*
Arthur SCHOPENHAUER, *Aphorismes sur la sagesse dans la vie*
— *De la Volonté dans la nature*
— *Le monde comme volonté et comme représentation*
Jean-Pierre SÉRIS, *La technique*
Adam SMITH, *Théorie des sentiments moraux*
Philippe SOULEZ, Frédéric WORMS, *Bergson*
Leo STRAUSS, *Qu'est-ce que la philosophie politique ?*
— Joseph Cropsey, *Histoire de la philosophie politique*
Pacôme THIELLEMENT, *Trois essais sur Twin Peaks*
Léon TOLSTOÏ, *Qu'est-ce que l'art ?*
Jean-Pierre VERNANT, *Les origines de la pensée grecque*
Stéphane VIAL, *Court traité du design*
— *L'être et l'écran*
Frédéric WORMS, *Bergson ou les deux sens de la vie*
Patrick WOTLING, *Nietzsche et le problème de la civilisation*
Yves Charles ZARKA, *L'islam en France*
— *La philosophie en France aujourd'hui*

Psychologie et psychanalyse

Jean-Claude ABRIC, *Pratiques sociales et représentations*
Jacques ANDRÉ, *Aux origines féminines de la sexualité*
Paul-Laurent ASSOUN, *Freud et Nietsche*
— *Le freudisme*
— *La métapsychologie*
Patrick AVRANE, *Petite psychanalyse de l'argent*
Colette CHILAND, *L'entretien clinique*
Jean COURNUT, *Pourquoi les hommes ont peur des femmes*
Madeleine DAVIS, David WALLBRIDGE, *Winnicott. Introduction à son œuvre*
Paul DENIS, *De l'âge bête*
Paul DENIS, Claude JANIN, *Psychothérapie et psychanalyse*
René DIATKINE, Janine SIMON, *La psychanalyse précoce*
Pierre FÉDIDA, *Crise et contre-transfert*
— *Le site de l'étranger*
Michel FOUCAULT, *Maladie mentale et psychologie*
— *Naissance de la clinique*
Sigmund FREUD, *Abrégé de psychanalyse suivi de Some Elementary Lessons in Psycho-Analysis*

— *Actuelles sur la guerre et la mort*
— *L'analyse finie et l'analyse infinie* suivi de *Constructions dans l'analyse*
— *Au-delà du principe de plaisir*
— *Autoprésentation. Textes autobiographiques*
— *L'avenir d'une illusion*
— *Cinq psychanalyses*
— *Contributions à la psychologie de la vie amoureuse*
— *De la psychanalyse*
— *Le délire et les rêves dans la « Gradiva » de W. Jensen*
— *Dora*
— *Freud et la création littéraire*
— *L'Homme aux loups*
— *L'Homme aux rats*
— *L'homme Moïse et la religion monothéiste*
— *Inhibition, symptôme et angoisse*
— *L'interprétation du rêve*
— *Leçons d'introduction à la psychanalyse*
— *Le malaise dans la culture*
— *Le moi et le ça*
— *Métapsychologie*
— *Nouvelle suite des leçons d'introduction à la psychanalyse*
— *Le petit Hans*
— *La première théorie des névroses*
— *Le Président Schreber*
— *Psychologie des masses et analyse du moi*
— *La question de l'analyse profane*
— *Sexualité*
— *Sur la psychopathologie de la vie quotidienne*
— *La technique psychanalytique*
— *Totem et tabou*
— *Trois essais sur la théorie sexuelle*
— *Un souvenir d'enfance de Léonard de Vinci*
André GREEN, *Le complexe de castration*
Philippe GUTTON, *Le pubertaire*
Olivier HOUDÉ, *10 leçons de psychologie et pédagogie*
Roland JACCARD, *L'exil intérieur*
Ernest JONES, *La vie et l'œuvre de Sigmund Freud. I*
— *La vie et l'œuvre de Sigmund Freud. II*
— *La vie et l'œuvre de Sigmund Freud. III*
Melanie KLEIN, *La psychanalyse des enfants*
Melanie KLEIN, Paula HEIMANN, Susan ISAACS, Joan RIVIÈRE, *Développements de la psychanalyse*
Daniel LAGACHE, *La jalousie amoureuse*
— *L'unité de la psychologie*
Jean LAPLANCHE, *Nouveaux fondements pour la psychanalyse*
— *Problématiques I*
— *Problématiques II*
— *Problématiques III*
— *Problématiques IV*
— *Problématiques V*
— *Problématiques VI*
— *Problématiques VII*
— *La révolution copernicienne inachevée*
— *Sexual. La sexualité élargie au sens freudien*
— *Vie et mort en psychanalyse*
Gustave LE BON, *Psychologie des foules*
Serge LEBOVICI, Michel SOULÉ, *La connaissance de l'enfant par la psychanalyse*
Pierre MARTY, Michel de M'UZAN, Christian DAVID, *L'investigation psychosomatique*
Sophie de MIJOLLA-MELLOR, *La mort donnée. Essai de psychanalyse sur le meurtre et la guerre*

Alice MILLER, *Le drame de l'enfant doué*
Eugène MINKOWSKI, *Le temps vécu*
Jean PIAGET, *La représentation du monde chez l'enfant*
Jean PIAGET, Barbel INHELDER, *La psychologie de l'enfant*
Jean-Michel QUINODOZ, *La solitude apprivoisée*
Bernard RIMÉ, *Le partage social des émotions*
Guy ROSOLATO, *Le sacrifice*
René ROUSSILLON, *Agonie, clivage et symbolisation*
— *Paradoxes et situations limites de la psychanalyse*
Jacqueline SCHAEFFER, *Le refus du féminin*
Johannes Heinrich SCHULTZ, *Le training autogène*
Daisetz Teitaro SUZUKI, Érich FROMM, Richard de MARTINO, *Bouddhisme Zen et psychanalyse*
Henri WALLON, *Les origines de la pensée chez l'enfant*
— *Les origines du caractère chez l'enfant*
Daniel WIDLÖCHER, *Métapsychologie du sens*
— *Le psychodrame chez l'enfant*
René ZAZZO, *Les jumeaux, le couple et la personne*

Religion

Henri ARVON, *Le bouddhisme*
Malek CHEBEL, *Le corps en Islam*
Lucien FEBVRE, *Martin Luther, un destin*
Bernard GORCEIX, *La bible des Rose-Croix*
Maurice HALBWACHS, *La topographie légendaire des évangiles en Terre sainte*
Paul NAUDON, *La franc-maçonnerie*
Louis RENOU, *L'hindouisme*
REVUE DIOGÈNE, *Chamanismes*

Sociologie et sciences sociales

Michel AGIER, *La sagesse de l'ethnologue*
ALAIN, *Propos sur l'éducation, suivis de Pédagogie enfantine*
Norbert ALTER, *La force de la différence*
— *L'innovation ordinaire*
Raymond ARON, *Les sociétés modernes*
— *La sociologie allemande contemporaine*
Georges BALANDIER, *Anthropologie politique*
Jean-Michel BERTHELOT, *La construction de la sociologie*
— *Les vertus de l'incertitude*
Raymond BOUDON, *Croire et savoir*
— *Effets pervers et ordre social*
— *Essais sur la théorie générale de la rationalité*
— *Études sur les sociologues classiques, II*
— *La place du désordre*
— *La rationalité*
Abdelwahab BOUHDIBA, *La sexualité en Islam*
Pierre BOURDIEU, *Sociologie de l'Algérie*
Gérald BRONNER, *L'empire des croyances*
Louis CHAUVEL, *Le destin des générations*
Julien DAMON, *Éliminer la pauvreté*
Marie-Anne DUJARIER, *L'idéal au travail*
Émile DURKHEIM, *De la division du travail social*
— *Éducation et sociologie*
— *L'évolution pédagogique en France*
— *Les formes élémentaires de la vie religieuse*

— *Leçons de sociologie*
— *Les règles de la méthode sociologique*
— *La science sociale et l'action*
— *Le socialisme*
— *Sociologie et philosophie*
— *Le suicide*
Harold GARFINKEL, *Recherches en ethnométhodologie*
Clifford GEERTZ, *Savoir local, savoir global*
Anthony GIDDENS, *La constitution de la société*
Jürgen HABERMAS, *Logique des sciences sociales et autres essais*
Robert HERTZ, *Sociologie religieuse et anthropologie*
Henri HUBERT, Marcel MAUSS, *Essai sur la nature et la fonction du sacrifice*
Michel HULIN, *La mystique sauvage*
Bruno KARSENTI, *L'homme total*
David LE BRETON, *Anthropologie du corps et modernité*
— *Conduites à risque*
Claude LÉVI-STRAUSS, *L'identité*
— *Introduction à l'œuvre de Marcel Mauss*
— *Le totémisme aujourd'hui*
Édouard LOUIS, *Pierre Bourdieu. L'insoumission en héritage*
Marcel MAUSS, *Essai sur le don*
— *La nation, ou le sens du social*
— *La prière*
— *Sociologie et anthropologie*
— *Techniques, technologie et civilisation*
Marcel MAUSS et Émile DURKHEIM, *De quelques formes primitives de classification*
Marcel MAUSS et Henri HUBERT, *Essai sur la nature et la fonction du sacrifice*
— *Esquisse d'une théorie générale de la magie*
Marcel MAUSS, Émile DURKHEIM, *De quelques formes primitives de classification*
Alfred METRAUX, *La religion des Tupinamba*
Gaston MIALARET, *Sciences de l'éducation*
Frédéric MONNEYRON, *La frivolité essentielle*
Robert A. NISBET, *La tradition sociologique*
Serge PAUGAM, *La disqualification sociale*
— *Repenser la solidarité*
— *Le salarié de la précarité*
— *La société française et ses pauvres*
Serge PAUGAM, Nicolas DUVOUX, *La régulation des pauvres*
Michel PERRIN, *Les praticiens du rêve*
Michel PINÇON, Monique PINÇON-CHARLOT, *Voyage en grande bourgeoisie*
Jean-Pierre POULAIN, *Sociologies de l'alimentation*
Eirick PRAIRAT, *De la déontologie enseignante*
Maxime RODINSON, *Les Arabes*
Pierre SANSOT, *Les gens de peu*
Olivier SCHWARTZ, *Le monde privé des ouvriers*
Georg SIMMEL, *Les pauvres*
— *Philosophie de l'argent*
— *Sociologie. Études sur les formes de la socialisation*
François de SINGLY, *Fortune et infortune de la femme mariée*
Agnès VAN ZANTEN, *L'école de la périphérie*

Cet ouvrage a été composé par IGS-CP
à L'Isle-d'Espagnac (16)

Imprimé en France
par DUPLIPRINT
733, rue Saint-Léonard, 53100 Mayenne
décembre 2021 - N° 2967102D

JOUVE-PRINT est titulaire du label imprim'vert®